Cassell's

English-Dutch
Dutch-English
Dictionary
Engels-Nederlands
Nederlands-Engels
Woordenboek

Completely revised by
J.A. JOCKIN-la BASTIDE
G. van KOOTEN

MACMILLAN PUBLISHING COMPANY
New York

Macmillan Publishing Company
866 Third Avenue, New York, N.Y. 10022
Collier Macmillan Canada, Inc.

Library of Congress Cataloging in Publication Data

Cassell's English-Dutch, Dutch-English Dictionary

English ed. of: Kramers' Engels Woordenboek/J. Kramers.
—36. geheel herziene en vermeerderde druk.

1. English language—Dictionaries—Dutch.
2. Dutch language—Dictionaries—English.
I. Jockin-La Bastide, J.A. II. Kooten, G. van.
III. Kramers, Jacob, 1802–1869. Kramers' Engels Woordenboek.
IV. Title: English-Dutch, Dutch-English Dictionary.
PF640.C375   1981   439.3'1321   81-11766   AACR2
ISBN 0-02-522940-0

Completely revised and reset edition 1980
First Macmillan edition 1981

10   9   8   7   6   5   4

Printed in the Netherlands

CONTENTS

INTRODUCTION

to the 36th edition

This impression of Kramers' English Dictionary is in many ways a break with the past. To accommodate educational requirements the publisher has been obliged to publish a two-volume edition alongside the well-known one-volume edition. No doubt the customers will decide which edition will be preferred in the future.

There are also a number of far-reaching changes to the contents of the dictionary; among the most noticeable is that the name of Prick van Wely is no longer listed as contributor. Two generations of this family have given all their knowledge and ability to Kramers' English Dictionary, and father and son have now passed on the flame to a younger generation of contributors. These have taken into account the solid groundwork done in the preceding decade and have put as much enthusiasm and commitment into the work as their predecessors: this has included consultation with Dr Prick van Wely, whom they have made a point of meeting personally and from whose advice and insight they have been able to benefit.

Another significant alteration is the organisation of the text: it has broken with the old tradition whereby every new word began a new line. This economy has saved space to include the masses of new content which have been added to this edition.

In the choice of new material the contributors have attempted to satisfy the requirements of students, business people and others who need a reliable dictionary, one which provides the correct meaning of terms or expressions with which they might not be familiar, a dictionary that is up-to-date and does not shy away from calling 'the facts of life' by their real names.

We wish to thank all who have contributed in any way to bring this production to fruition, not least Mrs H Nouwen Kolthoff of Poeldijk and Mr P A M van der Helm of Geldrop, who have assisted in collecting the material.

No work of this scope can pretend to be faultless or without omissions. It goes without saying that we would be grateful for any critical remarks and observations.

Aerdenhout J A JOCKIN-la BASTIDE
Amsterdam G van KOOTEN
Autumn 1978

VOORBERICHT

bij de zesendertigste druk

Deze druk van Kramers' Engels Woordenboek belichaamt op verschillende manieren een breuk met het verleden. Tegemoetkomend aan de verlangens bij het onderwijs heeft de uitgever de stap gezet om naast de vanouds bekende eendelige uitgave ook een twee-delige in de handel te brengen. De ervaringen van de gebruikers zullen uitwijzen aan welke uitgave in de toekomst de voorkeur zal moeten worden gegeven.

Ook innerlijk zijn er enkele ingrijpende veranderingen opgetreden, waarvan een van de meest in het oog vallende is, dat deze druk niet meer de oude vertrouwde naam Prick van Wely als bewerker vermeldt. Twee generaties van die naam hebben al hun kunnen en kennen in dienst gesteld van Kramers' Engels Woordenboek en de zoon van de vader heeft nu de fakkel overgedragen aan een jongere generatie bewerkers. Deze hebben met schroom en allengs groeiend ontzag voor het in tientallen jaren opgebouwde, solide bouwwerk, getracht de oude Kramers' met dezelfde overgave en hetzelfde enthousiasme te bewerken als waarmee hun voorgangers en leermeesters dat gedurende vele jaren hebben gedaan – in het bijzonder F. Prick van Wely, die zij het genoegen hebben gesmaakt persoonlijk te leren kennen en van wiens adviezen en inzichten zij in hoge mate hebben kunnen profiteren.

Een andere ingrijpende verandering betreft de inrichting van de tekst: er is gebroken met de oude traditie van ieder trefwoord voluit op een nieuwe regel. Hierdoor is ruimte gewonnen voor het overvloedige nieuwe materiaal dat aan deze druk is toegevoegd.

Bij de keuze van het nieuw opgenomen materiaal hebben de bewerkers getracht in de huid te kruipen van al diegenen, die bij hun studie, op kantoor, of anderszins, behoefte hebben aan een Engels woordenboek dat hen niet in de steek laat bij het zoeken naar de correcte betekenis van een voor hen onbekende term of uitdrukking, dat up-to-date is en dat niet schroomt „the facts of life" bij hun naam te noemen.

Allen die op enigerlei wijze hebben bijgedragen tot het tot stand komen van deze bewerking willen wij op deze plaats bedanken, niet het minst mevrouw H. Nouwen-Kolthoff te Poeldijk en de heer P. A. M. van der Helm te Geldrop, die ons bij de verzameling van materiaal ter zijde hebben gestaan.

Geen werk van deze omvang mag pretenderen feilloos of zonder omissies te zijn. Voor op- en aanmerkingen houden wij ons vanzelfsprekend aanbevolen.

Aerdenhout , najaar 1978
Amsterdam

J. A. JOCKIN-LA BASTIDE
G. VAN KOOTEN

LIJST VAN TEKENS IN DEEL I:
ENGELS-NEDERLANDS

~	herhalingsteken	ᴴ	school en academie
&	en; enzovoorts	⌀	wapenkunde
+	attributief	⚔	militaire term; wapens
±	ongeveer hetzelfde als	⚓	marine, scheepvaart
‖	etymologisch niet verwant	✈	vliegwezen
•	verbindingen	⇌	automobilisme; wegverkeer
◍	eufemistisch	⚡	elektriciteit
⊙	dichterlijk en hogere stijl	⫠	telegrafie
⚲	verouderd	☎	telefonie
<	versterkend	✉	post
>	geringschattend	$	handelsterm
↓	zie beneden	ⓢ	handelsmerk[1]
²	na een woord: eigenlijk en figuurlijk	℞	geneeskunde
°	na een woord: in velerlei betekenis	⚖	rechtskundige term
♊	dierkunde	×	wiskunde
⧉	vogelkunde	⚒	techniek
⌇	viskunde	△	bouwkunde
⚜	insektenkunde	♪	muziek
⚘	plantkunde	⚬	biljart
★	sterrenkunde	◊	kaartspel
⌂	historische term		

[1] Het ontbreken van het teken ⓢ bij enig woord in dit woordenboek heeft niet de betekenis dat dit woord geen merk in de zin van de Nederlandse of enige andere merkenwet zou zijn.

LIJST VAN AFKORTINGEN IN DEEL I:
ENGELS-NEDERLANDS

aj	bijvoeglijk naamwoord	*pl*	meervoud
ad	bijwoord	*pol*	politiek
alg.	algemeen	*pr*	protestants
Am	vooral in Amerika	*pref*	voorvoegsel
anat	anatomie	*prep*	voorzetsel
Austr	vooral in Australië	*pron*	voornaamwoord
B	Bijbels	*ps*	psychologie
biol	biologie	R	radio
Br	vooral in Groot-Brittannië	*rel*	godsdienst
cj	voegwoord	*rk*	rooms-katholiek
dial	dialect	RT	radio en televisie
eig	eigenlijk	S	slang
F	gemeenzaam	*sb*	zelfstandig naamwoord
fig	figuurlijk	*sbd.*	somebody
filos	filosofie	*sbd.'s*	somebody's
fon	fonetiek	*Sc*	Schots
Fr	Frans	*sp*	sport
geol	geologie	*spec*	in het bijzonder
gew.	gewoonlijk	*sth.*	something
gram	grammatica	T	televisie
id.	idem	*theat*	toneel
iem.	iemand	*typ*	typografie
iems.	iemands	*v*	vrouwelijk
ij	tussenwerpsel	v.	van; voor
Ir	Iers	V.D.	voltooid deelwoord
J	schertsend	verk. v.	verkorting van
Lat	Latijn	*va*	absoluut gebruikt werkwoord
m	mannelijk	*vi*	onovergankelijk werkwoord
math	wiskunde	*vr*	wederkerend werkwoord
mv	meervoud	*vt*	overgankelijk werkwoord
o	onzijdig	V.T.	onvoltooid verleden tijd
P	plat, triviaal	*ZA*	Zuid-Afrikaans
parl	parlement		
phot	fotografie		

FONETISCHE TEKENS VAN HET ENGELS

KLINKERS EN TWEEKLANKEN

Engelse klank *Overeenstemmende klank*

a:	als **a**	in **fast**	ongeveer als de *aa* van het Nederl. **vaar**
æ	als **a**	in **fat**	tussen de *a* van het Nederl. **man** en de *e* van het Nederl. **met**
ʌ	als **u**	in **but**	helt meer naar de korte *a* over dan de *ö* van het Duitse **Götter**
ə:	als **ur**	in **burst**	ongeveer als de *eu* van het Franse **peur** + de toonloze ə
e	als **e**	in **met**	zweemt enigszins naar de *i* in **min**
ɛə	als **a**	in **care**	ongeveer als de *è* in het Franse **père**, doch met grotere kaakopening
i	als **i**	in **will**	ongeveer als de Duitse *i* in **Bitte**
i:	als **ee**	in **free**	als *ie* in het Nederl. **tien,** maar iets langer aangehouden
iə	als **ere**	in **here**	hierin is de i: wat verkort en heeft lagere tongstand
ou	als **o**	in **stone**	ongeveer als de Nederl. letterverbinding oo^{oe}
ɔ	als **o**	in **not**	ongeveer als de *o* in het Nederl. **pot**
ɔ:	als **aw**	in **law**	ongeveer als *oa* in het Overijsselse **loaten**
u	als **oo**	in **foot**	ongeveer als de kort aangehouden *oe* in het Nederl. **voet**
u:	als **oo**	in **food**	ongeveer als de *oe* in het Nederl. **moed,** langer aangehouden
uə	als **oor**	in **boor**	hierin is de u: wat verkort en heeft lagere tongstand
ə	als **a**	in **ago**	of de **r** in **care**; ingeveer als de *e* in het Nederl. **begrip**
ai	als **i**	in **wine**	ongeveer als de *ei* in het Duitse **Beín**
au	als **ow**	in **how**	ongeveer als de verkorte *a* van het Nederl. **baker** gevolgd door een vluchtige *oe*-klank
ei	als **a**	in **fate**	ongeveer als de Nederl. letterverbinding **eei**
ɔi	als **oy**	in **boy**	hierin is de ɔ een verkorte ɔ:

MEDEKLINKERS

g	als **g**	in het Franse	**guerre**
j	als **j**	in het Nederl.	**jaar**
ŋ	als **ng**	in het Nederl.	**zing**
ʒ	als **g**	in het Franse	**courage**
ʃ	als **ch**	in het Franse	**Charlotte**
ð	als **th**	in het Engelse	**this**
θ	als **th**	in het Engelse	**thin**
w	als **w**	in het Engelse	**well**
x	als **ch**	in het Nederl.	**lach**

KLEMTOON

Het teken ' vóór een lettergreep duidt aan, dat deze de klemtoon krijgt, als in **father** ['fa: ðə].

ENGELSE ONREGELMATIGE WERKWOORDEN

abide	- abode, abided	- abode, abided	cling	- clung	- clung
			come	- came	- come
arise	- arose	- arisen	cost	- cost	- cost
awake	- awoke, awaked	- awoke, awaked	creep	- crept	- crept
			crow	- crew, crowed	- crowed
be	- was	- been	cut	- cut	- cut
bear	- bore	- borne born, *geboren*	deal	- dealt	- dealt
			dig	- dug	- dug
beat	- beat	- beaten	do	- did	- done
become	- became	- become	draw	- drew	- drawn
befall	- befell	- befallen	dream	- dreamt, dreamed	- dreamt, dreamed
beget	- begat, begot	- begot(ten)			
begin	- began	- begun	drink	- drank	- drunk
begird	- begirt	- begirt	drive	- drove	- driven
behold	- beheld	- beheld	dwell	- dwelt, dwelled	- dwelt, dwelled
bend	- bent	- bent			
bereave	- bereft, bereaved	- bereft, bereaved	eat	- ate	- eaten
			fall	- fell	- fallen
beseech	- besought	- besought	feed	- fed	- fed
bet	- bet, betted	- bet, betted	feel	- felt	- felt
betake	- betook	- betaken	fight	- fought	- fought
bethink	- bethought	- bethought	find	- found	- found
1 bid	- bade	- bidden	flee	- fled	- fled
2 bid	- bid	- bid	fling	- flung	- flung
$ *bieden*			1 fly	- flew	- flown
bind	- bound	- bound	2 fly	- fled	- fled
bite	- bit	- bitten	*vluchten*		
bleed	- bled	- bled	forbear	- forbore	- forborne
blend	- blended, blent	- blended, blent	forbid	- forbade	- forbidden
			forget	- forgot	- forgotten
blow	- blew	- blown	forgive	- forgave	- forgiven
break	- broke	- broken	for(e)go	- for(e)went	- for(e)gone
breed	- bred	- bred	forsake	- forsook	- forsaken
bring	- brought	- brought	freeze	- froze	- frozen
build	- built	- built	get	- got	- got (*Am* gotten)
burn	- burnt, burned	- burnt, burned			
			gild	- gilded, gilt	- gilded, gilt
burst	- burst	- burst	gird	- girded, girt	- girded, girt
buy	- bought	- bought	give	- gave	- given
can	- could	- (been able)	go	- went	- gone
cast	- cast	cast	grind	- ground	- ground
catch	- caught	- caught	grow	- grew	- grown
chide	- chid	- chid(den)	1 hang	- hung	- hung
choose	- chose	- chosen	2 hang	- hanged	- hanged
cleave	- cleft	- cleft	**ft *ophangen***		

XI

have	- had	- had	saw	- sawed	- sawn, sawed
hear	- heard	- heard	say	- said	- said
heave	- heaved, ⚓ hove	- heaved, ⚓ hove	see	- saw	- seen
hew	- hewed	- hewn, hewed	seek	- sought	- sought
hide	- hid	- hid(den)	sell	- sold	- sold
hit	- hit	- hit	send	- sent	- sent
hold	- held	- held	set	- set	- set
hurt	- hurt	- hurt	sew	- sewed	- sewn, sewed
keep	- kept	- kept	shake	- shook	- shaken
kneel	- knelt, kneeled	- knelt, kneeled	shall	- should	
knit	- knit, knitted	- knit, knitted	shear	- sheared	- shorn
know	- knew	- known	shed	- shed	- shed
lay	- laid	- laid	shine	- shone	- shone
lead	- led	- led	shoe	- shod	- shod
lean	- leant, leaned	- leant, leaned	shoot	- shot	- shot
leap	- leapt, leaped	- leapt, leaped	show	- showed	- shown
learn	- learnt, learned	- learnt, learned	shred	- shred, shredded	- shred, shredded
leave	- left	- left	shrink	- shrank	- shrunk
lend	- lent	- lent	shrive	- shrove	- shriven
let	- let	- let	shut	- shut	- shut
lie	- lay	- lain	sing	- sang	- sung
light	- lit, lighted	- lit, lighted	sink	- sank	- sunk
lose	- lost	- lost	sit	- sat	- sat
make	- made	- made	slay	- slew	- slain
may	- might	- (been allowed)	sleep	- slept	- slept
mean	- meant	- meant	slide	- slid	- slid
meet	- met	- met	sling	- slung	- slung
mow	- mowed	- mown	slink	- slunk	- slunk
must	- must	(been obliged)	slit	- slit	- slit
ought	- ought		smell	- smelt, smelled	- smelt, smelled
overcome	- overcame	- overcome	smite	- smote	- smitten
partake	- partook	- partaken	sow	- sowed	- sown, sowed
pay	- paid	- paid	speak	- spoke	- spoken
put	- put	- put	speed	- sped	- sped
read	- read	- read	spell	- spelt, spelled	- spelt, spelled
rend	- rent	- rent	spend	- spent	- spent
rid	- rid	- rid	spill	- spilt, spilled	- spilt, spilled
ride	- rode	- ridden	spin	- spun	- spun
ring	- rang	- rung	spit	- spat	- spat
rise	- rose	- risen	split	- split	- split
run	- ran	- run	spoil	- spoilt, spoiled	- spoilt, spoiled
			spread	- spread	- spread

ENGELSE ONREGELMATIGE WERKWOORDEN

spring	- sprang	- sprung	tear	- tore	- torn
stand	- stood	- stood	tell	- told	- told
steal	- stole	- stolen	think	- thought	- thought
stick	- stuck	- stuck	thrive	- throve,	- thriven,
sting	- stung	- stung		thrived	thrived
stink	- stank	- stunk	throw	- threw	- thrown
strew	- strewed	- strewn,	thrust	- thrust	- thrust
		strewed	tread	- trod	- trodden
stride	- strode	- stridden	understand	- understood	- understood
strike	- struck	- struck	wake	- woke, waked	- woke, waked
string	- strung	- strung	wear	- wore	- worn
strive	- strove	- striven	weave	- wove	- woven
swear	- swore	- sworn	weep	- wept	- wept
sweat	- sweat,	- sweat,	will	- would	- (been
	sweated	sweated			willing)
sweep	- swept	- swept	win	- won	- won
swell	- swelled	- swollen,	wind	- wound	- wound
		swelled	withdraw	- withdrew	- withdrawn
swim	- swam	- swum	withhold	- withheld	- withheld
swing	- swung	- swung	withstand	- withstood	- withstood
take	- took	- taken	wring	- wrung	- wrung
teach	- taught	- taught	write	- wrote	- written

WENKEN VOÓR HET GEBRUIK VAN DEEL I:
ENGELS-NEDERLANDS

Afleidingen en samenstellingen worden doorlopend met het hoofdwoord in één samengesteld artikel behandeld. Het hoofdwoord is op verschillende manieren in afgekorte vorm weergegeven, al naar gelang de afleiding of samenstelling aanéén of gescheiden door een koppelteken wordt geschreven.

In het samengestelde artikel *able* staat *~-bodied* voor *able-bodied*; de ~ gevolgd door het koppelteken (~-) duidt aan dat *able-bodied* met een koppelteken wordt geschreven.

In het samengestelde artikel *beach* staat *–comber* voor *beachcomber*; het halve kastlijntje – duidt aan dat *beachcomber* aanéén wordt geschreven. In het samengestelde artikel *captivate* staat *–tion* voor *captivation*; in dit geval wordt dát gedeelte van het hoofdwoord vervangen door een half kastlijntje –, dat in de samenstelling of afleiding vóór de eerste gemeenschappelijke klinker of medeklinker, van achteren gerekend, gelijk is.

Hier en daar is om schoonheidsredenen van deze regel afgeweken en is niet de eerste, maar de tweede gemeenschappelijke letter als begin voor de afbreking gekozen.

In sommige grotere samengestelde artikelen is het eerste trefwoord niet het hoofdwoord van daarna volgende afgekorte afleidingen of samenstellingen. Men dient binnen een samengesteld artikel te zien naar het eerste, niet afgekorte trefwoord dat aan één of meerdere afgekorte voorafgaat: dat is het hoofdwoord waarop die afkortingen aansluiten. De lezer die een bepaald woord opzoekt komt automatisch van het voluit geschreven trefwoord binnen een samengesteld artikel bij het daarna volgende, afgekorte trefwoord dat hij zoekt terecht. In het artikel *degeneracy* bijvoorbeeld ziet men als eerste trefwoord *degeneracy* voluit, gevolgd door *degenerate* voluit en – *tion* in afgekorte vorm. Het is in dit geval duidelijk dat de grondvorm van het afgekorte *degeneration, degenerate* is.

Binnen de samengestelde artikelen is ten aanzien van de uitspraakaanduiding het volgende systeem gevolgd: het eerste trefwoord krijgt in alle gevallen zijn volledige fonetische transcriptie, plus de aanduiding van het woordaccent, weergegeven door een accentteken vóór de lettergreep waarop dit accent ligt. Bij eenlettergrepige woorden ontbreekt vanzelfsprekend dit accentteken. Afleidingen of samenstellingen die het woordaccent op dezelfde plaats hebben als het voorafgaande trefwoord binnen een samengesteld artikel, krijgen niet opnieuw een fonetische transcriptie van de uitspraak – afleidingen of samenstellingen die in vergelijking met het voorafgaande trefwoord het accent op een andere lettergreep krijgen, *wel*.

In het samengestelde artikel *elect* bijvoorbeeld krijgt *election* na *elect* geen fonetische transcriptie, maar *electioneer* en *elective* wel; *elector, electoral* en *electorate* weer niet, omdat deze woorden het woordaccent gemeen hebben met het eraan voorafgaande *elective*, waarbij uitspraak en accent gegeven zijn. Er is afgezien van het geven van de fonetische transcriptie van uitgangen als -*ion, -or, -al, -ate, -d, -ess, -ive, -y* en dergelijke wanneer deze volgens de algemene regels van het Engels worden uitgesproken. Uitzonderingen zijn steeds afzonderlijk aangegeven.

I

ENGELS–NEDERLANDS

A

1 a [ei] (de letter) a; ♪ a of la; **A**= *adults* [film]; ⚓
advanced (*level*); **A1** ⚓ eerste klasse [in *Lloyd's
Register*]; *fig* eersteklas, prima, uitstekend
2 a [ə; m e t n a d r u k : ei] een; *so much ~ day* zoveel per dag; *one shilling ~ pound* één sh. het
pond; *twice ~ year* tweemaal 's jaars; *of ~ size* van
dezelfde grootte
A.A. = *Automobile Association* (de Britse ANWB);
~ scouts de Britse wegenwacht
AA = *Alcoholics Anonymous* (hulporganisatie voor
alcoholisten die anoniem willen blijven)
A.B. = *able-bodied* (*seaman*)
aback [ə'bæk] terug, achteruit; *he was taken ~* hij
was verbluft
abacus ['æbəkəs] telraam *o*; △ dekstuk *o*
abaft [ə'ba:ft] **I** *ad* (naar) achter; op het achterschip; **II** *prep* achter
abandon [ə'bændən] **I** *vt* (aan zijn lot) overlaten,
verlaten, prijsgeven, opgeven, loslaten; *~ oneself
to* zich overgeven aan; *~ed* ook: verdorven; **II**
sb losheid, ongedwongenheid, ongeremdheid;
~ee [əbændə'ni:] verzekeraar aan wie een
scheepswrak gelaten wordt; *–ment* [ə'bændənmənt] prijsgeven *o*, afstand doen *o*; afstand,
overgave; verlatenheid; losheid, ongedwongenheid
abase [ə'beis] vernederen; *~ oneself* zich verlagen;
–ment (zelf)vernedering
abash [ə'bæʃ] beschamen, verlegen maken; *be
~ed* verlegen zijn, zich schamen; *–ment* verlegenheid, schaamte
abate [ə'beit] **I** *vt* verlagen, verminderen, lenigen, temperen; **II** *vi* (ver)minderen, afnemen,
bedaren, gaan liggen, verflauwen; *–ment* vermindering, afslag, korting; *noise ~* lawaaibestrijding
abattoir ['æbətwa:] abattoir *o*, slachthuis *o*
abb [æb] inslag [v. weefsel]
abbacy ['æbəsi] waardigheid, rechtsgebied *o*
v.e. abt; **abbatial** [ə'beiʃiəl] abdij-, abts-;
abbess ['æbis] abdis; **abbey** ['æbi] abdij; abdijkerk; **abbot** ['æbət] abt
abbreviate [ə'bri:vieit] af-, be-, verkorten;
–tion [əbri:vi'eiʃən] af-, be-, verkorting
ABC [eibi:'si:] alfabet *o*; abc *o*, de allereerste beginselen; *~* (*railway guide*) alfabetische spoorweggids
abdicate ['æbdikeit] *vi* (& *vt*) afstand doen (van),
aftreden; *–tion* [æbdi'keiʃən] (troons)afstand
abdomen ['æbdəmen, æb'doumen] abdomen *o*:
(onder)buik; achterlijf *o* [v. insekten]; *–minal*
[æb'dɔminəl] onderbuik-, buik-; *–minous* ge-

zet, corpulent
abduct [æb'dʌkt] ontvoeren; *–ion* ontvoering;
–or ontvoerder; *anat* afvoerder, abductor
abeam [ə'bi:m] ⚓ dwars(scheeps)
abecedarian [eibisi'dɪəriən] **I** *aj* alfabetisch; elementair; **II** *sb* beginneling
abed [ə'bed] te bed, in bed
aberrance, –ancy [æ'berəns(i)] afdwaling, afwijking; *–ant* afdwalend, afwijkend; *–ation* [æbə-'reiʃən] afwijking, zedelijke misstap, (af-)
dwaling[2]
abet [ə'bet] aanzetten, ophitsen, opstoken; de
hand reiken, steunen, bijstaan (in het kwade); zie
ook **I**; *–ment* aanzetten *o*, ophitsing, medeplichtigheid; *–ter, –tor* aanzetter, ophitser, opstoker; handlanger, medeplichtige
abeyance [ə'beiəns] toestand van onzekerheid
(onbeslistheid); *in ~* hangende, tijdelijk onbeheerd of opgeschort, vacant; *fig* sluimerend; onuitgemaakt; *fall into ~* in onbruik raken; *hold it
in ~* het nog aanhouden; *leave* [*the question*] *in ~*
laten rusten; *–ant = in abeyance*
abhor [əb'hɔ:] verfoeien, verafschuwen; *–rence*
afschuw, gruwel; *–rent* afschuw inboezemend,
weerzinwekkend, met afgrijzen vervullend; *~
from* strijdig, onverenigbaar met; onbestaanbaar
met
abidance [ə'baidəns] (ver)toeven *o*; naleven *o* (*by*
van); **abide I** *vi* (ver)toeven; blijven; volharden;
~ b y zich houden aan [een contract &]; *~ w i t h
me* verlaat mij niet; **II** *vt* dulden, uitstaan,
(ver)dragen, uithouden; verbeiden; *–ding* blijvend, duurzaam
ability [ə'biliti] bekwaamheid, bevoegdheid, vermogen *o*, $ solvabiliteit; *abilities* (geestes)gaven,
talenten
abject ['æbdʒekt] laag, verachtelijk; ellendig;
–ion [æb'dʒekʃən] laagheid, verachtelijkheid;
(diepe) vernedering
abjuration [æbdʒu'reiʃən] afzwering; **abjure**
[əb'dʒuə] afzweren, herroepen
ablative ['æblətiv] ablatief, zesde naamval
ablaze [ə'bleiz] brandend, in vlam; in lichte(r)
laai(e); gloeiend[2] (van *with*)
able ['eibl] *aj* bekwaam, kundig, knap, bevoegd;
⚓ vol [matroos]; *be ~* kunnen, vermogen, in
staat zijn (te *to*); *~-bodied* sterk en gezond, lichamelijk geschikt; *~ seaman* ⚓ vol matroos '
abloom [ə'blu:m] in bloei
ablush [ə'blʌʃ] blozend
ablution [ə'blu:ʃən] (af)wassing, reiniging
ably ['eibli] *ad* bekwaam, kundig, knap

abnegate ['æbnigeit] opgeven, zich ontzeggen; **–tion** [æbni'geiʃən] (zelf)verloochening
abnormal [æb'nɔːməl] abnormaal, onregelmatig; ~ *psychology* psychopathologie; **–ity** [æbnɔː'mæliti] abnormaliteit; onregelmatigheid; **abnormity** [æb'nɔːmiti] = *abnormality*
aboard [ə'bɔːd] aan boord; aan boord van; in [een trein, bus &]; *all* ~! ook: instappen!; zie ook: *fall*
1 abode [ə'boud] *sb* woning, woonplaats, verblijfplaats; verblijf *o*
2 abode [ə'boud] V.T. & V.D. van *abide*
aboil [ə'bɔil] aan de kook, kokend
abolish [ə'bɔliʃ] afschaffen, opheffen, buiten werking stellen, vernietigen; **–ment, abolition** [æbə'liʃən] afschaffing, opheffing, vernietiging; **abolitionism** [æbə'liʃənizm] beweging ter afschaffing van iets (*spec* slavernij); **–ist** voorstander hiervan
abomasum [æbə'meisəm] 4e maag v.e. herkouwend dier
abominable [ə'bɔminəbl] *aj* afschuwelijk, verfoeilijk, execrabel; **abominate** verafschuwen, verfoeien; **–tion** [əbɔmi'neiʃən] afschuw, gruwel
aboriginal [æbə'ridʒinəl] **I** *aj* oorspronkelijk, inheems, oer-; **II** *sb* oerbewoner; inboorling; **aborigines** eerste bewoners; inheemse planten en dieren
abort [ə'bɔːt] **I** *vi* voortijdig bevallen, een miskraam hebben; niet tot ontwikkeling komen; verkwijnen; **II** *vt* aborteren; **–ifacient** [əbɔːti'feiʃənt] *aj* (& *sb*) vruchtafdrijvend (middel *o*); **–ion** [ə'bɔːʃən] miskraam; abortus; mislukking; misbaksel *o*; **–ionist** aborteur; **–ive** mislukt, vruchteloos
abound [ə'baund] overvloedig zijn, in overvloed aanwezig zijn; ~ *in* (*with*) overvloeien van; vol zijn van; vol... zijn
about [ə'baut] **I** *prep* om...(heen), rondom; omstreeks, omtrent; ongeveer, zowat; betreffende, over; aan, bij; in; *be* ~ *to...* op het punt staan om...; *what are you* ~? wat heb je onder handen, waaraan ben je bezig?; wat voer je (daar nu) uit?; *he was not long* ~ *it* hij deed er niet lang over; *week (and week)* ~ om de (andere) week; **II** *ad* om, in omloop; *be* ~ in omloop zijn; op de been zijn; in de buurt zijn; heersen; *come* ~ gebeuren; *all* ~ overal; ~-**face** ommekeer, ommezwaai
above [ə'bʌv] **I** *prep* boven; boven... uit; boven... verheven; meer dan; ~ *all* boven alles, bovenal, vooral, in de eerste plaats; *it is* ~ *me* het gaat boven mijn pet; **II** *ad* boven; hierboven; boven mij (ons); **III** *aj* bovengenoemd; bovenstaand of -vermeld; **IV** *sb the* ~ het bovenstaande; (de) bovengenoemde; ~-**board** eerlijk, open(hartig); ~-**ground** bovengronds; *fig* nog in leven; ~-

mentioned bovengemeld, bovengenoemd
abracadabra [æbrəkə'dæbrə] toverspreuk; wartaal
abradant [ə'breidənt] = *abrasive* **II**; **abrade** (af)schaven, afschuren; **abrasion** (af)schaving, afschuring; schaafwond; **–ive I** *aj* afschurend, schuur-; **II** *sb* schuurmiddel *o*, slijpmiddel *o*
abreact ['æbriækt] afreageren; **–ion** [æbri'ækʃən] afreageren *o*
abreast [ə'brest] naast elkander; op een rij; ~ *of* (*with*) op de hoogte van, gelijke tred houdend met
abridge [ə'bridʒ] be-, verkorten, beperken, verminderen; **–(e)ment** be-, verkorting; beperking; kort begrip *o*, uittreksel *o*
abroach [ə'broutʃ] aangestoken [vat]
abroad [ə'brɔːd] buiten, buitenshuis; van huis, in (naar) het buitenland, buitenslands; in het rond; in omloop; ruchtbaar; *from* ~ uit het buitenland; *he was all* ~ hij was helemaal in de war, de kluts kwijt, had het glad mis
abrogate ['æbrəgeit] afschaffen, opheffen; **–tion** [æbrə'geiʃən] afschaffing, opheffing
abrupt [ə'brʌpt] abrupt, bruusk, kortaf; onverwacht, plotseling; steil
abscess ['æbsis] abces *o*
abscond [əb'skɔnd] zich uit de voeten maken, er (stil) vandoor gaan, weglopen
abseil ['æbseil, -siːl] afdalen langs een dubbelbevestigd touw
absence ['æbsəns] afwezigheid; niet voorhanden zijn *o*; verstrooidheid; ~ *of mind* verstrooidheid; afgetrokkenheid; *in the* ~ *of* bij afwezigheid van, bij ontstentenis van; bij gebrek aan; *condemned in one's* ~ **☆** bij verstek veroordeeld; **absent** ['æbsənt] **I** *aj* afwezig[2], absent[2]; **II** *vr* [əb'sent] ~ *oneself* (*from*) wegblijven; zich verwijderen; **–ee** [æbsən'tiː] afwezige; **–eeism** absenteïsme *o*, (stelselmatige) afwezigheid, verzuim *o*; ~-**minded** ['æbsənt'maindid] verstrooid, er niet bij
absinth(e) ['æbsinθ] alsem; absint *o* & *m*
absolute ['æbsəl(j)uːt] **I** *aj* absoluut, volstrekt; onbeperkt; volkomen; volslagen; **II** *sb* absolute *o*; **–ly** *ad* v. *absolute* **I**; **F** gegarandeerd; < werkelijk, zonder meer
absolution [æbsə'l(j)uːʃən] vrijspreking, vrijspraak; absolutie, vergiffenis
absolutism ['æbsəl(j)uː tizm] (de leer of de beginselen van de) onbeperkte macht
absolve [əb'zɔlv] vrijspreken; *rk* de absolutie geven; ontslaan [van belofte &]
absonant ['æbsənənt] strijdig (met *from*)
absorb [əb'sɔːb] opzuigen, opslorpen, (in zich) opnemen, absorberen; *fig* geheel in beslag nemen [aandacht]; ~*ed in* (geheel) opgaand in; ~*ed in thought* in gedachten verdiept of verzonken;

–ent absorberend; **–ing** *fig* boeiend; **absorption** [əb'sɔ:pʃən] absorptie, opslorping; *fig* opgaan *o* [in iets]; **–ive** = *absorbent*

abstain [əb'stein] zich onthouden (van *from*); **–er** (*total*) ~ geheelonthouder; **abstemious** [əb'sti:miəs] matig, sober; **abstention** [əb'stenʃən] onthouding

abstergent [əb'stə:dʒənt] reinigend (middel *o*); **abstersion** reiniging; **–ive** = *abstergent*

abstinence, –ency ['æbstinəns(i)] onthouding; *total* ~ geheelonthouding; **–ent** matig

abstract ['æbstrækt] **I** *aj* abstract, theoretisch; ~ *number* onbenoemd getal *o; in the* ~ abstract (beschouwd), in abstracto; **II** *sb* abstract begrip *o;* uittreksel *o*, excerpt *o*, resumé *o;* **III** *vt* [əb'strækt] abstraheren; afleiden; een uittreksel maken van, excerperen; onttrekken; zich toeeigenen, wegnemen; **–ed** afwezig, verstrooid; **–ion** abstractie; verstrooidheid; toeëigening, ontvreemding

abstruse [əb'stru:s] diepzinnig, duister

absurd [əb'se:d] ongerijmd, onzinnig, absurd; **–ity, –ness** ongerijmdheid, onzinnigheid, absurditeit

abundance [ə'bʌndəns] overvloed, rijkdom; **–ant** *aj* overvloedig; rijk (aan *in*)

abuse [ə'bju:z] **I** *vt* misbruiken; uitschelden, beledigen; **II** *sb* [ə'bju:s] misbruik *o*, misstand; scheldwoorden, gescheld *o*, belediging; **–sive** verkeerd; grof; ~ *language* beledigende taal, scheldwoorden; *become* ~ beginnen te schelden

abut [ə'bʌt] grenzen (aan *on, on to*); **–ment** beer, schoor; bruggehoofd *o*

abysmal [ə'bizməl] onmetelijk, onpeilbaar; grenzeloos, hopeloos; **abyss** [ə'bis] afgrond (van de hel); **–al** diepzee-

A/C = $ *account current;* **a.c.** = ☼ *alternating current*

acacia [ə'keiʃə] acacia

academic [ækə'demik] **I** *aj* academisch (ook = zuiver theoretisch, schools); ~ *year* academisch jaar *o;* **II** *sb* hoogleraar; student, academicus; **–al I** *aj* academisch; **II** *sb* ~*s* academische dracht: toga en baret; **–ian** [əkædi'miʃən] lid v.e. academie; **academy** [ə'kædəmi] academie, hogeschool

acanthus [ə'kænθəs] acanthus, akant [🌿 & △]

accede [ək'si:d] toetreden (tot *to*); ~ *to* [ambt] aanvaarden, [troon] bestijgen; instemmen met, toestemmen in

accelerate [ək'seləreit] **I** *vt* bespoedigen, verhaasten; versnellen; **II** *vi* zich versnellen; ⬥ optrekken; **–tion** [əkselə'reiʃən] bespoediging, verhaasting, versnelling; ⬥ acceleratie; **–tive** [ək'seləretiv] versnellend; **–tor** versneller; ⬥ gaspedaal *o* & *m* (ook: ~ *pedal*)

accent ['æksənt] **I** *sb* accent *o*, nadruk[2], klemtoon; **II** *vt* [ək'sent] accentueren[2], van accenten voor-

zien, de nadruk leggen op[2]; **–uate** accentueren, de klemtoon of nadruk leggen op

accept [ək'sept] accepteren, aannemen, aanvaarden; **–able** aannemelijk, aanvaardbaar, acceptabel, aangenaam, welkom; **–ance** aanneming, aanvaarding; ontvangst; $ acceptatie, accept *o; without* ~ *of persons* zonder aanzien des persoons; **–ation** [æksep'teiʃən] aanvaarding; algemeen aanvaarde betekenis v.e. woord; **–ed** [ək'septid] erkend, gangbaar, algemeen (aanvaard); **–or, –er** acceptant

access ['ækses] toegang; aanval [v. ziekte]; opwelling, vlaag; *easy of* ~ gemakkelijk te bereiken, genaakbaar, toegankelijk; ~ *road* invalsweg; *Am* oprit naar snelweg; **–ary** [ək'sesəri] = *accessory;* **–ible** toegankelijk, bereikbaar; ontvankelijk [voor indrukken]; **–ion** toetreding; aanwinst, vermeerdering; (ambts)aanvaarding, (troons-) bestijging; **–ory I** *aj* bijkomstig, bijbehorend, bij; betrokken (in *to*); medeplichtig; **II** *sb* bijzaak; medeplichtige; *accessories* toebehoren *o*; onderdelen; bijwerk *o*

accidence ['æksidəns] *gram* vormleer

accident ['æksidənt] toeval *o*, ongeval *o*, ongeluk *o; in an* ~ bij een ongeluk; *by* ~ bij toeval, bij ongeluk; **–al** [æksi'dentəl] **I** *aj* toevallig; bijkomend, bij-; ~ *death* dood ten gevolge van een ongeluk; **II** *sb* toevallige omstandigheid of hoedanigheid; ♪ verplaatsingsteken *o*, toevallige verhoging of verlaging

acclaim [ə'kleim] **I** *vt* toejuichen, begroeten (als);' uitroepen (tot); **II** *sb* toejuiching, gejuich *o*, bijval; **acclamation** [æklə'meiʃən] acclamatie; toejuiging, bijvalsbetuiging; **–tory** [ə'klæmətəri] bijvals-

acclimate [ə'klaimət] = *acclimatize;* **–tization** [əklaimətai'zeiʃən] acclimatisatie; **acclimatize** [ə'klaimətaiz] acclimatiseren

acclivity [ə'kliviti] (opgaande) helling

accolade [ækə'leid, ækə'la:d] accolade, (omhelzing bij de) ridderslag; ♪ accolade

accommodate [ə'kɔmədeit] **I** *vt* aanpassen; bijleggen; helpen (aan), van dienst zijn; plaatsruimte hebben voor, onder dak brengen, herbergen; ~ *with* voorzien van; *be well* ~*d* goed wonen; **II** *vr* ~ *oneself to...* zich aanpassen aan...; **–ting** (in)schikkelijk, meegaand, tegemoetkomend, coulant; **–tion** [əkɔmə'deiʃən] aanpassing; vergelijk *o*, schikking; inschikkelijkheid; (plaats)ruimte, onderdak *o*, logies *o*, herberging; accommodatie; ~ *address* tijdelijk postadres *o*; schuiladres *o*, ~ *ladder* ⚓ valreep

accompaniment [ə'kʌmpənimənt] ♪ accompagnement *o*, begeleiding; *to the* ~ *of* begeleid door; **–nist** ♪ begeleider; **–ny** begeleiden; ♪ accompagneren; *fig* samengaan met, gepaard gaan met; vergezeld doen gaan (van *with*); ~*ing* ook: bijgaand

accomplice [ə'kɔmplis] medeplichtige (van *of,* aan *in*)

accomplish [ə'kɔmpliʃ] volbrengen, tot stand brengen; bereiken; volvoeren, vervullen; –*ed* beschaafd; talentvol; volmaakt; voldongen [feit]; –**ment** vervulling; voltooiing; prestatie; *his* (*her*) ~*s* zijn (haar) talenten

accord [ə'kɔːd] **I** *vi* overeenstemmen, harmoniëren (met *with*); **II** *vt* toestaan, verlenen; **III** *sb* overeenstemming, akkoord *o,* overeenkomst; *of one's own* ~ uit eigen beweging, vanzelf; *with one* ~ eenstemmig, eenparig; –**ance** overeenstemming; –**ant** overeenstemmend; ~ *with* overeenkomstig; –**ing** in: ~ *as* naar gelang (van); ~ *to* al naar; overeenkomstig, volgens; ~ *to Cocker* volgens Bartjens; zoals het hoort; –**ingly** dienovereenkomstig, dus

accordion [ə'kɔːdiən] accordeon *o* & *m*; –**ist** accordeonist

accost [ə'kɔst] aanspreken, aanklampen, [iem.] aanschieten

account [ə'kaunt] **I** *vt* rekenen, houden voor, beschouwen als, achten; **II** *vi* ~ *for* rekenschap geven van, verklaren; verantwoorden, voor zijn rekening nemen; neerleggen [wild]; uitmaken, vormen [een groot percentage van...]; *that* ~*s for it* dat verklaart de zaak; *there is no* ~*ing for tastes* over smaak valt niet te twisten; **III** *sb* (af)rekening; rekenschap, verklaring, reden; relaas *o,* bericht *o,* verslag *o,* beschrijving; *the great* (*last*) ~ de dag des oordeels; *call to* ~ ter verantwoording roepen; *demand an* ~ rekenschap vragen; *give an* ~ *of* verslag uitbrengen over; een verklaring geven van; *give a good* ~ *of oneself* zich waar maken, zich (duchtig) weren; *have an* ~ *to settle with sbd.* een appeltje te schillen hebben met iem.; *leave out of* ~ geen rekening houden met, buiten beschouwing laten; *make no* ~ *of* niet tellen, geringachten; *render* (*an*) ~ rekenschap geven; *take* ~ *of* rekening houden met; *take into* ~ rekening houden met; *turn to* (*good*) ~ te baat nemen, (goed) gebruik maken van; munt slaan uit; *by all* ~*s* naar men beweert; *by his own* ~ volgens hemzelf; *of no* ~ van geen belang of betekenis; *on* ~ op afbetaling; *on* ~ *of* vanwege, wegens, door, om; *on his own* ~ op eigen verantwoording; op eigen houtje; voor zich(zelf); *on no* ~, *not on any* ~ in geen geval; *on that* ~ om die reden, daarom; –**able** verantwoordelijk; toerekenbaar; verklaarbaar; –**ancy** beroep(sbezigheid) v. accountant; –**ant** (hoofd)boekhouder, administrateur; (*chartered*) ~ accountant (gediplomeerd); **account book** [ə'kauntbuk] huishoudboek(je) *o;* boekhoudboek *o,* register *o;* ~ **current** rekening-courant; **accounting** boekhouden *o,* accountancy; **account sales** $ ver-

kooprekening

accoutre [ə'kuː tə] uitrusten, uitdossen; –**ment(s)** uitrusting

accredit [ə'kredit] geloof schenken aan; accrediteren (bij *to*); ~*... to him,* ~ *him with...* hem... toeschrijven

accrete [ə'kriːt] samengroeien; zich hechten (aan *to*); –**tion** aanwas, aanslibbing

accrue [ə'kruː] aangroeien, toenemen, oplopen; voortspruiten (uit *from*); ~ *to* toekomen, toevloeien, toevallen; ~*d interest* gekweekte rente

accumulate [ə'kju:mjuleit] (*vi* &) *vt* (zich) op(een)hopen, (zich) op(een)stapelen; –**tion** [əkju:mju'leiʃən] op(een)hoping, hoop; –**tive** [ə'kju:mjuleitiv] (zich) ophopend; (steeds) aangroeiend; –**tor** wie (geld) opeenhoopt; ✻ accumulator, accu

accuracy ['ækjurəsi] nauwkeurigheid, nauwgezetheid, stiptheid; **accurate** ['ækjurit] nauwkeurig, nauwgezet, stipt

accursed [ə'kəːsid], **accurst** [ə'kəːst] vervloekt, gevloekt

accusal [ə'kju:zəl], **accusation** [ækju'zeiʃən] beschuldiging; **accusative** [ə'kju:zətiv] accusatief, vierde naamval; –**tory** beschuldigend; **accuse** beschuldigen, aanklagen; (*the*) ~*d* ♂ (de) verdachte; –**r** beschuldiger, aanklager

accustom [ə'kʌstəm] wennen (aan *to*); –**ed** gewoon, gewend

ace [eis] ◊ aas *m* of *o;* één [op dobbelsteen &]; **F** uitstekend (oorlogs)vlieger; uitblinker; *not an* ~ geen greintje (zier); *within an* ~ *of death* de dood nabij; *he was within an* ~ *of ...ing* het scheelde niet veel, of hij...

acerbate ['æsəbeit] verzuren, verbitteren[2]; –**bic** [ə'sə:bik] wrang[2]; *fig* scherp, bitter; –**bity** wrangheid[2]; *fig* scherpheid, bitterheid

acetate ['æsiteit] acetaat *o;* **acetic** [ə'si:tik, ə'setik] ~ *acid* azijnzuur *o;* –**tone** ['æsitoun] aceton *o* & *m;* –**tous** ['æsitəs] azijnzuur; azijnachtig; zuur; –**tylene** [ə'setili:n] acetyleen *o*

ache [eik] **I** *sb* pijn; ~*s and pains* **F** kwaaltjes; **II** *vi* zeer doen; pijn lijden; hunkeren (naar, om *for, to*)

achievable [ə'tʃi:vəbl] uitvoerbaar; **achieve** volbrengen, presteren; verwerven; het brengen tot, bereiken, behalen; –**ment** stuk *o* werk, prestatie, succes *o;* daad, bedrijf *o,* wapenfeit *o*

achromatic [ækrə'mætik] kleurloos

acid ['æsid] **I** *aj* zuur[2]; scherp; **II** *sb* zuur *o;* **S** LSD; ~ *drops* zuurtjes; ~ *- head* **S** LSD-gebruiker; ~ *test* [*fig*] vuurproef; –**ify** [ə'sidifai] zuur maken of worden; –**ity,** –**ness** ['æsidnis] zuurheid, zuurgraad; –**ulate** [ə'sidjuleit] zuur maken; ~*d* ook: zuur; –**ulous** zuurachtig

ack-ack ['æk'æk] ✠ **S** (lucht)afweer

ack-emma ['æk 'emə] ✠ **S** = *a.m.*

acknowledge [ək'nɔlidʒ] erkennen; bekennen;

berichten (de ontvangst van); bedanken voor; beantwoorden [een groet]; **-(e)ment** er-, bekentenis, erkenning, dank(betuiging); (bewijs *o* van) erkentelijkheid; bericht *o* van ontvangst; beantwoording [v. groet]
acme ['ækmi] toppunt² *o*; glanspunt *o*
acne ['ækni] ⚕ meeëters, vet-, jeugdpuistjes
acock [ə'kɔk] op één oor [v. hoed]
acolyte ['ækəlait] *rk* misdienaar, acoliet; *fig* volgeling, aanhanger
aconite ['ækənait] ✿ akoniet, monnikskap
acorn ['eikɔ: n] eikel
acoustic(al) [ə'ku: stik(əl)] **I** *aj* gehoor-, akoestisch; **acoustics** akoestiek; geluidsleer
acquaint [ə'kweint] **I** *vt* bekendmaken (met *with*); *be ~ed with* kennen, op de hoogte zijn van; **II** *vr* *~ oneself with* zich op de hoogte stellen van; **-ance** bekendheid; kennismaking; bekende, kennis(sen); *have some ~ with* enige kennis hebben van; *make sbd.'s ~* kennis met iem. maken; zie ook: *improve*
acquiesce [ækwi'es] berusten (in *in*); (stilzwijgend) instemmen (met *in*), toestemmen; **acquiescence** berusting, instemming, toestemming
acquire [ə'kwaiə] verwerven, (ver)krijgen, opdoen; zich eigen maken; (aan)kopen; *~d* ook: aangeleerd; **-ment** verwerving, verkrijging; aanwinst; *~s* kennis, talenten; **acquisition** [ækwi'ziʃən] verwerving, verkrijging; aankoop, aanschaf; aanwinst; **acquisitive** [ə'kwizitiv] begerig om iets te verwerven, hebzuchtig
acquit [ə'kwit] **I** *vt* vrijspreken, ontslaan; kwijten; **II** *vr ~ oneself* zich kwijten; **-tal** vrijspraak; ontheffing; vervulling; kwijting; **-tance** $ kwijting, kwitering, voldoening; kwitantie
acre ['eikə] acre: landmaat van 4840 vierkante yards [± 0,4047 ha]; *God's ~* kerkhof *o*; **-age** ['eikəridʒ] oppervlakte, aantal *acres*
acrid ['ækrid] scherp, wrang, bijtend, bits
acrimonious [ækri'mounjəs] scherp, bits; **-ness, acrimony** ['ækriməni] scherpte, scherpheid, bitsheid
acrobat ['ækrəbæt] acrobaat; **-ic** [ækrə'bætik] acrobatisch; **-ics, -ism** ['ækrəbætizm] acrobatiek, acrobatische toeren
acronym ['ækrənim] letterwoord *o*
across [ə'krɔs] **I** *ad* (over)dwars, kruiselings of gekruist (over elkaar); aan de overkant, naar de overkant, er over; horizontaal [kruiswoordraadsel]; *come (run) ~* onverwachts tegenkomen; *get (come, put) ~* overkomen [bij publiek]; **II** *prep* (dwars) over; aan de overkant van; (dwars)door
acrostic [ə'krɔstik] acrostichon *o*, naamdicht *o*
act [ækt] **I** *vi* handelen, (iets) doen, te werk gaan, optreden, (in)werken; acteren, toneelspelen; *~ as* optreden (fungeren) als; *~ for sbd.* als vertegenwoordiger optreden voor iem.; *~ (up)on a suggestion* een raad opvolgen; *~ up to a principle* overeenkomstig een beginsel handelen; **II** *vt* opvoeren, spelen (voor); *~ out* uitbeelden; **III** *sb* daad, handeling, bedrijf *o*; nummer *o* [van artiest]; wet; akte; *~ of God* natuurramp; ⚖ overmacht; *~ of grace* ⚖ gunst; amnestie; *~ of oblivion* amnestie; *be in the ~ of, in ~ to* op het punt zijn om...; (juist) aan het... zijn; *caught in the (very) ~* op heterdaad betrapt; **-able** speelbaar [op het toneel]; **-ing I** *aj* fungerend, waarnemend; tijdelijk (aangesteld), beherend [vennoot]; **II** *sb* acteren *o*, actie, spel *o*, toneelspel(en)² *o*; **-ion** ['ækʃən] actie, handeling, daad, bedrijf *o*, (in)werking; ⚖ proces *o*; ⚔ gevecht *o*; ⚒ mechaniek; *~ committee, ~ group* actiegroep, actiecomité; *take ~* optreden, stappen (iets) doen; zie ook: *bring*; **-ionable** ⚖ vervolgbaar; **activate** ['æktiveit] activeren; ontketenen; radioactief maken; **active** werkend, werkzaam, bedrijvig, actief°; *gram* bedrijvend; **-vism** (politiek of sociaal) activisme; **-vist** activist(isch); **-vity** [æk'tiviti] werkzaamheid, bedrijvigheid, bezigheid, activiteit; **actor** ['æktə], **actress** toneelspe(e)l(st)er
actual ['æktjuəl] *aj* werkelijk; feitelijk; tegenwoordig, actueel; **-ity** [æktju'æliti] werkelijkheid; bestaande toestand; actualiteit; *~ film* documentaire; **-ize** ['æktjuəlaiz] verwezenlijken; **-ly** *ad* werkelijk, wezenlijk; feitelijk, eigenlijk, in werkelijkheid; momenteel; waarachtig, zowaar
actuary ['æktjuəri] actuaris, verzekeringswiskundige
actuate ['æktjueit] in beweging brengen, (aan)drijven; *~d by fear* ingegeven door vrees
acuity [ə'kju: iti] acute toestand; scherpheid; hevigheid; *visual ~* gezichtsscherpte
acumen [ə'kju: men] scherpzinnigheid; *business ~* zakenflair
acupuncture ['ækjupʌŋktʃə] acupunctuur
acute [ə'kju: t] scherp; scherpzinnig; intens, hevig; acuut; nijpend [tekort &]
A.D. = *Anno Domini* na Christus, n.Chr.
ad [æd] **F** advertentie
adage ['ædidʒ] spreekwoord *o*, gezegde *o*
Adam ['ædəm] Adam²; *~'s apple* adamsappel; *as old as ~* zeer oud; *I shouldn't know him from ~* ik zal hem zeker niet meer (terug)kennen
adamant ['ædəmənt], **adamantine** [ædə'mæntain] onvermurwbaar, onbuigzaam, keihard
adapt [ə'dæpt] **I** *vt* pasklaar maken, aanpassen; bewerken (naar *from*) [roman &]; **II** *vi* zich aanpassen; **-ability** [ədæptə'biliti] aanpassingsvermogen *o*; geschiktheid (tot bewerking); **-able** [ə'dæptəbl] pasklaar te maken (voor *to*), te bewerken; zich gemakkelijk aanpassend, plooibaar; **-ation** [ædæp'teiʃən] aanpassing; bewerking [v. roman &]; **-ter, -tor** [ə'dæptə] bewer-

ker [v. roman &]; ✗ tussenstuk, passtuk; –ive zich aanpassend, aanpassings-

A.D.C. = ⚔ *aide-de-camp*

add [æd] **I** *vt* bij-, toevoegen, bijdoen, optellen (ook: ~ *up*), samenstellen (ook: ~ *together*); ~ *in* bijtellen, meerekenen; ~*ed to which...* waarbij nog komt, dat...; *an* ~*ed reason* een reden te meer, (nog) meer reden; *the* ~*ed torment* bovendien (nog) de marteling; **II** *vi* optellen; ~ *t o* bijdragen tot, vermeerderen; vergroten, verhogen; ~ *up* meetellen, *fig* optellen; *it doesn't* ~ *up* **F** het klopt niet; ~ *up to* te zamen bedragen (uitmaken, vormen), neerkomen op; –**endum** [ə'dendəm, *mv* -**da** -də] toevoeging, bijlage

adder ['ædə] adder

addict [ə'dikt] **I** *vt* gewennen; ~*ed to liquor* aan de drank (verslaafd); **II** *vr* ~ *oneself to* zich overgeven aan; **III** *sb* ['ædikt] verslaafde; –**ion** [ə'dik-ʃən] neiging; verslaafdheid, verslaving; –**ive** verslavend

addition [ə'diʃən] bij-, toevoeging; vermeerdering; optelling; bijvoegsel *o*; *in* ~ bovendien, alsook; *in* ~ *to* behalve, bij; –**al** *aj* bijgevoegd, bijkomend; extra-, neven-, nog... meer; –**ally** *ad* als toevoeging of toegift, erbij, bovendien; **additive** ['æditiv] **I** *aj* waarbij toevoeging te pas komt; **II** *sb* toevoegsel *o*

addle ['ædl] **I** *aj* ledig; bedorven [ei]; verward; **II** *vi* bederven [v. eieren]; verwarren; ~-**brained,** ~-**headed,** ⁀-**pated** hersenloos, warhoofdig

address [ə'dres] **I** *vt* aanspreken, toespreken; adresseren; richten (tot *to*); *sp* mikken [bal]; **II** *vr* ~ *oneself to* zich richten (tot; zich toeleggen op, zich bezighouden met, aanpakken; **III** *sb* adres *o*, oorkonde; toespraak; optreden *o*; handigheid, tact; ~ *in reply* antwoord *o* op de troonrede; *he paid his* ~*es to the young lady* hij maakte de jongedame het hof; –**ee** [ædre'si:] geadresseerde; –**ing machine** [ə'dresiŋməʃi:n], –**ograph** [ə'dresəgræf] adresseermachine

adduce [ə'dju:s] aanvoeren, aanhalen; **adductor** *anat* aanvoerder, adductor

ademption [ə'dempʃən] 🏛 herroeping van een toezegging

adenoids ['ædinɔidz] adenoïde vegetaties

adept ['ædept] **I** *aj* ervaren; **II** *sb* meester (in *in, at*)

adequacy ['ædikwəsi] gepastheid, geschiktheid [voor doel]; –**ate** ['ædikwit] gepast, geschikt, bevredigend, adequaat; voldoende (voor *to*)

adhere [əd'hiə] (aan)kleven, aanhangen; blijven bij, zich houden (aan *to*); **adherence** (aan-) kleven *o*; aanhankelijkheid, trouw; –**ent I** *aj* (aan)klevend; verbonden (met *to*); **II** *sb* aanhanger; **adhesion** [əd'hi:ʒən] (aan)kleving; adhesie²; –**ive I** *aj* (aan)klevend, kleverig; ~ *plaster* hechtpleister; ~ *tape* kleef-, plakband *o*; **II** *sb*

plakmiddel *o*

ad hoc [æd'hɔk] *Lat* ad hoc, voor dit speciale geval

adieu [ə'dju:] vaarwel *o*, afscheid *o*

ad infinitum [ædinfi'naitəm] *Lat* ad infinitum, tot in het oneindige

ad interim [æd'intərim] *Lat* ad interim, waarnemend

adipose ['ædipous] vet, vettig; ~ *tissue* vetweefsel

adit ['ædit] horizontale mijnschacht; toegang²

adjacent [ə'dʒeisənt] aangrenzend, aanliggend, belendend; nabijgelegen

adjectival [ædʒek'taivəl] bijvoeglijk; **adjective** ['ædʒiktiv] bijvoeglijk naamwoord *o*

adjoin [ə'dʒɔin] grenzen aan; toe-, bijvoegen

adjourn [ə'dʒə: n] **I** *vt* uitstellen; verdagen; **II** *vi* op reces gaan, uiteengaan; ~ *to* zich begeven naar; –**ment** uitstel *o*; verdaging, reces *o*

adjudge [ə'dʒʌdʒ] toewijzen, toekennen; beslissen, (ver)oordelen

adjudicate [ə'dʒu:dikeit] **I** *vi* uitspraak doen (over *upon*); **II** *vt* beslissen, berechten; –**tion** [ə-dʒu: di'keiʃən] berechting; toewijzing; (ook = ~ *order*) faillietverklaring

adjunct ['ædʒʌŋkt] **I** *aj* toegevoegd; (daarmee) verbonden; **II** *sb* bijvoegsel *o*, aanhangsel *o*; bijkomstige omstandigheid; toegevoegde; assistent; *gram* bepaling

adjuration [ædʒuə'reiʃən] bezwering; eed; **adjure** [ə'dʒuə] bezweren

adjust [ə'dʒʌst] **I** *vt* vereffenen, regelen, in orde brengen, schikken; op maat brengen; (ver-, in)stellen; aanpassen; **II** *vi* zich aanpassen; –**able** verstelbaar, regelbaar; –**ment** vereffening, regeling; aanpassing; ✗ instelling

adjutant ['ædʒutənt] ⚔ adjudant

ad lib. [æd'lib] afk. van *ad libitum* naar believen; **ad-lib F** *vi* & *vt* improviseren; **II** *sb* improvisatie

adman ['ædmæn] **F** reclameman; **admass** reclamegevoelig publiek *o*

administer [əd'ministə] besturen, beheren; toepassen [wetten]; toedienen [voedsel &]; afnemen [eed]; ~ *justice* rechtspreken; –**tration** [ədminis'treiʃən] bestuur *o*, beheer *o*, bewind *o*, regering, ministerie *o*; dienst [= openbare instelling]; toepassing [v. wet]; toediening; ~ *of justice* rechtsbedeling, rechtspraak; –**trative** [æd'ministreitiv] administratief, besturend, bestuurs-; –**trator** bestuurder, beheerder, bewindvoerder

admirable ['ædmərəbl] *aj* bewonderenswaardig; prachtig, uitstekend, voortreffelijk

admiral ['ædmərəl] ⚓ admiraal; ⚓ vlaggeschip *o*; 🦋 admiraalsvlinder; –**ty** admiraliteit

admiration [ædmə'reiʃən] bewondering; **admire** [əd'maiə] bewonderen; –**r** bewonderaar, aanbidder

admissible [əd'misibl] toelaatbaar, geoorloofd; **admission** toelating, aan-, opneming; toegang, entree; toegangsprijs, entreegeld *o* (ook: ~ *fee*); erkenning; bekentenis; **admit** [əd'mit] I *vt* toelaten, toegang verlenen; aan-, opnemen; erkennen, toegeven; ✪ ontvankelijk verklaren; (*the theatre*) ~*s only* (*200 persons*) biedt slechts plaats aan; **II** *vi* in: ~ *of doubt* twijfel toelaten; ~ *to* be-, erkennen, toegeven dat; –**tance** toegang, toelating; *no* ~ verboden toegang; –**tedly** zoals (algemeen) erkend of toegegeven wordt (werd), weliswaar

admix [əd'miks] (zich) vermengen, bijvoegen; –**ture** vermenging, bijmenging; mengsel *o*, bijmengsel *o*

admonish [əd'mɔniʃ] vermanen, waarschuwen; terechtwijzen; berispen; –**ition** [ædmə'niʃən] vermaning, waarschuwing; –**itory** [əd'mɔnitəri] vermanend

ado [ə'du:] drukte, beweging, ophef, omslag, moeite; *much* ~ *about nothing* veel drukte om niets, veel geschreeuw en weinig wol; *without more* ~ zonder verdere omhaal

adolescence [ædə'lesəns] adolescentie: rijpere jeugd, puberteit; –**ent** I *aj* opgroeiend; **II** *sb* adolescent, puber

adonize ['ædənaiz] (zich) mooi maken

adopt [ə'dɔpt] aannemen°, adopteren; overnemen, ontlenen (aan *from*); kiezen, (gaan) volgen [tactiek &]; –**ion** aanneming, adoptie; overneming, ontlening [van een woord]; kiezen *o*, volgen *o* [van tactiek &]; –**ive** aangenomen, pleeg-[kind, vader]

adorable [ə'dɔ:rəbl] aanbiddelijk; –**ation** [ædə'reiʃən] aanbidding²; **adore** [ə'dɔ:] aanbidden²; F dol zijn op.

adorn [ə'dɔ:n] (ver)sieren, verfraaien; –**ment** versiering, sieraad *o*

adrenal [ə'dri:nəl] ~ *gland* bijnier; **adrenalin(e)** [ə'drenəlin] adrenaline

Adriatic [eidri'ætik] Adriatisch; *the* ~ (*Sea*) de Adriatische Zee

adrift [ə'drift] ⚓ drijvend, losgeslagen, op drift; *be* ~ drijven, ronddobberen; *fig* aan zijn lot overgelaten zijn; *break* ~ op drift raken; *turn sbd.* ~ iem. wegsturen

adroit [ə'drɔit] behendig, handig

adulate ['ædjuleit] (kruiperig) vleien; –**tion** [ædju'leiʃən] pluimstrijkerij; –**tory** ['ædjuleitəri] kruiperig vleiend

adult ['ædʌlt, ə'dʌlt] I *aj* volwassen; **II** *sb* volwassene

adulterant [ə'dʌltərənt] vervalsingsmiddel *o*; –**ate** vervalsen; versnijden [v. dranken]; –**ation** [ədʌltə'reiʃən] vervalsing; –**ator** [ə'dʌltəreitə] vervalser, valsmunter; **adulterer**, –**ess** [ə'dʌltəre, -ris] echtbre(e)k(st)er; **adulterous** over-

spelig; **adultery** overspel *o*, echtbreuk

adulthood ['ædʌlt-, ə'dʌlthud] volwassenheid

adumbrate ['ædʌmbreit] afschaduwen; schetsen; aankondigen; –**tion** [ædʌm'breiʃən] voorafschaduwing

ad valorem [æd və'lɔ: rəm] *Lat* overeenkomstig de waarde

advance [əd'va:ns] I *vt* vooruitbrengen; vervroegen [datum], verhaasten, bevorderen; verhogen [prijzen]; opperen [plan &]; aanvoeren [reden]; voorschieten [geld]; **II** *vi* vooruitkomen; naderen; stijgen [v. prijzen]; ~ *in years* ouder worden; ~ *upon* oprukken tegen; **III** *sb* vordering, vooruit-, voortgang, voortrukken *o*, opmars, (toe)nadering; voorschot *o*; bevordering; $ prijsverbetering, (prijs)verhoging, stijging; ~*s* toenaderingspogingen; (*is there*) *any* ~ (*on...*)? (biedt) niemand meer (dan...)?; *in* ~ bij voorbaat, vooruit; *in* ~ *of* voor(uit); **IV** als *aj* voor-; ~ *booking* voorbespreking, voorverkoop; **advanced** (ver)gevorderd; ⚔ vooruitgeschoven [post]; voor meergevorderden [v. boek &]; *fig* progressief, geavanceerd [v. ideeën]; *the day was far* ~ het was al laat geworden; ~(*d*) *guard* ⚔ voorhoede; *advance guard* ook: avant-garde; zie ook: *level* I; ~ *standing Am* erkenning v.e. diploma als gelijkwaardig; **advancement** (be)vordering, vooruitgang; promotie; voorschot *o*

advantage [əd'va:ntidʒ] I *sb* voordeel *o*; ...(*is*) *an* ~ ...strekt tot aanbeveling, ... is een pluspunt; *have an* ~ *over sbd.* iets op iem. voorhebben; *have the* ~ *of* (*over*) *sbd.* iem. overtreffen; *you have the* ~ *of me, sir* ik ken u niet, meneer; *take* ~ *of* profiteren van; misbruik maken van; bedotten; verleiden [een vrouw]; *to* ~ gunstig, voordelig, in een goed licht; *to the* ~ *of* in het voordeel van; *use to the best* ~ zo goed mogelijk gebruiken; *with* ~ met kans op goed gevolg; **II** *vt* bevoordelen, bevorderen; –**ous** [ædvən'teidʒəs] voordelig, gunstig

advent ['ædvənt] komst; advent

adventitious [ædvən'tiʃəs] toevallig, bijkomstig

adventure [əd'ventʃə] avontuur *o*; onderneming; waagstuk *o*; speculatie; ~*s* lotgevallen; –**r** avonturier; –**some** = *adventurous*; **adventuress** avonturierster; **adventurous** gewaagd, stout, vermetel; avontuurlijk

adverb ['ædvə:b] bijwoord *o*; –**ial** [əd'və:biəl] bijwoordelijk

adversary ['ædvəsəri] tegenstander, vijand; –**ative** [əd'və:sətiv] *gram* tegenstellend; **adverse** ['ædvə:s] vijandig, nadelig, ongunstig, $ passief; tegenoverliggend; tegen-; ~ *winds* tegenwinden; –**sity** [əd'və:siti] tegenspoed

advert [əd'və:t] I *vi* ~ *to* aandacht schenken aan; verwijzen naar; wijzen op; **II** *sb* ['ædvə:t] F advertentie; **–ence, –ency** [əd'vəːtəns(i)] opmerkzaamheid; **–ise** ['ædvətaiz] aankondigen, bekendmaken, adverteren, reclame maken (voor); **–isement** [əd'vəːtismənt] advertentie; bekendmaking; **–ising** ['ædvətaisiŋ] **I** *aj* advertentie-, reclame-, relatie-; **II** *sb* adverteren *o*, reclame

advice [əd'vais] raad; advies *o*; bericht *o*; *take* ~ naar (goede) raad luisteren; consulteren; *take medical* ~ een dokter raadplegen; **advisable** [əd'vaizəbl] raadzaam, geraden; **advise I** *vt* (aan)raden, raad geven; adviseren, berichten; **II** *vi* ~ *against* ontraden; ~ *with* te rade gaan met, raadplegen; **–d** (wel)beraden; *he will be well* ~ *to...* hij zal er goed aan doen...; *ill* ~ onverstandig; **–r** raadsman, adviseur; **advisory** raadgevend, adviserend, advies-

advocacy ['ædvəkəsi] voorspraak, verdediging; **–ate** ['ædvəkit] **I** *sb* verdediger, voorspreker; voorstander; *Sc* advocaat; **II** *vt* ['ædvəkeit] bepleiten, pleiten voor, verdedigen, voorstaan

advowson [əd'vauzən] collatierecht *o*, recht *o* om een geestelijke te benoemen

adze [ædz] dissel [bijl]

Aegean [iː'dʒiːən] Aegeïsch(e Zee)

aegis ['iːdʒis] aegis; *fig* schild *o*, schut *o*, bescherming, auspiciën (*under the* ~ *of*)

aeon ['iːən] onmetelijke tijdsduur, eeuwigheid

aerate ['eiəreit] luchten; met koolzuur verzadigen; ~*d* gazeus [v. dranken]; ~*d water* spuitwater *o*; **–tion** [eiə'reiʃən] luchten *o*; verzadiging met koolzuur; **–tor** ['eiəreitə] luchtpomp [v. aquarium]

aerial ['ɛəriəl] **I** *aj* lucht-; etherisch; **II** *sb* RT antenne

aerie, aery ['ɛəri, 'iəri] nest *o* [v. roofvogel], horst, arendsnest[2] *o*; gebroed *o*, broedsel *o*

aeriform ['ɛərifɔːm] luchtvormig; nevelachtig, onwezenlijk

aerobatics [ɛərə'bætiks] ✈ stuntvliegen *o*; **–drome** ['ɛərədroum] vliegveld; **–dynamics** [ɛərədai'næmiks] aërodynamica; **–engine** ['ɛərəendʒin] vliegtuigmotor; **–foil** ✈ draagvlak *o*; **–gram(me)** [ɛərə'græm] luchtpostblad *o*; **–logy** [ɪə'rɔlədʒi] leer der luchtgesteldheid, weerkunde; **–naut** ['ɛərənɔːt] luchtschipper; **–nautic(al)** [ɛərə'nɔːtik(l)] luchtvaart-; **–nautics** luchtvaart; **–plane** ['ɛərəplein] vliegtuig *o*; **–sol** aerosol *o*; ~ *can* spuitbus

aery zie **aerie**

aesthete ['iːsθiːt] estheet; **–tic** [iːs'θetik] **I** *aj* esthetisch; **II** *sb* ~*s* esthetiek

aestival, estival [iːs'taivəl] zomers, zomer-

aether- zie **ether-**

aetiology, etiology [iːti'ɔlədʒi] leer v.d. ziekteoorzaken

afar [ə'faː] ver, in de verte; *from* ~ van verre; ~

off ver weg, in de verte

affable ['æfəbl] vriendelijk, minzaam

affair [ə'fɛə] zaak, aangelegenheid; ⚔ treffen *o*, gevecht *o*; **F** ding *o*, zaakje *o*, geschiedenis, gevaarte *o*; ook = *love-affair;* (*public*) ~*s* (staats)zaken; ~ *of honour* erezaak: duel *o*

affect [ə'fekt] **I** *vt* (in)werken op, aandoen; aantasten, beïnvloeden, raken, (be)treffen; (be)roeren, bewegen; voorwenden; neiging hebben tot, (een aanstellerige) voorliefde tonen voor; ~ *the freethinker* de vrijdenker uithangen; ~*ed with* aangetast door, lijdend aan; **II** *sb* *ps* affect *o*; **–ation** [æfek'teiʃən] geaffecteerdheid, gemaaktheid, aanstellerij; voorwending; **–ed** [ə'fektid] aangedaan, geroerd, geëmotioneerd; gezind; geaffecteerd, gemaakt; geveinsd; **–ing** aandoenlijk; **–ion** aandoening; (toe)genegenheid, liefde; **–ionate** *aj* liefhebbend, toegenegen, aanhankelijk; hartelijk; **–ive** affectief, emotioneel, gemoeds-

affiance [ə'faiəns] **I** *sb* verloving; ~ *in* vertrouwen *o* op; **II** *vt* verloven; plechtig beloven; *his* ~*d* zijn verloofde

affidavit [æfi'deivit] beëdigde verklaring

affiliate [ə'filieit] **I** *vt* als lid opnemen; aansluiten; **II** *vt* zich aansluiten (bij *to, with*); **III** *sb* [ə'filiit] *Am* filiaal *o*; **–tion** [əfili'eiʃən] aansluiting; afdeling, filiaal *o*; *fig* band

affined [ə'faind] verwant, verbonden (aan *to*);

affinity [ə'finiti] affiniteit, verwantschap

affirm [ə'fəːm] bevestigen, verzekeren; **–ation** [æfə'meiʃən] bevestiging, verzekering; (plechtige) verklaring, belofte (in plaats van eed); **–ative** [ə'fəːmətiv] **I** *aj* bevestigend; **II** *sb answer in the* ~ bevestigend of met ja (be)antwoorden

affix [ə'fiks] **I** *vt* (vast)hechten (aan *on, to*), toevoegen; verbinden [salaris &] ~ *one's signature to* zijn handtekening zetten onder; **II** *sb* ['æfiks] toevoeging, aanhangsel *o*; achtervoegsel *o*, voorvoegsel *o*

afflatus [ə'fleitəs] inspiratie, ingeving

afflict [ə'flikt] bedroeven, kwellen; bezoeken, teisteren; ~*ed a t* bedroefd over; ~*ed with* lijdend aan; **–ion** [ə'flikʃən] droefheid, droefenis, leed *o*, kwelling; bezoeking, ramp(spoed)

affluence ['æfluəns] rijkdom, welvaart; **–ent I** *aj* rijk; ~ *society* welvaartsstaat; **II** *sb* zijrivier; **afflux** ['æflʌks] toevloeiing, toevloed

afford [ə'fɔːd] verschaffen; opleveren; *he can* ~ *to...* hij kan zich (de weelde) veroorloven...; *I cannot* ~ *it* ik kan het niet bekostigen; *can you* ~ *the time?* hebt u er (de) tijd voor?; **–able** op te brengen; binnen iems. bereik

afforest [ə'fɔrist] bebossen

affranchise [ə'fræn(t)ʃaiz] vrijmaken, bevrijden

affray [ə'frei] vechtpartij, handgemeen, oploop

affront [ə'frʌnt] **I** *vt* beledigen; trotseren; **II** *sb* affront *o*, belediging

Afghan ['æfgæn] *sb* (& *aj*) Afghaan(s)

aficionado [əfisiə'na:dou] liefhebber (van stieregevechten), fan

afield [ə'fi:ld] op het veld; *⋈* te velde; afgedwaald; *far* ~ ver van huis; ver mis

afire [ə'faiə] in brand; gloeiend (van *with*)

aflame [ə'fleim] in vlam; *fig* gloeiend (van *with*)

afloat [ə'flout] vlot, drijvend; in de vaart; op zee; $ zwevend; overstroomd; *fig* (weer) boven water, er boven op, op dreef; in omloop [geruchten]; in de lucht hangend

afoot [ə'fut] te voet, op de been; aan de gang, aan de hand; op touw (gezet)

aforementioned, aforesaid [ə'fɔ:menʃiənd, -sed] voornoemd; **–time** vroeger

afraid [ə'freid] bang, bevreesd (voor *of*); *I am* ~... ook: 't spijt me, (maar)..., helaas..., jammer (genoeg)...; *I am* ~ [*to do*...] ik durf het niet aan [om...]

afresh [ə'freʃ] opnieuw, wederom

African ['æfrikən] *sb* (& *aj*) Afrikaan(s)

Afro-Asian ['æfrou'eiʃən] **I** *aj* Afro-Aziatisch; **II** *sb* ~s Afro-Aziaten

aft [a:ft] *⋢* (naar) achter

after ['a:ftə] **I** *ad* & *prep* achter; achterna; naar; na, daarna, later; ~ *all* alles wel beschouwd, per slot van rekening, toch (nog); *be* ~ in de zin hebben; uit zijn op, streven naar, het gemunt hebben op; *be* ~ *no good* niets goeds in zijn schild voeren; **II** *cj* nadat; **III** *sb* ~*s* F toetje *o*, nagerecht *o*; **IV** *aj* later; *⋢* achter-; **–birth** nageboorte; ~**-care** nazorg; reclassering; ~**-clap** volkomen onverwacht negatief gevolg achteraf; ~**-deck** achterdek *o*; ~**-effect** nawerking; **–glow** avondrood *o*; nagloeien *o*; ~**-image** nabeeld *o*; ~**-life** latere leeftijd of jaren; leven *o* hiernamaals; **–math** nagras *o*; *fig* nasleep, naweeën; **–most** *⋢* achterst; **–noon** [a:ftə'nu:n, a:ftə'nu:n] (na)middag; **–play** ['a:ftəplei] naspel *o*; ~**-taste** nasmaak; **–thought** later invallende gedachte; nadere overweging; **–wards** naderhand, daarna; ~**-world** hiernamaals *o*

again [ə'gen, ə'gein] weer, opnieuw, nog eens; verder, ook; aan de andere kant; van de weeromstuit, ervan; ~ *and* ... telkens en telkens (weer), herhaaldelijk; *as big (much)* ~ eens zo groot (veel); *then* ~, *why*...? bovendien waarom...?; *what's his name* ~? hoe heet hij ook weer?

against [ə'genst, ə'geinst] tegen(over); [een tekentje] bij, naast, achter

agamic [ə'gæmik], **agamous** ['ægəməs] geslachtloos; zonder bevruchting ontstaand

agape [ə'geip] met open mond; stom verbaasd

agate ['ægit] **I** *sb* agaat *o* [stofnaam], agaat *m* [voorwerpsnaam]; **II** *aj* agaten

agaze [ə'geiz] starend

age [eidʒ] **I** *sb* ouderdom, leeftijd; eeuw, tijdperk *o*, tijd; ~ *of discretion* jaren des onderscheids (14 jaar); (*old*) ~ ouderdom, oude dag; *full* ~ meerderjarigheid; *what* ~ *is he?* hoe oud is hij?; *when I was your* ~ toen ik zo oud was als jij; *be your* ~*!* doe niet zo flauw!, stel je niet aan!; *for* ~*s* een hele tijd; *of* ~ meerderjarig; *come of* ~ meerderjarig worden; *ten years of* ~ tien jaar oud; *over* ~ boven de jaren; *u n d e r* ~ beneden de vereiste leeftijd; **II** *vi* verouderen, oud worden; **III** *vt* oud maken; ~**-bracket** leeftijdsgroep; **aged I** ['eidʒid] oud, bejaard; **II** [eidʒd] ~ *six* zes jaar oud; **ageless** niet verouderend; eeuwig; ~**-long** eeuwenlang, langdurig

agency ['eidʒənsi] werking; agentschap *o*, agentuur, $ vertegenwoordiging; bureau *o*, instantie, lichaam *o*; bemiddeling, middel *o*

agenda [ə'dʒendə] agenda

agent ['eidʒənt] handelende persoon, bewerker; *fig* werktuig *o*; tussenpersoon, agent (ook = *secret* ~ spion); rentmeester; $ vertegenwoordiger; agens *o*; middel *o*; **agent-provocateur** ['æʒãŋ prəvɔkə'tə:] *Fr* betaalde opruier

agglomerate [ə'glɔməreit] (*vi* &) *vt* (zich) opeenhopen; **–tion** [əglɔmə'reiʃən] opeenhoping

agglutinate [ə'glu:tineit] *vt* & *vi* aaneenlijmen, samenkleven; in lijm veranderen; **–tion** [əglu:ti'neiʃən] samenkleving

aggrandize [ə'grændaiz] vergroten[2]; **–ment** [ə'grændizmənt] vergroting

aggravate ['ægrəveit] verzwaren; verergeren; F ergeren, tergen; **–ting** verzwarend [omstandigheid]; F ergerlijk, vervelend; **–tion** [ægrə'veiʃən] verzwaring; verergering, ergernis

aggregate ['ægrigit] **I** *aj* gezamenlijk; totaal; **II** *sb* verzameling, totaal *o*, massa; *in the* ~ globaal (genomen); **III** *vt* ['ægrigeit] verenigen; in totaal bedragen; **–tion** [ægri'geiʃən] verzameling

aggress [ə'gres] agressie plegen (jegens *on*); **–ion** aanval, agressie; **–ive** aanvallend, agressief; **–or** aanvaller, agressor

aggrieved [ə'gri:vd] gegriefd, verongelijkt (door *by*)

aghast [ə'ga:st] ontzet (van *at*); verbijsterd

agile ['ædʒail] rap, vlug; **agility** [ə'dʒiliti] beweeglijkheid

agin [ə'gin] J tegen [de regering]

agitate ['ædʒiteit] bewegen, schudden; in beroering brengen, opwinden, ontroeren; bespreken, behandelen; ageren, actie voeren (voor *for*); **–d** opgewonden, verontrust, zenuwachtig; **agitation** [ædʒi'teiʃən] beweging, onrust; beroering, opschudding, opwinding; hetze; (politieke) campagne, actie; **–tor** ['ædʒiteitə] agitator, onruststoker

aglet ['æglət] nestel; *⅌* katje *o*

agley [ə'gli:] *Sc* schuin; *go* ~ mislopen

aglow [ə'glou] verhit, gloeiend² (van *with*)

agnail ['ægneil] nij(d)nagel, stroopnagel

agnate ['ægneit] verwant v. vaderszijde

agnostic [æg'nɔstik] **I** *aj* agnostisch; **II** *sb* agnosticus

ago [ə'gou] geleden; *as long ~ as ... reeds in ...*

agog [ə'gɔg] verlangend; opgewonden; dol; *~ for* erop gebrand om...*, belust op, dol op

agogic [æ'gɔdʒik] agogisch; geestelijk welzijn bevorderend

agonize ['ægənaiz] **I** *vi* met de dood worstelen; doodsangsten uitstaan; wanhopige pogingen doen; **II** *vt* martelen, folteren, kwellen; *agonizing* ook: afgrijselijk, hartverscheurend; **agony** (doods)strijd; worsteling; helse pijn; (ziels)angst, foltering

agoraphobia ['ægərə'foubiə] ruimte-, pleinvrees

agraffe [ə'græf] spang, gesp, speld

agrarian [ə'grɪəriən] agrarisch, landbouw-; **–ism** beweging voor landbouwhervormingen

agree [ə'gri:] overeenstemmen, overeenkomen; afspreken; het eens worden of zijn (over (*up*)*on*, *about*); toestemmen (in *to*), akkoord gaan (met *to*); wel willen [gaan &], beamen; overweg kunnen (met *with*); *beer does not ~ with me* bier bekomt mij slecht; *~d!* akkoord!; *an ~d principle* een beginsel waarover overeenstemming is bereikt, waarover men het eens is; **–able** aangenaam, prettig, welgevallig; overeenkomstig (met *to*); **F** bereid (om, tot *to*); *if you are ~* **F** als u het goed vindt; **–ment** overeenstemming, overeenkomst; verdrag *o*, akkoord *o*; afspraak; *be in ~* ook: het eens zijn; *collective ~* collectieve arbeidsovereenkomst

agricultural [ægri'kʌltʃərəl] landbouw-, landbouwkundig, agrarisch; *~ labourer* (*worker*) landarbeider; **agriculture** ['ægrikʌltʃə] landbouwkunde; landbouw, akkerbouw; **agronomics** [ægrə'nɔmiks] landbouwkunde

aground [ə'graund] ✠ aan de grond

ague ['eigju:] (malaria)koorts; (koorts)rilling

ahead [ə'hed] voor(uit), vooraan; *get ~* vooruitkomen, carrière maken; *get ~ of* voorbijstreven, overvleugelen; *go ~* van start gaan; voortgaan; vooruitgang boeken; *the task (that lies) ~* de komende taak (de taak die wij voor de boeg hebben, die ons wacht); *~ of* voor

ahem [ə'hem] hm!

ahoy [ə'hɔi] ✠ aho(o)i!

aid [eid] **I** *vt* helpen, bijstaan; bijdragen tot, bevorderen; *~ and abet* de hand reiken, handlangersdiensten bewijzen; **II** *sb* hulp, bijstand; helper, -ster; hulpmiddel *o*; *in ~ of* ten bate van; *~ man* hospitaalsoldaat; **aide-de-camp** ['eiddə'kã: ŋ] *Fr* ✠ aide-de-camp, adjudant

ail [eil] schelen, schorten; *what ~s you?* wat scheelt je?

aileron ['eilərən] ✈ rolroer *o*

ailing ['eiliŋ] ziekelijk, sukkelend; *~ area* achtergebleven gebied *o*; **ailment** ziekte, kwaal

aim [eim] **I** *vi* richten, mikken, aanleggen (op *at*); *~ at* ook: *fig* doelen op; 't gemunt hebben op; streven naar, beogen [iets], aansturen op; *~ high* eerzuchtig zijn; **II** *vt* richten (op of tegen *at*), aanleggen (op *at*); *that was ~ed at you* dat doelde op u, dat was op u gemunt; **III** *sb* oogmerk *o*, doel(wit) *o*; *take ~* aanleggen, mikken; **–less** doelloos

ain't [eint] **P** = *am* (*is*, *are*) *not* en *have* (*has*) *not*

air [ɛə] **I** *sb* lucht; windje *o*; tocht; R ether; ♪ wijs, wijsje *o*, melodie, aria; voorkomen *o*; air *o*, houding; *~s and graces* kokette maniertjes; *hot ~* **F** gezwam *o*, kale kak; *give oneself ~s* verwaand zijn; *put on ~s* verwaand doen; *take ~* ruchtbaar worden; *take the ~* een luchtje scheppen; ✈ opstijgen; *tread (walk) on ~* in de zevende hemel zijn; *by ~* door de lucht: per vliegtuig (of luchtschip); *be in the ~* in de lucht zitten; in de lucht hangen; *off the ~* R uit de ether; *on the ~* R in de ether; *over the ~* R door de ether; **II** *vt* lucht geven (aan)², luchten²; geuren met; **III** *vr ~ oneself* een luchtje scheppen; *~ bag* luchtkussen (in auto); *~ base* luchtbasis; *~-bed* luchtbed *o*; *~-borne* door de lucht vervoerd of aangevoerd; opgestegen; in de lucht; ✈ luchtlandings-; *~ landing* luchtlanding; *~ coach Am* passagiersvliegtuig met minder service dan normaal; *~ conditioning* luchtregeling, klimaatregeling; *~-cooled* luchtgekoeld; *–craft* luchtvaartuig *o*, luchtvaartuigen, vliegtuig *o*, vliegtuigen; *~-carrier* vliegdekschip *o*; *–craftman* soldaat bij de luchtmacht; *~ crash* luchtramp; *–crew* vliegtuigbemanning; *~ cushion* windkussen *o*; *-drome Am* vliegveld *o*; *–field* vliegveld *o*; *–foil Am* ✈ draagvlak *o*; *~ force* luchtmacht, luchtstrijdkrachten; *~-freight* luchtvracht; *–gun* windbuks; *~-gunner* boordschutter; *~ hostess* (lucht)stewardess; **airily** *ad* luchtig; **airiness** luchtigheid; **airing** luchten *o*; drogen *o*; beweging in de vrije lucht; *take an ~* een luchtje scheppen; **air-jacket** zwemvest *o*; *–less* zonder lucht; bedompt; stil, zonder wind; *~ letter* luchtpostblad *o*; *–lift* ✈ luchtbrug; *–line* lucht(vaart)lijn; *~ liner* lijnvliegtuig *o*, verkeersvliegtuig *o*; *–lock* luchtsluis [v. caisson, kolenmijn &]; dampslot *o* [in een buis]; *~ mail* luchtpost, vliegpost; *~-man* vlieger; *~ mattress* luchtbed *o*; *~-pipe* ✠ & ✗ luchtbuis; *~ piracy* vliegtuigkaperij; *~ pirate* vliegtuigkaper; *–plane* vliegtuig *o*; *~ pocket* luchtzak [valwind]; *–port* luchthaven, vlieghaven; *~ pump* luchtpomp; *~ raid* luchtaanval; *air-raid precautions* luchtbescherming; *air-raid warning* luchtalarm *o*; zie ook: *shelter, warden*; **–screw** ↙ schroef; **–ship** luchtschip *o*, zeppelin; **~ shuttle** (pendel)luchtbus; **–sick(ness)** luchtziek(te); **–space** luchtruim *o* [v.e. land]; **–strip** ↙ landingsstrook; **~ terminal** luchtvaartbusstation op afstand v.e. vlieghaven; **–threads** herfstdraden; **~ ticket** vliegbiljet *o*; **–tight** luchtdicht; **~ time** R zendtijd; **~ view** gezicht *o* uit de lucht (op *of*), ook: luchtfoto; **–way** luchtgalerij [in mijn]; ↙ luchtroute, luchtvaartlijn; **–worthy** ↙ luchtwaardig; **airy** (hoog) in de lucht, luchtig; ijl; **~-fairy** luchtig, dartel; oppervlakkig, quasi

aisle [ail] zijbeuk; pad *o* [tussen banken &]

ait [eit] (rivier)eilandje *o*

aitch [eitʃ] (de letter) h

Aix-la-Chapelle [′eiksla:ʃæ′pel] Aken *o*

ajar [ə′dʒa:] op een kier, half open, aan

akimbo [ə′kimbou] *(with) arms* **~** met de handen in de zij(de)

akin [ə′kin] verwant [2] (aan *to*)

alabaster [′æləba:stə] *sb* (& *aj*) albast(en)

↖ alack(a-day) [ə′læk(ə′dei)] ach!, helaas!

alacrity [ə′lækriti] wakkerheid, monterheid; bereidvaardigheid; gretigheid

alarm [ə′la:m] **I** *sb* alarm(sein) *o*; ontsteltenis, schrik, ongerustheid; alarminstallatie; wekker(klok); *the ~ was given* er werd alarm gemaakt; *take the ~* ongerust worden; lont ruiken; **II** *vt* alarmeren, verontrusten, beangstigen, ontstellen; **~-bell** alarmklok; **~-clock** wekker(klok); **–ing** verontrustend; **–ist** paniekzaaier; **alarum** [ə′lɛərəm, ə′la:rəm] = *alarm* **I**

alas [ə′læs, ə′la:s] helaas!, ach!; *~ for John!* die arme Jan!

alb [ælb] albe

Albanian [æl′beinjən] *aj* & *sb* Albanees

albatross [′ælbatrɔs] albatros

albeit [ɔ:l′bi:it] (al)hoewel, ofschoon

albescent [æl′besnt] overgaand in wit

albino [æl′bi:nou] albino

Albion [′ælbjən] Albion *o*: Engeland *o*

album [′ælbəm] album *o*

albumen [′ælbjumin] eiwit *o*, eiwitstof; **albuminous** [æl′bju:minəs] eiwithoudend

alburnum [æl′bə:nəm] ʒ̇ spint *o* (= jong hout in boomstam)

alchemist [′ælkimist] alchimist; **alchemy** alchimie

alcohol [′ælkəhɔl] alcohol; **–ic** [ælkə′hɔlik] **I** *aj* alcoholisch; **II** *sb* alcoholist; **–ism** [′ælkəhɔlizm] alcoholisme *o*

Alcoran [ælkɔ′ra:n] de Koran

alcove [′ælkouv] alkoof; prieel *o*

aldehyde [′ældihaid] aldehyd(e) *o*

alder [′ɔ:ldə] ʒ̇ els, elzeboom

alderman [′ɔ:ldəmən] wethouder, schepen

ale [eil] Engels bier *o*

aleatory [′eiliətəri] van het toeval afhankelijk; kans-

alee [ə′li:] ♪ aan lij

ale-house [′eilhaus] bierhuis *o*

alembic [ə′lembik] distilleerkolf

alert [ə′lə:t] **I** *aj* waakzaam, op zijn hoede; vlug; levendig; **II** *sb* alarm *o*; luchtalarm *o*; *on the ~* op zijn hoede; **III** *vt* waarschuwen, alarmeren

alexandrine [ælig′zændrain] alexandrijn

alexia [ə′ldksiə] leesblindheid

alfalfa [æl′fælfə] luzerne

alga [′ælgə, *mv* **algae** ′ældʒi:] zeewier *o*, alge

algebra [′ældʒibrə] algebra, stelkunde; **–ic(al)** [ældʒi′breiik(l)] algebraïsch, stelkundig

Algerian [æl′dʒiəriən] *sb* (& *aj*) Algerijn(s)

alias [′eiliæs] **I** *aj* alias, anders genoemd; **II** *sb* alias, andere naam, aangenomen naam

alibi [′ælibai] alibi *o*; F verontschuldiging, excuus *o*

alien [′eiljən] **I** *aj* vreemd [2]; strijdig; weerzinwekkend; buitenlands; **II** *sb* vreemdeling; **–able** vervreemdbaar; **–ate** *vt* vervreemden [2] (van *from*); **–ation** [eiljə′neiʃən] vervreemding; (*mental*) **~** krankzinnigheid; **–ist** [′eiljənist] psychiater

1 alight [ə′lait] *aj* aangestoken, aan, brandend, in brand; verlicht; schitterend

2 alight [ə′lait] *vi* uitstappen (uit *from*), afstijgen (van *from*), neerkomen, neerstrijken (op *on*), ↙ landen; afstappen (in *at*)

align, aline [ə′lain] **I** *vt* op één lijn plaatsen, opstellen; richten; aanpassen; **~** *oneself with* zich scharen aan de zijde van; zich aansluiten bij; **II** *vi* zich richten, zich in het gelid scharen; **alignment** op één lijn brengen *o*; richten *o*; aanpassing; opstelling; groepering, verbond; (rooi)lijn; *out of* **~** ook: ontwricht

alike [ə′laik] gelijk, eender; op elkaar gelijkend; evenzeer; *...and...* **~** zowel ...als...

aliment [′ælimənt] voedsel *o*; onderhoud *o*; **–ary** [æli′mentəri] voedend; voedings-; **~** *canal* spijsverteringskanaal *o*; **–ation** [ælimen′teiʃən] voeding; onderhoud *o*;

alimony [′æliməni] alimentatie, onderhoud *o*

aline = *align*

alive [ə′laiv] in leven, levend; levendig; **~** *and kicking* springlevend; **~** *to* zich bewust van, met een open oog voor, ontvankelijk of gevoelig voor; **~** *with* wemelend van, krioelend van; *look* **~** voortmaken; *man* **~**! maar man!, kerel!; (*the best man*) **~** ter wereld

alkali [′ælkəlai] alkali *o*; **–ne** alkalisch

all [ɔ:l] **I** *aj* (ge)heel, gans, al(le), iedere, elke; **~** *day* de hele dag; **~** *London* heel Londen; **~** *night* (gedurende) de hele nacht; *and* **~** *that* en zo; **II** *ad* geheel, heelemaal, één en al; **~** *clear* gevaar geweken, alles veilig; **~** *the best!* het beste (ermee)l; ~ *the better* des te beter; **III** *sb* al(les) *o*; ~ *and each*, ~ *and sundry* allen zonder onderscheid; ~ *but* nagenoeg, zo goed als, bijna; allen (alles) met uitzondering van, op ... na; ~ *in* alles (allen) inbegrepen; ~ *in* ~ alles bijeen(genomen), al met al; *she was* ~ *in* ~ *to him* (*his* ~ *in* ~) zij was hem alles, alles voor hem; ~ *of us* wij alleen; ~*-or-none* alles of niets; *at* ~ in het minst, (ook) maar (enigszins); wel, misschien; toch?; *not at* ~ in het geheel niet, volstrekt niet; tot uw dienst [na bedanken]; *in* ~ in het geheel; *twenty* ~ *sp* twintig gelijk, ~'*s well that ends well* eind goed, al goed; *A*~ *Fools' Day* 1 april; *A*~ *Hallows*, *A*~ *Saints' Day* Allerheiligen; *A*~ *Souls' Day* Allerzielen; zie ook: *after, along, for, in, of, out, over, right, round, same, there, things* &

allay [ə'lei] (doen) bedaren; stillen, verlichten, verzachten, matigen, verminderen

allegation [æli'geiʃən] bewering; aantijging; **allege** [ə'ledʒ] aanvoeren; beweren; **-d** *aj* zogenaamd, vermoedelijk; **allegedly** *ad* naar beweerd wordt (werd)

allegiance [ə'li:dʒəns] trouw (van onderdanen) (aan *to*); bond

allegoric(al) [æli'gɔrik(l)] allegorisch; **allegorize** ['æligəraiz] **I** *vt* zinnebeeldig voorstellen; **II** *vi* zich zinnebeeldig uitdrukken; **allegory** ['æligəri] allegorie

allergen ['ælədʒin] allergeen *o;* **-gic** [ə'lɔ:dʒik] allergisch; **F** *be* ~ *to* afkeer (hekel) hebben van (aan); **-gist** ['ælədʒist] allergoloog; **-gy** allergie; **F** afkeer (van *to*)

alleviate [ə'li:vieit] verlichten, verzachten; **-tion** [əli:vi'eiʃən] verlichting, verzachting

alley ['æli] steeg, gang; laantje *o*; doorgang; (kegel)baan; **-way** steeg

alliance [ə'laiəns] verbond *o*, bond, bondgenootschap *o*, verbintenis, huwelijk *o*; verwantschap

allied [ə'laid, 'ælaid] verbonden, geallieerd, bondgenootschappelijk; verwant

alligator ['æligeitə] alligator, kaaiman

all-important [ɔ:lim'pɔ:tənt] van het grootste gewicht, hoogst belangrijk; ~ **-in** alles (allen) inbegrepen; ~ *tour* geheel verzorgde reis; ~ *wrestling* vrij worstelen

alliterate [ə'litəreit] allit(t)ereren; **-tion** [əlitə'reiʃən] allit(t)eratie, stafrijm *o*; **-tive** [ə'litərətiv] allit(t)ererend

allocate ['æləkeit] toewijzen; aanwijzen; bestemmen; **-tion** [ælə'keiʃən] toewijzing; bestemming; portie

allocution [ælə'kju:ʃən] toespraak

allot [ə'lɔt] toe(be)delen, toewijzen (aan *to*); **-ment** toe(be)deling, toewijzing; aandeel *o*; (levens)lot *o*; perceel *o*; volkstuintje *o*

all-out ['ɔ:laut] met alle middelen, intensief, geweldig, groot(scheeps)

allow [ə'lau] **I** *vt* toestaan, toelaten, toekennen, veroorloven; erkennen; **II** *vi* ~ *f o r* (als verzachtende omstandigheid) in aanmerking nemen; rekening houden met; ~ *of* toestaan, toelaten; **-able** geoorloofd; **-ance** portie, rantsoen *o*; toelage; toeslag, bijslag [voor kinderen]; tegemoetkoming, vergoeding; $ korting; *make* ~*s for* in aanmerking nemen; *make* ~*s for him* toegeeflijk zijn voor hem

alloy ['ælɔi, ə'lɔi] **I** *sb* allooi *o*, gehalte *o*; legéring; (bij)mengsel *o*; **II** *vt* legéren; mengen

allspice ['ɔ:lspais] piment *o*

all-time ['ɔ:ltaim] ongekend, nooit eerder voorgekomen

allude [ə'l(j)u:d] ~ *to* zinspelen op, doelen op; (terloops) vermelden, het hebben over

all-up [ɔ:l'ʌp] vlieggewicht *o* [v. vliegtuig]

allure [ə'ljuə] (aan)lokken, verlokken; **-ment** verlokking; verleidelijkheid

allusion [ə'l(j)u:ʒən] zin-, toespeling (op *to*); **-ive** zinspelend

alluvial [ə'l(j)u:viəl] alluviaal, aangeslibd; **alluvium, -ion** [ə'l(j)u:viəm, ə'l(j)u:viən] alluvium *o*, aanslibbing, aangeslibd land *o*

1 ally [ə'lai] **I** *vt* verbinden (met *to, with*), verwant maken (aan *to*); verenigen; **II** *sb* ['ælai, ə'lai] bondgenoot

2 ally ['æli] *sb* alikas [knikker]

almanac ['ɔ:lmənæk] almanak

almighty [ɔ:l'maiti] **I** *aj* almachtig; **F** enorm; **II** *sb the Á* ~ de Almachtige

almond ['a:mənd] amandel; ~ *eyed* met amandelvormige ogen; ~ *paste* amandelspijs

almoner ['a:mənə, 'ælmənə] aalmoezenier; maatschappelijk werker in een ziekenhuis

almost ['ɔ:lmoust, 'ɔ:lməst] bijna, nagenoeg

alms [a:mz] aalmoes, aalmoezen; ~ **-box** offerblok *o*, offerbus; **-house** armenhuis *o*, hofje *o*

aloft [ə'lɔft] hoog, omhoog[2], in de lucht[2]; ⚓ in de mast; in het want

alone [ə'loun] alleen

along [ə'lɔŋ] *prep & ad* langs...; voort, door; mee; (*I ran*) ~ *the corridor* door de gang; (*I limped*) ~ *the sand* over het zand; (*the bottles*) ~ *the shelf* (in een rijtje) op de plank; *al* ~ wél, altijd, altijd (wel), steeds; ~ *with* samen (tegelijk) met; *come* ~! kom mee!; *get* ~ het (goed, slecht) maken; *get* ~! ga weg!; **-shore** langs de kust; **-side** langszij; ~ (*of*) langs; naast[2]; *free* ~ (*ship*) $ vrij langszij

aloof [ə'lu:f] op een afstand[2], ver[2]; gereserveerd, afzijdig (van *from*); *keep* (*hold, stand*) ~ distantie bewaren, zich afzijdig houden

alopecia [ælo'pi:ʃiə] haaruitval, kaal(hoofdig)heid

aloud [ə'laud] luid(e), overluid, hardop

alp [ælp] (hoge) berg, bergweide; *the Alps* de Alpen

alpha ['ælfə] alfa; ~ *minus* voldoende; ~ *plus* uitmuntend; ~ *rays* alfastralen; –bet alfabet *o,* abc[2] *o;* –betical [ælfə'betikl] alfabetisch
Alpine ['ælpain] alpen-; –nist ['ælpinist] alpinist, bergbeklimmer
already [ɔ:l'redi] al, reeds; –right = *all right* (zie onder *right*)
Alsatian [æl'seiʃən] I *aj* Elzassisch; II *sb* Elzasser; Duitse herder(shond)
also ['ɔ:lsou] ook, eveneens, bovendien; ~-ran renpaard dat niet als een der drie eerste aankomt, maar wel geplaatst wordt; *fig* middelmatig iemand
alt [ælt] alt
altar ['ɔ:ltə] altaar *o;* Avondmaalstafel; *lead to the* ~ [iem.] trouwen; ~-rails *mv* koorhek
alter ['ɔ:ltə] veranderen, wijzigen; –ation [ɔ:ltə'reiʃən] verandering, wijziging; ~*s* ook: verbouwing
altercate ['ɔ:ltəkeit] twisten, krakelen; –cation [ɔ:ltə'keiʃen] (woorden)twist
alter ego ['æltə 'i:gou] boezemvriend(in)
alternate ['ɔ:ltəneit] (elkaar) afwisselen; II *aj* [ɔ:l'tə:nit] afwisselend; verwisselend [v. hoeken]; *on* ~ *days* om de andere dag; III *sb Am* plaatsvervanger; –ly *ad* afwisselend, beurtelings, om de beurt, beurt om beurt; alternation [ɔ:ltə'neiʃən] afwisseling; –ive [ɔ:l'tə:nətiv] I *aj* alternatief, ander (van twee); II *sb* alternatief *o,* keus (uit twee); *in the* ~ subsidiair; alternator ['ɔ:ltəneitə] wisselstroomdynamo
although [ɔ:l'ðou] (al)hoewel, ofschoon, al
altimeter ['æltimi:tə] hoogtemeter; altitude ['æltitju:d] hoogte; verhevenheid
alto ['æltou] alt
altogether [ɔ:ltə'geðə] alles samengenomen, over het geheel; in totaal; helemaal, volkomen; *in the* ~ **F** naakt
altruism ['æltruizm] altruïsme *o;* –ist altruïst; –istic [æltru'istik] altruïstisch
alum ['æləm] aluin
alumina [ə'lju:minə] aluinaarde
aluminium [ælju'minjəm] aluminium *o*
aluminous [ə'lju:minəs] aluinachtig, aluin-
aluminum [ə'lu:minəm] *Am* aluminium *o*
alumna [ə'lʌmnə, *mv* –nae -ni:] (oud-)leerlinge, (oud-)studente; –nus [ə'lʌmnəs, *mv* –ni –nai] (oud-)leerling, (oud-)student
always ['ɔ:lweiz] altijd (nog), altoos
a.m. = *ante meridiem* 's morgens, in de voormiddag, v.m.
am [æm] 1e pers. enkelv. v. *to be*
⊙ amain [ə'mein] met kracht, uit alle macht
amalgam [ə'mælgəm] amalgama *o,* mengsel[2]*o;* –ate amalgameren, (zich) vermengen, (zich) verbinden, samensmelten, $ fuseren, een fusie aangaan; –ation [əmælgə'meiʃən] vermenging,

$ fusie
amanita [æmə'naitə] ♣ amaniet
amanuensis [əmænju'ensis, *mv* –ses -si:z] schrijver, secretaris
amaranth ['æmərænθ] ♣ amarant; amarant *o* [kleur]
amass [ə'mæs] opeenhopen, vergaren
amateur ['æmətə:, æmə'tə:] amateur, liefhebber; –ish [æmə'tə:riʃ] amateuristisch, diletanterig; –ism amateurisme *o*
amative ['æmətiv] verliefd; –tory liefde(s)-, amoureus
amaze [ə'meiz] *vt* verbazen; –ment verbazing; amazing verbazend, verbazingwekkend, **F** fantastisch
Amazon ['æməzən] Amazone [de rivier]; amazone [(strijdbare) vrouw]
ambassador [æm'bæsədə] ambassadeur; (af)gezant
amber ['æmbə] amber, barnsteen *o* & *m; the* ~ (*light*) het gele (verkeers)licht; –gris grijze amber
ambidexter [æmbi'dekstə], –trous beide handen even goed kunnende gebruiken; *fig* dubbelhartig
ambience ['æmbiəns] entourage, sfeer; ambient omringend
ambiguity [æmbi'gjuiti] dubbelzinnigheid; ambiguous [æm'bigjuəs] dubbelzinnig
ambit ['æmbit] omvang, omtrek, grenzen
ambition [æm'biʃən] eerzucht; vurig verlangen *o,* streven *o,* aspiratie, ideaal *o;* –ious eerzuchtig; begerig (naar *of*); groots, grootscheeps, ambitieus [plan]
ambivalence [æm'bivələns] ambivalentie; –ent ambivalent
amble ['æmbl] I *vi* in de telgang gaan; (kalm) stappen; II *sb* telgang; kalme gang
ambrosia [æm'brouziə] ambrozijn *o,* godenspijs
ambulance ['æmbjuləns] ambulance(wagen), ziekenwagen; –ant = *ambulatory* I; –atory I *aj* ambulant, wandelend; rondgaand; II *sb* (klooster)gang; kooromgang [in kerk]
ambuscade [æmbəs'keid], ambush ['æmbuʃ] I *sb* hinderlaag; *lie in* ~ in een hinderlaag liggen; *fig* op het vinkentouw zitten; II *vt* uit een hinderlaag aanvallen; ✎ in hinderlaag leggen; *be ambushed* in hinderlaag liggen; in een hinderlaag vallen; III *vi* zich verdekt opstellen, in hinderlaag liggen
ameer, amir [ə'miə] emir
ameliorate [ə'mi:liəreit] I *vt* beter maken, verbeteren; II *vi* beter worden; –tion [əmi:liə'reiʃən] verbetering
amenable [ə'mi:nəbl] meegaand, gezeglijk, handelbaar; ontvankelijk, vatbaar (voor *to*); te brengen (voor *to*), verantwoording schuldig

(aan *to*)

amend [ə'mend] **I** *vt* (ver)beteren; amenderen; **II** *vi* beter worden, zich beteren; **–ment** verbetering, beter worden *o*; amendement *o*; **amends** vergoeding; vergelding; *make* ~ het goedmaken; schadeloos stellen; herstellen

amenity [ə'mi:niti] aangenaamheid, liefelijkheid; attractie; *amenities* vriendelijkheden, beleefdheden; gemakken, genoegens

amentia [ei'menʃiə] geestelijk gestoord zijn *o*

amerce [ə'mɔ:s] beboeten

American [ə'merikən] *sb* (& *aj*) Amerikaan(s); **–ize** veramerikaansen; naturaliseren tot Amerikaan

amethyst ['æmiθist] amethist *o* [stofnaam], amethist *m* [voorwerpsnaam]

amiable ['eimjəbl] beminnelijk, lief

amicable ['æmikəbl] vriend(schapp)elijk

amid [ə'mid] te midden van, onder; **–ships** midscheeps; **amidst** te midden van, onder

amino ['æminou] ~ *-acid* aminozuur *o*

amiss [ə'mis] verkeerd, niet in orde; kwalijk, te onpas, mis; *nothing comes* ~ *to him* alles is hem goed; alles is van zijn gading; *take sth.* ~ iets kwalijk nemen

amity ['æmiti] vriendschap

ammeter ['æmitə] ampèremeter

ammonia [ə'mounjə] ammonia(k); **ammoniac** ammoniak-; **–ium** ammonium *o*

ammunition [æmju'niʃən] (am)munitie

amnesia [æm'ni:zjə] geheugenverlies *o*

amnesty ['æmnisti] **I** *sb* amnestie; **II** *vt* amnestie verlenen (aan)

amnion ['æmniən] vruchtvlies *o*; **–otic** [æmni'ɔtik] ~ *fluid* vruchtwater *o*

amoeba [ə'mi:bə, *mv* **–bae** -bi:] amoebe

amok zie *amuck*

among(st) [ə'mʌŋ(st)] onder, te midden van, tussen, bij; *(we had £1)* ~ *us* met ons allen; *be* ~ behoren tot

amorous ['æmərəs] verliefd; liefdes-

amorphous [ə'mɔ:fəs] amorf, vormloos

amortization [əmɔ:ti'zeiʃən] amortisatie; **amortize** [ə'mɔ:tiz] amortiseren, delgen [v. schuld]

amount [ə'maunt] **I** *vi* ~ *to* bedragen; gelijkstaan met; [weinig, niets] te betekenen hebben; *it* ~*s to the same thing* het komt op hetzelfde neer; **II** *sb* bedrag *o*; hoeveelheid, mate; *cause any* ~ *of trouble* heel veel moeite veroorzaken; *no* ~ *of trouble will suffice* geen moeite zal voldoende zijn; *to the* ~ *of* ten bedrage van

amour [ə'muə] amourette, minnarij; ~ *-propre* [amur'prɔpr] *Fr* gevoel v. eigenwaarde

ampere ['æmpɛə] ampère

ampersand ['æmpəsænd] het teken &

amphetamine [æm'fetəmi:n] amfetamine [pep-

middel]

amphibian [æm'fibiən] **I** *aj* tweeslachtig, amfibie-; **II** *sb* amfibie, tweeslachtig dier *o*; amfibievliegtuig *o*, -voertuig *o*; **–ious** tweeslachtig, amfibisch, amfibie-

amphitheatre ['æmfiθiətə] amfitheater *o*

amphora ['æmfərə, *mv* **–rae** -ri:] amfora, kruik

ample ['æmpl] *aj* wijd, ruim, breed(voerig), uitvoerig, overvloedig, ampel; **amplification** [æmplifi'keiʃən] aanvulling, uitbreiding; *R* versterking; **–fier** ['æmplifaiə] *R* versterker; **–fy I** *vt* aanvullen; uitbreiden; ontwikkelen; *R* versterken; **II** *vi* uitweiden (over *upon*); **amplitude** wijdte, omvang, uitgestrektheid; overvloed; amplitude; **amply** *ad* v. *ample*; ook: ruimschoots, rijkelijk

ampoule, ampule ['æmpu:l] ✶ ampul

amputate ['æmpjuteit] amputeren, afzetten; **–tion** [æmpju'teiʃən] amputatie, afzetten *o*; *fig* bekorting, besnoeiing; **amputee** geamputeerde

amuck, amok [ə'mʌk] amok *o*, amokpartij; *run* ~ *(against, at, on)* amok maken, te keer gaan (tegen), te lijf gaan

amulet ['æmjulit] amulet

amuse [ə'mju:z] amuseren, vermaken; **–ment** amusement *o*, vermaak *o*, tijdverdrijf *o*; geamuseerdheid; ~ *park* lunapark *o*; ~ *tax* vermakelijkheidsbelasting; **amusing** amusant, vermakelijk

an [ən; met nadruk: æn] een; zie ook *2 a*

anabaptist [ænə'bæptist] wederdoper

anachronism [ə'nækrənizm] anachronisme *o*; **–istic** [ənækrə'nistik] anachronistisch

anacoluthia [ænəkə'lu:θiə] anakoloet (als verschijnsel); **–thon** anakoloet (in een bep. geval)

anaconda [ænə'kɔndə] *Am* reuzenslang

anaemia, anemia [ə'ni:miə] anemie, bloedarmoede; **–ic** anemisch, bloedarm

anaesthesia, anesthesia [ænis'θi:zjə] gevoelloosheid; verdoving, anesthesie; **–etic** [ænis-'θetik] pijnverdovend (middel *o*); **–etist** [æ'ni:sθitist] anesthesist, narcotiseur; **–etize** gevoelloos maken, verdoven, wegmaken

anagram ['ænəgræm] anagram *o*

anal ['einəl] aars-, anaal

analgesic [ænæl'dʒi:sik] pijnstillend middel *o*

analogical [ænə'lɔdʒikl] analogisch; **–gous** [ə'næləgəs] analoog, overeenkomstig, **–gue** ['ænəlɔg] ~ *computer* analoge rekenmachine; **–gy** [ə'nælədʒi] analogie°, overeenkomst(igheid), overeenstemming; *on the* ~ *of, by* ~ *with* naar analogie van

analysable ['ænəlaizəbl] analyseerbaar; **analyse** ['ænəlaiz] analyseren, ontleden, ontbinden; **–sis** [ə'nælisis *mv* **–ses** -si:z] analyse, ontleding, ontbinding; overzicht *o* (van de inhoud); *in the last* (*final*) ~ uiteindelijk; **analyst** ['ænəlist] analist, scheikundige; *ps* analyticus; **analytic(al)** [ænə'litik(l)] analytisch, ontledend; ~ *chemist* analist; **analyze** = *analyse*

anamnesis [ænəm'ni:sis] ziektegeschiedenis, anamnese

ananas [ə'na:nəs] ℀ ananas

anarch ['æna:k] oproerkraaier; **–ic(al)** [æ'na:kik(l)] regeringloos, wetteloos, ordeloos, anarchistisch; **–ism** ['ænəkizm] anarchisme *o*; **–ist** anarchist(isch); **–y** anarchie[2]

anathema [ə'næθimə] ban, (ban)vloek; *...is* ~ *to him* ... is hem een gruwel; **–tize** de banvloek uitspreken over, vervloeken

anatomical [ænə'tɔmikl] anatomisch, ontleedkundig; **–ist** [ə'nætəmist] anatoom, ontleedkundige; **–ize** ontleden; **anatomy** anatomie, ontleding; **F** lichaam *o*

ancestor ['ænsistə] voorvader, stamvader; **–tral** [æn'sestrəl] voorvaderlijk, voorouderlijk; **–try** ['ænsistri] voorouders, voorvaderen; afstamming, geboorte

anchor ['æŋkə] **I** *sb* ⚓ anker[2] *o*; *fig* steun en toeverlaat; *cast* (*drop*) ~ het anker laten vallen (uitwerpen); *up* (*weigh*) ~ het anker lichten; *a t* ~ voor anker; *come t o* ~ voor anker gaan; **II** *vt* (ver)ankeren; **III** *vi* ankeren; **–age** ankeren *o*; ankergrond, -plaats; ‖ kluis; kluizenaarshut

anchoret ['æŋkərət], **anchorite** ['æŋkərait] anachoreet, kluizenaar

anchor ice ['æŋkərais] grondijs *o*

anchovy ['æntʃəvi, æn'tʃouvi] ansjovis

ancient ['einʃənt] (al)oud; *the A~s* de Ouden

ancillary [æn'siləri] ondergeschikt (aan *to*); hulp-, neven-, toeleverings- [v. bedrijf]

and [ænd, ənd, ən] en; ~ *so on* enz.; *smaller* ~ *smaller* hoe langer hoe kleiner, al kleiner (en kleiner); *the clock ticked on* ~ *on* de klok tikte al maar voort; *come* ~ *see me* kom me opzoeken

andiron ['ændaiən] vuurbok, haardijzer *o*

androgyny [æn'drɔdʒini] tweeslachtigheid

anecdotage [ænik'doutidʒ] seniele ouderdom

anecdotal ['ænikdoutl] anekdotisch; **anecdote** anekdote

anemia = *anaemia*

anemometer [æni'mɔmitə] windmeter

anemone [ə'neməni] anemoon

anent [ə'nent] betreffende

aneroid ['ænərɔid] doosbarometer

anesth- = *anaesth-*

aneurism ['ænjuərizm] slagadergezwel *o*

anew [ə'nju:] opnieuw, nog eens; andere

angel ['eindʒəl] engel[2]; ~**-fish** zeeëngel; **–ic(al)** [æn'dʒelik(l)] engelachtig; engelen-; **–ica** engelwortel

anger ['æŋgə] **I** *sb* gramschap, toorn, verbolgenheid, boosheid; **II** *vt* vertoornen,

boos maken

Angevin ['ændʒivin] uit ('t huis) Anjou

angina [æn'dʒainə] angina; ~ *pectoris* ['pektəris] angina pectoris

angiology [ændʒi'ɔːlədʒi] ℀ vaat(ziekten)leer; **angiospasm** [ændʒiɔ'spæzm] vaatkramp **angiospermous** [ændʒiɔ'spə:məs] ℀ bedektzadig

angle ['æŋgl] **I** *sb* hoek; *fig* gezichtspunt[2] *o*; kijk; kant; ⚓ hengel, vishaak; **II** *vi* hengelen[2]; **III** *vt* **F** kleuren [berichtgeving]; *French* ~*d* Frans georiënteerd; **angler** hengelaar

Angles ['æŋglz] Angelen; **–lian** v.d. Angelen; **–lican** anglicaan(s); **–licism** anglicisme *o*; **–licist** beoefenaar v.d. Anglistiek; Anglist; **–licize** verengelsen

angling ['æŋgliŋ] hengelen *o*; hengelsport

Anglo ['æŋglou] in samenstelling: Engels; ~**-Indian I** *aj* Engels-Indisch; **II** *sb* Engelsman of halfbloed in (uit) het voormalige Brits Indië; **–phile** anglofiel: met een voorliefde voor al wat Engels is; ~**-Saxon I** *aj* Angelsaksisch; **II** *sb* Angelsaksisch *o*

angostura [æŋgɔs'tjuərə] angostura (bitter *o* & *m*)

angry ['æŋgri] *aj* toornig, verbolgen, boos; ℀ ontstoken; ~ *a t* (*a b o u t*) boos om (over); ~ *w i t h* boos op

anguine ['æŋgwin] slangachtig

anguish ['æŋgwiʃ] **I** *sb* angst, smart, (hevige) pijn; **II** *vt* kwellen, pijnigen; ~*ed* ook: vertwijfeld

angular ['æŋgjulə] hoekig[2], hoek-; **–ity** [æŋgju'læriti] hoekigheid[2]

anhydrous [æn'haidrəs] *chem* geen water bevattend

anigh [ə'nai] ⚓ nabij

aniline ['ænili:n] aniline

animadversion [ænimæd'və:ʃən] aanmerking, berisping; **animadvert** ~ (*up*)*on* kritiseren, aanmerkingen maken op, berispen

animal ['æniməl] **I** *sb* dier *o*, beest *o*; wezen *o*; **II** *aj* dierlijk; dieren-; ~ *kingdom* dierenrijk *o*; ~ *spirits* opgewektheid, levenslust; **–cule** [æni'mælkju:l] microscopisch diertje *o*; **–ity** dierlijkheid; dierenwereld

animate ['ænimeit] **I** *vt* bezielen; leven geven, doen leven; opwekken, aanvuren; **II** *aj* ['ænimit] levend, bezield, levendig; **–d** ['ænimeitid] bezield, levend, levendig, opgewekt; ~ *cartoon* tekenfilm; **animation** [æni'meiʃən] bezieling, leven *o*, levendigheid, animo; getekende film

animosity [æni'mɔsiti] animositeit, wrok

animus ['æniməs] drijfveer; animositeit, vijandigheid (jegens *against*)

anise ['ænis] anijs; **aniseed** ['ænisi:d] anijszaad *o*

ankle ['æŋkl] enkel; ~**-deep** tot de enkels; ~-

length ~ *dress* voetvrije jurk; **anklet** voetring; voetboei; ✗ enkelstuk *o*

annalist ['ænəlist] kroniekschrijver; **annals** ['ænəlz] annalen, jaar-, geschiedboeken

anneal [ə'niːl] ✗ uitgloeien, temperen; ~*ing furnace* koeloven

annelid ['ænəlid] ringworm

annex [ə'neks] **I** *vt* aanhechten, toe-, bijvoegen, verbinden, annexeren; inlijven (bij *to*); **II** ['æneks] aanhangsel *o*, bijlage; aanbouw, bijgebouw *o*, dependance; –**ation** [ænek'seiʃən] aanhechting, bijvoeging; annexatie; inlijving; **annexe** = *annex* **II**

annihilate [ə'nai(h)ileit] vernietigen; –**tion** [ənai(h)i'leiʃən] vernietiging

anniversary [æni'vɔːsəri] (ver)jaardag, jaarfeest *o*, gedenkdag

annotate ['ænouteit] **I** *vt* annoteren, van verklarende aantekeningen voorzien; **II** *vi* aantekeningen maken (bij *on*); –**tion** [ænou'teiʃən] (verklarende) aantekening

announce [ə'nauns] aankondigen, bekendmaken, kennis geven van, mededelen; –**ment** aankondiging, bekendmaking, mededeling, bericht *o*; –**r** aankondiger; *RT* omroeper, -ster

annoy [ə'nɔi] *vt* lastig vallen; ergeren, kwellen, hinderen; *be* ~*ed* (*at sth., with sbd.*) geërgerd zijn (over iets), boos zijn (op iem.); –**ance** last, hinderlijk iets *o*, ergernis; –**ing** lastig, hinderlijk, ergerlijk; *how* ~*!* hoe vervelend!

annual ['ænjuəl] **I** *aj* jaarlijks; eenjarig; jaar-; ~ *accounts* $ jaarstukken; **II** *sb* jaarboek(je) *o*; eenjarige plant

annuitant [ə'njuitənt] lijfrentetrekker; **annuity** jaargeld *o*, lijfrente, annuïteit

annul [ə'nʌl] te niet doen, herroepen, opheffen, annuleren

annular ['ænjulə] ringvormig, ring-; –**ate(d)** geringd; **annulet** ringetje *o*

annulment [ə'nʌlmənt] herroeping, opheffing, annulering

annunciate [ə'nʌnʃieit] aankondigen; –**tion** [ənʌnsi'eiʃən] aankondiging; *Annunciation (Day)* Maria-Boodschap; –**tor** [ə'nʌnʃieitə] ✹ nummerbord *o*

anode ['ænoud] anode, positieve pool

anodyne ['ænoudain] pijnstillend, kalmerend (middel *o*); *fig* doekje *o* voor het bloeden

anoint [ə'nɔint] zalven; insmeren

anomalous [ə'nɔmələs] afwijkend; abnormaal; **anomaly** afwijking, onregelmatigheid, anomalie

anomia [ə'noumiə] geheugenverlies voor namen van zaken

anomie, anomy [ænou'mi:] wetteloosheid

1 anon [ə'nɔn] dadelijk, aanstonds; straks

2 anon. = *anonymous*; **anonymity** [ænə'nimiti]

anonimiteit; **anonymous** [ə'nɔniməs] anoniem, naamloos

anopheles [ə'nɔfili:z] malariamug

another [ə'nʌðə] een ander; nog een, (al)weer een, ook een; een tweede; zie ook: *ask* **I**, *one* **I**

anoxia [æ'nɔksiə] zuurstofgebrek *o*

anserine ['ænsərain] als (van) een gans, ganze(n)-; dom, onnozel

answer ['ɑːnsə] **I** *vt* antwoorden (op), beantwoorden (aan); voldoen aan; verhoren [gebed]; zich verantwoorden wegens; *fig* oplossen; ~ *the bell* (*the door*) de deur opendoen; ~ *the helm* naar het roer luisteren; ~ *the milk* (*the phone*) de melk (de telefoon) aannemen; ~ *a problem* een vraagstuk oplossen; **II** *vi* antwoorden; baten, de moeite lonen, voldoen; ~ *back* (brutaal) wat terugzeggen; ~ *for* verantwoorden; instaan voor; boeten voor; *have a lot to* ~ *for* ook: heel wat op zijn geweten hebben; ~ *to* antwoorden op; beantwoorden aan; luisteren naar [de naam...]; **III** *sb* antwoord *o*; *fig* oplossing; *there is no* ~ er behoeft niet op antwoord gewacht te worden; *know* (*all*) *the* ~*s* **F** goed bij zijn, alwetend zijn; *make* (*an*) ~ antwoorden; –**able** te beantwoorden; verantwoordelijk, aansprakelijk

ant [ænt] mier

antagonism [æn'tægənizm] antagonisme *o*, tegenstand, vijandschap; –**ist** tegenstander; –**istic** [æntægə'nistik] vijandig; –**ize** [æn'tægənaiz] bestrijden, tegenwerken; prikkelen, tegen zich in het harnas jagen

antarctic [æn'tɑːktik] zuidelijk, zuidpool-; *A*~ zuidpool, zuidpoolgebied *o*, Zuidelijke IJszee (ook: *A*~ *Ocean*); ~ *pole* zuidpool

ante ['ænti] **I** *sb* inzet bij pokeren; **II** *vt* ~ (*up*) inzetten; betalen

ant-eater ['ænti:tə] miereneter

ante-bellum ['ænti'beləm] *Lat* vooroorlogs

antecedence [ænti'si:dəns] voorgaan *o*; voorrang; **antecedent I** *aj* voorafgaand; **II** *sb* voorafgaande *o*; antecedent *o*

antechamber ['æntitʃeimbə] = *ante-room*

antedate ['æntideit] antedateren, vroeger dagtekenen; vooruitlopen op; voorafgaan aan

antediluvian [æntidi'l(j)u:viən] (van) voor de zondvloed; antediluviaans; *fig* voorwereldlijk

antelope ['æntiloup] antilope

antemeridian [æntimə'ridiən] voormiddag-; **ante meridiem** *Lat* afkorting: *a.m.* 's ochtends vóór 12 uur

antenatal [ænti'neitl] prenataal: (van) voor de geboorte

antenna [æn'tenə, *mv* –**nae** –ni:] voelhoren, voelspriet; *RT* antenne

antenuptial ['æntinʌpʃəl] vóórhuwelijks, vóór het huwelijk plaatsvindend

antepenult(imate) [æntipi'nʌlt(imit)] derde

(lettergreep) van achteren
anteprandial [ænti'prændiəl] vóór het eten
anterior [æn'tiəriə] voorafgaand, vroeger; voorste   [mer
ante-room ['æntirum] voorvertrek *o*, wachtka-
anthem ['ænθəm] Engelse kerkzang; lofzang; *the national* ~ het volkslied
anther ['ænθə] ℁ helmknop
ant-hill ['ænthil] mierennest *o*, mierenhoop
anthologist [æn'θɔlədʒist] samensteller v.e.
bloemlezing; –**ize** een bloemlezing samenstellen; **anthology** bloemlezing
anthracite ['ænθrəsait] antraciet
anthrax ['ænθræks] miltvuur *o*
anthropoid ['ænθrəpɔid] **I** *aj* op een mens gelijkend; **II** *sb* mensaap
anthropologist [ænθrə'pɔlədʒist] antropoloog; –**gy** antropologie: menskunde
anthropophagus [ænθrə'pɔfəgəs, *mv* –**gi** –dʒai] menseneter
anti ['ænti] **I** *aj* tegen-, strijdig met; anti-; **II** *sb* **F** dwarsligger
anti-aircraft ['ænti'tɔkra:ft] ✄ (lucht)afweer, luchtdoelgeschut *o* (ook: ~ *artillery*)
antibiotic [æntibai'ɔtik] antibioticum *o*
antibody ['æntibɔdi] antilichaam *o*, antistof, afweerstof
antic ['æntik] **I** *aj* ✎ kluchtig, potsierlijk; **II** *sb* ~*s* capriolen, dolle sprongen, grollen
anticipant, –**ative** [æn'tisipənt, -peitiv] vroegtijdig, vooruitlopend (op *on*); –**ate** voorkómen, vóór zijn; vooruitlopen op; een voorgevoel of voorsmaak hebben (van), verwachten, voorzien; verhaasten; –**ation** [æntisi'peiʃən] voorgevoel *o*, verwachting, afwachting; *in* ~ vooruit, bij voorbaat; *in* ~ *of* in afwachting van; –**atory** [æn'tisipeitəri] vooruitlopend
anticlerical ['ænti'klerikl] **I** *aj* antiklerikaal: gericht tegen de wereldlijke invloed v.d. geestelijkheid; **II** *sb* antiklerikaal; antipapist
anticlimax ['ænti'klaimæks] anticlimax: teleurstellende afloop na hooggespannen verwachtingen
anticlockwise ['ænti'klɔkwais] tegen de wijzers v.d. klok in
anticyclone ['ænti'saikloun] hogedrukgebied *o*
antidazzle ['ænti'dæzl] ontspiegeld
antidepressant ['æntidi'presənt] antidepressivum
antidote ['æntidout] tegengif(t) *o*   [vum *o*
antifreeze ['ænti'fri:z] anti-vriesmiddel *o*
antigen ['æntidʒen] antigeen *o*
antimacassar ['æntimə'kæsə] antimakassar
antimony ['æntiməni] antimonium *o*
antinomy [æn'tinəmi] tegenstelling; tegenstrijdigheid
antipathetic [æntipə'θetik] soms: antipathiek (= antipathie inboezemend), maar meestal: *I am*

~ *to her* zij is mij antipathiek (= ik ben afkerig van haar); –**pathy** [æn'tipəθi] antipathie (tegen *to*)
antiphon ['æntifən], –**phony** [æn'tifəni] beurtzang, tegenzang
antipodal [æn'tipədl] antipoden-, tot de tegenvoeters behorende; tegengesteld[2]; –**pode** ['æntipoud] *fig* tegenvoeter; ~*s* (de gebieden waar onze) tegenvoeters, antipoden (wonen)
antipole ['æntipoul] tegenpool[2]
antipope ['æntipoup] tegenpaus
antiquarian [ænti'kwɛəriən] **I** *aj* oudheidkundig; antiquarisch; ~ *bookseller* antiquaar; ~ *bookshop* antiquariaat *o*; **II** *sb* oudheidkundige; antiquair
antiquary ['æntikwəri] = *antiquarian* **II**
antiquated ['æntikweitid] verouderd; ouderwets
antique [æn'ti:k] **I** *aj* oud(erwets), antiek; **II** *sb* antiquiteit; antiek kunsterk *o*; ~ *dealer* antiquair; **antiquity** [æn'tikwiti] de Oudheid; antiquiteit´; ouderdom
anti-Semite [ænti'si:mait, -'semait] antisemiet; –**tic** [ænti'mitik] antisemitisch; –**tism** [ænti-'semitizm] antisemitisme *o*
antiseptic [ænti'septik] antiseptisch (middel *o*)
antisocial [-'souʃəl] onmaatschappelijk, asociaal
antitank [-'tæŋk] ✄ antitank-; ~ *ditch* tankgracht
antithesis [æn'tiθisis, *mv* –**ses** -si:z] antithese, tegenstelling
antitoxin [ænti'tɔksin] tegengif(t) *o*
antitrade ['ænti'treid] ~ (*wind*) antipassaat
antitype ['æntitaip] tegenbeeld *o*, tegenhanger
antler ['æntlə] tak [v. gewei]; ~*s* gewei *o*
ant-lion ['æntlaiən] mierenleeuw
antonym ['æntənim] antoniem, woord met tegengestelde betekenis
antrum ['æntrəm] ✄ holte
Antwerp ['æntwə:p] **I** *sb* Antwerpen *o*; **II** *aj* Antwerps
A number 1 = *A1* (zie onder 1 *a*)   [werps
anus ['einəs] anus, aars
anvil ['ænvil] aambeeld *o* (ook gehoorbeentje *o*); *be on (upon) the* ~ op stapel staan, in voorbereiding zijn
anxiety [æŋ'zaiəti] benauwdheid; ongerustheid, bezorgdheid, zorg; *ps* angst; (groot) verlangen *o*;
anxious ['æŋkʃəs] bang (soms: angstig), ongerust, bezorgd (over *about*); verlangend (naar *for*)
any ['eni] enig; een; ieder(e), elk(e), welk(e)... ook, enigerlei, de (het) eerste de (het) beste; not ~... geen...; *I'm not having (taking)* ~ **F** daar bedank ik feestelijk voor, ik moet er niets van hebben; *not* ~ *one...* geen enkel...; *not* ~ *too well* niet al te best; *as good as* ~ heel goed; *are there* ~ *apples?* zijn er (ook) appels?; (*are you*) ~ *better?* (wat) beter?; ~ *more?* (nog) meer?; ~ *number of...* een groot aantal, heel veel...; ~ *one* iéén, welk(e) ook; –**body** iedereen, wie ook, de eerste de beste; iemand; een belangrijk iemand; zie ook: *guess*

II; **–how** = *anyway*; **–one** = *anybody*; **–thing** iets (wat ook maar); alles; van alles; ~ *but* allesbehalve; ~ *for a change* verandering is toch maar alles; ~ *up to 500* wel 500; zie ook: *if* **I**, 1 *like* **II** &; **–way** hoe het ook zij, in ieder geval, althans, tenminste, toch, met dit al, enfin..., nou ja, eigenlijk, trouwens; hoe dan ook, op de een of andere manier; zomaar, slordig, in de war; **–where** ergens; overal; **–wise** op de een of andere manier; in enig opzicht

aorta [ei'ɔ:tə] aorta: grote slagader

apace [ə'peis] snel, vlug; hard

apache [ə'pæʃ] apache, boef

apanage ['æpənidʒ] apanage *o*: toelage voor niet-regerende leden v.e. vorstenhuis; *fig* kenmerk *o*

apart [ə'pa:t] afzonderlijk; van–, uit elkaar; ter zijde; alleen; op zich zelf; ~ *from* afgezien van; behalve; **–heid** *ZA* apartheid, rassenscheiding; **–ment** vertrek *o*; *Am* flat; ~ *house* flatgebouw *o*, huurkazerne

apathetic [æpə'θetik] apathisch, lusteloos, onverschillig (jegens *towards*); **apathy** ['æpəθi] apathie

ape [eip] **I** *sb* aap² [zonder staart]; naäper; **II** *vt* naäpen; *go* ~ **F** buiten zichzelf raken v. enthousiasme

apeak [ə'pi:k] ⚓ loodrecht

ape man ['eipmæn] aapmens

apepsy [ei'pepsi] slechte spijsvertering

aperient, aperitive [ə'piəriənt, ə'peritiv] laxerend (middel *o*)

apéritif [*Fr*] aperitief *o* & *m*

aperture ['æpətjuə] opening, spleet

apex ['eipeks, *mv* **–es, apices** -iz, 'eipisi:z] punt, top, toppunt² *o*

aphasia [æ'feizjə] afasie: stoornis in het spreken

aphis ['eifis, *mv* **–ides** -idi:z] bladluis

aphonic [æ'fɔnik] stom, toonloos (v. spraak)

aphorism ['æfərizm] aforisme *o*, kernspreuk

apiarist ['eipiərist] bijenhouder, imker; **apiary** bijenstal; **apiculture** bijenteelt

apiece [ə'pi:s] het stuk, per stuk, elk

apish ['eipiʃ] aapachtig, dwaas

aplomb [a'plɔ] *Fr* zelfverzekerdheid

apocalyptic [əpoke'liptik] apocaliptisch, *fig* onheil voorspellend

apocope [ə'pɔkəpi] apocope: afkapping

apocrypha [ə'pɔkrifə] apocriefe boeken; **–l** apocrief; twijfelachtig; onecht

apodictic [æpə'diktik], **apodeictic** [æpə'daiktik] apodictisch; stellig, onweerlegbaar

apogee ['æpədʒi:] apogeum *o*; hoogste punt *o*

apologetic [əpɔlə'dʒetik] verontschuldigend; deemoedig; apologetisch, verdedigend; **–s** apologetiek; **apologia** [æpə'loudʒiə] verdediging; verweerschrift *o*; **–ist** [ə'pɔlədʒist] apologeet,

verdediger; **–ize** zich verontschuldigen, excuses maken (wegens *for*)

apologue ['æpəlɔg] fabel

apology [æ'pɔlədʒi] apologie, verdediging, verweer(schrift) *o*; verontschuldiging, excuus *o*; *an* ~ *for a letter* iets dat een brief moet voorstellen

apophthegm ['æpəθem] kernspreuk

apoplectic [æpə'plektik] apoplectisch; ~ *fit* (aanval van) beroerte; **apoplexy** ['æpəpleksi] beroerte

apostasy [ə'pɔstəsi] afvalligheid; **–ate** afvallig(e); **–atize** afvallen [v. kerk &]

aposteriori ['eipɔsteri'ɔ:rai] *Lat* achteraf bedacht (gevonden)

apostle [ə'pɔsl] apostel; **apostolic** [æpəs'tɔlik] apostolisch

apostrophe [ə'pɔstrəfi] toespraak ‖ apostrof: afkappingsteken *o*, weglatingsteken *o*; **–phize** (iem. in het bijzonder) toe–, aanspreken ‖ voorzien van een '

⚘ apothecary [ə'pɔθikəri] apotheker

apothegm = *apophthegm*

apotheosis [əpɔθi'ousis] apotheose: vergoddelijking, verheerlijking

appal [ə'pɔ:l] doen schrikken, ontzetten; **–ling** verschrikkelijk

appanage ['æpənidʒ] = *apanage*

apparatus [æpə'reitəs] apparaat *o*, toestel *o*, gereedschappen; organen

☉ **apparel** [ə'pærəl] **I** *sb* kleding, gewaad *o*, kleren, dracht; uitrusting; tooi, versiering; **II** *vt* kleden; uitrusten; tooien, versieren

apparent [ə'pæ–, ə'piərənt] *aj* blijkbaar, duidelijk, aanwijsbaar; ogenschijnlijk, schijnbaar

apparition [æpə'riʃən] (geest)verschijning, spook *o*

apparitor [ə'pæritə] bode, pedel

appeal [ə'pi:l] **I** *vi* in beroep komen of gaan, appelleren; ~ *to* een beroep doen op; zich beroepen op; smeken; *fig* appelleren aan, aanspreken, aantrekken, bekoren; *it does not* ~ *to me* ik voel er niet veel voor; ~ *to the country* algemene verkiezingen uitschrijven; **II** *sb* appel *o*, (hoger) beroep *o*, smeekbede, verzoek *o*; bezwaarschrift *o*; *fig* aantrekkingskracht; *lodge an* ~, *give notice of* ~ (hoger) beroep (appel, cassatie) aantekenen; **–ing** smekend; aantrekkelijk

appear [ə'piə] (ver)schijnen, optreden; zich vertonen; vóórkomen; blijken, lijken; **–ance** verschijning; verschijnsel *o*; schijn, voorkomen *o*, uiterlijk *o*; optreden *o*; *to all* ~ zo op het gezicht te oordelen; naar het schijnt; ~*s are deceptive* schijn bedriegt; zie ook: *go by*, *put in*

appease [ə'pi:z] stillen [honger]; bedaren, kalmeren, sussen, bevredigen, apaiseren; **–ment** stilling, leniging, bevrediging; verzoeningspolitiek door concessies

appellant [ə'pelənt] **I** *aj an ~ court* rechtbank van appel; **II** *sb* appellant; **appellate** [ə'pelit] *a* van appel; **–tion** [æpe'leiʃən] benaming, naam; **–tive** [ə'pelətiv] soortnaam; naam

append [ə'pend] (aan)hechten; toe-, bijvoegen; **–age** aanhangsel *o*; **–ectomy** [æpən'dektəmi] blindedarmoperatie; **–icitis** [əpendi'saitis] blindedarmontsteking; **appendix** [ə'pendiks, *mv* **–es, –dices** -iz, -disi:z] aanhangsel *o*, bijlage, bijvoegsel *o*, toevoegsel *o*; ▼ blindedarm (ook: *vermiform ~*)

apperceive [æpə'si:v] bewust waarnemen **appertain** [æpə'tein] toebehoren (aan *to*), behoren (bij *to*)

appetence ['æpitəns] verlangen *o*, begeerte (naar *of, for, after*)

appetite ['æpitait] (eet)lust, trek, begeerte; **–izer** de eetlust opwekkende spijs of drank; **–izing** de eetlust opwekkend; appetijtelijk

applaud [ə'plɔ:d] applaudisseren, toejuichen; **applause** applaus *o*, toejuiching

apple ['æpl] appel; **~ of discord** twistappel; **~ of the eye** oogappel; **–cart** ~ een plan verijdelen; **~ dumpling** appelbol; **~-pie** appeltaart; *in ~ order* in de puntjes; **~-sauce** appelmoes *o & v*; *Am* **F** onzin; smoesjes

appliance [ə'plaiəns] aanwending, toepassing; toestel *o*, middel *o*; *domestic ~s, household ~s* huishoudelijke apparaten; **applicable** ['æplikəbl] toepasselijk, van toepassing (op *to*); **–ant** aanvrager; sollicitant; gegadigde; inschrijver [op lening]; **–ation** [æpli'keiʃən] aanwending, toepassing, gebruik *o*; aanvraag, sollicitatie, aanmelding, inschrijving; vlijt; ▼ omslag, smeersel *o*; **~ form** aanvraagformulier *o*; **applied** [ə'plaid] toegepast; **appliqué** [æ'pli:kei] *Fr* oplegsel (op stoffen &); **apply** [ə'plai] **I** *vt* aanbrengen, opbrengen, leggen (op *to*), aanleggen; aanwenden, toepassen, gebruiken; zie ook: *axe*; **II** *vi* van toepassing zijn (op *to*), gelden (voor *to*); zich aanmelden, zich vervoegen; solliciteren (naar *for*); **~ for** ook: aanvragen, inwinnen [inlichtingen], inschrijven op [een aandelenemissie]; **~ to** ook: zich wenden tot; betrekking hebben op, slaan op; **III** *vr* ~ *oneself to* zich toeleggen op

appoggiatura [əpɔdʒə'tuərə] ♩ voorslag

appoint [ə'pɔint] bepalen, vaststellen; benoemen (tot), aanstellen, voorschrijven, bestemmen; inrichten, uitrusten; **~ed** bepaald &; aangewezen; voorbestemd; **–ee** [əpɔin'ti:] aangestelde, benoemde; **–ment** [ə'pɔintmənt] bepaling, voorschrift *o*; beschikking, afspraak; aanstelling, benoeming; functie, ambt *o*, betrekking; inrichting, uitrusting; **~s** inrichting [meubilair &]; *by ~* volgens afspraak; *by ~ (to His Majesty)* hofleverancier

apportion [ə'pɔ:ʃən] verdelen, toebedelen;

–ment verdeling

apposite ['æpəzit] passend, geschikt (voor *to*), toepasselijk; **–tion** [æpə'ziʃən] aanhechting, bijvoeging; *gram* bijstelling

appraisal [ə'preizl] schatting, taxatie; waardering; beoordeling; **appraise** schatten, taxeren (op *at*); waarderen; **–ment** = *appraisal*; **appraiser** schatter, taxateur

appreciable [ə'pri:ʃəbl] *aj* schatbaar, te waarderen; merkbaar; **appreciate** [ə'pri:ʃieit] **I** *vt* (naar waarde) schatten, waarderen, op prijs stellen; begrijpen, beseffen, aanvoelen; doen stijgen (in prijs); **II** *vi* stijgen (in prijs); **–tion** [əpri:ʃi'eiʃən] schatting, waardering; kritische beschouwing; begrip *o*, besef *o*, aanvoelen *o*; stijging (in prijs); **–tive, –tory** [ə'pri:ʃiətiv, -təri] waarderend

apprehend [æpri'hend] aanhouden; vatten, (be)grijpen, beseffen; vrezen; **apprehensible** waarneembaar; te begrijpen, begrijpelijk; **–ion** aanhouding, gevangenneming; bevatting, begrip *o*; vrees, beduchtheid, bezorgdheid; **–ive** bevattelijk; begrips-; bevreesd (voor *of*); bezorgd

apprentice [ə'prentis] **I** *sb* leerjongen, leerling; **II** *vt* op een ambacht, in de leer doen; **–ship** leer(tijd), leerjaren; *serve one's ~* in de leer zijn

apprise [ə'praiz] onderrichten, bericht of kennis geven (van *of*)

⟍ apprize [ə'praiz] schatten, waarderen

appro ['æprou] *on ~* op proef

approach [ə'proutʃ] **I** *vt* naderen; zich wenden tot; polsen; benaderen; *fig* aanpakken; **II** *vi* naderen; **~ to** nabijkomen; nader brengen bij; **III** *sb* nadering; toegang(sweg); oprit [v. brug]; benadering; *fig* (manier van) aanpakken, aanpak (van *to*); **~ road** invalsweg; **–able** toegankelijk, benaderbaar

approbation [æprə'beiʃən] goedkeuring; *on ~* op proef

appropriate [ə'proupriit] **I** *aj* (daarvoor) bestemd, vereist, bevoegd [instantie]; geschikt, passend; eigen; **II** *vt* [ə'prouprieit] zich toeëigenen; toewijzen, aanwijzen, bestemmen (voor *to, for*); **–tion** [əproupri'eiʃən] toeëigening; toewijzing, aanwijzing, bestemming; krediet *o* [op begroting]

approval [ə'pru:vəl] bijval, goedkeuring; goedvinden *o*; *on ~* **$** op zicht; **approve** goedkeuren; goedvinden (ook: **~ of**); bevestigen; bewijzen; **–d** *aj* bekwaam [de geneesheer]; beproefd [middel]; erkend [v. instelling]; gebruikelijk; **~ school** opvoedingsgesticht *o*

approximate [ə'prɔksimeit] **I** *vt & vi* (be)naderen; nabijkomen; nader brengen (bij *to*); **II** *aj* [ə'prɔksimit] (zeer) nabij(komend), benaderend, bij benadering; **–ly** *ad* bij benadering,

ongeveer, omstreeks; **approximation** [əprɔksi-'meiʃən] (be)nadering
appurtenance [ə'pəːtinəns] aanhangsel *o*, bijvoegsel *o*; ~*s* toebehoren *o*
apricot ['eiprikət] abrikoos
April ['eipril] april; ~*fool* aprilgek; ~ *Fool's Day* 1 april; ~ *showers* maartse buien
a priori ['eiprai'ɔːrai] *Lat* [oordeel] vooraf, zonder voorafgaand onderzoek, a priori
apron ['eiprən] schort, voorschoot; schootsvel *o*, le(de)ren dekkleed *o*; proscenium *o* [v. toneel]; ⌐ platform *o* [v. vliegveld]; ~**-string** schorteband; *tied to one's mother's* ~*s* aan moeders rokken; *tied to his wife's* ~*s* onder de plak van zijn vrouw
apropos ['æprəpou] op het juiste ogenblik; ~ *of* naar aanleiding van
apse [æps] apsis, apside [v. kerkgebouw]
apt [æpt] *aj* geschikt, gepast, juist; geneigd; bekwaam, vlug (in *at*), pienter; *be* ~ *to do it again* het waarschijnlijk weer doen; ~**itude** geschiktheid; aanleg, bekwaamheid; geneigdheid, neiging; ~**ly** *ad* geschikt; naar behoren; van pas; ad rem, juist; bekwaam, vlug
aqualung ['ækwəlʌŋ] zuurstofcilinder [v. duiker]
aquarelle [ækwə'rel] aquarel
aquarium [ə'kwɛəriəm] aquarium *o*
Aquarius [ə'kwɛəriəs] de Waterman
aquatic [ə'kwætik] **I** *aj* water-; **II** *sb* ~*s* watersport
aqua vitae ['ækwə'vaiti:] brandewijn
aqueduct ['ækwidʌkt] aquaduct *o* [waterleiding]
aqueous ['eikwiəs] water(acht)ig, water-
aquiline ['ækwilain] arends-
Arab ['ærəb] **I** *sb* Arabier; Arabisch paard *o*; **II** *aj* Arabisch; **arabesque** [ærə'besk] arabesk; **Arabian** [ə'reibiən] **I** *aj* Arabisch; *the* ~ *Nights* Duizend-en-een-nacht; **II** *sb* Arabier; **Arabic** ['ærəbik] **I** *aj* Arabisch; **II** *sb* Arabisch *o*; ~**ist** beoefenaar v.h. Arabisch, Arabist
arable ['ærəbl] bebouwbaar, bouw-
arbalest ['aːbəlist] voet-, kruisboog
arbiter ['aːbitə] scheidsrechter, scheidsman; ~**tral** scheidsrechterlijk; ~**trament** [aː'bitrəmənt] scheidsrechterlijke uitspraak; ~**trary** ['aːbitrəri] *aj* arbitrair, willekeurig, eigenmachtig; ~**trate I** *vt* beslissen; scheidsrechterlijk uitmaken; **II** *vi* als scheidsrechter optreden; ~**tration** [aːbi'treiʃən] arbitrage; ~**trator** ['aːbitreitə] scheidsrechter
arbor ['aːbə] ⚔ as, spil
arboreal [aː'bɔːriəl] boom-; ~**retum** [aː'bɔ'riːtəm] bomentuin; ~**riculture** ['aːbərikʌltʃə] kweken *o* v. bomen *o*
arbour ['aːbə] prieel *o*
arc [aːk] (cirkel)boog
arcade [aː'keid] △ arcade; winkelgalerij, passage

arcane [aː'kein] geheim(zinnig); duister
arcanum [aː'keinəm *mv* –**na** -nə] geheim(middel) *o*
1 arch- [aːtʃ] aarts-
2 arch [aːtʃ] *aj* schalks, schelms, olijk
3 arch [aːtʃ] **I** *sb* boog, gewelf *o; fallen* ~ doorgezakte voet; ~ *support* steunzool; **II** *vt* welven; overwelven; **III** *vi* zich welven
archaeological [aːkiə'lɔdʒikl] oudheidkundig; ~**gist** [aːki'ɔlədʒist] oudheidkundige; ~**gy** oudheidkunde
archaic [aː'keiik] verouderd, oud; ~**ism** ['aːkeiizm] verouderd woord *o* of verouderde uitdrukking, archaïsme *o*; ~**ize** verouderde woorden & gebruiken; archaïseren
archangel ['aːkeindʒəl] aartsengel; ~**bishop** [aːtʃ'biʃəp] aartsbisschop; ~**bishopric** aartsbisdom *o*; ~**deacon** aartsdeken; ~**diocese** = *archbishopric*; ~**ducal** aartshertogelijk; ~**duchess** aartshertogin; ~**duchy** aartshertogdom *o*; ~**duke** aartshertog; ~**enemy** aartsvijand
archer ['aːtʃə] boogschutter; ~**y** boogschieten *o*
archetype ['aːkitaip] oorspronkelijk model *o*, voorbeeld *o*; archetype *o:* oerbeeld *o*
arch-fiend ['aːtʃ'fiːnd] satan
archiepiscopal [aːkii'piskəpəl] aartsbisschoppelijk
architect ['aːkitekt] architect, bouwmeester; ~**onic** [aːkitek'tɔnik] architectonisch; ~**ural** [aːki'tektʃərəl] bouwkundig, architecturaal; ~**ure** ['aːkitektʃə] architectuur, bouwkunst, bouwstijl, bouw
architrave ['aːkitreiv] △ architraaf
archives ['aːkaivz] archieven; archief; **archivist** ['aːkivist] archivaris
archway ['aːtʃwei] boog, gewelfde gang, poort; ~**wise** boogsgewijze
arc-lamp ['aːklæmp] booglamp; ~**-light** ['aːklait] booglicht *o*
arctic ['aːktik] noordelijk; noord-; noordpool-; *A~* noordpoolgebied *o*; Noordelijke IJszee (ook: ~ *Ocean*); ~ *fox* poolvos
arcuate ['aːkjuit] gebogen, boog-
ardency ['aːdənsi] vuur² *o*, hitte, ijver; **ardent** brandend, vurig², warm², blakend, gloeiend; ijverig; zie ook: *spirit* **I**; **ardour** ['aːdə] hitte; *fig* vuur *o*, warmte², gloed²; ijver
arduous ['aːdjuəs] steil [v. pad]; zwaar, moeilijk [v. taak]; noest, energiek
1 are [aː] 2e pers. enkelv., 1e, 2e, 3e pers. meerv. v. *to be*
2 are [aː] *sb* are: 100 m²
area ['ɛəriə] oppervlakte, oppervlak *o*; vrije open plaats; open diepe ruimte vóór de kelderverdieping van een Engels huis; *fig* gebied *o*, terrein *o*;

~-bell ['tɔriəbel] keukenbel; ~-code *Am* netnummer *o*

arena [ə'ri:nə] arena², strijdperk *o*

arenaceous [æri'neiʃəs] zanderig, zandaren't [a:nt] = *are not*

argent ['a:dʒənt] I *sb* ⊘ zilver *o*; II *aj* zilveren

Argentine ['adʒəntain] I *aj* Argentijns; II *sb* Argentijn; *the* ~, *Argentina* Argentinië *o*

argentine ['a:dʒəntain] zilveren, zilverachtig, zilver-

argil ['a:dʒil] (pottenbakkers)klei; –laceous [a:dʒi'leiʃəs] kleiachtig

argon ['a:gɔn] argon *o* [een edel gas]

⊙ argosy ['a:gɔsi] (met schatten beladen) schip *o*

argot ['a:gou] slang, dieventaal, groepstaal

arguable ['a:gjuəbl] in: *it is* ~ *that* men kan betogen (aanvoeren) dat; *it is* ~ *whether* het is discutabel of; argue I *vi* redeneren, disputeren; II *vt* bewijzen (te zijn), duiden op; betogen; aanvoeren; beredeneren (~ *out*); ~ *into* (*out of*) door redeneren overhalen tot (afbrengen van); argument argument *o*, argumentatie, bewijs *o*, bewijsgrond; debat *o*, discussie, dispuut *o*; korte inhoud, onderwerp *o*; –ation [a:gjumen'teiʃən] bewijsvoering; debat *o*; argumentatie; –ative [a:gju'mentətiv] bewijzend, betogend; redenerend, twistziek

argus-eyed ['a:gɔsaid] met argusogen

aria ['a:riə] aria, lied *o*

arid ['ærid] droog², dor², onvruchtbaar²; –ity [ə'riditi] droogte, dorheid², onvruchtbaarheid²

Aries ['tɔrii:z] ★ de Ram

aright [ə'rait] juist, goed

arise [ə'raiz] ontstaan, voortspruiten, voortkomen (uit *from*), zich op-, voordoen, rijzen; ↘ opstaan, zich verheffen; –n [ə'rizn] V.D. van *arise*

aristocracy [æris'tɔkrəsi] aristocratie; aristocrat ['æristɔkræt] aristocraat; –ic [æristə'krætik] aristocratisch

arithmetic [ə'riθmətik] rekenkunde; –al [æriθ'metikl] rekenkundig, reken-; –ian [əriθmə-'tiʃən] rekenkundige

ark [a:k] ark

1 arm [a:m] *sb* arm°; mouw; tak; *babe* (*child, infant*) *in* ~*s* zuigeling; *with folded* ~*s* met de armen over elkaar ; *with open* ~*s* met open armen, enthousiast; (*hold, keep*) *at* ~*'s length* voor zich uit (houden); op eerbiedige afstand (houden)

2 arm [a:m] I *sb* wapen *o*; ~*s* ook: ⊘ wapen *o*; bewapening; *brother* (*companion, comrade*) *in* ~*s* wapenbroeder; *in* ~*s, under* ~*s* onder de wapenen; *up in* ~*s* in het geweer; in opstand; *fig* sterk protesterend tegen; ~*s race* bewapeningswedloop; II *vt* (be)wapenen; beslaan; pantseren; scherp stellen [atoombom]; III *vi* zich wapenen

armada [a:'ma:də] armada; grote oorlogsvloot

armadillo [a:mə'dilou] gordeldier *o*

Armageddon [a:mə'gedn] (hel van) het oorlogsveld; de oorlog

armament ['a:məmənt] bewapening; krijgsmacht; armature bewapening, wapens, pantser *o*; anker *o* [v. magneet]; armatuur [v. lamp &]

armband ['a:mbænd] armband [om mouw]; arm-chair I *sb* fauteuil, leun(ing)stoel; II *aj* theoretisch [geredeneer &]; salon-[communist &]

Armenian [a:'mi:niən] I *aj* Armenisch; II *sb* Armeniër

armful ['a:mful] armvol; arm-hole armsgat *o*

armistice ['a:mistis] wapenstilstand

armlet ['a:mlit] armband

armorial [a:'mɔriəl] I *aj* wapen-; ~ *bearings* ⊘ wapen(schild) *o*; II *sb* wapenboek *o*

armour ['a:mə] I *sb* wapenrusting; harnas *o*; pantser *o*; ✕ tanks, pantserwagens; II *vt* (be)pantseren, blinderen; ~*ed* ook: pantser-; ~-bearer ⊞ schildknaap; ~-clad I *aj* gepantserd; II *sb* pantserschip; –er wapensmid; ~-plated = *armour-clad* I; armoury wapenkamer, arsenaal *o*

armpit ['a:mpit] oksel

army ['a:mi] leger *o*; ~-list naam- en ranglijst van officieren; Army Service Corps ✕ Intendance

aroma [ə'roumə] aroma *o*, geur; –tic [ærə'mætik] I *aj* aromatisch, geurig; II *sb* aromatische stof

arose [ə'rouz] V.T. van *arise*

around [ə'raund] rondom, om... (heen), (in het) rond; om en bij; *Am* in de buurt, omstreeks, ongeveer &, zie verder: *about*; ~-*the-clock*, ~ *the corner* & = *round-the-clock*, *round the corner* &

arouse [ə'rauz] (op)wekken; gaande maken; aansporen

arquebus ['a:kwibəs] ⊞ haakbus

arrack ['ærək] arak

arraign [ə'rein] voor een rechtbank dagen, aanklagen, beschuldigen; –ment aanklacht

arrange [ə'rein(d)ʒ] I *vt* (rang)schikken, ordenen; in orde brengen of maken; beschikken; regelen, inrichten; beredderen; afspreken; organiseren; op touw zetten; ♪ arrangeren, zetten; II *vi* 1 het eens worden; 2 maatregelen treffen; zorgen (voor *about, for*); –ment (rang)schikking, ordening, regeling; inrichting ; afspraak; akkoord *o*; ♪ zetting; ∮ apparaat *o*

arrant ['ærənt] doortrapt, aarts-; ~ *nonsense* klinkklare onzin

arras ['ærəs] wandtapijt *o*

array [ə'rei] I *vt* scharen; ✕ (in slagorde) opstellen; (uit)dossen, tooien; II *sb* rij, reeks; ✕ (slag)orde; ♻ nominatie [voor jury]; ⊙ dos, tooi, kledij

arrear(s) [ə'riə(z)] achterstand, achterstallige schuld; *be in* ~ *with* achterstallig zijn met; ten achter zijn met

arrest [ə'rest] **I** *vt* tegenhouden, stuiten, tot staan brengen; aanhouden, arresteren; ~ *the attention* de aandacht boeien; **II** *sb* arrest *o*, arrestatie; tegenhouden *o* of stuiten *o*; *under* ~ in arrest; *–ing fig* pakkend, boeiend

arrière pensée [arjɛrpã'se] *Fr* heimelijk voorbehoud *o*

arrival [ə'raivəl] (aan)komst; aanvoer; aangekomene; **arrive** (aan)komen, arriveren; gebeuren; **F** „er komen"; ~ *at* aankomen te; komen tot, bereiken[2]; *sell to* ~ **$** zeilend verkopen; *–viste* [ari'vist] *Fr* carrièrejager

arrogance ['ærəgəns] aanmatiging, laatdunkendheid, arrogantie; *–ant* aanmatigend, arrogant; *–ate* (zich) aanmatigen, wederrechtelijk toeëigenen; (ten onrechte) toeschrijven; *–ation* [ærə'geiʃən] aanmatiging, wederrechtelijke toeëigening, onterechte bewering

arrow ['ærou] pijl; *–head* pijlpunt; pijlkruid *o*; *–root* arrowroot *o*, pijlwortel

arse [a:s] **P** kont, gat *o*

arsenal ['a:sinl] arsenaal *o*

arsenic ['a:snik] arsenicum *o*, rattenkruit *o*

arson ['a:sn] brandstichting; *–ist* brandstichter, ± pyromaan

1 art [a:t] [gij] zijt

2 art [a:t] *sb* kunst; vaardigheid; list, geveinsdheid; *have no* ~ *or part in* part noch deel hebben aan; ~*s* ◇ alfawetenschappen; ~*s subject* ◆ alfavak *o*; ~*s and crafts* kunstnijverheid

artefact ['a:tifækt] artefact *o* [ook **†**]; door mensenhand vervaardigd [pre-hist.] voorwerp

arterial [a:'tiəriəl] slagaderlijk; ~ *road* hoofdverkeersweg, in-, uitval(s)weg

arteriosclerosis [a:'tiəriouskliə'rousis] aderverkalking

artery ['a:təri] slagader; verkeersader; ~ *of trade* handelsweg

artesian [a:'ti:zjən] ~ *well* artesische put

artful ['a:tful] listig, handig, gewiekst

arthritic [a:'θritik] artritisch; *–is* [a:'θraitis] artritis, gewrichtsontsteking

artichoke ['a:titʃouk] artisjok

article ['a:tikl] **I** *sb* artikel* *o*; *gram* lidwoord *o*; ~*s of association* statuten [van een vennootschap]; ~ *of dress* kledingstuk *o*; ~ *of furniture* meubel *o*; *the genuine* ~ **F** je ware; *the* (*ship's*) ~*s* ♂ de monsterrol; **II** *vt* in de leer doen; ~*d clerk* op bepaalde voorwaarden aangenomen gevolmachtigd klerk op een advocatenkantoor

articular [a:'tikjulə] gewrichts-

articulate [a:'tikjulit] **I** *aj* duidelijk (onderscheiden); zich goed uitdrukkend; geleed; gearticuleerd; **II** *vt* [a:'tikjuleit] articuleren; verbinden; met flexibele onderdelen construeren; ~*d lorry* (*truck*) vrachtwagen met aanhanger; *–tion*

[a:tikju'leiʃən] articulatie, duidelijke uitspraak; geleding

artifarct = *artefarct*

artifice ['a:tifis] kunst(greep), list(ig)heid; *–r* [a:'tifisə] handwerksman [inz. van technische vakken]; **artificial** [a:ti'fiʃəl] kunstmatig; gekunsteld; kunst-

artillery [a:'tiləri] artillerie, geschut *o*

artisan [a:ti'zæn] handwerksman

artist ['a:tist] kunstenaar; kunstschilder; *–e* [a:'ti:st] artiest(e); *–ic* [a:'tistik] artistiek, kunstzinnig; *–ry* ['a:tistri] kunstenaarschap *o*; artisticiteit, kunstzinnigheid; **artless** onhandig; ongekunsteld; naïef; **art-paper** kunstdrukpapier *o*; **arty F** artistiekerig (= ~*-and-crafty*)

arum ['ɛərəm] aronskelk

Aryan ['tɛəriən] **I** *aj* Arisch; **II** *sb* Ariër

A/S = *account sales*

as [æz] **I** *ad* (even)als, (even)zo, zo als, even(als), gelijk; *this is* ~ *good a time* ~ *any to...* dit is een zeer goede tijd om...; *they cost* ~ *little* ~ **£2** ze kosten maar £2; ~ *many* ~ *fifty* wel vijftig; **II** *cj* (zo)als; toen, terwijl; daar; aangezien; naar gelang, naarmate; zowaar; *rich* ~ *he is* hoe rijk hij ook is, al is hij ook rijk; ~ *it is*, ~ *it was* zo, nu (echter); toch al; ~ *it were* als het ware; ~ *you were!* ✘ herstel!; *do* ~ *I say* doe wat ik zeg; *he sang* ~ *he went* hij zong onder het lopen; ~ *compared with* vergeleken met; ~ *contrasted with*, ~ *distinct from*, ~ *distinguished from*, ~ *opposed to* in tegenstelling tot (met); tegen(over); ● ~ *against* tegen(over); ~ *for* wat betreft; ~ *from* ... met ingang van... [1 mei]; ~ *if* alsof; *it wasn't* ~ *if he could...* hij kon ook niet...;~ *of Am* = ~ *from*; ~ *per* volgens [factuur &]; ~ *though* = ~ *if*; ~ *to* wat betreft; ~ *yet* tot nog toe; **III** *pron* in: *such* ~ zie *such* **II**

asafoetida [æsə'fetidə] duivelsdrek

asbestos [æz'bestəs] asbest *o*

ascend [ə'send] **I** *vi* (op)klimmen, (op)stijgen, omhooggaan, zich verheffen; **II** *vt* beklimmen, bestijgen; opgaan; opvaren; *–ancy*, *–ency* overwicht *o*, (overheersende) invloed; *–ant*, *–ent* **I** *aj* (op)klimmend, opgaand; *fig* overheersend; **II** *sb* *be in the* ~ stijgen, rijzen; overheersen; **ascension** (be)stijging; hemelvaart; *Ascension Day* Hemelvaartsdag; **ascent** beklimming; opgang, (op)klimming, -stijging; steilte, helling; *fig* opkomst

ascertain [æsə'tein] nagaan, uitmaken, bepalen, vaststellen, zich vergewissen van; ~ *oneself of* zich overtuigen van; *–able* na te gaan, te bepalen, vast te stellen; *–ment* bepaling, vaststelling

ascetic [ə'setik] **I** *aj* ascetisch; **II** *sb* asceet; *–ism* [ə'setisizm] ascese, ascetisme *o*

ascorbic [əs'kɔ:bik] ~ *acid* ascorbinezuur *o*, vitamine C ascribe [ə'skraib] toeschrijven (aan *to*); ascription [ə'skripʃən] toeschrijving

asepsis [ə'sepsis] asepsis; aseptic aseptisch, steriel

asexual [ei'sekʃuəl] aseksueel, geslachtloos

1 ash [æʃ] meestal *mv* ashes ['æʃiz] as²

2 ash [æʃ] ℀ es; (van) essehout *o*

ashamed [ə'ʃeimd] beschaamd (over *of*); *be* ~, *feel* ~ ook: zich schamen

ash-bin ['æʃbin], ~ -can (*Am*) vuilnisbak

ashen ['æʃn] esse-, van essehout ‖ as-, askleurig, asgrauw (ook: ~ -*grey*)

ashlar ['æʃlə] I *sb* hardsteen *o* & *m*, arduin *o*; II *aj* hardstenen, arduinen

ash-man ['æʃmæn] *Am* ᵥuilnisman

ashore [ə'ʃɔː] aan land, aan wal; aan de grond, gestrand

ash-pan ['æʃpæn] aslade [v. kachel]; ~ -tray asbakje *o*; ashy asachtig; asgrauw; met as bestrooid, as-

Asian, ['eiʃən], Asiatic [eiʃi'ætik] I *aj* Aziatisch; II *sb* Aziaat

aside [ə'said] I *ad* ter zijde, opzij; II *sb* terzijde *o*

asinine ['æsinain] ezelachtig, ezels-

ask [a:sk] I *vt* vragen, vragen naar, verzoeken, verlangen, uitnodigen; ~ *a question* een vraag stellen; interpelleren; ~ *me another!* je moet mij nog meer vragen!; ~ *round* vragen om even aan te komen; II *vi* vragen; ~ *a b o u t (a f t e r)* vragen naar; ~ *f o r* vragen om (naar); *that is simply* ~*ing for it* F het moeilijkheden uitlokken; ~ *of* vragen [iem. iets]

askance [ə'skæns] van terzijde; schuin(s); wantrouwend; askew [ə'skju:] scheef, schuin

asking ['a:skiŋ] *they may be had for the* ~ je hebt ze maar voor het vragen; ~ price vraagprijs

aslant [ə'sla:nt] schuin(s); dwars over

asleep [ə'sli:p] in slaap

aslope [ə'sloup] hellend; schuins

1 asp [æsp] = *aspen*

2 asp [æsp] ℀ soort adder

asparagus [ə'spærəgəs] asperge

aspect ['æspekt] uitzicht *o*, voorkomen *o*, aanblik; oog-, gezichtspunt *o*; zijde, kant, aspect *o*; *have a southern* ~ op het zuiden liggen

aspen ['æspən] I *sb* esp, espeboom; II *aj* espe-, espen

aspergillum [æspə'dʒiləm] wijwaterkwast

asperity [æs'periti] ruwheid, scherpte; *asperities* ongemakken; moeilijk begaanbare gebieden

asperse [ə'spə:s] ✎ besprenkelen; belasteren; -sion ✎ besprenkeling; belastering, laster: *cast* ~*s on* belasteren

asphalt ['æsfælt] I *sb* asfalt *o*; II *vt* asfalteren

asphodel ['æsfədel] affodil, graflelie

asphyxia [æs'fiksiə] verstikking; -tion [æsfiksi'eiʃən] verstikken, doen stikken

verstikking, stikken *o*

aspic ['æspik] aspic [koude schotel in dril]

aspidistra [æspi'distrə] aspidistra

aspirant [ə'spaiərənt] I *aj* naar hoger strevend, eerzuchtig; II *sb* aspirant

aspirate ['æspirit] I *aj* aangeblazen; II *sb* geaspireerde letter; III *vt* ['æspireit] met hoorbare h of aanblazing uitspreken; wegzuigen; -tion [æspi'reiʃən] aanblazing; inzuiging [v. adem]; streven *o* (naar *for, after*), aspiratie

aspire [ə'spaiə] streven, dingen, trachten (naar *to, after, at*); verrijzen

⊛aspirin ['æspirin] aspirine

aspiring [ə'spaiəriŋ] ambitieus, eerzuchtig

asquint [ə'skwint] scheel², loens

1 ass [æs, a:s] ezel²; *he made an* ~ *of me* hij maakte mij belachelijk

2 ass = *arse*

assagai ['æsəgai] assagaai

assail [ə'seil] aanranden, aanvallen; attaqueren (over *on*); bestormen² (met *with*); –able aan te vallen; –ant aanrander, aanvaller; opponent

assassin [ə'sæsin] (sluip)moordenaar; –ate vermoorden; –ation [æsæsi'neiʃən] (sluip)moord

assault [ə'sɔːlt] I *vt* aanvallen, aanranden, bestormen; II *sb* aanval, aanranding, bestorming; 𝆑 bedreiging gevolgd door mishandeling (~ *and battery*); *by* ~ stormenderhand; –er aanvaller, aanrander, bestormer

assay [ə'sei] I *sb* toets; II *vt* toetsen, keuren; ✎ beproeven

assemblage [ə'semblidʒ] verzameling; vereniging; vergadering; assemblage, montage [auto's]; assemble (zich) verzamelen; samenkomen, vergaderen; bijeenbrengen; in elkaar zetten, monteren, assembleren [auto's]; –r monteur; assembly bijeenkomst; vergadering, assemblee; samenscholing; ✎ (dans)partij; ⚒ „verzamelen" *o*; ✗ montage, assemblage; ~ *line* ✗ montagelijn, lopende band; ~ *room* vergader-, feestzaal, ✗ montagewerkplaats; ~ *hall*, ~ *shop* ✗ montagewerkplaats

assent [ə'sent] I *sb* toestemming; instemming, goedkeuring; *with one* ~ unaniem; II *vi* toestemmen; ~ *to* instemmen met, beamen; toestemmen in

assert [ə'sə:t] doen (laten) gelden, opkomen voor; handhaven; beweren, verklaren; ~ *oneself* zich laten gelden, op z'n ᵣecht staan; –ion bewering, verklaring; staan *o* op z'n recht; –ive aanmatigend; stellig; zelfbewust

assess [ə'ses] schatten, aanslaan (voor *in, at*), beboeten; schatten, taxeren (op *at*); vaststellen; beoordelen; ~ *upon* opleggen; –ment belasting, aanslag [in de belasting]; schatting², taxatie; vaststelling [v. schade]; beoordeling; –or schatter, belastinginspecteur; bijzitter, deskundig adviseur

asset ['æset] bezit *o*, goed[2] *o*, *fig* voordeel *o*, pluspunt *o*, aanwinst; ~s baten; ~s *and liabilities* baten en lasten, activa en passiva

asseverate [ə'sevəreit] plechtig verzekeren, betuigen; **-tion** [əsevə'reiʃən] plechtige verzekering, betuiging

assiduity [æsi'djuiti] (onverdroten) ijver, naarstigheid; *assiduities* voortdurende attenties; **assiduous** [ə'sidjuəs] volijverig, naarstig, volhardend

assign [ə'sain] **I** *vt* aan-, toewijzen; bepalen, vaststellen, bestemmen; [goederen] overdragen; toeschrijven; opdragen; cederen; **II** *sb* cessionaris, rechtverkrijgende; **-ation** [æsig'neiʃən] aanwijzing, toewijzing, afspraak, rendez-vous *o*; overdracht; **-ee** [æsi'ni:] gevolmachtigde; rechtverkrijgende; cessionaris; ~ *in bankruptcy* curator in een faillissement; **-ment** [ə'sainment] aan-, toewijzing, bestemming; (akte van) overdracht; taak, opdracht

assimilable [ə'similəbl] wat (als voedsel) kan opgenomen worden, zich latende assimileren; **-ate** [ə'simileit] **I** *vt* gelijk maken (aan *to, with*), gelijkstellen (met *to, with*); opnemen[2], verwerken, assimileren; **II** *vi* gelijk worden (aan *with*); opgenomen worden, zich assimileren; **-ation** [əsimi'leiʃən] gelijkmaking; verwerking [v. voedsel], opneming, assimilatie

assist [ə'sist] **I** *vt* helpen, bijstaan; **II** *vi* ~ *at* tegenwoordig zijn bij, bijwonen; **-ance** hulp, bijstand; *be of* ~ *to sbd.* iem. helpen; **-ant I** *aj* hulp-; **II** *sb* helper, assistent, adjunct; hulponderwijzer, secondant; *shop* ~ (winkel)bediende, -juffrouw

assizes [ə'saiziz] periodieke zittingen van rondgaande rechters

associate [ə'souʃiit] **I** *sb* metgezel, kameraad; bond-, deelgenoot; medeplichtige; lid *o* van een genootschap; **II** *aj* verbonden, mede-; **III** *vt* [ə'souʃieit] verenigen; verbinden; in verband brengen (met *with*); **IV** *vi* zich verenigen of associëren; omgaan (met *with*); **-tion** [əsousi'-eiʃən] bond, verbinding, vereniging, genootschap *o*, associatie; omgang; ~s ook: banden, herinneringen; *Association football sp* voetbal *o* (tegenover *rugby*)

assonance ['æsənəns] assonantie; **-ant** assonerend

assort [ə'sɔ:t] **I** *vt* uitzoeken, sorteren; **II** *vt* bij elkaar komen of passen; ~ *with* harmoniëren met, komen bij; **-ed** gemengd, gesorteerd; *ill* ~ slecht bij elkaar passend; **-ment** sortering; assortiment *o*

assuage [ə'sweidʒ] verzachten, lenigen, stillen, doen bedaren; **-ment** verzachting, leniging, stilling, bedaring

assume [ə'sju:m] op zich nemen, op-, aannemen; (ver)onderstellen; aanvaarden; zich aanmatigen; **-dly** vermoedelijk; **assuming I** *aj* aanmatigend; **II** *cj* aangenomen (dat *that*); **assumption** [ə'sʌm(p)ʃən] op-, aanneming; (ver)onderstelling; aanvaarding; aanmatiging; *A*~ Maria-Hemelvaart; *rk* Maria-ten-Hemelopneming; **-ive** aangenomen; aanmatigend

assurance [ə'ʃuərəns] verzekering; zekerheid, zelfvertrouwen *o*; onbeschaamdheid; **assure** verzekeren, overtuigen (van *of*); **-d** *aj* verzekerd; stellig, zeker

Assyrian [ə'siriə] **I** *aj* Assyrisch; **II** *sb* Assyriër; Assyrisch *o*

aster ['æstə] aster

asterisk ['æstərisk] sterretje *o* (*)

astern [ə'stən] ⚓ achteruit, achter

asteroid ['æstərɔid] **I** *aj* stervormig; **II** *sb* asteroïde, kleine planeet

asthma ['æs(θ)mə] astma *o*; **-tic** [æs(θ)'mætik] **I** *aj* astmatisch; **II** *sb* astmalijder

astir [ə'stə:] in beweging; op de been

astonish [ə'stɔniʃ] verbazen, verwonderen; **-ing** verbazend, verwonderlijk; **-ment** verbazing (over *at*)

astound [ə'staund] zeer verbazen; ontzetten; **-ing** verbazingwekkend, ontzettend, ontstellend

astraddle [ə'strædl] schrijlings (op *of*)

astrakhan [æstrə'kæn] astrakan *o*

astral ['æstrəl] astraal, sterre-, sterren-

astray [ə'strei] het spoor bijster; verdwaald; *go* ~ verdwaald raken, verdwalen; *lead* ~ verleiden, op een dwaalspoor of op de verkeerde weg brengen

astride [ə'straid] = *astraddle*

astringent [ə'strindʒənt] samentrekkend (middel *o*); *fig* hard, scherp

astrologer [əs'trɔlədʒə] sterrenwichelaar; **-gical** [æstrə'lɔdʒikl] astrologisch; **-gy** [əs'trɔlədʒi] sterrenwichelarij, astrologie

astronaut ['æstrɔnɔ:t] astronaut, ruimtevaarder; **-ics** [æstrə'nɔ:tiks] ruimtevaart

astronomer [əs'trɔnəmə] sterrenkundige; **-mic(al)** [æstrə'nɔmik(l)] astronomisch; **-my** [əs'trɔnəmi] sterrenkunde

astute [əs'tju:t] scherpzinnig, slim, sluw, geslepen

asunder [ə'sʌndə] gescheiden, van- of uiteen, in stukken

asylum [ə'sailəm] asiel *o*, wijk-, vrij-, schuilplaats; gesticht *o*; (*lunatic*) ~ krankzinnigengesticht *o*

asymmetric(al) [æsi'metrik(l)] asymmetrisch

at [æt, ət] tot, te, op, in, ter, van, bij, aan, naar, om, over, voor, tegen, met; ~ *15 pence each* à 15 p. per stuk; *be* ~ *it* er (druk) aan bezig zijn; aan de gang zijn; *be* ~ *sbd.* het op iem. gemunt hebben; iem. lastig vallen; ~ *them again!* nog eens er op los; *what are you ~?* waar ben je aan bezig?; waar wil je toch heen?; wat voer je in je schild?; ~ *Brill's* bij Brill, in de winkel van Brill; ~ *that* bovendien, ...ook; *be ~ the centre* (~ *the heart) of* centraal staan bij (in), de kern vormen van

atavism ['ætəvizm] atavisme *o*; –**istic** [ætə'vistik] atavistisch

ataxia, –xy [ə'tæksiə, -si] coördinatiestoornis bij het lopen

ate [et, eit] V.T. van *eat*

atelier ['ætəljei] *Fr* (kunstenaars)atelier *o*

atheism ['eiθiizm] atheïsme *o*, godloochening; **atheist** atheïst, godloochenaar; –**ic(al)** [ei-θi'istik(l)] atheïstisch

atheling ['æθəliŋ] Angelsaksische prinsentitel

Athenian [ə'θi:niən] **I** *aj* Atheens; **II** *sb* Athener

athirst [ə'θə:st] dorstig; dorstend (naar *for*)

athlete ['æθli:t] atleet[2]; ~*'s heart* sporthart *o*; –**tic** [æθ'letik] **I** *aj* atletisch; atletiek-; gymnastiek-; **II** *sb* ~*s* atletiek; –**ticism** [æθ'letisizm] atletiek

at-home [ət'houm] ontvangdag, jour

athwart [ə'θwɔ:t] (over)dwars; dwars over; tegen ...in

atilt [ə'tilt] vooroverhellend; met gevelde lans

Atlantic [ət'læntik] **I** *aj* Atlantisch; **II** *sb* Atlantische Oceaan

atlas ['ætləs] atlas [ook: eerste halswervel]

atmosphere ['ætməsfiə] atmosfeer[2]; *fig* sfeer; –**ric** [ætmɔs'ferik] atmosferisch, dampkrings-; ~ *pressure* luchtdruk; –**rics** luchtstoringen

atoll ['ætɔl, æ'tɔl] atol *o*

atom ['ætəm] atoom[2] *o, fig* greintje *o; to ~s* in gruzelementen; ~ **bomb** zie *atomic*, –**ic** [ə'tɔmik] atomair, atomisch, atoom-; ~ *bomb* atoombom; ~ *pile* kernreactor; ~ *weight* atoomgewicht *o*; –**ize** ['ætəmaiz] in deeltjes oplossen; verstuiven; –**izer** verstuiver, atomiseur

atonal [æ'tounəl] atonaal; –**ity** [ætə'næliti] atonaliteit

atone [ə'toun] boeten (voor *for*), goedmaken; verzoenen; –**ment** boete; vergoeding; verzoening; *Day of A* ~ Grote Verzoendag

atonic [æ'tɔnik] krachteloos

atop [ə'tɔp] boven (op); ~ *of* boven op

atrabilious [ætrə'biljəs] zwartgallig

atrocious [ə'trouʃəs] gruwelijk, afgrijselijk; **atrocity** [ə'trɔsiti] gruwel(ijkheid), afgrijselijkheid

atrophy ['ætrəfi] **I** *sb* atrofie, wegteren *o*; **II** (*vt &*) *vi* atrofiëren, (doen) wegteren

attaboy ['ætəbɔi] *Am* goed zo!

attach [ə'tætʃ] **I** *vt* vastmaken, -hechten; hechten; toevoegen; in beslag nemen; **II** *vi* verbonden zijn aan, aankleven, kleven (aan *to*); **III** *vr* ~ *oneself to* zich aansluiten bij

attaché [ə'tæʃei] attaché; ~*case* diplomaten-,

documentenkoffertje *o*

attachment [ə'tætʃmənt] verbinding[2], band; aanhechting, gehechtheid, aanhankelijkheid, verknochtheid; ✗ hulpstuk *o*; ⚙ beslag *o*, beslaglegging

attack [ə'tæk] **I** *vt* aanvallen[2], aantasten[2], attaqueren[2]; aanpakken; **II** *sb* aanval[2]; wijze van aanpak; ♪ aanslag; –**er** aanvaller

attain [ə'tein] **I** *vt* bereiken, verkrijgen; **II** *vi* ~ *to* komen tot, geraken tot, bereiken; –**able** bereikbaar, te bereiken

attainder [ə'teində] verbeurdverklaring; vogelvrijverklaring

attainment [ə'teinmənt] bereiken *o*; ~*s* talenten, capaciteiten

attaint [ə'teint] verbeurdverklaren, vogelvrij verklaren

attar ['ætə] rozenolie (ook: ~ *of roses*)

attemper [ə'tempə] matigen, kalmeren; aanpassen (aan *to*)

attempt [ə'tem(p)t] **I** *vt* trachten, beproeven, proberen, pogen, ondernemen; een aanslag doen op; ~*ed murder* poging tot moord; **II** *sb* poging, proeve; aanslag [op leven]

attend [ə'tend] **I** *vt* begeleiden, vergezellen; bedienen, verzorgen, behandelen, verplegen, oppassen; bezoeken, bijwonen, volgen [colleges]; ~*ed with* gepaard gaand met, verbonden met; **II** *vi* aanwezig zijn; opletten, luisteren; ~ (*up*)*on* bedienen; het gevolg vormen van [de koningin]; zijn opwachting maken bij; ~ *to* letten op, luisteren naar; passen op, oppassen, zorgen voor; behartigen; zich bezighouden met; [klanten] bedienen, helpen; –**ance** aanwezigheid; bediening, behandeling; zorg; dienst; opwachting; gevolg *o*, bedienden; bezoek *o*, opkomst, publiek *o*; schoolbezoek *o*, colleges volgen *o*; *be in ~* dienst hebben, bedienen; het gevolg vormen van; aanwezig zijn; ~ *register* presentielijst; –**ant** **I** *aj* aanwezig; bedienend (ook: ~ *on*); gepaard gaand (met *on*); **II** *sb* bediende, oppasser, bewaker [v. auto's], suppoost [v. museum], juffrouw [v.d. garderobe &]; begeleider; *the* ~*s* het gevolg; *medical* ~ dokter

attention [ə'tenʃən] aandacht, oplettendheid; attentie; ~*! ✕✕* geeft acht!; *come to* ~ *✕✕* de houding aannemen; *stand at* (soms: *to*) ~ *✕✕* in de houding staan; **attentive** oplettend, aandachtig; attent

attenuate [ə'tenjuit] **I** *aj* dun; vermagerd; **II** *vt* [ə'tenjueit] verdunnen, vermageren, verzwakken; verzachten; –**tion** [ətenju'eiʃən] verdunning, vermagering, verzwakking; verzachting

attest [ə'test] *vt* verklaren, betuigen, bevestigen, getuigen van (ook: ~ *to*); –**ation** [ætes'teiʃən] getuigenis *o & v*, betuiging, attestatie

Attic ['ætik] Attisch

attic ['ætik] vliering, dak-, zolderkamer

atticism ['ætisizm] verfijnde spraak; geestige opmerking

attire [ə'taiə] **I** *vt* kleden, (uit)dossen, tooien; **II** *sb* kleding, tooi, dos, opschik

attitude ['ætitju:d] houding; standpunt *o*, instelling; *ps* attitude; ~ *of mind* denkwijze; –**dinize** [æti'tju:dinaiz] aanstellerig doen

attorney [ə'tə:ni] procureur; gevolmachtigde; *Attorney General* procureur-generaal; *power of* ~ volmacht; –**ship** procureurschap *o*; procuratie

attract [ə'trækt] (aan)trekken, boeien; –**ion** aantrekking(skracht); aantrekkelijkheid, attractie; *fig* trekpleister; –**ive** aantrekkend; aantrekkings-; aantrekkelijk, attractief

attribute I *vt* [ə'tribju:t] toeschrijven (aan *to*); **II** *sb* ['ætribju:t] eigenschap, attribuut *o*, kenmerk *o*; *gram* bijvoegelijke bepaling; –**tion** [ætri'bju:ʃən] toeschrijving; –**tive** [ə'tribjutiv] **I** *aj* attributief; **II** *sb* attributief woord *o*

attrition [ə'triʃən] wrijving, (af)schuring, afslijting; berouw *o*; *war of* ~ uitputtingsoorlog

attune [ə'tju:n] in overeenstemming brengen (met *to*), aanpassen (aan *to*), *fig* afstemmen (op *to*)

atypical [ei'tipikl] atypisch: afwijkend v.d. norm

auburn ['ɔ:bən] goudbruin, kastanjebruin

auction ['ɔ:kʃən] **I** *sb* veiling; *put up for* ~, *sell by* ~ veilen; **II** *vt* veilen; –**eer** [ɔ:kʃə'niə] **I** *sb* venduhouder, veilingmeester; **II** *vt* veilen

audacious [ɔ:'deiʃəs] vermetel; driest; onbeschaamd; **audacity** [ɔ:'dæsiti] vermetelheid; driestheid

audibility [ɔ:di'biliti] hoorbaarheid; **audible** ['ɔ:dibl] *aj* hoorbaar; **audience** ['ɔ:djəns] audiëntie (bij *of*), gehoor *o*; auditorium *o*, toehoorders, publiek *o*; **audio-visual** ['ɔ:diou'viʒuəl] audio-visueel

audit ['ɔ:dit] **I** *sb* verificatie, accountantsrapport *o*; **II** *vt* verifiëren, nazien

audition [ɔ:'diʃən] **I** *sb* gehoor *o*; auditie [proef v. zanger &]; **II** *vi* & *vt* een auditie geven; –**ive** ['ɔ:ditiv] gehoor-; **auditor** ['ɔ:ditə] (toe)hoorder; accountant; –**ium** [ɔ:di'tɔ:riəm, *mv* –**s**, –**ia** -z, -iə] gehoorzaal; aula; **auditory** ['ɔ:ditəri] **I** *aj* gehoor-; **II** *sb* gehoorzaal; aula; toehoorders, auditorium *o*

⁎ au fait [o'fɛ] *Fr* op de hoogte; *put sbd.* ~ *with sth.* iem. ergens van op de hoogte stellen

Augean [ɔ:'dʒi:ən] Augias-; *an augean task* een vreselijk vies karweitje *o*

auger ['ɔ:gə] avegaar, boor

aught [ɔ:t] ⊙ iets; *for* ~ *I care* voor mijn part; *for* ~ *I know* voor zover ik weet

augment [ɔ:g'ment] **I** *vt* vermeerderen, verhogen, vergroten; **II** *vt* aangroeien, toenemen, (zich) vermeerderen; –**ation** [ɔ:gmen'teiʃən] vermeerdering, verhoging, vergroting, aangroei

augur ['ɔ:gə] **I** *sb* augur: wichelaar [bij de Romeinen]; **II** *vt* & *vi* voorspellen; *it* ~*s well* (*ill*) het belooft (niet) veel; –**y** wichelarij; voorteken *o*

August ['ɔ:gəst] augustus

august [ɔ:'gʌst] verheven, hoog, groots

Augustan [ɔ:'gʌstən] van Keizer Augustus; klassiek; neoklassiek [v. d. Engelse letterkunde van het begin der 18e eeuw]

auk [ɔ:k] alk

auld lang syne ['ɔ:ldlæŋ'sain] *Sc* de oude tijd; *for* ~ uit oude vriendschap

aunt [a:nt] tante; ~ *Sally* werpspel *o*; *fig* mikpunt *o*; –**ie**, –**y F** (lieve) tante, tantetje *o*

au pair [ou'pɛə] **I** *aj* au pair, huishoudelijke diensten verrichtend tegen kost en inwoning; **II** *sb* meisje *o* dat au pair werkt

aura ['ɔ:rə] aura; uitstraling, emanatie

aural ['ɔ:rəl] oor-

aureate ['ɔ:riit] goudkleurig, goud-

aureola [ɔ:'riələ], **aureole** ['ɔ:rioul] aureool, stralenkrans, lichtkrans

auric ['ɔ:rik] goud-

auricle ['ɔ:rikl] oorschelp; hartboezem

auricula [ɔ:'rikjulə] ♧ aurikel, bereoor *o*

auricular [ɔ:'rikjulə] van het oor; ~ *confession* oorbiecht

auriferous [ɔ:'rifərəs] goudhoudend

aurist ['ɔ:rist] oorarts

aurochs ['ɔ:rɔks] oeros

aurora [ɔ:'rɔ:rə] dageraad; ~ *australis* [ɔ:s'treilis] zuiderlicht *o*; ~ *borealis* [bɔ:ri'eilis] noorderlicht *o*

aurous ['ɔ:rəs] goudhoudend

auscultation [ɔ:skəl'teiʃən] auscultatie

auspice ['ɔ:spis] voorspelling; voorteken *o*; *under the* ~*s of* onder de auspiciën (bescherming) van; –**cious** [ɔ:s'piʃəs] veelbelovend; gelukkig, gunstig

Aussie ['ɔsi] **F** Australiër

austere [ɔ:s'tiə] streng; sober; wrang; –**rity** [ɔ:s'teriti] strengheid; soberheid; versobering, bestedingsbeperking

austral ['ɔ:strəl] zuidelijk

Australian [ɔ:s'treiljən] **I** *aj* Australisch; **II** *sb* Australiër, Australische

Austrian ['ɔ:striən] **I** *aj* Oostenrijks; **II** *sb* Oostenrijker, Oostenrijkse

autarkic(al) [ɔ:'ta:kik(l)] autarkisch; **autarky** ['ɔ:ta:ki] autarkie

authentic [ɔ:'θentik] authentiek, echt; –**ate** bekrachtigen, staven, legaliseren, waarmerken; de echtheid bewijzen van; –**ation** [ɔ:θenti'keiʃən] waarmerking; **authenticity** [ɔ:θen'tisiti] authenticiteit, echtheid

author ['ɔ:θə] schepper, (geestelijke) vader, bewerker, dader; maker, schrijver, auteur; ~'s *copy* handexemplaar; –**ess** daderes; maakster; schrijfster

authoritarian [ɔːθɔriˈtɛəriən] autoritair; **–ism** autoritair stelsel *o*; autoritair optreden *o*; **–authoritative** [ɔːˈθɔriteitiv] gezaghebbend; autoritair [ɔːˈθɔriti] autoriteit, gezag *o*, macht; machtiging; overheid(spersoon), gezagsdrager, instantie; zegsman; bewijsplaats; *on good* ~ van goederhand, uit goede bron; **–ization** [ɔːθərai'zeiʃən] machtiging, bekrachtiging, autorisatie; **–ize** [ˈɔːθəraiz] machtigen, bekrachtigen, autoriseren, fiatteren; *fig* wettigen; **–d capital** $ maatschappelijk kapitaal *o*; *the Authorized Version* de Engelse bijbelvertaling [1611]

authorship [ˈɔːθəʃip] auteurschap *o*; schrijverschap *o*, schrijversloopbaan

autism [ˈɔːtizm] autisme *o*; **autistic** [ɔːˈtistik] autistisch

auto [ˈɔːtou] *Am* auto

autobiographical [ɔːtəbaiəˈgræfikl] autobiografisch; **autobiography** [ɔːtəbaiˈɔgrəfi] autobiografie

autocar [ˈɔːtoukaː] automobiel

autochanger [ˈɔːtətʃein(d)ʒə] automatische platenwisselaar

autochthon [ˈɔːtɔkθən] autochtoon: oorspronkelijke inwoner v.e. land

autoclave [ɔːtəˈkleiv] snelkookpan; steriliseertrommel

autocracy [ɔːˈtɔkrəsi] autocratie, alleenheerschappij; **autocrat** [ˈɔːtəkræt] autocraat[2], alleenheerser; **–ic** [ɔːtəˈkrætik] autocratisch[2]

autocycle [ˈɔːtousaikl] (lichte) bromfiets

autodidact [ˈɔːtɔdidækt] autodidact; **–ic** [ɔːtɔdiˈdæktik] autodidactisch

autogamy [ɔːˈtɔgəmi] zelfbevruchting

autogenous [ɔːˈtɔdʒinəs] autogeen

autogestion [ɔːtəˈdʒestʃən] arbeiderszelfbestuur

autograph [ˈɔːtəgraːf] **I** *sb* autograaf: eigen schrift *o*, ook = autogram *o*; handtekening, eigenhandig geschreven brief of stuk *o*; **II** *aj* eigenhandig geschreven; **III** *vt* eigenhandig schrijven; signeren

autologous [ɔːˈtɔləgəs] ☞ van dezelfde persoon afkomstig

automat [ˈɔːtəmæt] automatiek [restaurant]; **automate** [ˈɔːtəmeit] automatiseren; **–tic** [ɔːtəˈmætik] **I** *aj* automatisch[2]; werktuiglijk; ~ *machine* automaat [toestel]; ~ *pilot* ✈ automatische piloot; **II** *sb* automatisch wapen *o* (pistool *o* &); **–tically** *ad* automatisch, werktuiglijk, vanzelf; **automation** [ɔːtəˈmeiʃən] automatisering; **–tism** [ɔːˈtɔmətizm] automatische handeling; **–ton** [ɔːˈtɔmətən, *mv* **–ta** -tə] automaat, robot

automobile [ˈɔːtəməbiːl] auto(mobiel)

automotive [ɔːtəˈmoutiv] met eigen voortstuwing; auto-

autonomic [ɔːtəˈnɔmik] autonoom: zelfbesturend; **–mous** [ɔːˈtɔnəməs] autonoom; **–my** autonomie

autonym [ˈɔːtənim] werkelijke naam v.e. auteur

autopsy [ˈɔːtɔpsi] lijkschouwing

autotype [ˈɔːtətaip] autotypie, facsimile

autumn [ˈɔːtəm] herfst, najaar *o*; **–al** [ɔːˈtʌmnəl] herfstachtig, herfst-

auxiliary [ɔːgˈziliəri] **I** *aj* hulp-; **II** *sb* helper, bondgenoot; *gram* hulpwerkwoord *o*; *auxiliaries* ✕ hulptroepen; ✕ hulpwerktuigen

avail [əˈveil] **I** *vi* & *vt* baten; **II** *vr* ~ *oneself of* gebruik maken van, benutten; **III** *sb* baat, hulp, nut *o*; ~*s Am* opbrengst; *of no* ~ van geen nut; tot niets dienend, niets batend; *to little* ~ van weinig nut; *without* ~ zonder baat, vruchteloos; **–ability** [əveiləˈbiliti] beschikbaarheid; **–able** [əˈveiləbl] beschikbaar, ter beschikking, waarvan gebruik kan worden gemaakt (door *to*); aanwezig, voorhanden, voorradig, verkrijgbaar, leverbaar; geldig

avalanche [ˈævəlaːnʃ] lawine[2]

avant-garde [ˈævɔŋˈgaːd] **I** *sb* avant-garde; **II** *aj* avant-gardistisch, avant-garde-

avarice [ˈævəris] gierigheid, hebzucht; **–cious** [ævəˈriʃəs] gierig, hebzuchtig; ~ *of* begerig naar

avast [əˈvaːst] ⚓ hou!, stop!

✎ **avaunt** [əˈvɔːnt] terug!, weg!

avdp. = *avoirdupois*

Ave., ave. = *avenue*

avenge [əˈvendʒ] wreken; *be* ~*d* zich wreken; **–r** wreker

avenue [ˈævinjuː] toegang[2], weg[2], (oprij)laan; *Am* brede boulevard of straat

aver [əˈvəː] betuigen, verzekeren; beweren, verklaren; ☆ bewijzen

average [ˈævəridʒ] **I** *sb* gemiddelde *o*; (*up*)*on an* (*the*) ~, *on* ~ gemiddeld, in doorsnee, door elkaar; *general* (*particular*) ~ averij grosse (particulier); ~ *adjuster*, ~ *stater* dispacheur; ~ *adjustment*, ~ *statement* dispache; **II** *aj* gemiddeld, doorsnee, gewoon; **III** *vt* het gemiddelde berekenen van; gemiddeld komen op &; **IV** *vi in:* ~ *out* gemiddeld op hetzelfde neerkomen

averment [əˈvəːmənt] betuiging, verzekering; bewering; ☆ bewijs *o*

averse [əˈvəːs] afkerig (van *to, from*); **–sion** afkeer, tegenzin, weerzin, aversie; antipathie; *hold in* ~ een afkeer hebben van; *he is my pet* ~ ik heb een gruwelijke hekel aan hem; **avert** [əˈvəːt] afwenden, afkeren (van *from*)

avian [ˈeiviən] vogel-; **aviary** [ˈeiviəri] volière, vogelhuis *o*

aviate [ˈeivieit] vliegen (in vliegtuig); **–tion** [ˈeiviˈeiʃən] vliegen *o*; vliegsport; **–tor** [ˈeivietə] ✈ vlieger

aviculture [ˈeivikʌltʃə] vogelteelt

avid ['ævid] gretig, begerig (naar *of, for*); **–ity** [ə'viditi] begeerte, begerigheid, gretigheid
avifauna ['eivifɔ:nə] vogelwereld (v. bep. streek of land)
avocation [ævə'keiʃən] (neven)bezigheid
avocet ['ævəset] ⚓ kluut, kluit
avoid [æ'vɔid] (ver)mijden, ontwijken; ontlopen; uitwijken voor; *I could not ~ ...ing* ik moest wel...; **–ance** vermijding; vacature
avoirdupois [ævədə'pɔiz] Engels handelsgewicht *o* [het pond ~ is 453,59 gram]; **F** gewicht *o*, zwaarlijvigheid
avouch [ə'vautʃ] waarborgen; erkennen; **–ment** waarborg; verzekering, erkenning
avow [ə'vau] bekennen, erkennen; *an ~ed enemy* een uitgesproken vijand; **–al** bekentenis; **–edly** openlijk, uitgesproken; volgens eigen bekentenis
avuncular [ə'vʌŋkjulə] (als) van een oom; *fig* vaderlijk
await [ə'weit] wachten, wachten op; afwachten, verbeiden; te wachten staan
awake [ə'weik] **I** *vt* (op)wekken[2]; **II** *vi* ontwaken, wakker worden; *~ to* (gaan) beseffen; **III** *aj* wakker, ontwaakt; *be ~ to* beseffen; **–n** **I** *vt* wekken[2]; *~ sbd. to* iem. doen beseffen; **II** *vi* ontwaken; **–ning** ontwaken[2] *o*
award [ə'wɔ:d] **I** *vt* toekennen; opleggen [boete &]; **II** *sb* uitspraak, beslissing; prijs, onderscheiding, bekroning, beloning, studiebeurs; boete, straf
aware [ə'wɛə] weet hebbend (van *of*), gewaar; *be ~ of* zich bewust zijn (van), beseffen, merken, weten; **–ness** besef *o*, bewustheid
awash [ə'wɔʃ] overspoeld; ronddrijvend; ⚓ op waterniveau [v. zandbank &]
away [ə'wei] weg, van huis; voort, mee; ver; < erop los; *(get) ~ from it all* er (eens) helemaal uit (zijn, gaan); *put ~* [geld] opzij leggen; *~ game* uitwedstrijd
awe [ɔ:] **I** *sb* ontzag *o*; *stand in ~ of* ontzag hebben voor; **II** *vt* ontzetten; ontzag inboezemen; imponeren
⊙ **aweary, awearied** [ə'wiəri(d)] vermoeid
aweather [ə'weðə] loefwaarts
aweigh [ə'wei] ⚓ net los v.d. grond [anker]
awesome ['ɔ:səm] ontzagwekkend; ontzettend; eerbiedig; **awestruck** met ontzag vervuld; **awful** ontzagwekkend; < ontzaglijk, verschrikkelijk, vreselijk
awhile [ə'wail] voor enige tijd, (voor) een poos
awkward ['ɔ:kwəd] onhandig, onbehouwen, lomp; niet op zijn gemak; lastig, gevaarlijk, penibel, ongelukkig; *~ age* vlegeljaren, puberteit; **–ness** onhandigheid &
awl [ɔ:l] els, priem
awn [ɔ:n] ⚘ baard [aan aar]
awning ['ɔ:niŋ] (dek)zeil *o*, (zonne)scherm *o*, markies; kap, luifel
awoke [ə'wouk] V.T. & V.D. van *awake*
A.W.O.L., awol ['eiwɔ:l] = *absent without leave* ⚔ ongeoorloofd afwezig
awry [ə'rai] scheef, schuin; verkeerd
axe, ax [æks] bijl; *apply the ~* het mes zetten in [overheidsuitgaven]; *have an ~ to grind* zelfzuchtige bijbedoelingen hebben
axial ['æksiəl] axiaal
axiology [æksi'ɔlədʒi] waardeleer
axiom ['æksiəm] axioma *o*, grondstelling; **–atic** [æksiə'mætik] axiomatisch
axis ['æksis, *mv* **axes** -si:z] as, aslijn, spil; draaier [tweede halswervel]
axle ['æksl] (wagen)as, spil; **~-tree** (wagen)as
ay, aye [ai] **I** *ij* ja!; **II** *sb* ja *o*; stem vóór; *the ~es have it* de meerderheid is er voor
azalea [ə'zeiliə] azalea
azimuth ['æziməθ] azimut *o*
Aztec ['æztek] **I** *sb* Azteek; **II** *aj* Azteeks, Azteken-
azure ['æʒə, 'eiʒə] **I** *sb* hemelsblauw *o*, azuur *o*; **II** *aj* hemelsblauw, azuren; **III** *vt* blauw verven

B

b [bi:] (de letter) b; ♩ b of si
B.A. = *Bachelor of Arts*
baa [ba:] I *sb* geblaat *o*; bè, mè; II *vi* blaten
babble ['bæbl] I *vi* snappen, wauwelen; babbelen; kabbelen; II *vt* verklappen; III *sb* gesnap *o*, gepraat *o*, gewauwel *o*; gekabbel *o*; –r kakelaar, wauwelaar
babe [beib] kindje *o*; *fig* kind *o*, lam *o*, doetje *o*
Babel ['beibl] (toren van) Babel[2] *o*; (spraak)verwarring
baboon [bə'bu:n] baviaan
baby ['beibi] I *sb* kind[2] *o*; zuigeling, baby, kleintje *o*; jong *o* [v.e. dier]; jongste; S meisje *o*, liefje *o*; *it's his ~ Am* F 't is zijn zaak; *he was left to hold (carry) the ~* F hij bleef met de gebakken peren zitten; II als *aj* kinder-, klein; *~ grand* ♩ kleine vleugel(piano); –**hood** kindsheid; –**ish** kinderachtig; kinderlijk
Babylonian [bæbi'louniən] I *aj* Babylonisch; II *sb* Babyloniër
baby-sit ['beibisit] babysitten, oppas zijn; ~ -**sitter** babysit(ter), oppas
baccalaureate [bækə'lɔ:riit] baccalaureaat *o*: laagste academische graad
bacchanal ['bækənəl] I *aj* Bacchus-, bacchantisch; II *sb* Bacchuspriester, bacchante; bacchanaal, zwelgpartij; –**ia** [bækə'neiljə] bacchanalen; –**ian** I *aj* bacchantisch; II *sb* Bacchusofferaar, dronkaard; **Bacchant** ['bækənt] bacchant(e)
baccy ['bæki] F tabak
bachelor ['bætʃələ] vrijgezel; ⚤ baccalaureus [laagste academische graad]; –**hood** vrijgezellenstaat, -leven *o*
bacillus [bə'siləs, *mv* –**li** -lai] bacil
back [bæk] I *sb* rug, rugzijde, rugpand *o*; keerzijde, achterkant; leuning; *sp* achterspeler; *~ to front* het achterste voren; *put their ~s into the work* flink aanpakken, de handen uit de mouwen steken; *put (set) sbd.'s ~ up* iem. nijdig maken; *see the ~ of* zie 2 *see* I; *turn one's ~* zich omkeren; *turn one's ~ on* de rug toekeren; in de steek laten; niets meer willen weten van; ● *at the ~ of* achter(aan, -in, -op); aan de achterkant van; *at the ~ of his mind* in zijn binnenste, *fig* in zijn achterhoofd; *be at the ~ of it* er achter zitten (steken); *be on sbd.'s .~* iem. tot last zijn; *have... on one's ~* met... opgescheept zitten; *have no clothes t o one's ~* geen kleren aan zijn lijf hebben; II *aj* achter-; achterstallig; afgelegen; oud [v. tijdschrift]; tegen-; III *ad* terug; naar achteren, achteruit; geleden; ~ *and forth* heen en weer; ● ~ *i n* daar in, ginds [in Tibet]; reeds in [1910]; ~ *of Am* achter; IV *vt*

doen achteruitgaan, achteruitschuiven, achteruitrijden; (onder)steunen, *fig* staan achter; endosseren; ruggen [boek]; berijden [paard &]; ~ *a horse* op een paard wedden; een paard berijden; ~ *a sail* ⚓ bakzeil halen; ~ *the oars (water)* de riemen strijken; V *vi* terug-, achteruitgaan, achteruitrijden; krimpen [v. wind]; ● ~ *d o w n* terugkrabbelen; ~ *o u t (of an engagement)* terugkrabbelen; ~ *o u t of a difficulty* zich eruit redden, zich er doorheen slaan; ~ *u p* steunen; ~ -**bencher** gewoon lagerhuislid *o* (zonder regeringsfunctie) (ook: *backbench M.P.*); –**bite** belasteren; –**biter** lasteraar, kwaadspreker; –**biting** achterklap; ~ -**blocks** *Austr* afgelegen streek (streken); –**bone** ruggegraat; flinkheid, vastheid en karakter; *to the ~* door en door; ~ -**breaking** vermoeiend; –**chat** brutaal antwoord; *theat* woordenwisseling tussen komieken; –**cloth** achterdoek *o*, *fig* achtergrond; –**date** met terugwerkende kracht laten ingaan; ~ -**door I** *sb* achterdeur[2]; II als *aj* heimelijk, achterbaks; –**drop** = *backcloth*; –**er** aanhanger; wedder [op paard]; –**fire I** *sb* ✗ terugslag [v. motor]; II *vi* ✗ terugslaan; F een averechtse uitwerking hebben; mislukken; –**gammon** ['bæk'gæmən] triktrak *o*; –**ground** ['bækgraund] achtergrond[2]; –**hand I** *sb* achteroverhellend [schrift *o*]; *sp* slag links van het lichaam genomen [bij rechtse tennisspeler]; II *aj* = *backhanded*; –**handed** met de rug van de hand, *sp* links van het lichaam genomen [bij rechtse tennisspeler]; achteroverhellend [schrift]; dubbelzinnig, geniepig; –**hander** (onverwachtse) slag (met de rug van de hand); onverwachtse (verraderlijke) actie tegen iem.; –**ing** steun; rugdekking; zie ook *back* IV & V; –**lash** ✗ speling; *fig* reactie, terugslag; –**log** *fig* overschot *o*; achterstand; –**most** achterste; ~ *number* oud nummer *o* [v. tijdschrift]; *fig* wat (wie) heeft afgedaan; ~ -**pedal** terugtrappen; *fig* terugkrabbelen; –**room** achterkamer; ~ *boy* (natuurwetenschappelijk) werker op de achtergrond; ~ *seat* achterbank; *take a ~* op de achtergrond raken of treden; ~ *driver* iem. die autobestuurder ongevraagd adviezen geeft; *fig* betweterige bemoeial; –**set** tegenslag; tegenstroom; –**side** achterste *o*; –**sight** vizier *o* [v. geweer]; –**slide** afvallig worden; recidiveren; ~ *into* weer vervallen tot; –**slider** afvallige; recidivist; –**spacer** terugsteltoets op schrijfmachine; –**stage** achter de schermen; –**stairs I** achtertrap, geheime trap; II *aj* heimelijk, –**stroke** = *backhander*; terugslag; rugslag [zwemmen]; ~

talk brutaal antwoord; **–ward I** aj achterwaarts; achterlijk, traag, laat; beschroomd; onwillig; ~ *countries* achtergebleven gebieden; **II** ad = *backwards*; **–wards** achterwaarts, -uit, -over; van achter naar voren, terug; *bend (fall, lean) over* ~ in het andere uiterste vervallen; zijn uiterste best doen, al het mogelijke doen; *know* ~ op zijn duimpje kennen, wel kunnen dromen; ~ *and forwards* op en neer, heen en terug; **–wash** boeggolf; terugloop [v. water]; ⤸ deining [v. lucht]; *fig* terugslag; **–water** terugstromend water o; door schepraderen teruggeworpen water o, dood water o, waal; *fig* (geestelijk, cultureel) isolement o; **–woods** oerwouden [in Amerika]; binnenland o; **–woodsʳʌan** iemand uit het oerwoud of het binnenland [in Amerika]; Hogerhuislid o dat slechts zelden ter vergadering verschijnt; **–yard** achterplaats, achtererf o

bacon ['beikən] bacon o & m, (gerookt) spek o; *save one's* ~ er heelhuids afkomen; *bring home the* ~ succes behalen

Baconian [bei'kounjən] **I** aj van, betreffende Francis Bacon; **II** sb aanhanger v.d. filosofie van B. of van de theorie dat B. de toneelstukken van Shakespeare heeft geschreven

bacteria [bæk'tiəriə] bacteriën; **–l** bacterieel

bacteriological [bæktiəriə'lɔdʒikl] bacteriologisch; **–gist** [bæktiəri'ɔlədʒist] bacterioloog; **–gy** bacteriologie; **bacterium** [bæk'tiəriəm, *mv* **–ia** -iə] bacterie

bad [bæd] aj kwaad, slecht, kwalijk, ernstig, erg; ondeugend; bedorven, rot [fruit &]; naar, ziek; zwaar [verkoudheid &]; vals, nagemaakt, ondeugdelijk; *too* ~ ook: jammer, (maar niets aan te doen); ~ *cheque* $ ongedekte cheque; ~ *debts* $ dubieuze posten; *go* ~ bederven [voedsel]; *go to the* ~ de verkeerde weg opgaan, naar de kelder gaan, mislopen; £ *10 to the* ~ schuldig, te kort; **–dish** tamelijk slecht, inferieur

bade [bæd, beid] V.T. van *bid* **I**

badge [bædʒ] ken-, ordeteken o; insigne o; distinctief o; penning

badger ['bædʒə] **I** sb ⚶ das; **II** vt lastig vallen; plagen, sarren, pesten

badinage ['bædina: 3] Fr schertsend gepraat o

badly ['bædli] ad kwalijk, slecht, erg; < danig, hard, zeer; ~ *wounded* zwaar gewond

badminton ['bædmintən] 1 rode wijn met spuitwater; 2 soort pluimbalspel o

bad-tempered [bæd'tempəd] slechtgehumeurd

baffle ['bæfl] **I** vt verbijsteren; verijdelen, doen falen; beschamen, spotten met [pogingen &]; *he was* ~*d* hij stond voor een raadsel; **II** sb ✕ leiplaat (ook: ~ *plate*); **–ling** verwarrend

bag [bæg] **I** sb zak, baal, (wei)tas; vangst, geschoten wild o, tableau o; buidel; uier; ~*s* F broek; ~ *and baggage* (met) pak en zak; *(he is) a* ~ *of bones*

vel over been; *the whole* ~ *of tricks* F alles, van alles en nog wat; *in the* ~ [*fig*] voor de bakker; ~*s of* ruim voldoende; **II** vt in zakken doen, (op)zakken; schieten, vangen; F in zijn zak steken, buitmaken, weten te bemachtigen; ~*s I!* mijn!; **III** vi als een zak zitten, flodderen; zwellen

bagatelle [bægə'tel] bagatel, kleinigheid

baggage ['bægidʒ] (⚶ & *Am*) bagage; F brutaal nest o, brutaal ding o, prostituée

bagging ['bægiŋ] zakkengoed o

baggy ['bægi] flodderig; ~ *cheeks* hangwangen

bagman ['bægmən] F handelsreiziger

bagnio ['bænjou] bagno o [gevangenis]

bagpipe ['bægpaip] doedelzak (ook: ~*s*)

bah [ba:] bah!

bail [beil] **I** sb borg, borgtocht, cautie, borgstelling ‖ bail [v. wicket]; ‖ hoosvat o; *released on* ~, *admitted to* ~ onder borgtocht vrijgelaten van voorarrest; *be (become, go)* ~ *(for)* borg blijven (voor), instaan voor; **II** vt borg blijven voor; ~ *out* door borgtocht het ontslag van voorarrest verkrijgen voor ‖ uithozen; **III** vi in: ~ *out* eruit (uit het vliegtuig) springen met een parachute; **–er** ['beilə] hoosvat o

bailey ['beili] binnenplein o; ↖ buitenmuur (v. kasteel, stad)

bailiff ['beilif] gerechtsdienaar, deurwaarder; rentmeester; ⬚ schout, baljuw; **bailiwick** ['beiliwik] rechtsgebied o van een *bailiff*; ⬚ baljuwschap o

bailment ['beilmənt] bewaargeving, consignatie; vrijlating tegen borgtocht

bairn [bɛən] *Sc* kind o

bait [beit] **I** sb aas² o, lokaas o, lokmiddel o; valstrik; pleisteren o (onderweg); *rise to (swallow, take) the* ~ aan-, toebijten, toehappen, in een valstrik lopen; **II** vt (onderweg) voeren [v. paarden]; van (lok)aas voorzien; sarren, kwellen; op de kast jagen; ~ *a bull with dogs* honden aanhitsen tegen een stier; **III** vi aanleggen, pleisteren

baize [beiz] baai [stof]; (groen) laken o

bake [beik] bakken, braden; **–house** bakkerij

⊛ **bakelite** ['beikəlait] bakeliet o

baker ['beikə] bakker; *a* ~*'s dozen* dertien; **–y** bakkerij; **baking** sb bakken o; baksel o; ~*-powder* bakpoeder, -poeier o & m; ~*-sheet* bakblik o; **II** aj ~*-hot* gloeiend heet

bakshees ['bækʃi:ʃ] fooi [in het Oosten]

balaclava [bælə'kla:və] ⚶ bivakmuts (ook: ~ *helmet*)

balance ['bæləns] **I** sb balans, weegschaal²; evenwicht² o, tegenwicht² o; *fig* harmonie; $ saldo o; rest; ✕ onrust [in horloge]; ~ *due* $ debetsaldo o; ~ *in hand* $ creditsaldo o; ~ *of payments* betalingsbalans; ~ *of trade* handelsbalans; ~ *of power* machtsevenwicht; *hold the* ~ op de wip zitten [in de politiek]; *strike a* ~ $ het saldo trekken; *fig* de balans opmaken; *strike a ~ between* [*fig*] het evenwicht vinden tussen, het juiste midden vinden tussen; *turn the ~* de schaal doen doorslaan; ● *be in the ~* op het spel staan, in het geding zijn; *hang in the ~* (nog) niet beslist zijn; = *be in the ~*; *tremble in the ~* aan een zijden draadje hangen; *off (one's) ~* [*fig*] uit zijn evenwicht, van streek; *on ~* per saldo[2]; **II** *vt* wegen[2], overwegen; opwegen tegen, in evenwicht (harmonie) brengen of houden; $ afsluiten, sluitend maken [begroting]; [rekening] vereffenen; **III** *vt* in evenwicht (harmonie) zijn, balanceren; *fig* kloppen, sluiten [rekening]; **~-sheet** $ balans

balcony ['bælkəni] balkon *o*

bald [bɔ:ld] **I** *aj* kaal, naakt; onopgesmukt, nuchter; *as ~ as a coot* zo kaal als een biljartbal; **II** *vi* kaal worden, kalen

baldachin ['bɔ:ldəkin] baldakijn *o* & *m*

balderdash ['bɔ:ldədæʃ] wartaal, klets

baldheaded [bɔ:ld'hedid] kaal(hoofdig); *go at it ~* er onbesuisd op los gaan

baldric ['bɔ:ldrik] schouder-, (draag)band

bale [beil] **I** *sb* baal ‖ ⊙ ellende, ongeluk *o*, verderf *o*; **II** *vt* (in balen ver)pakken; persen [hooi] ‖ (uit)hozen (ook: *~ out*); **III** *vi ~ out* eruit (uit het vliegtuig) springen met een parachute

baleen [bə'li:n] balein *o*

balefire ['beilfaiə] signaalvuur *o*; (vreugde)vuur *o*; brandstapel

baleful ['beilful] noodlottig, verderfelijk; onheilspellend

balk [bɔ:k] **I** *sb* balk; rug tussen twee voren; akkerrand; belemmering, hindernis, teleurstelling; **II** *vt* teleurstellen; hinderen, de pas afsnijden; verijdelen; ontwijken; voorbij laten gaan; *~ sbd. of sth.* iem. iets onthouden, ontnemen; **II** *vi* weigeren; plotseling blijven steken; terugdeinzen (voor *at*)

ball [bɔ:l] **I** *sb* bal *m* [voorwerpsnaam], bol, kogel; kluwen *o*; teelbal ‖ bal *o* [danspartij]; *~s* P flauwekul; *have the ~ at one's feet* er mooi vóór staan; *they kept the ~ rolling (up)* zij hielden het gesprek (het spelletje) aan de gang; *open the ~* het bal openen; *fig* beginnen, de eerste zijn; *play ~* F samenwerken, meedoen; *set the ~ rolling* de bal aan het rollen brengen; *on the ~* actief; goed bij; *~ and socket joint* kogelgewricht *o*; **II** *vt ~ up* S in de war brengen, verknoeien; **III** *vi* ballen

ballad ['bæləd] lied(je) *o*, ballade; **-e** [bæ'la:d] ballade

ballast ['bæləst] **I** *sb* ballast; **II** *vt* ballasten

ball-bearing ['bɔ:lbɛəriŋ] ✗ kogellager *o*; **~-cock** ✗ balkraan, flotteur [v. W.C.]

ballerina [bælə'ri:nə] ballerina; ballet ['bælei] ballet *o*; *~ girl* ballettdanseres; **-ic** [bə'letik] ballet-; **-omane** [bælitə'mein] balletomaan

ballistic [bə'listik] ballistisch; **~s** ballistiek

ballocks ['bæləks] P testikels

balloon [bə'lu:n] **I** *sb* (lucht)ballon, -bol; *the ~ goes up* F het feest begint, nu heb je de poppen aan het dansen; **II** *vi* bol (gaan) staan; ballontochten maken; **–ist** ballonvaarder, luchtschipper

ballot ['bælət] **I** *sb* stemballetje *o*, stembriefje *o*; aantal *o* stemmen; (geheime) stemming, ballotage; loting; **II** *vi* balloteren, stemmen, loten (om *for*); **~-box** stembus; **~-paper** stembriefje *o*

ball-point pen ['bɔ:lpɔintpen] ballpoint, balpen

ballroom ['bɔ:lrum] balzaal, danszaal

bally ['bæli] F verduiveld, bliksems

ballyhoo [bæli'hu:] luidruchtige, opdringerige reclame, (hoop) drukte

ballyrag ['bæliræg] donderen, donderjagen; uitschelden

balm [ba:m] balsem[2]; **–y** ['ba:mi] balsemachtig, balsemend[2]; zoel; **S** = *barmy* getikt, krankjorem

baloney [bə'louni] S klets(koek)

balsam ['bɔ:lsəm] balsem; 🌿 balsamine, ook: kruidje-roer-mij-niet *o*; **–ic** [bɔ:l'sæmik] balsemiek, verzachtend

Baltic ['bɔ:ltik] Baltisch; *the ~* de Oostzee

baluster ['bæləstə] baluster, spijl; **~s** trapleuning; **balustrade** [bæləs'treid] balustrade

bamboo [bæm'bu:] 🌿 bamboe *o* & *m*

bamboozle [bæm'bu:zl] beetnemen, verlakken

ban [bæn] **I** *sb* ban(vloek), (rijks-)ban; verbod *o* (van *on*); *put a ~ upon* verbieden; *under a ~* in de ban; **II** *vt* verbieden; verbannen (uit *from*); uitbannen

banal ['beinəl, bə'na:l] banaal, triviaal; **–ity** [bə'næliti] banaliteit

banana [bə'na:nə] banaan, pisang

band [bænd] **I** *sb* band*, (smal) lint *o*, snoer *o*; strook, rand, streep; ring, bandje *o* [om sigaar]; drijfriem; schare, troep, bende; muziekkorps *o*, kapel, dansorkest *o*; **~s** bef; **II** *vt* verenigen; van een band(je) voorzien; strepen ; **III** *vi ~ (together)* zich verenigen

bandage ['bændidʒ] **I** *sb* verband *o*, zwachtel; blinddoek; **II** *vt* verbinden, (om)zwachtelen; blinddoeken

bandan(n)a [bæn'dænə] foulard (met moesjes)

bandbox ['bæn(d)bɔks] hoededoos, 🪶 lintendoos; *as if he came out of a ~* om door een ringetje te halen

bandit ['bændit, *mv* **–s**, **–itti** bæn'ditai] bandiet, (struik)rover; **–ry** banditisme *o*

bandleader ['bændli:də] ♪ bandleider; **–master** kapelmeester

bandog ['bændɔg] valse kettinghond; bloedhond

bandoleer, –lier [bændə'liə] bandelier, patronengordel

band-saw ['bændsɔ:] lintzaag

bandsman ['bændzmən] muzikant; **bandstand**

muziektent; **bandwagon** *Am* reclamewagen (met muzikanten); *climb (get, jump, leap) on the* ~ ook van de partij (willen) zijn

bandy ['bændi] heen en weer slaan of kaatsen, wisselen; ~ *about* ook: [geruchten] verspreiden; ~ *words* woorden wisselen, disputeren; ~-**legged** met o-benen

bane [bein] vergif(t)² *o,* verderf *o,* pest, vloek; **-ful** vergiftig; verderfelijk

1 bang [bæŋ] **I** *vt* slaan, stompen, rammen, (dicht)smakken; ranselen; ~ *up* in de prak rijden [auto]; **II** *vi* knallen, dreunen; **III** *sb* slag, smak, knal, klap; *with a* ~ *[fig]* met energie; **IV** *ij* pats!, boem!, pang!; **V** *ad* vlak, net, vierkant, pardoes; *go* ~ dreunen; exploderen; *fig* naar de maan gaan

2 bang [bæŋ] **I** *sb* ponyhaar *o,* pony; **II** *vt* [als pony] gelijkknippen

banger ['bæŋə] **F** worstje *o*

bangle ['bæŋgl] armband; voetring

banian ['bænjən] handeldrijvende Hindoe; inlands makelaar [in Bengalen]; flanellen kabaai ‖ ♨ soort waringin; ~ *days* ⚓ vleesloze dagen

banish ['bæniʃ] (ver)bannen²; verbannen uit; **-ment** verbanning, ballingschap

banister ['bænistə] spijl, stijl; ~*s* trapleuning

banjo ['bændʒou] banjo [soort gitaar]; **-ist** banjospeler

bank [bæŋk] **I** *sb* bank, (speel)bank; oever; zandbank; wal, dijk, glooiing, berm; ♨ slagzij, dwarshelling; overhellen *o* [in bocht]; groep, rij [toetsen &]; **II** *vt* indammen ‖ **$** op de bank zetten, deponeren ‖ ♨ doen overhellen [in bocht]; ~ *up* opstapelen; indammen; banken: inrekenen; **III** *vi* een bankrekening hebben; bankzaken doen (met *with*); *sp* de bank houden ‖ ♨ overhellen [in bocht]; ~ *on* vertrouwen op; ~ *up* zich opstapelen; ~ *account* bankrekening; ~-**bill** bankwissel; ~-**book** kassiersboekje *o;* ~-**card** betaalpas; ~ **discount** $ bankdisconto; **-er** $ bankier, kassier; bankhouder; ~ **holiday** algemene vrije dag; **-ing** bankwezen *o;* bankbedrijf *o* (ook: ~ *business*); ~ *house* bankiershuis *o;* **-note** bankbiljet *o,* banknoot; ~ **rate** (bank)disconto *o;* ~ **roll** *Am* geld *o,* fondsen; **-rupt I** *sb* iem. die failliet is; **II** *aj* bankroet, failliet; ~ *of* beroofd van, verstoken van; *be adjudged (adjudicated)* ~, *go* ~ failliet gaan; **III** *vt* failliet doen gaan, ruïneren; **-ruptcy** bankroet *o,* faillissement *o*

banner ['bænə] banier², vaan, vaandel *o;* spandoek *o* & *m;* **-et** ⌑ baanderheer; ~ **headline** brede kop [in krant]

bannock ['bænək] gerstebrood *o*

banns [bænz] huwelijksafkondiging; *ask (proclaim, publish, put up) the* ~ de huwelijksafkondiging doen van de preekstoel; *forbid the* ~ formele bezwaren indienen tegen een voorgenomen huwelijk

banquet ['bæŋkwit] **I** *sb* feest-, gastmaal *o,* banket *o;* **II** *vt* feestelijk onthalen; **III** *vi* feestmaal aanrichten, feestvieren

banshee [bæn'ʃi:] *Ir* & *Sc* geest die met geweeklaag een sterfgeval aankondigt

bantam ['bæntəm] ⚭ bantammer, kriel(haan); *sp* (~ *weight*) bokser van het bantamgewicht; *fig* kemphaantje *o,* vechtersbaasje *o*

banter ['bæntə] **I** *vt* voor het lapje houden, gekscheren met; **II** *vi* schertsen; **III** *sb* gekscherende plagerij, plagerige spot, gescherts *o*

bantling ['bæntliŋ] (klein) kind *o*

banyan ['bænjən] = *banian*

baobab ['beiɔbæb] apebroodboom

baptism ['bæptizm] doop, doopsel *o;* **-al** [bæp'tizməl] doop-; **baptist(e)ry** ['bæptist(ə)ri] doopkapel; doopbekken *o* [v. baptisten]; **baptize** [bæp'taiz] dopen²

bar [ba:] **I** *sb* (slag)boom, barrière, sluitboom; baar, staaf, stang; reep [chocolade]; lat; spijl, tralie; ♪ (maat)streep, maat; ∅ balk; ⚭ balie; bar, buffet *o;* zandbank [vóór haven of riviermond]; ⚭ exceptie; *fig* belemmering, hindernis; *horizontal* ~ rekstok, rek *o; parallel* ~*s* brug; *a t the* ~ *of world opinion* voor de rechtbank van de wereldopinie; *b e h i n d (prison)* ~*s* achter de tralies; *he was admitted (called) t o the* ~ hij werd als advocaat toegelaten; **II** *vt* met boom of barrière sluiten; traliën; uitsluiten; afsluiten, versperren; beletten, verhinderen; strepen; ~ *in (out)* op-, buitensluiten; **III** *prep* = *barring*

barb [ba:b] **I** *sb* baard; weerhaak **II** *vt* van weerhaken voorzien; ~*ed [fig]* stekelig; ~*ed wire* prikkeldraad *o* & *m*

barbarian [ba:'bɛəriən] barbaar(s); **barbaric** [ba:'bærik] barbaars; **-ism** ['ba:bərizm] barbaarsheid, barbarij; *gram* barbarisme *o;* **-ity** [ba:'bæriti] barbaarsheid; **-ize** [ba:'bəraiz] barbaars maken, barbaars worden; **barbarous** barbaars

barbecue ['ba:bikju:] **I** *sb* soort braadrooster voor open vuur *o;* open vuurplaats met rooster *o;* vlees *o* hierop (of hierboven) geroosterd; openluchtmaaltijd waarbij men vlees *o* op (boven) open vuur *o* roostert; **II** *vt* vlees *o* roosteren boven open vuur

barbel ['ba:bəl] ⚭ barbeel; tastdraad [v. vis]

bar-bell ['ba:bel] lange halter

barber ['ba:bə] barbier, kapper

barberry ['ba:bəri] berberis

barbican ['ba:bikən] (dubbele) wachttoren buiten kasteel of stadswallen

barbiturate [ba:'bitjurit] barbituraat *o;* **barbituric** ~ *acid* barbituurzuur *o*

barcarol(l)e ['ba:kəroul] barcarolle, gondellied *o*

bard [ba:d] bard, zanger; **-ic** bardenzang

bare [bɛə] **I** *aj* bloot, naakt, kaal, ontbloot²; klein [meerderheid]; gering [kans]; *the ~ idea* de gedachte alléén; *~ of* zonder; **II** *vt* ontbloten; blootleggen; *lay ~* blootleggen[2]; **–back** zonder zadel; **–faced** *aj* ongemaskerd; *fig* onverbloemd, schaamteloos, onbeschaamd; **–foot(ed)** blootsvoets, barrevoets; **–headed** blootshoofds; **–ly** *ad* ternauwernood, amper

barf [ba:f] **S** overgeven

bargain ['ba:gin] **I** *sb* koop, koopje *o*; reclameaanbieding; overeenkomst, afspraak; *drive a ~* een koop sluiten; *drive a hard ~ with sbd.* iem. het vel over de oren halen; *it's a ~ !* afgesproken!; *into the ~* op de koop toe; **II** *vi* (af)dingen, loven en bieden; onderhandelen; *~ for* onderhandelen over; bedingen; rekenen op, verwachten; **III** *vt ~ away* verkopen met verlies, verkwanselen; *~ basement* koopjessouterrain *o* [in warenhuis]; **–er** iem. die afdingt; **–ing** onderhandelen *o* &; *collective ~* onderhandelingen over een collectieve arbeidsovereenkomst; **–or** [ba:gi'nɔr] *rb* verkoper

barge [ba:dʒ] **I** *sb* praam, aak, pakschuit, (woon)schuit; ♎ (officiers)sloep; staatsieboot; **II** *vi* is: *~ in* F zich ermee bemoeien; *~ in on sbd.* F iem. lompweg storen; *~ into (against)* F aanbonzen (aanbotsen) tegen; **bargee** [ba:'dʒi:] (aak)schipper; *swear like a ~* vloeken als een ketellapper; **barge-pole** ['ba:dʒpoul] schippersboom; *you wouldn't touch him with a ~* hij ziet eruit om met geen tang aan te pakken

baritone ['bæritoun] bariton

bark [ba:k] **I** *sb* bast, schors; run; kina ‖ ♎ bark ‖ geblaf *o*; *his ~ is worse than his bite, barking dogs seldom bite* blaffende honden bijten niet; **II** *vt* ontschorsen, afschillen; F [de huid] schaven ‖ **III** *vt* blaffen[2], aanslaan [v. hond]; *~ at* aanblaffen[2]; *~ up the wrong tree* het mis hebben; aan het verkeerde adres zijn

bar-keeper ['ba:ki:pə] *Am* buffetbediende, tapper

barker ['ba:kə] klantenlokker; F pistool *o*; blaffer

barley ['ba:li] gerst; **–corn** gerstekorrel

barm [ba:m] (bier)gist

barmaid ['ba:meid] buffetjuffrouw; **–man** buffetbediende

barmy ['ba:mi] gistend; schuimend; **S** getikt, krankjorum

barn [ba:n] schuur

barnacle ['ba:nəkl] eendemossel; *fig* klis, plakker; ❧ brandgans (*~ goose*); *~s* praam, neusknijper [v. paard]; **S** bril

barn-door [ba:ndɔ:] schuurdeur; *~ fowls* pluimvee *o*; **~ -owl** kerkuil

barnstormer ['ba:nstɔ:mə] rondtrekkend acteur; *Am* de boer opgaande kandidaat [bij verkiezingen]

barn-swallow ['ba:nswɔlou] boerenzwaluw

barometer [bə'rɔmitə] barometer; *fig* graadmeter; **–tric(al)** [bærə'metrik(l)] barometrisch, barometer-

baron ['bærən] baron; *~ of beef* niet verdeeld lendestuk v.e. rund; **–age** baronnen; adel; adelboek *o*; **–ess** barones; **–et** Eng. adellijke titel; afk. *Bart.*; **–etcy** baronetschap *o*; **–ial** [bə'rouniəl] baronnen-; **–y** ['bærəni] baronie

baroque [bə'rouk] barok

barque [ba:k] bark

barrack ['bærək] **I** *sb* kazerne (meestal *~s*); **II** *vt* ✕ in kazernes onderbrengen; *sp* uitjouwen

barrage ['bæra:ʒ, bæ'ra:ʒ] (stuw-, keer)dam; ✕ spervuur *o*; versperring [v. ballons &]; *~ balloon* versperringsballon

barrel ['bærəl] **I** *sb* vat *o*, ton, fust *o*; barrel [± 159 l olie]; cilinder; loop [v. geweer]; trommel(holte); romp [v. paard]; buis; **II** *vt* inkuipen; **~-organ** draaiorgel *o*

barren ['bærən] **I** *aj* onvruchtbaar; kaal[2], dor; *fig* vruchteloos; *~ of* zonder; **II** *sb* dorre vlakte

barricade [bæri'keid] **I** *sb* barricade, versperring; **II** *vt* barricaderen, versperren

barrier ['bæriə] slagboom[2]; barrière; afsluiting, hek *o*; hinderpaal

barring ['ba:riŋ] met uitzondering van, uitgezonderd, behalve, behoudens

barrister ['bæristə] advocaat (*~-at-law*)

barrow ['bærou] berrie; kruiwagen; handkar ‖ grafheuvel

Bart. [ba:t] = *Baronet; Bartholomew*

bar-tender ['ba:tendə] *Am* buffetbediende

barter ['ba:tə] **I** *vi* ruilen, ruilhandel drijven; **II** *vt* (ver)ruilen; *~ away* verkwanselen; **III** *sb* ruil(handel)

basal ['beisl] fundamenteel; *~ metabolism* grondstofwisseling

basalt ['bæsɔ:lt, bæ'sɔ:lt] basalt *o*

bascule ['bæskju:l] bascule, wip; **~ -bridge** wipbrug, ophaalbrug

1 base [beis] *aj* snood, slecht, laag; onedel; min(derwaardig), vuig; vals [geld]

2 base [beis] **I** *sb* basis, grondslag, grond; grondtal *o*; voet, voetstuk *o*; fondament *o*; § base; *sp* honk *o*; **II** *vt* baseren, gronden; ✕ & ♎ als basis aanwijzen; *~d there* aldaar gevestigd (woonachtig); *broad–~d, broadly–~d* op brede basis; *Burma–~d planes* vliegtuigen met basis in Birma

baseball ['beisbɔ:l] honkbal *o*

base-born ['beisbɔ:n] van lage geboorte; onecht, buitenechtelijk

baseless ['beislis] ongegrond

basement ['beismənt] grondslag, fondament *o*; souterrain *o*

bash [bæʃ] **I** *vt* slaan, beuken; jassen [piepers]; *~ in* inslaan; **II** *sb* slag, opstopper, dreun; *have a ~ at sth.* **S** 't eens proberen

bashful ['bæʃful] schuchter, bedeesd
basic ['beisik] fundamenteel, grond-, basis-;
§ basisch
Basic ['beisik] = vereenvoudigd Engels *o* [beperkt tot 850 kernwoorden]
basil ['bæzil] ℀ basilicum *o*
basilica [bə'silikə] basiliek
basilisk ['bæzilisk] basiliscus: fabelachtige draak;
Am kamhagedis
basin ['beisn] bekken *o*, kom, schaal; wasbak, -tafel; dok *o*, bassin *o*; keteldal *o*; stroomgebied *o*
basis ['beisis, *mv* **-ses** -si:z] grondslag², basis
bask [ba:sk] zich koesteren²
basket ['ba:skit] korf, mand, ben; ~ **-ball** basket-ball *o* [variatie van ons „korfbal" *o*]; ~ **case** invalide wiens armen en benen geamputeerd zijn; **-work**, **-ry** manden, mandewerk *o*
Basque [bæsk] **I** *aj* Baskisch; **II** *sb* Bask; het Baskisch
basque [bæsk] (verleng)pand [aan lijfje]
bas-relief ['bæsrili:f, 'ba:rili:f] bas-reliëf *o*
1 bass [beis] ♩ bas
2 bass [bæs] ⚶ baars ‖ lindebast
basset ['bæsit] basset
bassinet ['bæsinet] mandewieg
bassoon [bə'su:n] fagot; **-ist** fagottist
bast [bæst] (linde)bast; raffia
bastard ['bæstəd] **I** *sb* bastaard²; **P** rotvent, rotding *o*, kreng *o*; **II** *aj* bastaard-, onecht; **P** verrekt; **-ize** voor bastaard verklaren; tot bastaard maken; **-y** bastaardij, buitenechtelijke geboorte
baste [beist] bedruipen (met vet of boter) ‖ afrossen ‖ (aaneen)rijgen
bastinado [bæsti'neidou] **I** *sb* bastonnade, dracht stokslagen; **II** *vt* de bastonnade geven
bastion ['bæstiən] bastion *o*
1 bat [bæt] vleermuis; *have* ~*s in the belfry* kierewiet (= niet goed snik) zijn
2 bat [bæt] **I** *sb* knuppel, kolf, slaghout *o*, bat *o*; stuk *o* baksteen; *off one's own* ~ op eigen houtje; zonder iem.'s hulp, alléén; **II** *vi* batten [bij cricket]; **III** *vt not* ~ *an eye*(*lid*) geen spier vertrekken
Batavian [bə'teiviən] Bataaf(s)
batch [bætʃ] baksel *o*; troep, groep, partij
bate [beit] **I** *vt* verminderen; laten vallen, aftrekken; inhouden [adem]; **II** *sb* **S** woedeaanval
bath [ba:θ, *mv* ba:ðz] **I** *sb* bad(je) *o*, badkuip; ~*s* badhuis *o*, badinrichting; badplaats; **II** *vt* baden, een bad geven
Bath bun ['ba:θbʌn] koffiebroodje *o*
Bath chair ['ba:θ'tʃɛə] rol-, ziekenstoel
bathe [beið] **I** *sb* bad *o* in zee of in rivier; **II** *vt* baden, betten, afwassen; **III** *vi* (zich) baden; **-r** bader; badgast; **bathing-machine** badkoetsje *o*; ~ **-pool** zwembasin *o*; ~ **-suit** zwempak *o*; ~ **-trunks** zwembroek
bathos ['beiθɔs] belachelijke overgang van het

verhevene tot het platte; anticlimax
bathroom ['ba:θrum] badkamer; **F** w.c.; **bathtub** badkuip; ~ **-water** badwater *o*; *throw out the baby with the* ~ het kind met het badwater wegwerpen
bating ['beitiŋ] *prep* behalve
batiste [bæ'ti:st] batist *o*
batman ['bætmən] ⚔ oppasser
baton ['bætən] (commando-, maarschalks)staf; (dirigeer)stok; wapenstok; *sp* stok [bij estafetteloop]
bats [bæts] **F** kierewiet, niet goed snik
batsman ['bætsmən] batter [cricket]
battalion [bə'tæljən] bataljon *o*
1 batten ['bætn] **I** *sb* lat; plank; ⚓ badding; **II** *vt* met latten bevestigen; ~ *down* ⚓ schalmen of sluiten [de luiken]
2 batten ['bætn] *vi* zich tegoed doen (aan *on*), zich vetmesten (met *on*); vet worden
batter ['bætə] **I** *vt* beuken; beschieten; havenen; ~*ed* ook: gedeukt; vervallen, gammel; **II** *vi* beuken (op *at*); **III** *sb* beslag *o* [v. gebak] ‖ *sp* batter [cricket]; **battering-ram** stormram
battery ['bætəri] batterij *o* ook: accu; stel *o* (potten en pannen); ⚡ aanranding
battle ['bætl] **I** *sb* [veld]slag, strijd, gevecht *o*; *do* ~ strijden, vechten; *give* ~ slag leveren; *join* ~ de strijd aanbinden; slaags raken; *...is half the* ~ *...is* het halve succes; **II** *vi* strijden, vechten; ~ **-array** slagorde; ~ **-ax(e)** strijdbijl; **F** kenau, feeks; ~ **-cruiser** slagkruiser; ~ **-cry** strijdleus; slogan; ~ **-dore** raket *o* & *v*; ~ *and shuttlecock* pluimbal en raket(spel *o*); **-dress** ⚔ veldtenue *o* & *v*; **-field** slagveld *o*; **-ground** slagveld *o*, gevechtsterrein *o*; *fig* strijdperk *o*; **-ment** kanteel, tinne; ~ **royal** algemeen gevecht *o*; **-ship** slagschip *o*
battue [bæ'tu:] klopjacht, drijfjacht
batty ['bæti] **F** kierewiet, niet goed snik
bauble ['bɔ:bl] (stuk *o*) speelgoed *o*, snuisterij, prul *o*, beuzeling; ⚶ zotskolf
baulk [bɔ:k] = *balk* **I**
bauxite ['bɔ:ksait] bauxiet *o*
Bavarian [bə'vɛəriən] Beier(s)
bawd [bɔ:d] koppelaar(ster); **-iness** ontuchtigheid; **bawdy** **I** *aj* obsceen, rauw; ontuchtig; **II** *sb* rauwe taal; ~ *house* bordeel *o*
bawl [bɔ:l] **I** *vi* & *vt* schreeuwen, bulken; *fig* balken, bleren (tegen *at*, *against*); ~ *out* **S** uitveteren [iem.]; **II** *sb* schreeuw
bay [bei] **I** *sb* inham, baai, golf ‖ nis, uitbouw, overkapping; vak *o*, ruimte ‖ ℀ laurier(boom) ‖ vos [paard] ‖ geblaf *o*; ~*s* ook: lauwerkrans, lauweren; *be* (*stand*) *at* ~ 1 zich niet weten te redden; 2 een verdedigende houding aannemen; *keep* (*hold*) *at* ~ zich... van het lijf houden; *bring t o* ~ in het nauw brengen; *driven to* ~ in het

nauw gebracht; *turn to* ~ in het nauw gebracht zijnde zich tegen zijn aanvallers of vervolgers keren; **II** *vt* & *vi* (aan)blaffen, blaffen (tegen *at*); **III** *aj* roodbruin, voskleurig; ~ *horse* vos

bayonet ['beiənit] **I** *sb* bajonet²; **II** *vt* met de bajonet neer-, doorsteken; ~ **catch,** ~ **joint** bajonetsluiting

bay-window ['bei'windou] erker

bazaar, bazar [bə'za:] bazaar, markt(plaats); (liefdadigheids)bazaar, fancy-fair

bazooka [bə'zu:kə] bazooka [antitankwapen *o*]

B.B.C. = *British Broadcasting Corporation*

B.C. = *before Christ*; *British Columbia*

be [bi:] zijn, wezen; staan, liggen, worden, ontstaan, duren; *his... -to-*~ zijn aanstaande..., zijn... in spe, zijn toekomstige...; *how are you?* hoe gaat het?; *what are these apples?* hoeveel kosten (zijn) die appelen?; *N. has been* N. is er (hier) geweest; *you are not to think* je moet niet (hebt niet te) denken; *(this right) is (was) to* ~ *granted when...* zal (zou) verleend worden als; zie *about, after* &

beach [bi:tʃ] **I** *sb* strand *o*, oever; **II** *vt* op het strand zetten, drijven of trekken; **—comber** lange golf; strandjutter; leegloper; **–head** 🔀 bruggehoofd *o* [aan zee]

beach-la-mar ['bi:tʃlə'ma:] pidgin-Engels *o*

beacon ['bi:kən] **I** *sb* baak, baken² *o*, bakenvuur *o*; verkeerspaal; **II** *vt* bebakenen; verlichten; **III** *vi* als baken dienen

bead [bi:d] **I** *sb* kraal, druppel; 🔀 vizierkorrel; *she was at her* ~*s, she told (counted) her* ~*s* zij bad de rozenkrans; **II** *vt* aaneenrijgen; van kralen voorzien; **III** *vi* parelen; zie ook: *draw* I

beadle ['bi:dl] bode, pedel; onderkoster

bead-roll ['bi:droul] lange reeks, namenlijst

beady ['bi:di] parelend; ~ *eyes* kraaloogjes

beagle ['bi:gl] 🐾 brak; *fig* speurhond, spion

beak [bi:k] bek, (s)neb, snavel; tuit; ‖ politierechter of -dienaar; schoolmeester

beaker ['bi:kə] beker, bokaal

be-all ['bi:ɔ:l] *the* ~ *and end-all* alles, het hoogste (doel)

beam [bi:m] **I** *sb* balk, boom; ploegboom; weversboom; juk *o* [v. balans]; ⚓ dekbalk, grootste wijdte [v. schip]; (licht)straal; bundel; R bakenlijn [als sein voor vliegtuig]; *broad in the* ~ ⚓ breed; *the off beam*the breedheupig; *be off the* ~ F er naast zijn; *on the* ~**F** op het goede spoor; **II** *vt* uitstralen (ook: ~ *forth*); RT speciaal uitzenden; **III** *vi* stralen; glunderen; ~ **-ends** *the ship is on her* ~ het schip ligt bijna overzij; *he was on his* ~ hij was erg in verlegenheid, aan lagerwal; **–ing I** *aj* stralend [v. geluk]; **II** *sb* gerichte elektromagnetische golven; ~ **transmitter** straalzender

bean [bi:n] boon; *old* ~ **F** ouwe jongen; ~*s* **S** duiten; *full of* ~*s* **F** in goede conditie, energiek; *get* ~*s* **S** een standje krijgen, er van langs krijgen

bean-feast ['bi:nfi:st] **F** fuifje *o* van de werkgever aan zijn arbeiders; fuif, keet, pan

beanie ['bi:ni] muts; keppeltje *o*

beano ['bi:nou] = *bean-feast*

1 bear [bɛə] **I** *sb* 🐾 beer; *fig* bullebak; $ baissier; **II** *vi* $ à la baisse speculeren; **III** *vt* $ doen dalen

2 bear [bɛə] **I** *vt* (ver)dragen, dulden, toelaten, uitstaan; voortbrengen, baren; toedragen; behalen; inhouden, bevatten, hebben; ~ *one's age well* zich voor zijn leeftijd goed houden; ~ *a hand* een handje helpen; zie ook: *company, comparison, evidence, grudge, malice* &; **II** *vr* ~ *oneself well* zich goed gedragen, houden of voordoen; **III** *vi* dragen; gaan, lopen, zich uitstrekken [in zekere richting]; ~ *to the left* (*right*) links(rechts)af buigen [bij een tweesprong]; *bring to* ~ richten (op *upon*), aanwenden, uitoefenen [pressie], doen gelden [invloed &]; • ~ *against* rusten of steunen op; ~ *a w a y* wegzeilen, -varen; wegdragen, behalen; meeslepen; ~ *b a c k* terugdrijven; terugwijken; ~ *d o w n* neerdrukken, -vellen; overmannen; ~ *d o w n u p o n* aanhouden of aansturen op, afstevenen op; *be borne in upon* zich opdringen aan [v. gedachte]; ~ *o f f* wegdragen; ⚓ afhouden; ~ *o n* = ~ *upon*; ~ *o u t* steunen, staven, bevestigen; ~ *u p* drijvend houden; steunen; zich flink (goed) houden; ~ *up against* het hoofd bieden (aan); ~ *u p o n* 🔀 gericht zijn op; *fig* betrekking hebben op; ~ *w i t h* verdragen, dulden; geduld hebben met, toegeeflijk zijn voor [iem.]; **–able** draaglijk, te dragen

beard [biəd] **i** *sb* baard²; weerhaak; **II** *vt* trotseren, tarten; ~ *the lion in his den* zich in het hol van de leeuw wagen

bearer ['bɛərə] drager, brenger; $ toonder; *good (poor)* ~ boom die goed (slecht) draagt; *b y* ~ met brenger dezes; *t o* ~ aan toonder; ~ *share,* ~ *bond* $ aandeel *o* aan toonder

bear-garden ['bɛəga:dn] ⊠ plaats voor berengevecht; *fig* wanordelijke situatie

bearing ['bɛəriŋ] dragen *o*; houding, gedrag *o*; verhouding, betrekking; ligging; ⚓ & ♒ peiling; richting, strekking; portee, betekenis; ✗ lager *o*, kussen *o*; ⊘ wapenbeeld *o*; ~*s* ligging; *they had lost their* ~*s* zij konden zich niet oriënteren; zij waren de kluts kwijt; *take one's* ~*s* zich oriënteren; eens poolshoogte nemen; *beyond* ~ onverdraaglijk; *in* ~ dragende [vruchtbomen]; *in all its* ~*s* van alle kanten

bearish ['bɛəriʃ] lomp, nors; $ à la baisse (gestemd)

bear-leader ['bɛəli:də] bereleider; (meereizende) gouverneur [van jongmens]; **–skin** ['bɛəskin] berevel *o*, berehuid; beremuts

beast [bi:st] beest² *o*, viervoeter, dier *o*; *fig* beestachtig mens, mispunt *o*; **–ly** beestachtig; < smerig, gemeen, **F** hardstikke &

beat [bi:t] **I** *vt* slaan (met, op), kloppen (op), uitkloppen, klutsen, beuken; stampen, braken [vlas]; verslaan, overtreffen; afzoeken [bij jagen]; aflopen [museums &]; banen [pad]; ~ *the air* tegen windmolens vechten; ~ *one's brains* zich het hoofd breken (over *about*); *that* ~*s the band* (*everything*)! dat overtreft alles!; nu nog mooier!; ~ *it*! **S** smeer'm!; *they* ~ *it* **S** ze gingen er vandoor; *that* ~*s me* dat gaat mijn verstand te boven; ~ *the streets* door de straten slenteren; **II** *vi* slaan, kloppen; ⚓ laveren; ● ~ *a b o u t the bush* er omheen praten, er omheen draaien; ~ *d o w n* neerslaan; afdingen (op); met kracht neerkomen, fel schijnen [v. zon]; ~ *i n* inslaan; ~ *it into sbd.'s head* het iem. inhameren; ~ *off* afslaan; ~ *o u t* uitkloppen, uitslaan; ~ *sbd. t o it* het van iem. winnen, iem. te gauw af zijn; ~ *u p* klutsen [eieren]; afranselen, in elkaar slaan; werven [recruten]; *fig* bijeentrommelen; ⚓ oplaveren; ~ *u p o n* slaan, kletteren & tegen; **III** *sb* slag, klap, klop, tik; ♪ maat(slag); ♪ beat [soort jazz; fundamenteel ritme daarbij]; ronde [v. politieagent, post of wacht]; wijk [v. agent, bezorger]; jachtveld *o*; = *beatnik*; *off* (*out of*) *one's* ~ uit zijn gewone doen; op onbekend terrein; *on the* ~ in de ronde [v. politieagent]; op de baan [v. prostituée]; *go on the* ~ de ronde ingaan [v. politieagent]; de baan opgaan [v. prostituée]; **IV** V.T. & **P** V.D. van ~; **V** *aj* doodop; ~ *generation* generatie der *beatniks*; ~ *group* ♪ beatgroep; **–en** V.D. van *beat*; ook: begaan, veel betreden; afgezaagd; doodop; *floor of* ~ *earth* aarden vloer; zie ook: *track* **I**; **–er** klopper, stamper; drijver [bij jagen]

beatific [biə'tifik] zaligmakend; (geluk)zalig; **–ation** [biætifi'keiʃən] zaligmaking; zaligverklaring; **beatify** [bi'ætifai] zaligmaken; zalig verklaren

beating ['bi:tiŋ] pak *o* slaag, afstraffing; kloppen *o*, beuken *o*, getrommel *o*

beatitude [bi'ætitju:d] zaligheid; *the B*~*s* de acht zaligsprekingen

beatnik ['bi:tnik] *Am* beatnik: (ascetische, pacifistische) non-conformistische jongere [omstr. 1950–60, oorspr. uit San Francisco]

beau [bou] dandy; **F** galant; ~ *ideal* (*Fr*) toonaangevend voorbeeld

beaut [bju:t] **S** schoonheid [= vrouw]

☉ **beauteous** ['bju:tiəs] schoon; **–tician** [bju:'tiʃən] schoonheidsspecialist(e); **–tiful** ['bju:tiful] schoon, mooi, fraai; **–tify** mooier maken, verfraaien; **beauty** schoonheid; beauté; prachtexemplaar *o*, prachtstuk *o*; *what a* ~! wat is ze (dat) mooi!; *the* ~ *of it was...* **F** het mooie ervan was...; ~ *parlour* schoonheidsinstituut *o*; ~ *-sleep* slaap voor middernacht; ~ *-spot* moesje

o: schoonheidspleistertje *o*; mooi plekje *o*

beaver ['bi:və] ⚓ bever; **F** baardaap; *eager* ~ **F** ambitieus iemand

becalm [be'ka:m] stillen, bedaren; ~*ed* ⚓ door windstilte overvallen

became [bi'keim] V.T. van *become*

because [bi'kɔz, bi'kɔ:z] omdat; ~! daarom!; ~ *of* wegens, vanwege, om, door

bêche-de-mer = *beach-la-mar*

beck [bek] **I** *sb* wenk[2], knik, beweging met de hand (als bevel) ‖ beek; *be at sbd.'s* ~ *and call* altijd klaarstaan voor iem.; **II** *vt* & *vi* ☉ = *beckon*

beckon ['bekn] wenken, een wenk geven

becloud [bi'klaud] bewolken, verduisteren

become [bi'kʌm] **I** *vi* worden; *what has* ~ *of it?* ook: waar is het (gebleven)?; **II** *vt* goed staan; passen[2]; betamen, voegen; **III** V.D. van ~; **–ming** gepast, betamelijk, netjes; flatteus

bed [bed] **I** *sb* bed *o*; bedding; (onder)laag; leger *o*; ~ *and board* kost en inwoning; *separated from* ~ *and board* 🜨 gescheiden van tafel en bed; ~ *and breakfast* logies en ontbijt; *get out of* ~ *on the wrong side* met het verkeerde been uit bed stappen; **II** *vt* (uit)planten; vastzetten; [paarden van een leger voorzien (ook: ~ *down*, ~ *up*)

bedabble [bi'dæbl] bemorsen, bespatten

bedaub [bi'dɔ:b] besmeren, bekladden[2]

bedazzle [bi'dæzl] verblinden

bed-bug ['bedbʌg] wandluis; **–chamber** slaapkamer; ~**-clothes** beddegoed *o*; **–ding** beddegoed *o*; ligstro *o*; (onder)laag; eenjarige plant

bedeck [bi'dek] (op)tooien, versieren

bedevil [bi'devl] mishandelen, judassen; uitvloeken; beheksen; in de war maken, verwarren, compliceren, bemoeilijken; bederven, verknoeien

bedew [bi'dju:] bedauwen

bedfellow ['bedfelou] bedgenoot; *fig* kameraad

⚓ **bedight** [bi'dait] **I** *vt* tooien; **II** *aj* getooid

bedim [bi'dim] verduisteren, benevelen

bedizen [bi'daizn, bi'dizn] tooien, opdirken

bedlam ['bedləm] gekkenhuis[2] *o*; **–ite** ['bedləmait] krankzinnig(e), gek

Bedouin ['beduin] bedoeïen(en)

bed-pan ['bedpæn] (onder)steek; **bedpost** beddestijl; *between you and me and the* ~ onder ons gezegd en gezwegen

bedraggle [bi'drægl] bemodderen; ~*d* ook: verregend; sjofel

bedridden ['bedridn] bedlegerig

bedrock ['bedrɔk] vast gesteente *o*; grond(slag); *get down to* ~ ter zake komen; ~ *prices* allerlaagste prijzen

bedroom ['bedrum] slaapkamer; ~ *town* slaapstad; ~**-settee** bedbank; **–side** (bed)sponde, bed *o*; ~ *lamp* lamp bij het bed; ~ *manner* tactvol optreden *o* v. arts bij het ziekbed; ~ *reading* lec-

tuur voor in bed; ~ **table** bed-, nachttafeltje o;
–**sit**, ~-**sitter** F zitslaapkamer; ~-**sitting-
room** zitslaapkamer; –**sore** doorgelegen plek;
–**spread** beddesprei; –**stead** ledikant o; –**tick**
beddetijk o; –**wetting** bedwateren o
bee [bi:] bij; *he has a ~ in his bonnet* hij heeft een
idee-fixe
beech [bi:tʃ] **I** sb beuk(eboom); beukehout o; **II** aj
van beukehout, beuken; –**en** van beukehout,
beuken; ~-**nut** beukenoot
beef [bi:f] osse-, rundvlees o; F spierballen,
spierkracht; **Beefeater** ⬓ lid o van de lijfwacht
(een hellebaardier v.d. *Tower of London*); **beef-
steak** runderlapje o; **beef tea** bouillon; **beefy**
vlezig, gespierd
beehive ['bi:haiv] bijenkorf; hoog opgemaakt
kapsel o; ~ *chair* strandstoel; ~ *tomb* koepelgraf
o; **bee-line** rechte lijn; *make a ~ for* regelrecht
afgaan op; ~-**master** bijenhouder, imker
been [bi:n, bin] V.D. van *to be*
beep [bi:p] pieptoon
beer [biə] bier o; *life is not all ~ and skittles* het leven is niet altijd rozegeur en maneschijn; het is
geen lolletje; ~-**can** bierblik(je) o; ~-**engine**
bierpomp; ~-**mat** bierviltje o; –**y** bierachtig;
bier-; dronkemans-
beestings ['bi:stiŋz] biest
beeswax ['bi:zwæks] **I** sb was; **II** vt boenen
beet [bi:t] beetwortel, biet, kroot; ~ *greens* snijbiet
beetle ['bi:tl] **I** sb tor, kever ‖ (straat)stamper;
heiblok o, juffer; **II** vi overhangen, vooruitsteken; **III** vt stampen; ~-**browed** met zware
wenkbrauwen; nors, stuurs; ~-**crusher** F (si-
garen)kistje o [lompe schoen]
beetroot ['bi:tru:t] beetwortel, kroot
befall [bi'fɔ:l] **I** vt overkómen, wedervaren, treffen; **II** vi gebeuren; –**en** V.D. van *befall*; **befell**
V.T. van *befall*
befit [bi'fit] passen, betamen; –**ting** passend, gepast, betamelijk
befog [bi'fɔg] in mist hullen, benevelen[2]
befool [bi'fu:l] voor de gek houden, bedotten
before [bi'fɔ:] **I** prep vóór; in het bijzijn van; ~
long eerlang, weldra; ~ *now* reeds eerder; **II** ad
voor, vooruit, voorop, vooraf; (al) eerder, te
voren, voordezen, voordien, voorheen; **III** cj
voor(dat), eer(dat); (*he would die*) ~ *he lied* liever
dan te liegen; –**hand** van te voren, vooruit,
vooraf; *be ~ with* vóór zijn
befoul [bi'faul] bevuilen[2]
befriend [bi'frend] vriendschap betonen, helpen, beschermen
beg [beg] **I** vi bedelen; ~! opzitten! [tegen hond];
~ *for* vragen (bidden, smeken, verzoeken) om;
II vt vragen, bidden, smeken, verzoeken; (af)be-
delen; *I ~ to observe* ik ben zo vrij op te merken;
~ *the question* als bewezen aannemen, wat nog

bewezen moet worden; niet ingaan op de vraag
(kwestie) zelf; ~ (*sbd.*) *off* excuus, kwijtschelding
(van straf) vragen (voor iem.); *go (a-)~ging [fig]*
geen liefhebbers vinden
begad [bi'gæd] verdorie!
began [bi'gæn] V.T. van *begin*
⤳ **begat** [bi'gæt] V.T. van *beget*, **B** gewon; **beget**
[bi'gæt] verwekken[2]; –**ter** verwekker, (geestelijke) vader
beggar ['begə] **I** sb bedelaar; F kerel, vent;
schooier[2]; *B~s* ⬓ geuzen; ~s *cannot be choosers* een
gegeven paard moet men niet in de bek kijken;
set a ~ on horseback and he'll ride (gallop) to the devil
het zijn sterke benen die de weelde kunnen dragen; **II** vt verarmen, tot de bedelstaf brengen; *it
~s description* het gaat alle beschrijving te boven;
–**ly** armoedig, armzalig; –**y** grote armoede
begin [bi'gin] **I** vt beginnen, aanvangen; **II** vi beginnen; *you can't ~ to understand* je kunt helemaal
niet begrijpen; *to ~ with* om te beginnen, ten
eerste; –**ner** beginner, beginneling; –**ning** begin o, aanvang; ~s beginstadium o
begird [bi'gə:d] omgorden, omringen
begone [bi'gɔn] ga weg!, ga heen!
begot [bi'gɔt] V.T. van *beget*; –**ten** V.D. van *beget*;
the only ~ de eniggeboren (Zoon van God)
begrime [bi'graim] besmeuren, bemorsen
begrudge [bi'grʌdʒ] misgunnen; node geven
(doen &)
beguile [bi'gail] bedriegen, bedotten; verlokken;
~ *the time* de tijd verdrijven of korten; ~ *into*
verlokken tot; ~ *of* ontlokken, afhandig maken;
–**ment** verlokking
Beguine [bə'gi:n] begijn, begijntje o
begum ['beigəm] oosterse vorstin, prinses
begun [bi'gʌn] V.D. van *begin*; *well ~ is half done*
een goed begin is het halve werk
behalf [bi'ha:f] *in ~ of* ten bate van, in het belang
van; *on ~ of* uit naam van; ten bate van; *on your
~* om uwentwil, voor u; namens u, uit uw naam
behave [bi'heiv] **I** vi zich gedragen; ook = **II** vr
~ *oneself* zich netjes gedragen, zijn fatsoen houden; **behaviour** gedrag o, houding; *be on one's
good (best)* ~ extra goed opletten of zoet zijn; zijn
fatsoen houden; –**al** gedrags-; ~ *disturbance* ge-
dragsstoornis; ~ *sciences* gedragswetenschappen
behead [bi'hed] onthoofden
beheld [be'held] V.T. & V.D. van *behold*
⊙ **behest** [bi'hest] bevel o; verzoek o
behind [bi'haind] **I** prep achter; **II** ad achter, van
(naar) achteren, ten achteren; achterom; **III** sb F
achterste o; –**hand** niet bij, achter; achterstallig,
ten achteren; achterlijk
behold [bi'hould] aanschouwen, zien
beholden [bi'houldn] verplicht (voor, aan *for, to*)
beholder [bi'houldə] aanschouwer
behoof [bi'hu:f] *for (on) the ~ of* ten behoeve (bate)

van
behoove [bi'hu:v], **behove** [bi'houv] passen, betamen
beige [beiʒ] beige
being ['bi:iŋ] zijnde; *sb* aanzijn *o*, bestaan *o*; wezen *o*; *in* ~ bestaand; *bring (call) into* ~ in het leven roepen; *come into* ~ ontstaan; *human* ~ mens; *the Supreme Being* het Opperwezen
belabour [bi'leibə] afrossen; er van langs geven²
belated [bi'leitid] *aj* door de nacht overvallen; verlaat, (te) laat; **–ly** *ad* laat op de dag, te elfder ure, (te) laat
belaud [bi'lɔ:d] (hemelhoog) prijzen
belay [bi'lei] vastmaken; vastsjorren; ⚓ S ~ *there!* stop!, ho!
belch [bel(t)ʃ] I *vi* boeren; II *vt* uitbraken [vuur, rook]; III *sb* boer; uitbraking, uitbarsting
belcher ['beltʃə] gekleurde halsdoek
beldam(e) ['beldəm] oude vrouw, heks, feeks
beleaguer [bi'li:gə] belegeren
bel-esprit [beles'pri:] *Fr* geestig iemand
belfry ['belfri] klokketoren; klokkehuis *o*
Belgian ['beldʒən] I *aj* Belgisch; II *sb* Belg
belie [bi'lai] logenstraffen, verkeerd voorstellen
belief [bi'li:f] geloof *o*; overtuiging, mening; *be-yond* ~, *past* ~ ongelofelijk; **believable** geloofwaardig, te geloven; **believe** geloven; *make* ~ doen alsof; *make sbd.* ~ *sth.* iem. iets wijsmaken; ~ *in* geloven aan (in); een voorstander zijn van, zijn voor, houden van; **–r** gelovige; *a* ~ *in* wie gelooft aan; voorstander van, wie voelt voor, wie houdt van
Belisha beacon [bi'li:ʃə'bi:kən] knipperbol
belittle [bi'litl] verkleinen; kleineren
bell [bel] I *sb* bel, klok, schel; 🔔 klokje *o*; ⚓ glas *o* [half uur]; ♪ paviljoen *o* [v. blaasinstrument]; *bear (carry away) the* ~ de palm wegdragen, de prijs behalen; zie ook: 2 *ring*; II *vt* de (een) bel aanbinden ‖ III *vi* schreeuwen [v. herten]
belladonna [belə'dɔnə] belladonna, wolfskers
bell-beaker ['belbi:kə] klokbeker; **~-bottom-ed** met wijd uitlopende pijpen [v. broek]; **–boy** *Am* piccolo, chasseur; **~-buoy** ⚓ belboei; **~-captain** *Am* portier
belle [bel] (gevierde) schoonheid, beauté
belles-lettres ['bel'letr] bellettrie; **belle(t)trist** [bel'letrist] bellettrist; **–ic** [belə'tristik] bellet-tristisch
bell-founder ['belfaundə] klokkengieter; **~-glass** glazen stolp; **~-heather** dopheide; **–hop** *Am* piccolo, chasseur
bellicose ['belikous] oorlogszuchtig
bellied ['belid] buikig
belligerence, –ency [bi'lidʒərens, -si] oorlog-voering; strijdlust; **–ent** oorlogvoerend(e)
bellman ['belmən] omroeper; **bell-metal** klok-spijs

bellow ['belou] I *vi* brullen, loeien; bulderen; II *vt* ~ *forth (out)* uitbulderen; III *sb* gebrul *o*, geloei *o*; gebulder *o*
bellows ['belouz] blaasbalg; balg; F longen; *a pair of* ~ een blaasbalg
bell-pull ['belpul] schelkoord *o* & *v*; **~-push** belknopje *o*; **~-rope** belkoord *o* & *v*; klokke-touw *o*; **~-tower** klokketoren; **~-wether** bel-hamel²
belly ['beli] I *sb* buik; schoot; II *vi* (& *vt*) opbol-len, bol (doen) staan; **~-ache** I *sb* buikpijn; S (jammer)klacht; II *vi* S jammeren, klagen, kanke-ren; **~-band** buikriem; **~-button** F navel; **–ful** buik vol, F bekomst; ~ **landing** buiklanding

belong [bi'lɔŋ] (toe)behoren (aan *to*); thuishoren; er bij horen; ~ *to* behoren tot (bij); **–ings** bezit-tingen, hebben en houden *o*; bagage, spullen; F familie
beloved [bi'lʌvd] I V.D. & *aj* geliefd, bemind; II *sb* [bi'lʌvid] geliefde, beminde
below [bi'lou] beneden, onder; omlaag, naar be-neden, hierbeneden
belt [belt] I *sb* gordel, riem, band, ceintuur, ⚒ koppel; zone, gebied *o*; *hit below the* ~ onder de gordel slaan, een stoot onder de gordel toebren-gen²; II *vt* een gordel, riem of ceintuur omdoen; omgorden; omringen; met een riem afranselen; III *vi* S jakkeren, pezen, ervandoor gaan; ~ *up* S zijn bek houden; ~ **conveyor, conveyor** ~ transportband
belvedere ['belvidiə] uitzichttoren
bemoan [bi'moun] bejammeren, betreuren
bemuse [bi'mju:z] benevelen, verbijsteren
bench [ben(t)ʃ] bank; werkbank; doft: roeibank; rechtbank; *King's* ~, *Queen's* ~ naam van een hooggerechtshof [Engeland]; *be on the* ~ rechter zijn; *raise to the* ~ tot rechter benoe-men; **–er** ⚖ bestuurslid v. *Inn of Court*
bend [bend] I *vt* buigen, krommen, spannen; verbuigen; richten (op *on*), ⚓ aanslaan [zeilen]; II *vi* (zich) buigen² of krommen; ~ *oneself to a task* zich volledig op een opgave richten; zie ook: *backwards*; III *sb* bocht, kromming; buiging; ⚓ knoop; ⌀ balk [in wapen]; ~ *sinister* linker-schuinbalk (aanduiding v. bastaardij); *round the* ~ S gek
beneath [bi'ni:θ] beneden², onder
benedick ['benidik] pas getrouwd man
benediction [beni'dikʃən] (in)zegening, zegen, gebed *o*; *rk* benedictie; lof *o*
benefaction [beni'fækʃən] weldaad; schenking; **–tor** weldoener
benefice ['benifis] leengoed *o*; prebende, predi-kantsplaats
beneficence, –ent [bi'nefisəns] lief-, weldadigheid; **–ent** lief-, weldadig; **beneficial** [beni'fiʃəl]

weldadig, heilzaam, nuttig, voordelig (voor *to*);
–ciary I *aj* beneficie-; **II** *sb* begunstigde; **benefit**
['benifit] I *sb* baat, voordeel *o*, nut *o*, weldaad; be-
nefiet *o*; uitkering; toelage; *give sbd. ·the ~ of the*
doubt iz iem. vrijspreken wegens niet voldoende
overtuigend bewijs; *fig* niet het ergste denken
van iem.; **II** *vt* tot voordeel strekken, goeddoen;
bevorderen; **III** *vi* baat vinden (bij *by, from*),
voordeel trekken (uit *by, from*); **~ night** benefiet-
voorstelling; **~ society** onderling steunfonds *o*
benevolence [bi'nevələns] welwillendheid;
weldadigheid; weldaad; **–ent** welwillend; weldadig; **~ fund** ondersteuningsfonds *o*
Bengal [beŋ'gɔ:l] I *sb* Bengalen *o*; **II** *aj* Bengaals;
~ light Bengaals vuur *o*; **–ese** [beŋgə'li:z] I *aj*
Bengaals; **II** *sb* Bengalees, Bengalezen; **Bengali**
[beŋ'gɔ:li] Bengalees
benighted [bi'naitid] door de nacht overvallen;
fig achterlijk, onwetend
benign [bi'nain] vriendelijk; heilzaam; ʃ goedaardig; **–ancy** [bi'nignənsi] vriendelijkheid;
heilzaamheid; ʃ goedaardigheid; **–ant** goedaardig, gunstig, weldadig, vriendelijk; **–ity** goedaardigheid
◊ benison ['benizn, 'benisn] zegen(ing)
1 bent [bent] *sb* (geestes)richting, aanleg, neiging
‖ ℀ helm; zie ook: 1 *top* **I**
2 bent [bent] V.T. & V.D. van *bend*; gebogen,
krom; **S** homosexueel; *be ~ (up)on* gericht zijn
op; er op uit of besloten zijn om
bent-grass ['bentgra:s] ℀ helm, helmgras *o*
benthos ['benθɔs] flora en fauna op de oceaan-
bodem
benumb [bi'nʌm] verkleumen, doen verstijven,
verdoven
benzine ['benzi:n] benzine
bequeath [bi'kwi:ð] vermaken, legateren; **be-**
quest [bi'kwest] legaat *o*
berate [bi'reit] de les lezen
bereave [bi'ri:v] beroven (van *of*); **~d** beroofd;
diepbedroefd [door sterfgeval]; **–ment** (zwaar)
verlies *o*, sterfgeval *o*; **bereft** [bi'reft] V.T. &
V.D. van *bereave*
beret ['berei, 'berit] (Baskisch, alpino)mutsje *o*;
baret [v. militair of geestelijke]
berg [bə:g] = *iceberg*
bergamot ['bə:gəmɔt] bergamot(peer); ber-
gamotcitroen; bergamotolie
Berlin [bə:'lin] I *sb* Berlijn *o*; **II** *aj* Berlijns
berry ['beri] bes, bezie; viseitje *o*
berserk [bə'sə:k] *go ~* razend worden
berth [bə:θ] I *sb* ⚓ hut, kooi; couchette; ligplaats;
plaats; baantje *o*; *give a wide ~ to* uit het vaarwater
(uit de weg) blijven; **II** *vt* meren; een hut & aanwijzen; **III** *vi* voor anker gaan, aanleggen
beryl ['beril] beril *o* [stofnaam], beril *m* [voor-
werpsnaam]

beseech [bi'si:tʃ] smeken
beseem [bi'si:m] betamen, voegen, passen;
–ing betamelijk, passend
beset [bi'set] omringen; insluiten; aanvallen,
overvallen; het [iemand] lastig maken, in het
nauw drijven, belagen; ook V.T. & V.D.; **~ by**,
~ with ook: vol...; **~ting sin** gewoontezonde,
hebbelijkheid
◊ beshrew [bi'ʃru:] **~me!** ik mag vervloekt zijn!,
de duivel hale mij!
beside [bi'said] naast, bij, buiten; *he was ~ himself*
hij was buiten zich zelf; **–s** bovendien, daarbij;
benevens, behalve
besiege [bi'si:dʒ] belegeren; *fig* bestormen; **–r**
belegeraar
beslaver [bi'slævə], **beslobber** [bi'slɔbə] bekwijlen; *fig* likken
besmear [bi'smiə] besmeren; besmeuren
besmirch [bi'smə:tʃ] bekladden[2], besmeuren[2]
besom ['bi:zəm] bezem; *jump the ~* over de puthaak trouwen
besot [bi'sɔt] verdwazen, verblinden; bedwelmen, verstompen; *besotted* ook: verliefd; dronken
besought [bi'sɔ:t] V.T. & V.D. van *beseech*
bespangle [bi'spæŋgl] met lovertjes versieren,
bezaaien
bespatter [bi'spætə] bespatten; bekladden
bespeak [bi'spi:k] bespreken, bestellen; verraden, getuigen van; ⊙ aanspreken; **bespoke**
[bi'spouk] V.T. & V.D. van *bespeak*; **~ department**
maatafdeling; **–n** [bi'spoukn] V.T. & V.D. van *bespeak*
besprinkle [bi'spriŋkl] besprenkelen
best [best] I *aj* best; *the ~ part of* ook: het grootste
deel van; bijna; **II** *ad* het best; *you had ~ ...* je
moest maar liever...; *as ~ we could (might)* zo goed
mogelijk; zo goed en zo kwaad als we konden;
III *sb* best(e); *get (have) the ~ of it* het winnen, de
overhand hebben; *give ~* zich gewonnen geven;
make the ~ of it zich schikken in iets, iets voor lief
nemen, er het beste van maken, zo goed mogelijk iets benutten; *make the ~ of one's way home* zo
gauw mogelijk thuis zien te komen; (*I wish you*)
the ~ of luck alle geluk (succes); ● *a t (the) ~*
hoogstens; op zijn best, in het gunstigste geval;
f o r ·the ~ met de beste bedoelingen [handelen];
het beste [zijn]; *i n · his (Sunday) ~* op zijn zon-
dags; *t o the ~ of my ability (power)* naar mijn beste
vermogen; *w i t h ·the ~* als de beste; **IV** *vt* overtreffen, het winnen van; bedotten
bestead [bi'sted] baten, van dienst zijn
bested [bi'sted] *ill ~, hard ~, sore ~* in het nauw
bestial ['bestiəl] dierlijk, beestachtig; **–ity** [bes-
ti'æliti] beestachtigheid
bestir [bi'stə:] **~** *oneself* voortmaken, aanpakken
best man ['best'mæn] begeleider v.d. bruidegom, bruidsjonker

bestow [bi'stou] bergen; geven, schenken; besteden [zorg]; verlenen (aan *on, upon*); **-al** gift, schenking; verlening

bestrew [bi'stru:] bestrooien; **-n** [bi'stru:n] V.D. van *bestrew*

bestridden [bi'stridn] V.D. van *bestride*; **bestride** [bi'straid] schrijlings zitten op of staan over; **bestrode** [bi'stroud] V.T. van *bestride*

best-seller ['best'selə] bestseller

bet [bet] **I** *vt & vi* (ver)wedden, wedden (om); ook V.T. & V.D.; *I ~ you're not!* dat ben je niet!; *you ~!* waarachtig!, zeker!; **II** *sb* weddenschap; *a better ~, the best ~* **F** beter, het beste

beta ['bi:tə] bèta; *~ rays* bètastralen

betake [bi'teik] *~ oneself to* zich begeven naar; zijn toevlucht nemen tot; **-n** V.D. van *betake*

bête noire ['beit'nwa:] *Fr* persoon of zaak waaraan men een grote hekel heeft; doorn in het oog

bethel ['beθəl] 1 **B** gewijde plaats; 2 bedehuis *o* (voor *dissenters*, zeelieden)

bethink [bi'θiŋk] *~ oneself* (zich) bedenken; *~ oneself of* zich bezinnen; zich herinneren, zich te binnen brengen; **bethought** [bi'θɔ:t] V.T. & V.D. van *bethink*

betide [bi'taid] overkomen; wedervaren; gebeuren; *woe ~ him!* wee hem!

betimes [bi'taimz] bijtijds, op tijd; spoedig

betoken [bi'toukn] aan-, beduiden; blijk geven van; voorspellen, betekenen

betook [bi'tuk] V.T. van *betake*

betray [bi'trei] verraden*; verleiden [een meisje]; ontrouw worden; bedriegen [echtgenoot]; beschamen [vertrouwen]; *his legs ~ed him* zijn benen lieten hem in de steek; **-al** verraad* *o*; **-er** verrader; verleider

betroth [bi'trouð] verloven (met *to*); **-al** verloving; **-ed** verloofd(e)

better ['betə] **I** *aj & ad* beter; *the ~ part of* het grootste deel van; meer dan; *no ~ than a peasant* maar een boer; *no ~ than she should be* niet veel zaaks; *be ~* beter zijn; het beter maken; *be ~ than one's word* meer doen dan beloofd was; *like ~* meer houden van, liever hebben; *be the ~ for it* voordeel van iets hebben, er bij profiteren; *like him the ~ for it* zoveel te meer van hem houden; *get the ~ of* de overhand krijgen op, de baas worden, het winnen van; te slim af zijn; *a change for the ~* een verandering ten goede, een verbetering; *he took her for ~ for worse* hij nam haar tot vrouw (in lief en leed); *you had ~ go* je moest maar liever gaan; **II** *sb* meerdere [in kennis &]; *one's ~s* meerderen, superieuren ‖ ook = *bettor*; **III** *vi* verbeteren; **IV** *vt* verbeteren; overtreffen; **V** *vr ~ oneself* zijn positie verbeteren; **-ment** verbetering (van positie &); waardevermeerdering; *~ off* [betə'ɔ:f] *the ~* de betergesitueerden, de welgestelden

betting ['betiŋ] wedden *o*; **bettor** wedder

between [bi'twi:n] **I** *prep* tussen; *~... and...* deels door..., deels door...; *~ ourselves, ~ you and me* onder ons gezegd (en gezwegen); *~ us* met of onder ons beiden (allen); **II** *ad* er tussen (in); *~ -decks* **I** *ad* tussendeks; **II** *sb* tussendek *o*; *~ -maid* = *tweeny*; *~ -times, ~ -whiles* tussen het werk (de bedrijven) door, zo af en toe

betwixt [bi'twikst] ✧ tussen; *(it is) ~ and between* **F** zo half en half; zo zo, lala

bevel ['bevl] **I** *sb* beweegbare winkelhaak, hoekmeter; schuine rand, helling; **II** *aj* schuin(s); **III** *vt* afschuinen, afkanten; **IV** *vi* schuin lopen, hellen

beverage ['bevəridʒ] drank

bevy ['bevi] vlucht, troep, troepje *o*, gezelschap *o*

bewail [bi'weil] betreuren, bejammeren

beware [bi'wɛə] oppassen, zich hoeden, zich wachten, zich in acht nemen (voor *of*)

bewilder [bi'wildə] verbijsteren, verwarren; **-ment** verbijstering

bewitch [bi'witʃ] betoveren*, beheksen*; **-ing** betoverend, verrukkelijk; **-ment** betovering*

beyond [bi'jɔnd] **I** *prep & ad* aan gene zijde (van), boven (uit), over, buiten, meer (dan),verder (dan), voorbij, (daar)achter; behalve; *it is ~ me (my comprehension)* het gaat mijn verstand te boven; **II** *sb* hiernamaals *o*; *the back of ~* het andere eind van de wereld

bezel ['bezl] schuine kant [v. beitel]; kas [v. ring]; gleufje *o* voor horlogeglas

Bezique [bi'zi:k] bezique *o* [kaartspel]

bi- [bai-] tweemaal, dubbel, tweevoudig, gedurende twee, iedere twee &

biannual [bai'ænjuəl] halfjaarlijks

bias ['baiəs] **I** *sb* schuinte; effect *o*; overhelling, neiging; vooroordeel *o*, partijdigheid; *cut on the ~* schuin geknipt; **II** *vt* doen overhellen²; *be ~(s)ed* bevooroordeeld zijn; *~ binding* biasband *o*

bib [bib] **I** *sb* slabbetje *o*; *best ~ and tucker* zondagse kleren; **II** *vi* pimpelen; **-ber** ['bibə] pimpelaar, drinkeboer

bible ['baibl] bijbel²; **biblical** ['biblikl] bijbels, bijbel-; **biblico-** betreffende de Bijbel

biblio- boeken betreffende; **bibliographer** [bibli'ɔgrəfə] bibliograaf; **-phic(al)** [bibliə'græfik(l)] bibliografisch; **-phy** [bibli'ɔgrəfi] bibliografie;

bibliophile ['biblioufail] bibliofiel

bibulous ['bibjuləs] drankzuchtig

bicarbonate [bai'ka:bənit] dubbelkoolzuurzout *o*; *~ of soda* dubbelkoolzure soda, zuiveringszout *o*

bice [bais] bergblauw *o*

bicentenary, -tennial [baisen'ti:nəri, -'tenjəl] tweehonderdjarig(e gedenkdag)

biceps ['baiseps] biceps

bicker [ˈbikə] kibbelen, hakketakken; kabbelen; flikkeren; **–ing** gekibbel *o*

bicycle [ˈbaisikl] **I** *sb* fiets; **II** *vi* fietsen; **–list** wielrijder, fietser

bid [bid] **I** *vt* gebieden, bevelen, gelasten; verzoeken, zeggen, wensen, heten; bieden (op *for*); ook V.T. & V.D.; ~ *fair to...* beloven te..., een goede kans maken om te...; ~ *farewell to* ook: afscheid nemen van; **II** *sb* bod² *o* (op *for*); poging; *make a ~ for* [*fig*] dingen naar; **–dable** gezeglijk; **–den** V.D. van *bid* **I**; **–der** bieder; **–ding** bevel *o*; verzoek *o*; bod *o*, bieden *o*

bide [baid] beiden, afwachten; wachten; ⚓ = *abide*

biennial [baiˈenjəl] tweejarig(e plant); **–ly** om de twee jaar

bier [biə] baar, lijkbaar

biff [bif] **F I** *sb* stomp, dreun, peut; **II** *vt* stompen, slaan; beuken

bifocal [ˈbaiˈfoukəl] **I** *aj* bifocaal, dubbelgeslepen [= met dubbel brandpunt]; **II** *sb* ~*s* bril met dubbelfocuslenzen

bifurcate [ˈbaifəːkeit] **I** (*vi* &) *vt* (zich) splitsen; **II** *aj* [ˈbaifəːkit] gevorkt; **–tion** [baifəːˈkeiʃən] splitsing; tak

big [big] dik, groot², zwaar; *the ~ film* de hoofdfilm; ~ *with* zwanger van [onheil &]; *get (grow) too ~ for one's boots* naast zijn schoenen gaan lopen (van verwaandheid)

bigamist [ˈbigəmist] bigamist; **–mous** levend in bigamie; **–my** bigamie

big-boned [ˈbigbound] zwaargebouwd, grof; ~ *game* groot wild *o*; **–gish** tamelijk groot, nogal dik; ~**-headed** [ˈbigˈhedid] **F** verwaand

bight [bait] bocht; baai, kreek

bigot [ˈbigət] dweper, fanaticus; fatsoensrakker; **–ed** dweepziek, fanatiek; **–ry** dweepzucht, fanatisme *o*

bigwig [ˈbigwig] **F** hoge (ome), piet, bonze

bijou [ˈbiːʒuː] juweel(tje)² *o*

bike [baik] **F I** *sb* fiets; **II** *vi* fietsen

bikini [biˈkiːni] bikini

bilabial [baiˈleibjəl] tweelippig

bilateral [baiˈlætərəl] tweezijdig, bilateraal

bilberry [ˈbilbəri] blauwe bosbes

bilbo [ˈbilbou] 🗡 degen

bilboes [ˈbilbouz] ⚓ (voet)boeien

bile [bail] gal²; *stir (up) sbd.'s ~* iem. de gal doen overlopen

bilge [bildʒ] buik [v. vat, schip]; ⚓ kim; **F** kletskoek; ~**-water** water *o* onderin een schip; *fig* slootwater *o*

biliary [ˈbiljəri] van de gal, gal-

bilingual [baiˈliŋgwəl] tweetalig

bilious [ˈbiljəs] galachtig²; gallig, gal-

bilk [bilk] zich aan betaling onttrekken; ervandoor gaan; beetnemen, bedotten

bill [bil] **I** *sb* bek, snavel ‖ hellebaard; snoeimes *o* ‖ landtong ‖ rekening; wissel; ceel, lijst, programma *o*; aanplakbiljet *o*, strooibiljet *o*; 🇺🇸 aanklacht, akte van beschuldiging; wetsontwerp *o*; *Am* bankbiljet *o*; ~ *of exchange* wissel(brief); ~ *of fare* spijskaart, menu *o* & *m*; ~ *of health* gezondheidsverklaring; *fig (a clean)* ~ *of health* een verklaring van betrouwbaarheid; ~ *of lading* cognossement *o*; ~ *of rights* wettelijke vastlegging van grondrechten; **II** *vt* (door biljetten) aankondigen, op het programma zetten; met biljetten beplakken ‖ **III** *vi* ~ *(and coo)* trekkebekken, minnekozen, elkaar aanhalen; ~**-board** aanplakbord *o*; ~**-broker** wisselmakelaar

billet [ˈbilit] **I** *sb* inkwartieringsbevel *o*; ✗ kwartier *o*; baantje *o* ‖ blokje *o*; **II** *vt* inkwartieren (bij *on*)

bill-fold [ˈbilfould] *Am* portefeuille

billhook [ˈbilhuk] snoeimes *o*

billiards [ˈbiljədz] biljart(spel) *o*; **billiard-table** biljart *o*

Billingsgate [ˈbiliŋzgit] vismarkt in Londen; *b~* gemene taal, scheldwoorden

billion [ˈbiljən] biljoen *o*; *Am* miljard *o*; **–aire** [biljəˈnɛə] *Am* miljardair

billow [ˈbilou] **I** *sb* baar, golf; ⊙ ~*s* zee; **II** *vi* opzwellen, golven; **–y** golvend

bill-poster, ~-sticker [ˈbilpoustə, -stikə] aanplakker

billy [ˈbili] (water)keteltje *o* of kookblik *o*; ⚓ **billycock** [ˈbilikɔk] **F** bolhoed

billy-goat [ˈbiligout] geitebok

billy-(h)o [ˈbili(h)ou] *like* ~ uit alle macht

bimetalism [baiˈmetəlizm] bimetallisme *o*

bimonthly [baiˈmʌnθli] tweemaandelijks (tijdschrift *o*)

bin [bin] kist; trog, bak; [brood]trommel; wijnrek *o*

binary [ˈbainəri] binair, dubbel, tweeledig, tweetallig

binaural [baiˈnɔːrəl] met (voor) twee oren

bind [baind] **I** *vt* (in)binden, verbinden, verplichten; omboorden, beslaan; constiperen; ~ *apprentice* als leerling besteden, in de leer doen; ~ *over* (onder borgstelling) verplichten zich voor het gerecht te verantwoorden; ~ *u p* verbinden [een wond]; samen-, inbinden; zie ook: 2 *bound*; **II** *vi* pakken [sneeuw]; **III** *sb* ♪ boog; **F** taak, verplichting; **–er** (boek)binder; losse band, omslag; band; bindmiddel *o*; bindsteen; △ bint *o*; **–ery** boekbinderij; **–ing I** *aj* (ver)bindend; verplichtend (voor *on*); **II** *sb* (boek)band; verband *o*; omboordsel *o*, rand, beslag *o*; (ski)binding; **–weed** [ˈbaindwiːd] ❀ (akker)winde

bine [bain] ❀ (hop)rank

binge [bindʒ] **S** fuif, jool

bingo [ˈbiŋgou] bingo *o* [soort kienspel *o*]

binnacle ['binəkl] ⚓ kompashuisje o
binocular [bai-, bi'nɔkjulə] I aj binoculair: met twee oogglazen; II sb veldkijker, toneelkijker (meestal: ~s, a pair of ~s)
binomial [bai'noumiəl] tweeledige grootheid; the ~ theorem het binomium van Newton
bint [bint] S stuk o [meisje]
biochemistry [baiou'kemistri] biochemie
biodegradable [baioudi'greidəbəl], –destructible biologisch afbreekbaar
biogenesis [baiou'dʒenisis] theorie dat alle leven ontstaan is uit levende materie
biographer [bai'ɔgrəfə] biograaf; –phic(al) [baiə'græfik(l)] biografisch; –phy [bai'ɔgrəfi] biografie, levensbeschrijving
biologic(al) [baiə'lɔdʒik(l)] biologisch.
biologist [bai'ɔlədʒist] bioloog; –gy biologie
biosphere ['baiosfiə] biosfeer
biotope ['baiotoup] biotoop
bipartite [bai'pa:tait] tweedelig; tussen of van twee partijen
biped ['baiped] tweevoetig (dier o)
biplane ['baiplein] 🛩 tweedekker, dubbeldekker
birch [bə:tʃ] I sb berk; tucht-, (straf)roede; II aj berken, berkehouten; III vt (met) de roe geven; –en berken, berkehouten; –ing pak o slaag met de roe
bird [bə:d] vogel; S kerel; S meisje o; ~ of paradise paradijsvogel; ~ of passage doortrekker, trekvogel[2]; ~ of prey roofvogel; the early ~ catches the worm de morgenstond heeft goud in de mond; old ~! S ouwe jongen!; it's an ill ~ that fouls his own nest wie zijn neus schendt, schendt zijn aangezicht; an old ~ is not to be caught with chaff een ouwe rot loopt zo licht niet in de val; a queer ~ S een rare sijs; ~s of a feather flock together soort zoekt soort; a ~ in the hand is worth two in the bush één vogel in de hand is beter dan tien in de lucht; do ~ S zitten (in de bajes); get the ~ S uitgefloten worden; give the ~ S uitfluiten; kill two ~s with one stone twee vliegen in één klap slaan; strictly for the ~s F helemaal niks voor mij (u &); ~-call vogelfluitje o; ~-fancier liefhebber van vogels; vogelkoopman; ~'s-eye 🌿 ereprijs; soort tabak; ~ view gezicht o in vogelvlucht; –('s) nest (inz. eetbaar) vogelnestje o; –('s)-nesting het zoeken en uithalen van vogelnesten
biretta [bi'retə] rk baret
biro ['bairou] F balpen
birth [bə: θ] geboorte, afkomst; give ~ to het leven schenken aan, ter wereld brengen; two at a ~ twee tegelijk; by ~ van geboorte; ~ control geboortenregeling; -beperking; –day verjaardag, geboortedag; ~ honours Br lintjesregen; in one's ~ suit in Adamskostuum; ~-mark moedervlek; –place geboorteplaats; ~ rate geboortencijfer o; –right geboorterecht o

bis [bis] bis, nog een keer
biscuit ['biskit] biskwie o of m [voorwerpsnaam], koekje o [sweet ~]; biscuit o [stofnaam]: ongeglazuurd porselein o
bisect [bai'sekt] in tweeën delen; –ion deling in tweeën; –or bissectrice
bisexual [bai'seksjuəl] tweeslachtig; biseksueel
bishop ['biʃəp] bisschop; raadsheer, loper [v. schaakspel]; –ric bisdom o
bison ['baisn] 🐂 bizon
bissextile [bi'sekstail] ~ year schrikkeljaar o
1 bit [bit] I sb beetje o, stuk(je) o, hapje o; ogenblikje o, poosje o; geldstukje o; bit o [v. toom]; bit m (kleinste informatie-eenheid v. rekenmachine]; boorijzer o; bek [v. nijptang], sleutelbaard; episode, nummer o, (kleine) rol [toneel]; every ~ a German een Duitser in alle opzichten; every ~ as good net zo goed; not a ~ geen zier; not a ~ (of it)! volstrekt niet!; do one's ~ het zijne (zijn plicht) doen; zich niet onbetuigd laten; I shall give him a ~ of my mind ik zal hem goed de waarheid zeggen; take the ~ between its (one's) teeth niet meer naar de teugel luisteren[2]; • ~ by ~ stukje voor stukje; II vt het bit aandoen, teugelen; beteugelen
2 bit [bit] V.T. & soms V.D. van bite
bitch [bitʃ] I sb 🐕 teef[2], wijfje o; fig kreng o, sloerie; II vt F verknoeien; III vi F kankeren (over about); –y vuil, gemeen
bite [bait] I vt bijten[2] (in, op); ~ the dust in het zand (stof) bijten; ~ one's lip(s) zich verbijten; ~ off more than one can chew te veel hooi op zijn vork nemen; what's biting you? wat scheelt je?, wat mankeert eraan?, wat hindert je?; II vi (aan)bijten, toehappen; ✕ pakken; ~ at happen naar, trachten te bijten; III sb beet, bete, hap; eten o; bijten o; pakken o; iets bijtends of pikants; make two ~s of a cherry niet dadelijk toehappen; omslachtig te werk gaan; –r the ~ bit de bedrieger bedrogen; biting bijtend, bits, scherp; bitten ['bitn] V.D. van bite; once ~ twice shy een ezel stoot zich geen tweemaal aan dezelfde steen; ~ with vervuld (weg) van
bitter ['bitə] I aj bitter, verbitterd; bitter koud; to the ~ end tot het bittere eind o; II sb bittere o; bitter bier o; ~s bitter o & m [stofnaam], bitter m [voorwerpsnaam]
bittern ['bitən] 🦆 roerdomp
bitumen ['bitjumin] bitumen o, asfalt o; –minize [bi'tju:minaiz] bitumineren; –minous bitumineus
bivalent [bai'veilənt] tweewaardig
bivalve ['baivælv] I aj 🐚 tweeschalig; 🌿 tweekleppig; II sb tweeschalig weekdier o
bivouac ['bivuæk] I sb bivak o; II vi bivakkeren
biweekly ['bai'wi:kli] veertiendaags (tijdschrift o); om de veertien dagen; tweemaal per week

(verschijnend tijdschrift *o*)
biz [biz] S verk.
bizarre [bi'za:] bizar, grillig
B/L = *bill of lading*
blab [blæb] I *vi* (uit de school) klappen; II *vt* verklappen; III *sb* = *blabber*; **–ber** flapuit, kletskous
black [blæk] I *aj* zwart[2], donker[2], duister[2], somber; vuil; boos(aardig), kwaad, dreigend; ~ *cap* zwarte baret v. rechter bij uitspreken v. doodvonnis; *give sbd. a* ~ *eye* iem. een blauw oog slaan; *beat* ~ *and blue* bont en blauw slaan; II *sb* zwart *o*; zwartsel *o*; zwarte vlek, vuiltje *o*; neger; *in the* ~ F credit staand; *in* ~ *and white* zwart op wit; III *vt* zwart maken; poetsen; ~ *sbd.'s eye* iem. een blauw oog slaan; ~ *in* zwart maken; ~ *out* zwart maken; verduisteren [een stad &]; onleesbaar maken [door censuur]; IV *vi* ~ *out* het bewustzijn (geheugen) even verliezen; **–amoor** Moriaan, neger; **–ball** stemmen tegen iem.'s toetreden [tot club &]; **~-beetle** kakkerlak; **–berry** braam(bes); **–bird** merel; **–board** (school)bord *o*; **–en** I *vt* zwart maken[2]; II *vi* zwart worden; ~ **flag** piratenvlag; ~ **friar** dominicaan; **–guard** I *sb* gemene kerel, schavuit, smeerlap; II *aj* gemeen; III *vt* de huid vol schelden; **–guardly** gemeen; **–head** meeëter, vetpuistje *o*; **~-hole** cachot *o*; **–ing** schoensmeer *o* & *m*; ~ **jack** geteerde leren kruik; *Am* ploertendoder; piratenvlag; **–lead** I *sb* kachelpoets, grafiet *o*; II *vt* potloden [v. kachel]; **–leg** I *sb* oplichter; onderkruiper [bij staking]; II *vi* onderkruipen; ~ **letter** gotische letter; *black-letter day* ongeluksdag; **~-list** I *sb* zwarte lijst; II *vt* op de zwarte lijst zetten; **–mail** I *sb* chantage, (geld)afpersing, ⊞ brandschatting; *levy* ~ *on* afpersen; II *vt* chanteren, geld afpersen; ☞ brandschatten; ~ *sbd. into...* iem. door het plegen van chantage dwingen tot...; **–mailer** chanteur, (geld)afperser; ~ **market** zwarte markt, zwarte handel; ~ **marketeer** zwartehandelaar; **~-out** verduistering [tegen luchtaanval]; kortstondig verlies *o* van bewustzijn of geheugen; uitval [v. licht, elektriciteit &]; verzwijging, stilzwijgen *o* (om veiligheidsredenen), persblokkade, berichtenstop; [in theater] doven v. alle lichten voor een changement; ~ **pudding** bloedworst; **–smith** smid; **–thorn** sleedoorn
bladder ['blædə] blaas; binnenbal; *fig* blaaskaak
blade [bleid] spriet, halm; blad *o* [ook v. zaag &]; ✗ schoep [v. turbine]; lemmet *o*, kling, (scheer)mesje *o*; F joviale kerel
blah [bla:] S gezwam *o*
blain [blein] blaar
blame [bleim] I *vt* afkeuren, berispen, laken; *who is to* ~? wiens schuld is het?; *they have themselves to* ~ het is hun eigen schuld, ze hebben het aan zichzelf te wijten (te danken); *I don't* ~ *him* ook:

ik geef hem geen ongelijk, ik neem het hem niet kwalijk; ~ *it on him*, ~ *him for it* er hem de schuld van geven, het hem verwijten; II *sb* blaam, berisping, schuld; **–ful** = *blameworthy*; **–less** onberispelijk; onschuldig; **–worthy** afkeurenswaardig, laakbaar
blanch [bla:nʃ] I *vt* wit maken, bleken; doen verbleken; pellen; ~ *over* vergoelijken; II *vi* (ver)bleken, wit worden
bland [blænd] zacht, minzaam, (poes)lief; *a* ~ *diet* een licht verteerbaar dieet *o*; **–ish** vleien, paaien, strelen; **–ishment** [gew. *mv*] vleierij, lievigheid; verlokking
blank [blæŋk] I *aj* wit, blanco, oningevuld, onbeschreven, open; louter, zuiver; bot, vierkant; wezenloos, leeg; beteuterd; sprakeloos [verbazing]; ~ *cartridge* losse patroon; *a* ~ *cheque* $ een blanco cheque; *fig* carte blanche; ~ *door* blinde deur; ~ *verse* rijmloze verzen; ~ *wall* blinde muur; II *sb* onbeschreven blad *o*, open plaats, wit *o*, witte ruimte; leegte, leemte; streepje *o* [in plaats van woord]; blanco formulier *o*; niet [in loterij]; blank [v. domino]; doelwit[2] *o*; *Mr. Blank* de heer N.N.; *draw a* ~ met een niet uitkomen; bot vangen
blanket ['blæŋkit] I *sb* (wollen) deken; [wolken] dek *o*, [mist]sluier; II *vt* met een deken bedekken, (over)dekken; jonassen; in de doofpot stoppen, stilhouden; III *aj* algemeen, alles insluitend; **–ing** (stof voor) dekens; jonassen *o*
blankety (-blank) ['blæŋkiti('blæŋk)] bastaardvloek
blankly ['blæŋkli] *ad* wezenloos, beteuterd; botweg, vierkant
blare ['blɛə] I *vi* loeien, brullen; schallen, schetteren; II *vt* uitbrullen, (rond)trompetten; III *sb* geschal *o*, geschetter *o*
blarney ['bla:ni] I *sb* (mooie) praatjes, vleitaal; II *vt* vleien
blaspheme [blæs'fi:m] (God) lasteren, vloeken, spotten; **–mous** ['blæsfiməs] (gods)lasterlijk; **–my** godslastering, blasfemie
blast [bla:st] I *sb* luchtstroom, (ruk)wind, windstoot; luchtdruk(werking); stoot [op blaasinstrument], geschal *o*; ontploffing; springlading; *at (in) full* ~ in volle werking (gang); *the radio was on at full* ~ stond keihard aan; II *vt* verdorren, verzengen; laten springen; aantasten, doen mislukken, vernietigen, verwoesten; ~ *it!* vervloekt!; ~ *off* ontsteken [raket]; **–ed** vervloekt; **~-furnace** hoogoven; **~-off** ontsteking [v. raket], start
blatancy ['bleitənsi] geschetter *o*, geschreeuw *o*; **blatant** schetterend, schreeuwerig; opvallend; duidelijk, flagrant [leugen]
blather ['blæðə] = *blether*
blaze [bleiz] I *sb* vlam; (vuur)gloed, brand; schel

licht *o* ‖ bles; merk *o*; *in a* ~ in lichte(r) laai(e); *go to* ~*s!* loop naar de weerga (pomp &)!; zie ook 1 *like* **II**; **II** *vi* vlammen, (op)laaien, fel branden; gloeien, flikkeren, stralen; schitteren, lichten; ~ *a w a y* (er op los) paffen, schieten; ~ *away at* hard werken aan; ~ *o u t*, ~ *u p* uitslaan, oplaaien; opstuiven; **III** *vt* merken; *fig* banen [pad]; ~ (*a b r o a d*) ruchtbaar maken; ~*f o r t h* rond-, uitbazuinen
blazer ['bleizə] blazer: sportjasje *o*
blazing ['bleiziŋ] opvallend, hel [v. kleur]; blakend [zon]; brutaal [leugen]; slaande [ruzie]
blazon ['bleizn] **I** *sb* blazoen *o*; wapenkunde; **II** *vt* blazoeneren; versieren; *fig* uitbazuinen (ook: ~ *abroad, forth, out*); **-ry** blazoeneerkunst; beschrijving en afbeelding v.e. blazoen; *fig* praal
bleach [bli:tʃ] **I** *vt* & *vi* bleken; (doen) verbleken; **II** *sb* bleken *o*; bleekmiddel *o*; **-er** bleker; bleekmiddel *o;* **-ing-powder** bleekpoeder *o* & *m*
1 bleak [bli:k] *aj* kil, koud, guur, naar; onbeschut, open, kaal; somber
2 bleak [bli:k] *sb* 🐟 alvertje *o*
blear [bliə] **I** *aj* tranend; dof; vaag; **II** *vt* doen tranen; verduisteren, benevelen; ~**-eyed** ['bliəraid] met waterige ogen; *fig* kortzichtig; **-y** = *blear* **I**
bleat [bli:t] **I** *vi* blaten, mekkeren; **II** *sb* geblaat *o*
bleb [bleb] blaasje *o*, blaar
bled [bled] V.T. & V.D. van *bleed;* **bleed** [bli:d] **I** *vi* bloeden[2]; afgeven, uitlopen [v. kleuren in de was]; **II** *vt* aderlaten, doen bloeden; ~ *white* het vel over de oren halen; **-er** 🐀 bloeder; **P** nare vent; **-ing I** *sb* bloeding; aderlating; **II** *aj* **P** = *bloody* **I** 2
blemish ['blemiʃ] **I** *vt* bekladden; bezoedelen; **II** *sb* vlek; fout, smet, klad
blench [blenʃ] **I** *vi* terugdeinzen, wijken; **II** *vt* de ogen sluiten voor [een feit]
blend [blend] **I** *vt* (ver)mengen; **II** *vi* zich vermengen; zich laten mengen; **III** *sb* vermenging, mengsel *o*, melange; **blent** [blent] V.T. & V.D. van *blend*
bless [bles] zegenen, loven, (zalig) prijzen; ook = *damn;* ~ *oneself* zich gelukkig achten; ~ *me*, ~ *my soul!* goede genade; **-ed** ['blesid] **I** *aj* gezegend; gelukzalig; zalig; vervloekt; *of* ~ *memory* zaliger gedachtenis; *every* ~ *morning* elke morgen die God geeft; **II** *sb the* ~ de gelukzaligen; **-edness** gelukzaligheid; **S** *in single* ~ ongetrouwd; **-ing** zegening, zegen(wens); *ask a* ~ bidden [vóór of na het eten]; *a* ~ *in disguise* een geluk bij een ongeluk; **blest** V.T. & V.D. van *bless;* gezegend, gelukzalig, zalig; *I'm* ~ *if...* ik laat me hangen, als...
blether ['bleðə] **I** *vi* kletsen, wauwelen; **II** *sb* klets, geklets *o*, gewauwel *o*
blew [blu:] V.T. van *blow*

blight [blait] **I** *sb* plantenziekte: meeldauw, roest, brand &; verderfelijke invloed; **II** *vt* aantasten, verzengen; vernietigen; **-er P** ellendeling; *(lucky)* ~ (gelukkige) kerel
Blighty ['blaiti] **S** Engeland *o*
blimey ['blaimi] **P** verdomme!
blimp [blimp] blimp *m* [klein luchtschip voor verkenning &; geluiddichte kap v. filmcamera]; *(Colonel) Blimp* het type van de geborneerde conservatief (uit de militaire stand)
blind [blaind] **I** *aj* blind[2]; verborgen; **F** stomdronken; ~ *alley* doodlopend straatje *o*, slop *o*, als *aj*: zonder vooruitzichten; ~ *letter* onbestelbare brief; *sbd.'s* ~ *side* iem.'s zwakke zijde; *get on sbd.'s* ~ *side* iem. in zijn zwak tasten; ~ *spot* blinde vlek; dode hoek; *fig* gebied *o* waarop men niet thuis is; ~ *of (in) one eye* blind aan één oog; *as* ~ *as a bat (beetle, mole)* zo blind als een mol; **II** *vt* blind maken, verblinden, blinddoeken, verduisteren; ≋ blinderen; **III** *vi* ~ *(along)* **S** (voort)razen; **IV** *sb* gordijn *o* & *v*, rolgordijn *o*, zonneblind *o*, jaloezie; scherm *o*; blinddoek[2]; oogklep; ≋ blindering; *fig* voorwendsel *o*, smoesje *o*; **S** drinkgelag *o*; ~ **-ing** blinddruk; ~**-fold I** *aj* & *ad* geblinddoekt; blindelings; ~ *chess* blindschaken *o*; **II** *vt* blind maken, verblinden; blinddoeken; ~**-ly** *ad* blindelings[2]; ~**-man's buff** blindemannetje *o*; ~**-ness** blindheid[2], verblinding; ~ **stamping,** ~ **tooling** blinddruk; **-worm** hazelworm
blink [bliŋk] **I** *vi* knipperen (met de ogen), knippen (met de ogen), knipogen; gluren; flikkeren; ~ *at* ook = **II** *vt* de ogen sluiten voor, ontwijken [de kwestie]; **III** *sb* knipp(er)en (met de ogen) *o*; glimp, schijnsel *o*; **-ers** oogkleppen
blinking ['bliŋkiŋ] = *bloody* **I** 2
blip [blip] **I** *sb* stip op radarscherm; **II** *vt* **F** ~ *the throttle* tussengas geven
bliss [blis] (geluk)zaligheid, geluk *o*; **-ful** (geluk)zalig
blister ['blistə] **I** *sb* blaar; trekpleister; **II** *vi* (& *vt*) blaren (doen) krijgen, (doen) bladderen; **-ing** [*fig*] bijtend, striemend
⊙ **blithe** [blaið] blij, vrolijk, lustig
blithering ['bliðəriŋ] ~ *idiot* **F** stomme idioot
⊙ **blithesome** ['blaiðsəm] = *blithe*
blitz [blits] **I** *sb* hevige (lucht)aanval, *the B*~ de luchtslag om Londen (in 1940-'41); **II** *vt* een hevige (lucht)aanval doen op, (door een luchtaanval) verwoesten
blizzard ['blizəd] hevige sneeuwstorm
bloat [blout] **I** *vt* doen (op)zwellen; roken [v. haring]; **II** *vi* (op)zwellen; **-ed** opgezwollen; opgeblazen[2]; gewichtig; **-er** bokking
blob [blɔb] klont, kwak, druppel, mop, klodder
bloc [blɔk] blok *o* [in de politiek]
block [blɔk] **I** *sb* blok *o*, huizenblok *o*; vorm [voor hoeden]; katrolblok *o*, katrol; cliché *o*; verkeers-

opstopping; stremming; *fig* belemmering; obstructie; ~ *and pulley* (*tackle, fall*) blok-en-touw *o*; ~ *of flats* flatgebouw *o*; ~ (*of shares*) aandelenpakket *o*; **II** *vt* belemmeren, versperren, verstoppen, stremmen; afsluiten, blokkeren; ~ *i n* (*o u t*) ruw schetsen; ~ *u p* versperren, verstoppen, blokkeren, af-, insluiten, dichtmetselen; **–ade** [blɔ'keid] **I** *sb* blokkade; **II** *vt* blokkeren; ~ **capitals** ['blɔkkæpitlz] hoofdletters; ~ **club** *Am* burgerwacht; **–head** domkop; **–house** ⚓ blokhuis *o*, 🛶 bunker [klein]; **–ish** lomp, bot, stom; ~ **letters** blokletters; **~-up** versperring
bloke [blouk] F kerel, vent, knul
blond(e) [blɔnd] **I** *aj* blond; **II** *sb* blondine
blood [blʌd] **I** *sb* bloed *o*; bloedverwantschap; ⚓ dandy; *bad* ~ *fig* kwaad bloed; *in cold* ~ in koelen bloede; *fresh* ~ *fig* nieuw bloed; *of the* ~ (*royal*) van koninklijken bloede; ~ *is thicker than water* het bloed kruipt waar het niet gaan kan; *his* ~ *was up* zijn bloed kookte; **II** *vt* [hond] aan bloed wennen; *fig* de vuurdoop laten ondergaan; ~ **bank** bloedbank; **~-clot** bloedstolsel *o*; **~-curdling** ijselijk; **~-group** bloedgroep; **~-heat** lichaamstemperatuur; ~ **horse** volbloed paard *o*; **–hound** bloedhond; *fig* detective; **–ily** *ad* bloedig; **–less** bloedeloos; onbloedig; **~-letting** aderlating; **~-money** bloedgeld *o*; **~-poisoning** bloedvergiftiging; **~-relation** bloedverwant; **–shed** bloedvergieten *o*; slachting; **–shot** met bloed doorlopen; **~-stained** met bloed bevlekt; **~-stream** bloedbaan; **–sucker** bloedzuiger; *fig* parasiet; ~ **sugar** bloedsuiker, glucose; **–thirsty** bloeddorstig; ~ **transfusion** bloedtransfusie; **~-vessel** bloedvat *o*; **bloody** ['blʌdi] **I** *aj* 1 bloed(er)ig, bebloed, met bloed (bevlekt), vol bloed, bloed-; bloeddorstig; 2 P verrekt, rot-; **II** *ad* P hartstikke; **III** *vt* met bloed bevlekken; **~-minded** bloeddorstig; S *fig* tegen de draad, dwars
1 bloom [blu:m] **I** *sb* bloesem; bloei²; *fig* bloem; gloed, blos, waas *o* [op vruchten]; **II** *vi* bloeien²
2 bloom [blu:m] ⚒ **I** *sb* walsblok *o*, loep; **II** *vt* uitwalsen
bloomer ['blu:mə] F flater
bloomers ['blu:məz] ouderwetse damespofbroek
blooming ['blu:miŋ] bloeiend, blozend van gezondheid; F < aarts-, vervloekt &
blossom ['blɔsəm] **I** *sb* bloesem; **II** *vi* bloeien; ~ *out as...* zich ontpoppen als...
blot [blɔt] **I** *sb* klad, (inkt)vlek, smet; **II** *vt* bekladden²; droogmaken, vloeien; ~ (*out*) uitwissen, uitvlakken, doorhalen; wegvagen; **III** *vi* kladden, vlekken
blotch [blɔtʃ] **I** *sb* puist, blaar; vlek, klad, klodder; **II** *vt* vlekken

blotter ['blɔtə] vloeiblok *o*, -map, -boek *o*; **blotting-pad** vloeiblok *o*, -boek *o*; **~-paper** vloei(papier) *o*
blotto ['blɔtou] S dronken
blouse [blauz] **I** *sb* kiel; blouse; **II** *vi* (over)bloezen
blow [blou] **I** *sb* slag², klap²; windvlaag; vliegeëitje *o*; *in full* ~ in volle bloei; *without* (*striking*) *a* ~ zonder slag of stoot; *come to* ~*s* handgemeen worden; **II** *vi* blazen, waaien; hijgen, puffen; spuiten [v. walvis]; 🐟 doorslaan, -smelten, doorbranden ‖ bloeien; **III** *vt* blazen, aan-, op-, uit-, wegblazen; blazen op; buiten adem brengen; eitjes leggen in; F erdoor jagen, uitgeven; F verraden; ~ *it!* P drommels!; *be* ~*ed* P loop naar de hel; *I am* ~*ed if...* P ik mag doodvallen als...; ~ *hot and cold* weifelen; ~ *a kiss* een kushandje toewerpen; ~ *one's nose* zijn neus snuiten; ~ *the organ* het orgel trappen; ~ *one's top* F razend worden; ~ *a w a y* wegwaaien; wegblazen; wegschieten, wegslaan; ~ *d o w n* omwaaien, omblazen; ~ *i n* binnenwaaien; inblazen; aanwaaien; ~ *o f f* overwaaien²; afwaaien; afblazen; afschieten, wegslaan; ~ *o u t* uitwaaien; uit-, opblazen; 🐟 doorslaan, -smelten; (doen) springen [band]; ~ *out one's brains* zich voor de kop schieten; ~ *o v e r* overwaaien; overwaaien²; ~ *u p* in de lucht (laten) vliegen; opblazen, oppompen; vergroten [foto]; komen opzetten [v. storm &]; F een standje geven; F van de kook raken; ~ *u p o n* eitjes leggen in; *fig* aantasten, bekladden [iemands naam]; **–ball** 🌼 kaarsje *o* [v. paardebloem &]; **–er** blazer; ⚒ aanjager; S telefoon; **~-fly** aasvlieg; **~-hole** spuitgat *o* [v. walvis]; luchtgat *o*; wak *o* [in het ijs]; **–ing-up** F standje *o*; **~-lamp** soldeerlamp, brandlamp [v. huisschilders]; **blown** [bloun] V.D. van *blow*; ook: buiten adem ‖ ontloken, bloeiend; uitgebloeid; **blow-out** ['blou'aut] 🐟 doorslaan *o*, -smelten *o*; springen *o* [v. band], klapband; F etentje *o*, smulpartij; **–pipe** blaaspijp; blaasroer *o;* **~-up** F standje *o*; F explosie; vergroting [foto]; **–y** winderig
blowzy ['blauzi] met rood aangelopen gezicht; verfomfaaid
blub [blʌb] F grienen, huilen
blubber ['blʌbə] **I** *sb* walvisspek *o*; blubber; gegrien *o*, gehuil *o*; **II** *vi* grienen, huilen; **III** *vt* door huilen doen zwellen; **IV** *aj* dik [lip]
bluchers ['blu:tʃəz] ouderwetse rijglaarzen
bludgeon ['blʌdʒən] **I** *sb* knuppel, ploertendoder; **II** *vt* knuppelen, slaan
blue [blu:] **I** *aj* blauw; neerslachtig, somber; schuin [mop]; ~ *funk* radeloze angst; **II** *sb* blauw *o*; blauwsel *o*; azuur *o*, lucht, zee; zijn universiteit vertegenwoordigende sportbeoefenaar [*dark* ~ = Oxford; *light* ~ = Cambridge]; ~*s* blues [Am. negermuziek]; *the* ~*s* neerslachtigheid; *have* (*a fit of*) *the* ~*s* landerig zijn; *out of the* ~ plotseling, on-

verwachts; **III** *vt* blauwen, doorhalen; blauw verven; **F** erdoor jagen [geld]; **Bluebeard** Blauwbaard, *fig* blauwbaard; **bluebell** ▵ wilde hyacinth; **–bottle** korenbloem; bromvlieg, aasvlieg; **S** smeris; ~ **devils** neerslachtigheid; **–jacket** jantje *o,* matroos; **~-pencil** aanstrepen; schrappen; **–print** blauwdruk²; *fig* plan *o;* ~ **ribbon** [blu: 'ribən] lint *o* van de Orde van de Kouseband; blauw lint *o,* blauwe wimpel [hoogste onderscheiding]; blauwe knoop; **–stocking** ['blu: stɔkiŋ] blauwkous

bluff [blʌf] **I** *aj* ▵ stomp [v. boeg]; steil; bruusk, openhartig, rond(uit); **II** *sb* steile oever, steil voorgebergte *o;* bluffen *o* [bij poker]; brutale grootspraak; *call sbd.'s* ~ iem. dwingen de kaarten open te leggen²; iems. grootspraak als zodanig ontmaskeren; **III** *vi* bluffen²; **IV** *vt* overbluffen, overdonderen, beduvelen

bluish ['blu:iʃ] blauwachtig

blunder ['blʌndə] **I** *sb* misslag, flater, bok; **II** *vi* strompelen; een misslag begaan, een bok schieten; ~ *along,* ~ *on* voortstrompelen, -sukkelen; ~ *upon* toevallig vinden; **III** *vt* ~ *away* verknoeien; ~ *out* eruit flappen; **–buss** ['blʌndəbʌs] ▯ donderbus

blunt [blʌnt] **I** *aj* stomp, bot; dom; kortaf, rond(uit), bruusk; **II** *sb* stompe naald; **III** *vt* stomp maken, bot maken, af-, verstompen²; **–ly** *ad* botweg, kortaf, ronduit

blur [blə:] **I** *sb* klad², vlek², smet², veeg; iets vaags; **II** *vt* bekladden²; benevelen, verdoezelen, verduisteren; **III** *vi* vervagen; ~ *out* uitwissen; **~red** ook: vervaagd, wazig, onscherp

blurb [blə:b] korte inhoud, flaptekst [op boekomslag]

blurt [blə:t] ~ *out* er uit flappen

blush [blʌʃ] **I** *vi* blozen, rood worden; zich schamen; **II** *sb* blos; kleur; *a t (the) first* ~ op het eerste gezicht; *put t o the* ~ beschaamd maken, het schaamrood op de kaken jagen; *w i t h o u t a* ~ zonder blikken of blozen; *spare his ~es!* maak hem niet verlegen (door veel lof)!

bluster ['blʌstə] **I** *vi* bulderen², tieren, razen; snoeven; **II** *sb* geraas *o,* gebulder² *o;* snoeverij; **–er** bulderbast, snoever

B.M. = *Bachelor of Medicine; British Museum*

B.O. = *body odour* lijflucht

bo [bou] boe!; *he can't say ~ to a goose* hij durft geen mond open te doen, geen boe of ba te zeggen

boa ['bouə] boa constrictor; boa

boar [bɔ:] beer [mannetjesvarken]; wild zwijn *o* (ook: *wild ~*)

board [bɔ:d] **I** *sb* plank, deel; bord *o;* tafel; kost, kostgeld *o;* ▵ boord *o* & *m;* bestuurstafel; raad, commissie, bestuur *o,* college *o,* Departement *o,* ministerie *o;* bordpapier *o,* karton *o; the ~s* de planken: het toneel; *full* ~ volledig pension; ~

and lodging kost en inwoning; ~ *of directors* raad van bestuur, raad van beheer, directie; *a b o v e ~* open, eerlijk; *go b y the* ~ overboord gaan²; overboord gezet worden²; *i n ~s* gekartonneerd; *o n* ~ aan boord (van); in de trein (bus &); **II** *vt* beplanken, met planken beschieten; ▵ aanklampen², enteren; aan boord gaan van; stappen in [trein &]; in de kost nemen, hebben of doen; ~ *u p* dichtspijkeren (met planken); **III** *vi* in de kost zijn (bij *with*); **–er** kostganger, interne leerling v.e. kostschool; ▵ enteraar; **boarding-house** familiehotel *o,* pension *o;* **~-school** kostschool, internaat *o,* pensionaat *o;* **boardroom** directie-, bestuurskamer; **–school** ▯ volksschool; **~-wages** [v. personeel] geld in plaats van eten

boast [boust] **I** *vi* bluffen, pochen, dik doen, zich beroemen (op *of*); **II** *vt* zich beroemen op, (kunnen) bogen op; **III** *sb* bluf, grootspraak; roem, trots; *make* (*a*) ~ *of* zich beroemen op; **–er** bluffer, pocher, snoever; **boastful** bluffend, grootsprakig

boat [bout] **I** *sb* boot, schuit; sloep; (saus)kom; *we are in the same* ~ wij zitten in hetzelfde schuitje; **II** *vt* per boot vervoeren; **III** *vi* varen, roeien; **~-drill** ▵ sloepenrol

boater ['boutə] matelot [hoed]

boat-hook ['bouthuk] bootshaak, pikhaak; **~-house** botenhuis *o;* **–ing** spelevaren *o,* roeien *o;* **–man** botenverhuurder; (gehuurde) roeier; **~-race** roeiwedstrijd; **–swain** ['bousn] bootsman

Bob [bɔb] **F** Rob(ert); *~'s your uncle* zo gaat-ie goed!, in orde!

bob [bɔb] **I** *sb* slingergewicht *o;* lood *o* [van peillood]; peur; vliegerstaart; knot, dot; pruik; polkahaar *o,* pagekopje *o;* korte staart; knik, stoot, ruk, rukje *o;* melodie [bij het klokkenspel]; slotrefrein *o;* **S** shilling; [in het nieuwe *Br* muntstelsel] 5p-stuk *o* ‖ bob(slee); **II** *vi* op en neer gaan, dobberen; happen (naar *for*); knikken; rukken; peuren; ~ *i n* aan-, binnenwippen; ~ *u p* bovenkomen, opduiken; op de proppen komen; **III** *vt* op en neer bewegen; knikken met; kort knippen; recht afknippen; *~bed hair* polkahaar *o,* pagekopje *o*

bobbin ['bɔbin] klos, spoel, haspel

bobby ['bɔbi] **F** bobby, (Engelse) politieagent

bobby-pin ['bɔbipin] haarspeld, schuifspeldje *o*

bobby-soxer ['bɔbisɔksə] **F** bakvis

bobolink ['bɔbəliŋk] ▵ Am. rijstvogeltje *o*

bob-sled, **~-sleigh** ['bɔbsled, -slei] bobslee

bobtail ['bɔbteil] korte staart; kortstaart [hond of paard]; **–ed** gekortstaart; **bob-wig** korte pruik

bode [boud] voorspellen; betekenen; ~ *well* (*ill*) (niet) veel goeds voorspellen

bodice ['bɔdis] lijfje *o,* keurs(lijf) *o*

bodiless [ˈbɔdilis] zonder lichaam; onlichamelijk; **bodily** lichamelijk; in levenden lijve; in zijn (hun) geheel, compleet

bodkin [ˈbɔdkin] rijgpen; priem; lange haarspeld; dolk

body [ˈbɔdi] **I** sb lichaam[2] o, lijf o, romp; voornaamste (grootste) deel o; bovenstel o, bak [v. wagen], carrosserie [v. auto], casco o, laadbak [v. vrachtauto]; lijk o (ook: dead ~); persoon, mens; corporatie; groep, troep; verzameling, massa; keep ~ and soul together in leven blijven; ~ corporate ~ zedelijk lichaam o; foreign ~ vreemd lichaam o; the ~ politic de Staat; in a ~ gezamenlijk, en corps, en bloc; of a good ~ krachtig, pittig [v. wijn]; **II** vt belichamen (~ forth, ~ out); **~-builder** apparaat om spieren te ontwikkelen; carrosseriemaker; **~-colour** dekverf; gouache [verf]; **-guard** lijfwacht; **~ odour** lijflucht; **~-snatcher** lijkendief; **-work** carrosserie; ~ damage plaatschade

Boer [ˈbouə] **I** sb Boer; **II** aj Boeren-

boffin [ˈbɔfin] S wetenschappelijk onderzoeker

bog [bɔg] **I** sb moeras o; laagveen o; **P** plee; **II** vt & vi ~ down, be ~ged in de modder wegzinken (vastraken)

bogey [ˈbougi] = bogy

boggle [ˈbɔgl] schrikken, aarzelen, weifelen; prutsen; stomverbaasd zijn; ~ at terugschrikken voor

boggy [ˈbɔgi] moerassig, veenachtig, veen-

bogie [ˈbougi] ✕ draaibaar onderstel o

bogle [ˈbougl] kabouter; boeman; vogelverschrikker

bog-trotter [ˈbɔgtrɔtə] > Ier

bogus [ˈbougəs] onecht, pseudo-, vals; ~ company zwendelmaatschappij

bogy [ˈbougi] boeman[2], fig schrikbeeld o

Bohemian [bouˈhiːmjən] **I** aj Boheems; van de bohémien; **II** sb Bohemer; zigeuner; bohémien

boil [bɔil] **I** vt & vi koken, zieden[2]; ~ away verkoken; ~ down inkoken; fig bekorten [van verslagen &]; it ~s down to this het komt hierop neer; ~ over overkoken; fig zieden (van with); ~ed shirt gesteven wit overhemd o; **II** sb koken o ‖ zweertje o; off (on) the ~ van (aan) de kook; **-er** (kook-, stoom)ketel; warmwaterreservoir o; soepkip **-er-suit** overall; **-ing** koken o; kooksel o; the whole ~ S de hele zooi; **~-point** kookpunt o

Bois-le-duc [bwaːləˈdjuːk] 's-Hertogenbosch o

boisterous [ˈbɔistərəs] onstuimig, rumoerig, roe(zemoe)zig; luidruchtig

bold [bould] stout(moedig), koen; boud, vrijpostig, driest; fors, kloek; steil; vet [drukletter]; as ~ as brass zo brutaal als de beul; make ~ to, be so ~ as to zo vrij zijn om; **~-faced** onbeschaamd; vet [drukletter]

bole [boul] boomstam ‖ bolus [kleiaarde]

boll [boul] ♣ bol [zaaddoos van vlas &]

bollard [ˈbɔləd] verkeerspaaltje o, -zuil; meerpaal [voor schip]; ⚓ bolder [op schip]

boloney [bəˈlouni] S klets(koek)

Bolshevik [ˈbɔlʃivik] **I** sb bolsjewiek; **II** aj bolsjewistisch; **Bolshevism** bolsjewisme o

bolshie [ˈbɔlʃi] = Bolshevik

bolster [ˈboulstə] **I** sb peluw; ✕ kussen o; steun; **II** vt (onder)steunen; opvullen; ~ up steunen[2], versterken, schragen

bolt [boult] **I** sb bout, grendel; (korte) pijl; bliksemstraal; rol [stof, behang]; weglopen o, sprong; a ~ from the blue een donderslag uit heldere hemel; he did a ~, he made a ~ for it hij ging er vandoor; he made a ~ for the door hij vloog naar de deur; **II** vt grendelen; met bouten bevestigen; (door)slikken[2], naar binnen slaan; in de steek laten ‖ ziften; **III** vi vooruitschieten, springen; er vandoor gaan, op hol slaan (gaan); overlopen; **IV** ad ~ upright kaarsrecht; **-er** er gauw vandoor gaand paard o; weg-, overloper; **~-hole** vluchtgat o; fig uitweg

bolus [ˈbouləs] 🝡 (grote) pil

bomb [bɔm] **I** sb bom; **II** vt bombarderen; ~ out uitbombarderen; **bombard** [bɔmˈbaːd] bombarderen[2]; **-ier** [bɔmbəˈdiə] korporaal bij de artillerie; **-ment** [bɔmˈbaːdmənt] bombardement o

bombast [ˈbɔmbæst] bombast; **-ic** [bɔmˈbæstik] bombastisch

bomb-bay [ˈbɔmbei] bommencompartiment o; **bomber** ⚔ & ✈ bommenwerper; **bomb-proof** bomvrij; **~-shell** bom[2]; **~-sight** bomvizier o

bona fide [ˈbounaˈfaidi] Lat te goeder trouw

bonanza [bəˈnænzə] rijke mijn of bron; buitenkansje o

bond [bɔnd] **I** sb band; contract o, verbintenis, verplichting; schuldbrief, obligatie; verband o; § binding; ~ s boeien, ketenen; in ~ in entrepot; **II** vt in entrepot opslaan; verhypothekeren; verbinden; § binding; **-age** slavernij, knechtschap o; **-ed** in entrepot (opgeslagen); ~ debt obligatieschuld; ~ store (warehouse) entrepot o; **-holder** obligatiehouder; **-maid** slavin; lijfeigene; **-man** slaaf; lijfeigene; **bondsman** borg; = bondman

bone [boun] **I** sb been o, bot o; graat; balein o [stofnaam], balein v [voorwerpsnaam]; ~s gebeente o, beenderen, knoken; dobbelstenen; castagnetten; ~ of contention twistappel; make no ~s about (of)... er geen been in zien om...; het niet onder stoelen of banken steken; I've a ~ to pick with you ik heb een appeltje met u te schillen; what is bred in the ~ will not come out of the flesh een vos verliest wel zijn haren, maar niet zijn streken; to the ~ tot in het gebeente, in merg en been, door en door; **II** *aj* benen; **III** *vt* uitbenen; ontgraten; **S** gappen; **IV** *vi* ~ **up** *on* **S** blokken op; ~ **china** beenderporselein *o*; ~**-dry** kurkdroog; ~**-dust** beendermeel *o*; **–head S** stommeling; **–headed S** stom; ~**-idle F** ontzettend lui; **–less** zonder beenderen, zonder graat; *fig* krachteloos, slap

boner ['bounə] *Am* **F** flater, bok

bonfire ['bɔnfaiə] vreugdevuur *o*, vuur(tje) *o*

bonhomie [bɔnɔ'mi:] *Fr* aangeboren goedhartigheid; jovialiteit

bon mot [bɔn'mou] *Fr* kwinkslag, geestig gezegde

bonnet ['bɔnit] **I** *sb* vrouwenhoed: kapothoed; muts; kap [op schoorstenen &]; ⚙ motorkap; **II** *vt* de hoed opzetten; [iem.] de hoed over de ogen slaan

bonny ['bɔni] aardig, mooi, lief

bonus ['bounəs] **$** premie; extradividend *o*; tantième *o*; toeslag, gratificatie; ~ **share $** bonusaandeel *o*

bony ['bouni] beenachtig, benig; gratig, vol graten; potig, knokig, bonkig, schonkig

bonze [bɔ:nz] bonze: Boeddhistisch priester

boo [bu:] **I** *ij* boe!, hoe!; **II** *sb* geloei *o*; gejouw *o*; **III** *vi* loeien; jouwen; **IV** *vt* uitjouwen

boob [bu:b]·**I** *sb* **S** flater; domoor; sul; **II** *vi* **S** een flater slaan

booby ['bu:bi] domoor; sul; 🦤 jan-van-gent; ~**-prize** poedelprijs; ~**-trap** boobytrap, valstrikbom

boodle ['bu:dl] omkoopgeld; vals geld; „poen"; een kaartspel; *the whole* ~ de hele zooi, troep

boohoo [bu'hu:] **I** *ij* boe!, joe!; **II** *sb* gegrien *o*; **III** *vi* grienen

book [buk] **I** *sb* boek *o*; schrift *o*, cahier *o*; (tekst)boekje *o*, libretto *o*; lijst van weddenschappen; *the Book* de Bijbel; *I am in his bad (black)* ~*s* ik ben bij hem uit de gratie; *I am in his good* ~*s* ik sta bij hem in een goed blaadje; *by the* ~ volgens het boekje; *he is* (*up*) *on the* ~*s* hij is lid, hij is ingeschreven; *w i t h o u t* ~ uit het hoofd; zonder gezag; **II** *vt* & *vi* boeken, noteren, inschrijven, (plaats) bespreken; een kaartje nemen of geven; **F** op de bon zetten, erbij lappen; *I am* ~*ed* **F** ik ben erbij; *be* ~*ed for* niet kunnen ontkomen aan; ~*ed up* bezet, volgeboekt; **–binder** boekbinder; **–bindery** boekbinderij; **–case** boekenkast; ~**-end** boekensteun

bookie ['buki] **F** = *bookmaker* [bij wedrennen]

booking-clerk ['bukiŋkla:k] lokettist, loketbeambte; ~**-office** plaatskaartenbureau *o*, bespreekbureau *o*, loket *o* [op stations]; **bookish** geleerd, pedant; boeken-; **bookkeeper** boekhouder; ~**-keeping** boekhouden *o*; ~ *by double* (*single*) *entry* dubbel (enkel) boekhouden *o*; ~**learning** boekengeleerdheid; **–let** boekje *o*; brochure [als reclame]; **–maker** boekenmaker;

bookmaker [bij wedrennen]; **–man** boekengeleerde, letterkundige; **–mark(er)** boekelegger; ~**-plate** ex-libris *o*; ~ **post** 🏷 verzending van boeken als drukwerk; **–seller** boekhandelaar, -verkoper; ~**-selling** boekhandel; **–shop** boekwinkel; **–stall** boekenstalletje *o* (*second-hand* ~); stationsboekhandel, -kiosk (*railway* ~); **–store** boekwinkel; ~ **token** boekebon; **–worm** boekworm; *fig* boekenwurm

boom [bu:m] **I** *sb* (haven)boom; ⚓ spier; hengel [v. microfoon, camera] ‖ gedaver *o*, gedonder *o*, gedreun *o* ‖ **$** hoogconjunctuur, plotselinge stijging of vraag, hausse; **II** *aj* snel opgekomen [stad]; **III** *vi* daveren, donderen, dreunen ‖ in de hoogte gaan, een buitengewone vlucht nemen, kolossaal succes hebben; **IV** *vt* reclame maken voor

boomerang ['bu:məræŋ] **I** *sb* boemerang[2]; **II** *vi* als een boemerang werken

boon [bu:n] **I** *sb* geschenk *o*; gunst; zegen, weldaad; **II** *aj* ~ *companion* vrolijke metgezel

boor ['buə] boer, lomperd, pummel; **–ish** boers, lomp, pummelig

boost [bu:st] **I** *vt* duwen, een zetje geven[2], in de hoogte steken, reclame maken voor; opdrijven, opvoeren, versterken, stimuleren; **II** *sb* **F** zetje[2] *o*, ophef, opkammerij, reclame; stimulans; ⚔ aanjaagdruk; **–er** reclamemaker; hulpdynamo; ~ *rocket* draagraket

1 boot [bu:t] **I** *sb* laars, hoge schoen; ⚙ koffer(ruimte), bagageruimte; *the* ~*s* de schoenpoetser, de knecht [in hotel]; *the* ~ *is on the other foot* (*leg*) het is net andersom; *he had his heart in his* ~*s* de moed zonk hem in de schoenen; *get the* ~*s* de bons (zijn congé) krijgen; *give him the* ~ hem de bons geven, eruit trappen; **II** *vt* trappen, schoppen; ~ *out* **F** eruit trappen[2]

2 boot [bu:t] **I** *vt* ⚓ baten; **II** *sb* ⚓ baat; *to* ~ daarbij, op de koop toe, bovendien

boot-black ['bu:tblæk] schoenpoetser; **bootee** [bu:'ti:] dameslaarsje *o*; babysokje *o*

booth [bu:ð] kraam, tent; hokje *o*, cabine

bootjack ['bu:tdʒæk] laarzeknecht; **–lace** (schoen)veter; **–legger** *Am* dranksmokkelaar; **–less** vergeefs ‖ ongelaarsd; **–licker** pluimstrijker; **–maker** laarzenmaker; ~**-polish** schoensmeer *o* & *m*; **–strap** laarzestrop; *pull oneself up by one's own* ~*s* zichzelf uit het moeras trekken, uit eigen kracht er weer bovenop komen; ~**-tree** leest [voor laarzen &]

booty ['bu:ti] buit, roof

booze [bu:z] **F I** *vi* zuipen, zich bezuipen; **II** *sb* drank; zuippartij; *on the* ~ aan de zuip; **–zy** bezopen, dronken

bo-peep [bou'pi:p] *play* (*at*) ~ kiekeboe spelen[2]

boracic [bə'ræsik] boor-; ~ *acid* boorzuur *o*; **borax** ['bɔræks] borax

border ['bɔ:də] **I** *sb* rand[2], kant, boordsel *o*, zoom; border [in tuin]; grens, grensstreek (ook: ~ *area*); **II** *vt* omranden, omzomen, begrenzen; **III** *vi* grenzen; ~ *on* of *upon* grenzen aan; **–er** grensbewoner; **–land** grensgebied[2] *o*; **–line** grens(lijn); ~ *case* grensgeval *o*

1 bore [bɔ:] **I** *vt* (aan-, door-, uit)boren ‖ vervelen, zeuren; *be* ~*d stiff* (*to death*) zich dood vervelen; **II** *sb* boorgat *o*; ziel, kaliber *o*, diameter ‖ vervelend mens; F zanik; vervelende zaak; vervelend werk *o* ‖ vloedgolf

2 bore [bɔ:] V.T. van 2 *bear*

boreal ['bɔ:riəl] noordelijk

boredom ['bɔ:dəm] verveling

borer ['bɔ:rə] boor; boorder

boric ['bɔ:rik] boor-; ~*acid* boorzuur *o*

boring ['bɔ:riŋ] vervelend

born [bɔ:n] (aan)geboren; *not* ~ *yesterday* niet van gisteren; ~ *and bred* geboren en getogen; *never in all my* ~ *days* van mijn leven... niet; ~ *of* geboren uit[2], *fig* voortgekomen (ontstaan) uit, het produkt van; ~ *tired* altijd liever lui dan moe

borne [bɔ:n] V.D. van 2 *bear*

borough ['bʌrə] stad, gemeente; *parliamentary* ~ kiesdistrict *o*

borrow ['bɔrou] **I** *vt* borgen; lenen [van]; ontlenen (aan *from*); **II** *vi* lenen; **borrower** lener, ontlener

Borstal ['bɔ:stəl] Britse jeugdgevangenis (~ *Institution*)

boscage ['bɔskidʒ] bosschage *o*

bosh [bɔʃ] onzin

boskage = *boscage*

bosk(et) ['bɔsk(it)] bosje *o*; struikgewas *o*; **bosky** begroeid; ruig ‖ P aangeschoten

bosom ['buzəm] boezem; borst; buste; *fig* schoot; ~ *friend* boezemvriend(in)

boss [bɔs] **I** *sb* knop; bult, knobbel; ronde, verhoogde versiering bij drijfwerk ‖ F baas[2], piet, kopstuk *o*, bonze, bons, leider; **II** *vt* in drijfwerk uitvoeren ‖ F besturen, de leiding hebben over; de baas spelen over; ~ *the show*, ~ *it* F de lakens uitdelen

boss-eyed ['bɔsaid] scheel; *fig* scheef

bossy ['bɔsi] F bazig

botanic(al) [bə'tænik(l)] botanisch, planten-; **botanist** ['bɔtənist] botanicus, plantkundige; **–ize** botaniseren; **botany** ['bɔtəni] botanie, plantkunde

botch [bɔtʃ] **I** *sb* (slordige) lap; knoeiwerk *o*; **II** *vt* verknoeien, verbroddelen; (op)lappen, samenflansen (ook: ~*up*); **–er** broddelaar; knoeier; **–y** (op)gelapt; *fig* klungelig

both [bouθ] beide; ~*... and...* zowel... als, (en)... en...

bother ['bɔðə] **I** *vi* zaniken; zich druk maken (om *about*); moeite doen; **II** *vt* lastig vallen, hinderen,

kwellen; ~ (*it*)*!* wat vervelend, verdorie!; ~ *the fellow!* die verwenste kerel!; **III** *sb* soesa, gezeur *o*, gezanik *o*; **–ation** [bɔðə'reiʃən] verdorie; = *bother* **III**; **–some** ['bɔðəsəm] lastig, vervelend

bottle ['bɔtl] **I** *sb* fles; karaf ‖ bosje *o* [stro]; **II** *vt* bottelen, in flessen doen, wecken; ~ *up* opkroppen [woede]; insluiten [schepen]; ~ **baby**, ~**-fed child** flessekind *o*; ~**-holder** secondant bij het boksen; helper; ~**-neck** nauwe doorgang, vernauwing, flessehals[2], knelpunt° *o*, *fig* belemmering, struikelblok *o*; ~**-washer** duvelstoejager, manusje-van-alles

bottom ['bɔtəm] **I** *sb* bodem; grond; zitting; (beneden)einde *o*; **F** achterste *o*; ~ *up* onderstoboven; ~*s up* ad fundum; *a t* ~ in de grond, au fond; *at the* ~ *of* onder aan, onder in, achter in, op de bodem van; *he is at the* ~ *of it* hij zit erachter; *get t o the* ~ *of this matter* deze zaak grondig onderzoeken; *go* (*send*) *to the* ~ (doen) zinken; **II** *aj* onderste; laagste; **III** *vt* van een bodem [zitting] voorzien; doorgronden; gronden, baseren; ~ **drawer** onderste lade; *fig* bruidskorf, (huwelijks)uitzet; ~ **gear** eerste versnelling; **–less** bodemloos, grondeloos, peilloos; ongegrond

botulism ['bɔtjulizm] botulisme *o*

bough [bau] tak

bought [bɔ:t] V.T. & V.D. van *buy*

boulder ['bouldə] rolsteen, kei; ~ *period* ijstijd

bounce [bauns] **I** *vi* (op)springen, stuiten; *fig* opsnijden; **S** geweigerd worden [v. cheque]; ~ *into* binnenstormen; **II** *sb* sprong, slag, stoot; *fig* bluf, opsnijderij; fut, pit; **III** *ad* pardoes; **IV** *ij* boem!; **–r** mannetjesputter; uitsmijter [in nachtclub &]; opsnijder; leugenaar; **bouncing** kolossaal; stevig; **–cy** opgewekt

1 bound [baund] **I** *sb* sprong; terugstuit ‖ grens[2]; ~*s* ook: perken; *out of* ~*s* in verboden wijk &; verboden; *set* ~*s to* paal en perk stellen aan; **II** *vi* springen; terugstuiten; **III** *vt* beperken; begrenzen

2 bound [baund] V.T. & V.D. van *bind*; ~ *for* of *to Cadiz* op weg naar C.; *be* ~ *to* moeten...; zeker...; *I'll be* ~ daar sta ik voor in; ~ *up with* nauw verbonden met

boundary ['baundəri] grens(lijn)

bounden ['baundn] ↘ V.D. van *bind*; verschuldigd, verplicht; ~ *duty* dure plicht

bounder ['baundə] F patser; lawaaischopper

boundless ['baundlis] grenzeloos, eindeloos

bounteous ['bauntiəs], **bountiful** mild, milddadig; rijkelijk, royaal, overvloedig; **bounty** mild(dadig)heid; gulheid; gift; premie

bouquet ['bukei] ruiker, boeket *o* & *m* [ook v. wijn]

Bourbon ['bɔ:bən] whisky uit maïs

bourdon ['buədn] ♩ bourdon

bourgeois ['buɔʒwa:] *Fr* (klein)burgerlijk

⊙ **bourn(e)** ['buɔn] grens; doel *o*; beek

bout [baut] partij, partijtje *o*; keer, beurt; rondje *o*; aanval [v. koorts &]

boutique [bu:'ti:k] boutique

bovine ['bouvain] rund(er)-; stupide

1 bow [bau] **I** *vt* buigen; doen buigen; ~ *in* (*out*) buigend binnenbrengen (uitgeleide doen); **II** *vi* (zich) buigen²; ~ *down* zich schikken (naar, in *to*); ~ *and scrape* strijkages maken; *have a* ~*ing acquaintance* elkaar groeten en méér niet; **III** *sb* buiging; ♉ boeg (ook: ~*s*); boeg: voorste roeier; *make one's* ~ (van het toneel) verdwijnen; opkomen

2 bow [bou] **I** *sb* boog; ♪ strijkstok; (losse) strik, zie ook : *bow-tie*; ✗ beugel; *draw* (*pull*) *the long* ~ overdrijven; **II** *vi* & *vt* ♪ strijken

bowdlerize ['baudləraiz] kuisen [v. boek]

bowels['bauəlz] ingewanden; *fig* hart *o*; medelijden *o* (ook: ~ *of compassion*, ~ *of mercy*); *empty one's* ~ afgaan, zijn behoefte doen; *have one's* ~ *open* behoorlijke stoelgang hebben; *keep the* ~ *open* voor goede ontlasting zorgen; *move one's* ~ = *empty one's* ~; *open the* ~ laxeren

bower ['bauə] prieel *o*; verblijf *o*; optrekje *o* ‖ ♉ boeganker *o*; **-y** schaduwrijk

bowie-knife ['bouinaif] *Am* lang jachtmes *o*

bowl [boul] **I** *sb* schaal, kom, bokaal, nap; pot [v. closet]; ⊙ beker; bekken *o*; pijpekop; (lepel)blad *o* ‖ (kegel)bal; ~*s* balspel *o*; kegelen *o*; *those who play at* ~*s must look for rub*(*ber*)*s* wie kaatst, moet de bal verwachten; **II** *vi* ballen; kegelen; bowlen [cricket]; (voort)rollen (ook: ~ *along*); **III** *vt* (voort)rollen; ~ *o u t* uitbowlen: het wicket omwerpen of [cricket]; **F** iem. kansloos maken; iem. iets vragen waarop hij geen antwoord weet; ~ *o v e r* omverwerpen; omvallen van [verbazing]; in de war maken

bow-legged ['boulegd] met o-benen

bowler ['boulə] *sp* bowler; bolhoed (~ *hat*)

bowline ['boulin] ♉ boelijn, boelijnsteek

bowling-alley ['bouliŋæli] kegelbaan; ~**-green** veld *o* voor het balspel

1 bowman ['boumən] boogschutter

2 bowman ['baumən] ♉ boeg: voorste roeier

bow-shot ['bouʃɔt] boogschot *o*; **-sprit** boegspriet; **-string I** *sb* boogpees; **II** *vt* worgen met een boogpees; ~**-tie** vlinderdas, strikdas, vlindertje *o*, strikje *o*; ~**-window** ronde erker; **F** buikje *o*

bow-wow ['bauwau] hond [kindertaal]; geblaf *o*

box [bɔks] **I** *sb* doos, kist, koffer, kistje *o*, trommel, cassette [voor boekdeel], bak [voor plant]; bus; *TV* kijkkastje *o*, (beeld)buis; loge; afdeling [in stal &], box; kader *o* [in krant &]; hokje *o* [v. invulformulier]; vakje *o* [v. drukletter]; kamertje *o*, huisje *o*, kompashuisje *o*; seinhuisje *o*; telefoon-cel; naafbus; bok [v. rijtuig]; geschenk *o*, fooi ‖ ♉ buks(boom), palm ‖ klap, oorvijg; *you are in the wrong* ~ je hebt het glad mis; **II** *vi* boksen; **III** *vt* in een doos & sluiten; opsluiten; wegbergen ‖ boksen met [iem.]; ~ *the compass* alle streken v.h. kompas opnoemen; *fig* een cirkelredening maken; *fig* 180° van mening veranderen; ~ *sbd.'s ears* iem. om de oren geven; ~ *i n* insluiten; ~ *u p* opeenpakken

boxer ['bɔksə] bokser [ook hond]

Boxing Day ['bɔksiŋdei] tweede kerstdag

boxing-glove ['bɔksiŋglʌv] bokshandschoen

box number ['bɔksnʌmbə] nummer v. e. advertentie; ~**-office** bespreekbureau *o*, kassa; ~ *draw* succes *o*, kasstuk *o*; ~**-room** rommelkamer, -zolder; bergruimte; ~**-spanner** pijpsleutel; ~**-tree** ♉ buksboom, palm

boy [bɔi] knaap, jongen (ook: bediende en soldaat); *old* ~ ouwe jongen; ◇ oud-leerling

boycott ['bɔikɔt] **I** *vt* boycotten; **II** *sb* boycot

boy friend ['bɔi'frend] vriendje *o*, jongen; **-hood** jongensjaren; **-ish** jongensachtig, jongens-; ~ *scout* padvinder

bra [bra:] beha, bustehouder

brace [breis] **I** *sb* paar *o*, koppel *o*; klamp, anker *o*, haak, beugel, booromslag, stut; accolade; riem, bretel, band; spanning; ♉ bras; ~*s* bretels; ~ *and bit* boor; **II** *vt* spannen, (aan)trekken, ♉ brassen; versterken, opwekken, [zenuwen] stalen; ~ *oneself* (*up*) zich vermannen; ~*d for* voorbereid op, klaar voor

bracelet ['breislit] armband; **F** handboei

bracer ['breisə] **F** hartversterking, borrel

brachial ['breikiəl] arm-

bracing['breisiŋ] versterkend, opwekkend

bracken ['brækn] ♉ (adelaars)varen(s)

bracket ['brækit] **I** *sb* console; klamp; etagère; (gas)arm; haak, haakje *o*; categorie, klasse, groep; **II** *vt* met klampen steunen; tussen haakjes plaatsen; *fig* in één adem noemen, op één lijn stellen (met *with*); samenvoegen, groeperen

brackish ['brækiʃ] brak

bract [brækt] ♉ schutblad *o*

brad [bræd] spijkertje *o* zonder kop, stift

bradawl ['brædɔ:l] els

Bradshaw ['brædʃɔ:] Engelse spoorweggids [tot 1961]

brag [bræg] **I** *vt* brallen, pochen, bluffen (op *of*); **II** *sb* gepoch *o*, bluf; bluffen *o* [kaartspel]

braggadocio [brægə'doutʃou] praalhans, pocher; gesnoef *o*, pocherij

braggart ['brægət] **I** *sb* praalhans, pocher, bluffer, snoever, schreeuwer; **II** *aj* bluffend, dikdoenerig

Brahman ['bra:mən], **Brahmin** ['bra:min] brahmaan

braid [breid] **I** *sb* vlecht; boordsel *o*, galon *o* & *m*;

tres; (veter)band *o* & *m*; **II** *vt* vlechten; boorden, met tressen garneren

Braille [breil] braille(schrift) *o*

brain [brein] **I** *sb* brein *o*, hersenen; verstand *o*; knappe kop; ~*s* hersens; *have... on the* ~ malen over..., bezeten zijn van...; *pick* (*suck*) *sbd.'s* ~*s* iem. (willen) uithoren en diens ideeën gebruiken; **II** *vt* de hersens inslaan; ~-**drain** emigratie v. academici naar landen met meer mogelijkheden ~-**fag** geestelijke uitputting; -**less** hersenloos; ~-**pan** hersenpan; ~-**sick** krankzinnig; ~-**storm I** *sb* plotselinge heftige geestesstoring; „gekke" inval; **II** *vi* brainstormen: het aanpakken v.e. probleem door groepsdiscussie; **Brain(s) Trust** groep van experts (ter voorlichting v.d. regering; ter beantwoording van vragen voor de radio); **brainwashing** hersenspoeling -**wave** F inval, lumineus idee *o* & *v*; **brainy** F pienter

braise [breiz] [vlees] smoren

brake [breik] **I** *sb* kreupelhout *o*; ✕ rem; *put on the* ~ remmen; *put a* ~ *on...* [iets] remmen; **II** *vt* remmen; [vlas] braken; -**(s)man** remmer

bramble ['bræmbl] braamstruik

bran [bræn] zemelen

branch [bra:n(t)ʃ] **I** *sb* (zij)tak, arm; (leer)vak *o*, afdeling, filiaal *o*; ~ *house* filiaal *o*; ~ *line* zijlijn; ~ *office* bijkantoor *o*, agentschap *o*; **II** *vi* zich vertakken; ~ *away* (*forth, off, out*) zich vertakken[2]; **III** *vt* aftakken [v. weg, el. stroom]; -*y* vertakt

brand [brænd] **I** *sb* brandend hout *o*; ☉ fakkel; ☉ zwaard *o*; ℁ brand [ziekte]; brandijzer *o*, brandmerk *o*, schandmerk *o*; merk *o*; soort, kwaliteit; **II** *vt* brandmerken[2], merken; griffen; ~*ed goods* $ merkartikelen; **branding-iron** brandijzer *o*

brandish ['brændiʃ] zwaaien (met)

brand name ['brændneim] merknaam, woordmerk *o*

brand-new ['bræn(d)'nju:] fonkelnieuw, gloednieuw, splinternieuw

brandy ['brændi] cognac; brandewijn

bran-pie, ~-tub ['brænpai, -tʌb] grabbelton

brant(-goose) ['brænt('gu:s)] = *brent*(-*goose*)

brash [bræʃ] **I** *sb* steenslag, verbrokkeld ijs; (hegge)snoeisel ‖ zure oprisping; **II** *aj* onstuimig, overhaast; schreeuwend [v. kleur]

brass [bra:s] **I** *sb* geelkoper *o*, messing *o*; ☉ brons *o*; ♪ koper *o*; gedenkplaat; **F** „centen"; *fig* brutaliteit; (*top*) ~ **S** (hele) hogen; **II** *aj* (geel)koperen, van messing; ☉ bronzen

brassard ['bræsa:d] armband (om mouw)

brass band ['bra:s'bænd] blaaskapel, fanfare, fanfarekorps; ~ *hat* **S** stafofficier; hoge; ~ **winds** ♪ koperblazers

brassière ['bræsiɛə] bustehouder

brass tacks ['bra:s'tæks] *get down to* ~ spijkers met koppen slaan; ~ **winds** ♪ koperblazers;

brassy I *aj* koperachtig, koperkleurig; *fig* onbeschaamd; brutaal; **II** *sb* golfstok

brat [bræt] kind *o*, jongetje *o*, joch *o*, blaag

bravado [brə'va:dou] overmoed; pocherij

brave [breiv] **I** *aj* dapper, moedig, kloek, flink, nobel; mooi (uitgedost); **II** *sb* (Indiaans) krijgsman; **III** *vt* tarten, trotseren, uitdagen; ~ *it out* zich er (brutaal) doorheen slaan; -**ry** moed; praal; tooi

1 bravo ['bra:vou] *sb* gehuurde (sluip)moordenaar

2 bravo ['bra:vou, bra:'vou] *ij* bravo!

bravura [bra'vjuərə] bravoure

brawl [brɔ:l] **I** *vi* razen, tieren, schreeuwen, twisten; ruisen; **II** *sb* geschreeuw *o*, getier *o*, twist, ruzie; ruisen *o*; -**er** ruziemaker, lawaaischopper

brawn [brɔ:n] spieren; spierkracht; hoofdkaas, preskop; -**y** gespierd, sterk

bray [brei] **I** *vi* balken; schetteren ‖ **II** *vt* fijnstampen of -wrijven; **III** *sb* gebalk *o*; geschetter *o*

braze [breiz] solderen; bronzen

brazen [breizn] **I** *aj* (geel)koperen; ☉ bronzen; schel; *fig* brutaal, onbeschaamd; **II** *vt* ~ *it out* brutaal volhouden, zich er brutaal doorheen slaan; ~-**faced** onbeschaamd

brazier ['breizjə] koperslager; komfoor *o*

Brazilian [brə'ziljən] Braziliaan(s)

Brazil nut [bre'zil'nʌt] paranoot

breach [bri:tʃ] **I** *sb* breuk[2], bres; inbreuk; schending; ~ *of the peace* vredebreuk; rustverstoring; ~ *of promise* woordbreuk, *spec* verbreking van trouwbelofte; **II** *vt* (een) bres schieten; doorbreken

bread [bred] brood[2] *o*; **S** poen (= geld *o*); ~ *and butter* boterham(men); ~ *and scrape* boterham met tevredenheid; *he always finds his* ~ *buttered on both sides* het gaat naar den vleze; *know* (*on*) *which side one's* ~ *is buttered* eigen belang voor ogen houden; ~-**basket** broodmand; **S** maag; ~-**crumb I** *sb* broodkruimel; ~*s* ook: paneermeel *o*; **II** *vt* paneren; ~-**line** *be on the* ~ steun trekken

breadth [bredθ] breedte, baan; brede blik, ruime opvatting, liberaliteit; -**ways, -wise** in de breedte

bread-winner ['bredwinə] kostwinner

break [breik] **I** *vt* breken; aan-, af-, door-, onder-, open-, stuk-, verbreken; overtreden [regels], schenden; banen [weg]; opbreken [kamp]; [vlas] braken; doen springen [bank]; ruïneren; bij stukken en beetjes mededelen [nieuws]; dresseren; ⅍ casseren; ontplooien [vlag]; ~ *the back* (*neck*) *of...* het voornaamste (moeilijkste) deel van... klaar krijgen, het ergste achter de rug krijgen; ~ *sbd.'s head* iem. een gat in het hoofd slaan; **II** *vi* breken; aan-, af-, door-, los-, uitbreken, los-, uitbarsten; de gelederen verbreken; veran-

deren, omslaan [van weer]; springen [v. bank],
bankroet gaan; achteruit gaan; ophouden; pauzeren; **~ a w a y** weg-, af-, losbreken, zich losrukken, -scheuren, zich afscheiden (van *from*); **~
d o w n** mislukken, blijven steken, zich niet langer kunnen inhouden, bezwijken, het afleggen;
afbreken, breken [tegenstand], (zich laten) splitsen; **~ f o r t h** los-, uitbarsten; te voorschijn komen; **~ i n** inbreken; africhten, dresseren; inlopen [schoeisel]; inrijden [auto &]; in de rede vallen; **~ i n t o** gewennen aan; **~ i n u p o n** (ver)storen,
onderbreken; **~ i n t o** inbreken in; *fig* aanbreken, aanspreken [kapitaal]; overgaan in, beginnen te; **~ s b d. o f a h a b i t** iem. een gewoonte afleren; **~ oneself of a habit** met een gewoonte breken; iets afleren; **~ o f f** afbreken[2]; **~ i t o f f** het
[engagement] afmaken; **~ o p e n** openbreken; **~
o u t** uitslaan; uitbreken; losbarsten; **~
t h r o u g h** doorbreken; overtreden, afwijken
van; **~ t o t h e s a d d l e** gewennen aan het zadel; **~
u p** uiteengaan, eindigen; uiteenvallen; stukbre-
ken, afbreken[2], slopen; scheuren [v. weide-
grond]; verdelen; doen uiteenvallen; ontbinden, een einde maken aan, uiteenslaan, oprollen
[bende, komplot], in de war sturen [bijeen-
komst]; **~ w i t h** breken met; **III** *sb* breuk; af-,
ver-, onderbreking; aanbreken *o*; verandering,
omslag [van weer]; afbrekingsteken *o*; pauzering, pauze, rust; ≈ vrij kwartier *o*, speelkwar-
tier *o*; ⚭ serie; (afrij)brik; **S** kans; bof, pech; *make
a ~ (for it)* **S** 'm smeren; **–able** breekbaar; **–age**
breken *o*, breuk; **–away I** *sb* ontsnapping; afscheiding; *sp* valse start; **II** *aj* afgescheiden;
–down in(een)storting; (zenuw)inzinking (ook:
nervous ~); mislukking; blijven steken *o*, storing,
panne, defect *o*, averij; splitsing, onderverdeling, analyse; afbraak; **~ gang** hulpploeg; **~ lorry**
takelwagen; **~ product** afbraakprodukt *o*; **–er**
breker; sloper; brekende golf; **~-s** branding
breakfast ['brekfəst] **I** *sb* ontbijt *o*; **II** *vi* ontbijten
breaking-point ['breikiŋpɔint] *strained to ~* tot
het uiterste gespannen; **breakneck** halsbre-
kend; *at ~ speed* in razende vaart; **break-out**
uitbraak, ontsnappen *o* uit gevangenis &;
–through doorbraak; **~-up** ineenstorting,
ontbinding, uiteenvallen *o* [v. partij]; uiteengaan
o; begin v.d. schoolvakantie; **–water** golfbreker,
havendam
bream [bri:m] brasem
breast [brest] **I** *sb* borst, boezem; borststuk *o*;
make a clean ~ of it alles eerlijk opbiechten; **II** *vt*
het hoofd bieden aan; (met kracht) tegen... in
gaan; (met moeite) beklimmen of doorklieven;
–bone borstbeen *o*; **~-fed** *~ child* borstkind,
zuigeling; **~-high** ter hoogte van of tot aan de
borst; **–plate** borstplaat, harnas *o*, borststuk *o*; **~
stroke** borstslag; **–work** ⚔ borstwering

breath [breθ] adem(tocht), luchtje *o*, zuchtje *o*; *he
caught his ~* zijn adem stokte; *draw ~* ademhalen;
hold one's ~ de adem inhouden; *spend (waste) one's
~* voor niets praten; *take ~* adem scheppen; *take
away sbd.'s ~* iem. de adem benemen; iem. paf
doen staan; *a t a ~, in one (the same) ~* in één
adem; *b e l o w (under) one's ~* fluisterend, binnens-
monds; *o u t o f ~* buiten adem; **–alyzer** blaas-
pijpje; **breathe** [bri:ð] **I** *vi* ademen[2], ademhalen;
II *vt* (in-, uit)ademen; (laten) uitblazen; fluisteren; te kennen geven; **~ one's last** de laatste adem
uitblazen; *don't ~ a word (of it)* rep er niet van;
breathed [breθt, bri:ð] stemloos; **breather**
['bri:ðə] wandeling, fietstochtje &; adempauze;
take a ~ even uitblazen; **breathing** ademhaling;
~ space, ~ spell, ~ time ogenblik *o* om adem te
scheppen, respijt *o*, adempauze; **breathless**
['breθlis] ademloos; buiten adem; **~-taking**
adembenemend; beklemmend, angstwekkend,
verbluffend; **breath test** ademtest
bred [bred] V.T. & V.D. van *breed*
breech [bri:tʃ] **I** *sb* kulas [v. kanon], staartstuk *o*
[v. geweer]; **~-es** ['britʃiz] korte (rij)broek; *wear
the ~-es* de broek aanhebben; **II** *vt* ⚔ in de broek
steken
breechblock ['bri:tʃblɔk] ⚔ sluitstuk *o*
breeches-buoy ['britʃizbɔi] broek, wippertoes-
tel *o* [voor h. redden v. schipbreukelingen]
breech-loader ['bri:tʃloudə] achterlader
breed [bri:d] **I** *vt* verwekken[2], telen, (aan)fokken,
(op)kweken[2], grootbrengen, opleiden; voortbrengen, veroorzaken; **II** *vi* jongen, zich voortplanten; **III** *sb* ras *o*, soort; **–er** verwekker, fokker; **~ reactor** kweekreactor; **–ing** verwekken *o*
&, zie *breed*; opvoeding; beschaafdheid; *good ~*
welgemanierdheid; **~ ground** broedplaats; *fig*
voedingsbodem, broeinest *o*
breeze [bri:z] **I** *sb* bries; **F** ruzietje; ‖ sintels en
cokesbries; **~ block** cementbetontegel; **II** *vi* **F** *~
in* binnenstuiven; **–zy** winderig[2]; luchtig[2], opgewekt, joviaal
brent(-goose) ['brent('gu:s)] rotgans
brethren ['breðrin] broeders
Breton ['bretən] Breton(s)
breve [bri:v] ♪ dubbele hele noot; *gram* ◡ teken *o*
brevet ['brevit] **I** *sb* brevet *o*; **II** *vt* ⚔ de titulaire
rang verlenen; **~ rank** ⚔ titulaire rang
breviary ['bri:viəri] *rk* brevier *o*, getijdenboek *o*
brevity ['breviti] kortheid, beknoptheid
brew [bru:] **I** *vt* & *vi* brouwen[2], *fig* (uit)broeien;
zetten [thee]; **~ up F** thee zetten; **II** *sb* treksel *o*,
brouwsel *o*; **–er** brouwer; **–ery** brouwerij
briar ['braiə] = *brier*
bribable ['braibəbl] omkoopbaar; **bribe I** *sb*
steekpenning, gift of geschenk *o* tot omkoping;
lokmiddel *o*; **II** *vt* omkopen; **–r** omkoper; **–ry**

omkoping, omkoperij
bric-a-brac ['brikəbræk] curiosa, rariteiten
brick [brik] **I** *sb* (bak-, metsel)steen *o* & *m* [stofnaam], (bak-, metsel)steen *m* [voorwerpsnaam]; blok *o* [uit blokkendoos]; **F** patente kerel, beste vent (meid); *drop a* ~ een flater begaan; *make* ~*s without straw* het onmogelijke verrichten; **II** *aj* (bak)stenen; **III** *vt* met bakstenen bouwen; ~ *up* dicht-, toemetselen; ~**-bat** ['brikbæt] stuk *o* baksteen, *fig* afkeuring, schimpscheut, hatelijkheid; ~**-dust** steengruis; ~**-field** steenbakkerij; ~**-kiln** steenoven; **–layer** metselaar; **–work** metselwerk *o*; ~*s* steenbakkerij; **–yard** steenbakkerij
bridal ['braidəl] **I** *aj* bruids-, bruilofts-, trouw-; **II** *sb* ⊙ bruiloft, trouwfeest *o*; **bride** bruid; jonggehuwde (vrouw); ~**-cake** bruidstaart; **–groom** bruidegom; **–smaid** bruidsmeisje *o*; **–sman** getuige [v. bruidegom]
bridge [bridʒ] **I** *sb* brug; kam [v. strijkinstrument]; rug van de neus; ◊ bridge *o*; **II** *vt* overbruggen; **III** *vi* ◊ bridgen; **–head** bruggehoofd *o*
bridle ['braidl] **I** *sb* toom, teugel; breidel[2]; **II** *vt* (in-, op)tomen, beteugelen[2], breidelen[2]; **III** *vi* ~ (*up*) het hoofd in de nek werpen (uit trots, verachting &); ~**-path** ruiterpad *o*
brief [bri:f] **I** *aj* kort, beknopt; *in* ~ kortom; in het kort; *to be* ~ om kort te gaan; **II** *sb* instructie over de hoofdpunten van een rechtszaak; breve [v. paus]; instructie; ~*s* ook: (heren)onderbroekje *o*; *I hold no* ~ *for...* ik ben hier niet om de belangen te bepleiten van...; **III** *vt* in hoofdpunten samenvatten; [een advocaat] een zaak in handen geven; instructies geven; ~**-case** aktentas; **–ing** instructies; instructieve bijeenkomst; **–less** zonder praktijk [advokaat]; **–ly** *ad* (in het) kort, beknopt; **–ness** beknoptheid, kortheid
brier ['braiə] wilde roos; het heidekruid *o*; pijp van de wortel daarvan
brig [brig] ⚓ brik
brigade [bri'geid] ✗ brigade; **–dier** [brigə'diə] ✗ brigadecommandant
brigand ['brigənd] (struik)rover; **–age** (struik)roverij
brigantine ['brigənti:n] ⚓ schoenerbrik
bright [brait] helder[2], licht, lumineus; blank; fonkelend, schitterend, levendig; vlug, pienter, snugger; opgewekt, vrolijk, blij, fleurig; rooskleurig [v. toekomst &]; **–en I** *vt* glans geven aan, op-, verhelderen, doen opklaren; opvrolijken; opfleuren (ook: ~ *up*); **II** *vi* opklaren, verhelderen, (beginnen te) schitteren
brill [bril] 🐟 griet
brilliance, –ancy ['briljəns(i)] glans, schittering[2]; uitzonderlijke begaafdheid; **brilliant I** *aj* schitterend[2], stralend[2], briljant; **II** *sb* briljant;

–ine [briljən'ti:n] brillantine
brim [brim] **I** *sb* rand; boord, kant; **II** *vt* tot de rand vullen [een beker]; **III** *vi* vol zijn; ~ (*over*) *with* overvloeien van; **–ful(l)** boordevol
brimstone ['brimstən] zwavel; ~ *butterfly* citroenvlinder
brindle(d) ['brindl(d)] bruingestreept
brine [brain] **I** *sb* pekel, pekelnat *o*; *fig* (zilte) tranen, de zee; **II** *vt* pekelen
bring [briŋ] (mee)brengen, opbrengen, halen; indienen, inbrengen, aanvoeren; ~ *a b o u t* teweegbrengen, tot stand brengen; aanrichten; ~ *an action a g a i n s t* een proces aandoen; ~ *b a c k* terugbrengen; weer te binnen brengen; ~ *b e f o r e the public* in het licht geven; ~ *d o w n* doen neerkomen, neerleggen, -schieten; aanhalen [bij deelsom]; verlagen [v. prijzen]; vernederen, fnuiken; ten val brengen; ~ *down the house* stormachtige bijval oogsten; ~ *f o r t h* voortbrengen; baren; aan het daglicht brengen; ~ *f o r w a r d* vooruit brengen; vervroegen; indienen [motie]; aanvoeren [bewijzen]; transporteren [bij boekhouden]; ~ *i n* binnenbrengen; inbrengen, aanvoeren; erbij halen, erin betrekken, inschakelen; meekrijgen, winnen [voor zeker doel]; invoeren; ter tafel brengen, indienen; opbrengen; ~ *in guilty* schuldig verklaren; ~ *o f f* wegbrengen; erdoor halen, redden; ~ *it off* het hem leveren; berokkenen; ~ *o u t* uitbrengen; te voorschijn halen; aan de dag brengen; doen uitkomen; introduceren; ~ *o v e r* overbrengen; overhalen; transporteren [bij boekhouden]; overreden; ~ *r o u n d* iem. (weer) bijbrengen, en bovenop halen; [iem.] overhalen; ~ *t h r o u g h* [een zieke] er bovenop halen; ~ *t o* bijbrengen; ⚓ bijdraaien; ~ *to book* ter verantwoording roepen (en straffen); *I could not* ~ *myself to do it* ik kon er niet toe komen het te doen; ~ *u n d e r* onderbrengen [categorieën]; onderwerpen; ~ *u p* opvoeden, opkweken; voor (de rechtbank) doen komen, voorleiden; aanvoeren [versterkingen]; op het tapijt brengen, aankaarten, -lijnen; onderbreken [spreker]; ⚓ voor anker brengen; braken; ~ *up to date (up to 1975)* bijwerken tot op heden (tot 1975); bij de tijd brengen, moderniseren; ~ *up short* kopschuw maken; ~ *u p o n* berokkenen
brink [briŋk] kant, rand; *on the* ~ *of...* ook: op het puntje (randje) van...; **–manship** gewaagd manoeuvreren *o* in hachelijke omstandigheden
briny ['braini] zilt, zout; *the* ~ **F** het zilte nat, de zee
briquet(te) [bri'ket] briket [brandstof]
brisk [brisk] **I** *aj* levendig, vlug, wakker, flink; fris; **II** *vt* verlevendigen; ~ *up* aanvuren, aanwakkeren; **III** *vi* ~ *up* opleven

brisket ['briskit] borst, borststuk *o* [v. dier]
bristle ['brisl] **I** *sb* borstels; borstelhaar *o*; *set sbd.'s ~s up* iem. tegen de haren instrijken, irriteren; **II** *vi* de borstels [haren, veren] overeind zetten; overeind staan; ~ *up* de kam (kuif) opzetten; opstuiven; ~ *with* bezet zijn met, wemelen van, vol zijn van; **–ly** borstelig
Britain ['britn] (Groot-)Brittannië *o*; **Britannic** [bri'tænik] Brits; **British** ['britiʃ] Brits; *the* ~ de Britten; zie ook: *warm* **V**; **–er** *Am* Brit; **Briton** ['britn] Brit
Brittany ['britəni] Bretagne *o*
brittle ['britl] bro(o)s, breekbaar
broach [broutʃ] **I** *sb* stift; priem; (braad)spit *o*; (toren)spits; **II** *vt* aansteken, aanboren, aanbreken; *fig* ter sprake brengen
broad [brɔːd] **I** *aj* breed[2], ruim[2], wijd; ruw, grof, plat; ~ *arrow* pijlpunt op Britse rijkseigendommen; ~ *beans* tuinbonen; *the Broad Church* de vrijzinnige richting in de Engelse Kerk; ~ *day(light)* klaarlichte dag; *a* ~ *hint* een duidelijke wenk; ~ *nonsense* klinkklare onzin; *a* ~ *stare* een lomp, onbeschaamd aanstaren *o*; *as* ~ *as it is long* zo lang als het breed is; **II** *ad* in: ~ *awake* klaar wakker; **III** *sb* (volle) breedte; verbreding v.e. riviermonding; **S** griet, (lichte) vrouw; ~-*axe* houthakkersbijl; strijdbijl
broadcast ['brɔːdkɑːst] **I** *aj* & *ad* verspreid gezaaid; wijd verspreid; R uitgezonden, radio-; **II** *vt* & *vi* uit de hand zaaien; op ruime schaal verspreiden; R uitzenden; voor de radio optreden (spreken &); rondbazuinen; **III** *sb* R uitzending; radiorede; **IV** V.T. & V.D. van ~; **–ing** R uitzending; uitzenden *o*; ~ *station* radiostation *o*
broadcloth ['brɔːdklɔθ] fijne, zwarte, wollen stof
broaden ['brɔːdn] (zich) verbreden, (zich) verruimen; **broadly** *ad* globaal, in grote trekken, in het algemeen; **broadminded** ruimdenkend; **–sheet** aan één zijde bedrukt blad *o*, pamflet *o*, vlugschrift *o*; **–side** ⚓ brede zijde; volle laag; = *broadsheet*; **–sword** slagzwaard *o*; **–ways, –wise** in de breedte
Brobdingnagian ['brɔbdiŋ'nægiən] **I** *aj* reusachtig; **II** *sb* reus
brocade [brə'keid] brokaat *o*
broccoli ['brɔkəli] Italiaanse bloemkool
brochure ['brouʃuə, brɔ'ʃuə] brochure; folder
brock [brɔk] ♏ das
brogue [broug] stevige schoen ‖ plat (Iers) accent *o*
broil [brɔil] **I** *sb* ruzie, twist, tumult *o* ‖ gebraden vlees *o*; **II** *vt* & *vi* op een rooster braden, roosteren, blakeren; branden; *it is* ~*ing* het is snikheet; **broiler** rooster; braadkip, -kuiken *o*; **F** bloedhete dag; ruziezoeker; ~ **house** kuikenmesterij

brokage ['broukidʒ] = *brokerage*
broke [brouk] V.T. & ⚓ V.D. van *break*; **F** geruïneerd, blut, pleite; **broken** V.D. van *break*; gebroken &; aangebroken [kistje]; onvast [weer]; ~ *ground* oneffen terrein; ~ *home* ontwricht gezin *o*; ~ *wind* dampigheid [v. paard]; ~-**down** geruïneerd; terneergeslagen; (dood)op; kapot; ~-**hearted** gebroken (door smart), diep bedroefd; **–ly** *ad* bij stukken en brokken; onsamenhangend; ~-**winded** dampig [v. paard]
broker ['broukə] makelaar; uitdrager; **–age** makelarij; makelaarsprovisie, courtage
brolly ['brɔli] **S** paraplu
bromic ['broumik] broom-; **bromide** bromide *o*; vervelend iemand; gemeenplaats; **–ine** broom *o*
bronchi, ['brɔŋkai], **bronchia** ['brɔŋkiə] luchtpijpvertakkingen, bronchiën; **bronchial** [*aj*] ~ *tubes* bronchiën; **bronchitis** [brɔŋ'kaitis] bronchitis
bronco ['brɔŋkou] *Am* klein halfwild paard
bronze [brɔnz] **I** *sb* brons *o*; bronskleur; bronzen kunstvoorwerp *o*; **II** *vt* bronzen; **III** *aj* bronzen, bronskleurig
brooch [broutʃ] broche, borstspeld
brood [bruːd] **I** *vi* broeden[2] (op *on, over*); *fig* peinzen; tobben (over *over*); **II** *sb* broed(sel) *o*; gebroed *o*; ~-**mare** fokmerrie; **–y** broeds, tobberig
1 brook [bruk] *vt* verdragen, dulden
2 brook [bruk] *sb* beek; **–let** beekje *o*
broom [bruːm] ♣ bezem; **–stick** ['bruːmstik] bezemsteel; *marry over the* ~ over de puthaak trouwen
Bros. = *Brothers* Gebr(oeders)
broth [brɔθ] bouillon, dunne soep
brothel ['brɔθl] bordeel *o*
brother ['brʌðə] broe(de)r[2]; ambtsbroeder, confrater, collega; **–hood** broederschap *o* & *v* [betrekking], broederschap *v* [verzamelnaam]; ~-**in-law** zwager; **–ly** broederlijk
brougham ['bruːəm, bruːm] coupé [rijtuig]
brought [brɔːt] V.T. & V.D. van *bring*
brouhaha ['bruːhɑːhɑː] **F** opschudding, gedoe *o*
brow [brau] wenkbrauw, voorhoofd *o*, ◯ gelaat *o*, aanschijn *o*; kruin, top, uitstekende rand
browbeat ['braubiːt] intimideren, overdonderen
brown [braun] **I** *aj* bruin; ~ *coal* bruinkool; ~ *owl* 𝕬 bosuil; ~ *paper* pakpapier *o*; ~ *soap* groene zeep; **II** *sb* bruin *o*; **III** *vt* & *vi* bruinen; ~*ed off* **S** het land hebbend, landerig; **–ie** goedaardige kabouter [ook jonge padvindster]; **–ish** bruinachtig
browse [brauz] **I** *sb* voorjaarsuitlopers; grazen *o*; **II** *vt* & *vi* (af)knabbelen, (af)grazen; *fig* inkijken, doorbladeren v. boek(en)
Bruges [bruːʒ] Brugge *o*

Bruin [bruin] Bruin [de beer]
bruise [bru:z] **I** *vt* kneuzen; stampen; ~*d* beurs;
II *sb* kneuzing, buil, blauwe plek; –**r S** (ruwe)
bokser; krachtpatser
bruit [bru:t] **I** *sb* ✎ geraas *o*, gerucht *o*; **II** *vt* ruchtbaar maken (ook: ~ *about*, ~ *abroad*)
brumal ['bru:məl] winter, winter-; **brumous**
winters, mistig
brunch [brʌnʃ] laat ontbijt *o*, tevens lunch
brunette [bru:'net] brunette
brunt [brʌnt] schok, stoot, aanval; geweld *o*; *bear*
the ~ het het zwaarst te verduren hebben
brush [brʌʃ] **I** *sb* borstel, schuier, veger, kwast,
penseel *o*; vossestaart; kreupelhout *o*; schermutseling; **II** *vt* (af)borstelen, (af)vegen, (af)schuie-
ren; strijken langs, rakelings gaan langs; ● ~
a s i d e opzij zetten, naast zich neerleggen, negeren, afpoeieren; ~ *a w a y* wegvegen; *fig* aan de
kant zetten; ~ *b y* rakelings passeren; ~ *d o w n*
afborstelen; ~ *o f f* af-, wegvegen; ~ *o v e r* aanstrijken; ~ *u p* opborstelen; *fig* opfrissen, ophalen [kennis]; ~ -**off S** botte weigering, afsche-
ping; –**wood** kreupelhout *o*; rijs(hout) *o*; –**work**
penseelbehandeling, touche [v. kunstschilder];
brushy borstelig, ruig [v. terrein]
brusque [brusk] bruusk, kortaf
Brussels ['brʌslz] Brussel(s); ~ *sprouts* spruitjes
brutal ['bru:təl] *aj* beestachtig, wreed, bruut,
ruw, grof; –**ity** [bru:'tæliti] beestachtigheid,
wreedheid, bruutheid, grofheid; –**ize**
['bru:təlaiz] verdierlijken; **brute** [bru:t] **I** *sb* (redeloos) dier *o*; woesteling, beest *o*, bruut; F on-
mens; **II** *aj* redeloos, dierlijk, woest, bruut;
brutish ['bru:tiʃ] = *brutal*
bryony ['braiəni] heggerank
B.Sc. = *Bachelor of Science*
Bt. = *Baronet*
bubble ['bʌbl] **I** *sb* blaas, lucht-, (zeep)bel[2];
zwendel; ~ *bath* schuimbad *o*; ~ *company* zwendelmaatschappij; **II** *vi* borrelen, murmelen,
pruttelen; ~ *over* overkoken; *fig* overvloeien
(van *with*); ~ **gum** klapkauwgum *o* & *m*; **bub-
bly I** *aj* borrelend, vol luchtbelletjes; **II** *sb* **S**
champagne
bubo ['bju:bou, *mv* –**oes**] lymfklierzwelling;
–**nic** [bju:'bɔnik] ~ *plague* builenpest
buccaneer [bʌkə'niə] *sb* boekanier, zeerover; **II**
vi als boekanier leven
Bucephalus [bju:'sefələs] strijdros *o* van Alexan-
der de Grote; **J** (oude) knol
buck [bʌk] **I** *sb* (ree)bok, rammelaar, mannetje *o*
[van vele diersoorten]; *fig* fat ‖ *Am* neger; zaagbok; dollar; palingfuik (ook: *eel-*~); *pass the* ~ **F**
de schuld op een ander schuiven; **II** *vt it* ~*s you*
up het geeft je moed; het kikkert je op; **III** *vi* bokken [v. paard]; ~ *up* moed houden; voortmaken
bucket ['bʌkit] emmer; pompzuiger; schoep [v.

waterrad]; koker, schoen [v. lans &]; *kick the* ~
S doodgaan; ~ **chain** jakobsladder; ~ **seat**
kuipstoel; strapontin; ~ **shop** malafide make-
laarskantoor *o*
buck-hound ['bʌkhaund] jachthond
buckish ['bʌkiʃ] dandy-achtig
buck-jump ['bʌkdʒʌmp] **I** *sb* sprong van een
bokkend paard; **II** *vi* bokken
buckle ['bʌkl] **I** *sb* gesp; **II** *vt* (vast)gespen; verbuigen, omkrullen; **III** *vi* omkrullen, zich krommen (ook: ~ *up*); ~ *to* aanpakken; de handen uit
de mouwen steken; ~ *to* zich toeleggen op
buckler ['bʌklə] schild *o*
buckram ['bʌkrəm] **I** *sb* stijf linnen *o*; *fig* stijfheid;
II *aj* van stijf linnen; *fig* stijf
buck-shot ['bʌkʃɔt] grove hagel
buckskin ['bʌkskin] suède *o* & *v*; ~ *breeches*, –*s*
suède broek; ~ *cloth* bukskin *o*
buckwheat ['bʌkwi:t] boekweit
bucolic [bju:'kɔlik] **I** *aj* herderlijk, landelijk, buco-
lisch; **II** *sb* herderszang, -dicht *o*
bud [bʌd] **I** *sb* ✎ knop; kiem; *in the* ~ in de kiem[2];
fig in de dop; **II** *vi* uitkomen, (uit)botten, ontluiken; ~*ding* ook: *fig* in de dop; **III** *vt* oculeren, enten
Buddhism ['budizm] boeddhisme; –**ist** boed-
dhist(isch); –**istic** [bu'distik] boeddhistisch
buddy ['bʌdi] *Am* **F** vriend, vriendje *o*, kameraad, maat
budge [bʌdʒ] (zich) verroeren, bewegen; *not* ~ *an*
inch geen duimbreed wijken
budgerigar ['bʌdʒəriga:] zangparkiet
budget ['bʌdʒit] **I** *sb* (inhoud v.e.) zak; (staats)be-
groting, budget *o*; **II** *vi* budgetteren; ~ *for* uittrekken voor, op het budget zetten; –**ary** bud-
gettair, budget-, begrotings-
budgie ['bʌdʒi] **F** = *budgerigar*
buff [bʌf] **I** *sb* buffel-, zeemleer *o*, zeemkleur;
stripped to the ~ poedelnaakt; **II** *vt* polijsten, poetsen; **III** *aj* zeemkleurig, lichtgeel
buffalo ['bʌfəlou] buffel
buffer ['bʌfə] stootkussen *o*, stootbok, stootblok
o, buffer; **F** kerel; *old* ~ **F** ouwe vent; ~ *state* buf-
ferstaat
1 buffet ['bʌfit] **I** *sb* (vuist)slag, klap; *fig* slag,
klap; **II** *vt* slaan, beuken, worstelen (met *with*)
2 buffet ['bʌfit] buffet *o* [meubel]
3 buffet ['bufei] buffet *o* [v. station &]; ~ *dinner*,
~ *luncheon* lopend buffet *o*
buffoon [bʌ'fu:n] potsenmaker, hansworst, pias;
–**ery** potsenmakerij
bug [bʌg] **I** *sb* wandluis; *Am* insekt, kever, tor; **F**
bacil; afluisterapparaat *big* ~ **F** hoge (ome), piet;
II *vt* afluisterapparaat aanbrengen bij en gebruiken tegen [iem.]
bugaboo ['bʌgəbu:], **bugbear** ['bʌgbɪə] boeman, spook *o*, schrikbeeld *o*

bugger ['bʌgə] **I** *sb* **P** sodomiet; **II** *vt* sodomie bedrijven; *Am* **S** pesten; ~ *off!* donder op!; **-y** sodomie

1 buggy ['bʌgi] *sb* buggy: licht rijtuigje *o*

2 buggy ['bʌgi] *aj* vol wandluizen

bugle ['bju:gl] **I** *sb* **♪** bugel [hoorn] ‖ glazen kraal; **II** *vi* op de bugel blazen; **-r** ≾ bugel: horenblazer

buhl [bu:l] inlegwerk *o* van koper en schildpad

build [bild] **I** *vt* bouwen, aanleggen, maken, stichten[2]; ~ *up* opbouwen; vormen; pousseren; **II** *vi* bouwen; ~ *on* (*upon*) zich verlaten op, bouwen op, voortbouwen op; ~ *up* ontstaan, zich ontwikkelen; **III** *sb* (lichaams)bouw; **-er** bouwer; aannemer; **-ing** gebouw *o*, bouwwerk *o*; bouw; ~ *-line* rooilijn; ~ *-plot*, ~ *-site* bouwterrein *o*; ~ *society* bouwfonds *o*; ~ **-up** opbouw; vorming; **F** tamtam; **built** [bilt] V.T. & V.D. van *build*; *I am* ~ *that way* **F** zo ben ik nu eenmaal; ~ **-in** ingebouwd; *fig* inherent; ~ **-up** ~ *area* bebouwde kom

bulb [bʌlb] (bloem)bol; (gloei)lamp; **-ous** bolvormig, bol-

bulbul ['bulbul] oosterse zanglijster; *fig* zanger (= dichter)

Bulgarian [bʌl'gɛəriən] Bulgaar(s)

bulge [bʌldʒ] **I** *sb* (op)zwelling, uitpuiling, uitstulping; geboortengolf; **II** (*vt* &) *vi* (doen) uitpuilen, (op)zwellen, (op)bollen

bulk [bʌlk] **I** *sb* omvang, grootte, volume *o*; massa, gros *o*, grootste deel *o*, meerderheid; **♪** lading; ~ *cargo* lading met stortgoederen; ~ *grain, grain in* ~ gestort graan *o*; *sell in* ~ in het groot verkopen; *break* ~ **♪** (beginnen te) lossen; **II** *vi* ~ *large* groot lijken; een grote rol spelen; ~ *too largely* te veel plaats innemen

bulkhead ['bʌlkhed] **♪** schot *o*

bulky ['bʌlki] dik, groot, lijvig, omvangrijk

bull [bul] **I** *sb* stier; mannetje *o* [v. olifant &]; **$** haussier; (schot *o* in de) roos; **S** flauwekul; ‖ (pauselijke) bul ‖ (*Irish*) ~ bewering die een aardige tegenstrijdigheid bevat; *take the* ~ *by the horns* de koe bij de horens vatten; **II** *aj* mannetjes-; stiere(n)-; **$** hausse-; **III** *vi* **$** à la hausse speculeren; de koersen opdrijven; **IV** *vt* à la hausse kopen; ~ **-calf** ≾ stierkalf *o*, jonge stier; *fig* domoor, uilskuiken *o*

bulldog ['buldɔg] ≾ buldog; ➴ **F** dienaar van een *proctor*

bulldoze ['buldouz] met een bulldozer banen of opruimen; *Am* intimideren; **-r** bulldozer (tractor)

bullet ['bulit] (geweer)kogel; ~ **-head** *Am* stijfkop; ~ **-headed** koppig; met een ronde kop

bulletin ['bulitin] bulletin *o*

bullet-proof ['bulitpru:f] kogelvrij

bullfight ['bulfait] stieregevecht *o*

bullfinch ['bulfintʃ] ✿ goudvink

bull-frog ['bulfrɔg] brul(kik)vors

bullhead ['bulhed] domkop

bullion ['buljən] ongemunt goud *o* of zilver *o*

bullish ['buliʃ] **$** à la hausse (gestemd)

bullock ['bulək] ≾ os

bullring ['bulriŋ] arena [v. stieregevecht]

bull's-eye ['bulzai] (schot *o* in de) roos; halfbolvormig, dik glas *o*; rond venster(gat) *o*; **bullshit** ['bulʃit] **P** flauwekul

bully ['buli] **I** *sb* tiran, bullebak ‖ vlees *o* uit blik; **II** *vt* & *vi* tiranniseren, kwellen; ~ *into* (*out of*) door bedreigingen dwingen iets te doen (laten); ~ **-beef** ['bulibi:f] vlees *o* uit blik

bulrush ['bulrʌʃ] ⚘ (matten)bies; lisdodde

bulwark ['bulwək] bolwerk[2] *o*, golfbreker; **♪** verschansing (meestal ~*s*)

bum [bʌm] **P** achterste *o*; *Am* **S** zwerver, schooier

bumble-bee ['bʌmblbi:] hommel

bumbledom ['bʌmbldəm] gewichtigdoenerij van kleine ambtenaren

bumboat ['bʌmbout] **♪** parlevink(er)

bumf [bʌmf] **F** closetpapier *o*; paperassen

bump [bʌmp] **I** *sb* buil; knobbel; stoot, schok, slag, plof, bons; **II** *vi* bonzen, botsen, stoten; hotsen; **III** *vt* bonzen, stoten tegen; kwakken; ~ *off* **S** uit de weg ruimen [iem.]; ~ *out* uitdeuken

bumper ['bʌmpə] vol glas *o*; ⊜ bumper; *a* ~ *crop* (*number* &) overrijk, overvol, buitengewoon, record- &

bumph [bʌmf] = *bumf*

bumpkin ['bʌm(p)kin] (boeren)pummel

bumptious ['bʌm(p)ʃəs] verwaand

bumpy ['bʌmpi] hobbelig; hotsend

bun [bʌn] (krenten)broodje; knot [haar]; *this takes the* ~ **S** dit is het toppunt

bunch [bʌn(t)ʃ] **I** *sb* tros [druiven]; bos [sleutels]; **F** troep, stel *o*; *sp* peloton *o* [wielrenners]; **II** *vt* aan bosjes binden; **III** *vi* trossen of bosjes vormen; zich troepsgewijze verenigen; **-y** een tros vormend

bundle ['bʌndl] **I** *sb* bundel, bos, pak *o*; *a* ~ *of nerves* één bonk zenuwen; **II** *vt* tot een pak maken, samenbinden (~ *up*); ~ *into* haastig gooien, smijten; ~ *off* wegsturen; ~ *out* eruit gooien; **III** *vi* ~ *in* binnendringen; ~ *off* er vandoor gaan

bung [bʌŋ] **I** *sb* spon, stop (v. e. vat); **II** *vt* dichtmaken, sluiten; (ook: ~ *up*); **S** gooien; ~ (*up*) *sbd.'s eye* iem. een oog dichtslaan

bungalow ['bʌŋgəlou] bungalow

bung-hole ['bʌŋhoul] spongat *o*

bungle ['bʌŋgl] **I** *vi* broddelen, knoeien; **II** *vt* verknoeien; afroffelen; **III** *sb* knoeiwerk *o*; *make a* ~ *of it* het verknoeien; **-r** knoeier

bunion ['bʌnjən] eeltknobbel [aan voet]

bunk [bʌŋk] **I** *sb* kooi, couchette, slaapbank ‖ S gezwam *o*, geklets *o*; *do a ~* = **II** *vi* S 'm smeren

bunker ['bʌŋkə] **I** *sb* bunker, kolenruim *o*; *sp* bunker [zandige holte bij golfspel]; *fig* hindernis; **II** *vi* bunkeren, kolen innemen; **III** *vt be ~ed sp* & *fig* vastzitten

bunkum ['bʌŋkəm] gezwam *o*, geklets *o*

bunny ['bʌni] F konijn *o*; nachtclubdienstertje *o*

bunting ['bʌntiŋ] vlaggendoek *o* & *m*; vlaggen; **𝔷** gors

buoy [bɔi] **I** *sb* boei, ton; redding(s)boei[2]; **II** *vt* betonnen; *~ up* drijvend houden; *fig* steunen, staande houden; *–ancy* drijfvermogen *o*; opwaartse druk; *fig* veerkracht, opgewektheid; *–ant* drijvend; opwaarts drukkend; *fig* veerkrachtig, opgewekt; \$ levendig [vraag]

bur [bə:] stekelige bast [van kastanje &]; klis[2]

Ⓡ Burberry ['bə:bəri] regenjas

burble ['bə:bl] murmelen, borrelen

burden ['bə:dn] **I** *sb* last, vracht; druk [v. belastingen]; ⚓ tonneninhoud; refrein *o*, hoofdthema *o*; *beast of ~* lastdier *o*; *~ of proof* bewijslast; **II** *vt* beladen; belasten; bezwaren, drukken (op); *–some* zwaar, bezwarend, drukkend, lastig

burdock ['bə:dɔk] kliskruid *o*, klit

bureau ['bjuərou, bjuə'rou, *mv* –x -ouz] bureau *o*; *–cracy* [bju'rɔkrəsi] bureaucratie; *–crat* ['bjuərəkræt] bureaucraat; *–cratic* [bjuərə'krætik] bureaucratisch

burgee [bə:'dʒi:] ⚓ wimpel

☉ burgeon ['bə:dʒən] **I** *sb* 🌿 knop; **II** *vi* uitkomen, (uit)botten, knoppen

burgess ['bə:dʒis] burger; ⛿ afgevaardigde

burgh ['bʌrə] = *borough*

burgher ['bə:gə] burger

burglar ['bə:glə] (nachtelijke) inbreker; *~ alarm* alarminstallatie (tegen inbraak); *~-proof* inbraakvrij; *–y* inbraak (bij nacht); **burgle** inbreken (in, bij)

burgomaster ['bə:gəma:stə] burgemeester

Burgundian [bə:'gʌndiən] **I** *aj* Bourgondisch; **II** *sb* Bourgondiër

burial ['beriəl] begrafenis; *~ mound* grafheuvel; *~-ground*, *~-place* begraafplaats; *~-service* kerkelijke begrafenisplechtigheid

burin ['bjuərin] graveernaald

burke [bə:k] doodzwijgen, in de doofpot stoppen

burl [bə:l] oneffenheid in weefsel, nop

burlap ['bə:læp] zakkengoed *o*, jute

burlesque [bə:'lesk] **I** *aj* boertig, burlesk; **II** *sb* parodie, burleske; **III** *vt* parodiëren

burly ['bə:li] zwaar(lijvig), groot, dik; fors

Burman, Burmese ['bə:mən, bə'mi:z] **I** *aj* Birmaans; **II** *sb* Birmaan

burn [bə:n] **I** *vi* & *vt* branden; gloeien; verbranden; aan-, op-, uitbranden; bakken [stenen]; *~*

one's boats zijn schepen achter zich verbranden; *~ the candle at both ends* roekeloos omspringen met zijn geld of gezondheid; *~ one's fingers* zich de vingers branden; ● *~ away* blijven branden; op-, uitbranden; *~ down* afbranden; platbranden; *~ in(to)* inbranden, inprenten; *~ out* uitbranden; door brand dakloos maken; *~ with* branden (gloeien) van; **II** *sb* brandwond(e); brandplek; brandgat *o* ‖ *Sc* beek; *third-degree ~s* derdegraadsbrandwonden; *–er* brander, pit [v. gas]; *–ing* **I** *aj* brandend; *~ shame* grote schande; **II** *sb* brand, branden *o*

burnish ['bə:niʃ] **I** *vt* polijsten; glanzend maken; **II** *vi* glanzend worden; **III** *sb* glans; *–er* polijster; polijststaal *o*

burnous(e) [bə:'nu:s, bə'nu:z] boernoes

burnt [bə:nt] V.T. & V.D. van *burn*; *~-offering*, *~-sacrifice* brandoffer *o*

burp [bə:p] S *sb* boer; **II** *vi* boeren

burr [bə:] **I** *sb* ✗ braam ‖ snorrend geluid *o*; boor [v. tandarts]; gebrouwde uitspraak van de r ‖ = *bur*; **II** *vt* & *vi* brouwen [bij het spreken]

burro ['bə:rou] *Am* kleine (pak)ezel

burrow ['bʌrou] **I** *sb* hol *o*; **II** *vt* (om)wroeten, graven (in); **III** *vi* (een hol) graven; *fig* wroeten [in archief &]; zich ingraven; in een hol wonen

bursar ['bə:sə] thesaurier, schatbewaarder; bursaal, beursstudent; *–y* ambt *o* v. thesaurier; studiebeurs; *travel ~* reisbeurs

burst [bə:st] **I** *vt* doen barsten, doen springen; (open-, door-, ver)breken; **II** *vi* (open-, los-, uit)barsten, breken, springen; *~ in* binnenstormen; *~ into* uitbarsten in; binnenstormen; zie ook: *flame* **I**; *~ out* uit-, losbarsten, uitbreken; *~ up* F failliet gaan; *~ upon* overvallen; zich plotseling voordoen aan; *~ with* barsten van; **III** *sb* uit-, losbarsting; barst, breuk; ren; vlaag; ✗ vuurstoot, ratel; **IV** V.T. & V.D. van *~*

burthen ['bə:ðən] = *burden*

bury ['beri] begraven; bedekken, bedelven; verbergen

bus [bʌs] **I** *sb* (auto)bus; F kist (= vliegtuig *o*); F auto; *miss the ~* de boot missen, een kans voorbij laten gaan; **II** *vt ~ it* met de bus gaan

busby ['bʌzbi] kolbak

bush [buʃ] struik(en); haarbos; *Austr* wildernis: rimboe ‖ ✗ (naaf)bus; *good wine needs no ~* goede wijn behoeft geen krans

bushel ['buʃl] schepel *o* & *m*; *hide one's light under a ~* zijn licht onder de korenmaat zetten

bushman ['buʃmən] *Austr* kolonist

Bushman ['buʃmən] *ZA* Bosjesman

Bush Negro ['buʃni:grou] bosneger [Suriname &]

bushranger ['buʃrein(d)ʒə] ⛿ ontsnapte boef en struikrover [in Australië]

bush telegraph ['buʃteligra:f] verspreiden *o* v.

geruchten, fluisterkrant

bushy ['bu∫i] ruig; gepluimd, pluim-

business ['biznis] zaak, zaken, handel, bedrijf *o*, beroep *o*, werk *o*, taak; kwestie, geval *o*, gedoe *o*; spel *o* (ook: *stage* ~) [v. acteur]; *good ~!* goed zo!; ~ *as usual* we gaan gewoon door; *you had no* ~ *there* je had er niets te maken; *you had no* ~ *to...* het was uw zaak niet te...; *what* ~ *is it of yours?* wat gaat het u aan?; *make it one's* ~ *to...* zich tot taak stellen te...; *mean* ~ **F** het ernstig menen; ● *be i n* ~ zaken doen; bestaan; actief zijn; *go i n t o* ~ in het zakenleven gaan; beginnen; *o n* ~ voor zaken; *go o u t o f* ~ ophouden te bestaan, sluiten, ermee stoppen; *put out of* ~ het bestaan onmogelijk maken; *fig* [iem.] nekken, kapot maken; ✗ onklaar maken; ~ **administration** bedrijfskunde; ~ **gift** relatiegeschenk *o*; ~ **hours** kantooruren; ~**-like** zaakkundig; praktisch; zakelijk; ~ **machine** kantoormachine; **–man** zakenman

busk [bʌsk] balein

busker ['bʌskə] straatartiest, straatmuzikant

buskin ['bʌskin] toneellaars; *the* ~ het treurspel

busman ['bʌsmən] bestuurder of conducteur van een autobus; ~*'s holiday* vrije tijd besteed aan het dagelijkse werk

buss [bʌs] (smak)zoen

1 bust [bʌst] *sb* buste: borst; borstbeeld *o*; ~ *size* bovenwijdte

2 bust [bʌst] **S** voor *burst*

3 bust [bʌst] stuk gaan²; ~ *up* failliet gaan

buster ['bʌstə] *Am* fors kind; kerel [aanspreekvorm]; iets wat doet barsten; *safe* ~ brandkastkraker

bustle ['bʌsl] **I** *vi* druk in de weer zijn (ook: ~ *about*); zich reppen; **II** *vt* jachten (ook: ~ *up*; **III** *sb* beweging, gewoel *o*, drukte; **–ling** bedrijvig, druk

busy ['bizi] **I** *aj* (druk) bezig, aan het werk, in de weer; druk; nijver; *I am very* ~ ik heb het erg druk; *get* ~ aan de slag gaan; bezig doen [in een zaak]; **II** *vt* bezighouden; **III** *sb* **S** stille [detective]; **–body** bemoeial; **–ness** bezig zijn *o*, bedrijvigheid

but [bʌt] **I** *cj* maar; of; **II** *prep* zonder, buiten, behalve, op... na; (anders) dan; ~ *for* ware het niet dat, zonder (dat); **III** *ad* slechts; **IV** *sb* maar; **V** *vt* ~ *me no* ~*s* geen maren

butane ['bju:tein] butaan *o*

butch [but∫] **S** lesbienne

butcher ['but∫ə] **I** *sb* slager; moordenaar; **II** *vt* slachten², afmaken²; *fig* verknoeien; **–y** slagerij; slachting

butler ['bʌtlə] butler: chef-huisknecht

butt [bʌt] **I** *sb* kogelvanger, doel(wit) *o*, mikpunt *o* ‖ dikke eind *o*, stomp, stompje *o*; peukje *o*; kolf ‖ vat *o* [± 5 hl] ‖ stoot; ~*s* schietbaan; *they made*

a ~ *of him* zij maakten hem tot mikpunt van hun aardigheden; **II** *vi* stoten, botsen (tegen *against*, *upon*), grenzen (aan *on*); ~ *in* zich ermee bemoeien; ~ *in (with)* komen aanzetten (met); ~ *in on sbd.* iem. op het lijf vallen; **III** *vt* zetten (tegen *against*); **IV** *ad* pardoes; ~**-end** (uit)einde *o*, peukje *o*; kolf

butter ['bʌtə] **I** *sb* (room)boter; *fig* vleierij; *lay on the* ~ = *butter up*; *look as if* ~ *would not melt in one's mouth* kijken of men geen tien kan tellen; **II** *vt* boteren, (be)smeren; ~ *up* honi(n)g om de mond smeren; **–cup** boterbloem; ~**-dish** botervlootje *o*; ~**-fingered** onhandig; **–fly** ✠ vlinder², kapel; *butterflies* **S** (last van) zenuwen; ~ *collar* puntboord *o* & *m*; ~ *nut* vleugelmoer; ~ *stroke* vlinderslag; **–milk** karnemelk; ~**-scotch** soort toffee; **–y I** *aj* boterachtig; **II** *sb* ☞ provisiekamer

buttock ['bʌtək] bil; ~*s* achterste *o*

button ['bʌtn] **I** *sb* knoop; knop; dop; *the* ~*s* **F** piccolo, chasseur & [in livrei met veel knoopjes]; **II** *vt* knopen aanzetten; ~ (*up*) (toe)knopen, met een knoop vastmaken; ~*ed up* ook: *fig* gesloten, stijf; **S** dik in orde, kant en klaar; **III** *vi* dichtgaan; **–hole I** *sb* knoopsgat *o*; bloem(en) in knoopsgat; **II** *vt* festonneren; van knoopsgaten voorzien; *fig* aanklampen; ~**-hook** knopehaak; ~**-through** doorknoop-[jurk &]

buttress ['bʌtris] **I** *sb* schraagpijler, (steun)beer, steunpilaar²; *flying* ~ luchtboog; **II** *vt* ~ (*up*) schragen, steunen

buxom ['bʌksəm] mollig, knap

buy [bai] **I** *vt* kopen, omkopen; bekopen; ~ *i n* terugkopen; ~ *o f f* af-, loskopen; ~ *o u t* uitkopen; ~ *o v e r* omkopen; ~ *u p* opkopen; **II** *sb* koop(je); **–er** koper, inkoper; liefhebber, gegadigde, ~*s' market* $ meer aanbod dan vraag

buzz [bʌz] **I** *vi* gonzen, zoemen; ronddraven; ~ *a b o u t (around)* doelloos heen en weer draven; **S** ~ *o f f* weggaan, 'm smeren; **II** *vt* fluisteren; heimelijk verspreiden; **III** *sb* gegons *o*

buzzard ['bʌzəd] buizerd

buzzer ['bʌzə] ✺ zoemer; sirene

by [bai] door, bij, van, aan, naar, volgens, met, per, op, over, voorbij, jegens, tegenover, tegen, voor &; ~ *herself* alleen; ~ *itself* ook: op zichzelf; (*it's*) *all right* (O.K.) ~ *me Am* ('t is) mij best; *higher* ~ *a foot* een voet hoger; ~ *and* ~ straks, zo meteen; na een poosje, weldra; ~ *and large* over het geheel, globaal; ~ *the* ~(*e*) tussen haakjes

by-blow ['baiblou] buitenechtelijk kind *o*

bye-bye ['bai'bai] **F** dáág!; *go to* ~ ['baibai] **F** naar bed gaan, gaan slapen

by-effect ['baiifekt] neveneffect; ~**-election** tussentijdse verkiezing; ~**-end** bijbedoeling

bygone ['baigɔn] vroeger, voorbij, vervlogen [dagen]; *let* ~*s be* ~*s* haal geen oude koeien uit

de sloot
by-law ['bailɔ:] plaatselijke verordening; ~-**name** bijnaam; scheldnaam; **–pass I** *sb* ⚔ omloopleiding; waakvlam [fornuis &]; rondweg (ook: ~ *road*); **II** *vt* om... heen gaan, lopen, trekken; *fig* passeren, omzeilen, ontduiken; **–path** zijpad *o*, zijweg; **–play** stil spel *o* [toneel]; ~-**product** bijprodukt *o*

byre ['baiə] koestal
by-road ['bairoud] landweg, binnenweg, zijweg; **–stander** omstander, toeschouwer; **–street** zijstraat, achterstraat; ~-**way** zijweg²; **–word** spreekwoord *o*; spot-, schimpnaam; **B** aanfluiting; *a* ~ *for* berucht (bekend) wegens
byzantine ['bizəntain] byzantijns: kruiperig, vleiend

C

c [si:] (de letter) c; ♪ c of do; C = 100 [als Romeins cijfer]; *C. of E.* (lid v.d.) *Church of England* [de Anglicaanse staatskerk]

cab [kæb] I *sb* huurrijtuig *o*; taxi; kap: overdekte plaats v. machinist op locomotief; cabine [v. vrachtauto &]; II *vt* ~ *it* per huurrijtuig of taxi gaan

cabal [kə'bæl] I *sb* kuiperij; kliek; II *vi* intrigeren, kuipen

cabaret ['kæbərei] cabaret *o*

cabbage ['kæbidʒ] ♣ kool; *fig* slome, saaie piet; ~ butterfly koolwitje *o*

cabby ['kæbi] F = *cabman*

cabin ['kæbin] I *sb* hut, kajuit; cabine; II *vt* opsluiten in kleine ruimte; ~ class tweede klas (op een boot)

cabinet ['kæbinet] kabinet *o*; ministerie *o*; kast, kastje *o*; kamer, kamertje *o*; ~-edition luxe-uitgaaf; ~-maker meubelmaker; kabinetsformateur

cable ['keibl] I *sb* kabel(lengte); telegraafkabel; (kabel)telegram *o*; II *vt* kabelen: telegraferen; -gram (kabel)telegram *o*; cablese [kei'bli:z] telegramstijl

cabman ['kæbmən] (huur)koetsier; (taxi)chauffeur

caboodle [kə'bu:dl] S *the whole* ~ de hele zwik

caboose [kə'bu:s] ♣ kombuis, keuken; *Am* wagen voor treinpersoneel

cabotage ['kæbətɑ:ʒ] kustvaart; het recht om een binnenlandse verkeersverbinding te onderhouden

cab-rank, ~-stand ['kæbrænk, -stænd] standplaats voor huurrijtuigen; taxistandplaats

ca'canny [kɑ:'kæni] langzaam-aan-actie

cacao [kə'kɑ:ou, kə'keiou] cacao(boom)

cache [kæʃ] I *sb* geheime bergplaats; verborgen voorraad; II *vt* verbergen

cachet ['kæʃei] cachet *o*; capsule

cachinnation [kæki'neiʃən] geschater *o*

cackle ['kækl] I *vi* kakelen²; snateren²; kletsen²; II *sb* gekakel² *o*, gesnater² *o*; geklets *o*; *cut the* ~ laten we ter zake komen

cacophony [kæ'kɔfəni] kakofonie

cactus ['kæktəs, *mv* -ti -tai] ♣ cactus

cad [kæd] schoft, proleet, ploert

cadastral [kə'dæstrəl] kadastraal

cadaverous [kə'dævərəs] lijkachtig, lijkkleurig

caddie ['kædi] caddie: golf-jongen

caddish ['kædiʃ] schofterig, ploertig

caddy ['kædi] theekistje *o* ‖ = *caddie*

cadence ['keidəns] cadans, ritme *o*

cadency ['keidənsi] ∅ afstamming v.e. jongere zoon

cadenza [kə'denzə] ♪ cadens

cadet [kə'det] cadet; jongere broeder, jongste zoon

cadge [kædʒ] leuren; klaplopen; bedelen; -r klaploper; bedelaar

cadre ['kɑ:də] kader *o*

caducous [kə'dju:kəs] vergankelijk; verwelkend, afstervend, te vroeg afvallend

caecum ['si:kəm] blindedarm

caesarean [si'zɛəriən] ~ *operation*, ~ *section* keizersnede

caesura [si'zjuərə] cesuur

café ['kæfei] café *o*, ♣ koffiehuis *o*

cafetaria [kæfi'tiəriə] cafetaria

caff [kæf] S café *o*; cafetaria

caffeine ['kæfii:n] cafeïne

caftan ['kæftən] kaftan

cage [keidʒ] I *sb* kooi; hok *o*, gevangenis; II *vt* in een kooi (gevangen) zetten

cagey ['keidʒi] F sluw; terughoudend; cagily *ad* v. *cagey*

cahoot [kə'hu:t] *Am* S deel hebben in; *be in* ~*s with sbd.* met iem. onder één hoedje spelen

caiman ['keimən] = *cayman*

Cain [kein] Kaïn²; zie ook: *raise* I

cairn [kɛən] steenhoop [als grafmonument, grens]; ♣ cairn terriër

caisson ['keisən] caisson

♣ caitiff ['keitif] I *sb* ellendeling, schelm; II *aj* snood, laag

cajole [kə'dʒoul] vleien; -ry vleierij

cake [keik] I *sb* koek, gebak *o*, taart, tulband, cake; stuk *o* [zeep &]; ~*s and ale* pret, vreugd; feest *o*, kermis; *you cannot eat your* ~ *and have it* je moet kiezen of delen; *like hot* ~*s* razendsnel; *take the* ~ de kroon spannen; het toppunt zijn; II (*vt &*) *vi* (doen) koeken; -walk soort negerdans

calabash ['kæləbæʃ] kalebas [pompoen]

calaboose [kælə'bu:s] *Am* S gevangenis, nor

calamitous [kə'læmitəs] rampspoedig; calamity ramp, onheil *o*, ellende

calash [kə'læʃ] kales; (rijtuig)kap

calcareous [kæl'kɛəriəs] kalkhoudend, kalk-; calciferous [kæl'sifərəs] kalkhoudend; -fication [kælsifi'keiʃən] verkalking; -fy ['kælsifai] verkalken; calcimine ['kælsimain] I *sb* witkalk; II *vt* witten; calcine ['kælsain] I *vi* verkalken; II *vt* verbranden; calcium ['kælsiəm] calcium *o*

calculable ['kælkjuləbl] berekenbaar; calculate I *vi* rekenen; II *vt* berekenen; *Am* geloven, denken; **~d** berekenend, weloverwogen, **~d for** berekend op, geschikt voor; *the consequences are ~d to be disastrous* de gevolgen moeten noodlottig zijn; **–tion** [kælkjuˈleiʃən] berekening[2]; **–tor** [ˈkælkjuleitə] (be)rekenaar; rekenmachine

calculous [ˈkælkjuləs] ☞ lijdend aan blaas-, niersteen; blaas-; niersteen-

calculus [ˈkælkjuləs] ☞ blaas-, niersteen ‖ (be)rekening; infinitesimaalrekening; differentiaal- en integraalrekening (ook: *infinitesimal ~*)

caldron [ˈkɔːldrən] = *cauldron*

Caledonian [kæliˈdounjən] Schot(s)

calendar [ˈkælində] **I** *sb* kalender; lijst; ⚙ rol; **II** *vt* optekenen; rangschikken

calender [ˈkælində] **I** *sb* kalander, glansmachine; **II** *vt* kalanderen

calends [ˈkælindz] eerste van de maand bij de Romeinen; *at (on) the Greek* ~ met sint-jut(te)mis

calenture [ˈkæləntʃə] hevige tropische koorts

calf [kaːf] kalf[2] *o*; kalfsleer *o*; jong *o* van een hinde & ‖ kuit [van het been]; **–love** kalverliefde

calibrate [ˈkælibreit] ijken; **calibre** [ˈkælibə] kaliber[2] *o*; *fig* gehalte *o*, formaat *o*

calico [ˈkælikou] bedrukt katoen *o* & *m*

Californian [kæliˈfɔːnjən] **I** *aj* Californisch; **II** *sb* Californiër

caliph [ˈkælif] kalief; **–ate** kalifaat *o*

calk [kɔːk] **I** *sb* (ijs)spoor, kalkoen; **II** *vt* op scherp zetten [paard] ‖ calqueren ‖ = *caulk;* **–in** = *calk*

I

call [kɔːl] **I** *vt* (be-, bijeen-, in-, op-, af-, uit-, aan-, toe)roepen; afkondigen; 🕮 opbellen; (be-) noemen, heten; ~ *attention to* de aandacht vestigen op; ~ *it a day* (laten we) ermee uitscheiden; ~ *a meeting* ook: een vergadering beleggen; ~ *names* uitschelden; ~ *the roll* appel houden; ~ *the tune* de toon aangeven, de leiding hebben, het voor het zeggen hebben; **II** *vi* roepen, aanlopen, een bezoek afleggen, komen; balderen ·[v. vogels]; ◊ inviteren, [bij bridge] bieden; aⁿhonceeren; ● ~ *a f t e r* noemen naar; naroepen·; ~ *a t* aanlopen bij; ⚓ aandoen; ~ *b a c k* terug-‒ herroepen; ~ *d o w n* afsmeken; ~ *f o r* komen (af)halen; vragen om of naar, bestellen; roepen om; vereisen; *to be (left till) ~ed for* wordt (af)gehaald, 🕮 poste restante; ~ *f o r t h* oproepen,· uitlokken; ~ *i n* binnenroepen; (erbij) roepen, inroepen, inschakelen, laten komen; opvragen; aankomen, aanlopen; zie ook: *being, play* **III**, *question* **I**; ~ *o f f* terugroepen, wegroepen[2]; afleiden [aandacht]; afgelasten [staking]; ~ *o n* een bezoek afleggen bij, opzoeken; aanroepen; een beroep doen op; vragen; aanmanen; ~ *o u t* uitroepen; afroepen; oproepen; laten uitrukken [brandweer &]; het stakingsbevel geven; naar buiten roepen; uitdagen; ~ *o v e r* aflezen, -roepen; ~ *r o u n d* eens aankomen; ~ *t o* toeroe-

pen; ~ *to mind* zich herinneren; herinneren aan; ~ *to naught* uitmaken voor al wat lelijk is; ~ *u p* oproepen, wakker roepen, voortoveren, wekken [herinneringen]; 🕮 opbellen; ~ *u p o n*, = ~ *on*; *I don't feel ~ed upon to...* ik voel me niet geroepen te...; **III** *sb* geroep *o*, roep, (roep)stem, (op)roeping; oproep; appel *o*; ◊ invite; vraag; aanmaning; aanleiding; beroep *o*; bezoek *o*, visite; 🕮 gesprek *o*, telefoontje *o*; signaal *o*, (bootsmans)fluitje *o*; lokfluitje *o*; *fig* lokstem; $ optie; *it was a close ~* het hield (spande) er om; *have first ~ on* het eerst aanspraak hebben op; *have no ~ to* niet behoeven te...; zich niet geroepen voelen om...; *at (on)* ~ $ direct opvorderbaar [geld]; ter beschikking; *within* ~ binnen gehoorsafstand; **~-box** spreekcel, telefooncel; **~-boy** jongen die de acteurs waarschuwt; chasseur; **–er** roeper; 🕮 aanvrager; bezoeker; **~-girl** (luxe) prostituée

calligrapher [kəˈligrəfə] schoonschrijver; **–phic** [kæliˈgræfik] kalligrafisch; **–phy** [kəˈligrəfi] schoonschrijfkunst

calling [ˈkɔːliŋ] roeping; beroep *o*

callipers [ˈkælipəz] krompasser

callisthenics [kælisˈθeniks] (ritmische) gymnastiek

call loan [ˈkɔːlloun] daggeldlening; ~ *money* daggeld *o*; **~-note** lokroep

callosity [kæˈlɔsiti] eeltachtigheid; vereelting, eeltknobbel; **callous** [ˈkæləs] vereelt, eeltachtig; *fig* verhard, ongevoelig, hardvochtig

call-over [ˈkɔːlouvə] = *roll-call*

callow [ˈkælou] zonder veren, kaal; *fig* groen

call rate [ˈkɔːlreit] rentepercentage *o* op basis van daggeld

call prefix [ˈkɔːlˈpriːfiks] netnummer *o*

callus [ˈkæləs] eeltknobbel

calm [kaːm] **I** *aj* kalm, bedaard; rustig; windstil; **II** *sb* kalmte, rust; windstilte; **III** *vt* & *vi* kalmeren, (doen) bedaren (ook: ~ *down*); **–ative** [ˈkælmətiv, ˈkaːmətiv] **I** *sb* kalmerend middel *o*; **II** *aj* kalmerend

Calor gas [ˈkælərgæs] butagas; **caloric** [kəˈlɔrik] **I** *sb* warmte; **II** *aj* warmte afgevend; **calorie, calory** [ˈkæləri] calorie, warmteëenheid; **–rific** [kæləˈrifik] verwarmend, warmte-; **–rimeter** warmtemeter

calotte [kəˈlɔt] kalotje *o*

caltrop [ˈkæltrɔp] ⚘ kraaiepoot, viertandspijker

calumet [ˈkæljumet] pijp [der Indianen]

calumniate [kəˈlʌmnieit] (be)lasteren; **–tion** [kəlʌmniˈeiʃən] (be)lastering; **–tor** [kəˈlʌmnieitə] lasteraar; **calumnious** lasterlijk; **calumny** [ˈkælʌmni] laster(ing)

calve [kaːv] kalven; afkalven [ijsberg]

Calvinism [ˈkælvinizm] calvinisme *o*; **–ist** calvinist(isch); **–istic** [kælviˈnistik] calvinistisch calyx ['kei-, 'kæliks] ▩ (bloem)kelk

cam [kæm] ✗ kam, nok

camaraderie [ka:mə'ra:dəri] Fr kameraadschap

camber ['kæmbə] I sb welving; II vt welven

cambist ['kæmbist] wisselmakelaar

cambric ['keimbrik] batist o

came [keim] V.T. van come

camel ['kæməl] kameel

camelia [ke'mi:ljə, kə'meljə] ▩ camelia

cameo ['kæmiou] camee

camera ['kæmərə] camera; (raad)kamer; in ~ ▩ met gesloten deuren

cameraman ['kæmərəmæn] (pers)fotograaf; (film)operateur, cameraman

camisole ['kæmisoul] kamizool o

camomile ['kæməmail] kamille

camouflage ['kæmufla:ʒ] I sb camouflage; II vt camoufleren; laten doorgaan voor

camp [kæmp] I sb kamp o, legerplaats; ‖ S „camp"; II vt & vi (zich) legeren, kamperen (ook: ~ out)

campaign [kæm'pein] I sb veldtocht, campagne; II vi te velde staan; vechten; een campagne voeren; -er (oud) soldaat; old ~ oudgediende, ouwe rot

campanile [kæmpə'ni:li] (vrijstaande) klokketoren; -nology [kæmpə'nɔledʒi] campanologie: kennis van klokken(spel)

campanula [kəm'pænjulə] ▩ klokje o

camp-bed ['kæmpbed] veldbed o; ~-chair vouwstoel; -er kampeerder; kampeerauto (ook: ~ van); ~-follower marketentster; met een leger meereizende prostitué(e)

camphor ['kæmfə] kamfer

camping ['kæmpŋ] = camping-site; kamperen o; ~-site kampeerterrein o, camping

campshed ['kæmpʃed] vt beschoeien; –shedding, –sheeting, –shot beschoeiing

camp-stool ['kæmpstu:l] vouwstoeltje o

campus ['kæmpəs] Am terrein o van universiteit of school, campus

camshaft ['kæmʃa:ft] ✗ nokkenas

1 can [kæn] I sb kan; blik, bus; carry the ~ (back) S de schuld dragen; ervoor opdraaien (ook: take the ~ back); II vt inblikken; ~ned dronken; ~ned music F grammofoonmuziek

2 can [kæn] kunnen; you ~ not but know it het kan u niet onbekend zijn, u moet het wel weten

Canadian [kə'neidjən] Canadees

canal [kə'næl] kanaal² o, vaart, gracht; –ization [kænəlai'zeiʃən] kanalisatie; –ize ['kænəlaiz] kanaliseren

canary [kə'nɛəri] kanarie(vogel)

cancel ['kænsəl] I vt (door)schrappen, doorhalen, afstempelen; intrekken, opheffen, laten vervallen, afgelasten, afbestellen, afschrijven, annuleren, ongedaan maken, vernietigen, te niet

doen; laten wegvallen, wegvallen tegen (~ out); II vi ~ (out) tegen elkaar wegvallen, elkaar opheffen, elkaar te niet doen; –lation [kænsə'leiʃən] sb v. cancel

cancer ['kænsə] kanker²; C~ ★ de Kreeft; –ous kankerachtig; cancroid kanker-, kreeftachtig

candelabra [kændi'la:brə] kandelaber; kandelabers (= mv v. candelabrum); –rum kandelaber

candid ['kændid] oprecht, openhartig

candidacy ['kændidəsi] = candidature; candidate kandidaat; –ture kandidatuur

candied ['kændid] geconfijt, gesuikerd; fig honingzoet, vleierig

candle ['kændl] kaars; licht o; burn the ~ at both ends dag en nacht werken; she cannot hold a ~ to her sister zij haalt niet bij, kan niet in de schaduw staan van haar zuster; –light kaarslicht o; ~-power kaarssterkte; ~-stick kandelaar; flat ~ blaker

candour ['kændə] oprecht-, openhartigheid

candy ['kændi] I sb kandij; Am suikergoed o, snoep; II vt konfijten, versuikeren; kristalliseren; III vi kristalliseren; ~ floss suikerspin, gesponnen suiker; fig luchtige kost

cane [kein] I sb riet o, rotting, rotan o; (wandel)stok; suikerriet o; stengel, rank [v. framboos]; II vt matten (met riet); afrossen, slaan

canine ['kænain, 'keinain] I aj honds-; ~ tooth = II sb hoektand

caning ['keiniŋ] pak slaag (met rotting)

canister ['kænistə] bus; ▩ kartets (~ shot)

canker ['kæŋkə] I sb (mond)kanker, hoefkanker, boomkanker; bladrups; knagende worm; fig kwaad dat aan iets vreet; II vi (ver)kankeren, invreten; III vt wegvreten; aansteken, bederven; ~ed ook: verbitterd, korzelig; –ous kankerachtig, in-, wegvretend

cannabis ['kænəbis] cannabis, marihuana

cannery ['kænəri] conservenfabriek

cannibal ['kænibəl] kannibaal; –ism kannibalisme; –istic [kænibə'listik] kannibaals; –ize ['kænibəlaiz] vt ✗ gebruiken v. onderdelen v.d. ene voor een andere machine

cannon ['kænən] I sb ▩ kanon o, kanonnen, geschut o; ▩ carambole; II vi ▩ caramboleren; (aan)botsen (tegen against, into, with); –ade [kænə'neid] I sb kanonnade; II vt kanonneren; ~-ball kanonskogel; ~-fodder kanonnenvlees o; ~ shot kanonschot; bereik v.e. kanon

cannot ['kænɔt, ka:nt] = can not

canny ['kæni] aj slim; voorzichtig; zuinig

canoe [kə'nu:] I sb kano; II vi kanoën; –ist kanovaarder

cañon ['kænjən] diepe, steile bergkloof

canon ['kænən] canon, kerkregel; regel; domheer, kanunnik; canon [drukletter]; ♪ canon; ~ law kanoniek (kerkelijk) recht; –ical [kə'nɔnikl]

I *aj* canoniek, kerkrechtelijk, kerkelijk; II *sb* ~*s* priestergewaad *o*; –**ization** [kænənai'zeiʃən] heiligverklaring; –**ize** ['kænənaiz] heilig verklaren

canoodle [kə'nu:dl] S liefkozen, knuffelen

can opener ['kænoupnə] blikopener

canopy ['kænəpi] I *sb* (troon)hemel, baldakijn *o* & *m*; gewelf *o*; kap; II *vt* overwelven

1 **cant** [kænt] I *vi* gemaakt, huichelachtig spreken; femelen, kwezelen, huichelen; II *sb* dieventaal²; (huichel)frase(n); gefemel *o*, gekwezel *o*

2 **cant** [kænt] I *sb* schuine kant, helling; stoot; kanteling; II *vt* op zijn kant zetten, kantelen; doen overhellen; (af)kanten; III *vi* overhellen

can't [ka:nt] samentrekking van *cannot*

cantankerous [kæn'tæŋkərəs] wrevelig, kribbig, lastig, twistziek

cantate [kæn'ta:tə] cantate

canteen [kæn'ti:n] kantine; veldfles; ✄ eetketeltje *o*; cassette [voor bestek]

canter ['kæntə] I *vi* in korte galop rijden of gaan; II *vt* in korte galop laten gaan; III *sb* korte galop; *win in a* ~ op zijn gemak winnen ‖ femelaar, huichelaar

canterbury ['kæntəb(ə)ri] muziekkastje *o*

cantharides [kæn'θæridi:z] Spaanse vlieg

canticle ['kæntikl] lofzang; *the Canticles* B het Hooglied

cantilever ['kæntili:və] △ console; ✗ cantilever

canting ['kæntiŋ] schijnheilig

canto ['kæntou] zang [van een gedicht]

canton [kæn'tɔn] I *sb* kanton *o*; II *vt* verdelen in kantons; [kæn'tu:n] ✄ kantonneren

cantor ['kæntɔ:] cantor, voorzanger

canvas ['kænvəs] I *sb* zeildoek *o* & *m*; canvas *o*; doek *o*, schilderij *o* & *v*; zeil *o*, zeilen; *under* ~ ⚓ onder zeil; ✄ in tenten (ondergebracht); II *vt* doek opspannen

canvass ['kænvəs] I *vt* uitpluizen; onderzoeken; bespreken; werven; bewerken; II *vi* (stemmen &) werven; III *sb* onderzoek *o*; (stemmen)werving; –**er** stemmen-, klantenwerver, (werf)agent, colporteur, acquisiteur

canyon ['kænjən] = *cañon*

caoutchouc ['kautʃu:k] caoutchouc *o* & *m*

cap [kæp] I *sb* muts, pet, baret, kap; dop, dopje *o*; klappertje *o* [v. kinderpistooltje], zie ook: *percussion-cap*; ~*and bells* zotskap; ~ *in hand* nederig, onderdanig; *she sets her* ~ *at him* zij tracht hem in te palmen; *if the* ~ *fits you, wear it* wie de schoen past, trekke hem aan; II *vt* een muts opzetten; van een dopje voorzien, beslaan; bedekken; zijn muts afzetten voor; F met een (nog) sterker verhaal uit de bus komen; overtreffen; ⚓ *Sc* een graad verlenen

capability [keipə'biliti] bekwaamheid, vermogen *o*, vermogens; aanleg; **capable** ['keipəbl]

bekwaam, knap, geschikt, flink; in staat (om of tot *of*), kunnende, vatbaar (voor *of*)

capacious [kə'peiʃəs] ruim, veelomvattend

capacitate [kə'pæsiteit] in staat stellen, bekwaam (bevoegd) maken, bekwamen; **capacity** [kə'pæsiti] bekwaamheid, vermogen *o*, capaciteit; bevoegdheid; hoedanigheid; ruimte, inhoud; volle zaal

cap-a-pie [kæpə'pi:] van top tot teen

caparison [kə'pærisn] I *sb* sjabrak [v. paard]; uitrusting; II *vt* optuigen²

Cape [keip] *the* ~ de Kaap; *aj* Kaaps

cape [keip] kaap ‖ kap, pelerine, cape

caper ['keipə] I *vi* (rond)springen, huppelen; II *sb* (bokke)sprong ‖ ♘ kapper(struik)

capercailye, capercailzie [kæpə'keilji] auerhaan, auerhoen *o*

Cape Town ['keip'taun] Kaapstad

capillary [kə'piləri] I *aj* haarvormig, capillair, haar-; II *sb* haarbuisje *o*; haarvat *o*

capital ['kæpitl] I *aj* hoofd-; kapitaal, uitmuntend, prachtig, best; ~ *crime* (*offence*) halsmisdaad; ~ *error* fatale fout; ~ *goods* $ kapitaalgoederen; ~ *punishment* doodstraf; ~ *stock* $ aandelenkapitaal *o*; II *sb* kapitaal *o*; hoofdstad; kapiteel *o*; hoofdletter; *make* ~ *out of* munt slaan uit; –**ism** kapitalisme *o*; –**ist** kapitalist(isch); –**istic** [kæpitə'listik] kapitalistisch; –**ization** [kæpitəlai'zeiʃən] kapitalisatie; –**ize** ['kæpitəlaiz] kapitaliseren; munt slaan uit (ook: ~ *on*); –**ly** *ad* kapitaal, uitmuntend, prachtig, best

capitation [kæpi'teiʃən] hoofdelijke omslag; hoofdgeld *o*; premie per hoofd

capitular [kə'pitjulə] I *sb* kanunnik; II *aj* kapittel-**capitulate** [kə'pitjuleit] capituleren; –**tion** [kəpitju'leiʃən] capitulatie

capon ['keipən] kapoen

caprice [kə'pri:s] luim, gril, kuur, nuk, grilligheid; –**cious** grillig, nukkig

Capricorn ['kæprikɔ:n] ★ de Steenbok

capriole ['kæprioul] I *sb* bokkesprong; luchtsprong; II *vi* bokkesprongen maken

capsicum ['kæpsikəm] Spaanse peper

capsize [kæp'saiz] (*vt* &) *vi* (doen) kapseizen, omslaan

capstan ['kæpstən] kaapstander; gangspil; ~ *lathe* revolverdraaibank

capstone ['kæpstoun] sluitsteen, deksteen

capsular ['kæpsjulə] (zaad)doosvormig; **capsule** capsule; ♘ zaaddoos; doosvrucht

Capt. = *Captain*

captain ['kæptin] I *sb* aanvoerder, veldheer, kapitein, gezagvoerder; ploegbaas; primus; leider; ~ *of industry* grootindustrieel; II *vt* aanvoeren, aanvoerder & zijn van

caption ['kæpʃən] titel, opschrift *o*, onderschrift *o*, ondertiteling, kopje *o*

captious ['kæpʃəs] vitterig
captivate ['kæptiveit] boeien, bekoren, betoveren; **–tion** [kæpti'veiʃən] boeiend karakter *o*, bekoring, betovering
captive ['kæptiv] **I** *aj* gevangen; **II** *sb* gevangene; ~ *balloon* kabelballon; **–vity** [kæp'tiviti] gevangenschap; **captor** ['kæptə] wie gevangen neemt of buitmaakt; **capture I** *sb* vangst, buit, prijs; gevangenneming; inneming, verovering; **II** *vt* vangen, gevangen nemen, buitmaken; innemen; veroveren (op *from*)
car [ka:] wagen; auto; tram; *Am* spoorwagen; gondel [v. luchtschip], schuitje *o* [v. ballon]; *Am* liftkooi
carabineer [kærəbi'niə] ✗ karabinier
caracole ['kærəkoul] *sb* halve zwenking [v. paard]; **II** *vi* een halve zwenking maken; sprongen maken
carafe [kə'ra:f] karaf
caramel ['kærəmel] karamel
carapace ['kærəpeis] rugschild *o*
carat ['kærət] karaat *o*
caravan [kærə'væn, 'kærəvæn] karavaan; kermis-, woonwagen; kampeerwagen, caravan
caravansary, **–serai** [kærə'vænsəri, -sərai] karavanserai
caraway ['kærəweij] karwij
carbide ['ka:baid] carbid *o*
carbine ['ka:bain] karabijn
carbohydrate ['ka:bou'haidreit] koolhydraat *o*
carbolic [ka:'bɔlik] carbol-; ~ *acid* carbolzuur *o*, carbol *o* & *m*
carbon ['ka:bən] kool(stof); koolspits; carbon(papier) *o*; doorslag; **–aceous** [ka:bə'neiʃəs] kool(stof)houdend; **–ate** ['ka:bənit] *sb* carbonaat; ~ **black** roet-, koolzwart; ~ **copy** doorslag; ~ **dating** datering d.m.v. koolstofanalyse; ~ **dioxide** ['ka:bəndai'ɔksaid] kool(stof)dioxyde *o*, koolzuur(gas) *o*; **–ic** [ka:'bɔnik] kool-; ~ *acid* koolzuur *o*; **–iferous** [ka:bə'nifərəs] kool(stof)houdend; **–ize** ['ka:bənaiz] verkolen; carboniseren; ~ **monoxide** ['ka:bənmə'nɔksaid] koolmonoxyde *o*, kolendamp; ~ **paper** carbonpapier *o*
carboy ['ka:bɔi] mandfles [voor zuren]
carbuncle ['ka:bʌŋkl] karbonkel, puist
carburettor, **–er** ['ka:bjuretə] carburateur
carcanet ['ka:kənet] ✎ halssieraad
carcass, carcase ['ka:kəs] geslacht beest *o*; lijk *o*; karkas *o* & *v*; geraamte *o*; wrak *o*
carcinogen [ka:'sinədʒən] carcinogeen *o* [kankerverwekkende stof]; **–ic** [ka:sinə'dʒenik] carcinogeen: kankerverwekkend
card [ka:d] **I** *sb* (speel)kaart; (visite)kaartje *o*; balboekje *o*; programma *o*; 🛠 kompasroos **II** (wol)kaarde ‖ **F** „snuiter", snoeshaan; *a sure* ~ wat zeker succes heeft; *have a* ~ *up one's sleeve* iets

in petto hebben; *it was on the* ~*s* het was te voorzien, te verwachten ‖ **II** *vt* kaarden, ruwen ‖ op kaart brengen [adres &] ; **–board** karton *o*, bordpapier *o*; *fig* onecht
cardiac ['ka:diæk] hart-
cardigan ['ka:digən] gebreid vest *o*
cardinal ['ka:dinəl] **I** *aj* voornaamst, hoofd-; kardinaal; donkerpurper; ~ *number* hoofdtelwoord *o*; ~ *points* hoofdstreken [op kompas]; **II** *sb* kardinaal
card-index ['ka:dindeks] **I** *sb* kaartsysteem *o*, carthotheek; **II** *vt* in een kaartsysteem opnemen, ficheren
cardiogram ['ka:diougræm] cardiogram *o*; **–graph** cardiograaf; **cardiologist** [ka:di-'ɔlədʒist] cardioloog, hartspecialist; **–gy** cardiologie
card-sharp(er) ['ka:dʃa:pə] valse speler; ~**-table** ['ka:dteibl] speeltafeltje *o*
care [kɛə] **I** *sb* zorg, voorwerp van zorg, bezorgdheid; verzorging; ~ *of...* per adres...; *have a* ~! pas op!; *have the* ~ *of* belast zijn met; *take* ~! pas op!; *take* ~ *of* zorgen voor; passen op; *that matter will take* ~ *of itself* die zaak komt vanzelf terecht; *i n* (*u n d e r*) *his* ~ aan zijn zorg toevertrouwd; onder zijn hoede; *w i t h* ~ voorzichtig; **II** *vi* & *vt* (wat) geven om; ~ *a b o u t* geven om, bezorgd zijn of zich bekommeren om; ~ *f o r* (veel) geven om, houden van; zorgen voor, verzorgen; *more than I* ~ *for* meer dan mij lief is; zie ook: *for*; *I don't* ~ (*a button* &) ik geef er geen zier om; *I don't* ~ *if I do* het is mij wel wel, ik heb er niets tegen; *do you* ~ *t o...?* heb je zin om...?; *he didn't* ~ *to...* hij voelde er niet voor te...; [soms:] hij wilde wel...; *would you* ~ *to...?* zoudt u willen...?; wilt u zo vriendelijk zijn te...?; *who cares?* wat kan dat schelen?, wat zou het?; *I couldn't* ~ *less* ik geloof het wel, het kan me niets schelen; *he really does* ~ het doet hem echt wat
careen [kə'ri:n] ⚓ **I** *vi* overhellen; **II** *vt* krengen, kiel(hal)en; doen overhellen
career [kə'riə] **I** *sb* vaart; loopbaan, carrière; *in full* ~ in volle vaart; *in mid* ~ midden in zijn vaart; **II** *vi* (voort)jagen, (voort)snellen; **–ist** carrièrejager; ~ *man Am* beroepsdiplomaat, -militair &; ~ **woman** vrouw die opgaat in haar beroep
care-free ['kɛəfri:] zorgeloos, onbezorgd, onbekommerd, zonder zorgen; **–ful** *aj* zorgvuldig, nauwkeurig, zorgzaam, voorzichtig; *be* ~! pas op!; *be* ~ *of* oppassen voor; *be* ~ *to* er voor zorgen te, niet nalaten te, speciaal [er op wijzen &]; **–less** ['kɛəlis] zorgeloos, onverschillig, onachtzaam, slordig, nonchalant
caress [kə'res] **I** *sb* liefkozing; **II** *vt* liefkozen, strelen, aaien, aanhalen
caret ['kærət] het correctieteken ʌ

caretaker ['kɪəteikə] huisbewaarder, -ster, conciërge; opzichter [v. begraafplaats &]; ~ *government* zakenkabinet *o*; **~-worn** door zorgen gekweld of verteerd, afgetobd

Carey street ['kæristri:t] **F** *in* ~ bankroet; zie ook: *mother* **I**

carfax ['ka:fæks] viersprong

car ferry ['ka:feri] autoveer *o*; *Am* spoorpont

cargo ['ka:gou] ♏ (scheeps)lading, vracht

Caribbean [kæri'bi:ən] Caraïbisch (gebied *o*)

caricature [kærikə'tjuə] **I** *sb* karikatuur; **II** *vt* een karikatuur maken van; **–rist** karikatuurtekenaar

caries ['kɪərii:z] beeneter; wolf, cariës [in tanden]

carillon ['kæriljən, kə'riljən] carillon *o* & *m*, klokkenspel *o*

carious ['kɪəriəs] aangevreten, rot, carieus

carking ['ka:kiŋ] ~ *care* knagende zorg

Carlovingian [ka:lə'vindʒiən] **I** *aj* Karolingisch; **II** *sb* Karolinger

carman ['ka:mən] vrachtrijder

carmine ['ka:main] karmijn(rood) *o*

carnage ['ka:nidʒ] bloedbad *o*, slachting

carnal ['ka:nəl] vleselijk; zinnelijk; *have* ~ *knowledge of* geslachtsgemeenschap hebben met; **–ity** [ka:'næliti] zinnelijkheid

carnation [ka:'neiʃən] inkarnaat *o*; ♣ anjer

carnival ['ka:nivəl] carnaval *o*; *fig* zwelgerij, orgie; *Am* lunapark *o*, kermis

carnivora [ka:'nivərə] de vleesetende zoogdieren; **carnivore** ['ka:nivɔ:] vleesetend dier of plant; **–rous** [ka:'nivərəs] vleesetend

carol ['kærəl] **I** *sb* (kerst)lied *o*, zang; **II** *vi* zingen

Caroline ['kærəlain] (uit de tijd) van Karel I & II

Carolingian [kærə'lindʒiən] = *Carlovingian*

carotid [kə'rɔtid] halsslagader (~ *artery*)

carousal [kə'rauzəl] drinkgelag *o*, slemppartij; **carouse** zuipen, zwelgen, slempen

1 carp [ka:p] *sb* karper

2 carp [ka:p] *vi* bedillen, vitten (op *at*)

carpal ['ka:pəl] van de handwortel

car park ['ka:pa:k] parkeerterrein *o*, -plaats, -gelegenheid

carpenter ['ka:pintə] **I** *sb* timmerman; **II** *vi* timmeren; **III** *vt* (in elkaar) timmeren; **–try** timmermansambacht *o*; timmerwerk *o*

carpet ['ka:pit] **I** *sb* tapijt *o*, (vloer)kleed *o*, karpet *o*, loper; *be on the* ~ in behandeling (aan de orde) zijn; **F** berispt worden; **II** *vt* (als) met een tapijt bedekken; **~-bag** reiszak, valies *o*; **–ing** tapijt(goed) *o*; **~-knight** saletjonker, salonheld; **~-sweeper** rolveger

carport ['ka:pɔ:t] open aanbouwsel als garage

carpus ['ka:pəs, *mv* **-pi** -pai] handwortel

carrel ['kærəl] studiecel in bibliotheek

carriage ['kæridʒ] rijtuig *o*; wagon; wagen; onderstel *o*; affuit; ✂ slede; vervoer *o*, vracht; houding; gedrag *o*; ~ *free*, ~ *paid* vrachtvrij, franco;

a ~ *and four* een vierspannig rijtuig *o*; **~-drive** oprijlaan; **~-way** rijweg, rijbaan; *dual* ~ vierbaansweg

carrier ['kæriə] drager; vrachtrijder, besteller, bode, voerman; vervoerder; vrachtvaarder; bacillendrager; bagagedrager; vliegdekschip *o*; mitrailleurswagen; postduif (~-*pigeon*); ~ *bag* draagtas; ~ (*bi*)*cycle, tricycle* bakfiets, transportfiets; ~(-*based*) *plane* boordvliegtuig *o*; ~ *rocket* draagraket; ~ *wave* draaggolf

carrion ['kæriən] kreng *o*, aas *o*

carrot ['kærət] ♣ gele wortel, peen; **–y** rood(harig)

carry ['kæri] **I** *vt* dragen, (ver)voeren, houden; bij zich hebben [geld], (aan boord) hebben; (over)brengen, meevoeren; er door krijgen; behalen, wegdragen; ✗ nemen; bevatten, inhouden; meebrengen [verantwoordelijkheid]; *it carries a salary of...* er is een salaris aan verbonden van...; (*the motion*) *was carried* werd aangenomen; ~ *it too far* het te ver drijven; ~ *weight* gehandicapt zijn[2]; gewicht in de schaal leggen; zie ook: *coal, conviction, day* &; **II** *vi* dragen; **III** *vr* ~ *oneself* zich houden of gedragen, optreden; ● ~ *along* meedragen; wegvoeren, meeslepen; ~ *away* wegdragen; wegvoeren; meenemen[2]; meeslepen; ~ *b a c k* terugvoeren; ~ *all* (*everything*) *b e f o r e one* over de hele linie zegevieren; ~ *f o r w a r d* $ transporteren; ~ *off* weg-, afvoeren [water]; ontvoeren; de dood veroorzaken; wegdragen, behalen; ~ *it off* (het) er (goed) afbrengen; ~ *o n* voortzetten; (de lopende zaken) waarnemen; doorzetten, (er mee) doorgaan, volhouden; uitoefenen, drijven, voeren [actie]; *fig* huishouden; zich aanstellen; het aanleggen (met *with*); ~ *o u t* ten uitvoer brengen, uitvoeren, vervullen [plichten]; ~ *o v e r* overdragen; overhalen; laten liggen; $ transporteren; ~ *t h r o u g h* doorzetten; doorvoeren, tot stand of tot een goed einde brengen; volhouden, er door helpen; ~... *w i t h one* ...meeslepen, meekrijgen; **IV** *sb* draagwijdte; **~-cot** reiswieg; **carryings-on** [kæriiŋz'ɔn] **F** gedoe *o*, aanstellerig gedrag *o*; **carrying-trade** ['kæriiŋtreid] ♏ vrachtvaart; $ goederenvervoer *o*

cart [ka:t] **I** *sb* kar, wagen; *in the* ~ in de penarie; *put the* ~ *before the horse* het paard achter de wagen spannen; **II** *vt* met een kar vervoeren; **–age** sleeploon *o*; vervoer *o* per as

carte blanche ['ka:t'blɑ̃:nʃ] *Fr* onbeperkte volmacht; *have* ~ de vrije hand hebben

cartel [ka:'tel] uitdaging tot een duel; verdrag *o* tot uitwisseling; $ kartel *o*; **–ism** kartelvorming, -wezen *o*

cartilage ['ka:tilidʒ] kraakbeen *o*; **–ginous** [ka:ti'lædʒinəs] kraakbeenachtig

cartography [ka:'tɔgrəfi] cartografie: tekenen v.

(land)kaarten

carton ['ka:tən] karton *o*, kartonnen doos, slof [v. sigaretten]

cartoon [ka:'tu:n] **I** *sb* karton *o*: modelblad *o* voor schilders &, voorstudie; (politieke) (spot)prent; tekenfilm; beeldverhaal *o*; **II** *vi* (& *vt*) spotprenten & maken (van); **–ist** tekenaar van (politieke) (spot)prenten &

cartridge ['ka:tridʒ] ✄ patroon; **~-belt** patroongordel

cart-wheel ['ka:twi:l] wagenwiel *o*; *turn ~s* **F** rad slaan; **~-wright** wagenmaker

caruncle ['kærəŋkl] kam, lel [v. hoenders &]

carve [ka:v] (voor)snijden, kerven, beeldsnijden, graveren; ~ *up* verdelen; **–r** (beeld)snijder; voorsnijder; voorsnijmes *o*; **~s** voorsnijmes en -vork; **carving** beeldsnijkunst, snijwerk *o*; ~ *knife* voorsnijmes *o*

caryatid [kæri'ætid] kariatide

cascade [kæs'keid] **I** *sb* cascade; **II** *vi* in golven (neer)vallen

case [keis] **I** *sb* (pak)kist, koffer, doos; kast; dek *o*, overtrek *o* & *m*, huls, foedraal *o*, etui *o*, tas, schede; koker, trommel ‖ geval² *o*; toestand; (rechts)zaak, geding *o*, proces *o*; argument *o*, argumenten; naamval; patiënt, gewonde; *he has a strong ~* hij (zijn zaak) staat sterk; *it is still the ~* het is nog zo; *make (out) a ~ for* argumenten aanvoeren voor; *make out (prove) one's ~* zijn goed recht bewijzen, zijn bewering waar maken; *put one's ~* zijn standpunt uiteenzetten; ● *in ~* ingeval, zo; ...(want) je kunt nooit weten, voor alle zekerheid (ook: *just in ~*); *in ~ of...* in geval van..., bij...; *in any ~* in ieder geval; toch; *in no ~* in geen geval; *there is a woman in the ~* er is een vrouw in het spel; *in the ~ of* tegenover, voor, bij, wanneer (waar) het geldt (betreft); **II** *vt* in een kist & doen, insluiten, overtrekken; **S** erbij lappen; **S** verkennen, opnemen; **~-harden** ['keisha:dn] (ver)harden aan de buitenkant; **~ed** verhard, verstokt; **~-history** voorgeschiedenis, anamnese

casein ['keisiin] caseïne: kaasstof

case-law ['keislɔ:] precedentenrecht *o*

casemate ['keismeit] kazemat

casement ['keismənt] (klein) openslaand venster *o*, draairaam *o*

caseous ['keisiəs] kaasachtig, kaas-

case-shot ['keisʃɔt] ⚔ ✄ schroot *o*

cash [kæʃ] **I** *sb* geld *o*, gereed geld *o*, contant(en); kas; *hard* ~ baar geld *o*, klinkende munt; ~ (*down*) (à) contant; ~ *on delivery* (onder) rembours *o*; ~ *with order* $ vooruitbetaling; *be in (out of, short of)* ~ goed (niet, slecht) bij kas zijn; **II** *vt* verzilveren, wisselen; innen; **III** *vi ~ in* profiteren (van *on*), verdienen (aan *on*); **~-book** kasboek *o*; **~-box** geldkistje *o*, geldtrommel;

1 **cashier** [kæ'ʃiə] *sb* kassier, caissière;

2 **cashier** [kə'ʃiə] *vt* ⚔ casseren [officier]; **F** afdanken, zijn congé geven

cashmere ['kæʃmiə] kasjmier *o*

cash payment ['kæʃpeimənt] contant(e betaling); ~ *price* $ prijs à contant; ~ *prize* geldprijs [loterij &]; **~-register** kasregister *o*

casing ['keisiŋ] foedraal *o*; overtrek *o* & *m*, omhulsel *o*, bekleding, verpakking, mantel

casino [kə'si:nou] casino *o*, speelbank

cask [ka:sk] vat *o*, ton

casket ['ka:skit] kistje *o*, cassette; *Am* lijkkist

Caspian ['kæspiən] ~(*Sea*) Kaspische Zee

cassation [kæ'seiʃən] ⚖ cassatie

cassava [kə'sa:və] ⚘ cassave

casserole ['kæsəroul] (braad-, kook-, tafel-) pan, casserole

cassock ['kæsək] toog [priesterkleed]

cassowary ['kæsəwɔəri] kasuaris

cast [ka:st] **I** *vt* werpen; neerwerpen, uitwerpen, afwerpen; afdanken; [zijn stem] uitbrengen; ⚖ veroordelen; ✗ gieten; ~ *accounts* de rekening(en) opmaken; ~ *a horoscope* een horoscoop trekken; ~ *lots* loten; *be ~ for Hamlet* de rol van H. (toegewezen) krijgen; **II** *vi* ⚓ wenden; kromtrekken; zie ook: *aspersion*; ● ~ *about for* wenden; ~ *about for...* zoeken naar (een middel om...); ~ *aside* weg-, terzijde gooien; aan de kant zetten; ~ *away* wegwerpen; verkwisten; *be ~ away* ⚓ verongelukken²; ~ *back* terugwerpen; teruggaan; ~ *down* neerwerpen; terneerslaan; neerslaan; ~ *in one's lot with* het lot delen (willen) van, zich aan de zijde scharen van; ~ *off* afwerpen; verstoten; loslaten; afkanten [breien]; ⚓ losgooien; omvang berekenen [v. manuscript]; ~ *on* opzetten [breiwerk]; ~ *oneself on* zich overgeven aan; een beroep doen op; ~ *out* uitwerpen²; uitdrijven, verjagen; ~ *up* opwerpen, opslaan; optellen; **III** *sb* worp, gooi, (uit)werpen *o*; hengelplaats; (rol)bezetting, rolverdeling, spelers; (giet)vorm, afgietsel *o*, (pleister)model *o*; type *o*, soort, aard; tint, tintje *o*, tikje *o*; *have a ~ in one's eye* loensen; (*the paper*) *has a bluish* ~ zweemt naar het blauw; **IV** V.T. en V.D. van ~; **V** *aj* gegoten, giet-; ~ *shadow* slagschaduw; zie ook: *cast-iron*

castanets [kæstə'nets] castagnetten

castaway ['ka:stəwei] **I** *aj* uit de koers gedreven; verongelukt; verworpen; **II** *sb* schipbreukeling; verworpeling, paria

caste [ka:st] kaste; *lose* ~ in stand achteruitgaan

castellan ['kæstələn] slotvoogd, -bewaarder

caster ['ka:stə] werper; gieter [v. staal &]; = *castor*

castigate ['kæstigeit] kastijden; gispen; verbeteren [een tekst]; **–tion** [kæsti'geiʃən] kastijding; gisping; verbetering; **–tor** ['kæstigeitə] kastijder; gisper; verbeteraar

casting ['ka:stiŋ] gieten o &, zie cast; rolverdeling, -bezetting; gietstuk o, gietsel o; hoopje o [v. aardworm]; **~-net** werpnet o; **~-vote** beslissende stem

cast-iron ['ka:st'aiən] I sb gietijzer o; II aj ['ka:staiən] van gietijzer; fig hard, vast

castle ['ka:sl] I sb burcht, slot o, kasteel o; ~s in the air (in Spain) luchtkastelen; II vi rokeren

cast-off ['ka:stɔ:f] I aj afgedankt; II sb afleggertje o, afdankertje o

castor ['ka:stə] rolletje o [onder meubel]; strooier; set of ~s olie-en-azijnstel o; ~ oil wonderolie; ~ sugar poedersuiker, basterdsuiker

castrate [kæs'treit] castreren; -to [kæs'tra:tou, mv -ti -tai] castraatzanger

casual ['kæʒuəl] I aj toevallig; zonder plan; ongeregeld; nonchalant; slordig; ~ labourer los werkman; ~ wear informele kleding, vrije-tijdskleding; II sb los werkman; -ly ad toevallig; terloops; zie verder: cuasal I; -ty toeval o; ongeval o; casualties ✗ doden en gewonden, verliezen; slachtoffers

casuist ['kæʒuist] haarklover; -ry casuïstiek; spitsvondigheid, haarkloverij

cat [kæt] I sb kat²; ~(-o'nine-tails) kat [knoet]; swingmusicus, swingmaniak; Am S vent, knaap, jongen; the ~ has done it de dader ligt op het kerkhof; care killed the ~ geen zorgen!; he let the ~ out of the bag hij verklapte het geheim; turn ~ in pan overlopen naar een andere partij; see which way the ~ jumps de kat uit de boom kijken; a ~ may look at a king kijken staat vrij; when the ~'s away the mice will play als de kat weg is, dansen de muizen; II vt met de knoet geven; F [iem.] (af)katten

cataclysm ['kætəklizm] overstroming; geweldige beroering, omwenteling, cataclysme o

catacomb ['kætəku:m] catacombe

catafalque ['kætəfælk] katafalk

catalogue ['kætəlɔg] I sb catalogus; lijst; II vt catalogiseren

catalyst ['kætəlist] katalysator; -yze katalyseren

catamaran [kætəmə'ræn] ⚓ vlot o, catamaran [zeilboot met twee rompen]; feeks

catamite ['kætemait] schand-, lustknaap

catapult ['kætəpʌlt] I sb katapult; II vt met een katapult (be-, af)schieten

cataract ['kætərækt] waterval; ⚕ grauwe staar

catarrh [kə'ta:] catarre; -al catarraal

catastrophe [kə'tæstrəfi] catastrofe, ramp; ontknoping; -phic [kætə'strɔfik] catastrofaal

cat-burglar ['kætbə:glə] geveltoerist

catcall ['kætkɔ:l] I sb schel fluitje o [om uit te fluiten]; II vt uitfluiten

catch [kætʃ] I vt vatten; (op)vangen; pakken, grijpen; betrappen; verstaan, snappen; (in)halen; oplopen, te pakken krijgen; raken, treffen; toebrengen, geven [een klap]; vastraken met, blijven haken of hangen met; klemmen; ~ sbd.'s attention iems. aandacht trekken; ~ cold kouvatten; ~ sbd.'s eye iems. blik opvangen; it caught my eye mijn blik viel erop; ~ the Speaker's eye het woord krijgen; ~ sbd.'s name iems. naam goed verstaan; ~ it (hot) er (ongenadig) van langs krijgen; ~ me (doing it)! F kan je begrijpen (dat ik dat doen zal)!; II vi pakken [v. schroef]; aangaan, vlam vatten; aanbranden; ● ~ at grijpen naar, aangrijpen; if I ~ him at it als ik er hem op betrap; ~ him i n a lie hem op een leugen betrappen; be caught in the rain door de regen overvallen worden; get caught straight in erinluizen; ~ o n F pakken, aanslaan, opgang maken, ingang vinden; 't snappen; ~ o u t sp uitspelen [cricket]; F betrappen; verrassen; ~ o v e r dichtvriezen; ~ u p opnemen; onderbreken; inhalen; ~ up on (with) inhalen; weer op de hoogte komen van; III sb (op)vangen o; greep; vangst, buit, voordeel o, aanwinst; F goede partij [voor huwelijk]; strikvraag, valstrik; ♪ canon; vang, klink, haak, pal, knip; stokken o [v. stem]; a poor (no great, no particular) ~ F niet veel zaaks; there is a ~ in it er schuilt (steekt) iets achter; ~-as-catch-can vrij worstelen; -ing besmettelijk, aanstekelijk; pakkend; catchment area, ~ basin neerslaggebied o, stroomgebied o; catchpenny I aj waardeloos [artikel], louter om klanten te lokken; II sb lokartikel o; ~-phrase leus; gezegde; -word wachtwoord o; trefwoord o; voorbijgaande modeuitdrukking, modewoord o; (partij)leus; catchy pakkend, aantrekkelijk; in 't gehoor liggend; bedrieglijk; verraderlijk

catechetic(al) [kæti'ketik(l)] catechetisch; in de vorm v. vraag en antwoord; catechism ['kætikizm] catechismus; -ist catecheet, catechiseermeester; -ize catechiseren, ondervragen; catechumen ['kæti'kju:men] catechumeen, catechisant, doopleerling

categorical [kæti'gɔrikl] categorisch, stellig, uitdrukkelijk; category ['kætigɔri] categorie

catenary [kə'ti:nəri] ketting-; catenate ['kætineit] aaneenschakelen, verbinden

cater ['keitə] provianderen, voedsel leveren of verschaffen; ~ for leveren aan, zorgen voor, tegemoet komen aan [behoefte, smaak &]; ~-cousin verre bloedverwant; dikke vriend; -er leverancier (van levensmiddelen), kok, restaurateur; -ing proviandering; consumptie; ~ industry ± café- en restauratiebedrijf o

caterpillar ['kætəpilə] rups; ✗ rupsband; ~ wheel rupswiel o

caterwaul ['kætəwɔ:l] I vt krollen, schreeuwen v. kat in de paartijd; II sb krols gemiauw o, kattemuziek

cates [keits] *mv* lekkernijen

catgut ['kætgʌt] darmsnaar; ✝ catgut *o*

catharsis [kə'θɑːsis] katharsis; geestelijke reiniging; ✝ purgering

cat-head ['kæthed] kraanbalk

cathedra [kə'θiːdrə] *ex* ~ [*Lat*] met gezag, officieel

cathedral [kə'θiːdrəl] **I** *aj* kathedraal; **II** *sb* kathedraal, dom(kerk)

Catherine ['kæθərin] ~ *wheel* soort roosvenster *o*; vuurrad *o*; *turn* ~ *wheels* rad slaan

catheter ['kæθitə] catheter

cathode ['kæθoud] kathode

catholic ['kæθəlik] **I** *aj* algemeen; ruim; veelzijdig; katholiek; **II** *sb* katholiek; **Catholicism** [kə'θɔlisizm] katholicisme *o*; **catholicity** [kæθə'lisiti] algemeenheid; ruime opvattingen; veelzijdigheid; katholiciteit

cat-ice ['kætais] bomijs *o*; **–kin** 🌳 katje *o* [van wilg &]; ~**-lap** slappe kost [thee &]; **–like** katachtig; ~**-nap** hazeslaap, dutje *o*; ~**'s-cradle** *sp* afnemertje *o*; ~**-sleep** hazeslaap, dutje *o*; ~**'s-paw** kattepoot; dupe, werktuig *o*; lichte bries; *be made a* ~ *of* de kastanjes voor een ander uit het vuur moeten halen

catsup ['kætsəp] = *ketchup*

cattish ['kætiʃ] kattig; boosaardig

cattle ['kætl] vee[2] *o*, rundvee *o*; ~**-breeding** veeteelt; **–man** *Am* veehouder; ~**-plague** runderpest; ~**-post**, ~**-ranch**, ~**- range**, ~**-run** veeboerderij

catty ['kæti] kattig; boosaardig; **catwalk** smal paadje *o*; loopplank; loopbrug

caucus ['kɔːkəs] kiezersvergadering, verkiezingscomité *o*; hoofdbestuursvergadering; > kliek

caudal ['kɔːdl] staart-

caudle ['kɔːdl] kandeel

caught [kɔːt] V.T. & V.D. van *catch*

caul [kɔːl] *born with a* ~ met de helm geboren[2]

cauldron ['kɔːldrən] ketel

cauliflower ['kɔliflauə] bloemkool; ~ *ear* bloemkooloor *o*

caulk [kɔːk] kalefateren, breeuwen

causal ['kɔːzəl] causaal, oórzakelijk; **–ity** [kɔː'zæliti] causaliteit, oorzakelijk verband *o*

causation [kɔː'zeiʃən] veroorzaking; **–ive** ['kɔːzətiv] veroorzakend; oorzakelijk; causatief

cause [kɔːz] **I** *sb* oorzaak, reden, aanleiding; (rechts)zaak, proces *o*; *in a good* ~ voor een goede zaak, liefdadig doel; *in the* ~ *of...* voor de (het)...; *make common* ~ *with* de kant kiezen van; **II** *vt* veroorzaken, aanrichten, bewerken, maken dat..., doen, laten; wekken [teleurstelling &], aanleiding geven tot; **–less** ongegrond, zonder oorzaak; ~**-list** 🌳 rol

causeway ['kɔːzwei], **causey** ['kɔːzi] opge-

hoogde weg; dijk, dam; straatweg

caustic ['kɔːstik] **I** *aj* brandend, bijtend[2]; *fig* scherp, sarcastisch; **II** *sb* brandmiddel *o*, bijtmiddel *o*

cauterize ['kɔːtəraiz] uitbranden, dichtschroeien; **cautery** brandijzer *o*

caution ['kɔːʃən] **I** *sb* om-, voorzichtigheid; waarschuwing, waarschuwingscommando *o*; borg(tocht); **II** *vt* waarschuwen (voor *against*); **–ary** waarschuwend, waarschuwings-; ~**-money** waarborgsom

cautious omzichtig, behoedzaam, voorzichtig

cavalcade [kævəl'keid] cavalcade; ruiterstoet

cavalier [kævə'liə] **I** *sb* ruiter, ridder; cavalier [ook: aanhanger van Karel I]; **II** *aj* zwierig, vrij, hooghartig; ⚇ royalistisch

cavalry ['kævəlri] cavalerie, ruiterij

cave [keiv] **I** *sb* hol *o*, grot; **II** *vi* ~ *in* af-, inkalven, instorten; het opgeven; **III** *vt* uithollen; ~ *in* inslaan, indeuken

caveat ['keiviæt] *Lat* waarschuwing; 🌳 schorsingsbevel

cave-dweller ['keivdwelə] holbewoner; ~**-man** holemens; holbewoner; *fig* primitieve bruut; **caver** holenonderzoeker, speleoloog

cavern ['kævən] spelonk, hol *o*, grot; **–ous** vol spelonken; hol

caviar(e) ['kæviɑː, kævi'ɑː] kaviaar

cavil ['kævil] **I** *sb* haarkloverij, vitterij, chicanes; **II** *vi* haarkloven, vitten (op *at*)

caving ['keiviŋ] holenonderzoek *o*, speleologie

cavity ['kæviti] holte, gat *o*; ~ *wall* spouwmuur

cavort [kə'vɔːt] steigeren; (rond)springen

cavy ['keivi] Guinees biggetje, cavia

caw [kɔː] **I** *vi* krassen [v. raaf]; **II** *sb* gekras *o*

cay [kei] rif, zandbank

cayenne ['keien] cayennepeper; *C~* ['keien] *pepper* cayennepeper

cayman ['keimən] kaaiman

C.B. = *Companion of the Order of the Bath*

C.B.E. = *Commander of the Order of the British Empire*

C.D. = *Civil Defence*

C.E. = *Church of England*

cease [siːs] **I** *vi* ophouden (met *from*) **II** *vt* ophouden met, staken; **III** *sb* *without* ~ zonder ophouden; ~**-fire** staakt het-vuren *o*; ~ *line* bestandslijn; **–less** onophoudelijk

cedar ['siːdə] ceder; cederhout(en)

cede [siːd] cederen, afstaan; toegeven

cedilla [si'dilə] cedille

ceiling ['siːliŋ] △ plafond *o*, zoldering; ⚓ wegering; ✈ hoogtegrens; *fig* plafond *o*, (toelaatbaar) maximum *o*

celebrant ['selibrənt] celebrant; **celebrate I** *vt* vieren; loven, verheerlijken; celebreren, opdragen [de mis], voltrekken [huwelijk]; **II** *va* cele-

breren, de mis opdragen; feestvieren, fuiven;
-d beroemd, vermaard; **celebration** [seli-
'breiʃən] viering; feest *o*, fuif
celebrity [si'lebriti] vermaard-, beroemdheid
celerity [si'leriti] snelheid, spoed
celery ['seləri] selderij; *turnip-rooted* ~ knolselde-
rij
celestial [si'lestjəl] **I** *aj* hemels; hemel-; ~ *bodies*
hemellichamen; ~ *globe* hemelbol; **II** *sb* hemeling
(ook = Chinees)
celibacy ['selibəsi] celibaat *o*; ongehuwde staat;
celibate celibatair, ongehuwd(e)
cell [sel] cel, kluis; ⚡ cel, element *o*
cellar ['selə] **I** *sb* kelder; **II** *vt* kelderen, in een kelder bergen; **-age** kelderruimte; opslag in kel-
der; kelderhuur
cellist ['tʃelist] cellist; **cello** cel(lo)
cellular ['seljulə] celvormig; cel-; ~ *tissue* cel-
weefsel *o*; **cellule** celletje *o*
cellulose ['seljulous] cellulose
Celt [kelt] Kelt; **-ic** Keltisch
cement [si'ment] **I** *sb* cement *o* & *m*; bindmiddel[2]
o (hardwordende) lijm; *fig* band; **II** *vt* cementeren; verbinden[2]; *fig* bevestigen; **-ation** [si:-
men'teiʃən] cement storten *o*
cemetery ['semitri] begraafplaats
cenobite ['si:nɔbait] kloosterling
cenotaph ['senətaːf] monument *o* voor elders
begravene(n)
cense [sens] bewieroken; **-r** wierookvat *o*
censor ['sensə] **I** *sb* censor, zedenmeester; *board of
film* ~*s* filmkeuring(scommissie); **II** *vt* (als censor) nazien, censureren; ~*ed* door de censuur
nagelezen (goedgekeurd, geschrapt); **-ious**
[sen'sɔːriəs] vitterig, bedillerig; **-ship** ['sen-
səʃip] ambt *o* van censor; censuur
censurable ['senʃərəbl] afkeurenswaardig; **cen-
sure I** *sb* berisping, afkeuring, (ongunstige) kritiek; **II** *vt* (be)kritiseren, afkeuren, gispen, berispen, bedillen
census ['sensəs] (volks)telling
cent [sent] Amerikaanse cent
cental ['sentl] 100 pond (Engels)
centaur ['sentɔː] centaur, paardmens
centenarian [senti'nɛəriən] honderdjarig(e); **-ry**
[sen'tiːnəri, 'sentinəri] **I** *aj* honderdjarig; **II** *sb*
honderd jaar; eeuwfeest *o*; **centennial** [sen-
'tenjəl] = *centenary*
centesimal [sen'tesiməl] **I** *aj* honderddelig; **II** *sb*
honderdste deel *o*
centigrade ['sentigreid] in honderd graden verdeeld; *40 degrees* ~ 40° Celsius; **-gramme** cen-
tigram *o*; **-litre** centiliter; **-metre** centimeter;
-pede duizendpoot
central ['sentrəl] **I** *aj* centraal, midden-; kern-,
hoofd-; **II** *sb* *Am* ☎ centrale; **-ism** (politiek v.)
centralisering; **-ity** [sen'træliti] centrale lig-

ging; **-ization** [sentrəlai'zeiʃən] centralisatie;
-ize ['sentrəlaiz] centraliseren
centre ['sentə] **I** *sb* centrum *o*, middelpunt *o*, spil;
fig kern, haard [v. onrust &]; consultatiebureau
o; vulling [v. bonbon]; *sp* mid(den)voor; center,
voorzet [bij voetbal]; *the* ~ *of attraction* [*fig*] het
middelpunt *o*, de grote attractie; ~ *of gravity*
zwaartepunt *o*; **II** *aj* midden-; **III** *vi* zich concentreren (in *in*); *the novel* ~*s round* (*upon, on*) *a Dutch
family* een Hollands gezin vormt het middelpunt
van de roman, staat centraal in (bij) de roman;
IV *vt* het middelpunt bepalen van; concentreren; in het midden plaatsen, centreren; *sp* cen-
teren, voorzetten [bij voetbal]; **~-bit** center-
boor; **~-board** (boot met) middenzwaard *o*;
~-fold uitneembare middenpagina v.e. krant; **~-
forward** mid(den)voor [bij voetbal]; **~-half**
midhalf, (stopper)spil [bij voetbal]; **~-piece**
middenstuk *o*, pièce de milieu *o*; tafelkleedje *o*; ~
strip *Am* middenberm
centric(al) ['sentrik(l)] centraal; in het midden;
centricity [sen'trisiti] centraal staan *o* &; **cen-
trifugal** [sen'trifjugəl] middelpuntvliedend,
centrifugaal; **centrifuge** ['sentrifjuːdʒ] centrifuge; **centripetal** [sen'tripitl] middelpuntzoe-
kend
centuple ['sentjupl] **I** *sb* honderdvoud *o*; **II** *aj*
honderdvoudig; **III** *vt* verhonderdvoudigen
century ['sentʃuri] eeuw; honderdtal *o*; *sp* 100
runs [bij cricket]
cephalic [kə'fælik] schedel-
ceramic [si'ræmik] **I** *aj* ceramisch; **II** *sb* ~*s* cera-
miek: pottenbakkerskunst
cere [siə] washuid
cereal ['siəriəl] **I** *aj* graan-; **II** *sb* graansoort; ~*s*
graan *o*, graangewassen; uit graan bereide voe-
dingsartikelen (cornflakes &)
cerebellum [seri'beləm] kleine hersenen
cerebral ['seribrəl] *aj* hersen-; cerebraal[2]
cerebration [seri'breiʃən] hersenactiviteit, denken *o*
cerebro-spinal ['seribrou'spainəl] ~ *meningitis*
nekkramp
cerebrum ['seribrəm] hersenen
cerecloth ['siəklɔθ] wasdoek *o* & *m*
cerement(s) ['siəmənt(s)] lijkwa
ceremonial [seri'mounjəl] **I** *aj* ceremonieel, formeel; **II** *sb* ceremonieel *o*; **-ious** vormelijk,
plechtig, plechtstatig; **ceremony** ['seriməni]
plechtigheid, vormelijkheid; *without* ~ zonder
complimenten
cereous ['siriəs] wasachtig
cerise [sə'riːz] kersrood
ceriph ['serif] = *serif*
cert [səːt] **S** = *certainly*; *dead* ~ geheid(e winnaar);
certain ['səː(t)(i)n] zeker (van *of*), vast, (ge)wis;
bepaald; enige, sommige; *make* ~ zich verge-

wissen; *for* ~ (heel) zeker, met zekerheid; –**ly** zeker (wel); voorzeker; –**ty** zekerheid; een stellig iets; *for* (*of, to*) *a* ~ zeker

certifiable ['sɔ:tifaiəbl] **F** krankzinnig

certificate [sə'tifikit] **I** *sb* getuigschrift *o*, certificaat *o*, bewijs *o*, brevet *o*, attest *o*, diploma *o*, akte; **II** *vt* [sə'tifikeit] een certificaat of diploma verlenen, diplomeren

certified ['sɔ:tifaid] gediplomeerd; zie ook **certify** verzekeren, be-, getuigen, verklaren; waarmerken, certificeren, attesteren; krankzinnig verklaren

certitude ['sɔ:titju:d] zekerheid

cerulean [si'ru:liən] hemelsblauw

cerumen [si'ru:mən] oorsmeer *o*

cervical ['sɔ:vikl] hals-

cessation [se'seiʃən] ophouden *o*, stilstand

cession ['seʃən] afstand [v. rechten], cessie

cesspit, cesspool ['sespit, 'sespu:l] zinkput; *fig* poel

cetacean [si'teiʃən] *aj* (& *sb*) walvisachtig (dier *o*) **cf.** = *confer* (*compare*) vergelijk, vgl.

chafe [tʃeif] **I** *vt* (warm) wrijven, schuren, schaven [de huid]; ergeren, sarren; **II** *vi* (zich) wrijven (tegen *against*); zich ergeren, zich opwinden (over *at*); **III** *sb* schaafwond; ergernis

chaff [tʃa:f] **I** *sb* kaf *o*, haksel *o*; waardeloos spul *o*; scherts, plagerij; **II** *vt* gekscheren met; plagen

chaffer ['tʃæfə] **I** *vi* dingen, loven en bieden, pingelen, sjacheren; **II** *sb* gepingel *o* &

chaffinch ['tʃæfin(t)ʃ] boekvink

chaffy ['tʃa:fi] vol kaf; onbeduidend, prullerig

chafing-dish ['tʃeifiŋdiʃ] komfoor *o*, rechaud

chagrin ['ʃægrin] **I** *sb* verdriet *o*, teleurstelling, ergernis; **II** *vt* verdrieten, krenken

chain [tʃein] **I** *sb* ketting; trekker; keten[2]; reeks; filiaalbedrijf *o*; guirlande; **II** *vt* met ketens afsluiten; ketenen; aan de ketting leggen, vastleggen (ook: ~ *up*); ~ **reaction** kettingreactie; ~**-saw** kettingzaag; ~**-smoker** kettingroker; ~**-store** grootwinkelbedrijf *o*; filiaal *o* van een grootwinkelbedrijf

chair [tʃɛə] **I** *sb* stoel, zetel, voorzittersstoel, draagstoel; katheder, leerstoel; voorzitterschap *o*, voorzitter; *Am* elektrische stoel; ~*!*, ~*!* ordel; *be in the* ~, *take the* ~ voorzitter zijn, presideren; *leave* (*take*) *the* ~ ook: de vergadering sluiten (openen); **II** *vt* op een stoel of de schouders ronddragen; installeren (als voorzitter), voorzitten, voorzitter zijn van; ~**-lift** stoeltjeslift; ~**-man** voorzitter; ~ *of directors* **$** president-commissaris

chalice ['tʃælis] kelk; (Avondmaals)beker; mismelk

chalk [tʃɔ:k] **I** *sb* krijt *o*, kleurkrijt *o*; krijtstreepje *o*; *by a long* ~ verreweg; *not by a long* ~ op geen stukken na; **II** *vt* met krijt besmeren, tekenen of

schrijven, ♒ krijten [de keu]; ~ *out* schetsen, aangeven; ~ *up*; opschrijven; behalen [10 punten &]; ~**-pit** krijtgroeve; –**y** krijtachtig; vol krijt

challenge ['tʃælin(d)ʒ] **I** *sb* uitdaging; tarting; ✕ aanroeping; ♕ wraking; ~ *cup* wisselbeker; **II** *vt* uitdagen, tarten; aanroepen; betwisten, aanvechten, in discussie brengen; aanspraak maken op, eisen, vragen; ♕ wraken [jury]; *challenging* ook: interessant, tot nadenken stemmend

chamber ['tʃeimbə] kamer, ♕ slaapkamer; kolk [v. sluis]; kamer [v. hart &]; po, nachtspiegel (~ *pot*); ~*s* kamers [van vrijgezel]; (advocaten)kantoor *o*; raadkamer [van rechter]; ~ *of commerce* kamer van koophandel; ~*of horrors* gruwelkamer; –**lain** kamerheer; *Lord C*~ hofmaarschalk; –**maid** kamermeisje *o*

chameleon [kə'mi:ljən] kameleon *o* & *m*; –**ic** [kəmi:li:'ɔnik] kameleontisch

chamfer ['tʃæmfə] **I** *sb* groef; schuine kant; **II** *vt* groeven; afschuinen

chamois ['ʃæmwa:] gems; ~ ['ʃæmi] *leather* zeemleer *o*, gemzeleer *o*

1 champ [tʃæmp] *vi* & *vt* kauwen, bijten (op)

2 champ *sb* **F** kampioen

champagne [ʃæm'pein] champagne

champion ['tʃæmpjən] **I** *sb* kampioen; voorvechter; **II** *vt* strijden voor, voorstaan, verdedigen; **III** *aj* **F** reuze, prima; –**ship** kampioenschap *o*; *fig* verdediging, voorspraak

chance [tʃa:ns] **I** *sb* toeval *o*, geluk *o*; kans; mogelijkheid; vooruitzicht *o*; *stand a good* ~ goede kans(en) hebben; *take one's* ~ het erop aan laten komen; de kans wagen; *b y* ~ toevallig; *o n the* ~ *of* ...*ing* met het oog op de mogelijkheid dat...; zie ook: *main* l; **II** *aj* toevallig; **III** *vi* gebeuren; *I* ~*d to see it* bij toeval (toevallig) zag ik het; ~ *upon* toevallig vinden; ontmoeten; **IV** *vt* **F** wagen; ~ *it* (*one's arm, luck*) **F** het erop wagen; het erop aan laten komen

chancel ['tʃa:nsəl] koor *o* [v. kerk]

chancellery ['tʃa:nsələri] kanselarij; **chancellor** kanselier; titulair hoofd *o* van universiteit; *C*~ *of the Exchequer* Minister van Financiën; –**ship** kanselierschap *o*

Chancery ['tʃa:nsəri] (*Court of*) ~ afdeling van het Hooggerechtshof

chancre ['ʃæŋkə] sjanker, venerische zweer

chancy ['tʃa:nsi] **F** onzeker, gewaagd, riskant

chandelier [ʃændi'liə] kroonluchter

chandler ['tʃa:ndlə] kaarsenmaker, -verkoper; handelaar, marskramer; *ship's* ~ = *ship-chandler*

change [tʃein(d)ʒ] **I** *vt* (ver)wisselen, (om-, ver)ruilen, veranderen (van); ~ *carriages* (*trains* &), overstappen; ~ *one's clothes* zich verkleden; ~ *colour* zie *colour* I; ~ *gear* ♒ overschakelen; ~ *hands* in andere handen overgaan, van eigenaar veranderen; ~ *one's linen* zich verschonen; ~ *one's mind* van gedachte veranderen; ook: zich bedenken, zich bezinnen; ~ *one's note (tune)* een andere toon aanslaan²; **II** *vi* & *va* (om)ruilen; veranderen; overstappen; zich om-, verkleden; ~ *d o w n* ⚡ terugschakelen; ~ *o v e r* om-, overschakelen²; overgaan; elkaar aflossen [v. wacht]; **III** *sb* verandering; overgang; af-, verwisseling; kleingeld *o*; schoon goed *o*; *a* ~ *of heart* een verandering van gezindheid; een bekering; *the* ~ *of life* de overgangsleeftijd, de menopauze; *for a* ~ voor de variatie; *get no* ~ *out of him* er bij hem bekaaid afkomen; *no* ~ *given!* (af)gepast geld s.v.p.!; *you may keep the* ~ laat maar zitten! [tegen kelner]; *ring the* ~*s on* op honderd manieren herkauwen of herhalen; *take one's* ~ *out of sbd.* het iem. betaald zetten; *take your* ~ *out of that!* steek die in je zak!; **Change** de Beurs; **changeable, -ful** veranderlijk; **-less** onveranderlijk; **-ling** ondergeschoven kind *o*, wisselkind *o*; **~-over** om-, overschakeling¹; ~ **(-speed) gear** ⚔ versnellings(bak)

channel ['tʃænl] **I** *sb* (vaar)geul, stroombed *o*, kanaal² *o* [ook *RT*], kil; groef; cannelure; *the Channel* het Kanaal; *through diplomatic* ~*s* langs diplomatieke weg; **II** *vt* groeven, uithollen; canneleren

chant [tʃaːnt] **I** *sb* gezang *o*, koraalgezang *o*; dreun; spreekkoor *o*; **II** *vt* (be)zingen; opdreunen; in koor roepen; **III** *vi* zingen, galmen; **-y** ['tʃaːnti] matrozenlied *o*

chaos ['keiɔs] chaos, baaierd, verwarring; *bring order out of* ~ orde scheppen in de chaos; **chaotic(al)** [kei'ɔtik(l)] chaotisch

1 chap [tʃæp] **I** *sb* scheur, spleet, barst, kloof [in de handen] ‖ ~*s* kaak; **II** *vi* & *vt* scheuren, splijten, (doen) barsten, kloven

2 chap [tʃæp] *sb* **F** knaap, jongen, vent, man

chap-book ['tʃæpbuk] ⬚ volksboek *o*, liedjesboek *o*

chapel ['tʃæpəl] kapel; bedehuis *o*, kerk; drukkerij, vergadering (in de grafische sector); ~ *of ease* hulpkerk; ~**-goer** niet-Anglicaanse protestant; **-ry** kerkdorp *o*, parochie

chaperon ['ʃæpəroun] **I** *sb* chaperonne [zelden: chaperon]; **II** *vt* chaperonneren

chap-fallen ['tʃæpfɔːln] ontmoedigd

chaplain ['tʃæplin] (huis)kapelaan; veldprediker, (leger-, vloot-, gevangenis-, ziekenhuis)predikant, *rk* aalmoezenier, (studenten)pastor

chaplet ['tʃæplit] krans; (hals)snoer *o*; *rk* rozenkrans

chapman ['tʃæpmən] ⬚ marskramer

chapter ['tʃæptə] hoofdstuk *o*, kapittel *o*; chapiter *o*, punt *o*; *Am* afdeling [v. vereniging]; *give* ~ *and verse* tekst en uitleg geven, man en paard noemen

1 char [tʃaː] **I** *sb* werkster; **II** *vi* uit werken gaan

2 char [tʃaː] *vt* & *vi* verkolen; blakeren

char-à-banc, charabanc ['ʃærəbæŋ] touringcar; ⚓ janplezier

character ['kærɪktə] karakter *o*; kenmerk *o*; kenteken *o*; aard, hoedanigheid; rol; reputatie; persoon, personage *o* & *v*, figuur, **F** type *o*; getuigschrift *o*; letter; *in (out of)* ~ (niet) in de rol; *be in* ~ *with* passen bij, horen bij; **-istic** [kærɪktə'ristik] **I** *aj* karakteristiek, typerend (voor *of*); **II** *sb* kenmerk *o*; **-ization** [kærɪktərai'zeiʃən] karakterschets, typering; **-ize** ['kærɪktəraiz] kenmerken, kenschetsen, typeren, karakteriseren; **-less** karakterloos, nietszeggend, gewoon; **-ology** [kærɪktə'rɔːlədʒi] karakterkunde

charade [ʃə'raːd] charade: raadselspel

charcoal ['tʃaːkoul] houtskool

charge [tʃaːdʒ] **I** *sb* last², lading; opdracht; taak, plicht; mandement *o* [v. bisschop]; (voorwerp *o* van) zorg; pupil; gemeente [v. geestelijke]; schuld; (on)kosten; ✂ charge, aanval; ✝ beschuldiging, aanklacht; *have* ~ *of* belast zijn met (de zorg voor); *take* ~ *of* onder zijn hoede nemen; *at a* ~ tegen betaling; *at his own* ~ op eigen kosten; *official i n* ~ dienstdoende beambte; *be in* ~ dienst hebben, in functie zijn; *be in* ~ *of* belast zijn met (de zorg voor); aan het hoofd staan van; onder de hoede (leiding) staan van, toevertrouwd zijn aan (de zorg van); *give in* ~ laten arresteren; *take in* ~ arresteren; *take* ~ *of* onder zijn hoede nemen; *o n a* ~ *of* op beschuldiging van; *lay sth. t o sbd.'s* ~ iem. iets ten laste leggen; *return to the* ~ de aanval hernieuwen, op de zaak terugkomen; **II** *vt* (be)laden, vullen; belasten, opladen; opdragen; in rekening brengen, vragen (voor *for*); beschuldigen (van *with*); aansprakelijk stellen (voor *with*); ✂ aanvallen; **III** *vi* & ✂ chargeren; ~ *a t* losstormen op; ~ *i n t o* aanrennen tegen, opbotsen tegen; **-able** ten laste komend (van *to*); te wijten (aan *on*); ~**-hand** onderbaas

charger ['tʃaːdʒə] dienstpaard *o* [v. officier]; ⚓ grote schotel

charge sheet ['tʃaːdʒʃiːt] strafblad

chariot ['tʃæriət] (strijd-, triomf)wagen; **-eer** [tʃæriə'tiə] wagenmenner

charisma [kə'rizmə] charisma *o*; **-tic** [kæriz'mætik] charismatisch

charitable ['tʃærɪtəbl] liefdadig, barmhartig, menslievend; welwillend, liefderijk, mild, zacht; **charity** liefdadigheid, (christelijke) liefde, barmhartigheid; mildheid, aalmoes, liefdadigheidsinstelling; ~ *begins at home* het hemd is nader dan de rok

charivari ['ʃaːriːvaːri] ketelmuziek; kabaal *o*

charlatan ['ʃaːlətən] kwakzalver; charlatan; **-ry** kwakzalverij

Charlemagne ['ʃa:lə'mein] Karel de Grote

charlock ['tʃa:lək] ⚘ herik

charm [tʃa:m] **I** *sb* tovermiddel *o*; toverwoord *o*, -formule; betovering, bekoring; bekoorlijkheid, charme; amulet; hangertje *o* [aan horlogeketting], bedeltje *o*; **II** *vt* betoveren, bekoren; ~ *a w a y* wegtoveren; ~ *sth. o u t o f sbd.* iem. iets weten te ontlokken; ~ **bracelet** bedelarmband; **–er** tovenaar, tovenares; charmeur; **–ing** bekoorlijk; charmant, innemend, alleraardigst, verrukkelijk

charnel-house ['tʃa:nlhaus] knekelhuis *o*

chart [tʃa:t] **I** *sb* (zee-, weer)kaart; tabel; grafiek; **II** *vt* in kaart brengen

charter ['tʃa:tə] **I** *sb* charter *o*, handvest *o*, oorkonde; octrooi *o;* voorrecht *o;* **II** *vt* bij charter oprichten; een octrooi verlenen aan, beschermen [beroep]; octrooieren; ⚓ bevrachten, huren, charteren; **–ed accountant** accountant (gediplomeerd); **–er** scheepsbevrachter; **~-flight** chartervlucht; **chartering-agent, ~-broker** scheepsbevrachter

charter-party ['tʃa:təpa:ti] chertepartij

Chartist ['tʃa:tist] 🕮 chartist [Eng. radicaal]

charwoman ['tʃa:wumən] werkster

chary ['tʃɛəri] *aj* voorzichtig; karig (met *of*); *be ~ of (in) ...ing* schromen te...

chase [tʃeis] **I** *sb* jacht, najagen *o*, vervolging, jachtgrond, -veld *o*; gejaagd wild *o*, vervolgd schip *o*; jachtstoet ‖ groef; mondstuk *o* [v. kanon] ‖ vormraam *o* [v. drukkers]; *give ~ to* najagen, achterna zitten; **II** *vt* jagen, najagen; achtervolgen; verdrijven ‖ drijven, ciseleren ‖ groeven; **–r** jager; achtervolger ‖ ciseleur

chasm [kæzm] kloof; afgrond

chasse [ʃa:s] pousse-café

chassis ['ʃæsi, *mv* 'ʃæsiz] chassis *o*, onderstel *o*

chaste [ʃeist] kuis, eerbaar, zuiver, rein; ingetogen; **–en** ['tʃeisn] kastijden; zuiveren [van dwalingen]; kuisen; *fig* louteren; verootmoedigen

chastise [tʃæs'taiz] kastijden, tuchtigen; **–ment** ['tʃæstizmənt] kastijding, tuchtiging

chastity ['tʃæstiti] kuisheid, eerbaarheid, reinheid, zuiverheid; ingetogenheid

chasuble ['tʃæzjubl] kazuifel

chat [tʃæt] **I** *vi* keuvelen, babbelen; ~ *up* [iem.] opvrijen; **II** *sb* gepraat *o*, praatje *o*, gekeuvel *o* ‖ ⚘ tapuit; ~ *show* TV programma waarin voor het merendeel gepraat wordt

chatelaine ['ʃætəlein] burchtvrouw; gastvrouw; chatelaine [kettinkje(s)]

chattel ['tʃætl] goed *o*, bezitting; *(goods and) ~s* bezittingen, have en goed

chatter ['tʃætə] **I** *vi* snateren[2], snappen[2], kakelen[2]; klapperen [v. tanden]; **II** *sb* gesnater *o*, gekakel *o*; gesnap *o*; geklapper *o*; **–box** babbelkous; **chatty** spraakzaam; babbelziek; vlot

chauffeur ['ʃoufə, ʃou'fə:] chauffeur

chauvinism ['ʃouvinizm] chauvinisme *o*; **–ist** chauvinist; **–istic** [ʃouvi'nistik] chauvinistisch

chaw [tʃɔ:] *vt* & *vi* **P** kauwen, pruimen; ~-**bacon** boerenpummel

cheap [tʃi:p] goedkoop[2]; prullerig, klein, nietig, verachtelijk; *feel* ~ **F** zich schamen, zich niet lekker voelen; *hold* ~ geringachten; *on the* ~ op een koopje; **–en** afdingen; afslaan, in prijs verminderen; kleineren; ~ *oneself* zich verlagen

cheat [tʃi:t] **I** *vt* bedriegen, beetnemen; ontduiken; verdrijven [tijd]; ~ *(out) of* afzetten, ontnemen; **II** *vi* bedriegen, vals doen (spelen); **III** *sb* bedrog *o*, afzetterij; bedrieger, afzetter

check [tʃek] **I** *sb* schaak *o*; beteugeling, belemmering, tegenslag; controle, toets; reçu *o*, bonnetje *o; Am* cheque, fiche *o* & *v*; rekening ‖ ruit; ~*s* geruite stof(fen); *keep in* ~ in toom houden; **II** *vt* schaak geven; beteugelen; tegenhouden, tot staan brengen, stuiten, belemmeren; controleren, verifiëren, nagaan, toetsen; *Am* in bewaring geven of nemen, afgeven, aannemen; ● ~ *o f f* aanstippen, aftikken, aankruisen; ~ *u p* controleren; **III** *vi* ● ~ *i n* binnenkomen, aankomen; ~ *o n* controleren; ~ *o u t* weggaan, heengaan; afrekenen [in hotel], zich afmelden; ~ *u p o n* controleren; ~ *w i t h Am* kloppen met; raadplegen; **IV** *aj* geruit [pak &]; ~-**book** chequeboek *o*; **–ed** geruit; **–er** controleur; *Am* damschijf; ~*s Am* damspel *o*. Zie ook: *chequer*; ~-**list** overzichtelijke (controle)lijst; –**mate I** *sb* schaakmat[2]; **II** *vt* schaakmat zetten[2]; ~-**out** kassa [v. zelfbedieningswinkel] (ook: ~ *counter*); **–point** (verkeers)controlepost, doorlaatpost; ~-**up** controle; onderzoek *o*; algemeen gezondheidsonderzoek *o*

cheek [tʃi:k] **I** *sb* wang; **F** brutaliteit; ~ *b y jowl* wang aan wang; zij aan zij; **II** *vt* **F** brutaliseren; ~-**bone** wangbeen *o*, jukbeen *o*; **–y** **F** brutaal

cheep [tʃi:p] **I** *vi* tjilpen, piepen; **II** *sb* getjilp *o*, gepiep *o*

cheer [tʃiə] **I** *sb* stemming; vrolijkheid, opgeruimdheid; troost, bemoediging; toejuiching, bijvals(betuiging), hoera(geroep) *o*; ~*s!* proost!; *of good* ~ opgeruimd; goedsmoeds; *make good* ~ goed eten en drinken; **II** *vt* toejuichen; opvrolijken, opmonteren (ook: ~ *up*); ~ *o n* aanmoedigen; **III** *vi* juichen, hoera roepen; ~ *u p* moed scheppen, opmonteren; ~ *up!* kop op!; **–ful** blij(moedig), vrolijk, opgewekt, opgeruimd

cheerio ['tʃiəri'ou] **F** hou je goed!; proost!; dag!, tot ziens!

cheerless ['tʃiəlis] troosteloos, somber; **cheery** vrolijk, opgewekt

cheese [tʃi:z] **I** kaas; **II** *vt* ~ *it* **F** hou op; **–cake** kwarktaart; **S** (afbeelding van) prikkelend vrouwelijk schoon *o*; ~ *cloth* kaasdoek *o*; **–monger**

kaashandelaar; **~-paring** I *sb* dun afgesneden kaaskorst; krenterigheid; **~s** rommel; II *aj* krenterig; **cheesy** kaasachtig; *Am* miezerig

chef [ʃef] chef-kok

chemical ['kemikl] I *aj* chemisch, scheikundig; II *sb* chemisch produkt *o*; **~s** ook: chemicaliën

chemise [ʃə'miːz] (dames)hemd *o*

chemist ['kemist] chemicus, scheikundige; apotheker, drogist; **-ry** chemie, scheikunde

cheque [tʃek] cheque

chequer ['tʃekə] I *vt* ruiten; schakeren; *a* **~ed** *lot* een veelbewogen leven *o*; II *sb* **~s** schaakbord *o* [als uithangteken]; geruit patroon *o*

cherish ['tʃeriʃ] liefhebben, beminnen; koesteren, voeden [hoop]; **~ed** ook: dierbaar

cheroot [ʃə'ruːt] manillasigaar

cherry ['tʃeri] I *sb* kers; II *aj* kersrood

chert [tʃəːt] vuursteen

cherub ['tʃerəb] cherubijn², engel; **-ic** [tʃe'ruːbik] engelachtig

chervil ['tʃəːvil] kervel

chess [tʃes] schaak(spel) *o*; **~-board** schaakbord *o*; **~ and men** schaakspel *o*; **~-man** schaakstuk *o*

chest [tʃest] kist, koffer, kas; borst(kas); **~ of** *drawers* ladenkast, ✎ latafel, commode

chesterfield ['tʃestəfiːld] soort sofa; soort overjas

chestnut ['tʃesnʌt] I *sb* kastanje; kastanjebruin paard *o*; F oude mop; (ook: *hoary* **~**); II *aj* kastanjebruin

cheval-glass [ʃə'vælglaːs] psyché [spiegel]

chevalier [ʃevə'liə] ridder; ruiter

chevron ['ʃevrən] ✗ streep (als onderscheidingsteken)

chevy ['tʃevi] = *chiv(v)y*

chew [tʃuː] kauwen, pruimen; overdenken; **~ the** *cud* herkauwen; peinzen; **~ the rag** eindeloos zeuren; **-ing-gum** kauwgom *m* of *o*

chic [ʃiːk] I *sb* sjiek, elegantie; II *aj* sjiek, elegant

chicane [ʃi'kein] I *sb* chicane; II *vi & vt* chicaneren, vitten; **-ry** chicane

chichi ['ʃiːʃiː] precious

chick [tʃik] ✿ kuiken *o*; kind *o*; S meisje *o*; **chicken** kuiken *o*; kip [als gerecht]; lafaard; *n o* **~** ook: niet zo jong meer; *don't count your* **~s** *before they are hatched* je moet de huid niet verkopen vóór de beer geschoten is; **~-feed** S kleingeld *o*; **~-hearted** laf(hartig); **~-pox** waterpokken

chicory ['tʃikəri] cichorei; Brussels lof *o*

chid [tʃid] V.T. & V.D. van *chide*; **-den** V.D. van *chide*; **chide** [tʃaid] (be)knorren, berispen

chief [tʃiːf] I *aj* voornaamste, opperste, eerste, hoofd-; **~ clerk** chef (de bureau); II *sb* (opper)hoofd *o*, hoofdman, chef, leider; *C~ of Staff* ✗ Chef-Staf; **~...in** **~** opper-; **-ly** *ad* hoofdzakelijk, voornamelijk, vooral; **-tain** (opper)hoofd *o*

chiff-chaff ['tʃiftʃæf] ✿ tjiftjaf

chilblain ['tʃilblein] winter [aan handen of voeten]

child [tʃaild] kind *o*; *from a* **~** van kindsbeen af; *with* **~** zwanger; *the burnt* **~** *dreads fire* een ezel stoot zich geen tweemaal aan dezelfde steen; **~-bearing** baren *o*, bevallen *o* (v.e. kind); **-bed** *be in* **~** in het kraambed liggen; **-birth** bevalling, baring; **-hood** kinderjaren; *second* **~** kindsheid [v.d. ouderdom]; **-ish** kinderachtig, kinderlijk, kinder-; **-less** kinderloos; **-like** kinderlijk; **children** ['tʃildrən] *mv* v. *child*; **child's play** ['tʃaildzplei] *fig* kinderspel *o*

Chilean ['tʃiliən] Chileen(s)

chill [tʃil] I *aj* koud, kil, koel²; II *sb* kilheid, koude, koelheid²; koude rilling; III *vt* koud maken; koelen; afkoelen; laten bevriezen [vlees]; bekoelen; IV *vi* koud worden, verkillen

chilli ['tʃili] gedroogde Spaanse peper

chill(i)ness ['tʃil(i)nis] kilheid², koude; koelheid²; rilling; kouwelijkheid; **chilly** kil², koel²; huiverig; kouwelijk

Chiltern Hundreds ['tʃiltən'hʌndrədz] *apply for the* **~** zijn mandaat (als volksvertegenwoordiger) neerleggen

chime [tʃaim] I *sb* (klok)gelui *o*; klokkenspel *o*; samenklank, harmonie, deun; II *vi* luiden; (samen)klinken, harmoniëren; **~ in** invallen; **~ (in) with** overeenstemmen met; instemmen met; III *vt* luiden

chimera [kai'miərə] hersenschim; **-rical** [kai'merikl] hersenschimmig

chimney ['tʃimni] schoorsteen; schouw; lampeglas *o*; bergkloof; **~-piece** schoorsteenmantel; **~-pot** schoorsteen [boven het dak]; **~** (*hat*) F „kachelpijp"; **~-stack** schoorsteen [boven dak]; rij schoorstenen; **~-sweep(er)** schoorsteenveger

chimpanzee [tʃimpæn'ziː] chimpansee

chin [tʃin] kin; *double* **~** onderkin; *keep one's* **~** *up* geen krimp geven

China ['tʃainə] I *sb* China *o*; II *aj* Chinees

china ['tʃainə] I *sb* porselein *o*; S kameraad, vriend(in); II *aj* porseleinen; **~-clay** porseleinaarde, kaolien *o*; **-graph** glaspotlood *o*; **~ shop** porseleinwinkel; **Chinatown** (de) Chinezenbuurt; **chinaware** porselein(goed) *o*

chine [tʃain] ruggegraat, rugstuk *o*

Chinese ['tʃai'niːz] I *sb* Chinees *m*, Chinees *o*; *mv* v. *Chinese*; II *aj* Chinees

chink [tʃiŋk] I *sb* spleet, reet ‖ klinken *o*, gerinkel *o* [v. geld]; II *vi* klinken, rinkelen; III *vt* laten klinken, laten rinkelen

chintz [tʃints] I *sb* sits *o*; II *aj* sitsen; **-y** *Am* S ouderwets; goedkoop (v. smaak)

chip [tʃip] I *sb* spaan(der), splinter, snipper, schilfer; fiche *o & v*; **~s** frites; *he is a* **~** *off the old block* hij heeft een aardje naar zijn vaartje; *with a* **~** *on* *the shoulder* met ressentiment; agressief; *the ~s are down* 't is menens; **II** *vt* afbikken; snipperen; afsnijden, afslaan; **F** voor het lapje houden, plagen; **III** *vi* afsplinteren, schilferen; ~ *in* **F** invallen, ook wat zeggen; bijdragen; meedoen; **–board** spaan(der)plaat; **–pings** blik *o* & *v*, fijn steenslag *o*

chippy ['tʃipi] *fig* droog; **S** katterig; kribbig

chiropodist [ki'rɔpədist] pedicure [persoon]; **–dy** pedicure [handeling]

chirp [tʃə:p] tjilpen, sjilpen; **–y** **F** vrolijk

chirr [tʃə:] sjirpen [v. krekel]

chirrup ['tʃirəp] klakken met de tong, tjilpen, sjilpen

chisel ['tʃizl] **I** *sb* beitel; **II** *vt* (uit)beitelen; **S** bedriegen

chit [tʃit] peuter || briefje *o*

chit-chat ['tʃittʃæt] gekeuvel *o*; geroddel *o*

chivalrous ['ʃivəlrəs] ridderlijk; **chivalry** ridderwezen *o*; ridderlijkheid; ridderschap

chive(s) [tʃaiv(z)] bieslook *o*

chiv(v)y ['tʃivi] **I** *vt* achternazitten, (na)jagen; **II** *vi* jagen, rennen; **III** *sb* jacht, geren *o*; diefje met verlos

chloral ['klɔ:rəl] chloraal *o*; **–ride** chloride *o;* **chlorinate** chloreren; **–tion** [klɔ:ri'neiʃən] chlorering; **chlorine** ['klɔ:ri:n] chloor

chloroform ['klɔrəfɔ:m] **I** *sb* chloroform; **II** *vt* onder narcose brengen

chlorophyl ['klɔ:rəfil] chlorofyl *o*, bladgroen *o*

chlorosis [klɔ'rousis] bleekzucht; **chlorotic** [klɔ'rɔtik] bleekzuchtig

choc [tʃɔk] **F** chocolaatje *o*

chock [tʃɔk] **I** *sb* (stoot)blok *o*, klos, klamp; **II** *vt* vastzetten; ~ *up* volstoppen; ~ **-a-block** volgepropt, tjokvol; ~ **-full** overvol, eivol

chocolate ['tʃɔk(ə)lit] **I** *sb* chocola(de); chocolaatje *o*; **II** *aj* chocoladekleurig

choice [tʃɔis] **I** *sb* keus, verkiezing, (voor)keur; bloem (het beste van); *Hobson's ~* waarbij men te kiezen of te delen heeft; *make one's ~* een keus doen, een keus maken; *take your ~* kies maar uit; ● *at ~* naar verkiezing; *by (for) ~* bij voorkeur; *from ~* uit eigen verkiezing; *of ~* bij voorkeur; **II** *aj* uitgelezen, uitgezocht, fijn, keurig

choir ['kwaiə] **I** *sb* koor *o*; **II** *vt* & *vi* in koor zingen; **–boy** koorknaap; **–master** koordirigent, koordirecteur, ✎ kapelmeester; ~ **organ** positief *o* [v. orgel]

choke [tʃouk] **I** *vt* doen stikken, verstikken; smoren; onderdrukken; verstoppen; ~ *down* inslikken; ~ *off* zich van het lijf houden; de mond snoeren; ~ *up* verstoppen; **II** *vi* stikken; zich verslikken; **III** *sb* ⚙ gasklep; ~ **-damp** stikgas *o* in mijnen; **choker** **F** hoge das, hoge boord *o* & *m*; kort halssnoer; **choky** verstikkend; benauwd

choler ['kɔlə] ✎ gal, ☉ toorn

cholera ['kɔlərə] cholera

choleric ['kɔlərik] cholerisch, oplopend

cholesterol [kɔ'lestərɔl] cholesterol [galvet]

choose [tʃu:z] (uit-, ver)kiezen (tot); besluiten, wensen (te *to*); *there is nothing to ~ between them* er is weinig verschil tussen hen; *I cannot ~ but...* ik moet wel...; **choos(e)y** **F** kieskeurig

chop [tʃɔp] **I** *vt* kappen, hakken, kloven; afbijten [woorden]; ~ *down* omhakken, omkappen; ~ *off* afhakken, afslaan; ~ *up* fijnhakken; **II** *vi* hakken; plotseling omslaan [wind] (ook: ~ *about, round*); ~ *and change* telkens veranderen; **III** *sb* slag; karbonade, kotelet; korte golfslag; ~*s and changes* veranderingen, wisselvalligheden || kaak; *lick one's ~s* likkebaarden; **–house** ['tʃɔphaus] goedkoop restaurant *o;* **–per** hakker; hakmes *o*; **S** helikopter; **–ping-knife** hakmes *o;* **–py** kort [golfslag]; woelig; telkens veranderend [wind]; **–stick** eetstokje *o*

choral ['kɔ:rəl] koraal-, koor-, zang-; **chorale** [kɔ'ra:l] ♪ koraal *o*

chord [kɔ:d] snaar; koorde; ♪ akkoord *o*

chore [tʃɔ:] werk *o*, karwei *o*

chorea [kɔ'ri:ə] sint-vitusdans

choreographer [kɔri'ɔgrəfə] choreograaf; **–phic** [kɔriə'græfik] choreografisch; **–phy** [kɔri'ɔgrəfi] choreografie

chorister ['kɔristə] koorzanger, -knaap

chortle ['tʃɔ:tl] grinniken

chorus ['kɔ:rəs] **I** *sb* koor *o*; refrein *o*; **II** *vi* & *vt* in koor zingen (herhalen); ~ **-girl** balletdanseres en zangeres [bij revue &]

chose [tʃouz] V.T. van *choose*; **–n** V.D. van *choose*; uitverkoren

chow [tʃau] chowchow [hond]; **S** voedsel *o*, kostje *o*; eten *o*

chow-chow ['tʃau'tʃau] gemengd zuur *o*; allegaartje *o*; = *chow*

chrism [krizm] chrisma *o*

chrisom [krizm] doopkleed; ~ **-child** kind *o* dat binnen een maand na de geboorte sterft; kind *o* dat nog geen maand oud is

Christ [kraist] Christus; christen; **christen** ['krisn] dopen², noemen; **Christendom** christenheid; **christening** doop; **Christian** ['kristjən] **I** *aj* christelijk, christen-; ~ *name* doopnaam, voornaam; **II** *sb* christen, christin; **–ity** [kristi'æniti] christendom *o*; **christianization** [kristjənai'zeiʃən] kerstening; **christianize** ['kristjənaiz] kerstenen

Christmas ['krisməs] Kerstmis, kerst-; ~ **box** kerstfooi; ~ **carol** kerstlied *o*

chromatic [krɔ'mætik] **I** *aj* ♪ chromatisch; kleuren-; **II** *sb* ~*s* kleurenleer; ♪ chromatische toonopvolging

chrome, chromium [kroum, 'kroumiəm]

chroom *o*; **chromium-plated** verchroomd
chromosome ['kroumǝsoum] chromosoom *o*
chronic ['krɔnik] chronisch
chronicle ['krɔnikl] I *sb* kroniek; II *vt* boekstaven; ~ *small beer* wauwelen; **-r** kroniekschrijver
chronological [krɔnǝ'lɔdʒikl] chronologisch;
chronology [krɔ'nɔlǝdʒi] tijdrekening, chro-
nologie; opeenvolging in de tijd
chronometer [krɔ'nɔmitǝ] chronometer
chrysalid, chrysalis ['krisǝlid, -lis] pop [v. in-
sekt]
chrysanthemum [kri'sænθǝmǝm] chrysant(he-
mum)
chubby ['tʃʌbi] bolwangig, mollig
chuck [tʃʌk] I *vt* (zacht) kloppen, strijken, aaien;
(weg)gooien; F de bons geven; de brui geven
aan; ~ *away* weg-, vergooien; ~ *out* F eruit
gooien; ~ *up* F de brui geven aan; de bons geven; ~ *it!* F schei uit!; II *vi* klokken; III *sb* klopje
o, streek [onder de kin]; aai; ruk; worp ‖ geklak
o met de tong; tok-tok *o* [van hen] ‖ 🔧 klauw-
plaat [v. draaibank]; boorhouder; **-er-out**
[tʃʌkǝ'raut] uitsmijter
chuckle ['tʃʌkl] I *vi* inwendig, onderdrukt lachen, zich verkneuteren, gnuiven, gniffelen; II
sb onderdrukte lach; ~-**head** uilskuiken *o*; ~*ed*
stom
chuck-wag(g)on ['tʃʌkwægǝn] kantinewagen
(v. cowboys)
chug [tʃʌg] ronken, tuffen [v. motor]
chum [tʃʌm] I *sb* kameraad; kamergenoot; II *vi*
samenwonen; ~ *up* goede maatjes worden;
-my intiem, gezellig
chump [tʃʌmp] dik eind *o*; blok *o*; S hoofd; stomkop; *off his* ~ S niet goed wijs
chunk [tʃʌŋk] brok *m* & *v* of *o*, homp, bonk
church [tʃǝ:tʃ] kerk; *go into (enter) the* ~ predikant
(*rk* geestelijke) worden; ~-**goer** kerkganger,
-ster; ~ **hall** wijkgebouw *o*; ~-**man** kerkelijk persoon, geestelijke; lid *o* van de (staats)kerk; ~-
mouse *as poor as a* ~ zo arm als een kerkrat (als
Job, als de mieren); **-warden** kerkmeester,
kerkvoogd; F gouwenaar; **-y** kerks; **-yard**
kerkhof *o*
churl [tʃǝ:l] boer(enpummel), vlerk; vrek; **-ish**
lomp, onheus; vrekkig
churn [tʃǝ:n] I *sb* karn; melkbus; II *vt* karnen,
(om)roeren; ~ *up* omwoelen [de grond]; III *vi*
koken, zieden [v. golven]
chute [ʃu:t] stroomversnelling; waterval; glijbaan, helling; stortkoker
C.I.A. = *Central Intelligence Agency* (Geheime Inlichtingendienst v.d. U.S.A.)
ciborium [si'bɔ:riǝm] ciborie
cicada [si'ka:dǝ] cicade, krekel
cicatrice ['sikǝtris] litteken *o*; **-ize** ['sikǝtraiz]
een litteken vormen, helen

cicerone [tʃitʃǝ'rouni] cicerone, gids[2]
C.I.D. = *Criminal Investigation Department*
cider ['saidǝ] cider, appelwijn
C.I.F., cif = *cost, insurance, freight* beding dat bij levering de kosten voor vracht en verzekering
voor rekening v.d. afzender zijn
cigar [si'ga:] sigaar; **-ette** [sigǝ'ret] sigaret
cilium ['siliǝm, *mv* **-ia** -iǝ] wimper; trilhaar; **ci-
liary** ciliair; de trilharen betreffend
C.-in-C. = *Commander-in-Chief*
cinch [sin(t)ʃ] *Am* zadelriem; greep, vat, houvast
o; iets dat zeker is, gemakkelijk is
cinchona [siŋ'kounǝ] kina(boom)
cincture ['siŋktʃǝ] I *sb* gordel; II *vt* omgorden
cinder ['sindǝ] sintel, slak; ~*s* ook: as; ~ *path*, ~
track sintelbaan
cine ['sini] film-; ~-**camera** filmcamera; ~-
film smalfilm; **cinema** ['sinimǝ] bioscoop, cinema; filmkunst; **-tic** [sini'mætik] filmisch,
film-
cinerarium [sinǝ'rtǝriǝm] urnenveld; **cinerary**
['sinǝrǝri] as-
cinnabar ['sinǝba:] vermiljoen *o*
cinnamon ['sinǝmǝn] kaneel
cipher ['saifǝ] I *sb* cijfer *o*; nul[2]; cijferschrift *o*,
sleutel daarvan, code; monogram *o*; *a mere* ~ een
onbenul; II *vi* cijferen, rekenen; III *vt* in cijferschrift schrijven, coderen; berekenen (ook: ~
out)
circle ['sǝ:kl] I *sb* cirkel, ring, kring[2]; *the grand* ~
de reuzenzwaai; II *vi* (rond)draaien, rondgaan;
cirkelen; III *vt* cirkelen om; omringen; **circlet**
['sǝ:klit] cirkeltje *o*; ring, band
circuit ['sǝ:kit] kring(loop), omtrek, gebied *o*,
(ronde) baan; omweg; tournee, rondgang (van
rechters); 🗲 rondvlucht; 🗲 stroomkring; ring
[v. methodisten]; groep [v. bioscopen]; schake-
ling [v. rekenmachines]; *closed ~ television* gesloten tv-circuit; **-ous** [sǝ:'kjuitǝs] niet recht op
het doel afgaand; *a ~ road* een omweg; **-ry**
['sǝ:kitri] elektronische schakelingen; **-y**
[sǝ'kju:iti] omslachtigheid
circular ['sǝ:kjulǝ] I *aj* rond; kring-, cirkel-; ~
letter circulaire; rondschrijven *o*; ~ *letter of credit*
reiskredietbrief; ~ *note* circulaire; reiskredietbrief; ~ *saw* cirkelzaag; ~ *ticket* rondreisbiljet *o*;
~ *tour* rondreis; II *sb* circulaire, rondschrijven *o*;
rondweg; **-ize** per circulaire bekendmaken, reclame maken
circulate ['sǝ:kjuleit] I *vi* circuleren, in omloop
zijn; *circulating capital* vlottend kapitaal *o*; *circulating decimal* repeterende breuk; *circulating library*
leesbibliotheek; leeskring; *circulating medium* betaalmiddel *o*; II *vt* laten circuleren of rondgaan;
in omloop brengen; **-tion** [sǝ:kju'leiʃǝn] circulatie [bloed, geld], doorstroming; omloop; verspreiding; oplaag; **-tory** circulatie-

circumambulate ['sə:kəm'æmbjuleit] rondomlopen; via een omweg op een onderwerp komen

circumcise ['sə:kəm'saiz] besnijden; **–sion** [sə:kəm'siʒən] besnijdenis

circumference [sə'kʌmfərəns] omtrek

circumjacent [sə:kəm'dʒeisənt] omliggend

circumlocution [sə:kəmlə'kju:ʃən] omschrijving, omslachtigheid, omhaal van woorden; het eromheen praten; **–tory** [sə:kəm'lɔkjutəri] omschrijvend, omslachtig

circumnavigate [sə:kəm'nævigeit] omvaren

circumscribe ['sə:kəmskraib] omschrijven; beperken, begrenzen; **circumscription** [sə:kəm-'skripʃən] omschrijving; omschrift o; beperking; omtrek

circumspect ['sə:kəmspekt] omzichtig; **–ion** [sə:kəm'spekʃən] omzichtigheid

circumstance ['sə:kəmstəns] omstandigheid; omhaal; staatsie; **circumstantial** [sə:kəm-'stænʃəl] bijkomstig; omstandig, uitvoerig; **–ity** ['sə:kəmstænʃi'æliti] omstandigheid, uitvoerigheid; **circumstantiate** [sə:kəm'stænʃieit] omstandig beschrijven, met omstandigheden staven

circumvallate [sə:kəm'væleit] omwallen; **–tion** [sə:kəmvæ'leiʃən] omwalling

circumvent [sə:kəm'vent] om de tuin leiden, misleiden; ontduiken [de wet], omzeilen; **–ion** misleiding; ontduiking, omzeiling

circumvolution [sə:kəmvə'lju:ʃən] draai(ing), kronkel(ing); omwenteling

circus ['sə:kəs] circus o & m, paardenspel o; rond plein o; keteldal o

cirrhosis [si'rousis] leverziekte

cirrus ['sirəs, mv cirri 'sirai] hechtrank ‖ vederwolk, cirrus

cissy ['sisi] = sissy

cistern ['sistən] (water)bak, -reservoir o, stortbak [v. W.C.], regenbak

citadel ['sitədl] citadel

citation [sai'teiʃən] dagvaarding; aanhaling; eervolle vermelding; **cite** [sait] dagvaarden; citeren, aanhalen; aanvoeren; noemen; eervol vermelden

cither(n) ['siθə(n)] citer [oud soort luit]

citify ['sitifai] verstedelijken

citizen ['sitizn] burger; staatsburger; **–ship** burgerrecht o, (staats)burgerschap o

citric ['sitrik] ~ acid citroenzuur o; **citrus** citrus(vruchten)

city ['siti] (grote) stad; the City de City v. Londen, als economisch en financieel centrum; **City man** beurs-, handelsman

civet ['sivit] civet(kat)

civic ['sivik] **I** aj burgerlijk, burger-, stads-; ~ reception officiële ontvangst (door de burgerlijke overheid); **II** sb ~s maatschappijleer, burgerschapskunde; **~-mindedness** burgerzin

civil ['sivil] burger-, burgerlijk; civiel; beleefd, beschaafd; ~ death verlies o van burgerschapsrechten; ~ defence civiele verdediging, ± Bescherming bevolking; ~ law burgerlijk recht; ~ rights grondrechten (v.d. burgers); ~ servant ambtenaar; ~ service overheidsdienst; ambtenarenapparaat o; ~ war burgeroorlog; **–ian** [si'viljən] **I** sb burger; **II** aj burger-; **–ity** beleefdheid

civilization [sivilai'zeiʃən] beschaving; **civilize** ['sivilaiz] beschaven

civvies ['siviz] **F** burgerkleding; **civvy F** burger; Civvy Street **F** de burgermaatschappij

clack [klæk] **I** vi klappen, klapperen, ratelen[2]; snateren; **II** sb klap, klepper; geratel o; geklets o; gesnater o; ✗ klep

clad [klæd] ⊙ V.T. & V.D. van clothe

claim [kleim] **I** vt (op)eisen, aanspraak maken op, reclameren; beweren; **II** sb eis; aanspraak, (schuld)vordering, recht o; reclame; claim; bewering; lay ~ to aanspraak maken op; **–ant** eiser

clairvoyance [klɛə'vɔiəns] helderziendheid; **–ant** helderziend(e)

clamant ['kleimənt] schreeuwend[2]; luidruchtig; dringend

clamber ['klæmbə] klauteren

clammy ['klæmi] klam, kleverig; klef

clamorous ['klæmərəs] luid(ruchtig), tierend; **clamour I** sb geroep o, roep; geschreeuw o, misbaar o, getier o; **II** vi roepen, schreeuwen, tieren; ~ against luid protesteren tegen; ~ for roepen om

clamp [klæmp] **I** sb kram; klamp; klem; kuil [voor aardappelen]; **II** vt (op)klampen; krammen; inkuilen [aardappelen]; stevig zetten (drukken &); ~ down on **F** de kop indrukken

clan [klæn] clan: stam, geslacht o; > kliek

clandestine [klæn'destin] heimelijk, geheim, clandestien, illegaal

clang [klæŋ] **I** sb schelle klank; gerammel o, geratel o, gekletter o; geschal o; luiden o; **II** vi & vt klinken, (doen) kletteren [de wapens], schallen, luiden

clanger ['klæŋə] **F** flater; drop a ~ een flater slaan

clangour ['klæŋgə] geklank o, geschal o

clank [klæŋk] = clang

clansman ['klænzmən] lid o van een clan

clap [klæp] **I** sb slag, klap; donderslag; handgeklap o; the ~ **P** gonorroea, een „druiper"; **II** vi klappen; **III** vt klappen met (in), slaan, dichtklappen, -slaan; (met kracht) zetten, drukken, leggen &; (in de handen) klappen voor, toejuichen; ~ in prison in de gevangenis stoppen; zie ook: ~ eye, spur; **–per** klepel, bengel; klapper; ratel[2]; applaudisserende; **–trap I** sb effectbejag o; holle frasen; **II** aj op effect berekend

claret [ˈklærət] bordeaux(wijn)

clarification [klærifiˈkeiʃən] zuivering; verheldering, verduidelijking, opheldering; **clarify** [ˈklærifai] **I** vt klaren, zuiveren; verhelderen, verduidelijken, ophelderen; **II** vi helder worden

clarinet [klæriˈnet] klarinet; **–tist** klarinettist

clarion [ˈklæriən] **I** sb klaroen; **II** aj schallend als een klaroen; **III** vt ⊙ bazuinen; ~ **call** klaroengeschal o

clarionet [klæri(ə)ˈnet] klarinet

clarity [ˈklæriti] klaarheid, helderheid

clash [klæʃ] **I** vi & vt (doen) klinken; botsen, rinkelen, kletteren, rammelen (met); ~ **with** in botsing komen (in strijd zijn, vloeken) met; indruisen tegen; **II** sb klank; gekletter o; conflict o, botsing[2]

clasp [kla:sp] **I** sb slot o, kram, haak; gesp [aan decoratie]; handdruk, omhelzing; greep; **II** vt sluiten, toehaken; grijpen, omvatten, omklemmen; omhelzen; ~**-knife** knipmes o

class [kla:s] **I** sb klas(se); stand; categorie; ⇔ klas(se), cursus, les, lesuur o; **II** vt classificeren, klasseren, rangschikken, indelen; ~**-conscious** klassebewust; standsbewust

classic [ˈklæsik] **I** aj klassiek; **II** sb klassiek schrijver of werk o; classicus; ~s klassieken [in kunst, letterkunde]; ⇔ klassieke talen; **–al** klassiek; **–ist** [ˈklæsisist] navolger (aanhanger) der klassieken; ⇔ classicus

classification [klæsifiˈkeiʃən] classificatie, klassering; klassement o; **classify** [ˈklæsifai] classificeren, klasseren; Am niet voor algemene kennisneming verklaren [v. documenten &]; classified Am ook: geheim, vertrouwelijk; classified advertisements kleine advertenties; classified results klassement o [bij wedstrijden]

classless [ˈkla:slis] klasseloos; ~**-mate** klassegenoot, jaargenoot; ~**-room** klas(se)(lokaal o), leslokaal o, schoollokaal o; ~**-war(fare)** klassenstrijd; **classy** F fijn, chic

clatter [ˈklætə] **I** vi & vt klepperen, kletteren, rammelen (met); **II** sb geklepper o, gekletter o, gerammel o

clause [klɔ:z] clausule, artikel o; zinsnede, passage; gram bijzin

claustral [ˈklɔ:strəl] kloosterachtig; klooster-

claustrophobia [klɔ:strəˈfoubiə] claustrofobie, ruimtevrees

✎ clave [kleiv] V.T. van cleave **II**

clavicle [ˈklævikl] sleutelbeen o

claw [klɔ:] **I** sb klauw[2]; poot[2]; schaar; haak; **II** vt grijpen, klauwen, krabben; ~**-hammer** klauwhamer

clay [klei] **I** sb klei, leem o & m, aarde; fig stof; F aarden pijp; **II** aj aarden, lemen; **–ey** kleiachtig, klei-

claymore [ˈkleimɔ:] ⌨ slagzwaard o

clean [kli:n] **I** aj schoon, zuiver, rein, zindelijk, net; welgevormd; keurig; glad; vlak; scherp (= duidelijk); eerlijk [v. strijd]; **II** ad schoon; < totaal, helemaal; glad; vlak; come ~ **S** eerlijk opbiechten; **III** vt zuiveren, reinigen, schoonmaken, poetsen; ~ **out** schoonmaken, leeghalen; F [iem.] blut maken; ~ **up** opknappen, opruimen, schoonmaak houden in; **IV** sb (schoonmaak)beurt; ~**-cut** scherp omlijnd; **–er** schoonmaker, schoonmaakster, reiniger, -ster; stofzuiger; ~s F stomerij; schoonmaakbedrijf o; **–ing** schoonmaken o; reiniging, schoonmaak; ~woman schoonmaakster; ~**-limbed** welgevormd

1 **cleanly** [ˈklenli] aj zindelijk; kuis

2 **cleanly** [ˈkli:nli] ad schoon &, zie clean **I**; **clean-out** schoonmaak; opruimen o; **cleanse** [klenz] reinigen, zuiveren; **–er** reinigingsmiddel o; **clean-up** [ˈkli:nʌp] schoonmaak[2]

clear [kliə] **I** aj klaar, helder, duidelijk, zuiver; dun [soep]; vrij, onbezwaard; veilig (all ~); absoluut [v. meerderheid]; ~ of vrij van; niet rakend aan; **II** ad klaar; vrij; los; < totaal, glad; **III** sb in ~ ⌨ en clair, niet in codewoorden; in the ~ binnenwerks; vrij (van schuld, verdenking, verplichtingen), niet meer in gevaar; **IV** vt klaren, helder maken, verhelderen; zuiveren, leegmaken, lichten [bus], vrijmaken [terrein], ontruimen [straat &], schoonvegen[2], ontstoppen [buis]; opruimen; verduidelijken, ophelderen; aanzuiveren, aflossen, afdoen; afnemen; banen; $ uit-, inklaren; ⚖ vrijspreken; ~ accounts de rekening vereffenen; ~ the decks alles voorbereiden; ~ a ditch, a hedge springen over, ,,nemen''; ~ the gate & rakelings langs het hek & gaan; ~ the ground, ≃ the water by a foot een voet boven (van) de grond hangen (zich bevinden), boven het water uitsteken; ~ the table de tafel afnemen; ~ one's throat de keel schrapen; ~ the way ruim baan maken; **V** vi opklaren; ● ~ away op-, wegruimen; wegtrekken; ~ off aanzuiveren; wegwerken [v. achterstand]; opruimen; overtrekken [onweer]; F zijn biezen pakken, verdwijnen; ~ out leeghalen; zijn biezen pakken; ~ up ophelderen, opklaren; opruimen; F gaan strijken met, binnenhalen; **–ance** opheldering; opruiming; ontruiming; zie ook: uitklaring; vrije ruimte [v. voertuig], zie ook: head-room; ⚔ schadelijke ruimte, vrijslag; ~ sale uitverkoop; zie ook: clearing; ~**-cut** scherp omlijnd; **–ing** opengekapt bosterrein o om te ontginnen; ontginning; $ verrekening van vorderingen, clearing; **–ing-house** $ (bankiers)verrekenkantoor o; informatiecentrale; **–ly** ad klaar, duidelijk; klaarblijkelijk, kennelijk; natuurlijk; ~**-sighted** scherpziend; schrander; **–way** autoweg waarop men niet gestopt mag worden

cleat [kli:t] klamp; ⚓ kikker; wig
cleavage ['kli:vidʒ] kloving, splijting; scheiding, scheuring, breuk; boezemgleuf (*spec* boven een laaguitgesneden jurk); **cleave I** *vt* kloven, splijten, (door)klieven; **II** *vi* aanhangen, trouw blijven; **–r** hak-, kapmes *o*; **~s** ♣ kleefkruid *o*
cleek [kli:k] haak; golfstok met ijzeren kop
clef [klef] ♪ (muziek)sleutel
cleft [kleft] **I** *sb* kloof, spleet, reet, barst; **II** V.T. & V.D. van *cleave* **I**; *in a ~ stick* in het nauw; *~ palate* gespleten gehemelte
clematis ['klemǝtis] clematis
clemency ['klemǝnsi] zachtheid [v. weer]; goedertierenheid, clementie; **clement** zacht [weer]; goedertieren, genadig, clement
clench [klenʃ] op elkaar klemmen; (om)klemmen; ballen [de vuist]; zie ook: *clinch*
clerestory ['kliǝstǝri, 'kliǝstɔ:ri] (muur met) bovenlicht *o*
clergy ['klǝdʒi] geestelijkheid; geestelijken; **–man** Anglikaanse geestelijke
cleric ['klerik] geestelijke; **–al I** *aj* geestelijk; klerikaal; schrijvers-, klerken-; administratief; *~ error* schrijffout; *~ student rk* priesterstudent; **II** *sb* klerikaal; **–alism** klerikalisme *o*; **–alist** klerikaal
clerihew ['klerihju:] vierregelig geestig versje *o*
clerk [kla:k] klerk, schrijver, (kantoor)bediende; griffier; secretaris; koster & voorzanger; ↘ geleerde; geestelijke; *~ of (the) works* (bouw)opzichter
clever ['klevǝ] bekwaam, handig, knap, pienter, spits, glad; *Am* aardig
clew [klu:] kluwen *o*; = *clue*
cliché ['kli:ʃei] cliché[2] *o*
click [klik] **I** *vi* (& *vt*) tikken; klikken, klakken, klappen (met); **S** succes hebben; het eens worden (zijn), goed bij elkaar komen; **II** *sb* geklik *o*, getik *o*; klink; pal
client ['klaiǝnt] cliënt(e); klant, afnemer; **–ele** [kli:a:n'teil] clientèle, klantenkring
cliff [klif] steile rots, rotswand [aan zee]; **~-hanging F** in spanning houdend, melodramatisch
climacteric [klai'mæktǝrik] de „overgang" bij vrouwen
climactic [klai'mæktik] een climax vormend
climate ['klaimit] klimaat *o*, luchtstreek; **–tic** [klai'mætik] klimaat-; **–tology** [klaimǝ'tɔlǝdʒi] klimatologie
climax ['klaimæks] climax, hoogtepunt *o*
climb [klaim] **I** *vi* (op)klimmen, klauteren; stijgen; *~ down* en toontje lager zingen, inbinden; **II** *vt* klimmen in of op, beklimmen; **III** *sb* klim(partij); ↗ stijgvermogen *o*; **~-down** *fig* vermindering van zijn eisen, inbinden *o*; **–er** (be)klimmer; klimplant; klimvogel; streber
⊙ clime [klaim] (lucht)streek

clinch [klinʃ] **I** *vt* (vast)klinken; *fig* de doorslag geven; **II** *vt* in de clinch gaan [bij boksen]; **III** *sb* clinch [vastgrijpen bij boksen]; **–er F** argument waartegen je niets (meer) kunt inbrengen
cling [kliŋ] (aan)kleven; aanhangen; trouw blijven; nauw sluiten [aan het lijf]; klitten; zich vastklemmen; **–y** klevend; nauwsluitend
clinic ['klinik] kliniek; **–al** klinisch; *~ thermometer* koortsthermometer
clink [kliŋk] **I** *vi* & *vt* (doen) klinken, klinken met; **II** *sb* klinken *o* ‖ **S** nor, cachot *o*
clinker ['kliŋkǝ] klinker(steen); ✗ slak [in kachels] ‖ *Am* **S** mislukking; *Br* **S** prachtexemplaar; **~-built** ⚓ overnaads
clip [klip] **I** *vt* (af-, kort)knippen; scheren; (be)snoeien; afbijten, niet uitspreken [woorden] ‖ klemmen, hechten; *~ sbd.'s wings* iem. kortwieken; **II** *sb* scheren *o*; scheerwol; fragment *o* [v. film]; mep; **S** vaart ‖ knijper, klem, haak, clip; **~-joint** neptent; **clipper** (be)snoeier; schapenscheerder; ⚓ klipper; **~s** wolschaar, tondeuse; **F** bovenste beste; **clippie F** conductrice; **clipping** snoeisel *o*; (krante)knipsel *o*; scheerwol
clique [kli:k] kliek, coterie
clitoris ['klaitǝris] clitoris, kittelaar
cloak [klouk] **I** *sb* cape, (schouder)mantel, dekmantel; **II** *vt* met een mantel bedekken, bemantelen; **~-and-dagger** melodramatisch: overdreven romantisch en heroïek; **~-room** garderobe, vestiaire, kleedkamer; bagagedepot *o*
clobber ['klɔbǝ] **S I** *sb* plunje, spullen, kleren ‖ **II** *vt* er van langs geven, (ver)slaan
cloche [klɔ:ʃ] pothoed
clock [klɔk] **I** *sb* uurwerk *o*, klok; **F** horloge *o*; ♣ kaarsje *o* [v. paardebloem] ‖ ingeweven figuurtje *o* [op kous of sok]; *against the ~* gehaast; **II** *vt* (& *vi*) door middel van een tijdregistratieklok (zich laten) controleren bij het komen (*~ in*, *~ on*) of bij het gaan (*~ out*, *~ off*); *sp* afdrukken [15 min. 4,70 sec.]; **~card** prikkaart [bij een prikklok]; **~wise** met de wijzers v.d. klok mee; **~work** (uur)werk *o*, raderwerk *o*; *like ~* regelmatig; machinaal; vanzelf; *~ toy* speelgoed *o* met mechaniek
clod [klɔd] (aard)kluit; (boeren)knul; **–hopper** (boeren)pummel
clog [klɔg] **I** *sb* blok; klompschoen; blok *o* aan het been[2]; belemmering; **II** *vt* een blok aan het been doen; tegenhouden, belemmeren; overladen; verstoppen; **III** *vi* verstopt raken; klonteren; **cloggy** (aaneen)klevend; klonterig
cloister ['klɔistǝ] **I** *sb* kruisgang [bij kerk], kloostergang; klooster *o*; **II** *vt* in een klooster doen; **~ed** [*fig*] in afzondering (levend); **cloistral** kloosterachtig, klooster-
1 close [klous] **I** *aj* (in)gesloten, dicht[2]; dicht opeen; streng (bewaakt), nauwkeurig, scherp; vin-

nig [strijd]; besloten [jachttijd, vennootschap]; (aaneen)gesloten; geheimhoudend; nauwsluitend; op de voet volgend; getrouw; innig, dik [v. vrienden]; op de penning; benauwend, benauwd, bedompt; *it was a ~ thing* zie *near*; *keep (lie) ~* zich gedekt houden; **II** *ad* (dicht) bij; heel kort [knippen]; *shave ~* goed uitscheren; *~ up(on)* (dicht) bij, bijna; **III** *sb* ingesloten ruimte, erf *o*, speelplaats; zie ook 2 *close* **III**

2 close [klouz] **I** *vt* sluiten[2], af-, insluiten, besluiten, eindigen; *he ~d the door on me* hij sloeg de deur in mijn gezicht dicht; *~d shop* bedrijf *o* dat slechts leden v. bepaalde vakbond(en) in dienst neemt; ● *~ d o w n* sluiten [fabriek]; *~ i n* in-, omsluiten; *~ u p* sluiten; verstoppen; **II** *vi* (zich) sluiten, dichtgaan, zich aaneensluiten; de gelederen sluiten; eindigen; ● *~ d o w n* sluiten; *~ i n* opschikken; korten [dagen]; (in)vallen [avond]; *~ in (up)on* aanvallen, losgaan op; *~ u p* (aan)sluiten, op-, bijschikken; de gelederen sluiten *~ u p o n* omsluiten, omspannen [v. de hand]; *~ w i t h* handgemeen worden met; (gretig) aannemen; **III** *sb* slot *o*, einde *o*, besluit *o*; handgemeen *o*; zie ook 1 *close* **III**; *~ -***down** ['klouzdaun] bedrijfssluiting; *~ -***fisted** ['klousfisted] vrekkig, gierig; *~ -***fitting** nauwsluitend; *~ -***grained** fijnkorrelig

closet ['klɔzit] **I** *sb* kamertje *o*, kabinet *o*; studeerkamer; (muur)kast; **II** *vt* opsluiten

close-up ['klousʌp] close-up: filmopname v. nabij; detailfoto

closing ['klouziŋ] **I** *aj* sluitings-, slot-, laatste; **II** *sb* sluiting, afsluiting; **closure** [ʃ] *sb* sluiting[2]; slot *o*; **II** *vt* in het Lagerhuis: het debat sluiten over

clot [klɔt] **I** *sb* klonter; klodder; F trombose; S idioot; **II** *vi* klonteren, stollen

cloth [klɔθ] laken *o*, stof, doek *o* & *m* [stofnaam]; doek *m* = lap; tafellaken *o*, linnen *o*, linnen band [v. boek]; *the ~* de geestelijke stand; **clothe** [klouð] kleden, bekleden[2], inkleden; **clothes** kle(de)ren, kleding; beddegoed *o*; *~ -***horse** droogrek *o*; *~ -***line** drooglijn, waslijn; *~ -***peg**, *~ -***pin** wasknijper; *~ -***press** kleerkast; **clothier** stoffenhandelaar; handelaar in herenkleding; **clothing** (be)kleding

clotty ['klɔti] klonterig

cloud [klaud] **I** *sb* wolk[2]; *be i n the ~s* „zweverig" zijn; in hoger sferen zijn; *he is u n d e r a ~* hij is in grote moeilijkheden; hij is uit de gratie; *every ~ has a silver lining* achter de wolken schijnt de zon; **II** *vt* bewolken; verduisteren[2]; *fig* benevelen; vertroebelen; **III** *vi* betrekken; *~ over (up)* betrekken; *~ -***burst** wolkbreuk; *~ -***capped**, *~ -***capt** in wolken gehuld; *~ -***cover** bewolking; *~ -***cuckoo-land** dromenland *o*; *~ -let* wolkje *o*; *~ -y* bewolkt, wolkig; troebel, betrokken[2]; duister[2]

clough [klʌf] ravijn *o*

clout [klaut] **I** *sb* lap, doek; F oplawaai; **II** *vt* lappen; een klap geven

1 clove [klouv] V.T. van *cleave* **I**

2 clove [klouv] *sb* kruidnagel; F anjer ‖ *a ~ of garlic* een teentje *o* knoflook

clove hitch ['klouvhitʃ] ♟ mastworp

cloven ['klouvən] V.D. van *cleave* **I**; *show the ~ hoof (fool)* de aap uit de mouw laten komen; *~ -***footed**, *~ -***hoofed** met gespleten hoeven

clover ['klouvə] klaver; *be (line) in ~* het goed hebben; *~ -***leaf** klaverblad *o* [voor verkeer]

clown [klaun] clown, hansworst; lomperd; *~ -ish* pummelachtig, lomp; clownerig, clownesk

cloy [klɔi] overladen, overeten; *~ -ing* walgelijk; overdreven

club [klʌb] **I** *sb* knuppel, knots; *sp* golfstok; club, vereniging, sociëteit; fonds *o*; *~ (s)* ♣ klaveren; **II** *vi* zich verenigen, medewerken; botje *o* bij botje leggen (ook: *~ together*); **III** *vt* knuppelen; bijeenleggen (ook: *~ together*); *he ~bed his rifle* hij sloeg met de kolf van zijn geweer; *~ -***able** gezellig, geschikt voor het clubleven; *~ -***foot** horrelvoet; *~ -***house** club, clubgebouw *o*; *~ -***law** vuistrecht *o*

cluck [klʌk] klokken [v. kip]

clue [klu:] vingerwijzing, *fig* sleutel; (zelden) = *clew*; *not have a ~* F er niets van snappen; *~ -less* F niets wetend, aartsdom

clump [klʌmp] **I** *sb* klomp; blok *o*; groep [bomen &]; dubbele zool; F klap; **II** *vi* klossend lopen; **III** *vt* van dubbele zolen voorzien; bijeenplanten; F een klap geven

clumsy ['klʌmzi] v.lomp, onhandig, plomp

clung [klʌŋ] V.T. & V.D. van *cling*

cluster ['klʌstə] **I** *sb* tros, bos; groep, groepje *o*, zwerm, troep; **II** *vi* in trossen (bosjes) groeien; zich groeperen, zich scharen; **III** *vt* groeperen, in trossen binden

clutch [klʌtʃ] **I** *vt* grijpen, vatten, beetpakken; zich vastklampen aan; **II** *vi* grijpen(naar *at*); **III** *sb* greep, klauw; ✗ koppeling ‖ 🐦 broedsel *o*; stel *o*, groep; *let in the ~* 🚗 inschakelen; *~ pedal* koppelingspedaal

clutter ['klʌtə] **I** *sb* warboel, troep; gestommel *o*; herrie; **II** *vi* stommelen; lawaai, herrie maken; **III** *vt ~ (up)* dooreengooien; volstoppen, -proppen, -gooien (met *with*)

clyster ['klistə] lavement *o*, klysma *o*

c.o. = *conscientious objector*

C.O. = *Commanding Officer*

Co. = *Company; County*

c/o = *care of* per adres, p/a; $ *carried over* transport *o*

coach [koutʃ] **I** *sb* koets; diligence; spoorrijtuig *o*; touringcar, bus; ◑ repetitor; *sp* trainer; **II** *vi* in een koets (diligence) rijden; ◑ met een repetitor studeren; **III** *vt* ⇨ klaarmaken (voor een examen); *sp* trainen; **~-and-four (six)** wagen met 4 (6) paarden; **~-box** bok; **-ing** bijles; repeteren *o* voor een examen &; *sp* speciale training; **-man** koetsier; **-work** carrosserie, koetswerk *o*

coaction [kou'ækʃən] samenwerking; dwang; **-ive** samenwerkend; dwingend

coadjutor [kou'ædʒutə] (mede)helper, assistent; coadjutor [v. bisschop]

coagulate [kou'ægjuleit] stremmen, (doen) stollen; **-tion** [kouægju'leiʃən] stremming, stolling

coal [koul] **I** *sb* (steen)kool, kolen; *carry ~s to Newcastle* water naar (de) zee dragen; zie *haul* **I**; **II** *vt* van kolen voorzien; verkolen; **III** *vi* kolen innemen of laden; **~-black** koolzwart; **~-box** kolenbak

coalesce [kouə'les] samengroeien, samenvloeien, zich verenigen; **coalescence** samengroeien *o*, samenvloeiing, vereniging

coal-face ['koulfeis] (kolen)front *o*, vlak *o* waar de steenkool gewonnen wordt [in mijn]; **~-gas** lichtgas *o*; **~-heaver** kolendrager; **-ing-station** bunkerstation *o*

coalition [kouə'liʃən] verbond *o*, coalitie

coal-pit ['koulpit] kolenmijn; **~-scuttle** kolenkit; **~-seam** kolenader; **~-tar** koolteer

coarse [kɔ:s] grof², ruw; **-n** vergroven, verruwen

coast [koust] **I** *sb* kust; *the ~ is clear* de kust is veilig, het gevaar is voorbij; **II** *vi* langs de kust varen; (een helling af)glijden; freewheelen [van helling]; in de vrijloop afdalen [v. auto]; **-al** kust-; **-er** kustvaarder; kustbewoner; onderzettertje *o*; **~-guard** kustwacht(er); **-wise** langs de kust, kust-

coat [kout] **I** *sb* jas; ✎ rok; (dames)mantel; bedekking, bekleding; vacht, pels, vel *o*, huid; schil; vlies *o*; laag [verf]; ⊠ wapen *o*; *~ and skirt* mantelpak *o*; *~ of arms* wapen(schild) *o*; *~ of mail* maliënkolder; *cut one's ~ according to one's cloth* de tering naar de nering zetten; **II** *vt* bekleden; bedekken; aanstrijken [met verf]; **-ed** ⚕ beslagen [tong]; *~ paper* glanspapier *o*; **-ee** [kou'ti:] nauwsluitend kort jasje *o*; **~-hanger** kleerhanger; **-ing** stof voor jassen; laag [v. verf &]; **~-rack** kapstok; **~-tail** jaspand; zie ook: *trail* **II**

co-author [kou'ɔ:θə] mede-auteur

coax [kouks] flemen, vleien; *~... from sbd.* iem. ...ontlokken; *~ sbd. into...* door vleien van iem. gedaan krijgen, dat...; *~ sbd. out of sth.* iem. iets aftroggelen; **-er** flemer, vleier

cob [kɔb] klomp, stuk *o*; ⚘ maïskolf; hazelnoot; ♘ klein, gedrongen paard *o*; ♘ mannetjeszwaan; leem *o* & *m* met stro (als bouwmateriaal *o*)

cobalt [kə'bɔ:lt] kobalt *o*

cobble ['kɔbl] **I** *sb* (straat)kei; *~s* ook: soort steenkolen; **II** *vt* met keien bestraten; (op)lappen [v. schoenen]; samenflansen; **-r** schoenlapper; knoeier; cobbler: frisdrank; *~'s wax* pek *o* & *m*; **~-stone** (straat)kei

cobra ['koubrə] cobra: brilslang

cobweb ['kɔbweb] spinneweb *o*, spinrag *o*

cocaine [kə'kein] cocaïne

coccyx ['kɔksiks] stuitbeen *o*, staartbeen *o*

cochlea ['kɔkliə] slakkehuis *o* [v. oor]

cock [kɔk] **I** *sb* ♘ mannetje *o*, haan; weerhaan; kraan; haantje de voorste ‖ (hooi)opper ‖ wijze van optomen [v.e. paard]; optrekken *o* [v.d. neus, het hoofd]; opzetten *o*; **P** penis; *old ~* **F** ouwe jongen; *the ~ of the walk* haantje de voorste; *that ~ won't fight* die vlieger gaat niet op; *at (full) ~* met gespannen haan; *at half ~* half gespannen of overgehaald; **II** *vt* optomen, schuin (op één oor) zetten [hoed], scheef houden [hoofd]; optrekken, opzetten; de haan spannen van; spitsen [de oren] ‖ aan oppers zetten; *~ one's eye at* schelms aankijken; *~ up* opzetten, spitsen [de oren]; in de nek werpen [het hoofd]; optrekken [zijn benen]; **III** *vi* overeind staan (ook: *~ up*)

cockade [kɔ'keid] kokarde

cock-a-doodle(-doo) ['kɔkədu:dl('du:)] kukeleku

cock-a-hoop ['kɔkə'hu:p] uitgelaten

Cockaigne [kɔ'kein] *land of ~* luilekkerland *o*; **F** Cockney-land (= Londen)

cockalorum [kɔkə'lɔ:rəm] **F** klein, verwaand mannetje *o*; *high ~* bok-stavast

cock-and-bull story ['kɔkən'bul'stɔ:ri] ongerijmd verhaal *o*

cockatoo [kɔkə'tu:] kaketoe

cockboat ['kɔkbout] kleine boot, jol

cockchafer ['kɔktʃeifə] meikever

cock-crow(ing) ['kɔkkrou(iŋ)] hanegekraai *o*; dageraad

Cocker ['kɔkə] zie *according*

cocker ['kɔkə] **I** *sb* cocker-spaniël (*~ spaniel*); **II** *vt* vertroetelen (ook: *~ up*)

cockerel ['kɔkərəl] haantje² *o*

cock-eyed ['kɔkaid] **F** scheel; *fig* scheef; **S** krankzinnig; dronken

cock-fight ['kɔkfait] hanengevecht *o*

cock-horse ['kɔk'hɔ:s] stokpaardje *o*; hobbelpaardje *o*

cockle ['kɔkl] **I** *sb* mossel, kokkel; ⚘ bolderik (ook: *Corn-~*), dolik, brand; oneffenheid; *it warms the ~s of my heart* het doet mijn hart goed; **II** *vt* & *vi* krullen, rimpelen; **~-shell** (hart)schelp; notedop [v. een scheepje]; sint-jakobsschelp

cock-loft ['kɔklɔ:ft] vliering

cockney ['kɔkni] cockney [geboren Londenaar]; cockney *o* [plat-Londens]

cockpit ['kɔkpit] hanenmat; ⚓ ziekenboeg [v. oorlogsschip]; cockpit [v. vliegtuig, raceauto,

jacht]; *fig* strijdperk *o*
cockroach ['kɔkroutʃ] kakkerlak
cockscomb ['kɔkskoum] hanekam [ook ❦]; zie verder *coxcomb*
cock-shot ['kɔkʃɔt] mikpunt *o*; worp; ~-**shy** ['kɔkʃai] gooi-en-smijtkraam; = *cock-shot*
cocksure ['kɔk'ʃuə] verwaand en zelfbewust
cocktail ['kɔkteil] paard *o* met in de hoogte gedragen staart, niet-volbloed renpaard *o*; cocktail [drank]; *Molotov* ~ benzinebom; molotovcocktail
cocky ['kɔki] verwaand, eigenwijs
coco ['koukou] kokospalm
cocoa ['koukou] cacao(boom)
coco(a)-nut ['koukənʌt] kokosnoot, klapper; F hoofd; ~ *matting* kokosmat; ~ *shy* gooi-en-smijtkraam
cocoon [kə'ku:n] cocon [v. zijderups]
C.O.D. = *cash on delivery* ❧ onder rembours
cod [kɔd] I *sb* kabeljauw ‖ II *vt* S voor de mal houden, foppen
coddle ['kɔdl] zacht laten koken; vertroetelen, verwennen
code [koud] I *sb* code; geheimtaal; wetboek *o*; reglement *o*; regels, voorschriften; II *vt* coderen: in code overbrengen; ~ *number* codenummer *o*; netnummer *o*
co-determination [kouditə:mi'neiʃən] *right of* ~ medebeslissingsrecht *o*
cod-fish ['kɔdfiʃ] kabeljauw
codger ['kɔdʒə] F ouwe vent
codicil ['kɔdisil] codicil *o*: aanvulling op een testament; informeel testament
codification [kɔdifi'keiʃən] codificatie; systematisering; **codify** ['kɔdifai] codificeren; in een systeem onderbrengen
cod-liver oil ['kɔdlivə'rɔil] levertraan
coed ['kou'ed] *Am* F meisjesstudent
coeducation ['kouedju'keiʃən] coëducatie
coefficient [koui'fiʃənt] I *sb* coëfficiënt: constante factor v.e. grootheid; II *aj* samenhangend, meewerkend
coemption [kou'empʃən] uit winstbejag opkopen *o* v.d. gehele aanwezige voorraad v.e. produkt
coenobite ['si:nəbait] = *cenobite*
coequal [kou'i:kwəl] gelijk(e)
coerce [kou'ə:s] dwingen (tot *into*); in bedwang houden; –cion dwang; –cive dwingend; dwang-
coeval [kou'i:vəl] I *aj* even oud (als *with*); II *sb* tijdgenoot
coexist [kouig'zist] gelijktijdig, of naast elkaar bestaan, coëxisteren; –ence gelijktijdig of naast elkaar bestaan *o*, coëxistentie; –ent gelijktijdig of naast elkaar bestaand
coffee ['kɔfi] koffie; ~ *bar* koffiebar; ~-**bean**

koffieboon; ~ **grinder** koffiemolen; ~-**grounds** koffiedik *o*; ~-**room** eetzaal; ~-**stall** koffietent, -stalletje *o*; ~-**table** salontafeltje *o*
coffer ['kɔfə] (geld)kist; ~*s* schatkist; fondsen
coffer-dam ['kɔfədæm] kistdam, kisting
coffin ['kɔfin] I *sb* doodkist; II *vt* kisten
coffle [kɔfl] aantal *o* aan elkaar geketende slaven of dieren
cog [kɔg] I *sb* tand of kam [v. rad]; II *vt* tanden
cogency ['koudʒənsi] (bewijs)kracht; **cogent** krachtig, dringend, klemmend [betoog]
cogitate ['kɔdʒiteit] I *vi* denken; II *vt* overpeinzen, uitdenken, verzinnen; –tion [kɔdʒi'teiʃən] overpeinzing
cognate ['kɔgneit] I *aj* verwant[2] (aan *with*); II *sb* verwant woord *o*; verwant
cognition [kɔg'niʃən] het kennen; het gekende
cognizable ['kɔ(g)nizəbl] kenbaar, waarneembaar; ⚒ vervolgbaar; –ance kennis, kennisneming; ∅ kenteken *o*, insigne *o*; ⚒ onderzoek *o*; competentie; (rechts)gebied *o*; –ant kennend, wetend; ~ *of* kennis dragend van
cognomen [kɔg'noumen] familienaam; bijnaam
cognoscible [kɔg'nɔsibl] kenbaar
cognovit [kɔg'nouvit] ⚒ erkenning v.e. stelling v.d. andere partij
cog-railway ['kɔgreilwei] tandradbaan
co-guardian ['kou'ga:diən] toeziend voogd
cog-wheel ['kɔgwi:l] kamrad *o*, tandrad *o*
cohabit [kou'hæbit] als man en vrouw leven; samenwonen; –ation [kouhæbi'teiʃn] samenwonen *o*; bijslaap
coheir, -ess ['kou'tə(ris)] medeërfgena(a)m(e)
cohere [kou'hiə] samenkleven, samenhangen (met *with*); **coherence, –ency** samenhang[2]; –ent samenhangend[2]; **cohesion** [kou'hi:ʒən] cohesie; samenhang[2]; –ive samenhangend, bindend
cohort ['kouhɔ:t] onderafdeling v.e. Romeins legioen
coif [kɔif] huif, kap, mutsje *o*
coiffure [kwa:'fjuə] kapsel *o*, coiffure
coign [kɔin] hoek; hoeksteen; ~ *of vantage* geschikt uitzichtspunt *o*, gunstige positie
coil [kɔil] I *vt* & *vi* oprollen, kronkelen; II *sb* bocht, kronkel(ing); spiraal; tros (touw); rol (van vlechten); winding; ⚡ spoel, klos; ⚓ rompslomp
coin [kɔin] I *sb* geldstuk *o*, munt; geld *o*; *pay sbd. in his own* ~ iem. met gelijke munt betalen; II *vt* [geld] slaan, (aan)munten; verzinnen; [een nieuw woord] maken; ~ *money* F geld als water verdienen; –**age** aanmunting; munt(en); muntwezen *o*; maken *o* [v.e. nieuw woord]; nieuw gevormd woord *o*
coincide [kouin'said] samenvallen; overeenstemmen; het eens zijn (met *with*); **coincidence**

[kou'insidəns] samenvallen *o*; overeenstemming; samenloop (van omstandigheden); toeval *o*; **–ent** samenvallend; overeenstemmend; **–ental** [kouinsi'dentl] toevallig; gelijktijdig; = *coincident*

coiner ['kɔinə] (valse)munter

coir ['kɔiə] kokosvezel(s)

coital ['kouitəl] betreffende het geslachtsverkeer; **coition** [kou'iʃən], **coitus** ['kouitəs] geslachtsgemeenschap

coke [kouk] **I** *sb* cokes ‖ **S** cocaïne ‖ *Am* **F** Cocacola; **II** *vt* & *vi* in cokes veranderen

cokernut ['koukənʌt] = *coco-nut*

cokery ['koukri] cokesinstallatie, cokesfabriek

coking coal ['koukiŋkoul] cokeskolen

col [kɔl] bergpas

colander ['kʌləndə] vergiet *o* & *v*, vergiettest

cold [kould] **I** *aj* koud[2], koel[2]; ~ *comfort* schrale troost; *get* ~ *feet* **F** bang worden; **II** *sb* kou(de); verkoudheid; *be left out in the* ~ er kaal afkomen, er buiten gehouden worden, mogen toekijken; **~-blooded** koudbloedig; koelbloedig, in koelen bloede; ongevoelig; **–ish** ietwat koud; **~-shoulder** met de nek aanzien, negeren; ~ *storage* [bewaren *o* in een] koelcel;[*fig*] *to put stb. in* ~ iets in de ijskast zetten[2]; ~ **store** koelhuis *o*; ~ *war* koude oorlog

cole [koul] ✆ kool(raap)

coleoptera [kɔli'ɔptərə] schildvleugeligen

cole-seed ['koulsi:d] koolzaad *o*

colic ['kɔlik] koliek *o* & *v*

collaborate [kə'læbəreit] mede-, samenwerken; collaboreren [met de vijand]; **–tion** [kəlæbə'reiʃən] mede-, samenwerking; collaboratie [met de vijand]; **–tor** [kə'læbəreitə] medewerker; collaborateur [met de vijand]

collage [kɔ'la:ʒ] collage

collapse [kə'læps] **I** *vt* invallen, in(een)storten; ineenzakken, bezwijken; mislukken; **II** *sb* in(een)storting; verval *o* van krachten; ✆ collaps; mislukking; **–sible** opvouwbaar, klaplaps

collar {'kɔlə] **I** *sb* kraag, boord *o* & *m*, boordje *o*, halsband; ordeteken; gareel *o*, ring; **II** *vt* een halsband & aandoen; bij de kraag vatten; **F** aanpakken, pikken, grijpen; **~ed** *beef* rollade; **~ed** *herring* rolmops; **~-bone** sleutelbeen *o*

collaret(te) [kɔlə'ret] kraagje *o* [v. kant &]

collate [kɔ'leit] vergelijken, collationeren; een kerkelijk ambt verlenen

collateral [kɔ'lætərəl] **I** *aj* zijdelings, zij-; parallel[2]; **II** *sb* bloedverwant in de zijlinie

collation [kɔ'leiʃən] vergelijking, collatie; begeving (v. kerkelijk ambt); lichte maaltijd

colleague ['kɔli:g] ambtgenoot, collega

1 collect ['kɔlekt] *sb* collecte [gebed]

2 collect [kə'lekt] **I** *vt* verzamelen, bijeenbrengen, inzamelen, collecteren, innemen [kaartjes];

[postzegels &] sparen; (op-, af)halen; innen, incasseren; ~ *oneself* bekomen, zijn zelfbeheersing terugkrijgen; **II** *vi* zich verzamelen; **–ed** verzameld, compleet; bedaard, zich zelf meester; **–ion** collectie, verzameling; collecte, inzameling, (op-, af)halen *o*; inning, incassering; buslichting; **–ive** verzameld; verenigd, collectief, gezamenlijk, gemeenschappelijk; ~ *noun* verzamelnaam; **–or** verzamelaar; inzamelaar, collectant; incasseerder; ontvanger

colleen ['kɔli:n, kɔ'li:n] *Ir* meisje *o*

college ['kɔlidʒ] college *o*; inrichting van onderwijs, (afdeling van) universiteit; **collegial** [kɔ'li:dʒiəl] van een college; **–ity** [kɔli:dʒi'æliti] *rk* collegialiteit [der bisschoppen]; **collegian** [kɔ'li:dʒən] lid *o* van een college; **collegiate** [kɔ'li:dʒiət] een college hebbend, college-; ~ *church* collegiale kerk

collet ['kɔlit] ring, band; kas waarin een juweel & gezet is

collide [kɔ'laid] (tegen elkaar) botsen, in botsing (aanvaring) komen; ~ *with* [*a car*] aanrijden

collie ['kɔli] collie: Schotse herdershond

collier ['kɔliə] mijnwerker; kolenschip *o*; **–y** kolenmijn

collimate ['kɔlimeit] parallel maken

Collins ['kɔlinz] bedankbriefje *o*

collision [kə'liʒən] botsing[2], aanvaring; *fig* tegenspraak, conflict *o*

collocate ['kɔləkeit] plaatsen, rangschikken; **–tion** [kɔlə'keiʃən] plaatsing, rangschikking

collogue [kə'loug] **F** samenspannen; een apartje hebben

collop ['kɔləp] lapje *o* [vlees]

colloquial [kə'loukwiəl] tot de omgangstaal behorende, gemeenzaam, spreektaal-; **–ism** gemeenzame zegswijze

colloquy ['kɔləkwi] samenspraak, gesprek *o*

✧ **collude** [kə'lu:d] samenspannen; **collusion** [kə'lu:ʒən] geheime verstandhouding; samenspanning; **–ive** heimelijk

collywobbles ['kɔliwɔblz] *mv* **F** buikpijn

colon ['koulən] dubbele punt; dikke darm

colonel ['kə:nəl] kolonel

colonial [kə'lounjəl] **I** *aj* koloniaal; **II** *sb* bewoner van de koloniën, iem. uit de koloniën; **–ism** kolonialisme *o*; **–ist** kolonialist(isch)

colonist ['kɔlənist] kolonist; **–ization** [kɔlənai'zeiʃən] kolonisatie; **–ize** ['kɔlənaiz] koloniseren; **–izer** kolonisator

colonnade [kɔlə'neid] colonnade, zuilenrij, zuilengang

colony ['kɔləni] kolonie, volksplanting

colophon ['kɔləfən] colofon *o* & *m*

colophony [kə'lɔfəni] hars

coloration [kʌlə'reiʃən] kleur(ing)

colossal [kə'lɔsl] kolossaal, reusachtig

colossus [kə'lɔsəs] kolos, gevaarte *o*

colour ['kʌlə] **I** *sb* kleur; tint; verf; ✕ vaandel *o*; *fig* schijn, dekmantel; ~s ✕ vaandel *o*, vlag; *change* ~ van kleur verschieten; een kleur krijgen; *gain (lose)* ~ kleur krijgen (zijn kleur verliezen); *give (lend)* ~ *to* een schijn van waarheid geven aan; *put false* ~s *upon* in een verkeerd daglicht plaatsen; *show one's* ~s kleur bekennen; ● *i n one's true* ~s in zijn ware gedaante; *off* ~ bleek en miezerig; niet in orde; **F** afgetakeld; *Am* onnet [v. mop]; *u n d e r false* ~s onder valse vlag; *under* ~ *of* onder de schijn (het voorwendsel) van; *w i t h the* ~s ✕ actief, onder dienst; *with* ~s *flying* met vliegende vaandels; *with flying* ~s met vlag en wimpel; **II** *vt* kleuren[2]; verven; verbloemen, bemantelen; **III** *vi* een kleur krijgen: blozen; **-able** plausibel, geloofwaardig klinkend; voorgewend; ~**-bar** scheiding of discriminatie tussen blanken en niet-blanken; ~**-blind** kleurenblind; **-ed I** *aj* gekleurd[2]; bemanteld, verbloemd; ~ *man* kleurling, (*Am*) neger; ~ *pencil* kleurpotlood *o*; **II** *sb* kleurling; **-ful** kleurig, bont, schilderachtig, interessant; ~ **guard** vaandelwacht; **-ing** kleur(ing), kleursel *o*, koloriet *o*; *fig* schijn, voorkomen *o*; **-ist** kolorist; schilder die werkt met kleureffecten; **-less** kleurloos; *fig* saai, mat; ~ **party** vaandelwacht; ~ **slide**, ~ **transparency** kleurendia

colportage ['kɔlpɔ:tidʒ] colportage (*spec* van bijbels)

colt [koult] (hengst)veulen *o*, jonge hengst; *fig* spring-in-'t-veld; beginneling; **-ish** als (van) een veulen; *fig* speels

coltsfoot ['koultsfut] (klein) hoefblad *o*

columbarium [kɔləm'bɛəriəm] columbarium *o*: duiventil; urnenbewaarplaats

columbine ['kɔləmbain] akelei

column ['kɔləm] zuil, kolom; rubriek, kroniek [in krant]; colonne; *fifth* ~ vijfde colonne: verkapte aanhangers v.d. vijand (*spec* in tijd van oorlog); **-ist** journalist met een vaste rubriek in een krant

colza ['kɔlzə] koolzaad *o*; ~ *oil* raapolie

coma ['koumə] coma *o*; **-tose** comateus, diep bewusteloos

comb [koum] **I** *sb* kam; (honi(n)g)raat; **II** *vt* kammen; af-, doorzoeken; ~ *o u t* uitkammen[2]; *fig* schiften; af-, doorzoeken; zuiveren

combat ['kɔm-, 'kʌmbət] **I** *sb* gevecht *o*, kamp, strijd; *single* ~ tweegevecht *o*; **II** *vi* vechten, kampen, strijden; **III** *vt* bestrijden; **-ant I** *aj* strijdend; **II** *sb* strijder, ✕ combattant; **-ive** strijdlustig

combe [ku:m] = *coomb*

comber ['koumə] kammer; ✗ kammachine; lange omkrullende golf

combination [kɔmbi'neiʃən] combinatie, verbinding, vereniging; samenspel *o*; ~s combinaison: hemdbroek; ~ *pliers* combinatietang; **-ive** ['kɔmbineitiv] verbindend, verbindings-; **combine** [kəm'bain] **I** *vi* zich verbinden, zich verenigen; **II** *vt* verbinden, verenigen, combineren; paren (aan *with*) **III** *sb* ['kɔmbain] belangengemeenschap, kartel; combine: maaidorser, maaidorsmachine (ook: ~ *harvester*)

combing(s) ['koumiŋ(z)] (uit)kamsel *o*

combo ['kɔmbou] combo [kleine jazzband]

combustibility [kəmbʌsti'biliti] brandbaarheid; **combustible** [kəm'bʌstibl] **I** *aj* brandbaar, verbrandbaar; **II** *sb* brandstof; brandbare stof; **combustion** verbranding

come [kʌm] **I** *vi* komen, aan-, er bij-, op-, over-, neer-, uitkomen; (mee)gaan; komen opzetten; worden; ~ !komaan, och kom!; *it comes easy to him* het gaat hem gemakkelijk af; *easy* ~ *easy go, light(ly)* ~ *light(ly)* zo gewonnen zo geronnen; ~ *right* uitkomen, in orde komen; ~ *short* te kort schieten; ~ *true* uitkomen, bewaarheid worden, in vervulling gaan; ~ *undone* (*untied*) losgaan, -raken; ~ *what may* wat er ook gebeure; ~ *Christmas* aanstaande Kerstmis; ~ *wind, rain or high water* al moet de onderste steen boven komen; (*as*) ... *as they* ~ zo...als wat, echt...; ...*to* ~ (toe)komende, aanstaande; *for years to* ~ nog jaren; *not for years to* ~ nog in geen jaren; **II** quasi *vt* in: *have* ~ (*a long way*) afgelegd hebben; ~ *sbd.'s way* iems. kant of buurt uitkomen; iem. ten deel vallen; *if it should ever* ~ *your way* als je het ooit eens tegenkomt; *als het je ooit eens overkomt;* ~ *it* (*too*) *strong* het te ver drijven, overdrijven; zie ook: *cropper;* ● ~ *a b o u t* zich toedragen, gebeuren; tot stand komen; ~ *a c r o s s* (toevallig) aantreffen, ontmoeten of vinden; *fig* (goed) overkomen; ~ *across sbd.'s mind* bij iem. opkomen; ~ *a f t e r* komen na, volgen op; ~ *a g a i n* terugkomen; ~ *again* **F** wat zeg je?; ~ *a l o n g* komen (aanzetten); meegaan, voortmaken; ~ *along!* vooruit!, kop op!; ~ *a p a r t, ~ a s u n d e r* uit elkaar gaan, losgaan, stukgaan; ~ *a t* aan (bij)... komen, bereiken, (ver)krijgen; achter... komen; ~ *a w a y* losraken; weggaan, scheiden; ~ *b a c k* terugkomen; weer te binnen schieten; bijkomen; zich herstellen (ook: in de gunst), er weer in (d.i. in trek, in de mode) komen; ~ *b e t w e e n* (ergens) tussenkomen, vervreemden; ~ *b y* voorbijkomen, passeren; aan ... komen, (ver-) krijgen; ~ *d o w n* afkomen, afdalen, afzakken; naar beneden komen (vallen); afgebroken worden [huis]; van de universiteit komen; dalen; (neer)komen, reiken (tot *to*); een toontje lager zingen; ~ *down* (*handsomely*) **F** over de brug komen; ~ *down against* (*for, in favour of*) zich verklaren tegen (voor); ~ *down in the world* aan lager wal raken; ~ *down on sbd.* (*like a ton of bricks*) tegen iem. te keer gaan (van je welste); ~ *down on the side of* zich verklaren voor; ~ *f o r* komen om, komen (af)halen; ~ *f o r t h* te voorschijn komen, zich vertonen; ~ *f o r w a r d* zich aanmelden (aanbieden); naar voren treden; ~ *f r o m* komen van (uit); ~ *i n* binnenkomen²; aankomen; ~ *in again* weer in de mode of aan het bewind komen; *where do I ~ in?* waar blijf ik nu?, en ik dan?, wat heb ik daar nu voor voordeel bij?; wat heb ik er mee te maken?; ~ *in handy (useful)* van (te) pas komen; ~ *in for* krijgen; ~ *i n t o* komen in; deel uitmaken van; ~ *i n t o a fortune (a thousand)* krijgen als zijn (erf)deel, erven; ~ *into one's own* (weer) in zijn rechten treden; zijn (erf)deel krijgen²; *fig* ook: het hem toekomende krijgen, aan zijn trek(ken) komen; zie ook: *force* &; ~ *n e a r doing* bijna doen; ~ *o f* komen van, afstammen van; ~ *o f f* afkomen van; er af gaan, loslaten, afgeven [kleuren], uitvallen [haar], ontsnappen [gassen]; doorgaan, plaatshebben; lukken; uitkomen; ~ *off badly* er slecht afkomen, het er slecht afbrengen; ~ *off it!* F schei uit!, hou op!; ~ *o n* (aan)komen, gedijen, tieren; opkomen [onweer &]; aangaan [van het licht]; ter sprake komen; ,,loskomen'', op dreef komen; ~ *on!* vooruit!; ~ *on for discussion* in behandeling komen; ~ *on for hearing (for trial)* ⚖ vóórkomen; ~ *on to...* beginnen te...; ~ *o u t* uitkomen, (naar) buiten komen, uit de gevangenis komen; in staking gaan (ook: ~ *out on strike*); uitlekken; aan het licht komen, verschijnen [publikaties]; opkomen [pokken]; ⚘ uitlopen; debuteren; optreden; er uit gaan [vlekken]; ~ *out strong(ly)* flink voor den dag komen; ~ *out against (for, in favour of)* opkomen tegen (voor); ~ *well out of it* er goed afkomen; ~ *out with* komen aanzetten, voor den dag komen, uit de hoek komen met; ~ *o v e r* óverkomen, oversteken [de zee]; overlopen (naar *to*); ~ *over sbd.* iem. overvallen, bekruipen, bevangen; iem. overkómen, F bezielen; F iem. bepraten; bedotten; ~ *r o u n d* aankomen, aanwippen; vóórkomen [auto &]; *fig* een gunstige wending nemen, in orde komen; bijkomen; bijdraaien; ~ *round again* weer komen, er weer zijn [v. datum]; ~ *t h r o u g h* er door komen; doorkomen [v. geluid, bericht &]; ~ *t o* (weer) bijkomen; komen bij, naar, tot, op; ~ *to believe* gaan geloven; ~ *to know sbd.* iem. leren kennen; ~ *to think of it* er over beginnen te denken; eigenlijk; *it is coming to be regarded as...* het wordt langzamerhand (gaandeweg, allengs) beschouwd als...; ~ *to blows* slaags raken; ~ *to harm* een ongeluk krijgen, verongelukken; ~ *to nothing* zie *nothing* I; ~ *to sbd.* iem. te beurt vallen, overkómen; te binnen schieten; *he had it coming to him* het was zijn verdiende loon; ~ *easy (easily) to sbd.* iem. gemakkelijk afgaan; *it ~s natural(ly) to him* het gaat hem

goed af, het ligt hem; ~ *to pass* gebeuren; *if it ~s to that* wat dat aangaat, als dat de zaak is; *what girls are coming to!* waar moet het toch met onze meisjes heen!; ~ *u n d e r this head* vallen onder; ~ *u p* boven komen; opkomen; in de mode komen; ter sprake komen (ook: ~ *up for discussion*); in behandeling komen; aankomen [studenten]; ~ *up against* stuiten op; in botsing komen met; ~ *up to* naar [iem.] toe komen; gelijk zijn of beantwoorden aan, halen bij; ~ *up with* inhalen; op de proppen (voor de(n) dag) komen met; ~ *u p o n sbd.* (*sth.*) iem. (iets) aantreffen, tegen het lijf lopen; aanvallen; te binnen schieten; ~ *upon the parish (town)* armlastig worden; ~ *upon the scene* ten tonele verschijnen; **~-at-able** [kʌm'ætəbl] F toegankelijk, bereikbaar; **~-back** ['kʌmbæk] F terugkeer; herstel *o*

comedian [kɔ'mi:diən] toneelspeler, acteur; komiek; *fig* komediant; blijspeldichter; **comedist** ['kɔmidist] blijspelschrijver

comedo ['kɔmidou, *mv* –dones, –dos] meeëter

come-down ['kʌmdaun] val, vernedering, achteruitgang; tegenvaller

comedy ['kɔmidi] blijspel *o*, komedie

come-hither [kʌm'hiðə] (ver)lokkend

comely ['kʌmli] bevallig, knap; gepast

comer ['kʌmə] wie (aan)komt; *Am* veelbelovend iemand; *the first* ~ de eerste de beste; *~s and goers* de gaande en komende man

comestibles [kə'mestiblz] levensmiddelen

comet ['kɔmit] komeet

come-uppance [kʌm'ʌpəns] F verdiende loon, straf

comfit ['kʌmfit] snoepje *o*

comfort ['kʌmfət] I *sb* troost, vertroosting; opbeuring; welgesteldheid; gemak *o*, gerief *o*, geriefelijkheid, comfort *o*; *take* ~ zich troosten; II *vt* (ver)troosten, opbeuren; **–able** I *aj* behaaglijk, aangenaam, geriefelijk, gemakkelijk, op zijn gemak; genoeglijk; welgesteld; gerust; ruim [inkomen]; II *sb Am* gewatteerde deken; **–er** trooster, troosteres; gebreide wollen das; fopspeen; *Am* gewatteerde deken; **–less** troosteloos; ongeriefelijk; ~ **station** *Am* (openbaar) toilet *o;* **comfy** F = *comfortable*

comic ['kɔmik] I *aj* komisch, humoristisch, grappig; ~ *strip* (aflevering v.e.) stripverhaal *o*; II *sb* komiek; humoristisch blad *o*; stripverhaal *o*, stripboek *o*; (ook: ~s); **–al** grappig, komisch, kluchtig, koddig

coming ['kʌmiŋ] I *aj* (toe)komend; II *sb* komst

comity ['kɔmiti] beleefdheid; *the ~ of nations* gedrag *o* zoals tussen beschaafde volken gebruikelijk

comma ['kɔmə] komma

command [kə'ma:nd] I *vt* bevelen, gebieden, ⚔ commanderen, aanvoeren, het commando voeren over; ※ bestrijken; *fig* beheersen; beschikken over; afdwingen; opbrengen [v. prijzen]; hebben [aftrek]; doen [huur]; *yours to* ~ uw dienstwillige; **II** *vi* bevelen; het commando voeren; **III** *sb* bevel *o*; gebod *o*, opdracht; ※ commando *o*; leiding; legerleiding; legerdistrict *o*; ↝ afdeling, dienst; *fig* beheersing; beschikking; *Coastal C~* ↝ kust-vliegdienst; *High C~* ※ ※ [Russisch &] Opperbevel *o*; *Higher C~* ※ [Engels] Opperbevel *o*; *a t his* ~ op zijn bevel; te zijner beschikking; *b y his* ~ op zijn bevel; *be i n* ~ het bevel voeren (over *of*); *second in* ~ onderbevelhebber; **–ant** [kɔmən'dænt] ※ commandant; **–eer** rekwireren; **–er** [kə'ma:ndə] bevelhebber; aanvoerder; commandeur [v. ridderorde]; ※ kapitein-luitenant-ter-zee; ※ commandant; ~-*in-chief* ※ opperbevelhebber, legercommandant; **–ing** bevelend; bevelvoerend; de omtrek bestrijkend; *fig* imposant, imponerend, indrukwekkend; **–ment** gebod *o*

commando [kə'ma:ndou] ※ commando *o*

command paper [kə'ma:nd'peipə] *Br* kabinetsbesluit *o*, ± Koninklijk Besluit *o*

commemorate [kə'meməreit] herdenken, gedenken, vieren; **–tion** [kəmemə'reiʃən] herdenking; gedachtenisviering; *in* ~ *of* ter herdenking van; **–tive** [kə'memərətiv] herdenkings-, gedenk-

commence [kə'mens] beginnen; **–ment** begin *o*; **commencing-salary** aanvangssalaris

commend [kə'mend] (aan)prijzen, aanbevelen; ↝ de groeten doen van; ~ *me to A* geef mij maar A; ~ *itself to* in de smaak vallen bij, instemming vinden bij; **–able** *aj* prijzenswaardig, loffelijk; **–ation** [kɔmen'deiʃən] aanbeveling, lof(tuiting); **–atory** [kə'mendətəri] prijzend, aanbevelend, aanbevelings-; lof-

commensal [kə'mensəl] kostganger; *biol* commensaal: dier of plant die in nabijheid v.e. andere leeft of groeit

commensurable [kə'menʃərəbl] onderling meetbaar, deelbaar; evenredig; **–ate** evenredig (aan *to*, *with*); gelijk (aan *with*)

comment ['kɔment] **I** *sb* aantekening; uitleg, commentaar[2] *m* of *o*; **II** *vi* opmerken; ~ *on* aantekeningen maken bij; opmerkingen maken over, commenteren; **–ary** uitleg, opmerking(en), commentaar[2] *m* of *o*; *RT* reportage; **–ator** uitlegger, verklaarder, commentator; *RT* reporter

commerce ['kɔmə:s] handel, verkeer *o*; omgang; ◇ soort kaartspel *o*; **commercial** [kə'mə:ʃəl] **I** *aj* commercieel, handels-, bedrijfs-, beroeps-, zaken-, zakelijk; ~ *room* kamer voor zakelijke gesprekken in hotel; **II** *sb* **F** handelsreiziger; *RT* reclameboodschap, -uitzending; **–ism** handelsgeest; **–ize** vercommercialiseren;

tot louter handelsaangelegenheid maken (of worden)

commie ['kɔmi] **F** communist

commination [kɔmi'neiʃən] bedreiging (met Gods wraak)

commingle [kɔ'miŋl] zich vermengen

comminute ['kɔminju:t] verbrijzelen, versplinteren

commiserate [kə'mizereit] beklagen, medelijden hebben met; **–tion** [kəmizə'reiʃən] deernis, medelijden *o*, deelneming

commissariat [kɔmi'sɛəriət] ※ intendance

commissary ['kɔmisəri] gemachtigde, commissaris

commission [kə'miʃən] **I** *sb* last, lastbrief, (officiers)aanstelling; opdracht; commissie; provisie; begaan *o* [v. misdaad]; verlenging; *go beyond one's* ~ buiten zijn opdracht (zijn boekje) gaan; *in* ~ ⚓ in actieve dienst; *on* ~ $ in commissie; *out of* ~ ※ buiten dienst; **II** *vt* machtigen; opdracht verstrekken; bestellen; aanstellen; ※ in dienst stellen; **~-agent** $ commissionair

commissionaire [kəmiʃə'nɛə] kruier; boodschaploper; portier

commissioned [kə'miʃənt] ~ *officer* officier; *non-* ~ *officer* onderofficier

commissioner [kə'miʃənə] commissaris, gevolmachtigde, lid *o* van een commissie; hoofdcommissaris van politie; ⋃ resident; *High C~* Hoge Commissaris; **commission merchant** $ commissionair

commissure ['kɔmisjuə] voeg, naad

commit [kə'mit] **I** *vt* bedrijven, begaan, plegen; toevertrouwen (aan *to the flames, to the grave* &], prijsgeven; verwijzen (naar een commissie); compromitteren; binden; *Am* inzetten [strijdkrachten]; **–ted** [*fig*] geëngageerd [v. letterkunde &]; ~ *for trial* 🜚 ter terechtzitting verwijzen; ~ *to memory* van buiten leren; ~ *to prison* gevangen zetten; **II** *vr* ~ *oneself* zich toevertrouwen (aan *to*); zich verbinden (tot *to*); zich binden; zijn mond voorbijpraten, zich blootgeven of compromitteren; **–ment** verplichting, verbintenis, *fig* engagement *o*; = *committal*; **committal** plegen *o* &; toevertrouwen *o*, prijsgeven *o*; toewijzing; verwijzing (ter terechtzitting, naar een commissie); (bevel *o* tot) gevangenneming; **1 committee** commissie; comité *o*; bestuur *o*; **2 committee** [kɔmi'ti:] curator [v. krankzinnige]

commixture [kɔ'mikstʃə] mengsel *o*

commode [kə'moud] latafel

commodious [kə'moudiəs] ruim en geriefelijk

commodity [kə'mɔditi] (koop)waar, (handels)artikel *o*, goed *o*, produkt *o*

commodore ['kɔmədɔ:] commodore [※ & ⚓], ※ commandeur [kapitein]; president [v. zeilclub]

common ['kɔmən] **I** *aj* gemeen(schappelijk); al-gemeen, alledaags, gewoon, ordinair; ~ *or garden...* gewoon, huis-, tuin- en keuken...; *the* ~ *council* de gemeenteraad; ~ *crier* stadsomroeper; *of* ~ *gender* gemeenslachtig; ~ *ground* iets waar-over men het eens kan zijn (of is), een gemeen-schappelijke basis; ~ *law* gewoonterecht *o*; ~ *noun* soortnaam; (*Book of*) *Common Prayer* (dienst-boek *o* met) de liturgie der Anglicaanse Kerk; ~ *room* gelagkamer; ☞ docentenkamer, kamer voor de *fellows*; gemeenschappelijke ruimte: re-creatielokaal *o* e.d.; ~ *weal* algemeen welzijn *o*; ↖ gemenebest *o*; **II** *sb* gewone *o*; gemeenteweide; weiderecht *o*; *i n* ~ gemeen(schappelijk); *o u t of the* ~ ongewoon; buitengewoon, niet alle-daags; zie ook: *commons, sense* &c; **–age** gezamen-lijk recht *o* om vee te weiden; **–alty, –ality** ['kɔmənəlti, kɔmju'næliti] burgerij; gemeen-schap; gemeenteraad; corporatie; **–er** (gewoon) burger; niet-beursstudent; lid *o* van het Lager-huis; **–ly** *ad* gemeenlijk, gewoonlijk; gewoon; ordinair, min; **C~ Market** gemeenschappelijke markt v.d. Europese Gemeenschappen, Euro-markt; **commonplace I** *aj* gewoon, alledaags; **II** *sb* gemeenplaats; **commons** burgerstand; (gewone) volk *o*; dagelijks rantsoen *o*; ☞ portie eten van het gewone menu; (*House of*) *Commons* Lagerhuis *o*; *be on short* ~ het mondjesmaat heb-ben; **commonwealth** gemenebest *o*; repu-bliek[2]; *the* C~ het Britse Gemenebest (= *the British* C~); het Australische Gemenebest (= *the C~ of Australia*); ⌑ het Protectoraat onder Cromwell van 1649–'60 (= *the C~ of England*)

commotion [kə'mouʃən] beweging, beroering, opschudding

communal ['kɔmjunl] gemeente-; gemeen-schaps-, gemeenschappelijk; van de bevolkings-groep(en)

1 commune ['kɔmju:n] *sb* gemeente; commune [v. jongeren, kunstenaars &]; *the Commune* ⌑ de Commune [inz. v. 1871]

2 commune [kə'mju:n] *vi* zich onderhouden (met *with*); *Am* ten Avondmaal gaan, *rk* com-municeren

communicable [kə'mju:nikəbl] mededeelbaar; overdraagbaar; minzaam

communicant [kə'mju:nikənt] Avondmaals-ganger, *rk* communicant; zegsman

communicate [kə'mju:nikeit] **I** *vt* mededelen (aan *to*); overbrengen (op *to*); **II** *vi* gemeenschap hebben; in verbinding staan, zich in verbinding stellen (met *with*); *Am* ten Avondmaal gaan; com-municeren[2]; **–tion** [kɔmju:ni'keiʃən] medede-ling; gemeenschap, aansluiting, communicatie, verbinding(sweg); ~ *cord* noodrem; ~ *satellite* communicatiesatelliet; **–tive** [kə'mju:nikətiv] mededeelzaam; **–tor** mededeler

communion [kə'mju:njən] gemeenschap; ver-binding, omgang; kerkgenootschap *o*; Avond-maal *o*, *rk* communie

communiqué [kə'mju:nikei] communiqué *o*

communism ['kɔmjunizm] communisme *o*; **–ist I** *sb* communist; **II** *aj* communistisch; **–istic** [kɔmju'nistik] communistisch

community [kə'mju:niti] gemeenschap, ge-meente, maatschappij; bevolkingsgroep; kolo-nie (van vreemdelingen); ~ *of interests* belangen-gemeenschap; ~ *care* bijstand [financieel]; ~ *centre* gemeenschaps-, buurthuis *o*; ~ *chest Am* noodfonds *o*; ~ *singing* samenzang

communize ['kɔmjunaiz] tot gemeenschappelijk bezit maken; communistisch maken

commutable [kɔm'ju:təbl] verwisselbaar, ver-vangbaar; **commutate** [kɔmju'teit] gelijkrich-ten; **–tion** verandering, verwisseling; omzet-ting; verzachting; *Am* abonnement, traject-, rit-ten-, weekkaart & (~ *ticket*); **–tive** [kə'mju:tətiv] verwisselend, verwisselbaar; **–tor** ['kɔmjuteitə] stroomwisselaar; **commute** [kə'mju:t] *vt* veranderen, verwisselen; omzet-ten; verzachten [v. vonnis]; **II** *vi* heen en weer reizen, pendelen, forenzen; **–r** pendelaar, forens

1 compact ['kɔmpækt] *sb* overeenkomst, verdrag *o* ‖ poederdoosje *o*; *Am* kleine auto

2 compact [kəm'pækt] **I** *aj* compact, dicht, vast, beknopt, gedrongen [stijl]; **II** *vt* verdichten; *fig* condenseren

companion [kəm'pænjən] **I** *sb* (met)gezel, mak-ker, kameraad; gezellin, gezelschapsdame; laag-ste graad in ridderorde; pendant *o* & *m*: tegen-hanger; ‖ ⚓ bovenste achterdek *o*; ~ *hatch* kajuitskap; ~ *picture* pendant *o* & *m*; ~ *way* kajuitstrap; **II** *vt* vergezellen; **III** *vi* ~ *with* om-gaan met; **–able** gezellig; **–ship** kameraad-schap; gezelschap *o*; gezelligheid

company ['kʌmpəni] gezelschap *o*; maatschap-pij; vennootschap; genootschap *o*, gilde *o* & *v*; compagnie; ⚓ bemanning; *be good* ~ zijn gezel-schap waard zijn; *bear* ~ gezelschap houden; *have* ~ mensen [te eten &] hebben; *keep* ~ *with* verkering hebben met; omgaan met; *see* ~ men-sen ontvangen (zien); *f o r* ~ voor de gezellig-heid; van de weeromstuit [huilen &]; *i n* ~ *with* samen met; *in the* ~ *of* in het gezelschap van; *he never goes i n t o* ~ hij gaat nooit op visite; ~'s *water* leidingwater *o*; ~ *law* vennootschaps-recht *o*

comparable ['kɔmpərəbl] vergelijkbaar, te ver-gelijken; **comparative** [kəm'pærətiv] **I** *aj* ver-gelijkend; betrekkelijk; ~ *degree* vergrotende trap; **II** *sb* vergrotende trap; **–ly** *ad* bij, in ver-gelijking; betrekkelijk; **compare** [kəm'pɛə] **I** *vt* vergelijken (bij, met *to*, met *with*); ~ *notes* over en weer bevindingen meedelen; **II** *vi* vergeleken kunnen worden; ~ *(un)favourable with* (on)gunstig afsteken; **III** *sb beyond (past, without)* ~ onvergelijkelijk, zonder weerga; **–rison** vergelijking; *bear (challenge, stand)* ~ *with* de vergelijking doorstaan met; *beyond* ~ niet te vergelijken; *by* ~ vergelijkenderwijs; *by* ~ *with* in vergelijking met; *in* ~ *with* vergeleken met

compartment [kəm'pɑ:tmənt] afdeling, vak o, compartiment o, coupé; ⚓ waterdichte afdeling; **–alize** [kəmpɑ:t'mentəlaiz] zich in hokjes opdelen, verzuilen [v. d. maatschappij]

compass ['kʌmpəs] **I** *sb* omtrek, omvang; omweg[2]; grens; gebied o, ruimte; bestek o, bereik o; kompas o; **II** *vt* omvatten, omvamen[2], insluiten, omringen; begrijpen[2]; bereiken, volvoeren, verkrijgen, verwerven; beramen; zie ook: *compasses*; **~-card** ⚓ kompasroos: kaart met alle windstreken erop; **~-saw** schrobzaag; **compasses** passer; *a pair of* ~ een passer

compassion [kəm'pæʃən] medelijden o, mededogen o, erbarmen o (met *on*); **–ate** medelijdend, meewarig, meedogend; ~ *leave* ⚔ uitzonderingsverlof o

compatibility [kəmpætə'biliti] bestaanbaarheid; verenigbaarheid; overeenstemming; **compatible** [kəm'pætəbl] bestaanbaar (met *with*), verenigbaar

compatriot [kəm'pætriət] landgenoot

compeer [kəm'piə] gelijke; makker

compel [kəm'pel] dwingen, afdwingen; ~*ling* ook: onweerstaanbaar, meeslepend

compendious [kəm'pendiəs] beknopt, kort; **–ium** compendium o, kort begrip o, samenvatting

compensate ['kɔmpenseit] compenseren, opwegen tegen, goedmaken, vergoeden (ook: ~ *for*), schadeloos stellen; **–tion** [kɔmpen'seiʃən] compensatie, (schade)vergoeding, schadeloosstelling, smartegeld o; **–tory, –tive** [kəm-'pensətəri, -tiv] compenserend

compère ['kɔmpɛə] **I** *sb* conferencier [v. cabaret], *RT* presentator, -trice; **II** *vt* conferencier zijn van, *RT* presenteren

compete [kəm'pi:t] concurreren, wedijveren, mededingen (naar *for*, met *with*); **competence, –ency** ['kɔmpitəns(i)] bevoegdheid, bekwaamheid, competentie; welgesteldheid; behoorlijk inkomen o; **–ent** bevoegd, bekwaam, competent; behoorlijk, ⚖ handelingsbekwaam; *it is not* ~ *to me to...* het staat niet aan mij om...

competition [kɔmpi'tiʃən] concurrentie, mededinging, wedijver; wedstrijd, prijsvraag; **–ive** [kəm'petitiv] concurrerend; vergelijkend [v. examen]; ~ *sport(s)* wedstrijdsport; **competitor** concurrent; mededinger, deelnemer

compilation [kɔmpi'leiʃən] compilatie; verzamelwerk o; **compile** [kəm'pail] samenstellen;

verzamelen; **–r** compilator

complacence, –ency [kəm'pleisəns(i)] (zelf)voldoening, zelfvoldaanheid; (zelf)behagen o; **–ent** (zelf)voldaan, met zichzelf ingenomen

complain [kəm'plein] klagen (over *of*, bij *to*), zich beklagen; **–t** beklag o; (aan)klacht; kwaal

complaisance [kəm'pleizəns] voorkomendheid; inschikkelijkheid; **–ant** voorkomend; inschikkelijk

complement ['kɔmplimənt] **I** *sb* aanvulling; getalsterkte, vol getal o, vereiste hoeveelheid, taks; (voltallige) bemanning; complement o; **II** *vt* aanvullen; **–ary** [kɔmpli'mentəri] complementair [hoek, kleur], aanvullend, aanvullings-

complete [kəm'pli:t] **I** *aj* compleet, volledig, voltallig; voltooid; volslagen, volmaakt; **II** *vt* voltooien, voleinden, afmaken; aanvullen, voltallig maken, completeren; invullen [formulier]; **–ly** *ad* compleet, totaal, geheel en al, volkomen, volslagen; **completion** [kəm'pli:ʃən] voltooiing, voleindiging; aanvulling; invulling [v. formulier]; ~ *date* opleveringstermijn; **–ive** aanvullend

complex ['kɔmpleks] **I** *aj* samengesteld, ingewikkeld, gecompliceerd; **II** *sb* complex o, geheel o; **–ion** [kəm'plekʃən] gelaatskleur, teint; *fig* aanzien o, voorkomen o; aard; **–ity** samengesteldheid, ingewikkeldheid, gecompliceerdheid, complexiteit

compliance, –ancy [kəm'plaiəns(i)] inschikkelijkheid; toestemming; voldoen o, gevolg geven o (aan *with*); *in compliance with* overeenkomstig; **–ant** inschikkelijk

complicate ['kɔmplikeit] *vt* ingewikkeld maken, verwikkelen; **~d** ook: gecompliceerd; **–tion** [kɔmpli'keiʃən] ingewikkeldheid, verwikkeling; complicatie

complicity [kəm'plisiti] medeplichtigheid (aan *in*)

compliment I *sb* ['kɔmplimənt] compliment o; plichtpleging; **II** *vt* ['kɔmpliment] gelukwensen (met *on*), complimenteren, een compliment maken; vereren (met *with*); **–ary** [kɔmpli'mentəri] complimenteus; ~ *copy* presentexemplaar o; ~ *ticket* vrijkaart

complot ['kɔmplɔt]= *plot* **I**; **III**

comply [kəm'plai] zich onderwerpen, berusten, zich voegen (naar *with*); ~ *with a request* aan een verzoek voldoen, gevolg geven

compo ['kɔmpou] pleisterkalk

component [kəm'pounənt] **I** *aj* samenstellend; ~ *part* = **II** *sb* bestanddeel o

comport [kəm'pɔ:t] **I** *vi* overeenstemmen (met *with*); **II** *vr* ~ *oneself* zich gedragen; **–ment** gedrag o, houding

compose [kəm'pouz] **I** *vt* & *vi* samenstellen, vormen, (uit)maken; (op)stellen [brief]; zetten [drukwerk]; ♪ componeren; regelen, schikken; bijleggen, beslechten; kalmeren; *be ~d of* ook: bestaan uit; **II** *vr ~ oneself* zich herstellen; bedaren; *~ oneself to write* aanstalten maken om te schrijven; **–d** *aj* bedaard, kalm; **–r** componist; **composing room** zetterij; **~-stick** zethaak

composite ['kɔmpəzit] **I** *aj* samengesteld; gemengd; gecombineerd; *~ photograph (picture, set)* fotomontage; **II** *sb* samenstelling; **–tion** [kɔmpə'ziʃən] samenstelling; mengsel *o*; aard; compositie; opstel *o*; schikking, akkoord *o*; (letter)zetten *o*; **–tor** [kəm'pɔzitə] letterzetter

compost ['kɔmpɔst] compost *o* & *m*

composure [kəm'pouʒə] kalmte, bedaardheid

compote ['kɔmpout] compote: vruchtenmoes

1 compound ['kɔmpaund] **I** *aj* samengesteld; 🕇 gecompliceerd [v. breuk]; nevenschikkend [zinsverband]; **II** *sb* samenstelling, mengsel *o*, § verbinding ‖ erf *o* [van oosters huis]; afgepaald terrein *o*, kamp *o*

2 compound [kəm'paund] **I** *vt* samenstellen, verenigen, (ver)mengen, bereiden; bijleggen; afkopen; **II** *vi* een schikking treffen; het op een akkoordje gooien

comprehend [kɔmpri'hend] omvatten, insluiten, bevatten[2]; begrijpen, verstaan; **comprehensible** te begrijpen[2], begrijpelijk; **–ion** omvang; bevatting, bevattingsvermogen *o*, begrip *o*; verstand *o*; **–ive** veelomvattend, uitgebreid, ruim; *~ faculty* bevattingsvermogen *o*; *~ school* scholengemeenschap

compress [kəm'pres] *vt* samendrukken, samenpersen, comprimeren; **II** *sb* ['kɔmpres] kompres *o*; **–ed** [kəm'presd] samengedrukt; gecomprimeerd; *fig* beknopt, bondig; **–ible** samendrukbaar; **–ion** samendrukking, -persing, compressie; bondigheid; **–or** ✗ compressor

comprise [kəm'praiz] om-, bevatten; samenvatten; insluiten; uitmaken

compromise ['kɔmprəmaiz] **I** *sb* compromis *o*, vergelijk *o*, overeenkomst; schikking; **II** *vt* (in der minne) schikken, bijleggen; compromitteren, in opspraak brengen; in gevaar brengen; **III** *vi* tot een vergelijk komen; een compromis sluiten; *fig* schipperen; **IV** *vr ~ oneself* zich compromitteren

comptroller [kən'troulə] schatmeester, administrateur; controleur

compulsion [kəm'pʌlʃən] dwang; *ps* dwangvoorstelling; *ps* dwanghandeling; *on ~* gedwongen; **–ive** dwingend, dwang-; *ps* dwangmatig; **compulsory** dwingend, dwang-, gedwongen, verplicht; *~ education* leerplicht; *~ (military) service* dienstplicht

compunction [kəm'pʌŋkʃən] (gewetens)wroeging; berouw *o*, spijt

computation [kɔmpju'teiʃən] (be)rekening; **compute** [kəm'pju:t] (be)rekenen (op *at*); **–r** computer, [elektronische] rekenmachine; **computerization** [kəmpju:tərai'zeiʃən] automatisering; **–rize** [kəm'pju:təraiz] automatiseren; op een computer overgaan

comrade ['kɔmrid] kameraad, makker

1 con [kɔn] *ad* & *sb* tegen; zie ook 2 *pro*

2 con [kɔn] *vt* (van buiten) leren, bestuderen, nagaan (ook: *~ over*) ‖ *~ a ship* ⚓ de koers aangeven, roercommando's geven ‖ **S** oplichten

conation [kou'neiʃən] *ps* de wil

concatenate [kɔn'kætineit] aaneenschakelen; **–tion** [kɔnkæti'neiʃən] aaneenschakeling; ketting, keten

concave ['kɔnkeiv] concaaf, hol; **–vity** [kɔn'kæviti] holheid, holte

conceal [kən'si:l] verbergen, verhelen, verstoppen; geheim houden, verzwijgen; **–ment** verberging, verheling; verzwijging; schuilplaats (ook: *place of ~*)

concede [kən'si:d] toestaan; toegeven; inwilligen [eis]

conceit [kən'si:t] verbeelding, (eigen)dunk, verwaandheid; inval; gril; *in his own ~* in zijn eigen ogen; *I am out of ~ with it* ik heb er geen plezier meer in; **–ed** waanwijs, verwaand, eigenwijs

conceivable [kən'si:vəbl] denkbaar; **conceive I** *vt* (be)vatten, begrijpen, denken, zich voorstellen; opvatten; *~d in plain terms in…* vervat; **II** *vi* zwanger worden; *~ of* zich een voorstelling maken van, zich voorstellen

concentrate ['kɔnsəntreit] **I** *vt* & *vi* (zich) in een punt samentrekken, (zich) concentreren; **II** *sb* concentraat; **–tion** [kɔnsən'treiʃən] samentrekking, concentratie; *~ camp* concentratiekamp *o*

concentric [kɔn'sentrik] concentrisch

concept ['kɔnsept] begrip *o*; **–ion** [kɔn'sepʃən] bevatting, begrip *o*; voorstelling, gedachte; opvatting; ontwerp *o*; bevruchting, conceptie; **–ive** ontvankelijk; bevattings-; **–ual** conceptueel, begrips-

concern [kən'sə:n] **I** *vt* aangaan, betreffen, raken; **II** *vr ~ oneself* zich bekommeren, zich ongerust maken (over *about, for*); zich interesseren (voor *about, in, with*); zie ook: *concerned*; **III** *sb* zaak, aangelegenheid, onderneming, bedrijf *o*, concern *o*; deelneming; zorg, bezorgdheid; belang *o*, gewicht *o*; *it is no ~ of mine* het is mijn zaak niet; het interesseert me niet; *I have no ~ with it* ik heb daarmee niets te maken; **–ed** bezorgd; betrokken; *the parties (persons)* ~ de betrokkenen; *be ~ a b o u t* zich interesseren voor, belang stellen in; bezorgd zijn over; *we are ~ a t…* het spijt ons dat…; we zijn bezorgd over; *~ f o r* bezorgd over; *be ~ i n* te maken hebben met, betrokken zijn bij; *~ o v e r* bezorgd over, *I am ~ t o hear* *that...* het spijt me te moeten horen, dat...; *he is ~ to show that...* het is hem er om te doen aan te tonen, dat...; *I am not ~ to...* het is mijn zaak niet om...; *be ~ w i t h* zich bezighouden met; te maken hebben met; **–ing** betreffende

concert [ˈkɔnsət] **I** *sb* overeenstemming; ♪ concert *o*; *in ~ with* overeenkomstig; samen met, in samenwerking met; **II** *vt* [kənˈsəːt] beramen; ♪ arrangeren; **~ed** *action* samenwerking; **~ grand** [ˈkɔnsətgrænd] concertvleugel;

concertina [kɔnsəˈtiːnə] soort harmonika

concerto [kənˈtʃəːtou] concerto *o*, concert *o* [= muziekstuk]

concert pitch [ˈkɔnsətpitʃ] concerttoonhoogte [v. muziekinstrument]

concession [kənˈseʃən] bewilliging, vergunning, concessie; **–aire** [kənseʃəˈnɛə] concessionaris, concessiehouder; **–ary** [kənˈseʃənəri] **I** *aj* concessie-; **II** *sb* concessionaris, concessiehouder; **concessive** [kənˈsesiv] concessief, toegevend

conch [kɔŋk] (zee)schelp

conchy, conchie [ˈkɔnʃi] = *conscientious objector* gewetensbezwaarde

conciliar [kənˈsiliə] conciliair, concilie-

conciliate [kənˈsilieit] (met elkaar) verzoenen; winnen; **–tion** [kənsiliˈeiʃən] verzoening; overhalen *o*; bemiddeling; **–tor** [kənˈsilieitə] verzoener, bemiddelaar; **–tory** verzoenend, bemiddelend; verzoeningsgezind

concise [kənˈsais] beknopt; **–ness, concision** [kənˈsiʒən] beknoptheid

conclave [ˈkɔŋkleiv] conclave *o*; *in (secret) ~* in geheime zitting

conclude [kənˈkluːd] besluiten, afleiden, opmaken, concluderen (uit *from*); (af)sluiten, aangaan; afdoen, (be)eindigen (met *by, with*); *to be ~d (in our next)* slot volgt; **conclusion** besluit *o*, einde *o*, slot *o*; slotsom; gevolgtrekking, conclusie; sluiten *o*; *in ~* tot besluit, ten slotte; **–ive** beslissend, afdoend

concoct [kənˈkɔkt] bereiden; brouwen; smeden, beramen, bekokstoven, verzinnen; **–ion** bereiding; beraming; brouwsel *o*; verzinsel *o*

concomitant [kənˈkɔmitənt] vergezellend, begeleidend (verschijnsel *o*)

concord [ˈkɔŋkɔːd, ˈkɔnkɔːd] eendracht, overeenstemming, harmonie²; **–ance** [kənˈkɔːdəns] overeenstemming; concordantie; **–ant** overeenstemmend, harmonisch

concordat [kənˈkɔːdæt] concordaat *o*

concourse [ˈkɔŋkɔːs, ˈkɔnkɔːs] toeloop, samenloop; menigte; vereniging; hal

concrescence [kənˈkresəns] samengroeiing

1 concrete [ˈkɔnkriːt] **I** *aj* concreet; grijpbaar, stoffelijk; vast, hard; beton-; *~ number* benoemd getal *o*; **II** *sb* concrete *o*, concreet iets; vaste mas-

sa; beton *o*; **III** *vt* betonneren; **2 concrete** [kənˈkriːt] *vt* & *vi* verharden; **~ mixer** [ˈkɔnkriːtmiksə] betonmolen; **concretion** [kənˈkriːʃən] verdichting; samengroeiing; verharding, verstening

concubinage [kənˈkjuːbinidʒ] concubinaat *o*; **concubine** [ˈkɔŋkjubain] bijzit

concupiscence [kənˈkjuːpisns] lust; zinnelijke begeerte

concur [kənˈkəː] samenvallen; overeenstemmen (in *in*, met *with*); het eens zijn; samenwerken, medewerken (tot *to*); **–rence, –rency** [kənˈkʌrəns(i)] samenkomst, samenloop, vereniging, medewerking, overeenstemming, instemming, goedkeuring; **–rent** samenlopend; gelijktijdig (optredend); samenwerend, meewerkend; overeenstemmend, eenstemmig

concuss [kənˈkʌs] schudden, schokken; **–ion** schudding, schok; hersenschudding (ook: *~ of the brain*)

condemn [kənˈdem] veroordelen; afkeuren; opgeven [een zieke]; verbeurd verklaren; onbewoonbaar verklaren; *~ed cell* cel voor ter dood veroordeelde, dodencel; **–able** te veroordelen, laakbaar, afkeurenswaardig; **–ation** [kɔndemˈneiʃən] veroordeling, afkeuring; **–atory** [kənˈdemnətəri] veroordelend, afkeurend

condensable [kənˈdensəbl] condenseerbaar; **condensation** [kɔndenˈseiʃən] condensatie, verdichting; samenpersing; **condense** [kənˈdens] condenseren, verdichten, verdikken, comprimeren, samenpersen; samenvatten; **–r** condens(at)or

condescend [kɔndiˈsend] afdalen (tot *to*), zich verwaardigen; **–ing** neerbuigend (minzaam); **condescension** (neerbuigende) minzaamheid

condign [kənˈdain] verdiend [v. straf]

condiment [ˈkɔndimənt] specerij, kruiderij

condition [kənˈdiʃən] **I** *sb* staat, toestand, conditie; gesteldheid; voorwaarde, bepaling; rang, stand; [hart &] kwaal; *~s* ook: omstandigheden; *change one's ~* trouwen; **II** *vt* bedingen; bepalen; in zekere staat brengen; *~ed reflex* voorwaardelijke reflex; *~al* **I** *aj* voorwaardelijk; *~ (up)on* afhankelijk van; **II** *sb gram* voorwaardelijke wijs

condolatory [kənˈdoulətəri] van rouwbeklag; **condole** *vi* *~ with sbd. on...* iem. condoleren met...; **condolence** rouwbeklag *o*

condom [ˈkɔndəm] condoom *o*

condominium [kɔndəˈminiəm] gezamenlijk bestuur v.e. gebied door twee of meer staten

condonation [kɔndouˈneiʃən] vergiffenis; vergoelijking; **condone** [kənˈdoun] vergeven, door de vingers zien; vergoelijken; goedmaken

condor [ˈkɔndɔː] condor

conduce [kənˈdjuːs] leiden, bijdragen, strekken (tot *to*); **–cive** bevorderlijk (voor *to*), strekkend

(tot *to*)

conduct ['kɔndʌkt] **I** *sb* gedrag *o*, houding, optreden *o*; leiding; behandeling; **II** *vt* [kən'dʌkt] (ge)leiden, (aan)voeren, dirigeren, besturen, houden, doen [zaken]; ~ed *tour* gezelschapsreis, **III** *vr* ~ *oneself well* zich goed gedragen; –ion geleiding; –ive geleidend; –ivity [kɔndʌk'tiviti] geleidingsvermogen *o*; **conduct-money** ['kɔndʌktmʌni] ⚓ reisgeld *o* [aan getuigen]; **conductor** [kən'dʌktə] (ge)leider; ♪ dirigent; conducteur; geleidraad; bliksemafleider

conduit [kɔn'fekʃən] bereiding; suikergoed *o*; ⚓ 'kɔndjuit] leiding, buis

cone [koun] kegel, conus; sparappel, pijnappel; horentje *o* (met ijs); ~-*shaped* kegelvormig

coney ['kouni] = *cony*

confab ['kɔnfæb] = **F** *confabulation*; **confabulate** [kən'fæbjuleit] praten, keuvelen, kouten; –tion [kɔnfæbju'leiʃən] praatje *o*

confection [kən'fekʃən] bereiding; suikergoed *o*; (dames)confectieartikel *o*; –er fabrikant (handelaar) in suikergoed, banket &; –ery suikergoed *o*, banket *o*, banketbakkerij

confederacy [kən'fedərəsi] verbond *o*, (staten)bond; komplot *o*; **confederate** [kən'fedərit] **I** *aj* verbonden; bonds-; **II** *sb* bondgenoot; medeplichtige; **III** *vt* [kən'fedəreit] verenigen; **IV** *vi* een verbond sluiten, zich verbinden; medeplichtig zijn; –tion [kənfedə'reiʃən] bondgenootschap *o*, (staten)bond

confer [kən'fə:] **I** *vt* verlenen, schenken [aan *upon*]; **II** *vi* beraadslagen, confereren; –ence ['kɔnfərəns] conferentie; bespreking; –ment [kən'fə:mənt] verlening

confess [kən'fes] **I** *vt* bekennen, erkennen; belijden, (op)biechten; [iem.] de biecht afnemen; ~ed erkend; **II** *vi* bekennen; ~ *to* be-, erkennen, toegeven dat; –ant biechteling; –edly volgens eigen bekentenis; ontegenzeglijk; ~ion bekentenis, (geloofs)belijdenis; biecht; –ional **I** *aj* belijdenis-; biecht-; ~ *box* = **II** *sb* biechtstoel; –or biechtvader; belijder [heilige niet-martelaar]; *Edward the C*~ 🕮 Eduard de Belijder

confetti [kən'feti] confetti

confidant(e) [kɔnfi'dænt] vertrouweling(e)

confide [kən'faid] **I** *vi* ~ *in* in vertrouwen nemen; vertrouwen op; **II** *vt* toevertrouwen (aan *to*); **confidence** ['kɔnfidəns] (zelf)vertrouwen *o*, vrijmoedigheid; vertrouwelijke mededeling, confidentie; ~ *man* oplichter; ~ *trick* oplichterij; ~*trickster* oplichter; –ent vol vertrouwen; zeker, overtuigd, vrijmoedig; –ential [kɔnfi'denʃəl] vertrouwd; vertrouwelijk; vertrouwens-; ~ *clerk* procuratiehouder; **confiding** [kən'faidiŋ] *aj* goed · van vertrouwen; geen kwaad vermoedend; –ly *ad* ook: op vertrouwelijke toon, vertrouwelijk

configuration [kənfigju'reiʃən] uiterlijke ge-

daante, vorm, schikking; ★ § configuratie

confine ['kɔnfain] **I** *sb* grens (meestal ~*s*); **II** *vt* [kən'fain] bepalen, beperken, begrenzen; in-, opsluiten, ⚓ in arrest stellen; *be* ~*d in* het kraambed liggen; ~ *to barracks* ⚓ consigneren; kwartierarrest geven; *be* ~*d to one's room* de kamer moeten houden; **III** *vr* ~ *oneself to* zich bepalen tot; –ment [kən'fainmənt] beperking, begrenzing; opsluiting; (kamer)arrest *o*; bevalling; ~ *to barracks* ⚓ kwartierarrest *o*

confirm [kən'fə:m] bevestigen, (ver)sterken, bekrachtigen; arresteren [notulen &]; aannemen, *rk* vormen; *be* ~*ed* zijn belijdenis doen; ~*ed drunkard* verstokte dronkaard; ~*ed invalid* chronisch lijder; ~*ed typhoid cases* geconstateerde gevallen van tyfus; –ation [kɔnfə'meiʃən] bevestiging, versterking, bekrachtiging; aanneming, belijdenis, *rk* vormsel *o*; ~ *candidate*, *candidate for* ~ aannemeling; ~ *class(es)* catechisatie; –atory [kən-'fə:mətəri] bevestigend; –ed verstokt, onverbeterlijk, aarts-; –ee [kɔnfə:'mi:] aannemeling; *rk* vormeling

confiscable [kən'fiskəbl] vatbaar om verbeurd te worden; **confiscate** ['kɔnfiskeit] verbeurd verklaren, confisqueren; –tion [kɔnfis'keiʃən] confiscatie, verbeurdverklaring

conflagration [kɔnflə'greiʃən] (zware) brand

conflict ['kɔnflikt] **I** *sb* conflict *o*, botsing[2], strijd; **II** *vi* [kən'flikt] botsen, strijden, in botsing komen; ~*ing* (tegen)strijdig

confluence ['kɔnfluəns] samenvloeiing, samenkomst; samenloop; toeloop; **confluent I** *aj* samenvloeiend, samenkomend; **II** *sb* zijrivier

conflux ['kɔnflʌks] = *confluence*

conform [kən'fɔ:m] **I** *vt* richten, schikken, regelen (naar, *to*), in overeenstemming brengen (met *to*); **II** *vi* zich schikken, richten, regelen, voegen (naar *to*), zich conformeren (aan *to*); –able overeenkomstig; inschikkelijk; –ation [kɔnfɔ:'meiʃən] overeenstemming; vorm(ing), bouw; –ist [kən'fɔ:mist] **I** *sb* conformist, lid *o* van de Engelse staatskerk; **II** *aj* conformistisch; –ity overeenstemming, overeenkomst; inschikkelijkheid; conformisme *o*

confound [kən'faund] verwarren, in de war brengen, dooreengooien; beschamen; verijdelen; ~ *it!* drommels!, verdorie!; –ed *aj* verward, onthutst, beschaamd; < verduiveld, bliksems; –edly *ad* < geweldig, verduiveld, kolossaal

confraternity [kɔnfrə'tə:niti] broederschap

confront [kən'frʌnt] staan (stellen) tegenover, tegenover elkaar stellen; het hoofd bieden; vergelijken (met *with*); confronteren[2]; –ation [kɔnfrʌn'teiʃən] vergelijking; confrontatie[2]

confuse [kən'fju:z] verwarren, verbijsteren; door elkaar halen; –dly verward, verbijsterd, verlegen, bedremmeld; **confusion** verwarring,

verwardheid, wanorde; bedremmeldheid, verlegenheid, beschaming; ondergang ~ *of tongues* spraakverwarring; ~ *worse confounded* een onbeschrijfelijke verwarring
confutation [kɔnfju:'teiʃən] weerlegging; **confute** [kən'fju:t] weerleggen
congé [kɔ̃:n'ʒei] *Fr* afscheid *o;* ontslag *o*
congeal [kən'dʒi:l] (doen) stremmen, stollen, bevriezen; **congelation** [kɔndʒi'leiʃən] stremming, stolling, bevriezing; gestolde (bevroren) massa
congener ['kɔndʒinə] (stam)verwant; soortgenoot; gelijksoortig iets *o*
congenial [kən'dʒi:niəl] (geest)verwant; sympathiek; prettig, passend
congenital [kən'dʒenitl] aangeboren, congenitaal; erfelijk, van de geboorte af
conger ['kɔŋgə] zeepaling
congeries [kɔn'dʒieri:z] hoop, opeenstapeling, massa, verzameling
congest [kən'dʒest] ophopen, opstapelen, overladen, verstoppen; congestie veroorzaken in; ~*ed* ook: overbevolkt, overladen, overvol, verstopt; –**ion** congestie², aandrang, ophoping, opstopping [van verkeer]; bloedaandrang
conglobate ['kɔngloubeit] tot een bal worden of maken
conglomerate [kən'glɔmerit] **I** *aj* opeengehoopt, samengepakt; **II** *sb* conglomeraat *o;* **III** (*vi* &) *vt* [kən'glɔməreit] (zich) samenpakken, (zich) opeenhopen; –**tion** [kənglɔmə'reiʃən] samenpakking, opeenhoping; conglomeraat *o*
Congolese [kɔŋgou'li:z] *aj* & *sb* Kongolees, Kongolezen
congratulate [kən'grætjuleit] gelukwensen, feliciteren (met *on, upon*); –**tion** [kəngrætju'leiʃən] gelukwens, felicitatie; –**tory** [kən'graetjulətəri] gelukwensend, felicitatie-
congregate ['kɔngrigeit] vergaderen, (zich) verzamelen, bijeenkomen; –**tion** [kɔngri'geiʃən] verzameling, vergadering; (kerkelijke) gemeente; *rk* broederschap, congregatie; –**tional** gemeente-; *C*~ congregationalistisch [v. kerk]
congress ['kɔngres] congres *o*, vergadering, bijeenkomst; zie ook: *Trades Union Congress;* –**ional** [kɔŋ'greʃənəl] congres-; **Congressman** ['kɔngresmən] *Am* lid *o* van het Congres
congruence, –**ency** ['kɔŋgruəns(i)] overeenstemming; congruentie; –**ent** overeenstemmend; congruent; **congruity** [kɔŋ'gruiti] overeenstemming; congruous ['kɔŋgruəs] overeenstemmend; gepast; consequent (volgehouden)
conic(al) ['kɔnik(l)] kegelvormig, kegel-
conifer ['kounifə] conifeer, naaldboom; –**ous** [kou'nifərəs] kegeldragend; **coniform** ['kounifɔ:m] kegelvormig

conjectural [kən'dʒektʃərəl] conjecturaal: op gissingen berustend; **conjecture I** *sb* vermoeden *o*, gissing, veronderstelling, conjectuur; **II** *vt* vermoeden, gissen, veronderstellen
conjoin [kən'dʒɔin] **I** *vt* samenvoegen, verbinden, verenigen; **II** *vi* zich verenigen; **conjoint** ['kɔndʒɔint] *aj* samengevoegd, verenigd; toegevoegd; mede-; –**ly** *ad* gezamenlijk, tegelijk (met *with*)
conjugal ['kɔndʒugəl] echtelijk, huwelijks-
conjugate ['kɔndʒugeit] *gram* vervoegen; –**tion** [kɔndʒu'geiʃən] *gram* vervoeging
conjunct [kən'dʒʌŋkt] verenigd; toegevoegd; –**ion** vereniging; conjunctie [v. sterren]; samenloop (van omstandigheden); *gram* voegwoord *o; in* ~ *with* samen met
conjunctiva [kɔndʒʌŋk'taivə] bindvlies *o*
conjunctive [kən'dʒʌŋktiv] **I** *aj* verbindend; verbonden; *gram* aanvoegend; verbindings-; **II** *sb gram* aanvoegende wijs
conjuncture [kən'dʒʌŋktʃə] samenloop (van omstandigheden); crisis
conjuration [kɔndʒu'reiʃən] bezwering; **1 conjure** [kən'dʒuə] *I vt* bezweren, smeken; **2 conjure** ['kʌndʒə] **I** *vt* bezweren; ~ *away* wegtoveren; ~ *i n t o* omtoveren in (tot); ~ *u p* oproepen [beelden &]; te voorschijn toveren; **II** *vi* toveren; goochelen; *conjuring trick* goocheltruc; –**r,** **conjuror** geestenbezweerder; tovenaar; goochelaar
conk [kɔŋk] *sb* S kokkerd (van een neus); stomp op de neus ‖ *vi* F het begeven, het opgeven (ook: ~ *out*)
conker ['kɔŋkə] wilde kastanje; ~*s* kinderspel waarbij men elkaars kastanje tracht stuk te slaan
con-man ['kɔnmæn] = *confidence man*
connate ['kɔneit] aangeboren; tezamen geboren; samengegroeid; verwant
connect [kə'nekt] *I vt* verbindend (ook: ~ *up*), verenigen, aan(een)sluiten; in verband brengen; ~*ed* ook: samenhangend; *well* ~*ed* van goede familie; **II** *vi* aansluiten, aansluiting hebben, in verbinding staan; –**ing-rod** drijfstang; –**ion** verbinding, verband *o*, samenhang, band; aansluiting [v. treinen &]; connectie; familie(betrekking), familielid *o*; relatie(s); *in this* ~ in dit verband, in verband hiermee; –**ive I** *aj* verbindend; ~ *tissue* bindweefsel *o*; **II** *sb* verbindingswoord *o*
connexion [kə'nekʃən] = *connection*
conning-tower ['kɔniŋtauə] commandotoren
connivance [kə'naivəns] oogluikend toelaten *o*; **connive** ~ *at* oogluikend toelaten, door de vingers zien; ~ *with* heulen met
connoisseur [kɔni'sə:] (kunst)kenner
connotation [kɔnou'teiʃən] connotatie, (bij)betekenis; **connote** [kə'nout] (mede)betekenen

connubial [kə'nju:biəl] echtelijk, huwelijks-
conoid ['kounɔid] kegelvormig
conquer ['kɔŋkə] veroveren (op *from*); overwinnen; –or overwinnaar; veroveraar; conquest
['kɔŋkwest] overwinning; verovering
consanguineous [kɔnsæŋ'gwiniəs] (bloed)ver-
want; –nity (bloed)verwantschap
conscience ['kɔnʃəns] geweten *o*; brutaliteit; *in
(all)* ~, *upon my* ~ ! F in gemoede, waarachtig; ~
money gewetensgeld *o*; ~ *smitten*, ~ *stricken* door
geweten gekweld; conscientious [kɔnʃi'enʃəs]
aj consciëntieus, nauwgezet, angstvallig; gewe-
tens-; zie ook: *objector*
conscious ['kɔnʃəs] bewust; bij kennis; ~ *of* zich
bewust van; –ness ['kɔnʃəsnis] bewustheid; bewustzijn *o*
conscript ['kɔnskript] I *aj* ingeschreven; II *sb* ✄
dienstplichtige, loteling, milicien; III *vt*
[kən'skript] tot de (militaire) dienst verplichten;
–ion dienstplicht
consecrate ['kɔnsikreit] toewijden, (in)wijden,
inzegenen, heiligen; *rk* consacreren; –tion
[kɔnsi'kreiʃən] (in)wijding, inzegening, heiliging; *rk* consecratie
consecution [kɔnsi'kju:ʃən] (logisch) gevolg *o*;
opeenvolging, reeks; –ive [kɔn'sekjutiv] opeen-
volgend; *gram* gevolgaanduidend, ...van gevolg
consensus [kən'sensəs] overeenstemming, unanimiteit
consent [kən'sent] I *vi* toestemmen (in *to*), zijn
toestemming geven (om *to*); II *sb* toestemming;
b y common ~ zoals algemeen erkend wordt; eenstemmig; *by mutual* ~ met onderling goedvinden; *w i t h one* ~ eenstemmig, eenparig; –ient
toestemmend; gelijkgezind
consequence ['kɔnsikwəns] gevolg *o*; belang *o,*
betekenis, gewicht *o,* invloed; *in* ~ dientengevolge; *in* ~ *of* ten gevolge van; *of* ~ van groot
belang; consequent I *aj* daaruit volgend; volgend (op *on, upon*); consequent; II *sb* gevolg *o*; logisch gevolg *o*; –ial [kɔnsi'kwenʃəl] volgend;
gewichtig, ingebeeld, verwaand; –ly
['kɔnsikwəntli] bijgevolg, dus
conservancy [kən'sɔ:vənsi] (college *o* van) toezicht *o*; = *conservation*; conservation
[kɔnsə'veiʃən] behoud *o,* instandhouding; na-
tuurbehoud *o*; –ist natuurbeschermer; conser-
vatism [kən'sɔ:vətizm] conservatisme *o,* be-
houdzucht; –ive I *aj* behoudend, conservatief;
voorzichtig, aan de lage kant, matig [v. schat-
ting]; II *sb* conservatief; *C*~ lid v.d. *Conservative
Party* [*Br*]
conservatoire [kən'sɔ:vətwa:] conservatori-
um *o*
conservator [kən'sɔ:vətə] conservator, bewaarder, huisbewaarder; –y serre, broeikas; conser-
vatorium *o*

conserve [kən'sɔ:v] I *vt* conserveren, in stand
houden; II *sb* ingemaakt fruit *o,* ingemaakte
groente (meestal ~*s*)
consider [kən'sidə] beschouwen, overdenken,
letten op; overwegen, (na)denken over, nagaan,
(be)denken; in aanmerking nemen, rekening
houden met, ontzien; beschouwen als, achten,
houden voor, van mening zijn; *his* ~*ed opinion*
zijn weloverwogen mening; zie ook: *considering*;
–able *aj* aanzienlijk, aanmerkelijk; vrij wat; ge-
ruim [tijd]; –ate attent, kies; bedachtzaam, bezonnen; –ation [kɔnsidə'reiʃən] beschouwing,
overweging, beraad *o,* achting; consideratie, attentie; aanzien *o*; vergoeding; *that is a* ~ een
punt van gewicht; *the cost is no* ~ op de prijs zal
niet gelet worden; *i n* ~ *of* met het oog op; ter
wille (vergelding) van, voor; *take i n t o* ~ in
overweging nemen, in aanmerking nemen; *o n
no* ~, *not on any* ~ voor geen geld van de wereld;
in geen geval; *o u t of* ~ *for* met het oog op, ter
wille van; *it is u n d e r* ~ het is in overweging
(in behandeling); –ing [kɔn'sidəriŋ] in aanmerking genomen; naar omstandigheden
consign [kən'sain] overdragen, toevertrouwen;
deponeren; zenden; $ consigneren; ~ *to oblivion*
aan de vergetelheid prijsgeven; –ee [kɔnsai'ni:]
$ geconsigneerde, geadresseerde; –er, –or
[kən'sainə] $ consignatiegever, afzender;
–ment overdracht; $ consignatie; zending; ~
note vrachtbrief; *on* ~ in consignatie
consist [kən'sist] bestaan; ~ *in* (*of*) bestaan in
(uit); ~ *with* samengaan met
consistence [kən'sistəns] dichtheid, vastheid,
samenhang; –cy consequent zijn; trouw, standvastigheid; = *consistence*; consistent consequent;
constant; ~ *with* bestaanbaar of verenigbaar
met, overeenstemmend met, overeenkomstig
consistory [kən'sistəri] consistorie *o*
consociation [kən'sousi'eiʃən] verbond *o*; vereniging
consolation [kɔnsə'leiʃən] troost; –tory
[kən'sɔlətəri] troostend, troost-
1 console ['kɔnsoul] *sb* console [ook *RT*]; ♩
speeltafel [v. orgel]; ✄ bedieningspaneel *o*
2 console [kən'soul] *vt* troosten
consolidate [kən'sɔlideit] I *vt* vast (hecht) maken, versterken, bevestigen; verenigen; consolideren; II *vi* vast (hecht) worden; zich verenigen; –tion [kɔnsɔli'deiʃən] vast worden *o*; versterking, bevestiging; vereniging; consolidatie
consols [kən'sɔlz, 'kɔnsɔlz] Britse staatsschuld-
papieren
consonance ['kɔnsənəns] gelijkluidendheid,
overeenstemming[2]; –ant I *aj* gelijkluidend,
overeenstemmend, in overeenstemming (met
with & *to*); II *sb* consonant, medeklinker
1 consort ['kɔnsɔ:t] *sb* gemaal, gemalin; musice-

rend gezelschap *o*
2 consort [kən'sɔ:t] *vi* omgaan (met *with*); samengaan, overeenstemmen (met *with*); (goed) komen (bij *with*)
consortium [kən'sɔ:tjəm] consortium *o*
conspectus [kən'spektəs] beknopt overzicht *o*; samenvatting
conspicuous [kən'spikjuəs] in het oog vallend, opvallend, duidelijk zichtbaar, uitblinkend, uitstekend; *he made himself* ~ hij maakte, dat aller ogen op hem gevestigd werden; ~ *by one's absence* schitterend door afwezigheid
conspiracy [kən'spirəsi] samenzwering, samenspanning, komplot *o*; **–ator** samenzweerder; **conspire** [kən'spaiə] I *vi* samenzweren, samenspannen, komplotteren; **II** *vt* beramen
constable ['kʌnstəbl] politieagent; ⑪ opperstalmeester; slotvoogd; *chief* ~ ± commissaris van politie; **–bulary** [kən'stæbjuləri] I *sb* politiemacht, -korps *o*, politie; **II** *aj* politie-
constancy ['kɔnstənsi] standvastigheid, bestendigheid, vastheid, trouw (aan *to*); **constant** I *aj* standvastig, bestendig, vast, voortdurend, constant, trouw; **II** *sb* constante
constellation [kɔnstə'leiʃən] constellatie, sterrenbeeld *o*, gesternte *o*
consternation [kɔnstə'neiʃən] ontsteltenis, verslagenheid
constipation [kɔnsti'peiʃən] constipatie: hardlijvigheid
constituency [kən'stitjuənsi] (gezamenlijke kiezers van een) kiesdistrict *o*; **constituent** I *aj* samenstellend; constituerend; ~ *part* bestanddeel *o*; **II** *sb* lastgever; kiezer; bestanddeel *o*
constitute ['kɔnstitju:t] samenstellen, (uit)maken, vormen; instellen, aanstellen (tot); constitueren; ~ *oneself the...* zich opwerpen tot...; *the ~d authorities* de gestelde machten; **–tion** [kɔnsti'tju:ʃən] samenstelling, vorming, constitutie, (lichaams)gestel *o*; staatsregeling, grondwet; beginselverklaring, statuten, statuut *o* [v.d. Bank]; **–tional** I *aj* van het gestel; grondwettelijk, -wettig, constitutioneel; (volgens de statuten) geoorloofd; **II** *sb* wandeling (als lichaamsbeweging); **–tive** ['kɔnstitju:tiv] samenstellend, wezenlijk; bepalend, wetgevend
constrain [kən'strein] bedwingen, dwingen, noodzaken; vastzetten, opsluiten; **–ed** gedwongen, onnatuurlijk; **constraint** dwang; opsluiting; gedwongenheid
constrict [kən'strikt] samentrekken; insnoeren; samendrukken; zich laten samentrekken; *fig* beperken; **–ion** samentrekking; beklemming, benauwdheid (op de borst); **–or** sluitspier; boa constrictor: reuzenslang; **constringent** [kən'strindʒənt] samentrekkend
construct [kən'strʌkt] (op)bouwen, aanleggen,

construeren; **–ion** bouw; samenstelling, inrichting; aanleg; maaksel *o*; constructie; zinsbouw; uitlegging, verklaring; *under* ~ in aanbouw; **–ional** constructie-; **–ive** bouw-; opbouwend, constructief; ɛ̃ afgeleid, indirect; **–or** bouwer, maker; scheepsbouwmeester
construe [kən'stru:] uitleggen, verklaren; construeren; ontleden; woordelijk vertalen
consubstantial [kɔnsəb'stænʃəl] van gelijke aard; één zijnd
consul ['kɔnsəl] consul; **–ar** consulair; **–ate** consulaat *o*
consult [kən'sʌlt] I *vt* consulteren, raadplegen, rekening houden met; **II** *vi* beraadslagen (over *on, about*; met *with*), overleggen; **–ancy** (verstrekking van) advies *o*; ~ *firm* adviesbureau *o*; **–ant** in consult geroepen geneesheer; medisch specialist; adviseur; wie om raad vraagt; **–ation** [kɔnsəl'teiʃən] raadpleging, beraadslaging, overleg *o*, inspraak, ruggespraak; consult *o* [v. dokter]; **–ative** [kən'sʌltətiv] raadgevend, adviserend; overleg-; **–ing-room** spreekkamer
consume [kən'sju:m] verbruiken, gebruiken, verteren[2]; **~d** *with* verteerd van; **–r** verbruiker, afnemer, consument; ~ *durables* duurzame gebruiksgoederen; ~ *goods* verbruiks-, consumptiegoederen; ~ *society* consumptiemaatschappij
consummate I *aj* [kən'sʌmit] volkomen, volmaakt, volleerd, doortrapt; **II** *vt* ['kɔnsəmeit] voltrekken, voltooien, in vervulling doen gaan; **–tion** [kɔnsə'meiʃən] voltrekking, voltooiing, voleindiging, einde *o*; vervulling
consumption [kən'sʌm(p)ʃən] vertering; verbruik *o*; tering: longtuberculose; **–ive** I *aj* verterend; verbruiks-; tuberculeus; **II** *sb* t.b.c.-patiënt
contact ['kɔntækt] I *sb* contact *o* (ook = ɛ̃ contactpersoon; ook = ~ *man* verbindingsman); aanraking; *make* ~ contact maken; *make* ~*s* contacten leggen; **II** *vt* in contact brengen; contact maken of (op)nemen; **III** *vi* in contact komen of zijn, contact maken of (op)nemen; ~ *lens* contactlens
contagion [kən'teidʒən] besmetting; besmettelijkheid; smetstof; *fig* verderfelijke invloed; **–ious** besmettelijk, aanstekelijk[2]
contain [kən'tein] I *vt* bevatten, inhouden, behelzen, insluiten; in bedwang houden, bedwingen; ✗ vasthouden, binden; *be ~ed in* vervat zijn in; **II** *vr* ~ *oneself* zich inhouden, zich bedwingen; **–er** reservoir *o*, houder, vat *o*, bak, bus, blik *o*, doos, koker &; container, laadkist [v. spoorwegen]
contaminate [kən'tæmineit] besmetten, bezoedelen, bevlekken, bederven; **–tion** [kɔntæmi'neiʃən] besmetting, bezoedeling, bevlekking; bederf *o*

contango [kən'tæŋgou] contango, prolongatiepremie, -rente

contemn [kən'tem] minachten, verachten

contemplate ['kɔntempleit] I *vt* beschouwen, overpeinzen; denken over; van plan zijn, in de zin hebben, beogen; ~*d* ook: voorgenomen; II *vi* peinzen; –**tion** [kɔntem'pleiʃən] beschouwing; (godsdienstige) bespiegeling; overpeinzing; *in* ~ in overweging; –**tive** [kən'templətiv] beschouwend, beschouwelijk, bespiegelend, peinzend

contemporaneous [kəntempə'reinjəs] gelijktijdig, van (uit) dezelfde (leef)tijd; **contemporary** [kən'tempərəri] I *aj* gelijktijdig; van dezelfde (leef)tijd (als *with*); van die tijd; hedendaags, van onze tijd, eigentijds, contemporain; II *sb* tijdgenoot; leeftijdgenoot

contempt [kən'tem(p)t] min-, verachting; *beneath* ~ beneden kritiek; ~ *of court* niet opvolgen *o* v.e. bevel v.e. rechtbank; [v.d. pers] oordelen *o* over een nog hangende rechtzaak; *hold in* ~ verachten; –**ible** verachtelijk; –**uous** min-, verachtend, verachtelijk; ~ *of* minachting hebbend voor

contend [kən'tend] I *vi* strijden, twisten, vechten, worstelen, kampen (met *with*; voor, om *for*); II *vt* beweren, betogen; –**er** tegenstander; mededinger

1 content [kən'tent] I *sb* tevredenheid, voldoening; *to one's heart's* ~ naar hartelust; II *aj* tevreden, voldaan; *the* ~*s* de vóórstemmers [Br. Hogerhuis]; III *vt* tevreden stellen; IV *vr* ~ *oneself* zich tevreden stellen, zich vergenoegen

2 content ['kɔntent] *sb* inhoud; gehalte *o*; ~*s* inhoud

contented [kən'tentid] tevreden

contention [kən'tenʃən] twist, strijd; bewering; –**ious** twistziek; twist-; controversieel

contentment [kən'tentmənt] tevredenheid

conterminous [kɔn'tə:minəs] (aan)grenzend (aan *to*, *with*); samenvallend (met *with*)

contest ['kɔntest] I *sb* geschil *o*, twist, (wed)strijd, kamp; II *vt* [kən'test] betwisten; ~ (*a seat in Parliament*) zich kandidaat stellen (voor); III *vi* twisten (met *with*); strijden (om *for*); –**able** betwistbaar; –**ant** bestrijder; tegenstander; deelnemer [aan wedstrijd]; –**ation** [kɔntes'teiʃən] bestrijding; strijd, twist, geschil *o*, dispuut *o*; bewering

context ['kɔntekst] samenhang, verband *o*, context

contiguity [kɔnti'gjuiti] aangrenzing, nabijheid; –**uous** [kən'tigjuəs] belendend, rakend, aangrenzend; nabijgelegen

continence, –**ency** ['kɔntinəns(i)] onthouding, zelfbeheersing; kuisheid; –**ent** I *aj* zich onthoudend, sober; kuis; de beheersing hebbend over de urineblaas; II *sb* vasteland *o*; werelddeel *o*; *the*

C~ het Continent, het vasteland van Europa; **continental** [kɔnti'nentl] I *aj* van het vasteland, vastelands-; continentaal; Europees [tegenover Engels]; II *sb* bewoner v.h. vasteland v. Europa

contingency [kən'tindʒənsi] toevalligheid; mogelijkheid; (toevallige) gebeurtenis; onvoorziene uitgave; –**ent** I *aj* toevallig; mogelijk; onzeker; afhankelijk (van *on*), gepaard gaande (met *on*); II *sb* eventualiteit; contingent *o*, aandeel *o*, bijdrage

continual [kən'tinjuəl] aanhoudend, gestadig, voortdurend, gedurig, bestendig; –**ance** gestadigheid, voortduring, voortzetting, bestendiging, duur; verblijf *o*; –**ation** [kəntinju'eiʃən] voortduring, voortzetting, vervolg *o*; prolongatie; ~ *classes* onderwijs *o* aan volwassenen; –**ative** [kən'tinjuətiv] voortzettend, voortdurend; **continue** I *vi* aanhouden, voortduren; voortgaan (met); II *vt* voortzetten, vervolgen, bestendigen; verlengen; doortrekken; handhaven [in ambt]; ~*d* ook: aanhoudend, voortdurend, onafgebroken; *to be* ~*d* wordt vervolgd; **continuity** [kɔnti'nju:iti] samenhang, verband *o*; continuïteit; draaiboek *o* [v. film]; ~ *girl* script-girl; **continuous** [kən'tinjuəs] samenhangend; onafgebroken; doorlopend; aanhoudend, voortdurend; continu

contort [kən'tɔ:t] (ver)draaien, (ver)wringen; –**ion** verdraaiing, verwringing, verrekking; bocht; –**ionist** slangemens

contour ['kɔntuə] omtrek; ~ *map* hoogtekaart

contra ['kɔntrə] tegen, contra

contraband ['kɔntrəbænd] I *sb* contrabande, sluikhandel; smokkelwaar; II *aj* smokkel-; verboden; –**ist** smokkelaar

contrabass ['kɔntrə'beis] contrabas

contraception [kɔntrə'sepʃən] anticonceptie, contraceptie; –**ive** anticonceptioneel (middel); ~*s* ook: anticonceptiva, contraceptiva

contract ['kɔntrækt] I *sb* contract *o*, verdrag *o*, overeenkomst, verbintenis; verloving; ~*s have been let for the work* het werk is aanbesteed (gegund); *by private* ~ onderhands; ~ *work* aangenomen werk *o*; II *vt* [kən'trækt] samentrekken; inkrimpen; aangaan, sluiten; aannemen; zich op de hals halen; contracteren; III *vi* zich samentrekken, inkrimpen; contracteren; ~*ing parties* verdragsluitende partijen; ~*ing out clause* ontsnappingsclausule ~ *for* zich verbinden tot, aannemen [werk], contracteren; ~ *out* ziet meer meedoen, bedanken (voor *of*); –**ible** samentrekbaar; (zich) samentrekkend; –**ile** = *contractible*; –**ion** samentrekking, verkorting; inkrimping; –**ive** samentrekkend; ~-**note** \$ (ver)koopbriefje *o*; –**or** aannemer, leverancier; samentrekker [spier]; –**ual** contractueel

contradict [kɔntrə'dikt] tegenspreken; **–ion** tegenspraak, tegenstrijdigheid; **–ory** tegenstrijdig, -sprekend; strijdig (met *to*)

contradistinction [kɔntrədis'tiŋ(k)ʃən] onderscheid *o*; *in ~ to* in tegenstelling met; **contradistinguish** door tegenoverelkaarstelling onderscheiden

contrail ['kɔntreil] condensspoor *o* (v.e. straalvliegtuig)

contra-indicate [kɔntrə'indikeit] ✗ contra-indiceren, bep. handeling of geneesmiddel niet raadzaam achten; **–tion** [kɔntrəindi'keiʃən] contra-indicatie

contralto [kən'træltou] alt(stem)

contraption [kən'træpʃən] F (gek uitziende) machine of instrument; zaakje *o*, ding *o*, spul *o*

contrapuntal [kɔntrə'pʌntl] contrapuntisch

contrariety [kɔntrə'raiəti] tegenstrijdigheid; contrast *o*; tegenwerking, tegenslag[2]; **–iness** [kən'trɛərinis] F dwarsdrijverij; **–ious** weerzinwekkend; tegenstrijdig; **–iwise** ['kɔntrəriwaiz, kən'trɛəriwaiz] integendeel; in tegenovergestelde of andere zin, andersom, verkeerd; **1 contrary** ['kɔntrəri] I *aj* tegengesteld, strijdig; ander; tegen-; *~ to* in strijd met, tegen; II *ad ~ to* tegen (...in); III *sb* tegen(over)gestelde *o*, tegendeel *o*; *on the ~* integendeel; daarentegen; [bericht] v.h. tegendeel; anders; *hear to the ~* tegenbericht krijgen, het tegendeel horen; **2 contrary** [kən'trɛəri] *aj* F in de contramine, dwars

contrast ['kɔntra:st] I *sb* tegenstelling, contrast *o*; *by ~* daarentegen; *by ~ with* in vergelijking met; *in ~ to (with)* in tegenstelling tot; II *vt* [kən'tra:st] tegenover elkaar stellen; stellen (tegenover *with*); II *vi* een tegenstelling vormen (met *with*), afsteken (bij *with*), contrasteren

contratenor ['kɔtrətɛnə] = *counter-tenor*

contravene [kɔntrə'vi:n] tegenwerken, ingaan tegen; overtreden; **contravention** overtreding; *in ~ of* in strijd met

contretemps [kõtrə'tã] *Fr* ongelukkig voorval *o*; onverwachte hinderpaal

contribute [kən'tribjut] I *vt* bijdragen; II *vi* medewerken, bijdragen; *~ to* ook: bevorderen; **–tion** [kɔntri'bju:ʃən] bijdrage; belasting, brandschatting; *lay under ~* brandschatten; een bijdrage opleggen aan; *fig* gebruik maken van, putten uit; **–tor** [kən'tribjutə] medewerker (aan een krant); **–tory** bijdragend; *~ cause* bijoorzaak

contrite ['kɔntrait] berouwvol, door wroeging verteerd; **–tion** [kən'triʃən] diep berouw *o*, wroeging

contrivance [kən'traivəns] vindingrijkheid, (uit)vinding, list; middel *o*, toestel *o*, inrichting, ding *o*; **contrive** vinden, uit-, bedenken, verzinnen, beramen, overleggen, het aanleggen; *~ to* weten te..., erin slagen te...; **–r** uitvinder, -ster;

verzinner; plannenmaker; intrigant

control [kən'troul] I *sb* beheer *o*, bestuur *o*; leiding, regeling; ✗ bediening, besturing, [volume- &] regelaar, bedieningsknop; controle, toezicht *o*; beperking; bedwang *o*; (zelf)beheersing; macht; zeggenschap; bestrijding [v. ziekten &]; *~s* ✗ stuurinrichting, stuurorganen; staatsbemoeiing, staatstoezicht *o*; *gain ~ (of, over)* de baas worden; *be in ~* de baas zijn, *be in ~ of* het beheer voeren, de leiding hebben over; beheersen, meester zijn; *out of ~* niet te regeren (besturen), stuurloos, onbestuurbaar; uit de hand gelopen [v. toestand]; *bring (get) inflation under ~* de inflatie de baas worden; *have the fire under ~* de brand meester zijn; II *vt* beheren, besturen; leiden, regelen; ✗ bedienen; bedwingen, in bedwang houden, beheersen, regeren; bestrijden [ziekten &]; controleren; *~ column* stuurknuppel; *~ gear* koppeling (v. auto); **–lable** bestuurbaar, te regeren &, zie *control* II; **–ler** controleur; orkestleider; *~ lever* versnellingshendel [v. auto]; *~ panel* ✗ bedieningspaneel *o*; *~ room* ✗ controlekamer; *~ tower* ✈ verkeerstoren

controversial [kɔntrə'və:ʃəl] polemisch, twist-, strijd-; omstreden, controversieel; **–ist** polemist; **controversy** ['kɔntrəvə:si] geschil *o*, controverse, twistgeschrijf *o*, polemiek, dispuut *o*; *beyond (without) ~* buiten kijf; **controvert** ['kɔntrəvə:t] betwisten, bestrijden, twisten over; **–ible** [kɔntrə'və:tibl] betwistbaar

contumacious [kɔntju'meiʃəs] weerspannig, zich verzettend; ♗ ongehoorzaam aan een bevel v.e. rechter, wederspannig; **contumacy** ['kɔntjuməsi] weerspannigheid; ♗ ongehoorzaamheid, wederspannigheid

contumelious [kɔntju'mi:liəs] smalend, honend, minachtend; **contumely** ['kɔntjumili] smaad, hoon, minachting

contuse [kən'tju:z] kneuzen; **–sion** kneuzing

conundrum [kə'nʌndrəm] raadsel *o*

conurbation [kɔnə:'beiʃən] stedelijke agglomeratie

convalesce [kɔnvə'les] herstellende zijn; **convalescence** herstel *o*; **–ent I** *aj* herstellend; *~ home* tehuis *o* voor herstellenden; II *sb* herstellende zieke

convenance ['kõ:(ŋ)vinã:(n)s] *~s* goede manieren

convene [kən'vi:n] I *vt* bijeen-, samenroepen, oproepen; II *vi* bijeen-, samenkomen

convenience [kən'vi:njəns] geschiktheid, gepastheid; gerief *o*, geriefelijkheid, gemak *o*; *(public) ~* (openbaar) toilet *o*; *marriage of ~* verstandshuwelijk *o*; *a t your ~* als het u gelegen komt; bij gelegenheid; op uw gemak; *at your earliest ~* zodra het u schikt; *for ~* voor het gemak, gemakshalve; **–ent** gemakkelijk, geriefelijk, geschikt;

gelegen (komend); *make it* ~ *to*... het zo schikken dat...

convent ['kɔnvənt] (vrouwen)klooster *o*

conventicle [kən'ventikl] ⊞ geheime godsdienstige bijeenkomst v. *Dissenters*

convention [kən'venʃən] bijeenkomst, vergadering; overeenkomst, verdrag *o*, verbond *o*, afspraak; (de) conventie; **–al** conventioneel; **–ality** [kənvenʃə'næliti] conventionele *o*; **–alize** [kən'venʃənəlaiz] conventioneel maken; stileren

conventual [kən'ventjuəl] **I** *aj* kloosterlijk, klooster-; **II** *sb* kloosterling(e)

converge [kən'və:dʒ] (doen) convergeren, in één punt (doen) samenkomen; **convergence** convergentie; **–ent, converging** convergerend, in één punt samenkomend

conversable [kən'və:səbl] gezellig, onderhoudend, spraakzaam

conversance, –cy [kən'və:səns(i)] bekendheid (met *with*); **conversant** [kən'və:sənt, 'kɔnvəsənt] gemeenzaam (met *with*); bedreven, thuis, ervaren, vertrouwd (met *with*)

conversation [kɔnvə'seiʃən] conversatie, gesprek *o*; *make* ~ wat zeggen; **–al** van de omgangstaal; gemeenzaam; spraakzaam; **–alist** causeur; **conversazione** [kɔnvəsætsi'ouni] soiree; literaire of wetenschappelijke bijeenkomst

1 converse [kən'və:s] **I** *vi* converseren, spreken, zich onderhouden; **II** *sb* ['kɔnvə:s] omgang, gesprek *o*

2 converse ['kɔnvə:s] **I** *aj* omgekeerd; **II** *sb* omgekeerde *o*; **–sion** [kən'və:ʃən] omkering, omzetting, verandering, verbouwing [v. winkel &], conversie; herleiding, omrekening; *fig* omschakeling; bekering; ⚛ verduistering; **convert** [kən'və:t] **I** *vt* omkeren, omzetten, veranderen; verbouwen [winkel &]; herleiden; omrekenen; converteren; *fig* omschakelen; bekeren; aanwenden (ten eigen bate), verduisteren; **II** *sb* ['kɔnvə:t] bekeerling(e); **–er** [kən'və:tə] bekeerder; ⚡ convertor, omzetter; ⚒ bessemerpeer; **–ibility** [kənvə:ti'biliti] omzet-, omkeerbaarheid; in-, verwisselbaarheid, convertibiliteit; **–ible** [kən'və:tibl] **I** *aj* omzet-, omkeerbaar; in-, verwisselbaar, converteerbaar; **II** *sb* ⛟ cabriolet

convex ['kɔnveks] convex, bol(rond); **–ity** [kən'veksiti] bol(rond)heid

convey [kən'vei] overbrengen, vervoeren; overdragen; mededelen; uitdrukken; geven; **–ance** overbrengen *o*, vervoer *o*; overdracht; vaartuig *o*, voertuig *o*; **–ancer** notaris die akten v. overdracht opmaakt; **–er, –or** overbrenger; vervoerder; ⚒ transportband (~ *belt*); lopende band

convict ['kɔnvikt] **I** *sb* (crimineel) veroordeelde,

boef; dwangarbeider; **II** *aj* gevangenis-, straf-; **III** *vt* [kən'vikt] schuldig verklaren, veroordelen; overtuigen [v. schuld &]; **–ion** schuldigverklaring, veroordeling; (vaste) overtuiging; *carry* ~ overtuigend zijn

convince [kən'vins] overtuigen; **–cing** overtuigend

convivial [kən'viviəl] feestelijk, vrolijk, gezellig; **–ity** [kənvivi'æliti] feestelijkheid, vrolijkheid, gezelligheid; omgang, aanspraak

convocation [kɔnvə'keiʃən] op-, bijeenroeping, bijeenkomst; provinciale synode van de Engelse staatskerk; ⚮ ± senaat; **convoke** [kən'vouk] op-, bijeenroepen

convolution [kɔnvə'lu:ʃən] kronkel(ing)

convolvulus [kɔn'vɔlvjuləs] ⚘ winde

convoy ['kɔnvɔi] **I** *vt* konvooieren, begeleiden; **II** *sb* konvooi *o*, geleide *o*

convulse [kən'vʌls] krampachtig samentrekken, doen stuiptrekken, schokken; *be* ~*d with laughter* schudden van het lachen, zich een stuip lachen; **–sion** stuiptrekking, schok[2]; schudden *o* [v.h. lachen]; *fig* opschudding; ~*s* stuipen; **–sive** kramp-, stuipachtig

cony ['kouni] ⚏ konijn *o*; konijnevel *o*

coo [ku:] kirren[2]

cooee, cooey ['ku:i, ku'i:] roep; *within* ~ binnen roepbereik *o*

cook [kuk] **I** *sb* keukenmeid, kookster, kokkin; kok; *too many* ~*s spoil the broth* veel koks bederven de brij; **II** *vt* koken, klaarmaken, bereiden; *fig* vervalsen, flatteren [balans &]; ~ *up* opwarmen; **F** verzinnen; **–er** kook(toe)stel *o*, -fornuis *o*, -pan; stoofappel, -peer &; **–ery** kookkunst; de „keuken”; ~ *book* kookboek *o*; ~ *house* kookhok *o*; kampkeuken; kombuis; **–ie** *Sc* broodje *o*; *Am* koekje *o*; **F** vent, kerel, jongen; meid, meisje *o*; **–ing I** *sb* koken *o*, kookkunst, de „keuken”; **II** als *aj* kook-, keuken-, stoof-, ~ *range* fornuis *o*

cool [ku:l] **I** *aj* koel, fris; kalm; (dood)leuk (ook: *as* ~ *as a cucumber*), brutaal, onverschillig; **F** uitgekookt; ♪ *cool* [ingetogen jazz]; *a* ~ *hundred* een slordige £ 100; **II** *sb* koelte; **III** *vi* & *vt* koelen, ver-, be-, afkoelen (ook: ~ *down*[2], ~ *off*); ~ *one's heels* staan schilderen, antichambreren; ~ *it* **S** (doe het) kalm aan; *cooling-off period* afkoelingsperiode; **–ant** koelmiddel *o*; **–er** koeldrank; koelvat *o*, koeler; ⚒ koelinrichting; **S** petoet, doos; ~**–headed** koel, kalm

coolie ['ku:li] koelie

coolly ['ku:li] *ad* koeltjes; doodleuk, brutaal; **coolness** koelheid, koelte; koelbloedigheid, kalmte; aplomb *o*; verkoeling

coomb [ku:m] diepe vallei; kom

coon [ku:n] ⚏ wasbeer; **F** > neger; **F** kerel; *he's a gone* ~ **F** hij is voor de haaien

co-op ['kouɔp, kou'ɔp] **F** coöperatie

coop [ku:p] **I** *sb* kippenmand, kippenhok *o*; visfuik; **II** *vt* opsluiten (ook: ~ *in*, ~ *up*)

cooper ['ku:pə] kuiper

co-operate [kouˈɔpərəit] mede- samenwerken; **–tion** [kouɔpeˈreiʃən] mede-, samenwerking, coöperatie; **–tive** [kouˈɔpərətiv] mede-, samenwerkend; coöperatieve winkel, coöperatie (= ~ *store*); *be* ~ meewerken [v. patiënt, leerling &]; **–tor** medewerker

co-opt [kouˈɔpt] coöpteren; **–ation** [kouɔpˈteiʃən] coöptatie

co-ordinate [kouˈɔ:dinit] **I** *aj* van dezelfde orde of rang; nevengeschikt; **II** *sb* coördinaat; **III** *vt* [kouˈɔ:dineit] *vt* coördineren, rangschikken, ordenen; **–tion** [kouɔ:diˈneiʃən] coördinatie, rangschikking, ordening; **–tive** [kouˈɔ:dineitiv] nevenschikkend

coot [ku:t] (meer)koet

cop [kɔp] **S I** *sb* smeris; *it's a fair* ~ ik (je) stink(t) erin; ~*s and robbers* rovertje *o* [spel]; **II** *vt* te pakken krijgen; ~ *it* ook: er van langs krijgen

coparcenary [kouˈpa:sənəri] medeëigendom (door vererving)

copartner ['kouˈpa:tnə] (mede)deelhebber; **–ship** vennootschap; winstdeling

1 cope [koup] **I** *sb* kap, koorkap, mantel; (hemel)gewelf *o*; **II** *vt* bekappen, (be)dekken, afdekken

2 cope [koup] **I** *vi* ~ *with* het hoofd bieden aan; af-, aankunnen; helpen [patiënten]; verwerken, voorzien in, voldoen aan [aanvragen]; **II** *va* het klaarspelen

coper ['koupə] paardenhandelaar

cope-stone ['koupstoun] = *coping-stone*

copier ['kɔpiə] kopiist, kopieermachine; nabootser, naäper

co-pilot ['kouˈpailət] tweede piloot; bijrijder

coping ['koupiŋ] kap [v. muur], (muur)afdekking, deksteen; ~ *-stone* deksteen; *fig* kroon op het werk; toppunt *o*

copious ['koupjəs] overvloedig, uitvoerig, rijk(elijk), ruim

copped ['kɔpd] gepunt, puntig

copper ['kɔpə] **I** *sb* (rood)koper *o*; ketel; koperen geldstuk *o* ‖ **S** klabak, smeris; **II** *aj* koperen; **III** *vt* (ver)koperen; **–ize** verkoperen; **–plate** koperplaat; kopergravure; ~ *printing* koper(diep)druk; ~ *writing* keurig schrift *o*; ~ *-smith* koperslager; **–y** koperachtig

coppice ['kɔpis] hakhout *o*, kreupelhout *o*, kreupelbosje *o*

copra ['kɔprə] kopra

copse, ~ -wood [kɔps(wud)] = *coppice*; **copsy** met struikgewas *o* begroeid

Coptic ['kɔptik] Koptisch

copula ['kɔpjulə] koppel(werk)woord *o*; verbinding; ♪ koppeling

copulate ['kɔpjuleit] paren; **–tion** [kɔpjuˈleiʃən] paring; **–tive** ['kɔpjulətiv, -eitiv] **I** *aj* verbindend; **II** *sb* verbindingswoord *o*

copy ['kɔpi] **I** *sb* afschrift *o*, kopie; kopij; exemplaar *o*; (schrijf)voorbeeld *o*; *it makes good* ~ er zit kopij in; **II** *vt* af-, overschrijven, kopiëren (ook: ~ *out*), naschrijven, natekenen; nabootsen, nadoen, namaken; overnemen; ~ *-book* **I** *sb* (schoon)schrijfboek *o*, (schoon)schrift *o*; *blot one's* ~ zijn reputatie bevlekken; **II** *aj* afgezaagd, alledaags; **–cat** **F** naäper, afkijker; ~ **editor** bureauredacteur; **–hold** leen *o*, soort erfpacht; **–holder** erfpachter; **–ing paper** doorslagpapier *o*; **–ist** kopiist; **–right I** *sb* auteursrecht *o*; **II** *vt* het auteursrecht beschermen van; **III** *aj* waarvan het auteursrecht beschermd is; nadruk verboden; ~ **-writer** tekstschrijver [v. reclame]

coquet [kouˈket] koketteren (met *with*); **–ry** ['koukitri] koketterie, behaagzucht; **–te** [kouˈket] **I** *sb* behaagzieke vrouw; **II** *vi* koketteren (met *with*); **–tish** koket, behaagziek

cor! [kɔ:] **S** verrek!

coracle ['kɔrəkl] soort vissersboot

coral ['kɔrəl] **I** *sb* koraal *o*; koralen bijtring; **II** *aj* koralen; koraalrood; **–line** **I** *aj* koralen, koraalachtig, koraalrood; **II** *sb* koraalmos *o*

cord [kɔ:d] **I** *sb* koord *o* & *v*, touw *o*, snoer *o*, band, streng; vadem hout [128 kub. voet]; geribde stof; **II** *vt* (vast)binden, -sjorren; vademen [hout]; ~ *stitch* kettingsteek; ~*s* corduroy; ~*ed* ook: geribd [v. stoffen]; **–age** touwwerk *o*

cordial ['kɔ:diəl] **I** *aj* hartversterkend; hartelijk; hartgrondig; **II** *sb* hartversterkend middel *o*, likeur, hartversterking; **–ity** [kɔ:diˈæliti] hartelijkheid

cordon ['kɔ:dən] **I** *sb* (orde)lint *o*; △ muurlijst; kordon *o*; **II** *vt* door een kordon afsluiten (~ *off*)

corduroy ['kɔ:dərɔi] manchester *o*, pilo *o*, ribfluweel *o*; ~*s* manchester- of pilobroek

core [kɔ:] **I** *sb* binnenste *o*, hart² *o*, kern², klokhuis *o* [v. appel]; *rotten at the* ~ van binnen rot; *rotten to the* ~ door en door rot; **II** *vt* boren [appels &]

co-religionist ['kouriˈlidʒənist] geloofsgenoot

corer ['kɔ:rə] fruitboor, ontpitter; boor voor bodemmonsters

co-respondent ['kourisˈpɔndənt] als medeplichtig gedaagde (bij echtscheidingsproces)

corf [kɔ:f, *mv* **–ves** -vs] transportmand (in mijn); viskaar

corgi ['kɔ:gi] 🐾 corgi [klein soort hond]

Corinthian [kəˈrinθiən] **I** *aj* Corinthisch; **II** *sb* Corinthiër

cork [kɔ:k] **I** *sb* kurk *o* & *m* [stofnaam], kurk *v* [voorwerpsnaam]; **II** *aj* kurken; **III** *vt* kurken; zwart maken met gebrande kurk; ~ *up* kurken, opsluiten; opkroppen; ~*ed* ook: naar de kurk smakend; *Am* **S** dronken; **–er F** = *whopper*; **F**

dooddoener, afdoend argument *o*; geweldige leugen; **–ing** F mieters, geweldig; **~ jacket** zwemvest *o*; **–screw** kurketrekker; **~ curls** kurketrekkers; **–y** kurkachtig; naar de kurk smakend

cormorant ['kɔːmərənt] *♨* aalscholver

corn [kɔːn] I *sb* koren *o*, graan *o*; *Sc* haver; *Am* maïs; korrel ‖ likdoorn ‖ *Am* S iets conventioneels; II *vt* in de pekel leggen; **–cob** maïskolf; pijp daaruit

cornea ['kɔːniə] hoornvlies *o* [v. oog]; **–l** hoornvlies-; **~ graft(ing)** hoornvliestransplantatie

cornel ['kɔːnəl] kornoelje

corneous ['kɔːniəs] hoornachtig

corner ['kɔːnə] I *sb* hoek; tip, punt; *sp* & **$** corner; *be i n a* (*tight*) **~** (erg) in het nauw gebracht zijn; *done in a* **~** clandestien; *o u t o f the* **~** *of one's eye* van terzijde; *r o u n d the* **~** om de hoek; *fig* boven jan; *= just* (*a*)*round the* **~** niet ver(af)[2]; II *vt* van hoeken voorzien; in een hoek zetten; in het nauw brengen; **$** opkopen om de prijzen op te jagen; III *vi* een hoek nemen [met auto]; **~ed** ook: met hoeken; *fig* in het nauw gedreven; **~-stone** hoeksteen[2]; **–wise** diagonaalsgewijs

cornet ['kɔːnit] horentje *o*, puntzakje *o*; kornet(muts); ♪ kornet; piston, cornet à pistons; pistonist; ⚔ ▥ 2de luitenant (vaandeldrager) bij de cavalerie; **–ist** pistonist

corn-factor ['kɔːnfæktə] graanhandelaar; **–field** korenveld *o*; *Am* maïsveld *o*; **–flakes** maïsvlokken; **–flour** maïsmeel *o*, maïzena, rijstemeel *o*; **–flower** korenbloem

cornice ['kɔːnis] lijst, kroonlijst, lijstwerk *o*

Cornish ['kɔːniʃ] (vroegere taal) van Cornwall

corn poppy ['kɔːnpɔpi], **~ rose** klaproos; **~ salad** veldsla

cornucopia [kɔːnjuˈkoupjə] horen des overvloeds

cornuted [kɔːˈnjuːtid] S gehoornd

corny ['kɔːni] S conventioneel, banaal, tam

corolla [kəˈrɔlə] ♣ bloemkroon

corollary [kəˈrɔləri] gevolg *o*, gevolgtrekking

corona [kəˈrounə] kring [om zon of maan]; corona [bij zonsverduistering, ☼]; kroon; **–l I** *aj* kroon-; **II** *sb* ['kɔrənl] kroon, krans; **–ry** ['kɔrənəri] coronair: van de kransslagaderen; **~ artery** kransslagader; **~ thrombosis** coronaire trombose, (hart)infarct *o*; **–tion** [kɔrəˈneiʃən] kroning

coroner ['kɔrənə] lijkschouwer

coronet ['kɔrənit] krans; ∅ kroontje *o*

Corp. = ⚔ *corporal*

1 corporal ['kɔːpərəl] *sb* ⚔ korporaal; *rk* corporale *o*: altaardoek

2 corporal ['kɔːpərəl] *aj* lichamelijk, lichaams-; **~ punishment** lijfstraf; **–ity** [kɔːpəˈræliti] stoffelijkheid

corporate ['kɔːpərit] geïncorporeerd, van een corporatie; gezamenlijk; **~ tax** *Am* vennootschapsbelasting; **~ town** stedelijke gemeente; zie ook: *body* I; **–tion** [kɔːpəˈreiʃən] corporatie, rechtspersoon; gilde *o* & *v*; *Am* (naamloze) vennootschap; F buik, buikje *o*; (*municipal*) **~** gemeentebestuur *o*; *public* **~** publiekrechtelijk lichaam *o*; **–tive** ['kɔːpərətiv] corporatief

corporeal [kɔːˈpɔːriəl] lichamelijk; stoffelijk; **corporeity** [kɔːpəˈriːiti] lichamelijkheid

corps [kɔː, *mv* kɔːz] (leger)korps *o*, (leger)korpsen

corpse [kɔːps] lijk *o*

corpulence, –ency ['kɔːpjuləns(i)] corpulentie; **–ent** corpulent, gezet

corpus ['kɔːpəs] corpus *o*, lichaam *o*; verzameling [v. wetten &]; **–cle** ['kɔːpʌsl] lichaampje *o*; **–cular** [kɔːˈpʌskjulə] corpusculair: uit kleine lichaampjes bestaand

corral [kɔˈrɑːl] I *sb* kraal: omsloten ruimte voor het vee (*Ind.*, *Afr.*); II *vt* in-, opsluiten

correct [kəˈrekt] I *aj* juist, precies; goed, correct; *he is* **~** *in this* hierin heeft hij gelijk; *he is* **~** *in calling it a...* hij noemt het terecht een...; *if found* **~** bij akkoordbevinding; II *vt* corrigeren, verbeteren, rechtzetten, herstellen, verhelpen; berispen, (af)straffen; reguleren; **–ion** correctie; verbetering; berisping, afstraffing; *under* **~** zijn mening voor een betere gevend; met uw welnemen; **–ional** verbeterend, verbeterings-; **–itude** correctheid; **–ive I** *aj* verbeterend; II *sb* correctief *o*: middel *o* ter verbetering; **–or** corrector

correlate ['kɔrileit] I *sb* correlaat *o*; II *vi* (& *vt*) correleren; **–tion** [kɔriˈleiʃən] correlatie; **–tive** [kɔˈrelətiv] correlatief

correspond [kɔrisˈpɔnd] corresponderen, beantwoorden (aan *to*); overeenkomen, overeenstemmen, briefwisseling houden (met *with*); aansluiting hebben; **–ence, –ency** correspondentie, briefwisseling; overeenkomst, overeenstemming; aansluiting; **~ clerk** **$** handelscorrespondent; **~ course** schriftelijke cursus; **–ent I** *aj* corresponderend; II *sb* correspondent; **$** handelsvriend; **–ing** overeenkomstig

corridor ['kɔridɔː] gang, galerij, corridor; **~ train** D-trein, harmonikatrein

corrigible ['kɔridʒəbl] vatbaar voor verbetering

corroborant [kəˈrɔbərənt] versterkend (middel *o*); **–ate** versterken, bekrachtigen, bevestigen; **–ation** [kərɔbəˈreiʃən] versterking, bekrachtiging, bevestiging; **–ative** [kəˈrɔbərətiv] versterkend, bekrachtigend, bevestigend

corrode [kəˈroud] weg-, invreten, in-, uitbijten, aantasten[2], verroesten, verteren; **corrosion** invreting, corrosie; **–ive** bijtend, invretend (middel *o*)

corrugate ['kɔrugeit] rimpelen; **~d** *cardboard*

golfkarton *o*; ~*d iron* gegolfd ijzer *o*; –**tion** [kɔru'geiʃən] rimpeling

corrupt [kə'rʌpt] **I** *aj* bedorven, verdorven; on-echt, verknoeid; corrupt, omkoopbaar, veil; **II** *vt* bederven, vervalsen [v. tekst]; omkopen, cor-rumperen; **III** *vi* bederven, (ver)rotten; –**er** be-derver; omkoper; –**ible** aan bederf onderhevig; **B** vergankelijk; omkoopbaar; –**ion** bederf *o*; verdorvenheid; vervalsing; verknoeiing; cor-ruptie; omkoping; –**ive** bedervend; verderfelijk

corsage [kɔː'saː ʒ] lijfje *o*; corsage

corsair ['kɔːsɛə] zeerover; kaperschip *o*

⊙ **corse** [kɔːs] lijk *o*

corselet, corslet ['kɔːslit] borstharnas *o*; borst-stuk *o* [v. insekt]; corselet *o*

corset ['kɔːsit] korset *o* (ook: ~*s*)

cortège [kɔː'teiʒ] stoet, gevolg *o*

cortex ['kɔːteks] hersenschors, schors

cortisone ['kɔːtizoun] cortisone *o*

coruscate ['kɔrəskeit] flikkeren, schitteren; –**tion** [kɔrəs'keiʃən] flikkering, schittering

corvette [kɔː'vet] korvet

corvine ['kɔːvain] raafachtig; kraaiachtig

corybantic [kɔri'bæntik] uitgelaten, woest

coryphaeus [kɔri'fiːəs] coryfee[2]

cos [kɔs] bindsla

cosh [kɔʃ] **F I** *sb* ploertendoder; **II** *vt* (neer)slaan met een ploertendoder

co-signatory ['kou'signətəri] **I** *sb* medeonderte-kenaar; **II** *aj* medeondertekenend

cosine ['kousain] cosinus

Cos (lettuce) ['kɔs('letis)] bindsla

cosmetic [kɔz'metik] **I** *aj* kosmetisch, schoon-heids-; **II** *sb* schoonheidsmiddel *o*, kosmetiek; ~*s* ook: cosmetica

cosmic(al) ['kɔzmik(l)] kosmisch; wereld-

cosmographic(al) [kɔzmə'græfik(l)] kosmogra-fisch; –**phy** [kɔz'mɔgrəfi] kosmografie

cosmology [kɔz'mɔlədʒi] kosmologie

cosmonaut ['kɔzmənɔːt] kosmonaut

cosmopolitan [kɔzmə'pɔlitən] *aj* kosmopoli-tisch; **II** *sb* kosmopoliet, wereldburger; **cosmo-polite** [kɔz'mɔpəlait] = *cosmopolitan* **II**

cosmos ['kɔzmɔs] kosmos, heelal *o*; *fig* geordend systeem *o*

cossack ['kɔsæk] kozak

cosset ['kɔsit] vertroetelen, verwennen

cost [kɔːst, kɔst] **I** *sb* prijs, kosten, uitgave; scha-de, verlies *o*; ~*s* (proces)kosten; *at all* ~*s* wat het ook koste; *at any* ~ tot elke prijs; *at my* ~ op mijn kosten, voor mijn rekening; *at the* ~ *of* ten koste van; *I know it to my* ~ ik heb leergeld betaald; **II** *vt* kosten; de kosten berekenen van; ~ *dear(ly)* duur (te staan) komen; **III** V.T. & V.D. van ~

costal ['kɔstl] van de ribben, ribben-

co-star ['kou'staː] **I** *sb* één v.d. hoofdrolspelers; **II** *vi* één v.d. hoofdrollen spelen

coster(monger) ['kɔstə(mʌŋgə)] straatventer van fruit, groenten, vis

costing ['kɔstiŋ] calculatie, kostenberekening

costive ['kɔstiv] hardlijvig; traag

costly ['kɔːstli] kostbaar; duur

costume ['kɔstjuːm] **I** *sb* kostuum *o*, (kle-der)dracht; mantelpak *o*; **II** *vt* kostumeren; van kostuums voorzien; ~ **jewel(le)ry** onechte ju-welen

costum(i)er [kɔs'tjuːm(i)ə] costumier

cosy ['kouzi] **I** *aj* gezellig, behaaglijk; **II** *sb* thee-muts; eierwarmer

cot [kɔt] kooi, krib; bedje *o*; (veld)bed *o*; kot *o*; ⊙ hut

cotangent ['kou'tændʒənt] cotangens

cote [kout] hok *o* inz. schaapskooi

co-tenant ['kou'tenənt] medehuurder

coterie ['koutəri] coterie: kliek

cothurnus [kou'θəːnəs, *mv* –**ni** –nai] hoge to-neelschoen

cottage ['kɔtidʒ] hut; arbeiderswoning; huisje *o*, kleine villa; –**r** (boeren)arbeider; dorpeling; vil-labewoner

cottar ['kɔtə] keuterboer

cotter ['kɔtə] ✗ spie, keil; ‖ keuterboer; ~ *bolt* ✗ keilbout

cottier ['kɔtiə] keuterboer

cotton ['kɔtn] **I** *sb* katoen *o* & *m*; (*absorbent*) ~ *Am* watten; ~*s* katoenen stoffen; **II** *aj* katoenen; **III** *vi* genegenheid koesteren voor; ~ *up to* bevriend raken met; ~ -**mill** katoenfabriek; ~ **print** be-drukte katoenen stof, katoentje *o*; –**tail** Ameri-kaans konijn *o*; ~ **waste** poetskatoen *o* & *m*; ~ -**wool** ruwe katoen *o* & *m*; watten; –**y** katoen-achtig

cotyledon [kɔti'liːdən] zaadlob, kiemblad

couch [kautʃ] **I** *sb* rustbed *o*, -bank, canapé, divan; ⊙ sponde, leger *o*; laag ‖ ◌ kweek; **II** *vt* (neer)-leggen; vellen [lans]; inkleden, uitdrukken, ver-vatten; omsluieren [met woorden]; ~ *in writing* op schrift brengen; **III** *vi* (gaan) liggen

couchant ['kautʃənt] ◪ liggend

couch-gras ['kautʃgraːs] ◌ kweek

cough [kɔːf, kɔf] **I** *sb* hoest; **II** *vi* hoesten; ~ *out* (*up*) opgeven; ~ *up* **F** onwillig betalen of vertel-len; opbiechten

could [kud] V.T. van 2 *can*; *he was as friendly as* ~ *be* hij was zeer vriendelijk

couldn't = *could not*

coulisse [kuː'liːs] coulisse (in theater); sponning

coulter ['koultə] kouter *o*, ploegijzer *o*

council ['kauns(i)l] raad, raadsvergadering; con-cilie *o*; ~ *of war* krijgsraad; ~ **house** gemeente-woning, ± woningwetwoning; **councillor** raad, raadslid *o*; **council school** gemeentelijke basisschool

counsel ['kauns(ə)l] **I** *sb* raad, raadgeving, beraadslaging; advocaat; (de) advocaten; rechtskundig adviseur; ~ *for the defence, defending* ~ 🏿 verdediger; ~ *for the prosecution, prosecuting* ~ 🏿 openbare aanklager; *King's (Queen's) C*~ eminente *barrister* die het recht heeft een zijden toga te dragen; *keep one's (own)* ~ zijn mond (weten te) houden, kunnen zwijgen; *take* ~ raadplegen, beraadslagen, overleggen (met *with*); *wiser* ~*s will prevail* het gezond verstand zal zegevieren; **II** *vt* (aan)raden; **–lor** raadgever, raadsman; ~ *of embassy* ambassaderaad

1 count [kaunt] *sb* graaf

2 count [kaunt] **I** *vt* tellen, op-, meetellen; rekenen, achten; aanrekenen; ~ *i n* meetellen; ~ *me in* ik doe mee; ~ *o u t* uittellen; aftellen; niet meetellen, uitschakelen; ~ *u p* optellen; **II** *vi* (mee)tellen, gelden; van belang zijn; ~ *f o r nothing* niet meetellen; geen gewicht in de schaal leggen; ~ *(u p)on* staat maken op, rekenen op; **III** *sb* tel, aantal *o*; telling; punt *o* (van aanklacht); *keep* ~ *(of)* tellen; *have lost* ~ de tel kwijt zijn; *have lost* ~ *of time* van uur noch tijd weten; *take the* ~ uitgeteld worden [v. bokser]; *on any (every)* ~ in ieder opzicht; ~**-down** aftellen *o* [vóór lancering]

countenance ['kauntinəns] **I** *sb* (aan)gezicht *o*, gelaat *o*; bescherming; steun; *he changed* ~ zijn gelaat(suitdrukking) veranderde; *give* ~ *to* steunen; *he kept his* ~ hij behield zijn bedaardheid (kalmte), hij hield zich goed [vooral bij iets lachwekkends]; *lend* ~ *to* steunen; *put (stare) sbd. out of* ~ iem. (door aankijken) van zijn stuk brengen; **II** *vt* begunstigen, beschermen, aanmoedigen, steunen

counter ['kauntə] **I** *sb* fiche *o* & *v*; teller; toonbank, balie, loket *o* [in postkantoor]; boeg [v. paard]; ♃ wulf *o*; hielstuk *o* [v. schoen]; tegenstoot; *sell over the* ~ in het klein verkopen; aan het loket verkopen; **II** *aj* tegen(gesteld); **III** *ad* tegen (...in); **IV** *vt* & *vi* tegenspreken; tegenwerken; ingaan tegen; afslaan; pareren, een aanval afweren; **–act** [kauntə'rækt] tegenwerken; neutraliseren, opheffen; ~**-attack** ['kauntərətæk] **I** *sb* tegenaanval; **II** *vi* (& *vt*) een tegenaanval doen (op); **–balance I** *sb* tegenwicht *o*; **II** *vi* [kauntə'bæləns] opwegen tegen, opheffen, compenseren; **–blast** ['kauntəbla:st] (tegen)stoot; vinnig antwoord *o*, repliek; ~**-charge** ['kauntətʃa:dʒ] *sb* tegenbeschuldiging; **II** *vi* een tegenbeschuldiging inbrengen; **–check** (dubbele) controle; contragewicht *o*; hindernis; ~**-claim I** *sb* tegeneis; ~ **clerk** loketbeambte; ~**-clockwise** tegen de wijzers v.d. klok in; ~**-current** tegenstroom; **–feit I** *aj* nagemaakt, onecht, vals; **II** *vt* namaken, nabootsen, vervalsen; huichelen; **III** *sb* namaak; **–foil** souche, strook, stok; ~**-jumper F** winkelbediende; **–mand**

[kauntə'ma:nd] tegenbevel geven; afzeggen, herroepen, afgelasten, afbestellen, annuleren; **–mark** ['kauntəma:k] $ contramerk *o*; waarmerk *o*; **–mine I** *sb* tegenmijn; tegenlist; **II** *vt* ⚔ contramineren; trachten te verijdelen; **III** *vi* een tegenlist smeden; **–move** tegenzet; ~**-offensive** tegenoffensief *o*; **–pane** beddesprei; **–part** ♪ tegenstem; *fig* tegenhanger, equivalent *o*, pendant *o* & *m*; ~**-plea** repliek; **–plot I** *sb* tegenlist; nevenintrige [v. toneelstuk]; **II** *vt* tegenwerken; **–point** contrapunt *o*; ~**-poise I** *sb* tegenwicht *o*, contragewicht *o*; evenwicht *o*; **II** *vt* opwegen tegen; in evenwicht houden; **–sign I** *sb* ⚔ wachtwoord *o*; herkenningsteken *o*, waarmerkende ondertekening; **II** *vt* contrasigneren; ~**-sink** verzinken [v. schroeven &]; ~**-tenor** mannelijke altstem; contratenor, castraatalt; **–vailing** een tegenwicht vormend; ~ *duties* retorsierechten; ~ *force* tegenkracht; **–weight** tegenwicht *o*, contragewicht *o*

countess ['kauntis] gravin

counting-frame ['kauntiŋfreim] telraam *o*; ~**-house** kantoor *o*

countless ['kauntlis] talloos, ontelbaar

count-out ['kaunt'aut] uittellen *o* [bij boksen]

countrified ['kʌntrifaid] boers, landelijk

country ['kʌntri] (vader)land *o*, (land)streek; (platte)land *o*; *the old* ~ het moederland: Engeland *o*; *in the* ~ op het land, buiten, in de provincie; *go to the* ~ zie *appeal* **I**; ~**-cousin** familielid *o* van buiten (de stad); ~**-dance** soort volksdans; ~**-house** landhuis *o*; ~**-life** buiten-, landleven *o*; ~**-man** buitenman, landman, plattelander, boer; landsman, landgenoot; ~**-seat** buitenplaats, landgoed *o*; **–side** landstreek; *the* ~ het platteland, buiten; de provincialen; ~**-squire** landjonker; ~**-town** provinciestad; ~**-wide** door het hele land, landelijk; **–woman** boerin; plattelandsvrouw; landgenote

county ['kaunti] graafschap *o*; bestuurlijke eenheid; ~ *borough* grote plaats die op zichzelf een graafschap vormt; ~ *council* graafschapsraad; ~ *court* graafschapsrechtbank; ~ *town* hoofdstad van een graafschap

coup [ku:] slag, zet; coup, staatsgreep

coupé ['ku:pei] coupé [auto, rijtuig]

couple ['kʌpl] **I** *sb* paar *o*; echtpaar *o*; koppel *o*; **II** *vt* koppelen, verbinden, verenigen; paren; **–r** ⚔ koppeling; ♪ koppel *o* [v. orgel]

couplet ['kʌplit] tweeregelig vers *o*

coupling ['kʌpliŋ] ⚔ koppeling

coupon ['ku:pɔn] coupon; bon; ~ *tax* dividendbelasting

courage ['kʌridʒ] moed; *Dutch* ~ jenevermoed; *take* ~ moed vatten; *take one's* ~ *in both hands* al zijn moed verzamelen, de stoute schoenen aantrekken; **–ous** [kə'reidʒəs] moedig

courier ['kuriə] koerier; reisleider

course [kɔːs] **I** *sb* loop, koers, gang, verloop *o*, beloop *o*; wedloop; (ren)baan; lange jacht; cursus, leergang (ook: ~ *of lectures*), ⟳ colleges; reeks, opeenvolging, laag [stenen]; gerecht *o*; 𝕋 kuur; *fig* weg, handelwijze, gedragslijn (~ *of action*); ~ *of exchange* wisselkoers; *evil* ~*s* slechte levenswandel; *take a* ~ *of waters* een kuur doen; *let things take their* ~ de zaken op hun beloop laten, Gods water over Gods akker laten lopen; ● *i n due* ~ te zijner tijd; na verloop van tijd; *in the* ~ *of* in de loop van, gedurende; *in* ~ *of construction* in aanbouw; *in* ~ *of time* mettertijd; na verloop van tijd; *in the* ~ *of time* in de loop der tijden; *of* ~ natuurlijk, dat spreekt vanzelf, allicht; *off* ~ uit de koers; **II** *vt* (na)jagen (op de lange jacht); **III** *vi* jagen; stromen; **–r** renpaard *o*; **coursing** lange jacht (jacht met windhonden)

court [kɔːt] **I** *sb* hof *o*; gerechtshof *o*, rechtbank (ook: ~ *of justice*, ~ *of law*), rechtszaal, terechtzitting; raad; hofhouding, hofstoet; ontvangst aan het hof; (binnen)plaats; plein *o*; hofje *o*; (tennis)baan; *pay (one's)* ~ *to* het hof maken; *put (rule) out of* ~ niet ontvankelijk verklaren; wraken, niet toelaten; uitsluiten; *settle out of* ~ in der minne schikken; **II** *vt* het hof maken²; streven naar; zoeken, uitlokken; **III** *vi* vrijen; (v. vogels) balderen; **~-card** ◊ pop; ~ **circular** dagelijks bulletin *o* over de activiteiten v.d. Koninklijke familie; **~-day** rechtsdag, zittingsdag; ontvangdag ten hove; ~ **dress** (voorgeschreven) hofkledij

courteous ['kəːtjəs, 'kɔːtjəs] hoffelijk, beleefd

courtesan [kɔːti'zæn] courtisane, lichtekooi

courtesy ['kəːtisi, 'kɔːtisi] **I** *sb* hoffelijkheid, vriendelijkheid, gunst; **II** *aj* ~ *title* adellijke titel, gedragen door de zoon v.d. eigenlijke rechthebbende

court fool ['kɔːtfuːl] hofnar; **~-house** gerechtsgebouw *o;* **courtier** hoveling; **courtly** hoofs, heus, hoffelijk; **court-martial** ['kɔːt'maːʃəl] **I** *sb* krijgsraad; **II** *vt* voor de krijgsraad brengen; ~ **plaster** Engelse pleister; **~-room** rechtszaal; **–ship** vrijen *o*, verkering; **–yard** (binnen)plaats, -plein *o*

cousin ['kʌzn] neef, nicht; *first* ~, ~ *german* volle neef (nicht); *our (American)* ~*s* ook: *fig* onze stamverwanten (in Amerika)

couth [kuːθ] **F** welgemanierd

cove [kouv] kreek, inham; beschutte plek ‖ **S** vent, kerel

coven [kʌvn] heksensabbath

covenant ['kʌvinənt] **I** *sb* overeenkomst, akte, verdrag *o*, verbond *o*; *the Covenant* het Verbond (van 1643) der Schotse presbyterianen; het Handvest van de Volkenbond [1919]; **II** *vt & vi* overeenkomen

Coventry ['kɔvəntri] Coventry *o*; *send sbd. to* ~ iedere vorm v. sociale omgang met iem. verbreken

cover ['kʌvə] **I** *vt* bedekken; overdekken; beschermen, afdekken; dekken; verbergen; overtrekken, bekleden, kaften; zich uitstrekken over, beslaan; omvatten; voorzien in; gaan over, behandelen; ⚔ aanleggen op, onder schot houden of krijgen, bestrijken; afleggen [afstand]; verslaan [als verslaggever]; ~ *i n* overdekken; vullen, dichtgooien [graf &]; ~ *u p* toedekken, over-, bedekken; inpakken; verbergen; **F** verborgen houden; in de doofpot stoppen; **II** *sb* dek(sel) *o*; (be)dekking; omslag, kaft *o & v*; plat *o* [v. boek]; overtrek *o & v*, hoes, omhulsel *o*; buitenband; bekleding; enveloppe; foudraal *o*; stolp; kap; couvert *o* [bord, mes, vork, lepel]; $ & ⚔ dekking; *fig* bescherming, beschutting; schuilplaats, leger *o* [v. wild]; *f r o m* ~ *t o* ~ van a tot z, van het begin tot het einde; *u n d e r* ~ ingesloten [in brief]; beschut, onder dak; ⚔ gedekt; *under (the)* ~ *of* onder dekking (bescherming) van; *fig* onder de schijn (dekmantel) van; zie ook: *take* I; **–age** wat bestreken (bereikt) wordt per radio, TV, reclame &; verslag *o*, reportage; $ dekking; risicodekking; **~-charge** bedieningsgeld *o* (in restaurant); **~-girl** fotomodel *o*; **–ing** **I** *sb* (be)dekking; dek *o*; **II** *aj* dekkings-; ~ *letter* begeleidend schrijven *o*; ~ *note* sluitnota; **–let, –lid** beddesprei; ~ **story** omslagverhaal *o*; **~-up** [een zaak] in de doofpot stoppen *o*

covert ['kʌvət] **I** *aj* bedekt, heimelijk, geheim, verborgen; **II** *sb* schuilplaats, struikgewas *o* [als schuilplaats voor wild], leger *o*; dekveer

coverture ['kʌvətjuə] bedekking, beschutting ‖ staat v. gehuwde vrouw

covet ['kʌvit] begeren; **–ous** begerig, hebzuchtig

covey ['kʌvi] ⚔ vlucht; troep

1 cow [kau] *sb* koe; wijfje *o* [v. olifant &]

2 cow [kau] *vt* bang maken, vrees inboezemen, intimideren

coward ['kauəd] **I** *sb* lafaard, bangerik; **II** *aj* laf(hartig); **–ice** ['kauədis] laf(hartig)heid; **–ly** laf(hartig)

cowboy ['kaubɔi] koewachter; *Am* cowboy; **cowcatcher** ['kaukætʃə] *Am* baanschuiver [aan locomotief]

cower ['kauə] neerhurken, ineenkrimpen, (weg)kruipen

cowherd ['kauhɔːd] koeherder; **–hide I** *sb* rundleer *o*; leren zweep; **II** *vt* met de zweep geven

cowl [kaul] monnikskap; (monniks)pij; schoorsteenkap, „gek"; 🛩 kap [v. motor]

cowlick ['kaulik] weerbarstige lok; spuuglok

cowling ['kauliŋ] 🛩 kap [v. motor]

cowpox ['kaupɔks] koepokken; **cow puncher**

Am F cowboy; **–shed** koe(ie)stal; **–slip** sleutelbloem

cox [kɔks] **I** *sb* = *coxswain*; **II** *vt* als *coxswain* besturen; **III** *vi coxswain* zijn

coxcomb ['kɔkskoum] kwast, dandy, modegek

coxswain ['kɔksn] stuurman

coy [kɔi] (quasi-)zedig, bedeesd, schuchter, preuts

coyote ['kɔiout, kɔi'out] prairiewolf

coypu ['kɔipu:] ≋ nutria, beverrat, moerasbever ↖ **coz** [kʌz] verk. voor *cousin*

cozen ['kʌzn] bedriegen, bedotten; **–age** bedrog *o*, fopperij

cozy = *cosy*

crab [kræb] **I** *sb* krab; ⚓ Kreeft; ⚹ lier; ✕ loopkat; ⚛ wilde appel *fig* iezegrim; *catch a* ~ een snoek vangen [bij roeien]; **II** *vt* F afmaken, bekritiseren; bederven; **~ -apple** wilde appel; *fig* iezegrim

crabbed ['kræbid] zuur, kribbig, nors, korzelig; kriebelig (geschreven); gewrongen [v. stijl]; **crabby** kribbig, humeurig

crab cactus ['kræbkæktəs] lidcactus

crab louse ['kræblous] platluis, schaamluis

crack [kræk] **I** *sb* gekraak *o*, kraak, krak, knak, knal; kier, spleet, barst, breuk; slag, klap; **S** kraan; F geestige uitval, steek onder water; *the* ~ *of dawn* het krieken van de dag; *the* ~ *of doom* de dag des oordeels; **II** *aj* F chic, prima, best, keur-, elite; **III** *vi* & *vt* kraken, knappen, breken [glas, ijs]; (doen) barsten, springen, doen knallen, (laten) klappen; ~ *a bottle* een fles soldaat maken; ~ *jokes* F moppen tappen; *get* ~*ing* F aan de slag gaan, opschieten, voortmaken (met *on*); ~ *down on* F hard aanpakken; ~ *up* F aanprijzen, opvijzelen; F bezwijken, het afleggen, te pletter vallen; **IV** *ij* krak!; **~-brained**, **–ed** F getikt; **–er** (zeven)klapper, knalbonbon, pistache; cracker, *Am* beschuit; ~*s* notekraker; als *aj* F krankjorum, gek; **–erjack** *Am* **I** *sb* kraan, piet; **II** *aj* kranig, prima; **–ing** F zeer snel; **~-jaw** F onuitspreekbaar [naam]

crackle ['krækl] **I** *vi* knetteren, knappen; **II** *sb* geknetter *o*, knappen *o*; craquelure, haarscheurtjes; [v. porselein] craquelé *o* (ook: ~ *ware*); **–ling** geknetter *o*; gebraden randje aan varkensvlees

cracknel ['kræknəl] krakeling

crackpot ['krækpɔt] F excentriek; gek

cracksman ['kræksmən] S inbreker

cradle ['kreidl] **I** *sb* wieg²; bakermat; ⚓ slede; goudwasserszeef; ⚒ spalk; ✕ raam *o*; hangstelling; ☎ haak; *from the* ~ van kindsbeen af; **II** *vt* in de wieg leggen; ⚓ op de slede plaatsen; wiegen

craft [kra:ft] handwerk *o*, ambacht *o*; kunst(nijverheid), vak *o*; gilde *o* & *v*; list(igheid), sluwheid, bedrog *o*; ⚓ vaartuig *o*, vaartuigen [van al-

lerlei soort]; ~ **guild** ['kra:ftgild] (ambachts)gilde *o* & *v*; **–iness** listigheid, sluwheid, boerenslimheid; **–sman** (bekwaam) handwerksman; vakman; **–smanship** vakmanschap *o*, bedrevenheid; handwerk *o*; **–y** *aj* loos, listig, sluw, berekenend

crag [kræg] rots(punt); **cragged, craggy** steil, ruw, onregelmatig, grillig ingesneden; **cragsman** geoefend bergbeklimmer

cram [kræm] **I** *vt* in-, volstoppen, volproppen; ≋ inpompen, klaarstomen [voor examen]; doen slikken [leugens]; ~ *up* volstoppen; er in pompen; ~ *up with* volproppen met²; **II** *vi* gulzig eten, schransen, zich volstoppen; ≋ blokken; **III** *sb* gedrang *o*; ingepompte kennis, inpompen *o*; F leugen; ~*-full* tjokvol, propvol; **crammer** repetitor

cramp [kræmp] **I** *sb* kramp; kram, klemhaak; belemmering; **II** *vt* kramp veroorzaken (in); krammen; belemmeren; *be* ~*ed for room* zich niet vrij bewegen kunnen, eng behuisd zijn; ~*ed handwriting* kriebelig schrift *o*; ~*ed style* gewrongen stijl; ~ *sbd.'s style* iem. in zijn bewegingen belemmeren, handicappen; **~-iron** kram, muuranker *o*

crampon ['kræmpən] ijsspoor, klimijzer *o*

cranage ['kreinidʒ] kraangeld *o*

cranberry ['krænbəri] veenbes

crane [krein] **I** *sb* ⚶ kraanvogel; ✕ (hijs)kraan; **II** *vi* de hals uitrekken; ~ *at* terugschrikken voor

crane-fly ['kreinflai] langpootmug

cranial ['kreiniəl] schedel-; **craniology** [kreini'ɔlədʒi] schedelleer; **cranium** ['kreiniəm] schedel

crank [kræŋk] **I** *sb* kruk, handvat *o*, slinger; woordspeling; gril; zonderling, maniak; **II** *aj* licht omslaand, ⚓ rank; zwak, wrak; **III** *vt* ~(*up*) aanzwengelen [motor]; **~-case** carter; **~-shaft** ✕ krukas; **–y** sukkelend, zwak, wrak; nukkig, humeurig; excentriek, raar; bochtig; licht omslaand, ⚓ rank

cranny ['kræni] scheur, spleet

crap [kræp] **I** *sb* P uitwerpselen; **S** onzin; **II** *vi* P kakken

crape [kreip] stof voor rouwkleding, (rouw-)floers *o*

crapulence ['kræpjuləns] onmatigheid (in eten en drinken); misselijkheid; **–lous** onmatig

crash [kræʃ] **I** *vt* verbrijzelen, verpletteren; **II** *vi* kraken, ratelen; krakend ineenstorten; neerkomen, te pletter vallen [v. vliegtuig]; ~ *against* (*into*) aanbotsen tegen; **III** *sb* gekraak *o*, geratel *o*; slag; botsing, aanrijding; val; $ krach, debâcle; ⚶ vliegtuigongeluk *o* ‖ grof linnen *o*; ~ **barrier** vangrail; ~ **course** spoedcursus; ~**dive** snel duiken; **~-helmet** valhelm; ~**-land** een noodlanding maken met beschadiging van het toestel; ~ **programme** urgentieprogramma *o*; **–worthiness** [kræʃ'wɔ: ðinis] de mate waarin een auto beveiligd is tegen botsingen

crass [kræs] dik; lomp, grof, erg; stomp; **–itude** grofheid, lompheid, stommiteit; stompheid

cratch ['krætʃ] voederkribbe

crate [kreit] krat

crater ['kreitə] krater; (granaat)trechter

cravat [krə'væt] das

crave [kreiv] **I** *vt* smeken, vragen (om); **II** *vi* ~ *for* snakken naar, hunkeren naar

craven ['kreivn] **I** *sb* lafaard; **II** *aj* laf

craving ['kreiviŋ] hevig verlangen *o*

craw [krɔ:] krop [van vogel]

crawfish ['krɔ:fiʃ] rivierkreeft

crawl [krɔ:l] **I** *vi* kruipen², sluipen; schuifelen [v. slang]; snorren [van taxi &]; ~ *with* wemelen van; **II** *sb* kruipen *o*; gekrieuwel *o*; crawl [zwemslag]; **–er** kruiper; snorder; ~*s* kruippakje *o*

crayfish ['kreifiʃ] rivierkreeft

crayon ['kreiən, 'kreiɔn] **I** *sb* crayon *o* & *m*, tekenkrijt *o*; pastel *o*, pasteltekening; ✺ koolspits; **II** *vt* crayoneren; schetsen

craze [kreiz] **I** *vt* krankzinnig maken; **II** *vi* craqueleren [ceramiek]; **III** *sb* krankzinnigheid, rage, manie; **–d** krankzinnig, gek; gecraqueleerd; **crazy** *aj* wrak, bouwvallig; krankzinnig, gek; ~ *about* dol op; ~ **bone** = *funny bone*; ~ **pavement** mozaïekplaveisel *o*; ~ **quilt** lappendeken

creak [kri:k] kraken; knarsen, piepen; **–y** krakend; knarsend, piepend

cream [kri:m] **I** *sb* room²; crème²; beste *o, fig* bloem; bonbon; ~ *of tartar* cremortart *o*; **II** *aj* crème; **III** *vt* (af)romen²; room doen bij; **IV** *vi* romen, zo dik worden als room; **–ery** boterfabriek, zuivelfabriek; roomhuis *o*, melksalon; **–y** roomachtig, roomhoudend

crease [kri:s] **I** *sb* kreuk(el), vouw, plooi; **II** *vt* & *vi* kreuk(el)en, vouwen, plooien; ~**-proof**, ~**-resistant** kreukherstellend, -vrij; **creasy** vol plooien, geplooid; plooiend

create [kri'eit] scheppen; in het leven roepen, doen ontstaan, teweegbrengen, wekken; creëren, maken; benoemen tot; **–tion** schepping; instelling; creatie; **–tive** creatief, scheppend, scheppings-; **–tiveness** = *creativity*; **–tivity** [kriei'tiviti] creativiteit, scheppingsvermogen *o*, scheppende kracht; **–tor** [kri'eitə] schepper; **–ture** ['kri:tʃə] schepsel *o*; > creatuur *o*, werktuig *o*; beest *o*, dier *o*; ~ *comforts* materiële welstand

crèche [kreiʃ] crèche, kinderbewaarplaats

credence ['kri:dəns] geloof schenken *o* (aan *to*); voor waar aannemen *o*

credentials [kri'denʃəlz] geloofsbrieven; *fig* papieren [getuigschriften &]

credibility [kredi'biliti] geloofwaardigheid;

credible ['kredibl] *aj* geloofwaardig

credit ['kredit] **I** *sb* geloof *o*, reputatie, goede naam, gezag *o*, invloed; eer; krediet *o*; credit *o*, creditzijde; ~*s* ook: titels [v. film]; *be a* ~ *to, do* ~ *to* tot eer strekken; *give him* ~ *for* hem de eer geven... te zijn; *give* ~ *to* geloof schenken aan; *take* ~ (*to oneself*) *for* het zich tot een eer (verdienste) rekenen dat; *to his* ~ tot zijn eer (strekkend), op zijn naam (staand) [v. boeken &]; in zijn credit (geboekt); **II** *vt* geloven; crediteren; ~ *him with*... hem de eer geven van...; hem... toeschrijven; hem crediteren voor...; **–able** eervol, verdienstelijk; ~ **card** kredietkaart; **–or** crediteur, schuldeiser; ~ **titles** titels [v. film]; **–worthy** kredietwaardig

credo ['kri:dou] credo *o*

credulity [kri'dju:liti] lichtgelovigheid; **credulous** ['kredjuləs] lichtgelovig

creed [kri:d] geloof *o*, geloofsbelijdenis; overtuiging, richting

creek [kri:k] kreek, inham, bocht; *Am* zijrivier, riviertje *o*; *up the* ~ **S** in moeilijkheden

creel [kri:l] viskorf

creep [kri:p] **I** *vi* kruipen, sluipen; dreggen; *it made my flesh* ~ ik kreeg er kippevel van; ~*ing paralysis* progressieve verlamming; **II** *sb* kruipen *o*; kruipgat *o*; **S** genieperd, engerd; *it gives me the* ~*s* ik krijg er de kriebels van; **–er** kruiper; kruipend dier *o*; kruipende plant; ❧ boomkruiper; dreg; **–y** kruipend; griezelig; **–y-crawly** F wriemelend

creese [kri:s] kris

cremate [kri'meit] verbranden [lijken], verassen, cremeren; **–tion** lijkverbranding, verassing, crematie

crematorium [kremə'tɔ:riəm], **crematory** ['kremətəri] crematorium *o*

crenate(d) ['kri:neit(id)] ♣ gekarteld

crenel ['krenl] kanteel, tinne; **–lated** met kantelen

creole ['kri:oul] **I** *sb* creool(se); **II** *aj* creools

creosote ['kri:əsout] creosoot *m* & *o*

crêpe [kreip] crêpe; ~ *paper* crêpepapier; ~ *shoes* schoenen met crêperubberzolen

crepitate ['krepiteit] knetteren; **–tion** [krepi'teiʃən] geknetter *o*

crept [krept] V.T. & V.D. van *creep*

crepuscular [kri'pʌskjulə] schemerend, schemerig, schemer-

crescent ['kresənt] **I** *aj* wassend, toenemend; halvemaanvormig; **II** *sb* wassende maan; halvemaan; halfcirkelvormige rij huizen

cress [kres] tuin-, waterkers

cresset ['kresit] bakenlicht *o*, toorts

crest [krest] kam, kuif, pluim; kruin, top; (schuim)kop [op golven]; ⍟ helmteken *o*

crestfallen ['krestfɔ:l(ə)n] terneergeslagen

cretaceous [kri'teiʃəs] krijtachtig, krijt-
Cretan ['kri:tən] I aj Kretenzisch; II sb Kretenzer
cretin ['kre-, 'kri:tin] cretin, idioot
cretonne [kre'tɔn, 'kretɔn] cretonne o
crevasse [kri'væs] gletsjerspleet
crevice ['krevis] spleet, scheur
1 crew [kru:] I sb scheepsvolk o, bemanning; bediening(smanschappen); ploeg; troep, bende; gespuis o; II vi (& vt) deel uitmaken van de bemanning (van)
2 crew [kru:] V.T. van crow
crew cut ['kru:kʌt] haar o „en brosse": kortgeknipt en steil, kort Amerikaans
crewel ['kru:il] borduurwol
crib [krib] I sb krib; hut, koestal; kribbe, kinderbedje o; F baantje o; ☞ woordelijke vertaling; plagiaat o; spiekbriefje o; II vt opsluiten; F in de wacht slepen; overkalken, spieken
cribbage ['kribidʒ] een kaartspel
crick [krik] I sb kramp; II vt kramp krijgen in
cricket ['krikit] I sb krekel ‖ cricket(spel) o; not (quite) ~ to... niet eerlijk om...; II vi cricketen; -er cricketspeler
crier ['kraiə] omroeper
crikey! ['kraiki] uitroep van verbazing
crime [kraim] I sb misdaad; criminaliteit; wandaad; ✄ vergrijp o; II vt ✄ aanklagen; veroordelen; straffen
Crimean [krai-, kri'miən] Krim-
criminal ['kriminl] I aj crimineel; misdadig; C~ Investigation Department recherche; ~ law strafrecht o; ~ lawyer strafpleiter; criminalist; II sb misdadiger, F boef; -ity [krimi'næliti] criminaliteit: misdadigheid; aantal o misdaden; criminate ['krimineit] beschuldigen; als strafbaar beschouwen
criminologist [krimi'nɔlədʒist] criminoloog; -gy criminologie
crimp [krimp] I vt plooien, krullen; krimp snijden ‖ ronselen; II sb ronselaar
crimson ['krimzn] I aj karmozijnrood; [v. gezicht] vuurrood; II sb karmozijn o; III vt karmozijn verven; IV vi karmozijnrood worden, blozen
cringe [krindʒ] I vi ineenkrimpen; fig kruipen (voor to); II sb kruiperige buiging
crinkle ['kriŋkl] I vt & vi (doen) kronkelen, rimpelen, (ver)frommelen; II sb kronkel, rimpel, frommel; -ly kronkelig, rimpelig
crinoline ['krinəli:n] hoepelrok
cripple ['kripl] I sb kreupele, gebrekkige, verminkte; II vt kreupel maken, verminken; onklaar maken; fig verlammen, belemmeren
crisis ['kraisis, mv -ses -si:z] crisis, keerpunt o
crisp [krisp] I aj kroes; gerimpeld; knappend, krakend [papier], bros, croquant; opwekkend [lucht]; gedecideerd; scherp; fris, levendig, pit-

tig, ongezouten [antwoord]; II sb gebakken en gedroogd dun schijfje o aardappel; III vt krullen, kroezen, friseren; rimpelen; -y kroes; bros; fris
criss-cross ['kriskrɔ(:)s] I sb warnet o; II sb & aj kriskras (liggend, lopend)
criteria [krai'tiəriə] mv v. criterion
criterion [krai'tiəriən] criterium o, toets, maatstaf; graadmeter
critic ['kritik] criticus; -al kritisch; kritiek; be ~ of kritiek hebben op, kritisch staan tegenover; -ism ['kritisizm] kritiek (op of), beoordeling; kritische op-, aanmerking; -ize kritiseren, beoordelen; aanmerkingen maken op, bekritiseren, hekelen
critique [kri'ti:k] kritiek, beoordeling
croak [krouk] kwaken, krassen; S doodgaan; doodmaken; -er kwaker, krasser; knorrepot; zwartkijker
Croatian [krou'eiʃən] I sb Kroaat; Kroatisch o; II aj Kroatisch
crochet ['krouʃei, 'krouʃi] I sb haakwerk o; II vt & vi haken; ~ -hook haakpen
crock [krɔk] I sb pot; potscherf; F sukkel, kruk; wrak; aftands paard o; oud meubel o &; II vt F tot een sukkel (wrak) maken (ook: ~ up)
crockery ['krɔkəri] aardewerk o
crocodile ['krɔkədail] I sb krokodil; krokodilleleer o; II als aj krokodille-; krokodilleleren
crocus ['kroukəs] krokus
croft [krɔ(:)ft] besloten veld o; klein stuk wei- of bouwland o van een keuterboertje; -er keuterboertje o
cromlech ['krɔmlek] prehistorisch steengraf o
crone [kroun] oud wijf o
crony ['krouni] boezemvriend(in)
crook [kruk] I sb kromte, bocht; kromming; haak; herdersstaf, kromstaf, bisschopsstaf; F oplichter, boef; II vt & vi (zich) krommen; buigen; III aj F oneerlijk; ~ -back bochel; ~ -backed gebocheld; -ed krom, gebogen, verdraaid, verkeerd, slinks, oneerlijk
croon [kru:n] half neuriën, croonen; -er crooner
crop [krɔp] I sb krop; gewas o, oogst (ook: ~s); aantal o, menigte, hoop; kortgeknipt haar o; knippen o; steel [van zweep]; jachtzweep; in (under) ~ bebouwd; II vt plukken, oogsten; afknippen; kortstaarten, (de oren) afsnijden, couperen; afknabbelen; ~ out aan de dag komen; ~ up opduiken, zich op-, voordoen, er tussen komen; ~ -eared gecoupeerd: met ingekorte oren [hond]; met kortgeknipt haar
cropper ['krɔpə] kropper [duif] ‖ F val ‖ produktieve plant; come a ~ F languit vallen; over de kop gaan; lelijk te pas komen
crop rotation ['krɔprouteiʃən] wisselbouw
croquet ['kroukei, -ki] croquet(spel) o
croquette [krou'ket] croquet
crosier, crozier ['krouʒə] bischopsstaf, kromstaf

cross [krɔːs, krɔs] **I** *sb* kruis *o*; kruisje *o*; kruising; *on the ~* diagonaal, schuin; **II** *vt* kruisen; kruisgewijs over elkaar leggen, [armen, benen] over elkaar slaan, doorkruisen, strepen [een cheque]; een kruis maken over; met een kruis(je) merken; kruiselings berijden; overschrijden, oversteken, overvaren, (dwars) lopen (gaan) door (over); dwarsbomen, tegenwerken; *~ (one's) fingers, keep one's fingers ~ed* in stilte bidden (hopen), het beste hopen; ± even afkloppen, duim(el)en; *~ sbd.'s mind* bij iem. opkomen; *~ off (out)* doorstrepen; **III** *vi* elkaar kruisen; **IV** *vr ~ oneself* een kruis slaan (maken); **V** *aj* elkaar kruisend, dwars, tegen-, verkeerd; slecht van humeur, boos; *as ~ as two sticks* zo nijdig als een spin; *~***-bar** dwarshout *o*, dwarslat, *sp* (doel)lat [bij voetbal]; *–***beam** dwarsbalk; *–***bearing** kruispeiling; *–***bones** gekruiste dijbeenderen als zinnebeeld van de dood; *–***bow** kruisboog; *~***-bred** van gekruist ras; *~***-breed I** *sb* gekruist ras *o*, kruising; bastaard; **II** *vt* kruisen [rassen]; *~* **bun** broodje *o* met een kruis erop [op Goede Vrijdag] (*hot ~*); *~***-buttock** heupzwaai; *~***-country** (wedren) dwars door het land, over heg en steg, terreinrit, veldloop; *~***-cut I** *aj* overdwars gesneden of gezaagd; **II** *sb* korte (dwars)weg; *~ saw* trekzaag; *~***-examination** kruisverhoor *o*; *~***-eyed** scheel; *~***-grained** dwars op de draad [hout]; *fig* dwars; *–***ing** kruising, oversteken *o*; overvaart, -tocht; kruispunt *o*; overweg; oversteekplaats; *~-sweeper* ⚒ straatveger; *~***-legged** met gekruiste benen; met de benen over elkaar; *–***patch** nijdas; *~***-purpose** tegenstrijdig doel *o*, misverstand *o*; *be at ~s* elkaar onbedoeld tegenwerken; elkaars bedoelingen niet begrijpen; *~***-question** strikvraag; *~***-reference** verwijzing; *~***-road** dwarsweg; *~s* wegkruising, twee-, viersprong; *dirty work at the ~s* 'n vuil zaakje *o*; *~***-section** dwars(door)snede; *~***-street** dwarsstraat; *~***-talk** F elkaar van repliek dienen *o*, snelle dialoog; *~***-ways,** *~***-wise** kruisgewijze; *–***word** kruiswoordraadsel *o* (*~ puzzle*)

crotch [krɔtʃ] gaffel; kruis *o* [v. mens, broek]

crotchet ['krɔtʃit] haakje *o*; ♩ kwartnoot; F gril, kuur; *–***y** F grillig, vol grillen

crouch [krautʃ] **I** *vi* bukken; *fig* kruipen; **II** *sb* gebukte (kruipende) houding

croup [kruːp] kruis *o* [v. paard] ‖ 🦠 kroep

croupier ['kruːpiə] croupier [bij speelbank]; ondervoorzitter [aan een feestmaal]

crow [krou] **I** *sb* 🐦 kraai; *~* een witte raaf; *as the ~ flies* hemelsbreed; **II** *vi* kraaien[2]; *~ over sbd.* victorie kraaien; *–***bar** koevoet, breekijzer *o*

crowd [kraud] **I** *sb* gedrang *o*, menigte, schare, (grote) hoop, massa; figuratie [in film]; F gezelschap *o*, stel *o*, troep, bende, lui; **II** *vi* dringen,

duwen, zich verdringen, drommen; *~ on* op de hielen volgen van; **III** *vt* (opeen)dringen, (opeen)pakken, duwen; zich verdringen in (op); vullen, volproppen; *~ed* (stamp)vol; druk; *~ (on) sail* zeilen bijzetten; *~ out* verdringen

crowfoot ['kroufut] ranonkel, boterbloem ‖ voetangel, kraaiepoot

crown [kraun] **I** *sb* kroon; krans; kruin; top; bol [v. hoed], hoofd *o*; muntstuk *o* (van 5 shilling); kruis *o* [v. anker]; **II** *vt* kronen (tot), bekronen; S op het hoofd slaan; *~ a man* [*sp*] dam halen; *to ~ all* om de kroon op het werk te zetten; tot overmaat van ramp; *~* **colony** kroonkolonie; *–***ed** gekroond, met een kroon (kam, kuif &); *–***ing I** *sb* kroning, voltooiing; **II** *aj* allesovertreffend, het toppunt vormend van; *~* **land** kroondomein *o*; *~* **law** Br strafrecht; *~* **wheel** 🅰 kroonwiel *o*; *~* **witness** 🅰 kroongetuige

crow's-feet ['krouzfit] kraaiepootjes: rimpeltjes (bij de ogen); *~***-nest** ⚓ kraaienest

crozier = *crosier*

crucial ['kruːʃəl] kruisvormig, kruis-; *fig* kritiek, beslissend, doorslaggevend

crucible ['kruːsibl] smeltkroes; *fig* vuurproef

cruciferous [kruːˈsifərəs] 🌱 kruisbloemig

crucifix ['kruːsifiks] crucifix *o*, kruisbeeld *o*; *–***ion** [kruːsiˈfikʃən] kruisiging; **cruciform** ['kruːsifɔːm] kruisvormig; **crucify** kruisen, kruisigen

crude [kruːd] **I** *aj* rauw, ruw, grof, onbereid, ongezuiverd, onrijp; primitief; **II** *sb* ruwe olie (*~ oil*); *–***ness,** **crudity** rauwheid, ruwheid, grofheid, onrijpheid; primitiviteit

cruel ['kruəl] **I** *aj* wreed; *the flies are something* **~ F** de vliegen zijn verschrikkelijk, afschuwelijk; **II** *ad* F verschrikkelijk, afschuwelijk; *–***ty** wreedheid

cruet ['kruit] (olie-, azijn)flesje *o*; *rk* ampul; = *cruet-stand*; *~***-stand** olie-en-azijnstel *o*

cruise [kruːz] **I** *vi* ⚓ kruisen; **II** *sb* ⚓ kruistocht; cruise, pleziervaart (ook: *pleasure ~*); *–***r** kruiser; **cruising speed** kruissnelheid

crumb [krʌm] **I** *sb* kruim, kruimel[2]; **II** *vt* kruimelen; paneren

crumble ['krʌmbl] (ver)kruimelen, brokkelen, verbrokkelen, afbrokkelen; *–***ly** kruimelig, brokkelig

crump [krʌmp] **I** *sb* F slag, klap, luide explosie; **II** *vt* F meppen; krachtig exploderen

crumpet ['krʌmpit] plaatkoek; S bol: kop; lekkere meid

crumple ['krʌmpl] (ver)kreukelen, kreuken, verfrommelen; verschrompelen; verbuigen; verbogen worden; in elkaar (doen) zakken (ook: *~ up*); *~d* ook: krom, gebogen

crunch [krʌntʃ] **I** *vi* kraken, knarsen; **II** *vt* hoorbaar kauwen op iets knisperends; **III** *sb* krak; geknars *o*; crisis, kritiek ogenblik *o*; *–***y** knappend;

krakend

crupper [ˈkrʌpə] staartriem; kruis *o* [v. paard]

crusade [kru:ˈseid] I *sb* kruistocht²; *fig* campagne; II *vi* een kruistocht ondernemen, te velde trekken, een campagne voeren; **-r** kruisvaarder; *fig* deelnemer aan een campagne, strijder, ijveraar

cruse [kru:z] ✎ kruik; B fles; *widow's* ~ onuitputtelijke voorraad

crush [krʌʃ] I *vt* (samen-, uit)persen, (samen-, plat)drukken; stampen [erts]; verpletteren, vernietigen, onderdrukken; verfrommelen; ~ *out* uitpersen; dempen [oproer]; II *vi* pletten [v. stoffen]; ~ *into* binnendringen; III *sb* verplettering; schok; gedrang *o*; F grote avondpartij; F verliefdheid; ~ **-barrier** dranghek *o*; **-er** pletter, plethamer; stampmolen, maalmachine; ~ **-hat** slappe hoed; **-ing** verpletterend, drukkend; verwarrend, ontmoedigend; ~ **-room** foyer

crust [krʌst] I *sb* korst, schaal, aanzetsel *o* [in een fles]; II *vi* aanzetten, een korst vormen; III *vt* met een korst bedekken

crustacean [krʌsˈteiʃən] schaaldier *o*; **-ceous** met een schaal, schaal-

crusted [ˈkrʌstid] be-, omkorst; aangezet [v. wijn]; ingeworteld [gewoonte &]; **crusty** korstig; *fig* korzelig, kribbig, gemelijk

crutch [krʌtʃ] kruk; *fig* steun; **-ed** met een handvat (kruk)

crux [krʌks] (onoplosbare) moeilijkheid; kardinale punt *o*, kardinale vraag

cry [krai] I *sb* roep, schreeuw, kreet, geroep *o*, geschreeuw *o*, gebrul *o*; geblaf *o*, gejank *o*; gehuil *o*, huilbui; *it is a far* ~ het is heel ver; *have a good* ~ eens goed uithuilen; II *vi* roepen, schreeuwen, schreien, huilen; blaffen, janken; III *vt* (uit)roepen, omroepen; ~ *halves* zijn deel opeisen; ● ~ *down* afbreken; overschreeuwen; ~ *for* roepen, schreeuwen, huilen, schreien om; van [vreugde]; ~ *for the moon* het onmogelijke verlangen; ~ *off* (*from a bargain*) terugkrabbelen, het laten afweten; er van afzien; ~ *out* uitroepen, het uitschreeuwen; ~ *out against* zijn stem verheffen tegen, luide protesteren tegen; ~ *over spilt milk* gedane zaken die toch geen keer nemen betreuren; ~ *to* of (*unto*) toe-, aanroepen; ~ *to heaven* ten hemel schreien; ~ *up* ophemelen; **-baby** huilebalk; **-ing** schreeuwend, hemeltergend; dringend

cryogen [ˈkraiədʒən] vriesmengsel *o*; vriesmiddel *o*

crypt [kript] crypt(e), grafgewelf *o*

cryptic [ˈkriptik] geheim, verborgen; duister; **crypto-** crypto-, verborgen, geheim, verkapt; **-gam** bedektbloeiende plant; **-gram** in geheimschrift geschreven stuk *o*; **-grapher** [kripˈtɔɡrəfə] codeur; **-graphy** geheimschrift *o*

crystal [ˈkristl] I *sb* kristal *o*; II *aj* kristallen; ~ **-gazing** toekomst voorspellen *o* met een kristallen bol; **-line** kristalachtig, kristallen, ⊙ kristallijnen; ~ *lens* kristallens; **-lization** [kristəlaiˈzeiʃən] kristallisatie; versuikering; **-lize** [ˈkristelaiz] (zich) kristalliseren; versuikeren; **-loid** *aj* kristalachtig; II *sb* kristalloïde

C.S.E. = *Certificate of Secondary Education* ± eind- diploma v.e. middelbare school

cub [kʌb] I *sb* jong *o*, welp; *fig* ongelikte beer, vlerk; F aankomend verslaggever (~ *reporter*); II *vi* jongen werpen, jongen

Cuban [ˈkju:bən] Cubaan(s)

cubature [ˈkju:bətʃə], **cubage** [ˈkju:bidʒ] (bepalen *o* v.d.) kubieke inhoud v.e. lichaam

cubby-hole [ˈkʌbihoul] huisje *o*, kamertje *o*, hoekje *o*; vakje *o*; hok *o*

cube [kju:b] I *sb* kubus; dobbelsteen; blok *o*, blokje *o*; (suiker)klontje *o*; ✕ derde macht; II *vt* tot de derde macht verheffen; de inhoud berekenen van; **cubic(al)** [ˈkju:bik(l)] kubusvormig; kubiek, derdemachts-, inhouds-

cubicle [ˈkju:bikl] afgeschoten slaapkamertje *o* [v. kostschool &], kamertje *o*, hokje *o*

cubit [ˈkju:bit] elleboogslengte

cucking-stool [ˈkʌkiŋstu:l] ⫠ schandpaal, -stoel

cuckold [ˈkʌkould] bedrogen echtgenoot

cuckoo [ˈkuku:] I *sb* 🐦 koekoek; II *aj* F gek; ~ **-flower** pinksterbloem; koekoeksbloem; ~ **-spit** koekoeksspog: schuim *o* op planten [v.h. schuimbeestje]

cucumber [ˈkju:kʌmbə] komkommer

cud [kʌd] geweekt voedsel *o* van herkauwend dier; *chew the* ~ herkauwen; *fig* nadenken

cuddle [ˈkʌdl] I *vi* dicht bij elkaar liggen; ~ (*in*) er lekker onder kruipen [in bed]; II *vt* knuffelen, „pakken"; **-some**, **cuddly** aanhalig

cuddy [ˈkʌdi] kajuit; kamertje *o*; kast ‖ ezel²

cudgel [ˈkʌdʒəl] I *sb* knuppel; *take up the* ~*s for* het opnemen voor; II *vt* knuppelen, afrossen; ~ *one's brains* zich het hoofd breken

cue [kju:] wacht, wachtwoord *o* [v. acteur]; wenk, aanwijzing ‖ ∞ keu; ✎ staart; *give sbd. the* ~ iem. een wenk geven; *take one's* ~ *from...* zich laten leiden door, de aanwijzing volgen van, zich richten naar

cuff [kʌf] I *sb* slag, klap, oorveeg; opslag [v. mouw]; manchet; *off the* ~ F geïmproviseerd, ex tempore, voor de vuist; *on the* ~ *Am* op de pof; voor noppes; II *vt* slaan; ~ **-link** manchetknoop

cuirass [kwiˈræs] kuras, (borst)harnas *o*; **-ier** [kwirəˈsiə] kurassier

cuisine [kwiˈzi:n] *Fr* keuken: wijze van koken

cul-de-sac [ˈkuldəˈsæk] *Fr* = *blind* I *alley*; *fig* impasse

culinary [ˈkju:linəri] culinair, keuken-, kookcull [kʌl] plukken, uitzoeken, lezen

cullender = colander

cully ['kʌli] S maat, kameraad; uilskuiken o

culm [kʌlm] kolengruis o ‖ stengel, halm

culminate ['kʌlmineit] culmineren, het toppunt bereiken; –tion [kʌlmi'neiʃən] culminatie, hoogtepunt² o

culottes [kju'lɔts] broekrok

culpable ['kʌlpəbl] schuldig, misdadig

culprit ['kʌlprit] schuldige, boosdoener

cult [kʌlt] cultus, eredienst; aanbidding; ~ of personality, personality ~ persoonsverheerlijking

cultivable ['kʌltivəbl] bebouwbaar; cultivate bouwen, bebouwen, bewerken; verbouwen, (aan)kweken, telen; beschaven; beoefenen; cultiveren; –tion [kʌlti'veiʃən] bebouwing, bewerking, verbouwen o, cultuur, aankweking, teelt; beschaving; beoefening; –tor bebouwer; kweker; beoefenaar; wiedvork; cultivator [ploeg]

cultural ['kʌltʃərəl] cultureel; culture cultuur [ook = kweek (van bacteriën)], aankweking, teelt, bebouwing; beschaving; –d lichamelijke opvoeding, lichaamsoefeningen; –d beschaafd; ~ pearl gekweekte (cultivé)parel

cultus ['kʌltʌs] verering van (of als) een godheid

culver ['kʌlvə] houtduif

culvert ['kʌlvət] duiker [onder dijk]

cum [kʌm] cum, met; ballet-~-opera ballet en (tevens) opera

cumber ['kʌmbə] belemmeren, hinderen, last veroorzaken; versperren; –some, cumbrous log, hinderlijk, lastig, omslachtig

cum(m)in ['kʌmin] komijn

cumulate ['kju:mjuleit] (zich) opeenhopen; –tion [kju:mju'leiʃən] opeenhoping; –tive ['kju:mjulətiv] cumulatief; cumulus ['kju:-mjuləs, mv –li -lai] stapel, hoop; stapelwolk

cuneiform ['kju:niifɔ:m] wigvormig; ~ writing spijkerschrift o

cunning ['kʌniŋ] I aj listig, sluw; handig; Am aardig, lief, leuk; II sb listigheid, sluwheid; handigheid

cunt [kʌnt] P vagina, vrouwelijk geslachtsdeel o

cup [kʌp] I sb kop, kopje o, beker, cup [sp wedstrijdbeker; ook v. beha]; kroes, kelk, bokaal, schaal; nap, napje o, dop, dopje o; bakje o, potje o; holte; bowl; laatkop; (not) my ~ of tea F (n)iets voor mij; in one's ~s boven zijn theewater; II vt koppen zetten; de vorm van een beker geven; in de holte van de hand houden (opvangen); ~ped hand holle hand; ~-bearer schenker; –board ['kʌbəd] kast

cupidity [kju:'piditi] hebzucht

cupola ['kju:pələ] koepel

cuppa ['kʌpə] S kop thee

cupreous ['kju:priəs] van koper; koperhoudend,

koperachtig; cupric koper-

cup tie ['kʌptai] bekerwedstrijd

cur [kə:] straathond; fig hond, vlegel

curability [kjuərə'biliti] geneeslijkheid; curable ['kjuərəbl] geneeslijk

curacy ['kjuərəsi] (hulp)predikantsplaats; rk kapelaanschap o; curate (hulp)predikant; rk kapelaan

curative ['kjuərətiv] genezend (middel o)

curator [kju'reitə] curator; directeur; conservator

curb [kə:b] I sb kinketting [v. paard]; fig teugel, toom, keurslijf o; rand(steen); (trottoir)band; Am $ niet-officiële beurs, nabeurs (ook: ~ market); II vt een kinketting aandoen; beteugelen, in toom houden, intomen, bedwingen

curd [kə:d] wrongel, gestremde melk, kwark (ook: ~s); curdle ['kə:dl] (vt &) vi (doen) klonteren; stremmen, stollen

cure [kjuə] I sb genezing; geneesmiddel o; kuur; (ziel)zorg; predikantsplaats; II vt genezen (van of); (verduurzamen door) inmaken, drogen, pekelen, roken &; ~-all panacee

curfew ['kə:fju:] avondklok; uitgaansverbod o

curia ['kjuəriə] curia: gerechtshof o; rk curie

curie ['kjuəri] curie [eenheid v. radioactiviteit]

curio ['kjuəriou] rariteit; curiosity [kjuəri'ɔsiti] nieuwsgierigheid, weetgierigheid; curiositeit, rariteit; curious ['kjuəriəs] nieuwsgierig, weetgierig, benieuwd; curieus, eigenaardig

curl [kə:l] I sb krul, kronkel(ing); ⚕ krulziekte; II vt krullen, kronkelen, rimpelen; minachtend optrekken of omkrullen (ook: ~ up); III vi (om)krullen, (ineen)kronkelen, rimpelen (ook: ~ up); ~ up zich oprollen; ineenkrimpen; in elkaar zakken; –er krulpen; krulijzer o

curlew ['kə:lju:] ⚕ wulp

curling ['kə:liŋ] curling o: balspel op het ijs

curling-pin ['kə:linpin] krulspeld; curl-paper papillot; curly krullend, gekruld, krul-, kroes-; ~-head, ~-pate krullebol

curmudgeon [kə:'mʌdʒən] vrek; iezegrim

currant ['kʌrənt] krent; aalbes; black & ~s zwarte & bessen; dried ~s krenten

currency ['kʌrənsi] (om)loop, circulatie, looptijd [v. wissels], gangbaarheid; ruchtbaarheid; (gang)baar geld o, munt(soort), betaalmiddel o, valuta, deviezen; ~ note zilverbon, muntbiljet o; ~ reform geldzuivering, -sanering; current I aj courant, gangbaar, in omloop, lopend; algemeen verspreid of aangenomen; actueel, van de dag; tegenwoordig, laatst (verschenen) [nummer]; be (go, pass, run) ~ gangbaar² of in omloop zijn; ~ account $ lopende rekening; II sb stroming, stroom, loop, gang; alternating ~ ⚡ wisselstroom; continuous (direct) ~ ⚡ gelijkstroom; low-tension ~ ⚡ zwakstroom; –ly ad algemeen;

geregeld, alsmaar; tegenwoordig, momenteel, op het ogenblik

curricle ['kʌrikl] licht tweewielig rijtuigje *o*

curriculum [kə'rikjuləm, *mv* –la -lə] cursus, programma *o*, leerplan *o*

currier ['kʌriə] leerbereider

currish ['kəː riʃ] honds, rekelachtig

1 curry ['kʌri] **I** *sb* kerrie; kerrieschotel; **II** *vt* met kerrie bereiden

2 curry ['kʌri] *vt* [leer] bereiden; roskammen; afrossen; ~ *favour with sbd.* iems. gunst zoeken te winnen; ~ **-comb** roskam

curse [kəː s] **I** *vi* vloeken; **II** *vt* uit-, vervloeken; ~ *with* bezoeken met; **III** *sb* vloek, vervloeking, verwensing; *the* ~ **F** de menstruatie; **–d, curst** ['kəː sid, kəː st] vervloekt

cursive ['kəː siv] lopend [schrift *o*]

cursory ['kəː seri] *aj* terloops (gedaan of gemaakt), vluchtig, haastig

curst [kəː st] = *cursed*

curt [kəː t] *aj* kort, kort en bondig, kortaf, bits

curtail [kəː 'teil] korten, besnoeien, beknotten, beperken, verminderen; beroven (van *of*)

curtain ['kəː t(i)n] **I** *sb* gordijn *o* & *v,* schuifgordijn *o,* overgordijn *o*; scherm *o,* doek *o*; ~*!* tableau!; *draw a* ~ *over* in de doofpot stoppen; *iron* ~ ijzeren gordijn *o*; **II** *vt* behangen met gordijnen; ~ *off* afschieten met een gordijn; ~ **-call** *take three* ~*s* driemaal op het podium teruggeroepen worden; ~ **lecture** bedsermoen *o*; ~ **-raiser** kort toneelstuk *o* vóór het eigenlijke stuk; **–rod** gordijnroede

curts(e)y ['kəː tsi] **I** *sb* revérence; *drop a* ~ = **II** *vi* een revérence maken

curvaceous [kəː 'veiʃəs] **F** volslank

curvature ['kəː vətʃə] kromming, boog; ~ *of the spine* ruggegraatsverkromming

curve [kəː v] **I** *sb* kromming, curve, kromme (lijn), bocht; **II** *vi* een bocht maken, buigen, zich krommen; **III** *vt* (om)buigen, krommen

curvet [kəː 'vet] courbette: hoge-schoolsprong [v. paard]

curvilinear [kəː vi'liniə] kromlijnig

cushion ['kuʃən] **I** *sb* kussen *o*; kussentje *o*; ͜ band; **II** *vt* van kussens voorzien; op een kussen laten zitten; ͜ bij de band brengen; opvangen [de slag], breken [de val], verzachten; *fig* steunen; in de doofpot stoppen; ~ **-tire** massieve band

cushy ['kuʃi] **F** jofel, fijn, makkelijk

cusp [kʌsp] punt; horen [v.d. maan]

cuspidor ['kʌspidɔː r] kwispedoor

cuss [kʌs] **F I** *sb* vloek; kerel; *not a* (*tinker's*) ~ geen snars; **II** (*vt &*) *vi* (ver-, uit)vloeken; **–ed F** vervloekt; balorig, koppig

custard ['kʌstəd] vla [v. eieren en melk]

custodian [kʌs'toudiən] bewaker, conservator

[v. museum]; voogd; **custody** ['kʌstədi] bewaking, hoede, zorg, voogdij; berusting, bewaring; hechtenis

custom ['kʌstəm] **I** *sb* gewoonte, gebruik *o*; klandizie, nering; ~*s* douane; douanerechten; **II** *aj* speciaal (gemaakt), op maat, maat- [v. kleding &]; **–ary** gewoon, gebruikelijk; ~ **-built** = *custom* **II**; **–er** klant; **F** kerel, vent; ~ **-house** douanekantoor *o,* douane; ~ **officer** douanebeambte, commies; ~ **-made** = *custom* **II**

cut [kʌt] **I** *vt* snijden[2], af-, aan-, be-, door-, stuk-, open-, uitsnijden; verminderen, verlagen [prijzen]; afschaffen [ter bezuiniging]; couperen, afnemen; (af-, door)knippen; hakken, (af)kappen; maaien; [zoden] steken, [een dijk] doorsteken; (door)graven; doorhakken; (door)klieven; banen [een weg]; [glas] slijpen; af-, verbreken; weglaten; **F** negeren, wegblijven van [les &]; **S** eraan geven; ~ *capers* bokkesprongen maken; ~ *his comb* hem op zijn nummer zetten; ~ *it* aan de haal gaan; ~ *it fat* opsnijden; ~ *it fine* op het nippertje komen &; ~ *jokes* moppen tappen; ~ *lots* loten; ~ *one's stick* **F** 'm smeren; ~ *one's teeth* tanden krijgen; **II** *vi* snijden, couperen; zich laten snijden; aanslaan [v. paard]; **S** er vandoor gaan (~ *and run*); vliegen, rennen; ~ *both ways* van twee kanten snijden; ● ~ *a c r o s s* doorsnijden; (dwars) oversteken; *fig* ingaan tegen; ~ *a t* steken of een uitval doen naar; ~ *a l o n g* **F** 'm smeren; ~ *a w a y* wegsnijden; ~ *b a c k* snoeien; besnoeien; inkrimpen; terugkeren naar een vorig beeld of toneel [in film]; **F** rechtsomkeert maken; ~ *d o w n* (geleidelijk) verminderen, besnoeien[2]; vellen; zie ook: 1 *size;* ~ *i n* insnijden; in de rede vallen, invallen; ~ *o f f* afsnijden[2]; wegmaaien; afknippen, afhakken, afslaan; afzetten [ledematen; motor], afsluiten [gas &]; afbreken [onderhandelingen]; ~ *off with a shilling* onterven; ~ *o u t* (uit)knippen, uitsnijden; uitsluiten; **F** verdringen, een beentje lichten; achterwege laten, couperen; **F** uitschakelen (ophouden) met; ͜ uitschakelen; afslaan, weigeren [v. motor]; zie ook: *work* **III**; *be* ~ *out for* geknipt zijn voor; ~ *u n d e r* onderkruipen; ~ *u p* (stuk)snijden, hakken, knippen, versnijden; verdelen; *fig* afmaken, afbreken; in de pan hakken; *be* ~ *up by* ontdaan, kapot zijn van; ~ *up rough* (*rusty*) boos of nijdig worden; ~ *up well* (*fat*) **F** flink wat nalaten; **III** *aj* gesneden; los [bloemen]; geslepen [glas]; ~ *price* sterk verlaagde prijs, spotprijs; ~ *and dry* (*dried*) **F** vooraf pasklaar gemaakt [theorieën]; ~ *od*; oudbakken; kant en klaar [plannen]; **IV** *sb* snede, knip, hak, houw; slag, tik [met zweep]; stuk, (stuk) vlees; *fig* veeg uit de pan; snit, coupe, fatsoen *o*; houtsnede, plaat; couperen *o* [kaarten]; coupure; vermindering, verlaging [v. prijs, loon]; *whose* ~ *is it?* ◊ wie moet afnemen?;

a ~ *above* een graadje hoger dan; *the* ~ *and thrust* het houwen en steken [bij sabelschermen]; de felle strijd; **V** V.T. & V.D. van ~

cutaneous [kju:'teiniəs] van de huid, huid-

cut-away ['kʌtəwei] jacquet *o* & *v*; ~**-back** besnoeiing; terugkeer naar vorig beeld of toneel [in film]

cute [kju:t] **F** pienter, bijdehand, spits, kien; *Am* lief, snoezig

cuticle ['kju:tikl] opperhuid; vliesje *o*; nagelriem

cutie ['kju:ti] **F** snoes, meisje *o*

cutlass ['kʌtləs] hartsvanger: korte sabel; tweesnijdend jachtmes

cutler ['kʌtlə] messenmaker; **-y** messenmakerij; messen, scharen enz; tafelgerei *o*

cutlet ['kʌtlit] kotelet, karbonade

cut-off ['kʌtɔf] afsluiter; afsnijding; veiligheidspal van geweer; *Am* kortere weg; ~**-out** ✵ schakelaar; ✕ vrije uitlaat [v. motor]; uitknipsel *o*; bouwplaat; ~**-price** goedkoop, in prijs verlaagd; **-purse** (gauw)dief; **cutter** snijder; coupeur; (snij)mes *o*, snijmachine; snijbrander; ✕ frees; houwer, hakker; cutter [v. film]; ⚓ kotter, boot; **cut-throat** **I** *sb* moordenaar; **J** ouderwets scheermes *o*; **II** *aj* ~ *competition* moordende concurrentie; **cutting** **I** *aj* snijdend, scherp, bijtend, vinnig, snij-; **II** *sb* ✂ stek; (uit)knipsel *o*; (afgesneden, afgeknipt) stuk *o*, coupon [v. stof]; snijden *o*, knippen *o* &; doorgraving; holle weg; doorkomen *o* [v. tanden]; montage [v. film]; ~ *room* montage-ruimte [v. films]

cuttle(-fish) ['kʌtl(fiʃ)] inktvis

cutty ['kʌti] *Sc* heel kort; neuswarmertje *o*

cutwater ['kʌtwɔ:tə] ⚓ scheg

cwt. = *hundredweight*

cyanide ['saiənaid] cyanide *o*

cyanosis [saiə'nousis] ✝ cyanose, blauwzucht

cybernetic [saibə'netik] **I** *aj* cybernetisch; **II** *sb*

~*s* cybernetica: stuurkunde

cyclamen ['sikləmən] cyclaam, cyclamen, alpenviooltje *o*

cycle ['saikl] **I** *sb* tijdkring, kringloop; cyclus; rijwiel *o*, fiets; ~ *per second* hertz; **II** *vi* in een kring ronddraaien; fietsen; **cyclic(al)** tot een cyclus behorend; periodiek; ringvormig; **cycling** fietsen *o*, wielrennen *o*; wielersport; **-ist** wielrijder, fietser

cyclone ['saikloun] cycloon; **-nic** [sai'klɔnik] cyclonaal

cyclopaedia [saiklə'pi:diə] encyclopedie

cyclopean [sai'kloupjən] gigantisch; **cyclops** ['saiklɔps] cycloop

cyclostyle ['saikləstail] **I** *sb* stencilmachine; **II** *vt* stencilen

cyclotron ['saiklətrɔn] cyclotron *o*: deeltjesversneller

cygnet ['signit] jonge zwaan

cylinder ['silində] cilinder, wals, rol; **-drical** [si'lindrikl] cilindervormig

cymbal ['simbəl] cimbaal, bekken *o*

cynic ['sinik] **I** *aj* cynisch; **II** *sb* cynisch wijsgeer; cynicus; **-al** cynisch; **-ism** ['sinisizm] cynische opmerking

cynosure ['sainəʃuə] sterrebeeld *o* met Poolster en Kleine Beer; *fig* middelpunt *o* (v. belangstelling)

cypher ['saifə] = *cipher*

cypress ['saipris] cipres

Cypriot ['sipriət] **I** *aj* Cyprisch; **II** *sb* Cyprioot

cyrillic [si'rilik] cyrillisch (schrift)

cyst [sist] cyste: blaas, beursgezwel *o*; **-itis** [sis'taitis] blaasontsteking

cytology [sai'tɔlədʒi] cytologie: celleer

Czar [za:] tsaar; **-ina** [za:'ri:nə] tsarina

Czech [tʃek] Tsjech(isch); **-oslovak** ['tʃekou-'slouvæk] Tsjechoslowaak(s)

D

d [di:] (de letter) d; ♪ d of re; **D** = 500 [als Romeins cijfer]; **d.** = *denarius, penny* of *denarii, pence*
'd = *had, would, should*
dab [dæb] **I** *sb* tikje *o*, por; klompje *o*, spat, kwak ‖ 🐟 schar ‖ ~ (*hand*) **F** uitblinker (in *at*); **II** *vt* & *vi* (aan)tikken; betten, deppen; ~ *at* betasten of even bestrijken
dabble ['dæbl] **I** *vt* bespatten, nat maken, plassen met; **II** *vi* plassen, ploeteren [in water], kliederen; doen aan, liefhebberen (in *in*); **–r** beunhaas, knoeier, prutser
dachshund ['dækshund] 🐕 taks, tekkel
dactyl ['dæktil] dactylus
dactylogram [dæk'tiləgræm] vingerafdruk; **–oscopy** [dækti'lɔskəpi] identificering door vingerafdrukken
dad, daddy (dæd, 'dædi) **F** pa, pappie, pap(s)
daddy-long-legs ['dædi'lɔŋlegz] langpootmug; hooiwagen [spin]; iem. met lange benen
dado ['deidou] lambrizering, beschot *o*
dæmon = *demon*
daffodil ['dæfədil] gele narcis
daffy ['dæfi] **S** gek, getikt
daft [da:ft] dwaas, dom, mal, gek, getikt
dagger ['dægə] dolk; kruisje *o* (†); *be at* ~*s drawn* op uiterst gespannen voet staan; *look* ~*s at sbd.* venijnige blikken werpen op iem.
dago ['deigou] > benaming voor iem. v. Spaanse, Portugese of Italiaanse afkomst
daguerreotype [də'gerətaip] daguerreotype
dahlia ['deiljə] dahlia
Dail (Eireann) [dail('tərən)] Lagerhuis *o* van de Ierse Republiek
daily ['deili] **I** *aj* (& *ad*) dagelijks, dag-; **II** *sb* dagblad *o*; dagmeisje *o*
dainty ['deinti] **I** *aj* fijn, sierlijk, keurig; aardig; lekker; kieskeurig; **II** *sb* lekkerbeetje *o*, lekkernij
dairy ['dɛəri] melkinrichting, zuivelfabriek; **~-farm** zuivelbedrijf *o*; **–man** melk-, zuivelboer; ~ *produce* zuivelprodukten
dais ['deiis] podium, verhoging
daisy ['deizi] madeliefje *o*; *push up the daisies* **F** onder de groene zoden liggen
dale [deil] dal *o*
dalliance ['dæliəns] dartelen *o*, stoeien *o*, mallen *o*; beuzelarij; getalm *o*; **dally I** *vi* dartelen, stoeien, mallen; beuzelen; talmen; **II** *vt* ~ *away* verbeuzelen
Dalmatian [dæl'meiʃən] **I** *aj* Dalmatisch; **II** *sb* Dalmatiër; Dalmatische hond
dam [dæm] **I** *sb* dam, dijk; ingesloten water *o* ‖ moeder [v. dier]; **II** *vt* ~ (*up*) een dam opwerpen

tegen[2], afdammen, bedijken; stuiten
damage ['dæmidʒ] **I** *sb* schade, beschadiging, averij; **F** kosten; ~*s* schadevergoeding; **II** *vt* beschadigen, havenen, toetakelen; schaden, in diskrediet brengen; **–ging** *fig* nadelig, schadelijk, bezwarend, ongunstig
damask ['dæməsk] **I** *sb* damast *o*; gevlamd staal *o*; zacht rood *o*; **II** *aj* damasten; zacht rood; **III** *vt* figuren weven in; rood kleuren
dame [deim] vrouw(e), moeder, moedertje *o*; bewaarschoolhoudster; wettelijke titel v. vrouw van *knight* of *baronet*; vrouwelijk lid *o* van de *Order of the British Empire*; *Am* griet, meisje *o*
damn [dæm] **I** *vi* vloeken; **II** *vt* (ver-, uit)vloeken; verdoemen; veroordelen; in diskrediet brengen; onmogelijk maken; afbreken; ~ *it!* verdomme!; ~ *the rain!* die verdomde regen!; **III** *sb* vloek; *it is not worth a* (*tinker's*) ~ het is geen duit waard; **IV** *aj* & **P** verdomd; **–able** *aj* verdoemelijk, vloekwaardig; **F** vervloekt; afschuwelijk; **–ation** [dæm'neiʃən] verdoemenis, verdoeming; ~*!* (wel) vervloekt!; **–atory** ['dæmnətəri] verdoemend, veroordelend, afkeurend; **–ed** vervloekt, verdo(e)md; **–ing** *fig* bezwarend, vernietigend
damosel, –zel ['dæməzel] = *damsel*
damp [dæmp] **I** *aj* vochtig, klam; **II** *sb* vocht *o* & *v*, vochtigheid; mijngas *o*; neerslachtigheid; *cast a* ~ *on* een domper zetten op; **III** *vt* vochtig maken; doen bekoelen of verflauwen, temperen[2]; een domper zetten op; ~ *down* temperen door toedekken met as &; **IV** *vi* ~ *off* verrotten en afvallen [v. scheut &]; **–en** = *damp* **III**; **–er** bevochtiger; (toon)demper; sleutel, schuif [in kachelpijp]; *fig* teleurstelling; spelbederver; *put a* ~ *on* temperen; **–ish** ietwat vochtig; **~-proof** tegen vocht bestand
damsel ['dæmzəl] jongedame; jonkvrouw
dance [da:ns] **I** *vi* dansen; ~ *to sbd.'s piping* (*tune*) naar iems. pijpen dansen; **II** *vt* (laten) dansen; ~ *attendance on* achternalopen; **III** *sb* dans(partij), dansavondje *o*; dansje *o*; *lead the* ~ voordansen; *lead sbd. a* (*jolly*) ~ iem. ongenadig trakteren, er van laten lusten; **–r** danser, danseres; **dancing** ['da:nsiŋ] dansen *o*; danskunst; **~-room** danszaal
dandelion ['dændilaiən] paardebloem
dander ['dændə] boosheid, slecht humeur *o*; *he got my* ~ *up* hij maakte mij woedend; *he got his* ~ *up* hij werd woedend
dandiacal [dæn'daiəkl] fatterig; **dandify** ['dændifai] zich kleden als een dandy

dandle ['dændl] laten dansen op de knie; liefkozen; vertroetelen

dandruff ['dændrəf] roos [op het hoofd]

dandy ['dændi] **I** *sb* dandy, fat; ⚓ soort sloep; **II** *aj* dandy-achtig; naar de laatste mode [kleding]; F „prima"; **-ism** fatterigheid

Dane [dein] Deen; Deense dog (ook: *Great ~*); Noorman

danger ['dein(d)ʒə] gevaar *o*; *~!* „gevaarlijk"!; *~ money* gevarenpremie, -toeslag; *~ point* gevaarlijk punt *o*; *~ signal* onveilig sein *o*; **-ous** gevaarlijk

dangle ['dæŋgl] **I** *vi* slingeren, bengelen, bungelen; *~ about (after, round)* achternalopen; **II** *vt* laten bengelen, zwaaien met; *~ it before his eyes* [fig] het hem voorspiegelen, er hem lekker mee maken

Danish ['deiniʃ] Deens

dank [dæŋk] vochtig

dapper ['dæpə] vlug, wakker, vief

dapple ['dæpl] **I** *vt* (be)spikkelen; **II** *aj* bespikkeld, gevlekt; **III** *sb* spikkeling; *~-grey* **I** *aj* appelgrauw; **II** *sb* 🐎 appelschimmel

darbies ['da:biz] **S** handboeien

dare [dɛə] **I** *vt* durven, het wagen; trotseren, tarten, uitdagen; *he dare not...* hij waagt het niet om...; *I ~ say* ik denk, denk ik, zeker, wel; **II** *sb* uitdaging; waagstuk; *~-devil* **I** *sb* waaghals, durfal; **II** *aj* roekeloos, doldriest; **daring I** *aj* stout(moedig), koen, vermetel, gewaagd, gedurfd; **II** *sb* stout(moedig)heid, vermetelheid, koenheid, durf

dark [da:k] **I** *aj* duister², donker²; *fig* somber; snood; geheimzinnig; *keep ~* zich verborgen houden; *keep it ~* het geheim houden; *the D~ Ages* de (vroege, duistere) middeleeuwen; **II** *sb* donker *o*, duister *o*, duisternis, duisterheid; donkere partij [v. schilderij]; *at ~* bij invallende duisternis; *be in the ~* in het duister tasten; *keep sbd. in the ~* iem. in onwetendheid laten; *-en I* vt donker (duister) worden; **II** *vt* donker (duister) maken, verdonkeren, verduisteren; *you shall never ~ my door again* je zult nooit een voet meer over mijn drempel zetten; *-ling* ['da:kliŋ] in het duister; duister²; *-ness* duisternis, duisterheid, duister *o*, donker *o*, donkerheid; ☉ **darksome** duister, donker; **darky, darkey** F neger

darling ['da:liŋ] **I** *sb* lieveling, schat, dot; **II** *aj* geliefkoosd, geliefd, lief

1 darn [da:n] **I** *vt* stoppen, mazen; **II** *sb* stop, gestopte plaats

2 darn [da:n] = *damn*

darning ['da:niŋ] stoppen *o*, mazen *o*; stopwerk *o*; *~-ball*, *~-egg* maasbal; *~-needle* stopnaald

dart [da:t] *sb* schicht, pijl, werpspies; sprong, worp; coupenaad; *~s* *sp* pijltjes werpen *o*; **II** *vt*

schieten, werpen; **III** *vi ~ at* af-, aanvliegen op; *~ away* wegschieten; *~ in* naar binnen stormen (vliegen); *~ on* losstormen op; *~ out* naar buiten stormen, snellen; *~ up* opvliegen

dash [dæʃ] **I** *vi* kletsen, spatten; snel bewegen; ● *~ against* (aan)bonzen, slaan tegen; *~ at* aanvliegen op; *~ away* wegschieten; *~ into* [een huis] inschieten; aanbotsen tegen; *~ off* voort-, wegstuiven; *~ on* voortstormen; *~ up* komen aanstuiven; *~ upon sbd.* op iem. aan-, losstormen; **II** *vt* werpen, smijten; slaan; besprenkelen, bespatten; mengen [wijn met water]; verpletteren, terneerslaan, teleurstellen, de bodem inslaan; verijdelen (ook: *~ to the ground*); onderstropen; *~ it!* ● verdikkeme!; ● *~ away tears* wegwissen; *~ down (off) a few lines* op papier gooien; *~ in* inslaan; *~ out* doorstrepen; **III** *sb* slag, stoot; klets; tikje *o*; scheutje *o* [bier &]; veeg [verf]; ⚔ plotselinge aanval; *fig* zwier, elan *o*, durf; streepje *o*, kastlijntje *o* (—); *~ of the pen* pennestreek; *cut a ~* een goed figuur slaan; *make a ~ for...* in vliegende vaart ter te bereiken; ergens heen schieten; *~-board* spatbord *o* [aan bok v. rijtuig]; dashboard *o*, instrumentenbord *o* [v. auto &]

dashed [dæʃt] ● vervloekt

dasher ['dæʃə] karnstok; F vlotte vent

dashing ['dæʃiŋ] onstuimig; kranig, flink; zwierig, chic

dastard ['dæstəd] lafaard; *-ly* lafhartig

data ['deitə] *mv* v. *datum*; *~ processing* informatieverwerking

date [deit] **I** *sb* dadel(palm) ‖ datum, dagtekening; jaartal *o*; tijdstip *o*; 🗡 (leef)tijd, duur; F afspraak, afspraakje *o*; F meisje *o*; F knul; *out of ~* uit de tijd, ouderwets, verouderd, achterhaald; *to ~* tot (op) heden; *under ~ June 1* gedagtekend 1 juni; *up to ~* tot (op) heden; op de hoogte (van de tijd); „bij"; modern; zie ook: *bring*; **II** *vt* dateren; dagtekenen; F een afspraak(je) maken met; *~ from* rekenen van af; **III** *vi* verouderen, dateren; F een afspraak(je) maken; *~ back to, ~ from* dateren uit (van); *-less* ongedateerd; onheuglijk; tijdeloos; *~-line* datumlijn, datumgrens; regel met datum (en plaats); *~-palm* dadelpalm

dative ['deitiv] datief, derde naamval

datum ['deitəm] gegeven *o*; stuk *o* informatie

daub [dɔ:b] **I** *vt* smeren, besmeren, bepleisteren, bekladden, kladden; **II** *vi* kladschilderen, kladden; **III** *sb* veeg; pleister(werk) *o*; kladschilderij; **daub(st)er** kladschilder; **dauby** knoeierig [v. schilderij]

daughter ['dɔ:tə] dochter²; *~-in-law* schoondochter; *-ly* als (van) een dochter

daunt [dɔ:nt] afschrikken, ontmoedigen; *nothing ~ed* onversaagd; *-less* onverschrokken

davenport ['dævnpɔ:t] lessenaar; *Am* sofa, ca-

napé
davit ['dævit] davit
Davy Jones ['deivi'dʒounz] *go to* ~*'s locker* naar de haaien gaan
Davy(lamp) ['deivi'læmp] veiligheidslamp v. mijnwerkers
daw [dɔ:] *&* kauw
dawdle ['dɔ:dl] **I** *vi* treuzelen, talmen, beuzelen; slenteren; **II** *vt* in: ~ *away* verbeuzelen; –**r** treuzel(aar), beuzelaar
dawn [dɔ:n] **I** *sb* dageraad[2]; het aanbreken *o* van de dag; **II** *vi* licht worden; dagen, aanbreken, ontluiken; *it* ~*ed upon me* het werd mij duidelijk; –**ing** dageraad[2]; oosten *o*
day [dei] dag, daglicht *o*; tijd (ook: ~*s*); overwinning; ~*s of grace* respijtdagen; *she is fifty if she is a* ~ zij is op zijn minst vijftig; *it is early* ~*s yet to...* het is nu nog wel wat vroeg om..., nog de tijd niet om...; *those were the* ~*s!* dat waren nog eens tijden!; *it will be a long* ~ *before...* het zal lang duren eer...; *the* ~ *is ours* de zege is ons; *call it a* ~ ophouden met iets; *carry the* ~ de slag winnen, de overwinning behalen; *lose the* ~ de slag verliezen, de nederlaag lijden; *make a* ~ *of it* het er een dagje van nemen; *save the* ~ de situatie (de zaak) redden; *win the* ~ = *carry the* ~; zie ook: *name* **II**; *a* ~ *after the fair* te laat; *all* (*the*) ~, *all* ~ *long* de gehele dag; *one* ~ op zekere dag; eenmaal, eens; ~ *in* ~ *out* dag in dag uit; ● *a t this* ~ op heden; *b y* ~ overdag; ~ *b y* ~ dag aan dag; *i n the* ~ overdag; *in my* ~ in mijn tijd; *o f the* ~ van die (van deze) tijd; *o n his* ~ als hij zijn (goede) dag heeft; *t o this* ~ tot op heden; zie ook: *this;* ~-**blind** dagblind; ~-**boarder** kind dat overblijft op school en een maaltijd krijgt; ~-**book** dagboek *o*; memoriaal *o*; ~-**boy** externe leerling; –**break** het aanbreken v.d. dag; ~-**dream** mijmering, dromerij; ~-**labourer** dagloner, -gelder; –**light** daglicht *o*, dag; ~ **nursery** kinderbewaarplaats, crèche; ~ **shift** dagploeg; dagtaak; ☉ ~-**spring** dageraad; ~-**star** morgenster; ~ **trip** dagtocht; ~'**s-work** ⚓ middagbestek *o*; dagtaak; *it is all in the* ~ het hoort er zo bij; ~-**time** dag; *in the* ~ overdag; ~-**to-day** van dag tot dag; dagelijks; ~ *loan* daggeldlening
daze [deiz] **I** *vt* verblinden; verdoven, bedwelmen; doen duizelen; verbijsteren; ~*d* ook: als versuft; **II** *sb* verblinding; verdoving, bedwelming; verbijstering
dazzle ['dæzl] **I** *vt* verblinden[2]; verbijsteren; *dazzling* ook: *fig* oogverblindend, schitterend; **II** *sb* verblinding[2]; verbijstering
D.C. = *Direct Current*; *Decimal Classification*; *District of Columbia* [Washington D.C.]
D.D. = *Doctor of Divinity*
D-day ['di:dei] ✂ D-dag: de dag voor het beginnen van een operatie (inz. van de geallieerde in-vasie op 6 juni 1944); *fig* de grote dag
deacon ['di:kən] diaken; ouderling; geestelijke in rang volgend op *priest*; –**ess** diacones; –**ry**, –**ship** diakenschap *o*
dead [ded] **I** *aj* dood; (af)gestorven, overleden; doods; uitgedoofd, dof, mat; ✹ niet ingeschakeld, uitgevallen, stroomloos, leeg [accu]; absoluut, compleet, totaal [fiasco &]; ~ *and gone* ter ziele, dood, *more* ~ *than alive* afgepeigerd, doodop; *there was a* ~ *calm* het was bladstil; *a* ~ *certainty*, **F** *a* ~ *cert* absolute zekerheid; ~ *centre* dood punt *o*; ~ *door* (*window*) blinde deur (venster *o*); *in* ~ *earnest* in alle ernst; ~ *end* doodlopend eind *o*; dood spoor[2] *o*, zie ook: *blind* (**I**) *alley;* ~ *heat sp* loop & waarbij de deelnemers gelijk eindigen; ~ *letter* onbestelbare brief; dode letter [v. wet]; *on a* ~ *level* volkomen vlak; *he is a* ~ *man* hij is een kind des doods; *the* ~ *season* de slappe tijd; *he is a* ~ *shot* hij mist nooit; ~ *steam* afgewerkte stoom; ~ *water* stilstaand water *o*; kielwater *o*; *as* ~ *as a* (*the*) *dodo* (*as a doornail, as mutton* &) zo dood als een pier, morsdood; *I wouldn't be seen* ~ *with...* **F** ik zou me voor geen geld willen vertonen met...; **II** *ad* dood, < absoluut, compleet, totaal; vlak; plotseling [ophouden &]; ~ *drunk* zwaar beschonken; ~ *slow* zeer langzaam; ~ *sure* zo zeker als wat; **III** *sb* dode(n); stilte; *the* ~ *of night* het holst van de nacht; *the* ~ *of winter* het hartje van de winter; ~-**alive** dood(s); oersaai; ~-**beat I** *aj* doodop, volkomen uitgeput; **II** *sb Am* klaploper; leegloper; –**en** dempen, temperen, verzwakken, verdoven; af-, verstompen; ~ **end I** *sb* doodlopende straat; **II** *aj fig* uitzichtloos; –**line** grens(lijn); (tijds)limiet, (uiterste, fatale) termijn; –**lock I** *sb* impasse; *at a* ~ op het dode punt, in een impasse; **II** *vi* op het dode punt komen, in een impasse geraken; **III** *vt* vastzetten, doen vastlopen; –**ly** dodelijk, doods; < vreselijk; ~ *sin* hoofdzonde; ~-**man's handle** dodemansknop; ~ **march** treurmars; –**ness** doodsheid[2]; ~ **nettle** dovenetel; –**pan I** *sb* effen, uitgestreken gezicht *o*; **II** *aj* onverstoorbaar, onbewogen, effen; doodleuk; ~ **reckoning** ⚓ gegist bestek *o*; ~ **weight** eigen gewicht *o*; ⚓ laadvermogen *o*; *fig* zware (drukkende) last
de-aerate [di:'eiəreit] ontluchten
deaf [def] doof[2] (voor *to*); *as* ~ *as a post* zo doof als een pot (kwartel); ~ *and dumb* doofstom; ~ *of* (*in*) *an ear* doof aan één oor; *turn a* ~ *ear to* zich doof houden (doof blijven) voor; *that did not fall on* ~ *ears* dat was niet aan dovemansoren gezegd; ~-**aid** hoorapparaat *o*; –**en** doof maken; verdoven, dempen; ~*ing* ook: oorverdovend; ~ **mute** doofstomme
1 deal [di:l] **I** *sb* hoeveelheid; *a* ~ **F** een boel; *a great* (*good*) ~ (*of*) heel wat, heel veel ‖ geven *o* [bij het kaarten]; transactie; overeenkomst; *it's a* ~!

afgesproken!; *do* (*make*) *a* ~ een koop sluiten; *give sbd. a fair* (*square*) ~ iem. eerlijk behandelen ‖ grene-, vurehout *o*; vurehouten plank; **II** *aj* grenehouten, grenen, vurenhouten, vuren

2 deal [di:l] **I** *vt* uitdelen (ook: ~ *out*); ronddelen (ook: ~ *round*); toe-, bedelen; toebrengen; geven [de kaarten]; **II** *vi* uitdelen; geven; handelen; ~ *a t N's* bij N. (alles) kopen of halen; ~ *well* (*ill*) *b y* goed (slecht) bejegenen; ~ *i n* handel drijven in, doen in of aan; **F** zich inlaten met; ~ *w i t h* handel drijven met, kopen bij; omgaan met, te doen hebben met; zich bezighouden met; behandelen, bejegenen, aanpakken; afrekenen met; het hoofd bieden aan; verwerken [bestellingen]; **–er** uitdeler; gever [v. kaarten]; **$** koopman, handelaar; dealer; **–ing** (be)handeling, handelwijze; ~*s* transacties, zaken; relaties, omgang; *have* (*no*) ~*s with* (niets) te maken hebben met; **dealt** [delt] V.T. & V.D. van *deal*

dean [di:n] deken; domproost; ⇒ hoofd *o* (v. faculteit), decaan; doyen, oudste; ~ *and chapter* domkapittel *o*; **–ery** decanaat *o*; proosdij; **–ship** decanaat *o*

dear [diə] **I** *aj* lief, waard, dierbaar; duur, kostbaar; *Dear Sir* Geachte heer; **II** *ad* duur; **III** *ij* ~ *me!*, ~, ~! och, och!, o jee!, lieve hemel!; **IV** *sb* lieve, liefste; schat; *do, there's a* ~ dan ben je een beste; **–ie** = *deary*; **–ly** *ad* duur; innig, zeer, dolgraag; **–th** [də:θ] schaarsheid (en duurte); schaarste, nood, gebrek *o* (aan *of*); **–y, –ie** ['diəri] **F** liefje *o*, schat; ~ *me!* gunst!

death [deθ] dood; (af)sterven *o*, overlijden *o*; sterfgeval *o*; *be at* ~*'s door* de dood nabij zijn; *be the* ~ *of sbd.* iems. dood zijn; iem. zich dood laten lachen; *be* ~ *on* dol (fel) zijn op; *it is* ~ *to...* op... staat de dood (straf); *to* = dodelijk, dood-; *put* (*do*) *to* ~ ter dood brengen, doden; *to the* ~ tot de dood (toe), tot in de dood; *war to the* ~ op leven en dood; ~*-blow* dodelijke slag, genadeslag; ~*-duties* successierechten; **–less** onsterfelijk; **–like** doods, dodelijk; **–ly** doods, dodelijk, dood(s)-; ~*-mask* dodenmasker *o*; ~*-rate* sterftecijfer *o*; ~*-rattle* gerochel *o*; ~*-trap* levensgevaarlijke plaats, val; ~*-warrant* bevelschrift *o* tot voltrekking van het doodvonnis

débâcle, debacle [dei'ba:kl] *Fr* debâcle, volslagen mislukking ‖ kruien *o* v. ijs; bandjir, hevige overstroming

debar [di'ba:] uitsluiten (van *from*), onthouden, weigeren, verhinderen

debark [di:'ba:k] (zich) ontschepen; **–ation** [di:ba:'keifən] ontscheping

debase [di'beis] vernederen, verlagen; vervalsen [munt]

debatable [di'beitəbl] betwist(baar), discutabel; **debate I** *sb* debat *o*; woordenstrijd; **II** *vt* debatteren over, bespreken; overleggen; betwisten;

III *vi* debatteren; redetwisten

debauch [di'bɔ:tʃ] **I** *vt* verleiden, bederven; **II** *sb* ongebondenheid, uitspatting(en); **–ee** [debɔ:'ʃi:] schuinsmarcheerder, brasser; **–ery** [di'bɔ:tʃəri] liederlijkheid; uitspatting(en)

debenture [di'bentʃə] schuldbrief, obligatie

debilitate [di'biliteit] verzwakken; **debility** zwakheid, zwakte

debit ['debit] **I** *sb* **$** debet *o*, debetzijde; **II** *vt* debiteren (voor *with*); ~ *...against* (*to*) *him* hem debiteren voor...

debonair [debə'nɛə] joviaal, heus, minzaam, voorkomend

debouch [di'bautʃ] uitkomen (op *in*), uitmonden (in *in*); ⚔ deboucheren; **–ment** uitkomen *o*, uitmonding; ⚔ deboucheren *o*

Debrett [də'bret] (= ~*'s Peerage*) adelboek *o* (van Debrett)

debris ['deibri:] puin *o*; overblijfselen

debt [det] schuld; ~ *of nature* tol der natuur; *he is in my* ~ hij staat bij mij in het krijt; *be in* (*under a*) ~ *to* verplichting(en) hebben aan; **–or** schuldenaar, debiteur

debunk [di:'bʌŋk] **F** de ware aard aan het licht brengen; ontluisteren

début ['deibu:] debuut *o*, eerste optreden *o*; **–ante** ['debju(:)ta:nt] debutante: meisje *o* dat officieel wordt geïntroduceerd in de uitgaande wereld

decade ['dekeid, 'dekəd] tiental *o* [jaren &], decennium *o*; *rk* tientje *o* [v.d. rozenkrans]

decadence ['dekədəns] verval *o*, decadentie; **–ent** decadent

decagon ['dekəgən] tienhoek

decagram(me) ['dekəgræm] decagram *o*

decalcify [di:'kælsifai] ontkalken

decalitre ['dekəli:tə] decaliter

Decalogue ['dekələg] de Tien Geboden

decametre ['dekəmi:tə] decameter

decamp [di'kæmp] (het kamp) opbreken; er vandoor gaan, uitknijpen

decanal [di'keinl] *aj* van een *dean*

decant [di'kænt] af-, overschenken, decanteren; **–er** karaf

decapitate [di'kæpiteit] onthoofden

decarbonize [di:'ka:bənaiz] ⚔ ontkolen

decathlon [di'kæθlɔn] *sp* tienkamp

decay [di'kei] **I** *vi* achteruitgaan, vervallen, in verval geraken; bederven, (ver)rotten; **II** *sb* achteruitgang, verval *o*; aftakeling; bederf *o*, (ver)rotting; *fall into* ~ in verval geraken

decease [di'si:s] **I** *vi* overlijden; **II** *sb* overlijden *o*; **–d** (de) overleden(e)

deceit [di'si:t] bedrog *o*, bedrieglijkheid, bedriegerij, misleiding; **–ful** vol bedrog; bedrieglijk; **deceivable** licht te bedriegen; **deceive** bedriegen, misleiden

decelerate [di: 'seləreit] vaart minderen; langzamer gaan

December [di'sembə] december

decency ['di:snsi] betamelijkheid, fatsoen *o; the decencies* het decorum

decennial [di'senjəl] tienjarig; tienjaarlijks

decent ['di:snt] betamelijk, welvoeglijk, behoorlijk, fatsoenlijk, geschikt, aardig; met goed fatsoen

decentralization [di:sentrəlai'zeiʃən] decentralisatie; **–ize** [di: 'sentrəlaiz] decentraliseren

deception [di'sepʃən] bedrog *o*, misleiding; **–ive** [di'septiv] bedrieglijk, misleidend

dechristianization [di:kristʃənai'zeiʃən] ontkerstening

decibel ['desibel] decibel

decide [di'said] I *vt* beslissen, bepalen; (doen) besluiten; tot de conclusie komen (dat...); II *vi* een beslissing of besluit nemen; ⁑ uitspraak doen; ~ *against* besluiten niet te...; ⁑ beslissen ten nadele van; ~ *for* besluiten te...; ⁑ beslissen ten gunste van; ~ *on* besluiten tot (te...); **–d** beslist, vastbesloten; **–dly** ongetwijfeld, absoluut; **–r** beslisser; *sp* beslissende partij; beslissingswedstrijd

deciduous [di'sidjuəs] af-, uitvallend; loofverliezend, winterkaal [v. boom]; *fig* vergankelijk

decigram(me) ['desigræm] decigram *o*; **–litre** deciliter; **–mal** *aj* decimaal: tientallig; tiendelig; II *sb* tiendelige breuk; **–mate** decimeren; **–metre** decimeter

decipher (di'saifə) ontcijferen, ontraadselen

decision [di'siʒən] beslissing, uitslag, besluit *o*; beslistheid [v. karakter]; **–ive** [di'saisiv] beslissend, afdoend, doorslaggevend; maatgevend; beslist

deck [dek] I *sb* ⚓ dek *o*; deck *o* [v. cassette, recorder &]; II *vt* met een dek beleggen ‖ (ver)sieren, tooien (ook: ~ *out*); **~-chair** dekstoel; **~-hand** dekmatroos

declaim [di'kleim] voordragen, declameren; uitvaren (tegen *against*); **–er** hoogdravend redenaar

declamation [deklə'meiʃən] voordracht, declamatie; (hoogdravende) rede; retorica; **–tory** [di'klæmətəri] hoogdravend

declaration [deklə'reiʃən] declaratie, verklaring, bekendmaking [van verkiezingsuitslag], aangifte; **–ive** [di'klærətiv], **declaratory** verklarend; **declare** [di'klɛə] I *vt* verklaren; bekendmaken, te kennen geven, declareren, aangeven [bij douane]; afkondigen, uitroepen; ◊ troef maken, annonceren; ~ *one's hand* [*fig*] zijn kaarten op tafel leggen; ~ *off* af-, opzeggen, afgelasten, afbreken; II *vr* ~ *oneself* zijn mening zeggen, zich (nader) verklaren; zich openbaren, uitbreken; III *vi* zich verklaren (voor, tegen *for, against*); *well, I ~!*

heb je van je leven!; **–d** *aj* verklaard, openlijk; **–dly** *ad* openlijk; volgens eigen bekentenis

déclassé [deikle'sei] *Fr* aan lager wal geraakt

declension [di'klenʃən] *gram* verbuiging

declination [dekli'neiʃən] declinatie; **decline** [di'klain] I *vi* hellen; buigen; afnemen, achteruitgaan, dalen; kwijnen; bedanken, weigeren; *in his declining years* op zijn oude dag; II *vt gram* verbuigen; afwijzen, afslaan, bedanken voor, weigeren; III *sb* achteruitgang, verval *o* (van krachten); (uit)tering; (zons)ondergang; $ (prijs)daling; *the ~ of life* de avond des levens; *be on the ~* achteruitgaan

declivitous [di'klivitəs] steil; **declivity** (af)helling

declutch [di: 'klʌtʃ] ⚙ ontkoppelen, debrayeren

decoct [di'kɔkt] afkoken; **–ion** afkooksel *o*; afkoking

decode [di'koud] decoderen, ontcijferen

decollate [di'kɔleit] onthoofden; **–tion** [di:kə'leiʃən] onthoofding

décolleté(e) [dei'kɔltei] *Fr* gedecolleteerd, met laag uitgesneden hals [japon]

decolo(u)rize [di: 'kʌləraiz] ontkleuren, bleken

decompose [di:kəm'pouz] I *vt* ontbinden, oplossen, ontleden; II *vi* oplossen, tot ontbinding overgaan

decomposite [di: 'kɔmpəzit] dubbel samengesteld

decomposition [di:kɔmpə'ziʃən] ontbinding, oplossing, ontleding

decompress [di:kəm'pres] [hoge] druk opheffen

deconsecrate [di: 'kɔnsikreit] verwereldlijken, seculariseren

decontaminate [dikən'tæmineit] ontsmetten

decontrol [di:kən'troul] vrijgeven

décor [di'kɔ:] *Fr* decor *o*

decorate ['dekəreit] versieren; decoreren; schilderen en behangen [kamer]; **–tion** [dekə'reiʃən] versiering; decoreren *o*; decoratie, onderscheiding; **–tive** ['dekərətiv] decoratief, versierings-, sier-; **–tor** decorateur, huisschilder en behanger

decorous ['dekərəs, di'kɔ:rəs] welvoeglijk, betamelijk, fatsoenlijk; **decorum** [di'kɔ:rəm] welvoeglijkheid, betamelijkheid, fatsoen *o*, decorum *o*

decoy [di'kɔi] I *vt* (ver)lokken; II ['di:kɔi] *sb* lokeend; lokaas² *o*, lokvogel²; eendenkooi; **~-duck** lokeend; *fig* lokvogel

decrease [di'kri:s] *vi & vt* verminderen, (doen) afnemen, minderen; II *sb* ['di:kri:s] vermindering, afneming, mindering

decree [di'kri:] I *sb* decreet *o*, (raads)besluit *o*, bevel *o*; vonnis *o*; II *vt* bepalen, beslissen, bevelen, verordenen

decrement ['dekrimənt] vermindering

decrepit [di'krepit] afgeleefd, vervallen, gammel; **–ude** verval *o* [v. krachten]

decretal [di'kri:təl] pauselijk besluit *o*, decretaal

decry [di'krai] uitkrijten (voor *as*), afgeven op, afkeuren, afbreken

decuple ['dekjupl] **I** *aj* tienvoudig; **II** *vt* vertienvoudigen; **III** *sb* tienvoud *o*

decussate [di'kʌseit] **I** *vt* (door)snijden, (door)kruisen; **II** *vi* elkaar snijden; **III** *aj* [di'kʌsit] kruisend, ℀ kruisstandig (ook: ~*d*)

dedicate ['dedikeit] (toe)wijden, opdragen; voor het publiek openstellen [natuurmonument]; ~*d* ook: toegewijd, bezield, enthousiast; –**tion** [dedi'keiʃən] opdracht; openstelling voor het publiek [v. natuurmonumenten]; toewijding, overgave, bezieling, enthousiasme; –**tory** ['dedikeitəri] als opdracht

deduce [di'dju:s] afleiden (van, uit *from*); –**cible** af te leiden

deduct [di'dʌkt] aftrekken; *after ~ing expenses* na aftrek(king) der onkosten; –**ible** aftrekbaar; –**ion** aftrek(king); korting; gevolgtrekking; deductie; –**ive** deductief

deed [di:d] daad; akte; ~ **-poll** akte waarin een eenzijdige rechtshandeling wordt vastgelegd

deejay ['di:dʒei] **F** disc-jockey

deem [di:m] oordelen, achten, denken

deep [di:p] **I** *aj* diep², diepliggend, diepzinnig; verdiept (in *in*); **F** gewiekst, uitgekookt; *(drawn up) six* ~ in zes rijen achter elkaar; *a* ~ *drinker* die zwaar drinkt; *go (jump) off the* ~ *end* zich druk (kwaad) maken, op hol slaan; ~ *fat* frituurvet *o*; ~ *stakes* hoge inzet; **II** *ad* diep; *drink* ~ zwaar drinken; **III** *sb* diepte, zee; ~ **-dyed** onverbeterlijk; –**en I** *vt* verdiepen, uitdiepen; *fig* versterken; **II** *vi* dieper-, donkerder worden; *fig* toenemen; ~ **-freeze I** *sb* diepvrieskast, -kist; **II** *vt* diepvriezen, invriezen; **III** *aj* diepvries-; ~ **-freezer** diepvrieskluis; ~ **-fry** *vt* in frituurvet bakken; ~ **-laid** slim bedacht; –**ly** *ad* v. *deep* **I**; ook: zeer; –**ness** diepte; ~ **-rooted** ingeworteld; ~ **-seated** diep(liggend); ~ **-set** diepliggend [v. ogen]

deer [diə] hert *o*, herten; ~ **-hound** Schotse windhond; ~ **-park** hertenkamp; ~ **-skin** hertevel *o*; hertsleer *o*; ~ **-stalker** jager die het hert besluipt; petje *o* met klep voor en achter; ~ **-stalking** sluipjacht op herten

deface [di'feis] schenden, beschadigen, ontsieren, bevuilen; uitwissen, doorhalen; –**ment** schending &

de facto [di:'fæktou] *Lat* feitelijk, de facto

defalcate ['di:fælkeit] zich aan verduistering schuldig maken; –**tion** [di:fæl'keiʃən] verduistering [v. geld]; verduisterde som gelds

defamation [defə'meiʃən] laster, smaad; –**tory** [di'fæmətəri] lasterlijk, smaad; **defame** [di'feim] (be)lasteren, smaden

default [di'fɔ:lt] **I** *sb* gebrek *o*; verzuim *o*; in gebreke blijven *o*; wanbetaling; *make* ~ ᵗₜ verstek laten gaan; *by* ~ ᵗₜ bij verstek; *their rights will not go by* ~ hun rechten zullen niet in het gedrang komen; *in* ~ *of* bij gebreke (ontstentenis) van; **II** *vi* zijn verplichting(en) niet nakomen; in gebreke blijven; niet (op tijd) betalen; ᵗₜ niet verschijnen; **III** *vt* ᵗₜ bij verstek veroordelen; –**er** (geld)verduisteraar; wanbetaler; ᵗₜ niet opgekomene; ⚔ gestrafte

defeat [di'fi:t] **I** *sb* nederlaag, verijdeling [v. plan], vernietiging; **II** *vt* verslaan; verwerpen [voorstel]; ᵗₜ nietig verklaren; verijdelen [aanval]; voorbijstreven [doel]; ~ *the law* de wet ontduiken; –**ism** defaitisme *o*

defecate [defi'keit] zuiveren van; zich ontdoen van [bezinksel, uitwerpselen]; ontlasting hebben

defect [di'fekt] **I** *sb* gebrek *o*, fout; **II** *vi* overlopen (naar *to*), afvallen (van *from*), ontrouw worden *(from)*; –**ion** overlopen *o* (naar *to*), afval, afvalligheid (van *from*), ontrouw; –**ive** gebrekkig, onvolkomen; defect; zwakzinnig

defence [di'fens] verdediging²; verweer *o*; *ps* afweer; ~ *mechanism* afweermechanisme *o*; ~*s* ⚔ verdedigingswerken; *in* ~ *of* ter verdediging van; –**less** zonder verdediging, weerloos

defend [di'fend] verdedigen; beschermen; ~ *from* bewaren voor; –**ant** gedaagde; –**er** verdediger°

defensible [di'fensəbl] verdedigbaar; –**ive I** *aj* defensief, verdedigend, verdedigings-; *ps* afweer-; **II** *sb be (act, stand) on the* ~ een verdedigende houding aannemen, in het defensief zijn, defensief optreden

defer [di'fə:] **I** *vt* uitstellen; **II** *vi* uitstellen, dralen; ~ *to* zich neerleggen bij [het oordeel van], zich onderwerpen aan, zich voegen naar; ~*red payment system* afbetalingsstelsel *o*

deference ['defərəns] eerbied, eerbiediging, achting; *in* ~ *to* uit achting voor; *with due* ~ *to* met alle respect voor; **deferential** [defə'renʃəl] eerbiedig

deferment [di'fə:mənt] uitstel *o*

defiance [di'faiəns] uitdaging, tarting; *bid* ~ *to* tarten, trotseren; *set at* ~ zich niet storen aan, met voeten treden, tarten, trotseren; *in* ~ *of* trots, ...ten spijt; **defiant** uitdagend, tartend

deficiency [di'fiʃənsi] gebrek *o*, ontoereikendheid, tekort *o*, tekortkoming, leemte; onvolkomenheid; defect *o*; deficit *o*; zie ook: *mental*; ~ *disease* deficiëntieziekte [avitaminose]; **deficient** gebrekkig, ontoereikend; onvolkomen; zwakzinnig, debiel, geestelijk minderwaardig *(mentally* ~); *be* ~ *in* te kort schieten in, arm zijn aan

deficit ['defisit, 'di:fisit] $ deficit *o*, tekort *o*

1 defile ['di:fail] *sb* (berg)engte, pas; ⚔ defilé *o*

2 defile [di'fail] *vt* bevuilen, verontreinigen; bezoedelen²; ontwijden ‖ *vi* ⚔ defileren; **–ment** bevuiling, verontreiniging; bezoedeling²; ontwijding

define [di'fain] bepalen, begrenzen, afbakenen, beschrijven, omschrijven, definiëren

definite ['definit] *aj* bepaald, begrensd, duidelijk omschreven; precies; scherp; definitief; beslist; **–ly** *ad* bepaald; definitief; vast en zeker; beslist, gegarandeerd

definition [defi'niʃən] bepaling, omschrijving, definitie; scherpte [v. beeld]; *by* ~ per definitie, uit de aard der zaak; **–ive** [di'finitiv] bepalend, beslissend, bepaald, definitief

deflagrate ['defləgreit] in brand (laten) vliegen; ontvlammen

deflate [di'fleit] lucht uitlaten of laten ontsnappen uit; $ deflatie veroorzaken van; **–tion** uitlating van lucht; $ deflatie; **–tionary** deflatoir

deflect [di'flekt] (doen) afwijken; (doen) uitslaan [naald, wijzer]; buigen; **–ion, deflexion** afwijking; uitslag [v. naald, wijzer]; buiging

defloration [di:flɔ:'reiʃən] ontmaagding; verkrachting

deflower [di'flauə] ontmaagden; verkrachten; van bloemen (schoonheid) beroven

defoliant [di'fouliənt] ontbladeringsmiddel *o*; **–ate** ontbladeren; **–ation** [difouli'eiʃən] ontbladering

deforest [di:'fɔrist] ontbossen; **–ation** [di:fɔris'teiʃən] ontbossing

deform [di'fɔ:m] misvormen, ontsieren; **–ation** [di:fɔ:'meiʃən] vormverandering; vervorming; misvorming; **–ed** [di'fɔ:md] mismaakt, wanstaltig; **–ity** mismaaktheid, wanstaltigheid

defraud [di'frɔ:d] bedriegen, te kort doen; ~ *of* onthouden, **F** door de neus boren

defray [di'frei] bekostigen, [de kosten] bestrijden, betalen; **–al, –ment** bekostiging, bestrijding [van onkosten], betaling

defrock [di:'frɔk] = *unfrock*

defrost [di:'frost] ontdooien, van ijs ontdoen

deft [deft] vlug, handig

defunct [di'fʌŋkt] **I** *aj* overleden, ter ziele; niet meer bestaand; **II** *sb the* ~ de overledene(n), afgestorvene(n)

defuse [di:'fju:z] onschadelijk maken, (ook *fig*)

defy [di'fai] tarten, trotseren, uitdagen

degeneracy [di'dʒenərəsi] ontaarding; **degenerate** [di'dʒenəreit] **I** *vi* degenereren, ontaarden, verbasteren; **II** *aj* (& *sb*) [di'dʒenərit] gedegenereerd(e), ontaard(e), verbasterd(e); **–tion** [didʒenə'reiʃən] ontaarding, verbastering, degeneratie

degradation [degrə'deiʃən] degradatie, verlaging; vernedering; ontaarding; **degrade** [di'greid] degraderen, verlagen; vernederen;

doen ontaarden; *degrading* vernederend, mensonwaardig

degrease [di'gri:z] ontvetten

degree [di'gri:] graad, mate, trap²; rang, stand; *honorary* ~ eredoctoraat *o*; *third* ~ onmenselijke wijze van verhoor; *he took his* ~ hij promoveerde; *by* ~*s* langzamerhand; *t o a* (*high*) ~ in hoge mate; *to some* ~ in zekere mate; tot op zekere hoogte; *to the last* ~ in de hoogste mate

degression [di'greʃən] afnemende belastingdruk

dehumanize [di:'hju:mənaiz] ontmenselijken, ontaarden

dehydrate [di:'haidreit] dehydreren; drogen [groente]; *fig* de pittigheid ontnemen aan

de-ice ['di:'ais] ontdooien; **–r** ijsbestrijder

deification [di:ifi'keiʃən] vergoding; **deify** ['di:ifai] vergoden, vergoddelijken

deign [dein] zich verwaardigen

deism ['di:izm] deïsme *o*: een op de rede gebaseerd geloof in God; **deist** deïst; **–ic(al)** [di'istik(l)] deïstisch

deity ['di:iti] godheid

déjà vu [deʒa'vy] *Fr* het onwerkelijke gevoel iets reeds eerder gezien of meegemaakt te hebben

deject [di'dʒekt] neerslachtig maken; **–ed** neerslachtig, terneergeslagen, ge-, bedrukt; verslagen; **–ion** neerslachtigheid, bedruktheid; verslagenheid

de jure [di'dʒuəri] *Lat* in rechte, rechtens, de jure

dekko ['dekou] **F** blik, kijkje *o*

delaine [də'lein] wollen mousseline

delay [di'lei] **I** *vt* uitstellen, vertragen, ophouden; *all is not lost that is* ~*ed* uitstel is geen afstel; **II** *vi* uitstellen, dralen, talmen; ~*ing action* vertragend gevecht *o*; ~*ed-action bomb* tijdbom; **III** *sb* uitstel *o*, oponthoud *o*, vertraging; *without* ~ onverwijld

dele ['di:li] deleatur *o*: verwijderingsteken [bij drukproeven]

delectable [di'lektəbl] verrukkelijk; **–ation** [di:lek'teiʃən] genoegen *o*, genot *o*

delegacy ['deligəsi] delegatie; **delegate** ['deligit] **I** *sb* gedelegeerde, gemachtigde, afgevaardigde; **II** *vt* ['deligeit] delegeren, afvaardigen, opdragen, overdragen; **–tion** [deli'geiʃən] delegatie, afvaardiging, opdracht, overdracht

delete [di'li:t] (uit)schrappen, doorhalen

deleterious [deli'tiəriəs] schadelijk, verderfelijk, giftig

deletion [di'li:ʃən] schrapping, doorhaling

delf(t) [delf(t)], **delftware** Delfts aardewerk *o*

deliberate [di'libərit] **I** *aj* weloverwogen; opzettelijk, welbewust; bedaard, bezadigd, beraden; **II** *vt* [di'libəreit] overwegen; overlĕggen; **III** *vi* delibereren, zich beraden, beraadslagen (over *on*); **–tion** [dilibə'reiʃən] beraadslaging, beraad *o*, overweging; overleg *o*; bedaardheid, bezadigdheid; **–tive** [di'libərətiv] beraadslagend

delicacy ['delikəsi] fijnheid, zachtheid, teer(gevoelig)heid, zwakheid; kiesheid, fijngevoeligheid; (kies)keurigheid; finesse; lekkernij, delicatesse; **delicate** fijn, zacht, teer, zwak; delicaat, kies, fijngevoelig, fijnbesnaard; (kies)keurig; lekker

delicious [di'liʃəs] heerlijk

delight [di'lait] **I** *sb* genoegen *o*, vermaak *o*, behagen *o*, verrukking, lust, genot *o*; *take ~ in* behagen scheppen in; **II** *vt* verheugen, verrukken, strelen; *I shall be ~ed to...* het zal mij aangenaam zijn...; **III** *vi* behagen scheppen, genot vinden (in *in*); **–ful** heerlijk, verrukkelijk; prachtig, uitstekend, voortreffelijk

delimit [di:'limit] afbakenen; **–ation** [dilimi'teiʃən] afbakening

delineate [di'linieit] tekenen², schetsen; *fig* schilderen; **–tion** [dilini'eiʃən] tekening, schets; *fig* (af)schildering

delinquency [di'liŋkwənsi] plicht(s)verzuim *o*, overtreding, misdrijf *o*; zie ook: *juvenile*; **delinquent I** *aj* delinquent, schuldig; **II** *sb* delinquent, misdadiger, schuldige

deliquesce [deli'kwes] vervloeien; (weg)smelten; **deliquescence** vervloeiing; (weg)smelting; **–ent** vervloeiend; (weg)smeltend

delirious [di'liriəs] ijlend, dol; **–ium** ijlen *o*, waanzin, razernij

deliver [di'livə] **I** *vt* bevrijden, verlossen; (over)geven, ter hand stellen; uitreiken; (in-, af-, uit)leveren, opleveren, afgeven (ook: *~ over*); bezorgen; overbrengen; toebrengen; (uit)werpen; uitspreken; houden [een rede, lezing &]; *to be ~ed of a child* bevallen van een kind; *~ the goods* F zijn belofte nakomen; 't 'm leveren; *~ up* afstaan, af-, overgeven; **II** *vr ~ oneself well* goed spreken; *~ oneself of* uiten; **–ance** bevrijding, verlossing; uitspraak, vonnis *o*; **–er** bevrijder; bezorger; **–y** verlossing, bevalling, baring; (af-, in)levering; overhandiging; ✗ overgave; bezorging, bestelling; toebrengen *o*; werpen *o* [v. bal]; voordracht; houden *o* [v. rede]; *take ~ of* $ in ontvangst nemen; *for future (forward) ~* $ op termijn; *~ order* volgbriefje *o*; *~ room* ✗ verloskamer; *~ van* bestelwagen

dell [del] nauw bebost dal *o*

delouse [di:'laus] ontluizen; zuiveren van

Delphian ['delfiən], **Delphic** ['delfik] van Delphi, Delphisch; duister, raadselachtig

delphinium [del'finiəm] ✿ ridderspoor

delta ['deltə] Griekse d = △; delta

deltoid ['deltɔid] **I** *aj* deltavormig; *~ muscle* = **II** *sb* deltaspier

delude [di'l(j)u:d] misleiden, bedriegen, begoochelen; *~ oneself into the belief that...* zich wijsmaken dat...

deluge ['delju:dʒ] **I** *sb* zondvloed, overstro-

ming²; (stort)vloed²; **II** *vt* overstromen²

delusion [di'l(j)u:ʒən] (zelf)bedrog *o*, (zins)begoocheling; waan(voorstelling); **–al** waan-; **delusive, delusory** misleidend, bedrieglijk

de luxe [də'lyks] luxe-, luxueus

delve [delv] delven, graven, spitten; vorsen, snuffelen, zoeken

demagogic [demə'gɔgik, -dʒik] demagogisch; **–gue** ['deməgɔg] demagoog, volksmenner; **–gy** demagogie

demand [di'ma:nd] **I** *vt* (ver)eisen, vorderen, verlangen, vergen, vragen (van *of, from*); **II** *sb* eis, vordering, verlangen *o*, (aan)vraag; *~ and supply* vraag en aanbod; *I have many ~s on my purse* er wordt dikwijls een beroep gedaan op mijn beurs; *(much) i n ~* zeer gezocht (gewild, gevraagd); *o n ~* op aanvraag; op zicht; **–ing** veeleisend

demarcate ['di:ma:keit] afbakenen; (af)scheiden; **–tion** [di:ma:'keiʃən] afbakening, demarcatie, afscheiding, grens(lijn)

démarche ['deima:ʃ] diplomatieke stap, démarche

demean [di'mi:n] *~ oneself* zich gedragen; zich verlagen of vernederen; **–our** houding, gedrag *o*

dement [di'ment], **–ed** waanzinnig, dement; **dementia** waanzin

demerit [di:'merit] fout, gebrek *o*

demesne [di'mein] domein *o*, gebied *o*

demigod ['demigɔd] halfgod

demijohn ['demidʒɔn] mandefles

demilitarize [di:'militəraiz] demilitariseren

demise [di'maiz] **I** *sb* overdracht [bij akte of testament]; overlijden *o*, dood; **II** *vt* overdragen; verpachten (aan *to*); bij uiterste wil vermaken

demi-semiquaver ['demisemi'kweivə] 32ste noot

demo ['deməu] S betoging, demonstratie

demob [di'mɔb] F = *demobilize*

demobilization ['di:məubilai'zeiʃən] demobilisatie; **demobilize** [di:'məubilaiz] demobiliseren

democracy [di'mɔkrəsi] democratie; **democrat** ['deməkræt] democraat; **–ic(al)** [demə'krætik(l)] democratisch; **–ization** [diməkrətai'zeiʃən] democratisering; **–ize** [di'mɔkrətaiz] democratiseren

demographic [di:mə'græfik] demografisch

demolish [di'mɔliʃ] afbreken, slopen; *fig* omverwerpen, vernietigen; F verorberen; **–ition** [demə'liʃən] afbreken *o*, sloping; vernietiging; afbraak

demon ['di:mən] geleigeest; boze geest, duivel, demon; *a ~ for work* een echte werkezel

demonetize [di:'mʌnitaiz] buiten koers stellen, ontmunten

demoniac [di'mouniæk] **I** *aj* demoni̇sch°, duivels; bezeten; **II** *sb* bezetene; **–al** [di:mə'naiəkl] duivels; **demonic** [di'mɔnik] demonisch
demonstrable ['demənstrəbl] aantoonbaar, bewijsbaar; **demonstrate I** *vt* aantonen, bewijzen; demonstreren; aan de dag leggen; **II** *vi* een demonstratie houden; **–tion** [demən'streiʃən] bewijs *o*; betoging, manifestatie, demonstratie; betoon *o*, vertoon *o*; **–tive** [di'mɔnstrətiv] **I** *aj* bewijzend, aanwijzend; bewijs-; betoog-; demonstratief expansief; bewijsbaar; **II** *sb* aanwijzend (voornaam)woord *o*; **–tor** ['demənstreitə] betoger, demonstrant, manifestant; assistent [v. professor]; demonstrateur, -trice (*sales* ~)
demoralization [dimɔrəli'zeiʃən] demoralisatie; **–ize** [di'mɔrəlaiz] demoraliseren
demote [di'mout] degraderen
demotic [di'mɔtik] ~ *speech* volksspraak, -taal
demotion [di'mouʃən] degradatie
demur [di'mə:] **I** *vi* aarzelen, weifelen; bezwaar maken, protesteren (tegen *at, to*); **ɪ̈** excepties opwerpen; **II** *sb* aarzeling, weifeling; bezwaar *o*, protest *o*
demure [di'mjuə] stemmig, (gemaakt) zedig, preuts, uitgestreken
demurrage [di'mʌridʒ] **$** overliggeld *o*; *days of* ~ overligdagen
demurrer [di'mʌrə] **ɪ̈** exceptie, verweermiddel *o*
den [den] hol *o*, hok *o*, kuil; **F** kast: kamer; ~ *of lions* leeuwenkuil
denary ['di:nəri] tientallig
denationalize [di'næʃənəlaiz] de nationaliteit ontnemen; denationaliseren
denaturalize [di'nætʃərəlaiz] onnatuurlijk maken, van aard doen veranderen; de burgerrechten ontnemen
denature [di:'neitʃə] denatureren: ongeschikt maken voor consumptie; verbasteren
dendrology [den'drɔlədʒi] bomenleer
dene [di:n] vallei, [zand]duin
denial [di'naiəl] weigering, ontkenning, dementi *o*, (ver)loochening, ontzegging, onthouden *o* [v. e. recht aan]; *I will take no* ~ ik wil van geen bedankje of weigering horen
denier ['deniei] denier [dikteaanduiding v. nylon, rayon]
denigrate ['denigreit] denigreren, afkammen
denim ['denim] denim *o*; *blue* ~*s* blauwe overal
denizen ['denizn] bewoner; genaturaliseerd vreemdeling; ingeburgerd woord *o* &
denominate [di'nɔmineit] (be)noemen; **–tion** [donɔmi'neiʃən] naamgeving, benoeming, benaming, naam; sekte, gezindte; coupure [van effect &], (nominale) waarde [v. munt, postzegel], bedrag *o*; **–tional** confessioneel; ~ *education* bijzonder onderwijs; **–tive** [di'nɔminətiv] benoe-

mend; *gram* denominatief; **–tor** × noemer; *common* ~ één noemer; (*lowest*) *common* ~ kleinste gemene veelvoud *o*; *reduce to a common* ~ gelijknamigmaken
denotation [di:nou'teiʃən] aanduiding; **denote** [di'nout] aanduiden, aanwijzen, wijzen op, te kennen geven
dénouement [dei'nu:mã: ŋ] *Fr* ontknoping
denounce [di'nauns] aangeven (bij *to*), aanbrengen, aanklagen; opzetten [verdrag]; uitvaren tegen, aan de kaak stellen (als *as*); veroordelen, zijn afkeuring uitspreken over, wraken; **–ment** = *denunciation*
dense [dens] *aj* dicht; ~ *with* dichtbegroeid met; stom, stompzinnig; **density** dichtheid; stomheid, stompzinnigheid
dent [dent] **I** *sb* deuk, bluts, indruk; **II** *vt* (in)deuken
dental ['dentl] **I** *aj* tand-; tandheelkundig; ~ *floss* draad *o* om tanden te reinigen; **dentary I** *sb* tandbeen *o*; **II** *aj* tand-; **dentate** ⁊ & ⁊ getand; **denticle** kleine tand; **dentifrice** tandpoeder, -poeier *o* & *m*, tandpasta; **dentine** tandbeen *o*; **dentist** tandarts; **–ry** tandheelkunde; **dentition** tanden krijgen *o*; tandstelsel *o*; **denture** ['dentʃə] (kunst)gebit *o*
denudation [di:nju'deiʃən] ontbloting, blootlegging; **denude** [di'nju:d] ontbloten, blootleggen; ~ *of* ontdoen van
denunciate [di'nʌnsieit] = *denounce*; **-tion** [dinʌnsi'eiʃən] aanbrengen *o*, aangifte, aanklacht; opzegging [v. verdrag]; aan de kaak stellen *o*, veroordeling, afkeuring
deny [di'nai] ontkennen, (ver)loochenen; ontzeggen, onthouden, weigeren
deodorant [di:'oudərənt] deodorant; **–rization** [di:oudərai'zeiʃən] desodorisatie: reukloos maken *o*; **deodorize** [di:'oudəraiz] desodoriseren: reukloos maken; **–r** = *deodorant*
deontology [di:ɔn'tɔlədʒi] plichtenleer
deoxidize [di:'ɔksidaiz] zuurstof onttrekken aan, reduceren
depart [di'pa:t] (weg)gaan, vertrekken, heengaan[2]; ~ *from* afwijken van, laten varen; ~*ed glory* vergane grootheid; *the* ~*ed* de overledene(n)
department [di'pa:tmənt] afdeling, departement[2] *o*, gebied *o*; ~ *store*(*s*) warenhuis *o*; **–al** [dipa:t'mentl] departementaal, departements-, afdelings-; **–alize** (zich) in hokjes opdelen
departure [di'pa:tʃə] vertrek *o*, afreis; heengaan[2] *o*; afwijking; *a new* ~ iets nieuws, een nieuwe koers; *take one's* ~ vertrekken
depend [di'pend] ⚲ hangen (aan *from*); ~ (*up*)*on* afhangen van, afhankelijk zijn van, aangewezen zijn op; rekenen op, vertrouwen op, zich verlaten op; ~ *upon it* reken er maar op; *that* ~*s* dat hangt ervan af; **–able** betrouwbaar; **–ant** iem.

die voor zijn onderhoud v.e. ander afhankelijk is; **–ence** afhankelijkheid (van *on*); vertrouwen *o*, toeverlaat; samenhang; **–ency** = *dependence*; onderhorigheid; **–ent I** *aj* ✷ afhangend (van *from*); afhankelijk (van *on, upon*); ondergeschikt; onderhorig; **II** *sb* = *dependant*; **–ing** (af)hangend; afhankelijk van; ⚏ hangende, nog onbeslist

depict [di'pikt] (af)schilderen, afbeelden; **–ion** (af)schildering

depilate ['depileit] ontharen, epileren; **–tion** [depi'leiʃən] ontharing; **–tory** [di'pilətəri] ontharingsmiddel *o*

deplenish [di'pleniʃ] ledigen

deplete [di'pli:t] ledigen; ontlasten; uitputten; dunnen; **–tion** lediging; ontlasting; uitputting; dunning

deplorable [di'plɔ:rəbl] betreurenswaardig, erbarmelijk, jammerlijk, bedroevend; **deplore** betreuren, bewenen, beklagen, bejammeren

deploy [di'plɔi] deployeren, (zich) ontplooien

deponent [di'pounənt] ⚏ getuige

depopulate [di:'pɔpjuleit] ontvolken; **–tion** ['di:pɔpju'leiʃən] ontvolking

deport [di'pɔ:t] **I** *vt* deporteren; over de grens zetten (als ongewenste vreemdeling); **II** *vr* ~ *oneself* zich gedragen; **–ation** [di:pɔ:'teiʃən] deportatie; **–ee** [dipɔ:'ti:] gedeporteerde; **–ment** [di'pɔ:tmənt] houding, gedrag *o*, manieren, optreden *o*

depose [di'pouz] **I** *vt* afzetten; (onder ede) verklaren; **II** *vi* getuigen

deposit [di'pɔzit] **I** *sb* deposito *o*, storting, inleg, aanbetaling, pand *o*, waarborgsom, statiegeld *o*; neerslag; bezinksel *o*; laag [v. erts]; *on* ~ in deposito; **II** *vt* (neer)leggen; in bewaring geven, inleggen; deponeren, storten; afzetten [slijk &]; **III** *vi* neerslaan; **–ary** bewaarder; –san [de-, di:pɔ'ziʃən] bezinking; bezinksel *o*; kruisafneming; afzetting; (getuigen)verklaring; deponeren *o*; **–or** [di'pɔzitə] inlegger; bewaargever; **–ory** bewaarplaats; bewaarder

depot ['depou] depot *o* & *m*; opslagplaats; (tram)remise

depravation [deprə'veiʃən] verdorvenheid, bederf *o*; **deprave** [di'preiv] bederven; **~d** verdorven; **depravity** [di'præviti] verdorvenheid

deprecate ['deprikeit] opkomen tegen, waarschuwen voor, afkeuren; ✷ afbidden; **–tion** [depri'keiʃən] smeekbede; protest *o*; ✷ afbidding; **–tory** ['deprikeitəri] (zich) verontschuldigend; ✷ smekend

depreciate [di'pri:ʃieit] **I** *vt* doen dalen [in waarde]; depreciëren; in diskrediet brengen; onderschatten; **II** *vi* dalen, depreciëren; **–tion** [dipri:ʃi'eiʃən] (waarde)vermindering, daling, depreciatie; geringschatting; afschrijving [voor waardevermindering]; **–tory** [di'pri:ʃjətəri] ge-

ringschattend, minachtend

depredate ['deprideit] plunderen; **–tion** [depri'deiʃən] plundering, verwoesting

depress [di'pres] (neer)drukken[2]; verlagen; *fig* terneerslaan; deprimeren; **~ed area** probleemgebied *o*, onderontwikkeld gebied *o*; **~ed classes** pària's [in India]; **–ing** ontmoedigend; **–ion** (neer)drukking; verlaging; depressie°; gedruktheid, neerslachtigheid; $ malaise, slapte; **–ive** *ps* depressief

deprivation [depri'veiʃən] beroving, ontneming; verlies *o*; afzetting, ontzetting [uit ambt]; **deprive** [di'praiv] beroven; afzetten, ontzetten [uit ambt]; ~ *sbd. of* ook: iem.... ontnemen, iem.... onthouden; **~d** ook: misdeeld; **~d of** ook: verstoken van, gespeend van, zonder

Dept. = *Department*

depth [depθ] diepte[2], diepzinnigheid; *the* ~(*s*) dieptepunt[2] *o*, diepste *o*; het binnenste[2] *o*, midden *o*; hevigste *o*; *in the* ~ *of night* (*winter*) in het holst van de nacht, in het hartje van de winter; *he was out of his* ~ hij voelde geen grond meer, *fig* hij was onzeker; **~ -charge** ['depθt ʃa:dʒ] dieptebom; ~ **gauge** dieptemeter; **–less** peilloos

depurate ['depjureit] zuiveren; zuiver worden

deputation [depju'teiʃən] deputatie, afvaardiging; **depute** [di'pju:t] afvaardigen; opdragen, overdragen; **deputize** ['depjutaiz] ~ *for* invallen voor, vervangen; **deputy I** *sb* afgevaardigde; (plaats)vervanger, waarnemer, invaller; **II** *aj* plaatsvervangend, vice-, onder-, substituut-

derail [di'reil] (doen) ontsporen; **–ment** ontsporing

derange [di'reindʒ] (ver)storen, in de war brengen, verwarren; [verstand] krenken; **~d** geestelijk gestoord; **–ment** storing, verwarring; (*mental*) ~ geestesstoornis

Derby ['da:bi] *the* ~ de Derbywedrennen (te Epsom)

derelict ['derilikt] **I** *aj* verlaten; onbeheerd [v. schip op zee]; vervallen; **II** *sb* verlaten schip *o*; onbeheerd goed *o*; wrak *o*; **–ion** [deri'likʃən] plicht(s)verzuim *o*

deride [di'raid] bespotten, uitlachen, belachelijk of bespottelijk maken; **derision** [di'riʒən] spot(ternij), bespotting; *bring into* ~ bespottelijk maken; *have (hold) in* ~ de spot drijven met; **–ive** [di'raisiv] spottend, spot-; **derisory** bespottelijk; spot-

derivation [deri'veiʃən] afleiding; verkrijging; **–ive** [di'rivətiv] **I** *aj* afgeleid; **II** *sb* afgeleid woord *o*, afleiding; **derive** [di'raiv] **I** *vt* afleiden (uit, van *from*); (ver)krijgen, trekken, putten (uit *from*); ontlenen (aan *from*); **II** *vi* afkomen, afstammen, voortkomen, voortspruiten (uit *from*)

dermal ['də:məl] huid-; **dermatologist** [də:mə'tɔlədʒist] dermatoloog, huidarts; **–gy**

dermatologie: leer der huidziekten

derogate ['derəgeit] zich verlagen; ~ *from* te kort doen aan, afbreuk doen aan; **–tion** [derə'geiʃən] schade, afbreuk (aan *of, from*); verlaging **–tory** [di'rɔgətəri] afbreuk doend (aan *to*); vernederend, geringschattend, denigrerend

derrick ['derik] ⚓ kraan, laadboom, bok; ✗ boortoren

derring-do ['deriŋ'du:] vermetelheid

derv [də:v] brandstof voor dieselmotoren

dervish ['də:viʃ] derwisj

desalinate [di:'sælineit] ontzilten; **–nization** [di:sælini'zeiʃən] ontzilting

descale [di:'skeil] van ketelsteen ontdoen

descant ['deskænt] I *sb* ♪ discant: sopraan; gezang *o*, zang; *fig* uitweiding; II *vi* [dis'kænt] zingen in variaties; *fig* uitweiden (over *on, upon*)

descend [di'send] (neer)dalen, afdalen² (tot *to*); zich verlagen (tot *to*); neerkomen, -vallen, -stromen; naar beneden gaan; afgaan, afkomen, afzakken; uitstappen; overgaan (op *to, upon*); afstammen van; ~ (*up*)*on* een inval doen in, landen op (in), overvallen, neerschieten op; **–ant** afstammeling

descent [di'sent] af-, (neer)daling; (af)helling, afzakken *o*, verval *o*; landing, in-, overval; overgang [v. rechten]; afkomst; afstamming; geslacht *o*; ~ *from the Cross* kruisafneming

describe [dis'kraib] beschrijven; omschrijven, weergeven, voorstellen; ~ *as* ook: noemen, aanduiden (bestempelen, kwalificeren) als

description [dis'kripʃən] beschrijving; omschrijving; benaming; signalement *o*; soort, slag *o*, klasse, aard; **–ive** beschrijvend

descry [dis'krai] gewaarworden, ontwaren, onderscheiden, ontdekken, bespeuren

desecrate ['desikreit] ontheiligen, ontwijden; **–tion** [desi'kreiʃən] ontheiliging, ontwijding

desegregate [di:'segrigeit] de rassenscheiding opheffen in [scholen &]

1 desert ['dezət] I *aj* woest, onbewoond, verlaten; II *sb* woestijn, woestenij

2 desert [di'zə:t] I *vt* verlaten, in de steek laten, weglopen van; II *vi* deserteren

3 desert [di'zə:t] *sb* verdienste; (verdiend) loon *o*; *get one's ~s* zijn verdiende loon krijgen; *by ~(s)* naar verdienste

deserter [di'zə:tə] deserteur; **–tion** verlating, afvalligheid, verzaking; desertie; verlatenheid

deserve [di'zə:v] I *vt* verdienen; II *vi* ~ *well of* zich verdienstelijk maken jegens; **–dly** naar verdienste; terecht; **deserving** verdienstelijk; ~ *of...* ... verdienend

deshabille ['dezæbi:l] negligé *o*: nog niet geheel gekleed; bijna ontkleed

desiccant ['desikənt] opdrogend (middel *o*); **–ate** ['desikeit] (op-, uit)drogen; **–ation**

[desi'keiʃən] (op-, uit)droging

desiderata [dizidə'reitə] *mv* v. **desideratum** [dizidə'reitəm] gevoelde behoefte, gewenst iets, desideratum *o*

design [di'zain] I *vt* schetsen, ontwerpen; dessineren [stoffen]; van plan zijn; bedoelen; bestemmen; II *sb* tekening, ontwerp *o*, plan *o*; dessin *o*, patroon *o*, model *o*; vormgeving; opzet *o*; *fig* bedoeling, oogmerk *o*, doel *o*; *by* ~ met opzet; *have* ~*s on* een oogje hebben op [een meisje]

designate ['dezigneit] I *vt* aanduiden, aanwijzen; noemen, bestempelen; bestemmen (tot, voor *to, for*); II *aj* ['dezignit] nieuwbenoemd; **–tion** [dezig'neiʃən] aanduiding, aanwijzing, bestemming; naam

designed [di'zaind] opzettelijk; **–er** ontwerper; dessinateur [v. stoffen]; ✗ tekenaar; constructeur [v. vliegtuigen]; vormgever; intrigant; **designing** intrigerend, listig

desirable [di'zaiərəbl] begeerlijk, wenselijk, gewenst; $ aantrekkelijk [v. villa &]; **desire** I *vt* wensen, begeren, verlangen, verzoeken; II *sb* wens, verlangen *o*, begeerte, zucht (naar *for*), verzoek *o*; *a t your* ~ op uw verlangen; *b y* ~ op verzoek; **–rous** begerig, verlangend (naar *of*)

desist [di'zist] afzien, ophouden, aflaten

desk [desk] lessenaar, schrijftafel, balie, bureau² *o*; lezenaar; kassa; (school)bank, ~ **editor** bureauredacteur; ~ **lamp** bureaulamp; ~ **sergeant** sergeant van de wacht [politie]; ~ **telephone** ☏ tafeltoestel *o*

desolate ['desəlit] I *aj* verlaten, eenzaam, woest, troosteloos, naargeestig; II *vt* ['desəleit] verwoesten, ontvolken; **–tion** [desə'leiʃən] verwoesting; ontvolking; verlatenheid, troosteloosheid

despair [dis'pɛə] I *sb* wanhoop; II *vi* wanhopen (aan *of*); **–ing** wanhopig

despatch [dis'pætʃ] = *dispatch*

desperado [despə'ra:dou] desperado: dolle waaghals, nietsontziend, roekeloos persoon

desperate ['despərit] *aj* wanhopig, hopeloos, vertwijfeld; roekeloos; < verschrikkelijk, zwaar; *be ~ for* snakken naar; **–ly** *ad* v. *desperate*; *need ~* zitten te springen om, erg nodig hebben; **–tion** [despə'reiʃən] wanhoop, vertwijfeling; moed der wanhoop, roekeloosheid

despicable ['despikəbl] verachtelijk

despise [dis'paiz] verachten, versmaden

despite [dis'pait] I *sb* (*in*) ~ *of* in weerwil van; II *prep* ...ten spijt, trots..., ondanks

despoil [dis'pɔil] beroven; plunderen; **–ment**, **despoliation** [dispouli'eiʃən] beroving; plundering

despond [dis'pɔnd] I *vi* moedeloos worden, wanhopen; II *sb* ✎ moedeloosheid; **–ency** moedeloosheid, mismoedigheid; **–ent** moedeloos

despot ['despɔt] despoot, dwingeland; **–ic** [des'pɔtik] despotisch; **–ism** ['despɔtizm] despotisme o

dessert [di'zə:t] dessert o, nagerecht o

destination [desti'neiʃən] (plaats van) bestemming; ~ **board** richtingbord o [v. bus &]; **destine** ['destin] bestemmen; ~d *for* op weg naar [Londen]; ~d *to* bestemd om te [vergaan]; **–ny** ['destini] bestemming, noodlot o, lot o; *the Destinies* de drie schikgodinnen

destitute ['destitju:t] behoeftig; ontbloot, verstoken (van *of*); **–tion** [desti'tju:ʃən] armoede, behoeftigheid, gebrek o

destroy [dis'trɔi] I *vt* vernielen, vernietigen, verwoesten, te niet doen; afbreken, slopen; verdelgen; afmaken; II *vr* ~ *oneself* zich van het leven beroven; **–er** vernieler, verwoester; ⚓ torpedojager

destructible [dis'trʌktibl] vernielbaar; **–ion** vernieling, vernietiging, verwoesting, verdelging; ondergang; **–ive** vernielend, verwoestend; vernielzuchtig; afbrekend, destructief; **destructor** vuilverbrandingsoven

desuetude [di'sjuitju:d, 'deswitju:d] *fall into* ~ in onbruik raken

desultory ['desəltəri] *aj* onsamenhangend, zonder methode, terloops gemaakt, van de hak op de tak springend; vluchtig

detach [di'tætʃ] I *vt* losmaken², scheiden; uitzenden, ✕ detacheren; II *vr* ~ *oneself (from)* zich losmaken (van); ✕ zich distantiëren (van); **–ed** gedetacheerd &; vrij-, alleenstaand [huis]; los [zin], afstandelijk, objectief; **–ment** losmaking; scheiding; onverschilligheid voor zijn omgeving; objectiviteit; isolement o; ✕ detachement o; detachering

detail ['di:teil] I *sb* bijzonderheid, bijzaak; detail o, kleinigheid; onderdeel o; opsomming; ✕ detachering; detachement o; *in* ~ omstandig; *go into* ~ in bijzonderheden afdalen (treden); II *vt* omstandig verhalen, opsommen; ✕ detacheren, aanwijzen; **–ed** [di'teild] gedetailleerd, omstandig

detain [di'tein] ophouden, terug-, vast-, aan-, achter-, afhouden; gevangen of in bewaring houden, detineren; **–ee** [ditei'ni:] gedetineerde; **–er** [di'teinə] wie achterhoudt; rt gevangenhouding; bevel o tot gevangenhouding; onwettig bezit o, achterhouding

detect [di'tekt] ontdekken; opsporen; bespeuren; betrappen; **–ion** ontdekking; opsporing; **–ive** I *aj* opsporings-; rechercheurs-; *the* ~ *force* de recherche; II *sb* detective, rechercheur, speurder; ~ *story* misdaadroman

detectophone [di'tektəfoun] afluisterapparaat o

detector [di'tektə] ontdekker; verklikker [aan instrumenten &]; detector

detent [di'tent] pal [in uurwerk &]

de'tente [dei'ta:nt] *Fr* ontspanning [politiek]

detention [di'tenʃən] achterhouding; oponthoud o; aanhouding, gevangenhouding; ☞ schoolblijven o; ~ **centre** ± tuchtschool; ~ **room** ✕ arrestantenkamer

deter [di'tə:] afschrikken, terughouden (van *from*)

detergent [di'tə:dʒənt] zuiverend (middel o); wasmiddel o

deteriorate [di'tiəriəreit] I *vt* slechter maken; II *vi* slechter worden, verslechteren, achteruitgaan, ontaarden; **–tion** [ditiəriə'reiʃən] verslechtering, achteruitgang, ontaarding

determinable [di'tə:minəbl] bepaalbaar; **–ant** beslissend(e factor); bepalend (woord o); **–ate** bepaald, vast, beslist; **–ation** [ditə:mi'neiʃən] bepaling; vaststelling; besluit o, beslissing; beslistheid, vastberadenheid; richting, stroming; beëindiging, einde o [v. contract]; **–ative** [di'tə:minətiv] bepalend; beslissend; **determine** bepalen, vaststellen, (doen) besluiten; beslissen; beëindigen; ~ *on* besluiten tot; **–d** (vast)beraden, vastbesloten, resoluut

determinism [di'tə:minizm] determinisme o; leer die de vrijheid v.d. wil ontkent

deterrence [di'terəns] afschrikking [door (kern)bewapening]; **–ent** afschrikkend (middel o); *the* ~ het „afschrikwapen" o [= kernwapen(s)]

detest [di'test] verfoeien; **–able** verfoeilijk; **–ation** [di:tes'teiʃən] verfoeiing; afschuw; *hold (have) in* ~ verfoeien

dethrone [di'θroun] onttronen; **–ment** onttroning

detonate ['detəneit] (doen) ontploffen, (doen) knallen, (doen) detoneren; **–tion** [detə'neiʃən] ontploffing, knal, detonatie; **–tor** ['detəneitə] detonator: knalsignaal o

detour ['di:tuə, di'tuə] I *sb* omweg; II *vi* een omweg maken

detract [di'trækt] ~ *from* afbreuk doen aan, verminderen, verkleinen; **–ion** afbrekende kritiek, kleinering; kwaadspekerij; **–ive** kleinerend; lasterend; **–or** kleineerder; kwaadspreker

detrain [di:'trein] I *vi* uitstappen; II *vt* (uit een trein) uitladen [troepen]

detriment ['detrimənt] nadeel o, schade (aan *to*); *to the* ~ *of* ten nadele van; **–al** [detri'mentl] nadelig, schadelijk (voor *to*)

detrited [di'traited] afgesleten; **detrition** [di'triʃən] afslijting

deuce [dju:s] twee [op dobbelstenen en speelkaarten]; gelijk met 40 punten [tennis] ‖ duivel, drommel; *the* ~! drommels! *what (who) the* ~? wat (wie) voor de drommel?; *a* ~ *of a...* (zo) een drommelse...; zie verder: *devil* I; **–d** ['dju:st, 'dju:sid] drommels, verduiveld

devaluate [di:'væljueit] devalueren; **–tion** [di:vælju'eiʃən] devaluatie, geldontwaarding; **devalue** [di:'vælju:] devalueren

devastate ['devəsteit] verwoesten; **–ting** verwoestend; vernietigend[2], verschrikkelijk; **–tion** [devəs'teiʃən] verwoesting; **–tor** ['devəsteitə] verwoester

develop [di'veləp] **I** vt ontwikkelen; tot ontwikkeling brengen; aan de dag leggen; uitbreiden; ontginnen; bebouwen [met gebouwen]; krijgen [koorts &]; **II** vi zich ontwikkelen (tot into); tot ontwikkeling komen; optreden [v. koorts &], ontstaan, zich ontspinnen; a crisis ~ed het kwam tot een crisis; ~ing countries ontwikkelingslanden; **–er** chem ontwikkelaar; projectontwikkelaar (ook: project ~, property ~); **–ment** ontwikkeling; uitbreiding; ontginning; bebouwing, (op)bouw; verloop o; await ~s verdere ontwikkelingen afwachten; ~ aid ontwikkelingshulp; ~ area ontwikkelingsgebied

deviant ['di:viənt] (iem.) met een afwijkend gedrag; **deviate** ['di:vieit] afwijken (van from); **–tion** [di:vi'eiʃən] afwijking[2]; **–tionist** (communistische) dissident

device [di'vais] plan o, oogmerk o; middel o; list; (uit)vinding; toestel o; zinspreuk, devies o, motto o; leave shd. to his own ~s iem. in zijn eigen sop laten gaarkoken

devil ['devl] **I** sb duivel[2]; loopjongen [bij drukkers], assistent [van schrijver of advocaat], duivelstoejager; sterk gekruide (vlees)spijs; **F** fut; the ~! drommels!; (the) ~ a bit geen zier; the (a) ~ of a... een geweldig(e)...; between the ~ and the deep sea tussen twee vuren; it's the ~'s (own) luck het is een echte wanbof; maar ook: you have the ~'s luck je hebt stom geluk; give the ~ his due ieder het zijne geven; there was the ~ to pay daar had je de poppen aan het dansen; play the ~ with veel kwaad doen, vreselijk omspringen met, vreselijk huishouden onder, ruïneren; ~ take the hindmost rennen!, smeer 'm!; **II** vt heet peperen; **III** vi als duivelstoejager (voor een ander) werken; **–ish** duivels, drommels; **~-may-care** onverschillig; roekeloos, doldriest; **–ment** geduvel o, duivelse streek; uitgelatenheid; **–ry** duivelskunsten(arij), snoodheid, dolle streken; roekeloze moed; **~'s advocate** rk advocatus diaboli; fig iem. wiens steun meer kwaad dan goed doet; **~'s bones** dobbelstenen; **~'s books** speelkaarten; **~'s dozen** dertien

devious ['di:viəs] kronkelen..; afwijkend; dwalend; a ~ way een omweg

devise [di'vaiz] **I** vt uit-, bedenken, verzinnen, smeden, beramen; overleggen; legateren; **II** sb legaat o

devisor [di'vaizə] vt erflater

devoid [di'vɔid] ~ of ontbloot van, verstoken van, gespeend van, zonder

devolution [di:və'l(j)u:ʃən] overgang; overdracht [v. rechten, eigendom &]; decentralisatie; **devolve** [di'vɔlv] **I** vt doen overgaan, overdragen, opleggen (aan upon); **II** vi ~ upon neerkomen op[2], overgaan op, toevallen aan

devote [di'vout] (toe)wijden, bestemmen (voor to), overleveren (aan to); **–d** (toe)gewijd, (aan elkaar) gehecht, verknocht; **devotee** [devou'ti:] (bekrompen) dweper (met), ijveraar (voor), dwepend aanhanger of enthousiast liefhebber (van of); **–tion** [di'vouʃən] (toe)wijding, gehechtheid, verknochtheid; godsvrucht, vroomheid, devotie; godsdienstoefening, gebed o; ~ to duty plicht(s)betrachting; **–tional** godsdienstig, stichtelijk

devour [di'vauə] verslinden[2]; fig verteren

devout [di'vaut] godsdienstig, godvruchtig, vroom, devoot; oprecht, vurig

dew [dju:] **I** sb dauw; **II** (vt &) vi (be)dauwen; **~-drop** dauwdruppel

dewlap ['dju:læp] kwab onder de hals v.e. rund

dew-worm ['dju:wə:m] worm, pier

dewy ['dju:wi] dauwachtig, bedauwd

dexter ['dekstə] rechts, rechter(-); **–ity** [deks'teriti] behendigheid, handigheid, vaardigheid; rechtshandigheid; **dext(e)rous** ['dekst(ə)rəs] behendig, handig, vaardig

dextrose ['dekstrous] druivesuik..r

d-flat ['di:flæt] ♪ des

diabetes [daiə'bi:ti:z] diabetes, suikerziekte; **–tic** [daiə'betik] **I** aj suikerziekte-; **II** sb diabeticus, suikerpatiënt

diabolic(al) [daiə'bɔlik(l)] duivels

diaconal [dai'ækənl] aj van een deacon

diacritic [daiə'kritik] diakritisch: onderscheidend

diadem ['daiədem] diadeem

diaereses [dai'iərisi:z] mv v. **diaeresis** [dai'iərisis] diaeresis: deelteken o, trema o

diagnose ['daiəgnouz] diagnostiseren, de diagnose opmaken (van); constateren, vaststellen [ziekte]; **–sis** [daiəg'nousis, mv **–ses** -si:z] diagnose

diagonal [dai'ægənl] aj & sb diagonaal, overhoeks

diagram ['daiəgræm] **I** sb diagram o, figuur, schematische voorstelling, grafiek; **II** vt schematisch of grafisch voorstellen

dial ['daiəl] **I** sb zonnewijzer; wijzerplaat; (kies)schijf; (afstem)schaal; **S** facie o & v, bakkes o; **II** vt (een nummer) draaien, kiezen, opbellen; **~ling tone** kiestoon

dialect ['daiəlekt] streektaal, tongval, dialect o; **–al** [daiə'lektl] dialectisch

dialectic [daiə'lektik] dialectick (ook ~s); **–al**

dialectisch; **–ian** [daɪəlek'tiʃən] dialecticus

dialogue ['daɪələg] dialoog, samenspraak, gesprek o

dial-plate ['daɪəlpleit] wijzerplaat

diameter [daɪ'æmitə] diameter, middellijn; **–tric(al)** [daɪə'metrik(l)] diametraal, lijnrecht

diamond ['daɪəmənd] **I** sb diamant o [stofnaam], diamant m [voorwerpsnaam]; ruit; ◊ ruiten; sp (binnenveld o van) honkbalveld o; it is ~ cut ~ ze zijn aan elkaar gewaagd; black ~ steenkool; **II** aj diamanten; ruitvormig

diapason [daɪə'peizn] ♪ (stem-, toon)hoogte; (toon)omvang; diapason; harmonie

diaper ['daɪəpə] handdoek & met ruitvormig patroon; luier; ~ service babywas(centrale)

diaphanous [daɪ'æfənəs] doorschijnend

diaphragm ['daɪəfræm] middenrif o; diafragma o [v. lens]; tussenschot o; membraan o; pessarium o

diarchy ['daɪɑːki] tweehoofdig bestuur o

diarist ['daɪərist] dagboekschrijver

diarrhoea [daɪə'riə] diarree

diary ['daɪəri] dagboek o; agenda

diaspora [daɪ'æspərə] diaspora

diatribe ['daɪətraib] diatribe: scheldkanonnade, hekelschrift o

dib [dib] bikkel; fiche o & v; ~s S duiten

dibble ['dibl] **I** sb pootijzer o; **II** vt met een pootijzer bewerken of planten

dice [dais] **I** sb dobbelstenen (mv v. die); dobbelspel o; **II** vi dobbelen; **III** vt aan dobbelstenen snijden; ~ away verdobbelen; ~-box dobbelbeker

dichotomy [daɪ'kɔtəmi] dichotomie: [twee]deling; splitsing

dick [dik] **F** man, kerel; **S** detective; **P** penis; take one's ~ that zweren dat

dickens ['dikinz] **I** sb the ~ **S** drommels!

dicker ['dikə] **I** sb tiental o (spec huiden) ‖ Am ruil(handel); **II** vi ruilen; sjacheren, afdingen

dicky ['diki] kattebak [v. rijtuig], hulpzitting [v. auto]; **S** frontje o; **F** ezel; vogeltje o (~-bird); **II** aj **S** wankel, niet solide²

dicta ['diktə] mv v. dictum

dictabelt ['diktəbelt] geluidsbandje o; **–phone** ['diktəfəun] dicteerapparaat o

dictate [dik'teit] **I** vt voorzeggen, dicteren, ingeven; voorschrijven; **II** sb ['dikteit] voorschrift o, inspraak; **–tion** [dik'teiʃən] dictee o, dictaat o; **–tor** dictator; **–torial** [diktə'tɔːriəl] gebiedend, heerszuchtig, dictatoriaal; **–torship, dictature** dictatuur

diction ['dikʃən] dictie, voordracht

dictionary ['dikʃən(ə)ri] woordenboek o

dictum ['diktəm] uitspraak, gezegde o

did [did] V.T. van do

didactic [di'dæktik] didactisch, belerend, leer-;

~s didactiek

diddle ['didl] **F** bedotten; ~ sbd. out of sth. iem. iets slinks afhandig maken

didn't = did not

dido ['daɪdou] Am **F** poets, streek; bokkesprong, capriool

1 die [dai] sb dobbelsteen, teerling; muntstempel; matrijs; snijijzer o; the ~ is cast de teerling is geworpen

2 die [dai] vi sterven, overlijden; doodgaan; uit-, wegsterven, verflauwen, uitgaan, voorbijgaan, bedaren; ~ a millionaire sterven als (een) miljonair; ~ a natural death een natuurlijke dood sterven; ~ hard een taai leven hebben; moeilijk sterven; zich taai houden; • ~ away (down) af-, wegsterven², afnemen, luwen², doven², uitgaan; ~ for sterven voor; sterven van; snakken naar; ~ from (of) sterven aan; ~of grief sterven van verdriet; ~ of laughter zich doodlachen; ~ off (out) weg-, uitsterven; ~ to the world der wereld afsterven; be dying to... branden van verlangen om..., dolgraag willen...; ~ with thirst van dorst sterven (vergaan); ~-hard ['daɪhɑːd] **I** aj onverzoenlijk; **II** sb onverzoenlijk persoon; conservatief politicus

dielectric [daii'lektrik] isolerend; niet-geleidend [materiaal]

diesel ['diːzl] diesel

diet ['daɪət] **I** sb rijksdag, landdag ‖ voedsel o, kost, voeding; leefregel, dieet o; **II** vt een leefregel voorschrijven, op dieet stellen; **III** vi op dieet leven; **–arian** [daɪə'tɛəriən] iem. die streng dieet houdt; **–ary** ['daɪətəri] **I** aj dieet-, voedsel-; **II** sb dieet o; kost; ~ can = diet tin; **dietetic** [daii'tetik] **I** aj dieet-, voedings-, diëtistisch; **II** sb ~s voedingsleer, diëtetiek; **–ician, –itian, –ist** ['daɪətist] voedingsspecialist(e), diëtist(e); **diet tin** schaaltje o [etensblik o v. gevangene]

differ ['difə] verschillen, het niet eens zijn; **–ence** ['difrəns] verschil o, onderscheid o; geschil(punt) o; **–ent** aj verschillend (van from, to), onderscheiden, verscheiden, anders (dan from, to), ander (dan from); as ~ again volkomen anders(om)

differential [difə'renʃəl] **I** aj differentieel (= een onderscheid makend naar herkomst) [v. rechten]; differentiaal; ~ calculus × differentiaalrekening; ~ gear ✗ differentieel; **II** sb × differentiaal; ✗ differentieel o; loongeschil o; loonklasseverschil o; **–able** scheidbaar (v. begrippen), gedifferentieerd kunnende worden; **–ate I** vt onderscheiden, doen verschillen, verschil maken tussen; **II** vi zich differentiëren; **–ation** [difərenʃi'eiʃən] verschil o, onderscheiding; differentiatie

difficult ['difikəlt] moeilijk, lastig; **–y** moeilijkheid, moeite, zwarigheid, bezwaar o

diffidence ['difidəns] gebrek o aan zelfvertrouwen; schroomvalligheid; **–ent** schroomvallig

diffluence ['difluəns] vloeibaarheid; vloeibaar worden *o*

diffraction [di'frækʃən] diffractie, buiging [v. lichtstralen of geluidsgolven]

diffuse [di'fju:s] **I** *aj* verspreid, verstrooid, diffuus [v. licht]; breedsprakig, wijdlopig; **II** *vt* [di'fju:z] verspreiden, uitstorten, uitgieten; diffunderen: doordringen in [v. vloeistoffen, gassen]; **~d** diffuus [v. licht]; **–sion** verspreiding, verbreiding, uitstorting; diffusie: vermenging v. gassen of vloeistoffen; **–sive** (zich) verspreidend; wijdlopig

dig [dig] **I** *vt* graven, delven, (om)spitten; rooien [aardappelen]; duwen, porren; **S** snappen, begrijpen, genieten (van), appreciëren, waarderen; **~** *d o w n* ondergraven, -mijnen; **~** *i n* onderwerken [mest]; (zich) ingraven; **~** *in one's heels* (*toes*) het been stijf houden; **~** *one's nails i n t o* doen dringen, slaan of boren in; **~** *o u t* (*up*) uitgraven, opgraven; opbreken; rooien; *fig* opschommelen; oprakelen; **~** *t h r o u g h* doorgraven; **II** *vi* graven, spitten; **S** wonen; **III** *sb* graafwerk *o*; [archeologische] opgraving; por, duw; *fig* steek, insinuatie; **~s F** huurkamer

digest [di-, dai'dʒest] **I** *vt* verteren, verduwen, verwerken, verkroppen; rangschikken, systematiseren; **II** *vi* verteren; **III** *sb* ['daidʒest] overzicht *o*, resumé *o*, verkorte weergave; **⚖** pandecten; **–ible** [di'dʒestəbl] licht verteerbaar; **–ion** spijsvertering; verwerking [van het geleerde], digestie; **–ive** de spijsvertering bevorderend (middel *o*); spijsverterings-

digger ['digə] (goud)graver, delver; graafmachine; **digging** graven *o*; **~s** goudveld *o*, goudvelden; **F** huurkamer

⚓ dight [dait] getooid; bereid

digit ['didʒit] vinger(breedte); **⚕** teen, vinger; cijfer *o* beneden 10; **–al** vinger-, cijfer-; **~** *computer* digitale rekenmachine; **–ate ⚕** & **⚕** gevingerd; **–igrade** teenganger

diglot ['daiglɔt] tweetalig

dignified ['dignifaid] waardig, deftig; **dignify** meer waardigheid geven, sieren, adelen; vereren (met *with*); **dignitary** dignitaris, hoogwaardigheidsbekleder; **dignity** waardigheid

digress [dai'gres] afdwalen [van het onderwerp], uitweiden; **–ion** afdwaling [v. het onderwerp], uitweiding; **–ive** uitweidend

dike, dyke [daik] **I** *sb* dijk, dam; sloot; **S** lesbische vrouw; **II** *vt* indijken; een sloot graven om; **~-reeve** ['daikri:v] dijkgraaf

dilapidated [di'læpideitid] verwaarloosd, vervallen, bouwvallig; verkwist; **–tion** [dilæpi'deiʃən] verwaarlozing, verval *o*, bouwvalligheid; verkwisting

dilatability [daileitə'biliti] uitzetbaarheid, uitzet-

tingsvermogen *o*; **dilatable** [dai'leitəbl] uitzetbaar; **dilatation** [dailei'teiʃən] uitzetting, verwijding; uitweiding; **dilate** [dai'leit] **I** *vt* uitzetten, verwijden; **~d** *eyes* opengespalkte ogen; **II** *vi* uitzetten, zich verwijden; **~** (*up*)*on* uitweiden over; **–tion** = *dilatation*; **–tory** ['dilətəri] talmend

dilemma [di'lemə, dai'lemə] dilemma *o*

dilettante [dili'tænti, *mv* **–ti** -ti:] dilettant

diligence ['dilidʒəns] ijver, naarstigheid, vlijt; **–ent** ijverig, naarstig, vlijtig

dill [dil] **⚕** dille

dilly-dally ['dilidæli] treuzelen

diluent ['diljuənt] verdunnend (middel *o*); **dilute** [dai'lju:t] **I** *vt* verdunnen; **II** *aj* verdund; **–tion** verdunning; vervanging van geschoolde arbeiders door ongeschoolde of vrouwen

diluvial [dai-, di'l(j)u:viəl] diluviaal; **–ium** diluvium *o*

dim [dim] **I** *aj* dof, schemerig, donker, duister; vaag; flauw; zwak, onduidelijk; **F** gering, pover; onbeduidend, onbenullig, sloom, dom [iemand]; **II** *vi* dof & worden; beslaan [glas]; verflauwen, tanen; **III** *vt* dof & maken, verduisteren, benevelen; ontluisteren; **IV** *sb* verduistering (ook: **~** *out*); dimmen *o*; verbod *o*, censuur; *a* **~** *on news* nieuwsberichtencensuur

dime [daim] ¹/₁₀ dollar; **~** *novel* colportageroman

dimension [di'menʃən] afmeting, dimensie, omvang, grootte; **–al** (...)dimensionaal

dimerous ['dimərəs] tweedelig

dimidiate [di'midieit] halveren

diminish [di'miniʃ] **I** *vt* verminderen [ook ♪], verkleinen; **II** *vi* (ver)minderen, afnemen

diminution [dimi'nju:ʃən] vermindering, afneming, verkleining; **–ive** [di'minjutiv] **I** *aj* klein, gering, verkleinings-, miniatuur-; **II** *sb* verkleinwoord *o*

dimity ['dimiti] witte, gekeperde katoenen stof

dimorphic [dai'mɔ:fik] dimorf: in twee vormen voorkomend

dimple ['dimpl] **I** *sb* (wang)kuiltje *o*; **II** *vi* (& *vt*) kuiltjes vormen (in); **~d** met kuiltjes; **–ly** met kuiltjes

dimwit ['dimwit] **S** stommerd, sufferd; **dimwitted S** stom, uilig

din [din] **I** *sb* leven *o*, geraas *o*, lawaai *o*, gekletter *o*; **II** *vt* verdoven; **~** *it into his ears* er aanhoudend over zaniken

dine [dain] **I** *vt* middagmalen, dineren, eten; **~d** *off* (*o n*) *boiled meat* ik deed mijn maal met gekookt vlees; **~** *o u t* uit eten gaan; buitenshuis eten; **II** *vt* middageten verschaffen, te dineren hebben; **~r** eter, gast; restauratiewagen; **dinette** [dai'net] eethoek

ding-dong ['diŋ'dɔŋ] bimbam; *go it* **~** er op los slaan; *a* **~** *fight* een lang onbeslist, vinnig gevecht *o*

dinge [diŋʒ] **I** *vt* **F** deuken, blutsen; **II** *sb* deuk, buts

dinghy ['diŋgi] ⚓ kleine jol; rubberboot (ook: *rubber* ~)

dingle ['diŋgl] dal *o*, vallei

dingo ['diŋgou] Austral. wilde hond

dingy ['din(d)ʒi] groezelig, vuil, goor

dining-car ['dainiŋka:] restauratiewagen; ~-**room**, ~-**hall** eetkamer, -zaal

dinkey ['diŋki] iets kleins, dingetje *o*

dinkum ['diŋkəm] *Austr* **S** echt, ~ *oil* de volle waarheid

dinky ['diŋki] **F** leuk, aardig, sierlijk

dinner ['dinə] middagmaal *o*, eten *o*, diner *o*; ~-**coat** *Am* = *dinner jacket*; ~-**dance** diner dansant *o*; ~-**jacket** smoking; ~-**party** diner *o*; ~-**plate** plat bord *o*; ~-**service**, ~-**set** eetservies *o*; ~-**time** etenstijd; ~-**wag(g)on** dientafel, serveerwagen

dint [dint] *by* ~ *of* door; = *dent*

diocesan [dai'ɔsisən] **I** *aj* diocesaan; **II** *sb* bisschop; diocesaan; **diocese** ['daiəsis, 'daiəsi:s] diocees *o*, bisdom *o*

dioecious [dai'i:ʃəs] ♧ tweehuizig

diopter, dioptre [dai'ɔptə] dioptrie

diorama [daiə'ra:mə] diorama *o*, kijkdoos

dioxide [dai'ɔksaid] dioxyde *o*

dip [dip] **I** *vt* (in)dopen, (in)dompelen; (uit-) scheppen; verven; neerlaten; laten hellen; ~ *one's flag* (*to*) salueren [een schip]; ~ *the headlights* dimmen; *drive on* ~*ped headlights* met dimlicht(en) rijden; **II** *vi* duiken, dalen, (af)hellen; doorslaan [v. balans]; ~ *into* duiken in; zich verdiepen in; in-, doorkijken; aanspreken [voorraad]; ~ *into one's purse* in de zak tasten; **III** *sb* indoping; onderdompeling; **F** bad *o*; del, (duin)vallei; duiken *o*; (kim)duiking: schijnbaar verschil in horizon voor iem. die vliegt (*on* ~ *of the horizon*); (af)helling; vetkaars; ~ *of the needle* inclinatie van de magneetnaald; *have a* ~ *into a book* hier en daar (even) inkijken

diptheria [dif'θiəriə] difterie, difteritis

diphthong ['difθɔŋ] tweeklank, diftong

diploma [di'ploumə] diploma *o*

diplomacy [di'plouməsi] diplomatie²; **diplomat** ['dipləmæt] diplomaat²; ~**ic** [diplə'mætik] **I** *aj* diplomatisch²; diplomatiek; ~ *bag* zak met diplomatieke post; **II** *sb* ~**s** diplomatiek [oorkondenleer]; ~**ist** [di'ploumətist] diplomaat²

dipper ['dipə] schepper, pollepel; ♣ waterspreeuw; > baptist, wederdoper; (*big*) ~ achtbaan [op kermis]; *the Big Dipper Am* ★ de Grote Beer

dipsomania [dipsou'meiniə] drankzucht; ~**c** drankzuchtige

dip-stick ['dipstik] ⚙ peilstok

dipterous ['diptərəs] tweevleugelig

dire ['daiə] akelig, ijselijk, verschrikkelijk; ~ *necessity* harde noodzaak

direct [di'rekt, dai'rekt] **I** *aj* direct, recht, rechtstreeks, onmiddellijk; *fig* ronduit; **II** *ad* rechtstreeks; **III** *vt* richten, besturen, (ge)leiden, regisseren [film]; voorschrijven, ordres (last) geven; dirigeren; instrueren; adresseren; de weg wijzen; ● ~ *action* stakingen en demonstraties; ~ *current* gelijkstroom; ~ *evidence* rechtstreeks bewijs *o*; ~ *hit* voltreffer [bom]; ~ *line* rechte lijn (van vader op zoon); ~ *method* taalonderwijs *o* direct in de vreemde taal; ~ *object* lijdend voorwerp; ~ *tax* directe belasting; **direction** directie, leiding, bestuur *o*; regie [v. film]; richting; aanwijzing, instructie, voorschrift *o*; adres *o*; *by* ~ *of* op last (aanwijzing) van; *sense of* ~ oriënteringsvermogen *o*; ~**al** R gericht; ~-**finder** R richtingzoeker, radiopeiler; ~-**finding** radiopeiling; ~ *station* radiopeilstation *o*; **directive I** *aj* leidend, regelend, richt-; **II** *sb* richtlijn, directief *o*; **directly I** *ad* direct, recht(streeks), aanstonds, dadelijk; **II** *cj* **F** zodra; ~**ness** directheid; openhartigheid

director [di-, dai'rektə] directeur, leider, bestuurder, bewindhebber; (film)regisseur; ~**ate** directoraat *o*

directory [di-, dai'rektəri] adresboek *o*; telefoongids, -boek *o* (*telephone* ~); stratenlijst; *D~* ⬜ Directoire *o* [1795]

dirge [də:dʒ] lijk-, klaag-, treurzang

dirigible ['diridʒibl] **I** *aj* bestuurbaar; **II** *sb* bestuurbare luchtballon, luchtschip *o*

dirigism(e) [diri'ʒism] *Fr* dirigisme: te sterke bemoeienis v.d. staat met de economie

dirk [də:k] dolk, ponjaard [v. adelborst]

dirt [də:t] vuil *o*, vuilnis, modder², slijk² *o*, vuiligheid; grond, aarde, goudhoudende aarde; *eat* ~ beledigingen slikken; ~-**cheap** spotgoedkoop; ~ *road Am* onverharde weg; ~-**track** sintelbaan; ~**y I** *aj* vuil; smerig; gemeen; vies [woord *o*]; **II** *vt* vuilmaken; bezoedelen; **III** *vi* vuil worden; **IV** *sb* *do the* ~ *on sbd.* **F** iem. een gemene streek leveren

disability [disə'biliti] onvermogen *o*, onbekwaamheid, onbevoegdheid; diskwalificatie; belemmering, handicap; invaliditeit; **disable** [dis'eibl, di'zeibl] onbekwaam, ongeschikt, onklaar, onschadelijk maken; buiten gevecht stellen; diskwalificeren, onbevoegd verklaren; uitsluiten; ~**d** gediskwalificeerd; arbeidsongeschikt, invalide; buiten gevecht gesteld; verminkt; ontredderd, stuk; ~**ment** invaliditeit; diskwalificatie

disabuse [disə'bju:z] uit een dwaling of uit de droom helpen; ~ *of* genezen van

disaccord [disə'kɔ:d] **I** *vi* niet overeenstemmen;

II *sb* gebrek *o* aan overeenstemming

disaccustom [disə'kʌstəm] ontwennen

disadvantage [disæd'vɑ:ntidʒ] nadeel *o*; verlies *o*; *take at a ~* (op een onbewaakt ogenblik) overrompelen; **–ous** [disædvɑ:n'teidʒəs] nadelig (voor *to*)

disaffected [disə'fektid] ontevreden; **–tion** ontevredenheid

disafforest [disə'fɔrist] ontbossen

disagree [disə'gri:] verschillen, het oneens zijn, niet passen (bij *with*); ... *~s with me* ...bekomt me niet goed; **–able I** *aj* onaangenaam; **II** *sb ~s* onaangenaamheden; **–ment** afwijking, verschil *o*, onenigheid, geschil *o*, tweedracht

disallow [disə'lau] niet toestaan, weigeren; verwerpen

disappear [disə'piə] verdwijnen; **–ance** [disə-'piərəns] verdwijning

disappoint [disə'pɔint] teleurstellen; **–ment** teleurstelling, tegenvaller, deceptie

disapprobation [disæprə'beiʃən] afkeuring

disapproval [disə'pru:vəl] afkeuring; **disapprove** afkeuren (ook: *~ of*)

disarm [dis'ɑ:m, di'zɑ:m] ontwapenen; **–ament** ontwapening

disarrange [disə'reindʒ] in de war brengen; **–ment** verwarring, wanorde

disarray [disə'rei] **I** *sb* wanorde; verwarring; **II** *vt* in wanorde brengen

disaster [di'zɑ:stə] ramp, onheil *o*, catastrofe; **–trous** rampspoedig, noodlottig, catastrofaal, desastreus

disavow [disə'vau] (ver)loochenen, ontkennen, niet erkennen; desavoueren; **–al** (ver)loochening, ontkenning, niet-erkenning

disband [dis'bænd] **I** *vi* uiteengaan, zich verspreiden; **II** *vt* ✗ afdanken; ontbinden

disbar [dis'bɑ:] ✗ uitsluiten (van de balie)

disbelief ['disbi'li:f] ongeloof *o*; **disbelieve** niet geloven (aan *in*)

disburden [dis'bə:dn] ontlasten; uitstorten

disburse [dis'bə:s] (uit)betalen, uitgeven, voorschieten

disc [disk] = *disk*

discard [dis'kɑ:d] af-, wegleggen, opzij zetten, ter zijde leggen; afdanken

discern [di'sə:n] onderscheiden, onderkennen, bespeuren, ontwaren, waarnemen; **–ible** (duidelijk) te onderscheiden, waarneembaar; **–ing** schrander, scherpziend; **–ment** onderscheiding, onderscheidingsvermogen *o*, oordeel *o* des onderscheids, doorzicht *o*, schranderheid, scherpe blik

discharge [dis'tʃɑ:dʒ] **I** *vt* af-, ontladen, afschieten, afvuren, lossen; [water] lozen; ontlasten; ontheffen, kwijtschelden, vrijspreken (van *from*); ontslaan, ✗ afmonsteren; $ rehabiliteren; (zich)

kwijten (van); voldoen, delgen, betalen; vervullen [plichten]; **II** *vi* zich ontlasten; etteren, dragen [v. wond]; **III** *sb* ontlading; lossen *o*, losbranding, afschieten *o*; schot *o*; etter; ontlasting, lozing; ontheffing, kwijtschelding, vrijspraak; kwijting, kwijtbrief, ontslag *o*; ✗ afmonstering; $ rehabilitatie; vervulling [van zijn plicht]

disciple [di'saipl] volgeling, leerling, discipel

disciplinarian [disipli'nɛəriən] strenge leermeester; **disciplinary** ['disiplinəri] disciplinair, tucht-; **discipline I** *sb* (krijgs)tucht, orde, discipline (ook: vak *o* van wetenschap); tuchtiging, kastijding; **II** *vt* disciplineren; tuchtigen, kastijden

disc jockey ['diskdʒɔki] disc-jockey, platendraaier

disclaim [dis'kleim] geen aanspraak maken op; niet erkennen, afwijzen; verwerpen, ontkennen; **–er** afwijzing, verwerping; ontkenning, dementi *o*; afstand

disclose [dis'klouz] blootleggen, openbaren, onthullen, aan het licht brengen, openbaar maken, bekendmaken, uit de doeken doen; **–sure** openbaring, onthulling, openbaarmaking, bekendmaking

disco ['diskou] **F** = *discotheque*

discoid ['diskɔid] diskus-, schijfvormig

discolour [dis'kʌlə] (doen) verkleuren, verschieten of verbleken; **–o(u)ration** [diskʌlə'reiʃən] verandering van kleur, verkleuring, vlek

discomfit [dis'kʌmfit] verslaan, uit het veld slaan[2]; verijdelen [v. plannen]; **~ed** onthutst, beduusd; **–ure** nederlaag; verbijstering; verijdeling; verlegenheid

discomfort [dis'kʌmfət] **I** *sb* ongemak *o*; onbehaaglijkheid; ✎ leed *o*; **II** *vt* ongemak veroorzaken, hinderen; ✎ bedroeven

discommode [diskə'moud] hinderen, tot last zijn; last bezorgen

discompose [diskəm'pouz] doen ontstellen, verontrusten, verstoren; **~d** ontdaan; **–sure** ontsteltenis, verontrusting, onrust; verwarring

disconcert [diskən'sət] verijdelen; ontstellen, van zijn stuk brengen; **~ed** ontdaan

disconnect [diskə'nekt] losmaken; los-, afkoppelen, uitschakelen; scheiden; **~ed** onsamenhangend, los; **–ion, disconnexion** ontkoppeling, onderbreking, scheiding

disconsolate [dis'kɔnsəlit] troosteloos, ontroostbaar

discontent [diskən'tent] **I** *aj* misnoegd; **II** *sb* ontevredenheid, onbehagen *o*; **III** *vt* misnoegen geven; **–ed** ontevreden, misnoegd

discontiguous [diskən'tigjuəs] niet aangrenzend

discontinuance [diskən'tinjuəns], **–ation** [diskəntinju'eiʃən] afbreking, uitscheiden *o*, ophouden *o*, staking; intrekking; opzegging; opheffing; **discontinue** [diskən'tinju:] staken, afbreken, ophouden met; intrekken; opzeggen [abonnement]; opheffen [zaak]; **–uity** [diskɔnti'nju:iti] discontinuïteit; **–uous** [diskən'tinjuəs] onderbroken; onsamenhangend

discord ['diskɔːd] **I** sb disharmonie, onenigheid, tweedracht; wanklank; dissonant; **II** vi [dis'kɔːd] niet harmoniëren; **–ance** disharmonie; **–ant** onharmonisch, niet-overeenstemmend², uiteenlopend; onenig, wanluidend

discotheque ['diskoutek] discotheek

discount ['diskaunt] **I** sb $ disconto o; korting; disagio o; be at a ~ $ beneden pari staan; fig in diskrediet of niet in tel zijn; **II** vt [dis'kaunt] $ (ver)disconteren; buiten rekening laten, niet tellen; weinig geloof hechten aan; afbreuk doen aan, verminderen; iets afdoen [v. prijs]; vooruitlopen op; **–able** $ disconteerbaar

discountenance [dis'kauntənəns] verlegen maken, van zijn stuk brengen; zijn steun onthouden aan, geen voet geven, niet aanmoedigen, tegengaan, tegenwerken

discourage [dis'kʌridʒ] ontmoedigen; afschrikken; niet aanmoedigen, ont-, afraden, (ervan) afhouden, tegengaan; **–ment** ontmoediging; tegenwerking

discourse [dis'kɔːs] **I** sb verhandeling, voordracht, rede(voering); preek; ⚲ gesprek o; **II** vi spreken (over on, of), praten

discourteous [dis'kəːtjəs, - 'kɔːtjəs] onhoffelijk, onheus, onbeleefd; **discourtesy** onhoffelijkheid, onheusheid, onbeleefdheid

discover [dis'kʌvə] ontdekken; ⚲ openbaren, tonen, verraden; **–y** ontdekking

discredit [dis'kredit] **I** sb diskrediet o; he is a ~ to his family hij doet zijn familie geen eer aan; **II** vt niet geloven; in diskrediet brengen; **–able** schandelijk

discreet [dis'kriːt] kunnende zwijgen, discreet, voorzichtig [in zijn uitlatingen]; tactvol

discrepancy [dis'krepənsi] gebrek o aan overeenstemming; tegenstrijdigheid; verschil o, discrepantie; **–ant** tegenstrijdig, niet overeenstemmend

discrete [dis'kriːt] afzonderlijk, niet samenhangend

discretion [dis'kreʃən] oordeel o (des onderscheids), verstand o, wijsheid, voorzichtigheid, beleid o; surrender at ~ zich op genade of ongenade overgeven; at the ~ of ... naar goedvinden van ...; overgeleverd aan de willekeur van ...; it is at your ~ het is (staat) tot uw dienst; zoals u verkiest; act on (use) one's own ~ naar (eigen) goedvinden handelen; ~ is the better part of valour beter blo Jan dan do Jan; **–ary** onbepaald, naar eigen believen te bepalen; ~ power(s) macht om naar goeddunken te handelen

discretive [dis'kriːtiv] onderscheidend

discriminate I vt & vi [dis'krimineit] onderscheiden (van from), onderscheid maken; discrimineren (ten ongunste van against); **II** aj [dis'kriminit] oordeelkundig; **–ting** (scherp) onderscheidend; scherpzinnig, schrander; ~ duties differentiële rechten; **–tion** [diskrimi'neiʃən] onderscheiding, onderscheidingsvermogen o; scherpzinnigheid; onderscheid o; discriminatie [v. rassen &]; **–tive** [dis'kriminətiv] onderscheidend, nauwlettend; kenmerkend; **–tory** discriminatoir, discriminerend

discursive [dis'kəːsiv] niet-intuïtief, beredenerend, discursief; van de hak op de tak springend, afdwalend; veelzijdig

discus ['diskəs] sp discus

discuss [dis'kʌs] discuteren, bespreken; ⚲ F eten, drinken; **–ion** discussie, bespreking; under ~ in behandeling

disdain [dis'dein] **I** vt minachten; versmaden, beneden zich achten, zich niet verwaardigen; **II** sb minachting, versmading; **–ful** minachtend, versmadend

disease [di'ziːz] ziekte, kwaal; ~d ziek, ziekelijk

disembark [disim'baːk] **I** vt ontschepen, aan land zetten; **II** vi zich ontschepen, landen, aan wal gaan; **–ation** [disemba'keiʃən] ontscheping, landing

disembarrass [disim'bærəs] bevrijden, ontlasten, ontdoen; ontwarren

disembody [disim'bɔdi] van het lichaam scheiden

disembogue [disim'boug] **I** vi uitmonden, zich ontlasten; **II** vt uitstorten, uitbraken

disembowel [disim'bauəl] ontweien [wild &]; [vis] uithalen; de buik openrijten van

disembroil [disim'brɔil] ontwarren

disenchant [disin'tʃaːnt] ontgoochelen, desillusioneren; **–ment** ontgoocheling, ontnuchtering, desillusie

disencumber [disin'kʌmbə] vrijmaken, [van overlast] bevrijden

disenfranchise [disin'fræn(t)ʃaiz] = disfranchise

disengage [disin'geidʒ] los-, vrijmaken, bevrijden; **–d** bevrijd; los, vrij, onbezet [van tijd]; **–ment** los-, vrijmaking, bevrijding; vrijheid, vrij zijn o; losheid [v. beweging]; onbevangenheid; verbreking van engagement; scheiden o van vijandelijke legers

disentangle [disin'tængl] ontwarren; losmaken; vrijmaken, bevrijden; **–ment** ontwarring; los-, vrijmaking, bevrijding

disentomb [disin'tuːm] opgraven [lijk]

disestablish [disis'tæbliʃ] losmaken v.d. banden tussen Staat en Kerk; **–ment** scheiding van Kerk en Staat

disfavour [dis'feivə] **I** sb ongenade, ongunst; to

his ~ te zijnen nadele; *regard with* ~ niet gaarne zien; **II** *vt* uit de gunst doen geraken; niet gaarne zien, geen voet geven

disfeature [dis'fiːtʃə] verminken; ontsieren

disfigure [dis'figə] mismaken, schenden, verminken, ontsieren; **–ment** mismaaktheid, schending, verminking, ontsiering

disfranchise [dis'fræn(t)ʃaiz] de voorrechten, het kiesrecht ontnemen; **–ment** ontneming van de voorrechten, van het kiesrecht.

disgorge [dis'gɔːdʒ] **I** *vt* uitbraken, ontlasten; op-, teruggeven²; **II** *vi* zich ontlasten of uitstorten

disgrace [dis'greis] **I** *sb* ongenade; schande; schandvlek; *in* ~ in ongenade gevallen; **II** *vt* in ongenade doen vallen, zijn gunst onttrekken aan; onteren, te schande maken; tot schande strekken; schandvlekken; **III** *vr* ~ *oneself* zich schandelijk gedragen; **–ful** schandelijk

disgruntled [dis'grʌntld] ontevreden

disguise [dis'gaiz] **I** *vt* vermommen, verkleden; handig verbergen, verbloemen; *a* ~*d hand* verdraaid handschrift *o*; ~*d subsidies* verkapte subsidies; *we cannot* ~ *from ourselves the difficulty of...* wij kunnen ons de moeilijkheid om... niet ontveinzen; **II** *sb* vermomming, verkleding; dekmantel, masker *o*; *in* ~ vermomd; verkapt; *without* ~ zonder er doekjes om te winden

disgust [dis'gʌst] **I** *sb* walg, afkeer (van *at, for*), walging; ergernis; **II** *vt* doen walgen, afkerig maken (van *with*); ergeren; *be* ~*ed at* walgen van; **–ing** walgelijk; misselijk, ergerlijk

dish [diʃ] **I** *sb* schotel, schaal, gerecht *o*; **II** *vt* opscheppen [uit ketel]; **F** te slim af zijn; ~ *up* opdissen, opdienen, voorzetten; ~*ed* gewelfd; [*fig*] *be* ~*ed* bekocht zijn, er geweest zijn, uit het zadel gelicht zijn

dishabile [disæ'bile] = *deshabille*

disharmony [dis'haːməni] disharmonie

dish-cloth, ~ **-clout** ['diʃklɔθ, -klaut] vaatdoek

dishearten [dis'haːtn] ontmoedigen

dishevel [di'ʃevəl] in de war brengen [het haar]; ~*led* met verwarde haren; verward; slordig; verfomfaaid

dish-mop ['diʃmɔp] vatenkwast, vaatkwast

dishoarding [dis'hɔːdiŋ] $ ontpotting

dishonest [dis'ɔnist] oneerlijk; **–y** oneerlijkheid

dishonour [dis'ɔnə] **I** *sb* oneer, schande; **II** *vt* onteren, te schande maken; $ [een wissel] niet honoreren; **–able** schandelijk; eerloos; oneervol

dishwasher ['diʃwɔʃə] bordenwasser; vaatwasmachine, afwasmachine, -automaat (ook: *automatic* ~); *☛* rouwkwikstaart; ~ **-water** vaatwater *o*; *as dull as* ~ oersaai

dishy ['diʃi] S aantrekkelijk, lekker; sexy

disillusion [disi'l(j)uːʒən] **I** *sb* desillusie: ontgoocheling; **II** *vt* ontgoochelen; **–ize** ontgoochelen; **–ment** desillusie: ontgoocheling

disincentive [disin'sentiv] remmende factor, hinderpaal

disinclination [disinkli'neiʃən] ongeneigdheid, tegenzin, afkerigheid; **disincline** [disin'klain] afkerig maken; ~*d to* niet genegen om, afkerig van, niet gestemd tot

disinfect [disin'fekt] ontsmetten; **–ant I** *aj* ontsmettend; **II** *sb* ontsmettingsmiddel *o*; **–ion** ontsmetting; **–or** ontsmettingsapparaat *o*, -toestel *o*

disinfest [disin'fest] van ongedierte zuiveren, ontluizen

disinflation = *deflation*

disingenuous [disin'dʒenjuəs] onoprecht, geveinsd

disinherit [disin'herit] onterven; **–ance** onterving

disintegrate [dis'intigreit] tot ontbinding (doen) overgaan, (doen) uiteenvallen; **–tion** [disinti'greiʃən] ontbinding, uiteenvallen *o*, desintegratie

disinter [disin'təː] opgraven, opdelven; *fig* aan het licht brengen

disinterested [dis'int(ə)restid] belangeloos, onbaatzuchtig; ongeïnteresseerd, zonder belangstelling; ~ *in* niet geïnteresseerd bij

disjoin [dis'dʒɔin] scheiden, losmaken

disjoint [dis'dʒɔint] ontwrichten, uit elkaar nemen; ~*ed* onsamenhangend, los

disjunction [dis'dʒʌŋkʃən] scheiding; **–ive** scheidend

disk [disk] schijf, discus; (grammofoon)plaat; *slipped* ~ *☛* hernia

dislike [dis'laik] **I** *vt* niet houden van, niet mogen; een hekel hebben aan; **II** *sb* afkeer, tegenzin, antipathie; *take a* ~ *to* het land krijgen aan

dislocate ['disləkeit] ontwrichten²; **–tion** [dislə'keiʃən] ontwrichting²

dislodge [dis'lɔdʒ] losmaken; [uit een stelling &] verdrijven, op-, verjagen

disloyal [dis'lɔiəl] ontrouw, trouweloos, oncollegiaal, deloyaal; **–ty** ontrouw, trouweloosheid, trouwbreuk, oncollegialiteit, deloyaliteit

dismal ['dizməl] akelig, naar, treurig, triest, somber, chagrijnig

dismantle [dis'mæntl] *⚓* ontmantelen; *⚓* onttakelen; *⚔* demonteren

dismay [dis'mei] **I** *vt* ontmoedigen, doen ontstellen; ~*ed* verslagen, ontsteld; **II** *sb* ontsteltenis, verslagenheid

dismember [dis'membə] uiteenrukken, verdelen, verbrokkelen; verminken²; **–ment** verdeling, verbrokkeling, verminking²

dismiss [dis'mis] **I** *vt* wegzenden, ontslaan, afdanken, afzetten; laten gaan, *⚔* laten inrukken; van zich afzetten [gedachte]; [een idee] laten va-

ren; afpoeieren, zich afmaken van; ♃ afwijzen;
~!⚔ ingerukt!; **II** *sb* the ~ ⚔ het (sein tot) inrukken *o*; **–al** ontslag *o*, congé *o* & *m*, afdanking, afzetting; ♃ afwijzing
dismount [dis'maunt] **I** *vi* afstijgen; **II** *vt* uit het
zadel werpen[2]; ✗ demonteren
disobedience [disə'bi:djəns] ongehoorzaamheid; **–ent** ongehoorzaam; **disobey** [disə'bei] **I**
vt niet gehoorzamen, niet luisteren naar, overtreden; **II** *vi* ongehoorzaam zijn, niet luisteren
disoblige [disə'blaidʒ] weigeren van dienst te
zijn; voor het hoofd stoten; **–ging** weinig tegemoetkomend, onvriendelijk, onheus
disorder [dis'ɔ:də] **I** *sb* wanorde, verwarring;
stoornis, kwaal, ongesteldheid; **~s** ook: ongeregeldheden; **II** *vt* in de war brengen, van streek
(ziek) maken; **–ed** verward; in de war, van
streek; **–ly** on-, wanordelijk, ongeregeld, burengerucht veroorzakend; ~ *conduct* wangedrag;
~ *house* bordeel *o*, goktent
disorganization [disɔ:gənai'zeiʃən] desorgani-
satie; *fig* ontwrichting; **disorganize**
[dis'ɔ:gənaiz] desorganiseren; *fig* ontwrichten
disorientate [dis'ɔ:riənteit] desoriënteren;
–tion [disɔ:riən'teiʃn] verwardheid, gedes-
oriënteerdheid[2]
disown [dis'oun] niet erkennen, verloochenen,
verstoten
disparage [dis'pæridʒ] verkleinen, kleineren,
neerhalen, afbreken; **–ment** verkleining, kleinering; **disparaging** kleinerend
disparate ['dispərit] **I** *aj* ongelijk; **II** *sb* **~s** twee
onverenigbare zaken; **disparity** [dis'pæriti] ongelijkheid, verschil *o*
dispassionate [dis'pæʃənit] bezadigd, koel, onpartijdig
dispatch [dis'pætʃ] **I** *vt* (met spoed) (af-, uit-,
ver)zenden of afdoen, afhandelen, afmaken, van
kant maken; **F** snel opeten; **II** *sb* af-, uit-, verzending, zenden *o*; (spoedige) afdoening, spoed;
(spoed)bericht *o*, depêche; *with* ~ snel, direct;
~**-box** dokumentenkoffertje *o*; ~**-rider** ⚔ bereden estafette; motorordonnans
dispel [dis'pel] verdrijven, verjagen
dispensable [dis'pensəbl] ontbeerlijk; waarvan
vrijstelling verleend kan worden
dispensary [dis'pensəri] apotheek
dispensation [dispen'seiʃən] uitdeling, toediening; beschikking, bedeling; dispensatie, vergunning, ontheffing, vrijstelling; **dispense**
[dis'pens] **I** *vt* uitdelen; toedienen; klaarmaken
[recept]; vrijstellen, ontheffen (van *from*); **II** *vi* ~
with het stellen buiten; onnodig maken; **–r** uitdeler; beschikker (over *of*); apotheker; dispenser
[voor mesjes &], automaat [voor kop koffie &]
dispeople [dis'pi:pl] ontvolken
dispersal [dis'pə:sl] verstrooiing, verspreiding;

disperse **I** *vt* verstrooien, verspreiden; uiteenjagen, -drijven; **II** *vi* zich verstrooien, zich verspreiden, uiteengaan; **–sion** verspreiding, verstrooiing, uiteenjagen *o*; verstrooid liggen *o*;
versnippering [van stemmen &]
dispirit [dis'pirit] ontmoedigen; **–ed** ontmoedigd, gedeprimeerd
displace [dis'pleis] verplaatsen, verschuiven; afzetten; vervangen; verdringen; **~d** *person* ont-
heemde; **–ment** (water)verplaatsing; verschuiving; vervanging
display [dis'plei] **I** *vt* ontplooien; uitstallen,
(ver)tonen, ten toon spreiden, aan de dag leggen; te koop lopen met, geuren met; opvallend
(met vette koppen) drukken, als kop plaatsen [in
krant]; **II** *sb* vertoning, uitstalling, vertoon *o*;
pracht, praal; *air* ~ ✈ vliegdemonstratie;
firework ~ vuurwerk *o*; *make a* ~ *of* ten toon
spreiden, pralen met
displease [dis'pli:z] mishagen, onaangenaam
aandoen, niet aangenaam zijn; **~d** misnoegd,
ontstemd, ontevreden (over *with, about, at*);
–sing onaangenaam; **–sure** [dis'pleʒə] mishagen *o*, misnoegen *o*, ongenoegen *o*, ontstemming; *ps* onlust
disport [dis'pɔ:t] zich vermaken, spelen, dartelen
disposable [dis'pouzəbl] beschikbaar; weggooi-,
wegwerp- [luiers &]; **disposal** beschikking;
schikking; plaatsing; afdoening; van de hand
doen *o*; verkoop; opruiming [v. bommen &];
have the ~ *of* (kunnen) beschikken over; *at your* ~
te uwer beschikking; *for* ~ te koop; **dispose**
(rang)schikken, plaatsen; regelen; beschikken;
stemmen, bewegen; ~ *of* beschikken over; afdoen; weerleggen [argumenten], ontzenuwen;
afrekenen met; afmaken, uit de weg ruimen;
kwijtraken, opruimen; zich ontdoen van, van de
hand doen, verkopen; **J** verschalken, verorberen; **–d** gehumeurd, gestemd, geneigd (tot *to*);
are you ~ *to...?* ook: hebt u zin om...?; ~ *of* ook:
geleverd, overgedragen, verkocht
disposition [dispə'ziʃən] (rang)schikking, plaatsing; beschikking; aard; aanleg, gezindheid, neiging, stemming; *at your* ~ te uwer beschikking
dispossess [dispə'zes] uit het bezit stoten, beroven (van *of*); onteigenen; *the* **~ed** de misdeelden
(onzer maatschappij)
dispraise [dis'preiz] **I** *sb* afkeuring, laking,
blaam; **II** *vt* afkeuren, laken, wraken
disproof [dis'pru:f] weerlegging
disproportion [disprə'pɔ:ʃən] onevenredigheid,
wanverhouding; **–al, –ate, –ed** onevenredig,
niet geëvenredigd, niet in verhouding (met *to*)
disprove [dis'pru:v] weerleggen
disputable [dis'pju:təbl] betwistbaar; **–ant** iem.

die aan een redetwist deelneemt; **–ation** [dispju'teiʃən] dispuut *o*, redetwist; **–atious** twistziek; **dispute** [dis'pju:t] **I** *vi* (rede)twisten, disputeren; **II** *vt* discuteren over; betwisten; **III** *sb* dispuut *o*, twistgesprek *o*, (rede)twist, woordenstrijd, verschil *o* van mening, geschil *o*; *beyond* ~ buiten kijf; *the matter in* ~ het geschilpunt, de zaak in kwestie

disqualification [diskwɔlifi'keiʃən] onbevoegdheid; uitsluiting, diskwalificatie; **disqualify** [dis'kwɔlifai] onbekwaam of ongeschikt maken, zijn bevoegdheid ontnemen, uitsluiten, diskwalificeren

disquiet [dis'kwaiət] **I** *sb* onrust, ongerustheid; **II** *vt* verontrusten; **–ude** verontrusting, ongerustheid, onrust

disquisition [diskwi'ziʃən] verhandeling

disrate [dis'reit] ⚓ degraderen

disregard [disri'ga:d] **I** *vt* geen acht slaan op, veronachtzamen; **II** *sb* veronachtzaming; terzijdestelling, geringschatting

disrelish [dis'reliʃ] **I** *sb* tegenzin (in *for*); **II** *vt* een tegenzin hebben in

disrepair [disri'pɛə] vervallen staat

disreputable [dis'repjutəbl] berucht, minder fatsoenlijk, schandelijk, slecht; **disrepute** [disri'pju:t] *bring (fall) into* ~ in opspraak brengen (komen), een slechte reputatie bezorgen (krijgen), in diskrediet brengen (geraken)

disrespect [disris'pekt] gebrek *o* aan eerbied; **–ful** oneerbiedig

disrobe [dis'roub] (zich) ontkleden; het ambtsgewaad afleggen; ontdoen (van *of*)

disroot [dis'ru:t] ontwortelen

disrupt [dis'rʌpt] uiteenrukken, vaneenscheuren; doen uiteenvallen; ontwrichten; **–ion** vaneenscheuring; scheuring [in de Kerk]; ontwrichting; kloof; **–ive** vernietigend, ontwrichtend

dissatisfaction [dissætis'fækʃən] ontevredenheid, onvoldaanheid, misnoegen *o* (over *with*); **–tory** onbevredigend, teleurstellend; **dissatisfied** [dis'sætisfaid] onvoldaan; **dissatisfy** geen voldoening schenken, teleurstellen, tegenvallen, mishagen; ontevreden stemmen

dissaving [dis'seiviŋ] \$ ontsparing

dissect [di'sekt] ontleden[2]; ~*ing room* snij- of ontleedkamer; **–ion** sectie, ontleding; **–or** ontleder, anatoom

disseise, disseize [di'si:z] wederrechtelijk onteigenen

dissemble [di'sembl] **I** *vt* (zich) ontveinzen, verbergen; **II** *vi* huichelen, veinzen; **–r** huichelaar, veinzer

disseminate [di'semineit] (uit)zaaien[2], uitstrooien[2], verspreiden; **–tion** [disemi'neiʃən] zaaien[2] *o*, verspreiding

dissension [di'senʃən] verdeeldheid, onenigheid, tweedracht; **dissent I** *vi* verschillen in gevoelen of van mening; zich afscheiden [in geloofszaken]; **II** *sb* verschil *o* van mening; afscheiding [v.d. staatskerk]; afgescheidenen; **–er** dissenter: lid *v.e.* niet tot de Staatskerk behorend kerkgenootschap; **–ient I** *aj* afwijkend [in denkwijze]; andersdenkend; *with one* ~ *voice* met één stem tegen; **II** *sb* andersdenkende; tegenstemmer

dissertation [disə'teiʃən] verhandeling (over *on*)

disserve [dis'sə:v] een slechte dienst bewijzen, schaden; **–vice** slechte dienst, schade

dissever [dis'sevə] scheiden

dissidence ['disidəns] (menings)verschil *o*; **–ent I** *aj* verschillend; onenig; een andere mening toegedaan, dissident, andersdenkend; **II** *sb* dissident, andersdenkende

dissimilar [di'similə] ongelijk(soortig) (met *to*); **–ity** [disimi'læriti], **dissimilitude** [disi'militju:d] ongelijk(soortig)heid; **dissimilate** [di'simileit] *vt* & *vi* ongelijk maken of worden

dissimulate [di'simjuleit] **I** *vt* ontveinzen, verbergen; **II** *vi* veinzen, huichelen; **–tion** [disimju'leiʃən] geveinsdheid, veinzerij, huichelarij; ontveinzen *o*

dissipate ['disipeit] **I** *vt* verstrooien; verdrijven; doen optrekken of vervliegen; verkwisten, verspillen; ~*d* ook: losbandig, verboemeld; **II** *vi* zich aan uitspattingen overgeven; verdwijnen; **–tion** [disi'peiʃən] verstrooiing; verdrijving; verkwisting, verspilling; losbandigheid

dissociable [di'souʃiəbl] ongezellig; (af)scheidbaar; **–ial** ongezellig; **–iate I** *vt* (af)scheiden; **II** *vr* ~ *oneself* zich afscheiden of losmaken, zich distantiëren (van *of*); **–iation** [disousi'eiʃən] (af)scheiding

dissoluble [di'sɔljubl] oplosbaar, ontbindbaar

dissolute ['disɔl(j)u:t] ongebonden, los(bandig), liederlijk; **–tion** [disɔ'l(j)u:ʃən] (weg)smelting, oplossing; ontbinding; dood

dissolvable [di'zɔlvəbl] oplosbaar, ontbindbaar; **dissolve I** *vt* oplossen, ontbinden, scheiden; **II** *vi* (zich) oplossen, smelten, uiteengaan; **III** *sb* overvloeier [film]; **dissolvent** oplossend (middel *o*)

dissonance ['disənəns] wanklank, dissonant[2], wanluidendheid; onenigheid; **–ant** wanluidend, onharmonisch, niet overeenstemmend (met *from, to*)

dissuade [di'sweid] af-, ontraden; afbrengen (van *from*); **dissuasion** waarschuwing, negatief advies; **–ive** af-, ontradend

dissyllabic [disi'læbik] tweelettergrepig; **dissyllable** [di'siləbl] tweelettergrepig woord *o*

dissymmetric [disi'metrik] asymmetrisch; omgekeerd symmetrisch

distaff ['dista:f] spinrokken *o*; ~ *(side)* ⊞ spillezijde, vrouwelijke linie

distance ['distəns] I *sb* afstand; verte; eind *o* (weegs); *middle* ~ middenplan *o*, tweede plan *o* [v. schilderij]; *sp* midden afstand; *keep one's* ~ zich op een afstand houden, op een (eerbiedige) afstand blijven; II *vt* op zekere afstand plaatsen; achter zich laten[2], voorbijstreven; *be* ~*d* het afleggen [tegen concurrent], achterblijven; –ant ver, verwijderd, afgelegen; terughoudend, op een afstand

distaste [dis'teist] afkeer, tegenzin; –ful onaangenaam; onsmakelijk

distemper [dis'tempə] I *sb* ziekte, kwaal; hondeziekte ǁ tempera [verf]; saus [voor muren]; II *vt* in de war brengen; ziek maken ǁ tempera schilderen; sausen [plafond &]; –ed ziek; geestesziek; *fig* slecht gehumeurd, ontevreden

distend [dis'tend] *vt* & *vi* rekken, openspalken, (doen) uitzetten, opzwellen; **distension** uitzetting, (op)zwelling, rekking; omvang

distich ['distik] distichon *o*: tweeregelig vers *o*

distil [dis'til] I *vi* afdruipen, afdruppelen; zich laten distilleren; II *vt* doen druppelen; distilleren; **distillate** ['distilit] distillaat *o*; –tion [disti'leiʃən] afdruiping; distillatie; –tory [dis'tilətəri] distilleer-; **distiller** distillateur; –y distilleerderij, stokerij, branderij

distinct [dis'tiŋ(k)t] *aj* onderscheiden, verschillend; gescheiden, apart; helder, duidelijk; bepaald, beslist; zie ook: *as* I; –ion onderscheiding, onderscheid *o*; aanzien *o*, distinctie, voornaamheid; *of* ~ gedistingeerd, eminent; –ive onderscheidend, kenmerkend; apart

distingué [distæŋ'gei] *Fr* voornaam, gedistingeerd

distinguish [dis'tiŋgwiʃ] I *vt* onderscheiden; onderkennen; *be* ~*ed by (for)* zich onderscheiden door; *as* ~*ed from* zie *as* I; II *vr* ~ *oneself* zich onderscheiden; III *vi* onderscheid maken (tussen *between*); –able te onderscheiden; –ed voornaam; gedistingeerd; eminent, van naam, van betekenis

distort [dis'tɔ:t] verwringen, verdraaien[2]; vervormen; ~*ing mirror* lachspiegel; –ion [dis'tɔ:-ʃən] verwringing, verdraaiing[2]; vervorming

distract [dis'trækt] afleiden; verwarren, verbijsteren, gek of dol maken; –ed verward, verbijsterd; gek, dol, krankzinnig; –ion afleiding; verwarring, beroering; (verstands)verbijstering, krankzinnigheid

distrain [dis'trein] ⚖ in beslag nemen [goederen], beslag leggen (op *upon*); –ee [distrei'ni:] ⚖ beslagene; –t [dis'treint] ⚖ beslag *o*, beslaglegging

distrait [dis'trei] *Fr* verstrooid

distraught [dis'trɔ:t] = *distracted*

distress [dis'tres] I *sb* nood, ellende, benauwdheid, angst, smart; ⚖ beslag *o*, beslaglegging; ~ *prices* afbraakprijzen; II *vt* benauwen, bedroeven, pijnlijk zijn, kwellen; ~*ed area* probleemgebied *o*; *a* ~*ed vessel* een schip *o* in nood; –ful rampspoedig; kommervol; ~-*signal* ⚓ noodsein *o*; –ing pijnlijk, onrustbarend, < schrikbarend; ~-*sale* executoriale verkoop; ~-*warrant* dwangbevel *o*

distribute [dis'tribjut] verspreiden, rond-, uitdelen, verdelen, distribueren; verhuren [film]; –tion [distri'bju:ʃən] uit-, verdeling, verspreiding; distributie; (film)verhuur; –tive [dis'tribjutiv] uit-, verdelend, distributief; ~ *trades* distributiebedrijven [transport-, winkelbedrijf &]; –tor uitdeler; verdeler; verspreider; $ wederverkoper; (film)verhuurder

district ['distrikt] district *o*, arrondissement *o*, streek, wijk, gebied[2] *o*; ~ *nurse* wijkverpleegster

distrust [dis'trʌst] I *vt* wantrouwen; II *sb* wantrouwen *o*; –ful wantrouwig

disturb [dis'tə:b] (ver)storen, in de war brengen, verontrusten, beroeren, opjagen; –ance (ver-) storing, stoornis; verontrusting, rustverstoring, verwarring, beroering; ~*s* ongeregeldheden; –ed verstoord, veranderd; gestoord; verontrust, opgejaagd; –er rustverstoorder (~ *of the peace*); –ing storend; verontrustend [nieuws]

disunion [dis'ju:njən] scheiding; onenigheid

disunite [disju'nait] I *vt* scheiden, verdelen; II *vi* onenig worden; uiteengaan; –ty [dis'ju:niti] onenigheid, verdeeldheid, verscheurdheid

disuse [dis'ju:s] I *sb* *fall into* ~ in onbruik raken; II *vt* [dis'ju:z] niet meer gebruiken

disyllabic & = *dissyllabic* &

ditch [ditʃ] I *sb* sloot, gracht, greppel; *die in the last* ~ zich tot het uiterste verdedigen; II *vi* sloten graven; III *vt* sloten graven om of in; F de bons geven, lozen; *be* ~*ed* F in een sloot (↙ **S** in zee) terechtkomen; ~-*water* stilstaand water, slootwater; *as dull as* ~ oersaai; *clear as* ~ duister

dither ['diðə] I *vi* trillen, beven; weifelen; II *sb* beving, nerveusheid, gejaagdheid; *in a* ~, *all of a* ~ in de war, overstuur

dithyramb ['diθiræm(b)] dithyrambe; –ic [diθi'ræmbik] dithyrambisch

ditto ['ditou] de- of hetzelfde, dito; ~ *marks* aanhalingstekens

ditty ['diti] deuntje *o*, wijsje *o*

diurnal [dai'ə:nl] dagelijks, dag-

div. = *dividend*

diva ['di:və] gevierde zangeres, danseres, prima donna

divagate ['daivəgeit] afdwalen; uitweiden; –tion [daivə'geiʃən] afdwaling; uitweiding

divalent [dai'veilənt] = *bivalent*

divan [di'væn] divan; staatsraad (in de Oriënt);

rooksalon

dive [daiv] **I** *vi* (onder)duiken; tasten [in zak]; doordringen, zich verdiepen (in *into*); **II** *sb* (onder)duiking; duik(vlucht); **F** kroegje *o*, kit; ~**-bomb** *vi* (& *vt*) in duikvlucht bommen werpen (op); ~**-bomber** duikbommenwerper; **diver** duiker [ook *✿*]; *sp* schoonspringer (*fancy* ~) [zwemmen]

diverge [dai-, di'vɔ:dʒ] afwijken, uiteenlopen, divergeren; **divergence, –ency** divergentie, afwijking; **–ent** afwijkend, uiteenlopend, divergerend

✎ **divers** ['daivɔz] verscheidene, ettelijke

diverse [dai'vɔ:s] onderscheiden, verschillend; **diversification** [daivɔ:sifi'keiʃɔn] verandering, verscheidenheid, wijziging, afwisseling; **–form** [dai'vɔ:sifɔ:m] veelvormig; **–fy** veranderen, wijzigen, variëren, afwisselen, verschillend maken

diversion [dai-, di'vɔ:ʃɔn] afleiding, afwending, om-, verlegging, omleiding; ontspanning, vermaak *o*, verzet(je) *o*; afleidingsmanoeuvre

diversity [dai-, di'vɔ:siti] verscheidenheid, ongelijkheid, diversiteit

divert [dai-, di'vɔ:t] afwenden, afleiden[2]; om-, verleggen [een weg], omleiden [verkeer], doen uitwijken [vliegtuig], dwingen te vliegen (naar *to*); aan zijn bestemming onttrekken, tot een ander doel aanwenden; vermaken, afleiding geven; **–ing** afleiding gevend, amusant, vermakelijk

divest [dai-, di'vest] **I** *vt* ontkleden, ontdoen, ontbloten, beroven (van *of*); **II** *vr* ~ *oneself* (*of*) zich ont-, uitkleden; zich ontdoen van, afleggen, neerleggen

divi ['divi] = **F** *dividend*

divide [di'vaid] **I** *vt* (ver)delen, indelen, scheiden; ~ *the House* laten stemmen; **II** *vi* delen; zich verdelen, zich splitsen; stemmen; **III** *sb* waterscheiding; *fig* scheidingslijn; **–d** gescheiden, verdeeld; ~ *counsel* onenigheid; ~ *highway Am* vierbaansweg; ~ *skirt* rokbroek; *they were* ~ *against themselves* zij waren het onderling niet eens

dividend ['dividend] deeltal *o*; dividend *o*; uitkering; *pay a* ~, *pay* ~*s* [*fig*] lonend zijn; ~ *warrant* $ dividendmandaat *o*

divider [di'vaidɔ] (ver)deler, wie verdeeldheid zaait; ~*s* steekpasser; **dividing line** scheidslijn, scheilijn, scheidingslijn, demarcatielijn

dividual [di'vidjuɔl] apart, afgescheiden; deel-, scheidbaar; verdeeld

divination [divi'neiʃɔn] waarzeggerij, voorspelling

divine [di'vain] **I** *aj* goddelijk; godsdienstig; ~ *service* godsdienstoefening, kerkdienst; **II** *sb* godgeleerde; geestelijke; **III** *vt* raden; voorspellen; **–r** voorspeller, waarzegster; roedeloper

diving ['daiviŋ] duiken *o*; *sp* schoonspringen *o* (*fancy* ~) [v. zwemmers]; *high* ~ *sp* torenspringen *o* [v. zwemmers]; ~**-bell** duikerklok; ~**-board** springplank [v. zwemmers]; ~**-dress**, ~**-suit** duikerpak *o*

divining-rod [di'vainiŋrɔd] wichelroede

divinity [di'viniti] goddelijkheid, god(heid); godgeleerdheid

divisible [di'vizibl] deelbaar; **division** (ver)deling, in-, afdeling, divisie; (kies)district *o*; verdeeldheid; (af)scheiding; stemming; ~*-bell* die stemming in Parlement aankondigt; ~ *mark*, ~ *sign* deelteken *o*; *a* ~ *of opinion* verschil van mening; *on a* ~ bij stemming; **–al** divisie-; afdelings-; **divisive** [di'vaiziv] verdeeldheid zaaiend; **divisor** deler

divorce [di'vɔ:s] **I** *sb* (echt)scheiding; ~ *suit* echtscheidingsprocedure; **II** *vt* scheiden (van *from*); zich laten scheiden van; **III** *vi* scheiden; **divorcé(e)** [di'vɔ:sei], **divorcee** [divɔ:'si:] gescheiden man (vrouw); **divorcement** [di'vɔ:smɔnt] (echt)scheiding

divulge [dai-, di'vʌldʒ] onthullen, openbaar maken, ruchtbaar maken; **–ment, divulgence, divulgation** [divʌl'geiʃn] onthulling

divvy, divi ['divi] **S** deel *o*, portie; dividend *o*

dixie ['diksie] **S** veldketel

D.I.Y. = *do-it-yourself*

dizzy ['dizi] **I** *aj* duizelig; duizelingwekkend; **II** *vt* duizelig maken

D.J. = *disc jockey*

D.Lit. = *Doctor of Literature*

do. = *ditto*

1 do [dou] ♪ do, ut

2 do [du:] **I** *vi* doen; dienen, baten; gedijen, tieren; *that will* ~ zo is het goed (voldoende, genoeg); *that won't* ~ dat gaat niet aan, dat kan zo niet; ~ *gloriously* een prachtig figuur maken; *he is* ~*ing well* het gaat hem goed; *he did very well* hij bracht het er heel goed af; *they* ~ *you well there* je hebt het er goed; ~ *oneself well* het er goed van nemen; ~ *well by sth.* ergens wel bij varen; *how do you* ~? hoe maakt u het?; ~ *or die* erop of eronder; *make* ~ *with* het stellen (doen) met, zich behelpen met; **II** *vt* doen, uitvoeren, verrichten; maken, op-, klaarmaken, koken, braden &; aanrichten [schade]; uithangen, spelen (voor); verhandelen; beoordelen, recenseren; lenen; zitten, opknappen [tijd in gevangenis]; **F** beetnemen; ~ *it* ook: **F** het voor elkaar krijgen, het hem leveren; *that does it* **F** nou breekt mijn klomp; nu is de maat vol; ~ *the civil to* beleefd zijn tegen; ~ *one's thing* **F** doen waar je zin in hebt en waardoor je jezelf bent; o h n e s c h r i j v e n d : ~ *you see?* ziet u?; *I* ~ *not know* ik weet het niet; *you don't think so*, ~ *you?* wel?; n a d r u k k e l i j k : ~ *come* kom toch; kom toch vooral; *they* ~ *come* ze komen wel (degelijk), inderdaad, werkelijk, zeer zeker; p l a a t s v e r v a n g e n d : *he likes it, and so ~ I* en ik ook; ● ~ *something a b o u t it* er iets aan doen; ~ *a w a y with* van zich afzetten; wegnemen; afschaffen; uit de wereld helpen; van kant maken; ~ *b y others as you would be done by* wat gij niet wilt dat u geschiedt, doe dat ook aan een ander niet; ~ *d o w n* F te pakken nemen, beetnemen; ~ *f o r* dienen als; deugen voor; voldoende zijn voor; F huishoudelijk werk doen voor; F zijn vet geven, de das omdoen; ~ *i n* S vermoorden; *done i n t o French* in het Frans vertaald; ~ *o u t of 20 pounds* afzetten voor; ~ *well out of the war* wel varen bij de oorlog; ~ *u p* in orde maken; repareren, opknappen; inpakken, dichtmaken; F uitputten; *I have done w i t h him* ik wil niets meer met hem te maken hebben; *it is nothing to ~ with...* het heeft niets te maken (niets van doen, niets uit te staan) met...; het gaat ... niets aan; *I could ~ with a glass* ik zou wel een glaasje willen hebben; ~ *w i t h o u t* het stellen zonder; III *sb* F bedrog *o*; fuif, fuifje *o*; *a to-do* F opschudding, verwarde situatie; zie ook: *doing, done, have* &

docile ['dousail, 'dosail] dociel, leerzaam, volgzaam; handelbaar, gedwee, gezeglijk; **–lity** [dou'siliti] leerzaamheid, volgzaamheid, handelbaarheid, gezeglijkheid

dock [dok] I *sb* $ dok *o*; haven (meestal ~*s*) || $ zuring || hokje *o* voor de verdachte, bank der beschuldigden; II *vt* $ dokken || kortstaarten, couperen; korten, af-, inhouden [v. loon]; III *vi* $ dokken; koppelen v. ruimtevaartuigen; **–age** dokgelegenheid, dokken *o*; dokgeld *o*; ~ **company** $ veem *o*; **–er** bootwerker, havenarbeider

docket ['dokit] I *sb* briefje *o*; bon; borderel *o*; etiket *o*; korte inhoud; II *vi* de korte inhoud vermelden op, merken en nummeren [op een briefje], etiketteren

docking ['dokiŋ] koppelen *o* v. twee ruimtevaartuigen

dockland ['doklænd] havenkwartier *o*; **dock warrant** $ ceel; **–yard** $ (marine)werf, scheepswerf

doctor ['doktə] I *sb* doctor, dokter; ✎ leraar; II *vt* (geneeskundig) behandelen; opknappen; knoeien met, vervalsen; **–al** doctoraal, doctors-; **–ate** waardigheid van doctor

doctrinaire [doktri'ntə] doctrinair; **–nal** [dok'trainl, 'doktrinl] leerstellig;

doctrine ['doktrin] leer, leerstuk *o*; *party ~* partijlijn

document ['dokjument] I *sb* bewijs(stuk) *o*, akte, document *o*; II *vt* documenteren; **–ary** [dokju'mentəri] i *aj* documentair; II *sb* documentaire (ook ~ *film*); **–ation** [dokjumen'teiʃən]

documentatie

dodder ['dodə] I *sb* warkruid *o*; II *vi* beven; beverig strompelen

dodecagon [dou'dekəgən] twaalfhoek; **–hedron** [doudikə'hi:drən] twaalfvlak *o*; **–phonic** ♪ dodecafonisch, twaalftoon-

dodge [dodʒ] I *vi* ter zijde springen, op zij gaan, uitwijken; zich wenden en keren, draaien[2]; II *vt* ontduiken, behendig ontwijken; III *sb* zijsprong; ontwijkende manoeuvre; kneep, kunstje *o*, foefje *o*, truc

dodgem (car) ['dodʒəm(ka:)] botsautootje *o*, autoscooter [op kermis]

dodger ['dodʒə] draaier, slimmerd; **dodgy** listig; S verraderlijk, lastig

dodo ['doudou] ⚔ dodo; *fig* F ouwe gek

doe [dou] hinde; wijfje *o*

doer ['duə] dader; man van de daad

does [dʌz] 3e pers. enkelv. v. *to do*

doeskin ['douskin] suède *o* & *v*; soort bukskin

doesn't [dʌznt] = *does not*

⊙ **doest** ['du:ist] 2e pers. enkelv. v. *to do*; ⊙ **doeth** ['du:iθ] 3e pers. enkelv. v. *to do*

doff [dof] afdoen, afleggen, -zetten

dog [dog] I *sb* hond; mannetje *o*: rekel [v. hond, vos, wolf &], reu [v. hond]; haak, klauw; > kerel; *a dull ~* een saaie piet; *a gay ~* een vrolijke Frans; *a lucky ~* een geluksvogel; *a sly ~* een slimme vogel; *give a ~ a bad name and hang him* als je een slechte naam hebt krijg je van alles de schuld; *go to the ~s* achteruit, naar de maan (de kelder) gaan; *throw to the ~s* weggooien; er aan geven; *let sleeping ~s lie* geen slapende honden wakker maken; *he is a ~ in the manger* hij kan de zon niet in het water zien schijnen; *every ~ has his day* iedereen krijgt zijn beurt, het gaat iedereen wel eens goed; II *vt* op de hielen zitten, (op de voet) volgen; iemands gangen nagaan; achtervolgen, vervolgen[2]; **–berry** ⚘ kornoelje; ~ **biscuit** hondebrood *o*; **–cart** dogkar; ~ **collar** halsband; F hoog boord *o* & *m*, priesterboord *o* & *m*; ~ **days** hondsdagen

doge [doudʒ] doge [v. Venetië]

dog-ear ['dogiə] I *sb* ezelsoor *o* [in boek]; II *vt* ezelsoren maken in; ~ **end** S sigarettepeuk; ~ **fancier** hondeliefhebber, -kenner, -fokker; **–fight** hondengevecht *o*; verward gevecht *o*; **–fish** hondshaai

dogged ['dogid] vasthoudend; taai; hardnekkig; *it's ~ does it* de aanhouder wint

doggerel ['dogərəl] I *aj* rijmelend; II *sb* rijmelarij; kreupelrijm *o*

doggie, doggy ['dogi] hondje *o*; **doggish** honds

doggo ['dogou] *lie ~* F zich gedeist houden

doggone ['dɔ'gon] *Am* S verduiveld!

dog-hole ['doghoul] hok *o*, gat *o* [v. e. plaats]; **–house** *Am* = *dog-kennel*; *be in the ~* S eruit liggen, uit de gratie zijn; ~-**kennel** hondehok o, hondenkennel; ~ **Latin** potjeslatijn o; ~- **leg(ged)** zigzag- [v. trap]

dogma ['dɔgmə] dogma o, leerstuk o; **–tic(al)** [dɔg'mætik(l)] dogmatisch; **–tics** dogmatiek; **–tism** ['dɔgmətizm] dogmatisme o; **–tist** dogmaticus; **–tize** dogmatiseren

do-gooder ['du:'gudə] > (sentimenteel) filantroop, (wereld)verbeteraar

dogsbody ['dɔgzbɔdi] S zwoeger, sloof; **dog's-ear** = dog-ear; **dogskin** nappa(leer) o; ~- **sleep** hazeslaap; **dog's life** hondeleven o; **dog-star ★** hondsster, Sirius; ~-**tired** doodmoe; ~- **track** hondenrenbaan; ~ **trot** sukkeldrafje o; ~- **watch ⚓** platvoetwacht

doily ['dɔili] kleedje onder vingerkom, fles &

doing ['du:iŋ] sb daad, bedrijf o, werk o, handelwijs; his ~s zijn doen en laten o

doit [dɔit] duit[2]; kleinigheid

do-it-yourself [duitju'self] doe-het-zelf-

doldrums ['dɔldrəmz] streek rond de evenaar waar vaak windstilte heerst; be in the ~ in een gedrukte stemming zijn

dole [doul] **I** sb aalmoes; uit-, bedeling; (werkloosheids)uitkering; ↘ lot o; deel o∥↘ leed o; gejammer o; be on the ~ steun trekken; **II** vt uit-, rond-, toebedelen (ook: ~ out); **–ful** treurig

doll [dɔl] **I** sb pop[2]; **S** meisje o; **II** (vi &) vt ~ up (zich) mooi maken, opdirken

dollar ['dɔlə] dollar; **S** 5-shillingstuk o; bet one's bottom ~ **F** er alles onder verwedden (dat)

dollish ['dɔliʃ] popperig

dollop ['dɔləp] **F** kwak [jam, geld]

dolly ['dɔli] **I** aj popperig; **II** sb popje o, dolly [verrijdbaar onderstel]; camerawagen; ~ shot rijopname [film]

dolmen ['dɔlmen] dolmen [soort hunebed]

dolorous ['dɔlərəs] smartelijk, pijnlijk; droevig; ⊙ **dolour** ['doulə] smart; pijn; droefheid

dolphin ['dɔlfin] 🐬 dolfijn; ⚓ dukdalf

dolt [doult] botterik, sul, uilskuiken o; **–ish** bot, dom

domain [də'mein] domein o, gebied[2] o

dome [doum] koepel; gewelf o; **F** kop

domestic [də'mestik] **I** aj huiselijk, huishoudelijk, huis-, tam; binnenlands, inlands; ~ animal huisdier o; ~ economy, ~ science huishoudkunde; ~ servant (huis)bediende, dienstbode; **II** sb (huis)bediende, dienstbode; **–ate** aan het huiselijk leven gewennen; tam maken; **–ity** [doumes'tisiti] huiselijkheid; huiselijk leven o; domesticities huishoudelijke zaken

domicile ['dɔmisail] **I** sb domicilie o, woonplaats; **II** vt op een bep. plaats betaalbaar stellen [wissel]; vestigen; **–liary** [dɔmi'siljəri] huis-; ~ visit huiszoeking

dominance ['dɔminəns] = domination; **–ant I** aj

(over)heersend, dominerend; **II** sb ♪ dominant; **dominate** be-, overheersen, heersen, domineren, uitsteken boven; **–tion** [dɔmi'neiʃən] be-, overheersing, heerschappij; **domineer** [dɔmi'niə] heersen, de baas spelen (over over); ~ing heerszuchtig, bazig

dominical [də'minikl] ~ day zondag, de dag des Heren

dominie ['dɔmini] Sc schoolmeester

dominion [də'minjən] heerschappij; beheersing; gebied o; zelfbesturend deel o v. h. Britse Gemenebest

domino ['dɔminou] domino m of half masker o [bij maskerade]; dominosteen; ~es dominospel o

1 don [dɔn] sb (Spaanse) don; piet (in at); ◇ hoofd o, fellow of tutor van een college

2 don [dɔn] vt aantrekken, aandoen, opzetten

donate [dou'neit] schenken; begiftigen; **–tion** gift; schenking

done [dʌn] V.D. van do; gaar; klaar; voorbij, achter de rug; uit &; a ~ thing afgesproken werk; ~ for verloren, weg; [ten dode] opgeschreven; versleten [v. kleren]; ~ up op [van vermoeidheid]; what is ~ cannot be undone gedane zaken nemen geen keer; als ij akkoord!; well ~! goed zo!, bravo!; zie ook: 2 do

donee [dou'ni:] begiftigde

donjon ['dɔn-, 'dʌndʒən] versterkte verdedigingstoren v.e. kasteel

donkey ['dɔŋki] ezel[2]; ~(-engine) ⚒ donkey; hulpmachine; ~'s years **S** jaren; ~ work **F** zwaar werk o, koeliewerk o

donnish ['dɔniʃ] als een don, pedant

donor ['dounə] schenker, gever, 🩸 donor

do-nothing ['du:nʌθiŋ] **I** aj nietsdoend; **II** sb nietsdoener

don't [dount] samentrekking van do not, doe (het) niet, laat het; als sb verbod o

dooda(h) ['du:da] **S** toestand van opwinding of verwarring; all of a ~ heel verward

doodle ['du:dl] **I** sb droedel, krabbeltje; **II** vi & vt krabbelen

doom [du:m] **I** sb (doem)vonnis o, oordeel o, lot o, ondergang; **II** vt vonnissen, doemen; ~ed ten dode opgeschreven, ten ondergang (tot mislukking) gedoemd; **–sday** het laatste oordeel

door [dɔ:] deur; portier o [v. auto &]; creaking ~s hang longest krakende wagens lopen het langst; lay it at his ~ het hem ten laste leggen, het hem in de schoenen schuiven; it lies at his ~ het is aan hem te wijten, het is zijn schuld; out of ~s buitenshuis, buiten; ~ (-) to (-) ~ huis(-)aan(-)huis; aan huis [bezorgen]; within ~s binnenshuis, binnen; ~-frame deurkozijn; ~-keeper, –man portier; –mat deurmat; fig voetveeg; ~- money entreegeld o; –nail spijker of knop waarop de klopper neervalt; ~-**plate** naamplaatje *o*; ~-**post** deurstijl; –**step** drempel, stoep; *on the* ~ [*fig*] vlak bij; –**way** ingang; deuropening; portiek [v. winkel]

dope [doup] **I** *sb* smeersel *o*, vernis *o* & *m* of lak *o* & *m*; **F** verdovend middel *o* [als cocaïne &]; **F** inlichting, nieuws *o*; verlakkerij, smoesje *o*, smoesjes; **II** *vt* met een smeersel (vernis, lak) behandelen; **F** [een renpaard, iem.] iets ingeven, bedwelmen; iets doen in [wijn, bier &], vervalsen; **F** [iem.] iets wijs maken; verlakken; **dopey, dopy** ['doupi] bedwelmend; traag van begrip

Dorian ['dɔ:riən] **I** *aj* Dorisch; **II** *sb* Doriër; **Doric** ['dɔrik] Dorisch

dormant ['dɔ:mənt] slapend, sluimerend[2]; niet werkend; $ stil [vennoot]

dormer-window ['dɔ:mə'windou] dakvenster *o*

dormitory ['dɔ:mitri] slaapzaal; slaapstad, forensenplaats (ook: ~ *suburb*)

dormouse ['dɔ:maus] relmuis, zevenslaper

dorsal ['dɔ:səl] rug-

dosage ['dousidʒ] dosering; toediening; dosis; **dose I** *sb* dosis[2]; **II** *vt* afpassen, afwegen, doseren; een dosis toedienen; mengen [wijn &]; ~ *sbd. with* iem. ... ingeven, iem. behandelen met...

doss [dɔs] slapen (in een slaapstee); ~-**house** goedkoop hotel *o*, logement *o*

dossier ['dɔsiei] dossier *o*

⊙ **dost** [dʌst] 2e pers. enkelv. v. *to do*

dot [dɔt] **I** *sb* stip, punt ‖ bruidsschat; *off one's* ~ S van lotje getikt; *on the* ~ **F** stipt (op tijd); **II** *vt* stippelen; ~ *one's i's* de puntjes op de i zetten[2]; ~ *him one* S hem een mep geven; ~ *and carry one* **F** mank lopen; ~*ted line* stippellijn; *sign on the* ~*ted line* (maar) tekenen; zonder meer met alles akkoord gaan; ~*ted with* bezaaid met

dotage ['doutidʒ] kindsheid; **dotard** kindse grijsaard; **dote** kinds worden; verzot of dol zijn (op *on, upon*)

⊙ **doth** [dʌθ] 3e pers. enkelv. v. *to do*

doting ['doutiŋ] kinds; verzot, mal

dottle ['dɔtl] propje *o* tabak [in de pijp]

dotty ['dɔti] gestippeld; **F** (van lotje) getikt, halfgaar; onvast (ter been)

double ['dʌbl] **I** *aj* & *ad* dubbel, tweeledig; dubbelhartig; tweepersoons-; *ride* ~ met zijn tweeën op één paard zitten; **II** *sb* het dubbele; dubbelganger, tegenhanger; doublet *o*, duplicaat *o*; doublure; dubbelspel *o* [bij tennis]; ⚔ looppas; scherpe draai; ~ *or quits* quitte of dubbel; *at the* ~ ⚔ met de looppas; **F** en vlug een beetje!; **III** *vt* verdubbelen, (om)vouwen; [de vuisten] ballen; doubleren; ⚓ omzeilen; ~ *down* omvouwen; ~ *up* om-, dubbelvouwen; **IV** *vi* (zich) verdubbelen; vooruit- en weer teruglopen; een scherpe draai maken; een dubbelrol spelen; ⚔ in

de looppas marcheren; ~ *up* dubbel slaan; ~-**barrelled** dubbelloops; dubbelzinnig; dubbel [v. naam]; ~-**bass** contrabas; ~-**bassoon** contrafagot; ~ **bed** lits-jumeaux *o*: tweepersoonsledikant *o*; ~-**breasted** met twee rijen knopen [v. kledingstukken]; ~-**chin** onderkin; ~-**cross F** (zowel de een als de ander) bedriegen, (een medeplichtige, een kameraad &) verraden; ~-**dealer** dubbelhartig mens; ~-**dealing I** *sb* dubbelhartigheid; **II** *aj* dubbelhartig; ~-**decker** dubbeldekker: (auto)bus met twee verdiepingen; ~-**dyed** in de wol geverfd; ~-**edged** tweesnijdend[2]; ~ **entendre** [ã:nˈtã:dr] *Fr* dubbelzinnigheid; ~ **entry** dubbel boekhouden *o*; ~-**faced** huichelachtig; ~ **harnass** tweespan *o*; *fig* het huwelijk; ~-**hearted** vals; ~-**lock** het slot tweemaal omdraaien, op het nachtslot doen; ~-**park** dubbelparkeren; ~-**quick** versneld; *at the* ~ met versnelde pas; ~ **room** tweepersoonskamer

doublet ['dʌblit] doublet *o*; ⊞ (wam)buis *o*

double-take ['dʌblˈteik] vertraagde reactie; *do a* ~ grote ogen opzetten; ~-**talk** holle frases, demagogische taal; ~-**tongued** dubbeltongig, met twee monden sprekend; **doubling** (ver)dubbeling; vouw; *fig* gedraai *o*, wending, uitvluchtʼt, list

doubt [daut] **I** *sb* twijfel, onzekerheid; *beyond* ~, *out of* ~, *without* ~, *no* ~ ongetwijfeld, zonder twijfel; *cast* (*throw*) ~*s on* twijfel opperen omtrent; *have one's* ~*s about* (*as to*) twijfelen aan, betwijfelen; *I make no* ~ *of it* ik twijfel er niet aan; **II** *vi* twijfelen (aan *of*), weifelen; **III** *vt* betwijfelen; –**er** twijfelaar; –**ful** twijfelachtig; dubieus; bedenkelijk; weifelend; *be* ~ *of* twijfelen aan; –**less** ongetwijfeld

douche [du:ʃ] douche; irrigator; *a cold* ~ **F** onaangename verrassing

dough [dou] deeg *o*; S splint *o*: geld *o*; ~-**nut** oliekoek, -bol

doughty ['dauti] ⊙ & **J** manhaftig, flink

doughy ['doui] deegachtig, klef; pafferig

dour [duə] *Sc* hard, streng, koppig

douse [daus] in het water ploffen; nat gooien; ⚓ strijken [zeil]; uitdoen [licht]; = *dowse*

dove [dʌv] duif[2], duifje[2] *o*; voorstander van politieke ontspanning; –**cot(e)** ['dʌvkɔt] duiventil; *flutter the* ~*s* veel beroering teweegbrengen; –**tail I** *sb* zwaluwstaart [houtverbinding]; **II** *vt* (met zwaluwstaart) verbinden[2], in elkaar doen grijpen; **III** *vi* in elkaar grijpen, passen (in *into*)

dowager ['dauədʒə] douairière

dowdy ['daudi] **I** *aj* slonzig, slecht gekleed; **II** *sb* slons

dowel ['dauəl] pen of bout die twee stukken hout of steen verbindt

dower ['dauə] **I** *sb* bruidsschat; weduwgift; *fig*

gave, talent *o*; **II** *vt* een bruidsschat geven; be-giftigen (met *with*)

dowlas ['dauləs] grof linnen *o*

down [daun] **I** *prep* (van)... af; langs; ~ *the country* landwaarts in; ~ *the wind* met de wind mee; **II** *ad* (naar) beneden, neer, onder, af; contant; minder, achter [aantal punten, bij spel]; verticaal [kruiswoordraadsel]; ~*!* koest*!*, af*!*; *one* ~ *to me* nul-één voor mij; *I have you* ~ u staat al op mijn lijst; *hit him when he is* ~ [fig] hem een trap na geven; ● ~ *a n d out* **F** aan de grond geraakt, berooid; ~ *a t heel* afgetrapt [v. schoenen]; sjofel; *be* ~ *f o r* in het krijt staan voor; getekend hebben voor; aan de beurt zijn voor; op de agenda staan om...; te wachten hebben; ~ (*i n the mouth*) neerslachtig, down; *be* ~ *o n sbd.* iem. aanpakken; iem. „zoeken"; zie ook: *come, luck*; ~ *t o our time* tot op onze tijd; ~ *u n d e r* **F** in Australië en Nieuw-Zeeland; ~ *with...!* weg met...!; *be* ~ *with influenza* (te pakken) hebben; **III** *aj* benedenwaarts, afwaarts; contant; **IV** *vt* **F** eronder krijgen of houden; neerleggen, -schieten; *fig* doen vallen [een minister &]; naar binnen slaan [borrel]; ~ *tools* (het werk) staken; **V** *sb* tegenslag; *have a* ~ *on* de pik hebben op ‖ dons² *o* ‖ heuvelachtig land *o*; duin; *the Downs* (de rede van) Duins; **–beat** ♪ sterk maatdeel *o*, eerste tel (van een maat); **–cast** (ter)neergeslagen, neerslachtig; **–fall** (regen)bui; val², ondergang, instorting; **–grade I** *sb* afwaartse helling; *fig* achteruitgang; *on the* ~ achteruitgaand, zich in dalende lijn bewegend; **II** *vt* [daun'greid] in rang verlagen, lager stellen; **~-hearted** ['daun'ha:tid] ontmoedigd; **–hill I** *ad* bergaf, naar beneden; *go* ~ [fig] achteruitgaan; **II** *aj* hellend²; ~ *work* dat als vanzelf gaat; **III** *sb* helling²; *sp* afdaling [ski]; *the* ~ *of life* de levensavond; **–land** heuvelachtig grasland; ~ **payment** afbetalingstermijn, aanbetaling; ~**-pipe** afvoerbuis, regenpijp; **–pour** stortbui, stortregen; **–right** oprecht, rechtuit (gezegd), rond(uit), vierkant, bot(weg), gewoon(weg), bepaald, echt, volslagen; **–rush** plotselinge stroom of vloed naar beneden; **–stage** op de voorgrond v.h. toneel; **–stairs** [daun'stɛəz] (naar) beneden; zie ook: *kick* **III**; **–stream** ['daun'stri:m] stroomafwaarts; **–stroke** neerhaal; **~-to-earth** nuchter; **–time** leeglooptijd; **–town** *Am* **I** *sb* binnenstad; **II** *aj* in (van) de binnenstad; **III** *ad* [daun'taun] naar (in) de binnenstad; ~ *train* van Londen vertrekkende trein; **–trodden** vertrapt²; **–turn** teruggang; **–ward(s)** naar beneden, ne(d)erwaarts; *from...* ~ van... af; **–wash** neergaande luchtstroom (veroorzaakt door vliegtuigvleugel); **–wind** met de wind mee

downy ['dauni] donsachtig, donzig

dowry ['dau(ə)ri] bruidsschat; *fig* gave, talent *o*

dowse [dauz] met de wichelroede water & opsporen; = *douse*; **–r** roedeloper; **dowsing-rod** wichelroede

doxology [dɔk'sɔlədʒi] lofzang

doxy ['dɔksi] ✎ **S** onbeschaamd meisje *o*; snol

doyen ['dɔiən] de oudste, nestor (v.e. groep &)

doze [douz] **I** *vi* soezen, dutten; ~ *off* indutten; **II** *vt* ~ *away* verslapen, verdutten; **III** *sb* dutje *o*, dommeling

dozen ['dʌzn] dozijn *o*; *a long* (*a baker's, a devil's*) ~ dertien; ~*s of people* heel wat (tientallen) mensen; *talk nineteen to the* ~ honderd uit praten

dozy ['douzi] soezerig, doezelig

D.P. = *displaced person*

Dr. = *Doctor*; *debtor*

drab [dræb] **I** *aj* vaal(bruin); *fig* kleurloos, grauw, saai; **II** morsebel; snol

drabble ['dræbl] door de modder slepen, besmeuren

drachm [dræm], **drachma** ['drækmə] drachme

draff [dræf] spoeling, draf; uitschot *o*

draft [dra:ft] **I** *sb* trekken *o*; ontwerp *o*, concept *o*, schets, klad *o*; ✗ detachement *o*; lichting; *Am* conscriptie, dienstplicht; *Am* kandidatuur; **$** traite, wissel; **$** stille uitslag; **II** als *aj* ontwerp-; **III** *vt* ontwerpen, opstellen, concipiëren; ✗ detacheren (ook: ~ *off*); *Am* aanwijzen voor de militaire dienst; *Am* kandidaat stellen; = *draught*; **–ee** [dræf'ti:] *Am* dienstplichtige; **–sman** ['dra:ftsmən] ontwerper, opsteller; tekenaar

drag [dræg] **I** *vt* slepen (met), sleuren; (af)dreggen; met een sleepnet (af)vissen; remmen; eggen; ~ *one's feet over* traineren met; **II** *vi* slepen; *fig* traineren; niet vlotten, niet opschieten; omkruipen (v. tijd]; ● ~ *a l o n g* voortslepen; ~ *b y* omkruipen [tijd]; ~ *i n* er bij halen, met de haren er bij slepen; ~ *o n* (zich) voortslepen; omkruipen [tijd]; ~ *o u t* rekken, lang aanhouden; voortslepen [zijn leven]; ~ *u p* ruw opvoeden [v. kinderen]; **III** *sb* slepen *o* &; dreg; sleepnet *o*; eg; soort diligence; rem(schoen); ↙ (lucht)weerstand; *fig* rem, blok *o* aan het been; vrouwenkleren [door mannen gedragen]; **F** trekje *o* [aan sigaret]; sterkriekend voorwerp *o* als kunstmatig spoor, (club voor) slipjacht (~ *hunt*)

dragée ['draʒei] dragee

draggle ['drægl] bemodderen, door het slijk slepen, over de grond slepen; zich voortslepen

dragline ['dræglain] dragline: (treklijn van) graafmachine met sleepemmer; **drag link** ⚙ stuurstang; **drag-net** sleepnet *o*

dragoman ['drægəmən] drogman, tolk

dragon ['drægən] draak; ~**-fly** libel, waterjuffer

dragoon [drə'gu:n] **I** *sb* dragonder; **II** *vt* met ruw geweld dwingen (tot *into*)

dragrope ['drægroup] trektouw *o*; sleepkabel [v.

ballon]

drail [dreil] grondangel

drain [drein] **I** *vt* droogleggen, afwateren, laten leeglopen; draineren; aftappen; op-, uitdrinken; laten afdruipen of wegvloeien; onttrekken; uitputten; ~ *away* (*off*) afvoeren [water]; ~ *of* beroven van; **II** *vi* af-, wegvloeien, uitlekken; **III** *sb* afvoerbuis, -pijp; afvoerkanaal *o*; afwatering; riool *o* & *v*; *fig* onttrekking; uitputting; aderlating; *a great* ~ *on my pocket* een zware post; *the money goes down the* ~ het geld verdwijnt als in een zinkput, dat is weggegooid geld; **-age** drooglegging, (water)afvoer; afwatering; riolering; drainering; **~-cock** aftapkraan; **-er** vergiet; afdruiprek; arbeider die riolen aanlegt; **~-pipe** draineerbuis; **~s, ~ trousers** broek met smalle pijpen

drake [dreik] *&* woerd, mannetjeseend

dram [dræm] drachme [gewicht]; beetje *o*; borreltje *o*

drama ['dra:mə] drama[2] *o*; (het) toneel; **-tic** [drə'mætik] dramatisch, toneel-; indrukwekkend, aangrijpend; **-tics** toneel *o*; **F** overdreven theatraal gedoe; **-tis personae** ['dræmətis pə:'sounai] personen in toneelstuk; rolverdeling; **-tist** ['dræmətist] toneelschrijver, dramaturg; **-tization** ['dræmətai'zeiʃən] dramatiseren *o*; toneelbewerking; **-tize** ['dræmətaiz] dramatiseren; voor het toneel bewerken; **-turge** dramaturg, toneelschrijver

drank [dræŋk] V.T. van *drink*

drape [dreip] **I** *vt* bekleden, draperen; **II** *sb Am* draperie; **-r** manufacturier; **-ry** manufacturen, manufacturenhandel, stoffenwinkel; draperie; drapering

drastic ['dræstik] drastisch, radicaal

dratted ['drætid] **F** vervloekt, verwenst

draught [dra:ft] **I** *sb* trek, trekken *o*; tocht; teug, slok; drank, drankje *o*; vangst; klad *o*, schets, ontwerp *o*; *&* diepgang; *~s* damspel *o*; *feel the* ~ **F** *fig* in moeilijke omstandigheden verkeren; *at a* ~ in één teug; *beer on* ~, ~ *beer* bier *o* van het vat; **II** *vt* schetsen, tekenen [v. kaarten]; zie ook: *draft*; **~-board** dambord *o*; **~-horse** trekpaard *o*; **~-ox** trekos; **draughtsman** tekenaar; ontwerper, opsteller; damschijf; **-ship** tekenkunst; **draughty** tochtig

draw [drɔ:] **I** *vt* trekken; aantrekken; dicht-, op-, uit-, open-, voort-, wegtrekken; slepen; halen, putten, tappen; in ontvangst nemen; opnemen [krediet, voorschot]; (uit)rekken, spannen; uithalen, schoonmaken; doorzoeken [naar wild]; opjagen [vos]; [iem.] uit zijn tent lokken, aan het praten krijgen; uithoren; afvissen; laten trekken [thee]; (op)maken, opstellen [rapport]; tekenen; *sp* onbeslist laten; ~ *attention to...* de aandacht vestigen op; ~ *a bead upon* mikken op; ~ *bit*

(*bridle*) het paard inhouden, stilhouden; ~ ... *feet of water* *&* een diepgang hebben van...; ~ *it mild* niet overdrijven; ~ *it strong* overdrijven; ~ *lots* loten; ~ *a sigh* een zucht slaken; **II** *vi* trekken[2]; de sabel (uit)loten; tekenen; komen [dichter bij], gaan, schuiven; *sp* gelijk spelen; ● ~ *away* af-, wegtrekken; zich verwijderen; ~ *back* (zich) terugtrekken[2]; opentrekken [gordijnen]; ~ *from* [iem.] ontlokken, trekken uit, halen uit, (ver)krijgen uit (van), opdoen uit, putten uit, ontlenen aan, rekruteren uit; ~*n from all ranks of society* ook: (voort)gekomen uit alle standen der maatschappij; ~ *a person from a course* iemand afbrengen[2] van een handelwijze; ~ *from nature* tekenen naar de natuur; ~ *in* intrekken; inademen; aanhalen; korten [dagen]; vallen [avond]; zich (gaan) bekrimpen; ~ *into* betrekken in; ~ *near* (*nigh*) naderen; ~ *off* aftrekken, afleiden [aandacht]; aftappen; (zich) terugtrekken, wegtrekken; ~ *on* aantrekken; verlokken; naderen; ten gevolge hebben; mee-, na zich slepen; trekken aan [zijn sigaret]; zie verder ~ *upon*; ~ *out* uittrekken; opvragen [geld]; (uit)rekken; lengen [dagen]; uitschrijven, opmaken; opstellen; *♪* lang aanhouden; *fig* ontlokken; aan het praten krijgen, uithoren; ~ *to* dichttrekken; ~ *to a close* (*to an end*) op een eind lopen; ~ *together* samentrekken, samenbrengen; bij (tot) elkaar komen; ~ *up* optrekken; ontwerpen, opstellen; *&* (zich) opstellen; stilhouden, tot staan komen (brengen); bijschuiven [stoel]; ~ *up to* dichter bij... komen; ~ *up with* inhalen; ~ *oneself up* zich oprichten, zich in postuur zetten; ~ *upon* **$** trekken op; gebruik maken van, putten uit, aanspreken [zijn kapitaal]; **III** *sb* trek; getrokken (loterij)nummer *o*; loterij; (ver)loting; trekking; trekken *o*; attractie, succesnummer *o*, -stuk *o*, reclameartikel *o*; middel *o* om iemand aan het praten te krijgen of uit te horen; onbesliste wedstrijd, gelijk spel *o*, remise; *it* (*she*) *was a* ~ het (zij) „trok" erg; *end in a* ~ onbeslist blijven, kamp zijn; zie ook: *drawn*; **-back** **$** teruggave van betaalde (invoer)rechten; *fig* bezwaar *o*, schaduwzijde, nadeel *o*, gebrek *o*; **~-bar** *⚒* koppelstang; **~-bench** trekbank; **~-bridge** ophaalbrug; **-ee** [drɔ:'i:] **$** betrokkene, trassaat; **-er** ['drɔə] trekker; **$** trassant; tekenaar; (af)tapper; (schuif)lade; (*pair of*) ~*s* onderbroek; **drawing I** *sb* trekken *o* &; trekking; opneming [v. geld]; tekening, tekenkunst, tekenen *o*; ~*s* ontvangsten; *out of* ~ mistekend; **II** als *aj* teken-; **~-pin** punaise; **~-rights** trekkingsrechten; **~-room** ontvangkamer, salon; receptie ten hove; ~ *manners* salon manieren; ~ *red* saloncommunist

drawl [drɔ:l] **I** *vi* lijzig spreken, temen; **II** *sb* temerige spraak, geteem *o*

drawn [drɔ:n] V.D. van *draw*; (uit)getrokken; opgetrokken; be-, vertrokken; onbeslist; ~-**(thread)work** open zoomwerk *o* [handwerken]; **draw-well** ['drɔ: wel] waterput (met touw en emmer)

dray [drei] sleperswagen, brouwerswagen; ~-**horse** sleperspaard *o*; –**man** sleper, brouwersknecht

dread [dred] I *sb* vrees (voor *of*); II *aj* gevreesd; vreselijk; III *vt* vrezen, duchten; opzien tegen; niet durven; –**ful** vreselijk, verschrikkelijk; –**nought** (stof voor) dikke overjas; dreadnought [slagschip]

dream [dri:m] I *sb* droom[2]; II *vi* & *vt* dromen; ~ *a w a y* verdromen; *I don't* ~ *of it* ik denk er niet over; ~ *u p* F uitdenken, verzinnen, fantaseren; ~-**boat** F aangebedene; schat, liefje *o*; –**er** dromer; –**like** als in een droom; **dreamt** [dremt] V.T. & V.D. van *dream* II; **dreamy** ['dri:mi] *aj* dromerig; vaag

dreary ['driəri] *aj* akelig, somber, triest(ig), woest

dredge [dredʒ] I *sb* sleepnet *o*; dreg; baggermachine, baggerschuit; II *vt* & *vi* (uit)baggeren; dreggen ‖ (be)strooien; –**r** baggerman; baggermachine, baggermolen ‖ strooier, strooibus

dreggy ['dregi] drabbig, droesemig; **dregs** [dregz] droesem, drab, moer, grondsop *o*, bezinksel *o*; *fig* heffe, uitschot *o*, schuim *o*; *to the* ~ tot de bodem

drench [drenʃ] I *vt* (door)nat maken, doorweken; [de aarde] drenken; II *sb* (purgeer)drank; F stortbui; nat pak *o*; –**er** F stortbui, plasregen

Dresden ['drezdən] Dresden *o*; Saksisch porselein *o* (~ *china*, ~ *ware*)

dress [dres] I *vt* (aan)kleden, tooien; pavoiseren; klaarmaken, aanmaken [salade], bereiden, bewerken; bemesten; kappen, opmaken [het haar]; roskammen; schoonmaken [vis]; verbinden [wonden]; besnoeien; ⚔ richten; ~ *d o w n* F een schrobbering geven, afstraffen; ~ *o u t* uitdossen, tooien; ~ *u p* opsmukken, uitdossen; kostumeren, verkleden; II *vi* zich kleden, (avond)toilet maken; ⚔ zich richten; ~ *up* zich opsmukken, zich uitdossen; zich kostumeren, zich verkleden; III *sb* kleding, dracht, kleren, tenue *o* & *v*; kleed[2] *o*, toilet *o*, kostuum *o*, japon, jurk; avondtoilet *o*, gala *o*

dressage ['dresa: ʒ] dressuur [bij paardesport]

dress-allowance ['dresəlauəns] kleedgeld *o*; ~-**circle** (eerste) balkon *o* [in schouwburg]; ~-**coat** rok [v. heer]; –**er** (aan)kleder, -kleedster; bereider; verbinder; aanrecht *o* & *m*; **dressing** (aan)kleden *o* &; (aan)kleding, kledij, toilet *o*; bereiding; mest; preparaat *o*, appretuur, smeersel *o*; saus; verband *o*; ~-**case** toilet- of kapdoos, reisnecessaire; ~-**down** F schrobbering; afstraffing; pak *o* slaag; ~-**gown** kamerjas, peignoir; ~-**room** kleedkamer; ~-**table** toilettafel; **dressmaker** kleerma(a)k(st)er; **dress rehearsal** generale repetitie [in kostuum]; ~-**suit** rokkostuum *o* [v. heer]; **dressy** veel om zijn toilet gevend, smaakvol, chic (gekleed)

drew [dru:] V.T. van *draw*

dribble ['dribl] I *vi* & *vt* (laten) druppelen; kwijlen; *sp* dribbelen [voetbal]; II *sb* druppelen *o*; druppeltje *o*; dun straaltje *o*, stroompje *o*; kwijl; *sp* dribbel [voetbal]

driblet ['driblit] drupje *o*; klein sommetje *o*; *by (in)* ~*s* bij kleine beetjes

drier ['draiə] droger; droogtoestel *o*; droogmiddel *o*

drift [drift] I *sb* ♃ & ♄ drift; (af)drijven *o*, afwijking; drijfkracht; stroom, trek; opeenhoping [ijsgang, zandstuiving], (sneeuw)jacht; *fig* bedoeling, strekking; ZA wed *o*; ✗ drevel; II *vi* drijven, af-, meedrijven (met de stroom)[2], (rond)zwalken; (op)waaien, verstuiven, zich opeenhopen [v. sneeuw]; *let things* ~ Gods water over Gods akker laten lopen; ~ *apart* elk zijn eigen weg gaan, van elkaar vervreemden; III *vt* meevoeren; op hopen jagen [sneeuw &]; ✗ drevelen; ~-**anchor** drijfanker; –**er** iem. die op drift is, zwerver; (vissers)boot met drijfnetten; ~-**ice** drijfijs *o*; ~-**net** drijfnet *o*; ~-**sand** stuifzand *o*; ~-**wood** drijfhout *o*

drill [dril] I *vt* (door)boren; drillen, africhten; in rijen zaaien; II *vi* boren; exerceren; III *sb* ✗ dril *m* = drilboor, boor(machine); drillen *o*, exercitie; oefening; F ding *o*, zaakje *o*, manier; zaaivoor; rijenzaaimachine ‖ dril *o* [weefsel]; *know the* ~ F weten hoe het hoort, hoe het toegaat, waar het om gaat (op aankomt); **drilling platform** booreiland *o*; ~ **rig** boorinstallatie, booreiland *o*; **drill-sergeant** sergeant-instructeur

drily ['draili] = *dryly*

drink [driŋk] I *vi* drinken; II *vt* (uit-, op)drinken; ~ *a w a y* verdrinken [zijn geld]; ~ *d o w n* opdrinken; verdrinken [leed]; ~ *i n* indrinken[2], in zich opnemen; ~ *o f f* in één teug uitdrinken; ~ *(t o) the health of* drinken op de gezondheid van; ~ *u p* uitdrinken; III *sb* drank; dronk; borrel, glas *o*, slokje *o*; *have* ~*s* borrelen; *the* ~ S het water, de zee; *in* ~ dronken; *o n the* ~ aan de drank; –**er** drinker, drinkebroer; **drinking-bout** drinkgelag *o*; ~-**water** drinkwater *o*; **drink-offering** plengoffer

drip [drip] I *vi* druipen, druppelen; II *vt* laten druppelen; III *sb* drup; druiplijst; S zwakkeling; ~-**dry** wasvoorschrift: nat ophangen, niet strijken; **dripping** braadvet *o*; ~*s* druppels; ~-**pan** druippan

drive [draiv] I *vt* drijven; aan-, voort-, ver-, indrijven; jagen; voeren [de pen]; besturen, mennen, rijden; ~ *mad* gek maken; ● ~ *a w a y* verdrijven, ver-, wegjagen; ~ *i n* (*t o*)inslaan [spijker]; ~ *o u t* verdrijven, verjagen; verdringen; ~ *u p* opdrijven, opjagen [prijzen]; **II** *vi* rijden [in wagen], mennen, sturen; jagen; drijven; *driving rain* slagregen; ● *what's he driving a t ?* wat wil hij?, wat voert hij in zijn schild?; *let ~ at* slaan (schieten) op, gooien naar; losgaan op; hard werken aan; ~ *a w a y* wegrijden; ~ *u p* aan komen rijden; voorrijden; **III** *sb* rit, ritje *o*; rijtoer; oprijlaan; drijfjacht; drijven *o*, jagen *o*; *sp* drive, slag; ✗ aandrijving, overbrenging, drijfwerk *o*; ⚙ [links, rechts] stuur *o*, besturing; *fig* drijf-, stuwkracht; voortvarendheid, energie, vaart, gang; drang; campagne, actie; ✕ opmars; ~-**in** drive-in, inrij-(bank, postkantoor &); ~ *theatre Am* autobioscoop

drivel ['drivl] **I** *vi* kwijlen; bazelen, wauwelen; **II** *sb* kwijl; gebazel *o*, gewauwel *o*, gezeur *o*, rimram; **–ler** kwijler; wauwelaar

driven ['drivn] V.D. van *drive*; *hard* ~ met werk overladen, afgebeuld; **driver** ['draivǝ] drijver; menner; ✕ stukrijder; voerman, koetsier, chauffeur, bestuurder, machinist; ✗ drijfwiel *o*; **driving I** *sb* rijden *o*, mennen *o* &; **II** *aj* ✗ drijf-; ⚙ rij-; ~ *band* (*belt*) ✗ drijfriem; ~ *gear* (*mechanism*) ✗ drijfwerk *o*; ~ *license* rijbewijs *o*; ~ *mirror* ⚙ achteruitkijkspiegel; ~ *test* ⚙ rijexamen *o*; ~ *wheel* ✗ drijfwiel *o*; ⚙ stuurrad *o*

drizzle ['drizl] **I** *vi* motregenen; **II** *sb* motregen; **drizzly** miezerig, druilerig, mottig

drogue [droug] ⚓ drijfanker *o*; ✈ windzak; ~ *target* ✈ sleepschijf, doelzak

droit [droit] ♨ moreel en wettig recht

droll [droul] **I** *aj* snaaks, kluchtig, grappig, komiek; **II** *sb* snaak, grapjas; **–ery** boerterij, snaaksheid

dromedary ['drɔm-, 'drʌmidǝri] dromedaris

drone [droun] **I** *sb* dar, hommel[2]; nietsdoener ‖ gegons *o*, gesnor *o*, gebrom *o*, geronk *o*; dreun; **II** *vi* gonzen, snorren, brommen, ronken; dreunen ‖ parasieteren; **III** *vt* opdreunen; ~ *away* verluieren

drool [dru:l] S kwijlen; bazelen, wauwelen

droop [dru:p] **I** *vi* kwijnend hangen; af-, neerhangen; ☉ zinken [moed]; *fig* (weg)kwijnen, verflauwen; ~*ing eyes* neergeslagen ogen; **II** *vt* laten hangen; [de ogen] neerslaan; **III** *sb* hangende houding; kwijning, verflauwing

drop [drɔp] **I** *sb* drop, drup(pel); borrel, slokje *o*; oorbel, oorknop, hanger; zuurtje *o*, pastille, flikje *o*; scherm *o*; valluik *o* [v. galg]; val; (prijs)daling; *at the* ~ *of a hat* subiet, op slag, zonder dralen; *it's a* ~ *in the ocean* (*in a bucket*) het is een druppel op een gloeiende plaat; **II** *vt* laten vallen, neerlaten, af-, uitwerpen, droppen [uit vliegtuig]; laten druppelen; neerslaan [ogen]; laten dalen [stem]; laten varen, opgeven, laten schieten;

weglaten; zich laten ontvallen; [een passagier] afzetten, [pakje] aanreiken; neerleggen [wild]; verliezen [bij het spel]; ~ *it!* schei uit!; ~ *a hint* een wenk geven; ~ *a line* een briefje schrijven; **III** *vi* druppelen, druipen; (om-, neer)vallen, komen te vallen; dalen; zakken; gaan liggen [v. wind]; ophouden; *his face* ~*ped* zijn gezicht betrok; hij zette een lang gezicht; *the matter* ~*ped* de kwestie bleef nu rusten, daarbij bleef het; ● ~ *a c r o s s sbd.* iem. tegen het lijf lopen; iem. een reprimande toedienen; ~ *a w a y* afvallen [v. partij], zich verwijderen; langzaam achteruitgaan; ~ *b e h i n d* achter raken; ~ *d o w n* neerzinken; [de rivier] afzakken; ~ *i n* binnenvallen; even aan-, oplopen (bij iem. *upon sbd.*); één voor één binnenkomen; ~ *o f f* komen te vallen; in slaap vallen; zie ook: ~ *away*; ~ *o n sbd.* zie ~ *across sbd.*; ~ *o u t* afvallen, uitvallen; verdwijnen; ~ *out of use* in onbruik raken; ~ *r o u n d* even aanwippen; ~ *t o the rear* achterraken; ~ **curtain** valgordijn *o* [toneel]; ~-**forge I** *sb* smeedpers; **II** *vt* met de smeedpers stampen; ~-**leaf table** klaptafel; **–let** druppeltje *o;* ~-**out** ☞ afvaller, studiestaker; S iem. die naast de maatschappij staat; **dropper** druppelbuisje *o*; **dropping-bottle** druppelflesje *o*; **droppings** uitwerpselen, mest, drek; **drop seat** klapstoel, -bankje *o*; ~-**shot** [tennis] slag waarbij de bal over het net gaat en dan plotseling valt

dropsical ['drɔpsikl] waterzuchtig; **dropsy** waterzucht

dross [drɔs] slakken, schuim[2] *o; fig* afval, waardeloos spul *o*; F geld; **–y** schuimig; *fig* onzuiver, slecht

drought [draut] droogte; ✎ dorst; **–y** droog, dor; ✎ dorstig

1 drove [drouv] V.T. van *drive*

2 drove [drouv] *sb* kudde, drift, school, drom, hoop, troep; **–r** veedrijver, veehandelaar

drown [draun] **I** *vt* verdrinken; onder water zetten, overstromen; overstemmen, smoren [de stem]; *they were ~ed* zij verdronken; **II** *vi* verdrinken; *a ~ing man* een drenkeling

drowse [drauz] **I** *vi* soezen, dommelen; **II** *sb* soes, dommel(ing); **–sy** *aj* soezerig, doezelig, dommelig, slaperig; slaapwekkend

drub [drʌb] afrossen, slaan; stampen; **drubbing** afrossing, pak *o* slaag

drudge [drʌdʒ] **I** *vi* sloven, zwoegen, zich afsloven; **II** *sb* werkezel, zwoeger, sloof; slaaf; **–ry** gesloof *o*, koeliewerk *o*

drug [drʌg] **I** *sb* drogerij; kruid *o*; farmaceutisch artikel *o*, geneesmiddel *o*; verdovend middel *o*, drug; *be a* ~ *on the market* geen aftrek vinden; **II** *vt* met [iets] mengen; [iem.] iets ingeven; bedwelmen; **III** *vi* verdovende middelen (drugs) gebruiken; **druggist** drogist; apotheker; **drug**

store *Am* apotheek, drogisterij (waar van alles en nog wat, b.v. ook verversingen, tijdschriften enz., verkocht wordt)

druid ['dru:id] druïde: keltische priester

drum [drʌm] **I** *sb* trommel(holte), trom, tamboer, ♪ drum; ✗ cilinder; bus, blik *o*; *bang (beat) the big ~* de grote trom roeren; *with ~s beating and colours flying* met vliegende vaandels en slaande trom; **II** *vi* trommelen, ♪ drummen; **III** *vt* trommelen met of op; *~ i n t o* inhameren, instampen; *~ o u t* uittrommelen; *~ u p* bijeentrommelen; **–fire** ✗ trommelvuur; **–head** trommelvel *o*; *~-major* tamboer-majoor; *~ majorette* majorette: meisje dat meemarcheert bij een muziekkorps; **drummer** trommelslager, tamboer; ♪ drummer, slagwerker; **–stick** trommelstok; boutje *o* [v. gebraden gevogelte]

drunk [drʌŋk] **I** V.D. van *drink*; **II** *aj* dronken[2]; *get ~ on* dronken worden van, zich bedrinken aan; **III** *sb* dronkeman; geval *o* van dronkenschap; F zuippartij; **–ard** dronkaard; **–en** dronken[2]; dronkemans-

drupe [dru:p] steenvrucht

dry [drai] **I** *aj* droog[2]; F dorstig; sec: niet zoet [wijn]; *fig* „drooggelegd"; dor; contant; *~ facts* naakte feiten; *~ goods* manufacturen; **II** *vt* (laten) drogen, afdrogen; doen uitdrogen; **III** *vi* (op-, uit)drogen; *~ up* op-, verdrogen; minder worden, kwijnen, ophouden; F zijn mond houden

dryad ['draiəd] dryade: bosnimf

dryasdust ['draiəzdʌst] schoolmeesterig persoon

dry-cleaning ['drai'kli:niŋ] chemisch reinigen *o*, (uit)stomen *o*; *~-cure = dry-salt*; *~-dock* **I** *sb* droogdok *o*; **II** *vt* dokken; **dryer** = *drier*; **dryish** vrij droog; **dryly** *ad* droogjes, droogweg; **dry-nurse** baker, droge min; *~ point* drogenaald (ets); *~-rot* vuur *o* [in hout]; *fig* corruptie, bederf *o*; *~ run* ✗ schietoefening zonder scherp; *~-salt* zouten en drogen; *~-salter* drogist en handelaar in verduurzaamde levensmiddelen; *~-saltery* drogisterij en zaak in verduurzaamde levensmiddelen; *~-shod* droogvoets

D.Sc. = *Doctor of Science*

D.S.C. = *Distinguished Service Cross*

D.S.M. = *Distinguished Service Medal*

D.S.O. = *Distinguished Service Order*

D.T.'s ['di:'ti:z] **F** = *delirium tremens*

dual ['dju:əl] dubbel; tweevoudig, -ledig, dubbel; **–ity** [dju'æliti] tweevoudigheid; **–ism** ['dju:əlizm] dualisme *o*

dub [dʌb] [iem.] tot ridder slaan (*~ sbd. a knight*); noemen ‖ in de was zetten [leer] ‖ nasynchroniseren [film]; **dubbin(g)** leervet

dubiety [dju'baiəti] onzekerheid, twijfel; **dubious** ['dju:biəs] twijfelachtig[2]; dubieus

ducal ['dju:kəl] hertogelijk, hertogs-

ducat ['djukət] dukaat

duchess ['dʌtʃis] hertogin; **duchy** hertogdom *o*

duck [dʌk] **I** *sb* ♋ eend(en), eendvogel; F snoes ‖ duik(ing) ‖ licht zeildoek *o* & *m*, stevig linnen *o*; amfibielandingsvaartuig *o*; **F** iets wat passé is; *lame ~* **F** sukkelaar; $ wanbetaler, failliete beursspeculant; *~s* (wit) linnen broek of pak *o*; *make ~s and drakes* steentjes over het water keilen, kiskassen; *make ~s and drakes of one's money* zijn geld vergooien; **II** *vt* (in-, onder)dompelen; buigen; ontduiken; trachten te ontwijken; **III** *vi* (onder)duiken; (zich) bukken; **–bill** vogelbekdier *o*; **–board** loopplank; **–er** duikvogel; eendefokker; **–ing** onderdompeling; *[fig] to get a ~* kletsnat worden; **–ling** jong eendje *o*; **ducks** F liefje, *o*, schat; **duckweed** ♌ (eende)kroos *o*; **ducky** F **I** *aj* snoezig; **II** *sb* snoes

duct [dʌkt] kanaal *o*, buis, leiding

ductile ['dʌktail] smeedbaar, rekbaar, buigzaam[2]; *fig* handelbaar; **–lity** [dʌk'tiliti] smeed-, rekbaarheid, buigzaamheid[2]; *fig* handelbaarheid

dud [dʌd] **I** *sb* **F** lor *o* & *v*, prul *o*, sof; ✗ blindganger: niet ontplofte granaat; *~s* S vodden; spullen; kleren; **II** *aj* vals; niets waard, ...van niks

dude [dju:d] *Am* S dandy; stadsmens

dudgeon ['dʌdʒən] *in high ~* zo nijdig als een spin

due [dju:] **I** *aj* verplicht, schuldig, verschuldigd; behoorlijk, gepast, rechtmatig; $ vervallen [v. wissel]; *in ~ time* (precies) op tijd; te zijner tijd; *the mail is ~* de post moet aankomen; *vessels ~* verwachte schepen; *~ to* door, vanwege; *it was ~ to him* hem te danken (te wijten); het kwam hem toe; *become (fall) ~* $ vervallen; **II** *ad* vlak; *~ east* vlak (pal) oost; **III** *sb* het iemand verschuldigde of toekomende; recht *o*, rechten; $ *~s* schulden, schuld; ⚓ (haven)gelden; 🕀 rechten en leges

duel ['dju:əl] **I** *sb* duel *o*, tweegevecht *o*; *fight a ~* duelleren; **II** *vi* duelleren; **duellist** duellist

duenna [dju'enə] gouvernante; chaperone

duet [dju'et] ♪ duet *o*; *play ~s* quatre-mains spelen

duffel, duffle ['dʌfl] duffel: ruwe wollen stof; *~-coat* monty-coat, houtje-touwtje-jas

duffer ['dʌfə] stommerd, sukkel, kruk, suffer

1 dug [dʌg] tepel [v. dier]; uier

2 dug [dʌg] V.T. & V.D. van *dig*; *~-out* boomstamkano; uitgegraven woonhol *o*; ✗ bomvrije schuilplaats

duke [dju:k] hertog ‖ S *~s* knuisten; **–dom** hertogelijke waardigheid of titel; hertogdom *o*

dulcet ['dʌlsit] zoet, zacht(klinkend)

dulcify ['dʌlsifai] kalmeren, sussen, zoet maken

dulcimer ['dʌlsimə] hakkebord

dull [dʌl] **I** *aj* bot, stomp, afgestompt, dom; dof;

suf, loom, traag, sloom; saai, vervelend, taai; mat, flauw, gedrukt; druilerig; ~ *of hearing* hardhorig; *the ~ season* de slappe tijd; **II** *vt* bot, stomp, dom, dof, suf maken; af-, verstompen; flauw stemmen; verdoven; **III** *vi* afstompen; verflauwen, dof worden; **–ard** sufferd, botterik, domkop; **~-brained** dom, hardleers; **~-eyed** met doffe blik

dulse [dʌls] eetbaar zeewier

duly ['dju:li] *ad* behoorlijk, naar behoren; op tijd; terecht, dan ook; *we ~ received your letter* $ wij hebben uw brief in goede orde ontvangen

dumb [dʌm] stom, sprakeloos; **F** sloom, dom; ~ *blonde* mooi, maar dom meisje; ~ *dog* zwijgzaam persoon; **~-bell** ['dʌmbel] halter; **S** domkop; **–found** [dʌm'faund] verstomd doen staan, verbluffen; **~-show** ['dʌm'ʃou] gebarenspel *o*, pantomine; **~-waiter** dientafeltje *o*; etenslift

dumdum ['dʌmdʌm] dumdum(kogel)

dummy ['dʌmi] **I** *sb* ◊ blinde; figurant, stroman; (kostuum)pop; iets dat nagemaakt is, leeg fust *o*, lege fles &; fopspeen; **F** stommeling; *play ~* ◊ met de blinde spelen; **II** *aj* onecht, schijn-, nagemaakt; ~ *cartridge* ✄ exercitiepatroon; ~ *door* loze deur

dump [dʌmp] **I** *sb* plof; vuilnisbelt; opslagplaats; hoop [kolen &]; autokerkhof *o*; prop, propje *o*; loden fiche *o* & *v*; *the ~s* landerigheid; *be in the ~s* moedeloos (in de put) zijn; **II** *vt* (neer)ploffen, -gooien; [puin] storten; [waren] beneden de kostprijs in het buitenland verkopen, dumpen; **–ing-cart** kipwagen; **–ling** meelballetje *o*

dumpy ['dʌmpi] kort en dik

1 dun [dʌn] **I** *aj* muisvaal, vaalgrijs, donkerbruin, donker; **II** *sb* donkerbruin paard *o*

2 dun [dʌn] **I** *sb* schuldeiser, maner; aanmaning; **II** *vt* manen, lastig vallen

dunce [dʌns] domoor, ezel

dunderhead ['dʌndəhed] domoor, domkop

dundreary [dʌn'driəri] lange bakkebaard

dune [dju:n] duin [in Nederland]

dung [dʌŋ] **I** *sb* mest, drek; **II** *vt* (be)mesten

dungaree [dʌŋgə'ri:] grof katoen *o*; *~s* werkpak *o*, -broek, overall

dungeon ['dʌndʒən] kerker; ✄ = *donjon*

dunghill ['dʌŋhil] mesthoop

dunk [dʌŋk] (in)dopen, soppen

dunt [dʌnt] harde stoot; vertikale luchtstoot tegen vliegtuig

duo ['dju:ou] duo *o* [zoals Laurel en Hardy]; ♪ = *duet*

duodecimal [dju:ou'desiməl] twaalftallig, -delig

duodenal [dju:ou'di:nl] van de twaalfvingerige darm; **–num** twaalfvingerige darm

duologue ['dju:ɔlɔg] tweespraak [inz. als toneelstuk]

dupable ['dju:pəbl] te goed van vertrouwen,

makkelijk te misleiden; **dupe I** *sb* bedrogene, dupe; onnozele hals; **II** *vt* bedriegen, beetnemen

duplex ['dju:pleks] tweevoudig, dubbel; ~ (*house*) *Am* tweegezinshuis *o*

duplicate ['dju:plikit] **I** *aj* dubbel; ~ *train* volgtrein; **II** *sb* dubbele [v. postzegel]; afschrift *o*, duplicaat *o*; *in ~* in duplo; **III** *vt* ['dju:plikeit] verdubbelen, in duplo (op)maken; verveelvuldigen; stencilen; **–tion** [dju:pli'keiʃən] verdubbeling; **–tor** ['dju:plikeitə] stencilmachine; duplicator

duplicity [dju:'plisiti] dubbelhartigheid

durability [djuərə'biliti] duurzaamheid; **durable** ['djuərəbl] **I** *aj* duurzaam; **II** *sb* *~s* duurzame verbruiksgoederen

duramen [dju'reimen] kernhout *o* (v. e. boom)

⊙ **durance** ['djuərəns] gevangenschap; *in ~ vile* achter slot en grendel

duration [dju'reiʃən] duur

duress [dju'res] dwang; gevangenhouding, gevangenschap; *under ~* gedwongen

during ['djuəriŋ] gedurende, tijdens, onder; ~ *the day* ook: overdag

✎ **durst** [də:st] V.T. van *dare*

dusk [dʌsk] **I** *sb* schemering, schemerdonker *o*, donker *o*, donkerheid; **II** *aj* ⊙ = *dusky*; **–y** schemerachtig, donker, zwart

dust [dʌst] **I** *sb* stof *o*; **S** „poen"; *bite the ~* in het zand bijten; *kick up* (*raise*) *a ~* **F** herrie schoppen; stof opjagen[2]; *throw ~ in sbd.'s eyes* iem. zand in de ogen strooien; **II** *vt* afstoffen; bestuiven; bestrooien; ~ *his jacket* **F** hem op zijn baadje geven; **–bin** vuilnisbak; **~-bowl** *Am* gebied *o* geteisterd door droogte en zandstormen; **~-cart** vuilniskar; **–er** stoffer, stofdoek; stofjas; *Am* ochtendjas; **–ing F** pak *o* slaag; **~-jacket** stofomslag [v. boek]; **~-man** asman, vuilnisman; *the D~* het Zandmannetje, Klaas Vaak; **~-pan** stof-, (vuilnis)blik *o*; **~-proof** stofdicht, -vrij; **~-sheet** hoes, stoflaken *o*; **~-shot** mussenhagel; **~-up F** kloppartij, ruzie; **dusty** stoffig, bestoven; ~ *answer* vaag antwoord *o*; *not* (*none*) *so ~* **S** (lang) niet mis, niet zo kwaad

Dutch [dʌtʃ] **I** *aj* Nederlands, Hollands; *Am* (soms ook:) Duits; ~ *auction* verkoping bij afslag; ~ *bargain* overeenkomst die met een dronk bezegeld wordt; ~ *comfort* schrale troost; *a ~ concert* een leven als een oordeel; ~ *gold* blad-, klatergoud *o*; *a ~ treat* **F** uitje waarbij ieder voor zichzelf betaalt; *talk to sbd. like a ~ uncle* **F** iem. behoorlijk de les lezen; ~ *wife* rolkussen *o*; *go ~* **F** ieder voor zichzelf betalen; sam-sam doen; zie ook: *courage* &; **II** *sb* Nederlands *o*, Hollands *o*; *double ~* **F** koeterwaals; *the ~* de Hollanders ‖ *my old ~* **S** moeder de vrouw; **–man** Nederlander, Hollander; *Am* (soms ook:) Duitser; ... *or I'm a ~* **F** ... of ik ben een boon

⊙ **duteous** ['dju:tiəs] = *dutiful*

dutiable ['dju:tjəbl] belastbaar

dutiful ['dju:tiful] gehoorzaam, eerbiedig; plichtmatig, verschuldigd; **duty** plicht; dienst; functie, bezigheid, werkzaamheid, taak; recht *o*, rechten, accijns; *do one's* ~ zijn plicht doen; *do* ~ *for* dienst doen als of voor; *i n* ~ *bound* verplicht; *in* ~ *to* uit (verschuldigde) eerbied voor; *be off* ~ geen dienst hebben, vrij zijn; *o n* ~ op wacht, dienstdoend; ~**-free** belastingvrij

duvet [dju'vet] dekbed *o*

dwarf [dwɔ:f] **I** *sb* dwerg[2]; **II** *vt* in de groei belemmeren; nietig doen lijken, in de schaduw stellen; **–ish** dwergachtig

dwell [dwel] wonen, verblijven; ~ *on* of *upon* rusten op [v. het oog]; (lang) stilstaan bij, uitweiden over [iets]; **–er** bewoner; **dwelling** woning; ~**-house** woonhuis *o*; ~**-place** woonplaats, woning; **dwelt** [dwelt] V.T. & V.D. van *dwell*

dwindle ['dwindl] afnemen, verminderen, achteruitgaan, slinken, inkrimpen

dwt. = *pennyweight*

dye [dai] **I** *sb* verf(stof), kleur, tint; ...*of the deepest* ~ ...van de ergste soort; **II** *vt* verven [v. stoffen of haar]; ~*d-in-the-wool* door de wol geverfd; **III** *va* zich laten verven; **–r** verver [van stoffen]; **dye-stuff** verfstof; ~**-works** ververij [v. stoffen]

dying ['daiiŋ] stervend(e); doods-; op zijn sterfbed gegeven; laatste; *to one's* ~ *day* tot de laatste snik; *I am* ~ *for*... **F** ik zou vreselijk graag...

dyke [daik] = *dike*

dynamic [dai'næmik] **I** *aj* dynamisch; **II** *sb* dynamiek; ~*s* dynamica; dynamiek

dynamite ['dainəmait] **I** *sb* dynamiet *o*; **II** *vt* met dynamiet laten springen, bestoken &

dynamo ['dainəmou] dynamo; **–meter** [dainə'mɔmitə] dynamometer

dynastic [di'næstik] dynastiek; **dynasty** ['dinəsti] dynastie

dysentery ['disntri] dysenterie

dyspepsia [dis'pepsiə] slechte spijsvertering; **dyspeptic I** *aj* moeilijk verterend; **II** *sb* lijder aan moeilijke spijsvertering

dyspn(o)ea [dis'pni:ə] ademnood

E

e [i:] (de letter) e; ♪ e of mi

E. = *East(ern)*

each [i:tʃ] elk, ieder; *cost a shilling* ~ een shilling per stuk kosten; ~ *other* elkaar

eager ['i:gə] vurig, begerig, verlangend, gretig; enthousiast; gespannen; onstuimig

eagle ['i:gl] arend, adelaar; ~-**eyed** met arendsogen, -blik; **eaglet** jonge arend, arendsjong *o*

eagre ['eigə, 'i:gə] hoge vloedgolf

ear [iə] **I** *sb* oor, *o*, oortje *o* ‖ aar; *be all* ~*s* een en al oor zijn; *gain the* ~ *of* gehoor verkrijgen bij; *give* ~ *to* het oor lenen aan; *have an* ~ *for music* muzikaal zijn; *he had the king's* ~ de koning luisterde graag naar zijn woorden; *put one's* ~ *to the ground* zijn oor te luisteren leggen; *play b y* ~ op het gehoor spelen; *fig* improviseren; *set by the* ~*s* tegen elkaar in het harnas jagen; *i n the public* ~ in het openbaar; *u p t o the* ~*s* (*in debt*) tot over de oren; zie ook: *deaf* ‖ **II** *vi* aren vormen; ~ **aid** hoorapparaat *o*; ~-**drop** oorbel, -knop; ~-**drum** trommelvlies *o*, trommelholte

earl [ə:l] graaf [Eng. titel]; **-dom** graafschap *o*; grafelijke waardigheid of titel

earlobe ['iəloub] oorlelletje *o*

early ['ə:li] **I** *aj* vroeg, pril; vroegtijdig; spoedig; ~ *bird* iem. die vroeg opstaat; zie ook *bird*; *keep* ~ *hours* vroeg opstaan en vroeg naar bed gaan; **II** *ad* vroeg, bijtijds; *an hour* ~ een uur te vroeg; *as* ~ *as September* reeds in september; ~ *in the year*, ~ *next month* in het begin van...; ~-**warning** *sb* & *aj* vóóralarm(-) [radar]

earmark ['iəma:k] **I** *sb* oormerk *o*, merk *o*; kenmerk *o*; **II** *vt* oormerken, merken; *fig* [gelden] bestemmen, uittrekken [op begroting]

earn [ə:n] verdienen, verwerven; bezorgen

earnest ['ə:nist] **I** *aj* ernstig (gemeend); ijverig; vurig; **II** *sb* ernst ‖ handgeld *o*; (onder)pand *o*; belofte, voorproef; *be in* ~ het menen; *in good (sober)* ~ in alle ernst; ~-**money** handgeld *o*, godspenning, aanbetaling

earnings ['ə:niŋz] verdiensten, inkomsten

earphone(s) ['iəfoun(z)] koptelefoon; ~-**ring** oorring; **-shot** *out of* ~ ver genoeg om niet te worden gehoord; ver genoeg om niet te horen; *within* ~ dichtbij genoeg om te worden gehoord; dichtbij genoeg om te horen; ~-**splitting** oorverdovend

earth [e:θ] **I** *sb* aarde; grond; *sp* hol *o*; *how on* ~ *could you...?* hoe kon je nu toch (in 's hemelsnaam, in godsnaam)...?; *come back to* ~, *be brought down to* ~ tot de werkelijkheid terugkeren, ontnuchterd worden; **II** *vt* met aarde bedekken; in zijn hol jagen; ⚡ aarden; ~ *up* aanaarden; **III** *vi* in zijn hol kruipen; **-en** van aarde, aarden; **-enware** aardewerk *o*; **-ly** aards; *of no* ~ *use* van hoegenaamd geen nut; ~ *minded* materialistisch; **-quake** aardbeving; ~ **satellite** aardsatelliet; **-work** grondwerk *o*; **-worm** aardworm², regenworm; **-y** aards; aard-

ear-trumpet ['iətrʌmpit] spreekhoren, -hoorn; **-wax** oorsmeer; **-wig** oorworm

ease [i:z] **I** *sb* rust, gemak *o*, verlichting; gemakkelijkheid, los-, ongedwongenheid; *at* ~ op zijn gemak; zie ook: *stand*; **II** *vt* geruststellen; verlichten, ontlasten (van *of*), gemakkelijker, minder gespannen maken, verminderen [de spanning]; ~ *her!* ⚓ halve kracht; **III** *vi* ~ *away* of *off* ⚓ vieren; minder gespannen worden, afnemen, verminderen

easel ['i:zl] (schilders)ezel

easement ['i:zmənt] servituut *o*

easily ['i:zili] *ad* gemakkelijk; licht; op zijn gemak; < verreweg; *he might* ~ *have been a German* hij had wel (best) een Duitser kunnen zijn

east [i:st] **I** *sb* oosten *o*; oostenwind; **II** *aj* oostelijk, oosten-, ooster-, oost-; **III** *ad* naar het (ten) oosten

Easter ['i:stə] Pasen; paas-, Paas-

easterly ['i:stəli] oostelijk, oosten-; **eastern I** *aj* oosters; oostelijk, oosten-, oost-; **II** *sb* oosterling; **-most** oostelijkst; **eastward(s)** oostwaarts

easy ['i:zi] **I** *aj* gerust; gemakkelijk, ongedwongen; welgesteld; $ flauw; kalm; ~ *does it!* voorzichtig!, kalmpjes aan!; *in* ~ *circumstances* in goeden doen, welgesteld; ~ *terms* gunstige voorwaarden [bij afbetaling]; *make your mind* ~ wees maar gerust; **II** *ad* gemakkelijk; ⚓ langzaam!; ~*!* kalm!; *go* ~, *take it* ~ kalm aan doen; *take it* ~*!* blijf kalm!, rustig maar!; **III** *sb* rust(poos); ~-**chair** leunstoel, fauteuil; ~-**going** licht lopend; [de zaken] licht opnemend; gemakzuchtig

1 eat [i:t] **I** *vt* eten, opeten, (in)vreten; ~ *one's words* zijn woorden terugnemen; ● ~ *one's head o f f* zie *head* **I**; ~ *one's heart out* zich dood kniezen; ~ *sbd. o u t o f house and home* iem. de oren van het hoofd eten; ~ *u p* opeten; *fig* verteren; ~*en up with pride* hoogst verwaand; **II** *vi* eten; *it's well* het laat zich goed eten; ● ~ *i n t o* invreten; aantasten; ~ *o u t* buitenshuis eten; **2 eat** [et] ✎ V.T. van *eat*; **-able I** *aj* eetbaar; **II** *sb* ~*s* eetwaren; **-en** V.D. van *eat*; **-er** eter, eetster; handappel; **eating-house** (eenvoudig) eethuis *o*

eaves [i:vz] onderste dakrand; **–drop** staan (af)luisteren [aan de deuren], luistervinken; **–dropper** luistervink

ebb [eb] **I** *sb* eb(be)²; *fig* afneming; *at a low* ~ laag; aan lagerwal; in verval; *...is at its lowest* ~ ...heeft het dieptepunt bereikt; *be on the* ~ afnemen; **II** *vi* ebben², afnemen (ook: ~ *away*); ~-**tide** eb(be) ⊙ **ebon** ['ebən] *aj = ebony*; **–ite** eboniet *o*; **ebony I** *sb* ebbehout *o*; ebbeboom; **II** *aj* ebbehouten; zwart als ebbehout

ebullience, **–ency** [i'bʌljəns(i)] uitbundigheid; zie verder *ebullition*; **–ent** (over)kokend, opbruisend, opborrelend, opwellend; uitbundig; **ebullition** [ebə'liʃən] (over)koking, opborreling, opwelling, opbruising

eccentric [ik'sentrik] **I** *aj* excentrisch; excentriek, buitenissig; **II** *sb* excentriekeling; ✗ excentriek *o*; **–ity** [eksen'trisiti] excentriciteit, zonderlingheid

Ecclesiastes [ikli:zi'æsti:z] **B** Prediker **ecclesiastic** [ikli:zi'æstik] **I** *sb* geestelijke; **II** *aj = ecclesiastical*; **–al** geestelijk; kerkelijk **echelon** ['eʃəlɔn] echelon; groep, rang **echo** ['ekou] **I** *sb* weerklank²; echo²; *(be applauded) to the* ~ uitbundig; **II** *vt* weerkaatsen; herhalen; **III** *vi* weerklinken; ~-**sounder** echolood *o* **eclat** ['eikla:] *Fr* schittering, luister, groot succes *o*; toejuiching **eclectic** [ek'lektik] **I** *aj* eclectisch, schiftend, uitzoekend; **II** *sb* eclecticus

eclipse [i'klips] **I** *sb* verduistering, eclips; *fig* op de achtergrond raken *o*, aftakeling; **II** *vt* verduisteren, in de schaduw stellen; **ecliptic** ecliptica **eclogue** ['eklɔg] herdersdicht *o* **ecological** [i:kə'lɔdʒikl] ecologisch; **–ist** [i: 'kɔlədʒist] ecoloog; **ecology** ecologie **econometrics** [ikɔnə'metriks] econometrie; **economic** [i:kə'nɔmik] **I** *aj* economisch, staathuiskundig; **II** *sb* ~*s* economie, (staat)huishoudkunde; **–al** spaarzaam, zuinig, voordelig, economisch; **economist** [i'kɔnəmist] econoom, staathuishoudkundige; **–ize** [i] *vt* (be)sparen, bezuinigen; spaarzaam of zuinig zijn met; **II** *vi* bezuinigen (op *in*); **economy** huishoudkunde, huishouding, economie, bedrijfsleven *o*; spaarzaamheid, zuinigheid; besparing, bezuiniging; inrichting [v. boek &], stelsel *o*, gestel *o*

ecru [ei'kru:] de kleur v. ongebleekt linnen, ecru **ecstasy** ['ekstəsi] (ziels)verrukking, geestvervoering, opgetogenheid, extase; **ecstatic** [ek'stætik] extatisch, verrukt **eczema** ['eksimə] eczeem *o* **edacious** [i'deiʃəs] gulzig, begerig **Edam** ['i:dæm] edammer [kaas]; Edam *o* **eddy** ['edi] **I** *sb* draaikolk; maalstroom; wervel-, dwarrelwind; **II** *(vt &) vi* (doen) ronddwarrelen, wervelen

edema = *oedema* **edentate** [i'denteit] tandeloos (dier *o*) **edge** [edʒ] **I** *sb* sne(d)e, scherp *o*, scherpte; rand, kant, zoom; *fig* voorsprong; *give an* ~ *to* scherpen²; *on* ~ op zijn kant; *fig* in gespannen toestand; geprikkeld; *set the teeth on* ~ door merg en been gaan, doen griezelen; **II** *vt* scherpen, slijpen; (om)zomen; (om)boorden, (om)randen (met *with*); schuiven, dringen; ~ *on* aanzetten, ophitsen; **–d** scherp, snijdend; gerand; ~-**tool** snijdend gereedschap *o*; **–ways**, **–wise** op zijn kant (gezet); schuins tegen elkaar; *not get a word in edgeways* er geen woord (geen speld) tussen krijgen; **edging** rand; boordsel *o*; **edgy** kantig, (te) scherp; *fig* geprikkeld **edible** ['edibl] = *eatable* **I** & **II** **edict** ['i:dikt] edict *o*, bevelschrift *o* **edification** [edifi'keiʃən] stichtend gesprek, toespraak &; stichting **edifice** ['edifis] gebouw² *o* **edify** ['edifai] (innerlijk) stichten; **–ing** stichtelijk **edit** ['edit] (voor de druk) bezorgen, bewerken, persklaar maken; redigeren; monteren [een film]; **–ing** inz.: montage [v. film]; **–ion** [i'diʃən] uitgaaf, druk, editie; **editor** ['editə] bewerker; redacteur; cutter [v. film]; **–ial** [edi'tɔ:riəl] **I** *aj* redactioneel, redactie-; ~ *staff* redactie; **II** *sb* hoofdartikel *o*; **–ship** ['editəʃip] bewerking, leiding; redacteurschap *o* **educate** ['edjukeit] opvoeden, vormen, onderwijzen; ~*d* beschaafd (ontwikkeld); **–tion** [edju'keiʃən] opvoeding, vorming, ontwikkeling, onderwijs *o*; **–tional** de opvoeding betreffend, educatief; onderwijs-, school-; ~ *film* onderwijsfilm; **–tion(al)ist** opvoed(st)er, opvoedkundige, pedagoog; **–tive** ['edjukətiv] opvoedend

educe [i'dju:s] aan het licht brengen; trekken (uit *from*), afleiden; afscheiden; **–cible** afleidbaar; **–duction** [i'dʌkʃən] afleiding; afscheiding; ~ *pipe* afvoerpijp, afblaaspijp **Edwardian** [ed'wɔ:diən] uit de tijd van Koning Eduard VII [1901–1910] **E.E.C.** = *European Economic Community* Europese Economische Gemeenschap, E.E.G. **eel** [i:l] aal, paling; (azijn)aaltje *o* (ook: *eelworm*) **e'en** [i:n] verk. van 3 *even*; van *evening* **e'er** [tə] verk. van *ever* **eerie**, **eery** ['iəri] bijgelovig bang; angstwekkend, akelig, eng **efface** [i'feis] **I** *vt* uitwissen², uitvegen; *fig* overschaduwen, in de schaduw stellen; **II** *vr* ~ *oneself* zich terugtrekken of op de achtergrond houden; verdwijnen **effect** [i'fekt] **I** *sb* (uit)werking, invloed, gevolg *o*, resultaat *o*, effect *o*; ~*s* bezittingen, goed *o*, goederen; *give* ~ *to* uitvoeren; *take* ~ uitwerking hebben; effect maken; in werking treden; ● *f o r* ~ uit effectbejag; *i n* ~ in werkelijkheid, in feite; *carry (put) i n t o* ~ ten uitvoer brengen; *be o f no* ~ geen uitwerking hebben; *t o no* ~ zonder resultaat; tevergeefs; (*a notice*) *to the* ~ *that...* behelzende, inhoudende, hierop neerkomend, dat...; *assurances to this* ~ verzekeringen in deze geest (zin), van deze strekking; *w i t h* ~ *from* met ingang van; **II** *vt* uitwerken, teweegbrengen, bewerkstelligen, tot stand brengen, uitvoeren, verwezenlijken; $ (af)sluiten; **–ive I** *aj* werkzaam, krachtig; krachtdadig; doeltreffend; raak; effect hebbend; effectief; *become* ~ ook: van kracht worden; **II** *sb* ✄ effectief *o*; **–ual** *aj* krachtig; doeltreffend; geldig, van kracht, bindend; **–uate** bewerkstelligen, uitvoeren, volvoeren, volbrengen

effeminacy [i'feminǝsi] verwijfdheid; **–ate** verwijfd

effervesce [efǝ'ves] mousseren, (op)bruisen; **effervescence** mousseren *o*, (op)bruising²; *fig* gisting, onrust; **–ent** mousserend, (op)bruisend²

effete [e'fi:t] zwak, afgeleefd, versleten

efficacious [efi'keiʃǝs] werkzaam, doeltreffend, probaat, kracht(dad)ig, efficiënt; **–ness, efficacy** ['efikǝsi] kracht(dadigheid), werkzaamheid, doeltreffendheid, uitwerking

efficiency [i'fiʃǝnsi] kracht(dadigheid), doeltreffendheid; bekwaamheid, geschiktheid; ✄ nuttig effect *o*, rendement *o*; **–ent** werkend, kracht(dad)ig, doeltreffend; bekwaam, geschikt

effigy ['efidʒi] afbeeldsel *o*; beeld *o*, beeldenaar, borstbeeld *o* [op een munt]; *in* ~ in effigie

effloresce [eflɔ:'res] ontbloeien, zich ontplooien; *chem* kristallen aanzetten; uitslaan [v. muren]

effluence ['efluǝns] uitvloeiing, uitstroming; uitvloeisel *o*; **–ent** uitstromende vloeistof; afvalwater *o* [v. fabriek in rivier]

effluvium [e'flu:viǝm] uitwaseming, (onaangename) geur

efflux ['eflʌks] uitstromen *o*; uitvloeien *o*; dat wat uitstroomt

effort ['efǝt] poging, (krachts)inspanning; prestatie; *make an* ~ een poging doen; zich geweld aandoen; zich inspannen; **–less** moeiteloos, ongedwongen

effrontery [i'frʌntǝri] onbeschaamdheid

effulgent [e'fʌldʒǝnt] stralend, schitterend

effuse [e'fju:z] (uit)storten, uitstralen, verspreiden²; **–sion** [i'fju:ʒǝn] vergieten *o*, uitstorting²; *fig* ontboezeming; **–sive** zich geheel gevend, (over)hartelijk, expansief, uitbundig

eft [eft] ≈ salamander

E.F.T.A., Efta ['efta:] = *European Free Trade Association* Europese Vrijhandelsassociatie,

E.V.A.

e.g. = [exempli gratia] *for instance* bijvoorbeeld, b.v.

egad [i'gæd] F afk. v. *by God!*

egalitarian [igæli'tæriǝn] **I** *aj* gelijkheid voorstaand, gelijkheids-; **II** *sb* voorstander van gelijkheid; **–ism** streven *o* naar gelijkheid

egest [i:'dʒest] uitscheiden

egg [eg] **I** *sb* ei *o*; eicel; *a bad* ~ **F** een waardeloze figuur; *good* ~*!* **F** beste kerell; mooi zo!; *he put all his* ~*s in one basket* hij zette alles op één kaart; **II** *vt* ~ *on* aanzetten, aan-, ophitsen; ~ **cell** eicel; ~**-cup** eierdopje *o*; ~ **flip** = *egg nog*; **–head** S > intellectueel; ~ **nog** drankje *o* v. geklutst ei met drank; ~**-plant** aubergine; ~**-shell** eierdop, eierschaal; ~**-spoon** eierlepeltje *o*; ~**-timer** eierwekker, zandloper; ~**-whisk** eierklopper

eglantine ['eglǝntain] egelantier

ego ['egou, 'i:gou] ik *o*: ikheid; *ps* ego *o*; **–centric** [egou'sentrik] egocentrisch; **–ism** ['egouizm] egoïsme *o*, zelfzucht, eigenbaat; zie ook: *egotism*; **–ist** egoïst, zelfzuchtige; **–istic(al)** [egou'istik(æl)] egoïstisch; **–tism** egotisme *o*, eigenliefde; zelfzucht; **–tist** iemand die gaarne over zichzelf spreekt; egoïst; **–tistic(al)** van zichzelf vervuld, ikkerig; zelfzuchtig

egregious [i'gri:dʒǝs] groot, kolossaal [ironisch]

egress ['i:gres] uitgang; uitgaan *o*

egret ['i:gret] 🦅 kleine witte reiger; reigerveer; aigrette; 🌿 zaadpluim

Egyptian [i'dʒipʃǝn] **I** *aj* Egyptisch; **II** *sb* Egyptenaar

eh [ei] hel, wat?

eider ['aidǝ] eidereend, eidergans; ~**-down** eiderdons *o*; dekbed *o* (van dons)

eight [eit] acht; **eighteen** ['ei'ti:n, + 'eiti:n] achttien; **–th** ['ei'ti:nθ, + 'eiti:nθ] 18de (deel *o*); **eightfold** ['eitfould] achtvoudig; **eighth** [eitθ] achtste (deel *o*); **eightieth** ['eitiiθ] tachtigste (deel *o*); **eighty** tachtig; *the eighties* de jaren tachtig: van (18)80 tot (18)90; *in the (one's) eighties* ook: in de tachtig

Eire ['εǝrǝ] benaming voor de Ierse Republiek

either ['aiðǝ, 'i:ðǝ] **I** *aj* (één van) beide; **II** *pron* de één zowel als de andere; ~ *of us* één onzer; **III** *cj* ~... *or* (of)... of; **IV** *ad* ook; *if... I'll not go* ~ dan ga ik ook niet

ejaculate [i'dʒækjuleit] uitbrengen, uitroepen; uitstorten [zaad]; **–tion** [idʒækju'leiʃǝn] ontboezeming; uitroep; (zaad)uitstorting; **–tory** [i'dʒækjulǝtǝri] ~ *prayer* schietgebed(je) *o*

eject [i'dʒekt] uitwerpen; (uit)schieten [stralen]; (met geweld) uitzetten, verdrijven; **–ion** [i'dʒekʃǝn] uitwerping, uitschieting; uitzetting, verdrijving; ~ **seat** ✈ schietstoel; **–ment** 🏛 uitzetting; **–or (seat)** ✈ schietstoel

eke [i: k] ~ *out* aanvullen; rekken; ~ *out a livelihood* zijn onderhoud bijeenscharrelen

elaborate [i'læbərit] I *aj* doorwrocht, fijn af-, uitgewerkt; ingewikkeld; uitgebreid, uitvoerig, nauwgezet; II *vt* [i'læbəreit] nauwkeurig, grondig uit-, bewerken; III *vi* uitweiden (over *on*); –tion [ilæbə'reiʃən] (grondige) uit-, bewerking

élan [ei'lã: ŋ] *Fr* elan *o*, zwier; vuur *o*

eland ['i:lənd] eland-antilope

elapse [i'læps] verlopen, verstrijken

elastic [i'læstik] I *aj* veerkrachtig, elastisch; rekbaar[2]; II *sb* elastiek(je) *o*; –ity [elæs'tisiti] veerkracht, rekbaarheid, elasticiteit

elate [i'leit] I *aj* ~ = *elated*; II *vt* triomfantelijk (opgetogen) maken; –d triomfantelijk, opgetogen; **elation** overmoed; opgetogenheid

elbow ['elbou] I *sb* elleboog; bocht; *at one's* ~ vlak bij; *out at* ~s met de ellebogen door zijn mouwen; aan lagerwal, verlopen; *up to the* ~s *in work* tot over de oren in het werk; II *vt* met de ellebogen duwen, dringen; ~ *one's way* zich een weg banen; ~ *out* verdringen; III *vi* een bocht maken; ~**-grease** poot-aan spelen; ~**-room** ruimte om zich te roeren, vrijheid van beweging, armslag

1 elder ['eldə] I *aj* ouder, oudste [v. twee]; II *sb* oudere; ouderling

2 elder ['eldə] *sb* ♣ vlier(struik); –berry vlierbes

elderly ['eldəli] bejaard, op leeftijd, oudachtig; **eldest** oudste

elect [i'lekt] I *vt* (ver)kiezen (tot); II *aj* (uit)verkoren, gekozen; II *sb* uitverkorene; –ion keus, verkiezing*; –ioneer* [ilekʃə'niə] stemmen werven, meedoen aan een verkiezingscampagne; ~*ing agent* verkiezingsagent; –ive [i'lektiv] kies-, keur-; (ver)kiezend; verkiezings-; ge-, verkozen; –or kiezer; kiesman; keurvorst; –oral kies-, kiezers-, verkiezings-, electoraal; keurvorstelijk; –orate electoraat *o*: kiezers, kiezerscorps *o*; keurvorstendom *o*

electric [i'lektrik] elektrisch; elektriseer-; ~ *blue* staalblauw; ~ *eel* sidderaal; ~ *fence* schrikdraad *o*; –al elektrisch; elektriseer-; ~ *engineer* elektrotechnicus; –ian [ilek'triʃən] elektricien; –ity elektriciteit; **electrification** [ilektrifi'keiʃən] elektrisering; elektrificatie; **electrify** [i'lektrifai] elektriseren; elektrificeren

electrocute [i'lektrəkju:t] elektrokuteren: elektrisch terechtstellen; –tion [ilektrə'kju:ʃən] elektrokutie

electrode [i'lektroud] elektrode

electro-dynamics [i'lektroudai'næmiks] elektrodynamica

electrolysis [ilek'trɔlisis] elektrolyse; –ytic [ilektrə'litik] elektrolytisch; –yze [i'lektrəlaiz] elektrolyseren: ontleden v. chem. verbindingen door elektriciteit

electrometer [ilek'trɔmitə] elektrometer

electromotor [ilektrou'moutə] elektromotor

electron [i'lektrɔn] elektron *o*; ~ *microscope* elektronenmicroscoop; –ic [ilek'trɔnik] I *aj* elektronisch; II *sb* ~*s* elektronica

electroplate [i'lektroupleit] I *vt* elektrolytisch verzilveren; II *sb* pleet(werk) *o*

electroscope [i'lektrəskoup] elektroscoop

elegance [–ancy ['eligəns(i)] sierlijkheid, keurigheid, bevalligheid, elegantie; distinctie; –ant sierlijk, keurig, bevallig, elegant

elegiac [eli'dʒaiək] I *aj* elegisch; II *sb* ~*s* elegische poëzie; **elegy** ['elidʒi] elegie, treurzang, -dicht *o*

element ['elimənt] element *o*, bestanddeel *o*, grondstof; ~*s* ook: (grond)beginselen; –al [eli'mentl] van de elementen, natuur-; wezenlijk, onvermengd; –ary elementair, aanvangs-, grond-, basis-; ~ *school* (vroegere vorm van) basisschool

elephant ['elifənt] olifant; –ine [eli'fæntin] als (van) een olifant

elevate ['eliveit] opheffen, verheffen, verhogen; opslaan [ogen]; veredelen; –d verheven, gedragen [toon]; F aangeschoten; ~ *railway* luchtspoorweg; **elevation** [eli'veiʃən] op-, verheffing, verhoging, hoogte, verhevenheid, △ opstand; *front* ~ vóóraanzicht; *o*; –tor ['eliveitə] opheffer [spier]; ♀ elevator; *Am* lift; ☞ hoogteroer *o*

eleven [i'levn] elf; *an* ~ een elftal *o*; ~**-plus** toelatingsexamen *o* voor een inrichting van middelbaar onderwijs (voor leerlingen van elf jaar of ouder); –ses lichte maaltijd omstreeks 11 uur 's ochtends; –th elfde; *at the* ~ *hour* ter elfder ure

elf [elf] elf, fee, kaboutermannetje[2] *o*; dreumes; –in I *aj* elfen-; II *sb* elf; –ish elfen-; *fig* ondeugend

elicit [i'lisit] uit-, ontlokken, aan het licht brengen, ontdekken; krijgen (uit *from*)

eligible ['elidʒibl] (ver)kiesbaar; in aanmerking komend, geschikt, wenselijk, verkieslijk

eliminate [i'limineit] elimineren, wegwerken [factor]; verdrijven, verwijderen (uit *from*); buiten beschouwing laten, uitschakelen; –ting ~ *contest* afvalwedstrijd; –tion [ilimi'neiʃən] eliminatie: wegwerking, verwijdering, terzijdestelling, uitschakeling

élite [ei'li:t] *Fr* elite, keur

elixir [i'liksə] elixir[2] *o*

Elizabethan [iliza'bi:θən] I *aj* van (Koningin) Elizabeth I, Elizabethaans; II *sb* schrijver enz. uit de tijd van Koningin Elizabeth I

elk [elk] eland

ell [el] el, ellemaat

ellipse [i'lips] ellips; uitlating; –sis uitlating; **elliptic(al)** elliptisch

elm [elm] ♣ iep, olm

elocution [elə'kju:ʃən] voordracht, dictie; **–ist** voordrachtkunstenaar; leraar in de dictie

elongate ['i:lɔŋgeit] *vt* verlengen; (uit)rekken; **~d** ook: ·lang, slank, spichtig; **–tion** [i:- lɔŋ'geiʃən] verlenging; ✗ rek

elope [i'loup] weglopen, zich laten schaken (door *with*); **–ment** weglopen *o*, vlucht; schaking

eloquence ['elɔkwəns] welsprekendheid; **–ent** welsprekend²; *be* **~** *of* een welsprekend getuigenis afleggen van

else [els] anders; *what* **~?** wat nog (meer)?, nog iets?; wat... anders?; **–where** ergens anders, elders

elucidate [i'l(j)u:sideit] ophelderen, toelichten, duidelijk maken, verklaren; **–tion** [il(j)u:si'deiʃən] opheldering, toelichting, verklaring; **–tory** [i'l(j)u:sideitəri] ophelderend, verklarend

elude [i'l(j)u:d] ontgaan, ontsnappen (aan); ontwijken, ontduiken, ontkomen aan; **elusion** ontsnapping; ontwijking, ontduiking, ontkoming; **–ive** ontwijkend, ontduikend; (aan alle nasporing) ontsnappend, moeilijk of niet te benaderen of te bepalen, elusief

elves [elvz] *mv* v. *elf;* **elvish** ['elviʃ] = *elfish*

'em [əm] **F** = *them*

emaciate [i'meiʃieit] vermageren, uitteren; **–tion** [imeiʃi'eiʃən] vermagering, uittering

emanate ['eməneit] uitstromen; **~** *from* voortvloeien uit, voortkomen uit, uitgaan van, afkomstig zijn van; **–tion** [emə'neiʃən] uitstroming, uitstraling, emanatie

emancipate [i'mænsipeit] bevrijden, vrijlaten, vrijmaken, ontvoogden, emanciperen; **–tion** [imænsi'peiʃən] bevrijding, vrijlating, vrijmaking, ontvoogding, emancipatie

emasculate [i'mæskjuleit] verzwakken; castreren; **–tion** [imæskju'leiʃən] verzwakking; castratie, ontmanning; verzwakking, verzwaktheid

embalm [im'ba:m] balsemen

embank [im'bæŋk] indijken, bedijken; **–ment** in-, bedijking; (spoor)dijk; kade, wal

embargo [em'ba:gou] **I** *sb* embargo *o*, beslag *o* [op schepen]; verbod *o*, belemmering; **II** *vt* beslag leggen op, onder embargo leggen

embark [im'ba:k] (*vi* &) *vt* (zich) inschepen; **~** *i n* (zich) steken in, zich inlaten met; **~** *o n* (*upon*) zich wagen (begeven) in, beginnen (aan); **–ation** [emba:'keiʃən] inscheping

embarrass [im'bærəs] verlegen maken, verwarren, in verwarring brengen; in moeilijkheden brengen; bemoeilijken; hinderen, generen, belemmeren; **–ing** lastig, pijnlijk, gênant; **–ment** (geld)verlegenheid, verwarring, gêne; moeilijkheid

embassy ['embəsi] ambassade; gezantschap *o*; opdracht, zending, missie

embattle [im'bætl] in slagorde scharen; van kantelen voorzien; **~d** ook: *Am* **F** krijgshaftig, strijdlustig

embay [im'bei] *vt* & *vi* (schip) in een baai leggen; als een baai omsluiten

embed [im'bed] insluiten, (in)zetten, (vast)leggen, inbedden; *be* **~ded** *in* ook: vastzitten in

embellish [im'beliʃ] versieren, verfraaien, opsieren

ember ['embə] gloeiende kool; **~s** gloeiende as of sintels

embezzle [im'bezl] verduisteren

embitter [im'bitə] verbitteren; vergallen; verergeren

emblazon [im'bleizn] versieren; verheerlijken; **–ry** = *blazonry*

emblem ['embləm] zinnebeeld *o*, symbool *o*; **–atic** [embli'mætik] zinnebeeldig

embodiment [im'bɔdimənt] belichaming; **embody** belichamen; verenigen, inlijven; be-, omvatten

embolden [im'bouldən] aanmoedigen

embolism ['embəlizm] embolie; **embolus** ['embələs] embolus: geronnen bloed *o* in bloedvat

embosom [em'buzəm] omarmen, aan het hart drukken; in het hart sluiten, koesteren; omsluiten, omhullen

emboss [im'bɔs] in reliëf maken, drijven; **–ment** reliëf *o*, gedreven werk *o*; verhevenheid

embouchure [ɔmbu'ʃuə(r)] (rivier)monding; ♪ mondstuk *o* [v. blaasinstrument]; aanzet [bij blazen]

embrace [im'breis] **I** *vt* omhelzen; omvatten, insluiten; overzien; aangrijpen; **II** *vi* elkaar omarmen; **III** *sb* omhelzing

embrangle [im'bræŋgl] **F** verstrikken; verwarren

embrasure [im'breiʒə] △ nis; ✗ schietgat *o*

embrocation [embrə'keiʃən] smeersel *o*

embroider [im'brɔidə] borduren²; *fig* opsieren; **–y** borduurwerk *o*, borduursel² *o*; **~** *frame* borduurraam *o*

embroil [im'brɔil] verwarren, in de war gooien; verwikkelen (in een geschil); **–ment** verwarring; verwikkeling

embryo ['embriou] embryo *o*, eerste ontwerp *o*; *in* **~** in embryonale toestand²; **–nic** [embri'ɔnik] embryonaal

emend [i'mend] emenderen, verbeteren; **–ation** [i:men'deiʃən] (tekst)verbetering

emerald ['emərəld] **I** *sb* smaragd *o* [stofnaam], smaragd *m* [voorwerpsnaam]; **II** *aj* van smaragd, smaragdgroen; *the* E**~** *Isle* het groene Erin: Ierland *o*

emerge [i'mə:dʒ] opduiken, oprijzen; te voorschijn komen, naar voren komen, opkomen;

uitkomen, blijken; zich voordoen; **emergence** verschijning; **emergency** onverwachte of onvoorziene gebeurtenis; moeilijke omstandigheid; noodtoestand; spoedgeval *o*; *in case of ~, in an ~* in geval van nood; **~ door** nooddeur; **~ meeting** spoedvergadering; **emergent** oprijzend, opkomend

emeritus [i'meritəs] emeritus, rustend

emersion [i'mɔːʃən] opduiken *o*, opkomen *o*

emery ['eməri] amaril; **~-cloth** schuurlinnen *o*; **~-paper** schuurpapier *o*

emetic [i'metik] braakmiddel *o*

emiction [i'mikʃən] urineren *o*; urine

emigrant ['emigrənt] **I** *aj* (naar een ander land) trekkend, uitwijkend; uitgeweken; trek-; **II** *sb* emigrant, landverhuizer; **-ate I** *vi* emigreren, uit het land trekken, uitwijken; **II** *vt* doen emigreren, uitzenden; **-ation** [emi'greiʃən] emigratie; **émigré** ['emigrei] ⬜ [Franse] emigré, [Russische] emigrant

eminence ['eminəns] hoogte², hoge positie, grootheid, verhevenheid, uitstekendheid, uitmuntendheid; eminentie; **-ent** *aj* hoog, verheven, uitstekend, uitnemend, eminent; **-ently** *ad* eminent; in hoge mate, uiterst, bijzonder

emissary ['emisəri] afgezant

emission [i'miʃən] uitzending [v. geluid, licht]; uitstraling, uitstorting; $ emissie, uitgifte; uitvaardiging [van besluit &]

emit [i'mit] uitzenden, uitstralen, uitstorten, afgeven; uit-, voortbrengen [geluid], uiten, uitspreken, (ten beste) geven; $ uitgeven; uitvaardigen [bevelen]

emollient [i'mɔliənt] verzachtend (middel *o*)

emolument [i'mɔljumənt] emolument *o*, honorarium *o*, salaris *o*, verdienste

emotion [i'mouʃən] emotie, aandoening, ontroering; **-al** emotioneel: tot het gevoel sprekend; affectief, gevoels-; licht geroerd, geëmotioneerd; **-alize** dramatiseren; tot gevoelszaak maken; **emotive** [i'moutiv] gevoels-

empanel [im'pænl] 𝐭𝐭 op de lijst van gezworenen plaatsen, [een jury] samenstellen; tot jurylid (forumlid) benoemen

empathic [em'pæθik] empathisch, invoelend; **empathy** ['empəθi] empathie, invoeling(svermogen)

emperor ['empərə] keizer

emphasis ['emfəsis, *mv* -ses -siːz] nadruk², klem(toon)², *fig* accent *o*; **-ize** de nadruk leggen op²; **emphatic** [im'fætik] uit-, nadrukkelijk, indringend, met klem; krachtig; beslist, gedecideerd

emphysema [emfi'siːmə] emfyseem *o*

empire ['empaiə] **I** *sb* (keizer)rijk *o*, imperium *o*; heerschappij; **II** *aj* empire [meubelen, stijl]

empiric [em'pirik] **I** *aj* empirisch, op ervaring gegrond (ook: *empirical*); **II** *sb* empiricus; kwakzalver; **-cism** [em'pirisizm] empirisme *o*, empirie: ervaringsleer; kwakzalverij; **-cist** empirist, empiricus

emplacement [im'pleismənt] emplacement *o*; terrein *o*; plaatsing

emplane [em'plein] **I** *vt* inladen [in een vliegtuig]; **II** *vi* aan boord gaan [v.e. vliegtuig]

employ [im'plɔi] **I** *vt* gebruiken, besteden, aanwenden; bezighouden, in dienst hebben, tewerkstellen; **~ed in agriculture** werkzaam in de landbouw; *be ~ed on* bezig zijn met (aan); *employers and ~ed* werkgevers en werknemers; **II** *sb* dienst; werk *o*; *in the ~ of* in dienst bij; **employé(e)** [ɔm'plɔiei], **employee** [emplɔi'iː] employé(e), geëmployeerde, bediende; werknemer; **employer** [im'plɔiə] werkgever, patroon, **F** broodheer; **employment** gebruik *o*, aanwending; tewerkstelling; werkgelegenheid; bezigheid, werk *o*, emplooi *o*, beroep *o*; *full ~* volledige werkgelegenheid; *out of ~* zonder werk; **~ agency** uitzendbureau *o*; **~ exchange** arbeidsbureau *o*

emporium [em'pɔːriəm] handelscentrum *o*, markt; grootwarenhuis *o*

empower [im'pauə] machtigen; in staat stellen

empress ['empris] keizerin

empty ['em(p)ti] **I** *aj* ledig, leeg; ijdel; **~ of** ontbloot van, zonder; **II** *sb* lege wagon, fust *o*, fles &; **III** *vt* ledigen, leegmaken, leeg-, uithalen, ruimen; **IV** *vi* leeg worden, leeglopen; zich uitstorten; **~-handed** met lege handen; **~-headed** *be ~* een leeghoofd zijn

empurple [im'pɔːpl] purperrood kleuren

empyreal [empai'riːəl] hemels; **empyrean** [empai'riːən] **I** *sb* hoogste hemel; **II** *aj* hemels

emu ['iːmjuː] emoe

emulate ['emjuleit] wedijveren met, nastreven; **-tion** [emju'leiʃən] wedijver; **-tive** ['emjulətiv] wedijverend; **-tor** mededinger; **emulous ~ of** wedijverend met, trachtend te evenaren; strevend naar

emulsify [i'mʌlsifai] emulgeren; **emulsion** emulsie

enable [i'neibl] in staat stellen, (het) mogelijk maken; machtigen

enact [i'nækt] vaststellen, bepalen; tot wet verheffen; opvoeren, spelen; *be ~ed* ook: zich afspelen; **-ment** vaststelling; bepaling; verordening; opvoering

enamel [i'næməl] **I** *sb* email *o*, brandverf, verglaassel *o*, glazuur *o*, vernis *o* & *m*; lak *o* & *m*; brandschilderwerk *o*; email kunstvoorwerp *o*; **II** *vt* emailleren, verglazen, glazuren, vernissen; lakken, moffelen; brandschilderen; ⊙ veelkleurig maken; **enameller** emailleur

enamour [i'næmə] verliefd maken, bekoren; *be*

~ed of (with) verliefd zijn op

encage [in'keidʒ] opsluiten (als) in een kooi

encamp [in'kæmp] (zich) legeren, kamperen; **–ment** legering, kampering; legerplaats, kamp(ement) o

encapsulate [in'kæpsjuleit] inkapselen[2]

encase [in'keis] steken in

encash [in'kæʃ] $ verzilveren, innen

encephalic [enke'fælik] de hersenen betreffend; hersen-; **–itis** [enkefə'laitis] hersenontsteking

enchain [in'tʃein] ketenen, boeien[2]

enchant [in'tʃɑ:nt] betoveren; bekoren, verrukken; **–er** tovenaar; bekoorder; **–ing** betoverend, verrukkelijk; **–ment** betovering; bekoring, verrukking

enchase [in'tʃeis] zetten [edelstenen] ; omlijsten; graveren, ciseleren

encircle [in'sə:kl] omringen, omsluiten, insluiten, omsingelen

enclave ['enkleiv] enclave

enclose [in'klouz] om-, insluiten, omheinen, omringen, omvatten, bevatten; **–sure** insluiting; (om)heining; besloten ruimte; $ bijlage

encomiast [en'koumiæst] lofredenaar; **–ium** lof(rede, -zang)

encompass [in'kʌmpəs] omgeven, omringen, omsluiten; om-, bevatten

encore [ɔŋ'kɔ:] I ij nog eens, bis!; II als sb bis(nummer) o, toegift; III vt & vi bisseren

encounter [in'kauntə] I sb ontmoeting; treffen o, gevecht o; II vt ontmoeten, tegenkomen, aantreffen, (onder)vinden; tegemoet treden; het hoofd bieden

encourage [in'kʌridʒ] be-, aanmoedigen, aanzetten, animeren, voet (voedsel) geven aan, in de hand werken, bevorderen; **–ment** be-, aanmoediging, aanwakkering, aansporing; **encouraging** bemoedigend; hoopvol

encroach [in'kroutʃ] inbreuk maken (op *on, upon*); zich indringen, veld winnen; **–ment** inbreuk; binnendringen o, uitbreiding, aanmatiging

encrust [in'krʌst] om-, overkorsten; incrusteren

encumber [in'kʌmbə] belemmeren, hinderen; versperren, belasten; **–brance** belemmering, hindernis, last; hypotheek; *no ~(s), without ~(s)* zonder kinderen

encyclical [en'siklikl] I aj ~ *letter* = II sb encycliek

encyclopaedia [ensaiklə'pi:diə] encyclopedie; **–ic** encyclopedisch

encyst [in'sist] inkapselen

end [end] I sb eind(e) o [ook = dood]; uiteinde o; besluit o, afloop, uitslag; doel o, oogmerk o; eindje o, stukje o [touw, kaars], peukje o [sigaret]; fig kant, afdeling; *and there's an ~ (of it)* en daarmee uit, basta; *no ~ of...* een hoop..., verbazend veel...;

gain one's ~(s) zijn doel bereiken; *get (have) the better ~ of the staff* aan het langste eind trekken; *have got hold of the wrong ~ of the stick* het bij het verkeerde eind hebben; aan het kortste eind trekken; *keep one's ~ up* zijn man staan; *make (both) ~s meet* de eindjes aan elkaar knopen, rondkomen; *make an ~ of it, put an ~ to it* er een eind aan maken; ● *be at an ~* voorbij (om, op, uit) zijn; zie ook: *loose* I; *at the ~* aan het einde (van *of*); *for that ~* te dien einde; *in the ~* ten slotte, uiteindelijk; op de duur; *he is near his ~* hij is de dood nabij; *on ~* overeind; achtereen; *it makes your hair stand on ~* het doet je de haren te berge rijzen; *bring to an ~* een eind maken aan; *come to an ~* ten einde lopen; *come to a bad ~* lelijk (ongelukkig) aan zijn eind komen; *to no ~* tevergeefs; *to what ~?* waarvoor? waartoe zou het dienen?; *to the ~ that* opdat; *~ to ~* in de lengte, achter elkaar; zie ook: *world*; II vi eindigen, besluiten, ophouden, aflopen; *~ by ...* eindigen met..., ten slotte...; *~ in* uitgaan op [een letter]; uitlopen op; *~ up* eindigen, besluiten; belanden; III vt eindigen, een eind maken aan; *~-all* einde, afsluiting; zie ook: *be-all*

endanger [in'dein(d)ʒə] in gevaar brengen

endear [in'diə] bemind maken (bij *to*); *~ing* innemend, sympathiek; lief; **–ment** tederheid, liefkozing, liefdeblijk o

endeavour [in'devə] I sb poging, streven o; II vi beproeven, trachten, pogen, streven

endemic [en'demik] I aj endemisch, inheems; II sb endemische ziekte

end-game ['endgeim] slotfase; eindspel o [schaken]; **ending** einde o; uitgang [v. woord]

endive ['endiv] andijvie

endless ['endlis] eindeloos, oneindig (veel &); **–long** in de lengte; verticaal; **–most** laatst, uiterst

endo- ['endou-] in(wendig)-, binnen-; **endocrine** ['endoukrain] I aj endocrien, met interne secretie [klieren]; II sb klier met interne secretie; **–nologist** endocrinoloog

endorse [in'dɔ:s] $ endosseren; (iets) op de rugzijde vermelden van; fig steunen, onderschrijven, bevestigen [mening &]; **endorsee** [endɔ:-'si:] $ geëndosseerde; **endorsement** [in'dɔ:smənt] $ endossement o; vermelding op de rugzijde; fig goedkeuring, steun, bevestiging; **endorser** $ endossant

endow [in'dau] begiftigen, doteren; bekleden (met *with*); **–ment** begiftiging; dotatie, schenking; gave, talent o

endpaper ['endpeipə] schutblad o

endue [in'dju:] bekleden[2]; begiftigen

end-product ['endprɔdʌkt] eindproduct o

endurable [in'djuərəbl] te verdragen; **–ance** voortduring; duur; lijdzaamheid, geduld o; uithoudingsvermogen *o*, weerstandsvermogen *o*; verdragen *o*; **endure I** *vt* verduren, verdragen, lijden, dulden, ondergaan, doorstaan, uithouden; **II** *vi* (voort)duren, blijven (bestaan); **-ring** blijvend; duurzaam

endways ['endweiz], **-wise** overeind; met het eind naar voren; in de lengte

enema ['enimə] klysma *o*

enemy ['enimi] **I** *sb* vijand; **II** *aj* vijandelijk

energetic [enə'dʒetik] energiek, krachtig, flink, doortastend; **energize** ['enədʒaiz] stimuleren; energiek werken of handelen; **-gy** energie, (wils)kracht, flinkheid; arbeidsvermogen *o* [van plaats &]

enervate ['enəveit] ontzenuwen, verslappen, verzwakken, krachteloos maken; **-tion** [enə'veiʃən] ontzenuwing, verslapping, verzwakking

enface [en'feis] aan de voorzijde stempelen of beschrijven [wissel, document]

enfeeble [en'fiːbl] verzwakken

enfeoff [in'fef] Ⓤ belenen

enfold [in'fould] wikkelen, hullen (in *in*); omvatten; omarmen, omhelzen

enforce [in'fɔːs] afdwingen, dwingen tot; kracht bijzetten; uitvoeren, de hand houden aan; ~ (*up*)*on* opleggen, dwingen tot; ~*d* ook: gedwongen; **-ment** handhaving, tenuitvoerlegging, uitvoering; dwang

enfranchise [in'fræn(t)ʃaiz] bevrijden, vrijlaten; burgerrecht of kiesrecht geven

engage [in'geidʒ] **I** *vt* verbinden, engageren, aannemen, in dienst nemen, aanmonsteren, huren; bespreken [plaatsen]; in beslag nemen, bezetten; wikkelen [in strijd]; ✕ aanvallen, de strijd aanbinden met; ✗ grijpen in; inschakelen; *be ~d* bezig zijn (aan *in*, *on*), bezet zijn; zijn woord gegeven hebben, geëngageerd zijn (met *to*); *number ~d* 🕾 in gesprek; **II** *vi* ✗ grijpen (in *with*), in elkaar grijpen; ~ *i n* zich mengen in, zich begeven in, zich inlaten met; zich bezighouden met; ~ *t o* zich verbinden te..., op zich nemen te... **-ment** verplichting, afspraak, verbintenis; engagement *o*, verloving; bezigheid, dienst; in dienst nemen *o*, aanmonstering; ✕ treffen *o*, gevecht *o*; *be u n - d e r an* ~ zijn woord gegeven hebben; *w i t h - o u t* ~ $ vrijblijvend; **engaging** innemend, aantrekkelijk, sympathiek

engender [in'dʒendə] verwekken, voortbrengen, baren, veroorzaken

engine ['endʒin] **I** *sb* machine; brandspuit; locomotief; motor; *fig* middel *o*, werktuig *o*; **II** *vt* van een motor (machine &) voorzien; *three-~d plane* driemotorig vliegtuig *o*; **~-driver** machinist

engineer [endʒi'niə] **I** *sb* ingenieur; ✕ genist; ✗ machinebouwer, technicus; ⚓ machinist; ⚒ boordwerktuigkundige; *the* (*Royal*) *Engineers* ✕

de genie; **II** *vt* als ingenieur leiden, bouwen; *fig* op touw zetten, (weten te) bewerken, **F** klaarspelen; **-ing I** *sb* machinebouw(kunde); (burgerlijke) bouwkunde; [elektro-, verwarmings-&] techniek; ingenieurswezen *o*; **II** *aj* technisch [wonder &]; ~*-works* machinefabriek

engird(le) [in'gəːd(l)] omgorden, omsluiten

England ['ingland] Engeland *o*

English ['ingliʃ] **I** *aj* Engels; **II** *sb* (het) Engels; *the* ~ de Engelsen; *the King's* (*Queen's*) ~ de (zuivere) Engelse taal; **-man** Engelsman; **-woman** Engelse

engorge [en'gɔːdʒ] gulzig verslinden; volstoppen

engraft [in'graːft] enten (op *into*, *upon*), inplanten[2], *fig* inprenten, griffelen

engrave [in'greiv] graveren; inprenten; **-r** graveur; **engraving** graveerkunst; gravure, plaat

engross [in'grous] grosseren: afschrift maken v.e. akte; *fig* in beslag nemen; ~*ed in* verdiept in; **-ing** *fig* boeiend; **-ment** grosse: afschrift v.e. akte; *fig* opgaan *o* (in iets)

engulf [in'gʌlf] opslokken[2], verzwelgen[2]

enhance [in'haːns] verhogen, verheffen, vergroten, vermeerderen, verzwaren

enigma [i'nigmə] raadsel *o*; **-tic(al)** [enig'mætik(l)] raadselachtig

enjoin [in'dʒɔin] opleggen, gelasten, bevelen; ~ *upon* op het hart drukken (binden)

enjoy [in'dʒɔi] **I** *vt* genieten (van), zich (mogen) verheugen in, zich laten smaken, schik hebben in, graag mogen; **II** *vr* ~ *oneself* zich amuseren, genieten; **-able** genoeglijk; genietbaar; **-ment** genot *o*, genoegen *o*

enkindle [en'kindl] doen ontvlammen[2], ontsteken

enlace [in'leis] om-, ineenstrengelen

enlarge [in'laːdʒ] **I** *vt* vergroten, uitbreiden, verwijden, vermeerderen, uitzetten, verruimen; **II** *vi* groter worden, zich verwijden, zich uitbreiden; ~ *upon* uitweiden over

enlighten [in'laitn] verlichten[2], *fig* in-, voorlichten, opheldering geven, verhelderen; **-ment** verlichting[2], *fig* in-, voorlichting, op-, verhelderring

enlink [en'liŋk] aaneenschakelen, vast verbinden (met *to*, *with*)

enlist [in'list] **I** *vt* inschrijven; ✕ (aan)werven; *fig* (voor zich) winnen, te hulp roepen, gebruik maken van, inschakelen; **II** *vi* ✕ dienst nemen; *fig* meedoen; **-ment** ✕ werving; dienstneming

enliven [in'laivn] verlevendigen, opvrolijken

en masse [en'mæs] *Fr* massaal; gezamenlijk, in groten getale

enmesh [in'meʃ] verstrikken

enmity ['enmiti] vijandschap

ennead ['eniæd] negental

ennoble [i'noubl] veredelen, adelen; tot de adelstand verheffen

ennui [ã:'nwi:] *Fr* verveling

enormity [i'nɔ:miti] afschuwelijkheid, gruwelijkheid, snoodheid; gruwel(daad); **enormous** enorm, ontzaglijk, kolossaal

enough [i'nʌf] genoeg, voldoende; *well* ~ vrij goed; heel (zeer) goed; *he was fortunate (kind &)* ~ *to...* hij was zo gelukkig (vriendelijk &) te...; ~ *is as good as a feast* tevredenheid is beter dan rijkdom; zie ook: *good* **I**, *sure* **II**

enounce [i'nauns] uitspreken; aankondigen

enquire = *inquire*

enrage [in'reidʒ] woedend maken; ~*d* woedend

enrapture [in'ræptʃə] verrukken, in verrukking brengen

enregister [en'redʒistə] inschrijven, registreren

enrich [in'ritʃ] verrijken[2]

enrobe [in'roub] kleden, (uit)dossen

enrol(l) [in'roul] **I** *vt* inschrijven, registreren; inlijven, in dienst nemen, aanmonsteren, aanwerven; **II** *vi* zich laten inschrijven, zich opgeven (als lid &); dienst nemen; **enrolment** inschrijving; registratie; aanmonstering, werving

ensanguine [en'sæŋgwin] met bloed bevlekken

ensconce [in'skɔns] verschansen; verdekt opstellen; ~*d in* weggedoken in

ensemble [ã:n'sã:mbl] ensemble *o*; complet *m* of *o* [dameskostuum]

enshrine [in'ʃrain] in-, wegsluiten; als een heiligdom bewaren; bevatten

enshroud [in'ʃraud] (om)hullen

ensign ['ensain] (onderscheidings)teken *o*; vaandel *o*, (natie)vlag; ⊡ vaandrig; *blue* ~ vlag van de Britse marinereserve; *red* ~ Britse koopvaardijvlag; *white* ~ Britse marinevlag

ensilage ['ensilidʒ] **I** *sb* inkuiling; kuilvoer *o*; **II** *vt* (in)kuilen; **ensile** [in'sail] (in)kuilen

enslave [in'sleiv] tot (zijn) slaaf maken, knechten; ~*d to* verslaafd aan; ~*r* onweerstaanbare vrouw

ensnare [in'snɛə] verstrikken, (ver)lokken

ensue [in'sju:] volgen, voortvloeien (uit *from*)

ensure [in'ʃuə] verzekeren (tegen *against*); waarborgen; zorgen voor; beveiligen (tegen, voor *against, from*)

entablature [en'tæblətʃə] △ dekstuk *o*

entail [in'teil] **I** *sb* onvervreemdbaar erfgoed *o*; **II** *vt* 𝓉𝓉 onvervreemdbaar maken [v. erfgoed]; *fig* meebrengen, na zich slepen

entangle [in'tæŋgl] in de war maken, verwarren[2], verstrikken[2], verwikkelen[2]; **–ment** verwikkeling, verwarring; ⋊ (draad)versperring

entente [ã:n'tã:nt] entente (cordiale): het Engels-Franse bondgenootschap v. 1904

enter ['entə] **I** *vt* binnentreden, in-, binnengaan, -komen, -dringen &, betreden, zich begeven in,

zijn intrede doen in, deelnemen aan, in dienst treden bij; gaan in (bij); (laten) inschrijven, boeken; aangeven; toelaten; $ inklaren; ~ *an appearance* verschijnen; ~ *one's name* zich opgeven; *it never* ~*ed my head* het kwam niet bij (in) mij op; **II** *vi* binnentreden; binnengaan, -komen; opkomen [acteur]; zich laten inschrijven, zich opgeven; ~ *Hamlet* Hamlet komt op; ● ~ *against* [goederen] op rekening schrijven van; ~ *into* aanknopen [gesprek]; aangaan [verdrag]; beginnen, gaan in [zaken]; zich verplaatsen in, iets voelen voor, [ergens] inkomen; ingaan op; deel uitmaken van; er aan te pas (er bij) komen; ~ (*up*)*on* aanvaarden; in bezit nemen; beginnen (aan); zich mengen in [een gesprek]; ingaan [zijn 60ste jaar]

enteric [en'terik] **I** *aj* darm-, ingewands-; ~ *fever* = **II** *sb* buiktyfus; **–itis** [entə'raitis] darmontsteking

enterprise ['entəpraiz] onderneming, waagstuk *o*; speculatie; ondernemingsgeest, initiatief *o*; **–sing** ondernemend

entertain [entə'tein] **I** *vt* onderhouden, ontvangen, onthalen; in overweging nemen [voorstel]; ingaan op [aanbod]; koesteren [gevoelens]; vermaken, amuseren, bezighouden; ~ *at (to) luncheon* een lunch aanbieden; **II** *vi* ontvangen, recipiëren; **–er** gastheer; entertainer: conferencier, chansonnier, goochelaar &; **–ing** onderhoudend; **–ment** onthaal *o*, (feestelijke) receptie, partij, feestelijkheid, uitvoering, vermakelijkheid, vermaak *o*, amusement *o*; ~ *film* amusementsfilm; ~ *industry* amusementsbedrijf *o*

enthral [in'θrɔ:l] tot slaaf maken; *fig* betoveren; boeien, meeslepen

enthrone [in'θroun] op de troon plaatsen; [een bisschop] installeren

enthuse [in'θju:z] **F** in extase geraken, dwepen; **–siasm** enthousiasme *o*, geestdrift; **–siast** enthousiast; **–siastic** [inθju:zi'æstik] enthousiast, geestdriftig

entice [in'tais] (ver)lokken, verleiden; **–ment** verlokking; **enticing** aanlokkelijk, verleidelijk

entire [in'taiə] *aj* algeheel, (ge)heel, volkomen, onverdeeld, volledig; gaaf; onbeschadigd; **–ly** *ad* geheel, helemaal, volkomen, zeer; **entirety** geheel *o*

entitle [in'taitl] noemen, betitelen; ~ *to* recht, aanspraak geven op; *be* ~*d to* recht hebben op, het recht hebben...; ~*d* ook: getiteld [v. boek &]

entity ['entiti] zijn *o*, wezen *o*, entiteit

entomb [in'tu:m] begraven; tot graf dienen

entomology [entə'mɔlədʒi] insektenkunde

entourage [ɔntu'ra:ʒ] *Fr* entourage: omgeving; gevolg *o*

entr'acte ['ɔntrækt] *Fr* pauze tussen twee bedrijven [toneel]; muziek daarin gespeeld

entrails ['entreilz] ingewanden; binnenste *o*
entrain [in'trein] **I** *vi* instappen (in de trein); **II** *vt* inladen [troepen]; met zich meevoeren
1 entrance ['entrəns] *sb* ingang, inrit, intrede; entree, opkomen *o*, binnenkomst, inkomst, intocht; toegang; ⚓ invaart; aanvaarding [v. ambt]; ~ *examination* toelatingsexamen *o*; ~ *fee* entree [als lid]
2 entrance [in'tra:ns] *vt* verrukken; –cing verrukkelijk
entrant ['entrənt] binnentredende; deelnemer [bij wedstrijd]; nieuweling
entrap [in'træp] in een val lokken of vangen, verstrikken
entreat [in'tri:t] bidden, smeken (om); –y (smeek)bede
entrechat [ɔntrə'ʃa] balletsprong, waarbij men de benen tegen elkaar slaat
entrée ['ɔntrei] *Fr* voorgerecht *o*
entremets ['ɔntrəmei] *Fr* tussengerecht *o*, bijgerecht *o*
entrench [in'trenʃ] verschansen; *an* ~*ed clause* een fundamentele, onveranderlijke clausule; *an* ~*ed habit* een diep verankerde gewoonte; (*well-*) ~*ed party bosses* vaste voet gekregen hebbende, vast in het zadel zittende partijbonzen; –ment ⚔ verschansing[2], schans
entrepot ['ɔntrəpou] *Fr* opslagplaats, magazijn *o*; transitomagazijn *o*
entrepreneur [ɔntrəprə'nə:] ondernemer
entrust [in'trʌst] toevertrouwen (aan *sth. to sbd., sbd. with sth.*)
entry ['entri] intocht, binnenkomst, intrede; toe-, ingang; *sp* inschrijving(en), deelnemer; $ boeking, post; notitie, aantekening [in dagboek &], artikel *o* [in woordenboek]; inzending; declaratie, inklaring; zie ook: *bookkeeping*
entwine [in'twain], **entwist** [in'twist] ineen-, omstrengelen, omwinden, vlechten
enucleate [i'nju:klieit] ⚕ verhelderen, verklaren; ⚕ uitpellen v. gezwel
enumerate [i'nju:məreit] opsommen, (op)tellen, opnoemen; –tion [inju:mə'reiʃən] opsomming, (op)telling, opnoeming
enunciate [i'nʌnsieit] verkondigen, uitdrukken, uiten, uitspreken; –tion [inʌnsi'eiʃən] verkondiging, uiteenzetting; uiting; uitspraak
enuresis [enju'ri:sis] bedwateren *o*
envelop [in'veləp] (om)hullen, (in-, om)wikkelen; **envelope** ['envəloup] (om)hulsel *o*; enveloppe, couvert *o*, omslag; **envelopment** [in'veləpmənt] in-, omwikkeling; omhulsel *o*; bekleding
envenom [in'venəm] vergiftigen[2]; verbitteren
enviable ['enviəbl] benijdenswaard(ig)
envious ['enviəs] afgunstig, jaloers (op *of*)
environ [in'vaiərən] omringen; omgeven;

–ment omgeving, entourage, milieu *o*; –mental [invaiərən'mentl] van (door) het milieu, milieu-; ~ *control* milieuhygiëne; ~ *pollution* milieuverontreiniging; environs ['environz, in'vaiərənz] omstreken
envisage [in'vizidʒ] onder de ogen zien; beschouwen, overwegen; zich voorstellen
envoy ['envɔi] (af)gezant; opdracht [als slot van gedicht]
envy ['envi] **I** *sb* afgunst, jaloezie, naijver, nijd; *she is the* ~ *of her sisters* zij wordt benijd door haar zusters, haar zusters zijn jaloers (afgunstig) op haar; **II** *vt* benijden, afgunstig zijn op, misgunnen
enwrap [in'ræp] (om)hullen, (om-, in)wikkelen
enwreath [en'ri:θ] omkransen, doorvlechten
enzyme ['enzaim] enzym *o*, giststof, ferment
eon ['i:ən] = *aeon*
epaulet(te) ['epoulet, 'epɔ:let] epaulet
ephemera [i'femərə] wat één dag duurt, eendagsvlieg[2]; ook: *mv* v. *ephemeron*; –l van één dag, kortstondig, efemeer; **ephemeron** = *ephemera*
epic ['epik] **I** *aj* episch; verhalend; ~ *poem* heldendicht *o*; **II** *sb* heldendicht *o*, epos *o*
epicentre ['episentə] epicentrum *o*
epicure ['epikjuə] epicurist, genotzoeker; **epicurean** [epikju'ri:ən] epicurist(isch); –rism ['epikjuərizm] epicurisme *o*
epidemic [epi'demik] **I** *sb* epidemie; **II** *aj* epidemisch
epidermis [epi'də:mis] opperhuid
epiglottis [epi'glɔtis] strotklepje *o*
epigone ['epigoun] epigoon
epigram ['epigræm] epigram *o*, puntdicht *o*; –matic [epigrə'mætik] epigrammatisch, puntig; –matist [epi'græmətist] puntdichter
epigraph ['epigra:f] opschrift *o*, motto *o*
epilepsy ['epilepsi] epilepsie: vallende ziekte; *fit of* ~ toeval; **epileptic** [epi'leptik] **I** *aj* epileptisch; **II** *sb* epilepticus
epilogue ['epilɔg] epiloog, naschrift *o*, slotrede
Epiphany [i'pifəni] Driekoningen(dag); *e*~ epifanie
episcopacy [i'piskəpəsi] bisschoppelijke regering; *the* ~ de bisschoppen, het episcopaat; **episcopal** bisschoppelijk; –ian [ipiskə'peiliən] episcopaal; **episcopate** [i'piskəpit] episcopaat *o* [bisschoppelijke waardigheid]; bisdom *o*; bisschoppen], bisschopsambt *o*
episode ['episoud] episode; –dic(al) [epi'sɔdik(l)] episodisch
epistemology [ipisti'mɔlədʒi] kennisleer
epistle [i'pisl] (zend)brief, epistel *o* of *m*
epistolary [i'pistələri] epistolair, brief-
epitaph ['epita:f] grafschrift *o*
epithet ['epiθet] epitheton *o*, bijnaam

epitome [i'pitəmi] kort begrip *o*, uittreksel *o*; **–mize** verkorten; een uittreksel maken van, verkort weergeven

epoch ['i:pɔk] tijdperk *o*, tijdvak *o*; tijdstip *o*; **–al** ['epɔkl], **~-making** ['i:pɔkmeikiŋ] van grote betekenis, baanbrekend

epode ['epoud] epode

epopee ['epəpi:] heldendicht *o*

epos ['epɔs] epos *o*, heldendicht *o*

Epsom salt(s) ['epsəm sɔ:lt(s)] Engels zout *o*

equability [ekwə'biliti] gelijkheid, gelijkmatigheid, gelijkvormigheid; **equable** ['ekwəbl] gelijk(matig, -vormig)

equal ['i:kwəl] **I** *aj* gelijk(matig), gelijkwaardig, gelijkgerechtigd; de–, hetzelfde; *other things being* ~ onder overigens gelijke omstandigheden, ceteris paribus; ~ *to the occasion* tegen de moeilijkheden opgewassen, wel raad wetend; *he is not* ~ *to the task* hij is niet berekend voor die taak; **II** *sb* gelijke, weerga; **III** *vt* gelijkmaken; gelijk zijn aan, evenaren; **–itarian** [ikwɔli'tɛəriən] = *egalitarian*; **–ity** [i'kwɔliti] gelijkheid; gelijkwaardig-, gelijkgerechtigdheid, rechtsgelijkheid; *on an* ~ *with* op voet van gelijkheid met; **–ization** [i:kwəlai'zeiʃən] gelijkmaking; gelijkstelling; egalisatie; **–ize** ['i:kwəlaiz] gelijkmaken°; gelijkstellen; egaliseren; **–ly** *ad* gelijk(elijk), even(zeer)

equanimity [ekwə'nimiti] gelijkmoedigheid

equate [i'kweit] gelijkstellen of -maken; **–tion** vergelijking; gelijkmaking; equatie; ~ *of time* tijdsvereffening

equator [i'kweitə] equator, evenaar; **–ial** [ekwə'tɔ:riəl] equatoriaal

equerry [i'kweri, 'ekwəri] stalmeester; ± adjudant (van vorstelijk persoon)

equestrian [i'kwestriən] **I** *aj* te paard, ruiter-, rij-; ~ *statue* ruiterstandbeeld *o*; **II** *sb* ruiter, paardrijder, -rijdster; **–ism** [i'kwestriənizm] paardesport, ruitersport, rijsport

equiangular [i:kwi'æŋgjulə] gelijkhoekig

equidistant [i:kwi'distant] op gelijke afstand (van *from*)

equilateral [i:kwi'lætərəl] gelijkzijdig

equilibrate [i:kwi'laibreit] in evenwicht brengen (houden, zijn); **–tion** [i:kwilai'breiʃən] evenwicht *o*; **equilibrist** [i:'kwilibrist] equilibrist, koorddanser, balanceerkunstenaar; **–ium** [i:kwi'libriəm] evenwicht² *o*

equine ['ekwain] paarde(n)-

equinoctial [i:kwi'nɔkʃəl] **I** *aj* nachtevenings-; **II** *sb* evennachtslijn, linie, hemelequator; **~s** herfststormen; **equinox** ['i:kwinɔks] (dagen-)nachtevening

equip [i'kwip] toe-, uitrusten; outilleren; **–age** ['ekwipidʒ] toe-, uitrusting; benodigdheden; equipage; **–ment** [i'kwipmənt] toe-, uitrusting, outillage, installatie(s), apparatuur

equipoise ['ekwipɔiz] **I** *sb* evenwicht *o*; tegenwicht *o*; **II** *vt* in evenwicht houden (brengen); opwegen tegen²

equiponderant [i:kwi'pɔndərənt] van gelijk gewicht

equitable ['ekwitəbl] billijk, onpartijdig; 🕮 op de billijkheid berustend; ~ *mortgage* krediethypotheek

equitation [ekwi'teiʃən] paardrijkunst

equity ['ekwiti] billijkheid, rechtvaardigheid; $ aandeel *o*; aandelenkapitaal *o* (ook ~ *capital*); *in* ~ billijkerwijs

equivalence [i'kwivələns] gelijkwaardigheid; **–ent I** *aj* gelijkwaardig, gelijkstaand (met *to*); equivalent; **II** *sb* equivalent *o*

equivocal [i'kwivɔkl] dubbelzinnig; twijfelachtig; verdacht; **equivocate** [i'kwivəkeit] dubbelzinnig spreken, draaien, een slag om de arm houden; **–tion** [ikwivə'keiʃən] dubbelzinnigheid; draaierij; **II** *sb* equivalent *o* **–tor** [i'kwivəkeitə] *fig* draaier

er [ə:] *ij* eh!

era ['iərə] jaartelling; tijdperk *o*, era

eradiate [i'rædieit] (uit)stralen

eradicate [i'rædikeit] ontwortelen; uitroeien²; **–tion** [irædi'keiʃən] ontworteling; uitroeiing²

erase [i'reiz] uitschrappen, doorhalen, uitwissen, raderen, uitgommen, wegvegen; **–r** radeermesje *o*; bordewisser; vlakgom; **erasure** uitschrapping, doorhaling, uitwissing, radering

ere [ɛə] eer, voor(dat); ~ *long* binnenkort

erect [i'rekt] **I** *aj* recht(op), opgericht; overeind(staand); **II** *vt* oprichten, (op)bouwen, opzetten; verheffen (tot *into*); ✠ opstellen, opwerpen; ✗ monteren; **–ion** oprichting, verheffing; erectie; opstelling, bouw, gebouw *o*; ✗ montage; **–ness** rechtopstaande houding; **–or** oprichter; ✗ monteur

erelong [ɛə'lɔŋ] binnenkort

eremite ['erimait] kluizenaar

ere now [ɛə'nau] vroeger, voordien

✎ erewhile [ɛə'wail] eertijds, vóór dezen

erg [ə:g] eenheid van energie

ergo ['ə:gou] ergo, dus, bijgevolg

ergonomics ['ə:gɔnɔmiks] ergonomie, arbeidsleer

ergot ['ə:gət] (extract *o* uit) moederkoren *o*

☉ Erin ['iərin] Erin *o*: Ierland *o*

erk [ə:k] S rekruut

ermine ['ə:min] 🐾 hermelijn *m*; hermelijn *o* [bont]

erode [i'roud] eroderen: wegvreten, aanvreten, uitslijpen; *fig* uithollen; **erosion** erosie: wegvreting, aanvreting, uitslijping; *fig* uitholling

erotic [i'rɔtik] erotisch; **eroticism** [i'rɔtisizm], **erotism** ['erətism] erotiek

err [ə:] dolen, dwalen, een fout begaan, zich vergissen; falen; zondigen

errand ['erənd] boodschap; *go (run)* ~*s* boodschappen doen

errant ['erənt] (rond)dwalend, zwervend, dolend; **erratic** [i'rætik] dwalend, zwervend; ongeregeld; grillig; ~ *block* zwerfblok *o*

erratum [i'reitəm, *mv* –ta -tə] (druk)fout, vergissing

erroneous [i'rounjəs] *aj* foutief, onjuist, verkeerd; ~ *notion* dwaalbegrip *o*; –ly *ad* ook: abusievelijk, per abuis

error ['erə] dwaling; vergissing, fout, overtreding ~ *of judg(e)ment* beoordelingsfout; *in* ~ per abuis; *be in* ~ het mis hebben

Erse [ə:s] Keltisch *o*

✦ **erst(while)** ['ə:st(wail)] vroeger, voorheen

eruct(ate) [i'rʌkt(eit)] boeren, oprispen; **eructation** [i:rʌk'teiʃən] oprisping

erudite ['erudait] geleerd; –tion [eru'diʃən] geleerdheid

erupt [i'rʌpt] uitbarsten [vulkaan]; doorkomen [v. tanden]; –ion uitbarsting; doorkomen *o* [v. tanden]; Ⓟ uitslag; –ive uitbarstend; eruptief; uitslaand, met uitslag (gepaard gaand)

erysipelas [eri'sipiləs] Ⓟ belroos

erythema [eri'θi:mə] vlekkerige roodheid v.d. huid

escalade [eskə'leid] **I** *sb* beklimming met stormladders; **II** *vt* met stormladders beklimmen

escalate ['eskəleit] escaleren, geleidelijk toenemen; –tion [eskə'leiʃən] escalatie, geleidelijk opvoeren *o* (v. oorlog &); –tor ['eskəleitə] roltrap

escapade [eskə'peid] escapade[2], dolle of moedwillige streek; kromme sprong

escape [is'keip] **I** *sb* ontsnapping, ontvluchting, ontkoming; *fig* vlucht (uit de werkelijkheid); lek *o* [van gas]; Ⓞ opslag; wilde uitloper; redding(s)toestel *o* [bij brand], brandladder; *make (good) one's* ~ (weten te) ontsnappen; zie ook: *narrow;* ~ *clause* ontsnappingsclausule; ~ *hatch* noodluik *o*; ~ *literature* ontspanningslektuur; ~ *velocity* ontsnappingssnelheid (v.e. ruimtevaartuig); **II** *vi* ontsnappen, ontvluchten, ontkomen, ontglippen (aan *from*), ontvallen, ontgaan, ontlopen; **escapee** [eskei'pi:] ontsnapte; **escapement** [is'keipmənt] echappement *o*; **escape-valve** uitlaatklep; **escapism** escapisme *o*: zucht om te vluchten (uit de werkelijkheid); –ist escapist(isch); **escapologist** [eskei'pɔlədʒist] boeienkoning

escarp [is'ka:p] **I** *sb* escarpe, glooiing, steile helling; **II** *vt* afschuinen, escarperen; –ment steile wand; glooiing

eschar ['eska:] roofje *o*, korstje *o* op brandwond

eschatology [eskə'tɔlədʒi] eschatologie: leer der laatste dingen (dood, laatste oordeel &)

escheat [is'tʃi:t] Ⓟ **I** *vi* vervallen; **II** *vt* verbeurd verklaren; **III** *sb* vervallen *o*; vervallen (leen-)goed *o*

eschew [is'tʃu:] schuwen, (ver)mijden

escort ['eskɔ:t] **I** *sb* (gewapend) geleide *o*, escorte *o*; begeleiden; metgezel; **II** *vt* [is'kɔ:t] escorteren, begeleiden

esculent ['eskjulənt] **I** *aj* eetbaar; **II** *sb* eetwaar

escutcheon [is'kʌtʃən] (wapen)schild *o*, (familie)wapen *o*; ✳ spiegel [v. schip]

esoteric [esou'terik] geheim, esoterisch

E.S.P. = *extrasensory perception*

espalier [is'pæljə] leiboom, spalier *o*

especial [is'peʃəl] *aj* bijzonder, speciaal; **especially** *ad* (in het) bijzonder, vooral, inzonderheid

espial [is'paiəl] ver-, bespieding

espionage [espiə'na:ʒ] spionage

esplanade [esplə'neid] esplanade

espousal [is'pauzəl] *fig* omhelzing, aannemen *o* [v.e. godsdienst &]; ~(*s*) verloving; huwelijk *o*, bruiloft; **espouse** ten huwelijk geven; huwen; [een zaak] omhelzen, tot de zijne maken

esprit ['espri:] *Fr* geest(igheid)

espy [is'pai] in het gezicht krijgen, ontwaren, bespeuren, ontdekken

Esq. = *Esquire* [is'kwaiə] *Robert Bell* ~ De weledelgeb. heer Robert Bell

✦ **esquire** [is'kwaiə] = *squire* **I**

essay ['esei] *sb* poging, proef; essay *o*, verhandeling, opstel *o*; **II** *vt* [e'sei] pogen, beproeven; op de proef stellen; –ist essayist

essence ['esns] wezen *o*, essentiële *o*; essence: af-, uittreksel *o*, vluchtige olie, reukwerk *o*; ~ *of meat* vleesextract *o*; *he is the* ~ *of politeness* hij is de beleefdheid zelf; **essential** [i'senʃəl] **I** *aj* wezenlijk, werkelijk, volstrekt noodzakelijk, essentieel; ~ *oil* vluchtige olie; **II** *sb* wezenlijke *o*, volstrekt noodzakelijke *o*, hoofdzaak; –ity [isenʃi'æliti] wezen *o*, wezenlijkheid, essentiële *o*; –ly [i'senʃəli] *ad* ook: in wezen, in de grond, volstrekt

establish [is'tæbliʃ] vestigen, grondvesten, oprichten, stichten, instellen; tot stand brengen; aanknopen [betrekkingen]; vaststellen, (met bewijzen) staven, bewijzen; [een feit] constateren; *the E~ed Church* de Staatskerk; *a well ~ed salesman* een goed ingevoerde vertegenwoordiger; *an ~ed truth* een uitgemaakte zaak; –ment vestiging; grondvesting, oprichting; stichting, inrichting, instelling, etablissement *o*; (handels)huis *o*; huishouding; personeel *o*; ✳ formatie; sterkte; totstandkoming; vaststelling, staving; *the Establishment* de Staatskerk; het heersende bestel, de heersende kliek, het „establishment"

estate [is'teit] staat; rang; (land)goed *o*; bezit *o*, bezitting; boedel, nalatenschap; terrein *o*, land *o*, plantage, onderneming; *the fourth* ~ de pers; *housing* ~ woonwijk; *industrial* ~ industrieterrein *o*; *man's* ~ de mannelijke leeftijd; *real* ~ onroerende goederen; *the third* ~ ⫷ de tiers-état; *the (three)* ~*s* de drie standen: adel, geestelijkheid en burgerij; ~ **agent** rentmeester; makelaar in onroerende goederen; ~ **car** combi(natie)wagen; ~ **duty** successierecht *o*

esteem [is'ti:m] **I** *vt* achten, schatten, waarderen; **II** *sb* achting, aanzien *o*, schatting, waardering; *hold in (high)* ~ = **I** *vt*

Esthonian [es'θouniən] **I** *sb* Estlander; **II** *aj* Estlands

estimable ['estiməbl] achtenswaardig

estimate *sb* ['estimit] *sb* schatting, raming, begroting, waardering; oordeel *o*; *the E*~*s* de begroting; **II** *vt* ['estimeit] schatten, ramen, begroten (op *at*); –**tion** [esti'meiʃən] schatting; waardering, achting; oordeel *o*, mening

estival [i:s'taivəl] zomer-, zomers

estrange [is'trein(d)ʒ] vervreemden; –**ment** vervreemding

estuary ['estjuəri] grote riviermond, zeearm

esurient [i'sjuəriənt] hongerig, vraatzuchtig

et al = *et alii* en anderen

et cetera [it'setrə] en zo voort, enz., etc.; **etceteras** allerlei; extra's

etch [etʃ] etsen; –**er** etser; –**ing** etsen *o*; etskunst; ets; ~ *needle* etsnaald

eternal [i'tə:nl] **I** *aj* eeuwig; **II** *sb the E*~ de Eeuwige (Vader): God; –**ize** vereeuwigen, eeuwig (lang) doen duren; **eternity** eeuwigheid; **eternize** = *eternalize*

etesian [i'ti:ʒən] jaarlijks; periodiek; ~ *winds* noordelijke winden in de Middellandse zee

ether ['i:θə] ether; –**eal** [i'θiəriəl] etherisch, vluchtig, iel, hemels; –**ize** ['i:θəraiz] etheriseren, met ether verdoven

ethic ['eθik] **I** *sb* ethiek; **II** *aj* ethisch; –**al** ethisch; –**s** ethica, ethiek, zedenleer

Ethiopian [i:θi'oupjən] **I** *aj* Ethiopisch; **II** *sb* Ethiopiër

ethnic ['eθnik] etnisch; heidens; ~ *German* Volksduitser

ethnographer [eθ'nɔgrəfə] etnograaf; –**phic** [eθnə'græfik] etnografisch; –**phy** [eθ'nɔgrəfi] etnografie: volkenbeschrijving

ethnological [eθnou'lɔdʒikl] etnologisch; –**ist** [eθ'nɔlədʒist] etnoloog; **ethnology** volkenkunde

ethology [i'θɔlədʒi] ethologie: *biol* studie v.h. dierlijk gedrag; *filos* karakterkunde

ethos ['i:θɔs] ethos *o*; karakter *o*, geest

etiolate ['i:tiouleit] bleek maken, (doen) verbleken, doen kwijnen

etiology [i:ti'ɔlədʒi] oorzakenleer; ⫷ leer v.d.

oorzaken v. ziekten

etiquette [eti'ket, 'etiket] etiquette

Etna ['etnə] de Etna; *e*~ spiritustoestel *o*

Eton ['i:tn] Eton *o*; ~ *crop* jongenskop; ~ *jacket* kort jongensjasje *o*; –**ian** [i'tounjən] **I** *aj* van Eton; **II** *sb* (oud-)leerling van Eton College

Etruscan [i'trʌskən] **I** *aj* Etruskisch; **II** *sb* Etruskiër

etymological [etimə'lɔdʒikl] etymologisch; –**ist** [eti'mɔlədʒist] etymoloog; **etymology** etymologie; **etymon** ['etimɔn] grondwoord *o*

eucalyptus [ju:kə'liptəs] eucalyptus

Eucharist ['ju:kərist] eucharistie; –**ic** [ju:kə'ristik] eucharistisch

eugenic [ju:'dʒenik] **I** *aj* eugenetisch; **II** *sb* ~*s* eugenetica: rasverbetering

eulogist ['ju:lədʒist] lofredenaar; –**ic** [ju:lə'dʒistik] prijzend, lovend, lof-; **eulogize** ['ju:lədʒaiz] prijzen, roemen, loven; **eulogy** lof(spraak), lofrede

eunuch ['ju:nək] eunuch

eupeptic [ju:'peptik] met goede spijsvertering; *fig* opgewekt, vrolijk

euphemism ['ju:fimizm] eufemisme *o*; –**istic** [ju:fi'mistik] eufemistisch: verzachtend, bedekt, verbloemend

euphonic(al) [ju:'fɔnik(l)], –**ious** [ju:'founiəs] welluidend; **euphony** ['ju:fəni] welluidendheid

euphoria [ju:'fɔ:riə] euforie; –**ic** euforisch

Eurasian [juə'reiʒən] **I** *aj* Europees-Aziatisch; Indo-Europees; **II** *sb* Euraziër; Indo-Europeaan, Indo, halfbloed

European [juərə'piːən] **I** *aj* Europees; **II** *sb* Europeaan, Europese

Eustachian [ju:'steiʃən] ~ *tube* buis v. Eustachius

euthanasia [ju:θə'neiʒə] euthanasie: het pijnloos doden v. ongeneeslijk zieken

evacuate [i'vækjueit] ledigen, lozen; ontlasten; evacueren, (ont)ruimen [een stad]; –**tion** [ivækju'eiʃən] evacuatie, lediging, ontlasting, lozing, ontruiming; **evacuee** [ivækju'i:] evacué, geëvacueerde

evade [i'veid] ontwijken, ontduiken, ontgaan, ontsnappen aan

evaluate [i'væljueit] de waarde bepalen van, evalueren; –**tion** [ivælju'eiʃən] waardebepaling, evaluatie

evanescent [i:və'nesənt] verdwijnend, vluchtig, voorbijgaand; oneindig klein

evangelic(al) [i:væn'dʒelik(l)] evangelisch; **Evangelical** aanhanger van de *Low Church;* **evangelist** [i'vændʒilist] evangelist; –**ize** evangeliseren; het evangelie prediken of verkondigen

evaporate [i'væpəreit] (doen) verdampen, uitdampen, uitwasemen; vervluchtigen, vervliegen²; **~d apples** gedroogde appelen; **–tion** [ivæpə'reiʃən] verdamping, vervluchtiging, uitdamping, uitwaseming; **–tor** [i'væpəreitə] verdamper; verdampingstoestel *o*

evasion [i'veiʒən] ontwijking, ontduiking, uitvlucht; **–ive** ontwijkend²

eve [i:v] vooravond: avond (dag) vóór (een feest); **⚲** avond

1 ⊙ **even** ['i:vn] *sb* avond

2 even ['i:vn] **I** *aj* gelijk(matig), effen, egaal; even; rond, vol [v. som &]; *of ~ date* $ van dezelfde datum; *we are ~* we staan gelijk; we zijn quitte; *I'll be (get) ~ with him* ik zal het hem betaald zetten; *break ~* uit kunnen [zonder verlies of winst]; quitte spelen (zijn); **II** *vt* effenen, gelijkmaken; gelijkstellen

3 even ['i:vn] *ad* (ja) zelfs; **⚲** juist, net; *~ as...* net toen...; *~ more* nog meer; *~ now* zo pas nog; op dit ogenblik; *~ so* ook: toch, zelfs dan, dan nog; *~ then* ook: toen al; *not ~* zelfs niet, niet eens

even-handed ['i:vn'hændid] onpartijdig

evening ['i:vniŋ] avond(stond); (gezellig) avondje *o*; *~ primrose* teunisbloem

evenly ['i:vnli] *ad* gelijk(matig)

evensong ['i:vnsɔŋ] vesper; avonddienst

event [i'vent] gebeurtenis; evenement *o*; voorval *o*; afloop, uitslag; geval *o*; *sp* nummer *o*, wedstrijd, race; (*wise*) *a f t e r the ~* achteraf (wijs); *a t all ~s* in allen gevalle; *i n any ~* wat er ook gebeuren moge; hoe het ook zij, toch, in ieder geval; *in either ~* in beide gevallen; *in the ~* uiteindelijk; *in the ~ of* in geval van; **–ful** rijk aan gebeurtenissen, veelbewogen, belangrijk

⊙ **eventide** ['i:vntaid] avond(stond)

eventual [i'ventʃuəl] *aj* daaruit voortvloeiend; later volgend; aan het slot; mogelijk, eventueel; uiteindelijk, eind-; **–ity** [iventju'æliti] mogelijke gebeurtenis, mogelijkheid; **eventually** [i'ventʃuəli] *ad* ten slotte, uiteindelijk; **eventuate** [goed &] aflopen; uitlopen (op *in*); gebeuren

ever ['evə] ooit, weleens; altijd, immer, eeuwig; *did you ~!* heb je ooit van je leven!; *the biggest ~* de (het) grootste (ooit voorgekomen &); *yours ~* steeds de uwe; *~ and again (anon)* van tijd tot tijd; telkens weer; *~ so much* heel veel, o zo veel; *thank you ~ so much!* mijn bijzondere dank!; *he may be ~ so rich* hoe rijk hij ook is, al is hij ook nog zo rijk; ● *as... a s ~ he could* zo... als hij maar kon; *as much as ~* nog even veel; *f o r ~ (and ~, and a day)* (voor) altijd, eeuwig; *X for ~!* hoera voor X!; *how (who, why, when &) ~?* hoe (wie, waarom, wanneer &) ... toch?; **–green** 🌿 altijdgroen (gewas *o*); „evergreen"; **–lasting** [evə'la:stiŋ] **I** *aj* eeuwigwig(durend); **II** *sb* eeuwigheid; everlasting *o* [stof]; 🌿 immortelle, droogbloem; *the E~* de Eeuwige (God); **–more** ['evə'mɔ:] (voor) altijd, eeuwig

evert [i'və:t] binnenstebuitenkeren

every ['evri] ieder, elk, al; *~ day* alle dagen; *~ man Jack* **F** iedereen, zonder uitzondering; *~ now and then* af en toe; *~ one (of them)* ieder (hunner); *~ other day*, *~ second day* om de andere dag; *~ third day*, *~ three days* om de drie dagen; *~ third man* één van elke drie mannen; *his ~ word* elk zijner woorden; **–body** iedereen; **–day** (alle)daags; gewoon; **–one** iedereen; **–thing** alles; *have (got) ~* S geweldig zijn; **–way** in alle opzichten, alleszins; **–where** overal

evict [i'vikt] 🏠 uitzetten; **–ion** 🏠 uitzetting

evidence ['evidəns] **I** *sb* klaarblijkelijkheid; getuigenis *o* & *v*; bewijs *o*, bewijsstuk *o*, bewijsmateriaal *o*, bewijzen; **⚲** getuige(n); *King's (Queen's) ~* kroongetuige; *bear (give) ~* getuigenis afleggen; getuigen, blijk geven (van *of*); *be in ~* de aandacht trekken; *call in ~* als getuige oproepen; **II** *vt* bewijzen, (aan)komen; getuigen van; **evident** *aj* blijkbaar, klaarblijkelijk, kennelijk, duidelijk; **–ial** [evi'denʃəl] tot bewijs dienend, bewijs-; *be ~ of* bewijzen, getuigen van

evil ['i:v(i)l] **I** *aj* slecht, kwaad, kwalijk, boos, snood; *the E~ One* de Boze; **II** *sb* kwaad *o*, onheil *o*; euvel *o*; kwaal; **~-doer** boosdoener; **~-minded** kwalijk gezind

evince [i'vins] bewijzen, (aan)tonen, aan de dag leggen; **–cive** bewijzend, tekenend (voor-)

eviscerate [i'visəreit] ingewanden uithalen, (buik) openrijten; *fig* het kenmerkende ontnemen aan

evocation [evə'keiʃən] oproeping, evocatie; **–ive** [i'vɔkətiv] evokatief

evoke [i'vouk] oproepen; *fig* uitlokken

evolution [i:və'l(j)u:ʃən] ontplooiing, ontwikkeling; evolutie; ✕ & ⚓ zwenking, manoeuvre; **evolve** [i'vɔlv] (zich) ontvouwen, ontplooien, ontwikkelen; evolueren

evulsion [i'vʌlʃən] (krachtig) uittrekken *o*, uitrukken *o*

ewe [ju:] ooi; **~-lamb** ooilam *o*

ewer ['juə] lampetkan

ex [eks] ex-, vroeger, voormalig, gewezen, oud-; uit, af [fabriek]; zonder

exacerbate [eks'æsəbeit] verergeren, toespitsen; verbitteren, prikkelen; **–tion** [eksæsə'beiʃən] verergering; verbittering, prikkeling

exact [ig'zækt] **I** *aj* nauwkeurig, stipt, juist, precies; afgepast; exact; **II** *vt* vorderen, eisen, afpersen; *too ~ing* te veeleisend; *~ing work* inspannend werk *o*; **–ion** vordering, buitensporige eis, afpersing; **–itude** nauwkeurigheid, stiptheid; juistheid; **–ly** *ad* nauwkeurig, stipt, juist, precies; *what did he say ~?* wat zei hij eigenlijk?; *not ~* ook: nu niet bepaald; *~er* gemeenlijk

exaggerate [ig'zædʒəreit] overdrijven; chargeren [in tekening]; **–d** ook: geëxalteerd; **–tion**

[igzædʒə'reiʃən] overdrijving; overdrevenheid; charge

exalt [ig'zɔːlt] verheffen, verhogen; verheerlijken; in verrukking brengen; **–ation** [egzɔːl'teiʃən] verheffing, verhoging; verheerlijking; (geest)vervoering; **–ed** [ig'zɔːltid] verheven², gedragen [stijl]; hoog, aanzienlijk; in verrukking, geestdriftig

exam [ig'zæm] F examen *o*

examination [igzæmi'neiʃən] examen *o*, onderzoek *o*, visitatie, ⚡ ondervraging, verhoor *o*; *o n* (*closer*) ~ bij (nader) onderzoek, op de keper beschouwd; *be u n d e r* ~ in onderzoek zijn; geëxamineerd worden; ⚡ verhoord worden; **examine** [ig'zæmin] examineren, onderzoeken, visiteren, inspecteren, controleren, nakijken, bekijken, onder de loep nemen; ⚡ ondervragen, verhoren; **–nee** [igzæmi'niː] examinandus; **–ner** [ig'zæminə] examinator; ondervrager; ⚡ rechter van instructie

example [ig'zaːmpl] voorbeeld *o*, model *o*; exemplaar *o* [v. kunstwerk]; opgave, som; *for* ~ bij voorbeeld; *make an* ~ *of him* (*them* &) ten voorbeeld stellen; *set an* ~ een voorbeeld geven; *take* ~ *by* een voorbeeld nemen aan; zich spiegelen aan

exanimate [ig'zænimit] levenloos, dood

exanthema [eksæn'θimə] huiduitslag

exasperate [ig'zaːs-, ig'zæspəreit] prikkelen, verbitteren, verergeren; **–ting** ergerlijk, onuitstaanbaar, tergend; **–tion** [igzaːs-, igzæspə'reiʃən] prikkeling, verbittering, verergering

excavate ['ekskəveit] op-, uitgraven, uithollen; **–tion** [ekskə'veiʃən] op-, uitgraving, uitholling, holte; **–tor** ['ekskəveitə] graafmachine

exceed [ik'siːd] overtreffen, overschrijden, te boven (buiten) gaan; **–ing** bijzonder, uiterst

excel [ik'sel] I *vt* overtreffen, uitmunten, uitsteken boven; II *vi* uitmunten; **excellence** ['eksələns] uitmuntendheid, uitstekendheid, voortreffelijkheid; **–cy** excellentie; **excellent** uitmuntend, uitstekend, uitnemend, voortreffelijk

except [ik'sept] I *vt* uitzonderen; II *vi* een tegenwerping maken (tegen *to, against*); III *prep* behalve, uitgezonderd; ~ *for* behalve; behoudens; IV *cj* ~ tenzij; **–ing** uitgezonderd; **–ion** uitzondering (op *to*); tegenwerping; exceptie; *take* ~ *to* aanstoot nemen aan; opkomen tegen; een exceptie opwerpen tegen; **–ionable** aanstotelijk, laakbaar, berispelijk; betwistbaar; **–ional** *aj* bijzonder, uitzonderlijk, exceptioneel; uitzonderings-; **–ionally** *ad* ook: bij wijze van uitzondering

excerpt I *sb* ['eksəːpt] passage; uittreksel *o;* II *vt* [ek'səːpt] aanhalen

excess [ik'ses] overmaat, overdaad, buitensporigheid; uitspatting, exces *o*; surplus *o*, extra *o*; *in* (*to*) ~ bovenmatig, overdadig; *in* ~ *of* boven, meer (groter) dan; ~ *fare* toeslag [op spoorkaartje]; ~ *luggage* overvracht; ~ *profit* overwinst; **–ive** overdadig, buitensporig, overdreven, ongemeen

exchange [iks'tʃein(d)ʒ] I *sb* (om-, uit-, in-, ver)wisseling, ruil(ing); woordenwisseling; $ wisselkoers; valuta, deviezen; beurs; ☎ telefooncentrale; ~ *broker* $ wisselmakelaar; ~ *list* $ koerslijst; ~ *number* netnummer *o*; ~ *rate* $ wisselkoers; ~ *value* ruilwaarde; II *vt* (uit-, in-, ver)wisselen, (ver)ruilen; **–able** in-, verwisselbaar, ruilbaar

exchequer [iks'tʃekə] schatkist; kas

excisable [ik'saizəbl] accijnsplichtig; **excise** I *vt* uit-, afsnijden, wegnemen, schrappen (uit *from*) ‖ accijns laten betalen; II *sb* accijns; ~ *duties* accijnzen; **–man** commies

excision [ik'siʒən] uit-, afsnijding; wegneming, schrapping; uitsluiting

excitability [iksaitə'biliti] prikkelbaarheid; **excitable** [ik'saitəbl] prikkelbaar; **excitant** I *aj* opwindend; II *sb* ⚡ pepmiddel *o*; **excitation** [eksi'teiʃən] prikkeling, opwekking; opwinding; **excite** [ik'sait] prikkelen, opwekken, aanzetten; opwinden; (ver)wekken; **–ment** opwinding; **exciting** ook: boeiend, interessant, spannend

exclaim [iks'kleim] uitroepen; ~ *against* uitvaren (luide protesteren) tegen; **exclamation** [eksklə'meiʃən] uitroep; ~ *mark* uitroepteken [!]; **–tory** [eks'klæmətəri] uitroepend

exclude [iks'kluːd] buiten-, uitsluiten; **–ding** = *exclusive of*; **exclusion** buiten-, uitsluiting; **–ive** *aj* uitsluitend; exclusief; ~ *of* met uitsluiting van; ongerekend, niet inbegrepen

excogitate [eks'kɔdʒiteit] uitdenken, bedenken; **–tion** [ekskɔdʒi'teiʃən] uitdenken *o*; plan

excommunicate [ekskə'mjuːnikeit] excommuniceren, in de ban doen²; **–tion** [ekskəmjuːni'keiʃən] excommunicatie, (kerk)ban

excoriate [eks'kɔːrieit] ontvellen, schaven; **–tion** [ekskɔːri'eiʃən] ontvelling

excrement ['ekskrimənt] uitwerpselen (ook: ~*s*), ontlasting, faeces

excrescence [iks'kresns] uitwas; **–ent** uitwassend; overtollig

excrete [eks'kriːt] uit-, afscheiden, defaeceren; **–tion** excretie, secretie, uit-, afscheiding, **–tive**, **–tory** uit-, afscheidend; uit-, afscheidings-

excruciate [iks'kruːʃieit] folteren, martelen; *excruciating(ly)* ook: < vreselijk

exculpate ['ekskʌlpeit] van blaam zuiveren, verontschuldigen, vrijpleiten; **–tion** [ekskʌl'peiʃən] zuivering van blaam, verontschuldiging, vrijpleiten *o*

excursion [iks'kəːʃən] excursie, uitstapje *o*; uitweiding; afdwaling; **–ist** excursionist, deelnemer aan een excursie, plezierreiziger; **~ train** pleziertrein

excursive [iks'kəːsiv] afdwalend, uitweidend

excursus [iks'kəːsəs] nadere uiteenzetting (in bijlage, voetnoot &)

excusable [iks'kjuːzəbl] verschoonbaar; **excusatory** verontschuldigend, rechtvaardigend; **excuse** [iks'kjuːs] I *sb* verschoning, verontschuldiging, excuus *o*; *send an ~* (een uitnodiging) afschrijven; **II** *vt* [iks'kjuːz] verontschuldigen; excuseren; vergeven; vrijstellen, schenken [v. lessen &]; *~ me!* pardon!; *beg to be ~d, ~ oneself* zich verontschuldigen; bedanken [voor uitnodiging], afschrijven

ex-directory ['eksdi'rektəri] *~ number* 爱 geheim nummer *o*

execrable ['eksikrəbl] afschuwelijk; **execrate** (ver)vloeken, verafschuwen; **–tion** [eksi'kreiʃən] vervloeking; afschuw; gruwel

executant [ig'zekjutənt] uitvoerend musicus; **execute** ['eksikjuːt] uitvoeren; verrichten, volbrengen; voltrekken; passeren [een akte]; terechtstellen, ter dood brengen; **execution** [eksi'kjuːʃən] uitvoering, volbrenging; 爱 voltrekking; executie, terechtstelling; passeren *o* [v.e. akte]; *do great ~* veel schade of een grote slachting aanrichten; veel slachtoffers maken; *carry (put) into ~* ten uitvoer brengen; **–er** beul; **executive** [ig'zekjutiv] I *aj* uitvoerend; leidend [functie &]; **II** *sb* uitvoerende macht; uitvoerend comité *o*, (dagelijks) bestuur *o*; bestuurder, leider, hoofd *o*, directeur; **executor** ['eksikjuːtə] executeur (-testamentair);

exegesis [eksi'dʒiːsis] exegese; **exegetic(al)** [eksi'dʒetik(l)] exegetisch

exemplar [ig'zemplə] model *o*, voorbeeld *o*; **–y** voorbeeldig

exemplification [igzemplifi'keiʃən] verklaring; gewaarmerkt afschrift *o*; **exemplify** [ig'zemplifai] verklaren, toelichten door voorbeelden, een voorbeeld zijn van; een gewaarmerkt afschrift maken van

exempt [ig'zem(p)t] I *vt* ontslaan, vrijstellen; **II** *aj* vrij(gesteld) (van *from*); **III** *sb* vrijgestelde; **–ion** vrijstelling

exequies ['eksikwiz] uitvaart

exercise ['eksəsaiz] I *vt* uitoefenen, aanwenden, gebruiken; in acht nemen, betrachten [zorg &]; (be)oefenen; 爱 laten exerceren, drillen; beweging laten nemen; bezighouden; op de proef stellen [het geduld]; *~ the minds* de gemoederen bezighouden; *be ~d in (one's) mind* ergens over tobben; **II** *vi* (zich) oefenen; 爱 exerceren; beweging nemen; **III** *sb* oefening; uitoefening; aan-

wending, gebruik *o*; betrachting, beoefening; opgave, thema; 爱 exercitie; (lichaams)beweging; **~-book** schrift *o*, cahier *o*

exert [ig'zəːt] I *vt* aanwenden, inspannen, gebruiken; uitoefenen; **II** *vr* *~ oneself* zich inspannen; **–ion** aanwending; inspanning [van krachten]; krachtige poging

exeunt ['eksiʌnt] (zij gaan) af [regieaanwijzing]

exfoliate [eks'foulieit] afschilferen; ontbladeren; **–tion** [eksfouli'eiʃən] afschilfering; ontbladering

exhalation [eks(h)ə-, egzə'leiʃən] uitademing, uitwaseming, uitdamping, damp; **exhale** [eks'heil, eg'zeil] uitademen, -wasemen, uit-, verdampen; *fig* lucht geven aan

exhaust [ig'zəːst] I *vt* uitputten, leegmaken (ook: luchtledig); grondig behandelen [onderwerp]; **II** *vr* *~ oneself* zich uitputten, zich uitsloven; **III** *sb* uitlaat; uitlaatgas *o*; **–ed** uitgeput, geradbraakt; (lucht)ledig; $ uitverkocht; op; **–ion** uitputting[^2]; **–ive** uitputtend, grondig

exhibit [ig'zibit] I *sb* 爱 bewijsstuk *o*; inzending [op tentoonstelling], voorwerp *o* & [in museum]; **II** *vt* tentoonstellen, (ver)tonen, aan de dag leggen; óverleggen, indienen; **–ion** [eksi'biʃən] vertoning, tentoonstelling; 爱 overlegging, indiening; ⇔ (studie)beurs; *it is all ~* aanstellerij; *make an ~ of oneself* zich (belachelijk) aanstellen, zich bespottelijk maken; **–ioner** bursaal, beursstudent; **–or** [ig'zibitə] vertoner; exposant

exhilarate [ig'ziləreit] opvrolijken; **–tion** [igzilə'reiʃən] opvrolijking; vrolijkheid

exhort [ig'zəːt] aan-, vermanen, aansporen; **–ation** [egzɔː-, eksɔː'teiʃən] aan-, vermaning, aansporing; **–ative** [ig'zɔːtətiv], **–atory** vermanend; **–er** vermaner

exhumation [eks(h)juː'meiʃən] opgraving; **exhume** [eks'hjuːm] opgraven; *fig* opdiepen

exigence ['eksidʒəns], **–ency** [ek'sidʒənsi] nood, behoefte, eis; **–ent** ['eksidʒənt] urgent, dringend; veeleisend; *~ of* (ver)eisend

exiguity [eksi'gjuiti] klein-, onbeduidendheid; **–uous** [eg'zi-, ek'sigjuəs] klein, onbeduidend

exile ['eksail, 'egzail] I *sb* verbanning, ballingschap; balling; **II** *vt* (ver)bannen

exist [ig'zist] bestaan, zijn, existeren; **–ence** bestaan *o*, aanwezigheid, wezen *o*, zijn *o*, existentie; *the best... in ~* die of dat er bestaat; *bring (call) into ~* in het aanzijn roepen; *come into ~* ontstaan; **–ent** bestaand

existential [egzis'tenʃəl] existentieel; **–ism** existentialisme *o*; **–ist** I *sb* existentialist; **II** *aj* existentialistisch

exit ['eksit] I *vi* *~ H* H (gaat) af, exit H [toneelaanwijzing]; *A ~s* F A „af"; **II** *sb* afgaan[^2] *o* [van het toneel]; heengaan *o* [= dood]; uitgang; uitreis; *he made his* ~ hij ging heen[2]

ex-libris [eks'laibris] ex-libris *o*

exodus ['eksədəs] exodus[2] uittocht

ex officio [eksə'fiʃiou] *Lat* ambtshalve; ambtelijk

exogamy [ek'sɔgəmi] exogamie: huwen *o* buiten de eigen stam

exogenous [ek'sɔdʒinəs] exogeen: van buitenaf komend

exonerate [ig'zɔnereit] ontlasten, ontheffen; (van blaam) zuiveren; **–tion** [igzɔnə'reiʃən] ontlasting, ontheffing; zuivering (van blaam)

exorbitance [ig'zɔːbitəns] buitensporigheid; **–ant** buitensporig

exorcise ['eksɔːsaiz] = *exorcize;* **–ism** (geesten-)bezwering; **–ist** geestenbezweerder; **–ize, –ise** uitdrijven, (uit)bannen, bezweren; (van boze geesten) bevrijden

exordium [ek'sɔːdjəm, eg'zɔːdjəm] inleiding

exoteric [eksou'terik] exoterisch, openbaar; meer populair

exotic [eg'zɔtik] **I** *aj* uitheems; exotisch; **II** *sb* uitheemse plant &

expand [iks'pænd] **I** *vt* uitspreiden, uitbreiden; (doen) uitzetten; ontwikkelen, ontplooien; **II** *vi* uitzetten; toenemen, zich uitbreiden (uitspreiden), uitdijen; zich ontwikkelen (ontplooien); ontluiken; loskomen; **expanse** uitgestrektheid; uitspansel *o;* **–sible** [iks'pænsəbl] uitzetbaar; **–sion** uitbreiding, expansie, uitzetting, uitdijing; spankracht; ontwikkeling; ontplooiing; ontluiking; uitgebreidheid, uitgestrektheid; uitspansel *o;* **–sive** uitzettend; uitzettings-; uitgebreid, uitgestrekt, wijd; expansief, mededeelzaam

ex parte [eks'paːti] *a* van één der partijen

expatiate [eks'peiʃieit] uitweiden (over *on*); **–tion** [ekspeiʃi'eiʃən] uitweiding

expatriate [eks'pætrieit, ook: -pei] **I** *vt* verbannen, het land uitzetten; **II** *vr* ~ *oneself* zijn land verlaten, uitwijken; **III** *sb* [eks'pætriit] (inz. *Am*) (vrijwillige) balling; **–tion** [ekspætri'eiʃən, ook: -pei] verbanning, uitzetting; uitwijking

expect [ik'spekt] verwachten; **F** denken; *she is* ~*ing* **F** zij is in verwachting; **–ancy** verwachting; vooruitzicht *o; life* ~ vermoedelijke levensduur; **–ant I** *aj* af-, verwachtend; vooruitzichten hebbende; aanstaande [moeder]; vermoedelijk [erfgenaam]; **II** *sb* vermoedelijk erfgenaam; **–antly** *ad* afwachtend; vol verwachting; **–ation** [ekspek'teiʃən] af-, verwachting, vooruitzicht *o;* ~ *of life* vermoedelijke levensduur; *have* ~*s* vooruitzichten [op een erfenis], iets te wachten hebben

expectorant [ek'spektərənt] slijm oplossend of losmakend (middel *o);* **–ate** [uit de borst] opgeven, spuwen; **–ation** [ekspektə'reiʃən] opgeving [bij het hoesten]; opgegeven slijm *o* & *m*

expedience, –ency [iks'piːdiəns(i)] gepastheid, geschiktheid, raadzaamheid, dienstigheid, opportuniteit; **expedient I** *aj* gepast, geschikt, raadzaam, dienstig, opportuun; **II** *sb* (red-, hulp)middel *o*

expedite ['ekspidait] bevorderen, bespoedigen, verhaasten, (vlug) afdoen; **–tion** [ekspi'diʃən] expeditie; spoed; **–tionary** expeditie-; **–tious** snel, vaardig

expel [iks'pel] uit-, verdrijven, (ver)bannen, uitzetten, wegjagen, -zenden, royeren

expend [iks'pend] uitgeven, besteden, verbruiken; **–able** overtollig; zonder veel waarde; **–iture** uitgeven *o,* uitgaaf; uitgaven; (nutteloos) verbruik *o*

expense [iks'pens] (on)kosten, uitgaaf; *at the* ~ *of* ten koste van; ~ **account** onkostenrekening; declaratie; ~ **allowance** onkostenvergoeding; **–sive** kostbaar, duur

experience [iks'piəriəns] **I** *sb* ondervinding; ervaring; belevenis, wedervaren *o* (ook: ~*s*), bevinding [inz. religieus]; praktijk [v. kantoorbediende &]; *by (from)* ~ bij (door) ondervinding, bij (uit) ervaring; **II** *vt* ondervinden, ervaren, door-, meemaken, beleven; **–d** ervaren, bedreven

experiment I *sb* [iks'perimənt] experiment *o,* proef(neming); **II** *vi* [iks'periment] experimenteren, proeven nemen; **–al** [eksperi'mentl] proefondervindelijk, experimenteel, ervarings-; proef-; bevindelijk [v. godsdienst]; **–alize** proeven nemen, experimenteren; **–ation** [eksperimen'teiʃən] proefneming, experimenteren *o;* **–er** [iks'perimentə] proefnemer, experimentator

expert ['ekspɔːt] **I** *aj* bedreven (in *at, in*); deskundig; geroutineerd; **II** *sb* deskundige, vakman, expert (in *in, at*); **–ise** [ekspɔː'tiːz] deskundigheid

expiable ['ekspiəbl] te boeten; **expiate** ['ekspieit] boeten [een misdaad]; **–tion** [ekspi'eiʃən] boete(doening); **–tory** ['ekspiətəri] boete-, zoen-

expiration [ekspaiə'reiʃən] uitademing; laatste ademtocht; einde *o;* vervallen *o,* verstrijken *o,* afloop, vervaltijd; **expire** [iks'paiə] **I** *vt* uitademen; **II** *vi* de laatste adem uitblazen; aflopen, verstrijken, vervallen, verlopen; uitgaan [vuur]; ophouden (te bestaan); **expiry** einde *o;* vervallen *o,* verstrijken *o,* afloop, vervaltijd

explain [iks'plein] uitleggen, verklaren, uiteenzetten; ~ *away* wegredeneren, goedpraten, vergoelijken; ~ *oneself* zich nader verklaren; **–able** verklaarbaar; **explanation** [eksplə'neiʃən] verklaring, uitleg(ging), uiteenzetting, explicatie; **–tory** [iks'plænətəri] verklarend

expletive [iks'pliːtiv] **I** *aj* aanvullend; overtollig;

II *sb* stopwoord *o*, vloek, krachtterm
explicable [eks'plikəbl] verklaarbaar
explicit [iks'plisit] duidelijk, uitdrukkelijk, expliciet; stellig; openhartig
explode [iks'ploud] **I** *vi* exploderen, ontploffen, springen, (uit-, los)barsten[2]; **II** *vt* tot ontploffing brengen, doen (uit)barsten; laten springen; *fig* de nekslag geven; ~*d theory* theorie die afgedaan heeft
exploit I *sb* ['eksploit] (helden)daad; wapenfeit *o*; prestatie; **II** *vt* [iks'ploit] exploiteren; uitbuiten; **–ation** [eksploi'teiʃən] exploitatie; uitbuiting
exploration [eksplɔ: 'reiʃən] navorsing, nasporing, onderzoeking; **–tory** [eks'plɔ:rətəri] onderzoekend; ~ *drilling* proefboring; **explore** [iks'plɔ:] navorsen, onderzoeken; **–r** navorser, onderzoeker; ontdekkingsreiziger
explosion [iks'plouʒən] ontploffing, springen *o*, los-, uitbarsting[2], explosie; **–ive I** *aj* ontplofbaar, ontploffings-, spring-; explosief; opvliegend; **II** *sb* springstof; ontploffingsgeluid *o*; *high* ~ brisante springstof
exponent [eks'pounənt] exponent, *fig* vertolker, vertolking, uitdrukking, belichaming, drager [v. idee]
export I *sb* ['ekspɔ:t] uitgevoerd goed *o*; uitvoerartikel *o*; uitvoer, export (ook: ~*s*); **II** *vt* [eks'pɔ:t] uitvoeren, exporteren; **–able** exporteerbaar; **–ation** [ekspɔ: 'teiʃən] uitvoer, export; **–er** [eks'pɔ:tə] exporteur
exposal [iks'pouzl] = *exposure;* **expose** uitstallen; (ver)tonen; tentoonstellen; blootstellen; bloot (onbedekt, onbeschut) laten; blootleggen; belichten [foto]; te vondeling leggen; *fig* uiteenzetten [theorieën]; aan de kaak stellen; ontmaskeren, aan de dag brengen; ~ *oneself* zich blootgeven; ~*d* onbeschut; ~*d to the East* op het oosten liggend
exposé [eks'pouzei] *Fr* uiteenzetting; onthulling (v. schandaal &)
exposition [ekspou'ziʃən] uitstalling; blootlegging; uiteenzetting; exposé *o*, uitleg [v. drama]; tentoonstelling
expositive [eks'pɔsitiv] verklarend, verhelderend
expostulate [iks'pɔstjuleit] protesteren; ~ *with sbd. about (for, on, upon)* iem. onderhouden over; **–tion** [ikspɔstju'leiʃən] vertoog *o*, vermaning, protest *o*; **–tory** [iks'pɔstjulətəri] vermanend
exposure [iks'pouʒə] blootstellen *o*, blootgesteld zijn *o*; ontbloting; uitstalling; ontmaskering; belichting [foto]; te vondeling leggen *o*; gebrek *o* aan beschutting; *with a southern* ~ op het zuiden liggend; ~ *meter* belichtingsmeter
expound [iks'paund] uiteenzetten, verklaren
express [iks'pres] **I** *aj* uitdrukkelijk; speciaal; expres; ~ *company Am* bestelhuis *o*, -kantoor *o*; ~

goods $ ijlvracht; ~ *messenger* expresse; **II** *ad* per expresse; **III** *sb* 🚂 expresse; expres(trein); **IV** *vt* uitpersen; uitdrukken[2], te kennen geven, betuigen, uiten; **–ible** uit te drukken; **–ion** uitpersing; uitdrukking, expressie; uiting, gezegde *o*; *beyond (past)* ~ onuitsprekelijk
expressionist [iks'preʃənist] expressionist(isch); **–tic** [ikspraʃə'nistik] expressionistisch
expressive [iks'presiv] expressief, beeldend; veelzeggend; ~ *of...* ...uitdrukkend; **–ness** (zeggings)kracht, expressiviteit
expressly [iks'presli] duidelijk, uitdrukkelijk, in het bijzonder
expressway [iks'preswei] *Am* snelverkeersweg
expropriate [eks'prouprieit] onteigenen; **–tion** [eksproupri'eiʃən] onteigening
expulsion [iks'pʌlʃən] uit-, verdrijving, uitzetting, verbanning; wegjagen *o*, -zenden *o*; royement *o*; **–ive** uit-, af-, verdrijvend
expunge [eks'pʌn(d)ʒ] uitwissen, schrappen
expurgate ['ekspə:geit] zuiveren, castigeren [boek], schrappen; ~*d* ook: gekuist [uitgave]; **–tion** [ekspə: 'geiʃən] zuivering, castigatie [v.e. boek], schrapping
exquisite ['ekskwizit ook: eks-, iks'kwizit] **I** *aj* uitgelezen, uitgezocht, fijn, keurig; volmaakt; ~ *pain* een hevige smart; **II** *sb* fat, dandy
ex-Serviceman ['eks'sə: vismæn] oud-strijder
extant [eks'tænt] (nog) bestaande, voorhanden, aanwezig
extemporaneous [ekstempə'reinjəs], **extemporary** [iks'tempərəri], **extempore** [eks'tempəri] voor de vuist (bedacht), onvoorbereid; **extemporization** [ekstempərai'zeiʃən] improvisatie; **extemporize** [eks'tempəraiz] voor de vuist spreken, improviseren
extend [iks'tend] **I** *vt* (uit)strekken; uit-, toesteken; uitbreiden; (uit)rekken; verlengen; dóórtrekken; doen toekomen, te beurt doen vallen, verlenen [hulp]; (over) hebben (voor *to*); **II** *vi* zich uitstrekken; zich uitbreiden; 💥 zich verspreiden; ~*ed order* 💥 verspreide orde; *an* ~*ed period* een langere tijd; ~*ing table* schuif-, uittrektafel
extensibility [ikstensi'biliti] rekbaarheid; vatbaarheid voor uitbreiding; **extensible** [iks'tensible] rekbaar; voor uitbreiding vatbaar; uitschuifbaar, verlengbaar; **–ion** (uit)strekking, (uit)rekking, uitbreiding, uitgebreidheid; omvang; verlenging; verlengstuk[2]; (ook: ~ *piece*); 📞 neventoestel *o*; ~ 13 📞 toestel 13; ~ *apparatus* 📞 neventoestel *o*; ~ *ladder* schuifladder; ~ *table* schuif-, uittrektafel; **–ive** uitgebreid, uitgestrekt, omvangrijk, extensief, op grote schaal; *travel* ~*ly* veel reizen; **extensor** strekspier
extent [iks'tent] uitgebreidheid, uitgestrektheid,

omvang; hoogte, mate; *to the* ~ *of* ten bedrage van; zó (ver gaand) dat; *to a large* ~ grotendeels; *to some* (*a certain*) ~ in zekere mate, tot op zekere hoogte

extenuate [eks'tenjueit] verzachten, vergoelijken; *extenuating circumstances* verzachtende omstandigheden; **–tion** [ekstenju'eiʃən] verzachting, vergoelijking

exterior [eks'tiəriə] **I** *aj* uitwendig, uiterlijk; buitenste, buiten-; **II** *sb* buitenkant; uiterlijk *o*, uiterlijkheid, uitwendigheid; **–ize** uiterlijke vorm geven aan; *ps* projecteren

exterminate [iks'tə:mineit] uitroeien, verdelgen; **–tion** [ikstə:mi'neiʃən] uitroeiing, verdelging; **–tor** [iks'tə:mineitə] uitroeier; **–tory** [iks'tə:minətəri] verdelgings-

external [eks'tə:nəl] **I** *aj* uitwendig; uiterlijk; buiten-; buitenlands; **II** *sb* uiterlijk *o*; ~*s* uiterlijkheden; bijkomstigheden; **–ize** uiterlijke vorm geven aan; belichamen; *ps* projecteren

exterritorial [eksteri'tɔ:riəl] extraterritoriaal: buiten de jurisdictie van een staat vallend

extinct [iks'tiŋkt] (uit)geblust, uitgedoofd; uitgestorven; afgeschaft; *life is* ~ de levensgeesten zijn geweken; **–ion** (uit)blussing, uitdoving; delging (v. schuld); vernietiging; opheffing; uitroeiing; ondergang; uitsterving

extinguish [iks'tiŋgwiʃ] (uit)blussen², (uit)doven²; delgen [schuld]; uitroeien; vernietigen; opheffen; in de schaduw stellen; **–able** te blussen; **–er** blusser; dompertje *o*; blusapparaat *o*

extirpate ['ekstə:peit] uittrekken; uitroeien²; **–tion** [ekstə:'peiʃən] uittrekken *o*; uitroeiing²; **–tor** ['ekstə:peitə] uitroeier; wiedmachine

extol [iks'tɔl, iks'toul] verheffen, prijzen, ophemelen, verheerlijken

extort [iks'tɔ:t] ontwringen, afdwingen, afpersen; **–ion** afpersing; afzetterij; **–ionate** exorbitant; **–ioner** (geld)afperser, knevelaar, uitzuiger; afzetter

extra ['ekstrə] **I** *aj* & *ad* extra; **II** *sb* iets extra's, extranummer *o*, -dans, -schotel &, extraatje *o*; figurant; *no* ~*s* alles inbegrepen

extract [iks'trækt] **I** *vt* (uit)trekken, trekken, aftekken [kruiden], extraheren, halen (uit *from*); afpersen; **II** *sb* ['ekstrækt] extract *o*, uittreksel *o*; fragment *o*, passage; **–ion** [iks'trækʃən] uittrekking, extractie [v. tand &]; afkomst; ~ *of roots* × worteltrekking; **–or** ¹ verlostang

extracurricular [ekstrəkə'rikjələ] buiten het gewone (studie)programma om

extradite ['ekstrədait] uitleveren; **–tion** [ekstrə'diʃən] uitlevering

extrajudicial ['ekstrədʒu'diʃəl] buitengerechtelijk; wederrechtelijk

extra-marital ['ekstrə'mæritl] buitenechtelijk

extramural ['ekstrə'mjuəræl] buiten de muren

van de stad of van de universiteit; ~ *student* extraneus

extraneous [eks'treinjəs] vreemd (aan *to*), niet behorend (bij *to*)

extraordinary [iks'trɔ:dnri] *aj* buitengewoon*, ongemeen

extrapolate [iks'træpouleit] extrapoleren: uit iets bekends iets onbekends berekenen; **–tion** [ikstræpə'leiʃən] extrapolatie

extrasensory ['ekstrə'sensəri] paragnostisch; ~ *perception* paragnosie

extraterrestrial ['ekstrəti'restriəl] buitenaards

extraterritorial ['ekstrəteri'tɔ:riəl] = *exterritorial*

extravagance [iks'trævigəns] buitensporigheid; overdrijving, ongerijmdheid; verkwisting; uitspatting; **–ant** buitensporig; overdreven, ongerijmd; verkwistend; **–anza** [ekstrævə'gænzə] buitensporigheid; ♩ extravaganza

extravasate [eks'trævəseit] (zich) uitstorten [v. bloed]

extravert = *extrovert*

extreme [iks'tri:m] **I** *aj* uiterst, laatst, hoogst, verst; buitengewoon; extreem; ~ *penalty* doodstraf; *E*~ *Unction rk* heilig oliesel *o*; **II** *sb* uiterste *o*; uiteinde *o*; × uiterste term; *in the* ~ in de hoogste mate, uiterst; *go to* ~*s* in het uiterste vervallen; **–ly** *ad* < bijzonder, zeer

extremism [iks'tri:mizm] extremisme; **extremist** [iks'tri:mist] extremist(isch)

extremity [iks'tremiti] uiterste *o*, (uit)einde *o*; uiterste nood; *extremities* uiterste maatregelen; ledematen, extremiteiten

extricate ['ekstrikeit] los-, vrijmaken, ontwarren, bevrijden, helpen (uit *from*); **–tion** [ekstri'keiʃən] los-, vrijmaking, ontwarring, bevrijding

extrinsic [eks'trinsik] uiterlijk, van buiten; ~ *to* ... liggende buiten...

extrovert, extravert ['ekstrouvə:t] *ps* extravert, extrovert: naar buiten gekeerd

extrude [eks'tru:d] uit-, verdrijven, uitwerpen; ✕ (uit)persen, uitstoten; **extrusion** uit-, verdrijving, uitwerping; ✕ (uit)persing, uitstoting, extrusie; **–ive** uitstotend; [*geol*] ~ *rocks* stollingsgesteente

exuberànce [ig'zju:bərəns] weelderigheid [v. groei]; overvloed; overdrevenheid; uitbundig-, uitgelatenheid; (over)volheid; **–ant** weelderig, overvloedig, overdreven, uitbundig, uitgelaten; overvloeiend, overvol, rijk

exudation [eksju:'deiʃən] uitzweting; **exude** [ig'zju:d] uitzweten

exult [ig'zʌlt] juichen, jubelen (over *at*); ~ *in* zich verkneukelen in; ~ *over* triomferen over; **–ant** juichend, triomfantelijk; **–ation** [egzʌl'teiʃən] gejuich *o*, gejubel *o*; uitbundige vreugde

exuviate [ig'zu: vieit] van huid verwisselen, vervellen

eye [ai] **I** *sb* oog *o*; *my* ~(*s*)! **S** sakkerloot!; *all my* ~!
(and Betty Martin) **F** onzin!, klets!; ~*s right* ✗
hoofd rechts!; *be all* ~*s* een en al oog zijn; *clap* ~*s
on* **F** te zien krijgen; *have all one's* ~*s about one* goed
uit zijn ogen kijken; *have an* ~ *for* oog hebben
voor; *have an* ~ *to* het oog houden op; *keep an* ~
on in het oog houden; *lay* ~*s on* zijn oog laten vallen op; *make* ~*s at a girl* naar een meisje lonken;
mind your ~! **F** opgepast!; *open one's* ~*s* grote ogen
opzetten; *open sbd.'s* ~*s* iem. de ogen openen; *I
never set* ~*s on him again* ik kreeg hem nooit weer
onder mijn ogen; *turn a (the) blind* ~ *on (to)* niet
willen zien, geen notitie nemen van; een oogje
toedoen voor; ● *an* ~ *f o r an* ~ oog om oog; *i n
my* ~*s* in mijn ogen (oog); *do in the* ~ **S** in de nek
zien, beetnemen; *in the* ~ *of the wind, in the wind's*
~ vlak tegen de wind in; *see* ~ *to* ~ *with* het volkomen eens zijn met; *u p to one's* ~*s* tot over de
oren; *w i t h an* ~ *to* met het oog op; **II** *vt* aankijken, kijken naar, beschouwen; **–ball** oogappel, -bal; **–brow** wenkbrauw; *lift (raise) an* ~
de wenkbrauwen optrekken; ~**-catcher** blikvanger; **–ful F** blik; beetje *o*; iets moois, knap
meisje *o*, knappe jongen; **–glass** monocle; ~*es*
lorgnet; face-à-main; **–hole** oogholte; kijkgat *o*;
(veter)gaatje *o*; **–lash** wimper, ooghaar *o*; **–less**
blind; **–let** oogje *o*; vetergaatje *o*; kijkgat *o*; **–lid**
ooglid *o*; ~**-opener** wat iemand de ogen opent,
verrassing; **–piece** occulair *o*, oogglas *o*; ~**-
shade** oogscherm *o*; ~**-shadow** oogschaduw;
–shot *out of* ~ ver genoeg om niet te worden gezien; *within* ~ dichtbij genoeg om te worden gezien; **–sight** gezicht(svermogen) *o*; **–sore** belediging voor het oog; onooglijk iets; doorn in het
oog; ~**-tooth** oogtand; **–wash** oogwatertje *o*;
all ~ **F** allemaal smoesjes

eyot [eit] eilandje *o* in rivier
eye-witness ['aiwitnis] ooggetuige
eyrie, eyry ['aiəri] = *aerie*

F

f [ef] (de letter) f; ♩ f of fa
fa [faː] ♩ fa
Fabian ['feibjən] **I** *aj* ~ *policy* omzichtige, vertragende strategie om de tegenstander af te matten; **II** *sb* *aj* niet revolutionair socialist(isch)
fable ['feibl] **I** *sb* fabel, sprookje *o*, verzinsel *o*, praatje *o*; **II** *vt* [fabels] dichten, verzinnen; ~*d* vermaard, legendarisch, fabelachtig; **III** *vi* fabels dichten; *fig* maar wat vertellen
fabric ['fæbrik] gebouw *o*, bouw, samenstel *o*, werk *o*; maaksel *o*; weefsel *o*, stof; –**ate** bouwen; maken; namaken; *fig* fabuleren, verzinnen; –**ation** [fæbri'keifən] vervaardiging; verzinnen *o*, verzinsel *o*, fabeltje *o*; namaak
fabulist ['fæbjulist] fabeldichter; –**lous** fabelachtig[2], geweldig
façade [fə'saːd] (voor)gevel, façade[2]
face [feis] **I** *sb* (aan)gezicht *o*; aanzien *o*, vóórkomen *o*; (voor)zijde, -kant, platte kant; oppervlakte; vlak *o*; front *o* [v. kolenlaag]; beeldzijde; beeld *o* [v. drukletter]; wijzerplaat; onbeschaamdheid, brutaliteit; prestige *o*; *put a good ~ on the matter* de zaak gunstig voorstellen; faire bonne mine à mauvais jeu; de eer aan zichzelf houden; *save (one's)* ~ zijn prestige of de schijn weten te redden; *set one's* ~ *against* zich verzetten tegen, niet dulden; *show one's* ~ acte de présence geven; *before sbd.'s* ~ onder iems. ogen, waar iem. bij staat; *in* ~ *of* tegenover; *in (the)* ~ *of* tegen... in; ondanks; tegenover; *he was going red in the* ~ hij begon rood aan te lopen; *on the* ~ *of it* op het eerste gezicht, oppervlakkig beschouwd, zo gezien; klaarblijkelijk; *to sbd's* ~ (vlak) in iems. gezicht; ~ *to* ~ van aangezicht tot aangezicht; tegenover elkaar; ~ *to* ~ *with* tegenover; **II** *vt* in het (aan)gezicht zien; (komen te) staan tegenover[2]; tegemoet treden; onder de ogen zien, trotseren, het hoofd bieden; gekeerd zijn naar, liggen op [het zuiden &]; bekleden [met tegels]; afzetten [met lint &]; uitmonsteren [een uniform]; omleggen, (om)keren [een kaart]; *let's* ~ *it* **F** laten we eerlijk zijn; ~ *it out* brutaal volhouden, doorzetten; ~*d with the choice* geplaatst voor, gesteld voor, staande voor, geconfronteerd met de keuze; **III** *vi* gekeerd zijn naar; ~ *about* ✗ rechtsomkeert (laten) maken; *about* ~*! Am* rechtsomkeert!; ~ *round* zich omkeren; ~ *up to* onder de ogen zien, het hoofd bieden; aandurven; ~-**cloth**, ~-**flannel** waslapje *o*, washandje *o*; –**less** geen gezicht hebbend, anoniem; ~-**lift(ing)** gelaatsverjonging; *fig* verjongingskuur [v.e. stad, gebouwen &]; ~~-**pack** pakking, masker *o*; **facer** klap in het gezicht; moeilijkheid waar men voor „staat", lastig geval *o*
facet ['fæsit] facet *o*
facetious [fə'siːfəs] grappig, schertsend
face value ['feis'væljuː] nominale waarde; *accept (take) at (its)* ~ zonder nader onderzoek accepteren
facia ['feifə] = *fascia*
facial ['feifəl] **I** *aj* gezichts-; gelaats-; **II** *sb* gezichtsmassage
facile ['fæsail] gemakkelijk, vaardig [met de pen]; vlug, vlot; meegaand; oppervlakkig
facilitate [fə'siliteit] verlichten, vergemakkelijken; –**tion** [fəsili'teifən] verlichting, vergemakkelijking; **facility** [fə'siliti] gemakkelijkheid, gemak *o*; faciliteit, tegemoetkoming; vaardigheid, vlugheid, vlotheid; meegaandheid; oppervlakkigheid; ~ *trip* gratis aangeboden uitje *o*
facing ['feisiŋ] bekleding; garneersel *o*, opslag [aan uniform]; revers
facsimile [fæk'simili] facsimile *o*
fact [fækt] feit *o*; daad; werkelijkheid; ~*!* **F** heus!; *in* ~ inderdaad; feitelijk, in feite; *(the)* ~ *(of the matter) is...* de zaak is...; *the* ~*s of life* de bijzonderheden van geslachtsleven en voortplanting; de realiteiten; ~-**finding** ~ *commission* commissie van onderzoek
faction ['fækfən] partij(schap), factie, splintergroep [binnen partij]; **factious** partijzuchtig; oproerig
factitious [fæk'tifəs] nagemaakt, kunstmatig
factor ['fæktə] factor[2]; factoor, agent; *highest common* ~ × grootste gemene deler; –**ize** × ontbinden in factoren
factory ['fæktəri] fabriek, factorij; ~ **inspectorate** arbeidsinspectie; ~ **ship** fabrieksschip *o*
factotum [fæk'toutəm] factotum *o*, duivelstoejager
factual ['fæktjuəl] feitelijk, feiten-
faculty ['fækəlti] vermogen *o*; faculteit; *the Faculty* de medische faculteit
fad [fæd] stokpaardje *o*, hobby, liefhebberij, gril, manie, rage; **faddist** maniak; **faddy** grillig, maniakaal
fade [feid] **I** *vi* verwelken, verschieten; verbleken, tanen; ~ *(away, out)* verflauwen, vervagen; (weg)kwijnen, wegsterven; verdwijnen; ~ *in* geleidelijk verschijnen [v. filmbeeld]; ~ *into* geleidelijk overgaan in; **II** *vt* doen verwelken &; –**less** onverwelkbaar, onvergankelijk; niet verschietend

faecal ['fi:kəl] faecaal; **faeces** ['fi:si:z] bezinksel *o*; faeces, faecaliën

Faerie, Faery ['feiəri, 'fiəri] **I** *sb* feeënland *o*; feeën; **II** *aj* feeën-, droom-

fag [fæg] **I** *vi* zich afsloven; ~ als *fag* dienen; **II** *vt* ~ als *fag* gebruiken; ~ (*out*) uitputten, afmatten; **III** *sb* vermoeiend werk *o*; sloof, werkezel; ~ schooljongen die een oudere leerling diensten moet bewijzen; **S** sigaret, saffie *o*; ~-**end** ['fæg'end] zelfkant; eind(je) *o*; stompje *o*, sigarettepeukje *o*

faggot ['fægət] mutsaard, takkenbos; bundel; **S** homosexueel

faience [fai'ã:ns] faience

fail [feil] **I** *vi* ontbreken; mislukken, -lopen, niet uitkomen; te kort schieten; falen; achteruitgaan, minder worden, uitvallen, uitgaan [v. licht]; faillict gaan; in gebreke blijven, niet kunnen; niet verder kunnen; zakken [bij examen]; ~ *of* niet bereiken; *you cannot* ~ *to...* u moet wel...; **II** *vt* teleurstellen; in de steek laten, begeven [krachten]; zakken voor [examen]; laten zakken [kandidaat]; **III** *sb* *without* ~ zeker, zonder mankeren; –**ing I** *prep* ~ *this* bij gebrek hieraan; bij gebreke hiervan; ~ *whom* bij wiens ontstentenis; **II** *sb* fout, zwak *o*, gebrek *o*, tekortkoming; –**ure** mislukking, fiasco *o*, afgang; faillict *o*, faillissement *o*; fout, gebrek *o*, defect *o*, storing, uitvallen *o* [v. stroom]; mislukkeling

fain [fein] **I** *aj* blij (uit noodzaak); gedwongen; *he was* ~ *to...* hij moest wel...; **II** *ad he would* ~... gaarne, met vreugde

faint [feint] **I** *aj* zwak, (afge)mat; flauw(hartig), laf; zwoel [v. lucht of geur]; vaag; gering; *I've not the* ~*est* **F** geen flauw idee; **II** *sb* bezwijming, flauwte; **III** *vi* ~ (*away*) in zwijm vallen, flauwvallen; zwakker worden; ~-**hearted** laf-, flauwhartig; –**ing** bezwijming; ~ *fit* flauwte; –**ly** *ad* zwak(jes), flauw(tjes); lichtelijk, enigszins

1 fair [fiə] *sb* jaarmarkt, kermis; jaarbeurs; *horse* ~ paardenmarkt; *industries* (*trade*) ~ jaarbeurs; *world('s)* ~ wereldtentoonstelling

2 fair [fiə] **I** *aj* schoon, mooi, fraai; licht, blond [haar], blank [v. huid]; gunstig; billijk, eerlijk, geoorloofd; behoorlijk, tamelijk, vrij aanzienlijk, aardig; **P** < echt; *a* ~ *copy* een in het net geschreven afschrift *o*, net *o*; ~ *play* eerlijk (spel *o*); *the* ~ *sex* het schone geslacht; ~ *and square* eerlijk, ronduit; **II** *sb* ♀ schone (vrouw); **III** *ad* mooi; eerlijk; **F** < bepaald; *copy* (*write out*) ~ in het net schrijven

fair-ground ['fiəgraund] kermisterrein *o*, lunapark *o*

fairing ['fiəriŋ] stroomlijnkap, -bekleding; vloeistuk *o* ‖ kermisgeschenk *o*

fairly ['fiəli] *ad* eerlijk, billijk, behoorlijk; nogal, tamelijk, vrij(wel); bepaald, gewoonweg, wer-

kelijk; goed en wel, totaal, geheel en al; **fairness** schoonheid; blondheid; blankheid; eerlijkheid, billijkheid; *in* ~ eerlijkheidshalve; **fairspoken** minzaam, hoffelijk

fairway ['fiəwei] ♪ vaargeul, -water *o*; *sp* verzorgde golfbaan

fair-weather ['fiəweðə] ~ *friends* schijnvrienden

fairy ['fiəri] **I** *sb* tovergodin, fee; **S** homo, tante; **II** *aj* toverachtig, feeën-, tover-; ~ *godmother* goede fee (van Assepoester); ~-**lamp** vetpotje *o*; –**land** feeënland *o*; sprookjesland *o*; ~-**light** = *fairy-lamp*; ~-**like** = *fairy* **II**; ~ **ring** heksenring; ~-**tale** sprookje[2] *o*

faith [feiθ] geloof *o*, (goede) trouw; vertrouwen *o*; (ere)woord *o*; (*in*) ~! op mijn woord!; *in good* ~ te goeder trouw, bona fide; *in bad* ~ met kwade bedoeling; *on the* ~ *of* (*that*)... vertrouwende op (dat)...; –**ful** *aj* (ge)trouw; nauwgezet; gelovig; *a* ~ *promise* een eerlijke belofte; **II** *sb the* ~ de gelovigen; –**fully** *ad* (ge)trouw; nauwgezet; *yours* ~ zie *yours*; *promise* ~ eerlijk beloven; ~-**healing** gebedsgenezing; –**less** trouweloos; ongelovig

fake [feik] **I** *sb* bedrog *o*; bedrieglijke namaak, namaaksel *o*, vervalsing; **II** *vt* ~ (*up*) opknappen (als nieuw); knoeien met, namaken; vervalsen; fingeren, simuleren; **III** *aj* vals

fakir ['fa:kiə] fakir

falchion ['fɔ:l(t)ʃən] kromzwaard *o*

falcon ['fɔ:lkən, 'fɔ:kn] valk; –**er** valkenier; –**ry** valkerij, valkenjacht

falderal ['fældə'ræl] = *folderol*

faldstool ['fɔ:ldstu:l] stoel v.e. bisschop; knielbank; lezenaar [voor de litanie]

fall [fɔ:l] **I** *vi* vallen, neer-, vervallen; uit-, ontvallen; neerkomen; dalen, verminderen, afnemen; sneuvelen; ~ *ill* ziek worden; *his face* (*countenance*) *fell* zijn gezicht betrok; hij zette een lang gezicht; *her eyes fell* zij sloeg de ogen neer; ~ *a-weeping* beginnen te huilen; ● ~ *a b o a r d of* in aanvaring komen met; ~ *a m o n g* geraken onder [dieven &]; ~ *a s t e r n* ♪ achterraken; ~ *a w a y* afvallen, vervallen; achteruitgaan, dalen; afvallig worden; ~ *b a c k* wijken, terugtreden, -deinzen; terugvallen; ~ *back upon* terugtrekken op; zijn toevlucht nemen tot; ~ *b e h i n d* ten achter raken, achterop raken, achter blijven (bij); ~ *d o w n* neer-, omvallen, vallen van; ~ *f o r* zich laten inpalmen door, geen weerstand kunnen bieden aan, weg zijn van; er inlopen, erin trappen; ~ *i n* invallen; instorten; vervallen, aflopen [v. contract]; ✕ aantreden; ~ *in love* (*with*) verliefd worden (op); ~ *in with* (aan)treffen, tegen het lijf lopen; zich voegen naar [inzichten], akkoord gaan met [voorstel]; ~ *i n t o* vallen of uitlopen in; raken in, op [achtergrond]; vervallen tot; ~ *into line* ✕ aantreden; *fig* zich aansluiten; ~ *into a rage* woedend worden; ~ *off* afvallen, vervallen, achteruitgaan; wijken; afnemen; afvallig worden; ~ *on* vallen op; neerkomen op; vallen om [de hals]; (aan)treffen, stoten op; aan-, overvallen, ~ *on evil days (on bad times)* slechte tijden doormaken; ~ *out* uitvallen; ⊁ uittreden; komen te gebeuren; ruzie krijgen (met *with*); ~ *out of use* in onbruik raken; ~ *over* omvallen; zie ook: *backwards*; ~ *through* in duigen vallen, mislukken, vallen [v. voorstel of motie]; ~ *to* aanpakken, aan het werk gaan; toetasten; vervallen, ten deel (te beurt) vallen aan (ook: ~ *to one's lot, share*); ~ *to talking* beginnen te praten; ~ *under* behoren tot, vallen onder [een klasse]; ~ *upon* zie *fall on*; ~ *within* vallen binnen of onder; **II** *sb* val; verval *o*, helling; daling; waterval (meestal ook: ~*s*); uitwatering; ondergang, dood; *Am* herfst; *the Fall* de zondeval; *have a ~* een val doen; *try a ~ with* zich meten met

fallacious [fə'leiʃəs] bedrieglijk, vals; **fallacy** ['fæləsi] valse schijn, bedrieglijkheid, bedrog *o*, drogreden, dwaalbegrip *o*

fal-lals ['fæ'lælz] prullen, kwikjes en strikjes, tierelantijntjes

fallen ['fɔ:l(ə)n] V.D. van *fall*

fall-guy ['fɔ:lgai] **S** slachtoffer *o*, dupe; zondebok

fallibility [fæli'biliti] feilbaarheid; **fallible** ['fælibl] feilbaar

falling ['fɔ:liŋ] **I** *aj* vallend; **II** *sb* val; ~-**off** [fɔ:liŋ'ɔf] vermindering, achteruitgang, afneming; **fall-out** ['fɔ:laut] radioactieve neerslag

fallow ['fælou] **I** *aj* vaalrood, vaalbruin ‖ braak; **II** *sb* braakland *o*; **III** *vt* omploegen

false [fɔ:ls] *aj* vals, onwaar, onjuist, verkeerd; scheef [v. verhouding]; onecht; pseudo; trouweloos, ontrouw (aan *to*); loos, dubbel [bodem]; *a ~ step* een misstap[2]; ~-**hearted** vals; -**hood** leugen(s); valsheid

falsetto [fɔ:l'setou] falset(stem)

falsies ['fɔ:lsiz] **F** namaakbusten

falsification [fɔ:lsifi'keiʃən] vervalsing; **falsifier** ['fɔ:lsifaiə] vervalser; **falsify** vervalsen; weerleggen, logenstraffen, beschamen [verwachtingen]; schenden [zijn woord]; **falsity** valsheid; onjuistheid

falter ['fɔ:ltə] **I** *vi* struikelen; stamelen, stotteren; haperen, weifelen, wankelen[2]; **II** *vt* (uit)stotteren (~ *out*)

fame [feim] faam, vermaardheid; roem, (goede) naam; ⊁ gerucht *o*; *house of ill ~* bordeel *o*; *of... ~* wiens naam verbonden is met, de bekende...; -**d** befaamd, beroemd, vermaard

familiar [fə'miljə(r)] **I** *aj* gemeenzaam; (wel)bekend; vertrouwd; vertrouwelijk, intiem; (al te) familiaar; ~ *spirit* gediensteige geest; **II** *sb* vertrouwde (vriend); gediensteige geest; -**ity**

[fəmili'æriti] gemeenzaamheid, bekendheid, vertrouwdheid, vertrouwelijkheid, familiariteit; -**ize** [fə'miljəraiz] gemeenzaam maken, bekend maken, vertrouwd maken

family ['fæmili] (huis)gezin *o*, huis *o*; familie; geslacht *o*; kinderen; *in a ~ way* (heel) familiaar; *in the ~ way* in verwachting; ~ **allowance** kinderbijslag; ~ **doctor** huisarts; ~ **hotel** hotel-pension; ~ **likeness** familietrek; ~ **man** huisvader; huiselijk man; ~ **planning** gezinsregeling; ~ **tree** stamboom

famine ['fæmin] hongersnood; schaarste, gebrek *o*, nood

famish ['fæmiʃ] **I** *vt* uithongeren, laten verhongeren; **II** *vi* (ver)hongeren

famous ['feiməs] *aj* beroemd, vermaard, bekend; **F** fameus, prachtig

fan [fæn] **I** *sb* wan; waaier; blaasbalg; ventilator ‖ **F** enthousiast, fan [bij voetbal &]; **II** *vt* wannen; waaien, koelte toewuiven; aanwakkeren, aanblazen; ~ (*out*) (zich) waaiervormig ver-, uitspreiden

fanatic [fə'nætik] **I** *aj* dweepziek, fanatiek; **II** *sb* (godsdienstige) dweper, fanaticus; -**al** = *fanatic* **I**; **fanaticism** [fə'nætisizm] dweepzucht, fanatisme *o*

fancier ['fænsiə] liefhebber; fokker, kweker

fanciful ['fænsiful] fantastisch; wonderlijk, grillig; denkbeeldig, hersenschimmig

fancy ['fænsi] **I** *sb* fantasie, ver-, inbeelding; verbeeldingskracht; hersenschim; idee *o* & *v*; inval, gril; (voor)liefde, liefhebberij; lust, zin, smaak; *catch (hit, strike, take) sbd.'s ~* in iems. smaak vallen; *take a ~ to* lust of zin krijgen in; op krijgen met; **II** *vt* zich verbeelden, zich voorstellen, wanen, denken; zin (trek) krijgen of hebben in, op krijgen of hebben met, houden van; een hoge dunk hebben van; fokken, kweken; ~ (*that*)*!* stel je voor!; *I don't ~ his looks* zijn uiterlijk staat me niet aan, bevalt me niet; **III** *vr* ~ *oneself* met zichzelf ingenomen zijn; zich voelen; **IV** *aj* fantasie-; fantastisch, chic; ~-**articles** galanterieën; ~ **ball** gekostumeerd bal *o*; ~ **bread** luxebrood *o*; ~ **cake** taart, taartje *o*; ~-**dress** kostuum *o* [v. gekostumeerd bal]; ~ *ball* gekostumeerd bal *o*; ~ **fair** liefdadigheidsbazaar; ~-**free** niet verliefd; ~-**goods** galanterieën; ~ **man** galant, vrijer; **S** pooier; ~ **price** fabelachtige prijs; ~ **woman** maitresse, maintenée, prostituée; ~-**work** handwerkje *o*, handwerkjes

fandangle [fæn'dæŋgəl] **F** malligheid ⊙ **fane** [fein] tempel

fanfare ['fænfɑ:] fanfare

fanfaronade [fænfærə'nɑ:d] snoeverij

fang [fæŋ] slagtand, giftand; tandwortel; klauw [v. werktuig]

fanlight ['fænlait] (waaiervormig) bovenlicht *o*

fanny ['fæni] S derrière; *on my F~ Adams* **P** aan m'n nooit niet

fantail ['fænteil] **꤀** pauwstaart [duif]

fantasia [fæn'teizjə] ♩ fantasia

fantast ['fæntæst] fantast; **-ic(al)** [fæn'tæstik(l)] fantastisch, grillig; **fantasy** ['fæntəsi] fantasie; gril

far [fa:] **I** *aj* ver, afgelegen; *the ~ end* het andere einde [van de straat &]; *on the ~ right of the platform* helemaal rechts op het podium; **II** *sb by* ~ verreweg; < veel; *from ~* (van) ver, ver weg; **III** *ad* ver, verre(weg), < veel; ~ *(and away) the best* verreweg de beste; ~ *and near*, ~ *and wide* wijd en zijd, heinde en ver; ~ *from it* verre van dien; ~ *off* ver weg; ver; ~ *other* (ge)heel anders; *as ~ as* tot aan, tot; *as ~ back as 1904* reeds in 1904; *as (so)* ~ *as, in so* ~ *as* voor of in zover; *so* ~ tot zover, tot nu toe, tot dusver; in zover(re); *so ~ from...* wel verre van...; *so ~ so good* tot zover is alles (het) in orde; *how* ~ hoe ver; in hoever(re); ~ **-away** afgelegen, ver²; verstrooid

farce [fa:s] klucht², kluchtspel *o*; paskwil *o* ‖ (vlees)vulsel *o*, gehakt *o*; **-ical** bespottelijk, kluchtig

✎ fardel ['fa:dəl] bundel, pak *o*, last

fare [fɛə] **I** *sb* vracht; vrachtprijs, tarief *o*; reisgeld *o*; **F** (geld *o* voor) kaartje *o* [in bus &]; passagier, vrachtje *o* [v. taxi]; kost, voedsel *o*; **II** *vi* (er bij)varen, gaan, zich bevinden; zich voeden, eten; ~ *badly* slecht eten; er bekaaid afkomen; *they ~d badly* ook: het (ver)ging hun slecht; ~ *forth* ✎ vertrekken; ~ *well* zich wel bevinden; goed eten; ~ *(you, thee) well!* vaarwel!

farewell ['fɛə'wel] **I** *ij* vaarwel!; **II** *sb* afscheid *o*, vaarwel *o*; **III** *aj* afscheids-

far-fetched ['fa:'fetʃt] vergezocht; ~ **-flung** ver verspreid, uitgestrekt

farina [fə'rainə] bloem van meel; ⚗o stuifmeel *o*; zetmeel *o*; **-ceous** [færi'neiʃəs] (zet)meelachtig, melig, meel-

farm [fa:m] **I** *sb* boerderij, fokkerij, kwekerij, (pacht)hoeve; **II** *vt* verpachten, verhuren; uitbesteden (ook: ~ *out*); bebouwen; ✎ pachten [belastingen &]; **III** *vi* boeren, het boerenbedrijf uitoefenen; **IV** *aj* ook: landbouw-; **-er** boer, landman, landbouwer, agrariër; [schapen- &] fokker, [pluimvee- &] houder, [oester- &] kweker; ✎ pachter [v. belastingen &]; ~ **-hand** boerenarbeider, boerenknecht; **-ing I** *sb* landbouw, boerenbedrijf *o*; [pluimvee-, varkens-, fruit- &] teelt; **II** *aj* landbouw-, pacht-; **-land** bouwland *o*; ~ *products* landbouwprodukten; agrarische produkten; **-stead** boerderij; **-yard** boerenerf *o*

far-off ['fa:rɔ:f] = *far-away*

farrago [fə'ra:gou] mengelmoes *o* & *v*

far-reaching ['fa:'ri:tʃiŋ] verreikend; verstrek-

kend; ingrijpend

farrier ['færiə] hoefsmid; paardenarts; **-y** hoefsmederij; paardenartsenijkunde

farrow ['færou] **I** *sb* worp (biggen); **II** (*vi &*) *vt* (biggen) werpen

far-seeing ['fa:'si:iŋ] (ver)vooruitziend; ~ **-sighted** verziend; (ver) vooruitziend

fart [fa:t] **P I** *vi* winden laten; **II** *sb* wind

farther ['fa:ðə] verder; zie ook: *further*; **-most** verst; **farthest** verst; *at (the)* ~ op zijn verst; op zijn hoogst; op zijn laatst

farthing [fa:ðiŋ] ⟐ ¹/₄ *penny*; *fig* cent, duit

f.a.s. = *free alongside*

fasces ['fæsi:z] ⟐ builbundel

fascia ['feiʃə] band; naambord *o* boven winkel (ook: ~*-board*); ⊜ instrumentenbord *o*

fascicle ['fæsikl] bundeltje *o*, bosje *o*; aflevering [v. tijdschrift, boek]

fascinate ['fæsineit] betoveren, bekoren, boeien, fascineren, biologeren; **-tion** [fæsi'neiʃən] betovering

fascism ['fæʃizm] fascisme *o*; **-ist I** *sb* fascist; **II** *aj* fascistisch

fashion ['fæʃən] **I** *sb* manier, wijze, mode; trant; fatsoen *o*; vorm, snit; *the* ~ de grote lui; de mode; *after (in) a* ~ tot op zekere hoogte; *in (out of)* ~ in (uit) de mode; *people of* ~ mensen van stand; **II** *vt* vormen, fatsoeneren; pasklaar maken (voor *to*); **-able** *aj* in de mode, naar de mode; chic, modieus, mode-; tot de grote wereld behorende, deftig; gangbaar; conventioneel; ~ *magazine* modeblad *o*; ~ **model** mannequin; ~ **-plate**, ~ **-sheet** modeplaat

1 fast [fa:st] **I** *sb* vasten *o*; **II** *vi* vasten

2 fast [fa:st] **I** *aj* vast, kleurhoudend, wasecht; hecht; flink; hard; snel, vlug, vlot; ~ *and furious* geweldig; ~ *friends* dikke vrienden; *a ~ liver (man)* een doordraaier; *pull a ~ one on sbd.* **F** iem. een loer draaien, een poets bakken; ~ *train* sneltrein; *my watch is* ~ mijn horloge is vóór; **II** *ad* vast; flink, hard, snel, vlug, vlot; ~ *asleep* in diepe slaap; ~ *beside*, ~ *by* ✎ vlak naast; *play* ~ *and loose* zijn woord niet houden; het zo nauw niet nemen [in gewetenszaken]

fast-day ['fa:stdei] vastendag

fasten ['fa:sn] **I** *vt* vastmaken, -zetten, -binden, -leggen, bevestigen; sluiten, dichtdoen, vestigen [een blik]; **II** *vi* dichtgaan, sluiten; ~ *off* afhechten [naaiwerk]; ~ *(up)on* aangrijpen, zich vastklampen aan; **-er** klem, knijper, sluiting; **-ing** sluiting, slot *o*, verbinding; haak, kram

fastidious [fæs'tidiəs] lastig, kieskeurig

fasting ['fa:stiŋ] het vasten

fast-moving ['fa:stmu:viŋ] snel; *fig* spannend [toneelstuk]; **fastness** vastheid, hechtheid; snelheid; bolwerk *o*

fat [fæt] **I** *aj* vet, vlezig, dik; rijk; ~ *cattle* mestvee *o*; (*a*) ~ *lot* F > nogal wat; ~ *stock* slachtvee *o*; **II** *sb* vet *o*; vette *o*; *the* ~ *is in the fire* nu heb je de poppen aan het dansen; *live on one's* ~ interen; *live on the* ~ *of the land* het vette der aarde genieten; **III** *vt* (& *vi*) mesten, vet maken (worden)

fatal ['feitl] *aj* noodlottig, ongelukkig, dodelijk; *the* ~ *Sisters* de schikgodinnen; **–ism** fatalisme *o*; **–ist** fatalist(isch); **–istic** [feitə'listik] fatalistisch; **–ity** [fə'tæliti] noodlot *o*, noodlottigheid; onheil *o*, ramp; *200 fatalities* 200 doden

fata morgana ['fa:təmɔ:'ga:nə] fata morgana[2], luchtspiegeling

fate [feit] noodlot *o*, fatum *o*; lot *o*; dood; *the Fates* de schikgodinnen; **–d** voorbeschikt, (voor)bestemd; (ten ondergang) gedoemd; **fateful** fataal, profetisch; gewichtig

fat-head ['fæthed] F stomkop

father ['fa:ðə] **I** *sb* vader; grondlegger; uitvinder; pater, ook: pastoor; *the Holy F~* de paus; *Father Christmas* het kerstmannetje; *the Fathers (of the Church)* de kerkvaders; ~*s of the city, city* ~*s* vroede vaderen; ~ *of the House* nestor van de Kamer; **II** *vt* vader zijn van, een vader zijn voor; (als kind) aannemen; zich de maker, schrijver & van iets verklaren; ~ (*up*)*on* toeschrijven aan, in de schoenen schuiven; **–figure** vaderfiguur; **–hood** vaderschap *o*; ~**-in-law** schoonvader; **–land** vaderland *o*; **–ly** vaderlijk

fathom ['fæðəm] **I** *sb* vadem; **II** *vt* peilen[2], doorgronden; **–less** peilloos; *fig* ondoorgrondelijk

fatigue [fə'ti:g] **I** *sb* afmatting, vermoeidheid, vermoeienis; ✄ corvee; **III** *vt* afmatten, vermoeien

fatten ['fætn] **I** *vi* vet worden; **II** *vt* mesten; **fatty I** *aj* vettig, vet; ~ *degeneration* ✿ vervetting; ~ *tissue* vetweefsel *o*; **II** *sb* dikzak

fatuity [fə'tjuiti] onzinnigheid, onbenulligheid, dwaasheid; **fatuous** ['fætjuəs] onzinnig, onbenullig, dwaas, idioot

faucal ['fɔ:kəl] keel-, strot-

faucet ['fɔ:sit] (tap)kraan

faugh [pf, fɔ:] bah!, foei!

fault [fɔ:lt] **I** *sb* fout, feil, schuld; gebrek *o*; ✄ defect *o*; storing; breukvlak *o* in aardlaag (ook: ~*-plane*); *find* ~ aanmerking(en) maken, vitten (op *with*); *be a t* ~ het spoor bijster zijn[2]; er naast zijn; niet in orde zijn; ook = *be i n* ~ schuldig zijn; schuld hebben; *kind t o a* ~ overdreven (al te) goed; **II** *vt* aanmerking(en) maken op, vitten op; ~**-finder** vitter; ✄ storingzoeker; ~**-finding I** *aj* vitterig; **II** *sb* gevit *o*, vitterij, vitzucht; ✄ opsporen *o* van defecten; **–less** feilloos, onberispelijk, foutloos; **–y** met fouten (behept), onjuist, verkeerd, gebrekkig, niet in orde, defect

faun [fɔ:n] faun, bosgod

fauna ['fɔ:nə] fauna

faux pas [fou'pa:] *Fr* miskleun, -stap

favour ['feivə] **I** *sb* gunst, gunstbewijs *o*, genade; begunstiging, voorkeur; $ schrijven *o*, letteren; kleur [als blijk van genegenheid &], lint *o*, strik; rozet, insigne; *i n* ~ *of* ten gunste van; *be in* ~ *of, look w i t h* ~ *on* gunstig gezind zijn, zijn vóór; **II** *vt* gunstig gezind zijn, (geporteerd) zijn vóór; begunstigen; bevorderen, steunen, aanmoedigen; bevoorrechten; voortrekken; ✎ gelijken op; **–able** *aj* gunstig

favourite ['feivərit] **I** *aj* geliefkoosd, geliefd, lievelings-; **II** *sb* gunsteling(e); favoriet [bij races]; lieveling; **–tism** onrechtvaardige begunstiging, bevoorrechting, vriendjespolitiek

fawn [fɔ:n] **I** *sb* jong hert *o*, reekalf *o*; **II** *aj* lichtbruin; **III** *vi* [jonge herten] werpen || ~ (*up*)*on* vleien, flemen, pluimstrijken, kruipen voor; **–er** vleier, pluimstrijker

⊙ **fay** [fei] fee

F.B.I. = *Federal Bureau of Investigation* recherche, opsporingsdienst [in de V.S.]

fealty ['fi:əlti] (leenmans)trouw

fear [fiə] **I** *sb* vrees (voor *of*), angst; *no* ~! wees maar niet bang!, geen nood!; *f o r* ~ *of (lest)* uit vrees voor (dat); *be (go) i n* ~ *of* vrezen voor; *w i t h o u t* ~ *or favour* zonder aanzien des persoons; **II** *vt* vrezen; **III** *vi* vrezen, bang zijn; **–ful** *aj* vreselijk; ~ *lest* bang dat; ~ *of* bang voor; **–fully** *ad* vreselijk[*]; **–less** onbevreesd, onvervaard; **–some** vreselijk, angstaanjagend

feasible ['fi:zibl] doenlijk, uitvoerbaar, mogelijk; geschikt

feast [fi:st] **I** *sb* feest *o*, gastmaal *o*; **II** *vi* feestvieren, smullen; ~ *on* zich vergasten aan[2]; **III** *vt* onthalen; ~ *on* [de ogen] vergasten aan

feat [fi:t] (helden)daad; (wapen)feit *o*; kunststuk *o*, toer, prestatie

feather ['feðə] **I** *sb* ve(d)er; pluim(en); piek [haar]; *a* ~ *in one's cap* een pluim op iemands hoed; *in full* ~ F in pontificaal; *in high* ~ zeer in zijn schik zijn; *show the white* ~ zich laf tonen; *fine* ~*s make fine birds* de kleren maken de man; **II** *vt* met veren versieren, met veren bedekken; ~ *one's nest* zijn beurs spekken; ~ *the oars* de riemen plat leggen; **III** *vi* veren krijgen; markeren [v. jachthond]; zich ontplooien; ~**-bed I** *sb* veren bed *o*; **II** *vt* in de watten leggen; ~**-brained**, ~**-headed** leeghoofdig; **–ing** gevederte *o*, pluimage; **–weight** *sp* vedergewicht *o* [boksen]; jockey die een bep. gewicht heeft; *fig* lichtgewicht, nul; **–y** met veren versierd, gevederd; vederachtig

feature ['fi:tʃə] **I** *sb* (gelaats)trek; *fig* kenmerk *o*, hoofdtrek, (hoofd)punt *o*, glanspunt *o*, „clou"; speciaal artikel *o* &; hoofdfilm of speelfilm (ook: ~ *film*); klankbeeld *o* (ook: *radio* ~); **II** *vt* een beeld geven van, karakteriseren; laten optreden als „ster", vertonen, brengen [een film &]; **III** *vi* een rol spelen; **–less** onopvallend, saai

febrifuge ['febrifju:dʒ] koortsmiddel *o*

febrile ['fi:brail] koortsig, koorts-

February ['februəri] februari

feckless ['feklis] zwak; onhandig; nutteloos; lichtvaardig

feculence ['fekjuləns] troebel-, drabbigheid; vuil *o*; **–ent** troebel, drabbig; stinkend

fecund ['fi:kənd] vruchtbaar; **–ate** vruchtbaar maken, bevruchten; **–ation** [fi:kən'deiʃən] vruchtbaar maken *o*, bevruchting; **–ity** [fi'kʌnditi] vruchtbaarheid

fed [fed] V.T. & V.D. van *feed*

federal ['fedərəl] federaal, bonds-; **–ist** federalist(isch); **federate** ['fedərit] **I** *aj* verbonden; **II** (*vi &*) *vt* ['fedəreit] (zich) tot een (staten)bond verenigen; **–tion** [fedə'reiʃən] (staten)bond; **–tive** ['fedərətiv] federatief

fee [fi:] **I** *sb* leen(goed) *o*; loon *o*, honorarium *o*; leges; (school-, examen)geld *o*; ~*s* ook: contributie, entreegeld *o*; **II** *vt* honoreren, betalen

feeble ['fi:bl] *aj* zwak; ~**-minded** zwakzinnig

feed [fi:d] **I** *vt* voeden, spijz(ig)en; te eten (voedsel) geven; voe(de)ren, (laten) weiden; onderhouden [het vuur]; ✗ aan-, invoeren; ~ *b a c k* terugkoppelen; ~ *d o w n* afgrazen; ~ *u p* flink voeden; (vet)mesten; *fed up* **F** landerig; *be fed up with* **F** zijn bekomst hebben van, balen hebben van, beu zijn van; **II** *vi* zich voeden; eten; weiden; ~ *on* leven van, zich voeden met; **III** *sb* voe(de)r *o*, maal *o*, maaltijd, eten *o*; portie; ✗ voeding, aan-, invoer; *off one's* ~ de eetlust kwijt; ~**-back** terugkoppeling; **–er** voeder, eter; vetweider; voedingskanaal *o*, zijrivier; zijlijn [van spoor]; slabbetje *o*; zuigfles; ✗ inlader, aanvoerwals; in-, toevoermechanisme *o*; ❦ voedingskabel, -leiding; **–ing** voeden *o*, voe(de)ren *o*; ~ *bottle* zuigfles; ~ *stuffs* voederartikelen; ~**-pipe** ✗ voedingspijp

feel [fi:l] **I** *vt* voelen, bevoelen, aftasten, betasten; vinden, menen, van mening zijn, achten, denken; ~ *one's ground* (*way*) op de tast gaan; *fig* het terrein verkennen; **II** *vi* (zich) voelen; aanvoelen; ~ *strongly* zeer gevoelig zijn; een zeer besliste mening hebben (omtrent *about, on*); *I don't* ~ *like it* ik heb er geen zin in; *I don't* ~ *quite myself* ik voel me niet erg prettig; ● ~ *a b o u t* rondtasten; *how I* ~ *about this* hoe ik hierover denk, ik ervan vind; ~ *a f t e r* voelen, tastend zoeken naar; ~ *f o r* (tastend) zoeken naar; meelij hebben met; *not* ~ *l i k e food* (*going* &) geen trek hebben in (om te); ~ *o u t o f it* zich voelen als een kat in een vreemd pakhuis; *not* ~ *u p t o* iets niet aandurven; ~ *w i t h* meevoelen met; **III** *sb* gevoel *o*, tast; aanvoelen *o*; *it is cold to the* ~ het voelt

koud aan; **–er** voeler, voelhoorn; *throw out a* ~ een proefballon oplaten; **–ing I** *aj* gevoelvol, gevoelig; diep gevoeld, bewogen; **II** *sb* gevoel *o*; sympathie; gevoeligheid; geraaktheid, ontstemming, opwinding; stemming; ~*s* gevoelens; ~ *was running high* de gemoederen waren verhit (opgewonden); *stir strong* ~*s* kwaad bloed zetten; *with a touch of* ~ een tikje geraakt

feet [fi:t] *mv* v. *foot*

feign [fein] veinzen, voorwenden, huichelen; ✎ namaken; verzinnen; zich verbeelden; ~*ed hand* verdraaide hand [v. schrijven]

feint [feint] **I** *sb* schijnbeweging, schijnaanval; voorwendsel *o*; list; *make a* ~ *of...* doen alsof...; **II** *vi* een schijnbeweging uitvoeren

feldspar ['feldspa:] veldspaat *o*

felicitate [fi'lisiteit] gelukwensen (met *on*); **–tion** [filisi'teiʃən] gelukwens; **felicitous** [fi'lisitəs] gelukkig (bedacht &); **felicity** geluk *o*, gelukzaligheid; *felicities* gelukkige vondsten, gedachten &

feline ['fi:lain] katte(n)-, katachtig, kattig

1 fell [fel] *sb* vel *o*, huid || heuvel, berg

2 ☉ **fell** [fel] *aj* wreed, woest; dodelijk

3 fell [fel] **I** *vt* vellen, neervellen; **II** *sb* gekapt hout *o*, velling;

4 fell V.T. van *fall*

feller houthakker ‖ **P** = *fellow*

fellmonger ['felmʌŋgə] huidenkoper

felloe ['felou] velg [v. rad]

fellow ['felou] **I** *sb* maat, makker, kameraad; **F** kerel, vent, knul; andere of gelijke (van twee), weerga; lid *o*; ⇔ lid *o* v. *college* aan de Hogescholen; gepromoveerde, die een beurs geniet; **II** *aj* mede-; ~**-creature** medeschepsel *o*; ~**-feeling** medelijden *o*, medegevoel *o*; sympathie; **–ship** kameraadschap, collegialiteit; broederschap; (deel)genootschap *o*; omgang, gemeenschap; lidmaatschap *o* [v. *college*]; beurs [v.e. *fellow*); ~**-soldier** wapenbroeder; ~**-student** medestudent, schoolmakker; ~**-townsman** stadgenoot; ~**-traveller** medereiziger, tochtgenoot; meeloper, sympathiserende [inz. van communistische partij]; ~**-worker** medearbeider

felly ['feli] velg [v. rad]

felon ['felən] **I** *aj* ☉ wreed, snood; **II** *sb* misdadiger, booswicht ‖ fijt; **–ious** [fi'lounjəs] misdadig; **–y** ['feləni] (hals)misdaad

felspar ['felspa:] = *feldspar*

felt [felt] **I** *sb* vilt *o*; vilten hoed; **II** *aj* vilten; **III** *vt* vilten, tot vilt maken; **IV** V.T. & V.D. van *feel*

felty ['felti] viltachtig

female ['fi:meil] **I** *aj* vrouwelijk, vrouwen-, wijfjes-; ~ *screw* ✗ moer; **II** *sb* ♀ wijfje *o*; > vrouw, vrouwspersoon *o*

femineity [femi'ni:iti] vrouwelijkheid, verwijfdheid; **feminine** ['feminin] vrouwelijk; vrou-wen-; ~ *rhyme* vrouwelijk (slepend) rijm; **feminity** [femi'niniti] vrouwelijkheid; **feminist** ['feminist] feminist(isch); **–ize** vervrouwelijken

femoral ['femərəl] dij-

femur ['fi:mə] dijbeen *o*; dij [v. insekt]

fen [fen] moeras *o*; *the Fens* het lage land in Cambridgeshire

fence [fens] **I** *sb* schutting, (om)heining, hek *o*, heg; *sp* schermen *o*; S heler(splaats); *electric (wire)* ~ schrikdraad; *be (sit, stay) on the* ~ neutraal blijven, de kat uit de boom kijken; **II** *vt* omheinen (ook: ~ *about, in, round, up*); beschutten, beschermen; pareren²; ~ *off* afslaan; **III** *vi* schermen; hindernissen nemen; S in gestolen goed handelen; ~ *w i t h a question* ontwijken; **fencer** schermer; heiningmaker; springpaard; **fence-season** gesloten jachttijd

fencing ['fensiŋ] schermen *o*, schermkunst; omrastering; **~-master** schermmeester

fend [fend] afweren (~ *off*); ~ *for oneself* voor zichzelf zorgen; **–er** haardscherm *o*; ⚓ stootkussen *o*, -mat, -blok *o*; baanschuiver; *Am* spatbord *o*; *Br* bumper

Fenian ['fi:niən] ⊞ Fenian: aanhanger v.d. Ierse revolutionaire beweging

fennel ['fenl] ℀ venkel

fenny ['feni] moerassig, moeras-

feoff [fef] ⊞ leengoed *o*; **–ment** ['fefmənt] ⊞ in leen geven *o*

feral ['fiərəl], **ferine** ['fiərain] wild; ongetemd; beestachtig

ferial ['firiəl] ~ *day* feestdag; *rel* weekdag (geen zon- of religieuze feestdag)

ferment ['fə:ment] **I** *sb* gist; gisting; ferment *o*; **II** (*vt* &) *vi* [fə:'ment] (doen) gisten, (doen) fermenteren; **–ation** [fə:men'teiʃən] gisting; fermentatie; **–ative** [fə:'mentətiv] gistend, gistings-; fermentatie-

fern [fə:n] ℀ varen(s); **–ery** kweekplaats voor varens; **–y** met varens begroeid

ferocious [fə'rouʃəs] woest; wreed; fel; **ferocity** [fə'rɔsiti] woestheid; wreedheid; felheid

ferreous ['feriəs] ijzerachtig, ijzerhoudend

ferret ['ferit] **I** *sb* ℀ fret *o* ‖ katoenen of zijden band; **II** *vi* fretten; snuffelen; **III** *vt* ~ *out* uitdrijven, uitjagen; uitvissen; opscharrelen, opsporen

ferriage ['feriidʒ] veergeld *o*; overzetten *o*

ferric ['ferik] ijzer-

Ferris wheel ['feriswi:l] reuzenrad *o* [op kermis]

ferroconcrete ['ferou'kɔnkri:t] = *reinforced concrete* gewapend beton *o*

ferruginous [fe'ru:dʒinəs] ijzerhoudend; roestkleurig

ferrule ['feru:l,'ferəl] metalen ring, busje *o* [aan mes, rotting, stok], beslag *o*

ferry ['feri] **I** *sb* veer *o*, veerboot; **II** *vt* & *vi* overzetten, overbrengen, overvaren; **~-boat** veerpont, -boot; **~-bridge** spoorwegveer *o*; **–man** veerman

fertile ['fə:tail] vruchtbaar; *fig* overvloedig; **–lity** [fə:'tiliti] vruchtbaarheid; **–lization** [fə:tilai'zeiʃən] vruchtbaar maken *o*; ℀ bevruchting; bemesting (met kunstmest); **–lize** ['fə:tilaiz] vruchtbaar maken; ℀ bevruchten; bemesten (met kunstmest); **–lizer** mest(stof), kunstmest-(stof)

ferule ['feru:l] ℀ plak²

fervency ['fə:vənsi] gloed, vuur *o*, vurigheid; **fervent** vurig², warm, fervent

fervid ['fə:vid] heet², gloeiend², vurig

fervour ['fə:və] ijver, vurigheid, gloed

festal ['festəl] feestelijk, feest-

fester ['festə] **I** (*vt* &) *vi* (doen) (ver)zweren, (ver)etteren, (ver)rotten, invreten; **II** *sb* verzwering

festival ['festivəl] **I** *aj* feestelijk; feest-; **II** *sb* feest *o*, feestviering; feestdag; muziekfeest *o*, festival *o*; **festive** feestelijk, feest-; *the ~ board* de feestdis; **–vity** [fes'tiviti] feestelijkheid; feestvreugde

festoon [fes'tu:n] **I** *sb* festoen *o* & *m*, guirlande, slinger; **II** *vt* met guirlandes & behangen

fetch [fetʃ] **I** *vt* (be)halen, brengen; opbrengen; te voorschijn brengen [bloed, tranen]; toebrengen, geven [een klap]; bereiken; F inpalmen [het publiek]; indruk maken op; uit zijn tent lokken; slaken [zucht]; ~ *up* tegenhouden; F uitbraken; **II** *vi* ~ *and carry* apporteren; *fig* voor boodschaploper (knechtje) spelen; ~ *up* blijven staan of steken, stilhouden; **–ing** F pakkend, aantrekkelijk

fête [feit] **I** *sb* feest *o*; *rk* naamdag; **II** *vt* fêteren, feestelijk onthalen

fetid ['fetid, 'fi:tid] stinkend

fetish ['fi:tiʃ, 'fetiʃ] fetisj²

fetlock ['fetlɔk] vetlok (v. paard)

fetor ['fi:tə] stank

fetter ['fetə] **I** *sb* keten, boei, kluister; **II** *vt* boeien, kluisteren; binden²

fettle ['fetl] *in good (fine, high, splendid)* ~ in uitstekende conditie

1 feud [fju:d] **I** *sb* vijandschap, vete; **II** *vi* strijden, twisten

2 feud [fju:d] *sb* ⊞ leen(goed) *o*; **–al** feodaal, leenroerig; ~ *system* leenstelsel *o*; **–alism** ⊞ feodalisme *o*, leenstelsel *o*; **–ality** [fju:'dæliti] ⊞ feodaliteit; leenroerigheid; leenstelsel *o*; leen *o*; **–atory** ['fju:dətəri] **I** *aj* ⊞ leenroerig, -plichtig; **II** *sb* ⊞ leenman

fever ['fi:və] **I** *sb* koorts; grote opwinding; **II** *vt* koortsig maken; **–ish** koortsachtig; koortsig; **–ous** koortsig; koorts-

few [fju:] weinig; *a* ~ enige, weinige; een paar, enkele; *every* ~ *days* om de paar dagen; *a good* ~, *quite a* ~ heel wat; *some* ~ een paar; *the* ~ de weinigen, de enkelen; de minderheid; ~ *and far between* zeldzaam; *in* ~ ✎ om kort te gaan

fey [fei] de dood nabij; abnormaal vrolijk en overmoedig (als voorbode v.d. dood); **F** fantastisch (aangelegd)

fez [fez] fez [muts]

fiancé(e) [fi'ã:nsei] aanstaande, verloofde

fiasco [fi'æskou] fiasco *o*, flop

fiat ['faiæt] fiat *o*: goedkeuring, besluit *o*

fib [fib] **I** *sb* leugentje *o*, jokkentje *o*; *tell* ~*s* jokken; **II** *vi* jokken; **fibber** leugenaar(ster), jokkebrok

fibre, *Am* fiber ['faibə] vezel; fiber *o* & *m*; wortelhaar *o*; *fig* aard, karakter *o*; **–board** vezelplaat

fibril ['faibril] vezeltje *o*; wortelhaartje *o*

fibrin ['faibrin] fibrine

fibrous ['faibrəs] vezelachtig, vezelig

fichu ['fi:ʃu:] fichu, omslagdoekje *o*

fickle ['fikl] wispelturig, grillig

fictile ['fiktail] aarden; kneedbaar, plastisch; ~ *art* pottenbakkerskunst

fiction ['fikʃən] verdichting; verdichtsel *o*, fabeltje *o*; fictie; romanliteratuur, romans; **–al** van (in) de romanliteratuur, roman-; zie ook: *fictitious*

fictitious [fik'tiʃəs] verdicht; verzonnen, fictief, gefingeerd; denkbeeldig, onecht, vals

fictive ['fiktiv] vormend, scheppend; fictief, verzonnen, aangenomen, geveinsd

fiddle ['fidl] **I** *sb* **F** viool, vedel, fiedel; **S** knoeierij, zwendel, zwendeltje *o*; *play first* ~ de eerste viool spelen; *play second* ~ een ondergeschikte rol spelen; **II** *vi* **F** viool spelen, vedelen, fiedelen; **S** knoeien, sjacheren, scharrelen; ~ *about* (*at*) friemelen (futselen) aan; ~ *a w a y* er op los strijken; ~ *w i t h* spelen, schermen met [zijn handschoenen &]; **III** *vt* ~ *away* verleuteren; ~ **-bow** ♪ strijkstok

fiddle-de-dee ['fidldi'di:] **F** onzin, malligheid

fiddle-faddle ['fidlfædl] **I** *sb* beuzeling; gewauwel *o*; gepruts *o*; leuteraar; **II** *aj* prullerig; **III** *ij* larie!; **IV** *vi* beuzelen, prutsen

fiddler ['fidlə] vedelaar, speelman; **S** bedrieger, schelm; **fiddlestick** ♪ strijkstok; ~*s!* **F** larie!, flauwekul

fiddling ['fidliŋ] onbeduidend, nietig

fidelity [fi-, fai'deliti] getrouwheid, trouw

fidget ['fidʒit] **I** *sb* zenuwachtige gejaagdheid, onrust (ook: zenuwachtig, gejaagd persoon); *have the* ~*s* niet stil kunnen zitten; **II** *vi* zenuwachtig zijn, (zenuwachtig) draaien; **III** *vt* zenuwachtig maken; zenuwachtig bewegen; **–y** onrustig, ongedurig

fiduciary [fi'dju:ʃjəri] fiduciair: van vertrouwen; **II** *sb* bewaarnemer

fie [fai] foei!

fief [fi:f] ▭ leen(goed) *o*

field [fi:ld] **I** *sb* veld *o*, akker; terrein *o*; gebied *o*; ✕ slagveld ;*o* (~ *of battle*); *a fair* ~ *and no favour* geen bevoorrechting, gelijke kansen voor allen; *hold the* ~ het veld behouden, standhouden; *fig* opgeld doen; *keep the* ~ het veld behouden, standhouden; ✕ te velde blijven; *take the* ~ ✕ te velde trekken; *win the* ~ ✕ de slag winnen; *in the* ~ ter plaatse; ✕ te velde; *there are already others in the* ~ er zijn al anderen (, die...); *in the* ~ *of finance* op financieel gebied (terrein); *in the* ~*s* op het land, buiten; **II** *vi* & *vt* fielden [bij cricket]; **III** *aj* veld-, ✕ te velde; buiten-, in het (open, vrije) veld, in de natuur; ter plaatse; ~ **-day** ✕ manoeuvredag; *fig* grote dag; *Am* sportdag; **–er** fielder [bij cricket]; ~ **-event** *sp* veldnummer *o*: springen, werpen [geen hardlopen]; ~ **-glass(es)** veldkijker; ~ **-marshal** veldmaarschalk; ~ **-officer** hoofdofficier; ~ **service** buitendienst; **–sman** fielder [bij cricket]; ~ **-sports** inz. jagen, vissen; ~ **-work** ✕ schans; veldwerk *o*, veldonderzoek *o*; vergaring van gegevens

fiend [fi:nd] boze geest; duivel[2], Boze; **F** maniak; aan... verslaafde; **–ish, –like** duivelachtig, duivels

fierce ['fiəs] woest, verwoed; wreed; onstuimig, heftig, fel; **S** erg, bar

fiery ['faiəri] *aj* vurig[2], vlammend, licht ontbrandbaar; vuur-; *fig* gretig, enthousiast; driftig; ✗ ontstoken

fife [faif] **I** *sb* ♪ (dwars)fluit, pijp; pijper; **II** *vi* & *vt* pijpen; **–r** pijper

fifteen ['fif'ti:n, + 'fifti:n] vijftien; **–th** vijftiende (deel *o*)

fifth [fifθ] vijfde (deel *o*); ♪ kwint; **–ly** ten vijfde

fiftieth ['fiftiiθ] vijftigste (deel *o*); **fifty** vijftig; *the fifties* de jaren vijftig: van (19)50 tot (19)60; *in the (one's) fifties* ook: in de vijftig; ~ ~ half om half; voor gelijke delen; *go* ~ ~ fifty-fifty (samsam) doen

fig [fig] **I** *sb* vijgeboom; vijg; *I don't care a* ~ het kan me geen snars schelen || in vol ornaat; **II** *vt* ~ *out* (*up*) *a horse* **S** een paard een peppmiddel toedienen; ~ *sbd. up* iem. uitdossen

fight [fait] **I** *vi* vechten, strijden; **II** *vt* bevechten, vechten met of tegen, bestrijden; uitvechten; laten vechten; ~ *a battle* slag leveren; ~ *one's way* zich al vechtende een weg banen; ● ~ *b a c k* terugdringen; zich (ver)weren; ~ *d o w n* bedwingen, onderdrukken; ~ *o f f* afweren, verdrijven; ~ *it o u t* het uitvechten; ~ *s h y of* uit de weg gaan, ontwijken; **III** *sb* gevecht *o*, strijd; kamp; vechtpartij; *he had* ~ *in him yet* hij gaf nog geen kamp; *show* ~ zich te weer stellen; **–er** strijder, vechter(sbaas); ↗ gevechtsvliegtuig *o*, jager; ~ *-bomber* ↗ jachtbommenwerper; ~ *pilot* ↗ jachtvlieger; **–ing I** *sb* gevecht *o*, gevechten, strijd, vechten *o*; **II** *aj* strijdlustig; strijdbaar; ge-

vechts-, strijd-, vecht-; *a ~ chance* (met grote inspanning) een kans op succes
fig-leaf ['figli:f] vijgeblad *o*
figment ['figmənt] verdichtsel *o*, fictie
fig-tree ['figtri:] vijgeboom
figuration [figju'reiʃən] (uiterlijke) vorm(geving), (symbolische) voorstelling, afbeelding;
ornamentatie; **figurative** ['figjurətiv] figuurlijk,
oneigenlijk; zinnebeeldig; figuratief; beeldrijk;
figure ['figə] I *sb* figuur, gedaante, gestalte; afbeelding; beeld *o*; persoonlijkheid, persoon; cijfer *o*; *double ~s* getallen van twee cijfers; *her (the)*
~ ook: haar (de) [= slanke] lijn; *~ of fun* scherts-
figuur; karikatuur; *~ of speech* metafoor; manier
van spreken; *cut a ~* een figuur maken (slaan)
at a low ~ tegen een lage prijs; *be quick at ~s* vlug
zijn in rekenen; *income of four ~s* tussen 1000 en
10000 pond; II *vt* afbeelden, voorstellen; (met
figuren) versieren; zich voorstellen, denken; *~*
on Am rekenen op; *~ out* becijferen, uitrekenen; begrijpen; *~ up* optellen; III *vi* figureren,
vóórkomen; cijferen; *~ as* optreden als, doorgaan voor; *it ~s out at...* het komt op...; **-d** ge-
bloemd, met figuren; **-head** ⚓ scheg-, boeg-
beeld *o; fig* iem. die een louter decoratieve functie heeft, stroman; **~-skating** kunstrijden *o* op
de schaats; **figurine** ['figjuri:n] beeldje *o*
figwort ['figwɔ:t] helmkruid *o*; speenkruid *o*
filament ['filəmənt] vezel; ✿ (gloei)draad; ⚒
helmdraad; **-ous** [filə'mentəs] vezelig
filature ['filətʃə] zijdespinnerij
filbert ['filbət] hazelaar; hazelnoot
filch [fil(t)ʃ] kapen, gappen
file [fail] I *sb* vijl; S (slimme) vent ‖ rij, file, ⚔ gelid
o ‖ lias; (brief)orde(e)ner, map; dossier *o*; opbergkast; register *o* [v. (pons)kaarten]; in volgorde
bewaarde kranten &, jaargang; *~s* ook: archief
o [v. kantoor]; *in Indian (single) ~* achter elkaar,
in ganzenmars; II *vt* vijlen, afvijlen ‖ aan een
snoer rijgen, rangschikken, opbergen; deponeren; [een aanklacht] indienen ‖ III *vi* achter elkaar lopen (rijden); *~ off* ⚔ afmarcheren
filial ['filjəl] kinderlijk; **filiation** [fili'eiʃən] zoon-
schap *o*, afstamming; verwantschap; vormen *o*
van nieuwe vertakkingen (afdelingen)
filibuster ['filibʌstə] I *sb* vrijbuiter; *Am* obstructie; obstructievoerder; II *vi* (gaan) vrijbuiten;
Am obstructie voeren
filigree ['filigri:] filigraan *o*
filing cabinet ['failiŋkæbinit] opbergkast, car-
totheek; *~* **card** fiche *o* & *v* [v. kaartsysteem]; *~*
clerk archiefbediende
filings ['failiŋz] vijlsel *o*
fill [fil] I *vt* vullen, aan-, in-, vervullen; vol maken, vol gieten; stoppen; plomberen [tand]; uitvoeren [bestelling]; verzadigen; bezetten, bekleden, innemen, beslaan [plaats]; doen zwellen

[zeilen]; *~ the bill* F voldoen, je „dat" zijn; *~ in*
invullen [formulier]; dichtmaken, -stoppen,
-gooien, dempen; *~ out* vullen, opvullen; *Am*
[formulier] invullen; *~ up* (geheel) vullen, beslaan, innemen; op-, bij-, aan-, invullen; dichtgooien, dempen; II *vi* vullen, vol lopen, raken &; *~ out* groter worden, uitzetten, zwellen,
dikker worden; *~ up* zich geheel vullen; dichtslibben; dempen; (bij)vullen [benzine &], tanken; *it ~s up* het vult de maag; III *sb* vulling;
verzadiging, bekomst; *drink (eat) one's ~* zijn buik
vol eten; *look one's ~* zich de ogen uitkijken; **-er**
vuller; trechter; vulsel *o*, bladvulling; plamuur;
~s binnenwerk *o* [v. sigaren]; *~ cap* ⛽ dop [v.
benzinetank]
fillet ['filit] I *sb* haar-, hoofdband; band; lijst,
lijstje *o*; lendestuk *o*, filet; II *vt* met een band binden; met een band of lijst(je) versieren; fileren
[vis]
filling ['filiŋ] vulling, vulsel *o*, plombeersel *o; ~*
station tankstation *o*
fillip ['filip] I *sb* knip (met de vingers); prikkel,
aansporing, aanmoediging; kleinigheid, baga-
tel; II *vt* wegknippen; opwekken, stimuleren;
(geheugen) opfrissen; III *vi* knippen (met de
vingers)
filly ['fili] (merrie)veulen[2] *o*; F wildebras
film [film] I *sb* vlies *o*; film, rolprent; waas *o*;
draad; II *vt* met een vlies of waas bedekken; filmen; verfilmen; III *vi* zich met een vlies of waas
bedekken; **-y** vliezig; ragfijn; wazig; met een
vlies bedekt
filter ['filtə] I *sb* filter; II *vt* filtreren, filteren; zuiveren; III *vi* door een filtreertoestel gaan;
(door)sijpelen; voorsorteren [in het verkeer]; *~*
in invoegen [auto]; *~ through* doorsijpelen; doorschemeren; *fig* uitlekken; **~-paper** filtreerpa-
pier *o*; **~-tip(ped)** [sigaret] met filter
filth [filθ] vuil[2] *o*, vuiligheid; *fig* obsceniteit; corruptie; **-y** *aj* vuil, smerig; obsceen; laag, gemeen; F heel onplezierig
filtrate I *sb* ['filtrit] I *sb* filtraat *o*; II *vt* ['filtreit] filtreren; **-tion** [fil'treiʃən] filtreren *o*
fin [fin] ⌖ vin; S vlerk, arm, hand; ⚔ rib [v. radiator &]; ✈ kielvlak *o*
finable ['fainəbl] bekeurbaar, beboetbaar
finagle [fi'neigl] F beduvelen; oplichten
final ['fainl] I *aj* laatste, beslissend, definitief, uiteindelijk, eind-, slot-; *is that ~?* is dat uw laatste
woord?; II *sb sp* finale; ⌖ eindexamen *o* (ook:
~s); **finale** [fi'na:li] finale; **finalist** ['fainəlist]
finalist; ⌖ eindexamenkandidaat; **-lity** [fai'næ-
liti] definitief zijn *o*; eindresultaat *o*; doelmatig-
heid; doelleer; *in a tone of ~* op besliste toon;
-lize ['fainəlaiz] definitief regelen &; afwerken;
finally *ad* eindelijk, ten slotte, uiteindelijk; afdoend, beslissend, definitief

finance [fi-, fai'næns] **I** *sb* financiën; geldelijk beheer *o*; geldwezen *o*; ~*s* financiën, geldmiddelen, fondsen; **II** *vt* financieren, geldelijk steunen; **–cial** financieel, geldelijk; **–cier I** *sb* financier; **II** *vt* [fi-, fainæn'siə] *vi* > [gewetenloos] geldzaken doen

finch [fin(t)ʃ] ⚔ vink

find [faind] **I** . *vt* vinden; onder-, bevinden; (be)merken; aantreffen, ontdekken; zoeken, halen; aan-, verschaffen; ♫ [een vonnis] vellen, [schuldig] verklaren; *all found* alles inbegrepen, met kost en inwoning; *well found in* goed voorzien van; *they were found to be* ... zij bleken... te zijn, het bleek dat zij... waren; ~ *one's feet* beginnen te lopen; *fig* erin komen; *I* ~ *it easy* het valt me gemakkelijk; *he could not* ~ *it in his heart to...* hij kon het niet van zich (over zijn hart) verkrijgen; ~ *out* ontdekken, tot de ontdekking komen, te weten komen; opsporen; betrappen; niet thuis treffen; ~ *out about it* er achter (zien te) komen; **II** *vr* ~ *oneself* zich bevinden of zien; zijn ware roeping ontdekken; ~ *oneself in* zich aanschaffen, zelf zorgen voor; **III** *vi* ~ *for the plaintiff* uitspraak doen ten gunste van de eiser; **IV** *sb* vondst; vindplaats; **–er** vinder; *phot* zoeker; **–ing** vondst; ♫ uitspraak; conclusie; bevinding

1 fine [fain] **I** *aj* mooi [ook ironisch], fraai, schoon; fijn; uitstekend; *when* ~ bij mooi weer; **II** *ad* mooi; **III** *sb* mooi weer *o* (in: *rain or* ~); **IV** *vt* (af)klaren, zuiveren, fineren; ~ *a w a y* fijner maken; ~ *d o w n* fijner maken; afklaren; **V** *vi* klaren

2 fine [fain] **I** *sb* (geld)boete ‖ *in* ~ ten slotte, kortom; **II** *vt* beboeten (met)

fine-draw ['fain'drɔ:] onzichtbaar stoppen of aan elkaar naaien; **–n** fijn (gesponnen)

finery ['fainəri] opschik, mooie kleren; ⚒ frishaard; **fine-spun** ragfijn; *fig* subtiel

finesse [fi'nes] **I** *sb* loosheid, list; kneep, finesse; **II** *vi* list gebruiken; snijden [bij bridge]; **III** *vt* door loosheid verkrijgen

fine-tooth comb ['faintu: θkoum] fijne kam, luizenkam,stofkam; *go over sth. with a* ~ iets onder de loep nemen

finger ['fingə] **I** *sb* vinger; *fourth* ~ pink; ringvinger; *little* ~ pink; *ring* ~, *third* ~ ringvinger; *not lift* (*raise, stir*) *a* ~ geen vinger uitsteken; *his* ~*s are all thumbs* hij heeft twee linkerhanden; *have a* ~ *in the pie* een vinger in de pap hebben; *have at one's* ~(*s*') *ends* op zijn duimpje kennen; *lay a* ~ *on* raken, kwaad doen; *put one's* ~ *on* de spijker op de kop slaan; *twist round one's little* ~ [iem.] om z'n vinger winden; **II** *vt* bevoelen, betasten, met zijn vingers zitten aan; ~*ed by* ♩ met vingerzetting van; **~-board** ♩ toets [= greepplank v. snaarinstrument]; **~-bowl** vingerkom; **–ing** betasten *o*; ♩ vingerzetting ‖ breiwol; **~-post** hand-

wijzer; **–print** vingerafdruk; *the F*~ *Department* de Dactyloscopische Dienst; **~-stall** vingerling, rubber vinger; **–tip** *have at one's* ~*s* op zijn duimpje kennen

finical, finicking, finicky, finikin ['finikəl], 'finikiŋ, 'finiki, 'finikin] gemaakt, peuterig, kieskeurig; overdreven netjes

finish ['finiʃ] **I** *vt* eindigen, voleind(ig)en, voltooien, aflopen, afmaken [ook = doden]; de laatste hand leggen aan, afwerken; appreteren; uitlezen; op-, leegeten; leeg-, uitdrinken; *I'm* ~*ed* ik ben klaar; ik ben op; *I have* ~*ed packing* ik ben klaar met pakken; ~ *off* (*up*) de laatste hand leggen aan; afwerken; **II** *vi* eindigen, ophouden, uitscheiden (met); *sp* finishen; *I have* ~*ed* ook: ik ben uitgesproken; *he is* ~ *ed* het is afgelopen met hem; **III** *sb* einde *o*, slot *o*; afwerking; glans, vernis *o* & *m*, appretuur; *sp* finish; *fight to a* ~ tot het laatst doorvechten; **–ed** geëindigd &; ook: afgestudeerd, volleerd, volmaakt, op-en-top; ~ *goods* (*products*) eindprodukten; **–er** afwerker; appreteur; *sp* wie finisht; laatste slag, stoot &; **–ing** afwerking; appretuur; ~ *stroke* genadeslag; ~ *touch* laatste hand

finite ['fainait] eindig, beperkt; ~ *verb* persoonsvorm [v. werkwoord]

fink [fink] stakingsbreker

Finnic ['finik], **Finnish** ['finiʃ] Fins

finny ['fini] gevind; vol vis; vis-

fiord [fjɔ:d] fjord

fir [fə:] den, denneboom; zilverspar; dennehout *o*; **~-cone** pijnappel

fire ['faiə] **I** *sb* vuur *o*; brand, hitte; [elektrische &] kachel, haard; zie ook: *house, Thames; on* ~ brandend, in brand; gloeiend; *set on* ~, *set* ~ *to* in brand steken; in brand doen vliegen; *between two* ~*s* [*fig*] tussen twee vuren; *go through* ~ *and water* door het vuur gaan [voor iem.]; *catch* (*take*) ~ vuur (vlam) vatten[2], in brand raken (vliegen); *lay a* ~ een vuur aanleggen; *open* ~ ⚓ het vuur openen; *strike* ~ vuur slaan; **II** *vt* in brand steken, ont-, aansteken; stoken [oven]; bakken [steen]; schieten met, afschieten, afvuren, lossen [schot]; *fig* aanvuren, aanwakkeren, doen ontvlammen; **F** ontslaan; ~ *off* afvuren; *be* ~*d with* gloeien van; **III** *vi* vlam vatten; vuren, schieten; ~ *a h e a d, a w a y !* **F** vooruit!; begin maar!; ~ *u p* (*at*) in vuur raken (over), opstuiven (bij); **~-alarm** brandschel; brandalarm *o*; **–arm** vuurwapen *o*; **~-ball** grote meteoor; ⌨ brandkogel; **~-bomb** brandbom; **–brand** brandend stuk *o* hout; stokebrand; *fig* aanvuren, aanwakkeren, doen ontvlammen; **~-break** brandstrook; **~-brick** vuurvaste steen *o* & *m* [stofnaam], vuurvaste steen *m* [voorwerpsnaam]; **~-brigade** brandweer; **~-bucket** brandemmer; **~-bug** glimworm; **F** brandstichter, pyromaan; **~-call** brandalarm *o*; **~-clay** vuurvaste klei;

~-curtain brandscherm *o*; –damp mijngas *o*, moerasgas *o*; ~ department *Am* brandweer; ~-dog haardijzer *o*, vuurbok; ~-eater vuurvreter, ijzervreter; *fig* ruziezoeker; ~-engine brandspuit; brandweerauto; ~-escape redding(s)toestel *o* [bij brand]; brandtrap; ~-extinguisher blusapparaat *o*; ~-fighting I *sb* brandbestrijding; II *aj* brandblus-; ~-float drijvende brandspuit; –fly glimworm, vuurvliegje *o*; ~-guard vuur-, haardscherm *o*; brandwacht; ~-hose brandslang; ~ insurance brandverzekering; ~-irons haardstel *o*; –light vuurgloed, vuurschijnsel *o*; ~-lighter vuurmaker; ~-lock ⬓ vuurroer *o*, snaphaan; –man brandweerman; stoker; ~-master brandmeester; ~-office kantoor v.e. brandverzekeringsmaatschappij; –place haardstede, haard; ~-plug brandkraan; ~-policy brandpolis; –proof vuurvast, brandvrij; firer ontsteker; schutter; fire-raiser brandstichter; ~-raising brandstichting; ~-screen vuurscherm *o*; ~-service brandweer; ~-ship ⚓ brander; –side haard, haardstede; hoekje *o* van de haard; *fig* huiselijk leven *o*, thuis; ~ station brandweerkazerne; ~-watcher brandwacht; ~-water F (alcoholische) drank(en); –wood brandhout *o*; –work stuk *o* vuurwerk; ~*s* vuurwerk *o*; *fig* woedeuitbarsting; firing brandstof; ✗ ontsteking; (af)vuren *o* &; ~-party, ~-squad vuurpeloton *o*, executiepeleton *o*; ~ pin ⚙ slagpin (v. geweer)

firkin ['fə:kin] vaatje *o* (± 25 kg, ± 40 l)

1 firm [fə:m] *sb* naam, firma

2 firm [fə:m] I *aj* vast, standvastig; vastberaden; hard, stevig, flink; ~ *friends* dikke vrienden; *he* ~ op zijn stuk blijven staan; II *vt* vast maken (zetten); III *vi* vast worden; ~ *up* $ vaster worden [prijzen]

firmament ['fə:məmənt] uitspansel *o*

firmly ['fə:mli] *ad* vast, stevig; vastberaden; met vaste hand; stellig, met beslistheid

firry ['fə:ri] van dennen, denne(n)-

first [fə:st] I *aj* eerst; ~ *cousin* volle neef (nicht); ~ *name* vóórnaam; ~ *night* première; *at (the)* ~ in het begin; eerst, aanvankelijk; *from the* ~ van het begin, al dadelijk; *from* ~ *to last* van het begin tot het eind; II *ad* (voor het) eerst; ten eerste; eerder, liever; ~ *of all*, ~ *and foremost* allereerst; ~ *and last* alles samengenomen, door elkaar gerekend; ~ *or last* vroeg of laat; ~ *come*, ~ *served* wie eerst komt, eerst maalt; III *sb* eerste; eerste prijs(winnaar); nummer één; ~*s* $ eerste soort; *be an easy* ~ gemakkelijk winnen; ~ *of exchange* $ prima (wissel); ~ aid E.H.B.O., eerstehulp-; ~ *kit* verbandkist; ~-born eerstgeboren(e); ~-class prima, eersteklas; *a* ~ *row* een geduchte ruzie; ~ floor 1e verdieping, *Am* parterre; ~-fruits eersteling(en); ~-hand uit de eerste

hand; ~ lady vrouw v.d. Amerikaanse president; –ling eersteling; –ly *ad* ten eerste; ~-rate eersterangs(-), prima

firth [fə:θ] zeearm, brede riviermond

fir-tree ['fə:tri:] denneboom; den; zilverspar

fiscal ['fiskəl] fiscaal; belasting-

fish [fiʃ] I *sb* vis ‖ fiche *o* & *v* ‖ ✗ las; *a queer* ~ een rare snuiter; *cry stinking* ~ de vuile was buiten hangen; *he drinks like a* ~ hij zuipt als een ketter; *feed the* ~*es* F overgeven (bij zeeziekte); verdrinken; *I have other* ~ *to fry* ik heb wel wat anders aan mijn hoofd of te doen; *all is* ~ *that comes to (his) net* alles is van zijn gading; *neither* ~, *flesh, nor good red herring* vlees noch vis; *there's as good* ~ *in the sea as ever came out of it* er zijn nog kansen te over; *like a* ~ *out of water* als een vis op het droge; II *vt* vissen; op-, be-, afvissen ‖ ✗ lassen; ~ *for* vissen naar, afvissen; ~ *out* opvissen[2]; *fig* uitvissen; ~ *up* opvissen, ophalen, *fig* redden; III *vi* vissen; –ball, –cake viskoekje; ~-bone (vis)graat; ~-carver vismes *o*; –er ⚘ visser; 🐾 Canadese marter; –erman visser; –ery visserij; visplaats; visrecht *o*; ~-finger visstick; ~-glue vislijm; ~-hook vishaak, angel; fishing vissen *o*; visrecht *o*; viswater *o*; ~-boat vissersboot; ~-line vissnoer *o*; ~-rod hengel(stok); ~-smack visserspink; ~ story visser(s)latijn; ~-tackle vistuig *o*; fishmonger viskoper, vishandelaar; ~-plate lasplaat; ~-pond visvijver; ~-slice vismes *o*; visspaan; –tail I *aj* als een vissestaart; ~ *wind* veranderlijke wind; II *vi* afremmen [vliegtuig]; –wife viswijf *o*, visvrouw; –y visachtig; visrijk; F verdacht, met een luchtje eraan; visfelachtig; ~ *eyes* schelvisogen; *a* ~ *meal* een vismaal *o*

fissile ['fisail] = *fissionable*

fission ['fiʃən] splijting, deling, splitsing; –able splijtbaar; ~ *material* splijtstof; ~ product splijt(ings)produkt *o*

fissiped ['fisiped] spleethoevig

fissure ['fiʃə] I *sb* kloof, spleet, scheur; II *vt* & *vi* kloven, splijten

fist [fist] I *sb* vuist; F poot; II *vt* stompen; –ful handjevol *o*; fistic(al) J boksers-, boks-; fisticuffs bokspartij; *resort to* ~ op de vuist gaan, gaan knokken; fist-law vuistrecht *o*

fistula ['fistjulə] fistel; buis [v. insekten]

fit [fit] I *aj* geschikt; bekwaam; behoorlijk, gepast, voegzaam; gezond, fris, fit; *as* ~ *as a fiddle* in uitstekende conditie; kiplekker; ~ *for a king* een koning waardig; *not* ~ *to be seen* ontoonbaar, niet presentabel; *see (think)* ~ goeddunken, het eens achten; II *vt* passend (geschikt, bekwaam) maken (voor *for, to*); aanbrengen, zetten, monteren; voorzien (van *with*), uitrusten, inrichten; passen (op, bij, voor), goed zitten; ~*ted carpet* vaste vloerbedekking; ~*ted cupboards* kastenwand; ~*ted sheet* hoeslaken *o*; ~*ted washbasin* vaste wastafel; ~ *i n* inpassen; ~ *o n* (aan)passen; aanbrengen, op-, aanzetten; ~ *o u t* uitrusten; ~ *u p* aanbrengen [toestel]; [een huis] inrichten; ⚔ monteren; uitrusten; **III** *vi* passen; ~ *in nicely* precies (erin)passen; mooi uitkomen; ~ *in with* passen bij; stroken met, kloppen met; **IV** *sb* passen *o*, pasvorm ‖ stuip, toeval, beroerte; aanval, insult *o*, vlaag, bevlieging, bui; *it was a bad* ~ het zat niet goed; *a shivering* ~ een (koorts)rilling; *it is a tight* ~ het zit nauw; het kan nog net; *by* ~*s and starts* met horten en stoten, bij vlagen; *throw a* ~ **F** heel kwaad (ongerust) worden

fitchew ['fitʃu:] bunzing
fitful ['fitful] ongestadig, onbestendig; ongeregeld; grillig; bij vlagen
fitment ['fitmənt] inrichting, montering; ~*s = fittings*
fitness ['fitnis] geschiktheid; bekwaamheid; gepastheid, voegzaamheid; gezondheid
fit-out ['fit'aut] **F** uitrusting
fitter ['fitə] bankwerker, monteur; fitter
fitting ['fitiŋ] **I** *aj* passend², gepast; **II** *sb* passen *o* &, zie *fit* **II**; ~*s* benodigdheden voor het inrichten v.e. huis, winkel &, inrichting, installatie, bekleding, (winkel)opstand; fittings; monteerbenodigdheden; ~ *room* paskamer; ~ *shop* bankwerkerij
fit-up ['fitʌp] **F** geïmproviseerde toneelrekwisieten; rondtrekkend toneelgezelschap *o*
five [faiv] vijf; ~*s* (hand)schoenen & maat vijf; vijfpercentsobligaties; *sp* soort handbalspel *o*; –**fold** vijfvoudig; –**r F** biljet van 5 pond (dollar); –**score** (een)honderdtal *o*
fix [fiks] **I** *sb* **F** moeilijkheid, lastig geval *o*; **S** narcotische injectie, spuit; ⚓ ◑ positie(bepaling); *I was in an awful (bad, regular)* ~ **F** ik zat lelijk in de knel, in het nauw; **II** *vt* vastmaken, -hechten, -zetten, -leggen, -houden, (be)vestigen; bepalen, vaststellen; aanbrengen, plaatsen, monteren; fixeren; regelen; **F** repareren, in orde brengen, opknappen; **S** omkopen; **S** spuiten [met narcotica]; ⚔ opzetten [bajonet]; ~ *i n* (*o n*) *the memory* in het geheugen prenten; ~ *u p* aanbrengen, plaatsen, inrichten; **F** opknappen, in orde brengen, regelen, organiseren; voorzien (van *with*); ~ *sbd. up (for the night)* iem. logeren; **III** *vi* vast worden; stollen; zich vestigen; ~ *up(on)* kiezen; besluiten (tot)
fixate [fik'seit] fixeren, vasthouden; *fig* verstarren, stagneren; *ps* getixeerd zijn; –**tion** vaststelling, vastlegging; bevestiging; vasthouden *o*; stolling; fixering; fixatie; –**tive** ['fiksətiv] **I** *aj* fixerend; **II** *sb* fixatief *o*: fixeermiddel *o*; –**ture** fixatief *o* [pommade]; **fixed** *aj* vast²; strak; niet vluchtig; bepaald; *a* ~ *idea* een idee-fixe *o* & *v*,

een dwangvoorstelling; **fixer** fixeermiddel *o*; **fixity** vastheid; **fixture** al wat spijkervast is; vast iets; vaste klant (bezoeker &), vast nummer² *o*; (datum voor) wedstrijd; ~*s* opstand [v. winkel]
fizgig ['fizgig] voetzoeker; **F** koket, lichtzinnig meisje *o*
fizz [fiz] **I** *vi* sissen, bruisen; **II** *sb* gesis *o*, gebruis *o*; **F** pittigheid; **F** champagne
fizzle ['fizl] **I** *vi* (zachtjes) sissen, sputteren; ~ *out* op niets uitdraaien; **II** *sb* gesis *o*, gesputter *o*; **F** fiasco *o*
fizzy ['fizi] mousserend, gazeus
fjord [fjɔ:d] fjord
flabbergast ['flæbəga:st] **F** geheel van zijn stuk brengen; ~*ed* ook: beduusd
flabby ['flæbi] zacht, week, slap²
flaccid ['flæksid] slap²; –**ity** [flæk'siditi] slapheid²
flag [flæg] **I** *sb* vlag ‖ estrik: platte steen ‖ ⚘ lis ‖ omissieteken *o* (drukproeven]; ~ *of convenience* [varen onder] vreemde vlag; ~ *of truce* witte vlag; *show the* ~ **F** even je gezicht laten zien; *strike (hoist) one's* ~ [*fig*] het commando overgeven (overnemen); *strike (lower) the* ~ de vlag strijken; **II** *vt* bevlaggen; seinen (met vlaggen), doen stoppen (ook: ~ *down*) ‖ bevloeren, beleggen (met vloerstenen); **III** *vi* mat hangen, verslappen, verflauwen, kwijnen²; ~-**captain** ⚓ vlaggekapitein; ~-**day** speldjesdag
flagellant ['flædʒilənt] flagellant, geselbroeder; –**ate** geselen [flædʒi'leiʃən] geseling
flageolet [flædʒou'let] ♪ flageolet; ⚘ witte boon
flagging ['flægiŋ] **I** *aj* verflauwend; **II** *sb* plaveisel *o*, flagstones
flagitious [flə'dʒiʃəs] verdorven; schandalig
flag-lieutenant ['flæglə'tenənt] adjudant van een admiraal; ~-**officer** vlagofficier
flagon ['flægən] grote fles; schenkkan
flagrancy ['fleigrənsi] flagrante *o*; verregaande schandaligheid; **flagrant** flagrant, in het oog lopend; schandalig; schreeuwend
flag-ship ['flægʃip] vlaggeschip *o*; –**staff** vlaggestok; ~-**stone** platte steen; ~-**wagging F** seinen *o* met vlaggen; agressief patriotisme
flail [fleil] **I** *sb* dorsvlegel; **II** *vt* (met de vlegel) dorsen, slaan, ranselen
flair ['flɛə] flair
flak [flæk] licht afweergeschut *o*, -vuur *o*
flake [fleik] **I** *sb* vlok; schilfer, flinter; vonk; lapje *o* (vel); laag; ~ *of ice* ijsschots; **II** (*vt* &) *vi* (doen) (af)schilferen; vlokken; ~*d out* **S** beroerd; slap; **flaky** vlokkig; schilferachtig
flam [flæm] praatje *o*; bedotterij
flambeau ['flæmbou] fakkel, flambouw
flamboyant [flæm'bɔiənt] flamboyant [v. bouwstijl]; kleurrijk, zwierig; opzichtig
flame [fleim] **I** *sb* vlam; hitte, vuur *o*; *burst into*

~(s) opvlammen; plotseling in brand vliegen; **II** *vi* op-, ontvlammen, vlammen, schitteren; ~ *up* opvlammen; opvliegen, opstuiven; een kleur krijgen; *flaming* ook: **F** verrekt; ~-**thrower** ✂ vlammenwerper

flamingo [flə'miŋgou] flamingo

flammable ['flæməbl] brandbaar

flamy ['fleimi] vlammend, vurig, vlammen-

flan [flæn] ronde, open taart; vlaai

Flanders ['fla:ndəz] **I** *sb* Vlaanderen *o*; *aj* Vlaams

flange [flæn(d)ʒ] ⚓ flens

flank [flæŋk] **I** *sb* flank; zijde; ribstuk *o*; **II** *vt* flankeren; ✂ in de flank dekken; in de flank aanvallen; omtrekken

flannel ['flænl] **I** *sb* flanel *o*; lap, doekje *o*; ~*s* flanellen kleding, pak *o* of broek; flanellen goederen; **II** *aj* flanellen; **-ette** [flænə'let] katoenflanel *o*

flap [flæp] **I** *sb* klep; flap; neerslaand blad *o* of luik *o*; afhangende rand [v. hoed]; slip, pand [jas]; lel; **F** consternatie, paniek; **II** *vt* slaan (met), klapp(er)en met; ~ *down* neerkwakken; **III** *vi* flappen, klapp(er)en; klapwieken; ~**doodle** larie, kletskoek; ~-**eared** met flaporen; ~**jack** pannekoek; **-per** (vliege)klap; klepper; klep; vin; staart; **S** hand; ✿ vlugge eend; *fig* **F** bakvisje *o*

flare ['flɛə] **I** *vi* flikkeren, (op)vlammen, schitteren; zich ronden [v. steven]; klokken, uitstaan [v. rok]; ~ *up* opvlammen?; opstuiven; **II** *sb* geflikker *o*, vlam; licht(signaal) *o*, lichtfakkel; ronding [v. steven]; klokken *o*, uitstaan *o* [v. rok]; ~-**up** opflikkering; uitbarsting, aanval van woede, „scène"; „woest" feest *o*

flash [flæʃ] **I** *sb* glans, (op)flikkering, straal; schicht, flits; ✂ opgenaaid insigne *o*; **F** vertoon *o*, pralerij; **S** dieventaal; *a ~ in the pan* [*fig*] een strouvur *o*, iets veelbelovends dat op een anticlimax uitloopt; *a ~ of wit* een geestige inval; *in a ~* in een oogwenk; **II** *aj* **F** opzichtig, fijn; namgemaakt, vals; (gauw)dieven-; **III** *vi* flikkeren, bliksemen, schitteren, blikkeren, opvlammen; (voort)schieten, flitsen; *it ~ed across my mind (upon me)* het flitste mij door het hoofd; **IV** *vt* schieten, doen flikkeren &; seinen; **F** geuren met; ~-**back** beeld *o* (klank) uit het verleden, terugblik; ~ **bulb** flitslampje *o*; ~**er** knipperlicht *o* [v. auto]; ~**ing light** flikkerlicht *o*, knipperlicht *o*; ~ **lamp** seinlamp; flitslamp; zaklantaarn; ~-**light** flikkerlicht *o*, knipperlicht *o*; flitslicht *o*, magnesiumlicht *o*; zaklantaarn; ~-**point** ontvlammingspunt *o*; ~-**y** opzichtig

flask [fla:sk] flacon; fles; kruithoorn

flat [flæt] **I** *aj* vlak, plat; smakeloos, laf, verschaald [bier]; dof, mat; saai; ♩ mineur, mol; op de kop af, precies; *that is* ~ **F** daarmee is 't uit; *fall* ~ mislukken; niet inslaan; niets uit-

halen; *sing* ~ ♩ vals (te laag) zingen; *a ~ denial* **F** een botte (vierkante) weigering; *a ~ failure* **F** een compleet fiasco *o*; ~ *race* wedloop op de vlakke baan; *a ~ rate* een uniform tarief *o*, een vast bedrag *o*; *a ~ tyre* een platte (lekke) band; *a ~ wage* een uniform loon *o*; **II** *sb* vlak terrein *o*, vlakte; plat *o*; platte kant; platte mand; etage(woning), flat; schoen met platte hak: flat; vlak scherm *o* [toneel]; ⚓ platboomd vaartuig *o*, vlet; ondiepte, zandbank; moeras *o*; ♩ mol; *sp* vlakke baan; **F** sul, sukkel; platte (lekke) band; *the ~ of the hand* de vlakke hand; ~-**bottomed** platboomd; ~-**fish** platvis; ~-**foot** platvoet; *Am* **S** smeris; ~**ed** onhandig, lomp; *to catch sbd.* ~**ed** **F** iem. overrompelen; iem. op heterdaad betrappen; ~-**iron** strijkijzer *o*; ~**let** flatje *o* [woning]; ~**ly** *ad* vlak, plat; botweg; < vierkant, totaal; **flatten I** *vt* plat, vlak maken; (ter)neerdrukken of -slaan; pletten; ♩ verlagen; laten verschalen; **II** *vi* ~ (*out*) plat, vlak worden; verschalen

flatter ['flætə] vleien, strelen; flatteren; ~**ing** flatterend, flatteus; ~**y** vleierij, gevlei *o*, vleitaal

flatting-mill ['flætiŋmil] pletmolen, pletterij

flattop ['flættɔp] *Am* vliegdekschip *o*

flatulence, ~**ency** ['flætjuləns(i)] winderigheid; opgeblazenheid; ~**ent** winderig; opgeblazen

flatus ['fleitəs] (buik)wind

flaunt [flɔ:nt] **I** *vi* wapperen, zwieren; pralen; pronken; **II** *vt* doen wapperen; pralen met, pronken met; **III** *vr* ~ *oneself* pronken; **IV** *sb* gepraal *o*, pronkerij

flautist ['flɔ:tist] ♩ fluitist

flavour ['fleivə] **I** *sb* geur, smaak; aroma[2] *o*; *fig* tintje *o*; **II** *vt* geur geven, smakelijk maken, kruiden[2]; ~**ing** kruiderij; aroma *o* [stof]

flaw [flɔ:] **I** *sb* barst, breuk, scheur, fout, gebrek *o*; vlek, smet; ~*s* ongerechtigheden || rukwind; bui; **II** (*vt* &) *vi* (doen) barsten; bederven; ~**less** vlekkeloos, smetteloos, onberispelijk, gaaf

flax [flæks] vlas *o*; ~**en** vlassig, van vlas; vlaskleurig, (vlas)blond, vlas-; ~**y** vlassig, vlasachtig

flay [flei] villen[2], (af)stropen[2]; *fig* hekelen

flea [fli:] vlo; *come away with a ~ in one's ear* van een koude kermis thuiskomen, er bekaaid afkomen; *send him away with a ~ in his ear* hem afschepen, nul op het rekest geven; ~-**bag** **F** slaapzak; ~-**bite** vlooiebeet; onbelangrijke afwijking; *fig* kleinigheid; ~-**bitten** onder de vlooien; **F** sjofel, goor; ~ **circus** vlooientheater *o*; ~ **market** rommelmarkt

fleck [flek] **I** *sb* vlek; plek; **II** *vt* vlekken; plekken

fled [fled] V.T. & V.D. van *flee*

fledge [fledʒ] van veren voorzien; ~*d* (vlieg-)vlug [v. jonge vogels]; *fully* ~*d* geheel ontwikkeld, volwassen; ervaren, volleerd; **fledg(e)-ling** (vlieg)vlugge vogel; *fig* aankomeling, melkbaard, melkmuil

flee [fli:] **I** (ont)vlieden, (ont)vluchten

fleece [fli:s] **I** *sb* (schaaps)vacht; vlies *o*; **II** *vt* scheren; *fig* het vel over de oren halen, afzetten; (met een vacht) bedekken; **–cy** wollig, wolachtig; vlokkig; *a ~ sky* een schaapjeshemel

fleer [fliə] **I** *vi* spotten; spottend of brutaal lachen, honen; **II** *sb* hoongelach *o*; spotternij

1 fleet [fli:t] *sb* vloot; schare, zwerm, groep; *our ~ of motor-cars* al de auto's van onze zaak, ons wagenpark *o*, autopark *o*

2 fleet ☉ [fli:t] *aj* snel, vlug, rap

3 fleet [fli:t] *vi* (voorbij-, heen)snellen; **–ing** snel voorbijgaand, vergankelijk, vluchtig

Fleming ['flemiŋ] Vlaming; **–ish** Vlaams; *the ~* de Vlamingen

flench, flense [flentʃ, flens] [zeehond] villen; spek afsnijden [v.e. walvis]

flesh [fleʃ] **I** *sb* vlees *o*; *be in ~* goed in zijn vlees zitten; *in the ~* in levenden lijve; in leven; *it is more than ~ and blood can bear* het is meer dan een mens kan verdragen; *lose ~* mager worden, afvallen; *one's own ~ and blood* je eigen vlees en bloed, naaste verwanten; *put on ~* dik(ker) worden; **II** *vt* (met) vlees voeren; [honden] bloed laten proeven; *fig* aanhitsen; inwijden [degen, pen &]; **–ly** vleselijk: zinnelijk; *~-pot fig* [verlangen naar] weelde die men niet (meer) bezit; **S** *Am* exquis restaurant; **–y** vlezig; gevleesd; vlees-; dik

flew [flu:] V.T. van *2 fly*

flex [fleks] **I** *vi* & *vt* buigen; buigen en strekken; *~ one's muscles, ~ oneself* ook: *fig* zijn krachten beproeven, zich oefenen; **II** *sb* ☀ snoer *o*; **–ibility** [fleksiˈbiliti] buigzaam-, soepelheid², flexibiliteit²; **–ible** ['fleksibl] buigzaam², soepel², flexibel²; *~ hours* variabele werktijden; **–ion** buiging; bocht; *gram* verbuiging; **–ional** *gram* buigings-; **–or** buigspier; **–ure** buiging; bocht

flibbertigibbet ['flibətiˈdʒibit] lichthoofdig, fladderig, wispelturig iem.

flick [flik] **I** *sb* tikje *o*; knip; rukje *o*; *the ~s* **F** de bios; **II** *vt* een tik(je) geven, tikken; *~ away (off)* wegknippen; *~ on* aanknippen, aanzetten; *~ over* snel omslaan [de bladzijden]; *~ through* snel doorbladeren [boek]

flicker ['flikə] **I** *vi* flakkeren, flikkeren, trillen; fladderen, klappen; **II** *sb* geflakker *o*, (op)flikkering, geflikker *o*; ongestadig licht *o*; gefladder *o*; *fig* vleug

flick-knife ['fliknaif] springmes *o*, stiletto

flier ['flaiə] = *flyer*

flight [flait] vlucht; loop, vaart; reeks; zwerm, troep, ⚓ eskader *o*; *~ of stairs* trap; *~ of steps* bordes *o*; *~ of wit* geestige zet; *put to ~* op de vlucht drijven; *take (to)* op de vlucht gaan, de vlucht nemen; *~-deck* ⚓ vliegdek *o*; *~-engineer* ⚙

flighty ['flaiti] grillig; wispelturig, wuft; halfgaar

flimsy ['flimzi] **I** *aj* voddig, dun, onsolide, ondeugdelijk; luchtig; armzalig; **II** *sb* **F** dun papier *o*; doorslag; **S** bankbiljet *o*, bankbiljetten

flinch [flintʃ] aarzelen, terugdeinzen, wijken (voor *from*); (ineen)krimpen [v. pijn]; *without ~ing* onwrikbaar; zonder een spier te vertrekken

flinders ['flindəz] splinters; scherven

fling [fliŋ] **I** *vi* vliegen, stormen [uit vertrek]; (achteruit)slaan [paard]; **II** *vt* (op de grond) gooien, (af)werpen, smijten; ● *~ at* gooien naar, naar (het hoofd) werpen; *~ away* wegstuiven; wegwerpen; *~ down* neergooien, tegen de grond smijten; *~ in* op de koop toegeven; *~ into a room* binnenstormen; *~ off* afwerpen; van het spoor brengen; *~ out* plotseling (achteruit) slaan; uitspreiden [zijn armen]; [woorden] eruit gooien; uitvaren; *~ up* omhoog werpen; ten hemel heffen [de armen]; *fig* laten varen [plan]; **III** *sb* worp, gooi; *the Highland ~* een Schotse dans; *have a ~ at* het ook eens proberen; [iem.] een veeg uit de pan geven; *have one's ~* **F** aan de rol gaan, uitrazen; zie verder *throw*

flint [flint] keisteen, vuursteen *o* & *m* [stofnaam], vuursteen *m* [voorwerpsnaam]; steentje *o* [v. aansteker]; *~ and steel* vuurslag *o*; *skin a ~* **F** heel gierig zijn; *~-glass* flintglas *o*; *~-lock* vuursteenslot *o*; vuursteengeweer *o*; **–y** steenachtig, vuursteen-; *fig* onvermurwbaar, hardvochtig

flip [flip] **I** *sb* flip; warme drank v. melk, ei, suiker en wijn (bier, of brandewijn) ‖ knip, tik; ruk; achterkant, B-kant [v. grammofoonplaat]; **II** *vt* een tikje geven; (weg)knippen; **S** wild (enthousiast) maken; *~ over (through)* = *flick over (through)*; **III** *vi* tikken; knippen [met de vingers]; **S** wild worden (van *for*)

flip-flap ['flipflæp] klikklak; buiteling; voetzoeker; soort draaimolen

flippancy ['flipənsi] luchthartigheid, lichtzinnigheid, ongegeneerdheid; **–ant** loslippig, luchthartig, lichtzinnig, ongegeneerd

flipper ['flipə] vin; zwempoot; *sp* zwemvlies *o* [duiksport]; **S** poot: hand

flirt [flə:t] **I** *vi* fladderen; flirten; *~ with* spelen of koketteren met; **II** *vt* (weg)knippen, -schieten; spelen met; **III** *sb* ruk, zwaai; flirt; **–ation** [flə:ˈteiʃən] flirt, geflirt *o*; **–atious, flirty** ['flə:ti] graag flirtend

flit [flit] fladderen, vliegen; heen en weer gaan, (weg)trekken; *Sc* verhuizen

flitch [flitʃ] zijde spek

flitter ['flitə] fladderen; *~ mouse* vleermuis

flivver ['flivə] *Am* goedkoop autootje *o*

float [flout] **I** *sb* vlot *o*; ✕ vlotter; ⚙ drijver; drij-

vertje *o* [v. nachtpitje]; dobber; drijvende brandspuit; schepbord *o*, schoep; strijkbord *o* [v. met-
selaar]; lage wagen, praalwagen; voetlicht *o*; **II**
vi vlot zijn; zweven, vlotten, drijven, dobberen;
wapperen; **III** *vt* laten drijven; vlot maken; onder water zetten; in omloop brengen, lanceren
[praatje]; oprichten; uitschrijven [lening]; **–age**
zeedrift, strandvond; vermogen *o* of kracht om
te drijven; drijven *o*; schepen op stroom; **–ation**
[flou'teiʃən] drijven *o* &; oprichting; uitgifte [v.
lening]; **~-board** ['floutbɔːd] schepbord *o*,
schoep; **–ing** drijvend; vlottend; zwevend; **~**
bridge schipbrug; **~** *light* lichtboei; lichtschip *o*; **~**
policy contractpolis; **~** *rumour* in omloop zijnd
gerucht *o*

floccule ['flɔkjuːl] (wol)pluisje *o*, vlokje *o*

flock [flɔk] **I** *sb* kudde[2], troep, zwerm, schare ‖
vlok, pluis; **II** *vi* **~** (*together*) samenkomen, samenscholen, stromen (naar *to*); **–y** vlokkig

floe [flou] ijsschots, stuk *o* drijfijs

flog [flɔg] slaan, (af)ranselen; ✝ geselen; **S** organiseren, (in)pikken; versjacheren; **~** *a dead horse*
belangstelling trachten te wekken voor wat afgedaan heeft; vergeefse moeite doen; **flogging**
(pak *o*) slaag of ransel; ✝ geseling, geselstraf

flong [flɔŋ] stencilpapier *o*

flood [flʌd] **I** *sb* vloed[2], stroom[2], overstroming;
zondvloed; *the F~* de zondvloed; *at the* **~** bij
hoogtij; *fig* op het gunstigste ogenblik; **II** *vt* onder water zetten, overstromen[2] (met *with*), doen
onderlopen; **–gate** sluisdeur; *fig* sluis; **–light I**
sb (schijnwerper voor) strijklicht *o*; **II** *vt* verlichten door middel van strijklicht; **–lit** V.T. & V.D.
van *floodlight*; **~-mark** hoogwaterlijn; **~-tide**
vloed

floor [flɔː] **I** *sb* vloer; bodem; verdieping; zaal [v.
Parlement &]; *first* **~** eerste verdieping; *Am* benedenverdieping, parterre *o* & *m*; *get* (*have, hold*)
the **~** het woord krijgen (hebben, voeren); *take*
the **~** het woord nemen; ten dans gaan; *on the* **~**
ook: ter vergadering; **II** *vt* bevloeren; vloeren:
op de grond werpen; *fig* onder krijgen; in de war
maken; vastzetten, het winnen van, verslaan;
~-cloth dweil; (vloer)zeil *o*; **–er** verpletterende
slag; netelige vraag; **–ing** bevloering, vloer; **~**
show (nachtclub)entertainment; **~-walker** af-
delingschef (in winkel &)

floosie, floozy ['fluːzi] *Am* hoertje *o*

flop [flɔp] **I** *sb* klap, flap; plof; **F** fiasco *o*, flop, afgang, misser; *Am* bed *o*; **II** *ad come = down* neerploffen; **III** *ij* flang!; **IV** *vi* flappen, ploffen, klos-
sen; **F** een flop worden; **~** *down* neerploffen; **V**
vt flappen met; kwakken; **–py** flodderig, slap

flora ['flɔːrə] flora; **floral** bloeme(n)-, bloem-

Florentine ['flɔrəntain] *aj* (& *sb*) Florentijn(s)

florescence [flɔ'resəns] bloeien *o*; bloeitijd

floret ['flɔːrit] bloempje *o*

floriculture ['flɔːrikʌltʃə] bloementeelt; **–rist**
[flɔːri'kʌltʃərist] bloemkweker

florid ['flɔrid] bloemrijk; blozend; zwierig; **–ity**
[flɔ'riditi] bloemrijke taal; blozende kleur; zwie-
righeid

florin ['flɔrin] florijn, gulden; [in Engeland]
twee-shilling-stuk *o*

florist ['flɔrist] bloemist; bloemenkenner

floruit ['flɔruit] bloeitijd [v.e. kunstenaar &]

floss ['flɔs] goedkoop soort zijde (**~** *silk*) ‖ draad
o om tanden te reinigen (*dental* **~**); **–y** vlossig

flotation = *floatation*

flotilla [flou'tilə] flottielje

flotsam ['flɔtsəm] zeedrift, wrakgoederen; **~** *and*
jetsam rommel

1 flounce [flauns] **I** *sb* volant: strook; **II** *vt* met
volants garneren

2 flounce [flauns] **I** *vi* plonzen, ploffen; stuiven;
zich draaien; spartelen; **II** *sb* plof, ruk

flounder ['flaundə] **I** *vi* [in de modder &] baggeren, spartelen; steigeren; hakkelen, knoeien; **II**
sb hulpeloze poging ‖ 𝕊 bot, schar

flour ['flauə] **I** *sb* bloem (van meel), meel *o*, poeder *o* & *m*; **II** *vt* met meel bestrooien

flourish ['flʌriʃ] **I** *vi* bloeien[2], tieren, gedijen; in
zijn bloeitijd zijn [v. kunstenaar]; in bloemrijke
taal spreken; **II** *vt* versieren (met krullen);
zwaaien met; pronken met; **III** *sb* zwaai; zwierige wending, versiering, krul; ♪ fanfare, trompetgeschal *o*; *in full* **~** in volle bloei

floury ['flauəri] melig; kruimig; met meel bedekt

flout [flaut] **I** *vi* **~** *at* = **II** *vt* bespotten, honen,
spotten met; **III** *sb* spot, hoon

flow [flou] **I** *vi* vloeien, overvloeien, stromen[2],
vlieten; golven [v. kleed, manen]; opkomen [ge-
tij]; **~** *from* voortvloeien uit; **II** *sb* (over)vloed,
stroom[2], (uit)stroming, doorstroming; golving;
~ *of language* (*words*) woordenvloed

flower ['flauə] **I** *sb* bloem[2], bloesem; bloei; **II** *vi*
bloeien; **III** *vi* met bloemen tooien; **~ arrange-**
ment bloemenschikken *o*; **~-bed** bloembed *o*;
–et bloempje *o*; **–pot** bloempot; **~-show** bloe-
mententoonstelling; **–y** bloemrijk[2], bloem(en)-

flown [floun] V.D. van 2 *fly*

flu [fluː] **F** influenza, griep

fluctuate ['flʌktjueit] op en neer gaan[2], golven,
dobberen, schommelen, weifelen; **–tion**
[flʌktju'eiʃən] schommeling [v. prijzen &]; dob-
bering, weifeling

flue [fluː] **I** *sb* visnet *o* ‖ dons *o* ‖ pluis *o* ‖ rookkanaal
o, vlampijp; luchtkoker; **II** *vt* afschuinen; **III** *vi*
schuins toelopen

fluency ['fluːənsi] vaardigheid, vlotheid; be-
spraaktheid; **fluent** vloeiend[2], bespraakt; vlot

fluff [flʌf] **I** *sb* dons *o*, pluis *o*; **II** *vi* pluizen; **III** *vt*
pluizen; **S** verknoeien; **~** *out* doen uitstaan; **–y**
donsachtig, donzig, dons-

fluid ['flu:id] **I** *aj* vloeibaar; niet vast; vloeiend; bewegelijk; **II** *sb* fluïdum *o* [= vloeistof; niet-vast lichaam *o*]; **–ity** [flu'iditi] vloeibaarheid; niet-vast zijn *o*; vloeiende *o*; beweeglijkheid

fluke [flu:k] **I** *sb* ⚓ ankerblad *o*; punt [v. pijl]; ~*s* staart [v. walvis]; ‖ (lever)bot ‖ **F** *sp* bof, ♋ beest *o*; **II** *vi* **F** boffen; **III** *vt* **F** door stom geluk maken (krijgen &); **fluky F** (stom)gelukkig; bof-; onzeker; ~ *stroke* ♋ beest *o*

flume [flu:m] kunstmatige waterloop

flummery ['flʌməri] meelpap; **F** vleierij; nonsens

flummox ['flʌməks] **F** verwarren, ontstellen

flump [flʌmp] **I** *vi* & *vt* ploffen; **II** *sb* plof

flung [flʌŋ] V.T. & V.D. van *fling*

flunk [flʌŋk] **S I** *vt* laten zakken [bij examen]; **II** *vi* zakken [bij examen]; zich drukken

flunkey ['flʌŋki] lakei[2], stroopsmeerder

fluor ['flu:ɔ:] fluor(ide)

fluorescence [fluə'resəns] fluorescentie; **–ent** fluorescerend; ~ *lamp*, ~ *tube* fluorescentielamp, TL-buis

fluoridate ['fluəraideit] fluorideren; **–tion** [fluərai'deiʃən] fluoridering; **fluoride** ['fluəraid] fluoride *o*; **fluorine** ['fluəri:n] fluor *o*

flurried ['flʌrid] geagiteerd, de kluts kwijt; **flurry I** *sb* (wind)vlaag, bui; agitatie, gejaagdheid; **II** *vt* zenuwachtig maken, agiteren, jachten; in de war brengen

flush [flʌʃ] **I** *vi* (uit)stromen [vloeistoffen], gutsen; uitlopen [jonge blaadjes]; opvliegen; gloeien; blozen; **II** *vt* doorspoelen; onder water zetten; opjagen [vogels]; het bloed naar het hoofd jagen; aanvuren, overmoedig doen worden; gelijkmaken, voegen [een muur]; ~ *the toilet* de W.C. doortrekken; ~*ed* ook: verhit; ~*ed with joy* dolblij; ~*ed with success* in de roes van het succes; **III** *sb* (plotselinge) toevloed, stroom[2]; opwelling[2]; blos; gloed; roes, opwinding; opgejaagde vlucht [vogels]; ◊ suite; ♨ uitlopende blaadjes; **IV** *aj* overvloedig (voorzien van *of*), vol [v. water]; rood, blozend; effen, gelijk, vlak; *be* ~ (*of money*) goed bij kas zijn

Flushing ['flʌʃiŋ] Vlissingen *o*

fluster ['flʌstə] **I** *vt* (door drank) verhitten; agiteren, in de war brengen, enerveren; **II** *vi* druk doen; **III** *sb* verhitting; agitatie

flute [flu:t] **I** *sb* ♪ fluit; groef, cannelure, plooi; **II** *vi* fluit spelen; fluiten [v. vogel]; **III** *vt* groeven, canneleren; plooien; **–tist** fluitist

flutter ['flʌtə] **I** *vi* fladderen; wapperen; dwarrelen; flakkeren, trillen [licht]; popelen [v. hart]; gejaagd doen; **II** *vt* doen wapperen, haasten, agiteren; **III** *sb* gefladder *o*, fladderen *o* &; gejaagdheid, agitatie; **F** speculatie, gokje *o*; *make a* ~ sensatie maken; *put in a* ~ zenuwachtig maken

fluty ['flu:ti] helder en zacht [toon]

fluvial ['flu:viəl] rivier-

flux [flʌks] vloed; vloeiing; vloei-, smeltmiddel *o*; stroom; buikloop; *fig* voortdurende verandering; ~ *and reflux* eb en vloed

1 fly [flai] *sb* vlieg; kunstvlieg ‖ vliegwiel *o*; onrust [v. klok]; licht huurrijtuigje *o*; klep, gulp (ook: *flies*) [v. broek &]; lengte van een vlag; *a* ~ *in the ointment* een haar in de soep; *no flies on him!* **F** die is bij de pinken!

2 fly [flai] **I** *vi* vliegen; vluchten, omvliegen, (voorbij)snellen, ☉ vlieden; wapperen; springen [v. glas &]; *let* ~ laten schieten, vieren; afschieten [een pijl]; *let* ~ *at* er op los gaan of slaan, er van langs geven; *make the money* ~ geld met volle handen strooien; ● ~ *about* rondvliegen, rondfladderen; ~ *at* *sbd.* iem. aanvliegen; ~ *at higher game* naar hoger streven; ~ *in the face of* trotseren; ingaan tegen; ~ *into a passion* (*rage*) woedend worden; ~ *off* wegvliegen; zie ook: *handle* **I**; ~ *out* uitvliegen; opstuiven, uitvaren (tegen *at*); ~ *to arms* te wapen snellen; ~ *upon* *sbd.* iem. aanvliegen; **II** *vt* vluchten uit; laten vliegen of wapperen, voeren [de vlag]; ♠ vliegen over [oceaan], bevliegen [een route], vliegen [een toestel], per vliegtuig vervoeren; ~ *a kite* een vlieger oplaten; **F** een proefballon oplaten, een balletje over iets opgooien; **F** $ een schoorsteenwissel trekken

3 fly [flai] *aj* **F** uitgeslapen, glad; *I am* ~ *to it* ik heb het in de gaten

fly-away ['flaiəwei] los, loshangend [haar, kleding]; wispelturig, wuft; ~-**blow I** *sb* vliegeëi *o*; bederf *o* door vliegen; **II** *vt* bederven [van vlees door vliegen]; ~-**blown** door vliegen bevuild; *fig* niet ongerept [van reputatie]; ~-**boat** vliegboot; ~-**bomb** vliegende bom, V 1; ~ -**by-night** debiteur die met de noorderzon vertrekt; nachtbraker, boemelaar; ~**er** vluchteling; hoogvlieger; ♨ vlieger; hardloper: renpaard *o*, snelzeilend schip *o* &; **flying-boat** vliegboot; ~-**bomb** vliegende bom, V 1; ~-**bridge** noodbrug; gierpont; ~-**fish** vliegende vis; ~-**fox** vliegende hond; ~-**officer** ⚔ eerste-luitenant-vlieger; ~ **range** actieradius; ~ **squad** de „6×2", vliegende brigade; ~-**visit** bliksembezoek *o*; **fly-leaf** schutblad *o* [v. boek]; **–man** toneelknecht; ~-**over** viaduct, ongelijkvloerse (weg)kruising; ~-**sheet** vliegende blaadje *o*; ~-**trap** vliegenvanger; **–weight** vlieggewicht [bokser]; ~-**wheel** vliegwiel *o*

foal [foul] **I** *sb* veulen *o*; **II** *vi* [veulen] werpen

foam [foum] **I** *sb* schuim *o*; ~ *extinguisher* (*plastic, rubber*) schuimblusser (-plastiek *o*, -rubber) &; **II** *vi* schuimen; ~ *at* (*the*) *mouth* schuimbekken; ~*ed plastic* schuimplastiek *o*; **–y** schuimig, schuimend

f.o.b. = *free on board*

fob [fɔb] **I** *sb* (horloge)zakje *o*; **II** *vt* bedotten; ~ *off* afschepen; ~ *sth. off on sbd.* iem. iets aansmeren

focal ['foukəl] brandpunts-, brand-, focaal

fo'c'sle ['fouksl] = *forecastle*

focus ['foukəs, *mv* **—ci** -sai] **I** *sb* brandpunt *o*; haard [*v.* ziekte]; centrum *o*; *i n* ~ scherp (gesteld), duidelijk; *o u t of* ~ onscherp, onduidelijk; **II** *vt* in een brandpunt verenigen (brengen); instellen [lens &]; concentreren [gedachten], vestigen [aandacht]; **III** *vi* zich concentreren

fodder ['fɔdə] **I** *sb* voe(de)r *o*; **II** *vt* voe(de)ren

⊙ **foe** [fou], ⚹ **foeman** ['foumən] vijand

foetus, fetus ['fi:təs] foetus, ongeboren vrucht

fog [fɔg] **I** *sb* mist; sluier [op foto] ‖ nagras *o*; *in a* ~ ook: de kluts kwijt; **II** *vt* in mist hullen; sluieren [foto]; *fig* in de war brengen; ~**-bound** door mist opgehouden; in mist gehuld

fogey ['fougi] ouderwetse kerel, ouwe sok

foggy ['fɔgi] mistig, nevelig; vaag; beneveld; gesluierd [v. foto]; **fog-signal** mistsignaal *o*

fogy ['fougi] ouderwetse kerel, ouwe sok

foible ['fɔibl] zwak *o*, zwakke zijde; zwakheid

foil [fɔil] **I** *sb* schermdegen, floret ‖ foelie [achter spiegel, juweel], folie, zilverpapier *o*; ‖ spoor *o* [v. wild]; *be a* ~ *to* beter doen uitkomen; **II** *vt* (iems. plannen) verijdelen; van de wijs (in verwarring) brengen

foist [fɔist] ~ *i n (t o)* bedrieglijk inlassen, onderschuiven, binnensmokkelen; ~ *sth. on sbd.* iem. iets aansmeren (ook: aanwrijven)

fold [fould] **I** *sb* vouw, plooi, kronkel ‖ kudde²; schaapskooi; schoot (der Kerk); **II** *vt* vouwen, plooien ‖ wikkelen, sluiten, slaan; hullen [in duisternis &] ‖ kooien [schapen]; ~ *one's arms* (*one's hands*) ook: *fig* de handen in de schoot leggen; ~ *b a c k* (*d o w n*) omvouwen; ~ *i n one's arms* in de armen sluiten; ~ *u p* op-, dichtvouwen; **III** *vi* zich laten vouwen ‖ fig het afleggen; op de fles gaan; het bijltje erbij neerleggen (ook: ~ *up*); **—er** vouwer; vouwbeen *o*; folder: vouwblad *o*, gevouwen circulaire; map, mapje *o*; vouwwagen, wandelwagentje *o*; ~*s* lorgnet

folderol ['fɔldə'rɔl] falderalderiere & [refrein]; prul *o*

folding ['fouldiŋ] opvouwbaar, vouw-; ~**-bed** opklapbed *o*; veldbed *o*; kermisbed *o*; ~ *camera* klapcamera; ~**-chair** vouwstoel; ~**-door** harmonikadeur; ~ *picture* uitslaande plaat

foliage ['fouliidʒ] loof *o*, lover *o*, gebladerte *o*, lommer *o*; bladversiering, loofwerk *o*

foliate ['foulieit] foeliën; foliëren; met loofwerk versieren; **—tion** [fouli'eifən] bladvorming; foeliën *o*; foliëring; versiering met loofwerk

folio ['fouliou] folio(vel) *o*; foliant

folk [fouk] volk *o*; mensen; **F** familieleden (meestal ~*s*); luitjes, volkje *o*; *the old* ~*s* de oudjes; **—lore** folklore; volkskunde; ~**-song** (oud)

volkslied *o*; ~**-ways** traditionele gewoonten, gebruiken (binnen bep. groep); **—sy F** gezellig, hartelijk, eenvoudig

follicle ['fɔlikl] ⚘ kokervrucht; (klier)blaasje *o*; (haar)zakje *o*; cocon

follow ['fɔlou] **I** *vt* volgen (op), navolgen, nazetten; achternagaan; *fig* najagen; [een beroep] uitoefenen; ~ *the sea* zeeman zijn; ~ *suit* ◊ kleur bekennen; *fig* het voorbeeld volgen; ~ *o u t* opvolgen, voldoen aan; vervolgen, doorvoeren; ~ *u p* nagaan, nader ingaan op; voortzetten; zich ten nutte maken; (na)volgen; laten volgen (door *by, with*); **II** *vi* & *va* volgen; **III** *sb* ♝ coulé, doorstoot; **—er** volger; volgeling, aanhanger; navolger; **F** vrijer [v. dienstbode]; **—ing I** *aj* volgend; **II** *sb* gevolg *o*, aanhang; ~**-up** voortzetting, nabehandeling

folly ['fɔli] dwaasheid, gekkenwerk *o*, zotheid; stommiteit; duur maar nutteloos gebouw *o* &

foment [fou'ment] (warm) betten; *fig* voeden, koesteren, kweken, aanstoken; **—ation** [foumen'teifən] betting; warme omslag; *fig* aanmoediging

fond [fɔnd] *aj* liefhebbend, teder, innig; dwaas, mal; *be* ~ *of* houden van

fondle ['fɔndl] strelen, liefkozen, aanhalen

fondly ['fɔndli] *ad* teder, innig, vol liefde; dwaas, lichtgelovig; **fondness** tederheid, liefde, genegenheid, zwak *o* (voor *for*)

font [fɔnt] doopvont; wijwaterbakje *o*; oliebakje *o* [v. lamp]

fontanel [fɔntə'nɛl] fontanel

food [fu:d] voedsel *o*, spijs, eten *o*, voe(de)r *o*; ~*s* voedingsmiddelen, levensmiddelen; ~ *for reflection* (*thought*) stof tot nadenken; **—stuffs** voedingsmiddelen, levensmiddelen

fool [fu:l] **I** *sb* dwaas, gek(kin), zot(tin); nar ‖ (kruisbessen)vla; ~'s *cap* zie *foolscap*; *a* ~'s *errand* een dwaze onderneming; *send sbd. on a* ~'s *errand* iem. voor gek laten lopen; *a* ~'s *paradise* een denkbeeldige hemel; *make a* ~ *of* voor de gek houden²; *make a* ~ *of oneself* zich belachelijk maken, zich dwaas aanstellen; **II** *aj* **F** gek, idioot; **III** *vi* beuzelen, gekheid maken; ~ *about* (*around*) rondlummelen; **IV** *vt* voor de gek houden, bedotten²; ~ *a w a y* verbeuzelen; ~ *i n t o* ...*ing* verleiden om te...; ~ *o u t of* aftroggelen; **—ery** dwaasheid, scherts, gemal *o*; **—hardy** roekeloos, doldriest; **—ing** voordegekhouderij, gekke streken; **—ish** dwaas, gek, mal, zot, (zo) idioot, stom; ~**-proof** overduidelijk; zich niets latende wijsmaken; absoluut veilig; **—scap** zotskap; klein-foliopapier *o*

foot [fut] **I** *sb* voet [ook: Eng. maat v. 12 duim = 30,48 cm]; poot; voetvolk *o*, infanterie *o*; voeteneind *o*; *put one's best* ~ *foremost* (*forward*) flink aanstappen; zijn beste beentje voor; *put one's* ~

down (krachtig) optreden (tegen *on*); *put one's* ~ *in it* F een flater begaan; *put one's feet up* zie 1 *put*; zie ook: *find* I, *keep* I &; ● *a t* ~ onderaan [de voet v.d. bladzij]; onderstaand; *swift o f* ~ vlug (ter been); *carry sbd. o f f his feet* iem. meeslepen (in zijn enthousiasme); *o n* ~ te voet; op de been; aan de gang; *set on* ~ op touw zetten; *get off on the wrong* ~ verkeerd beginnen; *be on one's feet* op de been zijn; het woord voeren; goed gezond zijn; een positie hebben; *set on one's feet* op de been (er bovenop) helpen; *stand on one's own feet* op eigen benen staan; *get (rise) t o one's feet* opstaan; *jump (leap, spring, start) to one's feet* overeind springen, opspringen; **II** *vt* te voet gaan, lopen, wandelen, dansen (meest: ~ *it*); betreden, bewandelen; een voet breien aan [kous]; optellen (~ *up*); ~ *the bill* dat (alles) betalen; **–age** (film)lengte; **~-and-mouth** *disease* mond-en klauwzeer *o*; **–ball** voetbal *o* [spel], voetbal *m* [voorwerpsnaam]; **–baller** voetballer; **~-board** treeplank; voetplank; **~-boy** page, livreiknechtje *o*; **~-bridge** loopbrug; **–er S** spelletje *o* voetbal; *a six* ~ iem. van 6 voet [lengte]; **–fall** (geluid *o* van een) voetstap; **~-hill** heuvel aan de voet van een gebergte; **–hold** steun voor de voet; *fig* vaste voet; **–ing** voet; vaste voet, steun, houvast *o*; optelling, totaal *o* [v. cijferkolom]; *fig* basis; *on an equal* ~ op voet van gelijkheid; *lose one's* ~ uitglijden, z'n houvast verliezen; *miss one's* ~ misstappen, uitglijden

footle ['fu:tl] **F I** *vi* beuzelen; **II** *sb* beuzelarij

footlights ['futlaits] voetlicht *o*

footling ['fu:tliŋ] **F** onbetekenend, onbeduidend; dom

footloose ['futlu:s] vrij, vrij om te gaan en te staan waar men wil; **–man** lakei; **–mark** voetspoor *o*; **–note** voetnoot; **~-pace** tred; *at a* ~ stapvoets; **–pad** struikrover; **–path** voetpad *o*; trottoir *o*, stoep; **–plate** staanplaats v. machinist op locomotief; **–print** voetspoor *o*; **~-rule** maatstok [v. 1 Eng. voet]; **~-slog S** marcheren, sjokken; **–sore** met zere voeten; **–step** voetstap, tred; **–stool** voetenbankje *o*; **–way** = *footpath*; **–wear** schoeisel *o*, schoenwerk *o*; **–work** voetenwerk *o* [*sp*, dans]

foozle ['fu:zl] (ver)knoeien

fop [fɔp] fat, kwast, modegek; **foppery** kwasterigheid; **foppish** fatterig

for [fɔ:] **I** *cj* want; **II** *prep* voor, in plaats van; gedurende; naar; uit; om, vanwege, wegens; wat betreft; niettegenstaande; [kiezen] tot, als; *oh,* ~ *a cigarette!* had ik (hadden we) maar een sigaret!; *I know him* ~ *a...* ik weet, dat hij een... is; *~all I care* voor mijn part; ~ *all I know* voor zover ik weet; ~ *all that* toch; ~ *her (him)* voor haar (hem); voor haar (zijn) doen; *it is* ~ *her to...* het staat aan haar, het past haar om...; *think* ~ *oneself*

zelf denken; ~ *joy* van vreugde; ~ *years* jaren lang; *not* ~ *years* in geen jaren; *you are* ~ *it!* F je bent erbij!; *now* ~ *it!* nu erop los!, nu komt het erop aan!; *there is nothing* ~ *it but...* er zit niets anders op dan...

forage ['fɔridʒ] **I** *sb* voe(de)r *o*, foerage; **II** *vi* ✠ foerageren; **III** *vt* ✠ foerageren; (af)stropen; (door)zoeken; plunderen; **~-cap** kwartiermuts

forasmuch [fɔrəz'mʌtʃ] ~ *as* aangezien

foray ['fɔrei] **I** *sb* rooftocht; **II** *vi* roven, plunderen

forbad(e) [fɔ:'bæd] V.T. van *forbid*

1 forbear ['fɔ:bɛə] *sb* voorvader, voorzaat

2 forbear [fɔ:'bɛə] **I** *vt* nalaten, zich onthouden van, zich wachten voor; **II** *vi* geduld hebben, wat door de vingers zien; ~ *from* zich onthouden van; **–ance** onthouding; verdraagzaamheid, geduld *o*, toegevendheid; **–ing** verdraagzaam, toegevend, geduldig

forbid [fɔ:'bid] verbieden; *God* ~! dat verhoede God!; zie ook: *banns*; **–den** verboden; **–ding** afschrikwekkend, af-, terugstotend, onaanlokkelijk

forbore [fɔ:'bɔ:] V.T. van 2 *forbear*; **forborne** V.D. van 2 *forbear*

force [fɔ:s] **I** *sb* kracht, macht, geweld *o*; noodzaak; *the* ~ de politie; *the (armed)* ~*s* de strijdkrachten; *b y (main)* ~ met geweld; *by* ~ *of* door middel van; *i n* ~ van kracht; in groten getale; *come i n t o* ~ van kracht worden, in werking treden; **II** *vt* dwingen, noodzaken, geweld aandoen; met geweld nemen; [een doortocht] banen, duwen, dringen, drijven; afdwingen; openbreken; forceren; trekken, in kassen kweken; *fig* klaarstomen; ~ *sbd.'s hand* iem. dwingen (tot een handeling); ~ *b a c k* terugdringen, terugdrijven; ~ *d o w n* met geweld doorkrijgen of slikken; drukken [de markt]; zie ook: *throat*; ~ *f r o m* afdwingen [tranen &]; ~ *i n t o* dringen, duwen of drijven in; dwingen tot; ~ *sth. o n sbd.* iem. iets opdringen; ~ *one's way (t h r o u g h)* (naar voren) dringen; ~ *u p the prices* opdrijven; *it was* ~*d u p o n us* het werd ons opgedrongen; **–dly** gedwongen; **–ful** krachtig

force ['fɔrs ma'ʒɔ:r] *Fr* overmacht

force-meat ['fɔ:smi:t] farce: gehakt *o*

forceps ['fɔ:seps] forceps: tang

force-pump ['fɔ:spʌmp] perspomp

forcible ['fɔ:sibl] *aj* krachtig; gewelddadig, gedwongen; overtuigend [argument]; **–ly** *ad* met klem; met geweld

forcing-house ['fɔ:siŋhaus] broeikas

ford [fɔ:d] **I** *sb* waadbare plaats; **II** *vt* doorwaden

fore [fɔ:] **I** *aj* voor(ste); **II** *ad* ⚓ vooruit; *he soon came to the* ~ hij raakte (trad) spoedig op de voorgrond; ⚓ ~ *and aft* van boeg naar achtersteven, langsscheeps; **1 forearm** ['fɔ:ra:m] *sb* onderarm, voorarm; **2 forearm** [fɔ:'ra:m] *vt* vooraf wapenen; **–bode** [fɔːˈboud] voorspellen; een voorgevoel hebben van; **–boding** voorspelling; voorgevoel *o*; **–cast** [ˈfɔːkaːst] **I** *sb* (voorafgaande) berekening, verwachting, (weer)voorspelling; **II** *vt* [fɔːˈkaːst] (vooraf) berekenen, ontwerpen, voorzien; voorspellen; **–castle** [ˈfouksl] ⚓ bak, vooronder *o*; **–close** [fɔːˈklouz] insluiten; verhinderen; vooraf regelen, bedisselen; ⚛ vervallen verklaren v. hypotheek; **–court** [ˈfɔːkɔːt] voorhof, buitenhof; **–doom** [fɔːˈduːm] voorbeschikken, doemen; **–father** [ˈfɔːfaːðə] voorvader; **–finger** wijsvinger; **–foot** voorbeen *o*; voorpoot; **–front** voorste gedeelte *o*; *be in the ~ of* een vooraanstaande plaats innemen in (onder, bij); **–gather** [fɔːˈgæðə] = *forgather*; **–go** [fɔːˈgou] voorafgaan (aan); zie *forgo*; zie ook: *foregone*, **–going** voor(af)gaand(e); **–gone** V.D. van *forego*; *a ~* [ˈfɔːgɔn] *conclusion* een uitgemaakte zaak, vanzelfsprekend iets; **foreground** [ˈfɔːgraund] voorgrond²; ook: eerste plan *o* [v. schilderij]; **–hand I** *sb* voorhand (van paard); **II** *aj* voorafgaand; vooraf betaald; *sp* [slag] rechts van het lichaam genomen; **–head** [ˈfɔrid] voorhoofd *o*

foreign [ˈfɔrin] vreemd, buitenlands, uitheems; *~ legion* vreemdelingenlegioen *o*; *in ~ parts* in het buitenland; *Foreign Secretary* (*Office*) Minister (Ministerie *o*) van Buitenlandse Zaken; **–er** vreemdeling, buitenlander; buitenlands produkt &

forejudge [fɔːˈdʒʌdʒ] vooruit be-, veroordelen; **–know** vooraf weten; **–knowledge** [ˈfɔːˈnɔlidʒ] voorkennis; **–land** [ˈfɔːlənd] landpunt, voorland *o*, uiterwaard; **–leg** voorpoot; **–lock** voorhaar *o*; *take occasion* (*time*) *by the ~* de gelegenheid (het gunstige ogenblik) niet laten voorbijgaan; **–man** voorman, meesterknecht, ploegbaas; voorzitter [v. jury]; **–mast** fokkemast; **–mentioned** [fɔːˈmenʃənd] voormeld; **–most** [ˈfɔːmoust, ˈfɔːməst] voorste, eerste; *feet ~ F* dood; zie ook: *foot* I; **–name** [ˈfɔːneim] voornaam; **–noon** voormiddag

forensic [fɔˈrensik] gerechtelijk, rechts-, forensisch

foreordain [ˈfɔːrɔːˈdein] voorbestemmen

forepart [ˈfɔːpaːt] voorste deel *o*; begin *o*; **–quarter** voorste vierendeel [v. geslacht dier]; **–runner** [fɔːˈrʌnə] voorloper, voorbode; **–sail** [ˈfɔːseil, ˈfɔːsl] ⚓ fok; **–see** [fɔːˈsiː] voorzien, vooruitzien; **–seeable** voorzienbaar, te voorzien; *within the ~ future* binnen afzienbare tijd; **–shadow** (voor)beduiden, de voorbode zijn van, aankondigen; **–shorten** in verkorting zien of tekenen [in perspectief]; **–sight** [ˈfɔːsait] vooruitzien *o*; vooruitziende blik; overleg *o*; voorzichtigheid, beleid *o*; ⚛ vizierkorrel; **–skin** voorhuid [v. d. penis]

forest [ˈfɔrist] **I** *sb* woud *o*, bos *o*; **II** *vt* bebossen

forestall [fɔːˈstɔːl] vóór zijn, voorkomen, vooruitlopen op, verhinderen

forester [ˈfɔristə] houtvester; boswachter; bosbewoner; **–try** bosbouw(kunde), boswezen *o*

foretaste I *sb* [ˈfɔːteist] voorsmaak, -proefje *o*; **II** *vt* [fɔːˈteist] vooraf proeven, een voorsmaak hebben van; **–tell** [fɔːˈtel] voorzeggen, voorspellen; **–thought** [ˈfɔːθɔːt] voorbedachtheid; voorzorg, overleg *o*; **–time** vroeger, in oude tijden; **–token** voorbode, voorteken *o*; **–told** [fɔːˈtould] V.T. & V.D. van *foretell*

forever [fəˈrevə] zie (*for*) *ever*

forewarn [fɔːˈwɔːn] (vooraf) waarschuwen

forewent [fɔːˈwent] V.T. van *forego*

forewoman [ˈfɔːwumən] hoofd *o*, cheffin [in winkel]; presidente van een vrouwenjury; **–word** voorwoord *o*

forfeit [ˈfɔːfit] **I** *sb* verbeuren *o*; verbeurde *o*, boete, pand *o*; *play* (*at*) *~s* pand verbeuren; **II** *vt* verbeuren, verliezen, verspelen; **III** *aj* verbeurd; **–ure** verbeuren *o*; verlies *o*; verbeurdverklaring ⚛ **forfend** [fɔːˈfend] verhoeden, afwenden

forgather [fɔːˈgæðə] vergaderen; samenkomen; omgang hebben (met *with*)

forgave [fəˈgeiv] V.T. van *forgive*

forge [fɔːdʒ] **I** *sb* smidse, smederij, smidsvuur *o*; smeltoven; **II** *vt* smeden²; verzinnen; namaken, vervalsen; **III** *vi* valsheid in geschrifte plegen ‖ *~ ahead* met moeite (langzaam maar zeker) vooruitkomen; **–r** smeder²; verzinner; wie namaakt, vervalser, falsaris; **–ry** vervalsing, valsheid in geschrifte; namaak

forget [fəˈget] **I** *vt* & *vi* vergeten; *I ~* ik ben vergeten; **II** *vr ~ oneself* zich vergeten, zijn zelfbeheersing verliezen; **–ful** vergeetachtig; **~-me-not** vergeet-mij-nietje *o*

forgive [fəˈgiv] vergeven, kwijtschelden; **forgiven** V.D. van *forgive*; **forgiveness** vergiffenis, kwijtschelding; vergevensgezindheid; **–ving-(ness)** vergevensgezind(heid)

forgo [fɔːˈgou] afzien van, afstand doen van, opgeven, derven, zich onthouden van

forgot [fəˈgɔt] V.T. van *forget*; **forgotten** V.D. van *forget*

fork [fɔːk] **I** *sb* vork, gaffel; vertakking², tweesprong; **II** *vi* zich vertakken; afslaan [rechts]; **III** *vt* met de vork bewerken of aangeven; *~ out F* opdokken, schokken; **–ed** gevorkt, gaffelvormig, gespleten; *~-lift* (**truck**) vorkheftruck

forlorn [fəˈlɔːn] verlaten, hopeloos, ellendig, zielig, wanhopig; *~ hope* ⚛ troep vrijwilligers voor een gevaarlijke onderneming; wanhopige onderneming, laatste redmiddel *o*

form [fɔːm] **I** *sb* vorm², gedaante; formulier *o*; formaliteit; fatsoen *o*; bank (zonder leuning); ⚛ klasse; leger *o* [v. haas]; *bad ~* niet „netjes"; *good ~* correctheid; netjes, zoals het hoort; *f o r ~'s* *sake* pro forma; *i n* ~ formeel; in de vorm; *sp* in vorm: in goede conditie; *in due* ~ naar de eis, behoorlijk; *in good (bad)* ~ (niet) in goede conditie; (on)gepast; ~ te oordelen naar de prestaties, zo te zien; *o u t of* ~ *sp* niet in conditie; **II** *vt* vormen; (uit)maken; ⋊ formeren; **III** *vi* zich vormen, de vorm aannemen; zich opstellen; ~ *(up)* ⋊ aantreden; **formal** formeel; stellig, uitdrukkelijk; vormelijk, plecht(stat)ig, officieel; vorm-; **–ism** formalisme *o*, vormendienst, vormelijkheid; **–ist** formalist, man van de vorm (de vormen); **–istic** [fɔːmə'listik] formalistisch; **–ity** [fɔː'mæliti] formaliteit, vorm; vormelijkheid; **–ize** ['fɔːməlaiz] in de vorm brengen; formeel maken (doen), formaliseren

format ['fɔːmæt] formaat *o* [v. boek]; **–ion** [fɔː'meiʃən] vorming, formatie; **–ive** ['fɔːmətiv] vormend, afleidings-

1 former ['fɔːmə] *sb* vormer, schepper; *sixth* ~ zesdeklasser: leerling van de zesde (hoogste) klasse

2 former ['fɔːmə] *aj* vorig, eerste, vroeger, voormalig; *the* ~ ...*the latter* de eerste (gene) ..., de laatste (deze); **–ly** *ad* vroeger, eertijds

formica ['fɔː'maika:] formica

formidable ['fɔːmidəbl] *aj* ontzaglijk, geducht, formidabel

formless ['fɔːmlis] vormloos

formula ['fɔːmjulə, *mv* ook: **–lae** -liː] formule; recept *o*; **–ry I** *sb* formulier(boek) *o*; **II** *aj* vormelijk, voorgeschreven; **formulate** formuleren; **–tion** [fɔːmju'leiʃən] formulering

formwork ['fɔːmwəːk] *sb* glijbekisting

fornication [fɔːni'keiʃən] ontucht; overspel *o*; **–tor** ['fɔːnikeitə] ontuchtige

forrader ['fɔːrədə] S verder; *to get no* ~ niet opschieten

forsake [fɔː'seik] verzaken, in de steek laten, verlaten, begeven; **forsaken** V.D. van *forsake*; **forsook** V.T. van *forsake*

forsooth [fɔː'suːθ] voorwaar, waarlijk, waarachtig [ironisch]

forswear [fɔː'swɛə] **I** *vt* afzweren; **II** *vr* ~ *oneself* een meineed doen; **forswore** [fɔː'swɔː] V.T. van *forswear*; **forsworn** V.D. van *forswear*; als *aj* meinedig

fort [fɔːt] ⋊ fort *o*; *hold the* ~ F de boel aan het draaien houden, waarnemen, invallen (voor een ander)

1 forte [fɔːt] *sb* fort *o* & *m*: sterke zijde

2 forte ['fɔːti] ♪ fort: krachtig

forth [fɔːθ] uit, buiten; voort(s); *from that day* ~ van die dag af; *and so* ~ enzovoorts; **–coming** [fɔːθ'kʌmiŋ] op handen (zijnd), aanstaande; aanwezig (zijnd); toeschietelijk; *be* ~ er komen, er zijn; **–right I** ['fɔːθrait] rechtuit, openhartig; onomwonden; **II** *ad* [fɔːθ'rait] rechtuit;

–with ['fɔːθwiθ, 'fɔːθwið] op staande voet, onmiddellijk, aanstonds

fortieth ['fɔːtiiθ] veertigste (deel *o*)

fortification [fɔːtifi'keiʃən] versterking; **fortify** ['fɔːtifai] versterken; sterken

fortitude ['fɔːtitjuːd] zielskracht, vastberadenheid, standvastigheid

fortnight ['fɔːtnait] veertien dagen; *Monday* ~ maandag over 14 dagen; **–ly I** *aj* veertiendaags; **II** *ad* alle veertien dagen; **III** *sb* veertiendaags tijdschrift *o*

fortress ['fɔːtris] ⋊ sterkte, vesting

fortuitous [fɔː'tjuitəs] toevallig; **fortuity** toevalligheid, toeval *o*

fortunate ['fɔːtʃ(ə)nit] *aj* gelukkig; **fortune** geluk *o*, lot *o*, fortuin *o* [geluk, geldelijk vermogen], fortuin *o* [lot, noodlot]; ~ *favours the bold* een brutaal mens heeft de halve wereld; ~ *favours fools* gekken krijgen de kaart; ~**-hunter** gelukzoeker (door rijk huwelijk); ~**-teller** waarzegger, -ster; ~**-telling** waarzeggerij

forty ['fɔːti] veertig; *the forties* de jaren veertig: van (19)40 tot (19)50; *the Forties* zeegebied tussen Noordoost Schotland en Noorwegen; *the roaring forties* stormachtige zone op de Atlantische Oceaan tussen 40° en 50° Noorderbreedte; *in the (one's) forties* ook: in de veertig

forum ['fɔːrəm] forum *o*

forward ['fɔːwəd] **I** *aj* voorwaarts; voorste, voor-; (ver)gevorderd; vooruitstrevend, progressief, geavanceerd; voorlijk [kind]; vroeg, vroegrijp; bereidwillig; toeschietelijk; brutaal, vrijpostig; $ op termijn; **II** *ad* vooruit, voorwaarts; naar voren, voorover; *from this day* ~ van nu af (aan); *carriage* ~ $ vracht betaalbaar ter plaatse; **III** *sb sp* voorhoedespeler; *the* ~*s sp* de voorhoede; **IV** *vt* bevorderen, vooruithelpen; $ af-, op-, door-, (o)verzenden; **forwarder I** *sb* bevorderaar; afzender; expediteur; **II** *ad* (meer) vooruit; **forwarding** bevordering; afzending; expeditie; ~ *agency* $ expeditiezaak; ~ *agent* $ expediteur; ~ *business* $ expeditiezaak; ~ *clerk* $ expeditieklerk; **forward-looking** progressief; **forwards** ['fɔːwədz] *ad* zie *forward* **II**

forwent [fɔː'went] V.T. van *forgo*

fosse [fɔs] groeve (ook *anat*), kanaal *o*; (vesting)gracht

fossick ['fɔsik] S rondsnuffelen, zoeken; *Austr* S (in oude mijnen) goud zoeken

fossil ['fɔsil] **I** *aj* versteend, fossiel; **II** *sb* verstening, fossiel[2] *o*; **–ization** [fɔsilai'zeiʃən] versteniging; *fig* versteniging; **–ize** ['fɔsilaiz] (doen) verstenen; *fig* verstarren

foster ['fɔstə] (aan)kweken, (op)voeden, bevorderen, koesteren[2]; **foster-** pleeg- [ouders, kind &]; **–age** opkweking; aankweking, bevordering, koestering; **–er** voedstervader, pleegva-

der; beschermer, bevorderaar; **–ling** voedsterling; protégé
fought [fɔːt] V.T. & V.D. van *fight*
foul [faul] **I** *aj* vuil, onrein, bedorven; beslagen;
grof; vies, smerig; laag, snood; gemeen; vals,
oneerlijk; ⚓ onklaar; ∼ *copy* klad *o*; ∼ *play* gemeen spel *o*, boze opzet; moord; ∼ *wind* tegenwind; *fall* ∼ *of* ⚓ in aanvaring komen met; in
botsing komen met; te lijf gaan, aanvallen; **II** *sb*
botsing; *sp* overtreding (van de spelregels); **III**
vt bevuilen, bezoedelen, besmetten, verontreinigen; ⚓ onklaar doen lopen, in het ongerede
brengen; in de weg komen, stoten op, botsen
tegen; **IV** *vi* ⚓ onklaar lopen; botsen; met vuil
aanzetten; *sp* een overtreding begaan; **foully** *ad*
op een vuile, schandelijk lage of gemene wijze;
foul-mouthed gemene taal uitslaand
1 found [faund] V.T. & V.D. van *find*
2 found [faund] *vt* stichten, grond(vest)en, funderen; oprichten ‖ [metaal] gieten; **foundation**
[faun'deiʃən] grondslag[2]; fundament *o* , funde-
ring; grond; grondvesting, stichting, oprichting; fundatie; fonds *o*; foundation [basiscrème
v. make-up]; korset *o*, beha & (ook: ∼ *garment*);
foundationer uit een fonds studerende, bursaal; **foundation-stone** eerste steen; **1 founder** *sb* grondlegger, oprichter, stichter ‖ (metaal)gieter
2 founder ['faundə] **I** *vi* ⚓ vergaan; (ineen)zak-
ken; mislukken; kreupel worden; **II** *vt* doen vergaan; kreupel rijden
founding father ['faundiŋ'faːðə] *fig* vader [van
wie iets uitgaat, inz. v.d. Grondwet der V.S.,
stichter, grondlegger &]
foundling ['faundliŋ] vondeling
foundry ['faundri] (metaal)gieterij
fount [faunt] ⊙ bron, fontein ‖ *typ* compleet stel
o letters van bep. type
fountain ['fauntin] bron[2], fontein; reservoir *o*;
∼ **-head** bron[2]; ∼ **-pen** vulpen(houder)
four [fɔː] **I** *aj* vier; **II** *sb* viertal *o*; (*not*) *be* (*go*)
on all ∼*s with* (niet) kloppen met; (niet) op één
lijn staan met; *they crept on all* ∼*s* zij kropen op
handen en voeten; *form* ∼*s!* ⚔ met vieren; ∼ -
flusher *Am* S bluffer, oplichter; ∼ **-fold** viervoudig; ∼ **-footed** ['fɔː'futid, + 'fɔː'futid] viervoetig
fourgon ['fuːrgɔn] bagagewagen
four-in-hand ['fɔː'rin'hænd] vierspan *o*; **four-
leaved** ∼ *clover* ♣ klaverblad *o* van vier(en), kla-
ver(tje)vier *o*; ∼ **-letter** ∼ *word* schuttingwoord
o; ∼ **-poster** hemelbed *o*; ∼ **-score** tachtig;
–some I *aj* voor vier; **II** *sb* (golf)wedstrijd voor
vier deelnemers; ∼ **-square** vierkant, potig, stevig, pal
fourteen ['fɔː'tiːn, + 'fɔː'tiːn] veertien; **–th**
['fɔː'tiːnθ, + 'fɔː'tiːnθ] veertiende

fourth [fɔːθ] **I** *aj* vierde; **II** *sb* vierde (deel *o*);
kwart *o*; vierde man; **–ly** ten vierde
fowl [faul] **I** *sb* vogel; kip, haan, hoen *o*; gevogelte
o; **II** *vi* vogels vangen of schieten; ∼ **er** vogellief-
hebber; ∼ **ing** vogeljacht; ∼ **-run** kippenren,
kippenloop
fox [fɔks] **I** *sb* vos[2]; ∼ *and geese sp* wolf en schapen
[op dambord]; **II** *vi* sluw veinzen; vlekkig worden; **III** *vt* bedotten; van de wijs brengen;
∼ **-bush** vossestaart; ∼ **-earth** vossehol *o*;
–glove vingerhoedskruid *o*; ∼ **-hole** ⚔ eenmans-
gat *o*, kleine loopgraaf; ∼ **-hound** hond voor vossejacht; ∼ **-hunt(ing)** vossejacht; ∼ **-trot** foxtrot
[dans]; ∼ **-y** sluw; vosachtig; roodbruin; vlekkig
[door vocht]; zuur [v. drank]
foyer ['fɔiei] *Fr* foyer [in theater]; grote hall of
wachtkamer
frabjous ['fræbdʒʌs] F geweldig, dol
fracas ['fræka:] opschudding, ruzie
fraction ['frækʃən] fractie; breuk, gebroken getal
o; onderdeel *o*; ∼ **-al** gebroken; fractioneel; ∼ *ly*
softer een ietsje zachter
fractious ['frækʃəs] kribbig, lastig, gemelijk
fracture ['fræktʃə] **I** *sb* breuk; **II** *vt* & *vi* breken;
∼ *d skull* ook: schedel(basis)fractuur
fragile ['frædʒail] breekbaar, bro(o)s, zwak, fra-
giel; ∼ **-lity** [frə'dʒiliti] breekbaarheid,
bro(o)sheid, zwakheid, fragiliteit
fragment ['frægmənt] brok *m & v* of *o*, brokstuk
o, fragment *o*; ∼ **-ary** fragmentarisch
fragrance ['freigrəns] geur, geurigheid, welrie-
kendheid; ∼ **-ant** geurig, welriekend
1 frail [freil] *sb* (vijgen)korf, -mat
2 frail [freil] *aj* broos, zwak, teer; ∼ **-ness, frailty**
broosheid, zwakheid[2], teerheid
fraise [freiz] palissade ‖ (boor)frees
frame [freim] **I** *vt* bouwen, vormen, samenstellen; onder woorden brengen; ontwerpen, opstellen, op touw zetten, **F** een komplot smeden
tegen, vals beschuldigen; in-, omlijsten; **II** *vi it*
∼*s well* het laat zich goed aanzien; **II** *sb* raam *o*,
geraamte *o*, frame *o*, chassis *o*; lijst; kozijn *o*; montuur *o* & *v*; (TV-, film)beeld *o*; broeibak; ⚓ spant
o; samenstel *o*, inrichting; bouw; lichaam *o*; gesteldheid; ∼ *of mind* gemoedsgesteldheid, stemming; ∼ *of reference* referentiekader *o*; ∼ **-house**
vakwerkhuis *o*; **framer** vormer, samensteller;
ontwerper, opsteller; lijstenmaker; **frame-saw**
spanzaag; ∼ **-up** F konkelarij, komplot *o*;
–work raam *o*, lijstwerk *o*; geraamte *o*; kader *o*,
opzet [v. stuk]
franc [fræŋk] frank [munt]
France [fra:ns] Frankrijk *o*
franchise ['fræn(t)ʃaiz] (voor)recht *o*, vrijstelling;
eigen-risicobedrag [bij verzekering]; verlenen *o*
van rechtspersoonlijkheid; burgerrecht *o*; stemrecht *o*; *Am* concessie; **–d** *Am* met een concessie

Franciscan [fræn'siskən] franciscaan
frangible ['frændʒibl] breekbaar, broos
frangipane ['frændʒipein], **frangipani** [frændʒi'pa:ni] met amandelspijs bereide room of taart; (parfum van) rode jasmijn
frank [fræŋk] *aj* openhartig, oprecht
frankfurter ['fræŋkfətə] (Frankforter) knakworstje *o*
frankincense ['fræŋkinsens] wierook
franking machine ['fræŋkiŋməʃi:n] frankeermachine
frankly ['fræŋkli] *ad* openhartig, ronduit (gezegd), echt, bepaald, zonder meer
frantic ['fræntik] dol, razend; vertwijfeld
frappé [fræ'pei] *Fr*(ijs)gekoeld
frass [fræs] (hout)molm
fraternal [frə'tə:nəl] broederlijk; **fraternity** broederschap *o* & *v* [betrekking], broederschap *v* [verzamelnaam]; *Am* (mannelijke) studentenvereniging; **–ization** [frætənai'zeiʃən] verbroedering; vriendschappelijke omgang; **–ize** ['frætənaiz] broederschap sluiten; zich verbroederen; vriendschappelijk omgaan (met *with*)
fratricidal ['frætrisaidl] broedermoordend; **fratricide** broedermoord; broedermoordenaar
fraud [frɔ:d] bedrog *o*; bedrieger; **–ulence** bedriegelijkheid; bedrog *o*; **–ulent** bedriegelijk; frauduleus
fraught [frɔ:t] ⊙ bevracht, beladen; ~ *with...* vol...
fray [frei] **I** *sb* krakeel *o*, twist, gevecht *o*, strijd[2] || **II** *vt* & *vi* verslijten; rafelen; *fig* overspannen [de zenuwen]
frazil ['freizil] grondijs *o*
frazzle ['fræzl] *beaten to a* ~ tot mosterd geslagen; *worn to a* ~ totaal op
freak [fri:k] **I** *sb* gril, kuur; speling der natuur, gedrocht *o*, monster *o*, wonderdier *o* &; **F** grillige figuur, excentriekeling; **II** *aj* grillig, fantastisch, abnormaal, raar; **–ish** ['fri:kiʃ] grillig, nukkig; **~ -out** S bijeenkomst v. aan drugs verslaafden; pijnlijke ervaring hierbij (hallucinaties &)
freckle ['frekl] sproet; **freckled, freckly** sproet(er)ig; gespikkeld
free [fri:] **I** *aj* vrij; ongedwongen, vrijwillig; vrijmoedig, ongegeneerd; onbezet; gratis, kosteloos, franco (ook: ~ *of charge*); los, open[2]; royaal [met geld]; ~ *and easy* ongedwongen, ongegeneerd; *a* ~ *fight* een algemene kloppartij; *give sbd. a* ~ *hand* iem. carte blanche geven; ~ *pardon* begenadiging, genade, gratie; *he is* ~ *to...*, *it is* ~ *for* (*to*) *him to...* hij mag gerust...; *I am* ~ *to own* ik wil gaarne bekennen; *be* ~ *of the house* vrij mogen uiten inlopen; *make sbd.* ~ *of a city* iem. het ereburgerschap aanbieden; *make* ~ *with* zich ongegeneerd van iets bedienen; **II** *ad* vrij; gratis (ook: **F** *for* ~*); **III** *vt* in vrijheid stellen; vrijmaken;

vrijlaten, bevrijden; **–board** ⚓ deel v. schip tussen waterlijn en dek; **–booter** vrijbuiter; **–booting** vrijbuiterij; **~ -born** ['fri:'bɔ:n, + 'fri:bɔ:n] vrijgeboren
freedman ['fri:dmən] vrijgemaakte slaaf
freedom ['fri:dəm] vrijdom, ontheffing; vrijheid; ongedwongenheid; ereburgerschap *o*
free-for-all ['fri:fərɔ:l] algemeen gevecht *o* &; **~ -hand** uit de losse hand [getekend &]; **~ -handed** royaal; **~ -hearted** openhartig, vrijgevig; **–hold** onroerend goed *o* in vrije eigendom (ook: ~ *property*); **–holder** bezitter v. *freehold*; **~ -lance I** *sb* niet-vaste medewerker (van een krant &); onafhankelijke [in de politiek]; ⫯ huurling; **II** *vi* voor verschillende bladen schrijven, afwisselend werkzaam zijn; **~ -liver** paap, (levens)genieter; **–ly** *ad* vrij(elijk), vrijuit; overvloedig, royaal; flink, erg; geredelijk, gaarne; **–man** vrije; burger; ereburger
freemason ['fri:meisn] vrijmetselaar; **–ry** vrijmetselarij
freepass ['fri:pa:s] vrijkaartje *o*
freesia ['fri:ziə] freesia
free-spoken ['fri:'spoukn] ronduit (zijn mening zeggend), rondborstig, vrijmoedig; **~ -stone** ['fri:stoun] **I** *sb* hardsteen *o* & *m*, arduin *o*; **II** *aj* hardstenen, arduinen; ~ **thinker** ['fri:'θiŋkə] vrijdenker; ~ **trade** vrijhandel; **–way** *Am* (auto)snelweg; **~ -wheel** ['fr:'wi:l] ⚙ in de vrijloop een helling afgaan; fietsen zonder te trappen; **~ -will** ['fri:'wil] *aj* vrijwillig, spontaan
freeze ['fri:z] **I** *vi* vriezen, bevriezen, stollen; verstijven, zich stokstijf (doodstil) houden; ~ *over* be-, dichtvriezen; ~ *u p* vast-, dichtvriezen; **II** *vt* doen (laten) bevriezen; doen stollen; $ blokkeren; ~ *wages* een loonstop afkondigen; ~ *out* wegwerken [een concurrent], wegkijken; **III** *sb* vorst(periode); [loon-, prijs- &] stop; **~ -dry** droogvriezen; **–r** ijsmachine, ijskast; vriesvak *o*; **freezing I** *aj* vriezend, vries- ; ijskoud; **II** *sb* invriezen *o*; bevriezing; verstijving, verstarring
freight [freit] **I** *sb* vracht, lading; zeevracht; **II** *vt* bevrachten; laden; **–age** vracht(prijs); bevrachting; **–er** bevrachter; vrachtschip *o*; vrachtvliegtuig *o*; vrachtauto; **freight train** goederentrein
French [fren(t)ʃ] **I** *aj* Frans; ~ **bean** slaboon, snijboon, witte boon; ~ **chalk** kleermakerskrijt *o*; ~ **dressing** slasaus; ~ **fried potatoes**, ~ **fries** frites, friet(en); ~ **horn** ♪ waldhoorn; *take* ~ *leave* er (stiekum) tussenuitknijpen; ~ **letter** F condoom *o*; ~ **polish** politoer *o* & *m*; ~ **window** openslaande glazen (tuin-, balkon)deur; **II** *sb* het Frans; *the* ~ de Fransen; **–ify** verfransen; **–man** Fransman; **–woman** Française; **–y F** Fransoos
frenetic [fri'netik] waanzinnig, razend
frenzied ['frenzid] dol; **frenzy** razernij

frequency ['fri:kwənsi] herhaald voorkomen *o*, gedurige herhaling; veelvuldigheid; frequentie; **frequent** ['fri:kwənt], **I** *aj* herhaald, vaak voorkomend; veelvuldig, frequent; **II** *vt* [fri'kwent] (dikwijls) bezoeken, omgaan met, frequenteren; **–ation** [fri:kwen'teiʃən] bezoeken *o*; omgang; **–ative** [fri'kwentətiv] frequentatief (werkwoord *o*); **–er** (geregeld) bezoeker; **–ly** ['fri:kwəntli] herhaaldelijk, vaak, dikwijls, veelvuldig

fresco ['freskou] **I** *sb* fresco *o*; in ~ al fresco; **II** *vt* al fresco schilderen

fresh [freʃ] **I** *aj* fris, vers; nieuw; zoet [v. water]; **F** tipsy; **F** brutaal; *as ~ as paint* zo fris als een hoentje; ~ *from England* net (pas) uit Engeland; **II** *sb* frisheid; *= freshet*; **–en I** *vt* op-, verfrissen; **II** *vi* opfrissen; toenemen, aanwakkeren (v. wind); **–er F** *= freshman*; **–et** overstroming (door bovenwater); stroompje *o*; **–ly** *ad* vers, fris; onlangs, pas; **–man** student van het eerste jaar, noviet, groen; **–water** zoetwater-

fret [fret] **I** *sb* ergernis ‖ (uitgezaagde) lijst, (Griekse) rand; ♪ toets; **II** *vt* knagen, in-, wegvreten; aantasten; prikkelen, irriteren, ergeren; doen rimpelen ‖ uitsnijden, uitzagen, randen; schakeren; ~ *away* (*out*) *one's life*, ~ *oneself to death* zich doodkniezen; **III** *vi* om zich heen vreten; afslijten; kabbelen; zich ergeren, kniezen; ~ *and fume* zich opwinden; **–ful** gemelijk, prikkelbaar; **–saw** figuurzaag; **–work** (uitgezaagde) lijst, (Griekse) rand; snijwerk *o*

Freudian ['frɔidjən] Freudiaan(s)

friabibility [fraiə'biliti] brosheid, brokkeligheid; **friable** ['fraiəbl] bros, brokkelig

friar ['fraiə] monnik, (klooster)broeder; **–y** klooster *o*

fribble ['fribl] **I** *sb* beuzelaar, futselaar; beuzelarij; **II** *vi* beuzelen, spelen, futselen

fricassee [frikə'si:] **I** *sb* fricassee: hachee; ragoût; **II** *vt* fricassee maken van

fricative ['frikətiv] **I** *aj* schurend; **II** *sb* spirant, schuringsgeluid *o*; **friction** wrijving²; **–al** wrijvings-

Friday ['fraidi] vrijdag; *man* ~ trouwe gedienstige

fridge [fridʒ] **F** ijskast

fried [fraid] gebakken; zie ook: *French* **I**

friend [frend] vriend. vriendin; ~*s* ook: familie(leden); *a ~ at* (*in*) *court* een invloedrijke vriend, **F** een kruiwagen; *my honourable ~* de geachte afgevaardigde; *my learned ~* mijn geachte confrater [van twee advocaten]; *the* (*Society of*) *Friends* de Quakers; *make* ~*s* (*again*) (weer) goede vrienden worden; *make* ~*s with* vriendschap sluiten met; *a ~ in need is a ~ indeed* in de nood leert men zijn vrienden kennen; **–ly** vriendelijk, vriendschappelijk, amicaal, toeschietelijk; goed-

gezind; bevriend; vrienden-; *a ~ society* een genootschap *o* tot onderlinge bijstand; *be on ~ terms* op vriendschappelijke voet staan; **–ship** vriendschap

frieze [fri:z] △ fries *v* of *o*; fries *o* [weefsel]

frigate ['frigit] ⚓ fregat *o*; ⚓ fregatvogel

fright [frait] **I** *sb* schrik, vrees; spook *o*; *look a ~* er uitzien als een vogelverschrikker; *take* ~ bang worden; **II** *vt* ⊙ verschrikken; **–en** verschrikken, doen schrikken; ~ *away* verjagen; afschrikken (van *from*); ~ *into* door vrees aan te jagen brengen tot; *be* ~*ed* bang zijn (voor *of*); **–ening** schrikwekkend, ontstellend; **–ful** verschrikkelijk°, vreselijk° (ook <)

frigid ['fridʒid] koud, koel², kil², ijzig; frigide; **–ity** [fri'dʒiditi] koud-, koelheid &; frigiditeit

frigorific [frigə'rifik] koude producerend

frill [fril] **I** *sb* jabot *m* & *o*; ruche; geplooide kraag; ~*s* aanstellerij; *fig* franje; *put on ~s* zich airs geven; **II** *vt* plooien; **–ing** plooisel *o*

fringe [frin(d)ʒ] **I** *sb* franje; (uiterste) zoom, rand, periferie, zelfkant [van de maatschappij]; ponyhaar *o*, pony; **II** *aj ~ area RT* randgebied *o*; *~ benefits* secundaire arbeidsvoorwaarden; **III** *vt* met franje versieren; omzomen, omranden

frippery ['fripəri] opschik; prullen; kwikjes en strikjes

Frisco ['friskou] **F** San Francisco *o*

Frisian ['friziən] **I** *aj* Fries; **II** *sb* (het) Fries

frisk [frisk] **I** *vi* dartelen, springen; **II** *vt* fouilleren; bestelen; **III** *sb* sprongetje *o*; kromme sprong; **–y** *aj* dartel

fritter ['fritə] **I** *sb* beignet; **II** *vt* ~ *away* versnipperen, verbeuzelen, verspillen

frivol ['frivəl] **I** *vi* beuzelen; **II** *vt* ~ *away* verbeuzelen; **–ity** [fri'vɔliti] frivoliteit, wuftheid; beuzelachtigheid; **–ous** ['frivələs] frivool, wuft; beuzelachtig

friz(z) [friz] **I** *vt* krullen, kroezen, friseren; **II** *sb* frisuur; kroeskop

frizz [friz] *vi* sissen [in de pan]

frizzle ['frizl] *= friz(z)* & *frizz*

frizz(l)y ['friz(l)i] krullend, kroezelig, kroes-

fro [frou] *to and ~* heen en weer

frock [frɔk] pij; jurk; kiel; geklede jas; ~ **-coat** geklede jas

frog [frɔg] ⚶ kikvors, kikker; **F** Fransoos; brandebourg; ~ *in the throat* kriebel in de keel, heesheid; **–man** kikvorsman; ~ **-march** met vier man [een weerspannige] wegdragen bij armen en benen, het gezicht omlaag; ~ **-spawn** kikkerdril

frolic ['frɔlik] **I** *sb* pret, pretje *o*, fuifje *o*, grap; **II** *vi* vrolijk zijn, pret maken, dartelen; **–some** vrolijk, lustig, uitgelaten, dartel, speels

from [frɔm] van (...af), vandaan, (van) uit; (te oordelen) naar; aan de hand van; door, (ten ge-

volge) van; [schuilen, verbergen] voor; ~
a m o n g (van) uit; *25 years ~ n o w* over 25 jaar;
~*... o n w a r d s* vanaf...; ~ *o u t* (van) uit; ~ *u n -
d e r* onder... uit

frond [frɔnd] ⚶ (palm-, varen)blad *o*
front [frʌnt] **I** *sb* voorste gedeelte *o*, voorkant, -zij-
de; façade, (voor)gevel; strandboulevard; voor-
kamer; front *o*; frontje *o* [v. hemd]; toer [vals
haar]; gezicht *o*, ⊙ voorhoofd *o*; F onbeschaamdheid; mantelorganisatie, *fig* stroman,
façade; *i n* ~ *of* tegenover; vóór; voor... uit; *bring
t o the* ~ de aandacht vestigen op; *come to the* ~
voor het front komen[2]; op de voorgrond treden; **II** *vt* staan tegenover; front (laten) maken
(naar); *fig* het hoofd bieden; van voren bekleden; **III** *vi* front maken; ~ *to* (*towards, upon*) liggen op, uitzien op; (*eyes*) ~*!* ⚶ staat!; **IV** *aj* voorste, voor-, eerste; **–age** front° *o*; gevel(breedte);
voorterrein *o*; ~ *road* [*Am*] ventweg (met ben-
zinepompen &) langs een autoweg; **–al I** *aj*
voorhoofds-; front-; **II** *sb* voorgevel; ~ **bench**
ministersbank [Br. Lagerhuis]; ~**-door** voor-
deur
frontier ['frʌntjə] grens
frontispiece ['frʌntispi: s] frontispice *o*; voorgevel; titelplaat, -prent
frontlet ['frʌntlit] voorhoofdband
front-page ['frʌntpeidʒ] **I** *sb* voorpagina; **II** als *aj*
voorpagina-[nieuws], belangrijk, sensationeel;
~**-room** voorkamer; ~**-row** eerste (voorste)
rij; **–ward(s)** voorwaarts, recht vooruit
frost [frɔst] **I** *sb* vorst; rijm, rijp; *he* (*it*) *was a* ~ F
had geen succes; **II** *vt* doen bevriezen [plant];
(als) met rijp bedekken; glaceren [taart]; mat
maken, matteren [glas]; [paard] scherp zetten;
~**-bite** bevriezing, koudvuur *o*; ~**-bitten** bevroren, door koudvuur *o* aangetast; ~**-bound**
be-, vast-, ingevroren; **–ed** berijpt, met rijp bedekt; mat; ~ *glass* matglas *o*; **–ing** (suiker)gla-
zuur *o*; gematteerd glas *o* of metaal *o*; **–work** ijs-
bloemen [op glas &]; **–y** *aj* vriezend, vorstig,
vries-; bevroren; kil[2], ijzig koud[2]; ⊙ berijpt
froth [frɔ: θ] **I** *sb* schuim *o*; gebazel *o*; **II** (*vt &*) *vi*
(doen) schuimen; **–y** *aj* schuimachtig; schui-
mend; ijdel, luchtig
frou-frou ['fru: fru:] ruisen *o*, ritselen *o* (van zijde)
⚶ **froward** ['frouəd] weerbarstig
frown [fraun] **I** *vi* het voorhoofd fronsen; stuurs
(nors, dreigend) kijken; ~ *at* (*on, upon*) met geen
goed oog aanzien; afkeuren; **II** *vt* ~ *down* de
ogen doen neerslaan; het zwijgen opleggen = ~
into silence; **III** *vi* front; stuurse (norse, dreigende) blik; afkeuring
frowst [fraust] **I** *sb* broeierige kachelwarmte; **II** *vi*
bij de kachel zitten te broeien; **–y** broeierig
warm, bedompt; duf
frowzy ['frauzi] muf, vuns; vuil, slonzig

froze [frouz] V.T. van *freeze;* **frozen** V.D. van
freeze; fig koud
fructification [frʌktifi'keiʃən] vruchtvorming;
bevruchting; ⚶ vruchthoopjes; **fructify**
['frʌktifai] **I** *vi* vrucht dragen; **II** *vt* bevruchten;
vruchtbaar maken
fructose ['frʌktous] vruchtesuiker
fructuous ['frʌktʃuəs] vruchtbaar; nuttig
frugal ['fru: gəl] matig, sober, karig, spaarzaam
(met *of*); **–ity** [fru'gæliti] matigheid, soberheid,
karigheid, spaarzaamheid
fruit [fru: t] **I** *sb* vrucht[2], vruchten[2], fruit *o*; **II** *vi* (&
vt) vruchten (doen) dragen; **–age** ['fru: tidʒ] ooft
o; vruchtdragen *o*; **–arian** [fru: 'tɛəriən] **I** *sb*
vruchteneter; **II** *aj* vruchten-; ~ **cake**
['fru: tkeit] vruchtencake; ~ **cup** vruchtenbowl;
–er vruchtboom; vruchtenschip *o*; vruchten-
kweker; **–erer** fruithandelaar; ~ **fly** fruitvlieg,
bananevlieg; **–ful** vruchtbaar[2]
fruition [fru: 'iʃən] genot *o*; rijpheid; verwezenlijking
fruitless ['fru: tlis] zonder vrucht(en); vruchteloos, nutteloos; **fruit machine** gokautomaat;
~ **salad** vruchtensla; ~ **tree** ooft-, vruchtboom; **–y** vrucht(en)-; fruitig [v. wijn]; *fig* sappig; smakelijk; pikant; pittig
frumenty ['fru: mənti] pap van tarwemeel, rozijnen, eieren en suiker
frump [frʌmp] ouwe slons, flodderkous, totebel;
–ish, frumpy slonzig
frustrate [frʌs'treit] doen mislukken, verijdelen,
(ver)hinderen; teleurstellen; frustreren; **–tion**
mislukking, verijdeling; teleurstelling; frustratie
fry [frai] **I** *vt &* vi bakken, braden[2]; **II** *sb* gebraden
vlees *o*; (gebakken) ingewanden ‖ jonge vissen;
broedsel *o*; *small* ~ jong goedje *o*; klein grut *o*;
onbelangrijke mensen; **frying-pan** bak-, braad-,
koekepan; *out of the* ~ *into the fire* van de regen in
de drop
ft. = *foot, feet*
fubsy ['fʌbzi] kort en dik, mollig
fuck [fʌk] P geslachtsgemeenschap hebben (met
een vrouw); ~ *up* S bederven, verkeerd aanpakken
fuddle ['fʌdl] **I** *vi* pimpelen, zich bedrinken; **II** *vt*
dronken maken, benevelen
fuddyduddy ['fʌdi'dʌdi] pietlut; ouwe sok
fudge [fʌdʒ] soort borstplaat; klets, onzin
fuel ['fjuəl] **I** *sb* brandstof; **II** *vt* van brandstof
voorzien; voeden [het vuur]; **III** *vi* brandstof
(benzine) innemen
fug [fʌg] F bedompte atmosfeer, mufheid; stof *o*;
stofwolk; **fuggy** F bedompt, muf; stoffig
fugitive ['fju: dʒitiv] **I** *aj* vluchtig, voorbijgaand;
kortstondig; voortvluchtig; **II** *sb* vluchteling,
voortvluchtige
fugue [fju: g] fuga; *ps* fugues

fulcrum ['fʌlkrəm] steun-, draai-, draagpunt; *fig* middel *o* (tot een doel)

fulfil [ful'fil] vervullen, nakomen, ten uitvoer brengen, waarmaken, beantwoorden aan; **–ment** vervulling, bevrediging

⊙ **fulgent** ['fʌldʒənt] schitterend

fulgurating ['fʌlgjureitiŋ] *aj* als bliksemstralen

fuliginous [fju:'lidʒinəs] roetachtig, -kleurig

1 full [ful] **I** *aj* vol, gevuld; volledig, voltallig; uitvoerig; verzadigd; vervuld (van *of*); ~ *marks* het hoogste cijfer; ~ *of days* **B** der dagen zat; *be* ~ *up* vol zijn [v. bus of hotel]; *be* ~ *up with work* tot over de oren in het werk zitten; **II** *ad* ten volle, helemaal; vlak [in het gezicht]; < heel, zeer; **III** *sb* in: *at the (her)* ~ vol [v. maan]; *in* ~ voluit; ten volle; volledig, geheel; *to the* ~ ten volle, geheel

2 full [ful] *vt* vollen [laken]

full-blooded ['ful'blʌdid] volbloed(ig); robuust; pittig; ~**-blown** in volle bloei, geheel ontwikkeld; volleerd; *fig* volslagen, op-en-top, in optima forma; ~**-bodied** zwaar(lijvig); gecorseerd [v. wijn]; ~**-cream** ~ *milk* volle melk; ~ *dress* **I** *sb* groot toilet *o*, groot tenue *o* & *v*, galakleding, ambtsgewaad *o*; **II** *aj* ~**-dress** ...in galakleding, ...in groot tenue, gala-; volledig, uitvoerig [debat &], in optima forma

fuller ['fulə] (laken)voller

full-face ['ful'feis] en face; ~**-faced** met een vol gezicht; [foto] en face; vet [drukletter]; ~**-fledged** ['ful'fledʒd] (vlieg)vlug [v. jonge vogels]; *fig* geheel ontwikkeld; volleerd; volslagen, op-en-top, volwaardig, in optima forma; ~**-grown** volwassen; ~**-length** [portret] ten voeten uit; lang [roman, film &], uitvoerig, volledig; zie verder *length*; ~**-mouthed** met een volledig gebit; luid blaffend; luid (klinkend); **–ness** volheid; volledigheid; *in the* ~ *of time* als de tijd daar is; op den duur; ~**-page** de (een) hele pagina beslaand; ~ *illustrations* illustraties buiten de tekst, buitentekstplaten; ~**-scale** compleet, volledig, groot; ~**-size(d)** (op de) ware grootte; *a* ~ *room* een grote kamer; ~ *stop* punt *o* [.]; ~ *swing in* ~ druk aan de gang, op z'n hoogtepunt; ~**-time** full-time, volledig; ~**-timer** full-timer, volledige (werk)kracht; **fully** ['ful] ten volle, geheel; volledig; uitvoerig; ~ *paid shares* volgestorte aandelen; ~*80* wel 80, ruim 80; ~**-fashioned** van goede pasvorm, geminderd [nylonkous]; ~**-fledged** = *full-fledged*

fulminate ['fʌlmineit] **I** *vi* knallen, ontploffen, donderen²; fulmineren²; **II** *vt* doen ontploffen, *fig* uitbulderen, slingeren [banvloek &]; **–tion** [fʌlmi'neiʃən] knal, ontploffing, donder², fulminatie²

fulness ['fulnis] = *fullness*

fulsome ['fulsəm] walglijk; overdreven (lief &)

fulvous ['fʌlvəs] voskleurig

fumble ['fʌmbl] **I** *vi* voelen, tasten, morrelen; ~ *along* zijn weg op de tast zoeken; **II** *vt* bevoelen, betasten, morrelen aan; verknoeien [kans]; ~ *up* samenfrommelen; **–r** onhandige knoeier; **fumbling** onhandig, stuntelig

fume [fju:m] **I** *sb* damp, uitwaseming; lucht; *he is in a* ~ hij is woedend; **II** *vi* roken, dampen; koken (van woede); **III** *vt* uit-, beroken; fumigeren; bewieroken; **fumigate** ['fju:migeit] uit-, beroken; **–tion** [fju:mi'geiʃən] uit-, beroking; **fumous** ['fju:məs] rokerig; **fumy** rokend; dampig

fun [fʌn] grap, aardigheid; pret, pretje *o*, plezier *o*, lol, lolletje *o*; *for* ~ voor de grap; *in* ~ voor de aardigheid; *what* ~! wat leuk!; *be* ~ aardig, leuk, fijn zijn; *not get any* ~ *out of it* er geen plezier van hebben; *make* ~ *of, poke* ~ *at* voor de mal houden, de draak steken met, op de hak nemen; zie ook: 1 *like* **II**

funambulist [fju:'næmbjulist] koorddanser

function ['fʌŋkʃən] **I** *sb* ambt *o*, functie; plechtigheid, feestelijkheid, partij; **II** *vi* functioneren², werken; **–al** functioneel; **–ary** functionaris, ambtenaar; beambte

fund [fʌnd] **I** *sb* fonds² *o*; voorraad²; ~*s* kapitaal *o*, geld *o*, contanten; staatspapieren; *in* ~*s* (goed) bij kas; **II** *vt* in staatspapieren beleggen; funderen, consolideren [schuld]

fundament ['fʌndəmənt] zitvlak *o*; **–al** [fʌndə'mentəl] **I** *aj* principieel, grond-; **II** *sb* grondbeginsel *o*, grondslag, basis; grondwaarheid; ♪ grondtoon; **–ally** *ad* in de grond, au fond, principieel

fundoscope [fʌndou'skoup] oogspiegel

funeral ['fju:nərəl] **I** *aj* begrafenis-, graf-, lijk-; ~ *honours* laatste eer; ~ *march* treurmars; ~ *parlo(u)r Am* rouwkamer, begrafenisonderneming; ~ *pile* brandstapel; ~ *procession* lijkstoet; **II** *sb* begrafenis; lijkstoet; *not my* ~ **F** mijn zaak niet; **funereal** [fju'niəriəl] begrafenis-, lijk-, doden-, graf-; treurig, somber

fun fair ['fʌnfɛə] kermis, lunapark *o*

fungible ['fʌndʒibl] 🏛 vervangbaar [v. zaken]

fungous ['fʌŋgəs] zwamachtig; **fungus** ['fʌŋgəs, *mv* -gi -dʒai] zwam; paddestoel²; sponsachtige uitwas

funicular [fju'nikjulə] **I** *aj* snoer-; ~ *railway* kabelspoorweg; **II** *sb* kabelspoor *o*

funk [fʌŋk] **P I** *sb* angst; bangerd; *blue* ~ doodsangst, **II** *vi* bang zijn; **III** *vt* ~ *it* bang zijn, niet (aan)durven; **–y P** laf, bang

funnel ['fʌnl] trechter; schoorsteen, pijp [v. stoomschip]; (lucht)koker

funnies ['fʌniz] *Am* **S** = *comic strips*; de moppenpagina; **funny** *aj* grappig, aardig, leuk, moppig; vreemd, raar, gek; ~**-bone** elleboogsknokkel;

telefoonbotje *o*; ~ **man** komiek(eling), pias; ~ **paper** moppenblaadje *o*

fur [fə:] **I** *sb* bont *o*, pels, pelswerk *o*, pelterij; pelsjas &; vacht; ⚓ beslag *o* [v. d. tong]; ✗ aanslag, ketelsteen *o* & *m*; ~ *and feather* haar- en vederwild *o*; the ~ *will fly* het zal er warm toegaan; **II** *aj* bonten, bont-; **III** *vt* met bont voeren, bekleden; in bont kleden; [de tong] doen beslaan; met aanslag, ketelsteen bedekken; ontdoen van ketelsteen; **IV** aan-, beslaan [v. tong]; **–below** geplooide strook; ~*s* ook: kwikjes en strikjes

furbish ['fə:biʃ] polijsten, bruineren, (op)poetsen; ~ *up* opknappen, bijwerken

furcate(d) ['fə:keit(id)] gevorkt; **furcation** [fə:'keiʃən] vertakking

furious ['fjuəriəs] woedend, razend, woest (op *with*), furieus, verwoed

furl [fə:l] **I** *vt* ⚓ [een zeil] vastmaken; oprollen, opvouwen; **II** *vi* zich oprollen

furlong ['fə:lɔŋ] ¹/₈ Eng. mijl = 201 m

furlough ['fə:lou] verlof *o*; *on* ~ met verlof

furnace ['fə:nis] (stook-, smelt)oven

furnish ['fə:niʃ] verschaffen, leveren, fourneren; voorzien (van *with*), uitrusten; meubileren; **–er** meubelhandelaar; stoffeerder; **–ing** woninginrichting; ~*s* meubels, stoffering &; **furniture** meubelen, meubilair *o*, huisraad *o*; ~ *polish* meubelwas; ~ *van* verhuiswagen

furore [fju'rɔ:ri] furore

furrier ['fʌriə] pels-, bontwerker, -handelaar; **–y** pels-, bontwerk *o*, pelterij

furrow ['fʌrou] **I** *sb* voor, groef; rimpel; **II** *vt* groeven, doorploegen, rimpelen

furry ['fə:ri] met bont gevoerd, bonten; zacht

further ['fə:ðə] **I** *aj* verder; verste [v. twee]; nog, meer, ander; *fig* nader; *the* ~ *bank (side)* de overzij; ~ *education* voortgezet onderwijs *o*; ~ *to...* $ ten vervolge op (van)...; **II** *ad* verder; *I'll see you* ~ *(first)* ik zag je nog liever (hangen); **III** *vt* bevorderen, behartigen; **–ance** bevordering

furthermore ['fə:ðəmɔ:] bovendien; **–most** verst; **furthest** verst(e), = *farthest*

furtive ['fə:tiv] *aj* heimelijk, steels; gestolen

furuncle ['fjurʌŋkl] steenpuist

fury ['fjuəri] woede, razernij; furie²

furze [fə:z] gaspeldoorn

fuse [fju:z] **I** *vt* & *vi* (samen)smelten; fus(ion)eren, een fusie aangaan; ✗ doorslaan; ‖ de lont zetten aan; **II** *sb* ✗ zekering, veiligheid, (smelt)stop; lont; buis [v. granaat]

fusee [fju:'zi:] spil [in uurwerk]; windlucifer

fuselage ['fju:zilə:ʒ] ✈ romp

fusibility [fju:zə'biliti] smeltbaarheid; **fusible** ['fju:zəbl] smeltbaar

fusilier [fju:zi'liə] fuselier

fusillade [fju:zi'leid] **I** *sb* fusillade, geweervuur *o*; fusilleren *o*; **II** *vt* fusilleren, neerschieten; beschieten

fusion ['fju:ʒən] smelten *o*; samensmelting, fusie

fuss [fʌs] **I** *sb* opschudding, herrie, (onnodige) drukte, ophef; **F** zenuwpees; pietlut; zeur; *make a* ~ *about sth.* ergens veel tamtam over maken; *make a* ~ *of (over)* *sbd.* overdreven aandacht aan iem. schenken, veel ophef van iem. maken; **II** *vi* drukte maken, zich druk maken, pietluttig doen; zeuren; ~ *about* druk in de weer zijn, rondscharrelen; ~**-pot F** lastpost, druktemaker; **–y** *aj* druk; pietluttig; bedillerig

fustian ['fʌstiən] **I** *sb* fustein *o*, bombazijn *o*; bombast; **II** *aj* bombazijnen; bombastisch

fustigate ['fʌstigeit] **J** (af)ranselen; **–tion** [fʌsti'geiʃən] **J** rammeling

fusty ['fʌsti] duf, muf

futile ['fju:tail] beuzelachtig, vergeefs, nutteloos, waardeloos, nietig; **–lity** [fju'tiliti] beuzelachtigheid, beuzelarij, kinderachtigheid, nietigheid

future ['fju:tʃə] **I** *aj* toekomstig, aanstaand, (toe)komend; ~ *life* leven *o* hiernamaals; **II** *sb* toekomst; aanstaande; *gram* toekomende tijd; ~*s* $ termijnzaken; *for the (in)* ~ in het vervolg, voortaan

futurism ['fju:tʃərizm] futurisme *o*; **–ist** futurist(isch)

futurity [fju'tjuəriti] toekomst; ophanden zijnde gebeurtenis

futurology [fju:tju'rɔləʒi] futurologie

fuzz [fʌz] pluis *o*; dons *o*; **–y** ['fʌzi] pluizig; vlokkig; donzig; kroes; vaag, wazig, beneveld

fy [fai] foei!

fylfot ['filfɔt] swastika, hakenkruis *o*

G

g [dʒi:] (de letter) g; ♪ g of sol
gab [gæb] **I** *sb* gewauwel *o*; gekakel *o*; praats; zie ook: *gift* **I**; **II** *vi* kakelen, ratelen
gabardine ['gæbədi:n] gabardine [stof]; regenjas van dit materiaal; kaftan [joods kledingstuk]
gabble ['gæbl] **I** *vi* kakelen, brabbelen, snateren; **II** *vt* ~ (*over*) aframmelen [les &]; **III** *sb* gekakel *o*, gebrabbel *o*, gesnater *o*
gaberdine ['gæbədi:n] = *gabardine*
gabion ['geibiən] ✗ schanskorf
gable ['geibl] **I** *sb* geveltop, puntgevel; ~ *end* puntgevel; ~ *roof* zadeldak *o*; **II** *vt* met geveltoppen voorzien
gaby ['geibi] onnozele hals, sukkel, sul
Gad [gæd] **F** God; *by* ~! jandorie!
gad [gæd] zwerven, uitlopen; ~ *about* rondlopen, lanterfanten; **–about** iem. die rusteloos rondloopt, lanterfanter
gadfly ['gædflai] horzel; lastig iemand
gadget ['gædʒit] uitvindsel *o*, apparaat(je) *o*, instrumentje *o*, technisch snufje *o*, vernuftigheidje *o*, (hebbe)dingetje *o*; **–ry** *Am* apparatuur, technische snufjes, vernuftigheidjes
Gael [geil] Schotse (Ierse) Kelt; **–ic** Keltisch, inz. Gaelisch
gaff [gæf] haak, speer; ⚓ gaffel; **S** nonsens; *blow the* ~ **S** doorslaan
gaffe [gæf] *Fr* grote blunder, tactloosheid
gaffer ['gæfə] (ouwe) baas, ouwe (heer); meesterknecht, ploegbaas
gag [gæg] **I** *sb* mondprop; ingelaste woorden & [v. acteur]; **F** grap, mop; **S** verlakkerij, leugen; **II** *vt* een prop in de mond stoppen; *fig* knevelen; [woorden &] inlassen in; **F** moppen vertellen; **S** beetnemen
gage [geidʒ] **I** *sb* pand *o*, onderpand *o*; handschoen, uitdaging; **II** *vt* op het spel zetten; verwedden; = *gauge*
gaggle ['gægl] snateren, gaggelen
gaiety ['geiəti] vrolijkheid, pret; bonte opschik, opzichtigheid, fleurigheid
gain [gein] **I** *vt* verwerven, (ver)krijgen; verdienen, winnen°; bereiken; behalen; ~ *over* overhalen; **II** *vi* (het) winnen; zich uitbreiden; vooruitgaan; voorlopen [klok &]; ~ *in sbd.'s opinion* rijzen in iems. achting; ~ (*up*)*on* veld (genegenheid) winnen; inhalen; (hoe langer hoe meer) ingang vinden bij; **III** *sb* (aan)winst, gewin *o*, profijt *o*, voordeel *o*; **–er** winner; *be the* ~ *by sth.* ergens wel bij varen; **–ful** voordelig, winstgevend; *a* ~ *occupation* een broodwinning; **–ings** winst; inkomsten; profijt *o*, voordeel *o*

gainsay [gein'sei] tegenspreken; ontkennen
☉ gainst [geinst] tegen
gait [geit] (manier van) lopen *o*, gang, pas
gaiter ['geitə] slobkous, beenkap
gal [gæl] **F** meisje *o*
gala ['ga:lə] gala *o*; feest *o*, feestelijkheid
galactic [gə'læktik] ★ galactisch, melkweg-
galantine ['gælənti:n] galantine
galaxy ['gæləksi] ★ melkweg; melkwegstelsel *o*; *fig* schitterende stoet, groep of verzameling
gale [geil] harde wind, storm ‖ ☘ gagel; ~ *of laughter* lachsalvo *o*
galea ['geiliə] ☘ helm; hoofdverband *o*
gall [gɔ:l] **I** *sb* gal[2], bitterheid ‖ schaafwond, ontvelling; kale plek [in veld] ‖ galnoot; **II** *vt* [het vel] afschaven; drukken [v. zadel]; verbitteren, kwellen, ergeren
1 gallant ['gælənt] *aj* dapper; fier; prachtig, schitterend, statig
2 gallant [gə'lænt] **II** *aj* galant, hoffelijk; **II** *sb* galant (heer)
gallantry ['gæləntri] dapperheid; liefdesavontuur *o*; galanterie
gall-bladder ['gɔ:lblædə] galblaas
galleon ['gæliən] galjoen *o*
gallery ['gæləri] galerij; schilderijenmuseum *o*; galerie (ook: *picture* ~); tribune; schellinkje[2] *o*; *play to the* ~ (goedkoop) effect najagen
galley ['gæli] ⚓ galei; kombuis; kapiteinssloep; ✗ galei [voor zetsel]; ~**-proof,** ~**-sheet** galeiproef, onopgemaakte (eerste, vuile) drukproef; ~**-slave** galeislaaf
gall-fly ['gɔ:lflai] galwesp
Gallic ['gælik] Gallisch, Frans; **gallicism** ['gælisizm] gallicisme
gallimaufry [gæli'mɔ:fri] allegaartje *o*
gallinaceous [gæli'neiʃəs] hoenderachtig
galling ['gɔ:liŋ] *fig* irritant, hinderlijk
gallipot ['gælipɔt] zalfpot
gallivant [gæli'vænt] flaneren; scharrelen
gall-nut ['gɔ:lnʌt] ☘ galnoot, -appel
gallon ['gælən] gallon = ± 4,54 liter
galloon [gə'lu:n] galon *o* & *m*, lint *o*
gallop ['gæləp] **I** *sb* galop; *at a* ~ in galop; (*at*) *full* ~ in volle galop; **II** *vi* galopperen; ~ *through* (*over*) dóórvliegen; ~*ing consumption* vliegende tering; **III** *vt* laten galopperen
gallows ['gælouz] galg; ~*es* **F** galg: bretels; ~**-bird** galgeaas *o*; ~**-tree** galg
gall-stone ['gɔ:lstoun] galsteen
Gallup-poll ['gæləp poul] *Am* opinieonderzoek
galoot [gæ'lu:t] **F** onhandige lummel

galop ['gæləp] **I** *sb* galop (dans); **II** *vi* galopperen

galore [gə'lɔ:] in overvloed, bij de vleet

galosh [gə'lɔʃ] (gummi-)overschoen

galumph [gə'lʌmf] triomfantelijk in het rond springen

galvanic [gæl'vænik] galvanisch; **–ism** ['gælvənizm] galvanisme *o*; **–ize** galvaniseren²

gambit ['gæmbit] gambiet *o* [bij schaken]; *fig* aanloopje *o*, truc

gamble ['gæmbl] **I** *vi* spelen, dobbelen, gokken; een risico nemen; **II** *vi* ~ *away* verspelen, verdobbelen; **III** *sb* gok, *fig* loterij; **–r** speler, dobbelaar, gokker

gambol ['gæmbəl] **I** *sb* sprong, kromme sprong; **II** *vi* springen, huppelen, dartelen

game [geim] **I** *sb* spel *o*; spelletje *o*; partij [biljart], manche [bridge]; wedstrijd; wild *o*; *fair* ~ vrij (= niet beschermd) wild *o*; *fig* overgeleverd (aan *for*) [willekeur, genade, spot &]; *it's all in the* ~ dat hoort er (nu eenmaal) bij; *none of your* ~*s!* geen kunsten!; *have a* ~ *of...* een spelletje... doen; *have the* ~ *in one's (own) hands* gewonnen spel hebben; *I (don't) know his* ~ ik weet (niet), wat hij in zijn schild voert; *make* ~ *of* de spot drijven met; *the* ~ *is up* het spel is verloren, het is mis; *the* ~ *is not worth the candle* het sop is de kool niet waard; ~ *all,* ~ *and* ~ gelijk; **II** *aj* flink, dapper, branie‖*lam*, mank; *be* ~ *for* aandurven, voor iets te vinden zijn; *die* ~ moedig sterven; **III** *vi* spelen, dobbelen; **–bag** weitas; **–cock** vechthaan [voor hanengevechten]; **–keeper** jachtopziener, koddebeier; **~–laws** jachtwetten; **~–licence** jachtakte; **–ly** *ad* flink, dapper, branie; **–ness** dapperheid, durf; **gamesman** wie tracht te winnen of iets te bereiken door minder faire, maar niet ongeoorloofde middelen; **games-master** *sp* spelleider; **gamesome** speels, dartel; **gamester** ['geimstə] speler, dobbelaar; **gaming-house** speelhuis *o*; **~–table** speeltafel

gamma ['gæmə] gamma

gammer ['gæmə] oude vrouw, besje *o*

gammon ['gæmən] **I** *sb* gerookte ham‖*F* verlakkerij; malligheid, onzin; **II** *vt* roken [ham of spek]‖*F* iets wijsmaken, voor het lapje houden

gammy ['gæmi] *F* lam, mank

gamp [gæmp] *F* paraplu

gamut ['gæmət] toonladder, toonschaal, gamma; *the whole* ~ *of* alle..., het hele scala van...

gamy ['geimi] wildrijk; adellijk [v. wild]

gander ['gændə] mannetjesgans: gent; onnozele hals

gang [gæŋ] **I** *sb* stel *o* (gereedschap of werktuigen); ploeg (werklieden); bende, kliek, troep; **II** *vi* ~ *up* zich verenigen (tot een bende), met vereende krachten optreden (tegen *on*)‖*Sc* gaan; ~ *one's own gate* zijn eigen gang gaan; **–board** ⚓ loopplank; **–er** ploegbaas

ganglia ['gæŋliə] *mv* v. **ganglion** ['gæŋgliən] zenuwknoop; ganglion *o*; *fig* centrum *o*

gangling ['gæŋliŋ] slungelig

gang-plank ['gæŋplæŋk] ⚓ loopplank

gangrene ['gæŋgri:n] **I** *sb* gangreen *o*, koudvuur *o*; *fig* verrotting, bederf *o*; **II** *vi* (& *vt*) gangreen (doen) krijgen; ~**–nous** gangreneus, door koudvuur aangetast

gangster ['gæŋstə] gangster, bendelid *o*, bandiet

gangway ['gæŋwei] (gang-, midden)pad *o*, doorgang; dwarspad *o* in het Lagerhuis; ⚓ gangboord *o* & *m*; ⚓ loopplank, (loop)brug; ⚓ valreep; ~*!* op zij!

gannet ['gænit] jan-van-gent

gantry ['gæntri] stelling, stellage; seinbrug [v. spoorweg]; rijbrug [v. loopkraan]

Ganymede ['gænimi:d] Ganymedes; kelner; lustknaap

gaol(er) ['dʒeil(ə)] = *jail(er)*

gap [gæp] gat *o*, opening, gaping, leemte, hiaat, *m* & *o*; tekort *o*; bres; onderbreking; *fig* kloof

gape [geip] **I** *vi* gapen², geeuwen; ~ *at* aangapen; **II** *sb* gaap; gaping; *the* ~*s* gaapziekte [pluimvee]

gar [ga:] 🐟 geep (ook: *garfish*)

garage ['gæra:dʒ, 'gæridʒ] **I** *sb* garage; **II** *vt* in de garage stallen

garb [ga:b] **I** *sb* kostuum *o*, dracht; **II** *vt* kleden

garbage ['ga:bidʒ] afval *o* & *m* [v. dier]; vuilnis; *fig* vuil *o*; ~ *can (man) Am* vuilnisvat *o* (-man)

garble ['ga:bl] verdraaien, verminken, verknoeien

garden ['ga:dn] **I** *sb* tuin, hof; *public* ~ plantsoen *o*; **II** *vi* tuinieren; ~ *city* tuinstad; ~*–cress* tuinkers; **–er** tuinman, -baas; tuinier; ~ *frame* broeibak, -kas; **–ing** tuinbouw, tuinieren *o*; ~*–party* tuinfeest *o*; ~*–path* tuinpad *o*; zie ook: *2 lead* **II**; ~*–stuff* tuingewassen, groenten

gargantuan [ga:'gæntjuən] reusachtig

gargle ['ga:gl] **I** *vi* gorgelen; **II** *sb* gorgeldrank

gargoyle ['ga:gɔil] waterspuwer; *fig* gedrocht *o*

garish ['gɛəriʃ] schel, hel, (oog)verblindend; opzichtig, bont

garland ['ga:lənd] **I** *sb* guirlande, (bloem)krans²; bloemlezing; **II** *vt* met guirlandes behangen, be-, omkransen

garlic ['ga:lik] knoflook *o* & *m*

garment ['ga:mənt] kledingstuk *o*, gewaad *o*

⊙ garner ['ga:nə] **I** *sb* graan-, korenschuur; *fig* bloemlezing; **II** *vt* in-, opzamelen, vergaren

garnet ['ga:nit] granaat *o* [stofnaam], granaat(steen) *m* [voorwerpsnaam]

garnish ['ga:niʃ] **I** *vt* garneren, opmaken, versieren (met *with*); voorzien (van *with*); **II** *sb* garnering, versiering

garniture ['ga:nitʃə] garnituur *o*, garnering, versiering; toebehoren *o*

garret ['gærət] vliering, zolderkamertje *o*; **–er**

zolderkamerbewoner (*spec* arme dichter)
garrison ['gærisn] **I** *sb* garnizoen *o*; ~ *artillery* vestingartillerie; **II** *vt* bezetten, garnizoen leggen in; in garnizoen leggen
garrotte [gə'rɔt] **I** *sb* (ver)worging; worgtouw *o* (met spanstok); **II** *vt* worgen; knevelen (en uitschudden)
garrulity [gæ'ru:liti] praatzucht; –lous ['gæruləs] praatziek
garter ['ga:tə] kouseband; the G~ [*Br*] orde v.d. kouseband
gas [gæs] **I** *sb* gas *o*; *Am* benzine; F gezwam *o*, geklets *o*, gebral *o*; *step* (*tread*) *on the* ~ F gas geven²; er vaart achter zetten; **II** *vi* F zwammen, kletsen; **III** *vt* (ver)gassen, door gas doen stikken; met gas behandelen; S kletsen; ~-**bag** gaszak [v. luchtschip]; F kletsmeier; ~-**bracket** gasarm; ~-**burner** gasbrander; ~-**cooker** gasfornuis *o*; –**eous** ['gæsjəs] gasachtig, gasvormig, gas-; ~-**fire** gaskachel, -haard; ~-**fitter** gasfitter
gash [gæʃ] **I** *sb* sne(d)e, jaap, houw; **II** *vt* (open)snijden, een snee geven, japen
gas-holder ['gæshouldə] gashouder; –**ification** [gæsifi'keiʃən] gasvorming; vergassing; –**iform** ['gæsifɔ:m] gasvormig; –**ify** vergassen; ~-**jet** gasbrander
gasket ['gæskit] ✗ pakking; ⚓ seizing
gas-main ['gæsmein] (hoofd)gasleiding; ~-**meter** gasmeter
gasolene, gasoline ['gæsouli:n] gasoline; *Am* benzine
gasometer [gæ'sɔmitə] gashouder
gasp [ga:sp] **I** *vi* (naar adem) snakken, hijgen; ~ *after* (*for*) snakken naar; **II** *vt* ~ *away* (*out*) *life* de laatste adem uitblazen; ~ *out* er met moeite uitbrengen; **III** *sb* hijgen *o*; stokken *o* van de adem; snik; *be at the last* ~ zieltogen
gas-range ['gæsreindʒ] *Am* gasfornuis *o*; ~-**ring** gaskomfoor *o*, gaspit; ~-**stove** gasfornuis *o*; gaskachel; **gassy** gasachtig; gas-; F kletserig
gastric ['gæstrik] gastrisch, maag-; ~ *acid* maagzuur *o*; ~ *ulcer* maagzweer
gastronome ['gæstrənoum], **gastronomer** [gæs'trɔnəmə] gastronoom, fijnproever; –**mic** [gæstrə'nɔmik] gastronomisch; –**mist** [gæs'trɔnəmist] = *gastronome*; –**my** gastronomie
gasworks ['gæswɔ:ks] gasfabriek
gat [gæt] *Am* S revolver
gate [geit] poort², deur, ingang; sluisdeur; hek *o*, slagboom; betalend publiek *o* [bij voetbal], entreegeld *o*, recette; *a creaking* ~ *hangs longest* krakende wagens duren het langst; ~-**crash** F zich indringen (in); ~-**crasher** F ongenode gast, indringer; –**house** portierswoning; gevangenpoort; –**keeper** poortwachter; –**legged** ~ *table* (op)klaptafel; –**man** portier; overwegwachter [bij spoorbaan]; ~-**money** entreegeld *o*, recette

[bij voetbal &]; –**post** deurpost, stijl [v. hek]; *between you and me and the* ~ onder ons gezegd, in vertrouwen; –**way** poort; *fig* toegangspoort
gather ['gæðə] **I** *vt* vergaren, vergaderen, bijeen-, in-, verzamelen; inwinnen; bijeenbrengen, ophalen; plukken, oogsten; samentrekken; rimpelen [stof], plooien; afleiden, opmaken; ~ *breath* (weer) op adem komen; ~ *dust* stoffig worden; ~ *speed* vaart krijgen; *fig* opgang maken, „erin" komen; ~ *way* vaart krijgen; ~ *in* binnen-, inhalen; ~ *up* oprapen, opnemen; optrekken [de benen]; verzamelen; **II** *vi* zich verzamelen; samenkomen, vergaderen; rijp worden [zweer]; zich samenpakken [wolken &]; toenemen; ~ *oneself together* zich vermannen; **III** *sb* ~*s* plooisel *o*; –**ing** in-, verzameling; katern *o*; bijeenkomst; gezelschap *o*; pluk; abces *o*
G.A.T.T. *General Agreement on Tariffs and Trade*
gauche [gouʃ] *fig* links, onhandig, lomp; tactloos; –**rie** *fig* linksheid; onhandigheid; tactloosheid
gaud [gɔ:d] opzichtig sieraad *o*; opschik; –**y** *aj* opzichtig, pronkerig, felgekleurd
gauge [geidʒ] **I** *sb* peilstok, peilglas *o*, peil *o*, ijkmaat, maat², meter; *fig* maatstaf; spoorwijdte, spoor *o*; ⚓ diepgang; ✗ mal; 📏 kaliber *o*; **II** *vt* peilen², ijken, meten, roeien; kalibreren; schatten [afstanden]; *fig* schatten, taxeren; –**ging-rod** roeistok, peilstok
Gaul [gɔ:l] Gallië *o*; Galliër; –**ish** Gallisch
gaunt [gɔ:nt] schraal, mager; hoekig; verlaten, naargeestig; luguber
gauntlet ['gɔ:ntlit] 🛡 pantserhandschoen; (scherm-, rij)handschoen, lange dameshandschoen; *throw* (*fling*) *down the* ~ iem. uitdagen; *take* (*pick*) *up the* ~ de uitdaging aannemen ‖ *run the* ~ door de spitsroeden lopen; *have to run the* ~ *of* onder handen genomen worden door, veel te verduren hebben van
gauze [gɔ:z] **I** *sb* gaas *o*; heiigheid, wazigheid; **II** *aj* gazen; –**zy** gaasachtig; heiig, wazig
gave [geiv] V.T. van *give*
gavel ['gævəl] (voorzitters)hamer
gawk [gɔ:k] lummel, slungel, sul; –**y** onhandig, lomp, sullig
gay [gei] *aj* vrolijk², opgewekt; luchtig, luchthartig; los(bandig); bont, (veel)kleurig, fleurig; S homoseksueel; ~ *with* (bont) versierd met
gaze [geiz] **I** *vi* staren (naar *at, on, upon*); **II** *sb* starende blik
gazebo [gə'zi:bou] uitzichttoren, belvédère
gazelle [gə'zel] gazelle
gazette [gə'zet] **I** *sb* (Engelse) Staatscourant; ⚓ nieuwsblad *o*; **II** *vt* bekendmaken; **gazetteer** [gæzi'tiə] eertijds: schrijver, redacteur van een dagblad; thans: aardrijkskundig woordenboek *o*, klapper

gazump [ga'zʌmp] (na begonnen onderhande-lingen) de prijs verhogen (van onroerend goed)
G.C.E. = *general certificate of education*
gear [giə] **I** *sb* tuig *o*, gareel *o*; uitrusting, goed *o*, gerei *o*; toestel *o*, inrichting, ✗ overbrenging, drijfwerk *o*; versnelling; ◠ onderstel *o*; *in* ◠ ✗ gekoppeld; *o u t o f* ◠ ✗ ontkoppeld, afgekoppeld; *fig* ontredderd; in de war; **II** *vt* (op)tuigen; ✗ van overbrenging (versnelling) voorzien; koppelen; inschakelen; instellen (op *to*); uitrusten; ◠*ed* verbonden met, ingesteld op, aange-past aan; **III** *vi* ✗ grijpen (in *into*); ◠**-box**, ◠**-case** versnellingsbak; kettingkast; **−ing** ✗ overbrenging, drijfwerk *o*; ◠**-lever** ✗ versnellingshendel *o* & *m*, pook; ◠**-shift** versnellingshendel; ◠**-wheel** tand-, kettingwiel *o* (v. fiets)
gecko ['gekou] gekko, toke
gee [dʒi:] **I** *ij* hu! (◠ *up*) [tegen een paard]; *Am* S hemel!, verdorie! (ook: ◠ *whizz!*); **II** *sb* F paard(je) *o*; ◠**-gee** F paard(je) *o*
geese [gi:s] ganzen, *mv* v. *goose*
geezer ['gi:zə] S (ouwe) vent; (oud) wijf *o*
Geiger counter ['gaigəkauntə] geigerteller
gelatine [dʒelə'ti:n] gelatine; **−nous** [dʒi'læ-tinəs] gelatineachtig
geld ['geld] castreren; **−ing** castreren *o*; ♋ ruin
gelid ['dʒelid] kil, (ijs)koud
gelignite ['dʒelignait] sterke explosief
gem [dʒem] **I** *sb* edelgesteente *o*, kleinood *o*, gemme; (pronk)juweel[2] *o*; **II** *vt* (met edelgesteenten) versieren
geminate I *aj* ['dʒeminit] dubbel, gepaard; **II** *vt* ['dʒemineit] verdubbelen; paarsgewijs plaatsen; **−tion** [dʒemi'neiʃən] verdubbeling; paarsgewijze plaatsing
Gemini ['dʒeminai] ★ de Tweelingen
gen [dʒen] *Br* S juiste informatie, de waarheid; ◠ *up* S snel (ijverig) leren
gender ['dʒendə] *gram* geslacht *o*
gene [dʒi:n] gen *o* [erffactor]
genealogical [dʒi:njə'lɔdʒikl] genealogisch; ◠ *tree* geslachts-, stamboom; **−gist** [dʒi:-ni'ælədʒist] genealoog, geslachtkundige; **−gy** genealogie: geslachtkunde; stamboom
genera ['dʒenərə] *mv* v. *genus*
general ['dʒenərəl] **I** *aj* algemeen; ◠ *cargo* lading stukgoederen; ◠ *certificate of education* ✄ ± eind-diploma *o* middelbare school; ◠ *dealer* winkelier die van alles verkoopt; ◠ *officer* ✄ opperofficier; ◠ *post* ✄ eerste bestelling; soort gezelschapsspel *o*; *fig* stuivertjewisselen *o*; G◠ *Post Office* hoofd-kantoor *o* van de posterijen; ◠ *practitioner* ge-nees- en heelkundige, huisarts; *the* ◠ *public* het grote publiek, de goegemeente; *the* ◠ *reader* het lezend publiek in het algemeen; ◠ *shop (store)* warenhuis *o*; **II** *sb* algemeen *o*; ✄ generaal, veld-heer; generale mars; **F** meid alleen; *in* ◠ in

(over) het algemeen; **III** *vt* leiden; **−issimo** [dʒenərə'lisimou] generalissimus: opperbevel-hebber; **−ity** [dʒenə'ræliti] algemeenheid; *the* ◠ *of people* de grote meerderheid; **−ization** [dʒenərəlai'zeiʃən] veralgemening; generalisa-tie; **−ize** ['dʒenərəlaiz] **I** *vt* algemeen maken of verbreiden; **II** *vi* generaliseren; **−ly** *ad* gewoon-lijk; algemeen, in (over) het algemeen; **−ship** generaalsrang; veldheerstalent *o*; leiding, tact, beleid *o*
generate ['dʒenəreit] voortbrengen, verwekken; ontwikkelen [gas], opwekken [elektriciteit]; *gen-erating station* (elektrische) centrale, krachtstation *o*; **−tion** [dʒenə'reiʃən] voortbrenging; ontwik-keling, voortplanting; generatie, geslacht *o*; *rising* ◠ nieuwe generatie; jonge mensen; **−tive** ['dʒenərətiv] voortbrengend, voorttelings-; vruchtbaar; **−tor** voortbrenger, verwekker; ✗ stoomketel; generator
generic [dʒi'nerik] generisch, geslachts-; alge-meen
generosity [dʒenə'rɔsiti] edelmoedigheid, gene-rositeit, mildheid, milddadigheid, gulheid, goedgeefsheid, royaliteit; **generous** ['dʒenərəs] edel(moedig), genereus, mild(dadig), gul, goed-geefs; vruchtbaar; rijk [ook: v. kleur], royaal, overvloedig, flink, krachtig
Genesis ['dʒenisis] Genesis; *g*◠ genesis, genese: wording(sgeschiedenis), ontstaan *o*
genetic(al) [dʒi'netik(l)] genetisch; **geneticist** geneticus; **genetics** genetica, erfelijkheidsleer
geneva [dʒi'ni:və] jenever
genial ['dʒi:niəl] *aj* levenwekkend; opgewekt, gemoedelijk, joviaal, sympathiek; vriendelijk, (lekker) warm [weer]; **−ity** [dʒi:ni'æliti] opge-wektheid, jovialiteit &, zie *genial*
genie ['dʒi:ni, *mv* genii 'dʒi:niai] geest
genital ['dʒenitl] **I** *aj* genitaal, geslachts-; **II** *sb* ◠*s* genitaliën, geslachtsdelen
genitive ['dʒenitiv] genitief, tweede naamval
genius ['dʒi:niəs] genius: geest°; bescherm-geest; genie° *o*, (natuurlijke) aanleg; *a man of* ◠ een geniaal mens, een genie *o*; *the* ◠ *loci* ['lousai] de genius loci, *fig* de geest aan een bepaalde plaats eigen
genocidal [dʒenou'saidl] genocide-; **genocide** ['dʒenousaid] genocide
genotype ['dʒenoutaip] genotype *o*
gent [dʒent] **P** quasi-heer, poen; **F** heer *m*; ◠*s* F ook: (openbaar) herentoilet *o*
genteel [dʒen'ti:l] fatsoenlijk, net, fijn, deftig
gentile ['dʒentail] **I** *aj* niet-joods; niet-mor-moons; heidens; ◠ *name* volksnaam; **II** *sb* niet-jood; niet mormoon; heiden
gentility [dʒen'tiliti] fatsoen *o*, fatsoenlijkheid, fijne manieren; deftigheid; voorname afkomst
gentle ['dʒentl] **I** *aj* zacht°, zachtaardig, -moedig,

-zinnig; lief, vriendelijk; licht; *the ~ craft* de hengelsport; *the ~ sex* het schone geslacht; **II** *sb* made [als aas]; **-folk(s)** voorname lieden, betere stand(en); **gentleman** (mijn)heer, **F &** > meneer; gentleman: fatsoenlijk man; *old ~* de duivel; *~'s agreement* (wettelijk niet bindende) afspraak; *~'s ~* herenknecht; *~ in waiting* kamerheer; *~-at-arms* kamerheer v.d. koninklijke lijfwacht; *~ farmer* hereboer; **-ly, -like** fatsoenlijk, gentlemanlike; **gentlewoman** vrouw uit gegoede stand, (beschaafde) dame; **gently** *ad* zacht(jes), vriendelijk; *~ born* van (goede) geboorte

gentry ['dʒentri] de deftige stand, komend na de adel; *these ~ >* die „heren"

genuflection, genuflexion [dʒenjuˈflekʃən] kniebuiging

genuine ['dʒenjuin] echt, onvervalst, [ras]zuiver; oprecht; serieus [v. aanvraag &]

genus ['dʒiːnəs, *mv* **-nera**] geslacht *o*, klasse, soort

geographer [dʒiˈɔgrəfə] aardrijkskundige; **-phic(al)** [dʒiəˈgræfik(l)] aardrijkskundig; **-phy** [dʒiˈɔgrəfi] aardrijkskunde; toestand, ligging; aardrijkskundeboek *o*

geological [dʒiəˈlɔdʒikl] geologisch; **-gist** [dʒiˈɔlədʒist] geoloog; **-gy** geologie

geometer [dʒiˈɔmitə] meetkundige; 🦋 spanrups(vlinder); **-tric(al)** [dʒiəˈmetrik(l)] meetkundig; *~ drawing* lijntekenen *o*; **-trician** [dʒioumeˈtriʃən] meetkundige; **-try** [dziˈɔmitri] meetkunde

George [dʒɔː:dʒ] *by ~!* wel allemachtig!

Georgian ['dʒɔː:dʒiən] **I** *aj* uit de tijd der vier Georges [1714–1830]; van Koning George V [1910–1936]; van Georgië of Georgia; **II** *sb* inwoner van Georgië of Georgia

georgic ['dʒɔː:dʒik] **I** *aj* landbouw-; landelijk; **II** *sb* landelijk gedicht *o*

geo-sciences ['dʒiousaiənsiz] geo-, aardwetenschappen

geranium [dʒiˈreinjəm] geranium

geriatric [dʒeriˈætrik] **I** *aj* geriatrisch; **II** *sb* *~s* geriatrie; **-ian** [dʒeriəˈtriʃən] geriater

germ [dʒɔː:m] **I** *sb* kiem²; **II** *vt* (ont)kiemen

german ['dʒɔː:mən] vol [neef, nicht &]

German ['dʒɔː:mən] **I** *aj* Duits; *~ flute* dwarsfluit; *~ measles* 🦋 rode hond; *~ the ~ Ocean* de Noordzee; *~ text* gotisch schrift *o*; **II** *sb* Duitser; (het) Duits

germane [dʒɔː:ˈmein] *~ to* betrekking hebbend op, toepasselijk

Germanic [dʒɔː:ˈmænik] Germaans; **-ism** ['dʒɔː:mənism] germanisme *o*; **-ist** germanist; **-ize** verduitsen; **Germany** Duitsland *o*

germ-carrier ['dʒɔː:mkæriə] bacillendrager; **germinal** kiem-; **-ate** (doen) ontkiemen, ontsprui-

ten; **-ation** [dʒɔː:miˈneiʃən] ontkieming; **-ative** ['dʒɔː:mineitiv] kiemkrachtig; **germ warfare** ['dʒɔː:mwɔː:fɛə] bacteriologische oorlog(voering)

gerontology [dʒerɔnˈtɔlədʒi] gerontologie

gerrymander ['gerimændə] **I** *sb* partijdige herindeling (v.d. grenzen) v. kiesdistricten; **II** *vt* partijdig manipuleren

gerund ['dʒerənd] gerundium *o*

gestation [dʒesˈteiʃən] zwangerschap

gesticulate [dʒesˈtikjuleit] **I** *vi* gesticuleren; **II** *vt* door gebaren te kennen geven; **-tion** [dʒestikjuˈleiʃən] gesticulatie, gebaar *o*, gebarenspel *o*

gesture ['dʒestʃə] **I** *sb* gebaar *o*; geste; **II** *vi* gebaren, gebaren maken; **II** *vt* door gebaren te kennen geven

get [get] **I** *vt* (ver)krijgen, in zijn macht (te pakken) krijgen, bekomen, opdoen, vatten; verdienen; halen, nemen; bezorgen; krijgen (brengen, overhalen) tot, ervoor zorgen dat; **F** begrijpen, snappen; *what have you got there?* wat heb je daar?; *where does it ~ you?* wat bereik je ermee?; wat heb je eraan?; *it does not ~ you anywhere, it ~s you nowhere* je bereikt er niets mee; *you have got to...* je moet...; *it ~s me* **F** het hindert mij; *~ it (hot, nicely)* er (ongenadig) van langs krijgen; *~ it done (copied &)* iets laten doen (overschrijven &); **II** *vi* komen; worden, (ge)raken; **S** 'm smeren; *~ going* aan de gang (aan de slag) gaan; op gang komen (brengen); *I got ...ing* ik begon te...; *it ~s nowhere, it does not ~ anywhere* het haalt niets uit; *~ there* **F** het 'm leveren, slagen; ● *he could not ~ a b o u t* hij kon niet lopen [v.e. zieke]; *don't let it ~ a b o u t* vertel het niet verder; *~ a b o v e oneself* verwaand worden; *~ a b r o a d* ruchtbaar worden; *~ a c r o s s* oversteken; *~ across or over (the footlights)* het publiek bereiken, (goed) overkomen, „het doen"; *~ sth. across or over* **F** iets duidelijk maken, goed doen begrijpen; *~ a l o n g* vooruitgaan, opschieten?; zich redden; *how are things ~ing along?* hoe staat het ermee?; *~ along (with you)!* **F** ga nou door!, schiet toch op!; *~ along with it* het klaarspelen; *~ a t* komen bij (aan, achter), bereiken, te pakken krijgen² (nemen); **F** knoeien met, omkopen; *what he is ~ting at* wat hij wil, wat hij bedoelt; *~ a w a y* wegkrijgen; wegkomen, ontkomen (aan *from*); *~ away from the subject* afraken van het apropos, afdwalen; *~ away from it all* zie *away*; *~ away with it* er mee aan de haal gaan strijken; succes (ermee) hebben, het klaarspelen, het gedaan krijgen; ongestraft blijven; *~ b a c k* teruggaan°, -komen; terugkrijgen; *~ back (some of) one's own* zich schadeloos stellen, het betaald zetten; *~ b y* passeren; **F** het klaren, het versieren; *~ d o w n* af-, uitstappen, naar beneden gaan (krijgen); [eten] naar binnen krijgen; *fig* onder krijgen; **F** terneerdrukken, op de zenuwen werken; *don't let it ~ you down* F trek het je niet zo aan; *~ down to* aanpakken, beginnen aan, overgaan tot; zie ook: *brass tacks*; *~ in* instappen; binnenkomen; gekozen worden [voor Kamer]; binnenkrijgen, er in krijgen, [een woord] er tussen krijgen, plaatsen; [oogst] binnenhalen; *~ into* krijgen in; komen (stappen, raken) in; *~ into one's clothes* ook: aantrekken; *~ off* weggaan, vertrekken; af-, uitstappen; kwijtraken [vals geld &]; debiteren [mop]; ⚓ afbrengen [schip]; *~ off cheap(ly)* er goedkoop afkomen; *~ off a horse* afstijgen; zie ook: 1 *ground* I; *tell him where he ~s off* het hem eens goed zeggen; *~ on* vooruitkomen[2], vorderen, opschieten; op jaren komen; *how are you ~ting on?* hoe gaat het (met) je?; *~ on one's boots* zijn laarzen aankrijgen; *it is (you are) ~ting on my nerves* het (je) maakt me zenuwachtig; *it is ~ting on for 12 o'clock* het loopt naar twaalven; *~ on to* zie *on* II; *~ on with* ook: overweg kunnen met; het stellen met; *~ out* uitkomen, uitlekken; uitstappen; *~ out!* er uit!; loop heen!; *~ out a boat* uitzetten; *~ out a word* uitbrengen; *~ out of* komen uit; verliezen; *~ over* [een verlies] te boven komen; [een weg] afleggen; afdoen; *not ~ over it* zich niet over iets heen kunnen zetten; iets niet „op" kunnen; *let's ~ it over soon* laten we maken dat we het gauw achter de rug hebben; zie ook: *~ across*; *~ round* weer beter worden; *~ round the difficulty* omzeilen; *~ round sbd.* iem. inpalmen, beetnemen; *there is no ~ting round this* daaraan is niet te ontkomen; *~ round to ...ing* er toe komen te...; *~ through* ☏ aansluiting krijgen; [spiritistisch] contact krijgen; zich een weg banen door, komen door; het er af brengen, er door komen; *~ to* komen bij, bereiken, er toe komen (om); *where's my book got to?* gebleven; *~ to like it* er smaak (zin) in krijgen; *~ together* bijeenbrengen, bijeenkomen, (zich) verenigen; *the fire was got under* men werd de brand meester; *~ up* opstaan; op-, instappen; opsteken [wind]; arrangeren, in elkaar of op touw zetten, monteren [toneelstuk]; maken [stoom]; opmaken [linnen]; (aan)kleden; uitvoeren [v. e. boek &]; prepareren, nazien [lessen &]; *~ oneself up* zich mooi maken, zich opdirken; **~-at-able** [get′ætəbl] te bereiken; toegankelijk, genaakbaar; **~-away** [′getəwei] F ontsnapping; *make one's ~* zich uit de voeten maken; **getting** opbrengst, winst, verdienste (ook: *~s*); **get-together** bijeenkomst; instuif; **~-up** stijl [kleding, meubels &], (toneel)schikking, aankleding [v. e. stuk], uitvoering, verzorging [v. e. boek]; F doorgestoken kaart

gewgaw [′gju:gɔ:] prul(sieraad) *o*

geyser [′gaizə; ✗ ′gi:zə] geiser

Ghanaian [ga:′neiən] Ghanees

ghastly [′ga:stli] akelig, afgrijselijk, ijzingwek-

kend; doodsbleek

Ghent [gent] Gent(s)

gherkin [′gə:kin] augurkje *o*

ghetto [′getou] getto *o*

ghost [goust] geest, spook *o*, schim, verschijning; F schijntje *o*, aasje *o*; iem. die werk doet waarvoor een ander de eer krijgt; *not the ~ of a chance* geen schijn van kans; *give up the ~* de geest geven, sterven; *to lay a ~* een geest bezweren; *the ~ walks* S er is publiek, dus: geld in het laatje; *the ~ of his former self* de schaduw van wat hij was; **–ly** spookachtig; ✾ geestelijk; **~-story** spookgeschiedenis; **~-word** door misverstaan gevormd woord *o*; volksetymologie; **~-writer** iem. die voor een ander literair werk verricht

ghoul [gu:l] lijken verslindend monster *o*; **–ish** als van een *ghoul*; macaber

G.H.Q. = *General Headquarters*

G.I. [′dʒi: ′ai] = *government issue*; *Am* soldaat

giant [′dʒaiənt] I *sb* reus, gigant; **~('s)-stride** zweefmolen; II *aj* reuzen-, reusachtig, gigantisch

giaour [′dʒauə] Christenhond [Turks scheldwoord]

gibber [′dʒibə] I *vi* brabbelen; II *sb* gebrabbel *o*; **–ish** [′dʒibəriʃ] brabbeltaal, koeterwaals *o;* baarlijke onzin

gibbet [′dʒibit] I *sb* galg; II *vt* ophangen; aan de kaak stellen

gibbon [′dʒibən] ♠ gibbon [aap]

gibbosity [gi′bɔsiti] uitpuiling, bult; **gibbous** [′gibəs] uitpuilend, bultig; ★ tussen half en vol [v. maan]

gibe [dʒaib] I *vi* honen, schimpen, spotten (met *at*); II *vt* honen, beschimpen; III *sb* schimpscheut, hatelijkheid

giblets [′dʒiblits] eetbare organen van gevogelte

gibus [′dʒaibəs] flaphoed

giddy [′gidi] duizelig, draaierig; duizelingwekkend; lichtzinnig, onbezonnen

gift [gift] I *sb* gift, geschenk *o*; (recht *o* van) be-, vergeving; gave; *have the ~ of the gab* van de tongriem gesneden zijn; *I would not have it as a ~* ik zou het niet cadeau willen hebben; *the living is in his ~* hij heeft die plaats te vergeven; II *aj* in: *better not look a ~ horse in the mouth* men moet een gegeven paard niet in de bek zien; **–ed** begiftigd; begaafd; **~ token (voucher)** cadeaubon

gig [gig] cabriolet, sjees; ⚓ lichte sloep; *theat* S eenmalige voorstelling

gigantic(al) [dʒai′gæntik(əl)] reusachtig, reuzen-, gigantisch

giggle [′gigl] I *vi* giechelen; II *sb* gegiechel *o*

gigolo [′dʒigəlou] mannelijke [beroeps]danspartner; minnaar die op de zak van zijn vriendin leeft

gild [gild] vergulden; **~ed youth** (lid *o* van de) jeu-

nesse dorée; **–ing** vergulden *o*; verguldsel *o*
1 gill [gil] *sb* kieuw; kaak en onderkin [v. man];
lel of kam [v. vogels]; plaatje *o* [v. paddestoel] ‖
ravijn *o*; bergstroompje *o*; *pale (white) about the ~s*
bleek om zijn neus; *rosy about the ~s* met blozende
wangen
2 gill [dʒil] *sb* ¹/₄ *pint*
gillie [ˈgili] *Sc* bediende, oppasser
gillyflower [ˈdʒiliflauə] anjer; muurbloem
gilt [gilt] **I** *sb* verguldsel *o*; *the ~ is off the gingerbread*
het aantrekkelijke (het nieuwtje) is er af; **II** *aj*
verguld; **~-edged** verguld op snee; $ solide; **~**
securities veilige investeringen [*spec* in staatspa-
pieren]
gimbals [ˈdʒimbəlz] (kompas)beugel
gimcrack [ˈdʒimkræk] **I** *sb* opzichtig prul *o*; **II** *aj*
prullig
gimlet [ˈgimlit] spitsboor; schroefboor; hand-
boor
gimmick [ˈgimik] **F** foefje *o*, truc; attractie, suc-
cesnummer *o*; zie verder *gadget*; **–ry** gebruik *o*
van foefjes, trucs; **–y** met gebruik *o* van foefjes
gimp [gimp] passement *o*; zijden vissnoer *o* versterkt met metaaldraad *o*
gin [dʒin] **I** *sb* (val)strik ‖ bok, windas *o*; egreneer-
machine [voor katoen] ‖ jenever; *a ~ and bitters*
een bittertje *o*; *a ~ and lime* een schilletje *o*; **II** *vt*
strikken ‖ egreneren [katoen]
ginger [ˈdʒindʒə] **I** *sb* gember; **S** „rooie"; fut,
energie; **II** *aj* ros [v. haarkleur]; **III** *vt* met gember kruiden; **F** opkikkeren; aanporren; pittiger
maken (ook: *~up*); **~ ale, ~ beer** gemberbier
o; **~ bread I** *sb* peperkoek; **II** *aj* prullerig; **~-**
group *Br* groep politici die regering (of partij-
genoten) tot actie opport; **–ly** behoedzaam,
zachtjes; **~-nut** gemberkoekje *o*; **~ pop F** gemberbier *o*; **–y** gemberachtig, -kleurig; opvliegend
gingham [ˈgiŋəm] gestreepte of geruite katoenen stof
gingivitis [dʒindʒiˈvaitis] tandvleesontsteking
gink [giŋk] *Am* **S** rare vent
gin-mill [ˈdʒinmil] *Am* **F** kroeg; **~-palace**
kroeg
gippo [ˈdʒipou] ⚓ **S** soep; jus, saus
gipsy [ˈdʒipsi] zigeuner(in); **~-moth** ✺ plakker:
soort vlinder; **~-table** etagèretafeltje *o*
giraffe [dʒiˈraːf] giraffe
1 gird [gəːd] **I** *sb* hatelijkheid; **II** *vi ~ at* spotten
met, afgeven op
2 gird [gəːd] *vt* aan-, omgorden; om-, insluiten,
omgeven, omsingelen; *~ on* aangorden; *~*
round ombinden; *~ oneself (up), ~ (up) one's*
loins zich ten strijde aangorden; *~ with power*
bekleden met macht; **–er** steun-, dwarsbalk; **1**
girdle [ˈgəːdl] **I** *sb* gordel²; gaine, step-in, korset *o*; ring; *rk* singel; **II** *vt* omgorden, omgeven;

ringen [boom]
2 girdle *sb* = *griddle*
girl [gəːl] (dienst)meisje *o*; jonge ongehuwde
vrouw; dochter; *his best ~* **F** zijn meisje *o*, zijn
vriendinnetje *o*; *old ~* **F** beste (meid); ≈ oud
leerlinge; **~ friend** vriendinnetje *o*, meisje *o*; **~**
guide padvindster; **–hood** meisjesjaren; **–ie F**
meisje *o*; **–ish** meisjesachtig, meisjes-
giro [ˈdʒaiərou] *Br* (de) giro(dienst)
1 girt [gəːt] **I** *sb* omvang; **II** *vt* meten
2 girt [gəːt] V.T. & V.D. van 2 *gird*
girth [gəːθ] **I** *sb* buikriem, singel [v. paard]; gordel; omvang; **II** *vt* singelen; vastmaken; omringen; meten
gist [dʒist] hoofdpunt *o*, essentiële *o*, kern, pointe
give [giv] **I** *vi & va* geven; meegeven, doorzak-
ken, -buigen; bezwijken, het begeven, wijken;
afnemen [kou]; zachter worden [v. weer]; *~ as*
good as one gets met gelijke munt betalen; **II** *vt* geven, aan-, op-, afgeven²; verlenen, schenken,
verstrekken, verschaffen, bezorgen, bereiden,
veroorzaken, doen, maken [de indruk]; houden
[toespraak]; *I ~ you the ladies* ik stel voor op de
gezondheid van de dames te drinken; *I'll ~ it*
him (finely, hot) **F** ik zal er hem (lekkertjes) van
langs geven; *~ it to sbd.* **F** iem. een uitbrander
geven; straffen; zie ook: *boot, ear, joy* &; **●** *~*
a b o u t rondstrooien [geruchten &]; *~ the case (it)*
against 🜨 in het ongelijk stellen; *~ a w a y*
weggeven, cadeau geven; *fig* verklappen, verraden (bijv. *a secret, the whole thing*); *~ away the bride*
als bruidsvader optreden; *~ b a c k* teruggeven; *~ the case (it) f o r* 🜨 in het gelijk stellen;
~ f o r t h geven, afgeven [hitte &]; bekendmaken, rondstrooien; *~ i n* [stukken &] inleveren;
toegeven, zwichten (voor *to*), het opgeven; betuigen [adhesie]; *~ i n t o* uitkomen op [de markt
&]; *~ o f f* afgeven [warmte &], verspreiden; *~*
(up)o n uitkomen op; uitzicht geven op; *~ o u t*
(af)geven; opgeven [werk], uitdelen; bekendmaken, publiceren; opraken, uitgaan; *his strength*
will ~ out zijn krachten zullen uitgeput raken; *~*
oneself out as (for) zich uitgeven voor; *~ o v e r*
(het) opgeven [v. e. poging, een zieke &], ophouden; overleveren, uitleveren [aan politie]; *be*
~n over to zich overgeven aan [ondeugd], verslaafd zijn aan; bestemd zijn voor; *~ u p* opgeven; afstand doen van, afzien van, [het roken,
drinken] laten; af-, overgeven, overleveren; wijden [zijn leven aan de wetenschap &]; *~ up* het
opgeven, zich gewonnen geven; *~ up the ghost*
de geest geven; *~ up for lost* als verloren beschouwen, opgeven; *~ oneself up to* zich aangeven bij [politie]; zich overgeven aan; zich wijden
aan; *~ u p o n* zie *~ on*; **III** *sb* meegeven *o*;
~-and-take geven en nemen *o*, over en weer
o; **give-away** relatiegeschenk *o*; **given** gege-

ven; bepaald; willekeurig; geneigd (tot *to*), verslaafd (aan), ...aangelegd; ~ *name* doopnaam
gizzard ['gizəd] spiermaag [v. vogels]; *fig* strot; *that sticks in his* ~ dat staat hem helemaal niet aan, zit hem dwars
glacial ['gleisjəl] ijzig; ijs-; gletsjer-, glaciaal; **glaciated** met ijs bedekt; vergletsjerd; **–tion** [glæ-si'eiʃən] ijsvorming; vergletsjering, glaciatie; **glacier** ['glæsjə] gletsjer
glad [glæd] *aj* blij(de), verheugd (over *of, at*); *we are* ~ *to hear* het doet ons genoegen (te vernemen); *we shall be* ~ *to hear* wij zullen gaarne (graag) vernemen; **–den** verblijden, verheugen
glade [gleid] open plek in een bos
gladiator ['glædieitə] gladiator, zwaardvechter
gladly ['glædli] *ad* blij; blijmoedig; met genoegen, graag, gaarne; ⊙ **–some** blijde, heuglijk
Gladstone ['glædstən] ~ *(bag)* leren koffer
glair [glɛə] **I** *sb* eiwit; **II** *vt* met eiwit bestrijken
⚒ **glaive** [gleiv] (slag)zwaard *o*
glamorize ['glæməraiz] romantiseren, verheerlijken; **–rous** betoverend; aantrekkelijk; **glamour** betovering, begoocheling; (tover)glans; ~ *girl* meisje *o* met *sex appeal*
glance [glɑːns] **I** *sb* flikkering, schamplicht *o*; oogopslag, blik; *at a* ~ met één oogopslag (blik); **II** *vi* blinken; schitteren; kijken; afschampen (ook: ~ *aside, off*); ~ *a t* aanblikken, een blik werpen op[2]; even aanroeren [een onderwerp]; doelen op; ~ *d o w n* naar beneden kijken, de ogen neerslaan; ~ *o v e r (through)* even inzien, vluchtig dóórzien; ~ *u p* opkijken; **III** *vt* ~ *one's eye at (over)* even een blik werpen op, vluchtig overzien (doorlópen)
gland [glænd] klier; **–ers** (kwade) droes [paardenziekte]; **–ular** klier-
glans [glænz, *mv* **glandes** -diːz] eikel [v.d. penis]
glare [glɛə] **I** *sb* verblindend of schel licht *o*; gloed; (schitter)glans; schittering; vlammend oog *o*; woeste blik; **II** *vi* schitteren, hel schijnen; woest kijken; ~ *at each other* elkaar woedend aankijken; **glaring** schel, (oog)verblindend, schitterend, vurig [v.d. ogen]; brutaal, schril [v. contrast], flagrant
glass [glɑːs] **I** *sb* glas[2] *o*; spiegel; (verre)kijker; zandloper; weerglas *o*; barometer; lens; raam *o* [v. portier]; ~*es* lorgnet; bril; **II** *aj* glazen, glas-; **III** *vt* verglazen; ~ **bell** stolp; ~ **case** vitrine; ~-**cloth** glazendoek; poetsdoek; ~ **eye** glazen oog *o*; glasoog *o* [paardenziekte]; **–house** serre, kas; ⚒ gevangenis; ~-**paper** schuurpapier *o*; **–ware** glaswerk *o*; ~-**works** glasfabriek; **–y** glasachtig, glazig; glas-; (spiegel)glad
glaucoma [glɔːˈkoumə] 🜊 glaucoom: groene staar
glaucous ['glɔːkəs] zeegroen; met een waas *o* bedekt [druiven &]

glaze [gleiz] **I** *vt* van glas (ruiten) voorzien; achter (in) glas zetten; verglazen; glanzen, glaceren, satineren; **II** *vi* glazig (glanzig) worden; **III** *sb* verglaassel *o*, glazuur *o*; glacé *o*; glans; **–d** glasdicht; verglaasd; glazig [v. oog]; geglaceerd, geglansd; glanzig, blinkend; ~ *cabinet* glazenkast; ~ *frost* ijzel; ~ *paper* glanspapier *o*; **–r** verglazer; polijster; polijstschijf; **glazier** glazenmaker; **glazy** glasachtig; glanzend
G.L.C. = *Greater London Council*
gleam [gliːm] **I** *sb* glans, schijnsel *o*, straal; *fig* sprankje *o* [hoop; humor &]; **II** *vi* blinken, glanzen, glimmen, schijnen
glean [gliːn] **I** *vt* nalezen, op-, in-, verzamelen; opvangen, oppikken; **II** *vi* aren lezen; **–er** arenlezer, -leesster, nalezer[2]; *fig* sprokkelaar; **–ing** aren lezen *o*, nalezing[2], *fig* inzameling, sprokkeling
glebe [gliːb] pastorieland *o*; ⊙ grond; land *o*
glee [gliː] vrolijkheid; meerstemmig lied *o*; **–ful** vrolijk, blijde; triomfantelijk, met leedvermaak
glen [glen] dal *o*; vallei
glengarry [glenˈgæri] Schotse muts
glib ['glib] glad, rad (van tong); welbespraakt; vlot [v. bewering]
glide [glaid] **I** *vi* glijden; glippen; zweven; **II** *sb* glijden *o*; ⚙ glij-, zweefvlucht; ♪ glissando *o*; *gram* overgangsklank; **–r** glijder; ⚙ zweefvliegtuig *o*; zweefvlieger; ⚓ glijboot
glimmer ['glimə] **I** *vi* schemeren, gloren, blinken, (even) opflikkeren; **II** *sb* zwak schijnsel *o*, glinster(ing), (licht)schijn, glimp, flauw idee *o*; eerste aanduiding; **–ing** = *glimmer* **II**
glimpse [glimps] **I** *sb* glimp, (licht)straal; schijnsel *o*, (vluchtige) blik, kijkje *o*; *catch a* ~ *of* even zien; **II** *vi* even zien
glint [glint] **I** *sb* glimp, glinstering, schijnsel *o*, blinken *o*; **II** *vi* glinsteren, blinken
glissade [gliˈsɑːd] glijden *o* (van ijs-, sneeuwhelling); glijpas [dansen]
glisten ['glisn] glinsteren, flikkeren, fonkelen
⚒ **glister** ['glistə] = *glitter*
glitter ['glitə] **I** *vi* flikkeren, flonkeren, fonkelen, schitteren, blinken; **II** *sb* flikkering, geflonker *o*, schittering, glans
gloaming ['gloumiŋ] schemering
gloat [glout] ~ *on, upon of over* met duivels leedvermaak aanzien, zich verkneukelen in, zich kwaadaardig verlustigen in
global ['gloubl] wereldomvattend, wereld-; alles omvattend, totaal; **globe** bol, globe, aardbol; rijksappel; (oog)bal; ballon [v. lamp]; viskom; ~-**trotter** globetrotter, wereldreiziger
globose ['gloubous], **globular** ['glɔbjulə] bolvormig; **globule** bolletje *o*; druppel
glockenspiel ['glɔkənspiːl] ♪ klokkenspel *o* [slaginstrument]

glomerate ['glɔmərit] samengebald, kluwenvormig

gloom [glu:m] **I** *sb* duister-, donker-, somberheid; **II** *vt* versomberen[2]; **III** *vi* somber worden (schijnen), verduisteren, betrekken [v. lucht]; donker kijken, kniezen; *to throw a ~ over* een schaduw werpen over; **–y** *aj* donker[2], duister, somber, droefgeestig; bedroevend, droevig

glorification [glɔ:rifiˈkeiʃən] verheerlijking; **F** uitbundig feestje *o*; **glorify** ['glɔ:rifai] verheerlijken; **glorious** roem-, glorierijk, glansrijk, heerlijk°, stralend [v. d. ochtend]; **F** prachtig, kostelijk; stomdronken; **glory I** *sb* roem, glorie, heerlijkheid; stralenkrans; **II** *vi ~ in* zich beroemen op, prat gaan op; *~ hole* rommelhok *o*, -kast

gloss [glɔs] **I** *sb* glans; (schone) schijn ‖ glosse: kanttekening; commentaar *m* of *o*; **II** *vt* glanzen; een schone schijn geven, een glimp geven aan, vergoelijken, verbloemen (ook: *~ over*) ‖ kanttekeningen maken bij (op), (verkeerd) uitleggen[2]; **III** *vi* kanttekeningen maken (op *upon*); **–ary** verklarende woordenlijst, glossarium *o*; **–y I** *aj* glanzend; schoonschijnend; *~ magazine* duurder (op glad papier gedrukt) tijdschrift *o*; *~ paperback* pocketboek *o* met geïllustreerd, glanzend omslag; **II** *sb = ~ magazine, ~ paperback*

glottal ['glɔtl] glottaal, stemspleet-; **glottis** glottis, stemspleet

glove [glʌv] **I** *sb* (boks)handschoen; *fit like a ~* als aangegoten, als (aan het lijf) gegoten (geschilderd) zitten; *take off the ~s* zich er voor zetten; flink aanpakken; *take up (throw down) the ~* de handschoen opnemen (toewerpen); *with the ~s off* strijdlustig; doodserieus; *handle without (the) ~s* hardhandig aanpakken; **II** *vt* van handschoenen voorzien; **–d** gehandschoend; *~ box* handschoenendoos; *~ compartment* handschoen(en)vakje *o* [v. auto]; *~-fight* bokspartij; *~-puppet* poppenkastpop; **glover** handschoenmaker

glow [glou] **I** *vi* gloeien, branden (van *with*); **II** *sb* gloed[2], vuur *o*; *be in a ~, (all) of a ~* gloeien

glower ['glauə] boos of dreigend kijken (naar *at, upon*)

glowing ['glouiŋ] gloeiend, brandend; geestdriftig; **glow-worm** glimworm

gloze [glouz] *~ over* verhelen, verbloemen, bemantelen, vergoelijken

glucose ['glu:kous] glucose, druivesuiker

glue [glu:] **I** *sb* lijm; **II** *vt* lijmen, kleven, plakken[2]; **–y** lijmig, kleverig

glum [glʌm] somber, nors, stuurs

glut [glʌt] **I** *vt* (over)verzadigen; overladen; overvoeren [de markt]; **II** *sb* (over)verzadiging; overvoering [v.d. markt]

gluten ['glu:tən] gluten *o*: kleefstof; **–tinous** lijmig, kleverig

glutton ['glʌtn] gulzigaard; ⚹ veelvraat; *he is a (regular) ~ for...* hij is dol op...; *a ~ for (at) work* een echte werkezel; **–ous** gulzig, vraatachtig, vraatzuchtig; **–y** gulzigheid, vraatzucht

glycerine [glisəˈri:n] glycerine

G.M.T. = *Greenwich mean time*

gnarl [na:l] knoest; **–ed, –y** knoestig; *fig* verweerd, ruig

gnash [næʃ] **I** *vi* knarsen; **II** *vt ~ one's teeth* op de tanden knarsen, knarsetanden

gnat [næt] mug

gnaw [nɔ:] knagen (aan *at*), (af)kluiven

1 gnome [noum] gnoom: kabouter

2 gnome ['noumi:] gnome: zinspreuk; **–mic** aforistisch

gnu [nju:, nu:] gnoe

go [gou] **I** *vi* gaan°, lopen°; gangbaar zijn [v. geld]; reiken [v. geld, gezag &]; heen-, doodgaan; op-, wegraken, verdwijnen, er aan (moeten) geloven; uitvallen, aflopen; luiden; worden; (be)horen, thuishoren; zijn; blijven; *are you ready? ~! sp* klaar? af!; *~ easy* het kalm aan doen (met *on*); *~ far* ver gaan (reizen); het ver brengen, voordelig in het gebruik zijn; *~ far towards* veel bijdragen aan; *this goes far to show that...* dit bewijst vrij duidelijk dat...; *the remark is (was) true as far as it goes (went)* ...tot op zekere hoogte; *as far as colours ~ (went)* in zake kleuren; *as...* zoals... nu eenmaal zijn; *...is ~ing strong* ...is (nog) kras, ...maakt het goed, ...gaat goed; *pay as you ~* betaal dadelijk alles contant; *as the phrase (term) goes* zoals het heet (luidt); *as things ~* naar omstandigheden; *as times ~* voor de tijd; *how goes the world?* wat nieuws?, hoe staat het ermee?; *twelve weeks to ~* nog twaalf weken; **II** *vt ~ a drive* een toertje gaan maken; *~ halves* half staan; ook *= ~ shares*; *~ places* **F** uitgaan, reizen; slagen, succes hebben; *~ shares* gelijk opdelen; half om half doen; *I'll ~ you a pound* ik wed met je om een pond; *~ it* raken; het ervan nemen, aan de zwier gaan; *~ it!* toe maar!; *~ it alone Am* het op zijn eentje doen; *~ one better* meer bieden; *fig* meer doen, overtreffen, de loef afsteken; ● *~ about* rondlopen; in omloop zijn; een omweg maken; ⚓ overstag gaan, wenden; *~ about it the wrong way* de zaak (het) verkeerd aanpakken; *~ about one's business* zich bezighouden met zijn zaken; zijn werk doen; *~ against* ingaan tegen; in het nadeel uitvallen van; [iem.] tegenlopen; *it goes against (the grain with) me, against my stomach* het stuit me tegen de borst; *~ ahead* beginnen; vooruitgaan; doorgaan (met); opschieten; *~ along* voortgaan, verder gaan; *~ along with you!* loop rond!; *as we ~ (went) along* onde de hand; gaandeweg; *~ at it* er op los gaan, aanpakken; *~ at sbd.* ook: iem. flink aanpakken, onder handen nemen; *~ back* achteruit- (terug)gaan; ~ *back on* (*from*) *one's word* zich niet houden aan zijn woord, zijn belofte weer intrekken, terugkrabbelen; ~ *before* voorafgaan; verschijnen voor; ~ *behind sth.* iets nader onderzoeken; ~ *behind sbd.'s words* iets achter iems. woorden zoeken; ~ *by* voorbijgaan, passeren; zich laten leiden door; bepaald worden door; ~ *by appearance* afgaan op het uiterlijk, oordelen naar de schijn; ~ *by the book* zich stipt aan de instructies houden; ~ *by the name of* bekend staan onder de naam...; ~ *d o w n* naar beneden gaan; ondergaan [de zon]; gaan liggen [de wind]; zakken [water]; ⇔ de universiteit verlaten (met vakantie; voorgoed); ⚓ naar de kelder gaan; *fig* achteruitgaan, het afleggen, te gronde gaan, (komen te) vallen; $ dalen [prijzen]; ~ *down in history as...* de geschiedenis ingaan als...; ~ *down to the 11th century* gaan tot de 11e eeuw, *that won't ~ down with me* F dat wil er bij mij niet in; ~ *f o r* (gaan) halen; gelden (voor); F af-, losgaan op; S zijn voor, graag hebben, houden van; ~ *for a drive* een toertje gaan maken; ~ *for a soldier* soldaat worden; ~ *for little* (*nothing*) weinig (niet) meetellen; geen effect hebben; *it goes i n pocket-money* het gaat op aan zakgeld; ~ *in for* zich aanschaffen [kledingstukken &]; meedoen aan, zich bemoeien (inlaten) met; opgaan [voor een examen]; (gaan) doen aan [een vak &]; ~ *in for sports* doen aan sport, sporten; ~ *i n t o* gaan in; gaan op [bij deling], besteed worden aan; ~ *into the matter* (*things*) diep(er) op de zaak ingaan; ~ *into particulars* (*details*) in bijzonderheden treden; ~ *o f f* weggaan²; indutten; flauwvallen; heengaan (= sterven); van de hand gaan; van stapel lopen [v. iets], verlopen; afgaan [geweer &], aflopen [wekker]; ontploffen, losbarsten; slijten [v. gevoel]; achteruitgaan, minder worden; ~ *o n* doorgaan, voortgaan, verder gaan (met); voorbijgaan [tijd]; aan de gang (aan de hand, gaande) zijn, gebeuren, plaatshebben, zich afspelen, verlopen, gaan, [in iem.] omgaan; F tekeergaan; *as time goes* (*went*) *on* met de tijd, na verloop van tijd; *he is ~ing on for forty* hij loopt naar de veertig; *he went on to say...* hij zei vervolgens..., hij zei verder...; ~ *on together* met elkaar overweg kunnen; zie ook: ~ *upon*; ~ *o u t* uitgaan°; uittrekken [v. leger], (gaan) duelleren; aftreden [minister]; uit de mode gaan; aflopen; in staking gaan; ~ *out of one's mind* het verstand verliezen, gek worden; *his heart went out to her* (*in sympathy*) hij had erg met haar te doen; ~ *o v e r* overgaan [inz. tot het katholicisme], overlopen; doorlezen, doorlopen, nakijken [rekening]; *fig* de revue laten passeren; ~ *r o u n d* achterom gaan; (rond)draaien, rondtrekken; ergens even aangaan; (*not*) *enough to ~ round* (niet) genoeg voor allen (alles); ~

t h r o u g h dóórgaan; doornemen [v. les]; doorzoeken [zijn zakken]; doorstaan, meemaken; beleven; door-, afwerken [programma &]; vervullen [formaliteiten]; ~ *through the form of* ...*ing* voor de vorm, plichtmatig [iets doen]; ~ *through the motions* doen alsof; ~ *through with it* doorzetten; ~ *t o* toevallen [v. prijs]; ~ *to the country* zie *appeal*; ~ *to much trouble* zich veel moeite getroosten; *100 pence ~ to a pound* gaan op (in); *two things ~ to this* zijn hiervoor nodig; *it went to buy shoes* werd aan schoenen besteed; ~ *to!* ✎ och loop!, kom, kom!; ~ *t o g e t h e r* samengaan; *fig* goed bij elkaar komen; ~ *u n d e r* ondergaan, te gronde gaan, bezwijken, het afleggen; ~ *under a name* onder zekere naam bekend zijn; ~ *u p* (op)stijgen (ook ⚉); opgaan (voor examen); $ omhoog gaan; aangaan [licht]; verrijzen [v. nieuw gebouw]; ⇔ naar de universiteit gaan; ~ *u p o n* [*fig*] zich laten leiden door, zich baseren op [zekere principes]; ~ *w i t h* verkeren met; samengaan met, harmoniëren met, (be)horen (komen, passen, staan) bij; meegaan met; ~ *w i t h o u t* (*one's dinner, grog* &) het stellen zonder (buiten), niet krijgen; III *sb* vaart; elan *o*, gang, fut; mode; aanval; beurt; keer; *it's a ~!* top!; (*these hats are*) *all the ~, quite the ~* de mode; een rage; je ware; *a jolly, nice* (*pretty*) ~*!* een mooie boel (grap, geschiedenis)!; *it was a near ~ with him* dat was op het nippertje, op het kantje af met hem; *it is no ~* dat (het) gaat niet; het kan niet; het geeft (baat) niets; *two ~es of whiskey* twee (glazen) whiskey; *have a ~* (*at*) het eens proberen, aanpakken, onder handen nemen; aanspreken [v. dranken]; *it's your ~* nou is het jouw beurt; *make a ~ of it* er wat van terechtbrengen, het klaarspelen; *at* (*in*) *one ~* ineens; *on the ~* op de been, in de weer, in beweging; IV *aj Am* (start)klaar; okee, prima; hip. Zie ook: *going, gone*

goad [goud] I *sb* stok met punt om vee op te drijven; II *vt* prikkelen, aansporen (tot *into, to*)

go-ahead ['gouəhed] I *aj* voortvarend, ondernemend; II *sb* goedkeuring, verlof *o*; *give the ~* het licht op groen zetten (voor)

goal [goul] doel *o*; goal: doelpunt *o*; –**ie** F doelverdediger, keeper; –**keeper** doelverdediger, keeper

goat [gout] ♐ geit; bok; *act* (*play*) *the* (*giddy*) ~ F zich mal aanstellen, idioot doen; *it gets my ~* F het maakt me kregel; –**ee** [gou'ti:] sik, sikje *o*; –**herd** ['gouthə:d] geitenhoeder; –**skin** (van) geitevel, geiteleer

gob [gɔb] P fluim; S mond

gobbet ['gɔbit] hap, brok, mondvol; F tekstfragment *o* (ter vertaling &)

gobble ['gɔbl] I *vi* klokken, kokkelen [v. kalkoenen] || II *vt* opslokken (~ *down, up*); III *va* schrokken, buffelen; IV *sb* geklok *o*

gobbledygook ['gɔbldi'guk] F (ambtelijk) jargon *o*

gobbler ['gɔblə] gulzigaard ‖ ✼ kalkoen

gobelin ['goubəlin] gobelin *o* & *m* (ook: ~ *tapestry*)

go-between ['goubitwi:n] bemiddelaar, tussenpersoon; postillon d'amour

goblet ['gɔblit] ⊙ beker; bokaal; glas *o* met voet

goblin ['gɔblin] kobold, (boze) geest

go-by ['goubai] *give the* ~ achter zich laten; ontsnappen aan; laten schieten, links laten liggen; negeren; afdanken; ~**-cart** kinderwagen; ✼ loopwagentje *o*

God, god [gɔd] God, (af)god; *b y* ~*!* bij God!; *u n d e r* ~ naast God; *the gods* F het schellinkje; *ye* ~*s!* o goden!; **godchild** petekind *o*; **–dam, –damn, –damned** ['gɔdæm(d)] P verdomd; **–daughter** peetdochter; **–dess** godin[2]; **–father** peet(oom, -vader); ~**-fearing** godvrezend; ~**-forsaken** van God verlaten; godvergeten; ellendig; **–head** godheid; **–less** goddeloos; **–like** godgelijk; goddelijk; **–ly** godvruchtig; **–mother** peettante, petemoei; **God's acre** godsakker; kerkhof *o*; **godsend** onverwacht geluk *o*, uitkomst, buitenkansje *o*, meevaller; **–son** peetzoon; **God-speed** *bid* (*wish*) ~ succes of goede reis wensen; **godwit** grutto

goer ['gouə] (hard)loper; [bioscoop-, museum-, schouwburg- &] bezoeker; *good* ~ hardloper; goed lopend horloge *o*

go-getter ['gougetə] F doorzetter, streber

goggle ['gɔgl] I *vi* (met de ogen) rollen, gapen, scheel kijken; uitpuilen; II *sb* ~s (veiligheids-, stof-, auto- &) bril; III *aj* uitpuilend; ~**-box** S televisietoestel *o*; ~**-eyed** met uitpuilende ogen

going ['gouiŋ] gaande; *he* ~ *to* op het punt zijn te...; van plan zijn te...; ~, ~, *gone!* eenmaal, andermaal, derdemaal!; I als *aj* bestaand; *the finest business* ~ de mooiste zaak die er is of van de wereld; *a* ~ *concern* een in (volle) bedrijf zijnde onderneming; II als *sb* gaan *o*; [bioscoop-, museum-, schouwburg- &]bezoek *o*; (race)terrein *o*; **goings-on** ['gouiŋ'zɔn] F gedrag *o*, doen (en laten) *o*, gedoe *o*; *fine* ~ een mooie boel!

goitre ['gɔitə] kropgezwel *o*

go-kart ['gouka:t] I *sb* skelter; II *vi* skelteren

gold [gould] I *sb* goud[2] *o*; II *aj* gouden; ~**-digger** goudzoeker; vrouw die rijke mannen uitbuit; ~**-dust** stofgoud *o*; **–en** gouden, gulden; goud-; goudkleurig, goudgeel; *the* ~ *age* de gouden eeuw; ~ *eagle* steenarend; *the* ~ *fleece* het gulden vlies; ~**-fish** goudvis; **–ilocks** ✼ gulden boterbloem; *G*~ Goudhaartje *o* [uit het sprookje]; ~**-lace** goudkoord *o* & *v*; ~**-leaf** bladgoud *o*; **–plated** verguld, gouden; **–smith** goudsmid; ~**-wire** gouddraad *o* & *m*

golf [gɔlf] I *sb sp* golf *o*; II *vi* golf spelen; ~**-club**

golfclub; golfstok; ~**-course**, ~**-links** golfbaan

goliard ['goulia:d] middeleeuws satireschrijver

golliwog ['gɔliwɔg] groteske zwarte kop; F kroeskop

golly ['gɔli] *ij* F gossie (ook: *by* ~*!*)

golosh [gæ'lɔʃ] = *galosh*

gondola ['gɔndələ] gondel; **–lier** [gɔndə'liə] gondelier

gone [gɔn] V.D. van *go*; verloren, weg, verdwenen; voorbij; op; dood; F voor de haaien; *in days* ~ *by* in vervlogen dagen; *a* ~ *case* een hopeloos geval *o*; *far* ~ ver heen [doodziek, stomdronken, diep in de schuld]; *be* ~ *on* F verkikkerd zijn op; **goner** ['gɔnə] *he is a* ~ S hij is verloren

gong [gɔŋ] gong; schel, bel

goniometry [gouni'ɔmitri] goniometrie

gonorrhea [gɔnə'ri:ə] gonorrhoe, F druiper

goo [gu:] S kleverig spul *o*; zoetelijkheid

good [gud] I *aj* goed (voor, jegens *to*; voor, tegen *against, from*); zoet [v. kinderen], niet ondeugend, braaf; lief; aardig; prettig, heerlijk, fijn, lekker; flink, knap, sterk, goed (in *at*); ~*!* F mooi (zo)! *in* ~ *time* bijtijds, op tijd; *all in* ~ *time* alles op z'n tijd; *the* ~ *people* de feeën, de kaboutertjes; *a* ~ *while* een hele tijd; *is not* ~ *enough* deugt niet, is onbevredigend, niet voldoende; ~ *for* goed voor [op bon]; ~ *for you!* F jofel!, goed zo!; *make* ~ (weer) goedmaken, vergoeden; goed terechtkomen, er komen; zich er goed doorheen slaan; zich kranig houden; bewijzen, waarmaken; gestand doen, ten uitvoer brengen; slagen in, weten te [ontsnappen]; II *sb* goed(e) *o*, welzijn *o*, best *o*, voordeel *o*, baat; *he is no* ~ het is een vent van niks, daar zit niet veel bij; *it is no* (*not a bit of*) ~ het is van (heeft) geen nut, het geeft niet(s); *that's no* ~ *with me* daarmee hoef je bij mij niet aan te komen; *it is not much* ~ het geeft niet veel; *what's the* ~ (*of it*)? wat geeft (baat) het?; ● *f o r* ~ ten goede; *for* ~ (*and all*) voorgoed; *it is for your* ~ om uw bestwil; *he will come to no* ~ er zal niet veel van hem terechtkomen, het zal niet goed met hem aflopen; *be £ 10 to the* ~ £ 10 voordeel hebben, er £ 10 op over houden, nog £ 10 te goed of ter beschikking hebben; *be all to the* ~ tot heil strekken, geen kwaad kunnen; zie verder *goods*; ~ *breeding* [gud'bri:diŋ] welgemanierdheid, beschaafdheid, wellevendheid; **–bye** I *ij* (goeden)dag, vaarwel!; adieu; II *sb* afscheid *o*; *say* ~ ook: afscheid nemen (van *to*), vaarwel zeggen; ~**-fellowship** kameraadschap; ~**-for-nothing** deugniet; ~ *humour* goede luim, opgeruimdheid, vrolijkheid; **–ies** bonbons, lekkers *o*, snoep; **–ish** goedig, tamelijk goed; *a* ~ *many* tamelijk veel, aardig wat; ~**-looking** knap, mooi; **–ly** knap, mooi; flink; ✼ **–man** man, huisvader; ~ *nature* goedaardigheid; **~-natured** [gud'neitʃəd] goedaardig, goedhartig, vriendelijk; **–ness** ['gudnis] goedheid, deugd; kracht, voeding [v. voedsel]; ~ (*gracious*)! goeie genade!; ~ *knows where* de hemel weet waar; *thank* ~! goddank!; *for* ~' *sake* om godswil; ...*I hope to* ~ ...hoop ik (maar); **–s** goederen, goed *o*; waren; *it is the* ~ S je ware; **~-tempered** goedmoedig; ✎ **–wife** (huis)vrouw; **–will** welwillendheid; klandizie, clientèle, goodwill; **–y I** *sb* ✎ moedertje *o*, moeke *o*; bonbon; **II** *aj* = *goody-goody*; **–y-goody** sentimenteel, braaf, sullig; zoetsappig

gooey ['gu:i] S kleverig; zoetelijk

goof [gu:f] S I *sb* idioot; blunder; **II** *vi* blunderen; ~ *bales* S barbituraten; **–y** S idioot

goon [gu:n] *Am* S geweldenaar, lid *o* van een knokploeg; F uilskuiken *o*

goose [gu:s] gans; *fig* gansje *o*, uilskuiken *o*; persijzer *o*; *all his geese are swans* hij meent zijn uil een valk te zijn; *cook someone's* ~ F iem. ruïneren; iem. van kant maken; **–berry** kruisbes; **~-flesh** kippevel *o*; **–herd** ganzenhoeder; **~-pimples** kippevel *o*; **~-quil** ganzeveer; **~-step I** *sb* paradepas; **II** *vi* in paradepas stappen

Gordian ['gɔ:diən] *cut the* ~ *knot* de (Gordiaanse) knoop doorhakken; *fig* iets drastisch oplossen

1 gore [gɔ:] I *sb* geronnen bloed *o*; **II** *vt* doorboren, (met de hoorns) spietsen

2 gore [gɔ:] I *sb* geer; **II** *vi* geren

gorge [gɔ:dʒ] I *sb* bergengte, -kloof; brok *m* & *v* of *o* (eten); ✎ strot, keel; *my* ~ *rises at it* ik walg er van; **II** *vt* opslokken, inslikken; volstoppen (met *with*); **II** *vi* zich volproppen, schrokken

gorgeous ['gɔ:dʒəs] prachtig, schitterend

Gorgon ['gɔ:gən] potig vrouwspersoon *o*

gorilla [gə'rilə] gorilla

gormandize ['gɔ:məndaiz] I *vi* gulzig eten, schrokken; **II** *vt* verslinden²; **–r** schrokop

gormless ['gɔ:mlis] F stompzinnig

gorse [gɔ:s] gaspeldoorn

gory ['gɔ:ri] bebloed, bloederig; bloedig

gosh [gɔʃ] F gossie (ook: *by* ~!)

goshawk ['gɔshɔ:k] havik

gosling ['gɔzliŋ] jonge gans, gansje *o*

go-slow ['gou'slou] langzaam-aan-actie, -tactiek, -staking

gospel ['gɔspəl] evangelie² *o*; ~ *pusher* F priester; **–ler** voorlezer van het evangelie; *hot* ~ F dweepziek evangelist, vurig propagandist; ~ *truth* *fig* absolute waarheid

gossamer ['gɔsəmə] I *sb* herfstdraad, -draden; rag(fijn weefsel) *o*; **II** *aj* ragfijn

gossip ['gɔsip] I *sb* babbelaar(ster), kletstante, roddelaar(ster); (buur)praatje *o*, (buur)praatjes, gepraat *o*, gebabbel *o*, geroddel *o*; [journalistieke] ditjes en datjes; ✎ peet, vriend(in), buur(vrouw); **II** *vi* babbelen, kletsen, roddelen; **–y**

praatziek; roddelend

got [gɔt] V.T. & V.D. van *get*

Goth [gɔθ] Goot; *fig* barbaar, vandaal; **–ic I** *aj* gotisch; barbaars; ~ *novel* (*tale*) griezelroman (-verhaal *o*); **II** *sb* (het) Gotisch; gotiek; gotische letter; **–icism** gotiek

gotten ['gɔtn] ✎ & *Am* V.D. van *get*

gouge [gaudʒ] I *sb* ✗ guts; **II** *vt* ✗ gutsen; uitsteken (ook: ~ *out*)

gourd [gued] pompoen, kalebas

gourmand ['guəmənd] I *aj* gulzig; **II** *sb* lekkerbek; gulzigaard; **–ise** *Fr* [gurmã'di:z] smulpaperij; **gourmet** ['guəmei] fijnproever

gout [gaut] jicht; ✎ druppel; **–y** jichtig; ~ *patient* jichtlijder

gov [gʌv] S meester, heer; vader

govern ['gʌvən] regeren, besturen, leiden, regelen, beheersen; **~ing** *body* (hoofd)bestuur *o*; **–ance** bestuur *o*, leiding; **–ess** gouvernante; **–ment** bestuur *o*, regering, ministerie *o*; overheid; leiding; gouvernement *o*; ~ *loan* staatslening; **–mental** [gʌvən'mentl] regerings-; **governor** ['gʌvənə] landvoogd, gouverneur; bestuurder; directeur; ⚙ curator; S ouwe heer; baas, chef, meneer; ✗ regulateur; **~-general** gouverneur-generaal

gowan ['gauən] *Sc* madeliefje

gown [gaun] I *sb* japon, kleed *o*, jurk; tabberd, toga; zie ook: *town*; **II** *vt* & *vi* (zich) kleden, de toga aantrekken; **–sman** ['gaunzmən] lid *o* v.d. universitaire gemeenschap

goy [gɔi], *mv* **goyim** gɔ'i:m] niet-jood [vanuit joodse gezichtshoek]

G.P. = *general practicioner* huisarts

G.P.O. = *General Post Office* hoofdpostkantoor *o*

grab [græb] I *sb* greep; roof; ✗ vanghaak, grijper; *make a* ~ *at* grijpen naar; **II** *vi* ~ *at* grijpen naar; **III** *vt* naar zich toe halen, inpikken, pakken, grissen, graaien

grabble ['græbl] grabbelen, tasten (naar *for*); (liggen te) spartelen

grace [greis] I *sb* genade, gunst; bevalligheid, gratie°; respijt *o*, uitstel *o*; tafelgebed *o*; ♪ versiering; *the Graces* de Gratiën; ~*s* jeu de grâces; *good* ~*s* gunst; *Your Grace* Uwe Hoogheid [titel v. hertog(in) of aartsbisschop]; *he had the* ~ *to...* hij was zo fatsoenlijk (beleefd) om...; *say* ~ danken, bidden [aan tafel]; *in the year of* ~... in het jaar onzes Heren...; *with a bad* ~ met tegenzin, niet van harte; *with a good* ~ graag, van harte; met fatsoen; **II** *vt* (ver)sieren, luister bijzetten aan, opluisteren; vereren (met *with*); begunstigen; **–ful** bevallig, gracieus, sierlijk, elegant; **–less** onbeschaamd; ondeugend; godvergeten; onbevallig; **~-note** ♪ voorslag

gracile ['græsil] sierlijk, slank

gracious ['greiʃəs] genadig; goedgunstig; minzaam; hoffelijk; *good* ~!, *my* ~!, *goodness* ~! goeie genade!, lieve hemel!

gradate [grə'deit] geleidelijk (doen) overgaan; **-tion** gradatie, trapsgewijze opklimming, (geleidelijke) overgang; nuancering, nuance; *gram* ablaut; **-tional** trapsgewijs

grade [greid] **I** *sb* graad, rang, trap; kwaliteit, gehalte *o*, soort, klasse; *Am* ≈ klas v. lagere school; cijfer *o*; helling; *make the* ~ slagen, succes hebben, aanslaan, het 'm leveren; *on the up* ~ in stijgende lijn, opwaarts; *on the down* ~ in neergaande lijn; **II** *vt* graderen, rangschikken, sorteren; *Am* beoordelen, cijfers geven; nivelleren [een weg]; veredelen [v. dieren]; **III** *vi* geleidelijk overgaan (in *into*); ~ *crossing Am* overweg [v. spoorweg], gelijkvloerse kruising [v. wegen]; **grader** sorteermachine; grader, grondschaaf; *fourth* ~ *Am* vierdeklasser: leerling van de vierde klasse; **grade school** *Am* lagere school

gradient ['greidiənt] helling; hellingshoek; (barometrische) gradiënt

gradual ['gredjuəl] **I** *aj* trapsgewijze opklimmend &, geleidelijk; **II** *sb rk* graduale *o*; **gradually** *ad* trapsgewijze, geleidelijk, langzamerhand, allengs, gaandeweg

graduate ['grædjuət] **I** *sb* ≈ gegradueerde; *Am* gediplomeerde; **II** *vt* ['grædjueit] in graden verdelen; graderen; ≈ promoveren; *Am* een diploma verlenen; ~*d taxation* progressieve belasting; **III** *vi* (geleidelijk) overgaan (in *into*); ≈ promoveren; *Am* een diploma behalen; **-tion** [grædju'eiʃən] geleidelijke opklimming; graadverdeling; gradering; ≈ promotie

graffiti [græ'fi:ti] graffiti [(muur)inscripties als leuzen, schuttingwoorden &]

graft [gra:ft] **I** *sb* ent; enting; 𝔽 transplantaat *o*; transplantatie; **F** (door) politiek gekonkel *o* (verkregen voordeel *o*); **II** *vt* enten²; 𝔽 transplanteren; **III** *vi* **F** konkelen, knoeien; **-er** enter; **F** konkelaar, knoeier

Grail [greil] graal [v.d. Arthurlegende]

grain [grein] **I** *sb* graan *o*, koren *o*; (graan)korrel; grein° *o*, greintje *o*; korreling, kern, nerf, weefsel *o*; ruwe kant van leer, keper, structuur, draad²; aard, natuur; scharlakenrood *o*; ~*s* draf; *against the* ~ tegen de draad; zie ook: *go*; *dyed in* ~ in de wol geverfd²; *a rogue in* ~ een aartsschelm; *with the* ~ op de draad; **II** *vt & vi* korrelen; grein(er)en; aderen, marmeren

gram [græm] gram *o*

graminaceous [greimi'neiʃəs] grasachtig

grammar ['græmə] spraakkunst, grammatica; *it is bad* ~ ongrammaticaal; **-ian** [grə'mɛəriən] grammaticus; ~ **school** ['græməsku:l] middelbare school [van 11 tot minstens 15 jaar]; ± gymnasium *o*, of atheneum *o*; ✤ Latijnse school; **grammatical** [grə'mætikəl] taalkundig, gram-

maticaal

gramme [græm] gram *o*

gramophone ['græməfoun] grammofoon

grampus ['græmpəs] noordkaper, stormvis; **F** puffend en snuivend iemand

granary ['grænəri] korenzolder, -schuur²

grand [grænd] **I** groot, groots; voornaam, edel; weids; **F** prachtig, luisterrijk; *do the* ~ ✤ de grote heer uithangen; **II** *sb* ♪ vleugel (piano); *Am* S 1000 dollar; ✤ **grandam** ['grændæm] grootje *o*; **grandaunt** oudtante; **–child** kleinkind *o*; **–dad** F opa; **–daughter** kleindochter; ~ **duchess** groothertogin; grootvorstin; ~ **duchy** groothertogdom *o*; ~ **duke** groothertog; grootvorst **grandee** [græn'di:] (Spaanse) grande; grote heer **grandeur** ['græn(d)ʒə] grootheid, grootsheid, pracht, staatsie, voornaamheid

grandfather ['græn(d)fa:ðə] grootvader; ~*('s) clock* staande klok

grandiloquence [græn'diləkwəns] bombast, hoogdravendheid; grootspraak; **–ent** bombastisch, hoogdravend; grootsprakig

grandiose ['grændious] grandioos, groots, weids; **–sity** [grændi'ositi] grootsheid

grandma ['grændma:] **F** grootmoeder; **–mother** grootmoeder; **–nephew** achterneef; **–parents** grootouders; **–sire** voorvader; grootvader [v. paard]; **–son** kleinzoon; **–stand** (overdekte) tribune; **–uncle** oudoom

grange [grein(d)ʒ] hereboerderij

granite ['grænit] **I** *sb* graniet *o*; **II** als *aj fig* onbuigzaam, hardvochtig; *bite on* ~ er zijn tanden op stomp bijten

granny ['græni] **F** grootje *o*, opoe

grant [gra:nt] **I** *vt* toestaan, inwilligen, verlenen, schenken; toegeven, toestemmen; *God* ~ *it* God geve het!; ~*ed* (~*ing*) *that* toegegeven of aangenomen dat; *take for* ~*ed* als vaststaand, als vanzelfsprekend, zonder meer aannemen; **II** *sb* schenking, bijdrage, toelage, subsidie (ook: ~*-in-aid*), ≈ beurs; **–ee** [gra:n'ti:] begiftigde; **–or** ['gra:ntə] begiftiger, schenker

granular ['grænjulə] korrelachtig, korrelig; **–ate** korrelen, greineren; ~*d sugar* kristalsuiker; **–ation** [grænju'leiʃən] korreling, greinering; **granule** ['grænju:l] korreltje *o*

grape [greip] 🍇 druif; *sour* ~*s = the* ~*s are sour* de druiven zijn zuur; **–fruit** grapefruit [soort pompelmoes]; **–ry** druivenkwekerij, -kas; **~-shot** ⚓ schroot *o*; **~-stone** druivepit; **–vine** wijnstok; geruchtendienst, fluisterkrant

graph [græf] grafische voorstelling, grafiek; **–ic** grafisch; schrift-, schrijf-, teken-; tekenachtig, aanschouwelijk; **–s** grafiek, grafische kunst

graphite ['græfait] grafiet *o*

graphologist [græ'folədʒist] grafoloog; **–gy** grafologie grapnel ['græpnǝl] dreg(ge); dreganker *o*

grapple ['græpl] I *vt* enteren; aanklampen; omvatten; omklemmen, beetpakken; II *vi* ~ *with* onder handen nemen, aanpakken [moeilijkheden]; III *sb* (enter)dreg; greep, omvatting, worsteling[2]; –ling-iron enterhaak

grapy ['greipi] druiven-, als (van) druiven

grasp [gra:sp] I *vt* (aan-, vast)grijpen, beetpakken, (om)vatten[2], begrijpen; omklemmen, vasthouden; II *vi* ~ *at* grijpen naar; II *sb* greep[2], bereik[2] *o*; macht; houvast *o*; volledig beheersen *o* of omvatten *o* van een onderwerp; bevatting, bevattingsvermogen *o*; –ing inhalig, hebberig

grass [gra:s] I *sb* grasland *o* ‖ S hasjiesj, marihuana ‖ S politieman; verklikker; *not let the* ~ *grow under one's feet* er geen gras over laten groeien; *be* (*out*) *at* ~ in de wei lopen[2]; werkloos rondhangen; *put* (*send, turn out*) *to* ~ in de wei doen; *fig* de wei insturen; wegsturen; II *vt* gras zaaien, met gras(zoden) bedekken; weiden, laten grazen; bleken; tegen de grond slaan; neerschieten [vogels], aan land halen [vissen]; ~-cutter grasmaaimachine; –hopper sprinkhaan; –land weiland *o*, grasland *o*; ~-plot grasveld *o*, grasperk *o*; ~-roots *sb fig* de gewone leden (*v.* partij &); basis(elementen), grondslagen; II *aj* met het volk verbonden, onder de massa levend; ~ snake ringslang; ~-widow onbestorven weduwe; grassy grasrijk, grazig; grasachtig, grasgroen

grate [greit] I *sb* rooster [v. haard &] *m* & *o*; zelden = grating; II *vt* wrijven, raspen, knarsen op [de tanden]; III *vi* knarsen, krassen, schuren; ~ *upon the ear* het gehoor pijnlijk aandoen; *it grates me on the nerves* F het werkt me op de zenuwen

grateful ['greitful] dankbaar, erkentelijk; strelend, behaaglijk, aangenaam

grater ['greitǝ] rasp

gratification [grætifi'keiʃǝn] bevrediging, voldoening; genoegen *o*, genot *o*, behagen *o*; ⊗ beloning, gratificatie; gratify ['grætifai] bevredigen, voldoen, voldoening schenken; behagen; belonen (met fooi), een gratificatie schenken; *gratified shouts* kreten van voldoening; –ing aangenaam, verheugend, strelend

grating ['greitiŋ] I *aj* knarsend, krassend; door merg en been gaand; irriterend; II *sb* traliewerk *o*, roosterwerk *o*

gratis ['greitis] om niet, gratis, kosteloos

gratitude ['grætitju:d] dankbaarheid

gratuitous [grǝ'tju:itǝs] gratis, kosteloos; ongemotiveerd, uit de lucht gegrepen, ongegrond; niet gerechtvaardigd of te rechtvaardigen, nodeloos, gratuit

gratuity [grǝ'tju:iti] gift; fooi; gratificatie

gravamen [grǝ'veimǝn] ₰ hoofdpunt *o* van aanklacht; bezwaar *o*, grief

1 grave [greiv] *sb* graf *o*, grafkuil

2 grave [greiv] *vi* graveren, beitelen ‖ ⚓ schoonbranden; ~ *in* (*on*) inprenten, griffen in

3 grave [greiv] *aj* deftig, stemmig, statig, ernstig; donker [kleur]; diep [toon]

grave-digger ['greivdigǝ] doodgraver*

gravel ['grævǝl] I *sb* kiezel *o* & *m*, kiezelzand *o*, grind *o*; gravel *o*; II *vt* met kiezelzand bestrooien, begrinten; *fig* verwarren, in verlegenheid brengen; gravelly vol kiezel(zand); gravel-walk kiezelpad *o*

graven ['greivǝn] gegrift; ~ *image* B gesneden beeld *o*; graver graveur; graveerstift

graveside ['greivsaid] *at the* ~ aan het graf, bij de groeve; –stone grafsteen; –yard kerkhof *o*

gravid ['grævid] zwanger

graving-dock ['greiviŋdɔk] droogdok *o*

gravitate ['græviteit] graviteren; ~ *towards* overhellen, neigen naar, aangetrokken worden tot; –tion [grævi'teiʃǝn] zwaartekracht; –tional ~ *field* zwaarteveld *o*; ~ *force* zwaartekracht; gravity ['græviti] gewicht *o*; gewichtigheid; deftigheid, ernst(igheid); zwaarte, zwaartekracht; *specific* ~ soortelijk gewicht *o*

gravy ['greivi] jus; ~-boat juskom

gray [grei] = grey

1 graze [greiz] I *vi* grazen, weiden; II *vt* laten grazen (weiden); afgrazen

2 graze [greiz] I *vi* & *vt* schaven; schampen; rakelings voorbijgaan, even aanraken; ~ *against* (*along, by, past*) gaan (strijken) langs; II *sb* schaving; schaafwond; schampschot *o*; grazier vetweider

grease [gri:s] I *sb* vet *o*, smeer *o* & *m*; omkoperij, vleierij; II *vt* [gri:z, gri:s] smeren, insmeren, ⚙ doorsmeren; invetten; omkopen (ook: ~ *the hand, the palm*); *like* ~*d lightning* als de gesmeerde bliksem; ~-paint schmink; –proof vetdicht; vetvrij [papier]; –r smeerder; ⚓ olieman; greasy ['gri:zi, -si] smerig, vettig[2]; glibberig; zalvend; *the* ~ *pole* (mast voor) het mastklimmen of boegsprietlopen

great [greit] I *aj* groot[2]; hoog [leeftijd]; F prachtig, heerlijk, fijn, leuk; ~ *at* knap in; ~ *on* zeer geïnteresseerd in; *a* ~ *while ago* lang geleden; II *sb* ~*s* eindexamen *o* voor *B.A.* [Oxford]; ~-aunt oudtante; –coat overjas; ⚕ kapotjas; –er groter; *Greater Copenhagen* Kopenhagen met de voorsteden; *the* ~ *part* ook: het grootste deel; ~-grandfather overgrootvader; ~-grandson achterkleinzoon; –hearted moedig; edelmoedig; ~-ly *ad* grotelijks, grootendeels; < sterk, zeer, veel; groots, nobel; ~-uncle oudoom

greaves [gri:vz] been-, scheenplaten [v. wapenrusting] ‖ kaantjes

grebe [gri:b] fuut

Grecian ['gri:ʃǝn] Grieks; Greece [gri:s] Griekenland *o*

greed [gri:d] hebzucht; begerigheid, gretigheid, gulzigheid; **–iness** = *greed;* **–y** *aj* hebzuchtig, begerig (naar *of),* gretig, gulzig; belust (op *for);* **–y-guts S** vreetzak, veelvraat

Greek [gri:k] I *aj* Grieks; **II** *sb* Griek; Grieks[2] *o; that 's ~ to me* daar begrijp ik geen snars van; *it was ~ meeting ~* ze waren aan elkaar gewaagd; het spande er

green [gri:n] **I** *aj* groen[2], onrijp[2], nieuw, vers, fris; *~ belt* groenstrook, -zone [v. stad]; *~ cheese* groene kaas; weikaas; *~ crop* groen gewas *o; have ~ fingers* zie *have a ~ thumb* ↓; *~ fly* bladluis; *a ~ hand* een nieuweling; *~ light* groen licht *o; fig* goedkeuring, verlof *o; give the ~ light to* het licht op groen zetten voor [een plan &]; *~ manure, ~ manuring* groenbemesting; *~ pastures* **B** grazige weiden; *~ pea* doperwt; *~ stuff (food, meat)* groenten; groen(voer) *o; ~ memories* levendige herinneringen; *have a ~ thumb* een groene hand (groene vingers) hebben [= succes bij het kweken van planten]; *keep ~ the memory of...* in gezegend aandenken houden; **II** *sb* groen *o,* grasveld *o,* dorpsplein *o; fig* kracht; *~s* groente(n); groen *o,* loof *o;* groene partijen [v. schilderij]; **III** *vt* groen maken; **IV** *vi* ⊙ groenen; **–back** *Am* bankbiljet *o;* **–ery** groen *o; ~* **-eyed** groenogig; *the ~ monster* de jaloersheid; **–finch** groenvink; **–gage** reineclaude; **–grocer** groen(te)boer; **–grocery** groente(handel); **–horn** groen, sul; onervarene, beginneling; **–house** serre, kas, oranjerie; **–ish** groen(acht)ig

Greenland ['gri:nlənd] Groenland(s)

greenroom ['gri:nrum] artiestenkamer; **–sickness** bleekzucht; *~-stall* groentestalletje *o;* **–sward** grasveld *o;* **greeny** groen(ig), groenachtig

greet [gri:t] begroeten, groeten; **–ing** begroeting, groet; *~s telegram* gelukstelegram *o*

gregarious [gri'gɛəriəs] ♣ gezellig (levend); *~ animal* ook: kuddedier *o*

Gregorian [gri'gɔ:riən] gregoriaans

gremlin ['gremlin] man met de hamer: denkbeeldige onheilbrengende geest [aan boord v.e. vliegtuig]

grenade [gri'neid] ✗ (hand)granaat; **–dier** [grenə'diə] ✗ grenadier

grew [gru:] V.T. van *grow*

grey [grei] **I** *aj* grijs, grauw; ongebleekt [v. katoen &]; duister, vaag; bewolkt; *fig* somber, akelig; *~ horse* schimmel; *~ matter* grijze stof [in het centrale zenuwstelsel]; *fig* hersens, verstand *o;* **II** *sb* grijs *o,* grauw *o;* schimmel; *~s* grijze partijen [v. schilderij]; ongebleekte linnen goederen; **III** *vi* (beginnen te) grijzen; **IV** *vt* grijs maken; **–beard** grijsaard; *~* **friar** franciscaan; *~* **-haired,** *~* **headed** met grijs haar, grijs, vergrijsd; *~* **-hen** korhoen *o;* **–hound** hazewind, windhond; **–ish**

grijs-, grauwachtig

grid [grid] (braad)rooster *m & o;* net *o,* centrale voorziening [v. elektriciteit, gas &]

griddle ['gridl] bakplaat; *~* **-cake** plaatkoek

gride [graid] **I** *vi* knarsen; **II** *sb* geknars *o*

gridiron ['gridaiən] (braad)rooster *m & o;* traliewerk *o;* toneelzolder; *~ pendulum* compensatieslinger

grief [gri:f] droefheid, verdriet *o,* leed *o,* kommer, smart, hartzeer *o; (good) ~!* goeie God!; *come to ~* een ongeluk krijgen; verongelukken; een val doen; de nek breken; mislukken, stranden[2], schipbreuk lijden[2] (op, *on, over)*

grievance ['gri:vəns] grief; **grieve I** *vt* bedroeven, verdrieten, smarten, leed (aan)doen; **II** *vi* treuren (over *about, at, over, for);* **–vous** zwaar, pijnlijk, smartelijk, bitter, < deerlijk, jammerlijk &; ✎ zwaar drukkend

griffin ['grifin] griffioen

grig [grig] zandaal; krekel, sprinkhaan; *merry as a ~* heel vrolijk

grill [gril] **I** *sb* rooster *m & o;* geroosterd vlees *o &;* = *grill-room, grille;* **II** *vt* roosteren, grilleren, braden[2]; *Am* een scherp verhoor afnemen

grille [gril] traliewerk *o,* -hek *o,* afsluiting

grill-room ['grilrum] restaurant *o*

grim [grim] *aj* grimmig, bars; bar, streng, hard; fel, verwoed, verbeten, woest, wreed, afschuwelijk; lelijk, bedenkelijk; *hold on like ~ death* niet loslaten; *~ humour* galgenhumor

grimace [gri'meis] **I** *sb* grimas, grijns; **II** *vt* grimassen maken, grijnzen

grimalkin [gri'mælkin] oude kat[2]

grime [graim] **I** *sb* vuil *o;* roet *o;* **II** *vt* bevuilen; **–my** vuil, smerig

grin [grin] **I** *sb* brede glimlach; grijns, grijnslach; **II** *vi* het gezicht vertrekken; grijnzen, grijnslachen

grind [graind] **I** *vi* (zich laten) malen of slijpen; knarsen; F zich afbeulen (op *away at),* ploeteren, blokken; **II** *vt* (fijn)malen, (fijn)wrijven; slijpen; draaien [orgel]; F drillen [jongens]; *~ the faces of the poor* de armen onderdrukken, uitzuigen, uitmergelen; *~ one's teeth* knarsetanden; zie ook: *axe,* ● *~ down* (fijn)malen; onderdrukken; *~ into dust* tot stof vermalen; *~ out* afdraaien [op een orgel]; *~ to dust* tot stof vermalen; **III** *sb* malen of slijpen *o;* (orgel)draaien *o,* knarsen *o;* F karwei *o;* koeliewerk *o,* sjouw; *~er* slijper; kies, maaltand; **–stone** ['graindstoun] slijpsteen

grip [grip] **I** *sb* greep°, houvast *o,* vat; begrip *o;* macht; *at ~* handgemeen; **II** *vt* (vast)grijpen, beetpakken, klemmen; *fig* pakken, boeien; **III** *vt & va* pakken, boeien

gripe [graip] **I** *vt* (vast)grijpen, (beet)pakken; koliek veroorzaken; *fig* knijpen; **II** *sb* greep°, houvast *o,* vat; knaging, druk; *~s* koliek *o & v,* kramp(en)

grippe [grip] *Fr* griep

gripsack ['gripsæk] *Am* valies *o*

grisly ['grizli] akelig, griezelig

grist [grist] koren *o*; ~ **to his mill** koren op zijn molen; *that brings* ~ *to his mill* dat legt hem geen windeieren; *all is* ~ *that comes to his mill* alles is van zijn gading

gristle ['grisl] kraakbeen *o*; **-ly** kraakbeenachtig

grit [grit] **I** *sb* zand *o*, steengruis *o*; zand- of biksteen *o* & *m*; grein *o*; *fig* flinkheid, fut; ~*s* grutten; **II** *vt* ~ *one's teeth* knarsetanden; **III** *vi* knarsen; ~ **stone** zand- of biksteen *o* & *m*; **gritty** zanderig, korrelig

grizzle ['grizl] **F** jengelen, jammeren

grizzled ['grizld] grijs, grauw, vergrijsd

grizzly (bear) ['grizli(bɛə)] grizzly(beer)

groan [groun] **I** *vi* ste(u)nen, kreunen, kermen (van *with*), zuchten (naar *for*, onder *under*); kraken [v. houtwerk]; **II** *sb* gesteun *o*, gekreun *o*

groat [grout] *not a* ~ geen zier, geen duit

groats [grouts] grutten

grocer ['grousə] kruidenier; **-y** kruideniersvak *o*, -winkel, -zaak (ook: ~ *business*); *groceries* kruidenierswaren

grog [grɔg] grog; **-gy** aangeschoten, dronken; onvast op de benen; zwak, wankel

groin [grɔin] lies; △ graatrib; **-ed** ~ *vault* △ kruisgewelf *o*

grook [gru:k] kort versje *o* of leuze

groom [gru:m] **I** *sb* stal-, rijknecht; bruidegom; kamerheer; **II** *vt* verzorgen; prepareren, opleiden [een opvolger]; **-sman** bruidsjonker

groove [gru:v] **I** *sb* groef, sponning, gleuf; trek [v. kanon of geweer]; *fig* sleur; *in the* ~ **S** in de juiste stemming; *get into a* ~ in een sleur vervallen; **II** *vt* groeven; ✗ ploegen; **groovy S** hip; seksueel aantrekkelijk

grope [group] (tastend) zoeken, (rond)tasten (naar *for*, *after*)

gross [grous] **I** *aj* dik, groot, lomp, grof, ruw, onbeschoft; bruto; schromelijk, erg, flagrant; **II** *sb* gros *o*; *in (the)* ~ in zijn geheel, in het algemeen; bij de hoop; in het groot

☉ **grot** [grɔt] grot

grotesque [grou'tesk] **I** *aj* grotesk; **II** *sb* groteske *o*

grotto ['grɔtou] grot

grouch [grautʃ] **F I** *sb* mopperige bui; humeurigheid; brompot; **II** *vi* mopperen; **-y F** mopperig

1 ground [graund] **I** *sb* grond² (ook = grondkleur); achtergrond; bodem; terrein² *o*; ~*s* grondsop *o*, droesem, (koffie)dik *o*; aanleg, park *o*; *break* ~ beginnen te graven, het terrein ontginnen²; *break new* ~ pionierswerk doen; *change one's* ~ zie *shift one's* ~; *cover much* ~ een hele afstand afleggen; *fig* veel afdoen; zich over een

groot gebied uitstrekken; *cut the* ~ *from under sbd.'s feet* iem. het gras voor de voeten wegmaaien; *gain* ~ veld winnen², vorderen; *give* ~ wijken; *hold (keep) one's* ~ stand houden, voet bij stuk houden; *lose* ~ terrein verliezen²; *maintain one's* ~ zie *hold one's* ~; *shift one's* ~ van standpunt veranderen, het over een andere boeg gooien; *stand one's* ~ zie *hold one's* ~; *touch* ~ grond voelen; • *above* ~ boven aarde; nog in leven; *it suits me d o w n to the* ~ dat komt mij zeer gelegen, dat is een kolfje naar mijn hand; *get o f f the* ~ van de grond komen; *o n sure* ~ op veilig terrein; *on the* ~ *of...* op grond van, wegens; on the ~(*s*) *that* op grond van het feit, dat..., omdat, daar; *on personal* ~*s* om redenen van persoonlijke aard; *fall t o the* ~ op de grond vallen; *fig* in het water (in duigen) vallen; **II** *vt* gronden°; grondvesten, baseren; grondverven; de gronden onderwijzen; op de grond leggen [geweren]; ⚓ op strand zetten; ⚡ op de grond houden; ⚓ aarden; *well* ~*ed* gegrond [v. klachten &]; goed onderlegd (in *in*); **III** *vi* ⚓ aan de grond raken, stranden

2 ground [graund] V.T. & V.D. van *grind*; ~ *glass* matglas *o*

ground-bait ['graundbeit] lokaas *o*; ~ **floor** benedenverdieping, parterre *o* & *m*; **-ing** grondverven *o*; grondslag²; ⚓ aan de grond raken *o*; *with a good* ~ goed onderlegd; ~ **ivy** hondsdraf; **-less** ongegrond; ~ **level** begane grond; maaiveld *o*; ~ **-nut** aardnoot, pinda; ~ **-plan** plattegrond; (eerste) ontwerp; ~ **-plot** bouwterrein *o*; ~ **-rent** grondpacht; **-sheet** grondzeil *o*; **-sman** ♯ terreinknecht; ~ **swell** grondzee; ~ **wire** aardleiding; **-work** grondslag², grond; onderbouw

group [gru:p] **I** *sb* groep; **II** *vt* groeperen; **III** *vi* zich groeperen; **-ing** groepering

grouse [graus] **I** *sb* ⚒ korhoen *o*, korhoenders ‖ **F** gemopper *o*, gekanker *o*; grief; **II** *vi* **F** mopperen, kankeren

grout [graut] **I** *sb* dunne mortel; **II** *vt* met dunne mortel voegen

grove [grouv] bosje *o*, bosschage *o*

grovel ['grɔvl] kruipen², zich in het stof vernederen (ook: ~ *in the dirt*, *in the dust*); **grovelling** kruipend², kruiperig; verachtelijk

grow [grou] **I** *vi* groeien, wassen, aangroeien; ontstaan; worden; ~ *into one* aaneen-, samengroeien; ~ *o u t of* voortspruiten, ontstaan uit; groeien uit, ontgroeien; ~ *t o g e t h e r* samengroeien; ~ *u p* (op)groeien, groot (volwassen) worden; ontstaan; ~ *u p o n sbd.* vat op iem. krijgen; zich aan iem. opdringen [v. gedachte]; **II** *vt* laten groeien (staan); (ver)bouwen, kweken, telen; voortbrengen; **-ing I** *aj* groei-; groeizaam [v. weer]; ~ *crops* te velde staande gewassen; ~

pains groeikoorts, groeistuip; *fig* kinderziekte(n); ~ **point** groeipunt *o*; **II** *sb* (ver)bouw, cultuur, teelt

growl [graul] **I** *vi* snauwen, knorren, grommen, brommen (tegen *at*); **II** *vt* ~ (*out*) brommen; **III** *sb* grauw, snauw, geknor *o*, gebrom *o*, gegrom *o*; —**er** knorrepot; ✎ F vigilante

grown [groun] V.D. van *grow*; begroeid; volgroeid, volwassen; groot; ~ **-up** I *aj* volwassen; **II** *sb* the ~s de volwassenen, de groten

growth [grouθ] groei, wasdom, aanwas, toeneming, vermeerdering; gewas *o*, produkt *o*; gezwel *o*, uitwas; *a tender* ~ een teer plantje *o*; *a week's* ~ (*of beard*) een baard van een week; *of foreign* ~ van vreemde bodem

groyne [grɔin] golfbreker

grub [grʌb] **I** *sb* larve, made, engerling; F ploeteraar; F slons; F eterij, kost; **II** *vi* graven, wroeten; zich afbeulen (op *at*); ploeteren (aan *away at*); F bikken, schransen; ~ *along* (*on*) door-, voortploeteren (aan); **III** *vt* opgraven, om-, uitgraven, rooien (ook: ~ *up*)

Grub-street I *sb* brood-, prulschrijvers; **II** *aj* prullig

grubby ['grʌbi] vuil, vies, slonzig; vol maden

grudge [grʌdʒ] **I** *vt* misgunnen, niet gunnen; *he* ~*s no labour* geen arbeid is hem te veel; **II** *sb* wrok; *bear* (*owe*) *a* ~, *have a* ~ *against* (een) wrok koesteren jegens, geen goed hart toedragen; **grudgingly** met tegenzin, ongaarne; tegen wil en dank

gruel ['gruel] dunne pap, brij; *get one's* ~ F er van langs krijgen; *give sbd. his* ~ F iem. zijn vet (bekomst) geven; **gruelling** I *aj* F afmattend, zwaar, hard; **II** *sb* F afstraffing

gruesome ['gru:səm] ijselijk, griezelig, ijzingwekkend, akelig

gruff [grʌf] nors; bars

grumble ['grʌmbl] **I** *vi* morren, knorren; brommen, grommen, pruttelen, mopperen (over *at*, *about*, *over*); rommelen; **II** *vt* ~ (*out*) grommen; **III** *sb* gegrom *o*, gemopper *o*, grauw; gerommel *o* [van donder]; —**r** knorrepot, brombeer, mopperaar

grummet, grommet ['grʌmit, 'grɔmit] ⚓ lus [v. scheepstouw]; metalen lus of oog *o*

grumpy ['grʌmpi] **I** *aj* humeurig, knorrig, mopperig; **II** *sb* brombeer, grompot

Grundy ['grʌndi] *Mrs* ~ de boze, kwaadsprekende wereld

grunt [grʌnt] **I** *vi* knorren (als een varken); **II** *vt* ~ (*out*) grommen; **III** *sb* knor, geknor *o*; —**er** knorder, grommer; 🐷 varken *o*

gruyère ['gru:jɛə] gruyère(kaas)

gs. = *guineas*

guano ['gwa:nou] guano

G-string ['dʒi:striŋ] ♩ G-snaar; smalle lenden-

doek [v. danseressen], miniem onderbroekje *o* in die vorm

guarantee [gærən'ti:] **I** *sb* (waar)borg; garantie; $ aval *o* [v. wissel]; waarborg(en) verkregen hebbende (partij); **II** *vt* waarborgen, vrijwaren (tegen, voor *against*, *from*), borg staan voor, garanderen; $ avaleren [wissel]; —**tor** [gærən'tɔ:] garant; $ avalist [v. wissel]; —**ty** ['gærənti] waarborg, garantie

guard [ga:d] **I** *sb* wacht, hoede, waakzaamheid, dekking; bescherming, bewaking; bewaker, wachter; *Am* cipier, gevangenbewaarder; 💬 garde, lijfwacht (~*s*); conducteur; stootplaat [van degen]; beugel [van geweer]; (vuur)scherm *o*; (been)beschermer; leuning; (gevechts)positie [bij schermen]; ~ *of honour* erewacht; *lower one's* ~ zijn waakzaamheid laten verslappen; *off one's* ~ niet op zijn hoede; *be o n* ~ 💬 op wacht staan; *on one's* ~ op zijn hoede; **II** *vt* (be)hoeden, beschermen (tegen *against*, *from*); bewaken[2]; **III** *vi* zich hoeden, zich wachten, op zijn hoede zijn, oppassen, waken (voor *against*); ~ **-chain** halsketting; veiligheidskettinkje *o*; ~**ed** voorzichtig, gereserveerd; afgeschermd; ◊ gedekt; —**ee** [ga:'di:] **S** = *guardsman*; —**house** ['ga:dhaus] = *guardroom*

guardian ['ga:djən] voogd; curator; bewaarder, bewaker; opziener; *rk* gardiaan; *fig* hoeder; ~ *angel* engelbewaarder, beschermengel; ~*s of the poor* 💬 armvoogden; *board of* ~*s* 💬 armbestuur *o*; —**ship** voogdij, voogdijschap *o*, bewaking, hoede, bescherming

guard-rail ['ga:dreil] leuning; vangrail; —**room** 💬 wachtlokaal *o*; 💬 arrestantenlokaal *o*; politiekamer; —**sman** officier (soldaat) van de garde, gardist

gubernatorial [gju:bənə'tɔ:riəl] goeverneurs-, regerings-

gudgeon ['gʌdʒən] 🐟 grondeling; *fig* sul; ✕ pen

☉ **guerdon** ['gə:dən] beloning

Guernsey ['gə:nzi] trui

guer(r)illa [gə'rilə] guerilla (ook: ~ *war*); guerillastrijder

guess [ges] **I** *vi* & *vt* raden, gissen (naar *at*); *Am* denken, geloven; vermoeden; **II** *sb* gis(sing); *it's anybody's* (*anyone's*) ~ dat weet geen mens; *my* ~ *is...* ik denk (geloof)...; *give a* ~ (*at*) raden (naar); ● *at a* ~ naar gissing; *b y* ~ op de gis; —**work** gissing, gegis *o*, raden *o*

guest [gest] gast, logé, introducé; genodigde; *paying* ~ betalende logé; ~ **-chamber** = *guestroom*; ~ **-house** tehuis *o* voor vreemdelingen, pension *o*; ~ **-room** logeerkamer; ~ **worker** gastarbeider

guff [gʌf] F onzin

guffaw [gʌ'fɔ:] **I** *sb* luide (onbeschaafde) lach; **II** *vi* bulkend lachen

Guiana [gai'æna, gi'a:na] Guyana *o*; **Guianese** [gaia'ni:z] Guyaan(s)
guidance ['gaidans] leiding, bestuur *o*; *fig* begeleiding; geleide *o*; voorlichting; **guide I** *sb* leidsman, (ge)leider, gids; leidraad; reisgids; ※ guide; **II** *vt* (ge)leiden, (be)sturen, tot gids dienen[2], de weg wijzen[2]; ~*d missile* geleid projectiel *o*; ~*d tour* ook: rondleiding; ~**book** (reis)gids, leidraad; ~-**dog** geleidehond; ~-**line** *fig* richtlijn, richtsnoer *o*, leidraad; ~-**post** hand-, wegwijzer; ~-**rope** sleepkabel, -touw *o* [v. ballon]; keertouw *o* [bij het hijsen]
guidon ['gaidən] vaantje *o*, wimpel
guild [gild] gilde *o* & *v*; vereniging
guilder ['gildə] gulden
guildhall ['gild'hɔ:l] gildehuis *o*; stadhuis *o*
guile [gail] bedrog *o*; (arg)list, valsheid; ~**ful** arglistig, vals; ~**less** onschuldig, argeloos
guillotine [gila'ti:n] **I** *sb* guillotine: valbijl; ※ snijmachine; **II** *vt* guillotineren
guilt [gilt] schuld; ~**less** schuldeloos, onschuldig (aan *of*); ~ *of...* ook: zonder...; ~**y** *aj* schuldig (aan *of*); misdadig; schuldbewust; *be* ~ *of* ook: zich schuldig maken (bezondigen) aan
guinea ['gini] ⏕ muntstuk van 21 sh.
guinea-fowl ['ginifaul] parelhoen *o*
guinea-pig ['ginipig] ♠ cavia, marmot, Guinees biggetje *o*; *fig* proefkonijn *o*; $ commissaris, die weinig meer doet dan zijn presentiegeld in ontvangst nemen
guise [gaiz] gedaante; uiterlijk *o*, voorkomen *o*, schijn; ⸱ kledij; *in the* ~ *of* bij wijze van; *under the* ~ *of* onder de schijn van: als
guitar [gi'ta:] gitaar; ~**ist** gitarist, gitaarspeler
gulch [gʌlʃ] (goudhoudend) ravijn *o*
gules [gju:lz] ⊘ keel: rood
gulf [gʌlf] golf, (draai)kolk, zeeboezem; afgrond[2], *fig* onoverbrugbare kloof
gull [gʌl] **I** *sb* ⸙ (zee)meeuw ‖ *fig* eend, onnozele bloed; **II** *vt* voor het lapje houden, wat wijsmaken, bedotten
gullet ['gʌlit] slokdarm, keel
gullible ['gʌlibl] lichtgelovig, onnozel [vijn *o*
gully ['gʌli] goot; riool *o*; geul; mui; slenk; ra-
gulp [gʌlp] **I** *vt* (in)slikken; ~ *down* (in)slikken[2], inslokken, naar binnen slaan; *fig* onderdrukken [snik, woede &]; **II** *vi* slikken; slokken; **III** *sb* slik, slok; *at a (one)* ~ in één slok (teug)
gum [gʌm] **I** *sb* gom *m* of *o*; gomboom; gombal; kauwgom *m* of *o* ‖ ~*s* tandvlees *o*; *Am* overschoenen; ~ *arabic* Arabische gom *m* of *o*; **II** *vt* gommen; ~ *up* S onklaar maken; **III** *vi* kleven; ~**boil** abcesje *o* op het tandvlees; ~**boots** rubberlaarzen; ~-**drop** gombal; **gummy** gomachtig, kleverig, dik, opgezet
gumption ['gʌm(p)ʃən] F pienterheid; fut, lef *o* & *m*

gum-resin ['gʌm'rezin] gomhars *o* & *m*; ~**shoe** *Am* overschoen; S detektive, (politie)spion; ~-**tree** gomboom; *up a* ~ S in de knel
gun [gʌn] **I** *sb* geweer *o*, kanon *o*; revolver; spuitpistool *o*, spuit [voor verf &]; (saluut)schot *o*; jager; *big (great)* ~ F piet, hoge ome; *blow great* ~*s* verschrikkelijk stormen; *stand (stick) to one's* ~(*s*) op zijn post blijven; voet bij stuk houden; **II** *vi* jagen, schieten; **III** *vt* beschieten; ~**boat** kanonneerboot; ~-**carriage** affuit; ~-**case** foedraal *o* v. geweer; ~-**cotton** schietkatoen *o* & *m*; ~-**fire** kanonvuur *o*; morgen-, avondschot *o*; ~**man** bandiet, gangster
gunnel ['gʌnl] = *gunwale*
gunner ['gʌnə] ※ artillerist, kanonnier; schutter; ⚓ konstabel; jager; ~**y** ballistiek; kanonvuur *o*
gunny ['gʌni] gonje, jute; jutezak
gunpowder ['gʌnpaudə] (bus)kruit *o*; **gunroom** ['gʌnrum] ⚓ verblijf *o* voor subalterne officieren; ~-**runner** wapensmokkelaar; ~-**running** wapensmokkelarij; ~-**shot** geweer-, kanonschot *o*; schootsafstand, reikwijdte; ~-**smith** geweermaker
gunter ['gʌntə] logaritmische lineaal
gunwale ['gʌnl] dolboord *o* & *m*
gup [gʌp] F roddel, geklets, kletskoek
gurgle ['gə:gl] **I** *vi* klokken [als uit een fles]; murmelen; kirren [v. kind]; **II** *sb* geklok *o*; gemurmel *o*; gekir *o* [v. kind]
Gurkha ['guəkə] Gurka(soldaat)
gush [gʌʃ] **I** *vi* gutsen, (uit)stromen; aanstellerig sentimenteel doen, dwepen (met *about*); **II** *sb* stroom, uitstroming, uitstorting, uitbarsting; overdreven sentimentele taal; ~**er** spuiter; spuitende oliebron; ~**ing**, ~**y** overvloeiend[2]; *fig* overdreven, sentimenteel, dwepend
gusset ['gʌsit] geer, okselstuk *o*, (driehoekig) inzetsel *o*
gust [gʌst] vlaag[2]; windvlaag
gustation [gʌs'teiʃən] proeven *o*; smaak; ~**tory** ['gʌstətəri] smaak-
gusto ['gʌstou] smaak, genot *o*, animo
gusty ['gʌsti] vlagerig, buiig
gut [gʌt] **I** *sb* darm; vernauwing, engte; ~*s* ingewanden; P buik; F fut, lef *o* & *m*; *have the* ~*s to do sth.* het lef hebben iets te doen; zie ook: *hate* **I**; **II** *vt* uithalen, schoonmaken; leeghalen [een huis]; uitbranden [bij brand]; plunderen, excerperen [voor referaat]; ~**less** F futloos, laf
gutter ['gʌtə] **I** *sb* goot, geul; *fig* bittere armoede; *from the* ~ van de straat opgeraapt; **II** *vi* stromen; aflopen [v. kaars]; **III** *vt* groeven; ~**ing** riolering; ~ **press** schandaalpers; ~**snipe** straatkind *o*
guttural ['gʌtərəl] **I** *aj* keel-; **II** *sb* keelklank
guv'nor ['gʌvnə] P ouwe heer; baas, meneer
1 guy [gai] **I** *sb* borgtouw *o*; scheerlijn [v. tent]; **II**

vt met een borgtouw & bevestigen

2 guy [gai] **I** *sb* Guy-Fawkespop [op 5 nov. rondgedragen ter herinnering aan het Buskruitverraad]; vogelverschrikker, wonderlijk toegetakeld iemand; **F** vent, kerel, knaap, jongen; **II** *vt* voor het lapje houden; chargeren, travesteren [op het toneel]

Guyana, Guyanese = *Guia-*

guy-rope ['gairoup] = *guy* **I**

guzzle ['gʌzl] zuipen, brassen; (op)schrokken; **–r** zuiplap, brasser; schrokker

gybe [gaib] ⚓ gijpen

gym [dʒim] **F** gymnastiek(zaal); ~ *shoes* gymnastiekschoenen; ~ *slip* gymbroekje *o*

gymkhana [dʒim'ka:nə] sportterrein *o*; atletiekwedstrijden; wedren met hindernissen

gymnasium [dʒim'neizjəm] gymnastiekschool, -zaal; [buiten Engeland] gymnasium *o*; **gymnast** ['dʒimnæst] sportleraar, -beoefenaar; **–ic** [dʒim'næstik] **I** *aj* gymnastisch; gymnastiek-; **II** *sb* ~(*s*) gymnastiek

gynaecological [gainikə'lɔdʒikl] gynaecologisch; **–ist** [gaini'kɔlədʒist] gynaecoloog, vrouwenarts; **gynaecology** gynaecologie

gyp [dʒip] ⋍ (studenten)oppasser; *give* (*someone*) ~ **S** (iem.) op z'n donder geven, pijn doen

gypsum ['dʒipsəm] gips *o*

gyrate ['dʒaiəreit] (rond)draaien; **–tion** [dʒaiə'reiʃən] ronddraaiing, omwenteling, kringloop; **–tory** ['dʒaiərətəri] draaiend, draai-

gyroscope ['dʒaiərəskoup] gyroscoop

⊙ **gyve** [dʒaiv] **I** *sb* keten; **II** *vt* ketenen

H

h [eitʃ] (de letter) h

ha [ha:] ha!, zie ook: *hum*

habeas corpus ['heibjəs'kɔ:pəs] **‡‡** (*writ of*) ~ bevelschrift *o* tot voorleiding van een gevangene

haberdasher ['hæbədæʃə] winkelier in garen en
band, spelden &; winkelier in herenmodes; **–y**
garen- en bandwinkel; garen en band, spelden
&; (zaak in) herenmodes

habiliment [həˈbiliment] kleding, dracht; ~*s* gewaad *o*, uitrusting

habit ['hæbit] **I** *sb* gewoonte, hebbelijkheid, aanwensel *o*, habitus; gesteldheid; (rij)kleed *o*, amazone; habijt *o*, pij; dracht; *from* ~ uit gewoonte;
~ *of mind* denkwijze; *have a* ~ *of, be in the* ~ *of* de
gewoonte hebben, gewoon zijn; *fall* (*get*) *into the*
~ *of* zich aanwennen; **II** *vt* kleden

habitable ['hæbitəbl] bewoonbaar; habitat ver-
blijf-, vind-,groeiplaats [v. dier of plant]; **–ion**
[hæbiˈteiʃən] bewoning; woning, woonplaats

habit-forming ['hæbitfɔ:miŋ] ~ *drug* versla-
vingsvergift *o*; habitual [həˈbitjuəl] *aj* gewoon;
gewoonte-; **–ate** wennen (aan *to*); habitude
['hæbitju:d] gewoonte, hebbelijkheid; constitutie, gesteldheid; habitué [həˈbitjuei] *Fr* vaste
bezoeker, stamgast

1 hack [hæk] **I** *sb* houweel *o*; houw, snede, keep
|| droge kuch || huurpaard *o*, knol; broodschrij-
ver; loonslaaf; **II** *aj* afgezaagd || huur-; ~ *work*
werk *o* om den bode; ~ *writer* broodschrijver

2 hack [hæk] **I** *vt* hakken, houwen, japen, kerven,
inkepen || tot vervelens toe herhalen, afgezaagd
maken; **II** *vi* erop inhakken (ook: ~ *at*); (droog)
kuchen

hackle ['hækl] **I** *sb* (vlas)hekel; (hane)veer, kunstvlieg (met veer); *with one's* ~*s up* nijdig; strijdlustig; **II** *vt* hekelen

hackney ['hækni] **I** *sb* tuig-, huurpaard *o*; huurrijtuig *o* (ook: ~-*coach*); loonslaaf; **II** *aj* huur-; **III**
vt afgezaagd maken; ~*ed* afgezaagd

hacksaw ['hæksɔ:] ijzer-, metaalzaag

had [hæd] V.T. & V.D. van *have*

haddock ['hædək] schelvis

haemophila [hi:mou'filiə] hemofilie; bloederziekte

haemorrhage ['heməridʒ] bloeding

hæmorrhoids ['heməroidz] aambeien

haft [ha:ft] heft *o*, handvat *o*

hag [hæg] heks², toverkol

haggard ['hægəd] **I** *aj* wild, verwilderd; uitgeput,
afgetobd; mager; **II** *sb* wilde, niet getemde havik
of valk

haggis ['hægis] (Schots nationaal) gerecht *o* van

hart, longen en lever van schaap

haggish ['hægiʃ] als (van) een heks

haggle ['hægl] **I** *vi* knibbelen, kibbelen, pingelen,
(af)dingen; **II** *sb* gekibbel *o*

hagiocracy [hægi'ɔkrəsi] priesterregering

hagiolatry [hægi'ɔlətri] overdreven heiligenver-
ering

hagridden ['hægridn] (als) door een nachtmerrie
gekweld

Hague (The) [ðə'heig] Den Haag; als *aj* Haags

hail [heil] **I** *sb* hagel || (aan)roep; *within* (*out of*) ~
(niet) te beroepen; **II** *vi* hagelen || ~ *from* komen
van, afkomstig zijn van; **III** *vt* doen neerdalen ||
aanroepen, ♣ praaien; begroeten (als *as*); **IV** *ij*
heil (u); *Hail Mary rk* wees gegroet, Maria; *a*
Hail Mary rk een weesgegroet(je) *o*; ~-**fellow**
(-**well-met**) beste maatjes zijnde (met *with*);
–**stone** hagelsteen, -korrel; –**storm** hagelbui,
hagelslag

hair [hɛə] haar *o*; haartje *o*; haren; *keep your* ~ *on*
S maak je niet dik; *let one's* ~ *down* S een ongedwongen houding aannemen, loskomen; *make*
one's ~ *stand on end* de haren ten berge doen rijzen; *not turn a* ~ geen spier vertrekken; *split* ~*s*
haarkloven, muggeziften; *to a* ~ op een haar,
haarfijn; –**breadth** haarbreed *o*; *he had a* ~ *escape*
het scheelde maar een haar of hij was er bij geweest; –**brush** haarborstel; –**cloth** haren stof;
haren kleed *o*, boetekleed *o*; –**cut** knippen *o*;
coupe; –**do** kapsel *o*, coiffure, frisuur; –**dresser**
kapper, coiffeur; –**ed** behaard, harig; ~-**line**
ophaal [bij het schrijven]; haargrens [v. voor-
hoofdshaar]; haarlijntje *o*; –**piece** haarstukje *o*;
–**pin** haarspeld; ~ *bend* haarspeldbocht; ~-
raising waarvan je de haren te berge rijzen; ~-
restorer haargroeimiddel *o*; ~'s **breadth** =
hairbreadth; ~-**shirt** (kemels)haren hemd *o*; boetekleed *o*; ~-**slide** haarspeld; ~-**splitter** haarklover; ~-**splitting I** *aj* haarklovend; **II** *sb* haarkloverij; –**spring** spiraalveer [in horloge]; ~-
style coiffure, kapsel *o*; ~-**wash** haarwater *o*;
hairy harig, behaard; haren, haar-

hake [heik] soort kabeljauw

halberd ['hælbəd] hellebaard; –**ier** [hælbə'diə]
hellebaardier

halcyon ['hælsiən] **I** *sb* ijsvogel; **II** *aj* vredig, stil,
kalm, rustig

hale [heil] **I** *aj* fris, gezond, kloek, flink; ~ *and*
hearty fris en gezond, kras; **II** *vt* ✎ trekken, slepen, halen

half [ha:f] **I** *aj* half; ~ *a pound* een half pond; *in*
a ~ *whisper* (zacht) fluisterend; **II** *ad* half, halver-

wege; ~ *as much* (*many*) *again* anderhalf maal zoveel; ~ *past* (*five*) half (zes); *from two to* ~ *past tot half drie*; *not* ~*!* S en of!, en niet zuinig ook!; *not* ~ *bad* S nog zo kwaad niet, lang niet slecht; **III** *sb* helft, half; **F** semester *o*, halve mijl, vrije middag; halfback; kwart liter; *better* ~ **J** wederhelft [= echtgenote]; *go halves* samen delen; *bigger b y* ~ de helft groter; *too... by* ~ al te...; (*do nothing*) *by halves* ten halve; *cut, fold i n* ~ (*in halves*) in tweeën, doormidden; ~-**and-half** half-en-half, half-om-half; ~-**back** halfback, middenspeler; ~-**baked** halfgaar[2], onbekookt; ~-**binding** halfleren band; ~-**blood** halfbloed; halfbroeder, halfzuster; ~-**bred I** *aj* half beschaafd; van gemengd bloed; **II** *sb* halfbloed (paard *o*); ~-**breed** halfbloed[2]; ~-**brother** halfbroeder; ~-**caste** halfbloed; ~-**crown** vroegere Br. munt met waarde v. 2 sh. 6 d.; ~ **face** profiel; ~*d* aan de voorkant open [tent]; ~-**hearted** niet van harte, lauw, halfslachtig, weifelend; ~ **holiday** vrije middag; ~-**length** portret „te halven lijve", kniestuk *o* (~ *picture*); ~-**mast** *at* ~, ~ *high* halfstok; ~-**pay I** *sb* non-activiteitstraktement *o*, wachtgeld *o*; **II** *aj* op non-activiteit; –**pence** ['heip(ə)ns] ⫿ halve stuivers; –**penny** ['heipni] ⫿ halve stuiver; –**pennyworth** ['heipəθ, 'heipniwɔ:θ] ter waarde van of voor een halve stuiver; ~-**seas-over** ['ha:fsi:z'ouvə] halfdronken; ~-**sister** halfzuster; ~ **ticket** kinderkaartje *o*; ~-**timbered** ~ *house* vakwerkhuis *o*;~-**time I** *sb* half-time *o* & *m*: rust; **II** *aj* & *ad* voor de halve tijd; –**way** halfweg, halverwege; ~ *house* compromis *o*, middending *o*, tussenstation *o*; ~-**witted** halfwijs, zwakzinnig
halibut ['hælibət] heilbot
halitosis [hæli'tousis] slechte adem
hall [hɔ:l] hal; vestibule; zaal; ⌂ eetzaal; slot *o*, huizing; gildehuis *o*; stadhuis *o*; college *o*
hallelujah [hæli'lu:jə] halleluja, alleluja *o*
halliard ['hæljəd] ⚓ val *o*
hallmark ['hɔ:lma:k] **I** *sb* stempel[2] *o* & *m*, keur [v. essayeurs], waarmerk *o*; **II** *vt* stempelen[2], waarmerken
hallo [hə'lou] hela!; he!; hallo!; *say* ~ *to* sbd. iem. dag zeggen, iem. (be)groeten
halloo [hə'lu:] **I** *ij* & *sb* allo, hei, ho, hola; geroep *o*, geschreeuw *o*; **II** *vi* allo schreeuwen, roepen; **III** *vt* aanhitsen
hallow ['hælou] heiligen, wijden; **Hallowe'en** ['hælou'i:n] vooravond van Allerheiligen; **Hallowmas** ['hæloumæs] Allerheiligen
hall-porter ['hɔ:lpɔ:tə] portier; ~-**stand** kapstok en paraplustander
hallucinate [hə'l(j)u:sineit] hallucineren: aan waanvoorstellingen lijden; –**tion** [həl(j)u:-si'neiʃən] hallucinatie; –**tory** [hə'(j)u:sinətəri] hallucinatorisch; **hallucinogen** hallucinogeen

o; stimulerend middel *o*; –**ic** [həl(j)u:sinə'dʒenik] hallucinogeen, geestverruimend
halm [ha:m] = *haulm*
halo ['heilou] **I** *sb* halo: lichtkring om zon of Maan; stralenkrans; **II** *vt* met een halo (stralenkrans) omgeven
1 **halt** [hɔ:lt] **I** *ij* halt!; **II** *sb* halt, stilstand; halte; *call a* ~ halt (laten) houden; *make a* ~ halt houden; **III** *vi* (& *vt*) halt (laten) houden, stoppen
2 **halt** [hɔ:lt] **I** *vi* ✎ mank, kreupel lopen; *fig* weifelen; mank gaan; ~ *between two opinions* op twee gedachten hinken; **II** *sb* ✎ kreupelheid; **III** *aj* ✎ kreupel
halter [dU04hɔ:ltə] **I** *sb* halster; strop; **II** *vt* halsteren, met een touw of halster binden, een touw of strop om de hals doen[2]
halting-place ['hɔ:ltiŋpleis] stopplaats, etappe
halve [ha:v] halveren, in tweeën delen
halyard ['hæljəd] ⚓ val *o*
ham [hæm] dij, bil; ham; **F** prul(acteur); (ook: ~ *actor*); (inz.: radio)amateur
hamburger ['hæmbə:gə] hamburger: (broodje *o* met) gehakt *o*, gehaktbal
ham-fisted ['hæm'fistid] onhandig, ruw
hamlet ['hæmlit] gehucht *o*
hammer ['hæmə] **I** *sb* hamer (ook als gehoorsbeentje); ~ *and tongs* uit alle macht; *go to the* ~, *come under the* ~ onder de hamer komen; *throwing the* ~ *sp* kogelslingeren *o*; **II** *vi* hameren; ~ (*away*) *at* los hameren, beuken op; ploeteren aan; **III** *vt* (uit)hameren; slaan[2]; ~ *it i n t o* sbd.'s *head* het iem. instampen; ~ *o u t* uitvorsen; verzinnen; uitwerken
hammock ['hæmɔk] hangmat
hamper ['hæmpə] **I** *sb* dekselmand, picknickmand; **II** *vt* bemoeilijken, belemmeren, verstrikken
hamster ['hæmstə] hamster
hamstring ['hæmstriŋ] **I** *sb* kniepees; **II** *vt* de kniepees doorsnijden; *fig* verlammen; –**strung** V.T. & V.D. van *hamstring*
hand [hænd] **I** *sb* hand[*] (ook: handbreed *o*; handschrift *o*; handtekening; handvol en vijf stuks); (voor)poot (van dieren); wijzer [v. uurwerk]; arbeider, ⚓ man; ◊ speler, spel *o*, kaart; (maat van) 4 inches; kam [bananen]; *all* ~*s* ⚓ alle hens; *a big* ~ *for* **F** een hartelijk applaus *o* voor; *a cool* ~ **F** een brutaal heer; *a new* ~ een nieuweling, beginner; *an old* ~ een ouwe rot; *be a poor* ~ (*not much of a* ~) *at* slecht zijn in, geen bolleboos zijn in; *the knowing* ~*s* de gewiekste lui; *bound* (*tied*) ~ *and foot* aan handen en voeten gebonden[2], *fig* overgeleverd (aan de genade van) *to*); *serve* (*wait upon*) sbd. ~ *and* foot iem. op zijn wenken bedienen; *be* ~ *and* (*in*) *glove* koek en ei zijn; onder één hoedje spelen; (*win*) ~*s down* op zijn dooie gemak; *get one's* ~ *in* de slag van iets (weer) beet-

krijgen; *have a* ~ *in it* er de hand in hebben; *keep one's* ~ *in* zorgen er niet uit te raken, het onderhouden; ~*s off!* afblijven!; *my* ~ *is out* ik ben de slag ervan kwijt, ik heb het niet onderhouden; ~*s up!* handen omhoog!; *lay* ~*s on* beslag leggen op; te pakken krijgen; vinden; *lay* (*put*) ~*s* (*violent* ~*s*) *on oneself* de hand aan zich zelf slaan; *show one's* ~ de kaarten openleggen, zich blootgeven; *tie sbd.'s* ~ iem. in een dwangpositie brengen; • *be a t* ~ bij de hand zijn, in de buurt zijn; op handen zijn; *at first* (*second*) ~ uit de eerste (tweede) hand; *at your* ~*s* (*I did not expect this*) van u; *die at the* ~*s of a murderer* door moordenaarshanden vallen; *b y* ~ uit (met) de hand (gemaakt); „in handen" [op brieven]; met de fles (grootbrengen); *for one's own* ~ voor eigen rekening (risico); *from a sure* ~ van goeder hand; *from* ~ *to mouth* van de hand in de tand; *i n* ~ in de hand[2], in handen, nog voorhanden, onverkocht; *the matter in* ~ in voorbereiding, onder handen, de zaak in kwestie; *money in* ~ gereed geld, contanten; *go* ~ *with* hand in (aan) hand gaan met; *have one's men* (*well, thoroughly*) *in* ~ zijn manschappen (goed) onder appel hebben (houden); *have the situation in* ~ de toestand meester zijn; *take it in* ~ de hand aan het werk slaan, het aanpakken; het op zich nemen; *take sbd. in* ~ iem. flink aanpakken; *carry one's life in one's* ~*s* voortdurend zijn leven wagen; *take one's life in one's* ~*s* zijn leven wagen; *be in the* ~*s of* in handen zijn van, berusten bij; *that's off my* ~*s* daar ben ik af, dat is aan kant; *be o n* ~ aanwezig zijn, voorradig zijn, ter beschikking zijn (staan); *have sth. on* ~ iets nog in voorraad hebben; *have work on* ~ werk voor de boeg hebben; *on all* ~*s* van (aan) alle kanten[2]; *on either* ~ van (aan) beide zijden (kanten); *on the other* ~ van (aan) de andere kant, daarentegen; *the goods left on my* ~*s* waar ik mee ben blijven zitten; *o u t o f* ~ op staande voet; *get out of* ~ ongezeglijk worden; moeilijk (niet meer) te regeren zijn; uit de hand lopen [conflict]; ~ *o v e r fist*, ~ *over* ~ ⚓ hand over hand; *fig* steeds veld winnende; vlug; *come t o* ~ in handen vallen; zijn bestemming bereiken [v. brieven]; *no... to* ~ geen... bij de hand, geen... ter beschikking; *your letter to* ~ uw brief (hebben wij) ontvangen; *ready* (*made*) *to your* ~ kant en klaar voor u; ~ *to* ~ ✕ man tegen man; *w i t h all* ~*s* (*on board*) ⚓ met man en muis; *with folded* ~*s* ook: *fig* met de handen in de schoot; *with a high* ~ uit de hoogte, aanmatigend; eigenmachtig, autoritair; **II** *vt* ter hand stellen, overhandigen, aan-, overreiken, aan-, afgeven; • ~ *a b o u t* rondgeven; ~ *d o w n* aangeven; overleveren; ~ *i n* inleveren, afgeven, aanbieden; erin helpen; ~ *o n* doorgeven; ~ *o u t* aan-, afgeven; uitdelen; eruit helpen; ~ *o v e r* in-, afleveren, overhandigen, afge-

ven, uitreiken; *fig* afstaan, overdragen, overmaken, -leveren; de leiding (het bestuur, de zaak &) overdragen; $ doen toekomen, uitbetalen; ~ *r o u n d* ronddelen, ronddienen; *I must* ~ *it t o him, he was decent* S dat moet ik hem nageven; hij was fatsoenlijk; *you've got to* ~ *it to him* S ik neem mijn hoed voor hem af; –**bag** handtas, handtasje *o*; ~-**barrow** (draag)berrie; –**bill** (strooi)biljet *o*; –**book** leerboek *o*, inleiding, handboek *o*; gids; –**brake** handrem; –**clasp** handdruk; –**cuff I** *sb* handboei; **II** *vt* de handboeien aanleggen, boeien; –**ful** handvol; **F** lastig persoon, ding &; –**glass** handspiegel; handloep; –**grip** greep, stevige handdruk; *come to* ~*s* handgemeen worden; –**hold** houvast *o*

handicap ['hændikæp] **I** *sb* handicap; *fig* hindernis, belemmering; nadeel *o*; **II** *aj* met voorgift; **III** *vt* handicappen; *fig* in minder gunstige positie brengen, belemmeren

handicraft ['hændikra:ft] ambacht *o*, handwerk *o*, handenarbeid; **handiwork** werk *o* (der handen); handwerk

handkerchief ['hæŋkətʃi(:)f] zakdoek, (neus-) doek

handle ['hændl] **I** *sb* handvat *o*, heft *o*, hengsel *o*, (hand)greep, ✕ handel *o* & *m*, steel, kruk, zwengel, gevest *o*, oor *o*; stuur *o*; (deur)knop, -kruk; *fig* „vat"; *a* ~ *to one's name* een titel; *fly off the* ~ **F** opstuiven; **II** *vt* betasten, bevoelen, hanteren; aanvatten, aanpakken[2]; behandelen, onder handen nemen, omgaan (omspringen) met; verwerken [het verkeer &]; ✕ bedienen [geschut]; *sp* met de handen aanraken [de bal]; $ handelen in; ~*d* met handvat; –**bar(s)** stuur *o* [v. fiets]; *dropped* ~ omgekeerd stuur *o*; ~ (*moustache*) **F** „fietsstuur" [lange, zware snor]; *handling sp* „hands" [bij voetbal]; **hand-made** ['hænd-'meid] uit (met) de hand gemaakt, handwerk; geschept [papier]; –**maid(en)** 🗡 dienstmaagd; *fig* dienares; ~-**me-down** *Am* **F** confectie-, goedkoop; tweedehands; –**out** mededeling aan de pers; *Am* gift, aalmoes; ~-**picked** geselecteerd; –**rail** leuning; –**saw** handzaag; –**sel** ['hænsl] **I** *sb* nieuwjaarsgeschenk, -fooi; handgeld *o*; **II** *vt* handgeld geven; *fig* inwijden; –**shake** ['hændʃeik] handdruk; –**some** ['hænsəm] *aj* mooi, fraai, knap, nobel, royaal, mild; aardig, flink; ~ *is that* ~ *does* men moet niet op het uiterlijk afgaan; *do the* ~ *by sbd.* iem. financieel goed bedenken; *come down* ~ (*ly*) gul zijn; –**spike** ['hændspaik] handspaak; –**stand** hoofdstand [gymnastiek]; ~-**to-hand** ~ *fight* gevecht *o* van man tegen man, handgemeen *o*; ~-**to-mouth** van de hand in de tand (levend); –**work** handenarbeid; –**writing** handschrift *o*; ~ *expert* grafoloog, schriftkundige; –**written** met de hand geschreven; **handy** *aj eig* bij de hand; han-

dig°; ~ *with* goed kunnende gebruiken; zie ook:
come; **–man** factotum *o* & *m*; knutselaar

hang [hæŋ] **I** *vt* (op)hangen, behangen°; laten
hangen; laten besterven [vlees]; ~ *fire* ⚔ „na-
branden" [v. patroon]; *fig* niet opschieten; aarzelen; geen opgang maken; *I'll be ~ed if...* ik mag
hangen als...; *I'll be ~ed first* ik zou nog liever
hangen; ~ *it!* **F** drommels!; ~ *up* ophangen; *fig*
aan de kapstok hangen; op de lange baan schuiven; **II** *vi* (af)hangen; zweven; traineren [v. pro-
ces]; *let go* ~ **F** laat (ze) barsten!; ● ~ *a b o u t* zich
ergens ophouden; altijd om en bij [iem.] zijn; ~
b a c k niet vooruit willen; *fig* aarzelen, terugkrabbelen; ~ *b e h i n d* achterblijven; ~ *d o w n*
afhangen van; ~ *o n* (met klemtoon), aanhangen, blijven (hangen), zich vastklemmen (ook:
~ *on to*); volhouden; **F** even wachten; *time ~s
heavy* (*on my hands*) de tijd valt me lang; ~ *o u t*
uithangen [vlag]; **S** (ergens) uithangen, zich ophouden; ~ *t o g e t h e r* aaneen-, samenhangen,
eendrachtig samengaan; klitten; één lijn trekken; ~ *u p* ☏ de hoorn op de haak leggen, het
gesprek afbreken (met *on*); *be hung up* opgehouden zijn; **S** gedeprimeerd zijn; geobsedeerd zijn
(door *on*), verslingerd zijn (aan *on*); **III** *sb* hangen
o; (steile) helling; *fig* (in)richting; slag; *I don't care
a* ~ **F** het kan me niets schelen; *get the* ~ *of it* **F**
de slag ervan beetkrijgen; erachter komen
hangar ['hæŋə] hangar, (vliegtuig)loods
hangdog ['hæŋdɔg] ~ *look* schuldige blik, arme-
zondaarsgezicht *o*
hanger ['hæŋə] hanger; haak; hartvanger; ~**-on**
['hæŋə'rɔn] aanhanger; *fig* parasiet; **hanging**
['hæŋiŋ] **I** *sb* ophanging, hangen *o*; ~*s* drape-
rie(ën), behang(sel) *o*; **II** *aj* (af)hangend, hang-;
a ~ *affair* (*matter*) een halszaak, -misdaad; **hang-
man** beul; **–nail** nij(d)nagel; ~**-out** **S** verblijf *o*,
hol *o*, trefpunt *o*; **–over** **F** kater; overblijfsel *o*;
~**-up** **S** obsessie
hank [hæŋk] streng [garen]
hanker ['hæŋkə] (vurig) verlangen, hunkeren,
haken (naar *after, for*); ~**-ing** vurig verlangen *o*
hanky ['hæŋki] **F** zakdoek
hanky-panky ['hæŋki'pæŋki] **F** hocus-pocus,
trucs, knoeierij, kunsten
Hansard ['hænsa:d] de Handelingen van het
Parlement
hansom (cab) ['hænsəm ('kæb)] hansom: tweewielig huurrijtuig *o*
⚓ **hap** [hæp] **I** *sb* toeval *o*, (on)geluk *o*; **II** *vi* = *happen*
ha'penny = *halfpenny*
haphazard [hæp'hæzəd] **I** *sb* bloot toeval *o*; *at* (*by*)
~ op goed geluk; **II** *aj* op de bof ondernomen,
(in het wild) gewaagd; **III** *ad* op goed geluk
hapless ['hæplis] ongelukkig
⚓ **haply** ['hæpli] misschien, mogelijk

ha'p'orth ['heipəθ] = *halfpennyworth*
happen ['hæpn] (toevallig, vanzelf) gebeuren,
plaatsgrijpen, voorvallen; ~ *along* **F** toevallig
(langs)komen; ~ *on* (*upon*) toevallig ontmoeten,
aantreffen; ~ *to* overkomen [iem.], gebeuren
met [iets]; *I ~ed to see him* toevallig zag ik hem;
as it ~ed, as it ~s (nu) juist; *it so ~s that* het toeval
wil dat..., toevallig...; ~**ing** gebeurtenis; happe-
ning
happiness ['hæpinis] geluk *o*, blijheid, tevredenheid; **happy** *aj* gelukkig², blij, tevreden; *I shall
be* ~ *to...* ik zal gaarne...; ~**-go-lucky** zorgeloos;
op goed geluk (gedaan)
harangue [hə'ræŋ] **I** *sb* heftige of hoogdravende
rede, toespraak; **II** *vi* een redevoering houden;
III *vt* toespreken
harass ['hærəs] kwellen, teisteren, afmatten, bestoken
harbinger ['ha:bin(d)ʒə] **I** *sb* (voor)bode, voorloper; **II** *vt* aankondigen
harbour ['ha:bə] **I** *sb* haven²; schuilplaats [v.
hert]; **II** *vt* herbergen [ook: ongedierte &]; koesteren [gedachten]; met zich omdragen [plan]; **III**
vi een schuilplaatvinden; ⚓ ten anker gaan; ~**-age**
schuilplaats, toevlucht; ~**-master** havenmees-
ter
hard [ha:d] **I** *aj* hard°, zwaar, moeilijk; moeizaam; hardvochtig; $ vast; scherp [v. medeklin-
kers]; ~ *drinks* alcoholische dranken; ~*facts* harde (naakte) feiten; ~*feelings* wrok, rancune; ~ *labour* dwangarbeid; ~ *luck* pech; ~ *names* ook:
scheldwoorden; lelijke namen; *learn the* ~ *way*
een harde leerschool doorlopen; ~ *words* moeilijke woorden; harde woorden; *a* ~ *and fast rule*
een vaste (geen uitzondering of afwijking toela-
tende) regel; **II** *ad* hard°; *drink* ~ zwaar drinken;
look ~ *at* streng, strak aankijken; *think* ~ ingespannen denken, zich goed bedenken; ● ~
b e h i n d (*by*) vlak achter (bij); ~ *of hearing*
hardhorig; ~ *o n* (*upon*) dichtbij; vlak op [iets
volgen]; *hard* voor [iem.]; ~ *u p* slecht bij kas;
verlegen (om *for*); ~**-back** gebonden (boek *o*);
–bitten taai [v. vechter]; verbeten; **–board**
hardboard *o*; ~**-boiled** hardgekookt [ei]; **S**
nuchter, hard, berekenend, doortrapt; ~**-
bound** gebonden [uitgave]; ~**-core I** *aj* doorgewinterd; verstokt; aartsconservatief; **II** *sb*
steenslag; kern [v. e. partij]; **–cover** gebonden
(boek *o*); ~ *currency* harde valuta; ~**-earned**
zuurverdiend; **–en I** *vt* harden, hard (gevoelloos) maken, verharden; **II** *vi* hard worden, verharden; een vaste(re) vorm aannemen; $ vaster
(hoger) worden; ~*ed* ook: verstokt; ~**-favour-
ed**, ~**-featured** bars (streng) van uiterlijk; ~**-
fisted** met harde vuisten; *fig* op de penning,
vrekkig; ~**-got(ten)** zuur verdiend; ~**-hand-
ed** knoestig, eeltig; streng; ~**-headed** nuch-

ter, praktisch, onaandoenlijk; ~-hearted hardvochtig; ~-hitting hard toeslaand, vinnig
hardihood ['ha:dihud] onversaagdheid, koenheid, stoutmoedigheid; onbeschaamdheid
hardly ['ha:dli] nauwelijks, ternauwernood, bijna niet; eigenlijk niet; wel niet; bezwaarlijk,
kwalijk; hard, moeilijk, met moeite; ~ ever bijna
nooit; ~ ...when (✧ before) nauwelijks... of
hard-mouthed ['ha:dmauðd] hard in de mond
[paard]; fig hardnekkig, eigenzinnig; -pan ver-
harde ondergrond, kern; ~-pressed in tijdnood [zitten], geldgebrek [hebben]; ~-sell
agressieve verkoopmethode; ~-set stijfgewor-
den verstijfd; gestold; bebroed [ei]; fig star, onbuigzaam; -ship moeilijkheid, ongemak o; onbillijkheid; ontbering; tegenspoed; ~-tack
scheepsbeschuit; -top [auto] zonder open dak o;
-ware ijzerwaren; ✗ apparatuur, bouwelemen-
ten [v. computer] ~-wearing sterk, niet gauw
slijtend, solide; -wood hardhout o; ⚬ loofhout
o; ~-worked hard moetende werken; afgezaagd [v. gezegde &]
hardy ['ha:di] aj gehard; onversaagd, stout(moedig), koen; flink; ⚬ winterhard; ~ annual (perennial) ⚬ vaste plant; fig (elk jaar) geregeld terugkerend onderwerp o
hare [hɛə] haas; S wild, onuitvoerbaar plan; ~
and hounds snipperjacht; hold (run) with the ~ and
run (hunt) with the hounds beide partijen te vriend
trachten te houden; ~-brained onbesuisd;
-lip hazelip
harem ['hɛərəm] harem
haricot ['hærikou] slaboon, snijboon (ook: ~
bean); ragoût van schape- of ander vlees
hark [ha:k] luisteren; ~ away! weg daar! [tegen
hond]; ~ back terug(gaan); fig teruggaan (tot
to), terugkomen (op to)
harlequin ['ha:likwin] harlekijn, hansworst[2]
harlot ['ha:lət] hoer
harm [ha:m] I sb kwaad o, schade, nadeel o; letsel
o; ~ set, ~ get wie een kuil graaft voor een ander,
valt er zelf in; be out of ~'s way geborgen zijn; no
~ done geen man overboord; no ~ in trying je
kunt het allicht proberen; II vt kwaad doen,
schaden, benadelen, deren, letsel toebrengen;
-ful nadelig, schadelijk; -less onschadelijk; on-
gevaarlijk; argeloos, zonder erg, onschuldig;
onbeschadigd
harmonic [ha:'mɔnik] I aj harmonisch; II sb ~s
♪ boventonen; [op viool] flageolettonen
harmonica [ha:'mɔnikə] mondharmonika
harmonious [ha:'mouniəs] harmonieus, welluidend; harmonisch; eendrachtig
harmonium [ha:'mouniəm] harmonium o
harmonization [ha:mənai'zeiʃən] harmonië-
ring; ♪ harmonisering; harmonisatie [v. lonen,
prijzen]; harmonize ['ha:mənaiz] I vi harmo-

niëren[2], overeenstemmen; II vt doen harmoniëren[2], in overeenstemming brengen; harmonise-
ren [lonen, prijzen; ♪]; harmony harmonie[2],
overeenstemming, eensgezindheid
harness ['ha:nis] I sb (paarde)tuig o; gareel o; ✧
harnas o; in ~ in het gareel[2], aan het werk; die
in ~ midden in zijn werk of op zijn post sterven;
II vt (op)tuigen [paard], aanspannen; fig aanwenden, gebruiken (voor to); ✧ harnassen
harp [ha:p] I sb ♪ harp; II vi op de harp spelen;
~ on the same string op hetzelfde aambeeld hameren; ~ on sth. het steeds weer over iets hebben;
-er, -ist harpspeler, harpist(e), ⊙ harpenaar
harpoon [ha:'pu:n] I sb harpoen; II vt harpoene-
ren; -er harpoenier
harpsichord ['ha:psikɔ:d] klavecimbel
harpy ['ha:pi] harpij[2]
harquebus ['ha:kwibəs] haakbus
harridan ['hæridən] oude feeks, tang
harrier ['hæriə] ⚬ hond voor de lange jacht; sp
deelnemer aan veldloop; 🐦 kiekendief; plunderaar
harrow ['hærou] I sb eg(ge); II vt eggen; pijnigen,
folteren; ~ing ook: aangrijpend, hartverscheurend ‖ ~ hell de hel plunderen
harry ['hæri] kwellen, teisteren, plunderen, aflopen, afstropen, verwoesten; bestoken, lastig
vallen
harsh [ha:ʃ] hard[2], scherp[2], grof[2], ruw[2], wrang,
stroef, krijsend; streng
hart [ha:t] hert o; ~ of ten tienender; -shorn
['ha:tshɔ:n] hertshoorn o & m
hartebeest ['ha:tibi:st] soort antilope: hertebeest
harum-scarum ['hɛərəm'skɛərəm] I aj wild,
dol(zinnig), onbesuisd; II sb dolleman
harvest ['ha:vist] I sb oogst[2]; II vt oogsten, in-,
opzamelen; -er oogster; oogstmachine; ~
home oorlog van de oogst; oogstfeest o; oogst-
lied o; -man oogster
has [hæz, (h)əz] 3de pers. enk. T.T. v. have
has-been ['hæzbi:n] F wie heeft afgedaan
hash [hæʃ] I vt (fijn)hakken (ook: ~ up); II sb hachee m & o; fig mengelmoes o & v, F (rommel)zootje o‖S hasj(iesj); make a ~ of it F de boel
verknoeien; settle sbd.'s ~ F iem. zijn vet (zijn bekomst) geven
hasheesh, hashish ['hæʃi:ʃ, 'hæʃiʃ] hasjiesj
haslet ['heizlit] gebraden hart, longen, lever &
van varkens
hasp [ha:sp] klamp, klink, beugel; grendel
hassle ['hæsəl] vt met woorden, argumenten bestoken
hassock ['hæsək] voet-, knielkussen o; pol [gras]
✧ hast [hæst] 2de pers. enk. T.T. v. have
haste [heist] I sb haast, spoed; overijling; more ~,
less speed haastige spoed is zelden goed; II vi zich
haasten; -n ['heisn] I vi zich haasten (spoeden);

II *vt* verhaasten, bespoedigen; haasten; **hasty** *aj* haastig; gehaast, overijld; driftig; ~ *pudding* melkpap

hat [hæt] **I** *sb* hoed; pet [stijf, decoratief]; kardinaalshoed[2]; *cocked* ~ steek; knijpbriefje *o*; *knock into a cocked* ~ tot mosterd slaan; totaal verslaan; *my* ~! **F** sakkerloot!; *old* ~ **S** ouderwets; ~ *in hand* nederig, onderdanig; *send round the* ~ rondgaan (voor geldinzameling), collecteren; *talk through one's* ~ als een kip zonder kop praten; *under one's* ~ **F** vertrouwelijk; **II** *vt* een hoed opzetten; –band hoedeband, -lint *o*

hatch [hætʃ] **I** *sb* broeden *o*, broedsel[2] *o* ‖ ⚓ luik(gat) *o*; halve deur ‖ arceerlijn; *under* ~*es* ⚓ onder de luiken geconsigneerd; *fig* in verzekerde bewaring; veilig opgeborgen; er beroerd aan toe; dood; **II** *vt* uitbroeden[2] ‖ arceren; **III** *vi* broeden; uitkomen; –ery broedplaats [voor vis]

hatchet ['hætʃit] bijl; bijltje *o*; *bury the* ~ de strijdbijl begraven; *take up the* ~ de wapens opvatten; ~ *face* lang, scherp gezicht *o*; *do a* ~ *job* iem. kwaadaardig aanvallen

hatchway ['hætʃwei] ⚓ luikgat *o*

hate [heit] **I** *vt* haten, het land (een hekel) hebben aan; *I* ~ *to do it* ik doe het niet graag; ~ *sbd.'s guts* **F** iem. niet kunnen uitstaan; **II** *sb* ⊙ haat; –ful hatelijk; gehaat; afschuwelijk, akelig

⊙ **hath** [hæθ] 3de pers. enk. T.T. v. *have*

hat-rack ['hætræk] kapstok

hatred ['heitrid] haat, vijandschap (tegen *of*)

hat-stand ['hætstænd] kapstok; **hatter** hoedenmaker, -verkoper; *as mad as a* ~ stapelgek; **hat-trick** het maken van 3 doelpunten of het achter elkaar nemen van 3 wickets in één wedstrijd, 3 successen achter elkaar

hauberk ['hɔ:bə:k] maliënkolder

haughty ['hɔ:ti] *aj* hoogmoedig, hooghartig, trots; uit de hoogte, hautain

haul [hɔ:l] **I** *vt* trekken, slepen; vervoeren; halen; ⚓ aanhalen, wenden; ~ *i n* ⚓ binnen boord halen; ~ *sbd. o v e r the coals* iem. een uitbrander geven; **II** *vi* draaien [wind]; trekken [aan touw]; ~ *off* ⚓ afhouden; ~ *t o* (*upon*) *the wind* ⚓ oploeven; **III** *sb* trek, haal; traject *o*, afstand, weg; vangst[2]; winst; buit; ~*age* trekken *o* of slepen *o*; (beroeps-, weg)vervoer *o*; tractie, trekkracht; sleeploon *o*; vervoerprijs; –ier sleper [in kolenmijn &]; (beroeps-, weg)vervoerder

haulm [hɔ:m] halm, stro *o* [v. bonen]; loof *o* [v. aardappelen]

haunch [hɔ:n(t)ʃ] heup [v. dier], lende(stuk *o*); bout; dij [v. paard]

haunt [hɔ:nt] **I** *vt* bezoeken, zich ophouden, rondwaren in, om en bij; (steeds) vervolgen, kwellen [gedachten]; *a ~ed house* een spookhuis *o*; **II** *sb* (vaste) verblijfplaats, verzamelplaats; schuilplaats, hol *o*, leger *o*

hautboy ['(h)oubɔi] ♪ hobo

hauteur [ou'tə:] *Fr* hooghartigheid

Havana [hə'vænə] havanna(sigaar)

have [hæv, (h)əv] **I** *vt* & *vi* hebben, bezitten; houden; krijgen; nemen, gebruiken; te pakken hebben; kennen; **F** beetnemen; laten; ~ *dinner* dineren; ~ *a game* een spelletje doen; ~ *no Greek* geen Grieks kennen; *I will* ~ *a suit made* laten maken; *what will you* ~ *me do?* wat wilt u dat ik zal doen?; *I had to go* ik moest gaan; ~ *done!* schei uit!; *I* ~ *it!* nu ben ik er!; *as the Bible has it* zoals in de Bijbel staat, zoals de Bijbel zegt (wil); *as chance (fate, luck &) would* ~ *it* zoals het toeval wilde; alsof het spel sprak; *rumour has it* het gerucht gaat; *let him* ~ *it* hem er van langs geven; ~ *had it* **F** voor de haaien zijn, voor de poes zijn, er geweest zijn; geen kans meer hebben; *there you* ~ *me* daar kan ik geen antwoord op geven; *I'm not having this* ik duld zoiets niet; zie ook: *any;* ● ~ *money a b o u t one* bij zich; ~ *a t* ✎ te lijf gaan; ~ *at you!* ✎ pas op!; ~ *it a w a y* haal dat weg; ~ *i n* **F** uitnodigen; ~ *a doctor in* **F** laten komen; ~ *it in for* **S** het gemunt hebben op; iets hebben tegen; ~ *it in one to...* ertoe in staat zijn; *to be had of all booksellers* bij alle boekhandelaren verkrijgbaar; ~ *o n* op-, om-, aanhebben; ~ *nothing on sbd.* **S** niet op kunnen tegen iem.; niets bezwarends voor iem. in handen hebben; ~ *sbd. on* **S** voor de gek houden; ~ *a tooth o u t* een tand laten trekken; ~ *it out of sbd.* iem. iets betaald zetten; ~ *it out with sbd.* iem. zeggen waar het op staat, een zaak uitmaken; ~ *the place* & *t o oneself* ook: het rijk alleen hebben; zie ook: *talk* **IV**; ~ *u p* **F** vóór laten komen; op het matje roepen; laten komen; **II** *sb* bedotterij; *the* ~*s and the* ~*-nots* de bezitters en de niet-bezitters

haven ['heivn] haven[2]; toevluchtsoord *o*

haver ['heivə] eromheen praten; weifelen, aarzelen

haversack ['hævəsæk] ✗ broodzak; knapzak

having ['hæviŋ] bezitting, have

havoc ['hævək] verwoesting; *make* ~ *of* vreselijk huishouden met, verwoesten, vernielen; *play* ~ *among* (*with*), *wreak* ~ *among* vreselijk huishouden onder, deerlijk toetakelen, ruïneren

haw [hɔ:] haagappel; haagdoorn ‖ zie verder *hum*

Hawaiian [ha:'waiiən] Hawaïaan(s)

haw-haw ['hɔ:'hɔ:] **I** *vi* (aanstellerig) hummend praten; ho-ho-end lachen; **II** *sb* aanstellerige manier van spreken; ho-ho lach; **III** *aj* gemaakt voornaam

hawk [hɔ:k] **I** *sb* havik, valk; *fig* haai; **II** *vi* met valken jagen ‖ de keel schrapen; ~ *at* aanvallen; **III** *vt* (rond)venten, leuren met (ook: ~ *about*); *fig* uitstrooien, verspreiden; –er (rond)venter, leurder,/ marskramer ‖ valkenier; ~*-eyed* scherpziend, met haviksogen; ~*-nose(d)* (met een) haviksneus

hawse [hɔːz] ⚓ kluis; **~-hole** ⚓ kluisgat *o*; **hawser** ⚓ kabel, tros

hay [hei] hooi *o*; *hit the* ~ S naar bed gaan; *make* ~ hooien; *make* ~ *of* overhoop gooien, in de war schoppen; *make* ~ *while the sun shines* het ijzer smeden als het heet is; **–box** hooikist; **–cock** hooiopper; **~ fever** hooikoorts; **–loft** hooizolder; **–maker** hooier, hooister; **–making** hooibouw, hooien *o*; **–rick**, **–stack** hooiberg; **–wire** *be all (go)* ~ F in de war zijn (raken)

hazard ['hæzɔd] **I** *sb* toeval *o*, gevaar *o*; risico *o*, kans; hazardspel *o*; *at* ~ op goed geluk; **II** *vt* wagen, in de waagschaal stellen, riskeren; durven maken (opperen &); **–ous** gevaarlijk, gewaagd, riskant

haze [heiz] **I** *sb* damp, nevel, waas *o*, wazigheid; **II** *vt* benevelen², met een waas bedekken ‖ ⚓ koeioneren (met overwerk); pesten, *Am* negeren, donderen

hazel ['heizl] **I** *sb* hazelaar; **II** *aj* lichtbruin; **~-nut** hazelnoot

hazy ['heizi] *aj* dampig, wazig, heiig, nevelig; *fig* beneveld; vaag

he [hiː] hij; man, mannetje *o*

head [hed] **I** *sb* (opper)hoofd° *o*, kop° [ook v. zweer, schip]; kruin, top, ✂ spits; kap [v. auto, rijtuig]; helm [v. distilleerkolf]; krop [v. sla], stronk [v. andijvie, bloemkool]; gewei *o*; hoofdeinde *o*; ⚓ voorsteven; manchet [= schuim op glas bier]; hoofdman, leider, chef, directeur, rector [v. college]; stuk *o*, stuks [vee]; beeldenaar [v. munt]; (hoofd)punt *o* [v. aanklacht &]; categorie, rubriek; bron, oorsprong; *a* ~ F haarpijn; hoofdpijn; *two shillings a* ~ per persoon; *the* ~ *and front of...* de hoofdzaak, de kwintessens; *above one's* ~ boven iems. verstand; *bring to a* ~ op de spits drijven; *I can make neither* ~ *nor tail of it* ik kan er geen touw aan vastknopen; ~*(s) or tail(s)* kruis of munt; *gather* ~ zich sterker ontwikkelen, aan kracht winnen; *he was given his* ~ *too freely* hij werd niet genoeg in toom gehouden; *keep your* ~ houd u kalm, verlies het hoofd niet; *lose one's* ~ het hoofd verliezen, zenuwachtig worden; *make* ~ opschieten, vooruitkomen; *make* ~ *against* het hoofd bieden (aan); *take the* ~ zich aan de spits stellen; *it has turned his* ~ het heeft hem het hoofd op hol gebracht; ● ~ *first*, ~ *foremost* voorover; *eat one's* ~ *off* niets uitvoeren, niet renderen; *laugh (shout, work, yawn* &) *one's* ~ *off* zich doodlachen (-schreeuwen, -werken, -gapen &); *talk sbd.'s* ~ *off* iem. doodpraten; ~ *o n* zie *head-on*; ~ *o v e r heels* holderdebolder, hals over kop; ondersteboven; *lay (put)* ~*s t o-g e t h e r* (met elkaar) overleggen; ● *it's above my* ~ het gaat boven mijn bevatting, boven mijn pet(je); *a t the* ~ *of* aan het hoofd (de spits) van;

bovenaan (nummer één) [op lijst]; *stand at the* ~ *of* ook: de eerste zijn onder; zie ook: 1 *poll* I; *from* ~ *to foot* van top tot teen; *i n one's* ~ uit het hoofd [berekenen]; *he took it i n t o his* ~ *to...* hij kreeg (haalde) het in zijn (het) hoofd (om)...; *o f f his* ~ niet wel bij het hoofd, gek; *o n that* ~ op dat punt, te dien aanzien; *o u t o f his own* ~ uit zijn (eigen) koker; *o v e r the* ~*(s) of* te hoog gaand voor; over... heen, met voorbijgaan van; *over* ~ *and ears* tot over de oren; *bring the affair t o this* ~ tot dit resultaat; het zover laten komen; *come (draw, gather) to a* ~ rijp worden [zweer]; *fig* een kritiek punt bereiken; *go to sbd.'s* ~ iem. naar het hoofd stijgen; **II** *vt* aan het hoofd staan van; aanvoeren; zich aan de spits (het hoofd) stellen van; de eerste zijn van (onder); sturen, wenden; *sp* „koppen" [een bal]; toppen (~ *down*) [bomen]; *an article ~ed...* met het opschrift...; ~ *back*, ~ *off* opvangen (aanhouden), de pas afsnijden; *fig* voorkomen, verhinderen [v. plan]; **III** *vi* kroppen; ~ *for (towards)* koers zetten naar, aansturen, -stevenen op, gaan naar; **–ache** hoofdpijn; F probleem *o*, moeilijkheid, (kop)zorg, last; **–band** hoofdband; **~-clerk** chef de bureau, procuratiehouder; **~-dress** hoofdtooi; kapsel *o*; **–er** kopsteen; duik [bij kopje onder]; *sp* kopbal; **~-gear** hoofddeksel *o*; hoofdtooi, hoofdstel *o*; **~-hunter** koppensneller; F hoger-personeel-bemiddelaar; **–ing** hoofd *o*, titel, opschrift *o*, rubriek; **–lamp** ⚙ koplamp; **–land** voorgebergte *o*; kaap, landtong; **–light** koplicht *o*; ⚓ mast-, toplicht; **–line** hoofd *o*, opschrift *o*, kop, kopje *o* [in krant]; **–***s* ook: voornaamste nieuws *o*; *hit the* ~*s*, *make* ~*s* in het nieuws komen; **–long** met het hoofd vooruit, hals over kop; dol, blindelings; onstuimig, onbezonnen, roekeloos; steil; **–man** hoofdman, onderbaas, meesterknecht; stamhoofd *o*; **–master** ⚙ hoofd *o* van school; directeur; rector; **–mistress** ☞ hoofd *o* van school; directrice; rectrix, rectrice; **–most** voorste; **~-nurse** hoofdzuster; **~-office** hoofdkantoor *o*; **~-on** frontaal [tegen elkaar botsen]; ~ *collision* frontale botsing; *fig* felle botsing; **–phone(s)** koptelefoon; **–piece** bovenstuk *o*; kopvignet *o*; hoofddeksel *o*, oorijzer *o*, helm, stormhoed; F kop; verstand *o*, hersens; **–quarters** ⚙ hoofdkwartier² *o*; stafkwartier *o*, staf; hoofdbureau *o*; $ hoofdkantoor *o*; hoofdzetel; *general* ~ ⚙ het grote hoofdkwartier; **–rest** hoofdsteun; **–room** vrije hoogte [v. boog &], doorvaarhoogte [v. brug], doorrijhoogte [v. viaduct]; **–ship** directeurschap *o* &; leiding; **–shrinker** S psychiater; **–sman** beul, scherprechter; **–stall** hoofdstel *o*; **–stone** hoeksteen; (rechtopstaande) grafsteen; **–strong** koppig, eigenzinnig; ~ *voice* kop-, falsetstem; **~-waiter** ober; **–way** vaart, gang, vooruitgang; speling;

= *headroom*; *make* ~ opschieten, vorderen, om zich heen grijpen, zich uitbreiden; ~ **wind** tegenwind; **–word** hoofdwoord *o*, titelwoord *o*, lemma *o*; **heady** onstuimig, onbesuisd; koppig [v. wijn]; opwindend

heal [hi:l] **I** *vt* helen, genezen, gezond maken; **II** *vi* helen, genezen, beter worden; ~ *over (up)* toegroeien, dichtgaan [v. wond]; *the* ~*ing art* de geneeskunde; **–er** (gebeds)genezer (ook: *faith* ~); **health** [helθ] gezondheid, welzijn *o*, heil *o* [van de ziel]; *your (good)* ~! (op uw) gezondheid!; *in good* ~ gezond; ~ **food** reformartikelen; ~ **shop** reformwinkel; **–ful** gezond²; ~ **insurance** ziekteverzekering; ~ **resort** herstellingsoord *o*; **healthy** gezond°

heap [hi:p] **I** *sb* hoop, stapel; **F** boel, massa; (ook: ~*s*); *struck all of a* ~ **F** verstomd, versteld, erg van streek; *in a* ~ op een kluitje; **II** *vt* ophopen, (op)stapelen (~ *up*); ~ *...upon*, ~ *with...* overladen met...

hear [hiǝ] **I** *vt* horen; verhoren; overhoren; ⚹ behandelen [zaak]; *I* ~ ook: ik heb vernomen; ~ *out* tot het eind toe aanhoren; **II** *vi* horen, luisteren; ~ *from* horen van; ~ *of* horen van (over); **III** als *ij* ~, ~*!* bravo!; **heard** [hǝ:d] V.T. & V.D. van *hear*; **hearer** ['hiǝrǝ] (toe)hoorder(es); **hearing** gehoor *o*; ⚹ verhoor *o*, behandeling [van een zaak]; hoorzitting; ♪ auditie; *give* *sbd. a patient* ~ iem. geduldig aanhoren; *i n my* ~ zodat ik het horen kan (kon); *o u t o f* ~, *w i t h - i n* ~ zie *earshot*; ~ **aid** gehoorapparaat *o*

⊙ **hearken** ['ha:kn] luisteren

hearsay ['hiǝsei] praatjes, geruchten; *by (from, on)* ~ van horen zeggen

hearse [hǝ:s] lijkwagen

heart [ha:t] hart° *o*; kern, binnenste *o*; moed; ~(*s*) ◊ harten; ~ *of oak* standvastige, moedige man; *dear (sweet)* ~*!* (mijn) hartje!; ~ *and soul* met hart en ziel; *his* ~ *was (not) in it* hij was er (niet) met hart en ziel bij; *my* ~ *was in my mouth* het hart klopte mij in de keel; *keep (a good)* ~ moed houden; *lose* ~ de moed verliezen; *lose one's* ~ zijn hart verliezen [aan een meisje]; *pluck up* ~ (weer) moed vatten; *put some* ~ *into sbd.* iem. moed geven; *set one's* ~ *on* zijn zinnen zetten op; *take* ~ moed vatten; ● (*a man*) *a f t e r my (own)* ~ naar mijn hart; *a t* ~ in zijn hart; in de grond (van zijn hart); *sad at* ~ droef te moede; *have sth. at* ~ zich (veel) aan iets gelegen laten zijn; *get (know, learn)* *b y* ~ van buiten; *f r o m my* ~ uit de grond van mijn hart; *i n (good)* ~ vol moed, opgewekt; in goede conditie [akker]; *in his* ~ *of* ~*s* in de grond (het diepst) van zijn hart; *be n e a r his* ~ hem na aan het hart liggen; *be of good* ~ houd maar moed, wees maar niet bang; *o u t o f* ~ moedeloos, terneergeslagen; uitgemergeld [akker]; *it will go t o his* ~ hem aan het hart gaan, hem aan-

grijpen; *lay to* ~ ter harte nemen; zich aantrekken; *take it (heavily) to* ~ zich het (erg) aantrekken; *w i t h all my* ~ van (ganser) harte; **–ache** hartzeer *o*, harteleed *o*; **–beat** hartslag; ~ **-break** zielesmart; ~ **-breaking** hartbrekend, hartverscheurend; **F** vermoeiend, vervelend; ~ **-broken** gebroken (door smart); ~ **-burn** zuur *o* in de maag; ~ **-burning** ergernis, ontstemming, afgunst; **–en** **I** *vt* bemoedigen; **II** *vi* moed scheppen (ook: ~ *up*); ~ **failure** hartverlamming; **–felt** diepgevoeld, oprecht, innig

hearth [ha:θ] haard, haardstede; **–rug** haardkleedje *o*; **–stone** haardsteen; *fig* haard; soort schuursteen

heartless ['ha:tlis] harteloos; ~ **-rending** hartverscheurend; ~ **-searching** **I** *aj* het hart doorvorsend; **II** *sb* zelfonderzoek *o*; gewetensknaging, bange twijfel; **–sick** hartzeer hebbend; neerslachtig, terneergedrukt; **–sore** hartzeer hebbend; **–strings** (koorden van het)hart *o*; ~ **-throb** hartslag; *fig* **S** geliefde, „hartelapje" *o*; ~ **-to-heart** (open)hartig; ~ **-warming** hartveroverend; ~ **-whole** gezond van harte; vrij, niet verliefd; *o*; vol, oprecht [v. sympathie]; ~ **-wood** kernhout *o*; **hearty I** *aj* hartelijk; hartgrondig; hartig; flink; gezond; **II** *sb my hearties!* beste jongens!

heat [hi:t] **I** *sb* hitte, warmte², gloed², *fig* vuur *o*, heftigheid; *sp* manche, loop; bronst [v. vrouwtjesdier]; *in* ~ bronstig, krols, loops; **S** meedogenloze ondervraging; pressie, geweld(adigheid); **II** *vt* heet (warm) maken, verhitten, verwarmen (ook: ~ *up*); opwinden; ~ *up* ook: opwarmen; *get* ~*ed* driftig worden; broeien [hooi]; **III** *vi* heet (warm) worden of lopen (ook: ~ *up*); broeien [hooi]; **–ed** heftig, verhit; **–er** verwarmingstoestel *o*, verwarmer, (straal)kachel; geiser; boiler, heetwatertoestel *o*; bout [in strijkijzer]; ✕ voorwarmer

heath [hi:θ] heide; ✿ erica, dopheide

heathen ['hi:ðǝn] **I** *sb* heiden; *the* ~ ook: de heidenen; **II** *aj* heidens; **–ish** heidens; **–ism** heidendom *o*

heather ['heðǝ] heidekruid *o*, heide; **–y, heathy** ['hi:θi] met heide begroeid, heide-

heating ['hi:tiŋ] verhitting, verwarming; *central* ~ centrale verwarming

heat-lightning ['hi:tlaitniŋ] weerlicht *o* & *m*; **–proof** hittebestendig; ~ **-stroke** bevangen worden *o* door de hitte; zonnesteek; ~ **-wave** hittegolf

heave [hi:v] **I** *vt* opheffen, (op)tillen, (op)hijsen, ophalen, lichten, ⚓ hieuwen; gooien; doen zwellen; ~ *a sigh* een zucht slaken; ~ *d o w n* ⚓ krengen, kielen; ~ *to* ⚓ bijdraaien; **II** *vi* rijzen, zich verheffen, op en neer gaan, deinen; ~ *and set* stampen [v. schip]; zwoegen [v. borst];

(op)zwellen; kokhalzen; ~ *a t* trekken aan; ~ *i n*
sight in het gezicht komen; **III** *sb* rijzing; deining,
(op)zwelling; zwoegen *o*; de ~*s* dampigheid
heaven ['hevn] ook: ~*s* hemel; *by* ~*!, good* ~*s!*
goeie hemel!; *for* ~*'s sake* om 's hemels wil; **-ly**
hemels, goddelijk; hemel-; **F** ,,zalig" (lekker &);
-ward(s) ten hemel
heaver ['hi:və] drager, sjouwer, losser
heavy ['hevi] **I** *aj* zwaar, zwaarmoedig; dik, drukkend [lucht]; loom, traag; zwaar op de hand;
dom; saai; hevig; druk [verkeer]; ~ *type* vette
letter; ~ *in (on) hand* zwaar op de hand²; ~ *with*
zwanger van², bezwangerd met [geuren &]; beladen met, vol van; **II** *ad* zwaar; **III** *sb heavies*
zware cavalerie; zwaar geschut *o*, zware bommenwerpers, zware vrachtauto's &; ~**-handed**
plomp, onbehouwen, tactloos; ~**-hearted**
moedeloos, terneergeslagen; ~**-laden** zwaar-
beladen; *fig* bedrukt, bezwaard; ~**-weight**
(bokser of jockey van) zwaargewicht *o*; *fig* kopstuk *o*
hebdomadal [heb'dɔmədl] wekelijks
Hebe ['hi:bi:] Hebe²; **F** schenkster, kelnerin
Hebraic [hi'breiik] Hebreeuws; **-ism** ['hi:brei-
izm] hebraïsme *o*; **-ist** hebraïst, hebraïcus;
Hebrew ['hi:bru:] **I** *sb* het Hebreeuws; het
Iwriet (*modern* ~); Hebreeër; **II** *aj* Hebreeuws
hecatomb ['hekətu:m] hecatombe; slachting
heck [hek] **F** = *hell*
heckle ['hekl] (sprekers of verkiezingscandida-
ten) almaar in de rede vallen en lastige vragen
stellen
hectare ['hekta:] hectare
hectic ['hektik] *fig* koortsachtig, dol, opwindend,
jachtig; ⚕ teringachtig, tering-
hectogram(me) ['hektəgræm] hectogram *o*;
-graph **I** *sb* hectograaf; **II** *vt* hectograferen;
-litre hectoliter; **-metre** hectometer
hector ['hektə] **I** *vt* donderen; **II** *vi* donderen,
snoeven
he'd [hi:d] = *he had* of *he would*
hedge [hedʒ] **I** *sb* heg, haag; *fig* belemmering; **II**
vt omheinen, insluiten (ook: ~ *in*), afsluiten
(ook: ~ *off*); ~ *a bet* blokkeren, een weddenschap
dekken; **III** *vi* zich gedekt houden, een slag om
de arm houden; **-hog** egel; zeeëgel; *Am* & *fig*
stekelvarken *o*; ⚺ egelstelling; **-hop** ✈ **F** laag
vliegen; ~**-priest** ± hageprediker; **hedger**
heggeplanter; haagsnoeier; *fig* wie zich gedekt
houdt; **hedgerow** haag; **hedge-sparrow** bas-
taardnachtegaal
hedonism ['hi:dɔnizm] hedonisme *o*; **-ist** hedo-
nist(isch); **-istic** [hi:dɔ'nistik] hedonistisch
heebie-jeebies ['hi:bi'dʒi: biz] *Am* **S** *the* ~ 'de
zenuwen' [hebben]
heed [hi:d] **I** *vt* acht geven (slaan) op, letten op;
II *sb* opmerkzaamheid, oplettendheid; *give, pay*

(*no*) ~ *to* (geen) acht slaan op, (niet) letten op,
zich (niet) bekommeren om; *take* ~ oppassen,
zich in acht nemen; **-ful** oplettend; behoedzaam; ~ *of* lettend op; **-less** onachtzaam, zorgeloos; ~ *of* niet lettend op, niet gevend om
hee-haw ['hi:'hɔ:] ia(ën) [van een ezel]; bulderend lachen
heel [hi:l] **I** *sb* hiel, hak; korstje *o* [v. brood]; eind
o; *Am* **S** snertvent, slampamper; *show one's* ~*s* (*a
clean pair of* ~*s*), *take to one's* ~*s* het hazepad kiezen; *be a t the* ~*s of* op de hielen zitten; zie ook:
cool **III**, *down* **II**; *lay b y the* ~*s* achter de tralies
zetten; *bring t o* ~ doen gehoorzamen, klein krij-
gen; *come to* ~ gedwee volgen; **II** *vt* de hielen
(een hiel) zetten aan, de hakken (een hak) zetten
onder ‖ ⚓ kielen, krengen; **III** *vi* ⚓ slagzij maken
(ook: ~ *over*)
heeled [hi:ld] *Am* **S** rijk, goed bij kas; gewapend
heel-tap ['hi:ltæp] restje *o* [in glas]; *no* ~*s!* ad fundum!; *leave no* ~*s* het glas tot de bodem ledigen
hefty ['hefti] stoer; zwaar
hegemony [hi:'gemɔni] hegemonie; overwicht *o*
over andere staten
he-goat ['hi:gout] ♈ bok
heifer ['hefə] vaars
heigh [hei] heil, hé! hè? [verbaasd, aansporend];
~ *ho* ach!, hè! [verveeld]
height [hait] hoogte, verhevenheid; hoogtepunt
o, toppunt *o*; lengte, grootte; *at its* ~ op zijn
hoogst; *in the* ~ *of summer* in het hartje van de zomer; **-en** verhogen²; versterken; overdrijven
heinous ['heinəs] snood, gruwelijk, weerzinwekkend
heir [tə] erfgenaam; ~ *apparent* rechtmatige
(troon)opvolger; erfgenaam bij versterf; ~ *-at-
law* wettige erfgenaam; **-ess** erfgename; erf-
dochter; **-less** zonder erfgenaam; **-loom** erf-
stuk *o*; **-ship** erfrecht *o*; erfenis
held [held] V.T. & V.D. van *hold*
helices ['helisi:z] *mv* v. helix
helicopter ['helikɔptə] helikopter, hefschroef-
vliegtuig *o*
heliport ['helipɔ:t] helihaven, heliport
helium ['hi:ljəm] helium *o*
helix ['hi:liks] *mv* **-ices** -isi:z] schroeflijn, spi-
raal(lijn); rand van de oorschelp
hell [hel] hel; speelhol *o* (*gambling* ~); ~*!* **F** verrek!;
give them ~ **F** erop slaan; *ride* ~ *for leather* in dolle
vaart rijden; *a* ~ *of a lot* **F** reuze veel; *a* ~ *of a noise*
F een hels kabaal *o*; *what the* ~*?* **F** wat verdomme?; *f o r the* ~ *of it* **F** voor de lol; *go t o* ~*!* **F**
loop naar de bliksem!; ~**-bent** *Am* wild, gebrand (op *for, on*); ~**-cat** helleveeg, feeks, heks²
hellebore ['helibɔ:] nieskruid *o*
Hellene ['heli:n] Helleen, Griek; **-nic**
[he'li:nik] Helleens; **-nism** ['helinizm] hellenis-
me *o*; **-nist** hellenist

hell-fire [ˈhelˈfaiə] hellevuur *o*; ~-**hound** helhond², Cerberus; demon; **hellish** hels

hello [heˈlou] = *hallo*

helm [helm] helmstok, roerpen, roer *o* ‖ ✎ helm; *be at the* ~ aan het roer staan²

helmet [ˈhelmit] helm; helmhoed

helmsman [ˈhelmzmən] roerganger

helot [ˈhelət] ▥ heloot²; slaaf²

help [help] **I** *vt* helpen, bijstaan, hulp verlenen, ondersteunen; serveren, bedienen; *I could not* ~ *laughing* ik kon niet nalaten te lachen, ik moest wel lachen; *it can't be* ~*ed* er is niets aan te doen; *don't be longer than you can* ~ dan nodig is; *he didn't* ~ *matters* hij maakte de zaak niet beter; • ~ *f o r w a r d* vooruit-, voorthelpen; ~ *o n* bevorderen, voorthelpen; ~ *o u t* (*over the stile*) helpen, redden uit (een moeilijkheid); ~ *t o the gravy* de jus aangeven, bedienen van; **II** *vr* ~ *oneself* zich(zelf) helpen; zich bedienen (van *to*); *he could not* ~ *himself* hij kon er niets aan doen; **III** *vi* helpen; ~ *in ...ing* bijdragen tot...; **IV** *sb* (be)hulp (ook = help(st)er); bijstand, steun, uitkomst, gemak *o*; hulp in de huishouding (ook *domestic* ~); (dienst)meisje *o*; portie [eten]; *there is no* ~ *for it* er is niets aan te doen; *be of* ~ helpen; –**er** (mede)helper, helpster; –**ful** behulpzaam, hulpvaardig; bevorderlijk; nuttig, bruikbaar; –**ing I** *aj* helpend; *lend a* ~ *hand* zie *lend*; **II** *sb* portie [eten]; –**less** hulpeloos; machteloos; onbeholpen; –**mate, –meet** helper; hulpe; levensgezel, -gezellin

helter-skelter [ˈheltəˈskeltə] **I** *ad* holderdebolder, hals over kop; **II** *aj* overijld, onbesuisd, dol; **III** *sb* wilde verwarring, dolle vlucht (ren &); glijbaan [op kermis &]

helve [helv] steel [v. e. bijl &]; *throw the* ~ *after the hatchet* goed geld naar kwaad geld gooien

Helvetian [helˈviːʃiən] **I** *aj* Helvetisch; **II** *sb* Helvetiër

1 hem [hem] **I** *sb* zoom, boord; **II** *vt* (om)zomen; ~ *about, around* of *in* omringen, in-, omsluiten, omsingelen

2 hem [hem] **I** *ij* hum!; **II** *vi* hum! roepen, hummen; ~ *and haw* = *hum* (*and haw*)

he-man [ˈhiːmæn] **F** (echte, mannelijke) man

hemisphere [ˈhemisfiə] halfrond *o*, halve bol; –**rical** [hemiˈsferikl] halfrond

hem-line [ˈhemlain] roklengte; onderkant van rok &

hemlock [ˈhemlɔk] dollekervel

hemophilia [ˈheməˈfiːljə] hemofilie, bloederziekte

hemorrhage [ˈheməridʒ] bloeding

hemorrhoids [ˈheməɔidz] aambeien

hemp [hemp] hennep; strop [v. d. galg]; hasjiesj; –**en** van hennep, hennepen

hemstitch [ˈhemstitʃ] **I** *sb* ajoursteek; **II** *vt* met ajoursteken naaien

hen [hen] ✿ hen, kip, hoen *o*; pop, wijfjes-; **F** bijdehand persoon; **S** vrouw

hence [hens] van nu af, van hier; hieruit, vandaar; *a week* ~ over een week; –**forth, –forward** van nu af, voortaan, in het vervolg

henchman [ˈhen(t)ʃmən] volgeling, trawant, handlanger, ▥ bediende, page

hen-coop [ˈhenkuːp] hoenderkorf; hoenderhok *o*; ~-**house** kippenhok *o*

henna [ˈhenə] henna

hennery [ˈhenəri] hoender-, kippenfarm; **hen-party F** feestje *o* alleen voor vrouwen; –**pecked** onder de pantoffel zittend; ~-**roost** stok [in kippenhok]

hep [hep] **S** op de hoogte, bij de tijd, 'hip'; ~ *cat* **S** gewiekste kerel, 'hippe vogel'; jazzmusicus

hepatic [hiˈpætik] lever-; leverkleurig

heptad [ˈheptæd] zeven; zevental *c*

heptagon [ˈheptəgən] zevenhoek; –**al** [hepˈtægənəl] zevenhoekig

heptarchy [ˈheptaːki] heptarchie

her [həː] haar, **F** zij

herald [ˈherəld] **I** *sb* heraut; *fig* voorloper; (voor)bode, aankondiger; **II** *vt* aankondigen, inluiden (ook: ~ *in*); –**ic** [heˈrældik] heraldisch; –**ry** [ˈherəldri] heraldiek, wapenkunde; wapenschild *o*, blazoen *o*

herb [həːb] kruid *o*; –**aceous** [həːˈbeiʃəs] kruidachtig; ~ *border* border [rand met bloemplanten]; –**age** [ˈhəːbidʒ] groen(voer) *o*; kruiden; weiderecht *o*; –**al I** *sb* kruidenboek *o*, herbarium *o*; **II** *aj* kruiden-; –**alist** kruidkundige, plantkundige; drogist; –**arium** [həːˈbɛəriəm] herbarium *o*; –**ary** [ˈhəːbəri] kruidentuin; ~-**doctor** [ˈhəːbdɔktə] kruidendokter; –**ivorous** [həːˈbivərəs] plantenetend

herd [həːd] **I** *sb* kudde [v. groot vee]; troep ‖ herder, hoeder; *the common* ~, *the vulgar* ~ de grote massa, het vulgus; **II** *vi* in kudden of tezamen leven; ~ *together* bijeengroepen, samenscholen; ~ *with* zich aansluiten (voegen) bij; omgaan met; **III** *vt* (in kudden) bijeendrijven ‖ hoeden; –**book** (rundvee)stamboek *o*; –**sman** veehoeder, herder

here [hiə] **I** *ad* hier, alhier; hierheen; ~! *ook:* present!; *it's neither* ~ *nor there* het heeft er niets mee te maken; het doet er niet toe; dat raakt kant noch wal; ~'s *to you!* (op je) gezondheid!; ~ *you are!* alstublieft, ziehier, hier heb je 't!; ~ *goes!* vooruit (met de geit)!; daar gaat ie, daar gaan we dan!; **II** *sb from* ~ van hier; *near* ~ hier in de buurt; –**about(s)** hier in de buurt; –**after** [hiərˈaːftə] **I** *ad* hierna, voortaan; in het leven hiernamaals; verder op [in boek]; **II** *sb* hiernamaals *o*; –**by** [ˈhiəˈbai] hierbij; hierdoor

hereditary [hiˈreditəri] (over)erfelijk, overge-

erfd, erf-; **heredity** erfelijkheid; overerving
herein [ˈhiəˈrin] hierin; **hereinafter** hierna, nu
volgend [in documenten]; **hereof** hiervan;
hereon hierop
heresy [ˈherisi] ketterij; **heretic** ketter; –al
[hiˈretikl] ketters
hereto [ˈhiəˈtuː] hiertoe; –**fore** [ˈhiətuˈfɔː] voorheen, tot nog toe; **hereunto** [ˈhiərʌnˈtuː] tot
zover, tot nu toe; **hereupon** [ˈhiərəˈpɔn] hierop; direct hierna; **herewith** [ˈhiəˈwið] hiermee,
hierbij, bij dezen
heritable [ˈheritəbl] erfelijk; erfgerechtigd, erf-;
heritage erfenis, erfdeel *o*, erfgoed *o*
hermaphrodite [hɔːˈmæfrədait] **I** *aj* tweeslachtig; **II** *sb* hermafrodiet
hermetic [hɔːˈmetik] hermetisch
hermit [ˈhɔːmit] kluizenaar, heremiet; –**age**
kluis; ermitage(wijn)
hernia [ˈhɔːniə] ⚕ breuk, hernia
hero [ˈhiərou] held; heros [halfgod]; –**ic**
[hiˈrouik] **I** *aj* heldhaftig; helden-; **II** *sb* ~s vals
pathos *o*
heroin [ˈherouin] heroïne
heroine [ˈherouin] heldin; –**ism** heldhaftigheid,
heldenmoed, heroïsme *o*
heron [ˈherən] reiger; –**ry** reigerhut, -kolonie
hero-worship [ˈhiərouwɔːʃip] heldenverering
herring [ˈheriŋ] 🐟 haring; *red* ~ gerookte bokking; afleidingsmanoeuvre; *draw a red* ~ *across
the trail* een bokking over het spoor [van de vos]
halen; *fig* van het spoor trachten af te brengen,
de aandacht willen afleiden; –**bone** haring-
graat; flanelsteek (~ *stitch*); visgraat(dessin *o*); △
visgraatverband *o*; ~ **pond J** (Atlantische)
Oceaan, de grote haringvijver
hers [hɔːz] de, het hare, van haar; **herself**
[hɔːˈself] zij-, haarzelf, zichzelve, zich; *by* ~ alleen
hesitance, –ancy [ˈhezitəns(i)] aarzeling, weifeling; –**ant** aarzelend, weifelend; **hesitate** aarzelen, weifelen; naar zijn woorden zoeken, haperen; –**tion** [heziˈteiʃən] aarzeling, weifeling; hapering; –**tive** [ˈheziteitiv] aarzelend, weifelend
⊙ **Hesperian** [hesˈpiəriən] westelijk
Hessian [ˈhesiən] **I** *aj* Hessisch; **II** *sb* Hes; *h*~
hoge laars (ook: ~ *boot*); grof linnen *o*, jute
⚓ **hest** [hest] gebod *o*, bevel *o*
heterodox [ˈhetərədɔks] heterodox: van de gevestigde mening (kerkelijke leer) afwijkend
heterogeneity [hetəroudʒiˈniːiti] heterogeniteit,
ongelijksoortigheid; –**eous** [hetərouˈdʒiːnjəs]
heterogeen, ongelijksoortig
heterosexual [ˈhetərouˈseksjuəl] heteroseksueel
hetman [ˈhetmən] kozakkenhoofdman
het-up [hetˈʌp] **F** opgewonden, overspannen
heuristic [hjuˈristik] heuristisch; spelenderwijs
hew [hjuː] **I** *vt* houwen, be-, uithouwen, hakken,

vellen; ~ *one's way* zich een weg banen; **II** *vi* houwen (naar *at*); ~ *up* stukhakken; –**er** hakker,
houwer; ~*s of wood and drawers of water* arme
loonslaven; **hewn** V.D. van *hew*
hex [heks] *Am* **F I** *sb* heks; betovering; **II** *vt* beheksen, betoveren
hexagon [ˈheksəgən] zeshoek; –**al** [hekˈsægənəl]
zeshoekig
hexahedron [heksəˈhiːdrən] zesvlak *o*
hexameter [hekˈsæmitə] hexameter
hey [hei] hei!, hee!, he?; ~ *for...* hoera...; ha...; ~
presto hocus, pocus, pas!
heyday [ˈheidei] bloeitijd, beste dagen, hoogte-,
toppunt *o*
hi [hai] hei!, hé!
hiatus [haiˈeitəs] gaping, leemte; hiaat *o*
hibernate [ˈhaibəneit] een winterslaap houden;
–**tion** [haibəˈneiʃən] winterslaap
Hibernia [haiˈbɔːniə] Ierland *o*; –**n** Ier(s)
hiccough, hiccup [ˈhikʌp] **I** *vi* & *vt* hikken, de
hik hebben; **II** *sb* hik
hick [hik] *Am* **S** boerepummel
hickory [ˈhikəri] Amerikaanse noteboom, notehout *o*
hid [hid] V.T. & V.D. van 2 *hide*; **hidden** V.D.
van 2 *hide*
1 hide [haid] **I** *sb* huid, vel *o*, **F** hachje *o* ‖ 🄮 ± 120
acres land; **II** *vt* **F** op zijn huid geven (ook: *tan
sbd.'s* ~)
2 hide [haid] **I** *vt* verbergen, weg-, verstoppen
(voor *from*); ~ *one's head* niet weten waar van
schaamte zich te bergen; **II** *vi* zich verbergen,
zich verschuilen (*Am* ook: ~ *out*); ~-**and-seek**
[ˈhaidənˈsiːk] verstoppertje *o*
hidebound [ˈhaidbaund] met nauwsluitende
huid of schors; *fig* bekrompen; beperkt in z'n bewegingen
hideous [ˈhidiəs] afschuwelijk, afzichtelijk
hide-out [ˈhaidaut] schuilplaats
hiding [ˈhaidiŋ] **F** pak rammel ‖ verbergen *o*;
schuilplaats; *be in* ~ zich schuilhouden, onder-
gedoken zijn; *go into* ~ zich verbergen (verschuilen), onderduiken; ~-**place** schuilplaats
⊙ **hie** [hai] zich haasten, zich reppen
hierarch [ˈhaiəraːk] kerkvoogd, opperpriester;
–**ic(al)** [haiəˈraːkik(l)] hiërarchisch; –**y**
[ˈhaiərəki] hiërarchie[2]
hieratic [haiəˈrætik] hiëratisch, priesterlijk gewijd; ~ *writing* hiëratisch schrift [oud-Egypte]
hieroglyph [ˈhaiərouglif] hiëroglyfe[2]; –**ic** [hai-
ərouˈglifik] **I** *aj* hiëroglyfisch[2]; **II** *sb* ~s hiërog-
lyfen
hi-fi [ˈhaiˈfai] = *high fidelity* natuurgetrouwe
weergave
higgle [ˈhigl] dingen, knibbelen, pingelen
higgledy-piggledy [ˈhigldiˈpigldi] ondersteboven, op en door elkaar, overhoop

high [hai] **I** *aj* hoog°, verheven, machtig; streng [protestant &]; adellijk [wild]; **F** de hoogte hebbend, aangeschoten; **S** euforisch [door verdovend middel]; *the Most High* de Allerhoogste; ~ *and dry* ⚓ op het droge [v. schip]; hoog en droog²; *fig* geborgen; star; *leave sbd.* ~ *and dry* iem. in de steek laten; ~ *and mighty* arrogant; 🔟 hoogmogend; ~ *altar* hoofd-, hoogaltaar *o & m*; ~ *chair* hoge stoel; kinderstoel, tafelstoel; ~ *feeding* zware voeding; ~ *jump sp* hoogspringen *o*; ~ *life* (het leven van) de grote wereld; ~ *noon* volle middag; *the* ~ *road* de grote weg; *the* ~ *seas* de volle (open) zee; *on the* ~ *seas* in volle (open) zee; ~ *wind* harde wind; *on* ~ bovenop, omhoog, in de lucht, in de hemel; *from on* ~ van boven, van omhoog; **II** *ad* hoog°; ~ *and low* overal; **III** *sb* gebied *o* van hoge luchtdruk; hoogtepunt *o*; ~-**backed** met een hoge rug; –**ball** *Am* whiskeysoda; ~-**born** van hoge geboorte; –**brow** (pedant) intellectueel; **High(-)Church** streng episcopaal; streng episcopale Kerk; **high-class** prima; voornaam; ~-**coloured** sterk gekleurd²; –**day** feestdag; ~-**falutin(g)** hoogdravend; ~ **fidelity** zie *hi-fi*; ~-**flier** = ~-*flyer*; ~-**flown** hoogdravend; ~-**flyer** iem. met hogere aspiraties; fantast; ~-**grade** met een hoog gehalte [v. erts &], hoogwaardig; prima; ~-**handed** arbitrair, eigenmachtig, aanmatigend, autoritair; laatdunkend; ~-**hat** *Am* **S** snob; ~-**heeled** met hoge hak; –**land I** *sb* hoogland *o*; *the H~s* de Schotse Hooglanden; **II** *aj* hooglands; **Highlander** Hooglander; **highlight I** *sb* hoog licht *o*; *fig* glanspunt *o*, hoogtepunt *o*, clou; **II** *vt* goed doen uitkomen, in het licht stellen; een bijzondere glans verlenen aan, opluisteren; ⚹ ~-**lows** rijglaarzen; –**ly** *ad* hoog, ☉ hooglijk; < hoogst, zeer; *speak* ~ *of* met veel lof spreken van; *think* ~ *of* een hoge dunk hebben van; ~-**minded** edel, groot van ziel, grootmoedig; **B** hoogmoedig; –**ness** hoogheid°, hoogte; ~-**pitched** hoog(gestemd), schel; hoog van verdieping; *fig* verheven; ~-**power(ed)** zwaar [v. motor]; sterk, krachtig [v. radiostation]; goed geoutilleerd; *fig* machtig, geweldig; ~-**pressure** ⚒ hogedruk-; *fig* agressief; ~ **priest** hogepriester; ~-**ranking** hoog(geplaatst); ~-**rise** ~ *flats, blocks* hoogbouw; ~ **road** hoofdweg; beste of kortste weg [tot succes]; ~ **school** ± middelbare school; ~-**seasoned** (sterk) gekruid; ~-**sounding** (luid) klinkend²; *fig* hoogdravend, weids; ~-**speed** snellopend, snel; ~-**spirited** vurig; moedig; ~-**strung** hooggespannen²; overgevoelig; erg nerveus, opgewonden

⚹ **hight** [hait] geheten²

high-up ['haiʌp] **F I** *aj* hoog(geplaatst); **II** *sb* hoge ome; ~ **water** hoogwater *o*; *high-water*

mark hoogwaterlijn; *fig* hoogtepunt *o*; ~-**way** grote weg, verkeersweg, straatweg; *fig* beste of snelste weg; *the King's (Queen's)* ~ de openbare weg; ~ *code* wegenverkeersreglement *o*; ~-**way-man** struikrover; ~-**wing** ~ *monoplane* hoogdekker; ~-**wrought** keurig bewerkt; (hoog)gespannen; (uiterst) opgewonden

hijack ['haidʒæk] **F** (vracht, vliegtuigen) kapen; –**er F** kaper (van vracht, vliegtuig(en))

hike [haik] **I** *vi* een voetreis maken, trekken; **II** *sb* voetreis, trektocht; **S** verhoging

hilarious [hi'lɛəriəs] vrolijk; **hilarity** [hi'læriti] vrolijkheid, hilariteit

hill [hil] **I** *sb* heuvel, berg; hoop; **II** *vt* ~ *up* aanaarden

hillbilly ['hilbili] *Am* (eenvoudig) bergbewoner; ~ **music** [*Am*] folk-and-western-muziek

hillock ['hilək] heuveltje *o;* **hill-side** ['hil'said] heuvelhelling, berghelling; **hilly** heuvelachtig, bergachtig

hilt [hilt] gevest *o*, hecht *o*; *up to the* ~ geheel en al, volkomen, door en door

him [him] hem; **F** hij

Himalayan [himə'leiən] van het Himalayagebergte; kolossaal

himself [him'self] hij-, hemzelf, zich(zelf); *by* ~ alleen

1 hind [haind] *sb* hinde ‖ boerenknecht, boer²

2 hind [haind] *aj* achterst(e), achter-

1 hinder ['haində] *aj* achter(ste)

2 hinder ['hində] *vt* hinderen; belemmeren, verhinderen, beletten (om te *from*)

hind(er)most ['haind(ə)moust] achterste; **hindquarter** achterbout [v. slachtvee]; achterhand [v. paard]; achterste

hindrance ['hindrəns] hindernis, beletsel *o*, belemmering

hindsight ['haindsait] achteraf praten &

Hindu ['hin'du:] Hindoe(s); –**ism** hindoeïsme *o*; –**stani** [hindu'sta:ni] Hindostaans *o*

hind wheel ['haindwi:l] achterwiel *o*

hinge [hin(d)ʒ] **I** *sb* hengsel *o*, scharnier *o*; *fig* spil; *be off the* ~*s* in de war zijn, in het ongerede zijn²; **II** *vt* van hengsels voorzien; ~*d* scharnierend, met scharnier(en); **III** *vi* draaien², rusten² (om, op *on, upon*)

hinny ['hini] muilezel

hint [hint] **I** *sb* wenk; zin-, toespeling; aanduiding; zweem, spoor *o*; *take the* ~ de wenk begrijpen of opvolgen; **II** *vt* aanduiden, te kennen geven, laten doorschemeren; (een idee) opperen; **III** *vi* ~ *at* zinspelen op

hinterland ['hintəlænd] achterland *o*

1 hip [hip] *sb* heup; △ graatbalk ‖ 🌿 rozebottel; ~ *and thigh* genadeloos; *have on the* ~ in zijn macht hebben

2 hip [hip] *ij* hiep!, hiep! (ook: ~!, ~!)

3 hip [hip] *aj* **S** hip

4 hip [hip] **F I** *sb* melancholie; zwaarmoedigheid; **II** *vt* zwaarmoedig stemmen

hip-bath ['hipbɑ:θ] zitbad *o*

hipped [hipt] zwaarmoedig, landerig

hippie ['hipi] = *hippy*

Hippocratic [hipə'krætik] Hippocratisch; ~ *oath* eed van Hippocrates [bij artsexamen]

hippodrome ['hipədroum] renbaan; circus *o* & *m*

hippopotamus [hipə'pɔtəməs] nijlpaard *o*

hippy ['hipi] **I** *sb* hippie, **II** *aj* hippie(achtig)

hipster ['hipstə] **I** *sb Am* (agressieve, militante) non-conformistische jongere; **II** *aj* heup-[broek, rok]

hire ['haiə] **I** *sb* huur, loon *o*; verhuur; *for* ~ te huur; [taxi] vrij; *on* ~ te huur; in huur; **II** *vt* huren; in dienst nemen; ~ (*out*) verhuren; ~**-car**, **–d car** huurauto; **–ling I** *sb* huurling; **II** *aj* gehuurd, huurlingen-; ~**-purchase** koop op afbetaling; ~ *system* huurkoop; **hirer** huurder; verhuurder

hirsute ['hə:sju:t] ruig, harig, borstelig

his [hiz] zijn; van hem, het zijne, de zijne(n)

hiss [his] **I** *vi* sissen, fluiten; **II** *vt* uitfluiten; nasissen (ook: ~ *at*); ~ *away* (*off*) door sissen verjagen; wegfluiten; ~ *down* uitfluiten; **III** *sb* gesis *o*, gefluit *o*; sisklank (ook: ~*ing sound*)

hist [hist, st] st!

histology [his'tɔlədʒi] weefselleer

historian [his'tɔ:riən] historicus, geschiedschrijver; **historic** historisch; beroemd, gedenkwaardig, van betekenis; **–al** geschiedkundig, historisch; **historiographer** [histɔ:ri'ɔgrəfə] historiograaf, (officieel) geschiedschrijver; **–phy** historiografie, (officiële) geschiedschrijving; **history** ['histəri] geschiedenis, (geschied)verhaal *o*, historie

histrionic [histri'ɔnik] **I** *aj* toneel-, acteurs-; komedianterig, gehuicheld; **II** *sb* ~**s** toneelspeelkunst; komediespel *o*, komedie

hit [hit] **I** *vt* slaan, raken, treffen, stoten; geven [een slag]; raden; *Am* (aan)komen in (op, tegen &), bereiken, halen; ~ *it* juist raden; de spijker op de kop slaan; ~ *off* precies nadoen; ~ *it off together* (*with each other*) het kunnen vinden, goed overweg kunnen met elkaar; **II** *vi* raken, treffen, slaan; ~ *or miss* lukraak; ~ *out* slaan (naar *at*), (flink) van zich afslaan; ~ (*up*)*on* toevallig aantreffen, vinden; ~ (*up*)*on the idea* op het idee komen; **III** *sb* stoot, slag²; ⚔ treffer; steek (onder water), gelukkige of fijne zet; succes *o*, successtuk *o*, „hit"; *direct* ~ voltreffer; *make a* ~ inslaan; **IV** V.D. & V.T. van *hit*; ~**-and-run** ~ *accident* verkeersongeval *o* waarna wordt doorgereden; ~ *attack* aanval met snel toeslaan en terugtrekken

hitch [hitʃ] **I** *vi* schuiven, niet stilzitten; blijven haken (steken); **II** *vt* vastmaken, aan-, vasthaken (aan *to, on to*); ~ *a ride* liften; ~ *up* optrekken [broek]; ~*ed* (*up*) **S** getrouwd; **III** *sb* ruk; knoop²; kink² (in de kabel); hapering, storing, beletsel *o*

hitch-hike ['hitʃhaik] liften [met auto]; **–r** lifter

hither ['hiðə] **I** *ad* herwaarts, hierheen, hier; ~ *and thither* heen en weer, her en der; **II** *aj* (aan) deze (zijde); **–to** tot nog toe; **–ward** herwaarts

hit-or-miss ['hitɔ:'mis] op goed geluk, lukraak

hit parade ['hitpəreid] hit parade

Hittite ['hitait] Hetiet; **S** bokser

hit tune ['hittju:n] „hit": succesliedje *o*

hive [haiv] **I** *sb* bijenkorf²; zwerm²; (druk) centrum *o*; **II** *vt* korven; vergaren; huisvesten; ~ *off* afscheiden; **III** *vi* de korven opzoeken; samenwonen; ~ *off* zich afscheiden

hives [haivz] *sb mv* waterpokken; netelroos; galbulten; angina; kroep; ingewandsontsteking

H.M. = *His* (*Her*) *Majesty*

H.M.S. = *His* (*Her*) *Majesty's Ship*

ho [hou] hé!, ho!

hoar [hɔ:] **I** *aj* berijpt; **II** *sb* wit-, grijsheid; rijp; eerbiedwaardigheid

hoard [hɔ:d] **I** *sb* hoop, voorraad, schat; **II** *vt* vergaren, (op)sparen, hamsteren, oppotten (~ *up*); **–er** potter, hamsteraar; **–ing** verborgen voorraad; hamsteren *o*; **$** oppotting; ‖ houten schutting; aanplakbord *o*

hoar-frost ['hɔ:'frɔ:st] rijp, rijm

hoarse [hɔ:s] hees, schor

hoary ['hɔ:ri] grijs, wit [v. ouderdom]; oud; *a* ~ *chestnut* **F** een mop met een baard

hoax [houks] **I** *sb* poets, fopperij; aardigheid, grap; **II** *vt* foppen, voor de gek houden

hob [hɔb] haardplaat; pin; kopspijker

hobble ['hɔbl] **I** *vi* strompelen, hompelen, hinken; **II** *vt* kluisteren [paard]; doen strompelen; **III** *sb* strompelende gang; strompeling; moeilijkheid

hobbledehoy [hɔbldi'hɔi] onhandige slungel

hobby ['hɔbi] hobby, liefhebberij ‖ boomvalk; ~**-horse** hobbelpaard *o*; stokpaardje *o*; paard *o* [v. draaimolen]; **–ist** hobbyist, doe-het-zelver

hobgoblin ['hɔbgɔblin] kabouter; boeman

hobnail ['hɔbneil] kopspijker

hobnob ['hɔbnɔb] samen drinken; gezellig omgaan of praten (met *with*)

hobo ['houbou] *Am* (werkzoekende) landloper

Hobson ['hɔbsn] Hobson; ~'*s choice* zie *choice* **I**

hock [hɔk] rijnwijn ‖ *Am* **S** (onder)pand *o*; *in* ~ verpand; in de gevangenis; zie ook: *hough*

hockey ['hɔki] hockey(spel) *o*

hocus ['houkəs] *vt* bedriegen; bedwelmen [met verdovend middel]

hocus-pocus ['houkəs'poukəs] hocus-pocus

hod [hɔd] kalkbak; stenenbak

hodgepodge ['hɔdʒpɔdʒ] = *hotchpotch*
hodman ['hɔdmən] opperman
hoe [hou] **I** *sb* schoffel, hak; **II** *vt* schoffelen
hog [hɔg] � varken *o*; lam *o* [totdat het geschoren wordt]; *fig* zwijn *o*; begerig, ongemanierd of vies persoon; *go the whole* ∼ iets grondig doen; ∼ *it* in een zwijnentroep leven; –**back** scherpe (heuvel)rug; –**get** jaarling (éénjarig lam); –**gish** zwijnachtig; beestachtig; –**shead** okshoofd *o*: 238,5 l; ∼-**wash** ['hɔgwɔʃ] varkensvoer; spoeling
hoi polloi [hɔipɔ'lɔi] F gajes
hoick [hɔik] plotseling optrekken *o* [v. vliegtuig]
hoicks [hɔiks] kreet om honden aan te sporen
hoist [hɔist] **I** *vt* (op)hijsen; (op)lichten; **II** *sb* hijstoestel *o*, lift
hoity-toity ['hɔiti'tɔiti] **I** *ij* ho, ho!; toe maar!; **II** *aj* arrogant, uit de hoogte; lichtgeraakt
hold [hould] **I** *vt* houden, vast-, tegen-, aan-, behouden; inhouden, (kunnen) bevatten; houden voor, het er voor houden, achten, van oordeel zijn; er op na houden [theorie], huldigen, toegedaan zijn [mening]; boeien [lezers]; bekleden; innemen [plaats]; voeren [taal]; volgen [koers]; vieren [zekere dagen]; in leen of in bezit hebben, hebben; *we* ∼ *life dear* (*sacred* &) het leven is ons dierbaar (heilig &); zie ook: *cheap*; ∼ *them up!* handen omhoog!; ∼ *one's own against* (*with*) zich staande houden tegenover, het kunnen opnemen tegen; ∼ *the road* (*well*) vast op de weg liggen [v. auto]; **II** *vi* aanhouden, (blijven) duren; het uit-, volhouden; zich goed houden; doorgaan, gelden, van kracht zijn, opgaan, steek houden (ook: ∼ *good,* ∼ *true*); ∼*!* ✋ wacht!, stop!; ∼ *hard!* stop!, wacht even!; hou je vast!; ∼ *it!* sta stil!; ● ∼ *sth. against sbd.* iem. iets aanrekenen; ∼ *b a c k* terug-, achterhouden; tégenhouden; zich onthouden, zich inhouden; weinig animo tonen; ∼ *b y* vasthouden aan[2]; ∼ *d o w n* in bedwang houden; vervullen, behouden [betrekking]; ∼ *f o r t h* betogen, oreren; ∼ *forth on* uitweiden over; ∼ *i n* aanhouden; (zich) inhouden[2], beteugelen; zie ook: *aversion, contempt, esteem* &; ∼ *o f f* (zich) op een afstand houden; uitblijven [v. regen]; ∼ *o n* aanhouden, voortgaan, voortduren; zich vastklemmen of vasthouden[2] (aan *by, to*); volhouden; ∼ *on!* stop!, wacht even!; een ogenblikje!; blijf aan de lijn! [aan de telefoon]; ∼ *o u t* volhouden, het uithouden, zich goed houden; in stand blijven; uitsteken, toesteken, bieden[2] [de hand]; *fig* voorspiegelen; ∼ *out for* vasthouden aan, blijven aandringen op; ∼ *out on* F geheimen hebben voor; ∼ *o v e r* aanhouden, opzij leggen, uitstellen; als bedreiging gebruiken; ∼ *t o* houden aan (tegen); zich houden aan[2]; vasthouden of trouw blijven aan, toegedaan zijn, blijven bij [een mening]; ∼ *t o g e t h e r*

bij elkaar houden; samenhangen[2]; eendrachtig zijn; ∼ *u p* aan-, op-, tegenhouden, opschorten, ondersteunen[2], staande houden; omhoog houden, opsteken; aanhouden, overvallen; ∼ *up one's head* het hoofd op- of hooghouden; ∼ *up one's head with the best* niet onderdoen voor; ∼ *up as a model* ten (tot) voorbeeld stellen; ∼ *up to contempt* aan de minachting prijsgeven; ∼ *up to ridicule* belachelijk maken; ∼ *w i t h* zich aansluiten bij, partij kiezen voor, het eens zijn met; ophebben met; *I don't* ∼ *with...* daar ben ik niet zo erg voor, daar zie ik niet veel heil in; **III** *sb* houvast *o*, vat[2], greep[2]; steunpunt *o*; bolwerk[2] *o* ‖ (scheeps)ruim *o*; *no* ∼*s barred* alles is geoorloofd; *catch* (*get, lay, seize, take*) ∼ *of* aanpakken, aantasten; grijpen, (te pakken) krijgen, pakken; *have a* ∼ *over* invloed hebben op; *have a* ∼ *on* macht hebben over; invloed hebben op; *keep* ∼ *of* vasthouden; –**all** grote reistas; –**er** bezitter, (aandeel)houder; bekleder [v. ambt]; pachter, huurder; handgreep; pannelap, aanpakkertje *o*; [pen-, sigarette- &]houder, reservoir *o*; etui *o*; glaasje *o*; pijpje *o*; –**fast** houvast *o*, klemhaak; –**ing** houvast *o*; invloed; bezit *o*; pachthoeve, landbouwbedrijf *o*; ∼ *company* houdstermaatschappij; –**up** aanhouding, (roof)overval; stagnatie
hole [houl] **I** *sb* gat *o*, hol *o*, kuil; opening; hole [golfspel]; F hok *o*; *a* ∼ *of a place* F een nest *o*, een „gat" *o*; *he is in a* ∼ F hij zit in de klem; (*all*) *in* ∼*s* vol gaten, helemaal stuk; *make a* ∼ *in* S er een groot deel van opmaken; *pick* ∼*s in* aanmerkingen maken; [argument] ontzenuwen; **II** *vt* een gat (gaten) maken in; graven [een tunnel]; in een hole slaan [golfbal]; ∼-**and-corner** onderhands, geheim, stiekem
holiday ['hɔlədi] **I** *sb* feest *o*, feestdag, vakantiedag; ∼(*s*) vakantie; *be* (*get*) *on* ∼ met vacantie zijn (gaan); *make* ∼, *take a* ∼ vrijaf (vakantie) nemen; **II** *aj* feest-; vakantie; **III** *vi* ['hɔlədei] vakantie nemen (houden), de vakantie doorbrengen; ∼-**maker** vakantieganger
holier-than-thou ['houliəðənðau] schijnheilig
Holland ['hɔlənd] Holland *o,* Nederland *o*; *holland* ongebleekt Hollands linnen *o*; –**s** Hollandse jenever
holler ['hɔlə] F bleren; schreeuwen
hollo ['hɔlou], **holloa** [hɔ'lou] **I** *ij* hola!; **II** *vi* (hola) roepen; **III** *vt* aan-, toeroepen [de honden]; **IV** *sb* (hola)geroep *o*, kreet
hollow ['hɔlou] **I** *aj* hol, uitgehold, voos; vals, geveinsd; **II** *ad* hol; *beat sbd.* ∼ F iem. totaal verslaan; **III** *sb* holte, uitholling, hol *o*; laagte; del; **IV** *vt* uithollen (ook: ∼ *out*), hol maken; ∼-**eyed** hologig; ∼-**ground** holgeslepen; ∼-**ware** potten en pannen
holly ['hɔli] hulst
hollyhock ['hɔlihɔk] stokroos

holm [houm] riviereilandje *o*, waard ‖ ♣₀ steeneik

holocaust ['hɔləkɔ:st] brandoffer *o*; *fig* slachting; vernietiging

holograph ['hɔlougra:f] eigenhandig geschreven (holografisch) stuk *o* [testament &]; **-ic** ~ *will* eigenhandig geschreven testament *o*

holster ['houlstə] pistooltas, holster

� **holt** [hoult] bosschage *o*; bosland *o*

holy ['houli] *aj* heilig, gewijd; *H*~ *Father* de Paus; *the H*~ *of Holies* het Heilige der Heiligen²; ~ *terror* **F** kwelgeest, klein monster *o* [kind]; vreselijk mens *o* [vrouw]; ~ *day* heiligedag, (kerkelijke) feestdag, hoogtijdag; **Holy Saturday** Paaszaterdag; **holystone** ♣ **I** *sb* soort schuursteen; **II** *vt* schuren; **Holy Thursday** Witte Donderdag; Hemelvaartsdag; **holy water** wijwater *o*; **Holy Week** de Stille Week, *rk* de Goede Week; **Holy Writ** de heilige schrift

homage ['hɔmidʒ] hulde, huldebetoon *o*, huldiging; *do (pay)* ~ *to* hulde bewijzen, huldigen

homburg ['hɔmbə:g] deukhoed (~ *hat*)

home [houm] **I** *sb* huis *o*, tehuis *o*, thuis *o*, (huis)gezin *o*, huishouden *o*; honk *o*; woonstede; verblijf *o*; (vader)land *o*; (zenuw)inrichting; *long* ~ laatste woning, eeuwige rust; *make one's* ~ zich metterwoon vestigen, gaan wonen; ~ *is* ~ *be it (n)ever so homely*, *(there's) no place like* ~ eigen haard is goud waard; *zoals* het klokje thuis tikt, tikt het nergens; ● *at* ~ thuis; in het (vader)land, hier (te lande), in het moederland; *at* ~ *and abroad* in binnen- en buitenland; *be at* ~ *in (on, with)* a subject er goed in thuis zijn; *look at* ~! kijk naar je eigen!; *make yourself at* ~ doe alsof je thuis bent; ~ *for the aged* bejaardentehuis *o*; ~ *for the blind* blindeninstituut *o*; **II** *aj* huiselijk, huis-; thuis-; in-, binnenlands; raak; gevoelig; *the* ~ *Counties* de graafschappen het dichtst bij Londen; ~ *country* eigen land *o*; *Home Office* Ministerie *o* van Binnenlandse Zaken; *Home Secretary* Minister van Binnenlandse Zaken; **III** *ad* naar huis, huiswaarts, huistoe, thuis; raak; stevig (aangedraaid), vast; < flink; *bring (drive) it* ~ *to* (duidelijk) aan het verstand brengen; doen beseffen; *bring a charge* ~ *to sbd.* iems. schuld bewijzen; *it comes* ~ *to me* het treft mij gevoelig (diep); er gaat mij een licht op; het komt mij bekend voor; ik ondervind er nu de gevolgen van; *drive* ~ in-, vastslaan; *fig* doorzetten; *go* ~ naar huis gaan; raak zijn²; *hit (strike)* ~ gevoelig treffen, raak slaan; *see* ~ thuisbrengen; **IV** *vi* naar huis gaan [v. duiven]; ~ *on* het doel zoeken [v. projectiel], aanvliegen (ook: ~ *in*), afgaan (op *on to*); **V** *vt* huiswaarts; **-body** huismus; ~-**born** inheems; ~-**bred** inlands; *fig* eenvoudig; ~-**coming** thuiskomst; ~-**felt** diepgevoeld; innig; ~-**grown** van eigen bodem, inlands; **Home Guard** (lid *o* van het) [Engels] burgerleger *o*, ±

nationale reserve; **homehelp** gezinshulp; ~-**knitted** zelfgebreid; **-land** geboorteland *o*; **-less** onbehuisd, dakloos; **-like** huiselijk; gemoedelijk; ~-**loving** huiselijk; **-ly** huiselijk; eenvoudig, alledaags*, gewoon; *Am* niet mooi, lelijk; ~-**made** eigengemaakt; van inlands fabrikaat; **-maker** gezinsverzorgster; *Am* huisvrouw

homeopath = *homoeopath*

homer ['houmə] postduif; *Am* homerun [baseball]

Homeric [hou'merik] homerisch [gelach *o*]

Home Rule ['houm'ru:l] zelfbestuur *o*; **home run** ['houmrʌn] *sp* homerun [baseball]; **-sick** heimwee hebbend; **-spun** eigengesponnen (stof); *fig* eenvoudig; **-stead** hofstede; **-sters** thuisclub; **-stretch** laatste deel *o* van baan of parcours vóór de eindstreep; **-thrust** rake stoot; bijtende opmerking; ~ *truth* harde waarheid; **-ward** huiswaarts; ~ *bound* ♣ op de thuisreis; **-wards** huiswaarts; **-work** huiswerk *o*; voorbereidend werk *o*; ~ *book* klasseboek *o*

homicidal [hɔmi'saidl] moorddadig, moord-; **homicide** ['hɔmisaid] manslag, doodslag; schuldige aan manslag of doodslag

homiletic [hɔmi'letik] **I** *aj* homiletisch; **II** *sb* ~*s* homiletiek, kanselwelsprekendheid; **homily** ['hɔmili] leerrede, (zeden)preek²

homing ['houmiŋ] naar huis terugkerend; ~ *instinct* instinct *o* om eigen huis terug te vinden [bijen, duiven]; ✎ ~ *beacon* aanvliegbaken *o*; ~ *device* stuurmechanisme *o* van geleid projectiel; ~-**pigeon** postduif

homoeopath ['houmjoupæθ] homeopaat; **-ic(al)** [houmjou'pæθik(əl)] homeopathisch; **-ist** [houmi'ɔpəθist] homeopaat; **-y** homeopathie

homogeneity [hɔmoudʒe'ni:iti] homogeniteit, gelijksoortigheid; **-eous** [hɔmou'dʒi:niəs] homogeen, gelijksoortig

homologous [hɔ'mɔləgəs] homoloog, overeenkomstig

homonym ['hɔmounim] homoniem *o*; **-ous** [hɔ'mɔniməs] gelijkluidend

homosexual ['hou-, 'hɔmou'seksjuəl] homoseksueel; **-ity** ['hou-, 'hɔmouseksju'æliti] homoseksualiteit

homy ['houmi] huiselijk

Hon. zie *honourable*

hone [houn] **I** *sb* wetsteen; **II** *vt* aanzetten

honest ['ɔnist] *aj* eerlijk, rechtschapen, braaf; ✎ eerbaar; onvervalst; ~ *(Injun)!* **F** echt waar!, op mijn (ere)woord!; **-ly** *ad* eerlijk (waar, gezegd), werkelijk, echt; nee maar zeg!; ~-**to-goodness** **F** echt; prima; **-y** eerlijkheid, rechtschapenheid, braafheid; ✎ eerbaarheid; ♣₀ judaspenning; ~ *is the best policy* eerlijk duurt het langst

honey ['hʌni] honi(n)g; *(my)* ~ **F** snoes, schat; **–comb** honi(n)graat; ~ *cloth* wafeldoek *o* & *m*; ~ *towel* wafeldoek *m*; ~*ed* met cellen; doorboord, vol gaten; ~*ed with* vol...; *fig* ondergraven (ondermijnd) door; **–dew** honi(n)gdauw; (met melasse) gesausde tabak; **–ed** honi(n)gzoet; **–moon I** *sb* wittebroodsweken; huwelijksreis; **II** *vi* de wittebroodsweken doorbrengen; op de huwelijksreis zijn; **–suckle** kamperfoelie; ~**-tongued** mooipratend

honk [hɔŋk] **I** *vi* (als de wilde gans) schreeuwen; toeteren [met autohoorn]; **II** *sb* geschreeuw *o*; (auto)getoeter *o*

honky-tonk ['hɔŋkitɔŋk] *Am* **S** ordinaire kroeg of dancing; **F** café-pianomuziek

honorarium [ɔnɔ'rɪɔriəm] honorarium *o*

honorary ['ɔnɔrɔri] honorair, ere-; **honorific** [ɔnɔ'rifik] **I** *aj* ere-; vererend; **II** *sb* eretitel; beleefdheidsformule

honour ['ɔnɔ] **I** *sb* eer; eerbewijs *o*; eergevoel *o*; erewoord *o*; *your Honour* Edelachtbare; ~*s* eer(bewijzen), onderscheidingen [op 's Konings verjaardag, met nieuwjaar]; eretitels; honneurs; ⪥ graad voor speciale studie (~*s degree*); ~ *bright* **F** op mijn woord van eer; *do* ~ eer bewijzen; eer aandoen; *do the* ~*s* de honneurs waarnemen; *pay due* ~ *to a bill* een wissel honoreren; ● *in his* ~ te zijner eer; *in* ~ *of* ter ere van; *be bound in* ~ *to do it, be on one's* ~ *to do it* zedelijk verplicht zijn, het aan zijn eer verplicht zijn; *(u p)o n my* ~ op mijn erewoord; **II** *vt* eren, vereren; honoreren [wissel]; nakomen [verplichtingen]; **–able** *aj* eervol; achtbaar, eerzaam, eerwaardig; hooggeboren (als titel), afk. *Hon.*; ~ *intentions* eerbare bedoelingen

hood [hud] **I** *sb* kap°; capuchon; huif; *Am* ⇦ motorkap; **II** *vt* met een kap bedekken; *fig* bedekken, verbergen; ~*ed crow* bonte kraai

hoodlum ['hudləm] *Am* **S** jonge gangster, ruwe kerel

hoodwink ['hudwiŋk] blinddoeken; misleiden

hooey ['hu:i] *Am* **F** onzin, nonsens

hoof [hu:f] **I** *sb* hoef; **J** voet, poot; **II** *vt* ~ *it* **S** lopen; dansen; ~ *out* **S** eruit trappen; ~**-and-mouth** ~ *disease* *Am* mond- en klauwzeer *o*; **hoofbeat** hoefslag

hook [huk] **I** *sb* haak[2], vishaak, angel; sikkel, snoeimes *o*; ✄ duim, kram; ⚓ hoek; bocht; *sp* hoek(stoot) [boksen]; ~*s and eyes* haken en ogen; *b y* ~ *or by crook* op de een of andere manier; eerlijk of oneerlijk; *go off the* ~*s* gek worden, doodgaan, hysterische aanval krijgen; *he did it o n his own* ~ hij deed het op eigen houtje (risico); **II** *vt* haken zetten aan, aan-, dichthaken; aan de haak slaan[2]; naar zich toe halen; **S** gappen; ~ *it* **S** 'm smeren; *get* ~*ed on* **S** verslaafd raken (maken) aan; **III** *vi* (blijven) haken

hookah ['hukə] Turkse waterpijp

hooker ['hukə] ⚓ hoeker; schuit

hook-nose(d) ['huknouz(d)] (met een) haviksneus

hook-up ['hukʌp] *RT* gelijktijdige uitzending

hook worm ['hukwɔ:m] mijnworm

hooligan ['hu:ligən] straatschender, herrieschopper; **–ism** straatschenderij

hoop [hu:p] **I** *sb* hoepel; hoepelrok; ring, band; *go through the* ~ **F** het moeilijk hebben; een beproeving doorstaan; gestraft worden; **II** *vt* met hoepels of banden beslaan; samenhouden; = *whoop*

hooping-cough ['hu:piŋkɔ(:)f] = *whooping-cough*

hoopla ['hu:pla] ringwerpspel *o* [op kermis]; *Am* **F** drukte, herrie

hoot [hu:t] **I** *vi* jouwen; schreeuwen [v. uil]; toeten [v. stoomfluit]; toeteren, claxoneren [v. auto]; ~ *after (at)* na-, uitjouwen; **II** *vt* uitjouwen; **III** *sb* gejouw *o*; geschreeuw *o* [v. uil]; getoet(er) *o*; *not a* ~ *(two* ~*s)* geen zier; **–er** stoomfluit, sirene, (auto)toeter, claxon

Hoover ['hu:və] **I** *sb* stofzuiger; **II** *vt* **F** stofzuigen

hooves ['hu:vz] *mv* van *hoof*

1 hop [hɔp] **I** *vi* huppelen, hinken, springen, **F** dansen; ~ *off* ⇔ opstijgen; **II** *vt* hinkend, aflopen; springen over; ~ *it* **S** 'm smeren, ophoepelen; ~ *the twig (stick)* er tussenuit knijpen (verdwijnen of doodgaan); **III** *sb* sprongetje *o*, sprong; **F** dansje *o*; danspartij; *on the* ~ in de weer; **F** onvoorbereid; onderweg

2 hop [hɔp] **I** *sb* 🌿 hop; ~*s* hop(bellen); **II** *vt* hoppen; **III** *vi* hop plukken

hope [houp] **I** *sb* hoop, verwachting; **II** *vt* & *vi* hopen (op *for*), verwachten (van *of*); ~ *against* ~ hopen tegen beter weten in; **–ful** hoopvol; veelbelovend; *young* ~ **J** (de) veelbelovende(!) jongeling (zoon &); **–less** hopeloos

hop-garden ['hɔpga:dn] hopakker

hop-o'-my-thumb ['hɔpəmiθʌm] kleinduimpje *o*, peuter, uk

hopper ['hɔpə] springer; danser; sprinkhaan, kaasmijt, vlo; ⚓ hopper; vultrechter; tremel [v. e. molen] ‖ hopplukker

hopscotch ['hɔpskɔtʃ] hinkelspel *o*; **hop-step-and-jump** ['hɔpstepən'dʒʌmp] hink-stapsprong

horde [hɔ:d] horde, bende, troep

horizon [hə'raizn] horizon(t), (gezichts)einder, gezichtskring[2]; **–tal** [hɔri'zɔntl] **I** *aj* horizontaal; **II** *sb* horizontale lijn, horizontaal vlak *o*

hormone ['hɔ:moun] hormo(o)n *o*

horn [hɔ:n] **I** *sb* hoorn, horen *o* [stofnaam], hoorn, horen *m* [voorwerpsnaam]; claxon, toeter, sirene; voelhoorn; drinkhoren; *draw in one's* ~*s* in zijn schulp kruipen; wat inbinden; ~ *of plenty* hoorn des overvloeds; **II** *aj* hoornen; **III** *vt* van horens voorzien; op de horens nemen; **IV**

vi ~ *in on* S zich indringen, zich mengen in; **–ed** gehoornd, hoorn-

hornet ['hɔ:nit] horzel, hoornaar; *bring (raise) a* ~*s' nest about one's ears* zich (zijn hand) in een wespennest steken

hornpipe ['hɔ:npaip] horlepijp

horn-rimmed ['hɔ:n'rimd] ~ *spectacles* uilebril; **horny** ['hɔ:ni] hoornachtig; eeltig; hoorn-; S wellustig

horology [hɔ'rɔlədʒi] uurwerkmakerij

horoscope ['hɔrəskoup] horoscoop

horrendous [hɔ'rendəs] **F** = *horrible*; **horrible** ['hɔribl] *aj* afschuwelijk, afgrijselijk, akelig, gruwelijk, huiveringwekkend; **–ly** *ad* v. *horrible*; < vreselijk; **horrid** = *horrible;* **horrific** [hɔ'rifik] schrikbarend, afgrijselijk; **–fy** ['hɔrifai] met afschuw vervullen; aanstoot geven; ~*ing* afschuwelijk; **horror** ['hɔrə] **I** *sb* huivering, rilling; (af)schrik, afschuw, gruwel, verschrikking, akeligheid; *fig* griezel, monster *o*; *the* ~*s* angstaanval(len); delirium *o* tremens; *it gives you the* ~*s* het is om van te rillen; **II** *aj* griezel- [film, roman &]; ~ *comic* griezelstrip; ~**-stricken,** ~**-struck** met afgrijzen vervuld

hors-d'oeuvres [ɔ: 'dɔ:vrz] voorgerecht *o*

horse [hɔ:s] **I** *sb* paard *o* [ook turntoestel]; ruiterij, cavalerie; schraag, rek *o*, bok; S heroïne; *a* ~ *of another* (*a different*) *colour* een heel andere zaak; *a dark* ~ een onbekend paard *o* [bij races]; *fig* iemand van wie men maar weinig weet; *come off the high* ~ een toontje lager zingen; *get on* (*mount, ride*) *the high* ~ een hoge toon aanslaan; *light* ~ lichte cavalerie; *white* ~*s* witgekuifde golven; *a willing* ~ een harde werker; *take* ~ te paard stijgen; *straight from the* ~*'s mouth* **F** uit de eerste hand; *to* ~*!* te paard!, opstijgen!; **II** *vt* van een paard of paarden voorzien; inspannen; ~ **artillery** rijdende artillerie; **–back** *on* ~ te paard; ~**-box** wagen voor paardenvervoer; ~**-breaker** pikeur; ~**-chestnut** wilde kastanje; ~**-cloth** paardedek *o*; ~**-collar** gareel *o*, haam *o*; **–coper** paardenkoper; ~**-dealer** paardenhandelaar; ~**-drawn** met paarden bespannen; **–flesh** paardevlees *o*; paarden; ~**-fly** paardevlieg; **Horse Guards** (3de reg. der) cavaleriebrigade van de Koninklijke lijfgarde; hoofdkwartier *o* daarvan aan Whitehall [Londen]; **–hair** *o sb* paardehaar *o*; **II** *aj* paardeharen; ~**-laugh** ruwe lach; **–leech** grote bloedzuiger; *fig* uitzuiger; **–man** ruiter, paardrijder; **–manship** rijkunst; ~**-marines** ɟ Zwitserse marine; zie ook: *tell* **I**; ~ **opera** *Am* S cowboyfilm; **–play** ruw spel *o*, ruwe grappen; ~**-pond** paardendrinkplaats; **–power** paardekracht; *brake* ~ rempaardekracht; *indicated* ~ indicateurpaardekracht; ~**-race** wedren; ~**-radish** mieriks(s)wortel; ~**-sense** gezond verstand *o*; **–shoe** hoefijzer *o*; ~

show paardententoonstelling; concours *o* & *m* hippique; ~**-tail** paardestaart (ook ⚘); ~**-trading** paardenhandel; *fig* koehandel; **–whip I** *sb* rijzweep; **II** *vt* met een rijzweep slaan, afranselen; **–woman** paardrijdster, amazone; **hors(e)y** als (van) een paard; dol op paarden(sport); paarden(kopers)-

hortative ['hɔ:tətiv], **hortatory** ['hɔ:tətəri] vermanend, aansporend

horticultural [hɔ:ti'kʌltʃərəl] tuinbouw-; **horticulture** ['hɔ:tikʌltʃə] tuinbouw; **–rist** [hɔ:ti'kʌltʃərist] tuinder; tuinbouwkundige

hosanna [hou'zænə] hosanna *o*

hose [houz] **I** *sb* slang [v. brandspuit]; kousen; ▭ (knie)broek; **II** *vt* bespuiten; **–man** spuitgast; ~**-pipe** (brand)slang

hosier ['houʒiə] kousenkoper; winkelier in gebreide of geweven ondergoed(eren); **–y** gebreid of geweven ondergoed *o*, kousen

hospice ['hɔspis] hospitium *o*

hospitable ['hɔspitəbl] gastvrij; **hospital** ziekenhuis *o*, hospitaal *o*; gasthuis *o*; **–ality** [hɔspi'tæliti] gastvrijheid; **–alize** ['hɔspitəlaiz] in een ziekenhuis (laten) opnemen (verplegen); **–aller** ['hɔspitlə] hospitaalridder (*Knight Hospitaller*); ziekenbroeder, liefdezuster; aalmoezenier [in hospitaal]

host [houst] heer *o*, leger *o*, schaar, menigte ‖ gastheer; waard, herbergier ‖ hostie; *Lord God of Hosts* heer der Heerscharen

hostage ['hɔstidʒ] gijzelaar, gegijzelde; onderpand *o*

hostel ['hɔstəl] hospitium *o*, tehuis *o*, kosthuis *o* [voor studenten &]; jeugdherberg; ⚲ herberg; **–ler** = *youth hosteller*; ⚲ **–ry** hospitium *o*; herberg

hostess ['houstis] gastvrouw; waardin; ✈ stewardess

hostile ['hɔstail] vijandelijk, vijandig; ~ *to* ook: tegen; **–lity** [hɔs'tiliti] vijandigheid; vijandige gezindheid, vijandigheid

hostler ['ɔslə] = *ostler*

hot [hɔt] **I** *aj* heet[2], warm; vurig, heftig, hevig, geil; *get* ~ „warm zijn", op het punt staan iets te ontdekken; ♪ hot [improvisatorisch bezielde jazz]; ~ *dog* ↓; ~ *line* „rode telefoon": directe telefoonverbinding tussen staatshoofden; ~ *money* $ vagebonderend geld *o*; ~ *news* sensationeel nieuws *o*; ~ *scent* vers spoor; *make it* ~ *for sbd.* iem. het vuur na aan de schenen leggen; *be* ~ *on* heet (gebrand) zijn op; ~ *under the collar* **F** razend, tureluurs; ~ *spices* scherpe kruiden; zie ook: *air* **I,** *blow* **III,** *gospeller, sell* **II,** *stuff* **I,** *water* **I; II** *vt* (& *vi*) ~ *up* **F** warm(er) maken (worden), levendiger, heviger maken (worden); **–bed** broeibak; broeinest *o*; ~**-blooded** heetgebakerd, vurig

hotchpotch ['hɔtʃpɔtʃ] hutspot[2], mengelmoes *o* en

hot dog ['hɔt'dɔg] *Am* (broodje *o* met) warm worstje *o*; ~ **flush** F opvlieging

hotel [hou'tel] hotel *o*; **–ier** [hou'teliei] hôtelier, hotelhouder

hotfoot ['hɔtfut] in aller ijl; **–head** heethoofd, driftkop; ~ **-headed** heethoofdig; **–house** (broei)kas; **–plate** kookplaat; réchaud, verwarmingsplaat; **–pot** jachtschotel; ~ **-pressed** gesatineerd; ~ **-rod** S opgevoerde auto; **–spur** doldriftig iemand; driftkop; ~ **-tempered** heetgebakerd, oplopend; ~ **-water bottle** (warme) kruik

hough [hɔk] **I** *sb* hakpees; stuk *o* vlees aan schenkel; **II** *vt* de hakpees doorsnijden

hound [haund] **I** *sb* jachthond, hond[2]; *ride to ~s, follow the ~s* [te paard achter de honden op de vossejacht] jagen; zie ook: *hare*; **II** *vt* achtervolgen, vervolgen; aanhitsen (~ *on*); ~ *out* wegjagen, wegpesten; ~'**s tooth** pied de poule

hour [auə] uur *o*; ⊙ ure, stond(e); *the* ~ het hele uur; ~*s* werktijd, kantooruren; *book of* ~*s* getijdenboek *o*; *the small* ~*s* de uren na middernacht; *keep bad* (*good, regular*) ~*s* erg laat (op tijd) thuiskomen; (on)geregeld leven; *after* ~*s* na het sluitingsuur; na kantoortijd; *in an evil* ~ te kwader ure; ~ **-glass** zandloper; ~ **-hand** uurwijzer; **–ly** (van) ieder uur, alle uren; om het uur; per uur; uur-; voortdurend

house [haus, *mv* 'hauziz] **I** *sb* huis *o* (ook: stam-, vorsten-, handelshuis, klooster, armenhuis), (schouwburg)zaal; woning; *the House* het Lagerhuis of het Hogerhuis; de Beurs; ✍ Christ Church College; het armhuis; *there is a H~* is er is een Parlementszitting; *make a H~* het quorum bijeenbrengen voor een Parlementszitting; *first, second &* ~ eerste, tweede & voorstelling; *full* (*good*) ~ uitverkochte (goedgevulde) zaal; ~ *and home* huis en hof; ~ *of cards* kaartenhuis *o*; ~ *of correction* verbeterhuis *o*; ~ *of God* godshuis *o*, kerk; ~ *of ill fame* bordeel *o*; *keep* ~ huishouden, het huishouden doen; *keep the* ~ niet uitgaan, binnen (moeten) blijven; *keep open* ~ heel gastvrij zijn; *set one's* ~ *in order* orde op zaken stellen; *set up* ~ een huishouden opzetten; *like a* ~ *on fire* vliegensvlug, van je welste; *as safe as* ~*s* volkomen veilig; *a drink on the* ~ een consumptie voor rekening van de zaak (= waarop de kastelein trakteert); **II** *vt* [hauz] onder dak brengen, onderbrengen, huisvesten; binnenhalen; stallen; **III** *vi* huizen, wonen; ~ **-agent** makelaar in huizen; **–boat** woonschip *o*; ~ **-breaker** inbreker; sloper van huizen; ~ **-breaking** inbraak; slopen *o* van huizen; ~ **-broke(n)** zindelijk [huisdier]; aan het huis gewend; ~ **-charge** [vast] bedieningsgeld *o* [restaurant &]; ~ **-coat** ochtendjas; ~ **-flag** rederijvlag; **–hold I** *sb* (huis)gezin *o*, huishouden *o*; *the H~* de koninklijke hofhou-

ding; **II** als *aj* huishoudelijk, huiselijk, huis-; ~ *troops* koninklijke lijfgarde; ~ *word* bekend gezegde *o*; *his name is a* ~ *word* wordt overal (vaak) genoemd; **–holder** gezinshoofd *o*; **–keeper** huishoudster; **–keeping** huishouding, huishouden *o*; ~ *book* huishoudboek *o*; **–leek** huislook *o*; **–maid** werkmeid; ~'*s knee* 𝔗 kruipknie, leewater *o*; **–master** leraar die internen van een *public school* in de kost heeft; hoofd *o* v. *Borstal house* of v. *approved school*; ~ **-organ** huisorgaan *o*; ~ *party* (deelnemers aan een) logeerpartij in een landhuis (gedurende enige dagen); ~ **-physician** inwonend geneesheer [in ziekenhuis]; ~ **-proud** keurig (netjes) op het huishouden; ~ **-room** ruimte in een huis; *give sbd.* ~ iem. logeren; *obtain* ~ logies *o* vinden; ~ **-surgeon** inwonend chirurg; ~ **-top** *proclaim it from the* ~*s* het van de daken verkondigen; ~ **-trained** kamerzindelijk; ~ **-warming** feestje *o* ter inwijding van een woning; **housewife** 1 ['hauswaif] huisvrouw; 2 ['hʌzif] necessaire (met naaigerei); **–wifely** ['hauswaifli] huishoudelijk; spaarzaam; **–wifery** ['hauswif(ə)ri, 'hʌzifri] huishouden *o*; **–work** huishoudelijk werk *o*; **housing** onder dak brengen *o*, huisvesting; paardedek *o*, sjabrak; ~ *shortage* woningtekort *o*

hove [houv] V.T. & V.D. van *heave*

hovel ['hɔvl] hut, stulp; krot *o*; gribus; loods

hover ['hɔvə] fladderen, zweven, (blijven) hangen[2]; weifelen; ~ **-craft** hovercraft [luchtkussenvoertuig *o*]

how [hau] **I** *ad* hoe; wat; ~ *about...?* hoe staat het met...?; wat zeg je van...? *come? Am* waarom?, hoe zit dat toch?; **II** *sb the* ~ (*and why*) het hoe (en waarom)

⟍ **howbeit** ['hau'bi:it] alhoewel; niettemin

howdah ['haudə] zadel *m* of *o* (met tent) op de rug van een olifant

how-do-you-do, how-d'ye-do ['haudju'du, 'hau(di)'du:] hoe maakt u het? [bij kennismaking]; F hoe gaat het?; als *sb* (mooie) geschiedenis

however [hau'evə] niettemin; echter, evenwel, maar, hoe... ook, hoe

howitzer ['hauitsə] houwitser

howl [haul] **I** *vi* huilen, janken; brullen [van het lachen]; **II** *sb* gehuil *o*, gejank *o*; gebrul *o*; **–er** huiler, janker; bruller; 𝔖 brulaap; F verschrikkelijke blunder, stommiteit; grove leugen; **–ing I** *aj* F verschrikkelijk, vreselijk; ~ *monkey* brulaap; **II** *sb* gehuil *o*, gejank *o*

howsoever [hausou'evə] hoe ook; evenwel

1 hoy [hɔi] hei!

2 hoy ⚓ lichter, praam

hoyden ['hɔidn] wilde meid; **–ish** ['hɔidniʃ] wild

h.p. = *horse-power*

H.P. = *hire-purchase*

H.Q. = *headquarters*

H.R.H. = *His (Her) Royal Highness*

hub [hʌb] naaf; *fig* middelpunt *o*

hubbub ['hʌbʌb] geroezemoes *o*; rumoer *o*, kabaal *o*

hubby ['hʌbi] F mannie

hub-cap ['hʌbkæp] naafdop, ⟨⟩ wieldop

hubris ['hju:bris] hoogmoed, driestheid; **–tic** [hju:'bristik] driest

huckaback ['hʌkəbæk] grof linnen *o*

huckle-bone ['hʌklboun] heupbeen *o*

huckster ['hʌkstə] I *sb* venter, kramer; sjacheraar; II *vt* venten; III *vi* dingen, pingelen; sjacheren; met negotie lopen

huddle ['hʌdl] I *vt* opeengooien, op een hoop of door elkaar gooien (~ *together*); ~ *o n* aangooien, aanschieten; ~ *t h r o u g h one's work* afroffelen; ~ *u p* samenflansen, in elkaar timmeren, afroffelen; ~ *oneself up* in elkaar duiken; II *vi* ~ (*together*) zich opeenhopen, bijeenkruipen; III *sb* (verwarde) hoop; warboel; S conferentie, onderonsje *o*; *go into a* ~ S de koppen bij elkaar steken

1 hue [hju:] *sb* kleur; tint, schakering ·

2 hue [hju:] *raise a* ~ *and cry* (*against*) „houd de dief" roepen; hem laten achtervolgen; een geschreeuw aanheffen

hued [hju:d] getint

huff [hʌf] I *sb* (plotselinge) vlaag van woede; boze bui; blazen *o* [bij dammen]; *in a* ~ gepikeerd; II *vt* nijdig maken; een standje maken; uit de hoogte behandelen; blazen [bij dammen]; III *vi* briesen; **–ish** lichtgeraakt; nijdig, geprikkeld; **–y** (gauw) gepikeerd; boos

hug [hʌg] I *vt* in de armen drukken, omhelzen, omklemmen, knuffelen; *fig* zich vastklemmen aan; koesteren; ~ *the land* (*the shore*) ⚓ dicht bij de wal houden; ~ *oneself* zich gelukwensen (met *for, upon*); II *sb* omhelzing, omklemming

huge [hju:dʒ] *aj* zeer groot, kolossaal

hugger-mugger ['hʌgəmʌgə] I *sb* geheimhouding, gesmoes *o*; janboel; II *aj* & *ad* geheim, heimelijk; in de war, verward

Huguenot ['hju:gənɔt, -nou] hugenoot

hulk [hʌlk] onttakeld schip *o* (ook: ~*s*) [eertijds: als gevangenis]; bonk, log gevaarte *o*; **–ing** ['hʌlkiŋ] log, lomp

hull [hʌl] I *sb* schil, dop; omhulsel *o*; ⚓ romp, casco; II *vt* pellen

hullabaloo [hʌləbə'lu:] kabaal *o*, herrie

hullo ['hʌ'lou] = *hallo*

hum [hʌm] I *vi* gonzen, zoemen, snorren, brommen, neuriën; ~ *and ha*(*w*) hakkelen; allerlei bedenkingen opperen, niet ronduit spreken; *make things* ~ leven in de brouwerij brengen ‖ S stinken; II *vt* neuriën; III *sb* gegons *o*, gezoem *o*, gesnor *o*, gebrom *o*, geneurie *o*; ~*s and haws* gehakkel *o*; IV *ij* hum!

human ['hju:mən] I *aj* menselijk, mensen-; *we are all* ~ we zijn allemaal (maar) mensen; II *sb* mens(elijk wezen *o*) (ook: ~ *being*); **–e** [hju'mein] menslievend, humaan; ~ *society* redding(s)maatschappij; **–ism** ['hju:menizm] humanisme *o*; **–ist** humanist; **–istic** [hju:mə'nistik] humanistisch; **–itarian** [hjumæni'tɛəriən] I *aj* humanitair; menslievend; II *sb* filantroop; **–ity** [hju'mæniti] mensdom *o*; mensheid; menselijkheid; menslievendheid; *the humanities* de humaniora; ± de geesteswetenschappen, *spec* de Latijnse en Griekse letteren &; **–ize** ['hju:mənaiz] beschaven, veredelen, humaniseren; **–kind** (de) mensheid; **–ly** *ad* menselijk; ~ *speaking* menselijkerwijs gesproken

humble ['hʌmbl] I *aj* deemoedig, nederig, bescheiden; onderdanig [als formule]; gering; onbelangrijk; II *vt* vernederen; ~**-bee** hommel; ~**-pie** *to eat* ~ zich vernederen; zoete broodjes bakken

humbug ['hʌmbʌg] I *sb* humbug, kale bluf, huichelarij; bedrog *o*; bluffer, charlatan; (pepermunt)balletje *o*; II *vt* bedotten

humdrum ['hʌmdrʌm] eentonig, alledaags; saai; sleur-

humid ['hju:mid] vochtig; **–ity** [hju'miditi] vocht *o* & *v*, vochtigheid; vochtigheidsgraad

humiliate [hju'milieit] vernederen, verootmoedigen; **–tion** [hjumili'eiʃən] vernedering, verootmoediging; **humility** [hju'militi] nederigheid, ootmoed

humming ['hʌmiŋ] I *sb* geneurie *o*; gezoem *o*; gegons *o*; II *aj* neuriënd; zoemend; gonzend; F levendig, bloeiend [handel]; ~**-bird** kolibrie; ~**-top** bromtol

hummock ['hʌmək] bult; hobbel; hoogte, heuveltje *o*

humorist, humourist ['hju:mərist] humorist; **humorous** humoristisch, geestig, grappig; **humour** I *sb* (lichaams)vocht *o*; humeur *o*, stemming; gril; humor; *out of* ~ in een kwade luim; *out of* ~ *with* boos op; II *vt* zich schikken naar, zijn zin geven, toegeven (aan); [iem.] taktvol naar z'n hand zetten; **–less** humorloos; ⚲ **–some** gemelijk; grillig

hump [hʌmp] I *sb* bult, bochel, uitsteeksel *o*; heuveltje *o*; kwade bui; *that gives me the* ~ F dat werkt op mijn zenuwen; II *vt* krommen; ~**-back** bochel; gebochelde; **–backed** gebocheld

humph [hmf] h(u)m!

humpty-dumpty ['hʌm(p)ti'dʌm(p)ti] kleine dikzak

humpy ['hʌmpi] gebocheld; bultig; F uit zijn hum

humus ['hju:məs] humus, teelaarde

Hun [hʌn] Hun²; S Duitser; *fig* vandaal

hunch [hʌn(t)ʃ] I *vt* krommen [schouders]; optrekken; **II** *sb* bochel, bult; homp; F (voor)gevoel *o*, idee *o* & *v*, ingeving; **-back(ed)** [ˈhʌn(t)ʃbæk(t)] = *humpback(ed)*

hundred [ˈhʌndrəd] honderd(tal) *o*; *great (long)* ~ 120; **-fold** honderdvoudig; **-th** honderdste (deel) *o*; **-weight** centenaar (= 112 Eng. ponden = ± 50 kilo)

hung [hʌŋ] V.T. & V.D. van *hang*; ~ *up* S blijvend gedeprimeerd; gefrustreerd, bezeten

Hungarian [hʌŋˈgɛəriən] Hongaar(s)

hunger [ˈhʌŋgə] **I** *sb* honger[2]; hunkering; **II** *vi* hongeren, hunkeren (naar *after, for*); **III** *vt* uit-, verhongeren; *~ed* ✽ hongerig; ~**-strike** hongerstaking; **hungry** *aj* hongerig; hunkerend; schraal [v. grond]; *be* ~ honger hebben

hunk [hʌŋk] homp, (grote, groot) brok *m* & *v* of *o*

hunkers [ˈhʌŋkəz] achterste; *on one's* ~ op de hurken

hunks [hʌŋks] F norse oude man; vrek

hunky(-dory) [ˈhʌŋki(ˈdɔːri)] *Am* S prima

hunt [hʌnt] **I** *vi* jagen; op de (vosse)jacht gaan; *fig* snuffelen, zoeken; ~ *after (for)* najagen, jacht maken op, zoeken naar; **II** *vt* jagen (op); afjagen, afzoeken; berijden [op jacht], jagen met; najagen, nazetten; ~ *d o w n* in het nauw brengen, opsporen, (uit)vinden; ~ *o u t (up)* opzoeken, opsporen, (uit)vinden; **III** *sb* (vosse)jacht; jachtveld *o*; jachtgezelschap *o*; **-er** jager; jachtpaard *o*; savonet [horloge]; ~*'s moon* volle maan in oktober; **hunting I** *sb* jacht, jagen *o*; **II** *aj* jacht-; ~**-box** jachthut; ~**-ground** jachtgebied, *o*; -veld *o*; *happy* ~*s* eeuwige jachtvelden; ~**-horn** jachthoorn; ~**-lodge** jachthuis, *o*, -hut; ~**-season** jachtseizoen *o*; **huntress** jageres; **huntsman** jager; pikeur [bij vossejacht]

hurdle [həːdl] **I** *sb* (tenen) horde; hek *o* [bij wedrennen]; *fig* hindernis; *the* ~*s sp* de hordenloop; **II** *vt* met horden afsluiten of toedekken; **-r** hordenvlechter; *sp* deelnemer aan een hordenloop; **hurdle-race** hordenloop

hurdy-gurdy [ˈhəːdiˌgəːdi] ♩ lier [draaiorgel]

hurl [həːl] slingeren, werpen; ~ *defiance at* tarten

hurly-burly [ˈhəːlibəːli] geraas *o*, geweld *o*

hurrah, hurray [huˈrɑː, huˈrei] **I** *ij* hoera!; **II** *vi* hoera roepen; **III** *vt* toejuichen

hurricane [ˈhʌrikən] orkaan; ~ *deck* stormdek *o*; ~ *lamp* stormlamp

hurried [ˈhʌrid] *aj* haastig, gehaast, overhaast(ig); **hurry I** *sb* haast, haastige spoed; *be in a* ~ haast hebben; zich haasten; ongeduldig zijn; *in a* ~ F snel, gauw; *not in a* ~ F niet zo (heel) gauw; **II** *vi* zich haasten; ~ *a w a y* zich wegspoeden; ~ *o n (along)* voortijlen; ~ *u p* haast maken, voortmaken; ~ *up!* schiet op! vlug!; **III** *vt* haasten; overhaasten; verhaasten haast maken met; in aller ijl brengen, zenden & [v. troepen

&]; ~ *a l o n g* ook: meeslepen; ~ *o n* voortjagen; ~ *on one's clothes* aanschieten; ~ *on things* er vaart achter zetten; ~ *a bill t h r o u g h* erdoor jagen; ~**-scurry I** S gejacht *o*; verwarring; **II** *aj* & *ad* haastig en verward, hals over kop; **III** *vi* zich reppen; ~**-up job** haastklus

hurst [həːst] bosje *o*; zandheuvel; zandbank

hurt [həːt] **I** *sb* letsel *o*, wonde; slag; nadeel *o*, schade; **II** *vt* pijn doen, bezeren, wonden; deren; krenken, kwetsen[2], beledigen[2]; schaden, benadelen; **III** *vi* schaden; *it* ~*s* het doet zeer; **IV** V.T. & V.D. van ~; **-ful** schadelijk, nadelig (voor *to*); pijnlijk, krenkend

hurtle [ˈhəːtl] **I** *vi* botsen, stoten, ratelen, donderen; **II** *vt* slingeren, smakken, smijten

husband [ˈhʌzbənd] **I** *sb* echtgenoot, man; ✽ beheerder; **II** *vt* zuinig huishouden (omgaan) met, zuinig beheren, sparen; **-man** landman; **-ry** landbouw; teelt (vooral in samenstellingen, b.v.: *animal* ~, *cattle* ~ veeteelt, veefokkerij, veehouderij); huishoudkunde, (huishoudelijk, zuinig) beheer *o*

hush [hʌʃ] **I** *vt* tot zwijgen brengen, sussen[2]; ~ *up* in de doofpot stoppen; verzwijgen; **II** *vi* zwijgen; **III** *sb* zwijgen *o*, (diepe) stilte; **IV** *ij* stil!, st!; *~ed* gedempt [stem]; ~**-hush** F geheim; ~**-money** zwijggeld *o*

husk [hʌsk] **I** *sb* schil, bolster, dop, kaf *o*; (om)hulsel *o*; **II** *vt* schillen, doppen, pellen

1 husky [ˈhʌski] *aj* vol schillen; droog; schor, hees; *Am* stevig, potig

2 husky [ˈhʌski] *sb* eskimohond, poolhond

hussar [huˈzɑː] ⚔ huzaar

hussy [ˈhʌsi, ˈhʌzi] ondeugd [v. e. meisje]; lichtzinnig meisje *o*, snolletje *o*

hustings [ˈhʌstiŋz] ▣ stellage vanwaar men bij verkiezingen tot het volk sprak; verkiezing(scampagne)

hustle [ˈhʌsl] **I** *vt* (ver)dringen, (weg)duwen, stompen, door elkaar schudden; voortjagen, jachten; drijven; **II** *vi* duwen, dringen; er vaart achter zetten, aanpakken; **III** *sb* gejacht *o*, geduw *o*, gedrang *o*; voortvarendheid, energie; ~ *and bustle* drukte; **-r** voortvarend iemand; *Am* S prostitué(e)

hut [hʌt] **I** *sb* hut, keet; barak; **II** *vt* (& *vi*) in een barak (barakken) onderbrengen (liggen of wonen); *~ted camp* barakkenkamp

hutch [hʌtʃ] (meel)kist, (bak)trog; (konijne)hok *o*; F hutje *o*

hutment [ˈhʌtmənt] barak(ken)

✽ **huzza** [huˈzɑː, hʌˈzɑː] = *hurrah*

hyacinth [ˈhaiəsinθ] ⚘ hyacint *v*; hyacint *o* [stofnaam], hyacint *m* [edelsteen]

hybrid [ˈhaibrid] **I** *sb* hybride, bastaard; **II** *aj* hybridisch, bastaard-, gemengd

hydra [ˈhaidrə] waterslang, hydra[2]; **hydrant** hy-

drant, standpijp
hydrate ['haidreit] hydraat *o*
hydraulic [hai'drɔːlik] hydraulisch; ~*s* hydraulica
hydro ['haidrou] F waterkuurinrichting; ~-**carbon** ['haidrə'kaːbən] koolwaterstof; –**cephalus** [haidrə'sefələs] waterhoofd *o*; –**chloric** ~ *acid* zoutzuur *o*; –**dynamics** hydrodynamica; ~-**electric** hydro-elektrisch; ~ (*power-*)*station* waterkrachtcentrale; –**foil** ['haidrəfɔil] draagvleugelboot; –**gen** waterstof; *carburetted* ~ koolwaterstof(gas *o*); –**graphic(al)** [haidrə'græfik(l)] hydrografisch; –**graphy** [hai'drɔgrəfi] hydrografie; –**meter** hydrometer; –**pathic** [haidrə'pæθik] **I** *aj* hydropathisch; **II** *sb* waterkuurinrichting; –**pathy** [hai'drɔpəθi] watergeneeskunde, waterkuur; –**phobia** [haidrə'foubiə] watervrees, hondsdolheid; –**plane** ['haidrəplein] ⤳ watervliegtuig *o*; ⚓ glijboot; –**ponics** [haidrə'pɔniks] ⚶ watercultuur; –**static** [haidrə'stætik] hydrostatisch; –**statics** hydrostatica
hyena [hai'iːnə] hyena
hygiene ['haidʒiːn] hygiëne, gezondheidsleer; –**nic** [hai'dʒiːnik] hygiënisch
hygrometer [hai'grɔmitə] hygrometer
hymen ['haimən] maagdenvlies *o*
hymeneal [haime'niːəl] huwelijks-
hymn [him] **I** *sb* kerkgezang *o*, lofzang, gezang *o*; **II** *vt* & *vi* loven, (be)zingen
hyper ['haipə] overdadig, buitensporig; –**bole** [hai'pɔːbəli] hyperbool; retorische figuur: overdrijving; –**bolic(al)** [haipə'bɔlik(l)] hyperbolisch; –**critical** ['haipə'kritikl] hyperkritisch;

–**tension** hypertensie: verhoogde bloeddruk;
–**trophy** [hai'pɔːtrəfi] **I** *sb* hypertrofie: ziekelijke vergroting; **II** *vi* aan hypertrofie onderhevig zijn
hyphen ['haifən] **I** *sb* koppelteken *o*; **II** *vt* = *hyphenate* ; –**ate** door een koppelteken verbinden; ~*d* door een koppelteken verbonden; met een dubbele naam
hypnosis [hip'nousis] hypnose; **hypnotic** [hip'nɔtik] **I** *aj* slaapwekkend, hypnotisch; **II** *sb* hypnoticum *o*, slaapmiddel *o*; gehypnotiseerde; –**ism** ['hipnətizm] hypnotisme *o*; –**ist** hypnotiseur; –**ize** hypnotiseren
hypo- ['haipə] verminderd, onvolkomen, onder-; –**chondria** [hai-, hipə'kɔndriə] hypochondrie: zwaarmoedigheid; –**chondriac** hypochonder: zwaarmoedig (iemand); –**crisy** [hi'pɔkrisi] hypocrisie, huichelarij, veinzerij; –**crite** ['hipəkrit] hipocriet, huichelaar, veinzer; –**critical** [hipə'kritikl] hypocritisch, huichelachtig, schijnheilig; –**dermic** [haipə'dəːmik] **I** *aj* onderhuids; ~ *needle* injectienaald; ~ *syringe* injectiespuitje *o*; **II** *sb* spuit, spuitje *o*; –**tenuse** [hai'pɔtinjuːz] hypotenusa; –**thecate** [hai-'pɔθikeit] verhypothekeren; verpanden; –**thesis** [hai'pɔθisis, *mv* -**ses** -siːz] hypothese, veronderstelling; –**thetic(al)** [haipə'θetik(l)] hypothetisch
hysteria [his'tiəriə] hysterie; –**ic** [his'terik] **I** *sb* hystericus, hysterica; **II** *aj* = *hysterical*; –**ical** *aj* hysterisch; ook: zenuwachtig [v. lachen]; –**ics** zenuwtoeval; *fall* (*go off*) *into* ~ het op de zenuwen krijgen

I

i, I [ai] (de letter) i, I
I [ai] ik; *the* ~ het ik
i.a. = *inter alia* onder andere
iamb ['aiæm(b)] jambe; **-ic** [ai'æmbik] **I** *aj* jambisch; **II** *sb* jambe; ~*s* jamben, jambische verzen; **-us** jambe
ib = *ibidem*
Iberian [ai'biəriən] **I** *aj* Iberisch; **II** *sb* Iberiër; het Iberisch
ibid. = *ibidem*; **ibidem** [i'baidəm] *Lat* in hetzelfde boek, van dezelfde auteur
ibis ['aibis] ibis
ice [ais] **I** *sb* ijs° *o*; *cut no* ~ geen gewicht in de schaal leggen; *keep (put) on* ~ in de ijskast zetten (leggen); *on thin* ~ [*fig*] op glad ijs; **II** *vt* tot ijs doen worden, met ijs overdekken, (laten) bevriezen; frapperen [dranken]; glaceren [suikerwerk]; ~*d lolly* ijslolly; ~*d water* ijswater *o*; ~**-age** ijstijd; **-berg** ijsberg; ~**-bound** ingevroren; dicht-, toegevroren, bevroren; **-box** ijskast; ~**-cream** (room)ijs *o*; ~ **drift** ijsgang; ~**-floe** ijsschots; ~**-house** ijskelder²
Iceland ['aislənd] **I** *sb* IJsland *o*; **II** *aj* IJslands; **-er** IJslander; **-ic** [ais'lændik] IJslands
ice-pack ['aispæk] pakijs *o*; ijszak; ~**-rink** kunstijsbaan
ichthyology [ikθi'ɔlədʒi] viskunde; **ichthyosaurus** [ikθiə'sɔ:rəs] ichtyosaurus
icicle ['aisikl] ijskegel, -pegel; **icing** suikerglazuur *o* [v. gebak]; ijsafzetting; ~ *sugar* poedersuiker
icon ['aikɔn] icoon [afbeelding]; **iconoclasm** [ai'kɔnəklæzm] beeldenstorm; *fig* afbreken *o* van heilige huisjes; **-ast** beeldenstormer; *fig* afbreker van heilige huisjes; **-astic** [aikɔnə'klæstik] beeldenstormend; *fig* heilige huisjes afbrekend
icterus ['iktərəs] geelzucht
ictus ['iktəs] (vers)accent *o*
icy ['aisi] ijskoud², ijzig², ijs-; beijzeld [weg]
I'd [aid] **F** voor *I would*, *I should*, *I had*
idea [ai'diə] denkbeeld *o*, begrip *o*, gedachte, idee° *o* & *v*; *the (very)* ~! stel je voor!, wat een onzin!; *that's the* ~ dat is de bedoeling; zo is (moet) het; *mooi zo!*, juist!; *have no* ~ ook: niet weten
ideal [ai'diəl] **I** *aj* ideaal; ideëel; denkbeeldig; **II** *sb* ideaal *o*; **-ism** idealisme *o*; **-ist** idealist; **-istic** [aidiə'listik] idealistisch; **-ization** [aidiəlai'zeiʃən] idealisering; **-ize** [ai'diəlaiz] idealiseren
idée fixe [i:dei'fi:ks] *Fr* obsessie
identical [ai'dentikl] (de-, het)zelfde, gelijk, identiek; ~ *twins* eeneiïge tweeling; **identifica-**

tion [aidentifi'keiʃən] vereenzelviging, gelijkstelling, identificatie; ~ *mark* (ken)merk *o*, herkenningsteken *o*; **identify** [ai'dentifai] (*vi* &) *vt* (zich) vereenzelvigen, gelijkstellen, -maken (aan *with*), identificeren; **identikit** [ai'dentikit] montagefoto, robotportret *o*; **identity** [ai'dentiti] gelijk(luidend)heid; éénzijn *o*; persoon(lijkheid); identiteit; ~ *card* identiteitsbewijs *o*, -kaart, persoonsbewijs *o*; ~ *disk* identiteitsplaatje *o*
ideogram ['idiougræm] = *ideograph*; **ideograph** beeldmerk *o*
ideological [aidiə'lɔdʒikəl] ideologisch; **ideologist** [aidi'ɔlədʒist] ideoloog; **-gue** ['aidiəlɔg] ideoloog; **-gy** [aidi'ɔlədʒi] ideologie
ides [aidz] 15de dag van maart, mei, juli en oktober, anders de 13de
idiocy ['idiəsi] idiotisme *o*, stompzinnigheid
idiom ['idiəm] idioom *o*, taaleigen *o*; dialect *o*; **-atic** [idiə'mætik] idiomatisch
idiosyncrasy [idiə'siŋkrəsi] eigenaardigheid, hebbelijkheid, individuele geestes- of gevoelsneiging; **-atic** [idiəsiŋ'krætik] eigenaardig
idiot ['idiət] idioot²; **-ic** [idi'ɔtik] idioot², mal
idle ['aidl] **I** *aj* ledig, nietsdoend, werk(e)loos, stil(liggend, -staand); lui; ongebruikt; ijdel, nutteloos; *we have not been* ~ we hebben niet stilgezeten; **II** *vi* leeglopen, niets doen, luieren, lanterfanten; **✗** stationair draaien [v. motor]; **III** *vt* ~ *away* in ledigheid doorbrengen, verluieren; **idler** leegloper, nietsdoener, dagdief; **idling I** *aj* luierend &; **II** *sb* nietsdoen *o*; vrijloop [v. motor]; **idly** *ad* v. *idle* **I**; ook: zonder een hand uit te steken; zo maar
idol ['aidl] afgod²; idool *o*; **-ater** [ai'dɔlətə] afgodendienaar; aanbidder; afgodisch vereerder; **-atrous** afgodisch; **-atry** afgoderij; afgodendienst, idolatrie; ver(af)goding; **-ization** [aidəlai'zeiʃən] ver(af)goding²; **-ize** ['aidəlaiz] ver(af)goden²
idolum [ai'douləm] idee, *o* & *v* begrip *o*, denkbeeld *o*; drogreden, dwaalbegrip
idyll ['idil, 'aidil] idylle²; **-ic** [ai'dilik] idyllisch²
i.e. = [id est] that is, dat wil zeggen, d.w.z.
if [if] **I** *cj* indien, zo, als, ingeval; zo... al, al; of; *a critical* ~ *loving eye* (of)schoon; *the damage*, ~ *any* de eventuele schade; *little (few)* ~ *any* vrijwel geen; *he was*, ~ *anything*, *an artist* hij was geen een kunstenaar!; ~ *not* zo niet; *the rascal!* ~ *he has not broken my stick!* daar heeft ie me waarachtig...; *I'll do it*, ~ *I die for it* ik zal het doen al moet ik ervoor sterven; ~ *he be ever so rich* al is hij nog zo rijk; *nothing* ~ *not critical* zeer kritisch; ~ *only* als...

maar; **II** *sb* ~ ~*s and ans were pots and pans* as is verbrande turf

igloo ['iglu:] iglo: sneeuwhut

igneous ['igniəs] vurig, vuur-; vulkanisch

ignescent [ig'nesənt] fonkelend

ignes fatui ['igni:z 'fætjuai] *mv* v. **ignis fatuus** ['ignis 'fætjuəs] dwaallicht² *o*

ignitable [ig'naitəbl] ontbrandbaar; **ignite I** *vt* in brand steken, doen ontbranden, ontsteken; doen gloeien; **II** *vi* in brand raken, ontbranden, vuur vatten; **-r** ontsteker; **ignition** [ig'niʃən] ontbranding; ✕ ontsteking; gloeiing; ~ *key* ⊶ contactsleuteltje *o*; ~ *switch* ontstekingsschakelaar

ignoble [ig'noubl] onedel, laag, schandelijk; **ignominous** [ignə'miniəs] schandelijk, onterend; smadelijk, oneervol; **ignominy** ['ignəmini] schande(lijkheid), oneer, smaad

ignoramus [ignə'reiməs] weetniet, domoor **ignorance** ['ignərəns] onkunde, onwetendheid; onbekendheid (met *of*); **–ant** onwetend, onkundig; ~ *of* onbekend met; onkundig van; **ignore** [ig'nɔ:] niet willen weten of kennen, geen notitie nemen van, voorbijzien, ignoreren, negeren

i.h.p. = *indicated horse-power*

ileum ['iliəm] kronkeldarm

ilex ['aileks] steeneik; ilex, hulst

ilk [ilk] *Sc* elk; het-, dezelfde; *of that* ~ van die naam; **P** van dat soort

I'll [ail] **F** voor *I shall, I will*

ill [il] **I** *aj* kwaad, slecht, kwalijk; ziek; misselijk; **II** *ad* slecht, kwalijk; *take it* ~ het kwalijk nemen; ~ *at ease* niet op zijn gemak; **III** *sb* kwaad *o*, kwaal; ramp; ~**-advised** onberaden, onverstandig; ~**-affected** kwaadgezind, kwaadwillig; ~**-assorted** slecht bij elkaar passend

illation [i'leiʃən] gevolgtrekking

ill-blood ['il'blʌd] wrok; vijandschap; ~**-boding** onheilspellend; ~**-bred** onopgevoed; ongemanierd; ~**-conditioned** slecht gehumeurd; kwaadaardig; in slechte toestand; ~**-considered** onberaden; ~**-contrived** slecht bedacht, onoordeelkundig; ~**-disposed** niet genegen; kwaadgezind, kwaadwillig

illegal [i'li:gəl] onwettig; **–ity** [ili'gæliti] onwettigheid

illegibility [iledʒi'biliti] onleesbaarheid; **illegible** [i'ledʒibl] *aj* onleesbaar

illegitimacy [ili'dʒitiməsi] onwettigheid, ongeoorloofdheid, onechtheid; **–ate I** *aj* onwettig, ongeoorloofd, onecht; **II** *sb* bastaard

ill-fated ['il'feitid] ongelukkig, rampspoedig; ~**-favoured** mismaakt, lelijk; ~**-feeling** kwade gevoelens, onwelwillendheid, kwaad bloed *o*; ~**-gotten** onrechtvaardig (oneerlijk) verkregen; ~**-health** slechte gezondheid, ziekte; ~**-humoured** slecht gehumeurd

illiberal [i'libərəl] bekrompen; onbeschaafd; niet royaal, gierig; **–ity** [ilibə'ræliti] bekrompenheid; gierigheid

illicit [i'lisit] ongeoorloofd; onwettig

illimitable [i'limitəbl] onbegrensd

illiteracy [i'litərəsi] ongeletterdheid; analfabetisme *o*; **–ate** *aj* ongeletterd; niet kunnende lezen (en schrijven); **II** *sb* analfabeet;

ill-judged ['il'dʒʌdʒd] slecht bedacht (overlegd), onberaden; onwijs, onverstandig; ~**-looking** er slecht uitziend, lelijk; bedenkelijk; ~**-luck** ongeluk *o*, tegenspoed; ~**-mannered** ongemanierd; ~**-natured** kwaadaardig, boosaardig, hatelijk; **illness** ongesteldheid, ziekte

illogical [i'lɔdʒikl] onlogisch

ill-omened ['il'oumend] onder ongunstige omstandigheden ondernomen; ongelukkig; ~**-starred** onder een ongelukkig gesternte geboren; ongelukkig; ~**-tempered** humeurig, uit zijn (haar) humeur; ~**-timed** ontijdig, ongelegen; ~**-treat** mishandelen; slecht (verkeerd) behandelen; ~**-treatment** mishandeling; slechte (verkeerde) behandeling

⊙ **illume** [i'l(j)u:m] verlichten, verhelderen

illuminant [i'l(j)u:minənt] **I** *aj* verlichtend; **II** *sb* verlichtingsmiddel *o*; **–ate** verlichten²; belichten; licht werpen op; voorlichten; verluchten; illumineren; luister bijzetten aan; *an illuminating survey* een verhelderend werkend overzicht; **–ation** [il(j)u:mi'neiʃən] verlichting²; belichting; voorlichting; verluchting; illuminatie; glans, luister; **–ative** [i'l(j)u:minətiv] verlichtend; **–ator** verlichter²; voorlichter; verlichtingsmiddel *o*; verluchter

illumine [i'l(j)u:min] = *illuminate*

ill-usage ['il'ju:zidʒ] = *ill-treatment*; **ill-use** = *ill-treat*

illusion [i'l(j)u:ʒən] illusie; (zins)begoocheling, zinsbedrog *o*

illusionist [i'l(j)u:ʒənist] goochelaar

illusive [i'l(j)u:siv], **–sory** [i'l(j)u:səri] illusoir, denkbeeldig; bedrieglijk

illustrate ['iləstreit] toelichten, ophelderen; illustreren; **–tion** [iləs'treiʃən] illustratie²; prent, plaat; toelichting, opheldering; **–tive** ['iləstreitiv] illustrerend, illustratief, ophelderend, toelichtend, verklarend; **–tor** illustrator; toelichter

illustrious [i'lʌstriəs] doorluchtig, beroemd, roemrijk, vermaard, hoog, illuster

ill-will ['il'wil] vijandige gezindheid, kwaadwilligheid, wrok

I'm [aim] **F** voor *I am*

image ['imidʒ] **I** *sb* beeld *o*, beeltenis; evenbeeld *o*; toonbeeld *o*; imago *o*, image *o*; **II** *vt* afbeelden, weer-, afspiegelen, voorstellen; ~**-breaker** beeldstormer

imagery ['imidʒri, 'imidʒəri] beeld o, beeldwerk o; beelden; beeldrijkheid; beeldspraak
image-worship [i'midʒwɔ:ʃip] beeldendienst
imaginable [i'mædʒinəbl] denkbaar
imaginary [i'mædʒinəri] ingebeeld, denkbeeldig; imagination [imædʒi'neiʃən] verbeelding(skracht), fantasie, voorstellingsvermogen o, voorstelling; -ive [i'mædʒinətiv] vol verbeeldingskracht, fantasierijk; van fantasie getuigend; van de verbeelding, verbeeldings-; imagine I vt zich in-, verbeelden, zich voorstellen; II vi zich voorstellingen vormen, fantaseren; ~! verbeeld je!
imago [i'meigou] volkomen ontwikkeld insekt o; ps ideaalbeeldo
imbalance [im'bæləns] gebrek o aan evenwicht, onevenwichtigheid, onbalans
imbecile ['imbisi:l, -sail] zwakhoofdig, imbeciel; -lity [imbi'siliti] geesteszwakte, imbeciliteit
imbibe [im'baib] (in)drinken, op-, inzuigen, (in zich) opnemen²; F te veel drinken
imbroglio [im'brouljou] imbroglio o: warboel, verwarring; verwikkeling
imbrue [im'bru:] bezoedelen, dopen, drenken
imbue [im'bju:] doortrékken; doordringen; drenken, verven; fig vervullen (van with)
imburse [im'bə:s] van geld voorzien
imitable ['imitəbl] navolgbaar
imitate ['imiteit] navolgen, nabootsen, namaken, nadoen, > naäpen; -tion [imi'teiʃən] I sb navolging, nabootsing; imitatie; II als aj imitatie-; -tive ['imitətiv, 'imiteitiv] nabootsend, navolgend; nabootsings-; ~ arts beeldende kunsten; ~ of in navolging van, naar, gevormd (gebouwd) naar
immaculate [i'mækjulit] onbevlekt; smetteloos; onberispelijk; ⅋ o & ⅋ ongevlekt
immanent ['imənənt] immanent
immaterial [imə'tiəriəl] onstoffelijk, onlichamelijk; van weinig of geen belang, van geen betekenis, onverschillig; -ity ['imətiəri'æliti] onstoffelijkheid, onlichamelijkheid; onbelangrijkheid
immature [imə'tjuə] onvolwassen, onontwikkeld, onrijp; -rity onvolwassenheid, onrijpheid
immeasurable [i'meʒərəbl] aj onmeetbaar; onmetelijk; < oneindig
immediacy [i'mi:djəsi] onmiddellijkheid; immediate aj onmiddellijk, dadelijk; direct°; naast(bijzijnd), ophanden zijnd; ⅋ [op brieven] spoed; -ly I ad onmiddellijk &, zie immediate; II cj zodra
immemorial [imi'mɔ:riəl] onheuglijk, eeuwenoud
immense [i'mens] onmetelijk, oneindig, mateloos, F enorm; -sity onmetelijkheid, oneindigheid, eindeloze uitgestrektheid

immensurable [i'menʃurəbl] onmetelijk
immerse [i'mə:s] in-, onderdompelen, indopen; ~d in verdiept in, diep in; -sion in-, onderdompeling, indoping; ~ in verdiept zijn o in; ~ heater ⅋ dompelaar
immigrant ['imigrənt] I aj immigrerend; II sb immigrant; -ate immigreren; -ation [imi-'greiʃən] immigratie
imminence ['iminəns] dreigend gevaar o; -ent dreigend, ophanden (zijnd), voor de deur staand, aanstaande
immiscible [i'misibl] on(ver)mengbaar
immitigable [i'mitigəbl] niet te verzachten; onverzoenlijk
immixture [i'mikstʃə] (ver)menging; betrokken zijn o (bij in), inmenging
immobile [i'moubail] onbeweeglijk; -lity [imə'biliti] onbeweeglijkheid; -lize [i'moubilaiz] onbeweeglijk (immobiel) maken; aan de circulatie onttrekken
immoderate [i'mɔdərit] on-, bovenmatig, onredelijk, overdreven; -tion [imɔdə'reiʃən] onmatigheid; onredelijkheid, overdrevenheid
immodest [i'mɔdist] onbescheiden; onbetamelijk, onzedig; -y onbescheidenheid; onbetamelijkheid, onzedigheid
immolate ['iməleit] (op)offeren; doden als offer; -tion [imə'leiʃən] (op)offering; offer o; -tor ['iməleitə] offeraar
immoral [i'mɔrəl] immoreel, onzedelijk; zedeloos; -ity [imə'ræliti] immoraliteit, onzedelijkheid; onzedelijke handeling(en); zedeloosheid
immortal [i'mɔ:tl] onsterfelijk(e); -ity [imɔ:'tæliti] onsterfelijkheid; -ization [imɔ:təlai'zeiʃən] onsterfelijk maken o, vereeuwiging; -ize [i'mɔ:təlaiz] onsterfelijk maken, vereeuwigen
immortelle [imɔ:'tel] immortelle, strobloem
immovable [i'mu:vəbl] I aj onbeweegbaar, onbeweeglijk; onveranderlijk, onwrikbaar; ⅋ onroerend, vast; II sb ~s onroerende of vaste goederen
immune [i'mju:n] immuun: onvatbaar (voor from, to, against), vrij (van from); -nity immuniteit: onvatbaarheid; vrijstelling, ontheffing; -nize ['imjunaiz] immuun maken
immure [i'mjuə] insluiten, opsluiten; inmetselen [als doodstraf]
immutable [i'mju:təbl] onveranderlijk, -baar
imp [imp] kobold, duiveltje o, rakker
impact ['impækt] stoot, schok, slag, botsing; fig uitwerking, invloed, effect o
impair [im'pɛə] benadelen, aantasten, verzwakken, afbreuk doen aan
impale [im'peil] spietsen, doorboren; ⅍ ompalen; -ment spietsen o; doorboring
impalpable [im'pælpəbl] onvoelbaar, ontastbaar²; ongrijpbaar²

impanel [im'pænl] = empanel

imparity [im'pæriti] ongelijkheid, verscheidenheid

impart [im'pa:t] mededelen, geven, verlenen; bijbrengen [kennis]

impartial [im'pa:ʃəl] onpartijdig; –ity [impa:ʃi'æliti] onpartijdigheid

impassable [im'pa:səbl] onbegaanbaar; [rivier] waar men niet overheen kan

impasse [im'pa:s] doodlopende straat; fig dood punt o

impassible [im'pæsibl] 1 onaandoenlijk; ongevoelig, gevoelloos; 2 onberijd-, onbegaanbaar

impassioned [im'pæʃənd] hartstochtelijk

impassive [im'pæsiv] onbewogen, ongevoelig, onaandoenlijk, onverstoorbaar, afgestompt

impasto [im'pæstou] dik opleggen o van de verf; dikke verf(laag)

impatience [im'peiʃəns] ongeduld o, ongeduldigheid; his ~ of restraint zijn afkeer van dwang; impatient ongeduldig; ~ of niet kunnende uitstaan of dulden

impeach [im'pi:tʃ] in twijfel trekken; verdacht maken; beschuldigen, aanklagen; –able laakbaar; –ment in twijfel trekken o, verdachtmaking; (stellen o in staat van) beschuldiging, aanklacht

impeccable [im'pekəbl] onberispelijk, foutloos; zondeloos, onzondig

impecuniosity [impikju:ni'ɔsiti] geldgebrek o; geldelijk onvermogen o; –ious [impi'kju:niəs] zonder geld; onbemiddeld, onvermogend

impedance [im'pi:dəns] ⚡ impedantie: schijnweerstand

impede [im'pi:d] bemoeilijken, verhinderen, belemmeren, tegenhouden, beletten; –diment [im'pedimənt] verhindering, belemmering, beletsel o; ~ in his speech spraakgebrek o; ~s (leger)bagage

impedimenta [impedi'mentə] (leger)bagage

impel [im'pel] aandrijven, voortdrijven, -bewegen; aanzetten, bewegen

impend [im'pend] boven het hoofd hangen, dreigen [v. gevaar]; ophanden zijn

impenetrable [im'penitrəbl] ondoordringbaar; ondoorgrondelijk

impenetrate [im'penitreit] diep doordringen

impenitence [im'penitəns] onboetvaardigheid; –ent onboetvaardig

imperative [im'perətiv] I aj gebiedend, noodzakelijk, verplicht (voor upon); II sb gebiedende wijs (ook: ~ mood), imperatief

imperceptible [impə'septibl] aj onmerkbaar

impercipient [impə'sipiənt] niet waarnemend, niet opmerkend

imperfect [im'pə:fikt] I aj onvolmaakt, onvolkomen; ~ tense onvoltooid verleden tijd; II sb

imperfectum o: onv. verl. tijd; –ion [impə'fekʃən] onvolmaaktheid, onvolkomenheid

imperforate [im'pə:fərit] ongeperforeerd

imperial [im'piəriəl] I aj keizerlijk, keizer(s)-; rijks-, imperiaal; II sb imperiaal(papier) o; puntbaardje o; –ism keizersmacht; imperialisme o; –ist keizersgezind(e); imperialist(isch); –istic [impiəriə'listik] imperialistisch

imperil [im'peril] in gevaar brengen

imperious [im'piəriəs] gebiedend, heerszuchtig; bazig

imperishable [im'periʃəbl] onvergankelijk

impermanent [im'pə:mənənt] tijdelijk, vergankelijk

impermeable [im'pə:miəbl] ondoordringbaar

impermissible [impə'misəbl] ontoelaatbaar, ongeoorloofd

impersonal [im'pə:snl] niet persoonlijk; onpersoonlijk; –ity [impə:sə'næliti] onpersoonlijkheid

impersonate [im'pə:səneit] verpersoonlijken; voorstellen, vertolken [een rol]; –tion [impə:sə'neiʃən] verpersoonlijking; voorstelling, vertolking [v. rol]; imitatie [door cabaretartiest]; –tor [im'pə:səneitə] vertolker; imitator [v. cabaret]

impertinence [im'pə:tinəns] niet ter zake zijn o; onbeschaamdheid; –ent niets met de zaak te maken hebbend, niet van pas; ongepast; onbeschaamd

imperturbable [impə'tə:bəbl] aj onverstoorbaar

impervious [im'pə:viəs] ondoordringbaar; ontoegankelijk, niet vatbaar (voor to)

impetigo [impi'taigou] impetigo, krentenbaard [huidziekte]

impetuosity [impetju'ɔsiti] onstuimigheid, heftigheid; impetuous [im'petjuəs] onstuimig, heftig

impetus ['impitəs] aansporing, prikkel, voortstuwende kracht, aandrang, aandrift, vaart

impiety [im'paiəti] goddeloosheid, oneerbiedigheid, gebrek o aan piëteit

impinge [im'pindʒ] stoten, botsen, slaan (tegen on); ~ on ook: treffen, raken; inbreuk maken op; –ment botsing, stoot; inbreuk

impious ['impiəs] goddeloos, profaan

impish ['impiʃ] duivels, ondeugend

implacable [im'plækəbl] onverzoenlijk; onverbiddelijk

implant [im'pla:nt] (in)planten, ⚕ implanteren; zaaien[2]; inprenten; –ation [impla:n'teiʃən] inplanting, ⚕ implantatie; inprenting

implausible [im'plɔ:zibl] onwaarschijnlijk

implement ['implimənt] I sb gereedschap o; werktuig o; ~s uitrusting; II vt uitvoeren; nakomen; –ation [implimen'teiʃən] uitvoering; nakoming

implicate ['implikeit] inwikkelen, insluiten, impliceren, verwikkelen, betrekken (bij *in*); **–tion** [impli'keiʃən] in-, verwikkeling; implicatie; *by* ~ stilzwijgend; bij implicatie; indirect

implicit [im'plisit] daaronder begrepen, stilzwijgend (aangenomen), impliciet; onvoorwaardelijk; blind [vertrouwen &]

implied [im'plaid] daaronder begrepen, stilzwijgend aangenomen, impliciet

implore [im'plɔ:] smeken (om *for*), afsmeken; **–ring** smekend

implosion [im'plouʒən] implosie

imply [im'plai] insluiten, inhouden; vooronderstellen; (indirect) te kennen geven of aanduiden, impliceren

impolicy [im'pɔlisi] onhandigheid, onverstandigheid

impolite [impə'lait] onbeleefd, onwellevend

impolitic [im'pɔlitik] onhandig, onverstandig

imponderable [im'pɔndərəbl] onweegbaar (iets); **–s** imponderabilia

import [im'pɔ:t] **I** *vt* invoeren, importeren; insluiten, aanduiden; van belang zijn voor; **II** *sb* ['impɔ:t] invoer, import; **~s** invoerartikelen, invoer; = *importance*

importance [im'pɔ:təns] belang *o*, belangrijkheid, gewicht *o*, gewichtigheid, betekenis; **–ant** belangrijk, van gewicht (betekenis), gewichtig(doend)

importation [impɔ:'teiʃən] import, invoer, ingevoerd artikel *o*; **importer** [im'pɔ:tə] importeur

importunate [im'pɔ:tjunit] lastig, opdringerig; **importune** [im'pɔ:tju:n, impɔ:'tju:n] lastig vallen, overlast aandoen; **–nity** [impɔ:'tju:niti] lastigheid; overlast; onbescheiden aanhouden *o*

impose [im'pouz] **I** *vt* opleggen; ~ *upon* opleggen; in de handen stoppen; **II** *vi* ~ (*up*)*on* imponeren; misbruik maken van; misleiden; bedriegen

imposing [im'pouziŋ] imposant, imponerend, indrukwekkend

imposition [impɔ:'ziʃən] oplegging; belasting; ⚓ strafwerk *o*; misleiding

impossible [im'pɔsibl] onmogelijk°

impost ['impoust] belasting

imposter [im'pɔstə] bedrieger, oplichter; **–ture** bedrog *o*, bedriegerij

impotence, –ency ['impətəns(i)] onmacht, machteloosheid; onvermogen *o*; impotentie; **–ent** ['impətənt] onmachtig, machteloos, onvermogend; impotent

impound [im'paund] in-, opsluiten; in beslag nemen [goederen]; inhouden [paspoort]

impoverish [im'pɔvəriʃ] verarmen, uitputten [land]

impracticable [im'præktikəbl] ondoenlijk, onuitvoerbaar; onhandelbaar; onbruikbaar, onbegaanbaar [v. weg]

impractical [im'præktikl] onpraktisch, onbruikbaar

imprecate ['imprikeit] afsmeken (over *upon*); **–tion** [impri'keiʃən] verwensing, vervloeking; **–tory** ['imprikeitəri] verwensend, vloek-

imprecise [impri'sais] onduidelijk, vaag, onnauwkeurig; **–sion** [impri'siʒən] onduidelijkheid, vaagheid, onnauwkeurigheid

impregnable [im'pregnəbl] onneembaar[2]; onaantastbaar

impregnate [im'pregnit] **I** *aj* doortrokken (van *with*), zwanger[2]; **II** *vt* ['impregneit] bevruchten; impregneren, doortrekken, verzadigen; **–tion** [impreg'neiʃən] bevruchting; impregnatie; verzadiging

impresario [impre'sa:riou] impresario

impress ['impres] **I** *sb* indruk; afdruk, afdruksel *o*, stempel[2] *o* & *m*; **II** *vt* [im'pres] in-, afdrukken, inprenten[2], stempelen[2]; (een zekere) indruk maken op, imponeren, treffen; ~ (*up*)*on* ook: drukken op; op het hart drukken, inprenten; ~ *w i t h* *an idea* doordringen van een idee ‖ 💀 & ⚓ pressen; **–ible** = *impressionable*

impression [im'preʃən] indrukking; af-, indruk[2], impressie; stempel[2] *o* & *m*; oplage, druk; idee *o* & *v*; **–able** voor indrukken vatbaar, gevoelig

impressionist [im'preʃənist] impressionist(isch); **–ic** [impreʃə'nistik] impressionistisch

impressive [im'presiv] indrukwekkend

imprimatur [impri'meitə] imprimatur[2] *o*

imprint **I** *sb* ['imprint] indruk [v. voet &], afdruk, afdruksel *o*; stempel *o* & *m*; drukkers- of uitgeversnaam op titelblad &; **II** *vt* [im'print] drukken, stempelen, inprenten

imprison [im'prizn] gevangen zetten; **–ment** gevangenschap, gevangenzetting, gevangenis(straf); ~ *for debt* gijzeling

improbable [im'prɔbəbl] onwaarschijnlijk

improbity [im'proubiti] oneerlijkheid

impromptu [im'prɔm(p)tju:] **I** *aj* geïmproviseerd; **II** *ad* voor de vuist; **III** *sb* improvisatie; ♪ impromptu *o* & *m*

improper [im'prɔpə] ongeschikt; onbehoorlijk, ongepast, onfatsoenlijk, onbetamelijk; oneigenlijk, onecht [v. breuken]; onjuist, ten onrechte

impropriety [imprə'praiəti] ongeschiktheid &, zie *improper*

improve [im'pru:v] **I** *vt* verbeteren, beter maken, verhogen, veredelen, vervolmaken; zich ten nutte maken; ~ *his acquaintance* nader kennis maken; ~ *the occasion* van de gelegenheid gebruik maken; ook: om een stichtelijke toespraak te houden; ~ *them away* hen doen verdwijnen; **II** *vi* beter worden, vooruitgaan; ~ *on* of *upon* verbeteringen aanbrengen in of aan; verbeteren; ~ *on acquaintance* bij nadere kennismaking meevallen; *he* ~*d on this* hij overtrof zich zelf nog; *improving* ook: stichtelijk; leerzaam; **–ment** verbetering, beterschap, vooruitgang, vordering; veredeling; **–r** verbeteraar; leerling, volontair (in een of ander vak)

improvidence [im'prɔvidəns] gebrek *o* aan voorzorg, zorgeloosheid; **–ent** zonder voorzorg, niet vooruitziend, zorgeloos

improvisation [imprəvai'zeiʃən] improvisatie; **–tor** [im'prɔvizeitə] improvisator; **improvise** ['imprəvaiz] improviseren

imprudence [im'pru:dəns] onvoorzichtigheid; **–ent** onvoorzichtig

impudence ['impjudəns] onbeschaamdheid, schaamteloosheid; **–ent** onbeschaamd, schaamteloos

impugn [im'pju:n] bestrijden, betwisten

impulse ['impʌls] aandrijving, aandrift, aandrang, opwelling, impuls; stoot; *on* ~ in een opwelling, impulsief; **–sion** [im'pʌlʃən] = *impulse;* **–sive** *aj* aandrijvend; voortstuwend, stuw-; impulsief

impunity [im'pju:niti] straffeloosheid; *with* ~ straffeloos

impure [im'pjuə] onzuiver, onrein; onkuis; **–rity** onzuiverheid, onreinheid[2]; onkuisheid; verontreiniging

imputation [impju'teiʃən] beschuldiging; **impute** [im'pju:t] toeschrijven (aan *to*), wijten, aanwrijven, toedichten, ten laste leggen

in. = *inch(es)*

in [in] **I** *prep* in, naar, bij, volgens, aan, op; van; betrokken bij; met... aan (op); met; over; *he has it* ~ *him* hij is er de man voor; *he is not* ~ *it* hij telt niet mee; hij komt er niet bij; *he is not* ~ *it with...* hij legt het glad af tegen...; ~ *itself* op zich zelf, alleen al; *there's something* ~ *that* daar is wel iets van aan; *they...* ~ *their thousands* zij... bij duizenden; ~ *three days* in drie dagen; over drie dagen; *four feet* ~ *width* vier voet breed; **II** *ad* aan [van boot]; binnen [van trein]; (naar) binnen, thuis, aanwezig, er; aan slag [bij cricket]; aan het bewind, aan de regering; gekozen; **F** in, in de mode; *fruit is* ~ nu is het de tijd voor fruit; • *you are* ~ *f o r it* je bent „zuur"; *I'll be* (*am*) ~ *for a scolding* daar zit een standje voor me op, er staat mij een standje te wachten; *be* ~ *o n* meedoen (deelnemen) aan; *be* ~ *w i t h* goede maatjes zijn met; ~ *and out* in en uit; door en door; *all* ~ alles inbegrepen; **F** kapot, (dood)op; **III** *als aj* binnen...; **IV** *sb the* ~*s and outs* alle hoeken en gaten; alle bochten en kronkelingen; alle finesses of

details; het ministerie en de oppositie

inability [inə'biliti] onvermogen *o,* onbekwaamheid

inaccessible [inæk'sesibl] ongenaakbaar[2]; ontoegankelijk, onbeklimbaar, onbereikbaar

inaccuracy [i'nækjurəsi] onnauwkeurigheid; **–ate** onnauwkeurig

inaction [i'nækʃən] = *inactivity;* **–ive** werkeloos; niet actief; traag; **–ivity** [inæk'tiviti] werkeloosheid, nietsdoen *o*; traagheid

inadequacy [i'nædikwəsi] onevenredigheid; onvoldoend-, ontoereikendheid, inadequatie; **inadequate** onevenredig (aan *to*); onvoldoende, ontoereikend, inadequaat

inadmissible [inəd'misibl] ontoelaatbaar

inadvertence, –ency [inəd'və:təns(i)] onachtzaamheid, onoplettendheid; **–ent** onachtzaam, onoplettend; onbewust, onopzettelijk

inalienable [i'neiljənəbl] onvervreemdbaar[2]

inamorata [inæmə'ra:tə] geliefde

inane [i'nein] **I** *aj* ledig; *fig* leeg, zinloos; idioot; **II** *sb* ledige ruimte [v. heelal]

inanimate [i'nænimit] levenloos, onbezield

inanition [inə'niʃən] leegte; uitputting; **inanity** [i'næniti] (zin)ledigheid; zinloosheid; zinledig gezegde *o*, banaliteit

inapplicable [i'næplikəbl] ontoepasselijk, niet van toepassing (op *to*)

inapposite [i'næpəzit] ontoepasselijk, ongepast, ongeschikt

inappreciable [inə'pri:ʃiəbl] onwaardeerbaar; uiterst gering, te verwaarlozen; **–ation** [inəpri:ʃi'eiʃən] gebrek *o* aan waardering, niet waarderen *o*; **–ative** [inə'pri:ʃiətiv] niet waarderend

inapprehensible [inæpri'hensibl] onbegrijpelijk, onbevattelijk

inapproachable [inə'proutʃəbl] ongenaakbaar, ontoegankelijk

inappropriate [inə'proupriit] ongeschikt, ongepast; onjuist, verkeerd

inapt [i'næpt] ongeschikt, onbekwaam, niet ad rem; **–itude** ongeschiktheid

inarticulate [ina:'tikjulit] niet gearticuleerd, onduidelijk; zich moeilijk uitdrukkend; sprakeloos, stil, terughoudend; *anat* ongeleed

inartificial [ina:ti'fiʃəl] ongekunsteld

inartistic [ina:'tistik] niet kunstzinnig

inasmuch [inəz'mʌtʃ] ~ *as* aangezien; ↘ in zoverre (als)

inattention [inə'tenʃən] onoplettendheid; **–ive** onoplettend, niet lettend (op *to*); onattent

inaudible [i'nɔ:dəbl] *aj* onhoorbaar

inaugural [i'nɔ:gjurəl] inaugureel, intree-, inwijdings-, openings-

inaugurate [i'nɔ:gjureit] inwijden, inhuldigen, onthullen, openen [nieuw tijdperk]; **–tion**

[inɔːgjuˈreiʃən] inwijding, inhuldiging
inauspicious [inɔːsˈpiʃəs] onheilspellend, ongunstig, ongelukkig
inbeing [ˈinbiːiŋ] wezenlijke o, essentie
in-between [inbiˈtwiːn] **I** *sb* tussenpersoon, bemiddelaar; **II** *aj* tussen-, tussenliggend
inboard [ˈinbɔːd] binnen boord
inborn [ˈinˈbɔːn, + ˈinbɔːn] aan-, ingeboren, ingeschapen
inbred [ˈinˈbred, + ˈinbred] aangeboren; door inteelt ontstaan; **inbreeding** [ˈinbriːdiŋ] inteelt
Inc. = *Incorporated*, *Am* ± Naamloze Vennootschap, N.V.
incalculable [inˈkælkjuləbl] onberekenbaar
incandescence [inkənˈdesəns] (witte) gloeihitte, gloeiing[2]; **-ent** (wit)gloeiend, gloei-
incantation [inkænˈteiʃən] bezwering, toverformule
incapability [inkeipəˈbiliti] onbekwaamheid, niet kunnen o; 🕮 onbevoegdheid; **incapable** [inˈkeipəbl] onbekwaam[2]; 🕮 onbevoegd; ~ *of* niet kunnende, niet in staat om, zich niet latende
incapacitate [inkəˈpæsiteit] onbekwaam maken; 🕮 onbevoegd verklaren; **incapacity** onbekwaamheid; 🕮 onbevoegdheid
incarcerate [inˈkaːsəreit] gevangenzetten, opsluiten; **-tion** [inkaːsəˈreiʃən] gevangenzetting, opsluiting
☉ **incarnadine** [inˈkaːnədain] **I** *aj* vleeskleurig, rood; **II** *vt* rood kleuren
incarnate [inˈkaːnit] **I** *aj* vlees geworden, vleselijk; **II** *vt* [inˈkaːneit] incarneren, belichamen; **-tion** [inkaːˈneiʃən] incarnatie, vleeswording, menswording, belichaming, verpersoonlijking
incautious [inˈkɔːʃəs] onvoorzichtig
incendiarism [inˈsendjərizm] brandstichting; *fig* opruiing; **incendiary I** *aj* brandstichtend; brand-; *fig* opruiend; **II** *sb* brandstichter; brandbom; *fig* stokebrand, opruier
1 incense [inˈsens] *vt* vertoornen; ~*d* verbolgen, gebelgd, woedend (over *at*)
2 incense [ˈinsens] **I** *sb* wierook; **II** *vt* bewieroken; ~-*boat* wierookschuitje o; **incensory** wierookvat o
incentive [inˈsentiv] **I** *aj* aansporend, prikkelend; aanmoedigings-; **II** *sb* prikkel(ing), aansporing, stimulans, drijfveer
inception [inˈsepʃən] begin o; **-ive** beginnend, begin-
incertitude [inˈsəːtitjuːd] onzekerheid
incessant [inˈsesnt] aanhoudend, onophoudelijk
incessive [inˈsesiv] trapsgewijs, stap voor stap
incest [ˈinsest] bloedschande, incest; **-uous** [inˈsestjuəs] bloedschendig, incestueus
inch [in(t)ʃ] **I** *sb* Engelse duim, $^1/_{12}$ voet = $2^1/_2$ cm; *every* ~ *a gentleman* op-en-top een heer; *give him an* ~, *and he will take an ell* als men hem een

vinger geeft, neemt hij de hele hand; ~ *by* ~, *by* ~*es* duim voor duim; langzaam aan, langzamerhand; *to an* ~ precies, op een haar; *flog sbd. within an* ~ *of his life* iem. bijna doodranselen; **II** (*vi* &) *vt* (zich) duim voor duim, langzaam maar zeker bewegen; **-meal** [intʃˈmiːl] stap voor stap, geleidelijk
inchoate [ˈinkoueit] **I** *aj* juist begonnen; onontwikkeld; **II** *vt* beginnen; **-tion** [inkouˈeiʃən] begin o; **-tive** [ˈinkoueitiv] **I** *aj* begin-, aanvangs-; inchoatief; **II** *sb* inchoatief (werkwoord) o
incidence [ˈinsidəns] vallen o; wijze van treffen of raken; verbreiding, frequentie; invloed, gevolgen; vóórkomen o [v. kanker &]; druk [v. belasting]; *angle of* ~ hoek van inval; **-ent I** *aj* (in)vallend [v. straal]; ~ *to* (soms *on*), voortvloeiend uit; verbonden met, eigen aan; **II** *sb* voorval o, episode, incident o; **-ental** [insiˈdentl] **I** *aj* toevallig, bijkomend, bijkomstig, incidenteel, bij-; tussen-; ~ *music* tussen de handeling; ~ *remark* terloops gemaakte opmerking; ~ *to* zie *incident to*; **II** *sb* bijkomstigheid; ~*s* bijkomende (on)kosten; **-entally** *ad* toevallig; terloops, tussen twee haakjes; overigens
incinerate [inˈsinəreit] (tot as) verbranden; verassen; **-tion** [insinəˈreiʃən] verbranding (tot as); lijkverbranding, verassing; **-tor** [inˈsinəreitə] vuilverbrandingsoven
incipience, -ency [inˈsipiəns(i)] begin o; **-ent** beginnend; begin-
incise [inˈsaiz] insnijden, kerven; **-sion** [inˈsiʒən] insnijding; snee; kerf; **-sive** [inˈsaisiv] snijdend; *fig* scherp, indringend; ~ *teeth* snijtanden; **-sor** [inˈsaizə] snijtand
incite [inˈsait] aansporen, prikkelen, opwekken; aan- opzetten, aanhitsen; **-ment** aansporing, opzetting, aanhitsing; prikkel; opwekking
incivility [insiˈviliti] onbeleefdheid
inclemency [inˈklemənsi] strengheid, ruwheid; guurheid [v. weer]; **-ent** streng, meedogenloos; bar, guur [weer]
inclinable [inˈklainəbl] geneigd, genegen
inclination [inkliˈneiʃən] helling; inclinatie; *fig* neiging, genegenheid; zin, trek, lust; **incline** [inˈklain] **I** *vi* neigen, buigen, (over)hellen, geneigd zijn (tot, naar *to*); **II** *vt* buigen, doen (over)hellen, schuin houden of -zetten; geneigd maken; ~*d plane* hellend vlak o; **III** *sb* helling, hellend vlak o
inclose [inˈklouz] = *enclose* &
include [inˈkluːd] insluiten, be-, omvatten, meetellen, -rekenen; opnemen, inschakelen; ...~*d*, *including*... ...inbegrepen, met inbegrip van..., daaronder..., waaronder...; *up to and including*... tot en met...
inclusion [inˈkluːʒən] insluiting, opneming, opname, inschakeling; **-ive** insluitend, inclusief;

from... to... ~ van... tot en met...; ~ *of...* met inbegrip van, meegerekend; *be* ~ *of* omvatten

incog [in'kɔg] **F** = *incognito*; **incognito** incognito (*o*)

incognizable [in'kɔgnizəbl] on(her)kenbaar

incoherence, –ency [inkou'hiərəns(i)] onsamenhangendheid; **–ent** onsamenhangend

incombustible [inkəm'bʌstibl] on(ver)brandbaar

income ['inkʌm, 'inkəm] inkomen *o*, inkomsten; ~ *policy* inkomenspolitiek; ~ *tax* inkomstenbelasting; **income-bracket** inkomensgroep

incomer ['inkʌmə] binnenkomende; indringer; nieuwe huurder; immigrant; **incoming I** *aj* in-, binnenkomend°; opkomend [getij]; nieuw [v. ambtenaar]; **II** *sb* (binnen)komst; ~*s* inkomsten

incommensurable [inkə'menʃərəbl] (onderling) onmeetbaar; (onderling) niet te vergelijken; niet in verhouding (tot *with*)

incommensurate [inkə'menʃərit] ongeëvenredigd; (onderling) onmeetbaar, ongelijk

incommode [inkə'moud] lastig vallen, storen, hinderen, belemmeren; **–dious** lastig, ongemakkelijk, ongeriefelijk

incommunicable [inkə'mju:nikəbl] onmededeelbaar, voor mededeling niet geschikt

incommunicado [inkəmju:ni'ka:dou] van de gemeenschap met de buitenwereld afgesloten [v. gevangene]

incommunicative [inkə'mju:nikətiv] niet (bijzonder) mededeelzaam, gesloten

incommutable [inkə'mju:təbl] onveranderlijk; niet verwisselbaar

incomparable [in'kɔmpərəbl] onvergelijkelijk, weergaloos, uniek

incompatibility [inkəmpæti'biliti] onverenigbaarheid; ~ *of temper* te grote uiteenlopendheid van karakters; **incompatible** [inkəm'pætibl] onverenigbaar; niet bij elkaar passend; geheel (te zeer) uiteenlopend; *be* ~ *with* niet samengaan met

incompetence, –ency [in'kɔmpitəns(i)] onbekwaamheid, ongeschiktheid, onbevoegdheid; **incompetent** onbekwaam, ongeschikt, onbevoegd (to *to*)

incomplete [inkəm'pli:t] onvolledig, onvoltallig, onvoltooid, onvolkomen

incomprehensible [inkɔmpri'hensəbl] onbegrijpelijk; **–sion** onbegrip *o*, niet-begrijpen *o*; **–sive** niet begrijpend

incompressible [inkəm'presibl] onsamendrukbaar

inconceivable [inkən'si:vəbl] onbegrijpelijk; ondenkbaar, onvoorstelbaar

inconclusive [inkən'klu:siv] niet afdoend, niet beslissend; niet overtuigend

incondite [in'kɔndit] slecht gemaakt, slecht samengesteld; ruw, niet fijn

incongruity [inkəŋ'gruiti] gebrek *o* aan overeenstemming, ongelijk(soortig)heid; wanverhouding; ongerijmdheid, ongepastheid; **incongruous** [in'kɔŋgruəs] ongelijk(soortig), onverenigbaar; ongerijmd, ongepast

inconsequence [in'kɔnsikwəns] onlogische gevolgtrekking, onsamenhangendheid; **–ent** niet consequent, onlogisch, onsamenhangend; **–ential** [inkɔnsi'kwenʃəl] onbelangrijk; = *inconsequent*

inconsiderable [inkən'sidərəbl] onbeduidend, gering

inconsiderate [inkən'sidərit] onbezonnen, onbedachtzaam, ondoordacht; onattent; zonder consideratie; **–tion** [inkənsidə'reiʃən] onbezonnenheid &, zie *inconsiderate*

inconsistency [inkən'sistənsi] onverenigbaarheid, onbestaanbaarheid, tegenspraak; inconsequentie; **–ent** niet bestaanbaar, niet in overeenstemming, onverenigbaar of in tegenspraak (met *with*); inconsequent, onlogisch

inconsolable [inkən'souləbl] ontroostbaar

inconspicuous [inkən'spikjuəs] niet opvallend, niet de aandacht trekkend, nauwelijks zichtbaar; onaanzienlijk

inconstancy [in'kɔnstənsi] onbestendigheid, onstandvastigheid; ongestadigheid, veranderlijkheid, wispelturigheid; **–ant** onbestendig, onstandvastig, ongestadig, veranderlijk, wispelturig

incontestable [inkən'testəbl] onbetwistbaar

incontinence [in'kɔntinəns] gebrek *o* aan zelfbeheersing; onmatigheid; onvermogen *o* om iets in te houden; ~ *of speech* loslippigheid; ~ *of urine* bedwateren *o*; **–ent** *aj* onmatig, zich niet beheersend; [iets] niet in kunnende houden; **–ently** *ad* onbetoomd, teugelloos; op staande voet

incontrovertible [inkɔntrə've:tibl] onbetwistbaar

inconvenience [inkən'vi:njəns] **I** *sb* ongelegenheid, ongemak *o*, ongerief *o*; **II** *vt* in ongelegenheid brengen, tot last zijn; lastig vallen; **–ent** ongelegen, niet gelegen (komend), lastig, ongeriefelijk

inconvertibility [inkənvə:ti'biliti] onverwisselbaarheid; **inconvertible** [inkən'və:tibl] onverwisselbaar, onveranderlijk; niet converteerbaar, niet inwisselbaar (voor *into*)

incoordination [inkouɔ:di'neiʃən] gebrek *o* aan coördinatie

incorporate [in'kɔ:pərit] **I** *aj* (tot één lichaam) verenigd; met rechtspersoonlijkheid; **II** *vt* [in'kɔ:pəreit] (tot één lichaam, maatschappij) verenigen, inlijven (bij *in, with*), opnemen [in een groep, corporatie &]; rechtspersoonlijkheid verlenen; **III** *vi* zich verenigen (met *with*); **–tion**

[inkɔ:pə'reiʃən] inlijving, opname; **st** erkenning als rechtspersoon; incorporatie

incorporeal [inkɔ:'pɔ:riəl] onlichamelijk, onstoffelijk; **incorporeity** [inkɔ:pə'ri:iti] onlichamelijkheid, onstoffelijkheid

incorrect [inkə'rekt] onnauwkeurig, onjuist, niet correct

incorrigible [in'kɔridʒibl] onverbeterlijk

incorrupt [inkə'rʌpt] onbedorven[2]; onomkoopbaar; **-ible** onbederfelijk, onvergankelijk; onomkoopbaar, integer

increase [in'kri:s] **I** *vi* (aan)groeien, toenemen, stijgen, zich vermeerderen; groter worden; **II** *vt* doen aangroeien &; vermeerderen, vergroten, verhogen, versterken; **III** *sb* ['inkri:s] groei, aanwas, wassen *o*, toename, vermeerdering; verhoging; *be on the ~* aangroeien, wassen, toenemen, talrijker (groter) worden; **-singly** [in'kri:siŋli] *~ difficult* steeds moeilijker

incredible [in'kredəbl] ongelofelijk

incredulity [inkri'dju:liti] ongelovigheid; **-lous** [in'kredjuləs] ongelovig

increment ['inkrimənt] aanwas; toeneming; (waarde)vermeerdering; (loons)verhoging

incriminate [in'krimineit] beschuldigen, ten laste leggen; **-tory** beschuldigend, incriminerend

incrust [in'krʌst] *vi* aankoeken; **-ation** [inkrʌs'teiʃən] aan-, omkorsting, korst, ketelsteen *o* & *m*; inlegwerk *o*

incubate ['inkjubeit] (uit)broeden; bebroeden; **-tion** [inkju'beiʃən] broeding; incubatie(tijd); **-tor** ['inkjubeitə] broedmachine, broedtoestel *o*, couveuse

incubus ['inkjubəs] nachtmerrie[2]; schrikbeeld *o*

inculcate ['inkʌlkeit] inprenten; *~ sth. upon sbd.* iem. iets inprenten; **-tion** [inkʌl'keiʃən] inprenting

inculpate ['inkʌlpeit] beschuldigen, aanklagen; **-tion** [inkʌl'peiʃən] beschuldiging, aanklacht

incumbency [in'kʌmbənsi] bekleden *o* van een (geestelijk) ambt; predikantsplaats; verplichting; **-ent I** *aj* als plicht rustend (op *on*); *it is ~ upon you* het is uw plicht; **II** *sb* bekleder van een (geestelijk) ambt, predikant

incunable [in'kjunəbl], **incunabulum** [inkju'næbjuləm *mv* **-la** -lə] wiegedruk

incur [in'kə:] zich op de hals halen, oplopen, vervallen in [boete &]; zich blootstellen aan; *~ debts* schulden maken

incurable [in'kjuərəbl] **I** *aj* ongeneeslijk; **II** *sb* ongeneeslijke zieke

incurious [in'kjuəriəs] niet nieuwsgierig; achteloos, onachtzaam; oninteressant

incursion [in'kə:ʃən] inval

incurvation [inkə:'veiʃən] (krom)buiging

incus ['iŋkəs] aambeeld *o* [gehoorbeentje]

incuse [in'kju:z] **I** *aj* ingeslagen; gestempeld; **II** *vt* (beeltenis) inslaan; stempelen

indebted [in'detid] schuldig; *be ~ to sbd. for sth.* iem. iets te danken hebben, iem. dankbaar voor iets (moeten) zijn; **-ness** schuld(en); verplichting

indecency [in'di:snsi] onbetamelijkheid, onwelvoeglijkheid, onfatsoenlijkheid; **-ent** onbetamelijk, onwelvoeglijk, onfatsoenlijk

indecipherable [indi'saifərəbl] niet te ontcijferen

indecision [indi'siʒən] besluiteloosheid; **indecisive** [indi'saisiv] niet beslissend; besluiteloos, weifelend

indeclinable [indi'klainəbl] onverbuigbaar

indecorous [in'dekərəs] onwelvoeglijk, onbehoorlijk, ongepast; **-rum** [indi'kɔ:rəm] onwelvoeglijkheid

indeed [in'di:d] inderdaad, in werkelijkheid, (voor)zeker, voorwaar, waarlijk, waarachtig, wel, ja (zelfs), dan ook, trouwens; *~!* jawel!, och kom!; werkelijk?

indefatigable [indi'fætigəbl] onvermoeibaar, onvermoeid

indefeasible [indi'fi:zəbl] onaantastbaar, onvervreemdbaar

indefectible [indi'fektəbl] onvergankelijk; onfeilbaar; feilloos

indefensible [indi'fensəbl] onverdedigbaar

indefinable [indi'fainəbl] ondefinieerbaar

indefinite [in'definit] onbepaald, onbegrensd; ook: voor onbepaalde tijd; tot in het oneindige

indelible [in'delibl] onuitwisbaar; *~ pencil* inktpotlood *o*

indelicacy [in'delikəsi] onkiesheid; **-ate** onkies, onfatsoenlijk

indemnification [indemnifi'keiʃən] schadeloosstelling, (schade)vergoeding; **indemnify** [in'demnifai] schadeloos stellen; vrijwaren (voor *against, from*)

indemnity [in'demniti] vrijwaring; schadeloosstelling, vergoeding; kwijtschelding

indent I *vt* [in'dent] (uit)tanden, insnijden; inkepen; (in)deuken; (en reliëf) stempelen; inspringen [bij het drukken]; in duplo opmaken; bestellen; **II** *sb* ['indent] uittanding, insnijding; inkerving, (in)keep; deuk; bestelling, order; **-ation** [inden'teiʃən] uittanding; inkeping; inkeep; deuk; inspringen *o*

indenture [in'dentʃə] **I** *sb* contract *o*; leercontract *o* (meest *~s*); **II** *vt* bij contract verbinden; in de leer doen (nemen); *~d labour* contractarbeiders; contractarbeid

independence [indi'pendəns] onafhankelijkheid (van *of, on*); zelfstandigheid; onafhankelijk bestaan *o* of inkomen *o*; **-ent I** *aj* onafhankelijk (van *of*); zelfstandig; **II** *sb* independent; wilde [in de politiek]; lid *o* van een afgescheiden Kerk

indescribable [indis'kraibəbl] onbeschrijf(e)lijk
indestructible [indis'trʌktibl] onverwoestbaar, onvernielbaar, onverdelgbaar
indeterminable [indi'təː minəbl] onbepaalbaar; niet vast te stellen; niet te beslissen; **–ate** onbepaald, vaag; **–ation** [indità: mi'neiʃən] besluiteloosheid
index ['indeks, *mv* **-dices** -disi:z] **I** *sb* index°; wijsvinger, wijzer; lijst, klapper, register *o*; exponent;*fig* aanwijzing; **II** *vt* van een index voorzien; in een register inschrijven; op de index plaatsen; indexeren; **–ate** indexeren; ~ **card** fiche *o* & *v* [v. kaartsysteem]; ~ **figure** indexcijfer *o*; ~ **finger** wijsvinger; ~**-linking** indexering
India ['indjə] (a a r d r i j k s k.) Voor-Indië *o*; (s t a a t k.) India *o*; *Further* ~ Achter-Indië *o*; **–man** Oostindiëvaarder; **Indian I** *aj* ✎ (o f a a r d r i j k s k.) Indisch, Oostindisch; (m o d e r n e n s t a a t k.) Indiaas, van India; Indiaans; ~ *club* knots [voor gymnastiek]; ~ *corn* maïs; ~ *ink* Oostindische inkt; ~ *meal* maïsmeel *o*; ~ *summer* nazomer; tweede jeugd; **II** *sb* ✎ Indiër; ✎ Indischman; (m o d e r n e n s t a a t k.) Indiaas onderdaan, iem. van (uit) India; Indiaan (Red ~); **India paper** dundrukpapier *o*; **india-rubber** vlakgom *o*
indicate ['indikeit] (aan)wijzen, aanduiden, te kennen geven; wijzen op; indiceren; *be ~d* nodig of raadzaam zijn; **–tion** [indi'keiʃən] aanwijzing, aanduiding, teken *o*; indicatie; **–tive** [in'dikətiv] **I** *aj* aantonend; **II** *sb* aantonende wijs (ook: ~ *mood*); **–tor** ['indikeitə] indicateur, aangever, (aan)wijzer; ✎ meter, teller, verklikker
indices ['indisi:z] *mv* v. *index*
indict [in'dait] aanklagen; **–able** ✎ strafbaar; **–ment** aanklacht
Indies ['indiz] *the* ~ Indië *o*
indifference [in'difrəns] onverschilligheid; onbelangrijkheid; middelmatigheid; **–ent I** *aj* onverschillig (voor *to*); van geen of weinig belang; (middel)matig, zo zo, niet veel zaaks; indifferent; **II** *sb* onverschillige; **–ently** *ad* zonder verschil (te maken); onverschillig; (middel)matig, tamelijk (wel), niet bijzonder (goed &), zo zo; (vrij) slecht
indigence ['indidʒəns] behoeftigheid, nooddruft, gebrek *o*, armoede
indigene ['indidʒi:n] inboorling; **–nous** [in'didʒinəs] inlands, inheems; ingeboren
indigent ['indidʒənt] behoeftig, arm
indigested [indi'dʒestid] ongeordend, chaotisch, ondoordacht; onverteerd; **–tible** onverteerbaar²; **–tion** indigestie, slechte spijsvertering; **–tive** met of van een slechte spijsvertering
indignant [in'dignənt] verontwaardigd (over *at, with*); **indignation** [indig'neiʃən] verontwaardiging; ~ *meeting* protestvergadering

indignity [in'digniti] onwaardige behandeling, smaad, hoon, belediging
indigo ['indigou] indigo *m* [plant, verfstof], indigo *o* [kleur]
indirect ['indi'rekt] middellijk, zijdelings; indirect, slinks; ~ *object* medewerkend voorwerp *o*; **–ion** [indi'rekʃən] *fig* omweg, sluipweg; oneerlijkheid
indiscernible [indi'səː nibl] niet te onderscheiden of te onderkennen
indisciplinable [in'disiplinəbl] voor geen tucht vatbaar, tuchteloos; onbuigbaar; **indiscipline** gebrek *o* aan discipline; tuchteloosheid
indiscreet [indis'kri:t] onvoorzichtig, onbezonnen; indiscreet: loslippig
indiscrete [indis'kri:t] compact, homogeen
indiscretion [indis'kreʃən] onvoorzichtigheid, onbezonnenheid; indiscretie
indiscriminate [indis'kriminit] geen onderscheid makend; zonder onderscheid of in de blinde toegepast (verleend); door elkaar (gebruikt), algemeen
indispensable [indis'pensəbl] onmisbaar, onontbeerlijk, noodzakelijk
indispose [indis'pouz] ongeschikt (onbruikbaar) maken; onpasselijk (onwel) maken; afkerig maken (van *from, to, towards*); onwelwillend stemmen; **–d** niet gezind; ongenegen; ongesteld; **indisposition** [indispə'ziʃən] onwel zijn *o*, lichte ziekte; onwelwillendheid, ongeneigdheid; afkerigheid (van *to, towards*)
indisputable [indis'pju:təbl] onbetwistbaar
indissoluble [indi'sɔljubl] onoplosbaar, onverbreekbaar, onontbindbaar, onlosmakelijk
indistinct [indis'tiŋ(k)t] onduidelijk, vaag; verward
indistinguishable [indis'tiŋgwiʃəbl] niet te onderscheiden
indite [in'dait] in woorden uitdrukken, opstellen, schrijven
individual [indi'vidjuəl] **I** *aj* individueel, afzonderlijk, apart, persoonlijk; **II** *sb* enkeling; persoon; individu *o*; **–ism** individualisme *o*; **–ist** individualist(isch); **–istic** [individjuə'listik] individualistisch; **–ity** [individju'æliti] individualiteit, (eigen) persoonlijkheid; **–ize** [indi'vidjuəlaiz] individualiseren; **individually** *ad* individueel, (elk) op zichzelf, één voor één, apart
indivisible [indi'vizəbl] ondeelbaar (iets)
Indo-China ['indou'tʃainə] Indo-China *o*
indocile [in'dousail] ongezeglijk
indoctrinate [in'dɔktrineit] onderwijzen (in *in*), indoctrineren; inprenten; **indoctrination** [indɔktri'neiʃən] onderwijzing, indoctrinatie, inprenting
Indo-European ['indoujuərə'pi: ən] **I** *aj* Indoeuropees, Arisch; **II** *sb* Indo-europeaan, Ariër;

~-Germanic Indogermaans
indolence ['indələns] traagheid, gezapigheid, vadsigheid, indolentie; **–ent** traag, gezapig, vadsig, indolent
indomitable [in'dɔmitəbl] ontembaar, onbedwingbaar
Indonesian [indou'ni:zjen] **I** *aj* Indonesisch; **II** *sb* Indonesiër
indoor ['indɔ:] binnenshuis, huis-, kamer-[plant, gymnastiek &], binnen-, *sp* zaal-, indoor; **~** *swimming-pool* binnenbad *o*, overdekt zwembassin *o*; **–s** [in'dɔ:z] binnen(shuis)
indorse [in'dɔ:s] = *endorse* &
indraught [in'dra:ft] inademing; zuiging; binnenwaartse stroming
indrawn ['in'drɔ:n] terug-, ingetrokken, ingehouden
indubitable [in'dju:bitəbl] *aj* ontwijfelbaar
induce [in'dju:s] bewegen, nopen; teweegbrengen, aanleiding geven tot; afleiden; ✲ induceren; **~d** *current* inductiestroom; **–ment** aanleiding, drijfveer, prikkel, lokmiddel *o*; teweegbrengen *o*
induct [in'dʌkt] installeren (in *into*); bevestigen (in *to*) [geestelijk ambt]; *fig* inwijden; **–ion** installatie, bevestiging; gevolgtrekking; ✲ inductie; ✗ inlaat; *fig* inwijding; **~** *coil* inductieklos; **–ive** inductief; ✲ inductie-; **–or** inductor
indulge [in'dʌldʒ] **I** *vt* toegeven (aan), zich overgeven aan; zijn zin geven, verwennen; **F** teveel drinken; **~** *a hope* zich vleien met, koesteren; **II** *vr* **~** *oneself in* zich overgeven aan; **III** *vi* **~** *in* zich overgeven aan, zich inlaten met; zich de weelde veroorloven van, zich [iets] permitteren; **indulgence** zich overgeven *o* (aan *in*), bevrediging (van *of*); toegevendheid, toegeeflijkheid; gunst; *rk* aflaat; **–ent** inschikkelijk, toegeeflijk
indurate ['indjureit] **I** *vi* verharden, verstokken; *fig* inwortelen; **II** *vt* verharden, harden, verstokt maken; **–tion** [indju'reiʃən] verharding
industrial [in'dʌstriəl] **I** *aj* industrieel, industrie-, nijverheids-, bedrijfs-; **~** *action* stakingsactie; **~** *arts* kunstnijverheid; **~** *estate* industrieterrein *o*; **~** *medicine* bedrijfsgeneeskunde; **~** *partnership* winstdeling; **II** *sb* industrieel; **~s** $ industriewaarden; **–ist** industrieel; **–ization** [indʌstriəlai'zeiʃən] industrialisering; **–ize** [in'dʌstriəlaiz] industrialiseren
industrious [in'dʌstriəs] arbeid-, werkzaam, nijver, ijverig, vlijtig; **industry** ['indəstri] naarstigheid, vlijt; nijverheid, industrie, bedrijf *o*, bedrijfsleven *o*
inebriate [i'ni:briit] **I** *aj* beschonken, dronken; **II** *sb* beschonkene, dronkaard; **III** *vt* [i'ni:brieit] dronken maken[2]; **–tion** [ini:bri'eiʃən] dronkenschap, roes; **inebriety** [ini'braiəti] dronkenschap; drankzucht

inedible [i'nedibl] oneetbaar
inedited [i'neditid] onuitgegeven; ongeredigeerd (gepubliceerd)
ineffable [i'nefəbl] onuitsprekelijk
ineffaceable [ini'feisəbl] onuitwisbaar
ineffective [ini'fektiv], **ineffectual** [-'fektjuəl] zonder uitwerking; geen effect makend; vergeefs; onbruikbaar
inefficacious [inefi'keiʃəs] ondoeltreffend; **inefficacy** [i'nefikəsi] ondoeltreffendheid
inefficiency [ini'fiʃənsi] onbruikbaarheid &, zie *inefficient*; **–ent** ongeschikt, onbruikbaar; geen effect sorterend
inelegance, –ancy [i'neligəns(i)] onbevalligheid, onsierlijkheid; **–ant** onbevallig, onelegant; lomp
ineligible [i'nelidʒibl] niet verkiesbaar; onverkieslijk; ongeschikt, ongewenst, niet in aanmerking komend
ineluctable [ini'lʌktəbl] onontkoombaar
inept [i'nept] onzinnig, ongerijmd; **–itude** on/zinnigheid, ongerijmdheid
inequality [ini'kwɔliti] ongelijkheid; oneffenheid; onvermogen *o* (om *to*)
inequitable [i'nekwitəbl] onbillijk; **inequity** onbillijkheid
ineradicable [ini'rædikəbl] onuitroeibaar
inerrable [in'ɔ:rəbl] onfeilbaar
inert [i'nɔ:t] log, loom, traag[2], inert; **–ia** traagheid[2], inertie
inescapable [inis'keipəbl] onontkoombaar
inessential [ini'senʃəl] = *unessential*
inestimable [i'nestiməbl] onschatbaar
inevitable [i'nevitəbl] onvermijdelijk
inexact [inig'zækt] onnauwkeurig, onjuist; **–itude** onnauwkeurigheid, onjuistheid
inexcusable [iniks'kju:zəbl] onvergeeflijk
inexhaustible [inig'zɔ:stəbl] onuitputtelijk; onvermoeibaar
inexorable [i'neksərəbl] onverbiddelijk
inexpediency [iniks'pi:diənsi] ondoelmatigheid, ongeschiktheid, niet raadzaam zijn *o*; **–ent** ondoelmatig, ongeschikt, af te raden
inexpensive [iniks'pensiv] goedkoop
inexperience [iniks'piəriəns] onervarenheid; **inexperienced** onervaren
inexpert [i'nekspə:t] onbedreven; ondeskundig
inexpiable [i'nekspiəbl] door geen boetedoening goed te maken; onverzoenlijk
inexplicable [i'neksplikəbl] *aj* onverklaarbaar; **–ly** *ad* op onverklaarbare wijze; om onverklaarbare redenen
inexplicit [iniks'plisit] niet duidelijk uitgedrukt of aangeduid
inexpressible [iniks'presəbl] onuitsprekelijk
inexpressive [iniks'presiv] zonder uitdrukking;

nietszeggend

inexpugnable [iniks'pʌgnəbl] onneembaar, onoverwinnelijk; onaantastbaar

inextinguishable [iniks'tiŋgwiʃəbl] on(uit)blusbaar, onlesbaar, onbedaarlijk

inextricable [i'nekstrikəbl] onontwarbaar; waar men zich niet uit kan redden

infallibility [infæli'biliti] onfeilbaarheid; **infallible** [in'fæləbl] onfeilbaar

infamous ['infəməs] schandelijk; berucht; ⚤ eerloos; < gemeen, abominabel; **infamy** schande(lijkheid); schanddaad; ⚤ eerloosheid

infancy ['infənsi] kindsheid[2]; ⚤ minderjarigheid; *fig* beginstadium *o*, kinderschoenen; **infant I** *sb* zuigeling; kind *o*; ⚤ minderjarige; **II** *aj* jong; opkomend; kinder-; ~ **class** kleuterklasse; **–icide** [in'fæntisaid] kindermoord(enaar); **–ile** ['infəntail] infantiel, kinderlijk, kinderachtig, kinder-; **–ilism** [in'fæntilizm] infantilisme *o*; infantiliteiten; **infant mortality** kindersterfte

infantry ['infəntri] infanterie; **–man** infanterist

infant school ['infəntsku:l] kleuterschool

infatuate [in'fætjueit] verdwazen; verblinden; ~*d* ook: dwaas verliefd, dol (op *with*); **–tion** [infætju'eiʃən] dwaze vooringenomenheid; verdwaasheid; bevlieging; malle verliefdheid

infect [in'fekt] infecteren, aansteken, besmetten; bederven, verpesten (door *with*); **–ion** infectie, aansteking, besmetting; bederf *o*, verpesting; **–ious** besmettelijk[2], aanstekelijk[2]; ~ *matter* smetstof; **–ive** = *infectious*

infelicitous [infi'lisitəs] niet gelukkig (gekozen); **infelicity** niet gelukkig zijn[2] *o*; ongeluk *o*; ongelukkige opmerking (uitdrukking, gedachte &)

infer [in'fə:] besluiten, afleiden, opmaken; **–able** afleidbaar; **–ence** ['infərəns] gevolgtrekking; **–ential** [infə'renʃəl] afleidbaar; afgeleid

inferior [in'fiəriə] **I** *aj* minder, lager, ondergeschikt; onder-, inferieur°, minderwaardig; **II** *sb* mindere, ondergeschikte; **–ity** [infiəri'əriti] minderheid, minderwaardigheid; ondergeschiktheid; ~ *complex* minderwaardigheidscomplex *o*

infernal [in'fə:nəl] hels, duivels, infernaal; **F** afschuwelijk

inferno [in'fə:nou] inferno *o*, hel

infertile [in'fə:tail] onvruchtbaar; **–lity** [infə:'tiliti] onvruchtbaarheid

infest [in'fest] onveilig maken, teisteren; ~*ed with* ook: krioelend van, wemelend van, vergeven van; **–ation** [infes'teiʃən] teistering; plaag

infidel ['infidəl] ongelovig(e); **–ity** [infi'deliti] ongeloof *o*; ontrouw

infighting ['infaitiŋ] *sp* invechten *o* [boksen]

infiltrate ['infiltreit] (laten) in-, doorsijpelen, langzaam doordringen of doortrekken, infiltreren; **–tion** [infil'treiʃən] doorsijpeling, langza-

me doordringing, infiltratie; **–tor** ['infiltreitə] infiltrant

infinite ['infinit] **I** *aj* oneindig; **II** *sb the* ~ het oneindige; *the I*~ de Oneindige

infinitesimal [infini'tesiməl] oneindig klein (kwantum *o*); zie ook: *calculus*

infinitive [in'finitiv] onbepaald(e wijs)

infinitude [in'finitju:d] = *infinity*; **infinity** oneindigheid; oneindige hoeveelheid; oneindige ruimte

infirm [in'fə:m] zwak; onvast, weifelend; **–ary** ziekenhuis *o*; ziekenzaal [v. school &]; **–ity** zwakheid, zwakte, ziekelijkheid, gebrek *o*; ~ *of purpose* wilszwakte, besluiteloosheid

infix [in'fiks] inzetten, invoegen, bevestigen, inplanten[2], inprenten; **II** *sb* ['infiks] infix *o*: tussenvoegsel *o*

inflame [in'fleim] **I** *vt* doen ontvlammen; doen gloeien of blaken, verhitten [het bloed], (doen) ontsteken[2]; **II** *vi* ontvlammen, vuur vatten, ontsteken[2]; **inflammable** [in'flæməbl] **I** *aj* ontvlambaar; *Am* onbrandbaar; **II** *sb* licht ontvlambare stof; **–ation** [inflə'meiʃən] ontvlamming, ontsteking; **–atory** [in'flæmətəri] verhittend, ontstekend; onststekings-; opruiend

inflatable [in'fleitəbl] opblaasbaar [rubberboot &]; **inflate** opblazen[2], *fig* opgeblazen maken; doen zwellen, vullen, oppompen [fietsband]; (kunstmatig) opdrijven; **–tion** opblazen of oppompen *o*; inflatie, geldontwaarding; (kunstmatige) opdrijving; opgeblazenheid; **–tionary** inflatoir; **–tor** fietspomp

inflect [in'flekt] (om)buigen, verbuigen[2]; **–ion** = *inflexion*; **–ive** buigbaar; buigings-

inflexible [in'fleksibl] onbuigbaar, onbuigzaam; **inflexion** buiging; verbuiging; buigingsvorm, -uitgang; stembuiging; **–al** buigings-

inflict [in'flikt] opleggen [straf]; [een slag] toebrengen (aan *upon*); doen ondergaan; **–ion** toebrengen of doen ondergaan *o*; (straf)oplegging, straf, kwelling, marteling

inflorescence [inflɔ'resəns] bloem(en); bloeiwijze; bloei[2]

inflow ['inflou] binnenstromen *o*; toevloed

influence ['influəns] **I** *sb* invloed[2] (op *upon, over, with*); inwerking; **II** *vt* invloed hebben op, beïnvloeden; **influential** [influ'enʃəl] invloedrijk

influenza [influ'enzə] influenza, griep

influx ['inflʌks] binnenstromen *o*; stroom, [grote] toevloed

inform [in'fɔ:m] **I** *vt* mededelen, berichten, in-, voorlichten; ~ *of* op de hoogte stellen van, berichten, melden; ~ *with* bezielen met, doordringen van; **II** *vi* in: ~ *against* aanklagen; ~ *on a friend* een vriend aanbrengen; zie ook: *informed*

informal [in'fɔ:məl] inofficieel, informeel, familiaar, zonder complimenten; **–ity** [infɔː'mæliti] informaliteit

informant [in'fɔːmənt] zegsman; ♂ aanbrenger

information [infə'meiʃən] kennis(geving), voorlichting; bericht *o*, mededeling, inlichting(en); ♂ aanklacht; **–ive** [in'fɔːmətiv] leerzaam, voorlichtend

informed [in'fɔːmd] goed ingelicht, (goed) op de hoogte; ontwikkeld, beschaafd

informer [in'fɔːmə] aanbrenger, aangever, tipgever, aanklager; *common* ~ aanbrenger, (politie)spion

infraction [in'frækʃən] = *infringement*

infra dig. ['infrə'dig] **F** beneden iemands waardigheid, onwaardig

infrangible [in'frændʒibl] onverbreekbaar; onschendbaar

infra-red [infrə'red] infrarood

infrastructure ['infrəstrʌktʃə] infrastructuur

infrequency [in'friːkwənsi] zeldzaamheid; **–ent** *aj* zeldzaam, schaars; **–ently** *ad* zelden

infringe [in'frin(d)ʒ] overtreden, schenden, inbreuk maken op (ook: ~ *upon*); **–ment** overtreding, schending, inbreuk

infructuous [in'frʌktjuəs] onvruchtbaar; *fig* vruchteloos, doelloos

infuriate [in'fjuərieit] *vt* razend (woedend, dol) maken

infuse [in'fjuːz] ingieten[2], instorten [genade], ingeven, inboezemen, bezielen (met *with*); laten trekken [thee]

infusible [in'fjuːzibl] onsmeltbaar

infusion [in'fjuːʒən] ingieting, ingeving; instorting [v. genade]; aftreksel *o*, infusie

infusoria [infjuː'zɔːriə] infusiediertjes

ingather ['ingæðə] inzamelen, oogsten

ingenious [in'dʒiːnjəs] vindingrijk, vernuftig, ingenieus; **–nuity** [indʒi'njuːiti] vindingrijkheid, vernuft *o*, vernuftigheid

ingénue [ɛ̃ʒə'ny] *Fr* naïef meisje *o* (*spec* op toneel)

ingenuous [in'dʒenjuəs] ongekunsteld, openhartig, naïef

ingle ['ingl] vuur *o*, haard; ~-**nook** ['inglnuk] hoekje *o* van de haard

inglorious [in'glɔːriəs] roemloos, schandelijk; onbekend, onberoemd

ingoing ['ingouiŋ] aanvaarding, intrede; binnengaan *o*; overnamesom voor stoffering

ingot ['ingət] baar, staaf

ingrain [in'grein] in de wol verven; doortrekken; **–ed** *fig* ingeworteld, ingeroest, ingekankerd

ingratiate [in'greiʃieit] ~ *oneself with* zich bemind maken of trachten in de gunst te komen bij; *ingratiating* ook: innemend

ingratitude [in'grætitjuːd] ondankbaarheid

ingredient [in'griːdiənt] ingrediënt *o*, bestanddeel *o*

ingress ['ingres] binnentreden *o*, -dringen *o*, in-, toegang

ingrowing ['ingrouiŋ] ingroeiend [nagel]

inguinal ['iŋgwinl] lies-

ingurgitate [in'gɔːdʒiteit] inslokken

inhabit [in'hæbit] bewonen, wonen in; **–ant** in-, bewoner; **–ation** [inhæbi'teiʃən] bewoning

inhalation [inhə'leiʃən] inademing, inhalatie; **inhale** [in'heil] inademen, inhaleren; **–r** inademende, inhalerende; inhalatietoestel *o*; respirator

inharmonious [inhaː'mounjəs] onwelluidend, vals; tegenstrijdig, oneens

inhere [in'hiə] een noodzakelijk onderdeel vormen (van *in*), onafscheidelijk verbonden zijn; inherent zijn (aan *in*); **–ence** inherentie; **–ent** onafscheidelijk verbonden, inherent (aan *in*)

inherit [in'herit] (over)erven; **–able** (over)erfelijk; **–ance** overerving; erfenis, erfgoed *o*; erve, erfgenaam; **–ress, –rix** erfgename

inhibit [in'hibit] verbieden; verhinderen, stuiten, remmen; **–ed** geremd; **F** ongezond beheerst; ziekelijk verlegen, vol schuldgevoelens; **–ion** [inhi'biʃən] verbod *o*; stuiting, belemmering, remming, rem; geremdheid; **–ory** [in'hibitəri] belemmerend, remmend; verbiedend, verbodsinhospitable [in'hɔspitəbl] onherbergzaam, ongastvrij; **inhospitality** [inhɔspi'tæliti] onherbergzaamheid, ongastvrijheid

inhuman [in'hjuːmən] onmenselijk, wreed, beestachtig

inhumane [inhju'mein] niet menslievend, inhumaan

inhumanity [inhju'mæniti] onmenselijkheid, beestachtigheid

inhumation [inhju'meiʃən] begraving, begrafenis; **inhume** [in'hjuːm] begraven

inimical [i'nimikl] vijandig; schadelijk

inimitable [i'nimitəbl] onnavolgbaar

iniquitous [i'nikwitəs] onrechtvaardig, onbillijk; snood, misdadig, zondig; **iniquity** ongerechtigheid, onbillijkheid; snoodheid, misdadigheid

initial [i'niʃəl] **I** *aj* eerste, voorste, begin-, aanvangs-, aanloop-; ~ *capital* oprichtingskapitaal *o*, stamkapitaal *o*; **II** *sb* eerste letter, voorletter, initiaal; ~*s* ook: paraaf [als verkorte handtekening]; **III** *vt* met (de) voorletters merken, tekenen, paraferen; **initially** *ad* aanvankelijk, eerst

initiate **I** *vt* [i'niʃieit] inwijden (in *in, into*); een begin maken met, inleiden, initiëren; **II** *aj* (& *sb*) [i'niʃiit] ingewijd(e); **–tion** [iniʃi'eiʃən] inwijding, initiatie; begin *o*; **–tive** [i'niʃiətiv] **I** *sb* begin *o*, eerste stap of stoot, (recht *o* van) initiatief *o*; **II** *aj* begin-, inleidend, eerste; **–tor** initiatiefnemer; **–tory** inwijdings-; eerste

inject [in'dʒekt] inspuiten, injecteren, injiciëren; **–ion** inspuiting, injectie

injudicious [indʒu'diʃəs] onoordeelkundig, onverstandig

injunction [in'dʒʌŋkʃən] uitdrukkelijk bevel *o*, last, gebod *o*; *lay strong* ~*s upon sbd. to...* iem. streng op het hart drukken om...

injure ['in(d)ʒə] benadelen, onrecht aandoen, kwaad doen, krenken, wonden, kwetsen; **-rious** [in'dʒuəriəs] nadelig, schadelijk; krenkend; **injury** ['in(d)ʒəri] onrecht *o*, verongelijking, krenking; schade, nadeel *o*, kwaad *o*; kwetsuur, letsel *o*, verwonding, blessuur

injustice [in'dʒʌstis] onrecht *o*, onrechtvaardigheid

ink [iŋk] **I** *sb* inkt; **II** *vt* inkten; met inkt besmeren; ~-**bottle** inktfles; inktkoker

inkling ['iŋkliŋ] aanduiding, flauw vermoeden *o*

inkstand ['iŋkstænd] inktkoker; inktstel *o*; ~-**well** inktpot, inktkoker; **inky** inktachtig, vol inkt; zo zwart als inkt

inlaid ['inleid] ingelegd (vloer, doos &)

inland ['inlənd, 'inlænd] **I** *sb* binnenland *o*; **II** *aj* binnenlands; binnen-; ~ *town* landstad; **III** *ad* landinwaarts, in (naar) het binnenland

in-law ['inlɔ:, in'lɔ:] aangetrouwd familielid *o*; ~*s* ook: schoonouders

inlay I *vt* [in'lei] inleggen; **II** *sb* ['inlei] ingelegd werk *o*, inlegsel *o*; voorgevormde [gouden &] vulling [v. gebit]

inlet ['inlet] ingang, opening, weg; inham; inzetsel *o*; ✕ inlaat

inly ['inli] ⊙ innerlijk; innig; oprecht

inmate ['inmeit] (mede)bewoner, huisgenoot; (gestichts)patiënt, verpleegde; gevangene; inzittende

inmost ['inmoust] binnenste; geheimste

inn [in] herberg, logement *o*; *Inns of Court* de vier colleges van rechtsgeleerden, die juristen tot de balie kunnen toelaten

innards ['inədz] **S** ingewanden

innate [i'neit, 'ineit] in-, aangeboren

innavigable [i'nævigəbl] onbevaarbaar

inner ['inə] inwendig, innerlijk, binnenst, binnen-; intiem, verborgen; *the* ~ *cabinet* het kernkabinet [van ministers]; ~ *man* iems. ziel; **F** inwendige mens; *the* ~ *office* het privékantoor; ~ *tube* binnenband; -**most** binnenste

innings ['iniŋz] beurt, aan slag zijn *o* [bij het cricketspel]; *have a good* ~ [*fig*] lang blijven leven; geluk hebben

innkeeper ['inki:pə] herbergier, waard

innocence ['inəsns] onschuld; onnozelheid; **-ent I** *aj* onschuldig (aan *of*); schuldeloos; onschadelijk; onnozel; ~ *of windows* (*wit*) zonder ramen (geest); **II** *sb* onschuldige; onnozele

innocuous [i'nɔkjuəs] onschadelijk

innovate ['inəveit] nieuwigheden (veranderingen) invoeren; **-tion** [inə'veiʃən] invoering van

nieuwigheden (veranderingen), nieuwigheid, verandering; **-tor** ['inəveitə] invoerder van nieuwigheden of veranderingen

innoxious [i'nɔkʃəs] onschadelijk

innuendo [inju'endou] (boosaardige) toespeling, insinuatie

innumerable [i'nju:mərəbl] ontelbaar, legio

inobservance [inɔb'zə:vəns] niet nakomen *o*, niet opvolgen *o* [v. wet &]; achteloosheid

inoculate [i'nɔkjuleit] (in)enten²; **-tion** [inɔkju'leiʃən] (in)enting²; **-tor** [i'nɔkjuleitə] (in)enter

inodorous [i'noudərəs] reukeloos

inoffensive [inə'fensiv] niet beledigend; onschadelijk, onschuldig, argeloos

inofficious [inə'fiʃəs] zonder functie; ⚖ nalatig

inoperable [i'nɔpərəbl] inoperabel

inoperative [i'nɔpərətiv] buiten werking; zonder uitwerking; niet van kracht [v. wetten]

inopportune [i'nɔpətju:n] ontijdig, ongelegen

inordinate [i'nɔ:dinit] ongeregeld; overdreven, onmatig, buitensporig; ongeregeld

inorganic [inɔ:'gænik] anorganisch

inorganization [inɔ:gənai'zeiʃən] gebrek *o* aan organisatie

inornate [inɔ:'neit] eenvoudig, zonder opschik

in-patient ['inpeiʃənt] in een ziekenhuis verpleegde patiënt

input ['input] ✹ toegevoerd vermogen *o*; inspraak; invoer [v. computer]

inquest ['inkwest] onderzoek *o*; (*coroner's*) ~ gerechtelijke lijkschouwing

inquietude [in'kwaiitju:d] ongerustheid; onrust, onrustigheid

inquire, enquire [in'kwaiə] **I** *vi* navraag doen, vragen, informeren, onderzoeken; ~ *about, after* vragen (informeren) naar; ~ *at* N's inlichtingen bij N.; ~ *for* vragen naar [een artikel]; ~ *into* onderzoeken; ~ *of a neighbour* inlichtingen inwinnen bij een buur; **II** *vt* vragen (naar); -**ring** vragend, onderzoekend, weetgierig; -**ry** vraag, onderzoek *o*; aan-, navraag; *make inquiries* informeren, inlichtingen inwinnen, een onderzoek instellen; *a look of* ~ een vragende blik; **inquiry office** informatiebureau *o*

inquisition [inkwi'ziʃən] onderzoek *o*; inquisitie; **inquisitive** [in'kwizitiv] (alles) onderzoekend, nieuwsgierig, vraagachtig; **-tor** ondervrager; rechter van onderzoek; inquisiteur; **-torial** [inkwizi'tɔ:riəl] inquisitoriaal, inquisitie-

inroad ['inroud] vijandelijke inval; inbreuk; *fig* hap [uit kapitaal &]

inrush ['inrʌʃ] binnenstromen *o*, binnendringen *o*; toevloed

insalubrious [insə'l(j)u:briəs] ongezond; **-ity** ongezondheid

insane [in'sein] krankzinnig

insanitary [in'sænitəri] onhygiënisch
insanity [in'sæniti] krankzinnigheid
insatiable [in'seiʃəbl] onverzadelijk; **-ate** onverzadelijk, onverzadigd
inscribe [ins'kraib] in- of opschrijven, griffen²; opdragen [een boek]; beschrijven (in) [een cirkel &]
inscription [ins'kripʃən] inschrijving; inscriptie, inschrift *o*, opschrift *o*; opdracht
inscrutable [ins'kru:təbl] ondoorgrondelijk, onnaspeurlijk
insect ['insekt] insekt² *o*; **-icide** [in'sektisaid] insekticide: insektendodend middel *o*; **-ivore** [in'sektivɔ:r] insektenetend [dier]; vleesetend [plant]
insecure [insi'kjuə] onveilig, onzeker, onvast; **-rity** onveiligheid, onzekerheid, onvastheid
insemination [insemi'neiʃən] inseminatie; *artificial* ~ kunstmatige inseminatie
insensate [in'senseit] zinneloos, onzinnig; gevoelloos
insensible [in'sensibl] ongevoelig (voor *of, to*); bewusteloos; onbewust; onmerkbaar
insensitive [in'sensitiv] ongevoelig (voor *to*)
insentient [in'senʃiənt] geen gevoel (meer) hebbend, onbezield
inseparable [in'sepərəbl] onscheidbaar; onafscheidelijk (van *from*)
insert [in'sə:t] I *vt* invoegen, inlassen, inzetten, plaatsen [in krant]; II *sb* inlas; inlegvel *o*, bijvoegsel *o* [bij krant &]; **-ion** invoeging, inlassing; plaatsing [i.e. krant]; entre-deux *o* & *m*; ※ tussenschakeling
inset ['inset] inzetsel *o*; bijlage, inlegvel *o*; bijkaartje *o*; medaillon *o* [v. illustratie]
inshore ['in'ʃɔ:, 'inʃɔ:, in'ʃɔ:] bij (naar) de kust; ~ *fisherman* kustvisser
inside ['in'said, in'said, 'insaid] I *prep* binnen(in), in; II *ad* (naar, van) binnen; *be* ~ ook: F (achter de tralies) zitten; ~ *of* binnen [een week &]; III *aj* binnenste, binnen-; vertrouwelijk, geheim; betrouwbaar; ~ *information* inlichtingen van ingewijden; IV *sb* binnenkant, inwendige *o*; binnenbocht (ook: ~*-bend*); F ingewanden; ~ *out* het binnenste buiten; *know sbd.* ~ *out* iem. van haver tot gort kennen; **-r** ingewijde; *inside track sp* binnenbaan; *have the* ~ F de meeste kans hebben
insidious [in'sidiəs] arglistig; verraderlijk
insight ['insait] inzicht *o*
insignia [in'signiə] insignes, ordetekenen
insignificance [insig'nifikəns] onbeduidendheid &, zie *insignificant*; **-ant** onbetekenend, onbeduidend, onbelangrijk, onaanzienlijk, gering
insincere [insin'siə] onoprecht; **-rity** [insin'seriti] onoprechtheid
insinuate [in'sinjueit] handig of ongemerkt indringen, inschuiven, ongemerkt bijbrengen, te verstaan geven, insinueren; *insinuating* ook: vleierig; **-tion** [insinju'eiʃən] indringen *o* &; bedekte toespeling; insinuatie; **-tive** [in'sinjueitiv] indringend; insinuerend; vleierig
insipid [in'sipid] smakeloos, laf, flauw, geesteloos; **-ity** [insi'piditi] smakeloosheid &, zie *insipid*
insist [in'sist] aanhouden, volhouden; (nadrukkelijk) beweren; aandringen; ~ (*up*)*on* staan op, aandringen op, insisteren op, blijven bij, blijven staan op, stilstaan bij; met alle geweld willen, toch willen [gaan &]; **-ence, -ency** aanhouden *o*, aandringen *o*, aandrang; **-ent** aanhoudend, dringend; zich opdringend
insobriety [insou'braiəti] onmatigheid (*spec* in drinken)
insofar [insou'fa:] ~ *as* voor (in) zoverre...
insolation [insou'leiʃən] (blootstelling aan de) inwerking van de zon; zonnebad *o*, zonnebaden *o*; zonnesteek
insole ['insoul] binnenzool; inlegzool
insolence ['insələns] onbeschaamdheid, brutaliteit; **-ent** onbeschaamd, brutaal
insoluble [in'sɔljubl] onoplosbaar²
insolvency [in'sɔlvənsi] onvermogen *o* tot betaling, insolventie; **-ent I** *aj* onvermogend om te betalen, insolvent; II *sb* insolvente schuldenaar
insomnia [in'sɔmniə] slapeloosheid; **insomniac** aan slapeloosheid lijdend(e)
insomuch [insou'mʌtʃ] in zoverre, zó
insouciance [in'su:sjəns] *Fr* zorgeloosheid, onverschilligheid; **-ant** *Fr* zorgeloos, onverschillig
inspect [in'spekt] onderzoeken, inspecteren; **-ion** inzage, bezichtiging, onderzoek *o*, inspectie, toezicht *o*; ~ *pit* smeerkuil; **-or** onderzoeker; opziener, inspecteur; **-orate** ambt *o* van inspecteur; inspectie
inspiration [inspi'reiʃən] inademing; inspiratie, ingeving; **inspire** [in'spaiə] inademen; inblazen, ingeven, inboezemen, bezielen (met *with*), inspireren; aanvuren; **-d** geïnspireerd [v. artikel]
inspirit [in'spirit] bezielen; moed geven
inspissate [in'spiseit] indikken, indampen
inst. = *instant* dezer (van deze maand)
instability [instə'biliti] onvastheid, onbestendigheid, onstandvastigheid, labiliteit
install [in'stɔ:l] een plaats geven; installeren; ~ *oneself* (op zijn gemak) gaan zitten; zich installeren (inrichten); **-ation** [instə'leiʃən] aanbrengen *o*, aanleg; installatie, bevestiging
instalment [in'stɔ:lmənt] aflevering; termijn; gedeelte *o*; *on the* ~ *plan* op afbetaling; *novel in* ~*s* vervolgroman, feuilleton *o*
instance ['instəns] I *sb* aandrang, dringend ver-

zoek *o*; voorbeeld *o*, geval *o*; ᵻ instantie, aanleg; *a t his own* ~ op eigen verzoek; *for* ~ bij voorbeeld; *i n the first* ~ in eerste instantie; in de eerste plaats; *in the present* ~ in het onderhavige geval; **II** *vt* (als voorbeeld) aanhalen

instant [ˈinstənt] **I** *aj* dringend; ogenblikkelijk, onmiddellijk; instant, zo klaar [v. voedingspreparaten]; ~ *coffee* oploskoffie, koffiepoeder *o* & *m*; *the twentieth* ~ de twintigste dezer; **II** *sb* ogenblik(je) *o*; moment *o*; *the* ~ *(that)* *I saw...* zodra ik zag...; *on the* ~, *this* ~, *that* ~ dadelijk; **–aneous** [instənˈteinjəs] ogenblikkelijk, onmiddellijk; ~ *photo* momentopname; **–er** [inˈstæntə] onmiddellijk, ogenblikkelijk; **–ly** [ˈinstəntli] *ad* ogenblikkelijk, op staande voet, dadelijk

instate [inˈsteit] (in ambt) installeren

instead [inˈsted] in plaats daarvan; ~ *of* in plaats van

instep [ˈinstep] wreef [van de voet]

instigate [ˈinstigeit] aansporen; ophitsen, aanzetten (tot), aanstichten; **–tion** [instiˈgeiʃən] aansporing; ophitsing, aanstichting; *at the* ~ *of* op instigatie van; **–tor** [ˈinstigeitə] aanstichter, aanstoker, aanlegger, ophitser

instil [inˈstil] indruppelen; *fig* inboezemen, (geleidelijk) inprenten (in *into*); **instillation** [instiˈleiʃən] indruppeling; *fig* inboezeming, (geleidelijke) inprenting

1 instinct [ˈinstiŋkt] *sb* instinct *o*

2 instinct [inˈstiŋkt] *aj* ~ *with* bezield met, vol (van), ademend

instinctive [inˈstiŋktiv] instinctief, instinctmatig

institute [ˈinstitjuːt] **I** *vt* instellen, stichten; installeren, aanstellen; **II** *sb* instituut *o*, instelling, genootschap *o*; **–tion** [instiˈtjuːʃən] instituut *o*, instelling, stichting; aanstelling, installatie; wet; **F** ingewortelde gewoonte; vertrouwd, algemeen bekend iem.; **–tional** ingesteld; institutioneel

instruct [inˈstrʌkt] onderwijzen, onderrichten; last geven, gelasten; **–ion** onderwijs *o*, onderricht *o*, onderrichting, lering, les; lastgeving, opdracht, instructie, voorschrift *o*; **–ional** onderwijs-; ~ *film* instructiefilm; **–ive** leerzaam, leerrijk, instructief; **–or** onderwijzer, leraar; instructeur

instrument [ˈinstrumənt] **I** *sb* instrument° *o*, ⚔ gereedschap *o*, werktuig *o*, ♩ speeltuig *o*; (gerechtelijke) akte, oorkonde, document *o*, stuk *o*; **II** *vt* ♩ instrumenteren; **–al** [instruˈmentl] ♩ instrumentaal; dienstig, bevorderlijk; *be* ~ *in* meewerken tot; **–alist** instrumentist: bespeler van een instrument; **–ality** [instrumenˈtæliti] (mede)werking; bemiddeling; **–ation** [instrumenˈteiʃən] instrumentatie; ~ **panel** [ˈinstruməntpænl] instrumentenbord *o* [v. vliegtuig, auto]

insubordinate [insəˈbɔːdnit] ongehoorzaam, opstandig, weerspannig; **–tion** [insəbɔːdiˈneiʃən] ongehoorzaamheid, weerspannigheid, verzet *o* (tegen de krijgstucht)

insubstantial [insəbˈstænʃəl] niet stoffelijk; onwerkelijk

insufferable [inˈsʌfərəbl] onduldbaar, on(ver)draaglijk, onuitstaanbaar

insufficiency [insəˈfiʃənsi] ontoereikendheid, ongenoegzaamheid, gebrek *o* (aan); **–ent** onvoldoend, ongenoegzaam

insufflate [ˈinsəfleit] in-, opblazen

insulant [ˈinsjulənt] isoleermateriaal *o*

insular [ˈinsjulə] eiland-; *fig* bekrompen; **–ity** [insjuˈlæriti] eiland zijn *o*; *fig* afzondering; bekrompenheid

insulate [ˈinsjuleit] ⚡ isoleren [ook: geluid, warmte]; afzonderen; *insulating tape* isolatieband *o*; **–tion** [insjuˈleiʃən] ⚡ isolatie [ook: geluid, warmte]; afzondering; **–tor** [ˈinsjuleitə] isolator

insulin [ˈinsjulin] insuline

insult I *sb* [ˈinsʌlt] belediging, hoon; **II** *vt* [inˈsʌlt] beledigen, honen

insuperable [inˈsjuːpərəbl] onoverkomelijk

insupportable [insəˈpɔːtəbl] on(ver)draaglijk

insurance [inˈʃuərəns] verzekering, assurantie; **–ant** verzekerde; **insure** verzekeren, assureren; **insurer** verzekeraar, assuradeur

insurgent [inˈsɔːdʒənt] **I** *aj* oproerig; **II** *sb* oproerling

insurmountable [insəˈmauntəbl] onoverkomelijk

insurrection [insəˈrekʃən] opstand, oproer *o*

insurseptible [insəˈseptibl] ongevoelig, onvatbaar (voor *of, to*)

intact [inˈtækt] intact, gaaf, heel, onbeschadigd, ongeschonden, ongerept

intake [ˈinteik] opneming; opgenomen hoeveelheid; inlaat; vernauwing; ~ *of breath* inademing

intangible [inˈtændʒibl] ontastbaar, vaag

integer [ˈintidʒə] geheel (getal *o*)

integral [ˈintigrəl] geheel, volledig, integraal; integrerend; ~ *calculus* integraalrekening

integrant [ˈintigrənt] integrerend

integrate [ˈintigrət] integreren, tot een geheel verenigen, volledig maken; rassenscheiding opheffen; **–tion** [intiˈgreiʃən] integratie; opnemen *o* in een geheel; opheffen *o* van rassenscheiding

integrity [inˈtegriti] volledigheid, integriteit, onkreukbaarheid, onomkoopbaarheid, eerlijkheid; zuiverheid; geheel *o*

integument [inˈtegjumənt] bedekking, bekleedsel *o*; vlies *o*

intellect [ˈintilekt] intellect° *o*; verstand *o*; **–ual** [intiˈlektjuəl] **I** *aj* intellectueel, verstandelijk, geestelijk, verstands-, geestes-; **II** *sb* intellectueel

intelligence [inˈtelidʒəns] verstand *o*, oordeel *o*,

begrip *o*, schranderheid, intelligentie; bericht *o*, berichten, nieuws *o*; *Central Intelligence Agency* Amerikaanse Inlichtingendienst; ~ *department* inlichtingendienst; ~ *quotient* intelligentiequotient; ~ *service* inlichtingendienst; **-ent** verstandig, vlug (van begrip), intelligent, schrander
intelligentsia [inteli'dʒentsiə] intelligentsia, (progressieve) intellectuelen
intelligible [in'telidʒibl] begrijpelijk, verstaanbaar
intemperance [in'tempərəns] onmatigheid, drankzucht; guurheid [v. klimaat]; overdrevenheid; **-ate** onmatig, drankzuchtig; overdreven; onbeheerst, gewelddadig; guur [klimaat]
intend [in'tend] voorhebben, van plan zijn, de bedoeling hebben, bedoelen; toedenken; bestemmen (voor *for*)
intendant [in'tendənt] intendant
intended [in'tendid] **I** *aj* voorgenomen &, aanstaande; opzettelijk; **II** *sb* F aanstaande (echtgeno(o)t(e)); **intending** aanstaand; ~ *purchasers* gegadigden
intense [in'tens] (in)gespannen, hevig, krachtig, diep, intens
intensification [intensifi'keiʃən] versterking°, verhoging, verheviging, verscherping, intensivering; **intensify** [in'tensifai] versterken°, verhogen, verhevigen, verscherpen, intensiveren
intension [in'tenʃən] versterking, verheviging; hevigheid, intensiteit; krachtige geestelijke inspanning; **-ity** hevigheid, kracht, intensiteit; **-ive** intensief; ~ *course* stoomcursus [voor een examen]
intent [in'tent] **I** *sb* oogmerk *o*, bedoeling, opzet *o*; *to all* ~*s and purposes* in alle opzichten; feitelijk; **II** *aj* ingespannen; strak; ~ *upon* gericht op, uit op; ~ *upon mischief* kwaad in zijn schild voerend; ~ *upon his reading* verdiept in; ~ *upon his work* ijverig aan zijn werk; **-ion** voornemen *o*, oogmerk *o*, bedoeling; *rk* intentie; *have no (not the least, not the slightest)* ~ er niet aan denken (te *of ...ing, to*); **-ional** opzettelijk, met opzet (gedaan), voorbedachtelijk; **-ly** *ad* ingespannen; strak
1 inter [in'tə:] *vt* begraven
2 inter ['intə] *prep* tussen, onder
interact [intə'rækt] op elkaar inwerken; **-ion** wisselwerking
inter alia ['intə'reiliə] onder anderen
intercalary [in'tə:kələri] ingevoegd, ingelast; schrikkel-; **intercalate** [in'tə:kəleit] invoegen, inlassen; **-tion** [intə:kə'leiʃən] inlassing
intercede [intə'si:d] tussenbeide komen; ~ *for sbd. with...* iems. voorspraak zijn bij..., een goed woordje voor iem. doen bij...
intercept [intə'sept] onderscheppen, opvangen, (de pas) afsnijden, tegenhouden; **-ion** onderschepping, opvangen *o*, afsnijding, tegenhou-

den *o*; **-or** ⚙ onderschepper, jager
intercession [intə'seʃən] tussenkomst, bemiddeling; voorspraak, voorbede; ~ *service* bidstond; **intercessor** (be)middelaar; **-y** bemiddelend
interchange I *sb* ['intə'tʃein(d)ʒ] wisseling, uit-, afwisseling; ruil; ongelijkvloerse kruising; **II** *vt* [intə'tʃein(d)ʒ] af-, ver-, uitwisselen, (met elkaar) wisselen, ruilen; **-able** (onderling) verwisselbaar
intercollegiate [intəkə'li:dʒiit] tussen twee colleges of universiteiten (bestaand of plaatsvindend)
intercom ['intəkɔm, intə'kɔm] intercom; intern telefoonsysteem *o* (*spec* in vliegtuigen)
intercommunicate [intəkə'mju:nikeit] onderling gemeenschap hebben; **-tion** ['intəkəmju:ni'keiʃən] onderlinge gemeenschap
interconnect [intə'nekt] onderling verbinden of aaneenschakelen; onderling verbonden of aaneengeschakeld zijn
intercontinental [intəkɔnti'nentl] intercontinentaal
intercourse ['intəkɔ:s] omgang, gemeenschap, (handels)verkeer *o*, betrekkingen; (geslachts)gemeenschap
interdenominational [intədinɔmi'neiʃənəl] interkerkelijk
interdependent [intədi'pendənt] onderling afhankelijk
interdict I *sb* ['intədikt] verbod *o*; *rk* interdict *o*, schorsing; **II** *vt* [intə'dikt] verbieden; *rk* het interdict uitspreken over, schorsen; **-ion** verbod *o*; **-ory** verbods-
interdigitate [intə'didʒiteit] met elkaar vervlechten; in elkaar grijpen; vervlochten zijn met
interest ['intə(ə)rest] **I** *sb* belang *o*, voordeel *o*; belangstelling, interesse; aandeel *o*; invloed; partij; $ rente, interest; *the brewing* ~ de bij het brouwen geïnteresseerden; *it has an* ~ het is interessant; *make* ~ *with* zijn invloed doen gelden bij; *take an* ~ *in* belang stellen in; ● *at* ~ op rente (uitgezet); *in the* ~ *of* in het belang van, ten behoeve van; *of* ~ interessant, belangwekkend; *to their* ~ in hun belang (voordeel); **II** *vt* interesseren, belang inboezemen, belang doen stellen (in *for, in*); de belangen raken van; **III** *vr* ~ *oneself in* belang stellen in, zich gelegen laten liggen aan; ~ *oneself in behalf of* zich interesseren voor; **~-bearing** rentegevend; **-ed** belangstellend, belang hebbend; zelfzuchtig, uit eigenbelang; ~ *in* geïnteresseerd bij; **~-free** *loan* renteloos voorschot *o*; **-ing** interessant
interfere [intə'fiə] tussenbeide komen, zich ermee bemoeien; ~ *in* zich mengen in; ~ *with* zich bemoeien met; belemmeren, storen; in botsing komen met; raken (komen, zitten) aan [met zijn vingers]; **interference** tussenkomst, in-

menging, bemoeiing; storing, hinder, belemmering; interferentie [v. golven]; **interfering** ook: bemoeiziek

intergalactic [intəgə'læktik] *aj* tussen melkwegstelsels

interim ['intərim] I *sb* tussentijd; *in the ~* intussen; II *aj* tijdelijk; waarnemend; tussentijds, voorlopig [dividend]

interior [in'tiəriə] I *aj* binnen-; inwendig; binnenlands; innerlijk; *~ decoration* binnenhuisarchitectuur; II *sb* binnenste *o*; binnenland *o*; interieur *o*; *Minister of the Interior* minister van Binnenlandse Zaken

interject [intə'dʒekt] er tussen gooien, uitroepen; **–ion** tussenwerpsel *o*; uitroep; **–ional** tussengevoegd

interlace [intə'leis] I *vt* dooreenvlechten; ineenstrengelen; II *vi* elkaar doorkruisen

interlard [intə'la:d] doorspekken (met *with*)

interleave [intə'li:v] (met wit papier) doorschieten

interline [intə'lain] tussen (de regels) schrijven of invoegen

interlinear [intə'liniə] tussen de regels (gedrukt of geschreven), interlineair

interlineation ['intəlini'eiʃən] tussenschrijven *o*; tussenschrift *o*

interlink [intə'liŋk] I *vt* aaneenschakelen; II *sb* tussenschakel

interlock [intə'lɔk] in elkaar (doen) sluiten of grijpen

interlocution [intəlou'kju:ʃən] gesprek *o*, bespreking; **interlocutor** [intə'lɔkjutə] persoon met wie men spreekt, gesprekspartner; **–y** in de vorm van een gesprek

interlope [intə'loup] zich indringen; zich (ongevraagd) bemoeien (met); beunhazen; **–r** indringer; bemoeial; beunhaas

interlude ['intəl(j)u:d] pauze; tussenbedrijf *o*, tussenspel *o*, intermezzo² *o*

intermarry [intə'mæri] onderling trouwen [v. volken, stammen of families]; onder elkaar trouwen [v. naaste verwanten]

intermeddle [intə'medl] zich mengen (in *in*), zich afgeven of bemoeien (met *with*); **–r** bemoeial

intermediary [intə'mi:djəri] I *aj* tussen-; bemiddelend; II *sb* tussenpersoon, bemiddelaar; bemiddeling

intermediate I *aj* [intə'mi:djət] tussenliggend, tussen-; II *vi* [intə'mi:dieit] bemiddelen

interment [in'tə:mənt] begrafenis

intermezzo [intə'metzou] intermezzo² *o*

interminable [in'təminəbl] oneindig, eindeloos²

intermingle [intə'miŋgl] I *vt* (ver)mengen; II *vi* zich (laten) vermengen

intermission [intə'miʃən] onderbreking, tussenpoos, pauze; *without ~* zonder ophouden

intermit [intə'mit] I *vt* tijdelijk afbreken, doen ophouden, staken, schorsen; II *vi* tijdelijk ophouden; **intermittent** (af)wisselend, bij tussenpozen (werkend, spuitend &); intermitterend

intermix [intə'miks] = *intermingle*

intermixture [intə'mikstʃə] vermenging, mengsel *o*

intern I *vt* [in'tə:n] interneren; II *sb* ['intə:n] Am inwonend assistent(e) in een ziekenhuis

internal [in'tə:nl] inwendig, innerlijk; binnenlands; binnen-; *~ combustion engine* explosiemotor, verbrandingsmotor

international [intə'næʃənl] I *aj* internationaal; *~ law* volkenrecht *o*; II *sb* (deelnemer aan) internationale wedstrijd; *I~* Internationale; **–ize** internationaliseren

internecine [intə'ni:sain] moorddadig, verwoestend, elkaar verdelgend

internee [intə:'ni:] geïnterneerde; **internment** [in'tə:nmənt] internering

internuncio [intə'nʌnʃiou] internuntius

interpellate [in'tə:peleit] interpelleren; **–tion** [intə:pe'leiʃən] interpellatie; **–tor** interpellant

interplanetary [intə'plænitəri] interplanetair

interplay ['intəplei] wisselwerking, reactie over en weer

Interpol ['intəpɔl] = *International Criminal Police Organization* internationale samenwerkingsvorm v.d. politie, Interpol

interpolate [in'tə:pəleit] in-, tussenvoegen, inschuiven, interpoleren; **–tion** [intə:pə'leiʃən] in-, tussenvoeging, inschuiving, interpolatie

interpose [intə'pouz] I *vt* stellen of plaatsen tussen; in het midden brengen [iets]; II *vi* er tussenbeide komen, in de rede vallen; **–sition** [intəpə'ziʃən] liggen (plaatsen) *o* tussen; tussenkomst, bemiddeling

interpret [in'tə:prit] I *vt* uitleggen, vertolken, interpreteren; II *vi* als tolk fungeren; **–able** voor uitlegging (vertolking) vatbaar, te interpreteren; **–ation** [intə: pri'teiʃən] uitlegging, vertolking, interpretatie; **–ative** [in'tə:pritativ] uitleggend, vertolkend; **–er** [in'tə:pritə] uitlegger, vertolker, tolk²

interregnum [intə'regnəm] interregnum *o*, tussenregering; interim *o*, tussentijd; onderbreking

interrelation ['intəri'leiʃən] onderling verband *o*

interrogate [in'terəgeit] (onder)vragen; **–tion** [intərə'geiʃən] ondervraging, vraag; vraagteken *o* (ook: *~ mark*); **–tive** [intə'rɔgativ] I *aj* vragend, vraag-; II *sb* vragend voornaamwoord *o*; **interrogatory** [intə'rɔgatəri] I *aj* (onder)vragend; II *sb* vraag; ondervraging

interrupt [intə'rʌpt] I *vt* af-, onderbreken; belemmeren, storen; in de rede vallen; II *va* hinderen, storen; in de rede vallen; **–ion** af-, onderbreking; storing; interruptie

intersect [intə'sekt] **I** *vt* (door)snijden, (door)kruisen; **II** *vi* elkaar snijden; **–ion** (door)snijding; snijpunt *o*; kruispunt *o*, wegkruising

interspace ['intəspeis] tussenruimte

intersperse [intə'spə:s] hier en daar strooien, mengen, verspreiden, zetten, planten & (onder of tussen *with*)

interstate [intə'steit] [relaties] tussen twee of meerdere staten

interstellar ['intə'stelə] interstellair

interstice [in'tə:stis] tussenruimte, opening, spleet

intertwine [intə'twain], **intertwist** [intə'twist] (zich) dooreenvlechten, ineen-, verstrengelen

interval ['intəvəl] tussenruimte; tussenpoos, -tijd; pauze; (toon)afstand, ♪ interval *o*; *bright ~s* tijdelijke opklaringen [v. weer]

intervene [intə'vi:n] liggen of zijn tussen; tussenbeide komen of treden; ingrijpen [v. chirurg]; (onverwachts) zich voordoen; **intervention** [intə'venʃən] interventie, tussenkomst; ingreep [v. chirurg]

interview ['intəvju:] **I** *sb* samenkomst, onderhoud *o*; interview *o*, vraaggesprek *o*; **II** *vt* een onderhoud hebben met; interviewen

inter-war ['intə'wɔ:] interbellair; *the ~ years* de jaren tussen de twee wereldoorlogen (1919–1939), het interbellum

interweave [intə'wi:v] door(een)weven

interzonal [intə'zounəl] interzonaal

intestate [in'testit] *aj* (& *sb*) zonder testament (overledene)

intestinal [in'testinl] darm-, ingewands-; **intestine I** *aj* inwendig; binnenlands; *~ war* burgeroorlog; **II** *sb* darm, ingewanden (meest *~s*); *large* (*small*) *~* dikke (dunne) darm

intimacy ['intiməsi] vertrouwelijkheid, intimiteit; innigheid; grondigheid [v. kennis]; geslachtsgemeenschap

1 intimate ['intimit] **I** *aj* innerlijk, innig; vertrouwelijk; intiem; grondig [v. kennis]; geslachtsgemeenschap hebbend (met); **II** *sb* intimus, intieme vriend

2 intimate ['intimeit] *vt* bekendmaken, te kennen geven, laten doorschemeren; **–tion** [inti'meiʃən] kennisgeving; aanduiding, wenk, teken *o*

intimidate [in'timideit] bang maken; vrees, schrik aanjagen, intimideren; **–tion** [intimi'deiʃən] bangmakerij, vreesaanjaging, intimidatie

into ['intu, 'intə] in, tot

intolerable [in'tɔlərəbl] on(ver)draaglijk, onduldbaar, onuitstaanbaar; **–ance** onverdraag-

zaamheid; **–ant** onverdraagzaam

intonation [intou'neiʃən] intonatie; lees-, spreektoon, stembuiging; aanhef; **intone** [in-'toun] intoneren; aanheffen [gezang]

intoxicant [in'tɔksikənt] sterke drank; **intoxicate** dronken maken[2], bedwelmen[2]; **–tion** [intɔksi'keiʃən] dronkenschap, roes[2]; intoxicatie

intractable [in'træktəbl] onhandelbaar; lastig

intramural ['intrə'mjuərəl] binnen de muren van de stad of van de universiteit

intransigent [in'trænsidʒənt] onverzoenlijk, wars van geschipper

intransitive [in'trænsitiv] onovergankelijk

intrant ['intrənt] iem. die een ambt (plicht) aanvaardt; nieuw lid; eerstejaars

intrepid [in'trepid] onverschrokken; **–ity** [intri'piditi] onverschrokkenheid

intricacy ['intrikəsi] ingewikkeldheid; **intricate** ingewikkeld, verward

intrigue [in'tri:g] **I** *sb* kuiperij, gekonkel *o*, intrige°; **II** *vi* kuipen, konkelen, intrigeren; **III** *vt* intrigeren, nieuwsgierig maken; **intriguer** intrigant; **–uing** boeiend, fascinerend; verbluffend; vol listige streken, intrigerend

intrinsic [in'trinsik] innerlijk, wezenlijk, intrinsiek

introduce [intrə'dju:s] invoeren; inleiden, binnenleiden; indienen [wetsvoorstel]; ter tafel brengen [onderwerp]; voorstellen [iemand], introduceren; **–uction** [intrə'dʌkʃən] inleiding°, invoering; indiening; voorstelling [van twee personen], introductie; **–uctory** inleidend, preliminair

introit ['introit, in'trouit] *rk* introïtus

introspection [introu'spekʃən] introspectie, zelfbeschouwing; **–ive** introspectief

introvert ['introuvə:t] introvert: naar binnen gericht

intrude [in'tru:d] **I** *vr ~ oneself* zich opdringen (aan *upon*); **II** *vi* zich indringen (in *into*); (iemand) lastig vallen, ongelegen komen; **–r** indringer, ongenode of onwelkome gast

intrusion [in'tru:ʒən] binnendringen *o*; **–ive** indringend; in-, opdringerig

intuition [intju'iʃən] intuïtie; **–ive** [in'tju(:)itiv] intuïtief, aanbevelings-

inundate ['inʌndeit] onder water zetten, inunderen; overstromen[2] (met *with*); **–tion** [inʌn'deiʃən] onderwaterzetting, inundatie, overstroming; *fig* stroom

inurbane [inə:'bein] onbeleefd, grof

inure, enure [i'njuə] **I** *vt* gewennen (aan *to*), harden (tegen *to*); **II** *vi* ℔ van kracht worden; **–ment** gewennen *o*, harden *o*

inutility [inju'tiliti] nutteloosheid

invade [in'veid] een inval doen in, in-, binnendringen; inbreuk maken op; **–r** invaller, indrin-

ger
invaginate [in'vædʒineit] uitstulpen [v. darm]
1 invalid ['invəli:d] **I** *aj* gebrekkig, gebrekkelijk, ziekelijk, lijdend; **II** *sb* zieke, lijder, ✗ invalide; **III** *vt* aan het ziekbed kluisteren; ✗ voor de dienst ongeschikt maken of verklaren; ~ *home* wegens ziekte of als invalide evacueren
2 invalid [in'vælid] *aj* niet geldend; ongeldig; –**ate** ongeldig (krachteloos) maken; ontzenuwen [argumenten]; –**ation** [invælid'eiʃən] ongeldigverklaring; ontzenuwing; –**ity** [invə'liditi] zwakheid, krachteloosheid, ongeldigheid, onwaarde
invaluable [in'væljuəbl] onschatbaar, van onschatbare waarde
invariable [in'vɛəriəbl] *aj* onveranderlijk, constant; –**ly** *ad* onveranderlijk; steeds, steevast
invasion [in'veiʒən] (vijandelijke) inval, binnendringen *o*; invasie; ✗ schending; –**ive** invallend, binnendringend
invective [in'vektiv] scheldwoord *o*, scheldwoorden; smaadrede
inveigh [in'vei] (heftig) uitvaren, schelden, schimpen (op *against*)
inveigle [in'vi:gl] (ver)lokken, verleiden (tot *into*)
invent [in'vent] uitvinden; uit-, bedenken, verzinnen, uit de lucht grijpen, verdichten; –**ion** (uit)vinding, uitvindsel *o*, bedenksel *o*, verzinsel *o*; vindingrijkheid; –**ive** inventief, vindingrijk; –**or** uitvinder; verzinner
inventory ['invəntri] **I** *sb* inventaris; boedelbeschrijving; **II** *vt* inventariseren
inverse [in'və:s] **I** *aj* omgekeerd; **II** *sb* omgekeerde *o*; –**sion** omkering, omzetting, inversie; in-**vert** omkeren, omzetten; ~*ed commas* aanhalingstekens
invertebrate [in'və:tibrit] ongewerveld (dier *o*); *fig* slap, karakterloos (iemand)
invest [in'vest] **I** *vt* bekleden[2] (met *with*); installeren; ✗ insluiten, omsingelen; [geld] beleggen, steken (in *in*), investeren; ~ *with* ook: verlenen; **II** *vi* & *va* zijn geld beleggen; ~ *in* **F** kopen, aanschaffen
investigate [in'vestigeit] onderzoeken, navorsen, nasporen; –**tion** [investi'geiʃən] navorsing, nasporing, onderzoek *o*; –**tor** [in'vestigeitə] navorser, onderzoeker; –**tory** onderzoekend
investiture [in'vestitʃə] investituur, installatie; bekleding
investment [in'vestmənt] $ (geld)belegging, investering; ✗ insluiting, omsingeling; bekleding; **investor** belegger, investeerder
inveteracy [in'vetərəsi]; inworteling; –**ate** ingeworteld, ingekankerd, verouderd; aarts-; onverbeterlijk; verbitterd
invidious [in'vidiəs] hatelijk; aanstotelijk; netelig

invigilate [in'vidʒileit] surveilleren [bij examen]; –**tion** [invidʒi'leiʃən] surveillance [bij examen]; –**tor** [in'vidʒileitə] surveillant
invigorate [in'vigəreit] kracht bijzetten of geven, sterker maken, versterken
invincible [in'vinsibl] onoverwinnelijk; onoverkomelijk
inviolable [in'vaiələbl] onschendbaar
inviolate [in'vaiəlit] ongeschonden, ongerept
invisible [in'vizibl] **I** *aj* onzichtbaar; niet te zien (spreken); **II** *sb* onzienlijke
invitation [invi'teiʃən] uitnodiging; **invite** [in'vait] **I** *vt* (uit)nodigen, noden, inviteren; (vriendelijk) verzoeken, vragen (om); uitlokken; *applications are* ~*d* sollicitaties worden ingewacht; **II** *sb* **F** uitnodiging; –**ting** uitnodigend, aanlokkelijk, verleidelijk
invocation [invə'keiʃən] in-, aanroeping, afsmeking; oproeping
invoice ['invɔis] **I** *sb* $ factuur; **II** *vt* factureren; ~-**clerk** facturist
invoke [in'vouk] in-, aanroepen, afsmeken; oproepen; zich beroepen op
involuntary [in'vɔləntəri] onwillekeurig; onvrijwillig
involute ['invəl(j)u:t] ingewikkeld, naar binnen gedraaid of gerold; ineensluitend; –**tion** [invə'l(j)u:ʃən] in-, verwikkeling; ingewikkeldheid; machtsverheffing
involve [in'vɔlv] wikkelen of hullen, verwikkelen, betrekken; insluiten, meebrengen, meeslepen; ~*d* ingewikkeld[2]; in schulden (moeilijkheden); *our interests are* ~*d* het gaat om onze belangen; *the persons* ~*d* de daarbij betrokken personen; *the risk* ~*d* het ermee verbonden (gepaard gaande, gemoeide) gevaar; *become (get)* ~*d with* zich inlaten met; –**ment** in-, verwikkeling; betrokkenheid; moeilijkheden; schuld(en)
invulnerable [in'vʌlnərəbl] onkwetsbaar
inward ['inwəd] **I** *aj* inwendig, innerlijk; **II** *ad* naar binnen; –**ly** *ad* inwendig, innerlijk; in zijn binnenste, in zichzelf; naar binnen; –**ness** innerlijke betekenis, innerlijk wezen *o*
1 inwards ['inwədz] *ad* = *inward* **II**
2 inwards ['inədz] *sb* **F** ingewanden
inwrought ['in'rɔ:t, + 'inrɔ:t] ingewerkt, doorweven[2] (met *with*)
iodide ['aiədaid] jodide *o*; **iodine** ['aiədi:n] jodium *o*; **iodoform** [ai'ɔdəfɔ:m] jodoform
ion ['aiən] ion *o*
Ionian [ai'ounjən] **I** *aj* Ionisch; **II** *sb* Ioniër; **Ionic** [ai'ɔnik] Ionisch
ionic [ai'ɔnik] ionen-; **ionization** [aiənai'zeiʃən] ionisatie; **ionize** ['aiənaiz] ioniseren; **ionosphere** [ai'ɔnəsfiə] ionosfeer
iota [ai'outə] Griekse i, jota[2]
I O U ['aiou'ju:] schuldbekentenis [*I owe you* ik

ben u schuldig]

Iranian [i'reinjən] **I** *aj* Iraans; **II** *sb* Iraniër

Iraqi [i'ra:ki] **I** *aj* Iraaks; **II** *sb* Irakees

irascible [i'ræsibl] prikkelbaar, opvliegend

irate [ai'reit] woedend, toornig, verbolgen

⊙ **ire** ['aiə] toorn; **–ful** toornig, verbolgen

Irene [ai'ri:ni, 'airi:n] Irene

irenic [ai'ri:nik] irenisch: vredelievend, vrede-stichtend

iridescence [iri'desns] kleurenspel *o* (als van een regenboog); **–ent** iriserend, regenboogkleurig schitterend

iris ['aiəris] regenboog; iris: regenboogvlies *o*; ♃ iris

Irish ['aiəriʃ] **I** *aj* Iers; **II** *sb* het Iers; *the* ~ de Ieren; **–ism** Iers karakter *o*; Ierse zegswijze (eigenaardigheid); **–man** Ier; **–woman** Ierse

irk [ə:k] ergeren, vervelen; *it* ~*s me* (*him* &) het ergert me (hem &); **–some** vervelend, ergerlijk

iron ['aiən] **I** *sb* ijzer *o*; strijkijzer *o*; brandijzer *o*; soort golfstok; **S** revolver; *fig* karaktersterkte; ~*s* boeien; beugels [v. been]; *have too many* ~*s in the fire* te veel hooi op zijn vork genomen hebben; *strike the* ~ *while it is hot* men moet het ijzer smeden, als het heet is; **II** *aj* ijzeren[2]; **III** *vt* met ijzer beslaan; strijken; boeien, kluisteren; ~ *out* weg-, gladstrijken[2]; *fig* wegnemen, verwijderen, vereffenen; **IV** *vi* strijken; **~-bound** met ijzeren banden; *fig* ijzeren, uiterst streng; door (steile) rotsen ingesloten; **–clad I** *aj* gepantserd; **II** *sb* ✎ pantserschip *o*; **~-founder** ijzergieter; **~-foundry** ijzergieterij; **~-grey** ijzergrauw

ironic(al) [ai'rɔnik(l)] ironisch

ironing ['aiəniŋ] strijken *o*; strijkgoed *o*; **~-board** strijkplank

ironmonger ['aiənmʌŋgə] handelaar in ijzerwaren; **–y** ijzerwaren; ijzerhandel

iron-mould ['aiənmould] roestvlek [in wasgoed]; oude inktvlek; **Ironside** ['aiənsaid] gehard soldaat [van Cromwell]

ironwork ['aiənwə:k] ijzerwerk *o*; ~*s* ijzerfabriek, ijzergieterij, ijzerpletterij

1 irony ['aiəni] *aj* ijzerachtig, ijzerhard, ijzer-

2 irony ['aiərəni] *sb* ironie

irradiance [i'reidjəns] (uit)straling; glans; **–ate I** *vt* licht werpen op, ophelderen, oplichten; *fig* verhelderen; **II** *vi* stralen; **–ation** [ireidi'eiʃən] uit-, bestraling

irrational [i'ræʃənl] **I** *aj* onredelijk; redeloos, irrationeel; **II** *sb* onmeetbaar getal *o*; **–ity** [iræʃə'næliti] onredelijkheid; redeloosheid

irreclaimable [iri'kleiməbl] onverbeterlijk; onontginbaar; onherroepelijk

irrecognizable [i'rekəgnaizəbl] onherkenbaar

irreconcilable [i'rekənsailəbl] onverzoenlijk; onverenigbaar

irrecoverable [iri'kʌvərəbl] niet te herkrijgen;

onherroepelijk verloren; oninbaar; onherstelbaar

irrecusable [iri'kju:zəbl] onafwijsbaar

irredeemable [iri'di:məbl] onherstelbaar, onafkoopbaar, onaflosbaar

irreducible [iri'dju:sibl] onherleidbaar; niet terug te brengen *of* te verminderen

irrefragable [i'refrəgəbl] onweerlegbaar

irrefrangible [iri'frændʒəbl] onverbreekbaar, onschendbaar; onbreekbaar [v. stralen]

irrefutable [i'refjutəbl] onomstotelijk, onweerlegbaar

irregular [i'regjulə] **I** *aj* onregelmatig; niet in orde [v. paspoort &]; ongeregeld; ongelijk; **II** *sb* ~*s* ongeregelde troepen; **–ity** [iregju'læriti] onregelmatigheid; ongeregeldheid

irrelevance, -ancy [i'relivəns(i)] ontoepasselijkheid, niet ter zake zijn *o*; **–ant** irrelevant, niet toepasselijk, geen betrekking hebbend (op *to*), niets te maken hebbend (met *to*)

irreligious [iri'lidʒəs] ongelovig; godsdienstloos, zonder geloof; ongodsdienstig

irremediable [iri'mi:djəbl] onherstelbaar; ongeneeslijk

irremissible [iri'misəbl] onvergeeflijk

irremovable [iri'mu:vəbl] onafzetbaar

irreparable [i'repərəbl] onherstelbaar

irreplaceable [iri'pleisəbl] onvervangbaar

irrepressible [iri'presibl] **I** *aj* niet te onderdrukken; onbedwingbaar; **II** *sb* **F** iemand die niet tot zwijgen te brengen is; wijsneus

irreproachable [iri'proutʃəbl] onberispelijk

irresistible [iri'zistibl] onweerstaanbaar

irresolute [i'rezəl(j)u:t] besluiteloos; **–tion** [irezə'l(j)u:ʃən] besluiteloosheid

irresolvable [iri'zɔlvəbl] onoplosbaar

irrespective [iris'pektiv] ~ *of* zonder te letten op; ongeacht; ~ *of persons* zonder aanzien des persoons

irresponsible [iris'pɔnsibl] onverantwoordelijk; onbetrouwbaar; ontoerekenbaar

irresponsive [iris'pɔnsiv] niet reagerend (op *to*)

irretrievable [iri'tri:vəbl] *aj* onherstelbaar; **–ly** *ad* onherstelbaar; ~ *lost* onherroepelijk verloren

irreverence [i'revərəns] oneerbiedigheid; **–ent** oneerbiedig

irreversible [iri'və:sibl] onherroepelijk, onveranderlijk; onomkeerbaar, irreversibel

irrevocable [i'revəkəbl] onherroepelijk

irrigate ['irigeit] bevochtigen, besproeien, bevloeien, irrigeren; **–tion** [iri'geiʃən] bevochtiging, besproeiing, bevloeiing, irrigatie

irritable ['iritəbl] prikkelbaar, geprikkeld; **–ant** prikkelend (middel *o*); **–ate** prikkelen[2], irriteren[2], ergeren; **–ating** irriterend, irritant, ergerlijk; **–ation** [iri'teiʃən] prikkeling[2], geprikkeldheid; irritatie, ergernis

irruption [i'rʌpʃən] binnendringen *o*, inval
is [iz] derde pers. enk. van *to be*, is
isinglass ['aiziŋglaːs] vislijm
Islam ['izlaːm, i'slaːm] de islam; **–ic** [iz'læmik] islamitisch; **–ite** ['izləmait] islamiet; **–itic** [izlə'mitik] islamitisch
island ['ailənd] eiland *o*; vluchtheuvel; **–er** eilandbewoner
isle [ail] ⊙ eiland *o*; **islet** ['ailit] eilandje *o*
ism ['iz(ə)m] isme *o*, < leer, theorie
isobar ['aisouba:] isobaar
isolate ['aisəleit] afzonderen, isoleren; ~*d* ook: alleenstaand; ~*d case* opzichzelf staand geval *o*; **–tion** [aisə'leiʃən] afzondering, isolering, isolatie, isolement *o*
isosceles [ai'sɔsiliːz] gelijkbenig
isotherm ['aisouθəːm] isotherm
isotope ['aisoutoup] isotoop
Israel ['izreiəl] Israël *o*; **–i** [iz'reili] **I** *aj* Israëlisch; **II** *sb* Israëli; **–ite** ['izriəlait] Israëliet
issue ['isjuː, 'iʃuː] **I** *sb* uitstorting, uitstroming; (rivier)mond; nakomelingschap, (na)kroost *o*; uitgang; uitweg; afloop, uitslag, uitkomst, resultaat *o*; uitvaardiging; uitgifte; $ emissie; nummer *o*, editie [v. krant]; (geschil)punt *o*, kwestie, strijdvraag; *the matter (point, question) at* ~ het geschilpunt; *join (take)* ~ de strijd aanbinden; **II** *vi* uitkomen; zich uitstorten, uitstromen, naar buiten komen (ook: ~ *forth, out*); aflopen [v.e. zaak]; ~ *from* komen uit; voortkomen uit, afstammen van; ~ *in* uitlopen op; **III** *vt* af-, uitgeven, in omloop brengen; uitvaardigen; verzenden; **–less** zonder nakomelingen
isthmian ['isθmiən, 'ismiən] van een landengte; *I*~ *games* istmische spelen; **isthmus** ['ismɔs] landengte

it [it] het, hij, zij; **S** aantrekkingskracht, sexappeal; ~ *is I (me)* ik ben het; ~ *is* ~ **F** dat is „je"; *they are* ~ **F** dat zijn „je" (chique) lui; *who is* ~? wie is dat?; wie is „hem"?; *bus &* ~ met de bus & gaan; zie ook: *give, go &*
Italian [i'tæljən] **I** *aj* Italiaans; **II** *sb* Italiaan; het Italiaans
italic [i'tælik] **I** *aj* cursief; **II** *sb* cursieve letter; *my* ~*s, the* ~*s are mine* ik cursiveer; *in* ~*s* cursief; **–ize** [i'tælisaiz] cursiveren
itch [itʃ] **I** *sb* jeuk; schurft; hevig verlangen *o*; **II** *vi* jeuken, hevig verlangen; *he* ~*es to...*, *his fingers* ~ *to...* de vingers jeuken hem om...; **–y** jeukerig; schurftig
item ['aitəm] **I** *ad* item; **II** *sb* artikel *o*, post, punt *o* [op agenda], nummer *o* [v. program], stuk *o*; (nieuws)bericht *o*; **–ize** specificeren
iterate ['itəreit] herhalen; **–tion** [itə'reiʃən] herhaling; **–tive** ['itərətiv] herhalend; herhaald; herhalings-
itinerant [i'tinərənt] rondreizend, rondtrekkend; **–ary** [ai'tinərəri] **I** *sb* reisboek *o*; reisroute; reisbeschrijving; **II** *aj* (rond)reizend; ~*jottings* reisaantekeningen; **–ate** [i'tinəreit] (rond)reizen, rondtrekken
its [its] zijn, haar
it's [its] = *it is*
itself [it'self] zich (zelf)
I've [aiv] = *I have*
ivied ['aivid] met klimop begroeid
ivory ['aivəri] **I** *sb* ivoor *m* of *o*; *the ivories* **S** de biljartballen, de dobbelstenen, de pianotoetsen, de tanden; **II** *aj* ivoren; *Ivory Coast* Ivoorkust [republiek]
ivy ['aivi] ♣ klimop

J

j [dʒei] (de letter) j
jab [dʒæb] I vt & vi steken, porren; II sb steek, por;
F prik [= injectie]
jabber ['dʒæbə] I vi & vt kakelen, brabbelen,
wauwelen; II sb gekakel o, gebrabbel o
jabot ['ʒæbou] jabot
jacinth ['dʒæsinθ] hyacinth o [stofnaam], hyacint
m [edelsteen]
Jack [dʒæk] Jan, Jantje o; jantje o (= matroos);
cheap ~ venter, kramer; ~ and Jill Jan en Griet;
~ Frost Koning Winter; ~ Ketch de beul; ~ Pudding Jan Klaassen; before you can (could) say ~ Rob-
inson in een wip
jack [dʒæk] I sb krik, dommekracht, hefboom;
spitdraaier; schraag, (zaag)bok; ♪ wippertje o [v.
piano]; ◊ boer; mannetje o [van diersoorten]; ⚹
kauw; kerel, man; los arbeider; ⚓ geus; boeg-
sprietvlaggetje o ‖ S brandspiritus ‖ Am S geld
o; every man ~ iedereen; II vt ~ up opkrikken, opvijzelen (ook v. prijzen); F (het) opgeven
Jack-a-dandy ['dʒækə'dændi] kwast, kwibus
jackal ['dʒækɔ:l] ⚹ jakhals; handlanger
jackanapes ['dʒækəneips] fat, kwast; ondeugende rakker; ⚹ aap
jackass ['dʒækæs, fig 'dʒæka:s] ezel[2]
jackboot ['dʒækbu:t] hoge laars
jackdaw ['dʒækdɔ:] ⚹ kauw
jacket ['dʒækit] buis, jekkertje o, jak o, jasje o, colbert o & m; omhulsel o; omslag; vel o, huid,
vacht, pels; schil [v. aardappel]; ⚔ mantel
Jack-in-office ['dʒækinɔfis] (gewichtigdoend)
ambtenaartje o
Jack-in-the-(a-)box ['dʒækinðə(ə)bɔks] duiveltje o in een doosje
jack-knife ['dʒæknaif] groot knipmes; ~ dive
snoeksprong
Jack-of-all-trades ['dʒækɔv'ɔ:ltreidz] manusje-
van-alles o; ~ and master of none twaalf ambach-
ten, dertien ongelukken
jack-o'-lantern ['dʒækəlæntən] dwaallicht o
jackpot ['dʒækpɔt] sp pot, prijs; hit the ~ F een
groot succes behalen; geluk hebben; winnen
jackstraw ['dʒækstrɔ:] stropop; fig onbetekenend persoon; mikadospel o
jack-towel ['dʒæktauəl] rolhanddoek
Jacob ['dʒeikəb] Jakob(us); ~'s ladder jakobsladder
Jacobean [dʒækə'bi:ən] van Jakobus (I)
Jacobin ['dʒækəbin] jakobijn; dominicaan
Jacobite ['dʒækəbait] ⚏ jakobiet: aanhanger v.d.
verdreven koning Jacobus I
jactation [dʒæk'teiʃən] pocherij

jactitation [dʒækti'teiʃən] woelen o [van koorts];
spiertrekkingen; ⚕ valselijk voorwenden o gehuwd te zijn
1 jade [dʒeid] sb knol, oud paard o; wijf o; ondeugende meid ‖ bittersteen, nefriet, jade o
2 jade [dʒeid] vt afjakkeren[2]; ~d ook: geblaseerd
jag [dʒæg] I sb uitstekende punt; tand; rafelige
scheur; S dronkenschap of onder de verdovende
middelen zitten o; F drinkgelag, o boemel, stuk
o in de kraag; II vt tanden, inkepen kerven; jag-
ged getand, geschaard, puntig
jaguar ['dʒægjuə] jaguar
jail [dʒeil] I sb gevangenis; II vt gevangenzetten;
~-bird boef, bajesklant; ~-er cipier, gevangenbewaarder; ~-fever vlektyfus
jalopy [dʒə'lɔpi] F ⚙ (oud) wagentje o, ⚙ (gam-
mele) kist
jam [dʒæm] I sb jam ‖ opeenhoping, opstopping,
gedrang o; klemming; R storing; F verlegenheid, moeilijkheid, knel; S iets leuks; money for ~
meevaller, reuze bof; ~ session jazzimprovisatie;
II vt (samendrukken), -pakken, -duwen [tussen];
vastzetten; klemmen, knellen; versperren; R
storen; ~ on the brakes hard remmen; III vi klemmen
jamb [dʒæm] stijl [v. deur &]
jamboree [dʒæmbə'ri:] jamboree; F fuif
jammer ['dʒæmə], jamming station R stoor-
zender
jangle ['dʒæŋgl] I vi een wanklank geven; kibbelen; II vt ontstemmen[2]; krijsen; rammelen, rinkelen met; ~d nerves geschokte zenuwen; III sb
gekrijs o, schril geluid o; kibbelarij
janitor ['dʒænitə] portier
January ['dʒænjuəri] januari
Jap [dʒæp] F I sb Jap; II aj Japans
Japan [dʒə'pæn] I sb Japan o; II aj Japans; japan
I sb lak o & m; Japans porselein o; II vt (ver)lak-
ken; Japanese [dʒæpə'ni:z] I aj Japans; II sb Ja-
panner, Japanners; het Japans
jape [dʒeip] I sb poets; II va gekscheren
1 jar [dʒa:] sb (stop)fles, kruik, pot
2 jar [dʒa:] I vi krassen, schuren; trillen; in botsing komen, niet harmoniëren (met with); ~ upon
onaangenaam aandoen; a ~ring note een wanklank[2]; II vt doen trillen [van de schok]; III sb
gekras o, schuurgeluid o; wanklank[2]; onenigheid, botsing; schok ‖ on the ~ F op een kier
jargon ['dʒa:gən] jargon o, brabbeltaal, koeterwaals[2] o; Bargoens o, (dieven)taaltje o
jasmin(e) ['dʒæsmin] jasmijn
jasper ['dʒæspə] jaspis o

jaundice ['dʒɔːndis] geelzucht; *fig* vooroordeel *o*, nijd; verwrongen kijk [op iets]; **–d** aan geelzucht lijdend; *fig* afgunstig; nijdig; verwrongen door haat of jaloezie

jaunt [dʒɔːnt] **I** *vi* een uitstapje maken; **II** *sb* uitstapje *o*, tochtje *o*; **jaunting-car** kleine tweewielige Ierse char-à-bancs; **jaunty** *aj* zwierig, kwiek

Java ['dʒɑːvə] Java *o*; javakoffie; **–nese** [dʒɑːvəˈniːz] **I** *aj* Javaans; **II** *sb* Javaan, Javanen; het Javaans

javelin ['dʒævlin] werpspies, *sp* speer

jaw [dʒɔː] **I** *sb* kaak; ✕ klauw [v. tang]; **S** geklets *o*, gezwam *o*, standje *o*; *hold your ~!* **S** hou je snater!; *~s* mond; bek v. tang of sleutel, randen van ravijn; **II** *vi* **S** kletsen; zwammen; **III** *vt* **S** de les lezen; **~-breaker** **F** moeilijk uit te spreken woord *o*

jay [dʒei] ✑ Vlaamse gaai; *fig* kletskous; sul

jaywalker ['dʒeiwɔːkə] onvoorzichtige voetganger [bij het oversteken &]

jazz [dʒæz] **I** *sb* ♪ jazz; **S** drukte, leven *o*; **II** *vi* de jazz dansen; **III** *vt* **S** opkikkeren, fut brengen in, opvrolijken (ook: ~ *up*); **–y** lawaaierig, druk, kakelbont

jealous ['dʒeləs] jaloers, afgunstig, ijverzuchtig, naijverig (op *of*), angstvallig bezorgd of wakend (voor *about*, *of*); **–y** jaloersheid, jaloezie, afgunst, naijver; angstvallige bezorgdheid

jean [dʒiːn] soort stevig katoen *o* & *m*; *~s* sportpantalon, werkbroek of overall van stevig katoen, spijkerbroek (ook: *blue ~s*)

Ⓦ **jeep** [dʒiːp] jeep

jeer [dʒiə] **I** *vi* spotten (met *at*), schimpen (op *at*); **II** *vt* bespotten, beschimpen, honen; **III** *sb* hoon, hoongelach *o*, spotternij

jejune [dʒiˈdʒuːn] vervelend; schraal [voedsel], dor [land]

jell [dʒel] stijf worden; **F** slagen; **jellied** geleiachtig, gestold, in gelei; **jelly I** *sb* gelei, lil *o* & *m*, dril; gelatinepudding; *(in)to a ~* tot moes, tot mosterd, in stukken; **II** (*vt* &) *vi* (doen) stollen; **F** *fig* vorm krijgen; **~-fish** kwal; **F** iem. zonder ruggegraat

jemmy ['dʒemi] breekijzer *o* [van inbreker]

jenny ['dʒeni] spinmachine; ✕ loopkraan; ~ *ass* ezelin

jeopardize ['dʒepədaiz] in gevaar brengen; in de waagschaal stellen; **jeopardy** gevaar *o*, risico *o*

jeremiad [dʒeriˈmaiəd] jeremiade, klaaglied *o*

Jericho ['dʒerikou] Jericho *o*; *go to ~* loop naar de duivel!

jerk [dʒəːk] **I** *sb* stoot, ruk, hort, schok; (spier)trekking; **S** sufferd, stommeling; *physical ~s* **F** gymnastische oefeningen; **II** *vi* stoten, rukken, schokken, horten; **III** *vt* rukken aan, stoten; keilen

jerky ['dʒəːki] *aj* hortend[2], krampachtig

jerkin ['dʒəːkin] buis *o*, wambuis *o*; Ⓦ kolder

jerrican ['dʒerikæn] jerrican

Jerry ['dʒeri] **F I** *sb* mof [= Duitser]; *jerry* **S** po(t); **II** *aj* Duits

jerry-building ['dʒeribildiŋ] revolutiebouw

jersey ['dʒəːzi] (wollen) sporttrui, trui; jersey; Jerseykoe

jessamine ['dʒesəmin] jasmijn

jest [dʒest] **I** *sb* kwinkslag, scherts, aardigheid, grap, mop; voorwerp *o* van spot; *in ~* schertsend; **II** *vi* schertsen, gekheid maken; **–er** spotvogel; (hof)nar

Jesuit ['dʒezjuit] jezuïet; *~s bark* kinabast; **–ical** [dʒezjuˈitikl] jezuïtisch

Jesus ['dʒiːzəs] Jezus

1 jet [dʒet] **I** *sb* (water)straal, fontein; guts; (gas)vlam, -bek, -pit; straalpijp [v. spuit]; sproeier [v. carburator]; gietbuis, -gat *o*; straalvliegtuig *o*; **II** *vi* & *vt* (uit)spuiten; per straalvliegtuig gaan of vervoeren

2 jet [dʒet] **I** *sb* git *o*; **II** *aj* gitten; **~-black** gitzwart

jet bomber ['dʒetbɔmə] straalbommenwerper; ~ **engine** straalmotor; ~ **fighter** straaljager; ~ **plane** straalvliegtuig *o*; **~-propelled** met straalaandrijving; ~ **propulsion** straalaandrijving

jetsam ['dʒetsəm] overboord geworpen lading, strandgoederen

jet set ['dʒetˈset] toonaangevende uitgaande wereld, jet set

jettison ['dʒetisn] **I** *sb* het overboord werpen van lading (brandstof) om schip of vliegtuig lichter te maken; **II** *vt* overboord werpen[2] [in nood]

1 jetty ['dʒeti] *aj* van git; gitzwart

2 jetty ['dʒeti] *sb* havenhoofd *o*, pier, steiger; **~-head** of van een havenhoofd

Jew [dʒuː] **I** *sb* jood; **II** *aj* joods, joden-; **~-baiting** jodenvervolging

jewel ['dʒuːəl] juweel[2] *o*, edelsteen, kleinood *o*; **jeweller** juwelier; **jewellery, jewelry** juwelen, kostbaarheden

Jewess ['dʒuis] jodin; **Jewish** joods; **Jewry** ['dʒuəri] Ⓦ jodenbuurt; jodendom *o*; **jew's-harp** mondtrom; kam met vloeipapier als muziekinstrument voor kinderen

jib [dʒib] **I** *sb* ⚓ kluiver; ✕ arm van een kraan; *the cut of his ~* **F** zijn facie *o* & *v*; **II** *vt* [het zeil] om-, doorhalen, overstag gaan; gijpen; **III** *vi* kopschuw worden[2]; niet willen; ~ *at* niet aandurven, niets moeten hebben van

jib-boom ['dʒibˈbuːm] ⚓ kluiverboom

jibe = *gibe*

jiff [dʒif], **jiffy** ['dʒifi] **F** ogenblikje *o*; *in a ~* **F** in een wip, een-twee-drie

jig [dʒig] **I** *sb* soort horlepijp of danswijsje *o* daarvoor; zeef [voor erts]; ✕ spangereedschap *o*,

mal; *the ~ is up* S het spelletje is uit; **II** *vi* (de horlepijp) dansen, op en neer wippen, hopsen; **III**
vt heen en weer bewegen (schudden); [erts] zeven; **jigger I** *sb* ertszeef, -zifter; ⚓ jigger(zeil *o*);
⚔ takel; ♂ bok; **II** *vt* in: *I'm ~ed if...* **F** ik ben een
boon als...;

jiggery-pokery ['dʒigəri'poukəri] **F** gekonkel *o*,
knoeierij

jiggle ['dʒigl] schudden, schokken, schommelen

jigsaw ['dʒigsɔ:] machinale figuurzaag; legkaart,
-puzzel (ook: ~ *puzzle*)

jilt [dʒilt] **I** *sb* kokette; **II** *vt* de bons geven

jiminy ['dʒimini] **F** jeetje!

jim-jams ['dʒimdʒæmz] *mv* **F** „de zenuwen",
kippevel *o*; delirium tremens

jingle ['dʒiŋgl] **I** (*vt &*) *vi* (laten) rinkelen; **II** *sb* gerinkel *o*; rijmklank, rijmpje *o*, RT reclamedeuntje
o

jingo ['dʒiŋgou] **I** *sb* jingo: (Engelse) chauvinist;
by ~! voor de drommel!; verdikkeme!; **II** *aj* jin-
goïstisch; **–ism** jingoïsme *o*

jitterbug ['dʒitəbʌg] **I** *sb* jitterbug [dans]; zenuwknoop, bangerik; **II** *vi* de jitterbug dansen

jitters ['dʒitəz] zenuwachtigheid, angst; *have the ~*
in de rats zitten; **jittery F** zenuwachtig

jiu-jitsu [dʒu:'dʒitsu:] jiu-jitsu

jive [dʒaiv] *Am* **S I** *sb* swing; **II** *vi* swingen, ♪
swing spelen

job [dʒɔb] **I** *sb* (aangenomen) werk *o*, taak, karwei[2], baan, baantje *o*; zaak, zaakje *o* [*spec* diefstal],
sjachelarij, knoeierij || por; *and a good ~ too!* en
maar goed ook!; *just the ~* net wat je moet hebben; *make a good ~ of it* het er goed afbrengen;
by the ~ als aangenomen werk; per stuk; *o n the
~* **F** (druk) bezig, er mee bezig, aan (onder) het
werk; **II** *aj* in: *a ~ lot* (een partij) ongeregelde
goederen; een rommelzootje *o*; ~ *work* aangenomen werk *o*; **III** *vt* uitvoeren [aangenomen
werk]; (ver)huren; handelen in || porren; ~ *sbd.
into a well-paid place* iem. een goed getaald
baantje bezorgen; *that job is ~bed!* klaar is Kees!;
IV *vi* op stukloon werken; karweitjes aannemen;
corruptie plegen, knoeien; ~ *backwards* S nakaarten; ~*bing gardener* tuinman in tijdelijke
dienst; **jobber** stukwerker; stalhouder; $ (effec-
ten)handelaar; hoekman; *fig* iem. die corrupt is,
zwendelaar, knoeier; **jobbery** knoeierij, geknoei *o*, corruptie; **jobless** werkloos, zonder
baan(tje); **–master** stalhouder

jockey ['dʒɔki] **I** *sb* jockey; **II** *vt* bedriegen; door
bedrog (slinkse streken) krijgen (tot *into*; van *out
of*); [iem.] wegwerken (uit *out of*); **III** *vi* knoeien;
manoeuvreren

jocose [dʒə'kous] grappig, schertsend; **–sity**
[dʒə'kɔsiti] grappigheid, scherts

jocular ['dʒɔkjulə] vrolijk, snaaks, schertsend;
–ity [dʒɔkju'læriti] grappigheid, scherts

jocund ['dʒɔ-, 'dʒoukənd] vrolijk, opgewekt;
–ity [dʒou'kʌnditi] vrolijkheid, opgewektheid

jodhpurs ['dʒɔdpuəz] soort rijbroek

jog [dʒɔg] **I** *vt* aanstoten, schudden, aanporren[2];
opfrissen [geheugen]; **II** *vi* horten, sjokken; *Am*
hollen [als trimoefening]; ~ *along* (*on*) voortsukkelen; *we must be ~ging* we moeten opstappen; **III**
sb duwtje *o*, por; sukkeldrafje *o*

joggle ['dʒɔgl] **I** *vt* schokken; || verbinden met een
vertanding; **II** *sb* duwtje *o* || vertanding

jog-trot ['dʒɔg'trɔt] sukkeldrafje *o*; *fig* routine,
sleur

John [dʒɔn] **I** Jan, Johannes; ~ *Bull* de Engelsman;
~ *Chinaman* de Chinees; ~ *Citizen* de burger; ~
Company Jan Compagnie; ~ *Doe* 🎭 denkbeeldige
beklaagde; *the j~* J de W.C.; **Johnnie, Johnny**
Jantje *o*; *j~* jochie, kerel, dandy; ~ *Raw* 🔱 re-
kruut; *fig* groen

join [dʒɔin] **I** *vt* verenigen, samenvoegen, verbinden (ook: ~ *up*); leggen (zetten) [bij of tegen];
paren aan; bijvoegen of toevoegen (aan *to*); zich
voegen (aansluiten) bij, zich verenigen met, toetreden tot, lid worden van, dienst nemen in, bij;
~ *forces* zich verenigen, samenwerken; ~ *hands*
de handen vouwen; elkaar de hand geven; *fig* de
handen ineenslaan; elkaar de hand reiken; *I cannot ~ you* ik kan niet van de partij zijn of niet komen; **II** *vi* zich verenigen of verbinden, (aaneen)sluiten; zich associëren; dienst nemen (ook:
~ *up*); ~ *i n* deelnemen aan [gesprek]; meedoen
(aan), meezingen &, ♪ invallen; ~ *in their prayers*
meebidden; ~ *w i t h him* zich bij hem (zijn zienswijze) aansluiten; **III** *sb* aaneenvoeging, verbinding; **–er** schrijnwerker, meubelmaker; *Am*
deelnemer aan het verenigingsleven; **–ery**
['dʒɔinəri] schrijnwerk *o*

joint [dʒɔint] **I** *sb* verbinding, voeg, las, naad; ge-
wricht *o*; gelid *o*, geleding; scharnier *o*; 🌿 knoop;
stuk *o* (vlees); *Am* **F** plaats, gelegenheid, huis *o*,
kroeg, kast, kit, keet, tent; S marihuana-, hasjiesjsigaret; S injectiestel *o* voor narcotica; *out of
~* uit het lid, ontwricht, uit de voegen; *put sbd.'s
nose out of ~* iem. de voet dwars zetten, iem. jaloers maken; **II** *vt* verenigen, ⚔ voegen, lassen;
verdelen [vlees]; **III** *aj* verbonden, verenigd, gezamenlijk; gemeenschappelijk; mede-; *on ~ account* voor gezamenlijke rekening; ~ *owner* medeëigenaar, ⚓ medereder; **~-heir** medeërfge-
naam

jointress ['dʒɔintris] 🎭 weduwe die vruchtgebruik heeft

joint-stock ['dʒɔintstɔk] maatschappelijk kapitaal *o*; ~ *company* maatschappij op aandelen; **~-
tenancy** gezamenlijk bezit *o*

jointure ['dʒɔintʃə] **I** *sb* vruchtgebruik *o* v.e. weduwe; **II** *vt* vruchtgebruik geven aan zijn weduwe

joist [dʒɔist] **I** *sb* dwarsbalk, bint *o*; **II** *vt* met dwarsbalken of binten beleggen

joke [dʒouk] **I** *sb* scherts, kwinkslag, grap, aardigheid, mop; bespottelijk iemand of iets; *it was beyond a* ~ het was geen gekheid; het was al te mal; *in* ~ voor de aardigheid, uit gekheid; *it is no* ~ het is geen aardigheid, het is ernst; het is geen gekheid (kleinigheid); **II** *vt* voor de gek houden of plagen; **III** *vi* schertsen, gekheid maken; *joking apart* alle gekheid op een stokje; **–r** grappenmaker; ◊ joker

jollification [dʒɔlifiˈkeiʃən] jool, pretje *o*; **jollify** [ˈdʒɔlifai] *vi* **F** pret maken; **II** *vt* opvrolijken; **jollity** jool, joligheid, vrolijkheid; **jolly I** *aj* vrolijk*, jolig, lollig; leuk; aardig; ,,aangeschoten"; *he must be a* ~ *fool to...* hij zou wel gek zijn als...; **II** *ad* < aardig, drommels; heel; ~ *well* ook: toch; **III** *vt* ~ *sbd. along* iem. met een zoet lijntje er toe krijgen; **~-boat** jol

jolt [dʒoult] **I** *vi* horten, stoten, schokken, schudden; **II** *vt* stoten, schokken, schudden; **III** *sb* hort, stoot, schok

Jonah [ˈdʒounə] Jonas²; onheilbrenger; pechvogel

Jonathan [ˈdʒɔnəθən] Jonathan; (*Brother*) ~ de Amerikaanse natie

jonquil [ˈdʒɔŋkwil] **I** *sb* 🌺 geurende gele narcis; **II** *aj* lichtgeel

jordan [ˈdʒɔːdn] **S** nachtspiegel, po

Jordanian [dʒɔːˈdeinjən] **I** *aj* Jordaans; **II** *sb* Jordaniër

jorum [ˈdʒɔːrəm] grote kom of beker

josh [dʒɔʃ] **F** voor de gek houden

joss [dʒɔs] Chinees afgodsbeeld *o*

josser [ˈdʒɔsə] **F** uilskuiken *o*; vent, kerel

joss-house [ˈdʒɔshaus] Chinese tempel; **~-stick** wierook-, offerstokje *o*

jostle [ˈdʒɔsl] **I** *vt* [met de elleboog] stoten, duwen; verdringen (ook: ~ *away*); **II** *vi* dringen, hossen; **II** *sb* duw, stoot; gedrang *o*; botsing

jot [dʒɔt] **I** *sb* jota; *not one* ~ *or tittle* geen zier; **II** *vt* opschrijven, aantekenen, noteren (ook: ~ *down*); **jotter** notitieboekje *o*; balpen; **jotting** notitie; **~-tablet** blocnote

jounce [dʒauns] **I** *vt* (dooreen) schudden; **II** *vi* schokken, geschud worden

journal [ˈdʒɔːnl] dagboek *o*, journaal *o*; (dag)blad *o*, tijdschrift *o*; 🪓 hals, tap; **–ese** [dʒɔːnəˈliːz] > krantestijl; **–ism** [ˈdʒɔːnəlizm] journalistiek; **–ist** journalist; **–istic** [dʒɔːnəˈlistik] journalistiek; **–ize** [ˈdʒɔːnəlaiz] in een dagboek optekenen; als journalist werken

journey [ˈdʒɔːni] **I** *sb* reis; rit, tocht; *go on a* ~ op reis gaan; **II** *vi* reizen; **–man** gezel, knecht; loonslaaf

joust [dʒaust] **I** *sb* steekspel *o*, to(e)rnooi² *o*; **II** *vi* een steekspel houden

Jove [dʒouv] Jupiter; *by* ~! **F** sakkerloot

jovial [ˈdʒouvjəl] vrolijk, opgewekt; **–ity** [dʒouviˈæliti] vrolijkheid, opgewektheid

jowl [dʒaul] wang, kaak; halskwab; krob; kop [v. vis]

joy [dʒɔi] **I** *sb* vreugde, blijdschap; *give* (*wish*) *sbd.* ~ iem. gelukwensen (met *of*); **II** *vi* ☉ zich verheugen, blij zijn; **III** *vt* ☉ verblijden; **~-bells** vreugdeklokken; **–ful** vreugdevol; blijde; verblijdend; **–less** vreugdeloos; **–ous** vreugdevol; blij, vrolijk; **~-ride F** *sb* plezierrit, -tochtje *o* in (weggenomen) auto &; **II** *vi* (zulk) een plezziertochtje maken; **–stick F I** knuppel, stuurstok

J.P. = *Justice of the Peace*

jubilant [ˈdʒuːbilənt] jubelend, juichend; opgetogen; *be* ~ *at* jubelen over; **jubilate** jubelen, juichen; **–tion** [dʒuːbiˈleiʃən] gejubel *o*, gejuich *o*; **jubilee** [ˈdʒuːbiliː] jubeljaar *o*, jubelfeest *o*; vijftigjarig jubileum *o*; *silver* ~ vijfentwintigjarig jubileum *o* of bestaan *o*

Judaic [dʒuːˈdeiik] joods; **Judaism** [ˈdʒuːdeiizm] jodendom *o*, joodse leer

Judas [ˈdʒuːdəs] Judas, *fig* judas, verrader

judge [dʒʌdʒ] **I** *sb* rechter; beoordelaar, kenner; [v. tentoonstelling &] jurylid *o*; *Judges* **B** (het boek) Richteren; **II** *vi* rechtspreken, oordelen (naar *by, from*), uitspraak doen (over, *of*); **II** *vt* uitspraak doen over, oordelen (ook: achten), beoordelen (naar *by*); schatten [waarde, afstand]; ~ **advocate** auditeur-militair

judg(e)ment [ˈdʒʌdʒmənt] oordeel *o*; vonnis *o*, godsgericht *o*; mening; (gezond) verstand *o*; *give* ~ uitspraak doen; *against one's better* ~ tegen beter weten in; *last* ~ laatste oordeel *o*; **Judgement Day** dag des (laatsten) oordeels; **judg(e)ment-seat** rechterstoel

judicature [ˈdʒuːdikətʃə] rechtspleging, justitie; gerechtshof *o*; rechterschap *o*; **judicial** [dʒuˈdiʃəl] rechterlijk, gerechtelijk, justitieel, rechters-; onpartijdig; **judiciary I** *aj* rechterlijk, gerechtelijk; **II** *sb* rechterlijke macht

judicious [dʒuˈdiʃəs] verstandig, oordeelkundig

judo [ˈdʒuːdou] judo *o*; **–ka** judoka

Judy [ˈdʒuːdi] de vrouw van ,,Punch" in het poppenspel; **S** meid, vrouw; *make a* ~ *of oneself* voor gek spelen

jug [dʒʌg] **I** *sb* kruik; kan, kannetje *o*; **S** gevangenis || nachtegaalsslag; **II** *vt* in de pot koken; **F** in de gevangenis zetten; **~ged hare** hazepeper; **III** *vi* slaan [v. nachtegaal]

Juggernaut [ˈdʒʌgənɔːt] Jaggernaut [(wagen met) Krisjnabeeld, waardoor men zich liet verpletteren]; *fig* moloch

juggins [ˈdʒʌginz] **F** sul, uilskuiken *o*, idioot

juggle [ˈdʒʌgl] **I** *vi* jongleren; goochelen; **II** *vt* jongleren met; goochelen met; ~ *away* weggoochelen; ~ *out of* aftroggelen; ~ *with* misleiden, bedriegen, vervalsen, manipuleren; **III** *sb* goocheltoer; bedriegerij; **–r** jongleur; goochelaar; bedrieger; **–ry** goochelarij, gegoochel *o*

jugular ['dʒʌgjulə] **I** *aj* hals-, keel-; **II** *sb* halsader; **–ate** de hals afsnijden; *fig* wurgen, smoren, de kop indrukken

juice [dʒuːs] sap *o*; F benzine; F ⚡ stroom; *step on the* ~ gas op de plank geven; **juicy** *aj* saprijk, sappig²

jujube ['dʒuːdʒub] jujube

juke box ['dʒuːkbɔks] jukebox [muziekautomaat]

julep ['dʒuːlep] verkoelende, zoete drank

July [dʒuˈlai] juli

jumble ['dʒʌmbl] **I** *vt* dooreengooien (ook: ~ *up*); ~ *together* ook: samenflansen; **II** *sb* mengelmoes *o* & *v*, warboel, rommel; soort koekje *o*; ~ **sale** liefdadigheidsbazaar van goedkope artikelen

jumbo ['dʒʌmbou] F olifant, hobbezak, reus

jump [dʒʌmp] **I** *vi* springen, opspringen (ook van verbazing of schrik); plotseling omhooggaan [v. prijzen]; overeenstemmen (met *with*); ~ *a b o u t* rondspringen; *fig* van de hak op de tak springen; ~ *a t an offer* (*a proposal*) met beide handen aangrijpen, gretig toehappen; ~ *d o w n one's throat* uitvaren tegen, aanvliegen; ~ *f o r joy* een gat in de lucht springen; ~ (*u p*) *o n* te lijf gaan; F uitvaren tegen; ~ *t o it* F iets aanpakken, „er tegenaan gaan"; ~ *to conclusions* haastige gevolgtrekkingen maken; S er vandoor gaan; ~ *w i t h* instemmen met; **II** *vt* laten of helpen springen, doen opspringen; springen over; vliegen uit [de rails]; overslaan; (voor de neus) wegkapen; ~ *the gun sp* het startschot niet afwachten; voorbarig zijn; ~ *the gun over sbd.* iem. vóór zijn; ~ *the lights* door het stoplicht rijden; ~ *the queue* zijn beurt niet afwachten; ~ *a train* in of uit een trein springen; S er tussenuit knijpen, met de noorderzon vertrekken; **III** *sb* sprong; opspringen *o* (van schrik); *sp* hindernis [rensport]; *get the* ~ S zenuwachtig worden; **–ed-up** *fig* omhooggekomen, poenig

jumper ['dʒʌmpə] springer; mijt, vlo; lid *o* van godsdienstige (inz. methodistische) sekte; ⚓ soort boezeroen, werkkiel; jumper; *Am* overgooier; ☒ boorijzer *o*; bus-, tramconducteur; **~s** speelbroek, kruippak

jumping-sheet ['dʒʌmpiŋʃiːt] springzeil *o*

jumpy ['dʒʌmpi] zenuwachtig, schrikachtig

junction ['dʒʌŋkʃən] vereniging, verbinding; verbindingspunt *o*, verenigingspunt *o*; knooppunt *o* [v. spoorwegen]; ~ *railway* verbindingsspoorweg; **juncture** verbinding; verbindingspunt *o*; voeg, naad; (kritiek) ogenblik *o*; samenloop van omstandigheden; *at this* ~ op dit (kritieke) ogenblik

June [dʒuːn] juni

jungle ['dʒʌŋgl] jungle², tropische wildernis, rimboe; **–ly** rimboeachtig

junior ['dʒuːnjə] **I** *aj* jonger, junior; jongst; lager; in of voor de lagere klassen; ~ *clerk* jongste bediende; ~ *school* basisschool [7–11 jaar in Eng.]; **II** *sb* jongere; *he is my* ~ hij is jonger dan ik; hij staat beneden mij in anciënniteit

juniper ['dʒuːnipə] jeneverbes

junk [dʒʌŋk] ⚓ jonk ‖ ⚓ oud kabel- en touwwerk *o*; ⚓ gepekeld vlees *o*; F (ouwe) rommel, oudroest *o*; *fig* nonsens ‖ *Am* S narcoticum *o*, narcotica

junket ['dʒʌŋkit] **I** *sb* dikke zure melk; kwark; fuif; smulpartij; uitstapje *o*; **II** *vi* fuiven; smullen; een uitstapje maken; een niet-noodzakelijke dienstreis maken

junkie ['dʒʌŋki] S verslaafde aan verdovende middelen

junk-shop ['dʒʌŋkʃɔp] uitdragerswinkel

junta ['dʒʌntə] junta [raad]; = *junto*

junto ['dʒʌntou] partij, factie, kliek

juridical [dʒuˈridikl] gerechtelijk, juridisch

jurisconsult ['dʒuəriskənsʌlt] rechtsgeleerde

jurisdiction [dʒuəris'dikʃən] rechtsgebied *o*; rechtsbevoegdheid; rechtspraak

jurisprudence [dʒuəris'pruːdəns] jurisprudentie, rechtsgeleerdheid; rechtsfilosofie

jurist ['dʒuərist] jurist, rechtsgeleerde; *Am* advocaat

juror ['dʒuərə] gezworene; jurylid *o*; **jury** gezworenen, jury; **~-box** bank der gezworenen; **–man** gezworene

jury-mast ['dʒuərimaːst] noodmast; **~-rigged** met noodtuig

1 just [dʒʌst] *aj* rechtvaardig, gerecht; verdiend, billijk; juist

2 just [dʒʌst] *ad* juist, even, (daar)net; precies; eens (even); (alleen) maar; gewoon(weg), zo maar, zonder meer, bepaald; ~! F werkelijk!, warempel!; ~ *fancy!* verbeeld je!; ~ *go and see* ga eens kijken; *you* ~ *don't...*, je... toch niet; ~ *a moment, please* een ogenblik(je)!; ~ *now* daarnet; op het ogenblik; ~ *over £ 300* iets meer dan £ 300; ~ *so!* precies!; ~ *then* (net)op dat ogenblik; ~ *what (who)...?* wat (wie)... eigenlijk?; *not* ~ *yet* nu niet; vooreerst niet; *it's* ~ *possible* het is niet onmogelijk; zie ook: 1 *that* **I**

justice ['dʒʌstis] gerechtigheid, rechtvaardigheid; recht *o* (en billijkheid); justitie; rechter [van het Hooggerechtshof]; ~ *of the peace* plaatselijke magistraat; *do* ~ *to* recht laten wedervaren; [een schotel] eer aandoen; *do oneself* ~ eer met ere afbrengen; *in* ~ van rechtswege, rechtens, billijkerwijze, billijkheidshalve; *bring to* ~ de gerechte straf doen ondergaan

justifiable ['dʒʌstifaiəbl] *aj* te rechtvaardigen, verantwoord, verdedigbaar; **–ly** *ad* terecht

justification [dʒʌstifiˈkeiʃən] rechtvaardiging, verdediging, verantwoording, wettiging; **–ive** [ˈdʒʌstifikeitiv], **–tory** rechtvaardigend; verdedigings-; bewijs-

justify [ˈdʒʌstifai] rechtvaardigen, verdedigen, verantwoorden, wettigen

jut [dʒʌt] **I** *sb* uitsteeksel *o*, uitstek *o*; **II** *vi* uitsteken, uitspringen (ook: ~ *out, forth*)

jute [dʒuːt] jute

juvenescence [dʒuːviˈnesns] jeugd; **–ent** verjongend

juvenile [ˈdʒuːvinail] **I** *aj* jeugdig; jong; voor (van) de jeugd; kinder-; ~ *lead* „jeune premier"; ~ *delinquency* jeugdcriminaliteit; **II** *sb* jeugdig persoon; jongeling; jeune premier; **–lity** [dʒuːviˈniliti] jeugdigheid

juxtapose [ˈdʒʌkstəpouz] naast elkaar plaatsen; **–sition** [dʒʌkstəpəˈziʃən] plaatsing naast elkaar

K

k [kei] (de letter) k
Kaffir ['kæfə] Kaffer; ~s ook: Zuidafrikaanse mijnbouwaandelen
kail, kale [keil] (boeren)kool; koolsoep
kaleidoscope [kə'laidəskoup] caleidoscoop; **–pic** [kəlaidə'skɔpik] caleidoscopisch
kangaroo [kæŋɡə'ru:] kangoeroe; ~ *court* [*Am*] illegale rechtbank
kaolin ['keiəlin] kaolien *o*, porseleinaarde
kapok ['keipɔk] kapok
karate [kə'ra:ti] karate *o*
karma ['ka:mə] (nood)lot
kart [ka:t] = *go-kart*
kayak ['kaiæk] kajak
K. B. = *Knight of the Bath*; *King's Bench*
keck [kek] kokhalzen (tegen *at*)
kedge [kedʒ] **I** *vt* ⚓ verhalen met behulp van een werpanker; **II** *sb* ~ (*anchor*) werp-, keganker
keel [ki:l] **I** *sb* ⚓ kiel, (kolen)schuit; *on an even* ~ in evenwicht; **II** *vi* & *vt* (doen) kantelen (ook: ~ *over*), kapseizen
keelhaul ['ki:lhɔ:l] kielhalen
keen [ki:n] *aj* scherp, vlijmend, hevig, intens, levendig, vurig, ijverig, hartstochtelijk, verwoed, vinnig; dol, fel, happig, gebrand (*op on*); (*as*) ~ *as mustard* vol vuur; **–ly** *ad* scherp &; ~ *alive to* ook: zeer gevoelig voor; ~**-set** = *sharp-set*; ~**-sighted** scherp van gezicht; ~**-witted** scherp(zinnig)
keep [ki:p] **I** *vt* houden, hoeden; behouden, tegen-, terug-, ophouden; behoeden, bewaren, bewaken, beschutten, verdedigen; er op nahouden, hebben (te koop); onderhouden; vieren; bijhouden [boeken]; zich houden aan; ~ *one's feet* op de been blijven; ~ *the party clean* **F** het fijn houden; ~ *sbd. waiting* iem. laten wachten; **II** *vi* zich (goed) houden, goed blijven [v. vruchten]; *it will* ~ ook: het kan wachten, er is geen haast bij; ~ *looking* (*running* &) blijven kijken (lopen &); ~ *in good health* gezond blijven; ● ~ *at it* ermee doorgaan; ermee bezighouden; ~ *at sbd.* (*sth.*) achter iem. (iets) heenzitten; ~ *away* afhouden; wegblijven; ~ *back* terughouden; achterhouden; zich op een afstand houden; ~ *down* bedwingen, in bedwang houden, niet laten opkomen; laag houden [prijzen]; ~ *from* afhouden van; zich onthouden van; onthouden; verborgen houden voor; behoeden (bewaren) voor; ~ *in* inhouden, in toom houden; binnenhouden, ⚲ schoolhouden; aanhouden [het vuur]; ~ *in with* op goede voet blijven met; ~ *off* afweren; (zich) op een afstand of zich van het lijf houden, afblij-

ven van; weg-, uitblijven; ~ *on* aan-, ophouden; ~ *on ...ing* doorgaan met, blijven...; ~ *on at* **F** zeuren; ~ *out* (er) buiten houden; (er) buiten blijven; ~ *out of the way* uit de weg blijven, zich op een afstand houden; ~ *to* (zich) houden aan; blijven bij; houden voor [zich(zelf)]; houden [rechts, links, de kamer &]; ~ (*oneself*) *to oneself* zich niet met anderen bemoeien; ~ *together* bijeenhouden of -blijven; ~ *under* niet laten opkomen; klein houden; onderdrukken, bedwingen; ~ *up* opblijven; ophouden, aan-, onderhouden [vriendschap, kennis], volhouden; levendig houden; handhaven; ~ *up appearances* de schijn bewaren; ~ *up one's courage* moed houden; ~ *it up* (de strijd) volhouden, het niet opgeven; ~ *up with* bijhouden, gelijke tred houden met, niet achterblijven bij, niet onderdoen voor; ~ *up with the Joneses* zijn stand ophouden; **III** *sb* bewaring, hoede; onderhoud *o*, kost; slottoren [als gevangenis]; *for* ~*s* **F** om te houden; voorgoed; **keeper** houder, bewaarder, conservator; bewaker, oppasser, opzichter; cipier; **B** hoeder; veiligheidsring; anker *o* [v. magneet]; ~ *of the records* archivaris; **keeping** bewaring, berusting, hoede; onderhoud *o*; overeenstemming; *in* (*out of*) ~ *with* (niet) strokend met
keepsake ['ki:pseik] herinnering, souvenir *o*
keg [keg] vaatje *o*
kelp [kelp] kelp; ⚲ zeewier *o*
kelpie ['kelpi] *Sc* watergeest
ken [ken] **I** *sb* gezichtskring, (geestelijke) horizon; (ge)zicht *o*; **II** *vt Sc* kennen, weten
kennel ['kenl] **I** *sb* (honde)hok *o*; kennel; t~oep [jachthonden], meute; hol *o*; krot *o* ‖ goot; **II** *vt* in een hok (hol) liggen of wonen; **III** *vt* in een hok opsluiten of houden
Kentish ['kentiʃ] van Kent
Kenyan ['ki:n-, 'kenjən] Keniaan(s)
kept [kept] V.T. & V.D. van *keep*; ~ *woman* maintenée; *a* ~ *press* een omgekochte pers
keratitis [kerə'taitis] hoornvliesontsteking
kerb [kə:b] trottoirband, stoeprand; **–stone** trottoirband
kerchief ['kə:tʃif] hoofddoek, halsdoek; ⊙ zakdoek
kerf [kə:f] kerf, zaagsnede
kermes ['kə:miz] kermes: schildluis; rode verfstof daarvan gemaakt
kernel ['kə:nl] korrel; pit^2, kern^2
kerosene ['kerəsi:n] gezuiverde petroleum, kerosine
kestrel ['kestrəl] torenvalk

ketch [ketʃ] kits [zeiljacht]

ketchup [ˈketʃəp] ketchup: pikante saus van tomaten &

kettle [ˈketl] ketel; *a pretty ~ of fish* een mooie boel; **–drum** keteltrom, pauk; **–drummer** paukenist

key [ki:] **I** *sb* sleutel²; code; ♪ toon(aard)²; toets, klep; ✗ wig, spie ‖ rif *o*; *be out of ~ with* niet harmoniëren met, niet passen bij; *have the ~ of the street* buitengesloten zijn; *turn the ~* afsluiten; *golden (silver) ~* steekpenning; **II** *aj* [v. industrie, positie &] sleutel-, voornaamste, hoofd-, essentieel, vitaal, onmisbaar; **III** *vt* spannen; ✗ vastzetten; *~ up* opschroeven², opdraaien², spannen²; *~ the strings* ♪ stemmen; *~ed instrument* ook: ♪ toetsinstrument *o*; **–board** klavier *o*, toetsenbord *o*; *~ instrument* ♪ toetsinstrument *o*; **–hole** sleutelgat *o*; **–less** zonder sleutel

Keynesian [ˈkeinziən] van (John Maynard) Keynes

keynote [ˈki:nout] ♪ grondtoon²; *the ~ of the organization is peace* de organisatie staat in het teken van de vrede; **key-ring** sleutelring; **–stone** sluitsteen², *fig* hoeksteen

khaki [ˈka:ki] kaki *o*

khan [ka:n] kan: gouverneur; vorst

kibbutz [kiˈbu:ts, *mv* **kibbutzim** kibut'sim] kibboets

kibe [kaib] winterhiel

kibosh [ˈkaibɔʃ] S onzin, verlakkerij; *put the ~ on him* hem zijn vet, de nekslag geven

kick [kik] **I** *sb* schop, trap; ✗ (terug)stoot; F fut, pit; S prikkel, sensatie ‖ ziel [v. fles]; *more ~s than halfpence* meer slaag dan eten; *get a ~ out of* S iets opwindends (verrukkelijks) vinden in; *get the ~* S zijn congé krijgen; **II** *vi* schoppen trappen (naar *at*); ✗ stoten; *fig* zich verzetten (tegen *at, against*); klagen; *~ against the pricks* B de verzenen tegen de prikkels slaan; *~ over the traces* uit de band springen; **III** *vt* (voort)schoppen, (weg)trappen; *~ it* S afkicken [v. drugs]; *~ the beam* omhooggaan [juk v. balans]; *fig* het afleggen; *~ one's heels* zie *cool* **III**; *~ shd. downstairs* iem. de trap af er uit gooien; *~ off* uit-, wegschoppen; *sp* de aftrap doen; *~ out* (er)uit trappen; *~ shd. upstairs* iem. wegwerken door promotie of verheffing in de adelstand; **–er** die schopt, trapper; slaand paard *o*; **~-off** *sp* aftrap

kickshaw [ˈkikʃɔ:] beuzelarij, wissewasje *o*; liflafje *o*

kick-starter [ˈkiksta:tə] trapstarter; **kick-up** opschudding, ruzie, rumoerig feestje *o*

kid [kid] **I** *sb* jonge geit, geitje *o*; geitele(d)er *o*, glacé *o* [leer], glacé *m* [handschoen]; F kind *o*, peuter, joch(ie) *o*, jongen, meisje *o*; S verlakkerij; **II** *vi* (geitjes) werpen; **III** *vt* F voor het lapje houden; F wat wijsmaken; *you must be ~ding* F dat

zou je niet zeggen, kom nou; *no ~ding* F echt waar; **kiddy** peuter, kleine; joch(ie) *o*

kid glove [ˈkidˈɡlʌv] **I** *sb* glacéhandschoen; **II** *aj* (half)zacht, verwekelijkt

kidnap [ˈkidnæp] kidnappen, ontvoeren; **kidnapper** kidnapper, ontvoerder

kidney [ˈkidni] nier; *of that ~* van dat slag (soort); *of the right ~* van de goede soort; **~-bean** bruine boon; slaboon; pronkboon; **~ machine** kunstnier

kill [kil] **I** *vt* doden²; slachten; vermoorden, *fig* te niet doen, onmogelijk maken, afmaken [een wet]; overstelpen [met vriendelijkheid &]; afzetten [motor]; *be ~ed* ook: sneuvelen; *~ off* afmaken, uitroeien; **II** *vi* & *va* (zich laten) slachten; doodslaan, doden; dodelijk zijn; *dance (dress) to ~* verrukkelijk, vreselijk chic; *a case of ~ or cure* erop of eronder; **III** *sb* doden *o* of afmaken *o*; gedood dier *o*, gedode dieren; dode prooi; *in at the ~ [fig]* aanwezig bij de uiteindelijke overwinning; zie ook: *killing*; **killer** doder; moordenaar; **killing I** *aj* dodelijk, moorddadig; F onweerstaanbaar; *be ~* onweerstaanbaar aardig, leuk & zijn; **II** *sb* doden *o*; slachting, doodslag, moord; **kill-joy** spelbederver; feestverstoorder

kiln [kil(n)] **I** *sb* kalk-, steenoven; **II** *vt* in een oven drogen; **~-dry** = *kiln* **II**

kilo [ˈki:lou] kilo(gram) *o*; **–cycle** kiloherz; **–gram(me)** [ˈkiləɡræm] kilogram *o*; **–litre** kiloliter; **–metre** kilometer; **–watt** kilowatt

kilt [kilt] **I** *vt* opnemen [v. kleren]; plisseren; *~ed* ook: het rokje der Schotse Hooglanders dragend; **II** *sb* rokje *o* der Schotse Hooglanders

kimono [kiˈmounou] kimono

kin [kin] **I** *sb* maagschap, verwantschap, geslacht *o*, familie; *next of ~* naaste bloedverwant(en); **II** *aj* verwant (aan *to*)

1 **kind** [kaind] *sb* soort, slag *o*, aard, variëteit; ✗ geslacht *o*; *I ~ of thought so* F dat dacht ik wel half en half, zo'n beetje; *~ of stunned* F als het ware, ietwat, zo'n beetje versuft; *receive (pay) in ~* in natura ontvangen (betalen); *repay in ~* met gelijke munt betalen; *two of a ~* twee van dezelfde soort; *...of a ~* zo'n soort...; *excellent of its ~* in zijn soort; *nothing of the ~!* volstrekt niet, niets daarvan!; *something of the ~* iets dergelijks

2 **kind** [kaind] *aj* vriendelijk, goed (voor *to*)

kindergarten [ˈkindəɡa:tn] bewaarschool, kleuterschool

kind-hearted [ˈkaindˈha:tid, + ˈkaindha:tid] goed(hartig).

kindle [ˈkindl] **I** *vt* ontsteken; aansteken, doen ontvlammen of ontbranden², verlichten; **II** *vi* vuur vatten, beginnen te gloeien (van *with*); geestdriftig (enthousiast) worden; *~ up* opvlammen; **kindling (wood)** aanmaakhout *o*

kindly [ˈkaindli] **I** *aj* vriendelijk, goed(aardig),

welwillend; **II** *ad* v. 2 *kind*; ~ *tell me..* wees zo goed mij te zeggen; *take* ~ *to* sympathiek gaan vinden; **kindness** vriendelijkheid, goedheid; (vrienden)dienst, vriendschap

kindred ['kindrid] **I** *sb* (bloed)verwantschap, familie; **II** *aj* (aan)verwant

⚲ **kine** [kain] koeien

kinema ['kinimə] = *cinema*

kinetic [kai'netik] kinetisch, bewegings-

kinetics [kai'netiks] bewegingsleer

king [kiŋ] **I** *sb* koning, vorst, heer; *sp* dam; ~*(-)of(-)arms* wapenkoning; ~ *of beasts* leeuw (koning der dieren); ~*'s evil* scrofula: t.b.c. der lymfeklieren; *K~'s Bench* afdeling v.h. *Br* Hooggerechtshof; *K~'s highway* openbare weg; *go to* ~ *sp* dam halen; **II** *vi* als koning heersen, domineren; **III** *vt* tot koning maken; **–bolt** ✗ hoofdbout, fuseepen; **–cup** boterbloem; dotterbloem; **–dom** koninkrijk *o*; rijk *o*; ~ *come* hiernamaals *o*; **–let** koninkje *o*; **–like** koninklijk; **–pin** de koning v.h. kegelspel; *fig* hoofdfiguur, leider; ✗ = *kingbolt;* **–ly** koninklijk; **–ship** koningschap *o*; ~**-size(d)** extra groot

kink [kiŋk] **I** *sb* slag, knik [in touw, draad, haar &], kink; kronkel (in de hersens); gril; **II** *vi* kinken; **–y** kronkelig; kroes; **F** excentriek

kinless ['kinlis] zonder familie of verwanten; **kinsfolk** familie(leden); **kinship** (bloed)verwantschap; **kinsman** bloedverwant; **–woman** bloedverwante

kiosk ['kiɔsk] kiosk

kip [kip] **I** *sb* **S** bed *o*; eenvoudig logement *o*‖ongelooide huid van jong dier; **II** *vi* **F** slapen, maffen

kipper ['kipə] **I** *sb* mannetjeszalm in of na de paaitijd; gezouten en gerookte haring; **S** man, kerel; **II** *vt* zouten en roken

kirk [kə:k] *Sc* kerk

⚲ **kirtle** ['kə:tl] rok; japon; buis *o*

kismet ['kismet, 'kizmet] noodlot *o*

kiss [kis] **I** *sb* kus, zoen; ऊ klots; suikergebak *o*; *blow (throw) a* ~ een kushand toewerpen; **II** *vt* kussen, zoenen; ऊ klotsen tegen; ~ *the book* de bijbel kussen [bij eed]; ~ *the dust* zich in het stof vernederen; gedood worden; ~ *the rod* gewee straf ondergaan; ~ *the ground* zich voor iemand vernederen; ~ *hands* met een handkus zijn ambt aanvaarden; ~ *one's hand to* een kushand toewerpen; ~ *away* afzoenen, wegkussen; **III** *vi* (elkaar) kussen, zich verzoenen (~ *and be friends*); ऊ klotsen; ~**-in-the-ring** soort van patertje-langs-de-kant *o*

kit [kit] **I** *sb* vaatje *o*; uitrusting; bagage; gereedschap *o*; gereedschapskist, -tas; ‖katje *o*; **II** *vt* uitrusten (ook: ~ *out,* ~ *up*); ~**-bag** ⚓ valies *o*

kitchen ['kitʃin] keuken; **–er** keukenfornuis *o*; keukenmeester; **–ette** [kitʃi'net] keukentje *o* [v.

flat]; ~ **garden** moestuin; ~**-maid** tweede keukenmeid; ~**-range** keukenfornuis *o*; ~**-sink** *aj* [toneel] dat de troosteloosheid van het dagelijks leven illustreert; ~**-utensils** keukengerei *o*; ~**-ware** keukengerei *o*

kite [kait] ✈ wouw, kiekendief; vlieger; *fig* „haai", schraper; **$** schoorsteenwissel; **S** ⚓ kist; zie ook: 2 *fly* **II**

kite-balloon ['kaitbəlu:n] kabelballon

kite-flying ['kaitflaiiŋ] vliegeren *o*; **F $** wisselruiterij

kith [kiθ] ~ *and kin* kennissen en verwanten

kitsch [kitʃ] kitsch.

kitten ['kitn] **I** *sb* ♀ katje[2] *o*; *have* ~*s* **F** erg opgewonden of angstig zijn; **II** *vi* jongen; **–ish** kat(ach)tig (speels)

kittle ['kitl] lastig, moeilijk

kitty ['kiti] poesje *o*; *sp* pot

kiwi ['ki:wi] ✈ kiwi; *Kiwi* **S** Nieuwzeelander; [lid *o* van] grondpersoneel *o* op een vliegveld

klaxon ['klæksn] claxon

kleptomania [kleptou'meinjə] kleptomanie; **–c** kleptomaan

knack [næk] slag, handigheid; talent *o*, kunst

knacker ['nækə] vilder; sloper; ~*s* **S** testikels

knag [næg] kwast, knoest; **knaggy** kwastig, knoestig

knap [næp] (*vt* &) *vi* (doen) knappen, breken, stuk slaan; [stenen] kloppen; **S** pikken, stelen

knapsack ['næpsæk] ransel, knapzak, rugzak

knar [na:] knoest, kwast

knave [neiv] schurk, schelm; ◊ boer; ⚲ jongen, knecht; **–ry** schurkerij; schelmenstreken; *a piece of* ~ een schurkenstreek; **knavish** schurkachtig, oneerlijk; ~ *trick* schurkenstreek

knead [ni:d] kneden; masseren; **–ing-trough** . bakkerstrog

knee [ni:] **I** *sb* knie; ✂ kniestuk *o*; ⚓ kromhout *o*; *gone a t the* ~*s* **F** tot op de draad versleten; *o n the* ~*s of the gods* nog onzeker; *go down on one's* ~*s* op de knieën vallen[2]; *(bring) them t o their* ~*s* ze op de knieën brengen; **II** *vt* met de knie aanraken; ✂ met een kniestuk bevestigen; [v. broek] uitzakken bij de knieën; ~**-breeches** kuit-, kniebroek; **–cap** kniebeschermer; knieschijf; ~**-deep** tot aan de knieën (reikend); ~**-high** kniehoog, op kniehoogte; ~**-hole** voetruimte [onder bureau]; ~**-joint** kniegewricht *o*

kneel [ni:l] knielen (voor *to*)

knee-pan ['ni:pæn] knieschijf

knell [nel] **I** *sb* doodsklok[2]; **II** *vi* de doodsklok luiden

knelt [nelt] V.T. & V.D. van *kneel*

knew [nju:] V.T. van *know*

Knickerbocker ['nikəbɔkə] New Yorker (afstammeling van Hollandse kolonisten); *k~s* wijde kniebroek

knickers ['nikəz] F = *knickerbockers*; dire<ctoire
knick-knack ['niknæk] snuisterij
knife [naif, *mv* **knives** naivz] I *sb* mes *o*; *before you can say* ~ binnen de kortste keren; *have one's* ~ *into sbd.* op iem. zitten te hakken, iem. (ongenadig) te pakken hebben; *to the* ~ zie *war* I; II *vt* (door)steken; ~**-board** slijpplank; ~**-edge** scherp *o* van de snede [v. mes]; ~**-grinder** scharenslijper; ~**-rest** messelegger; ~**-sharpener** messeaanzetter
knight [nait] I *sb* ridder[2]; *sp* paard *o* [v. schaakspel]; ~ *of Malta* Maltezer ridder; ~ *of the road* struikrover; handelsreiziger; ~ *of the rueful countenance* ridder van de droevige figuur; II *vt* tot ridder slaan; in de adelstand verheffen, *knight* maken; ~**-age** ['naitidʒ] ridderschap; adelboek *o* (van de *knights*); ~ **errant** dolende ridder; ~**head** ⚓ boegstuk *o*; ~**hood** ridderschap *o* [waardigheid], ridderschap *v* [verzamelnaam]; titel van ridder; ~**ly** ridderlijk, ridder-
knit [nit] *vt* breien, knopen (ver)binden, samenvlechten, verenigen; ~ *one's brows* de wenkbrauwen fronsen; ~ *up* samenknopen; verbinden; II *vi* breien; zich verenigen; zich samentrekken [v. wenkbrauwen]; III V.T. & V.D. van ~; *closely* ~ hecht [v. organisatie &]; **knitter** brei(st)er; breimachine; **knitting** breien *o*; breiwerk *o*; ~**-needle** breinaald; **knitwear** gebreide goederen
knob [nɔb] knobbel, knop [v. deur of stok], klontje *o*, brokje *o*; S hoofd *o* (meestal *nob*); *with* ~*s on* F en hoe!; **knobb(l)y** knobbelig
knobkerrie ['nɔbkeri] ZA knuppel, knots
knobstick ['nɔbstik] (knoestige) knuppel; S onderkruiper (bij staking)
knock [nɔk] I *vi* slaan, (aan)kloppen, stoten, botsen; 𝄌 ratelen, kloppen [v. motor]; II *vt* slaan, kloppen, stoten; S bekritiseren, afkammen; ~ *cold* vellen; *fig* bewusteloos slaan; ~ *wood* [iets] afkloppen; ~ *a b o u t* F ruw behandelen, toetakelen; F rondzwerven; ~ *a g a i n s t* botsen tegen; toevallig tegenkomen; ~ *a t* kloppen op; ~ *b a c k* S naar binnen slaan [drank]; ~ *d o w n* neerslaan, -vellen, tegen de grond gooien; aanrijden; verslaan; toewijzen [op veiling]; afslaan; verlagen [prijs]; uit elkaar nemen; doen omvallen (van verbazing &); *you could have* ~*ed me down with a feather* ik stond er paf van; ~ *i n t o a cocked hat* (~ *spots off*) in elkaar slaan, vernietigen; ~ *sth. into sbd.* iem. iets inhameren; ~ *sbd. into the middle of next week* afranselen; ~ *o f f* afslaan; er af doen [v. d. prijs]; F vlug afmaken; klaarspelen; afnokken: ophouden of uitscheiden met werken (ook: ~ *off work*); S stelen; ~ *off Latin verses* uit zijn mouw schudden; ~ *o n the head* [*fig*] de nekslag geven; de kop indrukken, bewusteloos slaan; doodslaan; ~ *o u t* (er) uitslaan, uitkloppen; „knock-out" slaan [bij boksen]; verslaan,

het winnen van, buiten gevecht stellen;' ~ *the bottom out of* krachteloos maken, te niet doen; onthullen [geheim]; $ de klad brengen in; ~ *o v e r* omverslaan, omgooien; *be* ~*ed over* overreden worden; *fig* kapot van iets zijn; ~ *t o g e t h e r* in elkaar of samenflansen; ~ *u n d e r* zich gewonnen geven; ~ *u p* in de hoogte slaan; opkloppen, wekken; (inderhaast) arrangeren of improviseren; uitputten; S zwanger maken; ~*ed up* (dood)op; III *sb* slag, klap, klop, geklop *o*; *there is a* ~ (*at the door*) er wordt geklopt; *give a double* ~ tweemaal kloppen; ~**-about** I *sb* lawaaiscène of -acteur; II *aj* daags [v. kleren]; lawaaierig; zwervend, ongeregeld [leven]; ~**-down** I *aj* ~ *argument* dooddoener; ~ *price* minimumprijs; II *sb* neervellende slag[2] of tijding, verrassing waar men paf van staat; ~**er** klopper[2]; ~**-knees** x-benen; ~**-out** *sp* bewusteloos slaan of [bij boksen]; genadeslag; F iets of iemand waar je paf van staat
knoll [noul] heuveltje *o*
knot [nɔt] I *sb* knoop°; *fig* moeilijkheid, complicatie; strik, strikje *o*; *fig* band; knobbel; knoest, kwast; knot, knoedel, dot; klompje *o* (mensen), groep, groepje *o*; *cut the* ~ de knoop doorhakken; *tie oneself in* ~*s* zich in bochten wringen; II *vt* knopen; verbinden; verwikkelen; III *vi* knopen vormen; in de knoop raken; **knotted** knoestig, kwastig; knobbelig; met knopen; **knotty** = *knotted*; *fig* netelig, lastig, ingewikkeld
knout [naut] I *sb* knoet; II *vt* (met) de knoet geven
know [nou] I *vt* kennen, (soms: kunnen); herkennen; weten, verstaan; (kunnen) onderscheiden; leren kennen; ervaren, ondervinden, merken, zien; *not if I* ~ *it!* ik ben er ook nog!, daar komt niets van in!; ~ *what's what*, ~ *a thing or two* het een en ander weten, niet van gisteren zijn; *before you* ~ *where you are* voor je 't weet, in een handomdraai; ~ *one from the other*, ~ *which is which* ze uit elkaar kennen; II *vi* & *va* weten; *it's great, you* ~ fijn, weet je; *do* (*don't*) *you* ~? F niet waar?; *I* ~ *better* (*than that*) ik weet wel beter, ik kijk wel uit!; *I should have* ~*n better* ik had wijzer moeten zijn; *they* ~ *better than to...* zij zullen zich wel wachten om te...; *there is no* ~*ing...* men kan niet weten; ~ *about the matter* van de zaak af weten; ~ *about pictures* verstand hebben van schilderijen; ~ *of* (af)weten van; *not that I* ~ *of* F niet dat ik weet; III *sb be in the* ~ F er alles van weten, op de hoogte zijn; ~**able** te weten, te kennen, (her-) kenbaar; ~**-all** weetal; ~**-how** praktische kennis, (technische) kennis; ~**-ing** *aj* schrander; geslepen, slim; ~**-ingly** *ad* bewust, willenc en wetens, met opzet; zie verder *knowing*.
knowledge ['nɔlidʒ] kennis, kunde, geleerdheid; (mede)weten *o*, wetenschap (van iets), voorkennis; *it is common* ~ het is algemeen bekend; *they...*

out of all ~ zo... dat men ze (haast) niet meer kent (kende); *to (the best of) my* ~ voor zover ik weet; voor zover mij bekend; **–able** F kundig, knap; goed ingelicht of op de hoogte

known [noun] V.D. van *know*; (wel)bekend

know-nothing ['noun˄θiŋ] weet-niet

knuckle ['n˄kl] **I** *sb* knokkel; schenkel; [varkens] kluif; boksbeugel; *near the* ~ gewaagd, nogal schuin [mop]; *rap on (over) the* ~*s* ernstige berisping; **II** *vi* ~ *down to* ploeteren op, toegeven aan; ~ *under* zich gewonnen geven, door de knieën gaan (voor *to*); **–bone** knokkel; bikkel; **–duster** boksbeugel

knur [nɔː] knoest; *sp* houten bal of kogel

k.o. = *knock(ed) out*

kohlrabi ['koul'raːbi] koolrabi, raapkool

kooky ['kuːki] F excentriek

kopeck ['koupek] kopeke

Korean [kə'riən] Koreaan(s)

kosher ['kouʃə] kousjer, (ritueel) zuiver[2]

ko(w)tow ['kau'tau] **I** *sb* buiging tot op de grond; *fig* flikflooierij; **II** *vi* tot op de grond buigen (voor *to*); ~ *to* ook: flikflooien

kudos ['kjuːdɔs] F roem, eer

L

l [el] (de letter) l; **L** = 50 [als Romeins cijfer]
la [la:] ♪ la
lab [læb] **F** lab (= laboratorium) *o*
label ['leibl] **I** *sb* etiket[2] *o*, label, strook; *fig* benaming; **II** *vt* etiketteren, de label(s) hechten aan, labelen; *fig* noemen (ook: ~ *as*)
labial ['leibiəl] **I** *aj* lip-, labiaal; **II** *sb* labiaal: lipklank; **labiate** ['leibiit] lipbloemig(e plant)
labile ['leibil] labiel; veranderlijk
laboratory [lə'bɔrətəri, 'læbərətəri] laboratorium *o*; ~ *animal* proefdier *o*; ~ *worker* laborant
laborious [lə'bɔ:riəs] werkzaam, arbeidzaam; moeizaam, zwaar, moeilijk
labour ['leibə] **I** *sb* arbeid, werk *o*; moeite; taak; de werkkrachten of arbeiders; werkende klassen; weeën (bij bevalling); *be in* ~ aan het bevallen (zijn); stampen *o* [v. schip]; *Labour* de (Engelse) arbeiderspartij; *a* ~ *of love* een prettige taak; *hard* ~ dwangarbeid; *lost* ~ vergeefse moeite; *in* ~ in barensnood, barend; **II** *vi* arbeiden, werken [ook: v. schip], zich moeite geven; weeën hebben; ~ *along* zich met moeite voortslepen; ~ *through* zich erdoorheen slaan, met moeite doorheen werken; ~ *under* kampen met; ~ *under a mistake* in dwaling verkeren; **III** *vt* uitgebreid bespreken; bewerken; ~ *a point* uitvoerig op een (twist)punt ingaan; (nader) uitwerken; **–ed** bewerkt; moeilijk [v. ademhaling]; gekunsteld, niet spontaan; **–er** arbeider, werkman
Labourite ['leibərait] lid *o* van de *Labour Party*; **Labour Party** *Br* de socialistische partij
labour-saving ['leibəseiviŋ] arbeidbesparend
laburnum [lə'bə:nəm] goudenregen
labyrinth ['læbərinθ] labyrint *o*, doolhof˚; **–ine** [læbi'rinθain] verward, ingewikkeld (als een doolhof), labyrintisch
lac [læk] 1 lak *o* & *m*; 2 = *lakh*
lace [leis] **I** *sb* veter; galon *o* & *m*, passement *o*; kant; vitrage; **II** *vt* (vast)rijgen, snoeren; galonneren; versieren [met kant]; *coffee ~d with cognac* met een scheutje cognac; *a story ~d with jokes* verhaal *o* doorspekt met grapjes; ~ *up* vastrijgen; **III** *vi* zich laten rijgen; zich inrijgen (ook: ~ *in*); ~ *into sbd.* **F** iem. afrossen; **IV** *aj* kanten
lacerate ['læsəreit] scheuren, verscheuren˚; **–tion** [læsə'reiʃən] (ver)scheuring
lace-up ['leis'ʌp] **I** *aj* rijg-; **II** *sb* ~*s* **F** rijglaarzen
laches ['lætʃiz] *rt* laksheid, nalatigheid; onachtzaamheid
lachrymal ['lækriməl] traan-; **–atory** tranenverwekkend; **lachrymose** vol tranen; huilerig
lacing ['leisiŋ] veter, boordsel *o*; scheutje *o* sterke drank (in koffie &); **F** afrossing
lack [læk] **I** *sb* gebrek *o*, gemis *o*, behoefte, te kort *o* (aan *of*), schaarste; *for* ~ *of* bij gebrek aan; *no* ~ *of* genoeg van; **II** *vt* gebrek of een tekort hebben aan; *he* ~*s courage* het ontbreekt hem aan moed; **III** *vi be* ~*ing* ontbreken; *he is* ~*ing in...* het ontbreekt hem aan..., hij schiet te kort in...
lackadaisical [lækə'deizikl] gemaakt treurig, sentimenteel doend, lusteloos
lackey ['læki] **I** *sb* lakei; **II** *vi* als lakei dienen, de lakei spelen (voor *to*)
lacking ['lækiŋ] **F** zwakzinnig, dom
lacklustre ['læklʌstə] glansloos, dof
laconic [lə'kɔnik] laconiek; kort en bondig; **laconism** ['lækənizm] laconisme *o*, bondigheid; kort en bondig gezegde *o*
lacquer ['lækə] **I** *sb* lak *o* & *m*, lakwerk *o*, vernis *o* & *m*; **II** *vt* (ver)lakken, vernissen
lacrosse [lə'krɔs] een Canadees balspel
lactation [læk'teiʃən] melkafscheiding; **lacteal** ['læktiəl] melk-; **lactic** ['læktik] melk-
lacuna [lə'kju:nə, *mv* **lacunae** lə'kju:ni:] leemte, gaping, hiaat, *o* lacune
lacustrine [lə'kʌstrain] meer-; ~ *habitations* paalwoningen
lacy ['leisi] als (van) kant; kanten
lad [læd] knaap; jongen˚; jongeman; **F** „vlotte jongen"
ladder ['lædə] **I** *sb* ladder[2]; **II** *vi* ladderen [v. kous]
laddie, laddy ['lædi] *Sc* knaap, jongen
lade [leid] laden, beladen[2]; **laden** V.D. van *lade*
la-di-da ['la:di'da:] **I** *aj* aanstellerig, geblaseerd, gemaakt deftig doend; **II** *sb* kouwe drukte
ladified = *ladyfied*
lading ['leidiŋ] lading
ladle ['leidl] **I** *sb* pollepel, soeplepel, scheplepel; schoep [v. molenrad]; **II** *vt* opscheppen; ~ *out* uitscheppen, oplepelen[2]; met kwistige hand uitdelen; **–ful** lepel(vol)
lady ['leidi] dame[2], vrouw (des huizes), 'mevrouw' [v. dienstbode]; Vrouwe, **F** vrouw (in 't algemeen); echtgenote, beminde, geliefde; lady: echte dame & titel van de vrouw van een *knight* of *baronet*, of de dochter van een graaf, markies of hertog; ♠ merrie; wijfje *o*; teef; in samenst. = -ster, -es; ~ *of the bedchamber, in waiting* hofdame; *the (my) old* ~ moeder de vrouw; *your (good)* ~ mevrouw [uw vrouw]; *Lady Bountiful* weldoenster; *Our Lady* Onze-Lieve-Vrouw; *Our Sovereign L*~ onze landsvrouwe; *Ladies*(') (openbaar) damestoilet *o*; *Lady-altar rk* Maria-altaar *o* & *m*; **ladybird** lieveheersbeestje *o*; **–bug** *Am* lieve-

heersbeestje *o*; **Lady chapel** *rk* Mariakapel; **lady-dog** teef; –**fied** als (van) een dame; ~ **help** hulp in de huishouding;~-**in**-**waiting** hofdame; ~-**killer** adonis, Don Juan; –**like** als (van) een dame; ~-**love** liefste, geliefde; –**ship** ladyschap *o*, lady's titel; *her* (*your*) ~ mevrouw (de gravin &)

1 **lag** [læg] I *vi* achteraankomen, achterblijven; *not* ~ *behind* niet achterblijven (bij); II *vt* S in de gevangenis stoppen; arresteren; III *sb* achterblijven *o* ‖ F (ontslagen) gedeporteerde, tuchthuisboef; *an old* ~ een bajesklant

2 **lag** [læg] *vt* bekleden; II *sb* bekleding

lager ['la:gə] lagerbier *o*

laggard ['lægəd] I *sb* talmer, achterblijver; II *aj* achterblijvend, traag, treuzelig

lagging ['lægiŋ] isolatiemateriaal *o* ‖ getalm *o*, geaarzel *o*

lagoon [lə'gu:n] lagune, haf

laic ['leiik] I *aj* leken-; II *sb* leek; **laicization** [leiisai'zeiʃən] secularisatie; **laicize** ['leiisaiz] seculariseren

laid [leid] V.T. & V.D. v. 3 *lay*; ~ *paper* geribd papier *o*; ~ *up* door ziekte in bed

lain [lein] V.D. v. 2 *lie*

lair [lɛə] I *sb* hol² *o*, leger *o* [v. dier]; II *vt* & *vi* legeren

laird [lɛəd] *Sc* (land)heer

laity ['leiiti] lekendom *o*; leken

lake [leik] meer *o*; *artificial* ~, *ornamental* ~ vijver; ‖ (rode) lakverf; *Lake Superior* het Bovenmeer; ~-**dweller** paalbewoner; ~-**dwelling** paalwoning; –**land** *the* ~ het merendistrict; –**let** meertje *o*; ~-**village** paaldorp *o*

lakh [læk] *IP* honderdduizend (rupees)

lam [læm] F afransel en

lamasery ['la:məsəri] lamaklooster *o*

lamb [læm] I *sb* lam² *o*; lamsvlees *o*; *fig* F lieve kind *o*; II *vi* lammeren, werpen

lambast(e) [læm'beist] F ervan langs geven; afransel en

lambent ['læmbənt] lekkend, spelend [v. vlammen], glinsterend, tintelend

lambkin ['læmkin] lammetje² *o*; **lamblike** (zacht) als een lam; **lambskin** lamsvel *o*

lame [leim] I *aj* mank, kreupel², gebrekkig; armzalig, onbevredigend [excuus]; ~ *of* (*in*) *a leg* mank aan één been; II *vt* mank (kreupel) maken; verlammen, met lamheid slaan

lamella [lə'melə] lamel, plaatje *o*

lament [lə'ment] I *sb* jammer-, weeklacht; II *vi* (wee)klagen, jammeren, lamenteren; III *vt* bejammeren, betreuren, bewenen; *the late* ~*ed*... ...zaliger, wijlen...; –**able** ['læməntəbl] *aj* beklagens-, betreurenswaardig; jammerlijk; F minderwaardig; –**ation** [læmen'teiʃən] weeklacht, jammerklacht, gejammer *o*; klaaglied *o*

lamina ['læminə, *mv* –**nae** -ni:] dunne plaat; laag; blad *o*

laminate ['læmineit] pletten; in lagen afdelen; met platen beleggen, lamineren

Lammas ['læməs] St.-Pieter [1 augustus]

lamming ['læmiŋ] F pak *o* slaag

lamp [læmp] lamp; lantaarn; *fig* licht, toorts [der wetenschap]; *smell of the* ~ naar de noeste (meestal nachtelijke) arbeid 'ruiken'; –**black** lampzwart *o*; ~-**chimney** lampeglas *o*

lampion ['læmpiən] vetpotje *o* met gekleurd glas

lamplighter ['læmplaitə] lantaarnopsteker

lampoon [læm'pu:n] I *sb* schotschrift *o*; pamflet *o*; II *vt* (in schotschriften) hekelen; –**ist** pamfletschrijver

lamp-post ['læmppoust] lantaarn(paal) **lampshade** lampekap

Lancastrian [læŋ'kæstriən] 1 ⚮ (aanhanger) van Lancaster [in de Rozenoorlog]; 2 (inwoner) van Lancashire

lance [la:ns] I *sb* lans; speer; *break a* ~ *with* discussiëren met; *break a* ~ *for* een lans breken voor; II *vt* (met een lans) doorsteken; (met een lancet) doórsteken of openen; ⊙ werpen; ~-**corporal** soldaat eerste klasse

lanceolate ['la:nsiəlit] lancetvormig

lancer ['la:nsə] lansier; *the* ~*s* de 'lanciers' [dans]

lancet ['la:nsit] lancet *o*

lancinating ['la:nsineitiŋ] snijdend, stekend [v. pijn]

land [lænd] I *sb* land˙ *o*, landerijen; platteland *o*; grond, bodem; *make* ~ land zien of bereiken; *see how the* ~ *lies* poolshoogte nemen; *b y* ~ over land; te land; *on* ~ aan land, aan (de) wal; te land; II *als aj* in: ~ *reform* agrarische hervorming; ~ *hemisphere* noordelijk halfrond; III *vt* (doen) landen, doen belanden, aan land zetten, aan land brengen of halen, lossen [goederen], afzetten [uit voertuig]; *fig* brengen [in moeilijkheden]; F opstrijken, krijgen; ~ *him one i n the eye* F hem een klap op z'n oog geven; ~ *him with* F hem opknappen met; IV *vi* (aan-, be)landen; neerkomen, terechtkomen; *sp* aankomen [bij einddoel]; ~ *on one's feet* [*fig*] geluk hebben; ~-**agent** rentmeester; makelaar in landerijen & **landau** ['lændɔ:] landauer

landbank ['lændbæŋk] grondkredietbank; **landed** uit landerijen bestaande; landerijen bezittende, grond-; F in moeilijkheden; *the* ~ *interest* de grondbezitters; ~ *property*, *estate* grondbezit *o*; *the* ~ *proprietary* de grondbezitters; ~ *proprietor* grondbezitter; **landfall** *make a* ~ land in zicht krijgen; *make* (*a*) ~ *on an island* voor het eerst voet aan wal zetten op een eiland; ~ **force(s)** landmacht; –**holder** grondbezitter; meestal: pachter

landing ['lændiŋ] landing; lossing; vangst; landingsplaats, losplaats; (trap)portaal *o*, overloop; **~-charges** lossingskosten; **~-craft** landingsvaartuig *o*, landingsvaartuigen; **~-gear** ⚓ landingsgestel *o*, onderstel *o*; **~-net** schepnet *o*; **~-party** landingsdetachement *o*; **~-stage** aanlegsteiger; kade

landjobber ['lænddʒɔbə] speculant in landerijen; **–lady** hospita, kostjuffrouw; herbergierster, waardin; **~-locked** door land ingesloten; **–lord** huisbaas, -eigenaar; hospes, kostbaas; herbergier, waard, kastelein; **–lubber** landrot; **–mark** grenspaal; ⚓ baken *o*, landmerk *o*; (bekend) punt *o*; *fig* mijlpaal, keerpunt *o* [op levensweg &]; **~-mine** landmijn; **–owner** grondbezitter; **–rover** landrover [soort terreinjeep]; **–scape** landschap *o*; **~** *gardener* tuinarchitect; **~** *gardening* tuinarchitectuur; **–scapist** landschapschilder

landslide ['lændslaid] bergstorting, aardverschuiving; *fig* overweldigende verkiezingsoverwinning; **–slip** kleine aardverschuiving; **–sman** landbewoner, landrot; **~-surveying** landmeting; **~-surveyor** landmeter; **~-swell** zware deining vlak bij de kust; **~-tax** grondbelasting; **–ward(s)** landwaarts

lane [lein] landweg [tussen heggen]; nauwe straat, steeg; doorgang [tussen rijen mensen], pad *o*, haag [v. personen]; (rij)strook; *sp* baan; ⚓ vaarweg, -geul; ⚓ & ✈ route; *four-~ highway* vierbaansweg

language ['læŋgwidʒ] taal, spraak; scheldwoorden; *use* (*bad*) **~** vloeken, schelden; **~ laboratory** talenpracticum *o*

languid ['læŋgwid] mat, slap, loom, lusteloos, flauw, smachtend

languish ['læŋgwiʃ] verflauwen; weg-, (ver-) kwijnen, (ver)smachten (naar *for*)

languor ['læŋgə] kwijning; matheid, loomheid; **–ous** kwijnend, smachtend; mat, loom

lank [læŋk] slap; lang en mager; sluik [v. haar]; **–y** lang (en mager of slungelachtig)

lantern ['læntən] lantaarn; lichtkamer [v. vuurtoren]; *Chinese* **~** lampion; *dark* **~** dievenlantaarn; *magic* **~** toverlantaarn; **~-slide** toverlantaarnplaatje *o*

lanyard ['lænjəd] ⚓ taliereep; riem; koord *o*

lap [læp] **I** *sb* schoot; pand [v. kledingstuk]; (oor)lel; ✂ (over)lap; slijpschijf; *sp* ronde [bij baanwedstrijd]; **~** *of honour* ererondje *o* ‖ slobber; slorp; gekabbel *o*; **II** *vt* ✂ over... heen leggen of vouwen; (om)wikkelen; *sp* 'lappen' ‖ (meestal **~** *up*) (op)leppen, opslorpen; **F** gulzig drinken; *fig* gretig in zich opnemen; *~ped in luxury* badend in weelde; **~** *up* **F** *fig* smullen van, dol zijn op; **III** *vi* slorpen; klotsen, kabbelen; **~-dog** schoothondje *o*

lapel [lə'pel] lapel [v. jas]

lapful ['læpful] schootvol

lapidary ['læpidəri] **I** *aj* lapidair; **II** *sb* steensnijder

lapis lazuli [læpis'læzjulai] lapis lazuli, lazuursteen, lazuur *o*

lapjoint ['læpdʒɔint] overlappende verbinding

Lapp [læp] **I** *sb* Lap(lander); **II** *aj* Laplands

lappet ['læpit] slip; lapel; (oor)lel

Lappish ['læpiʃ] Laplands

lapse [læps] **I** *sb* val, loop, verval *o*, verloop *o*, vervallen *o*, afval(ligheid); afdwaling, misslag, fout, vergissing, lapsus; **II** *vi* verlopen (ver)vallen°, afvallen, afdwalen

lapwing ['læpwiŋ] kievit

larboard ['la:bəd] bakboord

larceny ['la:səni] ⚖ diefstal

larch [la:tʃ] lorkeboom, lariks; lorkehout *o*

lard [la:d] **I** *sb* reuzel; **II** *vt* larderen, doorspekken (met *with*); **–er** provisiekamer, -kast

lares ['lɛəri:z] laren: huisgoden

large [la:dʒ] *aj* groot°, ruim²; breed, veelomvattend; royaal; verstrekkend; **~** *of limb* grofgebouwd; *at* **~** breedvoerig; vrij, op vrije voeten; in (over) het algemeen; in het wilde weg; in algemene dienst [v. ambassadeur &]; *gentleman at* **~** heer zonder beroep, rentenier; *the public at* **~** het grote publiek; *in* **~** in het groot; **~-handed** royaal, mild; **~-hearted** groothartig, edelmoedig; **~-limbed** grofgebouwd; **–ly** *ad* in grote (ruime, hoge) mate, ruimschoots; grotendeels; **~-minded** breed van opvatting, ruim van blik; **–ness** grootte; onbekrompenheid; **~** *of mind* ruime denkwijze, brede blik; **~-scale** op grote schaal, grootscheeps, groot

largess(e) ['la:dʒes] 1 geschenk *o*; 2 mildheid

largish ['la:dʒiʃ] vrij groot

lariat ['læriət] lasso; touw *o* om paard & vast te binden

lark [la:k] **I** *sb* leeuwerik ‖ **F** pret, pretje *o*; grap, lolletje *o*; **II** *vi* **F** lol maken; **–y** **F** uit op een pretje, jolig, lollig

larrikin ['lærikin] *Austr* straatschender; boefje *o*

larrup ['lærəp] **F** afranselen

larva ['la:və, *mv* **–vae** -vi:] larve; **larval** larve-

laryngeal [lə'rindʒiəl] van het strottehoofd; **–gitis** [lærin'dʒaitis] laryngitis: strottehoofdontsteking; **–gologist** [lærin'gɔlədʒist] keel-, neus- en oorarts; **larynx** ['læriŋks] larynx: strottehoofd *o*

lascivious [lə'siviəs] wellustig, wulps, libertijns

laser ['leizə] laser

lash [læʃ] **I** *sb* zweepkoord *o*; slag, zweepslag, gesel, -slag; wimper, ooghaar *o*; *be under the* **~** onder de plak zitten; **II** *vt* zwepen, *fig* opzwepen; geselen²; striemen; slaan, beuken; (vast)sjorren; **III** *vi* slaan, zwiepen; **~** *out* achteruitslaan [v. paard]; *fig* uit de band springen; **~** *out at* er van langs geven, uitvallen naar, uitvaren tegen, woest aanvallen

lasher ['læʃə] waterkering; stuwdam, spui *o*, spuigat *o*, spuiwater *o*; stuwbekken *o*

lashing ['læʃiŋ] geseling; ♣ sjorring; ~*s of*... **F** hopen..., ...bij de vleet

lash-out ['læʃaut] klap, slag [van paard]; ~ **-up F** haastige improvisatie

lass(ie) ['læs(i)] deerntje *o*, meisje *o*

lassitude ['læsitju:d] moeheid, loomheid, matheid, afmatting

lasso [læ'su:] I *sb* lasso; II *vt* met de lasso vangen

1 **last** [la:st] *sb* (schoenmakers)leest ‖ $ last *o* & *m*

2 **last** [la:st] I *aj* laatst; vorig(e), verleden, jongstleden; nieuwst, meest recent; *the* ~ *but one* op een na de laatste; *the* ~ *day* de jongste dag; ~ *night* gister(en)avond; vannacht [verleden nacht]; *the night before* ~ eergister(en)avond, eergister(en)nacht; *the year before* ~ voorvorig (voorverleden, eerverleden) jaar; ~ *but not least* de (het) laastgenoemde, maar niet de (het) minste; II *sb* laatste; *Willie's* ~ W's laatste mop; *Mrs. Johnson's* ~ jongste (spruit); *since my* ~ na mijn laatste schrijven; *we shall never hear the* ~ *of it* er komt nooit een eind aan; *look one's* ~ *at*... een laatste blik werpen op; *a t* ~ (soms: *at the* ~, *at (the) long* ~) eindelijk, ten laatste; *be n e a r one's* ~ zijn eind nabij zijn; *t o w a r d s the* ~ tegen het eind; III *ad* het laatst; ten slotte

3 **last** [la:st] I *vi* (blijven) duren; voortduren; goed blijven, (lang) meegaan; het uithouden; *it will ~ you a week* u hebt er voor een week genoeg aan; *she will not ~ long* zij zal het niet lang meer maken; *make one's money ~* lang doen met zijn geld; ~ *out* het volhouden; II *vt* ~ *(out) the day* & de nacht halen; III *sb* uithoudingsvermogen *o*; **-ing** I *aj* duurzaam, (voort)durend, bestendig; II *sb* everlasting [stof]; **-ly** *ad* ten laatste, ten slotte; ~**-minute** op het laatste ogenblik, te(r) elfder ure

latch [lætʃ] I *sb* klink; II *vt* op de klink doen

latchet ['lætʃit] **B** schoenriem

latchkey ['lætʃki:] huissleutel; ~ *child (kid)* sleutelkind *o*

late [leit] I *aj* laat; te laat; laatst, van de laatste tijd, jongst(e); vergevorderd; gewezen, vorig, ex-; overleden, wijlen; *the* ~ *Mr. A.* wijlen de heer A.; *of* ~ (in) de laatste tijd; II *ad* laat; te laat; voorheen; ⊙ onlangs; *as* ~ *as those times* tot aan (in), nog in, tot op die tijd; **-ly** laatst, onlangs, kort geleden; (in) de laatste tijd; **-ness** *the* ~ *of the hour* het late uur

latent ['leitənt] verborgen, slapend; latent; ~ *period* incubatietijd

later ['leitə] later; ~ *on* later, naderhand

lateral ['lætərəl] zijdelings, zij-

latest ['leitist] laatste, nieuwste; *the* ~ de nieuwste mop, het nieuwste snufje &; *at the* ~ niet later

dan, op z'n laatst

latex ['leiteks] latex *o* & *m* : melksap *o*

lath [la:θ] I *sb* lat; II *vt* betengelen

lathe [leið] draaibank

lather ['la:ðə, 'læðə] I *sb* zeepsop *o*; schuim *o*; zweet *o* [v. paard]; *in a* ~ schuimend; II *vi* schuimen; III *vt* met schuim bedekken; inzepen; **F** afranselen

Latin ['lætin] I *aj* Latijns; ~ *America* Latijns-Amerika; II *sb* Latijn *o*; ~**-American** Latijns-amerikaans

latish ['leitiʃ] wat laat

latitude ['lætitju:d] (geografische) breedte, hemelstreek; vrijheid [v. handelen], speelruimte; omvang

latitudinarian ['lætitju:di'nɛəriən] I *aj* vrijzinnig; II *sb* vrijzinnige

latrine [lə'tri:n] latrine

latter ['lætə] *aj* laatstgenoemde, laatste (van twee), tweede; ~ *end* (levens)eind *o*; ~**-day** van de laatste tijd, modern; *the* ~ *saints* de heiligen der laatste dagen [de mormonen]; **-ly** *ad* in de laatste tijd; tegenwoordig

lattice ['lætis] I *sb* traliewerk *o*, open latwerk *o*; ~ *bridge* traliebrug; II *vt* van tralie-, latwerk voorzien; ~ **window** tralievenster *o*; venster *o* met glas in lood; ~**-work** traliewerk *o*

laud [lɔ:d] I *sb* lof, lofzang; ~*s rk* lauden; II *vt* loven, prijzen; **-able** *aj* lof-, prijzenswaardig; **-atory** prijzend, lovend-, lof-

laugh [la:f] I *vi* & *vt* lachen; *he* ~*s best who* ~*s last* wie het laatst lacht, lacht het best; ~ *at* lachen om², uitlachen; lachen tegen; ~ *a w a y* weglachen; ~ *d o w n* door lachen tot zwijgen brengen; ~ *i n the face of* tarten, bespotten; ~ *in one's sleeve* in z'n vuistje lachen; ~ *o f f* zich lachend afmaken van, weglachen; *he* ~*ed o n the wrong side of his mouth* hij lachte als een boer die kiespijn heeft; ~ *o u t* luid lachen; ~ *out of a plan* er bij brengen door het belachelijk te maken; ~ *o v e r* lachen om; ~ *t o scorn* (om iets) uitlachen; II *sb* lach, gelach *o*; *get (have) the* ~ *of sbd.* iem. (kunnen) uitlachen; **-able** belachelijk, lachwekkend; **laughing-gas** lachgas *o*; ~**-stock** voorwerp *o* van bespotting, risee; **laughter** gelach *o*, lachen *o*

launch [lɔ:n(t)ʃ] I *vt* werpen, slingeren; te water laten, van stapel laten lopen; van wal steken; lanceren², afschieten [raket]; de wereld in zenden (in sturen), beginnen, inzetten, ontketenen [aanval &]; oplaten [ballon]; II *vi* ~ *f o r t h* in zee steken; ~ *forth in praise of* uitweiden over de verdiensten van; ~ *i n t o* aan... beginnen, enthousiast beginnen; ~ *o u t* uitbarsten; zich storten in; zijn geld laten rollen; zich begeven (in *into*); III *sb* tewaterlating; lancering [v. raket]; barkas; **-er** lanceerinrichting; *fig* initiatiefnemer;

launching pad lanceerplatform *o*; ~ **site** lanceerplatform *o*

launder ['lɔːndə] wassen en opmaken; **–ette** [lɔːndə'ret] zelfbedieningswasserij, wasserette; **laundress** ['lɔːndris] wasvrouw; ⊛ **laundromat** *Am* zelfbedieningswasserij; **laundry** was; wasserij; **–man** wasman

laureate ['lɔːriit] gelauwerd(e dichter); **laurel I** *sb* laurier; lauwerkrans; ~*s* ook: *fig* lauweren; *rest on one's ~s* op zijn lauweren rusten; **II** *vt* lauweren

lava ['laːvə] lava

lavatory ['lævətəri] toilet *o*, retirade, W.C., closet *o*; ~ **basin**, ~ **pan** closetbak; ~ **bowl** closetpot ⊙ **lave** [leiv] wassen, bespoelen

lavender ['lævində] lavendel; *lay up in* ~ zorgvuldig bewaren

laver ['leivə] wasbekken *o*

lavish ['læviʃ] **I** *aj* kwistig (met *of*); overvloedig, luxueus; **II** *vt* kwistig uitdelen of besteden; verkwisten (aan *upon*); **–ness** kwistigheid

law [lɔː] *sb* wet; recht *o*; wetgeving; justitie, politie; *sp* voorsprong; *fig* bedenktijd; *canon* ~ kanoniek (kerkelijk) recht *o*; *civil* ~ burgerlijk recht *o*; *constitutional* ~ staatsrecht *o*; *customary* ~ gewoonterecht *o*; ~ *of nations* volkenrecht *o*; *have the* ~ *of* in rechten vervolgen; *lay down the* ~ de wet stellen; autoritair optreden; *study (read, take)* ~ in de rechten studeren; *take the* ~ *into one's own hands* eigenrichting plegen; *take the* ~ *of sbd.* iem. in rechten aanspreken, een proces aandoen; zie ook: *common* **I**; ● *be at* ~ in proces liggen; *no distinction is made at* ~ er wordt geen onderscheid gemaakt voor de wet; *action (case, process) at* ~ proces *o*; *by* ~, *in* ~ voor (volgens) de wet; *go to* ~ de weg van rechten inslaan, gaan procederen; ~*-abiding* gehoorzaam (aan de wet), gezagsgetrouw, ordelievend; achtenswaardig; ~**-breaker** overtreder (van de wet); ~**-court** rechtbank; **–ful** wettig, rechtmatig, geoorloofd; **–giver** wetgever; **–less** wetteloos; bandeloos; **–maker** wetgever; ~ **merchant** ['lɔː'məːtʃənt] handelsrecht *o*

lawn [lɔːn] grasperk *o*, -veld *o*, gazon *o* ‖ kamerdoek *o* & *m*, batist *o*; *fig* waardigheid van bisschop; ~**-mower** grasmaaimachine; ~**-sprinkler** gazonsproeier; ~ **tennis** tennis *o*

law-officer ['lɔː'ɔfisə] rechterlijk ambtenaar; **–suit** rechtsgeding *o*, proces *o*; ~**-term** rechtsterm; zittingsperiode; **lawyer** rechtsgeleerde, jurist; advocaat

lax [læks] los[2], slap[2], laks, zorgeloos; aan diarree lijdend; **–ative I** *aj* laxerend; **II** *sb* laxeermiddel *o*, laxans *o*, laxatief *o*; **laxity** losheid[2], slapheid[2], laksheid, onnauwkeurigheid

1 **lay** [lei] V.T. van 2 *lie*

2 **lay** [lei] *aj* wereldlijk, leke(n)-

3 **lay** [lei] **I** *vt* leggen, plaatsen; neerleggen; aanleggen [vuur]; aan-, beleggen (met *with*); zetten; neerslaan; temperen, doen bedaren; bannen, bezweren [geesten]; richten [kanon], **P** [van mannen gezegd] geslachtsgemeenschap hebben met; dekken [tafel]; slaan [touw]; smeden [samenzwering]; (ver)wedden; indienen [aanklacht]; klaarzetten [ontbijt &]; ~ *a bet* een weddenschap aangaan; ~ *the cloth* de tafel dekken; ~ *eyes on* zijn oog laten vallen op; ~ *snares* strikken spannen; zie ook: *claim* **II**, *contribution*, *hand* &; **II** *vi* leggen; dekken [de tafel]; ● ~ *about one* erop (van zich af) slaan (naar alle kanten); ~ *aside* opzij leggen, ter zijde leggen; laten varen; ~ *at* vaststellen op; slaan naar, te lijf willen; ~ *before* voorleggen; ~ *by* ter zijde, weg-, afleggen, afdanken; op zij leggen, sparen; ~ *by the heels* gevangen zetten; vangen; ~ *down* neerleggen[2]; (vast)stellen [regels], bepalen; ⚓ op stapel zetten; opslaan [wijn]; ~ *down one's life* zijn leggen geven; ~ *for sbd.* iem. opwachten, voor iem. een hinderlaag leggen; ~ *in* opdoen, inslaan [voorraden]; ~ *into sbd.* erop los slaan; ~ *off* afleggen; afpalen; uitzetten [afstanden]; (tijdelijk) gedaan geven (naar huis sturen) [werklui]; uitscheiden; met rust laten; ~ *on* opleggen; erop (erover) leggen; aanleggen [gas &]; organiseren [feestje &], zorgen voor; erop ranselen; schuiven op [schuld]; ~ *it on* (*thick, with a trowel*) **F** er dik opleggen, overdrijven; met de stroopkwast werken; ~ *out* uitleggen, klaarleggen, -zetten; aanleggen, ontwerpen; afleggen [een dode]; bewusteloos slaan, buiten gevecht stellen; uitgeven, besteden (aan *in*); ~ *oneself out to...* zijn uiterste best doen, zich uitsloven om...; ~ *over* bedekken, beleggen; ~ *to* wijten aan; ⚓ bijleggen; ~ *up* inslaan [voorraad]; opzamelen, sparen; ⚓ opleggen; buiten dienst stellen, afschaffen, afdanken; *be laid up* (ziek) liggen, het bed moeten houden; ~ *upon* zie ~ *on*

4 **lay** [lei] *sb* leg [v. kip]; ligging; ~ *of the land* [*fig*] stand van zaken; **F** karweitje; plan *o* ‖ ⊙ lied *o*, zang

lay-about ['leiəbaut] landloper, leegloper

lay brother ['lei'brʌðə] lekebroeder

lay-by ['leibai] 🚗 parkeerhaven; ~**-days** ⚓ ligdagen

layer ['leiə] laag; ♂ leghen; ⚓ aflegger

layette [lei'et] babyuitzet

lay figure ['lei'figə] ledenpop[2]

layman ['leimən] leek[2]

lay-off ['lei'ɔf] (tijdelijk) naar huis sturen van arbeiders wegens gebrek aan werk

lay-out ['lei'aut] aanleg [v. park &]; inrichting; ontwerp *o*, [v. drukwerk] lay-out; situatietekening; opzet

lay preacher ['lei'priːtʃə], ~ **reader** ['lei'riːdə] leek met bevoegdheid om godsdienstige bijeenkomsten te leiden; ~ **sister** lekezuster

lazaretto [læzə'retou] lazaret *o*, leprozenhuis *o*; ⚓ quarantainegebouw *o*, -schip *o*

laze [leiz] dagdieven, luilakken, lummelen, lanterfanten; ~ *about* ook: flaneren

lazy ['leizi] *aj* lui, vadsig; ~-**bones** luiwammes, luilak

lb. = *libra, pound* of *librae, pounds*

☉ **lea** [li:] beemd, weide, grasveld *o*

leach [li:tʃ] (uit)logen

1 **lead** [led] **I** *sb* lood *o* [ook = kogels], kop [in krant], potlood *o*; diep-, peillood *o*; zegelloodje *o*; witlijn; *the* ~*s* (*of a house*) het plat; *swing the* ~ S lijntrekken; **II** *aj* loden; **III** *vt* met lood bedekken of bezwaren; plomberen [voor de douane]; in lood vatten; interliniëren [zetsel]; ~*ed lights* glas-in-lood(ramen)

2 **lead** [li:d] **I** *vt* leiden, (tot iets) brengen; (aan)voeren; ◊ uitkomen met; ~ *the way* voorgaan², vooropgaan; zie ook: *dance* **III**; **II** *vi* vooropgaan, bovenaan (nummer één) staan; leiden; de leiding hebben; *sp* aan de kop liggen; ◊ uitkomen; ● ~ *a w a y* wegleiden, wegvoeren; *be led away* zich laten meeslepen; ~ *away from the subject* (doen) afdwalen; ~ *b y the nose* bij de neus nemen; ~ *i n prayer* in het gebed voorgaan, voorbidden; ~ *o f f* voorgaan, beginnen; ~ *off the ball* het bal openen; ~ *o n* vooropgaan, aanvoeren, meeslepen; ~ *sbd. u p the garden*(-*path*) iem. inpakken, iets wijsmaken; ~ *up to* voeren (leiden) tot; aansturen op [in gesprek]; **III** *sb* leiding*, voorsprong (op *over*); ◊ invite; ◊ voorhand; ◊ uitkomen *o*; riem, lijn [voor honden]; hoofdrol; voorbeeld *o*; *fig* vingerwijzing, aanwijzing; (voorafgaande) korte samenvatting [v. krantenartikel &]; *juvenile* ~ jeune premier; *it is my* ~ ◊ ik moet uitkomen; *follow my* ~ ◊ speel door in dezelfde kleur; *fig* volg mijn voorbeeld; *take the* ~ de leiding nemen²; *in the* ~ vooraan, aan de kop; **IV** *aj* voorste, eerste; voornaamste

leaded ['ledid] glas-in-lood [ramen]; **leaden** loden, loodzwaar²; loodkleurig

leader ['li:də] (ge)leider, leidsman, gids, aanvoerder, voorman; eerste advocaat; ♪ concertmeester; eerste violist; hoofdartikel *o*; voorpaard *o*; ☙ hoofdscheut; –**ette** [li:də'ret] kort hoofdartikel *o*

leadership ['li:dəʃip] leiding, leiderschap *o*

lead-in ['li:din] ✲ invoer-, toevoer(kabel); *fig* inleiding

1 **leading** ['lediŋ] *sb* lood *o*

2 **leading** ['li:diŋ] **I** *aj* leidend; eerste, voorste, vooraanstaand, toonaangevend, voornaamste; hoofd-; ~ *article* hoofdartikel *o*; reclameartikel *o*; ~ *edge* ✲ voorrand [v. vleugel]; ~ *lady*, ~ *man* eerste rol [toneel]; **II** *sb* leiding

leading-strings ['li:diŋstriŋz] leiband; *be in* ~ aan de leiband lopen

lead-off ['li:dɔf] **F** begin *o*, start

lead-pencil ['led'pensl] potlood *o*

leaf [li:f] **I** *sb* blad* *o*; vleugel [v. deur]; klep [v. vizier]; blad *o* [v. tafel]; *dead* ~ dood (dor) blad *o*; bruingeel *o*; ✲ dwarrelvlucht; *in* ~ ☙ uitgelopen [v. bomen]; *take a* ~ *out of sbd.'s book* iem. tot voorbeeld nemen; *turn over a new* ~ een nieuw en beter leven beginnen; **II** *vi* uitlopen, bladeren krijgen; **III** *vt* bladeren in, doorbladeren (ook: ~ *through*); –**age** loof *o*; loofwerk *o*; ~-**insect** wandelend blad *o*; –**less** bladerloos; –**let** blaadje *o*; strooibiljet *o*; brochure, traktaatje *o*; ~-**mould** bladaarde; **leafy** bladerrijk, loofrijk; ~ *vegetable* bladgroente

league [li:g] **I** *sb* verbond *o*, liga; *sp* competitie [voetbal] ‖ ✎ mijl; *League of Nations* ⅏ volkenbond; *be in* ~ *with* heulen met; **II** (*vi &*) *vt* (zich) in een verbond verenigen, een verbond aangaan, (zich) verbinden; ~**r** *id* een leng liga

leak [li:k] **I** *sb* lek *o*; lekkage; **II** *vi* lekken, lek zijn; ~ *out* uitlekken²; **III** *vt* laten uitlekken; –**age** lekkage, lek² *o*; uitlekken² *o*; –**iness** lek zijn *o*; **leaky** lek

☉ **leal** [li:l] *Sc* trouw, loyaal

1 **lean** [li:n] **I** *vi* leunen; overhellen, hellen, neigen; *the* ~*ing Tower* de scheve toren [v. Pisa]; ~ *b a c k* achteroverleunen; ~ *f o r w a r d* vooroverleunen; ~ (*u p*) *o n* leunen (steunen²) op; ~ *o v e r* (voor)overhellen; zie ook: *backwards*; **II** *vt* laten leunen of steunen; zetten; **III** *sb* overhelling

2 **lean** [li:n] **I** *aj* mager, schraal; **II** *sb* mager (vlees) *o*

leaning ['li:niŋ] overhelling, neiging

leant [lent] V.T. & V.D. van 1 *lean*

lean-to ['li:n'tu] aanbouwsel *o*, loods, schuurtje *o*

leap [li:p] **I** *vi* springen; ~ *a t an excuse* aangrijpen; *it* ~*s t o the eye* het springt in het oog; ~ *u p* opspringen; **II** *vt* over... springen; laten springen; overslaan [bij lezen]; **III** *sb* sprong²; *by* ~*s* (*and bounds*) met (grote) sprongen; zie verder *jump* en *spring*; –**er** springer; springpaard *o*; ~-**frog** haasje-over *o*; **leapt** [lept] V.T. & V.D. van *leap*

leap-month ['li:pmʌnθ] schrikkelmaand; ~ **year** schrikkeljaar *o*

learn [lə:n] leren; vernemen, te weten komen; S onderwijzen; 1 –**ed** [lə:nt, -d] V.T. & V.D. van *learn*; 2 –**ed** ['lə:nid] *aj* geleerd; wetenschappelijk; *the* ~ *professions* de „vrije" beroepen; –**er** leerling; volontair; ~ *car* lesauto; –**ing** geleerdheid, wetenschap; **learnt** [lə:nt] V.T. & V.D. van *learn*

lease [li:s] **I** *sb* huurceel, -contract *o*, verhuring, verpachting; huurtijd; pacht, huur; *long* ~ erfpacht; *my* ~ *of life* mijn levensduur; *he has taken a new* ~ *of life* hij is geheel verjongd; *take by (on)* ~ huren, pachten; *put out to* ~ verhuren, verpachten; **II** *vt* (ver)huren; (ver)pachten; leasen; **-hold I** *sb* pacht; pachthoeve; **II** *aj* pacht-, huur-; **-holder** pachter, huurder

leash [li:ʃ] **I** *sb* koppel [= band]; drietal *o* [honden &]; *on the* ~ aan de lijn, aangelijnd [hond]; **II** *vt* (aan)koppelen

leasing ['li:siŋ] leasing

least [li:st] kleinste, minste, geringste; *at* ~ tenminste; *at the* ~ op zijn minst (genomen); *(in) the* ~ in het allerminst; *not in the* ~ volstrekt niet; zie ook: *say* **I**; **-ways P** tenminste; **-wise F** tenminste

leather ['leðə] **I** *sb* le(d)er *o*; riem; voetbal; cricketbal; ~*s* leergoed *o*; leren broek; stijgbeugel; *nothing like* ~ iedere koopman prijst zijn waar; **II** *aj* leren, van leer; **III** *vt* met leer bekleden (overtrekken); **F** ranselen; **~-dresser** leerbereider; **-ette** [leðə'ret] kunstleer *o*; **-ing** ['leðəriŋ] **F** pak *o* slaag; **leathern** lederen, van leer; **leathery** leerachtig, leer-

1 **leave** [li:v] **I** *sb* verlof *o*; ~ *of absence* ☒ verlof *o*; *take (one's)* ~ afscheid nemen; *by your* ~ met uw verlof; *on* ~ met verlof; **II** *vi* & *va* weggaan, vertrekken (naar *for*); **III** *vt* verlaten; nalaten°; overlaten; laten; achterlaten, laten staan (liggen); in de steek laten; *six from seven* ~*s one* 6 van 7 blijft 1; ~ *go (of),* ~ *hold (of)* loslaten; ~ *home* van huis gaan; ~ *Paris for London* ook: vertrekken van Parijs naar Londen; ~ *school* ook: van school afgaan; ● ~ *about* laten slingeren; ~ *alone* afblijven van, zich niet bemoeien met, met rust laten; ~ *it at that* het daarbij laten, en verder niets meer over zeggen; ~ *behind* achter (zich) laten; nalaten; ~ *off* afleggen, uitlaten [kleren]; ophouden met; het bijltje erbij neergooien; ~ *off smoking* ophouden met roken; het roken opgeven (laten); ~ *a card on sbd.* een kaartje bij iem. afgeven; ~ *on the left* links laten liggen (niet *fig*); ~ *out* uit-, weglaten; overslaan; voorbijgaan; ~ *over* laten liggen of rusten; ~ *a letter with sbd.* een brief bij iem. afgeven; zie ook: 1 *left*

2 **leave** [li:v] *vi* bladeren krijgen; **-d** gebladerd; ...bladig

leaven ['levn] **I** *sb* zuurdeeg *o*, zuurdesem²; **II** *vt* desemen; doortrekken, doordringen

leaver ['li:və] wie vertrekt of verlaat; *university*-~*s* afgestudeerden van de universiteit, academisch gevormden; zie ook: *school-leaver;* **leave-taking** afscheid *o*; **leaving certificate** ⇔ einddiploma *o*; **leavings** overblijfsel *o*, overschot *o*, kliekjes, afval *o* & *m*

Lebanese [lebə'ni:z] **I** *aj* Libanees; **II** *sb* Libanees, Libanezen

~ **lecher** ['letʃə] lichtmis, wellusteling; **-ous** ontuchtig, wellustig; **-y** ontucht, wellust

lectern ['lektən] lessenaar

lecture ['lektʃə] **I** *sb* lezing, verhandeling; ⇔ college *o*; strafpreek; *read sbd. a* ~ iem. de les lezen; **II** *vi* lezing(en) houden, college geven (over *on*); **III** *vt* de les lezen, betuttelen; **-r** wie een lezing houdt, spreker; ⇔ ± lector; hulpprediker; **lecture-room** collegezaal; **-ship** ⇔ ± lectoraat *o*

led [led] V.T. & V.D. van 2 *lead*

ledge [ledʒ] richel, rand, scherpe kant

ledger ['ledʒə] grootboek *o*; deksteen; liggende balk van een steiger

ledger-line ['ledʒəlain] ♪ hulplijn

lee [li:] lij, lijzijde, luwte; ~ *shore* lagerwal; **-board** ⚓ (zij)zwaard *o*

leech [li:tʃ] bloedzuiger; ✧ dokter || ⚓ lijk *o* [van een zeil]; *cling (stick) like a* ~ aanhangen als een klis

leek [li:k] prei, look *o* & *m*; *eat the* ~ een belediging slikken; zoete broodjes bakken

leer [liə] **I** *vi* gluren; ~ *at* begluren; toelonken; **II** *sb* glurende, wellustige blik

leery ['liəri] **S** gewiekst, geslepen; *be* ~ *of* wantrouwen; op zijn hoede zijn voor

lees [li:z] droesem, grondsop *o*, moer, heffe

lee-shore ['li:ʃɔ:] kust aan lijzijde, lagerwal

leetle ['li:tl] **F** = *little*

leeward ['li:wəd] lijwaarts, onder de wind, aan lij; *the L*~ *Islands* de Benedenwindse Eilanden; **leeway** *make* ~ ⚓ afdrijven; *make up* ~ de achterstand inhalen

1 **left** [left] V.T. & V.D. van 1 *leave;* achter-, nagelaten; *any tea* ~? nog thee over?; *there is nothing* ~ *for him but to* er schiet hem niets anders over dan; *be* ~ *with* blijven zitten met; *goods* ~ *on hand* onverkochte goederen; ~ *luggage* gedeponeerde bagage

2 **left** [left] **I** *aj* links; linker; **II** *ad* links; **III** *sb* linkerhand, -kant, -vleugel; *the Left* 'Links'; *on your* ~ aan uw linkerhand; links van u; *to the* ~ aan de linkerkant, (naar) links; **~-handed** linkshandig, links²; niet gemeend; dubbelzinnig; ~ *marriage* morganatisch huwelijk *o*; **~-hander** wie links(handig) is; slag met de linkerhand, **-ist** links georiënteerd [in de politiek]

left-off ['left'ɔf, + 'left'ɔ:f] afgelegd; ~ *clothing,* ~*s* afleggers; **~-overs** kliekjes, restanten

leftward(s) ['leftwəd(z)] links, naar links; **left-wing** links [in de politiek]; linkervleugel-

leg [leg] **I** *sb* been° *o*, bout, schenkel, poot; pijp [v. broek]; schacht [v. laars]; gedeelte *o*, etappe; ronde [v. wedstrijd &]; *be on one's* ~*s* het woord voeren; op de been zijn; *be on one's last* ~*s* op zijn laatste benen lopen; *fall on one's* ~*s* op zijn pootjes terechtkomen; *get on one's (hind)* ~*s* opstaan, het woord nemen; *give a ~ (up)* een handje helpen, een zetje geven; *not have a ~ to stand upon* geen enkel steekhoudend argument kunnen aanvoeren; *keep one's ~s* op de been blijven; *make a ~* ✎ een kniebuiging maken; *pull sbd.'s ~* iem. voor het lapje houden, iem. er tussen nemen; *shake a ~ S* dansen; zich haasten; *show a ~ F* uit (zijn) bed komen; *stretch one's ~s* zich vertreden; *take to one's ~s* het op een lopen zetten; *be taken off one's ~s* niet op de been kunnen blijven; **II** *vt ~ it* lopen

legacy ['legəsi] legaat *o*; *fig* erfenis; *~ duty* successierecht *o*

legal ['li:gəl] wettelijk, wettig; rechtsgeldig; rechterlijk, rechtskundig, juridisch; wets-, rechts-; **–ism** overdreven inachtnemen *o* van de wet; **–ist** iem. die zich aan de letter van de wet houdt; **–ity** [li'gæliti] wettigheid; **–ization** [li:gəlai'zeiʃən] legalisatie; wettiging; **–ize** ['li:gəlaiz] legaliseren; wettigen

legate ['legit] legaat, (pauselijk) gezant

legatee [legə'ti:] legataris

legation [li'geiʃən] legatie°; gezantschap *o*

legend ['ledʒənd] legende; randschrift *o*, op-, omschrift *o*, onderschrift *o*, bijschrift *o*

legendary ['ledʒəndəri] legendarisch

legerdemain ['ledʒədə'mein] goochelarij

legged [legd] met... benen (of poten); **legging** (meestal ~s) beenkap, slobkous

leggo [le'gou] = *let go!* **F** laat los!

leg-guard ['legɑ:d] beenbeschermer

leggy ['legi] langbenig

leghorn [le'gɔ:n] (hoed v.) Italiaans stro *o*; ☙ leghorn

legible ['ledʒibl] leesbaar, te lezen

legion ['li:dʒən] legioen *o*; legio; *American Legion* vereniging van Amerikaanse oud-strijders; *British Legion* vereniging van Engelse oud-strijders; zie ook: *foreign*; **–ary I** *aj* legioen-; talloos; **II** *sb* legionair, oud-strijder

legislate ['ledʒisleit] wetten maken; **–tion** [ledʒis'leiʃən] wetgeving; wet(ten); **–tive** ['ledʒisleitiv] wetgevend; **–tor** wetgever; **–ture** wetgevende macht

legist ['li:dʒist] rechtsgeleerde

legit [le'dʒit] **S** = *legitimate*

legitimacy [li'dʒitiməsi] wettigheid, rechtmatigheid, echtheid; **legitimate I** *aj* [li'dʒitimit] wettig, rechtmatig, echt; gewettigd, gerechtvaardigd; **II** *vt* [li'dʒitimeit] (voor) wettig, echt verklaren, echten, wettigen; **–ly** *ad* terecht; zie verder *legitimate* **I**; **legitimation** [lidʒiti'meiʃən] echting, wettiging; **legitimist** [li'dʒitimist] legitimist; **–ize** = *legitimate* **II**

leg-pull ['legpul] fopperij, poets

leguminous [le'gju:minəs] peul-

leisure ['leʒə] **I** *sb* (vrije) tijd; *at ~* op zijn gemak; *be at ~* vrij, onbezet zijn, niets te doen (om handen) hebben; **II** *aj* vrij; **–d** met veel (vrije) tijd; **–ly** bedaard, op zijn gemak; **–wear** vrijtijdskleding

leitmotif ['laitmouti:f] leidmotief² *o*

lemon ['lemən] ☙ citroen(boom); **–ade** [lemə'neid] (citroen)limonade; **~-squash** ['lemən'skwɔʃ] kwast [drank]

lend [lend] (uit)lenen; verlenen; *~ a (helping) hand* de behulpzame hand bieden, een handje helpen; *~ oneself to* zich lenen tot; geschikt zijn voor; **–er** lener, uitlener; **–ing-library** leesbibliotheek; uitleenbibliotheek

length [leŋθ] lengte; afstand; grootte; duur; stuk *o*; eind(je) *o*; *go all ~s* door dik en dun meegaan, tot het uiterste gaan; *go to any ~* alles willen doen (om); *go (to) great ~s* heel veel doen, heel wat durven (zeggen), zich veel moeite getroosten, heel wat laten vallen van zijn eisen; *go the ~ of saying that...* zo ver gaan, dat men durft te beweren, dat...; ● *at ~* eindelijk, ten laatste (slotte); uitvoerig; voluit; *(at) full ~* languit; ten voeten uit; levensgroot; *at great(er) ~* uitvoerig(er), in extenso; *for any ~ of time* voor onbepaalde tijd, lang; *for some ~ of time* een tijd(lang); *throughout the ~ and breadth of the country* het hele land door; **–en I** *vt* verlengen; **II** *vi* lengen, langer worden; **–ening** verlenging; **–ways, –wise** in de lengte; **–y** lang(gerekt), (ietwat) gerekt; uitvoerig, breedsprakig

leniency ['li:niənsi] zachtheid, toegevendheid, mildheid; **lenient** zacht, toegevend, mild; **lenitive** ['lenitiv] verzachtend (middel *o*); **lenity** zachtheid, toegevendheid

lens [lenz] lens; loep

Lent [lent] vasten(tijd)

lent [lent] V.T. & V.D. van *lend*

lenten ['lentən] vasten-; schraal, mager

lenticular [len'tikjulə] lensvormig; lens-

lentil ['lentil] linze

leonine ['li:ənain] leeuwachtig; leeuwen-

leopard ['lepəd] luipaard

leotard ['li:ətɑ:d] tricot [v. acrobaat, danser(es)]

leper ['lepə] melaatse, lepralijder; **leprosy** lepra, melaatsheid; **leprous** melaats, aan lepra lijdend

lesbian ['lezbiən] lesbisch(e)

lese-majesty [li:z'mædʒisti] majesteitsschennis

lesion ['li:ʒən] beschadiging; letsel *o*, kneuzing, laesie, ⚖ benadeling

less [les] minder, kleiner; min(us); *~ than 20* ook: nog geen 20, nog niet 20; *no ~ a man than* niemand minder dan

lessee [le'si:] huurder, pachter

lessen ['lesn] **I** *vt* verminderen; verkleinen; **II** *vi* verminderen, afnemen; **lesser** kleiner, minder; klein(st)

lesson ['lesn] les²; *read sbd. a ~* iem. de les lezen;

teach sbd. a ~ iem. een lesje geven; ~**-book** leerboek *o*
lessor [le'sɔ:] verhuurder, verpachter
lest [lest] uit vrees dat, opdat niet; *I feared* ~... ik vreesde, dat...
1 **let** [let] **I** *vt* ⚔ verhinderen, (be)letten; **II** *sb* ⚔ verhindering, beletsel *o*; *sp* bal die overgespeeld wordt [tennis]; *without* ~ *or hindrance* onverhinderd, onbelemmerd
2 **let** [let] **I** *vt* laten, toelaten; verhuren; ~ *blood* ⚔ aderlaten; **II** *vi* verhuren; *to* ~ te huur; • ~ *a l o n e* zich niet bemoeien met, met rust laten, afblijven van; ~ *alone (that)* laat staan, daargelaten (dat); ~ *him alone to take care of himself* hij zal wel... wees daar gerust op; ~ *b e* op zijn beloop laten, (met rust) laten; afblijven van; ~ *d o w n* neerlaten, laten zakken; wat langer maken; *fig* teleurstellen, duperen; in de steek laten; bedriegen; ~ *g o* laten schieten, loslaten (ook: ~ *go off*); *but* ~ *it go* laat maar!, het hindert niet!, 't geeft niet!; ~ *i n* in-, binnenlaten; *fig* de deur openzetten voor; er in laten lopen; ~ *oneself in for something unpleasant* zich iets onaangenaams op de hals halen (berokkenen); zie ook: *clutch* **III**; ~ *i n t o* toelaten, binnenlaten in; aanbrengen in; inwijden in [geheim]; er van langs geven; ~ *loose* loslaten; ~ *o f f* los-, vrijlaten; laten vallen, afslaan; kwijtschelden; ontslaan, vrijstellen van; afschieten, afsteken [vuurwerk]; uitlaten [gassen], zie ook: *steam* **I**; verhuren; ~ *o n* zich uitlaten, (zich) verraden, verklappen, klikken; doen alsof; ~ *o u t* uitlaten; uitleggen [een zoom]; verhuren, verpachten; rondstrooien, verklappen; trappen en slaan; *fig* uitpakken; ~ *slip* loslaten [honden], laten schieten [kous]; per ongeluk loslaten [geheim]; ~ *u p* verflauwen, verminderen; uitscheiden; **III** V.T. & V.D. van 1 & 2 *let*; **IV** *sb* verhuring; ~**-down** F klap [in het aangezicht], teleurstelling; achteruitgang
lethal ['li:θəl] dodelijk, letaal; ~ *chamber* gaskamer [voor dieren]
lethargic [le'θa:dʒik] lethargisch, slaperig; ~**gy** ['leθədʒi] lethargie, slaapzucht, diepe slaap²; doffe onverschilligheid
letter ['letə] **I** *sb* brief; letter; ~*s* letteren, li(t)teratuur; ~*s patent* brieven van octrooi; ~*s of credence* geloofsbrieven; ~ *of credit* accreditief; ~ *of marque (and reprisal)* kaperbrief; ~ *to the editor (to the press)* ingezonden stuk *o*; *b y* ~ per brief, schriftelijk; *t o the* ~ letterlijk; **II** *vt* letteren, merken; de (rug)titel aanbrengen op; ~**-balance** briefweger, brieveweger; ~**-bomb** bombrief; ~**-box** brievenbus; ~**-card** dubbele briefkaart; ~**-case** brieventas, portefeuille; ~**ed** met letters gemerkt; geletterd, geleerd; ~**-head** briefhoofd *o*, brievehoofd *o*; ~**ing** letteren *o*, merken *o*; letters, (rug)titel; ~**-lock** letterslot *o*; ~**-perfect**

rolvast; ~**press** bijschrift *o*, tekst [bij of onder illustratie], drukschrift *o*; boekdruk; kopieerpers; ~**-weight** presse-papier
lettuce ['letis] ♣ salade, sla
let-up ['letʌp] F onderbreking; vermindering
leucocyte ['lju:kousait] leukocyt: wit bloedlichaampje *o*
leuk(a)emia [lju(:)'ki:miə] leuk(a)emie
levant [li'vænt] er vandoor gaan
Levantine [li'væntain] Levantijn(s)
levee ['levi] 🇺 morgenreceptie; receptie [ten hove voor heren] ‖ *Am* dijk; ⚓ steiger
level ['levl] **I** *sb* waterpas *o*; niveau *o*, stand [v. het water]; spiegel [v. d. zee], peil² *o*, hoogte²; vlak *o*, vlakte; *advanced* ~, *A* ~ examen *o* voor toelating tot universiteit [met 17–18 jaar]; *ordinary* ~, *O* ~ gewoon eindexamen *o* [met 15–16 jaar]; *at the highest* ~ ook: op het hoogste niveau; *on a* ~ op gelijke hoogte; op één lijn (staand); *be on a* ~ *with* op gelijke hoogte staan, op één lijn staan, gelijkstaan met; *put on a* ~ *(with)* op één lijn stellen (met); *on the* ~ F eerlijk; **II** *aj* waterpas, horizontaal, vlak; gelijk(matig); op één hoogte, naast elkaar; *do one's* ~ *best* zijn uiterste best doen; *a* ~ *head* een evenwichtige, nuchtere geest; *a* ~ *teaspoonful* een afgestreken theelepel; *get* ~ *with* quitte worden, afrekenen met; *keep* ~ *with* op de hoogte blijven van, bijhouden; **III** *vt* gelijkmaken, slechten; waterpassen, nivelleren, egaliseren; richten, aanleggen, munten (op *at*); ~ *down* nivelleren; ~ *off* stabiliseren; ~ *out* in evenwicht brengen; ~ *up* ophogen, opheffen²; op hoger peil brengen; **IV** *vi* & *va* aanleggen, richten (op *at*); ~ *at* ook: streven naar; ~**crossing** overweg [v. spoorweg]; gelijkvloerse kruising [v. wegen]; ~**-headed** evenwichtig, bezadigd, nuchter; **leveller** gelijkmaker; **levelling** gelijkmaking; nivellering; ~ *instrument* waterpasinstrument *o*; ~ *screw* stelschroef; ~ *rod (staff)* nivelleerstok
lever ['li:və] **I** *sb* hefboom; *fig* invloed; **II** *vt* (met een hefboom) optillen, opvijzelen; ~**age** kracht of werking van een hefboom; *fig* vat, invloed
leviathan [li'vaiəθən] **I** *sb* leviathan [zeemonster]; kolossus; **II** *aj* kolossaal
® **Levis** ['li:viz, 'levi] Levis [soort spijkerbroek]
levitate ['leviteit] (zich) verheffen in de lucht; ~**tion** [levi'teiʃən] levitatie
Levite ['li:vait] leviet, priester; ~**tical** [li'vitikl] levitisch
levity ['leviti] licht(zinnig)heid, wuftheid
levy ['levi] **I** *sb* heffing [v. tol &]; ⚔ lichting; **II** *vt* heffen; ⚔ lichten; ~ *an army* op de been brengen; ~ *war* een oorlog verklaren en beginnen (tegen *on, against*); zie ook: *blackmail* **I**
lewd ['lju:d] ontuchtig, wulps, geil; ~**ness**

wulpsheid, geilheid

lexical ['leksikl] 1 lexicaal; 2 lexicografisch
lexicographer [leksi'kɔgrəfə] lexicograaf; **–phical** [leksikou'græfikl] lexicografisch; **–phy** [leksi'kɔgrəfi] lexicografie
lexicon ['leksikən] lexicon *o*, woordenboek *o*
liability [laiə'biliti] aanleg, neiging (tot *to*); verantwoordelijkheid, aansprakelijkheid; blootgesteld zijn *o* (aan *to*); (geldelijke) verplichting; F last(post), nadeel *o*, handicap, blok *o* aan het been; *liabilities* $ passief *o*, passiva; **liable** ['laiəbl] geneigd; verantwoordelijk, aansprakelijk (voor *for*); onderhevig, blootgesteld (aan *to*); ~ *to abuse* ook: misbruikt kunnende worden; *be* ~ *to err* zich licht (kunnen) vergissen, de kans lopen zich te vergissen; ~ *to rheumatism* last hebbend van reumatiek; ~ *to service* dienstplichtig
liaise [li'eiz] F contact onderhouden; **liaison** [li'eizɔn] F contact onderhouden; **liaison** liaison; verbinding
liana [li'a:nə] liane, liaan
liar ['laiə] leugenaar
lib = *liberation movement* emancipatiebeweging; *women's* ~ [voor vrouwen]; *gay* ~ [voor homoseksuelen]
libation [lai'beiʃən] plengoffer *o*; F drinkgelag *o*
libel ['laibəl] **I** *sb* schotschrift *o*, smaadschrift *o*, smaad; **II** *vt* belasteren, bekladden; **libellous** lasterlijk
liberal ['libərəl] **I** *aj* mild, vrijgevig, royaal, gul, kwistig; overvloedig, ruim; liberaal, vrijzinnig; ruimdenkend; *the* ~ *arts* de vrije kunsten; ~ *education* hogere opvoeding; ~ *of* royaal met; **II** *sb* liberaal, vrijzinnige; **–ism** liberalisme *o*; **–ity** [libə'ræliti] mildheid, gulheid, kwistigheid, royaliteit; liberaliteit, vrijzinnigheid; **–ization** [libərəlai'zeiʃən] liberalisering; **–ize** ['libərəlaiz] liberaliseren
liberate ['libəreit] bevrijden, vrijlaten, vrijmaken; **–tion** [libə'reiʃən] bevrijding, vrijlating, vrijmaking; ~ *front* bevrijdingsfront *o*; *~movement* bevrijdingsbeweging; **–tor** ['libəreitə] bevrijder
Liberian [lai'biəriən] Liberiaan(s)
libertarian [libə'tɛəriən] (voorstander) van vrijheid
libertine ['libətain] **I** *sb* lichtmis; ⌷ libertijn, vrijgeest; **II** *aj* losbandig; vrijdenkers-; **–nism** losbandigheid, lichtmisserij; vrijdenkerij
liberty ['libəti] vrijheid; *take liberties* zich vrijheden veroorloven; *at* ~ vrij; in vrijheid; **Liberty Hall** vrijheid, blijheid; een vrijgevochten boel [naar O. Goldsmith]
libidinous [li'bidinəs] wellustig, wulps; **libido** [li'bi:dou] libido.
Libra ['laibrə] ★ de Weegschaal
librarian [lai'brɛəriən] bibliothecaris; **–ship** bibliotheekwezen *o*; bibliothecarisambt *o*

library ['laibrəri] bibliotheek, boekerij; studeerkamer
librate ['laibreit] heen en weer slingeren (schommelen); zich in evenwicht houden
librettist [li'bretist] librettist; **libretto** libretto *o*, tekstboekje *o*
Libyan ['libiən] **I** *aj* Libisch; **II** *sb* Libiër
lice [lais] luizen (*mv. v. louse*)
licence ['laisəns] **I** *sb* verlof *o*, vergunning, vrijheid, losbandigheid; licentie, patent *o*, akte, diploma *o*; rijbewijs *o*; *poetic* ~ dichterlijke vrijheid; *under* ~ in licentie [vervaardigen]; **II** *vt* = *license*; ~ *fee* RT kijk- en luistergeld *o* [R luisterbijdrage; T kijkgeld *o*]; ~ *plate Am* kentekenplaat
license ['laisəns] vergunning verlenen, (officieel) toelaten, patenteren[2]; **–see** [laisən'si:] licentiehouder; herbergier; **–ser** ['laisənsə] licentiegever; censor
licentiate [lai'senʃiit] licentiaat
licentious [lai'senʃəs] los(bandig), ongebonden
lichen ['laikən] ⅋ korstmos *o*; ⅋ lichen
lichgate ['litʃgeit] overdekte ingang v. kerkhof
lick [lik] **I** *vt* (af-, be-, op)likken, likken aan, lekken; F (af)ranselen; verslaan, het winnen van; ~ *sbd.'s boots* voor iem. kruipen; kruiperig vleien; ~ *the dust* in het zand (stof) bijten; ~ *i n t o shape* fatsoeneren, vormen; ~ *o f f* aflikken; ~ *u p* oplikken; **II** *vi* likken (aan *at*); **III** *sb* lik[2] (ook: mep); zoutlik; F tempo *o*, vaart; ~ *and a promise* kattewasje *o*, [met] de Franse slag
lickerish ['likəriʃ] verlekkerd, graag; kieskeurig; zie ook: *lecherous*
lickety-split ['likətisplit] S rap, als de bliksem
licking ['likiŋ] F rammeling
lickspittle ['likspitl] pluimstrijker, strooplikker
licorice ['likəris] = *liquorice*
lid [lid] deksel *o*; (oog)lid *o*; S helm; hoed, muts; *that puts the* ~ *on it* F dat doet de deur dicht; dat is wel het toppunt
Lido ['li:dou] Lido; *l~* natuurbad *o*
1 **lie** [lai] **I** *sb* leugen; *give sbd. the* ~iem. van leugens beschuldigen; *give the* ~ *to* logenstraffen; *tell a* ~ liegen; **II** *vi* liegen
2 **lie** [lai] **I** *vi* liggen, rusten, slapen; staan; ✎ logeren; *this action will not* ~ ✿ is niet ontvankelijk; ● ~ *a b o u t* rondslingeren; ~ *a t the bank* op de bank (uitgezet) zijn; ~ *b a c k* achteroverliggen of -leunen; ~ *b y* liggen, rusten; ongebruikt liggen; ~ *d o w n* gaan liggen; ~ *down under an accusation* niet opkomen tegen; op zich laten zitten; ~ *i n* uitslapen; in 't kraambed liggen; *it* ~*s in...* het zit hem in...; *as far as in me* ~*s* naar mijn beste vermogen; ~ *l o w* (begraven) liggen; zich koest houden; ~ *o f f* ⅃ afhouden; zich schuilhouden; ~ *o v e r* blijven liggen; uitgesteld worden; ~ *t o* ⅃ bijleggen, bijdraaien; ~ *u n d e r* onderliggen; ~ *under the charge of* beschuldigd zijn van...; ~ *u p*

gaan liggen; naar bed gaan; ⚓ dokken; ~ *with* geslachtsgemeenschap hebben met; *it ~s with you* het staat aan u; **II** *sb* ligging; *the ~ of the land* de kaart van het land; *fig* de stand van zaken

lie-abed ['laiəbed] langslaper

lie-detector ['laiditektə] leugendetector

lief [li:f] lief, gaarne

liege [li:dʒ] **I** *sb* leenheer, (opper)heer; leenman; trouwe onderdaan; **II** *aj* leenplichtig; (ge)trouw; ~ *lord* (leen)heer, vorst; **–man** leenman, vazal

lie-in ['lai'in] **F** lang uitslapen *o*

lien ['li:ən] pandrecht *o*

lieu [lju:] *in ~ of* in plaats van

lieutenant [lef'tenənt] ⚓ luitenant; gouverneur [v. graafschap]; stedehouder; onderbevelhebber; ~**-governor** ondergouverneur

life [laif] leven[2] *o*, (levens)duur, levenswijze, levensbeschrijving; levend model *o*; *as large as ~* levensgroot; *in levenden lijve; larger than ~* meer dan levensgroot; *there was no loss of ~* er waren geen mensenlevens te betreuren; ● *for ~* voor het leven, levenslang; uit alle macht; *for dear (very) ~, for his ~* uit alle macht, wat hij (zij &) kon; *not for the ~ of him* voor geen geld van de wereld, om de dood niet; *drawn from (the) ~* naar het leven (de natuur) getekend; uit het leven gegrepen; *in ~* in het leven; bij zijn leven; van de wereld; *the chance & of my (your) ~* de kans & van mijn (uw) leven; zie ook: *time*; *not on your ~!* om de (dooie) dood niet!; *terrify him out of his ~* hem zich dood doen schrikken; *to the ~* getrouw (naar het leven), sprekend (gelijkend); *upon my ~* op mijn woord; *escape with (one's) ~* het er levend afbrengen; zie ook: *hand* **I**; ~**-and-death** ~ *struggle* strijd op leven en dood; ~**-belt** redding(s)gordel; ~**-blood** hartebloed *o*; ziel [van ...]; ~**-boat** redding(s)boot; **–buoy** redding(s)boei; ~**-estate** goed *o* waarvan men levenslang het vruchtgebruik heeft;~**-giving** levenwekkend; ~**-guard** lijfwacht; *the Life Guards* het lijfgarderegiment; ~**-guardsman** cavalerist van de *Life Guards*; ~**-insurance** levensverzekering; ~ *interest* levenslang vruchtgebruik *o* (van *in*); ~**-jacket** zwemvest *o*; **–less** levenloos; **–like** alsof het leeft, getrouw, levensecht; ~**-line** redding(s)lijn; *fig* levensader; vitale ravitailleringsweg; levenslijn [v. hand]; **–long** levenslang; **–manship** **F** zelfverzekerd optreden *o* [overtuigd van eigen succes]; ~ *net* springzeil *o* [v. brandweer]; ~**-office** kantoor *o* van een levensverzekering; ~**-peerage** niet-erfelijk pairschap *o* v. *life-peers* met persoonlijke titel; ~**-preserver** redding(s)toestel *o*, zwemgordel; ploertendoder; **lifer** tot levenslang veroordeelde; levenslang(e gevangenisstraf); **life-saving** redding(s)-; ~**-size(d)** (op) natuurlijke (ware) grootte, levensgroot(te);

–time levenstijd, levensduur; mensenleeftijd; *in my ~* bij mijn leven; ~**-work** levenswerk° *o*

lift [lift] **I** *vt* (op)heffen, (op)tillen, (op)lichten; verheffen[2]; opslaan [de ogen]; opsteken [de hand &]; rooien [aardappelen &]; **F** stelen; inpikken; plagiaat plegen; ~ *up* opheffen, verheffen; **II** *vi* omhooggaan, rijzen; optrekken [v. mist]; **III** *sb* heffen *o*; (op)heffing; stijging, rijzing; kleine helling; til; lift; vervoer *o* door de lucht, luchtbrug; *it is a dead ~* het geeft niet mee; het is niet te vertillen; er is geen beweging in te krijgen; *get a ~* (voor niets) mee mogen rijden, een lift krijgen; promotie maken; *give a ~* mee laten rijden, een lift geven; *fig* een zetje geven; opmonteren; **–boy, –man** liftjongen, -bediende; ~**-bridge** ophaalbrug; hefbrug; **–er** lichter; (gewichts)heffer; **S** dief; ~**-off** start [v. raket]

ligament ['ligəmənt] (gewrichts)band

ligature ['ligətʃə] **I** *sb* band[2], verband[2] *o*; koppelletter; ♪ ligatuur; **II** *vt* ∦ afbinden

1 **light** [lait] **I** *sb* licht[2] *o*; dag-, levenslicht *o*; lichtje *o*, vlammetje *o*, lichteffect *o*; be-, verlichting; venster *o*, ruit; ~*s* **S** ogen; voetlichten [toneel]; longen [v. dieren, *spec* als voedsel]; *let in ~* licht geven [in...]; *see the ~* het levenslicht aanschouwen, het licht zien; tot inzicht (inkeer) komen; *(they speak) according to their ~s* naar hun beste weten; *stand in the ~ of* verduisteren; belemmeren; *in the ~ of* in dit licht bezien; *stand in one's own ~* zich zelf in het licht (in de weg) staan, zijn eigen glazen ingooien; *throw ~ on* licht werpen op, duidelijk maken; *come (be brought) to ~* aan het licht komen; **II** *vt* verlichten, be-, bij-, voorlichten; aansteken, opsteken; *a ~ed cigar* een brandende sigaar; **III** *vi & va* lichten; aangaan, vuur vatten; ✺ afstappen, afstijgen; ~ *on* neerkomen of neerstrijken op; tegenkomen, aantreffen; ~ *out* **S** 'm smeren; ~ *up* de lichten aansteken; verlichten; **F** (eens) opsteken; *fig* verhelderen, opklaren; beginnen te schitteren [v. ogen]; aangaan

2 **light** [lait] **I** *aj* licht, helder; licht(blond) ‖ (te) licht, gemakkelijk; lichtzinnig, luchtig; los [v. grond]; ~ *of foot* vlug ter been; *make ~ of* licht tellen, de hand lichten met, in de wind slaan; ~ *reading* lichte (ontspannings)lectuur; **II** *ad* licht, zacht; met weinig bagage; **–en I** *vt* verlichten, verhelderen, opklaren ‖ verlichten [een taak &]; **II** *vi* (weer)lichten, bliksemen; lichter worden; **–er** aan-, ontsteker, (vuur)aanmaker ‖ ⚓ lichter; ~**-fingered** vingervlug, diefachtig; ~**-footed** lichtvoetig; ~**-handed** zacht[2] [van hand]; tactvol; weinig bagage & dragend; ~**-headed** licht in het hoofd; ijlhoofdig, lichtzinnig; ~**-hearted** opgewekt; ook: luchtig, lichthartig; ~**-heavyweight** halfzwaargewicht; **–house** vuurtoren; ~ *keeper* vuurtorenwachter; **–ing** aansteken *o*;

be-, verlichting; **~-up time** voorgeschreven uur om het licht (de lantarens) aan te steken; **-ly** *ad* licht, gemakkelijk; zacht [gekookt]; luchtig, lichtzinnig; **-meter** lichtmeter [v. camera]; **~-minded** lichtzinnig, luchtig, lichthartig, lichtvaardig; **-ning I** *sb* weerlicht *o* & *m*, bliksem; **II** *aj* bliksemsnel; ~ *action* bliksemactie; ~ *chess* snelschaak; ~ *glance* snelle, scherpe blik; ~ *strike* onaangekondigde, wilde staking; **-ning-conductor, -ning-rod** bliksemafleider; **~-o'-love** lichtekooi; **~-plant** lichtinstallatie; **-ship** licht-, vuurschip *o*; **-some** licht, helder ‖ licht, vlug, opgewekt; **~-weight** *sp* (bokser of jockey van) lichtgewicht *o*; *fig* onbeduidend persoon; **~-year** lichtjaar *o*

ligneous ['lignias] houtachtig

lignite ['lignait] ligniet *o* [bruinkool]

likable ['laikabl] prettig, aangenaam, sympathiek

1 **like** [laik] **I** *aj* gelijk, dergelijk, (de)zelfde; gelijkend; (zo)als; zo; *what is it ~?* hoe ziet het er uit?, hoe is het?, wat is het voor iets?; *as ~ as two peas* op elkaar gelijkend als twee druppels water; *nothing ~...* er gaat niets boven..., zie ook: *leather* **I**; *nothing (not anything) ~ as good* op geen stukken na (lang niet) zo goed; *something ~ 1500 people* zowat, ongeveer 1500 mensen; *that was something ~ a day* dat was nog eens een dag; *that is something ~!* dat laat zich horen!; *that is just ~ him* dat is net iets voor hem; *that is ~ your impudence* dat is nu weer eens een staaltje van je onbeschaamdheid; **II** *prep* (zo)als, zo, als; ~ *as* ✎ zoals, als; ~ *anything* (*blazes, the devil, fun, hell, mad, one o'clock*) **F** van je welste, als de bliksem; ~ *a good boy* dan ben je een beste; **III** *ad* ietwat, **S** zo te zeggen; als het ware; ~ *enough, very* ~, (*as*) ~ *as not* **F** (best) mogelijk; waarschijnlijk; **IV** *cj* **F** zoals; *I had ~ to have lost it* **P** ik had het bijna verloren; **V** *sb* gelijke, wederga(de), weerga; ~ *draws to* ~ soort zoekt soort; *his* ~ zijn weerga; *the* ~ (*of it*) iets dergelijks; *you and the ~s of you* **F** u en uws gelijken; *...and the* ~ enz., e.d.

2 **like** [laik] **I** *vt* houden van, veel op hebben met; geven om, (gaarne) mogen, graag hebben, lusten; ✎ lijken, aanstaan; *I ~ it* ook: ik vind het prettig (fijn, aardig, leuk, lekker &), het bevalt me, het staat me aan; *I ~ that!* **F** die is goed!; *I ~ to see it* ik zie het graag; *I should ~ to know* ik zou gaarne (wel eens) willen weten; *as you ~ it* ✎ zoals het u behaagt; *if you ~* als je wilt; *if you don't ~ it, you may lump it* je moet het maar voor lief nemen; *what would you ~?* wat zal het zijn?; **II** *sb* voorliefde; *~s and dislikes* sympathieën en antipathieën; **likeable** prettig, aantrekkelijk

likelihood ['laiklihud], **likeliness** waarschijnlijkheid; **likely** waarschijnlijk, vermoedelijk; geschikt; *the most ~ person to do it* die het (zeker) wel

doen zal; *the likeliest place to find him in* waar hij vermoedelijk wel te vinden is; *not ~!* **F** kan je begrijpen!; *he is not ~ to come* hij zal (waarschijnlijk) wel niet komen; *he is more ~ to succeed* hij heeft meer kans te slagen; *as ~ as not* wel (best) mogelijk; waarschijnlijk (wel)

like-minded ['laik'maindid] gelijkgezind, één van zin; **liken** vergelijken (bij *to*); **likeness** gelijkenis; portret *o*; ✎ gedaante; voorkomen *o*; **likewise** evenzo; des-, insgelijks, eveneens, ook

liking ['laikiŋ] zin, smaak, lust, (voor)liefde, genegenheid, sympathie; *to one's* ~ naar smaak; *have a* ~ *for* houden van, geporteerd zijn voor

lilac ['lailək] **I** *sb* ✎ sering; lila *o*; **II** *aj* lila

Lilliputian [lili'pju:ʃən] **I** *aj* lilliputachtig, dwergachtig; **II** *sb* lilliputter

lilt [lilt] **I** *sb* vrolijk wijsje *o*; ritme *o*, cadans; veerkracht; **II** *vi* wippen, huppelen; zingen; **III** *vt* vlug en vrolijk zingen

lily ['lili] **I** *sb* lelie; ~ *of the valley* lelietje-van-dalen *o*; **II** *aj* (lelie)wit; **~-livered** laf; **~-white** lelieblank

limb [lim] lid *o* (= been *o*, arm, vleugel); [~*s* ledematen]; tak ‖ limbus; rand; ~ *of the devil* **F** duivelskind *o*; ~ *of the law* arm der wet; *out on a* ~ in een ongunstige positie

1 **limber** ['limbə] **I** *aj* buigzaam, lenig; **II** *vt* (& *vi*) ~ (*up*) buigzaam (lenig) maken (worden); **III** *va* ~ *up* de spieren los maken door lenigheidsoefeningen; *fig* zich inspelen

2 **limber** ['limbə] **I** *sb* ✗ voorwagen ‖ ⚓ vullingsgat *o*, zoggat *o*; **II** *vt* & *vi* ~ (*up*) ✗ opleggen, aanspannen

limbo ['limbou] het voorgeborchte der hel; *fig* gevangenis; *be in* ~ in vergetelheid geraakt zijn

lime [laim] **I** *sb* (vogel)lijm ‖ kalk ‖ linde(boom) ‖ limoen; **II** *vt* met lijm bestrijken, lijmen[2] ‖ met kalk bemesten of behandelen; **~-burner** kalkbrander; **~-juice** limoensap *o*; **-kiln** kalkoven; **-kalkbranderij; **-light** kalklicht *o*; *in the* ~ in het schelle licht van de publiciteit

limerick ['limərik] soort vijfregelig grappig versje *o*

limestone ['laimstoun] kalksteen *o* & *m*; **lime-tree** lindeboom; **~-twig** lijmroede; **~-wash I** *sb* witkalk; **II** *vt* witten; ~ *water* kalkwater *o*

limey ['laimi] *Am* **S** Engelsman

liminal ['liminl] drempel-

limit ['limit] **I** *sb* (uiterste) grens, grenslijn; limiet; beperking; *that's the* ~ **F** dat is het toppunt; *he's the ~!* hij is onuitstaanbaar!; *off ~s Am* in verboden wijk &; verboden; *to the* ~ tot het (aller)uiterste; **II** *vt* begrenzen, beperken; limiteren; **-ation** [limi'teiʃən] beperking, begrenzing, grens[2]; beperktheid; verjaringstermijn; **-ed** ['limitid] beperkt, begrensd, geborneerd, bekrompen; ~ (*liability*) *company* naamloze vennootschap (met beperkte aansprakelijkheid); ~ *partnership* commanditaire vennootschap; **–less** onbegrensd, onbeperkt

limn [lim] schilderen, kleuren, verluchten; **–er** (portret)schilder, miniatuurschilder; verluchter

limousine ['limuzi:n] limousine

1 **limp** [limp] *aj* slap

2 **limp** [limp] **I** *vi* hinken, mank, kreupel lopen; **II** *sb* have a ~ in one's gait, *walk with a* ~ mank, kreupel lopen

limpet ['limpit] napslak; *cling (stick) like a* ~ aanhangen als een klis

limpid ['limpid] helder, klaar, doorschijnend; **–ity** [lim'piditi] helderheid, klaarheid, doorschijnendheid

limy ['laimi] lijmig ǁ kalkachtig, kalk-

linage ['lainidʒ] aantal *o* regels; honorarium *o* per regel

linchpin ['lin(t)ʃpin] luns; *fig* voornaamste element *o*, vitaal onderdeel *o*

linctus ['liŋktəs] stroperige medicijn

linden ['lindən] lindeboom, linde

line [lain] **I** *sb* lijn, regel, streep, schreef; grens(lijn); groef, rimpel; **F** regeltje *o*, lettertje *o*; ✍ strafregel; (richt)snoer *o*, touw *o*; linie; spoor-, stoomvaartlijn &; reeks, rij; file; **$** branche, vak *o*; assortiment *o*, artikel *o*; **~***s* rol, tekst, woorden [v. acteur]; **F** strafregels; trouwboekje *o*; *it is hard* ~*s* het is hard, een hard gelag; ~ *of action* koers, gedragslijn; ~ *of battle* slagorde; *it is not my* ~ *(of business)* vak *o*, branche; ~ *of conduct* gedragslijn; *the* ~ *of least resistance* de weg van de geringste weerstand; ~ *of sight* vizierlijn; ~ *of thought* gedachtengang; *cross the* ~ ⚓ de linie passeren; *draw the* ~ *somewhere* een grens trekken; *bring into* ~ in het gareel brengen; *get a* ~ *on* **S** iets ontdekken over; *give sbd.* ~ *enough* iem. de nodige vrijheid van beweging laten; *hold the* ~ ☎ blijft u aan het toestel?; *shoot a* ~ **S** opscheppen; *take a* ~ *of one's own (one's own* ~) zijn eigen weg gaan; zijn eigen inzicht volgen; *take a firm* ~ *against*... vastberaden optreden tegen...; *toe the* ~ zich voegen naar; gehoorzamen; ● *all along the* ~ over de gehele linie; *along the* ~*s of* in de geest (zin, trant) van, op de wijze van; *by* ~ *and rule, (by* ~ *and level)* met passer en liniaal; *in* ~ *with* op één lijn (staand) met; in overeenstemming met; *it is not in his* ~ dat ligt niet op zijn weg, daar heeft hij geen bemoeienis mee, dat is niets voor hem; *bring them into* ~ hen akkoord doen gaan, hen tot eendrachtige samenwerking krijgen; hen in 't gareel brengen; *come into* ~ *with* zich scharen aan de zijde van; *form into* ~ ⚔ aantreden; in bataille komen; *of a good* ~ van goede komaf; *on the* ~*s laid down by him* volgens het principe, op de voet, op de basis door hem aangegeven; *on the old accepted* ~*s* op de traditionele

manier, op de oude leest (geschoeid); ~ *upon* ~ **B** regel op regel; langzaam maar zeker; **II** *vt* liniëren, strepen; afzetten [met soldaten]; (geschaard) staan langs [v. menigte, bomen &]; voeren, bekleden, beleggen, beschieten; ~ *one's pockets (purse)* zijn beurs spekken; *a face* ~*d with pain* doorgeploegd, met voren; ~ *in* omlijnen; ~ *off* aftekenen, aanstrepen; ~ *out* omlijnen; ~ *through* doorstrepen; ~ *up* opstellen, laten aantreden; **III** *vi* ~ *up* zich opstellen, aantreden; in de (een) rij gaan staan; ~ *up with* zich aansluiten bij, zich scharen aan de zijde van

lineage ['liniidʒ] geslacht *o*, afkomst; nakomelingschap

lineal ['liniəl] in de rechte lijn (afstammend), rechtstreeks

lineament ['liniəmənt] gelaatstrek, trek; **linear** lijnvormig, lineair, lijn-, lengte-; **line-drawing** ['laindrɔ:iŋ] contourtekening; **~-engraving** lijngravure; **–man** lijnwerker

linen ['linin] **I** *sb* linnen(goed) *o*, ✎ lijnwaad *o*; [schone, vuile] was; zie ook: *wash* **I**; **II** *aj* linnen, van linnen; **~-draper** manufacturier

liner ['lainə] lijnboot; lijnvliegtuig *o*; ✂ bekleding, voering

linesman ['lainzmən] ⚔ liniesoldaat; *sp* grensrechter; ook = *lineman*

line-up ['lainʌp] opstelling, constellatie

ling [liŋ] 𝕯 leng ǁ (struik)heide

linger ['liŋgə] **I** *vi* toeven, talmen, dralen; weifelen; kwijnen, blijven hangen (ook: ~ *on*); *not* ~ *ever* niet lang(er) stilstaan bij; **II** *vt* ~ *away* vertreuzelen; ~ *out one's days* voortslepen, rekken; **–er** talmer; **–ing** *aj* lang(durig), slepend, langzaam (werkend); dralend, langgerekt; **II** *sb* (kwijnend) voortbestaan *o*; toeven *o* &

lingo ['liŋgou] brabbeltaal, koeterwaals *o*; **F** vakjargon *o*

lingua franca ['liŋwə'fræŋkə] handelstaal, voertaal

lingual ['liŋgwəl] **I** *aj* tong-; taal-; **II** *sb* tongklank

linguist ['liŋgwist] talenkenner; taalkundige; **–ic** [liŋ'gwistik] taalkundig, taal-; **–ics** taalwetenschap

liniment ['linimənt] smeersel *o*

lining ['lainiŋ] voering, bekleding; zie ook: *cloud* **I**

link [liŋk] **I** *sb* schakel[2], schalm; *fig* band; verbinding; lengte van 7.92 inch; (pek)toorts; **~***s Sc* vlakke, met gras bedekte strook aan de zeekust; *sp* golfbaan; manchetknopen; **II** *vt* steken (door *in*); ~ *(up)* aaneenschakelen, verbinden, verenigen, aansluiten (met, aan *to, with*); *be* ~*ed (up) with* ook: aansluiten bij, op; **III** *vi* ~ *up with* zich verbinden met, zich verenigen met, zich aansluiten bij; **~-up** verbinding, vereniging

Linnaean [li'ni:ən] van Linnaeus

lino ['lainou] **F** linoleum *o* & *m*; **–cut** linoleumsnede, -druk

linoleum [li'nouljəm] linoleum *o* & *m*

linseed ['linsi:d] lijnzaad *o*; **~ cake** lijnkoek; **~ oil** lijnolie

linsey-woolsey ['linzi'wulzi] grof weefsel *o* van katoen met wol

lint [lint] pluksel *o*

lintel ['lintl] △ kalf *o*, bovendrempel

lion ['laiən] leeuw; *fig* beroemdheid, merkwaardigheid [van de plaats]; *fig* Engeland; **~'s share** leeuwedeel *o*; *the ~ of the day* de held van de dag; **–ess** leeuwin; **~-hearted** met leeuwemoed (bezield), manmoedig; **~-hunter** leeuwejager; *fig* iem. die beroemdheden naloopt; **–ize** [iem.] fêteren

lip [lip] lip°; rand; **F** brutaliteit; *none of your ~!* géén brutaliteiten!; *keep a stiff upper ~* zich groot houden; geen spier vertrekken; **~-service** lippendienst; **–stick** lippenstift

liquefaction [likwi'fækʃən] vloeibaarmaking; **liquefy** ['likwifai] vloeibaar maken (worden)

liqueur [li'kjuə] likeur

liquid ['likwid] **I** *aj* vloeibaar; vloeiend; waterig [v. ogen]; liquide; **~ resources** $ vlottende middelen; **II** *sb* vloeistof; *gram* liquida; **–ate** vereffenen, liquideren; *fig* doden; **–ation** [likwi'deiʃən] liquidatie, vereffening; **–ator** ['likwideitə] liquidateur; **–ity** [li'kwiditi] vloeibaarheid; $ liquiditeit

liquor ['likə] vocht *o*; (sterke) „drank"; *in ~* beschonken

liquorice ['likəris] ⚭ zoethout *o*; drop

lisle [lail] **~ thread** fil d'écosse *o*

lisp [lisp] **I** *vi* & *vt* lispelen; **II** *sb* gelispel *o*

lissom(e) ['lisəm] buigzaam, lenig, vlug, rap

1 **list** [list] zelfkant, tochtband *o* [stofnaam], tochtband *m* [voorwerpsnaam], rand ‖ (naam)lijst, catalogus, tabel, rol ‖ ⚓ slagzij(de); overhelling; **~s** strijdperk *o*; *the ~ of wines* de wijnkaart; *enter the ~s* in het strijdperk treden

2 **list** [list] **I** *vt* een lijst opmaken van, inschrijven, noteren, catalogiseren; opnemen, opsommen, vermelden; met een rand of tochtband afzetten; **II** *vi* ⚓ slagzij(de) maken; overhellen ‖ ⚓ lust hebben, lusten, willen ‖ ⊙ luisteren ‖ ook = *enlist*

listen ['lisn] luisteren (naar *to*)²; **~ in** R luisteren; **~ in** (*to*) be-, afluisteren; **–er** luisteraar; > luistervink; toehoorder; **–er-in** luisteraar

listless ['listlis] lusteloos, hangerig, slap

list-price ['listprais] catalogusprijs; officiële prijs

lit [lit] V.T. & V.D. van *light*; *well ~* **S** stomdronken; **~ up S** aangeschoten

litany ['litəni] litanie

literacy ['litərəsi] alfabetisme *o*, geletterdheid: het kunnen lezen (en schrijven)

literal ['litərəl] *aj* letterlijk; letter-; [v. mensen] nuchter, prozaïsch; **–ism** letterlijkheid, letterlijke uitlegging; **–ist** scherpslijper; **literally** *ad* letterlijk; absoluut

literary ['litərəri] literair, letterkundig; geletterd; **~ history** literatuurgeschiedenis; **~ property** auteursrecht

literate ['litərit] het lezen (en schrijven) machtig (zijnde); geletterd

literati [litə'ra:ti:] geleerden, geletterden

literatim [litə'ra:tim] *Lat* letterlijk, letter voor letter

literature ['lit(ə)ritʃə] literatuur, letterkunde; **F** [propaganda] lectuur, prospectussen, drukwerk &

litharge ['liθa:dʒ] loodglit *o*

lithe(some) ['laið(səm)] buigzaam, lenig

lithograph ['liθəgra:f] **I** *sb* lithografie, steendruk(plaat); **II** *vt* lithograferen; **–y** [li'θɔgrəfi] lithografie

litigant ['litigənt] **I** *aj* procederend, in proces liggend; **II** *sb* procederende partij; **litigate** ['litigeit] **I** *vi* procederen; **II** *vt* procederen over; betwisten; **–tion** [liti'geiʃən] procederen *o*; (rechts)geding *o*, proces *o*; **litigious** [li'tidʒəs] pleitziek; betwistbaar; proces-

litmus ['litməs] lakmoes *o*

litre ['li:tə] liter

litter ['litə] **I** *sb* draagkoets, (draag)baar; stalstro *o*, strooisel *o*; warboel, rommel, afval *o* & *m* [schillen &]; worp [varkens]; **II** *vt* van stro voorzien, met stro bedekken, strooien (ook: **~ down,** *up*); bezaaien; dooreengooien, overal (ordeloos) neergooien of laten liggen; **~ed with books** overdekt met overal slingerende boeken; **III** *vi* (jongen) werpen; **~ bin** bak of mand voor afval; **~-lout F** iem. die rommel maakt; **–y** rommelig

little ['litl] **I** *aj* klein², kleinzielig; luttel; weinig, gering; **~ butter** weinig boter; *a ~ butter* een beetje (wat) boter; **~ folk** (*people*) elfen en kabouters; **~ ones** kinderen, kleintjes; *make ~ of* niet tellen, weinig geven om; zie ook: *finger* &; **II** *sb* weinig; *a ~* een beetje; een kleinigheid; *no ~, not a ~* niet weinig (= zeer veel); *many a ~ makes a mickle* veel kleintjes maken een grote; ● *after a ~* na korte tijd; **~ by ~** langzamerhand; *for a ~* een poosje; *in ~* in het klein; *he was with-in a ~ of crying* hij had bijna gehuild; **III** *ad* weinig (soms = niet); **–go** ⚓ eerste examen *o* voor B.A. [Cambridge]; **–ness** klein(zielig)heid

littoral ['litərəl] **I** *aj* kust-; **II** *sb* kustgebied *o*

liturgical [li'tə:dʒikl] liturgisch; **liturgy** ['litədʒi] liturgie

livable ['livəbl] bewoonbaar; leefbaar [leven]; gezellig; 1 **live** [laiv] *aj* levend, in leven; levendig; actief, energiek; brandend, actueel [v. kwestie]; echt, heus [beest]; gloeiend [kool]; scherp (geladen); niet ontploft [granaat]; **S** wemelend [v. ongedierte]; vers [stoom]; ☀ onder stroom of geladen; *RT* rechtstreeks, direct [v. uitzending]; *a ~ wire* ook: *fig* een energiek iemand; een dynamische persoonlijkheid; 2 **live** [liv] **I** *vi* leven, bestaan; blijven leven, in (het) leven blijven; ⚓ het uithouden [in een storm]; wonen; *~ and learn* een mens is nooit te oud om te leren; *~ and let ~* leven en laten leven; *as I ~!* zo waar ik leef!; *he quite ~s there* hij is er altijd over de vloer; *~ happily (happy) ever after* nog lang en gelukkig leven; **II** *vt* leven; doorleven, beleven; ● *~ again* herleven; *~ by bread alone* leven van brood alleen; *~ down a calumny* door zijn leven logenstraffen; *~ down prejudice* het vooroordeel te boven komen; *~ it down* ergens overheenkomen; *~ in* intern zijn, inwonen; *~ on* blijven leven, voortleven; *~ on grass* zich voeden met; *~ on one's relations* leven (op kosten) van; *~ on one's reputation* op zijn roem teren; *~ out* overleven; niet intern zijn; *~ through* doormaken; *~ to (be) a hundred* (nog) honderd jaar worden; *~ to see...* het beleven dat; *~ it up* F het er van nemen; *~ up to* leven overeenkomstig..., naleven, waar maken, niet te schande maken; *~ with* (in)wonen bij, samenwonen met; leven met; **-able** ['livəbl] = *livable*

livelihood ['laivlihud] kost-, broodwinning, kost, (levens)onderhoud *o*, brood *o*, bestaan *o*; *make a (his) ~* zijn brood verdienen

☉ **livelong** ['livlɔŋ] *the ~ day* de lieve lange dag, de godganse dag; **lively** ['laivli] levendig°, vrolijk; vitaal, energiek; vlug, druk; F opwindend gevaarlijk; leven verlevendigen, opvrolijken (ook: *~ up*); **1 liver** ['livə] wie leeft, levende; *a free ~* een losbol; een smulpaap; *a good ~* een braaf mens; een bon-vivant; *the longest ~* de overlevende, de langstlevende; *a loose ~* een losbol, boemelaar

2 liver ['livə] **I** *sb* lever; leverkleur; F leverziekte; **II** als *aj* F gallig; **liverish** F aan de lever lijdend; geïrriteerd

livery ['livəri] livrei; huisstijl [uniforme beschildering van auto's &]; *fig* kleed *o*; 🎭 (akte van) overdracht; = *livery company*; *keep horses at ~* huurpaarden houden; *~* **company** gilde *o* & *v* van de city van Londen; **-man** lid *o* van een der gilden van de City van Londen; stalhouder; *~* **stable** stalhouderij

livestock ['laivstɔk] levende have, veestapel

livid ['livid] lood-, lijkkleurig, (doods)bleek; F hels, razend; **-ity** [li'viditi] loodkleur, doodsbleke kleur

living ['liviŋ] **I** *aj* levend; *be ~* (nog) leven, in leven zijn; *within ~ memory* bij mensenheugenis; *~ space* woonruimte; levensruimte; *a ~ wage* een menswaardig bestaan verzekerend loon *o*; **II** *sb* leven *o*, (levens)onderhoud *o*, bestaan *o*, brood-

winning, kost(winning); predikantsplaats; *be fond of good ~* van lekker eten en drinken houden; *earn (gain, get, make) a (his) ~* zijn brood verdienen; *for a (his) ~* voor de kost, om den brode; *~* **-room** woonvertrek *o*, huiskamer; ook = *living space*

lizard ['lizəd] hagedis

llama ['lɑːmə] 🐑 lama

LL.B. = *Legum Baccalaureus, Bachelor of Laws*

LL.D. = *Legum Doctor, Doctor of Laws*

Lloyd's [lɔidz] Lloyd's kantoor *o*: beursafdeling voor zeeverzekering (te Londen)

✎ **lo** [lou] zie!, kijk! (ook: *~ and behold*)

load [loud] **I** *sb* lading, last, vracht; ✕ belasting; *~s of...* F hopen; *a ~ of hay* een voer hooi; *that is a ~ off my mind* dat is een pak van mijn hart; **II** *vt* (in-, op-, be)laden, bevrachten, bezwaren, belasten; vullen [pijp]; overladen; *~ed claret* aangezette bordeauxwijn; *~ed dice* valse dobbelstenen; *~ed question* strikvraag; *~ed stick* met lood gevulde stok; **III** *vi & va* laden; **-ing** het laden, lading, vracht; ✕ belasting; *~ berth* ⚓ laadplaats; *~ and un~* het laden en lossen; *~* **-line** lastlijn; *~* **-star** poolster[2], ☉ leidstar; *~* **-stone** magneetsteen *o* & *m* [stofnaam], magneetsteen *m* [voorwerpsnaam]

1 loaf [louf] **I** *sb* brood *o*; suikerbrood *o*; stuk *o* [zult, gehakt &]; S hoofd, verstand; *the loaves and fishes* het materieel belang; *half a ~ is better than no bread* beter een half ei dan een lege dop; **II** *vi* kroppen [v. sla &]

2 loaf [louf] **I** *vi* leeglopen, lanterfanten, rondslenteren (ook: *~ about*); **II** *vt ~ away* verlummelen; **-er** leegloper, schooier

loaf-sugar ['loufʃugə] broodsuiker

loam [loum] **I** *sb* leem *o* & *m*; **II** *vt* lemen; *~* **-pit** leemgroeve; *~y* leemachtig, leem-

loan [loun] **I** *sb* lening, geleende *o*, lenen *o*; *ask for the ~ of* te leen vragen; *may I have the ~ of it?* mag ik het eens lenen?; *on ~* te leen; (be) *out on ~* uitgeleend (zijn); **II** *vt* (uit)lenen; *~* **-bank** voorschotbank; *~* **collection** verzameling in bruikleen; *~* **-office** hulpbank; leenbank; *~* **-word** bastaardwoord *o*, leenwoord *o*

loath [louθ] afkerig, ongenegen; *nothing ~* wat graag

loathe [louð] verafschuwen, een afkeer hebben van, walgen van; **loathing** walg(ing), weerzin; **loathly** = *loathsome*; **loathsome** walglijk, weerzinwekkend, afschuwelijk

lob [lɔb] **I** *vi* zich log bewegen; **II** *vt* in een boog gooien; hoog slaan; **III** *sb* bal die een boog beschrijft; hoge bal [tennis]

lobate ['loubeit] 🐾 gelobd, -lobbig

lobby ['lɔbi] **I** *sb* voorzaal, portaal *o*; koffiekamer, foyer; couloir, wandelgang; lobby [= pressiegroep]; **II** *vt & vi* (leden van het Parlement &) in

de wandelgangen bewerken
lobe [loub] lob [hersenen]; kwab [long]; lel [oor];
–d ℒ gelobd, -lobbig
lobster ['lɔbstə] zeekreeft
lobule ['lɔbju:l] lobbetje *o*, kwabbetje *o*, lelletje *o*
lob-worm ['lɔbwə:m] zeepier
local ['loukəl] **I** *aj* plaatselijk; van plaats; van de
plaats; plaats-; lokaal; alhier; stad [op adres]; ~
colour beschrijving van het karakteristieke van
een bep. buurt of streek; ~ *service* buurtverkeer
o, lokaaldienst; **II** *sb* plaatselijk inwoner; plaatselijk nieuws *o*; lokaaltrein; plaatselijke afdeling &;
F (stam)kroeg, buurtcafé *o*; **locale** [lou'ka:l]
plaats (waar iets voorvalt); **localism**
['loukəlizm] plaatselijke eigenaardigheid, uitdrukking &; **locality** [lou'kæliti] plaatselijkheid;
plaats, lokaliteit; *bump of* ~ oriënteringsvermogen *o*; **localization** [loukəlai'zeiʃən] lokalisatie,
plaatselijk maken *o*, plaatselijke beperking;
plaatsbepaling; **localize** ['loukəlaiz] lokalise-
ren, binnen bepaalde grenzen beperken; ook =
locate **I**; **locally** *ad* plaatselijk; ter plaatse
locate [lou'keit] een (zijn) plaats aanwijzen; de
plaats bepalen van, plaatsen, vestigen; de plaats
opsporen (vaststellen, vinden) van; **–tion**
[lou'keiʃən] plaatsbepaling, plaatsing, plaats,
ligging; plaats voor buitenopnamen [v. film];
mijnbouwterrein *o*; *Austr* fokkerij; *on* ~ op loca-
tie [film]; ~ *shot* buitenopname [film]
loch [lɔx, lɔk] *Sc* meer *o*; zeearm
1 lock [lɔk] *sb* lok [haar]; vlok [wol]
2 lock [lɔk] **I** *sb* slot *o*; sluis; ~, *stock, and barrel* zoals het reilt en zeilt, alles inbegrepen, en bloc;
under ~ *and key* achter slot en grendel; **II** *vt* sluiten, op slot doen, af-, op-, in-, om-, wegsluiten;
vastzetten, klemmen; van sluizen voorzien; ~
a w a y wegsluiten; ~ *i n* in-, opsluiten; ~ *o u t*
buitensluiten; uitsluiten [werkvolk]; ~
t h r o u g h (door)schutten [schip]; ~ *u p* opsluiten (in gevangenis, krankzinnigengesticht &),
wegsluiten, vastleggen [kapitaal]; sluiten; **–age**
verval *o* van een sluis; schut-, sluisgeld *o*; sluis-
werken; ~**-chamber** schut-, sluiskolk; **locker**
kastje *o*, kist; zie ook *Davy Jones*; **locker-room**
kleedkamer [v. bedrijf &]
locket ['lɔkit] medaillon *o*
lock-gate ['lɔkgeit] sluisdeur; **–jaw** mondklem;
~**-keeper** sluiswachter; ~**-out** uitsluiting;
–sman sluiswachter; **–smith** slotenmaker;
~**-up** arrestantenlokaal *o*, nor; box [v. garage];
(tijd van) sluiten *o*; vastlegging [v. kapitaal]; ~
café café zonder woonruimte; ~ *desk* lessenaar
die op slot kan; ~ *garages* boxengarage(s); ~ *shop*
dagwinkel
loco ['loukou] **S** getikt, gek
locomotion [loukə'mouʃən] (vermogen *o* van)
voortbeweging, zich verplaatsen *o*; **–tive**

['loukəmoutiv] **I** *aj* zich (automatisch) voortbe-
wegend of kunnende bewegen; bewegings-; ~
engine locomotief; **II** *sb* locomotief
locum tenens ['loukəm'ti:nenz] (plaats)vervan-
ger [v. dokter of geestelijke]
locus ['loukəs] (meetkundige) plaats
locust ['loukəst] sprinkhaan
locution [lou'kju:ʃən] spreekwijze
lode [loud] (water)afvoerkanaal *o*; ertsader
loden ['loudn] loden [wollen stof]
lodestar ['loudsta:] poolster², ☉ leidster
lodestone ['loudstoun] = *loadstone*
lodge [lɔdʒ] **I** *sb* optrekje *o*, huisje *o*, hut; portierswoning, -hokje *o*, rectorswoning [bij universi-
teit]; loge [v. vrijmetselaars]; leger *o*, hol *o* [v.
dier]; **II** *vt* (neer)leggen, plaatsen, huisvesten,
herbergen, zetten; deponeren; indienen, inleveren, inzenden (bij *with*); opslaan [goederen]; ~
oneself ook: zich nestelen; ~ *a bullet in his brain* jagen; *power* ~*d in* (*in the hands of, with*) berustend
bij; **II** *vi* wonen, huizen; blijven zitten (steken);
~ *with* inwonen bij; ~**-keeper** portier [van een
buiten]; **lodgement** = *lodgment*; **lodger** kamerbewoner, inwonende; **lodging** huisvesting,
(in)woning, logies *o*, kamers; *in* ~*s* op kamers;
~**-house** huis *o* waar kamers verhuurd worden;
lodgment plaatsing, huisvesting; ophoping; ℒ
deposito *o*; *effect* (*make*) *a* ~ ✗ zich nestelen
loess ['louis] löss
loft [lɔ:ft] zolder; vliering; duiventil; galerij
loftily ['lɔ:ftili] *ad* v. *lofty*; ook: uit de hoogte;
loftiness verhevenheid, hoogte; trots; **lofty** *aj*
verheven, hoog; trots; gedragen
log [lɔg] **I** *sb* blok *o*; ⚓ log; = *logbook*; ✗ log(arit-
me); *heave the* ~ loggen; *sleep like a* ~ slapen als
een marmot; **II** *vt* (hout) hakken; in het logboek
optekenen
logarithm ['lɔgəriθm] logaritme
logbook ['lɔgbuk] ⚓ logboek *o*, journaal *o*; logboek *o*: dagboek *o*; register *o*; werkboekje *o*
log-cabin ['lɔgkæbin] blokhut
loggerhead ['lɔgəhed] *be at* ~*s* elkaar in het haar
zitten, overhoop liggen, bakkeleien
loggia ['lɔdʒə] loggia
log-house ['lɔghaus] blokhuis *o*
logic ['lɔdʒik] logica; **F** redelijk argument *o*; **–al**
logisch
logistics [lou'dʒistiks] ✗ logistiek
loin [lɔin] lende, lendestuk *o*; ~**-cloth** lenden-
doek
loiter ['lɔitə] *vi* talmen, treuzelen, lanterfanten;
℺ op verdachte wijze rondhangen; ~ *about*
rondslenteren; **II** *vt* ~ *away* verbeuzelen; **–er**
treuzelaar, slenteraar
loll [lɔl] **I** *vi* lui liggen, leunen, hangen; ~ *about*
staan 'hangen'; **II** *vt* laten hangen [de tong]
(ook: ~ *out*)

lollipop ['lɔlipɔp] F snoepje *o*, snoep, lekkers *o*; lolly

lollop ['lɔləp] F luieren, lummelen; ~ *about* lanterfanten; rondzwalken

lolly ['lɔli] lolly; S duiten, money

Londoner ['lʌndənə] Londenaar

lone [loun] eenzaam, verlaten; *play a* ~ *hand* in zijn eentje optreden, zijn eigen weg gaan; *a* ~ *wolf* een alleenstaande figuur; **loneliness** eenzaamheid, verlatenheid; **lonely** eenzaam; **loner** *Am* = *lone wolf*; **lonesome** eenzaam

1 **long** [lɔŋ] **I** *aj* lang*, langdurig, langgerekt; langdradig; groot [gezin &]; ~ *drink* aangelengde alcoholische drank in groot glas; ~ *face* lang (somber) gezicht *o*, ~ *jump sp* verspringen *o*; ~ *measure* lengtemaat; ~ *price* (*figure*) hoge prijs; *a* ~ *purse* een ruime beurs; *in the long run* op den duur, uiteindelijk; ~ *vacation* grote vakantie; ~ *wave* lange golf; **II** *ad don't be* ~ blijf niet te lang weg; *he was not* ~ (*in*) *finding it out* het duurde niet lang of...; *he is not* ~ *for this world* hij zal het niet lang meer maken; *as* ~ *as six months ago* al (wel) zes maanden geleden; *so* (*as*) ~ *as* als... maar, mits; *so* ~ *!* F tot ziens!; **III** *sb the Long* F de grote vakantie; *the* ~ *and the short of it is...* om kort te gaan...; *for* ~ lang; *take* ~ veel tijd nodig hebben; zie ook: *before* **I**

2 **long** [lɔŋ] *vi* verlangen (naar *for*)

long-billed ['lɔŋbild] langsnavelig; ~-**boat** sloep; -**bow** sterke boog; *draw the* ~ F overdrijven; ~-**dated** $ langzicht-[wissel]; ~-**drawn** langgerekt (ook: ~ *out*); **longer** *aj* langer; *no* ~ niet langer (meer); **longest** langst; *at* (*the*) ~ op zijn langst

longevity [lɔn'dʒeviti] lang leven *o*, hoge ouderdom

long-haired ['lɔŋhɛəd] langharig; -**hand** gewoon schrift *o* (tegenover stenografie); ~-**headed** dolichocefaal: langschedelig; *fig* uitgeslapen

longing ['lɔŋiŋ] (sterk) verlangen *o*, belustheid; **longing(ly)** (erg) verlangend

longish ['lɔŋiʃ] wat lang, vrij lang

longitude ['lɔn(d)ʒitjuːd] (geografische) lengte; -**dinal** [lɔn(d)ʒi'tjuːdinəl] in de lengte, lengte-

long-legged ['lɔŋlegd] langbenig; ~-**lived** langlevend, lang van leven; langdurig, van lange duur; ~-**play** ~ *record* langspeelplaat; ~ **player** langspeelplaat, l.p., elpee, langspeler; ~-**playing** ~ *record* langspeelplaat; ~-**range** ◊ vèrdragend [geschut]; ◊ lange-afstands-[vlucht]; *fig* op lange termijn; -**shoreman** sjouwer, bootwerke◊, havenarbeider; strandvisser; ~-**sighted** vèrziend; *fig* vooruitziend; ~-**standing** oud; ~-**suffering** **I** *sb* lankmoedigheid; **II** *aj* lankmoedig; ~-**term** op lange termijn, langlopend; voor lange tijd; -**ways** in de

lengte; ~-**winded** lang van adem; lang van stijl, breedsprakig, langdradig; -**wise** in de lengte

loo [luː] F closet *o*, toilet *o*, W.C.

look [luk] **I** *vi* kijken, zien, er uitzien; lijken; ~ *big* trots kijken, een hoge borst zetten; ~ *black* nors, zwart kijken; er somber uitzien; ~ *blank* (*foolish, sold*) beteuterd of op zijn neus kijken; ~ *blue* sip kijken; ~ *great* prachtig staan [v. kledingstuk]; ~ *here!* hoor 'es!, zeg 'es!; ~ *like* lijken op; er naar uitzien (dat); *it* ~*s like rain* het ziet er naar uit of we regen zullen krijgen; ~ *sharp* scherp uitkijken; haast (voort) maken; ~ *south* uitzien op het zuiden; ~ *before you leap* bezint eer gij begint; **II** *vt* er uitzien als, voorstellen; door zijn kijken uitdrukken, verraden; (er voor) zorgen; verwachten; *not* ~ *one's age* jonger lijken dan men is, er nog (voor zijn jaren) goed uitzien; ~ *one's best* zijn (haar) beau jour hebben; er op zijn voordeligst uitzien; goed uitkomen; ~ *it*, ~ *the part* het goede figuur hebben voor een rol; zijn uiterlijk niet logenstraffen; *you are not* ~*ing yourself* niet zo goed als anders; ● ~ *a b o u t* rondkijken, rondzien; ~ *about one* om zich heen kijken, de situatie opnemen; ~ *about for...* omzien (zoeken) naar; ~ *a f t e r* acht geven op; passen op, letten op, zorgen voor; ~ *after his interests* behartigen; ~ *a h e a d* vooruitzien; ~ *a l i v e* opmerkzaam zijn; ~ *a t* kijken naar, bekijken, aankijken, kijken op [zijn horloge]; bezien, beschouwen; *they will not* ~ *at...* zij zullen niet kijken naar; ze willen niets weten van...; *he couldn't* ~ *at...* F hij zou... niet aankunnen; ~ *twice at this money* een dubbeltje tweemaal omkeren; ~ *a w a y* een andere kant uit kijken, de blik (de ogen) afwenden; ~ *b a c k* terugzien; omzien, omkijken; *he never* ~*ed back* hij kwam (ging) vooruit; ~ *back upon* een terugblik werpen op; ~ *b e h i n d* omkijken; ~ *d o w n* naar beneden gaan [prijzen]; ~ *down upon sbd. down* iem. de ogen doen neerslaan; ~ *down on* neerzien op²; ~ *for* uitzien naar; verwachten; zoeken (naar); ~ *f o r w a r d to* verlangend uitzien naar; zich verheugen op; tegemoet zien; ~ *i n* even aanlopen (bij *upon*); ~ *i n t o* kijken in; onderzoeken, nagaan; ~ *into the street* uitzien op de straat; ~ *o n* toekijken; ~ *on* (*upon*) *as* beschouwen als, houden voor; ~ *on* (*upon*) *it with distrust* het wantrouwend aanzien, het wantrouwen; ~ *o u t* uitzien, uit... zien; op de uitkijk staan; (goed) uitkijken; ~ *out!* opgepast!; ~ *out for* uitzien naar; (zeker) verwachten; ~ *o v e r* bekijken, opnemen; doorkijken; door de vingers zien; ~ *r o u n d* omkijken, omzien; eens uitkijken; om zich heen zien; ~ *sbd. t h r o u g h and through* iem. scherp aankijken; iem. heel en al doorzien; *greed* ~*s through his eyes* ziet hem de ogen uit; ~ *t o* (uit)zien naar; letten op, passen op; zorgen voor; vertrouwen op; rekenen op; verwachten; uitzien op; ~ *t o w a r d s* uitzien naar (op); overhellen naar; ~ *u p* opzien, opkijken; $ de hoogte ingaan [prijzen]; opleven, beter gaan [zaken]; opknappen [het weer]; opzoeken; komen opzoeken; naslaan, nakijken [in boek]; ~ *up to sbd.* (hoog) opzien tegen iem.; ~ *up and down* zie *up* **I**; ~ *u p o n* = ~ *on*; **III** *sb* blik; aanzien *o,* gezicht *o,* voorkomen *o,* uiterlijk *o; her (good)* ~*s* haar knap uiterlijk *o; have (take) a* ~ *at* eens kijken naar, bekijken, een blik werpen op; *I don't like the* ~ *of it* dat bevalt me niet, ik vertrouw het niet erg; *I can see it by your* ~*s* dat kan ik u aanzien; **looker** kijker, toeschouwer; *good* ~ F knap iem.; ~**-on** ['lukə'rɔn *mv* **lookers-on**] toeschouwer, kijker; **look-in** *have a* ~ eens een kijkje (komen) nemen; F een kansje hebben; **–ing-glass** spiegel; ~**-out** uitkijk°; (voor)uitzicht *o; it is his (own)* ~ dat is zijn zaak; *keep a good* ~ goed uitkijken; ~**-see** S inspectie, kijkje *o*

1 **loom** [lu:m] *sb* weefgetouw *o*

2 **loom** [lu:m] *vi* zich (in flauwe omtrekken) vertonen, (dreigend) oprijzen, opdoemen; ~ *ahead* opdoemen; ~ *large* van onevenredig grote betekenis zijn (schijnen)

loon [lu:n] *Sc* deugniet; vent ‖ *⁊* ijsduiker

loony ['lu:ni] **I** F getikt; **II** *sb* gek; ~**-bin** S gesticht *o* (voor krankzinnigen)

loop [lu:p] **I** *sb* lus, lis, bocht, (laarze)strop; *⁌* duikelvlucht; **II** *vi* zich in een lus kronkelen; omduikelen; **III** *vt* met een lus vastmaken; in een bocht opschieten; ~ *the loop* een kringduikeling (*⁌* duikelvlucht) maken

looper ['lu:pə] spanrups

loop-hole ['lu:phoul] kijkgat *o,* schietgat *o; fig* uitvlucht, uitweg; achterdeurtje *o;* ~**-line** zijlijn, aftakking (v. spoorweg) die later weer samenkomt met de hoofdbaan; **loopy** bochtig; S getikt, gek

loose [lu:s] **I** *aj* los°; ruim, wijd; loslijvig; slap; vaag, onnauwkeurig; loszinnig; ~ *box* ruime stal of wagon; *be at a* ~ F niet meer weten wat te doen, niets te doen hebben; ~ *ends* kleinigheden [die nog gedaan moeten worden]; *at* ~ *ends* in 't ongewisse, in onzekerheid; in de war; *be at a* ~ *end* niets om handen hebben; **II** *sb on the* ~ aan de rol, aan de zwabber; **III** *vt* losmaken, loslaten; afschieten; *⁌* losgooien; ~ *hold (of)* loslaten; ~**-leaf** losbladig [v. boek]; **loosen I** *vt* losmaken, losser maken; laten verslappen [tucht]; **II** *vi* losgaan, los(ser) worden; verslappen [tucht]

loot [lu:t] **I** *sb* buit, roof, plundering; S poen; **II** *vt* (uit)plunderen[2], beroven, (weg)roven; **III** *vi* plunderen, stelen

1 **lop** [lɔp] **I** *sb* snoeihout *o,* afgekapte takken; **II** *vt* (af)kappen, wegkappen (ook: ~ *away,* ~ *off*); snoeien

2 **lop** [lɔp] **I** *vi* slap neerhangen; rondhopsen; **II** *vt* laten hangen

lope [loup] **I** *vi* met lange sprongen zich voortbewegen; **II** *sb* lange sprong

lop-ear ['lɔpiə] hangoor (konijn *o*)

loppings ['lɔpiŋz] snoeihout *o,* snoeisel *o*

lop-sided ['lɔp'saidid] met één zijde kleiner (lager) dan de andere, scheef; niet in evenwicht; eenzijdig

loquacious [lou'kweiʃəs] babbelziek; spraakzaam; **loquacity** [lou'kwæsiti] babbelzucht; spraakzaamheid

Lord, lord [lɔ:d] **I** *sb* heer, meester; lord; ~ *and master* heer en meester; echtgenoot; ~ *spiritual (temporal)* geestelijk (gewoon) lid *o* van het Hogerhuis; ~ *of the bedchamber,* ~ *in waiting* dienstdoende kamerheer; *Lord!, good* ~*!* goeie genade!; *My* ~ [mi'lɔ:d] aanspreektitel voor bisschop, rechter en adel onder de rang van hertog; ~ *knows (how)* F dat mag de hemel weten; *the* ~ de Heer, Onze-Lieve-Heer, God; *the (House of)* ~*s* het Hogerhuis; ~ *Lieutenant ±* Commissaris des Konings; onderkoning; *(the)* ~ *Mayor* titel v. d. burgemeester van Londen, Dublin, York en sommige andere steden; ~ *President of the Council* plaatsvervangend minister-president, vice-premier; *the* ~ *of the manor* de ambachtsheer; *the* ~*s Day* de dag des Heren; *the* ~*'s Prayer* het gebed des Heren; het onzevader; *the* ~*'s Supper* het (laatste, heilig) Avondmaal; *the* ~*'s Table* de Tafel des Heren, de Communie; **II** *vt* & *vi* tot lord verheffen; ~ *(it)* domineren; de baas spelen (over *over*); **lordling** lordje *o,* heertje *o;* **lordly** als (van) een lord; voornaam:; hooghartig; **Lord's** een cricketterrein bij Londen (genoemd naar Thomas Lord); **lordship** heerschappij (over *of, over*); heerlijkheid; lordschap *o; your (his)* ~ mijnheer (de graaf &)

lore [lɔ:] (traditionele) kennis

lorgnette [lɔ:'njet] face-à-main; toneelkijker; *her* ~*s* haar face-à-main

lorn [lɔ:n] eenzaam en verlaten

lorry ['lɔri] vrachtauto; lorrie [bij de spoorwegen]; sleperswagen; ~**-hop** S meeliften met vrachtauto's

lose [lu:z] **I** *vt* verliezen, verbeuren, verspelen, verzuimen, missen [trein], erbij inschieten, kwijtraken; achterlopen [vijf minuten]; afraken van; den verliezen; ~ *one's labour* vergeefse moeite doen; ~ *one's legs* van de been raken; ~ *one's life* ook: om het leven komen; ~ *one's place* [in een boek] haar verliezen waar men geblevèn is; ~ *one's senses* z'n verstand kwijt raken, gek worden; ~ *sight of* vergeten, uit 't oog verliezen; ~ *track of sth. (sbd.)* iets (iem.) uit het oog verliezen; ~ *one's way* verdwalen; zie ook: *caste, day* &; **II** *vr* ~ *oneself* zich verliezen of opgaan (in *in*); verdwalen; **III** *vi* & *va* (het) verliezen, te kort komen (bij *by*); achterlopen [v. horloge]; *the story does not ~ in the telling* het verhaal is niet vrij van overdrijving, er is nogal wat bij gefantaseerd; zie ook: *losing* & *lost*; **–r** verliezer; 'de klos'; *be a bad* (*good*) ~ niet (goed) tegen zijn verlies kunnen; *be a ~ by* verliezen bij; **losing** verliezen∂; waarbij verloren wordt; niet te winnen, hopeloos

loss [lɔs] verlies *o*, nadeel *o*, schade; *at a ~* met verlies; het spoor bijster; niet wetend [wat..., hoe...]; *never at a ~ for a reply* nooit om een antwoord verlegen; **~-leader** lokartikel *o* (beneden of tegen inkoopsprijs)

lost [lɔst] V.T. & V.D. van *lose*; verloren (gegaan), weg; verdwaald; omgekomen, verongelukt, ∫ vergaan; *get ~* verloren gaan; verdwalen; S weggaan, maken dat men wegkomt; *the motion was ~* werd verworpen; *~ in thought* in gedachten verdiept (verzonken); *the joke was ~ on him* niet aan hem besteed, ontging hem; *~ to honour* zonder eergevoel; *~ property office* bureau *o* voor gevonden voorwerpen

lot [lɔt] **I** *sb* lot *o*, deel *o*; portie, partij, kaveling, perceel *o*, terrein *o*, lot [= terrein bij filmstudio voor buitenopnamen]; F hoop, heel wat, boel, heel veel; **F** stel *o*, kluit, zwik, zooi; **F** vent, ding *o*; (*all*) *the ~* ook: alles, F de hele bups; *~s of* F veel; *a bad ~* F een waardeloze figuur; *by ~* door het lot, bij loting; zie ook *cast, cut, draw, fall, throw* &; **II** *vt ~* (*out*) (ver)kavelen

loth [louθ] = *loath*

Lothario [lou'θɑ:riou] lichtmis, verleider

lotion ['louʃən] lotion; watertje *o*

lottery ['lɔtəri] loterij; **~-ticket** loterijbriefje *o*

lotto ['lɔtou] lotto *o*, kienspel *o*

lotus ['loutəs] (Egyptische) lotusbloem; lotusstruik, lotusboom; **~-eater** *fig* iem. die zich aan dromerijen en nietsdoen overgeeft

loud [laud] **I** *aj* luid, luidruchtig; opzichtig, schreeuwend [kleuren]; **II** *ad* luid, hard(op); **~hailer** megafoon; **–speaker** luidspreker; **~-spoken** luidruchtig

lough [lɔx, lɔk] *Ir* meer *o*; zeearm

lounge [laun(d)ʒ] **I** *vi* luieren, (rond)hangen, leunen tegen (*of op*); kuieren, slenteren; **II** *vt ~ away* verlummelen; **III** *sb* conversatiezaal, grote hal v. hotel, lounge; zitkamer [v. huis], foyer [v. theater]; sofa, ligstoel (*~-chair*); **~ lizard** gigolo; **lounger** lanterfanter, slenteraar, flaneur; **lounge-suit** wandelkostuum *o*, colbertkostuum *o*, colbert *o* & *m*

lour, lower ['lauə] **I** *vi* nors, dreigend, somber zien (naar *at, upon*); dreigen [v. wolken]; **II** *sb* norse, dreigende, sombere blik; dreiging

louse **I** *sb* [laus, *mv* **lice** lais] luis; **II** *vt* [lauz] luizen; *~ up Am* bederven; **lousy F** luizig; min, miserabel; *~ with* vol van, wemelend van

lout [laut] (boeren)kinkel, pummel, lummel, vlegel; **–ish** pummelig, slungelig, lummelachtig, vlegelachtig

louver, louvre ['lu:və] ventilatieopening

lovable ['lʌvəbl] *aj* beminnelijk, lief, sympathiek; **love I** *sb* liefde (voor, tot *for, of, to, towards*); soms: zucht; (ge)liefde; Amor[beeldje *o*); snoes, schat; *~s* amourettes; *~ all sp* nul gelijk; (*give*) *my ~ to all* de groeten aan allemaal; *make ~* het hof maken (aan *to*); vrijen; de liefde bedrijven; *give* (*send*) *one's ~* de groeten doen; *there is no ~ lost between them* ze mogen elkaar niet; ● *f o r ~* uit liefde; *not to be had for ~ or money* voor geen geld of goede woorden; *play for ~* om 's keizers baard (om niet) spelen; *for the ~ of God* om godswil; *i n ~* verliefd (op *with*); **II** *vt* liefhebben, beminnen, houden van, heel graag hebben of willen, het heerlijk vinden, dol zijn op; lief zijn voor; *~ me, ~ my dog* wie mij liefheeft, moet mijn vrienden op de koop toe nemen; **~able** = *lovable*; **~-affair** amourette, liefdesgeschiedenis, minnarij, verhouding; **~-bird** dwergpapegaai; **S** minnaar; **~-child** kind *o* der liefde, buitenechtelijk kind *o*; **–less** liefdeloos; **~-letter** liefdesbrief, minnebrief; **–lock** lok of krul op het voorhoofd of bij het oor; **–lorn** door de geliefde verlaten; (van liefde) smachtend; **~-ly I** *aj* mooi, lief(tallig); allerliefst; **F** prachtig, verrukkelijk, heerlijk, mooi; **II** *sb* mooi meisje *o*, schoonheid; **~-making** vrijerij; geslachtsgemeenschap; **~-match** huwelijk *o* uit liefde; **~-potion** minnedrank; **lover** (be)minnaar, liefhebber; *a ~ of nature, a nature ~* een natuurvriend; *a couple of ~s* een (minnend) paartje *o*; *the ~s* ook: de gelieven, de geliefden; **lovesick** smachtend (verliefd); **~-song** minnelied *o*; **~-story** liefdesgeschiedenis; **lovey(-dovey)** liefje *o*, totaal; **loving** liefhebbend, liefdrijk, liefdevol, toegenegen, teder; **~-cup** vriendschapsbeker; **~-kindness** barmhartigheid, goedheid

1 **low** [lou] **I** *aj* laag, laag uitgesneden; lager (staand); gering; gemeen, ordinair, min; terneergeslagen; zacht [stem]; zwak [pols]; diep [buiging]; *Low Church* meer vrijzinnige partij in de Engelse Staatskerk; *~ comedy* het boertig komische; *the Low Countries* Ⓤ de Nederlanden; (thans:) de Lage Landen: Nederland, België en Luxemburg; *~ diet* magere kost; *Low German* Nederduits *o*; *Low Latin* middeleeuws Latijn *o*; *~ life* (het leven van) de lagere standen; *Low Sunday* beloken Pasen; *Low Week* week na beloken Pasen; *bring ~* vernederen, verzwakken; ruïneren; *feel* (*be*) *~* neerslachtig zijn, in een gedrukte stemming zijn; zich ellendig voelen; *get* (*run*) *~* opraken [voorraden]; *lay ~* neervellen; *lie ~* zie 2 *lie*; **II** *ad* laag, diep; zachtjes [spreken]; $ tegen lage prijs; zie ook: 1 *lower* &; **III** *sb* gebied *o* van

lage luchtdruk; dieptepunt *o*

2 **low** [lou] **I** *vi* loeien, bulken; **II** *sb* geloei *o*, gebulk *o*

low-born ['loubɔ:n] van lage geboorte; **~-bred** ordinair; **~-brow F** alledaags (mens); (iem.) met weinig ontwikkeling, niet-intellectueel; **~-budget** goedkoop, voordelig; **Low-Church** van de *Low Church* zie onder 1 *low* I; **low-class** inferieur; ordinair; **~-cut** laag (diep) uitgesneden; **~-down I** *aj* F laag, gemeen; **II** *sb* the **~** S het fijne (een juiste voorstelling) van de zaak; gemene streek

1 **lower** ['louə] **I** *aj* lager (staand); dieper; minder, geringer; beneden-, onder(ste); later; ~ *animals* alle dieren, uitgezonderd de mens; ~ *case* onderkast; ~ *chamber* Tweede Kamer [buiten Engeland]; ~ *deck* ⚓ onderdek *o*; ⚓ minderen; *L~ Egypt* Beneden-Egypte; *the L~ Empire* het Oostromeinse rijk; *L~ House* Lagerhuis *o*; ~ *regions* hel; **F** souterrain; *the ~ world* de aarde; de onderwereld; **II** *vt* lager maken of draaien; temperen; verlagen; neerslaan, neerlaten, laten zakken, strijken [zeil]; verminderen, fnuiken [trots]; ~ *one's voice* ook: zachter spreken; **III** *vi* afnemen, dalen, zakken

2 **lower** ['lauə] = *lour*

lowermost ['louəmoust] laagst; **lowest** laagst(e); *at (its)* ~ op zijn laagst (minst); **low-grade** met een laag gehalte [v. erts], arm; inferieur; **~-heeled** met lage hak; **~-land I** *sb* laagland *o*; the *Lowlands* de Schotse Laaglanden; **II** *aj* van het laagland; **~-ly** gering, onaanzienlijk; nederig, ootmoedig; **~-lying** laaggelegen [land]; **~-minded** laag [van geest], ordinair; **~-necked** gedecolleteerd; **~-pitched** ♪ laag(gestemd); △ laag van verdieping; **~-powered** licht [v. motor]; zwak [v. radiozender]; **~-spirited** neerslachtig; **~-water** = *mark* laagwaterpeil *o*, -lijn

loyal ['lɔiəl] (ge)trouw, loyaal; **-ist** (regerings-ge)trouw onderdaan; **-ty** getrouwheid, (onderdanen)trouw, loyaliteit; binding

lozenge ['lɔzindʒ] ∅ ruit; ruitje *o* [in raam]; tabletje *o* [voor soep, hoest &]; **-d** ruitvormig, geruit

L.P. ['el'pi:] = *long-play(ing) record*

£.s.d., l.s.d., L.S.D. ['eles'di:] = *librae, solidi, denarii (pounds, shillings, and pence)* F geld *o*

LSD ['elesdi:] = *lysergic acid diethylamide* LSD [hallucinogeen]

L.S.E. = *London School of Economics*

Ltd. = *limited*

lubber ['lʌbə] lomperd, lummel, pummel; ⚓ klungel; **-ly** pummelachtig, lummelig

lube (oil) ['l(j)u:b(ɔil)] F smeerolie

lubricant ['l(j)u:brikənt] smeermiddel *o*; **lubricate** oliën, smeren; **S** omkopen; **S** [iem.] dronken maken; *lubricating oil* smeerolie; **-tion**

[l(j)u:bri'keiʃən] smering; ~ *pit* smeerkuil; ~ *point* smeerpunt; **-tor** ['l(j)u:brikeitə] smeerpot; smeermiddel *o*; **lubricity** [l(j)u:'brisiti] vetgehalte *o*; glibberigheid[2], gladheid[2], *fig* geilheid

lucency ['l(j)u:sensi] schittering; **lucent** schijnend, blinkend

lucid ['l(j)u:sid] schitterend, stralend; helder[2], lucide, duidelijk; verstandig; **-ity** [l(j)u:'siditi] helderheid[2], luciditeit

Lucifer ['l(j)u:sifə] [de engel] Lucifer; Satan; ★ de morgenster [Venus]

luck [lʌk] toeval *o*, geluk *o*, tref, bof; *bad* ~ pech; *good* ~ geluk *o*, bof; *good* ~! veel succes!, het beste!; *hard* ~ pech; *just my* ~ natuurlijk wanbof ik weer; *worse* ~ ongelukkigerwijze; *for* ~ tot (uw) geluk (heil); als een voorteken van geluk; *be in* ~ geluk hebben, gelukkig zijn, boffen; *down on one's* ~ pech hebbend; *be out of* ~ pech hebben; **-iness** gelukkig toeval *o*, geluk *o*; **-less** onfortuinlijk; ongelukkig; **-y** *aj* gelukkig; geluks-; *be* ~ ook: geluk hebben; boffen; geluk aanbrengen; ~ *dip* grabbelton

lucrative ['l(j)u:krətiv] winstgevend, voordelig; **lucre** geld *o*, winst, voordeel *o*; *filthy* ~ vuil gewin; het slijk der aarde

lucubrate ['l(j)u:kjubreit] **I** *vi* 's nachts werken of studeren; **II** *vt* des nachts in de studeerkamer uitdenken (uitbroeden); **-tion** [l(j)u:kju'breiʃən] (vrucht van) nachtelijke studie of bespiegeling

Luddite ['lʌdait] ▣ tegenstander van industriële vooruitgang

ludicrous ['l(j)u:dikrəs] belachelijk, lachwekkend, potsierlijk, koddig

ludo ['lu:dou] *sp* mens-erger-je-niet

lues ['lu:i:s] ⚕ syphilis

luff [lʌf] loeven

lug [lʌg] **I** *vt* trekken, slepen; ~ *it into the conversation* het met de haren erbij slepen; **II** *vi* ~ *at* trekken aan; **III** *sb* ruk ‖ oor *o*

luggage ['lʌgidʒ] bagage[2], reis-, passagiersgoed *o*; zie ook: 1 *left*; **~-rack** bagagenet *o* [in trein]; **~-ticket** bagagereçu *o*; **~-van** bagagewagen

lugger ['lʌgə] logger

lugsail ['lʌgseil, 'lʌgsl] loggerzeil *o*

lugubrious [l(j)u:'gu:briəs] luguber, somber, treurig

lukewarm ['l(j)u:kwɔ:m] lauw[2]

lull [lʌl] **I** *vt* (in slaap) sussen, in slaap wiegen[2], kalmeren; **II** *vi* gaan liggen, luwen [wind]; **III** *sb* (korte) stilte, kalmte, (ogenblik *o*) rust

lullaby ['lʌləbai] wiegelied(je) *o*

lumbago [lʌm'beigou] spit *o* (in de rug)

lumbar ['lʌmbə] van de lendenen, lende-

lumber ['lʌmbə] **I** *sb* (oude) rommel; timmerhout *o* [v. houtaankap]; *learned* ~ geleerde ballast; **II** *vt* volproppen (ook: ~ *up*); (hout) bekappen; **III** *vi* rommelen; zich log, zwaar bewegen;

–er houthakker; houtvervoerder; **–ing** rammelend; lomp, onbehouwen; sjokkerig; **–jack**, **–man** houthakker; houtvervoerder; **~-room** rommelkamer

luminary ['l(j)u:minəri] hemellicht *o*, licht *o*; *fig* verlichte geest

luminosity [l(j)u:mi'nɔsiti] lichtgevend vermogen *o*; lichtsterkte; **luminous** ['l(j)u:minəs] lichtgevend, lichtend, stralend, helder, lumineus, licht-

lumme, lummy ['lʌmi] S verduiveld!; god beware me!

lump [lʌmp] **I** *sb* stuk *o*, bonk, klomp, klont, klontje *o*; brok *m* & *v* of *o*, bult, buil, knobbel; F pummel; *he is a ~ of selfishness* één brok egoïsme; *have a ~ in one's throat* een prop (brok) in de keel hebben; *by (in) the ~* door elkaar genomen; **II** *aj a ~ sum* een ronde som; een som ineens; **III** *vt* bijeengooien; in zijn geheel zetten [op een paard]; *~ it* F iets (maar moeten) slikken; *~ together* samennemen, over één kam scheren; *~ under*, *~ (in) with* en bloc nemen met, indelen bij; over één kam scheren met; **IV** *vi* klonteren; *~ along* voortklossen; **–ing** dik, zwaar, bonkig; **–ish** dik, lomp, log, traag; **~-sugar** klontjessuiker; **–y** klonterig; bultig, vol builen; onrustig [zee]

lunacy ['l(j)u:nəsi] krankzinnigheid

lunar ['l(j)u:nə] van de maan, maan-; *~ caustic* helse steen; *~ eclipse* maansverduistering

lunatic ['lu:nətik] **I** *aj* krankzinnig, zie ook: *asylum*; **II** *sb* krankzinnige

lunch(eon) ['lʌn(t)ʃ(ən)] **I** *sb* lunch; **II** *vi* lunchen; **III** *vt* te lunchen hebben (geven)

lunette [l(j)u:'net] lunet; △ ronde of halfronde vorm; ⚔ brilschans

lung [lʌŋ] long

lunge [lʌndʒ] **I** *sb* uitval [bij het schermen]; stoot; vooruitschieten *o*; **II** *vi* een uitval doen (ook: *~ out*); (achteruit) slaan [v. paard]; vooruitschieten

1 lunged [lʌŋd] met longen

2 lunged [lʌn(d)ʒd] V.T. & V.D. van *lunge*

lungwort ['lʌŋwɔ:t] longkruid *o*

lupin(e) ['l(j)u:pin] ⚘ lupine

lupine ['l(j)u:pain] *aj* wolfachtig

lurch [lə:tʃ] **I** *sb* ruk, plotselinge slinger(ing) ‖ *leave in the ~* in de steek laten; **II** *vi* slingeren, plotseling opzij slingeren

lure [ljuə] **I** *sb* lokaas², lokspijs², verlokking; *vt* (aan)lokken, weg-, verlokken; *~ away* weglokken; *~ into* verlokken tot; *~ on* verlokken, meetronen

lurid ['l(j)uərid] afschuwelijk, huiveringwekkend; spookachtig; vaal; sensationeel; schel [kleur], gloeiend [kleuren]

lurk [lə:k] **I** *vi* schuilen, zich schuilhouden; verborgen zijn; *~ing rocks* blinde klippen; **II** *sb on the*

~ op de loer; **–er** loerder, zich verschuilende; **–ing-place** schuilplaats, -hol *o*

luscious ['lʌʃəs] heerlijk, lekker; (heel) zoet, overrijp; overdadig versierd; voluptueus

lush [lʌʃ] **I** *aj* weelderig, sappig, mals [gras]; F overvloedig; S beschonken; **II** *sb Am* dronkelap; S sterke drank; S zuippartij

lust [lʌst] **I** *sb* (zinnelijke) lust, wellust; begeerte, zucht; *~ for power* machtswellust; **II** *vi* (vurig) begeren, dorsten (naar *after, for*); **–ful** wellustig; **–ily** *ad* v. *lusty*; *sing ~* uit volle borst zingen

lustral ['lʌstrəl] zuiverings-; **–ation** [lʌs'treiʃən] zuivering, reinigingsoffer *o*

lustre ['lʌstə] luister, glans; schittering; *fig* vermaardheid, glorie; lustre *o* [stof]; luster: kroonkandelaar; **–less** glansloos dof; **lustrous** luisterrijk, glansrijk, schitterend

lustrum ['lʌstrəm] lustrum *o*

lusty ['lʌsti] *aj* kloek, flink (en gezond), stevig, krachtig, ferm

lute [l(j)u:t] **I** *sb* ♪ luit ‖ kit; **II** *vt* (ver)kitten

Lutheran ['lu:θərən] **I** *aj* luthers; van Luther; **II** *sb* lutheraan

luxate ['lʌkseit] ontwrichten, verrekken; **–tion** [lʌk'seiʃən] ontwrichting, spierverrekking

luxe ['lu(:)ks] pracht, luister, luxe; *de ~* [də'lu(:)ks] luxueus, prachtig, kostbaar, weelderig

luxuriance [lʌg'zjuəriəns] weelderigheid, weligheid; **–iant** weelderig, welig; **–iate** welig groeien; in overdaad leven, zwelgen (in *in*); **–ious** luxueus, weelderig; **luxury** ['lʌkʃəri] luxe, weelde, weelderigheid, overdaad; genot *o*; *luxuries* weeldeartikelen; genotmiddelen; heerlijkheden, lekkernijen

lyceum [lai'si(:)əm] letterkundige instelling; onderwijsinstelling; *Am* volkshogeschool

lychgate ['litʃgeit] = *lichgate*

lye [lai] loog

lying ['laiiŋ] T.D. van *lie*, liggen; *I won't take it ~ down* dat laat ik mij niet aanleunen; T.D. van *lie*, liegen; als *aj* ook : leugenachtig

✎ lying-in ['laiiŋ'in] kraam, kraambed *o*; *~ hospital* kraaminrichting, -kliniek

lyke-wake ['laikweik] dodenwacht

lymph [limf] lymf(e); weefselvocht; **–atic** [lim'fætik] **I** *aj* lymfatisch, lymf(e)-; *fig* lui, traag; **II** *sb* lymf(e)vat *o*

lynch [lin(t)ʃ] lynchen

lynx-eyed ['liŋksaid] met lynxogen; scherpziend en opmerkzaam

lyre ['laiə] ♪ lier; **lyric** ['lirik] **I** *aj* lyrisch; **II** *sb* lyrisch gedicht *o*; *~s* lyrische poëzie (verzen), lyriek; tekst [v. wijsje of zangnummer]; **–al** lyrisch, lier-; **lyricism** ['lirisizəm] lyriek, lyrisch karakter *o*, lyrische vlucht; **–ist** tekstschrijver [v. wijsjes]

M

m [em] (de letter) m; *million(s)*; **M** = 1000 [als Romeins cijfer]; *motorway*
M.A. = *Master of Arts*
ma [ma:] **P** ma
ma'am [ma:m] = *madam* [aanspreking v. leden der Koninklijke familie; bedienden tot mevrouw: mæm, məm, m]
mac [mæk] **F** = *mackintosh*
macabre [mə'ka:br] macaber, griezelig, akelig
macadam [mə'kædəm] macadam *o* & *m* [wegdek]
macaroni [mækə'rouni] macaroni; **S** Italiaan
macaroon [mækə'ru:n, + 'mækəru:n] bitterkoekje *o*
mace [meis] foelie ‖ staf, scepter; ✗ strijdknots; ~-**bearer** stafdrager, pedel
Macedonian [mæsi'dounjən] **I** *aj* Macedonisch; **II** *sb* Macedoniër
macerate ['mæsəreit] vermageren; macereren, (laten) weken
machete [ma:'tʃeiti] groot kapmes *o* [Z.-Amerika]
Machiavellian [mækiə'veliən] machiavellistisch[2]; sluw, gewetenloos
machinate ['mækineit] kuipen, konkelen; –**tion** [mæki'neiʃən] machinatie, kuiperij, konkelarij; intrige [v. toneelstuk]; (bovennatuurlijke) machten of middelen die in literair werk optreden; –**tor** ['mækineitə] intrigant
machine [mə'ʃi:n] **I** *sb* machine[2], toestel *o*; automaat; *fig* apparaat *o*; (partij)organisatie; **II** *vt* machinaal bewerken (vervaardigen); **III** *sb* mitrailleur; **II** *vt* & *vi* mitrailleren; ~-**made** machinaal (vervaardigd), fabrieks-; –**ry** machines; machinerie(ën); mechaniek, mechanisme *o*; apparaat *o* [v. bestuur &], apparatuur; inrichting; intrige; ~ **tool** machinaal gedreven werktuig *o*; **machinist** machineconstructeur; wie een machine bedient; machinenaaister
mackerel ['mækrəl] makreel; **S** souteneur; ~ *sky* lucht met schapewolkjes
mackintosh ['mækintɔʃ] (waterproof) regenjas
mackle ['mækl] misdruk
macrocosm ['mækrəkɔzm] macrocosmos
macula ['mækjulə, *mv* **maculae** 'mækjuli:] vlek [op huid of zon]; –**late** (be)vlekken; –**tion** [mækju'leiʃən] bevlekking; vlek
mad [mæd] **I** *aj* krankzinnig, gek, niet wijs; dol (op *after, about, for, on*); kwaad, nijdig, razend (over *at*); *hopping* ~ **F** woest, hels; *as* ~ *as a hatter* (*as a March hare*) stapelgek; *Am* spinnijdig; zie ook: 1 *like* **II**; **II** *vt* & *vi* = *madden*; *the* ~*ding crowd*

het gewoel van de wereld
madam ['mædəm] mevrouw, juffrouw
madcap ['mædkæp] **I** *sb* dolleman; **II** *aj* dol
madden ['mædn] gek, dol, razend maken; –**ing** om je gek (kwaad) te maken
madder ['mædə] (mee)krap
made [meid] V.T. & V.D. van *make*; *he is* ~ *like that* zo is hij (nu eenmaal); *a* ~ *dish* een samengestelde schotel; *a* ~ *man* iemand die binnen is; ~ *up* (op)gemaakt; *a* ~-*up story* een verzonnen verhaal *o*
madhouse ['mædhaus] gekkenhuis *o*; –**man** dolleman, gek, krankzinnige; –**ness** dolheid, gekheid, krankzinnigheid, razernij
madonna [mə'dɔnə] madonna[2]
madrigal ['mædrigəl] madrigaal *o*
maecenas [mi'si:næs] mecenas: kunstbeschermer
maelstrom ['meilstroum] maalstroom
maestro ['maistrou] maestro, beroemde componist of dirigent
Mae West [mei'west] opblaasbaar zwemvest *o*
maffick ['mæfik] rumoerig feesten, joelen
mafia ['mæfi:ə] maf(f)ia
mag [mæg] **F** = *magazine; magneto*
magazine [mægə'zi:n] magazijn *o* (ook = tuighuis *o*; kruitkamer v. geweer &); tijdschrift *o*, magazine *o*; *fashion* ~ modelblad *o*
✎ mage [meidʒ] magiër, tovenaar
magenta [mə'dʒentə] magenta [roodpaars]
maggot ['mægət] made; *fig* gril, luim; –**y** vol maden; *fig* grillig
Magi ['meidʒai] *the* ~ de Wijzen uit het Oosten; **magi** *mv* v. *magus*
magic ['mædʒik] **I** *aj* magisch, toverachtig, betoverend, tover-; ~ *lantern* toverlantaarn; **II** *sb* toverkracht, -kunst, tove(na)rij, magie; betovering; *black* ~ zwarte (boosaardige) kunst; *white* ~ heilzame toverkunst; –**al** *aj* = *magic* **I**; –**ian** [mə'dʒiʃən] tovenaar, magiër; goochelaar
magisterial [mædʒis'tiəriəl] magistraal; meesterachtig; magistraats-; **magistracy** ['mædʒistrəsi] magistratuur; **magistrate** magistraat; politierechter
magnanimity [mægnə'nimiti] grootmoedigheid; –**mous** [mæg'næniməs] grootmoedig
magnate ['mægneit] magnaat
magnesia [mæg'ni:ʃə] magnesia, magnesiumoxyde *o*; –**ium** magnesium *o*
magnet ['mægnit] magneet[2]; –**ic** [mæg'netik] magnetisch, magneet-; *fig* fascinerend, boeiend; –**ism** ['mægnitizm] magnetisme[2] *o*; aantrek-

kingskracht; **–ization** [mægnitai'zeiʃən] magnetiseren *o*; **–ize** ['mægnitaiz] magnetisch maken, magnetiseren; aantrekken[2], biologeren; **–izer** magnetiseur

magneto [mæg'niːtou] ✻ magneet

magnificat [mæg'nifikæt] magnificat *o*

magnification [mægnifi'keiʃən] vergroting; ✎ verheerlijking

magnificence [mæg'nifisns] pracht, heerlijkheid, luister; **–ent** prachtig, uitmuntend, luisterrijk

magnifico [mæg'nifikou] Venetiaans edelman; notabele, grote, hoge

magnifier ['mægnifaiə] vergrootglas *o*, loep; **–fy** vergroten; groter maken (voorstellen); ✎ verheerlijken; **–fying-glass** vergrootglas *o*, loep

magniloquence [mæg'niləkwəns] grootspraak, gezwollenheid [van stijl]

magnitude ['mægnitjuːd] grootte; grootheid

magnolia [mæg'nouljə] magnolia

magnum ['mægnəm] dubbele fles

magpie ['mægpai] ekster[2]; *fig* kruimeldief; kletskous; op één na buitenste ring v. schietschijf

magus ['meigəs, *mv* **magi** 'meidʒai] magiër

mahogany [mə'həgəni] mahoniehout *o*; mahonieboom; bruinbrood *o*; mahoniehouten eettafel

Mahometan [mə'həmitən] mohammedaan(s)

mahout [mə'haut] kornak: geleider van een olifant

maid [meid] meid; meisje *o*, maagd; ~ *of honour* ongetrouwde hofdame; *lady's* ~ kamenier; *old* ~ oude vrijster

maiden ['meidn] **I** *sb* jonkvrouw, meisje *o*, maagd; **II** *aj* maagdelijk, jonkvrouwelijk; ongetrouwd, meisjes-; eerste; ~ *name* familie-, meisjesnaam [v. gehuwde vrouw]; ~ *speech* maidenspeech: eerste redevoering van nieuw lid; **–head, –hood** maagdelijkheid; **–ish, –like, –ly** maagdelijk, jonkvrouwelijk

maidservant ['meidsə:vənt] dienstmeid, dienstmeisje *o*

1 **mail** [meil] **I** *sb* brievenpost, postzak; posttrein; **II** *vt* met de post of mail (ver)zenden, posten

2 **mail** [meil] **I** *sb* maliënkolder, pantserhemd *o*; **II** *vt* (be)pantseren

mail-bag ['meilbæg] postzak; **~-coach** postwagen

mailed [meild] *aj* in wapenrusting; *the* ~ *fist* fysiek geweld *o*

mailing list ['meiliŋlist] verzendlijst

maillot [ma'jo] *Fr* ééndelig zwempak *o*, eendelig tricot kledingstuk *o* [ballet &]

mail-order ['meilɔ:də] postorder; ~ *business* postorderbedrijf *o*; ook = ~ *house* verzendhuis *o*

maim [meim] verminken

main [mein] **I** *aj* voornaamste, groot(ste); hoofd-; *the* ~ *chance* eigen voordeel *o* of profijt; *by* ~ *force*

louter met geweld; *the* ~ *force* de hoofdmacht; zie ook: *force* **I**; **II** *sb* ✎ kracht (in: *with might and* ~); ✎ vasteland *o*; ☉ (open zee); voornaamste deel *o*; hoofdlijn [van spoorweg]; hoofdleiding, hoofdbuis [van gas &], (licht)net *o* (ook: ~*s*); *in the* ~ in hoofdzaak, over het geheel; ~**-brace** ⚓ grote bras; *splice the* ~ een oorlam geven; ~ **deck** hoofddek *o*; **–land** vasteland *o*; **–ly** *ad* voornamelijk, in hoofdzaak, grotendeels; **–mast** grote mast; **–sail** grootzeil *o*; **–sheet** ⚓ grootschoot *o*; **–spring** grote veer, slagveer; *fig* hoofddoorzaak, drijfveer, drijfkracht; **–stay** ⚓ grote stag *o*; *fig* voornaamste steun; **–stream** *fig* grote stroom, hoofdrichting

maintain [mein'tein] handhaven, in stand houden; op peil houden, hooghouden, steunen, verdedigen; onderhouden; staande houden, volhouden; beweren; ✕ houden [stelling]; ophouden [waardigheid], bewaren [stilzwijgen]; **maintenance** ['meintənəns] handhaving, verdediging; onderhoud; service; toelage; ~ *man* onderhoudsmonteur

maintop ['meintɔp] ⚓ grote mars; **–yard** ⚓ grote ra

maison(n)ette [meizə'net] *Fr* huisje *o* (boven-, beneden-); afzonderlijk verhuurd gedeelte *o* van een woning

maize [meiz] maïs

majestic(al) [mə'dʒestik(l)] majestueus; **majesty** ['mædʒisti] majesteit

major ['meidʒə] **I** *aj* groot, hoofd-, belangrijk, van formaat; grootste; ♪ majeur; ◁ senior; *the* ~ *part* het overgrote deel; ~ *road* voorrangsweg; **II** *sb* ✕ majoor; meerderjarige; major [van sluitrede]; ♪ majeur [toonaard]; *Am* (student met als) hoofdvak *o*; **III** *vi* ~ *in Am* als hoofdvak bestuderen

major-domo ['meidʒə'doumou] majordomus, hofmeester, hofmeier; **~-general** generaal-majoor; **majority** [mə'dʒɔriti] meerderheid; merendeel *o*; meerderjarigheid; ✕ majoorsrang; *a working* ~ een voldoende meerderheid; *the* ~ *of...* ook: de meeste...

majuscule ['mædʒəskjuːl] hoofdletter

make [meik] **I** *vt* maken°, vervaardigen, vormen, scheppen; doen; verrichten [arrestatie]; begaan [vergissing]; houden [redevoering]; brengen [offers]; leveren [bijdrage]; stellen [voorwaarden]; treffen [regelingen]; nemen [besluit]; bijzetten [zeil]; zetten [koffie]; opmaken [bed]; zetten, trekken [gezicht]; aanleggen [vuur]; afleggen [afstand]; voeren [oorlog]; (af)sluiten [verdrag, vrede]; halen [een trek, trein]; inwinnen [inlichtingen]; verdienen [geld]; lijden [verliezen]; wassen [de kaarten]; in zicht krijgen, binnenvaren; bereiken; **S** versieren [meisje]; **S** stelen; *twice two* ~*s four* $2 \times 2 = 4$; *he will never* ~

an author (*painter* &) hij is niet voor schrijver &
in de wieg gelegd, zal nooit een (goed) schrijver
& worden; ~ (*her*) *a good husband* een goed echtgenoot zijn (voor haar); *it ~s pleasant reading* het
laat zich aangenaam (prettig) lezen; *what do you
~ the time?* hoe laat heb je het?; *I ~ it to be a parrot*
ik houd het voor een papegaai; *Britain can ~ it*
ook: F Engeland kan het klaarspelen, het versieren; *it may ~ or mar me* het is erop of eronder;
~ *itself felt* zich doen gevoelen (laten voelen); **II**
vi maken, doen; (de kaarten) wassen; zich begeven (naar *for*); komen opzetten of aflopen [getij];
~ *as if* doen alsof; ● ~ *after* ↖ vervolgen, nazetten; ~ *against* benadelen, niet bevorderlijk
zijn voor; ~ *at sbd.* op iem. afkomen; ~ *a w a y*
zich wegpakken; ~ *away with* uit de weg ruimen
[ook: doden]; zoek maken, opmaken; **F** naar
binnen spelen; ~ *away with oneself* zich van kant
maken; ~ *b e l i e v e* voorwenden, doen alsof; ~
d o with zich behelpen met; ~ *f o r* aan-, afgaan
op, zich begeven naar, aansturen op, bevorderlijk zijn voor, bijdragen tot [geluk &]; ~ *g o o d*
vergoeden; nakomen [belofte]; voldoen; ~ *i n*
favour of bevorderlijk zijn voor, bijdragen tot; ~
i n t o maken tot, veranderen in; *do you know what
to ~ of it?* weet u wat het is (staat), wat het
betekent?; zie ook: 2 *light* **I**, *little*, *much*, *nothing*;
~ *o f f* er vandoor gaan; ~ *off with* stelen; ~ *o u t*
onderscheiden, ontdekken; achter [iets] komen;
begrijpen, verklaren; voorgeven, beweren; bewijzen, aantonen [iets]; opbrengen [geld]; **F** het
maken, zich redden, rondkomen; opmaken, uitschrijven [rekeningen]; ~ *him* (*it*) *out to be* hem
voorstellen, afschilderen als, houden voor; ~
o v e r vermaken, opnieuw maken; overdoen˚,
overdragen; ~ *t o g o* aanstalten maken om te
gaan; ~ *t o w a r d s* in de richting gaan van; ~
u p (op)maken [een pakje, recept, rekening &],
klaarmaken; vormen; verzinnen; samenstellen,
opstellen [brief]; bijleggen [geschil], aanvullen
[leemte]; inhalen [tijd]; vergoeden [verlies]; in
orde maken (brengen); (zich) grimeren, (zich)
opmaken; *fig* komedie spelen; ~ (*it*) *up again*
weer goed worden (op elkaar); *he is making it up*
hij verzint maar wat; ~ *up one's mind* een besluit
nemen, voor zich zelf uitmaken (dat); *be made up
of* bestaan uit; ~ *up for arrears* (*lost time*) zien in
te halen; ~ *up to* afkomen op, toegaan naar; in
het gevlij zien te komen bij; het hof maken aan;
III *sb* maaksel *o*, fabrikaat *o*; merk *o*; ⊙ makelij;
aard, soort; *he is not the ~ of man to...* hij is er de
man niet naar om; *a man of his ~* van zijn slag;
o n the ~ **F** op eigen voordeel uit; zie ook: *made*
& ↓; ~-**believe** wat men zich zelf wijsmaakt,
schijn, komedie(spel *o*); als *aj* voorgewend;
~-**do** om zich te behelpen; **maker** maker, fabrikant, vervaardiger, schepper²; *at ~'s price* tegen

fabrieksprijs; **makeshift I** *sb* hulpmiddel *o*, redmiddel *o*; **II** *aj*... om zich te behelpen, bij wijze
van noodhulp, geïmproviseerd; ~-**up** samenstelling; gestel, *o*; gesteldheid; aankleding, uitvoering, verzorging [v. boek]; make-up, ma-
quillage, grime; vermomming; opmaken *o*, op-
maak; *fig* bladvulling; invaller; ~**weight** toegift;
making vervaardiging, vorming; maken *o*,
maak, maaksel *o*; *it was the ~ of him* dat hielp hem
er bovenop; *his ~s* het door hem verdiende
(loon); *he has the ~s of a good soldier* hij is van het
hout waarvan men goede soldaten maakt
malachite ['mæləkait] malachiet *o*
maladjusted ['mælə'dʒʌstid] *ps* onaangepast;
maladjustment slechte regeling, verkeerde
inrichting; *ps* onaangepastheid
maladministration ['mælədminis'treiʃən] wanbeheer *o*, wanbestuur *o*
maladroit ['mælədrɔit] onhandig
malady ['mælədi] ziekte, kwaal
malaise [mæ'leiz] gevoel *o* van onwel zijn, zich
onlekker gevoelen *o*; onbehaaglijkheid
malapropism ['mæləprɔpizm] belachelijke verwisseling van vreemde woorden
Malaysia [mə'leiziə] Maleisië *o*; **-n I** *sb* Maleisiër;
II *aj* Maleisisch
malcontent ['mælkəntent] **I** *aj* ontevreden, misnoegd; **II** *sb* ~**s** ontevredenen
male [meil] **I** *aj* mannelijk, mannen-; van het
mannelijk geslacht, mannetjes-; **II** *sb* ♂ mannetje *o*; manspersoon, man
malediction [mæli'dikʃən] vervloeking
malefactor ['mælifæktə] boosdoener, misdadiger
malefic [mə'lefik] boos, verderfelijk; **–ent**
[mə'lefisnt] onheil stichtend, verderfelijk
malevolence [mə'levələns] kwaadwilligheid,
vijandige gezindheid, boosaardigheid; **–ent**
kwaadwillig, vijandig gezind, boosaardig
malfeasance [mæl'fi:zəns] (ambts)overtreding
malformation ['mælfɔ:'meiʃən] misvorming;
malformed [mæl'fɔ:md] misvormd
malice ['mælis] boos(aardig)heid, kwaadaardigheid; plaagzucht; ♖ boos opzet *o* (~ *prepense*);
with ~ aforethought, of (*with*) ~ *prepense* ♖ met
voorbedachten rade; *bear ~* wrok koesteren;
–cious [mə'liʃəs] *aj* boos(aardig); plaagziek; ♖
opzettelijk; **–ciously** *ad* boosaardig; plagerig; ♖
met voorbedachten rade
malign [mə'lain] **I** *aj* boos(aardig), verderfelijk,
slecht, ongunstig; ♔ kwaadaardig; **II** *vt* kwaadspreken van, belasteren; **–ancy** [mə'lignənsi]
boos(aardig)heid; kwaadaardigheid; kwaadwilligheid; **–ant I** *aj* boos(aardig), kwaadaardig [v.
ziekte]; kwaadwillig; **II** *sb* kwaadwillige
maligner [mə'lainə] kwaadspreker, lasteraar
malignity [mə'ligniti] = *malignancy*

malinger [mə'liŋgə] simuleren; **–er** simulant

mall [mɔ:l, mæl] malie(baan); promenade

mallard ['mæləd] wilde eend

malleable ['mæliəbl] smeedbaar; *fig* kneedbaar, buigzaam, gedwee

mallet ['mælit] (houten) hamer

mallow ['maelou] maloe, kaasjeskruid *o* ‖ **S** aangeschoten

malnutrition ['mælnju'triʃən] slechte voeding, ondervoeding

malodorous [mæ'loudərəs] stinkend

malpractice ['mæl'præktis] verkeerde (be)handeling, kwade praktijken; malversatie

malt [mɔ:lt] **I** *sb* mout *o* & *m*; **II** *vt* mouten; **~-house** mouterij

Maltese ['mɔ:l'ti:z] Maltezer(s)

Malthusian [mæl'θju:zjən] malthusiaan(s)

maltreat [mæl'tri:t] mishandelen, slecht behandelen; **–ment** mishandeling, slechte behandeling

maltster ['mɔ:ltstə] mouter

malversation [mælvə:'seiʃən] malversatie, geldverduistering, wanbeheer *o*

mam [mæm] **F** moe, ma

mamba ['mæmbə] mamba [slang]

Mameluke ['mæmil(j)u:k] mammeluk

mamma [mə'ma:] ma, mama

mammal ['mæməl] zoogdier *o*; **–ia** [mæ'meiljə] zoogdieren

mammon ['mæmən] mammon[2]

mammoth ['mæməθ] **I** *sb* mammoet; **II** *aj* kolossaal, reuzen-

mammy ['mæmi] **F** maatje, moedertje *o*; *Am* zwarte kindermeid, oude negerin

man [mæn, *mv* **men** men] **I** *sb* man[2], mens; werkman, knecht, bediende; (schaak)stuk *o*, (dam)schijf; ✠ mindere; ✎ student; *men* ook: manschappen; *a ~* men, je, iemand; *~ about town* boemelaar, bon-vivant; *the ~ in the street* Jan Publiek, Jan en alleman, de gewone man, doorsneeburger; *a ~ of action* een doortastend man; *~ of business* agent, zaakwaarnemer; *~ of family* van goede familie; *~ of letters* geleerde; letterkundige, lit(t)erator; *a ~ of men* een best (voortreffelijk) mens; *he is the ~ of men* de aangewezen persoon; *a ~ of straw* een stropop[2], stroman[2]; *he is a ~ of few words* hij zegt niet veel; *~ and boy* van jongs af aan, z'n hele leven; *a ~ and a brother fig* een fijne vent; *the little ~* het ventje; de kleine man; *the old ~* **F** m'n vader, de 'ouwe', de baas; *old ~!* **F** ouwe jongen!; *be one's own ~* zijn eigen baas zijn; zich zelf (meester) zijn; *he is ~ enough to...* mans genoeg om...; *he is not a ~ to...* hij is er de man niet naar om...; ● *many men* onderling; *~ for ~* man voor man; *to a ~* als één man, tot de laatste man, eenparig; allen; (*so*) *many men* (*so*) *many minds* zo-

veel hoofden, zoveel zinnen; **II** *aj* mannelijk, van het mannelijk geslacht; *~ nurse* ziekenverpleger; **III** *vt* bemannen, bezetten; **IV** *vr ~ oneself* zich vermannen

manacle ['mænəkl] **I** *sb* (hand)boei; **II** *vt* boeien, kluisteren, de handen binden

manage ['mænidʒ] **I** *vt* besturen, behandelen, beheren, leiden; regeren; op of aankunnen, afdoen; *~ it* (*matters*) het klaarspelen; het hem leveren; **II** *vi = manage it*; *~ for oneself* zich (zelf) redden, het zelf klaarspelen; *~ to...* het zó weten aan te leggen, dat..., weten te... (net nog) kunnen...; **–able** handelbaar, meegaand, (gemakkelijk) te besturen &; **–ment** behandeling, bediening; bestuur *o*, leiding, beheer *o*, administratie, directie; de ondernemers, de patroons; tact; handigheid; **manager** bestuurder, beheerder, leider, administrateur, directeur; chef; **–ess** ['mænidʒə'res] bestuurster; leidster; administratrice, directrice, cheffin; **–ial** [mænə'dʒiəriəl] directie-, bestuurs-; (bedrijfs)organisatorisch; **–ship** ['mænidʒəʃip] bestuur *o*, beheer *o*, leiding; **managing** praktisch; bazig; beherend, leidend; *~ director* directeur; *~ partner* beherend vennoot

mandamus [mæn'deimes] ⚖ bevelschrift *o*

mandarin ['mændərin] mandarijn

mandatary ['mændətəri] mandataris, gevolmachtigde, lasthebber; **mandate I** *sb* lastbrief, -geving, bevelschrift *o*, opdracht, mandaat *o*; **II** *vt* onder mandaat brengen; *~d territory* ⚏ mandaatgebied *o*; **–tory I** *aj* lastgevend; gebiedend; verplicht; mandaat-; **II** *sb* mandataris

mandible ['mændibl] onderkaak, kaakbeen *o*; kaak [v. insekten]

mandolin(e) ['mændəlin] mandoline

mandragora [mæn'drægərə] alruin

mandrake ['mændreik] alruin

mane [mein] manen [van een paard &]

man-eater ['mæni:tə] menseneter [ook tijger, haai]

manes ['ma:neiz, 'meini:z] manen: geesten der afgestorvenen

manful ['mænful] dapper, manhaftig, moedig

manganese [mæŋgə'ni:z] mangaan *o*

mange [mein(d)ʒ] schurft

mangel(-wurzel) ['mæŋgl'wə:zl] voederbiet

manger ['mein(d)ʒə] krib(be), trog, voerbak

manginess ['mein(d)ʒinis] schurftigheid

1 **mangle** ['mæŋgl] **I** *sb* mangel; **II** *vt* mangelen

2 **mangle** ['mæŋgl] *vt* verscheuren; havenen; verminken; verknoeien

mango ['mæŋgou] manga(boom)

mangrove ['mæŋgrouv] wortelboom

mangy ['mein(d)ʒi] schurftig; *fig* gemeen

man-handle ['mænhændl] ruw aanpakken, mishandelen, toetakelen; door mensenhand laten behandelen; **–hole** mangat *o*; **–hood** mannelijkheid; mannelijke staat; mannen; manmoedigheid, moed; **~-hour** manuur *o*

mania ['meinjə] manie, bezetenheid; *the ~ of grandeur* grootheidswaan(zin); *persecution ~* vervolgingswaanzin; *racial ~* rassenwaan; *religious ~* godsdienstwaanzin; *spy ~* spionitis; **maniac I** *sb* maniak, waanzinnige; **II** *aj* waanzinnig; **–al** [mə'naiəkl] waanzinnig; maniakaal; **manic** ['mænik] manisch; **~-depressive** manisch-depressief

manicure ['mænikjuə] **I** *sb* manicure; **II** *vt* manicuren; **–rist** manicure

manifest ['mænifest] **I** *aj* duidelijk, kennelijk; **II** *sb* ⚓ scheepsmanifest *o*; **III** *vt* openbaren, openbaar maken, aan de dag leggen; ⚓ aangeven [goederen]; **IV** *vr ~ itself* zich openbaren of vertonen, zich manifesteren; **–ation** [maenifest'teiʃən] openbaarmaking, openbaring, uiting, manifestatie; **manifesto** [mæni'festou] manifest *o*

manifold ['maenifould] **I** *aj* menigvuldig, veelvuldig, veelsoortig, vele; **II** *sb* ✕ verzamelbuis; verdeelstuk *o*, spruitstuk *o*; **III** *vt* vermenigvuldigen (kopieën maken)

manikin ['mænikin] ledenpop; fantoom *o*; kleermakerspop; mannetje *o*, dwerg

manipulate [mə'nipjuleit] hanteren, behandelen, bewerken[2], manipuleren, knoeien met [koopmansboeken &]; **–tion** [mənipju'leiʃən] manipulatie; betasting

mankind [mæn'kaind] het mensdom, de mensheid; **–like** ['mænlaik] mannelijk, manachtig; **–ly** mannelijk, manmoedig, mannen-; **~-made** door mensen gemaakt; *~ fibre* kunstvezel

manna ['mænə] manna *o*

mannequin ['mænikin] mannequin

manner ['mænə] manier, wijze, trant, (levens)gewoonte; > aanstellerij; soort, slag *o*; *~s* (goede) manieren; *where are your ~s?* wat zijn dat voor manieren?; *~s and customs* zeden en gewoonten; *~ and matter* vorm en inhoud [v. boek]; *all ~ of* allerlei; *it is no ~ to* het is niet netjes...; *have ~s* zijn manieren kennen; *he might have had the ~s to* ... hij had de beleefdheid kunnen hebben om...; ● *a f t e r the ~ of...* in de trant (stijl) van; *after this ~* op deze wijze; *b y no ~ of means* op generlei wijze, volstrekt niet; *i n a ~* in zekere zin; *in a ~ of speaking* om zo te zeggen; *in this ~* op deze manier (wijze); *in like ~* op dezelfde wijze, eveneens; *t o the ~ born* van kindsbeen daaraan gewend, er geknipt voor; **–ed** gemanierd, met ...manieren; > gemaniëreerd; **–ism** gemaniëreerdheid, gemaaktheid, maniërisme *o* [in de kunst]; *~s* maniertjes; **–ly** welgemanierd, beleefd

mannish ['mæniʃ] manachtig; als (van) een man

manoeuvrable [mə'nu:vrəbl] manoeuvreerbaar, wendbaar; **manoeuvre I** *sb* manoeuvre[2]; **II** *vi* manoeuvreren[2]; intrigeren; **III** *vt* laten manoeuvreren; *~ away (out)* handig loodsen, wegwerken, -krijgen

man-of-war ['mænəv'wɔ:] oorlogsschip *o*

manometer [mə'nɔmitə] manometer

manor ['mænə] (ambachts)heerlijkheid; landgoed *o*; **~-house** (ridder)slot *o*, herenhuis *o*

manorial [mə'nɔ:riəl] van een ambachtsheerlijkheid, heerlijk

man-power ['mænpauə] mensenkracht; mankracht; werk- of strijdkrachten

manse [mæns] *Sc* pastorie, predikantswoning

man-servant ['mænsə:vənt] knecht, bediende

mansion ['mænʃən] herenhuis *o*; **B** woning; *~s* flatgebouw *o*; **~-house** = *manor-house*; *the Mansion House* de officiële woning van de Lord Mayor te Londen

manslaughter ['mænslɔ:tə] (onwillige) doodslag, manslag; **manslayer** moordenaar

mantel ['mæntl] schoorsteenmantel; schoorsteenrand; **–piece** schoorsteenmantel; **–shelf** schoorsteenrand

mantilla [mæn'tilə] mantille

mantis ['mæntis] mantis: soort sprinkhaan; *praying ~* bidsprinkhaan

mantle ['mæntl] **I** *sb* mantel˚; *fig* dekmantel; gloeikousje *o*; **II** *vt* bedekken, verbergen; *~d cheeks* overtogen wangen

mantrap ['mæntræp] voetangel, klem, val

manual ['mænjuəl] **I** *aj* met de hand, hand(en)-; *~ alphabet* vingeralfabet *o* [doofstommen]; *~ arts* handenarbeid; **II** *sb* ♪ manuaal *o* [orgel]; handboek *o*, -leiding; handspuit; *the ~s* ✕ de handgrepen

manufactory [mænju'fæktəri] fabriek

manufacture [mænju'fæktʃə] **I** *sb* vervaardiging, fabricage, fabriceren *o*; fabrikaat *o*; **II** *vt* vervaardigen, fabriceren (ook: leugens); > fabrieken; *~d* ook: fabrieks-; *manufacturing town* fabrieksstad; **–r** fabrikant

manumission [mænju'miʃen] vrijlating [v. slaaf]; **manumit** vrijlaten

manure [mə'njuə] **I** *sb* mest; **II** *vt* (be)mesten

manuscript ['mænjuskript] **I** *aj* (met de hand) geschreven; in manuscript; **II** *sb* manuscript *o*, handschrift *o*

Manx [mæŋks] **I** *aj* van het eiland *Man*; **II** *sb* taal (ook: kat) van *Man*

many ['meni] **I** *aj* veel, vele; *~ a man, ~ a one* menigeen; *~ a time, ~ and ~ a time* menigmaal; *too ~ te* veel; *be one too ~* (ergens) te veel zijn; *be (one) too ~ for...* ...te slim af zijn; **II** *sb* de menigte, de grote hoop; ook: de meerderheid; *a good (great) ~* heel wat, heel veel, zeer veel (velen); **~-sided** veelzijdig[2]

map 288 market

map [mæp] **I** *sb* (land)kaart, hemelkaart; *off the ~* onbereikbaar; **F** niet (meer) aan de orde, niet (meer) in tel; *put o n the ~* bekend (beroemd) maken; **II** *vt* in kaart brengen; ontwerpen; *~ o u t* in details uitwerken; *~ out one's time* z'n tijd indelen

maple ['meipl] ahorn, esdoorn; *~ -leaf* ahornblad *o* [symbool van Canada]

mar [ma:] bederven; ontsieren; zie ook: *make* **I**

maraca [mə'ra:kə, mə'ræka] maraca [schudkalebas als slaginstrument]

marathon ['mærəθən] *sp* marathonloop; *fig* marathon *m*; langdurige, uitputtende prestatie

maraud [mə'rɔ:d] plunderen²; **-er** plunderaar

marble ['ma:bl] **I** *sb* marmer *o*; marmeren beeld *o* &; knikker; *~s* knikkeren *o*; **II** *aj* marmeren; **III** *vt* marmeren; **marbly** marmerachtig, marmeren

marcel ['ma:səl] **I** *vt* onduleren [v. haar]; **II** *aj ~ wave* haargolf

March [ma:tʃ] maart

1 march [ma:tʃ] *sb* mark, grens, grensgebied *o*

2 march [ma:tʃ] **I** *sb* ✕ & ♪ mars²; opmars, tocht, (voort)gang, loop, verloop *o*; *steal a ~ on sbd.* iem. de loef afsteken, een loopje nemen met iem.; **II** *vi* marcheren; op-, aanrukken; *~ o f f* afmarcheren; *~ o u t* uitrukken; *~ p a s t* defileren (voor); **III** *vt* laten marcheren; *~ off* wegleiden, wegvoeren; **-ing-order** marstenue *o* & *v*; *~s* marsorder(s)

marchioness ['ma:ʃənis] markiezin

marchpane ['ma:tʃpein] marsepein

march past ['ma:tʃ'pa:st] defilé *o*

mare [mɛə] merrie; *a ~'s nest* waardeloze vondst of ontdekking; *find a ~'s nest* zich blij maken met een doode mus; *~'s tails* vederwolken

margarine [ma:dʒə'ri:n, ma:gə'ri:n] margarine, ⑩ boter [= geen natuurboter]; **marge** [ma:dʒ] **F** margarine ‖ ⊙ = *margin* **I**

margin ['ma:dʒin] **I** *sb* rand; kant; grens; marge; $ winst; surplus² *o*; *fig* speelruimte, speling; *by a narrow ~* op 't nippertje, ternauwernood; **II** *vt* van een rand voorzien; van kanttekeningen voorzien; $ dekken, van een surplus voorzien; **-al** marginaal, in margine, op de rand, kant-; grens-; **-alia** [ma:dʒi'neiliə] kanttekeningen

Maria [mə'raiə, mə'riə] Maria, Marie; *black ~* **F** gevangenwagen

marigold ['mærigould] goudsbloem; *African (French) ~* afrikaantje *o*

marihuana, marijuana [mæri'(h)wa:nə] marihuana

marina [mə'ri:nə] jachthaven

marinade [mæri'neid] **I** *sb* marinade: gekruide (wijn)azijnsaus; gemarineerde vis- of vleesspijs; **II** *vt* marineren.

marinate [mæri'neit] marineren.

marine [mə'ri:n] **I** *aj* zee-, scheeps-; *~ parade* strandboulevard; **II** *sb* (koopvaardij)vloot; marinier; *tell that to the ~s* maak dat je grootje wijs; **-r** ['mærinə] zeeman, matroos; **marine store** [mə'ri:nstɔ:] tweedehandsrommelwinkel

marionette [mæriə'net] marionet

marital ['mæritl] van een echtgenoot; echtelijk

maritime ['mæritaim] aan zee gelegen, maritiem, kust-, zee-; *~ law* zeerecht *o*

marjoram ['ma:dʒərəm] marjolein

mark [ma:k] **I** *sb* merk *o*, merkteken *o*, stempel *o* & *m*; teken *o*, kruisje *o* [in plaats v. handtekening]; spoor *o*, vlek; ⇔ cijfer *o*, punt *o* [op school]; blijk *o*; doel(wit) *o*; peil *o*; model *o* [v. auto, vliegtuig &]; *easy ~* **F** iem. die zich gemakkelijk laat ompraten; ‖ [Duitse] mark; *hit the ~* raak schieten, de spijker op de kop slaan; het raden; *make one's ~* zich onderscheiden, van zich doen spreken, succes hebben (bij *with*); *(God) save the ~!* God betere het!; ● *b e l o w the ~* beneden peil; *b e s i d e the ~* niet ter zake, er niets mee te maken hebbend; de plank mis; *b e n e a r the ~* er dicht bij of dicht bij de waarheid zijn; *a man o f ~* een man van betekenis; *wide of the ~* er naast, de plank mis; *be quick o f f the ~* snel starten; *fig* snel te werk gaan; *be u p to the ~* aan de (gestelde) eisen voldoen; *I am not up to the ~* **F** ik voel me niet erg lekker (wel); *keep up to the ~* op peil houden; *w i t h i n the ~* zonder overdrijven; **II** *vt* merken, tekenen; kenmerken; onderscheiden; noteren, op-, aantekenen; aanstrepen; bestemmen; laten merken, aanduiden, aangeven, beduiden, betekenen; ⇔ cijfers (punten) geven (op); prijzen [koopwaar]; opmerken, letten op, acht geven op; niet ongemerkt voorbij laten gaan, vieren, herdenken; *sp* dekken [tegenspeler]; *~ me, ~ my words* let op mijn woorden!; *~ time* ✕ de pas markeren, pas op de plaats maken²; *fig* niet verder komen; *~ you* let wel; ● *d o w n* aanstrepen; aangeven [op kaart]; noteren; $ lager noteren; afprijzen; *~ o f f* afscheiden; onderscheiden (van *from*); *~ o u t* aanwijzen, bestemmen; afbakenen, afsteken [terrein]; onderscheiden; *~ u p* noteren; $ hoger noteren; **-ed** *aj* gemerkt; opvallend, in het oog vallend, duidelijk, merkbaar, markant; getekend, gedoemd; verdacht; **-er** aantekenaar, opschrijver; leeswijzer boekelegger; fiche *o* & *m*; viltstift

market ['ma:kit] **I** *sb* markt°; aftrek, vraag; *be i n the ~ for* nodig hebben, aan de markt zijn voor...; *not in the ~* niet op de markt, niet in de handel; *come i n t o the ~* op de markt of in de handel komen; *place (put) them o n the ~* ze te koop bieden (stellen); *play the ~* speculeren [op de beurs]; *bring one's hogs (eggs) t o a bad ~* van een koude kermis thuiskomen; *make a ~ of* exploiteren;

verkwanselen; **II** *vt* markten, ter markt brengen; handelen in; verkopen [op de markt]; **III** *vi* markten, inkopen doen; (goed) verkoopbaar, courant; ~-**garden** groentekwekerij; ~-**gardener** groentekweker, tuinder; ~-**gardening** tuinderij; –**ing** op de markt brengen *o* [goederen]; verkoop; ~*s* waren, marktinkopen; ~-**place** marktplein *o*, markt; ~-**price** marktprijs, -notering; koers-(waarde); ~ **report** marktbericht *o*; ~ **research** marktonderzoek *o*; ~ **town** marktplaats

marking ['ma:kiŋ] $ notering; tekening [v. dier]; corrigeren *o*, beoordeling [v. schoolwerk]; ⚓ herkenningsteken *o*; ~ **ink** merkinkt

marksman ['ma:ksmən] (scherp)schutter

marl [ma:l] mergel; –**stone** mergelsteen *o* & *m*; –**y** mergelachtig, mergel-

marmalade ['ma:məleid] marmelade

marmoreal [ma:'mɔ:riəl] marmerachtig; van marmer, marmeren; marmer-

marmot ['ma:mət] marmot

1 **maroon** [mə'ru:n] I *sb* ⓌⓌ uit slavernij ontsnapte neger [W.-Indië], marron, bosneger; afstammeling daarvan; **II** *vt* ⚓ op een onbewoond eiland aan wal zetten; in onherbergzame streek achterlaten; isoleren

2 **maroon** [mə'ru:n] *aj* kastanjebruin

marque [ma:k] *letter of* ~ zie *letter*

marquee [ma:'ki:] grote tent

marquess ['ma:kwis] = *marquis*

marquetry ['ma:kitri] inlegwerk *o*

marquis ['ma:kwis] markies; –**ate** markizaat *o*; **marquise** [ma:'ki:z] 1 markiezin; 2 marquisering

marriage ['mærid͡ʒ] huwelijk *o*; ☉ echt; *fig* harmonie; *relative by* ~ aangetrouwd; *ask in* ~ ten huwelijk vragen; –**able** huwbaar; ~ **articles** huwelijkscontract *o* (met voorwaarden); ~ **licence** huwelijksvergunning van overheidswege; ~ **lines** F trouwakte; ~ **portion** huwelijksgift, bruidsschat; aanbreng; ~ **settlement** huwelijksvoorwaarden; **married** gehuwd, getrouwd (met *to*); echtelijk, huwelijks-

marrow ['mærou] merg *o*, *fig* pit *o* & *v*; (*vegetable*) ~ eierpompoen; –**bone** mergpijp; –**fat** grote erwt, kapucijner (ook: ~ *pea*); –**y** vol merg, mergachtig; *fig* pittig

1 **marry** ['mæri] I *vt* trouwen; uithuwen; huwen²; paren, verbinden; ~ *a fortune* een vrouw met geld trouwen; ~ *off* aan de man brengen; **II** *vi* trouwen; ~ *well* een goed huwelijk doen; *not a* ~*ing man* geen man om te trouwen

2 ✎ **marry** ['mæri] *ij* waratje!, jà zeker!

marsh [ma:ʃ] moeras *o*

marshal ['ma:ʃəl] **I** *sb* maarschalk; ceremoniemeester; ordecommissaris; *Am* hoofd *o* van politie of brandweer; **II** *vt* ordenen, opstellen;

rangschikken; aanvoeren, geleiden; ~*ling yard* rangeerterrein *o*

marsh-gas ['ma:ʃgæs] moeras-, methaangas *o*

marsh mallow ['ma:ʃmælou] ⚘ heemst; soort snoepgoed; ~ **marigold** dotterbloem

marshy ['ma:ʃi] moerassig, drassig

marsupial [ma:'sju:pjəl] ⚏ **I** *aj* buideldragend; **II** *sb* buideldier *o*

mart [ma:t] markt²; stapelplaats, handelscentrum *o*; venduhuis *o*, verkooplokaal *o*

marten ['ma:tin] marter; marterbont *o*

martial ['ma:ʃəl] krijgshaftig, krijgs-; *proclaim* ~ *law* de staat van beleg afkondigen

Martian ['ma:ʃjən] **I** *aj* van Mars; **II** *sb* Marsbewoner

martin ['ma:tin] huiszwaluw

martinet [ma:ti'net] dienstklopper

martyr ['ma:tə] **I** *sb* martelaar²; *be a* ~ *to* lijden aan; *die a* ~ *to* (*in the cause of*) zijn leven offeren voor; **II** *vt* martelen, pijnigen; de marteldood doen sterven; –**dom** martelaarschap *o*, marteldood; marteling; –**ize** martelen; *fig* een martelaar maken van; –**ology** [ma:tə'rɔlədʒi] martelaarsgeschiedenis, -boek *o*, -lijst

marvel ['ma:vəl] **I** *sb* wonder *o*; **II** *vi* zich verwonderen (over *at*, *over*), verbaasd staan, zich (verbaasd) afvragen...; –**lous** wonderbaar(lijk), verbazend, wonder-; F enig, fantastisch

Marxian ['ma:ksiən], **Marxist** ['ma:ksist] marxist(isch)

marzipan [ma:zi'pæn] marsepein

mascara [mæs'ka:rə] mascara

mascot ['mæskət] mascotte, talisman

masculine ['mæs-, 'ma:skjulin] mannelijk°; manachtig; –**nity** [mæs-, ma:skju'liniti] mannelijkheid; manachtigheid

maser ['meizə] maser

mash [mæʃ] **I** *vt* fijnstampen [v. spijs]; mengen [v. mout]; ~*ed potatoes* (aardappel)puree; **II** *sb* beslag *o* [v. brouwers]; mengvoer *o*; (aardappel)puree; *fig* brij; mengelmoes *o* & *v*; –**er** [etens-, aardappel]stamper

mask [ma:sk] **I** *sb* masker² *o*, mom²; gemaskerde; *sp* kop [v. vos]; *in* ~*s* met maskers voor, gemaskerd; **II** *vi* een masker voordoen, zich vermommen; **III** *vt* maskeren; vermommen; maskéren²; ~*ed* ook: verkapt; ~(*ed*) *ball* bal *o* masqué; –**er** gemaskerde

masochism ['mæsəkizm] masochisme *o*; –**ist** masochist; –**istic** [mæsə'kistik] masochistisch

mason ['meisn] steenhouwer; vrijmetselaar; –**ic** [mə'sɔnik] vrijmetselaars-; –**ry** ['meisnri] metselwerk *o*; vrijmetselarij

masquerade [mæskə'reid] **I** *sb* maskerade; **II** *vi* vermomd gaan, zich vermommen²; *masquerading as...* ook: zich voordoend als..., zich uitgevend voor...

1 mass [mæs, ma:s] *sb rk* mis; *dialogue* ~ gedialogeerde mis; *high* (*low*) ~ hoogmis (leesmis, stille mis); ~*es for his soul* zielmissen; *say* ~ de mis lezen

2 mass [mæs] **I** *sb* massa; hoop; merendeel *o*; *in* ~ en bloc; *he is a* ~ *of bruises* één en al kneuzingen; *the* ~*es and the classes* het volk en de hogere standen; *in the* ~ in massa, in zijn geheel; **II** *vt* (in massa) bijeenbrengen, op-, samenhopen; combineren; **III** *vi* zich op-, samenhopen, zich verzamelen; **IV** *aj* massa-; op grote schaal, massaal

massacre ['mæsəkə] **I** *sb* moord(partij), bloedbad *o*, slachting; ~ *of the Innocents* kindermoord te Bethlehem; **II** *vt* uit-, vermoorden, een slachting aanrichten onder

massage ['mæsa:ʒ] **I** *sb* massage; **II** *vt* masseren

mass book ['mæs-, 'ma:sbuk] missaal

mass communication ['mæskəmju:nikeiʃən] massacommunicatie

masseur [mæ'sə:] masseur; **masseuse** masseuse; **F** (verkapte) prostituée

massive ['mæsiv] massief, zwaar; massaal, aanzienlijk, indrukwekkend; **–ness** massiviteit, zwaarte; massaliteit, massaal karakter *o*

mass media ['mæsmi:djə] *mv* v. **mass medium** ['mæsmi:djəm] massamedia [*mv* v. massamedium *o*: massacommunicatiemiddel *o*]; ~ **meeting** massabijeenkomst; ~**-produce** in massaproduktie vervaardigen, in massa produceren; ~ **production** massaproduktie; **massy** massief, zwaar

mast [ma:st] **I** *sb* mast; **II** *vt* masten

mastectomy [mæs'tektəmi] afzetten *o* van een borst

master ['ma:stə] **I** *sb* meester°, heer (des huizes), eigenaar; baas, chef, directeur; ⚓ hoofd *o* (v. *college*); leraar; ⚓ gezagvoerder; schipper; *Sc* erfgenaam v. adellijke titel; *Master Henry* de oudste zoon des huizes, Henry; *The Master* de Meester: Christus; *the* ~ *and mistress* mijnheer en mevrouw; ~*s and men* werkgevers en werknemers; *French* ~ leraar in het Frans; *a French* ~ een Franse meester (schilder); schilderstuk van een dito; *second* ~ ⚓ conrector, onderdirecteur; ~ *of Arts* ⚓ graad in de *Arts*-faculteit, ± doctorandus; ~ *of ceremonies* ceremoniemeester; ~ *of the Horse* opperstalmeester; ~ *of Hounds* opperjagermeester; ~ *of the Rolls* Rijksarchivaris en rechter bij het Hof van Beroep; ~ *of Science* ± doctorandus in de natuurwetenschappen; *like* ~ *like man* zo heer, zo knecht; **II** *vt* zich meester maken van, overmeesteren, baas worden, onder de knie krijgen², meester worden, machtig worden; bestu-ren; ~ *oneself* zich(zelf) beheersen; ~ **builder** bouwmeester; meester aannemer; **–ful** meesterachtig, eigenmachtig, despotisch, bazig; **–key**

loper [sleutel]; **–less** zonder meester; **–ly** meesterlijk, magistraal, meester-; ~ **mariner** ⚓ gezagvoerder [koopvaardij]; **–mind I** *sb* grote geest; *fig* brein *o*, leider (achter de schermen), hoofdaanlegger; **II** *vt Am* [handig, achter de schermen] leiden; **–piece** meesterstuk *o*, meesterwerk *o*; ~ **plan** basisplan *o*; **–ship** meesterschap *o*; leraarschap *o*; waardigheid van *master*; ~ **stroke** meesterlijke zet, meesterstuk *o*; **mastery** meesterschap° *o*; overhand; heerschappij; beheersing

mast-head ['ma:sthed] top van de mast; *at the* ~ in top

mastic ['mæstik] mastiek [boom; hars; teer en asfalt]; ~ *asphalt* asfaltmastiek

masticate ['mæstikeit] kauwen; **–tion** [mæsti'keiʃən] kauwing, kauwen *o*; **–tor** ['mæstikeitə] kauwende; hak-, snij-, maalmachine

mastiff ['mæstif] Engelse dog

masturbate ['mæstəbeit] masturberen, zichzelf bevredigen

1 mat [mæt] **I** *sb* mat, (tafel)matje *o*; onderzetter [voor bier &]; verwarde massa (haar &); *on the* ~ **F** in moeilijkheden; op het matje [geroepen worden]; **II** *vt* met matten beleggen; samenvlechten; **III** *vi* samenkleven[2]

2 mat [mæt] **I** *aj* mat; **II** *vt* mat maken, matteren

matador ['mætədɔ:] matador

1 match [mætʃ] *sb* lucifer; lont

2 match [mætʃ] **I** *sb* gelijke, evenknie, partuur; stel *o*, paar *o*; partij, huwelijk *o*; match, kamp, wedstrijd; *be a* ~ *for* het kunnen opnemen tegen, opgewassen zijn tegen, aankunnen; *be more than a* ~ *for* de baas zijn; *be no* ~ *for* geen partij zijn voor; *make a* ~ bij elkaar komen (horen); samen trouwen; ,,koppelen"; **II** *vt* paren°, evenaren; zich kunnen meten met; de vergelijking kunnen doorstaan met; de gelijke vinden van; tegenover elkaar stellen, in overeenstemming brengen (met *to*); *they are well* ~*ed* zij passen (komen) goed bij elkaar; zij wegen tegen elkaar op; **III** *vi* een paar vormen, bij elkaar horen (komen); *...to* ~ daarbij komende; ~ *up to* evenaren **–board** plank met groef en messing; **–box** lucifersdoosje *o*; **–less** weergaloos; **–lock** lontroer *o*; **–maker** lucifermaker ‖ koppelaar(ster); **–wood** 1 lucifershout *o*; 2 splinters; *make* ~ *of* totaal ruïneren of kapotslaan

1 mate [meit] **I** *sb* maat, makker, kameraad; helper; gezel; (levens)gezel(lin); mannetje *o* of wijfje *o* [v. dieren]; ⚓ stuurman; **II** *vt* paren°, (in de echt) verenigen; huwen; **III** *vi* paren; zich verenigen

2 mate [meit] **I** *sb* (schaak)mat; **II** *vt* (schaak)mat zetten

mater ['meitə] **S** moeder, ouwe vrouw

material [mə'tiəriəl] **I** *aj* stoffelijk, lichamelijk, materieel; belangrijk, wezenlijk; **II** *sb* materiaal *o*, (bouw)stof; materieel *o*; *raw* ~ het ruwe materiaal; *writing* ~ schrijfbehoeften; **–ism** materialisme *o*; **–ist** materialist(isch); **–istic** [mətiəriə'listik] materialistisch; **–ity** [mətiəri'æliti] stoffelijkheid; lichamelijkheid; wezenlijkheid; belang *o*, belangrijkheid; **–ization** [mətiəriəlai'zeiʃən] realisatie, verwezenlijking; verstoffelijking; **–ize** [mə'tiəriəlaiz] **I** *vt* 'realiseren˚; verstoffelijken; **II** *vi* zich verwezenlijken; (wezenlijk) voordeel opleveren; zich verstoffelijken; **F** plotseling verschijnen, opduiken; *it didn't* ~ ook: er kwam niets van

maternal [mə'tə:nəl] moederlijk, moeder(s)-; van moederszijde

maternity [mə'tə:niti] moederschap *o*; ~ *clothes* positiekleding; ~ *home* (*hospital*) kraaminrichting

matey ['meiti] **F** amicaal, familiaar

mathematical [mæθi'mætikl] mathematisch, wiskundig; wiskunde-; strikt nauwkeurig, strikt zeker; ~ *instruments* gereedschappen voor het rechtlijnig tekenen; *case of* ~ *instruments* passerdoos; **–cian** [mæθimə'tiʃən] wiskundige; **mathematics** [mæθi'mætiks] wiskunde

maths [mæθs] **F** wiskunde

matinée ['mætinei] matinee

mating-season, **~-time** ['meitiŋsi:zn, -taim] paartijd

matins ['mætinz] *rk* metten; [Anglicaanse] morgendienst

matriarchy ['meitria:ki] matriarchaat *o*

matricide ['meitrisaid] moedermoord; moedermoordenaar

matriculate [mə'trikjuleit] **I** *vt* inschrijven, toelaten (als student); **II** *vi* zich laten inschrijven, toegelaten worden; **–tion** [mətrikju'leiʃən] inschrijving, toelating (als student); ~ (*examination*) toelatingsexamen *o*

matrimonial [mætri'mounjəl] huwelijks-; **–ny** ['mætriməni] huwelijk *o*, huwelijkse staat

matrix ['meitriks] matrijs

matron ['meitrən] getrouwde dame, matrone; moeder [v. weeshuis]; juffrouw voor de huishouding [v. kostschool]; directrice [v. ziekenhuis]

matt [mæt] *aj* mat [v. goud &]

matter ['mætə] **I** *sb* stof, materie; zaak; aangelegenheid, kwestie; aanleiding, reden; etter; kopij, zetsel *o*; ⬛ stukken; *the amount is still* (*a*) ~ *for conjecture* naar het bedrag gist men nog; *a* ~ *of course* iets heel gewoons, de gewoonste zaak van de wereld, een vanzelfsprekendheid; *it is a* ~ *of danger* het is gevaarlijk; *a* ~ *of fact* een feit; *as a* ~ *of fact* feitelijk, eigenlijk, in werkelijkheid; inderdaad; trouwens; *it is a* ~ *of habit* het is een kwestie van gewoonte; *the* ~ *at* (*in*) *hand* wat nu aan de orde is; *a* ~ *of opinion* [dat is maar] hoe je

erover denkt; *a* ~ *of 500 pounds* de bagatel van £ 500; *a* ~ *of 40 years* een 40 jaar; *no* ~ *how* hoe dan ook; *no such* ~ niets van dien aard; *it is* (*makes*) *no* ~ het maakt niet(s) uit; *it is a small* ~ het is een kleinigheid; *what* ~ (*if*)...? wat zou het, (al)...?; *what is the* ~ (*with you*)? wat is er?, wat scheelt er aan?; *it is no laughing* ~ het is niet om te lachen; *as the* ~ *may be* (al) naar omstandigheden; ● *for that* ~, *for the* ~ *of that* wat dat aangaat, trouwens; *in the* ~ *of...* inzake...; **II** *vi* van belang zijn; etteren; *it does not* ~ het komt er niet op aan, het geeft niet, het heeft niets te betekenen, het is niet erg; **~-of-course** vanzelfsprekend, natuurlijk; **~-of-fact** zakelijk; prozaïsch, droog, nuchter

matting ['mætiŋ] matwerk *o*, (matten)bekleding

mattock ['mætək] houweel *o*, hak

mattress ['mætris] matras; zinkstuk *o*

mature [mə'tjuə] **I** *aj* rijp², bezonken; **$** vervallen; **II** *vt* rijp maken, rijpen; **III** *vi* rijp worden, rijpen; **$** vervallen; **–d** gerijpt, volwassen; rijp; belegen; **$** vervallen; **maturity** rijpheid; **$** vervaltijd, -dag

matutinal [mætju'tainl] vroeg, morgen-

matzo(h) ['mætsə] matse

maudlin ['mɔ:dlin] (dronkemansachtig) sentimenteel

maul [mɔ:l] **I** *sb* beukhamer, beuker; **II** *vt* beuken, er op timmeren; toetakelen

maulstick ['mɔ:lstik] schildersstok

maunder ['mɔ:ndə] onsamenhangend praten; als verwezen zich bewegen of handelen

Maundy Thursday ['mɔ:ndi'θə:zdi] Witte Donderdag

mausoleum [mɔ:sə'liəm] mausoleum *o*, praalgraf *o*

mauve [mouv] mauve

maverick ['mævərik] *Am* ongemerkt kalf *o*; *fig* buitenbeentje *o*

☉ **mavis** ['meivis] ✿ zanglijster

maw [mɔ:] pens, krop, maag; *fig* muil, afgrond

mawkish ['mɔ:kiʃ] walglijk flauw; *fig* sentimenteel

mawseed ['mɔ:si:d] (blauw)maanzaad *o*

maxim ['mæksim] grondstelling; (stel)regel; leerspreuk, maxime

maximal ['mæksiməl] maximaal; **maximize** op het maximum brengen; **maximum** maximum *o*

May [mei] mei; *m*~ ✿ meidoorn(bloesem)

may [mei] mogen, kunnen, kunnen zijn; *who* ~ *you be?* wie ben je wel?; *he* ~ *not come back* misschien komt hij niet meer terug; *as... as* ~ *be* zo... mogelijk; *be this as it* ~ hoe het ook zij

maybe ['meibi:] misschien, mogelijk

May-bug ['meibʌg] meikever; **May Day** eerste mei, één-meidag; *m*~ internationaal radionoodsein o; **mayfly** 🐛 haft o, eendagsvlieg

mayhem ['meihem] *Am* 🐛 zwaar lichamelijk letsel o; **F** ruw geweld o

Maying ['meiiŋ] het vieren van het meifeest

mayn't F = *may not*

mayonnaise [meiə'neiz] mayonaise

mayor [mɛə] burgemeester; **–alty** burgemeesterschap o; **–ess** burgemeestersvrouw; *Am* vrouwelijke burgemeester; **–ship** burgemeestersambt o

maypole ['meipoul] meiboom; **F** bonestaak, lange lijs

mazarine [mæzə'ri:n] donkerblauw

maze [meiz] **I** *sb* doolhof; verbijstering; (*be*) *in a* ~ de kluts kwijt; **II** *vt* verbijsteren

mazer ['meizə] [houten] drinkkelk, -bokaal

mazurka [mə'zə:kə] mazurka

mazy ['meizi] vol kronkelpaden; verward

me [mi:] mij, me; **F** ik

mead [mi:d] mee [drank] ‖ ⊙ beemd, weide

meadow ['medou] weide, weiland o; ~ **saffron** droogbloeier, herfsttijloos

meagre ['mi:gə] mager², schraal

1 meal [mi:l] maal o, maaltijd; *at* ~*s* bij de maaltijd; aan tafel

2 meal [mi:l] meel o; *Am* maïsmeel o

mealie(s) ['mi:li(z)] *ZA* mielie(s): maïs

mealiness ['mi:linis] meelachtigheid; meligheid

meal-time ['mi:ltaim] etenstijd

mealy ['mi:li] meelachtig, melig; geschimmeld, vlekkig; bleekneuzig; ~**-mouthed** voorzichtig in zijn uitlatingen; zalvend, zoetsappig; schijnheilig

1 mean [mi:n] **I** *aj* gemiddeld; middel-; ~ *proportional* middelevenredige; **II** *sb* gemiddelde o, middelmaat, middenweg, middelevenredige; *the golden* (*happy*) ~ de gulden middelmaat

2 mean [mi:n] *aj* gering, min, laag, gemeen; schriel; krenterig; *Am* slechtgehumeurd

3 mean [mi:n] **I** *vt* bedoelen, menen, in de zin hebben, van plan zijn; betekenen; bestemmen (voor *for*); ~ *by* bedoelen met; verstaan onder; *that is meant* [ment] *for you* dat is u toegedacht; dat moet jou voorstellen; dat is op jou gemunt; *I* ~ *you to go* ik wil dat...; *are we meant* [ment] *to laugh?* moeten we lachen?; *this does not* ~ *that...* ook: dat wil niet zeggen, dat...; *this name* ~*s nothing to me* die naam zegt me niets; **II** *vi* het menen (bedoelen); ~ *well by* (*to, towards*) het goed menen met

meander [mi'ændə] **I** *sb* kronkeling; ~*s* ook: doolhof; **II** *vi* kronkelen, zich slingeren; dolen

meaning ['mi:niŋ] **I** *aj* veelbetekenend; **II** *sb* bedoeling; betekenis, zin; **–ful** zinvol, zinrijk; veelbetekenend; van betekenis; **–less** zonder zin, zinledig, zinloos, doelloos; nietszeggend; **–ly** *ad* veelbetekenend; opzettelijk; in alle ernst

meanly ['mi:nli] *ad* v. *2 mean*; ook: slecht; geringschattend

means [mi:nz] manier, middel o; middelen, geldelijke inkomsten; *live beyond one's* ~ boven zijn stand leven; *by all* ~ toch vooral, zeker, stellig; *not by any* ~, *by no* ~ geenszins, volstrekt niet; *by* ~ *of* door middel van; *by his* ~ met zijn hulp, door zijn bemiddeling, door hem; *by this* ~ op deze wijze; *by fair* ~ *or foul* op eerlijke of oneerlijke manier; *a man of* ~ een bemiddeld man

mean-spirited ['mi:n'spiritid] laaghartig

means test ['mi:nztest] onderzoek o naar iemands draagkracht

meant [ment] V.T. & V.D. van *3 mean*

meantime ['mi:ntaim], ~**while** middelerwijl, intussen, ondertussen (ook: *in the* ~)

measles ['mi:zlz] mazelen; gort [varkensziekte]; **measly** de mazelen hebbend; gortig [v. varken]; **F** armzalig, miserabel, miezerig

measurable ['meʒərəbl] meetbaar; afzienbaar; **measure I** *sb* maat°, ⊙ mate; maatstaf, meetlat; deler; maatregel; gevechtsafstand [bij schermen]; [steenkolen] laag; *greatest common* ~ grootste gemene deler; *take the* ~ *of one's opponents* schatten, wegen, de krachten meten; *take* ~*s* maatregelen nemen; *tread a* ~ 🐛 een dansje doen; ● *beyond* ~ bovenmatig; ~ *for* ~ leer om leer; *for good* ~ op de koop toe; *in a* (*some*) ~ in zekere mate, tot op zekere hoogte; *in a great* (*large*) ~ in grote mate, grotendeels; *made to* ~ op maat; **II** *vt* meten, op-, afmeten, uit-, toemeten (~ *out*); de maat nemen; *I* ~*d him* (*with my eye*) nam hem op van het hoofd tot de voeten; ~ *oneself against* (*with*) zich meten met; ~ *other people's cloth* (*feet*) *by one's own yard*, ~ *other people's corn by one's own bushel* anderen naar zich zelf afmeten; *he* ~*d his length on the ground* hij viel languit op de grond; ~ *swords with* de degen kruisen met; **III** *vi* ~ *up to* voldoen aan, beantwoorden aan; opgewassen zijn tegen, op kunnen tegen; ~*d* afgemeten, gelijkmatig; gematigd; weloverwogen; **measureless** onmetelijk; **measurement** (af)meting, maat; inhoud; **measuring I** *aj* maat-, meet-; **II** *sb* meten o, maatnemen o

meat [mi:t] vlees o; 🐛 spijs, kost, voedsel o; 🐛 eten o; *fig* diepere inhoud; **S** mensenvlees o; *strong* ~ zware kost; *one man's* ~ *is another man's poison* de een zijn dood is de ander zijn brood; elk zijn meug; *this is* ~ *and drink to him* dat is zijn lust en zijn leven; *after* (*before*) ~ 🐛 na (vóór) het eten; ~**-ball** gehaktbal; ~**-fly** aasvlieg; ~**-offering** spijsoffer o; ~**-pie** vleespastei; ~**-safe** vliegenkast; **meaty** vlezig, vlees-; rijk [v. inhoud], degelijk, stevig

mechanic [mi'kænik] werktuigkundige, mecanicien, [auto &] monteur; ~*s* werktuigkunde, mechanica; *fig* mechanisme o; **–al** machinaal, werktuiglijk; mechanisch, werktuigkundig; machine-; ~ *engineering* werktuigbouwkunde; **–ian** [mekə'niʃən] werktuigkundige, mécanicien; **mechanism** ['mekənizm] mechanisme *o*, mechaniek *o*; techniek; **–ization** [mekənai'zeiʃən] mechanisering; **–ize** ['mekənaiz] mechaniseren

medal ['medl] (gedenk)penning, medaille; **medallion** [mi'daeljən] grote medaille of (gedenk)penning; medaillon *o* [als ornament]; **medallist** ['medlist] medailleur; houder van een medaille

meddle ['medl] zich bemoeien, zich inlaten (met *with*); met zijn vingers aan iets komen, tornen (aan *with*); zich mengen (in *in*); **meddler** bemoeial; **meddlesome** bemoeiziek

media ['miːdjə] *mv* v. *medium*

mediaeval [medi'iːvəl] = *medieval*

medial ['miːdjəl] midden-, tussen-, middel-; gemiddeld

median ['miːdjən] I *aj* midden-, middel-; II *sb* mediaan

1 mediate ['miːdiit] *aj* middellijk

2 mediate ['miːdieit] *vi* & *vt* bemiddelen

mediation [miːdi'eiʃən] bemiddeling; **–tor** ['miːdieitə] (be)middelaar; **–tory** bemiddelend, bemiddelings-

medical ['medikl] I *aj* medisch, genees-, geneeskundig; ~ *man (practitioner)* medicus, dokter; ~ *officer* ✗ officier van gezondheid; arts v. d. Geneesk. Dienst (~ *officer of health*); II *sb* F student in de medicijnen; F medisch examen *o*; algemeen gezondheidsonderzoek *o*; **medicament** [me'dikəmənt] geneesmiddel *o*; **medicate** ['medikeit] medicinaal bereiden; geneeskundig behandelen; ~*d coffee* geprepareerde koffie; ~*d cotton-wool* verbandwatten; ~*d waters* medicinale wateren; **medicinal** [me'disinl] geneeskrachtig, genezend, medicinaal, geneeskundig; **medicine** ['medsin, 'medisin] medicijn, geneesmiddel *o*, artsenij; geneeskunde; *take one's* ~ ook: *fig* zijn straf ondergaan; ~ *chest* medicijnkistje *o*, huisapotheek; ~**-man** medicijnman

medico ['medikou] S medicus, esculaap; medisch student

medico-legal ['medikou'liːgəl] medisch-forensisch

medieval [medi'iːvəl] I *aj* middeleeuws; II *sb* middeleeuwer

mediocre ['miːdioukə] middelmatig, onbetekenend; inferieur; **mediocrity** [miːdi'ɔkriti] middelmatigheid°

meditate ['mediteit] I *vi* nadenken, peinzen (over *on, over*); mediteren; II *vt* overdenken, denken over, bepeinzen, beramen; **–tion** [medi'teiʃən] overdenking, overpeinzing, gepeins *o*; meditatie; **–tive** ['mediteitiv] (na)denkend, peinzend

Mediterranean [meditə'reinjən] (van de) Mid-

dellandse Zee, Middellandse-Zee-

medium ['miːdjəm, *mv* –s, –ia -jə] I *sb* midden *o*; middenweg; middelsoort; middelste term; tussenpersoon, middel *o*, medium *o*; massacommunicatiemiddel *o*; mediaanpapier *o*; *by (through) the* ~ *of* door (bemiddeling of tussenkomst van); *the happy* ~ de gulden middenweg; II *aj* middelsoort-; middelfijn, middelzwaar &; gemiddeld; middelmatig; ~ *wave* R middengolf; **–istic** [miːdjə'mistik] mediamiek

medlar ['medlə] mispel

medley ['medli] I *sb* mengelmoes *o* & *v*, mengeling, mengelwerk *o*; ♪ potpourri; *sp* wisselslag (~ *relay*); II *aj* gemengd, bont

⊙ **meed** [miːd] beloning, loon *o*

meek ['miːk] zachtmoedig, zachtzinnig, ootmoedig, gedwee

meerschaum ['miəʃəm] meerschuim *o*; meerschuimen pijp

1 ⚒ meet [miːt] *aj* geschikt, gepast, behoorlijk

2 meet [miːt] I *vt* ontmoeten, tegenkomen, (aan)treffen, vinden; een ontmoeting (samen-, bijeenkomst) hebben met, op-, bezoeken; ontvangen, afhalen; tegemoet gaan of treden; het hoofd bieden (aan); tegemoet komen (aan); voldoen (aan); voorzien in; ondervangen, opvangen; kennis maken met; ~ *Mr. S. (Am)* mag ik u voorstellen aan de heer S?; *does it* ~ *the case?* is het goed zo?, is het zo voldoende?; ~ *expenses* de kosten dekken, bestrijden; ~ *sbd. at the station* afhalen; *have I met you?* is u dat goed zo?; *more is meant than* ~*s the ear (the eye)* daar schuilt meer achter dan het zo lijkt; ~ *fraud with fraud* bedrog beantwoorden (keren) met bedrog; II *vi* elkaar ontmoeten; samen-, bijeenkomen; *till we* ~ *again!* tot weerziens!; ~ *with* ontmoeten, aantreffen; wegdragen; wegdragen [goedkeuring]; krijgen [een gelukuk]; (onder)vinden; lijden [verlies]; III *sb* bijeenkomst; rendez-vous *o*; **meeting** ontmoeting, bijeenkomst, vergadering, meeting; *sp* wedstrijd, wedren; samenvloeiing [v. rivieren]; ~**-house** bedehuis *o*; ~**-place** verzamelplaats, plaats van samenkomst, trefpunt *o*

megacycle ['megəsaikl] megahertz

megalocardia [megəlou'kaːdiə] hartvergroting

megalomania [megəlou'meinjə] grootheidswaan(zin); **–c** lijder (lijdend) aan grootheidswaan(zin)

megalopolis [məgə'lɔpəlis] megalopolis: stedencomplex *o*, agglomeratie [v. steden]; **–itan** [megələ'pɔlitən] (inwoner) van een megalopolis

megaphone ['megəfoun] I *sb* megafoon; II *vt* & *vi* door de megafoon roepen; **megaton** megaton; **megawatt** megawatt

megrim ['miːgrim] schele hoofdpijn; ~*s* landerigheid; duizeligheid [v. paard]

melancholia [melən'kouljə] *ps* melancholie; **–lic** [melən'kɔlik] melancholisch, zwaarmoedig; **–ly** ['melənkəli] **I** *aj* melancholiek, zwaarmoedig, droefgeestig; droevig, treurig, triest; **II** *sb* melancholie, zwaarmoedigheid, droefgeestigheid

mêlée ['melei] verward gevecht *o* (van man tegen man), handgemeen *o*

meliorate ['mi:liəreit] = *ameliorate*; **–tion** [mi:- liə'reiʃən] = *amelioration*

mellifluence [me'lifluəns] zoetvloeiendheid; **–ent, mellifluous** zoetvloeiend, honi(n)gzoet²

mellow ['melou] **I** *aj* rijp, mals, murw, zacht; met de jaren milder geworden; zoetvloeiend [toon]; **S** joviaal; **F** halfdronken; **II** *vi* rijp & worden; **III** *vt* doen rijpen; mals, zacht & maken; temperen, verdoezelen; **–y** = *mellow* **I**

melodious [mi'loudjəs] melodieus, welluidend, zangerig; **melodist** ['melədist] zanger; componist van de melodie

melodrama ['meloudra:mə] melodrama *o*; draak [toneel]; **–tic** [meloudrə'mætik] melodramatisch, overdreven, sensationeel, drakerig (toneel)

melody ['melədi] melodie

melon ['melən] meloen

melt [melt] **I** *vi* smelten²; ~ *a w a y* weg-, versmelten; ~ *i n t o one another* in elkaar vloeien [v. kleuren]; **II** *vt* smelten; vermurwen, vertederen, roeren; ~ *down* versmelten; **III** *sb* smelting; **melting I** *aj* smeltend²; (ziel)roerend; **II** *sb* smelting; vertedering; **~-pot** smeltkroes⁰

member ['membə] lid⁰ *o*; lidmaat; afgevaardigde; deelnemer; *be a ~ of*, *be ~s of* ook: deel uitmaken van; ~ *state(s)* lid-staat (leden-staten); **–ship** lidmaatschap *o*; aantal *o* leden

membrane ['membrein] vlies *o*, membraan *o* & *v*; **–nous** vliezig

memento [mi'mentou] gedachtenis, herinnering, aandenken *o*, souvenir *o*

memo ['memou] **F** = *memorandum*

memoir ['memwa:] verhandeling, (auto)biografie; ~*s* memoires, gedenkschriften; handelingen [v. genootschap]

memorable ['memərəbl] *aj* gedenkwaardig, heuglijk, onvergetelijk; opmerkelijk

memorandum [memə'rændəm] memorandum *o*, aantekening, notitie; nota; ~ *of association* akte van oprichting

memorial [mi'mɔ:riəl] **I** *aj* van het geheugen; herinnerings-, gedenk-; ~ *service* rouwdienst; **II** *sb* gedachtenis, herinnering; verzoekschrift *o*, petitie, adres *o*, nota, memorie; gedenkstuk *o*, -teken *o*; ~*s* historische verslagen, kronieken; **–ize** zich met een verzoekschrift wenden tot

memorize ['meməraiz] memoriseren, uit het hoofd leren; **memory** memorie, geheugen *o*;

herinnering, (na)gedachtenis, aandenken *o*; *play from* ~ uit het hoofd spelen

men [men] *mv* v. *man*

menace ['menis] **I** *sb* dreiging, bedreiging; dreigement *o*; **F** lastpost, kruis *o*; **II** *vt* dreigen, bedreigen

menagerie [mi'nædʒəri] menagerie, beesten-. spel *o*

mend [mend] **I** *vt* (ver)beteren, beter maken, herstellen, repareren, (ver)maken, verstellen, lappen, stoppen; ~ *the fire* wat op het vuur doen; *that won't* ~ *matters* dat maakt het niet beter; ~ *one's ways* zijn leven beteren; **II** *vi* beteren, beter worden; vooruitgaan [zieke]; zich (ver)beteren; **III** *sb* gestopte of verstelde plaats; *on the* ~ aan de beterende hand

mendacious [men'deiʃəs] leugenachtig; **–ity** [men'dæsiti] leugenachtigheid

mendicancy ['mendikənsi] bedelarij; **–ant I** *aj* bedelend, bedel-; **II** *sb* bedelaar; bedelmonnik; **mendicity** [men'disiti] bedelarij

mending ['mendiŋ] reparatie, herstelling, verstelling; stopgaren *o*; verstelwerk *o*

menfolk ['menfouk] man(s)volk *o*, mannen

menhir ['menhiə] menhir: soort hunebed *o*

menial ['mi:njəl] **I** *aj* dienend, dienst-; dienstbaar; knechts, knechtelijk, huurlingen-; *the most* ~ *offices* geringste, laagste; ~ *service* koeliedienst; **II** *sb* (dienst)knecht, bediende, lakei

meningitis [menin'dʒaitis] hersenvliesontsteking

menopause [menou'pɔ:z] menopauze: het ophouden v.d. menstruatie tijdens „de overgang"

menses ['mensi:z] menstruatie

menstruation [menstru'eiʃən] menstruatie

mensurable ['menʃurəbl] meetbaar; **–ation** [mensju'reiʃən] meting

mental ['mentl] geestelijk, geestes-, mentaal; verstandelijk; **F** gestoord, krankzinnig; ~ *age* verstandelijke leeftijd; ~ *arithmetic* hoofdrekenen *o*; ~ *deficiency* zwakzinnigheid, debiliteit; ~ *faculties* geestvermogens; ~ *home*, ~ *hospital* psychiatrische inrichting, psychiatrisch ziekenhuis *o*, zenuwinrichting; ~ *nurse* krankzinnigenverpleger, -verpleegster; ~ *patient* geesteszieke, zenuwpatiënt; **–ity** [men'tæliti] mentaliteit; geestesgesteldheid; denkwijze; **mentally** ['mentəli] *ad* geestelijk, mentaal; in de geest; verstandelijk; uit het hoofd; ~ *defective* (*deficient*) zwakzinnig, debiel; ~ *ill* (*sick*) geestesziek

menthol ['menθɔl] menthol; ~ *cone*, ~ *pencil* migrainestift

mention ['menʃən] **I** *sb* (ver)melding, gewag; **II** *vt* (ver)melden, noemen, melding maken van, gewag maken van, spreken over; ⊙ gewagen van; *not to* ~... om nog maar niet te spreken van...; *don't* ~ *it!* geen dank!; *now you* ~ *it* ook: nu je het zegt

mentor ['mentə] mentor, raadgever

menu ['menju:] menu *o* & *m*, spijskaart

Mephistophelian [mefistə'fi:ljən] mefistofelisch; sluw, kwaadaardig, duivels

mephitic [me'fitik] stinkend, verpestend; **–is** [me'faitis] verpestende stank

mercantile ['mɔ:kəntail] koopmans-, handels-, mercantiel

mercenary ['mɔ:sinəri] **I** *aj* gehuurd, huur-; veil², (voor geld) te koop²; geldzuchtig, > koopmans-; **II** *sb* huurling; *mercenaries* ook: huurtroepen

mercer ['mɔ:sə] manufacturier (in zijden en wollen stoffen); **–ize** ['mɔ:səraiz] merceriseren

merchandise ['mɔ:tʃəndaiz] **I** *sb* koopwaar, waren; **II** *vi* & *vt* *Am* verkopen; **–r** *Am* verkoper; **merchandising** *Am* verkooppromotie

merchant ['mɔ:tʃənt] **I** *sb* koopman, (groot)handelaar; **II** *aj* handels-, koopvaardij-; **–man** koopvaardijschip *o*; **Merchant Navy** koopvaardijvloot; **merchant prince** handelsmagnaat, rijke koopman; **~ seaman** koopvaardijmatroos, -schipper; **~ service** handelsvloot; koopvaardij(vaart)

merciful ['mɔ:siful] barmhartig, genadig; *mercifully* ook: goddank, gelukkig; **merciless** onbarmhartig, meedogenloos, genadeloos, ongenadig

mercurial [mɔ:'kjuriəl] kwikzilverachtig; kwik-; *fig* levendig, vlug; wispelturig; **mercury** ['mɔ:kjuri] kwik(zilver) *o*

mercy ['mɔ:si] barmhartigheid, genade; weldaad, zegen; *appeal for ~* om gratie; *for ~'s sake* om godswil; *have ~ (up)on us* wees ons genadig, ontferm u onzer; *it was a ~ you were not there* het was een geluk; *be at the ~ of...*, *be left to the tender mercies of...* aan de genade overgeleverd zijn van; een spel zijn van [wind en golven]; **~ killing** euthanasie

1 mere [miə] *sb* meer *o*

2 mere [miə] *aj* louter, zuiver, enkel, bloot; maar; *a ~ boy* nog maar een jongen; *the ~st trifle* de minste kleinigheid; **–ly** *ad* enkel, louter, alleen

meretricious [meri'triʃəs] opzichtig; schoonschijnend

merganser [mɔ:'gænsə] duikergans

merge [mɔ:dʒ] **I** *vt* samensmelten (met *into*), doen opgaan; *be ~d in* opgaan in; **II** *vi* opgaan; **–r** ['mɔ:dʒə] *st* het vervallen van een recht (contract &) door het opgaan daarvan in een ander; $ samensmelting, fusie

meridian [mə'ridiən] **I** *sb* meridiaan; *fig* middaghoogte, hoogtepunt *o*, toppunt *o*; (geestelijk) peil *o*; ⚓ middag; **II** *aj* middag-; hoogste; **~ altitude** middaghoogte

meridional [mə'ridiənl] zuidelijk [*spec* v. Europa]

meringue [mə'ræŋ] schuimpje *o*, schuimtaart

merino [mə'ri:nou] merinos *o*; merinosschaap *o*

merit ['merit] **I** *sb* verdienste; *the ~s of the case* het essentiële (het eigenlijke, de merites) van de zaak; *on its (own) ~s* op zich zelf; **II** *vt* verdienen; **–orious** [meri'tɔ:riəs] verdienstelijk

merlin ['mɔ:lin] steenvalk

mermaid ['mɔ:meid] meermin

merriment ['merimənt] vrolijkheid; **merry** *aj* vrolijk, lustig; prettig; S „aangeschoten"; *make ~* vrolijk zijn, feestvieren, pret maken; *make ~ over* de gek steken met; **~-andrew** hansworst; **~-go-round** draaimolen; **~-making** pretmakerij, feestje *o*

mésalliance [me'zæliəns] *Fr* mésalliance; huwelijk *o* beneden iems. stand

mescaline ['meskəli:n] mescaline

⚓ **meseems** [mi'si:mz] mij dunkt, dunkt me

mesh [meʃ] **I** *sb* maas; *~es* net(werk) *o*; **II** *vi* de mazen van een net vangen, verstrikken; **III** *vi* ✗ in elkaar grijpen

mesmeric [mez'merik] biologerend; **–ism** ['mezmərizm] mesmerisme *o*; **–ize** biologeren, hypnotiseren

mess [mes] **I** *sb* smeer-, war-, knoeiboel, rotzooi, troep; netelige situatie, kritisch geval *o*; militaire kantine; veevoer *o*; ⚓ vloeibaar voedsel *o*; vuil goedje *o*; *~ of pottage* **B** schotel linzen; *make a ~ of it* alles overhoop halen; de boel verknoeien, in de war sturen; *be in a ~* overhoop liggen; *be in a fine ~* er lelijk in zitten; *get oneself into a ~* zich allerlei moeilijkheden op de hals halen; **II** *vt* bemorsen, vuilmaken; verknoeien, bederven (ook: *~ up*); *~ the whole business*, *~ things = make a ~ of it*; **III** *vi* morsen, knoeien; *~ about* (rond)scharrelen; aanrommelen; *~ with* samen eten met; knoeien aan, zich bemoeien met

message ['mesidʒ] boodschap; bericht *o*

messenger ['mesindʒə] bode, boodschapper; voorbode; koerier; loper [v. bankinstelling]; besteller [v. telegrammen]; **~ boy** loopjongen

Messiah [mi'saiə] Messias; heiland, verlosser; **Messianic** [mesi'ænik] Messiaans; **Messias** [mi'saiəz] = *Messiah*

messmate ['mesmeit] tafelgenoot; ⚓ baksmaat; **mess-room** ⚓ & ⚔ eetkamer

Messrs. ['mesəz] de Heren

mess-sergeant ['messa:dʒənt] ⚔ menagemeester; **~-tin** ⚔ eetketeltje *o*, gamel

messy ['mesi] vuil, smerig, slordig, wanordelijk

mestizo [mes'ti:zou] mesties, halfbloed

met [met] V.T. & V.D. van 2 *meet*

metabolic [metə'bɔlik] stofwisselings-; **–ism** [me'tæbəlizm] stofwisseling

metacarpus [metə'ka:pəs] middelhand

metal ['metl] **I** *sb* metaal *o*; steenslag *o*; glasspecie;

~s spoorstaven, rails; *leave the* ~*s, go (run) off the* ~*s* derailleren, ontsporen; **II** *vt* bekleden [schip]; verharden [weg]; **III** als *aj* metalen, metaal-; **metallic** [mi'tælik] metaalachtig, metalen, metaal-; ~ *currency* metaalgeld *o*, muntgeld *o*; **metallize** ['metəlaiz] metalliseren [v. hout]; vulcaniseren [v. rubber]

metallurgic(al) [metə'lə:dʒik(l)] metallurgisch, metaal-; **–ist** [me'tælə:dʒist] metaalbewerker; metaalkenner; **metallurgy** metallurgie: metaalbewerking

metamorphose [metə'mɔ:fouz] metamorfoseren: (van gedaante) doen veranderen; **metamorphosis** [metə'mɔ:fəsis, *mv* **–ses** -si:z] metamorfose: gedaanteverwisseling, vormverandering

metaphor ['metəfə] metafoor: beeldspraak, overdrachtelijke spreekwijze; **–ic(al)** [metə-'fɔrik(l)] metaforisch: overdrachtelijk, figuurlijk

metaphysical [metə'fizikl] metafysisch; **–cian** [metəfi'ziʃən] metafysicus; **metaphysics** [metə'fiziks] metafysica

metatarsal [metə'ta:sl] ~ *bone* middelvoetsbeentje *o*; **–sus** middenvoet

metcast ['metka:st] = *meteorological weather forecast* meteorologische weersvoorspelling

1 mete [mi:t] ~ *out* toe(be)delen, toemeten, toedienen, geven

2 mete [mi:t] **🅧🅧** grens; ~*s and bounds* paal en perk

metempsychosis [metempsi'kousis] metempsychose, zielsverhuizing

meteor ['mi:tjə] meteoor[2]; **–ic** [mi:ti'ɔrik] meteoor-; *fig* schitterend maar van korte duur; ~ *shower* sterrenregen; **–ite** ['mi:tjərait] meteoorsteen; **meteoroid** [mi:ti'ɔrɔid] meteoroïde

meteorological [mi:tjərə'lɔdʒikl] meteorologisch, weerkundig; **–ist** [mi:tjə'rɔlədʒist] meteoroloog, weerkundige; **meteorology** meteorologie

meter ['mi:tə] meter [voor gas &]; **–age** meterstand [gas &]; meten *o* door middel v.e. meter

methane ['mi:θein] mijngas *o*

✧ methinks [mi'θiŋks] mij dunkt, dunkt me

method ['meθəd] methode, werk-, leerwijze; systeem *o*; **–ical** [mi'θɔdikl] methodisch

Methodist ['meθədist] methodist(isch)

✧ methought [mi'θɔ:t] (naar) mij docht

meths [meðs] **F** = *methylated spirit(s)*

methyl ['meθil] methyl *o*; **–ated** ~ *spirit(s)* brandspiritus; gedenatureerde alcohol

meticulous [mi'tikjuləs] overangstvallig, bijzonder nauwgezet, peuterig precies

metonymy [mi'tɔnimi] overnoeming

metre ['mi:tə] metrum *o*, dichtmaat; meter [lengtemaat]; **metric** ['metrik] metriek; **–al** metrisch; ~ *foot* versvoet; **–ate** op het metrieke stelsel overgaan; **metrics** metriek

metro ['metrou] metro

metropolis [mi'trɔpəlis] hoofdstad; wereldstad; (*the* ~ Londen); zetel van een aartsbisschop; **–itan** [metrə'pɔlitən] **I** *aj* van de hoofdstad (speciaal Londen); aartsbisschoppelijk; **II** *sb* metropolitaan, aartsbisschop

mettle ['metl] vuur *o*, moed, fut; *be on one's* ~ zijn uiterste best doen; laten zien wat men kan; *put sbd. on (upon, to) his* ~ iem. laten tonen wat hij kan; ook: iems. geduld op de proef stellen; **–some** vurig; moedig

1 mew [mju:] *sb* **🅦** meeuw

2 mew [mju:] **I** *vi* m(i)auwen; **II** *sb* gemiauw *o*

mews [mju:z] stal(len), stalling; hof, steeg

mezzanine ['metsəni:n] entresol, tussenverdieping

mi [mi:] **♪** mi

miaow [mi'au] **I** *vi* miauwen; **II** *sb* gemiauw *o*

miasma [mi'æzmə, mai'æzmə, *mv* **–mata** mi'æzmətə, mai-] miasma: kwalijke dampen

mica ['maikə] mica *o* & *m*, glimmer *o*

mice [mais] *mv* v. *mouse*

mickey ['miki] *take the* ~ *out of sbd.* **F** iem. op de hak nemen

mickle ['mikl] *Sc* veel, groot

microbe ['maikroub] microbe

microcosm ['maikroukɔzm] microcosmos

microfilm ['maikroufilm] **I** *sb* microfilm; **II** *vt* microfilmen

micrometer [mai'krɔmitə] micrometer; **–phone** ['maikrəfoun] microfoon; **–scope** microscoop; **–scopic(al)** [maikrəs'kɔpik(əl)] microscopisch (klein)

micturate ['miktjureit] urineren, plassen

mid [mid] **I** *prep* ⊙ te midden van; **II** *aj* midden-; half-; ~ *air in* ~ in de lucht, tussen hemel en aarde; **midday** middag (= 12 uur 's middags)

midden [midn] vuilnishoop; mesthoop

middle ['midl] **I** *aj* middelste, midden-, middel-, tussen-, middelbaar; ~ *age* middelbare leeftijd; *the Middle Ages* de middeleeuwen; ~ *course* middenweg; ~ *life* middelbare leeftijd; *in* ~ *age, in* ~ *life* op middelbare leeftijd; **II** *sb* midden *o*, middel *o* [v. lichaam]; *in the* ~ *of* midden in; *I was in the* ~ *of ...ing* ik was net aan het...; ~*-aged* van middelbare leeftijd; ~*-brow* [iem.] met doorsnee intelligentie, [iem.] met doorsnee geestelijke interesse; ~ *class* burgerklasse, (gegoede) middenstand (ook: *middle classes*); ~*-class* burgerlijk, middenstands-; ~*-man* tussenpersoon; **–most** middelste; dichtst bij het midden; ~*-of-the-road(er)* gematigd(e); ~*-sized* van middelbare grootte, middelsoort-; ~*-weight* middengewicht [bokser]

middling ['midliŋ] **I** *aj* middelmatig, tamelijk, redelijk, zo zo (ook: *fair to* ~); **F** redelijk gezond; **II** *ad* tamelijk; **III** *sb* ~*s* middelsoort (goederen);

gries *o*

middy ['midi] F = *midshipsman* adelborst

midge [mid3] mug; *fig* dwerg; **–t** dwergje *o*; ~ *submarine* kleine onderzeeboot

midland ['midlənd] **I** *sb* midden *o* van een land; *the Midlands* Midden-Engeland; **II** als *aj* in het midden van een land gelegen, binnenlands; **–most** middelste; **–night I** *sb* middernacht; **II** *aj* middernachtelijk; *burn the* ~ *oil* tot diep in de nacht studeren, &; **–riff** middenrif *o*; **–ship** ⚓ midscheeps; **–shipman** adelborst; **midst I** *sb* midden *o*; *in the* ~ *of* te midden van; bezig... te doen; **II** *prep* ☉ te midden van; **midsummer** het midden van de zomer; zomerzonnestilstand; ~ *madness* complete dwaasheid, waanzin; **–town** *Am* in (van) het stadscentrum; **–way** halverwege, in het midden; **–wife** vroedvrouw; **–wifery** ['midwifri] verloskunde; **–winter** het midden van de winter; winterzonnestilstand

☉ **mien** [mi:n] uiterlijk *o*, voorkomen *o*, houding

miff [mif] F boze bui; kleine ruzie

1 might [mait] V.T. van *may*

2 might [mait] *sb* macht, kracht; *with* ~ *and main* uit (met) alle macht; **–ily** *ad* machtig, F kolossaal; **–iness** machtigheid; hoogheid; **mighty I** *aj* machtig, groot, sterk; F zeer, heel erg; ~ *works* **B** wonderwerken; **II** *ad* F < (alle)machtig, geweldig, formidabel, erg

migraine ['mi:grein] migraine

migrant ['maigrənt] **I** *aj* = *migratory*; **II** *sb* migrant; 🦋 trekvogel; **migrate** [mai'greit] verhuizen, migreren, trekken [v. vogels of vis]; **–tion** verhuizing, migratie, trek; **–tory** ['maigrətəri] verhuizend, trekkend, zwervend; trek-; ~ *birds* 🦋 trekvogels; ~ *worker* gastarbeider, seizoenarbeider

Mike [maik] S Ier

1 mike [maik] F microfoon

2 mike [maik] S lanterfanten, niets uitvoeren

milady [mi'leidi] = *my lady*

milch [miltʃ] melkgevend; **~-cow** melkkoe[2]

mild [maild] zacht(aardig); goedaardig, onschuldig [ziekte]; zwak, flauw²; matig; licht [sigaar &]

mildew ['mildju:] **I** *sb* meeldauw; schimmel; **II** *vt* met meeldauw besmetten, bedekken &; doen (be)schimmelen

mildly ['maildli] *ad* v. *mild*; ~ *sarcastic* lichtelijk sarcastisch; *to put it* ~ op zijn zachtst gezegd

mile [mail] Engelse mijl [1609 meter]; **–age** aantal *o* mijlen; kosten per mijl; **–stone** mijlsteen; mijlpaal²

milieu ['mi:ljə:] *Fr* milieu *o*, omgeving

militancy ['militənsi] strijdlust, strijdbaarheid; **–ant** *aj* strijdend, strijdlustig; strijdbaar, militant; **II** *sb* strijder; **militarism** militarisme *o*; **militarist** militarist(isch); **militarization** [militərai'zeiʃən] militarisering; **militarize** ['mi-

litəraiz] militariseren; **military I** *aj* militair, krijgs-; ~ *man* militair; **II** *sb the* ~ de militairen, het leger

militate ['militeit] vechten, strijden; ~ *against* ook: pleiten tegen; tegenwerken, niet gunstig, niet bevorderlijk zijn voor

militia [mi'liʃə] ⚔ militie(leger *o*)

milk [milk] **I** *sb* melk°; **II** *vt* melken°; **~-and-water** water en melk²; als *aj* halfzacht, slap; ~ *bar* melksalon; **~-dentition** melkgebit *o*; **–er** melk(st)er; melkmachine; melkkoe; ~ *float* melkwagentje *o*; **–ing machine** melkmachine; **–maid** melkmeid, -meisje *o*; **–man** melkboer; ~ *shake* milk-shake [melkdrank]; **–sop** melkmuil, lafbek; **~-sugar** melksuiker, lactose; **–y** melkachtig, melk-; *the Milky Way* ★ de Melkweg

mill [mil] **I** *sb* molen (ook: tredmolen); fabriek; spinnerij ‖ *Am* ¹/₁₀₀₀ dollar ‖ S vuistgevecht *o*; *he has been through the* ~ hij kent het klappen van de zweep, hij heeft een harde leerschool doorgemaakt; *go through the* ~ veel moeten doorstaan; **II** *vt* malen; vollen; pletten; kartelen [munt]; ⚒ frezen; S afranselen, beuken; **III** *vi* ~ *about* rondlopen, (rond)sjouwen

millboard ['milbɔ:d] dik karton *o*

mill-dam ['mildæm] molenstuw

millenarian [mili'nɛəriən] **I** *aj* duizendjarig; van het duizendjarig rijk; **II** *sb* wie het duizendjarig rijk verwacht; **millenary** ['milinəri] **I** *aj* uit duizend bestaande; duizendjarig; **II** *sb* duizend jaar; duizendjarig tijdperk *o* of gedenkfeest *o*; **millennial** [mi'leniəl] duizendjarig; van het duizendjarig rijk; **millennium** duizend jaar; duizendjarig rijk *o*

millepede, millipede ['milipi:d] duizendpoot, pissebed

miller ['milə] molenaar; ⚒ frezer

millesimal [mi'lesiməl] duizendste; duizenddelig

millet ['milit] gierst

mill-hand ['milhænd] fabrieksarbeider

milliard ['milja:d] miljard *o*

millibar ['miliba:] millibar; **–gram(me)** milligram *o*; **–litre** milliliter; **–metre** millimeter

milliner ['milinə] hoedenmaakster, modiste; **–y** modes, modevak *o*

milling cutter ['miliŋkʌtə] ⚒ frees; ~ **machine** ⚒ freesmachine

million ['miljən] miljoen *o*; *the* ~ de grote hoop, de massa; **–aire** [miljə'nɛə] miljonair; **–fold** ['miljənfould] een miljoen keer; **–th** miljoenste (deel *o*)

mill-owner ['milounə] fabrikant; **–pond** molenvijver; *fig* spiegelglad water *o*; **J** = *herring pond* de Atlantische Oceaan; **~-race** waterloop, molentocht; **–stone** molensteen; *fig* belemmering;

–wright molenmaker

milt [milt] **I** *sb* hom; **II** *vt* kuit doen schieten; **–er** homvis

mime [maim] **I** *sb* gebarenspel *o*; mimicus; **II** *vt* door gebaren voorstellen; **III** *vi* mimische bewegingen maken

mimeograph ['mimiəgra:f] **I** *sb* stencilmachine; **II** *vt* stencilen

mimetic [mi'metik] nabootsend, nagebootst

mimic ['mimik] **I** *aj* mimisch, nabootsend; nagebootst; geveinsd, schijn-, onecht; ~ *warfare* spiegelgevecht *o*, spiegelgevechten; **II** *sb* nabootser; > naäper; **III** *vt* nabootsen, nadoen, > naäpen; **–ry** mimiek; nabootsing; mimicry: (kleur)aanpassing

mimosa [mi'mouzə] mimosa

minaret ['minəret] minaret

minatory ['minətəri] dreigend, dreigmince** [mins] **I** *vt* fijnhakken; *not to* ~ *matters* (*words*) er geen doekjes om winden, geen blad voor de mond nemen; ~*d meat* gehakt *o*; **II** *vi* met een pruimemondje spreken, nuffig trippelen; **III** *sb* fijngehakt vlees *o*; **–meat** vulsel *o* van fijngehakte krenten, appels &; *make* ~ *of* tot moes hakken; geen stukje heel laten van; ~**-pie** pasteitje *o* met *mince-meat*; **mincer** vleesmolen; **mincing** geaffecteerd; **mincing-machine** vleesmolen

mind [maind] **I** *sb* gemoed *o*; verstand *o*, brein *o*, geest; herinnering; gedachten; gevoelen *o*, mening, opinie; gezindheid, neiging, lust, zin; *year's* ~ jaardienst (voor overledene); *bear in* ~ niet vergeten, (er aan) blijven denken; *call to* ~ herinneren; *give one's* ~ *to* zich toeleggen op; *have a* (*no*) ~ *to...* (geen) lust (zin) hebben om te...; *have a good* (*great*) ~ *to...* erg veel zin (lust) hebben om te...; *have half a* ~ *to...* wel zin hebben om te...; *have* (*keep*) *an open* ~ *on* zich een oordeel voorbehouden omtrent; *she knows her own* ~ ze weet wat ze wil; *make up one's* ~ een besluit nemen; *set one's* ~ *on* zijn zinnen zetten op; *speak one's* ~ zijn mening zeggen, ronduit spreken; ● *i n his right* ~ zie *right* **I**; *be in the same* ~ *about* hetzelfde denken, het eens zijn over; nog altijd van zins zijn...; *be in two* ~*s about* het niet met zichzelf eens zijn, in twijfel zijn omtrent; *bear* (*have*, *keep*) *in* ~ bedenken, onthouden, denken aan; *be of sbd.'s* ~ het met iem. eens zijn; *be of one* (*a*) ~ het eens zijn, eensgezind zijn; *that's a great anxiety off my* ~ dat is mij een pak van het hart; *have sth. o n one's* ~ iets op het hart hebben, zich over iets druk maken; *he is o u t of his* ~ hij is niet wel bij het hoofd, gek; *t o my* ~ naar mijn zin; naar mijn opinie, volgens mij; **II** *vt* bedenken, denken (geven) om; acht slaan op, letten op, passen op, oppassen; zorgen voor; ↖ zich herinneren; ~ *you* weet je [als tussenzin]; ~ *your own business!* bemoei

je met je eigen zaken!; *never* ~ *him* stoor je niet aan hem; *do not* ~ *me* geneer je maar niet voor mij; *I should* (*would*) *not* ~ *a cup of tea* ik zou wel een kop thee willen hebben; ~ *one's P's and Q's* F op z'n tellen passen; *would you* ~ *telling me?* zoudt u zo vriendelijk willen zijn mij te zeggen?; *I don't* ~ *telling you* ik wil je wel vertellen; **III** *vr* ~ *oneself* zich in acht nemen; **IV** *vi & va* om iets denken; zich in acht nemen, op zijn tellen passen; er wat om geven, zich het aantrekken, het erg vinden, er iets op tegen hebben; ~*!* let wel!, pas op!; *if you don't* ~ als u er niets op tegen hebt, als u het goedvindt; *I don't* ~ *if I do* dat sla ik niet af, graag!; *I don't* ~ *mij* best; *never* ~*!* dat komt er niet op aan, dat is niets; *never* ~ *about that, never you* ~*!* bekommer u daar niet over; ~**-blowing** S extase teweegbrengen *o* [v. drugs]; **–ed** gezind; ingesteld, b.v. *internationally-*~ internationaal ingesteld, ingesteld op of belangstelling hebbend voor het internationale; *be* ~ *to* van zins zijn; zin of lust hebben om; **–ful** indachtig, oplettend, zorgvuldig, behoedzaam; ~ *of* denkend om (aan); **–less** onoplettend, achteloos; geesteloos, dom; ~ *of* niet denkend om (aan)

1 mine [main] *pron* de, het mijne; van mij; ↖ mijn; *I and* ~ ik en de mijnen

2 mine [main] **I** *sb* mijn; *fig* bron; **II** *vi* een mijn (mijnen) leggen; delven, graven; **III** *vt* ondermijnen, uitgraven, uithollen; winnen [steenkool]; mijnen leggen; *be* ~*d* ook: op een mijn lopen; **–field** mijnenveld *o*; **–layer** mijnenlegger; **miner** mijnwerker;

mineral ['minərəl] **I** *aj* mineraal, delfstoffen-; ~ *kingdom* delfstoffenrijk *o*; ~ *oil* gezuiverde petroleum; ~ *water* mineraalwater *o*; F frisdrank; **II** *sb* mineraal *o*, delfstof; mineraalwater *o*; ~*s* F frisdranken; **–ize** mineraliseren; **–ogist** [minə'rælədʒist] delfstofkundige; **–ogy** delfstofkunde

minesweeper ['mainswi:pə] mijnenveger

mingy ['mindʒi] F gierig; waardeloos

mingle ['mingl] (zich) mengen, vermengen; ~ *with* omgaan met

mini ['mini] mini; F piepklein voorwerp *o*; kleine auto

miniature ['minjətʃə] miniatuur, *in* ~ in het klein; ~ *camera* kleinbeeldcamera; **–rist** miniatuurschilder

minicab ['minikæb] kleine (goedkope) taxi

minim ['minim] ♩ halve noot; druppel

minima ['minimə] minima; **–l** minimaal, minste; **minimization** [minimai'zeiʃən] herleiding tot een minimum; verkleining; **minimize** ['minimaiz] tot een minimum terugbrengen of herleiden, zo gering mogelijk maken, verkleinen; bagatelliseren; **–mum** minimum *o*

mining ['mainiŋ] **I** *sb* mijnbouw; mijnarbeid; mijnwezen *o*; **II** *aj* mijn-; ~ *act* mijnwet; ~ *engin-*

◆

eer mijningenieur

minion ['minjən] gunsteling, favoriet(e); *his* ~s ook: zijn handlangers

miniskirt ['miniskə:t] minirok

minister ['ministə] **I** *sb* minister; gezant; bedienaar des Woords, predikant; ⊙ dienaar; *M~ of State* minister; staatssecretaris; **II** *vi* ministreren, de dienst verrichten; dienen; ~ *to* behulpzaam zijn in, bevorderlijk zijn aan, bijdragen tot; verzorgen; voorzien in; bevredigen; **III** *vt* verlenen, geven, toedienen; **–ial** [minis'tiəriəl] ministerieel, minister(s)-; ambtelijk, ambts-; uitvoerend; dienend; geestelijk, predikants-; ~ *to* bevorderlijk aan; **–ing** dienend, verzorgend, behulpzaam

ministrant ['ministrənt] **I** *aj* dienend; **II** *sb* dienaar; **–ation** [minis'treiʃən] bediening; (geestelijk) ambt *o*; bijstand; medewerking; verlening, verschaffing, toediening

ministry ['ministri] ministerie *o*; kabinet *o*, regering; geestelijkheid; (predik)ambt *o*

miniver ['minivə] soort (wit) hermelijn *o*

mink [miŋk] ♒ Amerikaanse wezel, nerts *m*; nerts *o* [bont]

minnow ['minou] voorntje *o*, stekelbaarsje *o*

minor ['mainə] **I** *aj* minder, klein(er), van minder belang; van de tweede of lagere rang; ♪ mineur; ☞ junior; *in a ~ key* in mineur²; op klagende toon; ~ *road* geen voorrangsweg; **II** *sb* minderjarige; ♪ mineur; **–ity** [mai-, mi'nɔriti] minderheid; minderjarigheid

minster ['minstə] kloosterkerk, munsterkerk

minstrel ['minstrəl] minstreel; als neger gegrimeerde zanger; **–sy** kunst, poëzie der minstrelen

1 mint [mint] *sb* ♣ munt

2 mint [mint] **I** *sb* munt; *fig* bron, oorsprong, werkplaats; *a ~ of...* F een boel, hoop, bom; **II** *aj in ~ condition* (*state*) als nieuw; gloednieuw [v. postzegels]; **III** *vt* munten; *fig* smeden, verzinnen; **–age** aanmunting; munt(en); muntrecht *o*; muntloon *o*; stempel² *o* & *m*; makelij; **–er** munter

minuend ['minjuend] aftrektal *o*

minuet [minju'et] menuet *o* & *m*

minus ['mainəs] minus, min, minteken *o*; F zonder, behalve; ~ *sign* minteken *o*

minuscule [mi'nʌskju:l] (uiterst) klein

1 minute [mai'nju:t] *aj* klein, gering; minutieus, haarfijn, uiterst precies

2 minute ['minit] **I** *sb* minuut (¹/₆₀ uur & ¹/₆₀ graad); ogenblik; minuut: origineel ontwerp *o* v. akte of contract; memorandum *o*; *the ~s* de notulen; *that ~* op dat ogenblik; *the ~ you see him...* zodra; *this ~* op staande voet; een ogenblik geleden, zo net; *to the (a)* ~ op de minuut (af); **II** *vt* minuteren, notuleren; ~ *down* noteren;

~**-book** notulenboek *o*; ~**-guns** minuutschoten; ~**-hand** minuutwijzer

1 minutely [mai'nju:tli] omstandig, (tot) in de kleinste bijzonderheden, minutieus

2 minutely ['minitli] elke minuut

minutiae [mai'nju:ʃii:] bijzonderheden, kleinigheden, nietigheden

minx [miŋks] brutale meid, feeks, kat

miracle ['mirəkl] wonderwerk *o*, wonder *o*, mirakel *o*; *to* ♒ ~ wonderwel; ~ *play* mirakelspel *o*; **miraculous** [mi'rækjuləs] miraculeus, wonderbaarlijk; wonderdadig, wonder-

mirage [mi'ra:ʒ] luchtspiegeling; *fig* drogbeeld *o*, hersenschim

mire ['maiə] **I** *sb* modder, slijk *o*; *be* (*find oneself, stick*) *in the* ~ in de soep zitten; **II** *vt* bemodderen; in de modder duwen

mirk(y) = *murk(y)*

mirror ['mirə] **I** *sb* spiegel; afspiegeling; toonbeeld *o*; ~ *image* spiegelbeeld *o*; **II** *vt* af-, weerspiegelen; ~*ed room* spiegelkamer, -zaal

mirth [mə:θ] vrolijkheid; gelach *o*; **–ful** vrolijk; **–less** droefgeestig; somber; bitter

miry ['maiəri] modderig, slijkerig

misadventure ['misəd'ventʃə] ongeluk *o*, tegenspoed; *homicide by* ~ onwillige manslag

misalliance ['misə'laiəns] mesalliance: huwelijk beneden iems. stand

misanthrope ['mizənθroup] mensenhater; verbitterde kluizenaar; **–pic** [mizən'θrɔpik] misantropisch; **–pist** [mi'zænθrəpist] = *misanthrope*; **–py** mensenhaat

misapplication ['misæpli'keiʃən] verkeerde toepassing; misbruik *o*; **–apply** [misæ'plai] verkeerd toepassen

misappreciate [misə'pri:sieit] miskennen

misapprehend ['misæpri'hend] misverstaan, verkeerd begrijpen; **–hension** misverstand *o*, misvatting

misappropriate ['misə'prouprieit] zich onrechtmatig toeëigenen, misbruiken; **–tion** ['misə-proupri'eiʃən] onrechtmatige toeëigening, misbruiken *o*

misbecome ['misbi'kʌm] misstaan, niet passen

misbegotten ['misbi'gɔtn] onecht; bastaard-; *fig* verknoeid; afschuwelijk, ellendig

misbehave ['misbi'heiv] zich misdragen; ~*d* onopgevoed, geen manieren kennend; **–viour** wangedrag *o*

misbelief ['misbi'li:f] verkeerd geloof *o*, dwaalleer; ketterij; dwaalbegrip *o*; **misbeliever** ketter; ongelovige

miscalculate ['mis'kælkjuleit] misrekenen, verkeerd berekenen; **–tion** ['miskælju'leiʃən] misrekening; verkeerde berekening; beoordelingsfout

miscall ['mis'kɔ:l] verkeerd noemen; *dial* uitschelden; ~ed > zogenaamd

miscarriage [mis'kæridʒ] miskraam; wegraken o; mislukking; ~ of justice rechterlijke dwaling; **–carry** [mis'kæri] weg-, verloren raken; mislukken; mislopen; ontijdig bevallen, een miskraam hebben

miscellaneous [misi'leinjəs] gemengd; allerlei; veelsoortig; veelzijdig; **miscellany** [mi'seləni] mengelwerk o, mengeling, verzamelbundel

mischance [mis'tʃɑːns] ongeluk o, wanbof; by ~ bij ongeluk

mischief ['mistʃif] onheil o, kwaad o, kattekwaad o, ondeugendheid; rakker; the ~ (of it) is that... het nare van de geschiedenis is, dat...; cause (do) ~ kwaad doen; do sbd. a ~ een ongeluk begaan aan iem.; make ~ onheil stichten; tweedracht zaaien; de boel in de war sturen; mean ~ iets (kwaads) in zijn schild voeren; get into ~ streken uithalen; get into ~ with... het aan de stok krijgen met...; out of pure ~ uit louter baldadigheid; ~-maker onruststoker; **mischievous** ['mistʃivəs] schadelijk; boosaardig, moedwillig, ondeugend

miscible ['misibl] (ver)mengbaar

misconceive ['miskən'siːv] verkeerd begrijpen of opvatten, misverstaan; **misconception** ['miskən'sepʃən] verkeerde opvatting, misvatting, wanbegrip o

misconduct I vt ['miskən'dʌkt] slecht beheren, verkeerd leiden; II vr ~ oneself zich misdragen; overspel plegen; III sb [mis'kɔndəkt] slecht bestuur o, wanbeheer o; wangedrag o; overspel o

misconstruction ['miskən'strʌkʃən] verkeerde uitlegging of opvatting; **misconstrue** ['miskən'struː] misduiden, verkeerd uitleggen, verkeerd opvatten

miscount ['mis'kaunt] I vt verkeerd (op)tellen; II vi zich vergissen bij het tellen, zich vertellen; III sb verkeerde (op)telling; make a ~ zich vertellen

miscreant ['miskriənt] I aj laag, snood; ✎ ongelovig; II sb onverlaat; ✎ ongelovige

miscue ['mis'kjuː] I vi ∞ ketsen; II sb misstoot

misdeal ['mis'diːl] I vi verkeerd geven; II sb verkeerd geven o; make a ~ (de kaarten) vergeven

misdeed ['mis'diːd] misdaad, wandaad

misdemean ['misdi'miːn] zich misdragen; **–our** wangedrag o, wandaad; vergrijp o, misdrijf o

misdirect ['misdi'rekt] verkeerd richten; verkeerde aanwijzing geven; in verkeerde richting leiden; verkeerd adresseren; **–ion** in verkeerde richting leiden o; verkeerde, misleidende inlichting; verkeerd adres o

misdoing ['mis'duːiŋ] vergrijp, wandaad; misdaad

misdoubt [mis'daut] wantrouwen, argwaan hebben

miser ['maizə] gierigaard, vrek

miserable ['mizərəbl] aj ellendig, rampzalig, diep ongelukkig; beroerd, droevig, armzalig, jammerlijk

miserere [mizə'riəri] miserere o, boetpsalm

miserly ['maizəli] gierig, vrekkig

misery ['mizəri] narigheid, ellende, smart; tegenspoed; rampzaligheid; misère [bij het kaartspel]

misfeasance ['mis'fiːzəns] machtsmisbruik o

misfire ['mis'faiə] I vi ketsen, weigeren, niet aanslaan [v. motor]; fig geen succes hebben; II sb ketsen o &, ketsing

misfit ['misfit] niet passen o of niet goed zitten o; niet passend kledingstuk o; a social ~ een onaangepast iemand, een mislukkeling

misfortune [mis'fɔːtʃən] ramp(spoed), ongeluk o

misgive [mis'giv] my heart (mind) ~s me ik heb een bang voorgevoel; **–ving** bange twijfel, bezorgdheid, angstig voorgevoel o

misgotten [mis'gɔtən] onrechtmatig verkregen

misgovern ['mis'gʌvən] slecht besturen; **–ment** slecht bestuur o, wanbeheer o

misgrowth ['mis'grouθ] gedrocht o, fig uitwas

misguided ['mis'gaidid] onverstandig; in a ~ moment in een ogenblik van zwakte

mishandle ['mis'hændl] verkeerd hanteren of aanpakken; havenen, mishandelen

mishap [mis'hæp] ongeval o, ongeluk o, ongelukkig voorval o

mishear ['mis'hiə] verkeerd horen

mishmash ['miʃmæʃ] mengelmoes o & v

misinform ['misin'fɔːm] verkeerd inlichten; **–ation** ['misinfə'meiʃən] verkeerde inlichting(en)

misinterpret ['misin'təːprit] misduiden, verkeerd uitleggen; **–ation** ['misintə:pri'teiʃən] verkeerde uitlegging

misjudge ['mis'dʒʌdʒ] verkeerd (be)oordelen

mislay [mis'lei] op een verkeerde plaats leggen, zoek maken; it has got mislaid het is zoek (geraakt)

mislead [mis'liːd] misleiden, op een dwaalspoor brengen; bedriegen; ~ing(ly) ook: bedrieglijk

mismanage ['mis'mænidʒ] verkeerd, slecht behandelen (besturen, aanpakken); **–ment** slecht bestuur o, wanbeheer o; verkeerde regeling, verkeerd optreden o

misname ['mis'neim] verkeerd (be)noemen

misnomer ['mis'noumə] verkeerde benaming, ongelukkig gekozen naam; ..., by a ~, called... ten onrechte ...genoemd

misogynist [mai'sɔdʒinist] vrouwenhater

misplace ['mis'pleis] verkeerd plaatsen of aanbrengen, misplaatsen²; zoek maken

misprint [mis'print] I vt verkeerd (af)drukken; II sb drukfout

misprision ['mis'priʒən] overtreding; verzuim o; ~ of felony verheling van een misdaad

misprize [mis'praiz] onderschatten; minachten

mispronounce ['mɪsprə'naʊns] verkeerd uitspreken; **–nunciation** ['mɪsprənʌnsi'eiʃən] verkeerde uitspraak

misquotation ['mɪskwou'teiʃən] verkeerd aanhaling; **–quote** ['mɪs'kwout] verkeerd aanhalen

misread ['mɪs'riːd] verkeerd lezen; misduiden, verkeerd uitleggen

misreport ['mɪsri'pɔːt] verkeerd overbrengen

misrepresent ['mɪsrepri'zent] verkeerd voorstellen, in een verkeerd daglicht plaatsen, een valse voorstelling geven van; **–ation** ['mɪsreprizen'teiʃən] onjuiste of verkeerde voorstelling (opgave)

misrule ['mɪs'ruːl] wanorde, verwarring, tumult *o*; wanbestuur *o*

1 miss [mɪs] *sb* (me)juffrouw; > meisje *o*; *the ~ Smiths, the ~es Smith* de (jonge)dames Smith

2 miss [mɪs] **I** *vt* missen, misslaan, mislopen; niet zien, niet horen; zich laten ontgaan; verzuimen [school, lessen of gelegenheden]; overslaan, uit-, weglaten (ook: *~ out*); *~ one's aim (mark)* misschieten; *fig* zijn doel niet treffen; *~ fire* zie *misfire* **I**; *~ one's road (the way)* verdwalen; **II** *vi & va* missen, misschieten; [de school] verzuimen; *be ~ing* er niet zijn, ontbreken; vermist worden; *~ out on* missen, laten voorbijgaan [kans]; **III** *sb* misslag, misstoot, misschot *o*, misser, poedel; **F** gemis *o*; *a ~ is as good as a mile* mis is mis, al scheelt het nog zo weinig; *feel the ~ of* **F** het gemis voelen van; *give it a ~* **F** vermijden; weglaten, wegblijven, met rust laten; *near ~* bijna raak schot *o*, schampschot *o*; *that was a near ~!* dat scheelde maar een haartje

missal ['mɪsəl] missaal *o*, misboek *o*

missel(-thrush) ['mɪslθrʌʃ] grote lijster

misshapen ['mɪs'ʃeipn] mismaakt, wanstaltig

missile ['mɪsail] **I** *aj* werp-; **II** *sb* projectiel *o*

missing ['mɪsiŋ] niet aanwezig; verloren; vermist; ontbrekend

mission ['mɪʃən] **I** *sb* zending°, missie°; gezantschap *o*; opdracht; roeping; zendingspost; ✈ vlucht; **II** als *aj* zendings-, missie-; *~ work* ook: evangelisatie; **–ary** **I** *sb* *rk* missionaris; zendeling; **II** *aj* *rk* missie-; zendings-, missionair

missis ['mɪsis] = *missus*

missive ['mɪsiv] missive, brief

misspell ['mɪs'spel] verkeerd spellen

misspend ['mɪs'spend] verkeerd of nutteloos besteden, verkwisten

misstate ['mɪs'steit] verkeerd voorstellen, verkeerd opgeven, verdraaien; **–ment** verkeerde · onjuiste voorstelling (opgave), onjuistheid, verdraaiing van de feiten

missus ['mɪsəs] **F** (moeder de) vrouw; *the ~* (mijn) mevrouw [v. dienstboden]

missy ['mɪsi] **F** juffie *o*, meisje *o*

mist [mɪst] mist[2], nevel; waas *o* [voor de ogen]; *be in a ~* beneveld zijn; de kluts kwijt zijn; *Scotch ~* motregen

mistakable [mɪs'teikəbl] onduidelijk; gemakkelijk verkeerd op te vatten; **mistake I** *vt* misverstaan, verkeerd verstaan, ten onrechte aanzien (voor *for*); zich vergissen in; *they are easily ~n* men kan ze gemakkelijk verwisselen; **II** *vi* zich vergissen; **III** *sb* vergissing, dwaling, abuis *o*, fout, misgreep; *my ~!* ik vergis me!; *a... and no ~* van je welste, een echte...; *now no ~* versta me nu goed; *make a ~* een fout maken; zich vergissen (in *over*); *by (in) ~* per abuis, ten gevolge van een vergissing; *be under a ~* zich vergissen, het mis hebben; **–taken** *aj* verkeerd, foutief; misplaatst; *be ~* zich vergissen; **–takenly** *ad* bij vergissing, per abuis; verkeerdelijk

mister ['mɪstə] geschreven: *Mr.* mijnheer, de heer; **F** baas

mistimed ['mɪs'taimd] te onpas, misplaatst

mistletoe ['mɪsltou] 🌿 maretak, vogellijm

mistook [mɪs'tuk] V.T. van *mistake*

mistranslate ['mɪstra:ns'leit] verkeerd vertalen

mistress ['mɪstris] heerseres, gebiedster, meesteres; vrouw des huizes; mevrouw [v.d. dienstbode]; directrice, hoofd *o*; onderwijzeres, lerares; geliefde, maitresse, concubine; *~ of herself* haar eigen baas; zich zelf meester

mistrial [mɪs'traiəl] ⚖ (nietigheid wegens) procedurefout

mistrust ['mɪs'trʌst] **I** *vt* wantrouwen, niet vertrouwen; **II** *sb* wantrouwen *o*; **–ful** [mɪs'trʌstful] wantrouwig

misty ['mɪsti] mistig, beneveld, nevelig; vaag

misunderstand ['mɪsʌndə'stænd] misverstaan, verkeerd of niet begrijpen; **–ing** misverstand *o*, geschil *o*; **misunderstood** ['mɪsʌndə'stud] V.T. & V.D. van *misunderstand*

misuse I *vt* ['mɪs'juːz] misbruiken, verkeerd gebruiken; mishandelen; **II** *sb* ['mɪs'juːs] misbruik *o*; verkeerd gebruik *o*

mite [mait] (kaas)mijt; 🪱 penning; kleinigheid, ziertje *o*; peuter; *poor little ~s* de bloedjes van kinderen; *the widow's ~* **B** het penningske van de weduwe

mitigate ['mitigeit] verzachten; lenigen; matigen; **–tion** [miti'geiʃən] verzachting, leniging; matiging

mitre ['maitə] **I** *sb* mijter; △ verstek *o*; hoek van 45° (ook: *~-joint*); **II** *vt* de mijter opzetten; △ in het verstek werken; *~-box, ~-block* verstekbak; **mitred** gemijterd; **mitre-saw** verstekzaag

mitt [mit] = *mitten*; **S** hand; *~s* bokshandschoenen; **mitten** want; de *~s* **S** ook: de bokshandschoenen; *get (give) the ~* **F** de bons krijgen (geven); *handle without ~s* flink aanpakken[2]

mity ['maiti] vol mijten

mix [miks] **I** *vt* mengen, vermengen; aanmaken [salade], mixen; ~ *up* dooreen-, vermengen, hutselen; (met elkaar) verwarren; ~ *sbd. up in it* iem. er in betrekken; ~*ed up* ook: verknipt; ~*ed up with* vermengd met; betrokken bij; *get* ~*ed up with* ook: zich inlaten met; **II** *vi* zich (laten) vermengen; ~ *in society* „uitgaan"; ~ *with* ook: omgaan met; **III** *sb* mix [geprepareerd mengsel]; **–ed** gemengd, vermengd, gemêleerd; **–ed-up** *fig* verknipt, neurotisch; **–er** menger [v. dranken]; ook: molen [voor beton &]; mixer; *a good* ~ iemand, die zich gemakkelijk aansluit, een gezellig iemand; ~ *tap* mengkraan; **–ture** mengeling, mengsel *o*, melange; **~-up** verwarring, warboel

miz(z)en ['mizn] ⚓ bezaan; **~-yard** ⚓ bezaansra

mizzle ['mizl] motregen; **S** ervandoorgaan

mo [mou] **F** ogenblik *o*; *wait half a* ~ wacht even

M.O. = *Medical Officer*; *Money-Order*

moan [moun] **I** *sb* gesteun *o*, gekreun *o*, gekerm *o*; **F** geklaag *o*, gejammer *o*; **II** *vi* ste(u)nen, kreunen; kermen; **III** *vt* betreuren, bejammeren; ~ *out* kreunen

moat [mout] **I** *sb* gracht (om kasteel); **II** *vt* met een gracht omgeven (ter verdediging)

mob [mɔb] **I** *sb* grauw *o*, gespuis *o*, gepeupel *o*; hoop, troep, bende; **S** (misdadigers)bende; **II** *vt* hinderlijk volgen, zich verdringen om of omringen

mob-cap ['mɔbkæp] ouderwetse vrouwenmuts

mobile ['moubail] **I** *aj* beweeglijk; mobiel; rijdend, verplaatsbaar; ~ *canteen* kantinewagen; **II** *sb* mobiel [beweeglijke figuur]; **–ity** [mou'biliti] beweeglijkheid

mobilization [moubilai'zeiʃən] mobilisatie; **mobilize** ['moubilaiz] *vt* & *vi* mobiliseren

mobocracy [mɔ'bɔkrəsi] de heerschappij van het gepeupel

mobsman, mobster ['mɔbzmən, 'mɔbstə] **S** gangster, bendelid *o*, bandiet

moccasin ['mɔkəsin] mocassin [schoeisel]

mocha ['mɔkə, 'moukə] mokka(koffie)

mock [mɔk] **I** *sb* voorwerp *o* van spot; *make a* ~ *of* de spot drijven met; **II** *aj* nagemaakt, schijn-, zogenaamd, voorgewend; **III** *vt* bespotten, spotten met[2]; bespottelijk maken; spottend naapen; **IV** *vi* spotten (met *at*); **–er** spotter; **–ery** spot, spotternij, bespotting, aanfluiting, farce, paskwil *o*; **~-fight** spiegelgevecht *o*; **–ing-bird** ☙ spotvogel; **–ingly** spottend; **~-turtle** ~ *soup* nagemaakte schildpadsoep; **~-up** (bouw)model *o* [v. vliegtuig &]; **~-velvet** trijp *o*

mod [mɔd] **S** modern, modieus

modal ['moudl] modaal; **–ity** [mou'dæliti] modaliteit

mode [moud] mode; modus, vorm, wijze, manier; ♪ toonsoort

model ['mɔdl] **I** *sb* model *o*, voorbeeld *o*; maquette; mannequin (ook: *fashion* ~); **II** *aj* model-; **III** *vt* modelleren, boetseren, (naar een voorbeeld) vormen; showen [kleding]; **IV** *vi* model of mannequin zijn; **modeller** vormer; modelleur, boetseerder

moderate I *aj* ['mɔdərit] matig, gematigd; middelmatig; **II** *sb the* ~*s* de gematigden [in de politiek]; **III** *vt* ['mɔdəreit] matigen, temperen, stillen, doen bedaren; **IV** *vi* zich matigen, bedaren; presideren; **–tion** [mɔdə'reiʃən] matiging, tempering; matigheid, gematigdheid; maat; *in* ~ met mate; ~*s* ⊜ eerste openbare examen *o* aan de universiteit [Oxford]; **–tor** ['mɔdəreitə] voorzitter, leider; ✖ moderator [v. kernreactor]

modern ['mɔdən] **I** *aj* modern, van de nieuw(er)e tijd, nieuw, hedendaags; **II** *sb* iemand van deze tijd; **–ism** modernisme *o*; **–ist** modernist(isch); **–ity** [mɔ'də:niti] modern karakter *o*, moderniteit; **–ization** [mɔdənai'zeiʃən] modernisering; **–ize** ['mɔdənaiz] moderniseren

modest ['mɔdist] bescheiden; zedig, eerbaar, ingetogen; **–y** bescheidenheid; zedigheid, eerbaarheid, ingetogenheid

modicum ['mɔdikəm] weinigje *o*, beetje *o*

modification [mɔdifi'keiʃən] wijziging, beperking; matiging, verzachting

modifier ['mɔdifaiə] wie of wat wijzigt; *gram* beperkend woord *o*; **modify** wijzigen, veranderen; beperken; matigen, verzachten; *modified o* o-umlaut

modish ['moudiʃ] modieus

modiste [mou'di:st] modiste

modulate ['mɔdjuleit] moduleren; **–tion** [mɔdju'leiʃən] modulatie

module ['mɔdjul] △ modul(us) [v. bouwwerk]; *lunar* ~ maansloep

modus ['moudəs] *Lat* methode, manier, wijze

Mogul [mou'gʌl] **I** *sb* Mongool; grootmogol; *m*~ mogol [invloedrijk persoon]; **II** *aj* Mongools

mohair ['mouhɛə] mohair *o*, angorawol

Mohammedan [mou'hæmidən] mohammedaan(s)

moiety ['mɔiəti] helft, deel *o*

moil [mɔil] sloven, zwoegen

moist [mɔist] vochtig, nat, klam; **–en** ['mɔisn] **I** *vt* bevochtigen; **II** *vi* vochtig worden; **–ure** ['mɔistʃə] vochtigheid, vocht *o* & *v*

moke [mouk] **S** ezel[2]

molar ['moulə] kies

molasses [mou'læsiz] melasse, suikerstroop

mole [moul] ⚕ mol ‖ havendam, pier; strekdam, keerdam ‖ moedervlek

molecular [mou'lekjulə] moleculair; **molecule** ['mɔlikju:l] molecule

mole-hill ['moulhil] molshoop; **–skin** mollevel

o; moleskin *o*

molest [mou′lest] molesteren, lastig vallen; **–ation** [moules′teiʃən] molestatie

moll [mɔl] **S** liefje *o*; griet

mollification [mɔlifi′keiʃən] verzachting, vertedering, vermurwing, kalmering; **mollify** [′mɔlifai] verzachten, vertederen, vermurwen, kalmeren, sussen

mollusc [′mɔlʌsk] weekdier *o*

mollycoddle [′mɔlikɔdl] **I** *sb* moederskindje *o*, papkindje *o*; **II** (*vi* &) *vt* (zich) vertroetelen

molten [′moultn] V.D van *melt*

moment [′moumənt] moment° *o*; ogenblik *o*; gewicht *o*, belang *o*; *the* (*very*) ~ *I heard of it* zodra...; *this* ~ een minuut geleden, daarnet; ogenblikkelijk; ● *a t the* ~ op dat (het) ogenblik; *f o r the* ~ voor het ogenblik; *not for a* ~ geen ogenblik; *o f great* (*little*) ~ van groot (weinig) belang; *o n the* ~ ogenblikkelijk; *t o the* ~ op de minuut af; **–arily** *ad* (voor) een ogenblik; ieder ogenblik; **–ary** *aj* van (voor) een ogenblik, kortstondig, vluchtig; **–ous** [mou′mentəs] gewichtig, hoogst belangrijk; **–um** ✕ moment *o*; voortstuwende kracht, drang, vaart

monachal [′mɔnəkəl] = *monastic*; **–chism** kloosterleven *o*, kloosterwezen *o*

monad [′mɔnæd] monade

monarch [′mɔnək] vorst, vorstin; (alleen)heerser, monarch; **–ic(al)** [mɔ′na:kik(l)] monarchaal; **–ist** [′mɔnəkist] monarchist(isch); **–y** monarchie

monastery [′mɔnəstri] (mannen)klooster *o*; **monastic** [mə′næstik] kloosterachtig, kloosterlijk, klooster-; als (van) een monnik, monniken-; **–ism** kloosterwezen *o*, kloosterleven *o*

Monday [′mʌndi] maandag; *Black* ~ de maandag na Pasen; ⪦ de eerste (dan)dag na de vakantie; *St.* ~ [een] blauwe maandag; **–ish** maandagziek

monetary [′mʌnitəri] geldelijk; munt-, monetair; **monetization** [mʌnitai′zeiʃən] aanmunting; **monetize** [′mʌnitaiz] aanmunten

money [′mʌni] geld *o*; rijkdom, bezit *o*; ~ *in account* giraal geld *o*; ~ *of account* rekenmunt; ~ *for jam* (*for old rope*) **S** meevaller, reuze bof; *there's no* ~ *in it* er is niets aan te verdienen; *in the* ~ **S** rijk; *he's the man for my* ~ **F** hij is mijn man; ~ *makes the mare* (*to*) *go* het geld is de ziel van de negotie; ~ *tells no tales* geld stinkt niet; *get one's* ~*'s worth* waar voor zijn geld krijgen; *make* ~ geld verdienen, rijk worden; *put* ~ *into* investeren in; *out* (*short*) *of* ~ slecht bij kas; **~-box** spaarpot; collectebus; geldkistje *o*; **~-broker** geldhandelaar; **–ed** rijk, bemiddeld; geldelijk, geld-; **~-grubber** geldwolf; **~-lender** geldschieter; **~-order** postwissel; **~-spinner** geluksspinnetje *o*; wie geld als water verdient, wat geld in het

laatje brengt, goudmijntje *o*

monger [′mʌŋgə] in samenstelling: handelaar, koper (*fish* ~); *fig* > wie doet aan... (om er munt uit te slaan)

Mongol [′mɔŋgɔl] Mongool(s); **mongol** mongooltje *o*; **Mongolian** [mɔŋ′gouliən] Mongool(s)

mongrel [′mʌŋgrəl] **I** *sb* ⪦ & ⪦ bastaard [meestal hond]; **II** *aj* van gemengd ras, bastaard-, basterd-

moniker [′mɔnikə] **S** (bij)naam

monition [mou′niʃən] vermaning; aanmaning, waarschuwing; 🏛 dagvaarding; **monitor** [′mɔnitə] **I** *sb* vermaner, waarschuwer; monitor [⪦ oudere leerling; ⚓ oorlogsschip; *RT* ontvanger voor controle; controleïnstrument voor radioactieve straling; *R* beroepsluisteraar; ⪦ varaan [hagedis]; **II** *vi* & *vt* controleren, (ter controle) meeluisteren (naar); **~ing** *service* radioluisterdienst; **–ial** [mɔni′tɔː riəl] vermanend; waarschuwend; monitors-; **–y** [′mɔnitəri] vermanend; waarschuwend

monk [mʌŋk] monnik, kloosterling

monkey [′mʌŋki] **I** *sb* ⪦ aap²; apekop; ✕ heiblok *o*, valblok *o*; **S** £ 500; *get* (*have*) *one's* ~ *up* woedend worden (zijn); *have a* ~ *on one's back* **S** aan drugs verslaafd zijn, een grief hebben; *put sbd.'s* ~ *up* **S** iem. nijdig maken; *make a* ~ *of* belachelijk maken; **II** *vi* morrelen, donderjagen; ~ *with a gun* met een geweer liggen (staan) morrelen, er met zijn vingers aan zitten; **III** als *aj* – *bars* klimrek *o*; ~ *business* **S** kattekwaad; **F** (boeren)bedrog *o*, bedotterij; ~ *engine* heimachine; ~ *tricks* **S** kattekwaad *o*; **~-bread** apebroodboom; apebrood *o* [vrucht]; **~-house** apekooi; **~-nut** apenootje *o*; **~-wrench** moersleutel, schroefsleutel

monkish [′mʌŋkiʃ] als (van) een monnik, monniken-

monocle [′mɔnɔkl] monocle

monocotyledon [′mɔnoukɔti′liːdən] eenzaadlobbige plant

monody [′mɔnədi] ♪ monodie [eenstemmig gezang]; klaaglied *o*, lijkzang

monoecious [mɔ′niːsiəs] eenhuizig

monogamous [mɔ′nɔgəməs] monogaam; **monogamy** monogamie

monogram [′mɔnəgræm] monogram *o*

monograph [′mɔnəgraːf] monografie

monolith [′mɔnəliθ] monoliet; zuil uit één stuk steen; **–ic** [mɔnə′liθik] monolit(h)isch²

monologue [′mɔnəlɔg] monoloog, alleenspraak

monomania [mɔnou′meiniə] monomanie; **–c** monomaan

monoplane [′mɔnouplein] eendekker

monopolist [mə′nɔpəlist] monopolist: houder of voorstander van een monopolie; **–ize** $ monopoliseren; (alléén) in beslag nemen;

monopoly monopolie² *o*, alleenrecht *o*

monorail ['mɔnoureil] monorail

monosyllabic ['mɔnousi'læbik] eenlettergrepig; *fig* weinig spraakzaam; **–syllable** ['mɔnə'siləbl] eenlettergrepig woord *o*; *speak in* ~*s* kortaf zijn

monotheism ['mɔnouθi:izm] monotheïsme *o*: geloof *o* aan één god

monotone ['mɔnətoun] eentonig gezang *o* (geluid *o*, spreken *o* &); eentonigheid; **–nous** [mə'nɔtənəs] eentonig; **–ny** eentonigheid

monoxide [mɔ'nɔksaid] monoxyde *o*

monsignor [mɔn'si:njə] monseigneur

monsoon [mɔn'su:n] moesson

monster ['mɔnstə] monster² *o*, gedrocht *o*

monstrance ['mɔnstrəns] monstrans

monstrosity [mɔns'trɔsiti] monsterachtigheid, gedrochtelijkheid, gedrocht *o*; **monstrous** ['mɔnstrəs] monsterachtig (groot), misvormd, afschuwelijk, monster-; **–ly** *ad* monsterachtig; < verschrikkelijk, geweldig &

montage [mɔn'ta:ʒ] montage [v. film &]

month [mʌnθ] maand; **–ly I** *aj* & *ad* maandelijks; ~ *nurse* kraamverzorgster; **II** *sb* maandschrift *o*, maandblad *o*

monument ['mɔnjumənt] monument *o*, gedenkteken *o*; **–al** [mɔnju'mentəl] monumentaal; kolossaal

moo [mu:] loeien [v. koeien]

mooch [mu:tʃ] **F** rondhangen, lanterfanten; **S** klaplopen

mood [mu:d] stemming, luim, humeur *o*; *gram* wijs [v. e. werkwoord]; **–y** *aj* humeurig; droevig, somber

moon [mu:n] **I** *sb* maan; onbereikbaar ideaal *o*; ☉ maand; *once in a blue* ~ een enkele keer; *cry for the* ~ het onmogelijke willen; **II** *vi* dromen, zitten suffen; ~ *about* rondlummelen; **III** *vt* ~ *away* verdromen; **–beam** manestraal; **–buggy** maanlandingsvaartuig *o*; **–calf** uilskuiken *o*; **–light I** *sb* maanlicht *o*, maneschijn; **II** *aj* maanlicht-, maan-; **–lit** door de maan verlicht; **–scape** maanlandschap *o*; **–shine** maneschijn; nonsens, dwaze praat; **S** gesmokkelde of clandestien gestookte drank; ~ *r* **S** dranksmokkelaar of clandestiene stoker; **~-struck** maanziek, getikt; **moony** maan-; *fig* dromerig; **S** gek

1 moor [muə] *sb* hei(de); veen *o*

2 moor [muə] *vt* ♪ (vast)meren, vastleggen; **–age** ['muəridʒ] ankerplaats

moor-fowl ['muəfaul] korhoenders; **–hen** korhoen *o*; waterhoen *o*

mooring ['muəriŋ] ♪ ankerplaats, ligplaats; ~*s* meertros (-kabel, -ketting, -anker *o*); **~-buoy** meerboei; **~-mast** ♪ meerpaal

Moorish ['muəriʃ] Moors

moorland ['muələnd] heide(grond)

moose [mu:s] Amerikaanse eland

moot [mu:t] **I** *sb* ⌖ (volks)vergadering; (voortrekkers)bijeenkomst [padvinderij]; ⌖ dispuut *o*; **II** *aj* betwistbaar; ~ *case* (*point*) twistzaak, -punt *o*; **III** *vt* ter sprake brengen

mop [mɔp] **I** *sb* stokdweil, zwabber²; (vaten)kwast; **F** raagbol, pruik (haar); **II** *vt* dweilen, zwabberen, (af)wissen; ~ *up* opnemen², opdweilen; *fig* opslorpen, in zich opnemen; in de wacht slepen; zijn vet geven, afmaken; ⋊ zuiveren [loopgraven &]

mope [moup] kniezen

moped ['mouped] bromfiets; **–alist** [mou-'pedəlist] bromfietser

mopping-up [mɔpiŋ'ʌp] ⋊ **S** opruimingswerkzaamheden; zuivering [v. vijanden]

moraine [mɔ'rein] morene

moral ['mɔrəl] **I** *aj* moreel, zedelijk; zedenkundig, zeden-; **II** *sb* zedenles, moraal; ~*s* zeden; zedenleer; *his* ~*s* zijn zedelijk gedrag *o*; **morale** [mɔ'ra:l] moreel *o*; **–list** ['mɔrəlist] zedenmeester, zedenprediker, moralist; **–lity** [mɔ'ræliti] zedenleer, zedelijkheid, zedelijk gedrag *o*, moraal, moraliteit°; **–lize** ['mɔrəlaiz] moraliseren, een zedenpreek houden voor (over), zedenlessen geven; zedelijk verbeteren; **–lizer** zedenmeester, zedenprediker; **morally** *ad* moreel; feitelijk, praktisch [zeker]; zeer waarschijnlijk

morass [mə'ræs] moeras *o*; *fig* moeilijke situatie; zedelijke verlaging

moratorium [mɔrə'tɔ:riəm] moratorium *o*: wettelijk uitstel *o* van betaling

morbid ['mɔ:bid] ziekelijk, ziekte-; somber; ~ *anatomy* pathologische anatomie; **–ity** [mɔ:'biditi] ziekelijkheid; ziektetoestand; ziektecijfer *o*; somberheid

mordant ['mɔ:dənt] **I** *aj* bijtend, scherp, sarcastisch; **II** *sb* bijtmiddel *o*; hechtmiddel *o*

more [mɔ:] meer; *not... any* ~ niet meer, niet langer, niet weer; niets meer; *one* ~ *glass* nog een glas; ~ *and* ~ steeds meer; ~ *and* ~ *difficult* steeds moeilijker; *all the* ~ nog erger; des te meer; *he is no* ~ hij is er niet meer (is dood); *some* ~ nog wat; nog enige; *the* ~..., *the* ~... hoe meer..., des te meer (hoe)...; *the* ~ *the merrier* hoe meer zielen hoe meer vreugd; *so much the* ~ des te meer; *no* ~ niet meer², niet langer; niets meer; *no* ~ ...*than* evenmin ...als; *no* ~ *does he* hij ook niet; *what's* ~ bovendien; ~ *or less* ongeveer, min of meer

morel [mɔ'rel] zwarte nachtschade ‖ morille

morello [mɔ'relou] morel

moreover [mɔ:'rouvə] daarenboven, bovendien

mores ['mɔ:ri:z] mores: zeden, gebruiken

Moresque [mɔ'resk] Moors

morganatic [mɔ:gə'nætik] morganatisch

morgue [mɔ:g] morgue, lijkenhuisje *o*

moribund ['mɔribʌnd] zieltogend, stervend

Mormon ['mɔːmən] mormoon(s)
⊙ **morn** [mɔːn] = *morning*
morning ['mɔːnŋ] morgen, ochtend; voormiddag; ~-**coat**, ~ **dress** jacquet *o* & *v*; ~ **gown** ochtendjas, peignoir; ~-**paper** ochtendblad *o*; ~-**room** huiskamer; ~-**service** vroegdienst; ~-**star** morgenster*; ~ **watch** ⚓ dagwacht
Moroccan [mə'rɔkən] Marokkaan(s)
morocco [mə'rɔkou] marokijn(leer) *o*
moron ['mɔːrɔn] zwakzinnige, debiel; *fig* F idioot; -**ic** [mə'rɔnik] zwakzinnig, debiel; *fig* van (voor) idioten
morose [mə'rous] gemelijk, knorrig
morpheme ['mɔːfiːm] morfeem
morphia ['mɔːfjə], -**ine** ['mɔːfiːn] morfine; -**inism** morfinisme *o*; -**i(n)omaniac** ['mɔː-fi(n)ou'meiniæk] morfinist
morphology [mɔː'fɔlədʒi] morfologie
morris ['mɔris] Engelse volksdans (ook: ~ *dance*)
⊙ **morrow** ['mɔrou] volgende dag; *on the* ~ *of* dadelijk na
Morse [mɔːs] morse(alfabet) *o*
morse [mɔːs] walrus
morsel ['mɔːsəl] bete, brokje *o*, stukje *o*, hap, hapje *o*
mortal ['mɔːtl] **I** *aj* sterfelijk; dodelijk, dood(s)-; F langdradig en vervelend; uiterst, buitengewoon; ~ *combat* strijd op leven en dood; ~ *fear* doodsangst; *be in a* ~ *hurry* F een vreselijke haast hebben; *a* ~ *shame* F een eeuwige schande; ~ *sin* rk doodzonde; *any* ~ *thing* F (al) wat je maar wilt; **II** *sb* sterveling; -**ity** [mɔː'tæliti] sterfelijkheid; sterfte, sterftecijfer *o*; de [sterfelijke] mensheid; **mortally** ['mɔːtəli] *ad* dodelijk; F vreselijk
mortar ['mɔːtə] **I** *sb* mortel, metselspecie; vijzel; ✗ mortier; **II** *vt* met mortel pleisteren; ✗ met mortieren bestoken; ~-**board** kalkplank; ⌒ vierhoekige Eng. studentenbaret
mortgage ['mɔːgidʒ] **I** *sb* hypotheek; **II** *vt* (ver)hypothekeren; *fig* verpanden; ~-**bond** pandbrief; **mortgagee** [mɔː.gə'dʒiː] hypotheekhouder; **mortgagor** [mɔː.gə'dʒɔː] hypotheekgever
mortician [mɔː'tiʃən] *Am* begrafenisondernemer
mortification [mɔː.tifi'keiʃən] grievende vernedering, beschaming; tuchtiging, kastijding, af-, versterving; gangreen *o*, koudvuur *o*; **mortify** ['mɔːtifai] **I** *vt* vernederen, beschamen, verootmoedigen; tuchtigen, kastijden; **II** *vi* door gangreen aangetast worden
mortise ['mɔːtis] **I** *sb* ✗ tapgat *o*; **II** *vt* een tapgat maken in; verbinden
mortmain ['mɔːtmein] ⚏ [eigendom & in] de dode hand
mortuary ['mɔːtjuəri] **I** *aj* sterf-, graf-, begrafenis-; lijk-; **II** *sb* mortuarium *o*, lijkenhuis *o*

mosaic [mou'zeiik] mozaïek *o*
Moslem ['mɔzləm] **I** *aj* mohammedaans; **II** *sb* moslem, mohammedaan
mosque [mɔsk] moskee
mosquito [mɔs'kiːtou] muskiet, steekmug
moss [mɔs] mos *o*; moeras *o*; veen *o*; ~-**grown** met mos begroeid of bedekt, bemost; -**y** bemost; mosachtig
most [moust] **I** *aj* meest, grootst; ~ *people* de meeste mensen; *make the* ~ *of* zoveel mogelijk partij trekken van, woekeren met, exploiteren, uitbuiten; *(the)* ~ *of the day* het grootste deel van de dag; *at (the)* ~ op zijn hoogst, hooguit, hoogstens; **II** *ad* meest; hoogst, zeer; bijzonder; ~ *eastern* oostelijkst(e); ~ *learned* ook: hooggeleerd; -**ly** *ad* meest(al), voornamelijk
mote [mout] stofje *o; the* ~ *in thy brother's eye* B dat splinter in het oog van uw broeder
motel [mou'tel] motel *o*
motet [mou'tet] motet *o*
moth [mɔθ] mot; 🦋 nachtvlinder, uil; ~-**ball** mottebal; ~-**eaten** door de mot aangetast; *fig* afgedragen, versleten
mother ['mʌðə] **I** *sb* moeder[2]; (azijn)moer; *Mother Carey's chicken* stormzwaluw; *every* ~'s *son* van de eerste tot de laatste (man); *shall I be* ~? zal ik inschenken (ronddelen &)?; **II** *vt* als kind aannemen; bemoederen, moedertje spelen over, verzorgen; ~ *it* moedertje spelen; ~ **church** moederkerk; ~ **country** moederland *o*; ~-**craft** kinderverzorging; *course in* ~ moedercursus; ~ **hen** 🦋 kloek; ~-**hood** moederschap *o*; ~-**in-law** schoonmoeder; -**ly** moederlijk; ~-**of-pearl** paärlemoer; ~'s **help** gezinshulp; ~ **tongue** moedertaal; ~ **wit** aangeboren geest of (gezond) verstand *o*
mothproof ['mɔθpruːf] motvrij (maken); **mothy** mottig of vol motten
motif [mou'tiːf] motief *o* [in de kunst]
motion ['mouʃən] **I** *sb* beweging*, gebaar *o*; voorstel *o*, motie; stoelgang, ontlasting; ✗ mechanisme *o*, werk *o*; ♪ tempo *o*; **II** *vt* wenken, een wenk·geven om te..., bijv. ~ *him away (out* &); -**less** bewegingloos, onbeweeglijk, roerloos; ~ **picture** film
motivate ['moutiveit] motiveren, bewegen, aanzetten; -**tion** [mouti'veiʃən] motivatie; -**tional** motivatie; **motive** ['moutiv] **I** *aj* bewegend, bewegings-, beweeg-; **II** *sb* motief *o*, beweegreden; *from* ~s *of delicacy* kiesheidshalve; **III** *vt* motiveren, bewegen
motley ['mɔtli] **I** *aj* bont[2]; gemengd; **II** *sb* narrenpak *o*
motor ['moutə] **I** *sb* motor, beweger; beweegkracht; auto; **II** *aj* motorisch, bewegings [zenuw &]; **III** *vi* & *vt* met of in een auto rijden; ~ **ambulance** ziekenauto; ~-**bike** F motorfiets; ~-

boat motorboot; **–cade** autocolonne; **~-car** auto(mobiel); **~-coach** touringcar; rijtuig *o* [v. elektr. trein]; **~-cycle** motorfiets; **~** *police* motorpolitie; **~-cyclist** motorrijder; **–ing I** *sb* automobilisme *o,* autorijden *o;* **II** *aj* auto-; motor-; **–ist** automobilist, autorijder; **–ization** [moutərai'zeiʃən] motorisering; **–ize** ['moutəraiz] motoriseren; **~d** *bicycle* bromfiets; **~-lorry** vrachtauto; **~-man** wagenbestuurder [v. elektr. tram of trein]; **~-spirit** benzine; **~-truck, ~-van** vrachtauto; **~-way** autoweg

mottled ['mɔtld] gevlekt, geaderd, gestreept [steen], doorregen [vlees], gemarmerd [zeep], zwartbont [vogels]

motto ['mɔtou, *mv* **mottoes** -ouz] motto *o,* (zin-, kern)spreuk

mouflon ['mu:flɔn] moeflon

1 mould [mould] **I** *sb* teelaarde, losse aarde ǁ schimmel; **II** *vi* (be)schimmelen

2 mould [mould] **I** *sb* (giet)vorm; mal; pudding (uit een vorm); *fig* type *o,* aard; *cast in the same ~* (van) hetzelfde (type); **II** *vt* vormen (naar *upon*); gieten, kneden[2]

mouldboard ['mouldbɔ:d] (ploeg)rister, strijkbord *o*

1 moulder ['mouldə] *sb* vormer

2 moulder ['mouldə] *vi* vermolmen, tot stof vergaan, vervallen

moulding ['mouldiŋ] afdruk; △ lijstwerk *o,* lijst; fries *v* of *o*; ✗ vormstuk *o*; **~-board** kneedplank; vormbord *o* (v. boetseerder)

mouldy ['mouldi] beschimmeld; vermolm(en)d, vergaan(d); S afgezaagd; miezerig, waardeloos; vervelend

moult [moult] **I** *vi* ruien, verharen; **~***ing time* ruitijd; **II** *sb* ruien *o*

mound [maund] wal, dijk, heuveltje *o*

1 mount [maunt] *sb* berg

2 mount [maunt] **I** *vi* klimmen, (op)stijgen, naar boven gaan, opgaan; **~** *up* stijgen; oplopen [schuld]; **II** *vt* opgaan, oplopen, opklimmen, beklimmen, bestijgen; een paard (rijdier) geven; te paard zetten, laten opzitten; opstellen, (in)zetten, plaatsen, monteren; opplakken [landkaart]; in scène zetten [toneelstuk]; opzetten [dieren]; prepareren, fixeren; organiseren, op touw zetten; **~** *the breach* zich op de bres stellen; **~** *guard* de wacht betrekken; de wacht hebben (bij *over*); *the car* **~***ed the pavement* de auto reed het trottoir op; **III** *sb* rit [bij wedren]; rijdier *o,* paard *o* &; montuur *o* & *v,* omlijsting

mountain ['mauntin] berg; *the Mountain* de Bergpartij; *make* **~***s of mole-hills* van een mug een olifant maken; **~** *ash* lijsterbes; **~** *dew* **F** Schotse whisky; **–eer** [maunti'niə] **I** *sb* bergbewoner; bergbeklimmer; **II** *vi* bergen beklimmen; **–eering** bergsport; **~** *boot* bergschoen; **–ous** ['mauntinəs] bergachtig, berg-; huizehoog, hemelhoog, kolossaal

mountebank ['mauntibæŋk] kwakzalver, charlatan; clown

mounted ['mauntid] te paard (zittend); opgesteld, opgezet; ingebouwd; bereden [politie &]; *well ~* goed te paard zittend; met goede rijdieren

mounting ['mauntiŋ] montage, montering; ✗ affuit; montuur *o* & *v,* beslag *o*

mourn [mɔ:n] **I** *vi* treuren, rouwen (over, om *for, over*); **II** *vt* betreuren, bewenen; **–er** treurende; rouwdrager; *chief ~* eerste rouwdrager; **–ful** treurig, droevig; **–ing** droefheid, treurigheid; rouw, rouwgewaad *o;* rouwperiode; *in ~* in de rouw; *out of ~* uit de rouw; **~** *coach* rouwkoets, volgkoets

mouse I *sb* [maus] ⅍. muis; *fig* verlegen iem.; S blauw oog *o;* **II** *vt* [mauz] muizen vangen; **–r** muizenvanger, muiskat; **mousetrap** muizeval; **F** muffe (*of* smakeloze) kaas

moustache [məs'ta:ʃ, mus'ta:ʃ] snor, knevel

mousy ['mausi] naar muizen riekend; muisachtig; muisvaal; stil als een muis; schuchter

1 mouth [mauθ] *sb* mond', muil, bek; monding; *down in the ~* neerslachtig; *give ~* aanslaan [honden]; *give ~ to* uitspreken, uiten, vertolken; *make ~s* (lelijke) gezichten, een scheve mond trekken; *make sbd.'s ~ water* iem. doen watertanden; *shut one's ~* zwijgen; *shut sbd.'s ~* iem. de mond snoeren; *by the ~ of* bij monde van; *be in everybody's ~* overal besproken worden; over de tong gaan

2 mouth [mauð] **I** *vt* bijten aan [aas], in de mond nemen, ophappen; declameren, uitgalmen (ook: ~ *out*); **II** *vi* declameren, galmen; gezichten trekken

mouthful ['mauθful] mondvol, hap; **~-organ** mondharmonika; **–piece** mondstuk *o;* 🕾 hoorn; *fig* woordvoerder, spreekbuis; **~-to-mouth** *method,* **~** *resuscitation* mond-op-mondbeademing; **~-wash** mondspoeling

movable ['mu:vəbl] **I** *aj* beweeglijk, beweegbaar, verplaatsbaar; **~** *property* roerend goed *o;* **~** *type(s)* losse letters [de boekdrukkunst]; **II** *sb* **~***s* roerende goederen, meubilair *o;* **move** [mu:v] **I** *sb* beweging; zet; *fig* stap, maatregel; verhuizing; *whose ~ is it?* *sp* aan wie is de zet?; *get a ~ on* voortmaken, in beweging komen; *make a ~* een zet doen[2]; van tafel opstaan [en zich naar de salon begeven]; *make no ~* zich niet bewegen, geen vin verroeren; *be on the ~* voortdurend in beweging zijn; reizen en trekken, op pad zijn; **II** *vi* zich bewegen, zich in beweging zetten, zich roeren, iets doen; zich verplaatsen, trekken, (weg)gaan, verhuizen; **~** *away from* zich verwijderen van; zich distantiëren van [een idee]; **~** *for* verzoeken om; voorstellen; **~** *in,* **~** *into a house* een woning betrekken; **~** *off* wegtrekken, zich verwijderen; ✕ afmarcheren; ~ *on* verder gaan, ✕ voortmarcheren, oprukken; ~ *on!* doorlopen!; ~ *out* eruit trekken [uit een huis]; ~ *up* opschuiven, opschikken ~ *up reinforcements* versterkingen laten aanrukken; **III** *vt* bewegen, in beweging brengen; verplaatsen, overbrengen, vervoeren; verzetten [schaakstuk]; (op)wekken; (ont)roeren; voorstellen [motie &]; [een voorstel] doen; *the spirit ~d him* de geest werd vaardig over hem; ~ *house* verhuizen; ~ *sbd. on* iem. doen doorlopen; –**ment** beweging²; verplaatsing, overbrenging, vervoer *o*; *fig* aandrang, opwelling; gang [v. verhaal]; ✗ mechaniek; ♪ deel *o*; ♪ tempo *o*; $ omzet; stoelgang; **mover** beweger; voorsteller; drijfveer; *prime* ~ voornaamste drijfkracht, eerste oorzaak, aanstichter

movie ['muːvi] *Am* F **I** *sb* film; *the ~s* de bios(coop); **II** *aj* film-, bioscoop-

moving ['muːviŋ] (zich) bewegend, rijdend; in beweging; roerend, aangrijpend, aandoenlijk; ~ *power* [fig] drijf-, stuwkracht; *the ~ spirit* [fig] de ziel, de stuwende kracht; ~ *staircase* roltrap

1 mow [mou] *sb* hooiberg, hoop graan &; plaats in een schuur om hooi & te bergen

2 mow [mou] *vt* maaien; ~ *down* (*off*) wegmaaien [troepen]; –**er** maaier; maaimachine; –**ing-machine** maaimachine; **mown** [moun] V.D. van *2 mow*

M.P. = *Member of Parliament*; *Military Police*; *Metropolitan Police*

m.p.g. = *miles per gallon*

m.p.h. = *miles per hour*

Mr zie *mister*

Mrs ['misiz] mevrouw

MS. = *manuscript*

Ms = *Mrs of Miss*

M.Sc. = *Master of Science*

MSS. = *manuscripts*

much [mʌtʃ] **I** *aj* veel; *he said as* ~ dat zei hij ook; *I thought as* ~ dat dacht ik wel; *as* ~ *as* zoveel als, zoveel; evenzeer (evengoed) als; ook maar; wel [drie]; *it was as* ~ *as he could do to...* hij kon slechts met moeite of ternauwernood...; *as* ~ *as* say alsof hij wilde zeggen; *not* ~ niet veel; F kan je denken!; *he is not* ~ *of a dancer* hij is niet zo'n erg goede danser; *it is not* ~ *of a thing* niet veel zaaks; *nothing* ~ niet veel (zaaks); zo erg niet; *so* ~ *for...* dat is (zijn) dan..., dat was (waren) dan...; *be too* ~ *for sbd.* iem. te machtig zijn; *make* ~ *of* veel gewicht hechten aan; veel ophef maken van; in de hoogte steken, veel ophebben met, fêteren; ook: munt slaan uit; **II** *ad* zeer, erg; veel; verreweg; ~ *as...* hoezeer... ook; ongeveer zoals...; *so* ~ *as* ook maar; *not so* ~ *as* niet eens; *so* ~ *so that* zó (zeer)... dat; *so* ~ *the better* des te beter; ~ *to the amusement of* tot groot vermaak van; ~ *the same*,

~ *as usual* zowat, vrijwel hetzelfde; –**ness** *much of a* ~ vrijwel hetzelfde, één pot nat

mucilage ['mjuːsilidʒ] (plante)slijm *o* & *m*; vloeibare gom; –**ginous** [mjuːsi'lædʒinəs] slijmig

muck [mʌk] **I** *sb* (natte) mest, vuiligheid, vuil *o*; F rommel; *make a* ~ *of* F verknoeien; vuilmaken; **II** *vt* (be)mesten; bevuilen; ~ *it* F de boel verknoeien; ~ *out* uitmesten; ~ *up* F verknoeien, bederven; **III** *vi* ~ *about* ~ F omhangen, lanterfanten; ~ *about with* F (met zijn vingers) zitten aan; ~ *in with* F (lief en leed) broederlijk delen met, (alles) samendoen met; ~-**heap** mesthoop; ~-**rake I** *sb* mesthaak; **II** *vi* vuile zaakjes uitpluizen, schandalen onthullen; **mucky** ['mʌki] F smerig, vuil

mucous ['mjuːkəs] slijmig; ~ *membrane* slijmvlies *o*; **mucus** slijm *o* & *m*

mud [mʌd] modder², slijk *o*; leem *o* & *m* [v. muur &]; S opium; *one's name is* ~ men is in ongenade; *throw* ~ *at* kwaadspreken van; ~ *in your eye!* S proost!

muddle ['mʌdl] **I** *sb* warboel, verwarring, troep; **II** *vt* beneveln; in de war gooien; in verwarring brengen; verknoeien; ~ *away* verknoeien; ~ *together*, ~ *up* (met elkaar) verwarren; **III** *vi* modderen, ploeteren²; ~ *along*, ~ *on* voortsukkelen, voortploeteren; ~ *through* er door scharrelen, er zich doorheen slaan; –**d** verward, warrig; **muddle-headed** suf, verward

muddy ['mʌdi] **I** *aj* modderig; modder-; bemodderd, vuil, vaal; troebel; verward; **II** *vt* bemodderen; vertroebelen; **mud-flap** spatlap; –**guard** spatbord *o*; ~ *hut* lemen hut; –**lark** iem. die rivierslik afzoekt naar rommel; straatbengel; ~ *pack* kleimasker *o*; ~ *pie* zandtaartje *o* [door kinderen gemaakt]; ~-**slinger** lasteraar; ~-**slinging** gelaster *o*; ~-**stained** bemodderd

muff [mʌf] **I** *sb* mof; dek *o* voor autoradiator tegen vrieskou ‖ sul, flauwerd; klungel; *make a* ~ *of it* de boel verknoeien; **II** *vt* bederven, verknoeien; ~ *the shot* missen

muffin ['mʌfin] soort gebak *o* bij de thee

muffle ['mʌfl] **I** *sb* ✗ moffel(oven); **II** *vt* inbakeren, inpakken (ook: ~ *up*); omwikkelen; dempen; omfloersen [trom]; *in a ~d voice* met gedempte stem; –**r** bouffante, dikke, warme das; demper [v. geluiden]; bokshandschoen, want

mufti ['mʌfti] moefti: mohammedaans koranuitlegger en rechtsgeleerde ‖ *in* ~ in burger

mug [mʌg] **I** *sb* (drink)kroes, beker; pot; S gezicht *o*, smoel *o*; S sul, sufferd; *a ~'s game* S gekkenwerk; **II** *vt* F ~ *up* er instampen [kennis]; **III** *vi* F blokken (op *at*); **mugging** op straat overvallen *o* en mishandelen *o*

muggins ['mʌginz] S idioot, stommeling

muggy ['mʌgi] broeierig, drukkend, zwoel

mugwump ['mʌgwʌmp] S hoge ome; onafhankelijke [in politiek]

mulatto [mju'lætou] mulat

mulberry ['mʌlbəri] moerbij

mulch [mʌltʃ] mengsel *o* van halfverrot stro en bladeren [ter bescherming v. wortels]

mulct [mʌlkt] **I** *sb* geldboete; **II** *vt* beboeten (met *in*); ~ *of* beroven van

mule [mju:l] ⚹ muildier *o*; ⚹ & ⚹ bastaard; *fig* stijfkop; ✗ fijnspinmachine ‖ muiltje *o*; **–teer** [mju:li'tiə] muilezeldrijver; **mulish** ['mju:liʃ] als (van) een muildier; koppig

mull [mʌl] **I** *sb* S fiasco *o*; *make a* ~ *of it* de boel verknoeien; **II** *vt* S verknoeien ‖ [dranken] heet maken en kruiden; ~*ed wine* bisschop; **III** *vi* ~ *over* overpeinzen, piekeren over

mulligatawny [mʌligə'tɔ:ni] sterk gekruide kerriesoep

mullion ['mʌljən] middenstijl [v. raam]

multifarious [mʌlti'fɛəriəs] veelsoortig, velerlei, menigerlei, verscheiden

multiform ['mʌltifɔ:m] veelvormig

multilateral [mʌlti'lætərəl] multilateraal, veelzijdig

multimillionaire [mʌltimiljə'nɛə] multimiljonair

multinomial [mʌlti'noumiəl] veelterm

multiple ['mʌltipl] **I** *aj* veelvuldig; veelsoortig, vele; ~ *choice* meerkeuze[toets]; ~ *shop* grootwinkelbedrijf *o*; **II** *sb* veelvoud *o*; *least common* ~ kleinste gemene veelvoud *o*

multiplex ['mʌltipleks] meervoudig; veelvuldig

multipliable ['mʌltiplaiəbl] vermenigvuldigbaar (met *by*); **–plicand** [mʌltipli'kænd] vermenigvuldigtal *o*; **–plication** vermenigvuldiging°; **–plicative** [mʌlti'plikətiv] vermenigvuldigend; **–plicity** [mʌlti'plisiti] menigvuldigheid; veelheid; pluriformiteit; **–plier** ['mʌltiplaiə] vermenigvuldiger; ✗ multiplicator; **–ply I** *vt* vermenigvuldigen, verveelvoudigen; **II** *vi* zich vermenigvuldigen

multiracial [mʌlti'reiʃəl] multiraciaal, veelrassig

multi-storey ['mʌltistɔ:ri] ~ *building* hoogbouw; ~ *car park* torengarage; ~ *flat* torenflat

multitude ['mʌltitju:d] menigte, (grote) massa; hoop; *the* ~ de grote hoop; **–dinous** [mʌlti'tju:dinəs] menigvuldig, veelvuldig, talrijk; eindeloos

1 mum [mʌm] *sb* mammie, mam

2 mum [mʌm] *aj* stil; *be* (*keep*) ~ zwijgen, stommetje spelen, geen woord zeggen; ~*'s the word!* mondje dicht!

mumble ['mʌmbl] **I** *vi* mompelen; **II** *vt* prevelen; kluiven aan; **III** *sb* gemompel *o*

mumbo jumbo ['mʌmbou'dʒʌmbou] afgod[2]; bijgelovige handelingen; ritueel *o* zonder betekenis; hocus-pocus

mummer ['mʌmə] vermomde, gemaskerde;

pantomimespeler; **F** toneelspeler, komediant; **–y** maskerade, mommerij; *fig* belachelijke vertoning

mummied ['mʌmid] gemummificeerd; **mummification** [mʌmifi'keiʃən] mummificatie; **–fy** ['mʌmifai] mummificeren

mummy ['mʌmi] mummie ‖ **F** mammie

mumps [mʌmps] bof [ziekte]

munch [mʌn(t)ʃ] (hoorbaar) kauwen, (op)peuzelen

mundane ['mʌndein] werelds[2], mondain, aards; wereld-

municipal [mju'nisipəl] gemeentelijk, stedelijk, stads-, gemeente-; **–ity** [mjunisi'pæliti] gemeente; gemeentebestuur *o*; **–ize** [mju'nisipəlaiz] onder gemeentebestuur brengen

munificence [mju'nifisns] mild(dadig)heid, vrijgevigheid; **–ent** mild(dadig), vrijgevig

munition [mju'niʃən] **I** *sb* krijgsvoorraad, (am)munitie (meest ~*s*); **II** *vt* van munitie voorzien

mural ['mjuərəl] **I** *aj* muur-, wand-; **II** *sb* wandschildering

murder ['mə:də] **I** *sb* moord; **F** iets heel moeilijks of vervelends; *capital* ~ soort moord waar de doodstraf op staat; *wilful* ~ moord met voorbedachte rade; ~ *will out* een moord blijft niet verborgen; bedrog komt altijd uit; *the* ~ *is out* het geheim is verklapt; *cry blue* ~ moord en brand schreeuwen; **II** *vt* vermoorden[2]; ~ *the King's English* het Engels radbraken; **–er** moordenaar; **–ess** moordenares; **–ous** moorddadig, moordend

☉ **murk** [mə:k] **I** *aj* duister; **II** *sb* duisternis; **–y** duister, donker, somber; **F** schandelijk; verborgen

murmur ['mə:mə] **I** *sb* gemurmel *o*, gemompel *o*, gebrom *o*, gemor *o*; geruis *o*; *without a* ~ zonder een kik te geven; **II** *vi* murmelen, mompelen, mopperen, morren (over *at*, *against*); ruisen; **–er** mopperaar; **–ous** murmelend, mompelend, mopperend, morrend, ruisend

murrain ['mʌrin] veepest

muscat ['mʌskət], **muscatel** [mʌskə'tel] muskaatwijn; muskadeldruif

muscle ['mʌsl] **I** *sb* spier; spierkracht; **II** *vi* **F** ~ *in on* zich indringen bij; inbreuk maken op; ~ *bound* stijf (van spieren)

muscular ['mʌskjulə] gespierd; spier-; **–ity** [mʌskju'læriti] gespierdheid; **musculature** ['mʌskjulətʃə] spierstelsel *o*

Muse [mju:z] muze; *the* ~ de dichterlijke inspiratie

muse [mju:z] **I** *vi* peinzen, mijmeren; ~ *on* be-, overpeinzen; **II** *sb* ⚹ gemijmer *o*; **–r** peinzer, mijmeraar, dromer

museum [mju'ziəm] museum *o*

mush [mʌʃ] zachte massa, brij; maïspap; **F** sentimentaliteit; **S** gezicht *o*

mushroom ['mʌʃrum] **I** *sb* paddestoel, champignon; wolk bij atoomontploffing; **II** *aj* paddestoelvormig; snel opkomend; **III** *vi* champignons zoeken of inzamelen; oprijzen als paddestoelen (een paddestoel) uit de grond; zich snel uitbreiden

mushy ['mʌʃi] papperig, brijig; **F** sentimenteel

music ['mju:zik] muziek[2]; toonkunst; *face the* ~ het gevaar (de gevolgen) onder ogen zien; *set to* ~ op muziek zetten; **–al I** *aj* muzikaal; muziek-; ~ *box* speeldoos; ~ *chairs* stoelendans; ~ *comedy* operette; ~ *glasses* glasharmonika; **II** *sb* musical; operette(film); **–ality** [mju:zi'kæliti] muzikaliteit, welluidendheid; ~**-hall** ['mju:zikhɔːl] variété(theater) *o*; **–ian** [mju'ziʃən] muzikant, musicus, toonkunstenaar; **–ological** [mju:zikə'lɔdʒikl] musicologisch; **–ologist** [mju:zi'kɔlədʒist] musicoloog; **–ology** musicologie; ~**-stand** ['mju:zikstænd] muziekstandaard; ~**-stool** pianokrukje *o*

musing ['mju:ziŋ] **I** *sb* gepeins *o*, gemijmer *o*, mijmering(en); **II** *aj* peinzend &

musk [mʌsk] muskus

musket ['mʌskit] musket *o*; ✎ geweer *o*; **–eer** [mʌski'tiə] musketier; **–ry** ['mʌskitri] geweervuur *o*; schietoefeningen

musk-rat ['mʌskræt] ஐ muskusrat, bisamrat; bisambont *o*; **musky** als (van) muskus, muskus-

Muslim ['mʌzlim] = *Moslem*

muslin ['mʌzlin] mousseline, neteldoek *o* & *m*

musquash ['mʌskwɔʃ] = *musk-rat*

muss [mʌs] *Am* **S** wanorde, knoeiboel

mussel ['mʌsl] mossel

Mussulman ['mʌslmən] muzelman

mussy ['mʌsi] *Am* wanordelijk dooreen, rommelig; vuil, vies, mors-

1 must [mʌst] **I** moet, moe(s)ten; *you* ~ *not smoke here* mag niet; **II** *sb a* ~ **F** iets wat gedaan (gezien, gelezen &) moet worden

2 must [mʌst] *sb* most; dufheid, schimmel

mustang ['mʌstæŋ] mustang

mustard ['mʌstəd] mosterd

muster ['mʌstə] **I** *sb* ✕ appèl; ✕ inspectie; monstering; *there was a strong* ~ de vergadering was goed bezocht; *pass* ~ de toets doorstaan, er mee door kunnen; **II** *vt* monsteren; op de been roepen; (laten) verzamelen; *he couldn't* ~ *three shillings* bij elkaar krijgen; ~ *up a smile* met moeite een glimlach te voorschijn roepen; ~**-roll** ⚓ monsterrol; ✕ stamboek (naamlijst)

mustiness ['mʌstinis] beschimmeldheid, schimmeligheid, schimmel; muffigheid, dufheid

mustn't = *must not*

musty ['mʌsti] beschimmeld, schimmelig; muf, duf

mutable ['mju:təbl] veranderlijk, ongedurig; **mutate** [mju:'teit] veranderen; mutatie ondergaan; **–tion** verandering, (klank)wijziging; mutatie

mute [mju:t] **I** *aj* stom, sprakeloos, zwijgend; **II** *sb* stomme; figurant; stomme letter; ♪ sourdine; bidder [bij begrafenis]; klaagvrouw; **III** *vt* ♪ dempen, de sourdine opzetten; **–ness** stomheid, (stil)zwijgen *o*

mutes [mju:ts] *mv* vogelmest *o*

mutilate ['mju:tileit] verminken, schenden; **–tion** [mju:ti'leiʃən] verminking, schending

mutineer [mju:ti'niə] muiter, oproerling; **–nous** ['mju:tinəs] muitziek, oproerig, opstandig; **–ny I** *sb* muiterij, opstand, oproer *o*; **II** *vi* oproerig worden, aan het muiten slaan, opstaan (tegen *against*)

mutt [mʌt] **F** stommeling

mutter ['mʌtə] **I** *vi* mompelen; mopperen; **II** *vt* mompelen; **III** *sb* gemompel *o*

mutton ['mʌtn] schapevlees *o*; **J** schaap *o*; *dead as* ~ dood als een pier; *to return to our* ~*s* om weer op ons onderwerp te komen; *leg of* ~ schapebout; ~**-chop** schaapskotelet; ~ *whiskers* „tochtlatten"; ~**-fist** grote, ruwe hand; ~**-head** **S** stommeling, schaapskop

mutual ['mju:tjuəl] *aj* onderling, wederkerig; wederzijds; gemeenschappelijk; **–ity** [mju:tju'æliti] wederkerigheid; **mutually** ['mju:tjuəli] *ad* onderling, van beide kanten, over en weer

muzak ['mju:zək] achtergrondmuziek

muzzle ['mʌzl] **I** *sb* muil, bek, snuit; muilkorf, -band; mond, tromp [v. vuurwapen]; **II** *vt* muilkorven[2], de mond snoeren; ~**-loader** ✕ voorlader

muzzy ['mʌzi] beneveld [ook v. drank], suf

my [mai] mijn; (*oh*) ~! goeie genade!

myopia [mai'oupiə] bijziendheid; **–pic** [mai'ɔpik] bijziend

myriad ['miriəd] myriade: tienduizendtal *o*; duizenden en duizenden, ontelbare

myrmidon ['mɔ:midən] handlanger, volgeling

myrrh [mɔ:] mirre

myrtle ['mɔ:tl] ஐ mirt, mirtestruik

myself [mai'self] zelf, ik (zelf); mij(zelve); *I'm not* ~ ik ben niet goed in orde

mysterious [mis'tiəriəs] geheimzinnig, mysterieus; **mystery** ['mistəri] verborgenheid, geheim *o*, mysterie *o*; raadsel *o*; geheimzinnigheid; ⯁ mysterie *o* [spel]; *the* ~ *of the thing* het geheimzinnige van de zaak

mystic ['mistik] **I** *aj* mystiek, verborgen; occult; allegorisch; **II** *sb* mysticus; **–al** mystiek; **–ism** ['mistisizm] mysticisme *o*; mystiek; zweverige godsdienstige of occulte ideeën (neigingen); **mystification** [mistifi'keiʃən] mystificatie, fopperij, bedotterij; **mystify** ['mistifai] mystificeren; verbijsteren, verwarren; bedotten; *mystified* ook: perplex; **mystique** [mis'ti:k] ,,mystiek", > hocus-pocus

myth [miθ] mythe², sage; verdichtsel; denkbeel- dige persoon of dier; **–ic(al)** mythisch; **–ologi- cal** [miθə'lɔdʒik(1)] mythologisch; **–ologist** [mi'θɔlədʒist] mytholoog; **–ology** mythologie **myxomatosis** [miksoumə'tousis] myxomatose

N

n [en] (de letter) n; **N.** = *North(ern)*

N.A.A.F.I., Naafi ['næfi] = *Navy, Army and Air Force Institutes* ± Cantinedienst, CADI

nab [næb] **S** snappen; vangen; op de kop tikken, gappen

nabob ['neibɔb] nabob

nacelle [næ'sel] motorgondel

nacre ['neikə] paarlemoer

nadir ['neidiə] ★ nadir *o*, voetpunt *o*; *fig* laagste punt *o*

1 nag [næg] *sb* hit, **F** paard *o*

2 nag [næg] **I** *vi* zaniken, zeuren; hakken, vitten (op *at*); **II** *vt* bevitten, treiteren (door aanmerkingen te maken)

naiad ['naiæd] najade, waternimf

nail [neil] **I** *sb* nagel°, klauw; spijker; 2¹⁄₄ Eng. duim; *hard as ~s* ijzersterk, taai; keihard, streng; *on the ~* **$** contant; onmiddellijk; *it adds a ~ to (drives a ~ into, is a ~ in) his coffin* dat is een nagel aan zijn doodskist, ook: dat is hem een gruwelijke ergernis; *hit the (right) ~ on the head* de spijker op de kop slaan; **II** *vt* (vast)spijkeren, met spijkers beslaan; **S** betrappen, snappen; op de kop tikken; *fig* lijmen, niet loslaten; ~ *d o w n* dichtspijkeren; vastspijkeren; *fig* vastzetten; niet loslaten; ~ *one's colours t o the mast* van geen wijken of toegeven willen weten; ~ *u p* dichtspijkeren; vastspijkeren; ~**-brush** nagelborstel; ~**-file** nagelvijltje *o*; ~**-scissors** nagelschaartje *o*; ~**-varnish** nagellak

naïve [na:'i:v] naïef, ongekunsteld

naïveté [na:'i:vtei] naïveteit, ongekunsteldheid

naked ['neikid] naakt, bloot, kaal; onbeschut; onverbloemd, duidelijk, onopgesmukt; *fig* weerloos; *a ~ light* een onbeschermd licht *o*

namby-pamby ['næmbi'pæmbi] **I** *aj* zoetelijk; **II** *sb* zoetelijkheid

name [neim] **I** *sb* naam², benaming; reputatie; *call sbd. ~s* **F** iem. uitschelden; *have a ~ for* bekend zijn om zijn...; *take sbd.'s ~* ook: iem. bekeuren; *John b y ~*, *by the ~ of J. J.* geheten; *call him by his ~* bij zijn naam; *know him by ~* persoonlijk; van naam; *mention by ~* met name, met naam en toenaam; *in ~* in naam; *in the ~ of* in de naam van, als vertegenwoordiger van; onder de naam van; op naam (ten name) van; *of the ~ of John J.* geheten; **II** *vt* noemen, benoemen; dopen [ship &]; tot de orde roepen [Parlementslid &]; ~ *the day* de bruiloftsdag vaststellen; ~**-dropping** dikdoenerij met namen van bekende personen; ~**-less** naamloos; onbekend; zonder naam; onnoemelijk; *a certain scoundrel who shall be ~* die ik niet noemen wil; ~**-ly** namelijk, te weten; ~**-plate** naambordje *o*, -plaatje *o*; ~**-sake** naamgenoot; **naming ceremony** doopplechtigheid [v. schip &]

nancy, nancy-boy ['nænsi(bɔi)] **S** verwijfde jongeman; homosexueel

nannie, nanny ['næni] kinderjuffrouw, juf

nanny(-goat) ['næni(gout)] geit

1 nap [næp] **I** *sb* slaapje *o*, dutje *o*; *have (take) a ~* een dutje doen; **II** *vi* (zitten) dutten; *catch ~ping* overrompelen

2 nap [næp] **I** *sb* nop; haar *o*; **II** *vt* noppen

3 nap [næp] **S I** *sb* beste kans [voor wedren]; **II** *vt* de beste kans geven

napalm ['neipa:m] napalm *o*

nape [neip] nek (~ *of the neck*)

naphthalene ['næfθəli:n] naftaleen

napkin ['næpkin] servet *o*; luier

napoo [na:'pu:] **S** waardeloos!, afgelopen!, foetsie!

nappy ['næpi] luier

narcissism [na:'sisizm] narcisme *o*; ~**istic** [na:si'sistik] narcistisch

narcissus [na:'sisəs] narcis

narcosis [na:'kousis] narcose

narcotic [na:'kɔtik] **I** *aj* narcotisch; **II** *sb* narcoticum *o*; ~**ize** ['na:kətaiz] narcotiseren

nard [na:d] nardus(olie)

narghile ['na:gili] nargileh [waterpijp met gummieslang]

nark [na:k] **S I** *sb* stille verklikker, politiespion; **II** *vt* verklikken; kribbig maken, ergeren; ~ *it!* hou je mond!; hou op!; **III** *aj* humeurig; sarcastisch; **narky S** kribbig; sarcastisch

narrate [nə'reit] verhalen, vertellen; ~**tion** verhaal *o*, relaas *o*; ~**tive** ['nærətiv] **I** *aj* verhalend, vertellend; **II** *sb* verhaal *o*, relaas *o*; vertelling; ~**tor** [nə'reitə] verhaler, verteller; *first-person ~* ik-figuur [in roman]

narrow ['nærou] **I** *aj* smal, eng, nauw; nauwkeurig [onderzoek]; bekrompen, benepen; beperkend; beperkt, klein; gierig; letterlijk; ~ *circumstances* armoede; *have a ~ escape* ternauwernood ontkomen; ~ *gauge* smalspoor *o*; ~ *goods* band en lint *o*; *a ~ majority* een geringe (krappe) meerderheid; *the ~ seas* de Engelse en Ierse zeeëngten; **II** *sb* ~*s* de smalste plaats van zeeëngte of -straat; nauwe doorgang; **III** *vt* vernauwen, verengen, versmallen; ~ *down* doen slinken, verminderen [aantal]; **IV** *vi* nauwer worden, inkrimpen; zich vernauwen, (zich) versmallen; ~**brimmed** met smalle rand; ~**ly** *ad* v. *narrow* **I**;

ook: ternauwernood, op het kantje af; ~-
minded kleingeestig, bekrompen
narwhal ['na:wəl] narwal
nary ['nɛ(ə)ri] S & *dial* geenéén
nasal ['neizəl] I *aj* neus-; nasaal; II *sb* nasaal;
neusklank; **-ity** [nei'zæliti] nasaal geluid *o*, neus-
geluid *o*; **-ize** ['neizəlaiz] I *vt* nasaleren; II *vi*
door de neus spreken; **nasally** *ad* door de neus,
nasaal
nascent ['næsnt] (geboren) wordend, ontstaand,
opkomend, ontluikend
nasturtium [nə'stə:ʃəm] Oostindische kers; waterkers
nasty ['na:sti] *aj* vuil[2], smerig, weerzinwekkend,
onaangenaam; akelig, gemeen, lelijk, naar; hatelijk; *a ~ fellow* een gevaarlijk heer; *a ~ one* een
„gemene" slag; een keihard schot *o*; een uitbrander (van je welste)
natal ['neitl] van de geboorte, geboorte-; **-ity**
[nə'tæliti] geboortecijfer *o*
natation [nə'teiʃən] zwemkunst, zwemmen *o*
nation ['neiʃən] volk *o*, natie; **-al** ['næʃənəl] I *aj*
nationaal; landelijk; vaderlands(gezind); volks-,
staats-, lands-; N~ *Health Service* [*Br*] staatsge-
zondheidszorg; ~ *service* ✕ dienstplicht; II *sb* ~*s*
onderdanen, landgenoten [in het buitenland];
-alism vaderlandslievende gezindheid; natio-
nalisme *o*; **-alist** nationalist(isch); **-alistic**
[næʃənə'listik] nationalistisch; **-ality** [næʃə'næ-
liti] nationaliteit, volkskarakter *o*; natie
nationalization [næʃənəlai'zeiʃən] nationalisatie, naasting; naturalisatie; **nationalize** ['næ-
ʃənəlaiz] nationaliseren, naasten: onteigenen;
naturaliseren
nation-wide ['neiʃənwaid] de gehele natie omvattend, over het hele land
native ['neitiv] I *aj* aangeboren, natuurlijk; inheems, inlands, vaderlands; geboorte-; puur,
zuiver [mineralen]; ~ *country* (*land*) geboorte-
grond, vaderland *o*; ~ *language* (*speech, tongue*)
moedertaal; ~ *to the place* daar inheems of thuishorend; II *sb* inboorling, inlander; niet-Euro-
peaan; inheemse plant of dier *o*; *a ~ of A* iemand
uit, geboortig van A; ✿ & ✿ in A thuishorend,
inheems; ~*s* ook: inlandse oesters; *astonish the* ~*s*
de mensen doen staan kijken
nativity [nə'tiviti] geboorte (van Christus); *cast
sbd.'s* ~ iems. horoscoop trekken; **Navity play**
kerstspel *o*
N.A.T.O., Nato ['neitou] = *North Atlantic Treaty
Organization*
natter ['nætə] F I *vi* babbelen, kletsen, roddelen;
mopperen; II *sb* kletspraatje *o*, babbeltje *o*
natty ['næti] *aj* (kraak)net, keurig; handig
natural ['nætʃrəl] I *aj* natuurlijk[°]; (aan)geboren;
gewoon; natuur-; spontaan; karakteristiek; eenvoudig, ongekunsteld; ♩ zonder voorteken; ~

day etmaal *o*; ~ *gas* aardgas *o*; ~ *history* biologie;
~ *life* aardse (vergankelijke) leven *o*; ~ *science* na-
tuurwetenschap(pen); II *sb* ♩ noot zonder voorteken, herstellingsteken *o*, witte toets; idioot; *a*
~ ook: iemand met een natuurlijke aanleg; je
ware; **-ism** naturalisme *o*; **-ist** I *sb* natuuron-
derzoeker; naturalist; dierenhandelaar; prepara-
teur: opzetter van dieren; II *aj* naturalistisch;
-istic [nætʃrə'listik] naturalistisch
naturalization [nætʃrəlai'zeiʃən] naturalisatie;
inburgering; ✿ & ✿ acclimatisatie; **naturalize**
['nætʃrəlaiz] naturaliseren; inburgeren; ✿ & ✿
acclimatiseren
naturally ['nætʃrəli] *ad* op natuurlijke wijze; van
nature, uiteraard; natuurlijk(erwijze)
nature ['neitʃə] natuur, karakter *o*, aard, geaardheid, wezen *o*; *b y* ~ van nature; *by* (*from, in*) *the*
~ *of the case* (*of things*) uit de aard der zaak; *f r o m*
~ naar de natuur; *i n* ~ (in de natuur) bestaand;
anything in the ~*of sympathy* alles wat maar zweemt
naar medegevoel; *the note is in* (*of*) *the* ~ *of an ultimatum* de nota heeft het karakter van een ultimatum, de nota is ultimatief; *anything o f a* ~ *to...*
alles wat strekken kan om...; *in a state of* ~ in de
natuurstaat; in adamskostuum; *true t o* ~ na-
tuurgetrouw; ~ **study** ⚬ ± biologie
naught [nɔ:t] niets, nul; *come to* ~ op niets uitlopen, in het water vallen, mislukken; ~*s and
crosses* „boter, melk, kaas"; zie ook: *call, set*
naughty ['nɔ:ti] *aj* ondeugend, stout; ✎ onbetamelijk
nausea ['nɔ:sjə] misselijkheid, walg(ing); zeeziekte; **nauseate** I *vi* misselijk worden, walgen
(van *at*); II *vt* misselijk maken, doen walgen;
walgen van; verafschuwen; **-ting, nauseous**
walglijk
nautical ['nɔ:tikl] zeevaartkundig, zeevaart-, zee-
naval ['neivəl] zee-; scheeps-, marine-, vloot-; ~
officer zeeofficier; ~ *port* oorlogshaven; ~ *term*
scheepsterm
nave [neiv] naaf || schip *o* [v. kerk]
navel ['neivl] navel; *fig* middelpunt *o*
navigable ['nævigəbl] bevaarbaar [v. water]; bestuurbaar [v. ballons]; **navigate** ['nævigeit] I *vi*
varen, stevenen; II *vt* bevaren, varen op; besturen; **navigation** [nævi'geiʃən] navigatie,
(scheep)vaart, stuurmanskunst; **-tor** ['nævi-
geitə] zeevaarder; ⚓ navigator
navvy ['nævi] grondwerker, polderjongen; ✕ ex-
cavateur
navy ['neivi] marine, (oorlogs)vloot, zeemacht;
in the ~ bij de marine; ~-**blue** marineblauw; ~-
list ranglijst van zeeofficieren; ~-**yard** *Am* ma-
rinewerf
nay [nei] I *ad* wat meer is, ja (zelfs); ✎ neen; nu,
maar; II als *sb* neen *o*; *say* ~ weigeren; tegenspreken; *take no* ~ van geen weigering willen

horen

naze [neiz] voorgebergte *o*, landpunt
Nazi ['na:tsi] nazi; **Nazism** nazisme *o*
N.C.O. = *non-commissioned officer*
neap [ni:p] doodtij *o*; **–ed** op doodtij liggend; **~-tide** doodtij *o*
near [niə] **I** *aj* na, nabij of dichtbij zijnd; dichtbij, omtrent; naverwant, dierbaar; vasthoudend, gierig; **~** *relative* naaste bloedverwant; *those ~ and dear to us* die ons het naast aan het hart liggen; *a ~ friend* intieme vriend; *the ~ horse* het bijdehandse (linkse) paard; *a ~ miss* ❡ schot *o* (inslag) waardoor het doel even geraakt wordt; *~ side* linkerkant; *it was a ~ thing (the ~est of ~ things)* het hield er om, dat was op het nippertje, dat scheelde maar weinig; *a ~ translation* nauwkeurige; **II** *ad* dichtbij, in de buurt; bijna; *fig* spaarzaam, karig; *~ a t hand* (dicht) bij de hand; op handen; *~ b y* dichtbij, nabij; *~ u p o n a week* bijna een week; **III** *prep* nabij; *he came ~ falling* hij was bijna gevallen; **IV** *vt & vi* naderen; **–by** naburig, nabij; **–ly** van nabij, na; bijna; *~ allied* na verwant; *not ~ so rich* lang zo rijk niet; **–ness** nabijheid; nauwe verwantschap; **~-sighted** bijziend
1 neat [ni:t] *sb* rundvee *o*; rund *o*
2 neat [ni:t] *aj* net(jes), keurig; schoon; duidelijk, overzichtelijk; slim; *brandy ~* cognac puur
⊙ **neath** [ni:θ] = *beneath*
neat-handed [ni:t'hændid] behendig, vlug
neatherd ['ni:thəd] veehoeder
neat's-foot ['ni:tsfut] koeiepoot; **~'s-leather** runderleer *o*; **~'s-tongue** ossetong
neb [neb] bek; neus; punt; tuit
nebula ['nebjulə, *mv* **nebulae** 'nebjuli:] ★ nevel(vlek); ✴ hoornvliesvlek; **nebular** nevel-; **nebulizer** verstuiver; **nebulosity** [nebju'lɔsiti] nevel(acht)igheid², vaagheid²; **–lous** ['nebjuləs] nevel(acht)ig², vaag²
necessarily ['nesisərili] *ad* noodzakelijk(erwijs), per se, nodig; **necessary I** *aj* noodzakelijk, nodig, benodigd; verplicht; onmisbaar; onvermijdelijk; **II** *sb* noodzakelijke *o*, nodige *o*; *necessaries (of life)* eerste (noodzakelijkste) levensbehoeften
necessitate [ni'sesiteit] noodzakelijk maken, noodzaken, dwingen; **necessitous** behoeftig; noodlijdend; **–ty** nood(zaak), noodzakelijkheid, noodwendigheid; nood(druft), behoeftigheid; *necessities (of life)* eerste (noodzakelijkste) levensbehoeften; *~ has no law* nood breekt wet; *~ is the mother of invention* nood maakt vindingrijk, nood leert bidden; *there is no ~ to...* wij hoeven niet..., het is niet nodig...; ● *f r o m ~* uit nood; *of ~* noodzakelijkerwijs; noodwendig; *of primary ~* allernoodzakelijkst, eerst(e); *be u n d e r a (the) ~ to...* genoodzaakt zijn om...; *lay (put) under the ~ of ...ing* noodzaken te...

neck [nek] **I** *sb* hals°; halsstuk *o*; *sp* halslengte; (land)engte; smalle bergpas; smal kanaal *o*; **S** onbeschaamdheid; *the back of the ~* de nek; *~ and crop* compleet; *~ and ~* nek aan nek [v. renpaarden]; *~ or nothing* erop of eronder; *ride ~ or nothing* zo hard men kan; *get it in the ~* er van langs krijgen, heel wat moeten verduren; *stick out one's ~* zich blootgeven, zich wagen op glad ijs; **II** *vi* **F** vrijen; **–band** halsboord *o* & *m* [v. hemd]; **–cloth** das; **neckerchief** halsdoek
necking ['nekiŋ] **F** vrijen *o*, vrijerij
necklace ['neklis] halsketting, collier; **–let** halssnoer *o*; boa; **–line** halslijn; *low ~* décolleté *o*; **–tie** das; **–wear** boorden en dassen
necromancer ['nekrəmænsə] beoefenaar van de zwarte kunst, geestenbezweerder; **–mancy** zwarte kunst, geestenbezwering
necropolis [ne'krɔpəlis] dodenstad; grote begraafplaats
necrosis [ne'krousis] necrose, gangreen
nectar ['nektə] nectar²
nectarine ['nektərin] nectarine [perzik]
nectary ['nektəri] honi(n)gklier
née [nei] *Fr* geboren... [meisjesnaam]
need [ni:d] **I** *sb* nood, noodzaak; noodzakelijkheid²; behoefte (aan *for, of*); *~s* ook : benodigdheden; *do one's ~s* zijn behoefte doen; *if ~ be (were)* zo nodig; in geval van nood; *there is no ~ (for us) to...* wij (be)hoeven niet...; *have ~ of* nodig hebben; *have ~ to go* (noodzakelijk) moeten gaan; *you had ~ be quick to...* je (men) moet wel vlug zijn om...; *a t ~* in geval van nood; desnoods; *be i n ~* in behoeftige omstandigheden verkeren; *stand in ~ of* van node (nodig) hebben; **II** *vt* nodig hebben, (be)hoeven, vereisen; *be ~ed* ook : nodig zijn; *it (there) ~s* er is... nodig; *it ~s only for them to...* zij behoeven maar te...; *it ~s not...* het (be)hoeft niet...; *as... as ~ be* zo... als het maar kan (kon); **III** *vi* gebrek lijden; **–ful I** *aj* nodig, noodzakelijk; *the one thing ~* het éne nodige; **II** *sb* *the ~* het nodige; **F** de duiten, het geld
needle ['ni:dl] **I** *sb* naald°; brei-, kompasnaald; breipen; gedenknaald; dennenaald; grammofoonnaald; *the ~* **S** zenuwachtigheid, opwinding; **II** *vt* met een naald doorprikken; **F** ergeren, jennen; **~-case** naaldenkoker; **–ful** *a ~* een draad garen; **~-point** fijne punt [v. naald]; naaldkant
needless ['ni:dlis] onnodig, nodeloos
needlewoman ['ni:dlwumən] naaister; **–work** naaldwerk *o*; handwerk *o*, handwerken, naaiwerk *o*
needs [ni:dz] ❡ noodzakelijk; *he ~ must go* hij moe(s)t wel gaan; *he must ~ go* hij moest (wou) er met alle geweld naar toe
needy ['ni:di] *aj* behoeftig
⊙ **ne'er** [nɛə] nooit = *never*; **~-do-well** nietsnut

nefarious [niˈfɛəriəs] afschuwelijk, snood
negate [niˈgeit] ontkennen; herroepen, opheffen; **–tion** ontkenning; weigering; annulering, opheffing; **–tive** [ˈnegətiv] **I** *aj* ontkennend; weigerend; negatief°; ~ *sign* minteken *o*; **II** *sb* ontkenning; weigerend antwoord *o*; (recht *o* van) veto *o*; negatief *o*; negatieve grootheid; ⚡ negatieve pool; *answer in the* ~ met neen beantwoorden, ontkennend antwoorden; **III** *vt* ontkennen; weerleggen, weerspreken, te niet doen; verwerpen [wet]
neglect [niˈglekt] **I** *vt* verzuimen, verwaarlozen, veronachtzamen, over het hoofd zien, niet (mee)tellen; **II** *sb* verzuim *o*; verwaarlozing, veronachtzaming; *to the* ~ *of* met achterstelling van; met verwaarlozing van; **–ful** achteloos, nalatig; *be* ~ *of* verwaarlozen
négligé(e) [ˈnegliʒei] *Fr* dunne ochtendjas; nog niet gekleed zijn *o*
negligence [ˈneglidʒəns] nalatigheid, achteloosheid, onachtzaamheid, veronachtzaming; **–ent** nalatig, onachtzaam, achteloos; *be* ~ *of* veronachtzamen, verwaarlozen
negligible [ˈneglidʒəbl] te verwaarlozen, niet noemenswaard, miniem; ~ *quantity* quantité négligeable
negotiable [niˈgouʃjəbl] verhandelbaar; **–ate I** *vi* onderhandelen; **II** *vt* verhandelen; onderhandelen over; tot stand brengen, sluiten [huwelijk, lening &]; heenkomen, springen, rijden over; „nemen" [hindernis], doorstaan [proef]; hanteren [boek]; **J** verorberen, verschalken [spijs of drank]; **–ation** [nigouʃiˈeiʃən] onderhandeling; $ verhandeling; totstandbrenging; **–ator** [niˈgouʃieitə] onderhandelaar; verhandelaar
Negress [ˈniːgris] negerin; **Negro I** *sb* neger; **II** als *aj* neger-; **negroid** [ˈniːgrɔid] negroïde
neigh [nei] **I** *vi* hinniken; **II** *sb* gehinnik *o*
neighbour [ˈneibə] **I** *sb* (na)buur, buurman, buurvrouw; **B** naaste; **II** *vt* grenzen aan, nabij wonen; **III** *vi* in: ~ *u p o n* grenzen aan²; ~ *w i t h* grenzen aan; nabij wonen of zitten; **–hood** buurt, (na)buurschap; nabijheid; *good* ~ (na)buurschap *o*; *in the* ~ *of* in de buurt van; om en bij; **–ing** naburig, in de buurt gelegen, aangrenzend, nabijgelegen; **–ly** in goede verstandhouding met de (zijn) buren, als goede buren; als (van) een goede buur; **–ship** buurtschap
neither [ˈnaiðə, ˈniːðə] **I** *aj* & *pron* geen van beide(n); geen (van allen); **II** *cj* & *ad* ook ... niet; ~ *he nor she* noch hij, noch zij; *that is* ~ *here nor there* dat slaat nergens op
nematode [ˈnemətoud] aaltje *o*
neolithic [niːouˈliθik] neolitisch
neologism [niˈɔlədʒizm] neologisme *o*; **neology** invoering van nieuwe woorden of leerstellingen; neologisme *o*; *theol* rationalisme *o*

neon [ˈniːɔn] neon *o*; ~ *sign* neonreclame
neophyte [ˈniːoufait] neofiet, pas gewijd priester, nieuwbekeerde; nieuweling, beginner
nephew [ˈnevju] neef [oomzegger]
nephritic [neˈfritik] van de nieren, nier-; **nephritis** [neˈfraitis] nierontsteking
nepotism [ˈnepətizm] nepotisme *o*; vriendjespolitiek
nereid [ˈniəriid] zeenimf; zeeduizendpoot
nervate [ˈnɔːveit] generfd; **–tion** [nɔːˈveiʃən] nervatuur
nerve [nɔːv] **I** *sb* zenuw; nerf, pees; (spier)kracht; energie; moed; F brutaliteit [om...]; **–s** ook: zenuwachtigheid; zie ook: *get*; **II** *vt* kracht geven, stalen, een hart onder de riem steken; **III** *vr* ~ *oneself* zich vermannen; **–less** krachteloos, slap; **~-racking** zenuwslopend; **~-strain** nerveuze spanning; **nervous** zenuw-; zenuwachtig; nerveus, bang; gespannen, opgewonden; gespierd, krachtig; ~ *breakdown* F overspannenheid; **nervy** *aj* nerveus, zenuwachtig; geïrriteerd; angstig
nescience [ˈnesiəns] onwetendheid; het nietweten; **–ent** onwetend
ness [nes] voorgebergte *o*, landtong
nest [nest] **I** *sb* nest° *o*; verblijf *o*, schuilplaats, huis *o*; broedsel *o*, zwerm, groep; stel *o*; **II** *vi* nestelen, een nest maken, zich nestelen, nesten uithalen; **~-box** nestkastje *o*; **~-egg** nestei *o*; spaarduitje *o*; **~-ing-box** nestkastje *o*
nestle [ˈnestl] **I** *vi* zich nestelen; ~ *d o w n* zich neervlijen; ~ *close t o* (*on to, up to*) zich vlijen, aankruipen tegen; **II** *vt* vlijen; ~ *d* (weg)gedoken; **III** *vr* ~ *oneself* zich (neer)vlijen, wegkruipen
nestling [ˈnes(t)liŋ, ˈnesliŋ] nestvogel; nestkuiken *o*
1 net [net] **I** *sb* net² *o*; strik; netje *o*; tule, vitrage; **II** *vt* in een net vangen, in zijn (haar) netten vangen; afvissen (met het net); knopen
2 net, nett [net] **I** *aj* $ netto, zuiver; **II** *vt* $ (netto) opleveren of verdienen; binnenhalen [winst]; F in de wacht slepen
nether [ˈneðə] onderste, onder-, beneden-; ~ *limbs* benen; *the* ~ *world* de onderwereld; **–most** onderste, laagste, benedenste, diepste
netting [ˈnetiŋ] netwerk *o*, knoopwerk *o*; gaas *o*
nettle [ˈnetl] **I** *sb* (brand)netel; *grasp the* ~ de moeilijkheden ferm aanpakken; **II** *vt* ergeren; ~ *d at* gepikeerd over; **~-rash** netelroos
network [ˈnetwɔːk] netwerk²*o*, *fig* net *o*; groep; *RT* zender(net *o*)
neuralgia [njuəˈrældʒə] neuralgie, zenuwpijn
neurasthenia [njuərəsˈθiːniə] neurasthenie; **–ic** [njuərəsˈθenik] **I** *aj* neurasthenisch; **II** *sb* neurasthenicus
neuritis [njuəˈraitis] neuritis, zenuwontsteking
neurologist [njuəˈrɔlədʒist] neuroloog, zenuw-

arts; **–gy** neurologie

neurosis [njuə'rousis *mv* **-ses** -si:z] neurose; **–otic** [njuə'rɔtik] **I** *aj* neurotisch; abnormaal gevoelig; **II** *sb* neuroticus

neuter ['nju:tə] **I** *aj* onzijdig; **II** *sb* neutrum *o*, onzijdig geslacht *o*; **III** *vt* castreren, steriliseren; **neutral I** *aj* neutraal, onzijdig; **II** *sb* neutrale; neutrale staat &; **⚬** vrijloop; **–ity** [nju'træliti] neutraliteit, onzijdigheid; **–ization** [nju:-trəlai'zeiʃən] neutralisering, opheffing; neutraalverklaring; **–ize** ['nju:trəlaiz] neutraliseren, te niet doen, opheffen; neutraal verklaren

neutron ['nju:trɔn] neutron *o*

never ['nevə] nooit, nimmer; (in het minst, helemaal) niet; toch niet; **~**!och kom!; *well, I ~!*heb ik van mijn leven!; **~** *fear!* wees maar niet bang! **~** *a word did he say* hij sprak geen stom woord; *be he ~ so clever* al is hij nog zo knap; **~-failing** nooit missend; onfeilbaar; onbedrieglijk; **-more** nooit meer (weer); **~-never** *on the ~* F op afbetaling; **Never-Never (Land)** Noordwest-Queensland *o* [in Australië]; *fig* uithoek; sprookjesland *o*; **nevertheless** [nevəðə'les] (des)niettemin, desondanks, niettegenstaande dat, toch

new [nju:] *aj* nieuw, vers; groen; *a ~ man* een nieuw (ander) mens; ook: een parvenu; *the ~ woman* de moderne vrouw; *he is ~ to the business* (*his functions*) nog pas in de zaak (in betrekking); **~-born** pasgeboren; wedergeboren; **~-built** pas gebouwd; verbouwd; **~-comer** pas aangekomene, nieuweling

newel ['njuəl] spil [v. wenteltrap]; grote stijl [v. trapleuning]

newfangled ['nju:fæŋgld] > nieuwerwets; **~-fashioned** nieuwmodisch; **~-laid** vers (gelegd); **newly** *ad* nieuw; onlangs; pas; **newlyweds** F pasgetrouwden; **new-made** pas gemaakt, nieuw²; *fig* nieuwbakken; **–ness** nieuw(ig)heid; nieuwtje *o*; **–penny** nieuwe Britse penny = $^1\!/_{100}$ pond sterling

news [nju:z] nieuws *o*, tijding, bericht *o*, berichten; *be in the ~* in het nieuws zijn; **~** *agency* persagentschap *o*; **~-agent** krantenhandelaar; **~-board** aanplakbord *o*; **-boy** krantenjongen; **-cast** RT nieuwsuitzending; **-caster** RT nieuwslezer; **-hawk** F journalist; **-letter** mededelingenblaadje *o*, bulletin *o*; **-man** krantenman (*Am* ook = persman, journalist); **-monger** nieuwtjesventer; **-paper** krant; **-paperman** journalist; **-print** krantenpapier *o*; **~-reader** nieuwslezer; **~-reel** (film)journaal *o*; **~** *theatre* journaaltheater *o*, cineac; **~-room** leeszaal; **~-stand** krantenkiosk; **~** *theatre* cineac; **~-vendor** krantenverkoper [op straat]; **newsy** met (veel) nieuwtjes

newt [nju:t] (kleine) watersalamander

New Year ['nju:'jiə] nieuwjaar *o*; **~'s Day** nieuwjaarsdag; **~'s Eve** oudejaarsavond, oudejaar *o*

next [nekst] **I** *aj* naast, aangrenzend, dichtstbij zijnd, (eerst)volgend, volgend op..., aanstaand; *the ~ best* op één na de beste; *the ~ man you see* de eerste de beste; *he lives ~ door* hij woont hiernaast; **~** *door to* vlak naast; grenzend aan; zo goed als; *sitting ~ to me* naast mij; *the largest city ~ to Londen* na Londen; *the ~ thing to hopeless* zo goed als hopeloos; *~ to [fig]* bijna; *~ to nothing* zo goed als niets; **II** *ad & prep* naast, (daar)na, vervolgens; de volgende keer; *they'll be pulling down the palace ~* straks breken ze ook nog het paleis af; *what ~?* ook: wat (krijgen we) nu?, nu nog mooier!; *~ before* vlak voor; zie ook: *skin;* **III** *sb* volgende (man; echtgenoot; kind), eerstvolgend schrijven *o* of nummer *o* [v. krant &]; *~ of kin* naaste bloedverwant(en); *~ please!* die volgt!; **~-door** van hiernaast; naast; zie verder onder *next* **I**

nexus ['neksəs] verbinding, band

N.H.S. *National Health Service*

nib [nib] neb, snavel; punt, spits; pen; **~s** cacaobonen ‖ *his ~s* J meneer de baron

nibble ['nibl] **I** *vi* knabbelen (aan *at*); *fig* aarzelen; **II** *vt* af-, beknabbelen; **III** *sb* geknabbel *o*, beet [v. vissen]

niblick ['niblik] golfstok met zware kop

nice [nais] *aj* lekker, leuk; prettig; aardig, lief, mooi; keurig, fijn, nauwkeurig, scherp; kieskeurig; netjes, net, fatsoenlijk; subtiel, nauwgezet; *fig* teer, kies, netelig; *~ and near* lekker dichtbij; *~ and wide* lekker ruim; **-ly** *ad* ook: uitstekend; **-ty** keurigheid, kieskeurigheid, nauwkeurigheid; fijnheid; fijne onderscheiding, finesse; *to a ~* uiterst nauwkeurig, precies

niche [nitʃ] nis; *fig* (passend) plaatsje *o*

nick [nik] **I** *sb* (in)keep, kerf, insnijding; hoge worp in het dobbelspel; S gevangenis; *in the ~ of time* juist op het nippertje; net op tijd; **II** *vt* (in)kepen, (in)kerven; **F** (net) snappen; gappen; **II** *vi ~ in* vóórdringen, ertussen schieten

nickel ['nikl] **I** *sb* nikkel *o*; nikkelen munt, *Am* 5-centstuk *o*; **II** *aj* nikkelen; **III** *vt* vernikkelen; **–odeon** [nikə'loudiən] *Am* F juke-box; **~-plate** vernikkelen

nicker ['nikə] S guinea [munt]; pond sterling

nickname ['nikneim] **I** *sb* bijnaam, spotnaam; **II** *vt* een bijnaam geven; **~d...** bijgenaamd...

nicotine ['nikəti:n] nicotine

niece [ni:s] nicht [oomzegster]

nifty ['nifti] **F** mooi, aardig, fijn; kwiek; slim

Nigerian [nai'dʒiəriən] Nigeriaan(s)

niggard ['nigəd] **I** *sb* vrek, gierigaard; **II** *aj* krenterig, gierig

nigger [nigə] > nikker, neger, zwarte; *~ in the woodpile* addertje *o* onder het gras; *work like a ~*

werken als een paard

niggle ['nigl] peuteren, pietluttig doen, vitten; **niggling** peuterig, pietluttig; *a* ~ *hand* een (echt) kriebelpootje *o*

✎ **nigh** [nai] na, nabij, dicht bij; ~ *at hand* dicht bij; ~ *on forty* bij de veertig

night [nait] nacht²; avond; duisternis; *fig* dood; onwetendheid *make a* ~ *of it* er nachtwerk van maken; nachtbraken, de nacht doorfuiven; ~ *and day* [*fig*] dag en nacht (= steeds); *all* ~ (*long*) de hele nacht; ~ *out* vrije avond [van dienstboden]; ● *a t* ~ 's avonds; in de nacht, des nachts; *b y* ~ des nachts; *of (o')* ~*s* des nachts; ~**-bird** 𝕰 nachtvogel; nachtbraker; ~**-blindness** nachtblindheid; ~**-cap** slaapmutsje *o* [drank]; ~**-club** nachtclub; ~**-dress** nacht-(ja)pon; **-fall** het vallen van de avond (nacht), schemering; ~**-gown** nacht(ja)pon; **-ie F** nacht-pon; **-ingale** nachtegaal; ~**-life** nachtleven *o*; ~**-light** nachtlichtje *o*; ~**-long** de gehele nacht (durende); **-ly** I *aj* nachtelijk, avond-; II *ad* 's nachts; elke nacht (avond); **-mare** nachtmerrie; **-marish** als (in) een nachtmerrie; ~**-owl** nacht-uil; F nachtbraker; ~**-reveller** nachtbraker; ~**-school** avondschool; **-shade** nachtschade; ~**-shelter** nachtasiel *o*; ~**-shift** nachtploeg; ~**-soil** faecaliën [*spec* als mest]; ~**-spot** nachtclub; ~**-time** 's nachts; **-walker** prostituée; ~**-watch** nachtwacht; ~**-watchman** nachtwaker; **-wear** nachtgoed *o*; **-y F** nachtpon

nigritude ['nigritju:d] zwartheid; de negercul-tuur

nihilism ['nai(h)ilizm] nihilisme *o*; **-ist** nihi-list(isch); **-istic** [nai(h)i'listik] nihilistisch

nil [nil] niets, nul, nihil

Nilotic [nai'lɔtik] van de Nijl, Nijl-

nimble ['nimbl] *aj* vlug°, rap, vaardig, behendig

nimbus ['nimbəs] nimbus²; licht-, stralenkrans; regenwolk

nincompoop ['ninkəmpu:p] sul, uilskuiken *o*

nine [nain] negen; *a* ~ *days' wonder* sensatienieuw-tje *o* of succes *o* van één dag; *the Nine* de Muzen; *dressed up to the* ~*s* piekfijn of tiptop gekleed; **-pins** kegelspel *o*, kegels; **-teen** negentien; *talk* ~ *to the dozen* honderd uit praten; **-teenth** ne-gentiende (deel *o*); **-tieth** negentigste (deel *o*); **-ty** negentig; *the nineties* de jaren negentig: van (18)90 tot (19)00; *in the (one's) nineties* ook: in de negentig

ninny ['nini] uilskuiken *o*; sul

ninth [nainθ] negende (deel *o*)

1 nip [nip] I *vt* (k)nijpen, beknellen, klemmen; bijten [v. kou]; vernielen; beschadigen [v. vorst]; S gappen; betrappen, snappen; ~ *in the bud* in de kiem smoren; ~ *off* afbijten, afknijpen; II *vi* (k)nijpen; bijten [kou, wind]; ~ *along* vlug gaan; ~ *in* binnenwippen; ~ *out* uitknijpen,

wegwippen; III *sb* neep, kneep; beet; steek²; schimpscheut; bijtende kou

2 nip [nip] I *sb* borreltje *o*, slokje *o*; II *vi* borrelen

nipper ['nipə] knijper ‖ snijtand [v. paard]; schaar [v. kreeft]‖ S peuter; straatjongen ‖ borrelaar; **-s** kniptang; pince-nez

nipple ['nipl] tepel°; speen; ✕ nippel

nippy ['nipi] I *aj* bijtend [v. koude], scherp, koud; vlug, kwiek; II *sb* S kelnerin [bij Lyons]

nirvana [niə'va:nə] nirvana, nirwana *o*

nit [nit] neet ‖ S idioot, stommerik

nitrate ['naitreit] I *sb* nitraat *o*; II *vt* nitreren; **nitre** salpeter; **nitric** salpeter-; ~ *acid* salpeter-zuur *o*

nitrogen ['naitrədʒən] stikstof; **nitrogenous** [nai'trɔdʒinəs] stikstofhoudend; **nitroglycer-ine** ['naitrouglisə'ri:n] nitroglycerine; **nitrous** ['naitrəs] salpeterachtig; ~ *oxide* stikstofdioxyde *o*, lachgas *o*

nitwit ['nitwit] S leeghoofd *o* & *m-v*, stommerik, idioot

nix [niks] S niets; geen

nix(ie) [niks(i)] watergeest

no [nou] I *aj* geen; nauwelijks; ~ *go* onmogelijk, [het heeft] geen zin; ~ *man's land* niemandsland *o*; II *ad* neen; niet; ~! neen!; och kom!, toch niet!; ~ *can do* S onmogelijk; ~ *more* niet meer (langer), nooit meer; dood; vernietigd; III *sb* neen *o*; te-genstemmer; *the* ~*es have it* de meerderheid is er tegen

nob [nɔb] I *sb* S kop ‖ hoge (ome), piet; II *vt* S op het hoofd slaan

nobble ['nɔbl] S paard ongeschikt maken om race te winnen (door doping of omkoping); gappen; bedotten; ontvoeren

nobby ['nɔbi] S tiptop, (piek)fijn, chic

nobiliary [nou'biliəri] adellijk, adel-; **nobility** adel²; adeldom, adelstand; edelheid; ~ *of mind* zieleadel; **noble** ['noubl] I *aj* edel², edelaardig; adellijk; groots, nobel; prachtig, imposant; II *sb* edelman; ⏺ nobel [munt]; **-man** edelman, ede-le; ~**-minded** edelaardig, edelmoedig

noblesse [nou'bles] adeldom; klasse der edelen; ~ *oblige* [Fr] adeldom legt verplichtingen op

nobody ['noubədi] niemand; *fig* onbenul

nock [nɔk] keep [in boog, pijl]

nocturnal [nɔk'tə:nl] nachtelijk; nacht-; **noc-turne** ['nɔktə:n] ♩ nocturne; nachtstuk *o*

nod [nɔd] I *vi* knikken [met hoofd]; knikkebollen, suffen, niet opletten; ~ *off* indutten; *have a* ~*ding acquaintance with* oppervlakkig kennen; II *vt* knikken, door wenken of knikken te kennen ge-ven; ~ *approbation* goedkeurend knikken; ~ *one's head* met het hoofd knikken; ~ *one's assent* goed-keurend knikken; ~ *sbd. out* iem. wenken weg te gaan; III *sb* knik, knikje *o*; wenk; *give a* ~ knik-ken; *give sbd. a* ~ iem. toeknikken; *a* ~ *is as good* *as a wink* een goed verstaander heeft maar een half woord nodig; *go to the land of Nod* inslapen, gaan slapen; *on the* ~ *Am* **S** op de pof

nodal ['noudəl] knoop-

noddle ['nɔdl] **F** hoofd *o*, hersenpan

node [noud] knobbel, knoest; knoop², knooppunt *o*; **nodose** [nou'dous] knobbelig, knoestig; **-sity** [nou'dɔsiti] knobbeligheid, knoestigheid; knobbel; **nodular** ['nɔdjulə] knoestig; **nodule** knoestje *o*, knobbeltje *o*; klompje *o*; **nodus** ['noudəs, *mv* **-di** -dai] knoop, verwikkeling

nog [nɔg] houten pen of blok *o*; soort sterk bier *o*

noggin ['nɔgin] kroes, mok, bekertje *o*

no-good ['nougu:d] waardeloos, onnut

nohow ['nouhau] **S** op generlei wijs; geenszins

noise [nɔiz] **I** *sb* leven *o*, lawaai *o*, rumoer *o*, kabaal *o*, geweld *o*, ⚓ geraas *o*, gerucht *o*; geruis *o*, ruis; *a big* ~ **S** een belangrijk man; hoge ome; **II** *vt* ~ *it abroad* ruchtbaar maken; ~ **abatement** lawaaibestrijding; **–less** geruisloos; ~ **pollution** geluidshinder

noisome ['nɔisəm] schadelijk, ongezond; stinkend, walglijk

noisy ['nɔizi] *aj* luidruchtig, lawaai(er)ig, rumoerig; druk; gehorig

nomad ['noumæd, 'nɔmæd] **I** *sb* nomade, zwerver; **II** *aj* = *nomadic*; **-ic** [nou'mædik] nomadisch, zwervend, rondtrekkend

no-man's-land ['noumænzlænd] niemandsland² *o*

nomenclature [nou'menklətʃə] nomenclatuur; naamlijst

nominal ['nɔminl] *aj* nominaal, naam(s)-; (alléén) in naam; zo goed als geen, gering, klein, symbolisch [bedrag]; *gram* naamwoordelijk; ~ *capital* maatschappelijk kapitaal *o*; ~ *price* spotprijs; ~ *share* aandeel *o* op naam; **nominally** *ad* in naam

nominate ['nɔmineit] benoemen; kandidaat stellen, voordragen; **–tion** [nɔmi'neiʃən] benoeming; kandidaatstelling, voordracht; *be in* ~ *for* voorgedragen zijn

nominative ['nɔminətiv] nominatief, eerste naamval

nominee [nɔmi'ni:] benoemde; kandidaat, voorgedragene

non-acceptance ['nɔnək'septəns] niet-aanneming, non-acceptatie

nonage ['nounidʒ] minderjarigheid; onmondigheid; *fig* onrijpheid

nonagenarian [nounədʒi'nɛəriən] negentigjarig(e)

non-alcoholic ['nɔnælkə'hɔlik] alcoholvrij; ~**-aligned** niet gebonden [landen]; ~**-appearance** niet-verschijning, ontstentenis

nonary ['nounəri] **I** *aj* negentallig; **II** *sb* negen-

tal *o*

non-attendance ['nɔnə'tendəns] niet-verschijnen *o*, wegblijven *o*, afwezigheid

nonce [nɔns] *for the* ~ bij deze (bijzondere) gelegenheid; voor deze keer; ~**-word** gelegenheidswoord *o*

nonchalance ['nɔnʃələns] nonchalance, onverschilligheid; **–ant** nonchalant, onverschillig

non-com **F** = *non-commissioned officer*

non-combatant ['nɔn'kɔmbətənt] non-combattant; ~**-commissioned** ~ *officer* ✖ onderofficier; ~**-committal** zich niet blootgevend, niet compromitterend; tot niets verbindend, een slag om de arm houdend; neutraal; ~**-conducting** niet geleidend; **–conformist** **I** *sb* non-conformist, afgescheidene (van de Engelse staatskerk); **II** *aj* non-conformistisch; **–conformity** niet-overeenstemming, afwijking; non-conformisme *o*, afgescheidenheid (van de Engelse staatskerk); **–descript** **I** *aj* moeilijk te beschrijven, onopvallend; onbeduidend, nietszeggend; **II** *sb* moeilijk te beschrijven persoon of ding *o*; noch 't één noch 't ander

none [nʌn] **I** *pron* & *aj* geen, niet een; niemand, niets; *it is* ~ *of my business* het is mijn zaak niet, het gaat me niets aan, ik heb er niets mee te maken; ~ *of your impudence!* geen brutaliteit alsjeblieft!; *I will have* ~ *of it!* ik moet er niets van hebben!; *his ears were* ~ *of the shortest* niet van de kortste; ~ *but he* alleen hij; ~ *other than* niemand anders dan; **II** *ad* niets, (volstrekt) niet; niet zo bijzonder; ~ *the less* niettemin

non-effective [nɔni'fektiv] onbruikbaar, afgekeurd

nonentity [nɔ'nentiti] niet-bestaan *o*; iets, dat niet bestaat; onding *o*; onbeduidendheid; onbeduidend mens, nul

nones [nounz] ⌺ negende dag vóór de *ides*; *rk* none

nonesuch ['nʌnsʌtʃ] persoon of zaak, die zijn weerga niet heeft; ⚘ hopklaver

nonetheless [nɔnðə'les] = *nevertheless*

non-existent ['nɔnig'zistənt] niet bestaand; ~**-ferrous** non-ferro [metalen]; ~**-flammable** ['nɔn'flæməbl] onbrandbaar; ~**-fulfilment** ⚖ wanprestatie; ~**-human** niet tot het menselijke ras behorend; ~**-intervention** non-interventie: het niet tussenbeide komen; ~**-member** niet-lid *o*; ~**-moral** amoreel

nonpareil ['nɔnp(ə)rəl] **I** *aj* onvergelijkelijk, zonder weerga; **II** *sb* persoon of zaak, die zijn weerga niet heeft; nonpareilappel; nonpareille [drukletter]

non-payment ['nɔn'peimənt] niet-betaling; ~**-performance** ⚖ wanprestatie

nonplus ['nɔn'plʌs] **I** *sb* verlegenheid, verwarring, verbijstering; raadsel *o*; *a t a* ~ in het nauw gedreven; perplex; *reduce t o a* ~ = **II** *vt* in het nauw drijven, vastzetten, perplex doen staan

non-profit(-making) ['nɔn'prɔfit(meikiŋ)] niet commercieel [v. onderneming]

non-resident ['nɔn'rezidənt] **I** *aj* uitwonend, extern; **II** *sb* niet-inwoner, forens; extern; uitwonende predikant

nonsense ['nɔnsəns] onzin, gekheid; nonsens; *stand no* ~ geen aardigheden (kunsten) dulden; *there is no* ~ *about...* er valt niet te sollen met...; ...mag (mogen) er wezen, ...is (zijn) niet mis; *it makes* ~ *of our plans* het maakt onze plannen illusoir, doet onze plannen te niet; **–sical** [nɔn'sensikl] onzinnig, ongerijmd, gek, zot, absurd

non sequitur ['non'sekwitə] onlogische gevolgtrekking

non-skid ['nɔn'skid] antislip-; ~ *chain* sneeuwketting; **~-smoker** iem. die niet rookt; niet-roken treincoupé; **~-starter** ...*is a* ~ [*fig*] ...doet het niet, ...is kansloos; **~-stop** doorgaand [trein], direct [verbinding], ⟋ zonder tussenlanding(en), doorlopend [voorstelling], zonder te stoppen

nonsuch ['nʌnsʌtʃ] = *nonesuch*

nonsuit ['nɔn'sju:t] **I** *sb* royering van een rechtszaak; **II** *vt* de eis ontzeggen

non-union ['nɔn'ju:njen] niet aangesloten [bij een bond], ongeorganiseerd; **~-violence** geweldloosheid; **~-violent** geweldloos [demonstreren]

noodle ['nu:dl] uil, uilskuiken *o* ‖ ~*s* (Chinese) vermicelli, mi

nook [nuk] hoek, hoekje *o*, gezellig plekje *o*; uithoek

noon [nu:n] middag (= 12 uur 's middags); *fig* hoogtepunt *o*; **–day, –tide** = *noon*

noose [nu:s] **I** *sb* knoop, lus, strik[2]; ophanging [aan de galg]; **II** *vt* knopen; (ver)strikken; vangen

nope [noup] **F** *spec Am* nee!

nor [nɔ:] noch, (en) ook niet; dan ook niet

Nordic ['nɔ:dik] noords (mens); Scandinavisch

norland ['nɔ:lænd] ⊙ noorderland *o*, noordelijk gebied *o*

norm [nɔ:m] norm

normal ['nɔ:məl] **I** *aj* normaal; gewoon; loodrecht; **II** *sb* loodlijn; gemiddelde *o*; normale (lichaams)temperatuur, toestand &; ~ *school* kweekschool, pedagogische academie; **–cy, –ity** [nɔ:'mæliti] normale toestand, normaliteit

normalization [nɔ:məlai'zeiʃən] normalisering; **–ize** ['nɔ:məlaiz] normaliseren

normally ['nɔ:məli] *ad* normaal, normaliter, in de regel, doorgaans, gewoonlijk, meestal

Norman ['nɔ:mən] **I** *sb* Normandiër; **II** *aj* Normandisch

normative ['nɔ:mətiv] een norm gevend of stellend

Norse [nɔ:s] Noors *o*, Oudnoors *o*; **–man** Noor; Noorman

north [nɔ:θ] **I** *ad* naar het noorden, noordwaarts; noordelijk; **II** *aj* noordelijk; noord(er)-; noorden-; ~ *of* ten noorden van; **III** *sb* noorden *o*; noordenwind; **~-east I** *ad* noordoost; **II** *sb* noordoosten *o*; **~-easter** noordoostenwind; **~-easterly** noordoostelijk; **–er** ['nɔ:ðə] koude noordenwind [in *Am*]; **–erly** noordelijk; **–ern** noordelijk, noord(en)-; ~ *lights* noorderlicht *o*; **Northerner** bewoner van het noorden [v. Engeland, Amerika, Europa &]; **northernmost** noordelijkst

northing ['nɔ:θiŋ] noorderdeclinatie

Northman ['nɔ:θmən] = *Norseman*

North-star ['nɔ:θsta:] poolster, noordster

Northumbrian [nɔ:'θʌmbriən] van Northumbria; van Northumberland

northward(s) ['nɔ:θwəd(z)] in of naar het noorden; **~-west I** *ad* noordwest; **II** *sb* noordwesten *o*; **~-wester** noordwester [wind]; **~-westerly** noordwestelijk

Norwegian [nɔ:'wi:dʒən] **I** *aj* Noorweegs, Noors; **II** *sb* Noor; het Noors

nor'wester [nɔ:'westə] noordwestenwind; zuidwester [hoed]

nose [nouz] **I** *sb* neus[2]; geur, reuk; **S** stille verklikker; ✗ tuit; hals [v. buizen, retorten &]; *it is a* ~ *of wax* dat kan men net draaien zoals men wil; *bite (snap) sbd.'s* ~ *off* iem. toe-, afsnauwen; *cut off one's* ~ *to spite one's face* zijn eigen glazen ingooien; *follow one's* ~ rechtuit gaan, z'n instinct volgen; *hold one's* ~ de neus dichtknijpen; *hold (keep) their* ~*s to the grindstone* hen ongenadig laten werken; *look down one's* ~ *at* neerzien op; *poke (thrust) one's* ~ *into* zijn neus steken in; *pay through the* ~ moeten „bloeden"; *put sbd.'s* ~ *out of joint* iem. de voet lichten, dwarszitten, jaloers maken; *turn up one's* ~ de neus optrekken (voor *at*); *under his* ~ vlak voor zijn neus, waar hij bij stond; **II** *vt* ruiken[2]; besnuffelen; ~ *out* uitvissen; zijn neus in een anders zaken steken; snuffelen; zich voorzichtig een weg` banen (bewegen); ~ *a b o u t* rondsnuffelen; ~ *a t* besnuffelen; ~ *f o r* (snuffelend) zoeken; **–bag** voederzak [v. paard]; **–band** neusriem; **~-cone** neuskegel; **~-dive** ⟋ **I** *vi* duiken; **II** *sb* duik(vlucht); **–gay** boeketje *o*, bosje *o*, ruiker; **~-piece** mondstuk; neusstuk [v. helm]; objektiefstuk *o* [v. mikroscoop]

nosey, nosy ['nouzi] **F** bemoeiziek; ~ *parker* bemoeial

nosh [nɔʃ] **S** eten

nosing ['nouziŋ] uitstekende, halfronde vorm

nostalgia [nɔs'tældʒiə] nostalgie, heimwee *o*; **–ic** nostalgisch

nostril ['nɔstril] neusgat *o*
nostrum ['nɔstrəm] geheimmiddel *o*, kwakzalversmiddel *o*
nosy ['nouzi] = *nosey*
not [nɔt] niet; *I think ~* ik denk van niet; *~ I* ook: kan je begrijpen, nee hoor; *these people will ~ fight*, *~ they* ze denken er niet over om te vechten; *certainly ~*, *surely ~* geen sprake van!; *more likely than ~* heel goed mogelijk, niet onwaarschijnlijk, wel waarschijnlijk; zie ook: *often*
notabilia [noutə'biliə] interessante zaken, dingen &
notability [noutə'biliti] merkwaardigheid; belangrijk persoon; **notable** ['noutəbl] I *aj* opmerkelijk; merkbaar; merkwaardig; belangrijk, aanzienlijk; bekend; eminent; II *sb* voorname, notabele; **–ly** *ad* inzonderheid; merkbaar, aanmerkelijk; belangrijk
notarial [nou'tɛəriəl] notarieel; **notary** ['noutəri] notaris (ook: *~ public*)
notation [nou'teiʃən] notering, schrijfwijze, voorstellingswijze, (noten)schrift *o*, notatie, talstelsel *o*
notch [nɔtʃ] I *sb* inkeping, keep, kerf, schaard(e) [in mes]; II *vt* inkepen, kerven, (af)turven
note [nout] I *sb* merk *o*, teken *o*; ken–, merkteken *o*; toon; ♪ noot, toets [v. piano &]; noot, aantekening, nota°; (order)briefje *o*; bankbiljet *o*; betekenis, aanzien *o*; notitie; *~s and coin* chartaal geld *o*; *bought ~* koopbriefje *o*; *sold ~* verkoopbriefje *o*; *~ of admiration (exclamation)* uitroepteken *o*; *~ of hand* orderbriefje *o*, promesse; *~ of interrogation* vraagteken *o*; *make a mental ~ of it* het in zijn oor knopen, het goed onthouden (voor later); *strike a warning ~* een waarschuwend geluid laten horen; *take ~ of* nota nemen van; notitie nemen van; *take ~s of* aantekeningen maken van, noteren; II *vt* noteren, opschrijven, aan–, optekenen (ook: *~ down*); nota of notitie nemen van, opmerken; van aantekeningen voorzien; **–book** aantekenboek *o*, notitieboekje *o*, zakboekje *o*; dictaatcahier *o*; **–case** portefeuille
noted ['noutid] bekend, vermaard, befaamd; **–ly** speciaal
notepad ['noutpæd] notitieblok *o*; **notepaper** postpapier *o*
noteworthy ['noutwə:ði] opmerkenswaardig, opmerkelijk, merkwaardig
nothing ['nʌθiŋ] I *pron* niets; *~ but* slechts; *~ for it (but)* onvermijdelijk dat; *it is ~ to...* het is onbetekenend, vergeleken met...; *for ~* gratis; tevergeefs; *~ doing* er is niets te doen; er is niets aan de hand; F het zal niet gaan, mij niet gezien!, niks hoor!; *that is ~ to him* dat betekent niets voor hem; het gaat hem niets aan; daar trekt hij zich niets van aan; *it has got ~ to it* S er is niets aan, het is niets bijzonders; *there is ~ in it* er is niets

(van) aan, het is niet waar; *he has ~ in him* hij is een kerel van niets; *come to ~* niet doorgaan, mislukken; *make ~ of* er geen been (niets) in zien om, niet geven om, zijn hand niet omdraaien voor; niet wijs worden uit, niets begrijpen van; niet opzien tegen, niet tellen; *mean ~ to* onbelangrijk zijn voor; geen betekenis hebben voor; II *sb a (mere) ~* een niets, nietigheid, nul; III *ad* volstrekt niet (in: *~ daunted, loth*); **–ness** nietigheid, niet *o*; niets *o*; onbeduidendheid
notice ['noutis] I *sb* aandacht, acht, opmerkzaamheid; aankondiging, bekendmaking, bericht *o*, kennisgeving; waarschuwing; opschrift *o*; recensie; convocatie(biljet *o*); *give ~* kennis geven, laten weten, aankondigen; waarschuwen; *give ~ (to quit)* de huur (de dienst) opzeggen; *take ~ of* kennis nemen van; notitie nemen van; ● *at a moment's ~* op staande voet; *at one hour's ~* binnen een uur; *at short ~* op korte termijn; *be u n d e r ~* opgezegd zijn; *u n t i l further ~* tot nader order; II *vt* acht slaan op, (veel) notitie nemen van, opmerken, (be)merken; vermelden, bespreken, recenseren; **–able** *aj* opmerkelijk; merkbaar; merkwaardig; **~-board** mededelingenbord *o*; aanplakbord *o*; waarschuwingsbord *o*; verkeersbord *o* &
notification [noutifi'keiʃən] aanzegging, aanschrijving, kennisgeving; aangifte; **notify** ['noutifai] ter kennis brengen, bekendmaken, kennis geven (van); aangeven
notion ['nouʃən] begrip², denkbeeld *o*, idee *o* & *v*, notie; **–al** denkbeeldig, begrips-
notoriety [noutə'raiəti] beruchtheid; **–ious** [nou'tɔ:riəs] *aj* berucht, notoir
Notts. [nɔts] = Nottinghamshire ~
notwithstanding [nɔtwið'stændiŋ] I *prep* niettegenstaande, ondanks, trots, ...ten spijt; II *ad* niettemin, desondanks
nougat ['nu:ga:, 'nʌgət] noga
nought [nɔ:t] = *naught*
noun [naun] (zelfstandig) naamwoord *o*
nourish ['nʌriʃ] voeden², koesteren²; aankweken, grootbrengen; **–ing** voedzaam, voedend; **–ment** voedsel *o*, voeding
nous [naus] verstand *o*
nouveau-riche ['nu:vou'ri:ʃ] *Fr* parvenu
nova ['nouvə] ★ nova, nieuwe ster
1 novel ['nɔvəl] *sb* roman; novelle
2 novel ['nɔvəl] *aj* nieuw, ongewoon
novelette [nɔvə'let] romannetje *o*; ♪ novelette
novelist ['nɔvəlist] romanschrijver, romancier
novelty ['nɔvəlti] nieuwigheid, nieuwtje *o*, nieuws *o*; nieuwe *o*
November [nou'vembə] november
novena [nou'vi:nə] noveen, novene
novice ['nɔvis] novice; nieuweling; **–ciate, novitiate** [nou'viʃiit] noviciaat *o*, proeftijd

now [nau] **I** *ad* nu, thans: *but* ~, *just* ~ zoëven, daarnet; *by* ~ nu wel; *from* ~ (*on*) van nu af (aan), voortaan; *in three days from* ~ over drie dagen; ~..., ~..., ~..., *then*... nu eens..., dan weer...; ~ *and again*, ~ *and then* nu en dan, bij tussenpozen, af en toe; *every* ~ *and again* (*then*) telkens; = ~ *and again*, ~ *and then*; ~ *then* komaan (dan), allo; **II** *cj* nu (ook: ~ *that*); **III** *sb the* ~ het heden; **–adays** tegenwoordig

noway(s) ['nouwei(z)] geenszins; **–where** nergens; *be* ~ (*in the race*) nergens zijn: helemaal achteraan komen; niet in aanmerking komen; fiasco maken; ~ *near* lang niet, ver(re) van; **–wise** geenszins, op generlei wijze

nowt [nouwt] *dial* & **F** niets

noxious ['nɔkʃəs] schadelijk, verderfelijk

nozzle ['nɔzl] spuit, pijp, straalpijp, sproeier, tuit, mondstuk *o*, snuit; neus

nuance [nju:'a:ns] nuance, subtiel verschil *o*

nub [nʌb] brok; knobbel; *fig* kern, punt *o* [waar het om gaat]; **nubbly** knobbelig; bultig

nubile ['nju:bail] huwbaar; **–lity** [nju'biliti] huwbaarheid

nuclear ['nju:kliə] nucleair, kern-; ~ *fission* kernsplitsing; ~ *physics* kernfysica; ~*-power station* kernenergiecentrale; ~ *weapon* atoomwapen *o*

nucleic ['nju:kliik] ~ *acid* nucleïnezuur *o*

nucleus ['nju:kliəs, *mv* **–ei** –iai] kern[2]

nude [nju:d] **I** *aj* naakt, bloot, onbedekt; **II** *sb* naakt (model) *o*; *in the* ~ naakt

nudge [nʌdʒ] **I** *vt* (met de elleboog) aanstoten; **II** *sb* duwtje *o*

nudist ['nju:dist] **I** *sb* nudist, naaktloper; **II** *aj* nudisten-; **nudity** naaktheid, blootheid

nugatory ['nju:gətəri] beuzelachtig, nietszeggend; ongeldig, zonder uitwerking

nugget ['nʌgit] goudklompje *o*

nuisance ['nju:səns] (over)last, ergernis, plaag; burengerucht *o*; lastpost; *be a* ~ *to sbd.* iem. lastig vallen; *make a* ~ *of oneself* anderen ergeren; *what a* ~ ... ook: wat vervelend

null [nʌl] krachteloos, nietig, ongeldig; ~ *and void* krachteloos, van nul en gener waarde; **–ification** [nʌlifi'keiʃən] nietig-, ongeldigverklaring ⅋ vernietiging; **–ify** ['nʌlifai] krachteloos maken, ⅋ vernietigen, nietig of ongeldig verklaren, te niet doen; **–ity** ongeldigheid [*spec* v. huwelijk], nietigheid; onbeduidend mens

numb [nʌm] **I** *aj* gevoelloos, verstijfd, verkleumd, verdoofd; **II** *vt* doen verstijven, verkleumen; verdoven

number ['nʌmbə] **I** *sb* nummer *o*; getal[2] *o*, aantal *o*; (vers)maat; ~*s* aantal *o*, getalsterkte; tal *o* (van...); dichtmaat, verzen; *Numbers* **B** Numeri; *wrong* ~ verkeerd verbonden [telefoon]; *his* ~ *is up* hij is er geweest, hij is dood; ~ *one* **F** aanduiding van de spreker zelf (als *aj* prima); • *in* ~

in aantal; *come in* ~*s* in groten getale komen (opzetten); *to the* ~ *of...* ten getale van...; *hard pressed with* ~*s* door de overmacht in het nauw gebracht; *out of* ~, *without* ~ zonder tal, talloos; **II** *vt* nummeren, tellen; rekenen (onder, tot *among, in, with*); bedragen; *his days are* ~*ed* zijn dagen zijn geteld; ~ *consecutively* dóórnummeren; **III** *vi* & *va* tellen; ~ (*off*) ⅋ zich nummeren; **–less** talloos, zonder tal; ~*-plate* nummerbord *o*, -plaat

numerable ['nju:mərəbl] telbaar, te tellen

numeral ['nju:mərəl] **I** *aj* getal-, nummer-; **II** *sb* getalletter, getalmerk *o*; cijfer *o*; *gram* telwoord *o*; *Roman* ~*s* Romeinse cijfers; **numeration** [nju:mə'reiʃən] telling; **–tor** ['nju:mə'reitə] teller [van breuk]; **numerical** [nju'merikl] numeriek, getal-; ~ *superiority* grotere getalsterkte; **–rous** ['nju:mərəs] talrijk, tal van, vele

numinous ['nju:minəs] goddelijk

numismatic [nju:miz'mætik] **I** *aj* numismatisch; **II** *sb* ~*s* penningkunde; **–ist** [nju'mizmətist] penningkundige

numskull ['nʌmskʌl] uilskuiken *o*, stommerd

nun [nʌn] non, kloosterlinge, religieuze; ⅋ nonnetje *o*

nuncio ['nʌnʃiou] nuntius: pauselijk gezant

nunnery ['nʌnəri] nonnenklooster *o*

nuptial ['nʌpʃəl] **I** *aj* huwelijks-, bruilofts-; **II** *sb* ~*s* bruiloft

nurse [nə:s] **I** *sb* verpleegster, verzorgster; kinderjuffrouw; baker, min; *fig* verzorger, kweker; *male* ~ (zieken)verpleger, -broeder; **II** *vt* verplegen, zogen, (zelf) voeden; oppassen, verzorgen; koesteren[2], (op)kweken, grootbrengen; zuinig beheren, zuinig zijn met; omstrengeld houden [knieën]; met de hand strijken over; ~ *a* (*one's*) *cold* uitvieren, ~ *the fire* [*fig*] dicht bij het vuur zitten; **III** *vi* zogen; uit verplegen gaan; in de verpleging zijn; ~*-child* pleegkind *o*, zoogkind *o*; **–ling** = *nursling*; **–maid** kindermeisje *o*; **nursery** kinderkamer; kinderbewaarplaats, crèche; (boom)kwekerij; kweekplaats, kweekvijver; ~*-governess* kinderjuffrouw; ~*-man* boomkweker; ~ *rhyme* bakerrijmpje *o*; ~ *school* bewaarschool [3–5 jaar in Eng.]; ~ *slope* beginnelingenpiste [bij skieën]; **nursing-home** verpleegtehuis *o*, verpleeginrichting; ziekeninrichting; ~*-sister* pleegzuster, (zieken)verpleegster; ziekenzuster; **nursling** voedsterling, *fig* troetelkind *o*

nurture ['nə:tʃə] **I** *sb* op-, aankweking; opvoeding; verzorging; voeding; voedsel *o*; **II** *vt* op-, aankweken; opvoeden, verzorgen; voeden[2], koesteren [v. plannen]

nut [nʌt] **I** *sb* noot [inz. hazelnoot]; ✗ moer [v. schroef]; ♪ slof [strijkstok]; **S** hoofd *o*, kop; **S** dandy; **S** gek, idioot; ~*s* ook: nootjeskolen; **S**

krankzinnig; ~*s!* **S** onzin!; *not for* ~*s* **S** absoluut niet; *be* ~*s* getikt zijn, gek zijn; *be* ~*s upon* **S** dol zijn op; *be dead* ~ *on* (soms *against*) **S** fel zijn op; *go* ~*s* **S** gek worden; *be off one's* ~ **S** van lotje getikt zijn; *do one's* ~ **S** tekeergaan; **II** *vi* noten plukken; ~**-brown** lichtbruin; ~**-case S** krankzinnige; **–cracker** ✥ notekraker; ~(*s*) notekraker [voorwerp]; **–hatch** boomklever; ~**-house S** gekkenhuis *o*; **–meg** notemuskaat

nutria ['nju:triə] ♒ nutria *v*; nutria *o* [bont]

nutrient ['nju:triənt] **I** *aj* voedend; **II** *sb* nutriënt [voedingsstof]; **nutriment** voedsel *o*; **nutrition** [nju'triʃən] voeding, voedsel *o*; **–al** voedings-;

nutritious, nutritive ['nju:tritiv] voedend, voedzaam

nutshell ['nʌtʃel] notedop; *in a* ~ [*fig*] in een notedop; in een paar woorden; **nut-tree** (hazel)noteboom; **nutty** naar de noot smakend; *fig* pittig; **S** getikt, gek; ~ *on* **S** verkikkerd op

nuzzle ['nʌzl] **I** *vi* met de neus wrijven (duwen) tegen, snuffelen; wroeten; zich nestelen of vlijen; **II** *vt* wroeten langs of in; besnuffelen

Ⓦ **nylon** ['nailɔn] *o* & *m* [stofnaam]; nylon *v* [kous]

nymph [nimf] nimf²; ☀ pop [v. insekt]

nymphet [nim'fet] **F** jong, vroegrijp meisje *o*

O

o [ou] (de letter) o; *ij* o!, ach!; ℞ nul [cijfer]; **O** = ∽ *ordinary (level)*

o' [ǝ] = *of* & *on*

oaf [ouf] pummel, uilskuiken *o*; mispunt *o*; **–ish** pummelig, sullig, onnozel

oak [ouk] **I** *sb* eik; eikehout *o*; eikeloof *o*; **II** *aj* eiken, eikehouten; **∽-apple** galnoot; **–en** eiken, eikehouten; **∽-gall** galnoot

oakum ['oukǝm] werk *o* [uitgeplozen touw]

oak-wood ['oukwud] 1 eikehout *o*; 2 eikenbos *o*

oar [ɔː] **I** *sb* (roei)riem; roeier; *put in one's* ∽ een duit in het zakje doen, tussenbeide komen; *rest on one's* ∽*s* op de riemen rusten; *fig* op zijn lauweren rusten; **II** *vi* & *vt* ⊙ roeien

oarlock ['ɔːlɔk] = *rowlock*

oarsman ['ɔːzmǝn] roeier

oases [ou'eisi:z] *mv* v. **oasis** [ou'eisis] oase

oast [oust] eest, droogoven

oat [out] haver (meestal ∽*s*); ⊙ herdersfluit, -poëzie; *rolled* ∽*s* havermout; *he has sown his wild* ∽*s* hij is zijn wilde haren kwijt, hij is uitgeraasd; *feel one's* ∽*s* vrolijk zijn, *Am* F zich belangrijk voelen; *off one's* ∽*s* lusteloos; **–cake** haverbrood *o*; **–en** haver-

oath [ouθ, *mv* oaths ouðz] eed; vloek; ∽ *of allegiance* huldigingseed; ∽ *of office* ambtseed; *make* ∽, *take* (*swear*) *an* ∽ een eed doen; ● *by* ∽ onder ede; *on* (*under*) ∽ onder ede; *put sbd. on his* ∽ iem. de eed doen afleggen; **∽-breaking** eedbreuk

oatmeal ['outmiːl] havermeel *o*; ∽ *porridge* havermoutpap

obbligato [ɔbli'gaːtou] ♩ obligaat *o*

obduracy ['ɔbdjurǝsi] verstoktheid, verharding, halsstarrigheid; **–ate** verstokt, verhard, halsstarrig

obedience [ou'biːdjǝns] gehoorzaamheid; *in* ∽ *to* gehoorzamend aan; overeenkomstig; **–ent** *aj* gehoorzaam; **–ently** *ad* gehoorzaam; *yours* ∽ uw dienstwillige

obeisance [ou'beisǝns] diepe buiging; hulde

obelisk ['ɔbilisk] obelisk; kruisje *o* (†)

obese [ou'biːs] corpulent, zwaarlijvig; **–sity** corpulentie, zwaarlijvigheid

obey [ou'bei] gehoorzamen [2] (aan); gehoor geven aan; luisteren naar [het roer]

obfuscate ['ɔbfʌskeit] verduisteren, benevelen [het verstand]; verbijsteren

obituary [ǝ'bitjuǝri] overlijdens-, doodsbericht *o*; levensbericht *o*, in-memoriam *o* (ook: ∽ *notice*)

1 object ['ɔbdʒikt] *sb* voorwerp *o*; oogmerk *o*, bedoeling, doel *o*; onderwerp *o* [v. onderzoek]; object *o*; *she looked an* ∽ **F** zij zag er uit als een vogelverschrikker; *no* ∽ niet belangrijk, bijzaak

2 object [ǝb'dʒekt] **I** *vt* inbrengen (tegen *against, to*) tegenwerpen; **II** *vi* er op tegen hebben; tegenwerpingen maken, bezwaar hebben, opkomen (tegen *to*)

object-glass ['ɔbdʒiktglaːs] objectief *o*

objection [ǝb'dʒekʃǝn] tegenwerping; bedenking, bezwaar *o*; **–able** aanstotelijk, afkeurenswaardig, verwerpelijk; onaangenaam

objective [ǝb'dʒektiv] **I** *aj* objectief; ∽ *case* voorwerpsnaamval; **II** *sb* objectief *o* [v. kijker]; ♯ object[2] *o*; doel[2] *o*; *gram* voorwerpsnaamval; **–vity** [ɔbdʒek'tiviti] objectiviteit

object-lens ['ɔbdʒiktlenz] objectief *o*; ∽ **lesson** aanschouwelijke les; *fig* sprekende illustratie

objector [ǝb'dʒektǝ] wie tegenwerpingen maakt, opponent; *conscientious* ∽ gewetensbezwaarde, principieel dienstweigeraar

object teaching ['ɔbdʒiktti:tʃiŋ] aanschouwelijk onderwijs *o*

objurgate ['ɔbdʒǝ:geit] berispen, gispen; **–tion** [ɔbdʒǝ:'geiʃǝn] scherp verwijt *o*, berisping; **–tory** [ǝb'dʒǝ:gǝtǝri] verwijtend; berispend

oblation [ou'bleiʃǝn] offerande, offer *o*, gave

obligate ['ɔbligeit] ♯♯ (ver)binden, verplichten; **–tion** [ɔbli'geiʃǝn] verbintenis, verplichting; *...of* ∽ *be under an* ∽ *to...* verplicht zijn...; *put under an* ∽ aan zich verplichten; **–tory** [ɔ'bligǝtǝri, 'ɔbligǝtǝri] verplicht, bindend; ∽ *education* leerplicht; **oblige** [ǝ'blaidʒ] (ver)binden, (aan zich) verplichten, noodzaken; van dienst zijn; **F** een gunst bewijzen; werken voor; ∽ *me by ...ing* wees zo goed (vriendelijk) te...; *will you* ∽ *the company* (*with a song* &)? iets ten beste geven?; *be* ∽*d to* ook: moeten; *an answer will* ∽ antwoord verzocht; **–ging** voorkomend, minzaam, inschikkelijk, behulpzaam, gedienstig

oblique [ǝ'bliːk] scheef [hoek], schuin(s), hellend, afwijkend; zijdelings, indirect; dubbelzinnig; slinks; ∽ *cases* verbogen naamvallen; ∽ *oration* (*speech*) indirecte rede; **obliquity** [ǝ'blikwiti] scheve richting, schuin(s)heid; afwijking; verkeerdheid; oneerlijkheid

obliterate [ǝ'blitǝreit] uitwissen, doorhalen; vernietigen; **–tion** [ǝblitǝ'reiʃǝn] uitwissing, doorhaling; vernietiging

oblivion [ǝ'bliviǝn] vergetelheid; *fall* (*sink*) *into* ∽ in vergetelheid raken; **–ious** vergeetachtig; ∽ *of* (*to*) vergetend; onbewust van

oblong ['ɔblɔŋ] **I** *aj* langwerpig; **II** *sb* rechthoek, langwerpig voorwerp *o*

obloquy ['ɔblǝkwi] smaad, schande, oneer
obnoxious [ǝb'nɔkʃǝs] aanstotelijk; gehaat; onaangenaam; verfoeilijk, afschuwelijk
oboe ['oubou] hobo; **oboist** hoboïst
obscene [ɔb'si:n] obsceen, ontuchtig, vuil²;
–**nity** obsceniteit, ontuchtigheid; *obscenities* vuile
praatjes &
obscurant [ɔb'skjuǝrǝnt] domper; –**ist**
[ɔbskjuǝ'ræntist] I *sb* duisterling, domper; II *aj*
dompers-; **obscuration** [ɔbskju'reiʃǝn] verduistering; **obscure** [ǝb'skjuǝ] I *aj* duister²,
donker²; obscuur; onduidelijk, vaag; onbekend;
verborgen; II *vt* verduisteren, verdonkeren;
verdoezelen; *fig* overschaduwen; –**rity** duister *o*,
duisternis, donker *o* & *m*, donkerte; duisterheid,
donkerheid; obscuriteit; onduidelijkheid; *live in*
~ stil (teruggetrokken) leven
obsequies ['ɔbsikwiz] *mv* rouwplechtigheid, lijk-
dienst; uitvaart, begrafenis; –**ious** [ǝb'si:kwiǝs]
onderdanig, overgedienstig; kruiperig
observable [ǝb'zǝ:vǝbl] merkbaar, waarneembaar; opmerkenswaardig; –**ance** waarneming;
inachtneming, naleving; viering; voorschrift *o*;
–**ant** I *aj* oplettend, opmerkzaam; nalevend, in-
achtnemend; –**ation** [ɔbzǝ'veiʃǝn] waarneming, observatie; opmerking; –*s* verzamelde
gegevens, data; –**ational** waarnemings-; –**ato-**
ry [ǝb'zǝ:vǝtri] observatorium *o*, sterrenwacht;
uitzicht-, uitkijktoren; **observe** I *vt* waarnemen,
gadeslaan, observeren; opmerken; in acht nemen, naleven; vieren [feestdagen]; II *vi* ~ (*up*)*on*
opmerkingen maken over, iets opmerken omtrent; –**r** waarnemer, opmerker, observator;
toeschouwer; **observing** (goed) waarnemend,
oplettend, zijn ogen de kost gevend
obsess [ǝb'ses] obsederen, niet loslaten, onophoudelijk ver-, achtervolgen [van gedachten];
–**ion** bezeten zijn *o* [door boze geest]; obsessie,
nooit loslatende gedachte, voortdurende kwelling; –**ive** obsederend
obsolescence [ɔbsǝ'lesǝns] veroudering, in onbruik geraken *o*; –**ent** verouderend, in onbruik
gerakend
obsolete ['ɔbsǝli:t] verouderd, in onbruik geraakt
obstacle ['ɔbstǝkl] hinderpaal, hindernis, beletsel *o*; ~ *race* wedren met hindernissen
obstetric(al) [ɔb'stetrik(ǝl)] verloskundig;
kraam-; **obstetrician** [ɔbste'triʃǝn] verloskun-
dige; **obstetrics** [ɔb'stetriks] obstetrie, verloskunde
obstinacy ['ɔbstinǝsi] hardnekkigheid, halsstarrigheid, (stijf)koppigheid; –**ate** hardnekkig,
halsstarrig, stijfhoofdig, koppig, obstinaat
obstreperous [ǝb'strepǝrǝs] luidruchtig, rumoerig, lawaaiig; onhandelbaar, woelig
obstruct [ǝb'strʌkt] verstoppen; (de voortgang)

belemmeren, versperren; zich verzetten tegen;
–**ion** obstructie, verstopping, belemmering,
versperring; –**ionist** I *sb* obstructievoerder; II *aj*
obstructievoerend; –**ive** verstoppend; belemmerend, versperrend, verhinderend; obstructievoerend; obstructie-
obtain [ǝb'tein] I *vt* (ver)krijgen, bekomen, verwerven, behalen; II *vi* algemeen regel zijn, ingang gevonden hebben; heersen, gelden; –**able**
verkrijgbaar
obtrude [ǝb'tru:d] (zich) opdringen (aan *upon*);
(zich) indringen; **obtrusion** op-, indringing;
–**ive** op-, indringerig
obtuse [ǝb'tju:s] stomp, bot², stompzinnig
obverse ['ɔbvǝ:s] voorzijde [v. munt &]; pendant, keerzijde
obviate ['ɔbvieit] afwenden, voorkomen, ondervangen, uit de weg ruimen
obvious ['ɔbviǝs] voor de hand liggend, in het
oog springend, duidelijk (merkbaar), kennelijk,
klaarblijkelijk, zonneklaar; aangewezen
ocarina [ɔkǝ'ri:nǝ] ocarina
occasion [ǝ'keiʒǝn] I *sb* gelegenheid; aanleiding,
behoefte; gebeurtenis, plechtigheid, feest *o*; *one's*
lawful ~*s* (wettige) bezigheden, bedrijf *o*, zaken;
give ~ *to* aanleiding geven om (tot); *have* ~ *to*
moeten; *have no* ~ *to* niet hoeven; *rise to the* ~ tegen de moeilijkheden (taak) opgewassen zijn;
take ~ *to* van de gelegenheid gebruik maken om;
on ~ zo nodig; *on the* ~ *of* bij gelegenheid van;
II *vt* veroorzaken, aanleiding geven tot; –**al** *aj*
toevallig, nu en dan (voorkomend); onregelmatig; zelden; gelegenheids-; ~ *chair* extrastoel; ~
table bijzettafeltje *o*; –**ally** *ad* af en toe, nu en dan,
van tijd tot tijd; bij gelegenheid
Occident ['ɔksidǝnt] westen *o*, westelijk halfrond
o; avondland *o*
occidental [ɔksi'dentl] I *aj* westelijk, westers; II
sb westerling
occipital [ɔk'sipitl] achterhoofds-; **occiput**
['ɔksipʌt] achterhoofd *o*
occlude [ɔ'klu:d] afsluiten, stoppen; *chem* absorberen [gassen]; –**usion** afsluiting; verstopping;
occlusie; (normaal) op elkaar sluiten *o* van bo-
ven- en ondertanden
occult [ɔ'kʌlt] occult, bovennatuurlijk, magisch;
verborgen, geheim
occulting [ɔ'kʌltiŋ] ~ *light* intermitterend licht *o*
[v. vuurtoren]
occultism ['ɔkʌltizm] occultisme *o*
occupancy ['ɔkjupǝnsi] inbezitneming, bezit *o*,
bewoning; –**ant** wie bezit neemt, bezitter; bewoner; bekleder [v. ambt]; *the* ~*s* ook: de inzit-
tenden; –**ation** [ɔkju'peiʃǝn] bezitneming, bezit
o; ⚔ bezetting; bewoning; bezigheid, beroep *o*;
be in ~ *of* ook: bezet houden; bewonen; ~ *bridge*
(*road*) particuliere brug (weg); –**ational** be-

roeps-; ~ *therapy* arbeidstherapie

occupier ['ɔkjupaiə] bezetter; bewoner; **occupy** bezetten, bezet houden; beslaan [plaats], innemen; in beslag nemen [tijd &], bezighouden; bewonen [huis]; bekleden [post]; ~ *oneself with, be occupied in* (*with*) aan (met) iets bezig zijn

occur [ə'kə:] vóórkomen, zich voordoen, gebeuren, voorvallen; ~ *to* invallen, opkomen bij; **occurrence** [ə'kʌrəns] gebeurtenis; voorval *o*; vóórkomen *o*; *it is of frequent* ~ het komt herhaaldelijk (veel) voor; *on the* ~ *of a vacancy* bij vóórkomende vacature

ocean ['ouʃən] oceaan, (wereld)zee²; –**ic** [ouʃi'ænik] van de oceaan, oceaan-, zee-; *fig* onmetelijk, grenzeloos; –**ographer** [ouʃə'nɔgrəfə] oceanograaf; –**ography** oceanografie

ocellation [ɔsi'leiʃən] oogvormige tekening

ocellus [ou'seləs] niet-samengesteld oogje *o*, facet *o*, oogvormige vlek

ochre ['oukə] oker; **ochr(e)ous, ochry** okerhoudend, okerachtig, oker-

o'clock [ə'klɔk] *what* ~ *is it?* hoe laat is het?; *it is eight* ~ het is acht uur

octagon ['ɔktəgən] achthoek; –**al** [ɔk'tægənl] achthoekig

octahedral [ɔktə'hedrəl] achtvlakkig; –**dron** achtvlak *o*

octane ['ɔktein] octaan *o*

octave ['ɔktiv, *rk* 'ɔkteiv] achttal *o*; octaaf° *o* & *v*; octaafdag; acht versregels

octavo [ɔk'teivou] octavo *o*

octennial [ɔk'tenjəl] *aj* achtjarig; achtjaarlijks

octet [ɔk'tet] ♪ octet *o*; acht versregels

October [ɔk'toubə] oktober

octogenarian [ɔktoudʒi'nɛəriən] tachtigjarig(e)

octopus ['ɔktəpəs] octopus², achtarmige poliep; > wijdvertakte organisatie

octosyllabic [ɔktousi'læbik] achtlettergrepig; –**ble** [ɔktou'siləbl] achtlettergrepig woord *o*

octuple [ɔk'tjupl] **I** *sb* achtvoud *o*; **II** *aj* achtvoudig

ocular ['ɔkjulə] **I** *aj* oog-; **II** *sb* oculair *o*; –**list** oogarts; ~'s *chart* leeskaart

odd [ɔd] *aj* zonderling, vreemd, gek, raar; oneven; overblijvend [na deling door 2, of na betaling]; overgebleven van één of meer paren, niet bij elkaar horend; *in some* ~ *corner* hier of daar in een (afgelegen) hoek; *an* ~ *hand* een extra bediende, noodhulp; duivelstoejager; *an* ~ *hour* een tussenuur *o*; ~ *jobs* allerhande karweitjes, klusjes; ~ *man out* opgooien *o* om iemand voor iets aan te wijzen; wie overschiet, wie het gelag betaalt; buitenbeentje *o*, zonderling; ~ *moments* verloren ogenblikken; *an* ~ *volume* een enkel deel *o* van een meerdelig werk; *fifty* ~ *pounds* vijftig en zoveel pond, ruim vijftig pond; *sixty* ~ *thousand* tussen de 60 en 70 duizend; zie ook:

odds

oddfellow ['ɔdfelou] lid *o* van de maçonniek getinte steunvereniging der *Oddfellows*

oddity ['ɔditi] zonderlingheid, vreemdheid; excentriek wezen *o*, gek type *o*; curiositeit; **odd-looking** er vreemd uitziend; **oddly** *ad* vreemd, gek (genoeg); **oddments** overgebleven stukken, restanten; zie ook: *odds and ends*; **odds** ongelijkheid, verschil *o*; onenigheid; voorgift; voordeel *o*; groter getal *o*, overmacht; grotere kans, waarschijnlijkheid; wat de bookmaker op een paard „houdt"; ~ *and ends* stukken en brokken, brokstukken, rommel; *the* ~ *are that* de kans bestaat, dat...; *what's the* ~? wat zou dat?; wat maakt dat uit?; *it is long* ~ *that*... de kans is groot, het is zo goed als zeker...; *it's no* ~ het maakt niets uit; *give* ~ voorgeven; *take the* ~ de weddenschap aannemen; ● *a g a i n s t s u c h* ~ tegen zo'n overmacht; *a t* ~ oneens, overhoop liggend (met *with*); *b y all* ~ verreweg [de beste &]; ontegenzeglijk; **odds-on** goede [kans]

ode [oud] ode

odious ['oudjəs] hatelijk, afschuwelijk, verfoeilijk; –**ium** haat en verachting; blaam

odontology [ɔdɔn'tɔlədʒi] odontologie

odoriferous [oudə'rifərəs] welriekend, geurig; **odorous** ['oudərəs] welriekend, geurig; **F** stinkend; **odour** reuk, geur; ⚓ reukwerk *o*; *fig* reputatie; *be in bad, ill* ~ *with* in een kwade reuk staan bij; *in* ~ *of sanctity* in de reuk van heiligheid; –**less** reukeloos

Odyssey ['ɔdisi] Odyssee; *fig* odyssee

oecumenical [i:kju'menikl] oecumenisch

oecology [i:'kɔlədʒi] = *ecology*

oedema [i:'di:mə] oedeem *o*

☉ **o'er** [ouə] = *over*

oesophagus [i:'sɔfəgəs] slokdarm

of [ɔv, əv] van; *the city* ~ *Rome* de stad Rome; *the courage* ~ *it!* welk een moed!, hoe moedig!; ~ *itself* vanzelf; uit zichzelf; *no prudence* ~ *ours* van onze zijde; *the three* ~ *them* het drietal; *there were fifty* ~ *them* er waren er vijftig; ze waren met hun vijftigen; *he* ~ *the grey hat* die met de grijze hoed; *he* ~ *all men* en dat juist hij; ~ *all the nonsense* wat een onzin, zo'n onzin, (een) onzin!; *a Prussian* ~ (*the*) *Prussians* een echte Pruis; ~ *an evening* (*morning* &) des avonds, des morgens

off [ɔ(:)f] **I** *ad* er af, af, weg; ver(wijderd); uit; *be* ~ niet doorgaan [v. match &]; van de baan zijn; „af" zijn [engagement]; afgedaan hebben; in slaap zijn; in zwijm liggen; opstappen, weggaan, vertrekken; *be a bit* ~ niet wel bij het hoofd zijn; niet fris meer zijn, beginnen te bederven [v. spijs & drank]; *be badly* ~ er slecht aan toe zijn; het slecht hebben; *how are you* ~ *for boots?* hoe staat het met je schoenen?; *have a day* ~ een vrije dag hebben; ~ *and on* af en toe, bij tussenpozen, een enkele maal; ~ *you go!* daar ga je!; vooruit met de geit!; ~ (*with you*)! weg!, eruit!; *they're* ~! [bij race] en wèg zijn ze!; **II** *prep* van... (af); van...(weg); van; verwijderd van; op zij van, uitkomend op, in de buurt van; ⚓ op de hoogte van; *breakfast* ~ *boiled eggs* zijn ontbijt doen met gekookte eieren; *eat* ~ *plates* van borden eten; *live* ~ *the land, live* ~ *rents* van het land, van de pacht(en) leven; ~ *stage* niet op het toneel; achter de coulissen; ~ *white* gebroken wit, bij het gele of grijze af; **III** *aj* verder gelegen; *the* ~ *hind leg* de rechterachterpoot; *the* ~ *horse* het vandehandse (rechtse) paard; *an* ~ *street* een zijstraat; zie ook: *duty* &

offal ['ɔfəl] afval *o* & *m* [v. geslacht dier]; bedorven vlees *o*, kreng *o*; *fig* uitschot *o*, bocht *o* & *m*

off-balance ['ɔf'bæləns] uit het evenwicht; *catch sbd.* ~ iem. overrompelen; ~**-beat** F ongewoon, bijzonder, buitenissig; ~**-centre** excentriek²; ~**-chance** eventuele mogelijkheid; *on the* ~ op goed geluk; ~**-colour** onwel, niet in orde; S onfatsoenlijk; ~**-day** ongeluksdag; dag waarop men niet op dreef is

offence [ə'fens] belediging; aanstoot, ergernis; aanval; overtreding, vergrijp *o*, delict *o*, strafbaar feit *o*; misdaad; *no* ~ *meant!* neem me niet kwalijk; *take* ~ *at* zich beledigd gevoelen over; **offend I** *vt* beledigen, ergeren, kwetsen; aanstoot geven; onaangenaam aandoen; **II** *vi* misdoen; ~ *against* zondigen tegen; overtreden; ~**-er** belediger; overtreder, delinquent; *zondaar*²; *first* ~ delinquent met een blanco strafregister; **offensive I** *aj* beledigend, aanstotelijk, ergerlijk, weerzinwekkend, onaangenaam; offensief, aanvallend, aanvals-; **II** *sb* offensief *o*; *act on the* ~ aanvallend optreden; *take the* ~ het offensief openen; ~**-ness** beledigende aard, aanstotelijkheid

offer ['ɔfə] **I** *vt* (aan)bieden, offreren; offeren, ten offer brengen (ook: ~ *up*); aanvoeren, [ter verdediging]; overgaan [tot gewelddadigheid]; uitloven [prijs]; ten beste geven, maken [opmerkingen &]; (uit)oefenen [kritiek]; ~ *violence* tot gewelddaden overgaan; ~ *up* opzenden [gebed]; **II** *vi* & *va* zich aanbieden; zich voordoen; **III** *sb* (aan)bod *o*, aanbieding, offerte, (huwelijks)aanzoek *o*; *they are on* ~ $ ze worden (goedkoop) aangeboden; ~**-er** offeraar; aanbieder; bieder; ~**-ing** offerande, offergave, offer *o*; gift

offertory ['ɔfətəri] offertorium *o*, offergebed *o*; collecte; ~ *box* offerblok *o*, -bus

off-hand I *ad* ['ɔf'hænd] onvoorbereid, voor de vuist weg; **II** *aj* ['ɔ:fhænd] terloops, zonder ophef; nonchalant; bruusk; ~**-ed** = *off-hand* **II**

off-hours ['ɔ:fauəz] vrije uren; *at* ~ in mijn (zijn &) vrije uren; buiten kantoortijd

office ['ɔfis] ambt *o*, functie, betrekking, dienst, bediening, taak; officie *o*; (kerk)dienst, ritueel *o*, gebed *o*, gebeden; ministerie *o*, kantoor *o*, bureau *o*, *Am* spreekkamer; **S** tip; *the Holy O*~ 🅤 het Heilige Officie; ook: de Inquisitie; *H.M. Stationery O*~ de Staatsdrukkerij; *the* ~*s* de werkvertrekken (van de bedienden); de (bij)keuken, bijgebouwen, dienstvertrekken; *good* ~*s committee* commissie van goede diensten; *his kind* ~*s* zijn vriendelijke bemiddeling, zijn vriendelijkheid; *be in* ~ een ambt bekleden, in functie zijn; *a man in* ~ een fungerend ambtenaar; een (aan het bewind zijnd) minister; *while in* ~ "aan" zijnd, in functie zijnd; *come into* ~, *enter* (*take*) ~ een (zijn) ambt aanvaarden; aan het bewind komen; ~**-bearer**, ~**-holder** titularis, functionaris; ~**-boy** loopjongen

officer ['ɔfisə] **I** *sb* beambte, ambtenaar; agent [van politie]; ⚔ officier; deurwaarder; functionaris; **II** *vt* ⚔ van officieren voorzien, encadreren; aanvoeren [als officier]

official [ə'fiʃəl] **I** *aj* ambtelijk, officieel, ambts-; ~ *duties* ambtsbezigheden, -plichten; **II** *sb* ambtenaar, beambte; functionaris; ~**-dom** bureaucratie; ~**-ese** [əfiʃə'li:z] ambtelijk jargon *o*; ~**-ism** [ə'fiʃəlizm] officieel gedoe *o*, ambtenarij, bureaucratische rompslomp

officiant [ə'fiʃiənt] officiant: de mis opdragende of de dienst verrichtende priester; ~**-ate** dienst doen; officiëren, de dienst doen, de mis opdragen; ~ *as...* fungeren als...

officinal [əfi'sainl, ə'fisinl] geneeskrachtig; in een apotheek voorhanden

officious [ə'fiʃəs] overgedienstig; opdringerig; bemoeiziek; autoritair; officieus

offing ['ɔ:fiŋ] open zee, ruime sop *o*; *in the* ~ ook: *fig* in het verschiet, in uitzicht, op til

offish ['ɔfiʃ] F gereserveerd; uit de hoogte

off-issue ['ɔfiʃu:] = *side-issue;* ~**-key** ['ɔf'ki:] vals, uit de toon (vallend); ~**-license** Br slijtvergunning; slijterijafdeling in café; ~**-print** ['ɔfprint] overdrukje *o*; ~**-putting F** van de wijs brengend; ontstellend; ~**-scourings** afval *o* & *m,* uitschot *o,* schuim *o,* uitvaagsel *o*; ~**-season** slappe tijd

offset ['ɔfset] **I** *sb* uitloper°, wortelscheut, spruit; tegenwicht *o*, vergoeding, compensatie; offset(druk); **II** *vt* opwegen tegen, goedmaken, compenseren, te niet doen, neutraliseren; ~ *against* stellen tegenover

offshoot ['ɔfʃu:t] uitloper, afzetsel *o*, zijtak

offshore ['ɔf'ʃɔ:] van de kust af, aflandig [wind]; bij (voor) de kust

offside ['ɔf'said] verste kant (= rechts of links); *sp* buitenspel [bij voetbal]

offspring ['ɔfspriŋ] (na)kroost *o,* spruit(en), nakomeling(en), nageslacht *o*; resultaat *o*

off-street ['ɔfstri:t] niet op de openbare weg

off-the-peg ['ɔfðəpeg] confectie-

off-time ['ɔftaim] slappe tijd

offward ['ɔfwəd] van het land af, zeewaarts
⊙ **oft** [ɔft] dikwijls, vaak; **often** ['ɔf(t)ən] dikwijls, vaak; *as ~ as not* vaak genoeg, niet zelden; *every so ~ zo* nu en dan, af en toe; *more ~ than not* meestal; ⬩ **oft(en)times** dikwijls, vaak
ogee ['oudʒiː, ou'dʒiː] △ ojief *o*; **ogival** [ou'dʒaivəl] ogivaal; **ogive** ['oudʒaiv] ogief *o*, spitsboog
ogle ['ougl] **I** *vi* lonken; **II** *vt* aan-, toelonken; **III** *sb* lonk, (verliefde) blik
ogre ['ougə] menseneter; wildeman, boeman; **ogr(e)ish** ['ougəriʃ] wildemans-
oh [ou] *o*; ach, och; au; *~?* ook: zo?
ohm [oum] ohm *o* & *m*
oho [ou'hou] aha!
oil [ɔil] **I** *sb* olie; petroleum; S vleierij, omkoperij; *~s* oliegoed *o*; olieverfschilderijen; *in ~(s)* in olieverf (geschilderd); *~ of vitriol* zwavelzuur *o*; *pour ~ on troubled waters* olie op de golven gieten; *throw ~ on the flames* olie op het vuur gieten; *strike ~* olie aanboren; *fig* succes hebben; **II** *vt* oliën; (met olie) insmeren; in olie inleggen; *~ sbd.('s hand, palm)* iem. de handen smeren [= omkopen]; *~ the wheels* de wielen smeren[2]; **III** *vi* stookolie innemen; *~-cake* lijnkoek, veekoek; **-cloth** wasdoek *o* & *m*, zeildoek *o* & *m*; *~-colour* olieverf; **-ed** geölied; gesmeerd S in de olie, aangeschoten; **-er** oliekan, -spuit, -spuitje *o*; olieman, smeerder; petroleumboot; *~-fuel* stookolie; *~-heater* petroleumkachel; **-iness** olieachtigheid, vettigheid; *fig* zalving; **-man** oliehandelaar; olieman; *~-paint* olieverf; *~-painting* het schilderen in olieverf; olieverf(schilderij); **-skin** gewaste taf; oliejas; *~s* oliegoed *o*; **-stone** oliesteen; *~-well* oliebron; **oily** olieachtig, vet, goed gesmeerd; olie-; *fig* vleierig, zalvend, glad [v. tong]
ointment ['ɔintmənt] zalf, smeersel *o*
O.K. ['ou'kei] **F I** *aj* & *ad* in orde, goed; fijn, prima; **II** *sb* goedkeuring, verlof *o*; **III** *vt* in orde bevinden, goedkeuren
okapi [ou'kɑːpi] okapi
okay ['ou'kei] = *O.K.*
old [ould] **I** *aj* oud; ouderwets; *any ~...* S het doet er niet toe wat voor.ʌ, zo maar een..., zie ook: *time*; *good (dear) ~... F* die goeie, beste...; *as ~ as the hills zo* oud als de weg naar Kralingen; *the ~* het oude; *de oud(er)en*; **II** *sb of ~* van ouds; in (van) vroeger dagen; zie ook: *age, bean, bird, boy, campaigner, cock, country, Dutch, folks, girl, hand, maid, man*; *~-age* van (voor) de oude dag, ouderdoms-; *~ pensioner* AOW'er; *~ pensioner concession card* bejaardenkaart, 65-pluskaart; *~-clothesman* ['ould'klouðzmæn] uitdrager; ⬩ **-en** oud, vroeger; *~-established* reeds lang bestaand; (van ouds) gevestigd; *~-fashioned* ouderwets; S achterdochtig; *~ hat* F verou-

derd, oude koek; **-ish** oudachtig, ouwelijk; *~-maidish* als (van) een oude vrijster; *-ster* oude heer; oudere, oudgediende; *~-time* ouderwets; oud-; *~-timer* oudgediende, ouwetje *o*; oudgast; *~-womanish* als (van) een oud wijf; *~-world* uit de oude tijd, ouderwets; van de Oude Wereld
oleaginous [ouli'ædʒinəs] olie-, vetachtig
oleander [ouli'ændə] oleander
oleograph ['ouliəgraːf] oleografie
olfactory [ɔl'fæktəri] van de reuk; *~ nerves* reukzenuwen
oligarchic [ɔli'gɑːkik] oligarchisch; **-chy** ['ɔligɑːki] oligarchie
olio ['ouliou] allegaartje *o*, ratjetoe, mengelmoes *o* & *v*
olivaceous [ɔli'veiʃəs] olijfkleurig; **olive** ['ɔliv] olijf(tak); olijfkleur; (*meat*) *~s* blinde vinken; *~-branch* olijftak; *~es* J spruiten; kinderen; *~oil* olijfolie
olympiad [ou'limpiæd] olympiade; **Olympian** olympisch; **Olympic I** *aj* olympisch; **II** *sb the ~s* de olympische spelen
ombre ['ɔmbrə] omber(spel) *o*
ombudsman ['ɔmbudzmən] ombudsman
omega ['oumigə] omega; einde *o*
omelet(te) ['ɔmlit] omelet
omen ['oumen] **I** *sb* voorteken *o*, omen *o*; **II** *vt* voorspellen, beloven; **ominous** ['ɔminəs] onheilspellend, omineus
omissible [ou'misibl] weggelaten kunnende worden; **omission** weg-, uitlating; nalatigheid, verzuim *o*, omissie; **omit** weg-, uitlaten, achterwege laten, overslaan, nalaten, verzuimen
omnibus ['ɔmnibəs] **I** *sb* omnibus; **II** *aj* vele onderwerpen (voorwerpen &) omvattend; *~ book*, *~ volume* verzamelband
omnifarious [ɔmni'fɛəriəs] veelsoortig
omniparity [ɔmni'pæriti] gelijkheid in alles; gelijkheid voor allen
omnipotence [ɔm'nipətəns] almacht; **-ent** almachtig
omnipresence ['ɔmni'prezəns] alomtegenwoordigheid; **-ent** alomtegenwoordig
omniscience [ɔm'nisiəns] alwetendheid; **-ent** alwetend
omnium ['ɔmniəm] totale waarde; *~ gatherum* mengelmoes; gemengd gezelschap *o*
omnivorous [ɔm'nivərəs] alverslindend; ⯪ omnivoor, allesetend
on [ɔn] **I** *prep* op, aan, in, bij, om, met, van, over, tegen, volgens, naar; **F** op kosten van; ten koste van; *hundreds ~ hundreds of miles* honderden en honderden mijlen; *the election is ~* we zitten in de verkiezing; *this round is ~ me* dit rondje geef ik; *slam the door ~ sbd.* achter (ook: vóór) iem. dichtslaan; **II** *ad* aan, op; dóór, voort, verder [bij

werkwoorden]; ~, *Stanley*, ~*!* op!, vooruit!, sla toe!; ~ *with your coat* (trek) aan je jas; *he is* ~ hij is aan de beurt; hij is op de planken [v. toneel]; hij zit onder het mes [bij examen]; hij is al wat op leeftijd; *I am* ~ ook: ik wil wel!, ik doe mee!; *the case is* ~ de (rechts)zaak is in behandeling; *Macbeth is* ~ wordt gegeven; *what is* ~*?* wat is er aan de hand?, te doen?, gaande?, aan de gang?; *we are well* ~ *in April* al een heel eind in april; ~ *and off* zie *off and on*; ~ *and* ~ voortdurend; ~ *to* op, naar; *be* ~ *to* **F** doorhebben; *fig* ruiken; *get* ~ *to* komen op [het dak]; zich in verbinding stellen met; ontdekken; **F** doorhebben

onager ['ɔnəgə] ⚕ onager, woudezel

once [wʌns] **I** *ad* eens, éénmaal; ~ *again* nog eens, nogmaals, opnieuw, andermaal, weer; ~ *and again* af en toe, een enkele maal (ook: ~ *or twice*); ~ *and away* ééns en dan niet meer; een hoogst enkele maal; ~ *(and) for all* ééns en niet weer; ~ *in a while,* ~ *in a way* een enkele keer, af en toe; ~ *more* nog eens, nogmaals, opnieuw, andermaal, weer; ~ *upon a time* (er was er) eens; ● een dadelijk; tegelijk; *all at* ~ plotseling; *f o r* ~ een enkele maal; bij (hoge) uitzondering; *not (never)* ~ geen enkele keer; **II** *aj* vroeger, in: *my* ~ *master;* **III** *sb this* ~ ditmaal; *for this (that)* ~ voor deze keer; **IV** *cj* toen (eenmaal), als (eenmaal), zodra

once-over ['wʌnsouvə] **F** vluchtig onderzoek *o* &; *give the* ~ zijn ogen laten gaan over

oncoming ['ɔnkʌmiŋ] **I** *aj* naderbij komend, aanrollend, naderend, aanstaand; **F** toeschietelijk [v. vrouwen]; ~ *car* ook: tegenligger; ~ *traffic* tegemoetkomend verkeer *o*; **II** *sb* nadering

oncost ['ɔnkɔst] vaste lasten; ~ *man* mijnwerker in loondienst

one [wʌn] **I** *telw* een, één; een enkele; (een en) dezelfde; enig; ~ *James* een zekere James, ene James; ~ *night* op zekere nacht; ~ *and all* allen (gezamenlijk), als één man; *his* ~ *and only hope* zijn enige hoop; ~ *and six* **F** een shilling en zes pence; ~ *another* elkaar; ~ *after another* de een na de ander, de één voor de ander na; ~ *with another* door elkaar (gerekend); *the* ~*(s) I have seen* die ik gezien heb; *he is the* ~ hij is de (onze) man, hij is het; *he is the* ~ *man to do it* de enige die het kan; *what* ~*?* welke?; *what kind of* ~ *(s)?* welke, wat voor?; *a small boy and a big* ~ en een grote; *small boys and big* ~*s* kleine en grote jongens; *that's a good* ~*!* die is goed!; *the great* ~*s* de grote lui; de groten (der aarde); *the little* ~*(s)* de kleine(n), kleintje(s); *that was a nasty* ~ dat was een lelijke klap; *you are a nice* ~*!* je bent me een mooie!; *(that was)* ~ *in the eye for you!* een lelijke slag (klap, veeg uit de pan); ~ *up* zie *up* **I**; *be* ~ één zijn; het eens zijn; *it is all* ~ het is allemaal hetzelfde; *be* ~ *of the party (make* ~*)* van de partij zijn; *Book (chapter)* ~ het eerste boek (hoofdstuk); *be* ~ *upon sbd.* **F** iem. een slag vóór zijn; ● *be a t* ~ *with sbd. on (about)* het met iem. eens zijn over; ~ *b y* ~ één voor één; stuk voor stuk; *by* ~*s and twos* bij bosjes van twee en drie; *X. f o r* ~ om maar eens iemand te noemen, X., X. bij voorbeeld; *I for* ~ ik voor mij; **II** *pron* men, **F** je; de een; iemand; *One above* God daarboven; *like* ~ *mad* als een bezetene; *I am not* ~ *for boasting (to talk)* ik houd niet van opsnijden (praten); **III** *sb* één; *two* ~*s* twee énen; ~**-armed** met één arm; ~ *bandit* gokautomaat; ~**-eyed** eenogig; **S** niet veel zaaks, onbelangrijk;. ~**-horse** met één paard; **F** klein, armoedig; *a* ~ *affair* niet veel zaaks; ~**-legged** met één been; ~**-man** eenmans-; van één persoon, schilder & b.v. *a* ~ *exhibition;* **–ness** eenheid, enigheid

oner ['wʌnə] **F** geweldige kerel, prachtstuk *o*; bijzonder iem. of iets; expert; een flinke opstopper

onerous ['ɔnərəs] lastig, bezwaarlijk, zwaar, onereus; ⚕ bezwaard [eigendom]

oneself [wʌn'self] zich; zichzelf; zelf

one-sided [wʌn'saidid] eenzijdig, partijdig; ~**-time** **F** voormalig, gewezen, ex-; ~**-track** eenzijdig [v. geest]; ~**-upmanship** ['wʌn'ʌpmənʃip] **F** superioriteit; ~**-way** in één richting; ~ *traffic* eenrichtingsverkeer *o*

onfall ['ɔnfɔ:l] aanval, bestorming

ongoings ['ɔngouiŋz] = *goings-on*

onion ['ʌnjən] ui; **S** hoofd *o*; *know one's* ~*s* gewiekst zijn; *he is off his* ~ **S** hij is getikt

only ['ounli] **I** *aj* enig; **II** *ad* alleen, enig, enkel, maar, slechts, nog (maar); pas; eerst; ~ *just* (maar) nèt, nauwelijks; ~ *think!* denk eens aan!; ~ *too glad* maar al te blij; **III** *cj* alleen [= maar]

onomatopoeia [ɔnəmætə'pi:ə] klanknabootsing; klanknabootsend woord *o*, onomatopee

onrush ['ɔnrʌʃ] stormloop, opmars

onset ['ɔnset] aanval; begin *o*

onshore ['ɔnʃɔ:] aanlandig [wind]

onslaught ['ɔnslɔ:t] aanval

onto ['ɔntu] op, naar

onus ['ounəs] plicht, verplichting, last

onward ['ɔnwəd] **I** *aj* voorwaarts; **II** *ad* ~*(s)* voorwaarts, vooruit; zie ook: *from*

onyx ['ɔniks] onyx *o* & *m*

oodles ['u:dlz] ~ *of* **F** een hoop [geld &]

oof [u:f] **S** geld *o*, doen

oomph [u:mf] **S** sex appeal; pit *o* & *v*, energie

oops! [u:ps] hupsakee! hoepla!; ~**-a-daisy** = *oops*

ooze [u:z] **I** *sb* modder, slik *o*; stroompje *o*; sijpelen *o*; **II** *vi* sijpelen; dóórdringen; ~ *a w a y* wegsijpelen; *fig* langzaam verdwijnen; ~ *o u t* doorsijpelen, (uit)lekken²; ~ *with* druipen van; **III** *vt* uitzweten; *fig* druipen van; **oozy** modderig, slijkerig; klam

opacity [ou'pæsiti] ondoorschijnendheid, donkerheid², duisterheid²; domheid

opal ['oupəl] opaal(steen); **–ine** opaalachtig, opaal-

opaque [ou'peik] ondoorschijnend, donker², duister²; dom, traag van begrip

⊙ **ope** [oup] (zich) openen

open ['oup(ə)n] **I** *aj* open°; geopend; openbaar, publiek; onbeperkt, vrij; openlijk; openhartig; onverholen; onbevangen; onbezet; onbeslist; ~ *shop* bedrijf dat ook ongeorganiseerde werknemers in dienst neemt; *be* ~ *to* open zijn (staan) voor; blootstaan aan; vatbaar zijn voor [rede]; gaarne willen (ontvangen &); *it is* ~ *to you* het staat u vrij om...; ~ *to reproach* te laken; *be* ~ *with* openhartig zijn tegenover; *lay* ~ open-, blootleggen; *lay oneself* ~ *to* zich blootstellen aan, vat op zich geven; ~ *air* buiten, buitenlucht; ~ *country* vrije veld *o*; ~ *court* openbare rechtszaak; *keep* ~ *house* heel gastvrij zijn; *with* ~ *hand* vrijgevig; ~ *secret* publiek geheim *o*; ~ *weather* helder weer *o*; ~ *and shut* recht toe recht aan; **II** *sb* open veld *o*; open zee; *in the* ~ in de open lucht; onder de blote hemel; in het openbaar; *bring into the* ~ aan het licht brengen; *come into the* ~ voor de dag komen; eerlijk zeggen; **III** *vt* openen, openmaken, -doen, -zetten, -stellen; openkrijgen; openleggen²; blootleggen; inleiden [onderwerp], beginnen; ontginnen [het terrein]; banen [weg]; verruimen [geest]; ~ *o u t* openen; ~ *u p* toegankelijk maken, ontsluiten; open-, blootleggen; onthullen; ontginnen; beginnen; **IV** *vt* opengaan, zich openen; beginnen; ~ *i n t o*, *o n* (*on to*) uitkomen op; ~ *o u t* opengaan, zich ontplooien; „loskomen"; *his eyes ~ed t o* ... de ogen gingen hem open voor...; ~ *u p* opengaan; beginnen; „loskomen"; ※ beginnen te vuren; **–cast** ['oup(ə)nka:st] ~ *mining* dagbouw; **~-eared** [oup(ə)n'i:əd] met open oren, aandachtig; **–er** ['oupənə] (blik-, fles)opener; eerste onderdeel *o* van iets; **~-eyed** met open(gesperde) ogen, waakzaam; met grote ogen; **~-handed** mild, royaal; **~-hearted** openhartig; grootmoedig; hartelijk; **–ing I** *aj* openend; inleidend; eerste; **II** *sb* opening°; begin *o*; inleiding; kans; gelegenheid; plaats [voor een werkkracht]; *~s* ook: vooruitzichten; **–ly** *ad* openlijk, onverholen; **~-minded** onbevangen, onbevooroordeeld; **~-mouthed** met open mond; gulzig gretig; **~-necked** met open kraag; ~ *shirt* schillerhemd *o*; **–ness** open(hartig)heid; **~-work** ajour

opera ['ɔpərə] opera

operable ['ɔpərəbl] operabel

opera-cloak ['ɔpərəklouk] sortie, avondcape; **~-glasses** *mv* toneelkijker; **~-hat** hoge zijden [hoed]; **~-house** opera(gebouw *o*)

operate ['ɔpəreit] **I** *vi* werken° [v. geneesmidde-len &]; uitwerking hebben; van kracht zijn; $ & ※ opereren; ☞ een operatie doen; ~ (*up*)*on* werken op [iems. gevoel]; opereren [iem.; *for* aan]; **II** *vt* bewerken; teweegbrengen, ten gevolge hebben; in werking stellen; ✗ drijven; in beweging brengen; besturen, behandelen, bedienen [machine], werken met [vulpen]; exploiteren, leiden

operatic [ɔpə'rætik] opera-

operating room ['ɔpəreitiŋrum] ☞ operatiekamer; ~ **theatre** operatiezaal

operation [ɔpə'reiʃən] (uit)werking; werkzaamheid, verrichting, bewerking, (be)handeling, bediening [v. machine]; exploitatie; operatie; *be in* ~ van kracht zijn; ✗ in bedrijf zijn; **–al** operationeel

operative ['ɔpərətiv] **I** *aj* werkzaam, werkend, van kracht; werk-; ☞ operatief; *become* ~ in werking treden; **II** *sb* werkman, arbeider; *Am* detective, rechercheur

operator ['ɔpəreitə] operateur; (be)werker; wie bedient [machine], bestuurder; machinist, cameraman; ☎ telegrafist; ☎ telefonist; $ speculant

operetta [ɔpə'retə] operette

ophthalmia [ɔf'θælmiə] oogontsteking; **–mic** oog-; ooglijders-; **–mology** [ofθæl'mɔlədʒi] oogheelkunde; **–moscope** [ɔf'θælməskoup] oogspiegel

opiate ['oupiit] opiaat *o*: opiumhoudend slaap- of pijnstillend middel *o*

opine [ou'pain] van mening zijn, vermenen; **opinion** [ə'pinjən] opinie, ziens-, denkwijze, idee *o* & *v*; mening, oordeel *o*, gevoelen *o*; [rechtskundig &] advies *o*; *have no* ~ *of* geen hoge dunk hebben van; *i n my* ~ volgens mijn mening, naar mijn opinie, mijns inziens; *a matter o f* ~ een kwestie van opvatting; onuitgemaakt; **–ated, –ative** stijfhoofdig: stijf op zijn stuk staand; eigenwijs, eigenzinnig

opium ['oupjəm] opium, ❀ amfioen *o*; ~ **den** opiumkit; **–ism** verslaafdheid aan opium; ~ **smoker** opiumschuiver

opossum [ə'pɔsəm] ♉ opossum *o*, buidelrat

oppidan ['ɔpidən] externe leerling van Eton

opponent [ə'pounənt] tegenstander, tegenpartij, bestrijder, opponent, opposant

opportune ['ɔpətju:n] juist op tijd, van pas (komend), gelegen, geschikt, opportuun; **–nism** opportunisme *o*; **–nist** opportunist(isch); **–nity** [ɔpə'tju:niti] (gunstige) gelegenheid, kans

oppose [ə'pouz] **I** *vt* stellen (brengen) tegenover, tegenover elkaar stellen; zich kanten tegen, verzetten tegen, tegengaan, bestrijden [voorstel]; **II** *va* tegenwerpingen maken, oppositie voeren; *~d to* tegengesteld aan; *as ~d to* tegen(over); *firmly ~d to*... sterk (gekant) tegen; **–r**

opponent; bestrijder; **opposing** tegen(over)gesteld, tegenstrijdig; (vijandig) tegenover elkaar staand

opposite ['ɔpəzit] **I** *aj* tegen(over)gesteld, tegenover(gelegen); overstaand [hoeken & ⅏]; ~ *neighbour* overbuur; ~ *number* gelijke, ambtgenoot, collega, pendant *o* & *m*, tegenspeler; ~ *party* tegenpartij; *the* ~ *sex* het andere geslacht; ~ (*to*) *the house* tegenover het huis; **II** *ad* & *prep* (daar)tegenover, aan de overkant; *nearly* ~ schuin (tegen)over; **III** *sb* tegen(over)gestelde *o*, tegendeel *o*; **–tion** [ɔpə'ziʃən] oppositie°, tegenstand, verzet *o*, tegenkanting; tegenoverstelling; tegenstelling; *in* ~ *to* tegenover; in strijd met; tegen... in; **–tionist** (lid *o*) van de oppositie

oppress [ə'pres] onderdrukken, verdrukken; drukken (op), bezwaren, benauwen; **–ion** onder-, verdrukking; druk, benauwing; **–ive** (onder)drukkend, benauwend; **–or** onderdrukker, verdrukker

opprobrious [ə'proubriəs] smadend, smaad-, beledigend; **–ium** smaad, schande

opt [ɔpt] opteren, kiezen; ~ *out* niet meer willen (meedoen), bedanken (voor *of*)

optic ['ɔptik] **I** *aj* optisch, gezichts-; ~ *angle* gezichtshoek; ~ *nerve* oogzenuw; **II** *sb* ~*s* optica, optiek; **S** ogen; **–al** optisch, gezichts-; ~ *illusion* gezichtsbedrog *o*; **–ian** [ɔp'tiʃən] opticien

optimal ['ɔptiml] optimaal

optimism ['ɔptimizm] optimisme *o*; **–ist I** *sb* optimist; **II** *aj* optimistisch; **–istic** [ɔpti'mistik] optimistisch, hoopvol

optimize ['ɔptimaiz] optimaliseren; **optimum I** *sb* optimum *o*; **II** *aj* optimaal

option ['ɔpʃən] keus, verkiezing, recht *o* of vrijheid van kiezen, optie; **$** premie(affaire); **–al** niet verplicht, ter keuze, facultatief; *it is* ~ *with you to...* het staat u vrij, het blijft aan u overgelaten om...

opulence ['ɔpjuləns] rijkdom, overvloed, weelde(righeid); **–ent** rijk, overvloedig, weelderig

opus ['oupəs, 'ɔpəs] ♪ opus *o*, werk *o* [v. schrijver]; **–cule** [ɔ'pʌskju:l] ♪ klein opus *o*, werkje *o*

or [ɔ:] of; *five* ~ *six* vijf à zes; een stuk of zes; *a word* ~ *two* een paar woorden; *we can do better than that...* ~ *can we?* ...of niet soms?; hoewel...; zie ook: *so* **I**

oracle ['ɔrəkl] orakel[2] *o*; *work the* ~ achter de schermen werken; geld loskrijgen; **–cular** [ɔ'rækjulə] orakelachtig

oral ['ɔ:rəl] *aj* mondeling; mond-; 🗲 oraal

orange ['ɔrin(d)ʒ] oranjeboom; sinaasappel; oranje(kleur); *bitter* ~ pomerans

orangeade [ɔrin'(d)ʒeid] orangeade

Orangeism ['ɔrin(d)ʒism] militant protestantisme [in Noord-Ierland]; **Orangeman** [in Noord-Ierland] militante protestant

orange-peel ['ɔrin(d)ʒpi:l] oranjeschil, sinaasappelschil

orangery ['ɔrin(d)ʒəri] oranjerie

orang-outang, orang-utan ['ɔ:'rəŋ'u:tæn, 'ɔ:ræŋ-'u:ta:n] ⅏ orang-oetan

orate [ɔ'reit] **F** oreren; **–tion** rede, redevoering, oratie; **–tor** ['ɔrətə] redenaar, spreker; **–torical** [ɔrə'tɔrikl] oratorisch, redenaars-; **–torio** [ɔrə'tɔ:riou] ♪ oratorium *o*; **–tory** ['ɔrətəri] welsprekendheid; (holle) retoriek; bidvertrek *o*, (huis)kapel

orb [ɔ:b] (hemel)bol; kring; rijksappel

orbed [ɔ:bd], ⊙ ['ɔ:bid] rond

orbit ['ɔ:bit] **I** *sb* baan [v. hemellichaam, satelliet]; *fig* sfeer; oogholte, -kas; *be in* ~ in een baan draaien; *get* (*to*) *into* ~ in een baan komen; *put* (*send*) *into* ~ in een baan brengen; **II** *vi* in een baan draaien; **III** *vt* in een baan brengen; in een baan draaien om [de aarde, de maan &]; **–al** van de oogkas; van een baan, baan-; ~ *flight* vlucht in een baan (om de aarde &)

orchard ['ɔ:tʃəd] boomgaard

orchestra ['ɔkistrə] orkest° ~; **–l** [ɔ:'kestrəl] van het orkest, orkest-; **orchestrate** ['ɔ:kistreit] orkestreren, voor orkest bewerken; **–tion** [ɔ:kis'treiʃən] orkestratie, arrangement *o*

orchid ['ɔ:kid], **orchis** ['ɔ:kis] orchidee

ordain [ɔ:'dein] aan-, instellen; bevelen, verordenen, ⊙ (ver)ordineren; bestemmen, bepalen; ordenen (tot priester), wijden

ordeal [ɔ:'di:l, ɔ:'di:əl] godsgericht *o*; *fig* beproeving; vuurproef

order ['ɔ:də] **I** *sb* (rang-, volg)orde, klasse, soort; stand; ridderorde; orde(lijkheid); order, bevel *o*, last(geving), bestelling; formulier *o*; (toegangs)biljet *o*; ⅍ tenue *o* & *v*; *Order in Council* ± Koninklijk Besluit *o*; ~ *of battle* slagorde; *the* ~ *of the day* de orde van de dag; ⅍ de dagorder; *be the* ~ *of the day* aan de orde van de dag zijn; ~ *of knighthood* ridderorde; *holy* ~*s* de geestelijke wijding; *the major* (*minor*) ~*s* *rk* de hogere (lagere) wijdingen; *it is a tall* (*large, big*) ~ **F** dat is veel gevergd; dat is niet mis; *there are* ~*s against it* het is verboden; *obtain* (*take*) ~*s* (tot priester) gewijd worden; **•** *bestellingen krijgen (aannemen);* **•** *arms a t the* ~ ⅍ met het geweer bij de voet; *b y* ~ op bevel, op last; *by his* ~*s* op zijn bevel; *i n* ~ in orde; aan de orde; niet buiten de orde; *in* ~ *to marry, in* ~ *that he might marry* om te, ⊙ ten einde te trouwen; *in* ~*s* (tot priester) gewijd; *enter i n t o* (*holy*) ~*s* (tot priester) gewijd worden; *o n* ~ in bestelling; *o u t of* ~ niet in orde; ordeloos; niet wel; in het ongerede, defect, stuk; buiten de orde; *t o* ~ op commando (bevel); volgens bestelling, op (naar) maat; *call to* ~ tot de orde roepen; **II** *ij* ~, ~! tot de orde; **III** *vt* ordenen, (be)schikken, regelen, inrichten; verordenen, gelasten, bevelen, voorschrijven; bestellen; ~ *arms!* ⚔ het geweer bij de voet!; ~ *a b o u t* commanderen, ringeloren; ~ *a w a y*, ~ *o f f* gelasten heen te gaan; ~ *h o m e* gelasten naar huis te gaan; naar het moederland terugroepen (zenden); **~-book** $ orderboek *o*, orderportefeuille; **~-form** bestelbiljet *o*, bestelformulier *o*, bestelkaart

1 orderly ['ɔːdəli] *aj* ordelijk, geregeld

2 orderly ['ɔːdəli] *sb* ordonnans; hospitaalsoldaat; oppasser [in een hospitaal]; ~ **officer** officier van de dag; ~ **room** ⚔ bureau *o*

order-paper ['ɔːdəpeipə] agenda

ordinal ['ɔːdinl] rangschikkend; ~ *number* rangtelwoord *o*

ordinance ['ɔːdinəns] verordening, ordonnantie; ritus

ordinand [ɔːdiˈnænd] kandidaat voor wijding, *rk* wijdeling

ordinarily ['ɔːd(i)nərili] *ad* gewoonlijk; gewoon; **ordinary I** *aj* gewoon, alledaags; doorsnee, normaal, saai; ~ *seaman* lichtmatroos; *physician in* ~ lijfarts, hofarts; *professor in* ~ gewoon hoogleraar; zie ook: *level* **I;II** *sb* gewone *o*; *rk* ordinaris; *rk* ordinarium *o* [van de mis]; *out of the* ~ ongewoon; buitengewoon

ordinate ['ɔːdinit] × ordinaat

ordination [ɔːdiˈneiʃən] (ver)ordening, bepaling, raadsbesluit *o*, ordinantie (Gods); (priester)wijding

ordnance ['ɔːdnəns] geschut *o*, artillerie; oorlogsmateriaal en -voorraden; *Army O~ Corps* ± uitrustingstroepen; *a piece of* ~ een stuk *o* (geschut); ~ **map** stafkaart; ~ **survey** topografische opname, triangulatie; topografische dienst

ordure ['ɔːdjuə] vuilnis; vuiligheid[2], vuil[2] *o*

ore [ɔː] erts *o*

oread ['ɔːriæd] bergnimf

organ ['ɔːgən] ♪ orgel *o*; orgaan[2] *o*; **~-blower** orgeltrapper

organdie ['ɔːgəndi] organdie

organ-grinder ['ɔːgəngraində] orgeldraaier

organic [ɔːˈgænik] organisch, bewerktuigd, organiek

organism ['ɔːgənizm] organisme *o*

organist ['ɔːgənist] organist

organization [ɔːgənaiˈzeiʃən] organisatie; **-al** organisatorisch; **organize** ['ɔːgənaiz] organiseren; **-r** organisator

organ-loft ['ɔːgənlɔft] ♪ orgelkoor *o*; *rk* oksaal *o*; **~-stop** ♪ (orgel)register *o*

orgasm ['ɔːgæzm] hoogste opwinding, opgewondenheid, orgasme *o*

orgy ['ɔːdʒi] orgie, zwelg-, braspartij

oriel ['ɔːriəl] erker; erkervenster *o* (ook: ~ *window*)

Orient ['ɔːriənt] oosten *o*, morgenland *o*

1 orient ['ɔːriənt] **I** *aj* opgaand [als de zon]; oostelijk; ⊙ oosters; schitterend, stralend; **II** *sb* glans [v. parelen]

2 orient ['ɔːriənt] *vt* naar het oosten keren (richten), oriënteren [kerkgebouw]; ~ *oneself* zich oriënteren; **-al** [ɔːriˈentl] **I** *aj* oostelijk; oosters; **II** *sb* oosterling

orientate ['ɔːrienteit] oriënteren; **-tion** [ɔːrienˈteiʃən] oriëntering[2]

orifice ['ɔrifis] opening; mond

origin ['ɔridʒin] oorsprong, begin *o*, beginpunt *o*, af-, herkomst, origine; oorzaak, ontstaan *o*; **-al** [əˈridʒinəl] **I** *aj* oorspronkelijk, aanvankelijk, origineel; ~ *sin* erfzonde; **II** *sb* origineel *o* = oorspronkelijk stuk (werk) *o*; grondtekst; **-ality** [əridʒiˈnæliti] oorspronkelijkheid; originaliteit; **-ate** [əˈridʒineit] **I** *vt* voortbrengen; **II** *vi* ontstaan, voortspruiten (uit *in*), afkomstig zijn, uitgaan (van *from, with*); **-ation** [əridʒiˈneiʃən] oorsprong, ontstaan *o*; **-ative** [əˈridʒinətiv] scheppend, creatief; **-ator** (eerste) ontwerper, aanlegger, initiatiefnemer, schepper, verwekker, vader

oriole ['ɔːrioul] wielewaal, goudmerel

Orion [əˈraiən] ★ Orion

✻ **orison** ['ɔrizən] gebed *o*

orlop ['ɔːlɔp] overloop, koebrugdek *o*

ormolu ['ɔːməluː] goudbrons *o*

ornament ['ɔːnəmənt] **I** *sb* ornament *o*, versiersel *o*, versiering; sieraad[2] *o*; **II** *vt* (ver)sieren, tooien; **-al** [ɔːnəˈmentl] (ver)sierend, ornamenteel, decoratief [v. personen]; sier-; ~ *art* (ver)sier(ings)kunst, ornamentiek; ~ *painter* decoratieschilder; **-ation** [ɔːnəmenˈteiʃən] versiering; ornamentiek

ornate [ɔːˈneit] (te) zeer versierd, overladen

ornithological [ɔːniθəˈlɔdʒikl] ornithologisch; **-ist** [ɔːniˈθɔlədʒist] ornitholoog; **ornithology** ornithologie: vogelkunde

orotund ['ɔːroutʌnd] weerklinkend; pompeus, bombastisch

orphan ['ɔːfən] **I** *sb* weeskind *o*, wees; **II** *aj* verweesd, ouderloos, wees-; **III** *vt* tot wees maken; **-age** weeshuis *o*, ouderloosheid; **-ed** verweesd, ouderloos; **-hood** ouderloosheid

Orphean [ɔːˈfiːən], **Orphic** ['ɔːfik] van Orfeus; Orfisch; orakelachtig; meeslepend

orphrey, orfray ['ɔːfri] goudboordsel *o*, rand van goudborduursel

orpiment ['ɔːpimənt] operment *o* [verfstof]

orrery ['ɔrəri] planetarium *o*

orris ['ɔris] borduursel *o* van goud- of zilverkant

orthodontics [ɔːθouˈdɔntiks] orthodontie

orthodox ['ɔːθədɔks] orthodox, rechtzinnig; conventioneel; echt, van de oude stempel; gebruikelijk, gewoon; oosters-orthodox; **-y** orthodoxie, rechtzinnigheid

orthographic [ɔːθəˈgræfik] orthografisch: van de spelling, spelling-; **–phy** [ɔːˈθɔgrəfi] (juiste) spelling

orthopaedic [ɔːθouˈpiːdik] orthopedisch; **–dy** [ˈɔːθoupiːdi] orthopedie

oscillate [ˈɔsileit] slingeren, schommelen[2]; trillen; aarzelen; R oscilleren; **–tion** [ɔsiˈleiʃən] slingering, schommeling[2]; R oscillatie; **–tory** [ˈɔsilətəri] slingerend, schommelend[2], slinger-; R oscillatie-

osculate [ˈɔskjuleit] osculeren; **J** kussen; **–tion** [ɔskjuˈleiʃən] osculatie; **J** kus, gekus *o*

osier [ˈouʒə] **I** *sb* kat-, teen-, bindwilg; rijs *o*; teen; **II** *aj* tenen

osmosis [ɔzˈmousis] osmose

osprey [ˈɔspri] ✱ visarend; aigrette

osseous [ˈɔsiəs] beenachtig, beender-

ossicles [ˈɔsəkəls] gehoorbeentjes

ossification [ɔsifiˈkeiʃən] beenvorming, verbening; **ossify** [ˈɔsifai] **I** *vt* doen verbenen; verharden[2]; **II** *vi* verbenen; verharden[2]

ossuary [ˈɔsjuəri] knekelhuis *o*

ostensible [ɔsˈtensibl] *aj* voorgewend, voor de leus (op)gegeven &, ogenschijnlijk, zogenaamd; **–ly** *ad* zoals voorgegeven wordt (werd), ogenschijnlijk, zogenaamd

ostentation [ɔstenˈteiʃən] (uiterlijk) vertoon *o*, pralerij, pronkerij; ostentatie; **–ious** pralend, praalziek, pronkerig, pronkziek; ostentatief

osteology [ɔstiˈɔlədʒi] osteologie: leer der beenderen

ostler [ˈɔslə] stalknecht

ostracism [ˈɔstrəsizm] ⬚ ostracisme *o*, schervengericht *o*; uitsluiting; verbanning; **–ize** [ˈɔstrəsaiz] ⬚ (door het schervengericht) verbannen; uitsluiten, (maatschappelijk) boycotten

ostrich [ˈɔstritʃ] ✱ struis(vogel)

other [ˈʌðə] **I** *aj* ander; nog (meer); anders; *some ~ day* op een andere dag; *the ~ day* onlangs; *every ~ day* om de andere dag; *the ~ night* laatst op een avond; *(far) ~ than, ~ from* (geheel) verschillend van, anders dan; *~ than* ook: behalve; zie ook: *none*; *some one or ~* de een of andere, deze of gene; *some time or ~* (bij gelegenheid) wel eens; **II** *sb* andere; *he is the man of all ~s for the work* net de man voor dat werk; *why choose this book of all ~s!* waarom nu juist dit boek?; ☉ **–where(s)** elders; **–wise I** *ad* anders°, anderszins, op (een) andere manier; overigens; alias; *wise and ~* wijs en niet wijs; *rich or ~* al of niet rijk, rijk of arm; **II** *aj* in: *his ~ dullness* zijn domheid bij andere gelegenheden; *~-minded* van andere opinie; andersdenkend; **–worldly** [ʌðəˈwəːldli] niet van deze wereld

otiose [ˈouʃious] onnut, overbodig

otitis [oˈtaitis] oorontsteking

otoscope [ˈoutəskoup] oorspiegel

otter [ˈɔtə] ✱ (zee)otter

Ottoman [ˈɔtəmən] Ottomaan(s), Turk(s)

ottoman [ˈɔtəmən] ottomane [rustbank]

ouch [autʃ] au!

1 ought [ɔːt] ☉ iets; **P** nul

2 ought [ɔːt] moeten, behoren; *you ~ to...* u moe(s)t...

ouija [ˈwiːdʒaː] (kruishout *o* en) bord *o*, gebruikt bij spiritistische seance

ounce [auns] ons *o* (¹⁄₁₆ Engels pond); *fig* greintje *o*, beetje *o* ‖ ✱ sneeuwpanter; ☉ lynx

our [ˈauə] ons, onze; **ours** de onze(n), het onze; van ons; **ourself** [auəˈself], **ourselves** [auəˈselvz] wij (zelf); ons, (ons) zelf

ousel [ˈuːzl] = *ouzel*

oust [aust] uit het bezit stoten; verdringen; de voet lichten; uit-, ontzetten

out [aut] **I** *ad* uit°, (naar) buiten; er op uit, weg, niet thuis, ⚓ buitengaats, ⚔ te velde; uitgelopen [blaren]; buiten de oevers getreden; uitgedoofd; op; om; uit de mode; niet meer „aan" (het bewind); niet meer aan slag; in staking; bewusteloos; bekend, geopenbaard, publiek; uitgesloten; *all ~* totaal; helemaal de plank mis; met volle kracht, uit alle macht; *go all (flat)* ~ alles op alles zetten; *~ there* daarginder (in Canada &); *~ and away the best* verreweg de beste; *~ and ~* door en door, terdege; *my arm is ~* uit het lid; *the eruption is ~ all over him* hij zit vol uitslag; *in school and ~* en daarbuiten; *on her Sundays ~* op haar vrije zondagen; *the last novel ~* de laatst verschenen (nieuwste) roman; *on the voyage ~* op de uitreis; *be ~* uit zijn, er niet zijn; weer op de been zijn (na ziekte); bloeien; aan het hof voorgesteld zijn; *sp* „af" zijn; ⚔ onder de wapenen zijn; *fig* het mis hebben, zich verrekend hebben; gebrouilleerd zijn; *have it ~* duidelijk stellen, [iets] uitvechten; *genius will ~* het genie blijft niet verborgen, het genie laat zich niet onderdrukken; ● *~ at elbows* zie *elbow* **I**; *~ for Germany's destruction* het er op gezet hebbend Duitsland te vernietigen; *~ in one's calculations* zich verrekend hebbend; *~ of* uit; buiten; van; zonder; door [voorraad] heen; *be ~ of it* er niet meer in zijn; niet meer meetellen; niet meer hebben; niet in zijn element zijn; *be ~ to* het erop gemunt hebben om, het erop aanleggen om; *~ with it!* voor de dag ermee!; biecht maar eens op!; **II** *ij* ~ *u p o n him (such hypocrisy)!* weg met...!; **III** *prep* in: *from ~ the dungeon* (van) uit de gevangenis; **IV** *aj* in: *an ~-size* een extra grote maat, extra groot nummer [handschoenen &]; **V** *vt* in: ~ *with one's knife* zijn mes te voorschijn halen, zijn mes trekken; **VI** *sb the ~s* de niet aan het bewind zijnde partij

out-and-out [ˈautndˈaut] door en door, eersterangs; echt; aarts-, doortrapt, uitgeslapen; door dik en dun (meegaand), je reinste...

outback ['autbæk] *Austr* (in, van, naar het) binnenland *o*

outbalance [aut'bæləns] zwaarder wegen dan...

outbid [aut'bid] meer bieden (dan...), overbieden[2], *fig* overtreffen, de loef afsteken

outboard ['autbɔːd] buiten boord; ~ *engine*, ~ *motor* buitenboordmotor

outbound ['autbaund] ⚓ op de uitreis

outbrave [aut'breiv] trotseren; (in moed) overtreffen

outbreak ['autbreik] uitbreken *o* [v. mazelen &, brand]; uitbarsting; opstootje *o*, oproer *o*; *an* ~ *of fire* een begin *o* van brand

outbuilding ['autbildiŋ] bijgebouw *o*

outburst ['autbɔːst] uitbarsting[2]; *fig* uitval

outcast ['autkaːst] **I** *sb* verworpeling, verstoteling, verschoppeling, balling; **II** *aj* verworpen, uitgeworpen; diep gezonken

outclass [aut'klaːs] overtreffen, (ver) achter zich laten, *sp* overklassen, overspelen

outcome ['autkʌm] uitslag, resultaat *o*

outcrop ['autkrɔp] te voorschijn komen(de) *o*

outcry I *sb* ['autkrai] *sb* geschreeuw *o*, schreeuw; luid protest *o*; **II** *vt* overschreeuwen

outdare [aut'dɛə] meer durven dan; tarten

outdated [aut'deitid] verouderd, uit de tijd

outdistance [aut'distəns] achter zich laten[2]

outdo [aut'duː] overtreffen, de loef afsteken

outdoor ['autdɔː] buiten-; voor buitenhuis; in de open lucht; **–s** ['aut'dɔːz] buitenshuis, buiten

outer ['autə] buiten-, buitenste; verste, uiterste; ~ *garments* bovenkleren; *his* ~ *man* zijn uiterlijk *o*; ~ *office* kantoor *o* voor ondergeschikte(n) en publiek; ~ *space* buitenatmosfeer, buitenaardse ruimte; **–most** buitenste, uiterste

outface [aut'feis] de ogen doen neerslaan; van zijn stuk brengen; trotseren

outfall ['autfɔːl] afvloeiing [v. water], afvoerkanaal *o*, waterlozing, uitweg, -gang

outfit ['autfit] uitrusting, kostuum *o*; **S** zaak, zaakje *o*; gezelschap *o*, stel *o*; ploeg; ✄ afdeling, onderdeel *o*; **outfitter** leverancier van uitrustingen; winkelier in herenmodes

outflank [aut'flæŋk] ✄ overvleugelen, omtrekken; *fig* beetnemen

outflow ['autflou] uitstroming; uitstorting; wegvloeien *o* [v. kapitaal]; *savings* ~ **$** ontsparing

outfly [aut'flai] sneller (hoger &) vliegen dan

outgeneral [aut'dʒenərəl] in krijgsmanschap overtreffen

outgo [aut'gou] **I** *vt* overtreffen; **II** *sb* uitgaven

outgoing ['autgouiŋ] **I** *aj* uitgaand; aflopend [getij]; vertrekkend [trein]; aftredend, demissionair [minister]; **II** *sb* **–s** uitgave(n), (on)kosten

outgrow [aut'grou] sneller groeien, dan...; te groot worden voor...; ontgroeien, ontwassen;

over het hoofd groeien; groeien uit [kledingstuk]; ~ *it* het te boven komen

outgrowth ['autgrouθ] uitwas; *fig* uitvloeisel *o*, resultaat *o*, produkt *o*

outhouse ['authaus] bijgebouw *o*

outing ['autiŋ] uitstapje *o*, uitje *o*

outlandish [aut'lændiʃ] buitenlands, vreemd, zonderling; (ver)afgelegen

outlast [aut'laːst] langer duren dan...

outlaw ['autlɔː] **I** *sb* vogelvrij verklaarde, balling; bandiet; **II** *vt* vogelvrij verklaren, buiten de wet stellen, verbieden; **–ry** vogelvrijverklaring, buiten de wet stellen *o*

outlay ['autlei] uitgave, (on)kosten

outlet ['autlet] uitgang; uitweg; afvoerkanaal *o*; **$** afzetgebied *o*; *fig* uitlaatklep

outlier ['autlaiə] iem. of iets wat zich buiten zijn gewone woonplaats bevindt; ook: forens

outline ['autlain] **I** *sb* omtrek, schets[2]; omlijning; *the* ~*s* ook: de hoofdpunten; *in rough* ~ in ruwe trekken; **II** *vt* (in omtrek) schetsen, (af)tekenen[2]; omlijnen; uitstippelen; **III** *vr* ~ *itself* zich aftekenen (tegen *against*)

outlive [aut'liv] langer leven dan..., overleven; te boven komen; ~ *one's* (*its*) *day* zich overleven; *not* ~ *the night* de dag niet halen

outlook ['autluk] uitkijk; kijk, blik, zienswijze, opvatting, visie; (voor)uitzicht *o*

outlying ['autlaiiŋ] ver, verwijderd, afgelegen, buiten-

outmanoeuvre ['autmə'nuːvə] [iem.] te slim af zijn

outmarch ['aut'maːtʃ] sneller marcheren dan, achter zich laten

outmatch ['autmætʃ] overtreffen

outmoded [aut'moudid] ouderwets

outmost ['autmoust] buitenste, uiterste

outnumber [aut'nʌmbə] in aantal overtreffen, talrijker zijn dan...; *be* ~*ed* in de minderheid zijn (blijven)

out-of-date ['autəv'deit] ouderwets, verouderd

out-of-pocket ['autəv'pɔkit] ~ *expenses* voorschotten (ook: **F** ~*s*)

out-of-the-way ['autəvðə'wei] afgelegen; ongewoon; buitenissig

out-of-work ['autəv'wəːk] **I** *aj* werk(e)loos, zonder werk; **II** *sb* werk(e)loze

outpace [aut'peis] voorbijstreven

out-patient ['autpeiʃənt] poliklinische patiënt; ~*s' department* polikliniek

outport ['autpɔːt] ⚓ voorhaven

outpost ['autpoust] buitenpost; ✄ voorpost

outpouring ['autpɔːriŋ] uitstorting; ontboezeming

output ['autput] opbrengst, produkte; ✄ nuttig effect *o*, vermogen *o*; ⚡ uitgang(svermogen *o*); uitvoer [v. computer]

outrage ['autreidʒ] **I** *vt* beledigen, schenden, met voeten treden, geweld aandoen; **II** *sb* smaad, belediging; aanranding, vergrijp *o*, schennis, gewelddaad, wandaad; aanslag; **–ous** [aut'reidʒəs] *aj* beledigend, schandelijk, gewelddadig, overdreven; **–ously** *ad* ook: uitbundig, bovenmate

outrank [aut'ræŋk] (in rang) staan boven; overtreffen

outreach [aut'ri:tʃ] verder reiken dan; overtreffen

outride [aut'raid] voorbijrijden; ~ *a storm* het uithouden in een storm

outrider ['autraidə] voorrijder

outrigger ['autrigə] ⚓ uithouder, bakspier; dove jut; uitlegger; boot met leggers [wedstrijdboot]; vlerkprauw (ook: ~ *canoe*)

outright ['autrait] ineens, op slag; zoals het reilt en zeilt, in zijn geheel, terdege, totaal, volslagen; openlijk, ronduit; *laugh* ~ in een schaterlach uitbarsten, hardop lachen

outrival [aut'raivəl] het winnen van

outrun [aut'rʌn] harder lopen dan...; ontlopen; *fig* voorbijstreven; overschrijden; ~ *the constable* op te grote voet leven; **outrunner** ['autrʌnə] voorloper

outrush ['autrʌʃ] uitstroming

outsail [aut'seil] harder zeilen dan; voorbijvaren

outsell [aut'sel] meer verkocht worden dan; meer verkopen dan

outset ['autset] begin *o*; *at the* ~, *from the (very)* ~ al dadelijk (bij het begin)

outshine [aut'ʃain] (in glans) overtreffen

outside I *sb* ['aut'said] buitenzijde, -kant; uitwendige *o*; buitenste *o*; uiterste *o*; *six a t the* ~ op zijn hoogst; *f r o m (the)* ~ van buiten; *o n the* ~ buitenop; bovenop [omnibus]; van buiten; **II** *ad* buiten²; bovenop [omnibus]; van, naar buiten; **III** *prep* buiten (het bereik van); **IV** *aj* ['autsaid] van buiten (komend); uiterste; buiten-; *the* ~ *edge* beentje over *o* [bij schaatsenrijden]

outsider ['aut'saidə] niet-ingewijde, buitenstaander; niet favoriet zijnd paard *o*; onbeschofte vlerk

outsize ['autsaiz] extra grote maat

outskirts ['autskə:ts] buitenkant, zoom, grens, rand; buitenwijken

outsleep [aut'sli:p] langer slapen dan

outspoken [aut'spoukn] onbewimpeld, openhartig, vrijmoedig

outspread ['aut'spred] **I** *vt* uitspreiden; **II** *aj* uitgespreid

outstanding [aut'stændiŋ] *aj* markant, bijzonder, uitzonderlijk; uitstaand, onbetaald; onafgedaan, onuitgemaakt, onbeslist, onopgelost

outstare [aut'stɛə] [iem.] met een blik van z'n stuk brengen (beschamen)

out-station ['autsteiʃən] buitenpost²

outstay [aut'stei] langer blijven dan; ~ *the (his) time* over zijn tijd blijven, zich verlaten; ~ *one's welcome* langer blijven dan de gastheer lief is

outstep [aut'step] overschrijden

outstretched [aut'stretʃt] uitgestrekt

outstrip [aut'strip] voorbijstreven, achter zich laten, de loef afsteken

outtalk [aut'tɔ:k] omverpraten

outvie [aut'vai] overtreffen, voorbijstreven, het winnen van

outvote [aut'vout] overstemmen; *be* ~*d* in de minderheid blijven

outwalk [aut'wɔ:k] sneller (verder) gaan dan...

outward ['autwəd] **I** *aj* uitwendig, uiterlijk; naar buiten gekeerd; buiten-; *the* ~ *(form)* het vóórkomen; ~ *journey* uitreis; **II** *ad* naar buiten; ~ *bound* ⚓ op de uitreis; **–ly** *ad* uiterlijk, zo op het oog; **–s** buitenwaarts

outwear [aut'wɛə] verslijten; te boven komen; langer duren dan

outweigh [aut'wei] zwaarder wegen dan²...; *fig* meer gelden dan...

outwit [aut'wit] verschalken, te slim af zijn

outwork [autwə:k] ⚓ buitenwerk *o*

outworker ['autwə:kə] die buitenwerk verricht; thuiswerker

outworn [aut'wɔ:n] afgezaagd; verouderd; versleten; uitgeput

ouzel ['u:zl] merel

oval ['ouvəl] **I** *aj* ovaal, eirond; **II** *sb* ovaal *o*; *the Oval* een cricketterrein in Londen

ovary ['ouvəri] eierstok; 🌱 vruchtbeginsel *o*

ovate ['ouveit] eivormig

ovation [ou'veiʃən] ovatie

oven ['ʌvn] oven

over ['ouvə] **I** *prep* over°, boven, over... heen; meer dan; naar aanleiding van, in verband met, inzake, aangaande...; ~ *and above* (boven en) bovenhalve; ~ *a glass of wine* onder (bij) een glaasje wijn; *he was a long time* ~ *it* hij deed er lang over; ~ *the telephone* door de telefoon; ~ *the week-end* gedurende; *sleep* ~ *one's work* bij zijn werk; ~ *the years* in de loop der jaren; **II** *ad* over°; voorbij, afgelopen, uit, achter de rug; omver; meer; ~ *again* nog eens; ~ *against* tegenover; in tegenstelling met; ~ *and* ~ *(again)* keer op keer, telkens weer; *all* ~ van boven tot onder, van top tot teen; op-en-top; helemaal; *be all* ~ *(someone)* wèg zijn van; *all* ~ *the world, all the world* ~ over de hele wereld; *it is all* ~ *with him* gedaan, uit met hem; *twice* ~ wel tweemaal; ~ *in America* (daar)ginder in Amerika; ~ *there* (daar)ginder, aan de overkant, daar; *not* ~ *well dressed* niet al te best gekleed; **III** *sb* overschot *o*; *sp* over [cricket]

overabound ['ouvərə'baund] al te overvloedig zijn; *we* ~ *in (with)* we hebben overvloed van

overact ['ouvər'ækt] overdrijven, chargeren

overall ['ouvərɔ:l] I *sb* morskiel, werkjurk, stofjas, jasschort; ~*s* overbroek, werkbroek, werkpak *o*, overall; II *aj* totaal; algemeen

overanxiety ['ouvəræŋ'zaiəti] al te grote bezorgdheid; **–ious** [ouvər'æŋkʃəs] (al) te bezorgd

overarch [ouvər'a:tʃ] overwelven

overawe [ouvər'ɔ:] in ontzag houden, ontzag inboezemen, imponeren

overbalance I *vi* [ouvə'bæləns] het evenwicht verliezen; II *vt* het evenwicht doen verliezen; zwaarder of meer wegen dan[2]...; III *sb* ['ouvə'bæləns] overwicht *o*; surplus *o*; meerderheid

overbear [ouvə'bɛə] [iem.] zijn wil opleggen, doen zwichten; de baas spelen over; **–ing** aanmatigend

overbid [ouvə'bid] meer bieden dan, overbieden; overtreffen

overboard ['ouvəbɔ:d] overboord[2]

overbold ['ouvə'bould] al te vrijmoedig

overbuild ['ouvə'bild] te vol bouwen

overburden [ouvə'bə:dn] overladen[2]

overbusy ['ouvə'bizi] het overdruk hebbend

overcast ['ouvəka:st] I *vt* bedekken, bewolken, verduisteren, versomberen; overhands naaien; II *aj* bewolkt, betrokken [van de lucht]

overcautious ['ouvə'kɔ:ʃəs] al te omzichtig

overcharge ['ouvə'tʃa:dʒ] I *vt* $ te veel berekenen, overvragen (voor); overladen°; II *vi* $ overvragen; III *sb* overvraging; overdreven prijs

overcloud [ouvə'klaud] met wolken bedekken

overcoat ['ouvəkout] overjas

overcome [ouvə'kʌm] I *vt* overwinnen; te boven komen; II *aj fig* onder de indruk; aangedaan; overmand, verslagen (ook: ~ *by emotion*); bevangen; F beneveld

overcompensation [ouvəkɔmpen'seiʃən] *ps* overcompensatie

overcrowd [ouvə'kraud] overladen (met namen, details); **–ed** overvol, overbevolkt, overbezet

overcurious ['ouvə'kjuəriəs] al te nieuwsgierig

overdo [ouvə'du:] (de zaak) overdrijven, te ver drijven; afmatten; te gaar koken &

overdone ['ouvə'dʌn] overdreven, overladen; afgemat; te gaar (gekookt &)

overdose ['ouvə'dous] I *sb* te grote dosis; II *vt* een te grote dosis geven

overdraft ['ouvədra:ft] (bedrag *o* van) overdispositie, voorschot *o* in rekening-courant, „rood staan" *o*

overdraw ['ouvə'drɔ:] te zwart afschilderen, overdrijven, chargeren; $ overdisponeren, meer opnemen dan op de bank staat (ook: ~ *one's account*); *be overdrawn* debet staan [bij de bank]

overdress ['ouvə'dres] *vi & vt* (zich) te zwierig (te formeel) kleden, te veel opschikken

overdrive ['ouvə'draiv] I *vt* te hard aandrijven; afjagen, afjakkeren, afbeulen; II *sb* ⚙ overdrive

overdue ['ouvə'dju:, ouvə'dju:] over zijn tijd, te laat [trein]; reeds lang noodzakelijk; $ over de vervaltijd, achterstallig [v. schulden]

overeat ['ouvər'i:t] zich overeten (ook: ~ *oneself*)

overemphasize ['ouvər'emfəsaiz] te zeer de nadruk leggen op, overdrijven

overestimate I *sb* ['ouvər'estimit] te hoge schatting; overschatting; II *vt* ['ouvər'estimeit] te hoog schatten of aanslaan; overschatten; **–tion** ['ouvəresti'meiʃən] = *overestimate* I

overexcite ['ouvərik'sait] al te zeer opwekken, prikkelen, opwinden &

overexert ['ouvərig'zə:t] te zeer inspannen; **–ion** bovenmatige inspanning

overexposure ['ouvəriks'pouʒə] overbelichting [v. foto]

overfall ['ouvəfɔ:l] ruw water *o* (door tegenstroming of zandbank); verlaat *o*

overfeed ['ouvə'fi:d] (zich) overvoeden

overflight ['ouvəflait] vliegen *o* over [Russisch gebied &]

overflow I *vi* [ouvə'flou] overvloeien, overlopen; II *vt* overstromen[2]; stromen over; ~ *its banks* buiten de oevers treden; III *sb* ['ouvəflou] overstroming; teveel *o*; (water)overlaat, overloop; IV *aj* ~ *meeting* parallelvergadering; **–ing** [ouvə'flouiŋ] overvloeiend (*with* van); *full to* ~ overvol, boordevol, afgestampt vol

overfly ['ouvə'flai] ✈ vliegen over

overfull ['ouvə'ful] te vol

overgrow ['ouvə'grou] I *vt* begroeien, overdekken; II *vi* over de maat groeien; III *vr* ~ *oneself* uit zijn kracht groeien; **–grown** begroeid, bedekt [met gras &]; verwilderd [v. tuin]; uit zijn kracht gegroeid, opgeschoten; **–growth** ['ouvəgrouθ] te welige groei

overhand ['ouvəhænd] bovenhands

overhang I *vt* ['ouvə'hæŋ] hangen over, boven (iets); boven het hoofd hangen, dreigen; II *vi* overhangen, uitsteken; III *sb* ['ouvəhæŋ] overhangen *o*; overhangend gedeelte *o*

overhaul [ouvə'hɔ:l] I *vt* ⚓ inhalen; nazien, onder handen nemen, ✗ reviseren [motor &]; onderzoeken, inspecteren II *sb* ['ouvəhɔ:l] nazien *o*, onder handen nemen *o*, ✗ revisie; onderzoek *o*, inspectie

overhead I *ad* [ouvə'hed] boven ons, boven het (ons, zijn) hoofd, (hoog) in de lucht; II *aj* ['ouvəhed] ~ *charges* $ vaste bedrijfskosten (ook *overheads*); ~ *expenses* vaste onkosten (zoals huur); algemene onkosten; ~ *railway* luchtspoorweg; ~ *valve* ✗ kopklep; ~ *wires* ⚡ bovengrondse of bovenleiding; III *sb* $ algemene onkosten (ook: ~*s*)

overhear [ouvə'hiə] bij toeval horen, opvangen,

afluisteren
overheat ['ouvə'hi:t] **I** *vt* te heet maken, te veel verhitten, oververhitten; **II** *vi* oververhit worden, warm lopen
overindulge ['ouvərin'dʌldʒ] te veel toegeven
overjoyed [ouvə'dʒɔid] in de wolken, dolblij
overladen ['ouvə'leidn] overbelast; overladen (met versiering)
overland I *aj* ['ouvəlænd] over land (gaand); **II** *ad* [ouvə'lænd] over land
overlap I *vi* & *vt* [ouvə'læp] (elkaar) gedeeltelijk bedekken; over (elkaar) heenvallen, gedeeltelijk samenvallen; *fig* gedeeltelijk hetzelfde doen &, herhalen, dubbel werk doen, (elkaar) overlappen; **II** *sb* ['ouvəlæp] overlap(ping)
overlay I *vt* [ouvə'lei] bedekken, beleggen; **II** *sb* ['ouvəlei] *sb* tweede laag [verf]; overtrek; bedekking; ~ (*mattress*) bovenmatras
overleaf ['ouvə'li:f] aan ommezijde
overleap ['ouvə'li:p] springen over
overlie ['ouvə'lai] liggen over
overload I *sb* ['ouvəloud] te zware belasting; **II** *vt* ['ouvə'loud] overladen; overbelasten
overlook [ouvə'luk] overzien, uitzien op; toezien op, in het oog houden; over het hoofd zien, voorbijzien; door de vingers zien
overlord ['ouvəlɔ:d] opperheer; **–ship** opperheerschappij
overman ['ouvəmæn] (ploeg)baas; ook = *superman*
overmaster [ouvə'ma:stə] overmeesteren
overmuch ['ouvə'mʌtʃ] al te veel, te zeer
overnice ['ouvə'nais] al te kieskeurig
overnight I *ad* ['ouvə'nait] de avond (nacht) te voren; gedurende de nacht; in één nacht; ineens, plotseling; op stel en sprong; **II** *sb* ['ouvənait] de vorige avond (nacht); **III** *aj* van de vorige avond (nacht); ~ *stay*, ~ *stop* overnachting
overpass I *vt* [ouvə'pa:s] voorbijgaan; oversteken [rivier]; overschrijden; te boven komen; overtreffen; **II** *sb* ['ouvəpa:s] ongelijkvloerse kruising *o*, viaduct
overpay ['ouvə'pei] te veel (uit)betalen, een te hoog loon geven, te hoog bezoldigen
overplay [ouvə'plei] chargeren [v. acteur]; ~ *one's hand* te veel wagen, te ver gaan
overplus ['ouvəplʌs] overschot *o*
overpower [ouvə'pauə] overmannen, overstelpen, overweldigen
overprint I *vt* ['ouvə'print] van een opdruk voorzien [postzegel]; te grote oplaag drukken; **II** *sb* ['ouvəprint] opdruk
overproduction ['ouvəprə'dʌkʃən] overproduktie
overrate ['ouvə'reit] overschatten
overreach [ouvə'ri:tʃ] **I** *vt* verder reiken dan; be-

driegen; **II** *vr* ~ *oneself* te ver reiken, zich verrekken; *fig* het doel voorbijstreven
override [ouvə'raid] afrijden, afjagen, afjakkeren, afbeulen [paard]; onder de voet lopen; op zijde zetten, ter zijde stellen, met voeten treden, vernietigen; (weer) te niet doen; overheersen; ~ *one's commission* buiten zijn bevoegdheid (**F** boekje) gaan
overripe ['ouvə'raip] overrijp, beurs
overrule [ouvə'ru:l] de overhand hebben over; **‡** verwerpen, te niet doen; overstemmen; *be ~d* ook: moeten zwichten; in de minderheid blijven, overstemd of afgestemd worden
overrun [ouvə'rʌn] overlopen, overschrijden, overstromen[2]; overdekken [van plantengroei]; overstelpen (met *with*), wemelen (van *with*); binnenvallen; verwoesten, onder de voet lopen [een land]
oversea(s) ['ouvə'si:(z)] **I** *ad* over zee, naar overzeese gewesten; in het buitenland; **II** *aj* overzees, buitenlands
oversee ['ouvə'si:] het toezicht hebben over; **overseer** ['ouvəsiə] opzichter, opziener, inspecteur; slavendrijver
oversell [ouvə'sel] meer verkopen dan geleverd kan worden
overset [ouvə'set] omverwerpen, omgooien
oversew [ouvə'sou] omslaan, overhands naaien
overshadow [ouvə'ʃædou] overschaduwen, in de schaduw stellen, verduisteren
overshoe ['ouvəʃu:] overschoen
overshoot ['ouvə'ʃu:t] **I** *vt* voorbij schieten, overheen schieten; ~ *the mark* zijn (het) doel voorbijstreven; **II** *vr* ~ *oneself* zijn mond voorbijpraten; zich te ver wagen
oversight ['ouvəsait] onoplettendheid, vergissing; toe-, opzicht *o*
oversimplified ['ouvə'simplifaid] simplistisch; **–fy** simplistisch voorstellen, opvatten of redeneren
oversized ['ouvəsaizd] boven de maat, extra groot, te groot
overslaugh ['ouvəslɔ:] **I** *sb* **‡** vrijstelling van dienst (wegens verplichtingen elders); *Am* zandbank in rivier; **II** *vt* *Am* versperren; [iem.] voor promotie passeren
oversleep ['ouvə'sli:p] **I** *vi* zich verslapen; **II** *vt* langer slapen dan; **III** *vr* ~ *oneself* zich verslapen, te lang slapen
overspend ['ouvə'spend] te veel uitgeven
overspill ['ouvəspil] teveel *o*; overbevolking
overspread [ouvə'spred] overdekken, zich verspreiden over
overstaffed [ouvə'sta:ft] met te veel personeel, overbezet
overstate [ouvə'steit] overdrijven; te hoog opgeven; ~ *the case* te veel beweren; **–ment** over-

drijving

overstay ['ouvə'stei] langer blijven dan; te lang blijven

overstep ['ouvə'step] overschrijden²; ~ *all (the) bounds* alle perken te buiten gaan

overstock I *vt* ['ouvə'stɔk] te grote voorraad hebben; overladen, overvoeren [de markt]; II *sb* ['ouvəstɔk] te grote voorraad

overstrain ['ouvə'strein] I *vt* te zeer (in)spannen, overspannen; *fig* te breed uitmeten; II *vr* ~ *oneself* zich verrekken; III *sb* te grote (in)spanning; overspanning

overstress ['ouvə'stres] = *overemphasize*

overstrung ['ouvə'strʌŋ] geëxalteerd, overgevoelig, overspannen [v. zenuwen]; ['ouvəstrʌŋ] ♩ kruissnarig

oversubscribe ['ouvəsəb'skraib] $ overtekenen

overt ['ouvə:t] *aj* open, openlijk, duidelijk

overtake ['ouvə'teik] inhalen, achterhalen; bijwerken; overvallen

overtax ['ouvə'tæks] al te zwaar belasten; te veel vergen van

overthrow I *vt* [ouvə'θrou] om(ver)werpen; *fig* ten val brengen; vernietigen; II *sb* ['ouvəθrou] omverwerping; *fig* val [v. minister &]; nederlaag

overtime ['ouvətaim] I *sb* overuren, overwerk *o*; II *aj* ~ *work* overwerk *o*; III *ad work* ~ overuren maken, overwerken

overtone ['ouvətoun] ♩ boventoon; ~*s* ook: *fig* ondertoon; bijbetekenis, bijklank

overtop ['ouvə'tɔp] uitsteken boven, uitgroeien boven; overtreffen

overture ['ouvətjuə] opening, inleiding; inleidend voorstel *o* [bij onderhandeling]; ♩ ouverture; ~*s* ook: avances

overturn [ouvə'tə:n] I *vt* omwerpen, omverwerpen, doen mislukken, te gronde richten, te niet doen; II *vi* omslaan, omvallen

overvalue ['ouvə'vælju:] overschatten, overwaarderen

overweening [ouvə'wi:niŋ] aanmatigend, verwaand, laatdunkend; overdreven

overweight ['ouvəweit] I *sb* over(ge)wicht *o*; II *aj* te zwaar; **overweight(ed)** *aj* overbelast, te zwaar

overwhelm [ouvə'welm] overstelpen (met *with*); overweldigen; verwarren; verpletteren; **-ing** overstelpend, verpletterend, overweldigend, overgroot

overwork I *sb* ['ouvəwə:k] overwerk *o*, extrawerk *o*; te grote inspanning; II *vt* ['ouvə'wə:k] te veel laten werken; uitputten; ~*ed* ook: afgezaagd; III *vi* zich overwerken

overwrought ['ouvə'rɔ:t] overspannen; overla-

den [met details]

overzealous ['ouvə'zeləs] overijverig

oviduct ['ouvidʌkt] eileider; **oviform** eivormig

ovine ['ouvain] van de schapen, schape(n)-

oviparous [ou'vipərəs] eierleggend

ovoid ['ouvɔid] I *aj* eivormig; II *sb* eivormig lichaam *o*; ~*s* eierkolen

ovulation [ouvju'leiʃən] ovulatie

ovum ['ouvəm] eicel

owe [ou] I *vt* schuldig zijn, verschuldigd zijn, te danken, te wijten hebben (aan); II *vi* schuld(en) hebben; **owing** I *aj* te betalen (zijnd); *it was ~ to...* het was te wijten aan...; II *prep* ~ *to...* ten gevolge van..., dank zij...

owl [aul] 🦉 uil²; *fig* uilskuiken *o*; **-et** 🦉 uiltje *o*; **-ish** uilachtig, uilig, uile(n)-

own [oun] I *aj* eigen; ~ *cousin* volle neef (van *to*); *my ~!* lieve!; *it has a charm all its* ~ een eigenaardige bekoring; ● *have it for your (very)* ~ (helemaal) voor u alleen; *a house of my* ~ een eigen huis; *on one's* ~ alleen; op eigen houtje; zelfstandig; voor eigen rekening; zie ook: *come, get, hold, time* &; II *vt* bezitten, (in bezit) hebben; toegeven, erkennen; III *vi* ~ *to* (...*ing*) bekennen dat...; ~ *u p* F bekennen, opbiechten; **owner** eigenaar; reder; **-less** onbeheerd; **-ship** eigendom(srecht) *o*, bezit(srecht) *o*

ox [ɔks, *mv* oxen -ən] os; rund *o*

oxalic [ɔk'sælik] ~ *acid* zuringzuur *o*

Oxbridge ['ɔksbridʒ] Oxford en Cambridge [de oude universiteiten]

oxen ['ɔksən] *mv* v. *ox*

ox-eye ['ɔksai] osseoog² *o*; 🌼 margriet; 🦉 koolmees; ~-**eyed** *fig* met kalfsogen; ~-**fence** dichte haag [voor het vee]

Oxford ['ɔksfəd] Oxford *o*; ~ *movement* in 1833 begonnen (meer) roomse beweging in de Eng. Kerk; ~ *shoes* lage schoenen

oxidation [ɔksi'deiʃən] oxydatie; **oxide** ['ɔksaid] oxyde *o*; zuurstofverbinding; **-dize** ['ɔksidaiz] oxyderen

Oxonian [ɔk'sounjən] ☞ (student of gegradueerde) van Oxford

ox-tail ['ɔksteil] ossestaart

oxyacetylene ['ɔksiə'setili:n] ~ *torch* snijbrander; ~ *welding* autogeen lassen *o*

oxygen ['ɔksidʒən] zuurstof; **-ate** [ɔk'sidʒineit], **-ize** [ɔk'sidʒinaiz] met zuurstof verbinden

oyes, oyez [ou'jes] hoort!

oyster ['ɔistə] oester²; ~-**bed** oesterbank; ~-**catcher** scholekster; ~-**farm** oesterkwekerij

oz. = *ounce(s)*

ozone ['ouzoun, ou'zoun] ozon *o* & *m*; **-nic** [ou'zɔnik] ozonhoudend, ozon-

P

p [pi:] (de letter) p; *mind your ~'s and q's* pas op uw tellen; **p** = *pence, penny*
pa [pa:] **F** pa
pabulum ['pæbjuləm] voedsel[2] *o*
1 pace ['peisi] *prep ~ tua* ['tju:ei] met uw verlof; *~ Mr X* met alle respect voor X
2 pace ['peis] **I** *sb* stap, pas, schrede; gang, tempo *o*; telgang [v. paard]; *go the ~* flink doorstappen of -rijden; *fig* er op los leven; aan de sjouw zijn; *keep ~* gelijke tred houden; *mend one's ~* zijn tred verhaasten, wat aanstappen; *set the ~* het tempo aangeven[2]; *a t a great (brisk, smart) ~* met flinke stappen, vlug; *at a slow ~* langzaam stappend; langzaam (lopend); *put sbd. t h r o u g h his ~s* iem. laten tonen wat hij kan; **II** *vi* stappen; in de telgang gaan [v. paard]; **III** *vt* afpassen, afstappen; het tempo aangeven; de snelheid meten van; *~ up and down* ijsberen; *~-maker* gangmaker; **⚙** pace-maker
pachyderm ['pækidɔ:m] dikhuidig dier *o* (mens)
pacific [pə'sifik] *aj* vredelievend; vreedzaam; *the Pacific (Ocean)* de Stille Zuidzee, de Grote Oceaan; **–ation** [pæsifi'keiʃən] stilling; bedaring, kalmering; pacificatie, vredestichting; **–atory** [pə'sifikətəri] vredes-; bedarend, kalmerend
pacifism ['pæsifizm] pacifisme *o*; **–ist** pacifist(isch); **pacify** stillen; bedaren, kalmeren; pacificeren, tot vrede (rust) brengen
pack [pæk] **I** *sb* pak *o*, last; mars [v. marskramer]; **⚓** bepakking, ransel; *sp* meute, troep (jachthonden &); bende; pakijs *o*; spel *o* [kaarten]; *a ~ of lies* een hoop leugens; *cry (howl) with the ~* huilen met de wolven in het bos; **II** *vt* (in-, ver)pakken; inmaken [levensmiddelen]; bepakken, beladen; samenpakken; volproppen, volstoppen (met *with*); omwikkelen; partijdig samenstellen [jury]; *~ a punch* **F** hard toeslaan; *~ a w a y (o f f)* wegsturen; wegbergen; *~ o n all sail* ⚓ alle zeilen bijzetten; *~ed o u t* stampvol; *~ u p* **F** ophouden met, opgeven; omwikkelen; opkrassen; *a ~ed lunch* een luchpakket *o*; *the trains were ~ed* de treinen waren afgeladen; *~ed with...* ook: vol...; **III** *vi* & *va* pakken; zich laten (in)pakken; drommen; zijn biezen pakken; *~ up* **S** ermee uitscheiden; afslaan [motor]; *send sbd. ~ing* iem. de bons geven; *be sent ~ing* zijn congé krijgen; **–age I** *sb* verpakking; pak *o*; pakket[2] *o*; *Am* pakje *o* [sigaretten &]; *~s* ook: colli; **II** *aj ~ deal* [*fig*] pakket *o*; *~ holiday (tour)* volledig verzorgde vakantie (reis); **III** *vt* verpakken; **–aging** verpakking; *~-animal* pakdier *o*, lastdier *o*; *~-cloth* paklinnen

o; *~-drill* **⚓** strafexerceren *o*; *no names, no ~* **F** niemand genoemd, niemand geblameerd; **packer** (ver)pakker; pakmachine; fabrikant van verduurzaamde levensmiddelen
packet ['pækit] pakje *o*, pakket *o*; **⚓** pakketboot; **S** harde slag; zware straf; moeilijkheden; *get a ~* **S** (zwaar) gewond worden; sneuvelen; wat op de hals krijgen; *lose (make) a ~* **S** een hoop geld (een bom duiten) verliezen (verdienen); *~-boat* pakketboot
pack-horse ['pækhɔ:s] pakpaard *o*; *~-ice* pakijs *o*
packing ['pækiŋ] inpakken *o* &; verpakking; **⚒** pakking; *~-case* pakkist; *~-needle* paknaald; *~-sheet* paklinnen *o*
packman ['pækmən] marskramer; **packthread** pakgaren *o*
pact [pækt] pact *o*, verdrag *o*, verbond *o*
1 pad [pæd] **I** *sb* kussen(tje) *o*; opvulsel *o*; beenbeschermer; onderlegger bij het schrijven, blok *o*; blocnote; zachte onderkant van poot; spoor *o* [v. dier]; stempelkussen; **S** kast (= kamer &), bed *o*; *launching ~* lanceerplatform *o* [v. raket &]; **II** *vt* (op)vullen (ook: *~ out*); capitonneren; watteren
2 pad [pæd] **S I** *sb* weg; **✎** telganger; *go on the ~* op roof uit gaan; **II** *vt* aflopen; *~ it (the hoof)* er op uit gaan (te voet), tippelen; **III** *vi* tippelen
padding ['pædiŋ] (op)vulsel *o* [bijv. watten]; vulling, bladvulling
paddle ['pædl] **I** *sb* pagaai, peddel; blad *o* [v. e. riem]; schopje *o*; schoep [van een scheprad]; zwemvoet, vin; roeitochtje *o*; **II** *vt* pagaaien; roeien; *~ one's own canoe* op eigen wieken drijven; **III** *vi* pagaaien, peddelen; roeien; dribbelen, waggelen; wiebelen, ongedurig zijn; pootjebaden, ploeteren [in water]; *~-board* schoep; *~-steamer* rader(stoom)boot; *~-wheel* scheprad *o*
paddock ['pædək] paddock, kleine omheinde weide
Paddy ['pædi] **F** de (typische) Ier
paddy ['pædi] **F** nijdige bui ‖ **▓** padie [rijst]
paddy wagon ['pædiwægən] *Am* **F** politieauto
paddywhack ['pædiwæk] **F** kwaaie bui
padlock ['pædlɔk] **I** *sb* hangslot *o*; **II** *vt* met een hangslot sluiten
padre ['pa:dri] dominee; **⚓** (leger-, vloot)predikant, *rk* (leger-, vloot)aalmoezenier
paean ['pi:ən] jubelzang, zegelied *o*
paederasty, pederasty ['pedəræsti] pederastie, sodomie
paediatrician [pidiə'triʃən] kinderarts; **paedi-**

atrics [pidi'ætriks] kindergeneeskunde

pagan ['peigən] I *sb* heiden; II *aj* heidens; **–ism** heidendom *o*

page [peidʒ] I *sb* page; livreiknechtje *o*, piccolo ‖ bladzijde², pagina; II *vt* pagineren ‖ iemands naam laten omroepen [in hotels &]; *paging Mr X is de heer X aanwezig?*

pageant ['pædʒənt] (praal)vertoning; (historisch) schouwspel *o*; (historische) optocht; praal, pracht; **–ry** praal(vertoning)

paginate ['pædʒineit] pagineren; **–tion** [pædʒi'neiʃən] paginering

pagoda [pə'goudə] pagode

pah [pa:] bah!

paid [peid] V.T. & V.D. van *pay*; *put ~ to* een eind maken aan

pail [peil] emmer; **–ful** emmer(vol)

pain [pein] I *sb* pijn, smart, lijden *o*; straf; *~s* ook: (barens)weeën (*birth ~s, labour ~s*); moeite, inspanning; *take* (*great*) *~s, be a t* (*great*) *~s to...* zich (veel) moeite geven...; *u n d e r* (of (*up*)*on*) *~ of death* op straffe des doods; II *vt* pijnlijk zijn, pijn doen of veroorzaken; leed doen, bedroeven; **–ful** pijnlijk°; smartelijk; moeilijk; *~-killer* pijnstillend middel *o*; **–less** pijnloos; **painstaking** ijverig; nauwgezet

paint [peint] I *sb* verf; kleurstof, pigment *o*; gekleurde cosmetica, rouge; II *vt* (be-, af)schilderen; kleuren, verven, (zich) schminken, opmaken; *~ the town red* **F** de bloemetjes buiten zetten; *~ i n* bijschilderen; *~ o u t* overschilderen; III *vi* & *va* schilderen; zich blanketten of verven [v. dames]; *~-box* kleur-, verfdoos; *~-brush* penseel *o*, verfkwast; **–er** schilder ‖ ⚓ vanglijn; *cut the ~* zich losmaken, z'n eigen weg gaan; **–erly** schilderkunstig; **–ing** schilderij *o* & *v*; schilderkunst; schildering; **–ress** schilderes; **–y** vol verf (zittend); verf-

pair [pɛə] I *sb* paar *o* (twee, die bij elkaar behoren); tweetal *o*, stel *o*; span *o*; paartje *o*; andere van een paar (handschoenen &); *a ~ of spectacles* een bril; *a ~ of trousers* een broek; II *vt* paren°; verenigen; *~ off* paarsgewijs verdelen (schikken); III *vi* paren; samengaan; *~off* [in *Br* Parlement] paarsgewijs afwezig zijn v.e. lid v.d. regeringspartij en de oppositie

pajamas [pə'dʒa:məz] *Am = pyjamas*

Pakistani [pa:kis'ta:ni] I *aj* Pakistaans; II *sb* Pakistaner

pal [pæl] **F** I *sb* kameraad, vriendje *o*; II *vi ~ up* bevriend worden (met *with*)

palace ['pælis] paleis *o*

paladin ['pælədin] paladijn²

palaeography [pæli'ɔgrəfi] paleografie: studie van oude handschriften

palaeontology [pælian'tɔlədʒi] paleontologie: fossielenkunde

palankeen, palanquin [pælən'ki:n] palankijn, draagkoets

palatable ['pælətəbl] smakelijk²; aangenaam

palatal ['pælətl] palataal

palate ['pælit] verhemelte *o*; *fig* smaak

palatial [pə'leiʃ(ə)l] als (van) een paleis, groots

palatine ['pælətain] paltsgrafelijk; *count ~* paltsgraaf; *County Palatine* Lancashire, Cheshire of ⚓ Durham [in Engeland]; *Mount Palatine* ⌂ Palatinus, Palatijnse heuvel [van Rome] ‖ verhemelte-

palaver [pə'la:və] I *sb* conferentie, bespreking, (mondeling) onderhoud *o*; geklets *o*, gebabbel *o*; II *vi* confereren; kletsen, zwammen

1 pale [peil] I *sb* paal°; grenzen, omheining; gebied *o*, terrein *o*; *beyond the ~* onbehoorlijk, de grenzen van fatsoen overschrijdend; II *vt* af-, ompalen, omheinen

2 pale [peil] I *aj* bleek, dof, flauw, flets, licht [blauw &]; II *vt* bleek maken; III *vi* bleek worden, verbleken²; *~ ale* licht Engels bier *o*; *~-face* „bleekgezicht" *o*, blanke; *~-faced* bleek [v. gezicht]; **–ness** bleekheid *o*

Palestinian [pæles'tiniən] Palestijn(s)

palette ['pælit] palet *o*; *~-knife* paletmes *o*, tempermes *o*

palfrey ['pɔ:lfri] ⚓ damespaard *o*, paradepaard *o*

paling ['peiliŋ] omrastering, omheining

palisade [pæli'seid] I *sb* paalwerk *o*, palissade, stormpaal; II *vt* verschansen, palissaderen

palish ['peiliʃ] bleekachtig, bleekjes

1 pall [pɔ:l] *sb* baarkleed *o*, lijkkleed *o*; dekkleed *o*; pallium; kroningsmantel; altaarkleed *o*

2 pall [pɔ:l] *vi ~* (*up*)*on* (gaan) tegenstaan of vervelen; *~ with* beu zijn, balen van

palladium [pə'leidiəm] palladium² *o*; *fig* bescherming, waarborg

pall-bearer ['pɔ:lbɛərə] slippedrager

pallet ['pælit] palet *o* ‖ strobed *o*, strozak; pallet [= laadbord *o*]

palliasse ['pæliæs, pæl'jæs] stromatras

palliate ['pælieit] verzachten, lenigen; verlichten; bewimpelen, verbloemen; vergoelijken, verontschuldigen; **–tion** [pæli'eiʃən] verzachting, leniging; verlichting; bewimpeling, verbloeming; vergoelijking; **–tive** ['pæliətiv] verzachtend middel *o*, zoethoudertje *o*

pallid ['pælid] (doods)bleek; **pallor** bleekheid

pally ['pæli] **F** kameraadschappelijk, bevriend

palm [pa:m] I *sb* palm(boom); (hand)palm; *bear* (*win*) *the ~* met de zege gaan strijken; *grease* (*oil*) *the ~* omkopen; *have an itching ~* hebzuchtig, omkoopbaar zijn; II *vt* in de hand verbergen; *~ sth. off on sbd.* iem. iets aansmeren

palmary ['pælməri] schitterend, voortreffelijk

palmer ['pa:mə] ⚓ pelgrim; ❀ harige rups

palmetto [pæl'metou] dwergpalm

palmist(ry) ['pɑːmist(ri)] waarzegger(ij) [uit de lijnen v.d. hand]

palm-oil ['pɑːmɔil] palmolie; *fig* omkoopgeld *o*, fooi; **~-tree** palmboom; **-y** vol palmen; *fig* bloeiend; voorspoedig; **~** *days* bloeitijd

palooka [pəˈluːkə] S iem. die slecht is bij spelletjes

palp [pælp] I *sb* taster, voelspriet; II *vt* betasten; **-able** *aj* tastbaar; **-ate** betasten; **-ation** [pælˈpeiʃən] betasting

palpitate ['pælpiteit] kloppen [van het hart], bonzen, popelen, trillen, lillen; **-tion** [pælpiˈteiʃən] (hart)klopping

palsied ['pɔːlzid] verlamd; **palsy** I *sb* verlamming; II *vt* verlammen

palter ['pɔːltə] draaien, uitvluchten zoeken; **~** *with* knoeien met; marchanderen met; het zo nauw niet nemen met

paltry ['pɔːltri] onbeduidend, nietig; verachtelijk

pampas ['pæmpəz] pampas

pamper ['pæmpə] vertroetelen, verwennen, te veel toegeven aan

pamphlet ['pæmflit] brochure, vlugschrift *o*; pamflet *o*; **-eer** [pæmfliˈtiə] I *sb* schrijver van brochures of vlugschriften; pamflettist; II *vi* brochures (pamfletten) schrijven

Pan [pæn] Pan; **~**'s *pipes* pansfluit

1 pan [pæn] I *sb* pan²; schotel; holte; knieschijf; hersenpan; pan [v. vuurwapen]; schaal [v. weegschaal]; S gezicht *o*; closetpot; II *vt* ~ *off* (*out*) wassen [goudaarde]; III *vi* ~ *out* F opleveren, opbrengen; uitpakken; **~** *out well* heel wat opleveren, prachtig gaan of marcheren

2 pan [pæn] *vt* F hekelen, afkammen

3 pan [pæn] *vt* laten zwenken [filmcamera] en (het beeld) vasthouden

panacea [pænəˈsiːə] panacee

panache [pəˈnæʃ, pæˈnɑːʃ] vederbos, pluim; *fig* (overmoedige) bravoure, kranigheidsroes

Pan-American ['pænəˈmerikən] Pan-Amerikaans: geheel Amerika omvattend

pancake ['pænkeik] pannekoek

pancreas ['pæŋkriəs] pancreas, alvleesklier; **-atic** [pæŋkriˈætik] van de alvleesklier

pandemic [pænˈdemik] algemeen verspreid (ziekte)

pandemonium [pændiˈmounjəm] hel; hels lawaai *o*; grote verwarring; *fig* een Poolse landdag

pander ['pændə] I *sb* koppelaar; souteneur, pooier; II *vi* koppelen, voor koppelaar spelen; **~** *to sbd.*'s *vices* zich richten naar, iems. ondeugden ter wille zijn

pandy ['pændi] F slag met de plak; **-bat** plak (als strafwerktuig op school)

pane [pein] glasruit, (venster)ruit; (muur)vak *o*, paneel *o* [v. deur]

panegyric [pæniˈdʒirik] lofrede

panel ['pænl] I *sb* paneel *o*; vak *o*; tussenzetsel *o*; instrumentenbord *o*; (namen)lijst; jury; panel *o*, groep, forum *o*; *on the* **~** ook ⬚ in het ziekenfonds; II *vt* (met panelen) lambrizeren; van panelen voorzien; in vakken verdelen; **~** *doctor* ⬚ fondsdokter

panelling ['pænliŋ] beschot *o*, lambrizering

panellist ['pænlist] lid *o* van een panel (forum)

panel patient ['pænlpeiʃənt] ⬚ fondspatiënt

pang [pæŋ] pijn, steek; foltering, kwelling, angst; **~***s of conscience* gewetenswroeging

panic ['pænik] I *aj* panisch; II *sb* paniek; III *vi* in paniek raken; IV *vt* een paniek op het lijf jagen; **panicky** F in een paniekstemming (verkerend, brengend, genomen, gedaan &), paniekerig; **panic-monger** paniekzaaier; **~-stricken** in paniek geraakt

panjandrum [pænˈdʒændrəm] dikdoener

pannier ['pæniə] mand, korf

pannikin ['pænikin] kroes

panoply ['pænəpli] volle wapenrusting

panorama [pænəˈrɑːmə] panorama *o*; **-mic** [pænəˈræmik] als (van) een panorama, panorama-

pan-pipe ['pænpaip] pansfluit

pansy ['pænzi] driekleurig viooltje *o*; S verwijfde vent, mietje *o*

pant [pænt] I *vi* hijgen; kloppen [v. hart]; **~** *for* (*after*) verlangen, haken, snakken naar; II *vt* hijgend uitbrengen (ook: **~** *out*); III *sb* hijging; (hart)klopping

pantaloon [pæntəˈluːn] hansworst; **~***s* ✄ pantalon

pantechnicon [pænˈteknikən] meubelpakhuis *o*; verhuiswagen (ook: **~** *van*)

pantheism ['pænθiizm] pantheïsme *o*; **-ist** pantheïst; **-istic(al)** [pænθiˈistik(l)] pantheïstisch; **pantheon** ['pænθiən, pænˈθiːən] pantheon *o*

panther ['pænθə] panter

panties ['pæntiz] F kinderbroekje *o*; damesslipje *o*; **pantihose** (kousen)panty

pantile ['pæntail] dakpan

pantograph ['pæntəgrɑːf] pantograaf [tekenaap; ✄ stroomafnemer]

pantomime ['pæntəmaim] pantomime; gebarenspel *o*; pantomimist

pantry ['pæntri] provisiekamer, -kast; ⚓ en ↩ pantry, aanrechtkamer

pants [pænts] *Am* pantalon; onderbroek; *be caught with one's* **~** *down* plotseling verrast worden; **panty-hose** = *pantihose*

pap [pæp] pap; tepel; **~***s* kegelvormige heuveltoppen

papa [pəˈpɑː] papa

papacy ['peipəsi] pausschap *o*; pausdom *o*; **papal** pauselijk

paper ['peipə] I *sb* papier *o*; geldswaardige papieren; (nieuws)blad *o*, krant; document *o*; opstel *o*; verhandeling, voordracht, artikel *o*; examenopgave; agenda [in Parlement]; lijst; behangselpapier *o*; zakje *o*; **S** vrijkaartjes [voor theater]; ~*s* papillotten; (officiële) stukken; *examination* ~*s* examenopgaven, -werk *o*; *commit to* ~ op papier zetten, opschrijven; *read a* ~ *on* een voordracht (lezing, referaat) houden over; *send in one's* ~*s* ontslag nemen; **II** *aj* papieren; *fig* op papier [niet in werkelijkheid]; **III** *vt* behangen [kamer], met papier beplakken; ~ *over* overplakken; ~ *up* dichtplakken; ~ *the house* **S** de zaal vol krijgen door vrijkaartjes uit te delen; **–back** paperback, pocketboek *o*; **~-chase** snipperjacht; **~-clip** paperclip: papierbinder, -klem; ~ **currency** papiergeld *o*; **~-cutter** snijmachine; **~-hanger** (kamer)behanger; **~-hangings** behang(sel)papier) *o*; **~-knife** vouwbeen *o*; briefopener; **~-mill** papierfabriek, -molen; **~-stainer** behangselpapierfabrikant; **–weight** presse-papier

papilla [pə'pilə, *mv* **-lae** -li:] papil; **–ry** papillair

papist ['peipist] pausgezinde, > papist, paap; **–ic(al)** [pə'pistik(l)] pausgezind, > paaps; **–ry** ['peipistri] pausgezindheid, > papisterij

papoose [pə'pu:s] Indianenbaby

pappy ['pæpi] pappig, zacht, sappig

paprika ['pæprikə] paprika

Papuan ['pæpjuən] **I** *aj* Papoeaas; **II** *sb* Papoea

papyrus [pə'paiərəs *mv* **-ri** -rai] papyrus(rol)

1 par [pa:] gelijkheid; $ pari(koers); *above* ~ boven pari; boven het gemiddelde; uitstekend; *a t* ~ à pari; *below* ~ beneden pari; beneden het gemiddelde; niet veel zaaks; *feel below* ~ zich niet erg goed voelen; *on a* ~ gemiddeld; *be on a* ~ gelijk staan, op één lijn staan; *u p t o* ~ voldoende

2 par [pa:] **F** verk. v. *paragraph* = krantebericht(je) *o*

parable ['pærəbl] parabel, gelijkenis

parabola [pə'ræbələ] parabool; **–lic** [pærə'bɔlik] parabolisch, in gelijkenissen, als een gelijkenis

parachute ['pærəʃu:t] **I** *sb* parachute, valscherm *o*; **II** *vi* eruit springen met een parachute; **III** *vt* af-, uit-, neerwerpen (aan een parachute), parachuteren; **–tist** parachutist(e)

parade [pə'reid] **I** *sb* parade*; *fig* vertoon *o*; ✠ = *parade-ground*; appel *o*, aantreden *o*; openbare wandelplaats, promenade, (strand)boulevard; optocht; (mode)show; *make a* ~ *of* pronken met; **II** *vt* pronken met; parade laten maken, inspecteren: laten marcheren; trekken door [de straten]; **III** *vi* paraderen, in optocht marcheren, voorbijtrekken; ✠ aantreden; **~-ground** exercitieterrein *o*, paradeplaats

paradigm ['pærədaim] paradigma *o*, voorbeeld *o*

paradise ['pærədais] paradijs[2] *o*; **–siac** [pærə'disiæk], **–siacal** [pærədi'saiəkl] paradijsachtig,

paradijselijk, paradijs-

parados ['pærədɔs] ✠ rugwering

paradox ['pærədɔks] paradox; **–ical** [pærə'dɔksikl] paradoxaal

paraffin ['pærəfin] paraffine; ~ *oil* kerosine

paragon ['pærəgɔn] toonbeeld *o* (van volmaaktheid)

paragraph ['pærəgra:f] alinea; paragraaf; (kort) krantebericht *o*

parakeet ['pærəki:t] parkiet

parallax [pærə'læks] parallax: afwijking

parallel ['pærəlel] **I** *aj* evenwijdig (met *to, with*), parallel[2], overeenkomstig; **II** *sb* evenwijdige lijn, parallel[2]; ~ *(of latitude)* breedtecirkel; *without* (*a*) ~ zonder weerga; **III** *vt* evenwijdig lopen met; evenwijdig plaatsen; op één lijn stellen, vergelijken; evenaren; een ander voorbeeld aanhalen van; **–epiped** [pærəle'lepiped] parallellepipedum *o*, blok *o*; **–ism** ['pærəlelizm] parallellisme° *o*; evenwijdigheid, overeenkomstigheid; **–ogram** [pærə'leləgræm] parallellogram *o*

paralyse ['pærəlaiz] verlammen[2]; **–sis** [pə'rælisis] verlamming[2]; **paralytic** [pærə'litik] **I** *aj* verlamd; verlammend; verlammings-; **II** *sb* verlamde

para-military [pærə'militəri] paramilitair

paramount ['pærəmaunt] opperste, opper-, hoogste; overwegend, overheersend; *be* ~ *to* overtreffen, zwaarder wegen dan

paramour ['pærəmuə] minnaar, minnares

paranoia [pærə'nɔiə] paranoia; **–c** paranoïde

paranormal [pærə'nɔ:məl] paranormaal

parapet ['pærəpit] borstwering; leuning; muurtje *o*

paraph ['pærəf] krul aan het einde v.e. handtekening

paraphernalia [pærəfə'neiljə] lijfgoederen, persoonlijk eigendom *o*; sieraden, tooi; gerei *o*, toebehoren *o*, uitrusting; santenkraam

paraphrase ['pærəfreiz] **I** *sb* parafrase, omschrijving; **II** *vt* parafraseren, omschrijven; **paraphrastic** [pærə'fræstik] omschrijvend

paraplegia [pærə'pli:dʒiə] paraplegie [verlamming van beide benen]; **–ic** aan beide benen verlamd(e)

parapsychological ['pærəsaikə'lɔdʒikl] parapsychologisch; **–gy** ['pærəsai'kɔlədʒi] parapsychologie

parasite ['pærəsait] parasiet; **–ic(al)** [pærə'sitik(l)] parasitair [ziekte]; parasitisch[2]: op kosten van anderen levend, op andere gewassen groeiend

parasol ['pærəsɔl] parasol, zonnescherm *o*

parataxis [pærə'tæksis] *gram* nevenschikking

paratrooper ['pærətru:pə] ✠ parachutist; **paratroops** ✠ parachutisten, parachutetroepen, **F** para's paratyphoid [pærə'taifɔid] paratyfus

parboil ['pa:bɔil] ten dele koken; *fig* te veel verhitten

parcel ['pa:sl] I *sb* pakje *o*, pak *o*; pakket *o*, partij, hoop; perceel *o*, kavel *o*, ✧ deel *o*; II *ad* & *aj* ✧ gedeeltelijk, half, b.v. ~ *blind*; III *vt* verdelen, kavelen, toe-, uitdelen (ook: ~ *out*), ♪ met smarting bekleden, smarten; ~ *up* inpakken

parcelling ['pa:sliŋ] ♪ smarting

parcel post ['pa:slpoust] pakketpost; **parcels delivery** ['pa:slzdi'livəri] besteldienst ~ *man* besteller

parch [pa:tʃ] (doen) verdrogen, verzengen, schroeien; zacht roosteren; versmachten

parchment ['pa:tʃmənt] I *sb* perkament *o*; II *aj* perkamenten

pard [pa:d] ✧ luipaard ‖ S partner

pardon ['pa:dn] I *sb* pardon *o*, vergiffenis, vergeving; begenadiging, genade, gratie (ook~); aflaat; *general* ~ amnestie; *beg* ~ pardon, excuseer me; *beg* ~? wat blieft u?, wat zei u?; II *vt* vergiffenis schenken, vergeven, begenadigen, genade (gratie) verlenen; **–able** vergeeflijk; **–er** aflaatkramer

pare [pɛə] schillen (appel); (af)knippen [nagel]; wegsnijden, afsnijden (ook: ~ *away*, *off*); besnoeien[2] (ook: ~ *down*)

paregoric [pæri'gɔrik] pijnstillend, verzachtend middel *o*

parent ['pɛərənt] I *sb* vader, moeder; ouder; *fig* oorzaak; **–s** ouders; II *aj* moeder-; **–age** afkomst, geboorte, geslacht *o*, familie; **–al** [pə'rentəl] vaderlijk; moederlijk; ouderlijk, ouder-

parenthesis [pə'renθisis, *mv* **–ses** -si:z] tussenzin, parenthesis, haakje *o* van ( ); *fig* intermezzo *o*; *in parentheses* tussen haakjes; **–etical** [pærən'θetikəl] bij wijze van parenthesis, zo tussen haakjes

parenthood ['pɛərənthud] ouderschap *o*; **–less** ouderloos; **~-teacher** ['pɛərən'ti:tʃə] ~ *association* oudercommissie

parget ['pa:dʒit] I *sb* pleisterkalk; II *vt* pleisteren, bepleisteren, aansmeren

pariah ['pæriə] paria[2]

paring ['pɛəriŋ] schil, knipsel *o*, afval *o* & *m*; flinter; (af)schillen *o*, (af)knippen *o*; **~-chisel** steekbeitel; **~-knife** veegmes *o*

pari passu ['pɛrai'pæsju:] *Lat* (te)gelijk, gelijkmatig

parish ['pæriʃ] kerspel *o*, parochie, (kerkelijke) gemeente; *come* (*go*) *upon the* ~ ⬡ armlastig worden; ~ **clerk** koster; ~ **council** gemeenteraad; **–ioner** [pə'riʃənə] parochiaan; ~ **priest** ['pæriʃ'pri:st] (plaatselijke) pastoor of dominee; ~ **pump** als *aj fig* dorps-; ~ **register** kerkelijk register *o*

Parisian [pə'rizjən] I *aj* Parijs; II *sb* Parijzenaar; Parisienne

parity ['pæriti] gelijkheid; overeenkomst, analogie; pariteit

park [pa:k] I *sb* park *o*; ⚔ artilleriepark *o*; parkeerterrein *o*; oesterpark *o*; II *vt* parkeren; F deponeren; **–ing** parkeren *o*; parkeer-; ~ *meter* parkeermeter

parky ['pa:ki] S koud

parlance ['pa:ləns] taal; *in common* ~ in goed Engels (Nederlands &) [gezegd]; *in legal* ~ in de taal van de rechtsgeleerden

parley ['pa:li] I *sb* onderhoud *o*, onderhandeling; II *vi* onderhandelen, parlementeren; F parlevinken; *sound* (*beat*) *a* ~ met trommel of trompet om onderhandelingen vragen

parliament ['pa:ləmənt] parlement *o*; **–arian** [pa:ləmen'tɛəriən] I *sb* parlementariër; ⬡ parlementsgezinde [in de 17de-eeuwse burgeroorlog]; II *aj* = *parliamentary*; **–ary** [pa:lə'mentəri] parlementair[2], parlements-

parlour ['pa:lə] spreekkamer, ontvangkamer [*spec* in klooster]; *Am* salon [v. kapper &]; ✧ zitkamer; **~-game** huiskamerspelletje *o*; **~-maid** binnenmeisje *o*

parlous ['pa:ləs] precair, gevaarlijk; slim

Parmesan [pa:mi'zæn] I *aj* van Parma; ~ *cheese* = II *sb* parmezaanse kaas, parmezaan

parochial [pə'roukjəl] parochiaal; kleinsteeds, bekrompen, begrensd; **–ism** bekrompenheid, kleinsteedsheid

parody ['pærədi] I *sb* parodie; II *vt* parodiëren, bespottelijk nabootsen

parole [pə'roul] (ere)woord *o*; ⚔ parool *o*, wachtwoord *o*; ⚖ voorwaardelijke invrijheidstelling; *on* ~ op zijn erewoord

paroquet ['pærəkit] parkiet

parotitis [pərə'taitis] ⚕ bof

paroxysm ['pærəksizm] vlaag, (heftige) aanval

parquet ['pa:kei, 'pa:kit] I *sb* parket° *o*, parketvloer; II *vt* van parket voorzien; **–ry** ['pa:kitri] parketvloer, -werk *o*

parricidal [pæri'saidl] van een vadermoord, vadermoordend; vadermoordenaars-; **parricide** ['pærisaid] vadermoord(enaar)

parrot ['pærət] I *sb* ⚚ papegaai[2]; II *vt* napraten; nadoen

parry ['pæri] I *vt* afweren, pareren[2]; ontwijken; II *vi* pareren; III *sb* afwering; ontwijking; parade [bij het schermen]

parse [pa:z] taalkundig (redekundig) ontleden

parsimonious [pa:si'mounjəs] spaarzaam, karig, schriel; **parsimony** ['pa:siməni] spaarzaamheid, karigheid, schrielheid

parsley ['pa:sli] peterselie

parsnip ['pa:snip] witte peen

parson ['pa:sn] predikant, dominee; F iedere

geestelijke; **–age** predikantswoning, pastorie; **–ic(al)** [pa:'sɔnik(l)] van een dominee

part [pa:t] **I** *sb* part *o*, (aan)deel *o*, gedeelte *o*, aflevering [v. boekwerk]; ✗ (onder)deel *o*; plicht, zaak, taak; partij, zijde, kant; ♪ partij, stem; rol²; **~s** ✎ bekwaamheden, talent; **F** geslachtsdelen; *the ~s of speech* de rededelen; *a man of (good) ~s* ✎ een bekwaam, talentvol man; *the curious ~ of it is...* het gekke van de zaak is...; *be ~ of* ook: (be)horen bij (tot); *be ~ and parcel of* een integrerend deel uitmaken van, schering en inslag zijn van; *bear one's ~* het zijne (zijn plicht) doen, zich... houden (tonen); *do one's ~* het zijne (zijn plicht) doen; *have neither ~ nor lot in* niets te maken hebben met, part noch deel hebben aan; *play a ~* een rol spelen²; *fig* komedie spelen; *play one's ~* het zijne doen, zijn deel bijdragen; *take ~* deelnemen, meedoen (aan *in*); *take sbd.'s ~*, *take ~ with sbd.* iems. partij kiezen; ● *for my ~* voor mijn part, wat mij betreft, ik voor mij; *for the most ~* hoofdzakelijk, grotendeels; *in ~* deels; gedeeltelijk; *take in good ~* goed opnemen; *in ~s* in afleveringen; ♪ meerstemmig; *in foreign ~s* in den vreemde; *in these ~s* in deze streek (buurt); *of the one ~, of the other ~* ter eenre, ter andere; *o n my ~* van mijn kant, mijnerzijds, uit naam van mij; **II** *ad* zie *partly*; **III** *vt* verdelen; scheiden; breken; *~ company* uit of van elkaar gaan, scheiden (van *with*); *~ one's hair* een scheiding maken (in zijn haar); *her ~ed lips* geopende; **IV** *vi* zich verdelen, uiteengaan, -wijken, scheiden (als); breken; *~ f r o m* weggaan (scheiden) van; *~ w i t h* van de hand doen, afstand doen van

partake [pa:'teik] deelnemen, deel hebben (aan, in *of, in*); *~ of* ook: gebruiken, verorberen; iets hebben van; **partaken** V.D. van *partake*; **partaker** deelnemer, deelgenoot

parterre [pa:'tɛə] bloemperken; parterre *o & m*

part-exchange ['pa:tiks'tʃein(d)ʒ] inruil

Parthian ['pa:θiən] **I** *aj* Parthisch; *~ shot & [fig]* hatelijke laatste opmerking &; **II** *sb* Parth

partial ['pa:ʃəl] *aj* partieel, gedeeltelijk; partijdig, eenzijdig; *be ~ to* een voorliefde hebben voor, bijzonder gaarne mogen; **–ity** [pa:ʃi'æliti] partijdigheid, eenzijdigheid; zwak *o*, voorliefde (voor *to*)

partially ['pa:ʃəli] *ad* v. *partial*; zie ook *sight* **II**

participant [pa:'tisipənt] **I** *aj* deelnemend, -hebbend; **II** *sb* deelnemer, -hebber, participant; **–ate** delen, deelnemen, deel hebben (in, aan *in*), participeren; **–ation** [pa:tisi'peiʃən] deelneming, deelhebbing, participatie, medezeggenschap, inspraak; **–ator** [pa:'tisipeitə] = *participant* **II**

participle ['pa:tisipl] deelwoord *o*

particle ['pa:tikl] deeltje *o*, greintje *o*; partikel *o*: onveranderlijk rededeeltje *o*

parti-coloured = *party-coloured*

particular [pə'tikjulə] **I** *aj* bijzonder; speciaal; bepaald; persoonlijk; kieskeurig, nauwkeurig, veeleisend, lastig; *a ~ friend* een goede (intieme) vriend; *he is not ~ to a few guilders* hij ziet niet op een gulden of wat; *in ~* (meer) in het bijzonder, met name; **II** *sb* bijzonderheid, bijzondere omstandigheid, punt *o; a London ~* een echte Londense mist; **–ity** [pətikju'læriti] bijzonderheid; kieskeurigheid; nauwkeurigheid; **–ize** [pə'tikjuləraiz] **I** *vi & va* in bijzonderheden treden; **II** *vt* met naam noemen; in bijzonderheden opgeven, omstandig verhalen; **–ly** *ad* bijzonder; zeer; speciaal, vooral, met name, in het bijzonder

parting ['pa:tiŋ] **I** *aj* afscheids-; *~ breath* laatste ademtocht; *~ shot* hatelijkheid [bij het weggaan]; *a ~ word* ook: een woordje *o* tot afscheid; **II** *sb* scheiding°; afscheid *o*, vertrek *o*

partisan [pa:ti'zæn] **I** *sb* aanhanger, medestander, voorstander; partijganger; partizaan; **II** *aj* partijdig; partizanen-; **–ship** partijgeest

partite ['pa:tait] gedeeld; **partition** [pa:'tiʃən] **I** *sb* deling, verdeling; (af)scheiding; scheidsmuur; afdeling, (be)schot *o*; vak *o*; **II** *vt* delen, verdelen; afscheiden, afschutten; *~ off* afschieten [een vertrek]; *~-wall* scheidsmuur²

partitive ['pa:titiv] delend; delings- ✎ **Partlet** ['pa:tlit] *Dame ~* de hen; de vrouw (des huizes)

partly ['pa:tli] gedeeltelijk, ten dele, deels

partner ['pa:tnə] **I** *sb* gezel(lin); deelgenoot, deelhebber, compagnon, firmant, vennoot; partner: dame of heer met wie men danst, speelt &; **S** vriend, maat; *sleeping (silent, dormant) ~* stille vennoot; **II** *vt* ter zijde staan, de partner zijn van; *~ sbd. with* iem.... tot partner geven; **–ship** deelgenootschap *o*, vennootschap, maatschap

partook [pa:'tuk] V.T. van *partake*

part-owner ['pa:t'ounə] medeëigenaar; ⚓ medereder; **~-payment** gedeeltelijke betaling

partridge ['pa:tridʒ] 🦌 patrijs

part-song ['pa:tsɔŋ] meerstemmig lied *o*; *~-time* part-time, niet volledig; **~-timer** parttimer, niet volledige (werk)kracht

party ['pa:ti] partij, feest(je) *o*, fuif, gezelschap *o*; afdeling, groep, troep; deelnemer; **F** persoon, iemand; *a queer ~* **F** een rare sijs (sinjeur); *throw a ~* een feestje bouwen; *be a ~ to* deel hebben of deelnemen aan, meedoen aan; *be of the ~* tot het gezelschap behoren; **~-coloured** bont, veelkleurig; *~ line* [politieke] partijlijn; ⚡ lijn met meervoudige aansluiting; **~spirit** partijgeest; **~-wall** ⚒ gemene (= gemeenschappelijke) muur

parvenu ['pa:vənju:] parvenu

parvis ['pa:vis] voorplein *o* [v. kerk]; kerkportaal *o*

pas [pa:] (dans)pas; *give* (*yield*) *the* ~ vóór laten gaan, de voorrang gunnen

paschal ['pa:skǝl] paas-; ~ *lamb* paaslam *o*

pasha ['pa:ʃǝ] pasja

pasquinade [pæskwi'neid] paskwil *o*, schotschrift *o*

pass [pa:s] I vi voorbijgaan°, passeren°, voorbijlopen, -komen &; heengaan; voorvallen; gewisseld worden [v. woorden &]; erdoor komen of er (mee) door kunnen, slagen [bij examen]; aangenomen worden; passen [bij kaartspel]; II *vt* voorbijgaan, -lopen, -trekken; passeren; doorgaan; overslaan; overgaan, overtrekken, -steken; te boven gaan; met goed gevolg afleggen; laten passeren; erdoor toelaten, aannemen [voorstel], goedkeuren [medisch]; doorbrengen [tijd]; geven [zijn woord]; uitspreken [oordeel]; doorgeven; aanreiken; strijken met [zijn hand] (over *across*), halen (door *through*); uitgeven, kwijtraken [geldstuk]; ~ *belief* ongelooflijk zijn; ~ *remarks* opmerkingen maken; ● ~ *along* zie ~ *on*; ~ *away* voorbijgaan; verdwijnen; ☉ heengaan, overlijden; verdrijven [tijd]; ~ *by* passeren, voorbijlopen; geen notitie nemen van; ~ *by the name of...* ...genoemd worden; ~ *for* doorgaan voor, gelden als; slagen als (voor); ~ *into* overgaan in; veranderen in; worden; ~ *off* gaan, verlopen; voorbij-, overgaan; uitgeven, kwijtraken [vals geld]; maken [opmerkingen]; ~ *oneself off as...* zich uitgeven voor; ~ *sth. off on sbd.* iem. iets in de hand stoppen; op de mouw spelden; ~ *it off with a smile* er zich met een (glim)lachje afmaken; ~ *on* dóórlopen, verder gaan; ~ *it on* het doorgeven; het doorberekenen (aan *to*); ~ *on to...* overgaan tot...; ~ *out* een (onderwijs)inrichting verlaten, heengaan; bewusteloos worden, flauwvallen; doodgaan; ~ *over* gaan over, komen over; voorbijgaan; voorbijtrekken [onweer]; passeren; overslaan, geen notitie nemen van; ~ *round* slaan of leggen om [v. e. touw]; doorgeven, laten rondgaan; ~ *through* gaan door; steken door; doormaken, meemaken; doorlópen [school]; *be ~ing through* (ergens) doortrekkend zijn; ~ *up* S laten schieten, bedanken voor; III *sb* pas, bergpas, doorgang, ♟ „gat" *o*; slagen *o* [bij examen]; ☞ gewone graad; reis-, verlofpas, vrij-, permissiebiljet *o*, toegangsbewijs *o*, perskaart (*press* ~); uitval [bij schermen]; handbeweging; pass [bij voetbal]; toestand, staat van zaken; *bring to* ~ tot stand brengen, teweegbrengen; *come to* ~ gebeuren; *how did it come to* ~? hoe heeft het zich toegedragen?; *things have come to a pretty* ~ het is ver gekomen...; *make a* ~ *at* amoureuze avances maken bij; *sell the* ~ verraad plegen; ~ *able aj* begaanbaar, berijd-, bevaarbaar; er mee door kunnend, draaglijk, tamelijk, voldoend, passabel; gang-

baar; ~*ably ad* tamelijk, redelijk, nogal

passage ['pæsidʒ] doorgang, doortocht, doortrek [v. vogels]; doorvaart, doorreis; doormars; passeren *o*, overgang, overtocht; voorbijgaan *o*; gang; steeg; passage° [ook = vrachtprijs, plaats in boek &]; doorlaten *o* of aannemen *o* [wetsvoorstel]; (uit)wisseling; *a* ~ *of* (*at*) *arms* woordenwisseling, botsing

pass-book ['pa:sbuk] kassiersboekje *o*, rekeningcourantboekje *o*, (spaar)bankboekje *o*

pass-check ['pa:stʃek] contramerk *o*

passé(e) ['pa:sei] *Fr* uit de tijd; op zijn (haar) retour, verlept

passenger ['pæsindʒǝ] passagier, reiziger; F personentrein; ~ (**motor-)car** personenauto; ~-**train** personentrein; *forward by* ~ als expresgoed verzenden

passe-partout ['pæspa:tu:] *Fr* passepartout; loper

passer(-by) ['pa:sǝ('bai)] voorbijganger

passible ['pæsibl] (over)gevoelig

passim ['pæsim] *Lat* op meerdere plaatsen [in een boek]

passing ['pa:siŋ] I *aj* voorbijgaand[2]; dóórtrekkend; terloops gemaakt; II *ad* ⚘ in hoge mate, zeer; III *sb* voorbijgang; slagen *o* [bij examen]; aannemen *o* [wet]; ☉ heengaan *o*, overlijden *o*; *in* ~ en passant, terloops; ~-**bell** doodsklok

passion ['pæʃǝn] lijden *o*; drift, hartstocht, passie; woede; *have a* ~ *for* dol zijn op; *in a* ~ in drift; woedend; ~-**ate** hartstochtelijk, fervent, driftig; ~-**flower** passiebloem; ~-**less** zonder hartstocht, geen hartstocht kennend; **Passion-play** passiespel *o*; ~ **Sunday** Passiezondag: tweede zondag vóór Pasen; ~-**tide** passietijd (= de twee weken van Passiezondag tot Paasavond); ~ **week** week van Passiezondag tot Palmzondag; ⚘ lijdensweek: week vóór Pasen

passive ['pæsiv] I *aj* lijdelijk; lijdend; passief; ~ *resistance* lijdelijk verzet *o*; II *sb gram* lijdende vorm, lijdend werkwoord *o*; ~-**ness** passiviteit, lijdelijkheid; **passivity** [pæ'siviti] = *passiveness*

pass-key ['pa:ski:] loper; huissleutel; eigen sleutel

Passover ['pa:souvǝ] (joods) paasfeest *o*; paaslam *o*

passport ['pa:spɔ:t] paspoort[2] *o*, pas[2]; -**word** parool *o*, wachtwoord *o*

past [pa:st] I *aj* verleden, geleden; voorbij(gegaan), afgelopen; vroeger, ex-; *for some days* ~ sedert enige dagen; ~ *master* ex-meester; ~ *past-master*; II *sb the* ~ het verleden; het (vroeger) gebeurde; *gram* de verleden tijd; III *prep* voorbij, over, na; *she is* ~ *a child* geen kind meer; *it is* ~ *crying for* er helpt geen lievemoederen meer aan; ~ *cure* onherstelbaar, ongeneeslijk; ~ *help* niet meer te helpen; ~ *hope* hopeloos; ~ *saving* reddeloos verloren; **IV** *ad* voorbij; *at noon or five minutes* ~ erover

paste [peist] **I** *sb* deeg *o*; pap [om te plakken], stijfsel; pasta; smeersel *o*; meelprodukt *o* [macaroni &]; similidiamant *o*; **II** *vt* (be)plakken, opplakken; F afranselen; ~ *up* aanplakken; **–board I** *sb* bordpapier *o*, karton *o*; S kaartje *o*; **II** *aj* bordpapieren, kartonnen; *fig* onecht, schijn-; **~-brush** stijfselkwast

pastel [pæs'tel, 'pæstel, +'pæsl] pastel *o*; **pastel(l)ist** [pæs'telist] pastellist

paste-pot ['peistpɔt] stijfselpot; **paster** aanplakker

pastern ['pæstə:n] koot van een paard

pasteurism ['pæstərizəm] ɫ inenting; **–ization** [pæstərai'zeiʃən] pasteurisatie; **–ize** ['pæstəraiz] pasteuriseren

pastille ['pæstl] pastille; reukballetje *o*

pastime ['pa:staim] tijdverdrijf *o*, -passering, -korting

pasting ['peistiŋ] F pak *o* slaag

past-master ['pa:st'ma:stə] ware meester, kunstenaar [in zijn vak]

pastor ['pa:stə] pastor, zielenherder, voorganger, predikant; *Am* ook: pastoor; **–al I** *aj* herderlijk[2], landelijk; herders-; pastoraal; ~ *care* zielzorg; ~ *letter* herderlijk schrijven *o*; **II** *sb* herderlijk schrijven *o*; pastorale, herderszang, -dicht *o*, -spel *o*

pastorale [pæstə'ra:li] ♪ pastorale

pastorate ['pa:stərit] geestelijkheid; herderlijk ambt *o*

pastry ['peistri] gebak *o*, pastei, gebakje *o*, taartje *o*, gebakjes, taartjes; **~-cook** pasteibakker, banketbakker

pasturage ['pa:stjuridʒ] weiden *o*; weiland *o*; gras *o*; **pasture I** *sb* weide, gras *o*; **II** *vi* & *vt* (laten) weiden, (af)grazen

1 pasty ['peisti] *aj* deegachtig; bleek

2 pasty ['pæsti] *sb* vleespastei

1 pat [pæt] **I** *sb* tikje *o*, klopje *o*; klompje *o*, stukje *o* [boter]; **II** *vt* tikken, kloppen (op); ~ *on the back* goedkeurend op de schouder kloppen

2 pat [pæt] *aj* & *ad* (net) van pas; (precies) raak, toepasselijk; prompt; op zijn duimpje; *he had his rhymes* ~ hij kon ze zo maar uit zijn mouw schudden; *stand* ~ op zijn stuk blijven staan; *stand* ~ *on* blijven bij

patch [pætʃ] **I** *sb* lap, lapje *o*, stukje *o* (grond), plek; moesje *o*; *purple* ~*es* markante plaatsen, prachtige gedeelten [in gedicht &]; *he* (*it*) *is not a* ~ *on...* F hij (het) haalt niet bij...; *when I strike a bad* ~ F als het me tegenzit; **II** *vt* een lap zetten op, oplappen[2]; met moesjes bedekken; ~ *up* oplappen, opknappen, opkalfateren; in elkaar flansen; haastig tot stand brengen of bijleggen; **–work** lapwerk *o*; ~ *counterpane* (*quilt*) lappendeken;

patchy gelapt; ongelijk

pate [peit] F kop, bol, knikker

pâté [pa:'tei] pâté

patella [pə'telə] knieschijf

paten ['pætən] pateen

patent ['peitənt] **I** *aj* open(baar); gepatenteerd, patent-; duidelijk (aan het licht tredend); voor een ieder zichtbaar; voortreffelijk; ~ *leather* verlakt leer *o*, lakleer *o*; **II** *sb* patent *o*, vergunning; octrooi *o*; ~ *of nobility* adelbrief; **III** *vt* patenteren; **–ee** [pei-, pætən'ti:] patenthouder

patently ['peitəntli] klaarblijkelijk, kennelijk

patent office ['pei-, 'pætəntɔfis] octrooiraad

pater ['peitə] S piepa, ouwe heer

paterfamilias ['peitəfə'miliəs] hoofd *o* van het gezin, huisvader

paternal [pə'tə:nl] *aj* vaderlijk, vader(s)-; van vaderszijde; **–ism** paternalisme *o*; bevoogding; **–istic** [pætə:nə'listik] paternalistisch; **–ly** [pæ'tə:nəli] *ad* vaderlijk; **paternity** vaderschap[2] *o*

paternoster ['pætə'nɔstə] onzevader *o*, paternoster *o*; zetlijn (ook: ~-*line*)

path [pa:θ, *mv* pa:ðz] pad *o*, weg, baan

pathetic [pə'θetik] pathetisch, gevoelvol, aandoenlijk; gevoels-; beklagenswaardig, deerniswekkend, zielig

pathfinder ['pa:θfaində] ✈ vliegtuig *o* dat vooruit vliegt om bommenwerpers naar hun doel te brengen; *fig* baanbreker, pionier

pathless ['pa:θlis] ongebaand

pathogen ['pæθodʒən] ɫ ziekteverwekker; **–ic** [pæθə'dʒenik] ziekteverwekkend

pathological [pæθə'lɔdʒikl] pathologisch; **–ist** [pə'θɔlədʒist] patholoog; **pathology** ziektenkunde

pathos ['peiθɔs] pathos *o*

pathway ['pa:θwei] (voet)pad *o*, weg, baan

patience ['peiʃəns] geduld *o*; volharding; lankmoedigheid, lijdzaamheid; patience *o* [met de kaarten]; *have no* ~ *with* niet kunnen uitstaan; *be out of* ~ *with* niet meer kunnen luchten of zien; *try sbd.'s* ~ iems geduld op de proef stellen; **patient I** *aj* geduldig, lankmoedig, lijdzaam; volhardend; ~ *of* geduldig verdragend; toelatend; **II** *sb* patiënt, lijder

patina ['pætinə] patina *o*: roestlaag; tint van ouderdom

patio ['pætiou] patio: open binnenplaats, terras *o*

patriarch ['peitria:k] patriarch°, aartsvader; *fig* nestor; **–al** [peitri'a:kəl] patriarchaal, aartsvaderlijk; **–ate** ['peitria:kit] patriarchaat *o*; **–y** patriarchaat *o*; patriarchaal ingerichte samenleving of regering

patrician [pə'triʃən] **I** *aj* patricisch; **II** *sb* patriciër; **–ate** patriciaat *o*

patrimonial [pætri'mounjəl] tot het vaderlijk

erfdeel behorend; (over)geërfd; **–ny** ['pætrimənı] vaderlijk erfdeel *o*, erfgoed² *o*
patristic [pə'trıstık] van de kerkvaders
patriot ['peıtrıət] patriot, vaderlander; **–ic** [pætrı'ɔtık] *aj* vaderland(s)lievend; **–ically** *ad* patriottisch; **–ism** ['pætrıətızm] vaderlandsliefde
patrol [pə'troul] **I** *sb* patrouille, ronde; **II** (*vt &*) *vi* (af)patrouilleren; surveilleren (op, in) [v. politie]; **–car** surveillancewagen [v. politie]; **–man** *Am* agent(-surveillant); ~ **wagon** *Am* boevenwagen
patron ['peıtrən] beschermer, beschermheer; patroon, beschermheilige (ook: ~ *saint*); (vaste) klant, begunstiger; begever van kerkelijk ambt; **–age** ['pætrənıdʒ] beschermheerschap *o*; beschermend air *o*, neerbuigendheid; begunstiging, klandizie; bescherming, steun; begevingsrecht *o*; **–ess** ['peıtrənıs] beschermster, beschermvrouw(e); patrones, beschermheilige; **–ize** ['pætrənaız] uit de hoogte behandelen; begunstigen [met klandizie], geregeld bezoeken; steunen; *well ~d* beklant [v. winkel]; **–izing** beschermend, neerbuigend, uit de hoogte
patronymic [pætrə'nımık] **I** *aj* vaders-, familie; **II** *sb* vadersnaam, stam-, familienaam
patten ['pætən] trip [schoeisel]
patter ['pætə] **I** *vi* kletteren [hagel]; ratelen; trappelen, trippelen; **II** *vt* doen kletteren; (af)ratelen (ook: ~ *out*); afraffelen [gebeden]; kakelen, parlevinken, snel praten; **III** *sb* gekletter *o*, geratel *o*; gesnap *o*; getrippel *o*; snelgesproken praatje *o*, snelgezongen woorden [v. lied of komediestuk]
pattern ['pætən] **I** *sb* model *o*, voorbeeld *o*, patroon *o*, staal *o*; dessin *o*, tekening; toonbeeld *o*; **II** *aj* model-; **III** *vt* volgens patroon maken, vormen (naar *after, upon*)
patty ['pætı] pasteitje *o*
paucity ['pɔːsıtı] schaarste, gebrek *o* (aan *of*)
Paul [pɔːl] Paulus; ~ *Pry* nieuwsgierige bemoeial
paunch [pɔːn(t)ʃ] pens, buik; **–y** dikbuikig
pauper ['pɔːpə] arme, bedeelde; **–dom** pauperisme *o*; **–ism** armoede; pauperisme *o*; de armen; **–ization** [pɔːpəraı'zeıʃən] verarming; **–ize** ['pɔːpəraız] tot armoede komen of brengen, verarmen, armlastig maken of worden
pause [pɔːz] **I** *sb* rust, stilte, pausering, stilstand; gedachtenstreep; ♩ orgelpunt; pauze; *give ~ to* doen aarzelen, tot nadenken stemmen; *make a ~* even pauzeren; **II** *vi* pauzeren, even rusten, ophouden; nadenken, zich bedenken; ~ *over the details* stilstaan bij de bijzonderheden; ~ *(up)on* lang aanhouden of stilstaan bij
pave [peıv] bestraten, plaveien; bevloeren; ~ *the way for* de weg banen voor; **–ment** bestrating, plaveisel *o*, stenen vloer; trottoir *o*, stoep; terras *o* [v. café]; *Am* rijweg, rijbaan; **paver, pavier** straatmaker

pavilion [pə'vıljən] paviljoen *o*, tent
paving ['peıvıŋ] bestrating; plaveisel *o*
paviour ['peıvjə] straatmaker
paw [pɔː] **I** *sb* poot°, klauw; **II** *vi* krabben; „kappen" [met de voorpoot]; **III** *vt* met de poot aanraken of krabben; betasten; ruw beetpakken; ~ *the ground* „kappen" [v. een paard]
pawky ['pɔːkı] sluw, slim
pawl [pɔːl] ⚒ pal
pawn [pɔːn] **I** *sb* pand *o* ‖ pion [schaakspel]; *be at (in)* ~ in de lommerd staan; *take out of* ~ inlossen; **II** *vt* verpanden², belenen; **–broker** lommerdhouder; **–ee** [pɔː'niː] pandhouder; **–er** ['pɔːnə] verpander, pandgever; **–shop** pandjeshuis *o*, lommerd; **~-ticket** lommerdbriefje *o*
pax [pæks] **I** *ij* ⚘ S genoeg!; vergiffenis!; **II** *sb* vredeskus
pay [peı] **I** *sb* betaling, bezoldiging, traktement *o*, salaris *o*, loon *o*, gage, ⚓ soldij; *in the* ~ *of...* door... bezoldigd, in dienst van...; **II** *vt* betalen, bezoldigen, salariëren, voldoen, uitbetalen, uitkeren; lonen, vergelden; vergoeden; betuigen [eerbied]; ~ *attention* aandacht schenken (aan *to*), opletten, acht geven; ~ *one's attentions to sbd.* iem. het hof maken; ~ *a compliment* een compliment maken; ~ *one's respects* zijn opwachting maken (bij *to*); ~ *a visit* een bezoek afleggen; ~ *one's way* zich (zelf) bedruipen; *it ~s you to...* het loont de moeite, het is wel de moeite waard...; **III** *vi* betalen; de moeite lonen, renderen; ● ~ *away* uitgeven [geld]; ⚓ vieren; ~ *down* contant betalen; ~ *back* terugbetalen, betaald zetten; ~ *for* betalen (voor); boeten voor; ~ *in money* geld storten; ~ *it into his hands* het aan hem afdragen; ~ *off* ⚓ (laten) afvallen; (af)betalen; de moeite lonen, renderen, vruchten afwerpen, succes hebben, beloond worden; ~ *off the crew* het scheepsvolk afmonsteren; ~ *out* ⚓ vieren; (uit)betalen; wraak nemen; *I'll ~ him out for that* dat zal ik hem betaald zetten, inpeperen; ~ *over to...* het (uit)betalen of afdragen aan; ~ *through the nose* buitengewoon veel betalen, afgezet worden; ~ *towards the cost* het zijne bijdragen; ~ *up* (af)betalen; volstorten [aandelen]
–able betaalbaar, te betalen; lonend, renderend; *become ~* vervallen; *make ~* betaalbaar stellen; **~-bed** particulier bed *o* [in ziekenhuis]; **~-bill** betaalstaat; **~-book** ⚓ zakboekje *o*; **~-box** loket *o*, bespreekbureau *o*; **~-day** betaaldag; traktementsdag; **~-dirt** [voor exploitatie] lonende ertshoudende aarde; *fig* lonende onderneming
P.A.Y.E. ['piː eıwaı'iː] = *pay-as-you-earn* (*income-tax*) loonbelasting die bij uitbetaling wordt ingehouden
payee [peı'iː] te betalen persoon, nemer [v. wis-

sel]; **payer** ['peiə] betaler; **pay-load** nuttige last; **–master** betaler; betaalmeester; ⚓ & ⚔ officier van administratie; *P~-General* thesauriergeneraal; **payment** betaling; *fig* loon *o*

⚜ **paynim** ['peinim] *sb* (& *aj*) heiden(s)

pay-off ['peiɔ:f] **F** afrekening; beloning; resultaat *o*; climax; beslissing; bekentenis; **~-office** betaalkantoor *o*, -kas; **–ola** [pei'oulə] *Am* steekpenningen; **~-packet** ['peipækit] loonzakje *o*; **~-rise** loonsverhoging; **~-roll, ~-sheet** betaalstaat, loonlijst; **~-slip** loonbriefje *o*

P.C. = *Privy Councillor*; *Police Constable*

pea [pi:] erwt

peace [pi:s] vrede; rust; *~!* still; *~ of mind* gemoedsrust; *the King's (the Queen's)* ~ de openbare orde; *break the (King's)* ~ de vrede verbreken; de rust verstoren; *hold one's* ~ (stil)zwijgen; *keep the* ~ de vrede bewaren; de openbare orde niet verstoren; *make one's* ~ *with* zich verzoenen met ; ● *a t* ~ in vrede; *i n* ~ in vrede; met rust; rustig; **–able** *aj* vreedzaam; vredelievend; **~-breaker** vredeverstoorder; rustverstoorder; **Peace Corps** vredeskorps *o* [v.d. V.N.]; **peaceful** vreedzaam; vredig; rustig; kalm; **peace-loving** vredelievend; **–maker** vredestichter; **~-offering** dank-, zoenoffer *o*

1 peach [pi:tʃ] *sb* perzik; **S** snoes, „juweel" *o*

2 peach [pi:tʃ] *vi* **S** klikken; ~ *against (on)* klikken van, verklikken

peach-coloured ['pi:tʃkʌləd] perzikbloesemkleurig

pea-chick ['pi:tʃik] ✿ jonge pauw

peachy ['pi:tʃi] perzikachtig, -kleurig; perzik-

peacock ['pi:kɔk] **I** *sb* ✿ pauw; ❀ pauwoog; **II** *vi* trots voortstappen; **–ish** pauwachtig; opgeblazen

pea-green ['pi:gri:n] lichtgroen

pea-hen ['pi:'hen] ✿ pauwin

pea-jacket ['pi:dʒækit] pijjekker

peak [pi:k] **I** *sb* spits, punt, top; *fig* hoogtepunt *o*, maximum *o*, record *o*; piek² [ook ⚓]; klep [v. pet]; ~ *hours* piekuren, spitsuren; ~ *load* ✗ spitsbelasting, maximale belasting; ~ *season* hoogseizoen *o*; **II** *vi* er smalletjes uitzien; ~ *and pine* kwijnen; **–ed** puntig; smalletjes [v. gezicht], pips; spits, scherp; ~ *cap* kleppet; **–y** = *peaked*

peal [pi:l] **I** *sb* gelui *o*; galm; geschal *o*; (donder)slag; stel *o* klokken [v. klokkenspel]; *a ~ of laughter* een schaterend gelach *o*; **II** *vi* schallen; klinken, klateren, galmen; **III** *vt* doen schallen, klinken &

peanut ['pi:nʌt] pinda, olienootje *o*, apenootje *o*; ~ *butter* pindakaas

pea-pod ['pi:pɔd] (erwte)peul

pear [pɛə] ✿ peer

pearl [pə:l] *sb* parel²; **II** *vt* beparelen; parelen [gerst]; **III** *vi* parelen; naar parels vissen; met parels versieren; **~-barley** parelgerst; **~-button** paarlemoeren knoop; **~-diver** parelvisser; **–er** parelvisser; **–ies** (kleren met) grote parelmoeren knopen; iem. die deze draagt; **~-shell** parelschelp; **–y** parelachtig, rijk aan parelen; ~ *king* Londense straatventer in feestkledij; bezet met *pearlies*

pear-shaped ['pɛəʃeipt] peervormig

peasant ['pezənt] **I** *sb* (kleine) boer, landman; ~ *farmer* eigenerfde (boer); **II** *aj* boeren-; **–ry** boerenstand, landvolk *o*

⚜ **pease** [pi:z] erwten; **pea-shell** ['pi:ʃel] (erwte)peul; **~-shooter** erwtenblazer, blaaspijp; **S** revolver; **~-soup** erwtensoep; ~ *fog* dikke gele mist (ook *pea-souper*)

peat [pi:t] turf; veen *o*; **–bog** veengrond, veen *o*; **–hag** afgegraven veengrond, veen *o*; **–moss** veengrond, veen *o*; **–y** turfachtig, turf-; veenachtig

pebble ['pebl] kiezelsteen; bergkristal *o*; **–d, pebbly** vol kiezelstenen

pecan [pi'kæn] ~ *(nut)* Amerikaanse walnoot

peccable ['pekəbl] zondig; **–adillo** [pekə'dilou] kleine zonde; **–ancy** ['pekənsi] zondigheid; **–ant** zondig; **–avi** [pe'ka:vi] ik heb gezondigd; *cry* ~ ongelijk of schuld bekennen

1 peck [pek] *sb* maat = 9,092 liter; *a ~ of money (troubles)* een hoop geld (soesa)

2 peck [pek] **I** *vt* & *vi* pikken; bikken; ~ *at* pikken in (naar); *fig* hakken op; ~ *at food* **F** kieskauwen, met lange tanden eten; **II** *sb* pik [met de snavel]; vluchtig kusje *o*; **pecker** ['pekə] **S** neus; *Am* penis; *keep your* ~ *up* **F** kop op, kerel!

peckish ['pekiʃ] **F** hongerig

Pecksniffian [pek'snifiən] huichelachtig

pectoral ['pektərəl] **I** *aj* borst-; **II** *sb* borststuk *o*; borstvin, -spier; hoestmiddel *o*

peculate ['pekjuleit] (geld) verduisteren; **–tion** [pekju'leiʃən] (geld)verduistering

peculiar [pi'kju:liə] bijzonder; eigenaardig; ~ *to* eigen aan, karakteristiek voor; **–ity** [pikju:li'æriti] bijzonderheid, eigenaardigheid

pecuniary [pi'kju:niəri] geldelijk, gelds-; geld-

pedagogic(al) [pedə'gɔdʒik(l), -'gɔgik(l)] opvoedkundig, pedagogisch; **–gics** [pedə'gɔdʒiks, -'gɔgiks] pedagogie, opvoedkunde; **–gue** ['pedəgɔg] pedagoog; *fig* schoolmeester; **–gy** ['pedəgɔdʒi, -gɔgi] pedagogie, opvoedkunde

pedal ['pedl] **I** *sb* pedaal *o* & *m*; **II** *vi* het pedaal gebruiken; peddelen, trappen, fietsen; **III** *aj* voet-

pedant ['pedənt] pedant; **F** frik; **–ic** [pi'dæntik] pedant, schoolmeesterachtig; **–ry** ['pedəntri] pedanterie, schoolmeesterachtigheid

peddle ['pedl] **I** *vi* met de mars lopen, venten; **II** *vt* rondventen

peddling ['pedliŋ] beuzelachtig
pedestal ['pedistl] voetstuk[2] *o*; ~ *writing-table* bureau-ministre *o*; *set on a* ~ verafgoden, aanbidden
pedestrian [pi'destriən] **I** *aj* te voet; voet-; voetgangers-; *fig* alledaags, prozaïsch, saai; **II** *sb* voetganger; *sp* wandelaar; ~ *crossing* voetgangersoversteekplaats; –**ism** wandelsport; *fig* alledaagsheid, saaiheid
pediatric [pi:di'ætrik] pediatrisch; –**ian** [pi:diə'triʃən] pediater, kinderarts; –**s** [pi:di'ætriks] pediatrie, kindergeneeskunde
pedicab ['pedikæb] betjah: fietstaxi
pedicure ['pedikjuə] pedicure
pedigree ['pedigri:] stam-, geslachtsboom; afstamming, afkomst; ~ *cattle* stamboekvee *o*; ~ *fowl* rashoenders
pediment ['pedimənt] fronton *o*
pedlar ['pedlə] (mars)kramer; venter
pedology [pi'dɔlədʒi] bodemkunde
pedometer [pi'dɔmitə] schredenteller
peduncle [pi'dʌŋkl] (bloem)steel
pee [pi:] **F I** *vi* plassen; **II** *sb* plas
peek [pi:k] **I** *vi* gluren, kijken; **II** *sb* kijkje *o*
1 peel [pi:l] *sb* schietschop, schieter [bakkerij] || versterkte toren
2 peel [pi:l] **I** *sb* schil; *candied* ~ sukade; **II** *vt* (af)schillen, pellen, (af)stropen, villen, ontvellen, ontschorsen (ook: ~ *off*); **III** *vi* (zich laten) schillen; afschilferen, afbladderen, vervellen (ook: ~ *off*); **S** zich uitkleden
peeler ['pi:lə] ✎ **F** klabak
peelings ['pi:liŋz] schillen; schilfers
1 peep [pi:p] **I** *vi* gluren, kijken (naar *at*); gloren; ~ *out* zich vertonen; om de hoek komen kijken; **II** *sb* (glurende) blik; kijkje *o*; *the* ~ *of day (dawn)* het aanbreken van de dag
2 peep [pi:p] **I** *vi* piepen; **II** *sb* gepiep *o*
peep-bo ['pi:p'bou] kiekeboe; **peeper** ['pi:pə] *sb* begluurder, loervogel; **S** oog *o*; **peep-hole** kijkgat *o*; *Peeping Tom* voyeur, gluurder; **peep-show** kijkkast, rarekiek
1 peer [piə] *sb* pair, edelman; gelijke, weerga
2 peer [piə] *vi* turen, kijken (naar *at*), bekijken
peerage ['piəridʒ] pairschap *o*; adel(stand); adelboek *o*; –**ress** vrouw van een pair; vrouwelijke pair; **peerless** weergaloos
peeve [pi:v] **F** ergeren; –**vish** korzelig, kribbig, gemelijk, knorrig
peewit ['pi:wit] ✎ kievit
peg [peg] **I** *sb* pin, houten pen of nagel; stop; haak; knop; (tent)haring; (was)knijper; paaltje *o*; kapstok[2]; ♩ schroef [aan viool]; **F** (houten) been *o*; **F** borrel (brandy, whiskey); *come down a* ~ *or two* een toontje lager zingen, zoete broodjes bakken; *take down a* ~ *or two* een toontje lager doen zingen; *he is a square* ~ *in a round hole, a round* ~

in a square hole hij is niet de rechte man op de rechte plaats; **II** *vt* (met een pin) vastmaken, vastpinnen; koppelen; **$** stabiliseren [v. prijzen]; **III** *vi* ploeteren; ● ~ *away* ploeteren; ~ *down* binden (aan *to*); ~ *out* **F** doodgaan, ertussenuit knijpen; afbakenen [land]; –**leg F** houten been *o*; –**top** priktol; ~ *trousers* van boven wijde, van onderen nauwe broek
pejorative ['pi:dʒərətiv, pi'dʒɔrətiv] pejoratief
pekin(g)ese [pi:ki'n(ŋ)i:z] ♨ pekinees
pekoe ['pi:kou] pecco(thee)
pelage ['pelidʒ] pels, vacht
pelagian [pe'leidʒiən], **pelagic** [pe'lædʒik] van de zee of oceaan
pelargonium [pelə'gounjəm] geranium
pelerine ['peləri:n] pelerine
pelf [pelf] geld *o*, „centen"; *filthy* ~ aards slijk *o*
pelican ['pelikən] ✿ pelikaan; ~ *crossing* [door voetgangers zelf te bedienen] zebrapad *o*
pelisse [pe-, pi'li:s] damesmantel; jasje *o*
pellet ['pelit] balletje *o*; prop, propje *o*; pilletje *o*; kogeltje *o*; braakbal
pellicle ['pelikl] vlies *o*, vliesje *o*
pell-mell ['pel'mel] door en over elkaar; holderdebolder
pellucid [pe'l(j)u:sid] doorschijnend; helder
pelmet ['pelmit] sierlijst [v. gordijnen]
Peloponnesian [peləpə'ni:ʃən] **I** *aj* Peloponnesisch; **II** *sb* Peloponnesiër
1 pelt [pelt] *sb* vel *o*, vacht, huid
2 pelt [pelt] **I** *vt* gooien, beschieten, bekogelen, bombarderen[2]; **II** *vi* kletteren [hagel, regen]; rennen; **III** *sb* (*at*) *full* ~ zo hard mogelijk (lopend)
peltry ['peltri] huiden, pelterij
pelvic ['pelvik] van het bekken; **pelvis** bekken *o*, nierbekken *o*
pemmican ['pemikən] in repen gesneden, gedroogd rundvlees *o*; *fig* degelijke kost
1 pen [pen] **I** *sb* pen; *fig* schrijfkunst; *fountain* ~ vulpen; **II** *vt* schrijven, (neer)pennen
2 pen [pen] **I** *sb* (schaaps)kooi, hok *o*; (baby)box; duikbootbunker; **II** *vt* perken; opsluiten (ook: ~ *in, up*)
penal ['pi:nəl] strafbaar, straf-; *the* ~ *laws* de strafwetten; ~ *servitude* dwangarbeid; ~ *settlement* strafkolonie; –**ize** strafbaar stellen; straffen; handicappen; –**ty** ['penlti] straf, boete; handicap; *pay the* ~ *of* boeten voor; *pay the extreme* ~ de doodstraf ondergaan; ~ *kick sp* strafschop
penance ['penəns] boete(doening), penitentie; *fig* straf, ongemak; *the sacrement of* ~ *rk* het sacrament van boetvaardigheid
penates [pe'na:teis, -neiti:z] penaten, huisgoden
pen-case ['penkeis] pennenkoker
pence [pens] *mv* v. *penny*; *take care of the* ~ *and the pounds will take care of themselves* wie het kleine niet

eert is het grote niet weerd

'pencil ['pensil] **I** *sb* potlood *o*; griffel; stift; ✎ & *fig* penseel *o*; ~ *of rays* stralenbundel; **II** *vt* (met potlood) tekenen, optekenen, (op)schrijven; penselen; **~-case** griffel-, potloodkoker; potloodhouder; **~-sharpener** puntesliper

pendant ['pendənt] **I** *aj* = *pendent*; **II** *sb* (oor)hanger; ⚓ wimpel; luchter; pendant *o* & *m*, tegenhanger

pendency ['pendənsi] hangende of aanhangig zijn *o* [v. proces]; **–ent** hangend[2]; overhangend; zwevend; **pending I** *aj* (nog) hangend, onafgedaan; **II** *prep* gedurende; in afwachting van

pendulous ['pendjuləs] hangend; schommelend; **–lum** slinger [v. klok]

penetrable ['penitrəbl] doordringbaar; te door- ~ *to* toegankelijk, vatbaar voor

penetralia [peni'treiljə] binnenste *o*, heiligste *o*

penetrate ['penitreit] **I** *vt* doordringen (van *with*); doorgronden; **II** *vi* dóór-, binnendringen (in *into, through*); **–ting** doordringend; scherp(ziend), scherpzinnig, diepgaand; **–tion** [peni-'treiʃən] doordringen *o*; in-, binnendringen *o*; doorgronden *o*; doorzicht *o*; scherpzinnigheid; **–tive** ['penitreitiv] doordringend; scherp(zinnig); ~ *power* ook: doordringendheid

pen-friend ['penfrend] (buitenlandse) penvriend(in)

penguin ['pengwin] pinguïn

penholder ['penhouldə] pen(ne)houder

penial ['pi:niəl] van de penis

penicillate [peni'silit] met kleine haarpluimpjes; gestreept

penicillin [peni'silin] penicilline

peninsula [pi'ninsjulə] schiereiland *o*; *the Peninsula* het Iberisch schiereiland; **–r** van een schiereiland

penis ['pi:nis] penis, mannelijk lid *o*

penitence ['penitəns] berouw *o*; **–ent I** *aj* berouwvol, boetvaardig; **II** *sb* boetvaardige, boeteling(e), penitent(e); ~ *form* zondaarsbankje *o*; **–ential** [peni'tenʃəl] **I** *aj* boetvaardig, berouwvol; boete-; ~ *psalms* boetpsalmen; **II** *sb* boeteboek; **–entiary I** *aj* boete-; straf-; **II** *sb* verbeteringsgesticht *o*; *Am* gevangenis; *rk* hoogste kerkelijke gerechtshof *o*

penknife ['pennaif] pennemes *o*, zakmesje *o*; **–man** schoonschrijver; schrijver, auteur; **–manship** (schoon)schrijfkunst; **~-name** schuilnaam, pseudoniem *o*

pennant ['penənt] wimpel

penniform ['penifɔ:m] veervormig

penniless ['penilis] zonder geld, arm

pennon ['penən] ⚓ wimpel; banier; ✂ (lans)vaantje *o*

penn'orth ['penəθ] = *pennyworth*

penny ['peni] stuiver°; ⏃ penning; *a ~ for your*

thoughts waar zit je over te piekeren?; *in for a ~, in for a pound* wie a zegt, moet ook b zeggen; *cost a pretty ~* een hele duit kosten; *spend a ~* ⏀ naar de w.c. gaan; *turn an honest ~* een eerlijk stuk brood verdienen; *a ~ saved is a ~ gained (got)* die wat spaart, heeft wat; *take care of the pence* op de kleintjes passen; **~-a-liner** broodschrijver [voor de krant]; ~ *dreadful* [peni'dredful] sensatieromannetje *o*, stuiversroman; **~-in-the-slot** als *aj* door muntinworp bedienbaar; *fig* automatisch; **–weight** ['peniweit] gewicht: 1,55 gram; ~ *wise* zuinig op nietigheden; ~ *and pound foolish* verkeerde zuinigheid (in kleine dingen en verkwisting aan de andere kant) betrachtend; **–worth** ['penəθ, 'peniwə:θ] voor een stuiver; *a good ~* een koopje *o*

penology [pi:'nɔlədʒi] leer v.d. straffen, strafoplegging en -toepassing

pen-pal ['penpæl] = *pen-friend*

pensile ['pensil, -sail] hangend

1 pension ['penʃən] **I** *sb* jaargeld *o*, pensioen *o*; **II** *vt* een jaargeld geven, toeleggen; ~ *off* pensioneren, op pensioen stellen

2 pension ['pa:ŋsiɔ:ŋ] *sb* pension *o*

pensionable ['penʃənəbl] pensioengerechtigd, recht gevend op pensioen; **–ary I** *aj* pensioens-; gehuurd, betaald; **II** *sb* trekker van een jaargeld; gepensioneerde; afhangeling, huurling; ⏃ pensionaris; **pensioner** trekker van een jaargeld; gepensioneerde; ⏃ inwonend student, die zelf zijn kost en inwoning en studie bekostigt [Cambridge]

pensive ['pensiv] peinzend, ernstig, weemoedig, droevig

penstock ['penstɔk] valdeur [v. sluis]

pent [pent] V.D. van *2 pen* **II**; opgesloten

pentad ['pentæd] vijftal *o*; groep van vijf

pentagon ['pentəgən] vijfhoek; *the Pentagon Am* het Pentagon: (het gebouw van) de Legerleiding en het Bureau van de Minister van Defensie; **–al** [pen'tægənl] vijfhoekig

pentagram ['pentəgræm] vijfpuntige ster, drudenvoet

pentameter [pen'tæmitə] vijfvoetig vers *o*

Pentateuch ['pentətju:k] Pentateuch (de eerste vijf boeken v.h. Oude Testament)

pentathlon [pen'tæθlɔn] vijfkamp

Pentecost ['pentikɔst] pinksterfeest *o* der joden; **–al** [penti'kɔstl] pinkster-; **–alism** pinksterbeweging

penthouse ['penthaus] afdak *o*, luifel, loods; terraswoning [op flatgebouw]; ~ *roof* (schuin) afdak *o*

pent-up ['pent'ʌp] op-, ingesloten; *fig* lang ingehouden of opgekropt

penult(imate) [pi'nʌlt(imit)] voorlaatste (lettergreep)

penumbra [pi'nʌmbrə] halfschaduw
penurious [pi'njuəriəs] karig, schraal, armoedig;
gierig; **penury** ['penjuri] armoede², behoeftigheid; volslagen gebrek *o* (aan *of*)
penwiper ['penwaipə] inktlap
peon ['pi:ən] soldaat, oppasser, politieagent [in
India]; dagloner, (bij zijn schuldeiser werkende)
schuldenaar; als arbeider verhuurde veroordeelde [in Zuid-Amerika]
peony ['piəni] pioen(roos)
people ['pi:pl] **I** *sb* volk *o*; mensen; lieden, personen; gewoon volk *o*, proletariaat *o*; volgelingen, gevolg *o*, bedienden, werkvolk *o*; men; *my*
~ ook: mijn familie; *the little* ~ de feeën, kaboutertjes; ~ *say so* men zegt het; **II** *vt* bevolken
pep [pep] **F I** *sb* pep, fut; **II** *vt* ~ *up* oppeppen
pepper ['pepə] **I** *sb* peper; **F** fut, enthousiasme *o*;
II *vt* peperen; spikkelen, (be)strooien; er van
langs geven; beschieten; ~-**and-salt** peper-en-
zout-kleurig(e stof); –**box** peperbus; ~-**caster,**
~-**castor** peperbus; –**corn** peperkorrel; *fig*
symbolisch huurbedrag *o*; –**mint** ♣*o* pepermunt;
pepermuntje *o*; –**pot** peperbus; –**y** peperachtig;
vol peper; gepeperd, scherp, prikkelend; prikkelbaar, opvliegend, heetgebakerd
pepsin ['pepsin] pepsine
pep-talk ['peptɔ:k] **F** opwekkend woord *o*,
praatje *o*
per [pə:] per
~ **peradventure** [pərəd'ventʃə] **I** *ad* misschien,
bij toeval; **II** *sb* twijfel(achtigheid)
perambulate [pə'ræmbjuleit] (door)wandelen,
doorlopen; aflopen [de grenzen]; –**tion**
[pəræmbju'leiʃən] (door)wandeling, rondgang;
(grens)schouw; district *o*; –**tor** [p(ə)'ræmbju-
leitə] kinderwagen
per annum [pər'ænəm] *Lat* per jaar
per capita [pə: 'kæpitə] *Lat* per hoofd [v.d. be-
volking]
perceive [pə'si:v] (be)merken, bespeuren, ontwaren, waarnemen; –**ving** scherpziend, pienter
per cent [pə'sent] ten honderd, percent; *a hundred* ~ **F** voor honderd procent
percentage [pə'sentidʒ] percentage *o*; percen-
ten, commissieloon *o*
perceptible [pə'septəbl] merkbaar, waarneembaar; –**ion** perceptie, waarneming; gewaarwording; inzicht *o*; –**ive** waarnemend; gewaarwordend; scherpzinnig; ~ *faculty* waarnemingsvermogen *o*; scherpzinnigheid; –**ivity** [pə:sep'tivi-
ti] waarnemingsvermogen *o*; scherpzinnigheid
1 perch [pə:tʃ] **I** *sb* stokje *o* in een vogelkooi,
roest, stang; hoge plaats; **II** *vi* (hoog) gaan zitten, roesten [vogels]; neerstrijken (op *upon*); **III**
vt doen zitten, (hoog) plaatsen; *be* ~*ed* (hoog) zitten, liggen, staan &
2 perch [pə:tʃ] *sb* 🐟 baars

~ **perchance** [pə'tʃa:ns] misschien
percipience [pə'sipiəns] waarnemingsvermo-
gen *o*; –**ent I** *aj* gewaarwordend; **II** *sb* percipiënt
[ontvanger van telepathische boodschap]
percolate ['pə:kəleit] (laten) filtreren, doorsijpelen², doordringen²; –**tion** [pə:kə'leiʃən] filtreren *o*; doorsijpelen² *o*, doordringen² *o*; –**tor**
['pə:kəleitə] filter; filtreerkan
percuss [pə: 'kʌs] percuteren, bekloppen; –**ion**
schok, slag, stoot, botsing; ♫ percussie; ♪ slagwerk *o*; ~ *cap* slaghoedje *o*; ~ *fuse* schokbuis;
–**ive** slaand, schokkend, stotend, slag-, schok-,
stoot-
perdition [pə: 'diʃən] verderf *o*, ondergang, verdoemenis
peregrinate ['perigrineit] (rond)zwerven, reizen
en trekken; –**tion** [perigri'neiʃən] omzwerving,
zwerftocht; bedevaart; –**tor** ['perigrineitə]
zwerver
peregrine ['perigrin] slechtvalk (~ *falcon*)
peremptory [pe'rəmtəri] *aj* geen tegenspraak
duldend; gebiedend, heerszuchtig; afdoend, beslissend; volstrekt
perennial [pə'renjəl] **I** *aj* het gehele jaar durend;
eeuwig(durend), voortdurend; (over)blijvend,
vast [v. plant]; **II** *sb* overblijvende plant; *hardy* ~
winterharde vaste plant, *fig* steeds terugkerend
probleem *o*, meningsverschil *o* &; –**ly** *ad* jaar in
jaar uit
perfect I *aj* ['pə:fikt] volmaakt, volkomen, perfect (in orde), foutloos; echt; < ook: volslagen;
II *sb* voltooid tegenwoordige tijd; **III** *vt* [pə'fekt]
(ver)volmaken, verbeteren, perfectioneren; volvoeren; –**ible** volmaakbaar, voor verbetering
vatbaar; –**ion** volmaaktheid; volkomenheid,
perfectie; (ver)volmaking; *to* ~ uitstekend, volmaakt; –**ionism** perfektionisme *o*; –**ly** ['pə:fikt-
li] *ad* volmaakt, volslagen; foutloos; *you know* ~
well je weet heel goed, opperbest
perfervid [pə: 'fə:vid] vurig, gloedvol
perfidious [pə: 'fidiəs] trouweloos, verraderlijk,
vals (voor *to*), perfide; **perfidy** ['pə:fidi] trouweloosheid, verraderlijkheid, valsheid
perforate ['pə:fəreit] **I** *vt* doorboren, perforeren;
II *vi* doordringen (in *into*); –**tion** [pə:fə'reiʃən]
doorboring, perforatie; tanding [filatelie]
perforce [pə: 'fɔ:s] (nood)gedwongen, noodzake-
lijk(erwijs)
perform [pə'fɔ:m] **I** *vt* doen verrichten; uitvoeren; volvoeren, volbrengen; opvoeren, vertonen, spelen; **II** *vi* (komedie) spelen, kunsten
doen, optreden; ~*ing elephants* gedresseerde olifanten; –**ance** uitvoering, opvoering, voorstelling, vertoning; prestatie, werk *o*; vervulling,
verrichting; –**er** toneelspeler, artiest, musicus;
volbrenger, uitvoerder; *he is a bad* ~ ook: hij
komt zijn beloften niet na

perfume I *sb* ['pɔ:fju:m] geur; reukwerk *o*, parfum *o* & *m*; **II** *vt* [pɔ'fju:m] welriekend maken, een geurtje geven, parfumeren; **–r** parfumeur; **–ry** parfumerie(ën)

perfunctory [pɔ'fʌŋktɔri] *aj* (gedaan) omdat het moet, oppervlakkig, vluchtig, nonchalant

pergola ['pɔ:gɔlɔ] pergola

perhaps [pɔ'hæps, præps] misschien

peri ['piɔri] peri [(goede) geest; fee]

perianth ['periænθ] bloemdek *o*, bloembekleedsels

pericardium [peri'ka:djɔm] hartzakje *o*

pericarp ['perika:p] vruchtwand

perigee ['peridʒi:] perigeum *o*

peril ['peril] gevaar *o*; *a t your (own)* ~ op uw eigen verantwoording, risico; *he was i n* ~ *of his life* hij was in levensgevaar; **–ous** gevaarlijk, hachelijk

perimeter [pɔ'rimitɔ] omtrek [v.e. vlak]

perineum [peri'ni:ɔm] bilnaad

period ['piɔriɔd] **I** *sb* tijdvak *o*, tijdkring, tijdperk *o*, tijd; stadium *o*, fase; omloop(s)tijd v. planeet; periode* [ook v. repeterende breuk], cyclus; (samengestelde) volzin; punt [na volzin]; *(monthly)* ~ menstruatie(cyclus); *put a* ~ *to* een einde maken aan; **II** *aj* in historische stijl, van zekere tijd, in zekere tijd spelend; **–ical** [piɔri'ɔdikl] **I** *aj* periodiek; **II** *sb* periodiek, tijdschrift *o*; **–icity** [piɔriɔ'disiti] geregelde terugkeer, periodiciteit

peripatetic [peripɔ'tetik] **I** *aj* peripatetisch, wandelend; rondreizend; **II** *sb* peripateticus (volgeling v. Aristoteles)

peripeteia [peripɔ'ti:jɔ] ommekeer; beslissende wending in drama

peripheral [pɔ'rifɔrɔl] perifeer; **–ry** periferie: omtrek; buitenrand

periphrasis [pɔ'rifrɔsis] omschrijving (als retorische stijlfiguur); **periphrastic** [peri'fræstik] omschrijvend

periscope ['periskoup] periscoop

perish ['periʃ] omkomen, te gronde gaan; vergaan (van *with*); rotten; **–able I** *aj* vergankelijk; aan bederf onderhevig, bederfelijk; **II** *sb* ~*s* aan bederf onderhevige waren; **–ed F** uitgeput (door honger, kou &); **–er S** proleet, ploert; **–ing** bitterkoud; vergankelijk; **S** afschuwelijk, afgrijselijk

peristaltic [peri'stæltik] peristaltisch

peristyle ['peristail] zuilengalerij

peritoneum [peritɔ'ni:ɔm] buikvlies *o*; **–nitis** [peritɔ'naitis] buikvliesontsteking

periwig ['periwig] pruik

periwinkle ['periwiŋkl] alikruik ‖ ✿ maagdenpalm

perjure ['pe:dʒɔ] ~ *oneself* vals zweren, een meineed doen; een eed breken; ~*d* meinedig; **–r** meinedige; **perjury** meineed; woordbreuk

1 perk [pɔ:k] **I** *vi* parmantig zijn; zich oprichten; ~ *up* weer moed krijgen; **II** *vt* ~ *up* opsteken [het hoofd &], [oren] spitsen; zich mooi maken

2 perk [pɔ:k] *sb* **S** = *perquisite*

perky ['pɔ:ki] *aj* vrolijk, zwierig, parmant(ig), brutaal

perm [pɔ:m] **F I** *sb* permanent; **II** *vt* permanenten

permafrost ['pɔ:mɔfrɔst] permafrost [eeuwig bevroren bodem]

permanence ['pɔ:mɔnɔns] bestendigheid, duurzaamheid, duur; **–cy** vaste betrekking; = *permanence*; **permanent** *aj* bestendig, blijvend, vast, permanent; ~ *way* baanbed *o*, spoorbaan

permanganate [pɔ:'mæŋgɔnit] permanganaat *o*; *potassium* ~, ~ *of potash* permangaan *o* (= kaliumpermanganaat *o*)

permeable ['pɔ:mjɔbl] doordringbaar, poreus; **permeate** ['pɔ:mieit] doordringen, doortrekken; dringen, trekken (door *through*); **–tion** [pɔ:mi'eiʃɔn] doordringing

permissible [pɔ'misɔbl] toelaatbaar, geoorloofd; **–ion** permissie, vergunning, verlof *o*, toestemming; **–ive** veroorlovend; tolerant; ~ *society* de moderne maatschappij waarin de normen losser zijn geworden

permit I *vt* [pɔ'mit] permitteren, veroorloven, toestaan, toelaten, vergunnen; **II** *vi* het toelaten; ~ *of* toelaten, dulden; **III** *sb* ['pɔ:mit] (schriftelijke) vergunning; verlof *o*; consent *o*

permutation [pɔ:mju'teiʃɔn] permutatie, verwisseling; **permute** [pɔ'mju:t] de volgorde veranderen; verwisselen

pernicious [pɔ:'niʃɔs] verderfelijk, schadelijk, fnuikend; ~ *anaemia* pernicieuze anemie

pernickety [pɔ'nikiti] **F** pietluttig; overdreven netjes, kieskeurig; lastig

perorate ['perɔreit] een peroratie houden; oreren; **–tion** [perɔ'reiʃɔn] peroratie, slot *o* van een redevoering

peroxyde [pɔ'rɔksaid] **I** *sb* peroxyde *o*; ~ *blonde* **F** meisje *o* met gebleekt haar; **II** *vt* bleken [het haar]

perpendicular [pɔ:pɔn'dikjulɔ] **I** *aj* loodrecht, rechtop, steil; **II** *sb* loodlijn; schietlood *o*; **S** snackbar waar men staande eet; lopend buffet *o*; *the* ~ ook: de loodrechte stand; **–ity** ['pɔ:pɔndikju'læriti] loodrechte stand, in het lood zijn *o*

perpetrate ['pɔ:pitreit] (kwaad) bedrijven, begaan, plegen²; **–tion** [pɔ:pi'treiʃɔn] bedrijven *o*, begaan *o* of plegen *o*

perpetual [pɔ'petjuɔl] eeuwigdurend, altijddurend, eeuwig; levenslang, vast; **perpetuate** vereeuwigen, doen voortduren, vervolgen, bestendigen; **–tion** [pɔpetju'eiʃɔn] voortduren *o*, vereeuwiging, bestendiging; **perpetuity** [pɔ:pi'tjuiti] eeuwige duur, eeuwigheid; doorlopende lijfrente; *in (to, for)* ~ voor eeuwig, voor

onbeperkte duur
perplex [pə'pleks] in de war brengen, verwarren, verlegen maken, onthutsen; **–ed** *aj* verward, onthutst, verslagen; **–ity** verwardheid, verlegenheid, verbijstering, verslagenheid
perquisite ['pə:kwizit] emolument *o*
perquisition [pə:kwi'ziʃən] grondig onderzoek *o*
perse [pə:s] grijsblauw
persecute ['pə:sikju:t] vervolgen, onderdrukken; lastig vallen; **–tion** [pə:si'kju:ʃən] vervolging; **–tor** ['pə:sikju:tə] vervolger
perseverance [pə:si'viərəns] volharding; **persevere** volharden (in *in*), aanhouden, doorzetten
Persian ['pə:ʃən] **I** *aj* Perzisch; ~ *blinds* zonneblinden; **II** *sb* Pers; (het) Perzisch
persiflage [ptəsi'fla:ʒ] persiflage, bespotting
persimmon [pə:'simən] dadelpruim
persist [pə'sist] volharden, hardnekkig volhouden, blijven (bij *in*); doorgaan (met *in*); aanhouden, voortduren; blijven voortbestaan; **–ence**, **–ency** volharding, voortduring; hardnekkig volhouden *o*; hardnekkigheid; **–ent** volhardend, aanhoudend, blijvend, hardnekkig
person ['pə:sn] persoon°, personage *o* & *v*, mens *o*; figuur; uiterlijk *o*; ⚖ rechtspersoon; *in* ~ persoonlijk
persona [pə:'sounə] *ps* uiterlijk voorkomen *o*
personable ['pə:sənəbl] welgemaakt, knap
personage ['pə:sənidʒ] persoon, personage *o* & *v*
personal ['pə:snl] *aj* persoonlijk°, personeel; eigen; privé, intiem; beledigend; *become* (*get*) ~ beledigend worden; ~ *call* telefoongesprek *o* met voorbericht; ~ *data* personalia; ~ *estate* (*property*) roerend goed *o*; ~ *matter* privéaangelegenheid; ~ *tax* personele belasting; **–ity** [pə:sə'næliti] persoonlijkheid°; identiteit; ~*s* beledigende opmerkingen; **personalize** ['pə:snəlaiz] personifiëren, verpersoonlijken; **personally** *ad* persoonlijk; in persoon; ~, *I see no objection* ik voor mij..., wat mij betreft...; **personalty** roerend goed *o*
personate ['pə:səneit] voorstellen, uitbeelden, de rol vervullen van; zich uitgeven voor
personification [pə:sɔnifi'keiʃən] persoonsverbeelding; verpersoonlijking; **personify** [pə:-'sɔnifai] verpersoonlijken
personnel [pə:sə'nel] personeel *o*, ⚔ manschappen
perspective [pə'spektiv] **I** *sb* perspectief *v* = doorzichtkunde; perspectieftekening; perspectief *o* = verschiet *o*, (voor)uitzicht *o*; *in* ~ in juiste verhouding; **II** *aj* perspectivisch
ⓦ **perspex** ['pə:speks] perspex *o*
perspicacious [pə:spi'keiʃəs] scherpziend, scherpzinnig, schrander; **–ity** [pə:spi'kæsiti]

scherpziende blik, scherpzinnigheid, schranderheid
perspicuity [pə:spi'kjuiti] klaarheid, duidelijkheid, helderheid; **–uous** [pə'spikjuəs] duidelijk, helder
perspiration [pə:spə'reiʃən] uitwaseming; transpiratie; *be in a* ~ transpireren; **perspire** [pəs'paiə] **I** *vi* uitwasemen; transpireren; **II** *vt* uitwasemen, uitzweten
persuade [pə'sweid] **I** *vt* overreden, overhalen, brengen (tot *to*); overtuigen; ~ *into* overhalen tot; **II** *vr* ~ *oneself* zich overtuigen; zich wijsmaken; **–asion** overreding, overtuiging; geloof *o*, gezindte, richting; **–asive** overredend, overtuigend; ~ *power* overredingskracht
pert [pə:t] *aj* vrijpostig, brutaal
pertain [pə:'tein] ~ *to* behoren bij (tot); aangaan, betrekking hebben op, betreffen
pertinacious [pə:ti'neiʃəs] hardnekkig, halsstarrig, volhoudend, vasthoudend; **–ity** [pə:ti'næsiti] hardnekkigheid, halsstarrigheid, volharding
pertinence, **–cy** ['pə:tinəns(i)] toepasselijkheid, zakelijkheid; **pertinent** toepasselijk, ter zake (dienend); zakelijk; ~ *to* van toepassing op, betrekking hebbend op
perturb [pə'tə:b] storen, in beroering brengen, verstoren, verontrusten; **–ation** [pə:tə(:)-'beiʃən] storing, verontrusting, beroering; verwarring; onrust, bezorgdheid
peruke [pə'ru:k] pruik
perusal [pə'ru:zəl] (nauwkeurige) lezing; **peruse** (nauwkeurig) lezen, doorlezen, onderzoeken
Peruvian [pə'ru:viən] **I** *aj* Peruviaans; ~ *bark* kinabast; **II** *sb* Peruaan
pervade [pə'veid] doordringen, doortrekken, vervullen (van *with, by*); **–asion** doordringing; **–asive** doordringend
perverse [pə'və:s] inslecht, verdorven, pervers; onredelijk, dwars, koppig; averechts, verkeerd, kribbig, twistziek; *a* ~ *verdict* ⚖ een uitspraak in tegenspraak met het requisitoir; **–sion** verdraaiing, omkering; *ps* perversie; **–sity** perversiteit, slechtheid, verdorvenheid; **pervert I** *vt* [pə'və:t] verdraaien [v. woord]; bederven, verleiden; misbruiken; ~*ed* ook: pervers, met perverse neigingen; **II** *sb* ['pə:və:t] afvallige; *ps* iem. met perverse neigingen
pervious ['pə:viəs] doordringbaar, toegankelijk, vatbaar (voor *to*)
pesky ['peski] *Am F* lam, vervelend, lastig
pessary ['pesəri] pessarium *o*
pessimism ['pesimizm] pessimisme *o*; **–ist I** *sb* pessimist; **II** *aj* pessimistisch; **–istic** [pesi'mistik] pessimistisch, somber
pest [pest] last, kwelling, plaag, kwelgeest, lastpost, schadelijk dier *o*, insekt *o* of gewas *o*; ✎

pest(ziekte); ~*s* ook: ongedierte *o*

pester ['pestə] lastig vallen, kwellen, plagen

pesticide ['pestisaid] insectenverdelgingsmiddel *o*, bestrijdingsmiddel *o*

pestiferous [pes'tifərəs] verpestend[2], verderfelijk; pest-

pestilence ['pestiləns] pest[2], pestziekte; **pestilent** pestilent, verderfelijk; **F** lastig; **–ial** [pesti'lenʃəl] pestachtig, verpestend, pest-; pestilent, verderfelijk; **F** hinderlijk, lastig

pestle ['pes(t)l] stamper [v. vijzel]

1 pet [pet] *sb* kwade luim, boze bui; *take (the)* ~ nijdig worden

2 pet [pet] **I** *sb* lievelingsdier *o*, gezelschapsdier *o*, huisdier *o*; *fig* lieveling, schat; **II** *aj* geliefd, vertroeteld; lievelings-; *a* ~ *dog* een lievelingshond; ~ *food* dierenvoedsel *o*; ~ *name* troetelnaam; zie ook: *aversion*; **III** *vt* (ver)troetelen, liefkozen, aanhalen; vrijen

petal ['petl] bloemblad *o*

petard [pe'ta:d] springbus; voetzoeker; *he was hoist with his own* ~ hij kreeg een koekje van eigen deeg

Peter ['pi:tə] Petrus, Piet(er); *blue* ~ ⚓ de blauwe (vertrek)vlag; *rob* ~ *to pay Paul* het ene gat met het andere stoppen

peter ['pi:tə] ~ *out* **F** uitgeput raken; afnemen, ophouden; uitgaan als een nachtkaars

petiole ['petioul] bladsteel

petite [pə'ti:t] klein en sierlijk [v. vrouw]

petition [pi'tiʃən] **I** *sb* smeekschrift *o*, verzoek(schrift) *o*; 🏛 eis; petitie, adres *o*; bede; *file one's* ~ *in bankruptcy* zijn faillissement aanvragen; **II** *vt* smeken (om *for*); verzoeken; **III** *vi* een petitie indienen, rekwestreren; **–er** verzoeker, adressant; eiser in echtscheidingsproces

petrel ['petrəl] stormvogeltje *o*; *stormy* ~ [*fig*] onruststoker

petrifaction [petri'fækʃən] verstening; **petrify** ['petrifai] (doen) verstenen[2]

petrochemical ['petrou'kemikl] petrochemisch

petrol ['petrəl] benzine; ~ *gauge* benzinemeter

petroleum [pi'trouljəm] petroleum, aardolie

petrology [pi'trɔlədʒi] petrografie: beschrijving der steensoorten

petticoat ['petikout] rok, onderrok; **S** vrouw; ~ *government* vrouwenregering; *be under* ~ onder de pantoffel zitten

pettifogger ['petifɔgə] advocaat van kwade zaken; rechtsverdraaier; muggezifter; **–y** advocatenstreken, rechtsverdraaiing, vitterij; **pettifogging** gebruik *o* van oneerlijke foefjes en spitsvondigheden door advocaten; muggeziften *o*

petting ['petiŋ] vrijen *o*

pettish ['petiʃ] korzelig, gemelijk; gauw op zijn teentjes getrapt, prikkelbaar

pettitoes ['petitouz] varkenspootjes

petto ['petou] *in* ~ in reserve

petty ['peti] klein, gering, onbeduidend; klein(zielig); ~ *cash* kleine uitgaven, kleine kas; ~ *theft* kruimeldiefstal; ~ *officer* ⚓ onderofficier

petulance ['petjuləns] prikkelbaarheid, lastigheid, knorrigheid; **–ant** prikkelbaar, lastig, knorrig

petunia [pi'tju:njə] petunia

pew [pju:] kerkbank; *take a* ~ **F** ga zitten, neem plaats

pewit ['pi:wit] kievit

pew-opener ['pju:oupnə] ± koster(svrouw)

pewter ['pju:tə] peauter *o* [mengsel van tin en lood]; kan, kroes of beker van peauter

phaeton ['feitn] faëton [rijtuig]

phagocyte ['fægəsait] fagocyt

phalange ['fælæn(d)ʒ] kootje *o*

phalanx ['fælæŋks] gesloten slagorde; kootje *o* (v. vinger, teen)

phallic ['fælik] fallus-; **phallus** fallus

phantasm ['fæntæzm] droombeeld *o*, hersenschim

phantasmagoria [fæntæzmə'gɔriə] schimmenspel[2] *o*, fantasmagorie

phantasmal [fæn'tæzməl] fantastisch, spookachtig; **phantasy** ['fæntəsi] fantasie; gril

phantom ['fæntəm] spook(sel) *o*, schim, verschijning, geest; droombeeld *o*; ~ *ship* spookschip *o*

Pharaoh ['fɛərou] farao

pharisaic(al) [færi'seiik(l)] farizees, farizeïsch, schijnheilig; **pharisee** ['færisi:] farizeeër, schijnheilige; *the Pharisees* de Farizeeën

pharmaceutical [fa:mə'sju:tikl] farmaceutisch; ~ *chemist* apotheker; **pharmaceutics** farmacie: artsenijbereidkunde; **pharmacist** ['fa:məsist] farmaceut, apotheker; **pharmacologist** [fa:mə'kɔlədʒist] farmacoloog; **–gy** farmacologie; **pharmacopoeia** [fa:məkə'pi:ə] farmacopoea: apothekersreceptenboek *o*; **pharmacy** ['fa:məsi] farmacie: artsenijbereidkunde; apotheek

pharos ['fɛərɔs] vuurtoren, baken *o*

pharyngeal [fə'rindʒiəl] van de keelholte; **–gitis** [færin'dʒaitis] ontsteking van de keelholte; **pharynx** ['færiŋks] keelholte

phase [feiz] **I** *sb* fase, stadium *o*; **II** *vt* in fasen, geleidelijk doen plaatshebben, faseren

pheasant ['fezənt] fazant; **–ry** fazantehok *o*; fazantenpark *o*

phenol ['fi:nɔl] fenol *o*

phenomenal [fi'nɔminl] op de verschijnselen betrekking hebbend; zinnelijk waarneembaar; fenomenaal, merkwaardig, buitengewoon; **–non** [fi'nɔminən, *mv* -na -nə] verschijnsel[2] *o*; fenomeen *o*

phew [fju:] foei!, bah!, ff!

phial ['faiəl] flesje *o*
philander [fi'lændə] flirten; **–er** beroepsflirter
philanthrope ['filənθroup] mensenvriend; **–pic** [filən'θrɔpik] filantropisch, menslievend; liefdadigheids–; **–pist** [fi'lænθrəpist] filantroop, mensenvriend; **–py** filantropie, mensenmin, -liefde, menslievendheid
philatelic [filə'telik] filatelistisch; **–ist** [fi'lætəlist] filatelist; **philately** filatelie: postzegels verzamelen *o*
philharmonic [fila:'mɔnik] filharmonisch ·
philippic [fi'lipik] filippica, scherpe hekelrede
Philistine ['filistain] I *sb* Filistijn; filister; II *aj* Filistijns; filisterachtig
philobiblist ['filəbiblist] bibliofiel
philological [filə'lɔdʒikl] filologisch; **–gist** [fi'lɔlədʒist] filoloog; **–gy** filologie
philosopher [fi'lɔsəfə] filosoof, wijsgeer; **~s' stone** steen der wijzen; **–phic(al)** [filə'sɔfik(l)] filosofisch, wijsgerig; **–phize** [fi'lɔsəfaiz] filosoferen; **–phy** filosofie°, wijsbegeerte
philtre ['filtə] minnedrank
phiz [fiz] onverstoorbaarheid, facie *o* & *v*, gezicht *o*
phlebitis [fli'baitis] aderontsteking
phlegm [flem] slijm *o* & *m*; fluim; flegma *o*; onverstoorbaarheid; **–atic** [fleg'mætik] flegmatisch; flegmatiek, onverstoorbaar
phlox [flɔks] flox: herfstsering
phobia ['foubiə] fobie, onmotiveerbare vrees of afkeer
Phoenician [fi'niʃən] I *aj* Fenicisch; II *sb* Feniciër, Fenicische
phoenix ['fi:niks] feniks²
phonate ['founeit] stemgeluid voortbrengen, klanken vormen; **–tion** [fou'neiʃən] klankvorming
phone [foun] F = *telephone*
phoneme ['founi:m] foneem *o*
phonetic [fou'netik] I *aj* fonetisch; II *sb* ~*s* fonetiek, klankleer
phoney ['founi] S I *aj* vals, onecht, namaak-, schijn-; II *sb* komediant, aansteller; III *vt* vervalsen
phonogram ['founəgræm] fonogram *o*; **–graph** fonograaf; *Am* grammofoon
phonology [fou'nɔlədʒi] klankleer; klankstelsel *o*
phooey ['fu:i] S bah!, foei!
phosphate ['fɔsfeit] fosfaat *o*
phosphorate ['fɔsfəreit] met fosfor verbinden; **–resce** [fɔsfə'res] fosforesceren; **–rescence** fosforescentie; **–rescent** fosforescerend; **–ric** [fɔs'fɔrik] fosforisch, fosfor- (5-waardig); **–rous** ['fɔsfərəs] fosfor- (3-waardig);**–rus** fosfor
photo ['foutou] F = *photograph*
photochromy ['foutəkroumi] kleurenfotografie;
photocopy = *photostat;* **photo-electric** ['fou-

toi'lektrik] foto-elektrisch; **~-finish** fotofinish; **–genic** [foutə'dʒenik] fotogeniek; **–graph** ['foutəgra:f] I *sb* foto(grafie), ook: portret *o*; *have one's ~ taken* zich laten fotograferen; II *vt* fotograferen; **–grapher** [fə'tɔgrəfə] fotograaf; **–graphic** [foutə'græfik] fotografisch; **–graphy** [fə'tɔgrəfi] fotografie; **–gravure** [foutəgrə'vjuə] koper(diep)druk; **–meter** [fou'tɔmitə] lichtmeter; **–phobia** [foutə'foubiə] lichtschuwheid; **–sphere** ['foutəsfi:ə] lichtkring om de zon; **–stat** I *sb* fotocopie; fotocopieerapparaat *o*; II *vt* fotocopiëren; **–type** lichtdruk
phrase [freiz] I *sb* frase°; zegs-, spreekwijze, uitdrukking, gezegde *o*; II *vt* onder woorden brengen, inkleden, uitdrukken; ♪ fraseren; **–ology** [freizi'ɔlədʒi] fraseologie [woordkeus en zinsbouw]
phrenetic [fri'netik] waanzinnig, razend
phrenology [fri'nɔlədʒi] schedelleer [v. Gall]
phthisical ['θaisikl] teringachtig; **phthisis** ['θaisis, 'fθaisis] (long)tering
phut [fʌt] *go* ~ F in elkaar zakken, op niets uitlopen
phylactery [fi'læktəri] gebedsriem
phylloxera [filɔk'siərə] druifluis
physic ['fizik] I *sb* geneesmiddel *o*, medicijn, purgeermiddel *o*; geneeskunde; **–s** natuurkunde, fysica; II *vt* medicijn ingeven; **–al** *aj* fysiek², lichamelijk, lichaams-; natuurkundig, natuurwetenschappelijk; ~ *training*, ~ *culture* lichamelijke oefening, gymnastiek; **–ian** [fi'ziʃən] dokter, geneesheer; **–ist** ['fizisist] natuurkundige, fysicus
physiognomist [fizi'ɔnəmist] gelaatkundige; **–my** gelaatkunde; fysionomie, voorkomen *o*, gelaat *o*; S gezicht *o*
physiography [fizi'ɔgrəfi] fysische geografie (natuurbeschrijving)
physiological [fiziə'lɔdʒikl] fysiologisch; **–gist** [fizi'ɔlədʒist] fysioloog; **–gy** fysiologie
physiotherapist [fiziou'θerəpist] fysiotherapeut, heilgymnast; **–py** fysiotherapie, heilgymnastiek
physique [fi'zi:k] fysiek *o*, lichaamsbouw
pi [pai] I *sb* de Griekse letter pi; het getal pi; II *aj* S vroom
piacular [pai'ækjulə] boete-, zoen-; ~ *offer* zoenoffer *o*
pianino [pi:ə'ni:nou] pianino; **pianist** ['piənist, 'pjænist] pianist; **piano** [pi'ænou] piano; *grand* ~ vleugel; **–forte** [pjænou'fɔ:ti] piano; **~-stool** ['pjænoustu:l] pianokruk
piastre [pi'æstə] piaster
piazza [pi'ætsə] plein *o* [in Italië &]; *Am* buitengalerij, veranda
pibroch ['pi:brɔk] *Sc* krijgsmars (met variaties) op de doedelzak
picaresque [pikə'resk] picaresk, schelmen-
picaroon [pikə'ru:n] (zee)rover, vrijbuiter

picayune [pik'ju:n] *Am* onbeduidend, nietswaardig

piccalilli ['pikǝlili] mosterdzuur *o*

piccaninny ['pikǝnini] I *sb* negerkind *o*; dreumesje *o*; kindje *o*; II *aj* klein

piccolo ['pikǝlou] ♪ piccolofluit

pick [pik] I *sb* punthouweel *o*; haaksleutel; tandestoker; pluk; keus; *the ~ of...* de (het) beste van..., het puik(je) van...; *take one's ~ from* een keus doen uit; II *vt* hakken, (op)pikken, prikken, opensteken; uitpeuteren, peuteren in [neus, tanden]; (af)kluiven; (af-, uit-)pluizen; schoonmaken [salade]; plukken [vruchten, bloemen en gevogelte]; (uit)zoeken; (uit)kiezen; *~ holes in* vitten op, kritiseren; *~ a lock* een slot openpeuteren (met ijzerdraad); *~ oakum* werk plukken; *fig* zakjes plakken [als straf]; *~ pockets* zakkenrollen; *~ a quarrel* ruzie zoeken; *~ one's steps* voorzichtig (stap voor stap) vooruitgaan; *not here to ~ straws* om vliegen te vangen; *~ one's way* zie *~ one's steps;* *~ one's words* voorzichtig zijn woorden kiezen; ● *~ out* uitpikken, wegschieten; *~ o u t* uitpikken, (uit)kiezen; uitpluizen, ontdekken [de betekenis]; ♪ op het gehoor spelen; afzetten (met *with*); *~ o v e r* sorteren; *~ t o pieces* uit elkaar nemen; kritiseren zodat er geen stuk van heel blijft, afmaken; *~ u p* openhakken; oppikken°, oprapen, opnemen [reizigers], ophalen; opdoen, op de kop tikken; (te pakken) krijgen, vinden; krijgen [vaart]; opvangen [een radiostation]; herkrijgen [krachten]; *~ up a living* zijn kostje bijeenscharrelen; *~ oneself up* weer op-, bijkrabbelen, op zijn verhaal komen; III *vi* kluiven, bikken, stelen, pikken; *~ and choose* kiezen; kieskeurig zijn; *~ and steal* gappen; ● *a t* [*one's food*] kleine hapjes eten, kieskauwen; *~ o n* (uit)kiezen; afgeven op; *~ u p'* bijkrabbelen, bijkomen [v. herstellenden]; weer aanslaan [v. motor], optrekken [v. auto]; *~ up with sbd.* F met iem. aanpappen

pick-a-back ['pikǝbæk] op de rug

pickax(e) ['pikæks] houweel *o*

picked [pikt] uitgekozen, uitgezocht, uitgelezen, keur-, elite

picker ['pikǝ] plukker; *~s and stealers* kruimeldieven

picket ['pikit] I *sb* piketpaal, staak; ✕ piket *o*; post [bij staking]; II *vt* met palen afzetten of versterken; aan een paal vastmaken; posten [bij staking]

picking ['pikiŋ] kleine diefstal; *~s* kliekjes, restanten; oneerlijk verkregen geld *o* &

pickle ['pikl] I *sb* pekel, zuur *o*; ingemaakt zuur *o*; F lastig kind *o*, lastpost; *be in a (sad, sorry, nice &) ~* F in moeilijkheden, (lelijk) in de knoei zitten; *mixed ~s* gemengd zuur *o*; II *vt* pekelen, inmaken, inleggen; afbijten, schoonbijten (met

bijtmiddel); *~d* S in de olie, dronken

picklock ['piklɔk] haaksleutel; inbreker

pick-me-up ['pikmi:ʌp] opkikkertje *o*, borreltje *o*

pickpocket ['pikpɔkit] zakkenroller

pick-up ['pikʌp] pick-up: toonopnemer [v. grammofoon]; *Am* kleine bestelauto; F op straat „opgepikt" persoon (meestal meisje); F herstel *o*, hartsversterking; onderweg meegenomen passagiers; S lift [in auto]

Pickwickian [pik'wikiǝn] van Pickwick, Pickwickiaans; *in a ~ sense* in speciale betekenis, in verborgen zin

picnic ['piknik] I *sb* picknick; *no ~* F geen pretje, geen kleinigheid; II *vi* picknicken

picotee [pikǝ'ti:] donkergerande anjelier

picquet ['pikit] = *picket*

pictograph ['piktǝgra:f] beeldwerk *o*

pictorial [pik'tɔ:riǝl] I *aj* beeldend, schilder-; in beeld(en), beeld-; geïllustreerd; II *sb* geïllustreerd blad *o*

picture ['piktʃǝ] I *sb* schilderij *o* & *v*, prent (plaatje *o*); afbeelding, schildering, tafereel *o*; beeltenis, portret *o*; foto; afbeeldsel *o*, (toon)beeld *o*; evenbeeld *o*; film; *the ~s* de bioscoop; *it is a ~* F het is beeldig; *in the ~* op de hoogte, goedgeïnformeerd; belangrijk; toepasselijk; *put sbd. in the ~* iem. op de hoogte brengen; *be (a little) o u t of the ~* niet in zijn omgeving passen; er niet bij horen, niet meetellen; *leave out of the ~* er buiten laten; II *vt* (af)schilderen, afbeelden; *~ (to oneself)* zich voorstellen; *~-book* prentenboek *o*; *~-card* ◊ pop; *~-gallery* galerie, zaal voor schilderijen, schilderijenkabinet *o*, schilderijenmuseum *o*; *~-house, ~-palace* bioscoop; *~-postcard* prentbriefkaart; *~-show* bioscoopvoorstelling; picturesque [piktʃǝ'resk] schilderachtig, pittoresk

picture-window ['piktʃǝwindou] beeldvenster *o* [uitzichtraam *o*]; *~-writing* beeldschrift *o*

piddling ['pidliŋ] F beuzelachtig

pidgin ['pidʒin] Pidgin-Engels, mengtaaltje *o*; *it's not my ~* F het is mijn zaak niet

1 pie [pai] pastei; *Am* taart; F iets heel makkelijks; *have a finger in the ~* een vinger in de pap hebben; *~ in the sky (when you die)* S brave mensen komen in de hemel; toekomstmuziek

2 pie [pai] ✷ ekster

3 pie [pai] *typ* door elkaar gevallen zetsel *o*

piebald ['paibɔ:ld] bont, gevlekt

piece [pi:s] I *sb* stuk° *o*; ✕ stuk *o* (geschut); eindje *o*, lapje *o*; *a ~* per stuk; ieder; *a ~ of advice* een raad; *a ~ of bread and butter* een boterham; *a ~ of cake* een stuk *o* koek; S „stuk" (meisje); een peuleschilletje *o*; *a ~ of consolation* een troost; *~ of eight* ⟺ stuk *o* van achten [= 8 realen], Spaanse mat [munt]; *a ~ of folly* een dwaze daad; *a ~ of good fortune* een buitenkansje *o*; *a ~ of impudence* een brutaal stukje *o*, een staaltje *o* van onbeschaamdheid; *a ~ of intelligence* (*news*) een nieuwtje *o*; *give sbd. a ~ of one's mind* iem. eens flink de waarheid zeggen; *say one's ~* zijn zegje doen; ● *by the ~* per stuk, op stuk; *i n ~s* aan stukken, stuk; *they are o f a* (*one*) *~* zij zijn van één soort, in overeenstemming (met *with*), van hetzelfde slag (als *with*); *of one* (*a*) *~* uit één stuk; *be o n the ~* op stuk werken; *come* (*go*) *t o ~s* stukgaan, in stukken breken; het afleggen, fiasco maken, mislukken; zich niet langer goed kunnen houden; *take to ~s* uit elkaar nemen; **II** *vt* lappen, verstellen, samenvoegen; aaneenhechten, verbinden[2]; *~ i n* invoegen; *~ o u t* aanvullen, bijwerken; *~ t o g e t h e r* samenlappen, aaneenflansen[2]; *~ u p* verstellen; **~-goods** geweven (stuk)goederen, goederen aan het stuk; **–meal I** *ad* bij stukken en brokken, bij gedeelten (ook: *by ~*); **II** *aj* uit stukken en brokken bestaand, niet uit één stuk; **~-work** stukwerk *o*; **~-worker** stukwerker

pied [paid] bont, gevlekt

pie-eyed ['paiaid] **F** beschonken

pier [piə] pier; kade; aanlegsteiger; havenhoofd *o*; havendam, golfbreker; pijler [v. brug]; stenen beer; △ penant *o*; **–age** liggeld *o*, kadegeld *o*

pierce [piəs] **I** *vt* doorboren[2], doorsteken; open-, dóórsteken, doordringen, doorsnijden; door... heendringen, breken door; doorgronden, doorzien; **II** *vi* binnendringen (in *into*); doordringen (tot *to*); zich een weg banen (door *through*); *~ through* verder doordringen; *–r* (grote) boor; priem; **piercing** doordringend; scherp, snijdend

pier-glass ['piəgla:s] penantspiegel [dend

pierhead ['piəhed] kop van haven- of strekdam, pier

pierrot ['piərou] pierrot

pietist ['paiətist] piëtist [1670]; *fig* kwezelaar; **piety** vroomheid, piëteit, kinderlijke liefde

piffle ['pifl] **I** *vi* wauwelen; **II** *sb* kletskoek, onzin; **–ling** belachelijk, onzinnig; onbenullig

pig [pig] **I** *sb* varken(svlees) *o*; big; *fig* schrokop; smeerlap; stijfkop; mispunt *o*; **S** smeris; ✗ gieteling: klomp ruw ijzer; blok *o* [lood]; schuitje *o* [tin]; *have brought one's ~s to the wrong market* van een koude kermis thuiskomen; aan het verkeerde kantoor zijn; *buy a ~ in a poke* een kat in de zak kopen; *make a ~ of oneself* vreten of zuipen (als een varken), teveel eten of drinken; *when ~s fly* als de kalveren op het ijs dansen; **II** *vi* biggen; (samen)hokken (ook: *~ it*); **S** vreten; **~-boat** onderzeeër; **~-bucket** schillenemmer

pigeon ['pidʒin] *✿* duif; **S** sul; *clay ~* kleiduif; *homing ~* postduif; *~ post* postduivenpostysteem *o*; *it's not my ~* **F** het is mijn zaak niet; **~-breast** kippeborst; **~-English** = *pidgin*; **~-fan-**

cier duivenmelker; **~-hole I** *sb* gat *o* in een duiventil, duivegat *o*; loket *o*, hokje *o*, vakje *o*; **II** *vt* in een vakje leggen; opbergen; opzij leggen, ter griffie deponeren; in vakjes ordenen; **~-house** duiventil; **~-livered** zacht; **~-loft** duivenslag *o*; **–ry** duivenhok *o*; **~'s-blood** diep donkerrood; **~-toed** met naar binnen gekeerde tenen

pig-eyed ['pigaid] met varkensoogjes; **piggery** varkensfokkerij; zwijnestal[2]; varkenshok *o*, -kot *o*; zwijnerij; **piggish** varkensachtig, vuil, vies; gulzig; koppig; **piggy F** varkentje *o*; big; **–back F** op de rug; *~ bank* spaarvarken *o*; **~-wiggy F** varkentje *o*; **pigheaded** koppig, dwars; eigenwijs; **pig-iron** ruw ijzer *o*; **piglet, pigling** big, biggetje *o*

pigment ['pigmənt] **I** *sb* pigment *o*, kleur-, verfstof; **II** *vt* kleuren; **–ation** *biol* pigmentatie, kleuring; ✝ pigmentering

pigmy ['pigmi] = *pygmy*

pignorate ['pignəreit] verpanden; als pand nemen (geven)

pigskin ['pigskin] varkenshuid; varkensleer *o*; **S** zadel; *sp* voetbal; **–sticking** jacht op wilde zwijnen (met speren); **–sty** varkenskot *o*, varkenshok *o*; **–tail** varkensstaart; (haar)vlecht; opgerolde tabak; **–wash** spoeling

pike [paik] **I** *sb* piek; spies; tolboom; ᛟ snoek; **II** *vi* **S** wandelen

piked [paikt] puntig, stekelig

pikelet ['paiklit] rond theegebakje *o*

pikeman ['paikmən] piekenier; tolgaarder; **pikestaff** ['paiksta:f] piekstok, lansstok; *as plain as a ~* zie 1 *plain* **I**

pilaster [pi'læstə] pilaster

pilau, pilaw [pi'lau], **pilaff** ['pilæf] pilav: Turks gerecht van rijst met schapevlees

pilchard ['piltʃəd] ᛟ pelser

pilch(er) ['piltʃ(ə)] driehoekige flanellen luier

pilatory [pai'leitəri] haargroeimiddel *o*

pile [pail] **I** *sb* hoop, stapel; ⚡ rot *o* (geweren); ✻ element *o*; zuil [van Volta; voor atoomenergie]; brandstapel; gebouw *o*; **F** hoop geld, fortuin *o* ‖ (hei)paal ‖ haar *o* [op lichaam]; pool [v. fluweel, tapijt]; pluis *o*, nop [van laken &]; aambei; *make one's ~* **F** fortuin maken; **II** *vt* (op)stapelen, ophopen; beladen ‖ heien; *~ arms* ⚡ de geweren aan rotten zetten; *~ on* (*up*) opstapelen, ophopen, op de spits drijven, verhevigen; *~ it on* **F** overdrijven; **III** *vi ~ up* zich opstapelen, zich ophopen; **~-driver** heier; heimachine; **F** harde dreun; **~-dwelling** paalwoning

piles [pailz] aambeien

pile-up ['pailʌp] ravage van) kettingbotsing; vastlopen *o* (stranden) v. schip, op elkaar botsen *o* van auto's; **~-work** paalwerk *o*

pilewort ['pailwə:t] speenkruid *o*

pilfer ['pilfə] pikken, gappen; **–age** kruimeldiefstal

pilgrim ['pilgrim] pelgrim; **–age** bedevaart, pelgrimstocht; *fig* levensreis

piliferous [pai'lifərəs] behaard; **piliform** ['pailifɔ:m] haarvormig

pill [pil] pil°; S (biljart)bal; S vervelende vent

pillage ['pilidʒ] I *sb* plundering, roof; II *vt & vi* plunderen, roven

pillar ['pilə] pilaar, pijler; zuil; stut, stijl; *the ~s of society* de steunpilaren der maatschappij; *driven from ~ to post* van het kastje naar de muur gestuurd; **~-box** 🕭 (ronde, rode) brievenbus [in Engeland]; **–ed** door pilaren gedragen

pill-box ['pilbɔks] pillendoos; klein rond hoedje *o*; ✗ kleine bunker

pillion ['piljən] duo(zitting), zadelkussen *o*; dameszadel *o*; **~ rider** duopassagier

pillory ['piləri] I *sb* kaak, schandpaal; *in the ~* aan de kaak; II *vt* aan de kaak stellen²

pillow ['pilou] I *sb* (hoofd)kussen *o*; ✗ kussen *o*; *take counsel of (counsel with) one's ~* er nog eens over slapen; II *vi* op een kussen leggen; als kussen dienen voor; **–case, –slip** kussensloop

pilose ['pailous] behaard, harig; **–sity** [pai'lɔsiti] behaard-, harigheid

pilot ['pailət] I *sb* loods, gids; ⚙ bestuurder, piloot; II *aj* [v. fabriek &] proef-; III *vt* loodsen, (be)sturen, geleiden; **–age** loodsgeld *o*; loodsen *o*, (be)sturen *o*; loodswezen *o*; **~-balloon** proefballon; **~-boat** loodsboot; **~-cloth** blauwe duffel; **~-fish** loodsmannetje *o*; **~-light** waakvlammetje *o*; controlelampje *o*; **~ officer** tweede-luitenant-vlieger

pilous ['pailəs] = *pilose*

pilule ['pilju:l] pilletje *o*

pimento [pi'mentou] piment *o*

pimp [pimp] souteneur, pooier; koppelaar

pimpernel ['pimpənel] guichelheil *o*

pimple ['pimpl] puistje *o*, pukkel; **–d, pimply** puistig, vol puisten

pin [pin] I *sb* speld; pin, pen, stift, tap, nagel, bout; luns; kegel; ♪ schroef; **~s** F benen; **~s and needles in my foot** (*leg*) m'n voet (been) „slaapt"; *neat as a new ~* brandschoon, keurig netjes; *I don't care a ~* ik geef er geen steek om; II *vt* (vast)spelden; (op)prikken; vastklemmen, vastzetten, -houden; in-, opsluiten; **~ d o w n** [iem.] binden aan, houden aan; **~ o n** [iem.] de schuld geven, in de schoenen schuiven; **~ one's faith on...** alle vertrouwen hebben (stellen) in, vertrouwen op; **~ u p** vastspelden; opprikken; opsluiten, stutten

pinafore ['pinəfɔ:] (kinder)schort

pinball ['pinbɔ:l] = *pin table*

pin-case ['pinkeis] speldenkoker

pince-nez ['pænsnei, 'p̃ĩsnei] *Fr* lorgnet, knijp-bril

pincers ['pinsəz] nijptang (ook: *pair of ~*); schaar [v. kreeft &]

pinch [pin(t)ʃ] I *sb* kneep; klem; nijpen *o*, nijpende nood; snuifje *o*; *at a ~*, *when it comes to the ~* als het er op aankomt, in geval van nood, desnoods; II *vt* knijpen°, knellen, klemmen, drukken, pijn doen; dichtknijpen; beknibbelen, gebrek laten lijden; F gappen; S pakken, inrekenen [dief]; **~ed** ook: ingevallen, mager, benepen [gezicht]; *be ~ed* het niet ruim hebben; *be ~ed for...* krap aan zijn met...; **~** *in (of, for) food* krap toemeten; **~** *oneself* zich bekrimpen, zich het nodigste ontzeggen; **~** *oneself of...* zich spenen van..., zich... ontzeggen; III *vi & va* knijpen, knellen, zich bekrimpen, kromliggen

pinchbeck ['pin(t)ʃbek] I *sb* goudkleurige legering van koper en zink; namaak; II *aj* onecht, nagemaakt

pin-cushion ['pinkuʃən] speldenkussen *o*

1 pine [pain] *sb* pijn(boom), grove den; grenehout *o*; ananas

2 pine [pain] *vi* (ver)kwijnen, smachten, hunkeren (naar *after, for*); **~** *a w a y* wegkwijnen; **~** *t o death* zich doodtreuren

pineal ['piniəl] **~** *gland* pijnappelklier

pineapple ['painæpl] ananas; **pinecone** denne-appel; **pine marten** boommarter; **pinery** dennenaanplant; ananaskwekerij; **pine-tree** pijn(boom), mastboom

pinetum [pai'ni:təm] aanplant van velerlei soorten pijnbomen

pin-feather ['pinfeðə] onvolgroeide veer

pinfold ['pinfould] hut voor verdwaald vee; schaapskooi

pinguid ['piŋwid] vettig; vruchtbaar [v. grond]

Ⓜ **ping-pong** ['piŋpɔŋ] pingpong *o* [v. tafeltennis]

pinion ['pinjən] I *sb* punt van een vleugel; slagveer; ⊙ vleugel, wiek ‖ ✗ rondsel *o*, tandwiel *o*; II *vt* kortwieken², (vast)binden [de armen], knevelen; boeien

1 pink [piŋk] I *sb* 🌺 anjelier; roze *o*, rozerood *o*; (rode) vossejager(sjas); F *P~* saloncommunist; *the ~ (and pride) of* het toppunt, de bloem van...; *he was in the (very) ~ (of condition)* F hij was in uitstekende conditie; II *aj* roze(kleurig); F gematigd socialistisch

2 pink [piŋk] *sb* ⚓ pink

3 pink [piŋk] I *vt* doorboren; doorsteken, prikken; porren; perforeren, uitschulpen, versieren; II *vi* ⚙ pingelen [v. motor]

pin-money ['pinmʌni] speldengeld *o*; kleedgeld *o*

pinnace ['pinis] pinas [sloep v.e. oorlogsschip]

pinnacle ['pinəkl] I *sb* pinakel; siertorentje *o*; bergspits, -top; *fig* toppunt *o*; II *vt* van torentjes voorzien

pinnate ['pinit] vleugelvormig, gevederd; ℀ gevind, geveerd
pinny ['pini] F = *pinafore*
pin-point ['pinpɔint] I *sb* speldepunt; II *vt* nauwkeurig aanwijzen (aangeven, de plaats bepalen van, *spec* van te bombarderen gebied); ~-**prick** speldeprik²; ~-**stripe** streepje *o* [op stoffen]
pint [paint] pint: ⅛ gallon, 0,568 l; F pilsje *o*
pinta ['paintə] S een *pint* melk
pin table ['pinteibl] trekspel *o*, trekbiljart *o*
pintail ['pinteil] ℀ pijlstaart
pintle ['pintl] pinnetje *o*, bout
pin-up ['pinʌp] opgeprikt plaatje *o* van een aantrekkelijk (*spec* half of geheel naakt) meisje *o* (~ *girl*); foto van film- of popster
pinwheel ['pinwi:l] draaiend vuurwerkrad *o*
piny ['paini] pijnboom-; met pijnbomen beplant
pioneer [paiə'niə] I *sb* pionier², baanbreker, wegbereider; II *vi* & *vt* pionierswerk doen, de weg bereiden (voor), het eerst aanpakken, invoeren of beginnen met
piolet ['pioulei] ijshouweel *o*
pious ['paiəs] godvruchtig, vroom; ~ *fraud* vroom bedrog *o*; ~ *hope* onvervulbare hoop
1 pip [pip] oog *o* [in het spel]; ℀ F ster [als distinctief] ‖ toon [v. tijdsein] ‖ pit [van appel &]
2 pip [pip] I *vt* F verslaan; laten zakken [voor examen]; te slim af zijn, tegenwerken; neerschieten; II *vi* ~ *out* doodgaan
3 pip [pip] I *sb* pluimveeziekte; S depressie; boze bui; verveling; II *vt* S [iem] ergeren, op de zenuwen werken, neerslachtig maken
4 pip [pip] uitspraak v.d. letter p als in ~ *emma* = *p.m.*
pipage ['paipidʒ] (leggen *o* van) buizen
pipe [paip] I *sb* pijp*, buis, leiding; fluit, fluitje *o*; gefluit *o*; (fluit)signaal *o*; luchtpijp; stemgeluid *o*, stem; the ~ *of peace* de vredespijp; *a* ~ *of wine* 105 gallons; *the* ~*s* de doedelzak; *put that in your* ~ (*and smoke it*) F die kun je in je zak steken; II *vt* pijpen, fluiten; piepen; met biezen versieren; van buizen voorzien; door buizen leiden; ~*d water* leidingwater *o*; waterleiding; III *vi* pijpen, fluiten; piepen; ~ *down* S bedaren; ~ *up* F zich laten horen; ~-**clay** (poetsen met) pijpaarde; als *aj* ℀ overdreven netjes op de uitrusting; ~ *dream* dromerij, fantastisch plan *o* (idee *o* &); ~-**line** ✕ pijpleiding; *fig* kanaal *o*, weg, aanvoer; *fig* informatiebron; *in the* ~ op komst, onderweg
piper ['paipə] pijper; doedelzakblazer; *the Pied Piper of Hamelin* ['hæm(i)lin] de rattenvanger van Hameln; *pay the* ~ [*fig*] het gelag betalen
pipette [pi'pet] pipet
piping ['paipiŋ] I *aj* schel, schril; pijpend, fluitend &; *the* ~ *time(s) of peace* de gulden vredestijd; ~ *hot* kokend heet; II *sb* buizenstelsel *o*; buizen, pijpen; bies, galon *o*

pipit ['pipit] ℀ pieper
pipkin ['pipkin] pannetje *o*, potje *o*
pippin ['pipin] pippeling [appel]
piquancy ['pi:kənsi] pikante* *o*; **–ant** pikant*, prikkelend
pique [pi:k] I *sb* pik, wrok; *in a fit of* ~ in een nijdige bui; II *vi* krenken; ergeren; prikkelen, gaande maken; *be* ~*d* ook: gepikeerd of geraakt zijn; III *vr* ~ *oneself on* zich laten voorstaan op
piracy ['paiərəsi] piraterij, zeeroverij; het nadrukken van boekwerken; **pirate** I *sb* piraat, zeerover; roofschip *o*; nadrukker; ~ *transmitter* R clandestiene zender, piratenzender; II *vi* zeeroverij plegen; III *vt* roven; ongeoorloofd nadrukken; ~**tical** [pai'rætikl] (zee)rovers-, roof-; ~ *printing* ongeoorloofde nadruk
pirouette [piru'et] I *sb* pirouette; II *vi* pirouetteren
piscatory ['piskətəri] vis-, vissers-
Pisces ['pisi:z, 'paisi:z] ★ de Vissen
pisciculture ['pisikʌltʃə] visteelt
piscina [pi'si:nə] visvijver; Romeins zwembassin *o*; stenen wasbekken *o* in kerk
piscine ['pisi:n] zwembad *o*
piscivorous [pi'sivərəs] visetend
pish [piʃ] I *ij* ba, foei; II *vi* ba, foei zeggen
piss [pis] I *vi* P plassen, pissen; ~ *off!* P donder op!; ~*ed* P stomdronken; II *sb* P urine, pis
pistachio [pis'ta:ʃiou] ℀ pistache, pimpernoot
pistil ['pistil] ℀ stamper
pistol ['pistl] I *sb* pistool *o*; II *vt* met een pistool schieten
pistole [pis'toul] ▯ pistool [Spaanse munt]
piston ['pistən] (pomp)zuiger; ♪ klep; ~-**ring** zuigerveer; ~-**rod** zuigerstang; ~-**stroke** zuigerslag; ~-**valve** zuigerklep
pit [pit] I *sb* kuil; (kolen)put, -mijn, mijnschacht; groeve; putje *o*, holte, kuiltje *o*; diepte; valkuil; litteken *o*, pok; parterre *o* & *m* [in schouwburg]; *Am* hoek [op de beurs]; *Am* pit [v. vrucht]; *the* (*bottomless*) ~ de (afgrond van de) hel; II *vt* inkuilen; kuiltjes (putjes) vormen in; ~ *against* laten vechten, opzetten, aanhitsen tegen; stellen tegenover; zie ook: *pitted*
pit-a-pat ['pitəpæt] tiktak; triptrap; *his heart went* ~ zijn hart ging van rikketik
1 pitch [pitʃ] I *sb* pik *o* & *m*, pek *o* & *m*; II *vt* pekken
2 pitch [pitʃ] I *sb* hoogte²; trap, graad; toppunt *o*; helling, schuinte; ♪ toonhoogte; ✕ spoed [v. schroef], steek [v. schuine palen &]; ⚓ stampen *o* [v. schip]; worp; standplaats [v. venter]; (sport)terrein *o*; visplaats; *at the* ~ *of one's voice* luidkeels; II *vt* opstellen, opslaan, (op)zetten [tent &]; bestraten [met stenen]; uitstallen [waren]; ♪ aangeven [toon], stemmen; gooien, keilen [stenen &]; *a* ~*ed battle* een geregelde veld-

slag; *a ~ed roof* een schuin dak *o*; ~ *one's expectations high (low)* spannen; ~ *a tale (a yarn)* een verhaal doen, ophangen; **III** *vi* neersmakken; tuimelen, vallen; ⚓ stampen [schip]; kamperen; ~ *in* hem van katoen geven; ~ *into sbd.* op iem. los gaan (slaan)²; iem. te lijf gaan, iem. met verwijten overstelpen; ~ *(up)on* zijn keus laten vallen op; komen op; **pitch-and-toss** dobbelspelletje *o* met muntstuk, ± kruis-of-munt

pitch-black ['pitʃ'blæk] pikzwart; **~-dark** pikdonker

pitcher ['pitʃə] kruik, kan ‖ steen; werper; straatventer [met vaste plaats of stalletje]; *little ~s have long ears* kleine potjes hebben ook oren; *the ~ goes to the well till it comes home broken at last* de kruik gaat zo lang te water tot zij breekt

pitchfork ['pitʃfɔ:k] **I** *sb* hooivork; **II** *vt* met een hooivork (op)gooien; *fig* (onvoorbereid of zonder consideratie) ergens heen sturen of in een baantje schoppen

pitching ['pitʃiŋ] gooien *o*, werpen *o*; opzetten *o* [v. tent]; bestrating; taludbedekking; stampen *o* [van schip];

pitchpine ['pitʃpain] Am. grenehout *o*

pitch-pipe ['pitʃpaip] stemfluit

pitch-wheel ['pitʃwi:l] tandrad *o*

pitchy ['pitʃi] pikachtig; bepekt; pikzwart, stikdonker

pit-coal ['pitkoul] steenkool

piteous ['pitiəs] jammerlijk, erbarmelijk, deerlijk, treurig, zielig

pitfall ['pitfɔ:l] valkuil; *fig* val(strik)

pith [piθ] pit *o* & *v*, kern; wit *o*, onder schil van sinaasappel &; (rugge)merg *o*; kracht

pit-head ['pithed] schachtopening, laadplaats [v. mijn]

pith helmet ['piθ'helmit] tropenhelm

pithless ['piθlis] zonder pit²; krachteloos, zonder geur of fleur; **pithy** *aj* pittig, kernachtig, krachtig

pitiable ['pitiəbl] beklagenswaardig, deerniswaardig, jammerlijk erbarmelijk, zielig; **pitiful** medelijdend; deerniswekkend, treurig, armzalig, erbarmelijk, zielig; **-less** meedogenloos, onbarmhartig, geen medelijden kennend

pitman ['pitmən] mijnwerker, kompel

piton ['pitɔn] klemhaak [v. alpinist]

pit-prop ['pitprɔp] mijnstut; ~*s* mijnstutten, mijnhout *o*

pit-saw ['pitsɔ:] kraanzaag, boomzaag

pittance ['pitəns] karig loon *o*; schrale portie; aalmoes; *a mere ~* een bedroefd beetje *o*, niet meer dan een aalmoes

pitted ['pitid] met putjes of kuiltjes; pokdalig (ook: ~ *with the smallpox*)

pitter-patter ['pitə'pætə] tiktak, triptrap

pituitary [pi'tju:itəri] slijmafscheidend; ~ *gland*

(body) hypofyse

pity ['piti] **I** *sb* medelijden *o*; ⊙ deernis; *it is a (great)* ~, *it is a thousand pities* het is (erg) jammer; *what a ~!* hoe jammer; *(the) more's the* ~ des te erger, wat nog erger is; *for ~'s sake* om godswil, in godsnaam; *in ~ for (of, to)* uit medelijden voor; *have (take)* ~ *on* = **II** *vt* medelijden hebben met, begaan zijn met, beklagen; *he is to be pitied* hij is te beklagen

pivot ['pivət] **I** *sb* spil²; tap; stift; stifttand (ook ~ *tooth*); **II** *vt* (om een spil) doen draaien; **III** *vi* draaien (om *upon*)²; *-al* waar alles om draait, belangrijk, centraal

pixie, pixy ['piksi] fee

pixil(l)ated ['piksileitid] *Am* **F** beetje gek, getikt; aangeschoten

placable ['plækəbl] verzoenlijk, vergevensgezind

placard ['plæka:d] **I** *sb* plakkaat *o*, aanplakbiljet *o*; **II** *vt* be-, aanplakken, afficheren

placate [plə'keit] sussen, kalmeren, verzoenen

place [pleis] **I** *sb* plaats*, plek, oord *o*; gelegenheid [tot vermaak &], woning, huis *o*, kantoor *o*, winkel, zaak &; buiten *o*, kasteel *o*, slot *o*; plein(tje) *o*, hofje *o*; passage [in boek]; positie, betrekking, post, ambt *o*; *it is not my ~ to...* het ligt niet op mijn weg...; *change ~s* van plaats verwisselen; *find ~* een plaats(je) vinden; *give ~ to* wijken voor, plaats maken voor; *go ~s* zie *go* **II**; *know one's ~* weten, waar men staan moet; *take* ~ plaatshebben, plaatsgrijpen; *take the ~ of* de plaats vervullen van, in de plaats komen voor, vervangen; *take your ~s* neemt uw plaatsen in; ● *at (in, of) this ~* te dezer stede, alhier; *at (of) your ~* ten uwent; *in ~* op zijn (hun) plaats; *in another ~* elders [in een boek]; in het Hogerhuis (soms: Lagerhuis); *in ~s* hier en daar; *out of ~* niet op zijn plaats²; misplaatst; *all over the ~* overal (rondslingerend &); *be all over the ~* ook: ruchtbaar zijn; helemaal in de war zijn; *go to the other ~* **F** loop naar de hel!; *to ten ~s of decimals, to ten decimal ~s* tot in tien decimalen; **II** *vt* plaatsen*, zetten, stellen; (op interest) uitzetten; [iem.] ,,thuisbrengen'', herkennen; ook: ruimen welke positie iem. inneemt in de maatschappij; *be ~ed sp* geplaatst zijn (= tot de eerste 3 behoren); *be well ~d [fig]* zich in een gunstige positie bevinden

placebo [plə'si:bou] ✝ kwasigeneesmiddel *o* [ter controle], placebo *o*; *rk* vespers van het dodenofficie

place hunter ['pleishʌntə] baantjesjager

placeman ['pleismən] *pol* gunsteling

placement ['pleismənt] plaatsing

placenta [plə'sentə] placenta: moederkoek, nageboorte

placer ['pleisə] goudbedding; ~ *mining* goudwasserij

place setting ['pleissetiŋ] couvert *o*

placid ['plæsid] onbewogen, rustig, vreedzaam, kalm; **–ity** [plæ'siditi] onbewogenheid, vreedzaamheid, rustigheid; rust

placing ['pleisiŋ] $ plaatsen *o* (v. kapitaal)

placket ['plækit] split *o* of zak in een (vrouwen)rok

plagiarism ['pleidჳjərizm] plagiaat *o*; **–ist** plagiator, plagiaris, letterdief; **–ize I** *vt* naschrijven; **II** *vi* & *va* plagiaat plegen; **plagiary** letterdief, naschrijver; letterdieverij, naschrijverij, plagiaat *o*

plague [pleig] **I** *sb* pest, pestilentie; ramp, straf; plaag; *a ~ upon him!* de drommel hale hem!; **II** *vt* (met rampen of plagen) bezoeken; kwellen; **–some** F lastig, vervelend; **~ sore** pestbuil; **~ spot** pestvlek; pesthaard[2]; poel des verderfs

plaguy ['pleigi] *aj* F verduiveld, drommels

plaice [pleis] ⑤ schol

plaid [plæd] plaid, Schotse omslagdoek; reisdeken

1 plain [plein] **I** *aj* vlak, effen, duidelijk; eenvoudig; onopgesmukt, ongekunsteld; ongelinieerd; ongekleurd; glad [v. ring], zonder mondstuk [v. sigaret], puur [v. chocolade]; niet mooi; gewoon, alledaags, lelijk; openhartig, rondborstig; **~ soda-water** sodawater *o* zonder iets erin; *in ~ words* in ronde woorden; *as ~ as day, as the nose in your face, as a pikestaff* zo duidelijk als wat, zo klaar als een klontje; **III** *ad* duidelijk; **III** *sb* vlakte

2 ⚔ **plain** [plein] *vi* jammeren, klagen

plain-chant ['pleintʃa:nt] = *plain-song*; **~-clothes** (in) burger(kleren); **~ man** politieman in burger; **~ dealing** oprechtheid, rondheid, eerlijkheid; **–ly** *ad* duidelijk, ronduit, rondborstig; eenvoudig, heel gewoon; kennelijk; **~ sailing** [*fig*] een doodgewone zaak, iets wat van een leien dakje gaat

plainsman ['pleinzmən] vlaktebewoner

plain-song ['pleinsɔŋ] eenstemmig koraalgezang *o*; **~-spoken** ronduit sprekend, openhartig, rond(borstig)

plaint [pleint] ⊙ klacht; ⚘ aanklacht; **–iff** ⚘ klager, eiser; **–ive** klagend, klaaglijk, klaaggevend

plait [plæt] **I** *sb* vlecht; **II** *vt* vlechten

plan [plæn] **I** *sb* plan° *o*, ontwerp *o*, plattegrond, schets; *the better* (*best*) *~ is to...* het beste is...; *the best ~ to...* de beste methode (manier) om...; *our only ~ is to...* het enige wat wij doen kunnen is...; *on a novel ~* volgens een nieuwe methode; **II** *vt* een plan maken van; ontwerpen (ook: *~ out*); inrichten; beramen; plannen; *~ned economy* planmatige huishouding, geleide economie; **III** *vi* van plan zijn; plannen

planch [pla:nʃ] plaat, plank

planchette [pla:n'ʃet] planchet, meettafel

1 plane [plein] *sb* ⚘ plataan

2 plane [plein] **I** *sb* ✗ schaaf; **II** *vt* schaven; **~ away** (*down*) afschaven

3 plane [plein] **I** *aj* vlak; **II** *sb* (plat) vlak *o*; draagvlak *o*; plan *o*, niveau *o*, peil *o*; ✈ vliegtuig *o*; **III** *vi* ✈ vliegen; glijden, planeren; **~ down** dalen (in glijvlucht)

planet ['plænit] planeet[2]; **–arium** [plæni'tɛəriəm] planetarium *o*; **–ary** ['plænitəri] planeet-, planetair; **~ system** planetenstelsel *o*; **–oid** planetoïde, asteroïde

plane-tree ['pleintri:] plataanboom

plangent ['plændჳənt] schallend, luidklinkend; klotsend; klagend

planish ['plæniʃ] glad maken, polijsten; planeren, pletten [metaal]

plank [plæŋk] **I** *sb* (dikke) plank; punt *o* van politiek program; **II** *vt* beplanken, met planken bevloeren; **~ down** S [het geld] op tafel leggen, opdokken; **~-bed** brits; **~-bridge** vlonder; **–ing** beplanking; planken

plankton ['plæŋktən] plankton *o*

planless ['plænlis] zonder plan, onsystematisch; **planner** plannenmaker, ontwerper, beramer; planoloog, stedebouwkundige; **–ning** ontwerpen *o*, beramen *o* &; planning; project *o*

plant [pla:nt] **I** *sb* ⚘ plant, gewas *o*; ✗ installatie, outillage, bedrijfsmateriaal *o*; fabriek, bedrijf *o*; F zwendel; S komplot *o*, doorgestoken kaart; S stille (verklikker); **II** *vt* planten, poten, beplanten; (neer)zetten; opstellen [geschut]; vestigen [kolonie], koloniseren; toebrengen [slag]; F in de steek laten; S verbergen [gestolen goederen]; begraven; *she had ~ed herself o n us* ze had zich bij ons ingedrongen en was niet meer weg te krijgen; **~** *o u t* uit-, verplanten; **–ation** [plæn'teiʃən] (be)planting, aanplanting; plantage; **–er** ['pla:ntə] planter°

plantigrade ['plæntigreid] zoolganger

plant-louse ['pla:ntlaus] bladluis; **~-pathology** planteziektenkunde

plaque [pla:k] (gedenk)plaat; ster [v. ridderorde]

plash [plæʃ] **I** *vi* plassen, plonzen, kletteren; **II** *vt* bespatten, besprenkelen; ook = *pleach*; **III** *sb* plas, poel; geklater *o*, geplas *o*; **–y** vol plassen, plassig, drassig; plassend, kletterend

plasm(a) ['plæzm(ə)] plasma *o*

plaster ['pla:stə] **I** *sb* pleister *o* [stofnaam], pleisterkalk; gips *o*; pleister *v* [voorwerpsnaam]; **~** *cast* gipsafdruk; **~** *of Paris* gebrande gips *o*; **II** *aj* gipsen; **III** *vt* een pleister leggen op; (be)pleisteren; (be)plakken; het er dik opleggen; helemaal bedekken; zwaar beschieten [met bommen, vragen &]; **~ed** S dronken; **–er** pleisteraar, stukadoor

plastic ['plæstik] **I** *aj* plastisch, vormend, beeldend; *fig* kneedbaar; plastieken, plastic [= van kunststof]; ~ *art* beeldende kunst, plastiek *v*; ~ *bomb*, ~ *charge* kneedbom; ~ *packaging* plasticverpakking; ~ *surgery* plastische chirurgie; **II** *sb* plastiek *o*, plastic *o* [= kunststof]; **–ity** [plæs'tisiti] plasticiteit, kneedbaarheid[2]; **–ize** ['plæstisaiz] 1 plastificeren; 2 *chem* week maken; **plastics** kunststoffen

plastron ['plæstrən] borstplaat [harnas]; borstlap, stootlap; plastron *o* & *m*

1 plat [plæt] = *plot*: klein stukje *o* grond

2 plat [plæt] = *plait*: vlecht

plate [pleit] **I** *sb* plaat°; naambord *o*; bord *o*; etsplaat; ets; schaal [voor collecte]; vaatwerk *o*; goud- of zilverwerk *o*; tafelzilver *o*, verzilverd tafelbestek *o*, pleet *o*; gebitplaat, tandprothese, kunstgebit *o*; harnas *o*; prijs [bij wedrennen]; ~*s of meat* S (plat)voeten; **II** *vt* met metaalplaten bekleden; (be)pantseren; plateren: verzilveren, vergulden &; ~*d candlestick* pleten kandelaar; ~*d ware* pleet *o*; ~**-armour** bepantsering; harnas *o*

plateau ['plætou] plateau *o*, tafelland *o*

plate-glass ['pleit'gla:s] spiegelglas *o*; ~ *window* spiegelruit; **platelayer** wegwerker [spoorwegen]; **plate-mark** keurmerk *o*

platen ['plætn] degel [v. drukpers, schrijfmachine]

platform ['plætfɔ:m] perron *o*; terras *o*; podium *o*; balkon *o* [van tram]; laadbak [v. vrachtauto]; platform *o*, politiek program *o*; *fig* bestuurstafel [v. vergadering]; ~ *ticket* perronkaartje *o*

platinum ['plætinəm] platina *o*

platitude ['plætitju:d] banaliteit, gemeenplaats; **–dinous** [plæti'tju:dinəs] banaal

Platonic [plə'tɔnik] Platonisch; *fig* platonisch

platoon [plə'tu:n] ⚔ peleton *o*

platter ['plætə] platte (houten) schotel; *Am* grammofoonplaat

platypus ['plætipəs] vogelbekdier *o*

plaudit ['plɔ:dit] toejuiching, *spec* applaus *o*; *fig* bijval, goedkeuring

plausible ['plɔ:zibl] plausibel, aannemelijk; schoonschijnend

play [plei] **I** *vi* spelen°; speling of speelruimte hebben; **S** meedoen, van de partij zijn; ~ *or pay* betalen moet je, of je meedoet of niet; ~ *safe* voorzichtig zijn; **II** *vt* spelen (op), bespelen; uitspelen [kaart]; spelen tegen; spelen voor, uithangen; uithalen [grap]; laten spelen [ook kanonnen]; laten uitspartelen [vis]; (af)draaien [grammofoonplaat]; ~ *sbd. false* oneerlijk spel met iem. spelen; ~ *one's cards well* zijn troeven goed plaatsen[2]; gelukkig kolven; ~ *it* (*well &*) S het (goed &) doen (aanleggen), (goed &) te werk gaan; ~ *the fool* voor gek spelen, zich dwaas aanstellen; ~ *the game* eerlijk spel spelen, eerlijk doen; ~ *the game of* in de kaart spelen van; ~ *a losing game* een hopeloze strijd voeren; ~ *false*

verraden, bedriegen; ● ~ *about* spelen om; ronddartelen; ~ *along* (laten) spelen langs [v. licht]; ~ *at fighting* niet serieus vechten; ~ *at hide-and-seek* verstoppertje spelen; ~ *at marbles* knikkeren; *two can* ~ *at that* dat kan een ander (ik) ook; ~ *away* verspelen [geld]; ~ *back* afspelen [met bandrecorder]; ~ *down* bagatelliseren, kleineren; af-, verzwakken, verzachten; ~ *for love* om niet spelen; ~ *for safety* geen risico's nemen; het zekere voor het onzekere nemen; ~ *for time* tijd trachten te winnen; ~ *the congregation in* (*out*) spelen (op het orgel) terwijl de kerkgangers binnenkomen (de kerk verlaten); ~ *into sbd.'s hands* in iems. kaart spelen; ~ *off* (*the match*) de beslissingswedstrijd spelen; ~ *off one's charms* te koop lopen met; ~ *them off against each other* de een tegen de ander uitspelen; ~ *on* doorgaan met spelen; spelen op, bespelen [instrument]; (laten) spelen op [v. kanonnen of licht]; misbruik maken van; exploiteren [lichtgelovigheid]; ~ *a joke* (*prank, trick*) (*up*)*on sbd.* iem. een poets bakken; ~ *on words* woordspelingen maken; ~ *out* (uit)spelen [rol]; ~*ed out* uitgeput; uit de mode; alledaags; ~ *over* spelen over [v. licht]; ~ *a melody over* een wijsje doorspelen; ~ *up* beginnen (te spelen); **F** [iem.] voor de gek houden; *sp* spelen zo goed je kan; opblazen, aandikken, beter doen uitkomen; ~ *up to sbd.* goed tegenspel te zien geven, iem. waardig ter zijde staan [op het toneel]; iem. tegemoet komen; bij iem. in het gevlij zien te komen; ~ *upon* op iem.'s gemoed werken; misbruik maken van iem.'s zwakheid; ~ *with* spelen met[2]; **III** *sb* spel *o*; gokspel *o*; liefdesspel *o*; manier van spelen; bewegingsvrijheid; speling, speelruimte; (toneel)stuk *o*; ~ *of colours* kleurenspel *o*; ~ *of features* mimiek; ~ *of words* woordenspel *o*; ~ *on words* woordspeling; *give full* ~ *to* vrij spel laten, de vrije loop laten, de teugel vieren; *make* (*capital*) ~ zich flink weren; *make* ~ *with* uitbuiten, schermen met [klassejustitie &]; ● *be at* ~ aan het spelen zijn, spelen°; *at the* ~ in de komedie; *in* ~ in scherts, voor de aardigheid; *be in* ~ ⚙ aan stoot zijn; *be in full* ~ in volle werking zijn; *hold* (*keep*) *in* ~ aan de gang of bezig houden; *bring* (*call*) *into* ~ erbij halen, aanwenden [invloed &]; *come into* ~ erbij in het spel komen, zich doen gelden [invloeden]; *out of* ~ „af" [bij spel], buiten spel; *go to the* ~ naar de schouwburg gaan; **–able** speelbaar; *sp* bespeelbaar [terrein]; ~**-act** doen alsof; ~**-actor** > acteur, komediant; ~**-back** afspelen *o* [met bandrecorder]; **–bill** affiche *o* & *v*; programma *o*; **–boy** **F** losbol, boemelaar, doordraaier, playboy; **–er** speler; toneelspeler; **player-piano** mechanische piano; **playfellow** speelmakker; **–ful** speels, ludiek; schalks; **–goer** schouwburgbezoeker; **–ground** speelplaats; **–group** peuter-klas; **–house** schouwburg; **–ing-card** (speel)kaart; **–ing-field** speelveld *o*; **–let** toneelstukje *o*; **–mate** speelmakker; **~-off** *sp* beslissingswedstrijd; **–pen** (baby)box, loophek *o*; **–suit** speelpakje *o*; **–thing** (stuk) speelgoed *o*; *fig* speelbal; **–time** vrije tijd, vrij kwartier *o*, speeltijd, schoolpauze; **–wright, ~-writer** toneelschrijver

plaza ['pla:zə] plein *o*

plea [pli:] pleidooi *o*, pleit *o*; ⚹ proces *o*; verontschuldiging; voorwendsel *o*; (smeek)bede, dringend verzoek *o*; *on the ~ of...* onder voorwendsel dat...

pleach [pli:tʃ] (dooreen)vlechten

plead [pli:d] **I** *vi* pleiten; zich verdedigen; *~ for* smeken om; *~ with sbd. to...* iem. smeken te...; **II** *vt* bepleiten; aanvoeren [gronden]; *~ (not) guilty* (niet) bekennen; *~ ignorance* zich met onwetendheid verontschuldigen; *~ illness* ziekte voorwenden; **–ing I** *sb* het pleiten; pleidooi *o*; smeking; *special ~* **F** spitsvondig geredeneer *o* in het eigen belang, draaierij(en); **II** *aj* smekend

⚹ **pleasance** ['plezəns] lusthof, lustwarande; vermaak *o*, genot *o*; **–ant** aangenaam, prettig, genoeglijk, plezierig; vriendelijk; **–antry** scherts, grap, grapje *o*, aardigheid; *a piece of ~* een aardigheid

please [pli:z] **I** *vt* behagen, bevallen, aanstaan; voldoen, plezieren; believen; *~!* als het u belieft; om u te dienen; *~ (to) return it soon* wees zo goed (gelieve) het spoedig terug te zenden; *~ Sir, will you be so kind as to...* (pardon) Mijnheer, wilt u &; *if you ~* als het u belieft; [ironisch] nota bene, waarachtig; *~ God* zo God wil; *~ your Majesty* moge het Uwer Majesteit behagen; met Uwer Majesteits verlof...; *~d* ook: blij, tevreden; *be ~d at t...* zich verheugen over; *I shall be ~ t o* het zal mij aangenaam zijn...; *be ~d w i t h* ook: ingenomen (in zijn schik) zijn met, tevreden zijn over; **II** *vr* *~ yourself* handel naar eigen goedvinden, je moet zelf maar weten wat je doet; **–sing** behaaglijk, welgevallig, aangenaam, innemend

pleasurable ['pleʒərəbl] genoeglijk, aangenaam, prettig; **pleasure** vermaak *o*, genoegen *o*, genot *o*, plezier *o*; (wel)behagen *o*; believen *o*, welgevallen *o*, goedvinden *o*; *ps* lust; *it is Our ~ to...* het heeft Ons behaagd te...; *we have ~ in...* wij hebben het genoegen te...; *take (a) ~ in* er plezier in vinden om..., behagen scheppen in; *take one's ~(s)* zich vermaken; ● *a t ~* naar verkiezing, naar eigen goedvinden; *d u r i n g the King's ~* zo lang het de Koning behaagt; *~ boat* plezierboot; *~ ground* lusthof, park *o*

pleat [pli:t] **I** *sb* plooi; **II** *vt* plooien

pleb [pleb] **S** plebejer; **–eian** [pli'bi:ən] **I** *aj* plebejisch; **II** *sb* plebejer

plebiscite ['plebisit] plebisciet *o*

plectrum ['plektrəm] plectrum *o*

pledge [pledʒ] **I** *sb* pand *o*, onderpand *o*; borgtocht; belofte, gelofte; toost; *sign (take) the ~* de gelofte van geheelonthouding afleggen; **II** *vt* verpanden; (ver)binden; plechtig beloven; drinken op de gezondheid van; **III** *vr* *~ oneself* zijn woord geven, zich (op erewoord) verbinden

pledget ['pledʒit] plukselverband *o*

plenary ['pli:nəri] volkomen, volledig, algeheel; *~ indulgence* volle aflaat; *~ powers* volmacht; *~ sitting* voltallige vergadering, plenum *o*, plenaire zitting

plenipotentiary [plenipou'tenʃəri] **I** *aj* gevolmachtigd; **II** *sb* gevolmachtigde

plenitude ['plenitju:d] volheid, overvloed

⊙ **plenteous** ['plentjəs] overvloedig; **plentiful** overvloedig; **plenty I** *sb* overvloed; **II** *ad* **F** overvloedig, ruimschoots; talrijk

plenum ['pli:nəm] geheel gevulde ruimte; voltallige vergadering

pleonasm ['pli:ənæzm] pleonasme *o*; **–astic** [pli:ə'næstik] pleonastisch

plethora ['pleθərə] teveel *o* aan rode bloedlichaampjes; *fig* overmaat, overvloed

pleura ['pluərə] borstvlies *o*; **–risy** pleuritis, borstvliesontsteking

plexus ['pleksəs] netwerk *o* van bloedvaten, zenuwen &; *fig* netwerk *o*, gecompliceerdheid; *solar ~* zonnevlecht; **F** maagholte

pliable ['plaiəbl] buigzaam; *fig* plooibaar, meegaand; **–ancy** soepel-, buigzaamheid &; **–ant** soepel, buigzaam; gedwee, volgzaam; makkelijk te beïnvloeden

pliers ['plaiəz] buigtang, combinatietang

1 plight [plait] *sb* (vervelende, moeilijke, nare &) situatie, staat, toestand, conditie; noodtoestand, dwangsituatie, netelige positie, misère; *in perilous ~* in benarde toestand (staat); *in a sore ~*, *in sorry ~* er slecht (naar) aan toe

2 plight [plait] **I** *vt* verpanden, beloven; *~ one's faith (troth, word)* zijn woord geven; **II** *vr* *~ oneself* zijn woord geven

Plimsoll ['plimsəl]: *~ line, ~('s) mark* lastlijn; *plimsolls* gymschoentjes

plinth [plinθ] onderste stuk *o* van sokkel, pui &; plint

plod [pləd] **I** *vi* moeizaam gaan, zich voortslepen; *fig* ploeteren (aan *at*); zwoegen; blokken (op *at*); *~ along (on)* door-, voortploeteren, voortsjouwen; **II** *sb* sjouw, slepende (zware) gang; gezwoeg; **plodder** ploeteraar; blokker, zwoeger

plonk [pləŋk] hol, galmend geluid *o*

plop [pləp] **I** *vi* plompen, plonzen; **II** als *ad* plons

plot [plət] **I** *sb* stuk(je) *o* grond; samenzwering, komplot *o*; intrige [in roman &]; *Am* plattegrond; **II** *vt* in kaart brengen, uitzetten, traceren, ontwerpen (ook: ~*out*); beramen, smeden; **III** *vi* & *va* plannen maken, intrigeren; samenspannen, samenzweren, komplotteren; **plotter** ontwerper; samenzweerder; intrigant

plough [plau] **I** *sb* ploeg; ploegschaaf; snijmachine [v. boekbinderij]; *the Plough* ★ de Grote Beer; **II** *vt* (om)ploegen; doorploegen [het gelaat]; doorklieven [de golven]; F laten zakken [bij examen]; ~ *b a c k* inploegen [klaver &]; $ reïnvesteren; ~ *d o w n* (*in*) onderploegen; ~ *o u t* (*up*) uit de grond ploegen; ~ *u p* omploegen; scheuren [weidegrond]; **III** *vi* ploegen; ploeteren [door de modder &]; ~ *through a book* doorworstelen; –**boy** ['plaubɔi] hulp bij het ploegen; –**er** ploeger; –**land** bouwland *o*; –**man** ploeger; –**share** ploegschaar

plover ['plʌvə] pluvier; F kievit

plow [plau] *Am* = *plough*

ploy [plɔi] *dial* F handige zet; stunt; werk *o*, karwei *o*, bezigheid

pluck [plʌk] **I** *sb* rukje *o*, trek; hart, long en lever [v. dieren]; F moed, durf; **II** *vt* & *vi* rukken, plukken, trekken (aan *at*); tokkelen [snaarinstrument]; F bedotten, bedriegen; F laten zakken [bij examen]; ~ *up* uitrukken, uitroeien; ~ *up courage* (*one's spirits*) (weer) moed scheppen; *be* ~*ed* F zakken [bij examen]

plucky ['plʌki] *aj* moedig, dapper, branie

plug [plʌg] **I** *sb* plug, prop, tap, stop; ⚡ stekker; ⚙ bougie; waterspoeling [van W.C.]; 𝔗 tampon; (stuk) geperste tabak, pruimpje *o* (tabak); F aanbeveling, reclame [in radiouitzending &]; S kogel; *pull the* (*lavatory*) ~ de W.C. doortrekken; **II** *vt* dichtstoppen, (ver)stoppen; 𝔗 tamponneren; plomberen [kies] (ook: ~ *up*); S beschieten, neerschieten, een kogel jagen door (het lijf); het trachten er in te krijgen [nieuwe liedjes bij het publiek], reclame maken voor; ~*in* ⚡ inschakelen, aansluiten; stekker in stopcontact steken; **III** *vi* S schieten slaan; F ploeteren; ~ *in* ⚡ inschakelen; ~-**box** contactdoos, stopcontact *o*; ~-**in** ⚡ (in)steek-, inschuif-; ~-**ugly** *Am* herrieschopper, straatschender

plum [plʌm] 🍑 pruim; rozijn; *fig* het beste, het puikje; F vet baantje *o*; *the* ~*s in the book* de beste brokken

plumage ['plu:midʒ] bevedering, pluimage, vederkleed *o*; *summer* (*winter*) ~ 🍂 zomer (winter)kleed *o*

plumb [plʌm] **I** *sb* (schiet)lood *o*; dieplood *o*; *out of* ~ uit het lood; **II** *aj* in het lood, loodrecht; ~ *nonsense* je reinste onzin; **III** *ad* loodrecht; precies; *Am* volslagen; **IV** *vt* te lood zetten, waterpas maken; peilen; *fig* doorzien, doorgronden; **V** *vi* loodgieterswerk doen

plumbago [plʌm'beigou] grafiet *o*; 🍂 loodkruid *o*

plumber ['plʌmə] loodgieter, -werker

plumbic ['plʌmbik] loodhoudend, lood-

plumbing ['plʌmiŋ] loodgieterswerk *o*, sanitaire inrichting(en)

plumb-line ['plʌmlain] schiet-, dieplood *o*; ~-**rule** timmermanswaterpas *o*

plum-cake ['plʌm'keik] rozijnencake

plume [plu:m] **I** *sb* vederbos; veer, pluim[2]; rookpluim; **II** *vt* van veren voorzien; [de veren] gladstrijken; ~ *oneself* een hoge borst zetten; ~ *oneself on* zich laten voorstaan op

plummet ['plʌmit] **I** *sb* schiet-, dieplood *o*; loodje *o*; **II** *vi* *Am* snel dalen

plummy ['plʌmi] vol pruimen, pruimen-; F kostelijk, uitstekend, rijk; gemakkelijk en goed betaald [baantje]; F aanstellerig diep [v. stem]

plumose ['plu:mous] vederachtig, gevederd

1 plump [plʌmp] **I** *aj* gevuld, vlezig, mollig, dik; **II** *vt* gevuld(er), mollig maken; doen uitzetten; **III** *vi* ~ *out* (*up*) gevulder, dikker worden; zich ronden, uitzetten

2 plump [plʌmp] **I** *vi* (neer)ploffen (ook: ~ *down*); ~ *for* alleen stemmen op; zich onvoorwaardelijk verklaren vóór; **II** *vt* (neer)kwakken; **III** *ad* pardoes, vierkant, botweg; doorslaggevend; **IV** *aj* bot; beslist, doorslaggevend; *a* ~ *lie* een vierkante leugen; *answer with a* ~ *No* botweg néén zeggen; **V** *sb* plof

plum-pudding ['plʌm'pudiŋ] plumpudding

plumpy ['plʌmpi] dik en vet, mollig, poezelig

plumy ['plu:mi] gevederd, veder-; verenpluim

plunder ['plʌndə] **I** *vt* plunderen; beroven; **II** *vi* plunderen, roven; **III** *sb* plundering, beroving, roof; buit; *Am* bagage, huisraad *o*

plunge [plʌn(d)ʒ] **I** *vt* dompelen, storten, stoten, plonzen (in *into*); onder-, indompelen; vallen [v. prijzen]; ~*d in thought* in gedachten verdiept; **II** *vi* zich storten, duiken; achteruitspringen en slaan [paard]; ⚓ stampen; F zwaar gokken; **III** *sb* in-, onderdompeling, (onder)duiking; sprong[2], val; *make a* ~ *downstairs* de trap afhollen; *take the* ~ de sprong wagen; –**r** plunjer; ⚔ zuiger [v. pomp], dompelaar; stang [v. karn], plomp [ter ontstopping]

pluperfect ['plu:'pə:fikt] voltooid verleden (tijd)

plural ['pluərəl] **I** *aj* meervoudig; **II** *sb* meervoud *o*; –**ism** meerdere ambten (*spec* kerkelijke) bezitten *o*; –**ity** [pluə'ræliti] meervoudigheid, meervoud *o*; menigte; meerderheid, merendeel *o*

plus [plʌs] **I** *prep* plus; vermeerderd met; **II** *aj* extra; ᵂ positief; **III** *sb* plusteken *o*

plus-fours ['plʌs'fɔ:z] plusfour [wijde golfbroek]

plush [plʌʃ] **I** *sb* pluche *o* & *m*; ~*es* pluchen broek [v. lakei]; **II** *aj* pluche(n); S luxueus, chic, fijn; –**y** = *plush* **II**

plutocracy [plu:'tɔkrəsi] plutocratie: regering

door rijken; **–at** ['plu:toukræt] plutocraat, kapitalist

plutonic [plu:'tɔnik] plutonisch; vulkanisch

plutonium [plu:'tounjəm] plutonium *o*

pluvial ['plu:viəl] regenachtig, regen-; **pluviometer** [plu:vi'ɔmitə] regenmeter; **pluvious** ['plu:viəs] regenachtig, regen-

1 ply [plai] *sb* plooi, vouw; streng, draad [van garen], laag [v. triplex, stof &];*fig* neiging, richting

2 ply [plai] **I** *vt* gebruiken, werken met, hanteren; in de weer zijn met; uitoefenen [beroep]; ~ *the oars* ook: roeien; ~ *with* bestormen met [vragen &]; opdringen, aandringen; **II** *vi* (heen en weer) varen (rijden, vliegen &); ⚓ laveren, opkruisen; ~ *for customers* (*hire*) snorren [v. huurkoetsier, taxi]

plywood ['plaiwud] triplex *o* & *m*, multiplex *o* [hout van drie of meer lagen]

p.m. = *post meridiem*'s middags, 's avonds, in de namiddag, n.m.

P.M. = *Prime Minister*

pneumatic [nju'mætik] **I** *aj* pneumatisch; lucht-; ~ *tyre* luchtband; **II** *sb* ~*s* leer der gassen

pneumonia [nju'mounjə] longontsteking; **–ic** [nju'mɔnik] van de longen; longontstekings-; longontsteking hebbend

1 poach [poutʃ] *vt* pocheren: eieren koken door ze zonder de schaal in kokend water te laten vallen

2 poach [poutʃ] **I** *vt* stropen; kuilen trappen (in drassige grond); **II** *vi* stropen; drassig worden, vol kuilen raken; ~ *on shd.'s preserves* onder iems. duiven schieten; **–er** stroper

pochard ['poutʃəd] tafeleend

pochette [pɔ'ʃɛt] damestasje *o*

pock [pɔk] pok; put [v. pok], puist; **S** syfilis

pocket ['pɔkit] **I** *sb* zak°; *be 5 sh. in* ~ 5 sh. rijk zijn; 5 sh. gewonnen of verdiend hebben; *she has him in her* ~ zij kan met hem doen wat zij wil; *put one's dignity* & *in one's* ~ ...op zij zetten; *you will have to put your hand in your* ~ je zult in de zak moeten tasten; *be o u t o f* ~ er op toeleggen, er bij inschieten; *be 5 sh. out of* ~ 5 sh. verloren hebben; **II** *aj* ...in zakformaat, zak-, miniatuur-; **III** *vt* in de zak steken; kapen; ♀ stoppen [bal];*fig* slikken [belediging]; op zij zetten [zijn trots]; **–able** gemakkelijk in de zak te steken, zak-; ~**-book** zakboekje *o*; portefeuille; *Am* damestasje *o*; ~ **handkerchief** zakdoek; ~**-knife** zakmes *o*

pock-marked ['pɔkma:kt] pokdalig; **pocky** pokkig, pokdalig

pod [pɔd] **I** *sb* dop, schil, bast, peul; cocon [v. zijderups]; aalfuik; **P** buik; **S** stickie *o* ‖ kleine school walvissen of robben; *in* ~ **S** zwanger; **II** *vt* doppen, peulen; **III** *vi* peulen zetten; ~ *up* een dikke buik krijgen (zwanger zijn)

podagra [pou'dægrə] podraga *o*, het pootje

podgy ['pɔdʒi] dik, propperig

podiatry [po'daiətri] *Am* = *chiropody* voetorthopedie

podium ['poudiəm] lange steunmuur met pilaren; lage muur rond arena; doorlopende bank rondom in kamer; verhoging voor dirigent; *biol* zuignap

poem ['pouim] gedicht *o*, dichtstuk *o*, poëem *o* ⚘ **poesy** ['pouizi] dichtkunst, poëzie

poet ['pouit] dichter, poëet; **–aster** [poui'tæstə] poëtaster, pruldichter; **–ess** ['pouitis] dichteres; **–ic(al)** [pou'etik(l)] dichterlijk, poëtisch; ~ *justice* zegevieren *o* v.h. recht; ~ *license* dichterlijke vrijheid; **–icize** [po'etisaiz], **poetize** ['pouitaiz] **I** *vi* dichten; **II** *vt* in dichtvorm gieten, bezingen; **poetics** [pou'etiks] verskritiek, dichtkritiek; **poetry** ['pouitri] dichtkunst, poëzie [2]

po-faced ['poufeisd] **S** dom en suf kijkend

pogrom ['pɔgrəm] (joden)vervolging; pogrom

poignancy ['pɔinənsi] scherpheid &; **–ant** scherp, bijtend, stekelig; pijnlijk, schrijnend, hevig

point [pɔint] **I** *sb* punt *v* & *o* = (lees)teken *o*; punt *m* = spits; punt *o* [andere betekenissen]; stip; decimaalteken *o*; landpunt; stift, (ets)naald; tak [v. gewei]; naaldkant; ⚡ stopcontact *o*;*fig* puntigheid, pointe [v. aardigheid]; ~ *of no return* punt *o* waarvan geen terugkeer meer mogelijk is; ~ *of view* oog-, standpunt *o*; ~*s* wissel [v. spoorweg]; goede eigenschappen [v. paard &]; *the ~s of the compass* de streken van het kompas; *what is the* ~? wat is de kwestie?; wat heeft het voor zin?; *that is just the* ~ dat is (nu) juist de kwestie, dat is het hem juist, daar gaat het juist om; *that is the great* ~ de zaak waar het op aankomt; *the* ~ *is to...* het is zaak om...; *singing is not his strong* ~ is zijn fort niet; *there is no* ~ *in ...ing* het heeft geen zin te...; *carry* (*gain, win*) *one's* ~ zijn zin (weten te) krijgen; *catch* (*see*) *the* ~ snappen; *give* ~*s to...* (wat) voorgeven [bij spelen]; *he can give* ~*s to...* [*fig*] hij wint het van...; *maintain one's* ~ op zijn stuk blijven staan, volhouden; *make a* ~ staan [v. jachthond]; een bewering bewijzen; *make a* ~ *of* staan (aandringen) op; *make a* ~ *of ...ing, make it a* ~ *to...* het zich tot taak stellen om..., het er op aanleggen om...; *make a* ~ *of honour of ...ing, make it a* ~ *of honour to...* er een eer in stellen te...; *make one's* ~ zijn bewering bewijzen; *make the* ~ *that...* er op wijzen, dat...; *miss the* ~ niet begrijpen waar het om te doen is; er naast zijn; *prove one's* ~ zijn bewering bewijzen; *press the* ~ op iets aandringen; *pursue the* ~ verder erop doorgaan; *not to put too fine a* ~ *upon it* om het nu maar eens ronduit te zeggen; *see* (*take*) *the* ~ het begrijpen; *strain* (*stretch*) *a* ~ het zo nauw niet nemen, met de hand over het hart strijken; overdrijven; ● *a t all* ~*s* in alle opzichten; *armed at all* ~*s* tot de tanden gewapend; *at the ~ of death* op sterven; *at the ~ of the sword* met de degen (in de vuist), met geweld (van wapenen); *that's b e s i d e the ~* dat doet niets ter zake; *a case i n ~* een ter zake dienend geval (voorbeeld); *in ~ of* uit een (het) oogpunt van; inzake...; op het stuk van; *in ~ of fact* in werkelijkheid, feitelijk; *off the ~* niet ad rem; *o n (upon) the ~ of...* op het punt om (van te)...; *t o the ~* ter zake; *to the ~ that...* in die ziene dat..., zozeer dat...; *come to the ~* ter zake komen; *when it came to the ~* toen het erop aankwam, toen puntje bij paaltje kwam; op stuk van zaken; *u p to a ~* tot op zekere hoogte; **II** *vt* (aan)punten, een punt maken aan, scherpen, spitsen, interpungeren; ♪ van punten voorzien; ⚓ aanleggen, richten (op *at*); wijzen met [vinger &]; onderstrepen [beweringen &], op treffende wijze illustreren; voegen [van metselwerk]; *~ a moral* ook: een zedenles bevatten; *~ o u t* (aan)wijzen, wijzen op, aanduiden, aantonen, te kennen geven; *~ u p* accentueren, onderstrepen; **III** *vi* wijzen² (op *at, to*); staan [v. jachthond]; **~-blank** ⚓ [schot] recht op 't doel; *fig* vlak in zijn gezicht, op de man af; bot-, gladweg; **~-duty** dienst van (als) verkeersagent op een bepaald punt; **–ed** *aj* spits²; scherp²; puntig²; snedig, juist; precies; ondubbelzinnig; opvallend; *~ arch* spitsboog; *~ beard* puntbaard; **–edly** *ad* v. *pointed*; ook: stipt; nadrukkelijk, duidelijk; **–er** wijzer; aanwijsstok; aanwijzing; pointer [hond]; kleine advertentie voorafgaand aan een grotere; **~-lace** naaldkant; **–less** stomp; zonder punt(en); zinloos; zonder uitwerking; nutteloos; **–sman** wisselwachter; verkeersagent; **~-to-point** van punt tot punt; *~ race* steeple-chase voor amateurs

poise [pɔiz] **I** *vt* in evenwicht houden of brengen; balanceren; wegen [in de hand]; houden, dragen; *be ~d* ook: zweven [v. vogels]; **II** *vi* in evenwicht zijn; **III** *sb* evenwicht *o*; beheerstheid; balanceren *o*; zweving [in onzekerheid], houding [v. hoofd &]

poison ['pɔizn] **I** *sb* vergif(t) *o*, gif(t)² *o*; **II** *vt* vergiftigen², *fig* bederven, vergallen; verbitteren; *~ed cup* gif(t)beker; **–er** gif(t)menger, -ster; **poison-fang** ['pɔiznfæŋ] gif(t)and; **poisonous** (ver)giftig, gif(t)-; F onuitstaanbaar, afschuwelijk; **poison pen** schrijver van boosaardige anonieme brieven

1 poke [pouk] *sb dial* zak; zie ook: *pig* **I**

2 poke [pouk] **I** *vi* scharrelen, snuffelen, tasten, voelen; *~ about* F rondsnuffelen, rondneuzen; **II** *vt* stoten, duwen; steken; (op)poken, (op)porren; zie ook: *fun*; **III** *sb* stoot, por

poke-bonnet ['pouk'bɔnit] tuithoed [Leger des Heils]

poker ['poukə] (kachel)pook; ⇔ S (staf van) pedel; *sp* poker *o*; *by the holy ~!* voor de drommel!;

~-face strak (stalen) gezicht *o;* **~-work** brandwerk *o* [in hout]

poky ['pouki] bekrompen, nauw; hokkerig; krottig; slonzig

polar ['poulə] pool-; *~ bear* ijsbeer

Polaris [pou'læris, pou'la:ris] Polaris [poolster]

polarity [pou'læriti] polariteit; **–ization** [poulərai'zeiʃən] polarisatie; **–ize** ['pouləraiz] polariseren

polder ['pouldə] polder

Pole [poul] Pool

pole [poul] **I** *sb* pool ‖ paal, stok, pols, staak, mast; disselboom; *up the ~* S in de knoei; woedend; getikt; *~s apart* (*asunder*) hemelsbreed verschillend; **II** *vt* ⚓ (voort)bomen; **~-axe I** *sb* slagersbijl; hellebaard, strijdbijl; **II** *vt* neerslaan, -vellen; **–cat** bunzing; *Am* skunk; **~-jump** = *pole-vault*

polemic [pɔ'lemik] **I** *aj* polemisch; **II** *sb* polemiek; polemist; *~s* polemiek; **–al** polemisch; **polemist** polemist

pole-star ['poulsta:] poolster

pole-vault ['poulvɔ:lt] polsstoksprong, *sp* polsstok(hoog)springen *o*

police [pɔ'li:s] **I** *sb* politie; *5 ~* 5 politieagenten; **II** *aj* politioneel, politie-; *~ constable* Br politieagent; **III** *vt* (politie)toezicht houden op; van politie voorzien; *~ force* politie(macht), politiekorps *o*; **~-man** politieagent; *~ officer* politiebeambte; *~ station* politiebureau *o*; **~-woman** agente van politie

policlinic [pɔli'klinik] polikliniek

policy ['pɔlisi] staatkunde; (staats)beleid *o*, politiek, gedragslijn ‖ polis

polio ['pouliou] afk. v. *poliomyelitis;* **–myelitis** [poulioumaiə'laitis] poliomyelitis; kinderverlamming

polish ['pɔliʃ] **I** *vt* polijsten², politoeren, af-, gladwrijven, poetsen, boenen; slijpen, bijschaven; *~ed manners* beschaafde manieren; *~ o f f* F afdoen, afroffelen [een werkje]; vlug opeten, opdrinken; uit de weg ruimen [tegenstander]; *~ u p* opknappen; oppoetsen; *fig* [kennis] opfrissen; **II** *vi* zich laten poetsen; glimmen; **III** *sb* politoer *o* & *m*; poetsmiddel *o*; glans; *fig* beschaving; *give it the final ~* er de laatste hand aan leggen

Polish ['pouliʃ] Pools

polisher ['pɔliʃə] polijster; slijper; glansborstel

polite [pɔ'lait] *aj* beleefd; beschaafd; *~ literature* bellettrie; **–ness** beleefdheid

politic ['pɔlitik] **I** *aj* politiek²; diplomatiek, slim, geslepen; berekenend; *the body ~* de Staat; **II** *sb* *~s* politiek, staatkunde; **–al** [pɔ'litikl] politiek; staatkundig; *~ economy* staathuishoudkunde; *~ science* politicologie; **–ian** [pɔli'tiʃən] politicus, staatkundige, staatsman; **–ize, –ise** [pɔ'litisaiz] politiseren

polity ['pɔliti] (staats)inrichting, regeringsvorm; staat

polka ['pɔlkə, 'poulkə] polka; ~ *dots* stippels

1 poll [poul] **I** *sb* kiezerslijst; stembus, stembureau *o*; stemming; aantal *o* (uitgebrachte) stemmen, stemmencijfer *o*; ⚲ kop, hoofd *o*; ~ *of public opinion*, (*public*) *opinion* ~ opinieonderzoek *o*, -peiling, enquête; *be returned at the head of the* ~ de meeste stemmen krijgen **II** *vt* toppen, knotten; [planten] koppen; ⚲ (de haren) knippen; (stemmen) verwerven; laten stemmen; laten deelnemen aan een opinieonderzoek, ondervragen, enquêteren; **III** *vi* stemmen (op *for*)

2 poll [pɔl] *sb* lorre [papegaai]; **S** prostituée

pollard ['pɔləd] **I** *sb* getopte boom; ⚘ hert *o* dat zijn gewei verloren heeft; hoornloos rund *o*; zemelen; **II** *vt* ⚘ knotten; ~-**willow** knotwilg

pollen ['pɔlin] stuifmeel *o*; **pollinate** bestuiven; **–tion** [pɔli'neiʃən] bestuiving

polling- ['pouliŋ] stem-

polloi [pɔ'lɔi] = *hoi polloi* **S** gepeupel *o*

pollster ['poulstə] **F** opinieonderzoeker, enquêteur

poll-tax ['poultæks] hoofdelijke omslag

pollute [pɔ'l(j)u:t] bezoedelen, bevlekken, besmetten, ontwijden; verontreinigen, vervuilen; **–tion** bezoedeling, bevlekking, besmetting, ontwijding; verontreiniging, vervuiling; verontreinigende (vervuilende) stof

polo ['poulou] *sp* polo *o*

polonaise [pɔlə'neiz] polonaise°

polo-neck ['poulounek] ~ *sweater* coltrui

polony [pɔ'louni] worst van halfgaar en gerookt varkensvlees

poltergeist ['pɔltəgaist] klopgeest

poltroon [pɔl'tru:n] lafaard; **–ery** laf(hartig)heid

polyandrous [pɔli'ændrəs] ⚘ veelhelmig; veelmannig; **–dry** ['pɔliændri] ⚘ veelhelmigheid, veelmannerij

polyanthus [pɔli'ænθəs] sleutelbloem

polychrome ['pɔlikroum] **I** *aj* veelkleurig; **II** *sb* veelkleurig beschilderd kunstwerk *o*

polyclinic [pɔli'klinik] polikliniek

polygamous [pɔ'ligəməs] polygaam; **–my** polygamie, veelwijverij

polyglot ['pɔliglɔt] **I** *aj* polyglottisch, veeltalig; **II** *sb* polyglot(te); **polyglot(te)** boek *o* met tekst in verschillende talen

polygon ['pɔligən] veelhoek; **–al** [pɔ'ligənl] veelhoekig

polyhedral [pɔli'hi:drəl] veelvlakkig; **–dron** veelvlak *o*

polymath ['pɔlimæθ] veelzijdig geleerde

Polynesian [pɔli'ni:ziən] **I** *aj* Polinesisch; **II** *sb* Polynesiër

polyp ['pɔlip, *mv* **polypi** -pai] poliep

polyphonic [pɔli'founik] veelstemmig, poly-

foon; contrapuntisch

polypod ['pɔlipɔd] veelpotig

polypus ['pɔlipəs, *mv* **polypi** -pai] 𝕋 poliep

polysyllabic ['pɔlisi'læbik] veellettergrepig; **–able** ['pɔli'siləbl] veellettergrepig woord *o*

polytechnic [pɔli'teknik] **I** *aj* (poly)technisch; **II** *sb* (poly)technische school

polytheism ['pɔliθiizm] veelgoderij; **–ist** polytheïst; **–istic** [pɔliθi'istik] polytheïstisch

pomade [pə'ma:d] **I** *sb* pommade; **II** *vt* pommaderen

pomatum [pə'meitəm] = *pomade*

pome [poum] pitvrucht, appelvrucht; **S** gedicht

pomegranate ['pɔmgrænit] granaat(appel), granaat(boom)

pomelo ['pɔmilou] pompelmoes

pommel ['pʌml] **I** *sb* degenknop; zadelknop; **II** *vt* beuken, (bont en blauw) slaan

Pommy ['pɔmi] *Austr* **S** Engels(man)

pomology [pou'mɔlədʒi] pomologie: fruitteeltkunde

pomp [pɔmp] pracht, praal, luister, staatsie

pompom ['pɔmpɔm] pompom [kanon]

pompon ['pɔmpɔn] pompon [kwastje]

pomposity [pɔm'pɔsiti] pompeusheid, praalzucht, gewichtigdoenerij; gezwollenheid [v. stijl]; **pompous** ['pɔmpəs] pompeus, pralend; hoogdravend, gezwollen

ponce [pɔns] **S** pooier

poncho ['pɔntʃou] poncho

pond [pɔnd] poel, vijver

ponder ['pɔndə] **I** *vt* overwegen, overdenken, bepeinzen; **II** *vi* peinzen (over *on*)

ponderable ['pɔndərəbl] weegbaar²

ponderous ['pɔndərəs] zwaar², zwaarwichtig, zwaar op de hand [v. stijl]

pong [pɔŋ] **S I** *sb* stank; **II** *vi* stinken

pongee [pɔn'dʒi:] ongebleekte Chinese zijde

pongo ['pɔŋgou] **S** soldaat, militair; marinier

poniard ['pɔnjəd] **I** *sb* dolk; **II** *vt* doorsteken [met een dolk]

pontiff ['pɔntif] opperpriester; paus (ook: *the sovereign* ~); bisschop; hogepriester

pontifical [pɔn'tifikl] **I** *aj* opperpriesterlijk, pontificaal, pauselijk; **II** *sb* pontificale *o*; ~*s* pontificaal *o*: bisschoppelijk staatsiekleed *o*; *in full* ~*s* pontificaal, in vol ornaat; **pontificate I** *sb* [pɔn'tifikit] pontificaat *o*, opperpriesterschap *o*, pauselijke waardigheid; **II** *vi* [pɔn'tifikeit] pontificeren, = *pontify*; **pontify** ['pɔntifai] gewichtig doen of oreren (over *about*), de onfeilbare uithangen

pontoneer [pɔntə'niə] pontonnier

pontoon [pɔn'tu:n] ponton; banken *o* [kaartspel]

pony ['pɔni] ⚲ hit; pony; **S £** 25; borreltje *o*; ~-**tail** paardestaart [haardracht]

pooch [pu:tʃ] **S** hond (als troeteldier)

poodle ['pu:dl] poedel
pooh [pu:] bah!
pooh-pooh ('pu:pu:] niet willen weten van
pooka ['pu:kə] *Ir* kabouter
1 pool [pu:l] *sb* poel, plas, plasje *o*; (zwem)bassin *o*; stil en diep gedeelte *o* v. rivier
2 pool [pu:l] **I** *sb* potspel *o*; inzet, pot; pool, (sport)toto; ⚬⚬ potspel *o*; $ syndicaat *o*, groep, met anderen gedeeld personeel *o* [typisten &]; **II** *vt* samenleggen, verenigen [v. kapitaal]; onder één directie brengen; **III** *vi* samendoen, zich verenigen; **–hall** *Am* goklokaal *o*; **–room** *Am* biljartlokaal *o*; goklokaal *o*
poop [pu:p] **I** *sb* achterschip *o*; achterdek *o*, kampagne; S dwaas; **II** *vt* over het achterdek slaan [golven]; *be ~ed* een stortzee overkrijgen
poor [puə, pɔə] arm (aan *in*), behoeftig; armelijk, armoedig, schraal, mager, gering, min, pover, armzalig, ellendig; treurig, erbarmelijk, zielig; slecht; *~ devil* arme drommel; *my ~ father* vaak: (mijn) vader zaliger; *the ~* de armen; *~-box* offerblok *o*, offerbus; **–house** ⫿ arm(en)huis *o*; **Poor-Law** ⫿ armenwet; **poorly** I *ad* v. *poor*; **II** *aj* F min(netjes), niet erg gezond; *~-rate* ⫿ armenbelasting; *~-relief* ⫿ armenzorg; *~-spirited* zonder durf, lafhartig
1 pop [pɔp] **I** *vi* poffen, paffen, knallen, ploffen, floepen, klappen; **II** *vt* doen knallen of klappen, afschieten; *Am* poffen [maïs]; S in de lommerd zetten; *~ a question* een vraag opwerpen; *~ the question* F een meisje vragen; ● *~ across* overwippen; *~ at* paffen (schieten) op; *~ away* hard weglopen; er op los paffen; *~ down* neerzinken, zich opeens neerlaten; neerkwakken; neerschieten; *~ in* (ergens) binnen komen vallen, ook: *~ in (upon sbd.)* aanwippen (bij iem.); binnenstuiven; *~ one's head in* het hoofd om de deur steken; *~ into bed* zijn bed inwippen; *~ off* wegwippen, hem poetsen; uitknijpen, S creperen; paffen met, afschieten [geweer]; *~ out* ineens te voorschijn komen; uitschieten, uitdoen; *~ one's head out of...* het hoofd steken buiten; *~ up* ineens opduiken; **III** *sb* pof, plof, floep, klap, knal; F gemberbier *o*, limonade, prik, frisdrank, champagne; *in ~* S in de lommerd; **IV** *ij & ad* pof!, floep!; *~, bang!* piefpaf!; *go ~* barsten; op de fles gaan
2 pop [pɔp] **I** F *sb* pop(muziek); afk. v. *popular concert*; **II** *aj* pop (= populair); *~ art* pop art; *~ group* ♪ popgroep
popcorn ['pɔpkɔ:n] *Am* gepofte maïs; pofmaïs
pope [poup] paus [v. Rome]; pope [in de Griekse kerk]; **–dom** pausdom *o*; **–ry** > papisterij, papisme *o*
pop-eye ['pɔpai] uitpuilend oog *o*, puiloog *o*
popgun ['pɔpɡʌn] proppeschieter, > kinderpistooltje *o*

popinjay ['pɔpindʒei] kwast, windbuil; *sp* (pape)gaai [houten vogel, waarnaar men schiet]
popish ['poupiʃ] > papistisch, paaps
poplar ['pɔplə] populier
poplin ['pɔplin] popeline *o & m* [stof]
poppet ['pɔpit] ⚓ stut; ✗ losse kop [v. draaibank]; schotelklep (ook: *~ valve*); F popje *o*, schatje *o*
poppy ['pɔpi] papaver; klaproos (*corn-~*); *fig* opium; vergeetachtigheid
poppycock ['pɔpikɔk] F larie, kletskoek
poppy-head ['pɔpihed] papaverbol
pop-singer ['pɔp'siŋə] zanger(es) van populaire liedjes
popsy ['pɔpsi] F schatje *o*, lief meisje *o*
populace ['pɔpjuləs] volk *o*, menigte, massa; gepeupel *o*, grauw *o*
popular ['pɔpjulə] *aj* van (voor, door) het volk, volks-, algemeen, populair; *~ with* ook: gewild, in trek, bemind, gezien, getapt bij; *~ concert* volksconcert *o*; *~ front* [*pol*] volksfront *o*, regeringscoalitie van linkse partijen; *~ government* democratische regeringsvorm; **–ity** [pɔpju'læriti] populariteit; **–ization** [pɔpjulərai'zeiʃən] popularisering, verspreiding onder het volk; **–ize** ['pɔpjulәraiz] populariseren; **–ly** *ad* populair; gemeenzaam; *~ called...* in de wandeling... genoemd; *~ elected* door het volk gekozen
populate ['pɔpjuleit] bevolken, **–tion** [pɔpju'leiʃən] bevolking
populous ['pɔpjuləs] volkrijk, dicht bevolkt
porcelain ['pɔ:slin] porselein *o*
porch [pɔ:tʃ] (voor)portaal *o*; portiek; *Am* veranda
porcine ['pɔ:sain] varkensachtig, varkens-
porcupine ['pɔ:kjupain] stekelvarken *o*; *fig* kruidje-roer-me-niet *o*
1 pore [pɔ:] *sb* porie
2 pore [pɔ:] *vi ~ at (on)* turen naar, staren op; *~ on* peinzen over; *~ over (on) one's books* zich verdiepen in zijn boeken, met zijn neus in de boeken zitten, zitten blokken
pork [pɔ:k] varkensvlees *o*; **–er** mestvarken *o*; **–y** vet (als een varken); varkens-
pornographer [pɔ:'nɔɡrəfə] pornograaf; **–phic** [pɔ:nə'ɡræfik] pornografisch; **–phy** [pɔ:'nɔɡrəfi] pornografie
porosity [pɔ:'rɔsiti] poreusheid; **porous** ['pɔ:rəs] poreus
porphyry ['pɔ:firi] porfier *o*
porpoise ['pɔ:pəs] bruinvis
porrect [pə'rekt] uitstrekken, uitsteken; ⚭ overleggen [stukken]
porridge ['pɔridʒ] havermoutpap
porringer ['pɔrindʒə] (soep)kommetje *o*, nap
port [pɔ:t] ⚓ haven(plaats); *fig* veilige haven; toevluchtsoord *o* ‖ ⚓ geschutpoort; patrijspoort;

opening ‖ ⚓ bakboord ‖ houding [v. geweer] ‖ port(wijn); ~ *of call* aanloophaven

portable ['pɔːtəbl] draagbaar, verplaatsbaar; koffer- [grammofoon, radio, schrijfmachine &]

portage ['pɔːtidʒ] **I** *sb* dragen *o*, vervoer *o*; draagloon *o*, vervoerkosten; draagplaats [voor boten: van het ene water naar het andere]; **II** *vi* [boten] over een *portage* dragen

portal ['pɔːtl] poort; portaal *o*

port-charges ['pɔːtʃɑːdʒiz] havengelden

✎ **portcrayon** [pɔːt'kreiən] tekenpen

portcullis [pɔːt'kʌlis] valpoort

port-dues ['pɔːtdjuːz] havengelden

portend [pɔː'tend] (voor)beduiden, voorspellen, betekenen; **portent** ['pɔːtent] (ongunstig) voorteken *o*; (wonder)teken *o*, wonder *o*; **-ous** [pɔː'tentəs] onheilspellend; monsterachtig, vervaarlijk, geweldig

porter ['pɔːtə] portier; drager, sjouwer, kruier, witkiel; ‖ porter [bier]; **-age** kruierswerk *o*; draag-, kruiersloon *o*

portfolio [pɔːt'fouljou] portefeuille, map, aktentas

porthole ['pɔːthoul] patrijspoort; ▯ geschutpoort

portico ['pɔːtikou] portiek, zuilengang

portion ['pɔːʃən] **I** *sb* deel *o* (ook = lot *o*), portie, aandeel *o*; kindsgedeelte *o*, huwelijksgoed *o*; 🕸 aanbreng (ook: *marriage ~*); **II** *vt* verdelen, uitdelen; met een huwelijksgift bedelen; ~ *off* haar (zijn) kindsgedeelte geven; ~ *o u t* verdelen

portly ['pɔːtli] deftig; dik, welgedaan, zwaar

portmanteau [pɔːt'mæntou] valies *o*; ~ *word* door contaminatie gevormd woord *o*

portrait ['pɔːtrit] portret *o*; schildering; **-ist** portrettist, portretschilder; **-ure** portret *o*; portretteren *o*; schildering; portretschilderen *o*

portray [pɔː'trei] portretteren, afschilderen; **-al** schildering, konterfeitsel *o*

Portuguese [pɔːtju'giːz] Portugees, Portugezen

pose [pouz] **I** *vt* stellen [een vraag]; een pose doen aannemen; plaatsen; verlegen maken, vastzetten; **II** *vi* poseren²; zetten [bij domineren]; ~ *as* zich voordoen als, zich uitgeven voor; **III** *sb* pose, houding; aanstellerij; **poser** moeilijke vraag, moeilijkheid; **poseur** [pou'zɔː] poseur

posh [pɔʃ] **I** *aj* S chic, fijn; **II** *vi* ~ *up* F (zich) optutten

posit ['pɔzit] poneren, als waar aannemen

position [pə'ziʃən] **I** *sb* ligging, positie², houding, rang, stand; plaats; standpunt *o*; toestand; stelling (ook 🅧); bewering; *I am not in a ~ to...* ook: ik kan niet..., ben niet bij machte...; *make good one's ~* zijn bewering bewijzen; **II** *vt* plaatsen; de plaats bepalen van

positive ['pɔzitiv] **I** *aj* stellig, bepaald, volstrekt, vast, zeker, wezenlijk; vaststaand, positief; echt;

she was ~ that... zij was er zeker van dat...; *the ~ degree* de stellende trap; *the ~ sign* het plusteken; **II** *sb gram* positief *m* = stellende trap; positief *o* [v. foto]

posivitism ['pɔzitivizm] positivisme *o*

posse ['pɔsi] (politie)macht; groep, troep

possess [pə'zes] **I** *vt* bezitten, hebben, beheersen; *what ~es him?* wat bezielt hem toch?; *be ~ed of...* bezitten; *like one ~ed* als een bezetene; **II** *vr* ~ *oneself* zich beheersen; ~ *oneself of* in bezit nemen, zich meester maken van; **-ion** bezitting; eigendom *o*, bezit *o*; bezetenheid; ~*s* rijkdom, bezit *o*; koloniën, bezittingen; *take ~ of* in bezit nemen, betrekken [een huis]; *with immediate ~, with vacant ~* dadelijk (leeg) te aanvaarden; ~ *is nine points of the law* ± hebben is hebben, maar krijgen is de kunst; zalig zijn de bezitters; **-ive I** *aj* bezit-, alléén (voor zich) willende bezitten, domineerend, egoïstisch; *gram* bezitaanduidend, bezittelijk; ~ *case* tweede naamval; **II** *sb* tweede naamval; **-or** bezitter, eigenaar

posset ['pɔsit] soort kandeel

possibility [pɔsi'biliti] mogelijkheid, kans; *there is a (no) ~ of his coming* het is (niet) mogelijk dat..., er is (g)een kans (op) dat hij komt; *not b y any ~* onmogelijk; **possible** ['pɔsibl] **I** *aj* mogelijk; **F** aannemelijk, redelijk; *the only ~ ...* de enige niet onmogelijke, geschikte; **II** *sb* mogelijke *o*; **F** geschikte vent; **-ly** ['pɔsibli] *ad* mogelijk, misschien; *he cannot ~ come* hij kan nu onmogelijk komen

possum ['pɔsəm] **F** afk. v. *opossum*; *play ~* zich dood houden, ziekte voorwenden; zich van de domme houden

1 post [poust] **I** *sb* post°; 🅣 postkantoor *o*; brievenbus ‖ paal, stijl, stut; *sp* (start-, finish)punt *o* ‖ post, betrekking; 🅧 (stand)plaats; buitenpost; $ factorij; *last ~* 🅧 taptoe om 10 uur: wordt ook geblazen bij militaire begrafenis als laatst vaarwel; *by ~, through the ~* 🅣 over de post; *riae ~* als postiljon (koerier) rijden; in vliegende vaart rijden; **II** *vi* met postpaarden reizen; ijlen, snellen, zich haasten; **III** *vt* posten°, op de post doen; posteren, uitzetten, plaatsen; indelen (bij *to*); aanplakken; beplakken; $ boeken; *fig* op de hoogte brengen, in de geheimen [van het vak] inwijden; ~*ed missing* als vermist opgegeven; ~*ed in...* goed thuis in...; *keep* ~*ed* op de hoogte houden; ~ *up* afficheren; $ bijhouden, bijwerken [boeken]; *fig* op de hoogte brengen of houden; **IV** *vr* ~ *oneself on...* zich inwerken in...

2 post [poust] in samenst.: na, achter

postage ['poustidʒ] 🅣 port(o) *o* & *m*; *additional ~* strafport *o* & *m*; ~ *due stamp* strafportzegel; ~ *stamp* postzegel; frankeerzegel; poststempel; **postal** ['poustəl] van de post(erijen), post-; ~ *card Am* briefkaart; ~ *collection order* postkwitantie; ~ *delivery* (post)bestelling; ~ *order* postwissel

postbag ['poustbæg] postzak; [hoeveelheid] post; **–box** brievenbus; **~-boy** postiljon; **–card** briefkaart; **~-chaise** postkoets

post-date ['poust'deit] postdateren; **~-diluvian** [poustdi'l(j)u:viən] (van) na de zondvloed; **~-entry** ['poust'entri] achterafboeking; *sp* nagekomen inschrijving

poster ['poustə] aanplakbiljet *o*, affiche *o* & *v*; muurkrant; aanplakker

posterior [pɔs'tiəriə] **I** *aj* later, later komend; achter-; **II** *sb* ~(*s*) achterste *o*, billen; **–ity** [pɔstiəri'ɔriti] later zijn of vallen *o*

posterity [pɔs'teriti] nakomelingschap, nageslacht *o*

postern ['poustən] achterdeur; poortje *o*; als *aj* in: ~ *door* achterdeur

poster paint ['poustəpeint] plakkaatverf

post-free ['poust'fri:] franco

postgraduate [poust'grædjuit] ⌂ na de promotie, voor gepromoveerden

post-haste ['poust'heist] in vliegende vaart, in aller ijl

posthumous ['pɔstjuməs] na de dood v.d. vader geboren; nagelaten; na de dood, postuum

postiche [pɔs'ti:ʃ] *Fr* pruik, haarstuk *o*

postil(l)ion [pɔs'tiljən] voorrijder, postiljon

postman ['pous(t)mən] postbesteller, (brieven)besteller, postbode; **–mark I** *sb* postmerk *o*, (post)stempel *o* & *m*; **II** *vt* stempelen; **–master** postmeester, postdirecteur; **~-general** directeurgeneraal van de posterijen

postmeridian ['poustmə'ridiən] namiddag-

post-mortem ['poust'mɔ:tem] na de dood; ~ (*examination*) lijkschouwing; **~s** [*fig*] nabeschouwingen, nakaarten *o*; **~-natal** [poust'neitəl] *aj* na de geboorte; **~-nuptial** na de huwelijksvoltrekking

post office ['poustɔfis] postkantoor *o*; Post(erijen); ~ *box* postbus; ~ *order* postwissel; ~ *savings-bank* postspaarbank; **~-paid** franco, gefrankeerd

postpone [pous(t)'poun] uitstellen, verschuiven; achterstellen (bij *to*); **–ment** uitstel *o*; achterstelling

postscript ['pous(t)skript] naschrift *o*

postulant ['pɔstjulənt] kandidaat in de theologie, proponent; *rk* postulant; **postulate I** *sb* ['pɔstjulit] postulaat *o*, grondstelling, hypothese, axioma *o*; **II** *vt* ['pɔstjuleit] postuleren; (als bewezen) aannemen; aanspraak maken op, eisen; **–tion** [pɔstju'leiʃən] vooronderstelling; aan-, verzoek *o*

posture ['pɔstʃə] **I** *sb* houding, pose; staat, stand van zaken; *in a* ~ *of defence* in staat van verdediging; in verdedigende houding; **II** *vt* plaatsen; **III** *vi* een zekere houding aannemen, poseren

post-war ['poust'wɔ:] naoorlogs

posy ['pouzi] ruiker, bloemtuil; *fig* bundel

pot [pɔt] **I** *sb* pot°; kan; kroes; bloempot; fuik; *sp* F beker, prijs; S marihuana; **~s** F een hele hoop, een boel; *big* ~ F hoge ome, piet; *a* ~ *of money* F een bom duiten; *keep the* ~ *boiling* zorgen zijn broodje te verdienen; de boel aan de gang houden; *the* ~ *calls the kettle black* de pot verwijt de ketel dat hij zwart ziet (is); *go to* ~ S op de fles gaan, naar de kelder gaan; **II** *vt* in potten doen of overplanten, potten; inmaken; pottenbakken; ♨ stoppen [bal]; *sp* schieten [voor de pot], neerschieten; F op het potje zetten; zie ook: *potted*

potable ['poutəbl] *aj* drinkbaar

potash ['pɔtæʃ] kaliumcarbonaat *o*, ♘ potas

potassium [pə'tæsiəm] kalium *o*; kali

potation [pou'teiʃən] drank; drinken *o*; drinkgelag *o*; dronk

potato [pə'teitou] aardappel; *sweet (Spanish)* ~ bataat; ~ **blight** aardappelziekte

pot-bellied ['pɔtbelid] dikbuikig; ~ *stove* potkachel; **~-belly** dikke buik; **~-boiler** artikel *o* (boek *o* &) om den brode gemaakt (geschreven); **~-boy** knechtje *o* in bierhuis

potency ['poutənsi] macht, kracht, vermogen *o*; potentie; **–ent** machtig, krachtig, sterk

potentate ['poutənteit] potentaat², vorst

potential [pou'tenʃəl] **I** *aj* potentieel; mogelijk; eventueel; *gram* mogelijkheid uitdrukkend; **II** *sb* potentiaal; potentieel *o*; **–ity** [poutenʃi'æliti] potentialiteit, mogelijkheid

pothead ['pɔthed] S druggebruiker

pother ['pɔðə] F rumoer *o*, herrie, drukte

pot-herb ['pɔthə:b] moeskruid *o*

pothole ['pɔthoul] gat *o*, kuil; **pot-holer** holenonderzoeker, speleoloog; **~-holing** holenonderzoek *o*, speleologie

pothook ['pɔthuk] hengelhaak; **~s** hanepoten [bij het schrijven]

pot-house ['pɔthaus] bierhuis *o*; ~ *politician* politieke tinnegieter

pot-hunter ['pɔthʌntə] trofeeënjager

potion ['pouʃən] drank [medicijn]

potluck ['pɔt'lʌk] *take* ~ eten wat de pot schaft

potpourri [pou'puri] ♪ potpourri; mengeling

potsherd ['pɔtʃə:d] potscherf

pot-shot ['pɔtʃɔt] schot *o* op goed geluk, in het wilde weg; *fig* poging op goed geluk (in 't wilde weg)

♘ pottage ['pɔtidʒ] soep [*spec* dikke groentesoep] zie ook: *mess* **I**

potted ['pɔtid] ingemaakt; *fig* verkort, beknopt; ~ *plants* potplanten

1 potter ['pɔtə] *sb* pottenbakker

2 potter ['pɔtə] **I** *vi* rondlummelen, keutelen, hannesen; prutsen, knutselen, liefhebberen (in *at, in*); ~ *about* rondscharrelen; **II** *vt* ~ *away* verprutsen, verbeuzelen

pottery ['pɔtəri] pottenbakkerij; aardewerk *o*, potten en pannen

potting-shed ['pɔtiŋʃed] tuinschuurtje *o*

1 potty ['pɔti] *aj* F makkelijk, klein; gek

2 potty ['pɔti] *sb* F potje *o* [v. kind]

pouch [pautʃ] **I** *sb* zak, tas; ✘ patroontas; ✎ beurs; buidel; krop [v. vogel], wangzak [v. aap]; **II** *vt* in een zak doen, in de zak steken; doen opbollen; **III** *vi* opbollen

pouf(fe) [puːf] poef [vloerkussens]

poult [poult] kuiken *o* [van kip, fazant &]; –**erer** poelier

poultice ['poultis] **I** *sb* pap, warme omslag; **II** *vt* pappen

poultry ['poultri] gevogelte *o*, pluimvee *o*, hoenders; ~**-yard** hoenderhof

1 pounce [pauns] **I** *sb* klauw [v. roofvogel]; *make a* ~ *at* neerschieten op; **II** *vt* neerschieten op, in zijn klauwen grijpen; **III** *vi* ~ *upon* zich storten op; af-, neerschieten op; aanvallen op, grijpen

2 pounce [pauns] **I** *sb* puimsteenpoeder; kalkeer-, houtskoolpoeder; **II** *vt* met puimsteen-, houtskoolpoeder bestrooien; sponsen [tekening]

1 pound [paund] **I** *sb* pond *o* [16 *ounces avoirdupois* = ± 453,6 gram; *12 ounces troy* = ± 373 gram]; £: pond *o* sterling [= 100 *pence*]; *pay a shilling in the* ~ 5% uitkeren [van gefailleerde]

2 pound [paund] **I** *sb* schuthok *o*; **II** *vt* schutten, in het schuthok sluiten (ook: ~ *up*)

3 pound [paund] **I** *vt* (fijn)stampen [suiker &]; aanstampen [aarde]; beuken, slaan, schieten, timmeren op; **II** *vi* stampen; bonken; beuken; schieten; ~ *a l o n g* voortploeteren; ~ (*away*) *a t*, ~ *o n* erop los timmeren, beuken, schieten; zitten zwoegen aan; **III** *sb* harde klap, dreun, stomp

poundage ['paundidʒ] pondgeld *o*; schutgeld *o*; aantal *o* ponden; geheven recht *o* [v. postwisselbedragen], commissieloon *o* per pond sterling, aandeel *o* in de opbrengst

pounder ['paundə] stamper; vijzel; van... pond

pour [pɔː] **I** *vt* gieten, uitgieten, (uit)storten, schenken, in-, uitschenken; in stromen neer doen komen; ~ *f o r t h* uitgieten, uitstorten [zijn hart &]; ~ *itself i n t o* uitstromen in; ~ *o u t* (uit-, in)schenken; uitstorten [zijn hart &]; ~ *oneself out* zijn gemoed eens uitstorten; **II** *vi* gieten, stromen, in stromen neerkomen; stortregenen; ~ *d o w n* in stromen neerkomen; ~ *o u t* naar buiten stromen; **III** *sb* stortbui

pout [paut] **I** *vt* vooruitsteken [lippen]; **II** *vi* pruilen; **III** *sb* vooruitsteken *o* van de lippen, gepruil *o*; *–er* pruiler; ☛ kropduif; –**ing** pruilend; gemelijk, bokkig, ontevreden

poverty ['pɔvəti] armoe(de); behoefte; schraal-

heid; ~ *of* ook: gebrek *o* aan; ~**-stricken** arm(oedig)

powder ['paudə] **I** *sb* poeder *o & m* [stofnaam], poeier *o & m* [stofnaam]; poeder *v* [voorwerpsnaam], poeier *v* [voorwerpsnaam]; (bus)kruit *o*; *not worth* ~ *and shot* geen schot kruit waard; **II** *vt* fijnstampen, pulveriseren, tot poeder stampen; poeieren, bestrooien, besprenkelen (met *with*); ~*ed coffee* poederkoffie; ~*ed milk* melkpoeder *o & m*; **III** *vi & va* tot poeder worden; zich poeieren; ~**-blue** kobaltblauw; blauwsel *o*; ~**-compact** poederdoos; ~**-flask**, ~**-horn** kruithoorn; ~**-keg** kruitvat[2] *o*; ~**-magazine** kruithuis *o*, -magazijn *o*; ~**-puff** poederkwast, -dons; ~**-room** damestoilet *o*; **powdery** poederachtig, fijn als poeder; gepoeierd

power ['pauə] **I** *sb* kracht, macht, gezag *o*, vermogen *o*, sterkte; energie; ✵ stroom, F elektrisch (licht) *o*; bevoegdheid; volmacht (ook: *full* ~*s*); mogendheid; ~*s* goden, bovennatuurlijke wezens; geestesgaven, talent *o*; *the* ~*s that be* **J** de overheid; *merciful* ~*s!* grote goden!; *more* ~ *to your elbow!* alle goeds!, veel succes!; ● *i n* ~ aan het bewind, aan de regering, aan het roer, aan de macht; *u n d e r her own* ~ op eigen kracht [v. boot &]; **II** *vt* energie leveren (aan, voor), aandrijven; ~*ed pedal-cycle* rijwiel *o* met hulpmotor; ~ *cut* ✵ stroomafsnijding, stroomloze periode; ~**-dive** motorduikvlucht; ~**-driven** machinaal aangedreven; ~**-ful** machtig, krachtig, vermogend, sterk, geweldig; ~**-house** elektrische centrale; *–less* machteloos; ~**-loom** mechanisch weefgetouw *o*; ~**-plant** krachtinstallatie; ~**-point** stopcontact *o*; ~**-sharing** coalitie-regeringsvorm; ~**-station** (elektrische) centrale; *atomic* ~ atoomcentrale; *nuclear* ~ kerncentrale

pow-wow ['pauwwau] **F I** *sb* (rumoerige) bijeenkomst, conferentie; **II** *vi* overleggen; delibereren

pox [pɔks] algemene naam voor ziekten met uitslag, *spec* syfilis

P.R. = *Public Relations*

practicable ['præktikəbl] doenlijk, uitvoerbaar, haalbaar; bruikbaar; *theat* echt [niet blind of geschilderd]; begaanbaar, doorwaadbaar, bevaarbaar, berijdbaar [v. weg &]

practical ['præktikl] *aj* praktisch; feitelijk; handig; bruikbaar, geschikt; *a* ~ *joke* poets; *–ity* [prækti'kæliti] (zin voor) het praktische; **practically** ['præktikəli] *ad* praktisch; in (de) praktijk; ['præktikli] feitelijk

practice ['præktis] praktijk [tegenover theorie]; be-, uitoefening, praktijk; oefening; gebruik *o*, toepassing; gewoonte; ~*s* F kuiperijen, streken, duistere praktijken; ~ *makes perfect* oefening baart kunst; ● *i n* ~ in de praktijk; *be in* ~ praktizeren [dokter]; *keep* (*oneself*) *in* ~ het onderhouden, zich blijven oefenen; *put in(to)* ~, *reduce t o* ~ in praktijk brengen; *be o u t of* ~ lang niet meer geoefend hebben, de handigheid kwijt zijn

practician [præk'tiʃən] practicus

practise ['præktis] **I** *vt* uit-, beoefenen, in praktijk of in toepassing brengen, betrachten; oefenen, instuderen [muziekstuk], zich oefenen in of op; gebruiken; **II** *vi* (zich) oefenen; praktizeren; ~ *upon sbd., upon sbd.'s credulity* misbruik maken van, exploiteren (iems. goedgelovigheid &); **-d** bedreven, ervaren; **practising-ground** ⚔ exercitieveld *o*; schietbaan; *sp* oefenterrein *o*

practitioner [præk'tiʃənə] praktizerend geneesheer (*medical* ~) of advocaat (*legal* ~); beoefenaar; *general* ~ huisarts

praetor ['pri:tə] ⅏ pretor; **-ian** [pri'tɔ:riən] pretoriaan(s)

pragmatic [præg'mætik] pragmatisch; dogmatisch, verwaand, bemoeiziek; ⅏ pragmatiek [sanctie]; **-al** pragmatisch; praktisch, dogmatisch, verwaand, bemoeiziek

prairie ['prɪəri] prairie; **~-oyster** F opkikkertje *o* van rauw ei met pittige saus

praise [preiz] **I** *sb* lof, lofspraak; *be loud in one's ~s of...*, *chant (sing, sound) sbd.'s ~s* iems. lof verkondigen; de loftrompet steken over; ● *beyond all* ~ boven alle lof verheven; *i n* ~ *of* tot lof (roem) van; **II** *vt* prijzen; loven, roemen; **-worthy** loffelijk, lofwaardig, prijzenswaardig

praline ['pra:li:n] praline

1 pram [pra:m] ⚓ praam

2 pram [præm] kinderwagen

prance [pra:ns] **I** *vi* steigeren; trots stappen, de borst vooruitsteken, pronken; **II** *vt* laten steigeren; **III** *sb* steigering

prang [præŋ] S prestatie; luchtaanval; neerstorten *o* van vliegtuig

1 prank [præŋk] *sb* streek; poets; *play one's ~s* zijn streken uithalen

2 prank [præŋk] **I** *vt* (uit)dossen, (op)tooien (ook: ~ *out*, ~ *up*); **II** *vi* pronken

prankish ['præŋkiʃ] ondeugend, schelms

prat [præt] S achterste *o*

prate [preit] babbelen, wauwelen, snateren; **-r** babbelaar

prattle ['prætl] **I** *vi* [kinderlijk] babbelen; **II** *sb* gesnap *o*; **-r** babbelend kind *o*

prawn [prɔ:n] steurgarnaal

pray [prei] **I** *vt* bidden, smeken, (beleefd) verzoeken; **II** *vi* bidden, smeken; (*I*) ~*!* alstublieft, zeg!; ✎ wat ik u bidden mag, eilieve; **prayer** bidder, biddende; [prɛə] gebed *o*, bede, smeekbede; verzoek *o*; ~(*s*) ook: (godsdienst)oefening; *say one's* ~*s* bidden; **~-book** gebedenboek *o*; **-ful** vroom, devoot; **~-meeting** godsdienstige bijeenkomst, bidstond

preach [pri:tʃ] **I** *vi* prediken, preken[2]; **II** *vt* pre-

diken, preken; ~ *a sermon* een preek houden; ~ *d o w n* preken tegen, ijveren tegen, afbreken; ~ *u p* preken ten gunste van, ijveren voor; aanprijzen; ophemelen; **-er** predikant, prediker; **-ify** F zedenpreken houden; **-ing** prediking; preek, predikatie; > gepreek *o*; **-ment** > preek; gepreek *o*; **-y** > prekerig, preek-

pre-admonish ['pri:əd'mɔniʃ] vooraf waarschuwen; **-ition** ['pri:ædmə'niʃən] voorafgaande waarschuwing

preamble [pri:'æmbl] **I** *sb* inleiding; *without further* ~ zonder verdere omhaal, met de deur in huis vallend; **II** *vt* van een inleiding voorzien

prearrange ['pri:ə'reindʒ] vooraf regelen

prebend ['prebənd] prebende; **-ary** domheer

precarious [pri'kɛəriəs] onzeker, wisselvallig, hachelijk, precair

precatory ['prekətəri] smekend, verzoekend

precaution [pri'kɔ:ʃən] voorzorg(smaatregel); zie ook: *air-raid*; **-ary** van voorzorg, voorzorgs-

precede [pri'si:d] **I** *vt* voorafgaan, gaan vóór, de voorrang hebben boven; vooraf laten gaan; **II** *vi* voor(af)gaan; **precedence** [pri'si:dəns, 'presidəns] voorrang[2]; prioriteit; *take* ~ *of* (*over*) voorgaan, de voorrang hebben boven; **-ent** ['presidənt] precedent *o*; *without* ~ zonder voorbeeld, zonder weerga

precentor [pri'sentə] voorzanger, koorleider

precept ['pri:sept] voorschrift *o*, stelregel, lering, bevel(schrift) *o*, mandaat *o*; **-ive** [pri'septiv] voorschrijvend; lerend, didactisch; **-or** (leer)meester[2]

precinct ['pri:siŋkt] wijk, district *o*; gebied[2] *o*; *Am* politie-, kiesdistrict *o*; *the* ~*s of* ook: de omgeving van

preciosity [preʃi'ɔsiti] precieusheid, overdreven gezochtheid of gemaaktheid

precious ['preʃəs] **I** *aj* kostbaar, dierbaar; edel [metalen]; precieus: overdreven gezocht of gemaakt [van taal]; F kostelijk, mooi (ironisch); < geducht, kolossaal; *a ~ sight more* F een hele boel meer; ~ *stones* edelstenen; **II** *sb* *my* ~*!* F mijn schat(je)!; **III** *ad* < verbazend, verduiveld &

precipice ['presipis] steilte, steile rots; *fig* afgrond; groot gevaar *o*

precipitance, -cy [pri'sipitəns(i)] overhaasting, overijling; **precipitate I** *aj* [pri'sipitit] steil; overhaast, haastig; overijld, onbezonnen; **II** *sb* § neerslag, precipitaat *o*; **III** *vt* [pri'sipiteit] (neer)storten; (neer)werpen; aandrijven; (o)verhaasten; bespoedigen; (doen) neerslaan, precipiteren [in oplossing]; **IV** *vi* storten; zich overijlen, haast maken, voorthollen, overijld te werk gaan; neerslaan, precipiteren; **-tion** [prisi-pi'teiʃən] neerstorting; (o)verhaasting, haast, overijling; neerslag; **precipitous** [pri'sipitəs]

steil
précis ['preisi:] overzicht *o*, resumé *o*
precise [pri'sais] nauwkeurig, juist; stipt, nauwgezet, precies, < secuur; **precisian** [pri'siʒən]
Jantje Secuur; **precision** [pri'siʒən] nauwkeurigheid, juistheid; ~ *instrument*, ~ *tool* precisie-
instrument *o*
preclude [pri'klu:d] uitsluiten; de pas afsnijden,
voorkomen, verhinderen, beletten
precocious [pri'kouʃəs] vroeg(rijp), voorlijk,
vroeg wijs, wijsneuzig; **precocity** [pri'kɔsiti]
vroegrijpheid, voorlijkheid
precognition [prikəg'niʃən] vóórkennis
preconceive ['pri:kənsi:v] vooraf opvatten; *a*
~*d opinion* een vooropgezette mening
preconception ['pri:kən'sepʃən] vooraf gevormd begrip *o*; vooropgezette mening
preconcert ['pri:kən'sə:t] vooraf beramen
precursor [pri'kə:sə] voorloper, voorbode; **–y**
voorafgaand; inleidend; ~ *symptom* voorteken *o*
predacious [pri'deiʃəs] van roof levend, roof-
predator ['predətə] roofdier *o*; **–y** rovend, roofzuchtig, plunderend; rovers-, roof-
predecease [pri:di'si:s] I *vt* eerder sterven dan;
II *sb* eerder (vroeger) overlijden *o*
predecessor ['pri:disesə, pri:di'sesə]
(ambts)voorganger
predestinate [pri'destineit] = *predestine*; **–tion**
[pridesti'neiʃən] voorbestemming, voorbeschikking; **predestine** [pri'destin] voorbestemmen, voorbeschikken
predetermination ['pri:ditəmi'neiʃən] bepaling
vooraf; voorbeschikking; **predetermine**
[pri:di'tə:min] vooraf bepalen, vaststellen;
voorbeschikken
predicable ['predikəbl] wat gezegd of verklaard
kan worden van iets
predicament [pri'dikəmənt] staat, toestand;
(kritiek) geval *o*; *be in a pretty* ~ lelijk in de knoei
zitten
1 **predicate** ['predikit] *sb* (toegekend) predikaat *o*;
(grammaticaal) gezegde *o*
2 **predicate** ['predikeit] *vt* toekennen (aan *of*), bevestigen, zeggen; **–tion** [predi'keiʃən] toeken-
ning, bevestiging, bewering; **–tive** [pri'dikətiv]
predikatief; bevestigend
predict [pri'dikt] voorzeggen, voorspellen;
–able voorspelbaar, te voorspellen; **–ion** voorspelling; **–or** profeet; voorspeller; ⚡ instrument
o dat de positie van vijandelijke vliegtuigen be-
paalt
predilection [pri:di'lekʃən] voorliefde, voorkeur
predispose ['pri:dis'pouz] vatbaar of ontvankelijk maken (voor *to*), predisponeren; **–sition**
['pri:dispə'ziʃən] vatbaarheid, ontvankelijkheid; aanleg [voor ziekte]

predominance [pri'dɔminəns] overheersing,
overhand, overwicht *o*, heerschappij; **–ant** *aj*
overheersend; **–antly** ook: overwegend; **pre-
dominate** domineren, overheersen, overheersend zijn; de overhand hebben; op de voorgrond treden, sterk vertegenwoordigd zijn;
–tion [pridɔmi'neiʃən] overheersen *o*, overheersend karakter *o*
pre-election ['pri:i'lekʃən] ~ *promises* vóór de
verkiezing gedane beloften
pre-eminence [pri:'eminəns] voorrang², superioriteit; **–ent** *aj* uitmuntend, uitstekend, uitblinkend, voortreffelijk; **–ently** ook: bij uitstek
pre-emption [pri:'em(p)ʃən] voorkoop; recht *o*
van voorkoop, optie
preen [pri:n] I *vt* [de veren] gladstrijken; II *vr* ~
oneself zich mooi maken; met zichzelf ingenomen
zijn; ~ *oneself on being...* zich verbeelden dat men...
is
pre-engage ['pri:in'geidʒ] vooraf verbinden;
vooruit bespreken; **–ment** vroegere verplichting; voorbespreking
pre-establish ['pri:is'tæbliʃ] vooraf bepalen,
vooraf vaststellen, vooruit regelen
pre-existence ['pri:ig'zistəns] vóórbestaan *o*;
vroeger bestaan *o*, vorig leven *o*; **–ent** voorafbe-
staand, vroeger bestaand (dan *to*)
prefab ['pri:'fæb] F geprefabriceerde woning;
prefabricate ['pri:'fæbrikeit] prefabriceren:
vooraf in de fabriek de onderdelen vervaardigen van; ~*d house* geprefabriceerde woning;
–tion ['pri:fæbri'keiʃən] prefabricatie, monta-
gebouw
preface ['prefis] I *sb* voorwoord *o*, voorbericht *o*;
inleiding; *rk* prefatie (v. d. mis); II *vt* van een
voorrede of inleiding voorzien; laten voorafgaan (door *with*)
prefatory ['prefətəri] voorafgaand, inleidend
prefect ['pri:fekt] ▯ prefect [in het oude Rome];
prefect [in Frankrijk]; *Br* toezicht houdende oudere leerling; **–ure** prefectuur
prefer [pri'fə:] verkiezen, liever hebben, de
voorkeur geven (boven *to*); bevorderen (tot *to*);
voordragen, indienen [rekwest]; ~*red* $ prefe-
rent [v. aandeel &]; **–able** ['prefərəbl] *aj* de
voorkeur verdienend, te verkiezen (boven *to*);
–ably *ad* bij voorkeur, liefst; ~ *to* liever dan
preference ['prefərəns] voorkeur; $ preferentie
[bij aandelen &]; *for (in, by)* ~ bij voorkeur; *in* ~
to... liever dan...; ~ *share* $ preferent aandeel *o*
preferential [prefə'renʃəl] voorkeur-; preferent
preferment [pri'fə:mənt] bevordering
prefigure [pri:'figə] afschaduwen, aankondigen;
zich bij voorbaat voorstellen
prefix I *sb* ['pri:fiks] *gram* voorvoegsel *o*; titel
voor de naam; netnummer *o* (ook: *call* ~); II *vt*
[pri:'fiks] *vt* vóór plaatsen, voorvoegen, vooraf

laten gaan (aan *to*)

pregnancy ['pregnənsi] zwangerschap; vruchtbaarheid; pregnante betekenis, veelzeggend karakter *o*, betekenis; **–ant** *aj* zwanger², in verwachting; vruchtbaar; rijk aan gevolgen; van grote betekenis; veelzeggend, pregnant; ~ *with* vol (van), doortrokken van, rijk aan; **–antly** *ad* pregnant, veelzeggend, veelbetekenend, betekenisvol

prehensile [pri'hensail] ⚫ om mede te grijpen; ~ *tail* grijpstaart

prehension [pri'henʃən] (be)grijpen *o*

prehistorian ['pri:his'tɔːriən] prehistoricus; **–ic** prehistorisch, voorhistorisch (ook *fig*); **prehistory** ['pri:'histəri] prehistorie, voorgeschiedenis, voorhistorische tijd

prejudge ['pri:'dʒʌdʒ] vooruit (ver)oordelen; tevoren beslissen; vooruitlopen op; **prejudg(e)ment** vooroordeel *o*; voorbarig oordeel *o*

prejudice ['predʒudis] **I** *sb* vooroordeel *o*; vooringenomenheid; ⚫ schade, nadeel *o*; *t o the ~ of* ten nadele van; *w i t h o u t* ~ alle rechten voorbehouden; $ zonder verbinding; *without ~ to...* behoudens..., onverminderd...; **II** *vt* innemen (tegen *against*); benadelen, schaden; **–d** bevooroordeeld, vooringenomen; **–cial** [predʒu'diʃəl] nadelig, schadelijk

prelacy ['preləsi] prelaatschap *o*; prelaten; **–ate** prelaat, kerkvorst, -voogd

preliminary [pri'liminəri] **I** *aj* voorafgaand, inleidend, voor-; **II** *sb* inleiding, voorbereiding; **F** eerste tentamen *o* of examen *o* (ook *prelim*); *preliminaries* voorbereidingen, eerste stappen

prelude ['prelju:d] **I** *sb* ♪ voorspel² *o*; inleiding; **II** *vi* preluderen; **III** *vt* inleiden; een inleiding vormen tot; aankondigen

pre-marital ['pri:'mæritl] (van) vóór het huwelijk

premature [premə'tjuə] *aj* voortijdig, ontijdig, te vroeg, prematuur, voorbarig; ~ *baby* couveusekind *o*; **–ly** ook: voor zijn (haar, hun) tijd; **prematurity** ontijdigheid; voorbarigheid; prematuriteit

premeditate [pri'mediteit] vooraf bedenken, vooraf overleggen of beramen; **–d** met voorbedachten rade; **–tion** [primedi'teiʃən] voorbedachtheid, voorafgaand overleg *o*; *with* ~ met voorbedachten rade

premier ['premjə] **I** *aj* eerste, voornaamste; **II** *sb* minister-president, premier

première ['premiɛə] **I** *sb* (film)première; **II** *vi* (&*vt*) in première gaan (brengen)

premiership ['premjəʃip] waardigheid van minister-president, premierschap *o*

1 premise [pri'maiz] *vt* vooraf laten gaan, vooraf zeggen, vooropstellen

2 premise ['premis] *sb* premisse; ~*s* huis (en erf) *o*, pand *o*, lokaliteit, $ zaak

premiss ['premis] =2 *premise*

premium ['pri:mjəm] prijs, beloning; premie; $ agio *o*, waarde boven pari; leergeld *o*; ⚫ toeslag; *at a ~* $ boven pari, hoog, duur; met winst; *fig* opgeld doend; ~ *bonds* staatsobligaties zonder rente maar met loterijkansen

premonition [pri:mə'niʃən] (voorafgaande) waarschuwing; voorgevoel *o*; **–tory** [pri'mɔnitəri] (vooraf) waarschuwend, waarschuwings-; ~ *symptom* ook: voorteken *o* [v. ziekte]

prenatal ['pri:'neitl] prenataal: (van) vóór de geboorte

preoccupation [pri:ɔkju'peiʃən] geheel vervuld zijn *o* (van een gedachte), preoccupatie, afwezigheid, bezorgdheid, zorg; **preoccupied** [pri:'ɔkjupaid] van eigen gedachten vervuld, bezorgd, afwezig; *be* ~ *with* zich ongerust maken over; **preoccupy** vooraf in bezit nemen, vroeger bezetten; (gedachten) geheel in beslag nemen, preoccuperen

preordain ['pri:ɔː'dein] vooraf of vooruit bepalen, vooraf beschikken

prep [prep] **S** ⚫ nazien *o* of repeteren *o* [v. lessen], huiswerk *o*; (avond)studie; ~ *school* **S** = *preparatory school*

pre-packed ['pri:'pækt] voorverpakt

prepaid ['pri:'peid] vooruit betaald, franco

preparation [prepə'reiʃən] voorbereiding; toebereidsel *o*; (microscopisch, cosmetisch, medisch) preparaat *o*; (toe)bereiding, klaarmaken *o*; inleggen *o* [v. ansjovis]; bewerking; ⚫ nazien *o* of repeteren *o* [v. lessen], (avond)studie; ♪ instudering; **–tive** [pri'pærətiv] **I** *aj* voorbereidend; ~ *to* ter voorbereiding van; **II** *sb* voorbereidsel *o*, toebereidsel *o*; **–tory** voorbereidend; voorbereidings-; voorafgaand, inleidend; ~ *school* voorbereidingsschool [leeftijd van 8 tot 13½ jaar] *voor public school* 1; *Am* school voor voorbereidend hoger onderwijs; ~ *to ...ing* alvorens te...

prepare [pri'pɛə] **I** *vt* voorbereiden; bewerken; (toe)bereiden, gereedmaken, klaarmaken, opleiden [voor examen]; prepareren, nazien [lessen]; ♪ instuderen; *be* ~*d to...* er op voorbereid zijn om...; bereid zijn om...; *I am* ~*d to leave it at that* ik ben van plan het daarbij te laten; ik wil het daarbij laten; *I am* ~*d to say...* ik durf wel zeggen...; **II** *vr* ~ *oneself for* (*to*) zich voorbereiden (om...), zich gereedmaken om...; **III** *vi* zich voorbereiden, zich gereedmaken; **–dness** gereedheid; (voor)bereid zijn *o*, paraatheid; **–r** voorbereider; (toe)bereider, opmaker, appreteur

prepay [pri:'pei] vooruit betalen; ⚫ frankeren; **–ment** vooruitbetaling; ⚫ frankering prepense [pri'pens] voorbedacht; *malice* ~ boos opzet *o*

preponderance [pri'pɔndərəns] overwicht *o;* **–ant** overwegend, van overwegend belang; **–ate** zwaarder wegen (dan *over*)²; (van) overwegend (belang) zijn; het overwicht hebben

preposition [prepə'ziʃən] voorzetsel *o;* **–al** voorzetsel-

prepossess [pri:pə'zes] innemen (voor; tegen *in favour of, against*); beïnvloeden; een gunstige indruk maken op; ~*ing* ook: innemend, gunstig [voorkomen]; **–ion** vooringenomenheid; vooraf gevormde mening; (meestal gunstig) vooroordeel *o*

preposterous [pri'pɔstərəs] averechts, ongerijmd, onzinnig°, mal

prepotent [pri'poutənt] overheersend, (over)machtig; *biol* erfelijk dominant

prep school ['prepsku:l] S = *preparatory school*

prepuce ['pri:pju:s] *anat* voorhuid

prerequisite [pri:'rekwizit] eerste vereiste *o* & *v*

prerogative [pri'rɔgətiv] I *sb* (voor)recht *o,* privilegie *o;* prerogatief *o;* II *aj* bevoorrecht

presage I *sb* ['presidʒ] voorteken *o;* voorgevoel *o;* II *vt* ['presidʒ, pri'seidʒ] voorspellen, aankondigen; een voorgevoel hebben van

presbyopia [prezbi'oupjə] verziendheid; **–ic** [prezbi'ɔpik] verziend

presbyter ['prezbitə] presbyter (der eerste christenen), ouderling; dominee van de presbyteriaanse kerk; **Presbyterian** [prezbi'tiəriən] presbyteriaan(s); **presbytery** ['prezbitəri] kerkeraad; priesterkoor *o; rk* pastorie

prescience ['presiəns] voorwetenschap; voorweten *o;* vooruitziendheid; **–ent** voorafwetend; vooruitziend [in de toekomst]

prescind [pri'sind] afzonderen, afscheiden (van *from*); ~ *from* buiten beschouwing laten

prescribe [pris'kraib] I *vt* voorschrijven; II *vi* voorschriften geven; **prescript** ['pri:skript] voorschrift *o,* bevel *o;* **–ion** [pris'kripʃən] voorschrijving; voorschrift *o,* recept *o;* ⚕ verjaring; eigendomsverkrijging door verjaring; **–ive** voorschrijvend; op (door) lang gebruik of verjaring berustend (verkregen) [recht]

presence ['prezəns] tegenwoordigheid, aanwezigheid, bijzijn *o;* nabijheid; houding; voorkomen *o,* verschijning; tegenwoordigheid [van hoog personage, vorst]; ~ *of mind* tegenwoordigheid van geest; ~**-chamber,** ~**-room** ontvangzaal

1 **present** ['prezənt] I *aj* tegenwoordig, aanwezig, present, onderhavig; hedendaags, huidig; *the* ~ *volume* het boek in kwestie, het hier besproken boek; *the* ~ *writer* schrijver dezes; *be* ~ *to the mind* voor de geest staan; II *sb* tegenwoordige tijd°, heden *o; at* ~ nu, op het ogenblik; *for the*

~ voor het ogenblik

2 **present** ['prezənt] *sb* present *o,* cadeau *o,* geschenk *o; make sbd. a* ~ *of sth.* iem. iets ten geschenke geven, cadeau geven

3 **present** [pri'zent] I *vt* presenteren° [ook: het geweer]; voorstellen [aan hof of publiek]; vertonen; aanbieden, uitdelen [prijzen]; voorleggen, overleggen, indienen; bieden, geven, opleveren; voordragen [voor betrekking]; ✗ aanleggen (op, *at*); ~*!* ✗ aan!; ~ *arms* ✗ het geweer presenteren; ~ *sbd. with sth.* iem. iets aanbieden, iem. met iets begiftigen, iem. iets schenken; II *vr* ~ *itself* zich aanbieden, zich voordoen [gelegenheid &]; verschijnen, opkomen [gedachte]; **–able** presentabel, toonbaar; goed om aan te bieden; **–ation** [prezən'teiʃən] aanbieding; indiening, overlegging [v. stukken]; voorstelling [aan het hof]; vertoning; opvoering, demonstratie; presentatie [v. TV-programma &]; (recht *o* van) voordracht; schenking; ⚕ ligging [v. kind in uterus]; *on* ~ bij aanbieding, op vertoon; ~ *copy* presentexemplaar *o;* ~ *sword* eresabel, -degen

present-day ['prezəntdei] hedendaags, huidig, tegenwoordig, actueel, modern; *up to the* ~ tot op heden, tot nu toe

presentee [prezən'ti:] voorgestelde; voorgedragene; begiftigde; **presenter** [pri'zentə] aanbieder; T presentator

presentiment [pri'zentimənt] voorgevoel *o*

presently ['prezəntli] *ad* kort daarop; aanstonds, dadelijk, zó (meteen), weldra; *Am* op het ogenblik, nu

presentment [pri'zentmənt] aanklacht; aanbieding; voorstelling, uitbeelding

preservation [prezə'veiʃən] bewaring; behoeding, behoud *o;* instandhouding; verduurzaming, inmaak; *in fair* ~ goed geconserveerd; **–ive** [pri'zə:vətiv] I *aj* voorbehoedend, bewarend; II *sb* verduurzamings-, conserverings-, conserveermiddel *o;* voorbehoedmiddel *o*

preserve [pri'zə:v] I *vt* behoeden (voor *from*), bewaren; in stand houden; inmaken, verduurzamen, conserveren, inleggen, konfijten; [wild] houden op een gereserveerd terrein; II *sb* gereserveerde jacht of visserij, wildpark *o; fig* privégebied *o,* speciale rechten; ~*s* vruchtengelei; groenten & uit blik

preset ['priset] ✗ vooraf ingesteld

preshrink ['pri'ʃriŋk] vóórkrimpen, sanforiseren

preside [pri'zaid] voorzitten; presideren (ook: ~ *over, at*); **presidency** [pri'zidənsi] presidentschap° *o;* **–ent** president°, voorzitter; **–ential** [prezi'denʃəl] van de (een) president, presidents-; voorzitters-; **–entship** ['prezidəntʃip] presidentschap *o*

presidiary [pri'sidiəri] garnizoens-, bezettings-
press [pres] **I** *sb* pers; drukpers; gedrang *o*, drang, druk²; drukte; (linnen-, kleer)kast; *a t* ~, *i n the* ~ ter perse; *u n d e r* ~ *of canvas* ⚓ met alle zeilen op; **II** *vt* (uit-, ineen-, op-, samen)persen, drukken (op); uitdrukken; dringen, (aan)drijven, niet loslaten; kracht (klem) bijzetten; achterheen zitten, bestoken, in het nauw brengen; ⚓ & ⚒ (tot de dienst) pressen; ~ *sbd. hard* iem. in de engte drijven, het vuur na aan de schenen leggen; ~ *one's advantage* partij weten te trekken van; ~ *sbd. f o r payment* bij iem. op betaling aandringen; *be* ~*ed for funds* (*time* &) slecht bij kas zijn, krap aan zijn met zijn tijd &; ~ *i n t o service* [*fig*] in dienst stellen, inschakelen; ~ *o n* kracht (vaart) zetten achter; voortjagen, aanporren; ~ *it* (*up*)*on him* (*upon his acceptance*) het hem opdringen; **III** *va* & *vi* drukken, knellen; zich drukken; dringen, opdringen [menigte]; urgent zijn, presseren; ~ *d o w n* drukken (op *on*); ~ *f o r it* er op aandringen; ~ *f o r w a r d*, ~ *o n* opdringen; voortmaken; voortrukken; *there is something* ~*ing on his mind* er is iets dat hem drukt; ~*box* perstribune [v. sportveld]; ~*-cutting* kranteknipsel *o*
presser ['presə] perser, drukker; pers
press-gallery ['presgæləri] perstribune [v. Lagerhuis]
press-gang ['presgæŋ] ronselaarsbende
pressing ['presiŋ] **I** *aj* dringend; drukkend, dreigend; lastig, opdringerig; *since you are so* ~ nu je zo aandringt; **II** *sb* persing [v. grammofoonplaat]; druk, aandringen *o*
pressman ['presmən] persman, journalist; ~*mark* bibliotheeknummer *o* [v. boek]; ~ *pass* perskaart; ~*-room* drukkerij, zaal waar de persen staan
press-stud ['prestʌd] drukknoopje *o*
pressure ['preʃə] drukking; druk; spanning; pressie, (aan)drang, dwang; *put* (*a*) ~ *on, bring* ~ *to bear on* druk (pressie) uitoefenen op; *live a t high* ~ onder hoge druk; ~*-cooker* drukpan, snelkookpan; ~ **gauge** manometer [v. stoomketel]; *oil* ~ oliedrukmeter; *tyre* ~ bandspanningsmeter; ~ **group** pressiegroep
pressurize ['preʃəraiz] onder druk zetten; ~*d cabin* drukcabine
prestidigitation ['prestididʒi'teiʃən] goochelarij, goochelkunst(en); ~**tor** [presti'didʒiteitə] goochelaar
prestige [pres'ti:ʒ] aanzien *o*, invloed, gewicht *o*, prestige *o*; ~**gious** [pres'tidʒiəs] voornaam, belangrijk
presto ['prestou] snel, vlug; plots; zie *hey*
prestressed ['pri:'strest] ~ *concrete* voorgespannen beton *o*, spanbeton *o*
presumable [pri'zju:məbl] *aj* vermoedelijk; **presume I** *vt* veronderstellen, aannemen; ~ *to...* het

wagen te..., zich vermeten te...; **II** *vi* & *va* veronderstellen; *...I* ~ geloof ik; *don't* ~! wees nu niet zo verwaand!; ~ *too far* te ver gaan; zich te veel verbeelden; ~ (*up*)*on* al te zeer vertrouwen op, zich laten voorstaan op; te veel vergen van, misbruik maken van; ~**d** vanzelfsprekend; zogenaamd, verondersteld; **presuming** verwaand, aanmatigend; **presumption** [pri'zʌm(p)ʃən] presumptie, vermoeden *o*, veronderstelling; arrogantie, aanmatiging, verwaandheid; ~**ive** vermoedelijk; ~ *evidence* ⚖ aanwijzing
presumptuous [pri'zʌm(p)tjuəs] aanmatigend, arrogant; ingebeeld, verwaand; brutaal
presuppose [pri:sə'pouz] vooronderstellen; ~**sition** [pri:sʌpə'ziʃən] vooronderstelling
pretence [pri'tens] voorwendsel *o*, schijn; pretentie, aanspraak; *make* ~ *to...* doen alsof...; *make no* ~ *to* geen aanspraak maken op; **pretend I** *vt* voorwenden, voorgeven, (ten onrechte) beweren; doen alsof; **II** *vi* de pretentie hebben van, pretenderen (te zijn), zich aanmatigen; aanspraak maken op; ~ *to her hand* naar haar hand dingen; ~**ed** voorgewend; vermeend, gewaand; quasi-, schijn-; ~**er** veinzer; pretendent; **pretension** pretentie, aanspraak; voorwendsel *o*; aanmatiging; *make* ~*s to wit* de pretentie hebben geestig te zijn; **pretentious** aanmatigend, ingebeeld; vol pretenties, pretentieus
preterhuman [pri:tə'hju:mən] bovenmenselijk
preterit(e) ['pretərit] verleden (tijd)
pretermission [pri:tə'miʃən] weglating; **pretermit** weglaten; met stilzwijgen voorbijgaan; nalaten
preternatural [pri:tə'nætʃrəl] onnatuurlijk; bovennatuurlijk
pretext ['pri:tekst] voorwendsel *o*; *o n some idle* ~ onder een of ander nietig voorwendsel; *u n d e r a* (*the*) ~ *of...* ook: onder de schijn van..., voorwendend
prettify ['pritifai] opsieren, opsmukken; **pretty I** *aj* aardig, lief, mooi [ook ironisch]; fraai; vrij veel, aanzienlijk; *a* ~ *penny* een aardige duit; *my* ~! snoes!; **II** *ad* redelijk, tamelijk, behoorlijk, vrij, nogal; ~ *much the same thing* vrijwel hetzelfde; *sitting* ~ **S** ,,goed" zitten *o*, het aardig voor elkaar hebben; ~*-pretty* geaffecteerd; zoetelijk; popperig
prevail [pri'veil] de overhand hebben (op *over* of *against*); zegevieren, heersen, algemeen zijn; *a rumour* ~*ed that...* het gerucht ging dat...; ~ *o n* (*u p o n*) overhalen, overreden; ~ *on himself to...* het van zich verkrijgen...; ~ *w i t h* ingang vinden bij, vat hebben op; ~**ing** heersend [ziekten, meningen &]; **prevalence** ['prevələns] heersend zijn *o*, algemeen voorkomen *o*; overwicht *o*, (grotere) invloed; ~**ent** heersend
prevaricate [pri'værikeit] zich van iets afmaken;

(om iets heen) draaien; **–tion** [priværi'keiʃən] uitvluchten zoeken *o*; ontwijkend antwoord *o*, uitvlucht; **–tor** [pri'værikeitə] draaier, iem. die steeds uitvluchten zoekt

prevent [pri'vent] voorkomen; afhouden van, beletten, verhoeden, verhinderen; *be ~ed* verhinderd zijn; **–able** te voorkomen; **–ative** = *preventive*; **prevention** voorkoming, verhoeding, verhindering, preventie; **–ive** *aj* voorkomend, verhinderend, preventief [v. maatregel &]; *the ~ service* de kustwacht; **II** *sb* profylactisch geneesmiddel *o*

preview ['pri:vju:] **I** *sb* bezichtiging vooraf; voorvertoning [v. film]; **II** *vt* vooraf bezichtigen of zien

previous ['pri:vjəs] *aj* voorafgaand, vorig, vroeger; F voorbarig; *~ to...* vóór...; *move (put) the ~ question* de prealabele kwestie stellen; **–ly** *ad* (van) te voren, vroeger (al), voor die tijd, voordien

prevision [pri'viʒən] vooruitzien *o*

pre-war ['pri:'wɔ:] vooroorlogs

prey [prei] **I** *sb* prooi, buit; *beast of ~* roofdier *o*; *a ~ to* ten prooi aan [wanhoop &]; **II** *vi ~ (up)on* plunderen; azen op; *fig* knagen aan

priapism ['praiəpizm] wellustigheid; ♀ ziekelijke, voortdurende erectie van de penis

price [prais] **I** *sb* prijs°; $ koers; ✎ waarde; kans [bij wedden]; *a b o v e (beyond, without) ~* onbetaalbaar, onschatbaar; *at a ~* tegen een behoorlijke prijs, voor veel geld; *at a high ~* tegen hoge prijs; *at any ~* tot elke prijs; *what ~?* F hoeveel kans?; **II** *vt* prijzen, de prijs bepalen of aangeven van; schatten; *~ (oneself) out of the market* (zich) uit de markt prijzen; *~d catalogue* prijslijst; *~-cutting* prijsverlaging; **–less** onschatbaar, onbetaalbaar; F kostelijk, heerlijk; *~-list* prijslijst, -courant; **pricey** F prijzig

prick [prik] **I** *sb* prik, steek, stip, punt; prikkel, stekel; spoor *o* [v. haas]; P pik [= penis]; *~s of conscience* gewetensknagingen, -wroeging; *kick against the ~s* B de verzenen tegen de prikkels slaan; **II** *vt* prikken (in), steken; doorprikken, door-, opensteken, een gaatje maken in, puncteren; prikkelen; ✎ de sporen geven, aansporen; *his conscience ~ed him* hij had gewetenswroeging; *~ the ears* de oren spitsen^z; *~ i n* (uit)poten; *~ o f f (o u t)* uitpoten, verspenen; door prikjes aangeven; *~ u p* spitsen [oren]; **III** *vi &* *va* prikken, steken (naar *at*); ✎ galopperen; *~-eared* met gespitste oren; **–er** priem, ruimnaald; prikstok

prickle ['prikl] **I** *sb* prikkel, stekel, dorentje *o*; **II** *vt* prikk(el)en, steken; **III** *vi* prikk(el)en; **–ly** stekelig; kriebelig; netelig; *fig* prikkelbaar; *~ heat* warmteuitslag

pride [praid] **I** *sb* hoogmoed; fierheid, trots;

praal, luister; hoogtepunt *o*, troep [leeuwen]; *take (a) ~ in* trots zijn op; er een eer in stellen...; *take (hold) ~ of place* de eerste plaats innemen, aan de spits staan; *in the ~ of the season* in het mooiste gedeelte van het jaargetij; *~ will have a fall* hoogmoed komt voor de val; **II** *vr ~ oneself on* trots zijn op; zich beroemen op, zich laten voorstaan op, prat gaan op

prier ['praiə] snuffelaar; nieuwsgierige bemoeial

priest [pri:st] priester; geestelijke (tussen *deacon* en *bishop*); *rk* pastoor; *assistant ~* kapelaan; **–craft** < papenstreek; **–ess** priesteres; **–hood** priesterschap *o* [waardigheid], priesterschap *v* [verzamelnaam]; **–ly** priesterlijk, priester-; **~-ridden** door (de) priesters of geestelijken geregeerd

prig [prig] **I** *sb* kwast, pedant heer *o*, verwaande kwibus ‖ dief; **II** *vt* S kapen, stelen, pikken; **priggery** pedanterie; **priggish** pedant

prim [prim] **I** *aj* gemaakt, stijf, preuts; **II** *vt* samenpersen [lippen]; keurig opdoffen

primacy ['praiməsi] eerste plaats, voorrang, primaat *o* [v. paus en *fig*]; primaatschap *o*

prima donna ['pri:mə'dɔnə] prima-donna; *fig* temperamentvol persoon

prima facie ['praimə'feiʃi] op het eerste gezicht; *~ case* ✎ zaak waaraan rechtsingang kan worden verleend; *~ evidence* ✎ voorlopig bewijs *o*

primage ['praimidʒ] ⚓ premie

primal ['praiməl] eerste, oer-, oorspronkelijk, voornaamste, hoofd-, grond-

primarily ['praimərili] *ad* in de eerste plaats, in hoofdzaak; voornamelijk; **primary** *aj* primair, oorspronkelijk; eerste, voornaamste, hoofd-; elementair; grond-; *~ colours* primaire kleuren; *~ education* lager onderwijs *o*

1 primate ['praimit] primaat, opperkerkvoogd, aartsbisschop

2 primate ['praimeit] primaat [aap, halfaap, mens]

primateship ['praimitʃip] primaatschap *o*

prime [praim] **I** *aj* eerste, voornaamste; oorspronkelijk; prima, best, uitstekend; *~ cost* inkoopsprijs; kostprijs; *~ meridian* nulmeridiaan; *~ minister* minister-president; *~ mover* voornaamste drijfkracht; *fig* aanstichter; *~ number* priemgetal *o*; **II** *sb* begin *o*; prime [= 1ste canoniek uur]; het (de) eerste, het (de) beste; *the ~ of life* de bloei der jaren; *past one's ~* op (zijn &) retour; **III** *vt* in de grondverf zetten; ✎ kruit op de pan doen *o* [v. pistool]; [de pomp] voeren, [motor] op gang brengen; *fig* voorbereiden, prepareren, instrueren, bewerken; kennis inpompen; F volstoppen, voeren [met eten of drinken]; **–r** abc-boek *o*; boek *o* voor beginners, inleiding; eerste beginselenboekje *o*; slaghoedje *o*; ['primə] soort drukletter

primeval [prai'mi:vǝl] eerste, oer-; voorhistorisch

priming ['praimiŋ] grondverf; grondverven *o*; voeren *o* &, zie *prime* **III**

primitive ['primitiv] **I** *aj* oorspronkelijk, oudste, oer-; primitief; ~ *colours* grondkleuren; **II** *sb* oorspronkelijke bewoner, lid *o* van een primitief volk; een der primitieven (schilder of schilderstuk van vóór de renaissance); stamwoord *o*; **–ness** primitiviteit

primogenitor [praimou'dʒenitǝ] oervader, stamvader; **–ture** (recht *o* van) eerstgeboorte, eerstgeboorterecht *o*

primordial [prai'mɔ:diǝl] eerste, oudste, oorspronkelijk, oer-, fundamenteel

primp [primp] (zich) mooi maken, opsmukken

primrose ['primrouz] sleutelbloem; **primula** ['primjulǝ] primula, sleutelbloem

primus ['praimǝs] **I** *aj Smith* ~ ⌐ Smith senior; **II** *sb* eerste bisschop v.d. episcopale kerk v. Schotland; ⊛ primus [kooktoestel]

prince [prins] vorst[2], prins[2]; ~ *consort* prinsgemaal; ~ *of darkness* de duivel; ~ *royal* kroonprins; **–dom** prinsdom *o*, vorstelijke rang; vorstendom *o*; **~-like** vorstelijk; **–ling** > prinsje *o*; **–ly** prinselijk, vorstelijk[2]; **princess** [prin'ses, + 'prinses] prinses, vorstin; ~ *dress* robe princesse; ~ *royal* titel verleend aan de oudste dochter van de Koning van Engeland

principal ['prinsipǝl] **I** *aj* voornaamste, hoofd-; ~ *boy* vrouw die in pantomime de manlijke hoofdrol speelt; ~ *clause* [*gram*] hoofdzin; ~ *part* [*gram*] stam (v.e. woord); hoofdmoot; **II** *sb* hoofd *o*, chef, patroon; directeur, rector [v. school]; hoofdpersoon, lastgever, principaal°; hoofdaanlegger, hoofdschuldige; duellist; hoofdsom, kapitaal *o*; △ hoofdbalk; **–ity** [prinsi'pæliti] prinselijke of vorstelijke waardigheid; prins-, vorstendom *o*; *the Principality* Wales

principally ['prinsipǝli] *ad* hoofdzakelijk, voornamelijk, merendeels

principle ['prinsipl] beginsel *o*, oorsprong, bron; element *o*, bestanddeel *o*; grondbeginsel *o*, principe *o*; ~*s* moraliteit, zedelijk gedrag *o*; *on* ~ uit principe; principieel

prink [priŋk] **I** *vt* opsmukken; [de veren] gladstrijken; **II** *vr* ~ *oneself* zich mooi maken; **III** *vi* zich opsmukken

print [print] **I** *sb* merk *o*, teken *o*, spoor *o*; stempel *o* & *m*, druk, in-, afdruk; voetafdruk; kopie [v. film]; drukletters; bedrukt katoen *o* & *m*; plaat, prent; drukwerk *o*, blad *o*, krant; *in* ~ in druk, gedrukt; te krijgen, niet uitverkocht; *a book out of* ~ uitverkocht; **II** *aj* gedrukt; *a* ~ *dress* (*frock*) een katoenen jurkje *o*; **III** *vt* drukken, bedrukken, af-, indrukken; kopiëren [film]; laten drukken, publiceren; inprenten (in *on*); stempelen; **~**ed

goods (gedrukte) katoentjes; **~***ed matter* drukwerk *o*; **~***ed ware* gedecoreerd aardewerk *o*; **–er** drukker; ~*'s error* drukfout; ~*'s ink* drukinkt; **–ing I** *sb* drukken *o*, druk; oplaag; drukkunst; **II** *aj* druk-; **~-seller** prentenhandelaar; **~-works** (katoen)drukkerij

prior ['praiǝ] **I** *aj* & *ad* vroeger, ouder, voorafgaand; ~ *to* ook: voor(dat); **II** *sb* prior; **–ate** prioraat *o*; **~ess** priores

priority [prai'ɔriti] prioriteit, voorrang; *have one's priorities right* het belangrijkste laten voorgaan

priorship ['praiǝʃip] priorschap *o*, prioraat *o*; **priory** priorij

prise [praiz] = 2 *prize*

prism [prizm] prisma *o*; **–atic** [priz'mætik] prismatisch, prisma-

prison ['prizn] gevangenis; **~-breaker** uitbreker; **–er** gevangene, arrestant; (de) verdachte (ook: ~ *at the bar*); ~ *of war* krijgsgevangene; *make* (*take*) ~ gevangen nemen; ~*'s bars* (*base*) een soort krijgertje *o*; **~-house** gevangenis; **~**-*van* gevangenwagen

prissy ['prisi] **F** nuffig, preuts

pristine ['pristain] eerste, oorspronkelijk, vroeger

⚡ prithee ['priði] ik bid u, eilieve!

privacy ['privǝsi] afzondering, teruggetrokkenheid; privéleven *o*, privacy; *think it over in* ~ als u alleen bent; *in strict* ~ strikt vertrouwelijk; ~ *of correspondence* briefgeheim *o*; **private** ['praivit] **I** *aj* privaat, privé, eigen; onder vier ogen, geheim, heimelijk; vertrouwelijk; onderhands; particulier, persoonlijk; besloten [v. vergadering &]; ⚡ niet gegradueerd, gewoon; ~ ook: verboden toegang; *I want to be* ~ ik wil niet gehinderd worden; *keep it* ~ houd het vóór je; *a* ~ *affair* een privéaangelegenheid; een plechtigheid, feest &, en petit comité, een „onderonsje" *o*; ~ *boarding-house* familiepension; ~ *box* 🔒 postbus; *that's for your* ~ *ear* dat is alléén voor u bestemd; ~ *eye* particulier detective; ~ *hotel* familiehotel *o*; *a* ~ *individual* (*person*) een particulier; ~ *means* eigen middelen; ~ *member* parlementslid *o* zonder regeringsfunctie; ~ *parts* schaamdelen; ~ *school* particuliere school; ~ *soldier* (gewoon) soldaat; ~ *view* persoonlijke opinie; bezichtiging voor genodigden; *the funeral* (*wedding*) *was strictly* ~ werd in (alle) stilte voltrokken, had in (alle) stilte plaats; **II** *sb* ❌ (gewoon) soldaat; ~*s* schaamdelen; *in* ~ alléén, onder vier ogen, binnenskamers; in stilte, in het geheim; in het particuliere leven

privateer [praivǝ'tiǝ] **I** *sb* kaper(schip *o*); **II** *vi* ter kaap varen; **–ing** kaapvaart, kaperij

privation [prai'veiʃǝn] ontbering, gebrek *o*, gemis *o*

privative ['privǝtiv] beroovend, wegnemend;

ontkennend
privet {'privit] liguster
privilege ['privilidʒ] **I** *sb* privileg(i)e *o*; voorrecht *o*; onschendbaarheid; **II** *vt* bevoorrechten; machtigen; vrijstellen (van *from*); **-d** bevoorrecht; strikt in vertrouwen
privily ['privili] *ad* in 't geheim, stiekem
privity ['priviti] medeweten *o*; ⚖ rechtsbetrekking
privy ['privi] **I** *aj* heimelijk, geheim, verborgen; ingewijd, bekend met; *Privy Council* geheime raad; *Privy Councillor (Counsellor)* lid v.e. *Privy Council*; **~** *parts* schaamdelen; **~** *purse* civiele lijst: toelage v.h. staatshoofd; **~** *seal* geheimzegel *o*; *Lord Privy Seal* geheimzegelbewaarder; *he was* **~** *to it* hij was er bekend mee, hij was in het geheim; **II** *sb* privaat *o*, w.c.
1 prize [praiz] **I** *sb* prijs; beloning || ⚓ prijs(schip *o*), buit; *make a* **~** *of a ship* een schip prijs maken; **II** *aj* bekroond (bijv. **~** *poem*); prijs-; **~-fight** bokswedstrijd om geldprijs; **~-money** geldprijs; ⚓ prijsgeld *o*; **~-ring** *sp* ring: kampplaats der boksers; bokserswereld; **III** *vt* op prijs stellen || ⚓ prijs maken
2 prize [praiz] **I** *sb* kracht, steunpunt *o* van een hefboom; **II** *vt* openbreken (ook: **~** *open*, **~** *up*)
prize-court ['praizkɔ:t] ⚖ prijsgericht *o*
prizeman ['praizmən] winnaar van universiteitsprijs; **~-winning** bekroond
1 pro [prou] **F** verk. v. *professional* = beroepsspeler, prof; **S** artiest, -e
2 pro [prou] pro, vóór; **~** *and con* vóór en tegen; *the* **~***s and cons* het vóór en tegen
proa [prə'hu] prauw
probability ['prɔbə'biliti] waarschijnlijkheid; *in all* **~** naar alle waarschijnlijkheid; *there is no* **~** *of his coming* hoogstwaarschijnlijk zal hij niet komen; **probable** ['prɔbəbl] *aj* waarschijnlijk, vermoedelijk; aannemelijk; **-ly** *ad* waarschijnlijk, vermoedelijk
probate ['proubit] gerechtelijke verificatie van een testament; gerechtelijk geverifieerd afschrift *o* van een testament; **-tion** [prə'beiʃən] proef, onderzoek *o*; proeftijd; voorwaardelijke veroordeling; *on* **~** op proef; voorwaardelijk veroordeeld; **~** *officer* ambtenaar van de reclassering; **-tionary** op proef, proef-; **-tioner** op proef dienende; a(d)spirant; novice of pleegzuster in het proefjaar, leerling-verpleegster; voorwaardelijk veroordeelde; proponent
probe [proub] **I** *sb* sonde; **F** onderzoek *o*; **II** *vt* sonderen; peilen, onderzoeken; doordringen in; **~** *to the bottom* grondig onderzoeken
probity ['proubiti] eerlijkheid, rechtschapenheid
problem ['prɔbləm] vraagstuk[2] *o*, probleem *o*; **-atic(al)** [prɔbli'mætik(l)] twijfelachtig, problematisch, onzeker; **~** *child* ['prɔbləmtʃaild]

moeilijk opvoedbaar kind *o*, moeilijk kind *o*, probleemkind *o*
proboscis [prou'bɔsis] snuit, slurf [van olifanten, tapirs]; zuigorgaan *o* [v. insekten]; neus
procedural [prə'si:dʒərəl] van procedure, procedure-; **procedure** methode, werkwijze, handelwijze, procedure; *legal* **~** rechtspleging
proceed [prə'si:d] voortgaan, verder gaan, aan de gang zijn, voortgang hebben, vorderen, verlopen; vervolgen (= zeggen); gaan; zich begeven; te werk gaan; **~** *(to the degree of) M.A.* ⚘ de graad van *M.A.* behalen; ⚖ **~** *against* gerechtelijke stappen nemen tegen, procederen tegen; **~** *from* voortkomen (voortspruiten) uit, ontspruiten aan, ontstaan uit, komen uit (van); **~** *to* overgaan tot; beginnen te...; gaan (zich begeven) naar; *he* **~***ed to ask...* hij vroeg vervolgens...; **~** *with* verder gaan met, voortzetten; **-ing** handelwijze; handeling; maatregel; **~***s* wat er zo al gebeurde (gebeurt); werkzaamheden [v. vergadering]; handelingen [v. genootschap]; ⚖ actie, proces *o*; *institute legal* **~***s (take* **~***s)* ⚖ een actie (vervolging) instellen; **proceeds** ['prou-si:dz] opbrengst, provenu *o*
process ['prouses] **I** *sb* voortgang; loop, verloop *o*; handeling; procédé *o*; proces* *o*; dagvaarding; uitsteeksel *o* [aan been]; **~** *control* automatische controle van een industrieel proces d.m.v. een computer; *in the* **~** daarbij, onder die bedrijven; *in (the)* **~** *of ...ing* aan (bij, onder) het...; *in* **~** *of construction* in aanbouw; *in* **~** *of time* mettertijd, na verloop van tijd; **II** *vt* machinaal reproduceren; een procédé doen ondergaan, behandelen, bewerken, verwerken; verduurzamen; ⚖ een actie instellen tegen; **~***ed cheese* smeerkaas
procession [prə'seʃən] stoet, omgang, optocht; *rk* processie; **-al** **I** *aj* als (van) een processie, processie-; **II** *sb* processiegezang *o*; boek *o* met de processiegezangen
process-server ['prousesə:və] deurwaarder
proclaim [prə'kleim] afkondigen, bekendmaken; verkondigen; proclameren, uitroepen tot [koning &]; verklaren tot [verrader]; verklaren [oorlog]; 🔲 in staat van beleg verklaren; verbieden [bijeenkomst]; **proclamation** [prɔklə-'meiʃən] proclamatie; afkondiging; verkondiging; bekendmaking; verklaring [v. oorlog &]; verbod *o*
proclivity [prə'kliviti] overhelling; neiging (tot *to*)
procrastinate [prou'kræstineit] uitstellen; **-tion** [proukræsti'neiʃən] uitstel *o*, verschuiving (van dag tot dag); **~** *is the thief of time* ± van uitstel komt afstel
procreate ['proukrieit] voortbrengen, (voort)telen, verwekken, voortplanten; **-tion** [prou-kri'eiʃən] voortbrenging, (voort)teling, verwek-

king, voortplanting; **–tive** ['proukrieitiv] voortbrengend, voorttelend, voortplantings-; ~ *power* voortplantingsvermogen *o,* teelkracht; **–tor** verwekker, vader; *fig* schepper

proctor ['prɔktə] procureur [voor een geestelijke rechtbank]; ⌧ ambtenaar van een hogeschool [Cambridge, Oxford], die met het handhaven van orde en tucht belast is; **–ship** ambt *o* van *proctor*

procumbent [prou'kʌmbənt] (voorover) liggend

procuration [prɔkju'reiʃən] verschaffing, bezorging; volmacht, procuratie; procura, provisie [geld]; *by* ~ bij volmacht; **–tor** ['prɔkjureitə] gevolmachtigde, zaakbezorger; ⌸ procurator [landvoogd]

procure [prə'kjuə] (zich) verschaffen, bezorgen, (ver)krijgen; koppelen, gelegenheid geven; ↗ teweeg brengen, bewerken; **–ment** verschaffing, verkrijging; bemiddeling; **procurer** verschaffer; koppelaar(ster)

prod [prɔd] **I** *sb* prikkel; priem; prik, por; **II** *vt* prikken, steken (naar *at*), (aan)porren

prodigal ['prɔdigəl] **I** *aj* verkwistend; ~ *of* kwistig met; *the* ~ *son* de verloren zoon; **II** *sb* verkwister; *the* ~ de verloren zoon; *fig* berouwvol zondaar; **–ity** [prɔdi'gæliti] verkwisting; kwistigheid; **prodigally** ['prɔdigəli] *ad* verkwistend; kwistig

prodigious [prə'didʒəs] wonderbaar(lijk); verbazend, ontzaglijk; **prodigy** ['prɔdidʒi] wonder *o; child* ~, *infant* ~ wonderkind *o*

produce I *sb* ['prɔdju:s] voortbrengsel *o,* voortbrengselen, produkt *o;* (landbouw)produkten; opbrengst; **II** *vt* [prə'dju:s] voortbrengen, produceren, opbrengen, opleveren, krijgen [een baby]; teweegbrengen, maken [indruk]; in het licht geven; voor het voetlicht brengen, opvoeren, vertonen; voor den dag komen met; te voorschijn halen, aanvoeren, bijbrengen, óverleggen, tonen; verlengen [een lijn]; **producer** [prə'dju:sə] producent, voortbrenger, vertoner &, zie *produce* **II,** [toneel] regisseur, [film] producent; ↗ [gas] generator; ~ *gas* generatorgas *o;* **–cible** te produceren, bij te brengen, aan te voeren &, zie *produce* **II**

product ['prɔdʌkt] voortbrengsel *o* produkt° *o; fig* vrucht, resultaat *o;* **–ion** [prə'dʌkʃən] produktie, voortbrenging; produkt *o,* voortbrengsel *o,* overlegging [stukken]; opvoering, vertoning [toneelstuk]; verlenging [lijn]; **–ive** producerend, voortbrengend; produktief, vruchtbaar; ~ *capacity* produktievermogen *o; be* ~ *of...* voortbrengen, opleveren; tot stand (teweeg)brengen; **–ivity** [prɔdʌk'tiviti] produktiviteit

proem ['prouəm] voorrede, voorwoord *o;* proloog, voorspel *o*

profanation [prɔfə'neiʃən] ontwijding, ontheiliging, (heilig)schennis, profanatie; **profane** [prə'fein] **I** *aj* profaan, on(in)gewijd; oneerbiedig, goddeloos, godslasterlijk [taal]; werelds; **II** als *sb the* ~ de oningewijden; **III** *vt* profaneren, ontwijden, ontheiligen; misbruiken; **–nity** [prə'fæniti] heiligschennis, goddeloosheid; vloekwoorden, vloeken

profess [prə'fes] **I** *vt* belijden; betuigen, verklaren, beweren; uit-, beoefenen; doceren; ~ *to be a scholar* zich uitgeven voor; **II** *vi* doceren; zijn godsdienstplichten vervullen; *rk* de kloostergelofte afleggen; **–ed** *aj* verklaard [vijand]; van beroep, beroeps-; *rk* geprofest: de (klooster)gelofte afgelegd hebbend; voorgewend, zogenaamd; **–edly** *ad* openlijk, volgens eigen bekentenis; ogenschijnlijk; **–ion** beroep *o,* stand; (openlijke) belijdenis, betuiging, verklaring; *rk* kloostergelofte; ~ *of faith* geloofsbelijdenis; *the* ~ de vaklui [inz. de toneelspelers]; *the (learned)* ~*s* de „vrije" beroepen; *by* ~ van vak, van beroep, beroeps-; **–ional I** *aj* vak-, beroeps-, ambts-; van beroep; ~ *jealousy* jalousie de métier, broodnijd; *a* ~ *man* een vakman; iemand die een der „vrije" beroepen uitoefent: advocaat, dokter &; ~ *starver* hongerkunstenaar; **II** *sb* vakman; beroepsspeler &; **–ionalism** professionalisme *o;* beroepssport; **–ionalize** tot beroep worden (maken); **–ionally** professioneel

professor [prə'fesə] hoogleraar, professor; *Am* ± lector; belijder [v. godsdienst]; **–ate** professoraat *o;* professoren; **–ial** [prɔfe'sɔ:riəl] professoraal; **–iate** = *professorate;* **–ship** [prə'fesəʃip] professoraat *o,* hoogleraarschap *o, Am* ± lectoraat *o*

proffer ['prɔfə] **I** *vt* toesteken, aanbieden; **II** *sb* aanbod *o*

proficiency [prə'fiʃənsi] vaardigheid, bedrevenheid, bekwaamheid; **–ent I** *aj* vaardig, bedreven, bekwaam; **II** *sb* meester

profile ['proufail] **I** *sb* profiel *o,* (verticale) doorsnede; geschreven portret *o* [in krant]; **II** *vt* in profiel tekenen

profit ['prɔfit] **I** *sb* voordeel *o,* winst, nut *o,* profijt *o,* baat; *at a* ~ met winst; *t o my* ~ met voordeel; *gross* ~ bruto winst; *net* ~ netto winst; **II** *vt* voordeel afwerpen voor, goed doen, baten, helpen; **III** *vi* profiteren (van *by);* zich ten nutte maken, zijn voordeel doen (met *by);* **–able** *aj* winstgevend, voordelig, nuttig; **–ably** *ad* voordelig, nuttig, met voordeel, met winst, met vrucht

profiteer [prɔfi'tiə] **I** *vi* ongeoorloofde of woekerwinst maken; **II** *sb* profiteur

profitless ['prɔfitlis] onvoordelig; zonder nut; **profit-sharing** winstdeling

profligacy ['prɔfligəsi] losbandigheid, zedeloosheid; **–ate I** *aj* losbandig, zedeloos; **II** *sb* losbol

profound [prɔ'faund] **I** *aj* diep; diepzinnig; diepgaand; grondig; groot; **II** *sb* ☉ diep *o* (van de zee); **–ly** *ad* ook: zeer, hoogst, door en door

profundity [prɔ'fʌnditi] diepte; diepzinnigheid; grondigheid

profuse [prɔ'fju:s] kwistig; overvloedig; **–sion** overvloed(igheid); kwistigheid, verkwisting

progenitor [prou'dʒenitɔ] voorvader, voorzaat; (geestelijke) vader; **–ture** voortplanting, verwekking; nageslacht *o*, afstammelingen

progeny ['prɔdʒini] nageslacht *o*, kroost *o*

prognosis [prɔg'nousis, *mv* -ses -si:z] prognose; **–stic** [prɔg'nɔstik] **I** *aj* voorspellend; ~ *sign* (*symptom*) voorteken *o*; **II** *sb* voorteken *o*, voorspelling, prognose; **–sticate** voorspellen; **–stication** [prɔgnɔsti'keiʃən] voorspelling; voorteken *o*

program(me) ['prougræm] **I** *sb* program(ma)° *o*; balboekje *o*; **II** *vt* programmeren; **programmer** programmeur

1 progress ['prougres] **I** *sb* vordering(en), voortgang, vooruitgang; ☒ opmars; verloop *o* [v. ziekte]; loop(baan), levensloop; gang [v. zaken]; ⬚ (rond)reis, tocht, tournee [vooral van vorstelijke personen]; *be in* ~ aan de gang zijn; in bewerking zijn; geleidelijk verschijnen [boekwerk]; **II** *vi* [prɔ'gres] vooruitgaan, -komen, vorderen, vorderingen maken, opschieten; nog voortduren; **–ion** voortgang; vordering; (opklimmende) reeks, opklimming; **–ionist** progressist; **–ist** voorstander van vooruitstrevende politiek, progressief; **–ive I** *aj* voortgaand, (geleidelijk) opklimmend, toenemend, progressief; vooruitgaand; vooruitstrevend [tegenover conservatief]; **II** *sb* voorstander v. politiek-sociale hervorming; **~s** ook: progressieven

prohibit [prɔ'hibit] verbieden [inz. door overheid]; ~ *from* verhinderen; **–ion** [proui'biʃən] (drank)verbod *o*; verbieden *o*; ~ voorstander van het drankverbod; **–ive** [prɔ'hibitiv] verbiedend; ~ *duties* beschermende (invoer)rechten; ~ *price* buitensporige prijs; **–ory** verbiedend, verbodsbepalende (invoer)rechten; ~ *price*

project [prɔ'dʒekt] **I** *vt* ontwerpen, beramen, projecteren, werpen, (weg)slingeren; **II** *vi* vooruitsteken, uitsteken, uitspringen; **III** *sb* ['prɔdʒekt] *sb* ontwerp *o*, plan *o*, project *o*; ~ *developer* projectontwikkelaar

projectile I *aj* [prɔ'dʒektail] voortwerpend; ~ *force* stuwkracht; **II** *sb* ['prɔdʒiktail] projectiel *o*, kogel

projection [prɔ'dʒekʃən] projectie; uitstek *o*, uitsteeksel *o*; projectie(tekening), ontwerp *o*; werpen *o*, (weg)slingeren *o*

projectionist [prɔ'dʒekʃənist] (film)operateur

projector [prɔ'dʒektɔ] ontwerper, plannenmaker; oprichter van (zwendel)maatschappijen;

projectietoestel *o*, ✎ -lantaarn, -lamp; schijnwerper, zoeklicht *o*

prolapse ['proulæps] 𝔗 prolaps, uit-, verzakking

prole [proul] **F** proletariër

proletarian [prouli'tɛəriən] **I** *aj* proletarisch; **II** *sb* proletariër; **–at(e)** proletariaat *o*

proliferate [prou'lifəreit] zich vermenigvuldigen; *fig* snel talrijker worden, zich verspreiden; **–tion** [proulifə'reiʃən] proliferatie[2]: vermenigvuldiging; *fig* verspreiding

prolific [prou'lifik] vruchtbaar, rijk (aan *in*, *of*); *be* ~ *of* baren, veroorzaken

prolix ['prouliks] wijdlopig, breedsprakig, langdradig; **–ity** [prou'liksiti] wijdlopigheid, breedsprakigheid, langdradigheid

prologue ['proulɔg] **I** *sb* proloog, voorspel *o*; **II** *vt* van een proloog voorzien; inleiden

prolong [prou'lɔŋ] verlengen, rekken; **–ed** ook: langdurig; **–ation** [proulɔŋ'geiʃən] verlenging

prolusion [pro'lju:ʒən] inleiding, voorwoord *o*; voorspel *o*

prom [prɔm] **F** afk. v. *promenade concert*

promenade [prɔmi'na:d] **I** *sb* promenade°, wandeling; ~ *concert* concert *o* waarbij deel v.h. publiek staat of rondloopt; **II** *vi* wandelen, kuieren; **III** *vt* wandelen door (over, in); op en neer laten lopen, rondleiden; **–r** wandelaar; bezoeker van *proms*

prominence ['prɔminəns] uitsteken *o*; uitsteeksel *o*, verhevenheid; op de voorgrond treden *o*; uitstekendheid; belangrijkheid, beroemdheid, vooraanstaandheid; *give due* ~ *to the fact that...* goed doen uitkomen; **–ent** (voor)uitstekend, in het oog vallend; voornaam, eminent, vooraanstaand, uitstekend; belangrijk, beroemd; *make oneself* ~ zich onderscheiden, op de voorgrond treden

promiscuity [prɔmis'kju:iti] gemengdheid; dooreenmenging, verwarring; promiscuïteit, vrije omgang (*spec* sexueel); **–uous** [prɔ'miskjuəs] gemengd; verward, door elkander, zonder onderscheid; toevallig

promise ['prɔmis] **I** *sb* belofte, toezegging; *of* (*great*) ~, *full of* ~ veelbelovend; *be u n d e r a* ~ *to* zijn woord gegeven hebben aan; beloofd (de belofte afgelegd) hebben om te...; *break a* ~ een belofte breken; *breach of* ~ woordbreuk (*spec* v. trouwbelofte); **II** *vt* beloven, toezeggen; **III** *vi* & *va* beloven; ~ *well* véél beloven; **–sing** veelbelovend, hoopgevend

promissory ['prɔmisəri] belovend; ~ *note* promesse

promontory ['prɔmənt(ə)ri] voorgebergte *o*, kaap; *anat* vooruitstekend deel *o*, uitsteeksel *o*

promote [prɔ'mout] bevorderen° (tot), werken in het belang van, $ reclame maken voor; aankweken, verwekken; $ oprichten [maatschappij]; **–r** bevorderaar, bewerker, aanstoker; **$ &** *sp* promotor, oprichter [v. maatschappij]; **promotion** bevordering*, promotie (ook **$** = reclame); **–al** (het belang) bevorderend; **$** reclame-; **promotive** bevorderend; *be* ~ *of* bevorderen

prompt [prɔm(p)t] **I** *aj* vaardig, vlug, prompt*; ~ *cash* **$** contant zonder korting; ~ *to the hour* stipt op tijd; ~ *note* **$** ingebrekestelling; maning; **II** *sb* souffleren *o*; **$** betalingstermijn, vervaldatum; **III** *vt* vóórzeggen, souffleren; ingeven, inblazen, aansporen, (aan)drijven, aanzetten; **~-book** souffleursboek *o*; **~-box** souffleurshok *o*; **–er** souffleur; vóórzegger; aanzetter; ~'s *box* souffleurshokje *o*; **–ing** vóórzeggen *o* &; *the* ~s *of his heart* de ingeving (de stem) van zijn hart

promptitude [ˈprɔm(p)titju:d] vaardigheid, vlugheid, spoed; promptheid, stiptheid

promptly [ˈprɔm(p)tli] *ad* direct, meteen; vlug, prompt

promulgate [ˈprɔmǝlgeit] afkondigen, uitvaardigen; verkondigen, openbaar maken; **–tion** [prɔmǝlˈgeiʃǝn] afkondiging, uitvaardiging; verkondiging, openbaarmaking

prone [proun] voorover gebogen, vooroverliggend; ~ *to* geneigd tot; aanleg hebbend voor, vatbaar voor, onderhevig aan

prong [prɔŋ] **I** *sb* (hooi-, mest- &)vork; tand van een vork; geweitak; **II** *vt* aan de vork steken

pronominal [prouˈnɔminǝl] voornaamwoord *o*

pronounce [prǝˈnauns] **I** *vt* uitspreken, uitbrengen; verklaren, zeggen (dat); **II** *vi* (zich) uitspreken; uitspraak doen; ~ *f o r* (*in favour of*) zich verklaren voor; ~ *o n* zijn mening zeggen over; **–able** uit te spreken; **pronounced** *aj* uitgesproken, geprononceerd, duidelijk kenbaar, sterk sprekend, beslist; **pronouncement** uitspraak, verklaring; **–cing I** *sb* uitspreken *o*; **II** *aj* uitspraak-

pronto [ˈprɔntou] **S** vlug!, schiet op!, vooruit!

pronunciation [prǝnʌnsiˈeiʃǝn] uitspraak

proof [pru:f] **I** *sb* bewijs *o*, blijk *o*; proef, drukproef; proef: sterktegraad [alcohol]; *i n* ~ *of* ten bewijze van; *bring* (*put*) *t o the* ~ op de proef stellen; *the* ~ *of the pudding is in the eating* de praktijk zal het uitwijzen; **II** *aj* beproefd, bestand (tegen *against*); **III** *vt* ondoordringbaar of vuurvast, waterdicht & maken; **~-reader** corrector; **~-sheet** drukproef, proefvel *o*

prop [prɔp] **I** *sb* stut, steun[2]; steunpilaar, schoor ‖ zie ook: *props*; **II** *vt* stutten, steunen, schragen; omhoog houden (ook: ~ *up*); zetten [ladder tegen muur &]

propaedeutic(al) [proupi:ˈdju:tik(l)] propaedeutisch, voorbereidend

propaganda [prɔpǝˈgændǝ] propaganda; **–dist I** *sb* propagandist; **II** als *aj* propagandistisch; **–dize** propaganda maken (voor)

propagate [ˈprɔpǝgeit] **I** *vt* voortplanten[2], verbreiden, verspreiden, propageren; **II** *vi* zich voortplanten[2]; **–tion** [prɔpǝˈgeiʃǝn] voortplanting, verbreiding, verspreiding; **–tive** [ˈprɔpǝgeitiv] voortplantings-; **–tor** voortplanter, verspreider

propane [ˈproupein] propaangas *o*

propel [prǝˈpel] (voort)drijven, voortstuwen, voortbewegen; **propellant** stuwstof [v. raket]; voortstuwingsmiddel *o* [buskruit]; **propeller** propeller, schroef; **~-shaft** ♪ schroefas; *Am* cardanas; **propelling-pencil** vulpotlood *o*

propensity [prǝˈpensiti] neiging (tot *to, for*)

proper [ˈprɔpǝ] *aj* eigen; eigenlijk; strikt, rechtmatig; geschikt, behoorlijk, juist, goed, betamelijk, gepast; fatsoenlijk; **F** echt [mispunt &]; ~ *name*, ~ *noun* eigennaam; *the* ~ *officer* de betrokken ambtenaar; *a* ~ *row* **F** een flinke, fikse ruzie (herrie); *think* (*it*) ~ goedvinden, goedkeuren; **–ly** *ad* eigenlijk (gezegd); juist, behoorlijk, goed; terecht

property [ˈprɔpǝti] eigenschap; eigendom *o*, bezit *o*, bezittingen, goed *o*; landgoed *o*; *private* ~ privaatbezit *o*; *properties* rekwisieten, (toneel)benodigdheden; ~ *development* projektontwikkeling; ~ *man* (*master*) rekwisiteur; *a man of* ~ een bemiddeld man, grondbezitter

prophecy [ˈprɔfisi] voorspelling, profetie; **prophesy** [ˈprɔfisai] voorspellen, profeteren; **prophet** profeet; voorstander (van *of*); *the Prophet* de Profeet (Mohammed); *the* ~s **B** het Boek der Profeten; **–ess** profetes; **–ic** [prǝˈfetik] profetisch; *it is* ~ *of...* het voorspelt...

prophylactic [prɔfiˈlæktik] **I** *aj* profylactisch; **II** *sb* profylacticum *o*; **–axis** profylaxis: voorkomen *o* van ziekten

propinquity [prǝˈpiŋkwiti] nabijheid; (bloed)verwantschap

propitiate [prǝˈpiʃieit] verzoenen, gunstig stemmen; **–tion** [prǝpiʃiˈeiʃǝn] verzoening; boetedoening; **–tory** [prǝˈpiʃiǝtǝri] verzoenend, zoen-; **propitious** genadig; gunstig

proportion [prǝˈpɔ:ʃǝn] **I** *sb* evenredigheid, verhouding; deel *o*; ~ ook: afmetingen, vorm; *i n* ~ *as...* naar gelang...; *in* ~ *to...* in verhouding tot...; *of magnificent* ~s prachtig van afmetingen; *o u t of* ~ niet in verhouding; *fig* overdreven, onredelijk; **II** *vt* evenredig maken, afmeten, afwegen (naar *to*); *well* ~*d* goed geproportioneerd; **–able** evenredig; **–al I** *aj* evenredig, geëvenredigd (aan *to*); **II** *sb* term van een evenredigheid, evenredige; **–ally** *ad* evenredig; naar evenredigheid, in verhouding; **–ate** evenredig, geëvenredigd (aan *to*)

proposal [prǝˈpouzǝl] voorstel *o*, aanbod *o*; (huwelijks)aanzoek *o*; **propose I** *vt* voorstellen, aanbieden; van plan zijn; voorleggen [vraagstuk]; opgeven [raadsel]; (een dronk) instellen (op); **II** *vi* zich voorstellen, zich voornemen; *man* ~*s, God disposes* de mens wikt, God beschikt; ~ *t o a girl* een meisje (ten huwelijk) vragen; ~ *to write,* ~ *writing* voornemens zijn of er over denken te schrijven; **–sition** [prɔpə'ziʃən] **I** *sb* voorstel *o*; stelling; probleem *o*; **F** zaak, zaakje *o*; **S** oneerbaar voorstel *o*; **II** *vt* **S** oneerbare voorstellen doen

propound [prə'paund] voorleggen, voorstellen, opperen; de geldigheid [v.e. testament] laten onderzoeken

proprietary [prə'praiətəri] **I** *aj* eigendoms-, bezit-; ~ *article* (*medicine*) merkartikel *o*, specialiteit; *the* ~ *classes* de bezittende klassen; ~ *rights* eigendomsrechten; ~ *school* particuliere school; **II** *sb* eigendomsrecht *o*, eigendom; **–tor** eigenaar, (grond)bezitter; **–tress** eigenares; **–ty** gepastheid; juistheid; fatsoen *o*, welvoeglijkheid; *the proprieties* het decorum, de vormen

props [prɔps] **F** rekwisieten, toneelbenodigdheden; rekwisiteur (afk. v. *property man*)

propulsion [prə'pʌlʃən] voortdrijving, voortstuwing, stuwkracht; **–ive** voortdrijvend, stuwpro rata [prou'reitə] naar rata

prorogation [prourə'geiʃən] verdaging, sluiting; **prorogue** [prə'roug] **I** *vt* verdagen, sluiten; **II** *vi* verdaagd (gesloten) worden, op reces gaan

prosaic [prou'zeiik] prozaïsch; **–ist** ['prouzeiist] prozaschrijver; prozaïsch mens

proscenium [prou'si:njəm] proscenium *o*; ⏄ toneel *o*; ~ *box* toneelloge

proscribe [prous'kraib] buiten de wet stellen, vogelvrij verklaren, uit-, verbannen; veroordelen, verwerpen; in de ban doen; **proscription** [prous'kripʃən] vogelvrijverklaring, uit-, verbanning; veroordeling; verwerping; verbod *o*

prose [prouz] **I** *sb* proza *o*; **II** *aj* proza-; prozaïsch; **III** *vi* in proza verhalen (vertellen, schrijven); langdradig, vervelend praten of schrijven

prosecute ['prɔsikju:t] **I** *vt* ⚖ vervolgen (wegens *for*); voort-, doorzetten [plan]; uitoefenen [beroep]; **II** *vi* een gerechtelijke vervolging instellen; **–tion** [prɔsi'kju:ʃən] ⚖ (gerechtelijke) vervolging; voortzetting; uitoefening [v. beroep]; *the* ~ ook: ⚖ de aanklager, eiser; **–tor** ['prɔsikju:tə] ⚖ eiser, aanklager; *the public* ~ de Officier van Justitie; **–trix** ⚖ eiseres

proselyte ['prɔsilait] proseliet, bekeerling; **–tism** ['prɔsilitizm] bekeringsijver; **–tize** proselieten maken; bekeren

proser ['prouzə] prozaschrijver; langdradig vervelende verhaler of schrijver

prosodic [prə'sɔdik] prosodisch: volgens de regels v.d. versmaten; **–dy** ['prɔsədi] prosodie: leer der versmaten

1 prospect ['prɔspekt] *sb* vooruitzicht *o*, ver-

wachting; uitzicht² *o* (op *of*), verschiet *o*, vergezicht *o*

2 prospect [prəs'pekt] *vi* & *vt* prospecteren, zoeken naar goud of zilver

prospective [prəs'pektiv] aanstaand, toekomstig; vooruitziend; te wachten staand, te verwachten, in het verschiet liggend

prospector [prəs'pektə] prospector, mijnbouwkundig onderzoeker

prospectus [prəs'pektəs] prospectus *o* & *m*

prosper ['prɔspə] **I** *vi* voorspoed hebben; gedijen, bloeien; **II** *vt* begunstigen; **–ity** [prɔs'periti] voorspoed, welvaart, bloei; **–ous** ['prɔspərəs] voorspoedig, welvarend, bloeiend; gunstig

prostate ['prɔsteit] prostaat (ook: ~ *gland*)

prosthesis ['prɔsθisis] ⚕ prothese; *dental* ~ kunstgebit *o*; *gram* prothesis; **–etic** [prɔs'θetik] ⚕ prothetisch; *gram* voorgevoegd

prostitute ['prɔstitju:t] **I** *sb* prostituée, hoer; **II** *vt* prostitueren²; **III** *vr* ~ *oneself* zich prostitueren²; *fig* zich verkopen, zijn talent(en) misbruiken; **–tion** [prɔsti'tju:ʃən] prostitutie², ontucht, veilheid; *fig* ontwijding, verlaging

prostrate I *aj* ['prɔstreit] uitgestrekt, nedergeworpen, (terneer)liggend, terneergebogen,verootmoedigd, uitgeput; *fall* ~ op zijn aangezicht (neer)vallen, een knieval doen (voor *before*); **II** *vt* [prɔs'treit] ter aarde werpen, neerwerpen, omverwerpen, in het stof doen buigen of vernederen; vernietigen; uitputten; **III** *vr* ~ *oneself* zich ter aarde werpen, in het stof buigen (voor *before*), zich vernederen, zich onderwerpen; **–tion** op zijn aangezicht neervallen *o*; knieval, voetval; neerwerping, omverwerping, diepe vernedering [ook van zichzelf]; verslagenheid; grote zwakte, uitputting (door ziekte)

prosy ['prouzi] prozaïsch, langdradig, saai

protagonist [prou'tægənist] hoofdpersoon; voorman, leider; voorvechter

protean [prou'ti:ən, 'proutjən] proteïsch, veranderlijk, wisselend

protect [prə'tekt] beschermen, beschutten, behoeden, vrijwaren (voor *from, against*); **$** honoreren [wissel]; **–ion** bescherming, beschutting (tegen *against, from*), protectie; vrijgeleide *o*; **–ionism** protectionisme *o*; **–ionist I** *aj* protectionistisch; **II** *sb* protectionist; **–ive** beschermend; ~ *colo(u)ration,* ~ *colouring* schutkleur; **–or** beschermer, protector; **–orate** protectoraat *o*; *the* P~ [*Br*] regeringsperiode van Cromwell (1653–1659); **–orship** beschermheerschap *o*, protectoraat *o*; **–ress** beschermster, beschermvrouw(e)

protégé(e) ['prouteʒei] protégé(e), beschermeling(e)

proteid, protein ['proutiid, 'prouti:n] proteïne,

eiwitstof, eiwit *o*

pro tem [prou'tem] = *pro tempore* tijdelijk, waarnemend

protest I *sb* ['proutest] protest° *o*; *enter* (*make*, *put in*) *a* ~ protest (verzet) aantekenen, protesteren; **II** *vt* [prə'test] (plechtig) verklaren, betuigen; $ (laten) protesteren; **III** *vi* protesteren (tegen *against*; bij *to*)

Protestant ['protistənt] protestant(s); **protestant** protesterend(e); **Protestantism** protestantisme *o*

protestation [proutis'teiʃən] betuiging, verzekering, (plechtige) verklaring; protest *o*; **protester** [prə'testə] protesterende, contestant

protocol ['proutəkɔl] protocol *o*

proton ['proutɔn] proton *o*

protoplasm ['proutəplæzm] protoplasma *o*

prototype ['proutətaip] model *o*, prototype *o*

protozoa [proutə'zouə] protozoën; ééncellige diertjes

protract [prə'trækt] verlengen, rekken; op schaal tekenen; ~*ed* ook: langdurig; **–ion** verlenging; rekken *o*; getalm *o*; tekening op schaal; **–or** gradenboog, hoekmeter

protrude [prə'tru:d] **I** *vt* (voor)uitsteken; **II** *vi* uitsteken, uitpuilen; **–usion** (voor)uitsteken *o*, uitpuilen *o*; uitsteeksel *o*; **–usive** (voor)uitstekend

protuberance [prə'tju:bərəns] uitwas, knobbel, zwelling; **–ant** uitstekend, uitpuilend, gezwollen

proud [praud] *aj* fier, trots (op *of*); prachtig; *a* ~ *day for us* een dag om trots op te zijn; ~ *flesh* wild vlees *o*; *do* ~ verwennen

prove [pru:v] **I** *vi* & *va* blijken (te zijn); **II** *vt* bewijzen, aantonen, waarmaken; de proef maken (nemen) op [een som]; een proef trekken van [een plaat]; op de proef stellen, ⚒ beproeven; **III** *vr* *he has still to* ~ *himself* hij moet nog laten zien wat hij kan, zijn sporen nog verdienen; *a precious doctor he has* ~*d himself* heeft hij bewezen te zijn; ⚒ **proven** V.D. van *prove*

provenance ['provinəns] herkomst

provender ['provində] voer *o*

proverb ['provə:b] spreekwoord *o*; staande uitdrukking; (*the Book of*) *Proverbs* **B** het Boek der Spreuken; *he is ignorant to a* ~ zijn onwetendheid is spreekwoordelijk; *pass into a* ~ spreekwoordelijk worden; **–ial** [prə'və:bjəl] *aj* spreekwoordelijk; spreekwoorden-; uit het spreekwoord; **–ially** *ad* spreekwoordelijk; *he is* ~ *ignorant* zijn onwetendheid is spreekwoordelijk

provide [prə'vaid] **I** *vt* zorgen voor, bezorgen, verschaffen; voorzien (van *with*); voorschrijven, bepalen; **II** *vi* ~ *against* (zijn voorzorgs)maatregelen nemen tegen; ~ *for* voorzien in; zorgen voor; verzorgen; **–d** ~ (*that*)

mits; ~ *school* ⅏ gemeenteschool

providence ['providəns] voorzorg; zuinigheid; *Providence* de Voorzienigheid; **–ent** vooruitziend; zorgzaam; zuinig; ~ *fund* steunfonds *o*; *society* vereniging voor onderlinge steun; **–ential** [provi'denʃəl] door de Voorzienigheid (beschikt), wonderbaarlijk; gunstig, te juister tijd

providing [prə'vaidiŋ] ~ (*that*) mits

province ['provins] (win)gewest *o*; provincie; gebied *o*, departement *o*; werkkring, vakgebied *o*; *the* ~*s* ook: de provincie (= het land tegenover de hoofdstad); *it is not* (*within*) *my* ~ het ligt buiten mijn ressort, buiten mijn sfeer; het is niet mijn taak; **–cial** [prə'vinʃəl] **I** *aj* provinciaal, gewestelijk; provincie-; **II** *sb* provinciaal: hoofd van een kloosterprovincie; aartsbisschop; buitenman; **–cialism** provincialisme *o*, kleingeestigheid; plaatselijke uitdrukking of gewoonte; **–ciality** [provinʃi'æliti] provincialisme *o*, kleinsteedse bekrompenheid

provision [prə'viʒən] **I** *sb* voorziening; verschaffing; voorzorg(smaatregel); (wets)bepaling; $ dekking [v. wissel]; ~(*s*) proviand, (mond)voorraad, levensmiddelen, provisie; *make* ~ *for* zorgen voor; voorzien in; **II** *vt* provianderen; **–al** voorlopig, tijdelijk, provisioneel; **–ment** proviandering

proviso [prə'vaizou] beding *o*; voorwaarde, clausule; *there is a* ~ er is een mits bij; *with the* (*a*) ~ *that* onder voorbehoud dat

provisory [prə'vaizəri] *aj* voorwaardelijk; voorlopig; voorzienig

provocation [provə'keiʃən] tarting, terging; provocatie; prikkeling; aanleiding; *he did it under severe* ~ omdat hij zo ergerlijke wijze geprovoceerd werd; **–ive** [prə'vɔkətiv] tergend, tartend; provocerend; prikkelend; *be* ~ *of* uitlokken, (op)wekken [v. gevoelens]

provoke [prə'vouk] (op)wekken, gaande maken, teweegbrengen, uitlokken; provoceren; prikkelen; tergen, tarten; ergeren, kwaad maken; **–king** tergend, tartend; prikkelend; ergerlijk; lam, akelig, vervelend

provost ['provəst] ⚓ hoofd *o* van een *college*; Sc burgemeester; [prə'vou] ⚔ provoost; ~-**marshal** [prə'vou'ma:ʃəl] ⚔ chef van de politietroepen

prow [prau] (voor)steven

prowess ['prauis] moed, dapperheid; heldendaad; bekwaamheid

prowl [praul] **I** *vi* rondsluipen, rondzwerven, zoeken naar prooi; loeren op buit; **II** *vt* sluipen door, afzwerven; **III** *sb* zwerftocht, rooftocht; *go on the* ~ op roof uitgaan

prox. [proks] = *proximo*

proximate ['proksimit] naast(bijzijnd); ~ *cause* naaste of onmiddellijke oorzaak; **proximity**

[prɔk'simiti] nabijheid; ~ *of blood* bloedverwantschap

proximo ['prɔksimou] aanstaand(e), eerstvol-
gend(e), van de aanstaande maand

proxy ['prɔksi] volmacht; gevolmachtigde, procuratiehouder; *by* ~ bij volmacht

prude [pru:d] preuts persoontje *o*

prudence ['pru:dəns] voorzichtigheid, omzichtigheid, beleid *o*, verstandigheid; **–ent** *aj* voorzichtig, omzichtig, beleidvol, verstandig; **–ential** [pru'denʃəl] wijs, voorzichtig

prudery ['pru:dəri] preutsheid; **–dish** preuts

1 prune [pru:n] *sb* gedroogde pruim, pruime-
dant; roodpaars

2 prune [pru:n] *vt* snoeien; ~ *d o w n* besnoeien[2];
~ *of* ontdoen van; **–ning-hook, –ning-knife**
snoeimes *o*

prurience, –ency ['pruəriəns(i)] wellustigheid;
–ent wellustig

prurigo [pru'raigou] jeukende uitslag

pruritis [pru'raitəs] jeuk

Prussian ['prʌʃən] **I** *aj* Pruisisch; ~ *blue* Berlijns
blauw *o*; **II** *sb* Pruis

prussic ['prʌsik] ~ *acid* blauwzuur *o*

1 pry [prai] *vi* gluren, turen, snuffelen; ~ *a b o u t*
rondsnuffelen; ~ *i n t o* naar binnen gluren; *fig*
zijn neus steken in

2 pry [prai] *vt* (open)breken; (los)krijgen

psalm [sa:m] psalm; **–ist** psalmist; **–ody** ['sæl-,
'sa:mədi] psalmgezang *o*; psalmen

psalter ['sɔ:ltə] psalmboek *o*; **–y** *♪* psalter *o*

psephology [(p)se'fɔlədʒi] studie van kiezers-
gedrag

pseudo ['(p)sju:dou] pseudo, vals, onecht

pseudonym ['(p)sju:dənim] pseudoniem *o*; **–ity**
[(p)sju:də'nimiti] pseudonimiteit; **–ous** [(p)sju-
'dɔniməs] onder pseudoniem

pshaw [pʃɔ:] bah!, foei!

psittacosis [psitə'kousis] papegaaieziekte

psyche ['saiki] psyche [ziel]

psychedelic [saiki'delik] psychedelisch, bewust-
zijnsverruimend

psychiatric [saiki'ætrik] psychiatrisch; **–ist**
[sai'kaiətrist] psychiater; **psychiatry** psychia-
trie

psychic ['saikik] = *psychi(al)*; als *sb* paranormaal
begaafde, medium *o*; **psychic(al)** psychisch,
ziel-; spiritistisch; paragnostisch; *psychical research* parapsychologie

psycho ['saikou] **F** psychopaat

psychoanalyse [saikou'ænəlaiz] psychoanalyse-
ren; **–sis** [saikouə'nælisis] psychoanalyse; **psy-
choanalytic** [saikouænə'litik] psychoanalytisch

psychological [saikə'lɔdʒikl] psychologisch;
–ist [sai'kɔledʒist] psycholoog; **psychology**
psychologie

psychopath ['saikoupæθ] psychopaat; **–ic** [sai-

kou'pæθik] psychopathisch

psychosis [sai'kousis, *mv* **-ses** -si:z] psychose

psychosomatic [saikousou'mætik] psychosoma-
tisch

psychotic [sai'kɔtik] psychotisch (persoon)

P.T. = *physical training; purchase tax*

ptarmigan ['ta:migən] sneeuwhoen *o*

P.T.O. = *please turn over* zie ommezijde, z.o.z.

ptomaine ['toumein] ptomaïne; lijkegif(t)

pub [pʌb] **F** = *public house;* ~**-crawl** **F**
kroeg(en)tocht

puberty ['pju:bəti] geslachtsrijpheid

pubes ['pju:bi:z] schaamhaar *o*; schaamstreek;
–cence [pju:'besns] (bereiken *o*) v. geslachtsrijpheid; *bot* donshaar *o*

public ['pʌblik] **I** *aj* algemeen, openbaar, publiek;
staats-, rijks-, lands-, volks-; berucht; ~ *bar*
bar in *public house* met het „gewone" publiek; ~
convenience openbare w.c., urinoir *o*; *in the* ~ *eye* de
algemene aandacht trekkend; ~ *figure* persoon
die een openbaar ambt bekleedt of deelneemt
aan het openbare leven; *the* ~ *good* het algemeen
welzijn; ~ *health* volksgezondheid; ~ *house*
kroeg, café *o*; ~ *law* het volkenrecht; het pu-
bliekrecht; ~ *opinion* de openbare mening; ~ *ow-
nership* nationalisatie; *Public Relations* (*Department*) ± Voorlichting(sdienst), extern contact *o*,
contacten naar buiten; ~ *school* ↓; ~ *spirit* belangstelling en ijver voor het algemeen welzijn;
II *sb* publiek *o*; *in* ~ in het publiek, in het openbaar; ~**-address system** geluidsinstallatie, intern omroepsysteem *o*, luidsprekerinstallatie

publican ['pʌblikən] herbergier, caféhouder, >
kroeghouder, -baas; **B** tollenaar

publication [pʌbli'keiʃən] openbaarmaking, afkondiging, bekendmaking; publikatie, uitgave,
blad *o*

publicist ['pʌblisist] publicist, (dagblad)schrij-
ver; schrijver over het volkenrecht; **–ity**
[pʌ'blisiti] publiciteit, algemene bekendheid,
openbaarheid; ruchtbaarheid, beruchtheid; reclame; **–ize** ['pʌblisaiz] publiciteit geven aan,
reclame maken voor

publicly ['pʌblikli] in het openbaar, in het publiek, publiekelijk, openlijk; **public-minded**
met burgerzin, het belang v.h. algemeen voorop-
stellend; ~**-school** 1 (particuliere) opleidings-
school voor de universiteit [in Engeland]; 2
openbare (basis- of middelbare) school [Schot-
land, Dominions, Amerika]; ~**-spirited** vol belangstelling en in bezield met ijver voor het algemeen welzijn

publish ['pʌbliʃ] openbaar maken, publiek maken, bekendmaken, afkondigen [iets]; publiceren, uitgeven [boek]; **–able** voor publikatie geschikt; **–er** uitgever; **publishing-house** uitge-
verij

puce [pju:s] puce, donker- of purperbruin

puck [pʌk] kaboutermannetje *o*; ondeugd, rakkertje *o*; *sp* schijf [v. ijshockey]

pucker ['pʌkə] **I** *vt* rimpelen, (zich) plooien, zich fronsen (ook: ~ *up*); **II** *vt* (doen) rimpelen, (op)plooien, frons(el)en (ook: ~ *up*); **III** *sb* rimpel, plooi, fronsel

puckish ['pʌkiʃ] snaaks, ondeugend

pud [pud] **F** = *pudding*

puddening ['pudəniŋ] ⚓ stootkussen *o* van touw

pudding ['pudiŋ] pudding; soort worstje *o;* = *puddening*; ~-**face** vollemaansgezicht *o*; ~-**head** **F** uilskuiken *o*

puddingy ['pudiŋi] puddingachtig; *fig* dom, stom; dik

puddle ['pʌdl] **I** *sb* (regen)plas, poel; vulklei; **II** *vi* ploeteren, plassen, knoeien; **III** *vt* omroeren; ✗ puddelen, frissen [gesmolten ijzer]; met vulklei dichtmaken; **–ly** vol plasjes; modderig

pudgy ['pʌdʒi] dik

pudicity [pju'disiti] zedigheid

puerile ['pjuərail] kinderachtig; **–lity** [pjuə'riliti] kinderachtigheid

puff [pʌf] **I** *sb* windstootje *o*, ademtochtje *o*, zuchtje *o*, (rook-, stoom- &)wolkje *o*; trekje *o* [aan pijp]; snoevende reclame; poederdons; pof [aan japon]; soes; **II** *vi* opzwellen; blazen; hijgen, snuiven, paffen [aan pijp], puffen [locomotief]; *fig* wind of reclame maken; **III** *vt* op-, uitblazen; doen opbollen (ook: ~ *out*, ~ *up*); reclame maken voor; in de hoogte steken (ook: ~ *up*); ~*ed* ook: buiten adem; ~*ed sleeves* pofmouwen; ~*ed up with pride* opgeblazen van trots

puff-ball ['pʌfbɔ:l] stuifzwam; kaars (v. paardebloem)

puffer ['pʌfə] wie puft &, **F** stoomlocomotief, stoomboot; snoever, windmaker; reclamemaker; opjager [bij veilingen]

puffin ['pʌfin] papegaaiduiker

puff-paste, ~-**pastry** ['pʌfpeist(ri)] bladerdeeg *o*

puffy ['pʌfi] puffend; kortademig; pafferig; opgeblazen[2]; gezwollen; reclameachtig

pug [pʌg] mopshond ‖ kleine rangeerlocomotief ‖ klei ‖ voetspoor *o* ‖ **S** afk. v. *pugilist* bokser

pugilism ['pju:dʒilizm] boksen *o*; **–ist** bokser; **–istic** [pju:dʒi'listik] vuistvechters-; ~ *encounter* bokspartij, -wedstrijd

pugnacious [pʌg'neiʃəs] twistziek, strijdlustig; **pugnacity** [pʌg'næsiti] strijdlust

pug-nose ['pʌgnouz] mopneus

puisne ['pju:ni] **I** *aj* 🗫 jonger; ~ *judge* = **II** *sb* rechter van lagere rang

🗫 **puissance** ['pjuis(ə)ns] macht, kracht; **–ant** ['pjuis(ə)nt] machtig

puke [pju:k] braken

pukka ['pʌkə] echt

pulchritude ['pʌlkritju:d] *Am* schoonheid

pule [pju:l] dreinen, janken; piepen

pull [pul] **I** *vt* trekken (aan), rukken, scheuren, plukken (aan); overhalen, afdrukken, -trekken (~ *the trigger*); roeien; ~ *devil*, ~ *baker!* toe maar, jongens!; hard tegen hard; ~ *a good oar* goed kunnen roeien; *boat that* ~*s six oars* zesriemsboot; ~ *one's punches* niet toeslaan; het kalm aan doen; toegeeflijk zijn; ~ *no punches* ook: geen blad voor de mond nemen, vrijuit spreken; ~ *one's weight* zich geheel geven; iets presteren; **II** *vi* & *va* trekken [aan de bel]; roeien; ⬤ ~ *about* heen en weer trekken, toetakelen; door elkaar gooien; ~ *at* plukken aan, trekken aan [pijp]; drinken uit (van); ~ *apart* uit elkaar rukken; ~ *away at* uit alle macht trekken aan &; ~ *back* achteruit trekken; terughouden; terugtrekken; ~ *down* neertrekken, omvertrekken, neerhalen[2], afbreken, slopen; *fig* (doen) aftakelen; ~ *in* intrekken; strakker maken; binnenrijden; **S** in de kraag grijpen; ~ *in to the side of the road* naar de kant van de weg rijden en stoppen; **S** arresteren; ~ *in at* even aangaan bij; ~ *off* aftrekken, uittrekken [schoenen], afnemen; ~ *it off* het winnen; het klaarspelen, het hem leveren; ~ *on* aantrekken; ~ *out* uittrekken; vertrekken, weggaan [v. trein]; uithalen [naar rechts, links]; ~ *over* opzij gaan [v. auto]; ~ *round*, ~ *through* er zich doorheen slaan, het er bovenop halen, er bovenop komen (helpen); ~ *to bits* (*pieces*) uit elkaar (stuk) trekken; *fig* afkammen [boek &]; ~ *together* bijeentrekken; *fig* één lijn trekken; weer opknappen [een zieke]; *they don't* ~ *together* ze roeien niet gelijk; *fig* ze kunnen niet met elkaar opschieten; ~ *oneself together* zich vermannen; zich beheersen; ~ *up* stilhouden, blijven staan, stoppen; optrekken, omhoogtrekken, ophalen; uit de grond trekken; bijschuiven [stoel]; tot staan brengen, tegenhouden; op zijn plaats zetten, terechtwijzen; oppakken, voor het gerecht trekken; **III** *sb* ruk; trekken *o*; 🗫 aftrekken *o*; trek, trekje *o* [aan pijp]; trekkracht; aantrekkingskracht; roeitocht; teug; handvat *o*; *fig* invloed; *it is a hard* ~ het is zwaar roeien; het is een hele toer, een hele sjouw; *have a* ~ *on* (*with*) *sbd*. invloed bij iem. hebben, veel bij iem. vermogen; *have the* ~ *over* (*of*) *sbd*. iem. de baas zijn; **–ed** getrokken; ~ *bread* opgebakken kruim; ~ *chicken* zonder been [*their* ~ *faces* scherpe, bleke trekken

pullet ['pulit] jonge kip

pulley ['puli] katrol; riemschijf

pull-in ['pulin] café *o* aan verkeersweg (inz. voor vrachtautochauffeurs)

Pullman (car) ['pulmən(ka:)] pullman, pullmanrijtuig *o*

pullover ['pulouvə] pullover [soort trui]

pullulate ['pʌljuleit] snel vermenigvuldigen; ontluiken, ontspruiten

pull-up ['pulʌp] stilhouden o; pleisterplaats; ook = *pull-in*

pulmonary ['pʌlmənəri] long-

pulp [pʌlp] **I** sb weke massa; merg o; vlees o [v. vruchten], moes o, pulp, (papier)brij, -pap; F goedkoop (op slecht papier gedrukt) tijdschrift o (ook: ~ *magazine*); ~ *fiction*, ~ *novels* F sensatie-romans; **II** vt (& vi) tot moes of brij maken (worden)

pulpit ['pulpit] **I** sb kansel, preekstoel, katheder, spreekgestoelte o; **II** aj kansel-

pulpy ['pʌlpi] zacht, moesachtig, vlezig

pulsate [pʌl'seit, 'pʌlseit] kloppen, slaan, trillen, pulseren; **–tion** [pʌl'seiʃən] slaan o, (hart)slag, klopping [van het hart &], trilling; **–tory** ['pʌlsətəri] kloppend, slaand

1 pulse [pʌls] sb peulvrucht(en)

2 pulse [pʌls] **I** sb pols, (pols)slag, klopping, trilling; ✺ (im)puls, vitaliteit; prikkel, sensatie; **II** vi kloppen, slaan, pulseren

pulverization [pʌlvərai'zeiʃən] vermaling tot poeier, fijnstamping; verstuiving; verpulvering[2]; fig vermorzeling; **pulverize** ['pʌlvəraiz] **I** vt tot pulver of poeier stoten of wrijven, fijnstampen of -wrijven; doen verstuiven; verpulveren[2]; fig vermorzelen; **II** vi tot poeier of stof worden; **–r** pulverisator, verstuiver, verstuivingstoestel o

puma ['pju:mə] poema

pumice ['pʌmis] **I** sb puimsteen o & m [stofnaam], puimsteen m [voorwerpsnaam] (ook: ~ *stone*); **II** vt puimen

pummel ['pʌməl] = *pommel*

1 pump [pʌmp] **I** sb pomp; **II** vt (uit)pompen; F uithoren; fig uitputten; inpompen; ~ *up* oppompen; **III** vi pompen; ~ *ship* S urineren

2 pump [pʌmp] sb lak-, dansschoen, pump

pumpernickel ['pumpənikl] pompernikkel

pump-handle ['pʌmphændl] pompslinger

pumpkin ['pʌm(p)kin] pompoen

pump-room ['pʌmprum] koerzaal [in badplaats]

pun [pʌn] **I** sb woordspeling; **II** vi woordspelingen maken (op *on*)

1 punch I sb [pʌn(t)ʃ] ✗ pons, doorslag, drevel; kaartjestang, perforator; stoot, stomp, slag; durf, fut ‖ punch [drank] ‖ (Suffolks) trekpaard o; **II** vt ✗ ponsen, doorslaan; knippen [met een gaatje]; stompen, slaan (op); ~(ed) *card* ponskaart; ~(ed) *tape* ponsband

2 Punch [pʌn(t)ʃ] Punch; ~ *and Judy* Jan Klaassen en Katrijn; poppenkast; *as pleased* (*proud*) *as* ~ erg in zijn nopjes (zo trots als een pauw)

punch-ball ['pʌn(t)ʃbɔ:l] boksbal

punch-bowl ['pʌn(t)ʃboul] punch-, bowlkom

punch card ['pʌn(t)ʃka:d] ponskaart

punch-drunk ['pʌn(t)ʃ'drʌŋk] versuft; in de war

puncher ['pʌn(t)ʃə] ✗ ponser; pons(machine); *Am* veedrijver

punchinello [pʌn(t)ʃi'nelou] polichinel, hansworst, janklaassen

punching-ball ['pʌn(t)ʃiŋbɔ:l] boksbal

punch-line ['pʌn(t)ʃlain] pointe; ~ *tape* ponsband; ~-**up** S knokpartij

punctilio [pʌŋk'tiliou] formaliteitsfinesse; overdreven nauwgezetheid; **–ious** overdreven nauwgezet, stipt

punctual ['pʌŋktjuəl] stipt (op tijd), precies, nauwgezet, punctueel; **–ity** [pʌŋktju'æliti] stiptheid, punctualiteit, preciesheid, nauwgezetheid

punctuate ['pʌŋktjueit] leestekens plaatsen; onderbreken (met); onderstrepen, accentueren; kracht bijzetten aan; **–tion** [pʌŋktju'eiʃən] punctuatie, interpunctie; ~ *marks* leestekens

puncture ['pʌŋktʃə] **I** sb prik, gaatje o, doorboring, lek o [in fietsband], bandepech; **II** vt & vi (door)prikken; een platte band krijgen; ✗ puncteren; *a* ~*d tire* een lekke (lucht)band

pundit ['pʌndit] geleerde (Hindoe); wijze (> die meent het te weten), F knappe kop

pungency ['pʌndʒənsi] scherpheid, bijtend karakter o; **–ent** scherp, bijtend; sarcastisch

punish ['pʌniʃ] straffen, bestraffen; kastijden; afstraffen; toetakelen, op zijn kop geven, flink aanspreken [de fles &]; **–able** strafbaar; **–ment** straf, bestraffing, afstraffing; *take a lot of* ~ F heel wat incasseren

punitive ['pju:nitiv] straffend, straf-

punk [pʌŋk] **I** sb (boom)zwam; S klets; rotzooi; S homosexueel; S prostitué(e); **II** aj S snert

punnet ['pʌnit] spanen (fruit)mandje o

punster ['pʌnstə] maker van woordspelingen

1 punt [pʌnt] **I** sb platboomde rivierschuit; **II** vt voortbomen; **III** vi & va op de rivier met de *punt* tochtjes maken; ~(*ing*) *pole* vaarboom

2 punt [pʌnt] vi tegen de bankhouder spelen; wedden; kleine sommetjes wagen

3 punt [pʌnt] sp **I** sb opgooischop; **II** vt & vi [de voetbal] uit de lucht vallend trappen

puny ['pju:ni] klein, zwak, nietig

pup [pʌp] **I** sb jonge hond; F verwaand (jong) broekje o; *be sold a* ~ een kat in de zak kopen; *in* ~ drachtig, zwanger; **II** vi jongen werpen, jongen

pupa ['pju:pə, mv –pae -pi:] ✺ pop; **–l** pop-; **pupate** ['pju:peit] zich verpoppen; **–tion** [pju'peiʃən] verpopping

pupil ['pju:pil] pupil [v. oog]; leerling; ~ *teacher* kwekeling; ⚖ pupil; **pupil(l)age** minderjarigheid, onmondigheid; leertijd; **–ary** pupil-; leerlingen-; ⚖ pupillen-

puppet ['pʌpit] **I** sb marionet[2]; **II** aj marionetten-; **–eer** [pʌpi'tiə] poppenspeler; **~ play** ['pʌpitplei] marionettenspel *o*, poppenspel *o*; **–ry** marionetten(spel *o*, -theater *o*); poppenkasterij, schijnvertoning; **~ show** marionettenspel *o*, -theater *o*, poppenspel *o*, poppenkast; **~ state** vazalstaat

puppy ['pʌpi] jonge hond; verwaande kwast

puppyfat ['pʌpifæt] F vet *o* (dikheid) van de jeugd

puppyish ['pʌpiiʃ] als een jong hondje, verwaand; lawaaierig

purblind ['pə:blaind] bijziend; *fig* kortzichtig

purchase ['pə:tʃəs] **I** *sb* koop°; aanschaffing; aankoop, inkoop; ♨ verwerving; ✗ aangrijpingspunt *o*; hefkracht; spil, talie; *get a* **~** een punt vinden om aan te zetten, vat krijgen; *make* **~***s* inkopen doen; **II** *vt* (aan)kopen², ♨ verwerven; ✗ opheffen, lichten; **~-money** kooppenningen, koopsom; **~ tax** aankoopbelasting; **purchasing-power** koopkracht

pure ['pjuə] *aj* zuiver, rein, kuis; puur, onvermengd; louter; **~** *culture* reincultuur, zuivere kweek; **~** *and simple* zuiver, louter, niets anders dan, je reinste; **~-bred** rasecht, rasurée

purée ['pjuərei] puree

purgation [pə:'geiʃən] zuivering; purgatie; *oath of* **~** zuiveringseed; **–ive** ['pə:gətiv] **I** *aj* zuiverend; purgerend; **II** *sb* purgeermiddel *o*; **purgatorial** [pə:gɔ'tɔ:riəl] van het vagevuur; **–tory** ['pə:gətəri] vagevuur² *o*; **purge** [pə:dʒ] **I** *vt* zuiveren [politiek &]; reinigen, schoonwassen; laten purgeren; **II** *sb* zuivering; purgatie; purgatief *o*

purification [pjuərifi'keiʃən] zuivering, reiniging, loutering; **–tory** ['pjuərifikeitəri] zuiverend, reinigend, louterend; **purifier** zuiveraar, reiniger, louteraar; zuiveringsmiddel *o*, -toestel *o*; **purify** zuiveren, reinigen, louteren; klaren

purism ['pjuərizm] purisme *o*; **–ist** purist, taalzuiveraar; **–istic** [pjuə'ristik] puristisch

puritan ['pjuəritən] puritein(s); *Puritan* 🕮 Puritein *m*; **–ical** [pjuəri'tænikl] puriteins; **–ism** ['pjuəritənizm] puritanisme *o*

purity ['pjuəriti] zuiverheid², reinheid, kuisheid

1 purl [pə:l] **I** *sb* averechtse steek, boordsel *o*; **II** *vt* averechts breien; boorden

2 purl [pə:l] **I** *vi* kabbelen; **II** *sb* gekabbel *o*

3 purl [pə:l] **F I** (*vt* &) *vi* (doen) tuimelen, (doen) buitelen; **II** *sb* tuimeling, buiteling; **–er F** tuimeling, buiteling

purlieus ['pə:lju:z] zoom, omtrek, buurt

purlin ['pə:lin] hanebalk

purloin [pə:'lɔin] kapen, stelen

purple ['pə:pl] **I** *aj* paars, purper(rood); purperen; **~** *heart* [*Am*] militaire onderscheiding voor gewonden; **S** hartvormig pepmiddel *o*; **~** *patch* briljante (vaak bombastische) passage [in boek &]; **II** *sb* purper² *o*; *be raised to the* **~** tot kardinaal verheven worden; **III** *vt* (& *vi*) purperen, purper(kleurig) verven of maken (worden); **–lish** purperachtig

1 purport ['pə:pət] *sb* inhoud; zin, betekenis; strekking, bedoeling

2 purport ['pə:pət] *vt* voorgeven, de indruk (moeten) wekken, beweren; te kennen geven, inhouden, behelzen; van plan zijn

purpose ['pə:pəs] **I** *sb* doeleinde *o*, doel *o*, oogmerk *o*; bedoeling; vastberadenheid; *for that* **~** met dat doel; te dien einde; daarom; *for all practical* **~***s* praktisch; *of set* **~** vastberaden, opzettelijk; *on* **~** met opzet; *to the* **~** ter zake (dienend); *to good* **~** met succes; *to little* **~** met weinig succes; *to no* **~** zonder resultaat, tevergeefs; *a novel with a* **~** een tendensroman; **II** *vt* zich voornemen, van plan zijn; **–ful** met een bedoeling in het leven geroepen, zinvol; doelbewust, recht op het doel afgaand; **–less** doelloos; **–ly** opzettelijk, met opzet; **purposive** *aj* met een bepaalde bedoeling; doelbewust

purr [pə:] **I** *vi* snorren, spinnen [v. katten]; knorren [v. welbehagen]; **II** *vt* kirren; **III** *sb* spinnen *o* [v. katten]

purse [pə:s] **I** *sb* beurs°; portemonnaie, portemonnee; buidel; *sp* geldprijs; *the public* **~** de schatkist; **II** (*vi* &) *vt* (zich) samentrekken, (zich) fronsen (ook: **~** *up*); **~-proud** ['pə:spraud] zich op geld latende voorstaan

purser ['pə:sə] ⚓ administrateur

purse-strings ['pə:sstriŋz] koorden van de beurs; *hold the* **~** de koorden van de beurs in handen hebben

purslane ['pə:slin] postelein

pursuance [pə'sju:əns] nastreven *o* [van een plan]; voortzetting; uitvoering; *in* **~** *of* ingevolge, overeenkomstig; **–ant ~** *to* overeenkomstig, ingevolge

pursue [pə'sju:] **I** *vt* vervolgen, achtervolgen; voortzetten; najagen, nastreven; volgen [weg, zekere politiek], uitoefenen [bedrijf]; doorgaan op [iets]; **II** *vi* verder gaan, doorgaan; **~** *after* najagen; **pursuer** vervolger; (achter)volger; nastreven; **pursuit** vervolgen *o*; achter-, vervolging, najaging; jacht (op *of*), streven *o* (naar *of*); **~***s* bezigheden, werk *o*; *in* **~** *of* vervolgend, jacht makend op, nastrevend, uit op

pursuivant ['pə:sivənt] ⊘ wapenheraut

pursy ['pə:si] opgeblazen; aamborstig, kortademig; saamgeknepen; gefronst

purulent ['pjuərulənt] etter(acht)ig, etterend; **~** *discharge* etter, ettering

purvey [pə:'vei] verschaffen, leveren; **–ance** voorziening, verschaffing; proviandering, leverantie; **–or** verschaffer, leverancier; **~** *to Their Majesties* hofleverancier

purview ['pə: vju:] bepalingen [van een wet]; gebied *o*, bereik *o*, omvang, gezichtskring

pus [pʌs] pus *o* & *m*, etter

push [puʃ] **I** *vt* stoten, duwen, dringen, drijven (tot *to*); schuiven; pousseren [een artikel]; **S** handelen in [drugs]; ~ *an advantage* (*home*) benutten; ~ *the button* op de knop drukken; ~ *one's claim* vasthouden aan zijn eis; ~ *one's fortune* zich pousseren; ~ *one's way* zich een weg banen; zich pousseren; ~ *sbd. hard* iem. het vuur na aan de schenen leggen; *be ~ed for time* in tijdnood zitten; **II** *vi* & *va* stoten, duwen, dringen; ● ~ *a r o u n d* F ringeloren, koeieneren; ~ *a w a y* wegduwen; ~ *b a c k* terugduwen, terugdringen; ~ *d o w n* neerduwen; ~ *f o r an answer* aandringen op een antwoord; ~ *for the next village* dóórlopen naar, oprukken naar, rijden (roeien) naar; *be* (*hard*) *~ed for money* (erg) verlegen zijn om geld; ~ *f o r t h* roots wortel(s) schieten; ~ *f o r w a r d* voortrukken; vaart zetten achter [iets], pousseren [iem.]; ✕ vooruitschuiven [troepen]; ~ *oneself forward* (zich) naar voren dringen²; ~ *f r o m shore* van wal steken; ~ *o f f* afzetten, afduwen, afstoten; F opstappen, vertrekken; ~ *o n* voortduwen; pousseren, voorthelpen, vooruitschoppen; aanzetten (tot *to*); voortrijden, voortrukken, doormarcheren, verder roeien; ~ *on with it* er mee doorgaan; er mee voortmaken; ~ *o u t into the sea* in zee steken; ~ *t h r o u g h* -drijven, -drukken, klaarspelen; **III** *sb* stoot², duw; zet, zetje *o*; druk, drang; stuwkracht; energie; ✕ offensief *o*; drukknop, toets [aan toestel]; *get the* ~ de **S** de bons krijgen; *make a* ~ *for home* zo gauw mogelijk thuis zien te komen; *make a* ~ *for the town* de stad (vechtende) zien te bereiken; *a t a* ~ ineens; in geval van nood; *when it came t o the* ~ toen het er op aankwam; **~-bike** F (trap)fiets; **~-button** drukknop; **~-cart** kleine kruiwagen; handkar; **~-chair** wandelwagentje *o*; **-er** duwer; aandrijver; (kindereet)schuivertje *o*; knop, drukker; ✕ pal [v. bajonet]; ⚙ vliegtuig *o* met duwschroef; streber; **S** handelaar (in drugs); ~ *screw* ⚙ duwschroef; **-ful**, **-ing** aanmatigend; zich op de voorgrond dringend; te ambitieus of zelfbewust; energiek; **-over** F peuleschil, makkie *o*; **-pin** *Am* punaise

pusillanimity [pju:silə'nimiti] kleinmoedigheid, blohartigheid; **-mous** [pju:si'læniməs] kleinmoedig, blohartig

puss [pus] kat, poes, poesje² *o*; haas; *Puss in Boots* de Gelaarse Kat; ~ *in the corner* stuivertje (boompje) wisselen; **pussy** poesje *o*; katje *o*; **~-cat** poes, poesje *o*; **-foot I** *vi Am* **S** omzichtig te werk gaan; stiekem doen; ergens omheen praten; **II** *sb* **S** geheelonthouder

pustular ['pʌstjulə] puistig; **-ate** (tot) puistjes vormen; **pustule** puistje *o*; **-lous** = *pustular*

1 put [put] **I** *vt* zetten, stellen, plaatsen, leggen; brengen; steken, stoppen, bergen, doen; *fig* uitdrukken, onder woorden brengen, zeggen; [een zaak] voorstellen; [een zekere uitleg] geven (aan *on*); [iets] in stemming brengen; ~ *a check on* tegenhouden, beteugelen, in toom houden; ● ~ *a b o u t* wenden; laten rondgaan; *fig* uitstrooien; *I hope I don't* ~ *you about* dat ik u niet derangeer; *be* ~ *about* F ook: uit zijn humeur zijn; in de rats zitten; *be* ~ *about to...* alle moeite hebben om...; ~ *a c r o s s* overzetten; ~ *it across* F erin slagen te..., het klaarspelen; **S** [iem.] beduvelen; ~ *a s i d e* op zij zetten²; van de hand wijzen; ~ *a w a y* wegleggen; van zich af zetten [gedachten]; F veroorberen; **S** opbergen [in gevangenis]; doden, uit de weg ruimen; **S** in de lommerd zetten; **S** van kant maken; ~ *b a c k* weer op zijn plaats zetten of leggen; achteruit-, terugzetten [klok]; [diner &] later stellen; achteruit strijken [het haar]; achteruitzetten [gezondheid &]; ⚓ terugkeren; ~ *... before...* voorleggen; stellen boven of hoger dan; ~ *b e h i n d* one ter zijde leggen [rekwest &]; *that ~s it b e y o n d all doubt* dat heft alle twijfel op; ~ *b y* op zij leggen, overleggen [geld]; ter zijde leggen; afschepen [iem.]; van de hand wijzen; pareren [slag]; ~ *d o w n* neerleggen, neerzetten; afzetten [passagiers]; opschrijven, opte-kenen, noteren; onderdrukken, bedwingen [opstand]; een einde maken aan [de armoede]; afschaffen [auto &]; afmaken, doden; een toontje lager doen zingen, tot zwijgen brengen [iem.]; fnuiken [trots]; ~ *him down as* (*for*) *a fool* houden voor; ~ *it down to his nervousness* toeschrijven aan; ~ *f o r t h* uitsteken [de hand]; uitvaardigen [edict]; uitgeven [boek]; opperen [mening]; verkondigen; inspannen, aanwenden [zijn krachten]; ~ *forth leaves* in het blad schieten; ~ *f o r w a r d* vooruitzetten, vervroegen; te berde of ter tafel brengen, verkondigen, opperen [mening]; uitkomen met [kandidaten]; ~ *oneself forward* zich op de voorgrond plaatsen; ~ *i n* zetten..., inzetten, steken in; invoegen, inlassen; plaatsen; (laten) aanleggen [elektrisch licht &]; aanspannen [paarden]; planten [zaden]; aanstellen, in dienst nemen; verzetten [veel werk], werken [zoveel uren]; ⚓ binnenlopen; ~ *in an appearance* zich (even) vertonen, acte de présence geven; ~ *in a claim* (*a demand*) een eis indienen; ~ *in a word* een woordje meespreken, ook een duit in het zakje doen; ~ *in a* (*good*) *word for* een goed woordje doen voor; ~ *in at* stoppen bij, even aangaan bij, een haven aandoen [v. schip]; ~ *in for a clerkship* solliciteren naar, zich opgeven voor; ~ *i n t o Dutch* zeg (vertaal) het in het Nederlands; ~ *into words* onder woorden brengen, verwoorden; ~ *o f f* afzetten, afleggen, uittrekken; van wal steken; uitstellen; afzeggen, afschrijven; afbrengen; een tegenzin doen krijgen in; onthutsen; wegmaken [met chloroform]; kwijtraken, in omloop brengen [vals geld]; verkopen; ~ *off with talk (fair words)* met mooie praatjes afschepen; ~ *off as (for)* uitgeven voor; *he has ~ it off upon me* het mij aangesmeerd; ~ *o n* opzetten, aandoen, aantrekken [kleren]; opleggen; aanzetten; aanhaken [spoorwegrijtuig]; inleggen, extra laten lopen [trein]; in de vaart brengen [schip]; aannemen [zeker air]; zetten [een gezicht]; aan het werk zetten [iem.]; op touw zetten, organiseren; laten spelen [toneelstuk], opvoeren, geven; stellen op, voorschrijven [dieet]; ~ *on the clock* voorzetten; ~ *it on* F overvragen; overdrijven; maar zo doen; ~ *on to...* 𝕎 verbinden met...; inlichtingen geven over; in contact brengen met; ~ *money on a horse* op een paard wedden; ~ *on sixpence* er 6 stuiver op leggen; ~ *on speed* vaart zetten; ~ *on steam* stoom maken; *fig* er vaart achter zetten; zie ook: *flesh, side, weight*; ~ *o u t* uitleggen, (er) uitzetten, uitsteken, uitplanten; uitdoen, (uit)blussen, uitdoven; uitstrooien [gerucht]; *RT* uitzenden; uitgeven, publiceren; uitbesteden [werk]; van zijn stuk brengen, in de war maken; hinderen; *sp* uitbowlen; de loef afsteken; ~ *out buds* knoppen krijgen; ~ *out shd.'s plans* verijdelen; ~ *out one's washing* buitenshuis laten wassen; ~ *out of (his) misery* uit zijn lijden verlossen; ~ *out to board* uitbesteden; ~ *out to contract* aanbesteden; ~ *out to sea* in zee steken, uitvaren; ~ *oneself out to...* zich uitsloven om...; *be ~ out* van zijn stuk gebracht of boos zijn; blijven steken; ~ *o v e r* ingang doen vinden, populair maken; (zich) goed uitdrukken, communiceren; ~ *it over the fire* het boven het vuur hangen; ~ *it over till Monday* het laten liggen (rusten) tot maandag; *I wouldn't ~ it p a s t them* F ik zie ze er wel voor aan, ze zijn er niet te goed voor; ~ *t h r o u g h* uit-, doorvoeren; (telefonisch) doorverbinden; [iem.] laten doorwerken, onderwerpen aan; *they ~ a bullet through his head* zij schoten hem een kogel door het hoofd; ~ *t o* slaan (leggen, houden, brengen) aan; ~ *to bed* in bed leggen, naar bed brengen; ~ *the horses to (the cart)* aanspannen; ~ *to expense* op kosten jagen; ~ *to inconvenience* last veroorzaken; ~ *to school* op school doen; ~ *shd. to it* iem. er vóór zetten; *he was hard (sorely, sadly) ~ to it, (to...)* hij had het hard te verantwoorden; hij had veel moeite te...; *I ~ it to you* dat vraag ik u, zegt u het nu zelf; zie ook: *flight* &; ~ *t o g e t h e r* samenvoegen, samenstellen, in elkaar zetten; bijeenpakken, verzamelen; zie ook: *two*; ~ *u p* doen in, inpakken, verpakken; opsteken [haar, sabel, paraplu]; ophalen [raampje]; opslaan, verhogen [prijs]; opzenden [gebeden]; indienen [resolutie]; opstellen, ophangen, aanbrengen [ornament &]; optrekken, bouwen [huizen]; huisvesten, onder dak brengen, logeren, stallen [auto]; afstappen, zijn intrek nemen (in *at*); inmaken [boter]; opjagen [wild]; (zich) kandidaat stellen, voorhangen; vooruit afspreken; ~ *up a desperate defence* zich wanhopig verdedigen; ~ *up a play* ten tonele brengen; ~ *up £ 1 million* een miljoen pond verschaffen; ~ *one's feet up* S naar kooi gaan, wat uitrusten; ~ *up (for sale)* aanslaan, in veiling brengen, te koop aanbieden; ~ *him up to it* hem op de hoogte brengen; ~ *him up to the thing* ertoe aanzetten of ertoe krijgen; ~ *up with* berusten in, genoegen nemen met, zich laten welgevallen, verdragen; *he is easily ~ u p o n* laat zich gemakkelijk beetnemen; *he is much ~ upon* hij heeft het hard te verduren; **II** *vr ~ oneself (in his place)* zich stellen (in zijn plaats); **III** *sb* $ premie te leveren; ~ *and call* dubbele premie: te leveren of te ontvangen; **IV** V.T. & V.D. van 1 *put*; *stay ~* (op zijn plaats) blijven

2 put [pʌt] = *putt*

putative ['pju:tətiv] verondersteld, vermeend

put-off ['put:ɔf] uitvlucht; uitstel *o*; **~-on** ['put'ɔn] voorgewend, geveinsd, geaffecteerd

putrefaction [pju:tri'fækʃən] (ver)rotting, rotheid; **–ive** de rotting bevorderend, (ver)rottend; ~ *process* rottingsproces *o*; **putrefy** ['pju:trifai] **I** *vt* doen verrotten; verpesten [de lucht]; **II** *vi* (ver)rotten; **putrescence** [pju'tresns] (ver)rotting, bederf *o*; **–ent** rottend; rottings-; rot-

putrid ['pju:trid] rottend; (ver)rot, bedorven; **–ity** [pju'triditi] verrotting, rotheid[2]

putt [pʌt] **I** *sb* slag met een *putter* [golfspel]; **II** *vt* & *vi* slaan met een *putter*

puttee ['pʌti] beenwindsel *o*

putter ['pʌtə] korte golfstok; **putting-green** gemaaid grasveldje *o* om elk hole [golfspel]; **putter** korte golfstok

putty ['pʌti] **I** *sb* stopverf; **II** *vt* met stopverf vastzetten of dichtmaken; **~-knife** stopmes *o*

put-up ['put'ʌp] *a* ~ *job* een doorgestoken kaart

puzzle ['pʌzl] **I** *sb* niet op te lossen moeilijkheid, vraag of kwestie; verlegenheid; raadsel *o*; legkaart, geduldspel *o*, puzzel; *be in a* ~ geen weg met iets weten; voor een raadsel staan, er geen raad voor weten; **II** *vt* verlegen maken, verbijsteren, vastzetten; *be ~d a b o u t (at, over)* it niet weten hoe men het heeft; voor een raadsel staan; er niets op weten; ~ *o u t* uitpuzzelen, uitpiekeren; *puzzling* ook: raadselachtig; **III** *vr ~ oneself with* zich het hoofd breken over; **IV** *vi* piekeren, zich het hoofd breken (over *about, over*); **–d** niet wetend hoe men het heeft of wat te doen, verbaasd, beteuterd; *with a* ~ *look* met een blik van niet-begrijpen; **puzzle-head** warhoofd *o* & *m-v*; **~-headed** verward; **–ment**

verwarring, verbijstering; **puzzler** niet op te lossen moeilijkheid, vraag of kwestie; raadsel *o*

pwt. = *pennyweight*

PX ['pi:'eks] = *Post Exchange Am* ✗ cantine

pyelitis [paiə'laitəs] ⚕ nierbekkenontsteking

pygmean [pig'mi:ən] dwergachtig, dwerg-; **pygmy** ['pigmi] I *sb* pygmee, dwerg; II *aj* dwergachtig, dwerg-

pyjamas [pə'dʒa:məz] pyjama

pylon ['pailən] (tempel)poort, mast [v. hoogspanningsdraden], oriëntatiemast of toren [op vliegveld &]

pyramid ['pirəmid] piramide; **-al** [pi'ræmidl] piramidaal², < kolossaal

pyre ['paiə] brandstapel

pyretic [pai'retik] koorts-, koortsverwekkend; koortswerend

pyrites [pai'raiti:z] pyriet *o,* zwavelkies *o*

pyromania [pairou'meinjə] pyromanie; **-c** pyromaan

pyrometer [pai'rɔmitə] hittemeter

pyrotechnic [pairou'teknik] I *aj* vuurwerk-; II *sb* ~*s* vuurwerkkunst; vuurwerk *o*; **-ist** vuurwerkmaker

python ['paiθən] python; **-ess** waarzegster, profetes

pyx [piks] *rk* pyxis [voor hosties]; *Br* doosje *o* waarin bij de *Royal Mint* proefmunten bewaard worden

Q

q [kju:] (de letter) q
q.t. ['kju:'ti:] *on the* ~ **F** = *on the quiet*
qua [kwei] qua, als
quack [kwæk] **I** *sb* gekwa(a)k *o*, kwak; kwakzalver; charlatan; **II** *aj* kwakzalvers-; ~ *doctor* kwakzalver; **III** *vi* kwaken; kwakzalven; **IV** *vt* kwaken; kwakzalverachtig ophemelen of behandelen; **-ery** kwakzalverij
quad [kwɔd] **F** = *quadrangle*; *quadruplet*
quadragenarian [kwɔdrədʒi'nɛəriən] **I** *aj* veertigjarig; **II** *sb* veertigjarige
quadragesimal [kwɔdrə'dʒesiməl] van de vasten, vasten-; veertigdaags
quadrangle ['kwɔdræŋgl] vierkant *o*, vierhoek; binnenplaats [v. school &]; **-gular** [kwɔ'dræŋgjulə] vierkant, vierhoekig
quadrant ['kwɔdrənt] kwadrant *o*
quadrate **I** *aj* ['kwɔdrit] vierkant; ~ *scale* gradenboog; **II** *sb* kwadraat *o*; vierkant *o*; **III** *vt* [kwɔ'dreit] kwadrateren; in overeenstemming brengen (met); **IV** *vi* overeenstemmen; **-tic** [kwɔ'drætik] **I** *aj* vierkant, vierkants-; ~ *equation* vierkantsvergelijking; **II** *sb* vierkantsvergelijking; quadrature ['kwɔdrətʃə] kwadratuur [v. cirkel &]
quadrennial [kwɔ'dreniəl] vierjarig; vierjaarlijks
quadrilateral [kwɔdri'lætərəl] **I** *aj* vierzijdig; **II** *sb* vierhoek
quadrille [kwə'dril] quadrille [dans en kaartspel]; *set of* ~*s* quadrille [dans]
quadrillion [kwɔ'driljən] quadriljoen *o*
quadripartite [kwɔdri'pa:tait] vierdelig; tussen vier partijen; **-syllabic** [kwɔdrisi'læbik] vierlettergrepig; **-syllable** [kwɔdri'siləbl] vierlettergrepig woord *o*
quadrumanous [kwɔ'dru:mənəs] vierhandig
quadruped ['kwɔdruped] viervoetig (dier *o*)
quadruple ['kwɔdrupl] **I** *aj* viervoudig; ~ *time* ♩ vierkwartsmaat; **II** *sb* viervoud *o*: het vierdubbele; **III** *vt* verviervoudigen; **IV** *vi* verviervoudigd worden
quadruplet ['kwɔdruplit] viertal *o*; vierling
quadruplicate **I** *aj* [kwɔ'dru:plikit] viervoudig; **II** *sb* viervoudig afschrift *o*; **III** *vt* [kwɔ'dru:plikeit] verviervoudigen; **-tion** [kwɔdru:-pli'keiʃən] verviervoudiging
quaestor ['kwi:stə] ⳼ quaestor
quaff [kwa:f, kwɔf] (leeg)drinken, zwelgen
quag [kwæg] moeras *o*; **quaggy** moerassig; **quagmire** moeras *o*, modderpoel
1 quail [kweil] *sb* 🐦 kwartel
2 quail [kweil] *vi* de moed verliezen, bang worden, versagen

quaint [kweint] vreemd, eigenaardig, bijzonder, grappig, ouderwets
quake [kweik] **I** *vi* beven, sidderen, trillen, schudden; **II** *sb* beving, siddering, trilling; **F** aardbeving; **-ky** bevend, beverig
qualification [kwɔlifi'keiʃən] bevoegdheid; bekwaamheid, geschiktheid, (vereiste) eigenschap; kwalificatie, nadere aanduiding; beperking, wijziging, restrictie; *without* ~ zonder meer; **-tory** ['kwɔlifikeitəri] nader bepalend; de bevoegdheid verlenend
qualified ['kwɔlifaid] gerechtigd, gediplomeerd, bevoegd, bekwaam, geschikt; niet zonder enig voorbehoud, niet onverdeeld gunstig; ~ *to vote* stemgerechtigd
qualifier ['kwɔlifaiə] *gram* bepalend woord *o*; *sp* geplaatste (deelnemer)
qualify ['kwɔlifai] **I** *vt* bevoegd, bekwaam maken (voor, tot *for*); kwalificeren, aanduiden; (nader) bepalen; wijzigen; matigen, verzachten, verzwakken, beperken; aanlengen [met water]; water [soms sterke drank] doen bij; **II** *vr* ~ *oneself* zich bekwamen; **III** *vi* zich bekwamen of de bevoegdheid verwerven (voor een ambt &), examen doen; in aanmerking komen [voor gratificatie]; *sp* geplaatst worden; **-ing** ~ *examination* vergelijkend examen *o*; ~ *round* voorronde
qualitative ['kwɔlitətiv] kwalitatief; **quality I** *sb* kwaliteit, (goede) hoedanigheid; eigenschap; deugd; hoge maatschappelijke stand; ↘ *the* ~, *the people of* ~ de mensen van stand, de grote lui; **II** *aj* ~ *newspapers* kwaliteitsbladen, ± opiniebladen, bladen van standing
qualm [kwa:m, kwɔ:m] misselijkheid; gewetensbezwaar *o*, scrupule, twijfel; **-ish** misselijk, wee
quandary ['kwɔndəri] dilemma *o*, moeilijk parket *o*
quant [kwɔnt] (schippers)boom
quantify ['kwɔntifai] de hoeveelheid meten of bepalen; **quantitative** kwantitatief; **quantity I** *sb* kwantiteit, hoeveelheid; grootheid; menigte; (klinker)lengte; *in quantities* in groten getale, in grote hoeveelheden; *negligible* ~ onbelangrijke persoon of zaak; ~ *surveyor* bouwkundige die de bestek maakt; *unknown* ~ onbekende grootheid
quantum ['kwɔntəm] quantum *o*, hoeveelheid
quarantine ['kwɔrənti:n] **I** *sb* quarantaine; **II** *vt* in quarantaine plaatsen
1 quarrel ['kwɔrəl] *sb* ⳼ pijl ‖ △ glas-in-loodruitje *o*
2 quarrel ['kwɔrəl] **I** *sb* ruzie, twist; *we have no* ~

against (with him) wij hebben geen enkele reden tot klagen; wij hebben niets tegen hem; *we have no ~ with it* wij hebben er niets op aan te merken, niets tegen (in te brengen); **II** *vi* krakelen, twisten; kijven (over *about, over*); ~ *with* ook: aanmerkingen maken op, opkomen tegen; ~ *with one's bread and butter* zijn eigen belang miskennen, zijn eigen glazen ingooien; **–ler** twister, ruziezoeker; **–some** twistziek

1 quarry ['kwɔri] *sb* opgejaagd wild *o*, prooi (ook *fig*)

2 quarry ['kwɔri] **I** *sb* steengroeve; *fig* mijn, bron; **II** *vt* (uit)graven, opdelven²; **III** *vi* graven²; **–man** arbeider in een steengroeve

quart [kwɔ:t] ¹/₄ *gallon* [= 1,136 l]; *his* ~ ook: zijn pintje *o*, zijn potje *o* bier

quartan ['kwɔ:tən] derden-(vierden)daags(e koorts)

quarter ['kwɔ:tə] **I** *sb* vierde (deel) *o*, vierendeel *o*, vierde part(je) *o*, kwart *o*; kwartier° *o* [ook Ø & ⚹]; windstreek; buurt, (stads)wijk; kwartaal *o*; zijstuk *o* [v. schoenwerk]; ⚓ achterwerk *o*; ♀ bout, dij; ¹/₄ fathom, ¹/₄ Engelse mijl [wedren]; 28 Eng. ponden; 2,908 hl; ¹/₄ dollar; ~ *of an hour* kwartier *o*; *a bad* ~ *of an hour* een angstig ogenblik *o*; *no* ~*!* ⚹ geen genade; ~*s* ♀ achterste *o*, achterhand *o* [v. paard]; kwartier *o*, kwartieren, verblijven, kamer(s), vertrek *o*, vertrekken, huisvesting, plaats; *a t close* ~*s* (van) dichtbij; *live at close* ~*s* klein behuisd zijn; *come t o close* ~*s* handgemeen worden; *we had it f r o m a good* ~ uit goede bron, van goede zijde; *from all* ~*s* van alle kanten; *is the wind i n that* ~*?* waait de wind uit die hoek²?; *in (from)* that ~ daar, van die kant; *in high (exalted)* ~*s* in regeringskringen; aan het hof; *all hands t o* ~*s!* ⚓ iedereen op zijn post!; **II** *vt* in vieren (ver)delen; vierendelen; ⚹ inkwartieren (bij *on*); afzoeken [op jacht]; **–age** driemaandelijkse betaling; **~-day** kwartaaldag, betaaldag; **~-deck** achterdek *o*, officiersdek *o*; **–ing** verdeling in vieren; vierendeling; ⚹ inkwartiering; Ø kwartier *o*; **–ly** *aj* driemaandelijks, kwartaal-; **II** *ad* per drie maanden; **III** *sb* driemaandelijks tijdschrift *o*; **–master** ⚹ kwartiermeester; ⚓ stuurman; ~*-general* ⚹ kwartiermeester-generaal; ~*-sergeant* ⚹ foerier; **~-sessions** driemaandelijkse zittingen van de vrederechters; **–staff** stok (bij het batonneren); *play at* ~ batonneren

quartet(te) [kwɔ:'tet] ♩ kwartet *o*; viertal *o*

quarto ['kwɔ:tou] kwartijn; kwarto *o*

quartz [kwɔ:ts] kwarts *o*

quash [kwɔʃ] onderdrukken, verijdelen, de kop indrukken; ⚖ vernietigen, casseren

quasi ['kwa:zi, 'kweisai] quasi

quaternary [kwə'tə:nəri] vierdelig, viertallig; ~ *number* vier

quaternion [kwə'tə:niən] viertal *o*

quatrain ['kwɔtrein] kwatrijn *o*: vierregelig vers *o*

quaver ['kweivə] **I** *vi* trillen; ♩ vibreren; **II** *vt* trillend of met bevende stem uitbrengen (ook: ~ *out*); **III** *sb* trilling; ♩ triller; ♩ achtste noot

quay [ki:] kaai, kade; **–age** kaaigeld *o*; kaden

quean [kwi:n] *Sc* vrouw, meisje *o*; ⚹ slet; *Austr S* verwijfde jongeman, homosexueel

queasy ['kwi:zi] misselijk; zwak [v. maag]; walglijk [v. voedsel]; kieskeurig, teergevoelig

queen [kwi:n] **I** *sb* koningin²; ◊ vrouw; ~ *of hearts* ◊ hartenvrouw; *fig* hartenveroveraarster; **S** verwijfde jongeman, homoseksueel; *Queen Anne is dead* dat is oud nieuws; **II** *vt* koningin maken [bij schaken]; **III** *vi* de koningin spelen (~ *it*); ~*-bee* bijenkoningin; ~ **dowager** koningin-weduwe; **–like, –ly** als (van) een koningin

queer [kwiə] **I** *aj* wonderlijk, zonderling, vreemd, gek, raar°; verdacht; onlekker; **S** homoseksueel; **F** getikt; **S** misdadig; zie ook: *street;* **II** *sb* **S** homoseksueel; *in* ~ in moeilijkheden; **III** *vt* **S** (het voor een ander) bederven (ook: ~ *sbd.'s pitch*)

quell [kwel] onderdrukken, bedwingen, dempen

quench [kwen(t)ʃ] blussen, uitdoven, dempen, lessen; afkoelen, doen bekoelen; **–er S** glaasje *o*; **–less** on(uit)blusbaar, onlesbaar

querist ['kwiərist] vragensteller, (onder)vrager

quern [kwə:n] handmolen

querulous ['kweruləs] klagend, kribbig

query ['kwiəri] **I** *sb* vraag; twijfel; tegenwerping; vraagteken *o*; de vraag is...; **II** *vi* vragen; **III** *vt* vragen; een vraagteken zetten bij; betwijfelen

quest [kwest] **I** *sb* onderzoek *o*, onderzoeking, zoeken *o*; speurtocht; nasporing; *in* ~ *of* zoekende naar; **II** *vt* & *vi* zoeken

question ['kwestʃən] **I** *sb* vraag, kwestie; vraagstuk *o*; interpellatie; twijfel; sprake; ⚹ pijniging, pijnbank; *Question!* ter zake! [in de Kamer &]; *a leading* ~ een suggestieve vraag; *no* ~ *about it* geen twijfel aan; *there is no* ~ *of his coming* geen sprake van dat...; *there is no* ~ *but that he will come* er is geen twijfel aan of...; *I make no* ~ *that...* ik twijfel er niet aan of...; *put the* ~ tot stemming overgaan; *put to the* ~ ⚹ op de pijnbank brengen; ● *it is b e s i d e the* ~ dat is de kwestie niet; *b e y o n d* ~ zonder twijfel, ongetwijfeld, buiten kijf; *the matter i n* ~ de zaak in kwestie, de zaak waar het om gaat; *the person in* ~ de persoon in kwestie, de bewuste persoon; *bring (call) in(to)* ~ in twijfel trekken; aanvechten, in discussie brengen; *come into* ~ ter sprake komen; *o u t o f* ~ zonder twijfel, ongetwijfeld; *that's out of the* ~ daar is geen sprake van, geen kwestie van; dat is uitgesloten; *p a s t* ~ zonder twijfel, buiten kijf; *w i t h o u t* ~ zonder de minste bedenking, grif; ongetwijfeld, onbetwistbaar; **II** *vt* vragen, ondervragen, uitvragen; onderzoeken [feiten, verschijnselen]; in twijfel trekken, betwijfelen; betwisten, aanvechten, in discussie brengen; *it cannot be ~ed but (that)*... er valt niet aan te twijfelen of...; **–able** twijfelachtig, aanvechtbaar; onzeker, verdacht; bedenkelijk; **–er** vrager, vraagsteller; interpellant; ondervrager, examinator; **–ing** vragend; **~-mark** vraagteken *o*; **~-master** discussieleider; **–naire** [kwestiɔ'nɛə] vragenlijst; **~-time** ['kwestʃəntaim] vragenuurtje *o* in Parlement

queue [kju:] **I** *sb* queue, file, rij; *fig* wachtlijst; 𝄇 (mannen)haarvlecht, staartje *o*; ~ *jumper* **F** iem. die vóórdringt (voor zijn beurt gaat); **II** *vi* in de rij staan; ~ *up* in de rij gaan staan

quibble ['kwibl] **I** *sb* spitsvondigheid, chicane; woordspeling; voorwendsel *o*; **II** *vi* spitsvondigheden gebruiken, chicaneren; **–r** chicaneur

quick [kwik] **I** *aj* vlug, snel, gezwind, gauw; levendig; scherp [oor &]; ✧ levend; ~ *march!* voorwaarts mars!; ~ *march (step, time)* ⚔ gewone marspas; *a ~ one* **F** gauw een borrel; *be ~!* vlug wat!, haast je!; ● *be ~ a b o u t it* er vlug mee zijn; ermee voortmaken, opschieten; ~ *of apprehension* vlug van begrip; ~ *t o learn* vlug in het leren; **II** *ad* vlug, gauw, snel; **III** *sb* levend vlees *o*; levende haag; *the ~ and the dead* de levenden en de doden; *to the ~* tot op het leven; tot in de ziel; **–en I** *vt* (weer) levend maken; verlevendigen; aanmoedigen, aanzetten; verhaasten; **II** *vi* (weer) levend worden, opleven; sneller worden; **~-firing** ~ *gun* snelvuurkanon *o*; **~-freeze** in-, diepvriezen; **–ie F** vluggertje° *o*; **–lime** ongebluste kalk; **~-lunch (bar)** snelbuffet *o*; **–ness** levendigheid, vlugheid, snelheid, gauw(ig)heid; ~ *of temper* opvliegendheid; **–sand(s)** drijfzand *o*; **–set I** *aj* levend [v. haag]; **II** *sb* levende stek(ken) [inz. v. haagdoorn]; levende haag; **~-sighted** scherp van gezicht; **–silver** kwik(zilver) *o*; **~-tempered** ['kwik-'tempəd] opvliegend; **~-witted** ['kwik'witid] vlug (van begrip), gevat, slagvaardig

quid [kwid] pruim (tabak) ‖ **S** pond *o* (sterling) ‖ *a ~ pro quo* vergoeding; leer om leer

quiddity ['kwiditi] wezenlijkheid; spitsvondigheid

quiddle ['kwidl] *vi Am* tijd verbeuzelen

quidnunc ['kwidnʌŋk] nieuwsgierig mens; nieuwtjesventer

quiescence [kwai'esəns] rust, kalmte; **–ent** rustig, vredig, stil

quiet [kwaiət] **I** *sb* rust, stilte, vrede; bedaardheid, kalmte; **II** *aj* rustig, stil, bedaard, kalm, vreedzaam [lam], mak [paard]; niet opzichtig, stemmig [japon]; monotoon; ~!koest!; *be ~!* stil!, zwijg!; *on the ~* in het geheim, stilletjes, stiekem; **III** *vt* doen bedaren, kalmeren, stillen; **IV** *vi* bedaren, kalmeren (meestal: ~ *down*); **–en** kalmeren (ook: ~ *down*); **–ness, quietude** rust, rustigheid, stilte, kalmte

quietus [kwai'i:təs] *get one's (its)* ~ de doodsteek krijgen

quiff [kwif] lok over het voorhoofd; **S** slimme zet

quill [kwil] **I** *sb* schacht; (veren) pen; tandestoker; dobber; stekel [v. stekelvarken]; fluitje *o*; plectrum; spoel; pijp [kaneel]; **II** *vt* plooien; op de spoel winden; **~-driver** pennelikker; **~-feather** slagpen

quilt [kwilt] **I** *sb* gewatteerde of gestikte deken of sprei; **II** *vt* stikken, watteren

quinary ['kwainəri] vijfdelig, vijftallig

quince [kwins] kwee(peer)

quinine [kwi'ni:n] kinine

quinquagenarian [kwiŋkwədʒi'nɛəriən] vijftigjarig(e)

quinquennial [kwiŋ'kweniəl] vijfjarig; vijfjaarlijks; **–ium** vijfjarige periode

quins [kwinz] **F** = *quintuplets*

quinsy ['kwinzi] keelontsteking, angina

quintal ['kwintl] kwintaal *o* [100 pond; 100 kg]

quintan ['kwintən] vierden(vijfden)daags(e koorts)

quintessence [kwin'tesns] kwintessens; **–ential** [kwinti'senʃəl] wezenlijk, zuiver(st)

quintet(te) [kwin'tet] kwintet *o*; vijftal *o*

quintuple ['kwintjupl] **I** *aj* vijfvoudig; **II** *sb* vijfvoud *o*; **III** *vt* vervijfvoudigen; **–t** vijfling

quip [kwip] **I** *sb* geestige opmerking; schimpscheut; kwinkslag, spitsvondigheid; **II** *vi* schertsen, bespotten, beschimpen

1 quire ['kwaiə] katern, boek *o* [24 vel]; *in ~s* in losse vellen [v. boek]

2 ✧ quire ['kwaiə] = *choir*

quirk [kwə:k] hebbelijkheid, eigenaardigheid, gril; truc, list; uitvlucht, spitsvondigheid; kwinkslag; „steek"; krul [aan letter]; draai; **–y** eigenaardig, grillig

quirt [kwə:t] korte rijzweep

quisling ['kwizliŋ] quisling [landverrader die heult met de bezetter, collaborateur]

quit [kwit] **I** *aj* vrij; ~ *of the trouble* van de last ontslagen (af); **II** *va* de woning ontruimen; heen-, weggaan, er vandoor gaan; **F** (het) opgeven, ophouden, uitscheiden; **III** *vt* verlaten; laten varen; loslaten; overlaten; **F** ophouden (uitscheiden) met; **IV** V.T. & V.D. van ~

quitch [kwitʃ] kweekgras *o*

quitclaim ['kwitkleim] 𝕤𝕥 (akte van) afstand

quite [kwait] geheel (en al), heel, helemaal, volkomen, absoluut; zeer; wel; best, heel goed [mogelijk &]; bepaald; nog maar; ~ *(so)* precies, juist; zie ook: *few*

quits [kwits] quitte; *I'll be ~ with him* ik zal het hem betaald zetten; *cry ~* verklaren quitte te zijn;

het erbij laten; *double or* ~ dubbel of quitte
quittance ['kwitəns] vrijstelling; kwijting; beloning, vergelding; kwitantie
quitter ['kwitə] wie je in de steek laat, wie uit-
knijpt, wie (het) opgeeft, deserteur, lafaard
1 quiver ['kwivə] *sb* pijlkoker; *have an arrow (a
shaft) left in one's* ~ al zijn pijlen nog niet verschoten hebben; *a* ~ *full of children* een hele schep kinderen
2 quiver ['kwivə] **I** *vt* trillen, beven, sidderen; **II**
sb trilling, beving, siddering
qui vive [ki:'vi:v] *on the* ~ op zijn hoede
quixotic [kwik'sɔtik] donquichotterig; **quixot-
ism** ['kwiksətizm], **quixotry** donquichotterie
quiz [kwiz] **I** *sb* ondervraging, vraag(spel *o*), her-
sengymnastiek(wedstrijd), quiz, ↖ snaak, type *o*,
(droogkomieke) spotvogel, spotster; ↖ aardigheid, grap; **F** tentamen *o*; **II** *vt* ondervragen, aan
de tand voelen; voor de gek houden, foppen; ↖
spottend aankijken, begluren; **–master** leider
van een quiz; **quizzical** spottend; snaaks; komisch;

quod [kwɔd] **S** nor, doos, gevang *o*
quoin [kɔin] hoek, hoeksteen; wig
quoit [kɔit] werpring; ~*s* ringwerpen *o*
quondam ['kwɔndæm] gewezen, voormalig
quorum ['kwɔːrəm] quorum *o*: voldoend aantal
o leden om een wettig besluit te nemen
quota ['kwoutə] **I** *sb* (evenredig) deel *o*; aandeel
o; contingent *o*; quota; kiesdeler; **II** *vt* contingen-
teren
quotable ['kwoutəbl] aangehaald kunnende
worden, geschikt om te citeren; **–ation**
[kwou'teiʃən] aanhaling; citaat *o*; $ notering,
koers, prijs; prijsopgave; ~ *marks* aanhalingstekens; **quote** [kwout] **I** *vt* aanhalen, citeren; $ op-
geven, noteren (prijzen); **II** *sb* **F** aanhaling, citaat *o*; ~*s* ook: aanhalingstekens
↖ **quoth** [kwouθ] zei (ik, hij of zij)
↖ **quotha** ['kwouθə] och kom!, loop heen!
quotidian [kwɔ-, kwou'tidiən] **I** *aj* dagelijks; alledaagse; **II** *sb* alledaagse koorts
quotient ['kwouʃənt] quotiënt *o*

R

r [a:] (de letter) r; *the three* R*'s = reading,* (*w*)*riting,* (*a*)*rithmetic* lezen, schrijven en rekenen (als minimum van onderwijs)

R.A. = *Royal Academy*; *Royal Academician*

rabbet ['ræbit] **I** *sb* sponning; **II** *vt* een sponning maken in; met sponningen ineenvoegen

rabbi ['ræbai], **rabbin** ['ræbin] rabbi, rabbijn; **rabbinate** rabbinaat *o*; **rabbinic(al)** [ræ'binik(l)] rabbijns

rabbit ['ræbit] **I** *sb* konijn *o*; *Am* haas; *sp* F slecht speler, kruk; **II** *vi* op konijnen jagen; **~-hutch** konijnenhok *o*; **~-punch** nekslag; **~-warren** konijnenberg; *fig* huurkazerne; doolhof [v. straten en huizen &]; **rabbity** konijnachtig, konijn-; F nietig, onbeduidend

rabble ['ræbl] grauw *o*, gepeupel *o*, gespuis *o*

rabid ['ræbid] dol; razend, woest, rabiaat

rabies ['reibi:z] hondsdolheid

raccoon [rə'ku:n] = *racoon*

1 race [reis] **I** *sb* wedloop, wedren, wedstrijd, race; loop [v. maan, zon, leven &]; loopbaan; stroom; molenbeek; ~*s* paardenrennen; **II** *vi* racen, rennen, snellen, jagen, vliegen, wedlopen, harddraven; ✕ doorslaan [machine]; **III** *vt* laten lopen [in wedren]; racen met; ~ *the bill through the House* het wetsontwerp er door jagen

2 race [reis] *sb* ras *o*, geslacht *o*, afkomst

3 race [reis] *sb* wortel [v. gember]

race-card ['reiska:d] wedrenprogram *o*; **–course** renbaan; **–horse** renpaard *o*

raceme [rə'si:m] tros [bloeiwijze]; **–d, racemose** ['ræsimous] trosvormig

race-meeting ['reismi:tiŋ] wedren(nen)

racer ['reisə] hardloper, renner; harddraver; racefiets, raceauto, wedstrijdjacht *o* &

rachitis [ræ'kaitis] rachitis, Engelse ziekte

rachmanism ['rækmənizm] sysematisch intimideren *o* v. huurders om hoge huur los te krijgen

racial ['reiʃəl] rassen-, ras-; **–ism** racisme *o*; **–ist** racist(isch)

racing stable ['reisiŋsteibl] renstal

racism ['reisizm] racisme *o*; **–ist** racist(isch

rack [ræk] **I** *sb* pijnbank *o*; ✕ heugel, tandreep; rek *o*, rooster; kapstok; ruif ‖ arak ‖ drijvende wolken; drijfhout *o*; vernietiging; ~ *and pinion* ✕ heugel en rondsel; *be o n the* ~ op de pijnbank liggen; gepijnigd worden; zich inspannen; *go t o* ~ *and ruin* geheel te gronde gaan; **II** *vt* spannen, op (in) een rek zetten; op de pijnbank leggen; *fig* pijnigen, folteren, afpersen, uitmergelen; ~ *one's brains about* zich het hoofd breken over ‖ **III** *vi* jagen [wolken]

1 racket ['rækit] *sb* raket *o* & *v*; sneeuwschoen; ~*s* rakctspel *o*

2 racket ['rækit] **I** *sb* leven *o*, kabaal *o*, herrie°, drukte; gezwier *o*; F (afpersings)truc; zwendel; georganiseerde afpersing; *stand the* ~ het kunnen uithouden, het er goed afbrengen; de gevolgen voor z'n rekening nemen; (het gelag) betalen; **II** *vi* leven & maken; aan de zwier zijn (~ *about*); **–eer** [ræki'tiə] F **I** *sb* (geld)afperser (door bedreiging met geweld); **II** *vi* als *racketeer* optreden

rack railway ['rækreilwei] tandradbaan

rack-rent ['rækrent] **I** *sb* exorbitante pacht of huur; **II** *vt* exorbitante pacht of huur eisen van (voor)

raconteur [rækɔn'tə:] *Fr* (goede) verteller

racoon [rə'ku:n] gewone wasbeer

racquet ['rækit] = 1 *racket*

racy ['reisi] *aj* pittig, geurig [v. wijn]; levendig, krachtig, gewaagd, pikant; ~ *of the soil* karakteristiek (typisch) voor een bepaalde streek of volk

radar ['reidə] radar

raddle ['rædl] **I** *sb* roodaarde, > schmink; **II** *vt* roodaarden, > schminken

radial ['reidjəl] *aj* straalsgewijze geplaatst, gestraald; stralen-, straal-; spaakbeen-; radium-; **II** *sb* stermotor (~ *engine*); gordel-, radiaalband (~ *ply tyre*)

radiance ['reidiəns] (uit)straling, glans; schittering, luister; **–ant** *aj* uitstralend; schitterend, stralend[2] (van *with*); **II** *sb* uitstralingspunt *o*; **–ate** (af-, uit)stralen; **–ation** [reidi'eiʃən] (af-, uit-, be)straling; **–ator** ['reidieitə] radiator

radical ['rædikl] **I** *aj* radicaal, grondig, ingrijpend; ingeworteld; grond-; wortel-; fundamenteel; **II** *sb* grondwoord *o*, stam, stamletter; ✕ wortel(teken *o*); *pol* radicaal; **–ism** radicalisme *o*; **–ize** radicaliseren; **radically** *ad* radicaal, in de grond; totaal

radicle ['rædikl] ⚇ wortelkiem, worteltje *o*

radio ['reidiou] **I** *sb* radio; radiotelegram *o*; *o n the* ~ voor de radio (optredend, sprekend, uitzendend of uitgezonden), voor de microfoon, in de ether; *o v e r the* ~ door (over, via) de radio, door de ether; ~ *feature* klankbeeld *o*; **II** *vt* & *vi* seinen, uitzenden per radio; **–active** radioactief; **–activity** radioactiviteit; **–gram** radio(tele)gram *o*; radiogrammofoon; **–graph** röntgenfoto; **–grapher** [reidi'ɔgrəfə] röntgenoloog; **–graphy** radiografie; **–location** ['reidioulou'keiʃən] radioplaatsbepaling, radar; **~-play** hoorspel *o*; **–telephone** mobilofoon;

–telescope radiotelescoop; **–therapy** röntgen(stralen)therapie, bestraling
radish ['rædiʃ] radijs; *black ~* rammenas
radium ['reidiəm] radium *o*
radius ['reidiəs, *mv* **–dii** -diai] straal, radius; spaak; **F** omtrek, omgeving; spaakbeen *o*; *~ of action* actieradius, ⚡ vliegbereik *o*
radix ['reidiks, *mv* **-ices** -isi:z] wortel; grondtal *o*
R.A.F. = *Royal Air Force*
raffia ['ræfiə] raffia
raffish ['ræfiʃ] liederlijk, gemeen
raffle ['ræfl] **I** *sb* loterij, verloting; **II** *vt* verloten; **III** *vi* loten; *~ for* een lot nemen op, loten om
raft [ra:ft] **I** *sb* vlot *o*, houtvlot *o*; **II** *vt* vlotten; **–er** (dak)spar ‖ vlotter; **–ered** met sparren (verbonden); **–sman** vlotter
1 rag [ræg] *sb* vod *o* & *v*, lomp; lap, lapje *o*; **S** tong; lor² *o* & *v*; **F** zakdoek; doek; ⚓ zeil *o*; zie ook: *ragtime*; *chew the ~* eindeloos zeuren; *glad ~s* **F** mooie kleren; *the ~ trade* **F** de haute couture; de confectieindustrie; *the local ~* **F** het plaatselijke krantje; *~s of cloud* wolkenrafels; *i n ~s* in lompen gehuld; aan flarden (hangend); *boil t o ~s* tot draden of tot moes koken
2 rag [ræg] *sb* soort zandsteen *o* & *m*
3 rag [ræg] **I** *vt* ⊜ groenen, negeren; pesten; er tussen nemen; **II** *vi* donderjagen; keet maken; **III** *sb* donderjool, keet
ragamuffin ['rægəmʌfin] schooier; boefje *o*
rag-and-bone man [rægən'bounmæn] voddenraper, lompenkoopman; **rag-bag** ['rægbæg] zak voor lappen &; *fig* allegaartje *o*; *~ book* linnen prentenboek *o*
rage [reidʒ] **I** *sb* woede, razernij; **F** „rage", manie; *be (all) the ~* **F** een rage zijn; **II** *vi* woeden, razen; *~ and rave* razen en tieren; **III** *vr* *~ itself out* uitrazen
ragged ['rægid] voddig, gescheurd, in gescheurde kleren, haveloos; slordig; onsamenhangend; ruw, ongelijk, getand; *~ robin* koekoeksbloem
raging ['reidʒiŋ] woedend, razend
ragman ['rægmən] voddenraper, lompenkoopman
ragout ['rægu:] ragoût
rag-picker ['rægpikə] voddenraper
ragtag ['rægtæg] *the ~ (and bobtail)* het gepeupel, Jan Rap en zijn maat
ragtime ['rægtaim] ♩ gesyncopeerde maat; muziek in deze maat
raid [reid] **I** *sb* (vijandelijke) inval, aanval [met vliegtuig], rooftocht, razzia, overval; **II** *vi* (& *vt*) een inval doen (in), een razzia houden (in); een aanval doen (op); roven, plunderen
1 rail [reil] **I** *sb* leuning, rasterwerk *o*, hek *o*, ⚓ reling (ook: *~s*); slagboom; staaf, stang, lat; dwarsbalk; rail, spoorstaaf; *~s* ook: **$** spoorwegaandelen; *by ~* met het (per) spoor;

go (get) off the ~s ontsporen; *fig* het mis hebben, zich vergissen; excentriek zijn; **II** *vt* met hekwerk omgeven; omrasteren (ook: *~ in*); per spoor verzenden of vervoeren; *~ off* afrasteren; *~ it* met de trein gaan; **III** *vi* met het spoor reizen, sporen
2 rail [reil] *vi* schelden, schimpen, smalen (op *at, against*)
3 rail [reil] *sb* ⚘ spriet
rail-guard ['reilga:d] baanschuiver; **~-head** eind *o* van de baan
railing ['reiliŋ] reling, leuning; rastering, staketsel *o*, hek *o* (ook: *~s*)
raillery ['reiləri] boert, scherts
railroad ['reilroud] **I** *sb* *Am* spoorweg, spoor *o*; **II** *vt* *Am* **S** (onwillig persoon) in actie brengen; zich van iem. afmaken (door een valse beschuldiging); erdóór drukken; **railway** spoorweg, spoor *o*; *~ porter* stationskruier; *~ yard* emplacement *o*
⊙ **raiment** ['reimənt] kleding, kleed *o*, dos.
rain [rein] **I** *sb* regen²; *~ or shine* weer of geen weer, onder alle omstandigheden; *the ~s* de regentijd [in de tropen], de westmoesson; de regenstreek van de Atlantische Oceaan; **II** *vi* regenen; *it never ~s but it pours* een (on)geluk komt zelden alleen; **III** *vt* doen (laten) regenen², doen neerdalen (neerkomen); *he ~ed benefits upon us* hij overlaadde ons met weldaden; *it ~ed cats and dogs* (*pitchforks*) het regende dat het goot; **–bow** regenboog; **–coat** regenjas; **–fall** regenval, neerslag; **–gauge** regenmeter; **–proof** regendicht; **–wear** regenkleding; **rainy** regenachtig, regen-; *provide against a ~ day* een appeltje voor de dorst bewaren
raise [reiz] **I** *vt* doen rijzen; doen opstaan, uit zijn bed halen; opjagen; ophalen, optrekken; opslaan [de ogen]; opsteken, opheffen, optillen; oprichten, planten [de vlag]; bouwen, verbouwen, telen, fokken, kweken; grootbrengen; verhogen [ook v. loon]; bevorderen; opwekken; (ver)wekken; oproepen [geesten]; verheffen [stem]; aanheffen [kreet]; inbrengen, opwerpen, opperen, maken [bezwaren]; ✗ stoken [stoom]; lichten [gezonken schip]; heffen; op de been brengen, werven; opbreken [beleg]; opheffen [blokkade]; *~ a beard* zijn baard laten staan; *~ a blister* een blaar trekken; *~ Cain* (*the devil, hell*) spektakel maken; *~ one's hat to...* zijn hoed afnemen voor²; *~ land* land in zicht krijgen; *~ a laugh* iem. aan het lachen maken; *~ a loan* een lening uitschrijven; zich geld bijeenbrengen, zich geld verschaffen, geld loskrijgen; *~ a point, question* een punt, kwestie te berde (ter sprake) brengen of doen opkomen; zie ook: *dust, wind &*; **II** *vr* *~ oneself to be...* zich verheffen tot...; **III** *sb* **F** (salaris)verhoging, opslag; **raised**

verhoogd; (en) reliëf; *in a ~ voice* met verheffing van stem; **raiser** optiller, opheffer; oprichter, stichter; opwekker; (aan)kweker, fokker

raisin ['reizn] rozijn

1 rake [reik] *sb* lichtmis, losbol, schuinsmarcheerder

2 rake [reik] **I** *sb* hark, riek, krabber; **II** *vt* harken, rakelen, (bijeen)schrapen, verzamelen; af-, doorzoeken, -snuffelen; ⚓ enfileren; bestrijken; overzien, de blik laten gaan over; *~ i n* opstrijken [geld]; *~ o u t* uithalen [vuur]; opscharrelen [iets]; *~ u p* bijeenharken, -schrapen, verzamelen; *~ up a forgotten affair* een oude geschiedenis weer oprakelen

3 rake [reik] **I** *sb* schuinte; **II** *vi* (& *vt*) schuin (doen) staan of aflopen

rake-off ['reikɔ:f] **S** deel *o* van de winst, provisie (*spec* van duistere zaakjes)

rakish ['reikiʃ] losbandig; zwierig ‖ schuinaflopend, achteroverhellend

1 rally ['ræli] **I** *vt* verzamelen, herenigen; weer verzamelen; verenigen; **II** *vi* zich (weer) verzamelen, zich verenigen; zich herstellen, weer op krachten komen; er weer bovenop komen; *~ r o u n d* zich scharen om; *~ t o* zich aansluiten bij; **III** *sb* hereniging, verzameling; bijeenkomst; reünie; toogdag; rally (= sterrit; reeks snel gewisselde slagen [tennis]); ⚓ (signaal *o* tot) ,,verzamelen" *o*; weer bijkomen *o*, herstel *o* [v. krachten, prijzen]

2 rally ['ræli] *vt* ✎ plagen (met *on*)

rallying-point ['ræliiŋpɔint] verzamelpunt *o*

ram [ræm] **I** *sb* ⚓ ram; ⚓ stormram; ⚓ ramschip *o*; ✗ heiblok *o*; dompelaar; **II** *vt* heien, aan-, in-, vaststampen; (vol)stoppen, -proppen; stoten (met); ⚓ rammen; ▥ rammeien; *~ Latin into him* hem Latijn instampen, inpompen

ramble ['ræmbl] **I** *vi* voor z'n plezier (rond-, om)zwerven, dwalen; afdwalen [v. onderwerp]; van de hak op de tak springen; raaskallen, ijlen; **II** *sb* zwerftocht, wandeling, uitstapje *o*; *–r* zwerver; ⚓ klimroos; **rambling** *aj* zwervend, dwalend; ⚓ slingerend; verward, onsamenhangend; onregelmatig gebouwd, zonder plan neergezet; *a ~ expedition* een zwerftocht; **II** *sb* rondzwerven *o*, zwerftocht; *his ~s* zijn zwerftochten; zijn geraaskal *o*, zijn wartaal

ramification [ræmifi'keiʃən] vertakking[2]; indirect gevolg *o*; complicatie; **ramify** ['ræmifai] **I** *vi* in takken uitschieten, zich vertakken[2]; **II** *vt* in takken verdelen[2]; ingewikkelde gevolgen hebben; gecompliceerd worden

ramjet ['ræmdʒet] stuwstraalmotor

rammer ['ræmə] (straat)stamper; laadstok; aanzetter

ramp [ræmp] **I** *vi* klimmen en woekeren [v. planten]; steigeren; razen, tieren; **II** *sb* glooiing, helling, oprit; vliegtuigtrap ‖ **S** zwendel, afzetterij; **F** uitgelatenheid

rampage [ræm'peidʒ] **I** *vi* als gek rondspringen, als een dolle tekeergaan; **II** *sb* dolheid, uitgelatenheid; *be on the ~* dol (wild) zijn van uitgelatenheid; *–ous* dol, uitgelaten

rampancy ['ræmpənsi] hand over hand toenemen *o*, voortwoekeren *o*; *–ant* op de achterpoten staande; ⊘ klimmend; (dansend en) springend, uitgelaten, dartel; door het dolle heen [partijgangers]; ⚓ weelderig; (hand over hand) toenemend; heersend, algemeen [ziekten]; *be ~* ook: hoogtij vieren; *the spirit of... was ~ within him* beheerste hem geheel

rampart ['ræmpa:t] **I** *sb* wal, bolwerk[2] *o*; **II** *vt* ommwallen[2]

ramrod ['ræmrɔd] laadstok; *fig* bullebak

ramshackle ['ræmʃækl] bouwvallig, vervallen, gammel; waggelend, rammelend

ran [ræn] V.T. van 1 *run*

ranch [ra:n(t)ʃ, ræn(t)ʃ] *Am* **I** *sb* veefokkerij, boerderij; **II** *vi* werkzaam zijn als paarden- en veefokker; *–er, –man Am* paarden- en veefokker

rancid ['rænsid] ranzig; *–ity* [ræn'siditi] ranzigheid

rancorous ['ræŋkərəs] haatdragend, wrokkend; **rancour** rancune, wrok; ingekankerde haat; *bear ~* wrok koesteren

rand [rænd] rand, grens; dun stukje *o* leer tussen zool en hak v. schoen, bergketen

randan [ræn'dæn] roeiboot voor drie man ‖ **S** lolletje *o*, pretje *o*; *on the ~* aan de zwier

random ['rændəm] **I** *sb at ~* in het wilde weg, op goed geluk, bij toeval; er maar op los, lukraak; **II** *aj* lukraak, in het wilde (afgeschoten, gegooid &), willekeurig; toevallig; *a ~ sample* een steekproef

randy ['rændi] *Sc dial* rumoerig; **F** wulps, geil

rang [ræŋ] V.T. van 2 *ring*

range [rein(d)ʒ] **I** *vt* rangschikken, (in rijen) plaatsen, ordenen, (op)stellen, scharen; gaan langs, varen langs; doorlopen[2], afzwerven; ⚓ bestrijken; **II** *vr* ~ *oneself on the side of, ~ oneself with* zich scharen aan de zijde van; **III** *vi* zich uitstrekken, reiken, dragen [v. vuurwapen]; varen, lopen [in zekere richting]; zwerven; ⚓ zich inschieten; *~ between ...and (from ... to)* variëren tussen; *~ with (among)* op één lijn staan met; **IV** *sb* rij, reeks, (berg)keten, richting'; draagwijdte; schietbaan, -terrein *o*; (keuken)fornuis *o*; bereik *o*; ♪ omvang [v. d. stem]; *fig* gebied[2] *o*, terrein[2] *o*; klasse; *a wide ~ of...*een grote verscheidenheid van ..., diverse, allerlei, **$** een ruime sortering..., een uitgebreide collectie...; *his ~ of reading* zijn belezenheid; *find the ~, get one's ~* ⚓ zich inschieten; *have free ~* vrij spel hebben; *a t short ~* op korte afstand; *o u t* *of* ~ buiten schot; *w i t h i n* ~ onder schot; ~-**finder** afstandsmeter; **ranger** zwerver; *Am* bereden jager (politieman); jager, speurhond; ⚔ houtvester; parkopzichter; voortrekster [bij padvindsters]

1 rank [ræŋk] **I** *sb* rang, graad; rij, gelid *o*; (maatschappelijke) stand; standplaats [voor taxi's &]; *other* ~*s* ⚔ militairen beneden de rang van sergeant; *the* ~*s* de gelederen; de grote hoop; *the* ~ *and fashion* de beau monde; *the* ~ *and file* ⚔ de minderen, Jan Soldaat; *fig* de grote hoop; de gewone man; achterban [v.e. partij]; *break* ~*s* de gelederen verbreken; in de war raken; *fall in* ~ z'n plaats in de gelederen innemen; *reduce to the* ~*s* ⚔ degraderen; *rise from the* ~*s* ⚔ uit de gelederen voortkomen [officier]; zich opwerken; *take* ~ de rang (status) hebben van; **II** *vt* (in het gelid) plaatsen, (op)stellen; een plaats geven; **III** *vi* een rang hebben; een plaats innemen; ● ~ *a m o n g* behoren tot; rekenen tot; ~ *a s* gelden als (voor); houden voor; ~ *w i t h* dezelfde rang hebben als; op één lijn staan met; op één lijn stellen met

2 rank [ræŋk] *aj* weelderig, té welig [groei]; grof, vuil; te sterk smakend of riekend; schandelijk; ~ *nonsense* klinkklare onzin, je reinste onzin

ranker ['ræŋkə] wie uit de gelederen officier geworden is; gewoon soldaat

rankle ['ræŋkl] ⚔ zweren, etteren; *fig* verbitteren

ransack ['rænsæk] af-, doorzoeken, doorsnuffelen; plunderen [een stad]

ransom ['rænsəm] **I** *sb* losgeld *o*; afkoopsom; vrijlating; verlossing; *a king's* ~ een heel vermogen, een kapitaal; *hold sbd. to* ~ een losgeld eisen voor iem.; iem. geld afpersen; **II** *vt* vrijkopen, af-, loskopen; vrijlaten; verlossen; geld afpersen

rant [rænt] **I** *vi* hoogdravende taal voeren, bombastisch oreren, fulmineren, uitvaren (tegen *against, at*); **II** *sb* bombast; **–er** schreeuwer; opschepper; straatprediker

ranunculus [rə'nʌŋkjuləs] ranonkel

rap [ræp] **I** *sb* slag; tik; geklop *o*; *fig* duit; *not a* ~ geen steek, geen zier, geen sikkepit; *take the* ~ S ervoor opdraaien; de schuld krijgen; **II** *vt* slaan, kloppen, tikken (op); ~ *o u t* door kloppen te kennen geven [v. geesten]; *fig* eruit gooien; kortaf spreken; ~ *sbd. o v e r the knuckles* iem. op de vingers tikken; **III** *vi* kloppen, (aan)tikken

rapacious [rə'peiʃəs] roofzuchtig; **–ity** [rə'pæsiti] roofzucht

1 rape [reip] **I** *vt* verkrachten, onteren; ⚔ (gewelddadig) ontvoeren, roven; **II** *sb* verkrachting, ontering; ⚔ (gewelddadige) ontvoering; roof

2 rape [reip] *sb* ♣ raap-, koolzaad *o*; **–seed** kool-, raapzaad *o*

rapid ['ræpid] **I** *aj* snel, vlug; steil [v. helling]; **II** *sb* ~*s* stroomversnellingen

rapidity [rə'piditi] snelheid, vlugheid; steilheid

rapier ['reipiə] rapier *o*

rapine ['ræpain] roverij, roof

rapist ['reipist] verkrachter

rapport [ræ'pɔː] rapport (= contact) *o* [inz. bij hypnose &]

rapprochement [ræ'prɔʃmɔ: ŋ] toenadering

rapscallion [ræps'kæljən] schurk, schelm

rapt [ræpt] weggerukt, meegesleept, opgetogen, verrukt (ook: ~ *away, up*); ~ *i n thought* in gedachten verdiept; ~ *i n t o admiration* in de wolken van bewondering; ~ *w i t h joy* vervoerd van vreugde; **–ure** vervoering, verrukking; *go into* ~*s* in extase raken (over *over*); **–urous** verrukkend, extatisch, opgetogen, verrukt

rare [rɛə] *aj* zeldzaam, ongewoon; dun, ijl ; F buitengewoon (mooi), bijzonder ‖ niet doorbraden [vlees]

rarebit ['rɛəbit] zie *Welsh* I

raree-show ['rɛəriʃou] kijkkast, rarekiek

rarefaction [rɛəri'fækʃən] verdunning; **–fy** ['rɛərifai] **I** *vt* verdunnen, verfijnen²; **II** *vi* zich verdunnen, ijler worden

rarely ['rɛə(r)li] *ad* zelden; zeldzaam of bijzonder (mooi &)

rarification [rɛərifi'keiʃən] = *rarefaction*

raring ['rɛəriŋ] F enthousiast, begerig

rarity ['rɛəriti] zeldzaamheid (ook = rariteit); voortreffelijkheid; dunheid, ijlheid

rascal ['rɑːskəl] schelm, schurk, boef; deugniet, rakker; **–ity** [rɑːs'kæliti] schelmerij, schurkachtigheid; schurkenstreek; ⚔ rapaille *o*; **–ly** ['rɑːskəli] schurkachtig, gemeen

rase [reiz] = *raze*

1 rash [ræʃ] *sb* (huid)uitslag; *fig* stroom

2 rash [ræʃ] *aj* overijld, overhaastig; lichtvaardig, roekeloos, onbezonnen

rasher ['ræʃə] reepje *o*, sneetje *o* spek of ham

rasp [rɑːsp] **I** *sb* rasp; gekras *o*; **II** *vt* raspen, (af)schrapen; krassend schuren over; onaangenaam aandoen; irriteren; **III** *vi* krassen

raspberry ['rɑːzb(ə)ri] framboos; S onfatsoenlijk geluid *o*, wind; (blijk *o* van) afkeuring, smalende opmerking

raster ['ræstə] T raster *o* & *m*

rat [ræt] **I** *sb* rat; *fig* overloper; onderkruiper; ~*s!* S onzin!; *smell a* ~ achterdochtig zijn; **II** *vi* ratten vangen, doden; overlopen; de onderkruiper spelen

ratable ['reitəbl] schatbaar; belastbaar; belastingplichtig; **ratal** aanslag in plaatselijke belasting

ratch [rætʃ], **ratchet** ['rætʃit] ✕ pal

1 rate [reit] **I** *sb* tarief *o*; cijfer *o*, verhouding; snelheid, vaart, tempo *o*; prijs, koers; standaard, maatstaf; graad, rang, klasse; (gemeente)belas-

ting; ~ *of exchange* (wissel)koers; ~ *of interest* rentevoet; ~ *of pay* (*wages*) loonstandaard; ~*s and taxes* gemeente- en rijksbelastingen; *at any* ~ in ieder geval; tenminste; *at this rate* F als het zó doorgaat; *at that* ~ op die manier; *at the* ~ *of* met een snelheid van; ten getale van; tegen, op de voet van [3 %], à raison van; ook onvertaald in: *people were killed at the* ~ *of 40 a day* er werden veertig mensen per dag gedood; *come* (*up*)*on the* ~*s* armlastig worden; **II** *vt* aanslaan, (be)rekenen, taxeren, bepalen; schatten², waarderen²; *Am* verdienen, waard zijn, behalen; *be* ~*d as* ⚓ de rang hebben van; **III** *vr* ~ *oneself with* zich op één lijn stellen met; **IV** *vi* geschat worden, gerekend worden, de rang hebben (van *as*)
2 **rate** [reit] *vt* uitschelden, berispen; ~ *at* uitvaren tegen
ratepayer ['reitpeiə] belastingbetaler, belastingschuldige
rather ['ra:ðə] eer(der), liever, veeleer; meer; heel wat; nogal, vrij, enigszins, tamelijk, wel; ~ *nice* ook: niet onaardig; *rather!* F en of!, of ik!
ratification [rætifi'keiʃən] ratificatie, bekrachtiging; **ratify** ['rætifai] ratificeren, bekrachtigen
rating ['reitiŋ] aanslag [in gemeentebelasting]; ⚓ graad, klasse; waardering, waarderingscijfer *o* ‖ uitbrander; *able* ~ = *able-bodied seaman*; *the* ~*s* ook: ⚓ het personeel, de manschappen
ratio ['reiʃiou] verhouding
ratiocinate [ræti'ɔsineit] redeneren; –**tion** [rætiɔsi'neiʃən] redenering, logische gevolgtrekking
ration [ræʃən] **I** *sb* rantsoen *o*, portie; *off the* ~ niet op de bon, van de bon, zonder bon; *on the* ~ op de bon; ~ *book* bonboekje *o*, bonkaart; **II** *vt* rantsoeneren; distribueren [in oorlogstijd &]; op rantsoen stellen; zijn (hun) rantsoen geven; **rational** *aj* redelijk, verstandig, rationeel
rationale [ræʃə'na:l] beredeneerde uiteenzetting; basis, grond
rationalism ['ræʃ(ə)nəlizm] rationalisme *o*: leer, geloof *o* der rede; –**ist** rationalist(isch); –**istic** [ræʃ(ə)nə'listik] rationalistisch; –**ity** [ræʃə'næliti] rede; verstand *o*; redelijkheid, rationaliteit; –**ization** [ræʃ(ə)nəlai'zeiʃən] rationalisatie; –**ize** ['ræʃ(ə)nəlaiz] rationaliseren; in overeenstemming brengen met de redelijkheid; verstandelijk verklaren
rationing ['ræʃəniŋ] rantsoenering; distributie
rat race ['rætreis] zinloze jacht naar meer, genadeloze concurrentiestrijd
rattan [rə'tæn] rotan *o* & *m* [stofnaam]; rotan *m* [voorwerpsnaam], rotting
rat-tat [ræt'tæt] tok-tok, geklop *o*
ratten ['rætn] sabotage plegen, saboteren; –**ing** sabotage
ratter ['rætə] rattenvanger; *fig* overloper

rattle ['rætl] **I** *vi* ratelen, rammelen, kletteren; reutelen; ~ *along* (*away, on*) maar doorratelen (kletsen); **II** *vt* doen rammelen &; rammelen met &; F zenuwachtig, in de war maken; ~ *off* (*out, over*) afroffelen, aframmelen [les &]; **III** *sb* ratel², rammelaar; geratel *o*; gerammel *o*; reutelen *o*; –**brain** leeghoofd *o* & *m-v*; –**headed** onbezonnen; –**rattler** ratel, kletsmeier; F ratelslang; S een klap die aankomt, een vloek van heb ik jou daar, een donderse leugen; **rattlesnake** ratelslang; –**trap** rammelkast; S kletsmajoor; **rattling** ratelend &; F geweldig; S verduiveld (goed &)
rat-trap ['rættræp] ratteval; S mond; **ratty** vol ratten, rat-; S geërgerd, humeurig
raucous ['rɔ:kəs] schor, rauw
ravage ['rævidʒ] **I** *sb* verwoesting, teistering, plundering; **II** *vt* verwoesten, teisteren; plunderen
rave [reiv] **I** *vi* ijlen, raaskallen; razen (en tieren); ~ *about* (*of, over*) dol zijn op, dwepen met; **II** *vt* uitkramen; **III** *vr* ~ *itself out* uitrazen; **IV** *sb* F enthousiast prijzen *o*; S sentimenteel gedweep *o*; verliefdheid; feestje *o*
ravel ['rævl] **I** *vt* uit-, ontrafelen, ontwarren (ook: ~ *out*); verwikkelen, in de war maken, verwarren; **II** *vi* in de war geraken; rafelen; **III** *sb* ingewikkeldheid, wirwar; rafel
raven ['reivn] **I** *sb* raaf; **II** *aj* ravezwart
ravening ['rævniŋ] *aj* roofzuchtig; zie ook: *ravenous*; **II** *sb* roofzucht; –**nous** ['rævinəs] verslindend, vraatzuchtig, uitgehongerd; roofzuchtig; *a* ~ *appetite* een razende honger
ravine [rə'vi:n] ravijn *o*, gleuf, kloof
raving ['reiviŋ] **I** *aj* ijlend; **II** *ad* ~ *mad* stapelgek; **III** *sb* ijlen *o*; dweperij, gedweep *o*; *his* ~*s* zijn geraaskal *o*
ravish ['ræviʃ] meeslepen²; *fig* verrukken, ontrukken, (ont)roven, wegvoeren; –**er** rover; ontvoerder; –**ing** ['ræviʃiŋ] verrukkelijk; –**ment** verrukking; ⚓ ontroving, wegvoering
raw [rɔ:] **I** *aj* rauw°, guur; ruw, onbewerkt, grof; groen, onervaren, ongeoefend; onvermengd [dranken], puur; ongevold; ruw [taal]; S gemeen, onbillijk [behandeling]; ~ *materials* grondstoffen; **II** *sb* rauwe plek; *in the* ~ onbewerkt, ongeraffineerd, ruw; S naakt; *touch sbd. on the* ~ iem. op een zere (gevoelige) plek raken; ~-**boned** mager (als een hout)
1 **ray** [rei] *sb* 𝕊 rog
2 **ray** [rei] **I** *sb* straal; **II** *vi* stralen schieten, stralen; **III** *vt* uitstralen (ook: ~ *forth*); 𝕋 bestralen
rayon ['reiɔn] rayon *o* & *m* [kunstzijde]
raze [reiz] doorhalen, uitwissen, uitkrabben; met de grond gelijk maken, slechten
razor ['reizə] **I** *sb* scheermes *o*; *electric* ~ elektrisch scheerapparaat *o*; *as sharp as a* ~ ook: vlijm-

scherp; *on the* ~*'s edge* heel kritiek; **II** *vt* scheren [met scheermes]; verwonden [met scheermes]; ~**-back** scherpe rug; ~**-strop** aanzetriem

razz [ræz] **I** *sb* S spottend geluid *o*; **II** *vt* S bespotten, uitlachen

razzia ['ræziə] razzia, inval, strooptocht

razzle(-dazzle) ['ræzl(dæzl)] **S** herrie, drukte; *on the* ~ aan de zwier

R.E. = *Royal Engineers* de Genie

1 re [rei] ♪ re

2 re [ri:] inzake

3 re- [ri:] *pref* her-, weer-, opnieuw-, terug-

reach [ri:tʃ] **I** *vt* bereiken; komen tot [gevolgtrekking &]; aanreiken, overhandigen; toesteken, uitstrekken; ~ *one's audience* weten te ,,pakken''; **II** *vi* reiken, zich uitstrekken; *the news has not* ~*ed here* is nog niet binnengekomen; ~ *a f t e r* = ~ *for*; ~ *a t* reiken tot, bereiken, raken; ~ *d o w n* afhangen, afnemen; ~ *f o r* de hand uitsteken naar, grijpen naar, reiken naar, trachten te bereiken, streven naar; ~ *o u t* (de hand) uitsteken; ~ (*up*) *t o it* zover reiken, het bereiken, er bij komen; **III** *sb* bereik *o*, omvang, uitgestrektheid; rak *o* [rivier]; *the higher* (*upper*) ~*es of* ook: *fig* de hogere regionen van; *a b o v e my* ~ boven mijn bereik (horizon); *b e y o n d the* ~ *of* buiten bereik van; *o u t of* ~ niet te bereiken; *out of my* ~ buiten mijn bereik; *w i t h i n* ~ (makkelijk) te bereiken; *within my* ~ binnen mijn bereik; ~**-me-down** F **I** *aj* confectie; **II** *sb* confectiepak *o*

react [ri'ækt] *vi* reageren (op *upon, to*); terugwerken; ~ *against* zich verzetten tegen, tegen (iets) ingaan, tegenwerken; ~**ion** reactie, terugwerking; ~**ionary** reactionair

reactor [ri'æktə] reactor

read [ri:d] **I** *vt* lezen (in), af-, op-, voorlezen; oplossen [raadsel]; ontcijferen; uitleggen [droom], opvatten, begrijpen; doorzien [iem.]; ~ *the clock* op de klok kijken; ~ *the gas-meter* de gasmeter opnemen; ~ *law*, ~ *for the bar* rechten studeren; ~ *a paper on* zie *paper* **I**; *if I* ~ *him rightly* als ik hem goed begrijp, als ik mij niet vergis in zijn karakter; ~ *i n t o* opmaken uit [iems. woorden]; ~ *o ff* (af)lezen, oplezen; ~ *o u t* uitlezen; hardop lezen, oplezen; voorlezen; ~ (*over*) *t o sbd.* iem. voorlezen; ~ *u p* hardop lezen; blokken (op); zich inwerken [in een onderwerp]; **II** *vr* ~ *oneself in* zijn intreepreek houden; **III** *vi* lezen; studeren; een lezing houden; zich laten lezen, klinken, luiden; *the thermometer* ~*s 30* wijst 30 aan; ~ *with sbd.* studeren onder iems. leiding; iem. klaarmaken [voor examen]; **IV** *sb have a long* (*quiet* &) ~ lang (rustig) zitten lezen; **V** [red] V.T. & V.D. v. *read*; *well-* ~, *deeply-* ~ belezen, op de hoogte; ~**able** ['ri:dəbl] lezenswaardig, leesbaar²; ~**er** lezer, voorlezer; lezeres; lector; adviseur [v. uitgever]; corrector; leesboek *o*; (meter)opne-

mer (*meter* ~); ✕ lezer [v. computer]; ook = *lay reader*; ~**ership** lectoraat *o*; aantal *o* lezers, lezerskring

readily ['redili] *ad* dadelijk, gaarne, grif, gemakkelijk; *sell* ~ $ gerede aftrek vinden; **readiness** gereedheid; bereidheid; bereidwilligheid; paraatheid; (slag)vaardigheid; vlugheid; ~ *of resource* vindingrijkheid; ~ *of wit* gevatheid; *in* ~ gereed, klaar

reading ['ri:diŋ] **I** *aj* lezend, van lezen houdend; vlijtig, hard werkend; **II** *sb* (voor)lezen *o*; lezing°, aflezing; opneming [v. gasmeter &]; belezenheid; lectuur; studie; opvatting; stand [v. barometer &]; ~**-book** leesboek *o*; ~**-desk** lessenaar; ~**-glass** leesglas *o*; [vergrootglas]; ~*es* leesbril; ~**-lamp** leeslamp; studeerlamp; ~**-room** leeszaal, -kamer

readjust ['ri:ə'dʒʌst] weer regelen, in orde brengen of schikken, weer aanpassen; ~**ment** opnieuw regelen *o*, in orde brengen *o* of schikken *o*, weer aanpassen *o*

readmission ['ri:əd'miʃən] wedertoelating; **readmit** weer toelaten; **readmittance** wedertoelating

ready ['redi] **I** *aj* bereid, gereed, klaar; bereidwillig; paraat; vaardig; gemakkelijk; snel; vlug, bij de hand, gevat; ~ *cash* (*money*) contant geld *o*; ~ *reckoner* (boek *o* met) herleidingstabellen; ~ *wit* gevatheid, slagvaardigheid; *make* (*get*) ~ (zich) klaarmaken; ~ *f o r sea* zeilvaardig; ~ *t o faint* op het punt van te bezwijmen; **II** *sb the* ~ **S** de contanten, de duiten; *at the* ~ gereed (om te vuren), klaar; ~**-made** confectie-; (kant en) klaar; *fig* ~ *answer, opinion:* cliché *o*, gemeenplaats; ~**-to-wear** confectie-; ~**-witted** intelligent, slagvaardig

reaffirm ['ri:ə'fə:m] opnieuw bevestigen

reafforest ['ri:ə'fɔrist] herbebossen; ~**ation** ['ri:əfɔris'teiʃən] herbebossing

reagent [ri:'eidʒənt] reagens *o*

1 real [rei'a:l] *sb* reaal [munt]

2 real ['riəl] *aj* echt, werkelijk, wezenlijk, waar, eigenlijk, reëel; zakelijk [recht]; ~ *estate* (*property*) onroerend(e) goed *o* (eigendommen); ~ *money* klinkende munt; *the* ~ *thing, the* ~ *McCoy* je ware; ~**ism** realisme *o*, werkelijkheidszin; ~**ist** realist(isch); ~**istic** [riə'listik] realistisch; werkelijkheidsgetrouw; ~**ity** [ri'æliti] realiteit; wezenlijkheid, werkelijkheid

realizable ['riəlaizəbl] realiseerbaar, haalbaar

realization [riəlai'zeiʃən] verwezenlijking; besef *o*; $ realisatie, tegeldemaking; **realize** ['riəlaiz] verwezenlijken; realiseren, te gelde maken; zich voorstellen, beseffen, zich realiseren, zich rekenschap geven van, inzien; $ opbrengen [v. prijzen], maken [winst]

re-allocation ['ri:ælou'keiʃən] herverkaveling

really ['riəli] *ad* werkelijk, waarlijk inderdaad, in werkelijkheid, eigenlijk; echt, bepaald, beslist, heus, toch; ~? o ja?; is 't heus?

realm [relm] koninkrijk *o*, rijk[2] *o*, *fig* gebied *o*

realty ['riəlti] vast of onroerend goed *o*

1 ream [ri:m] *sb* riem [papier]; *fig* grote hoeveelheid [beschreven papier *o*]

2 ream [ri:m] *vt* vergroten, opruimen [een gat]; **-er** ✕ (op)ruimer, ruimnaald

reanimate ['ri:'ænimeit] doen herleven; weer bezielen of doen opleven; **-tion** ['ri:æni'meiʃən] herleving; wederbezieling

reap [ri:p] maaien, inoogsten, oogsten[2]; ~ *the fruits of* de vruchten plukken van; **-er** maaier, oogster; maaimachine; **reaping-hook** zicht, sikkel; **~-machine** maaimachine

reappear ['ri:ə'piə] weer verschijnen &

1 rear [riə] *sb* achterhoede; achterkant; etappe, etappegebied *o*; *bring up the* ~ ✕ de achterhoede vormen, achteraan komen; *a t* (*in*) *the* ~ *of* achter; *i n* (*the*) ~ achteraan; van achteren; *attack in* (*the*) ~ in de rug aanvallen[2]; **II** *aj* achter-, achterste

2 rear [riə] **I** *vt* oprichten, opheffen; bouwen; opbrengen, (op)kweken, grootbrengen; fokken; verbouwen; **II** *vr* ~ *oneself* (*itself*) zich verheffen; **III** *vi* steigeren

rear-admiral ['riə(r)'ædmərəl] schout-bij-nacht

rearguard ['riəga:d] ✕ achterhoede; ~ *action* achterhoedegevecht *o*

rearm ['ri:'a:m] (zich) herbewapenen; **-ament** herbewapening

rearmost ['riəmoust] achterste, laatste

rearrange ['ri:ə'reindʒ] opnieuw schikken &

rearward ['riəwəd] **I** *sb* achterhoede; *i n the* ~ achteraan (geplaatst); achter ons; *t o* ~ *of* achter; **II** *aj* achterwaarts; achterste, achter-; **III** *ad* achterwaarts

reason ['ri:zn] **I** *sb* reden, oorzaak, grond; rede, redelijkheid, verstand *o*; recht *o*, billijkheid; *as* ~ *was* wat dan ook billijk was; *there's some* ~ *in that* dat laat zich horen; *hear* ~ naar rede luisteren; *lose one's* ~ het verstand verliezen; *see* ~ *to...* reden hebben om...; *talk* ~ verstandig spreken; ● *b y* ~ *of* op grond van, ten gevolge van, vanwege, wegens; *f o r some* ~ (*or other*) om de een of andere reden; *he will do anything i n* ~ alles wat men billijkerwijs verlangen kan; *in* ~ *or o u t of* ~ redelijk of niet; *listen t o* ~ naar rede luisteren; *it stands to* ~ het spreekt vanzelf; *u i t h* ~ met recht, terecht; *w i t h o u t* ~ zonder reden; **II** *vi* redeneren (over *about, of, upon*); **III** *vt* beredeneren, redeneren over; bespreken; ● ~ *a w a y* wegredeneren; ~ *d o w n* door redenering overwinnen; ~ *sbd. i n t o* ...*ing* overreden of overhalen om...; ~ *it o u t* beredeneren; ~ *out* the consequences de gevolgen bedenken; ~ *sbd. o u t o f his*

fears iem. zijn angst uit het hoofd praten; **-able** *aj* redelijk, verstandig; billijk; matig; **-ably** *ad* redelijk; billijk; tamelijk; redelijkerwijs, met reden, terecht; **-ing** redenering

reassemble ['ri:ə'sembl] **I** *vt* opnieuw verzamelen; weer in elkaar zetten [machine &]; **II** *vi* weer bijeenkomen

reassurance [ri:ə'ʃuərəns] geruststelling; **reassure** geruststellen

rebaptism ['ri:'bæptizm] wederdoop; **-ize** ['ri:bæp'taiz] opnieuw dopen

rebarbative [ri'ba:bətiv] afstotend, weerzinwekkend

rebate ['ri:beit] $ korting, rabat *o*, aftrek

rebel ['rebəl] **I** *sb* oproermaker, oproerling, opstandeling, muiter; rebel; **II** *aj* oproerig, opstandig, muitend; **III** *vi* [ri'bel] oproer maken, muiten, opstaan, in opstand komen, rebelleren

rebellion [ri'beljən] oproer *o*, opstand; **-ious** oproerig, rebels, weerspannig; hardnekkig [vb zweren]

rebind ['ri:'baind] opnieuw (in)binden

rebirth ['ri:'bə:θ] wedergeboorte

1 rebound I *vi* [ri'baund] terugspringen, terug-, afstuiten; terugkaatsen; **II** *sb* terugspringen *o*, terugstoot, afstuiting; terugkaatsing; *on the* ~ als reactie daarop, van de weeromstuit

2 rebound ['ri:'baund] V.T. & V.D. v. *rebind*

rebuff [ri'bʌf] **I** *sb* botte weigering, afwijzing; terechtwijzing; nederlaag; **II** *vt* weigeren, afwijzen, afstoten, afpoeieren, afschepen; terechtwijzen

rebuild ['ri:'bild] herbouwen, weer opbouwen; ombouwen; **rebuilt** V.T. & V.D. van *rebuild*

rebuke [ri'bju:k] **I** *vt* berispen, afkeuren; **II** *sb* berisping

rebus ['ri:bəs] rebus

rebut [ri'bʌt] weerleggen; terug-, afwijzen; **rebuttal** weerlegging

recalcitrance [ri'kælsitrəns] weerspannigheid; **-ant** *aj* tegenstribbelend, weerspannig; **II** *sb* weerspannige; **-ate** tegenstribbelen, zich verzetten

recall [ri'kɔ:l] **I** *vt* terugroepen; herroepen, intrekken; weer in het geheugen roepen, memoreren, herinneren aan; zich herinneren; $ opzeggen [een kapitaal]; *it* ~*s...* het doet je denken aan...; **II** *sb* terugroeping; herroeping; rappel *o*; bis [in schouwburg]; *beyond* (*past*) ~ onherroepelijk; reddeloos (verloren)

recant [ri'kænt] **I** *vt* herroepen, terugnemen; **II** *vi* & *va* zijn woorden terugnemen, zijn dwaling openlijk erkennen; **-ation** [ri:kæn'teiʃən] herroeping, afzwering van een dwaling

recap ['rikæp] vulkaniseren [autoband] || **F** afk. v. *recapitulate*

recapitulate [ri:kə'pitjuleit] **I** *vt* in het kort her halen, samenvatten; **II** *vi* resumeren; **–tion** [ri:kəpitju'leiʃən] recapitulatie, korte herhaling of samenvatting

recapture ['ri:'kæptʃə] **I** *vt* heroveren; *fig* terugroepen, [weer] voor de geest halen; **II** *sb* herovering; heroverde *o*

recast ['ri:'ka:st] **I** *vt* opnieuw gieten, omgieten; opnieuw vormen; opnieuw berekenen; *fig* opnieuw bewerken, omwerken [een boek &]; de rollen opnieuw verdelen van [een toneelstuk]; **II** *sb* omgieten *o*; *fig* omwerking

recede [ri'si:d] *vi* teruggaan, -wijken, (zich) terugtrekken; $ teruglopen [koers]; zich verwijderen [v.d. kust &]; aflopen [getij]; ~ *from a demand* een eis laten vallen; ~ *from view* uit het gezicht verdwijnen

receipt [ri'si:t] **I** *sb* ontvangst; bewijs *o* van ontvangst, kwitantie; reçu *o*; recept *o*; ~*s* recette; *be in* ~ *of* ontvangen hebben; ontvangen, krijgen, trekken; *on* ~ *of* na (bij) ontvangst van; **II** *vt* kwiteren; ~ **book** kwitantieboekje *o*; ~ **stamp** kwitantiezegel

receivable [ri'si:vəbl] ontvangbaar, aannemelijk; nog te ontvangen of te innen; **receive I** *vt* ontvangen, aannemen, in ontvangst nemen; opvangen; vinden, krijgen; opnemen, toelaten; ⚕ helen; *the standard* ~*d in Paris* te Parijs geldend; **II** *vi* recipiëren, ontvangen; ⚕ helen; **–r** ontvanger°; heler; ⚖ curator [v. failliete boedel]; recipiënt, klok [v. luchtpomp]; reservoir *o*; 🕭 hoorn; R ontvangtoestel *o*; *official* ~ curator bij faillissement; **receiving-office** bestelkantoor *o*; ~**-order** aanstelling tot curator [bij faillissement]; ~**-set** ontvangtoestel *o*

recension [ri'senʃən] herziening; herziene uitgaaf

recent ['ri:sənt] *aj* recent, van recente datum, onlangs plaats gehad hebbend; van de nieuwere tijd; nieuw, fris; laatst, jongst; **–ly** *ad* onlangs, kort geleden, in de laatste tijd, recentelijk; *as* ~ *as 1970* in 1970 nog; *till* ~ tot voor kort

receptacle [ri'septəkl] vergaarbak, -plaats; schuilplaats; ☘ bloem-, vruchtbodem

reception [ri'sepʃən] ontvangst, onthaal *o*, opname; opneming; receptie; ~ **centre** opvangcentrum *o*; ~ **clerk**, **–ist** receptionist(e)

receptive [ri'septiv] receptief, kunnende opnemen, ontvankelijk; ~ *faculties* opnemingsvermogen *o*; **–vity** [risep'tiviti] receptiviteit, opnemingsvermogen *o*, ontvankelijkheid

recess [ri'ses] terugwijking [v. gevel]; inham, (schuil)hoek, nis, alkoof; opschorting [v. zaken]; reces *o*; *Am* vakantie; *in* ~ op reces; **–ion** wijken *o*; terugtreding; $ recessie; **–ional** gezang *o* terwijl de geestelijken zich na afloop van de dienst terugtrekken (ook: ~ *hymn*)

recharge ['ri:'tʃa:dʒ] opnieuw aanvallen; op-

nieuw beschuldigen; opnieuw vullen, opnieuw laden [accu, geweer *o* &]

recherché [rə'ʃɛəfei] *Fr* bijzonder; uitgezocht, precieus

recidivist [ri'sidivist] recidivist

recipe ['resipi] recept *o*

recipient [ri'sipiənt] **I** *aj* ontvangend, opnemend; **II** *sb* ontvanger

reciprocal [ri'siprəkl] *aj* wederzijds, wederkerig; over en weer; omgekeerd [evenredig]; ~ *service* wederdienst; **–cate** [ri'siprəkeit] **I** *vi* 🗙 heen en weer gaan; reciproceren, iets terug doen; bewezen gunsten beantwoorden; **II** *vt* vergelden, beantwoorden (met *with*), (uit)wisselen; **–cation** [risiprə'keiʃən] (uit)wisseling; beantwoording, vergelding; **–city** [resi'prəsiti] wederkerigheid; wisselwerking

recital [ri'saitl] opsomming (der feiten), omstandig verslag *o*; verhaal *o*; voordracht; recital *o*: concert *o* door één solist; **–ation** [resi'teiʃən] opzeggen *o*, voordracht; declamatie; **–ative** [resitə'ti:v] recitatief *o*; opzeggen; **–recite** [ri'sait] opsommen; reciteren, voordragen, declameren, opzeggen; **–r** declamator; declameerboek *o*

☉ **reck** [rek] *if (though)*... *what* ~ *we, we do not* ~ wat kan ons dat schelen?; *what* ~*s it him?* wat kan hem dat schelen?; ~ *of* geven om; **–less** zorgeloos, roekeloos, onbesuisd; vermetel; ~ *of* niet gevend om, niet achtend, niet tellend

reckon ['rekn] **I** *vt* (be)rekenen, tellen; achten, houden voor...; denken; ~ *among* (*with*) rekenen of tellen onder; ~ *in* meerekenen, -tellen; ~ *up* optellen, uitrekenen, samenvatten; **II** *vi* rekenen; ~ (*up*)*on* rekenen op; ~ *with* rekening houden met; afrekenen met²; ~ *without one's host* buiten de waard rekenen; **–er** rekenaar; [reken]tabellenboek *o*; **–ing** rekening, afrekening²; berekening; (*dead*) ~ ⚓ (gegist) bestek *o*; *be out in one's* ~ zich misrekend hebben, zich vergissen; *day of* ~ dag der vergelding

reclaim [ri'kleim] **I** *vt* terugbrengen op het rechte pad, verbeteren, bekeren; terugwinnen; in cultuur brengen, ontginnen, droogleggen; tam maken, africhten; **II** *sb* *beyond (past)* ~ onherroepelijk (verloren); onverbeterlijk; **reclamation** [reklə'meiʃən] terugvordering, eis; 🗙 protest *o*; (zedelijke) verbetering; bekering; (land)aanwinning, ontginning, drooglegging

recline [ri'klain] **I** *vt* (doen) leunen, laten rusten; **II** *vi* achteroverleunen, rusten; ~ *upon* steunen of vertrouwen op

recluse [ri'klu:s] **I** *aj* afgezonderd, eenzaam; **II** *sb* kluizenaar

recognition [rekəg'niʃən] herkenning; erkenning; erkentenis; *beyond (out of) (all)* ~ tot onherkenbaar wordens toe; *in* ~ *of...* ter erkenning van, uit erkentelijkheid voor...; **recogni-**

zable [ˈrekəgnaizəbl] te herkennen, (her)kenbaar; kennelijk

recognizance [riˈkɔgnizəns] 𝖘𝖙 gelofte, schriftelijke verplichting om iets te doen; borgtocht

recognize [ˈrekəgnaiz] herkennen (aan *by*); erkennen; inzien

recoil [riˈkɔil] **I** *vi* terugspringen, terugdeinzen (voor *from*); 𝖝 teruglopen [kanon], (terug)stoten [geweer]; ~ *on the head of* neerkomen op het hoofd van; **II** *sb* terugspringen *o*; terugslag; 𝖝 terugloop [v. kanon]; terugstoot [v. geweer]

recollect [rekəˈlekt] **I** *vt* zich herinneren; ~ *one's thoughts* z'n gedachten verzamelen; **II** *vr* ~ *oneself* zich bezinnen; zich beheersen; **III** *va* het zich herinneren; **-ion** herinnering; *to the best of my* ~ voor zover ik mij herinner; *w i t h i n the* ~ *of man* bij mensenheugenis

recommence [riːkəˈmens] **I** *vi* weer beginnen; **II** *vt* weer beginnen, hervatten

recommend [rekəˈmend] aanbevelen, aanprijzen, recommanderen; aanraden, adviseren; ~*ed price* adviesprijs; **-able** aan te bevelen, aanbevelenswaardig; **-ation** [rekəmənˈdeiʃən] recommandatie, aanbeveling, aanprijzing; advies *o*; **-atory** [rekəˈmendətəri] aanbevelend, aanbevelings-

recompense [ˈrekəmpens] **I** *vt* (be)lonen; vergelden, vergoeden, schadeloos stellen (voor *for*); **II** *sb* beloning, vergelding, vergoeding, loon *o*, schadeloosstelling

recompose [ˈriːkəmˈpouz] weer samenstellen; (weer) kalmeren

reconcilable [ˈrekənsailəbl] verzoenbaar, verenigbaar, bestaanbaar (met *with, to*); **reconcile** **I** *vt* verzoenen (met *to, with*); ~ *with* overeenbrengen met, verenigen met; ~ *differences* geschillen bijleggen; **II** *vr* ~ *oneself to it* zich ermee verzoenen, zich erin schikken; **-ment** verzoening²; **reconciliation** [rekənsiliˈeiʃən] verzoening²

recondite [riˈkɔndait, ˈrekəndait] onbekend, verborgen; diepzinnig, duister

recondition [ˈriːkənˈdiʃən] weer opknappen, opnieuw uitrusten [schip &]

reconnaissance [riˈkɔnisəns] verkenning²

reconnoitre [rekəˈnɔitə] **I** *vt* verkennen²; **II** *va* het terrein verkennen²

reconsider [ˈriːkənˈsidə] opnieuw overwegen; herzien [vonnis]; terugkomen op [een beslissing]

reconstitute [ˈriːˈkɔnstitjuːt] opnieuw samenstellen, reconstrueren

reconstruct [ˈriːkənsˈtrʌkt] weer (op)bouwen; opnieuw samenstellen, reconstrueren; **-ion** nieuwe samenstelling, reconstructie; wederopbouw; **-ive** herstel-, herstellings-

record I *vt* [riˈkɔːd] aan-, optekenen, aangeven, registreren; opnemen [op grammofoonplaat]; vastleggen, boekstaven, melding maken van, vermelden, verhalen; uitbrengen [zijn stem]; ~*ed music* grammofoonmuziek; **II** *sb* [ˈrekɔːd] aan-, optekening; gedenkschrift *o*, (historisch) document *o*, officieel afschrift *o*; gedenkteken *o*, getuigenis *o* & *v* [van het verleden]; staat van dienst; verleden *o*; record *o*; (grammofoon)plaat, opname; ~*s* archief *o*, archieven; *criminal* ~, *police* ~ strafregister *o*, strafblad *o*; *have a clean* ~ een blanco strafregister hebben; *beat the* ~ het record breken; *keep* ~(*of*) aantekening houden (van); ● *for the* ~ voor de goede orde; *off the* ~ **F** niet officieel, niet voor publikatie (geschikt), geheim, vertrouwelijk; *be on* ~ opgetekend zijn, te boek staan, historisch zijn; (algemeen) bekend zijn; *go on* ~ *as*... verklaren te (zijn)...; *place* (*put*) *on* ~ vastleggen, boekstaven; verklaren; *the greatest*... *on* ~ de grootste... waarvan de geschiedenis gewaagt; *keep to the* ~ voet bij stuk houden; **III** *aj* record-; ~ **changer** platenwisselaar; **-er** [riˈkɔːdə] griffier; archivaris; rechter; registreertoestel *o*; recorder, opnemer, opneemtoestel *o*; ♩ blokfluit; **recording** opname; registreren *o* &, zie *record* **I**; ~ **tape** opnameband, geluidsband; ~ **van** reportagewagen; **record library** [ˈrekɔːˈdlaibrəri] discotheek; ~ **office** (rijks)archief *o*; ~-**player** platenspeler; ~ **token** [ˈrekɔːdtoukn] platebon

1 recount [riˈkaunt] *vt* verhalen, opsommen

2 recount [ˈriːˈkaunt] **I** *vt* opnieuw tellen; **II** *sb* nieuwe telling

recoup [riˈkuːp] **I** *vt* schadeloos stellen (voor), (weer) goedmaken, vergoeden; **II** *vr* ~ *oneself* zich schadeloos stellen, zijn schade verhalen

recourse [riˈkɔːs] toevlucht; $ regres *o*; *have* ~ *to* zijn toevlucht nemen tot

1 recover [riˈkʌvə] **I** *vt* terug-, herkrijgen, herwinnen; heroveren; terugvinden; bergen [v. lijken, ruimtecapsule]; terugwinnen; goedmaken [fout], inhalen [verloren tijd]; innen [schulden]; doen herstellen [iem.]; zich herstellen van [slag]; er bovenop halen [zieke], bevrijden, redden; weer bereiken; 𝖘𝖙 zich toegewezen zien [schadevergoeding]; ~ *one's breath* weer op adem komen; ~ *damages* schadevergoeding krijgen; ~ *one's legs* weer op de been komen, weer opkrabbelen; **III** *vr* ~ *oneself* weer op de been komen; zich herstellen; zijn kalmte herkrijgen; **III** *vi* herstellen, beter worden, genezen; weer bijkomen [uit bezwijming]; zich herstellen; schadevergoeding krijgen; 𝖘𝖙 zijn eis toegewezen krijgen

2 recover [ˈriːˈkʌvə] *vt* weer bedekken, opnieuw bekleden of dekken; overtrekken [een paraplu]

recovery [riˈkʌvəri] terugkrijgen *o* &; berging; terugbekoming, wederverkrijging, herstel *o* [van gezondheid]; *beyond* (*past*) ~ onherstelbaar, ongeneeslijk

⊙ **recreant** ['rekriənt] **I** *aj* lafhartig; afvallig; **II** *sb* lafaard; afvallige

1 recreate ['rekrieit] **I** *vt* ontspanning geven, vermaken; **II** *vi* ontspanning nemen, zich ontspannen

2 recreate ['ri:kri'eit] *vt* herscheppen

1 recreation [rekri'eiʃən] ont-, uitspanning, recreatie, speeltijd

2 recreation ['ri:kri'eiʃən] herschepping

recreational [rekri'eiʃənəl] recreatief; **recreation ground** [rekri'eiʃəngraund] speelplaats, speelterrein *o*, speeltuin

recriminate [ri'krimineit] elkaar over en weer beschuldigen, tegenbeschuldigingen of (tegen)verwijten doen; **–tion** [rikrimi'neiʃən] tegenbeschuldiging, (tegen)verwijt *o*

recrudesce [ri:kru:'des] opnieuw uitbreken, oplaaien; verergeren; **recrudescence** opnieuw uitbreken *o* [v. ziekte]; opleving; oplaaiing [van hartstocht &]; verergering

recruit [ri'kru:t] **I** *sb* rekruut[2]; nieuweling; **II** *vt* (aan)werven, rekruteren[2]; versterken, nieuwe kracht geven, aanvullen; **III** *vi* weer op krachten komen, aansterken; **–ment** (aan)werving, rectal ['rektəl] rectaal [krutering

rectangle ['rektæŋgl] rechthoek; **–gular** [rek'tæŋgjulə] rechthoekig

rectification [rektifi'keiʃən] rectificatie [ook = herhaalde distillatie], verbetering, herstel *o*, rechtzetting; **rectifier** ['rektifaiə] verbeteraar; rectificatietoestel *o*; ⚡ gelijkrichter; **rectify** rectificeren [ook = opnieuw distilleren], verbeteren, herstellen, rechtzetten; ⚡ gelijkrichten

rectilinear [rekti'liniə] rechtlijnig

rectitude ['rektitju:d] oprechtheid, rechtschapenheid; correctheid

rector ['rektə] predikant, dominee; ☞ rector [v. gymnasium of hogeschool in Schotland, Nederland & Duitsland]; **–ial** [rek'tɔ:riəl] rectoraal, rectoraats-; **–ship** ['rektəʃip] rectoraat *o*; **rectory** predikantsplaats; pastorie; rectorswoning

rectum ['rektəm] endeldarm

recumbency [ri'kʌmbənsi] (achterover)liggende (leunende) houding; rust; **–ent** (achterover)liggend, (-)leunend; rustend

recuperate [ri'kju:pəreit] herstellen, weer op krachten komen, opknappen; **–tion** [rikju:pə'reiʃən] herstel *o*; **–tive** [ri'kju:pərətiv] herstellend, versterkend; herstellings-

recur [ri'kə:] terugkeren, terugkomen; zich herhalen; *~ to one* (*to one's mind*) weer bij iem. opkomen, iem. weer te binnen schieten; *~ring decimal* repeterende breuk; **recurrence** [ri'kʌrəns] terugkeer; herhaling; **–ent** (periodiek) terugkerend, periodiek

recusant ['rekjuzənt] weerspannig(e); afgeschei-

den(e)

recycling [ri'saikliŋ] recycling, hergebruik *o*

red [red] **I** *aj* rood[2]; bloedig[2]; links, revolutionair; *see ~* in blinde woede ontsteken, van woede buiten zichzelf zijn; *~ deer* edelhert *o*; *~ hot* roodgloeiend, *fig* enthousiast; woedend; S actueel, sensationeel; *R~ Indian* Indiaan, roodhuid; *it is a ~ rag to him* het werkt op hem als een rode lap op een stier; *~ tape* [*fig*] bureaucratie; zie ook: *herring*; **II** *sb* rood *o*; rode [republikein &]; ♂♂ rode bal; *in* (*out of*) *the ~* **F** in (uit) de rode cijfers: met (zonder) een tekort, debet (credit) staand

redact [ri'dækt] redigeren, bewerken, opstellen; **–ion** redactie, redigeren *o*, bewerking; nieuwe uitgave

red-blooded ['red'blʌdid] levenslustig, energiek; **–breast** roodborstje *o*; **~-brick** *~ university* universiteit van de nieuwere tijd; **–cap** F iemand van de militaire politie; F *Am* kruier, witkiel; distelvink; **–coat** roodrok [= Engelse soldaat]; **redden I** *vt* rood kleuren, rood maken; doen blozen; **II** *vt* rood worden, een kleur krijgen, blozen; **reddish** roodachtig, rossig

redeem [ri'di:m] terugkopen, loskopen, af-, vrijkopen; in-, aflossen; terugwinnen; verlossen, bevrijden; (weer) goedmaken; vervullen, gestand doen, inlossen [belofte]; **–able** aflosbaar, afkoopbaar; verlost kunnende worden; uitlootbaar; **–er** *the Redeemer* de Verlosser, de Heiland; **–ing** verlossend; *the one ~ feature* het enige lichtpunt, het enige dat in zijn voordeel te zeggen valt; **redemption** [ri'dem(p)ʃən] loskoping, verlossing, terugkoop, af-, inlossing; *beyond* (*past*) *~* reddeloos verloren

redeployment [ri:di'plɔimənt] ✕ verschuiving, heropstelling van troepen

redescend ['ri:di'send] weer afdalen

redevelopment ['ri:di'veləpmənt] wederopbouw, sanering

red-handed ['red'hændid] *be caught* (*taken*) *~* op heterdaad betrapt worden; *~ hat rk* kardinaalshoed; ✕ S stafofficier; **redhead** ['redhed] roodharige; **~-heat** rode gloeihitte; **~-hot** roodgloeiend, gloeiend[2]; vurig, dol

rediffusion ['ri:di'fju:ʒən] radiodistributie, televisiedistributie

redintegrate [re'dintigreit] herstellen (in zijn oude vorm), vernieuwen; **–tion** [redinti'greiʃən] herstel *o*, herstelling, vernieuwing

redirect ['ri:di'rekt] nazenden; opnieuw adresseren

rediscover ['ri:dis'kʌvə] herontdekken; **–y** herontdekking

redistribute ['ri:dis'tribjut] opnieuw ver-, uit- of indelen, anders schikken; **–tion** ['ri:distri'bju:-ʃən] nieuwe verdeling, uit-, indeling, herverdeling

red lead ['red'led] menie; **~-letter** ~ *day* (kerkelijke) feestdag, heilige dag; *fig* bijzondere of gelukkige dag; **~ light** rood licht; *see the* ~ het gevaar beseffen, op zijn hoede zijn; **~ district** warme (rosse) buurt

redolence ['redoulǝns] geurigheid, geur; **–ent** geurig; **~ of** riekend naar; *fig* vervuld met de geur van, (zoete) herinneringen wekkend aan

redouble [ri'dʌbl] **I** *vt* verdubbelen; ◊ redoubleren; **II** *vi* zich verdubbelen, toenemen, aanwassen

redoubt [ri'daut] ⚔ redoute

redoubtable [ri'dautǝbl] te duchten, geducht

redound [ri'daund] bijdragen (tot *to*); *it ~s to his credit* (*honour*) het strekt hem tot eer; *the benefits that ~ to us from it* die daaruit voortspruiten voor ons; *the honour ~s to God* komt God toe; **~ upon** (zijn) terugslag hebben op

redraft ['ri:'dra:ft] **I** *vt* opnieuw ontwerpen; **II** *sb* nieuw ontwerp *o*; $ retourwissel, herwissel

1 redress [ri'dres] **I** *vt* herstellen, verhelpen, goedmaken, (weer) in orde brengen, redresseren; **II** *sb* herstel *o*, redres *o*

2 redress ['ri:'dres] *vt* opnieuw (aan)kleden

redshank ['redʃæŋk] 🐦 tureluur; **–skin** roodhuid, Indiaan; **~ tape** roodstaartje *o*; **~ tape** rood band *o* of lint *o*; *fig* bureaucratie

reduce [ri'dju:s] (terug)brengen, herleiden; zetten [een lid]; verkleinen, verlagen, verkorten, verminderen, verdunnen; ✗ verlopen, nauwer worden; *chem* reduceren; vermageren, verzwakken; fijnmaken; onderwerpen, ten onder brengen, tot overgave dwingen [een vesting]; *in ~d circumstances* achteruitgegaan, verarmd; **~ to ashes** in de as leggen; **~ to beggary** tot de bedelstaf brengen; **~ to powder** fijnmalen, fijnwrijven; **~ to writing** opschrijven; zie ook: 1 *rank* I; **–r** ✗ verloopstuk *o*; **reducible** herleidbaar, terug te brengen &; **reduction** [ri'dʌkʃǝn] terugbrenging; herleiding; reductie; verlaging, ✗ degradatie; verkorting, beperking, vermindering, verkleining, afslag; onderwerping, tenonderbrenging; zetting [v. een lid]; *at a ~* tegen verminderde prijs

redundancy [ri'dʌndǝnsi] overtolligheid, overvloed(igheid); werkloosheid; **–ant** overtollig, overvloedig; overbodig (en werkloos) geworden [arbeider]

reduplicate [ri'dju:plikeit] verdubbelen, herhalen; **–tion** [ridju:pli'keiʃǝn] verdubbeling, herhaling

redwood ['redwud] roodhout *o*, brazielhout *o*

redwing ['redwiŋ] 🐦 koperwiek

re-echo [ri'ekou] **I** *vt* weerkaatsen, herhalen; **II** *vi* weerklinken, weergalmen

reed [ri:d] **I** *sb* 🌾 riet *o*; ♩ riet *o* [in mondstuk v. klarinet &], tong [in orgelpijp]; ⊙ herdersfluit,

rietfluitje *o*; ⊙ pijl; *the ~s* 🌾 het riet [collectief]; ♩ de houten blaasinstrumenten: hobo en fagot; *broken ~* [*fig*] iem. waar men niet op rekenen kan; **II** *vt* met riet dekken; ♩ een riet of tong zetten in

re-edit [ri:'edit] opnieuw uitgeven [v. boeken]

reed-mace ['ri:dmeis] lisdodde

re-educate ['ri:'edjukeit] heropvoeden; **–tion** ['ri:edju'keiʃǝn] heropvoeding

reed-warbler ['ri:dwɔ:blǝ] rietzanger

reedy ['ri:di] vol riet, rieten, riet-; pieperig [v. stem]

1 reef [ri:f] **I** *sb* ⚓ rif *o*; *take in a ~* reven; *fig* wat inbinden; **II** *vt* ⚓ reven

2 reef [ri:f] *sb* rif *o*; ertsader

reefer ['ri:fǝ] jekker (ook: *~ jacket*) ‖ S dunne hasjiesjsigaret, stickie *o*

reef-knot ['ri:fnɔt] ⚓ platte knoop

reek [ri:k] **I** *sb* damp, rook; stank; **II** *vi* dampen, roken; stinken, rieken (naar² *of*); **–y** rokerig, berookt, zwart; (kwalijk) riekend

reel [ri:l] **I** *sb* haspel, klos; rol; spoel; film(strook); reel: Schotse dans; waggelende gang; (*straight*) *off the* ~ zonder haperen, vlot achter elkaar; op stel en sprong; **II** *vt* haspelen, opwinden; **~ in** in-, ophalen; **~ off** afhaspelen, afwinden; *fig* afratelen, afdraaien [les]; **~ up** op-, inhalen; **III** *vi* waggelen [als een dronkaard]; wankelen; de *reel* dansen; *my brain ~s* het duizelt mij

re-elect ['ri:i'lekt] herkiezen; **–ion** herkiezing; **re-eligible** ['ri:'elidʒibl] herkiesbaar

re-engage ['ri:in'geidʒ] **I** *vt* opnieuw engageren°; **II** *vi* opnieuw dienst nemen

re-enter ['ri:'entǝ] *vi* weer in [z'n rechten] treden; weer binnenkomen; **II** *vt* weer betreden

re-establish ['ri:is'tæbliʃ] (weer) herstellen, wederoprichten

1 reeve [ri:v] *sb* 🏛 baljuw

2 reeve [ri:v] ⚓ *vt* inscheren [touw]; een weg banen [door ijsschotsen of zandbanken]

re-examination ['ri:igzæmi'neiʃǝn] tweede ondervraging; nieuw onderzoek *o*; 🎓 herexamen *o*, herkansing; ✗ herkeuring; **re-examine** ['ri:ig'zæmin] weer ondervragen; weer onderzoeken; 🎓 opnieuw examineren; ✗ herkeuren

re-exchange ['ri:eks'tʃein(d)ʒ] omruiling; $ herwissel, ricambio

re-export I *vt* ['ri:eks'tʃpɔ:t] weer uitvoeren; **II** *sb* ['ri:'ekspɔ:t] wederuitvoer

ref [ref] $ afk. v. *referee*; *reference*

refashion ['ri:'fæʃǝn] opnieuw vormen, vervormen, omwerken

refection [ri'fekʃǝn] verkwikking, verversing, lichte maaltijd

refectory [ri'fektǝri] refectorium *o*, refter: eetzaal in klooster(school)

refer [ri'fǝ:] **I** *vt* **~ to** verwijzen naar; doorzenden naar, in handen stellen van, voorleggen aan, onderwerpen aan; toeschrijven aan; terugbrengen tot, brengen onder; ~ *back* terugwijzen; verwijzen; **II** *vr* ~ *oneself to* zich verlaten op; zich onderwerpen aan; **III** *vi* ~ *to* zich wenden tot, raadplegen, (er op) naslaan; verwijzen naar; zich beroepen op; betrekking hebben op; zinspelen op, op het oog hebben, doelen op; reppen van, melding maken van, vermelden, noemen, spreken over, het hebben over, ter sprake brengen; ~*ring to your letter* onder referte aan, onder verwijzing naar uw brief; **–able** terug te brengen (tot *to*), toe te schrijven (aan *to*)

referee [refǝ'ri:] **I** *sb* scheidsrechter; **II** *vi* als scheidsrechter optreden

reference ['refǝrǝns] betrekking; verwijzing; zinspeling; vermelding; informatie, getuigschrift *o*, referentie; bewijsplaats; raadplegen *o*, naslaan *o*; $ referte; bevoegdheid; *book* (*work*) *of* ~ naslagboek *o*, -werk *o*; *make* ~ *to* zinspelen op; vermelden; *in* (*with*) ~ *to* ten aanzien van, met betrekking tot, aangaande; met (onder) verwijzing naar; *without* ~ *to* ook: zonder te letten op; ~ **book** naslagboek *o*; ~ **work** naslagwerk *o*

referendary [refǝ'rendǝri] referendaris

referendum [refǝ'rendǝm] referendum *o*

refill ['ri:'fil] **I** *vt* opnieuw vullen, weer aanvullen; **II** *sb* nieuwe vulling [voor ballpoint, pijp &], reservepotloodje *o*, -potloodjes, reserveblad *o*, -bladen &

refine [ri'fain] **I** *vt* raffineren, zuiveren, louteren, veredelen, verfijnen, beschaven; **II** *vi* zuiverder worden; ~ *upon* fijn uitpluizen; verbeteren, overtreffen; **–d** gezuiverd, gelouterd, verfijnd; beschaafd; geraffineerd[2]; **–ment** raffinage, zuivering, loutering, verfijning, veredeling, beschaving; raffinement *o*; spitsvondigheid; finesse; **refiner** raffinadeur; zuiveraar; *fig* verfijner [v. de smaak], beschaver; uitpluizer, haarklover; **–y** raffinaderij

refit ['ri:'fit] **I** *vt* herstellen; repareren; opnieuw uitrusten; **II** *sb* herstel *o*, reparatie; nieuwe uitrusting

reflect [ri'flekt] **I** *vt* terugwerpen, terugkaatsen, weerkaatsen, weerspiegelen, afspiegelen; ~ *credit on* tot eer strekken; **II** *vi* nadenken; bedenken (dat *that*); ~ *on* nadenken over, overwegen; aanmerking(en) maken op; zich ongunstig uitlaten over, een blaam werpen op; **–ion** terugkaatsing, weerkaatsing, weerschijn, weerspiegeling, afspiegeling, (spiegel)beeld *o*; nadenken *o*, overdenking, overweging, gedachte; hatelijkheid; afkeuring; *cast* (*throw*) ~*s on* schampere opmerkingen maken over, een blaam werpen op; *on* (*better, further*) ~ bij nadere overweging, bij nader inzien; **–ive** weerkaatsend; (na)denkend; **–or** reflector

reflex ['ri:fleks] **I** *aj* teruggekaatst; zelfbespiegelend; onwillekeurig reagerend, reflex-; **II** *sb* weerkaatst beeld *o*; weerkaatsing; weerkaatst licht *o*; weerschijn; afspiegeling; reflex(beweging)

reflexion = *reflection*

reflexive [ri'fleksiv] wederkerend (werkwoord *o*, voornaamwoord *o*)

refloat ['ri:'flout] weer vlot maken

reflux ['ri:flʌks] terugvloeiing, eb; *a* ~ *of opinion* een ommekeer in de openbare mening

refoot ['ri:'fut] nieuwe voet maken [aan sok of kous]

1 reform ['ri:'fɔm] *vt* opnieuw vormen, maken (% formeren)

2 reform [ri'fɔm] **I** *vt* hervormen; bekeren, (zedelijk) verbeteren; afschaffen, wegnemen [misbruiken]; **II** *vi* zich beteren, zich bekeren; **III** *sb* hervorming; (zedelijke) verbetering; afschaffing [misbruiken]

1 reformation ['ri:'fɔ:'meiʃǝn] nieuwe vorming (% formering)

2 reformation [refǝ'meiʃǝn] hervorming°, verbetering; reformatie; **reformative** [ri'fɔ:mǝtiv] hervormend; verbeterend; **–tory I** *aj* hervormend, verbeterings-; ~ *school* = **II** *sb* 𝕌 tuchtschool, verbeteringsgesticht *o*; **reformer** hervormer°

refract [ri'frækt] breken [de lichtstralen]; **–ion** straalbreking; *angle of* ~ brekingshoek; **–ive** (straal)brekend; brekings-; **–ory** weerspannig, weerbarstig, hardnekkig; moeilijk smeltbaar, vuurvast

1 refrain [ri'frein] *sb* refrein *o*

2 refrain [ri'frein] **I** *vi* zich bedwingen, zich weerhouden; ~ *from* zich onthouden van; **II** *vt* ✎ in toom houden, inhouden

refrangible [ri'frændʒibl] breekbaar [v. stralen]

refresh [ri'freʃ] verversen, op-, verfrissen, verkwikken, laven; **–er** wie of wat ververst of opkwikt; opfrissing; **F** „glaasje" *o*; extra honorarium *o* voor advocaat; ~ *course* herhalingscursus; **–ing** verfrissend &; **–ment** verversing, op-, verfrissing, verkwikking, laving; *take some* ~ iets gebruiken [in café &]; ~*s* snacks, lichte maaltijd; **–ment room** restauratie(zaal), koffiekamer

refrigerant [ri'fridʒǝrǝnt] **I** *aj* verkoelend; **II** *sb* koelmiddel *o*; ✝ verkoelend middel *o*; **–ate** koel maken, (ver)koelen, koud maken; **–tion** [rifridʒǝ'reiʃǝn] (ver)koeling; afkoeling, bevriezing; **–ator** [ri'fridʒǝreitǝ] koelvat *o*; koelkan; ijskast; vrieskamer; ~ *carriage* koelwagen

reft [reft] beroofd

refuel ['ri:'fjuǝl] bijtanken

refuge ['refju:dʒ] toevlucht, toevluchtsoord *o*, wijk-, schuilplaats; asiel *o*; vluchtheuvel; *harbour of* ~ vluchthaven; *take* ~ *in...* zijn toevlucht nemen tot; de wijk nemen naar; *take ~ with* zijn toevlucht zoeken bij; ~ **lane** vluchtstrook; re-**'fugee** [refju:'dʒi:] vluchteling, uitgewekene; ▯ refugié

refulgence [ri'fʌldʒəns] glans, luister; **–ent** stralend, schitterend

refund I *vt* [ri:'fʌnd] teruggeven, terugbetalen; **II** *sb* ['ri:fʌnd] terugbetaling, teruggave

refurbish ['re:'fə:biʃ] weer opknappen, weer oppoetsen

refusal [ri'fju:zəl] weigering; optie; preferentie [op huis &]; *meet with a ~* nul op het rekest krijgen; afgeslagen worden; *take no ~* van geen weigering willen weten

1 refuse ['refju:s] **I** *sb* uitschot *o*, afval *o* & *m*, vuilnis, vuil *o*; **II** *aj* waardeloos, afval-

2 refuse [ri'fju:z] **I** *vt* afwijzen, afslaan, weigeren, niet willen [doen], het vertikken (te *to*); ~ *acceptance* niet willen aannemen, weigeren; ~ *oneself...* zich... ontzeggen; **II** *vi* weigeren°

refuse bin ['refju:sbin] vuilnisvat *o*, vuilnisbak; ~ **chute** vuilniskoker; ~ **collector** vuilnisauto; ~ **dump** vuilnisbelt

refutation [refju'teiʃən] weerlegging; **refute** [ri'fju:t] weerleggen

Reg. = *Regent*; *register(ed)*; *registrar*

regain [ri'gein] herwinnen, herkrijgen; weer bereiken; ~ *one's feet (footing)* weer op de been komen

regal ['ri:gəl] koninklijk, konings-

regale [ri'geil] onthalen, vergasten, trakteren (op *with*), een lust zijn voor [het oog]

regalia [ri'geiliə] regalia, kroonsieraden, insignes

regalism ['ri:gəlizm] koninklijke suprematie in kerkelijke zaken

regality [ri'gæliti] koninklijke waardigheid

regard [ri'ga:d] **I** *vt* aanzien, beschouwen, achten; hoogachten; acht slaan op; betreffen, aangaan; *as ~s me* wat mij betreft; **II** *sb* blik; aanzien *o*, achting, eerbied, egards; aandacht, zorg; *kind ~s to you all* met beste groeten; *have a ~ for* ook: wel mogen; *have (pay)* ~ *to* acht slaan op, rekening houden met; ● *in this* ~ in dit opzicht; *in ~ of (to)*, *w i t h* ~ *to* ten aanzien van; *w i t h o u t* ~ *for (to)* zonder zich te bekommeren om, geen rekening houdend met

regardant [ri'ga:dənt] ∅ omziend

regardful [ri'ga:dful] oplettend; eerbiedig

regarding [ri'ga:diŋ] betreffende

regardless [ri'ga:dlis] achteloos, onachtzaam; ~ *of* niet lettend op, zich niet bekommerend om, onverschillig voor, ongeacht; niet ontziend

regatta [ri'gætə] regatta: roei-, zeilwedstrijd

regency ['ri:dʒənsi] regentschap *o*

regenerate I *aj* [ri'dʒenərit] herboren; **II** *vt* [ri'dʒenəreit] **I** *vt* weder opwekken, tot nieuw le-

ven brengen, herscheppen, doen herleven, verjongen, regenereren; **III** *vi* herboren worden, zich hernieuwen; **–tion** [ridʒenə'reiʃən] (zedelijke) wedergeboorte, herschepping, hernieuwd leven *o*, vernieuwing, verjonging, regeneratie; **–tive** [ri'dʒenərətiv] vernieuwend; **–tor** wederopwekker; ✗ regenerator

regent ['ri:dʒənt] regent, regentes; *Prince* ~ prins-regent; *Queen* ~ koningin-regentes; **–ship** regentschap *o*

regicide ['redʒisaid] koningsmoord(er)

regime, régime [rei'ʒi:m] regime *o*, (staats)bestel *o*

regimen ['redʒimen] leefregel, dieet *o*; regisme *o*; stelsel *o*; *gram* regering

regiment I *sb* ['redʒ(i)mənt] regiment *o*; **II** *vt* ['redʒiment] *vt* in regimenten indelen; geperceren; **–al** [redʒi'mentl] **I** *aj* regiments-; ~ *band* stafmuziek; **II** *sb* ~*s* uniform *o* & *v*; **–ation** [redʒimen'teiʃən] indeling in regimenten; groepering; *fig* reglementering; bevoogding

Regina [ri'dʒainə] Regina; regerende vorstin; 🛠 de Kroon

region ['ri:dʒən] streek, landstreek, gewest² *o*, regio; *fig* gebied *o*; *the lower ~s* de onderwereld; *the upper ~s* de hogere sferen; *in the ~ of 60* om en (na)bij de 60; **–al** regionaal, gewestelijk; 🛠 lokaal, plaatselijk

register ['redʒistə] **I** *sb* register *o*; lijst; kiezerslijst; ♪ (orgel)register *o*; ✗ sleutel, schuif [aan kachelpijp]; **II** *vt* (laten) inschrijven, (laten) aantekenen, registreren; aanwijzen, staan op [thermometer]; [v. gezicht] uitdrukken, tonen, blijk geven van; ~ *one's name* zich laten inschrijven; ~*ed capital* maatschappelijk kapitaal *o*; ~*ed offices* zetel [v. maatschappij]; *by* ~*ed post* aangetekend; ~*ed share* aandeel *o* op naam; ~*ed trade mark* gedeponeerd handelsmerk *o*; **III** *vr* ~ *oneself* zich laten inschrijven; **IV** *vi* zich laten inschrijven; inslaan, indruk maken

registrar ['redʒistra:] griffier; ambtenaar van de burgerlijke stand; ◇ administrateur [v. universiteit]; bewaarder der hypotheken (~ *of mortgages*)

registration [redʒis'treiʃən] registratie, inschrijving; 🛠 aantekening [v. brief]; ~ *number* kenteken *o*; ~ *plate* kentekenplaat; **registry** ['redʒistri] inschrijving; register *o*, lijst; = *registry office*; ~ **office** bureau *o* van de burgerlijke stand; uitzendbureau *o* voor huishoudelijk personeel

regnant ['regnənt] regerend; heersend

regress I *sb* [ri:gres] achterwaartse beweging; teruggang; **II** *vi* [ri'gres] achteruit-, teruggaan; **–ion** achterwaartse beweging, terugkeer, -gang; achteruitgang; regressie; **–ive** terugkerend, -gaand; regressief

regret [ri'gret] **I** *vt* betreuren, berouw hebben

over, spijt hebben van; **II** *sb* spijt, leedwezen *o*, betreuren *o*; ~*s* leedwezen *o*, spijt; **-ful** vol spijt; treurig; **regrettable** *aj* betreurenswaardig

regroup ['ri:'gru:p] (zich) hergroeperen; **-ing** hergroepering

regular ['regjulə] **I** *aj* regelmatig, geregeld; behoorlijk; regulier; gediplomeerd; vast; beroeps-; gewoon; *a* ~ *battle* een formeel gevecht *o*; ~ *café* stamcafé *o*; ~ *clergy* reguliere geestelijken; ~ *customers* (*frequenters*) vaste (trouwe) klanten of bezoekers; *a* ~ *devil, hero* **F** een echte duivel, held; ~ *physician* bevoegd dokter; vaste dokter; **II** *sb* vaste klant, stamgast; vast werkman; regulier: ordesgeestelijke, kloosterling; ~*s* ✕ geregelde troepen; **-ity** [regju'læriti] regelmatigheid, regelmaat, geregeldheid; **-ization** [regjulərai'zeiʃən] regularisatie; **-ize** ['regjuləraiz] regulariseren; **regulate** ['regjuleit] reglementeren; reguleren; ordenen, regelen, schikken; **-tion** [regju'leiʃən] **I** *sb* regeling, schikking, ordening, reglementering; voorschrift *o*, bepaling, reglement *o* (ook: ~*s*); **II** *aj* reglementair, voorgeschreven, ✕ model-; ~ *fare* gewoon tarief *o*; **-tive** ['regjulətiv] regelend; **-tor** regelaar; regulateur

regurgitate ['ri:'gə:dʒiteit] **I** *vt* terugwerpen, -geven; [voedsel *o*] uitbraken; **II** *vi* terugvloeien; **-tion** [rigə:dʒi'teiʃən] terugwerping, teruggeving [v. voedsel], weer uitbraking; terugvloeiing

rehabilitate [ri:(h)ə'biliteit] rehabiliteren, herstellen; revalideren; **-tion** [ri:(h)əbili'teiʃən] herstel *o*, eerherstel *o*, rehabilitatie; revalidatie

rehandle [ri:'hændl] opnieuw bewerken; omwerken

rehash [ri:'hæʃ] **I** *vt fig* (weer) opwarmen, opnieuw opdissen; **II** *sb fig* opwarming; opgewarmde kost

rehearsal [ri'hə:səl] repetitie; oefening; herhaling; relaas *o*; **rehearse I** *vt* repeteren; herhalen, opzeggen; verhalen, opsommen; **II** *vi* repetitie houden

reign [rein] **I** *sb* regering, bewind *o*; rijk *o*; *in* (*under*) *the* ~ *of* onder de regering van; ~ *of terror* schrikbewind *o*; **II** *vi* regeren, heersen

reimburse [ri:im'bə:s] vergoeden, terugbetalen; **-ment** vergoeding, terugbetaling

reimport I *vt* ['ri:im'pɔ:t] weer invoeren; **II** *sb* ['ri:'impɔ:t] wederinvoer

rein [rein] **I** *sb* teugel[2], leidsel *o*; *draw* ~ stilhouden; *fig* niet zo hard van stapel lopen; *give* ~ (*the* ~*s*) *de* vrije teugel geven[2]; *hold the* ~*s* (*of government*) de teugels van het bewind voeren; *let the* ~*s loose* de teugels laten glippen; *tight* ~ strenge, ijzeren discipline; **II** *vt* inhouden, intomen[2], beteugelen[2], breidelen[2] (ook: ~ *in*, ~ *up*)

reincarnate [ri:'inka:neit] reïncarneren; **-tion**

[ri:inka:'neiʃən] reïncarnatie

reindeer ['reindiə] rendier *o*, rendieren

reinforce [ri:in'fɔ:s] **I** *vt* versterken; ~*d concrete* gewapend beton *o*; **II** *sb* (laad)versterking [v. geweer]; **-ment** versterking

✎ **reins** [reinz] nieren; lendenen

reinstall ['ri:in'stɔ:l] weer aanstellen, herbenoemen

reinstate ['ri:in'steit] opnieuw in bezit stellen van, weer (in ere) herstellen, weer aannemen in zijn vorige betrekking

reinsurance ['ri:in'ʃuərəns] herverzekering; **reinsure** herverzekeren

reinvest ['ri:in'vest] weer bekleden; $ opnieuw beleggen of (geld) steken (in *in*)

reissue ['ri:'isju:] **I** *vt* opnieuw uitgeven; **II** *sb* heruitgave; nieuwe uitgifte

reiterate [ri:'itəreit] herhalen; **-tion** [ri:-itə'reiʃən] herhaling; **-tive** [ri:'itərətiv] herhalend

reject I *vt* [ri'dʒekt] verwerpen; afwijzen, van de hand wijzen, weigeren; afkeuren; braken; uitwerpen; ✝ afstoten [bij transplantatie]; **II** *sb* ['ri:dʒekt] afgekeurd produkt, exemplaar *o* &; afgekeurde (soldaat &); **-ion** [ri'dʒekʃən] verwerping; afwijzing; afkeuring; uitwerping; ✝ afstoting [bij transplantatie]

rejoice [ri'dʒɔis] **I** *vt* verheugen, verblijden; *be* ~*d* verheugd zijn (over *at, by, over*); **II** *vi* zich verheugen (over *at, over*); **-cing** vreugde; ~*s* vreugde, vreugdebedrijf *o*, feest *o*, feesten

1 rejoin [ri'dʒɔin] **I** *vi* antwoorden; ✞ dupliceren; **II** *vt* antwoorden; [iem.] van repliek dienen

2 rejoin ['ri:'dʒɔin] **I** *vt* opnieuw of weer verenigen &; **II** *vi* zich opnieuw verenigen

rejoinder [ri'dʒɔində] antwoord *o* (op een antwoord), repliek; ✞ dupliek

rejuvenate [ri'dʒu:vineit] verjongen; **-tion** [ridʒu:vi'neiʃən] verjonging; **rejuvenescence** [ridʒu:vi'nesns] verjonging; **-ent** verjongend

rekindle ['ri:'kindl] weer aansteken, opnieuw ontsteken of (doen) opvlammen[2]

relapse [ri'læps] **I** *vi* weer vervallen, terugvallen (in, tot *into*), (weer) instorten [v. zieke]; **II** *sb* (weder)instorting; terugval; recidive

relate [ri'leit] **I** *vt* verhalen; in verband brengen (met *to, with*); **II** *vi* ~ *to* in verband staan met, verband houden met, betrekking hebben op; ~*d* verwant[2] (aan, met *to*); **relation** betrekking; verhouding, relatie; verwantschap; bloedverwant, familie(lid *o*); verhaal *o*, relaas *o*; *bear no* ~ *to* geen betrekking hebben op; in geen verhouding staan tot; buiten alle verhouding zijn tot; *in* ~ *to* met betrekking tot; **-ship** verwantschap; betrekking, verhouding

relative ['relətiv] **I** *aj* betrekkelijk; relatief; ~ *to* betrekking hebbend op; in verhouding staand tot; met betrekking tot; betreffend; **II** *sb* (bloed)verwant; *gram* betrekkelijk voornaamwoord *o*; **–ly** *ad* betrekkelijk; **relativity** [relə'tiviti] relativiteit, betrekkelijkheid

relax [ri'læks] **I** *vt* ontspannen; verslappen[2], verzachten; ~ *the bowels* laxeren; **II** *vi* verslappen, afnemen; zich ontspannen; ontspanning nemen, relaxen; ~*ed throat* zere keel; **–ation** [rilæk'seiʃən] verzachting [v. wet]; verslapping, ontspanning[2], relaxatie

relay I *sb* [ri'lei] verse paarden, jachthonden of dragers; wisselpaarden; (verse) ploeg (arbeiders); wissel-, pleisterplaats; ['ri:'lei] ✠ relais *o*; R relayering; *sp* estafette; **II** *vt* R relayeren

release [ri'li:s] **I** *vt* loslaten, vrijlaten, vrijmaken, vrijgeven; verlossen, bevrijden; losmaken; uitbrengen [film; (grammofoon)plaat]; publiceren; ✠ overdragen [recht, schuld]; ✕ naar huis zenden; ~ *from* ontslaan van of uit, ontheffen van; **II** *sb* bevrijding, vrijlating, ontslag *o*; ontheffing; uitbrengen *o* [v. film]; uitzending; document *o* ter publikatie; nieuwe film; nieuwe (grammofoon)plaat; overdracht; uitlaat; ontspanner

relegate ['religeit] verbannen, overplaatsen [naar minder belangrijke positie of plaats]; degraderen; verwijzen (naar *to*), overlaten (aan *to*); **–tion** [reli'geiʃən] verbanning, overplaatsing, degradatie; verwijzing

relent [ri'lent] zich laten vermurwen, medelijden krijgen, toegeven; **–less** meedogenloos; onvermurwbaar

relet ['ri:'let] weer verhuren; onderverhuren

relevance, –ancy ['relivəns(i)] relevantie, toepasselijkheid, betrekking, betekenis; **–ant** ter zake (dienend), van belang (voor *to*), relevant (voor *to*), toepasselijk (op *to*); ~ *to* ook: betrekking hebbend op

reliability [rilaiə'biliti] betrouwbaarheid; **reliable** [ri'laiəbl] te vertrouwen; betrouwbaar; **reliance** vertrouwen *o*; betrouwen *o*; **–ant** vertrouwend

relic ['relik] relikwie, reliek; overblijfsel *o*; aandenken *o*, souvenir *o*; ~*s* ook: stoffelijk overschot *o*

relief [ri'li:f] verlichting, leniging, opluchting, ontlasting; onderstand, ondersteuning, steun, hulp; aflossing; versterking, ontzet *o*; afwisseling ‖ reliëf *o*; *high* (*low*) ~ haut- (bas)reliëf *o*; *stand out in* ~ (duidelijk) uitkomen, zich scherp aftekenen; *bring* (*throw*) *into* ~ (duidelijk) doen uitkomen; ~*-map* reliëfkaart; ~ *train* extratrein *m*: voortrein *m*, volgtrein *m*; ~ *work* hulpverlening; werkverschaffing (ook: ~*s*)

relieve [ri'li:v] verlichten, lenigen; ontlasten°, opluchten, opbeuren; ontheffen, ontslaan; ondersteunen; helpen; aflossen; ontzetten; afwisselen, afwisseling brengen in; afzetten [met

kant] ‖ (sterker) doen uitkomen; ~ *one's feelings* zijn gemoed lucht geven; ~ *oneself* (*nature*) zijn behoefte doen; **–ving** verlichtend &; ~ *army* ontzettingsleger *o*; ~ *officer* ⌑ armmeester

religion [ri'lidʒən] godsdienst, religie; godsvrucht; *fig* erezaak, heilig principe *o*; *be in* ~ in het klooster zijn; *enter into* ~ in het klooster gaan; **–ist** streng godsdienstig persoon, piëtist, ijveraar; dweper

religiosity [rilidʒi'ɔsiti] (overdreven) godsdienstigheid; **–ious** [ri'lidʒəs] **I** *aj* godsdienstig, godsdienst-; geestelijk; kerkelijk; vroom, religieus; *fig* nauwgezet; *with* ~ *care* met de meest stipte zorg; **II** *sb* monnik(en), religieuze(n)

relinquish [ri'liŋkwiʃ] laten varen, opgeven; loslaten, afslaan, afstand doen van; **–ment** laten varen *o*, opgeven *o*, afstand, loslating

reliquary ['relikwəri] reliekschrijn *o* & *m*, relikwieënkastje *o*

relish ['reliʃ] **I** *vt* smakelijk maken, kruiden; zich laten smaken; genieten van, smaak vinden in; *he did not* ~ *it* ook: hij moest er niet veel van hebben; **II** *vi* ~ *of* smaken naar; iets (weg)hebben van; **III** *sb* smaak[2]; (bij)smaakje *o*; scheutje *o*, tikje *o*; aantrekkelijkheid; genoegen *o*; *Yorkshire* ~ Yorkshire saus; *it loses its* ~ de aardigheid gaat er af

relive ['ri:'liv] opnieuw door-, beleven

reluctance [ri'lʌktəns] tegenzin, onwilligheid; ✠ weerstand; **–ant** *aj* weerstrevend, onwillig; *be* (*feel*) ~ *to...* niet gaarne...; *yield a* ~ *consent* slechts node; **–antly** *ad* met tegenzin, schoorvoetend, node

rely [ri'lai] ~ *on* (*upon*) vertrouwen, steunen op, afgaan op, zich verlaten op

remain [ri'mein] **I** *vi* blijven; verblijven; overblijven, resten, resteren, (er op) overschieten; ~ *b e h i n d* achterblijven; ~ *o n* (na)blijven, nog wat blijven; ~ *o v e r* overblijven, blijven liggen; *worse things* ~*ed t o come* zouden nog volgen; *it* (*still*) ~*s to be proved* dat moet nog bewezen worden; *it* ~*s to be seen* dat staat nog te bezien, dat dient men nog af te wachten; *it* ~*s w i t h him to...* het staat aan hem; **II** *sb* ~*s* overblijfsel *o*, overblijfselen, overschot *o*; ruïne(s); *literary* ~*s* nagelaten werken; (*mortal*) ~*s* stoffelijk overschot *o*

remainder [ri'meində] **I** *sb* rest, overschot *o*, restant *o*, overblijfsel *o*; goedkoop restant *o* [boeken]; **II** *vt* opruimen; uitverkopen (v. restant boeken)

1 remake ['ri:'meik] *vt* opnieuw maken, overmaken, ommaken

2 remake ['ri:'meik] *sb* nieuwe versie van film of grammofoonplaat

remand [ri'ma:nd] **I** *vt* terugzenden in voorarrest; ~ *on bail* onder borgstelling voorlopig vrijlaten; **II** *sb* terugzending in voorarrest; *under* ~

in voorarrest; ~ **home** observatiehuis *o*
remark [ri'maːk] **I** *vt* opmerken, bemerken; **II** *vi*
~ *on* opmerkingen maken over; **III** *sb* opmerking; **–able** opmerkelijk, merkwaardig; *make oneself* ~ zich onderscheiden
remarriage ['riː'mærid3] hertrouw, nieuw huwelijk *o*; **remarry** hertrouwen
remediable [ri'miːdjəbl] herstelbaar, te verhelpen; **remedial** genezend, herstellend; heil-; ⊙ **remediless** ['remidilis] onherstelbaar; ongeneeslijk; **remedy I** *sb* (genees)middel *o*, remedie, hulpmiddel *o*, herstel *o*; ⚏ rechtsmiddel *o*, verhaal *o*; *beyond* (*past*) ~ ongeneeslijk, onherstelbaar²; **II** *vt* verhelpen, herstellen; genezen
remember [ri'membə] *v*(*t*) zich herinneren, onthouden, denken aan, gedenken; bedenken, een fooitje geven; *this shall be* ~*ed against no one* dat zal later niemand aangerekend worden; ~ *me to him* doe hem mijn groeten; **–brance** herinnering; aandenken *o*; ~*s* ook: groeten; *Remembrance Day* de dag ter herdenking van de gesneuveiden in de twee wereldoorlogen (= *Remembrance Sunday,* de zondag vóór of van 11 nov.); **–brancer** iemand, die of iets, dat aan iets herinnert; *Br* ambtenaar voor de invordering van schulden aan de kroon
remind [ri'maind] doen denken, herinneren (aan *of*); *that* ~*s me* apropos...; **–er** herinnering; aanmaning, waarschuwing
reminisce [remi'nis] herinneringen ophalen, zich in herinneringen verdiepen; **reminiscence** herinnering, reminiscentie; ~*s* memoires; **–ent** herinnerend (aan *of*); *be* ~ *of* herinneren aan, doen denken aan; zich herinneren
remiss [ri'mis] nalatig, te kort schietend; lui, traag; slap; *be* ~ *in one's attendance* dikwijls verzuimen
remissible [ri'misibl] vergeeflijk
remission [ri'miʃən] afneming, verflauwing, vermindering; (gedeeltelijke) kwijtschelding, vergiffenis [van zonden]
remit [ri'mit] **I** *vt* verzachten, verminderen, temperen, doen afnemen of verflauwen; vrijstellen van, vergeven, kwijtschelden; $ overmaken, remitteren; ⚏ verwijzen; (terug)zenden; uitstellen; **II** *vi* afnemen, verflauwen, verminderen, verslappen; **remittance** overmaking, overgemaakt bedrag *o*, remise; **remittent** op-en-afgaand(e koorts); **remitter** afzender, remittent
remnant ['remnənt] overblijfsel *o*, overschot *o*, restant *o*; coupon, lap; ~ *day* lappendag
remodel ['riː'mɔdl] opnieuw modelleren; om-, vervormen, omwerken
remonstrance [ri'mɔnstrəns] vertoog *o*; vermaning; protest *o*; ▯ remonstrantie; **–ant I** *aj* vertogend; ▯ remonstrants; **II** *sb* ▯ remonstrant
remonstrate [ri'mɔnstreit] **I** *vt* tegenwerpen,

aanvoeren; **II** *vi* protesteren, tegenwerpingen maken; ~ *with sbd.* (*up*)*on sth.* iem. onderhouden, de les lezen over iets
remorse [ri'mɔːs] wroeging, berouw *o*; **–ful** berouwvol; **–less** onbarmhartig, meedogenloos, harteloos
remote [ri'mout] *aj* afgelegen, ver², verwijderd²; verderaf liggend, afgezonderd; gering [kans], onwaarschijnlijk; *make a* ~ *allusion to...* in de verte zinspelen op; ~ *control* afstandsbediening; *I have not the* ~*st* (*idea*) ik heb er niet het flauwste idee van; *at no* ~ *time* in een niet zeer verwijderde toekomst; **–ly** *ad* ver(af), indirect, in de verte, enigszins; **–ness** afgelegenheid, verheid, veraf zijn *o*, afstand
remould ['riː'mould] **I** *vt* opnieuw gieten; vernieuwen [autoband]; *fig* opnieuw vormen, omwerken; **II** *sb* vernieuwde band
1 remount [riː'maunt] **I** *vt* weer bestijgen; remonteren; van nieuwe paarden voorzien; **II** *vi* weer te paard stijgen; ~ *to the twelfth century* teruggaan tot
2 remount ['riː'maunt] *sb* remonte, nieuw paard *o*
removable [ri'muːvəbl] afneembaar, weg te nemen, verplaatsbaar; afzetbaar; **removal** verwijdering, verlegging; verhuizing; wegneming, op-, wegruiming; verplaatsing; opheffing; afzetting; **remove I** *vt* verplaatsen, verleggen, verzetten, verschuiven; [in een hogere klasse] doen overgaan; verwijderen, afvoeren [v. lijst], wegbrengen, wegzenden, ontslaan, afzetten [hoed of ambtenaar], uittrekken; uit de weg ruimen; verdrijven, wegnemen; opheffen; wegmaken, uitwissen; overbrengen [meubels], verhuizen; *be* ~*d* ☞ overgaan; ~ *a boy from school* van school (af)nemen; ~ *the cloth* (de tafel) afnemen; ~*d from his office* ontslagen, ontheven van zijn ambt; *houses* ~*d from the roadside* van de weg afstaand; **II** *vi* verhuizen; **III** *sb* bevordering [tot hogere klasse]; soms: tussenklasse; graad [v. bloedverwantschap]; afstand; soms: verhuizing; *he did not get his* ~, *he missed his* ~ ☞ hij ging niet over; ~*d* verwijderd, afgelegen, ver(af); *a cousin once* (*twice, seven times*) ~ in de 2e (3e, 8ste) graad; **–r** verhuizer &
remunerate [ri'mjuːnəreit] (be)lonen, vergoeden; **–tion** [rimjuːnə'reiʃən] (geldelijke) beloning, vergoeding; **–tive** [ri'mjuːnərətiv] (be)lonend, voordeel afwerpend, voordelig, rendabel
renaissance [ri'neisəns] wederopleving, herleving; renaissance
renal ['riːnəl] nier-
rename ['riː'neim] ver-, omdopen
renascence [ri'næsns] wedergeboorte, herleving; renaissance; **–ent** weer opkomend, weer oplevend, herlevend

rend [rend] (vaneen)scheuren, verscheuren, (door)klieven, splijten

render ['rendə] (over)geven; opgeven; teruggeven, vergelden; weergeven, vertolken, spelen; vertalen; uitsmelten [vet], bepleisteren; maken; ~ *help* hulp verlenen; ~ *judgment* een oordeel uitspreken; ~ *service* een dienst (diensten) bewijzen; ~ *thanks* (zijn) dank betuigen, (be)danken; ~ *up* teruggeven; uitleveren; **-ing** versie, weergave; vertaling, vertolking ‖ △ eerste pleisterlaag

rendezvous ['rɔndivu:] rendez-vous *o*, verzamelplaats, (plaats van) samenkomst

rendition [ren'diʃən] weergave [v. muziekstuk]; vertolking, wijze van voordracht

rene(a)g(u)e [ri'ni:g] verzaken [plichten]

renegade ['renigeid] renegaat, afvallige; deserteur

renew [ri'nju:] her-, vernieuwen; verversen; doen herleven; hervatten; verlengen, prolongeren [wissel]; **~ed** ook: nieuw; **-able** her-, vernieuwbaar, verlengbaar; **-al** her-, vernieuwing

rennet ['renit] kaasstremsel *o*, leb ‖ renet [appelsoort]

renounce [ri'nauns] afstand doen van, afzien van; opgeven, vaarwel zeggen, laten varen; verloochenen, verwerpen, verzaken; niet bekennen [bij kaarten]

renovate ['renouveit] vernieuwen, restaureren, opknappen; **-tion** [renou'veiʃən] vernieuwing, restauratie; **-tor** ['renouveitə] vernieuwer, restaurateur

renown [ri'naun] vermaardheid, faam; beroemdheid; *of (great)* ~ vermaard; **-ed** vermaard, beroemd

1 rent [rent] V.T. & V.D. van *rend*; **2 rent** [rent] *sb* scheur; scheuring; spleet

3 rent [rent] **I** *sb* huur, pacht; **II** *vt* huren, pachten; verhuren; **III** *vi* verhuurd worden; **-able** huurbaar, verhuurbaar; **-al** huur, pacht, pachtgeld *o*; verhuur; **~-charge** erfpacht; **-er** huurder; pachter; **~-free** vrij van pacht of huur; *live* ~ vrij wonen hebben

rentier ['rɔntiei] rentenier

rent-roll ['rentroul] pachtboek *o*

renunciation [rinʌnsi'eiʃən] verzaking; (zelf-) verloochening; afstand

renumber [ri'nʌmbə] vernummeren

reoccupy ['ri:'ɔkjupai] weder bezetten of innemen

reopen ['ri:'oup(ə)n] **I** *vt* heropenen; opnieuw in behandeling nemen; weer te berde brengen; **II** *vi* zich weer openen, weer opengaan; weer beginnen [v. scholen &]

reorganization ['ri:ɔ:gənai'zeiʃən] reorganisatie; **reorganize** ['ri:'ɔ:gənaiz] reorganiseren

1 rep [rep] rips *o*

2 rep [rep] afk. v. *representative* [= handelsreiziger] ‖ **S** slechtaard ‖ **F** afk. v. *repertory company*

1 repair [ri'pɪə] *vi* ~ *to* zich begeven naar

2 repair [ri'pɪə] **I** *vt* herstellen²; weer goedmaken; verstellen, repareren; **II** *sb* herstelling, herstel *o*, reparatie; onderhoud *o*; *b e y o n d* ~ niet meer te herstellen, onherstelbaar; *keep i n* ~ onderhouden; *in bad (good)* ~ slecht (goed) onderhouden; *o u t o f* ~ slecht onderhouden, in verval; *u n - d e r* ~ in reparatie, in de maak; **-er** hersteller, reparateur; ~ **shop** herstellingswerkplaats, reparatiewerkplaats; **reparable** ['repərəbl] herstelbaar; **reparation** [repə'reiʃən] herstel *o*, herstelling, reparatie; genoegdoening; schadeloosstelling; **~s** ook: herstelbetalingen

repartee [repa:'ti:] gevat antwoord *o*; *quick at* ~ slagvaardig

repartition ['ri:pa:'tiʃən] (her)verdeling

repast [ri'pa:st] maal *o*; maaltijd

repatriate I *vt & vi* [ri:'pætrieit] repatriëren; **II** *sb* [ri'pætriit]gerepatrieerde; **-tion** ['ri:pætri'eiʃən] repatriëring

repay [ri:'pei] terugbetalen, aflossen; betaald zetten, vergelden, vergoeden, (be)lonen; **-ment** terugbetaling, aflossing, vergelding; beantwoording [v. bezoek &]

repeal [ri'pi:l] **I** *vt* herroepen, intrekken [wet]; **II** *sb* herroeping, intrekking

repeat [ri'pi:t] **I** *vt* herhalen, overdoen; nadoen, nazeggen &; ⋍ repeteren, (over)leren; opzeggen; oververtellen, verder vertellen, overbrengen; **II** *vr* ~ *itself* zich herhalen; ~ *oneself* in herhalingen vervallen; **III** *vi & va* repeteren; repeterend zijn [breuk]; opbreken [v. voedsel]; *his language will not bear* ~*ing* laat zich niet herhalen; **IV** *sb* herhaling; bis; $ nabestelling; ♪ reprise, herhalingsteken *o*; ~ *order* $ nabestelling; **-edly** herhaaldelijk; **-er** herhaler; recidivist; opzegger; repetitiehorloge *o*; repeteergeweer *o* of -pistool *o*; repeterende breuk; **-ing** repeterend, repeteer-; ~ *decimal* repeterende breuk; ~ *rifle* repeteergeweer *o*; ~ *watch* repetitiehorloge *o*

repel [ri'pel] **I** *vt* terugdrijven, terugslaan, afslaan°, af-, terugstoten, afweren; **II** *vi & va* afstoten; **repellent** terugdrijvend; afstotend; tegenstaand

repent [ri'pent] **I** *vt* berouw hebben over, berouwen; ⟍ *it* ~*s me, I* ~ *me* het berouwt mij; **II** *vi* berouw hebben (over *of*); **-ance** berouw *o*; **-ant** berouwhebbend, berouwvol

repeople ['ri:'pi:pl] weer bevolken

repercussion [ri:pə'kʌʃən] weerkaatsing, terugkaatsing; terugslag, repercussie

repertoire ['repətwa:] repertoire *o*

repertory ['repətəri] repertoire *o*; toneelgezelschap dat wisselende toneelstukken brengt (ook: ~ *company*); bewaarplaats

repetition [repi'tiʃ ən] herhaling, repetitie; opzeggen *o*, voordracht; ⪯ les; kopie; **–ious** (zich) herhalend; **–ive** [ri'petitiv] (zich) herhalend

repine [ri'pain] morren, klagen (over *at, against*)

replace [ri'pleis] terugplaatsen, -leggen, -zetten; ophangen [telefoon]; vervangen, in de plaats stellen voor, de plaats vervullen van; **–ment** vervanging; plaatsvervanger, opvolger

replant ['ri: 'pla: nt] weer planten, verplanten

replay I *vt* ['ri: 'plei] overspelen [wedstrijd &]; II *sb* ['ri: plei] overgespeelde of tweede wedstrijd; herhaling [v. film, grammofoonplaat]

replenish [ri'peniʃ] weer vullen; bijvullen; (voorraad) aanvullen; **–ment** bijvullen *o* &; aanvulling

replete [ri'pli: t] vol, verzadigd (van *with*); **–tion** volheid, verzadigdheid; overlading

replica ['replikə] tweede exemplaar *o* [v. kunstwerk], kopie (door kunstenaar zelf); *fig* evenbeeld *o*

replication [repli'keiʃ ən] repliek, (weder)antwoord *o*; kopie, navolging, echo

reply [ri'plai] I *vi* antwoorden, repliceren; ~ *to* antwoorden op, beantwoorden; II *vt* antwoorden; III *sb* (weder)antwoord *o*; *what he says by way of* ~ (*in* ~) wat hij ten antwoord geeft; *there is no* ~ er hoeft niet op antwoord gewacht te worden; *make* (*offer*) *no* ~ geen antwoord geven; **~-paid** met betaald antwoord

repolish ['ri: 'poliʃ] weer opwrijven, opnieuw polijsten, oppoetsen

report [ri'po: t] I *vt* rapporteren, melden, opgeven, verslag geven van, berichten, overbrengen, vertellen; *it is ~ed that* het gerucht gaat dat..., naar verluidt...; ~ *sbd. to the police* iem. aangeven bij de politie; ~ *progress* verslag doen van de stand van zaken; [in Parlement] de debatten sluiten; II *vr* ~ *oneself* (*to one's superior*) zich melden bij zijn chef; III *vi* rapport uitbrengen, verslag geven, doen of uitbrengen (over *on*), rapporteren; reporterswerk doen; zich melden (bij *to*); IV *sb* rapport *o*, verslag *o*, bericht *o*; gerucht *o* [ook = reputatie]; knal, schot *o*; *from* ~ van horen zeggen; *of good* ~ een goede reputatie hebbend; *faithful t h r o u g h* (*in*) *good and evil* (*ill*) ~ in voor- en tegenspoed; **reportage** [repo: 'ta: ʒ] reportage; **reportedly** [ri'po: tedli] naar verluidt; **reporter** berichtgever, verslaggever; rapporteur; **–ting** reportage, verslaggeving

repose [ri'pouz] I *vt* laten rusten, (doen) steunen of leunen (op *on*); ter ruste leggen; ~ *confidence in* vertrouwen stellen in; II *vr* ~ *oneself* = III *vi* uitrusten, rusten; ~ *on* berusten op; IV *sb* rust; **–ful** rustig

repository [ri'pozitəri] bewaarplaats, opslagplaats, depot *o* & *m*; *fig* schatkamer; vertrouweling(e)

repossess ['ri: pə'zes] I *vt* opnieuw bezitten; weder in bezit stellen; II *vt* ~ *oneself of* zich weer in bezit stellen van, herkrijgen

repot ['ri: 'pot] verpotten

reprehend [repri'hend] berispen; **reprehensible** berispelijk, laakbaar; **–ion** berisping, blaam

represent [repri'zent] vertegenwoordigen; voorstellen°, doen of laten voorkomen, uit-, afbeelden; voorhouden, onder het oog brengen, wijzen op; **–ation** [reprizen'teiʃ ən] vertegenwoordiging; voorstelling; vertoog *o*; op-, aanmerking, bedenking, protest *o*; *make* ~*s to* een vertoog richten tot, stappen doen bij, protesteren bij; **–ative** [repri'zentətiv] I *aj* representatief, voorstellend, vertegenwoordigend, typisch²; *be* ~ *of* vertegenwoordigen; voorstellen; representatief zijn voor; II *sb* vertegenwoordiger; handelsreiziger; representant; *the House of Representatives* het Huis van Afgevaardigden [in de V.S.]

repress [ri'pres] onderdrukken; beteugelen, in toom houden, tegengaan, bedwingen; *ps* verdringen; **–ion** onderdrukking, beteugeling, repressie; *ps* verdringing; **–ive** onderdrukkend, beteugelend, ter beteugeling, repressief

reprieve [ri'pri: v] I *vt* uitstel, opschorting of gratie verlenen; II *sb* uitstel *o*, opschorting, gratie

reprimand ['reprima: nd] I *sb* (officiële) berisping, reprimande; II *vt* berispen

reprint ['ri: 'print] I *sb* herdruk; II *vt* herdrukken

reprisal [ri'praizl] vergelding, represaille; *make* ~(*s*) represaillemaatregelen nemen

reproach [ri'proutʃ] I *vt* verwijten; berispen; ~ *sbd. with* (*for*) *sth.* iem. iets verwijten; II *vr* ~ *oneself with* (*for*) *sth.* zich van iets een verwijt maken; III *sb* verwijt *o*; schande; *above* (*beyond*) ~ onberispelijk; **–ful** verwijtend

reprobate ['reproubeit] I *aj* verworpen, goddeloos, verdoemd; snood; II *sb* verworpeling; snoodaard; III *vt* verwerpen, verdoemen; **–tion** [reprə'beiʃ ən] verwerping, verdoeming

reproduce [ri: prə'dju: s] weer voortbrengen; reproduceren; weergeven, namaken; (zich) voortplanten of vermenigvuldigen; **–cible** reproduceerbaar; **reproduction** [ri: prə'dʌkʃ ən] wedervoortbrenging; reproduktie; weergave; voortplanting, vermenigvuldiging; **–ive** weer voortbrengend; reproducerend; weergevend; voortplantings-

1 reproof [ri'pru: f] terechtwijzing, berisping

2 reproof ['ri: 'pru: f] weer waterdicht maken [regenjas]

reproval [ri'pru: vəl] = 1 *reproof*

reprove [ri'pru: v] terechtwijzen, berispen

reptile ['reptail] I *sb* kruipend dier *o*, reptiel *o*; *fig* kruiper; **II** *aj* kruipend[2], kruiperig; **–lian** [rep'tiliǝn] kruipend (dier *o*)

republic [ri'pʌblik] republiek[2]; **–an I** *aj* republikeins; **II** *sb* republikein

republication ['ri:pʌbli'keiʃǝn] vernieuwde uitgaaf, herdruk

republish ['ri:'pʌbliʃ] opnieuw uitgeven

repudiate [ri'pju:dieit] verwerpen, verstoten [echtgenote]; afwijzen; verloochenen; **–tion** [ripju:di'eiʃǝn] verwerping, verstoting; afwijzing; verloochening

repugnance [ri'pʌgnǝns] afkeer, tegen-, weerzin (tegen *to*, *against*); tegenstrijdigheid; **–ant** weerzinwekkend, terugstotend; tegenstrijdig (met *to*)

repulse [ri'pʌls] **I** *vt* terugdrijven, -slaan; afslaan; afwijzen; **II** *sb* af-, terugslaan *o*; afwijzing; *meet with a ~* af-, teruggeslagen worden; een weigerend antwoord krijgen

repulsion [ri'pʌlʃǝn] afstoting, afkeer, weerzin, tegenzin; **–ive** af-, terugstotend; weerzinwekkend

repurchase ['ri:'pǝ:tʃis] **I** *vt* terugkopen; **II** *sb* terugkoop

reputable ['repjutǝbl] achtenswaardig, (in)fatsoenlijk, geacht; **reputation** [repju'teiʃǝn] reputatie, (goede) naam, faam, roep; *from ~* bij gerucht; **repute** [ri'pju:t] **I** *vt* houden voor; *he is ~d (to be) the best...* hij wordt gehouden voor..., het heet dat hij...; *he is ill (well) ~d* heeft een slechte (goede) naam; *his ~d father (benefactor &)* zijn vermeende vader (weldoener &); **II** *sb* reputatie, (goede) naam; *b y ~* bij gerucht; *i n bad ~* te kwader naam bekend staand; *get i n t o ~* naam maken; *o f good ~* te goeder naam en faam bekend staand; **–dly** naar het heet(te)

request [ri'kwest] **I** *sb* verzoek *o*; (aan)vraag; *make a ~* een verzoek doen; *in great ~* $ veel gevraagd; **II** *vt* verzoeken (om)

requicken [ri:'kwikǝn] weer tot leven brengen; (doen) herleven

requiem ['rekwiem] requiem *o*, requiemmis (*~ mass*)

requirable [ri'kwaiǝrǝbl] vereist; **require** (ver)eisen, vorderen, verlangen; nodig hebben; behoeven; **–ment** eis, vereiste *o* & *v*; *~s* ook: behoeften

requisite ['rekwizit] **I** *aj* vereist; nodig; **II** *sb* vereiste *o* & *v*; *~s* ook: benodigdheden; **–tion** [rekwi'ziʃǝn] **I** *sb* eis; (op)vordering; oproeping; ⅻ rekwisitie; *bring (call) into ~*, *put in ~* rekwireren; **II** *vt* rekwireren, (op)vorderen

requital [ri'kwaitl] vergoeding, beloning; vergelding, weerwraak; *in ~* ter vergelding; in ruil (voor *for*); **requite** vergoeden, belonen; vergelden, betaald zetten

reredos ['riǝdɔs] retabel, altaarstuk *o*

rerun ['ri:'rʌn] herhaling; reprise

resale ['ri:'seil] wederverkoop; doorverkoop

rescind [ri'sind] herroepen; vernietigen, te niet doen [een vonnis]; intrekken, afschaffen [wet]; **rescission** [ri'siʒǝn] herroeping; vernietiging, tenietdoening[2]; intrekking, afschaffing

rescript ['ri:skript] rescript *o*; decreet *o*; [vorstelijke, pauselijke] beschikking

rescue ['reskju:] **I** *vt* redden, ontzetten, (gewelddadig) bevrijden; terugnemen; **II** *sb* redding, hulp, ontzet *o*, (gewelddadige) bevrijding; terugneming; *come to the ~* te hulp komen; *~-party* redding(s)brigade; *~r* redder, bevrijder

research [ri'sǝ:tʃ] **I** *sb* (wetenschappelijk) onderzoek *o*, onderzoeking, nasporing; *make ~es into* onderzoeken; **II** *vi* onderzoekingen doen; **III** *vt* wetenschappelijk onderzoeken; **–er** onderzoeker; *~ station* proefstation *o*; *~ work* wetenschappelijk onderzoek *o*, speurwerk *o*, researchwerk *o*

reseat ['ri:'si:t] weer neerzetten, opnieuw doen zitten; van een nieuwe zitting voorzien

reseize ['ri:'si:z] weer bemachtigen, opnieuw bezit nemen van, hernemen

resell ['ri:'sel] weer of opnieuw verkopen; doorverkopen

resemblance [ri'zemblǝns] gelijkenis, overeenkomst (met *to*); **resemble** gelijken (op); overeenkomst vertonen (met)

resent [ri'zent] kwalijk nemen, zich beledigd voelen door, gepikeerd (gebelgd) zijn over; aanstoot nemen (aan); **–ful** lichtgeraakt; boos, gebelgd, wrevelig; haatdragend; **–ment** boosheid, gebelgdheid, wrevel; haat, wrok

reservation [rezǝ'veiʃǝn] reserveren *o*, reservering; voorbehoud *o*, reserve, gereserveerdheid; *Am* reservaat *o*; *central* ~ middenberm; *mental* ~ geestelijk voorbehoud *o*; *with a (some)* ~ onder voorbehoud, onder reserve; **reserve** [ri'zǝ:v] *vt* reserveren, bewaren (voor later), in reserve houden, (zich) voorbehouden; opschorten [oordeel]; openhouden; bespreken [plaatsen]; *it was (not) ~d for him to...* het was voor hem (niet) weggelegd om...; **II** *vr ~ oneself for* zijn krachten sparen voor; **III** *sb* reserve; gereserveerdheid, terughoudendheid; voorbehoud *o*; ⅻ reserve-(troepen); $ limiet [v. prijs]; gereserveerd gebied *o*, reservaat *o*; *w i t h all ~*, *with all proper ~s* onder alle voorbehoud, met het nodige voorbehoud; *w i t h o u t* ~ zonder enig voorbehoud; $ [verkoop] tot elke prijs; **–d** *aj* gereserveerd, terughoudend, omzichtig [in woorden]; *on the ~ list* ⅻ bij de reserve [officieren]

reserve fund [ri'zǝ:vfʌnd] reservefonds *o*; ~ **price** $ limiet

reservist [ri'zǝ:vist] reservist

reservoir ['rezǝvwa:] vergaar-, waterbak, (water)reservoir *o*; bassin *o*, verzamelbekken *o*; *fig* reservevoorraad

reset ['ri:'set] opnieuw zetten

resettle ['ri:'setl] opnieuw vestigen, weer een plaats geven; opnieuw koloniseren

reship ['ri:'ʃip] weer inschepen, opnieuw verschepen, overladen

reshuffle ['ri:'ʃʌfl] **I** *vt* opnieuw schudden [de kaarten]; wijzigen, hergroeperen [het kabinet]; **II** *sb* opnieuw schudden *o* [v. d. kaarten]; wijziging, hergroepering, herverdeling van de portefeuilles [van het kabinet]

reside [ri'zaid] wonen, verblijf houden, zetelen, residuen; ~ *in* ook: berusten bij; **residence** ['rezidəns] woonplaats, verblijfplaats, verblijf *o*; inwoning; woning, (heren)huis *o*; *be in* ~ aanwezig zijn; *take up one's* ~ zich metterwoon vestigen; **resident I** *aj* woonachtig; inwonend, intern; vast [v. inwoners]; **II** *sb* (vaste) inwoner, bewoner; (minister-)resident; **–ial** [rezi'denʃəl] woon-; van een woonwijk [bv. ~ *school* &]; ~ *area* (*district, estate, quarter*) (deftige) woonwijk

residual [ri'zidjuəl] overgebleven (deel *o*); **residuary** overgebleven, overblijvend; ~ *legatee* universeel erfgenaam; **residue** ['rezidju:] residu *o*; restant *o*, rest, overschot *o*; **residuum** [ri'zidjuəm] = *residue*

resign [ri'zain] **I** *vt* afstaan, afstand doen van, overgeven, overlaten; opgeven; neerleggen [ambt]; **II** *vr* ~ *oneself* berusten, ~ *oneself to...* zich onderwerpen aan...; berusten in...; zich overgeven aan; **III** *vi* & *va* af-, uittreden, ontslag nemen; bedanken [voor betrekking]; **–ation** [rezig'neiʃən] berusting, overgave [aan Gods wil], gelatenheid; afstand; aftreden *o*, uittreden *o*, ontslag *o*; *give in* (*send in, tender*) *one's* ~ zijn ontslag indienen; **–ed** [ri'zaind] *aj* gelaten

resilience, –ency [ri'ziliəns(i)] herkrijgen *o* van z'n vorm; veren *o*; veerkracht², elasticiteit; incasseringsvermogen *o*; **–ent** elastisch, verend, veerkrachtig

resin ['rezin] **I** *sb* hars *o* & *m*; **II** *vt* met hars bestrijken; **–iferous** [rezi'nifərəs] harshoudend; **–ous** harsachtig, harshoudend, harsig

resist [ri'zist] **I** *vt* weerstaan, weerstand bieden aan; zich verzetten tegen; *I couldn't* ~ *asking...* ik kon niet nalaten te vragen...; **II** *vi* weer-, tegenstand bieden, zich verzetten; de verleiding weerstaan; **–ance** weerstand, tegenstand; verzet *o*; weerstandsvermogen *o*; *line of least* ~ weg v. d. minste weerstand; *make no* ~ geen weerstand bieden, zich niet verzetten; *passive* ~ lijdelijk verzet; **–ant** resistent (tegen *to*); ...werend, ...bestendig [v. materiaal]

resistibility [rizisti'biliti] weerstaanbaarheid; weerstandsvermogen *o*; **resistible** [ri'zistəbl]

weerstaanbaar; **resistless** onweerstaanbaar; geen weerstand biedend; **resistor** ⚡ weerstand

resoluble [ri'zɔljubl, 'rezəljubl] oplosbaar

resolute ['rezəl(j)u:t] resoluut, vastberaden, beslist, vast besloten; **resolution** [rezə'l(j)u:ʃən] besluit *o*, beslissing, resolutie; vastberadenheid; oplossing, ontbinding, ontleding; ⚡ verdwijning [v. gezwel &]; definitie [v. beeld]; *good* ~*s* ook: goede voornemens

resolvable [ri'zɔlvəbl] oplosbaar; **resolve I** *vt* besluiten; doen besluiten; oplossen², ontbinden; **II** *vr* ~ *itself* zich oplossen; **III** *vi* (zich) oplossen; ⚡ verdwijnen [v. gezwel &]; besluiten (tot *upon*), een besluit nemen; **IV** *sb* besluit *o*; vastberadenheid; **–dly** vastberaden; **resolvent** oplossend middel *o*

resonance ['rezənəns] resonantie, weerklank; **–ant** resonant, weerklinkend; **–ator** resonator

resorb [ri'sɔ:b] resorberen, weer opslorpen; **resorption** resorptie

resort [ri'zɔ:t] **I** *vi* ~ *to* zich begeven naar; zijn toevlucht nemen tot; **II** *sb* samenloop, toevloed; (verenigings)plaats, oord *o*, vakantie-, ontspanningsoord *o*; toevlucht, hulp-, redmiddel *o*, ressort *o*, instantie; *a place of public* ~ een plaats van openbare samenkomst

resound [ri'zaund] (*vt* &) *vi* (doen) weerklinken, weergalmen (van *with*); ~*ing* ook: klinkend [overwinning]; daverend [suw]

resource [ri'sɔ:s] hulpbron, -middel *o*, redmiddel *o*, uitkomst, uitweg, toevlucht; vindingrijkheid; liefhebberij, ontspanning; ~*s* (geld)middelen; *as a last* ~ als laatste redmiddel; *natural* ~*s* natuurlijke hulpbronnen (rijkdommen); *he is a man (full) of* ~ hij weet zich goed te redden; *he is a man of no* ~*s* zonder middelen; zonder liefhebberijen, hij weet zich niet bezig te houden; *be left to one's own* ~*s* aan zichzelf overgelaten worden; **–ful** vindingrijk, zich goed wetende te helpen; rijk aan (hulp)middelen; **–less** zonder (hulp)middelen, hulpeloos

respect [ris'pekt] **I** *sb* aanzien *o*, achting, eerbied, eerbiediging; opzicht *o*; *give him my* ~*s* doe hem de groeten; *have* ~ *to* betrekking hebben op; *have no* ~ *to anything but* alleen letten op; *hold in* ~ respecteren; *pay one's* ~*s to* bij iem. zijn opwachting maken; *send one's* ~*s* de complimenten doen, laten groeten; ● *in every* ~ in alle opzichten; *in some* ~ enigermate; *in some* ~*s* in sommige opzichten; *in* ~ *of* ten aanzien van, met betrekking tot; uit het oogpunt van; vanwege; *with* ~ *to* ten opzichte (aanzien) van, betreffende; *with out* ~ *of persons* zonder aanzien des persoons; *without* ~ *to* zonder te letten op; **II** *vt* respecteren°, (hoog)achten, eerbiedigen, ontzien; betrekking hebben op, betreffen; **III** *vr* ~ *oneself* zichzelf respecteren; **–ability** [rispektə'biliti] achtenswaardigheid; fatsoenlijkheid, fatsoen *o*; aanzien *o*; $ soliditeit; *Putney ~* de notabelen van P; **–able** [ris'pektəbl] achtbaar, achtenswaardig, respectabel°, (vrij) aanzienlijk, fatsoenlijk, net; $ solide; **–er** *~ of persons* snob; *no ~ of persons* iemand die handelt zonder aanzien des persoons; **–ful** *aj* eerbiedig; **–fully** *ad* eerbiedig; *yours ~* hoogachtend, uw dw. dr.; **–ing** ten aanzien van, aangaande, betreffende

respective [ris'pektiv] *aj* respectief; *they contributed the ~ sums of £ 3 and £ 4* zij droegen respectievelijk 3 en 4 pond bij; **–ly** *ad* respectievelijk

respiration [respi'reiʃən] ademhaling; **–tor** ['respəreitə] respirator; gasmasker *o*; **–tory** [ris'paiərətəri] ademhalings-; **respire** I *vi* ademhalen², ademen²; weer op adem komen²; II *vt* inademen, ademen², uitademen

respite ['respait] I *sb* uitstel *o*, schorsing, respijt *o*, verademing, rust; II *vt* uitstel verlenen, uitstellen, opschorten

resplendence, –ency [ris'plendəns(i)] glans, luister; **–ent** glansrijk, luisterrijk, schitterend (van *with*)

respond [ris'pɔnd] antwoorden (op *to*), gehoor geven² (aan *to*), reageren (op *to*); **–ent** I *aj* antwoord gevend, gehoor gevend (aan *to*), reagerend (op *to*); ⚖ gedaagd; II *sb* ⚖ gedaagde [bij echtscheiding]; **response** antwoord *o*; responsorie [liturgisch]; reageren *o*, reactie (op *to*), respons, *fig* weerklank; *in ~ to* als antwoord op; gehoor gevend aan; ingevolge...

responsibility [rispɔnsi'biliti] verantwoordelijkheid; aansprakelijkheid; **responsible** [ris'pɔnsibl] verantwoordelijk, aansprakelijk

responsions [ris'pɔnʃənz] ⚬ eerste examen *o* voor B.A.

responsive [ris'pɔnsiv] antwoordend; openstaand, ontvankelijk; *be ~ to* instemmen met, reageren op; **–ness** reageren *o*; begrip *o*; ontvankelijkheid

1 rest [rest] I *vi* rusten, uitrusten (van *from*); rustig blijven; rust hebben; *we are not going to let the matter ~* we zullen het er niet bij laten; *there the matter ~ed* daar bleef het bij; *~ on* (*upon*) rusten op [v. zorg, verdenking], gebaseerd zijn op, steunen op, berusten op; II *vt* laten (doen) rusten, rust geven; baseren, steunen; (*God*) *~ his soul* de Heer hebbe zijn ziel; III *vr ~ oneself* (uit)rusten; IV *sb* rust°, pauze; rustplaats, tehuis *o*; rustpunt *o*, steun, steuntje *o*; ♞ haak; bok [bij het biljarten &]; ♪ rustteken *o*; *be at ~* ter ruste zijn; rust hebben; bedaard zijn; in ruste zijn; afgedaan zijn; *set* (*put, lay*) *at ~* geruststellen, doen bedaren, tot zwijgen brengen, opheffen, uit de wereld helpen; *with lance in ~* met gevelde lans; *enter into one's ~* de eeuwige rust ingaan; *go* (*retire*) *to ~* zich ter ruste begeven

2 rest [rest] I *vi* blijven; *~ assured* (*satisfied*) verzekerd (tevreden) zijn; *it ~s with you to...* het staat aan u om...; *the management ~ed with...* het bestuur berustte bij...; II *sb* rest; $ reservefonds *o*; *the ~ of us* wij (ons) allen; (*as*) *for the ~* voor het overige, overigens

restaurant ['restərɔː ŋ] restaurant *o*; *~ car* restauratiewagen; **–ateur** [restərə'təː] restauranthouder

restful ['restful] rustig, stil; kalmerend, rust gevend

resting-place ['restiŋpleis] rustplaats

restitution [resti'tjuːʃən] teruggave, vergoeding, schadeloosstelling, herstel *o*; *make ~ of* teruggeven, vergoeden

restive ['restiv] koppig, weerspannig; ongeduldig, prikkelbaar; *become ~* ook: zich schrap zetten

restless ['restlis] rusteloos, onrustig, ongedurig, woelig

restoration [restə'reiʃən] restauratie, herstel° *o*; herstelling, teruggave; *the Restoration* de Restauratie in 1660; **–ive** [ris'tɔrətiv] versterkend, herstellend (middel *o*); **restore** *vt* restaureren, vernieuwen, herstellen; teruggeven, terugzetten [op zijn plaats], terugbrengen; *~d to health* hersteld; *~ to life* in het leven terugroepen

restrain [ris'trein] bedwingen, in bedwang houden, in toom houden, terug-, tegen-, weerhouden, beteugelen, inhouden; beperken; *~ed* ook: beheerst, terughoudend; gematigd; sober; **–t** dwang, (zelf)bedwang *o*; beheersing; beteugeling, beperking; gereserveerdheid; *be under ~* zich in hechtenis bevinden, opgesloten zijn; *without ~* geheel vrij, onbeperkt

restrict [ris'strikt] beperken, bepalen; maximumsnelheid voorschrijven voor [een weg]; *~ed area* zone waar een snelheidsbeperking geldt; *I am ~ed to...* ik moet mij bepalen tot; **–ion** beperking, bepaling, beperkende bepaling; voorbehoud *o*; **–ive** beperkend, bepalend

rest room ['restrum] *Am* toilet *o*, W.C.

restructure ['ri: 'strʌktʃə] herstructureren

result [ri'zʌlt] I *vi* volgen (uit *from*); ontstaan, voortvloeien (uit *from*); uitlopen (op *in*), resulteren (in *in*); II *sb* gevolg *o*; afloop, uitslag, uitkomst, slotsom, resultaat *o*; *as a ~* dientengevolge; *as a ~ of* ten gevolge van, na; *without ~* zonder resultaat, tevergeefs; **–ant** I *aj* voortvloeiend (uit *from*); II *sb* resultante; resultaat *o*

resume [ri'zjuːm] hernemen, weer opnemen, innemen, opvatten, beginnen of aanknopen; hervatten; herkrijgen; resumeren

résumé ['rez(j)uː(:)mei] resumé *o*; korte samenvatting, beknopt overzicht *o*

resumption [ri'zʌm(p)ʃən] weer opvatten *o* of opnemen *o* &, hervatting; terugnemen *o*; **–ive**

weer opvattend, resumerend, hernemend, hervattend

resurgence [ri'sə:dʒəns] herleving, vernieuwing; wederopstanding, verrijzenis; **-ent** weer opstaand; opkomend, herrijzend

resurrect [rezə'rekt] doen herleven; (weer) opgraven; weer ophalen, weer oprakelen; **-ion** herleving; opstanding, verrijzing, verrijzenis; **~ pie** F kliekjesschotel

resuscitate [ri'sʌsiteit] **I** vt de levensgeesten weer opwekken bij, ✝ reanimeren, in het leven terugroepen, doen herleven; weer oprakelen; **II** vi herleven; **-tion** [risʌsi'teiʃən] opwekking, herleving; ✝ reanimatie

ret [ret] roten, weken [v. vlas]

retail I sb ['ri:teil] kleinhandel; sell (by) ~ in het klein verkopen; **II** vt [ri:'teil] in het klein verkopen, slijten; omstandig verhalen; rondvertellen; **III** vi in het klein verkocht worden; ~ **dealer** ['ri:teildi:lə] kleinhandelaar, slijter, wederverkoper, detaillist; **-er** [ri:'teilə] = retail dealer; ~ **price** ['ri:teilprais] kleinhandelsprijs, detailprijs, winkelprijs; ~ **trade** kleinhandel, detailhandel

retain [ri'tein] houden, behouden; tegenhouden, vasthouden; onthouden; (in dienst) nemen [advocaat]; bespreken

retainer [ri'teinə] 🕮 iemand van het gevolg, bediende; ✽ retentie; vooruitbetaald honorarium o voor advocaat; **retaining fee** vooruitbetaald honorarium o voor advocaat; ~ **wall** stutmuur

retake I vt ['ri:'teik] terugnemen; heroveren; heropnemen [film]; **II** sb ['ri:'teik] heropname [film]

retaliate [ri'tælieit] **I** vt vergelden, betaald zetten; ~ upon terugwerpen op; **II** vi weerwraak (represailles) nemen; **-tion** [ritæli'eiʃən] wedervergelding, weerwraak, wraakneming, represaille(s); **-tory** [ri'tæliətəri] vergeldings-

retard [ri'ta:d] vertragen, later stellen, uitstellen, tegenhouden, ophouden; ~ed child achtergebleven kind o; ~ed ignition ✗ naontsteking; **-ation** [ri:ta:'deiʃən] vertraging; uitstel o; achterblijven o, remming in de ontwikkeling; ✗ naontsteking; **-ment** [ri'ta:dmənt] = retardation

retch [retʃ] kokhalzen

retell ['ri:'tel] opnieuw vertellen, oververtellen, herhalen; opnieuw tellen

retention [ri'tenʃən] tegenhouden o; inhouden o; vasthouden o; behoud o; onthouden o; **-ive** terughoudend, vasthoudend, behoudend; ~ memory sterk geheugen o; be ~ of vasthouden (aan), behouden, bewaren

rethink ['ri:'θiŋk] nog eens goed overdenken

reticence ['retisəns] achterhoudend-, terughoudend-, geslotenheid, stilzwijgendheid, verzwijging, achterhouding, terughouding; **-ent** niets

loslatend, niet erg spraakzaam; achterhoudend, terughoudend, gesloten

reticular [ri'tikjulə] netvormig

reticule ['retikju:l] reticule (soort tas)

retina ['retinə] netvlies o

retinue ['retinju:] gevolg o, (hof)stoet

retire [ri'taiə] **I** vt terugnemen, intrekken, terugtrekken; ontslaan; pensioneren; **II** vi (zich) terugtrekken; (terug)wijken; zich verwijderen; (zijn) ontslag nemen, aftreden; zijn pensioen nemen; met pensioen gaan (~ on (a) pension); uit de zaken gaan (~ from business), stil gaan leven; de eetkamer verlaten (om naar de salon te gaan); ~ (to bed, to rest, for the night) zich ter ruste begeven; ~ into oneself teruggetrokken zijn of leven; tot zich zelf inkeren; **III** sb ✗ sein o tot de aftocht; **-d** teruggetrokken; afgezonderd, eenzaam; stillevend, rentenierend; gepensioneerd; ~ allowance (pay) pensioen o; place on the ~ list pensioneren; **retirement** terugtrekken o, aftocht; teruggetrokkenheid, afzondering, eenzaamheid; aftreden o, ontslag o, pensionering; ~ pension ouderdomsrente; **retiring** terughoudend, bescheiden; onopvallend; terugtrekkend &; teruggetrokken; ~ age (de) pensioengerechtigde leeftijd; ~ allowance (pension) pensioen o; ~ room W.C.

retold ['ri:'tould] V.T. & V.D. van retell

1 retort [ri'tɔ:t] **I** sb retort, distilleerkolf; **II** vt in de retort zuiveren

2 retort [ri'tɔ:t] **I** vt terugwerpen, keren [v. argumenten]; vinnig antwoorden; **II** vi vinnig antwoorden; **III** sb vinnig antwoord o

retouch ['ri:'tʌtʃ] **I** vt retoucheren[2], op-, bijwerken; **II** sb retouche[2], op-, bijwerking

retrace [ri'treis] (weer) nagaan, naspeuren; ~ one's steps (one's way) op zijn schreden terugkeren

retract [ri'trækt] intrekken, terugtrekken, herroepen; **-ation** [ri:træk'teiʃən], **-ion** [ri'trækʃən] intrekking; herroeping

retrain [ri:'trein] herscholen

retread ['ri:'tred] **I** vt vernieuwen [banden], coveren; **II** sb band met nieuw loopvlak

retreat [ri'tri:t] **I** vi (zich) terugtrekken; (terug)wijken; **II** vt terugzetten [bij schaken]; **III** sb terug-, aftocht; sein o tot de aftocht; terugtreding; ✗ taptoe; rk retraite; afzondering; wijkplaats, rustoord o; asiel o; beat a ~ ✗ aftrekken; fig de aftocht blazen; hold a ~ rk retraite houden; make good one's ~ weten te ontkomen; sound a (the) ~ ✗ de aftocht blazen

retrench [ri'trenʃ] **I** vt weg-, afsnijden, besnoeien, in-, beperken; ontslaan wegens bezuiniging; ✗ verschansen; **II** vi beperken, zich inkrimpen, bezuinigen; **-ment** weg-, afsnijding, besnoeiing[2], in-, beperking; bezuiniging; ✗ verschansing

retribution [retri'bju:ʃən] vergelding, beloning;

–ive [ri'tribjutiv] vergeldend

retrievable [ri'tri:vəbl] terug te vinden; weer goed te maken, herstelbaar; **retrieval** terugvinden *o* &; redding, herstel *o*; **retrieve I** *vt* terugvinden, herwinnen, redden (uit *from*); terugbekomen; weer goedmaken, herstellen; apporteren [v. hond]; **II** *sb beyond* (*past*) ~ onherstelbaar; –r apporterende hond

retroaction [retrou'ækʃən] terugwerking; –ive terugwerkend

retrocession [retrou'seʃən] teruggang; teruggave, wederafstand

retrogradation [retrougrə'deiʃən] teruggang, terugwijking; achteruitgang; **retrograde** ['retrougreid] **I** *aj* achteruitgaand², teruggaand², achterwaarts²; reactionair; *in* ~ *order* van achter naar voren; *a* ~ *step* een stap achteruit; **II** *vi* achteruitgaan², teruggaan

retrogress [retrou'gres] achteruitgaan²; –ion teruggang, achteruitgang²; –ive teruggaand, achteruitgaand²

retro-rocket ['retrourɔkit] remraket

retrospect ['retrouspekt] terugblik; *in* ~ terugblikkend, achteraf; –ion [retrou'spekʃən] terugzien *o*, terugblik; –ive *aj* terugziend, retrospectief; terugwerkend; ~ *effect* terugwerkende kracht; ~ *exhibition* retrospectieve tentoonstelling; ~ *view* terugblik; –ively *ad* terugblikkend, achteraf; terugwerkend

retroussé [rə'tru:sei] *Fr* neẓ ~ wipneus

return [ri'təːn] **I** *vi* terugkomen; terugkeren; teruggaan; wederkeren; antwoorden; **II** *vt* teruggeven, terugzenden, retourneren, (weer) inleveren, terugbrengen, terugzetten &; terugbetalen, betaald zetten, vergelden; beantwoorden; officieel opgeven; afvaardigen, kiezen [vertegenwoordigers]; uitbrengen; geven [antwoord]; terugslaan [bij tennis]; ~ *like for like* met gelijke munt betalen; ~ *a profit* winst opleveren; ~ *thanks* zijn dank betuigen; danken; ~ *a visit* een bezoek beantwoorden (met een tegenbezoek); *be* ~*ed guilty* & schuldig & verklaard worden; **III** *sb* terugkeer, terugkomst, thuiskomst; terugweg, terugreis; retourbiljet *o*; terug-, retourzending; teruggave; tegenprestatie; vergelding, beloning; opbrengst; winst; antwoord *o*; opgave; aangifte [v. d. belasting]; verslag *o*, officieel rapport *o*, statistiek &; verkiezing (tot lid van het Parlement); ~*s* statistiek, cijfers; omzet; *many happy* ~*s* (*of the day*) nog vele jaren na dezen; *as a* ~ *for* ter vergelding van, tot dank voor; *by* ~ (*of post*) ℔ per omgaande; *be loved i n* ~ wederliefde vinden; *in* ~ *for* in ruil voor; als vergelding voor, voor; **IV** *aj* terug-; retour-; –able dat teruggegeven kan worden; in te leveren (aan *to*); ~ **game** = *return match*; –**ing-officer** voorzitter van het stembureau bij verkiezing; ~

match revanchepartij, returnwedstrijd; ~ ticket retourkaartje *o*; ~ visit tegenbezoek *o*

reunification ['ri:ju:nifi'keiʃən] hereniging [v. Duitsland &]

reunion ['ri:'ju:njən] hereniging; bijeenkomst, reünie

reunite ['ri:ju'nait] **I** *vt* opnieuw verenigen, herenigen²; **II** *vt* zich verenigen², weer bijeenkomen

Rev. = *Reverend*

rev [rev] **F I** *sb* toer [v. motor]; **II** (& *vt*) op volle toeren (laten) komen (~ *up*)

revaccinate ['ri:'væksineit] herinenten

revaluation ['ri:væljuˈeiʃən] herschatting; op-, herwaardering, revaluatie; **revalue** ['ri:'vælju:] herschatten; op-, herwaarderen, revalueren

revamp ['ri:'væmp] **S** oplappen, opknappen, restaureren, moderniseren, reorganiseren

reveal [ri'vi:l] openbaren, bekendmaken, onthullen, doen zien, tonen, aan het licht brengen

reveille [ri'væli] reveille

revel ['revl] **I** *vi* brassen, zwelgen; zwieren; ~ *in* zwelgen in, genieten van; **II** *sb* braspartij, feestelijkheid

revelation [revi'leiʃən] openbaring, onthulling

reveller ['revlə] brasser, pretmaker; **revelry** braspartij, brasserij, gezwier *o*; feestvreugde

revendication [rivendi'keiʃən] formele terugeising [v. rechten, gebied &]

revenge [ri'vendʒ] **I** *vt* wreken; *be* ~*d on* (*of*) zich wreken of wraak nemen op; **II** *vr* ~ *oneself for... on...* zich wreken over... op...; **III** *sb* wraak, wraakneming, wraakzucht; revanche; *have* (*take*) *one's* ~ revanche nemen; *in* ~ *for* uit wraak over; –**ful** wraakgierig, -zuchtig; **revenger** wreker

revenue ['revinju:] inkomsten; *the* (*public*) ~ de inkomsten van de staat; de fiscus (ook: *the Inland Revenue*); ~-**cutter** recherchevaartuig *o*; ~-**officer** belastingambtenaar; ~-**stamp** belastingzegel

reverberant [ri'vəːbərənt] weerkaatsend; weergalmend; **reverberate I** *vt* weerkaatsen; **II** *vi* weerkaatst worden; weergalmen; –**tion** [rivəːbəˈreiʃən] weer-, terugkaatsing; reverbereren *o*; –**tory** [ri'vəːbərətəri] **I** *aj* weer-, terugkaatsend; **II** *sb* reverbeeroven

revere [ri'viə] eren, vereren, eerbiedig opzien tot; **reverence** ['revərəns] **I** *sb* eerbied; ontzag *o*; verering; piëteit; ✎ buiging; *hold in* ~ (ver)eren; *his* ~ ✎ zijn eerwaarde; *saving your* ~ ✎ met uw verlof; met permissie; **II** *vt* = *revere*

reverend ['revərənd] eerwaard, eerwaardig; *the* ~ *John Smith* Dominee Smith

reverent ['revərənt] eerbiedig, onderdanig; –**ial** [revəˈrenʃəl] eerbiedig

reverie ['revəri] mijmering; rêverie [ook ♪]

revers [ri'viə, *mv* id, ri'vi:z] revers, lapel

reversal [ri'və:səl] omkering, ommekeer, kentering; ✗ omzetting [v. machine]; ♫ herroeping, vernietiging, cassatie; **reverse I** *aj* omgekeerd, tegengesteld; tegen-; ∼ *side* keerzijde, achterkant; **II** *sb* omgekeerde *o*, tegengestelde *o*, tegendeel *o*; keerzijde, achterkant; tegenslag, tegenspoed; nederlaag; ⏪ achteruit [versnelling] *o* & *m* (ook: ∼ *gear*); *in* ∼ in omgekeerde richting of orde; *take in* ∼ ✗ in de rug aanvallen; **III** *vt* omkeren; ✗ omgooien [v. machine], omzetten, omschakelen; ♫ vernietigen, casseren [vonnis]; ∼ *arms* ✗ het geweer met de kolf naar boven keren; ∼ *the charges* ✿ de opgeroepene de gesprekkosten laten betalen; ∼ *one's policy* een heel andere politiek gaan volgen; **IV** *vi* ✗ achteruitgaan, -rijden &; **-ly** *ad* omgekeerd

reversible [ri'və:sibl] omkeerbaar, omgekeerd & kunnende worden, omkeer- [film &]

reversion [ri'və:ʃən] terugkeer; herleving [v. erfgoed]; recht *o* van opvolging; terugkeer; atavisme *o*; ∼ *to type* atavisme *o*; **-ary** terugvallend; atavistisch

revert [ri'və:t] terugvallen, terugkeren, -komen (op *to*); **-ible** terugvallend

revet [ri'vet] bekleden, **-ment** bekleding(s-muur), damwand

review [ri'vju:] **I** *sb* herziening; overzicht *o*; ✗ wapenschouwing, parade, revue, inspectie; recensie, boekbeoordeling, bespreking, revue, tijdschrift *o*; *pass in* ∼ ✗ parade laten maken; *fig* de revue laten passeren; *the period u n d e r* ∼ het hier beschouwde tijdperk; **II** *vt* overzien; de revue laten passeren; terugzien op, in ogenschouw nemen; bespreken, beoordelen, recenseren; ✗ inspecteren; herzien; ∼ *copy* recensie-exemplaar *o*; **-er** recensent

revile [ri'vail] smaden, (be)schimpen; **-ment** smaad, beschimping

revise [ri'vaiz] **I** *vt* nazien, corrigeren; herzien; **II** *sb* revisie [v. drukproef]; herziening; **-r** herziener; corrector; **revision** [ri'viʒən] herziening, revisie; herziene uitgave

revisit ['ri:'vizit] weer, opnieuw bezoeken

revival [ri'vaivəl] herleving, wederopleving; herstel *o*; (godsdienstig) reveil *o*, opwekking(sbeweging); reprise [v. toneelstuk]; *the Revival of Learning* de Renaissance; **revive I** *vi* herleven[2], weer opleven, weer bekomen; weer aanwakkeren; **II** *vt* doen herleven; weer opwekken, weer doen opleven, aanwakkeren; opkleuren, ophalen; oprakelen; weer opvoeren of vertonen; in ere herstellen [gebruik]; ∼ *old differences* oude koeien uit de sloot halen; **-r** S hartversterking

revivification [rivivifi'keiʃən] wederopleving, wederopwekking; **revivify** [ri'vivifai] weer levend maken, weer doen' opleven

revocable ['revəkəbl] herroepbaar; **-ation**

revoke [ri'vouk] **I** *vt* herroepen; intrekken; **II** *vi* niet bekennen [bij het kaarten], verzaken, renonceren; **III** *sb* renonce

revolt [ri'voult] **I** *vi* opstaan, in opstand komen (tegen *against, at, from*); walgen; **II** *vt* in opstand doen komen, in opstand brengen; *the meal revolted him* deed hem walgen; **III** *sb* oproer *o*, opstand[2]; walging; *rise in* ∼ opstaan, in opstand komen; **-ed** oproerig, in opstand; **-er** oproerling, opstandeling; **-ing** oproerig; weerzinwekkend, stuitend, walglijk

revolution [revə'lu:ʃən] omloop; omwenteling[2], revolutie[2], ✗ toer; **-ary** revolutionair; **-ist** revolutionair; **-ize** een omwenteling bewerken, een ommekeer teweegbrengen in, revolutioneren

revolve [ri'vɔlv] **I** *vt* omwentelen, (om)draaien; overdenken; **II** *vi* (zich) wentelen, draaien

revolver [ri'vɔlvə] revolver

revolving [ri'vɔlviŋ] ∼ *chair* draaistoel; ∼ *credit* rollerend krediet *o*; ∼ *door* draaideur; ∼ *light* draailicht *o*; ∼ *stage* draaitoneel *o*

revue [ri'vju:] revue [toneel]

revulsion [ri'vʌlʃən] ommekeer, reactie; weerzin

reward [ri'wɔ:d] **I** *sb* beloning, vergelding; loon *o*; **II** *vt* belonen, vergelden; **-ing** (de moeite) lonend, bevredigend, geslaagd

rewind [ri'waind] terugspoelen

reword [ri'wɔ:d] anders formuleren

rewrite **I** *vt* ['ri:'rait] nog eens schrijven; herschrijven, omwerken; **II** *sb* ['ri:'rait] herschrijving, omwerking

Rex [reks] Rex; regerende vorst; ♫ de Kroon

rhabdomancy ['ræbdoumænsi] wichelroedelopen *o*

rhapsodic(al) [ræp'sɔdik(l)] rapsodisch; extatisch; **-ize** ['ræpsədaiz] rapsodisch reciteren; uitbundig schrijven, spreken, componeren &; ∼ *over* verrukt zijn van, dwepen met; **rhapsody** rapsodie; vervoering

rheostat ['rioustæt] reostaat: regelbare weerstand

rhetoric ['retərik] retorica[2], redekunst; holle retoriek, (louter) declamatie; **-al** [ri'tɔrikl] retorisch; effectvol; **-ian** [retə'riʃən] retor; redenaar

rheumatic [ru'mætik] **I** *aj* reumatisch; ∼ *fever* acute gewrichtsreumatiek; **II** *sb* lijder aan reumatiek; ∼*s* F reumatiek; **-ky** F reumatisch; **rheumatism** ['ru:mətizm] reumatiek; **rheumatoid** reumatisch; ∼ *arthritis* gewrichtsreumatiek

rhinestone ['rainstoun] soort bergkristal *o*; rijnsteen [als sieraad]

rhino ['rainou] **I** *sb* F rinoceros ‖ S duiten; **II** *aj* neus-

rhinoceros [rai'nɔsərəs] rinoceros, neushoorn

rhizome ['raizoum] wortelstok

Rhodesian [rou'di:ziən] I *aj* Rhodesisch; II *sb* Rhodesiër

rhododendron [roudə'dendrən] rododendron

rhomb [rɔm(b)] ruit: ◊; **–ic** ruitvormig; **–us** = *rhomb*

rhubarb ['ru:ba:b] rabarber

rhumb [rʌm(b)] loxodroom; kompasstreek

rhyme [raim] I *sb* rijm *o*; rijmpje *o*, poëzie, verzen; *without ~ or reason* zonder slot noch zin; zonder reden; II *vt* (be)rijmen, laten rijmen; *~ to (with)* doen rijmen met[2]; III *vi* & *va* rijmen (op *to, with*); **–r, rhymester, –mist** rijmelaar, rijmer

rhythm ['riðm, 'riθm] ritmus, ritme *o*; **–ic** ritmisch

rib [rib] I *sb* rib°; ribbe; rib(be)stuk *o*; ribbel; nerf; balein [v. paraplu]; II *vt* ribben, geribd maken; S plagen

ribald ['ribəld] I *aj* vuil; schunnig, schuin [mop]; ruw, spottend, oneerbiedig, lasterlijk, schaamteloos; ongehoord; II *sb* ✶ schooier; **–ry** vuile taal, vuilbekkerij; schaamteloze spot

✶ **riband** ['ribənd] = *ribbon*

ribbon ['ribən] lint *o*, band *o* [stofnaam], band *m* [voorwerpsnaam], strook; *handle the ~s* F de teugels in handen hebben; *in ~s, all to ~s* aan flarden (gescheurd); *~ development* lintbebouwing

rice [rais] rijst; **~-bird** ⅋ rijstvogel; **~-milk** rijstepap; **~-paper** ouwel

rich [ritʃ] *aj* rijk°; overvloedig; machtig [voedsel]; klankrijk, vol [stem]; F heel amusant, grandioos; *~ in (with) minerals* rijk aan mineralen; *a ~ idea* F een kostelijk idee *o* & *v*; *the ~* de rijken; *~es* rijkdom; *from rags to ~es* van arm rijk [geworden]; **–ly** *ad* rijk(elijk), te volle; **–ness** rijkdom; rijkheid; machtigheid; overvloed

rick [rik] hoop, mijt; hooiberg ‖ ook = *wrick*

rickets ['rikits] rachitis, Engelse ziekte; **rickety** 𝔗 rachitisch; waggelend, wankel, wrak, zwak

rickshaw ['rikʃɔ:] riksja

ricochet ['rikəʃei, -ʃet] I *sb* ricochetschot *o*; II *vi* ricocheren, opstuiten, afketsen

rid [rid] bevrijden, ontdoen, verlossen (van *of*); *be ~ of* bevrijd (af) zijn van; *get ~ of* zich ontdoen van, lozen, kwijtraken, afkomen van; **riddance** bevrijding, verlossing; *a good ~ (of bad rubbish)* een goede opruiming

ridden ['ridn] V.D. van *ride*

1 riddle ['ridl] I *sb* raadsel[2] *o*; II *vt* ontraadselen, raden; III *vi* in raadselen spreken

2 riddle ['ridl] I *sb* grove zeef; II *vt* ziften; doorzéven, doorboren

riddling ['ridliŋ] raadselachtig

ride [raid] I *vi* rijden (in *in*); drijven; *~ at anchor* ⚓ voor anker liggen; *~ for a fall* woest rijden; *fig* roekeloos doen; zijn ondergang tegemoet snellen; *~ high* succes hebben; II *vt* berijden, rij-

den op; door-, afrijden [een land]; laten rijden; regeren, kwellen; *~ sbd. d o w n* omverrijden; inhalen; *~ o u t a gale* het in een storm uithouden; *~ a principle to death* eeuwig op een beginsel doordraven; III *sb* rit; zijpad *o* [in bos]; *go for a ~* een ritje gaan maken

rider ['raidə] (be)rijder, ruiter; allonge, toegevoegde clausule; toevoeging; wis-, meetkundig vraagstuk *o* ter toepassing

ridge [ridʒ] I *sb* (berg-, heuvel)rug, kam; nok, vorst; rand; II *vt* ribbelen, rimpelen; **~-pole** nokbalk; **–way** weg over een heuvelrug; **ridgy** ribbelig; heuvelachtig

ridicule ['ridikju:l] I *sb* spot, bespotting; *bring (cast, pour, throw) ~ on, hold up to ~* belachelijk maken; II *vt* belachelijk maken, bespotten; **–lous** [ri'dikjuləs] belachelijk, bespottelijk

riding ['raidiŋ] (paard) rijden *o* ‖ district *o* (van Yorkshire); **riding-habit** damesrijkostuum *o*; **~-hood** rijkap; *Little Red R~* Roodkapje *o*; **~-master** pikeur; **~-school** rijschool, manege

rife [raif] algemeen, heersend [van ziekten]; *be ~* heersen; veel voorkomen, tieren; in omloop zijn [v. verhaal]; *be ~ with* wemelen van, vol zijn van

riffle ['rifl] snel doorsnuffelen, doorbladeren (*~ through*); ◊ snel doorschudden

riff-raff ['rifræf] uitschot *o*; schorem *o*

rifle ['raifl] I *sb* geweer *o* (met getrokken loop), buks; *the ~s* ✗ de jagers; II *vt* [een geweerloop] trekken ‖ plunderen, leeghalen, wegroven; **–man** scherpschutter; ✗ jager; **~-range** schietbaan; **~-shot** geweerschot *o*; goede schutter; geweerschotsafstand

rift [rift] I *sb* kloof, spleet, scheur; *(little) ~ (with)in the lute fig* een wanklank [in de vaas der vriendschap]; begin *o* van het einde [der vriendschap]; II *vt* scheuren, splijten, kloven

1 rig [rig] I *vt* (op)tuigen[2]; inrichten, uitrusten; in elkaar zetten; *~ out (up) with* optuigen met[2]; *~ up* F haastig opstellen, in elkaar flansen; II *sb* ⚓ tuig *o*, takelage[2]; toestel *o*, apparaat *o*; booreiland *o*; F uitrusting, plunje

2 rig [rig] I *sb* zwendel, knoeierij; II *vt* knoeien; *~ the market* de markt naar zijn hand zetten, de prijzen kunstmatig opdrijven

rigging ['rigiŋ] ⚓ uitrusting, want *o*, tuigage, tuig *o* (ook = plunje)

right [rait] I *aj* rechter; rechts; recht°, rechtvaardig, billijk; geschikt; rechtmatig; juist, goed, in orde; echt, waar; *Mr Right* de ware Jozef; *he's not in his ~ mind (not ~ in his head)* hij is niet wel bij zijn hoofd (bij zijn verstand); *am I ~?* heb ik (geen) gelijk?; *they are ~ to protest (in protesting)* zij protesteren terecht; *all ~!* in orde!, vooruit maar!, goed!, best!, uitstekend!, S en hoe!; *a bit of all ~* iets heel leuks; een bijzonder aardig iem.; *it exists all ~* S wel (degelijk), heus (wel); *he is as*

~ *as a trivet* (*as rain*) **F** hij is helemaal in orde, hij mankeert niets; *be on the* ~ *side of forty* nog geen veertig zijn; *get on the* ~ *side of* **F** in de gunst komen bij; ~ *sort* **F** geschikt (aardig) iem.; *get* ~ in orde komen (brengen); goed begrijpen; *put* (*set*) ~ in orde brengen; terechthelpen; herstellen, verbeteren, rechtzetten; gelijkzetten [klok]; **II** *ad* recht, billijk; behoorlijk, geschikt; goed, wel, juist; (naar) rechts; < juist, precies; vlak, vierkant, helemaal; zeer; *do* ~ rechtvaardig handelen; rechtvaardig zijn; iets naar behoren of goed doen; *he does* ~ *to...* hij doet er goed aan dat...; ~ *turn!* ✘ rechtsom!; ● ~ *a g a i n s t*... vlak tegen... in; ~ *a w a y* **F** op staande voet; dadelijk; ~ *i n* regelrecht naar binnen; ~ *n o w* **F** direct; ~ *off* **F** op staande voet; dadelijk; **III** *sb* rechterhand, -kant; ✘ rechtervleugel; recht° *o*; *the Right* „Rechts", de conservatieven; ~ *of way* (recht *o* van) overpad; (recht *o* van) doorgang; ⚓ voorrang(srecht *o*); *the* ~*s of the case* het rechte van de zaak; *b y* ~(*s*) rechtens; eigenlijk; *by what* ~? met welk recht?; *by* ~ *of* krachtens; *be i n the* ~ het bij het rechte eind hebben, gelijk hebben; het recht aan zijn zijde hebben; in zijn recht zijn; *put in the* ~ in het gelijk stellen; *in one's own* ~ van zichzelf; *it is a good book in its own* ~ het is op zichzelf (beschouwd), zonder meer, uiteraard een goed boek; *of* ~ rechtens; *o n your* ~ aan uw rechterhand, rechts van u; *t o the* ~ aan de rechterkant, (naar) rechts; *put* (*set*) *to* ~*s* in orde brengen (maken); verbeteren, herstellen; **IV** *vt* rechtop of overeind zetten; verbeteren, in orde maken, herstellen; recht doen, recht laten wedervaren; ⚓ midscheeps leggen [het roer]; **V** *vr* ~ *oneself* zich recht verschaffen; ~ *itself* (van zelf) weer in orde komen; ook = **VI** *vi* zich oprichten; ~-**about** rechtsomkeert² (ook: ~ *face*, ~ *turn*); *execute a* ~ rechtsomkeert maken²; *fig* zijn draai nemen; *send to the* ~(*s*) de laan uitsturen; ~-**angled** rechthoekig, een rechte hoek (90°) vormend; ~-**down** uitgesproken, regelrecht; –**eous** ['raitʃəs] rechtvaardig, gerecht, rechtschapen; –**ful** rechtvaardig; rechtmatig; ~-**hand** aan de rechterhand geplaatst; voor of met de rechterhand; rechts; *he is my* ~ *man* mijn rechterhand; ~-**handed** rechts(handig); ~-**hander** wie rechts(handig) is; slag met de rechterhand; –**ist** rechts(e) [in de politiek]; –**ly** *ad* rechtvaardig; juist, goed; terecht; ~-**minded** rechtgeaard; ~-**thinking** weldenkend; ~-**wing** *sp pol* rechtervleugel; als *aj pol* rechts, conservatief

rigid ['ridʒid] stijf, strak; (ge)streng, onbuigzaam, star; –**ity** [ri'dʒiditi] stijfheid, strakheid; (ge)strengheid, onbuigzaamheid, starheid

rigmarole ['rigmərəul] onzin, lang, verward kletsverhaal; *Am* hokus-pokus

rigor ['raigɔ:] stijfheid [*spec* na sterven]; ~ *mortis*

rigorous ['rigərəs] streng²,hard; **rigour** strengheid, hardheid

rig-out ['rigaut] **F** uitrusting, plunje, tuig *o*; ~-**up** = *rig-out*

rile [rail] **F** nijdig maken, provoceren

rill [ril] beekje *o*

rille [ril] ril [op de maan]

rim [rim] **I** *sb* kant, boord; rand [v. kom &]; velg [v. wiel]; ~*s* ook: montuur *o* & *v* [v. bril]; **II** *vt* velgen; omranden; *gold-*~*med glasses* bril met gouden montuur

1 rime [raim] **I** *sb* rijp; **II** *vt* met rijp bedekken

2 rime [raim] *sb* = *rhyme*

rimless ['rimlis] randloos; ~ *spectacles* glasbril

☉ **rimy** ['raimi] vol rijp, berijpt

rind [raind] schors, bast, schil, korst, zwoerd *o*

rinderpest ['rindəpest] vee-, runderpest

1 ring [riŋ] **I** *sb* ring², kring², piste [v. circus], circus *o* & *m*, arena, renbaan; kringetje *o*; kliek; **F** kartel, consortium *o*; *the* ~ de bookmakers; het boksersstrijdperk, de boksers(gemeenschap); *hold the* ~ helpers uit de ring weren, interventie beletten; *make* (*run*) ~*s round...* **F** vlugger zijn dan..., ...ver achter zich laten; *throw one's hat in the* ~ **F** verklaren dat te nemen aan de strijd; **II** *vt* een ring (ringen) aandoen; ringen [v. bomen, duiven &]; aan ringen of schijven snijden [appels]; ~ (*about, in, round*) (in een kring) insluiten, omsingelen, omringen; **III** *vi* een kring (kringen) beschrijven, cirkelen, in kringen vliegen; in een kring gaan staan

2 ring [riŋ] **I** *vi* luiden, klinken, weergalmen; bellen; *the bell* ~*s* de bel gaat (over), er wordt gescheld; **II** *vt* luiden; ~ *a bell* **F** bekend klinken, ergens aan herinneren; ~ *the bell* (aan)bellen; **F** het doen, succes hebben, het winnen; ~ *a coin* laten klinken; ~ *true* aannemelijk klinken; ● ~ *a g a i n* weerklinken [v. d. weeromstuit]; ~ *a t the door* aanbellen; ~ *b a c k* ☎ terugbellen; ~ *d o w n* (*the curtain*) [in schouwburg] bellen om het scherm te laten zakken; *fig* afbreken, eindigen; ~ *off* ☎ het gesprek afbreken, ✎ afbellen; ~ *o u t* weerklinken, luid klinken; uitluiden; ~ *u p* ☎ (op)bellen; aanslaan [met kasregister]; ~ *up* (*the curtain*) het sein geven voor het ophalen van het scherm; **III** *sb* klank, geluid *o*; gelui *o*; luiden *o*; klokkenspel *o*; *there is* (*goes*) *a* ~ er wordt gebeld [aan de deur]; *give the bell a* ~ (aan)bellen; *I'll give you a* ~ ☎ ik zal je (op)bellen; *have a false* ~ vals klinken, niet echt klinken; *three* ~*s for...* driemaal bellen om...; –**er** (klokke)luider

ringleader ['riŋliːdə] belhamel, raddraaier

ringlet ['riŋlit] ringetje *o*; krul, krulletje *o*

ringmaster ['riŋmaːstə] directeur [in circus]; **ring road** ringweg, randweg; **ringside** ~ *seat* beste plaats²

ringworm ['riŋwɔ:m] ringworm, dauwworm

rink [riŋk] **I** *sb* ijsbaan; kunstijsbaan; rolschaatsenbaan; **II** *vi* rolschaatsen; **–er** rolschaatsenrijder, -rijdster

rinse [rins] **I** *vt* spoelen, omspoelen; ~ *away (out)* weg-, uitspoelen; ~ *down* doorspoelen [v. eten]; **II** *sb* spoeling

riot ['raiət] **I** *sb* rel, oproer *o*; oploop, opstootje *o*; **F** succes(nummer) *o*, giller; uitgelatenheid, uitspatting; *a ~ of colour* een kleurenorgie; *run* ~ uit de band springen; in het wild groeien, woekeren; *let one's fancy (tongue) run* ~ de vrije loop laten; **II** *vi* herrie maken, oproerig worden, muiten; zwieren, zwelgen; **–er** oproerling, relletjesmaker, herriemaker; **–ous** ongebonden, bandeloos, **B** overdadig; (op)roerig; rumoerig; ~ **police** oproerpolitie

1 rip [rip] **I** *vt* openrijten, openscheuren, (los)tornen; ~ *off* afrijten, afstropen [het vel v. dier]; ~ *out* uit-, lostornen; uitstoten; ~ *up* openrijten, openscheuren; ~ *up old grievances* oude grieven ophalen; **II** *vi* tornen, losgaan, scheuren, uit de naad gaan; als de bliksem rijden, gaan &; *let* ~ laten schieten, loslaten, afdrukken [de trekker]; er vandoor laten gaan [auto]; **F** laten stikken [iets, iem.]; **III** *sb* torn, scheur

2 rip [rip] *sb* krak [v. mens, paard &]; knol [v. paard]; deugniet

riparian [rai'pɛəriən] **I** *aj* oever-; **II** *sb* oeverbewoner

ripe [raip] rijp²; gerijpt; belegen [v. wijn &], oud; **S** heel geestig; **S** onbehoorlijk; **S** dronken; **ripen I** *vi* rijp worden, rijpen; **II** *vt* (doen) rijpen, rijp maken

riposte [ri'poust] **I** *sb* riposte, tegenstoot; raak antwoord *o*; **II** *vi* riposteren

ripper ['ripə] lostorner, opensnijder; tornmesje *o*; **S** patente kerel, kraan; bovenste beste [v. personen en zaken]

ripping ['ripiŋ] openrijtend &; **S** bovenste beste, fijn, magnifiek, enig, prima

1 ripple ['ripl] **I** *vi* & *vt* rimpelen; kabbelen; **II** *sb* rimpeling; gekabbel *o*

2 ripple ['ripl] **I** *sb* vlasrepel; **II** *vt* repelen

ripply ['ripli] vol rimpels, rimpelig

rip-roaring ['rip'rɔ:riŋ] **F** uitbundig, stormachtig; geweldig, reuze

rise [raiz] **I** *vi* (op-, ver)rijzen, opstaan; (overeind) gaan staan; het woord nemen [in een vergadering]; in opstand komen (tegen *against*); opstijgen, opgaan*, de hoogte in gaan, opvliegen [vogels], aanbijten²; bovenkomen; stijgen; oplopen [v. grond]; vooruitkomen; promotie maken; opkomen; opsteken [wind]; zich verheffen; ontspringen [rivier], voortspruiten (uit *from*); op reces gaan, uiteengaan; ~ *a b o v e* zich verheffen boven; verheven zijn boven; ~ *head and shoulders*

above hoog uitsteken boven; ~ *f r o m* opstaan uit (van); *fig* voortspruiten uit; ~ *i n arms* de wapenen opvatten; ~ *i n t o notice* bekend beginnen te worden; ~ *o n* in opstand komen tegen; ~ *to* zich verheffen tot; stijgen tot; ~ *to be a...* opklimmen tot..., het brengen tot...; ~ *u p* opstaan [uit bed]; **II** *vt* doen opvliegen, opjagen [vogels]; doen aanbijten [vis]; **III** *sb* rijzing, opkomst*, oorsprong; helling; opgang [v. zon]; opklimming, promotie; stijging [prijs]; verheffing, verhoging [prijs of salaris]; **$** hausse; *sp* beet [v. vis]; *get (take) a ~ out of sbd.* iem. aan de gang maken, uit zijn slof doen schieten; er in laten lopen; in het zonnetje zetten; *give* ~ *to* aanleiding geven tot; *take its ~ in (from)* ontspringen in; voortspruiten uit; *be on the ~* (voortdurend) stijgen [prijzen &]; in opkomst zijn; **risen** ['rizn] V.D. van *rise*; **riser** ['raizə] die opstaat; opstap; *be an early* ~ vroeg opstaan, matineus zijn

risibility [rizi'biliti] lachlust; **risible** ['rizibl] lachziek, goedlachs; lach-; belachelijk; ~ *muscles* lachspieren

rising ['raiziŋ] *aj* (op)rijzend, opkomend &; in opkomst zijnd; ~ *fourteen* bijna 14 jaar zijnd; **II** *sb* opstaan *o*, stijgen *o*; uiteengaan *o* [v. vergadering]; (zons)opgang; (op)stijging; opstand; opstanding [uit de dood]; zwelling

risk [risk] **I** *sb* gevaar *o*, risico *o* & *m*; *not caring to run* ~*s* niets willende riskeren; *take* ~*s* iets riskeren; *at shipper's* ~ voor risico van de afzender; *at the* ~ *of offending you* op gevaar af van u te beledigen; *at the* ~ *of his life* met levensgevaar; *at your own* ~ op (uw) eigen risico; **II** *vt* riskeren, wagen; **–y** *aj* gevaarlijk, gewaagd, riskant

risqué ['riskei] *Fr* gewaagd

rissole ['risoul] croquetje *o*

rite [rait] rite, ritus; *the last* ~*s rk* de laatste sacramenten; **ritual** ['ritʃuəl] **I** *aj* ritueel; **II** *sb* ritueel *o*; rituaal *o*; **–ist** wie zich streng houdt aan het ritueel v. d. *High Church*; **–istic** [ritʃuə'listik] ritualistisch

ritzy ['ritsi] **S** elegant, luxueus

rival ['raivəl] **I** *sb* mededinger, medeminnaar; **II** *aj* mededingend, wedijverend; concurrerend; **III** *vt* wedijveren met, op zijde streven; **–ry** mededinging, wedijver, concurrentie², rivaliteit

rive [raiv] **I** *vt* splijten, (ver)scheuren; ~ *from* ook: wegrukken van; **II** *vi* splijten, scheuren; **riven** ['rivn] V.D. van *rive*

river ['rivə] rivier, stroom²; *sell sbd. d o w n the* ~ **S** iem. verraden, in de steek laten; *u p the* ~ *Am* **S** in (naar) de bajes

riverain ['rivərein] **I** *aj* aan de rivier liggend, gelegen of aanwend, oever-; **II** *sb* oeverbewoner

river-basin ['rivəbeisn] stroomgebied *o*; **–side** oever [v. rivier]

rivet ['rivit] **I** *sb* klinknagel; **II** *vt* met klinknagels bevestigen, klinken; *fig* vastklinken, kluisteren (aan *to*); boeien [de aandacht]; richten [de blik]; ~*ed to the spot* als aan de grond genageld

rivulet ['rivjulit] riviertje *o*, beek

R.M. = *Royal Marines*

R.N. = *Royal Navy*

roach [rout∫] 🐟 blankvoren

road [roud] weg², rijweg, straat; ⚓ rede (ook: ~*s*) ; *by* ~ per as, per auto of bus &; *one for the* ~ een afzakkertje *o*; *on the* ~ op weg; *be on the* ~ op reis zijn; reizen en trekken (als handels-reiziger); *give sbd. the* ~ iem. laten passeren; *take the* ~ op weg gaan, gaan zwerven; ~ **accident** verkeersongeval *o*; ~-**block** wegversperring; ~-**bridge** verkeersbrug; ~-**hog** wegpiraat, snelheidsmaniak; ~-**holding** ~ *qualities* weg-ligging; ~-**house** wegrestaurant *o*; -**man** weg-werker, stratenmaker; $ acquisiteur, reiziger; ~-**map** wegenkaart; ~-**metal** steenslag *o*; ~-**rol-ler** wegwals *o*; ~ **safety** verkeersveiligheid, vei-lig verkeer *o*; -**side** kant van de weg; ~ **sign** verkeersbord *o*

roadstead ['roudsted] ⚓ rede, ree; *in the* ~ op de ree

roadster ['roudstə] sterk gebouwde fiets; open (tweepersoons) sportauto; zwerver

road surface ['roudsə:fis] wegdek *o*; ~ **sweeper** straatveger; ~ **system** wegennet *o*; -**way** rij-weg; brugdek *o*; ~-**worthy** rijwaardig

roam [roum] **I** *vi* (om)zwerven; **II** *vt* af-, door-zwerven; **III** *sb* omzwerving; -**er** zwerver

roan [roun] **I** *aj* roodgrijs; **II** *sb* 🐎 muskaatschim-mel ‖ bezaanleer *o*

roar [rɔ:] **I** *vi* brullen, loeien, huilen, bulderen, rommelen, razen; snuiven [v. dampig paard]; *they* ~*ed* (*with laughter*) ze brulden (schaterden) van het lachen; **II** *vt* brullen, bulderen; **III** *sb* ge-brul *o*, geloei *o*, gehuil *o*, gebulder *o*, gerommel *o*, geraas *o*, gedruis *o*; geschater *o*; *set the table in a* ~ het gezelschap doen schaterlachen; -**er** wie brult &; dampig paard; -**ing I** *aj* brullend &; kolossaal; *he is in* ~ *health* in blakende welstand; **II** *sb* gebrul *o* &; piepende dampigheid

roast [roust] **I** *vt* braden, roost(er)en, branden [koffie], poffen [kastanjes]; **II** *vi* braden; **III** *sb* gebraad *o*; gebraden vlees *o*; *rule the* ~ de lakens uitdelen; **IV** *aj* gebraden; -**er** brader; braad-oven; koffiebrander; braad(aard)appel; braad-kip; braadvarken *o* &

rob [rɔb] bestelen, beroven, roost(er)en, plunderen; lichten [offerblok]; ~ *sbd. of sth.* iem. iets ontnemen (ont-stelen); iem. iets ontnemen; zie ook: *Peter*; **rob-ber** rover, dief; zie ook; *cop* **I**; **robbery** roof, ro-verij, diefstal

robe [roub] **I** *sb* toga, staatsiemantel; (bo-ven)kleed *o*; (dames)robe; *Am* ochtendjas, peig-noir; (doop)jurk; *Am* plaid; *fig* dekmantel; ~*s*

galakostuum *o*; ambtsgewaad *o*; *master of the* ~*s* kamerheer; *mistress of the* ~*s* eerste hofdame; *long* ~ advocaten- of domineestoga; *gentlemen of the* ~ leden v. d. rechterlijke macht; **II** (*vi* &) *vt* (zich) kleden, be-, aankleden, in ambtsgewaad steken; *fig* uitdossen

robin ['rɔbin] roodborstje *o* (~ *redbreast*)

robing-room ['roubiŋrum] kleedkamer [v. ge-rechtshof, Parlement &]

robot ['roubɔt] robot, mechanische mens, auto-maat; ~ *aircraft* draadloos bestuurd(e) vlieg-tuig(en)

robust [rou'bʌst] sterk, flink, fors, robuust; -**ious** luidruchtig, lawaaierig

rochet ['rɔt∫it] rochet [koorhemd v. bisschop, abt &]

1 rock [rɔk] *sb* rots, klip, gesteente *o*; rotsblok *o*, grote kei; kandijsuiker, suikerstok; *Am* steen; S edelsteen, *spec* diamant; *fig* toevlucht, vaste grond; P testikel; *the Rock* (de rots van) Gibral-tar; *be on the* ~*s* F aan de grond zitten, aan lager-wal zijn; *Scotch on the* ~*s* Schotse whisky met ijs

2 rock [rɔk] **I** *vt* schommelen, heen en weer schudden, doen schudden, wieg(el)en; ~ *the boat* F dwars liggen, de anderen het leven lastig ma-ken; ~ *to sleep* in slaap wiegen²; **II** *vr* ~ *oneself* (zit-ten) schommelen; ~ *oneself with*... zich in slaap wiegen met...; **III** *vi* schommelen, schudden, wieg(el)en, wankelen; zie *rock'n'roll* **II**; **IV** *sb* schommeling; zie *rock'n'roll* **I**

rock-bottom ['rɔk'bɔtəm] **I** *sb fig* het laagste punt; **II** *aj* ~ *prices* allerlaagste prijzen; *the* ~ *truth* „de" waarheid; ~-**bound** door rotsen ingeslo-ten; ~-**crystal** bergkristal *o*; ~-**drill** steenboor

rocker ['rɔkə] wieg(st)er; gebogen hout *o* onder een wieg &; schommelstoel; hobbelpaard *o*; soort schaats; goudwasmachine; *off one's* ~ S gek

rockery ['rɔkəri] rotspartij; rotstuin

rocket ['rɔkit] **I** *sb* vuurpijl, raket; V 2; F flink standje *o*, uitbrander; **II** *vi* als een pijl de hoogte in schieten of opvliegen; met sprongen omhoog gaan; -**ry** rakettechniek

rock-face ['rɔkfeis] rotswand

rocking-chair ['rɔkiŋt∫ɛə] schommelstoel; ~-**horse** hobbelpaard *o*

rock'n'roll ['rɔkn'roul] **I** *sb* rock-'n'-roll [sterk ritmische amusementsmuziek; dans daarop]; **II** *vi* rock-'n'-roll dansen

rock-salt ['rɔksɔ:lt] klipzout *o*

1 rocky ['rɔki] **I** *aj* rotsachtig, rots-; vol klippen; steenhard; *the Rocky Mountains* = **II** *sb the Rockies* het Rotsgebergte

2 rocky ['rɔki] *aj* F onvast, wankel

rococo [rə'koukou] rococo *o*, rococostijl

rod [rɔd] roede, staf, staaf; ⚔ stang; ook: hengel-roede; *Black Rod* ceremoniemeester van het Ho-gerhuis; *I have a* ~ *in pickle for you* ik heb nog een

appeltje met je te schillen; zie ook: *spare* **III**
rode [roud] V.T. van *ride*
rodent ['roudənt] knaagdier *o*
rodeo [rou'deiou] rodeo [bijeendrijven *o* van vee; vertoning van kunststukjes door cowboys, motorrijders &]
rodomontade [rɔdəmɔn'teid] **I** *sb* snoeverij, grootspraak; **II** *vi* snoeven, pochen
roe [rou] ♒ ree ‖ Ⓢ viskuit; *hard* ~ kuit; *soft* ~ hom
roebuck ['roubʌk] ♒ reebok
roentgen ['rʌntgən] röntgen(-)
rogation [rou'geiʃən] litanie voor de kruisdagen; ~ *days* de drie dagen vóór Hemelvaart; ~ *week* Hemelvaartsweek
Roger ['rɔdʒə] **I** *sb* (*the*) *Jolly* ~ de zwarte (zeerovers)vlag; **II** *ij* O.K.! begrepen!
rogue [roug] schurk, schelm; snaak, guit; kwaadaardige, alleen ronddwervende olifant, buffel &; ~*'s gallery* fototheek van delinquenten [voor politie]; **–ry** schurkenstreken, schelmerij, snakerij; guitigheid; **roguish** schurkachtig, schelmachtig; schelms, snaaks, guitig
roister ['rɔistə] lawaai schoppen; snoeven, **–er** lawaaischopper; snoever
rôle, role [roul] rol [v. toneelspeler]
roll [roul] **I** *sb* rol°, wals; (rond) broodje *o*; rollen *o*, gerol *o*; ⚓ slingeren *o* [schip]; deining [zee]; ⚓ rolvlucht; schommelende beweging; ⚒ (trom)geroffel *o*; rol, lijst, register *o*; *be struck of the* ~*s* uit het ambt van advocaat ontzet worden; ~ *of honour* ⚒ lijst der gesneuvelden; **II** *vt* rollen (met), wentelen, op-, voortrollen; walsen, pletten; doen of laten rollen; ⚒ roffelen op; **III** *vi* & *va* rollen, zich rollen, zich wentelen; ⚓ slingeren; schommelen; golven; rijden; ⚒ roffelen [v. trom]; zich laten (op)rollen; ~ *and pitch* ⚓ slingeren en stampen; ● ~ *along* voortrollen; **F** stug doorgaan; ~ *away* weg-, voortrollen; *by* voortrollen, voorbijgaan [jaren]; ~ *down* afrollen; ~ *in* binnenrollen; [iem.] toevloeien; ~ *in wealth* (*gold*) in weelde baden; geld als water hebben; *two* (*three*)... ~*ed into one* in één gerold; in één persoon verenigd; ~ *on* voortrollen[2]; ~ *on* (*Christmas*)! was het maar al zo ver (Kerstmis)!; ~ *out* uit-, ontrollen; ~ *out verses* verzen laten rollen; ~ *over* omrollen, omver tollen; ~ *sbd. over* iem. doen rollen, tegen de vlakte slaan; ~ *up* (zich) oprollen[2]; **F** (komen) opdagen; [een zaak] afwikkelen; ~ *up one's eyes* de ogen ten hemel slaan; ~*-call* appel *o*, afroepen *o* der namen; *vote by* ~ hoofdelijk stemmen
roller ['roulə] rol, inktrol; wals; rolstok; rolletje *o*, zwachtel; lange golf; ~*-bearing* rollager *o*; ~*-blind* rolgordijn *o*; ~*-coaster* roetsjbaan; ~*-skate* rolschaats; ~*-towel* rolhanddoek
rollick ['rɔlik] **I** *vi* aan de rol zijn, fuiven, pret maken; dartelen; **II** *sb* lolletje *o*, fuif; **–ing** erg vrolijk, uitgelaten, jolig; leuk, om te gieren, dolletjes
rolling ['rouliŋ] rollend &; ook: golvend [van terrein]; ~ *stone* [*fig*] rusteloos iem.; ~*-mill* pletmolen, pletterij; ~*-pin* deegroller, rol, rolstok; ~*-stock* rollend materieel *o*
roll-neck ['roulnek] ~ *sweater* coltrui; ~*-on* step-in; [deodorant &] roller; ~*-top* ~ *desk* cilinderbureau *o*
roly-poly ['rouli'pouli] **I** *sb* opgerolde geleipudding; **F** dikkerdje *o*; **II** *aj* kort en dik
Roman ['roumən] **I** *aj* Romeins; rooms; **II** *sb* Romein; *r*~ romein, gewone drukletter
roman-à-clef [rɔmãa'klei] *Fr* sleutelroman
Roman-Catholic ['roumən'kæθəlik] roomskatholiek
Romance [rou'mæns] Romaans (*o*)
romance [rou'mæns] **I** *sb* romance; riddergedicht *o*, verdicht verhaal *o*, (ridder)roman; romantiek; gefabel *o*, verdichtsel *o*, (puur) verzinsel *o*; **II** *vi* maar wat verzinnen, fantaseren; **F** het hof maken; **–r** romancier, romandichter, -schrijver; fantast
Romanesque [roumə'nesk] Romaans(e stijl)
roman-fleuve [rɔmã'flɔːv] *Fr* romancyclus, saga
Romanic [rou'mænik] Romaans
romanize ['roumənaiz] romaniseren; verroomsen
romantic [rou'mæntik] **I** *aj* romantisch; **II** *sb* romanticus; ~*s* romantische ideeën (taal); **–ism** romantiek; **–ist** romanticus; **–ize** romantiseren
Romany ['rɔməni] zigeunertaal; zigeuner
Rome [roum] Rome[2]; *when at* ~, *do as* ~ *does* schik u naar de gebruiken des lands, ± 's lands wijs, 's lands eer; ~ *was not built in a day* Keulen en Aken zijn niet op één dag gebouwd
Romish ['roumiʃ] > rooms
romp [rɔmp] **I** *vt* stoeien, dartelen; ~ *home*, ~ *in* **F** met gemak winnen, [iets] spelenderwijs doen; ~ *off* er vandoor gaan; **II** *sb* stoeier, wildebras, wildzang; stoeipartij; **–er(s)** speelpakje *o*
rondeau ['rɔndou], **rondel** ['rɔndl] rondo *o*
roneo ['rouniou] stencilen (met de *Roneo*)
rood [ruːd] roede: ¼ acre (± 10 are); ✚ kruis *o*
roof [ruːf] **I** *sb* dak[2]; gewelf *o*; *the* ~ (*of the mouth*) het verhemelte; *raise the* ~ **F** tekeergaan; **II** *vt* van een dak of gewelf voorzien, onder dak brengen (ook: ~ *in, over*); overwelven; **roofer** ['ruːfə] **F** bedankbriefje *o*; ~ *garden* daktuin; **–ing** dakbedekking; dakwerk *o*; ~ *tile* dakpan; **–less** zonder dak, dakloos; ~*-top* dak *o*; ~*-tree* nokbalk [v. dak]
rook [ruk] **I** *sb* ⚘ roek; **F** afzetter, valse speler ‖ kasteel *o* [in schaakspel]; **II** *vt* **F** bedriegen [bij het spel], plukken, afzetten; **–ery** roekenesten, roekenkolonie; kolonie v. pinguïns of zeehonden; krottenbuurt

rookie ['ruki] S recruut, nieuweling
room [ru:m, rum] **I** *sb* plaats, ruimte; kamer, zaal; *fig* grond, reden, gelegenheid, aanleiding; *ladies' (men's)* ~ *Am* dames(heren)toilet *o*; *give* ~ *to* plaats maken voor, aanleiding geven tot; *there is* ~ *for improvement* het kan nog wel verbeterd worden; *they like his* ~ *better than his company* ze zien hem liever gaan dan komen; **II** *vi* F een kamer (kamers) bewonen; **III** *vt four* ~*ed flat* vierkamerflat; **-er** *Am* kamerbewoner, ~**-mate** kamergenoot; **roomy** ruim (gebouwd); wijd
roost [ru:st] **I** *sb* rek *o*, roest, (roest)stok; slaapplaats; *rule the* ~ zie *roast* **I** ‖ sterke getijstroom; *be (sit) a t* ~ op stok zijn; *have one's chickens come home to* ~ zijn trekken thuis krijgen; *curses come home to* ~ komen neer op het hoofd van hem die ze uitspreekt; *go to* ~ op stok gaan[2], naar kooi gaan; **II** *vi* (op de roest) gaan zitten, rekken; neerstrijken; de nacht doorbrengen
rooster ['ru:stə] 🐓 haan
root [ru:t] **I** *sb* wortel[a]; ~ *and branch* met wortel en tak; radicaal; *strike (take)* ~ wortel schieten; ● *a t (the)* ~ in de grond; *be (lie) at the* ~ *of* ten grondslag liggen aan; *get at (go t o) the* ~ *of the matter* tot de grond (het wezen) van de zaak doordringen; **II** *aj* grond-, fundamenteel; **III** *vi* inwortelen, wortel schieten, aanslaan; geworteld zijn (in *in*) ‖ wroeten, woelen; scharrelen; ~ *for Am* toejuichen, aanmoedigen, steunen, werken voor, ophemelen; **IV** *vt* wortel doen schieten ‖ omworbelen, omwoelen; ~ *o u t* uitroeien ‖ te voorschijn halen, opscharrelen; ~ *u p* ontwortelen ‖ te voorschijn halen, opscharrelen; zie ook: *rooted*; **-age** wortelschieten *o*; wortelstelsel *o*; ~**-and-branch** radicaal; ~ *crop* wortelgewas *o*, hakvrucht; **-ed** diep geworteld; *stand* ~ *to the spot* als aan de grond genageld staan; **-edly** vastgeworteld; *fig* radicaal
rootle ['ru:tl] wroeten, woelen
rootless ['ru:tlis] wortelloos, zonder wortels, *fig* ontworteld; **-let** worteltje *o*; **rooty** vol wortels
rope [roup] **I** *sb* reep, touw *o*, koord *o & v*, lasso, strop; draad *o & m*; rist [uien]; snoer *o* [parelen]; *a* ~ *of sand* een illusie; *be at the end of one's* ~ aan 't einde van zijn Latijn zijn; *give sbd. plenty of* ~ iem. alle (voldoende) vrijheid van beweging laten; *know the* ~*s* het klappen van de zweep kennen, van wanten weten; *put sbd. up to the* ~*s (show sbd. the* ~*s)* iem. op de hoogte brengen, wegwijs maken; **II** *vi* draderig worden [v. bier &]; **III** *vt* (vast)binden; met een lasso vangen; ~ *i n* afzetten [met een touw]; binnenhalen [winst]; vangen [sollicitanten]; bijeenverzamelen [partijgenoten &]; ~ *o f f* afzetten (met touwen); ~**-dancer** koorddanser(es); ~**-end** eindje *o* touw (als strafwerktuig); ~**-ladder** touwladder; ~**-maker** touwslager; ~**-**

walker koorddanser(es); ~**-way** kabelbaan
ropey ['roupi] F versleten; ouderwets; minderwaardig
rope-yarn ['roupja:n] kabelgaren *o*; **ropy** als touw; draderig
roral ['rɔ:rəl] dauwachtig
rorqual ['rɔ:kwəl] vinvis
rorty ['rɔ:ti] S vrolijk, opgewekt
rosary ['rouzəri] rozenkrans; rosarium *o*, rozenperk *o*, -tuin
1 rose [rouz] V.T. van *rise*
2 rose [rouz] **I** *sb* roos[2]; rozet; rozekleur, roze *o*; sproeier, broes [v. gieter, douche]; *under the* ~ sub rosa: in het geheim; *his life is no bed of* ~*s* zijn weg gaat niet over rozen; *no* ~ *without a thorn* geen rozen zonder doornen; **II** *aj* roze, **roseate** ['rouziit] rozig, rooskleurig; **rose-bud** rozeknop; *fig* meisje *o*; ~**-coloured** rooskleurig[2]; ~**-hip** rozebottel
rosemary ['rouzməri] rozemarijn
roseola [ro'zi:ələ] uitslag bij mazelen &
rose-pink ['rouz'piŋk] roze
rosette [rou'zet] rozet
rose-window ['rouzwindou] roosvenster *o*
Rosicrucian [rouzi'kru:ʃən] Rozenkruiser
rosewood ['rouzwud] rozehout *o*, palissander *o*
rosin ['rɔzin] **I** *sb* (viool)hars *o & m*; **II** *vt* met hars bestrijken
Rosinante [rɔzi'nænti] rossinant, knol
roster ['roustə, 'rɔstə] rooster, lijst
rostrum ['rɔstrəm, *mv* **-ra** -rə] spreekgestoelte *o*, tribune, podium *o*; ⚓ sneb; 🐚 snavel
rosy ['rouzi] *aj* rooskleurig; blozend; roze(n)-
rot [rɔt] **I** *sb* verrotting, rotheid; bederf *o*; rot *o*, vuur *o* [in het hout]; schapeleverziekte; F onzin, klets; **II** *vi* (ver)rotten; ~ *off* wegrotten; S onzin uitkramen; **III** *vt* doen rotten; S [iem.] voor de gek houden, plagen
rota ['routə] rooster, (naam)lijst
Rotarian [rou'tɛəriən] lid v. e. *Rotary Club*
rotary ['routəri] rondgaand, draaiend, draai-, rotatie-; *Rotary (Club)* genootschap *o* voor internationaal dienstbetoon
rotate [rou'teit] **I** *vi* draaien; rouleren; **II** *vt* doen draaien; laten rouleren; afwisselen; **-tion** draaiing, (om)wenteling; afwisseling; vruchtwisseling, wisselbouw (~ *of crops*); *by (in)* ~ bij toerbeurt; **rotatory** ['routətəri] (rond)draaiend, draai-, rotatie-
rote [rout] *by* ~ van buiten, machinaal
rot-gut ['rɔtgʌt] bocht *o*, slechte jenever &
rotogravure ['routəgrəvjuə] koperdiepdruk
rotor ['routə] ✈ rotor
rotten ['rɔtn] verrot, rot, bedorven; F beroerd, akelig, snert-
rotter ['rɔtə] S kerel van niks, snertvent
rotund [rou'tʌnd] rond; mollig, welgedaan, ge-

zet; sonoor, vol [stem]

rotunda [rou'tʌndə] rotonde

rotundity [rou'tʌnditi] rondheid; welgedaanheid, molligheid; volheid [v. stem]

rouble ['ru:bl] roebel

roué ['ru:ei] losbol

rouge [ru:ʒ] **I** *sb* rouge [kosmetiek]; **II** *vi* rouge gebruiken; **III** *vt* met rouge opmaken

rough [rʌʃ] **I** *aj* ruw², grof², bars, streng, hard(handig), moeilijk; ruig; oneffen; ongeslepen; ongepeld [v. rijst]; onstuimig; onguur [zootje, element]; *a ~ copy* een klad(je) *o*; *a ~ diamond* **F** ruwe bolster (blanke pit); *a ~ draft* een ruwe schets, een klad *o*, een concept *o*; *at a ~ estimate* ruw (globaal) geschat; *a ~ house* een algemene vechtpartij; *be ~ on...* moeilijk (vervelend, jammer) zijn voor...; **II** *sb* ruwe kant; oneffen terrein *o*; onguur element *o*, ruwe kerel; ijsnagel; *in the ~* in het ruwe; zoals wij zijn; globaal (genomen); *over ~ and smooth* over heg en steg; *through ~ and smooth* in voor- en tegenspoed; **III** *vt* ruw bewerken; ruw maken; op scherp zetten [paard]; *~ it* zich erdoorheen slaan, zich allerlei ongemakken getroosten; het hard (te verantwoorden) hebben; *~ out* in ruwe lijnen ontwerpen; *~ it out* ⚓ het uithouden [in een storm]; *~ up* **S** afranselen; *~-and-ready* ruw, onafgewerkt, geïmproviseerd; ongegeneerd; *~ methods* pasklaar gemaakte methoden; *~-and-tumble* **I** *aj* onordelijk, ongeregeld; **II** *sb* kloppartij; *–cast* **I** *sb* ruwe schets; eerste ontwerp *o*; beraping, in ruwe trekken aangeven; berapen; *~-dry* (wasgoed) niet opmaken, mangelen of strijken; *–en* *vt* (& *vi*) ruw maken (worden); *~-hewn* ruw behouwen of bekapt; *fig* grof, ruw; *–ly* *ad* ruw &, zie *rough* **I**; ook: in het ruwe, ruwweg, globaal, zowat, ongeveer; *–neck* *Am* **S** lomperd, vlegel; *~-rider* pikeur; ⚓ ruiter van de ongeregelde cavalerie; *–shod* scherp beslagen, op scherp gezet; *ride ~ over* honds behandelen, ringeloren; zich niet storen aan; *~-spoken* ruw in de mond; *~-up* **S** flinke vechtpartij

roulade [ru:'la:d] roulade

rouleau [ru:'lou] rolletje *o* (geld)

roulette [ru:'let] roulette; raadje *o*, wieltje *o*; *Russian ~* (op zichzelf) schieten met een revolver waarin maar één kogel zit; *Vatican ~* **F** periodieke onthouding

Roumanian [ru:'meinjən] Roemeen(s)

round [raund] **I** *aj* rond; stevig, flink [vaartje &]; *~ trip* rondreis; reis heen en terug; **II** *ad* rond; in de rondte; rondom; in de omtrek; *all ~* overal, in alle richtingen, naar alle kanten; *fig* in het algemeen, in alle opzichten; (genoeg) voor allen; *all ~*, *~ and ~* en om en om; *the car will be ~* vóór zijn (komen); *get ~* overhalen; ontwijken

[moeilijkheden]; *all the year ~* het hele jaar door; *a long way ~* een heel eind om; *~ about* om... heen, in het rond, rondom; langs een omweg; om en bij [de vijftig &]; **III** *prep* rondom, om, om... heen, rond; *~ the bend* **S** gek; *~ the clock* dag en nacht; **IV** *sb* kring, bol; ommegang; routine, sleur; rondreis, rond(t)e; toer [bij breien]; rondje *o*; sport; rondgezang *o*, canon; rondedans; reeks [misdaden]; snee [brood]; ✠ salvo *o*; *100 ~s of ammunition* ✠ 100 (stuks) patronen; *~s of applause* salvo's van applaus; *~ of beef* runderschijf; *go the ~* de ronde doen [v. gerucht]; *go (make) one's ~s* ✠ de ronde doen; *in the ~* vrijstaand [v. beeldhouwwerk]; *a job on the bread ~* een baantje als broodbezorger; **V** *vt* rond maken, (af)ronden, omringen; omgaan, omkomen [een hoek]; ⚓ omzeilen; *~ off* (af)ronden; voltooien, afmaken; *~ up* bijeendrijven; omsingelen; oppakken; **VI** *vi* rond worden, vol worden; *~ (on one's heels)* zich omdraaien; *~ on* zich keren tegen; verraden, verklikken; *–about* **I** *aj* omlopend, een omweg makend; om de zaak heen draaiend; wijdlopig; rond; *a ~ way* een omweg; **II** *sb* omweg; omhaal; draaimolen; verkeersplein *o*, rotonde; *–ed* (af)gerond², rond

roundel ['raundl] medaillon *o*, schildje *o*; ♪ rondo *o*; rondedans

roundelay ['raundilei] rondo *o*; rondedans

rounders ['raundəz] *mv sp* slagbal

round game ['raundgeim] gezelschapsspel *o*; *~ hand* rondschrift *o*; *~-house* ☐ gevangenis; ⚓ galjoen *o* [v. schip]; *–ing* ronding; *–ish* rondachtig; *–ly* *ad* rond, ongeveer; ronduit; botweg, vierkant, onbewimpeld; flink; *round robin* petitie waarbij de ondertekenaars in een cirkel tekenen; *Am sp* wedstrijd waarbij ieder tegen iedere andere deelnemer uitkomt; *roundsman* bezorger; *Am* wijkagent; *~-the-clock* onafgebroken (gedurende een etmaal), 24-uur-[dienst &]; *~-up* bijeendrijven *o*; omsingeling; klopjacht, razzia

rouse [rauz] **I** *vt* (op)wekken², doen ontwaken, wakker schudden, opporren, aanporren (ook: *~ up*); opjagen; prikkelen; **II** *vr ~ oneself* wakker worden²; zich vermannen; **III** *vi* ontwaken, wakker worden² (ook: *~ up*); **IV** *sb* dronk; drinkgelag *o*; *–r* **S** iets opzienbarends, sensatie; grove leugen; *rousing* (op)wekkend &; bezielend; geestdriftig; **F** kolossaal

roust ['raust] opwekken; verjagen, verdrijven

roustabout ['raustəbaut] *Am* havenarbeider

rout [raut] **I** *sb* zware nederlaag, algemene vlucht; troep, wanordelijke bende; lawaai *o*; ✎ avondpartij; *put to ~* een zware nederlaag toebrengen, op de vlucht drijven; **II** *vt* een zware nederlaag toebrengen, op de vlucht drijven ‖ omwroeten, omwoelen; *~ out* te voorschijn halen, opschar-

relen; ~ *u p* omwoelen; te voorschijn halen, opscharrelen; **III** *vi* wroeten, woelen; scharrelen
route [ru:t, ⚓ raut] **I** *sb* route, weg, parcours *o*; ⚓ marsorder; *en* ~ *for (to)* op weg naar; **II** *vt* leiden, zenden; **~-march** ['rautma:t∫] ⚓ afstandsmars
routine [ru:'ti:n] **I** *sb* routine, sleur; **II** *aj* routine, dagelijks, gewoon, normaal
1 rove [rouv] **I** *vi* (om)zwerven; dwalen [v. ogen &]; **II** *vt* af-, doorzwerven
2 rove [rouv] V.T. & V.D. van *2 reeve*
rover ['rouvə] zwerver, wispelturig iem.; ↘ zeeschuimer (~ *of the seas*); voortrekker [padvinderij]; **roving I** *aj* zwervend; dwalend; ~ *shot* schot *o* in het wild; **II** *sb* zwerven *o*, zwerftocht
1 row [rou] *sb* rij, reeks, huizenrij; straat; *the Row* Rotten Row; *a hard* ~ *to hoe* een zwaar karwei, een moeilijke taak; *in a* ~ op een rij; *in* ~*s* op (in, aan) rijen
2 row [rou] **I** *vi* roeien; **II** *vt* roeien; roeien tegen; ~ *down* inhalen bij het roeien; **III** *sb* roeien *o*; roeitochtje *o*; *go for a* ~ gaan roeien
3 row [rau] **F I** *sb* kabaal *o*, herrie, ruzie, standje *o*, rel; *what's the* ~? wat is er aan het handje?; *get into a* ~ herrie krijgen; *kick up a* ~ herrie maken; **II** *vt* een standje maken; **III** *vi* herrie maken
rowan ['rauən] lijsterbes
row-boat ['roubout] roeiboot
rowdy ['raudi] **I** *sb* ruwe kerel, herrieschopper; **II** *aj* lawaaierig, rumoerig; **–ism** herrie schoppen *o*, baldadigheid
rowel ['rauəl] spoorradertje *o*, raadje *o*
rower ['rouə] roeier; **1 rowing** roeien *o*; roei-
2 rowing ['rauiŋ] herrieschoppen *o*; herrie; schrobbering
rowlock ['rɔlək] roeiklamp, dolklamp, dol
royal ['rɔiəl] **I** *aj* koninklijk², vorstelijk², konings-; ~ *blue* diepblauw; prachtig; *there is no* ~ *road to learning* geleerdheid komt iemand niet aanwaaien; *the* ~ *speech* de troonrede; **II** *sb* 12-ender [hert]; ⚓ bovenbramzeil *o*; royaalformaat *o* [papier]; **F** lid *o* v. d. koninklijke familie; **–ist** koningsgezind(e), royalist(isch); **–ly** *ad* koninklijk, vorstelijk; **–ty** koningschap *o*; koninklijk karakter *o*; (lid *o* of leden van) de koninklijke familie; tantième *o*, royalty, honorarium *o*; *royalties* ook: kroonprivilegiën; vorstelijke personen
rozzer ['rɔzə] **S** smeris
r.p.m. = *revolutions per minute*
rub [rʌb] **I** *vt* wrijven, inwrijven, afwrijven; boenen, poetsen; masseren; schuren (over); ~ *elbows with* omgaan met; ~ *one's eyes* zich de ogen uitwrijven²; ~ *one's hands* zich (in) de handen wrijven (van voldoening); ~ *noses* de neusgroet brengen; ~ *shoulders with* in aanraking komen met, omgaan met; ~ *sbd. the wrong way* zie ~ *up*; **II** *vi* (zich) wrijven, schuren; • ~ *a l o n g* **F** voortsukkelen, verder scharrelen; ~ *along (to-*

gether) **F** het kunnen vinden, opschieten (met elkaar); ~ *a w a y* af-, wegwrijven, doen uitslijten; *fig* slijten; ~ *d o w n* afwrijven°, boenen; roskammen; ~ *i n* inwrijven; ~ *it in(to) them*, ~ *things in* eens iets goed zeggen of laten voelen, onder de neus wrijven, er telkens weer op terugkomen; ~ *off* afwrijven; er afgaan; *it will* ~ *off* het zal wel slijten; ~ *off on* [*fig*] overgaan op; ~ *o u t* uitwissen, uitvegen; er afgaan; **S** uit de weg ruimen, doden; ~ *t h r o u g h* (*the world*) zich er doorheen slaan, door het leven scharrelen; ~ *u p* opwrijven; opfrissen; weer ophalen; ~ *sbd. up the wrong way* iem. verkeerd aanpakken, irriteren; **III** *sb* wrijven *o*, wrijving; massage; moeilijkheid; wederwaardigheid; steek onder water, veeg (uit de pan); ~*s (and worries)* onaangename wederwaardigheden; *there's the* ~ daar zit hem de knoop
rub-a-dub ['rʌbə'dʌb] rombom *o* [v. trom], gerommel *o*
rubber ['rʌbə] wrijver, poetser; slijpsteen; wrijflap; masseur; rubber; vlakgom *m* of *oll sp* robber [whist]; ~*s* ook: overschoenen
rubberneck ['rʌbənek] *Am* **S** kijklustig (nieuwsgierig) iem., gaper, *spec* tourist
rubbish ['rʌbi∫] puin *o*; uitschot *o*, afval *o* & *m*; bocht *o* & *m*; prulleboel, prullen, rommel; ~*!* **F** klets!, onzin!; **–y** vol puin, vol rommel; snert-, prullig; **F** belachelijk, onzinnig
rubble ['rʌbl] puin *o*; steenslag *o*; breuksteen, natuursteen *o* & *m*
rub-down ['rʌbdaun] massage
rube [ru:b] *Am* **S** boerenpummel
Rubicon ['ru:bikən] Rubicon; *cross (pass) the* ~ de beslissende stap doen
rubicund ['ru:bikənd] rood, blozend
rubric ['ru:brik] rubriek; titel; rubriek [liturgisch voorschrift]
ruby ['ru:bi] **I** *sb* robijn *o* [stofnaam], robijn *m* [voorwerpsnaam]; karbonkel, rode puist; kleine drukletter; **II** *aj* robijnen; robijnrood
ruche [ru:∫] ruche
1 ruck [rʌk] *sb* grote hoop, troep, massa
2 ruck [rʌk] **I** *sb* kreukel, plooi; **II** *vt* & *vi* kreukelen, plooien
rucksack ['ruksæk] rugzak
ruction(s) ['rʌk∫ən(z)] **F** heibel, herrie, ruzie
rudder ['rʌdə] ⚓ roerblad *o*; roer *o*; **–less** stuurloos²
ruddle ['rʌdl] roodaarde, roodsel *o*
ruddy ['rʌdi] (fris) rood, blozend; **F** verdomd [vervelend &]
rude [ru:d] *aj* ruw, grof, ruig; hard, streng; onbeschaafd, onbeleefd, onheus; lomp, primitief; *be in* ~ *health* in blakende welstand zijn; ~ *things* onbeleefdheden, grofheden
rudiment ['ru:dimənt] rudiment *o*; ~*s* eerste beginselen; **–ary** [ru:di'mentəri] elementair, aan-

vangs-; rudimentair

rue [ru:] *vt* betreuren, berouw hebben over; *you shall ~ it (the day)* het zal je berouwen; *–ful* spijtig, berouwvol, teleurgesteld

ruff [rʌf] **I** *sb* (geplooide) kraag ‖ **2** kemphaan ‖ (af)troeven *o*; **II** *vt* & *vi* (af)troeven

ruffian ['rʌfjən] bandiet, schurk; woesteling; *–ly* schurkachtig; woest

ruffle ['rʌfl] **I** *vt* frommelen, plooien, rimpelen, in (door) de war maken; verstoord maken, verstoren; *it ~d his temper* het bracht hem uit zijn humeur; *~ (up)* opzetten [veren]; **II** *vi* rimpelen; **III** *sb* rimpeling; (geplooide) kraag of boord *o* & *m* ‖ roffel

rug [rʌg] reisdeken, plaid; (haard)kleedje *o*

Rugby ['rʌgbi] Rugby *o*; *~ (football)* *sp* rugby *o*

rugged ['rʌgid] ruig, ruw; oneffen, hobbelig; doorgroefd; grof; onbehouwen; hard; F sterk, krachtig, stoer, robuust

rugger ['rʌgə] *sp* F rugby *o*

ruin ['ruin] **I** *sb* ondergang, verderf *o*, vernietiging; ruïne²; puinhoop, puin *o* (ook: *~s*); *bring to ~, bring ~ on* te gronde richten, ruïneren; *be (lie) in ~(s)* in puin liggen; *run to ~* in verval geraken; **II** *vt* verwoesten, vernielen; ruïneren, bederven, in het verderf storten, te gronde richten; *fig* verleiden, onteren; *–ation* [rui'neiʃən] ondergang, verderf *o*; *–ous* ['ruinəs] bouwvallig; in puin (liggend); verderfelijk, ruïneus

rule [ru:l] **I** *sb* regel*; levensregel, (vaste) gewoonte; voorschrift *o*; norm; liniaal, duimstok; maatstaf; streep, streepje *o*; bewind *o*, bestuur *o*, heerschappij; **2** beslissing; *~s* ook: reglement *o*; *~ of action* gedragslijn; *~ of thumb* vuistregel: praktische methode; *bear ~* regeren; *make it a ~* zich tot regel stellen; • *as a ~* in de regel, doorgaans, gewoonlijk, meestal; *b y ~* volgens de regel; machinaal; *work t o ~* model werken, een modelactie (stipheidsactie) voeren; **II** *vt* liniëren, trekken [lijnen]; regeren, heersen over; besturen, het bewind voeren over; beheersen [prijzen]; beslissen (dat *that*); *be ~d b y* ook: zich laten leiden door; *~ off* afscheiden door een lijn; *~ o u t* uitsluiten; uitschakelen; zie ook: *court*; **III** *vi* heersen, regeren (over *over*); *~ firm (low)* $ vast (laag) zijn; *–r* bestuurder, regeerder, heerser; liniaal; **ruling I** *aj* (over)heersend; *~ prices* $ marktprijzen; **II** *sb* liniëring; beslissing

1 rum [rʌm] *sb* rum; *Am* „drank"

2 rum [rʌm] *aj* F vreemd, raar; *a ~ bird (case, customer, one)* een rare vogel

rumble ['rʌmbl] **I** *vi* rommelen, dreunen; denderen; S doorzien, begrijpen; **II** *sb* gerommel *o*; gedreun *o*; gedender *o*; kattebak [v. rijtuig]; S gevecht *o* tussen jeugdbenden

rumbustious [rʌm'bʌstiəs] lawaai(er)ig

ruminant ['ru:minənt] herkauwend (dier *o*); ook:

= *ruminative*; *–ate* **I** *vt* herkauwen; be-, overpeinzen; **II** *vi* herkauwen; peinzen, nadenken; *~ over* be-, overpeinzen; *~ upon (on, of, about)* broeden op, denken over; *–ation* [ru:mi'neiʃən] herkauwing; *fig* overdenking, gepeins *o*; *–ative* ['ru:minətiv] herkauwend; nadenkend, peinzend

rumly ['rʌmli] F vreemd, raar

rummage ['rʌmidʒ] **I** *vt* doorsnuffelen, doorzoeken, door elkaar halen; *~ out (up)* opscharrelen, opvissen; **II** *vi* rommelen, woelen, snuffelen (in *among*); rommel maken; *~ for* opscharrelen; **III** *sb* rommel; gesnuffel *o*, doorzoeking; *~-sale* S uitverkoop tegen afbraakprijzen; = *jumble-sale*

rummer ['rʌmə] roemer

rummy ['rʌmi] *aj* F = 2 *rum* ‖ *sb* zeker kaartspel

rumour ['ru:mə] **I** *sb* gerucht *o*; **II** *vt* (bij gerucht) verspreiden; uitstrooien; *it is ~ed that...* er gaat een gerucht dat...

rump [rʌmp] stuitbeen *o*, stuit, stuitstuk *o*; achterste *o*, achterstuk *o*; overschot *o*; *the Rump* het rompparlement *o* [1648-53 & 1659]

rumple ['rʌmpl] verkreuk(el)en, kreuken, vouwen, in de war maken, verfrommelen

rumpsteak ['rʌmpsteik] biefstuk

rumpus ['rʌmpəs] F herrie, heibel, keet

1 run [rʌn] **I** *vi* lopen*, (hard)lopen, rennen, hollen, snellen, gaan, rijden; in actie zijn, aan 't werk zijn, bewegen; in omloop zijn, geldig zijn; gaan lopen, deserteren; laten draven [paard]; gaan lopen, deserteren; in elkaar lopen [kleuren]; aflopen [kaars]; lekken, vloeien, stromen, smelten; ladderen [kous]; etteren, pussen; luiden [v. tekst]; *~ cold (mad)* koud (gek) worden; *my blood ran cold* het bloed stolde mij in de aderen; *~ dry* ophouden te vloeien²; *~ high* hoog lopen (gaan), hoog zijn (staan); hoog gespannen zijn [verwachtingen]; *~ late* vertraging hebben; *~ small* klein uitvallen, klein van stuk zijn; *he who ~s may read* het is zo klaar als de dag; **II** *vt* laten lopen [treinen &]; laten draven [paard]; laten deelnemen [aan (wed)strijd], stellen [een kandidaat]; racen met; laten gaan [zijn vingers, over of door], strijken met; steken, halen, rijgen [draad, degen]; drijven, besturen, leiden, exploiteren, runnen [zaak, machine &]; houden [wedren, een auto], geven [cursus, voorstelling]; vervolgen, achtervolgen, nazetten [vos &]; verbreken [blokkade]; smokkelen [geweren &]; stromen van [bloed]; *~ the show* F de lakens uitdelen, de dienst uitmaken; *~ sbd. close (hard)* iem. dicht op de hielen zitten; • *~ a b o u t* rondlopen; *~ a c r o s s* toevallig ontmoeten, tegen het lijf lopen, aantreffen; *~ a f t e r* nalopen²; *~ a g a i n s t...* oplopen tegen, tegen het lijf lopen; *~ a g r o u n d (ashore)* ⚓ aan de grond raken; op het strand zetten; *~ a t* aan-, losstormen op; ~ *a w a y* weglopen, er vandoor gaan (met *with*), deserteren; op hol slaan; *don't ~ away with that opinion* (*notion, impression*) verbeeld je dat maar niet (te gauw); ~ *b e f o r e* vooruitlopen, vóór zijn; ~ *d o w n* aflopen [v. uurwerk]; uitgeput raken; verlopen; omverlopen, overrijden; ⚓ overzeilen; opsporen; uitputten [onderwerp]; *sp* doodlopen; doodjagen; *fig* afbreken, afgeven op; verminderen; *feel ~ down* zich 'op' voelen; ~ *down the coast* varen langs; ~ *f o r it* F het op een lopen zetten; ~ *f r o m* ontlopen, weglopen van; ~ *i n* inlopen [motor]; inrijden [auto]; S inrekenen; ~ *in the blood* (*family*) in het bloed (de familie) zitten; ~ *in to sbd.* even aanlopen bij iem.; ~ *i n t o* binnenlopen; aanlopen tegen, aanrijden (tegen), aanvaren; (toevallig) ontmoeten, tegen het lijf lopen; ~ *into debt* schulden maken; ~ *into five editions* vijf oplagen beleven; *it ~s into six figures* het loopt in de 100.000; *it ~s into a large sum* het loopt in de papieren; *it will ~ you into £ 80* het zal je £ 80 kosten; ~ *off* (laten) weglopen; afdwalen; aframmelen, afratelen; op papier gooien; afdrukken, afdraaien [met stencilmachine]; ~ *off with* er vandoorgaan met; ~ *o n* doorlopen, -varen; voorbijgaan; oplopen [rekeningen]; (door)ratelen, doorslaan; *his every thought ~s* (*upon*) *it* zijn hele denken is daarop gericht; ~ *o u t* ten einde lopen, aflopen [termijn]; opraken [voorraad]; lekken; afrollen [touw]; uitsteken, uitbrengen; ~ *out of provisions* door zijn voorraad heen raken; ~ *out on* S in de steek laten; ~ *oneself out* zich buiten adem lopen; ~ *o v e r* overlopen; overvloeien (van *with*); (in gedachten) nagaan, doorlópen; overrijden; ~ *over to...* even naar.. overwippen; [iem.] even naar... rijden; ~ *t h r o u g h* lopen door [v. weg]; doorlopen [brief &]; ~ *through a fortune* erdoor lappen; ~ *one's pen through...* de pen halen door; ~ *sbd. through the body* iem. doorsteken; ~ *t o earth* in zijn hol jagen [vos]; J te pakken krijgen, vinden [iem.]; *it will ~ to eight pages* het zal wel acht bladzijden beslaan (bedragen); *the money won't ~ to it* zo ver reikt mijn geld niet; *it won't ~ to that* zo hoog (duur) komt dat niet; ~ *u p* oplopen°; opschieten; krimpen; laten oplopen; optellen; in elkaar zetten; hijsen [vlag]; opjagen [de inzet op auctie]; optrekken [muur]; opstellen [geschut]; 🛠 op toeren (laten) komen; ~ *up bills* rekeningen op laten lopen; ~ *up against* komen te staan voor [hindernis, moeilijkheid]; tegen het lijf lopen; ~ *upon* zie ~ *on*; ~ *w i t h* druipen van [bloed &]; III *sb* loop, aanloop; verloop *o* [v. markt]; plotselinge vraag (naar *on*); run: bestorming [v. bank]; ladder [in kous]; run [bij cricket]; toeloop; ren, wedloop; ♪ loopje *o*; vrije toegang (tot *of*), vrije beschikking (over *of*); vaart [bij het

zeilen]; uitstapje *o*, reis, rit; traject *o*; periode, reeks, serie; slag *o*, soort, type *o*; kudde [vee], troep, school [vissen]; kippenren; weide [v. schapen &]; goot; luchtgang [in mijn]; *the play had a ~ of 300 nights* werd 300 keer achter elkaar opgevoerd; *a ~ of ill luck* voortdurende pech; *a ~ of luck* voortdurend geluk *o*; *have the ~ of the library* vrije toegang hebben tot; *have* (*get*) *a good ~ for one's money* waar voor zijn geld krijgen; ● *at a ~* op een loopje; *i n the long ~* op den duur; *in the short ~* op korte termijn; *o n the ~* op de vlucht; in de weer, bezig; *o u t o f the common ~* niet gewoon; *t h r o u g h o u t the ~ of the fair* zo lang de kermis duurt; *w i t h a ~* met een vaartje; 2 run I V.D. van *run*: gelopen &; II *aj* gesmokkeld [v. drank]; ~-**about** I *aj* (rond)zwervend; II *sb* zwerver, boemelaar; lichte wagen; lichte auto; –**away** I *sb* vluchteling; deserteur, gedroste; hollend paard *o*; II *aj* weggelopen, op hol (geslagen); *a ~ match* (*marriage*) een huwelijk *o* na schaking; *a ~ victory* (*win*) een glansrijke overwinning; 1 ~-**down** *aj* afgelopen [van uurwerk]; vervallen, verlopen [zaak]; 'op' [v. vermoeidheid]; 2 ~-**down** *sb* vermindering; *Am* overzicht *o*

rune [ru:n] rune

1 **rung** [rʌŋ] *sb* sport [v. ladder of stoel]

2 **rung** [rʌŋ] V.D. & ☉ V.T. van 2 *ring*

runic ['ru:nik] rune(n)-

run-in ['rʌnin] F aanloop

runlet ['rʌnlit] stroompje *o*; ⚲ vaatje *o*

runnel ['rʌnl] beekje *o*; goot

runner ['rʌnə] loper²; hardloper, renpaard *o*; schaatsijzer; 🌱 uitloper; klimboon; ⚓ blokkadebreker (*blockade-~*); [in samenstelling] smokkelaar; schuifring; ~-**bean** klimboon; ~-**up** mededinger die in wedstrijd als tweede aankomt, nummer twee; opjager [bij verkopingen]; **running** I *aj* lopend°, doorlopend, achtereenvolgend; strekkend [bij meting]; race-; *four times ~* viermaal achtereen; ~ *account* rekening-courant; ~ *board* treeplank; ~ *commentary* lopend commentaar *o* (verslag), *o* [radio]reportage; ~ *costs* bedrijfskosten, exploitatiekosten; ~ *fire* ⚔ onafgebroken vuur *o*; ~ *hand* lopend schrift *o*; ~ *jump* sprong met aanloop; ~ *knot* schuifknoop; ~ *speed* omloopsnelheid; rijsnelheid; ~ *start* [*sp*] vliegende start; ~ *title* kopregel; ~ *track* baan voor hardlopen; II *sb* lopen *o*, loop, ren; smokkelen *o*; etter, pus *o* & *m*; *he is not in the ~ at all, he is fairly out of the ~* hij komt helemaal niet in aanmerking, heeft helemaal geen kans; *make the ~* het tempo aangeven; **run-of-the-mill** gewoon, doorsnee

runt [rʌnt] klein rund *o*; krieltje *o*; 🕊 Spaanse duif

runway ['rʌnwei] loop; pad *o*; sponning; start- of landingsbaan; [v. watervliegtuig] helling

rupee [ru:'pi:] roepie [munteenheid]

rupture ['rʌptʃə] **I** *sb* breuk[2]; verbreken *o*; scheuring; **II** *vt* verbreken, breken, scheuren, doen springen [aderen &]; *be ~d* een breuk hebben (krijgen); **III** *vi* breken, springen [aderen &]

rural ['ruərəl] landelijk; plattelands-

ruse [ru:z] krijgslist, list, kunstgreep

1 **rush** [rʌʃ] **I** *sb* ⚕ bies; *not worth a ~* geen sikkepit waard; **II** *vt* matten [stoelen]

2 **rush** [rʌʃ] **I** *vi* (voort)snellen, ijlen, stuiven, schieten, rennen, stormen, jagen; zich storten; stromen; ruisen; **II** *vt* aan-, losstormen op, bestormen[2], stormlopen op; overrompelen[2]; (voort)jagen; in aller ijl zenden; haast maken met; *be ~ed* het vreselijk druk hebben, tot over z'n oren in het werk zitten; *refuse to be ~ed* zich niet laten opjagen; *be ~ed for time* in tijdnood zitten; *~ matters* overijld te werk gaan; ● *~ at* afschieten op, losstormen op, bestormen, losgaan op; *~ down* afstormen, zich naar beneden storten; *~ in* naar binnen stormen; *~ into extremes* van het ene uiterste in het andere vervallen; *~ into print* er op los schrijven (in de krant); *~ a scheme* zich hals over kop begeven in; *~ on* voortsnellen &; *~ on one's fate* zijn noodlot tegemoet snellen; *~ out* naar buiten snellen; *~ past* voorbijsnellen, -rennen, -jagen; *~ through* erdoor jagen [wetsontwerp]; *~ to conclusions* voorbarige gevolgtrekkingen maken; *~ upon* losstormen op; **III** *sb* vaart, haast; bestorming[2], stormloop (op *on*); ren, geren *o*; grote drukte; stroom [v. emigranten &], hoop [mensen]; geraas *o*, geruis *o*; aandrang; *~es* dagproduktie [v. film]; *make a ~ for* losstormen op; stormlopen om; *with a ~* stormenderhand; **IV** *aj* haast-, dringend, spoed-; *the ~ hours* de uren van de grootste drukte, de spitsuren; *~ job* spoedkarwei *o*; *~ order* spoedbestelling; **-er** bestormer; F aanpakker

rushlight ['rʌʃlait] nachtpitje *o*

rushy ['rʌʃi] vol biezen; biezen-

rusk [rʌsk] beschuit, beschuitje *o*

russet ['rʌsit] **I** *sb* roodbruin *o*; soort guldeling [appel]; **II** *aj* roodbruin

Russia ['rʌʃə] Rusland *o*; juchtleer *o* (ook: *~ leather*); **-n I** *sb* Rus; Russisch *o*; **II** *aj* Russisch; *~ salad* huzarensla; **russianize** Russisch maken; **russification** [rʌsifi'keiʃən] propageren *o* van Sovjet-idealen; **russify** ['rʌsifai] propageren van Sovjet-idealen; **Russo-** ['rʌsou] Russisch-

rust [rʌst] **I** *sb* roest°; **II** *vi* (ver)roesten; *fig* achteruitgaan (door nietsdoen); **III** *vt* doen (ver)roesten

rustic ['rʌstik] **I** *aj* landelijk, boers; boeren-, land-; rustiek [v. bruggen &]; **II** *sb* landman, boer°; **-ate I** *vi* buiten (gaan) wonen; **II** *vt* boers maken; ⚕ tijdelijk verwijderen [v.d. universiteit]; **-ity** [rʌs'tisiti] landelijk karakter *o*, landelijkheid, landelijke eenvoud; boersheid

rustle ['rʌsl] **I** *vi* ritselen, ruisen; **II** *vt* doen ritselen, ritselen met; *Am* S stelen [*spec* vee]; *~ up* F snel verzorgen, opscharrelen; **III** *sb* geritsel *o*, geruis *o*

rustless ['rʌstlis], **-proof** roestvrij; **rusty** roestig, roestkleurig; verschoten; stijf, stram; krassend [stem]; *my French is a little ~* moet opgehaald worden; *turn ~* S nijdig (lastig) worden

1 **rut** [rʌt] **I** *sb* wagenspoor *o*, spoor *o*, groef; *fig* sleur; **II** *vt* sporen maken in

2 **rut** [rʌt] **I** *sb* bronst(tijd); **II** *vi* bronstig zijn

🏹 **ruth** [ru:θ] mededogen *o*; **-less** meedogenloos, genadeloos, onbarmhartig, onmeedogend

rutting ['rʌtiŋ] bronst; *~ season* bronsttijd; **ruttish** bronstig

rutty ['rʌti] vol sporen

rye [rai] ⚕ rogge; *Am* whisky uit rogge

S

s [es] (de letter) s; **S.** = *South(ern)*; *'s* = *has, is, us*
Sabaoth [sæ'beiɔθ] *the Lord of* ~ **B** de Heer der
Heerscharen
Sabbatarian [sæbə'tɛəriən] **I** *sb* streng zondags-
vierder; **II** *aj* zondagsvierings-
Sabbath ['sæbəθ] sabbat; rustdag; zondag; ~-
breaker sabbat(s)schender
sabbatical [sə'bætikl] sabbat(s); ~ *year* sab-
bat(s)jaar *o*; ≈ verlofjaar *o*
sable ['seibl] **I** *sb* ⚜ sabeldier *o*; sabelbont *o*; ∅
zwart *o*; ☉~*s* zwarte rouwkleding; ~ *rattling* [*fig*]
met de sabel kletteren, met oorlog dreigen; **II** *aj*
zwart, donker
sabot ['sæbou] klomp
sabotage ['sæbəta:ʒ] **I** *sb* sabotage; **II** *vt* & *vi* saboteren; **saboteur** [sæbə'tɔ:] saboteur
sabre ['seibə] **I** *sb* (cavalerie)sabel; **II** *vt* neersabe-
len
sabretache ['sæbətæʃ] sabeltas
sac [sæk] zak [in organisme], buidel, holte
saccharin ['sækərin] **I** *sb* sacharine; **II** *aj fig* zoetsappig, zoetelijk; **-e** ['sækərain] **I** *aj* sacharine-;
II *sb* sacharine
sacerdotal [sæsə'doutl] priesterlijk, priester-
sachet ['sæʃei] sachet *o*, zakje *o*, builtje *o*
1 **sack** [sæk] **I** *sb* (grote) zak; hobbezak (kledingstuk); *get* (*give*) *the* ~ **F** de bons krijgen (geven);
II *vt* in zakken doen; **F** de bons geven; ontslaan
2 **sack** [sæk] **I** *vi* plunderen; **II** *sb* plundering
3 **sack** [sæk] *sb* 🍷 Spaanse wijn
sackbut ['sækbʌt] 🎺 schuiftrompet
sackcloth ['sækklɔθ] zakkenlinnen *o*; *in* ~ *and*
ashes **B** in zak en as; **sackful** zakvol; **sacking**
paklinnen *o*
sackless ['sækləs] onschuldig; hulpeloos
sack-race ['sækreis] zaklopen *o*
sacral ['seikrəl] sacraal
sacrament ['sækrəmənt] sacrament *o*; **-al**
[sækrə'mentl] sacramenteel
sacred ['seikrid] heilig[2], geheiligd, gewijd, geestelijk, kerk-; ~ *concert* kerkconcert *o*; ~ *cow* [*fig*]
heilige koe; *the* ~ *service* de godsdienstoefening;
~ *f r o m* gevrijwaard voor; veilig voor; ~ *t o* ...
gewijd aan; ~ *to the memory of...* hier rust... [op
grafstenen]
sacrifice ['sækrifais] **I** *sb* offerande, offer *o*; opoffering; *sell at a* ~ met verlies verkopen; *at any* ~
wat het ook koste; *at the* ~ *of...* met opoffering
van...; **II** *vt* (op)offeren; ten offer brengen; **III** *vr*
~ *oneself* zich opofferen (voor anderen); **-r** offeraar, offerpriester; **sacrificial** [sækri'fiʃəl] of-
fer-

sacrilege ['sækrilidʒ] heiligschennis[2], kerkroof;
-gious [sækri'lidʒəs] (heilig)schennend
sacring ['seikriŋ] *rk* consecratie; wijding; ~-**bell**
rk sanctusbel
sacrist ['seikrist] sacristein; **-an** koster; sacristein; **-y** sacristie
sacrosanct ['sækrousæŋkt] hoogheilig, bijzonder
heilig; *fig* onaantastbaar
sacrum ['seikrəm] heiligbeen *o*
sad [sæd] *aj* droevig, bedroefd, verdrietig, treurig; somber; donker [kleur]; ~ *bread* klef brood
o; *a* ~ *coward* een grote, onverbeterlijke lafaard;
he writes ~ *stuff* wat hij schrijft is miserabel; **sad-**
den I *vt* bedroeven, somber maken; **II** *vi* bedroefd, somber worden
saddle ['sædl] **I** *sb* zadel *m* of *o*; juk *o*, schraag;
rug-, lendestuk *o*; *in the* ~ in het zadel, de leiding
hebbend; *put the* ~ *on the wrong horse* de verkeerde
de schuld geven; **II** *vt* zadelen; ~ *with* **F** opleggen, opschepen met; *be* ~*d with* **F** opgescheept
zitten met; **III** *vr* ~ *oneself with* **F** op zich nemen;
IV *vi* (op)zadelen (ook: ~ *up*); **-back** zadel *m* of
o [v. bergrug]; zadeldak *o*; (ook: ~ *roof*); ❦ man-
telmeeuw; **-backed** met een zadelrug; ~-**bag**
zadeltas, zadelzak; ~-**bow** (voorste) zadelboog;
~-**cloth** zadelkleed *o*, -dek *o*; ~-**horse** rijpaard
o; **saddler** zadelmaker; **-y** zadelmakerij; zadel-
makersartikelen
sadisme *o*; **-ist** sadist; **-istic** [sæ'distik] sadis-
tisch
sadly ['sædli] *ad* droevig, bedroefd, treurig; <
bar, zeer, erg, danig, deerlijk; **sadness** droefheid, treurigheid
safari [sə'fa:ri] safari [(jacht)expeditie in Afrika]
safe [seif] **I** *aj* veilig, ongedeerd, behouden, gezond en wel (ook: ~ *and sound*); betrouwbaar,
vertrouwd; $ solide; zeker; ~ *convoy* vrijgeleide *o*;
~ *custody* veilige of verzekerde bewaring; *a* ~
winner (*first*) wie zeker de (eerste) prijs haalt; *bet-*
ter to be ~ *than sorry* voorzichtigheid is de moeder
van de porseleinkast; ~ *from* beveiligd (gevrijwaard) voor, buiten bereik van; *one is* ~ *in say-*
ing..., *it is* ~ *to say...* men kan gerust zeggen...; **II**
sb brandkast; provisiekast; ~-**conduct** vrijge-
leide *o*; ~-**deposit** kluis [v. e. bank]; ~ *box* sa-
feloket *o*; ~-**guard I** *sb* beveiliging, bescherming,
vrijwaring, waarborg; **II** *vt* beschermen, verzekeren, vrijwaren, waarborgen, beveiligen; ~-
keeping (veilige) bewaring, hoede, veiligheid;
-ly *ad* veilig, ongedeerd, behouden, gezond en
wel; goed (en wel); gerust; **safety** veiligheid,
zekerheid; ~-**belt** veiligheidsgordel; ~ **catch**

veiligheidsgrendel, -pal; **~-curtain** brandscherm *o*; **~-lamp** veiligheidslamp; **~-lane** oversteekplaats; **~-match** veiligheidslucifer; **~-net** vangnet *o*; **~-pin** veiligheidsspeld; **~-rail** vangrail; **~-razor** veiligheidsscheermes *o*; **~-valve** veiligheidsklep[2]; *fig* uitlaatklep

saffron ['sæfrən] I *sb* saffraan; II *aj* saffraankleurig, -geel

sag [sæg] I *vi* verzakken, doorbuigen; (door)zakken, inzakken; (slap) hangen (ook: ~ *down*); ♪ (naar lij) afdrijven; $ teruglopen, dalen; II *sb* door-, verzakking, doorbuiging; $ daling

saga ['sa:gə] romancyclus

sagacious [sə'geiʃəs] scherpzinnig, schrander; **-city** [sə'gæsiti] scherpzinnigheid, schranderheid

1 **sage** [seidʒ] I *aj* wijs; II *sb* wijze, wijsgeer

2 **sage** [seidʒ] *sb* ♣ salie

Sagittarius [sædʒi'tɛəriəs] de Schutter

sago ['seigou] sago

said [sed] V.T. & V.D. van *say*; (boven)genoemd, gezegd, voormeld

sail [seil] I *sb* ♪ zeil° *o*, zeilen; zeiltocht; (zeil)schip *o*, -schepen; wiek [v. molen]; *make* ~ zeil maken, (meer) zeilen bijzetten; *set* ~ uitzeilen, op reis gaan, de reis beginnen; *take in (shorten)* ~ zeil minderen, inbinden[2]; *a ten days'* ~ *from* P tien dagen varen van P; *(in) full* ~ met volle zeilen; *under* ~ varend, zeilend; II *vi* zeilen, stevenen; uitzeilen, (uit-, af)varen [ook stoomboot]; zweven; ~ *into* F aanpakken, onder handen nemen; ~ *near the wind* scherp bij de wind zeilen; *fig* bijna, maar net niet, illegaal, immoreel of gevaarlijk handelen; III *vt* laten zeilen; (be)sturen; bevaren [de zeeën]; doorklieven [het luchtruim]; **~-arm** wiek [v. molen]; **-cloth** zeildoek *o* & *m*; **-er** zeiler, zeilschip *o*; **sailing** ♪ zeilen *o*, varen *o* &; afvaart; *it's all plain* ~ het gaat van een leien dakje; **~-ship** zeilschip *o*; **sailor** matroos, zeeman; matelot [hoed]; *a bad (good)* ~ wie veel (weinig) last van zeeziekte heeft; **-ing** matrozenwerk *o*, -leven *o*; **-man** F matroos; **sail-surf** windsurf

saint [seint] I *aj* sint, heilig; II *sb* heilige; ~'s *day* heiligedag; *my* ~'s *day* mijn naamdag; III *vt* heilig verklaren, canoniseren; **-ed** heilig, heiligverklaard; in de hemel; vroom; *our* ~ *father* vader zaliger; **-hood** heiligheid; heiligen; **-ly** als een heilige, heilig, vroom

sake [seik] *for the* ~ *of* ter wille van; *for God's* ~ om godswil; *for old sake's* ~ uit oude genegenheid; *I am glad for your* ~ het doet mij genoegen voor u; *for the mere* ~ *of saying something* alleen maar om iets te zeggen

salaam [sə'la:m] I *sb* diepe (oosterse) groet, buiging; II *vi* eerbiedig groeten

salable ['seiləbl] *Am* voor *saleable*

salacious [sə'leiʃəs] geil, wellustig; gepeperd

[verhaal]; **salacity** [sə'læsiti] geilheid, wellustigheid

salad ['sæləd] salade, sla; **~-days** jeugd en jonge jaren; **~-dressing** slasaus

salamander ['sæləmændə] salamander; *fig* iem. die grote hitte verdragen kan

sal-ammoniac [sælə'mouniæk] salmiak

salary ['sæləri] I *sb* salaris *o*, bezoldiging, loon *o*; II *vt* salariëren, bezoldigen

sale [seil] verkoop, verkoping, veiling; ~(*s*) uitverkoop, opruiming; *by private* ~ door onderhandse verkoop; *there is no* ~ *for it* het wordt niet verkocht, gaat niet; ● *for* ~ te koop; *on* ~ verkrijgbaar, te koop; *on* ~ *or return* $ in commissie; **-able** verkoopbaar; gewild; ~ *value* verkoopwaarde; **~-price** uitverkoopprijs; veilingprijs; **~-room** verkooplokaal *o*, venduhuis *o*, veilingzaal; **sales-book** $ verkoopboek *o*; **-girl, -lady** verkoopster; **-man** verkoper; handelsreiziger, vertegenwoordiger [v. e. firma]; **-manship** verkooptechniek; verkoopkunde; handigheid in zaken; de kunst mensen te overtuigen; **-woman** verkoopster

salicylic [sæli'silik] ~ *acid* salicylzuur *o*

salient ['seiljənt] I *aj* (voor)uitspringend, uitstekend; opvallend, markant; *the* ~ *features (points)* de saillante, sterk uitkomende punten; II *sb* vooruitspringende punt, ⋇ saillant

saline ['seilain, sə'lain] I *aj* zoutachtig, -houdend, zout; zout-; II *sb* [sə'lain] saline, zoutpan; zoutbron; zoutoplossing; laxeerzout *o*; **-nity** [sə'liniti] zout(ig)heid; zoutgehalte *o*

saliva [sə'laivə] speeksel *o*; **-ry** ['sælivəri] speekselachtig, speeksel-

1 **sallow** ['sælou] *sb* waterwilg

2 **sallow** ['sælou] I *aj* ziekelijk bleek, vuilgeel, vaal; II *vt* (& *vt*) vaal worden (maken)

sally ['sæli] I *sb* uitval; (geestige) inval, kwinkslag, boutade; uitstapje *o*; II *vi* een uitval doen, te voorschijn komen (ook: ~ *out*); ~ *forth (out)* er op uitgaan; **~-port** ⋇ uitval(s)poort

salmon ['sæmən] I *sb* ♦ zalm; zalmkleur; II *aj* zalmkleurig

salon ['sælɔ̃:ŋ] *Fr* ontvangkamer, salon; kring van kunstenaars; schilderijententoonstelling

saloon [sə'lu:n] zaal; salon; grote kajuit; *Am* tapperij, bar; = *saloon-car*; **~-bar** bar in *public house* voor 'beter' publiek; **~-car** (gesloten) luxewagen [auto]; salonwagen [v. trein]; **~-keeper** *Am* tapper, herbergier met vergunning, slijter; **~-passenger** eersteklaspassagier

salsify ['selsifi] ♣ preibladige boksbaard, blauwe morgenster; *black* ~ schorseneer

salt [sɔ:lt, sɔlt] I *sb* zout *o*; *fig* geestigheid; F zeerob; ~*s* Engels zout *o*; reukzout *o*; *the* ~ *of the earth* het zout der aarde, voortreffelijke of deugdzame mensen; *old* ~ F ouwe zeerob; *with* *a pinch of* ~ met een korreltje zout; *eat sbd.'s* ~ van iem. afhangen; iems. gast zijn (ook: *eat* ~ *with sbd.*); *not be worth one's* ~ niet deugen, geen knip voor de neus waard zijn; **II** *aj* zout, zilt, gezouten; **III** *vt* zouten²; met zout besprenkelen; pekelen; inzouten²; flatteren [balans], vervalsen [boeken]; ~ *a mine* een mijn door inbrenging van gouderts winstgevend doen schijnen; ~ *down one's money* F zijn geld oppotten; zie ook: *salted*

saltation [sæl'teiʃən] springen *o*; sprong, dans; **saltatory** ['sæltətəri] springend; dansend; met sprongen

salt-cellar ['sɔːltselə] zoutvaatje *o*; **salted** gezouten⁺; zout; ingezouten; *fig* gehard; **salter** (in)zouter; zoutzieder; **-n** zoutziederij; zouttuin (= zoutpannen); **salt-free** ['sɔːltfri:] zoutloos [dieet]; **saltish** zoutachtig, zoutig, zilt, brak; **salt-junk** ⚓ pekelvlees *o*; **-less** ongezouten, zouteloos²; **-lick** plek waar vee aan zout komt likken; **~-maker** zoutzieder; **~-marsh** zoutmoeras *o*

saltpetre ['sɔːltpiːtə] salpeter

salt-works ['sɔːltwəːks] zoutkeet, -ziederij; **salty** zout(acht)ig zilt(ig); pittig, pikant

salubrious [sə'luːbriəs] gezond, heilzaam; **-ity** gezondheid, heilzaamheid

salutary ['sæljutəri] heilzaam, weldadig, zegenrijk; gezond

salutation [sælju'teiʃən] groet, begroeting; groetenis (des engels); **salute** [sə'luː t] **I** *vt* (be)groeten (met *with*); ⚔ & ⚓ salueren; ❦ kussen; **II** *vi* groeten; ⚔ het saluut geven, salueren; saluutschoten lossen; **III** *sb* groet, begroeting; ❦ kus; ⚔ saluut(schot) *o*; *take the* ~ ⚔ het saluut beantwoorden, de parade afnemen; **saluting-base** defileerpunt *o*

salvable ['sælvəbl] gered² kunnende worden, te redden²; te bergen; **salvage I** *sb* berging; bergloon *o*; geborgen goed *o*; afvalstoffen, oude materialen; **II** *vt* bergen; ~ **vessel** bergingsvaartuig *o*

salvation [sæl'veiʃən] zaligmaking, zaligheid, heil *o*, redding; S~ *Army* Leger *o* des Heils; **Salvationist I** *sb* heilsoldaat, heilsoldate; **II** *aj* van het Leger des Heils

1 **salve** [sa:v, sælv] **I** *sb* zalf, balsem; *fig* zalfje *o*, pleister (op de wonde); **II** *vt* ❦ zalven; insmeren; *fig* sussen, verzachten; helen

2 **salve** [sælv] *vt* ⚓ bergen [strandgoed]

salver ['sælvə] presenteerblad *o*

salvo ['sælvou] voorbehoud *o*, uitvlucht ‖ ⚔ salvo *o*

salvor ['sælvə] ⚓ berger, bergingsvaartuig *o*

sam [sæm] F ziel

Samaritan [sə'mæritən] **I** *sb* Samaritaan; iem. v.d. (telefonische) Hulpdienst; *good* ~ barmhar-

tige Samaritaan; **II** *aj* Samaritaans

same [seim] zelfde, genoemde; gelijk; eentonig; (*the*) ~ $ het-, dezelve(n); *all the* ~ niettemin, toch; evengoed; ~ *to you!* van 't zelfde!; **-ness** gelijkheid; eentonigheid

samlet ['sæmlit] jonge zalm

Samoyed I *sb* [sæmɔi'ed] Samojeed; [sə'mɔied] samojeed [hond]; **II** *aj* Samojeeds

sample ['sɑːmpl] **I** *sb* $ staal *o*, monster *o*; proef; *fig* staaltje *o*; **II** *vt* $ bemonsteren; monsters nemen van; keuren, proeven; ondervinding opdoen van; **-r** wie monsters neemt; merklap

sanatorium [sænə'tɔːriəm] sanatorium *o*

sanctification [sæŋktifi'keiʃən] heiligmaking, heiliging; **sanctify** ['sæŋktifai] heiligen, heilig maken; wijden; reinigen van zonde

sanctimonious [sæŋkti'mounjəs] schijnheilig; **sanctimony** ['sæŋktiməni] schijnheiligheid

sanction ['sæŋkʃən] **I** *sb* sanctie; goedkeuring, bekrachtiging; $ homologatie; sanctie, dwangmaatregel; **II** *vt* wettigen, bekrachtigen, sanctioneren; $ homologeren

sanctity ['sæŋktiti] heiligheid, onschendbaarheid

sanctuary ['sæŋktjuəri] heiligdom *o*, Allerheiligste *o*; asiel *o*, toevluchtsoord *o*; [vogel-, wild] reservaat *o*

sanctum ['sæŋktəm] heiligdom² *o*, gewijde plaats; ~ *sanctorum* B heilige *o* der heiligen

sand [sænd] **I** *sb* zand *o*; zandbank; zandgrond; ~*s* zand *o*, zandkorrels; *the* ~*s* ook: het strand; de woestijn; *the* ~*s are running out* de tijd is bijna verstreken; het loopt ten einde; **II** *vt* met zand bestrooien; met zand (ver)mengen; met zand (of schuurpapier) schuren, polijsten

sandal ['sændl] sandaal ‖ sandelhout *o*; **-wood** sandelhout *o*

sandbag ['sændbæg] **I** *sb* zandzak; **II** *vt* [iem.] neerslaan met een zandzak; ⚔ met zandzakken barricaderen (versterken); **-bank** zandbank; ~-**bar** zandplaat; **~-blast I** *sb* zandstraal; **II** *vt* & *va* zandstralen; **-boy** *as happy as a* ~ heel vrolijk en zorgeloos; **-er** zandstrooier; **~-glass** zandloper; **~-hill** duin, zandheuvel; **-man** zandman, Klaas Vaak; **~-martin** oeverzwaluw; **-paper I** *sb* schuurpapier *o*; **II** *vt* met schuurpapier (glad)wrijven; **-piper** ❦ oeverloper; **~-pit** zandbak; zandkuil; **~-shoes** strandschoenen; **~-spout** zandhoos, windhoos; **-stone** zandsteen *o* & *m*

sandwich ['sænwidʒ] **I** *sb* sandwich, belegd boterhammetje *o*; **II** *vt* leggen, plaatsen of schuiven tussen; ~*ed between... and...* geklemd (geperst) tussen... en...; ~-**board** reclamebord *o*; ~-**man** loper met reclamebord voor en achter

sandy ['sændi] zand(er)ig; rossig, blond; ~ *road* zandweg

sane [sein] gezond (van geest); (goed) bij zijn verstand; verstandig, zinnig

sanforize ['sænfəraiz] weefsel krimpvrij maken

sang [sæŋ] V.T. van *sing*

sangfroid ['sã:ŋfrwa:] *Fr* koelbloedigheid

sangrail [sæŋ'greil] Heilige Graal

sanguinary ['sæŋgwinəri] bloeddorstig; bloedig; ook = *bloody* I 2; **sanguine** I *aj* volbloedig; bloedrood; bloed-; *fig* hoopvol, optimistisch; **II** *sb* sanguine [rood krijt en tekening daarmee]; **–ous** [sæŋ'gwiniəs] sanguinisch, volbloedig; bloedrood, bloed-

sanhedrim, sanhedrin ['sænidrim, -in] sanhedrin *o*: hoge raad der joden

sanitary ['sænitəri] sanitair, gezondheids-, hygiënisch; ~ *inspector* inspecteur van volksgezondheid; ~ *napkin*, ~ *towel* maandverband *o*; **–ation** [sæni'teiʃən] sanitaire inrichting; gezondheidswezen *o*; **sanity** ['sæniti] gezondheid, gezonde opvatting, gezond verstand *o*

sank [sæŋk] V.T. van *sink*

✎ **sans** [sænz] zonder

sanserif [sæn'serif] *typ* schreefloos

Sanskrit ['sænskrit] Sanskriet *o*

Santa Claus ['sæntə'klɔ:z] het kerstmannetje: *Father Christmas*

1 **sap** [sæp] I *sb* ☙ (plante)sap *o*, vocht *o*; ☙ spint *o*; F sufferd, sul (ook: *saphead*); **II** *vt* het sap onttrekken aan; *fig* ondermijnen slopen

2 **sap** [sæp] I *sb* ⚒ sappe; sapperen *o*; *fig* ondermijning; **II** *vt* door middel van sappen benaderen, ondergraven, ondermijnen[2]; **III** *vi* sapperen

sapid ['sæpid] smakelijk; *fig* interessant

sapience ['seipiəns] wijsheid; eigenwijsheid; **–ent** wijs; eigenwijs, wijsneuzig

sapless ['sæplis] saploos; droog; *fig* futloos; geesteloos, flauw

sapling ['sæpliŋ] jong boompje *o*; *fig* 'broekje' *o*, melkmuil

saponaceous [sæpou'neiʃəs] zeepachtig; *fig* zalvend; glad; **saponify** [sæ'ponifai] verzepen

sapper ['sæpə] sappeur; *fig* ondermijner

sapphic ['sæfik] sapfisch; *fig* lesbisch

sapphire ['sæfaiə] I *sb* saffier *o* [stofnaam], saffier *m* [voorwerpsnaam]; **II** *aj* saffieren

sappy ['sæpi] sappig; saprijk; *fig* krachtig; S zwak, stom, dwaas

sap-wood ['sæpwud] ☙ spint *o*: nieuw, zacht hout onder de bast v. e. boom

saraband ['særəbænd] sarabande

sarcasm ['sa:kæzm] sarcasme *o*; **–astic** [sa:'kæstik] sarcastisch

sarcoma [sa:'koumə] ✿ kwaadaardig gezwel *o*

sarcophagi [sa:'kɔfəgai, -dʒai] *mv* v. **sarcophagus** [sa:'kɔfəgəs] sarcofaag

sardine [sa:'di:n] sardine, sardientje *o*; *packed like* ~*s* [*fig*] als haringen in een ton

Sardinian [sa:'dinjən] I *aj* Sardinisch; **II** *sb* Sardiniër

sardonic [sa:'dɔnik] sardonisch, bitter

saree, sari ['sa:ri] sari: Hindoestaans vrouwenkleed *o*

sarky ['sa:ki] S sarcastisch

sarong [sə'rɔŋ] sarong

sartorial [sa:'tɔ:riəl] kleermakers-; van (in) de kleding

1 **sash** [sæʃ] sjerp, ceintuur

2 **sash** [sæʃ] raam *o*, schuifraam *o*; ~**-cord**, ~**-line** raamkoord *o*; ~**-window** schuifraam *o*

Sassenach ['sæsənæk] *Sc* & *Ir* I *sb* Engelsman; **II** *aj* Engels

sat [sæt] V.T. & V.D. van *sit*

Satan ['seitən] Satan; **satanic** [sə'tænik] satanisch; **satanism** ['seitənizm] satanische aard; duivelachtigheid; satanisme *o*

satchel ['sætʃəl] (boeken-, school)tas

1 **sate** [seit, sæt] ✎ = *sat*

2 **sate** [seit] *vt* = *satiate* **II**

sateen [sæ'ti:n] satinet *o* & *m*

satellite ['sætilait] satelliet°, trawant[2]; ~ *town* satellietstad, randgemeente

satiable ['seiʃjəbl] verzadigbaar

satiate I *aj* ['seiʃiit] ☉ = *satiated*; **II** *vt* ['seiʃieit] verzadigen; ~*d* verzadigd, beu, zat (van *with*); **–tion** [seiʃi'eiʃən] (over)verzadiging; **satiety** [sə'taiəti] (over)verzadigdheid, zatheid; *to* ~ tot beu wordens toe

satin ['sætin] I *sb* satijn *o*; **II** *aj* satijnen; **III** *vt* satineren; **–ette** [sæti'net] satinet *o* & *m*; **–wood** ['sætinwud] satijnhout *o*

satire ['sætaiə] satire[2], hekelschrift *o*, hekeldicht *o*; **–ric(al)** [sə'tirik(l)] satiriek, satirisch, hekelend; **–rist** ['sætirist] satiricus, hekeldichter; **–rize** hekelen; een satire maken (op)

satisfaction [sætis'fækʃen] voldoening (over *at, with*), genoegdoening; bevrediging; genoegen *o*, tevredenheid; *give* ~ voldoen, naar genoegen zijn, genoegen doen; *make* ~ boete (eerherstel) doen; genoegdoening geven; *in* ~ *of* ter voldoening (kwijting) van; *to the* ~ *of* naar (ten) genoegen van; tot tevredenheid van; **–factory** *aj* voldoening schenkend, bevredigend, voldoend(e); **–fy** ['sætisfai] I *vt* voldoen (aan), voldoening of genoegen geven, bevredigen, tevredenstellen; verzadigen, stillen; geruststellen; overtuigen (van *of*); *be satisfied that...* overtuigd zijn dat; *satisfied with* tevreden over (met); genoegen nemend met; **II** *vr* ~ *oneself of the fact* zich overtuigen van het feit

satrap ['sætrəp] satraap: stadhouder in het Oud-Perzische Rijk; *fig* despoot, heerszuchtig iem.

saturable ['sætʃərəbl] verzadigbaar; **–ate** verzadigen, drenken; ⚔ platgooien met bommen; ~*d with* ook: doortrokken van; **–ation** [sætʃə'reiʃən] verzadiging

Saturday ['sætədi] zaterdag

Saturn ['sætən, 'sætə:n] Saturnus

saturnalia [sætə'neiliə] ⬚ saturnaliën; zwelgpartij(en), brasserij(en)

saturnine ['sætənain] somber; zwaarmoedig; lood-

satyr ['sætə] sater[2]; **–ic** [sə'tirik] saters-

sauce [sɔ:s] **I** *sb* saus; **F** brutaliteit; *give* ~ **F** brutaal zijn tegen iem.; *what is* ~ *for the goose is* ~ *for the gander* gelijke monniken, gelijke kappen; *serve with the same* ~ met gelijke munt betalen; **II** *vt* sausen; *fig* kruiden[2]; brutaal zijn tegen iem.; ~**boat** sauskom; **–box F** brutaaltje *o*; **–pan** steelpan

saucer ['sɔ:sə] schoteltje *o*; bordje *o*; *flying* ~ vliegende schotel

saucy ['sɔ:si] *aj* **F** brutaal; **S** chic

sauerkraut ['sauəkraut] zuurkool

sauna ['saunə] sauna

saunter ['sɔ:ntə] **I** *vi* slenteren, drentelen; **II** *sb* slentergang, rondslenteren *o*; **–er** slenteraar, drentelaar

saurian ['sɔ:riən] **I** *aj* hagedisachtig; **II** *sb* hagedisachtig dier *o*, sauriër, saurus

sausage ['sɔsidʒ] saucijs, worst; ✄ **S** observatieballon; *German* ~ metworst; ~**-roll** saucijzebroodje *o*

savage ['sævidʒ] **I** *aj* wild, primitief, woest, wreed; **F** woedend; **II** *sb* wilde(man), woestaard; **III** *vt* aanvallen, toetakelen; **–ness, –ry** wildheid, woestheid, wreedheid

savanna(h) [sə'vænə] savanne

savant ['sævənt] geleerde

1 **save** [seiv] **I** *vt* redden, verlossen, zalig maken; behouden, bewaren, behoeden (voor *from*); (be)sparen; uitsparen; opsparen (ook ~ *up*), ~ *appearances* de schijn redden; ~ *us!* God bewaar ons!; zie ook: *bacon, day, face, mark* &; **II** *vi* & *va* redden; sparen; **III** *sb sp* redden *o*; besparing

2 **save** [seiv] **I** *prep* behalve, uitgezonderd; ~ *for* behalve; behoudens; **II** *cj* ✄ tenzij

save-all ['seivɔ:l] spaarpot; lekbak

saveloy ['sævilɔi] cervelaatworst

saving ['seiviŋ] **I** *aj* reddend, zaligmakend; veel goedmakend; spaarzaam, zuinig (met *of*); ~ *clause* voorbehoud *o*, uitzonderingsbepaling; *the one* ~ *feature* het enige lichtpunt, het enige dat in zijn voordeel valt; **II** *sb* besparing; redding; voorbehoud *o*; uitzondering; ~*s* opgespaarde *o*; spaargeld *o*, spaargelden; **III** *prep* ✄ behoudens, behalve; ~ *your presence* met uw verlof; **savingsbank** spaarbank; **savings outflow $** ontsparing

Saviour ['seivjə] Redder, Verlosser, Heiland, Zaligmaker

savory ['seivəri] bonekruid *o*

savour ['seivə] **I** *sb* smaak, smakelijkheid; aroma

o, geur[2]; ✎ reuk; **II** *vi* smaken[2]; rieken[2] (naar *of*); **III** *vt* savoureren, genieten van; ~ *of* [*fig*] tekenen vertonen van, onthullen; **–y** **I** *aj* smakelijk, geurig; **II** *sb* licht tussengerecht *o*

savoy [sə'vɔi] savooi(e)kool

savvy ['sævi] **S I** *vt* snappen; **II** *sb* verstand *o*

1 **saw** [sɔ:] V.T. van 2 *see*

2 **saw** [sɔ:] *sb* gezegde *o*, spreuk

3 **saw** [sɔ:] **I** *sb* zaag; **II** *vt* zagen, af-, doorzagen; **III** *vi* zagen; zich laten zagen; **–bill** zaagbek; **–dust** zaagsel *o*, zaagmeel *o*; **–fish** zaagvis; ~**horse** zaagbok; ~**-mill** zaagmolen, houtzagerij; **sawn** [sɔ:n] V.D. van 3 *saw* **II** & **III**

sawney ['sɔ:ni] **F** Schot; **S** idioot, stommeling

saw-pit ['sɔ:pit] zaagkuil

sawyer ['sɔ:jə] zager

sax [sæks] **F** saxofoon

saxhorn ['sækshɔ:n] saxhoorn

saxifrage ['sæksifridʒ] steenbreek

Saxon ['sæksn] **I** *aj* Angelsaksisch; Saksisch; **II** *sb* Angelsaks; Saks; Angelsaksisch *o*; Saksisch *o*

saxophone ['sæksəfoun] saxofoon; **–nist** [sæk-'sɔfənist] saxofonist

say [sei] **I** *vt* zeggen, opzeggen; bidden; *that's* ~*ing a good deal* dat is veel gezegd; dat wil zeggen!; *never* ~ *die* **F** geef het nooit op; ~ *sixty pounds* **$** zegge zestig pond; laten we zeggen zestig pond; bijvoorbeeld zestig pond, pak weg zestig pond; ~ *something* iets zeggen; een goed woord spreken; een paar woorden zeggen; ~ *the word* zeg het maar; zie ook: *word*; *what did you* ~? wat zegt u?, wat blieft?; *they* (*people*) ~, *it is said that...* er wordt gezegd dat...; *it* ~*s in the papers that...* er staat in de krant dat...; *that is not to* ~ *that...* dat wil nog niet zeggen dat...; *that's what it* ~*s* zo staat het er; *though I* ~ *it who shouldn't* al zeg ik het zelf; (*when*) *all* (*is*) *said and done* per slot van rekening; ● *have little to* ~ *a g a i n s t* weinig te zeggen hebben op, weinig weten aan te voeren tegen iem. (iets); *he has little to* ~ *f o r himself* hij zegt (beweert) niet veel, hij heeft niet veel te vertellen; *it says much for...* het getuigt van...; *have you nothing to* ~ *for yourself?* hebt u niets te zeggen te uwer verontschuldiging?; *to* ~ *the least of it* op zijn zachtst uitgedrukt; op zijn minst genomen; *to* ~ *nothing of...* nog gezwegen van..., ...nog daargelaten; ~ *o n !* zeg op!, spreek!; ~ *o u t* hardop zeggen; ~ *o v e r* (voor zichzelf) opzeggen; *I will have nothing to* ~ *t o him* (*this affair*) ik wil met hem (met deze zaak) niets te maken hebben; *what* ~ *you to a theatre?* als we eens naar een theater gingen?; **II** *vi* & *va* zeggen; *I can't* ~ dat kan ik niet zeggen; *you don't* ~ (*so*)! och, is het waar?; maar dat meent u toch niet! wat u zegt!; *it* ~*s here* er staat hier (geschreven); ~*s you!* **F** je meent 'd!; *so to* ~ zie *so*; **III** *ij*: *I* ~! **F** ~! zeg hoor eens!; nee maar!; **IV** *sb* (mede)zeggenschap, inspraak; *have* *a* ~, *have some* ~ (*in the matter*) ook een woordje (iets) te zeggen hebben (in de zaak); *have one's* ~, *say one's* ~ zeggen wat men op het hart heeft; zijn zegje zeggen; *let him have his* ~, *let him say his* ~ laat hem uitspreken; **–ing** zeggen *o*, gezegde *o*, zegswijze, spreuk, spreekwoord *o*; *it goes without* ~ het spreekt vanzelf; *as the* ~ *is* (*goes*) zoals men (het spreekwoord) zegt

scab [skæb] **I** *sb* roof, korst; schurft; F onderkruiper [bij staking]; **II** *vi* korsten [met een roofje]; F onderkruipen

scabbard ['skæbəd] schede [v. zwaard &]

scabby ['skæbi] schurftig[2]; F armzalig; gemeen

scabies ['skeibiːz] schurft

scabrous ['skeibrəs] scabreus, aanstootgevend; netelig [vraag]; delicaat; ⚕ ⚭ ruw

scaffold ['skæfəld] **I** *sb* steiger, stellage; schavot *o*; **II** *vt* van een steiger voorzien; schragen; **–ing** stellage, steiger

scalawag ['skæləwæg] = *scallywag*

scald [skɔːld] **I** *vt* branden (door hete vloeistof of stoom); in kokend water uitkoken, steriliseren; met heet water wassen; bijna aan de kook brengen; licht koken; **II** *sb* brandwond(e); **–ing,** **–ing-hot** gloeiend heet; heet [v. tranen]

1 **scale** [skeil] **I** *sb* weegschaal; *the* ~*s* (*a pair of* ~*s*) de (een) weegschaal; *turn the* ~ de doorslag geven; *turn the* ~*s at...,* *...wegen;* **II** *vt* wegen, halen [aan gewicht]

2 **scale** [skeil] **I** *sb* schaal; ♪ (toon)schaal, toonladder; maatstaf; × talstelsel *o*; ~ *of values* waardeschaal; *the social* ~ de maatschappelijke ladder; *o n a large* (*small*) ~ op grote (kleine) schaal; *o u t of* ~ buiten proportie; *run o v e r one's* ~*s* toonladders studeren; *draw t o* ~ op schaal tekenen; **II** *vt* (met ladders) beklimmen; ~ *down* (*up*) (naar verhouding) verlagen (verhogen), verkleinen (vergroten)

3 **scale** [skeil] **I** *sb* schilfer, schub; tandsteen *o* & *m*; aanslag, ketelsteen *o* & *m*; hamerslag *o*; *the* ~*s fell from his eyes* de schellen vielen hem van de ogen; **II** *vt* afschilferen, schubben, schrappen [vis]; pellen; het tandsteen verwijderen van, (af)bikken [ketel]; **III** *vi* (af)schilferen (ook: ~ *off*); **–d** geschubd, schubbig, schub-

scalene ['skeiliːn] ongelijkzijdig [driehoek]

scaling-ladder ['skeiliŋlædə] stormladder

scallion ['skæljən] sjalot

scallop ['skɔləp] **I** *sb* kamschelp; schulpwerk *o* (~*s*), schulp; feston *o* & *m*; schelp [bij diner &]; **II** *vt* uitschulpen; festonneren; in een schelp bakken

scallywag ['skæliwæg] deugniet, rakker, rekel; schobbejak

scalp [skælp] **I** *sb* schedelhuid, scalp; top; **II** *vt* scalperen

scalpel ['skælpəl] ontleedmes *o*

scaly ['skeili] schubbig, schub-; schilferig

scamp [skæmp] **I** *sb* schelm, deugniet; **II** *vt* afroffelen [werk]

scamper ['skæmpə] **I** *vi* rondhuppelen, -dartelen; hollen, er vandoor gaan; **II** *sb* ren; holletje *o*; wandelritje *o*; *at a* ~ op een holletje

scan [skæn] met kritische blik beschouwen, onderzoeken; even doorkijken; aftasten [bij televisie, radar]; scanderen

scandal ['skændl] aanstoot, ergernis; schandaal *o*, schande; kwaadsprekerij, laster; *talk* ~ kwaadspreken *o*; **–ize** ergernis wekken bij, ergernis geven; aanstoot geven; *be* ~*d* zich ergeren; **–monger** kwaadspreker; **–ous** ergernis gevend, ergerlijk, schandelijk; lasterlijk; ~ *sheet* schendblad *o*

Scandinavian [skændi'neivjən] **I** *aj* Scandinavisch; **II** *sb* Scandinaviër

scant [skænt] **I** *aj* krap toegemeten, gering; schraal, karig (met *of*); ~ *of breath* kort van adem; **II** *vt* krap houden, krap toemeten; **–ies** slipje *o* [= korte directoire]

scantling ['skæntliŋ] beetje *o*, weinigje *o*; maat, afmeting; balk

scanty ['skænti] *aj* schraal, krap (toegemeten), schriel, karig, dun, schaars, gering, weinig

scape [skeip] steel, schacht

scapegoat ['skeipgout] zondebok

scapegrace ['skeipgreis] deugniet, rakker

scapula ['skæpjulə, *mv* **–lae** 'liː] schouderblad *o*; **–r I** *aj* van het schouderblad; **II** *sb rk* scapulier *o* & *m*; ⚭ rugveer; **–ry** *rk* scapulier *o* & *m*

1 **scar** [skaː] **I** *sb* litteken *o*; **II** *vt* een litteken geven, met littekens bedekken; **III** *vi* een litteken vormen; dichtgaan [v. wond]

2 **scar** [skaː] *sb* steile rots

scarab ['skærəb] kever; scarabee

scarce [skɛəs] **I** *aj* schaars, zeldzaam; *make yourself* ~! F maak dat je wegkomt!; **II** *ad* ✎ & ☉ = *scarcely*; **–ly** *ad* nauwelijks, ternauwernood, pas; moeilijk; (toch) wel niet; ~*... when...* nauwelijks... of...; ~ *anything* bijna niets; **scarcity** schaarsheid, schaarste, zeldzaamheid, gebrek *o* (aan *of*)

scare [skɛə] **I** *vt* verschrikken, doen schrikken, bang maken, afschrikken, doen terugschrikken (van *from*); ~*d* (*stiff*) doods(bang) (voor *of*); ~ *away* wegjagen; **II** *sb* plotselinge schrik, paniek; bangmakerij; **–crow** vogelverschrikker; **–dycat** bangeschijter; **–monger** paniekzaaier

scarf [skaːf] **I** *sb* sjaal; das ‖ houtverbinding; las(sing); **II** *vt* lassen [hout]; **~-pin** dasspeld; **~-skin** opperhuid

scarification [skɛərifi'keiʃən] insnijding; kerving; *fig* onbarmhartige hekeling; **scarify** ['skɛərifai] insnijden; kerven; *fig* onbarmhartig hekelen

scarlatina [skaːlə'tiːnə] roodvonk

scarlet ['ska:lit] **I** *sb* scharlaken *o*; **II** *aj* scharlakenrood, scharlakens; vuurrood [v. blos]; ~ *fever* roodvonk; ~ *hat* kardinaalshoed; ~ *runner* pronkboon; ~ *woman* hoer [van Babylon]

scarp [ska:p] **I** *sb* escarpe, glooiing, steile helling; **II** *vt* afschuinen, escarperen

scarper ['ska:pə] **S** 'm smeren

scarred ['ska:d] vol littekens

scary ['skɛəri] bang; vreesaanjagend

scat [skæt] ⊞ schatting, belasting ‖ F hoepel op! ‖ gebruik *o* van betekenisloze lettergrepen i.p.v. woorden (bij zingen)

⚮ **scathe** ['skeið] **I** *vt* beschadigen, deren, terneerslaan, verpletteren; **II** *sb without* ~ ongedeerd; ⚮ **–less** ongedeerd; zonder kleerscheuren; **scathing** vernietigend [kritiek &]

scatological [skætə'lɔdʒikl] obsceen, vuil [moppen]

scatter ['skætə] **I** *vt* (ver)strooien, uit-, rondstrooien, verspreiden, uiteenjagen, verdrijven; **II** *vi* zich verspreiden, zich verstrooien, uiteengaan; ~**-brained** warhoofdig; **–ed** verstrooid, verspreid; **–ing I** *aj* verstrooid, verspreid; **II** *sb* verstrooiing, verspreiding; *a* ~ *of...* een handjevol...

scatty ['skæti] F getikt; warhoofdig

scavenge ['skævin(d)ʒ] **I** *vi* bij de reinigingsdienst werken; het vuil op-, uithalen; [v. dieren] aaseten; **II** *vt* [de straat] vegen, [het vuil] opruimen, [riolen] uithalen; **–r** straatveger, -reiniger; aaseter [dier]; **scavenging** reinigings(dienst); aaseten *o*

scenario [si'na:riou] scenario *o*; **–ist** ['si:nərist] scenarioschrijver

scene [si:n] toneel° *o*, tafereel *o*, schouwspel *o*; decor *o*; plaats (van het onheil &); *fig* beeld *o*; scène°; bedoening, beweging; *the* ~ *is laid in...*, *the place of the* ~ *is...* het stuk speelt in...; *behind the* ~*s* achter de schermen²; *on the* ~ ter plaatse, present; **scenery** decoratief *o*, decor *o*, decors, toneeldecoraties; (natuur)tonelen, natuurschoon *o*, natuur, landschap *o*; **scene-shifter** machinist [in schouwburg]; **scenic** toneelmatig, toneel-; van het landschap; vol natuurschoon, schilderachtig

scent [sent] **I** *vt* ruiken² [het wild], de lucht krijgen van; van geur vervullen; parfumeren; ~ *out* (op de reuk) ontdekken; **II** *sb* reuk, geur, parfum *o* & *m*; reukzin; lucht [v. wild]; spoor *o*; *fig* flair, fijne neus (voor *for*); *get* ~ *of* de lucht krijgen van²; *on the* (*wrong*) ~ op het (verkeerde) spoor; ~**-bottle** odeurflesje *o*; **–ed** geparfumeerd, geurig; **–less** zonder reuk, reukeloos

scepsis ['skepsis] twijfel; **sceptic I** *sb* scepticus, twijfelaar; **II** *aj* = *sceptical*; **–al** twijfelend (aan *of*), sceptisch; **–ism** ['skeptisizm] scepsis, scepticisme *o*, twijfelzucht

sceptre ['septə] scepter (rijks)staf

schedule ['ʃedju:l]; *Am* 'skedju:l] **I** *sb* rooster, program *o*, schema *o*; lijst, inventaris, opgaaf, tabel, staat; dienstregeling; *ahead of* ~ voor zijn tijd, te vroeg; *behind* ~ over (zijn) tijd, te laat; *on* ~ (precies) op tijd; *at (to)* ~ *time* op de in de dienstregeling aangegeven tijd; op het vasgestelde uur; **II** *vt* schema (rooster, programma) maken; op de lijst zetten, inventariseren; (tabellarisch) opgeven; vaststellen; *be* ~*d to arrive* moeten aankomen; ~ *service* vaste (geregelde) dienst

Scheldt [skelt] Schelde

schematic [ski'mætik] schematisch; **–ize** ['skimətaiz] schematiseren; **scheme** [ski:m] **I** *sb* schema *o*, stelsel *o*, systeem *o*; ontwerp *o*, schets; programma *o*; plan² *o*, bestel *o* (ook: ~ *of things*); intrige, komplot *o*; [pensioen] regeling; voornemen *o*; **II** *vt* beramen; **III** *vi* plannen maken; intrigeren; **–r** plannenmaker; intrigant; **scheming I** *aj* plannen makend; vol listen; [komplotten] beramend; intrigerend; **II** *sb* intrigeren *o*; plannen maken *o*

schism ['sizm] schisma *o*, scheuring; **–atic** [siz'mætik] **I** *aj* schismatiek; **II** *sb* scheurmaker

schizo ['skitsou] F schizofreen; **schizoid** schizoïde; **schizophrenia** [skitsou'fri:njə] schizofrenie; **–nic** [skitsou'frenik] schizofreen

schmaltz [ʃmɔːlts] **S** zoetelijke sentimentaliteit

schnapps [ʃnæps] (Hollandse) jenever

schnorkel ['ʃnɔːkəl] snorkel

scholar ['skɔlə] geleerde; leerling; bursaal, bæursstudent; *he is a good French* ~ hij kent zijn Frans (perfect); **–ly** van een geleerde, wetenschappelijk degelijk, gedegen; **–ship** geleerdheid; wetenschap; kennis; wetenschappelijke degelijkheid, gedegenheid; studiebeurs

scholastic [skə'læstik] **I** *aj* scholastiek, schools; schoolmeesterachtig; universitair, hoogleraars-, schoolmeesters-; school-; ~ *agency* plaatsingsbureau *o* voor onderwijzers &; **II** *sb* scholasticus, scholastiek geleerde; scholastiek; **–ism** scholastiek

school [sku:l] **I** *sb* school°, leerschool²; schooltijd; schoolgebouw *o*, -lokaal *o*, leervertrek *o*; ook: examenlokaal *o*; Hogeschool; faculteit; *fig* richting (ook: ~ *of thought*); ~*s* (kandidaats)examen *o*; *lower (upper)* ~ (de) lagere (hogere) klassen [v. e. school]; *at* ~ op school; *in* ~ in de klas; **II** *vt* onderwijzen, oefenen, dresseren; de les lezen, vermanen; **III** *vi* scholen vormen [vissen]; ~**-board** schoolcommissie; ~**-day** schooldag; ~*s* schooltijd, schooljaren; **–fellow** schoolmakker; ~**-house** schoolgebouw *o*; huis van de *headmaster*; **–ing** (school)onderwijs *o*; schoo [in manege]; schoolgeld *o*; ~**-leaver** iem. die net van school af is, schoolverlater; ~-

leaving ~ *age* leeftijd waarop de leerplicht eindigt; **–master** hoofdonderwijzer, schoolmeester², onderwijzer; leraar; **–mistress** (hoofd)onderwijzeres; lerares; **–room** schoollokaal *o*; **~-ship** opleidingsschip *o*; **–teacher** onderwijzer(es); **~-teaching** onderwijs *o*

schooner ['sku:nə] ⚓ schoener ‖ *prairie ~ [Am]* trekwagen ‖ groot bierglas *o*

schottische [ʃɔ'ti:ʃ] Schottisch [dans]

sciatic [sai'ætik] van de heup, 'heup-; **sciatica** ischias

science ['saiəns] wetenschap, kennis, kunde; wis- en natuurkunde; natuurwetenschap(pen); *with great ~* zeer kundig; volgens de regelen der kunst; **~ fiction** science-fiction [speculatieve fantasie(verhalen &, inz. toekomstromans)];

scientific [saiən'tifik] wetenschappelijk; natuurwetenschappelijk; **scientist** ['saiəntist] natuurfilosoof, natuurkundige; wetenschapsmens, wetenschapper, geleerde

scilicet ['sailiset] afk.: *scil* of *sc.* namelijk

scimitar ['simitə] kromzwaard *o*

scintilla [sin'tilə] vonkje *o*; *not a ~ of...* geen sprankje (zweempje, aasje)...; **scintillate** ['sintileit] fonkelen, flonkeren, flikkeren, schitteren, tintelen; *fig* sprankelend converseren; **–tion** [sinti'leiʃən] fonkeling, flonkering, flikkering, schittering, tinteling

sciolism ['saioulizm] oppervlakkige kennis

scion ['saiən] ent, spruit², loot²

scission ['siʒən] snijden *o*; scheur; splijten *o*; *fig* scheuring

scissors ['sizəz] schaar; *a pair of ~* een schaar

sclera ['skliə(ə)rə] oogwit *o*

sclerosis [skliə'rousis] sclerose; *disseminated ~, multiple ~* multiple sclerose; **–otic** [skliə'rɔtik] **I** *aj* hard; *~ coat (membrane)* = **II** *sb* harde oogrok

scobs [skɔbz] zaagsel *o*, schaafsel *o*, vijlsel *o*

1 **scoff** [skɔf] **I** *sb* spot, bespotting, beschimping, schimp(scheut); **II** *vi* spotten (met *at*), schimpen (op *at*)

2 **scoff** [skɔf] S **I** *vt* & *vr* gulzig schrokken, (op)vreten; **II** *sb* vreten *o*

scold [skould] **I** *vi* kijven (op *at*); **II** *vt* bekijven, een standje maken; **III** *sb* feeks; **–ing** standje *o*, uitbrander

scollop ['skɔləp] = *scallop*

sconce [skɔns] blaker, armluchter; ⚒ & S kop; ⚔ schans

scone [skoun, skɔn] soort broodje *o*

scoop [sku:p] **I** *sb* schop, emmer, schep(per), hoosvat *o*; spatel; (kaas)boor; haal [met een net], vangst; F buitenkansje *o*; primeur [v. krant]; *at one ~* met één slag; **II** *vt* (uit)scheppen, uithozen; uithollen; bijeenschrapen; F opstrijken, binnenhalen (ook: *~ in*); F voor zijn, de loef afsteken; **~-net** sleepnet *o*; schepnet *o*

scoot [sku:t] F 'm smeren, vliegen

scooter ['sku:tə] step, autoped; scooter; **–ist** scooter(be)rijder

scope [skoup] strekking; (speel)ruimte, vrijheid (van beweging), armslag; gezichtskring, gebied *o*, terrein *o* van werkzaamheid; omvang; oogmerk *o*, doel *o*; *give ample (free, full) ~* volle vrijheid laten; *within the ~ of this work* binnen het bestek van dit werk

scorbutic [skɔ:'bju:tik] **I** *aj* aan scheurbuik lijdend, scheurbuik-; **II** *sb* scheurbuiklijder

scorch [skɔ:tʃ] **I** *vt* (ver)schroeien, (ver)zengen; **II** *vi* schroeien; S woest rijden; *~ing* ook: snikheet; *fig* scherp [v. kritiek &]; **–er** iets dat schroeit of verzengt; snikhete dag; S geweldige uitbrander; baas, prachtstuk *o*; een... van heb ik jou daar; woest fietser; snellopend paard *o*

score [skɔ:] **I** *sb* kerf, keep, insnijding; (dwars)streep, lijn, striem; rekening, gelag *o*; *sp* score: aantal *o* behaalde punten, stand; succes *o*; rake zet; bof, tref; ♪ partituur; twintig (tal) *o*; *four ~* tachtig; *~s of times* ook: talloze malen; *by (in) ~s* bij dozijnen, bij hopen; *on that ~* dienaangaande, wat dat betreft; *on the ~ of* vanwege, wegens, op grond van; op het punt van; **II** *vt sp* behalen [punten], scoren, maken; (in)kerven, (in)kepen; strepen; onderstrepen [een woord]; aan-, optekenen; opschrijven; boeken [een succes]; ♪ op noten zetten; orkestreren; *we shall ~ that against you* dat zullen we onthouden; *~ off sbd.* iem. aftroeven, afrekenen [met iem.]; te slim af zijn; iem. betaald zetten; *~ out* doorhalen [een woord]; *~ under* onderstrepen [een woord]; *~ up* opschrijven, op rekening schrijven; **III** *va* & *vi* scoren: een punt (punten) maken of behalen; een voordeel behalen, succes hebben, het winnen (van *over*)

scoria ['skɔ:riə, *mv* **scoriae** 'skɔ:rii:] schuim *o* [van gesmolten metaal], slak

scorn [skɔ:n] **I** *sb* verachting, versmading, hoon, (voorwerp *o* van) spot; *hold up to ~* aan de algemene verachting prijsgeven; **II** *vt* verachten, versmaden; **–ful** minachtend, smalend, honend

Scorpio ['skɔ:piou] ★ de Schorpioen

scorpion ['skɔ:pjən] schorpioen

Scot [skɔt] Schot

scot [skɔt] Ⓤ belasting; *pay ~ and lot* schot en lot betalen

Scotch [skɔtʃ] **I** *aj* Schots; ⊗ *~ tape Am* plakband *o*; **II** *sb* Schots *o*; Schotse whisky; *the ~* de Schotten

scotch [skɔtʃ] **I** *vt* onschadelijk maken, de kop indrukken [gerucht], verijdelen; ⚒ (in)snijden, kerven ‖ vastzetten; **II** *sb* snede, kerf; streep ‖ blok, klamp, wig

Scotchman ['skɔtʃmən] Schot

scot-free ['skɔt'fri:] Ⓤ vrij van belasting; *fig* on-

gestraft, zonder letsel, vrij
⊙ **Scotia** ['skouʃə] Schotland *o*; **Scotland**
['skɔtlənd] Schotland *o*; ~ *Yard* het hoofdkwartier van de politie (inz. recherche) te Londen;
Scots [skɔts] Schots
Scott [skɔt] *Great* ~! **F** goeie grutten!
scottie ['skɔti] **F** Schotse terriër
Scottish ['skɔtiʃ] Schots
scoundrel ['skaundrəl] schurk, deugniet
scour ['skauə] **I** *vt* schuren, wrijven; schoonmaken, zuiveren, reinigen; aflopen, afzoeken; doorkruisen; [de straten] afschuimen; [de zee] schoonvegen; **II** *vi* snellen, vliegen, jagen; **III** *sb* schuurpoeder *o*; diarree [bij vee]; schuren *o*, uitschuring, afspoelen *o*, diepe, snelle stroom; **–er** ['skauərə] pannespons; schuurmiddel *o*
scourge [skə:dʒ] **I** *sb* zweep, roede, gesel[2]; plaag; **II** *vr* geselen, kastijden, teisteren
scouse [skaus] *aj* & *sb* (inwoner) van Liverpool; dialect *o* van Liverpool
1 **scout** [skaut] **I** *sb* verkenner; padvinder; ⚲ studentenoppasser; wegenwacht(er) (ook: *A.A.* ~); ⚓ verkenningsvaartuig *o*; ✈ verkenningsvliegtuig *o*; *Chief S*~ Hoofdverkenner; **II** *vi* op verkenning uitgaan (zijn); ~ *about*, ~ *round* rondzwerven op zoek naar iets of iem.
2 **scout** [skaut] *vt* verachtelijk afwijzen, verwerpen
scout car ['skautka:] ⚔ verkenningswagen; *Am* surveillancewagen [v. politie]; **–ing** verkenning; padvinderij; **–master** leider van een verkenningspatrouille; hopman [v. padvinders]
scow [skou] ⚓ schouw
scowl [skaul] **I** *vi* het voorhoofd fronsen; ~ *at* (*on, upon*) boos, somber, dreigend aanzien of neerzien op; **II** *sb* dreigende blik
scrabble ['skræbl] krabbelen; grabbelen; scharrelen
scrag [skræg] halsstuk *o* [v. schaap]; scharminkel *o* & *m*; hals
scraggy ['skrægi] mager, schriel
scram [skræm] **F** weg wezen, 'm smeren, ophoepelen
scramble ['skræmbl] **I** *vi* klauteren; scharrelen; grabbelen (naar *for*); zich verdringen, vechten (om *for*); ~ *to one's feet (legs)* weer opkrabbelen; **II** *vt* grabbelen; graaien; vervormen, storen [(radio)telefonisch gesprek]; ~ *up* opscharrelen; ~*d eggs* roereieren; **III** *sb* geklauter *o*; gescharrel *o*; gegrabbel *o*; gedrang *o*; gevecht *o*, worsteling; *make a* ~ *for* scharrelen naar, vechten om
scrambler ['skræmblə] spraakvervormer [als stoorzender]
scran [skræn] **F** kliekje *o*
scrannel ['skrænl] mager, zwak, schraal
scrap [skræp] **I** *sb* stukje *o*, snipper, zweem, zier, beetje *o*; brokstuk *o*; (krante)knipsel *o*, plaatje *o*;

oud ijzer *o*, oudroest *o*, schroot *o*; afval *o* & *m*; **F** ruzie; gevecht *o*; kloppartij; ~*s* kliekjes; *a* ~ *of paper* „een vodje *o* papier"; **II** *vt* afdanken, buiten dienst stellen; slopen; **III** *vi* **F** een robbertje vechten, bakkeleien; ~**-book** plakboek *o*
scrape [skreip] **I** *vt* schrappen, (af)krabben; schuren (langs), krassen (in [viool]; ~ *acquaintance with* aanpappen met; ~ *one's feet* met de voeten schuifelen; strijkages maken; ~ *off* afschrapen; ~ *out* uitschrapen, -krabben; ~ *together* (*up*) bijeenschrapen; **II** *vi* & *va* schrapen[2], schuren; ♩ krassen; *he* ~*d through* hij sloeg er zich door, hij kwam er net (door); **III** *sb* gekras *o*, gekrab *o*; kras; strijkage; **F** verlegenheid; moeilijkheid; *be in a* ~ **F** in de knel zitten; *get into a* ~ **F** in moeilijkheid komen; *get sbd. out of a* ~ iem. (uit een moeilijkheid) helpen; **–r** schraapijzer *o*, -mes *o*, schrabber, krabber, schraper[2]; krasser
scrap-heap ['skræphi:p] hoop oudroest, schroothoop, ouwe rommel
scraping ['skreipiŋ] **I** *aj* schrapend[2]; **II** *sb* geschraap[2] *o*; schraapsel *o*; ~*s* krabsel *o*; schraapsel *o*; samenraapsel *o*; strijkages
scrap-iron ['skræpaiən] oud ijzer *o*; oudroest *o*; schroot *o*
scrapper ['skræpə] **F** vechtersbaas, bokser
scrappy ['skræpi] *aj* uit stukjes en brokjes bestaand, fragmentarisch, onsamenhangend;
scrap-yard schroothoop
scratch [skrætʃ] **I** *vt* krabben, schrammen; schrappen; doorhalen; (be)krassen; (be)krabbelen; (af)strijken [lucifer]; ~ *one's head* zich het hoofd krabben; zich achter de oren krabben; ook: met de handen in het haar zitten; ~ *out* (*through*) uitkrabben; doorhalen [woord of letter]; ~ *together* (*up*) bijeenschrapen, -scharrelen; **II** *vi* (zich) krabben, krassen; zich (moeizaam) doorslaan; *sp* zich terugtrekken [uit race]; ~ *about for* ... bijeen-, opscharrelen; ~ *along* door het leven scharrelen; **III** *sb* schram, schrap, krab(bel), kras; gekras *o*, gekrab *o*; streep, meet; pruik; *a* ~ *of the pen* een pennestreek; *Old Scratch* Heintje Pik; *from* ~ met (uit, van) niets; bij het begin [beginnen]; *bring* (*up*) *to* ~ tot de strijd 'dwingen; bijwerken; *come* (*up*) *to* ~ klaar zijn om te beginnen, aan de streep gaan staan; verschijnen, opkomen, zijn man staan; aan de verwachtingen voldoen; **IV** *aj* bijeengeraapt, bijeengescharreld; geïmproviseerd; *sp* zonder voorgift; *a* ~ *pack* (*team*) een bijeengeraapt stel (zootje) *o*; **–er** krabber, krabijzer *o*; ~y krabbelig [schrift]; krassend [v. pen]; ongelijk (roeiend)
scrawl [skrɔ:l] **I** *vi* & *vt* krabbelen, haastig schrijven; bekrabbelen (met: ~ *over*); **II** *sb* gekrabbel *o*, hanepoten, krabbel; kattebelletje *o*
scrawny ['skrɔ:ni] (brood)mager
scream [skri:m] **I** *vi* gillen, gieren (van het lachen

with laughter), krijsen, schreeuwen; *a ~ing farce* een allerdolste klucht; een lachsucces *o*; **II** *vt* gillen; *~ out an order* uitgillen; **III** *sb* schreeuw, gil; *it was a ~* **F** het was een giller, het was om te gieren; **–er** schreeuwer[2]; uitroepteken *o*; **S** een giller, een reuzemop; **–ingly** schreeuwend[2], gillend; *it was ~ funny* het was om te gieren

scree [skri:] (helling bedekt met) losse brokken steen (ook: *~s*)

screech [skri:tʃ] **I** *vi* schreeuwen, krijsen, gillen; **II** *sb* schreeuw, gil, krijs; *~-owl* kerkuil

screed [skri:d] langgerekte redevoering, lange tirade; > lang artikel *o*

screen [skri:n] **I** *sb* scherm[2] *o*, schut(sel) *o*, afschutting, koorhek *o*, hor; beschutting, maskering, dekking; voorruit [v. auto]; doek *o* [v. bioscoop]; *T* beeldscherm *o*; grove zeef; rooster; raster *o* & *m* [autotypie]; *the ~* ook: de film; *the small ~* ook: de beeldbuis, de televisie; **II** *vt* beschermen, beschutten (voor, tegen *from*); afschermen, afschutten; maskeren, verbergen; dekken; ziften°; aan de tand voelen, onderzoek doen naar de bekwaamheid, gedragingen & van [kandidaten, gevangenen &]; vertonen [film]; verfilmen; **screenings** [ˈskri:niŋz] gezeefd grind *o* (steenkool &), ziftsel *o*

screenplay [ˈskri:nplei] filmscenario *o*, draaiboek *o*

screen wiper [ˈskri:nwaipə] ruitewisser

screenwriter [ˈskri:nraitə] scenarioschrijver

screw [skru:] **I** *sb* schroef; draai (van een schroef); ♒ effect *o*; puntzakje *o*, peperhuisje *o* [tabak]; **F** uitzuiger, vrek; **S** cipier; **F** loon *o*, salaris *o*; **F** oude knol; *there is a ~ loose* er is iets niet in de haak; *he has a ~ loose* **F** één van de vijf is bij hem op de loop; *put on ~* ♒ effect geven; *put the ~ on sbd.* iem. de duimschroeven aanzetten; **II** *vt* (aan)schroeven, vastschroeven; de duimschroeven aanzetten; vertrekken [v. gezicht], verdraaien; ♒ effect geven; **S** geslachtsgemeenschap hebben (met); *~ down* vast-, dichtschroeven; *~ sth. out of sbd.* iem. iets afpersen; iets van iem. loskrijgen; *~ out time for...* tijd vinden om...; *~ up* opschroeven, opvijzelen; aanschroeven; dichtschroeven; oprollen; samenknijpen [de ogen], vertrekken [zijn gezicht]; *fig* opdrijven [huur]; *~ up (one's) courage*, *~ oneself up* zich vermannen; *~ sbd. up to sth.* iem. tot iets aanzetten; **III** *vi* (schroefsgewijs) draaien; *fig* de dubbeltjes omkeren; **–ball** *Am* **F** gek, idioot; **~-cap** schroefdeksel *o*; **–driver** schroevedraaier; **–ed S** dronken, aangeschoten; **–jack** dommekracht, vijzel, krik; **~–propeller** ⚓ ♒ schroef; **~-top** schroefdeksel *o*

screwy [ˈskru:i] **F** getikt

scribble [ˈskribl] **I** *vi* & *vt* krabbelen, pennen; bekrabbelen ‖ grof kaarden [v. wol]; **II** *sb* gekrabbel

o, krabbelschrift *o*; kattebelletje *o*; **scribbler** krabbelaar; prulschrijver, scribent ‖ kaardmachine [voor wol]; **scribbling-paper** kladpapier *o*

scribe [skraib] schrijver, klerk, secretaris; **B** schriftgeleerde

scrimmage [ˈskrimidʒ] **I** *sb* kloppartij, worsteling (om de bal); schermutseling; **II** *vi* *sp* vechten (om de bal)

scrimp [skrimp] bekrimpen, beknibbelen, karig zijn

scrimshanker [ˈskrimʃæŋkə] lijntrekker

1 ✎ **scrip** [skrip] tas; zak

2 **scrip** [skrip] briefje *o*, bewijs *o* van storting, voorlopige obligatie, tijdelijk certificaat *o*, recepis *o* & *v*; **F** aandelen

script [skript] **I** *sb* schrift *o*; geschrift *o*; handschrift *o*; manuscript *o* [v. toneelstuk], scenario *o* [v. film], *RT* tekst; schrijfletter(s) [als lettertype]; drukschrift *o*; ⇌ ingeleverd examenwerk *o*; *shooting ~* draaiboek *o* [v. film]; **II** *vt* de tekst schrijven van; **–girl** script-girl [regiesecretaresse]

scriptural [ˈskriptʃərəl] bijbels, bijbel-; **Scripture** de H. Schrift, de Bijbel (ook: *Holy ~*, *the ~s*)

scriptwriter [ˈskriptraitə] scenarioschrijver [v. film], *RT* tekstschrijver

scrivener [ˈskrivnə] ▭ (openbaar) schrijver; geldmakelaar; notaris, opmaker van contracten

scrofula [ˈskrɔfjulə] klierziekte, scrofulose; **–lous** klierachtig, klier-, scrofuleus

scroll [skroul] **I** *sb* rol, boekrol [v.d. Dode Zee]; lijst; krul; volute; **II** *vt* met krullen versieren

scrotum [ˈskroutəm] *anat* balzak

scrounge [skraundʒ] **S** gappen; dalven

scrub [skrʌb] **I** *sb* stumper, stakker; dreumes; in de groei belemmerde plant; struikgewas *o*; *give (it) a good ~* het eens goed afboenen; **II** *vt* schrobben, schuren, (af)boenen; *~ round it* **F** „er zand over gooien"; **scrubber** boender, schrobber; **scrubbing-brush** = *scrubber*, **scrubby** armzalig; klein, miezerig, dwergachtig; met struikgewas begroeid, borstelig

scruff [skrʌf] nek; *take by the ~ of the neck* achter bij zijn nek(vel) pakken

scruffy [ˈskrʌfi] schunnig, onfris, sjofel; schilferig

scrum(mage) [ˈskrʌm(idʒ)] = *scrimmage*

scrumptious [ˈskrʌm(p)ʃəs] **F** heerlijk, zalig, fijn

scrunch [skrʌnʃ] = *crunch*

scruple [ˈskru:pl] **I** *sb* zwaarigheid, (gewetens)bezwaar *o*, scrupule; scrupel *o* [= 20 grein]; *have ~s about ...ing* zich bezwaard voelen om..., bezwaar maken om...; *make no ~ to...* er geen been in zien om..., niet schromen om...; **II** *vt* zwaarigheid maken, zich bezwaard gevoelen ten aanzien van;

aarzelen (om *to*...), terugdeinzen voor; **–pulosi-ty** [skru: pju'lɔsiti] nauwgezetheid, angstvallig-heid, scrupulositeit; **–pulous** ['skru: pjuləs] nauwgezet, angstvallig, scrupuleus; *they were not ~ about (as to)*... ze namen het niet zo nauw wat betreft (op 't gebied van)...

scrutineer [skru: ti'niə] onderzoeker, navorser; stemopnemer [bij verkiezingen]

scrutinize ['skru: tinaiz] nauwkeurig onderzoe-ken; **scrutiny** nauwkeurig onderzoek *o*; gecon-troleerde stemopneming [bij verkiezingen]

scry [skrai] de toekomst zien in, waarzeggen uit kristallen bol

scud [skʌd] **I** *vi* hard lopen; (weg)snellen, (voort)jagen; ⚓ lenzen; **II** *sb* vaart, vlucht, wol-kenjacht; voorbijgaande bui

scuff [skʌf] **I** *vi* sleepvoeten; **II** *vt* afslijten [schoe-nen]

scuffle ['skʌfl] **I** *vi* plukharen, vechten; **II** *sb* klop-partij, verward handgemeen *o*

scull [skʌl] **I** *sb* wrikriem; **II** *vt* & *va* wrikken; roeien; **–er** wrikker; sculler, skiffeur

scullery ['skʌləri] bij-, achterkeuken

✧ **scullion** ['skʌljən] vatenwasser, koksjongen

sculp(t) [skʌlp(t)] **F** beeldhouwen; **sculptor** beeldhouwer; **–ture I** *sb* beeldhouwen *o*, beeld-houwkunst; beeld(houw)werk *o*; **II** *vt* beeldhou-wen; uithouwen, -snijden

scum [skʌm] metaalschuim *o*, schuim² *o*; *fig* uit-vaagsel *o*, uitschot *o*; **scummy** met schuim be-dekt, schuim-, schuimend

scupper ['skʌpə] **I** *sb* spij-, spuigat *o*; **II** *vt* **F** in de pan hakken; in de grond boren

scurf [skə:f] roofje *o*; roos [op het hoofd]; schil-fertjes; ketelsteen *o* & *m*; **–y** schilferig, schubbig, schurftig

scurrility [skʌ'riliti] grofheid, gemeenheid; ge-mene taal; **–lous** ['skʌriləs] grof, gemeen

scurry ['skʌri] **I** *vi* reppen, haasten, hollen, jach-ten; **II** *sb* gedraaf *o*, geloop *o*, gejacht *o*, jacht; loopje *o*, holletje *o*

scurvy ['skə: vi] **I** *aj* schunnig, gemeen, min; **II** *sb* scheurbuik

scut [skʌt] staartje *o* [v. konijn &]

scutcheon ['skʌtʃən] wapenschild *o*, sleutel-schildje *o*; naamplaatje *o*

scutter ['skʌtə] dartelen, reppen, hollen

1 **scuttle** ['skʌtl] *sb* kolenbak

2 **scuttle** ['skʌtl] **I** *sb* luik *o*, (lucht)gat *o*; **II** *vt* gaten boren in [een schip om te laten zinken], opzet-telijk tot zinken brengen; *fig* de schepen achter zich verbranden

3 **scuttle** ['skʌtl] = *scurry*; *~ (out of it)* zich terug-trekken, gaan lopen

scythe [saið] **I** *sb* zeis; **II** *vt* maaien (met de zeis)

sea [si:] zee; stortzee, zeetje *o*; zeewater *o*; *fig* zee, overvloed, menigte; *there is a ~ on* de zee gaat

hoog; *a t ~ ter* zee, op zee; *be at ~* het mis heb-ben; in de war zijn; *b e y o n d ~(s)* aan gene zijde van de oceaan; *b y ~* over zee; *by the ~* aan zee; *by ~ and land* te land en ter zee; *o n the ~* op zee; aan zee gelegen; *go t o ~* naar zee gaan, zeeman worden; *put to ~* in zee steken, uitvaren; *w i t h-i n the four ~s* binnen de grenzen van Groot-Brittannië; **–board** (zee)kust; **~-borne** over zee vervoerd, overzees, zee-; **~-dog** 🐕 hondshaai; 🐟 zeehond; ⚓ zeerob; **–farer** zeeman, zeevaar-der; **–faring I** *aj* zeevarend; *~ man* zeeman; **II** *sb* varen *o*; **–food** (gerechten van) zeevis, schaal-en schelpdieren; **–front** zeekant; strandboule-vard; **–going** zeevarend; zee-; **~-gull** zee-meeuw; **~-horse** 🐟 zeepaardje *o*; 🦭 walrus; wit-gekuifde golf; zeepaard *o*

1 **seal** [si: l] **I** *sb* 🦭 zeehond, rob; robbevel *o*; **II** *vi* op de robbevangst gaan (zijn)

2 **seal** [si: l] **I** *sb* zegel² *o*, cachet *o*, lak; stempel² *o* & *m*; bezegeling; 🗝 (af)sluiting; *leaden ~* plom-be; *Great Seal* Grootzegel *o*, Rijkszegel *o*; *put one's ~ to* zijn zegel hechten aan; *put ~ s upon* (ver)ze-gelen; *set one's ~ to* zijn zegel hechten aan²; *set a ~ on* zijn stempel drukken op; *under ~* verzegeld; gezegeld; *under (the) ~ of*... onder het zegel van...; **II** *vt* zegelen, lakken, sluiten, verzegelen (ook: *~ down, ~ up*); bezegelen, stempelen; *~ off* afslui-ten; 🗝 afgrendelen; *~ up* ook: dichtsolderen, dichtplakken; *a ~ed book* [*fig*] een gesloten boek

sea-lane ['si: lein] vaargeul; **~-lawyer** ⚓ > que-rulant; **~-legs** zeebenen

sealer ['si: lə] robbejager; robbenschip *o* || (ver)ze-gelaar; ijker

sea-level ['si: levl] zeespiegel; **~-line** kustlijn, kim

sealing-wax ['si: liŋwæks] (zegel)lak *o* & *m*

sea-lion ['si: laiən] zeeleeuw

seal-ring ['si: lriŋ] zegelring

sealskin ['si: lskin] robbevel *o*; (mantel & van) seal(skin) *o* [= bont]

seam [si: m] **I** *sb* naad; litteken *o*; mijnader, dunne (kolen)laag; *be bursting at the ~s* te klein zijn, overvol zijn; **II** *vt* aaneennaaien; met littekens tekenen; *~ed nylons* nylons met naad

seaman ['si: mən] zeeman, matroos; **–ship** zee-manschap *o*, zeevaartkunde

sea-mark ['si: ma: k] zeebaak; **–mew** zeemeeuw

seamless ['si: mlis] zonder naad, naadloos;

seamstress ['semstris] naaister; **seamy** ['si: mi] vol naden; de naden latende zien; *the ~ side* de lelijke of ongunstige kant, de keerzijde van de medaille; de zelfkant [v. stad &]

seance, séance ['seiɑ̃: ns] seance, (spiritistische) zitting

sea-piece ['si: pi: s] zeegezicht *o*, zeestuk *o*; **–plane** ✈ watervliegtuig *o*; **–port** zeehaven, havenstad (*~ town*); **~-quake** zeebeving

sear [siə] **I** *aj* ☉ droog, dor; **II** *vt* (doen) verdorren; schroeien, dichtschroeien, uitbranden; verschroeien²; *a* ~*ed heart* (*soul*) een verstokt hart *o*, een verstompte ziel; ~*ing words* striemende woorden; ~ *away* wegbranden; ~ *up* dichtschroeien

sea-ranger ['si: rein(d)ʒə] zeeverkenster [padvindster], watergids

search [sɔ: tʃ] **I** *vt* onderzoeken; doorzoeken, afzoeken, visiteren, fouilleren; peilen; ~ *me!* **F** ik heb geen idee!; ~ *out* uitvorsen; **II** *vi* zoeken; ~ *for* zoeken naar; ~ *into* onderzoeken; **III** *sb* doorzoeking, zoeken *o* &; visitatie, fouillering; onderzoek *o*; speurtocht; ~ *of the house* huiszoeking; ~ *was made for it* men zocht er naar; *in* ~ *of* op zoek naar, om... te vinden; –**er** (onder)zoeker; visiteur; **searching I** *aj* onderzoekend, doordringend; diepgaand, grondig; **II** *sb* onderzoek *o*; ~(*s*) *of heart* = *heart-searching* **II**; **searchlight** zoeklicht *o*; ~-**party** op zoek uitgezonden troep of manschappen; ~-**warrant** machtiging tot huiszoeking

sea-room ['si: rum] ruimte om te manoeuvreren, bewegingsruimte; ~-**rover** zeeschuimer; kaperschip *o*; –**scape** zeegezicht *o*, zeestuk *o*; ~-**scout** zeeverkenner [padvinder]; ~-**shore** ['sɔ:] zeekust; –**sick** zeeziek; –**sickness** zeeziekte

seaside ['si: 'said] **I** *sb* zeekant; *go to the* ~ naar een badplaats aan zee gaan; **II** *aj* ['si: said] aan zee (gelegen); bad-

season ['si: zn] **I** *sb* seizoen *o*; tijd; tijdperk *o*, jaargetijde *o*; *the Season* de Londense 'season' of uitgaanstijd; *in* ~ tijdig, te rechter tijd, van pas; *in due* ~ mettertijd; *in* ~ *and out of* ~ te pas en te onpas; *peas are in* ~ het is nu de tijd van de erwtjes; *out of* ~ te onpas, ontijdig; *they are out of* ~ het is er nu het seizoen niet voor; **II** *vt* toebereiden, kruiden², smakelijk maken; rijp laten worden, (goed) laten drogen; temperen; gewennen (aan het klimaat *to the climate*); *fig* harden (in *in*); **III** *vi* rijp worden, drogen; –**able** *aj* geschikt, gelegen; te rechter tijd, van pas (komend); ~ *weather* weer voor de tijd van het jaar; –**al** van het seizoen, seizoen-; –**ed** belegen [wijn &]; *fig* gehard; beproefd; doorkneed; verstokt; doorgewinterd; –**ing** kruiderij²; ~-**ticket** ['si: zn'tikit] abonnementskaart

seat [si: t] **I** *sb* zitting; (zit)plaats; bank, stoel, ☉ zetel; buitenplaats, buiten *o*; zit; kruis *o* [v. broek]; zitvlak *o*; bril [van W.C.]; ~*s, please!* instappen!; ~ *of war* het toneel van de oorlog; *have a good* ~ goed te paard zitten; *keep one's* ~ blijven zitten; in het zadel blijven; *resign one's* ~ zijn mandaat neerleggen; *take a* ~ gaan zitten, plaats nemen; **II** *vt* (neer)zetten, doen zitten, laten zitten; plaatsen; van zitplaatsen voorzien; (zit)plaats bieden aan; van een zitting (kruis)

voorzien [stoel, broek]; *be* ~*ed* zitten; zetelen; gelegen zijn; *be* ~*ed!* gaat u zitten!; **III** *vr* ~ *oneself* gaan zitten; ~-**belt** veiligheidsgordel; –**ing** plaatsen of stoelen voor zittingen [v. stoelen &]; ~ (*accommodation*) zitplaats(en)

sea-urchin ['si: ə: tʃin] zeeëgel; ~-**wall** zeewering; –**ward(s)** zeewaarts; ~-**way** ⚓ voortgang [v. e. schip]; zeeweg, doorvaart, vaargeul; –**weed** zeegras *o*, zeewier *o*; ~-**wolf** 🐟 zeewolf; viking, kaper; –**worthy** zeewaardig

sebaceous [si'beiʃəs] vetachtig, vet-; ~ *gland* talgklier; **sebum** ['si: bəm] talg

sec [sek] **Fr** droog

secant ['si: kənt] **I** *aj* snijdend; **II** *sb* snijlijn

secateurs ['sekətə: z] snoeischaar

secede [si'si: d] zich terugtrekken, zich afscheiden, afsplitsen (van *from*); –**r** afvallige, afgescheidene

secession [si'seʃən] afscheiding; –**ist** voorstander van afscheiding

seclude [si'klu: d] uit-, buitensluiten; afzonderen; –**d** afgezonderd; **seclusion** [si'klu: ʒən] uitsluiting; afgesloten ligging; afzondering

1 **second** ['sekənd] **I** *aj* tweede, ander; ~ *Chamber* Tweede Kamer [buiten Engeland]; Hogerhuis *o* [in Engeland]; ~ *cousin* achterneef, -nicht; *a* (*for the*) ~ *time* een tweede maal, nog eens; de tweede keer; *the* ~ *two* het tweede paar = het derde en vierde; *be* ~ *to none* voor niemand onderdoen; **II** *ad* in de tweede plaats; **III** *sb* tweede, nummer twee; tweede prijs(winner); ♪ tweede stem; secondant; getuige, helper; seconde; ~ *of exchange* $ secunda [wissel]; ~ *rook*: tweede soort, tweede keus; **IV** *vt* bijstaan, helpen, ondersteunen, steunen [motie]; seconderen; ~ *words with deeds* daden laten volgen op woorden

2 **second** [si'kɔnd] *vt* ✕ à la suite plaatsen, detacheren

secondary ['sekəndəri] ondergeschikt, bijkomend; secundair, bij-; ~ *school* middelbare school

second(-)best ['sekəndbest] minder volmaakt iets; minder van kwaliteit, tweede keus; *it's a* ~ men neemt er genoegen mee, behelpt er zich mee (bij gebrek aan beter); *my* ~ *suit* mijn doorde-weekse pak *o*; *come off* ~ ['sekənd'best] maar een tweede prijs krijgen; *fig* aan het kortste eind trekken; ~-**class** tweedeklas, tweederangs

seconder ['sekəndə] steuner van een motie

1 **second-hand** ['sekənd'hænd, +'sekəndhend] *aj* & *ad* uit de tweede hand, tweedehands, gebruikt, oud; ~ *bookseller* handelaar in oude boeken

2 **second-hand** ['sekəndhænd] *sb* secondewijzer

secondly ['sekəndli] ten tweede

second-rate ['sekəndreit] tweederangs-

seconds hand ['sekəndzhænd] secondewijzer

second sight ['sekənd'sait] tweede gezicht *o*, helderziendheid

secrecy ['si:krisi] geheimhouding, stilzwijgen *o*; heimelijkheid; geheim *o*; verborgenheid; eenzaamheid; *in* ~ in het geheim; **secret I** *aj* geheim; geheimhoudend; heimelijk, verborgen; *in his* ~ *heart* in de grond van zijn hart; ~ *agent* spion, geheim agent; ~ *service* geheime (inlichtingen)dienst; **II** *sb* geheim *o*; *in* ~ in het geheim, stilletjes; *be in the* ~ in het geheim ingewijd zijn **secretarial** [sekrə'tɛəriəl] als (van) secretaris of secretaresse; secretariaats-; **–at** secretariaat *o*; **secretary** ['sekrət(ə)ri] secretaris, geheimschrijver; minister; secretaire; **&** secretaris(vogel); *S~ of State* minister; *Am* inz.: Minister van Buitenlandse Zaken

secrete [si'kri:t] verbergen, (ver)helen (voor *from*); afscheiden; **–tion** verberging, heling; afscheiding; **–tive** geheimhoudend; heimelijk; geheimzinnig (doend); **secretly** ['si:kritli] *ad* heimelijk; in het geheim, stilletjes; in zijn hart, in stilte

secretory [si'kri:təri] afscheidend, afscheidingssect [sekt] sekte, gezindte; **–arian** [sek'tɛəriən] **I** *aj* sektarisch, sekte-; **II** *sb* sektariër, aanhanger van een sekte; **–arianism** sektarisme *o*; **–ary** ['sektəri] sektariër; ⑪ dissenter

section ['sekʃən] snijding, sectie°; afdeling; paragraaf; gedeelte *o*, deel *o*; groep; traject *o*, baanvak *o*; (door)snede, profiel *o*; coupe [voor microscopisch onderzoek]; **–al** van een sectie, sectie-; groeps-; uit afzonderlijke delen bestaand; **–alism** particularisme *o*; **~-mark** paragraafteken *o*

sector ['sektə] sector°; hoekmeter

secular ['sekjulə] **I** *aj* seculair; wat zich over een eeuw of de eeuwen uitstrekt; eeuwenoud, honderdjarig, eeuw-; wereldlijk; seculier; leke(n)-; **II** *sb* wereldlijk geestelijke; leek; **–ity** [sekju'læriti] wereldlijk karakter *o*; wereldsgezindheid; **–ization** [sekjulərai'zeiʃən] secularisatie; **–ize** ['sekjuləraiz] seculariseren

secure [si'kjuə] **I** *aj* zeker (van *of*); veilig (voor *against, from*), geborgen; goed vast(gemaakt), stevig; **II** *vt* in veiligheid brengen, (goed) vastmaken, -zetten, -binden, (op)sluiten; versterken [kisten &]; beveiligen, beschermen (voor *from*), verzekeren, waarborgen; zich verzekeren van, (zich) verschaffen, (ver)krijgen, de hand leggen op; **III** *vr* ~ *oneself against* zich verzekeren tegen, zich vrijwaren voor; **–rity** veiligheid, geborgenheid; zekerheid; beveiliging, garantie, (onder)pand *o*, (waar)borg; *securities* ook: effecten, fondsen; *social* ~ sociale verzekering; ~ *police* militaire politie; *a* ~ *risk* een (politiek) onbetrouwbaar persoon; **Security Council** Veiligheidsraad

sedan [si'dæn] draagstoel (ook: ~ *chair*); sedan [auto]

sedate [si'deit] bezadigd, kalm, rustig; **–tion** sedatie, kalmering; **–tive** ['sedətiv] sedatief (*o*), kalmerend (middel *o*), kalmeringsmiddel *o*

sedentary ['sedntəri] zittend, op één plaats blijvend; een vaste woon- of standplaats hebbend

sedge [sedʒ] **&** zegge

sediment ['sedimənt] neerslag, bezinksel *o*; **–ary** [sedi'mentəri] sedimentair; **–ation** [sedimen'teiʃən] bezinking; ~ *rate* bezinkingssnelheid

sedition [si'diʃən] opruiing; oproer *o*; **–ious** opruiend; oproerig

seduce [si'dju:s] verleiden (tot *to, into*); **–r** verleider; **seducible** te verleiden; **seduction** [si'dʌkʃən] verleiding; verleidelijkheid; **–ive** verleidelijk

sedulity [si'dju:liti] naarstigheid; **–ous** ['sedjuləs] naarstig, ijverig, nijver, onverdroten

1 **see** [si:] *sb* (aarts)bisschopszetel; (aarts)bisdom *o*; *Holy See* Heilige Stoel

2 **see** [si:] **I** *vt* zien, gaan zien; inzien, begrijpen, snappen; spreken, be-, opzoeken; ontvangen, te woord staan; brengen [iem. naar huis]; beleven, meemaken; er voor zorgen (dat); *I* ~*!* ah juist!, jawel!, nu snap ik het!; (*you*) ~*?* begrijp je?; ~ *you again!* tot ziens!; ~ *the back of...* weg zien gaan; afkomen [v. bezoeker]; *have seen better days* betere dagen gekend hebben; ~ *a doctor* een dokter raadplegen, naar een dokter gaan; ~ *life* zien wat er in de wereld te koop is; ~ *things* **F** hallucinaties hebben; ~ *things differently* de zaak anders beschouwen, een andere kijk op de zaak hebben; zie ook: *fit* **I**, 1 *light* **I**; *I can* ~ *a car* ik zie een auto; *I cannot* ~ *myself submitting to it* ik kan me niet voorstellen, dat ik me daaraan zou onderwerpen; **II** *vi* zien, kijken; ● *I'll* ~ *a b o u t it* ik zal er voor zorgen; ik zal er eens over denken; ~ *a f t e r it* er voor zorgen; *he does not* ~ *b e y o n d his nose* hij ziet niet verder dan zijn neus lang is; ~ *sbd. d o w n s t a i r s* iem. naar beneden brengen; ~ *sbd. i n* iem. binnenlaten; *I must* ~ *i n t o it* dat moet ik eens onderzoeken; ~ *sbd. o f f* iem. uitgeleide doen, wegbrengen; ~ *o u t* [iets] uitlaten; [iets] doorzetten; ~ *o v e r the house* het huis zien; ~ *sbd. t h r o u g h* iem. doorzien; iem. er-door helpen; ~ *the thing through* de zaak doorzetten, tot het eind toe volhouden; ~ *t o bed* naar bed brengen; ~ *to the door* uitgeleide doen, uitlaten; ~ *t o that...* er voor zorgen (toezien) dat...

seed [si:d] **I** *sb* zaad² *o*; zaadje *o*; pit [v. (sinaas)appel &]; *fig* ook: kiem, nakomelingschap; *go (run) to* ~ in het zaad schieten; verwilderen [v. tuin &]; *fig* verlopen [zaak]; **II** *vi* in het zaad schieten; **III** *vt* (be)zaaien; het zaad (de pitten) halen uit; ~ *the players sp* spelers van dezelfde kracht tegen elkaar laten uitkomen; **–bed** zaaibed *o*; kweekplaats; *fig* broeinest *o*; haard [v. ziekte]; **–cake** kruidkoek; **~-corn** zaaikoren *o*; **–less** zonder pit(ten) [v. vrucht]; **–ling** zaaiplant, zaailing; **~-plot** = *seedbed*; **~-potato** pootaardappel; **–sman** zaadhandelaar; **~-time** zaaitijd; **~-vessel** zaadhuisje *o*; **seedy** *aj* vol zaad; in het zaad geschoten; kruidig; **F** sjofel, verlopen, kaal; **F** onlekker, niet fiks, gammel

seeing ['si:iŋ] **I** *aj* ziende; **II** *cj* aangezien (ook: ~ *that*); **III** *sb* zien *o*

seek [si:k] **I** *vt* (op)zoeken°, trachten (te krijgen), streven naar, vragen (om) [raad &]; *he ~ s his enemy's life* hij staat zijn vijand naar het leven; *...of your own ~ing* die je zelf gezocht hebt; ~ *out* (op)zoeken, opsporen; **II** *vi* zoeken; ~ *after* zoeken; *much sought after* (zeer) gezocht, veel gevraagd; ~ *for* zoeken (naar); **–er** zoeker², onderzoeker

seem [si:m] schijnen, toeschijnen, lijken; *it ~s to me* ook: mij dunkt, het komt me voor; **–ing I** *sb* schijn; **II** *aj* ogenschijnlijk, schijnbaar; **–ingly** *ad* ogenschijnlijk, naar het schijnt, in schijn, schijnbaar

seemly ['si:mli] betamelijk, gepast

seen [si:n] V.D. van 2 *see*

seep [si:p] sijpelen; **–age** sijpeling

seer ['siə] ziener, profeet

seesaw ['si:sɔ:] **I** *sb* wip(plank); wippen *o*; op en neergaan *o*; *fig* schommeling; **II** *vi* wippen; op- en neergaan; *fig* schommelen [in de politiek]; **III** *aj* op- en neergaand; *fig* schommelend

seethe [si:ð] zieden², koken², in beroering (beweging) zijn²

see-through ['si:θru:] doorkijk- [jurk, blouse &]

segment I *sb* ['segmənt] segment *o*; partje *o* [v. sinaasappel]; **II** (*vi* &) *vt* [seg'ment] (zich) verdelen in segmenten

segregate ['segrigeit] (*vi* &) *vt* (zich) afzonderen, afscheiden; **–tion** [segri'geiʃən] afzondering, afscheiding, segregatie

seignior ['seinjə] ⊞ heer; **–age** ['seinjəridʒ] ⊞ [vorstelijk] voorrecht *o, spec* muntrecht *o*; **–y** ⊞ heerlijkheid; **seignorial** [sein'jɔ:riəl] ⊞ heerlijk, v.d. landheer

seine [sein] zegen [treknet]

seismic ['saizmik] aarbevings-; **–mograph** seismograaf; **–mometer** [saiz'mɔmitə] seismometer

seize [si:z] **I** *vt* (aan)grijpen, (beet)pakken, vatten; in beslag nemen, beslag leggen op, (in bezit) nemen, bemachtigen, opbrengen [schip] aantasten; bevangen; ⚓ sjorren; ~ *the point* de aardigheid vatten; *~d by apoplexy* door een beroerte getroffen; *be* (*stand*) *~d of* in het bezit zijn van; *~d with fear* door vrees aangegrepen; **II** *vi* ✗ vastlopen (ook: ~ *up*); ~ (*up*)*on* (gretig) aangrij-

pen, zich meester maken van²; **seizin** bezitneming, bezit *o*; **seizing** grijpen *o* &, zie *seize*; ⚓ beslaglegging; **seizure** ['si:ʒə] bezitneming; beslaglegging; arrestatie; (plotselinge) aanval; beroerte; overmeestering.

seldom ['seldəm] zelden

select [si'lekt] **I** *aj* uitgekozen, uitgezocht, uitgelezen; keurig, fijn, chic; **II** *vt* (uit)kiezen, uitzoeken, selecteren; **–ion** keur, keuze; selectie; **~s** ook: uitgezochte stukken; **–ive** selectief; **–or** (uit)kiezer, sorteerder; *sp* lid *o* van een keuzecommissie

selenology [seli'nɔlədʒi] maankunde

self [self] (zijn) eigen persoon; ego, ik(heid); eigenliefde; *the consciousness of ~* het zelfbewustzijn; *love of ~* eigenliefde; *my better ~* mijn beter ik; *my former ~* wat ik was, de oude; *he is quite his old ~* hij is weer helemaal de oude; *his other* (*second*) *~* zijn ander ik; *my poor ~* mijn persoontje; **~-absorbed** egocentrisch; **~-abuse** masturbatie; **~-acting** automatisch; **~-adhesive** zelfklevend, zelfplakkend; **~-adjusting** zichzelf stellend of regulerend; **~-appointed** zich uitgevend voor [koning &]; zichzelf gesteld [taak]; **~-assertion** geldingsdrang; zelfbewustheid, aanmatiging; **~-assurance** zelfverzekerdheid; **~-binder** zelfbinder [maaimachine]; **~-centred** egocentrisch; **~-collected** kalm; **~-complacent** zelfvoldaan; **~-conceit** verwaandheid; **~-conceited** verwaand; **~-confidence** zelfvertrouwen *o*; **~-confident** op zichzelf vertrouwend, zelfbewust; zeker, overtuigd; **~-conscious** (met zijn figuur) verlegen, bevangen, onzeker; **~-contained** zich zelf genoeg zijnd; eenzelvig, gereserveerd; op zich zelf staand; vrij(staand) [huis]; ✗ compleet; **~-control** zelfbeheersing; **~-deception** zelfbedrog *o*; **~-denial** zelfverloochening; **~-determination** zelfbeschikking; **~-drive (car hire)** autoverhuur zonder chauffeur; **~-educated** ~ *man* autodidact; **~-effacement** terughoudendheid; het zichzelf wegcijferen; **~-employed** *the ~* de kleine zelfstandigen; **~-engrossed** in zichzelf opgaand; **~-esteem** gevoel *o* van eigenwaarde, zelfgevoel *o*; **~-evident** duidelijk; vanzelfsprekend; **~-existent** zelfstandig bestaand; **~-explanatory** voor zichzelf sprekend; **~-expression** zelfuitdrukking, zelfexpressie, zelfontplooiing; **~-forgetful** onzelfzuchtig; **~-government** zelfbestuur *o*; **~-help** zelfwerkzaamheid, het zichzelf helpen; **~-important** gewichtig (doend), verwaand; **~-indulgent** gemakzuchtig; **~-interest** eigenbelang *o*; **~-interested** baatzuchtig; **–ish** zelfzuchtig, baatzuchtig, egoïstisch; **–ishness** zelfzucht, baatzucht, egoïsme *o*; **–less** onbaatzuchtig; **~-love** eigenliefde; **~-made** eigengemaakt, door eigen inspanning; *a ~ man* een self-made man [wie zich door eigen krachten opgewerkt heeft]; **~-opinion** ingebeeldheid, eigenwaan; **~-opnion(at)ed** ingebeeld, eigenwijs; **~-possessed** kalm, beheerst; **~-possession** zelfbeheersing; **~-praise** eigen lof; *~ is no recommendation* eigen lof (roem) stinkt; **~-preservation** zelfbehoud *o*; **~-realization** zelfontplooiing; **~-registering** automatisch registrerend; **~-reliant** niet op een ander aangewezen zijnd; **~-respect** zelfrespect *o*; **~-righteous** eigengerechtigd; **~-sacrifice** zelfopoffering; **~-satisfied** zelfvoldaan; **~-seeking I** *sb* zelfzucht; **II** *aj* zelfzuchtig; **~-service** zelfbediening; **~-styled** zich noemend, zogenaamd; **~-sufficiency** zelfstandigheid; autarkie; zelfgenoegzaamheid; **~-sufficient** zelfstandig; autarkisch; zelfgenoegzaam; **~-supporting** zichzelf bedruipend, in eigen behoeften voorziend; **~-taught** zelf geleerd; voor zelfonderricht; *a ~ man* een autodidact; **~-will** eigenzinnig-, koppigheid; **~-willed** eigenzinnig, koppig

sell [sel] **I** *vt* verkopen (ook = aan de man brengen, ingang doen vinden, populair maken); verraden; **S** beetnemen; *~ sbd. a dog (a pup)* **S** iem. een koopje geven; *~ by auction* veilen; *~ off* (uit)verkopen; *~ sbd. on* **S** iem. winnen voor; *be sold on* ingenomen zijn met, wild zijn van; *~ out* verkopen; liquideren; *~ up* iems. boeltje laten verkopen; **II** *vi & va* verkopen, verkocht worden; *~ well* (veel) aftrek vinden; *~ like hot cakes* weggaan als koek; *~ out to* **F** gemene zaak maken met; zie ook: *arrive*; **III** *sb* **S** bedotterij; koopje *o*; *hard (soft) ~* agressieve (beschaafde) verkoop(methode); agressief (gemoedelijk); reclamepraatje *o*; **-er** verkoper; *~'s market* $ verkopersmarkt; **~-out F** verraad *o*; uitverkochte zaal (voorstelling &), succes(stuk) *o*

selvage, selvedge ['selvidʒ] zelfkant
selves [selvz] *mv* v. *self*
semantic [si'mæntik] semantisch; **-s** semantiek
semaphore ['seməfɔː] semafoor, seinpaal
semasiology [simeisi'ɔlədʒi] = *semantics*
semblance ['sembləns] schijn, gelijkenis, voorkomen *o*
semen ['siːmen] sperma *o*, zaad *o*
semester [si'mestə] semester *o*, halfjaar *o*
semi ['semi] (in samenst.) half-; **-breve** ♩ hele noot; **-circle** halve cirkel; **-circular** halfrond; **-colon** puntkomma *v* of *o*, kommapunt *v* & *o*; **~-conductor** halfgeleider; **~-detached** half vrijstaand; **-final** halve finale; **~-finished** = *semi-manufactured*; **-lunar** halvemaanvormig; **~-manufactured** in: *~ article* halffabrikaat *o*
seminal ['siːminl] van het zaad; zaad-, kiem-, grond-; vol mogelijkheden voor de toekomst
seminar ['semina:] ⚫ seminarie *o*; seminarium *o*;

werkcollege *o*; **-ist** seminarist; **-y** *rk* seminarie *o*; ⚒ (kweek)school; *fig* broeinest *o*; *major (minor)* ~ *rk* groot(klein)-seminarie *o*
semi-offical ['semiə'fiʃəl] officieus; **~-precious** ~ *stone* halfedelsteen; **-quaver** ♪ zestiende noot
Semite ['siːmait, 'semait] Semiet; **-tic** [si'mitik] Semitisch
semitone ['semitoun] ♪ halve toon; ~ **-trailer** ➳ oplegger; **-vowel** halfklinker
semolina [semə'liːnə] griesmeel *o*
sempiternal [sempi'tə:nəl] eeuwig(durend)
sempstress ['sem(p)stris] naaister
senate ['senit] senaat, raad; **senator** ['senətə] raadsheer; senator; **-ial** [senə'tɔːriəl] senatoriaal, senaats-
send [send] **I** *vt* zenden, (uit)sturen, uit-, over-, af-, verzenden; jagen, schieten, slaan, gooien, trappen &; **S** in extase brengen, meeslepen; *these words sent him crazy (mad, off his head)* maakten hem dol; *the blow sent him tumbling* deed hem tuimelen; *(God) ~ her victorious* God make haar overwinnend; **II** *vi* zenden; ⚓ vooruitschieten [schip]; ● *~ sbd. about his business* iem. de laan uitsturen, iem. afpoeieren; *~ along* wegzenden; in beweging brengen; doorsturen [brief]; *~ away* wegzenden; *~ back* terugzenden; *~ down* naar beneden zenden; wegzenden [student]; naar beneden doen gaan [temperatuur]; *~ for* laten halen (komen), ontbieden, zenden om; *~ forth* uitzenden; verspreiden, afgeven [een lucht]; krijgen [bladeren]; *~ in* inzenden; afgeven [kaartje]; *~ in one's name* zich laten aandienen; *~ off* wegzenden; verzenden; uitgeleide doen [persoon]; *~ on* doorzenden; *~ out* (uit)zenden, rondzenden; verspreiden [lucht]; krijgen [bladeren]; *~ round* laten rondgaan [schaal &], (rond)zenden; *~ up* naar boven zenden; de hoogte in doen gaan; ⚲ naar de directeur zenden [leerling]; afgeven [kaartje]; **S** de belachelijkheid of de schijn van iets aantonen, ontmaskeren; *~ up one's name* zich laten aandienen; **III** *sb* golfbeweging, stuwkracht; **-er** zender, af-, inzender; **~-off** attentie of huldiging bij iemands vertrek; aanbeveling; begin *o*; *give sbd. a ~* iem. feestelijk uitgeleide doen; **~-up F** parodie, persiflage
senescent [si'nesənt] oud wordend
seneschal ['seniʃəl] ⚓ major domus
senile ['siːnail] seniel, ouderdoms-; **-lity** [si'niliti] seniliteit, ouderdom(szwakte)
senior ['siːnjə] **I** *aj* ouder, oudste (in rang), senior; hoog, hoger, hoofd- [v. ambtenaren, officieren &]; ~ *citizen* vijfenzestigplusser; ~ *clerk* eerste bediende; **II** *sb* oudere (persoon, leerling, officier); oudste in rang; *he is my ~ (by a year)* hij is (een jaar) ouder dan ik; **-ity** [siːni'ɔriti] hoge-

re ouderdom; anciënniteit; *by* ~ naar anciënniteit

senna ['senə] gedroogde senebladeren

sensation [sen'seiʃən] gewaarwording, gevoel *o*, aandoening; opzien *o*, opschudding, sensatie; *cause (create, make)* a ~ opzien baren, opschudding teweegbrengen; **–al** sensationeel, opzienbarend, geweldig, verbluffend; sensatie- [krant &]; gewaarwordings-, gevoelend; **–alism** zucht naar sensatie, sensatie(gedoe *o*); sensualisme *o*; ~-**monger** sensatieverwekker

sense [sens] **I** *sb* gevoel *o*, zin° (ook = betekenis); zintuig *o*; verstand *o*; besef *o*; begrip *o*; gevoelen *o*; ~s zinnen; verstand *o*; *common* ~ gezond verstand *o*; *sixth* ~ zesde zintuig *o*; ~ *of beauty* zin voor het schone, schoonheidsgevoel *o*; *he had the (good)* ~ *to...* hij was zo verstandig...; *there is no* ~ *in...* het heeft geen zin om...; *what is the* ~ *of...?* wat voor zin heeft het om...?; *bring sbd. to his* ~s iem. tot bezinning brengen; *he lost his* ~s hij werd gek; *make* ~ iets betekenen, zinnig zijn; *make* ~ *of sth.* uit iets wijs worden; *have you taken leave of your* ~s? ben je niet goed (wijs)?; *talk* ~ verstandig praten; • *from a* ~ *of duty* uit plicht(s)besef, uit plicht(s)gevoel; *i n a (certain)* ~, *in some* ~ in zekere zin; *in every* ~ ook: in ieder opzicht; *in the narrow* ~ in engere zin; *no man in his* ~s niemand, die zijn zinnen goed bij elkaar heeft, geen zinnig mens; *he is not quite in his* ~s, *not in his right* ~s hij is niet goed bij zijn zinnen; *a man of* ~ een verstandig man; *be o u t of one's* ~s niet goed (bij zijn zinnen) zijn; buiten zich zelf zijn; *be frightened out of one's* ~s half dood zijn van de schrik; *he came t o his* ~s hij herkreeg zijn bezinning, hij kwam weer tot zichzelf; **II** *vt* gewaarworden, merken; begrijpen; *fig* ruiken [gevaar, bedrog &]; **–less** zinloos; bewusteloos; onverstandig; onzinnig, dwaas; ~-**organ** zintuig *o*

sensibility [sensi'biliti] sensibiliteit, gevoeligheid, gevoel *o*, ontvankelijkheid; lichtgeraaktheid, overgevoeligheid; **sensible** ['sensibl] *aj* verstandig; gevoelig; merkbaar, waarneembaar; bij (volle) kennis; *be* ~ *of* zich bewust zijn van; gevoelig zijn voor; **–ly** *ad* v. *sensible*; ook: erg, zeer

sensitive ['sensitiv] **I** *aj* (fijn)gevoelig, teergevoelig, sensibel; gevoels-; ~ *plant* mimosa, kruidje-roer-me-niet *o*; ~ *subject* teer (pijnlijk) onderwerp *o*; **II** *sb* sensitief persoon, medium *o*, paragnost; **–ness** gevoeligheid

sensitivity [sensi'tiviti] gevoeligheid

sensitization [sensitai'zeiʃən] sensibilisatie, gevoelig maken *o*; **sensitize** ['sensitaiz] sensibiliseren, gevoelig maken

sensorial [sen'sɔːriəl] zintuiglijk, gevoels-; **–ium** zetel der gewaarwordingen; bewustzijn *o*, brein *o*

sensory ['sensəri] zintuiglijk

sensual ['sensjuəl] zinnelijk, sensueel; **–ism** zinnelijkheid, wellust; **–ist** zinnelijk mens, sensualist; **–ity** [sensju'æliti] zinnelijkheid, sensualiteit; **–ize** ['sensjuəlaiz] verzinnelijken

sensuous ['sensjuəs] van de zinnen; tot de zinnen sprekend, zin-

sent [sent] V.T. & V.D. van *send*

sentence ['sentəns] **I** *sb* vonnis *o*, gerechtelijke beslissing; (vol)zin; ~ *of death* doodvonnis *o*; *under* ~ *of death* ter dood veroordeeld; **II** *vt* vonnissen, veroordelen (ook: *give* ~)

sententious [sen'tenʃəs] opgeblazen, bombastisch, banaal

sentient ['senʃənt] gewaarwordend, gevoelhebbend; (ge)voelend; gevoels-

sentiment ['sentimənt] gevoel *o*, ook: gevoeligheid; sentimentaliteit; gevoelen *o*, mening; **–al** [senti'mentl] *aj* sentimenteel; op gevoelsoverwegingen gegrond, gevoels-; **–alism** sentimentaliteit, sentimenteel gedoe *o*; **–alist** sentimenteel iemand; **–ality** [sentimen'tæliti] overdreven gevoeligheid, sentimentaliteit; **–alize** [senti'mentəlaiz] **I** *vi* sentimenteel doen; **II** *vt* sentimenteel maken

sentinel ['sentinl] wacht, schildwacht

sentry ['sentri] schildwacht, wacht; ~-**box** schilderhuisje *o*; ~-**go** wacht, het schilderen; *do* ~ schilderen²

sepal ['sepəl] kelkblad *o*

separable ['sepərəbl] scheidbaar; **separate I** *aj* ['sepərit] (af)gescheiden, afzonderlijk, apart; *go one's* ~ *road* zijn eigen weg gaan; *three* ~ *times* drie verschillende keren; **II** *sb* overdruk, overdrukje *o*; ~s kledingstukken die tezamen, maar ook apart gedragen kunnen worden; **III** *vt* ['sepəreit] scheiden, afscheiden, afzonderen, verdelen; [in factoren] ontbinden; **IV** *vi* scheiden (van *from*), weg-, heengaan; uiteengaan, elk zijns weegs gaan; zich afscheiden, loslaten; **–tion** [sepə'reiʃən] afscheiding, scheiding, afzondering; *(legal)* ~ scheiding van tafel en bed; ~ *allowance* kostwinnersvergoeding; **–tist** ['sepəratist] **I** *sb* separatist: voorstander van afscheiding; afgescheidene; **II** *aj* separatistisch, van de separatisten; **–tor** separator, afscheider; *spec* melkcentrifuge

sepia ['siːpjə] sepia; inktvis

sepoy ['siːpɔi] 𝕌 sipajer: inlands soldaat in het Brits-Indische leger

sepsis ['sepsis] bloedvergiftiging

September [sep'tembə] september

septennial [sep'tenjəl] zevenjarig; zevenjaarlijks

septet(te) [sep'tet] septet *o*

septic ['septik] septisch, bederf veroorzakend, rotting bevorderend; ~ *tank* rottingsput

septuagenarian [septjuədʒi'nɛəriən] zeventigjarig(e)

septum ['septəm] septum *o*: tussenschot *o*

septuple ['septjupl] **I** *aj* zevenvoudig; **II** *sb* zevenvoud *o*; **III** *vt* verzevenvoudigen

sepulchral [si'pʌlkrəl] graf-; begrafenis-; somber; **sepulchre** ['sepəlkə] **I** *sb* graf *o*, grafkelder; **II** *vt* begraven; tot graf dienen

sepulture ['sepəltʃə] teraardebestelling

sequacious [si'kweiʃəs] volgzaam, gedwee; logisch volgend, consequent

sequel ['si:kwəl] gevolg *o*, resultaat *o*, vervolg *o*, naspel *o*, nawerking

sequence ['si:kwəns] volgorde, op(een)volging, (volg)reeks; gevolg *o*; (logisch) verband *o*; ◊ suite, volgkaarten; scène [v. film]; *rk* sequentie; ♪ sequens; *gram* overeenstemming (der tijden); **sequent** (opeen)volgend; **–ial** [si'kwenʃəl] (opeen)volgend

sequester [si'kwestə] afzonderen; *tt* in bewaarderhand stellen; beslag leggen op; **~ed** ook: afgelegen, eenzaam, teruggetrokken; **sequestrate** [si'kwestreit] *vt* = *sequester tt*; **–tion** [si:kwes'treiʃən] afzondering; beslaglegging, sekwestratie; **–tor** ['si:kwestreitə] sekwester

sequin ['si:kwin] lovertje *o* [als versiersel]

sequoia [si'kwɔiə] Am. reuzenpijnboom

seraglio [se'ra:liou] serail *o*, harem

serai [se'rai] karavansera(i)

seraph ['serəf] seraf(ijn); **–ic** [se'ræfik] serafijns, engelachtig; **–im** ['serəfim] *mv* v. *seraph*

Serb [se:b] **I** *aj* Servisch; **II** *sb* Serviër; **–ian I** *aj* Servisch; **II** *sb* Serviër; Servisch *o*

sere [siə] = *sear* **I**

serenade [seri'neid] **I** *sb* serenade; **II** *vt* een serenade brengen

serendipity [serən'dipiti] de gave onverwachts iets goeds te ontdekken

serene [si'ri:n] kalm, onbewogen; helder, klaar, onbewolkt; vredig, sereen; doorluchtig; **–nity** [si'reniti] helderheid, klaarheid; kalmte, sereniteit; doorluchtigheid

serf [sə:f] lijfeigene, horige; *fig* slaaf; **–age, –dom** lijfeigenschap, horigheid; *fig* slavernij

serge [sə:dʒ] serge

sergeant ['sa:dʒənt] ✕ sergeant; wachtmeester [bij bereden wapens]; brigadier (van politie); **~-at-arms** (ook: *serjeant-at-arms*) intendant van het Hoger- en Lagerhuis; **~-major** sergeant-majoor, opperwachtmeester

serial ['siəriəl] **I** *aj* tot een reeks of serie behorende [vooral tijdschriften], in afleveringen verschijnend, vervolg-, serie-; ♪ serieel, twaalftoon-, dodecafonisch; **~ number** serie-, volgnummer *o*; **~ story** vervolgverhaal *o*, feuilleton *o* & *m*; **II** *sb* vervolgverhaal *o*, feuilleton *o* & *m*; *RT* serie; **–ize** in afleveringen laten verschijnen; **serially** *ad* in serie; in afleveringen, in vervol-

gen, als feuilleton

seriate ['si:rieit] in reeksen of rijen

seriatim [siəri'eitim] in geregelde volgorde; achter elkaar, punt voor punt

sericulture ['serikʌltʃə] zijdeteelt

series ['siəri:z] serie, reeks, opeenvolging, rij

serif, ceriph ['serif] op-, neerhaal [bij schrijven]

serio-comic ['siəriou'kɔmik] half ernstig, half grappig; quasi ernstig; **serious** ['siəriəs] *aj* ernstig (gemeend); in ernst; belangrijk, gewichtig; degelijk, bedachtzaam; bedenkelijk; serieus; vroom; *I am* ~ ik meen het; *matters begin to look* ~ het begint er bedenkelijk uit te zien; **–ly** *ad* ernstig, in (volle) ernst; *take* ~ ernstig (au sérieux) nemen; **~-minded** ernstig, serieus [v. personen]; **–ness** ernst; ernstigheid, bedenkelijkheid

serjeant ['sa:dʒənt] ⊞ advocaat van de hoogste rang; *common* ~ rechterlijk ambtenaar van de *City of London*; **~-at-arms** intendant van het Hoger- en Lagerhuis

sermon ['sə:mən] preek[2], sermoen[2] *o*, vermaning; *the Sermon on the Mount* de Bergrede; **–ize I** *vi* prediken, > preken; **II** *vt* een preek houden tot, bepreken, kapittelen

serous ['siərəs] wei-, waterachtig

serpent ['sə:pənt] slang[2]; ✎ ♪ serpent [slangvormige hoorn]; **~-charmer** slangenbezweerder

serpentine ['sə:pəntain] **I** *aj* slangachtig, slangen-; kronkelend; *fig* listig, vals; ~ *windings* kronkelingen[2], kronkelpaden [van de politiek]; **II** *sb* serpentijnsteen *o* & *m*; *the Serpentine* de Serpentinevijver in het Hyde Park; **III** *vi* zich slingeren, kronkelen

serrate ['sereit], **serrated** [se'reitid] zaagvormig; ⚕ gezaagd

serried ['serid] (aaneen)gesloten [rijen]

serum ['siərəm] serum *o*, entstof, bloedwei

servant ['sə:vənt] knecht, bediende, dienstbode, meid; dienaar, dienares; ✕ oppasser; beambte, ambtenaar; *civil* ~ burgerlijk ambtenaar; *general* ~, ~ *of all work* meid alleen; *your (humble)* ~ uw dw. (onderdanige) dienaar; *the* ~*s' hall* de dienstbodenkamer; **~-girl, ~-maid** dienstmeisje *o*, -meid

serve [sə:v] **I** *vt* dienen, bedienen, van dienst zijn; dienst(en) doen, dienstig zijn, baten, helpen, voldoende zijn voor; opdienen, opdoen [eten], schenken [drank]; behandelen; [v. dieren] dekken; *sp* serveren [tennis &]; ~ *him right, it* ~*s him right!* net goed!, zijn verdiende loon!; *if my memory* ~*s me right* als mijn geheugen me niet bedriegt; ~ *a need* in een behoefte voorzien; ~ *one's purpose* geschikt (goed) zijn voor iems. doel; *he (it) has* ~*d his (its) purpose* hij (het) heeft zijn dienst gedaan; ~ *no earthly purpose* nergens toe dienen; ~ *the purpose* aan het doel beantwoorden; ~ *the* *purpose of...* dienst doen als...; ~ *a sentence* een straf uitzitten; ~ *one's time* zijn tijd uitdienen; zijn straf uitzitten; ~ *sbd. a trick* iem. een poets bakken; *that will* ~ *his turn* dat is een kolfje naar zijn hand; ~ *sbd. an ill turn* iem. een slechte dienst bewijzen; ● ~ *o u t* uitdelen [proviand], uitgeven [levensmiddelen]; ~ *sbd. out* met iem. afrekenen; ~ *out one's time* zijn tijd uitzitten (uitdienen); ~ *tea r o u n d* de thee ronddienen; ~ *u p* opdienen; ~ *an attachment (a process, warrant, writ*) u p o n *sbd.* **t'z** iem. een exploot betekenen; ~ *w i t h* voorzien van, bedienen van; [iem. een exploot] betekenen; **II** *vi* dienen°, dienst doen (als, tot *as, for*); serveren [tennis]; dienstig (gunstig) zijn; ● ~ *a t table* tafeldienen; ~ *o n a committee* in een commissie zitting hebben; ~ *on the jury* lid zijn van de jury; ~ *on The Times* werkzaam zijn bij The Times; **III** *sb sp* service, serveren *o* [tennis]; **server** (mis)dienaar; presenteerblad *o*; schep [v. taart &]; diencouvert *o*; *sp* serveerder [tennis]; **service I** *sb* dienst, dienstbaarheid, nut *o*; bediening; verzorging, onderhoud *o* [v. auto, radio &]; service; (openbaar) bedrijf *o*; *sp* serveren *o*, beginslag [tennis]; **t'z** betekening; kerkdienst; kerkmuziek; (kerk)formulier *o*; servies *o* || **₤'₀** peerlijsterbes; *the* ~ ook: het leger, de vloot, de luchtmacht; *the (armed)* ~s de strijdkrachten; *active* ~ **¼** actieve dienst; *civil* ~ overheidsdienst; ambtenarenapparaat *o*; *the Junior Service* het leger; *national* ~ militaire dienst, dienstplicht; *the Senior Service* de marine; *at your* ~ tot uw dienst; **II** *aj* **¼** militair (bijv. ~ *aviation* militaire luchtvaart); dienst-; ~ *door* personeelsingang, deur voor het personeel; **III** *vt* bedienen; verzorgen, nazien, onderhouden [auto]; dekken *o* [v. dieren]; **–able** dienstig, bruikbaar, nuttig, geschikt, praktisch; **service area** *RT* zendbereik *o*; **service book** gebeden-, gezangenbook *o*; ~ **charge** bedieningsgeld, -toeslag; ~ **dress** **¼** uniform; ~**-flat** verzorgingsflat; ~ **hatch** dienluik *o*; doorgeefluik *o*; ~ **industries** dienstverlenende bedrijven; ~ **line** *sp* serveerlijn [tennis]; **¥** dienstleiding; **Serviceman** ['sə:vismən] militair, gemobiliseerde; *National* ~ dienstplichtige; *radio serviceman* radiomonteur; ~ **road** ventweg; ~**-station** servicestation *o*; ~ **switch** **¥** hoofdschakelaar; **Servicewoman** vrouwelijk lid *o* van de strijdkrachten; **servicing** regelmatig onderhoud *o* [v. auto, machine &]

serviette [sə:vi'et] servet *o*

servile ['sə:vail] slaafs, kruiperig, serviel; slaven-; **–lity** [sə:'viliti] slaafsheid, serviliteit

✎ **serving-man** ['sə:viŋmæn] (dienst)knecht

✎ **servitor** ['sə:vitə] dienaar, bediende

servitude ['sə:vitju:d] dienstbaarheid, knechtschap *o*, slavernij; *penal* ~ dwangarbeid

servomechanism [sə:vou'mekənizm] hulpme-

chanisme *o*

sesame ['sesəmi] sesamkruid *o*, -zaad *o*; *open* ~ Sesam open u²

session ['seʃən] zitting, zittijd, sessie; **≈** academiejaar *o*, *Am* & *Sc* trimester *o*, *Am* schooltijd; *be in* ~ zitting houden; **–al** zittings-

set [set] **I** *vt* zetten, plaatsen, stellen, leggen; brengen; richten, schikken, bezetten, afzetten, omboorden; opzetten [vlinders]; vatten, inzetten, planten, poten; gelijkzetten [klok]; klaarzetten; op elkaar klemmen [tanden, lippen]; vaststellen, bepalen; opgeven [vraagstuk, werk]; uitzetten [wacht, netten]; bijzetten [een zeil]; aanzetten [scheermes]; aangeven [toon, maat, pas]; watergolven [het haar]; ~ *the table* (de tafel) dekken; ~ *going* aan de gang brengen of maken; in omloop brengen [praatjes]; ~ *thinking* tot nadenken brengen; *the novel is* ~ *in...* de roman speelt in...; **II** *vi* zich zetten [v. vrucht]; stollen dik, hard, vast worden; ondergaan [zon]; (blijven) staan [jachthond]; zitten, vallen [v. kledingstuk]; gaan (in zekere richting); ● ~ *a b o u t it* er aan beginnen; *how you* ~ *about it* hoe je het aanpakt (doet); ~ *about sbd.* **F** iem. aanvallen; ~ *a f l o a t (a f o o t)* aan de gang brengen; in omloop brengen [praatjes]; op touw zetten; ~ *a g a i n s t* plaatsen (stellen) tegenover; opzetten tegen; ~ *oneself against* zich verzetten tegen; *be* ~ *against...* gekant zijn tegen...; ~ *a p a r t* ter zijde zetten (leggen), afzonderen, reserveren, bestemmen (voor *for*); ~ *a s i d e* ter zijde leggen, op zij zetten, sparen; buiten beschouwing laten; reserveren; buiten werking stellen, verwerpen, vernietigen; ~ *a t* aanvallen, aanpakken; ~ *the dog at the oxen* ophitsen tegen; zie ook: *defiance, variance* &; ~ *at naught* met voeten treden, niet tellen; ~ *b a c k* terugzetten; achteruitzetten; **S** kosten [iem. een hoop geld]; ~ *b y* ter zijde leggen; ~ *one's watch by...* zijn horloge gelijkzetten met...; ~ *d o w n* neerzetten; [iem. ergens] afzetten; opschrijven, optekenen; ~ *down as* beschouwen als, houden voor; ~ *down at* £ *10.000* op... schatten (bepalen); ~ *down for* aanzien voor; ~ *down to* toeschrijven aan; ~ *f o r t h* uiteenzetten, opsommen, vermelden; ~ *forth (on one's journey)* op reis gaan, er op uittrekken; ~ *f o r w a r d* vooruitzetten; bevorderen; ~ *f r e e* vrijlaten; ~ *i n* intreden [jaargetij, reactie], invallen [duisternis]; ~ *o f f* uit-, afzetten [hoeken]; afscheiden; afzonderen [geld]; doen uitkomen [kleur &]; vertrekken; aan de gang maken; doen afgaan [vuurwapen], tot ontploffing brengen; goedmaken, compenseren; ~ *off against* stellen tegenover; laten opwegen tegen; ~ *o n* aanzetten, op-, aanhitsen; aanvallen; *be* ~ *on* verzot zijn op; vastbesloten zijn tot; ~ *o u t* op reis gaan, zich op weg begeven, zich opmaken, vertrekken; uitzetten [een

hoek]; klaarleggen, klaarzetten [theegerei]; uitstallen; uiteenzetten [redenen &]; opsommen [grieven]; versieren (met *with*); ~ *out in business* een zaak beginnen; ~ *(oneself) out to...* het er op aanleggen, zich ten doel stellen, trachten te...; ~ *o v e r* [iets of iem.] aan het hoofd stellen over; ~ *t o* aanpakken, van leer trekken, er op los gaan; ~ *to...* beginnen te...; ~ *one's hand to...* zijn hand zetten onder...; de hand aan het werk slaan...; aanpakken; ~ *oneself to...* zich er op toeleggen, zijn best doen om...; ~ *to work* aan het werk zetten; aan het werk gaan; ~ *u p* oprichten, opstellen, opzetten, (zich) vestigen, instellen, aanstellen, benoemen; zetten [ter drukkerij]; aanheffen [geschreeuw]; weer op de been helpen [zieke]; zich aanschaffen; uitrusten, voorzien (van *with*); aankomen met [eisen &]; ~ *up for* zich uitgeven voor, zich voordoen als, zich opwerpen als; ~ *up for oneself* voor zichzelf beginnen, een eigen zaak beginnen (ook: ~ *up on one's own account*); ~ *up in business* [iem.] in een zaak zetten; een zaak beginnen; *well* ~ *up* goed gebouwd; ~ *u p o n* zie ~ *on*; **III** *aj* gezet; zich vastgezet hebbend; strak, stijf, onveranderlijk; vast; bepaald; *(all)* ~ (kant en) klaar (voor *for*; om te *to*); *they are hard* ~ *to* zij hebben het hard; ~ *fair* bestendig [v. weer]; ~ *piece* groot stuk *o* [v. vuurwerk, verlichting &]; decor *o* [v. film]; ~ *scene* toneelschikking, toneel *o*; ~ *square* tekendriehoek; **IV** *sb* (zich) zetten *o*; verzakking [v. grond]; zitten *o* [v. kledingstuk], snit; houding [v. hoofd &]; richting [v. getij]; ondergang [v. zon]; ,,staan" *o* [v. jachthond]; [≋] stek, loot, zaailing; stel *o*, spel *o*, servies *o*, RT toestel *o*, garnituur *o*, span *o*, ploeg, partij, reeks; × verzameling; set [bij tennis]; watergolf, permanent; toneelschikking, toneel *o*; decor *o* [v. film], studiohal; kring, troep, > kliek, bende; zie verder *sett*; ~ *(of Lancers)* quadrille; vier paren [voor de lanciers]; *a* ~ *of teeth* een (kunst)gebit *o*; *make a dead* ~ *at* het gemunt hebben op, z'n zinnen gezet hebben op; woedend aanvallen op; *on the* ~ (bij de opname) in de studio; ~-**back** teruggang, instorting; tegenslag, *fig* klap; ~-**down** terechtwijzing (vaak: minachtend, afsnauwend), berisping; ~-**off** ['set'ɔ:f] versiering; tegenhanger; tegenstelling; compensatie; ~-**up** begin *o*, start; vertrek *o*; voorbereiding; uitrusting; uitstalling, vertoning
sett [set] straatkei; dassehol *o*
settee [se'ti:] canapé, sofa, bank
setter ['setə] [≋] setter [hond]; zetter
setting ['setiŋ] **I** *aj* ondergaand; **II** *sb* zetten *o*; montering; ♪ toonzetting; omgeving, achtergrond; montuur *o* & *v*; ~ *lotion* haarversteviger
1 settle ['setl] *sb* zitbank met hoge leuning
2 settle ['setl] **I** *vt* vestigen, installeren; vaststellen; vastzetten (op *on*); tot bedaren brengen;

doen bezinken, klaren; in orde brengen; uitmaken, afdoen, vereffenen, betalen, schikken, regelen, bijleggen, uit de wereld helpen, oplossen, beklinken [zaak]; koloniseren [land]; bezorgen [zijn kinderen]; zijn bekomst (zijn vet) geven; ~ (ook: ~ *up*) accounts afrekenen; **II** *vr* ~ *oneself* zich vestigen; gaan zitten, zich installeren; ~ *oneself to* zich zetten tot; **III** *vi* zich vestigen; zich (neer)zetten, gaan zitten; zich installeren; neerdalen; in-, beklinken [metselwerk]; (ver)zakken, bezinken [oplossingen]; vast worden; tot bedaren komen, bedaren; besluiten (tot *on*); afrekenen (ook: ~ *up*), betalen; ~ *d o w n* zich vestigen; zich installeren; tot rust komen, bedaren; een geregeld leven gaan leiden, een brave burger worden; ~ *down to married life* (gaan) trouwen (ook: ~ *down in life*); ~ *f o r* genoegen nemen met, het houden op; ~ *i n* zijn nieuwe woning betrekken; met iem. tot een overeenkomst komen; ~ *i n t o shape* zich vormen; ~ *t o work* zich aan het werk zetten; ~ *w i t h sbd.* met iem. afrekenen; ~**d** gevestigd; afgedaan, uitgemaakt, in kannen en kruiken; vast [van overtuigingen &]; geregeld [van levenswijs]; bezorgd [= getrouwd]; op orde [na verhuizing]; **settlement** vestiging; regeling, vergelijk *o*, vereffening, afrekening, liquidatie, $ rescontre; schenking, jaargeld *o* [; bezinking; verzakking; kolonisatie; volksplanting, nederzetting, kolonie; (instelling voor) maatschappelijk werk *o*; (instelling ook: *house*); *he had made a* ~ *on her* hij had geld op haar vastgezet; *in* ~ *of* ter vereffening van; **settler** kolonist
set-to ['set'tu:] gevecht *o*; kloppartij; ruzie; ~-**up** F regeling; opbouw, bestel *o*, organisatie; situatie
seven ['sevn] zeven; ~-**fold** zevenvoudig; ~-**league(d)** ~ *boots* zevenmijlslaarzen; –**teen** zeventien; –**teenth** zeventiende (deel *o*); –**th I** *aj* zevende; **II** *sb* zevende (deel *o*); ♪ septime; –**tieth** zeventigste (deel *o*); –**ty** zeventig; *the seventies* de jaren zeventig: van (19)70 tot (19)80; *in the (one's) seventies* ook: in de zeventig
sever ['sevə] **I** *vt* scheiden°, afscheiden, afhouwen, afhakken, afsnijden, afscheuren, af-, verbreken, breken; **II** *vr* ~ *oneself from* zich afscheiden van; **III** *vi* scheiden, van of uit elkaar gaan, breken
several ['sevrəl] **I** *aj* verscheiden; onderscheiden; afzonderlijk; respectief; eigen; *they went their* ~ *ways* zij gingen elk huns weegs; **II** *pron* verscheidene, velen; **severally** *ad* elk voor zich, ieder afzonderlijk, respectievelijk
severance ['sevərəns] scheiding, af-, verbreking
severe [si'viə] *aj* streng; hard; zwaar, ernstig; hevig; –**ly** *ad* streng &; erg; *let (leave)* ~ *alone* geen notitie nemen van, niets te maken willen heb-

ben met; **severity** [si'veriti] (ge)strengheid &
sew [sou] naaien, aannaaien; brocheren [boek]; ~
o n aannaaien; ~ *u p* naaien (in *in*), dichtnaaien
sewage ['sju:idʒ] rioolwater *o*; ~ **farm** vloei-
veld *o*
1 sewer ['souə] *sb* naaier, naaister
2 sewer ['sjuə] **I** *sb* riool *o* & *v*; **II** *vt* rioleren; **–age**
riolering; **–man** rioolwerker
sewing ['souiŋ] naaien *o*, naaigoed *o*, naaiwerk *o*;
~**-machine** naaimachine; **sewn** [soun] V.D.
van *sew*
sex [seks] **I** *sb* geslacht *o*, sekse, kunne; seks, geslachtsleven *o*, geslachtsdrift, geslachtsgemeenschap; **II** *aj* seksueel; **III** *vt* seksen [kuikens &]
sexagenarian [seksədʒi'nɛəriən] zestigjarig(e)
sex appeal ['seksə'pi:l] erotische aantrekkingskracht voor het andere geslacht; **–less** geslachtloos; seksloos, frigide [vrouw], impotent [man];
–ologist [sek'sɔlədʒist] seks(u)oloog; **–ology**
seks(u)ologie; **–pot** ['sekspɔt] **F** seksbom
sextain ['sekstein] zesregelig vers *o*
sextant ['sekstənt] sextant
sextet(te) [seks'tet] ♩ sextet *o*
sexton ['sekstən] koster; klokkeluider; doodgraver [ook = kever]; **–beetle** 🐞 doodgraver
sextuple ['sekstjupl] **I** *aj* zesvoudig; **II** *sb* zesvoud
o; **III** *vt* verzesvoudigen
sexual ['seksjuəl] geslachtelijk, seksueel; **–ity**
[seksju'æliti] seksualiteit; **sexy** ['seksi] sexy [met
veel sex (appeal)]
SF = *science fiction*
sh. = *shilling(s)*
shabby ['ʃæbi] *aj* kaal, haveloos, armzalig; sjofel;
schandelijk, gemeen, min; ~ **genteel** kaal, maar
sjiek
shack [ʃæk] **I** *sb Am* hut, blokhut; **II** *vi* ~ *up with*
samenwonen met, „hokken" met
shackle ['ʃækl] **I** *sb* boei[2], kluister[2]; 🔧 beugel,
koppeling; ⚓ harp; *fig* belemmering; **II** *vt*
boeien[2], kluisteren[2]; 🔧 koppelen; *fig* belemmeren
shad [ʃæd] elft
shaddock ['ʃædək] pompelmoes
shade [ʃeid] **I** *sb* schaduw; lommer *o*; schim; kap,
stolp, scherm *o*; (kleur)schakering[2], nuance,
tint; zweem; *a ~ better, higher (paler &)* een tikje
beter, hoger (bleker &); *keep i n the* ~ zich op
de achtergrond houden, zich schuilhouden; *put
in the* ~, *cast (put, throw) i n t o the* ~ in de schaduw stellen; *go down t o the* ~*s* naar de andere
wereld verhuizen; **II** *vt* schaduwen; beschaduwen, overschaduwen; in de schaduw plaatsen;
van een (licht)scherm of kap voorzien; beschutten, beschermen; arceren; **III** *vi* in: ~ *off into*
langzaam overgaan in [v. kleuren &]
shadow ['ʃædou] **I** *sb* schaduw[2]; (schaduw)beeld
o; afschaduwing; geest, schim; schijn, spoor *o*;

catch at ~*s instead of substances* de schijn voor het
wezen nemen; *reduced to a* ~ tot een schim vermagerd; *without a* ~ *of doubt* zonder de minste
twijfel; **II** *vt* over-, beschaduwen; als een schaduw volgen; afschaduwen (ook: ~ *forth*); *he is*
~*ed* hij wordt geschaduwd: al zijn gangen worden nagegaan; ~ **cabinet** schaduwkabinet *o*;
shadowy beschaduwd, schaduwrijk; schimach-
tig; vaag, onduidelijk; geheimzinnig
shady ['ʃeidi] schaduwrijk, beschaduwd; *fig* het
daglicht niet kunnende verdragen, verdacht,
louche, niet zuiver; clandestien; *the* ~ *side de*
schaduwkant; *on the* ~ *side of fifty* boven de vijftig
shaft [ʃa:ft] schacht°; pijl[2]; spies; straal [v. licht];
steel; lamoenboom; 🔧 (drijf)as; mijnschacht;
(lift)koker
shag [ʃæg] ruig haar *o*; shag [tabak]; **shagged**
ruig; **F** doodop; **shaggy** *aj* ruig(harig), borstelig; onverzorgd; ~**-dog story** paardemop
shagreen [ʃæ'gri:n] segrijnleer *o*
shah [ʃa:] sjah: koning van Perzië
shake [ʃeik] **I** *vt* schudden, schokken[2], indruk
maken op, van streek brengen, *fig* doen wankelen; doen schudden (trillen, beven); heen en
weer schudden; uitschudden, uitslaan; (van
zich) afschudden; ~ *hands* elkaar de hand geven[2]; ~ *hands!* geef mij de hand (erop)!; ~ *hands
with* de hand drukken; ~ *one's head* het hoofd
schudden (over *at, over*); ~ *a leg* **S** de benen van
de vloer laten gaan: een dansje doen; zich haasten; ● ~ *d o w n* afschudden, op de grond
schudden; op de grond spreiden [bed]; **F** gaan
slapen; ~ *off* (van zich) afschudden°; ~ *o u t*
uitschudden, uitslaan; ~ *u p* (op)schudden;
wakker schudden, door elkaar schudden, aanporren; reorganiseren; **II** *vi* schudden, beven;
trillen [stem]; *fig* wankelen; ~*!* **F** geef mij de
hand!; **III** *sb* schudden *o*; schok, beving; handdruk; trilling [v. stem]; ♩ triller; dekspaan;
scheur in hout; milk shake; *the* ~*s* de „zenuwen";
in a ~, *in two* ~*s (of a lamb's tail)* **F** in een wip;
he is no great ~*s* **F** hij is niet veel zaaks; ~**-down**
kermisbed *o*; *Am* **S** afpersing; **shaken** V.D. van
shake; **shaker** schudder; shaker [voor cocktails];
shake-up opschudding, omwenteling, reorganisatie; **shaking** schudding; *give him a good* ~
schud hem eens goed door elkaar
shako ['ʃækou] sjako
shaky ['ʃeiki] *aj* beverig, onvast[2], wankel[2]; *fig*
zwak(staand), onzeker, onsolide; waar men niet
op aan kan; *look* ~ er niet best uitzien
shale [ʃeil] leisteen *o* & *m*
shall [ʃæl, ʃ(ə)l] zal, zullen; moet, moeten
shallop ['ʃæləp] sloep
shallot [ʃə'lɔt] sjalot
shallow ['ʃælou] **I** *aj* ondiep, laag; *fig* oppervlakkig; **II** *sb* (meestal: ~*s*) ondiepte, ondiepe plaats,

zandbank; **III** *vi* (& *vt*) ondiep(er) worden (maken); **~-brained** oppervlakkig, dom; **–ness** ondiepte; *fig* oppervlakkigheid

shalt [ʃælt, ʃ(ə)lt] *thou ~* **B** gij zult

shaly [ˈʃeili] leisteenachtig

sham [ʃæm] **I** *vt* veinzen (te hebben), voorwenden; **II** *vi* simuleren, maar zo doen, zich aanstellen; **~** *asleep* (*dead* &) zich slapend (dood &) houden; **III** *sb* voorwendsel *o*; schijn(vertoning); komedie(spel *o*); komediant, simulant; **IV** *aj* voorgewend, gefingeerd, nagemaakt, onecht, vals, schijn–; **~** *door* blinde deur

shamble [ˈʃæmbl] **I** *vi* sloffen, schuifelen; **II** *sb* sloffende gang

shambles [ˈʃæmblz] vleeshal; slachtplaats[2], slachtbank[2]; *fig* bloedbad *o*; ravage, ruïne; warboel, troep

shambling [ˈʃæmbliŋ] **I** *aj* sloffend, schuifelend; **II** *sb* geslof *o*, schuifelende gang

shambolic [ʃəmˈbɔlik] **F** chaotisch

shame [ʃeim] **I** *sb* schaamte°; schande; **F** pech; *what a ~!* ook: **F** wat erg!, wat jammer!; *cry ~ upon* schande roepen over, schande spreken van; *~ on you!, f o r ~!* foei, schaam u!; *t o ̄ my ~* tot mijn schande; *put to ~* beschamen, beschaamd maken; **II** *vt* beschamen, beschaamd maken; te schande maken, schande aandoen; *~ sbd. into...* iem. door hem beschaamd te maken doen...; **–faced** schaamachtig, beschaamd, beschroomd, verlegen; **–ful** schandelijk; **–less** schaamteloos

sham fight [ˈʃæmˈfait] schijngevecht *o*, spiegelgevecht *o*; **shammer** *fig* komediant; simulant

shammy [ˈʃæmi] gemsleder *o*, zeemleer *o*; zeem *m* & *o*

shampoo [ʃæmˈpuː] **I** *vt* shamponeren, shampooën; **II** *sb* shampooing [hoofdwassing]; shampoo [haarwasmiddel]

shamrock [ˈʃæmrɔk] klaver; klaverblad *o* [zinnebeeld van Ierland]

shanghai [ʃæŋˈhai] *vt* **S** dronken maken en dan als matroos laten aanmonsteren

shank [ʃæŋk] onderbeen *o*, scheen; steel; schacht; *~s* **F** benen; *on Shanks's mare, on Shank's pony* met de benenwagen

shan't [ʃɑːnt] samentrekking van *shall not*

shantung [ʃænˈtʌŋ] shantoeng *o* & *m*

shanty [ˈʃænti] hut; keet; district *o* of stadsgedeelte *o* met bouwvallige hutjes (ook: *shantytown*) ‖ ♪ matrozenlied *o*

shape [ʃeip] **I** *vt* vormen, maken, modelleren, fatsoeneren; pasklaar maken; regelen, inrichten (naar *to*); ✎ scheppen; *~ a course for* koers zetten naar; *~ one's course accordingly* dienovereenkomstig handelen; **II** *vi* zich vormen; een zekere vorm aannemen; zich ontwikkelen; *it ~s well* het laat zich goed aanzien; het belooft veel; *~ up to*

de bokshouding aannemen; *fig* uitdagen; **III** *sb* vorm, gedaante, gestalte; leest; bol, blok *o*; model *o*; fatsoen *o*; pudding (uit een vorm); *take ~* vaste vorm aannemen; *put into ~* fatsoeneren[2]; **...shaped** ...vormig; **shapeless** vormloos; wanstaltig; **shapely** goedgevormd, welgemaakt, bevallig; **shapen** ✎ V.D. van *shape*

shard [ʃɑːd] scherf; vleugelschild *o*

1 share [ʃɛə] **I** *sb* deel[2] *o*, aandeel[2] *o*; portie; *~ and ~ alike* gelijk op delend; *~s* effecten; **II** *vt* delen (met *with*); verdelen; *~ one comb* samen één kam hebben (gebruiken &); *~ out* uit-, verdelen; **III** *vi* delen (in *in*), deelnemen (in, aan *in*)

2 share [ʃɛə] *sb* ploegschaar

sharecropper [ˈʃɛəkrɔpə] deelpachter; **–holder** aandeelhouder

shark [ʃɑːk] **I** *sb* 🐟 haai; *fig* gauwdief; oplichter; **II** *vi* afzetten, bedriegen

sharp [ʃɑːp] **I** *aj* scherp°, spits[2], puntig; *fig* bits; bijtend; vinnig, hevig; snel; steil; scherpzinnig, slim; op de penning; schel; ♪ dur; vals; *~ practices* (*tricks*) oneerlijke praktijken; *~'s the word!* vlug wat!; *it was ~ work* het ging vlug in zijn werk; het moest allemaal vlug gebeuren; **II** *ad* scherp°; *fig* gauw, vlug; *~ to time* precies op tijd; *at ten ~* om 10 uur precies; **III** *sb* ♪ kruis *o*, noot met een kruis; **S** = *sharper*; **IV** *vt* **S** oplichten; **V** *vi* [bij het spelen] bedriegen; **~-cut** scherpomlijnd, duidelijk; **–en I** *vt* scherpen, scherp(er) maken, (aan)punten [potlood], slijpen; ♪ een halve toon verhogen of van een kruis voorzien; *fig* verscherpen; **II** *vi* scherp(er) worden; **–ener** (potlood)slijper; **–er** scherper, wetsteen; bedrieger, gauwdief, valse speler; **~-set** rammelend van de honger; **~-shooter** scherpschutter; **~-sighted** scherpziend, scherp van gezicht; scherpzinnig; **~-witted** scherpzinnig

shatter [ˈʃætə] **I** *vt* verbrijzelen, versplinteren; vernietigen, de bodem inslaan [verwachtingen]; schokken [zenuwen]; *in a ~ed condition* in ontredderde toestand; **II** *vi* uiteenvallen, stuk gaan, in stukken vliegen, versplinteren

shave [ʃeiv] **I** *vt* scheren° (ook = strijken langs); afscheren; schaven; *fig* het vel over de oren halen; *get ~ed* zich laten scheren; **II** *vi* & *va* zich scheren; **III** *sb* scheren *o*; schaafmes *o*; sneetje *o*, flentertje *o*; *fig* afzetterij, bedotterij; *it was a close* (*narrow, near*) *~* het was op het kantje af; *have a ~* zich (laten) scheren; **shaven** geschoren; **shaver** scheerder; scheerapparaat *o*; *young ~* **F** jochie *o*; **shaving** scheren *o*; afschaafsel *o*; *~s* krullen [bij schaven]; *paper ~s* papierwol [snippers, stroken]; **~-brush** scheerkwast; **~-tackle** scheergerei *o*

shawl [ʃɔːl] sjaal

shawm [ʃɔːm] schalmei

she [ʃiː] **I** *pron* zij, ze, het [v. schepen &]; **II** *sb* zij;

wijfje *o*; vrouw, meisje *o*

sheaf [ʃiːf] I *sb* schoof, bundel; II *vt* tot schoven of bundels binden

shear [ʃiə] scheren [dieren, laken & *fig*]; knippen [staal]; *fig* het vel over de oren halen; **–er** scheerder; **~-legs** mastbok, mastkraan; **–s** grote schaar

sheath [ʃiːθ, *mv* ʃiːðz] schede; ꝏ bladschede; (vleugel)schild *o*; condoom *o*; **sheathe** [ʃiːð] in de schede steken, opsteken, (in)steken; bekleden

1 sheave [ʃiːv] *sb* (katrol)schijf

2 sheave [ʃiːv] *vt* tot schoven binden

shebang [ʃə'bæŋ] S zaak, toestand; hut, keet; winkel; speelhol *o*; bordeel *o*

she-cat ['ʃiːkæt] kat²; *fig* feeks

1 shed [ʃed] *sb* loods, schuurtje *o*, keet; remise; (koe)stal; afdak *o*; hut

2 shed [ʃed] I *vt* vergieten, storten [bloed], ⊙ plengen; laten vallen, afwerpen [horens &]; verliezen [het haar &]; wisselen [tanden]; werpen, verspreiden [v. licht &]; ~ *feathers* ruien; II V.T. & V.D. van ~

she-devil ['ʃiː'devl] duivelin

sheen [ʃiːn] schittering, glans, luister; **–y** glinsterend, glanzend

sheep [ʃiːp] schaap *o*; schapen²; schapeleer *o*; *the black ~ of the family* het schurftige schaap; *~'s eyes* verliefde blikken; *~ and goats* **B** goede en slechte mensen; *lost ~* zondaar; *~ cote* schaapskooi; **~-dog** herdershond; **~-faced** = *sheepish*; **~-fold** schaapskooi; **~-hook** herdersstaf; **–ish** schaapachtig, bedeesd; **~-run** schapenweide; *~'s eye cast (make) ~s at* lonkjes toewerpen, begerig kijken naar; **–skin** schapevel *o*, schaapsvacht, schapeleer *o*; perkament *o*; **~-station** *Austr* schapenfokkerij; **~-walk** schapewei(de)

1 sheer [ʃiə] I *aj* zuiver, rein, puur; louter, enkel; volslagen; steil, loodrecht; ragfijn, doorschijnend [weefsel]; *by ~ force* met geweld (alléén); II *ad* steil, loodrecht; totaal; pardoes

2 sheer [ʃiə] I *vi* ♒ gieren; (op zij) uitwijken; ~ *a w a y (off)* ook: zich wegscheren; ~ *u p* aangieren; II *vt* ♒ (ver)scheren; III *sb* ♒ zeeg; (*pair of*) *~s* mastbok

sheet [ʃiːt] I *sb* laken *o*, beddelaken *o*; doodskleed *o*; blad *o* [papier]; vel *o*; > (nieuws)blaadje *o*; ⚒ plaat [metaal]; ♒ schoot; *a ~ of fire* één vuurzee; *a ~ of ice* een ijsvlakte; *a ~ of needles* een brief naalden; *a ~ of snow* een sneeuwkleed *o*; *a ~ of water* een watervlak *o*; *b e t w e e n the ~s* onder de wol; *i n ~s* in losse vellen, plano [v. boek]; *it rained in ~s* het regende pijpestelen; *w i t h flowing ~s* ♒ met gevierde schoten; *three ~s in the wind* **F** stomdronken; *blank ~* [*fig*] open geest; *clean ~* schone lei, blanco strafregister; II *vt* met lakens beleggen; bedekken, overtrekken, bekleden; *the ~ed rain* de in stromen neervallende regen; **~-anchor** plechtanker² *o*; **~-copper** bladkoper *o*; **–ing** linnen *o* voor beddelakens; bekleding; *waterproof ~* hospitaallinnen *o*; **~-iron** plaatijzer *o*; **~-lightning** weerlicht *o* & *m*

sheik(h) [ʃeik] sjeik

shekel ['ʃekl] sikkel [Hebreeuws muntstuk en gewicht]; *the ~s* F de duiten

sheldrake ['ʃeldreik], **shelduck** ['ʃeldʌk] bergeend

shelf [ʃelf] plank [van rek]; boekenplank, vak *o*; rand; (blinde) klip, zandbank; (erts)laag; *continental ~* vastelandsplat *o*, continentaal plat *o*; *laid (put) on the ~* F ter griffie gedeponeerd; op stal gezet, afgedankt; *be left on the ~* F vergeten, verwaarloosd zijn; blijven zitten [v. meisje]; **~-paper** kastpapier *o*

shell [ʃel] I *sb* schil, schaal, peul, bolster; schelp, schulp, dop; huls, hulsel *o*; (dek)schild *o*; geraamte *o*; romp [v. stoomketel]; ✕ granaat [ook: granaten]; ⓦ lier; *fig* verlegenheid, terughoudendheid; *high explosive ~* ✕ brisantgranaat; *he is fresh f r o m the ~* hij komt pas kijken; *come o u t of one's ~* „loskomen", ontdooien; II *vt* schillen, doppen, pellen, ontbolsteren; ✕ beschieten; ~ *out* ✕ verjagen door beschieting; S opdokken, afschuiven, schokken

shellac [ʃə'læk, 'ʃelæk] I *sb* schellak *o* & *m*; II *vt* met schellak vernissen

shell-almond ['ʃelaːmənd] kraakamandel; **–back** ✕ S ouwe zeerob; **–fish** schelpdier *o*, schelpdieren; schaaldier *o*, schaaldieren; schelpen schaaldieren; **–proof** bomvrij; **–shock** zenuwspanning ten gevolge van granaatvuur

shelter ['ʃeltə] I *sb* beschutting; onderdak *o*, schuilplaats, bescherming; wachthuisje *o* [voor bus of tram], (tram)huisje *o*; lighal; asiel *o*; (*air-raid*) ~ schuilgelegenheid, -kelder; *give ~* beschutten, ook: huisvesting verlenen; *take ~* een schuilplaats zoeken, schuilen; II *vt* beschutten, beschermen (voor *from*); huisvesting verlenen; III *vi* = VI *vr* ~ *oneself* schuilen, een schuilplaats zoeken, zich verschuilen²; **~-belt** windsingel

shelve [ʃelv] I *vt* van planken voorzien; op een plank zetten; *fig* op de lange baan schuiven, uitstellen; (voorlopig) laten rusten; [iem.] uitrangeren; II *vi* (af)hellen, zacht aflopen

shemozzle [ʃi'mɔzl] S herrie, rumoer *o*; onrust, moeilijkheden

shepherd ['ʃepəd] I *sb* schaapherder, herder²; *~'s pie* jachtschotel; *~'s purse* ꝏ herderstasje *o*; II *vt* hoeden²; (ge)leiden, loodsen; **–ess** herderin

sherbet ['ʃɔːbət] sorbet

sherd [ʃɔːd] = *shard*

sheriff ['ʃerif] ⓤ schout, drost; hoge overheidspersoon in graafschap; *Am* hoofd *o* van politie v.e. *county*

sherry ['ʃeri] sherry [wijn]

✲ **shew** [ʃou] = *show*
shibboleth ['ʃibələθ] sjibbolet² *o*; leuze
shield [ʃi:ld] **I** *sb* schild² *o*; wapenschild *o*; **II** *vt* beschermen (tegen *from*)
shift [ʃift] **I** *vt* veranderen, verwisselen; verruilen; verschikken, verleggen, (ver)schuiven; omleggen [het roer]; verhalen [schip]; *he can ~ his food* hij kan wat bergen!; *~ sbd. a w a y* iem. „wegwerken"; *~ off* uitstellen; van zich afschuiven; **II** *vi* zich verplaatsen, (van plaats) wisselen; omlopen [v. wind]; werken [v. lading]; zich verschonen; zich behelpen; draaien²; *~(about) in one's chair* zitten draaien [in zijn stoel]; *they must ~ for themselves* ze moeten zich zelf maar zien te redden; **III** *sb* verandering, afwisseling; verschuiving; verhuizing; F (hulp)middel *o*, uitvlucht, list; ploeg (werklieden); werktijd; (vrouwen)hemd *o*; *get a ~ on* F de handen uit de mouwen steken, flink aanpakken; *make the best ~ one can* zich maar zien te redden; *make ~ to* het zo schikken (aanleggen) dat...; *make ~ with* zich weten te behelpen; *make ~ without it* het er maar zonder doen; *work double ~s* met twee ploegen; **-ing I** *aj* veranderend, zich verplaatsend; *~ sand* drijfzand *o*; **II** *sb* verandering, verplaatsing, verhuizing; **-less** onbeholpen; onbekwaam
shifty ['ʃifti] sluw, onbetrouwbaar; ontwijkend, schichtig
shilling ['ʃiliŋ] shilling; *take the (King's, Queen's) ~* ⚔ dienst nemen
shilly-shally ['ʃiliʃæli] **I** *sb* weifelen *o*, besluiteloosheid, aarzeling; **II** als *aj* weifelend, besluiteloos; **III** *vi* weifelen
shimmer ['ʃimə] **I** *vi* glinsteren, zacht glanzen (schijnen); **II** *sb* glinstering, glans
shimmy ['ʃimi] **I** *sb* shimmy [dans]; ⚔ speling [in stuur]; F hemdje *o*; **II** *vi* de shimmy dansen; ⚔ shimmiën, slingeren [v. (voor)wielen]; speling vertonen [v. stuurinrichting]
shin [ʃin] **I** *sb* scheen; *~ of beef* runderschenkel, schenkelvlees *o*; **II** *vt* tegen de schenen schoppen; klimmen in, opklimmen tegen; **III** *vi ~ d o w n a rope* zich langs een touw naar beneden laten glijden; *~ u p a tree* klimmen in, opklimmen tegen een boom; **~-bone** scheenbeen *o*
shindig ['ʃindig] F feestje *o*; herrie, ruzie
shindy ['ʃindi] F herrie°, standje *o*, relletje *o*; ruzie; *kick up a ~* herrie maken
shine [ʃain] **I** *vi* schijnen, glimmen, blinken, stralen, schitteren² (van *with*), uitblinken; *~ at* uitmunten in; *~ out* helder uitkomen; **II** *vt* laten schijnen; doen glimmen (blinken), blank schuren; poetsen [schoenen]; **III** *sb* zonneschijn; glans; schijnsel *o*; *~, sir?* schoenen poetsen, meneer?; *the ~ began to wear off* het nieuwtje ging er af; *take the ~ out of* ontluisteren, *fig* vernederen; **-r** wie of wat blinkt of schittert; blauw oog *o*; S

blinkend geldstuk *o*
shingle ['ʃiŋgl] **I** *sb* dakspaan; „jongenskop" [haardracht] ‖ grind *o*, kiezelsteen; **II** *vt* met dakspanen dekken ‖ kortknippen
shingles ['ʃiŋglz] ❦ gordelroos
shin-guard ['ʃinga:d] scheenbeschermer
shining ['ʃainiŋ] schijnend, glanzend; **shiny** glimmend, blinkend
ship [ʃip] *sb* ⚓ schip *o*; S *sp* boot, ⚓ kist [= vliegtuig]; *~ of the desert* kameel; *~ of the line* linieschip *o*; *take ~* scheep gaan, zich inschepen (op *in*); *when my ~ comes home* als het schip met geld komt; **II** *vt* inschepen, innemen, binnenkrijgen², overkrijgen [stortzeeën]; aan boord nemen (hebben); plaatsen [mast, roer]; aanmonsteren; af-, verschepen, verzenden (ook: *~ off*); *~ the oars* de riemen inhalen, binnen (ook: buiten) boord leggen; **III** *vi* zich inschepen; aanmonsteren; **-board** *~* aan boord; **~-boy** scheepsjongen; **~-breaker** scheepssloper; **~-broker** scheepsmakelaar; cargadoor; **-builder** scheepsbouwmeester; **-building** scheepsbouw; *~ yard* scheepstimmerwerf; **~-canal** scheepvaartkanaal *o*; **~('s)-chandler** verkoper van scheepsbehoeften, scheepsleverancier; **-load** scheepsvracht, -lading; **-master** kapitein op een koopvaardijschip; soms: reder; **-mate** scheepskameraad, mede-opvarende; **-ment** verscheping, verzending; zending; lading; **-owner** reder; **shipper** verscheper, aflader, exporteur; **shipping** in-, verscheping; schepen [v. land, haven &]; scheepvaart; **~-agent** expediteur; *~ articles* monsterrol; **~-intelligence** scheepsberichten; **shipshape** (keurig) in orde, in de puntjes, netjes; **ship's husband** walkapitein; **ship-way** scheepshelling; **-wreck I** *sb* schipbreuk; *make ~* schipbreuk lijden²; **II** *vt* doen schipbreuk lijden, doen stranden²; *be ~ed* schipbreuk lijden²; *the ~ed crew (mariners)* de schipbreukelingen; **III** *vi* schipbreuk lijden; **-wright** scheepsbouwmeester; scheepstimmerman; **-yard** scheepstimmerwerf
shire ['ʃaiə] graafschap *o*
shirk [ʃə:k] verzuimen, ontduiken, ontwijken, zich onttrekken aan (zijn plicht), lijntrekken; **-er** lijntrekker
shirr [ʃə:] elastiekdraad, in stof meegeweven; elastisch weefsel *o*; plooisel *o*, rimpeling [v. stof]
shirt [ʃə:t] (over)hemd *o*; blouse; *boiled ~* gesteven overhemd *o*, rokhemd *o*; S blaaskaak; *have one's ~ out* S slechtgehumeurd zijn; *in one's ~ sleeves* in hemdsmouwen; *put one's ~ on* F er alles onder verwedden; *lose one's ~* alles kwijt raken; *near is my ~ but nearer is my skin* het hemd is nader dan de rok; **~-front** frontje *o*; **-ing** shirting *o*: hemdenkatoen *o*; **~-waist** blouse; **shirty** P nijdig, woest

shit [ʃit] **I** *sb* **P** menselijke uitwerpselen, drek **II** *vt* & *vi* **P** schijten

1 shiver ['ʃivə] **I** *sb* splinter, scherf, schilfer; *break (go) to ~s* aan gruzelementen vallen; **II** *vt* versplinteren, verbrijzelen, aan gruzelementen slaan; **III** *vi* aan gruzelementen vallen; versplinteren

2 shiver ['ʃivə] **I** *vi* rillen, sidderen, huiveren; **II** *sb* (koude) rilling, siddering, huivering; *give the ~s* **F** doen rillen; *–y* rillerig, beverig, huiverig; griezelig

1 shoal [ʃoul] **I** *sb* school; menigte, hoop; *in ~s* bij hopen; **II** *vi* (samen)scholen

2 shoal [ʃoul] **I** *aj* ondiep; **II** *sb* ondiepte, zandbank; **III** *vi* ondiep(er) worden; *–y* ondiep, vol zandplaten

1 shock [ʃɔk] **I** *sb* schok², botsing; schrik, (onaangename) verrassing, slag; **𝕱** & *ps* shock; **II** *vt* schokken, een schok geven; ontzetten; aanstoot geven, ergeren; *be ~ed at* aanstoot nemen aan, zich ergeren over

2 shock [ʃɔk] **I** *sb* stuik, hok *o* [hoop graanschoven]; **II** *vt* aan stuiken of hokken zetten

3 shock [ʃɔk] *sb* bos haar, „pruik"

shock-absorber ['ʃɔkəbsɔːbə] schokbreker; *–er* sensatieroman; **F** iets heel ergs, hopeloos geval *o*, onmogelijk iemand; *~-headed* met een ruige bos haar; *S~ Peter* Piet de Smeerpoes; *–ing* **I** *aj* aanstotelijk, stuitend, ergerlijk; afgrijselijk, gruwelijk; **II** *ad ~ bad* **F** afschuwelijk; *–ingly ad* schandalig, schandelijk; *~-proof* schokbestendig; *fig* onverstoorbaar; *~ tactics* overrompelingstactiek; *~ therapy* schocktherapie; *~ treatment* schokbehandeling; *~-troops* stoottroepen

shod [ʃɔd] V.T. & V .D. van *shoe*

shoddy ['ʃɔdi] **I** *sb* kunstwol; *fig* prullig imitatiegoed *o*; pretentieuze prulligheid; **II** *aj* imitatie-, flut-, prullig, ondeugdelijk

shoe [ʃuː] **I** *sb* schoen; hoefijzer *o*; remschoen; beslag *o*; *cast (throw) a ~* een hoefijzer verliezen; *that's another pair of ~s* dat is iets heel anders; *that's where the ~ pinches* daar wringt hem de schoen; *I wouldn't be in your ~s for anything* ik zou niet graag in uw plaats zijn; *shake in one's ~s* bibberen van angst; *step i n t o sbd.'s ~s* iem. opvolgen; **II** *vt* schoeien; beslaan; *–black* schoenpoetser; schoensmeer; *–horn* schoenlepel; *~-lace* schoenveter; *–maker* schoenmaker; *~-polish* schoensmeer *o* & *m*; *–string* schoenveter; *fig* smalle basis; *on a ~* spotgoedkoop; [een meerderheid] op het randje

shog [ʃɔg] sjokken; *~ off* **S** hoepel op!

shone [ʃɔn] V.T. & V.D. van *shine*

shoo [ʃuː] **I** *ij* sh!, ksh!; **II** *vt* wegjagen (ook: *~ away*)

shook [ʃuk] V.T. van *shake*

shoot [ʃuːt] **I** *vt* af-, door-, neer-, uit-, verschieten; schieten; doodschieten; fusilleren; storten [puin]; (uit)werpen, -gooien; (op)nemen, filmen; **F** spuiten, injecteren [morfine &]; *~ the bolt* de grendel voorschuiven of wegschuiven; *~ one's bolt* z'n uiterste best doen; *have shot one's bolt* al zijn kruit verschoten hebben; *~ a bridge* onder een brug doorschieten; *~ the cat* **F** overgeven, kotsen; *~ home* raak schieten; *~ a line* **F** veel praatjes hebben, opscheppen; *~ the moon* **S** met de noorderzon vertrekken; *~ a rapid* over een stroomversnelling heenschieten; *I'll be shot if...* ik mag doodvallen als...; *~!* **F** zeg het maar!; begin maar!; **II** *vi* schieten° (ook = uitlopen); jagen; scheren; verschieten [sterren]; steken [v. pijn]; *go out ~ing* op jacht gaan; ● *~ a c r o s s the sky* langs de hemel schieten; *~ a h e a d* vooruitschieten; *~ ahead of* voorbijschieten; *~ a l o n g* vooruitschieten; *~ a t* schieten op; toewerpen [een blik]; **S** *fig* afkammen; *~ a w a y* er op los schieten; verschieten [zijn kruit]; *~ b a c k the bolt* terugschuiven; *~ d o w n* neerschieten; *~ f o r t h* te voorschijn schieten; *~ o f f* af-, wegschieten; *~ off one's mouth* **S** kletsen, z'n mond voorbij praten; *~ o u t* uitschieten; uitsteken, (er) uitgooien; uitsteken [rotsen &]; *~ o v e r* afjagen; *~ over dogs* met honden jagen; *~ u'p* de hoogte in gaan² [ook v. prijzen]; de hoogte in schieten [bij het groeien]; terroriseren (door schietpartijen &), hevig vuren op; **III** *sb* schoot, scheut; schietwedstrijd; jacht(partij); schietpartij; waterstraal; waterval, stroomversnelling; stortplaats; vuilnisbelt; glijbaan, helling, stortkoker, goot, stortbak, laadslurf; *the whole ~* **F** de hele zooi; *–er* schieter, schutter, jager; vuurwapen *o*; **shooting I** *aj* schietend &; *~ pains* ook: pijnlijke scheuten; *~ star* verschietende of vallende ster; **II** *sb* schieten *o*; schietpartij; jacht, jachtrecht *o*, jachtterrein *o*; pijnlijke scheut; **♫** uitlopen *o* [v. scheuten]; *~-box* jachthuis *o*; *~-brake* ⊜ combi; *~-gallery* schiettent, -salon; schietbaan, schietlokaal *o*; *~-iron* **F** vuurwapen *o*; *~-licence* jachtakte; *~-match* schietwedstrijd, prijsschieten *o*; *~-range* schietbaan; *~-stick* zitstok

shop [ʃɔp] **I** *sb* winkel (ook = werkplaats); atelier *o*; *~!* volk!; *the ~* het „hok": de school, het kantoor, de zaak &; *he has come to the wrong ~* hij is (daarvoor) aan het verkeerde kantoor; *keep ~* op de winkel passen; *shut up ~* (de winkel) sluiten²; *fig* zijn zaken aan kant doen; *sink (cut) the ~* niet over het vak praten; *talk ~* over het vak praten; *all over the ~* overal; helemaal in de war, de kluts kwijt; **II** *vt* winkelen, boodschappen (inkopen) doen; *~-assistant* winkelbediende, -juffrouw, verkoper, verkoopster; *~-floor on the ~* binnen het bedrijf; *~-front* winkelpui; *~-girl* winkeljuffrouw; ~-hand winkelbediende; shopkeep-er winkelier; –keeping detailhandel; –lifter winkeldief; –lifting winkeldiefstal; –man winkelier; winkelbediende; monteur [in werkplaats]; shopper winkelbezoeker; shopping winkelen o, winkelbezoek o; do one's ~ (gaan) winkelen, boodschappen (inkopen) doen; ~ bag boodschappentas; ~ centre, ~ quarter winkelwijk; shoppy winkeliers-, winkel-; vak-, technisch; shop-soiled verkleurd, smoezelig [door te lang in de winkel liggen]; ~-steward vertegenwoordiger van werknemers [in het bedrijf]; ~-walker winkelchef; ~-worn = shop-soiled

1 shore [ʃɔ:] V.T. van shear

2 shore [ʃɔ:] sb kust, strand o, oever, wal; i n ~ op de wal staand; o n ~ aan land

3 shore [ʃɔ:] I sb schoor, stut; II vt stutten, steunen (ook: ~ up)

shore-leave ['ʃɔ:li:v] verlof o om te passagieren; –ward(s) landwaarts

shorn [ʃɔ:n] V.D. van shear; ~ of beroofd van, ontdaan van

short [ʃɔ:t] I aj & ad kort; te kort; kort aangebonden, kortaf; klein [gestalte]; bros [gebak]; puur [dranken], niet met water aangelengd; beknopt [leerboeken]; krap, karig; te weinig; plotseling; ~ bill $ kortzichtwissel; ~ breath ook: kortademigheid; ~ cut kortere weg; ~ delivery manco o; a ~ hour een klein uur o, een uurtje o; ~ measure ondergewicht o; ~ rib valse rib; ~ weight (gewichts)manco o; ~ wind kortademigheid; be taken ~ nodig „moeten"; ~ for... een verkorting van...; be (come, fall) ~ of af (verwijderd) zijn van; minder zijn dan; te kort komen of hebben; gebrek hebben aan; niet beantwoorden aan, blijven beneden; te kort schieten in; ~ of breath kortademig; it is little ~ of a miracle, nothing ~ of marvellous het grenst aan het wonderbaarlijke; nothing ~ of his ruin niets minder dan (slechts) zijn ondergang; ~ of money niet goed bij kas; be ~ with sbd. stroef zijn tegenover iem.; cut ~ af-, onderbreken; bekorten; cut it ~ het kort maken; fall ~ ook: opraken; te kort schieten²; go ~ te kort komen, er te kort bij komen; keep ~ kort houden²; make ~ work of korte metten maken met; run ~ opraken; run ~ of provisions door zijn provisie heenraken; stop ~ plotseling blijven stilstaan, ophouden, blijven steken; stop ~ of terugdeinzen voor; II sb iets korts, kortheid; korte lettergreep (klinker); korte film, bijfilm; ~s korte broek, shorts; f o r ~ kortheidshalve; i n ~ in het kort, kortom, in één woord; –age tekort o, schaarste, nood; –bread bros gebak o, sprits; ~-circuit I sb ⚡ kortsluiting; II vt kortsluiting veroorzaken in; fig bekorten; uitschakelen; overspringen; ~-circuiting ⚡ kortsluiting; –coming [ʃɔ:t'kʌmiŋ] tekortkoming; ~-dated ['ʃɔ:tdeitid] $ kort-

zicht- [wissel]; shorten I vt korter maken, (be-, ver)korten, verminderen, beperken; ~ sail ⚓ zeil minderen; II vi kort(er) worden, korten, afnemen; –ing vet o voor bros gebak; shortfall tekort o, deficit o; –hand I sb stenografie, kort-, snelschrift o; write ~ stenograferen; in ~ stenografisch; II aj stenografisch; ~ typist stenotypist(e); ~ writer stenograaf; ~-handed gebrek aan personeel of werkvolk hebbend; –ish ietwat kort, krap, klein; –list I sb voordracht; II vt op de voordracht plaatsen; ~-lived niet lang levend; kortstondig, van korte duur; –ly aj kort (daarop); binnenkort, weldra, spoedig; kortaf; –ness kortheid &c; ~ of breath kortademigheid; ~ of money geldgebrek o; ~ pastry korstdeeg o; ~-range korte-afstands-; ~-sighted bijziend; kortzichtig; ~-spoken kortaf, kort van stof, kort aangebonden; ~-tempered kort aangebonden, driftig, heetgebakerd; ~-term op korte termijn; voor korte tijd; ~-time working werktijdverkorting; ~-winded kortademig

1 shot [ʃɔt] I sb schot o; ⚁⚁ stoot; slag [bij tennis]; worp [bij cricket]; schroot o, kogel(s), hagel; (scherp)schutter; gissing; poging; opname; kiekje o; F injectie [morfine &], spuit; S borrel; aandeel o, gelag o, rekening; big ~ Am S bendehoofd o; kopstuk o, piet, hoge ome; dead ~ schutter die nooit mist; ~ in the dark gissing, gok in 't wilde weg; a long ~ een totaalopname [v. film]; fig wat lang niet zeker is, een gok; a ~ in the arm ook: F een stimulans; have a ~ at it erop schieten; het ook eens proberen, er ook een gooi naar doen; make a ~ at it er naar raden, er een slag naar slaan; make a bad ~ er naast zijn, niet raden; putting the ~ sp kogelstoten o; not b y a long ~ op geen stukken na; l i k e a ~ als de wind; op slag, direct; be o u t of buiten schot; II vt met een kogel (kogels) laden of bezwaren

2 shot [ʃɔt] V.T. & V.D. van shoot; ~ silk changeantzijde

shotgun ['ʃɔtgʌn] jachtgeweer o; a ~ marriage een gedwongen huwelijk o

should [ʃud, ʃəd, ʃd] V.T. van shall, zou, moest, behoorde; mocht

shoulder ['ʃouldə] I sb schouder, schouderstuk o; berm; give (show, turn) the cold ~ to met de nek aanzien, negeren; have broad ~s een brede rug hebben; put (set) one's ~ to the wheel zijn schouder onder iets zetten, de handen uit de mouwen steken; straight f r o m the ~ regelrecht; op de man af; ronduit; stand ~ t o ~ schouder aan schouder staan; II vt op de schouder(s) nemen; op zich nemen; met de schouder duwen, (ver)dringen; ~ arms! ⚔ schouder 't geweer!; III vi in: ~ along zich vooruitwerken; ~-bag schoudertas; ~-belt draagband; ~-blade schouderblad o; ~-knot epaulet, nestel; ~-strap ⚔ schouderbedekking;

schouderklep; schouderbandje *o* [aan hemd]; draagriem

shout [ʃaut] **I** *vi* roepen, juichen; schreeuwen; ~ *a t* schreeuwen tegen; naroepen; ~ *f o r joy* het uitschreeuwen van vreugde; ~ *w i t h laughter* schaterlachen; **II** *vt* uitroepen, hard toeroepen; ~ *down* overschreeuwen; door schreeuwen beletten verder te spreken; ~ *victory at halftime* te vroeg victorie kraaien; **III** *sb* geroep *o*, gejuich *o*; schreeuw, kreet

shove [ʃʌv] **I** *vt* stoten, duwen, schuiven; **F** steken, stoppen; ~ *b y* op zij schuiven, ter zijde leggen; **II** *vi* stoten, duwen; ~ *a l o n g* vooruitdringen; ~ *o f f* van wal steken, afzetten (ook: ~ *from shore*); **F** ophoepelen; **III** *sb* stoot, duw, duwtje *o*, zet, zetje *o*

shovel [ˈʃʌvl] **I** *sb* schop; **II** *vt* scheppen

shovelboard [ˈʃʌvlbɔːd] sjoelbak

show [ʃou] **I** *vt* doen of laten zien, tonen, laten blijken, aan de dag leggen, vertonen, draaien [een film], ten toon stellen, (aan)wijzen, het [iem.] voordoen; aantonen, uit-, bewijzen; betonen; ~ *a leg* **F** uit (zijn) bed komen; • ~ *a b o u t* (*over, round*) *the house* het huis laten zien, rondleiden; *he had two silver medals to* ~ *f o r his success* zijn succes had hem twee zilveren medailles opgeleverd; ~ *i n* (*t o the room*) binnenlaten; ~ *o f f* (beter) doen uitkomen; ~ *off one's learning* te koop lopen (geuren) met zijn geleerdheid; ~ *o u t* uitlaten; ~ *u p* boven laten komen; duidelijk doen uitkomen, aan het licht brengen, duidelijk maken; aan de kaak stellen, ontmaskeren; zie ook *show* **II**; **II** *vi & va* zich (ver)tonen; uitkomen°; *it will not* ~ het zal niet te zien zijn; *it* ~*s white* het lijkt wit; *this film is* ~*ing now* draait nu; • ~ *a g a i n s t* uitkomen tegen; ~ *o f f* zich aanstellen, poseren, „geuren"; ~ *t h r o u g h* er doorheen schijnen, beter tot zijn recht komen; ~ *u p* **F** zich vertonen, te voorschijn komen; (goed) uitkomen; ~ *up badly* een slecht figuur maken; **III** *sb* vertoning; tentoonstelling; (praal)vertoon *o*, show, (schone) schijn; optocht, (toneel)voorstelling; **F** komedie, onderneming, geschiedenis, zaak, zaakje *o*; **S** kans; *all over the* ~ **S** overal; *a much better* ~ *for your money* heel wat méér voor uw geld; *give away the* ~ de zaak verraden, de boel verklappen; *he hasn't a* ~ **S** niet de minste kans; *they are but there to make a* ~ voor de schijn; *make a fine* ~ veel vertoon maken, goed uitkomen; heel wat lijken; *make a poor* ~ een armzalig figuur maken, helemaal niet meetellen; *make a* ~ *of ...ing* laten merken dat...; net doen alsof...; *make no* ~ *of...* niet te koop lopen met...; geen aanstalten maken om...; *he made some* ~ *of resistance* verzette zich maar voor de leus; *run the* ~ **F** de dienst uitmaken; • *by* (*a*) ~ *of hands* door handopsteken [bij stemmen]; (*merely*) *f o r* ~ voor de

schijn, voor het oog, voor de leus; *they are o n* ~ ze zijn geëxposeerd, uitgestald, te zien; *on* (*a*) ~ *of hands* door handopsteken [bij stemmen]; *u n d e r a* (*the*) ~ *of friendship* onder de schijn van vriendschap; *w i t h some* ~ *of reason* met enige grond; ~**-bill** aanplakbiljet *o*; **-biz F** = *show business;* ~ **business** show-business [wereld van toneel, film, circus, radio, TV]; ~**-card** reclameplaat; staalkaart; ~**-case** uitstalkast, vitrine; **-down** de kaarten op tafel leggen²; **F** openlijke krachtmeting; beslissende strijd; **1 shower** [ˈʃouə] *sb* vertoner

2 shower [ˈʃauə] **I** *sb* (stort)bui, regenbui; douche; *fig* regen, stortvloed, stroom; **II** *vt* begieten, neer doen komen; ~ *blessings* & *upon* overstelpen met zegeningen &; **III** *vi* neerstromen, -komen; douchen; ~**-bath** stortbad *o*, douche; **-y** regenachtig, buiig

show-girl [ˈʃougəːl] girl, danseres of zangeres in show of revue; figurante; **showing** tonen *o* &; vertoning, voorstelling°; figuur; aanwijzing, bewijs *o*; *on your* (*own*) ~ volgens uw eigen verklaring (voorstelling, zeggen); **show jumping** springconcours *o* & *m*; **-man** spullebaas [op de kermis]; directeur v. circus, revue, variété &; **-manship** vertoon *o*, reclame; **shown** V.D. van *show*; **show-off F** opschepper; ~**-piece** spektakelstuk *o*; *fig* pronkstuk *o*; ~**-place** toeristenplaats; bezienswaardigheid; ~**-room** modelkamer, toonzaal; ~**-up** ontmaskering; ~**-window** uitstalraam *o*, winkelraam *o*, etalage, vitrine; **showy** *aj* prachtig, opvallend; pronkerig, opzichtig

shrank [ʃræŋk] V.T. van *shrink*

shrapnel [ˈʃræpnəl] granaatkartets(en)

shred [ʃred] **I** *sb* lapje *o*, flard, snipper, stukje *o*; ziertje *o*; **II** *vt* klein snijden (of scheuren), snipperen

shrew [ʃruː] feeks, helleveeg; ⚹ spitsmuis

shrewd [ʃruːd] schrander, scherp(zinnig), fijn; bijtend, scherp

shrewish [ˈʃruːiʃ] kijfziek

shriek [ʃriːk] **I** *vi & vt* gillen; ~ *with laughter* gieren (van het lachen); **II** *sb* gil

shrift [ʃrift] ⚹ biecht, absolutie; *give short* ~ *to* korte metten maken met

shrike [ʃraik] ⚹ klauwier

shrill [ʃril] **I** *aj* schel, schril; **II** *vi* schel klinken; **III** *vt* ~ *out* uitgillen; **shrilly** *ad* schel, schril

shrimp [ʃrimp] **I** *sb* garnaal; *fig* ukkie *o*; **II** *vi* garnalen vangen; **-er** garnalenvisser; -schuit

shrine [ʃrain] **I** *sb* relikwieënkastje *o*; altaar *o*, heilige plaats, heiligdom *o*; **II** *vt* = *enshrine*

1 shrink [ʃriŋk] **I** *vi* krimpen², inkrimpen, op-, ineenkrimpen; verschrompelen; slinken; ~ *b a c k* terugdeinzen; ~ *f r o m* huiverig zijn bij (om), terugdeinzen voor; ~ *i n t o oneself* zich in zichzelf terugtrekken; *her heart shrunk w i t h i n her* haar hart kromp ineen; **II** *vt* (doen) krimpen; **2 shrink F** = *headshrinker*; **–age** (in)krimping[2]; slinking; vermindering [v. waarde &]

↖ **shrive** [ʃraiv] **I** *vt* biechten, de biecht afnemen; de absolutie geven; **II** *vi* biechten

shrivel [ˈʃrivl] *vt* & *vi* (doen) rimpelen of verschrompelen (ook: ~ *up*)

shriven [ˈʃrivn] V.D. van *shrive*

shroud [ʃraud] **I** *sb* (doods)kleed *o*, lijkwa, *fig* sluier; **~s** ⚓ (onder)want *o*; hoofdtouwen; **II** *vt* in het doodskleed wikkelen; (om)hullen, bedekken, verbergen

shrove [ʃrouv] V.T. van *shrive*

Shrove-tide [ˈʃrouvtaid] vastenavond; **Shrove Tuesday** [ˈʃrouvˈtju:zdi] dinsdag voor de vasten, vastenavond

1 shrub [ʃrʌb] struik, heester

2 shrub [ʃrʌb] rumpunch

shrubbery [ˈʃrʌbəri] heesterplantsoen *o*; struikgewas *o*; **shrubby** heesterachtig; vol struiken

shrug [ʃrʌg] **I** *vt* & *vi* (de schouders) ophalen; ~ *off* zich met een schouderophalen afmaken van; **II** *sb* schouderophalen *o*; *give a ~* de schouders ophalen

shrunk [ʃrʌŋk] V.T. & V.D. van *shrink*; **shrunken** (ineen)gekrompen, verschrompeld

shuck [ʃʌk] **I** *sb* dop, bolster; **~s!** [*Am*] onzin!; **II** *vt* doppen

shudder [ˈʃʌdə] **I** *vi* huiveren, rillen, sidderen; ~ *a t* huiveren voor (bij); ~ *f r o m* huiveren voor, terugdeinzen voor; *I* ~ *t o think that...* ik huiver bij de gedachte dat...; **II** *sb* huivering, griezel, rilling, siddering

shuffle [ˈʃʌfl] **I** *vt* (dooreen)schudden, (dooreen)mengen; schuiven; ~ *the cards* de kaarten schudden (wassen); mutaties tot stand brengen; ~ *one's feet* met de voeten schuifelen, sloffen; ~ *a w a y* wegmoffelen; ~ *off* afschudden, van zich afschuiven; uittrekken [v. kleren]; ~ *o n one's clothes* zijn kleren moeizaam aantrekken; ~ *u p* bijeenscharrelen; samenflansen; **II** *vi* schuifelen; sloffen; wassen [de kaarten]; schuiven; staan draaien[2], *fig* uitvluchten zoeken; ~ *along* aan-, voortschuifelen; voortsjokken; **III** *sb* geschuifel *o*; schuifelende (dans)pas; schudden of wassen *o* [v. kaarten]; verandering van positie; gedraai[2] *o*, uitvlucht; **–ling I** *aj* schuifelend &; **II** *sb* geschuifel *o*; wassen *o* [v. de kaarten]; *fig* uitvlucht(en), gedraai *o*
[den
1 shun [ʃʌn] *vt* schuwen, (ver)mijden, (ont)vlie-
2 shun, ˈ**shun** [ʃʌn] verk. v. *attention!*, ×️ geef acht!

shunt [ʃʌnt] **I** *vt* op een zijspoor brengen[2], rangeren [trein]; ⚡ shunten; *fig* op de lange baan schuiven; ~ *it on to him* schuif het hem op zijn dak; **II** *vi* rangeren; **III** *sb* rangeren *o*; zijspoor *o*; ⚡ shunt, parallelschakeling; **–er** rangeerder;

–ing rangeren *o* [v. trein]; ⚡ shunt; ~ *engine* rangeermachine; ~ *switch* rangeerwissel

shut [ʃʌt] **I** *vt* sluiten, toedoen, dichtdoen, -maken, -trekken &; ~ *your head* **P** hou je kop dicht; ~ *a w a y* opgesloten houden; ~ *d o w n* dichtdoen, sluiten, stopzetten [ook: fabriek]; ~ *i n* insluiten[2]; ~ *off* afsluiten [gas, water &], af-, stopzetten; afsnijden [discussies]; ~ *off from society* van alle omgang uitgesloten; ~ *o u t* af-, uitsluiten, buitensluiten[2] (van *from*); ~ *t o* dichtdoen; ~ *u p* sluiten; opsluiten [in gevangenis]; wegsluiten; **F** de mond snoeren; **II** *vr* ~ *itself* (zich) in den mond snoeren; **II** *vr* ~ *itself* (zich) afzonderen van; **III** *vi* & *va* (zich) sluiten, dichtgaan; ~ *d o w n* [fabriek] sluiten; invallen [duisternis]; ~ *u p* (zich) sluiten; **F** zijn mond houden; ~ *up!* **F** hou je mond!; *the door* ~ *u p o n them* sloot zich achter hen; **IV** V.T. & V.D. van als *aj* gesloten, dicht; **~-down** sluiting, stopzetting; **~-eye S** slaapje *o*, tukje *o*; **~-out** uitsluiting [v. arbeiders]; **shutter I** *sb* sluiter; sluiting, sluiter [v. kiektoestel]; luik *o*, blind *o*; *put up the ~s* de luiken voorzetten; *fig* sluiten, opdoeken; **II** *vt* de luiken zetten voor; **–ing** voorzetten *o* van de luiken; luiken; bekisting [v. beton]

shuttle [ˈʃʌtl] **I** *sb* schietspoel *o*; pendeldienst; **II** *vi* (& *vt*) heen en weer (laten) gaan, pendelen; **–cock** pluimbal [badminton]; ~ *service* pendeldienst, heen- en weerdienst

1 shy [ʃai] **I** *aj* verlegen, beschroomd, schuw; schichtig; *be (feel)* ~ *of ...ing* huiverig, bang zijn om te...; niet gul zijn met...; **II** *vi* schichtig, schuw worden (voor *at, from*), plotseling opzij springen [v. paard]; terugschrikken (voor *at, from*); ~ *away from* ontwijken, vermijden; terugschrikken voor

2 shy [ʃai] **I** *vt* **F** smijten, gooien; **II** *sb* **F** gooi, worp; *have a ~ at* een gooi doen naar, een poging wagen

shyer [ˈʃaiə] schichtig paard *o*

shyster [ˈʃaistə] *Am* advocaat van kwade zaken

si [si:] ♪ si

Siamese [saiəˈmi:z] Siamees, Siamezen

sib [sib] ↖ verwant (aan *to*)

Siberian [saiˈbiəriən] **I** *aj* Siberisch; **II** *sb* Siberiër

sibilant [ˈsibilənt] **I** *aj* sissend; **II** *sb* sisklank; **–ate** [ˈsibileit] *vi* & *vt* met een sisklank (uit)spreken, sissen

siblings [ˈsibliŋz] kinderen met hetzelfde ouderpaar, broer(s) en zuster(s)

sibyl [ˈsibil] sibille, profetes; waarzegster; **sibylline** [siˈbilain, ˈsibilain] sibillijns; profetisch, cryptisch

sic [sik] *Lat* aldus

siccative [ˈsikətiv] **I** *aj* opdrogend; **II** *sb* siccatief *o* [middel]

Sicilian [siˈsiljən] Siciliaan(s)

1 sick [sik] in: ~ *him!* pak ze! [tegen hond]
2 sick [sik] **I** *aj* misselijk; zeeziek; *Am* ziek; beu (van *of*); **F** kwaad; het land hebbend (over *about, at*); *fig* bitter, wrang [spot], luguber [grap]; *Am* **S** gek; ~ *headache* hoofdpijn met misselijkheid; *a* ~ *man* (*person*) een zieke; *as* ~ *as a horse* zo misselijk als een kat; *be* ~ ook: (moeten) overgeven, braken; *be* ~ *at heart* verdrietig, treurig; *be* ~ *for* smachten (hunkeren) naar; *be* ~ *of* misselijk (beu) zijn van; *be* ~ *of a fever* de koorts hebben; *turn* ~ misselijk worden; [iem.] misselijk maken; **II** *sb the* ~ de zieken; *200* ~ 200 zieken; ~**-bay** ⚓ ziekenboeg; ⚕ ziekenverblijf *o*; ~**-bed** ziekbed *o*; **sicken I** *vi* ziek, misselijk, beu worden; *be* ~*ing for something* iets onder de leden hebben; naar iets verlangen; **II** *vt* ziek, misselijk, beu maken; **-ing** misselijk (makend), walgelijk, weerzinwekkend; beklemmend

sickle ['sikl] sikkel
sick-leave ['sik'li:v] ziekteverlof *o*; ~**-list** lijst van de zieken; *be on the* ~ onder dokters handen zijn; **-ly** ziekelijk[2], ongezond[2]; bleek [v. maan &]; wee [v. lucht]; *a* ~ *smile* een flauw glimlachje *o*; **-ness** ziekte; misselijkheid; ~ *benefit* ziekteuitkering; ~**-pay** ziekengeld *o*

side [said] **I** *sb* zij(de), kant ; helling [v. berg, heuvel]; kantje *o*, zijtje *o* [= bladzijde]; partij; *sp* ploeg, elftal *o* [voetballers]; *fig* gezichtspunt *o*; ⚬⚬ effect *o*; **S** air *o*, airs; *the bright* ~ de lichtzijde; *the dark* ~ de schaduwzijde; *the other* ~ de andere kant; de overzijde, de vijand; *the other* ~ *of the coin* [*fig*] de keerzijde der medaille; *there's another* ~ *to the picture* de medaille heeft een keerzijde; *this* ~ ook: aan deze kant (van); hier (in Engeland); zie ook (*on*) *this* ~; *wrong* ~ *out* het binnenste buiten; *carry* (*have too much*) ~ **S** zich airs geven, een toon aanslaan; *change* ~*s* van plaats verwisselen; een andere (politieke) richting kiezen; van standpunt veranderen; *pick* ~*s* partij kiezen [bij spel]; *put on* ~ ⚬⚬ effect geven; **S** zich airs geven; *split* (*shake, hold, burst*) *one's* ~*s* (*with laughter*) zich te barsten (een ongeluk, krom &) lachen, zijn buik vasthouden van het lachen; *take* ~*s* partij kiezen (voor *with*); ● *at his* ~ aan zijn zijde, naast hem; *sword by* ~ met de sabel op zij; *by his* ~ naast hem; vergeleken bij hem; ~ *by* ~ zij aan zij, naast elkaar; ~ *by* ~ *with* naast; *from all* ~*s, from every* ~ van alle kanten; *on both* ~*s* aan (van) weerskanten; *there is much to be said on both* ~*s* er is veel vóór en veel tegen te zeggen; *on every* ~, *on all* ~*s* aan (van) alle kanten; *on my* ~ aan mijn zij, naast mij; op mijn hand; van mijn kant; *on one* ~ aan één kant; opzij, scheef; *place* (*put, throw*) *on one* ~ terzijde leggen; opzij zetten; *on the* ~ erbij [verdienen]; *on the engine* ~... wat betreft de motor...; *on the other* ~ aan (van) de andere kant; aan gene zijde, aan de overzijde (inz. van de

Theems); *to be on the safe* ~ ook: voor alle zekerheid; *on the tallish* & ~ aan de lange kant; (*on*) *this* ~ aan deze kant, dezerzijds; (*on*) *this* ~ (*of*) *Christmas* vóór Kerstmis; *to* ~ *one* ~ opzij; ter zijde; **II** *vi* ~ *against* (*with*) partij kiezen tegen (voor); ~**-arms** ⚔ opzij gedragen wapens [sabel, revolver, bajonet &], ⚔ zijdgeweren; ~**-blow F** buitenechtelijk kind *o*; **-board** buffet *o*, dressoir *o* & *m*; ~*s* ook: **F** bakkebaardjes; ~**-box** zijloge; **-burns** *Am* bakkebaardjes; ~**-car** zijspan *o* & *m*, zijspanwagen; ~**-dish** bij-, tussengerecht *o*; ~**-drum** ⚔ kleine trom; ~**-effect** bijwerking, bijverschijnsel *o*; ~**-issue** bijzaak; ~**-kick** *Am* **S** ondergeschikte, jongere partner; **-light** zijlicht *o*; ⚔ boordlicht *o*; *fig* zijdelingse illustratie, illustrerende eigenaardigheid; *drive on* ~*s* ⚔ met stadslicht(en) rijden; **-line** zijlijn; bijkomstige bezigheid; **$** nevenbranche, -artikel *o*; *sit on the* ~ toeschouwer zijn, niet meedoen; ~**-long** zijdelings; ~**-piece** zijstuk *o*; veer [v. bril]
sidereal [sai'diəriəl] sterre(n)-
side-saddle ['saidsædl] dameszadel *m* of *o*; ~**-scene** coulisse; ~**-show** extra-vertoning; *fig* onderneming & van minder belang; bijzaak; kijkspul *o* [op kermis]; ~**-slip I** *vi* ✈ ⚙ slippen; **II** *sb* ✈ ⚙ slip; ⚙ afzetsel *o*; ~**-sman** assistent v.e. kerkeraad, assessor; ~**-splitting** om je krom te lachen; ~**-step I** *sb* zijpas, zijstap; **II** *vt* & *vi* opzij, uit de weg gaan, ontwijken; ~**-stroke** zijslag [zwemmen]; zijstoot; ~**-swipe** *Am* **I** *sb* zijslag, schampen *o*; zij steek onder water; **II** *vt* zijdelings raken, schampen langs; ~**-track I** *sb* wisselspoor *o*; **II** *vt* op een wisselspoor brengen; **F** op een dwaalspoor brengen; afleiden [v. onderwerp]; ~**-view** zijaanzicht *o*, profiel *o*; ~**-walk** *Am* trottoir *o*, stoep; **-ward(s)** zijwaarts; **-ways** (van) terzijde, zijdelings; ~**-whiskers** bakkebaarden; ~**-wind** zijwind; *by a* ~ van ter zijde; **-wise** = *sideways*

siding ['saidiŋ] partij kiezen *o*; zij-, wisselspoor *o*
sidle ['saidl] zijdelings lopen (schuiven); schuifelen, sluipen
siege [si:dʒ] belegering, beleg *o*; *lay* ~ *to* het beleg slaan voor; *raise the* ~ het beleg opbreken
siesta [si'estə] siësta, middagslaapje *o*, -dutje *o*
sieve [siv] **I** *sb* zeef; *fig* kletskous; *have a head like a* ~ erg vergeetachtig zijn; **II** *vt* zeven, ziften
sift [sift] ziften, uitziften (ook: ~ *out*), schiften, uitpluizen; strooien; uithoren; ~ *the grain from the husk* het kaf van het koren scheiden; **-er** (suiker-, peper)strooier; **-ings** ziftsel *o*
sigh [sai] **I** *vi* zuchten; ~ *for* smachten naar; **II** *vt* zuchten (ook: ~ *out*); **III** *sb* zucht
sight [sait] **I** *sb* (ge)zicht *o*, aanblik *o*; schouwspel *o*, **F** vertoning; bezienswaardigheid, merkwaardigheid; vizier *o*, korrel [op een geweer]; diopter *o* (kijkspleet); *fig* mening, gezichtspunt; **F** boel;

~s bezienswaardigheden; *a jolly (long* &) ~ *better* F véél (een boel) beter; *her hat is a* ~! F wat een gekke hoed, een hoed om te gieren!; *the roses are a* ~ (*to see*) de rozen zijn kostelijk om te zien; *what a* ~ *you are!* F wat zie jij er uit!; *long* ~ verziendheid; *near* ~ bijziendheid; *short* ~ bijziendheid; kortzichtigheid; *catch (get a)* ~ *of* in het oog (te zien) krijgen; *I hate the very* ~ *of him* ik kan hem niet zien (uitstaan); *keep* ~ *of* in 't oog houden[2]; *lose* ~ *of* uit het oog verliezen; *set one's* ~s *higher* (*lower*) [fig] hoger (lager) mikken; *set one's* ~s *on* [fig] mikken op; *take* ~ mikken; *take* ~s waarnemingen doen [op zee &]; ● *a f t e r* ~ $ na zicht; *a t* ~ op het eerste gezicht, à vue [van vertalen &]; ♪ van het blad; $ op zicht; *at* ~ *of* op (bij) het gezicht van; *at first* ~ op het eerste gezicht; *at three days'* ~ $ drie dagen na zicht; *know b y* ~ van aanzien kennen; *be i n* ~ in zicht, in het gezicht, te zien zijn; *in his* ~ voor zijn ogen, waar hij bij is (was); in zijn ogen, naar zijn opinie; *o n* ~ op het eerste gezicht; *be o u t of* ~ uit het gezicht (oog) verdwenen zijn, verborgen zijn; *out of her* ~ uit haar ogen, uit het oog, waar zij mij niet zien kon (kan); *out of my* ~! (ga) uit mijn ogen!; *out of* ~, *out of mind* uit het oog, uit het hart; *lost t o* ~ uit het gezicht verdwenen; *w i t h i n* ~ in zicht; **II** *vt* te zien krijgen, in het oog (gezicht) krijgen, waarnemen; richten, stellen; *partially* ~ed onvolkomen ziend; ~-**draft** $ zichtwissel; **–ed** ziende; [v. geweer] met vizier; **–less** blind; ☉ onzichtbaar; **–ly** fraai, aangenaam voor het oog; ~-**reading,** ~-**playing** van het blad lezen of spelen; **–seeing** het bezichtigen van de bezienswaardigheden; **–seer** toerist

sigma ['sigmə] sigma, (Griekse) s

sign [sain] **I** *sb* teken *o*, blijk *o*, wenk; kenteken *o*, voorteken *o*; wonderteken *o*; (uithang)bord *o*; ~ *of the cross* kruisteken *o*; *illuminated* ~(*s*) lichtreclame; ~ *manual* (eigen) handtekening; *make no* ~ geen teken (van leven &) geven; *there was no* ~ *of him* hij was niet te zien; ● *a t the* ~ *of the Swann* in (de herberg &) het Zwaantje; *at his* ~ op een teken van hem, op zijn wenk; *i n* ~ *of submission* ten teken van onderwerping; **II** *vt* tekenen, ondertekenen; signeren; een teken geven, door een teken te kennen geven; *RK* een kruis maken over, bekruisen; ● ~ *a w a y* schriftelijk afstand doen van; ~ *u p* tekenen, engageren [spelers &]; **III** *vi* & *va* (onder)tekenen; ● ~ *i n* tekenen bij aankomst; ~ *o f f* R eindigen, sluiten; F afnokken, ermee uitscheiden; ~ *o n* ⚓ aanmonsteren; (een verbintenis) tekenen; stempelen [v. werklozen]; ~ *u p* zich laten inschrijven, zich opgeven, tekenen; zie ook: *dot* **II**

signal ['signəl] **I** *sb* signaal *o*, teken *o*, sein *o*; (*the Royal Corps of*) S~s ⚔ de Verbindingsdienst; **II** *vt*

seinen; aankondigen, melden; door een wenk te kennen geven, een wenk geven om te...; **III** *aj* schitterend, uitstekend, voortreffelijk, groot; ~-**box,** ~-**cabin** seinhuisje *o*; **–ize I** *vt* doen uitblinken, onderscheiden; kenmerken; te kennen geven; de aandacht vestigen op; **II** *vr* ~ *oneself* zich onderscheiden; **signaller** seiner; **signally** *ad* ook: bijzonder, zeer; *fail* ~ het glansrijk afleggen; **signalman** seinwachter; seiner

signatory ['signətəri] **I** *aj* ondertekend hebbend; **II** *sb* (mede)ondertekenaar; **signature** hand-, ondertekening; teken *o*, kenmerk *o*; ♪ voortekening; signatuur [op vel druks]; ~ *tune* R herkenningsmelodie

signboard ['sainbɔːd] uithangbord *o*; (reclame)bord *o*; **signet** ['signit] zegel *o*; ~-**ring** zegelring

significance [sig'nifikəns] betekenis, gewicht *o*; **–ant** veelbetekenend; veelzeggend; van betekenis; aanmerkelijk; *be* ~ *of* aanduiden, betekenen; kenmerkend zijn voor; **–ation** [signifi'keiʃən] betekenis°; aanduiding; **–ative** [sig'nifikətiv] (veel)betekenend; betekenis-; *be* ~ *of* (veel)betekenen, aanduiden; **signify** ['signifai] **I** *vt* betekenen, beduiden; aanduiden; **II** *vi* van betekenis zijn; *it does not* ~ ook: het heeft niets te betekenen

sign-language ['sainlæŋgwidʒ] gebarentaal; **–post I** *sb* handwijzer, wegwijzer; **II** *vt* (door wegwijzers) aangeven, bewegwijzeren

silage ['sailidʒ] kuilvoer *o*

silence ['sailəns] **I** *sb* (stil)zwijgen *o*, stilzwijgendheid; stilte; *there was* ~, *there fell a* ~, *a* ~ *fell* het werd stil; *keep* ~ zwijgen; stil zijn; *i n* ~ ook: zwijgend; *pass over in* ~ stilzwijgend voorbijgaan; *pass i n t o* ~ in vergetelheid geraken; *reduce t o* ~ tot zwijgen brengen; ~ *gives consent* die zwijgt, stemt toe; **II** *vt* doen zwijgen, tot zwijgen brengen[2]; **–r** geluid-, slagdemper, knalpot

silent ['sailənt] *aj* (stil)zwijgend, stil; rustig; zwijgzaam; stom [v. letters]; geruisloos; *William the Silent* Willem de Zwijger; ~ *partner* $ stille vennoot; *be* (*become, fall, keep*) ~ zwijgen, zich stil houden; **–ly** *ad* stil(letjes); in stilte; geruisloos; (stil)zwijgend

silhouette [silu'et] **I** *sb* silhouet *o*, schaduwbeeld *o*; **II** *vt be* ~d zich aftekenen

silica ['silikə] kiezelaarde; **silicate** silicaat; **–ceous** [si'liʃəs] kiezelachtig, kiezel-

silicon ['silikən] silicium *o*; **–one** ['silikoun] silicone *o*; **–osis** [sili'kousis] silicose [steenhouwerslong]

silk [silk] **I** *sb* zijde; zijden japon of toga; *King's* (*Queen's*) *Counsel;* ~s zijden stoffen, zijden kleren; *he has taken* ~ hij is King's (Queen's) Counsel geworden; **II** *aj* zijden; ~ *hat* hoge hoed; *you can't make a* ~ *purse out of a sow's ear* men kan geen ijzer met handen breken; **–en** zijden[2], zijdeachtig zacht;

~-**screen** zeefdruk (ook: ~ *printing*); –**worm** zijderups; **silky** zijden, zijdeachtig zacht; *fig* poeslief

sill [sil] drempel; vensterbank

silly ['sili] **I** *aj* onnozel, dom, dwaas, kinderachtig, flauw, sullig; *the* ~ *season* de slappe tijd, kommkommertijd; *look* ~ op zijn neus kijken; **II** *sb* **F** onnozele hals, sul; *don't be a* ~ **F** wees nu niet zo onnozel (flauw)

silo ['sailou] **I** *sb* silo; **II** *vt* inkuilen

silt [silt] **I** *sb* slib *o*; **II** *vt* & *vi* (doen) dichtslibben, verzanden (ook: ~ *up*)

silvan ['silvən] = *sylvan*

silver ['silvə] **I** *sb* zilver *o*; zilvergeld *o*; (tafel)zilver *o*; **II** *aj* zilveren, zilverachtig; **III** *vt* verzilveren; foeliën; (zilver)wit maken; **IV** *vi* (zilver)wit worden; ~-**fish** ✲ zilvervisje *o*, suikergast, boekworm; ⟨§⟩ zilvervis; ~-**gilt I** *aj* verguld; **II** *sb* verguld zilver *o*; ~-**leaf** bladzilver *o*; ~-**mounted** met zilver beslagen (gemonteerd); ⚒ **silvern** zilveren; **silver nitrate** helse steen; ~ **paper** vloeipapier *o*; zilverpapier *o*; ~ **screen** bioscoopscherm *o*; ~**ware** zilverwerk *o*, tafelzilver *o*; **silvery** zilverachtig, zilveren, zilverwit, (zilver)blank, 'zilver-

silviculture & = *sylviculture* &

simian ['simiən] **I** *aj* ape(n)-; **II** *sb* aap

similar ['similə] **I** *aj* dergelijk, gelijksoortig; gelijk; overeenkomstig; gelijkvormig (aan *to*); **II** *sb* gelijke, evenknie; –**ity** [simi'læriti] gelijkheid, gelijksoortigheid; overeenkomst(igheid); gelijkvormigheid; –**ly** ['similəli] *ad* op dezelfde wijze, insgelijks, evenzo

simile ['simili] gelijkenis, vergelijking

similitude [si'militju:d] gelijkenis, gelijkheid, overeenkomst; evenbeeld *o*

simmer ['simə] **I** *vi* eventjes koken, (op het vuur staan) pruttelen, sudderen; *fig* smeulen; zich verbijten; ~ *down* bedaren; **II** *vt* zacht laten koken, laten sudderen; **III** *sb* gepruttel *o* [bij zacht koken]

Simon ['saimən] Simon; *the real* ~ *Pure* de ware jakob, je ware; *Simple* ~ onnozele hals

simony ['saimeni] simonie

simoom, simoon [si'mu:m, -n] samoem: droge woestijnwind

simp [simp] **S** afk. v. *simpleton*

simper ['simpə] **I** *vi* dom geaffecteerd lachen; **II** *sb* dom geaffecteerd lachje *o*

simple ['simpl] **I** *aj* eenvoudig, gewoon; enkelvoudig; simpel, onnozel; ~ *honesty would forbid it* alleen maar (reeds) de eerlijkheid zou het verbieden; *the* ~ *life* een eenvoudiger (minder weelderig) leven; **II** *sb* ⚒ artsenijkruid *o*; ~-**hearted** oprecht (van hart); ~-**minded** eenvoudig van geest, naïef, argeloos

simpleton ['simpltən] hals, onnozele bloed

simplicity [sim'plisiti] eenvoud(igheid), enkelvoudigheid; onnozelheid

simplification [simplifi'keiʃən] vereenvoudiging; **simplify** ['simplifai] vereenvoudigen

simplistic [sim'plistik] (al te) zeer vereenvoudigd

simply ['simpli] *ad* eenvoudig, gewoonweg, zonder meer; alleen (maar), enkel; **F** absoluut

simulate ['simjuleit] veinzen, voorwenden (te hebben), (moeten) voorstellen, fingeren, (bedrieglijk) nabootsen, simuleren; ~**tion** [simju'leiʃən] geveins *o*, simulatie; bedrieglijke nabootsing; **simulator** ['simjuleitə] simulant; ✗ simulator

simultaneity [siməltə'niəti] gelijktijdigheid; –**eous** [siməl'teinjəs] gelijktijdig; ~ *display* simultaanschaken *o*

sin [sin] **I** *sb* zonde², zondigheid; **II** *vi* zondigen²

since [sins] **I** *ad* sedert, sinds(dien); geleden; *ever* ~ sindsdien, van toen af; sedert, vanaf het ogenblik, dat...; **II** *prep* sedert, sinds, van... af; **III** *cj* sedert, sinds; aangezien

sincere [sin'siə] *aj* oprecht, ongeveinsd, onvermengd, zuiver; –**ly** *ad* oprecht; *yours* ~ hoogachtend; **sincerity** [sin'seriti] oprechtheid, eerlijkheid; echtheid

1 sine [sain] *sb* sinus

2 sine ['saini] *prep* zonder; ~ *die* ['saini'daii:] voor onbepaalde tijd

sinecure ['sainikjuə] sinecure

sinew ['sinju:] zenuw [= pees], spier; –**y** zenig; gespierd, sterk, fors

sinful ['sinful] zondig, verdorven; **F** schandelijk, schandalig

sing [siŋ] **I** *vt* zingen, bezingen; ~ *a different song* (*tune*) uit een ander vaatje tappen; ~ *out* **F** (uit)galmen; ~ *praises of* loven; **II** *vi* zingen; fluiten [v. wind], gonzen [bijen en kogels]; tuiten, suizen [oren]; **S** doorslaan [bij verhoor]; ~ *small* **F** een toontje lager zingen; ~ *out* luid zingen; **F** hard roepen, brullen

singe [sin(d)ʒ] (ver)zengen, (ver)schroeien; ~ *one's feathers* (*wings*) er slecht afkomen

singer ['siŋə] zanger [ook =zangvogel]; **singing I** *aj* zingend &; zangerig; **II** *sb* zingen *o*; (oor)suizen *o*; zangkunst; ~-**bird** zangvogel

single ['siŋgl] **I** *aj* enkel; afzonderlijk; alleen; enig; eenpersoons; ongetrouwd; vrijgezellen-; eenvoudig; zie ook: *blessedness, combat* &; **II** *sb* kaartje *o* enkele reis; *sp* enkelspel *o*, single [ook: één run bij cricket; slag tot eerste honk bij honkbal; 45 toeren-, geen langspeelplaat]; **III** *vt* ~ *out* uitkiezen, uitpikken; ~-**breasted** met één rij knopen; ~-**engined** eenmotorig; ~-**handed** alléén; met (voor) één hand; ~-**handed** oprecht; ~-**minded** recht op zijn doel afgaand; oprecht; –**ness** enkel (alleen) zijn *o* &; *fig* oprechtheid; ~ *of aim* het nastreven van één doel, doelbewustheid; **~-seater** ⚙ eenpersoonswagen; ⚙ eenpersoonstoestel *o*

singlestick ['siŋglstik] batonneerstok

singlet ['siŋglit] borstrok, flanel *o*

singleton ['siŋgltən] ◊ singleton [enige kaart in één kleur]

singly ['siŋgli] *ad* afzonderlijk, één voor één; alléén, ongetrouwd

singsong ['siŋsɔŋ] **I** *sb* geïmproviseerde samenzang; deun, dreun; **II** *aj* eentonig

singular ['siŋgjulə] **I** *aj* enkelvoudig; bijzonder, zonderling, eigenaardig; enig (in zijn soort), zeldzaam; *the ~ number* het enkelvoud; **II** *sb* enkelvoud *o*; **–ity** [siŋgju'læriti] enkelvoudigheid; zonderlingheid, eigenaardigheid &

sinister ['sinistə] ∅ linker; onheilspellend; sinister; boosaardig

sink [siŋk] **I** *vi* zinken, zakken, vallen, dalen; *fig* verflauwen, afnemen, achteruitgaan; neer-, verzinken, bezwijken, te gronde gaan, ondergaan; ~ *b a c k* terugvallen; ~ *b e n e a t h* bezwijken onder; ~ *d o w n* neerzinken, neerzijgen; ~ *h o m e* inwerken; ~ *i n* inzinken; *fig* in-, dóórwerken; ~ *i n t o* verzinken in; neerzinken in; ~ *into the mind* (*memory*) zich in iemands geheugen prenten; *his heart* (*spirits*) *sank* (*w i t h i n him*) de moed begaf hem; ~ *or swim* erop of eronder; **II** *vt* doen zinken, tot zinken brengen; laten (doen) zakken of dalen, neerlaten; laten hangen [het hoofd]; graven, boren [put]; graveren [stempel]; $ amortiseren, delgen [schuld]; erdoor lappen [fortuin]; ~ *differences* laten rusten; ~ *one's name* zijn naam niet zeggen, incognito blijven; ~ *money in...* geld steken in; **III** *vr* ~ *oneself* zijn eigen belang (ik) op zij zetten; **IV** *sb* gootsteen (*kitchen* ~); zinkput[2]; riool *o* & *v*; **–er** zinklood *o*; **sinking** (doen) zinken *o*; $ amortisatie; *I feel a ~ of heart* ik voel mij beklemd om het hart; **~-fund** amortisatiefonds *o*

sinless ['sinlis] zondeloos, onzondig; **sinner** zondaar

Sinn Feiner ['ʃin'feinə] aanhanger van de Ierse nationalistische *Sinn Fein*

Sino- ['sinou] Chinees-

sin-offering ['sinɔfəriŋ] zoenoffer *o*

sinuosity [sinju'ɔsiti] bochtigheid; kronkeling, bocht; **sinuous** ['sinjuəs] bochtig, kronkelig

sinus ['sainəs] sinus: holte; fistel; **–itis** [sainə'saitis] sinusitis

sip [sip] **I** *vt* met kleine teugjes drinken; lepp(er)en; **II** *vi* & *va* nippen (aan *at*); **III** *sb* teugje *o*

siphon ['saifən] **I** *sb* hevel; sifon; **II** *vi* hevelen

sippet ['sipit] soldaatje *o*: gebakken stukje brood *o* bij soep &

sir [sə:] **I** *sb* heer; mijnheer; *Sir* onvertaald vóór

de doopnaam van een *baronet* of *knight*; **II** *vt* met mijnheer aanspreken, **F** mijnheren

sire ['saiə] (voor)vader; (stam)vader [v. paard, hond]; Sire [als aanspreking]; **II** *vt* verwekken

siren ['saiərən] sirene[2] [verleidster & misthoorn]

Sirius ['siriəs] ★ Sirius, hondsster

sirloin ['sə:lɔin] (runder)lendestuk *o*

sirocco [si'rɔkou] sirocco

🔧 **sirrah** ['sirə] jij bengel, schurk, schavuit!

sis [sis] afk. v. *sister*

sisal ['saisəl] sisal

siskin ['siskin] 🔧 sijsje *o*

sissy ['sisi] doetje *o*, huilebalk; verwijfd type *o* (ook: ~ *pants*); **S** homo, niet

sister ['sistə] zuster°; *the three Sisters, the Sisters three* de Schikgodinnen; **–hood** zusterschap; **~-in-law** schoonzuster; **–ly** zusterlijk, zuster-

sit [sit] **I** *vi* zitten, liggen, rusten; blijven zitten; verblijven; (zitten te) broeden; zitting houden; zitting hebben; poseren [voor portret]; ~*s the wind there?* komt (waait) de wind uit die hoek?; ~ *still* stil zitten; blijven zitten; ~ *tight* vast (in het zadel) zitten; zich kalm houden; zich niet roeren in een zaak; zich in zijn positie handhaven; op de uitkijk blijven; **o** ~ *a t home* thuis zitten (hokken); ~ *b a c k* achterover (gaan) zitten; zijn gemak ervan nemen; *fig* niet meedoen, zich afzijdig houden, lijdelijk toezien; ~ *d o w n* gaan zitten, zich zetten; aanzitten; ⚙ het beleg slaan; ~ *down under...* [beschuldiging, belediging &] slikken, op zich laten zitten; ~ *f o r an examination* examen doen; ~ *i n* meedoen; bijzitten; ~ *in for* [iem.] tijdelijk vervangen; ~ *in judgement* bekritiseren; ~ *o n* blijven zitten; ~ *on one's hands Am* zich onthouden van applaus; *fig* niets doen; *the coroner will* ~ *on the body* zal lijkschouwing houden; ~ *on the jury* zitting hebben in de jury; ~ *on sbd.* **F** iem. op zijn kop geven (zitten); *his principles* ~ *loosely on him* zijn principes staan hem niet in de weg; *her new dignity* ~*s well on her* misstaat haar niet, gaat haar goed af; ~ *o u t* blijven zitten [gedurende een dans &], niet meedoen; buiten zitten; ~ *u n d e r a preacher* geregeld onder zijn gehoor zijn (komen); ~ *u p* rechtop (overeind) zitten, opzitten; overeind gaan zitten; opblijven; *make sbd.* ~ *up* **F** iem. vreemd doen opkijken, het iem. eens goed zeggen of laten voelen; *make sbd.* ~ *up and take notice* **F** iems. interesse wekken; ~ *up with a sick person* waken bij een zieke; ~ *u p o n* zie ~ *on*; **II** *vt* zitten op; neerzetten; *he can* ~ *a horse well* hij zit goed te paard; hij zit vast in het zadel; ~ *out a dance* blijven zitten onder een dans; ~ *out the piece* tot het eind toe bijwonen; ~ *out other visitors* langer blijven dan; **III** *vr* ~ *oneself* (*down*) ⊙ & **J** gaan zitten; **IV** *sb* zitten *o*; zit; **~-down** ~ *strike* bezettingsstaking

site [sait] **I** *sb* ligging; (bouw)terrein *o*; **II** *vt* terrein(en) verschaffen, plaatsen

sit-in ['sitin] sit-in [zitdemonstratie, -actie]

sitter ['sitə] zitter; poserende, model *o*; **☙** broedende vogel, broedhen; **~-in** babysit(ter), oppas; deelnemer aan *sit-in*; **sitting I** *aj* zittend, zitting hebbend; *the* **~** *tenant* de tegenwoordige huurder; **II** *sb* zitting, seance; terechtzitting, zittijd; vaste zitplaats [in kerk]; broedtijd; broed(sel) *o* eieren; *give sbd. a* **~** voor iem. poseren; *at one* **~**, *at a* **~** ineens, achter elkaar; **~-room** huiskamer; zitplaats(en)

situate ['sitjueit] **I** *vt* situeren [gebeurtenis]; **II** *aj* **~** = *situated*; **-d** gelegen, geplaatst; *awkwardly* **~** in een lamme, moeilijke positie; **situation** [sitju'eiʃən] ligging, stand; positie°; situatie, toestand; plaats, betrekking

six [siks] zes; **~** *of one and half a dozen of the other* lood om oud ijzer, één potnat; *at* **~***es and sevens* overhoop, in de war; *hit (knock) for* **~ S** de vloer aanvegen met, het glansrijk winnen van; **-fold** zesvoudig; **-pence** zesstuiver(stuk) *o*; **-penny** van zes stuiver; > dubbeltjes-; **-pennyworth** voor 6 stuiver; **-teen** zestien; **-teenth** zestiende; **-th** zesde (deel *o*); **-thly** ten zesde; **-tieth** zestigste (deel *o*); **-ty** zestig; *the sixties* de jaren zestig: van (19)60 tot (19)70; *in the (one's) sixties* ook: in de zestig; **~-***four thousand dollar question* **F** de hamvraag, de grote vraag

sizable ['saizəbl] tamelijk dik, groot &; flink, behoorlijk, van behoorlijke dikte

sizar ['saizə] student met een toelage

1 size [saiz] **I** *sb* grootte; omvang, maat, nummer *o*; afmeting, formaat *o*; kaliber *o*; *they are all one* **~** *(of a* **~**) van dezelfde grootte; *stones the* **~** *of...* ter grootte van, zo groot als...; *that's about the* **~** *of it* zó is het, daar komt het op neer; *cut down to* **~** tot zijn (haar, hun) juiste proporties terugbrengen; **II** *vt* sorteren (naar de grootte), rangschikken; op de juiste maat brengen, van pas maken; **~** *up* taxeren, zich een oordeel vormen omtrent

2 size [saiz] **I** *sb* lijmwater *o*; **II** *vt* lijmen, planeren

sizeable = *sizable*

sized [saizd] van zekere grootte; *the same* **~** *pot* een pot van dezelfde grootte

sizing ['saiziŋ] lijmen *o*, planeren *o*; lijm

sizzle ['sizl] **I** *vi* sissen, knetteren; **II** *sb* gesis *o*, geknetter *o*

skate [skeit] **I** *sb* schaats; **II** *vi* schaatsen (rijden); **~** *on thin ice* een moeilijk onderwerp tactvol behandelen; **~** *over thin ice* een moeilijk onderwerp omzeilen; **-r** schaatsenrijder; **skating-rink** (kunst)ijsbaan

skedaddle [ski'dædl] **F I** *vi* 'm smeren, opkrassen, er vandoor gaan; **II** *sb* vlucht

skein [skein] streng; *fig* kluwen *o*; vlucht wilde ganzen

skeletal ['skelitl] geraamte-, skelet-; **skeleton I** *sb* geraamte² *o*; skelet *o*; **⚵** kader *o*; *fig* schets, schema *o*, raam *o*; *a* **~** *at the feast* een omstandigheid of persoon die de vreugde bederft; *a* **~** *in the cupboard* een onaangenaam familiegeheim *o*; **II** *aj* beperkt, klein [v. dienst, personeel &]; **~-key** loper [sleutel]; **~** *map* blinde kaart

skelp [skelp] **F** slaan

skep [skep] mand, korf; bijenkorf

skerry [skeri] klip, rif *o*

sketch [sketʃ] **I** *sb* schets²; **F** type *o* [= persoon]; **II** *vi* schetsen; **III** *vt* schetsen²; **~** *in* met een paar trekken aangeven; **~** *out* uitstippelen

sketchy ['sketʃi] *aj* schetsmatig, vluchtig; vaag, oppervlakkig

skew [skju:] **I** *aj* scheef, schuin(s); **~-***eyed* scheel; **II** *sb* schuinte; *on the* **~** schuin

skewer ['skjuə] **I** *sb* vleespin; **II** *vt* met vleespinnen vaststeken

skew-whiff [skju:'wif] schuins; krom

ski [ski:] **I** *sb* ski; **II** *vi* skilopen, skiën

skid [skid] **I** *sb* remketting, remschoen; **⚒** slof, steun-, glijplank; slip [v. auto &]; **II** *vi* slippen; glijden

skier ['ski:ə] skiloper, skiër

skiff [skif] skiff

skiffle ['skifl] **I** *sb* soort Engelse jazz; **II** *vi* deze spelen

ski-jump ['ski:dʒʌmp] skisprong; springschans

skilful ['skilful] bekwaam, handig; **skill** bekwaamheid, bedrevenheid; vakkundigheid; **-ed** bekwaam, bedreven; vakkundig; **~** *labourers* geschoolde arbeiders, vakarbeiders

skillet ['skilət] pannetje *o* met lange steel; *Am* koekepan

skilly ['skili] gortwater *o*, dunne soep

skim [skim] afschuimen, afromen, afscheppen (ook: **~** *off*); scheren of (heen)glijden (langs, over); *fig* vluchtig inkijken (doorlópen); **skimmer** schuimspaan; **skim-milk** taptemelk

skimp [skimp] **I** *vt* schrale maat toedienen, krap bedelen, beknibbelen, zuinig toemeten; **II** *vi* erg zuinig zijn, bezuinigen; zich bekrimpen; **-y** schraal, karig, krap

skin [skin] **I** *sb* huid [ook v. schip], vel *o*; leren zak; schil, pel [v. vruchten]; vlies *o*; *outer* **~** opperhuid; *true* **~** onderhuid; **~** *game* zwendel; *he is only* **~** *and bone(s)* vel over been; *save one's* **~** zijn hachje bergen; *have a thick (thin)* **~** ongevoelig (gevoelig) zijn voor kritiek; ● *by (with) the* **~** *of one's teeth* net, op het kantje af, met de hakken over de sloot; *I would not be in his* **~** ik zou niet graag in zijn vel steken, niet graag in zijn schoenen staan; *next (to) his* **~** op het blote lijf; *jump (leap) out of one's* **~** huizehoog springen [v. vreugde]; *come off with a whole* **~** er heelhuids afbrengen; **II** *vt* met een vel(letje) bedekken; (af)stropen [2], villen [2], pellen; ontvellen; *keep your eyes ~ned* F hou je ogen open; **III** *vi* vervellen; dichtgaan (ook: ~ *over*); **~-deep** niet dieper dan de huid gaand; niet diep zittend, oppervlakkig; **~-dive** *sp* duiken, onder water zwemmen [met zuurstofcylinder, maar zonder duikerspak]; **–flint** schrielhannes, gierigaard; **–ful** zakvol; *when he has got his ~* S als hij het nodige op heeft; **~-grafting** huidtransplantatie; **skinny** (brood)mager; huid-

skint [skint] S platzak

skin-tight ['skin'tait] zeer nauwsluitend

skip [skip] **I** *vi* (touwtje)springen, huppelen; F uitknijpen ~ *over* = **II** *vt* overslaan [bij lezen]; ~ *it!* *Am* F houd op!; **III** *sb* (touwtje)springen *o*; sprongetje *o*

1 skipper ['skipə] *sb* springer

2 skipper ['skipə] **I** *sb* ⚓ schipper [gezagvoerder]; *sp* aanvoerder [v. elftal]; **S** chef, baas; ✠ kapitein; **II** *v(t)* commanderen [een schip], (be)sturen

skipping-rope ['skipiŋroup] springtouw *o*

skirl [skə:l] schril klinken [v. doedelzak]

skirmish ['skə:miʃ] **I** *sb* schermutseling [2]; **II** *vi* schermutselen [2]; ✠ tirailleren; **–er** schermutselaar; ✠ tirailleur

skirt [skə:t] **I** *sb* (vrouwen)rok; slip, pand; rand, zoom; grens; middenrif *o*; **S** vrouw, meid; *divided ~* broekrok; **II** *vt* omboorden, omzomen, begrenzen; langs de rand, zoom of kust gaan, varen &; *fig* ontwijken; **III** *vi ~ along* lopen langs, grenzen aan

skirting(-board) ['skə:tiŋ(bɔ:d)] plint

ski-run ['ski:rʌn] skibaan, skiterrein *o*

skit [skit] parodie (op *upon*)

skittish ['skitiʃ] schichtig; grillig, dartel

skittle ['skitl] kegel; *~s* kegelspel *o*; *~s!* F onzin!; zie ook: *beer*; **~-alley** kegelbaan

skive [skaiv] **S** **I** *vt* ontduiken [van verplichtingen]; **II** *sb* iem. die zich aan verplichtingen onttrekt; misbruiker v. sociale verzekeringen

skivvy ['skivi] **S** dienstmeisje *o*

skivy ['skaivi] **S** oneerlijk

skulduggery [skʌl'dʌgəri] F kwade praktijken, oneerlijkheid, zwendel

skulk [skʌlk] **I** *vi* loeren, sluipen, gluipen; zich verschuilen, zich onttrekken (aan); **II** *sb = skulker*; **–er** gluiper; lijntrekker

skull [skʌl] schedel; doodskop; ~ *and crossbones* ook: zeeroversvlag; **~-cap** kalotje *o*

skunk [skʌŋk] ≛ skunk *m*, stinkdier *o*; skunk *o* [bont]; > smeerlap

sky [skai] **I** *sb* lucht, luchtstreek, hemel, uitspansel *o*; hemelsblauw *o*; *in the ~* aan de hemel; *praise (laud) t o the skies* hemelhoog prijzen; *if the ~ falls we shall catch larks* als de hemel valt krijgen alle mensen een blauwe slaapmuts; **II** *vt* [een

bal] de lucht in gooien (schoppen, slaan); [een schilderij] zeer hoog hangen; **~-blue** *aj* (& *sb*) hemelsblauw (*o*); **~-high** hemelhoog; **~-jacker** F vliegtuigkaper; **~-jacking** F vliegtuigkaperij; **–lab** *Am* ruimtestation, -laboratorium; **–lark I** *sb* leeuwerik; **II** *vi* **S** stoeien, lolletjes uithalen; **–light** dakraam *o*, koekoek, vallicht *o*, schijn-, bovenlicht *o*, lantaarn; **–line** horizon; silhouet; **~-pilot** S geestelijke; **~-rocket I** *sb* vuurpijl; **II** *vi* snel stijgen [v. prijzen &]; **–scape** luchtgezicht *o* [schilderij]; **–scraper** wolkenkrabber; **~-sign** lichtreclame; **–ward(s)** hemelwaarts; **–way** luchtroute

slab [slæb] (marmer)plaat, platte steen; schaal, schaaldeel *o* (ook: ~ *of timber*); gedenksteen; plak [kaas &], moot [vis]; S operatietafel

slack [slæk] **I** *aj* slap [2], los; laks; loom (makend); nalatig, traag; ~ *lime* gebluste kalk; ~ *water* doodtij *o*; stil water *o*; **II** *sb* loos [v. touw]; kruis *o* [v. broek]; doodtij; stil water *o*; slappe tijd, komkommertijd, slapte; kolengruis *o*, gruiskolen; *~s* lange broek, sportpantalon; **III** *vi* verslappen; slabakken (ook: ~ *off*); afnemen; vaart verminderen (ook: ~ *up*); **IV** *vt* blussen; **~-baked** niet doorbakken; **–en I** *vt* (laten) verslappen, (ver)minderen; vertragen; vieren; **II** *vi* verslappen, slap worden, afnemen, (ver)minderen, vaart verminderen; **–er** slabakker, treuzelaar

slag [slæg] **I** *sb* ✗ slak(ken); *basic ~* slakkenmeel *o*; **II** *vi* slakken vormen

slain [slein] V.D. van *slay*; *be ~* sneuvelen

slake [sleik] lessen [2]; blussen [van kalk]

slam [slæm] **I** *vt* & *vi* hard dichtslaan; slaan; smijten, kwakken; **S** sterk bekritiseren; ~ *d o w n* neersmakken; ~ *o n one's brakes* op de rem gaan staan; **II** *sb* harde slag, bons; ◊ slem *o* & *m*

slander ['sla:ndə] **I** *sb* laster; **II** *vt* (be)lasteren; **–er** lasteraar; **–ous** lasterlijk

slang [slæŋ] **I** *sb* het buiten het algemeen beschaafd staand Engels; jargon *o*, dieventaal; **II** uitschelden; *~ing match* scheldpartij; **–y** *aj* slangachtig, *slang-*, plat [v. taal &]; vol *slang*

slant [sla:nt] **I** *vi* hellen, zijdelings of schuin (in)vallen of gaan; **II** *vt* doen hellen, schuin houden of zetten; **F** een draai geven aan, een andere kijk op de zaak geven; **III** *aj* schuin; **IV** *sb* helling; **F** gezichtspunt *o*, kijk (op de zaak), draai (gegeven aan...); *on the ~* schuin; **~-eyed** scheefogig; **–ing**, **–wise** hellend, schuin

slap [slæp] **I** *vt* slaan (op), een klap geven, meppen, neersmijten; **S** [iem.] op z'n nummer zetten; (ook: ~ *sbd. down*); **II** *sb* klap, mep; *fig* veeg uit de pan; **III** *ad* pardoes; **~-bang** holderdebolder, pats, ineens; **–dash** nonchalant; roekeloos, onstuimig; **~-happy** ['slæp'hæpi] F vrolijk, uitbundig, lawaaiig, brooddronken; **–stick**

gooi- en smijt(toneel &); ruwe humor; **~-up** F patent, (piek)fijn

slash [slæʃ] **I** vi hakken, kappen, houwen; om zich heen slaan; ~ at slaan naar; **II** vt snijden, japen; striemen, ranselen; afkraken, afmaken [een schrijver &]; drastisch verlagen [prijzen]; **III** sb houw, jaap, snee, veeg[2]; split o [in mouw]; **-ing I** aj om zich heen slaand &; **F** flink, kranig, uitstekend; vernietigend [v. kritiek]; **II** sb slaan o & **slat** [slæt] lat [v. jaloezie];

1 slate [sleit] **I** sb lei o [stofnaam], lei v [voorwerpsnaam]; **II** aj leien, leikleurig; **III** vt met leien dekken

2 slate [sleit] vt **F** duchtig op zijn kop geven, afmaken, afkraken

slate-pencil ['sleit'pensl] griffel; **slater** ['sleitə] leidekker; **F** strenge criticus; **slating** bedaking, leien dakwerk o ‖ **F** afbrekende kritiek; give sbd. a sound ~ **F** iem. er duchtig van langs geven

slattern ['slætən] slons; **-ly** slonzig

slaty ['sleiti] leiachtig, lei-

slaughter ['slɔ:tə] **I** sb slachten o, slachting[2]; bloedbad o; **II** vt slachten, afmaken, vermoorden; **-er** slachter; **~-house** slachthuis o; fig slachtbank; **-ous** moorddadig, bloedig

Slav [sla:v] **I** sb Slaaf; **II** aj Slavisch

slave [sleiv] **I** sb slaaf, slavin; a ~ to... de slaaf van...; **II** vi slaven, sloven, zwoegen; **~-dealer** slavenhandelaar; **~-driver** slavendrijver[2]; **1 slaver** slavenhandelaar; slavenhaler [schip]

2 slaver ['slævə] **I** sb kwijl, gekwijl[2] o, gezever[2] o; **II** vi kwijlen

slavery ['sleivəri] slavernij[2]; **slave-trader** slavenhandelaar

slavey ['slævi] **F** (dienst)meisje o, hit

slavish ['sleiviʃ] slaafs[2]

Slavonian [slə'vouniən] **I** aj Slavonisch; **II** sb Slavoniër; Slavonisch o; **-nic** [Slə'vɔnik] Slavisch

slaw [slɔ:] koolsla

slay [slei] doodslaan, doden, (neer)vellen, afmaken, slachten

sleazy ['sli:zi] dun, ondeugdelijk, slecht, armzalig; **F** slonzig, gemeen

sled [sled] **I** sb slede, slee, sleetje o; **II** vi sleeën; **III** vt sleeën, per slee vervoeren; **1 sledge** slede, slee

2 sledge [sledʒ] sb ✗ voorhamer (ook: **~-hammer**); **~-hammer blow** krachtige slag

sleek [sli:k] **I** aj glad[2]; gladharig; glanzig; glimmend [v. gezondheid]; fig zalvend, liefdoend; **II** vt glad maken (strijken)

sleep [sli:p] **I** sb slaap; a little ~ een slaapje o, dutje o; have a ~ slapen; go to ~ in slaap vallen; lose ~ over sth. ergens grijze haren van krijgen; put to ~ naar bed brengen; in slaap sussen; **S** buiten westen slaan; **II** vi slapen, inslapen; staan [van tol];

fig rusten; ~ around **F** met jan en alleman naar bed gaan; ~ the hours away zoveel uren, zijn tijd verslapen; ~ on dóórslapen; ~ on (over) it er nog eens een nachtje over slapen; ~ out buitenshuis slapen, niet intern zijn; ~ with slapen bij [een vrouw], naar bed gaan met; **III** vt laten slapen; slaapgelegenheid hebben voor; ~ off the drink zijn roes uitslapen; **-er** slaper[2]; slaapkop, -muts; slaapwagen; dwarsligger, biel(s)[v. spoorweg]; (dwars)balk; **sleeping** slapend &; the Sleeping Beauty de Schone Slaapster, Doornroosje o; **~-bag** slaapzak; **~-car** slaapwagen; **~-compartment** slaapcoupé; **~-draught** slaapdrank; ~ **partner** stille vennoot; **~-sickness** slaapziekte; **sleepless** slapeloos; rusteloos; fig waakzaam; **sleepwalker** slaapwandelaar; **sleepy** aj slaperig; slaapwekkend; slaap-; beurs, buikziek [peren]; **-head F** slaapkop, -muts

sleet [sli:t] **I** sb natte sneeuw of hagel met regen; **II** va sneeuwen met regen

sleeve [sli:v] **I** sb mouw; hoes [v. grammofoonplaat]; ✗ mof, voering [v. as]; ⚙ windzak; have (a plan &) up one's ~ achter de hand hebben, in petto hebben; laugh in one's ~ in zijn vuistje lachen; wear one's heart on one's ~ het hart op de tong hebben; **II** vt de mouw(en) zetten aan; **-less** zonder mouwen, mouwloos; **~-link** manchetknoop; **~-valve** ✗ schuif(klep)

sleigh [slei] **I** sb (arre)slede, slee; **II** vi arren

sleight [slait] handigheidje o, gauwigheidje o; vaardigheid, behendigheid, kunstgreep; ~ of hand handhabiliteit[2], goochelarij[2]

slender ['slendə] slank, rank; spichtig, schraal, dun, mager, gering; zwak; ~ abilities, capacity geringe aanleg of begaafdheid

slept [slept] V.T. & V.D. van sleep

sleuth [slu:θ] bloedhond, speurhond[2]; fig detective (**~-hound**)

1 slew [slu:] V.T. van slay

2 slew [slu:] **I** vt & vi (om)draaien; **~ed S** dronken; **II** sb draai

slice [slais] **I** sb snee, sneetje o, schijf, schijfje o; plak [vlees &]; (aan)deel o; fragment o; dwarsdoorsnede; visschep; spatel; a ~ of bread and butter een (enkele) boterham; a ~ of territory een stuk o (lap) grond; **II** vt in sneetjes, dunne schijven of plakken snijden (ook: ~ up); snijden; -r snijder; snijmachine; schaaf [voor groenten &]

slick [slik] **I** aj glad[2], rad, vlug, vlot; handig; **S** aantrekkelijk; **II** ad glad(weg); precies; vlak &; **III** sb olievlek, -laag [op water, zee]

slid [slid] V.T. & V.D. van slide

slide [slaid] **I** vi glijden, glippen, slieren, schuiven; afglijden; uitglijden[2], een misstap doen; let things ~ Gods water over Gods akker laten lopen; veel over zijn kant laten gaan; ~ over losjes heenlopen over; **II** vt laten glijden; laten glippen; laten schieten, schuiven; **III** *sb* glijden *o*; glijbaan; hellend vlak *o*; lantaarnplaatje *o*; dia, diapositief *o*; objectglas *o*, voorwerpglaasje *o* [v. microscoop]; schuif, schuifje *o*; aardverschuiving, lawine; glijbank in een roeiboot; ~ **fastener** treksluiting; ~ **frame** diaraampje *o*; ~ **projector** diaprojector, diascoop; **slider** glijder; schuif; glijbank; **slide-rule** rekenliniaal, -lat; ~-**valve** ✕ schuifklep

sliding ['slaidiŋ] glijdend &; glij-, schuif-; ~ **keel** middenzwaard *o*; ~ **rule** rekenliniaal, -lat; ~ **scale** beweeglijke, veranderlijke (loon)schaal; ~ **seat** glijbank; ~ **valve** schuifklep

slight [slait] **I** *aj* licht, tenger; zwak, gering, onbeduidend; vluchtig; *not in the ~est* in het minst niet; **II** *sb* geringschatting, kleinering; *put (pass) a ~ on sbd.* iem. geringschatten, veronachtzamen; **III** *vt* geringschatten, buiten beschouwing laten; versmaden, op zij zetten, veronachtzamen; –**ing** geringschattend; –**ly** *ad* ook: lichtelijk, enigszins, ietwat, iets, een beetje

slily ['slaili] *ad* = *slyly*

slim [slim] **I** *aj* slank; dun[2], schraal; *fig* gering [kans]; S sluw, slim; **II** *vi* (& *vt*) een vermageringskuur doen (ondergaan), afslanken, lijnen

slime [slaim] **I** *sb* slib *o*; slijm *o* & *m* [v. aal, slak]; **II** *vt* met slib bedekken, bezwadderen

slimming ['slimiŋ] vermageringskuur; afslanken *o*

slimy ['slaimi] slibberig, glibberig; *fig* slijmerig, kruiperig

sling [sliŋ] **I** *vt* slingeren, zwaaien met; gooien; (op)hangen; vastsjorren; ~ *arms!* ✕ over schouder... geweer!; ~ *one's hook* F er vandoor gaan; **II** *sb* slinger, katapult; verband *o*, mitella, draagband; ✕ riem [v. geweer &]; ✞ hanger, strop, leng *o*; ~-**case** foedraal *o* aan een riem

slink [sliŋk] *vi* (weg)sluipen (ook: ~ *away, off*); –**y** F verleidelijk sluipend; nauwsluitend; slank (makend)

slip [slip] **I** *vi* slippen, (uit)glijden, (ont)glippen; (weg)sluipen; *be ~ping* F verslappen, minder worden; ~ *across* even overwippen; ~ *away* uitknijpen, wegsluipen (ook: ~ *off*); voorbijvliegen [v. tijd], ~ *by* voorbijgaan; ~ *from* ontglippen; ~ *into...* binnensluipen; ~ *into one's clothes* zijn kleren aanschieten; ~ *on...* uitglijden over...; ~ *up* F zich vergissen; een fout maken; **II** *vt* laten glijden, glippen, schieten[2]; laten vallen, loslaten; ontglippen, (vóór-, af)schuiven; *it had ~ped my memory (my mind)* het was mij ontschoten, door het hoofd gegaan; *let ~* F zich verspreken; ~ *roses* stekken nemen van rozen; ~ *off a ring* afschuiven [van de vinger]; ~ *on* aanschieten [kleren]; **III** *sb* uitglijding; *fig* vergissing, abuis *o*; misstap; aardverschuiving; (kussen)sloop; onderrok, -jurk; honderiem; stek;

koppelband; strook papier, (druk)proefstrook; ✞ (scheeps)helling; ~*s* zwembroek; *a* ~ *of a girl (boy, youth)* een tenger meisje *o* &; *a* ~ *of the pen* een verschrijving; *a* ~ *of the tongue* een vergissing in het spreken, verspreking; *give the* ~ [iem.] laten schieten, in de steek laten, ontsnappen, ontglippen aan; *make a* ~ zich vergissen; ~-**cover** hoes; ~-**knot** schuifknoop; ~-**on** F kledingstuk dat je makkelijk aan kan trekken, –**over** slipover; **slipper I** *sb* pantoffel, muil, slof; remschoen; **II** *vt* F met de slof geven; ~*ed* met pantoffels of sloffen (aan)

slipper-slopper ['slipəslɔpə] sentimenteel; **slippery** ['slipəri] glibberig, glad[2]; **slippy** glibberig; F vlug

slip-road ['sliproud] oprit; afrit [v. autoweg]

slipshod ['slipʃɔd] met afgetrapte schoenen, sloffig; slordig

slipslop ['slipslɔp] slobber; *fig* (sentimenteel) gewauwel *o*

slipsole ['slipsoul] inlegzool

slipstream ['slipstri:m] ↝ schroefwind, slipstroom

slip-up ['slipʌp] F fout, vergissing

slipway ['slipwei] ✞ (sleep)helling

slit [slit] **I** *vt* (aan repen) snijden, spouwen, splijten; **II** *vi* splijten; **III** V.T. & V.D. van ~; **IV** *sb* lange snee, spleet, split *o*, spouw, sleuf, gleuf; ~-**eyed** spleetogig

slither ['sliðə] glibberen, slieren; –**y** glibberig

sliver ['slivə] **I** *sb* reepje *o*, flenter, splinter; **II** *vt* aan flenters snijden

slob [slɔb] S klungel; hufter ‖ modder, slijk *o*

slobber ['slɔbə] **I** *vi* kwijlen; **II** *vt* bekwijlen, bemorsen; ~ *over* [*fig*] sentimenteel doen, door zoenen nat maken; **III** *sb* kwijl, gekwijl[2] *o*, gezever[2] *o*, *fig* sentimenteel geklets *o*; –**y** kwijlend; slobberig; slordig

sloe [slou] ✞ slee(doorn), sleepruim

slog [slɔg] **I** *vt* hard slaan, beuken; **II** *vi* er op losslaan (timmeren); ploeteren; **III** *sb* harde slag; kloppartij; geploeter *o*

slogan ['slougən] strijdkreet, leus; slagzin; *shout* ~*s* ook: spreekkoren vormen

sloop [slu:p] sloep

slop [slɔp] **I** *sb* gemors *o*, plas; ~*s* vaat-, spoelwater *o*, vuil water *o*; spoelsel *o* ‖ flodderbroek, goedkope confectiekleding ‖ S politieagent; **II** *vt* morsen; (neer)plassen; kwakken; **III** *vi* plassen; ~ *over* overlopen, overstromen; ~-**basin** spoelkom

slope [sloup] **I** *sb* schuinte, glooiing, helling; **II** *vi* glooien, hellen, schuin aflopen, lopen of vallen; **III** *vt* schuin houden; afschuinen, schuin snijden; doen hellen; S weggaan, ophoepelen; ~ *arms!* ✕ over... geweer!; **sloping** glooiend, hellend, aflopend, schuin; scheef

slop-pail ['slɔppeil] toiletemmer
sloppy ['slɔpi] slobberig, sopperig, morsig; slodder(acht)ig, slordig; *fig* (huilerig) sentimenteel
slop-shop ['slɔpʃɔp] winkel van goedkope confectiekleding
slosh [slɔʃ] **I** *sb* S dwaze sentimentaliteit; **II** *vi* klotsen, plenzen [water]; **III** *vt* S afranselen; dik smeren; **~ed** S dronken
1 slot [slɔt] *sb* spoor *o* [van hert]
2 slot [slɔt] **I** *sb* gleuf, sleuf; sponning; **II** *vt* een gleuf of sponning maken in
3 slot [slɔt] grendel, metalen staaf
sloth [slouθ] luiheid, vadsigheid, traagheid; ♋ luiaard; **-ful** lui, vadsig, traag
slot-machine ['slɔtməʃiːn] (verkoop)automaat; **~-meter** muntmeter
slouch [slautʃ] **I** *vi* slap (neer)hangen; slungelen; **II** *vt* neerdrukken, over de ogen trekken [hoed]; **~ed hat** = **~ hat**; **III** *sb* neerhangen *o*; slungelige gang (houding); slappe hoed; S nietsnut; knoeier; **~ hat** slappe hoed; **~y** slungelig, slordig
1 slough [slau] *sb* poel, modderpoel[2]; moeras[2] *o*; *the ~ of Despond* het moeras der wanhoop, zonde
2 slough [slʌf] **I** *sb* afgeworpen (slange)vel *o*; korst, roof [v. wonden]; **II** *vi* vervellen; afvallen (ook: **~ off**); **III** *vt* afwerpen
1 sloughy ['slaui] modderig, moerassig
2 sloughy ['slʌfi] met een korst bedekt
Slovak ['slouvæk] Slowaak(s)
sloven ['slʌvn] slons, sloddervos
Slovene ['slouviːn] Sloween; **-nian** [slou-'viːnjən] Sloween(s)
slovenly ['slʌvnli] slordig, slonzig
slow [slou] **I** *aj* langzaam[2], langzaam werkend, traag, (s)loom; niet gauw, niet vlug[2]; saai, vervelend; **~ and sure** langzaam maar zeker; *ten minutes ~* 10 minuten achter; *he is ~ of speech* hij spreekt erg langzaam; *he is ~ to...* hij zal niet gauw...; *he was not ~ to see the difficulty* hij zag de moeilijkheid gauw genoeg; **~ train** boemeltrein; **II** *ad* langzaam; *go ~* achter gaan of lopen [v. uurwerk]; voorzichtig te werk gaan; het kalmpjes aan doen; een langzaam-aan-tactiek toepassen [v. werknemers]; **III** *vi* vaart (ver)minderen, afremmen[2] (ook: **~ down, up**); **IV** *vt* vertragen, de snelheid verminderen van, verlangzamen, langzamer laten lopen, afremmen[2] (ook: **~ down, up**); **~-coach** treuzelaar; slaapkop; **~-match** lont; **~-motion ~ picture** vertraagde film; **~-paced** langzaam, traag [v. gang]; **~-witted** traag van begrip; **~-worm** hazelworm
sludge [slʌdʒ] slobber, slik *o*, halfgesmolten sneeuw of ijs; **-gy** slobberig, modderig, slikkerig
slue [sluː] = **2 slew**
slug [slʌg] **I** *sb* slak (zonder huisje); (schroot)kogel; **II** *vt* F neerslaan, afranselen, bewusteloos slaan; schieten, neerknallen; **III** *vi* lui in bed liggen; **sluggard** luiaard, luilak; **sluggish** lui, traag
sluice [sluːs] **I** *sb* sluis, spuisluis, spui *o*; sluiswater *o*; goudwasgoot; **II** *vt* uit-, doorspoelen, (af)spoelen, spuien, doen uitstromen; **III** *vi* in stromen neerkomen, vloeien of regenen; **~-gate** sluisdeur
slum [slʌm] **I** *sb* slop *o*, achterbuurt; krot *o*; **II** *vi* de sloppen en achterbuurten bezoeken
slumber ['slʌmbə] **I** *vi* sluimeren[2]; **II** *sb* sluimer(ing); **~s** ook: slaap; **slumb(e)rous** slaperig (makend); sluimerend; **slumber-wear** nachtgewaad *o*
slum clearance ['slʌmkliərəns] krotopruiming; **~ dweller** krotbewoner; **~ dwelling** krotwoning; **slummy** achterbuurtachtig, sloppenslump** [slʌmp] **I** *sb* plotselinge of grote prijsdaling, plotselinge vermindering of navraag, belangstelling of populariteit; malaise; **II** *vi* plotseling zakken, dalen [v. prijzen], afnemen in populariteit &; (zich laten) glijden, zakken, vallen
slung [slʌŋ] V.T. & V.D. van *sling*
slunk [slʌŋk] V.T. & V.D. van *slink*
slur [sləː] **I** *vt* licht of losjes heenlopen over (ook: **~ over**); laten ineenvloeien, onduidelijk uitspreken [v. letters in de uitspraak]; *fig* verdoezelen; ♪ slepen; **II** *sb* klad[2], smet[2], vlek[2]; onduidelijkheid; ♪ koppelboog; *cast (put) a ~ on* een smet werpen op
slush [slʌʃ] sneeuwslik *o*, blubber, modder; F klets, overdreven sentimentaliteit; **~y** modderig, blubberig; F wee, slap
slut [slʌt] slons, sloerie, morsebel; **sluttish** slonzig, sloerieachtig
sly [slai] *aj* sluw, listig, slim; schalks; *on the ~* stiekem; **~boots** slimme vos, slimmerd
1 smack [smæk] *sb* ♣ smak [schip]
2 smack [smæk] *sb* smaak, pats, klap; knal [v. zweep]; smakzoen; *have a ~ at* F eens proberen; **~ in the eye** F klap in 't gezicht, terechtwijzing; **II** *vt* smakken met, doen klappen of knallen; meppen; **~ one's lips** smakken met de lippen; likkebaarden (bij *over*); **III** *vi* smakken, klappen, knallen; **IV** *ij & ad* pats!; pardoes, vierkant &
3 smack [smæk] **I** *sb* smaakje *o*; geurtje *o*; tikje *o*, ietsje *o*, tintje *o*; **II** *vi ~ of* smaken naar; *fig* rieken naar, iets hebben van
smacker ['smækə] F smakzoen; harde bal; kanjer
small [smɔːl] **I** *aj* klein*, gering, weinig; min, kleingeestig, -zielig; onbelangrijk, armzalig; zwak [stem]; *feel ~* zich vernederd voelen; *look ~* er klein uitzien; beteuterd of op zijn neus kijken, er dom uitzien; **~ arms** handvuurwapenen; **~ beer** [*fig*] niet belangrijk; zie ook: *chronicle* **II,** *think* **II;** **~ fry** jonge visjes; *fig* klein grut *o*; **~ hours**

kleine uurtjes (12–5 's nachts); ~ *talk* gepraat *o* over koetjes en kalfjes; ~ *wares* garen en band; **II** *sb* ◊ kleintje *o* [in schoppen &]; *the* ~ *of the back* lendestreek; ~*s* kleine was, lijfgoed *o*; ⇔ **F** = *responsions*

smallage ['smɔːlidʒ] wilde selderij

small-holder ['smɔːlhouldə] kleine boer, keuterboer; **–ish** vrij klein; **~-minded** kleinzielig; **–pox** pokken; **~-scale** op kleine schaal, klein; **~-screen F** televisie-; **~-time F** amateuristisch

smalt [smɔːlt] smalt, kobaltglas *o*

smarmy ['smaːmi] **F** flikflooiend

smart [smaːt] **I** *aj* scherp, pijnlijk, vinnig; wakker, pienter, flink, ferm, vlug, knap, gevat, snedig, geestig; keurig, chic; *the* ~ *people* (*set*) de uitgaande wereld; *say* ~ *things* geestigheden debiteren; *be* (*look*) ~! vlug wat!; **II** *vi* zeer of pijn doen; lijden; *you shall* ~ *for this* daarvoor zul je boeten, dat zal je moeten bezuren; ~*ing* ook: schrijnend; **III** *sb* schrijnende pijn; *fig* smart; **~-aleck F** wijsneus, slimmerik; **–en** mooi maken, opknappen (ook: ~ *up*); **~-money** rouwkoop; smartegeld *o*

smash [smæʃ] **I** *vt* (hard) slaan; stukslaan, ingooien; stuk-, kapotsmijten, breken, vernielen; verbrijzelen, vermorzelen, totaal verslaan, vernietigen (ook: ~ *up*); ~ *up a car* een auto in de soep, in de prak rijden; **~-***ed* ook: failliet; **II** *vi* breken; stukvallen &; failliet gaan; **$** over de kop gaan; vliegen, botsen (tegen *into*); **III** *sb* smak, slag, botsing; *sp* smash [harde slag bij tennis]; **$** bankroet *o*, krach, debâcle; *go* (*to*) ~ kapotgaan; naar de bliksem gaan, **$** over de kop gaan; ~ *and grab raid* diefstal waarbij etalageruit ingeslagen en leeggeroofd wordt; **IV** *ad* pardoes, vierkant; **V** *aj* **F** geweldig, reuze; **–er F** vernietigende slag, verpletterend argument *o*; prachtexemplaar *o* &; **–ing** vernietigend [kritiek]; mieters, knal, denderend, luisterrijk; **~-up** botsing; verbrijzeling; vernietiging; *fig* debâcle, krach

smattering ['smætəriŋ] oppervlakkige kennis; *a* ~ *of...* een mondjevol *o*...

smear [smiə] **I** *vt* (in)smeren, besmeren, besmeuren, bezoedelen (met *with*); **F** belasteren; **II** *sb* vlek, smet, (vette) veeg; ⚕ uitstrijk; **F** laster; ~ **campaign** hetze; **~-word** insinuerende scheldnaam

smell [smel] **I** *sb* reuk, geur, lucht, luchtje *o*; stank; *take a* ~ *at it* ruik er eens aan; **II** *vt* ruiken; ruiken aan; ~ *out* uitvorsen, achter iets komen; **III** *vi* ruiken, rieken, stinken; ~ *about* rondsnuffelen; ~ *at* ruiken aan; ~ *of* rieken naar[2]; **smelling-bottle** reukflesje *o*; **~-salts** reukzout *o*; **smelly** vies ruikend, stinkend

1 smelt [smelt] *sb* 🐟 spiering

2 smelt [smelt] V.T. & V.D. van *smell*

3 smelt [smelt] *vt* [erts] (uit)smelten; **–er** smelter; ijzersmelterij

smew [smjuː] 🦆 nonnetje *o*, weeuwtje *o*

smile [smail] **I** *vi* glimlachen, lachen (tegen, om *at*); ~ (*up*)*on* tegen-, toelachen; **II** *vt* lachen, glimlachend uitdrukken of te kennen geven; ~ *away* door lachen verdrijven; **III** *sb* glimlach; *fig* opgewektheid; ~*s* [*fig*] gunst

smirch [smɔːtʃ] **I** *vt* bevuilen, bekladden, besmeuren, bezoedelen; **II** *sb* (vuile) plek, veeg, klad[2]; *fig* smet

smirk [smɔːk] **I** *vi* meesmuilen, grijnzen; **II** *sb* gemaakt lachje *o*, gemene grijns

smite [smait] **I** *vt* slaan, treffen; verslaan; kastijden; ~ *together* ineenslaan; **II** *vi* slaan (tegen *against*); ~ *together* tegen elkaar slaan; ~ *upon the ear* het oor treffen

smith [smiθ] smid

smithereens [smiðə'riːnz] **F** gru(i)zelementen

smithy ['smiði] smederij, smidse

smitten ['smitn] V.D. van *smite*; ~ *with* getroffen door, geslagen met; in verrukking over; ~ *by* verliefd op, weg van

smock [smɔk] **I** *sb* (boeren)kiel; 🪡 vrouwenhemd *o*, **II** *vt* met smokwerk *o* versieren; **~-frock** (boeren)kiel; **–ing** smokwerk *o*

smog [smɔg] smog: roetmist

smoke [smouk] **I** *sb* rook, damp, smook, walm; roken *o*; **F** rokertje *o*: sigaar, sigaret; *have a* ~ steek eens op; *there is no* ~ *without fire* geen rook zonder vuur; men noemt geen koe bont, of er is een vlekje aan; *end* (*go up*) *in* ~ in rook opgaan, op niets uitlopen; **II** *vi* roken, dampen; walmen [v. lamp]; **III** *vt* roken; beroken; uitroken; ~ *away* verroken; ~ *out* door rook verdrijven; ~*d glasses* gekleurde bril; **~-black** lampzwart *o*; **~-bomb** rookbom; **~-dried** gerookt [vis &]; **–less** rookloos; **smoker**° **F** rookcoupé; **smoke-screen** rookgordijn *o*; *fig* afleidingsmanoeuvre; **~-stack** hoge schoorsteen; pijp [v. locomotief, schip &]; **smoking I** *aj* rokend &; **II** *sb* roken *o*; **~-jacket** coin-de-feu, huisjasje *o*; **~-room** rookkamer; **smoky** rokerig, walmig, walmend; berookt; rook-

smooch ['smuːtʃ] *Am* rondhangen, niets doen; **S** zoenen

smooth [smuːð] **I** *aj* glad, vlak, gelijk, effen, vloeiend; zacht; vlot [v. reis &]; *fig* beleefd, kalm, vriendelijk, vleierig; **II** *ad* glad &; *go* (*run*) ~ ook: van een leien dakje gaan; **III** *vt* glad, vlak, gelijk of effen maken, gladstrijken, gladschaven; effenen; doen bedaren; bewimpelen [een misslag]; ~ *away* weg-, gladstrijken; ~ *down*, ~ *out* weg-, gladstrijken; effenen; ~ *over* effenen, uit de weg ruimen [moeilijkheden]; plooien; bemantelen; **~-bore** gladloops [geweer *o*, kanon *o*]; **~-faced** met een glad(geschoren) gezicht; glad; baardeloos; *fig* met een uitgestreken gezicht, (poes)lief; **smoothing-iron** strijkijzer *o*; ~**-plane** gladschaaf; **smoothly** *ad* ook: *fig* gesmeerd, vlot [gaan &]; **smooth-spoken,** ~**-tongued** glad van tong, lief (pratend), mooipratend

smote [smout] V.T. van *smite*

smother ['smʌðə] **I** *sb* verstikkende damp, rook, smook, walm, dikke stofwolk; ~ *love* F apeliefde; **II** *vt* smoren, doen stikken, verstikken (ook: ~ *up*); overdekken; dempen; onderdrukken [lach]; in de doofpot stoppen [schandaal]; **III** *vi* smoren, stikken; –**y** broeierig, verstikkend

smoulder ['smouldə] **I** *vi* smeulen[2]; **II** *sb* smeulend vuur *o*

smudge [smʌdʒ] **I** *vt* bevlekken, bevuilen, besmeuren[2]; **II** *vi* smetten, vlekken, smerig worden; **III** *sb* veeg; vlek[2], smet[2]; **smudgy** vuil, smerig, smoezelig

smug [smʌg] zelfgenoegzaam, zelfvoldaan, (burgerlijk) net, brave-Hendrikachtig

smuggle ['smʌgl] smokkelen; ~ *a w a y* ook: wegmoffelen; ~ *i n* binnensmokkelen[2]; –**r** smokkelaar°

smut [smʌt] **I** *sb* roet *o*, roetvlek; vuiltje *o*; vuiligheid, vuile taal; brand [in koren]; **II** *vt* vuil maken; bevuilen, bezoedelen; **smutty** *aj* vuil, obsceen; brandig [koren]

snack [snæk] haastige maaltijd; hapje *o*; ~**-bar** snelbuffet *o*

snaffle ['snæfl] **I** *sb* trens [paardebit]; **II** *vt* de trens aanleggen; in toom houden

snag [snæg] knoest, bult, stomp; boomstam in een rivier; ophaal [in kous]; *fig* moeilijkheid, kink in de kabel; **snagged, snaggy** knoestig

snail [sneil] ⓢ huisjesslak; ✗ snekrad *o* [in uurwerk]; *fig* „slak"; ~**-paced** traag als een slak; ~**-shell** slakkehuis(je) *o*; ~**-wheel** ✗ snekrad *o*

snake [sneik] **I** *sb* slang[2]; *there is a* ~ *in the grass* er schuilt een addertje in het gras; *cherish (nourish, warm) a* ~ *in one's bosom* een adder aan zijn borst koesteren; *see* ~*s* delirium tremens hebben; **II** *vi* schuifelen, kruipen; kronkelen; **III** *vt* trekken, slepen, rukken; ~**-charmer** slangenbezweerder; **snaky** slangachtig[2], vol slangen, slange(n)-; sluw, verraderlijk, vals

snap [snæp] **I** *vi* happen; (af)knappen; knippen; klappen; dichtklappen; snauwen; **II** *vt* doen (af)knappen, klappen, knallen; knippen met; dichtklappen (ook: ~ *to*); afdrukken [vuurwapen]; (toe)snauwen; kieken; ● ~ *a t* happen naar; afsnauwen; toebijten; gretig aangrijpen; ~ *one's fingers at...* wat malen om...; ~ *a w a y* weggrissen; ~ *o f f* afknappen; afbijten; snauwen; ~*ped off* afgesnauwd worden; ~ *o u t* snauwen; ~ *o u t of it* F het van zich afschudden, zich er overheen zetten; wakker worden; ~ *u p* op-,

wegvangen, weggrissen, wegkapen (voor iemands neus), weg-, oppikken [op uitverkoop &]; **III** *sb* hap, hapje *o*, beet, snap, knap, klap, knip [met de vinger & slot]; knak, knik, breuk, barst; knapkoek; kiekje *o*; F gang, fut; *a cold* ~ plotseling invallend vorstweer *o*; **IV** *aj* onverwacht, snel-, bliksem-; *a* ~ *division* een niet vooraf aangekondigde stemming; ~**-beetle** kniptor

snapdragon ['snæpdrægən] kerstspelletje *o* waarbij men rozijnen uit brandende drank grijpt; ⚘ leeuwebek

snappish ['snæpiʃ] snibbig, bits

snappy ['snæpi] *aj* F chic; *make it* ~*!* F vlug watl, opschieten!

snapshot ['snæpʃɔt] **I** *sb* momentopname, kiek; ✗ schot *o* op de aanslag; **II** *vt* & *vi* kieken

snare [snɛə] **I** *sb* strik[2]; *fig* valstrik; **II** *vt* strikken [vogels]; *fig* verstrikken

snarky ['sna:ki] F slecht gehumeurd

1 snarl [sna:l] **I** *vi* grauwen, snauwen, grommen (tegen *at*); **II** *vt* (toe)snauwen, grommen (ook: ~ *out*); **III** *sb* grauw, snauw, grom

2 snarl [sna:l] **I** *vt* in de war (in de knoop) maken, verwarren; *traffic is* ~*ed up* het verkeer zit in de knoop; **II** *vi* in de war (in de knoop) raken; **III** *sb* warboel, (verkeers)knoop

snatch [snætʃ] **I** *vt* (weg)pakken, grissen, (weg)rukken[2], afrukken, (aan)grijpen; S ontvoeren, kidnappen; ~ *a w a y* wegrukken[2]; ~ *from* ontrukken[2]; ~ *o f f* afrukken; ~ *u p* grijpen; **II** *vi* ~ *at* grijpen naar; aangrijpen; **III** *sb* ruk, greep, F roof; korte periode; stukje *o* eten; ~ *of sleep* kort slaapje *o*; ~*es of song* brokken melodie; *by* ~*es* bij tussenpozen; *make a* ~ *at* grijpen naar, een greep doen naar; –**y** *aj* onregelmatig, ongeregeld; bij tussenpozen, te hooi en te gras, zo nu en dan

snazzy ['snæzi] S opvallend, opzichtig; aantrekkelijk

sneak [sni:k] **I** *vi* gluipen, sluipen, kruipen; S klikken; **II** *vt* F gappen; **III** *sb* gluiper; kruiper; S klikspaan; F gauwdief; –**ers** F sneakers [soepel schoeisel]; –**ing** ['sni:kiŋ] in het geheim gekoesterd, stil; gluipend, gluiperig, kruiperig; ~**-thief** gelegenheidsdief

sneer [sniə] **I** *vi* grijnslachen, spotachtig lachen; ~ *at* smadelijk lachen om, z'n neus ophalen voor, minachtende opmerkingen maken over; **II** *vt* ~ *down* door spot afmaken; **III** *sb* spottende grijns(lach), sarcasme *o*, sneer; minachtende opmerking

sneeze [sni:z] **I** *vi* niezen; *it is not to be* ~*d at* het is niet mis; **II** *sb* niezen *o*, nies, genies *o*

snick [snik] **I** *vt* knippen; snijden; **II** *sb* knip, keep

snicker ['snikə] hinniken; = *snigger*

snide [snaid] S minachtend, vitterig; namaak-,

vals

sniff [snif] **I** *vi* snuiven; snuffelen; ~ *at* ruiken aan, besnuffelen; de neus optrekken voor; **II** *vt* opsnuiven (ook: ~ *up*); ruiken aan, besnuffelen; ruiken² (ook: ~ *out*); **III** *sb* snuivend geluid *o*, gesnuif *o*; gesnuifel *o*; a ~ *of air* een luchtje *o*

sniffle ['snifl] **I** *vi* snotteren, grienen; snuiven; **II** *sb* gesnotter° *o*, gegrien *o*; gesnuif *o*; *the* ~*s* verstopping [in de neus]

sniffy ['snifi] **F** arrogant; een luchtje hebbend

snifter ['sniftə] **S** „glaasje" *o*, borrel

snigger ['snigə] **I** *vi* ginnegappen, grijnzen, proesten, grinniken; **II** *sb* gegrijns *o*, gegrinnik *o*

sniggle ['snigl] [aal] peuren

snip [snip] **I** *vt* (af)snijden, (af)knippen; **II** *vi* snijden, knippen; **II** *sb* knip; snipper, stukje *o*; **F** kleermaker; **F** iets zekers; **F** koopje *o*

snipe [snaip] **I** *sb* ℰ snip(pen); **II** *vi* *sp* snippen schieten; ⅍ verdekt opgesteld als scherpschutter tirailleren; ~ *at* ook: *fig* op de korrel nemen; **III** *vt* één voor één (weg)schieten; **–r** verdekt opgestelde scherpschutter, sluipschutter

snippet ['snipit] snipper; stukje *o*; beetje *o*; **–y** fragmentarisch, kort; snipperachtig; hakkelig [v. d. stijl]

snitch [snitʃ] **S I** *vt* gappen, achteroverdrukken; **II** *vi* verraden

snivel ['snivl] **I** *vi* snotteren, jengelen²; janken; **II** *sb* snot *o* & *m*; gesnotter *o*; gejank *o*; huichelarij; **sniveller** snotteraar; janker

snob [snɔb] snob; **snobbery** snobisme *o*; **snobbish, snobby** snobistisch

snog [snɔg] **S I** *vi* vrijen; **II** *sb* vrijerij

snood [snu:d] haarband, *Sc* haarlint *o*

snook [snu:k] *cock* (*at*) a ~ *at* een lange neus maken tegen

snoop [snu:p] **F** rondneuzen; zijn neus in andermans zaken steken; **–er** pot(te)kijker, bemoeial, dwarskijker

snooty ['snu:ti] **F** verwaand, ingebeeld

snooze [snu:z] **I** *vi* dutten; **II** *sb* dutje *o*

snore [snɔ:] **I** *vi* snurken, ronken; **II** *vt* ~ *away* verslapen; **III** *sb* gesnurk *o*

snorkel ['snɔ:kl] snorkel

snort [snɔ:t] **I** *vi* snuiven, briesen, proesten, ronken [v. machine]; **II** *vt* ~ *out* uitproesten; briesen; **III** *sb* gesnuif *o*; **–er** snuiver; **F** kanjer, kokkerd; stormwind; brief op poten; **S** borrel; **–y F** geprikkeld, getergd; afkeurend, de neus optrekkend

snot [snɔt] **S** snot *o* & *m*; **snotty I** *aj* **S** snotterig; gemeen; **II** *sb* **S** adelborst

snout [snaut] snoet, snuit; tuit; **S** sigaret

snow [snou] **I** *sb* sneeuw; ~*s* sneeuw²; sneeuwvelden; **S** cocaïnepoeder *o*; **II** *vi*(neer)sneeuwen; **III** *vt* besneeuwen, uitstrooien; ~ *i n* insneeuwen; *be* ~*ed u n d e r* onder de sneeuw bedolven raken (zijn); overstelpt worden [met]; ~ *u p* onder-, insneeuwen; **–ball I** *sb* sneeuwbal°; ℀ sneeuwbal, Gelderse roos; **II** *vi* (& *vt*) met sneeuwballen gooien; in steeds sneller tempo aangroeien, toenemen of zich uitbreiden; ~**bound** ingesneeuwd; ~**-drift** sneeuwjacht; sneeuwbank; **–drop** sneeuwklokje *o*; **–flake** sneeuwvlok; **–man** sneeuwman, sneeuwpop; *Abominabele Snowman* „verschrikkelijke sneeuwman", yeti; ~**-plough** sneeuwruimer; **–scape** sneeuwlandschap *o*, sneeuwgezicht *o*; ~**-slip** sneeuwstorting; ~**-white** sneeuwwit; snowy sneeuwachtig, sneeuwwit; besneeuwd; sneeuw-

snub [snʌb] **I** *vt* [iem.] op zijn nummer zetten; minachtend afwijzen, verwerpen [voorstel]; **II** *sb* (hatelijke) terechtwijzing; **III** *aj* stomp; ~**nosed** met een stompe neus

1 snuff [snʌf] **I** *sb* snuif; snuifje *o*; zie ook: *sniff*; *take* ~ snuiven; *be up to* ~ **S** niet van gisteren zijn; **II** *vi* & *vt* snuiven; zie ook: *sniff*

2 snuff [snʌf] **I** *vt* snuiten [kaars]; ~ *it* = **II** *vi* ~ *out* **F** opkrassen, uitstappen (= doodgaan); **III** *sb* snuitsel *o*

snuff-box ['snʌfbɔks] snuifdoos

snuffers ['snʌfəz] snuiter [voor kaars]; *a pair of* ~ een snuiter

snuffle ['snʌfl] **I** *vi* snuiven; door de neus spreken; **II** *vt* ~ *out* door de neus snuivend zeggen; **III** *sb* snuivend geluid *o*; *the* ~*s* verstopping [in de neus]

snuffy ['snʌfi] als snuif, snuif-; met snuif bemorst

snug [snʌg] gezellig, behaaglijk, lekker (beschut); knus; nauwsluitend; *lie* ~ lekker liggen; **F** zich gedekt houden; **snuggery** gezellig vertrekje *o*, knus plekje *o*

snuggle ['snʌgl] **I** *vi* knus(sig) liggen; ~ *up to sbd.* dicht bij iem. kruipen; **II** *vt* knuffelen

so [sou] **I** *ad zo*; zó, (o) zo graag, zodanig; zulks, dat; *Am* zodat; *would you be* ~ *kind as to...?* zoudt u zo vriendelijk willen zijn...?; ~ *as to be understood* om zo verstaan te worden, zo dat men u verstaat, opdat u verstaat; *they are* ~ *many scoundrels* het zijn allemaal schurken; ~ *that* zodat; opdat; als... maar; ~ *there!* nou weet je het!, en daarmee uit!; ~ *to say* (*speak*) om zo te zeggen, bij wijze van spreken; ~ *what?* **S** nou en?; o ja?, is 't heus?; *if* ~ zo ja; *a dozen or* ~ een twaalftal, ongeveer (plus minus) een dozijn; *in 1550 or* ~ omstreeks 1550; *...or* ~ *says the professor* tenminste... dat zegt de prof; *or* ~? waarom (dat)?; *they were glad, and* ~ *were we* en wij ook; *I told you* ~ ik heb het u wel gezegd; *I believe* (*think*) ~ ik geloof het, ik denk van wel; **II** *cj* dus, derhalve; ✎ zo, als, indien

soak [souk] **I** *vt* in de week zetten, weken, soppen; op-, inzuigen, opslurpen (ook: ~ *in, up*); doorweken, doordringen, drenken; **F** zuipen; **S**

afzetten, plunderen, plukken; ~ed in doortrokken van, ook: fig doorkneed in; ~ed (with rain) doornat; II vi in de week staan; ~ into trekken in, doordringen; III sb weken o; stortbui; F zuippartij, -lap; in ~ in de week; ~er stortbui; drankorgel o, zuiplap; ~ing I aj doorweekt, kletsnat (makend); ~ wet doornat; II sb weken o; plasregen; nat pak o

so-and-so ['souənsou] dinges; hoe heet-ie (het) ook weer?

soap [soup] I sb zeep; vleierij; II vt (af)zepen, inzepen; S honi(n)g om de mond smeren; ~-boiler zeepzieder; ~-box zeepkist; ~ orator straatredenaar; ~-bubble zeepbel[2]; ~-dish zeepbakje o; ~-flakes vlokkenzeep; ~ opera RT melodrama o; ~-stone speksteen o & m; ~-suds zeepsop o; ~-works zeepfabriek, zeepziederij; soapy aj zeepachtig, zeep-; fig flikflooiend; zalvend

soar [sɔː] hoog vliegen, zweven; omhoog vliegen, de lucht ingaan[2], zich verheffen[2]

sob [sɔb] I vi snikken; II vt (uit)snikken (ook: ~ out); III sb snik

sober ['soubə] I aj sober, matig; nuchter, verstandig, bedaard, bezadigd; stemmig; bescheiden; II vt (doen) bedaren, ontnuchteren; III vi bedaren (ook: ~ down), nuchter worden (ook: ~ up); ~-minded bedaard, bezadigd, bezonnen; ~-sides F bezadigd mens; saaie piet

sobriety [sou'braiəti] soberheid, matigheid; nuchterheid, verstandigheid, bedaardheid, bezadigdheid; stemmigheid; bescheidenheid

sobriquet ['soubrikei] scheld-, spotnaam, bijnaam

sob-sister ['sɔbsistə] F schrijfster van sentimentele artikelen of brievenrubriek [in krant]; ~-story S huilerig, sentimenteel verhaaltje o; ~-stuff S melodramatisch gedoe o; sentimenteel geschrijf o

socage ['sɔkidʒ] landbezit o waaraan herendiensten verbonden zijn

so-called ['sou'kɔːld] zogenaamd

soccer ['sɔkə] F voetbal o [volgens de regels van de Association tegenover rugby]

sociability [souʃə'biliti] gezelligheid; sociable ['souʃəbl] I aj sociabel, geschikt voor de maatschappij; gezellig; II sb F gezellige bijeenkomst; ▥ vierwielig, open rijtuig o; driewieler met twee plaatsen naast elkaar

social ['souʃəl] I aj maatschappelijk, sociaal, gezellig; van de (grote) wereld; ~ animals in groepsverband levende dieren; kuddedieren; a ~ call een beleefdheidsbezoek o; ~ history cultuurhistorie; ~ intercourse gezellig verkeer o; ~ science sociologie; gedragswetenschap; ~ security sociale zekerheid; ~ service maatschappelijk werk o; ~ worker maatschappelijk werker; II sb F (ge-

zellig) avondje o

socialism ['souʃəlizm] socialisme o; –ist I sb socialist; II aj socialistisch; –istic [souʃə'listik] socialistisch

socialite ['souʃəlait] society-, mondain, (lid o) van de beau-monde

sociality [souʃi'æliti] gezelligheid

socialization [souʃəlai'zeiʃən] socialisatie; socialize ['souʃəlaiz] socialiseren

society [sə'saiəti] I sb maatschappij; de samenleving; vereniging, genootschap o; de (grote) wereld, de society, de beau-monde; [iems.] gezelschap o; the Society of Jesus RK de Sociëteit van Jezus; II aj uit (van) de grote wereld, society-, mondain

sociological [sousiə'lɔdʒikl] sociologisch; sociologist [sousi'ɔlədʒist] socioloog; sociology sociologie

1 sock [sɔk] sb sok; losse binnenzool; lichte toneellaars; fig blijspel o; pull up one's ~s F de handen uit de mouwen steken; put a ~ in it! S hou op!, mond dicht!

2 sock [sɔk] S I vt slaan, meppen, smijten; II sb mep; give sbd. ~s iem. klop geven

socket ['sɔkit] pijp [van kandelaar]; kas; holte [van oog, tand]; ✕ sok, mof; 🌹 stopcontact o, contactdoos; (lamp)houder; ~-joint kogelgewricht o; (ook: ball and socket joint); ~ spanner pijpsleutel; ~ wrench dopsleutel

sock-suspender ['sɔksəspendə] sokophouder

socle ['sɔkl] sokkel

1 sod [sɔd] I sb zode; cut the first ~ de eerste spade in de grond steken; under the ~ onder de (groene) zode: in het graf; II vt bezoden

2 sod [sɔd] sb P sodemieter, flikker

soda ['soudə] soda; F soda-, spuitwater o; ~ fountain ijssalon [gatie

sodality [sou'dæliti] broederschap; rk congre-

soda-water ['soudəwɔːtə] soda-, spuitwater o

sodden ['sɔdn] I aj doorweekt, doortrokken; nattig; pafferig [v. gezicht]; verzopen; II vt doorweken; III vi doorweekt worden

sodium ['soudjəm] natrium o; ~-vapour lamp natriumlamp

sodomite ['sɔdəmait] sodomiet; homoseksueel

soever [sou'evə] how great ~ hoe groot ook

sofa ['soufə] sofa, canapé; ~-bed slaapbank

soft [sɔːft] I aj zacht~, teder, vriendelijk; week, slap [v. boord]; fig verwijfd, zoetsappig; F sentimenteel; F sullig, onnozel; zwak, lafhartig; F verliefd (op on); ~ board zachtboard o; ~ drinks niet-alcoholische dranken, frisdranken; ~ goods manufactuur; a ~ job F een makkelijk (lui) baantje o; ~ money papiergeld o; ~ sawder F vleierij; ~ soap groene zeep; fig vleierij; his ~ spot zijn zwakke zijde; a ~ spot for F een zwak voor; II ad zacht(jes), zacht wat; ~en I vi zacht worden, milder gestemd, vertederd worden (ook: ~ *down*); **II** *vt* zacht maken, ontharden, verzachten, verminderen, lenigen, temperen, matigen; *fig* verwekelijken; vertederen, vermurwen (ook: ~ *down*); ~ *up* ⚓ stormrijp (murw[2]) maken; **–ener** verzachter, verzachtend middel *o*, leniger [v. pijn &]; waterverzachter; **–ening I** *aj* verzachtend &; **II** *sb* verzachting, verweking; leniging, tempering; ~ *of the brain* hersenverweking, kindszijn *o*; **~-headed** onnozel; **~-hearted** weekhartig; **–ish** ietwat zacht, weekachtig; **~-pedal** met de zachte pedaal spelen; **F** matigen, temperen, verdoezelen; **~-sell** vriendelijke (niet agressieve) verkoopmethode; **~-spoken** zacht (gezegd); zacht, lief sprekend, vriendelijk; **–ware** methoden bij gebruik v.e. computer, programmatuur; **–wood** zacht hout *o*; ⚓ naaldhout *o*; naaldboom; **softy F** halfzachte, doetje *o*

soggy ['sɔgi] vochtig, drassig; doorweekt

1 soil [sɔil] *sb* grond, bodem, land *o*; teelaarde; *a child (son) of the* ~ een kind des lands; een bebouwer van de grond

2 soil [sɔil] **I** *sb* smet[2], vlek[2]; vuil *o*; **II** *vt* bezoedelen, besmetten, bevlekken, bevuilen; **III** *vi* smetten, vlekken

sojourn ['sɔdʒəːn] **I** *sb* (tijdelijk) verblijf *o*, verblijfplaats; **II** *vi* (tijdelijk) verblijven, zich ophouden, vertoeven; **–er** verblijvende; gast

sol [sɔl] ♪ sol ‖ § sol

solace ['sɔləs] **I** *sb* troost, verlichting; **II** *vt* (ver)troosten, verlichten, lenigen

solar ['soulə] van de zon, zonne-; ~ *deity* zonnegod; ~ *eclipse* zonsverduistering; ~ *plexus* zonnevlecht; ~ *system* zonnestelsel *o*

solarize ['souləraiz] overbelichten

sold [sould] V.T. & V.D. van *sell*

solder ['sɔldə] **I** *sb* soldeersel *o*; *fig* cement *o* & *m*; *soft* ~ zacht soldeersel *o*; **II** *vt* solderen; *fig* samen doen smelten, cementeren; **–ing-iron** soldeerbout

soldier ['souldʒə] **I** *sb* ⚓ soldaat, militair, krijgsman; *old* ~ oudgediende; **II** *vi* (als soldaat) dienen; soldaat spelen; ~ *on* doordienen; doorzetten; **–ly** krijgshaftig, soldaten-; **–ship** militaire stand; militaire bekwaamheid; krijgskunde; **–y** krijgsvolk *o*, soldatenbende, soldateska; *the* ~ de soldaten

1 sole [soul] **I** *sb* zool; **II** *vt* zolen

2 sole [soul] *sb* 🐟 tong

3 sole [soul] *aj* enig

solecism ['sɔlisizm] (taal)fout; flater

solely ['soulli] *ad* alleen, enkel, uitsluitend

solemn ['sɔləm] plechtig, plechtstatig, deftig, ernstig; **–ity** [sɔ'lemniti] plechtigheid &; **–ization** [sɔləmnai'zeiʃən] (plechtige) viering, voltrekking; **–ize** ['sɔləmnaiz] (plechtig) vieren, voltrekken

solenoid ['soulinɔid] ⚡ solenoïde, cylinderspoel

solfa [sɔl'fa:] ♪ solmisatie: aanduiding v.d. tonen d.m.v. het do, re, mi, fa, sol &-systeem

solicit [sə'lisit] vragen; verzoeken om; dingen naar; aanspreken [voor prostitutie]; **–ation** [sɔlisi'teiʃən] aanzoek *o*, verzoek *o*; **–or** [sə'lisitə] ⚖ rechtskundig adviseur; procureur; *Solicitor General* ± Advocaat-Generaal; **–ous** bekommerd, bezorgd (omtrent *about, concerning, for*); begerig (naar *of*), verlangend, er op uit (om *to*); **–ude** bekommernis, bezorgdheid, zorg, angst, kommer

solid ['sɔlid] **I** *aj* vast; stevig, hecht, sterk, flink, solide[2]; solidair; betrouwbaar; gezond, degelijk; massief; uniform [v. kleur]; kubiek, stereometrisch; ~ *angle* lichaamshoek; ~ *contents* kubieke inhoud; ~ *geometry* stereometrie; *for two* ~ *hours* twee volle uren; *be* ~ *against (for)* eenstemmig tegen (voor) zijn; **II** *sb* (vast) lichaam *o*; **~s** ook: vast voedsel *o*

solidarity [sɔli'dæriti] solidariteit, saamhorigheid; **–ize** ['sɔlidəraiz] zich solidariseren; **solidary** solidair

solidification [sɔlidifi'keiʃən] vast maken *o* of worden *o*; **solidify** [sə'lidifai] **I** *vt* vast maken; hechter maken; **II** *vi* vast of hechter worden; **solidity, solidness** ['sɔlidnis] vastheid &

soliloquize [sə'liləkwaiz] een alleenspraak houden; **soliloquy** alleenspraak

solitaire [sɔli'tɛə] enkel gezette diamant of steen; solitairspel *o*, patience *o*

solitary ['sɔlitəri] **I** *aj* eenzaam, verlaten, afgelegen, afgezonderd; op zich zelf staand; enkel; eenzelvig; ~ *confinement* afzonderlijke opsluiting; **II** *sb* kluizenaar; **F** celstraf, cellulair; **solitude** eenzaamheid

solmization [sɔlmi'zeiʃən] ♪ solmisatie: aanduiding v.d. tonen d.m.v. het do, re, mi, fa, sol &-systeem

solo ['soulou] solo; **–ist** solist

solstice ['sɔlstis] zonnestilstand, zonnewende, solstitium *o*

soluble ['sɔljubl] oplosbaar[2]; **solution** [sə'lu:ʃən] oplossing[2]; solutie

solve [sɔlv] oplossen

solvency ['sɔlvənsi] vermogen *o* om te betalen, $ soliditeit, kredietwaardigheid; **solvent I** *aj* oplossend; $ solvent, solvabel, solide; **II** *sb* oplosmiddel *o*

somatic [so'mætik] somatisch, lichamelijk

sombre ['sɔmbə] somber, donker

sombrero [sɔm'brɛərou] sombrero [hoed]

some [sʌm, səm] **I** *pron* enige, wat, iets, sommige(n); **~...,** ~... sommige..., andere...; ~ *of these days* een dezer dagen; *if I find* ~ als ik er vind; *there are* ~ *who...* er zijn er die...; **II** *aj* enig(e); de een of ander, een, een zeker(e); ettelijke, wat, een beetje; zowat, ongeveer, circa; *that's ~ hat* **F** dat is nog eens een hoed; **II** *ad* **S** iets, een beetje; niet gering ook, niet mis, énig; **–body** ['sʌmbɔdi] iemand; (een) zeker iemand; iemand van betekenis; **–how** op de een of andere wijze, hoe dan ook, ergens, toch (ook: ~ *or other*); **–one**, ~ **one** = *somebody*

somersault ['sʌməsɔ:lt] **I** *sb* salto, buiteling, duikeling; *fig* ommezwaai; *turn a ~* = **II** *vi* een salto, radslag & maken

something ['sʌmθiŋ] **I** *sb* iets, wat; (het) een of ander; *a bishop or ~* (een) bisschop of zoiets; ~ *or other* het een of ander, iets; *the five ~ train* de trein van 5 uur zoveel; *not for ~* voor nog zoveel niet; *with ~ of impatience* enigszins ongeduldig; *I am ~ of a doctor* ik ben zo'n stuk (een halve) dokter; **II** *ad* enigszins, iets, ietwat; **S** erg; ~ *like* zo ongeveer, zoiets als; **F** nogal wat, geweldig; **–time I** *ad* eniger tijd; eens; soms; **II** als *aj* vroeger, voormalig, ex-; **–times** ['sʌmtaimz, səm-'taimz] somtijds, soms; **–what** ['sʌmwɔt] enigszins, ietwat; **–where** ergens; **–while** soms; een poosje

somnambulism [sɔm'næmbjulizm] somnambulisme *o*, slaapwandelen *o*; **–ist** slaapwandelaar, somnambule

somnolence ['sɔmnələns] slaperigheid; **–ent** slaperig; slaapverwekkend

son [sʌn] zoon, (als aanspreekvorm) jongen, jongeman; *all right,* ~ best, jongen!; ~ *of a gun* **F** en **J** lammeling, beroerling

sonant ['sounənt] stemhebbend(e letter)

sonar ['souna:] sonar, echopeiling

sonata [sə'na:tə] sonate; **–tina** [sɔnə'ti:nə] sonatine

song [sɔŋ] zang, lied *o*; gezang *o*; poëzie; *the usual ~* het oude liedje; *the Song of Songs, the Song of Solomon* het Hooglied; *at (for) a ~, for an old ~* **F** voor een appel en een ei; *not worth a ~ (an old ~)* **F** geen duit waard; *make a ~ (and dance) about* **F** veel ophef (drukte) maken over; **~-bird** zangvogel; **–ster** zanger; **–stress** zangster; zangeres; **~-thrush** zanglijster

sonic ['sɔnik] sonisch, geluids-; ~ *bang* knal bij het doorbreken van de ~ *barrier*, de geluidsbarrière

son-in-law ['sʌninlɔ:] schoonzoon

sonnet ['sɔnit] sonnet *o*, klinkdicht *o*; **–eer** [sɔni'tiə] sonnettendichter

sonny ['sʌni] jochie, ventje

sonority [sə'nɔriti] sonoriteit, klankrijkheid; **sonorous** [sə'nɔ:rəs] sonoor, (helder) klinkend, klankrijk

soon [su:n] spoedig, weldra, gauw; vroeg; *as (so)* ~ *as* zodra; *so ~ as (ever)* zodra, zo gauw als...; *I would just as ~ ... (as...)* ik mag net zo lief... als...; **~er** vroeger, eer(der), liever; *no ~er... than...* nauwelijks... of...; *no ~er said than done* zo gezegd zo

gedaan; *~er or later* vroeg of laat; *the ~er the better* hoe eer hoe beter

soot [sut] **I** *sb* roet *o*; **II** *vt* met roet bedekken

✎ sooth [su:θ] waarheid; *in (good)* ~ waarlijk, voorwaar

soothe [su:ð] verzachten, kalmeren, sussen, stillen, bevredigen; **soothing** verzachtend, kalmerend, sussend

soothsayer ['su:θseiə] waarzegger

sooty ['suti] roetachtig, roet(er)ig, roet-

sop [sɔp] **I** *sb* in vloeistof geweekt brood *o* &; *fig* omkoopmiddel *o*, voorlopige concessie (~ *to Cerberus*); **II** *vt* soppen, (in)dopen, (door)weken; ~ *up* (in zich) opnemen

sophism ['sɔfizm] sofisme *o*, drogreden; **–ist** sofist, drogredenaar; **–istic(al)** [sɔ'fistik(l)] sofistisch

sophisticate [sə'fistikeit] **I** *vt* bederven, vervalsen; **II** *vi* de sofist spelen; **III** *sb* wereldwijs mens; < cynicus; verwend liefhebber; **–d** ook: wereldwijs; < cynisch; geraffineerd; gedistingeerd; veeleisend, verwend; precieus [v. stijl]; ingewikkeld, geperfectioneerd [v. techniek], uitgekiend, hypermodern, geavanceerd; **sophistication** [səfisti'keiʃən] sofisme *o*, drogreden; vervalsing; wereldwijsheid, cynisme *o*; geraffineerdheid; precieuze aard; ingewikkeldheid

sophistry ['sɔfistri] sofisterij; sofisme *o*

sophomore ['sɔfəmɔ:] *Am* tweedejaarsstudent

soporific [sɔpə'rifik] slaapverwekkend (middel *o*)

sopping ['sɔpiŋ] ~ *wet* druipnat; **soppy** sopperig, kletsnat, doorweekt; *fig* flauw; **F** sentimenteel

soprano [sə'pra:nou] sopraan

sorbet ['sɔ:bət] sorbet

sorcerer ['sɔ:sərə] tovenaar; **sorceress** tove(na)res, heks; **sorcery** toverij, hekserij

sordid ['sɔ:did] smerig, vuil; laag, gemeen; inhalig, gierig

sordino [sɔ:'di:nou] ♪ geluiddemper

sore [sɔ:] **I** *aj* pijnlijk[2], gevoelig, zeer; hevig; het land hebbend (over *about*), kwaad, boos, nijdig (op *at*); *touch sbd. on a ~ point (subject)* een teer punt (onderwerp) *o*; *have a ~ throat* keelpijn hebben; **II** *ad* **✎** zeer; **III** *sb* rauwe, pijnlijke plek, zweer, zeer *o*; *reopen old ~s* oude wonden openrijten; oude koeien uit de sloot halen; **–head S** nors, afgunstig mens; **–ly** *ad* < zeer, erg, hard; **–ness** pijnlijkheid &; ook: ontstemming

soroptimist [sə'rɔptimist] lid *o* van vrouwelijke rotaryclub

1 sorrel ['sɔrəl] *sb* ♣ zuring

2 sorrel ['sɔrəl] **I** *aj* rosachtig; **II** *sb* roodbruin *o*; ♠ vos [paard]

sorrow ['sɔrou] **I** *sb* droefheid, smart, leed(wezen) *o*; leed *o*, verdriet *o*; rouw; **II** *vi* treuren, bedroefd zijn (over *at, for, over*); **–ful** bedroefd, treurig

sorry ['sɔri] *aj* bedroefd; ✦ bedroevend, ellendig, armzalig, miserabel; (*I am*) (*so*) ~ het spijt me; ook: neem mij niet kwalijk, sorry!, pardon!; *I am* (*feel*) ~ *for him* het spijt me voor hem; ik heb met hem te doen; *you will be* ~ *for it* het zal u berouwen

sort [sɔ:t] **I** *sb* soort; slag *o*; *all* ~*s* (*and conditions*) (van) allerlei slag; *all* ~*s of things* van alles (wat), alles en nog wat; *this* (*that*) ~ *of thing* zo iets; ~ *of* F om zo te zeggen, als het ware, enigermate, een beetje; *he is not a bad* ~ F hij is geen kwaaie vent; ● *a f t e r a* ~ in zekere zin, op zijn (haar) manier; *after his own* ~ op zijn manier; *i n a* ~ *of way* in zekere zin, op zijn (haar) manier; *a... of a* ~ zo'n soort van...; *nothing of the* ~ niets van die(n) aard; niets daarvan!; *of* ~*s* in zijn soort; een soort (van)...; *o u t of* ~*s* niet erg lekker; uit zijn humeur; **II** *vt* sorteren, rangschikken, uitzoeken (ook: ~ *out*); **III** *vi* ~ *well with* goed komen bij, stroken met

sorter ['sɔ:tə] sorteerder; sorteermachine

sortie ['sɔ:ti] ⚔ uitval; ✈ vlucht van één vliegtuig naar vijandelijk gebied

sortilege ['sɔ:tilidʒ] waarzegging [uit loten]

SOS ['esou'es] draadloos noodsein *o*, S.O.S. (-bericht, -sein) *o*; *fig* noodkreet

so-so ['sousou] F zo-zo, niet bijzonder

sot [sɔt] zuiplap, nathals; **sottish** bezopen, dronken

sotto voce [sɔtou'voutʃi] met gedempte stem

Soudanese [su:də'ni:z] Soedanees, Soedanezen

sough [sʌf, sau] **I** *sb* suizend geluid *o*; gesuis *o*, suizen *o*, zucht; **II** *vi* suizen, zuchten

sought [sɔ:t] V.T. & V.D. van *seek*

soul [soul] ziel[2]; ♪ soul [soort moderne jazz]; *not a* ~ geen levende ziel; *a jolly* ~ een leuke baas; *poor* ~*!* och arme!; *he is the* ~ *of kindness* hij is de vriendelijkheid zelf; *she dared not call her* ~ *her own* zij durfde geen boe of ba te zeggen; *f r o m his very* ~ uit de grond zijns harten; (*u p*) *o n my* ~*!* bij mijn ziel!; **–ful** gevoelvol, zielroerend, zielverheffend; **–less** zielloos; ~**-searching** zelfonderzoek *o*

1 sound [saund] **I** *aj* gezond, gaaf, flink, vast, krachtig, sterk, grondig; betrouwbaar, solide, degelijk; deugdelijk; goed [v. raad &]; **II** *ad* ~ *asleep* vast in slaap

2 sound [saund] **I** *sb* geluid *o*, klank, toon; ‖ sonde; *to the* ~ *of music* op de tonen van de muziek; **II** *vi* klinken, luiden, weerklinken, galmen; *she* ~*ed pleased* ze deed alsof ze blij was, ze deed blij, ze leek blij; *it* ~ *s a good idea* het lijkt een goed idee; ~ *off* F zijn mening zeggen (over *about, on*); **III** *vt* doen (weer)klinken, laten klinken; laten horen; uitspreken, uitbazuinen; kloppen op; ausculteren; sonderen, peilen; loden; *fig* onderzoeken, uithoren, polsen (ook: ~ *out*); ~ *an alarm*

alarm blazen (slaan); ~ *one's* (*the*) *horn* op zijn (de) hoorn blazen; toeteren, claxonneren [v. automobilist]

3 sound [saund] *sb* zeeëngte; zwemblaas; *the Sound* de Sont

4 sound [saund] *vi* onderduiken [v. walvis]

sound barrier ['saundbæriə] geluidsbarrière; ~**-board** = *sounding-board*; ~ **engineer** geluidstechnicus; **–er** ✝ klopper ‖ ⚓ dieplood *o*

1 sounding ['saundiŋ] *aj* klinkend[2], holklinkend

2 sounding ['saundiŋ] *sb* sonderen *o* &; ⚓ peiling, loding; ~*s* ⚓ diepte(n); *make* (*take*) ~*s* loden; *fig* poolshoogte nemen, zijn omgeving polsen

sounding-board ['saundiŋbɔ:d] klankbodem[2]; klankbord *o*; ~**-lead** (diep)lood *o*; ~**-line** ⚓ loodlijn; ~**-post** ♪ stapel [v. viool]; **soundless** geluidloos; onpeilbaar

soundly ['saundli] *ad* gezond; flink, terdege, geducht; vast [in slaap]

sound mixer ['saundmiksə] geluidstechnicus; ~**-proof** [*aj*] geluiddicht; **II** *vt* geluiddicht maken; ~ **track** geluidsspoor *o*, geluidsband, geluid *o* [v. geluidsfilm]

soup [su:p]; **I** *sb* soep; S p.k. [v. motor]; *be in the* ~ S in de soep zitten; **II** *vt* ~ *up* S opvoeren [motor]; ~**-plate** soepbord *o*, diep bord *o*; ~**-spoon** eetlepel; **soupy** soepachtig, soeperig; F sentimenteel

sour ['sauə] **I** *aj* zuur[2]; gemelijk, nors; naar [weer]; **II** *vt* & *vi* zuur maken (worden), verzuren; verbitteren

source [sɔ:s] bron[2], *fig* oorsprong

sourish ['sauəriʃ] zuurachtig, rins, zuur

sourpuss ['sauəpus] F nijdas; zuurpruim

souse [saus] **I** *sb* pekel(saus); oren en poten van varkens in pekel; onderdompeling; plons, geplons *o*; **II** *vt* marineren, pekelen; in-, onderdompelen; (over)gieten; **III** *ad* plons, pardoes; **–d** gepekeld; F stomdronken

soutane [su:'ta:n] soutane

south [sauθ] **I** *ad* zuidelijk, zuidwaarts, naar het zuiden; ~ *of* ten zuiden van; **II** *aj* zuidelijk, zuid(er)-, zuiden-; **III** *sb* zuiden° *o*; zuidenwind; **IV** *vi* zich zuidelijk bewegen; ★ de meridiaan passeren; ~**-east** zuidoost(en); **–easter** zuidoostenwind; ~**-easterly** zuidoostelijk; **–erly** ['sʌðəli] zuidelijk; **–ern** zuidelijk, zuider-; *the S~ Cross* het zuiderkruis; **Southerner** zuiderling [van Zuid-Engeland; Zuid-Amerika, Zuid-China &]; **southernmost** zuidelijkst; **southing** ['sauðiŋ] zuidelijke richting; **southward(s)**, **–wardly** zuidelijk, zuidwaarts; ~**-west** zuidwest(en); **–wester** zuidwestenwind; zuidwester; ~**-westerly** zuidwestelijk

souvenir ['su:vəniə] souvenir *o*, aandenken *o*

sou'wester ['sau'westə] zuidwester

sovereign ['sʌvrin] **I** *aj* soeverein[2], oppermachtig, opperst, hoogst, opper-; probaat [v. middel]; **II** *sb* (opper)heer, vorst, vorstin, soeverein [ook = geldstuk van 1 pond]; **-ty** soevereiniteit, opperheerschappij, oppergezag *o*, oppermacht
Soviet ['souviət] sovjet
1 sow [sau] *sb* ᴢᴀ zeug[2]; kelderpissebed; gieteling, geus, schuitje *o* [tin &]; *have (get, take) the wrong ~ by the ear* mistasten, de verkeerde voorhebben
2 sow [sou] *vt* zaaien[2], (uit)strooien, uit-, in-, bezaaien, bestrooien (met *with*)
sow-bug ['saubʌg] keldermot, pissebed
sower ['souə] zaaier[2]; zaaimachine; **sowing-machine** zaaimachine; **sown** [soun] V.D. van 2 *sow*
soy [sɔi] (Japanse) soja; sojaboon; **soya(-bean)** sojaboon
sozzled ['sɔzld] **F** dronken
spa [spa:] minerale bron; badplaats
space [speis] **I** *sb* ruimte, wijdte, afstand; plaats; spatie, interlinie; tijdruimte, tijd, tijdje *o*; *f o r a ~* een tijdje, een poos; *i n t o ~* ook: de lucht in, in het niet; **II** *vt* (meer) ruimte laten tussen, spatiëren (ook: *~ out*); *~ out payments* de betalingen verdelen; **~-bar** spatiebalk [v. schrijfmachine]; *~ cabin* ruimtecabine; **–craft** ruimtevaartuig *o*, ruimtevaartuigen; *~ flight* ruimtevlucht; **–man** ruimtevaarder; *~ opera* roman(s), film(s) & over ruimtevaartavonturen; **~probe** ruimtesonde; *~ rocket* ruimteraket; **~-saving** ruimte-, plaatsbesparend; **–ship** ruimtevaart; *~ station* ruimtestation *o*; **–suit** ruimtepak *o*; **spacing** spatiëring; tussenruimte, onderlinge afstand; **spacious** wijd, ruim, groot
spade [speid] **I** *sb* spade, schop; ◇ schoppen; **S** > nikker; *call a ~ a ~* het kind bij zijn naam noemen; **II** *vt* (om)spitten; **–work** voorbereidend werk *o*, pionierswerk *o*
Spain [spein] Spanje *o*
spake [speik] ⚓ V.T. van *speak*
1 span [spæn] **I** *sb* span [Eng. lengtemaat = 9 inch]; spanne tijds; spanwijdte, spanning; **II** *vt* spannen, om-, over-, afspannen; overbruggen
2 span [spæn] V.T. van *spin*
spangle ['spæŋgl] **I** *sb* lovertje *o*; **II** *vt* met lovertjes versieren; **~d** *with* ook: bezaaid met
Spaniard ['spænjəd] Spanjaard
spaniel ['spænjəl] spaniël
Spanish ['spæniʃ] **I** *aj* Spaans; *~ Main* kust en zee van Panama tot Amazone; **II** *sb* het Spaans
spank [spæŋk] **I** *vt* [met vlakke hand] op de broek geven, slaan; aandrijven [paard]; **II** *vi* fiks draven, flink doorstappen (ook: *~ along*); **III** *sb* klap, mep
spanker ['spæŋkə] ⚓ (grote) bezaan; **F** kanjer, prachtexemplaar *o*; hardloper
spanking ['spæŋkiŋ] **I** *aj* **F** groot, stevig; flink; fiks; ook: heerlijk; **II** *sb* pak *o* voor de broek; af-

rammeling
spanner ['spænə] schroefsleutel; *throw a ~ in the works* **F** dwarsbomen, saboteren
1 spar [spa:] *sb* spar, spier, rondhout *o* ‖ spaat *o*
2 spar [spa:] **I** *vi* boksen (zonder dóór te stoten);ᴬ redetwisten; bekvechten; **II** *sb* boks-, oefenpartij; *fig* woordentwist
spare [spɛə] **I** *aj* extra-, reserve-; schraal, mager; *~ (bed)room* logeerkamer; *~ cash (money)* geld over; *~ hours (moments)* vrije (ledige) uren, verloren ogenblikken; *~ parts* reserveonderdelen [v. auto]; *~ time* vrije tijd; **II** *sb* reserveonderdeel *o*; **III** *vt* sparen, besparen; zuinig zijn met; ontzien [moeite]; verschonen van; missen; [iem. iets] geven, afstaan, gunnen; *~ the rod and spoil the child* wie de roede spaart, bederft zijn kind; *can you ~ me a cigarette (moment)?* heb je een sigaret (ogenblik) voor me?; *have enough and to ~* meer dan genoeg (volop) hebben; *I have no time to ~* geen tijd over (te verliezen); **IV** *vr ~ oneself* zich ontzien; **V** *va* zuinig zijn; **–ly** *ad* schraaltjes, mager, dun; **sparing** spaarzaam, zuinig, karig, matig
spark [spa:k] **I** *sb* vonk, vonkje *o*, sprank, sprankje *o*, sprankel, greintje *o*; vrolijke Frans, zwierbol; galant; fat; *S~s* **S** marconist; **II** *vi* vonken, vonken spatten; ✗ starten; **III** *vt* plotseling doen ontstaan of veroorzaken (ook: *~ off*); **sparking** ✇ vonkontsteking; **~-plug** ✇ bougie; *~ spanner* bougiesleutel
sparkle ['spa:kl] **I** *vi* sprankelen, vonken schieten, fonkelen, schitteren; tintelen; parelen, mousseren [v. wijn]; **II** *sb* sprank, sprankje *o*, vonk, vonkje *o*, gefonkel *o*, schittering, glans; tinteling[2]; pareling [van wijn]; **–r S** glimmer: juweel *o*, briljant; **sparklet** vonkje *o*; ⑬ koolzuurcapsule (voor sifon); **sparkling** fonkelend, sprankelend; geestig, intelligent
spark-plug ['spa:kplʌg] *Am = sparking-plug*
sparrer ['spa:rə] bokser; vechtersbaas; **sparring-match** ['spa:riŋmætʃ] (vriendschappelijke oefen-)bokspartij; **~-partner** oefenpartner v.e. bokser
sparrow ['spærou] mus; **~-hawk** sperwer
sparse ['spa:s] dun (gezaaid[2]), verspreid; schaars
Spartan ['spa:tən] Spartaan(s)
spasm [spæzm] kramp, (krampachtige) trekking; *fig* vlaag; **–odic** [spæz'mɔdik] krampachtig; *fig* ook: bij vlagen, onregelmatig
spastic ['spæstik] spastisch (patiëntje *o*)
1 spat [spæt] ⬩ broed *o* van oesters
2 spat [spæt] **~s** slobkousen
3 spat [spæt] V.T. & V.D. van 2 *spit*
spatchcock ['spætʃkɔk] **I** *sb* haan, geslacht en snel gebraden; **II** *vt* **F** [woorden &] inlassen, toevoegen aan
spate [speit] rivieroverstroming, bandjir, hoog-

water *o; fig* stroom, stortvloed; *a river in* ~ een
onstuimig wassende rivier
spathe [speið] bloeischede
spatial ['speiʃəl] ruimte-, ruimtelijk
spatter ['spætə] **I** *vt* doen spatten, bespatten; bekladden; **II** *vi* spatten; **II** *sb* (be)spatten *o*; spat
ᕤ **spatterdashes** ['spætədæʃiz] slobkousen
spatula ['spætjulə] spatel; –te spatelvormig
spavin ['spævin] spat [paardenziekte]
spawn [spɔːn] **I** *sb* kuit, broed *o; fig* gebroed *o*,
produkt *o*; zaad *o*; **II** (*vi* &) *vt* (eieren) leggen,
(kuit) schieten; > produceren, de wereld in-
schoppen
spay [spei] steriliseren [v. vrouwelijke dieren]
speak [spiːk] **I** *vi* & *va* spreken, praten; aanslaan
[v. hond]; in het openbaar spreken, een rede
houden; tegen (met) elkaar spreken; sprekend
zijn [v. gelijkenis]; ♪ aanspreken [v. instrument];
zich laten horen; *A ~ing* 🏴 (u spreekt) met A.;
broadly (*generally*) *~ing* in het algemeen gesproken; *so to* ~ zie *so*; ● ~ *a b o u t* spreken over; ~
b y the book zich nauwkeurig uitdrukken; ~ *by the
card* zich voorzichtig uitdrukken; ~ *f o r* spreken
ten gunste van; getuigen van; *it ~s* (*well*) *for him*
het pleit voor hem; *the figures ~ for themselves* de
cijfers liegen er niet om; ~ *for yourself!* laat mij er
s.v.p. buiten; ~ *of* spreken over; *nothing to* ~ *of*
niets van betekenis; niets noemenswaardigs; ~
o u t hardop (uit)spreken; zeggen waar het op
staat; vrijuit spreken; ~ *out!* spreek (op)!; ~ *t o*
spreken tot (tegen, met, over), spreken [iem.];
een standje maken; *I can* ~ *to his having been there*
ik kan getuigen, dat hij er geweest is; *know sbd.*
to ~ *to* iem. genoeg kennen om hem aan te spreken; ~ *u p* hardop spreken; beginnen te spreken; vrijuit spreken; ~ *up for sbd.* het voor iem.
opnemen; ~ *w i t h* spreken met; **II** *vt* spreken;
uitspreken, uitdrukken, spreken van; zeggen; ⚓
praaien; ~ *him fair* beleefd tegen hem zijn; *his
conduct ~s him generous* kenschetst hem als edelmoedig; *certain ways which ~ the woman* waaruit de
vrouw spreekt; zie ook: *speaking;* ~**-easy** *Am* F
clandestiene kroeg; –**er** spreker; *the Speaker, Mr
Speaker* de voorzitter van het Lagerhuis; **speaking I** *aj* sprekend² & [portret]; spreek-; *English-*
~ Engelssprekend, Engelstalig; ~ *acquaintance*
iem., die men voldoende kent om aan te spreken; *we are not on* ~ *terms* wij spreken elkaar niet
(meer), wij spreken niet (meer) tegen elkaar; *be
on* ~ *terms with sbd.* zo familiaar met iem. zijn, dat
men hem kan aanspreken; **II** *sb* spreken *o; plain*
~ openhartigheid; duidelijke taal; ~**-trumpet**
scheepsroeper, spreektrompet², megafoon; ~**-
tube** spreekbuis
spear [spiə] **I** *sb* speer, lans, spiets; ᕤ scheut; **II**
vt met een speer doorsteken, spietsen; **III** *vi* ᕤ
uitspruiten, opschieten; –**head** speerpunt; *fig*

spits; –**man** speerdrager, -ruiter; –**mint** ᕤ pepermunt; ~ *side* zwaardzijde: mannelijke linie
spec [spek] afk. v. *speculation; on* ~ op goed geluk
special ['speʃəl] **I** *aj* bijzonder, speciaal, extra-; ~
delivery per expresse, spoedbestelling; ~ *pleading*
F spitsvondigheid, advokaterij; **II** *sb* bijzondere
correspondent [v. dagblad]; extratrein; extra-
editie [v. dagblad]; extraprijs &; –**ist** specialist
[in vak &]; –**ity** [speʃi'æliti] specialiteit, bijzonder vak *o*; bijzonderheid; bijzonder geval *o*;
–**ization** [speʃəlai'zeiʃən] specialisering, specia-
lisatie; –**ize** [speʃəlaiz] **I** *vt* nader of in bijzonderheden aangeven; voor een speciale functie bestemmen; specialiseren; **II** *vi* zich speciaal toeleggen (op *in*); zich specialiseren (in *in*); –**ty** spe-
cialiteit°
specie ['spiːʃiː] muntgeld *o*, contanten
species ['spiːʃiːz] soort(en), geslacht *o*, geslach-
ten
specific [spi'sifik] **I** *aj* soortelijk, specifiek, soort-;
speciaal, bepaald, nauwkeurig, uitdrukkelijk; ~
gravity soortelijk gewicht *o*; ~ *to...* eigen aan...; **II**
sb specifiek middel *o*; –**ation** [spesifi'keiʃən]
specificatie, gedetailleerde opgave, nauwkeurige vermelding; ~(*s*) bestek *o*; **specify** ['spesifai]
specificeren, gedetailleerd opgeven, in bijzonderheden aangeven
specimen ['spesimin] specimen *o*, proef, staaltje
o, voorbeeld *o*; F exemplaar *o*, type *o*
specious ['spiːʃəs] schoonschijnend
speck [spek] **I** *sb* smetje *o*, spatje *o*, vlekje *o*, spikkel,
stofje *o*; **II** *vt* spikkelen, vlekken
speckle ['spekl] **I** *sb* spikkel(ing); **II** *vt* (be)spik-
kelen
speckless ['speklis] vlekkeloos
specs [speks] F bril [v. *spectacles*]
spectacle ['spektəkl] schouwspel *o*, vertoning,
toneel(tje) *o*; (*pair of*) ~*s* bril; *make a* ~ *of oneself*
zich blameren; –**d** gebrild; bril-
spectacular [spek'tækjulə] **I** *aj* op (toneel)effect
berekend, opvallend, spectaculair, grandioos;
van vertoon houdend; **II** *sb Am* spectaculaire
uitzending
spectator [spek'teitə] toeschouwer
spectra *mv* v. *spectrum*
spectral ['spektrəl] spookachtig, spook-; spec-
traal, van het spectrum; **spectre** spook *o*, geest;
spooksel *o*
spectrum ['spektrəm, *mv* –**tra** –trə] spectrum *o*
speculate ['spekjuleit] peinzen, bespiegelingen
houden (over *on*); $ speculeren; –**tion** [spek-
ju'leiʃən] bespiegeling, beschouwing; $ specula-
tie; –**tive** ['spekjulətiv] speculatief, bespiegelend, beschouwend, zuiver theoretisch; ~ *builder* bouwspeculant; –**tor** $ speculant; bespiege-
laar, bespiegelend wijsgeer
speculum ['spekjuləm] 🏥 speculum *o*, spiegel

sped [sped] V.T. & V.D. van *speed*

speech [spi:tʃ] spraak, taal; rede(voering), toespraak; *free* ~ het vrije woord, ook = *freedom of* ~ vrijheid van meningsuiting, van spreken; *King's (Queen's) speech, ~ from the throne* troonrede; **~-day** ☞ dag van de prijsuitdeling; **–ify** > oreren, speechen; **–less** sprakeloos, stom (van *with*); **~-reading** liplezen *o*; **~-trainer** logopedist; **~-training** logopedie: onderricht *o* in het spreken

speed [spi:d] **I** *sb* spoed, snelheid, vaart, haast; versnelling; *good* ~ ✸ voorspoed; *(at) full* ~ met volle kracht; in volle vaart, spoorslags; **II** *vi* zich spoeden, voortmaken, snellen, vliegen; (te) hard rijden, een snelheidslimiet overschrijden; ~ *o n* zich voortspoeden; ~ *u p* er vaart achter zetten; **III** *vt* bespoedigen; bevorderen; doen snellen, doen vliegen; ~ *an engine* de vereiste snelheid geven; ✸ *God* ~ *you!* God zegene ul; ~ *up* bespoedigen, versnellen; **–boat** raceboot; **~-cop** S motoragent; **–er** iem. die te hard rijdt; snelheidsregelaar; **–ing** te hard rijden *o*; snelheidsovertreding; ~ *limit* (voorgeschreven) maximumsnelheid; **~-merchant** S snelheidsmaniak; **–ometer** [spi:'dɔmitə] snelheidsmeter; **~-skating** [spi:'dskeitiŋ] hardrijden *o* op de schaats; **~-up** F versnelling; productieverhoging; **–way** (auto)snelweg; *sp* speedway: sintelbaan voor motorrenners; **–well** ♣ ereprijs; **speedy** *aj* spoedig, snel, vlug

speleologist [spi:li'ɔlədʒist] speleoloog; **–gy** speleologie: grotten-, holenkunde

spelican ['spelikən] = *spillikin*

1 spell [spel] **I** *sb* toverformulier *o*; tovermacht, -kracht, ban, betovering, bekoring; *cast (throw) a* ~ *on* betoveren, fascineren; *be under a* ~ onder de bekoring zijn (van), (gefascineerd zijn (door), gebiologeerd zijn (door); **II** *vt* spellen, betekenen; ~ *out (over)* (met moeite) spellen; ontcijferen, uitvorsen; ~ *out* ook: letter voor letter zeggen (schrijven); nauwkeurig omschrijven, duidelijk aangeven (uiteenzetten); **III** *vi* spellen

2 spell [spel] *sb* tijdje *o*, poos; periode; werktijd, beurt; *a t a* ~ aan één stuk door, achtereen; *have a* ~ *at sth.* een tijdje ergens mee bezig zijn; ~ *of fine weather* periode van mooi weer; *hot* ~ hittegolf

spellbinder ['spelbaində] F boeiend spreker; **–bound** als betoverd, gefascineerd, gebiologeerd, geboeid

speller ['spelə] speller; spelboek *o*; **spelling** spelling; **~-bee** spelwedstrijd; **~-book** spelboek *o*; **spelt** V.T. & V.D. van 1 *spell*

spelter ['speltə] $ zink *o*

✸ **spence** [spens] provisiekast, -kamer

1 spencer ['spensə] kort wollen jasje *o*

2 spencer ['spensə] ⚓ gaffelzeil *o*

spend [spend] **I** *vt* uitgeven, besteden (aan *at, in, on, over*); doorbrengen [tijd]; verbruiken, verteren, verkwisten; **II** *vr* ~ *oneself* zich uitputten, afmatten; *the storm had spent itself* was uitgeraasd; **III** *vi* uitgeven, uitgaven doen; ~ *freely* kwistig zijn; **–er** wie geld uitgeeft; verkwister

spending uitgeven *o* &; **~s** uitgaven; *she has the* ~ zij gaat over het geld; **~-money** zakgeld *o*; **~-power** koopkracht

spendthrift ['spendθrift] **I** *sb* verkwister, verspiller; **II** *aj* verkwistend

spent [spent] **I** V.T. & V.D. van *spend*; **II** *aj* verbruikt, uitgeput, op; mat [kogel], leeg [huls]

sperm [spə:m] sperma *o*, zaad *o*; walschot *o*

spermaceti [spə:mə'seti] walschot *o*

spermary ['spə:məri] mannelijke geslachtsklier, testikel; **–atic** [spə'mætik] sperma-, zaad-

sperm whale ['spə:mweil] potvis, cachelot

spew [spju:] **I** *vt* (uit)spuwen; **II** *vi* spuwen

sphenoid ['sfi:nɔid] wigvormig

sphere [sfiə] sfeer [2]; bol; globe, hemelbol; ☉ hemel(gewelf *o*); *fig* (werk)kring, arbeidsveld *o*, omvang, gebied *o*; **–rical** ['sferikl] sferisch, bolrond, bol-; ~ *triangle* boldriehoek; **–roid** ['sfiərɔid] sferoïde

sphenoid ['sfi:nɔid] wigvormig

sphincter ['sfiŋktə] *anat* sluitspier

sphinx [sfiŋks] sfinx; **~-like** sfinxachtig

spice [spais] **I** *sb* specerij(en), kruiderij(en); *fig* het pikante; *a* ~ *of...* een vleugje...; **II** *vt* kruiden [2]; **spicily** *ad* gekruid; *fig* pikant; **spiciness** gekruidheid; *fig* pikanterie

spick(-)and(-)span ['spikən'spæn] gloednieuw; brandschoon; piekfijn, keurig

spicy ['spaisi] kruidig, gekruid, kruiden-, specerij-; geurig, pikant [2]; pittig [2]

spider ['spaidə] spin, spinnekop; **–y** spinachtig; spichtig

spiel [spi:l] **S I** *sb* geklets *o*, verhaal *o*, verkooppraatje *o*; **II** *vi* kletsen, ratelen

spieler ['spi:lə] **S** valsspeler; gokker; speelhol *o*

spiffing ['spifiŋ] **S** ,,fijn"

spifflicate ['spiflikeit] **S** vernietigen, vermorzelen; van kant maken

spigot ['spigət] tap, stop, deuvik; tapkraan

spike [spaik] **I** *sb* aar; punt, spijl [v. hek &]; pen; lange nagel; tand [v. kam]; **~s** *sp* spikes: atletiekschoenen; **II** *vt* (vast)spijkeren; (door)prikken; ✕ vernagelen [kanon]; van punten voorzien; ~ *the guns of* [*fig*] buiten gevecht stellen, een eind maken aan; ~ **heel** naaldhak

spikenard ['spaikna:d] nardus

spiky ['spaiki] puntig, stekelig; *fig* gauw op z'n teentjes getrapt

1 spill [spil] *sb* fidibus: opgerold papiertje om sigaar aan te steken

2 spill [spil] **I** *vt* morsen [melk]; storten, vergieten [bloed], omgooien [ook v. rijtuig], afwerpen [ruiter]; ~ *the beans* een geheim verraden; **II** *vi* gemorst worden, overlopen (ook: ~ *over*); **III** *sb* (stort)bui; val, tuimeling; *a ~ of milk* wat gemorste melk; *have a ~* van het paard geworpen worden, omvallen [met rijtuig]

spillikin ['spilikin] houtje *o*; ~*s* knibbelspel *o*

spillway ['spilwei] overlaat

spilt [spilt] V.T. & V.D. van *2 spill*

spin [spin] **I** *vt* spinnen; uitspinnen[2], laten (doen) draaien; centrifugeren [wasgoed]; opzetten [een tol]; ~ *out* uitspinnen[2], *fig* rekken; **II** *vi* & *va* spinnen; (in de rondte) draaien; ⚓ in schroefduik dalen; ~ *a l o n g* (*on one's bike*) **F** (voort)peddelen, -rollen; ~ *r o u n d* ronddraaien; zich omdraaien; *I sent him ~ning* ik deed hem achteruit tollen; **III** *sb* spinnen *o* of draaien *o*; ⚓ schroefduik, vrille; **F** (rij)toertje *o*, tochtje *o*; *go for a ~* een toertje gaan maken; *flat ~* **F** paniek

spinach ['spinidʒ] spinazie

spinal ['spainl] ruggegraats-; ~ *column* ruggegraat; ~ *cord* (*marrow*) ruggemerg *o*

spindle ['spindl] **I** *sb* spil, as; spoel, klos; spijl, stang, pin; **II** *vi* spilvormig uitlopen; ~-**legged** met spillebenen; ~-**legs** spillebenen; ~-**shanked** = *spindle-legged*

spindly ['spindli] spichtig

spin-drier ['spindraiə] (electr.) droogtrommel; **-drift** 🕂 nevel van schuim; ~-**dry** [wasgoed] drogen in droogtrommel

spine [spain] doorn; stekel; ruggegraat; rug; -**less** zonder ruggegraat[2]; *fig* slap, futloos

spinet [spi'net] spinet *o*

spinner ['spinə] spinner; spinmachine

spinneret ['spinəret] spinklier, spinorgaan *o*

spinney ['spini] bosje *o*, struikgewas *o*

spinning-jenny ['spiniŋdʒeni] spinmachine; ~-**mill** spinnerij; ~-**top** draaitol; ~-**wheel** spinnewiel *o*

spin-off ['spinɔf] winstopleverend nevenprodukt *o*

spinous ['spainəs] = *spiny*

spinster ['spinstə] jongedochter, oude vrijster; 🕸 ongehuwde vrouw

spiny ['spaini] doornig; stekelig[2]; *fig* netelig

spiracle ['spaiərəkl] luchtgat *o*, ademhalingsopening

spiral ['spaiərəl] **I** *aj* spiraalvormig, schroefvormig; kronkelend; ~ *staircase* wenteltrap; **II** *sb* spiraal; **III** *vi* zich spiraalsgewijs bewegen; snel stijgen of dalen; **spirally** *ad* spiraalsgewijs

spirant ['spaiərənt] spirant, schuringsgeluid *o*

spire ['spaiə] **I** *sb* punt; spits [v. toren]; (gras-) spriet ǁ spiraalwinding, kronkeling; **II** *vi* spits toelopen; zich spits verheffen; -**d** spits (toelopend); van torenspitsen voorzien

spirit ['spirit] **I** *sb* geest∙ (ook = spook);

(geest)kracht; moed, durf; bezieling, vuur *o*, fut; aard; spiritus, sterke drank; ~*s* levensgeesten; stemming; spiritualiën; brandewijn; *ardent* ~*s* geestrijke drank(en); *the choice* ~*s* de grote geesten; *the Holy Spirit* de Heilige Geest; ~ *of wine* wijngeest; ● *be i n* (*high*) ~*s* opgewekt, vrolijk zijn; *in the best of* ~*s* in de beste stemming; *in low* (*poor*) ~*s* neerslachtig; *in* (*the*) ~ in de geest; *the poor in* ~ de armen van geest; *he did it in a* ~ *of mischief* uit baldadigheid; *objections made in a captious* ~ uit vitzucht; *he took it in a wrong* ~ hij nam het verkeerd op; *enter i n t o the* ~ *of the thing* de situatie snappen (en ook meedoen); *o u t of* ~*s* neerslachtig; *w i t h* ~ met (veel) animo, met vuur; **II** *vt* aanmoedigen, opmonteren (ook: ~ *up*); ~ *away* (*off*) wegmoffelen, -goochelen, -toveren, doen verdwijnen; -**ed** bezield, geanimeerd; levendig, vurig; moedig; energiek; pittig; ~-**lamp** spirituslamp; -**less** geesteloos, levenloos, moedeloos, futloos, duf; ~-**level** luchtbelwaterpas *o*; ~-**rapping** geestenklopperij; ~-**stove** spiritustoestel *o*; theelichtje *o*

spiritual ['spiritjuəl] **I** *aj* geestelijk; **II** *sb* godsdienstig lied *o* (van Amerikaanse negers); -**ism** spiritualistisch karakter *o*; spiritualisme *o* (tegenover materialisme); spiritisme *o*; -**ist** **I** *sb* spiritualist; spiritist; **II** *aj* = *spiritualistic*, -**istic** [spiritjuə'listik] spiritualistisch, spiritistisch; -**ity** [spiritju'æliti] spiritualiteit; geestelijkheid, onstoffelijkheid; -**ization** [spiritjuəlai'zeiʃən] vergeestelijking; verklaring in geestelijke zin; -**ize** ['spiritjuəlaiz] vergeestelijken; in geestelijke zin verklaren; **spiritually** *ad* geestelijk

spiritueel(le) [spiritju'el] *Fr* verfijnd; geestig

spirituous ['spiritjuəs] geestrijk, alcoholisch

spirt [spə:t] = *spurt*

spiry ['spaiəri] spiraalvormig, kronkelend; ook = *spired*

1 spit [spit] **I** *sb* (braad)spit *o*; landtong; **II** *vt* aan het spit steken; (door)steken

2 spit [spit] **I** *vi* spuwen, spugen; „blazen" [van kat]; spetteren; motregenen; ~ *on* (*upon*) spuwen op[2]; **II** *vt* spuwen, spugen; ~ *out* uitspuwen, -spugen; *fig* er uit gooien; **III** *sb* spuug *o*, spog *o*, speeksel *o*; motregen; ~ *and polish* het poetsen en boenen; *he is the* (*dead, living, very*) ~ *of his father* het sprekend evenbeeld van zijn vader

3 spit [spit] *sb* spit *o* [steek met de spade]

spite [spait] **I** *sb* boosaardigheid, wrok, wrevel; *have a* ~ *against sbd.* een wrok jegens iem. koesteren; *iets tegen iem. hebben*; *i n* ~ *of* ten spijt van, in weerwil van, trots, ondanks, niettegenstaande; *in* ~ *of me* (*myself*) tegen mijn wil, mijns ondanks; *o u t of* ~ uit wrok; **II** *vt* ergeren; dwarsbomen, pesten; -**ful** nijdig, boosaardig; hatelijk

spitfire ['spitfaiə] driftkop

spittle ['spitl] speeksel *o*, spuug *o*, spog *o*

spittoon [spi'tu:n] kwispedoor *o* & *m*, spuwbak

spiv [spiv] F knoeier, zwendelaar; parasiterende leegloper, nietsnut

splash [splæʃ] **I** *vt* bespatten, bemodderen; doen spatten; plekken; F met vette koppen drukken; **II** *vi* spatten, plassen, klateren, kletsen, plonzen, ploeteren, plompen; **III** *sb* geklater *o*, geplas *o*, geplons *o*, plons; klets, kwak [verf &]; plek; F spuitwater *o*; *make a ~* opzien baren; geuren; *~-board* spatbord *o*; *~-down* landing in zee [v. ruimtecapsule]; **–er** spatbord *o*, -plaat, -zeiltje *o*; **splashy** modderig; sliknat

splatter ['splætə] **I** *vi* plassen; spatten; **II** *vt* sputteren; bespatten, doen spatten, besprenkelen

splay [splei] **I** *vt* afschuinen; **II** *vi* schuin lopen; **III** *sb* afschuining; **IV** *aj* schuin; wijd uitstaand

spleen [spli:n] milt; *fig* slecht humeur *o*, wrevel; zwaarmoedigheid

splendid ['splendid] prachtig, luisterrijk, schitterend, heerlijk, prima

splendiferous [splen'difərəs] S prachtig, schitterend

splendour ['splendə] pracht, luister, schittering, glans, praal, heerlijkheid

splenetic [spli'netik] slecht gehumeurd, geïrriteerd

splenic ['splenik] van de milt, milt-; *~ fever* miltvuur *o*

splice [splais] **I** *vt* splitsen (twee einden touw samenvlechten); verbinden; lassen [film]; F trouwen; **II** *sb* splitsing; verbinding; las [v. film]

spline [splain] lat; splitpen, spie

splint [splint] **I** *sb* spalk; spaan; **II** *vt* spalken; **~-bone** kuitbeen *o*

splinter ['splintə] **I** *vt* versplinteren; **II** *vi* splinteren; **III** *sb* splinter, scherf; **~-bar** zwenghout *o*; **splintery** splinterig

split [split] **I** *vt* splijten; splitsen²; F samen delen; verdelen (ook: *~ up*); S verklikken, verraden [geheim]; *~ the difference* het verschil delen; *~ hairs* haarkloven; **II** *vi* splijten; barsten, scheuren; zich splitsen², uiteengaan (ook: *~ up*); *~ on a rock* op een klip stranden²; **III** *sb* spleet, scheur(ing), splitsing, tweespalt, onenigheid, breuk; F half flesje *o* (spuitwater) &; *~s* spagaat [= spreidzit v. danser(es) &]; **IV** V.T. & V.D. v. *split*; **V** *aj* gespleten, gesplitst; *~ peas* splitwerwten; *one ~ second* F (in) een fractie van een seconde, (voor) een onderdeel van een seconde, (voor) een ondeelbaar ogenblik; *a ~ soda* F een half flesje *o* spuitwater; gemengde drank [vaak met ijs]; broodje *o* met room of jam

splodge [splɔdʒ], **splotch** [splɔtʃ] **I** *sb* plek, vlek, smet, klad, klodder; **II** *vt* volsmeren, bekladden, bevlekken

splurge [splə:dʒ] *sb* (& *vi*) F drukte, vertoon *o* (maken)

splutter ['splʌtə] **I** *vi* knetteren; sputteren; stotteren, hakkelen; spatten [v. pen]; **II** *sb* geknetter. *o*; gesputter *o*; gestotter *o*

spoil [spɔil] **I** *vt* bederven°; verknoeien; verwennen; ↖ beroven, (weg)roven, (uit)plunderen; ontroven (iem. iets, *~ sbd. of sth.*); *~ed paper* ongeldig (gemaakt) (stem)biljet *o*; **II** *vi* bederven°; *he is ~ing for a fight* hij hunkert er naar (brandt van verlangen) om er op los te gaan; **III** *sb* roof, buit° (gewoonlijk *~s*); **–ed** bederver; plunderaar; **~-sport** spelbederver, feestverstoorder; **spoilt** V.T. & V.D. van *spoil*

1 spoke [spouk] **I** *sb* spaak, sport; **II** *vt* van spaken voorzien; een spaak steken in

2 spoke [spouk] V.T. van *speak*; **spoken** V.D. van *speak*; **spokesman** woordvoerder

spoliation [spouli'eiʃən] beroving, plundering

spondee ['spɔndi:] spondee: — —

sponge [spʌn(d)ʒ] **I** *sb* spons²; dronkelap; Moskovisch gebak *o*; gerezen deeg *o*; ↖ (kanon)wisser; F klaploper; *throw (chuck) up the ~* zich gewonnen geven; **II** *vt* (af)sponsen (ook: *~ down, over*), weg-, uit-, afwissen, wissen; *~ up* opnemen met de spons; op-, inzuigen; **III** *vi fig* klaplopen; *~ on sbd.* op iem. parasiteren; **~-cake** Moskovisch gebak *o*; *~ cloth* badstof, frotté *o*; *~ finger* lange vinger [biscuit]; **sponger** klaploper; **sponging-house** ⌂ gijzelplaats; **spongy** sponsachtig

sponsor ['spɔnsə] **I** *sb* borg²; begunstiger; *RT* sponsor: bekostiger van een₂ programma (bij wijze van reclame); peetvader², peetoom; doopmoeder, peettante; *stand ~* borg (peet) zijn, borg blijven; **II** *vt* instaan voor, borg zijn voor; steunen; *RT* sponsoren: een programma bekostigen (bij wijze van reclame); peet zijn over, ten doop houden²; *~ed by* ook: gesteund door, ingediend door, onder de auspiciën van; **–ship** peetschap *o; fig* steun

spontaneity [spɔntə'ni:iti] spontaneïteit; **–eous** [spɔn'teinjəs] spontaan, ongedwongen; in het wild groeiend, natuurlijk; zelf-; *~ combustion* zelfontbranding

spoof [spu:f] **I** *sb* bedrog *o*, verlakkerij; **II** *vt* foppen, verlakken

spook [spu:k] F spook *o*; S > blanke; **–y** F spookachtig; spook-

spool [spu:l] **I** *sb* spoel, klos; **II** *vt* spoelen

spoon [spu:n] **I** *sb* lepel; *be born with a silver ~ in one's mouth* van rijke familie zijn; een zondagskind zijn; **II** *vt* lepelen; **III** *vi* S erg verliefd zijn; vrijen

spoonbill ['spu:nbil] 🦤 lepelaar

spoonerism ['spu:nərizm] grappige verwisseling van letters

spoon-feed ['spu:nfi:d] met de lepel voeren of ingeven; *fig* kunstmatig steunen; [iem. alles]

voorkauwen; **spoonful** (volle)lepel
spoony, spooney ['spu:ni] S smoorverliefd, sentimenteel
spoor [spuə] spoor o [van wild beest]
sporadic [spɔ'rædik] sporadisch, hier en daar voorkomend, verspreid
spore [spɔ:] ♣o spoor; kiem[2]
sporran ['spɔrən] Sc tas van de Hooglanders
sport [spɔ:t] I sb spel o, vermaak o, tijdverdrijf o; (buiten)sport; jacht, vissen o; speling (der natuur); speelbal; scherts; ~s ook: sport; sportwedstrijden; he's a ~ F hij is een bovenste beste; old ~! F ouwe jongen!; in ~ voor de grap; make ~ of belachelijk maken; voor de gek houden; II vi zich ontspannen, zich verlustigen, spelen, dartelen, schertsen; III vt ten toon spreiden (stellen), vertonen; er op na houden, zich uitdossen in (met), pronken met; ~ one's oak ⊜ S zijn deur gesloten houden; –ing aj spelend, dartelend; jacht-, jagers-, sport-; sportief; a ~ chance een eerlijke kans; een redelijke kans; –ive ad gekscherend, voor de aardigheid; spelenderwijs; sportief; **sportsjacket** sportcolbert o & m; –man liefhebber van jagen, vissen, paarden &, jager; sportief iemand; –manlike sportief; –manship bedrevenheid of liefhebberij in sport; sportiviteit; –wear sportkleding; **sporty** F dol op sport; Am F opvallend, modieus

spot [spɔt] I sb vlek[2], smet, spat, spikkel, pukkel, plek; plaats; Am nachtclub; druppel; moesje o [op das &]; ♣ acquit o; opvallend geplaatst artikel o & [in krant]; RT (reclame)spot; $ loco (ook: on (the) ~); a ~ of ... een beetje ..., een stukje ...; in a ~ F in moeilijkheden, in de knel; be in a ~ F in de knel zitten; on the ~ ter plaatse, op de plaats (zelf wonend); op staande voet; F oplettend, klaar wakker; S in (doods)gevaar, in het nauw; II vt plekken, vlekken; bevlekken, bezoedelen, een smet werpen op; met moesjes spikkelen; marmeren; ontdekken, [iets] snappen, [iem.] in het oog krijgen, opmerken; verkennen; waarnemen; III vi plekken, vlekken; ~ cash contante betaling; –less smetteloos, vlekkeloos; –light I sb zoeklicht o; bermlamp; II vt het zoeklicht richten op[2]; ~-on F heel precies, haarscherp, onberispelijk; ~ price $ locoprijs; **spotted** gevlekt, bont; fig bezoedeld; ~ fever nekkramp; **spotter** speurder; verkenningsvliegtuig o, -vlieger; herkenner van vliegtuigen; Am spion, rechercheur; **spotty** gevlekt, gespikkeld, vlekkig; ongelijk(matig); **spot welding** puntlasser o

spouse [spauz] eega, echtgenoot, -genote
spout [spaut] I vt spuiten, gutsen; F declameren; II vt (uit)spuiten, opspuiten[2]; F uitvoerig spreken, oreren; III sb spuit, pijp, tuit, (dak)goot; watersprong; dampstraal [v. walvis]; straal [v.

bloed]; down the ~ verloren, vernield; up the ~ S in de lommerd; S in moeilijkheden; S zwanger; –er F declamator; volksredenaar; spuitende walvis; spuitende oliebron
sprag [spræg] remblok o; stuthout o
sprain [sprein] I vt verrekken, verstuiken, verzwikken; II sb verrekking, verstuiking, verzwikking
sprang [spræŋ] V.T. van spring
sprat [spræt] sprot; throw a ~ to catch a whale een spiering uitwerpen om een kabeljauw te vangen
sprawl [sprɔ:l] I vi nonchalant, lomp (gaan) liggen; verspreid liggen; zich onregelmatig verspreiden; wijd uit elkaar lopen [v. schrift]; spartelen; send him ~ing hem tegen de grond slaan; II vt nonchalant uitstrekken; III sb nonchalante houding; spartelende beweging; verspreide uitgestrektheid
1 spray [sprei] sb takje o, rijsje o; boeketje o; a ~ of diamonds een diamanten aigrette
2 spray [sprei] I sb fijne druppeltjes, stofregen, nevel; sproeimiddel o; sproeier, vaporisator; II vt besproeien, bespuiten; afspuiten; sproeien, spuiten; verstuiven; –er sproeier, vaporisator, verstuiver; ~-gun spuit(pistool o), verfspuit
1 spread [spred] I vt (uit)spreiden, verspreiden, uit-, verbreiden, uitstrooien; spannen [zeil]; uitslaan [de vleugels]; ontplooien [vlag]; bedekken, beleggen, (be)smeren [brood]; ~ the table klaarzetten, opdissen; ~ its tail pronken [van pauw]; ~ out uitspreiden; ~ the payment over 5 years de betaling over 5 jaren verdelen, uitsmeren, uitstrijken; a meadow with daisies met madeliefjes bezaaid; II vi zich uit-,verspreiden, zich uit-, verbreiden, zich uitstrekken; a ~ing tree een breedgetakte boom; III sb verbreiding, verspreiding; uitgestrektheid; omvang; spanning, vlucht [van vogel]; ook: sprei, beddesprei & tafelkleed o; smeersel o [voor de boterham]; F feestmaal o, onthaal o; centre ~ publikatie over middenpagina's; cheese ~ smeerkaas; double ~ publikatie over dubbele pagina; a middle-age(d) ~ F een buikje o op middelbare leeftijd; 2 spread V.T. & V.D. van 1 spread; ~-eagle ['spred'i:gl] I sb Ø adelaar met uitgespreide vleugels; II vt met armen en benen uitgestrekt (gaan) liggen; III aj ['spredi:gl] Am chauvinistisch; –er verspreider; uitstrooier[2]; sproeier
spree [spri:] fuif, pretje o, lolletje o; on a (on the) ~ aan de rol
sprig [sprig] takje o, twijgje o, rijsje o; stift [spijkertje]; a ~ of diamonds een diamanten aigrette; a ~ of (the) nobility een adellijke spruit, een heertje o van adel; **sprigged** met takjes; **spriggy** vol takjes
sprightly ['spraitli] levendig, kwiek, opgewekt, vrolijk

spring [spriŋ] **I** *vi* springen [ook = stukgaan], op-, ontspringen, voortspruiten (uit *from*), opkomen [gewassen], opschieten, verrijzen; veren; ~ *a t* springen naar; toespringen op; ~ *a w a y* wegspringen; ~ *b a c k* terugspringen; ~ *d o w n* naar beneden springen; ~ *f r o m* ontspringen aan, voortkomen, -spruiten uit, afstammen van; *where did you* ~ *from?* waar kom jij zo opeens vandaan?; ~ *(i n)t o life* plotseling levend worden; opduiken; ~ *t o* dichtslaan [deur]; ~ *to arms* te wapen snellen; ~ *u p* opkomen, opduiken, opschieten, verrijzen, ontstaan, zich verheffen; ~ *u p o n sbd.* op iem. toespringen; **II** *vt* doen (op)springen; opjagen [wild]; laten springen [een paard, mijn &]; springen over; verend maken, van veren voorzien; doen dichtslaan [val]; **F** plotseling aankomen met [eisen, theorieën &]; ~ *a leak* ⚓ een lek krijgen; ~ *a surprise (up)on sbd.* **F** iem. met een verrassing op het lijf vallen; **III** *sb* sprong[2]; lente, voorjaar *o*; bron[2], oorsprong; veerkracht; veer [van horloge &]; drijfveer[2]; *take a* ~ een sprong doen; ~**-balance** veerbalans; ~**-bed** springmatras; ~**-board** springplank; ~**-chicken** piepkuiken *o*; ~**-clean** voorjaarsschoonmaak houden

⚓ **springe** [sprin(d)ʒ] **I** *sb* (spring)strik [voor klein wild]; lus, valstrik; **II** *vt* strikken

springer ['spriŋə] springer; 🦴 kleine patrijshond; 🦴 springbok; 🦴 dolfijn

spring fever ['spriŋ'fiːvə] voorjaarsmoeheid

spring-head ['spriŋ'hed] bron[2]; *fig* oorsprong

spring-like ['spriŋlaik] voorjaarsachtig, lente-; ~**-tide** springtij *o*; ⊙ lente(tijd); ~**-time** lente

spring water ['spriŋwɔːtə] bron-, welwater *o*

spring-wheat ['spriŋwiːt] zomertarwe

springy ['spriŋi] veerkrachtig, elastisch

sprinkle ['spriŋkl] **I** *vt* (be)sprenkelen, sprengen, (be)strooien; **II** *vi* motregenen; **III** *sb* = *sprinkling*; –r strooier; sproeier; sproeiwagen; **sprinkling** (be)sprenkeling; klein aantal *o*, kleine hoeveelheid, beetje *o*; *a pretty large* ~ *of...* heel wat...

sprint [sprint] **I** *sb* sprint; **II** *vi* sprinten

sprit [sprit] ⚓ spriet

sprite [sprait] fee, kabouter; geest

spritsail ['spritseil, ⚓ 'spritsl] sprietzeil *o*

sprocket ['sprɔkit] tand [v. tandrad]

sprout [spraut] **I** *vi* (uit)spruiten, uitlopen, opschieten (ook: ~ *up*); **II** *vt* doen uitspruiten of opschieten; **III** *sb* spruitje *o*, scheut; ~*s* spruitjes, spruitkool

1 spruce [spruːs] *sb* 🌿 sparreboom, spar

2 spruce [spruːs] **I** *aj* net gekleed, knap, zwierig, opgedirkt; **II** *vt* net aankleden, opdirken (ook: ~ *up*); **III** *vr* ~ *oneself* zich opdirken, zich mooi maken; ~**-fir** sparreboom, spar

sprue [spruː] psilosis: Indische spruw

sprung [sprʌŋ] V.D. van *spring*

spry [sprai] kwiek, wakker, monter; bijdehand, gewiekst

spud [spʌd] wiedijzer *o*; **F** pieper: aardappel; **S** vriend; ~**-bashing S** piepersjassen *o*

spue = *spew*

spume [spjuːm] **I** *sb* schuim *o*; **II** *vi* schuimen; **spumy** schuimend, schuimachtig

spun [spʌn] V.T. & V.D. van *spin*

spunk [spʌŋk] **F** fut, lef *o* &

spur [spəː] **I** *sb* spoor [v. ruiter, haan, bloemblad &]; spoorslag[2], prikkel; uitloper, tak [v. gebergte]; hoofdwortel [v. boom]; zijlijn [v. spoorweg]; *clap (put, set)* ~*s to* de sporen geven, aansporen; *win one's* ~*s* zijn sporen verdienen[2]; *on the* ~ *(of the moment)* op het ogenblik (zelf); op staande voet, dadelijk; zonder overleg, spontaan; **II** *vt* sporen, de sporen geven [een paard]; aansporen (ook: ~ *on*); van sporen voorzien; **III** *vi* ~ *forward (on)* (spoorslags) voortjagen

spurge [spəːdʒ] 🌿 wolfsmelk

spurious ['spjuəriəs] onecht, nagemaakt, vals

spurn [spəːn] (weg)trappen; versmaden, met verachting afwijzen

spurt [spəːt] **I** *vi* spurten[2]; *fig* alle krachten bijzetten; spuiten; spatten [v. pen]; **II** *vt* spuiten; **III** *sb* gulp, plotselinge, krachtige straal; uitbarsting, vlaag; *sp* spurt

spur-wheel ['spəːwiːl] ✕ tandrad *o*

sputter ['spʌtə] **I** *vi* (& *vt*) spuwen onder het spreken, sputteren; knetteren; brabbelen [in een taal]; hakkelen; zenuwachtig of opgewonden spreken; ~ *at* sputteren tegen; **II** *sb* gesputter *o*; geknetter *o*

sputum ['spjuːtəm] sputum *o*, speeksel *o*

spy [spai] **I** *sb* bespieder, spion; *be a* ~ *on* bespioneren; **II** *vt* in het oog krijgen, ontdekken; bespieden, verspieden; ~ *out* uitvorsen; verkennen; **III** *vi* spioneren; zitten gluren; ~ *a t* bespioneren, begluren; ~ *i n t o secrets* in geheimen zijn neus steken; achter geheimen zien te komen; ~ *(u p)o n* bespioneren, begluren; ~**-glass** (handverre)kijker; ~**-hole** kijkgat *o*; **spying** bespieden *o* &; spionage; **spy-mirror** spionnetje *o*

sq. = *square*

squab [skwɔb] **I** *aj* (kort en) dik; kaal [v. jonge vogels]; **II** *sb* jonge duif; dikzak; gevuld kussen *o*

squabble ['skwɔbl] **I** *vi* kibbelen, krakelen; **II** *sb* gekibbel *o*, geharrewar *o*, krakeel *o*, ruzie; –r kibbelaar, krakeler

squad [skwɔd] ✕ escouade, rot; sectie, afdeling, groep, ploeg, > troep, kliek; ~ *car* politieauto

squadron ['skwɔdrən] ✕ eskadron *o*; ⚓ smaldeel *o*, eskader *o*; ✈ squadron *o*; *fig* georganiseerde groep; ~**-leader** ✈ majoor squails [skweils] soort sjoelbakspel *o*

squalid ['skwɔlid] smerig, vuil, goor; gemeen; armoedig

squall [skwɔ:l] I *sb* harde gil, rauwe kreet, schreeuw; windvlaag, bui; *fig* ruzie; onverwachte moeilijkheid; *look out for* ~*s* op zijn hoede zijn; II *vi* & *vt* gillen, schreeuwen; squally buiig, stormachtig

squalor ['skwɔlə] vuil[2] *o*, vuilheid, smerigheid; gore armoede

squama ['skweimə] schub; –mous schubbig, geschubd

squander ['skwɔndə] verspillen, verkwisten, opmaken, er doorbrengen; –mania ['skwɔndə-'meinjə] spilzucht

square [skwɛə] I *sb* vierkant *o*, kwadraat *o* [ook getal]; plein *o*; exercitie-, kazerneplein *o*; blok *o* (huizen); ruit [op dam- of schaakbord &], vak *o*, veld *o*, hokje *o*; vierkante sjaal, doek; luier; hoek [v. boekband]; ⚃ carré *o* & *m*; ✗ winkelhaak, tekenhaak; S ouderwets, conventioneel iemand; S eerlijk mens; *a* ~ *of carpet* een afgepast (vloer)kleed *o*, een karpet *o*; *back to* ~ *one* [*fig*] terug naar (op) het uitgangspunt; *form into* ~ ⚃ (zich) in carré opstellen; *act on the* ~ F eerlijk handelen (zijn); *out of* ~ niet haaks; II *aj* vierkant°, vierkant uitgesneden; in het vierkant; recht(hoekig); duidelijk, rechtuit; F eerlijk; *sp* quitte; S ouderwets, conventioneel; *all* ~ gelijk spel; F eerlijk; ~ *dance* quadrille; *a* ~ *game* voor (tussen) vier man; *a* ~ *meal* een flink maal *o*; ~ *measure* vlaktemaat; ~ *numbers* kwadraatgetallen; ~ *root* vierkantswortel; ~ *to* rechthoekig op; *get things* ~ de zaak in orde brengen, orde op zaken stellen; *get* ~ *with* F afrekenen met, quitte worden met; III *ad* vierkant; recht(hoekig); F eerlijk; IV *vt* vierkant maken; kanten; in het kwadraat verheffen; ⚃ in carré opstellen; ⚓ vierkant brassen; $ vereffenen; *fig* in het reine (in orde) brengen (ook: ~ *up*); F [iem.] overhalen, omkopen; ~ *up* F trotseren, onder ogen zien; ~ *accounts with* afrekenen met[2]; ~ *the circle* de kwadratuur van de cirkel zoeken; *fig* het onmogelijke proberen; ~ *one's practice with one's principles* in overeenstemming brengen met; V *vr* ~ *oneself* zich in postuur zetten (*for action, for boxing* &); VI *vi* & *va* kloppen (met *with*); ~ *up* zich in postuur zetten (voor boksen); *fig* een vechthouding aannemen; afrekenen; ~-**built** vierkant, breed; –**ly** *ad* vierkant[2]; duidelijk, onomwonden; eerlijk; ~-**rigged** met razeilen; ~ **sail** razeil *o*

squash [skwɔʃ] I *vt* kneuzen, tot moes maken; platdrukken, verpletteren[2]; F de mond snoeren; smoren; vernietigen; II *vi* ingedrukt worden; dringen (v. menigte); III *sb* kneuzing, vermorzeling; zachte massa; pulp, moes *o*; gedrang *o*; kwast [limonade]; *sp* soort raketspel *o* (ook: ~

rackets); ~ *hat* slappe hoed; –**y** zacht week, pulpachtig

squat [skwɔt] I *vi* hurken, op de hurken gaan zitten; (gaan) zitten (ook: ~ *down*); zich vestigen (zonder vergunning), ± huizen kraken; II *aj* gehurkt; gedrongen, kort en dik; squatter hurkend iemand; *Austr* (schapen)fokker; kolonist; squatter: wie zonder vergunning een onbeheerd perceel betrekt, ± (huizen)kraker

squaw [skwɔ:] vrouw [bij de Indianen]

squawk [skwɔ:k] I *vi* krijsen, schreeuwen; II *sb* gil, schreeuw, gekrijs *o*

squeak [skwi:k] I *vi* piepen°; S klikken, de boel verraden; ~ *on* S verklikken; II *sb* piep, gilletje *o*, gepiep *o*; *it was a narrow* ~ het was net op het kantje; –**er** pieper; piepertje *o* [in pop]; jonge duif &; S verklikker; –**y** piepend, pieperig, piep-; krakend [schoenen]

squeal [skwi:l] I *vi* gillen, janken, krijsen; S klikken, de boel verraden; ~ *on* S verklikken; II *vt* (uit)gillen; II *sb* (ge)schreeuw (*o*), (ge)krijs (*o*), gil, gepiep *o*; –**er** schreeuwer, krijser; jonge duif &; S verklikker

squeamish ['skwi:miʃ] (licht) misselijk; overdreven kieskeurig, angstvallig nauwgezet

squeegee ['skwi:'dʒi:] gummizwabber

squeeze [skwi:z] I *vt* drukken, druk uitoefenen op; (samen)persen, af-, uitpersen, (fijn-, uit)knijpen[2]; knellen [vinger]; pakken, omhelzen; dringen, duwen (in *into*); ~ *money out of...* geld afpersen; ~ *one's way through...* zich een weg banen door; II *vi* drukken; dringen, duwen; zich laten drukken &; III *sb* (hand)druk; (was)afdruk; pakkerd; *fig* druk; afpersing; (bestedings-, krediet)beperking; ◊ dwangpositie; *it was a (tight)* ~ het was een heel gedrang; het spande, het was een harde dobber; –**r** drukker; pers [voor citroenen]; drukje *o*

squelch [skwel(t)ʃ] I *vi* plenzen; II *vt* F verpletteren; tot zwijgen brengen; smoren [opstand]

squib [skwib] voetzoeker; ontstekingspatroon; schotschrift *o*; *a damp* ~ [*fig*] een misser

squid [skwid] pijlinktvis; kunstaas *o*

squiffy ['skwifi] F aangeschoten; scheef verbogen; dwaas

squiggle ['skwigl] kronkel, haal

squill [skwil] zeeajuin

squint [skwint] I *vi* scheel zijn of zien, loensen; ~ *at* F ook: kijken naar; ~ *towards* F bedenkelijk lijken op; II *sb* scheelzien *o*; schele blik; F (schuin) oogje *o*, zijdelingse blik; *have a* ~ *at it* F er een blik in (op) werpen; *have a fearful* ~ verschrikkelijk loensen; III *aj* scheel[2]; ~-**eyed** ↘ scheel, loens

squire ['skwaiə] I *sb* landedelman, (land)jonker; ▯ schildknaap; ~ *of dames* vrouwenridder; II *vt* begeleiden; chaperonneren

squireen [skwaiə'ri:n] kleine grondbezitter (*spec* in Ierland)

squirm [skwə:m] zich kronkelen (als een worm), zich in allerlei bochten wringen; zitten draaien, liggen krimpen

squirrel ['skwirəl] eekhoorn

squirt [skwə:t] **I** *vi* spuiten; **II** *vt* (uit)spuiten; **III** *sb* spuit, spuitje *o*; straal; **S** praatjesmaker, branie; gemene vent; ~**-gun** waterpistool *o*

squish [skwiʃ] **I** *vi* soppen, plassen; **II** *sb* gesop *o*, geplas *o*; blubber; **S** marmelade

squit [skwit] **S** onbenul; onbelangrijk iemand; **P** rotzooi, onzin

S.S. = *Steamship*

St. = *Saint; Street*

st. = *stone*

stab [stæb] **I** *vt* (door)steken; doodsteken; ~ *him in the back* hem een steek in de rug toebrengen[2]; *the word ~bed him to the heart* dat woord trof hem tot in de ziel; **II** *vi* steken (naar *at*); **III** *sb* (dolk)steek; *a* ~ *at* **F** een poging tot

stability [stə'biliti] stabiliteit, vastheid, duurzaamheid; standvastigheid; **stabilization** [steibilai'zeiʃən] stabilisering; **stabilize** ['steibilaiz] stabiliseren; **-r** stabilisator

1 stable ['steibl] *aj* stabiel, vast, duurzaam; standvastig

2 stable ['steibl] **I** *sb* stal; **II** *vt* stallen; ~**-boy** staljongen; ~ **door** staldeur; *lock the* ~ *after the horse* (*steed*) *is stolen* de put dempen, als het kalf verdronken is; ~**-keeper** stalhouder; **-man** stalknecht; **stabling** stallen *o*; stalling

staccato [stə'ka:tou] staccato

stack [stæk] **I** *sb* hoop, stapel; (hooi)mijt; schoorsteen(pijp); groep schoorstenen (bij elkaar); boekenstelling, stapelkast; ⚓ rot *o* [geweren]; **F** hopen, massa's; **II** *vt* opstapelen; aan mijten zetten; ✈ op een bepaalde hoogte laten vliegen in afwachting van landing; ~ *arms* ⚓ de geweren aan rotten zetten; ~ *the cards* ◊ de kaarten steken; *fig* de zaak bekonkelen

stadium ['steidiəm] wedstrijdbaan [v. hardlopers]; stadion *o*; ✹, *biol* stadium *o*

stad(t)holder ['stædhouldə] stadhouder

staff [sta:f] **I** *sb* staf° (ook = personeel en ⚓ docenten), stok [v. vlag]; schacht; ♪ notenbalk; *fig* steun; *the* ~ *of life* het brood (des levens); *on the* ~ tot het personeel behorend; ⚓ bij (van) de staf; **II** *vt* van personeel & voorzien; ~**-college** hogere krijgsschool; ~**-notation** notenschrift *o*; ~**-officer** stafofficier; ~ **room** o.a. ⇨ docentenkamer

stag [stæg] (mannetjes)hert *o*; **$** speculant; *Am* man die zonder vrouw 'naar feestjes gaat; ~**-beetle** ❈ vliegend hert *o*

stage [steidʒ] **I** *sb* toneel[2] *o*; station *o*, pleisterplaats, etappe; traject *o*; stellage, steiger; *fig* trap

[*ook* v. raket], fase, stadium *o*; *at this* ~ in dit stadium; ook: op dit ogenblik; *by easy* ~s met korte dagreizen; *fig* op zijn gemak; *in* ~s bij etappes, geleidelijk; *go off the* ~ aftreden[2], van het toneel verdwijnen[2]; zie ook: *off* **II**; *be on the* ~ bij het toneel gaan; *place* (*put*) *on the* ~ opvoeren; monteren; **II** *vt* ten tonele voeren, opvoeren; ensceneren, monteren, in elkaar of op touw zetten; ~**-box** loge avant-scène; ~**-coach** diligence, postkoets; **-craft** toneelkunst; ~ **direction** toneelaanwijzing; ~ **door** artiesteningang; ~ **fever** toneelmanie; ~ **fright** plankenkoorts; ~**-hand** toneelknecht; ~**-manage** ensceneren, in elkaar of op touw zetten; ~**-management** regie; ~**-manager** regisseur; ~**-painter** toneelschilder; ~**-play** toneelspel *o*, -stuk *o*; ~**-player** toneelspeler; **stager** oude (toneel)rot; oude vos; **stage-right** opvoeringsrecht *o*; ~**-struck** met toneelambities (behept), toneelziek; ~**-version** toneelbewerking; ~**-whisper** (voor het publiek bestemd) hoorbaar gefluister *o*; **stagey** theatraal

stagger ['stægə] **I** *vi* waggelen, wankelen[2], suizebollen; **II** *vt* doen waggelen, wankelen of suizebollen; versteld doen staan; zigzag of trapsgewijze plaatsen; op verschillende tijden doen vallen, spreiden [vakantie &]; *that* ~s *belief* dat is niet te geloven; *it fairly* ~*ed them* daar stonden ze van te kijken; **III** *sb* wankeling; ~s duizeligheid; kolder [bij paarden], draaiziekte [bij schapen] (*blind* ~s); **-er** wat je versteld doet staan; puzzel, vraag waarop men niet weet te antwoorden; **-ing** waggelend; [slag &] die je doet wankelen; waarvan je versteld staat, schrikbarend

staghound ['stæghaund] jachthond

staging ['steidʒiŋ] stellage, steiger; montering [v. toneelstuk], mise-en-scène; ~ *area* ⚓ doorgangsgebied *o*; ~ *post* ✈ tussenlandingsplaats

stagnancy ['stægnənsi] stilstand; **-ant** stilstaand, stil; **-ate** stilstaan, stagneren; **-ation** [stæg'neiʃən] stilstand, stagnatie

stag-party ['stægpa:ti] mannenfuifje *o*

stagy ['steidʒi] theatraal

staid [steid] bezadigd, ernstig, stemmig

stain [stein] **I** *vt* (be)vlekken; bezoedelen; onteren; (bont) kleuren, (be)drukken, beitsen; verven, (be)schilderen, branden [glas]; ~*ed glass* (*windows*) gebrandschilderde ramen; **II** *vi* vlekken, smetten, afgeven; **III** *sb* vlek, smet, schandvlek, schande; verf(stof), kleurstof, beits; **-er** verver, schilder, beitser; ~**-less** vlekkeloos, smetteloos, onbesmet; ~ *steel* roestvrij staal; ~ **remover** vlekkenwater *o*

stair [stɛə] trede, trap; ~s trap; *a pair of* ~s een trap; *at the foot* (*head*) *of the* ~s onder- (boven)aan de trap; *below* ~s beneden, bij de bedienden; *down* ~s (naar) beneden; *up* ~s (naar) boven;

~-carpet traploper; –case trap [met leuning en spijlen]; ~-rod traproede; –way trap
staith(e) [steið] laadplaats voor kolen
stake [steik] I *sb* staak, paal; brandstapel²; *fig* martelaarschap *o*; handaambeeld *o*; aandeel *o*; inzet²; ~*s* hele inzet, pot, prijs; wedren (om een prijs); *be at* ~ op het spel staan; *at the* ~ op de brandstapel; II *vt* om-, afpalen, afbakenen, afzetten (ook: ~ *off, out*); stutten; (in)zetten, op het spel zetten, in de waagschaal stellen, wedden, verwedden; ~-holder houder van de inzet
stalactite ['stælɔktait] stalactiet
stalagmite ['stæləgmait] stalagmiet
1 stale [steil] I *aj* oudbakken, verschaald, muf, oud [ook = verjaard], afgezaagd [aardigheden]; „op", overwerkt; niet in conditie; II *vt* doen verschalen, zijn kracht doen verliezen, doen verflauwen [belangstelling]; III *vi* verschalen, zijn kracht verliezen, verflauwen, uitgeput raken
2 stale [steil] I *sb* urine [v. paard]; II *vi* urineren
stalemate ['steil'meit] I *sb* pat [schaakspel]; *fig* dood punt *o*, impasse; II *vt* pat zetten; *fig* vastzetten
1 stalk [stɔ:k] *sb* steel, stengel, stronk [v. kool]; schacht; hoge schoorsteen
2 stalk [stɔ:k] I *vi* statig stappen, schrijden; sluipen; II *vt* besluipen [hert]; III *sb* besluipen *o*; sluipjacht (ook: *stalking*); (statige) stap; –er sluipjager; –ing-horse (nagebootst) paard *o*, waarachter de jager zich verschuilt; *fig* voorwendsel *o*, dekmantel, masker *o*
stall [stɔ:l] I *sb* stal; kraam, stalletje *o*; afdeling [in restaurant], box; koorbank; stallesplaats; ⚓ overtrokken vlucht, afglijden *o*; vingerling, vinger- (of teen)overtrek; diefjesmaat; II *vt* stallen; vastzetten, doen vastlopen²; ⚓ overtrekken, laten afglijden ‖ van zich afschuiven, afschepen (ook: ~ *off*); III *vi* vastzitten, blijven steken [in modder], vastlopen²; ⚓ in overtrokken toestand geraken, afglijden ‖ weifelen, dralen, (er om heen) draaien; –age staangeld *o*, marktgeld *o*; ~-holder houder, -ster van een kraampje
stallion ['stæljən] (dek)hengst
stalwart ['stɔ:lwət] I *aj* flink, stoer, kloek, fors; standvastig, trouw; II *sb* his ~s zijn trouwe volgelingen, zijn getrouwen
stamen ['steimen] meeldraad
stamina ['stæminə] weerstandsvermogen *o*, uithoudingsvermogen *o*
stammer ['stæmə] I *vi* & *vt* stotteren; stamelen; II *sb* gestotter *o*; gestamel *o*
stamp [stæmp] I *vt* stampen (met, op); stempelen² (tot *as*); zegelen, frankeren; *that* ~*s him* dat tekent hem; ~ *one's foot* stampvoeten; ~ ...*on the mind* ...inprenten; ~ *out* uittrappen; *fig* uitroeien, de kop indrukken [misbruiken &], dempen [opstand]; ✕ uitstampen; II *vi* stampen; III

sb stamp, stampen *o*; stempel *m* [werktuig]; stempel² *o* & *m* = merk *o*, zegel *o*; (post)zegel *m*; *trading* ~ zegeltje [bij boodschappen &]; soort, slag *o*; ✕ stamper; ~-duty zegelrecht *o*
stampede [stæm'pi:d] I *sb* plotselinge schrik onder paarden of vee, waaronder deze op de loop gaan; sauve-qui-peut *o*; grote toeloop; II *vi* (& *vt*) plotseling (doen) schrikken en vluchten
stamper ['stæmpə] stamper; stempel; stempelaar
stamping-ground ['stæmpiŋgraund] F geliefde verblijfplaats
stance [stæns, sta:ns] *sp* stand, houding; *fig* standpunt, houding
1 stanch [sta:nʃ] *vt* stelpen [bloed]
2 stanch [sta:nʃ] *aj* = *staunch*
stanchion ['sta:nʃən] I *sb* stut; II *vt* stutten
stanchless ['sta:nʃlis] niet te stelpen
stand [stænd] I *vi* staan; gaan staan; zich bevinden; (van kracht) blijven, doorgaan; blijven (staan); stilstaan, halt houden; standhouden; ⚓ koersen; kandidaat zijn; zijn; ~! halt!; ~ *and deliver!* je geld of je leven!; *he wants to know where he* ~*s* waar hij aan toe is, zijn (financiële) positie; ~ *clear* op zij gaan; ~ *easy!* ✕ (op de plaats) rust!; ~ *fast (firm)* staan blijven, niet wijken; ~ *good* van kracht zijn [v. opmerkingen &]; *he* ~*s six feet three* is... lang; *I have often stood his friend* mij een vriend voor hem betoond; *he* ~*s to win* hij heeft alle kans om te winnen; ~ *convinced (prepared &)* overtuigd & zijn; ● ~ *against* tegenkandidaat zijn van; zich verzetten tegen, weerstaan; tegenwerken; bestand zijn tegen; ~ *aloof* zich op een afstand (afzijdig) houden; ~ *aside* op zij gaan (staan) *fig* zich afzijdig houden; ~ *at* staan op [zoveel graden &]; ~ *at £ 40 per head* komen op £ 40; ~ *at ease!* ✕ (op de plaats) rust!; ~ *at nothing* voor niets staan (terugdeinzen); ~ *away* op zij gaan (staan); ~ *back* achteruit gaan (staan); ~ *by* er (als werkeloos toeschouwer) bijstaan; zich gereed houden (ter assistentie); ~ *by sbd.* (gaan) staan naast iem.; iem. bijstaan, iem. niet in de steek laten; het opnemen voor iem.; ~ *by one's convictions* vasthouden aan zijn overtuiging; ~ *down* naar zijn plaats gaan, gaan zitten [v. getuige]; zich terugtrekken [uit wedstrijd, verkiezing &]; ~ *for* staan voor, betekenen², doorgaan voor; vertegenwoordigen, symboliseren; ~ *for nothing* niet gelden; niet meetellen; ~ *for Parliament* kandidaat zijn voor het Parlement; ~ *for free trade* (de zaak van) de vrijhandel voorstaan; *I wouldn't* ~ *for it* F ik zou het niet nemen, ik ben er niet van gediend; ~ *from the shore* ⚓ van land afhouden; ~ *in* vervangen; *the coat stood me in £ 40* kwam mij te staan op £ 40; ~ *in for* vervangen, waarnemen voor, invallen voor; ~ *in good stead* goed te pas komen; ~ *in with* meedoen met; zich scharen aan de zijde van; ~

off opzij treden; zich op een afstand houden; ⚓ afhouden [van land]; **F** tijdelijk ontslaan, schorsen; ~ *o n ceremony* (erg) op de vormen staan (zijn); ~ *on one's defence* zich krachtig verdedigen; zie ook: ~ *upon*; ~ *o u t* uitstaan; uitsteken (boven *above, from*); [iem.] (duidelijk) voorstaan, (duidelijk &) uitkomen, afsteken, zich aftekenen (tegen *against*); zich onderscheiden; het uithouden; volhouden, blijven ontkennen; zich afzijdig houden, zich terugtrekken, niet meedoen; ~ *out against* zich verzetten tegen [eis &]; ~ *out for one's rights* voor zijn rechten opkomen; ~ *out to sea* ⚓ zee kiezen; ~ *o v e r* blijven liggen (voor een tijdje), blijven staan, wachten; een wakend oog houden op [iem.]; ~ *t o* staan bij; aan de zijde (gaan) staan van; blijven bij, zich houden aan; [het werk] aanpakken; ook = ~ *to arms* ✗ in het geweer zijn; ~ *to it* stand houden; op zijn stuk blijven staan; volhouden (dat... *that...*); ~ *to sea* ⚓ in zee steken; ~ *t o g e t h e r* schouder aan schouder staan; ~ *u p* overeind (gaan) staan; gaan staan, verrijzen; opstaan, in opstand of in verzet komen (tegen *against*); **S** laten wachten, laten zitten, bedotten; ~ *up against* ook: stand houden tegen, weerstaan; ~ *up for (to)* het (durven) opnemen voor (tegen); ~ *u p o n* staan op², gesteld zijn op; steunen op; ~ *w i t h* aan de zijde staan van; ~ *well with* op goede voet staan met; goed aangeschreven staan bij; **II** *vt* doen staan, (neer)zetten, plaatsen, opstellen; doorstaan, uitstaan, uithouden, verdragen, dulden; weerstaan; trakteren (op); ~ *drinks* rondjes geven; ~ *guard* (*sentry, watch*) op (schild)wacht staan, de wacht houden; ~ *up a stick* overeind zetten; **III** *sb* stand, stilstand, halt *o*; (stand)plaats, positie, stelling; weerstand; optreden *o* [v. toneelgezelschap &]; standaard, statief *o*; rek *o*, rekje *o*; lessenaar; stalletje *o*, kraampje *o*; tribune; *Am* getuigenbankje; *make a* ~ blijven staan, halt houden; zich staande houden; weerstand bieden; *make a* ~ *against* stelling nemen (zich schrap zetten) tegen; *make a* ~ *for* opkomen voor; *take one's* ~ post vatten; gaan staan (bij de deur *near the door*); *fig* zich baseren (op *upon*); *bring to a* ~ tot staan brengen, stil laten staan; *come to a* ~ tot staan komen, blijven (stil)staan

standard ['stændəd] **I** *sb* standaard, vlag, vaandel *o*, vaan; maatstaf, norm, graadmeter, peil *o*, gehalte *o*; klasse; ⚐ klas; stander, stijl, paal, (licht)mast; ~ *of living (of life), living* ~ levensstandaard; ~ *of value* waardemeter; **II** *aj* standaard-; staand; normaal-; ⚭ hoogstammig; ~ *lamp* staande lamp; ~**-bearer** vaandeldrager²

standardization [stændədai'zeiʃən] standaardisatie, normalisering; **standardize** ['stændədaiz] standaardiseren, normaliseren

stand-by ['stændbai] **I** *sb* steun, hulp, uitkomst;

reserve; **II** *aj* hulp-, nood-, reserve-; ~**-in** ['stænd'in] vervanger [film, toneel &]

standing ['stændiŋ] **I** *aj* staand; stilstaand; blijvend, vast; permanent; te velde staand; stereotiep; ~ *jump* sprong zonder aanloop; ~ *orders* reglement *o* van orde; algemene orders; **II** *sb* staan *o*; staanplaats; positie, stand, rang; reputatie; duur, anciënniteit; *men of good* (*high*) ~ zeer geziene, hooggeachte personen; *of long* (*old*) ~ al van oude datum, (al)oud; zie ook *advanced standing*; ~**-room** ['stændiŋrum] staanplaat(sen)

stand-off ['stændɔːf] **I** *aj* zich op een afstand houdend, op een afstand, stijf, uit de hoogte; **II** *sb Am* remise, gelijk spel *o*; **stand-offish** ['stænd'ɔfiʃ] = *stand-off* **I**

stand-pipe ['stændpaip] standpijp; **–point** standpunt *o*; **–still** stilstand, (stil)staan *o*; ~**-up** staand [v. boord &]; *a* ~ *fight* een geregeld gevecht *o*; een eerlijk gevecht *o*; *a* ~ *row* slaande ruzie

stank [stæŋk] V.T. van *stink*

stannary ['stænəri] tinmijn; **stannic** tin-; **stanniferous** [stæ'nifərəs] tinhoudend

stanza ['stænzə] stanza, couplet *o*

1 staple ['steipl] **I** *sb* basisvoedsel *o*; hoofdprodukt *o*; hoofdbestanddeel *o*; ruwe, onbewerkte (grond)stof; stapelplaats, markt; vezel, draad [v. wol]; stapel: vezellengte; **II** *aj* voornaamste, hoofd-; stapel-; ~ *subject* hoofdvak *o*; **III** *vt* sorteren [wol]; *long* (*short*)~*d* lang(kort)stapelig [v. katoen &]

2 staple ['steipl] **I** *sb* kram; hechtnietje *o* [voor papieren]; **II** *vt* krammen, hechten, nieten

staple-fibre ['steiplfaibə] stapelvezel

stapler ['steiplə] handelaar [in stapelwaren]; (wol)sorteerder ‖ hecht-, nietmachine

stapling machine ['steipliŋməʃiːn] hechtmachine, nietmachine

star [staː] **I** *sb* ster², gesternte *o*, sterretje *o* (*); kol [van paard]; *fig* geluksster; ~ *of Bethlehem* ☾ vogelmelk; *a literary* ~ een ster aan de letterkundige hemel; (*you may*) *thank your* ~*s* je mag nog van geluk spreken; *the Stars and Stripes* de Amerikaanse vlag; *see* ~*s* **F** sterretjes zien, bewusteloos geslagen worden; **II** *aj* prima, eersterangs; **III** *vt* met sterren tooien; met een sterretje tekenen; als ster laten optreden; **IV** *vi* als ster optreden (ook: ~ *it*)

starboard ['staːbɔːd, ⚓ -bəd] **I** *sb* stuurboord; **II** *vt* (het roer) naar stuurboord omleggen

starch [staːtʃ] **I** *sb* zetmeel *o*; stijfsel *o*; apprêt; *fig* stijfheid; **II** *vt* stijven; **–ed** gesteven, stijf²; **–y** zetmeelachtig; vol stijfsel, gesteven; stijf²

star-crossed ['staːkrɔːst] rampzalig, ongelukkig

stardom ['staːdəm] status van ster; wereld der (film- &)sterren

stare [stɛə] **I** *vi* grote ogen opzetten, staren; ~ *at* aanstaren; **II** *vt* ~ *d o w n* (door aankijken) de ogen doen neerslaan; ~ *sbd. in the face* iem. aanstaren, aangrijnzen; *it's staring you in the face* het ligt voor je neus; het is zo duidelijk als wat; **III** *sb* starende (starre) blik

starfish ['stɑ:fiʃ] zeester; ~**-gazer** sterrenkijker; dromer; ~**-gazing** sterrenkijkerij; gedroom *o*

staring ['stɛəriŋ] **I** *aj* starend &; *fig* schel, hel [v. kleur]; **II** *ad* hel; *stark* ~ *mad* stapelgek; **III** *sb* gestaar *o*

stark [stɑ:k] **I** *aj* stijf, strak; grimmig; naakt; bar; kras; ~ *lunacy* (*madness*) de (je) reinste krankzinnigheid; **II** *ad* absoluut, gans, geheel en al; ~ *blind* stekeblind; ~ (*staring*) *mad* stapelgek; ~ *naked* spiernaakt, moedernaakt; **starkers S** = *stark naked*

starless ['stɑ:lis] zonder sterren; **–let** sterretje *o*; **–light I** *sb* sterrenlicht *o*; **II** *aj* = *starlit*; **–like** als een ster, sterren-

starling ['stɑ:liŋ] spreeuw

starlit ['stɑ:lit] door de sterren verlicht, vol sterren, sterren-; **starred** gesternd; sterren-; met een sterretje getekend; **starry** met sterren bezaaid; sterren-; stralend; ~**-eyed** ['stɑ:ri'aid] met stralende ogen; *F* zwijmelend, verheerlijkt; **star-shell** lichtkogel; ~**-spangled** met sterren bezaaid; *the S~ Banner* de Amerikaanse vlag [ook: naam v.h. Am. volkslied]

start [stɑ:t] **I** *vi* beginnen; vertrekken, starten, van start gaan; in beweging komen; ontstaan [v. brand]; ✗ aanslaan [v. motor]; de motor aanzetten; (op)springen, (op)schrikken (ook: ~*up*); **II** *vt* ✗ aanzetten, aan de gang maken (helpen), in beweging brengen; laten vertrekken; starten; beginnen, beginnen met (aan, over); oprichten; te berde brengen, opperen; opjagen [wild]; veroorzaken, doen ontstaan [brand]; ~ *sbd. laughing* iem. aan het lachen maken; *it* ~*s gossip* het geeft maar aanleiding tot allerlei praatjes; ~ *life as a...* zijn loopbaan beginnen als...; ● ~ *a s i d e* op zij springen; ~ *b a c k* achteruitspringen; terugdeinzen; de terugreis aanvaarden; ~ *f o r* (op reis) gaan naar, vertrekken naar; ~ *f r o m* vertrekken van; treden buiten; *fig* uitgaan van [onderstelling]; ~ (*as*) *from a dream* uit een droom opschrikken; ~ *from one's sleep* wakker schrikken; *to* ~ *from July 2* 1*st* met ingang van 21 juli; ~ *i n F* beginnen (te); *the tears* ~*ed in his eyes* sprongen hem in de ogen; ~ *i n t o life* (weer) beginnen te leven; ~ *o f f* vertrekken; beginnen; ~ *sbd. off crying* iem. aan het huilen maken; ~ *o n* (*to*) *one's feet* opspringen; *they* ~*ed him on the subject of...* zij brachten hem aan het praten over...; ~ *o u t* vertrekken; beginnen; *he was* ~*ed out of his reverie* hij schrok wakker uit zijn gemijmer; ~ *u p* opspringen [van zijn stoel]; zich (plotseling) voordoen; ✗ aanzetten; aanslaan [v. motor]; beginnen [aan

iets]; *you have no right to be here, to* ~ *w i t h* om te beginnen; **III** *sb* begin *o*, aanzet; *sp* start, afrit; vertrek *o*; voorsprong, voordeel *o*; ♪ inzet; opspringen *o*, sprong, sprongetje *o*; plotselinge beweging (van schrik &); *a false* ~ *sp* een valse start; *fig* een verkeerd begin *o*; *get* (*have*) *the* ~ *of one's rivals* zijn mededingers vóór zijn; *get a good* ~ *in life* stevig in het zadel geholpen worden; *give a* ~ opspringen; *it gave me a* ~ ik schrok er van, ik keek er van op; *give a* ~ *to* aan de gang helpen; *a rum* (*queer*) ~ een gek geval; ● *a t the* ~ in het begin; bij het vertrek; *f o r a* ~ om te beginnen, vooreerst; *f r o m* ~ *to finish* van het begin tot het einde, van a tot z; *wake up w i t h a* ~ met een schrik wakker worden; ~*er* starter: persoon die bij wedrennen het teken geeft voor de start; persoon die start, afrijdend paard *o*; ✗ aanzetter; ~ *button* ✗ startknop; **starting I** *aj* schrikkend; schrikachtig; **II** *sb* schrikken *o* &, = *start* **I** & **II**; schrikachtigheid; vertrek *o*; begin *o*; ~ *gate sp* starthek *o*; ~**-gear** ✗ aanzetwerk *o*; ~ *gun sp* startpistool *o*; *fire the* ~ het startschot lossen; ~ *place sp* start(plaats); ~**-point** punt *o* van uitgang, uitgangspunt *o*, beginpunt *o*; ~**-post** afrijpaal

startle ['stɑ:tl] doen schrikken, doen ontstellen; verbazen, verrassen; **–ling** verrassend, opzienbarend, verbluffend, ontstellend

star turn ['stɑ:tɜ:n] bravourenummer *o*; gastrol

starvation [stɑ:'veiʃən] **I** *sb* uithongering; hongerdood; verhongering, hongerlijden *o*; gebrek *o*; **II** *aj* honger-; ~ *wage(s)* hongerloon *o*; **starve** [stɑ:v] **I** *vi* honger lijden, hongeren, verhongeren, van honger sterven; gebrek lijden; kwijnen; ~ *f o r* hunkeren naar; ~ *t o death* verhongeren; ~ *w i t h cold* van kou omkomen; **II** *vt* honger laten lijden, laten verhongeren; uithongeren; gebrek laten lijden; doen kwijnen; ~ *i n t o...* door honger dwingen tot...; ~ *o f...* ...onthouden; *the story is* ~*d of material* er is niet genoeg stof voor het verhaal; ~ *t o death* uithongeren; **–ling I** *sb* uitgehongerd dier *o* of mens; hongerlijder; **II** *aj* uitgehongerd, hongerig, armoedig, ellendig

stash [stæʃ] **S** verbergen; hamsteren; stoppen, ophouden

state [steit] **I** *sb* staat, toestand; stemming; stand, rang; staat, rijk *o*; staatsie, praal, luister; *the States F* de Verenigde Staten; *the States General* de Staten-Generaal; ~ *of mind* geestesgesteldheid, gemoedstoestand, stemming; mentaliteit; *keep* ~ een grote staat voeren; ● ~ *in* staatsie, in gala; officieel; in plechtige optocht; *what a* ~ *you are in!* F wat zie jij er uit!; *he was in a great* ~, *in quite a* ~ F hij was in alle staten, helemaal van streek; *lie in* ~ op een praalbed (opgebaard) liggen; ...*of* ~ staats-; staatsie-, gala, officieel; **II** *aj* staats-; staatsie-, parade-, gala-, officieel, plechtig; **III** *vt* aan-, opgeven, mededelen, (ver)melden, uiteenzetten, verklaren [standpunt], stellen, constateren; **~-affair** staatszaak; **~-aid** rijkssubsidie; ~ **ball** hofbal *o*, galabal *o*; ~ **cabin** ⚓ luxehut; **~-carriage** staatsiekoets; **–craft** staatkunde; **stated** vast, vastgesteld, bepaald, afgesproken; *at ~ times* op vaste (bepaalde, afgesproken) tijden; *at ~ intervals* op regelmatige afstand, met regelmatige tussenpozen

State Department ['steitdipa:tmənt] *Am* Departement *o* van Buitenlandse Zaken; **state dinner** galadiner *o*; **stateless** staatloos; **stately** statig, deftig, groots

statement ['steitmənt] mededeling, opgaaf, vermelding, verklaring, uiteenzetting; bewering; staat, uittreksel *o* [v.e. rekening]

state-room ['steitrum] praalkamer, staatsiezaal, mooie kamer; ⚓ luxehut

statesman ['steitsmən] staatsman; **–ship** (staatkundig) beleid *o*; dienst als staatsman

static ['stætik] **I** *aj* statisch, gelijkblijvend, in rust, van het evenwicht; **II** *sb* R atmosferische storing; **–s** statica, leer van het evenwicht; R atmosferische storing

station ['steiʃən] **I** *sb* (stand)plaats, post, basis; (spoorweg)station *o*; (politie)bureau *o*; (vlieg-, militaire, marine-)basis, garnizoen *o*; *rk* statie [v. kruisweg]; *Austr* veefokkerij; *fig* positie, rang, stand; **II** *vt* stationeren, plaatsen

stationary ['steiʃənəri] stationair, stilstaand, vast

stationer ['steiʃənə] verkoper van (handelaar in) schrijfbehoeften; *a ~'s* een kantoorboekhandel; *Stationers' Hall* ⬜ registratiekantoor *o* voor het kopijrecht; **–y** schrijfbehoeften; zie ook: *office*

station-house ['steiʃənhaus] *Am* politiepost; **~-master** stationschef; ⊛ **~-wagon** *Am* stationwagon [ruime auto met houten carrosserie]

statism ['steitizm] planeconomie, geleide economie; **statist** 1 voorstander hiervan; 2 = *statistician*

statistical [stə'tistikl] statistisch; **statistician** [stætis'tiʃən] statisticus; **statistics** [stə'tistiks] statistiek; *vital ~* bevolkingsstatistiek; F vitale maten [v.e. vrouw]

statuary ['stætjuəri] **I** *aj* beeldhouw(ers)-; **II** *sb* beeldhouwerskunst; beeld(houw)werk *o*; beeldhouwer; **statue** standbeeld *o*, beeld *o*; **statuesque** [stætju'esk] als (van) een standbeeld; plastisch; statig, majestueus; **statuette** (stand-)beeldje *o*

stature ['stætʃə] gestalte, grootte, formaat[2] *o*

status ['steitəs] staat [van zaken]; status, prestige *o*, positie, rang, stand; *rt* rechtspositie

status quo ['steitəs'kwou] status-quo: toestand, zoals die op een bepaald moment is

status symbol ['steitəssimbəl] statussymbool *o*

statutable ['stætjutəbl] wettig; volgens de wet;

statute wet; statuut *o*; verordening; **Statute-book** verzameling der Eng. wetten; *place on the ~* tot wet verheffen; **statute-labour** herendiensten; **~-law** geschreven wet, geschreven recht *o*; **statutory** ['stætjutəri] wets-, wettelijk (voorgeschreven); wettig, volgens de wet; publiekrechtelijk; *~ declaration* verklaring in plaats van de eed

staunch [stɔːn(t)ʃ, sta:nʃ] sterk, hecht; *fig* trouw; verknocht; betrouwbaar

stave [steiv] **I** *sb* duig; sport; ♪ notenbalk; strofe, vers *o*; **II** *vt* ~ (*in*) in duigen doen vallen; een gat slaan in, inslaan, indrukken; ~ *off* afwenden, van zich afzetten

staves [steivz] ook *mv* v. *staff* **I**

1 stay [stei] **I** *vi* blijven, wachten; verblijven, wonen; logeren (bij *with*), *sp* het uit-, volhouden; *it has come to ~, it is here to ~* dat is voorgoed ingeburgerd, het heeft zich een blijvende plaats veroverd; *~! halt!*, wacht!; ~ *away* wegblijven; zich schuilhouden; ~ *for* (*to*) *dinner* blijven eten; ~ *in* binnen-, thuisblijven; schoolblijven; ~ *on* (aan)blijven, doordienen [v. ambtenaar]; ~ *out* uitblijven; ~ *up* opblijven (des nachts); **II** *vt* tegenhouden, stuiten [in zijn vaart]; opschorten; schragen, steunen (ook: ~ *up*), verankeren; ~ *the course* (*pace*) het uit-, volhouden; ~ *the night* (vannacht, 's nachts) blijven (logeren); ~ *one's* (*sbd.'s*) *hand* [*fig*] zich (iem.) nog weerhouden; ~ *one's stomach* de eerste honger stillen; zie ook: *make a ~*; **III** *sb* verblijf *o*, stilstand, oponthoud *o*; belemmering, *fig* rem; opschorting, uitstel *o* (van executie); uithoudingsvermogen *o*; steun; *make a ~* [ergens] (ver)blijven; *time is never at a ~* staat nooit stil

2 stay [stei] *sb* ⚓ stag *o*; *the ship is in ~s* gaat overstag

stay-at-home ['steiəthoum] **I** *sb fig* huismus; **II** *aj* altijd thuiszittend, huiselijk; **stayer** blijver; uit-, volhouder, atleet & die het lang kan volhouden; **stay-in** ~ *strike* bezettingsstaking, sit-downstaking; **staying-power** uithoudingsvermogen *o*

stay-lace ['steileis] korsetveter; **–maker** korsettenfabrikant; **stays** (*pair of*) ~ korset *o*

staysail ['steis(ei)l] stagzeil *o*

stead [sted] *stand sbd. in good ~* iem. te stade komen; *in his ~* in zijn plaats

steadfast ['stedfəst] standvastig, onwrikbaar, trouw; vast

steading ['stediŋ] boerderij

steady ['stedi] **I** *aj* bestendig, vast, gestadig, constant; geregeld, gelijkmatig; standvastig; oppassend, solide, kalm; *~! kalm!*; ~ *as she goes!* ⚓ zo houden!; *go* ~ F vaste verkering hebben; **III** *sb* F iem. waarmee men vaste verkering heeft; **III** *vt* vastheid geven aan, vast, geregeld of bestendig maken; kalmeren, tot bedaren brengen; ~

your helm ⚓ houd je roer recht; ~ *oneself* zich steunen, kalmer worden; z'n evenwicht bewaren, zich staande houden; **V** *vi* tot rust komen (ook: ~ *down*); **~-going** kalm, bedaard; solide (levend)

steak [steik] plak, lap vlees (*spec* rundvlees); (vis)moot

steal [sti:l] **I** *vt* stelen, stilletjes wegnemen (ook: ~ *away*); ~ *a glance at*... steelsgewijs kijken naar; ~ *the show* met het succes gaan strijken; het glansrijk winnen; ~ *sbd.'s thunder* iem. de wind uit de zeilen nemen; iems. idee stilletjes overnemen; ~ *one's way into*... binnensluipen; **II** *vi* stelen; sluipen; ~ *a w a y* (*i n, o u t*) weg (binnen, naar buiten) sluipen; ~ *u p o n sbd.* iem. besluipen; bekruipen [van lust &]

stealth [stelθ] sluipende manier; *by* ~ tersluiks, steelsgewijze, heimelijk, stilletjes; **-y** *aj* sluipend; heimelijk

steam [sti:m] **I** *sb* stoom, damp; *get up* ~ stoom maken; **F** krachten verzamelen; opgewonden raken; *let off* ~ stoom afblazen[2]; *put on* ~ ✕ stoom maken; *fig* alle krachten inspannen, er vaart achter zetten; (*at*) *full* ~ met volle stoom; *u n d e r her own* ~ op eigen kracht [v. stoomboot]; **II** *vt* stomen, bewasemen; ~*ed windows* beslagen vensters; *get* ~*ed up* **F** zich opwinden, zich dik maken; **III** *vi* stomen, dampen; –*boat* stoomboot; **~-boiler** stoomketel; **~-engine** stoommachine; –*er* stoomboot; stoomkoker; stoomketel; *by first* ~ met de eerste boot(gelegenheid); **~-gauge** manometer; **~-navvy** stoomgraafmachine; **~-roller** stoomwals; –*ship* stoomschip *o*; **~-tug** kleine stoomsleepboot; **steamy** vol stoom, stomend, dampend, dampig; beslagen [v. ruiten]

stearin ['stiərin] stearine

steatite ['stiətait] speksteen *o* & *m*

⊙ **steed** [sti:d] (strijd)ros *o*

steel [sti:l] **I** *sb* staal[2] *o*; *fig* hardheid, kracht; wetstaal *o*; vuurslag *o*; balein [v. korset]; *cold* ~ het staal: het zwaard, de bajonet, de dolk; **II** *aj* stalen, van staal, staal-; **III** *vt* stalen[2], verstalen, hard maken, verharden, ongevoelig maken, wapenen, pantseren (tegen *against*); **~-clad** gepantserd; **steely** staalachtig, staalhard, stalen[2], staal-

steelyard ['sti:lja:d] unster [weegtoestel]

1 steep [sti:p] **I** *aj* steil; **F** hoog [van prijs]; **F** kras, ongelofelijk; **II** *sb* steilte, helling

2 steep [sti:p] **I** *vt* (onder)dompelen, indopen; (laten) weken; laten doortrekken, laten doordringen (van *in*), drenken; ~*ed in* ook: gedompeld in [slaap, ellende &]; doorkneed in [het Grieks &]; **II** *vi* weken; **III** *sb* weken *o*; bad *o*, loog; *in* ~ in de week

steepen ['sti:pn] **I** *vi* steil(er) worden; [v. prijzen]

hoger worden; **II** *vt* verhogen [prijzen]

steeper ['sti:pə] weekbak, loogkuip

steeple ['sti:pl] (spitse) toren

steeplechase ['sti:plt∫eis] steeple-chase: wedren of -loop met hindernissen

steeplejack ['sti:pld3æk] werkman voor herstellingen aan torens en hoge schoorstenen

1 steer [stiə] *sb* stierkalf *o*, var; *Am* stier, os

2 steer [stiə] **I** *vt* sturen, richten; ~ (*one's course*) *for* sturen (koers zetten) naar; **II** *vi* sturen, naar het roer luisteren; ~ *between*... doorzeilen tussen; ~ *clear of*... ontzeilen, vermijden; ~ *for* koersen naar; **–age** ⚓ bestuurbaarheid; ✕ sturen *o*; stuurmanskunst; tussendek *o*; achterschip *o*; ~ *passenger* tussendekspassagier; **steering-committee** stuurgroep; **~-gear** stuurinrichting; **~-lock** stuurslot *o*; **~-wheel** stuurrad *o*; **steersman** ⚓ roerganger, stuurman; bestuurder

stellar ['stelə] van de sterren, sterren-

1 stem [stem] **I** *sb* stam, stengel; ⚘ *fig* (tak van) geslacht *o*; steel [v. bloem, pijp, glas]; schacht; *gram* (woord)stam; ⚓ boeg, voorsteven; *from* ~ *to stern* van voor tot achter; **II** *vt* strippen [tabak]; **III** *vi* ~ *from* afstammen van, voortspruiten uit

2 stem [stem] *vt* stuiten[2], (in de loop) tegenhouden[2]; tegen... ingaan; dempen, stelpen; ~ *the tide* ⚓ het tij doodzeilen

stench [sten∫] stank

stencil ['stens(i)l] **I** *sb* stencil *o* & *m*, sjabloon, mal; **II** *vt* stencilen

Sten-gun ['stengʌn] stengun [automatisch geweer]

stenographer [ste'nɔgrəfə] stenograaf; **–phic** [stenə'græfik] stenografisch; **–phy** [stə'nɔgrəfi] stenografie

stentorian [sten'tɔ:riən] stentor-

step [step] **I** *vi* stappen, treden, trappen, gaan; ~ *a s i d e* ter zijde treden; *fig* zich terugtrekken; ~ *b a c k* ook: in het verleden teruggaan [in de geest]; ~ *b e t w e e n* tussenbeide komen (treden); ~ *i n* binnentreden; (er) instappen; *fig* tussenbeide komen, zich in de zaak mengen, ingrijpen, optreden; ~ *i n t o a large fortune* een fortuin erven (krijgen); ~ *o f f* (*with the left foot*) aantreden (met...); ~ *o n it* **F** voortmaken, zie ook: *gas* **I**; ~ *o u t* naar buiten gaan; (er) uitstappen; flink aanstappen; **F** veel uitgaan; **S** ontrouw zijn; **S** doodgaan; ✕ de pas verlengen; ~ *r o u n d* eens komen aanlopen; ~ *short* ✕ de pas inhouden; zijn stap te kort nemen; ~ *u p to sbd.* toegaan op; ~ *this way* hierheen als 't u belieft; **II** *vt* afstappen [een afstand &]; dansen [een menuet]; van treden (trappen) voorzien; trapsgewijs plaatsen; ⚓ inzetten [mast]; ~ *up* **F** opvoeren, versnellen [produktie &]; ⚡ optransformeren; **III** *sb* stap[2], pas, tred; voetstap; trede; sport, trap; step; ♪ interval; *fig* rang, promotie; ⚓

spoor *o* [v. mast]; ~*s* stappen &; ook: stoep, bordes *o*; trap(ladder); *break* ~ uit de pas raken (lopen); *it's a good* (*long*) ~ het is een heel eind; *follow in the* ~*s of* de voetstappen drukken van; *in* ~ *with* in overeenstemming (harmonie) met; *keep* ~ *with* bijhouden[2], gelijke tred houden met; *take* ~*s* stappen doen [in een zaak]; *watch* (*mind*) *your* ~! voorzichtig!; pas op wat je doet!; ~ *b y* ~ stap voor stap[2], voetje voor voetje[2]; *i n* ~ in de pas; *o u t o f* ~ uit de pas

stepbrother ['stepbrʌðə] stiefbroeder; **–child** stiefkind *o*

step-dance ['stepda:ns] stepdans

stepdaughter ['stepdɔ:tə] stiefdochter; **–father** stiefvader

step-ladder ['steplædə] trap(ladder)

stepmother ['stepmʌðə] stiefmoeder; **–ly** stiefmoederlijk

steppe [step] steppe

stepping-stone ['stepiŋstoun] stap, stapje *o*; steen in beek of moeras om over te steken; middel *o* om vooruit te komen of een doel te bereiken; *fig* brug, „springplank"

stepsister ['stepsistə] stiefzuster; **–son** stiefzoon

stereo ['stiəriou] stereo; **–phonic** [stiəriə'fɔnik] stereofonisch; **–phony** [stiəri'ɔfəni] stereofonie; **–scope** ['stiəriəskoup] stereoscoop; **–scopic** [stiəriə'skɔpik] stereoscopisch; **–type** ['stiəriətaip] **I** *sb* stereotiepplaat; *fig* stereotiep; **II** *vt* stereotyperen[2]; **–d** [*fig*] stereotiep

sterile ['sterail] steriel, onvruchtbaar[2]; **–liser** ['sterilaizə] sterilisator; **–lity** [ste'riliti] steriliteit, onvruchtbaarheid[2]; **–lization** [sterilai'zeiʃən] sterilisatie; **–lize** ['sterilaiz] onvruchtbaar maken, uitputten [land]; steriliseren [melk &]

sterlet ['stə:lit] kleine steur

sterling ['stə:liŋ] sterling; echt, degelijk, voortreffelijk, uitstekend; *in* ~ $ in ponden; ~ *area* $ sterlinggebied *o*

1 stern [stə:n] *aj* streng, bars, hard; *the* ~*er sex* het sterke geslacht

2 stern [stə:n] *sb* ♺ achtersteven, spiegel, hek *o*; staart; achterste *o*

sternal ['stə:nəl] van het borstbeen

sternmost ['stə:nmoust, -mɔst] achterst

stern-post ['stə:npoust] roersteven; ~**-sheets** ♺ stuurstoel

sternum ['stə:nəm] borstbeen *o*

stern-wheeler ['stə:nwi:lə] hekwieler

stertorous ['stə:tərəs] snurkend, reutelend

stet [stet] blijft! [drukkersaanwijzing]

stethoscope ['steθəskoup] stethoscoop

stetson ['stetsn] slappe hoed met brede rand

stevedore ['sti:vidɔ:] sjouwerman; stuwadoor

stew [stju:] **I** *vt* stoven, smoren; **II** *vi* stoven, smoren; *let him* ~ *in his own grease* (*juice*) laat hem in

zijn eigen vet (sop) gaar koken; **III** *sb* gestoofd vlees *o*; visvijver, oesterbed *o*; *Irish* ~ hutspot; *in a* ~ **S** in de penarie

steward ['stjuəd] rentmeester, administrateur, beheerder; commissaris van orde; ♺ hofmeester, bottelier, kelner; **–ess** [stjuə'des] ♺ hofmeesteres; ♺ stewardess; **–ship** ['stjuədʃip] rentmeesterschap *o*; beheer *o*

stewed [stju:d] gestoofd, gesmoord; te sterk [thee]; **S** dronken

1 stick [stik] **I** *sb* stok; wandelstok; staf; staaf; stokje *o*, rijsje *o*; pijp [drop, lak &]; steel [v. asperge &]; **S** stikkie *o* (= marihuanasigaret); zethaak; ♺ keu; ♪ maatstokje *o*; ♺ mast; **F** houten (of saaie) klaas; *a big* ~ een stok achter de deur; *in a cleft* ~ in een dilemma; *my* ~*s* (*of furniture*) mijn meubeltjes; *get the* ~ slaag krijgen; *gather* (*dry*) ~*s* hout sprokkelen; **II** *vt* stokken, stokjes zetten bij [planten]

2 stick [stik] **I** *vt* steken; doorsteken; besteken (met *with*); vaststeken; **F** vastzetten; zetten, stoppen, plaatsen; (op-, aan-, vast)plakken; ~ *no bills!* verboden aan te plakken!; *she can't* ~ *him* **F** zij kan hem niet zetten; ~ *it* **F** het uithouden, volhouden; *they won't* ~ *that* dat zullen ze niet slikken; ~ *pigs* varkens de keel afsteken; op wilde zwijnen jagen met de speer; **II** *vi* blijven steken, (vast)kleven, blijven hangen of kleven, *fig* beklijven, blijven zitten•; **F** blijven; (vast)plakken[2]; niet verder kunnen, vastzitten; klemmen [v. deur &]; ~ *like a bur* iem. aanhangen als een klis; *the name* ~*s* (*to him*) *to this day* die naam is hem tot heden bijgebleven; ● ~ *a t nothing* voor niets staan of terugdeinzen; ~ *a r o u n d* **S** in de buurt blijven; ~ *b y sbd.* iem. trouw blijven; ~ *i n* inplakken; (hier en daar) plaatsen [een woordje &]; thuis blijven (hokken); *some of the money will* ~ *in* (*to*) *their fingers* zal aan hun vingers blijven hangen; ~ *in the mud* in de modder blijven steken; ~ *o n* (*a horse*) in het zadel blijven; *it stuck on his hands* het bleef aan zijn handen plakken; hij bleef er (op de verkoping) aan hangen; ~ *it on* overvragen; ~ *a stamp on* er een postzegeltje op plakken; ~ *o u t* buiten blijven; uit-, vooruitsteken; naar buiten staan; in het oog springen; stijfkoppig op zijn stuk blijven staan, volhouden; *it* ~*s out a mile* het is zo duidelijk als wat; zie ook: *neck* **I**; ~ *t o* vasthouden aan; trouw blijven aan; kleven (plakken) aan, blijven bij [iets]; ~ *t o the bottom* (*pan*) aanzetten; ~ *to one's friends* zijn vrienden trouw blijven; ~ *to one's word* (zijn) woord houden; ~ *t o g e t h e r* aaneenplakken; eendrachtig blijven; ~ *u p* opzetten [kegels &]; rechtop staan; ~ *u p a mail-coach* **S** aanhouden, overvallen; ~ *up for sbd.* voor iem. opkomen; ~ *w i t h* trouw blijven aan; *a cake stuck* (*over*) *with almonds* met amandelen er op; **–er** steker, (aan)plakker; gegomd biljet *o*, sticker, plakkertje *o*, zelfklever; slagersmes *o*; **F** echte „plakker"; doorzetter, aanhouder; **sticking-place** punt *o* waar de schroef & blijft steken; *screw... up to the* ~ zo hoog mogelijk, tot het uiterste; **~-plaster** hechtpleister; **~-point** = *sticking-place*

stick-insect ['stikinsekt] wandelende tak

stick-in-the-mud ['stikinðəmʌd] **F** sijsjeslijmer, conservatief; *Old* ~ Dinges; **stick-jaw** **S** taaie, plakkerige lekkernij

stickleback ['stiklbæk] stekelbaars

stickler ['stiklə] *a great* ~ *for...* wie erg gesteld is op..., een voorstander van...

stick-up ['stikʌp] **S** (roof)overval

sticky ['stiki] kleverig, plakkerig, klef, taai; **F** moeilijk, beroerd; *come to a* ~ *end* **S** lelijk te pas komen; *a* ~ *wicket* **F** een lastige positie

stiff [stif] **I** *aj* stijf, stevig, straf [borrel], strak, stram, stroef, onbuigzaam, stug; verstijfd; *fig* moeilijk [v. examens &]; streng [v. wet &]; taai, hevig [v. tegenstand]; **$** vast [v. markt]; *a* ~ *price* **F** een stevige (flinke, hoge) prijs; *that's a bit* ~ **F** dat is (toch) een beetje kras; *keep a* ~ *upper lip* geen spier vertrekken, zich flink houden; **II** *sb* **S** lijk; renpaard dat zeker zal verliezen; *a big* ~ een grote sufferd; **–en I** *vt* stijven; (doen) verstijven, stijf maken; *fig* moed inspreken; strenger maken [wetten]; **II** *vi* stijf worden, verstijven; **$** vaster worden [v. markt]; **–ener S** hartversterking; **~-necked** koppig

1 stifle ['staifl] **I** *vt* verstikken, doen stikken, smoren, onderdrukken; **II** *vi* stikken, smoren

2 stifle ['staifl] *sb* ♙ kniegewricht *o*; **~-joint** ['staifldʒɔint] kniegewricht *o* [v. paard]

stifling ['staiflin] verstikkend, smoor-

stigma ['stigmə] brandmerk² *o*; ♙ stempel [v. stamper]; *rk* & ♙ stigma *o*; *fig* (schand)vlek; **–tize** stigmatiseren; brandmerken²

stile [stail] stijl [aan deur]; overstap [voor hek]

stiletto [sti'letou] stilet *o* [dolkje]; priem; ~ *heel* naaldhak

1 still [stil] *sb* distilleerketel

2 still [stil] **I** *aj* stil, bewegingloos; kalm, rustig; niet mousserend [v. dranken]; ~ *life* stilleven *o*; **II** *sb* stilte; stilstaand beeld *o* [v. film], foto; **III** *vt* stillen, (doen) bedaren; tot bedaren brengen, kalmeren; **IV** *vi* ⊙ bedaren, verstillen

3 still [stil] *ad* nog altijd, nog; altijd (nog), steeds; (maar) toch; ~ *not* nog altijd niet

stillborn ['stilbɔːn] doodgeboren²; *the motion fell* ~ was een doodgeboren kind

still-hunting ['stilhʌntiŋ] *Am* sluipjacht²

stillness ['stilnis] stilte

still-room ['stilrum] distilleerkamer; provisiekamer

stilly ['stili] **I** *aj* ⊙ stil; **II** *ad* stil(letjes)

stilt [stilt] stelt [ook ♙ = steltloper, -kluit]; *on* ~*s*

---

op stelten; *fig* hoogdravend; **–ed** op stelten; *fig* hoogdravend

stimulant ['stimjulənt] **I** *aj* prikkelend, opwekkend; **II** *sb* stimulans, prikkel; ~*s* ook: stimulantia [opwekkende genotmiddelen, sterke dranken &]; **–ate** stimuleren, prikkelen, aansporen, aanzetten, aanwakkeren; **–ation** [stimju'leiʃən] prikkel(ing); **–ative** ['stimjuletiv] prikkelend, opwekkend

stimulus ['stimjuləs, *mv* **–li** -lai] prikkel, aansporing

sting [stiŋ] **I** *vt* & *vi* steken²; prikken, bijten [op de tong], branden [v. netels]; *fig* (pijnlijk) treffen; kwellen; **S** [geld] afzetten; ~ *with envy* afgunstig maken; **II** *sb* angel, stekel, ♙ brandhaar *o* [v. netel], prikkel; steek, (gewetens)knaging; pijnlijke *o*

stinger ['stiŋə] **F** vinnige klap, hard schot *o*

stinging-nettle ['stiŋiŋnetl] brandnetel

stingless ['stiŋlis] zonder angel

stingy ['stin(d)ʒi] *aj* vrekkig, zuinig

stink [stiŋk] **I** *vi* stinken (naar *of*); **F** walgelijk zijn; **S** gemeen, slecht zijn; **II** *vt* ~ *out* door stank verdrijven; **III** *sb* stank²; *raise a* ~ herrie schoppen; ~*s* **S** scheikunde; **–er** stinkerd **S** misselijke vent; moeilijke opgave (probleem); **–ing** stinkend; **F** walgelijk; **S** reuze vervelend; **S** dronken (ook: *stinko*)

stint [stint] **I** *vt* beperken, karig toemeten; beknibbelen, bekrimpen, karig zijn met; **II** *vr* ~ *oneself* zich bekrimpen; ~ *oneself of* zich ontzeggen; **III** *vi* zich bekrimpen, zuinig zijn; **IV** *sb* beperking, bekrimping, karigheid; toegedeelde portie; werk *o*; ♙ kleine strandloper; *without* ~ royaal

stipend ['staipend] wedde, bezolding (*spec* v. geestelijken); **–iary** [stai'pendjəri] **I** *aj* bezoldigd; **II** *sb* (bezoldigd) ambtenaar; (bezoldigd) politierechter (ook: ~ *magistrate*)

stipple ['stipl] **I** *vt* puntéren; stippelen; **II** *sb* puntéring; stippeling

stipulate ['stipjuleit] **I** *vt* stipuleren, bedingen, overeenkomen, bepalen; **II** *vi* ~ *for* stipuleren, bedingen; **–tion** [stipju'leiʃən] bedinging, overeenkomst; bepaling, beding *o*, voorwaarde

stir [stəː] **I** *vt* bewegen, in beweging brengen; verroeren; (om)roeren, roeren in, porren in, oppoken [het vuur]; *fig* aanporren [iem.]; aanzetten; gaande maken; ~ *sbd.'s blood* iems. bloed sneller doen stromen, iem. wakker maken, in vuur doen geraken; ~ *sbd. to frenzy* iem. razend maken; ~ *up* omroeren, roeren in, oppoken; *fig* in beroering brengen; aanporren, aanzetten; ~ *up mutiny* (*strife*) oproer (onenigheid) verwekken; **II** *vi* (zich) bewegen, zich (ver)roeren; in beweging komen of zijn; opstaan (des morgens); *not a breath is* ~*ring* er is (zelfs) geen zuchtje; *Mr A is not ~ring yet* is nog niet bij de hand, nog niet op; *he didn't ~* hij bewoog zich niet, hij verroerde geen vin; hij gaf geen kik; *~ out (out of the house)* (de deur) uitgaan, op straat komen; **III** *sb* beweging, geanimeerdheid; drukte; opschudding, beroering; *give it a ~* pook (roer) er eens in; *make a (great) ~* opschudding veroorzaken, opzien baren, (heel wat) sensatie maken; *he didn't make a ~* hij verroerde geen vin; hij gaf geen kik; *there was no ~ in the house* niets (niemand) bewoog zich, roerde zich; **–less** onbeweeglijk, bladstil; **stirring I** *aj* bewegend, roerend &; in beweging, actief; roerig; opwekkend; veelbewogen [tijden], sensationeel [v. gebeurtenissen]; **II** *sb* bewegen *o* &; beweging

stirrup ['stirəp] stijgbeugel (ook: gehoorbeentje); **~-cup** glaasje *o* op de valreep

stitch [stitʃ] **I** *sb* steek°; 𝕿 hechting, (hecht)draad; *he had not a dry ~ on him* hij had geen droge draad aan zijn lijf; *without a ~ on* spiernaakt; *a ~ in time saves nine* vóórzorg bespaart veel nazorg; **II** *vt* stikken; hechten; brocheren, (in)naaien; *~ up* dichtnaaien; hechten [een wond]; **III** *vi* stikken

stithy ['stiði] *prov* aambeeld *o*; ✎ smidse

stiver ['staivə] ✎ stuiver; *not a ~* geen rooie cent

stoat [stout] ≋ hermelijn

stock [stɔk] **I** *sb* (voorhanden) goederen, voorraad, inventaris; materiaal *o*, filmmateriaal *o*, film; blok *o*, stam, (geweer)lade, (anker-, wortel)stok; geslacht *o*, familie; fonds *o*, kapitaal *o*; effecten, aandelen, papieren; veestapel, vee *o*, paarden; afkooksel *o*, aftreksel *o*, bouillon; 🌺 violier; **~s** $ effecten, staatspapieren, aandelen; ⚓ stapel; 🕮 blok *o* [straftuig]; *~ and dies* ✂ snijijzer *o*; *lay in a ~ of...* een voorraad... opdoen; zich voorzien van...; *take ~* de inventaris opmaken; de toestand (situatie) opnemen; *take ~ of everything* alles opnemen [= inventariseren]; bekijken]; *take ~ of sbd. (all over)* iem. (van top tot teen) opnemen; ● *be in ~* goed voorzien zijn (van waren of geld); *have (keep) in ~* $ in voorraad hebben; *come of a good ~* van goede familie zijn; *have something on the ~s* iets op stapel hebben (staan); *out of ~* $ niet (meer) voorradig; **II** *aj* gewoon; stereotiep, vast [v. aardigheden, gezegden &]; **III** *vt* opdoen, inslaan [voorraad]; $ (in voorraad) hebben; (van voorraad of van het nodige) voorzien; **IV** *vi ~ up (on, with)* (een voorraad..., voorraden...) inslaan

stockade [stɔ'keid] **I** *sb* palissade; **II** *vt* palissaderen

stock-breeder ['stɔkbri:də] (vee)fokker

stockbroker ['stɔkbroukə] $ commissionair, makelaar in effecten; **–king** effectenhandel

stock company ['stɔkʌmpəni] $ maatschappij op aandelen; vast toneelgezelschap *o* met een repertoire

stockdove ['stɔkdʌv] ✎ kleine houtduif

stock exchange ['stɔkikstʃein(d)ʒ] $ (effecten)beurs

stockfish ['stɔkfiʃ] stokvis

stock farmer ['stɔkfa:mə] veehouder

stockholder ['stɔkhouldə] effectenbezitter; aandeelhouder

stockinet ['stɔkinet] (elastiek) tricot *o*

stocking ['stɔkiŋ] kous°; *~ cap* gebreide muts; **–ed** *in his ~ feet* op zijn kousen

stock-in-trade ['stɔkin'treid] (goederen)voorraad, inventaris; (geestelijk) kapitaal *o*; gereedschap *o* [van werklieden]

stockist ['stɔkist] depothouder

stockjobber ['stɔkdʒɔbə] handelaar in effecten; hoekman; **–jobbing** effectenhandel; beursspeculatie; **–list** beursnotering

stockman ['stɔkmən] veeboer; veeknecht

stock-market ['stɔkma:kit] effecten-, fondsenmarkt; **stockpile I** *vi* (& *vt*) een reservevoorraad vormen (van); **II** *sb* gevormde (of te vormen) voorraad; reservevoorraad

stockpot ['stɔkpɔt] soeppot

stock-raiser ['stɔkreizə] veefokker; **~-rider** *Austr* cowboy

stock-still ['stɔk'stil] stok-, doodstil

stock-taking ['stɔkteikiŋ] inventarisatie; *~ sale* balansopruiming

stock-whip ['stɔkwip] *Austr* cowboyzweep

stocky ['stɔki] gezet, dik; stevig

stockyard ['stɔkja:d] veebewaarplaats

stodge [stɔdʒ] **I** (*vi* &) *vt* S (zich) volproppen; **II** *sb* F (onverteerbare) kost; **–gy** *aj* dik; zwaar op de maag liggend; *fig* zwaar, onverteerbaar; saai

stoic ['stouik] **I** *sb* stoïcijn; **II** *aj* stoïcijns; **–al** stoïcijns; **–ism** ['stouisizm] stoïcisme *o*

stoke [stouk] **I** *vt* stoken [v. machine]; **II** *vi* stoken; S schransen (ook: *~ up*); **–hold** stookplaats; **–hole** stookgat *o*; stookplaats; **stoker** stoker [v. machine]

1 stole [stoul] *sb* stola°

2 stole [stoul] V.T. van *steal*; **stolen** V.D. van *steal*

stolid ['stɔlid] flegmatiek, onaandoenlijk, bot, ongevoelig, onbewogen; **–ity** [stɔ'liditi] flegma *o*, onaandoenlijkheid, botheid, ongevoeligheid, onbewogenheid

stomach ['stʌmək] **I** *sb* maag; buik; trek, (eet)lust; zin, begeerte; ✎ geaardheid, temperament *o*; *a man of his ~* ✎ iemand zo trots als hij; *he had no ~ for the fight* hij had er geen lust in om te (gaan) vechten; **II** *vt* (kunnen) verduwen of zetten, slikken, verkroppen [beledigingen &]; **–er** 🕮 borst [v. vrouwenkleed]; **–ic** [stə'mækik] **I** *aj* maag-; **II** *sb* de spijsvertering bevorderend middel *o*

stone [stoun] **I** *sb* steen *o* & *m* [stofnaam], steen *m*, [voorwerpsnaam], pit [v. vrucht]; als gewicht:

6,35 kg; *leave no ~ unturned* niets (geen middel) onbeproefd laten, hemel en aarde bewegen; *throw ~s at* met stenen gooien; *fig* bekladden; **II** *aj* van steen, stenen; **III** *vt* met stenen gooien (naar), stenigen; van stenen of pitten ontdoen; met stenen beleggen, plaveien; *~d* **S** laveloos [v. dronkaard]; geflipt [v. druggebruiker]; ~-**blind** stekeblind; ~-**coal** antraciet; ~-**cold** steenkoud; –**crop** muurpeper; ~-**cutter** steenhouwer; ~-**dead** morsdood; ~-**deaf** pot-, stokdoof; ~-**fruit** steenvrucht; –**mason** steenhouwer; ~-**pit**, ~-**quarry** steengroeve; ~'**s-cast** steenworp²; ~'**s-throw** steenworp; –**wall** *sp* verdedigend spelen *o*; *fig* obstructie; –**ware** steengoed *o*; –**work** steen-, metselwerk *o*; **stony** *aj* steenachtig, stenig, stenen², steen-; *fig* onbewogen, ijskoud, hard, wreed, meedogenloos; **S** blut, rut (ook: ~-*broke*)

stood [stud] V.T. & V.D. van *stand*

stooge [stu:dʒ] mikpunt *o* van spot; *theat* aangever [v. conférencier]; **F** handlanger, helper; *fig* werktuig *o*, stroman

stook [stuk] = 2 *shock*

stool [stu:l] **I** *sb* (kantoor)kruk, stoeltje *o* (zonder leuning), (voeten)bankje *o*, taboeretje *o*, knielbankje *o*; stilletje *o*; ☘ stoel [v. bamboestruik &]; stoelgang, ontlasting (ook: ~*s*); = *stool-pigeon*; ~ *of repentance* zondaarsbankje *o*; *fall between two ~s* tussen de wal en het schip vallen; *go to ~* ontlasting hebben; **II** *vi* ☘ (uit)stoelen; ~-**pigeon** lokduif; *fig* lokvogel, lokvink; stille verklikker

1 stoop [stu:p] **I** *vi* bukken, zich bukken, vooroverlopen, krom (gebogen) lopen, gebukt lopen; *fig* zich vernederen, zich verwaardigen, zich verlagen (tot *to*); neerschieten op prooi [v. havik]; **II** *vt* (voorover) buigen; ~*ed by age* krom van ouderdom; **III** *sb* vooroverbuigen *o*, gebukte houding; *have a slight ~* wat gebukt lopen

2 stoop [stu:p] *sb Am* veranda

stop [stɔp] **I** *vt* stoppen [een gat, lek &], dichtmaken, dichtstoppen, op-, verstoppen, versperren (ook: ~ *up*), stelpen [het bloeden], vullen, plomberen [tand]; stil laten staan [klok], tot staan brengen, tegenhouden, aanhouden [iem.]; inhouden [loon &]; een eind maken aan [iets], beletten, verhinderen, weerhouden, stopzetten [fabriek], staken [werk &]; pauzeren, ophouden met, niet voortzetten; interpungeren; ~ *a blow* een slag pareren; ~ *one's ears* de oren dichtstoppen; *fig* de oren sluiten (voor *against*); ~ *sbd.'s mouth* iem. de mond stoppen [door geld]; iem. de mond snoeren; ~ *payment* niet verder betalen; **$** zijn betalingen staken; ~ *the show* veel bijval (succes) oogsten (onder de voorstelling de uitvoering); ~ *thief!* houdt de dief!; ~ *thinking* ophouden met denken, niet meer denken; ~ *sbd.* (*from*) *thinking* iem. doen ophouden met (beletten te)

denken; **II** *vi* stoppen [trein], stilhouden, halt houden, blijven (stil)staan [horloge]; ophouden, uitscheiden; logeren, overblijven, blijven; *the matter will not ~ there* daar zal het niet bij blijven; ● ~ *at home* thuis blijven; ~ *at nothing* voor niets staan (terugdeinzen); *reform cannot ~ at this* kan het hier niet bij laten; ~ *away from school* van school wegblijven; ~ *for the sermon* blijven voor de preek; ~ *in Am* aangaan (bij *at*); ~ *in bed* (in zijn bed) blijven liggen; ~ *off* **F** de reis onderbreken (en overblijven); ~ *out all night* uitblijven; ~ *over* = ~ *off*; ~ *up late* laat opblijven; ~ *with friends* bij familie (kennissen) logeren; **III** *sb* stopzetten *o* &; pauzering, pauze; oponthoud *o*; halte; ⚓ tussenlanding(splaats); leesteken *o*; **✗** pen, pin; ♪ register *o*, klep, gat *o*; diafragma *o* [v. lens]; *gram* ontploffingsgeluid *o* [zoals *k, t, p*]; *make a ~* halt houden, ophouden, pauzeren; *put a ~ to* een eind maken aan; ● *be at a ~* stilstaan, niet verder kunnen; *bring to a ~* tot staan brengen; *come to a ~* blijven (stil)staan, blijven steken; ophouden; een eind nemen; *come to a dead (full) ~* plotseling (geheel) ophouden, blijven steken; ⚓ totaal stoppen; *without a ~* zonder ophouden; zonder te stoppen [v. trein]; –**cock** (afsluit)kraan; –**gap I** *sb* stoplap; bladvulling; noodhulp; **II** *aj* interim, tijdelijk vervangend, bij wijze van noodhulp; –**over** onderbreking van de reis; kort verblijf *o*; tussenlanding, tussenstation *o*; **stoppage** stoppen *o*, stopzetting, staking, op-, verstopping; ophouding, oponthoud *o*, stilstand; inhouding [v. loon]; *there is a ~ somewhere* het stokt ergens; **stopper I** *sb* stopper; stop; *put the ~ on* **F** onderdrukken, tegenhouden; **II** *vt* een stop doen op; **stopping-place** halte

stopple [stɔpl] **I** *sb* (glazen) stop; **II** *vt* met een stop dichtmaken

stop-press ['stɔppres] ~ (*news*) laatste nieuws, nagekomen berichten

stop-watch ['stɔpwɔtʃ] stophorloge *o*

storage ['stɔ:ridʒ] (op)berging, opslag; pakhuisruimte, bergruimte; pakhuishuur; bewaarloon *o*; *cold* ~ (het opslaan in de) vries-, koelkamer; *put into cold* ~ [*fig*] in de ijskast leggen; ~ *accommodation* opslagruimte; ~ *battery* accumulator; ~ *heater* warmteaccumulator

store [stɔ:] **I** *sb* (grote) voorraad, opslagplaats, meubelbewaarplaats; magazijn *o*; *Am* winkel; [in Engeland] warenhuis *o*, winkel; *the ~s* de bazaar, het warenhuis; de winkelvereniging; ✗ ammunitie, uitrusting, proviand; *cold* ~ koelhuis *o*; *set (great, little)* ~ *by* (soms *on, upon*) (veel, weinig) waarde hechten aan; (veel, weinig) prijs stellen op; *in* ~ in voorraad; in bewaring, opgeborgen; in petto; *be (lie, be laid up) in* ~ *for sbd.* iem. te wachten staan; *have something in* ~ in voorraad hebben; nog te wachten of te goed hebben; in petto houden; **II** *vt* inslaan, opdoen; binnenhalen; opslaan [goederen]; voorzien (van *with*); opbergen [meubels]; ~ (*up*) verzamelen; bewaren; *his memory* (*mind*) *was* ~*d with facts* hij had een hoop feiten in zijn hoofd; ~-**cupboard** provisiekast; –**house** voorraadschuur, pakhuis *o*, magazijn² *o*; *fig* schatkamer; –**keeper** pakhuismeester; magazijnmeester; ⚓ proviandmeester; *Am* winkelier; –**man** magazijnmeester; ~-**room** bergplaats, -ruimte; provisiekamer

storey ['stɔːri] verdieping; woonlaag; *first* ~ rez-de-chaussee; *second* ~ eerste verdieping; **storeyed** met... verdiepingen [bijv. *a four-*~ *house* huis met drie verdiepingen]

storied ['stɔːrid] in de geschiedenis vermeld, vermaard; met taferelen uit de geschiedenis versierd ‖ = *storeyed*

storiette [stɔːri'et] verhaaltje *o*

stork [stɔːk] ooievaar

storm [stɔːm] **I** *sb* storm²; onweersbui, onweer *o*; regenbui; uitbarsting; ⚔ bestorming; *a* ~ *in a teacup* een storm in een glas water; *the period of* ~ *and stress* de „Sturm und Drang" periode; de tijd van strijd en woeling; *take by* ~ stormenderhand innemen; **II** *vi* stormen, bulderen, razen, woeden; ⚔ stormlopen; ~ *and swear* razen en tieren; ~ *at* uitvaren tegen; **III** *vt* ⚔ aan-, losstormen op, bestormen²; ~*y* *aj* stormachtig², storm-; ~ *petrel* 🐦 stormvogeltje *o*; *fig* voorbode van de storm, onrustzaaier

story ['stɔːri] geschiedenis; vertelling, verhaal *o*; legende; *F* leugentje *o*, jokkentje *o*; *short* ~ kort verhaal *o*; *the* ~ *goes that...* men zegt, dat...; *to make a long* ~ *short...* om kort te gaan...; *tell stories* *F* jokken ‖ = *storey*; ~-**book** vertelselboek *o*; ~-**line** plot, intrige [v. film &]; ~-**teller** verhaler, verteller; *F* jokkebrok

stoup [stuːp] beker; wijwaterbak

1 stout [staut] *sb* stout [donker bier]

2 stout [staut] *aj* (zwaar)lijvig, corpulent, gezet, zwaar, dik, sterk, stevig, krachtig, kloek, dapper, flink; ~-**hearted** kloekmoedig; –**ly** moedig, kloek

1 stove [stouv] *sb* kachel, fornuis *o*; (toe)stel *o* [om op te koken &]; stoof; droogoven; broeikas

2 stove [stouv] V.T. & V.D. van *stave*

stove-pipe ['stouvpaip] kachelpijp²

stow [stou] **I** *vt* stuwen, stouwen; leggen, bergen; (vol)pakken; ~ *away* wegleggen, (op)bergen; *fig* verborberen [v. eten]; ~ *it!* S kop dicht!, schei uit!; **II** *vi* ~ *away* als verstekeling(en) meereizen; –**age** stuwage; berging; bergruimte, bergplaats; stuwagegeld *o*; –**away** blinde passagier, verstekeling

straddle ['strædl] **I** *vi* wijdbeens lopen (staan), schrijlings zitten; **II** *vt* schrijlings zitten op of

staan boven; schrijlings plaatsen; **III** *sb* schrijlings staan, lopen of zitten *o*

strafe [straːf] zwaar bombarderen, beschieten; *F* geducht afstraffen

straggle ['strægl] (af)dwalen, zwerven, achterblijven; verstrooid staan; verspreid liggen; –**r** achterblijver; afgedwaalde; 🌿 wilde loot; **straggling** verstrooid, verspreid; onregelmatig (gebouwd &); **straggly** wild opgeschoten

straight [streit] **I** *aj* recht [niet krom], glad [niet krullend]; *fig* eerlijk, fatsoenlijk; betrouwbaar; openhartig; in orde; op orde; puur [v. drank]; ~ *angle* gestrekte hoek; ~ *contest* = ~ *fight*; *keep a* ~ *face* ernstig blijven; ~ *fight* (verkiezings)strijd tussen twee kandidaten; *as* ~ *as an arrow* kaarsrecht; *I gave it him* ~ ik zei het hem ronduit; *get it* ~ *F* het goed begrijpen; *put* ~ herstellen; opruimen; weer in orde brengen; **II** *ad* recht(op), rechtuit; regelrecht, rechtstreeks, direct; *fig* eerlijk; *go* ~ *F* oppassen, zich goed gedragen; ● ~ *away* (*off*) op staande voet, op stel en sprong; ~ *from the horse's mouth* uit de eerste hand; ~ *on* rechtuit, rechtdoor; ~ *out* ronduit; **III** *sb* rechte eind *o* [v. renbaan]; *out of the* ~ krom, scheef; –**en** **I** *vt* recht maken, in orde brengen²; ~ *out* recht maken; recht trekken; ontwarren; weer in orde brengen; ~ *up* opredderen, wat opknappen; **II** *vi* ~ *up* zich oprichten; –**forward** [streit'fɔːwəd] recht door zee gaand, oprecht, rond(uit), eerlijk; zakelijk [v. stijl, verhaal &], ongecompliceerd, (dood)eenvoudig, (dood)gewoon; ↖ –**way** ['streitwei] dadelijk

strain [strein] **I** *vt* spannen, (uit)rekken; (te veel) inspannen [zijn krachten]; verrekken [gewricht of spier]; geweld aandoen, verdraaien [feiten &]; forceren [stem]; drukken; uitblinken [in zeef, vergiet]; ~ *out* uitlekken; **II** *vi* zich inspannen; trekken, rukken (aan *at*); doorzijgen; ~ *after* streven naar; jacht maken op; **III** *sb* spanning; inspanning, streven *o*; overspanning; druk; verdraaiing [v. de waarheid]; verrekking [v. e. spier]; geest, toon; karakter *o*, element *o*, tikje *o* [van iets]; ras *o*, geslacht *o*; neiging; ☉ wijs, melodie (vooral ~*s*); *there is a heroic* ~ *in his character* iets heroïsch; *put* (*too great*) *a* ~ *on oneself* zich (te veel) inspannen; ● *his letters are in a different* ~ in zijn brieven slaat hij een andere toon aan; *he is of a noble* ~ van edele stam (van edel ras); *be on the* ~ ingespannen zijn, zich inspannen (om... *to...*); in gespannen toestand zijn²; –**ed** gespannen [van verhoudingen]; gedwongen, gemaakt, geforceerd; verdraaid, gewrongen; –**er** filterdoek; vergiet *o* & *v*, zeef

strait [streit] **I** *aj* nauw, eng, bekrompen, streng (in zijn opvatting); **II** *sb* ~*s* (zee-)engte, (zee)straat; moeilijkheid, verlegenheid; *the Straits of Dover* het Nauw van Calais

straitened ['streitnd] *be in ~ circumstances* het (financieel) niet breed hebben

strait-jacket ['streitdȝækit] dwangbuis *o*; **~-laced** *fig* preuts, puriteins streng; **~-waistcoat** dwangbuis *o*

1 strand [strænd] **I** *sb* strand *o*, kust, oever (inz. ⊙); **II** *vt* doen stranden, op het strand zetten; *be ~ed* stranden², schipbreuk lijden²; *fig* blijven zitten (steken), niet verder kunnen; **III** *vi* stranden

2 strand [strænd] *sb* streng [v. wol, touw]; (haar)lok

strange [strein(d)ȝ] *aj* vreemd, onbekend; vreemdsoortig, ongewoon, zonderling, raar°; *she is still ~ to the work* het werk is haar nog vreemd; *feel ~* zich niet thuis voelen; zich ·raar voelen; *~ to say* vreemd genoeg; *–r* vreemdeling, vreemde, onbekende; *ŧ* derde; *I am a ~ here* ik ben hier vreemd; *you are quite a ~* je laat je nooit zien; *he is a ~ to fear* alle vrees is hem vreemd; *he is no ~ to me* hij is mij niet vreemd, ik hoef mij voor hem niet te generen

strangle ['stræŋgl] wurgen, worgen; smoren; *fig* onderdrukken; **–hold** worgende · greep²; **strangler** worger

strangles ['stræŋglz] goedaardige droes [paardenziekte]

strangulated ['stræŋgjuleitid] dichtgesnoerd, ingesnoerd; *ŧ* beklemd [breuk]; **–ation** [stræŋgju'leiʃən] (ver)worging; *ŧ* beklemming [v. breuk]

strap [stræp] **I** *sb* riem, riempje *o*; drijfriem; lus [in tram, auto]; hechtpleister; band; aanzetriem; *✗* beugel; *~s* souspieds; **II** *vt* (met een riem) vastmaken (ook: *~ up*); (met een riem) slaan; (op een riem) aanzetten; **~-hanger** staande passagier, ,,lushanger"; **–less** zonder schouderbandjes

strappado [strə'peidou] **I** *sb* wipgalg; **II** *vt* wippen

strapping ['stræpiŋ] **I** *aj* groot en sterk, stevig, potig; **II** *sb* vastmaken *o* met riemen; afranseling (met riem)

stratagem ['strætidȝəm] krijgslist, list

strategic [strə'ti:dȝik] strategisch; **–s** = *strategy*; **strategist** ['strætidȝist] strateeg; **strategy** strategie²

stratification [strætifi'keiʃən] gelaagdheid, stratificatie; **stratify** ['strætifai] in lagen leggen, tot lagen vormen; *stratified* gelaagd

stratosphere ['stræ-, 'stra:tousfiə] stratosfeer

stratum ['stra:təm, *mv* **-ta** -tə] (gesteente)laag

stratus ['streitəs] laagwolk

straw [strɔ:] **I** *sb* stro *o*; strohalm, strootje *o*; rietje *o* (*drinking ~*); strohoed; *~ in the wind* kleinigheid die doet vermoeden uit welke hoek de wind waait; *it is the last ~ that breaks the camel's back* de laatste loodjes wegen het zwaarst; *that's the last ~* dat is de druppel die de emmer doet overlopen; dat is het toppunt; *catch at (cling to) a ~* zich aan een strohalm vastklampen; *draw ~s* strootje trekken; *not worth a ~* geen lor waard; **II** *aj* van stro, strooien, stro-

strawberry ['strɔ:b(ə)ri] aardbei; *~ mark* wijnvlek [in de huid]

straw-board ['strɔ:bɔ:d] strokarton *o*; **~-coloured** strokleurig; **~-vote** onofficiële stemming, proefstemming; **strawy** stroachtig; van stro

stray [strei] **I** *vi* (rond)zwerven, (rond)dwalen, verdwalen, afdwalen; *~ in* binnen komen lopen; *~ into* afdwalen naar; verdwalen (soms: verlopen) in; **II** *aj* afgedwaald; verdwaald; sporadisch voorkomend; verspreid; *~ cat* zwervende kat; *~ current ✶* vagebonderende stroom; *~ customer* toevallige klant; *a ~ instance* een enkel voorbeeld *o* of geval *o*; *~ notes* losse aantekeningen; **III** *sb* afgedwaald of verdwaald dier *o*; zwerver

streak [stri:k] **I** *sb* streep; ader, laag; *~ of lightning* bliksemflits; *have a ~ of luck* veine hebben; *he has a ~ of superstition in him* hij is een tikje bijgelovig; **II** *vt* strepen; **III** *vi* F voorbij schieten, flitsen; *–ed* gestreept, geaderd; doorregen [v. spek]; *–er* naaktholler [over straat]; *–ing* naakthollen *o* in het openbaar; **streaky** = *streaked*

stream [stri:m] **I** *sb* stroom²; *fig* stroming; **II** *vi* stromen; wapperen; **III** *vt* ⇔ plaatsen in een groep (van bekwaamheid); *~ed school* school met groepen (van bekwaamheid)

streamer ['stri:mə] wimpel; lang lint *o* of lange veer; spandoek *o* & *m*; serpentine; *~s* noorderlicht *o*

streamlet ['stri:mlit] stroompje *o*

streamline ['stri:mlain] **I** *sb* stroomlijn; **II** *vt* stroomlijnen; **III** *aj* stroomlijn-, gestroomlijnd

street [stri:t] straat; *in Queer ~* aan lagerwal, in geldverlegenheid; *er naar (beroerd) aan toe*; *in the ~* op straat; $ op de nabeurs; *not be in the same ~ with [fig]* niet halen bij; *it's up my ~* F het is iets voor mij; *be ~s ahead of [fig]* veel beter zijn dan; *its ~s ahead of me* het gaat me boven de pet; *on the ~s* in het leven [de prostitutie]; *✎* **~ arab** straatjongen, boefje *o*; **–car** *Am* tram(wagen); **–scape** straatbeeld *o*; **~-sweeper** veegmachine; straatveger; **~-walker** prostitué(e)

strength ['streŋθ] sterkte, kracht, macht; ook: krachten; *Britain goes (grows) from ~ to ~* Engeland gaat gestadig vooruit, wordt steeds beter; *they were there in (full) ~* er was een flinke opkomst; *on the ~ ✗* ingedeeld; *on the ~ of* op grond van, naar aanleiding van; **–en I** *vt* versterken, sterken; **II** *vi* sterk(er) worden

strenuous ['strenjuəs] krachtig, energiek, ijverig; inspannend; moeilijk

stress [stres] **I** *sb* nadruk², klem(toon), accent *o*; spanning, **𝔗** stress; **✕** spanning, druk; kracht, gewicht *o*; *under* ~ *of circumstances* daartoe gedwongen door de omstandigheden; *under (a)* ~ *of weather* tijdens of ten gevolge van zwaar weer; **II** *vt* de nadruk leggen op²; *~ed* beklemtoond

stretch [stretʃ] **I** *vt* rekken, oprekken, uitrekken; uitstrekken, uitsteken, uitspreiden, (uit)spannen; *fig* overdrijven; geweld aandoen; ~ *sbd. on the ground* iem. neervellen (leggen); ~ *the truth* het zo nauw niet nemen met de waarheid [= liegen]; **II** *vr* ~ *oneself* zich uitrekken [na slaap &]; zich uitstrekken; **III** *vi* & *va* zich uitstrekken, zich uitrekken; rekken; *fig* overdrijven, het met de waarheid zo nauw niet nemen; **S** hangen; ~ *a w a y* zich uitstrekken (naar *towards*); ~ *d o w n to* reiken tot, zich uitstrekken tot aan; ~ *o u t* zich uitstrekken; aanstappen; **IV** *sb* uit(st)rekking, spanning; inspanning; uitgestrektheid; (recht) eind *o*, stuk *o* [v. weg &]; tijd, tijdje *o*, periode; **S** (één jaar) gevangenisstraf; *do a* ~ **S** (achter de tralies) zitten; *a t a* ~ als het nijpt, desnoods; achtereen, aan één stuk door; *at full* ~ helemaal gestrekt; gespannen tot het uiterste; *by a* ~ *of the imagination* met wat fantasie; *by a* ~ *of language* door de taal geweld aan te doen; *o n the* ~ (in)gespannen²; **V** *aj* stretch-; **stretcher** rekker; spanraam *o*; △ strekse steen; draagbaar, brancard; spoorstok [in roeiboot]; *~s* **F** rekbare nylonkousen; **~-bearer** ziekendrager, brancardier; **stretchy** rekbaar, elastisch

strew [stru:] (uit)strooien; bestrooien; bezaaien (met *with*); **strewn** V.D. van *strew*

stricken ['strikn] V.D. van *strike*; geslagen, getroffen; zwaar beproefd; diep bedroefd; *the ~ field* **✎** het bloedig slagveld; ~ *with fever* door koorts aangetast

strict ['strikt] stipt, strikt (genomen), streng, nauwkeurig, nauwgezet

stricture ['striktʃə] (kritische) aanmerking; **𝔗** vernauwing; *make (offer) ~s on* kritiek uitoefenen op

stridden ['stridn] V.D. van *stride*

stride [straid] **I** *vi* schrijden, met grote stappen lopen; **II** *vt* ⊙ schrijden over; **III** *sb* schrede, (grote) stap; *make great ~s* [*fig*] grote vorderingen maken; *a t a* (*one*) ~ met één stap; *take sth. in one's* ~ iets en passant „nemen" of doen; *get i n t o one's* ~ op dreef komen

strident ['straidənt] krassend, schril, schel

strife [straif] strijd, twist, tweedracht

strike [straik] **I** *vt* slaan, slaan op (met, tegen, in); aanslaan [een toon &]; inslaan [een weg]; stoten (met, op, tegen); aanslaan tegen; komen aan (op), aantreffen, vinden; treffen²; opvallen, voorkomen, lijken, strijken [vlag]; afbreken [tent]; afstrijken [lucifer &]; *how does it ~ you?* wat

vind je er van?; hoe bevalt het je, hoe vind je het?; ~ *sbd. blind (dumb)* iem. met blindheid (stomheid) slaan; *it ~s me as ridiculous* het lijkt mij belachelijk; ~ *an attitude* een gemaakte houding aannemen, poseren; ~ *a bargain* een koop sluiten; ~ *sbd. a blow* iem. een slag toebrengen; ~ *camp* het kamp opbreken; ~ *me dead if...* ik mag doodvallen als...; ~ *a light* een lucifer aanstrijken (aansteken); vuur slaan; ~ *oil* petroleum aanboren; *fig* fortuin maken; ~ *a rock* op een rots stoten (lopen); ~ *work* (het werk) staken; **II** *vi* toeslaan; **✕** aanvallen; raken; inslaan [v. bliksem, projectiel]; aangaan, vuur vatten [v. lucifer]; wortel schieten; de vlag strijken [ook = zich overgeven] op een rots stoten; (het werk) staken; ● ~ *a t* slaan naar, een slag toebrengen²; aangrijpen; ~ *at the root of* in de wortel aantasten; ~ *b a c k* terugslaan; ~ *d o w n* neerslaan; neervellen; ~ *f o r the village* op het dorp afgaan; ~ *i n* naar binnen slaan [v. ziekten]; tussenbeide komen, invallen; ~ *in with* de partij kiezen van; zich schikken naar; overeenstemmen met; ~ *i n t o a gallop* het op een galop zetten; ~ *into a road* een weg inslaan; ~ *terror into their hearts* hun hart met schrik vervullen; ~ *o f f* afslaan, afhouwen; schrappen, (van de lijst) afvoeren; laten vallen [prijs]; afdrukken [zoveel exemplaren]; uit zijn mouw schudden [opstellen &]; ~ *off to the right* rechts afslaan; ~ *o u t* van zich afslaan [bij boksen]; de armen uitslaan [bij zwemmen]; ~ *out a name* doorhalen, schrappen; ~ *out a new plan (line)* een nieuwe weg inslaan; ~ *t h r o u g h* doorstrepen [een woord]; ~ *through the forest* het bos doorzwerven; ~ *t o the left* links afslaan; ~ *u p ♪* beginnen te spelen, aanheffen, inzetten; aangaan, sluiten [verbond &]; ~ *up an acquaintance with sbd.* met iem. aanpappen; ~ *up a conversation (a correspondence) with* een gesprek (een briefwisseling) beginnen met; ~ *upon an idea* op een idee komen; *struck w i t h surprise* verbaasd; *struck with terror* door schrik bevangen; **III** *sb* slag²; **✕** (lucht)aanval; (werk)staking; vondst [v. goud]; strijkhout *o*; *the men on* ~ de stakers; *go on* ~ in staking gaan; **~-bound** door staking lamgelegd [industrie]; **~-breaker** stakingbreker; **~-fund** stakingskas; **~-pay** stakingsuitkering; **striker** wie of wat slaat; (werk)staker; **striking** slaand, treffend, frappant, opvallend, merkwaardig, sensationeel; **✕** aanvals-; *the* ~ *parts (train)* het slagwerk [in klok]

string [strin] **I** *sb* touw *o*, touwtje *o*; bindgaren *o*, band, koord *o* & *v*, veter; snoer *o*, snaar; pees, vezel, draad; ris, sliert, reeks, rij; *~s* ook: *fig* zekere voorwaarden; *the ~s ♪* de strijkinstrumenten; de strijkers; *a bit (piece) of* ~ een touwtje *o*; *have two (more) ~s to one's bow* nog andere pijlen op zijn boog hebben; *pull the ~s* aan de touwtjes trekken (achter de schermen); *touch a* ~ een (zekere) snaar aanroeren; *touch the* ~s de snaren tokkelen; *have sbd. on a* ~ iem. aan het lijntje hebben; **II** *vt* rijgen (aan *on*) [snoer &], snoeren; besnaren; (met snaren) bespannen; spannen [de zenuwen, de boog]; (af)risten, afhalen [bonen &]; ● ~ *a l o n g* **F** aan het lijntje houden; ~ *o u t a list* langer maken, rekken; ~ *t o g e t h e r* aaneenrijgen²; ~ *up* [*fig*] (in)spannen; **F** opknopen, ophangen; **III** *vi* draderig worden [van vloeistoffen]; ● ~ *a l o n g with* **F** meegaan met, meewerken met; ~ *o u t* achter elkaar te voorschijn komen; ~ **bag** boodschappennet *o*; ~ **band** strijkorkest *o*; **-ed** besnaard; snaar-, strijk-; *two-* ~ tweesnarig

stringency ['strindʒənsi] bindende kracht, strengheid [v. wetten of bepalingen]; klemmend karakter *o* [v. betoog]; $ nijpende schaarste [v. geldmarkt]; **stringent** bindend, streng; klemmend; $ schaars, krap

string orchestra ['striŋɔ:kistrə] strijkorkest *o*
stringy ['striŋi] vezelig, draderig, zenig
strip [strip] **I** *vt* (af)stropen, afristen, afhalen [bedden], strippen [tabak], (naakt) uitkleden; leeghalen; uitmelken [koe]; ontmantelen; ⚓ onttakelen; ~ *bare* (*naked, to the skin*) poedelnaakt ontkleden; ~ *of* beroven van, ontdoen van; ~ *off* uittrekken, afrukken; afstropen; ~*ped* ook: dol [v. schroef]; **II** *vi* & *va* zich uitkleden; zich laten afstropen, afristen &; losgaan; **II** *sb* strook, reep; beeldverhaal *o* (ook: *comic* ~, *picture* ~, ~ *cartoon*)
stripe [straip] streep, ⚔ chevron; (zweep)slag; **-d** gestreept, streepjes-
strip-lighting ['striplaitiŋ] buisverlichting
stripling ['stripliŋ] jongeling
stripper ['stripə] afstroper; stripper; *strip-teaser*
strip-tease ['stripti:z] strip-tease; **-r** strip-tease-danseres
stripy ['straipi] gestreept, streepjes-
strive [straiv] hard zijn best doen, zich inspannen (om *to*); streven (naar *after, for*); ✎ worstelen, strijden (tegen *with, against*); **striven** ['strivn] V.D. v. *strive*
stroboscopic [stroubou'skɔpik] stroboscopisch
strode [stroud] V.T. v. *stride*
1 stroke [strouk] **I** *sb* slag²; trek, haal, streep, streek, schrap; stoot; aanval [v. beroerte], beroerte (ook: ~ *of apoplexy*), verlamming (ook: ~ *of paralysis*); *sp* slag(roeier); *clever* ~ handige zet; *do a good* ~ *of business* een goede slag slaan; *a* ~ *of genius* een geniaal idee *o* & *v*; ~ *of lightning* blikseminslag; *a* ~ *of luck* een buitenkansje *o*; *he has not done a* ~ *of work* hij heeft geen slag gedaan; ● *at a* (*one*) ~ met één slag; *be off one's* ~ *sp* van slag zijn [v. roeier]; *fig* de kluts kwijt (in de war) zijn; *it is o n the* ~ *of five* op slag van vijven; **II** *vt* bij het roeien de slag aangeven

2 stroke [strouk] **I** *vt* strelen, (glad)strijken, aaien; ~ *the wrong way* het land op jagen; **II** *sb* streling, aai
stroll [stroul] **I** *vi* (rond)slenteren, kuieren, ronddwalen; ~*ing player* reizend, rondtrekkend toneelspeler; **II** *sb* toertje *o*, wandeling; **-er** slenteraar, wandelaar; reizend, rondtrekkend (toneel)speler
strong [strɔŋ] *aj* sterk°, kras, krachtig, vurig; vast [v. markt]; zwaar [drank of tabak]; ransig [boter &]; goed [geheugen]; *by the* ~ *arm* (*hand*) met geweld; ~ *language* krasse taal; grofheden; ~**bodied** sterk van lichaam, fors (gebouwd); ~**box** brandkast, geldkist; **-hold** sterkte, burcht², bolwerk² *o*; **-ish** tamelijk sterk; ~**-minded** van krachtige geest; energiek; **-point** versterkt punt *o*, verzetshaard; ~**-room** (brand- en inbraakvrije) kluis
strontium ['strɔnʃiəm] strontium *o*
strop [strɔp] **I** *sb* aanzet-, scheerriem; ⚓ strop; **II** *vt* aanzetten [een scheermes]
strophe ['stroufi] strofe, vers *o*; **-phic** ['strɔfik] strofisch
strove [strouv] V.T. van *strive*
struck [strʌk] V.T. & V.D. van *strike*; ook: onder de indruk; **F** gecharmeerd, betoverd
structural ['strʌktʃərəl] van de bouw, bouw-, structuur-, structureel; ~ *alterations* verbouwing; **structure I** *sb* structuur, bouw²; gebouw² *o*, bouwsel *o*; **II** *vt* structureren
struggle ['strʌgl] **I** *vi* (tegen)spartelen; worstelen (tegen *against, with*), kampen (met *with*); strijden; zich alle mogelijke moeite geven; ~ *in* (*through*) zich met moeite een weg banen naar binnen (door); ~ *through* ook: doorworstelen; *she* ~*d into* (*out of*) *her dress* ze kwam met moeite in (uit) haar japon; **II** *sb* worsteling, (worstel)strijd; pogingen; *the* ~ *for life* de strijd om het bestaan; **-ling** worstelend, met moeite het hoofd boven water houdend
strum [strʌm] **I** *vi* & *vt* tjingelen, tokkelen [op snaarinstrument]; **II** *sb* getjingel *o*, getokkel *o*
struma ['stru:mə] kropgezwel, struma
strumpet ['strʌmpit] slet, lichtekooi
strung [strʌŋ] V.T. & V.D. van *string*
1 strut [strʌt] **I** *vi* deftig, trots stappen; **II** *vt* op en neer stappen op (over); **III** *sb* deftige, trotse stap
2 strut [strʌt] **I** *sb* stut; **II** *vt* stutten
strychnine ['strikni:n] strychnine
stub [stʌb] **I** *sb* stronk [v. boom]; stomp, stompje *o* [potlood], peuk, peukje *o* [sigaar]; *Am* souche [v. cheque]; **II** *vt* [zijn teen &] stoten; ~ *o u t* uitdrukken [sigaret]; ~ *u p* opgraven, rooien, uitroeien
stubble ['stʌbl] stoppel(s)²; **-ly** stoppelig, stoppel-

stubborn ['stʌbən] hardnekkig; halsstarrig, onverzettelijk, weerspannig

stubby ['stʌbi] kort en dik, kort en stevig

stucco ['stʌkou] **I** *sb* pleisterkalk; pleisterwerk *o*; **II** *vt* stukadoren, pleisteren

stuck [stʌk] V.T. & V.D. van 2 *stick*; **S** verliefd (op *on*); *to be* ~ vast zitten, niet verder kunnen; ~-**up F** verwaand, pedant

1 stud [stʌd] **I** *sb* tapeinde *o*; knop, knopje *o*, spijker; overhemdsknoopje *o*; **II** *vt* het knoopje steken in (door); (met knopjes) beslaan, bezetten of versieren; ~*ded with* dicht bezet met; bezaaid met

2 stud [stʌd] *sb* stoeterij; (ren)stal; = *stud-horse*; ~-**book** (paarden-, honden- &)stamboek *o*

student ['stju:dənt] student, scholier; beoefenaar; leerling [v. muziekschool]; die (een speciale) studie maakt (van *of*), die zich interesseert (voor *of*); beursaal; –**ship** studentschap *o*; studiebeurs

stud-farm ['stʌdfɑ:m] stoeterij; ~-**horse** (dek-)hengst

studied ['stʌdid] *aj* gestudeerd; weldoordacht; bestudeerd, gewild, gemaakt, opzettelijk

studio ['stju:diou] atelier *o* [v. kunstenaar]; studio; ~ *couch* bedbank

studious ['stju:diəs] ijverig, vlijtig, leerzaam, leergierig; angstvallig, nauwgezet; bestudeerd, opzettelijk; *be* ~ *of* bedacht zijn op, er zich op toeleggen om, er naar streven om...; *be* ~ *to...* zich beijveren om...; alles doen om...

study ['stʌdi] **I** *sb* studie°; bestudering; ♪ etude; studeerkamer; *fig* streven *o*; ~ *of a head* studiekop [v. schilder]; *his face was a* ~ de moeite van het bestuderen waard; *in a brown* ~ in gedachten verzonken; **II** *vt* (be)studeren; studeren in; rekening houden met [iems. belangen]; er naar streven (om *to...*); zich beijveren (om *to...*); ~ *out* uitdenken; ~ *up* leren, vossen [voor examen]; **III** *vi* studeren

stuff [stʌf] **I** *sb* stof; materiaal *o*, goed *o*, goedje *o* [ook = medicijn], rommel; **$** goederen; spul *o*; **S** drug(s), narcotica; spul *o*; klets (ook: ~ *and nonsense*); *he is hot* ~ hij is een kraan, niet mis, niet makkelijk; *it is poor (sorry)* ~ het is dun, bocht *o* & *m*; *the* ~ **S** de "duiten"; *the (right)* ~ **F** goed spul *o* [v. drank &]; je ware; *that's the* ~ **F** dat is je ware!; dat kunnen we gebruiken, dat is wat we nodig hebben; *he has the* ~ *in him of a capable soldier* hij is van het hout waarvan men goede soldaten maakt; *do one's* ~ zijn werk doen; zich weren; *know one's* ~ zijn weetje weten; **II** *vt* volstoppen², volproppen² (met *with*); schransen; farceren; (op)vullen; opzetten [dieren]; stoppen (in *into*); (dicht)stoppen (ook: ~ *up*); ~*ed(-up) nose* verstopte neus; ~*ed shirt* **S** druktemaker, dikdoener; **III** *vi* & *va* **F** zich volproppen (met

eten); –**er** opvuller; opzetter [v. dieren]; **stuffing** vulsel *o*, opvulsel *o*, farce; *knock (take) the* ~ *out of sbd.* **F** iem. uit het veld slaan

stuffy ['stʌfi] benauwd, dompig, bedompt, duf²; **F** bekrompen, conventioneel

stultification [stʌltifi'keiʃən] belachelijk, krachteloos & maken *o*, zie *stultify*; **stultify** ['stʌltifai] **I** *vi* belachelijk maken; krachteloos maken [uitspraken &]; verlammen; **II** *vr* ~ *oneself* zich belachelijk maken; zich tegenspreken

stumble ['stʌmbl] **I** *vi* struikelen²; strompelen; *across* = ~ *upon*; ~ *along* voortstrompelen; ~ *at* zich stoten aan; aarzelen; ~ *for words* zoeken naar zijn woorden; ~ *on* = ~ *upon*; ~ *over* struikelen over; ~ *through a recitation* hakkelend opzeggen; ~ *upon* tegen het lijf lopen, toevallig aantreffen of vinden; **II** *sb* struikeling², misstap; **stumbling-block** struikelblok *o*, hinderpaal; steen des aanstoots

stumer ['stju:mə] **S** valse of ongedekte cheque; vals geld *o*; sof, fiasco *o*; bankroet *o*

stump [stʌmp] **I** *sb* stomp, stompje *o*; stronk; stump: paaltje *o* [v. wicket]; doezelaar; ~*s* **F** onderdanen [benen]; *draw* ~*s* uitscheiden met spelen; *stir one's* ~*s* **F** opschieten; **II** *vt* doezelen; *sp* er uit slaan [bij cricket]; **F** in verlegenheid brengen; ~ *up* **F** dokken [geld]; **III** *vi* stommelen, strompelen; verkiezingsredevoeringen houden; –**er F** lastige vraag, lastig antwoord *o*; strikvraag; **stump-orator** verkiezingsredenaar; **stumpy** kort en dik, gezet

stun [stʌn] bewusteloos slaan, bedwelmen, verdoven; **S** overweldigen, verbluffen

stung [stʌŋ] V.T. & V.D. van *sting*

stunk [stʌŋk] V.T. & V.D. van *stink*

stunner ['stʌnə] wie of wat verdooft of verbluft; **F** prachtkerel, -meid; schoonheid; *that story is a* ~ **F** een fantastisch, geweldig verhaal *o*; **stunning** bewusteloos makend &, zie *stun*; verbluffend; **F** fantastisch, mieters

1 stunt [stʌnt] **I** *sb* nummer *o* [v. vertoning]; toer, kunst, truc, foefje *o*, kunstje *o*, stunt; manie, rage; ✈ kunstvlucht; *do* ~*s* ✈ kunstvliegen; **II** *vi* toeren doen, zijn kunsten vertonen; ✈ kunstvliegen

2 stunt [stʌnt] *vt* in de groei belemmeren; –**ed** in de groei blijven steken, dwerg- (ook: ~ *in growth*)

stunt-man ['stʌntmæn] vervanger van filmacteur voor gevaarlijke acrobatische toeren

stupefaction [stju:pi'fækʃən] bedwelming, verdoving; (stomme) verbazing; **stupefy** ['stju:pifai] verdoven, bedwelmen; verstompen; verbluffen

stupendous [stju'pendəs] verbazend, verbazingwekkend, kolossaal

stupid ['stju:pid] **I** *aj* dom, stom, onzinnig; saai;

(ver)suf(t); **II** *sb* F stommerik; –ity [stju'piditi] domheid &; stomheid

stupor ['stju:pə] verdoving, bedwelming, gevoelloosheid; stomme verbazing

sturdy ['stə:di] *aj* sterk, stoer, stevig

sturgeon ['stə:dʒən] steur

stutter ['stʌtə] **I** *vi* & *vt* stotteren, hakkelen; **II** *sb* gestotter *o*, gehakkel *o*

sty [stai] varkenshok² *o*, kot² *o* ‖ strontje *o* (op het oog)

Stygian ['stidʒiən] van de Styx; donker als de hel

style [stail] **I** *sb* stijl°, wijze, manier, (schrijf)trant; soort, genre *o*; (volle) titel, (firma)naam; (schrijf)stift, ℀ stijl [v. stamper]; *free* ~ vrije slag [zwemmen]; *New* (*Old*) ~ Gregoriaanse (Juliaanse) tijdrekening; ~ *of writing* stijl, schrijftrant; *there is no* ~ *about her* zij heeft geen cachet; *i n* ~, *in fine* (*good*) ~ in stijl; volgens de regelen der kunst; in de puntjes; met glans; *in* (*high*) ~ op grote voet; *u n d e r the* ~ *of* onder de firma...; **II** *vt* noemen, betitelen; ontwerpen, vorm geven [auto, japon &]; **stylish** naar de (laatste) mode, stijlvol, elegant, fijn, chic, zwierig; **stylist** stilist; **–ic** [stai'listik] **i** *aj* stilistisch, stijl-; **II** *sb* stijlleer (ook: ~*s*)

stylite ['stailait] pilaarheilige

stylize ['stailaiz] stileren

stylus ['stailəs] (diamant-, saffier)naald

stymie ['staimi] hinderen [bij golfsport]; *fig* verijdelen [plan], verhinderen; mat zetten [tegenstander]

styptic ['stiptik] bloedstelpend (middel *o*)

Styx [stiks] Styx; *cross the* ~ doodgaan, sterven

suasion ['sweiʒən] overreding

suave ['sweiv] minzaam, voorkomend vriendelijk [v. wijn], zacht; **suavity** ['swa:viti] minzaamheid &

1 sub [sʌb] F verk. v. *subaltern*; *sub-editor*; *sub-lieutenant*; *submarine*; *subscription*; *substitute*; **S** voorschot *o*

2 sub [sʌb] *Lat* onder; ~ *judice* nog niet door een rechter beslist; ~ *rosa* onder geheimhouding

3 sub- [sʌb] onder, bijna, bij, naar, lager, kleiner, ongeveer

subacid ['sʌb'æsid] zurig; *fig* zuurzoet

subaltern ['sʌbltən] **I** *aj* subaltern, ondergeschikt; lager; **II** *sb* onderambtenaar; ⚔ officier beneden de rang van kapitein, jong luitenantje *o*

subaquatic [sʌbə'kwætik] onderwater-

subaudition [sʌbɔ:'diʃən] stilzwijgend begrijpen *o* van betekenis (bedoeling), tussen de regels kunnen doorlezen *o*

subclass ['sʌbklɑ:s] onderklasse

subcommittee ['sʌbkə'miti] subcommissie

subconscious ['sʌb'kɔnʃəs] **I** *aj* onderbewust; **II** *sb* onderbewuste *o*; onderbewustzijn *o*

subcontinent ['sʌb'kɔntinənt] subcontinent *o* [groot schiereiland, bv. India met Pakistan]

subcontractor ['sʌbkən'træktə] onderaannemer; toeleveringsbedrijf *o*

subcutaneous ['sʌbkju'teiniəs] onderhuids

subdeacon ['sʌb'di:kən] *rk* subdiaken; onderdiaken

subdean ['sʌb'di:n] onderdeken

subdivide ['sʌbdi'vaid] **I** *vt* in onderafdelingen verdelen, onderverdelen; **II** *vi* in onderafdelingen gesplitst worden, zich weer (laten) verdelen; **–division** ['sʌbdiviʒən] onderafdeling; onderverdeling

subdue [səb'dju:] onderwerpen, klein krijgen; beheersen [hartstochten], bedwingen; temperen [v. licht &]; ~*d* ook: gedempt; gedekt; stil, zacht, zich zelf meester; ingehouden

sub-editor ['sʌb'editə] secretaris v.d. redactie

subfusc ['sʌbfʌsk] donker [v. kleur]; **S** onbetekenend, onbeduidend

sub-heading ['sʌbhediŋ] ondertitel

subjacent [sʌb'dʒeisənt] lager gelegen

subject I *aj* ['sʌbdʒikt] onderworpen; ~ *t o* onderworpen aan; onderhevig aan, vatbaar voor; last hebbend van [duizelingen &]; afhankelijk van; ~ *t o the approval of...* behoudens de goedkeuring van...; ~ *to such conditions as...* onder zodanige voorwaarden als...; **II** *sb* onderdaan; persoon, individu *o*; proefpersoon, -dier *o*; kadaver *o* [voor de snijkamer]; subject *o*; onderwerp° *o*; (leer)vak *o*; ♪ thema *o*; aanleiding, motief *o*; *a* ~ *for...* een voorwerp van...; *on the* ~ *of...* ook: inzake..., over...; **III** *vt* ['sʌb'dʒekt] onderwerpen, blootstellen (aan *to*); –ion onderwerping; afhankelijkheid; onderworpenheid

subjective [səb'dʒektiv] **I** *aj* subjectief; onderwerps-; ~ *case* = **II** *sb* eerste naamval; –vity [sʌbdʒek'tiviti] subjectiviteit

subject-matter ['sʌbdʒiktmætə] stof, onderwerp *o* [behandeld in een boek]; ~-**picture** genrestuk *o* [schilderij]

subjoin [sʌb'dʒɔin] toe-, bijvoegen

subjugate ['sʌbdʒugeit] onder het juk brengen; (aan zich) onderwerpen; **–tion** [sʌbdʒu'geiʃən] onderwerping

subjunctive [səb'dʒʌŋktiv] **I** *aj* ~ *mood* = **II** *sb* aanvoegende wijs, conjunctief

sublease ['sʌb'li:s] **I** *sb* ondercontract *o*; onderverhuring, -verpachting; **II** *vt* onderverpachten, -verhuren; **–lessee** ['sʌble'si:] onderhuurder, -pachter; **–lessor** ['sʌble'sɔ:] onderverhuurder, -verpachter; **sublet** ['sʌb'let] onderverhuren; onderaanbesteden

sub-lieutenant ['sʌble'tenənt] luitenant ter zee 2e klasse

sublimate I *aj* ['sʌblimit] gesublimeerd; **II** *sb* sublimaat *o*; **III** *vt* ['sʌblimeit] = *sublime* **III**;

–tion [sʌbli'meiʃən] sublimering; op-, verheffing, veredeling; **sublime** [sə'blaim] I *aj* subliem, verheven, hoog; voortreffelijk; indrukwekkend, majesteus; **F** uiterst; **II** *sb* verhevene *o*; **III** *vt* sublimeren; op-, verheffen, veredelen, zuiveren

subliminal [sʌb'liminl] subliminaal, onderbewust

sublimity [sə'blimiti] sublimiteit, verhevenheid, hoogheid

sublunary [səb'lu:nəri] ondermaans, van deze wereld

sub-machine gun ['sʌbmə'ʃi:ngʌn] handmitrailleur

submarine ['sʌbməri:n] I *aj* onderzees; **II** *sb* onderzeeboot, onderzeeër, duikboot

submerge [səb'mə:dʒ] I *vt* onderdompelen, onder water zetten, overstromen[2], *fig* bedelven; *be ~d* ook: ondergelopen zijn; *the ~d tenth* het allerarmste deel van de bevolking; **II** *vi* (onder)duiken; (weg)zinken; **submergence** onderdompeling; overstroming; **submersible** I *aj* onder water gezet (gelaten) kunnende worden; **II** *sb* duikboot; **submersion** onderdompeling; overstroming

submission [səb'miʃən] onderwerping, voor-, overlegging; onderworpenheid, onderdanigheid, nederigheid; ⚹ mening; –ive onderdanig, nederig, onderworpen, ootmoedig, gedwee

submit [səb'mit] I *vt* onderwerpen, voorleggen (ter beoordeling); overleggen; menen, de opmerking maken (dat *that*); **II** *vr ~ oneself* zich onderwerpen; **III** *vi* zich onderwerpen (aan *to*)

subnormal ['sʌb'nɔ:məl] beneden het normale

sub-office ['sʌb'ɔfis] bijkantoor *o*

subordinate [sə'bɔ:dinit] I *aj* ondergeschikt, ⚹ onderhebbend; ~ *clause* bijzin; **II** *sb* ondergeschikte, ⚹ onderhebbende; **III** *vt* [sə'bɔ:dineit] ondergeschikt maken, achterstellen (bij *to*); –ting onderschikkend [voegwoord]; –tion [sɔbɔ:di'neiʃən] ondergeschiktheid; ondergeschiktmaking; *gram* onderschikking; minderwaardigheid; onderworpenheid

suborn [sʌ-, sə'bɔ:n] omkopen, aanzetten [tot meineed]; –ation [sʌbɔ:'neiʃən] omkoping, aanzetting [tot meineed]

subpoena [səb'pi:nə] I *sb* dagvaarding; **II** *vt* dagvaarden

subscribe [səb'skraib] I *vt* inschrijven voor; intekenen voor; bijeenbrengen [geld]; *~d capital* geplaatst kapitaal *o*; *the sum was ~d several times over* verscheidene malen voltekend; **II** *vi* (onder)tekenen, intekenen (op *for, to*); contribueren; *~ to a newspaper* zich op een krant abonneren; *I cannot ~ to that* ik kan die mening niet onderschrijven; –r ondertekenaar; intekenaar, abonnee

subscript ['sʌbskript] onderschrift *o*, -titeling

subscription [səb'skripʃən] onderschrift *o*; ondertekening; inschrijving, intekening; abonnement *o*; contributie [als lid]; bijdrage [voor goed doel]

subsection ['sʌb'sekʃən] onderafdeling

subsequent ['sʌbsikwənt] *aj* (later) volgend, later; ~ *to* volgend op, komend na; later dan; –ly *ad* vervolgens, naderhand, daarna, later

subserve [səb'sə:v] dienen, dienstig zijn voor; –vience dienstigheid; dienstbaarheid, ondergeschiktheid; kruiperige onderdanigheid; –vient dienstig; dienstbaar, ondergeschikt; kruiperig onderdanig

subside [səb'said] zinken, zakken, verzakken; tot bedaren komen, bedaren, gaan liggen [v. wind &], luwen; afnemen; zich neerlaten of neervlijen [in armstoel &]; **subsidence** [səb'saidəns, 'sʌbsidəns] zinken *o*, zakken *o*; inzinking [bodem]; verzakking [gebouw]; gaan liggen *o* [wind]

subsidiary [səb'sidjəri] I *aj* helpend, hulp-; ondergeschikt; ~ *company* $ dochtermaatschappij; ~ *stream* zijrivier; ~ *troops* hulp-, huurtroepen; **II** *sb* helper, noodhulp, hulp(middel *o*); $ dochtermaatschappij; *subsidiaries* ook: hulptroepen, huurtroepen

subsidization [sʌbsidai'zeiʃən] subsidiëring; **subsidize** ['sʌbsidaiz] subsidiëren, subsidie verlenen aan, geldelijk steunen; **subsidy** subsidie

subsist [səb'sist] bestaan, leven (van *on*); blijven bestaan; –ence (middel *o* van) bestaan *o*; (levens)onderhoud *o*, leeftocht; ~ *level* bestaansminimum *o*

subsoil ['sʌbsɔil] ondergrond

subsonic [sʌb'sɔnik] lager dan de snelheid van het geluid

substance ['sʌbstəns] zelfstandigheid, stof; substantie, wezen *o*, essentie, wezenlijkheid; wezenlijke of zakelijke inhoud, hoofdzaak, kern, voornaamste *o*; degelijkheid; vermogen *o*; *i n ~* in hoofdzaak; in wezen; *man o f ~* welgesteld man

sub-standard ['sʌb'stændəd] onder de norm; ~ *film* smalfilm

substantial [səb'stænʃəl] *aj* aanzienlijk, flink; degelijk, stevig, solide; bestaand; wezenlijk, stoffelijk, werkelijk; welgesteld; –ity [səbstænʃi'æliti] stoffelijkheid, wezenlijkheid, degelijkheid; **substantially** [səb'stænʃəli] *ad* ook: in hoofdzaak; in wezen

substantiate [səb'stænʃieit] met bewijzen staven, verwezenlijken; –tion [səbstænʃi'eiʃən] staving (met bewijzen), bewijs *o*; verwezenlijking

substantive ['sʌbstəntiv] I *aj* zelfstandig°; onafhankelijk; ⚹ effectief; wezenlijk; **II** *sb* zelfstandig naamwoord *o*

sub-station ['sʌb'steiʃən] ℣ onderstation *o*

substitute ['sʌbstitjuːt] **I** *sb* plaatsvervanger, substituut; surrogaat *o*, vervangingsmiddel *o*; **II** *vt* vervangen, de plaats vervullen van; in de plaats stellen; **–tion** [sʌbsti'tjuːʃən] substitutie, (plaats)vervanging; *in ~ for* ter vervanging van; **–tional** (plaats)vervangend

substratum ['sʌb'straːtəm, *mv* **–ta** -tə] substraat *o*; onderlaag, ondergrond

substructure ['sʌbstrʌktʃə] onderbouw, grondslag

subsume [səb'sjuːm] onderbrengen, rangschikken, indelen [in categorie]

subtenant ['sʌb'tenənt] onderhuurder

subtend [səb'tend] tegenoverliggen [v. zijde, hoek, in meetkunde]

subterfuge ['sʌbtəfjuːdʒ] uitvlucht

subterranean [sʌbtə'reiniən], **subterraneous** ondergronds, onderaards; *fig* heimelijk

subtitle ['sʌbtaitl] ondertitel [v. boek, geschrift]; voettitel [v. film]

subtle ['sʌtl] *aj* subtiel, fijn; ijl[2]; *fig* spitsvondig, listig; **–ty** subtiliteit, fijnheid; ijlheid[2]; *fig* spitsvondigheid, list(igheid); *subtleties* ook: finesses

subtopia [sʌb'toupiə] > de neiging van stedelingen om in voorsteden te gaan wonen, die men zich als „ideaal" voorstelt

subtract [səb'trækt] aftrekken; *~ from* aftrekken van; afdoen van, verminderen, verkleinen

subtraction [səb'trækʃən] aftrekking, vermindering

subtrahend ['sʌbtrəhend] aftrekker

subtropical ['sʌb'trɔpikl] subtropisch; **subtropics** subtropen

suburb ['sʌbəːb] voorstad, buitenwijk; **–an** [sə'bəːbən] **I** *aj* voorstads-; *fig* kleinburgerlijk; **II** *sb* bewoner van een voorstad of buitenwijk; **–anite** bewoner van voorstad of buitenwijk; **suburbia** voorsteden (*spec* van Londen); levensstijl in voorsteden

subvention [səb'venʃən] subsidie

subversion [səb'vəːʃən] omverwerping, *fig* ondermijning; **subversive** revolutionair, subversief, *fig* ondermijnend; *be ~ of* omverwerpen, ondermijnen; **subvert** omverwerpen, *fig* ondermijnen

subway ['sʌbwei] (perron-, voetgangers)tunnel; *Am* ondergrondse (elektrische spoorweg)

succeed [sək'siːd] **I** *vt* volgen op, komen na; opvolgen; **II** *vi* opvolgen (ook: *~ to*), volgen (op *to*); succes hebben, goed uitvallen, (ge)lukken, slagen; *he ~ed i n ...ing* hij slaagde er in te..., het gelukte hem te...; *nothing ~s w i t h me* niets (ge)lukt mij

success [sək'ses] succes *o*, welslagen *o*, goed gevolg *o*; (gunstige) afloop, uitslag; *meet with a great*

~ veel succes hebben; **–ful** succesvol, geslaagd, succes-; voorspoedig, gelukkig; *be ~ in ...ing* er in slagen om...

succession [sək'seʃən] opeenvolging, volgorde, reeks; successie, opvolging, erf-, troonopvolging; opvolgend geslacht *o*; *in ~* achtereen, achter elkaar, achtereenvolgens; *in ~ to* als opvolger van; na; **successive** *aj* (opeen)volgend, achtereenvolgend; *for three ~ days* drie dagen achtereen; **–ly** *ad* achtereenvolgens, successievelijk; **successor** (troon)opvolger

succinct [sək'siŋkt] beknopt bondig, kort

succour ['sʌkə] **I** *vt* bijstaan, te hulp komen, helpen; **II** *sb* bijstand, steun, hulp

succulence ['sʌkjuləns] sappigheid[2]; **–ent I** *aj* sappig[2]; *~ plant =* **II** *sb* vetplant, succulent

succumb [sə'kʌm] bezwijken (voor, aan *to*)

succursal [sə'kəːsəl] hulp-, bij-

such [sʌtʃ] **I** *aj* zulk (een), zo('n), zodanig; van die(n) aard, dergelijk; *~ a one* zo een, een dergelijke; *Mr ~ a one* mijnheer zo en zo; *just ~ another* precies zo een; *~ a thing* zoiets, iets dergelijks; *some ~ thing* iets van die(n) aard; *~ are...* dat zijn...; *~ money as I have* het geld dat ik heb; **II** *pron* zulks, dergelijke dingen; *~ as* zoals; zij die, die welke, degenen (dezulken) die; *as ~* als zodanig; *~ and ~* die en die; dit of dat; *all ~* al dezulken; **–like** dergelijk(e)

suck [sʌk] **I** *vt* zuigen (op, aan), in-, op-, uitzuigen[2]; *teach your grandmother to ~ eggs* het ei wil wijzer zijn dan de hen; *~ i n* op-, inzuigen, indrinken[2]; verzwelgen; **S** bedotten, bedriegen; *~ u p* op-, inzuigen; *~ up to* **S** vleien; **II** *vi* zuigen; lens zijn [v. pomp]; *~ a t* zuigen op (aan); *~ u p to sbd.* **S** iem. flikflooien; **III** *sb* zuigen *o*; zuiging; slokje *o*; *give ~ to* zogen; *have (take) a ~ at* eens zuigen aan; *–er* zuiger; zuigleer *o*; zuigbuis; ⚓ zuignap; ⚓ zuigvis; jonge walvis; speenvarken *o*; ⚓ uitloper; **F** sul; **sucking** zuigend; *a ~ barrister* een advocaat in de dop; *a ~ dove* een onschuldig duifje *o*; **~-pig** speenvarken *o*

suckle ['sʌkl] zogen; *fig* grootbrengen; **suckling** zuigeling; ⚓ nog zuigend dier *o*

suction ['sʌkʃən] het (in)zuigen *o*; zuiging; **~-dredge(r)** zuigbaggermachine, zandzuiger; **~-pump** zuigpomp

Sudanese [suːdə'niːz] Soedanees, Soedanezen

sudatorium [sjuːdə'tɔːriəm] zweetbad *o*; **sudatory** ['sjuːdətəri] **I** *aj* zweet-; **II** *sb* zweetbad *o*

sudden ['sʌdn] *aj* schielijk, plotseling, onverhoeds; *(all) of a ~, on a (the) ~* schielijk, plotseling, eensklaps, onverhoeds; **–ly** *ad* plotseling, eensklaps

sudorific [sjuːdə'rifik] **I** *aj* zweetdrijvend; **II** *sb* zweetdrijvend middel *o*, zweetmiddel *o*

suds [sʌdz] (zeep)sop *o*, zeepschuim *o*

sue [s(j)u:] **I** *vt* in rechten aanspreken, vervolgen; verzoeken (om *for*); ~ *sbd. for debt* iem. wegens schuld laten vervolgen; **II** *vi* verzoeken; ~ *for damages* een eis tot schadevergoeding instellen

suède [sweid] suède *o* & *v*

suet ['s(j)u:it] niervet *o*

suffer ['sʌfə] **I** *vt* lijden; te lijden hebben; de dupe zijn van; ondergaan; dulden, uithouden, (ver)dragen, uitstaan; laten, toelaten; *he ~ed himself to be deceived* hij liet zich bedotten; **II** *vi* lijden²; er onder lijden; de dupe zijn; boeten (ook: op het schavot); ~ *badly (severely)* het erg moeten ontgelden; ~ *f o r it* er voor boeten; het (moeten) ontgelden; ~ *f r o m* lijden aan, last hebben van; te lijden hebben van; de dupe zijn van; –ance toelating, (lijdelijke) toestemming, (negatief) verlof *o*; *be admitted on* ~ ergens geduld worden; –er lijder, patiënt; slachtoffer *o*; *they are the heaviest ~s* zij hebben er het meest bij verloren; *he was a* ~ *in the good cause* hij leed en streed voor de goede zaak; –ing **I** *aj* lijdend; **II** *sb* lijden *o*, nood; ~*s* lijden *o*

suffice [sə'fais] **I** *vi* genoeg zijn, voldoende zijn, toereikend zijn; ~ *it to say that...* we kunnen volstaan met te zeggen dat...; **II** *vt* voldoende zijn voor; –ciency [sə'fiʃənsi] genoeg om van te leven, voldoende hoeveelheid (voorraad); voldoend aantal *o*; –cient genoeg, voldoend(e), toereikend (voor *for, to...*); ✤ bekwaam, geschikt; ~ *unto the day is the evil thereof* **B** elke dag heeft genoeg aan zijn eigen kwaad; ook: **F** geen zorgen voor de tijd

suffix ['sʌfiks] **I** *sb* achtervoegsel *o*; **II** *vt* achtervoegen

suffocate ['sʌfəkeit] **I** *vt* verstikken, smoren, doen stikken; **II** *vi* stikken, smoren; –tion [sʌfə'keiʃən] stikken *o*, verstikking; *hot to* ~ om te stikken

suffragan ['sʌfrəgən] **I** *aj* suffragaan, hulp-; ~ *bishop, bishop* ~ = **II** *sb* suffragaanbisschop [onderhorige bisschop], wijbisschop

suffrage ['sʌfridʒ] stem; kies-, stemrecht *o*; goedkeuring; ✤ smeekgebed *o*

suffragette [sʌfrə'dʒet] suffragette

suffuse [sə'fju:z] vloeien over [v. licht, kleur, vocht]; stromen langs [v. tranen]; overgieten, overspreiden, overdekken (met *with*); –sion overgieting, overdekking; blos, bloeduitstorting (onder de huid); waas *o*, sluier

sugar ['ʃugə] **I** *sb* suiker; **F** mooie woorden, vleierij; **S** „poen", geld *o*; **F** liefje *o*; ~ *and water* suikerwater *o*; **II** *vt* suikeren, suiker doen in of bij; ~ *the pill* de pil vergulden; ~*ed words* suikerzoete woordjes; ~-**basin** suikerpot; ~-**beet** suikerbiet; ~-**bowl** suikerpot; ~-**candy** kandijsuiker; ~-**cane** suikerriet *o*; ~-**coat** met een suikerlaagje bedekken; *fig* versuikeren; ~ *the pill* de pil

vergulden; ~-**daddy** **S** rijk oud heertje als vriend van jong vrouwspersoon; ~-**dredger** suikerstrooier; ~-**loaf** suikerbrood *o*; –**plum** suikerboon [snoep]; **sugary** suiker(acht)ig, suikerzoet², suiker-

suggest [sə'dʒest] **I** *vt* aan de hand doen, opperen, voorstellen, in overweging geven, aanraden; suggereren, doen denken aan, doen vermoeden; ingeven, inblazen, influisteren; **II** *vr* ~ *itself* zich vanzelf opdringen, vanzelf opkomen [v. gedachte], invallen; –**ible** suggestibel: voor suggestie vatbaar; gesuggereerd & kunnende worden; –**ion** voorstel *o*, aanraden *o*, idee *o* & *v*; suggestie, ingeving, inblazing, influistering; aanduiding; wenk; *a* ~ *of...* iets dat doet denken aan...; *a t my* ~ op mijn voorstel, na mijn uiteenzetting; *o n the* ~ *of* op voorstel van; ~ *box* ideeënbus; –**ive** suggestief, een aanwijzing bevattend, te denken, te vermoeden of te raden gevend; veelbetekenend; (nieuwe) gedachten wekkend; nieuwe gezichtspunten openend [v. boek &]; *be* ~ *of* doen denken aan, wijzen op

suicidal [s(j)ui'saidl] zelfmoord(enaars)-; *it would be ~ to...* het zou met zelfmoord gelijkstaan; **suicide** ['s(j)uisaid] zelfmoord(enaar)

suit [s(j)u:t] **I** *sb* verzoek(schrift) *o*, aanzoek *o*; rechtsgeding *o*, proces *o*; ◊ kleur; kostuum *o*, pak *o* (kleren); (mantel)pakje *o*, deux-pièces [= jasje en rok]; stel *o*; ~ *of armour* wapenrusting; ~ *of mourning* rouwkostuum *o*; *long* ~ ◊ lange kleur; *...is (not) his long (strong)* ~ *...is zijn fort (niet); zie ook: follow **I**; **II** *vt* passen, voegen, geschikt zijn voor, gelegen komen, schikken; (goed) komen bij, (goed) bekomen; aanpassen (aan *to*); *he is hard to* ~ hij is moeilijk te voldoen; *the part does not* ~ *her* de rol ligt haar niet; *red does not* ~ *her* rood staat haar niet; *it ~ed my book (my case, my game, my purpose)* het kwam net goed uit, het kwam in mijn kraam te pas; ~ *your own convenience* doe dat wanneer het u gelegen komt; *he is not ~ed f o r a lawyer (to be a lawyer)* hij deugt niet voor advocaat; ~ *the action t o the word* de daad bij het woord voegen; *(well) ~ed w i t h servants* goede bedienden (dienstboden) hebbend; **III** *vr* ~ *oneself* naar eigen goeddunken handelen; zich voorzien, iets naar zijn gading vinden; **IV** *vi* & *va* gelegen komen; bijeenkomen, er bij komen [v. kleuren]; ~ *with* overeenkomen met; (goed) komen bij

suitable ['s(j)u:təbl] *aj* gepast, voegzaam, passend; geschikt

suit-case ['s(j)u:tkeis] platte koffer

suite [swi:t] gevolg *o* [v. vorst &]; serie, reeks, stel *o*; suite [v. kamers & ♪]; ~ *(of furniture)* ameublement *o*

suited ['s(j)u:tid] geschikt (voor *for, to*); zie *suit*; *neatly* ~ een keurig pak aan

suitings ['s(j)uː tiŋz] kostuumstoffen
suitor ['s(j)uː tə] verzoeker; partij in een proces; vrijer, minnaar, pretendent
sulk [sʌlk] **I** *vi* pruilen, mokken; het land hebben; **II** *sb* gepruil *o*, gemok *o*; landerigheid; *be in the ~s* het land hebben; (zitten) pruilen; **-y I** *aj* pruilend, gemelijk, bokkig, landerig; **II** *sb* sulky [rijtuigje]
sullen ['sʌlən] nors, bokkig, korzelig, knorrig; somber
sully ['sʌli] besmeuren, bevlekken, bezoedelen
sulphate ['sʌlfeit] sulfaat *o*
sulphur ['sʌlfə] **I** *sb* zwavel; **II** *aj* zwavelgeel; **III** *vt* (uit)zwavelen; **-ate** zwavelen; **-eous** [sʌl'fjuəriəs] zwavelig, zwavelachtig, zwavel-; zwavelkleurig; **-etted** ['sʌlfjuretid] ~ *hydrogen* zwavelwaterstof; **-ic** [sʌl'fjuərik] zwavelig; ~ *acid* zwavelzuur *o*; **-ize** ['sʌlfjuraiz] zwavelen; **-ous**, **sulphury** = *sulphureous*
sultan ['sʌltən] sultan; **-a** [sʌl'taː nə] sultane; sultanarozijn
sultry ['sʌltri] zwoel²; drukkend (heet)
sum [sʌm] **I** *sb* som°; $ somma; bedrag *o*; ~ (*total*) totaal *o*; *the ~ (and substance) of...* de zakelijke inhoud van..., de kern [v. betoog &]; *he is good a t ~s* vlug in het rekenen; *i n ~* summa summarum, om kort te gaan; *do one's ~s* F logisch denken; **II** *vt* samen-, optellen (ook: ~ *up*); ~ *up* opsommen, (kort) samenvatten, resumeren; ~ *sbd. up* zich een opinie vormen omtrent iem., iem. peilen
summarily ['sʌmərili] *ad* summier(lijk), in het kort, beknopt; **summarize** kort samenvatten; **summary I** *aj* beknopt, kort; summier; snel; *do ~ justice on* volgens het standrecht vonnissen; korte metten maken met; ~ *proceedings* ☆ kort geding *o*; **II** *sb* (korte) samenvatting, resumé *o*, kort begrip *o*, kort overzicht *o*
1 summer ['sʌmə] **I** *sb* zomer² [ook: jaar]; **II** *vi* de zomer doorbrengen
2 summer ['sʌmə] *sb* dwars-, schoorbalk
summer-house ['sʌməhaus] tuinhuis *o*, prieel *o*; ~ *lightning* weerlicht *o* & *m*; **-like**, **-ly** zomerachtig, zomers, zomer-
summersault = *somersault*
summer-school ['sʌməskuːl] zomercursus, vakantiecursus; **summer(-)time** zomerse tijd, zomertijd; **summery** zomers, zomer-
summing-up ['sʌmiŋ'ʌp] samenvatting, resumé *o* [*spec* v. rechter]
summit ['sʌmit] top, kruin, toppunt² *o*; maximum *o*; F topconferentie; ~ *level* topniveau *o*, hoogste niveau *o*; ~ *meeting* politieke topconferentie
summon ['sʌmən] sommeren, dagvaarden, bekeuren [iem.]; ontbieden, (op)roepen, opeisen [een stad]; bijeenroepen [vergadering]; ~ *up one's*

courage zijn moed verzamelen, zich vermannen; **-s** ['sʌmənz, *mv* **-ses** 'sʌmənziz] **I** *sb* sommatie°, dagvaarding, oproep(ing); bekeuring; **II** *vt* dagvaarden; proces verbaal opmaken tegen
sump [sʌmp] vergaarbak, put; ☆ oliereservoir *o* [v. motor]
sumpter ['sʌm(p)tə] pak-[paard, ezel &]
sumptuary ['sʌmptjuəri] ~ *laws* ↔ weeldebeperkende wetten; **-uous** kostbaar, prachtig, rijk, weelderig
sun [sʌn] **I** *sb* zon², zonneschijn; *his ~ is set* zijn geluksster (zijn roem) is aan het tanen; *a place in the ~* [*fig*] voorspoed; *take (shoot) the ~* zich zonnen; ⚓ de zon schieten; *a g a i n s t the ~* tegen de zon in; *w i t h the ~* in de richting van de zon; **II** *vt* aan de zon blootstellen, in de zon drogen; **III** *vr* ~ *oneself* zich zonnen, zich koesteren in de zon; **IV** *vi* zich zonnen; **~-bath** zonnebad *o*; **~-bathe** zonnebaden; **~-bather** zonnebader, -baadster; **~-bathing** zonnebaden *o*; **-beam** zonnestraal; **~-blind** zonnescherm *o*, markies; **-burn** verbrandheid door de zon, zonnebrand; **-burnt** (door de zon) verbrand, gebruind, getaand
sundae ['sʌndei] soort vruchtenijs
Sunday ['sʌndi] zondag; *his ~ best* zijn zondagse kleren; ~ *school* zondagsschool
sunder ['sʌndə] **I** *vt* (vaneen)scheiden², vaneenscheuren, afhouwen [een der ledematen], doorsnijden [een touw]; uiteenrukken²; **II** *vi* scheiden; breken
sundew ['sʌndjuː] zonnedauw
sun-dial ['sʌndaiəl] zonnewijzer; **-down** zonsondergang; **-downer** F borrel; *Austr* zwerver die 's avonds aan komt zetten
sundried ['sʌndraid] in de zon gedroogd
sundries ['sʌndriz] diversen, allerlei, allerhande zaken; **sundry** diverse, allerlei; zie *all*
sunflower ['sʌnflauə] zonnebloem
sung [sʌŋ] V.D. van *sing*
sun-glasses ['sʌnglɑː siz] zonnebril; **~-god** ['sʌngɔd] zonnegod; **~-helmet** tropenhelm
sunk [sʌŋk] V.D. van *sink*; **-en** (in)gezonken, ingevallen [v. wangen], diepliggend [v. ogen]; hol [v. weg]; *with a ~ heart* moedeloos; ~ *rocks* blinde klippen
sun-lamp ['sʌnlæmp] hoogtezon(apparaat *o*); **-light** zonlicht *o*, zonneschijn; **-lit** door de zon verlicht, zonnig; **sunny** *aj* zonnig²; ~ *side* zonzijde²; *eggs sunny-side-up* spiegeleieren; **sunproof** niet verschietend; **-rise** zonsopgang; **-set** zonsondergang; *the ~ of life* de avond des levens; **-shade** parasol, zonnescherm *o*; zonneklep; **-shine** zonneschijn²; zonnetje *o*; **-shiny** zonnig²; **-spot** zonnevlek; **-stroke** zonnesteek; **-struck** een zonnesteek (gekregen) hebbend; **~-tan** zonnebruin; *get a ~* bruin worden;

–wise met de zon mee; **~-worship** zonnedienst

sup [sʌp] **I** *vi* nippen, lepelen; het avondmaal gebruiken, des avonds eten, souperen; **II** *vt* met kleine teugjes drinken, slurpen; het avondmaal verschaffen; te souperen hebben; **III** *sb* slokje *o*, teugje *o*

super ['s(j)u:pə] **I** *sb* **F** figurant; ± commissaris (van politie); **II** *aj* extra [kwaliteit]; **F** super, reuze, buitengewoon; *per yard* ~ per vierkante yard

superable ['s(j)u:pərəbl] overkomelijk

superabound [s(j)u:pərə'baund] in overvloed aanwezig zijn; ~ *in* (*with*) overvloedig (ruim, rijkelijk) voorzien zijn van; **–abundance** [s(j)u:pərə'bʌndəns] overvloed; **–abundant** overvloedig

superadd [s(j)u:pə'ræd] (er) nog bijvoegen; **–ition** [s(j)u:pərə'diʃən] bijvoeging

superannuate [s(j)u:pə'rænjueit] ontslaan wegens gevorderde leeftijd; pensioneren; ~*d* ook: op stal gezet, afgedankt; verouderd, onbruikbaar (geworden); **–tion** [s(j)u:pərænju'eiʃən] pensionering; pensioen *o*

superb [s(j)u'pə:b] prachtig, groots; magnifiek

supercargo ['s(j)u:pəka:gou] supercarga: opzichter (bij verkoop) van een lading

supercharge ['s(j)u:pətʃa:dʒ] aanjagen [motor]; **–r** aanjager [v. motor]

supercilious [s(j)u:pə'siliəs] trots, verwaand, laatdunkend

super-duper ['s(j)u:pə'dju:pə] **S** geweldig, buitengewoon

super-ego ['s(j)u:pəregou, -i:gou] super-ego *o*

supereminence [s(j)u:pə'reminəns] uitmuntendheid, voortreffelijkheid; **–ent** *aj* alles overtreffend, boven alles uitmuntend; **–ently** *ad* uitmuntend; < ongemeen

supererogation [s(j)u:pərerə'geiʃən] het meer doen dan waartoe men verplicht is; *works of* ~ overtollige goede werken; **–tory** [s(j)u:pə-rə'rɔgətəri] meer dan verplicht is; overtollig, overbodig

superficial [s(j)u:pə'fiʃəl] aan de oppervlakte, oppervlakkig; vlakte-; ~ *foot* vierkante voet; **–ity** [s(j)u:pəfiʃi'æliti] oppervlakkigheid

superficies [s(j)u:pə'fiʃi:z] oppervlakte

superfine ['s(j)u:pə'fain] uiterst verfijnd, extrafijn, prima

superfluity [s(j)u:pə'fluiti] overtolligheid, overbodigheid; overvloed(igheid); **–uous** [s(j)u:-'pə:fluəs] overtollig, overbodig, overvloedig

superheat [s(j)u:pə'hi:t] oververhitten

superhighway ['s(j)u:pə'haiwei] *Am* autosnelweg

superhuman [s(j)u:pə'hju:mən] bovenmenselijk

superimpose ['s(j)u:pərim'pouz] er bovenop plaatsen; bovendien opleggen

superincumbent [s(j)u:pəin'kʌmbənt] bovenopliggend, -drukkend

superinduce [s(j)u:pəin'dju:s] toe-, bijvoegen; **–induction** [s(j)u:pəin'dʌkʃən] toe-, bijvoeging

superintend [s(j)u:pərin'tend] **I** *vt* het toezicht hebben over, beheren, controleren; **II** *vi* surveilleren; **–ence** (opper)toezicht *o*; **–ent** opziener, opzichter, inspecteur; ± commissaris (van politie); directeur; administrateur; *medical* ~ geneesheer-directeur

superior [s(j)u'piəriə] **I** *aj* superieur, voortreffelijk; opper-, boven-, hoofd-, hoger, beter, groter; *with a* ~ *air* met een (hooghartig) air; uit de hoogte; ~ *numbers* numerieke meerderheid, overmacht; *be* ~ *to* staan boven°, overtreffen; verheven zijn boven; **II** *sb* superieur; meerdere; *he has no* ~ niemand is hem de baas, overtreft hem; *Father Superior* vader-overste, kloostervader; *Mother Superior* moeder-overste, kloostermoeder; **–ity** [s(j)upiəri'ɔriti] superioriteit, meerdere voortreffelijkheid; meerderheid; overmacht, voorrang, hoger gezag *o*

superjacent [s(j)u:pə'dʒeisənt] erop of erboven liggend

superlative [s(j)u:pə'lətiv] **I** *aj* alles overtreffend; van de beste soort; hoogste; ~ *degree* = **II** *sb* overtreffende trap; **–ly** *ad* in de hoogste graad; < bovenmate, buitengemeen; *gram* (als) superlatief

superman ['s(j)u:pəmæn] „oppermens"

supermarket ['s(j)u:pəma:kit] supermarkt

☉ **supernal** [s(j)u'pə:nl] hemels

supernatural [s(j)u:pə'nætʃrəl] bovennatuurlijk

supernumerary [s(j)u:pə'nju:mərəri] **I** *aj* boven het bepaalde getal, extra-; **II** *sb* surnumerair; overtollige persoon of zaak; figurant

superphosphate [s(j)u:pə'fɔsfeit] superfosfaat *o*

superpose ['s(j)u:pə'pouz] er boven op plaatsen; op elkaar plaatsen; plaatsen (op *on, upon*)

supersaturate ['s(j)u:pə'sætʃəreit] oververzadigen; **–tion** [s(j)u:pəsætʃə'reiʃən] oververzadiging

superscribe ['s(j)u:pə'skraib] het opschrift schrijven bij (op); adresseren; **–scription** [s(j)u:pə'skripʃən] opschrift *o*; adres *o* [v. brief]

supersede [s(j)u:pə'si:d] in de plaats treden van, vervangen, verdringen; buiten werking stellen; afschaffen; af-, ontzetten

supersensible [s(j)u:pə'sensbl] bovenzinnelijk; **–sensitive** overgevoelig; **–sensual** bovenzinnelijk

supersession [s(j)u:pə'seʃən] vervanging; afschaffing; *in* ~ *of* ter vervanging van

supersonic [s(j)u:pə'sɔnik] ~ *bang* klap bij het doorbreken van de geluidsbarrière; **–s** (studie van de) hoogfrequente geluidsgolven

superstition [s(j)u:pə'stiʃən] bijgeloof *o*; **–ious** bijgelovig

superstructure ['s(j)u:pəstrʌktʃə] bovenbouw

supertax ['s(j)u:pətæks] extrabelasting

superterrestrial [s(j)u:pəti'restriəl] bovengronds; bovenaards

supervene [s(j)u:pə'vi:n] er tussenkomen, er bijkomen; intreden, zich voordoen

supervise ['s(j)u:pəvaiz] het toezicht hebben over, toezicht houden op; **–vision** [s(j)u:pə'viʒən] opzicht *o*, toezicht *o*, surveillance, controle; **–visor** ['s(j)u:pəvaizə] opziener, opzichter, gecommitteerde, inspecteur; ≈ studieleider; **–visory** [s(j)u:pə'vaizəri] van toezicht, toezicht uitoefenend

1 supine [s(j)u:'pain] *aj* achterover(liggend); *fig* nalatig, laks, slap

2 supine ['s(j)u:pain] *sb gram* supinum *o*

supper ['sʌpə] avondeten *o*, avondmaal *o*, souper *o*; *have* ~ het avondmaal gebruiken, souperen; ~**-time** etenstijd

supplant [sə'pla:nt] verdringen

supple [sʌpl] **I** *aj* buigzaam, lenig[2], slap[2], soepel[2]; *fig* plooibaar, gedwee; **II** *vt* buigzaam, lenig & maken

supplement ['sʌplimənt] **I** *sb* supplement *o*, aanvulling, bijvoegsel *o*; **II** *vt* ['sʌpliment, sʌpli-'ment] aanvullen; **–al** [sʌpli'mentl], **–ary** aanvullend; suppletoir; *be* ~ *to* aanvullen

suppliant ['sʌpliənt] **I** *aj* smekend; **II** *sb* smekeling; rekwestrant

·supplicate ['sʌplikeit] **I** *vi* smeken (om *for*); **II** *vt* afsmeken; smeken (om); **–tion** [sʌpli'keiʃən] smeking, bede; **–tory** ['sʌplikətəri] smekend, smeek

supplier [sə'plaiə] leverancier; **supply I** *vt* leveren, aanvoeren, verstrekken, verschaffen, bevoorraden, ravitailleren, voorzien (van *with*); aanvullen; ~ *a loss* een verlies vergoeden; ~ *the place* (*room*) *of* vervangen; ~ *the want of...* in de behoefte aan... voorzien; **II** *vi & va* ~ *for sbd.* iems. plaats vervullen; **III** *sb* voorraad; levering, leverantie, verschaffing, verstrekking, bevoorrading, ravitaillering, voorziening, aanvoer; **$** partij (goederen); kredieten [op begroting]; budget *o*; vervanger [v. dominee]; *supplies* kredieten, gelden [op begroting]; bevoorrading; ~ *and demand* vraag en aanbod; *in short* ~ in beperkte mate beschikbaar; ~ **pipe** aanvoerbuis

support [sə'pɔ:t] **I** *vt* (onder)steunen[2], *fig* staan achter, stutten, ophouden, staande (drijvende) houden; onderhouden; uithouden, (ver)dragen, dulden; staven [theorie &]; volhouden [bewering &]; ~ *an actor* ter zijde staan [als medespeler]; ~ *a character* een rol dragen (spelen); **II** *vr* ~ *oneself* in zijn (eigen) onderhoud voorzien; **III**

sb ondersteuning, onderstand, steun[2], hulp; (levens)onderhoud *o*; bestaan *o*, broodwinning; stut, steunsel *o*; onderstel *o*, statief *o*; ⚔ steuntroepen (*troops in* ~); *in* ~ *of* tot steun van; ter ondersteuning van; tot staving van; *give* ~ *to* (zijn) steun verlenen aan, steunen[2]; **–able** draaglijk; **–er** steun, verdediger, voorstander, aanhanger, medestander; *sp* supporter; ⊘ schildhouder, -drager; (steun)band, bandage; **–ing film, program(me)** bijfilm, -programma *o*

supposal [sə'pouzl] = *supposition*; **suppose** (ver)onderstellen, aannemen; vermoeden, menen, geloven, denken; ~ *we went for a walk* als we eens een wandelingetje gingen maken, he?; *we are* ~*d to be there at* 4 *o'clock* we moeten daar om 4 uur zijn; *we are not* ~*d to be here* we mogen hier eigenlijk niet zijn; *their* ~*d friend* hun vermeende vriend; **–dly** *ad* vermoedelijk, naar men veronderstelt (veronderstelde); **supposition** [sʌpə'ziʃən] (ver)onderstelling, vermoeden *o*; *on the* ~ *that...* in de veronderstelling dat...; *except upon the* ~ *that...* tenzij wij aannemen dat...

supposititious [səpɔzi'tiʃəs] ondergeschoven, onecht, vals

suppository [sə'pɔzitəri] suppositorium *o*, zetpil

suppress [sə'pres] onderdrukken°, bedwingen; achterhouden, weglaten, verzwijgen; verbieden [een krant &]; opheffen [kloosters]; **–ion** onderdrukking; achterhouding, weglating, verzwijging; verbieden *o*; opheffing; **–or** onderdrukker &; *RT* ontstoringsapparaat *o*

suppurate ['sʌpjureit] etteren; **–tion** [sʌpju-'reiʃən] ettering

supra ['s(j)u:prə] (hier)boven

supra-national ['sju:prə'næʃənəl] supranationaal

supremacy [s(j)u'preməsi] suprematie, oppermacht, oppergezag *o*, opperheerschappij

supreme [s(j)u'pri:m] *aj* hoogst, allerhoogst, opper(st); oppermachtig; *S~ Being* Opperwezen *o*; ~ *folly* toppunt *o* van dwaasheid; *at the* ~ *hour* (*moment*) in het laatste uur, in het stervensuur; ~ *sacrifice* offeren *o* van het leven; *S~ Soviet* Opperste Sovjet; *rule* (*reign*) ~ oppermachtig zijn; **–ly** *ad* in de hoogste graad, < hoogst, uiterst

⚓ surcease [sə:'si:s] **I** *sb* ophouden *o*, rust; **II** *vi* ophouden; **III** *vt* doen ophouden

surcharge ['sə:tʃa:dʒ] **I** *sb* overlading; overbelasting; extrabetaling, -belasting; toeslag; 🕮 strafport *o* & *m*; (postzegel met) opdruk; **$** overvraging; **II** *vt* [sə:'tʃa:dʒ] overladen; overbelasten; extra laten betalen; overvragen; ~*d* ook: 🕮 met opdruk; ~*d steam* oververhitte stoom

surcingle ['sə:siŋgl] singel, buikriem

surcoat ['sə:kout] 🎖 opperkleed *o* (over de wapenrusting, 13de eeuw)

surd [sə:d] **I** *aj* onmeetbaar [getal]; stemloos [medeklinkers]; **II** *sb* onmeetbare grootheid; stemloze medeklinker

sure [ʃuə, ʃɔ:] **I** *aj* zeker°, onfeilbaar; veilig; betrouwbaar; verzekerd (van *of, as to*); *(are you)* ~? bent u er zeker van?, weet u het zeker?; *well, I'm* ~! heb ik van me leven!; *I'm* ~ *I don't know* ik weet het echt niet; *it is* ~ *to turn out well* het zal stellig slagen; *to be* ~ **F** (wel) zeker; zeer zeker; waarachtig!; *be* ~ *to come* verzuim niet te komen; *be* ~ *of* zeker zijn van; *make* ~ *of* zich verzekeren van, zich vergewissen van; er voor zorgen dat...; *for* ~ zeker, stellig; **II** *ad* (ja, wel) zeker, **F** natuurlijk, jawel; *as* ~ *as eggs is eggs* zo zeker als 2×2 vier is; ~ *enough* zo zeker als wat; waarachtig, jawel; ~**-fire F** onfeilbaar, met gegarandeerd succes; ~**-footed** vast op zijn voeten; *fig* betrouwbaar, solide; ~**ly** *ad* zeker, met zekerheid; toch (wel); ~ *it's right to...?* is het dan niet juist te...?

surety [ʃuəti] borg; borgtocht, borgstelling, (onder)pand *o*; ⚓ zekerheid; *stand* ~ *for...* borg blijven voor; *of a* ~ ⚓ zeker(lijk); **–ship** borgstelling

surf [sə:f] **I** *sb* branding [van de zee]; **II** *vi sp* glijden op een plank over de branding

surface ['sə:fis] **I** *sb* oppervlakte; vlak *o*; (weg)dek *o*; buitenkant; *break* ~ opduiken; *on the* ~ aan de oppervlakte; op het eerste gezicht; *come (rise) t o the* ~ ook: (weer) bovenkomen; **II** *aj* oppervlakkig, ogenschijnlijk; bovengronds; ⚒ oppervlakte-, bovenzees; ~ *mail* 🖂 geen luchtpost; ~ *mining* dagbouw; **III** *vt* gladmaken; bedekken (met een laag...); **IV** *vi* opduiken; **–man** (spoor)wegwerker

surf-board ['sə:fbɔ:d] plank voor *surf-riding*

surfeit ['sə:fit] **I** *sb* overlading (van de maag); oververzadiging²; **II** *vt* [de maag] overladen, oververzadigen² (met *with*); **III** *vi* zich de maag overladen; te veel eten, zich overeten

surfer ['sə:fə], **surf-rider** surfer [beoefenaar(ster) van *surf-riding*]; **surfing, surf-riding** *sp* het glijden op een plank over de branding

surge [sə:dʒ] **I** *vi* golven, stromen, deinen; ~ *by* voorbijrollen, -stromen; **II** *sb* golf, golven; golven *o*

surgeon ['sə:dʒən] chirurg; in Engeland ook: arts; ⚕ officier van gezondheid; ⚓ scheepsdokter; **surgery** chirurgie, heelkunde; spreekkamer [v. dokter]; operatie, ingreep; *attend morning* ~ op het ochtendspreekuur aanwezig zijn; *have (undergo, be in)* ~ geopereerd worden; ~ *hours* spreekuur *o*; **surgical** chirurgisch, heelkundig

surly ['sə:li] *aj* nors, bokkig, stuurs

surmise [sə:'maiz] **I** *sb* vermoeden *o*, gissing; **II** *vt* vermoeden, bevroeden, gissen

surmount [sə:'maunt] te boven komen, over-

winnen; klimmen over; zich bevinden op; ~*ed by (with)* met een... er op (boven), ...waarop (zich bevindt)...

surpass [sə:'pa:s] overtreffen, te boven gaan; **–ing** weergaloos

surplice ['sə:plis] superplie *o*, koorhemd *o*

surplus ['sə:pləs] **I** *sb* surplus *o*, overschot *o*; **II** *aj* overtollig; *army* ~ *equipment* dumpgoederen; ~ *population* overbevolking, bevolkingsoverschot *o*; ~ *value* meerwaarde, overwaarde

surprise [sə'praiz] **I** *sb* verrassing (ook = overrompeling), verwondering, verbazing; *take by* ~ verrassen (ook = overrompelen); **II** *vt* verrassen (ook = overrompelen), verwonderen, verbazen; *I'm* ~*d at you* dat verbaast mij van u [als verwijt]; ~ *visit* onverwacht bezoek *o*; **surprising** *aj* verbazingwekkend, verwonderlijk; **–ly** *ad* op verrassende wijze, verwonderlijk, verbazend

surrealism [sə'riəlizm] surrealisme *o*; **–ist** surrealist(isch); **–istic** [səriə'listik] surrealistisch

surrender [sə'rendə] **I** *vt* overgeven, uit-, inleveren, afstand doen van, opgeven; **II** *vi* zich overgeven, capituleren; **III** *sb* overgeven *o*, overgave, capitulatie, uit-, inlevering, afstand; ~ *value* afkoopwaarde [v. polis]

surreptitious [sʌrəp'tiʃəs] heimelijk, clandestien, op slinkse wijze (verkregen)

surrogate ['sʌrəgit] plaatsvervanger [*spec* van een bisschop]

surround [sə'raund] ŏmringen, omsingelen, omgeven, insluiten; **–ing** ook: omliggend, omgelegen [land]; **–ings** omgeving, entourage, milieu² *o*

surtax ['sə:tæks] **I** *sb* extrabelasting, toeslag; **II** *vt* extra belasten

surveillance [sə:'veiləns] toezicht *o*, bewaking

survey I *vt* [sə:'vei] overzien; in ogenschouw nemen, inspecteren; onderzoeken; opnemen; opmeten; karteren (inz. uit de lucht); **II** *sb* ['sə:vei] overzicht *o*; inspectie; onderzoek *o*; opneming; opmeting; (land)kartering; $ expertise; **–ing** [sə:'veiiŋ] overzien *o* &, zie *survey* **I**; landmeten *o*; **–or** opzichter, inspecteur; opnemer, landmeter; expert (van Lloyd's)

survival [sə'vaivəl] overleving; voortbestaan *o*; laatst overgeblevene; overblijfsel *o*; **survive I** *vt* overléven; **II** *vi* nog in leven zijn, nog (voort)leven, nog bestaan, voortbestaan; in leven blijven; het er levend afbrengen; **–vor** langstlevende; overlevende, geredde [na ramp]

susceptible [sə'septibl], **susceptive** ontvankelijk, vatbaar; gevoelig (voor *of, to*)

suspect I *vt* [səs'pekt] vermoeden, argwanen; wantrouwen, verdenken; **II** *aj* ['sʌspekt] verdacht; **III** *sb* verdachte (persoon)

suspend [sǝs'pend] ophangen (aan *from*); onderbreken, opschorten, schorsen, suspenderen [geestelijke]; staken [betalingen &]; tijdelijk buiten werking stellen of intrekken; *be ~ed* hangen (aan *from*); zweven [in vloeistof]; *~ed animation* schijndood; *~ed sentence* voorwaardelijke veroordeling; **–er** ophanger &; (sok)ophouder, jarretelle; bretel (gew. *~s* bretels); *~-belt* jarretellegordel

suspense [sǝ'spens] onzekerheid, spanning; opschorting; *in ~* in spanning, in het onzekere; onuitgemaakt; **–ful** S spannend; **suspension** ophanging; onderbreking, opschorting; suspensie [v. geestelijke & §]; *~ of arms* wapenstilstand; *~ of payment* staking van betaling; *be in ~* zweven [in vloeistof]; *~* **bridge** hangbrug, kettingbrug; **suspensive** onzeker, twijfelachtig; opschortend; **–sory** hangend; dragend; opschortend; hang-; *~ bandage* suspensoir *o*

suspicion [sǝs'piʃǝn] achterdocht, wantrouwen *o*, argwaan, (kwaad) vermoeden *o*, verdenking; *a ~ of...* [*fig*] een schijntje (ietsje)...; *have a ~ against* (*of*) *sbd.*, vermoeden hebben op (tegen) iem.; **–ious** argwanend, achterdochtig, wantrouwig; verdacht

suspire [sǝ'spair] ⊙ zuchten

sustain [sǝs'tain] (onder)steunen, dragen, schragen; aanhouden [een toon]; volhouden [beweging &]; kracht geven, staande houden, ophouden, gaande houden [belangstelling]; hooghouden [gezag]; doorstaan, verdragen, uithouden [honger &]; oplopen; lijden [schade &]; *~ a part* een rol spelen; *~ the part* de rol volhouden; **–ed** samenhangend; ononderbroken, goed onderhouden [geweervuur], aanhoudend; volgehouden; **–er** ondersteuner; steun; **–ing** krachtig, krachtgevend, versterkend [v. voedsel]

sustenance ['sʌstinǝns] (levens)onderhoud *o*, voeding, voedsel *o*

sustentation [sʌsten'teiʃǝn] ondersteuning, steun; onderhoud *o*; voeding

sutler ['sʌtlǝ] zoetelaar, marketentster

suture ['su:tʃǝ] **I** *sb* hechting [van wond]; schedelnaad; **II** *vt* hechten

suzerain ['su:zǝrein] suzerein, leenheer; **–ty** suzereiniteit, opperleenheerschap *o*, opperheerschappij

svelte [svelt] slank en sierlijk

swab [swɔb] **I** *sb* zwabber, wis(ser); **✶** prop watten, gaasje *o*; **S** stommeling, smeerpoets; *take a ~* **✶** een uitstrijkje *o* maken; **II** *vt* (op)zwabberen, wissen (ook: *down*); *~ up* opnemen [vocht]

swaddle ['swɔdl] inbakeren; **swaddling bands, ~ clothes** windsels; luiers; *fig* keurslijf *o*

swag [swæg] **S** roof, buit; *Austr* pak *o*, bundel; *~ belly* hangbuik

swagger ['swægǝ] **I** *vi* braniën, snoeven; zwierig stappen; **II** *sb* branie, lef *o* & *m*; zwierige gang; **III** *aj* F chic; **–er** opschepper, branie; **–ing** opschepperig, branieachtig

⊙ **swain** [swein] jonge boer, boerenknecht; jongeling; **J** vrijer, minnaar

1 swallow ['swɔlou] *sb* zwaluw

2 swallow ['swɔlou] **I** *vt* in-, verzwelgen; slikken [ook van beledigingen, nieuwtjes &]; inslikken, doorslikken; opslokken[2] (ook: *~ down*), verslinden[2] (ook: *~ up*); *fig* terugnemen [woorden]; op zij zetten [zijn trots]; *~ the wrong way* zich verslikken; **II** *vi* slikken; **III** *sb* slik, slok

swallow dive ['swɔloudaiv] zweefsprong [bij zwemmen]; **~-tail ✶** zwaluwstaart [ook: ✄ ✗]; rok [v. heer]; **~-tailed** met een zwaluwstaart, gevorkt; in rokcostuum; *~ butterfly* ✶ koninginnenpage; *~ coat* rok

swam [swæm] V.T. van *swim*

swamp [swɔmp] **I** *sb* moeras[2] *o*, drasland *o*; **II** *vi* in een moeras zinken; vol water lopen [v.e. boot]; **III** *vt* vol water doen of laten lopen; overstromen, overstelpen (met *with*); **F** inmaken [tegenstander]; verdringen; **–y** moerassig, drassig, dras-

swan [swɔn] zwaan[2] [*fig* dichter]; *a black ~* een witte raaf; *the Swan of Avon* de Zwaan van de Avon: Shakespeare

swank [swæŋk] **F I** *vi* geuren, bluffen; **II** *sb* branie, bluf; **III** *aj = swanky*; **–er** F branieschopper, bluffer; **–y** F branieachtig, blufferig; chic

swan's-down ['swɔnzdaun] zwanedons *o*; **swanskin** molton *o*; **swan-song** zwanezang

swap [swɔp] **F I** *vt & vi* ruilen; **II** *sb* ruil

sward [swɔ:d] grasveld *o*, grasmat

✶ sware [swɛǝ] V.T. van *swear*

1 swarm [swɔ:m] **I** *sb* zwerm[2]; **II** *vi* zwermen, krioelen, wemelen (van *with*)

2 swarm [swɔ:m] *vi* (& *vt*) klauteren (in, op)

✶ swart [swɔ:t] zwart, donker; bruin

swarthy ['swɔ:θi] donker, getaand, gebruind

swash [swɔʃ] **I** *vi* kletsen, plassen, plonzen [v. water]; **II** *vt* (neer)kwakken, -kletsen, -plonzen; **III** *sb* klets, plas, geklets *o*, geplas *o*

swashbuckler ['swɔʃbʌklǝ] ijzervreter, snoever

swastika ['swɔstikǝ] swastika, hakenkruis *o*

swat [swɔt] slaan, meppen [vlieg]

swath [swɔ:θ] zwad *o*, zwade; *fig* rij

swathe [sweið] **I** *vt* (om-, in)zwachtelen, (om-) hullen; bakeren; **II** *sb* zwachtel, (om)hulsel *o*; = *swath*

swatter ['swɔtǝ] vliegenklapper

sway [swei] **I** *vi* zwaaien, slingeren, wiegen; overhellen; heersen; **II** *vt* doen zwaaien (slingeren, wiegen, overhellen); hanteren [het zwaard], zwaaien [de scepter]; regeren, beheersen, leiden; beïnvloeden; **III** *sb* zwaai; heerschappij, macht, overwicht *o*, invloed; *bear* (*hold*) ~ de scepter zwaaien, regeren, heersen

swear [swɛə] **I** *vi* zweren, de eed doen (afleggen); vloeken; **II** *vt* zweren, bezweren, onder ede beloven, een eed doen op; doen zweren, beëdigen; *he was sworn a member* hij legde de eed als lid af; hij werd beëdigd; ● ~ *a t* vloeken op [personen]; ~ *i n* beëdigen, de eed afnemen; ~ *o f f* afzweren; ~ *t o* zweren op; ~ *to it* er een eed op doen; ~ *sbd. to secrecy* iem. een eed van geheimhouding opleggen; **III** *sb* **F** vloekwoord *o*, vloek, vloeken *o*; ~-**word** **F** vloekwoord *o*, vloek

sweat [swet] **I** *sb* zweet *o*, (uit)zweting; **F** koeliewerk *o*; *cold* ~ angstzweet *o*; *in* (*all of*) *a* ~ door en door bezweet, zwetend; **II** *vi* zweten[2]; zitten zweten; *fig* zwoegen; werken (onder het *sweating-system*); **III** *vt* doen zweten; (uit)zweten; *fig* uitzuigen [werklieden]; ~*ed labour* arbeid(ers) onder het *sweating-system*; –**ed** voor een hongerloon aangesteld; uitgebuit; onderbetaald; –**er** sweater: wollen sporttrui; uitzuiger [v. werklieden]; **sweating-bath** zweetbad *o*; ~-**system** hard laten werken *o* voor een hongerloon of exploiteren *o* van de huisindustrie; **sweat-shop** werkplaats met onder het *sweating-system* werkende krachten; **sweaty** zweterig, bezweet, zweet-

Swede [swi:d] Zweed; *s*~ knolraap, koolraap; **Swedish** Zweeds; ~ *drill* heilgymnastiek

sweep [swi:p] **I** *vi* vegen; strijken, vliegen, jagen, schieten; zwenken; zich statig (zwierig) bewegen (gaan &); in een ruime bocht liggen; zich uitstrekken; dreggen (naar *for*); **II** *vt* (aan)vegen, weg-, op-, schoonvegen[2]; wegmaaien, wegsleuren, wegvoeren; afvissen, afjagen; afzoeken, (af)dreggen [rivier &]; strijken of slepen over; ⅍ bestrijken; opstrijken [winst]; sleuren, meeslepen[2]; ~ *the board* met de hele winst (de hele inzet) gaan strijken; *this party swept the country* deze partij behaalde in het hele land een geweldige overwinning; *a war swept the country* een oorlog ging als een storm over het land; ~ *the horizon* de hele horizon omvatten; ~*ing it like a queen* met de zwier van een koningin; ~ *the seas* de zee afzwerven; de zee schoonvegen [v. vijanden]; ● ~ *a c r o s s* vliegen, schieten over; ~ *one's hand across* met de hand strijken over; ~ *a l o n g* voortstuiven; meesleuren; meeslepen; ~ *a w a y* wegvegen[2], -vagen, wegspoelen, wegstrijken; *the plain* ~*s away to the sea* de vlakte strekt zich uit tot de zee; ~ *d o w n* neerschieten; zich storten; meesleuren; *he* ~*s everything i n t o his net* alles is van zijn gading; ~ *n o r t h w a r d* zich naar het noorden uitstrekken; ~ *o f f* wegvagen, wegmaaien; meesleuren; *he was swept off my feet* **F** ik stond paf [toen...]; ~ *o u t of the room* de kamer uit zwieren; *he swept o v e r b o a r d* overboord slaan; ~ *p a s t* voorbijstuiven, voorbijzwieren; ~ *u p*

aan-, bij-, opvegen; **III** *sb* veeg, zwenking, zwaai, draai, bocht; (riem)slag; lange roeiriem; vaart; reikwijdte, bereik *o*; uitgestrektheid; gebied *o*; bocht, golvende lijn; oprit [vóór huis]; schoorsteenveger; straatveger; molenwiek; **S** ploert, schoft; **F** = *sweepstake*(*s*); *the wide* ~ *of his intelligence* (*mind*) zijn veelomvattende geest; *make a clean* ~ eens terdege schoon schip maken, opruiming houden[2]; *at a* ~ met één slag; –**er** veger: straat-, baanveger; ⅍ mijnenveger; –**ing I** *aj* vegend &; *fig* veelomvattend; algemeen; overweldigend; radicaal, ingrijpend; ~ *generalization* (te) algemene generalisatie; ~ *majority* verpletterende meerderheid; ~ *measure* radicale maatregel; ~ *plains* wijde, uitgestrekte vlakten; *at a* ~ *reduction* tegen zeer gereduceerde prijzen; **II** *sb* ~*s* veegsel *o*; ~-**net** strijknet *o*, sleepnet *o*

sweepstake(s) ['swi:psteik(s)] wedren (wedstrijd, loterij &) met inleggelden, die in hun geheel aan de winners uitbetaald moeten worden

sweet [swi:t] **I** *aj* & *ad* zoet[2], aangenaam, liefelijk, lief, lieftallig, bevallig, aardig; geurig, lekker; melodieus; zacht [beweging]; vers, fris [lucht, eieren &]; snoezig [v. kind, hoedje &]; *be* ~ *on* **F** verliefd zijn op; ~ *sixteen* lieve schone(n) van 16 lentes; ~ *stuff* lekkers *o*, snoeperij(en), zoetigheid; *have a* ~ *tooth* een zoetekauw zijn; ~ *violet* welriekend viooltje *o*; ~ *water* zoet (rein) water *o*; *at your own* ~ *will* net zoals u (mijnheer &) verkiest; **II** *sb* zoetheid; zoete *o*; bonbon; zoetigheid; toetje *o*; lekkers *o*, snoep (ook: ~*s*); *my* ~! liefje!; *the* ~*s and bitters* (*bitters and* ~*s*) *of life* 's levens zoet en zuur (lief en leed); –**bread** zwezerik [als gerecht]; ~ **brier** egelantier; **sweeten I** *vt* zoetmaken, zoeten, verzachten, verzoeten, veraangenamen; temperen [licht]; verversen [lucht]; luchten [de kamer]; **S** omkopen; **II** *vi* zoet(er) worden; –**er** wie of wat zoet maakt; **S** steekpenning, „procenten"; –**ing** zoetmiddel *o*, zoetstof; verzoeting &; *zie sweeten*; **sweetheart I** *sb* geliefde; liefje *o*, meisje *o*; vrijer; (*my*) ~! lieveling; **II** *vi go* ~*ing* uit vrijen gaan; **sweetie F** bonbon, zoetigheidje *o*; **F** snoes; liefje *o*; (ook: ~-*pie*); –**ish** zoetachtig, zoetig; **sweetmeat** bonbon; ~*s* suikergoed *o*, lekkers *o*; **sweet-natured** zacht, goedaardig, lief; ~ **pea** lathyrus; ~-**scented**, ~-**smelling** welriekend, geurig; ~-**william** muurbloem; duizendschoon

swell [swel] **I** *vi* zwellen, aan-, opzwellen, uitzetten, uitdijen; *fig* aangroeien, toenemen; zich opblazen; ~ *i n t o* aangroeien tot; ~ *o u t* (*up*) opzwellen; ~ *w i t h pride* zwellen (zich opblazen) van trots; **II** *vt* doen zwellen; *fig* opblazen, hovaardig maken; doen aangroeien of toenemen, verhogen, doen aan-, opzwellen; vergroten; **III** *sb* zwellen *o*, zwelling, deining; **F** fat, grote meneer, piet; **IV F** *aj* chic, fijn, prima; ~-**box** zwelkast [v. orgel]; **–ed** (op)gezwollen; ~ *head* **F** verwaandheid); grootheidswaan(zin); **~-head S** verwaande kwast; **–ing I** *aj* zwellend &; **II** *sb* aan-, opzwellen *o*; gezwel *o*; buil; **~-mob F** gentleman-oplichters, -zakkenrollers &

swelter ['sweltə] **I** *vi* puffen, smoren, stikken van de hitte; **II** *sb* broei-, smoorhitte; **–ing** broeiend, smoor-, snikheet, broei-

swept [swept] V.T. & V.D. van *sweep*; **~-back ~** *wing* terugwijkende vleugel

swerve [swə:v] **I** (*vt* &) *vi* plotseling (doen) afwijken, plotseling (doen) op zij gaan, een schuiver (laten) maken [auto]; (doen) afdwalen; **II** *sb* plotselinge afwijking; zwenking, zwaai; afdwaling

swift [swift] **I** *aj* & *ad* snel, vlug, er vlug bij (om *to...*), gauw; ~ *to anger* gauw kwaad; **II** *sb* **⅋** gierzwaluw; **⁂** hagedis; **~-footed** snelvoetig, rap; **–ly** *ad* snel, vlug, rap; **–ness** snelheid, vlugheid

swig [swig] **I** *vt* & *vi* met grote teugen (leeg)drinken, zuipen; **II** *sb* grote slok, teug

swill [swil] **I** *vt* (af-, door-)spoelen; met grote teugen drinken, inzwelgen; **II** *vi* zich bedrinken; **III** *sb* spoelsel *o*; spoeling; varkensdraf; **–er F** zuiplap; **–ings** *mv* varkensdraf; spoelwater *o*

swim [swim] **I** *vi* zwemmen, drijven; draaien (voor iems. ogen), duizelen; ~ *i n t o the room* de kamer binnenzwemmen; ~ *t o the bottom*, ~ *like a stone* drijven als een steen; ~ *w i t h the tide* (*stream*) met de stroom meegaan; ~ *with tears* overlopen van tranen; **II** *vt* zwemmen, af-, overzwemmen; laten zwemmen; om het hardst zwemmen met; overvloeien van [tranen]; **III** *sb* zwemmen *o*; visrijke plaats; *be in the* ~ op de hoogte zijn; meedoen (met de grote wereld); **swimmer** zwemmer; zwemvogel; **swimming** zwemmen *o*; duizeling; **~-bath** (overdekt) zwembad; **~-belt** zwembad, -ring; **~-bladder** zwemblaas; **–ly** *go on* ~ van een leien dakje gaan, vlot marcheren; **~-pool** zwembassin *o*; **swimsuit** zwempak *o*

swindle ['swindl] **I** *vt* oplichten; ~ *sbd. out of money* iem. geld afzetten; **II** *vi* zwendelen; **II** *sb* zwendel(arij), oplichterij; **–r** zwendelaar, oplichter

swine [swain] varken[s] *o*, zwijn[s] *o*; varkens, zwijnen; *fig* smeerlap; **–herd** zwijnenhoeder

swing [swiŋ] **I** *vi* schommelen, zwaaien, slingeren, bengelen[s]; hangen[s]; draaien; zwenken; **F** het (goed) doen, hip zijn, in zijn; **♪** „swingen", swing spelen; ~ *round* zich omdraaien, draaien; ~ *t o* dichtslaan [deur]; **II** *vt* doen of laten schommelen &; slingeren met, schommelen, zwaaien met; (op)hangen; draaien; doen of laten zwenken; **S** ergens van genieten; ompraten, [iem.] naar z'n hand zetten; *there is no room to* ~ *a cat* je kunt je er niet wenden of keren; ~ *the lead* zie 1 *lead* I; **III** *sb* schommel; schommeling, zwenking, zwaai; slingering; ritme *o*,

„Schwung"; „swing" [*sp* zwaaistoot; **♪** veerkrachtige jazzmuziek van sterke dynamiek]; *let him have* (*take*) *his* ~ laat hem maar zijn gang gaan, laat hem maar naar hartelust...; *i n full* ~ in volle gang; *get i n t o one's* ~ op dreef komen; **~-boat** luchtschommel; **~-bridge** draaibrug; **~-door** tochtdeur, klapdeur

⅋ **swinge** ['swin(d)ʒ] afranselen, tuchtigen

swingeing ['swin(d)ʒiŋ] **F** < kolossaal

swinging ['swiŋiŋ] veerkrachtig; **F** levendig, pittig; hip, onconventioneel

swingle ['swiŋgl] **I** *sb* zwingel(stok); **II** *vt* [vlas] zwingelen; **~-bar**, **~-tree** zwenghout *o*

swinish ['swainiʃ] zwijnachtig, zwijne(n)-

swipe [swaip] **I** *vt* & *vi* hard slaan; **S** gappen; weggrissen; **II** *sb* harde slag [cricket]; *Am* veeg[²] (uit de pan); **~s F** dun bier *o*

swirl [swə:l] **I** (*vt* &) *vi* (doen) warrelen of draaien, kolken; **II** *sb* warreling, gewarrel *o*, draaikolk

swish [swiʃ] **I** *vi* zwiepen; ruisen [v. zijde]; **II** *vt* zwiepen met; **F** afranselen, met het rietje (de roe) geven; ~ *off* afslaan [met stokje]; **III** *sb* zwiepend geluid *o* &; geruis *o* [v. zijde]; slag met rietje of roe

Swiss [swis] **I** *aj* Zwitsers; ~ *roll* koninginnenrol [jamtaart]; **II** *sb* Zwitser; *the* ~ de Zwitsers

switch [switʃ] **I** *sb* **⚡** schakelaar; knop; wissel [v. spoorweg]; plotselinge verandering; twijg, roede; valse vlecht of haarbos; striem, zwiep; **II** *vt* (plotseling) draaien, wenden, richten; op een ander spoor brengen, rangeren; verwisselen; **⚡** omschakelen; ~ *off* **⚡** uitdraaien, uitknippen [licht], uitschakelen, afzetten; *fig* op iets anders brengen, afleiden; ~ *o n* **⚡** aandraaien, aanknippen [licht], inschakelen, aanzetten; **–ed** *on* **S** hip; **III** *vi* zwiepen; draaien; verwisselen; ~ *o v e r* overschakelen[²] (op *to*); **~-back** roetsjbaan; berg(spoor)weg met veel bochten; **–board** schakelbord *o*; **–girl** centraliste, telefoniste; **–man** wisselwachter

Switzerland ['switsələnd] Zwitserland *o*

swivel ['swivl] wartel, spil, wervel; **II** *vi* & *vt* (laten) draaien; **~-chair** draaistoel; ~ *pin* draaibout; **⚡** fuseepen

swizzle ['swizl] **F** zwendel; teleurstelling; cocktail, gemengde drank; ~ *stick* roerstaafje *o* voor cocktail

swob [swɔb] = *swab*

swollen ['swouln] V.D. van *swell*; **~-headed** verwaand, opgeblazen

swoon [swu:n] **I** *vi* bezwijmen, in zwijm vallen, flauwvallen; **II** *sb* bezwijming, flauwte

swoop [swu:p] **I** *vi*, neerschieten (ook: ~ *down*); ~ *down* (*up*)*on* neerschieten op, afschieten op; **II** *sb* plotseling neerschieten *o*; *at one fell* ~ met één slag

swop [swɔp] F I *vt* & *vi* ruilen; II *sb* ruil
sword [sɔːd] zwaard *o*, degen; ⋈ sabel; *fig* militaire macht; oorlog; *put to the* ~ over de kling jagen; *cross* ~*s* [*fig*] de degen kruisen [met], op vijandige voet staan [met]; ~*-belt* (degen)koppel; ~*-blade* degenkling; ~*-cane* degenstok; ~*-fish* zwaardvis; ~*-flag* gele lis; ~*-guard* stootplaat; ~*-knot* degenkwast; ~*-play* schermen *o*; *fig* woordenstrijd; ~*-sman* geoefend schermer; –**smanship** schermkunst; ~*-stick* degenstok; ~*-swallower* degenslikker
swore [swɔː] V.T. van *swear*; **sworn I** V.D. van *swear*; **II** als *aj* ook: beëdigd (in: ~ *broker, a* ~ *statement*); ~ *enemies* gezworen vijanden; ~ *friends* dikke vrienden
swot [swɔt] F I *vi* blokken, vossen; II *vt* ~ *up* gehaast bestuderen; III *sb* blokker, boekenwurm; geblok *o*
swum [swʌm] V.D. van *swim*
swung [swʌŋ] V.T. & V.D. van *swing*
sybarite [ˈsibərait] I *sb* genotzuchtige, wellusteling; II *aj* genotzuchtig
sycamore [ˈsikəmɔː] wilde vijgeboom; ahornboom; *Am* plataan
sycophant [ˈsikəfənt] pluimstrijker; –**ic** [sikəˈfæntik] pluimstrijkend
syllabic [siˈlæbik] syllabisch, lettergreep-; **syllable** [ˈsiləbl] lettergreep; *not a* ~ geen syllabe, geen woord
syllabus [ˈsiləbəs] syllabus; program *o* [v. cursus &]; kort overzicht *o* (der hoofdpunten)
syllogism [ˈsilədʒizm] syllogisme *o*, sluitrede; –**gistic** [siləˈdʒistik] syllogistisch, in de vorm van een sluitrede
sylph [silf] sylfe [luchtgeest]; sylfide² [vrouwelijke luchtgeest]; tenger meisje]
sylvan, silvan [ˈsilvən] bosachtig, bosrijk, bos-; landelijk
sylvicultural [silviˈkʌltʃərəl] bosbouwkundig; **sylviculture** [ˈsilvikʌltʃə] bosbouwkunde; –**rist** [silviˈkʌltʃərist] bosbouwkundige
symbiosis [simbiˈousis] *biol* symbiose
symbol [ˈsimbəl] I *sb* symbool *o*, zinnebeeld *o*, teken *o*; II *vt* = *symbolize*; –**ic(al)** [simˈbɔlik(l)] symbolisch, zinnebeeldig; –**ism** [ˈsimbəlizm] symboliek; [in de letterkunde] symbolisme *o*; **symbolization** [simbəlaiˈzeiʃən] symbolisering, zinnebeeldige voorstelling; **symbolize** [ˈsimbəlaiz] symboliseren, zinnebeeldig voorstellen
symmetric(al) [siˈmetrik(l)] symmetrisch; **symmetry** [ˈsimətri] symmetrie
sympathetic [simpəˈθetik] medegevoelend, deelnemend, welwillend; sympathetisch [inkt]; sympathisch [zenuwstelsel]; soms: sympathiek; ~ *pain* weerpijn; ~ *strike* sympathiestaking, solidariteitsstaking; **sympathize** [ˈsimpəˈθaiz]

sympathiseren (met *with*); medegevoelen (met *with*), zijn deelneming betuigen, condoleren (iem. *with sbd.*); –**r** meevoelende vriend(in), sympathisant
sympathy sympathie (voor *with*); medegevoel *o*, deelneming; condoleantie; welwillendheid; *be i n* ~ *with* welwillend staan tegenover, begrip hebben voor; *withdraw in* ~ zich terugtrekken uit solidariteit; *prices are going u p in* ~ de prijzen stijgen overeenkomstig; *be o u t of* ~ *with* niet (meer) mogen, niet (meer) gesteld zijn op
symphonic [simˈfɔnik] symfonisch; **symphony** [ˈsimfəni] symfonie°; ~ *orchestra* symfonieorkest *o*
symposium [simˈpouziəm] symposion *o* [filosofische, wetenschappelijke bijeenkomst]; artikelenreeks over hetzelfde onderwerp door verschillende schrijvers; ▯ drinkgelag *o*; gastmaal *o*
symptom [ˈsim(p)təm] symptoom *o*, (ziekte)verschijnsel *o*, (ken)teken *o*; –**atic** [sim(p)təˈmætik] symptomatisch
synagoge [ˈsinəgɔg] synagoge
synchronism [ˈsiŋkrənizm] gelijktijdigheid
synchronization [siŋkrənaiˈzeiʃən] gelijktijdigheid; gelijkzetten *o* [v. horloges]; synchronisatie; *fig* gelijkschakeling; **synchronize** [ˈsiŋkrənaiz] I *vi* in tijd overeenstemmen; gelijktijdig zijn; II *vt* synchronistisch rangschikken [gebeurtenissen]; gelijkzetten [klokken]; synchroniseren; *fig* gelijkschakelen; **synchronous** gelijktijdig
synchrotron [ˈsiŋkrətrɔn] synchrotron *o*: apparaat om kleine, elektrisch geladen deeltjes een zeer hoge snelheid te geven
syncopate [ˈsiŋkəpeit] syncoperen; ~*d* syncopisch; –**tion** [siŋkəˈpeiʃən] syncopering; **syncope** [ˈsiŋkəpi] syncope°; weglating v. letter of lettergreep; bezwijming
syndic [ˈsindik] syndicus, curator; gemachtigde
syndicalism [ˈsindikəlizm] syndicalisme *o*: theorie dat de industrieën beheerd moeten worden door de vakverenigingen
syndicate [ˈsindikit] I *sb* syndicaat *o*, belangengroepering; II *vt* [ˈsindikeit] tot een syndicaat of consortium verenigen; door een (pers)syndicaat laten publiceren
syndrome [ˈsindroum] syndroom *o*
synod [ˈsinəd] synode, kerkvergadering
synonym [ˈsinənim] synoniem *o*; –**ous** [siˈnɔniməs] synoniem, gelijkbetekenend, zinverwant
synopsis [siˈnɔpsis, *mv* –**ses** -siːz] overzicht *o*, kort begrip *o*, synopsis [ook v. film]; **synoptic** synoptisch, verkort, een overzicht gevende; ~ *gospels* de evangeliën van Mattheus, Marcus en Lucas; –**al** synoptisch; overzichtelijk samenvattend
synovia [siˈnouviə] ⚕ gewrichtsvocht *o*, leewater

o; **–itis** [sinou′vaitis] leewater *o*

syntactic [sin′tæktik] syntactisch; **syntax** [′sintæks] syntaxis, zinsbouw

synthesis [′sinθisis, *mv* **–ses** -si:z] synthese, samenvoeging; **–ize** [′sinθisaiz] samenvoegen, samenstellen; synthetisch bereiden

synthetic [sin′θetik] **I** *aj* synthetisch; **F** onecht, namaak; ~ *resin* kunsthars *o* & *m*; **II** *sb* kunststof

syntonic [sin′tɔnik] *Lat* op dezelfde golflengte afgestemd; **–ize** [′sintɔnaiz] afstemmen [radio]

syphilis [′sifilis] ⚥ syfilis

syphon [′saifən] = *siphon*

syren [′saiərən] = *siren*

Syriac [′siriæk] Syrisch *o*; **–an I** *aj* Syrisch; **II** *sb* Syriër

syringa [si′riŋgə] (boeren)jasmijn; sering

syringe [′sirin(d)ʒ] **I** *sb* (injectie)spuit, spuitje *o*; *garden* ~ tuinsproeier; **II** *vt* spuiten, be-, in-, uitspuiten

syrup [′sirəp] siroop, stroopje *o*; stroop; *golden* ~ kandijstroop; **–y** siroopachtig, stroperig

system [′sistim] systeem *o*, stelsel *o*; inrichting; net *o* [v. spoorweg, verkeer &]; constitutie, lichaam *o*; gesteldheid; gestel *o*; **–atic** [sisti′mætik] systematisch, stelselmatig; **–atize** [′sistimətaiz] systematiseren

T

t [ti:] (de letter) t; *cross one's ~'s* [*fig*] de puntjes op de i's zetten; *to a ~ net*, precies, op een haar

ta [ta:] F dank je!

tab [tæb] leertje *o* aan een schoen, lus; nestel [v. veter]; tongetje *o*; label; pat [v. uniform]; oorklep; ruitertje *o*, tab [bij kaartsysteem]; *keep ~s on* in de gaten houden

tabard ['tæbəd] tabberd, tabbaard

tabby ['tæbi] I *sb* tabijn *o*; gestreepte kat; kat²; oude vrijster; II *aj* tabijnen; gestreept

tabefaction [tæbi'fækʃən] uittering, uitputting

tabernacle ['tæbənækl] tabernakel° *o* & *m*; ▱ loofhut, tent; bedehuis *o* (der methodisten)

tabes ['teibi:z] ℞ (uit)tering; *dorsal ~* ruggemergstering

table ['teibl] I *sb* tafel°; [gedenk]plaat; plateau *o*, tafelland *o*; tabel, lijst, register *o*; index, catalogus; dis, maaltijd; kost; *~ of contents* inhoud(sopgave); *keep a good ~* een goede tafel hebben; een goede pot eten; *keep open ~* open tafel houden; *the ~s are turned* de bordjes zijn verhangen; de zaak heeft een minder gunstige wending genomen; *sit a t ~* aan tafel zitten; tafelen; *the proposal was laid o n the ~* werd ter tafel gebracht; *the protest was laid on the ~* ook: werd voor kennisgeving aangenomen; II *vt* ter tafel brengen, indienen [een motie]; *Am* voor kennisgeving aannemen

tableau ['tæblou] tableau *o*

table-book ['teiblbuk] tabellenboek *o*; **–cloth** tafellaken *o*; tafelkleed *o*; **–land** tafelland *o*, plateau *o*; **~-runner** tafelloper; **–spoon** eetlepel

tablet ['tæblit] tablet, dragee, pastille; plak [chocola]; stuk *o* [zeep]; (gedenk)tafel, -plaat; ▱ (was)tafeltje *o*; *~s* memorandum *o*, notitieblok *o*, schrijfblok *o*

table-talk ['teibltɔ:k] tafelgesprek *o*, -gesprekken; **~-tennis** tafeltennis *o*; **~-top** tafelblad *o*; **~-turning** tafeldans [bij spiritistische seances]; **–ware** tafelgerei *o*

tabloid ['tæblɔid] I *sb* ℞ tablet; *fig* beknopt, geïllustreerd sensatieblad *o* van klein formaat; II *aj* gecomprimeerd, geconcentreerd

taboo, tabu [tə'bu:] I *sb* taboe *o* & *m*; heiligverklaring, ban, verbod *o*; II *aj* heilig, onaantastbaar, verboden, taboe; III *vt* heilig-, onaantastbaar verklaren, verbannen (uit het gesprek), verbieden

tabor ['teibə] handtrom

tabouret ['tæbərit] krukje *o*, stoeltje *o*, taboeret; borduurraam *o*

tabular ['tæbjulə] tabellarisch; tabel-; tafelvormig, als een tafel; **–ate** tabellarisch groeperen: tabellen maken van; tafelvormig effenen

tachometer [tæ'kɔmitə] snelheidsmeter

tacit ['tæsit] stilzwijgend

taciturn ['tæsitə:n] zwijgzaam, stil, zwijgend; **–ity** [tæsi'tə:niti] zwijgzaamheid, stilzwijgendheid

tack [tæk] I *sb* kopspijkertje *o*; rijgsteek; aanhangsel *o*; ⚓ hals [v. zeil]; koers, gang [v. schip]; *fig* richting, spoor *o*, koers; S eten *o*, kost; kleverigheid; *hard ~* ⚓ scheepsbeschuit; *change one's ~*, *try another ~*, *get on a new ~* het over een andere boeg gooien² (wenden); zie ook: *brass tacks*; II *vt* vastspijkeren (ook: *~ down*); vastmaken (aan *on, on to*), (aan)hechten, rijgen; ⚓ bij de wind omwenden; III *vi* ⚓ overstag gaan, laveren² (ook: *~ about*), het over een andere boeg wenden²; **–ing** rijgen *o*; rijgsel *o*; *~ thread* rijggaren *o*

tackle ['tækl] I *sb* tuig *o*, gerei *o*; takel; talie; II *vt* (vast)grijpen; *fig* (flink) aanpakken; III *vi ~ to* (flink) aanpakken, de handen uit de mouwen steken

tacky ['tæki] kleverig ‖ *Am* slonzig, sjofel

tact [tækt] tact; **–ful** tactvol; **–ical** tactisch; **–ician** [tæk'tiʃən] tacticus; **–ics** ['tæktiks] tactiek

tactile ['tæktail] voelbaar, tastbaar; gevoels-

tactless ['tæktlis] tactloos

tactual ['tæktjuəl] tast-; tastbaar

tadpole ['tædpoul] kikkervisje *o*

taffeta ['tæfitə] tafzijde, taffetas

taffrail ['tæfreil] ⚓ hekreling

Taffy ['tæfi] F David; bijnaam voor iem. uit Wales

tag [tæg] I *sb* veter-, nestelbeslag *o*; nestel; lus [aan laars]; etiket *o*, label; (uit)einde *o*, rafel; aanhangsel *o*; punt [v. staart]; citaat *o*; leus; stereotiep gezegde *o*; refrein *o*; *sp* krijgertje *o*; II *vt* aanhechten, aanhangen, vastknopen², vastbinden (aan *to, on to*); etiketteren; doen rijmen; *~ together* ook: aaneenrijgen, aaneenflansen; III *vi ~ after* achternalopen; *~ along* F meelopen, volgen; *~ around with* altijd optrekken met

tagrag ['tægræg] = *ragtag*

Tagus ['teigəs] Taag

1 tail [teil] I *sb* staart°, vlecht; queue; sleep; achterste (laatste) gedeelte *o*, (uit)einde *o*; nasleep; gevolg *o*; staartje² *o*; pand, slip [v. jas]; F volger [schaduwend rechercheur]; *~s* keerzijde [v. munt]; F slipjas; rok; *a t the ~ of* (onmiddellijk) achter, achter... aan; *be o n sbd.'s ~* iem. achternazitten; *turn ~* er vandoor gaan; II *vt* van een staart voorzien, een staart zetten aan; van de staart ontdoen; van het steeltje ontdoen [vruchten]; F volgen, schaduwen; ~ (*on*) *to* vastmaken aan; voegen bij; **III** *vi* een staart vormen; achteraan slepen of komen; achter elkaar aan komen; ~ *a f t e r* op de hielen volgen; ~ *a w a y* (*off*) één voor één afdruipen; minder worden, eindigen, uitlopen (in *into*); ~ *o n to* (zich) aansluiten bij; achter... aan komen

2 tail [teil] *sb* eigendom met beperkt erfrecht (ook: *estate in* ~); ~**-board** krat *o* [v. wagen], laadklep [v. vrachtauto]; **–coat** slip-, pandjesjas; rok; **–ed** gestaart, staart-; ~**-end** (uit)einde *o*, achterstuk *o*, staartje *o*; **–gate** vijfde deur v.e. auto; **–ing** △ ingebouwd stuk *o* van een steen of balk; **–ings** uitschot *o*, afval *o*; **tailless** zonder staart; zonder slippen; **tail-light** achterlicht *o*

tailor ['teilə] **I** *sb* kleermaker; **II** *vi* kleermaker zijn; **III** *vt* maken [kleren]; kleren maken voor; *fig* aanpassen; **–ing** kleermakersbedrijf *o*; kleermakerswerk *o*; ~**-made I** *aj* door een kleermaker gemaakt; *fig* aangepast, geknipt [voor een taak]; **II** *sb* tailleur [damesmantelpak]

tailpiece ['teilpi:s] staartstuk *o* [v. viool]; sluitvignet *o* [in boek]; *fig* naschrift *o*, slotopmerking; ~**-pocket** achterzak; ~**-spin** vrille; *fig* paniek

taint [teint] **I** *sb* vlek²; *fig* besmetting, bederf *o*, smet; **II** *vt* besmetten, bederven, aansteken, bezoedelen; **–ed** ook: besmet [werk]; **–less** vlekkeloos, onbesmet, smetteloos, zuiver

take [teik] **I** *vt* nemen° [ook = kieken & springen over]; aan-, in-, af-, op-, mee-, overnemen; benemen, beroven van [het leven]; aanvaarden; opvolgen [advies]; in beslag nemen [tijd], er over doen [lang &]; in behandeling nemen; noteren, opschrijven; vangen; pakken [ook = op het gemoed werken], aanslaan, krijgen [ziekten &], halen [slagen &], behalen; ontvangen; **F** incasseren [slagen, opmerkingen &]; inwinnen [inlichtingen]; vatten [ook = snappen]; opvatten, beschouwen (als *as*); houden (voor *for*); begrijpen; waarnemen, te baat nemen [gelegenheid]; gebruiken; drinken [thee &]; volgen [een cursus]; geven [een cursus]; inslaan [weg]; brengen, overbrengen, bezorgen, voeren, leiden; doen [sprong, examen &]; *if it* ~*s all summer* al gaat de hele zomer er mee heen; *it* ~*s so little to...* er is zo weinig voor nodig om...; *it* ~*s a good woman to...* daar is een goede vrouw voor nodig; men moet wel een goede vrouw zijn om...; *have what it* ~*s* alles hebben (om te *to*), er mogen wezen; *I* ~ *it that...* ik houd het er voor dat...; *I can* ~ *it* **F** ik kan er tegen, ik kan het verdragen; ~ *it or leave it!* graag of niet!; ~ *it badly* het erg te pakken krijgen; ~ *it hard* het zich erg aantrekken; ~ *it lying down* er zich bij neerleggen, er (maar) in berusten; zie ook: *easy* **II**; ~ *boat* ⚓ scheep gaan,

aan boord gaan; ~ *cover* ✗ in dekking gaan, dekking zoeken; ~ *a drive* (*leap, ride, walk*) een rijtoertje & maken; ~ *a hand* (ook) meedoen; optreden; ~ *sbd.'s name* iems. naam opschrijven, ook: iem. bekeuren; ~ *God's name in vain* **B** Gods naam ijdellijk gebruiken; ~ *the evening service* de avonddienst leiden; ~ *size 9* maat 9 hebben; *these things* ~ *time* daar is veel tijd mee gemoeid; ~ *your time* haast u maar niet; ~ *the water* te water gaan; ⚓ van stapel lopen; ~ *the waters* de baden gebruiken; **II** *vi* & *va* pakken°; succes hebben, aan-, inslaan [v. stuk]; aanbijten [vis]; ~ *ill* ziek worden; ~ *well* zich goed laten fotograferen; ● ~ *a b a c k* verrassen, verbluffen; ~ *a c r o s s* overzetten, overbrengen; ~ *a f t e r* aarden naar; ~ *a w a y* af-, wegnemen; be-, ontnemen; mee (naar huis) nemen; ~ *b a c k* terugnemen [ook woorden]; terugbrengen; terugvoeren [naar het verleden]; ~ *d o w n* afnemen; uit elkaar nemen, afbreken [huis]; losmaken [het haar]; naar tafel geleiden [dame]; op zijn plaats zetten [iem.], vernederen; innemen [drankje]; optekenen, opschrijven, noteren, opnemen; zie ook: *peg*; *he* ~*s you f o r a tramp* hij houdt u voor een landloper; ~ *f r o m* af-, ontnemen; aftrekken van; verminderen, verkleinen; ontnemen aan; *you may* ~ *it from me* wat ik je zeg, eerlijk (waar); ~ *i n* binnenbrengen, binnenleiden, naar tafel geleiden [dame]; ontvangen [logeergasten]; in huis (op)nemen [iem.]; innemen [japon, zeilen]; slikken [verhaal]; beetnemen [iem.]; opnemen [iem., iets]; begrijpen, beseffen [de toestand]; er bij nemen; omvatten; ~ *in needlework* thuis naaiwerk aannemen; ~ *in a paper* op een krant geabonneerd zijn; ~ *i n t o one's head* in z'n hoofd krijgen; ~ *into partnership* in de zaak opnemen; ~ *o f f* beginnen [te lopen &], *sp* zich afzetten [bij springen], wegvliegen, opstijgen, starten; weggaan, 'm smeren; af-, wegnemen, afdoen, afleggen, uittrekken [kleren]; afzetten [hoofddeksel], wegvoeren, -brengen; ontlasten van [iets]; **$** laten vallen [v. prijs]; nadoen, kopiëren, parodiëren; ~ *off your glass* drink eens uit; ~ *oneself off* weggaan; ~ *one's name off the list* (*off the books*) zich laten afschrijven; ~ *time off* zich even vrijmaken; ~ *oneself off* weggaan, zich wegpakken; ~ *o n* aan boord nemen; aannemen [werkkrachten, kleur &]; op zich nemen [verantwoordelijkheid &]; het opnemen tegen, voor zijn rekening nemen; pakken, succes hebben, opgang maken; **F** tekeergaan; ~ *o u t* nemen [patent &]; nemen of halen uit, te voorschijn halen; uitzetten [vuilnisvat]; uitspannen [paarden]; wegmaken [vlek]; inlossen [pand]; afsluiten [verzekering]; uitgaan met; ten dans leiden [meisje]; ~ *it out of sbd.* hij iem. betaald zetten; het iem. afleren; *the run had* ~*n it out of them* had hen (lelijk) aangepakt; ~ *it* *out on sbd.* het op iem. afreageren; ~ *over* overnemen [een zaak &]; de wacht aflossen², de leiding (het commando, de functies &) overnemen, opvolgen; een fusie aangaan met; ~ *over charge* de dienst overnemen; zijn dienst aanvaarden; ~ *sbd. over the premises* iem. het gebouw rondleiden; ~ *over to* RT verbinden met; ~ *sbd. r o u n d* iem. rondleiden; ~ *t o ...ing* gaan doen aan..., beginnen te...; ~ *to one's bed* gaan liggen [v. zieke]; ~ *to the boats* in de boten gaan; ~ *to the woods* de bossen ingaan; in de bossen gaan huizen; ~ *kindly to...* sympathie krijgen voor, gaan houden van; *he doesn't* ~ *kindly to it* hij moet er niet veel van hebben; ~ *u p* opnemen°, opvatten°, optillen, oppakken [ook = arresteren]; naar boven brengen; aannemen [een houding]; innemen [plaats], betrekken [kwartieren]; aanvaarden [betrekking]; ter hand nemen; beginnen aan [een hobby, roken]; in beslag nemen [tijd & plaats], beslaan [ruimte]; onder handen nemen [iem.]; komen afhalen [met auto]; onderweg opnemen [reizigers]; overnemen [refrein &]; ~ *sbd. up* iems. voorstel (weddenschap) aannemen; zich voor iem. interesseren; iem. in de rede vallen, terechtwijzen; ~ *sbd. up roundly (sharply)* iem. duchtig onder handen nemen; ~ *the matter up with* er werk van maken bij [de politie &]; de zaak ter sprake brengen, aanhangig maken bij [de regering]; ~ *up a point* inhaken op iets; ~ *up the tale* vervolgen; ~ *up with* omgaan met, intiem(er) worden met, < het aanleggen met, zich afgeven met; *that's what he could not* ~ *u p o n himself to say* dat verstoutte hij zich niet te zeggen; ~ *the audience w i t h one* zijn publiek meeslepen, zie ook: *taken;* **III** *sb* vangst; ontvangst, recette [van schouwburg]; opname [v. film &]; ~-**down** vernedering, achteruitzetting; slag, klap; ~-**home** = *pay* nettoloon *o;* ~-**in** bedrog *o,* bedotterij; **taken** V.D. van *take;* genomen; bezet [v. stoel &]; *be* ~ *ill* ziek worden; ~ *up with* in beslag genomen door; vol belangstelling voor; ~ *w i t h* overvallen door, te pakken hebbend [ziekte]; ingenomen met, veel ophebbend met; **take-off** springplaats; afzet [bij het springen]; opstijging, (plaats van) vertrek *o,* start; karikatuur; ~-**over I** *sb* overnemen *o* van de zaak &, zie *take over;* overname, fusie (door overneming van aandelen); **II** *aj* ~ *bid* bod *o* om aandelen over te nemen; **taker** nemer, aannemer van een weddenschap; **$** afnemer; veroveraar; **take-up** plooiing, plooi; **taking I** *aj* innemend, aanlokkelijk, aantrekkelijk, pakkend [melodie]; besmettelijk; **II** *sb* nemen *o* &; inneming, vangst; **$** afname; **F** opwinding; ~*s* recette, ontvangsten

talc [tælk] talk [delfstof]; **$** mica *o* & *m;* **-ous** talkachtig; **talcum** talk; ~ *powder* talkpoeder,

-poeier *o* & *m*

tale [teil] verhaal *o,* vertelsel *o;* fabel; gerucht *o,* relaas *o;* ✎ aantal *o,* getal *o,* rekening, aandeel *o; a* ~ *of a tub* een praatje *o* voor de vaak; *old wives'* ~*s* oudewijvenpraatjes, bakerpraatjes; *if all* ~*s true* als het waar is wat men zegt; *the* ~ *is that he...* het heet dat hij...; *these ... tell their* ~ leggen gewicht in de schaal; behoeven geen nadere verklaring, zeggen voldoende, spreken een duidelijke taal; *tell* ~*s* klikken, uit de school klappen (ook: *tell* ~*s out of school); by* ~ bij het getal (aantal); ~**bearer** aanbrenger; ~**bearing** aanbrengen *o*

talent ['tælənt] talent° *o,* gave, begaafdheid; ~**ed** van talent, talentvol; ~**less** talentloos; ~ **scout** talentenjager

tale-teller ['teiltelə] verhaler, verteller; verklikker

talion ['tæliən] wedervergelding

taliped ['tæliped] klompvoet, horrelvoet

talisman ['tæliz-, 'tælismən] talisman

talk [tɔ:k] **I** *vi* praten, spreken; *now you're* ~*ing!* **F** dat is tenminste verstandige taal, zo mag ik het horen!; ~ *big* grootspreken, opsnijden; **II** *vt* praten, spreken; spreken over, het hebben over; ~ *nonsense* (**F** *rot, rubbish, tripe*) onzin (kletspraat) verkopen, bazelen, kletsen; zie ook: *scandal, sense, shop* &; **III** *vr* ~ *oneself hoarse* zich hees praten; ~ *oneself out* uitgepraat raken; • ~ *a b o u t* praten over, bepraten; ~ *a t sbd.* het in zijn gesprek op iem. gemunt hebben; ~ *a w a y* er op los praten; ~ *away the evening (an hour or two)* verpraten; ~ *b a c k* (brutaal) antwoorden; ~ *d o w n* omver praten, tot zwijgen brengen [in debat]; ~ *binnen-* praten; ~ *down to* afdalen tot het niveau van [kinderen &]; ~ *f r o m the point* (van het chapiter) afdwalen; ~ *sbd. i n t o ...* iem. bepraten (overhalen) om...; ~ *o f* praten over; ook: spreken van; ~ *ing of..., what...?* van... gesproken, wat...?; ~ *the debate (motion) o u t* doodpraten; ~*it out* het doorpraten; ~ *sbd. out of ...ing* iem..... uit het hoofd praten, afbrengen van...; ~ *o v e r* bespreken; bepraten, overhalen; ~ *sbd. r o u n d* iem. overhalen, overreden; ~ *t h r o u g h one's hat* zitten kletsen, doorslaan; ~ *t o* praten tegen, spreken met; aanspreken², onder handen nemen, een strafpreek houden; ~ *to oneself* in zich zelf praten; ~ *u p* aanprijzen, in de hoogte steken, ophemelen; ~ *up!* (spreek) harder!; **IV** *sb* gepraat *o,* praat(s), praatje *o;* gesprek *o,* onderhoud *o,* bespreking, discussie; causerie; conversatie; *she is the* ~ *of the town* iedereen heeft het over haar, zij gaat geweldig over de tong; *there was (some)* ~ *too of...* het praatje ging dat...; er was ook sprake van...; *as the* ~ *goes* naar (bij gerucht) verluidt; *he had all the* ~ *(to himself)* hij was alléén aan het woord; *let us have a* ~ laten wij eens wat praten; *a t ~ of...* als er sprake is (was) van...; *hold (keep) one i n ~* iemand aan de praat houden; **–ative** praatachtig, praatziek; **–er** prater; kletskous; spreker, redenaar; **–ie F** sprekende film; **talking I** *aj* pretend; sprekend[2]; **II** *sb* praat, gepraat *o*, praten *o*; *do most of the ~* het hoogste (grootste) woord voeren (hebben); **~-point** discussiepunt *o*; (goed) argument; onderwerp *o* van gesprek (van de dag); **~-to F** vermaning

tall [tɔ:l] **I** *aj* hoog; lang; groot [v. personen]; *fig* hoogdravend; opsnijderig; **F** overdreven, ongeloofwaardig; kras, sterk [verhaal]; *a ~ sum* **F** een kolossale som; *~ talk* opsnijderij; **II** *ad talk ~* opsnijden; **–boy** hoge commode; **–ish** nogal lang &, zie *tall* **I**

tallow ['tæ̆lou] **I** *sb* talk, kaarsvet *o*; **II** *vt* met talk besmeren; **~-chandler** kaarsenmaker, kaarsenhandelaar; **~-faced** bleek; **–y** talkachtig, talktally ['tæli] **I** *sb* kerfstok; kerf, keep; rits, aantal *o*, tal *o* [van vijf], getal *o*, tel; rekening; tegendeel *o*; andere helft; label *o*, etiket *o*; *take ~ of* tellen; **II** *vt* inkepen, aankerven, aanstrepen, aanschrijven; natellen, controleren (ook: *~ off*); **III** *vi* kloppen, overeenstemmen; *~ with* passen bij; overeenkomen met, kloppen met

tally-ho ['tæli'hou] *ij* roep van jagers bij vossenjacht

tallyman ['tælimæn] verkoper in of eigenaar van een afbetalingsmagazijn; **tally-shop** afbetalingsmagazijn *o*

talon ['tælən] klauw; stok, talon

tamarind ['tæmərind] tamarinde

tambour ['tæmbuə] **I** *sb* ⚲ trom(mel); tamboereerraam *o*; borduurraam *o*; **II** *vt* tamboereren, borduren op een raam

tambourine [tæmbə'ri:n] tamboerijn, rinkelbom

tame [teim] **I** *vt* temmen[2], tam maken[2] (ook: *~ down*); kleinkrijgen; **II** *aj* getemd[2], tam[2], mak[2], gedwee; slap, flauw, saai, vervelend, kleurloos; **tamer** (dieren)temmer; **taming** temmen *o* & **tam-o'-shanter** [tæmə'ʃæntə] Schotse baret

tamp [tæmp] aanstampen; stoppen

tamper ['tæmpə] *~ with* knoeien aan of met; peuteren (zitten) aan; heulen met [vijand]; ,,bewerken'' [getuigen &]; het zo nauw niet nemen met, tornen aan

tampion ['tæmpiən] prop, stop, windstop [v. geschut]

tampon ['tæmpən] **I** *sb* tampon; **II** *vt* tamponneren

tan [tæn] **I** *sb* gebruinde huidskleur, run, gemalen eikeschors, taan(kleur); *get a ~* bruin worden; **II** *aj* run-, taankleurig; **III** *vt* looien, tanen; *~ sbd.* (*'s hide*) **S** iem. afrossen; **IV** *vi* tanen; bruinen, bruin worden [door de zon]

tandem ['tændəm] tandem°

tang [tæŋ] **I** *sb* doorn [v. mes]; bijsmaak, (na-) smaak, smaakje *o*; scherpe lucht of geur; *fig* tikje *o*, zweem; (onaangename) klank; **II** (*vt &*) *vi* (doen) klinken

tangent ['tændʒənt] tangens; *fly (go) off at a ~* plotseling een andere richting inslaan, van koers veranderen

tangerine [tændʒə'ri:n] mandarijntje *o*

tangible ['tændʒibl] tastbaar, voelbaar

tangle ['tæŋgl] **I** *vt* in de war maken, verwikkelen; verwarren; verstrikken; **II** *vi* in de war raken; *~ with* **S** overhoop liggen met; **III** *sb* warhoop; warboel, klit, knoop; wirwar; verwarring; *be in a ~* in de war zijn; **–ly** verward, verwikkeld

tango ['tæŋgou] **I** *sb* tango; **II** *vi* de tango dansen

tank [tæŋk] **I** *sb* waterbak, reservoir *o*; (petroleum)tank; ✘ tank; **II** *vi* *~ up* tanken; **–age** tankinhoud; tankgeld *o*

tankard ['tæŋkəd] drinkkan, flapkan

tank-engine ['tæŋkendʒin] tenderlocomotief;
tanker ⚓ tanker, tankschip *o*; ⟵ tankwagen;
tank-farming water-, hydrocultuur; **~-steamer** tankschip *o*

tan-mill ['tænmil] runmolen; **tannage** looien *o*;
1 tanner looier
2 tanner ['tænə] **F** sixpence(stukje *o*)
tannery ['tænəri] looierij; **tannic** *~ acid* looizuur *o*; **tannin** tannine, looizuur *o*; **tan-pit** looikuip; looikuil

tansy ['tænzi] boerenwormkruid *o*

tantalization [tæntəlai'zeiʃən] tantaluskwelling;
tantalize ['tæntəlaiz] tantaliseren; **–zing** uitdagend, verleidelijk

Tantalus ['tæntələs] Tantalus; *~ cup* tantalusbeker; *t~* likeurkeldertje *o*

tantamount ['tæntəmaunt] gelijkwaardig (aan *to*); *be ~ to* ook: gelijkstaan met

tantrum ['tæntrəm] slecht humeur *o*; woedeaanval; *be in one's ~s* de bokkepruik ophebben

tan-yard ['tænja:d] looierij

Tanzanian [tænzə'niən, tæn'zeiniən] Tanzaniaan(s)

1 tap [tæp] **I** *sb* (houten) kraan; tap [ook ✂] (soort) drank, brouwsel *o*; gelagkamer, tapperij; ✻ aftakking; *on ~* op de tap; aangestoken [v. vat]; **F** altijd beschikbaar; ter beschikking; **II** *vt* een kraan slaan in, aan-, opsteken [een vat]; aanboren [bron &], exploiteren, aanspreken [voorraad]; aftappen (ook = afluisteren), ✻ aftakken; tappen; *~ sbd.* **F** iem. (willen) uithoren; (*for money*) geld van iem. (willen) loskrijgen

2 tap [tæp] **I** *vt* tikken, kloppen tegen, op of met; **II** *vi* *~ at* tikken, kloppen tegen of op; **III** *sb* tikje *o*, klop [op deur]; *there was a ~ at the door* er werd geklopt, aangetikt; **~-dance I** *sb* tapdans; **II** *vi* een tapdans uitvoeren; **~-dancer** tapdanser tape [teip] **I** *sb* lint *o*; band *o* [stofnaam], band *m* [voorwerpsnaam]; geluidsband; **ϯ** strook papier; **F** telegrafisch koersbericht *o*; meetband, -lint *o*, centimeter; **ϯ** lintworm; *breast the ~ sp* door de finish gaan; **II** *vt* met een lint of band vastmaken; opnemen op de band; *have (got) him (it) ~d* **F** hem (het) doorhebben; *have (got) it ~d* ook: **F** het voor elkaar hebben; **~-line** ['teiplain], **~-machine** $ tikker; bandrecorder; **~-measure** meetband, meetlint *o*, centimeter

taper ['teipə] **I** *sb* waspit; **⚲** kaars; ☉ toorts, licht(je) *o*; tapsheid; geleidelijke vermindering; **II** *aj* spits toelopend; taps; geleidelijk verminderend; **III** *vi* spits (taps) toelopen (ook: ~ *to a point*); ~ *off* geleidelijk verminderen; **IV** *vt* spits (taps) doen toelopen, (toe)spitsen

tape-record ['teiprikɔ:d] opnemen op de band; **–er** bandopnemer, bandrecorder; **–ing** bandopname

tapestry ['tæpistri] gobelin *o*, wandtapijt *o*; geweven behangsel *o*; tapisserie [v. stoel &]

tapeworm ['teipwə:m] lintworm

tapioca [tæpi'oukə] tapioca

tapir ['teipə] tapir

tapis ['tæpi] *be (bring) on the ~* in (ter) discussie zijn (brengen)

tap-room ['tæprum] gelagkamer

tap-root ['tæpru:t] pen-, hoofdwortel

tapster ['tæpstə] tapper

tap water ['tæpwɔ:tə] leidingwater *o*

tar [ta:] **I** *sb* teer; **F** pikbroek, matroos; **II** *vt* (be)teren; ~ *and feather* met teer bestrijken en dan door de veren rollen [als straf]; *~red with the same brush* met hetzelfde sop overgoten

taradiddle ['tærədidl] jokkentje *o*

tarantula [tə'ræntjulə] tarantula [spin]

tarboosh [ta:'bu:ʃ] fez (met kwastje)

tar-brush ['ta:brʌʃ] teerkwast

tardy [ta:di] *aj* traag, langzaam, dralend; laat

1 tare [tɛə] $ tarra

2 tare [tɛə] voederwikke; *the ~s* **B** het onkruid

targe [ta:dʒ] ⎕ beukelaar, schild *o*

target ['ta:git] (schiet)schijf, mikpunt *o*; (gestelde, beoogde) doel² *o* of tijd; streefcijfer *o* (ook: ~ *figure*); ⎕ beukelaar, schild *o*; **~-practice** schijfschieten *o*

tariff ['tærif] **I** *sb* tarief° *o*, toltarief *o*; **II** *vt* tariferen; belasten; **~-union** tolverbond *o*; **~-wall** tariefmuur; **~-war** tarievenoorlog

tarlatan ['ta:lətən] tarlatan *o*: fijne katoenen stof

tarmac ['ta:mæk] teermacadam *o* & *m*; platform *o* [v. vliegveld]

tarn [ta:n] bergmeertje *o*

tarnish ['ta:niʃ] **I** *vt* laten aanlopen [metalen]; dof of mat maken; ontluisteren²; doen tanen; *fig* bezoedelen; **II** *vi* aanlopen [metalen]; dof of mat worden; tanen; **III** *sb* ontluistering; dofheid; bezoedeling, smet

tarpaulin [ta:'pɔ:lin] teerkleed *o*, (dek)zeil *o* [voor wagen]; **⚓** presenning; matrozenhoed; **⚲** pikbroek, matroos

tarragon ['tærəgən] dragon

1 ☉ **tarry** ['tæri] *vi* toeven, blijven, dralen; wachten (op *for*)

2 **tarry** ['ta:ri] *aj* teerachtig, geteerd

tarsal ['ta:sl] ~ *bone* voetwortelbeentje *o*

tarsier ['ta:siə] spookdier *o*

tarsus ['ta:səs] voetwortel

1 tart [ta:t] **I** *sb* (vruchten)taart; taartje *o*; $ licht meisje *o*, prostituée; **II** *vt* ~ *up* $ opdirken; opsmukken

2 tart [ta:t] *aj* wrang, zuur; *fig* scherp, bits

1 tartan ['ta:tən] **I** *sb* Schots geruit goed *o*; Schotse plaid; **II** *aj* van tartan

2 tartan ['ta:tən] **⚓** tartana: soort eenmaster

1 tartar ['ta:tə] driftkop; lastig persoon; kenau

2 tartar ['ta:tə] wijnsteen; tandsteen *o* & *m*; **–ic** [ta:'tærik] wijnsteen-; ~ *acid* wijnsteenzuur *o*

tartlet ['ta:tlit] taartje *o*

task [ta:sk] **I** *sb* taak, huiswerk *o*; > karwei; *take sbd. to ~* iem. de les lezen, onder handen nemen; **II** *vt* een taak opleggen; hard laten werken; *it ~s our credulity* het vergt (te) veel van ons geloof; **III** *vr* ~ *oneself* zich inspannen; ~ **force** *Am* werkgroep [v. experts]; **–master** opziener, meester; **–mistress** opzieneres, meesteres

tassel ['tæsl] kwast, kwastje *o* [als boekenlegger]; **tasselled** met kwasten versierd

taste [teist] **I** *vt* proeven; smaken, ondervinden; **⚲** smaak vinden in; **II** *vi* proeven; smaken; ~ *of* smaken naar; **⚲** proeven; *fig* smaken, ondervinden; **II** *sb* smaak°, bijsmaak, voorkeur, zin; (voor)proefje *o*; beetje *o*, zweempje *o*, tikje *o*; neiging, liefhebberij; *they are bad ~* ze zijn smakeloos; *let me have a ~* laat mij eens proeven; ● *i n bad ~* smakeloos; *in good ~* zoals het hoort; met tact; smaakvol; *t o ~* naar believen, naar verkiezing; zoveel als je maar wilt; *is it to your ~?* is het naar uw zin?; *every man to his ~!* elk zijn meug!; *pungent to the ~* scherp van smaak; **~-bud** smaakpapil; **–ful** smaakvol; **–less** smakeloos°; **taster** proever [van wijn, thee &]; **F** adviseur van een uitgever; proefglaasje *o*; kaasboor; **tasty** *aj* smakelijk

tat [tæt] frivolité maken

ta-ta ['tæ'ta:] **F** dáág!

tatter ['tætə] **I** *sb* lap, lomp, vod *o* & *v*, flard; *in ~s* aan flarden; **II** *vt* aan flarden scheuren, verscheuren; **~ed** ook: haveloos

tatterdemalion [tætədə'meiljən] haveloze vent, vagebond, schooier

tatting ['tætiŋ] frivolité *o*

tattle ['tætl] **I** *vi* snappen, babbelen; (uit de school) klappen; **II** *sb* gesnap *o*, gebabbel *o*; borrelpraat; **−r** snapper, babbelaar

1 tattoo [tə'tu:] **I** *sb* ⁑ taptoe; *beat the devil's* **~** =
II *vi* met de vingers trommelen, met de voeten
op en neer wippen [van ongeduld &];

2 tattoo [tə'tu:] **I** *vt* tatoeëren; **II** *sb* tatoeëring;
tattooer, tattooist [tə'tuə, tə'tuist] tatoeëerder

1 tatty ['tæti] *aj* voddig, sjofel

2 tatty ['tæti] *sb* vochtige mat ter afkoeling voor
deur of raam [in Voor-Indië]

taught [tɔ:t] V.T. & V.D. van *teach*

taunt [tɔ:nt] **I** *vt* beschimpen, honen, smaden; **~**
sbd. with... iem. zijn... smadelijk verwijten, voor de
voeten werpen; **II** *sb* schimp(scheut), hoop,
smaad, spot

Taurus ['tɔ:rəs] de Stier [dierenriem]

taut [tɔ:t] strak, gespannen; **−en I** *vt* (strak) aanhalen; spannen; **II** *vi* zich spannen

tavern ['tævən] kroeg, herberg; logement *o*

1 taw [tɔ:] *sb* knikker; knikkerspel *o*

2 taw [tɔ:] *vt* witlooien; touwen [zeem]

tawdry ['tɔ:dri] *aj* smakeloos, opzichtig, opgedirkt

tawer ['tɔ:ə] zeemtouwer

tawny ['tɔ:ni] taankleurig, tanig, getaand, geel-
bruin; **~** *owl* bosuil

taws(e) [tɔ:z] *Sc* karwats

tax [tæks] **I** *vt* belasten, schatting opleggen; veel
vergen van, op een zware proef stellen; beschuldigen (van *with*); **II** *sb* (rijks)belasting; schatting;
last, (zware) proef; *be a* **~** *on* veel vergen van;
−able belastbaar; **−ation** [tæk'seiʃən] belasting;
tax-collector ['tækskəlektə] ontvanger der belastingen; **~-dodging** belastingontduiking; **~-
farmer** tollenaar; **~-free** vrij van belasting

taxi ['tæksi] **I** *sb* taxi; **II** *vi* in een taxi rijden; ta-
xiën: rijden [bij opstijgen of landen]; **~-cab** taxi

taxidermist ['tæksidə:mist] dierenopzetter;
−my de kunst van dieren op te zetten

taxi-driver ['tæksidraivə], **−man** taxichauffeur;
−meter taximeter; **~-rank** taxistandplaats

taxpayer ['tækspeiə] belastingbetaler

tea [ti:] thee; *Am S* marihuana; *high* **~** koud
avondmaal *o* (met thee); *a t* **~** bij (aan) de thee;
have people t o **~** mensen op de thee hebben; **~-
bag** theezakje *o*, theebuiltje *o*; **~-ball** theeëi *o*;
~-break theepauze; **~-caddy** theebusje *o*; **~-
canister** theebus

teach [ti:tʃ] onderwijzen, leren, les geven (in),
doceren; **~** *sbd. manners* iem. mores leren; **~** *sbd.*
(how) to... iem. leren...; **teachability** [ti:tʃə'biliti]
mogelijkheid om iets te onderwijzen; bevatte-
lijkheid; **teachable** ['ti:tʃəbl] te onderwijzen,
onderwezen kunnende worden; aannemelijk,
bevattelijk, leerzaam; **teacher** onderwijzer(es),
leraar, lerares, leerkracht, docent(e), leermees-
ter(es)

tea-chest ['ti:tʃest] theekist

teach-in ['ti:tʃin] teach-in: open forum *o* (*spec*
voor (de) universiteit); **teaching I** *aj* onderwij-
zend; *a* **~** *hospital* een academisch ziekenhuis *o*;
a **~** *post* een betrekking bij het onderwijs; **II** *sb*
onderwijs *o*; lesgeven *o*; leer (ook: **~***s*)

tea-cloth ['ti:klɔθ] theetafelkleedje *o*; theedoek;
~-cosy theemuts; **~-cup** theekopje *o*; **~-gown**
losse (namiddag)japon

teak [ti:k] teak(boom) *m*, djati(boom) *m*;
teak(hout) *o*, djati(hout) *o*

tea-kettle ['ti:ketl] theeketel

teal [ti:l] taling(en) [kleine eend]

team [ti:m] **I** *sb* span *o* [paarden &]; ploeg [werk-
lui, spelers], elftal *o* [voetballers], groep [geleer-
den &], team *o*; **II** *vi* **~** *up* **F** samenwerken; **~-
spirit** geest van samenwerking; **−ster** voerman;
Am wegvervoerder; **~-work** groepsarbeid; samenwerking, *sp* samenspel *o*

tea-party ['ti:pa:ti] theevisite, theepartij; **−pot**
theepot

1 tear [tiə] *sb* traan; (*all*) *in* **~***s* in tranen badend

2 tear [tɛə] **I** *vt* scheuren, stuk-, verscheuren[2];
rukken of trekken aan; weg-, uiteenrukken,
(open)rijten; **~** *one's hair* zich de haren uitrukken
[v. woede, verdriet]; **II** *vr* **~** *oneself away* zich (van
de plaats) losrukken; **III** *vi* & *va* scheuren; stormen, vliegen; razen, tieren; ● **~** *it a c r o s s* het
door-, verscheuren; **~** *a l o n g* voortjagen, komen aanstuiven; **~** *a t* rukken (trekken) aan; **~**
d o w n afscheuren, -rukken; afbreken; **~** *down the
hill* de heuvel afrennen; **~** *f r o m* wegrukken
van; ontrukken (aan); **~** *o f f* afscheuren, -ruk-
ken; **~** *o p e n* openscheuren, openrukken; **~**
o u t uitscheuren, uitrukken; **~** *t o pieces* in stukken scheuren; **~** *u p* door-, ver-, stukscheuren;
opbreken [weg &]; **~** *up the stairs* de trap opvliegen; *torn up by the roots* ontworteld; **IV** *sb* scheur;
tearaway S jonge, gewelddadige straatschender

tear-drop ['tiədrɔp] [een] enkele traan; **tearful** *aj*
vol tranen; beschreid; huilerig; *become* **~** beginnen te schreien

tearing ['tɛəriŋ] **I** *aj* scheurend; **F** heftig, razend;
at a **~** *pace* **F** in onstuimige vaart; *in a* **~** *rage* **F**
razend en tierend (van woede); **II** *sb* scheuren *o*;
a sound of **~** een scheurend geluid *o*

tear-jerker ['tiədʒə:kə] **F** smartlap; melodramatisch verhaal *o* &

tear-off ['tɛərɔ:f] **~** *calendar* scheurkalender

tea-room ['ti:rum] lunchroom, theesalon

tear-stained ['tiəsteind] beschreid

tease [ti:z] **I** *vt* plagen, kwellen, sarren, treiteren,
pesten, judassen, jennen; kaarden; tegenkam-
men [v. haar]; **~** *out* ontwarren; **II** *sb* plaaggeest

teasel ['ti:zl] **I** *sb* kaardedistel, kaarde; kaardmachine; **II** *vt* kaarden

teaser ['ti:zə] plager, plaaggeest, kweller, treiteraar; *fig* puzzel; moeilijk probleem, iets lastigs; kaarder

tea-set ['ti:set] theeservies *o*; **~-shop** theesalon; **–spoon** theelepeltje *o*; **~-strainer** theezeefje *o*

teat [ti:t] tepel, speen

tea-table ['ti:teibl] theetafel; **~-things** theegerei *o*, theegoed *o*; **~-towel** theedoek, (af)droog-doek; **~-tray** theeblad *o*; **~-trolley** theewagen; **~-urn** theezettoestel *o*, samovar

tec [tek] S = *detective* **II**

tech [tek] S = *technical college, school*

technical ['teknikl] *aj* technisch; vak-; ~ *college* hogere technische school; ~ *school* lagere technische school; **–ity** [tekni'kæliti] technisch karakter *o*; *the technicalities* de technische finesses; de vaktermen; **technician** [tek'niʃən], **technicist** ['teknisist] technicus; **technics** ['tekniks] techniek; **technique** [tek'ni:k] techniek; **technocracy** [tek'nɔkrɔsi] technocratie; **technocrat** ['teknɔkræt] technocraat; **technological** [teknɔ'lɔdʒikl] technologisch; **–gist** [tek'nɔlɔdʒist] technoloog; **–gy** technologie

tectonic [tek'tɔnik] tektonisch

tectonics [tek'tɔniks] tektoniek; leer van de architecturale vormgeving

ted [ted] uitspreiden en keren [gras]; **tedder** hooischudder

teddy bear ['tedibɛə] teddybeer; ~ **boy** ± nozem

tedious ['ti:diɔs] vervelend; saai; **tedium** verveling; saaiheid

tee [ti:] **I** *sb* doel *o* waarnaar een bal moet worden geslagen (geworpen &); tee, afslag [aardhoopje *o* & vanwaar de bal wordt weggeslagen bij golfspel]; **II** *vt* [de bal] op de *tee* plaatsen; **III** *vi* ~ *off* beginnen te spelen; *fig* beginnen

1 teem [ti:m] vol zijn, krioelen, wemelen, overvloeien (van *with*)

2 teem [ti:m] leeggieten, uitgieten

teeming ['ti:miŋ] wemelend, overvol, boordevol (van *with*); vruchtbaar [brein &]

teenage ['ti:neidʒ] (van, voor) tussen 12–20 jaar; ~ *boy* (*girl*) tiener; **teen-ager** tiener; **teens** jaren tussen het twaalfde en het twintigste

teeny ['ti:ni] **F** (heel) klein; **~-bopper** S aankomende tiener; **~-weeny** piepklein

teeter ['ti:tə] wankelen, balanceren

teeth [ti:θ] *mv* v. *tooth*; **teethe** [ti:ð] tanden krijgen; **teething** het tanden krijgen; ~ *ring* bijt-ring; ~ *troubles* [*fig*] kinderziekten

teetotal [ti:'toutl] geheelonthouders-; **–ism** geheelonthouding; **teetotaller** [ti:'toutlə] geheelonthouder

teetotum [ti:'toutəm] tolletje *o* met letters, gebruikt bij spelletjes

tegument ['tegjumənt] bedekking, bekleedsel *o*; huid [v. zaad &]

telecast ['telika:st] **I** *vt* & *vi* per televisie uitzen-den; **II** V.T. & V.D. van *telecast*; **III** *sb* televisieuitzending

telecommunication ['telikəmju:ni'keiʃən] telecommunicatie

telegenic [teli'dʒenik] telegeniek

telegram ['teligræm] telegram *o*

telegraph ['teligra:f] **I** *sb* telegraaf; **II** *vt* & *vi* telegraferen; *fig* seinen; **–ese** [teligra:'fi:z] telegramstijl; **–ic** [teli'græfik] telegrafisch; **–ist** [ti'legrəfist] telegrafist(e); **–y** telegrafie

telekinesis [teliki'ni:sis] telekinese: beweging of verplaatsing van voorwerpen zonder aantoonbare oorzaak

telemeter ['telimitə] telemeter

telepathic [teli'pæθik] telepathisch; **–ist** [ti-'lepəθist] telepaat; **telepathy** telepathie

telephone ['telifoun] **I** *sb* telefoon; *on the* ~ aangesloten (bij de telefoon); aan de telefoon; door de (per) telefoon; **II** *vt* & *vi* telefoneren; ~ **booth** telefooncel; ~ **directory** telefoonboek *o*; **telephonic** [teli'fɔnik] telefonisch, telefoon-; **–ist** [ti'lefənist] telefonist(e); **telephony** telefonie

teleprinter ['teliprintə] telex (= telextoestel *o*)

teleprompter ['teliprɔm(p)tə] teleprompter [elektronische souffleur]

telescope ['teliskoup] **I** *sb* verrekijker, telescoop; **II** *vt* & *vi* ineenschuiven; in elkaar schuiven [spoorwagens bij een ongeluk &]; **III** *va* zich in elkaar laten schuiven; **~-table** uittrektafel; **telescopic** [telis'kɔpik] telescopisch; ineenschuifbaar

⊛ **teletype** ['telitaip] **I** *sb* teletype; **II** *vt* teletypen

teleview ['telivju:] T kijken; **–er** T kijker

televise ['telivaiz] per televisie uitzenden; **television** ['teliviʒən, teli'viʒən] televisie; *on* ~ per televisie, op (voor) de televisie; **televisor** ['telivaizə] televisie(ontvang)toestel *o* of -zender

telex ['teleks] **I** *sb* telex(dienst); **II** *vt* telexen

tell [tel] **I** *vt* vertellen, zeggen; mededelen, (ver)melden, onderrichten; verhalen; verklikken; bevelen, gelasten; ⅍ tellen; onderscheiden; (her)kennen; zien (aan *by*); ~ *the clock* op de klok (kunnen) kijken; ~ *fortunes* waarzeggen; *have one's fortune told* zich laten waarzeggen; ~ *a story* ook: een verhaal doen; ● ~ *them a p a r t* ze uit elkaar houden; ~ *one f r o m the other* ze van elkaar onderscheiden; ~ *o f f* tellen; aanwijzen [voor corvee &]; **F** een standje maken; ~ *o v e r* natellen; ~ *that t o the* (*horse-*)*marines* **F** maak dat je grootje wijs; *all told* alles bij elkaar, in het geheel; **II** *vi* & *va* vertellen, verhalen, (het) zeggen; klikken, het oververtellen; effect maken, uitwerking hebben, zijn invloed doen gelden, indruk maken, pakken, (je) aanpakken; *you never can* ~ je kunt het niet weten; *every shot* (*word*) *told* elk schot (woord) had effect (was raak); *I told you so!* dat

heb ik u wel gezegd!; • ~ *a g a i n s t* pleiten tegen; ~ *i n his favour* voor hem pleiten; ~ *o f* ook:
getuigen van; **F** klikken van; *don't* ~ *o n me* **F**
klik niet van me; *the strain begins to* ~ *(up)on him*
begint hem aan te pakken, uit te putten; *that
won't* ~ *w i t h him* dat maakt geen indruk op
hem; dat legt bij hem geen gewicht in de schaal;
-er verteller; teller; kassier; **telling** pakkend,
krachtig, raak; **~-off F** standje *o*, uitbrander;
telltale I *sb* aanbrenger; verklikker [ook ✗]; **II**
aj verraderlijk
tellurian [te'ljuəriən] **I** *aj* van de aarde; **II** *sb* aard-
bewoner
telly ['teli] **F** televisie
telpher ['telfə] (bak, wagentje *o* & van) luchtkabel, zweefbaan; **-age** vervoer *o* per luchtkabel
of zweefbaan; ~ **line, -way** luchtkabel, zweefbaan
temerarious [temə'rɛəriəs] vermetel, roekeloos;
temerity [ti'meriti] vermetelheid, roekeloosheid
temp [temp] **F** afk. v. *temporary employee* uitzend-
kracht
temper ['tempə] **I** *vt* temperen°, matigen; verzachten; doen bedaren; ♪ temperen; harden [ij-
zer]; blauw laten aanlopen [staal]; laten beslaan
[kalk]; mengen; aanmaken [klei, cement]; ~ *justice with mercy* genade voor recht laten gelden; **II**
sb temperament *o*, gemoedstoestand, geaardheid; stemming, (goed) humeur *o*; gemoedsrust,
kalmte; slecht humeur *o*, boze bui; vermenging;
(graad van) harding, vastheid; *(little)* ~*s* ook:
aanvallen van humeurigheid; *he is a bad* (*horrid*)
~ hij heeft me het humeurtje wel; *have a* (*quick*)
~ gauw kwaad worden, niets kunnen velen;
have ~*s* (erg) humeurig zijn; *keep one's* ~ niet uit
zijn humeur raken; bedaard blijven; *lose one's* ~
z'n kalmte verliezen; ongeduldig, kwaad, driftig
worden; • *be i n a* (*black*) ~ (verschrikkelijk) uit
zijn humeur zijn; *get o u t of* ~ uit zijn humeur
raken; zijn geduld verliezen
temperament ['temp(ə)rəmənt] temperament *o*;
-al [temp(ə)rə'mentl] *aj* van het temperament;
van nature, aangeboren; met veel temperament;
grillig; onevenwichtig
temperance ['temp(ə)rəns] gematigdheid; matigheid, onthouding [van sterke dranken]; ~ *bev-
erages* alcoholvrije dranken; ~ *hotel* geheelont-
houdershotel *o*; ~ *movement* drankbestrijding; ~
society geheelonthoudersvereniging; **temperate**
gematigd; matig
temperature ['tempritʃə] temperatuur; *have a* ~,
run a ~ verhoging hebben; ~ *chart* tempera-
tuurlijst
tempered ['tempəd] getemperd, gehard [van
metalen]; gehumeurd, ...van aard
tempest ['tempist] (hevige) storm[2]; **~-tossed**

door de storm heen en weer geslingerd
tempestuous [tem'pestjuəs] stormachtig[2], onstuimig[2]
Templar ['templə] tempelridder, tempelier; juri-
dische student, jurist
template ['templeit] [houten of metalen] mal
1 temple ['templ] tempel; (protestantse) kerk; *the
Temple* (*the Inner and Middle* ~) gebouwencom-
plex *o* v. juristen te Londen
2 temple ['templ] slaap [aan het hoofd]
templet ['templit] = *template*
tempo ['tempou] tempo *o*, maat; snelheid
1 temporal ['tempərəl] slaap-; ~ *bone* slaap-
been *o*
2 temporal ['tempərəl] tijdelijk; wereldlijk; zie
ook: *lord* **I;** **-ity** [tempə'ræliti] tijdelijkheid; *tem-
poralities* tijdelijke inkomsten of bezittingen;
temporaliën: inkomsten van een geestelijke uit
wereldlijke bezittingen
temporary ['temp(ə)rəri] *aj* tijdelijk, voorlopig;
niet vast, niet blijvend, nood-
temporization [temporai'zeiʃən] temporiseren *o*,
geschipper *o*; gedraal *o*; **temporize** ['tempəraiz]
zich naar tijd en omstandigheden schikken,
schipperen; tijd zoeken te winnen, dralen; **-r**
wie de kat uit de boom kijkt, wie de huik naar
de wind hangt; draler
tempt [tem(p)t] verzoeken, in verzoeking brengen, bekoren; verleiden, (ver)lokken; *be* ~*ed to...*
ook: in de verleiding komen te...; **-ation**
[tem(p)'teiʃən] verzoeking, aanvechting, bekoring; verlokking, verleiding; **tempter**
['tem(p)tə] verzoeker, verleider, bekoorder; *the
Tempter* de verzoeker: Satan; **tempting** verleidelijk, aan-, verlokkelijk; **temptress** verlokster,
verleidster, bekoorster
ten [ten] tien; tiental *o*; ~ *times* **F** veel meer, veel
groter &; ~ *to one* tien tegen één
tenable ['tenəbl] houdbaar[2], verdedigbaar[2] [ar-
gument, stelling &]; *the post is* ~ *for 5 years* de betrekking geldt voor 5 jaar
tenacious [ti'neiʃəs] vasthoudend[2] (aan *of*); kleverig, taai[2]; sterk [v. geheugen]; hardnekkig; *be*
~ *of* vasthouden aan, niet (gauw) loslaten; ~ *of
life* taai; **tenacity** [ti'næsiti] vasthoudendheid,
kleverigheid, taaiheid[2]; sterkte [v. geheugen];
hardnekkigheid
tenancy ['tenənsi] huur, pacht; huur-, pachtter-
mijn; **tenant I** *sb* huurder, pachter; bewoner; ~
at will zonder huurcontract; **II** *vt* in huur hebben, (als huurder) bewonen; ~*ed* bewoond;
-able bewoonbaar; ~ *farmer* pachter; **-ry** gezamenlijke pachters, huurders
tench [tenʃ] zeelt
1 tend [tend] *vi* gaan of wijzen in zekere richting;
een neiging hebben in zekere richting; gericht
zijn, ten doel hebben; ~ *to* strekken, bijdragen

tot; een (de) neiging hebben tot (om...); ~ *to be...* gewoonlijk ...zijn; (al)licht ...zijn

2 tend ['tend] **I** *vt* passen op [winkel], zorgen voor, oppassen [zieken], hoeden [vee], weiden [lammeren]; bedienen [klanten &]; **II** *vi* ~ *upon* bedienen

tendency ['tendǝnsi] neiging; aanleg [voor ziekte]; tendens; **tendentious** [ten'denʃǝs] tendentieus

1 tender ['tendǝ] *sb* oppasser, -ster; ⚓ tender, bootje *o* voor vervoer tussen (groter) schip en wal; voorraadschip *o*; tender, kolenwagen [v. locomotief]

2 tender ['tendǝ] **I** *vt* aanbieden; indienen; betuigen (dank); **II** *vi* ~ *for* inschrijven op; **III** *sb* aanbieding, offerte; inschrijving(sbiljet *o*), betaalmiddel *o* (in: *legal* ~); *private* ~ onderhandse inschrijving; *invite* (*receive*) ~*s for* aanbesteden; *by* ~ bij inschrijving

3 tender ['tendǝ] *aj* te(d)er, zacht, mals; pijnlijk; (teer)gevoelig; liefhebbend; pril

tenderer ['tendǝrǝ] *sb* inschrijver [op een *tender*]

tenderfoot ['tendǝfut] nieuweling

tender-hearted ['tendǝ'ha:tid] teerhartig

tenderloin ['tendǝlɔin] filet; *Am* **F** rosse buurt [*spec* v. New York]

tendinous ['tendinǝs] peesachtig; **tendon** pees

tendril ['tendril] hechtrank

tenebrae ['tenibri:] *rk* donkere metten

tenebrous ['tenibrǝs] donker, duister

tenement ['tenimǝnt] pachtgoed *o*; woning, huis *o*; kamer (voor één familie); ~**-house** huurkazerne

tenet ['ti:net] grondstelling; leerstuk *o*, leer; mening

tenfold ['tenfould] tienvoudig

tenner ['tenǝ] **F** biljet *o* van 10 pond (dollar)

tennis ['tenis] tennis *o*; ~**-court** tennisbaan

tenon ['tenǝn] **I** *sb* pin, pen, tap; **II** *vt* met een pin (pen, tap) lassen

tenor ['tenǝ] geest, zin, inhoud, strekking, teneur; gang, loop, richting, verloop *o*; ♪ tenorstem, tenor; altviool; *of the same* ~ ook: gelijkluidend [documenten]

tenpins ['tenpins] Amerikaanse versie van *ninepins*

1 tense [tens] *sb gram* tijd

2 tense [tens] *aj* strak, gespannen[2]; (hyper)nerveus, geladen [moment]

tensile ['tensail] rekbaar; span-, trek-

tension ['tenʃǝn] gespannen toestand; spanning[2]; inspanning; spankracht; ~**-proof** ✗ trekvast; **tensity** spanning

tensor ['tensǝ] strekker [spier]

1 tent [tent] **I** *sb* tent; **II** *vt* van tenten voorzien; in tenten onderbrengen; ~*ed camp* tentenkamp *o*; **III** *vi* in tenten kamperen

2 tent [tent] *sb* Spaanse wijn

3 tent [tent] **I** *sb* wiek [v. pluksel]; **II** *vt* (met een wiek) openhouden [wond]

tentacle ['tentǝkl] tastorgaan *o*; vangarm, grijparm

tentative ['tentǝtiv] proberend, bij wijze van proef; voorzichtig, schuchter; voorlopig [v. conclusie, cijfers &]

tent-bed ['tentbed] ledikant *o* met hemel; veldbed *o*

tenter ['tentǝ] spanraam *o*; machinist [in fabriek]

tenterhook ['tentǝhuk] spanhaak; *be on* ~*s* in gespannen verwachting zijn, op hete kolen zitten

tent-fly ['tentflai] tentluifel

tenth [tenθ] **I** *aj* tiende; **II** *sb* tiende (deel *o*); tiend; ♪ decime; ~**ly** ten tiende

tent-peg ['tentpeg] haring [v. tent], tentpen

tenuity [te'njuiti] slankheid; fijnheid, dunheid, ijlheid, eenvoud [v. stijl]; **tenuous** ['tenjuǝs] slank; fijn, dun, ijl; vaag, onbeduidend

tenure ['tenjuǝ] houden *o*; leenroerigheid; eigendomsrecht *o*, bezit *o*; *during his* ~ *of office* zolang hij het ambt bekleedt (bekleedde)

tepee ['ti:pi:] Indianentent, wigwam

tepid ['tepid] lauw[2]; ~**ity** [te'piditi] lauwheid

ter [ta:] driemaal [*spec* ♪]

tercentenary [tǝ:sen'ti:nǝri] driehonderdjarig(e gedenkdag)

tergal ['tǝ:gǝl] van de rug, rug(ge)-

tergiversate ['tǝ:dʒivǝ:seit] draaien, uitvluchten zoeken, schipperen; ~**tion** [tǝ:dʒivǝ:'seiʃǝn] draaierij, zoeken *o* van uitvluchten, geschipper *o*

term [tǝ:m] **I** *sb* term°, uitdrukking; termijn, periode, ⚖ zittingstijd, ≈ collegetijd, trimester *o*, kwartaal *o*; ✎ grens; ♀ einde *o* der zwangerschapsperiode; menstruatie; honorarium *o*; ~ *of abuse* scheldwoord *o*; ~*s* voorwaarden, condities, schoolgeld *o*, prijzen; verstandhouding, voet waarop men omgaat met iem.; *make* ~*s with* op goede voet blijven met; *make* ~*s* tot een vergelijk komen; het op een akkoordje gooien (met *with*); ~ *of reference* kader *o*, raam *o* [v. onderzoek], taakomschrijving; *set a* ~ *to* ✎ een eind maken aan; ● *a t our usual* ~*s* tegen de gewone betalingsvoorwaarden; *f o r a* ~ *of years* voor een bepaald aantal jaren; *i n* ~*s of the highest praise, in the most flattering* ~*s* in de vleiendste bewoordingen (uitgedrukt); *look on the film in* ~*s of education* de film beschouwen uit een opvoedkundig oogpunt of in verband met de opvoeding; *o n bad* ~*s* gebrouilleerd; *on easy* ~*s* op gemakkelijke betalingsvoorwaarden; *on good* ~*s* op goede voet; *on* ~*s of intimacy* op vertrouwelijke voet; *get on* ~*s with* op goede voet komen met; *bring t o* ~*s* dwingen zekere voorwaarden aan te nemen; *come to* ~*s* tot een vergelijk komen; het eens worden; zie ook: *speaking;* **II** *vt* noemen

termagant ['tə:məgənt] **I** *sb* feeks; **II** *aj* kijfachtig
terminable ['tə:minəbl] begrensbaar; te beëindigen; aflopend, opzegbaar; **terminal I** *aj* grens-, eind-; in termijnen betaalbaar &, termijn-; periodiek; ↝ van of tijdens een trimester; eindstandig; ~ *figure* grensbeeld *o*; **II** *sb* eindpunt *o*, einde *o*, uiterste *o*; eindstation *o*; stationsgebouw *o* [v. luchthaven] (*air* ~); 𝔛 (pool)klem;
terminate I *vt* (be)ëindigen, een eind maken aan; laten aflopen [contract]; begrenzen, het uiteinde vormen van; **II** *vi* eindigen, ophouden; aflopen [contract]; eindigen (in *in*), uitlopen (op *in*); ~ *in* uitgaan op [klinker &]; **-tion** [tə:mi'neiʃən] afloop; beëindiging; besluit *o*, slot *o*; einde *o*; *gram* uitgang; uiteinde *o*, grens; *draw to a* ~ ten einde lopen; *put a* ~ *to* een eind maken aan
terminological [tə:minə'lɔdʒikl] terminologisch; **terminology** [tə:mi'nɔlədʒi] terminologie
terminus ['tə:minəs] eind(punt) *o*; doel *o*; eindstation *o*
termite ['tə:mait] termiet, witte mier
tern [tə:n] visdiefje *o* ‖ drie(tal *o*)
ternary ['tə:nəri] drietallig, -delig, -voudig
terra ['terə] *Lat* aarde, land *o*
terrace ['teris] terras *o*; (straat met) rij huizen in uniforme stijl [in Engeland]; **-d** terrasvormig; met een terras of terrassen
terracotta ['terə'kɔtə] **I** *sb* terracotta; **II** *aj* terra(cotta): roodbruin
terrain ['terein] terrein *o* [*spec* militair]
terrapin ['terəpin] zoetwaterschildpad
terrarium [te'rɛəriəm] terrarium *o*
terrestrial [ti'restriəl] aards; aard-; land-; ~ *globe* aardbol, (aard)globe
terrible ['teribl] *aj* verschrikkelijk, vreselijk, ontzettend
terrier ['teriə] (fox-)terriër; **S** = *territorial* **II**
terrific [tə'rifik] schrikwekkend, verschrikkelijk; **F** fantastisch; geweldig; **terrify** ['terifai] angst aanjagen; verschrikken, met schrik vervullen; **terrifying** = *terrific*
territorial [teri'tɔ:riəl] **I** *aj* territoriaal, van een grondgebied, land-, grond-; **II** *sb* *T*~ soldaat van het territoriale leger; **territory** ['teritəri] grondgebied *o*, gebied[2] *o*, [nationaal] territoir *o*, territoor *o*, territorium *o*, $ rayon *o* & *m* [v. handelsreiziger]
terror ['terə] schrik, angst; verschrikking; schrikbeeld *o*; *you are a* ~ **F** je bent toch verschrikkelijk!; *the* (*Reign of*) *Terror* het Schrikbewind, de Terreur; *in* ~ *of* bang zijnd, vrezend voor; **-ism** schrikbewind *o*, terreur, terrorisme *o*; **-ist I** *sb* terrorist; **II** *aj* terreur-, terroristisch; **-ization** [terərai'zeiʃən] terroriseren *o*; **-ize** ['terəraiz] terroriseren, voortdurend schrik aanjagen, een

schrikbewind uitoefenen over; ~**-stricken,** ~**-struck** verstijfd van angst, van schrik verbijsterd
terry (cloth) ['tɛri(klɔθ)] badstof
terse ['tə:s] kort (en bondig), beknopt, kortaf, gedrongen
tertian ['tə:ʃən] anderdaags(e koorts)
tertiary ['tə:ʃəri] tertiair; van de derde rang, van de derde orde
terzetto [tə:t'setou] ♪ terzet *o*
tessellated ['tesəleitid] ingelegd [plaveisel], mozaïek-[vloer]
1 test [test] *sb* ☙ schaal, schild *o*, pantser *o*
2 test [test] **I** *sb* proef, beproeving; keuring; test; toets(steen); reagens *o*; criterium *o*; ↝ proefwerk *o*; *the acid* (*crucial*) ~ de vuurproef, de toets(steen); *intelligence* (*mental*) ~(*s*) intelligentietest, psychotechnisch onderzoek *o*; *put to the* ~ op de proef stellen; de proef nemen met; *stand the* ~ de proef doorstaan; **II** *vt* toetsen (aan *by*), op de proef stellen, beproeven, keuren, controleren, onderzoeken [ook chemisch], testen (op *for*)
testacean [tes'teiʃən] schelpdier *o*; **-eous** schelp-
testament ['testəmənt] testament[*] *o*; **-ary** [testə'mentəri] testamentair
testamur [tes'teimə] ↝ testimonium *o*
testate ['testit] een testament nalatend; **testator** [tes'teitə] testateur, erflater; **-trix** testratrice, erflaatster
test-ban treaty ['testbæntri:ti] kernstopverdrag *o*
test case ['testkeis] 🏛 proefproces *o*; *fig* (kracht)proef; toets(steen)
tester ['testə] keurder; proefmiddel *o* ‖ hemel van ledikant ‖ ⑭ schelling [v. Hendrik VIII]
test-flight ['testflait] proefvlucht; ~**-glass** reageerbuisje *o*
testicle ['testikl] testikel, (teel)bal
testify ['testifai] *vi* getuigen; getuigenis afleggen (van *to*); betuigen; ~ *to* [*fig*] getuigen van; **II** *vt* betuigen; getuigenis afleggen van
testimonial [testi'mounjəl] testimonium *o*, getuigschrift *o*; verklaring, attestatie; huldeblijk *o*; **testimony** ['testiməni] getuigenis *o* & *v*, getuigenverklaring; *bear* ~ *to* getuigen van; *call in* ~ tot getuige roepen; *in* ~ *whereof...* tot getuigenis waarvan...
test-match ['testmætʃ] toetswedstrijd; ~**-paper** reageerpapier *o*; ↝ proefwerk *o*; ~**-pilot** testpiloot, invlieger; ~**-tube** reageerbuisje *o*
testudo [tes'tju:dou] ⑭ schilddak *o*, stormdak *o*
testy ['testi] *aj* kribbig, wrevelig, prikkelbaar
tetanus ['tetənəs] tetanus: stijfkramp
tetchy ['tetʃi] gemelijk, prikkelbaar, lichtgeraakt
tête-à-tête ['teita:'teit] *Fr* vertrouwelijk, onder

vier ogen

tether ['teðə] **I** *sb* tuier [om grazend dier aan vast te maken]; *be at the end of one's* ~ uitgepraat zijn, niet meer kunnen; **II** *vt* tuieren, (vast)binden

tetrad ['tetræd] vier(tal *o*); **tetragon** ['tetrəgən] vierhoek; **–al** [te'trægənəl] vierhoekig; **tetrahedral** [tetrə'hi:drəl] viervlakkig; **–dron** viervlak *o*; **tetralogy** [te'trælədʒi] tetralogie; **tetrasyllabic** [tetrəsi'læbik] vierlettergrepig; **–ble** [tetrə'siləbl] vierlettergrepig woord *o*

tetter ['tetə] huidziekte

Teuton ['tju:tən] Teutoon; Germaan; F Duitser; **–ic** [tju:'tɔnik] **I** *aj* Teutoons; Germaans; Duits; **II** *sb* het Germaans

text [tekst] tekst°; onderwerp *o*; verplichte literatuur [voor examen]; grootschrift *o* (~*-hand*); leerboek *o*; *take... for a* ~ ...tot tekst nemen; ~**book** leerboek *o*, studieboek *o*, handboek *o*; ~**hand** grootschrift *o*

textile ['tekstail] **I** *aj* geweven; weef-; textiel; **II** *sb* geweven stof; ~*s* ook: textiel(goederen)

textual ['tekstjuəl] woordelijk, letterlijk; tekst-

texture ['tekstʃə] weefsel *o*, structuur, bouw

Thailander ['tailændə] Thailander

thalidomide [θə'lidoumaid] ~ *baby* softenonbaby

Thames [temz] Theems; *he wil never set the* ~ *on fire* men moet geen hoge verwachtingen van hem hebben; hij is geen licht, hij heeft het buskruit niet uitgevonden

than [ðæn, ð(ə)n] dan [na vergrotende trap]; *a murder* ~ *which nothing could have been fouler* en niets had snoder kunnen zijn dan die moord; *a man* ~ *whom they had no better friend* en zij hadden geen betere vriend dan die man

thane [θein] 𝕎 thaan, leenman; baron

thank [θæŋk] (be)danken, dankzeggen (voor *for*); ~ *God!* goddank!; ~ *you* dank u; alstublieft, graag; ~ *you for nothing* nee hoor, dank je lekker; *I'll* ~ *you for the potatoes* wilt u alstublieft de aardappelen even aanreiken?; *no,* ~ *you* dank u [bij weigering]; *you have* (*only*) *yourself to* ~ (*for that*) dat hebt u uzelf te wijten; **–ee F** dank je; **–ful** dankbaar; **–less** ondankbaar; ~**-offering** dankoffer *o*; **–s** dank, dankzegging; ~ (*awfully*)*!* (wel) bedankt!; ~ *to...* dank zij...; *give* ~ zijn dank betuigen, bedanken; danken [na de maaltijd]; *accept with* ~ dankbaar aannemen; *declined with* ~ onder dankbetuiging geweigerd; *received with* ~ in dank ontvangen; **–sgiving** dankzegging; ~ *day* dankdag

1 that [ðæt] **I** *pron* dat, die [aanwijzend], iets; ~*'s a dear* nu (dan) ben je een beste!; ~*'s all* ook: daarmee basta!; (*so*) *that's* ~ dat is in orde, klaar &; *all* ~ dat alles; *...and all* ~ ...en zo; *it turned out to be just* (*exactly, precisely*) ~ (ook: *this*) dat bleek het inderdaad (nu juist, juist wel, wel) te zijn; *like*

~ *zo;* ~ *is* dus, dat wil zeggen, met andere woorden; *big to us,* ~ *is* groot voor ons althans; *with* ~ waarop, waarna; **II** *ad* F zó; *I will go* ~ *far* zó ver; *is she all* ~ *perfect?* is ze zó volmaakt?; *I was not so foolish as* (*all*) ~ zó dwaas was ik niet; *at* ~ en nog wel, bovendien

2 that [ðət, ðæt] *pron* dat, die, welke, wat [betrekkelijk]

3 that [ðət, ðæt] *cj* dat; opdat; *in* ~ (*he...*) in zover als..., omdat...

thatch [θætʃ] **I** *sb* stro *o*; riet *o*; rieten dak *o*; dik hoofdhaar *o*; **II** *vt* met riet dekken; ~*ed roof* rieten dak *o*; **–er** rietdekker

thaumaturge ['θɔ:mətə:dʒ] wonderdoener; goochelaar; ~**gy** wonderdoenerij, goochelarij

thaw [θɔ:] **I** *vi* dooien; ontdooien²; *fig* loskomen, een beetje in vuur geraken; **II** *vt* (doen) ontdooien² (ook: ~ *out*); **III** *sb* dooi; **–y** dooiend, dooiig

the [ðə, ð, ði:] de, het; (soms onvertaald); ~ *best...* *of* ~ *day* de beste... van die tijd; de beste van onze tijd; *under* ~ *circumstances* onder deze omstandigheden; ~ *more...,* ~ *more...* hoe meer..., hoe meer...; ~ *more so because...* te meer nog omdat...; *the* [ði:] *Samuel Johnson* F de (echte, bekende, beroemde &) S.J.

theatre ['θiətə] theater *o*, schouwburg; toneel² *o*; gezamenlijk toneelwerk *o*; 𝕋 operatiezaal; gehoorzaal [v. universiteit &]; strijdtoneel *o*, -gebied *o*; ~**-goer** schouwburgbezoeker; **theatrical** [θi'ætrikl] **I** *aj* theatraal, van het toneel; toneelmatig; toneel-; **II** *sb* (*private*) ~*s* liefhebberijtoneel *o*

⚲ & ☉ thee [ði:] u, gij (vierde naamval van *thou*)

theft [θeft] diefstal

their [ðɛə] hun, haar; **theirs** de of het hunne, hare

theism ['θi:izm] theïsme *o*: geloof *o* aan het bestaan van een God; **–ist** die aan een God gelooft; **–istic** [θi:'istik] theïstisch

them [ðem, (ð)əm] hen, hun, haar, ze; ~ *girls* S die meisjes

thematic [θi'mætik] thematisch; **theme** [θi:m] thema° *o*; onderwerp *o*; ⚲ opstel *o*; ~ *song* telkens terugkerende melodie [v. revue, film]; *fig* refrein *o*, leus

themselves [ðəm'selvz] zich (zelf); (zij)zelf

then [ðen] **I** *ad* dan, vervolgens, daarop, in die tijd, toenmaals, toen; bovendien; *before* ~ voordien; *by* ~ dan, tegen die tijd; toen; *from* ~ (*on, onwards*) van toen af; *till* ~ tot dan, tot die tijd; *not till* (*until*) ~... toen pas..., toen eerst...; ~ *and there* op staande voet; **II** *cj* dan, dus; (*but*) ~ *why did you take it?* maar waarom heb je het dan (ook) genomen?; *but* ~ ook: maar aan de andere kant, maar... toch; maar... nu eenmaal, trouwens; zie ook: *again*; **III** *aj* toenmalig; van dat ogenblik

thence [ðens] vandaar, daaruit, daardoor;

–forth, –forward die tijd af

theocracy [θi'ɔkrəsi] theocratie: Godsregering; **–atic** [θiə'krætik] theocratisch

theologian [θiə'loudʒən] theoloog, godgeleerde; **–gical** [θiə'lɔdʒikl] theologisch, godgeleerd; **–gy** [θi'ɔledʒi] theologie, godgeleerdheid

theorem ['θiərem] theorema *o*, stelling; zie ook: *binomial*

theoretic [θiə'retik] **I** *aj* theoretisch; **II** *sb* ~*s* theorie; **–ian** [θiərə'tiʃən] theoreticus (vaak <); **theorist** ['θiərist] theoreticus; **–ize** theoretiseren (over *about*); **theory** theorie; F idee *o* & *v*

theosophic(al) [θiə'sɔfik(l)] theosofisch; **–phist** [θi'ɔsəfist] theosoof; **–phy** theosofie

therapeutic [θerə'pju:tik] **I** *aj* therapeutisch, genezend; geneeskundig; **II** *sb* ~*s* therapie; **–ist** therapeut; **therapist** ['θerəpist] fysiotherapeut; *occupational* ~ arbeidstherapeut; **therapy** therapie, geneesmethode, behandeling

there [ðɛə] **I** *ad* daar, aldaar, er; er-, daarheen; daarin; ~ *and back* heen en terug; ~ *you are!* zie-daar!; daar heb je (hebben we) het!; *but* ~ *you are, but* ~ *it is* maar wat doe je eraan?; *but* ~, *you know what I mean* (maar) enfin, je weet wat ik bedoel; ~*'s a good boy!* dat is nog eens een brave jongen!; nu (dan) ben je een brave jongen!; ~*'s progress for you!* dat is nog eens vooruitgang!; ~ *you go!* nou doe je het weer!; *be all* ~ F goed bij (zijn verstand) zijn; wakker, pienter zijn; van de bovenste plank zijn; *not all* ~ ook: F niet recht snik; *we have been* ~ *before* dat kennen we, dat is oude koek; **II** *ij* kom! kom!; daar; ~ *now!* och, och!, nee maar!; **III** *sb by* (*from, to*) ~ daarlangs, -vandaan, tot daar; **–about(s)** daar in de buurt, daaromtrent; **–after** daarna; **–at** daarop, daarover; daarbij, bovendien; **–by** daarbij; daardoor; **–fore** daarom, derhalve; ⟍ **–from** daarvan, daaruit; ⟍ **–in** daarin, hierin; ~ *after* verderop, hierna [vermeld]; **–of** hiervan, daarvan; ⟍ **–on** daarop, daarna; ⟍ **–to** daartoe; daarenboven; **–upon** daarop, daarna; ⟍ **–with** daarmede, daarop, meteen; ⟍ **–withal** daarbij, daarmede; daarenboven, bovendien

therm [θə:m] warmteëenheid; **–al** hitte-, warmte-; warm; thermaal [bron, bad]; **–ic** warmte-; **–o-dynamics** thermodynamica; **–o-electricity** thermo-elektriciteit; **–ometer** [θə'mɔmitə] thermometer; **–ometric(al)** [θə:mou'metrik(l)] thermometrisch; **–onuclear** [θə:mou'nju:kliə] thermonucleair; ⊛ **thermos** ['θə:mɔs] thermosfles (ook: ~ *flask*); **thermostat** thermostaat

thesaurus [θi'sɔ:rəs] systematisch ingericht lexicon *o*; encyclopedie

these [ði:z] *mv* v. *this* deze

thesis ['θi:sis] *mv* **–ses** -si:z] stelling; thesis, dissertatie

Thespian ['θespiən] **I** *aj* van Thespis; *the* ~ *art* de dramatische kunst; **II** *sb* **J** acteur

thews [θju:z] spieren; (spier)kracht; **thewy** gespierd

they [ðei] zij; ze, men; ~ *say* men zegt

thick [θik] **I** *aj* dik° [ook = intiem], dicht, dicht op elkaar staand, dicht bezet, vol; hees, onduidelijk, verstikt [stem]; mistig, nevelig; troebel; F hard van kop, dom; **S** kras; *they are as* ~ *as thieves* F het zijn dikke vrienden; ~ *of speech* zwaar van tong; **II** *ad* dik, dicht; *come* ~ *and fast, fast and* ~ elkaar snel opvolgen [slagen &]; *lay it on* ~ F overdrijven, het er dik opleggen; **III** *sb* dikke gedeelte *o*, dikte; dikste (dichtste) gedeelte *o*; hevigst *o*; *in the* ~ *of the fight* (*of it*) middenin, in het heetst van het gevecht; *through* ~ *and thin* door dik en dun; **–en I** *vt* verdikken, dik maken; binden [saus &]; zich samenpakken; zich ophopen; op-, aanvullen; ~ *one's blows* zijn slagen sneller doen neerkomen; **II** *vi* dik(ker) worden; zich op-, samenhopen; *the plot* ~*s* het begint te spannen; **–et** kreupelbosje *o*, struikgewas *o*; **–head** dik-, stomkop, botterik; **~-headed** dom; **~-lipped** diklippig; **~-set** dicht (beplant); vierkant, gedrongen; sterk gebouwd; **~-skinned** dikhuidig²; **~-skulled** bot, dom; **~-witted** bot, stom

thief [θi:f] dief; *set a* ~ *to catch a* ~ met dieven moet men dieven vangen; **thieve** [θi:v] stelen, dieven; **–ry** dieverij, diefstal; **thieves** dieven; ~' *Latin* dievetaal; **thieving I** *aj* stelend; diefachtig; **II** *sb* stelen *o*, dieverij; **–ish** diefachtig

thigh [θai] dij(been*o*); **~-bone** dijbeen *o*; **~-boot** lieslaars

thill [θil] lamoen *o*

thimble ['θimbl] vingerhoed; **–ful** (een) vingerhoed (vol); *fig* een heel klein beetje; **–rig** dopjesspel *o*

thin [θin] **I** *aj* dun, dunnetjes; schraal, mager; zwak; schaars; ijl, doorzichtig; ~ *on top* F kaal; *a* ~ *time* F een slechte tijd; **II** *vt* dun(ner) & maken, (ver)dunnen; krenten [druiven]; **III** *vi* dun(ner) & worden; uit elkaar gaan

⊙ **thine** [ðain] uw; de of het uwe

thing [θiŋ] ding *o*, zaak, geval *o*, toestand; *a* ~ iets; *know a* ~ *or two* zijn weetje weten; *another* ~ iets anders; nog iets [vóór wij eindigen]; *and for another* ~... en daar komt nog bij dat...; *the dear* ~ die lieve snoes; die goeie ziel; *first* ~ *in the morning* morgen als allereerste [karwei]; *he doesn't know the first* ~ *about it* hij weet er geen sikkepit van; *first* ~*s first* wat het zwaarst is, moet het zwaarst wegen; *a good* ~ een goed, een voordelig zaakje *o*; *and a good* ~ *too* en het is maar gelukkig (goed) ook!; *too much of a good* ~ te veel van het goede; *the great* ~ de hoofdzaak, waar het op aankomt; *do the handsome* ~ *by sbd.* iem. royaal behandelen (belonen); *the latest* ~ *in hats* het nieuwste (modesnufje) op het gebied van hoeden; *old ~!* ouwe jongen!; lieve schat!; *an old ~* zo'n oud portret *o*; *the old ~ over again* het oude liedje; *one ~ at a time* géén twee dingen tegelijk; *for one ~...*, *for another...* ten eerste..., ten tweede...; *poor ~* och arme, wat zielig!; (arme) stakker!, zielepoot!; *an unusual ~* iets ongewoons; *that is the ~* F dat is je ware; *I am not quite the ~* F ik ben niet erg lekker; *it is not quite the ~* F het is niet bepaald netjes, niet je dat; *that is not the same ~* dat is niet hetzelfde; *the ~ is to...* de hoofdzaak is..., het is zaak te...; **things** dingen, (de) zaken, allerlei dingen, praatjes; kleren, goed *o*, gerei *o*, spullen, boeltje *o*; *...and ~* F ...en zo (meer); *I want my clean ~* ik moet mijn schoon goed hebben; *dumb ~* (redeloze) dieren; *good ~* lekkernij(en); *personal ~* persoonlijk eigendom *o*; *as ~ are* zoals de zaken nu staan; *above (before, of) all ~* bovenal

thingum ['θiŋəm], **–(a)bob**, **–my** F dinges, hoe-heet-ie-ook-weer?

think [θiŋk] **I** *vt* denken; geloven, menen, achten, houden voor, vinden; bedenken; zich denken, zich voorstellen; van plan zijn; *~ no harm* geen kwaad vermoeden; **II** *vi & va* denken; nadenken; zich bedenken; *he is so altered now, you can't ~* daar hebt u geen idee van; *I don't ~!* S kan je (net) begrijpen!; dat maak je mij niet wijs; *~ alike* dezelfde gedachte(n) hebben, sympathiseren; *~ differently* er anders over denken; *I thought so* dat dacht ik wel; *do you ~ so?* vindt u?; *I rather ~ so* dat zou ik menen; *~ twice before...* zich wel bedenken alvorens te...; *● ~ a b o u t* denken over; *~ of* denken van; denken aan; zich voorstellen; zich te binnen brengen; komen op, bedenken, vinden; *~ of ...ing* er over denken om te...; *to ~ of his not knowing that!* verbeeld je dat hij dat niet eens wist!; *~ of it (that)!* denk eens aan!; *~ better of* een betere dunk krijgen van; *~ better of it* zich bedenken; *~ little (nothing) of* geen hoge dunk hebben van; heel gewoon vinden; er geen been (niets) in zien om te...; *~ much of* een hoog idee hebben van; veel op hebben met; *~ poorly of* geen erg hoge dunk hebben van; *~ no small beer of* geen geringe dunk hebben van; *~ o u t* uitdenken; overdenken, overwegen; doordenken, goed denken over; *~ o v e r* nadenken over, overwegen; *~ sth. over* iets in beraad houden; *~ t o oneself* bij zichzelf denken; *~ u p* F uitdenken, verzinnen; **III** *sb* F gedachte; *give it a ~* F denk er eens over; **–able** denkbaar; **–er** denker; **–ing I** *aj* (na)denkend, bedachtzaam; *~ faculty* denkvermogen *o*; *~-cap: put one's ~ on* F eens goed nadenken; **II** *sb* het denken; gedachte; mening, idee *o & v*; *do some fresh ~* zich nog eens bezinnen; *way of ~* denkwijze; mening; *to my ~* naar mijn (bescheiden) mening

thinner ['θinə] *sb* (verf)verdunner; **thinning**

verdunning; (uit)dunsel *o*; opengekapte plek; *~s* ook: dunsel *o*; **thin-skinned** dun van vel; *fig* lichtgeraakt, gauw op zijn teentjes getrapt

third [θə:d] **I** *aj* derde; **II** *sb* derde deel *o*, derde *o*; derde (man); ¹/₆₀ seconde; ♩ terts; *~ of exchange* $ tertia [wissel]; **~-degree** derdegraads [verhoor]; **–ly** ten derde; **~-party** ⚡ derde; *~ risks* aansprakelijkheid jegens derden; **~-rate** derderangs-, minderwaardig

thirst [θə:st] **I** *sb* dorst [naar *after, for, of*]; verlangen; **II** *vi* dorsten [, verlangen (naar *for, after*); **–y** *aj* dorstig, dorstend [; *fig* verlangend; *be ~* dorst hebben; *be ~ for* dorsten naar

thirteen ['θə: 'ti:n, + 'θə:ti:n] dertien; **–th** dertiende (deel *o*)

thirtieth ['θə:tiiθ] dertigste (deel *o*); **thirty** dertig; *the thirties* de jaren dertig: van (19)30 tot (19)40; *in the (one's) thirties* ook: in de dertig

this [ðis] dit, deze, dat, die; *~ country* ook: ons land *o*; *~ day* heden, vandaag; *~ week* vandaag over (of: vóór) een week; *to ~ day* tot op heden; *these days* tegenwoordig; *~ evening* ook: vanavond; *~ (gewoonlijk these) three weeks* de laatste drie weken; *~ much* zoveel; *all ~* dit alles; *what's all ~?* wat is hier aan de hand?, wat heeft dit te betekenen?; *just ~* zie 1 *that*; *like ~* zo; *who's ~ coming?* wie komt daar aan?; *he went to ~ and that doctor* hij liep van de ene dokter naar de andere; *put ~ and that together* het ene met het andere in verband brengen; *~ that and the other* van alles en nog wat; *● b e f o r e* voor dezen, al eerder; *he ought to be ready b y ~* hij moest (moet) nu toch wel klaar zijn

thistle ['θisl] distel; **–down** distelpluis; **thistly** distelig, vol distels

thither ['ðiðə] **I** *ad* derwaarts, daarheen; **II** *aj* gene; *on the ~ side* aan gene zijde; **–ward(s)** derwaarts

tho' [ðou] = *though*

thole [θoul] dol, roeipen [aan een boot]

thong [θɔŋ] (leren) riem

thoracic [θɔ: 'ræsik] ‚thorax-, borst-; **thorax** ['θɔ:ræks] thorax: borst(kas), ⚘ borststuk *o*

thorn [θɔ:n] doorn, stekel; *a ~ in one's flesh (side)* een doorn in het vlees; *be on ~s* op hete kolen zitten; **–y** doornig, doornachtig, stekelig; met doornen bezaaid²; *fig* lastig, netelig

thorough ['θʌrə] *aj* volmaakt, volledig; volkomen; ingrijpend, doortastend, grondig; flink, degelijk; echt, doortrapt; **~-bass** generale bas; **–bred** volbloed (paard *o &*), raszuiver, rasecht; welopgevoed (persoon); **–fare** doorgang; hoofdverkeersweg, hoofdstraat; *no ~* afgesloten rijweg [als opschrift]; **–going** doortastend, radicaal; zie ook: *thorough*; **–ly** *ad* door en door, grondig; helemaal, geheel; degelijk, terdege; zeer, alleszins; echt [genieten]; **~-paced** ge-

schoold [v. paard]; volleerd, volslagen, volmaakt, door en door, doortrapt

thorp(e) [θɔ:p] dorp, gehucht *o*

those [ðouz] die, diegenen; ~ *who* zij die...

✎ & ☉ **thou** [ðau] gij

though [ðou] **I** *cj* (al)hoewel, ofschoon, al; *as* ~
zie *as*; *even* ~ (zelfs) al; *what* ~ *the way is long?* al
is de weg lang, wat zou dat dan nog?; **II** *ad* echter, evenwel, maar, toch; *I thank you* ~ intussen
mijn dank; *you don't mean to say that...* „*I do* ~" zeker wil ik dat

thought [θɔ:t] **I** V.D. & V.D. van *think*; **II** *sb* ge-
dachte(n), gepeins *o*; het denken; nadenken *o*,
overleg *o*; opinie, idee *o* & *v*, inval; ideetje *o*; ietsje ; *give it a* ~ er over denken; *he had* (*some*) ~*s of*
...*ing* hij dacht er half over om...; *have second* ~*s*
zich nog eens bedenken; *take* ~ zich bedenken;
take ~ *for* zorgen voor; *take no* ~ *of* (*for*) zich niet
bekommeren om, zich niets aantrekken van;
take ~ *together* (samen) beraadslagen; *nothing can
be further from my* ~*s* daar denk ik niet over; *o n
second* ~*s* bij nader inzien, bij nadere overweging; **thoughtful** (na)denkend; peinzend; bedachtzaam; bezonnen; te denken gevend; attent,
vriendelijk; ~ *of* bedacht op; ~ *of others* attent
voor anderen; **–less** gedachteloos; onnadenkend. onbedachtzaam, onbezonnen; onattent;
~**-out** doordacht, doorwrocht; ~**-reader** ge-
dachtenlezer; ~**-transference** gedachtenover-
brenging, telepathie

thousand ['θauzənd] duizend; *a* ~ *thanks* dui-
zendmaal dank; *one in a* ~ één uit duizend; **–fold**
duizendvoudig; **–th** duizendste (deel *o*)

thraldom ['θrɔ:ldəm] slavernij; **thrall** slaaf; slavernij, horige, lijfeigene

thrash [θræʃ] 1 beuken, slaan; afrossen, afranselen; (ver)slaan, het winnen van; 2 = *thresh* 1; ~
out uitvorsen; ~ *the thing out* de zaak uitvissen,
grondig behandelen; **–er** = *thresher*; **–ing** 1 pak
o ransel, goede rammeling; 2 = *threshing* 1

thrasonical [θrei'sɔnikəl] blufferig, snoevend

thread [θred] **I** *sb* draad² [ook v. schroef]; garen
o; *hang by a* ~ aan een (zijden) draadje hangen;
II *vt* de draad steken in; (aan)rijgen [kralen]; ~
one's way through... manoeuvreren door...; ~**-bare**
kaal; *fig* afgezaagd; **thready** dradig, dun als een
draad

threat [θret] (be)dreiging, dreigement *o*; **–en I** *vt*
dreigen met; (be)dreigen; ~*ed* ook: dreigend; **II**
vi dreigen (met *with*); **–ener** dreiger; **–ening I**
aj (be)dreigend; ~ *letter* dreigbrief; **II** *sb* (be)drei-
ging, dreigement *o*

three [θri:] drie; ~ *times* ~*!* driewerf hoera!; ~**-
cornered** driekant, driehoekig; waarin of waarbij drie personen betrokken zijn; ~ *contest* (*fight*)
ook: driehoeksverkiezing; ~**-decker** ⚓ driedekker; driedubbele sandwich; trilogie; ~**-di-
mensional** driedimensionaal; stereoscopisch;
fig realistisch; **–fold** drievoudig; ~**-forked**
driepuntig; ~ *road* driesprong; ~**-handed** met
drie handen; door drie personen gespeeld;
~**-headed** driehoofdig; ~**-legged** met drie
poten; ~**-master** driemaster; **–pence** ['θrepəns]
driestuiver(stukje *o*); **–penny** ['θrepəni] drie-
stuivers-; ~ *bit* driestuiverstukje *o*; ~**-phase**
⚡ draaistroom-; driefasen-; ~**-ply** triplex;
driedraads; **–score** zestig (jaar); **–some** drietal *o*
[mensen], met z'n drieën

threnody ['θri:nədi] klaaglied *o*, lijkzang

thresh [θreʃ] 1 dorsen; 2 = *thrash* 1; **–er** dorser;
dorsmachine; **threshing** 1 dorsen *o*; 2 = *thrash-
ing* 1; ~**-floor** dorsvloer

threshold ['θreʃ(h)ould] drempel²; *on the* ~ *of a
revolution* kort voor een revolutie

threw [θru:] V.T. van *throw*

thrice [θrais] driemaal, driewerf

thrift [θrift] zuinigheid, spaarzaamheid; Engels
gras *o*; strandkruid *o*; **–less** niet zuinig, verkwistend; **thrifty** *aj* zuinig, spaarzaam; *Am* goed ge-
dijend, tierig, voorspoedig

thrill [θril] **I** *vt* in opwinding brengen, ontroeren,
aangrijpen, doen huiveren, doen (t)rillen (van
with); **II** *vi* trillen, rillen, tintelen, huiveren; ~
along (*over, through*) *sbd.* iem. doorhuive-
ren; ~ *to the beauties of nature* gevoelig zijn voor
de schoonheden der de natuur; **III** *sb* (t)rilling,
sensatie, huivering, schok; **–er** thriller [sensatie-
roman, -film, -stuk *o*]; **–ing** ook: aangrijpend,
spannend, interessant

thrive [θraiv] goed groeien, gedijen, floreren,
bloeien, vooruitkomen; (welig) tieren; *he* ~*s on
it* ook: het doet hem goed; **thriven** ['θrivn]
V.D. van *thrive*; **thriving** ['θraiviŋ] **I** *aj* voorspoedig, florerend, bloeiend; **II** *sb* groei, gedij-
en *o*

throat [θrout] keel, strot; ingang, monding; *cut
one another's* ~ elkaar de keel afsnijden; elkaar en
onder werken; *cut one's own* ~ zich de keel afsnijden; *fig* zich zelf ruïneren; *force* (*ram, thrust*) *sth.
down sbd.'s* ~ iem. iets opdringen; *he lies in his*
~ hij liegt dat hij barst; *the words stuck in my* ~ de
woorden bleven mij in de keel steken; *that is what
sticks in his* ~ dat kan hij maar niet verkroppen;
–y *aj* schor; uit de keel komend, gutturaal, keel-

throb [θrɔb] **I** *vi* kloppen [van het hart, de aderen
&], bonzen, trillen; **II** *sb* klop, klopping, geklop
o, gebons *o*, trilling

throe [θrou] (barens)wee, hevige pijn [gewoon-
lijk *mv*.]; *in the* ~*s of...* *fig* worstelend met

thrombosis [θrɔm'bousis] trombose; **thrombus**
['θrɔmbəs] bloedprop

throne [θroun] **I** *sb* troon; **II** *vt* ten troon verheffen; **III** *vi* tronen

throng [θrɔŋ] **I** *sb* gedrang *o*, drom, menigte; **II**

vi opdringen, elkaar verdringen[2]; toe-, samenstromen; **III** *vt* zich verdringen in (bij, om &); ~*ed* volgepropt, overvol

throstle ['θrɔsl] zanglijster

throttle ['θrɔtl] **I** *sb* luchtpijp; keel; smoorklep; (*at*) *full* ~ met vol gas; **II** *vt* de keel dichtknijpen, doen stikken, verstikken, worgen, smoren°; ~ (*down*) gas verminderen van [auto &]; ~-**valve** smoorklep

through [θru:] **I** *prep* door; uit; *all* ~ *his life* zijn hele leven door, gedurende zijn hele leven; *what I've been* ~ wat ik heb meegemaakt; **II** *ad* (er) door, uit, tot het einde toe, klaar; *be* ~ *with* ook: genoeg hebben van; beu zijn van; *all* ~ de hele tijd door; ~ *and* ~ door en door; van a tot z, nog eens en nog eens; **III** *aj* doorgaand [treinen &]; ~-out [θru: 'aut] **I** *ad* overal, (in zijn) geheel, van boven tot onder, door en door, in alle opzichten; aldoor, van het begin tot het einde; **II** *prep* ~ *the country* het hele land door (af), in (over) het hele land; ~-**put** verwerkte hoeveelheid materiaal; ~ *ticket* doorgaand biljet *o;* ~ *traffic* doorgaand verkeer *o;* ~ *train* doorgaande trein

throve [θrouv] V.T. van *thrive*

throw [θrou] **I** *vt* werpen°, gooien, smijten (met); toewerpen; uitwerpen; afwerpen; omver doen vallen; *fig* doen vallen [minister]; *sp* leggen [bij worstelen]; twijnen [zijde]; (op de schijf) vormen [bij pottenbakkers]; **F** geven [een fuif], krijgen [een flauwte]; ~ *a chest* een hoge borst zetten; ~ *idle* werkloos maken; stilleggen [fabriek]; **II** *vr* ~ *oneself* zich (neer)werpen; zich storten; ● ~ *oneself a t a man's head* (*at a man*) zich aan iem. opdringen; een man nalopen [van een meisje]; ~ *oneself a w a y* zich vergooien (aan *on*); ~ *oneself d o w n* zich neer-, ter aarde werpen; ~ *oneself i n t o a task* zich met hart en ziel wijden aan een taak; ~ *oneself o n* een beroep doen op; **III** *vi* & *va* werpen, gooien &; ● ~ *a b o u t* om zich heen werpen of verspreiden; smijten met [geld]; ~ *about one's arms* met de armen (uit)slaan; ~ *a s i d e* terzijde werpen[2]; ~ *a t* gooien naar; ~ *a w a y* weggooien, verknoeien (aan *on*); verwerpen, afslaan [aanbod]; ~ *b a c k* achterovergooien [het hoofd]; terugwerpen [leger]; terugkaatsen; achteruitzetten [in gezondheid &]; ~ *b y* weggooien; ~ *d o w n* neerwerpen, -gooien, omgooien, tegen de grond gooien; ~ *f o r t h leaves* in het blad schieten; ~ *i n* er tussen gooien [een woordje &]; op de koop toegeven; ~ *in one's hand* het opgeven; ~ *in one's lot with* het lot delen (willen) van, zich aan de zijde scharen van; ~ *i n t o* werpen in; ~ *one's whole soul into...* zijn hele ziel leggen in...; ~ *into confusion* (*disorder*) in verwarring (in de war) brengen; ~ *into gear* inschakelen; ~ *into raptures* in vervoering doen geraken; ~ *o f f* af-, wegwerpen; losgooien; uit-

gooien [kledingstuk]; opleveren; op zijde zetten [schaamtegevoel &]; kwijtraken [ziekte]; op papier gooien, uit de mouw schudden [een gedicht &]; *sp* loslaten [honden]; (laten) beginnen; ~ *o n* werpen op; aangooien [kledingstuk]; ~ *o p e n* openwerpen, openzetten [deur]; openstellen (voor *to*); ~ *o u t* er uit gooien [bij sorteren], uitschieten; aanbouwen [vleugel bij een huis]; uitslaan [benen]; uitzenden [warmte &]; uitstrooien, verspreiden [praatjes]; verwerpen [wetsvoorstel]; in de war brengen [acteur &]; opwerpen [vraagstukken], te berde brengen; ~ *out one's chest* een hoge borst zetten; ~ *out of employment* (*work*) werkloos maken; ~ *out of gear* afkoppelen; ~ *o v e r* omvergooien; overboord gooien[2]; de bons geven; ~ *o v e r b o a r d* overboord gooien[2]; ~ *one's arms r o u n d...* de armen slaan om...; ~ *t o* dichtgooien [deur]; ~ *t o g e t h e r* bijeengooien; samenbrengen [personen]; ~ *u p* opwerpen [batterij &]; omhoog gooien, ten hemel slaan [ogen], in de hoogte steken [de armen &]; (uit)braken; laten varen [plan]; er aan geven [betrekking]; neergooien [de kaarten]; *fig* (sterker) doen uitkomen [v. blankheid &]; ~ *u p the game* het spel gewonnen geven; ~*n u p o n oneself* (*upon one's own resources*) op zich zelf aangewezen; ~*n upon the world* zonder eigen middelen; **IV** *sb* worp, gooi; *stake all on a single* ~ alles op één kaart zetten; ~-*away* **I** *aj* terloops, nonchalant [gezegd]; wegwerp-; **II** *sb* strooibiljet *o;* ~-**back** atavistische terugkeer, atavistisch produkt *o,* atavisme *o;* achteruitzetting; ~-**er** werper; twijnder; vormer [pottenbakker]; ~-**in** *sp* inworp; **thrown** V.D. van *throw;* **throw-off** begin *o,* start; ~-**out** afgedankt, uitgestoten iem. of iets

throwster ['θroustə] zijdetwijner, -ster

thru [θru:] = *through*

1 thrum [θrʌm] *sb* eind *o* van de schering op een weefgetouw; dreum; franje; draad

2 thrum [θrʌm] **I** *vi* & *vt* trommelen (op) [piano, tafel &]; tokkelen (op), tjingelen (op); **II** *sb* getrommel *o;* getokkel *o,* getjingel *o*

thrush [θrʌʃ] 🐦 lijster ‖ spruw; rotstraal

thrust [θrʌst] **I** *vt* stoten, duwen, dringen; steken; werpen; *be* ~ *his company on* (*upon*) *me* hij drong zich aan mij op; **II** *vr* ~ *oneself f o r w a r d* zich naar voren dringen; ~ *oneself i n* binnendringen; zich indringen; ~ *oneself u p o n sbd.* zich (aan iem.) opdringen; **III** *vi* dringen; ~ *at sbd. with a knife* naar iem. met een mes steken; **IV** *sb* stoot, steek; duw; uitval; △ horizontale druk, ✕ stuwdruk; voortstuwingskracht; *the* ~ *and parry of debate* het schermutselen (in een debat); **V** V.T. & V.D. van ~; ~-**er** streber; naar voren dringend jager; ~-**ing** aanmatigend; agressief; meedogenloos

thud [θʌd] **I** *sb* bons, plof, doffe slag; gebons *o;*

II *vi* bonzen, ploffen

thug [θʌg] bandiet, vandaal, woesteling; ⊞ (godsdienstige) moordenaar [in Voor-Indië]; **thuggery** banditisme *o*, moordgeweld *o*

thumb [θʌm] **I** *sb* duim; *he holds me under his* ~ hij heeft mij in zijn macht; hij houdt mij onder de plak; ~*s up!* primal; **II** *vt* beduimelen; met de duim drukken op; knoeierig spelen (op); ~ *a lift* (*a ride*) duimen (om te liften); liften; ~**-nail** nagel van een duim; ~ *sketch* (miniatuur)krabbel; **-screw** ✕ vleugelschroef; ⊞ duimschroef; ~**-stall** duimeling; ~**-tack** *Am* punaise

thump [θʌmp] **I** *vt* stompen, bonzen, bonken op, slaan (op); *fig* op zijn kop geven; **II** *vi* bonzen, bonken (op *against, at, on*), ploffen, slaan; **III** *sb* stomp, slag; plof, bons, gebonk *o*

thumping ['θʌmpiŋ] **F** kolossaal

thunder ['θʌndə] **I** *sb* donder²; donderslag; **F** (ban)bliksem; donderend geweld *o*, gedonder *o*; *that's stealing sbd.'s* ~ dat is een jijbak; **II** *vi* donderen², fulmineren; **III** *vt* met donderend geweld doen weerklinken, er uit slingeren (ook: ~ *out*); **-bolt** bliksemstraal; donderkeil; bliksem; donderslag; **-clap** donderslag; **-cloud** onweerswolk; **-er** donderaar, dondergod; **-flash** rotje *o* [vuurwerk]; **-ing** donderend²; < **F** donders, weergaas, kolossaal; **-ous** donderend; gewelddadig, verwoestend; **-storm** onweer *o*, onweersbui; **-struck** door de bliksem getroffen; als door de bliksem getroffen, verbaasd, verbijsterd; **-y** onweerachtig; dreigend

thurible ['θjuəribl] wierookvat *o*

Thursday ['θəːzdi] donderdag; *Holy* ~ Witte Donderdag; Hemelvaartsdag

thus [ðʌs] *ad* dus, aldus, zo; ~ *far* tot zover, tot dusverre

thwack [θwæk] ranselen [met stok &]

1 thwart [θwɔːt] *vt* dwarsbomen, tegenwerken

2 thwart [θwɔːt] *sb* ⚓ doft

✎ & ☉ **thy** [ðai] uw

thyme [taim] tijm

thyroid ['θairɔid] schildvormig; ~ *cartilage* Adamsappel; ~ *gland* schildklier

thyrsus ['θəːsəs] Bacchusstaf

✎ & ☉ **thyself** [ðai'self] u (zelf)

tiara [ti'aːrə] tiara

tibia ['tibiə] scheenbeen *o*

tic [tik] zenuwtrekking [*spec* in gezicht]

1 tick [tik] **I** *vi* tikken; **S** mopperen; *what makes him* ~ wat hem bezielt; wat zijn geheim is; ~ *over* ✕ stationair draaien [v. motor]; *fig* doordraaien; **II** *vt* tikken; aanstrepen; ~ *off* aanstrepen, afvinken; **S** aanmerking maken op; ~ *out a message* tikken; **III** *sb* tik, tikje *o*, getik *o*; streepje *o*, merktekentje *o*; *in two* ~s in een wip; *to* (*on*) *the* ~ op de seconde af

2 tick [tik] *sb* **F** krediet *o*; *give* ~ poffen; *on* ~ op

de pof; *go* (*on*) ~ op de pof kopen

3 tick [tik] *sb* (bedde)tijk *o* [stofnaam], (bedde)tijk *m* [voorwerpsnaam] ‖ ⚏ teek; **S** verachtelijk mens

ticker ['tikə] wie of wat tikt; tikker [ook: automatische beurstelegraaf]; **S** horloge *o*; **S** hart *o*

ticker-tape ['tikəteip] papierstrook, -stroken v. telegraaf, [ook als] serpentine(s) bij huldebetoging

ticket ['tikit] **I** *sb* biljet *o*, kaart, kaartje *o*, plaatsbewijs *o*, toegangsbewijs *o*; bon, bekeuring; prijsje *o*: etiket *o*; lommerdbriefje *o*; loterijbriefje *o*, lot *o*; *Am* kandidatenlijst [bij verkiezing]; *the democratic* ~ het democratisch partijprogramma; ~ *of leave* bewijs van voorwaardelijke invrijheidstelling; *that's the* ~ **S** dat is je ware; **II** *vt* van een etiketje of kaartje voorzien; prijzen; ~**-collector** controleur die de kaartjes inneemt; ~**-holder** houder v. biljet &; ~**-punch** controletang; ~**-window** loket *o*

ticking ['tikiŋ] (bedde)tijk *o* ‖ tikken *o*

tickle ['tikl] **I** *vt* kietelen, kittelen², prikkelen, strelen; *it* ~*d them, they were* ~*d at it* het werkte op hun lachspieren; ze hadden er plezier in; ~*d pink* **S** verrukt [van plezier], geamuseerd; **II** *vi* kietelen, kriebelen; **III** *sb* kitteling; gekietel *o*, gekriebel *o*; **tickler** netelige of moeilijk te beantwoorden vraag, lastig geval *o*; **ticklish** kietelig; delicaat, netelig, kies, lastig; *he is* ~ hij kan niet tegen kietelen

tick-tack ['tiktæk] tiktak(ken)

tidal ['taidl] het getij betreffende; getij-; ~ *wave* vloedgolf²

tiddley ['tidli] **S** aangeschoten; ⚓ **F** keurig in orde

tiddly-winks ['tidliwiŋks] vlooienspel *o*

tide [taid] **I** *sb* (ge)tij *o*, vloed; stroom²; ✎ & ☉ tijd; *full* ~, *high* ~ hoog tij *o*, hoogwater *o*; *low* ~ laag tij *o*; *neap* ~ doodtij *o*; **II** *vi* met de stroom (het getij) meevaren, -drijven; **III** *vt* op de stroom (het getij) meevoeren; ~ *over the bad times* de slechte tijd (helpen) doorkomen, over... heenkomen of -helpen; ~**-gate** getijsluis; ~**-mark** hoogwaterteken *o*; ~**-waiter** ⊞ commies te water; **-way** vloedgeul

tidings ['taidiŋz] tijding, bericht *o*, berichten, nieuws *o*

tidy ['taidi] **I** *aj* net(jes), zindelijk, proper; **F** aardig, flink; *put things* (*all*) ~ de boel aan kant doen; **II** *sb* antimakassar; opbergmandje *o*; **III** *vt* opruimen, opknappen (ook: ~ *up*)

tie [tai] **I** *vt* binden, verbinden; knopen, strikken; vastbinden, -knopen, -maken; verankeren [muur]; ~ *a knot* een knoop leggen; ● ~ *d o w n* (vast)binden; ~ *sbd. down* iem. de handen binden; ~ *u p* opbinden [planten &]; (vast)binden, vastmaken, -leggen; meren [schip &]; dichtbinden; af-, onderbinden [ader]; verbinden [wonden &]; bijeenbinden [papieren &]; vastzetten [geld]; stilleggen [door staking &]; **II** *vr* ~ *oneself* zich binden; **III** *vi* binden, zich laten binden; kamp zijn, gelijk staan; ● ~ *i n with* aansluiten bij; ~ *u p* aanleggen, gemeend worden [v. schip &]; ~ *up with* connecties aanknopen met, zich inlaten met; verband houden met; **IV** *sb* band², knoop; das; bontje *o*; verbinding; iets dat bindt; binding; handenbinder; △ verbindingsbalk; ♪ boog; gelijkheid van de partijen [bij wedstrijden]; onbesliste wedstrijd; wedstrijd; **~-beam** △ bint *o*; **tied-house** café dat verplicht is bier van een bepaalde brouwerij te betrekken; **tie-pin** dasspeld

tier [tiə] **I** *sb* reeks, rij, rang [v. stoelen of zitplaatsen]; **II** *vt* in rijen opeenstapelen of schikken; **III** *vi* in rijen oplopen

tierce [tiəs] ♪ terts; tierce [derde positie bij het schermen]; driekaart; driepijp (= ± 2 hl); *rk* terts

tie-up ['taiʌp] verbinding, band; associatie; stillegging [door staking]; (verkeers)opstopping (ook: *traffic* ~)

tie-wig ['taiwig] korte pruik

tiff [tif] ruzietje *o*

tiffany ['tifəni] zijden floers *o*

tiffin ['tifin] tiffin: lunch; rijsttafel

tig [tig] krijgertje *o*, tikkertje *o*

tiger ['taigə] tijger; **–ish** tijgerachtig, tijgertig

tight [tait] **I** *aj* strak, nauw(sluitend), krap; gespannen; benauwd [op de borst]; (water)dicht; vast, stevig; straf; streng, scherp; vasthoudend; niets loslatend; **F** krenterig, gierig; **$** schaars [geld]; welgevormd, knap; **S** dronken; *be in a ~ corner (place)* in het nauw zitten; zie ook: *fit, squeeze* &; **II** *ad* strak &; *hold* ~ (zich goed) vasthouden; *hold sbd.* ~ iem. kort houden; *sit* ~ zie **sit I**; **–en I** *vt* spannen, aan-, toehalen; aandraaien [schroef]; vaster omklemmen; samentrekken; ~ *up* verscherpen [wet &]; **II** *vi* (zich) spannen; strak(ker) worden; **–ener** spanner; **~-fisted** vasthoudend, gierig; **~-fitting** nauwsluitend; **~-lipped** met op elkaar geklemde lippen; *fig* gesloten; **tights** [taits] tricot [v. acrobaten &], maillot

tightwad ['taitwɔd] **S** vrek

tigress ['taigris] tijgerin

tike [taik] hond, straathond; vlegel, lummel; bijnaam voor iem. uit Yorkshire

tilbury ['tilbəri] tilbury [sjees]

tile [tail] **I** *sb* (dak)pan; tegel; draineerbuis; **F** (hoge) hoed; *Dutch* ~*s* (blauwe) tegeltjes; *have a* ~ *loose (off)* **F** niet goed snik zijn; *(out) on the* ~*s* **S** aan de zwier; **II** *vt* met pannen dekken; betegelen; **tiler** pannendekker; **tiling** dekken *o* [met pannen]; (pannen)dak *o*; betegeling

1 till [til] *sb* geldlade [v. toonbank], kassa

2 till [til] *vt* bebouwen, (be)ploegen

3 till [til] *prep* tot, tot aan; ~ *now* tot heden, tot nog toe, tot dusverre; *not* ~ *the last century* pas in de vorige eeuw

tillage ['tilidʒ] beploeging, bewerking van de grond; akkerbouw; ploegland *o*; **1 tiller** landbouwer, akkerman

2 tiller ['tilə] ♨ roerpen, helmstok; **~-rope** stuurreep

till-money ['tilmʌni] kasgeld *o*

1 tilt [tilt] **I** *sb* huif, dekzeil *o*, (zonne)tent; **II** *vt* met een zeil overdekken

2 tilt [tilt] **I** *vi* (over)hellen, schuin staan; wippen, kantelen; met de lans stoten, een lans breken, toernooien; ⚓ er op los stormen; ~ *a t* steken naar; *fig* aanvallen; ~ *at the ring* ringsteken; ~ *o v e r* hellen, schuin staan; omslaan; **II** *vt* doen (over)hellen, schuin zetten, op zijn kant zetten, kantelen, kippen, wippen; **III** *sb* overhelling, schuine stand; steekspel *o*, toernooi *o*; *(at) full* ~ in volle ren; *give it a* ~ op zijn kant zetten; schuin zetten [op het hoofd]; *have (run) a* ~ *(at)* een lans breken (met); *fig* [iem.] aanvallen; **–er** kampvechter [in toernooi]; ringsteker

tilth [tilθ] = *tillage*

tilt-yard ['tiltjɑ:d] toernooiveld *o*

timber ['timbə] timmerhout *o*, (ruw) hout *o*; bomen; bos *o*; stam; balk; ♨ spant *o*; *fig* materiaal; **–ed** houten; met hout begroeid; ~ *line* boomgrens; **~-merchant** houtkoper; **~-yard** houtopslagplaats

timbre ['tɛ̃:mbr, 'tæmbə] timbre *o*

timbrel ['timbrəl] tamboerijn

time [taim] **I** *sb* tijd° [ook = uur]; keer, maal; ♪ maat, tempo *o*; ~ *will show* de tijd zal het leren; ~ *and tide wait for no man* men moet zijn tijd weten waar te nemen; *any (old)* ~ = *at any (old)* ~; *the good old* ~*s* de goede oude tijd; *those were* ~*s!* dat was een andere tijd; *all the* ~ de hele tijd, aldoor; ~ *and* (~) *again* telkens en telkens weer; herhaaldelijk; *a first* ~ (voor) de eerste keer; *my* ~ *is my own* ik heb de tijd aan mij; *but the* ~ *is not yet* maar daarvoor is de tijd nog niet gekomen; ~ *was when...* er was een tijd dat...; ~ *is up!* de tijd (het uur) is om!, (het is) tijd!; *the* ~ *of day* het uur; *so that's the* ~ *of day!* is het zó laat?; *give (pass) the* ~ *of day* goedendag zeggen; *I got there* ~ *enough to...* tijdig genoeg om...; ~ *out of mind, from* ~ *immemorial* sedert onheuglijke tijden; *this* ~ *to-morrow* morgen om deze tijd; *what* ~? wanneer?, (om) hoe laat?; *at* ~ ⊙ terwijl, toen; *what a* ~ *these fellows are!* wat blijven die lui toch lang weg!, wat doen ze er toch lang over!; *what* ~ *is it, what's the* ~? hoe laat is het?; *beat* ~ de maat slaan; *do* ~ zitten [in de gevangenis]; *have a lively* ~ *of it* het druk hebben; *I had a good (fine, high, rare) old* ~,

I had the ~ *of my life* ik heb me kostelijk geamuseerd, veel plezier gehad; *keep* ~ ♩ de maat houden; ✠ in de pas blijven; op tijd binnenkomen [trein]; *keep good* ~ goed (gelijk) lopen [uurwerk]; *I shall not lose* ~ *to call on you* ik kom eens gauw aan; *make good* ~ een vlugge reis hebben [v. boot &]; *take* ~ *off* zie *take*; ● *it's a b o u t* ~ het is zowat tijd, het wordt tijd; ~ *a f t e r* ~ keer op keer; *ride (run) a g a i n s t* ~ de kortst mogelijke tijd zien te maken [bij wedloop]; rijden (lopen) wat men kan; *speak (talk) against* ~ zo lang mogelijk aan het woord blijven; *work against* ~ werken dat de stukken er afvliegen; *a h e a d of one's* ~(*s*) zijn tijd vooruit; *two a t a* ~ twee tegelijk; *for months at a* ~ maanden achtereen; *at a* ~ *when* in een tijd dat...; *at all* ~*s* te allen tijde; *at no* ~ nooit; *at any (old)* ~ te allen tijde; wanneer ook (maar); te eniger tijd; ieder ogenblik; *at one* ~ tegelijk; in één keer; wel eens; *at one* ~... er was een tijd, vroeger...; *at some* ~ *or other* te eniger tijd; *at the* ~ toen(tertijd), destijds; *at the* ~ *of* ten tijde van; *at the same* ~ terzelfder tijd, tegelijk; tevens; toch, niettemin; *at my* ~ *of day (of life)* op mijn leeftijd; *at this* ~ *of day* nu (nog); *at this* ~ *of (the) year* in deze tijd van het jaar; *at* ~*s* soms, nu en dan, wel eens; *b e f o r e (one's)* ~ vóór de tijd, te vroeg; *b e h i n d (one's)* ~ over zijn tijd, te laat; *behind the* ~*s* bij zijn tijd ten achter; *b y that* ~ dan (wel); *by the* ~ (*that*) tegen de tijd dat; *by this* ~ nu; *f o r a* ~ een tijdje, een tijdlang; *for the* ~ (*being*) voor het ogenblik, voorlopig; *f r o m* ~ *to* ~ van tijd tot tijd; *i n* ~ op tijd; bijtijds; mettertijd, na verloop van tijd; in de maat; *in the* ~ *of...* ten tijde van...; *in* ~(*s*) *to come* in de toekomst; *in* ~ *to the music* op de maat van de muziek; *in good* ~ op tijd; bijtijds; op zijn tijd, te zijner tijd; *in the mean* ~ ondertussen, middelerwijl; *in (less than)* ~ in minder dan geen tijd; *in proper* ~ te rechter tijd; te zijner tijd; *o f all* ~ aller (van alle) tijden; *the scientists of the* ~ van deze tijd; van die tijd; *o n* ~ op tijd; *on (short) full* ~ (niet) het volle aantal uren werkend; *o u t of* ~ uit de maat; te onpas komend; *t o* ~ precies op tijd; *u p to* ~ op tijd; **II** *vt* (naar de tijd) regelen of betrekken, het (juiste) ogenblik kiezen voor, timen; de duur of tijd bepalen van; *sp* de tijd opnemen; dateren; ♩ de maat slaan of aangeven bij; *the remark was not well* ~*d* kwam niet op het geschikte ogenblik; ~**-bargain** tijdaffaire; ~**-bomb** tijdbom; ~**-check, ~-clock** controleklok, prikklok; ~**-consuming** tijdrovend; ~**-expired** ✠ zijn tijd uitgediend hebbend; ~**-exposure** tijdopname [fotogr.]; ~**-honoured** traditioneel, aloud, eerbiedwaardig; –**keeper** tijdmeter, chronometer; uurwerk *o*; ♩ metronoom; *sp* tijdopnemer; tijdschrijver [in fabriek]; *he is a good* ~ hij is altijd op tijd; *my watch is a good* ~ mijn horloge loopt goed;

~**-lag** tijdsverloop *o*; vertraging; –**less** tijdeloos; ~**-lock** klok-, uurslot *o*; –**ly** tijdig, op de juiste tijd of op het geschikte ogenblik komend, van pas; actueel; –**piece** uurwerk *o*, pendule, klok [ook = horloge]; **timer** *sp* tijdopnemer; **time-saving** tijdbesparend; ~**-server** opportunist, weerhaan; ~**-serving I** *aj* opportunistisch; **II** *sb* opportunisme *o*, weerhanerij; ~**-sheet** rooster, werklijst; ~**-table** dienstregeling; spoorwegboekje *o*; (les)rooster; dagindeling; tijdschema *o*; ~**-work** per uur (dag) betaald werk *o*; –**worn** aloud, (oud en) versleten; *fig* afgezaagd

timid ['timid] beschroomd, bang, bedeesd, schuchter, verlegen, timide; ~ *about (of)* ...ing bang, verlegen om te...; –**ity** [ti'miditi] beschroomdheid, schroom, bangheid, bedeesdheid, schuchterheid, verlegenheid, timiditeit

timing ['taimiŋ] regelen *o* &; zie *time* **II**

timorous ['timərəs] angst-, schroomvallig, bang, beschroomd; ☉ vreesachtig

timpanist ['timpənist] ♩ paukenist; **timpano** ['timpənou, *mv* -ni -ni] ♩ pauk

tin [tin] **I** *sb* tin *o*; blik *o*; blikje *o*, bus, trommel; ✠ eetteteltje *o*; **S** geld *o*; **II** *aj* tinnen; blikken; (*little*) ~ *god* godje *o* (in eigen oog); ~ *hat* (*lid*) ✠ stalen helm; *put the* ~ *hat* (*lid*) *on sth.* ergens een eind aan maken, iets op de spits drijven; ~ *tack* vertind spijkertje *o*; **III** *vt* vertinnen; inblikken; ~*ned meat* vlees *o* uit (in) blik; ~*ned music* **F** grammofoonmuziek; ~**-can** blikje *o*

tinctorial [tiŋk'tɔ:riəl] ~ *matter* verfstof, kleurstof; **tincture** ['tiŋktʃə] **I** *sb* tinctuur; kleur; *fig* tintje *o*, tikje *o*; zweempje *o*; vernisje *o*; bijsmaak; **II** *vt* kleuren², tinten²

tinder ['tində] tondel *o*; zwam *o*; ~**-box** tondeldoos

tine [tain] tand [v. vork &]; tak [v. gewei]

tinfoil ['tinfɔil] bladtin *o*; stanniool *o*; folie; zilverpapier *o*

ting [tiŋ] **I** *sb* tingeling [van een bel]; **II** *vi* klinken; **III** *vt* doen klinken

tinge [tin(d)ʒ] **I** *sb* kleur, tint, tintje *o*; *fig* zweem, tikje *o*, bijsmaakje *o*; **II** *vt* kleuren, tinten; ~*d with* met een tikje...

tingle ['tiŋgl] **I** *vi* tintelen, prikkelen; **II** *sb* tinteling, prikkeling; **tingling** = *tingle* **II**

tinker ['tiŋkə] **I** *sb* ketellapper; knoeier, prutser; **II** *vt* (op)lappen (ook: ~ *up*); **III** *vi* prutsen, frutselen (aan *at, with*), sleutelen; ~ *about* aanrommelen; –**ing I** *aj* prutsend, lap-; **II** *sb* gepruts *o*, prutsen *o*, sleutelen *o*

tinkle ['tiŋkl] **I** *vi* rinkelen, klinken, tingelen, tjingelen; **II** *vt* doen of laten rinkelen &; ♩ tokkelen (op); rammelen op [een piano]; **III** *sb* gerinkel *o*, getingel *o*, getjingel *o*; **tinkling** getjingel *o*, rinkeling

tinman ['tinmən] tinnegieter; blikslager

tinnitus [ti'naitəs] 𝔗 oorsuizing

tinny ['tini] tinachtig, tin-; tinhoudend; blikachtig, blik-; schraal [v. geluid]

tin-opener ['tinoupnə] blikopener

tin-ore ['tinɔ:] tinerts o

tin-pan ['tinpæn] keteltje o; ~ *alley* (*sb* & *aj*) (betreffende) de makers van populaire muziek

tin-plate ['tinpleit] blik o

tin-pot ['tinpɔt] **F** armoedig, prullerig

tinsel ['tinsəl] **I** *sb* klatergoud² o; **II** *aj* blinkend, schoonschijnend, vals; **III** *vt* met klatergoud versieren

tin-smith ['tinsmiθ] blikslager

tin-solder ['tinsɔldə] soldeertin o

tint [tint] **I** *sb* tint; **II** *vt* tinten, kleuren

tintinnabulation ['tintinæbju'leiʃən] gerinkel o (van bellen), getjingel o

tinware ['tinwɛə] tinnegoed o; blikwerk o

tiny ['taini] (heel) klein; miniem

1 tip [tip] **I** *sb* tip, tipje o, top, topje o; (vleugel)spits; puntje o [v. sigaar], mondstuk o [v. sigaret]; beslag o, dopje o; ♂ pomerans; *I had it on the ~ of my tongue* het lag mij op de tong; ik had het op mijn lippen; *he is a(n)* ... *to the ~s of his fingers* hij is op-en-top een...; **II** *vt* beslaan (met metaal), aan de punt voorzien (van *with*), omranden

2 tip [tip] **I** *vt* schuin zetten of houden, doen kantelen; wippen, gooien; (aan)tikken; een fooi geven; tippen, een tip geven; ~ *all nine* alle negen gooien [bij kegelen]; ~ *the beam* (*the scales*) de doorslag geven²; ~ *sbd. the wink* iem. een wenk geven (om hem te waarschuwen); ~ *sbd. for the job* iem. doodverven met het baantje; ~ *off one's grog* zijn grogje naar binnen wippen; ~ *sbd. off to sth.* **F** iem. een tip van iets geven; ~ *over* omkippen; ~ *u p* schuin zetten; **II** *vi* & *va* kippen, kantelen; een fooi (fooien) geven; ~ *up* opwippen; **III** *sb* tik, tikje o; kipkar; stortplaats; vuilnisbelt; steenberg, stort o & *m* [v. kolenmijn]; fooi; wenk, inlichting, tip; *the (a) straight ~* een inlichting uit de beste bron; *give it a ~* het (een beetje) schuin zetten; *give us the ~ when...* waarschuw ons als...; *take the ~* iems. wenk begrijpen, de raad aannemen; ~-**car(t)** kipkar; ~-**off S** wenk, inlichting, tip; **tipper** kolenstorter; kipkar; ◛ kipper; fooiengever

tippet ['tipit] bontkraag; schoudermanteltje o

tipple ['tipl] **I** *vi* pimpelen; **II** *sb* **F** (sterke) drank; **-r** pimpelaar, drinkebroer

tipstaff ['tipsta:f] gerechtsdienaar

tipster ['tipstə] *sp* verstrekker van tips [voor races]

tipsy ['tipsi] *aj* aangeschoten, beschonken

tipsy-cake ['tipsikeik] sponzige cake met custardvla

tip-tilted ['tiptiltid] opgewipt, met opstaande punt; ~ *nose* wipneus

tiptoe ['tiptou] **I** *sb* punt van de teen; *on ~* op de tenen; *fig* in gespannen verwachting; **II** *ad* op zijn (de) tenen; **III** *vi* op zijn (de) tenen lopen

tiptop ['tip'tɔp] **F** prima, bovenste beste, eerste klas

tip-up ['tipʌp] ~ *seat* klapstoel

tirade [tai'reid, ti'reid] tirade, stortvloed van woorden

1 tire ['taiə] **I** *sb* (wiel-, rad-, fiets)band; **II** *vt* een band (de banden) leggen om

2 tire ['taiə] **I** *vt* vermoeien, moe maken; vervelen; ~ *out* afmatten; **II** *vi* moe worden; ~ *of it* het moe (beu) worden

3 ⚒ tire ['taiə] **I** *sb* (hoofd)tooi, dos; **II** *vt* tooien, uitdossen

tired ['taiəd] vermoeid; moe; ~ *of* beu van; ~ *with* moe van; **tireless** onvermoeid; **-some** vermoeiend, vervelend

⚒ tirewoman ['taiəwumən] kamenier; **⚒ tiring-room** kleedkamer

tiro = *tyro*

☉ 'tis [tis] verk. van *it is*

tissue ['tisju:] weefsel o; zijdepapier o; ~-**paper** zijdepapier o

1 tit [tit] tikje o; ~ *for tat* leer om leer; lik op stuk

2 tit [tit] ⚒ mees

3 tit [tit] **S** borst; tepel

·4 tit [tit] **S** slappe vent

Titan ['taitən] hemelbestormer; **titanic** [tai'tænik] titanisch, reusachtig, enorm

titanium [tai'teinjəm] titanium o, titaan o

titbit ['titbit] lekkerbeetje o, lekker hapje o; *fig* interessant nieuwtje o

tithable ['taiðəbl] tiendplichtig; **tithe I** *sb* tiende (deel o); tiend; **II** *vt* vertienden; **tither** tiendgaarder; **tithing** vertiending; tiend

titillate ['titileit] kittelen, strelen, prikkelen; **-tion** [titi'leiʃən] kitteling, streling, prikkeling

titivate ['titiveit] opschikken, opdirken

titlark ['titla:k] graspieper

title ['taitl] **I** *sb* titel; gehalte o [v. goud]; (eigendoms)recht o, eigendomsbewijs o; aanspraak (op *to*); **II** *vt* een titel verlenen (aan); (be)titelen; ~*d* ook: met een (adellijke) titel; een titel voerend; ~-**deed** eigendomsbewijs o; ~-**page** titelblad o

titmouse ['titmaus] mees

titrate ['taitreit] *chem* titreren; **titre** titer

titter ['titə] **I** *vi* giechelen; **II** *sb* gegiechel o

tittle ['titl] tittel, jota; *to a ~* precies, nauwkeurig; zie ook: *jot*

tittle-tattle ['titltætl] **I** *sb* gebabbel o, geklep o; **II** *vi* babbelen, kleppen

tittup ['titəp] **I** *vi* allerlei bokkesprongen maken; ~ *along* voorthuppelen; **II** *sb* bokkesprong; gehuppel o

titular ['titjulə] **I** *aj* titulair, titel-; in naam; aan de titel verbonden; ~ *saint* patroon [v. e. kerk]; **II** *sb* titularis

tizzy ['tizi] geagiteerdheid; *in a ~* geagiteerd, van de kook

to [tu:, tu, tə] **I** *prep* te, om te; tot, aan; tot op; naar, tegen; jegens; voor; bij, in vergelijking met; volgens; op; onder; *brother ~ the king* broeder van de koning; *tender ~ weakness* teder bij zwakheid af; *at ten minutes ~ twelve* om tien minuten vóór twaalf; *he sang ~ his guitar* hij begeleidde zijn zang met (op) de gitaar; *but ~ our story* maar om op ons verhaal terug te komen; *there is (it has) more ~ it* er steekt meer in; het gaat hierbij om meer; *the first book ~ appear* het eerste boek dat verschijnt; *you will smile ~ recall* ...als je je herinnert; **II** *ad the door is ~* de deur is dicht; *~ and fro* heen en weer

toad [toud] 🐸 pad; *fig* klier, kwal, kreng *o*

toadstool ['toudstu:l] paddestoel

toady ['toudi] **I** *sb* pluimstrijker; **II** *vi ~ to* = **III** *vt* pluimstrijken

toast [toust] **I** *sb* geroosterd brood *o*; toost, (heil)dronk; op wie getoost wordt (*spec* een dame); *give (propose) a ~* een dronk instellen; **II** *vt* roosteren; warmen [voor het vuur]; een toost instellen op; **III** *vi* toosten; **IV** *vr ~ oneself* zich warmen; **–er** (brood)rooster; **toasting-fork** roostervork; **toast-master** tafelceremoniemeester bij grote diners; **~-rack** rekje *o* voor geroosterd brood

tobacco [tə'bækou] tabak; **–nist** tabaksverkoper, sigarenhandelaar; **~-pipe** tabakspijp

toboggan [tə'bɔgən] **I** *sb* tobogan; **II** *vi* met de tobogan glijden

toby(-jug) ['toubi(dʒʌg)] melkkan, bierpot in de vorm v. oude man met steek op

tocsin ['tɔksin] alarmgelui *o*; alarmklok

tod [tɔd] *on one's ~* **S** alleen

to(-)day [tə-, tu'dei] vandaag, heden; vandaag de dag, tegenwoordig

toddle ['tɔdl] **I** *vi* waggelend gaan, dribbelen; **F** tippelen; opstappen; *~ round* rondkuieren; eens aanwippen; **II** *sb* kuier, waggelende gang; **–r** dribbelaar, kleuter, dreumes

toddy ['tɔdi] palmwijn; grog

to-do [tə'du:] opschudding, verwarde situatie

toe [tou] **I** *sb* teen; neus [v. schoen]; punt; *big (great)* ~ grote teen; *turn up one's ~s* **S** het hoekje omgaan; *on one's ~s* op zijn tenen; geen rust hebbend, in spanning, op zijn qui-vive; **II** *vt* met de tenen aanraken; een teen aanzetten [kous]; **S** een schop geven; *~ the line (the mark)* met de tenen aan de streep (gaan) staan [bij wedstrijden]; zich onderwerpen, gehoorzamen; *make sbd. ~ the line* iem. dwingen; **~-cap** neus [v. schoen]; **–hold** steun voor de teen; **F** precaire positie, vooruitgeschoven stelling; geringe invloed

toff [tɔf] **S** lefgozer, branieschopper

toffee ['tɔfi] toffee

tog [tɔg] **F** **I** *vt* uitdossen; *~ged out (up)* netjes „aangedaan"; **II** *sb ~s* plunje, kleren, „nette" pak

toga ['tougə] toga

together [tə'geðə] samen, te zamen; bij, met of tegen elkaar; (te)gelijk; aan elkaar, aaneen; achtereen; *~ with* (in vereniging) met, benevens; **–ness** saamhorigheid

toggle ['tɔgl] ⚓ knevel; dwarspen; *~ coat* houtje-touwtjejas

toil [tɔil] **I** *vi* hard werken, zwoegen, ploeteren; *~ and moil* werken en zwoegen, zich afbeulen; *~ through* doorworstelen; **II** *sb* hard werk(en) *o*, gezwoeg *o* || *in the ~s of...* in de netten (strikken) van...; **–er** zwoeger

toilet ['tɔilit] toilet² *o*; **~-paper** toilet-, closetpapier *o*; **–ries** toiletartikelen

toilsome ['tɔilsəm] moeilijk, zwaar; **toil-worn** afgewerkt

token ['toukn] **I** *sb* (ken)teken *o*, aandenken *o*; blijk *o* (van *of*); bewijs *o*, bon; *by this ~, by the same* ~ weshalve; daarenboven, evenzeer; *more by ~* ten bewijze daarvan; *in ~ of* ten teken van, als blijk van; **II** *aj* symbolisch; *~ coin, ~ money* tekenmunt; *~ payment* symbolische betaling

told [tould] V.T. & V.D. van *tell*

tolerable ['tɔlərəbl] *aj* te verdragen, duldbaar, draaglijk; tamelijk, redelijk; **–ly** *ad* draaglijk, tamelijk, redelijk, vrij; **tolerance** verdraagzaamheid; tolerantie; remedie [v. munten]; ✕ speling; **–ant** verdraagzaam; **–ate** tolereren, verdragen, lijden, toelaten, dulden, gedogen; **–ation** [tɔlə'reiʃən] toelating, dulding; verdraagzaamheid, tolerantie

1 toll [toul] *sb* tol, tolgeld *o*, staan-, weg-, bruggegeld *o*; maalloon *o*; schatting; *the ~ of the road* de slachtoffers van het verkeer; *take ~ of* tol heffen van; *take a heavy ~ of the enemy* de vijand gevoelig treffen; *take a heavy ~ of human life* veel mensenlevens eisen, tal van slachtoffers maken; *take too great a ~ of* ook: te veel vergen van

2 toll [toul] **I** *vt & vi* luiden, kleppen; **II** *sb* gelui *o*, geklep *o*, (klok)slag

toll(l)-booth ['toulbu:θ] tolhuis *o*

toll-call ['toulkɔ:l] ☎ interlokaal gesprek *o* over korte afstand

toll-free ['toul'fri:] rolvrij; **~-gatherer** tolgaarder; **~-man** tolgaarder; bruggeman; **~-money** tolgeld *o*

tom [tɔm] mannetje *o* [v. sommige dieren]; kater; *T~, Dick, and Harry* Jan, Piet en Klaas; *T~ Thumb* Kleinduimpje; tompouce; *peeping T~* begluurder, voyeur

tomahawk ['tɔməhɔ:k] **I** *sb* tomahawk: strijdbijl [v. Indiaan]; **II** *vt* met de tomahawk slaan of doden; *fig* afmaken

tomato [tə'ma:tou] tomaat
tomb [tu:m] graf² *o*, (graf)tombe; *fig* (de) dood
tombola ['tɔmbələ] tombola
tomboy ['tɔmbɔi] robbedoes [meisje]
tombstone ['tu:mstoun] grafsteen, zerk
tom cat ['tɔm'kæt] kater
tome [toum] (boek)deel *o*
tomfool ['tɔm'fu:l] **I** *sb* grote gek, kwast; **II** *vi* zich dwaas aanstellen; gekke streken uithalen; **–ery** [tɔm'fu:ləri] gekheid, dwaze streken, zotternij, onzin; flauwe kul
Tommy ['tɔmi] verk. v. *Thomas*; de Engelse soldaat (ook: ~ *Atkins*)
tommy ['tɔmi] **S** brood *o*; kost; *brown* ~ ✕ commiesbrood *o*; **~-gun** ✕ machinekarabijn; **–rot F** klets, larie, onzin
to(-)morrow [tə-, tu'mɔrou] de dag van morgen; morgen; de volgende dag; ~ *come never* met sint-jut(te)mis
tomtit ['tɔm'tit] meesje *o*, pimpelmees
tomtom ['tɔmtɔm] tamtam [handtrom]
1 ton [tʌn] ton (2240 Eng. ponden = ± 1016 kilo; ⚓ 100 kub. voet; 954 liter); **S** 100 mijl per uur; ~*s of money* **F** hopen geld
2 ton [tɔ:ŋ, tɔ:n] bon ton; mode
tonal ['tounəl] tonaal, toon-; **–ity** [tou'næliti] tonaliteit, toonaard; **tone** [toun] **I** *sb* toon*, klank; stembuiging; schakering, tint; tonus, spanning; stemming; *take that* ~ zo'n toon aanslaan; *in a low* ~ op zachte toon; **II** *vt* stemmen; tinten; kleuren; ~ *d o w n* temperen, verzachten, afzwakken; ~ *u p* versterken; opkikkeren; **III** *vi* harmoniëren; ~ *d o w n* verflauwen; ~ *t o apricot* zacht overgaan in, zwemen naar; ~ (*in*) *well w i t h* goed komen bij; **~-deaf** amuzikaal; **–less** toonloos, klankloos, kleurloos; krachteloos, slap, zwak; onmuzikaal
tongs [tɔŋz] tang; *a pair of* ~ een tang
tongue [tʌŋ] tong; taal, spraak; landtong; tongetje *o* [v. balans, gesp &]; klepel [v. klok]; lip [v. schoen]; ~ *and groove* messing en groef; *find one's* ~ de spraak terugkrijgen; beginnen te praten; *give* ~ aanslaan [hond]; hard praten; *hold one's* ~ zijn (de) mond houden; *he let his* ~ *run away with him* hij kon zijn tong niet in toom houden; hij heeft zijn mond voorbijgepraat; *be on the* ~*s of men* over de tong gaan; ~ *in cheek* ironisch, spotachtig ongelovig, meesmuilend, doodleuk; **–less** zonder tong; *fig* sprakeloos, stom; **~-tied** niet kunnende of niet mogende spreken; met zijn mond vol tanden, stom, sprakeloos; **~-twister** moeilijk uit te spreken woord *o* of zin
tonic ['tɔnik] **I** *aj* tonisch, opwekkend, versterkend; **♪** toon-; ~ klemtoon; ~ *sol-fa* [sɔl'fa:] **♪** Eng. zangmethode aan namen (niet aan noten) ontleend; **II** *sb* tonicum *o*, versterkend (genees)middel *o*; tonic (ook: ~ *water*)

[drank]; **♪** tonica, grondtoon
tonicity [tou'nisiti] toniciteit, veerkracht [v. spieren]
tonight [tə-, tu'nait] deze avond; hedenavond, vanavond; deze nacht
tonnage ['tɔnidʒ] tonnenmaat, scheepsruimte, laadruimte; tonnegeld *o*
tonsil ['tɔnsil] (keel)amandel; **tonsillitis** [tɔnsi'laitis] amandelontsteking
tonsure ['tɔnʃə] **I** *sb* tonsuur, kruinschering; **II** *vt* de kruin scheren (van)
too [tu:] ook; te, al te; *and...* ~ en nog wel..., en ook nog...
took [tuk] V.T. & V.D. van *take*
tool [tu:l] **I** *sb* gereedschap *o*, werktuig² *o*; [boekbinders]stempel; ~*s* ook: gereedschap *o*; **II** *vt* bewerken; ~ *up* met machines uitrusten [fabriek]; **III** *vi* **F** ~ *along* rondrijden; **~-box** gereedschapskist; **–er** soort beitel
toot [tu:t] **I** *vi* (& *vt*) toet(er)en, blazen (op); **II** *sb* getoeter *o*; **–er** toeter, toethoorn; blazer
tooth [tu:θ] **I** *sb* tand, kies; *they fought* ~ *and nail* zij vochten uit alle macht; zij verdedigden zich met hand en tand; *in the teeth of* trots, tegen... in; *in the* (very) *teeth of the gale* vlak tegen de storm in; *cast* (*fling, throw*) *it in the teeth of...* het... voor de voeten werpen, het... verwijten; **II** *vt* van tanden voorzien, tanden; **–ache** kies-, tandpijn; **~-brush** tandenborstel; **~-comb** fijne kam, stofkam; **–ed** [tu:θt, tu:ðd] getand; **–ful** ['tu:θful] *a* ~ een hapje *o*, een drupje *o*, een vingerhoed van iets; **–less** tandeloos; **–paste** tandpasta; **–pick** tandestoker; **~-some** smakelijk, lekker; **–y** met vooruitstekende tanden, met veel (vertoon van) tanden
tootle ['tu:tl] **I** *vi* & *vt* zacht en aanhoudend toeteren, blazen; **II** *sb* getoeter *o*
tootsy(-wootsy) ['tu:tsi('wu:tsi)] **F** pootje *o*, voetje *o*; lieveling, schat(tebout)
1 top [tɔp] **I** *sb* top, kruin, spits, bovenstuk *o*, bovenste *o*; boveneinde *o*, hoofd *o* [v. tafel]; oppervlakte; dak *o*; kap; hemel [v. ledikant]; deksel *o*; blad *o* [v. tafel]; dop [v. vulpen]; ⚓ mars; *fig* toppunt *o*; de (het) hoogste (eerste); *big* ~ chapiteau *o* [circus(tent)]; ~*s* kappen [v. laarzen]; kaplaarzen; kamwol; (*the*) ~*s! Am* **S** prima, eersterangs; *a t the* ~ bovenaan; *be at the* ~ *of his class* nummer één (van de klas) zijn; *at the* ~ *of his speed* zo hard mogelijk; *be at the* ~ *of the tree* op de bovenste sport staan, de man zijn; *at the* ~ *of his voice* uit alle macht, zo hard hij kon; *f r o m* ~ *to bottom* van boven tot onder; *from* ~ *to toe* van top tot teen; *o n* ~ bovenaan; bovenop; daarbij; *come out on* ~ overwinnaar zijn, het winnen; *on* (*the*) ~ *of...* (boven)op; over... heen; behalve, bij; *on* ~ *of this I had to...* daarna moest ik nog...; *come t o the* ~ boven (water) komen; *she humours him to the* ~ *of*

his bent zij geeft hem in alles zo veel mogelijk zijn zin; *go over the* ~ zich in de strijd werpen; **II** *aj* bovenste, hoogste, eerste; prima; *a* ~ *G ♪* een hoge g; **III** *vt* bedekken; beklimmen (tot de top); hoger opschieten, langer zijn dan; *fig* overtreffen, uitmunten, zich verheffen boven; toppen; ~ *the list* bovenaan staan; ~ *the poll* de meeste stemmen hebben; *to* ~ *it all* om de kroon op het werk te zetten; ~ *up ✕* bijvullen; **IV** *vi* zich verheffen; ~ *off* (*up*) er een eind aan maken, besluiten; ~ *up with* eindigen met; *to* ~ *up with* om te eindigen; ook: tot overmaat van ramp

2 top [tɔp] *sb* tol; *sleep like a* ~ slapen als een roos

topaz ['toupæz] topaas *o* [stofnaam], topaas *m* [voorwerpsnaam]

top-boots ['tɔp'bu:ts] kaplaarzen

top-boy ['tɔp'bɔi] nummer één (van de klas); ~**-coat** overjas; deklaag [v. verf]; ~ **dog** nummer één, baas; ~**-dressing** bovenbemesting; deklaag [v. verf], vernislaag

tope [toup] zuipen, pimpelen

topee ['toupi] helmhoed

toper ['toupə] drinkebroer, zuiplap

topflight ['tɔpflait] **F** eersterangs, best

topgallant mast [tɔp'gæləntma:st] bramsteng; ~ **sail** bramzeil *o*

top-hat ['tɔp'hæt] hoge hoed

top-heavy ['tɔp'hevi] topzwaar[2]

top-hole ['tɔp'houl] **S** prima, uitstekend

topic ['tɔpik] onderwerp *o* (van gesprek &); ~*al* plaatselijk; van lokaal belang; actueel [onderwerp]; ~ *songs* coupletten; ~**ality** [tɔpi'kæliti] actualiteit

top-knot ['tɔpnɔt] kuif [v. vogel]; chignon; haarstrik; **S** hoofd

topman ['tɔpmən] ⚓ marsgast; **topmast** ⚓ (mars)steng

topmost ['tɔpmoust] bovenste, hoogste; **topnotch F** best, prima

topographer [tɔ'pɔgrəfə] plaatsbeschrijver; ~**phical** [tɔpə'græfikl] topografisch, plaatsbeschrijvend; ~**phy** [tɔ'pɔgrəfi] plaatsbeschrijving

topper ['tɔpə] bovenste beste, kraan; hoge hoed; **topping S** prima, uitstekend, prachtig, heerlijk

topple ['tɔpl] (*vt* &) *vi* (doen) tuimelen (ook: ~ *down, over*), (doen) omvallen[2]

topsail ['tɔpseil, 'tɔpsl] marszeil *o*

top-secret ['tɔpsi:krit] hoogst geheim

topside ['tɔpsaid] **I** *ad* bovenop; **II** *sb* bovenste *o*, bovenkant; ~*s* ⚓ bovenschip *o*

top-soil ['tɔpsɔil] bovengrond

top speed ['tɔp'spi:d] topsnelheid; (*a*) ~ in volle vaart, met volle kracht, zo hard mogelijk

topsyturvy ['tɔpsi'tə:vi] **I** *ad* onderst(e)boven, op zijn kop[2]; **II** *aj* op zijn kop staand; *fig* averechts; **III** *sb* chaotische verwarring, verkeerde

wereld; **IV** *vt* onderst(e)boven keren, op zijn kop zetten[2]

tor [tɔ:] rotspiek

torch [tɔ:tʃ] toorts[2], fakkel[2]; lamp [v. huisschilder, loodgieter]; *electric* ~ elektrische zaklantaarn, staaflantaarn; *carry a* ~ *for* [*Am*] **F** verliefd zijn op; zie ook: *oxyacetylene*; ~**-bearer** fakkeldrager, toortsdrager; ~**-light** fakkellicht *o*; ~ *procession* fakkel(op)tocht; ~ **race** fakkelloop

tore [tɔ:] V.T. van 2 *tear*

toreador ['tɔriədɔ:] toreador: stierenvechter te paard

torero [tɔ'rɛərou] torero: stierenvechter te voet

torment I *sb* ['tɔ:ment] foltering, kwelling, marteling, plaag; **II** *vt* [tɔ:'ment] folteren, kwellen, martelen, plagen; ~**or** kwelgeest, folteraar, pijniger, beul

torn [tɔ:n] V.D. van 2 *tear*

tornado [tɔ:'neidou] tornado, wervelstorm

torpedo [tɔ:'pi:dou] **I** *sb* 🐟 sidderrog; ✕ torpedo; **II** *vt* torpederen[2]; ~**-boat** torpedoboot; ~ *destroyer* torpedojager; ~**-tube** torpedolanceerbuis

torpid ['tɔ:pid] stijf, verstijfd; in een staat van verdoving; loom, traag; ~**ity** ['piditi], ~**ness** ['tɔ:pidnis] = *torpor*; **torpor** ['tɔ:pə] verstijfdheid; verdoving; loomheid, traagheid

torque [tɔ:k] ✕ koppel *o*; ⬭ halssnoer *o*

torrent ['tɔrənt] (berg)stroom, (stort)vloed[2]; *in* ~*s* in (bij) stromen; ~**ial** [tɔ'renʃəl] in stromen neerkomend; ~ *rains* stortregens

torrid ['tɔrid] brandend, verzengend, heet; ~**ity** [tɔ'riditi], ~**ness** ['tɔridnis] brandende hitte, verzengend karakter *o*

torsion ['tɔ:ʃən] (ver)draaiing, wringing; ~**-balance** torsiebalans

torso ['tɔ:sou] torso, romp [v. standbeeld]

tort [tɔ:t] 🏛 onrecht *o*, benadeling

tortile ['tɔ:til] gedraaid, kronkelend

tortious ['tɔ:ʃəs] 🏛 onrechtmatig

tortoise ['tɔ:təs] 🐢 (land)schildpad; ~**-shell I** *sb* schildpad *o*; geel en bruin gestreepte kat; 🦋 vos; **II** *aj* schildpadden

tortuosity [tɔ:tju'ɔsiti] bochtigheid, kronkeling, bocht, kromming; *fig* draaierij; **tortuous** ['tɔ:tjuəs] bochtig, gekronkeld, kronkelig, gedraaid; *fig* zich met draaierijen ophoudend, niet recht door zee (gaand)

torture ['tɔ:tʃə] **I** *sb* foltering, pijniging; kwelling; verdraaiing; *put to* (*the*) ~ folteren, op de pijnbank leggen; **II** *vt* folteren, pijnigen, kwellen; verdraaien; ~**r** folteraar, pijniger; beul; verdraaier

Tory ['tɔ:ri] Tory, koningsgezinde; thans: conservatief [in de politiek]; ~**ism** politiek conservatisme *o*

tosh [tɔʃ] **S** klets, gezwam *o*, onzin

toss [tɔs] **I** *vt* omhoog-, opgooien; (toe)gooien, -werpen; heen en weer slingeren; keren [hooi]; ~ *one's head* het hoofd in de nek werpen; *I'll* ~ *you for it* (*who has it*) we zullen er om opgooien; ~ *a b o u t* heen en weer slingeren; lichtvaardig ter sprake brengen; ~ *a s i d e* op zij gooien; ~ *a w a y* weggooien; ~ *i n a blanket* jonassen, sollen; ~ *o f f* ook: naar binnen slaan [borrel], in het voorbijgaan doen, laten vallen [opmerking]; S masturberen; ~ *u p* opgooien [geldstuk]; de lucht in gooien; **II** *vi* heen en weer rollen, woelen [in gooien]; slingeren, heen en weer schudden, zwaaien of waaien; opgooien (om iets); ~ *about* woelen; **III** *sb* opgooien *o*; *sp* toss, opgooi; worp [met dobbelstenen]; slinger(ing); = *toss-up*; *with a* ~ *of the head* het hoofd in de nek werpend; **–er** opgooier, werper; **toss-pot** S dronkelap; **toss-up** dubbeltje *o* op zijn kant; gok

⊙ **tost** [tɔst] = *tossed*

1 tot [tɔt] peuter; borreltje *o*

2 tot [tɔt] **I** *sb* optelling, (optel)som; **II** *vt* optellen (ook: ~ *up*); **III** *vi* oplopen; *it* ~*s up to...* het beloopt...

total ['toutl] **I** *aj* (ge)heel, gans, volslagen, totaal, gezamenlijk; **II** *sb* totaal *o*; gezamenlijk bedrag *o*; **III** *vt* & *vi* optellen; een totaal vormen van...; *the visitors* ~*led 1200* het aantal bezoekers bedroeg 1200 (ook: ~ *up to*)

totalitarian [toutæli'tɛəriən] totalitair; **–ism** totalitarisme *o*

totality [tou'tæliti] totaal *o*, geheel *o*

totalizator ['toutəlaizeitə] totalisator; **totalize** op-, samentellen; een totalisator gebruiken; **–r** totalisator; **totally** ['toutəli] *ad* totaal, helemaal; < zeer

1 tote [tout] *sb* F totalisator

2 tote [tout] *vt Am* F dragen; vervoeren

totem ['toutəm] totem: stamteken *o*

tother ['tʌðə] verk. voor *the other*

totter ['tɔtə] waggelen, wankelen; ~*ing to its fall* de ondergang nabij; **–y** waggelend, wankel

toucan ['tu:kæn] toekan, pepervreter

touch [tʌtʃ] **I** *vt* aanraken°, aanroeren²; raken; aankomen, komen aan; ♪ aanslaan, spelen (op); raken [ook v. lijnen], aangaan, betreffen; deren; aantasten, uitwerking hebben op; aandoen [ook v. schepen], roeren, treffen; toucheren° [geld &]; in de wacht slepen; *there you* ~*ed him* daar hebt u een gevoelige snaar bij hem aangeraakt; *you can't* ~ *him* je haalt niet bij hem; *you can't* ~ *it* je kunt er niet aan tippen; *you* ~ *it there* u slaat de spijker op de kop; ~ *bottom* grond voelen; het laagste punt bereiken; ~ *one's cap* (*hat*) tikken aan, aanslaan (voor *to*); salueren, groeten; ~ *glasses* klinken (met *with*); *you are* ~*ing pitch* je moet je er liever niet mee inlaten; ~ *the spot* de vinger leggen op de zere plek; *fig* ad rem zijn; ~

wood eventjes „afkloppen"; ● ~ *sbd. f o r...* F van iem... (trachten te) krijgen; ~ *i n* aanbrengen [enkele trekjes]; ~ *o f f* op het papier gooien, uit de mouw schudden; doen afgaan [vuurwapen], doen losbarsten, ontketenen; ~ *u p* opknappen, opwerken, bijwerken; retoucheren; ~ *up a horse* wat aanzetten [met de zweep]; ~ *up sbd.'s memory* iems. geheugen wat opfrissen; **II** *vi* & *va* elkaar aanraken of raken; ● ~ *a t* ⚓ aandoen [haven]; ~ *d o w n* de bal tegen de grond drukken [rugby]; ~ *down* ✈ landen op een rots stoten; ~ (*up*)*on a painful subject* een pijnlijk onderwerp aanroeren; **III** *sb* aanraking; tikje² *o*, zweempje *o*, tikkeltje *o*, pietsje *o*; lichte aanval [v. ziekte]; ♪ aanslag; tastzin, gevoel *o*; voeling, contact *o*; streek [met penseel]; (karakter)trek, trekje *o*, cachet *o*; ✎ toets(steen); *a* ~ *of romance* iets romantisch; *a* ~ *of the sun* een zonnesteek; *it was a near* ~ het was op het kantje af; *find* ~ voeling krijgen; *keep* ~ *of* (*with*) voeling blijven houden met; *stand the* ~ de proef doorstaan; steekhoudend blijken (zijn); ● *a t a* ~ bij de minste aanraking; *play at* ~ naloopertje spelen; *be i n* ~ *with* voeling hebben met; *be o u t of* ~ *with* geen voeling hebben met; *it is soft t o the* ~ het voelt zacht aan; *put to the* ~ op de proef stellen; **–able** aan te raken &; voelbaar, tastbaar, voor aandoening vatbaar; **~-and-go** *it was* ~ het was op het nippertje; het scheelde maar een haartje; **~-down** ['tʌtʃdaun] tegen de grond drukken *o* v.d. bal [rugby]; ✈ landing; **–ed** aangedaan; F (van lotje) getikt; ~ *in the wind* gauw buiten adem; ~ *with* ook: met een tikje (tintje)...; **–er** wie aanraakt &; *it was a near* ~, *as near as a* ~ S het scheelde een haar; **~-hole** zundgat *o*; **touching I** *aj* roerend, aandoenlijk; **II** *prep* aangaande, betreffende; *as* ~... wat... betreft; **touch last** naloopertje *o*; **~-line** *sp* zijlijn; **~-me-not** 🌿 springzaad *o*; *fig* kruidje-roer-mij-niet *o*; **~-needle** proefnaald; **~-stone** toetssteen; **~-type** blindtypen; **~-up** *give it a* ~ het wat retoucheren, wat opknappen; **–wood** zwam *o*; **touchy** *aj* lichtgeraakt, kittelorig, gauw op zijn teentjes getrapt, teergevoelig

tough [tʌf] **I** *aj* taai; stevig; moeilijk (te geloven) hard, ongevoelig, ruw; misdadig, onguur, schurkachtig; ~ *luck* F reuze pech; ~ *guy* = **II** *sb* F jongen van de vlakte, zware jongen, boef; **–en** *vt* (& *vi*) taai(er) & maken (worden), zie *tough* **I**; **–ish** een beetje taai

toupee, toupet ['tu:pei] haartoer, toupet

tour [tuə] **I** *sb* (rond)reis, toer, tochtje *o*; tournee; rondgang; *the grand* ~ 🎓 de grote reis [door Frankrijk, Italië & ter voltooiing van de opvoeding]; **II** *vi* (& *vt*) een (rond)reis maken (door); afreizen; op tournee gaan of zijn (met)

tour-de-force [tuədə'fɔːs] *Fr* krachttoer, schitterende prestatie

tourer ['tuərə], **touring-car** ['tuəriŋka:] toerauto

tourism ['tuərizm] tourisme *o*; **–ist** I *sb* toerist; II *aj* toeristisch; ~ *agency* reisbureau *o*; ~ *class* toeristenklasse; ~ *industry* toerisme *o*; ~ *traffic* vreemdelingenverkeer *o*

tournament ['tuənəmənt], **tourney** ['tuəni] toernooi *o*

tourniquet ['tuənikei] 🗲 knevelverband *o*

tousle ['tauzl] in wanorde brengen, verfomfaaien; verfrommelen; stoeien met

tout [taut] I *vi* klanten lokken [voornamelijk voor hotels]; ~ (*round*) spioneren [in de buurt van renstallen]; ~ *for custom(ers)* klanten werven of zien te krijgen; II *sb* klantenlokker, runner [v. hotel &]; spion van de renpaarden

1 tow [tou] *sb* werk *o* [van touw]

2 tow [tou] I *vt* slepen*, boegseren; II *sb* slepen *o* of boegseren *o*; gesleept schip *o*; *take in* ~ op sleeptouw nemen²; **–age** slepen *o* of boegseren *o*; sleeploon *o*

toward ['touəd] I *aj* ⚓ leerzaam, gewillig; gunstig; veelbelovend; op handen; aan de gang; II [tə'wɔ:d, tɔ:d] *prep* *toward(s)*; **toward(s)** [tə'wɔ:d(z), tɔ:d(z)] *prep* naar... toe; tegen; tegenover, jegens; omtrent; voor, met het oog op; *he has done much* ~ it hij heeft er veel toe bijgedragen

towel ['tauəl] I *sb* handdoek; *throw in the* ~ zich gewonnen geven; II *vt* afdrogen [met handdoek]; S *fig* afdrogen, afranselen; III *vi* zich afdrogen; **~-horse** handdoekenrekje *o*; **towelling** handdoekenstof; S afranseling; **towel-rail** ['tauəlreil] handdoek(en)rekje *o*

1 tower ['touə] *sb* ⚓ sleper

2 tower ['tauə] I *sb* toren; burcht, kasteel *o*; *a* ~ *of strength* een „vaste burcht"; II *vi* zich verheffen, torenen, (hoog) uitsteken² (boven *above, over*); hoog opvliegen; **–ed** van torens voorzien; **–ing** torenhoog, torenend; geweldig; *he was in a* ~ *passion* (*rage*) hij was geweldig boos; ~ **wag(g)on** 🚢 montagewagen, plateauwagen; hoogwerker

towheaded ['tou'hedid] met strokleurig haar

town [taun] stad; gemeente; *T~* Londen, *Am* New York; ~ *and gown* ⚭ de burgerij en de academici; *come to* ~ F naar (fortuin) maken, succes hebben; *go to* ~ naar (de) stad gaan; F aan de rol gaan; het geld laten rollen, het ervan nemen; zie verder *come to* ~; **~-bred** stads-; ~ **clerk** gemeentesecretaris; ~-**council** gemeenteraad; ~ **councillor** gemeenteraadslid *o*; ~ **crier** stadsomroeper; **–ee** [tau'ni:] S ⚭ nietstudent; > stadsmens; ~ **hall** ['taun'hɔ:l] stad-, raadhuis *o*; ~ **house** huis *o* in de stad [tegenover het buiten]; **–ish** stads, steeds; ~ **major** plaats-

commandant; ~-**planner** stedebouwkundige; ~-**planning** I *sb* stedebouw; II *aj* stedebouwkundig; **–scape** stadsgezicht *o*; **–sfolk** stedelingen; **–ship** stadsgebied *o*, gemeente; [als bestuurlijke eenheid]; **–sman** stedeling; stadgenoot; **–speople** mensen van de (= onze) stad; stedelingen; ~ **talk** stadspraatje *o*; *that's common* ~ men praat over niets anders; **towny** I *aj* stads; II *sb* ⚭ stadgenoot

tow-path ['toupa:θ] jaagpad *o*; ~-**rope** sleeptouw *o*, -tros

toxic ['tɔksik] toxisch: vergiftig; vergiftigings-; vergift-; **–ologist** [tɔksi'kɔlədʒist] toxicoloog: vergiftenkenner; **–ology** toxicologie: vergiftenleer; **toxin** ['tɔksin] toxine, giftstof

toxophilite [tɔk'sɔfilait] boogschutter

toy [tɔi] I *sb* (stuk) speelgoed *o*; *fig* speelbal; beuzelarij; II *vi* spelen, beuzelen, mallen; ~ *with one's food* kieskauwen; ~ **dog** schoothondje *o*; hondje *o* [speelgoed]; ~ **poodle** dwergpoedel; **–shop** speelgoedwinkel

1 trace [treis] *sb* streng [v. paard]; *kick over the* ~*s* uit de band springen

2 trace [treis] I *sb* spoor* *o*, voetspoor *o*; tracé *o* [v. fort]; II *vt* nasporen, opsporen, volgen, nagaan; over-, natrekken; traceren, schetsen, (af)tekenen; afbakenen [weg], aangeven [gedragslijn]; neerschrijven [woorden]; ~ *his genealogy b a c k to...* zijn geslacht (kunnen) nagaan tot...; ~ *o u t* opsporen, natrekken; uitstippelen, afbakenen; ~ *o v e r* natrekken; ~ *a crime t o* ... een misdaad afleiden uit (van)...; een misdaad wijten aan...; ...de schuld geven van een misdaad

traceable ['treisəbl] na te gaan, naspeurbaar

trace element ['treiselimənt] spoorelement *o*

tracer ['treisə] naspeurder; ⚓ spoorkogel, -granaat (ook: ~ *bullet*, ~ *shell*); tracer [radioactieve isotoop]

tracery ['treisəri] △ tracering, maaswerk *o*; netwerk *o* [op vleugel van insekt &]

trachea [trə'ki:ə, *mv* **tracheae** trə'ki:i:] luchtbuis [v. insekt]; luchtpijp [v. mens]; **tracheal** van de luchtpijp

tracing ['treisiŋ] nasporen *o* &; overgetrokken tekening; tracé *o*; tracering [als bouwk. versiering]; ~-**paper** calqueerpapier *o*

track [træk] I *sb* voetspoor *o*, wagenspoor *o*, spoor* *o*; baan*, pad *o*, weg; spoorlijn; rupsband [v. tractor]; nummer *o* [op grammofoonplaat]; *the beaten* ~ de platgetreden weg, gebaande wegen [bewandelen &]; *off the beaten* ~ veraf; *fig* ongewoon; *cover* (*up*) *one's* ~*s* zijn spoor uitwissen; *keep* ~ *of* volgen, nagaan, in het oog houden; *make* ~*s* F 'm smeren, maken dat je weg komt; *make* ~*s for* F afstevenen op; nazetten; *follow i n sbd.'s* ~*s* iems. spoor volgen; *in one's* ~*s* F op de plaats [doodblijven]; onmiddellijk; *off the* ~ het spoor bijster; *run off the* ~ derailleren; *be o n sbd.'s* ~ iem. op het spoor zijn; **II** *vt* nasporen, opsporen; (het spoor) volgen; ♺ slepen; ~ *d o w n* opsporen; ~ *o u t* opsporen, nagaan; ~ *u p* uitlijnen [v. autowielen]; **~-clearer** baanruimer; **tracked** met rupsbanden [voertuig]; **tracker** naspeurder, spoorzoeker, vervolger; ♒ speurhond (~ *dog*); **track events** *sp* loopnummers; **tracking station** volgstation *o* [bij ruimtevaart]; **trackless** spoorloos; ongebaand, onbetreden; **track suit** trainingspak *o*

1 tract [trækt] uitgestrektheid, streek; [spijsverterings- &] kanaal *o*, [urine- &] wegen

2 tract [trækt] traktaatje *o*, verhandeling

tractable ['træktǝbl] *aj* handelbaar, volgzaam, meegaand, gezeglijk

traction ['trækʃǝn] tractie, (voort)trekken *o*, trekkracht; **~-engine** straatlocomotief (voor zware lasten), tractor; **tractive** trekkend; trek-; **tractor** tractor; ↙ vliegtuig *o* met trekschroef; ~ *screw* ↙ trekschroef

trade [treid] **I** *sb* (koop)handel; ambacht *o*, beroep *o*, vak *o*, bedrijf *o*; zaken; ♺ vaart; *the* ~*s* de passaatwinden; *b y* ~ van beroep; *the Board of Trade* ± het ministerie van handel (en nijverheid); *Am* de kamer van koophandel; *every one t o his* ~ schoenmaker, blijf bij je leest; **II** *vi* handel drijven (in *in*); ♺ varen (op *to*); *~down (up)* goedkoper (duurder) gaan inkopen; ~ *on* uitbuiten, speculeren op; **III** *vt* verhandelen, (ver)ruilen (ook: ~ *away*, ~ *off*); ~ *in* inruilen voor nieuw; **~-board** industrieel overlegorgaan *o* voor arbeidsvoorwaarden; ~ **cycle** conjunctuur; ~ **discount** $ rabat *o* (korting) aan wederverkopers; ~ **dispute** arbeidsgeschil *o*; ~ **gap** tekort *o* op de handelsbalans; **~-in** inruil; ~ **list** prijscourant; ~ **mark** handelsmerk *o*; ~ **name** handelsnaam; handelsmerknaam; naam van de firma; ~ **price** grossiersprijs; **trader** $ koopman, handelaar; ♺ koopvaardijschip *o*; **tradesecret** fabrieksgeheim *o*; **tradesman** neringdoende, winkelier; leverancier; *dial* handwerksman; **tradespeople** *mv* v. *tradesman*; **Trades Union Congress** [Brits] Verbond *o* van Vakverenigingen; **trade-union** vakvereniging; **–ism** vakverenigingswezen *o*, vakbeweging; **–ist** lid *o* van een vakvereniging, georganiseerde; **trade wind** passaat(wind); **trading I** *aj* handeldrijvend, handels-; ~ *company* handelsmaatschappij; ~ *post* (*station*)handelsnederzetting, ▯ factorij; ~ *profit* bedrijfswinst; ~ *stamp* spaarzegel, waardezegel [v. winkel]; **II** *sb* nering, handel, omzet

tradition [trǝ'diʃǝn] overlevering, traditie; **–al** *aj* traditioneel, overgeleverd; de traditie volgend, traditiegetrouw; **–ally** *ad* traditioneel, volgens de overlevering, traditiegetrouw; vanouds

traduce [trǝ'dju:s] (be)lasteren

traffic ['træfik] **I** *vi* handel drijven (in *in*); *spec fig* sjacheren (in *in*); **II** *vt* verhandelen; versjacheren (ook: ~ *away*); **III** *sb* verkeer *o*; (koop)handel; **–ator** richtingaanwijzer; **~-cop** S verkeersagent; ~ **delay** verkeersopstopping; ~ **indicator** richtingaanwijzer; **trafficker** handelaar [in verdovende middelen e.d.]; **traffic lane** rijstrook; **~-lights** *mv* verkeerslichten; ~ **warden** parkeer-controleur

tragedian [trǝ'dʒi:djǝn] treurspeldichter; treurspelspeler; **tragedy** ['trædʒidi] tragedie[2], treurspel *o*; tragiek

tragic ['trædʒik] tragisch, treurspel-; **–al** tragisch; **tragi-comedy** tragikomedie

trail [treil] **I** *sb* spoor *o*; sleep, sliert; staart [v. komeet &]; rank [ook als ornament]; pad *o*; *off the* ~ het spoor bijster; *o n the* ~ op het spoor; **II** *vt* (achter zich aan) slepen; (het spoor) volgen; plattreden; ~ *one's coat*(*-tails*) uitdagend optreden; ruzie zoeken; **III** *vi* slepen; ♒ kruipen; vervagen (ook: ~ *away*, *off*); ~ *along* zich voortslepen; **–er** trailer, aanhangwagen, oplegger; caravan; trailer, voorfilm; ♒ kruipplant; **trailing edge** ↙ achterrand [v. vleugel]; **~-wheel** ↙ achterwiel

train [trein] **I** *vt* grootbrengen; opleiden, scholen; oefenen, drillen, africhten, dresseren; *sp* trainen; leiden [bomen]; ✗ richten [geschut]; **II** *vi* (zich) oefenen, (zich) trainen; **III** *sb* sleep; nasleep; gevolg *o*; stoet; aaneenschakeling, reeks; staart [v. affuit of vogel, ster &]; ✗ loopvuur *o*; (spoor)trein; ~ *of thought* gedachtengang; *b y* ~ per spoor; *i n* ~ aan de gang; *with... in its* ~ met als gevolg...; *bring in its* ~ na zich slepen; **~-bearer** sleepdrager; **trained** getraind, gedresseerd, geoefend, geschoold; ~ *dress* sleepjapon; ~ *nurse* (gediplomeerd) verpleegster; **trainee** [trei'ni:] *Am* in opleiding is, leerling; **trainer** ['treinǝ] trainer, oefenmeester, dresseur, africhter, drilmeester; ↙ lestoestel *o*; **training** trainen *o* &, opleiding, scholing, dressuur, oefening, africhting; leiding [v. ooftbomen &]; *be in* ~ zich trainen, opgeleid worden; **~-camp** oefenkamp *o*; **~-college** kweekschool, pedagogische academie; **~-ship** opleidingsschip *o*

train-load ['treinloud] treinlading, treinvol

train-oil ['treinɔil] (walvis)traan

train-sick ['treinsik] trein-, wagenziek

traipse [treips] rondsjouwen, -slenteren

trait [trei] (karakter)trek, kenmerk *o*, eigenschap

traitor ['treitǝ] verrader (van *to*); **–ous** verraderlijk; trouweloos; **traitress** verraadster

trajectory ['trædʒikt(ǝ)ri, trǝ'dʒektǝri] baan [van projectiel], kogelbaan

tram [træm] **I** *sb* tram; kolenwagen [in mijn]; **II** *vi* F trammen, per tram gaan (ook: ~ *it*); **~-car** tramwagen; **–line** tramrail(s); tramlijn

trammel ['træməl] **I** *sb* (schakel)net *o*; kluister, keten, boei, belemmering; ketelhaak; ellipspasser; **II** *vt* kluisteren, (in zijn bewegingen) hinderen, belemmeren

tramp [træmp] **I** *vi* trappen; stampen; sjouwen; rondtrekken, rondzwerven; **II** *vt* trappen op; aflopen, afzwerven, aftippelen; **III** *sb* zware tred, gestamp *o*; voetreis, zwerftocht; vagebond, zwerver, landloper; *Am* scharrel, lichtekooi; ⚓ wilde boot, vrachtzoeker (~ *steamer*); *on the* ~ **F** op de tippel

trample [træmpl] **I** *vi* trappelen; ~ *on* ook = **II** *vt* met voeten treden[2] (ook: ~ *under foot*, ~ *down*), trappen op, vertreden, vertrappen; **III** *sb* gestap *o*, getrappel *o*

trampoline ['træmpəlin] trampoline

tramway ['træmwei] tram(weg)

trance [trɑːns] verrukking, geestvervoering, trance; schijndood

tranquil ['træŋkwil] rustig, kalm; **tranquillity** [træŋ'kwiliti] rust(igheid), kalmte; **tranquillization** [træŋkwilai'zeiʃən] kalmering, bedaring; **tranquillize** ['træŋkwilaiz] tot bedaren brengen, kalmeren; **-r** rustgevend middel *o*, kalmerend middel *o*

transact [træn'zækt] **I** *vt* verrichten, (af)doen; *be* **~ed** ook: plaatshebben; **II** *vi* zaken doen; **-ion** verrichting, afdoening, (handels)zaak; transactie; **~s** ook: handelingen; *during these* **~s** terwijl dit (alles) gebeurde; **-or** uitvoerder, onderhandelaar

transalpine ['træn'zælpain] aan gene zijde van de Alpen [meestal aan de noordzijde]

transatlantic ['trænzət'læntik] transatlantisch

transcend [træn'send] te boven gaan, overtreffen; **-ence**, **-ency** transcendentie; voortreffelijkheid; **-ent** transcendentaal; alles overtreffend, voortreffelijk; **-ental** [trænsen'dentəl] transcendentaal, bovenzinnelijk

transcribe [træns'kraib] overschrijven, afschrijven; transcriberen [ook ♪]; uitwerken, overbrengen [steno]; **transcript** ['trænskript] afschrift *o*, kopie[2]; **-ion** [træns'kripʃən] transcriptie [ook ♪]; overschrijving; afschrift *o*

transect [træn'sekt] dwarsdoorsnijden

transept ['trænsept] dwarsschip *o*, dwarsbeuk [v. kerk]

transfer [træns'fəː] **I** *vt* overdragen, overbrengen, overhevelen; $ overmaken, overschrijven, overboeken, gireren; ver-, overplaatsen, overdrukken, calqueren; ~ *to* ook: overdragen aan, overschrijven op; **II** *vi* overgaan; overstappen (in *to*); **III** *sb* ['trænsfəː] overdracht, overbrenging, overheveling; $ overschrijving [v. eigendom], overboeking, overmaking, remise; overplaatsing; ook: overgeplaatst militair &; overstapkaartje *o*; overdruk

transferable [træns'fəːrəbl] overgedragen & kunnende worden; *not* ~ ook: strikt persoonlijk [op kaart]

transferee [trænsfə'riː] persoon aan wie iets overgedragen wordt; concessionaris; **transference** overdracht[2], overbrenging; **transferor** overdrager; **transfer-paper** overdrukpapier *o*; **~-picture** calqueerplaatje *o*

transfiguration [trænsfigju'reiʃən] herschepping, gedaanteverandering; transfiguratie, verheerlijking; **transfigure** ['træns'figə] van gedaante doen veranderen, herscheppen; verheerlijken

transfix [træns'fiks] doorboren, doorsteken; *stand* **~ed** als aan de grond genageld staan

transform [træns'fɔːm] om-, vervormen; van gedaante of vorm veranderen, (doen) veranderen; transformeren; **-able** te veranderen (in *into*), vervormbaar; **-ation** [trænsfɔː'meiʃən] om-, vervorming, (vorm)verandering, gedaanteverwisseling; transformatie; **-er** [træns'fɔːmə] vervormer; ✕ transformator

transfuse [træns'fjuːz] over-, ingieten, overbrengen [bloed door transfusie]; **~d** *with* doortrokken van; **-sion** overgieting; (bloed)transfusie

transgress [træns'gres] **I** *vt* overtreden, zondigen tegen, schenden, te buiten gaan, overschrijden; **II** *va* zondigen; **-ion** overtreding; zondigen *o*; misdaad; **-or** overtreder; zondaar

tranship [træn'ʃip] overschepen, óverladen, overslaan; **-ment** overscheping, óverlading, overslag

transience, **-ency** ['trænziəns(i)] korte duur, vergankelijkheid; **-ent** voorbijgaand, van korte duur, kortstondig, vergankelijk

transistor [træn'zistə] transistor (radio)

transit ['trænsit] **I** *sb* doorgang, doortocht, doorreis; doorvoer, transito *o*; vervoer *o*; ★ overgang; *in* ~ gedurende het vervoer, onderweg [van goederen]; *pass in* ~ $ in doorvoer passeren; transiteren; **~-** *duty* doorvoerrecht *o*; **~-** *trade* doorvoerhandel; **-ion** [træn'siʒən] **I** *sb* overgang(speriode); **II** *aj* overgangs-; **-ional** overgangs-; **-ive** ['trænsitiv] transitief, overgankelijk; **-ory** van voorbijgaande aard, kortstondig, vergankelijk, vluchtig

translate [træns'leit] **I** *vt* vertalen; overzetten; omzetten [in de daad]; overplaatsen [bisschop]; overbrengen; **B** ten hemel voeren (zonder dood); ~ *as* ook: uitleggen of opvatten als; **II** *vi* vertalen; zich laten vertalen; **-tion** vertaling, overzetting; omzetting [in de daad]; overplaatsing [v. bisschop &]; overbrenging; **-tor** vertaler

transliterate [trænz'litəreit] transcriberen: overbrengen in andere schrifttekens; **-tion** [trænzlitə'reifən] transcriptie

translucence, –ency [trænz'lu:sns(i)] doorschijnendheid, helderheid; **–ent** doorschijnend, helder

transmigrate ['trænz'maigreit] verhuizen, overgaan in een ander lichaam; **transmigration** [trænzmai'greifən] (land-, volks)verhuizing, zielsverhuizing, overgang; **transmissible** [trænz'misəbl] over te brengen &, overdraagbaar; overerfelijk; **–ion** transmissie, overbrenging [v. kracht], overzending, RT uitzending; overdracht [v. bezit]; overlevering; doorlating [v. licht]; voortplanting [v. geluid]; doorgeven o; ▲ versnellingsbak; **transmit** overbrengen, door-, overzenden, RT uitzenden; overdragen (op to); overleveren (aan to); doorlaten [v. licht &]; voortplanten [v. geluid &]; doorgeven; **transmittal** = *transmission*; **transmitter** overbrenger; † seingever; ☎ microfoon [v. telefoon]; RT zender; **transmitting-station** R zendstation o

transmogrification [trænzmɔgrifi'keifən] F metamorfose; **transmogrify** [trænz'mɔgrifai] F metamorfoseren

transmutation [trænzmju:'teifən] transmutatie, (vorm)verandering; **transmute** [trænz'mju:t] transmuteren, veranderen (in *into*)

transom ['trænsəm] dwarsbalk; kalf o; ~ *window* ventilatievenster o boven een deur, bovenlicht o

transonic [træn'sɔnik] = *transsonic*

transparency [træns'pɛə-, 'pærənsi] doorzichtigheid[2]; transparant o; dia, diapositief o; **–ent** doorzichtig[2], transparant; *fig* helder, duidelijk

transpiration [trænspi'reifən] uitwaseming &; **transpire** [træns'paiə] I vt uitwasemen, uitzweten; II vi doorzweten, uitwasemen; uitlekken; ruchtbaar worden; F gebeuren

transplant [træns'pla:nt] I vt overplanten, verplanten, overbrengen, ℱ transplanteren; II vi zich laten over-, verplanten &; III sb ℱ transplantatie; transplantaat o; **–ation** [trænspla:n'teifən] over-, verplanting, overbrenging, ℱ transplantatie

transport I vt [træns'pɔ:t] transporteren, overbrengen, verplaatsen; vervoeren; deporteren; *fig* in vervoering brengen; ~*ed with joy* verrukt van vreugde; ~*ed with passion* ook: meegesleept door zijn hartstocht; II sb ['trænspɔ:t] transport o, overbrenging, vervoer o; transportschip o, transportvliegtuig o; *fig* vervoering, verrukking; vlaag [v. woede &]; **–ation** [trænspɔ:'teifən] transport o, vervoer o, overbrenging; transportwezen o; deportatie; **–er** [træns'pɔ:tə] vervoerder; transporteur; ✗ loopkraan; transportband

transpose [træns'pouz] verplaatsen, verschikken, omzetten, verwisselen; transponeren [inz. ♪], overbrengen; **–sition** [trænspə'zifən] ver-

plaatsing, verschikking, omzetting, verwisseling; transpositie [inz. ♪], overbrenging

trans-ship = *tranship*

transsonic [træns'sɔnik] boven de geluidsbarrière [v. vliegsnelheid]

transsubstantiation ['trænsəbstænʃi'eifən] wezensverandering; transsubstantiatie

transude [træn'sju:d] doorzweten; doorsijpelen; zweten (sijpelen) door... heen

transverse ['trænzvə:s] (over)dwars

transvestism [trænz'vestizm] transvestie; **–ite** transvestiet; **–itism** = *transvestism*

1 trap [træp] I sb val, (val)strik, voetangel, klem; strikvraag; knip; klep [v. duivenslag]; fuik; valdeur, luik o; ✗ stankafsluiter, sifon; tweewielig rijtuigje o; S mond; politieagent; *fall (walk) into the* ~ in de val lopen; *lay (set)* ~*s before (for) sbd.* iem. strikken spannen; II vt in de val laten lopen, vangen, (ver)strikken; ~*ped* ook: aan alle kanten ingesloten [door sneeuw, vuur]

2 trap [træp] I vt optuigen, (op)tooien; II sb ~*s* F spullen, boeltje o

trapdoor ['træpdɔ:] luik o, valdeur

trapes [treips] = *traipes*

trapeze [trə'pi:z] trapeze, zweefrek o

trapezium [trə'pi:zjəm] trapezium o

trapper ['træpə] strikkenspanner; beverjager, pelsjager, trapper

trappings ['træpiŋz] sjabrak; opschik, tooi

trappy ['træpi] verraderlijk

trapse [treips] = *traipes*

trap-valve ['træpvælv] valklep

trash [træʃ] uitschot o, afval o & m; *fig* prul o, prullen, lor o & v, lorren, prulleboel, voddegoed o, bocht o & m; onzin, klets

trashy ['træʃi] prullig, lorrig, voddig

trauma ['trɔ:mə, *mv* **traumata** ['trɔ:mətə] ps trauma; ℱ wond, verwonding; **–tic** [trɔ:'mætik] traumatisch, wond-; **–tism** ['trɔ:mətizm] traumatische (door zware verwonding ontstane) toestand; **–tize** traumatiseren

travail ['træveil] barensweeën

travel ['trævl] I vi reizen; op en neer, heen en weer gaan; zich verplaatsen, zich bewegen, gaan, lopen, rijden; zich voortplanten [licht, geluid &]; II vt afreizen, doortrekken, bereizen; afleggen [afstand]; III sb reizen o; reis [*spec* naar 't buitenland]; reisbeschrijving; ✗ slag [v. zuiger &]; *on his* ~*s* ook: op reis; ~ **agency** reisbureau o; ~ **agent** reisagent; ~ **association** reisvereniging; vereniging voor vreemdelingenverkeer; **–ator** trottoir-roulant o; **travelled** bereisd; **traveller** reiziger; ~*'s cheque* reischeque; *a* ~*'s tale* jagerslatijn o, een leugen; **travelling I** aj reizend, reis-; ~ **allowance** reistoelage; ~ **bag** reistas; ~ **companion** reisgenoot; ~ **crane** loopkraan; II sb reizen o, reis; **travelogue** ['trævəlɔg, 'træ-

vəloug] reisverslag *o* met illustraties, dia's &,
reisfilm; **travel-soiled** ['trævlsɔild], **~-stain-
ed, ~-worn** vuil van de reis, verreisd
traverse ['trævə(:)s] **I** *aj* dwars-; **II** *sb* dwarsbalk;
dwarslat, -stuk ; dwarsgang; transversaal; ⚓
koppelkoers; ~ *table* ⚓ bestekbrief; **III** *vt* dwars
overgaan; oversteken; doortrekken, (door)krui-
sen, doorsnijden, doorgaan, *fig* [iets zorgvuldig]
doornemen; dwarsbomen; opkomen tegen, betwisten (bijv. ~ *the received opinions*)
travesty ['trævisti] **I** *vt* travesteren, parodiëren; **II**
sb travestie, bespotting
trawl [trɔ:l] **I** *sb* treil, sleepnet *o*; **II** *vi* & *vt* treilen,
met het sleepnet vissen; **–er** treiler, schrobnet-
visser
tray [trei] (schenk-, presenteer)blaadje *o*, -blad *o*;
bak [in koffer &]; bakje *o* [v. penhouders &]
treacherous ['tretʃərəs] verraderlijk; **–ry** verraad
o; ontrouw
treacle ['tri:kl] stroop; **–ly** stroopachtig; *fig* stroperig
tread [tred] **I** *vi* treden, trappen, lopen; ~ *on air*
F in de zevende hemel zijn; ~ *on sbd.'s corns* (*toes*)
iem. op zijn tenen trappen; ~ *on the heels of...* op
de hielen volgen; **II** *vt* betreden, bewandelen;
lopen over; (uit)treden [druiven]; ~ *the boards*
(*the stage*) op de planken zijn; bij het toneel zijn;
~ *a dangerous path* een gevaarlijk pad bewandelen; ~ *water* watertrappen; ~ *d o w n* vasttrappen
[v. aarde]; vertrappen; ~ *i n* in de grond stampen; ~ *o u t* uittrappen [vuur &]; dempen [op-
stand]; ~ *u n d e r foot* met voeten treden; **III** *sb*
tred, schrede, stap; trede; zool, loopvlak *o* [v.
band]; **treadle** ['tredl] trapper [van fiets of naaimachi-
ne]; ♪ voetklavier *o* van het orgel, pedaal *o* & *m*;
treadmill tredmolen
treason ['tri:zn] verraad *o*, hoogverraad *o*, land-
verraad *o*; **–able, –ous** (hoog-, land)verraderlijk
treasure ['treʒə] **I** *sb* schat(ten); *my ~!* schat(je)!;
she is a ~ ook: ze is een juweel *o*; **II** *vt* op prijs
stellen; op-, verzamelen; als een schat bewaren
(ook: ~ *up*); **~-house** schatkamer[2]; **treasurer**
thesaurier; penningmeester; **treasure trove** gevonden schat; **treasury** schatkamer, schatkist;
the Treasury ± het ministerie van financiën; *the
Treasury Bench* de ministersbank in het Lagerhuis; ~ *bill* kortlopende schatkistpromesse; ~
note muntbiljet *o*, zilverbon
treat [tri:t] **I** *vt* behandelen*, bejegenen; onthalen, vergasten, trakteren (op *to*); **II** *vr* ~ *oneself to...*
zich eens trakteren op; **III** *vi* onderhandelen
(over *for*); trakteren; ~ *of* handelen over; behandelen [v. een geschrift]; **IV** *sb* onthaal *o*, trakta-
tie[2], (een waar) feest *o*; *it is my ~* ik trakteer; *stand
~* trakteren
treatise ['tri:tiz, -is] verhandeling (over *on*)
treatment ['tri:tmənt] behandeling*, bejegening

treaty ['tri:ti] (vredes)verdrag *o*, traktaat *o*, overeenkomst, contract *o*; *by private ~* onderhands
treble [trebl] **I** *aj* drievoudig; driedubbel; ~ *clef* ♪
solsleutel; **II** *sb* drievoudige *o*; ♪ bovenstem,
sopraan; **III** *vt* verdrievoudigen; **IV** *vi* zich verdrievoudigen; **–ly** *ad* driedubbel, -voudig; driewerf
tree [tri:] **I** *sb* boom; leest; galg; ⚓ Kruis *o*; *be up
a ~* **F** in de knel zitten; **II** *vt* in een boom jagen
[dier &]; **F** in het nauw brengen; op de leest zetten; met bomen beplanten; **~-creeper** boomkruiper; ~ *line* boomgrens
trefoil ['tre-, 'tri:fɔil] ⚘ klaver; klaverblad *o*
trek [trek] **I** *sb* ZA „trek"; (lange, moeizame)
tocht; **II** *vi* trekken, reizen
trellis ['trelis] **I** *sb* traliewerk *o*, latwerk *o*, leilatten;
II *vt* van traliewerk of leilatten voorzien; op latwerk leiden [bomen]; **~-work** = *trellis* **I**
tremble ['trembl] **I** *vi* beven, sidderen (van *with*);
trillen [v. geluiden]; ~ *a t* beven bij [de gedach-
te]; ~ *f o r* vrezen voor [iems. leven &]; zie ook:
balance **I**; **II** *sb* beving, siddering, trilling [v.
stem]; *the ~s* de bibberatie; *he was all of a ~* hij
beefde over zijn hele lijf; **–r** elektrische bel
tremendous [tri'mendəs] geweldig, geducht,
vervaarlijk, kolossaal, enorm
tremolo ['treməlou] tremolo
tremor ['tremə] siddering, beving, huivering,
trilling, rilling
tremulous ['tremjuləs] sidderend, bevend, hui-
verend, trillend; beschroomd
trench [trenʃ] **I** *vt* & *vi* (door)snijden; groeven;
graven (in); diep omspitten; verschansen; ~ *o n*
grenzen aan; ~ *on one's capital* zijn kapitaal aanspreken; ~ *upon the matter* de zaak raken; ~ (*up*)*on
sbd.'s rights* inbreuk maken op iems. rechten; **II** *sb*
greppel, sloot; ⚔ loopgraaf; groef; *the ~es* [*fig*]
het front
trenchancy ['trenʃənsi] scherpheid, bijtendheid;
(pedante) beslistheid; **–ant** snijdend[2], scherp[2];
bijtend; beslist, krachtig
trench-coat ['trenʃkout] trench-coat [(militaire)
regenjas]
trencher ['trenʃə] brood-, vleesplank, ⚓ (houten) bord *o*, schotel
trencherman ['trenʃəmən] *good ~* duchtige eter
trench-plough ['trenʃplau] diepploeg
trench warfare ['trenʃwɔ:fɛə] loopgravenoor-
log
trend [trend] **I** *vi* lopen, neigen, gaan of wijzen in
zekere richting; zich uitstrekken (naar *towards*);
II *sb* loop, gang, richting[2]; neiging, stroming;
tendens; mode; ~ *setter* toonaangevend iem. [in
mode &]; **–y** modieus, hip, in
trepan [tri'pæn] **I** *sb* trepaan [schedelboor]; **II** *vt*
trepaneren
trepidation [trepi'deiʃən] zenuwachtige angst,

opwinding; trilling, siddering, beverigheid
trespass ['trespəs] **I** *vi* over een verboden terrein gaan; zich aan een overtreding schuldig maken, zondigen (tegen *against*); ~ *(up)on* misbruik maken van; *it would* ~ *on our space* het zou al te veel plaatsruimte vergen; ~ *(up)on sbd.'s time* (te veel) beslag leggen op iems. tijd; **II** *sb* overtreding; misbruik *o*; ✝ zonde, schuld; **–er** overtreder; ~*s will be prosecuted* verboden toegang
tress [tres] **I** *sb* lok, krul; vlecht; ~*es* lokkenpracht, weelderig haar *o*; **II** *vt* vlechten
trestle ['tresl] schraag, bok; ~ **table** tafel op schragen
trey [trei] drie [in kaartspelen]
triad ['traiəd] drietal *o*; ♪ drieklank; *chem* 3-waardig element *o*
trial ['traiəl] proef; ⚖ berechting, openbare behandeling, onderzoek *o*; proces *o*; beproeving, bezoeking; ~*(s)* test, testen *o* (ook: ~ *run*); proeftocht, -rit; proefstomen *o*; ~ *(flight)* ✈ proefvlucht; ~ *for witchcraft* heksenproces *o*; *give it a* ~ er de proef mee nemen; het eens proberen; *make the* ~ het (eens) proberen; *stand (one's)* ~ terechtstaan (wegens *for*); • *by* ~ *and error* proefondervindelijk, met vallen en opstaan; *come up for* ~ vóórkomen [v. rechtszaak]; *on* ~ toen de proef op de som genomen werd; op proef; *be on (one's)* ~ terechtstaan; *put on (one's)* ~, *bring to* ~ voor (de rechtbank) doen komen; *put (subject) it to further* ~ er verder proeven mee nemen, het verder proberen
triangle ['traiæŋgl] driehoek; ♪ triangel; **–gular** [trai'æŋgjulə] driehoekig; waarbij drie partijen betrokken zijn; ~ *relationship* driehoeksverhouding
triangulate [trai'æŋgjuleit] driehoekig maken; trianguleren: opmeten van terrein d.m.v. driehoeksmeting
tribal ['traibəl] stam-, tribaal; **tribe** (volks)stam; *biol* onderorde; *fig* < klasse, groep; troep; **tribesman** lid *o* van een stam, stamgenoot
tribulation [tribju'leiʃən] bekommernis, tegenspoed, kwelling, leed *o*
tribunal [trai-, tri'bju:nl] (buitenlandse) rechtbank; tribunaal *o*; rechterstoel
tribunate ['tribjunit] tribunaat *o*
tribune ['tribju:n] (volks)tribune; tribune, spreekgestoelte *o*
tributary ['tribjutəri] **I** *aj* schatplichtig, bij-, zij-; **II** *sb* schatplichtige; zijrivier; **tribute** schatting, cijns, *fig* tol, bijdrage; hulde(betuiging); *it is a* ~ *to...* het doet ...eer aan; *lay... under* ~ een schatting opleggen; *pay a just* ~ *to* een welverdiende hulde brengen aan; **~-money** cijns
1 trice [trais] *sb in a* ~ in een ommezien
2 trice [trais] *vt* ~ *(up)* ⚓ trijsen, ophijsen
tricentenary [traisen'ti:nəri] = *tercentenary*
triceps ['traiseps] driehoofdige armspier
trichina [tri'kainə] trichine: haarworm; **–nosis** [triki'nousis] trichinose: ziekte veroorzaakt door de *trichina*
trichord ['traikɔ:d] driesnarig (instrument *o*)
trichotomy [tri'kɔtəmi] driedeling
trick [trik] **I** *sb* kunstje *o*; streek, poets, grap; handigheid, kunstgreep, kneep, list, foefje *o*, truc; hebbelijkheid, aanwensel *o*, maniertje *o*; ◊ trek, slag; ⚓ beurt om te roer te staan; *dirty* ~ **F** gemene streek; *juggler's* ~*s* goochelkunstjes; *the* ~*s of the trade* de knepen of geheimen van het vak; *there is no* ~ *to it* daar zit geen geheim achter; daar is helemaal geen kunst aan; *...and the* ~ *is done* ...en klaar is Kees; *just that moment did the* ~ lapte het hem; *have got (know) the* ~ de slag er van te pakken hebben; *play (put) a* ~ *on sbd., play sbd. a* ~ iem. een poets bakken; iem. parten spelen; *play* ~*s* streken uithalen; **II** *vt* bedriegen, bedotten; een koopje leveren, verrassen; ~ *sbd. into ...ing* iem. weten te verlokken tot...; ~ *out (up)* optooien, (uit)dossen; ~ *sbd. out of...* iem. iets afhandig maken; **trick-cyclist S** psychiater; **trickery** bedrog *o*, bedotterij; **trickish** = *tricky*
trickle ['trikl] **I** *vi* druppelen, sijpelen, [langzaam] vloeien, biggelen; *the news* ~*d into the camp* lekte uit in het kamp; ~ *out* wegdruppelen, uitlekken[2]; **II** *vt* doen druppelen &; **III** *sb* druppelen *o*; stroompje *o*, straaltje *o*
trickster ['trikstə] bedrieger, bedotter; **tricksy** snaaks, schalks, vol streken; **tricky** *aj* veel handigheid vereisend, ingewikkeld, lastig, netelig; bedrieglijk; listig; vol streken; verraderlijk
tricolour ['trikʌlə] driekleurige (Franse) vlag, driekleur
tricycle ['traisikl] driewieler
trident ['traidənt] drietand[2]
tried [traid] beproefd (zie *try*)
triennial [trai'enjəl] **I** *aj* driejarig; driejaarlijks; **II** *sb* driejarige plant &
trier ['traiə] onderzoeker, rechter; proef; toetssteen
trifle ['traifl] **I** *sb* beuzeling, beuzelarij; kleinigheid [ook = fooitje, aalmoes]; bagatel; dessert [van cake met vruchtendrank, room of vla]; *a* ~ *angry* een beetje boos; **II** *vi* zich met beuzelingen ophouden, beuzelen; futselen, spelen, spotten (met *with*); **III** *vt* ~ *away* verspillen, verbeuzelen; **–r** beuzelaar; **trifling** beuzelachtig, onbeduidend, onbetekenend, onbelangrijk
1 trig [trig] remblok *o*
2 trig [trig] keurig; netjes
trigger ['trigə] **I** *sb* ⚔ trekker; **II** *vt* ~ *(off)* de stoot geven aan, te voorschijn roepen, teweegbrengen; ⚒ in werking zetten
trigger finger ['trigəfiŋgə] rechterwijsvinger; ~ **guard** beugel [v. geweer]; **~-happy F** schiet-

graag; agressief; oorlogszuchtig
trigonometric(al) [trigənə'metrik(l)] trigonometrisch; **trigonometry** [trigə'nɔmitri] trigonometrie, driehoeksmeting
trike [traik] **F** = *tricycle*
trilateral [trai'lætərəl] driezijdig
trilby ['trilbi] deukhoek (~ *hat*)
trilingual [trai'liŋgwəl] drietalig
trill [tril] **I** *vi* met trillende stem zingen, spreken; trillers maken; **II** *vt* trillend zingen of uitspreken (van de *r*); **III** *sb* trilling [v. d. stem]; ♪ triller; trilklank [als de Ned. *r*]
trillion ['triljən] triljoen *o*; *Am* biljoen *o*
trilogy ['trilədʒi] trilogie
trim [trim] **I** *aj* net(jes), keurig, (keurig) in orde, goed passend of zittend [kleren]; **II** *vt* in orde maken, gelijk-, bijknippen, -snoeien, -schaven, afsnuiten; opknappen; opmaken, garneren, afzetten; opsmukken, mooi maken; ↧ de lading verdelen van [schip], stuwen [lading]; (op)zetten [zeilen]; tremmen [kolen]; *fig* onder handen nemen; ~ *the fire* het vuur wat oppoken en de haard aanvegen; ~ *sbd.'s jacket* iem. op zijn baadje geven; ~ *a w a y (off)* wegsnoeien; ~ *i n* inpassen; ~ *u p* opknappen, mooi maken; **III** *vr* ~ *oneself up* zich mooi maken; **IV** *vi* liggen [v. schip]; *fig* laveren, schipperen; **V** *sb* gesteldheid, toestand; toe-, uitrusting, tooi, kostuum *o*; *in* (*perfect*) ~ (volmaakt) in orde; *in fighting* ~ klaar voor het gevecht, in gevechtsuitrusting; *fig* strijdvaardig; *in sailing* ~ zeilklaar; *in travelling* ~ reisvaardig; in staat om de vermoeienissen van de reis te verdragen
trimester [trai'mestə] ⇆ trimester *o*; periode van drie maanden, kwartaal *o*
trimeter ['trimitə] drievoetige versregel
trimmer ['trimə] optooier, opmaker; snoeier; snoeimes, tremmer; *fig* weerhaan, opportunist; **trimming** garneersel *o*, oplegsel *o*
trine [train] drievoudig
tringle ['triŋgl] gordijnroe
Trinitarian [trini'tɛəriən] **I** *aj* drieëenheids-; **II** *sb* aanhanger van de leer v.d. drieëenheid; **trinity** ['triniti] drietal *o*, trio *o*; drieëenheid; *T~* H. Drievuldigheid; Drievuldigheidsdag; *Trinity College*; **Trinity Sittings** ⚖ zittingstijd van Pinksterdrie tot 12 aug., vroeger *Trinity term* (van 22 mei–12 juni)
trinket ['triŋkit] [goedkoop] sieraad(je) *o*
trinomial [trai'noumjəl] drienamig; drieledig [in de algebra]
trio ['tri:ou] trio *o*
triolet ['traiəlet] triolet: gedicht met rijmschema abaaabab
trip [trip] **I** *vi* struikelen[2] (over *over, on*), een fout maken, een misstap doen; trippelen, huppelen; *catch sbd.* ~*ping* iem. op een fout betrappen; **II**

vt doen struikelen; een beentje zetten; de voet lichten; vangen, betrappen op een fout (meestal: ~ *up*); ↧ lichten [anker]; **III** *sb* uitstapje *o*, tochtje *o*, reis, reisje *o*, trip [ook als visionaire ervaring door middel van drugs]; struikeling; trippelpas; misstap, fout; *have a bad* ~ **S** flippen
tripartite [trai'pa:tait] drieledig, in drieën; tussen drie partijen
tripe [traip] darmen, pens; **F** snert; klets
triplane ['traiplein] ✈ driedekker
triple ['tripl] **I** *aj* drievoudig; driedubbel; driedelig; ~ *crown* (pauselijke) tiara; ~ *time* ♪ driedelige maat; **II** *vt* & *vi* verdrievoudigen
triplet ['triplit] drietal *o*, trio *o*; drieling; drieregelig versje *o*; ♪ triool
triplex ['tripleks] drievoudig
triplicate I *aj* ['triplikit] drievoudig; in triplo uitgegeven, opgemaakt &; **II** *sb* triplicaat *o*; *in* ~ in triplo; **III** *vt* ['triplikeit] verdrievoudigen; **–tion** [tripli'keiʃən] verdrievoudiging
tripod ['traipɔd] drievoet; statief *o* [v. fototoestel]
tripos ['traipɔs] ⇆ (lijst der geslaagden in) het „Honours Examination" te Cambridge voor de graad van B.A.
tripper ['tripə] plezierreiziger, toerist; *cheap* ~*s, day* ~*s* dagjesmensen
tripping ['tripiŋ] licht(voetig), huppelend; vlot
triptych ['triptik] triptiek, drieluik *o*
triptyque *Fr* triptiek [v. auto &]
trip-wire ['tripwaiə] struikeldraad
trisect [trai'sekt] in drie gelijke delen verdelen [v. hoeken &]; **–ion** verdeling in drie gelijke delen [v. hoeken &];
trisyllabic [traisi'læbik] drielettergrepig; **trisyllable** [trai'siləbl] drielettergrepig woord *o*
trite [trait] versleten, afgezaagd, alledaags, banaal, triviaal
triton ['traitn] tritonshoorn; watersalamander
triturate ['tritjureit] vermalen, vergruizen; **–tion** [tritju'reiʃən] vermaling, vergruizing
triumph ['traiəmf] **I** *sb* triomf, zegepraal, zege, overwinning; ⨪ zegetocht; *a smile of* ~ een triomfantelijk lachje *o*; **II** *vi* zegepralen, zegevieren, triomferen; victorie kraaien; ~*al* [trai'ʌmfəl] triomferend, triomf-, zege-; ~ *arch* triomfboog, ereboog, -poort; ~ *car*, ~ *chariot* zegewagen; **–ant** triomferend, triomfantelijk, zegevierend, zegepralend; ~*er* ['traiəmfə] triomfator, overwinnaar
triumvir [trai'ʌmvə(:)] drieman, triumvir; **–ate** [trai'ʌmvirit] driemanschap *o*, triumviraat *o*
triune ['traiju:n] drieënig
trivet ['trivit] treeft, drievoet; zie ook: *right* **I**
trivia ['triviə] onbelangrijke zaken; **–l** onbeduidend; alledaags, oppervlakkig [mens]; ~ *name* ♨ volksnaam; **–lity** [trivi'æliti] onbeduidendheid; alledaagsheid

triweekly [trai'wi:kli] 3 maal per week of om de 3 weken verschijnend

trochee ['trouki:] trochee: – ◡

trod [trɔd] V.T. & V.D. van *tread*; **trodden** V.D. van *tread* [ook *aj* = platgetreden]

troglodyte ['trɔglədait] holbewoner

troika ['trɔikə] trojka

Trojan ['troudʒən] **I** *aj* Trojaans; **II** *sb* Trojaan; *fig* onvermoeibare, harde werker

1 troll [troul] *vi* & *vt* achter elkaar invallend zingen; galmen; vissen met gesleept aas

2 troll [troul] *sb* kobold, aardgeest

trolley ['trɔli] rolwagentje *o*; lorrie; dienwagen, serveerboy; contactrol; ~ (*car*) *Am* trolleytram; ~-**bus** trolleybus

trollop ['trɔləp] (straat)slet, sloerie

trombone [trɔm'boun] trombone, schuiftrompet; –**nist** trombonist

trommel ['trɔməl] ✕ draaiende cilindervormige zeef

tronc [trɔŋk] fooienpot [van kelners &]

troop [tru:p] **I** *sb* troep°, hoop, drom; ⚔ half eskadron *o*; *3000* ~*s* ⚔ een strijdmacht van 3000 man; 3000 man, militairen; **II** *vi* zich verzamelen, samenscholen, te hoop lopen (ook: ~ *together*); ~ *a b o u t* in troepen rondzwerven; ~ *a w a y*, (*off*) troepsgewijs aftrekken; ~ *i n* in troepen of drommen binnenkomen; ~ *t o their standard* zich om het vaandel scharen; ~ *u p* in scharen komen opzetten; **III** *vt* ~ *the colour(s)* ⚔ vaandelparade houden; –**er** ⚔ cavalerist; marechaussee te paard [in Australië]; cavaleriepaard *o*; = *troop-ship*; *swear like a* ~ vloeken als een dragonder; ~-**horse** cavaleriepaard *o*; ~-**ship** (troepen)transportschip *o*

trope [troup] troop, redekunstig figuur

trophy ['troufi] trofee, zegeteken *o*

tropic ['trɔpik] **I** *sb* keerkring; *the* ~*s* de tropen; **II** *aj* tropisch, tropen-; –**al** *aj* tropisch, van de keerkringen, keerkrings-, tropen-; snikheet; ~ *year* zonnejaar *o*

tropology [trɔ'pɔlədʒi] beeldend taalgebruik *o*; metaforische bijbeluitlegging

troposphere ['trɔpəsfiə] troposfeer

trot [trɔt] **I** *vi* draven, op een drafje lopen, in draf rijden; F lopen; ~ *along!* F opgemarcheerd; **II** *vt* in (de) draf brengen; laten draven; ~ *out* afdraven [paard]; op en neer laten draven; op de proppen komen met, komen aanzetten met; doen optreden, zijn kunsten laten tonen; **III** *sb* draf, drafje *o*; loopje *o*; S hoer; ~*s* S diarree; *go for a* ~, *have a little* ~ wat (gaan) ronddraven; een toertje gaan maken; op stap gaan; *a t a* (*the*) ~ in draf; op een drafje; *break i n t o a* ~ het op een draf zetten; *fall into a* ~ in draf overgaan; *keep sbd. o n the* ~ iem. maar heen en weer laten draven, geen rust laten

✎ troth [trouθ, trɔθ] trouw; waarheid; *in* ~ waarlijk, op m'n woord

trotter ['trɔtə] (hard)draver; loper; schapepoot, varkenspoot; J voet; **trotting-match** harddraverij

troubadour ['tru:bəduə] troubadour

trouble ['trʌbl] **I** *vt* last of moeite veroorzaken, lastig vallen, storen; verstoren, vertroebelen; verontrusten; verdriet, leed doen, kwellen; *don't* ~ *your head about it* breek je er het hoofd maar niet over, heb daar geen zorg over; *may I* ~ *you for the mustard?* wilt u zo goed zijn mij de mosterd te geven?; **II** *vr* ~ *oneself* zich moeite geven, de moeite nemen om...; zich bekommeren, zich het hoofd breken (om, over *about*); ~ *oneself with* ook: zich bemoeien met; **III** *vi* moeite doen; zich druk maken, zich het hoofd breken (over *about*); *I didn't* ~ *to answer* het was me de moeite niet eens waard om er op te antwoorden; **IV** *sb* moeite, last, moeilijkheid, narigheid, soesa, ongemak *o*, kwaal; ✕ storing, mankement *o*, defect *o*, pech; leed *o*, verdriet *o*; zorg; verwarring, onrust; ~*s* ook: onlusten; *no* ~ (*at all*)! tot uw dienst!, geen dank!; *the* ~ *is that...* het vervelende is, dat..., (het is toch zo) jammer, dat...; *what's the* ~? wat scheelt er aan?; *give* ~ last (moeite) veroorzaken, moeite kosten; *make* ~ moeite veroorzaken, onrust verwekken, herrie maken; *take the* ~ *to...*; ● *be a t the* ~ *to...* zich de moeite getroosten om...; *ask f o r* ~ [*fig*] om moeilijkheden vragen; *be i n* ~ in verlegenheid zijn, in de zorg zitten, in moeilijkheden verkeren; moeilijkheden hebben (met *with*); *get i n t o* ~ in ongelegenheid geraken of brengen, zich moeilijkheden op de hals halen; *get her into* ~ ook: haar zwanger maken; *get into* ~ *with* het aan de stok krijgen met; *put t o* ~ last (moeite) veroorzaken; *put oneself to the* ~ *of...* zich de moeite getroosten om...; –**d** gestoord, verontrust; gekweld; ongerust, beangst; onrustig, veelbewogen [leven]; ~ *waters* troebel water *o*; onstuimige golven; ~ *with* last hebbend van [een ziekte]; **troublemaker** onruststoker; –**shooter** *Am* storingzoeker; *fig* man voor lastige karweitjes; –**some** moeilijk; lastig; vervelend; ~ *spot* haard van onrust; ✎ **troublous** veelbewogen, onrustig

trough [trɔf] trog, bak; dieptepunt *o*; ~ *of the sea* golfdal *o*

trounce [trauns] afrossen²; afstraffen; berispen, uitveteren

troupe [tru:p] troep [acteurs, acrobaten], (toneel)gezelschap *o*

trouser ['trauzə] broek(spijp); (*pair of*) ~*s* broek; *go into* ~*s* de lange broek aankrijgen; *wear the* ~*s* de broek aanhebben [v. echtgenote]; –**ing** broekenstof; ~-**leg** broekspijp; ~ **suit** broekpak *o*

trousseau ['tru:sou] uitzet [v. bruid]

trout [traut] forel(len); **S** lelijke oude heks; **–let** kleine forel

trover ['trouvə] 🐟 vinden *o* en zich toeëigenen *o* van roerend goed; *action of ~* revindicatieproces *o*

🐟 **trow** [trou] denken, geloven; *what ails him*, (I) *~?* wat scheelt hem toch?

trowel ['trauəl] troffel; schopje *o* [voor planten]; *lay it on with a ~* het er dik opleggen, overdrijven

troy [trɔi] gewicht *o* voor goud, zilver en juwelen (ook: *~ weight*)

truancy ['tru:ənsi] spijbelen *o*; **truant I** *sb* spijbelaar; *play ~* spijbelen; **II** *aj* spijbelend; *fig* (af)dwalend

truce [tru:s] tijdelijke opschorting [van vijandelijkheden]; wapenstilstand; bestand *o*; *~ of God* godsvrede; *a ~ to thy blasphemy!* 🐟 staak uw godslastering!

1 truck [trʌk] **I** *sb* onderstel *o* [v. wagen]; steekwagentje *o*, lorrie, bagage-, goederenwagen; (vee)wagen [bij trein], open wagen; vrachtauto; knop [v. mast, vlaggestok]; **II** *vt* per truck vervoeren

2 truck [trʌk] **I** *vi* (ruil)handel drijven, ruilen; **II** *vt* ruilen (tegen *against*, *for*); **III** *sb* ruil(ing), (ruil)handel; *I'll have no ~ with* ik wil niets te maken hebben met

truckle ['trʌkl] **I** *vi* zich kruiperig onderwerpen, kruipen (voor *to*); **II** *sb* rolletje *o*, wieltje *o*; *~ bed* onderschuifbed *o* op wieltjes

truck-shop ['trʌkʃɔp] winkel onder het *truck-system*; **~-system** stelsel *o* van gedwongen winkelnering

truculence ['trʌkjuləns] woestheid, grimmigheid, agressiviteit; **–ent** woest, grimmig, agressief

trudge [trʌdʒ] **I** *vi* zich met moeite voortslepen, voortsjouwen; *~ after sbd.* achter iem. aansjokken; *~ it* tippelen; **II** *vt* afsjouwen [een weg]; **III** *sb* moeizame tocht, wandeling

true [tru:] **I** *aj* waar, echt; oprecht; recht [lijn]; zuiver, juist; (ge)trouw (aan *to*); *a ~ copy* eensluidend afschrift *o*; *(it is) ~...*, *but* het is waar (weliswaar)..., maar; *~ love* beminde, geliefde, enige (ware) liefde; *~ to type* precies zoals je van een... verwachten zou; *it is also ~ of* het geldt ook van; **II** *vt* recht maken (zetten); **~-blue I** *aj* echt, wasecht, onvervalst, oprecht; **II** *sb* oprechte ziel; **~-born** (ras)echt; **~-bred** rasecht; **~-hearted** trouwhartig

truffle ['trʌfl] truffel; **–d** getruffeerd

trug [trʌg] houten mandje *o* of bak

truism ['tru:izm] stelling die geen betoog behoeft; waarheid als een koe; banaliteit

truly ['tru:li] *ad* waarlijk, werkelijk; waar, trouw, oprecht; terecht; zie ook: *yours*

1 trump [trʌmp] **I** *sb* troef(kaart); **F** bovenste beste; *hold ~s* troeven in handen hebben; *fig* geluk hebben; *turn up ~s* **F** boffen; meevallen; **II** *vt* (af)troeven, overtroeven[2] ‖ *~ up* verzinnen, opdissen; *~ed-up charges* valse verzinsels, doorgestoken kaart; **III** *vi* troeven, troef spelen[2]

2 🐟 **trump** [trʌmp] *sb* trompet; *the last ~*, the *~ of doom* de bazuin des oordeels

trump-card ['trʌmpka:d] troefkaart[2]; *play one's ~* [fig] z'n troef uitspelen

trumpery ['trʌmpəri] **I** *aj* prullig, waardeloos; **II** *sb* vodden, prullen; geklets *o*

trumpet ['trʌmpit] **I** *sb* trompet, scheepsroeper, **B** bazuin; trompetgeschal *o*, getrompet *o*; *he blew his own ~* hij bazuinde zijn eigen lof uit; **II** *vt* met trompetgeschal aankondigen, trompetten, uitbazuinen; *~ forth sbd.'s praise* iems. lof trompetten (uitbazuinen); **III** *vi* op de trompet blazen, trompetten; **~-call** trompetsignaal *o*; **–er** 🦅 trompetter, ♩ trompettist; 🐦 trompetvogel; trompetduif; **~-player** trompettist

truncate ['trʌŋkeit] (af)knotten; verminken; **–tion** [trʌŋ'keiʃən] (af)knotting; verminking

truncheon ['trʌn(t)ʃən] gummistok, knuppel; wapenstok; commandostaf

trundle ['trʌndl] **I** *vt* (zwaar) rollen; *~ a hoop* hoepelen; **II** *sb* wieltje *o*, rolletje *o*

trunk [trʌŋk] stam [v. boom]; romp [v. lichaam]; schacht [v. zuil]; koffer; bagageruimte [v. auto]; snuit [v. olifant], slurf; hoofdlijn [v. spoor, telegraaf of telefoon]; **~s** zwembroek; broekje *o*; 🖵 pofbroek; **~-call** interlokaal gesprek *o*; **~ code** netnummer *o*; **~-hose** 🖵 pofbroek; **~-line** hoofdlijn; **~-road** hoofdweg

trunnion ['trʌnjən] tap [v. kanon &]

truss [trʌs] **I** *sb* bundel, bos; voer *o* [van 56 pond hooi of 36 pond stro]; bint *o*, hangwerk *o*; dakstoel; console; ⚓ rak *o*; breukband; **II** *vt* (op)binden; △ verankeren; **~-bridge** vakwerkbrug

trust [trʌst] **I** *sb* (goed) vertrouwen *o*; hoop; **$** krediet *o*; toevertrouwd pand *o* &; ± stichting; vereniging belast met de zorg voor... [monumenten &]; **$** trust; *put (place, repose) (one's) ~ in* vertrouwen stellen in; *the... in my ~* de mij toevertrouwde...; *hold in ~* in bewaring hebben; *buy on ~* op krediet kopen; *take on ~* op goed vertrouwen aannemen; **II** *aj ~ money* toevertrouwd geld *o*; **III** *vt* vertrouwen (op); hopen (dat...); toevertrouwen; borgen, krediet geven; *~ me for that* daar kun je zeker van zijn; *you could not ~ a knife near him* je kon geen mes in zijn nabijheid laten liggen; *~ to* toevertrouwen (aan); *~ sbd. with sth.* iem. iets toevertrouwen; ~ het hem laten gebruiken &; **IV** *vr he did not ~ himself to...* hij waagde het niet te...; **V** *vi* vertrouwen; *~ in* vertrouwen op; *~ to luck (memory)* op zijn geluk (geheugen) vertrouwen; **trustee** [trʌs'ti:] beheerder, gevolmachtigde, commissaris, curator; regent [v. weeshuis &]; **–ship** beheerderschap o; voogdij [over een gebied]; *Trusteeship Council* Voogdijraad (van de Verenigde Naties)

trustful ['trʌstful] goed van vertrouwen, vol vertrouwen, vertrouwend; **trusting** = *trustful*; **trustworthy** te vertrouwen, betrouwbaar; **trusty** (ge)trouw, vertrouwd; betrouwbaar, beproefd

truth [tru:θ] waarheid; waarheidsliefde, oprechtheid; echtheid, juistheid; *i n ~, of a ~* ⊙ in waarheid, inderdaad; *it is w i t h i n the ~ to say...* het is niet te veel gezegd...; **–ful** *aj* waarheidslievend; waar; getrouw [beeld]; *to be quite ~* om de waarheid te zeggen; **–fully** *ad* naar waarheid; **–fulness** waarheidsliefde; waarheid; getrouwheid

try [trai] **I** *vt* proberen, trachten, beproeven, het proberen met, de proef nemen met, op de proef stellen; veel vergen van, vermoeien [de ogen], aanpakken; 🌣 onderzoeken, berechten; zuiveren [metalen]; koken [traan]; *be tried* ook: 🌣 terechtstaan (wegens *for, on a charge of*); *you must ~ your (very) best* je moet je de uiterste best doen; *~ ~ conclusions (a fall) with* zich meten met; *~ one's hand a t sth.* iets proberen; *~ o n* (aan)passen; *~ it on* het maar eens proberen, zien hoever men (met iem.) kan gaan; *no use ~ing it on with me* dat (die kunsten) hoef je met mij niet te proberen; *~ o u t* proberen; de proef (proeven) nemen met; *~ o v e r* proberen; **II** *vi* (het) proberen; *~ and...* probeer maar te...; *~ a t it* het proberen; *~ b a c k = hark back*; *I've tried hard f o r it* ik heb er erg (hard) mijn best voor gedaan; **III** *sb* poging; 🌣 try [recht o om goal te maken, bij rugby]; *have a ~ at it (for it)* het eens proberen; **trying** vermoeiend, moeilijk, lastig; **try-on F** proberen o; proefballonnetje o; **~-out F** proef

trysail ['trais(ei)l] gaffelzeil o

🌣 **tryst** [trist] **I** *sb* (plaats van) bijeenkomst, afspraak, rendez-vous o; *break ~* op zich laten wachten, niet verschijnen; *keep (one's) ~* op de afgesproken tijd ter plaatse verschijnen; **II** *vt* iem. rendez-vous geven; **III** *vi ~ with* een ontmoeting afspreken met; 🌣 **–ing-place** plaats van bijeenkomst of ontmoeting, rendez-vous o

try-your-strength machine [traijə'streŋθ-məʃi:n] krachtmeter, ± kop van jut

tsetse (fly) ['tsetsi (flai)] tseetseevlieg

T-shirt ['ti:ʃə:t] katoenen tricothemd met korte mouwen en zonder kraag, T-shirt

T-square ['ti:skwɛə] tekenhaak

tub [tʌb] **I** *sb* tobbe, ton, vat o, bak, (bad)kuip; **F** bad o; **F** schuit [= schip], roeiboot (om te oefenen); **II** *vt* in tonnen overplanten of doen; **F** in de tobbe wassen, baden; **III** *vi* **F** een bad nemen

tuba ['tju:bə] ♪ tuba

tubby ['tʌbi] tonrond, buikig; *a ~ fellow* een dikkerdje o

tube [tju:b] buis, pijp, koker; (verf)tube; (gummi)slang; binnenband (*inner ~*); ondergrondse (elektrische spoorweg); *Am* (elektronen-, radio) buis; **~-colours** tubeverf; **tubeless ~** *tyre* velgband

tuber ['tju:bə] 🌣 knol

tubercle ['tju:bə:kl] tuberkel; knobbeltje o; knolletje o; gezwel o; **–cular** [tju:'bə:kjulə] knobbelachtig; tuberculeus; **–culosis** [tjubə:kju'lousis] tuberculose; **–culous** [tju:'bə:kjuləs] tuberculeus

tuberose ['tju:bərous] 🌣 tuberoos; ook = *tuberous*; **–sity** [tju:bə'rɔsiti] knobbel, uitwas, knobbeligheid, zwelling; **tuberous** ['tju:bərəs] knobbelig; 🌣 knolvormig, knoldragend; knolachtig

tubing ['tju:biŋ] buiswerk o, stuk o buis, buizen; (gummi)slang

tub-thumper ['tʌbθʌmpə] schetterend (kansel)redenaar

tubular ['tju:bjulə] tubulair, buisvormig, pijp-, koker-; *~ bells* buisklokken; *~ boiler* vlampijpketel; *~ bridge* kokerbrug

T.U.C. = *Trades Union Congress*

tuck [tʌk] **I** *sb* plooi, opnaaisel o; omslag [aan broek]; **F** snoep, lekkers o, eterij; **II** *vt* omslaan, opschorten; opstropen; innemen [japon]; instoppen, (weg)stoppen; *~ a w a y* wegstoppen; *~ i n* instoppen; innemen [japon]; *~ u p* opschorten; opstropen; instoppen; **III** *vi ~ i n* **F** zich te goed doen; *~ i n t o* **F** zich te goed doen aan

🌪 **tucker** ['tʌkə] chemisette, borstdoekje o

tuck-in ['tʌk'in] **F** goed, stevig maal o; smulpartij; *have a ~* zich flink te goed doen; **~-shop** snoepwinkeltje o

Tuesday ['tju:zdi] dinsdag

tufa ['tju:fə], **tuff** [tʌf] tuf, o, tufsteen o & m

tuffet ['tʌfit] dik zitkussen o; 🌪 grasheuveltje o

tuft [tʌft] **I** *sb* bosje o, kwastje o; kuif, sik; **II** *vt* met een bosje, kwastje of kuif versieren; **III** *vi* in bosjes groeien; **–y** met of als een bosje of kwastje

tug [tʌg] **I** *vi* trekken, rukken (aan *at*); **II** *vt* trekken aan; (voort)slepen; **III** *sb* ruk; sleepboot; *the ~ (of war)* het heetst van de strijd, het spannende moment; zie ook: *tug-of-war*; *he gave it a ~* hij rukte (trok) er aan; *I had a great ~ to...* het was me een heel karwei om...; **~-boat** sleepboot; **~-of-war** touwtrekken[2] o, *fig* touwtrekkerij; zie ook: *tug* **III**

tuition [tju'iʃən] onderwijs o; lesgeld o

tulip ['tju:lip] tulp

tulle [t(j)u:l] **I** *sb* tule; **II** *aj* tulen

tumble ['tʌmbl] **I** *vi* vallen, buitelen, duikelen, rollen, tuimelen[2]; **II** *vt* gooien; onderst(e)boven gooien, in de war maken, verfomfaaien; doen tuimelen, neerschieten; F snappen; • ~ *a b o u t* tuimelen, buitelen, rollen, woelen; ~ *d o w n* omtuimelen; aftuimelen [van hoogte]; onderst(e)boven gooien; ~ *i n* (komen) binnentuimelen; F naar kooi gaan; naar binnen gooien; ~ *o u t* er uit, naar buiten tuimelen; naar buiten gooien; ~ *o v e r* omvertuimelen, omrollen, omgooien; dooreengooien; ~ *t o* aanpakken [het werk]; F snappen, begrijpen; zich aanpassen aan [nieuwe omgeving &]; er mee op krijgen; **III** *sb* buiteling, tuimeling; *get (have) a* ~ een buiteling maken, tuimelen, een val doen; *things are all in a* ~ de boel ligt door elkaar, alles ligt overhoop; –**down** bouwvallig; vervallen; ~ **drier** droogtrommel; **tumbler** buitelaar; duikelaartje *o*; acrobaat; tumbler [glas zonder voet]; tuimelaar [soort duif; onderdeel van een slot]

tumbrel ['tʌmbrəl], –**bril** stortkar; mestkar; ✗ kruitwagen

tumefaction [tju:mi'fækʃən] opzwelling; **tumefy** ['tju:mifai] (doen) zwellen; **tumescence** [tju:'mesns] (op)zwelling, gezwollenheid[2]; –**ent** (op)zwellend, gezwollen[2]

tumid ['tju:mid] gezwollen[2]; –**ity** [tju:'miditi] gezwollenheid[2]

tummy ['tʌmi] F maag, buik, buikje *o*

tumour ['tju:mə] tumor, gezwel *o*

tump ['tʌmp] heuvel

tumult ['tju:mʌlt] tumult *o*, rumoer *o*, lawaai *o*, spektakel *o*; beroering, oproer *o*, oploop; –**uous** [tju(:)'mʌltjuəs] (op)roerig, onstuimig, woelig, rumoerig, verward, tumultueus

tumulus ['tju:mjuləs] grafheuvel

tun [tʌn] ton, vat *o*

tuna ['tu:nə] tonijn

tunable ['tju:nəbl] melodieus, welluidend

tundra ['tʌndrə] toendra

tune [tju:n] **I** *sb* wijs, wijsje *o*, melodie, lied *o*, liedje *o*, deuntje *o*; toon; stemming; *change one's* ~ een andere toon aanslaan; *i n* ~ zuiver gestemd; in goede conditie; goed gestemd; *play (sing) in* ~ zuiver spelen (zingen); *be in* ~ *with one's surroundings* harmoniëren met de omgeving; *o u t o f* ~ ontstemd[2], niet gestemd, van de wijs; ♪ vals; niet in goede conditie; *be out of* ~ *with* niet harmoniëren met, niet passen bij; *t o the* ~ *of* ♪ op de wijs van...; ten bedrage van (de kolossale som van); **II** *vt* stemmen [piano]; afstemmen; in overeenstemming brengen of doen harmoniëren (met *to*); ⊙ aanheffen; ✗ stellen [machine], in orde brengen; ~ *i n* R afstemmen (op *to*); ~ *u p* ♪ stemmen; ✗ stellen, in orde (in conditie) brengen; **III** *vi* samenstemmen; ~ *up* ♪ (beginnen te) stemmen; in topconditie brengen; ~ *w i t h* overeenstemmen, harmoniëren met; –**ful** melodieus, welluidend; –**less** geen geluid gevend, zwijgend; zonder melodie; onwelluidend; **tuner** ♪ stemmer; ✗ afstemmer

tungsten ['tʌŋstən] wolfra(a)m *o*

tunic ['tju:nik] tunica; tuniek; ✗ uniformjas; ⅋ rok, vlies *o*

tunicle ['tju:nikl] *rk* tunica

tuning-fork ['tju:niŋfɔ:k] stemvork

Tunisian [tju'niziən] **I** *aj* Tunesisch; **II** *sb* Tunesiër

tunnel ['tʌnl] **I** *sb* tunnel, gang; **II** *vt* trechtervormig uitgraven, tunnelvormig uithollen, een tunnel maken door of onder, (door)boren

tunny ['tʌni] tonijn

tuny ['tju:ni] ♪ in het gehoor liggend, pakkend

tup [tʌp] ⅋ ram

turban ['tɜ:bən] tulband

turbid ['tɜ:bid] drabbig, troebel; *fig* vaag, verward; –**ity** [tɜ:'biditi] drabbigheid, troebelheid; verwardheid

turbine ['tɜ:bin, 'tɜ:bain] turbine

turbojet ['tɜ:boudʒet] turbinestraalbuis; turbinestraalvliegtuig *o* (ook: ~ *aircraft*); turbinestraalmotor (ook: ~ *engine*)

turbo-prop ['tɜ:bouprɔp] turbineschroef; schroefturbinevliegtuig *o* (ook: ~ *aircraft*); schroefturbine (ook: ~ *engine*)

turbot ['tɜ:bət] tarbot

turbulence ['tɜ:bjuləns] woeligheid, onstuimigheid, woeling, turbulentie; –**ent** woelig, onstuimig, roerig, turbulent

turd [tɜ:d] P drek, drol, keutel

tureen [təˈri:n, t(j)uˈri:n] (soep)terrine

turf [tɜ:f] **I** *sb* zode; plag; gras *o*, grasmat; renbaan, wedrennen, renpaardesport; turf [in Ierland]; *be on the* ~ aan renpaardesport doen of daarvan leven; **II** *vt* bezoden; ~ *out* F er uit gooien; –**y** begraasd; met zoden bedekt; turfachtig

turgescence [tɜ:'dʒesəns] opzwelling, gezwollenheid[2]; *fig* opgeblazenheid; –**ent** (op)zwellend, gezwollen[2]

turgid ['tɜ:dʒid] opgezwollen, gezwollen[2]; *fig* opgeblazen, bombastisch; –**ity** [tɜ:'dʒiditi] gezwollenheid[2]

Turk [tɜ:k] Turk[2]; F wild, onhandelbaar kind *o*; ~*'s head* ragebol

Turkey ['tɜ:ki] **I** *sb* Turkije *o*; **II** *aj* Turks; ~ *carpet* smyrnatapijt *o*

turkey ['tɜ:ki] ⅋ kalkoen; *talk* ~ [*Am*] ernstig spreken; over zaken spreken; spijkers met koppen slaan; ~-**cock** ⅋ kalkoense haan, kalkoen[2]; ~-**hen** ⅋ kalkoense hen; ~-**poult** jonge kalkoen

Turkish ['tɜ:kiʃ] Turks; ~ *carpet* smyrnatapijt *o*; ~ *delight* toffeeachtige Turkse lekkernij; ~ *towel* grove badhanddoek

turmoil ['tɜ:mɔil] beroering, onrust, opschudding, verwarring

turn [tə:n] **I** *vt* draaien; doen draaien, draaien aan; om-, open-, ronddraaien; (om)keren; doen (om)keren; (weg)sturen; op de vlucht drijven; (om)wenden, een zekere of andere wending (richting) geven; afwenden [slag]; omgaan, omzeilen; doen wentelen; omslaan [blad]; ⅍ omtrekken; richten (op *to*); omwoelen; om-, verzetten, verleggen; veranderen; doen schiften, zuur doen worden, doen gisten, bederven; overzetten, vertalen; doen worden, maken; ~ *sbd.'s brain* iem. het hoofd op hol brengen; iems. geestvermogens krenken; *he can ~ a compliment* hij kan een aardig complimentje maken; ~ *the corner* de hoek omgaan (omkomen); *fig* het hoekje ⌐(de crisis) te boven komen; ~ *the edge of...* stomp maken, afstompen; *fig* verzachten [v. opmerking]; *not ~ a hair* geen spier vertrekken; ~ *a penny (an honest penny)* een cent, een eerlijk stuk brood verdienen; ~ *200 pounds* meer dan 200 pond halen (wegen); *it ~s my stomach* het doet mij walgen; ~ *tail* rechtsomkeert maken, er vandoor gaan; *~ed forty* over de veertig (jaar oud); *a finely ~ed ankle (chin &)* een welgevormde enkel &; **II** *vi* draaien, (zich) omdraaien, (zich) omkeren, zich keren (wenden), afslaan [links, rechts]; zich richten; een keer nemen, keren, kenteren; (van kleur) veranderen; schiften, zuur worden, gisten, bederven; worden; ● ~ *about* (zich) omkeren; *about ~!* rechtsom... keert!; ~ *a d r i f t* aan zijn lot overlaten; ~ *a g a i n!* keer terug!; ~ *a g a i n s t* (zich) keren tegen; ~ *a s i d e* (zich) afwenden; *my stomach ~s at it* ik walg er van; ~ *a w a y* (zich) afwenden, zich afkeren, weggaan; afwijzen, wegsturen, ontslaan, wegjagen; ~ *b a c k* terugkeren; terugdraaien; omslaan; doen omkeren; ~ *d o w n* neerdraaien [gas], zachter zetten [radio]; omvouwen [blad &], omslaan [kraag]; keren [een kaart]; inslaan [zijweg]; afwijzen [kandidaat &], geen notitie nemen van [iem.]; ~ *f r o m* (zich) afwenden van; afbrengen van; wegsturen van; ~ *i n* binnenlopen; **F** naar kooi gaan; naar binnen zetten of staan [v. tenen]; inleveren; **F** verklikken ~ *it i n s i d e out* het binnenste buiten keren; ~ *i n t o* inslaan [een weg]; veranderen in, omzetten in; overzetten of vertalen in; worden; *he was ~ed into the road* hij werd op straat gezet; ~ *o f f* (zijwaarts) afslaan; af-, dicht-, uitdraaien, afsluiten [gas &], afzetten [de radio]; afwenden [gedachten]; de laan uitsturen [dienstbode &]; zich afmaken van; in elkaar of op papier zetten [artikel &]; ~ *o n* draaien om²; afhangen van; lopen over [v. gesprek]; zich keren tegen; richten op; opendraaien, openzetten, aanzetten [de radio], aandraaien; **S** [sexueel of door drugs] opgewonden, geïnspireerd maken; ~ *on one's heel* zich omdraaien; ~ *one's back on...* de rug toekeren, -draaien; ~ *on the waterworks* de fonteinen laten springen; **S** beginnen te huilen; *~ed on* **S** euforisch [door psychedelica], geïnspireerd; ~ *o u t* eruit zetten, eruit gooien; blijken te zijn; worden, gebeuren; naar buiten staan of zetten [tenen]; te voorschijn komen, uit de veren komen, uitlopen [v. stad], opkomen, uitrukken [v. brandweer]; ⅍ in het geweer (doen) komen; uitdraaien; produceren, (af)leveren, presteren; ~ *out (on strike)* het werk neerleggen, staken; *he ~ed out badly (ill)* er is weinig van hem terechtgekomen; *it ~ed out well* het liep goed af, viel goed uit; *it ~ed out to be true* het bleek waar te zijn; ~ *sbd. out* iem. aan de deur zetten, „wippen"; ~ *out one's pockets* het binnenste buiten keren; ~ *out a room* een kamer uithalen; ~ *o v e r* zich (nog eens) omkeren [in bed]; omdraaien, omslaan [blad], doorbladeren; kantelen; omgooien; overdragen, overdoen; **$** een omzet hebben van, omzetten voor [£ 500]; ~ *sth. over in one's mind* iets overwegen; ~ *r o u n d* draaien, (zich) omdraaien; omdraaien: van mening, gedragslijn veranderen; draaien of winden om...; ~ *t o* zich wenden (keren) tot, zijn toevlucht nemen tot; (zich) richten op; zijn aandacht richten op, zich (gaan) verdiepen in; zich toeleggen op, zich gaan bezighouden met, ter sprake brengen, komen te spreken over; aanpakken [het werk]; veranderen in; ~ *to advantage (profit)* partij trekken van, (weten te) profiteren van; ~ *a deaf ear to...* doof blijven voor...; *he can ~ his hand to anything* hij kan alles aanpakken; *he ~ed to his old trade* hij vatte zijn oud beroep weer op; ~ *u p* te voorschijn komen, (voor de dag) komen, (komen) opdagen, verschijnen, zich vertonen, zich opdoen, zich voordoen [gelegenheid, betrekking &]; opdraaien [lamp]; keren [kaart]; opzetten [kraag]; opslaan [bladzijde]; omslaan [broekspijpen]; omploegen; opgraven; ~ *up one's eyes* de ogen ten hemel slaan; ~ *it up* **S** (ermee) uitscheiden; *~ed-up nose* wipneus; ~ *(sbd.) up* **S** (iem.) doen overgeven, misselijk maken; ~ *u p o n* zich keren tegen, opeens aanvallen; **III** *sb* draai(ing), wending, zwenking, toer, omwenteling, omkering, (omme)keer, wisseling, keerpunt *o*, kentering²; schok; kromming, bocht; winding, slag [v. touw of spiraal]; doorslag [balans]; *♪* boven een noot, dubbelslag; toertje *o*, wandelingetje *o*; beurt; nummer *o* [op programma]; dienst; (geestes)richting, aanleg, aard, slag *o*; soort; behoefte, doel *o*; *bad* ~ slechte dienst; *one good* ~ *deserves another* de ene dienst is de andere waard; ~ *of expression*, ~ *of phrase* eigenaardige zinswending of zegswijze; *a* ~ *of one's trade* een vakgeheim *o*, een kneep; *do a* ~ een handje meehelpen; *do sbd. a* ~ iem. een dienst bewijzen; *it* *gave me such a* ~ **F** ik schrok me dood; ik werd er zo naar van, het gaf me zo'n schok; *get a* ~ een beurt krijgen; *have a* ~ *for...* aanleg hebben voor, zin hebben in...; *serve one's* ~ aan een behoefte voldoen, aan een doel beantwoorden; *take a (favourable)* ~ een (gunstige) wending nemen; *take a* ~ *in the garden* wat in de tuin lopen; *take a* ~ *to the left* links afslaan (afbuigen); *take one's* ~ *of duty* op zijn beurt invallen voor het werk (de wacht &); *take* ~*s* om de beurt de dienst waarnemen; elkaar afwisselen of aflossen; ~ *and* ~ *about* om de beurt; ● *at every* ~ telkens (weer), bij elke (nieuwe) gelegenheid; *by* ~*s* ook: beurtelings, afwisselend; *come in for one's* ~ aan de beurt komen; *in* ~ om de beurt; beurtelings, achtereenvolgens; dan weer; *in his* ~ op zijn beurt; *be on the* ~ op het punt staan van te kenteren; op een keerpunt gekomen zijn; *out of (one's)* ~ niet op zijn beurt; vóór zijn beurt; *when it came to my* ~ toen ik aan de beurt kwam; *done to a* ~ precies gaar; precies zoals het moet; **–coat** overloper, afvallige, renegaat; **~-down** ~ *(collar)* omgeslagen, liggende boord o & *m*; **turner** (kunst)draaier [op de draaibank]; **–y** (kunst)draaien *o*; (kunst)draaierij; draaiwerk *o* [op de draaibank]; **turning** draaien *o*; draai, bocht, kronkeling; kentering, keerpunt *o*; zijstraat; *take the* ~ *on the left* links afslaan; **~-lathe** draaibank; **~-point** keerpunt[2] *o*

turnip ['tɔːnip] ℞ raap, knol; **~-cabbage** koolraap; **~-tops** raapstelen

turnkey ['tɔːnkiː] cipier

turn-out ['tɔːnˈaut] uitrukken *o*, in het geweer komen *o* [v. wacht &]; opkomst [v. vergadering &]; uitrusting, uitdossing; kleding [v. persoon]; groep, nummer *o* [van vertoning of van optocht]; wisselspoor *o*; werkstaking; werkstaker; uitwijkplaats [aan een snelweg]; produktie; *give the room a* ~ de kamer uithalen, een beurt geven; **–over** omkanteling; omkering; ommekeer, kentering; $ omzet; verloop *o* [onder het personeel], mutatie(s), wisseling, aflossing; (krante)artikel dat overloopt op volgende pagina; omslag [v. kledingstuk]; *apple* ~ appelflap

turnpike ['tɔːnpaik] tolhek ◌, slagboom; tolweg, *Am* hoofdweg, snelverkeersweg (~ *road*); **~-man** tolgaarder

turn-round ['tɔːnraund] (proces *o* van) aankomst, lossen, laden en vertrek [v. schepen &]

turnspit ['tɔːnspit] spitdraaier

turnstile ['tɔːnstail] draaiboom, tourniquet

turn-table ['tɔːnteibl] draaischijf; draaitafel [v. platenspeler]

turn-up ['tɔːnʌp] **I** *aj* opstaand [kraag]; omgeslagen [broekspijp]; **II** *sb* omslag [aan broekspijp]; **F** herrie, ruzie

turpentine ['tɔːpəntain] terpentijn

turpitude ['tɔːpitjuːd] laagheid, verdorvenheid

turps [tɔːps] **F** terpentijn

turquoise ['tɔːkwaːz, 'tɔːkwɔiz] **I** *sb* turkoois *o* [stofnaam], turkoois *m* [voorwerpsnaam]; **II** *aj* turkooizen

turret ['tʌrit] torentje *o*; geschuttoren, -koepel; ~ *lathe* revolverdraaibank

turtle ['tɔːtl] ℞ zeeschildpad; *turn* ~ omslaan, omkantelen

turtle-dove ['tɔːtldʌv] ℣ tortelduif

turtle-neck ['tɔːtlnek] [trui] met afstaande col of rolkraag; **~-shell** schildpad *o* [stofnaam]

Tuscan ['tʌskən] Toscaan(s)

✻ tush [tʌʃ] *ij* st!, pst!, still; bah!; och kom!

tusk [tʌsk] slagtand; tand [v. eg &]; **II** *vt* spietsen, doorboren [met de slagtanden]; **–er** (volwassen) olifant; groot wild zwijn *o*; **–y** met slagtanden

tussle ['tʌsl] **I** *sb* worsteling, vechtpartij, strijd; **II** *vi* vechten (om *for*), bakkeleien

tussock ['tʌsək] bosje *o* (gras), pol

tut [tʌt] **I** *ij* foei! bah!; kom, kom!; **II** *vi* ~ ~ foei roepen, z'n afkeuring laten blijken

tutelage ['tjuːtilidʒ] voogdij, voogdijschap *o*; **tutelar(y)** beschermend; ~ *angel* beschermengel

tutor ['tjuːtə] **I** *sb* leermeester, huisonderwijzer, gouverneur; repetitor de studie leidende assistent van een *College*; ℣ voogd; **II** *vt* onderwijzen; dresseren; bedillen; **–ess** leermeesteres, huisonderwijzeres, gouvernante; vrouwelijke *tutor*; **–ial** [tjuː'tɔːriəl] (les) van een *tutor*, privatissimum *o*

tutu ['tuːtu] tutu: balletrokje *o*

tuwhit [tu'wit], **tuwhoo** [tu'wuː] *ij* (& *sb*) oehoe(geroep *o*)

tux [tʌks] *Am* **F** smoking; **tuxedo** [tʌkˈsiːdou] *Am* smoking

twaddle ['twɔdl] **I** *vt* & *vi* wauwelen, bazelen, kletsen; **II** *sb* gewauwel *o*, gebazel *o*, klets

☉ twain [twein] twee; tweetal *o*

twang [twæŋ] **I** *vt* tinkelen, tjingelen, snorren, trillen [v. een snaar]; tokkelen (op *on*); **II** *vt* doen klinken of trillen; tokkelen (op); **III** *sb* getokkel *o*, scherp geluid *o*; neusklank

twat ['twɔt] **S** dwaas; **P** vrouwelijk geslachtsdeel

tweak [twiːk] **I** *vt* knijpen (in); rukken, trekken (aan); **II** *sb* kneep

twee [twiː] **F** > lief

tweed [twiːd] tweed *o*; soort gekeperde wollen stof; ~*s* broekpak *o*, -kostuum *o*

tweedledum and tweedledee ['twiːdl'dʌmən'twiːdl'diː] één potnat, een broertje en een zusje

tweedy ['twiːdi] in *tweeds* gekleed

'tween [twiːn] = *between*

'tween-decks ['twiːndeks] **I** *ad* tussendeks; **II** *sb* tussendek *o*

tweeny ['twi:ni] F hulpdienstbode

tweet [twi:t] I *vt* tjilpen; II *sb* getjilp *o*

tweezers ['twi:zəz] (haar)tangetje *o*, pincet *o* & *m*

twelfth [twelfθ] twaalfde (deel *o*); **Twelfth-day** Driekoningen(dag); **~-night** Driekoningenavond; **twelve** twaalf; *in ~s* in duodecimo; **–fold** twaalfvoudig; **–month** jaar *o*; **~-note**, **~-tone** twaalftoon-, dodecafonisch

twentieth ['twentiiθ] twintigste (deel *o*); **twenty** twintig; *the twenties* de jaren twintig: van (19)20 tot (19)30; *in the (one's) twenties* ook: in de twintig; **–fold** twintigvoudig

twerp, twirp [twə:p] S waardeloze vent; proleet

twice [twais] twee keer, tweemaal, dubbel; *~ over* twee keer; **~-told** tweemaal verteld; *a ~ tale* een welbekende geschiedenis

twiddle ['twidl] I *vt* draaien (met); *~ one's thumbs* duimen draaien, met de handen in de schoot zitten, tijd verknoeien; II *vi ~ with* draaien, spelen met

1 twig [twig] *sb* takje *o*, twijg; wichelroede

2 twig [twig] *vt & vi* F begrijpen, snappen

twiggy ['twigi] vol takjes; als een takje

twilight ['twailait] I *sb* schemering; schemeravond; schemerlicht *o*, schemer(donker² *o*); *at ~* in de schemering; II *aj* schemerig, schemerend, schemer-; *~ zone* grensgebied° *o*

twill [twil] I *sb* keper; II *vt* keperen

'twill [twil] = *it will*

twin [twin] I *aj* tweeling-, paarsgewijs voorkomend, dubbel; *~ sons* tweeling; II *sb* tweeling; andere (exemplaar *o* &), tegenhanger; *~s* een tweeling; *~ beds* lits jumeaux; *~-born* als tweeling geboren; **~-brother** tweelingbroeder

twine [twain] I *sb* twijndraad *o* & *m*; bindgaren *o*, bindtouw *o*; kronkel(ing), bocht; II *vt* twijnen, tweernen; strengelen, vlechten; III *vi* zich kronkelen; *~ about (round)* omwinden, omstrengelen, zich slingeren of kronkelen om; IV *vr ~ itself (about, round)* zich slingeren om, omstrengelen

twin-engined ['twinend3ind] tweemotorig

twinge [twin(d)3] I *vt* steken, pijn doen, wroegen; knagen [geweten]; II *sb* steek, korte hevige pijn, scheut [v. pijn]; kwelling; wroeging

twinkle ['twiŋkl] I *vi* tintelen, fonkelen, flonkeren, flikkeren, blinken; knippen [met de ogen]; tintelogen; II *vt* knippen met; III *sb* tinteling, fonkeling, flikkering; knip [met de ogen]; *in a ~*, *in the ~ of an eye* zie *twinkling* II; **–ling** I *aj* tintelend &; II *sb* tinteling &; *in a ~*, *in the ~ of an eye* in een oogwenk, in een wip

twin set ['twinset] trui met vest [dameskleding]; **~-sister** tweelingzuster

twirl [twə:l] I *vi* (rond)draaien (ook: *~ round*); II *vt* ronddraaien, doen draaien; draaien aan [snor &]; *~ one's thumbs* zie *twiddle*; III *sb* draai(ing)

twist [twist] I *sb* draai², draaiing, verdraaiing²; verrekking; vertrekking; strengel, kronkel(ing), kromming; kronkel in de hersens, afwijking; kink [in kabel]; wrong, wringing, ♂₀ effect *o*; roltabak, rolletje *o* tabak; twist *o* [katoengaren], twist *m* [een dans]; *~s and turns* bochten en kronkelingen; *give it a ~* er een draai, kronkel of krul aan maken; de zaak verdraaien; II *vt* (in-een)draaien, winden, verdraaien²; verrekken; vertrekken; vlechten, twijnen, strengelen; wringen; ♂₀ effect geven; spinnen [tabak]; S bedriegen; III *vr ~ oneself* zich wringen; IV *vi* draaien, zich winden, kronkelen, slingeren; zich laten winden &; twisten [wijze van dansen]; **–er** vlechter, twijnder; F bedrieger, draaier; ♂₀ trekbal; **–y** draaiend, kronkelend; F oneerlijk

1 twit [twit] I *sb* berisping, verwijt *o*; II *vt* berispen (om, wegens *with*), verwijten

2 twit [twit] S idioot, proleet

twitch [twit∫] I *vt* rukken, trekken (aan, met); *~ off* afrukken; II *vi* zenuwachtig trekken; III *sb* rukje *o*; zenuwtrekking

twitter ['twitə] I *vi* kwetteren, tjilpen; trillen [v. zenuwachtigheid]; II *sb* gekwetter *o*, getjilp *o*; gegiechel *o*; trilling [v. zenuwachtigheid]; *be all of a ~* erg geagiteerd zijn

twitty ['twiti] S dwaas, gek, dol, dom

'twixt [twikst] verk. van *betwixt*

two [tu:] twee, tweetal *o*; *cut & in ~* in tweeën snijden &; *one or ~* een paar; *put ~ and ~ together* het een met het ander in verband brengen; **~-edged** tweesnijdend; **~-faced** met twee gezichten; *fig* dubbelhartig, onoprecht; **~-fisted** F onhandig; krachtig; **–fold** tweevoudig, tweeledig, dubbel; *in a ~ way* op twee manieren; dubbel; **~-handed** tweehandig; voor twee handen; voor twee personen

twopence ['tʌpəns] twee stuiver(s)

twopenny ['tʌpəni] van 2 stuivers; *fig* van weinig waarde of betekenis; **~-halfpenny** van $2^1/_2$ stuiver; *fig* onbelangrijk, van weinig waarde

two-piece ['tu:pi:s] T *sb* deux-pièces; II *aj* tweedelig; **~-seater** ⚙ tweepersoonswagen; **–some** I *aj* door twee personen uitgevoerd of gespeeld; II *sb* paar *o*, tweespan *o*; **~-step** two-step [dans]; **~-stroke** tweetakt-; **~-time** *Am* S ontrouw zijn, bedriegen; **~-way** ⚔ tweewegs-; in twee richtingen; wederkerig, bilateraal [v. handel &]; *~ radio* zender en ontvanger; *~ switch* hotelschakelaar

tycoon [tai'ku:n] F magnaat

tyke [taik] = *tike*

tympanic [tim'pænik] trommel-; **–itis** [timpə'naitis] ontsteking van het trommelvlies; **tympanum** ['timpənəm] trommelvlies *o*; △ tympaan *o*

type [taip] I *sb* type² *o*, toonbeeld *o*, voorbeeld *o*,

zinnebeeld *o*; soort, slag *o*; letter(type *o*), letter-
soort, drukletter; zetsel *o*; *in* ~ gezet; **II** *vt* typen,
tikken [met schrijfmachine]; ☞ het type vaststellen van [voor transfusie, transplantatie]; ~ *out*
uittypen, uittikken; **III** *vi* typen, tikken; **–cast** de
passende rol toewijzen, een stereotiepe rol geven; ~**-foundry** lettergieterij; ~**-metal** letter-
metaal *o*, -specie; **–script** machineschrift *o*; ty-
peschrift *o*, getypt manuscript *o*, getypt exemplaar *o*; ~**-setter** letterzetter; zetmachine;
–write *vt* & *vi* (op de schrijfmachine) tikken, typen; **–writer** schrijfmachine; **–written** getypt,
getikt

typhlitis [ti'flaitis] blindedarmontsteking

typhoid ['taifɔid] **I** *aj* tyfeus; (buik)tyfus-; **II** *sb* ty-
feuze koorts, buiktyfus (ook: ~ *fever*)

typhoon [tai'fu:n] tyfoon, taifoen

typhous ['taifəs] tyfeus; **typhus** ['taifəs] vlektyfus

typical ['tipikl] typisch; typerend (voor *of*);
typification [tipifi'keiʃən] typering; **typify**
['tipifai] typeren, (iemand) tekenen

typing ['taipiŋ] typen *o*, tikken *o* [op de schrijfma-

chine]; **–ist** typist(e)

typographer [tai'pɔgrəfə] typograaf; **–phic(al)**
[taipə'græfik(l)] typografisch; ~ *art* (boek)druk-
kunst; **–phy** [tai'pɔgrəfi] typografie, boekdruk-
kunst; druk

typology [tai'pɔlədʒi] *ps* typologie: (leer van de)
indeling naar typen

tyrannic(al) [ti'rænik(l)] tiranniek; **tyrannicide**
tirannenmoord; tirannenmoordenaar; **tyran-
nize** ['tirənaiz] **I** *vi* als tiran heersen, de dwingeland spelen (over *over*); ~ *over* tiranniseren; **II**
vt tiranniseren; **tyrannous** tiranniek; **tyranny**
tirannie, dwingelandij; **tyrant** ['taiərənt] tiran,
dwingeland, geweldenaar

tyre ['taiə] **I** *sb* (wiel-, rad-, fiets)band; **II** *vt* een
band (de banden) leggen om; ~ *trouble* ban-
depech

tyro ['taiərou] aankomeling, nieuweling, beginneling, beginner, leerling

Tyrolean [ti'rouliən], **Tyrolese** [tirə'li:z] **I** *aj*
Tirools, Tiroler; **II** *sb* Tiroler

Tyrrhenian [ti'ri:niən] Tyrrheens

U

u [ju:] (de letter) u; **U** = *universal* geschikt voor alle leeftijden [v. film]; *upper (class)* van de betere standen (tegenover *non-*~ gewoon)
ubiquitous [ju'bikwitəs] alomtegenwoordig; **ubiquity** alomtegenwoordigheid
U-boat ['ju:bout] ⚓ (Duitse) onderzeeboot
udder ['ʌdə] uier
ugh [ʌx, uh] bah!, foei!
uglification [ʌglifi'keiʃən] verlelijking; **uglify** ['ʌglifai] lelijk maken, verlelijken; **ugly** *aj* lelijk°; bedenkelijk, kwalijk; afschuwelijk, afgrijselijk; vervelend; kwaadaardig; dreigend; gevaarlijk
uhlan [u'la:n] ulaan
U.K. = *United Kingdom*
ukase [ju:'keiz] oekaze, decreet *o*
Ukrainean [ju:'kreiniən] **I** *aj* Oekraïens; **II** *sb* Oekraïener
ulcer ['ʌlsə] zweer, *fig* kanker; **-ate I** *vi* zweren², verzweren; **II** *vt* doen zweren; **~ed eyelids** zwerende oogleden; **-ation** [ʌlsə'reiʃən] zwering, verzwering; zweer²; **-ed** ['ʌlsəd] tot een zweer geworden; zwerend, etterend; **-ous** vol zweren; *fig* verpestend, corrupt
ullage ['ʌlidʒ] $ wan *o*: lege ruimte [in ton &] door krimping v.d. inhoud
ulna ['ʌlnə] *anat* ellepijp; **-r** van de ellepijp
ulster ['ʌlstə] ulster [stof & overjas]
ult. = *ultimo*
ulterior [ʌl'tiəriə] meer in de toekomst liggend, verder, later, nader, verborgen, heimelijk
ultima ['ʌltimə] laatste, uiteindelijke
ultimate ['ʌltimit] *aj* (aller)laatste, uiterste, eind-, uiteindelijk; **-ly** *ad* uiteindelijk, ten slotte
ultimatum [ʌlti'meitəm] ultimatum *o*
ultimo ['ʌltimou] van de vorige maand
ultra ['ʌltrə] ultra, uiterst (radicaal)
ultramarine [ʌltrəmə'ri:n] **I** *aj* overzees; ultramarijn, hemelsblauw; **II** *sb* ultramarijn *o*
ultrasonic ['ʌltrə'sɔnik] ultrasoon
ululate ['ju:ljuleit] huilen [van hond of wolf]; jammeren
umbel ['ʌmbəl] ⚘ (bloem)scherm *o*; **-late** schermbloemig; **umbellifer** [ʌm'belifə] schermbloem; **-ous** [ʌmbe'lifərəs] schermdragend
umber ['ʌmbə] omber, bergbruin *o*
umbilical [ʌm'bilikl] navel-; *fig* centraal; **~ cord** navelstreng; **umbilicus** [ʌm'bilikəs] navel
umbra ['ʌmbrə] slag-, kernschaduw; **umbrage** aanstoot, ergernis; ☉ lommer *o*, schaduw; *give* ~ *to* aanstoot geven, ergeren; **umbrageous** [ʌm'breidʒəs] lommerrijk; achterdochtig, arg-

wanend
umbrella [ʌm'brelə] paraplu; (strand-, tuin) parasol *(beach* ~); ⚲ zonnescherm *o*; **~-stand** paraplustandaard
umpire ['ʌmpaiə] **I** *sb* scheidsrechter, arbiter; $ derde; **II** *vi* scheidsrechter zijn, arbitreren; **III** *vt* arbitreren bij
umpteen ['ʌmti:n] S zoveel (je wilt); **-th** S zoveelste; **umpty** S ~ *days* zoveel dagen
UN = *United Nations*
'un [ʌn, ən] **F** = *one*
unabashed ['ʌnə'bæʃt] onbeschaamd; niets verlegen; niet uit het veld geslagen
unabated ['ʌnə'beitid] onverminderd, onverflauwd, onverzwakt
unabbreviated ['ʌnə'bri:vieitid] onverkort
unable ['ʌn'eibl] onbekwaam, niet in staat, niet kunnende; *be* ~ *to...* niet kunnen...
unabridged ['ʌnə'bridʒd] onverkort
unaccented ['ʌnæk'sentid] zonder toonteken; zonder klemtoon (uitgesproken)
unacceptable ['ʌnək'septəbl] onaanvaardbaar, onaannemelijk; minder aangenaam, onwelkom
unaccompanied ['ʌnə'kʌmpənid] onvergezeld; ♪ zonder begeleiding; ~ *choir* ♪ a-capella-koor *o*
unaccountable ['ʌnə'kauntəbl] *aj* onverklaarbaar
unaccounted ['ʌnə'kauntid] ~ *for* onverklaard; onverantwoord; *five of the crew are* ~ *for* omtrent het lot van vijf leden der bemanning is niets naders bekend
unaccustomed ['ʌnə'kʌstəmd] ongewoon; ongebruikelijk; ~ *to* niet gewend aan (om)
unacknowledged ['ʌnək'nɔlidʒd] niet erkend; overgenomen zonder te bedanken of zonder bronvermelding, niet bekend [v. misdaad]
unacquainted ['ʌnə'kweintid] onbekend [met], onwetend [van]
unadaptable ['ʌnə'dæptəbl] niet aan te passen, niet pasklaar te maken, niet geschikt om te bewerken [roman &]
unadorned ['ʌnə'dɔ:nd] onversierd, onopgesmukt²
unadulterated [ʌnə'dʌltəreitid] onvervalst, zuiver, echt
unadvised ['ʌnəd'vaizd] *aj* onbedachtzaam, onberaden, onvoorzichtig
unaffected ['ʌnə'fektid] ongedwongen, ongekunsteld, niet geaffecteerd, natuurlijk; niet beïnvloed, onaangetast, onaangedaan, ongeroerd
unafraid ['ʌnə'freid] onbevreesd (voor *of*)

unaided [ˈʌnˈeidid] niet geholpen; zonder hulp (uitgevoerd); bloot [v. oog]

unalienable [ˈʌnˈeiljənəbl] onvervreemdbaar

unallied [ˈʌnəˈlaid] niet verwant; zonder bondgenoten

unallowed [ˈʌnəˈlaud] niet goedgekeurd; ongeoorloofd, ongepermitteerd

unalloyed [ˈʌnəˈlɔid] onvermengd, puur

unalterable [ʌnˈɔːltərəbl] *aj* onveranderlijk; **unaltered** onveranderd

unambiguous [ˈʌnæmˈbigjuəs] ondubbelzinnig

unambitious [ˈʌnæmˈbiʃəs] niet eerzuchtig; pretentieloos, bescheiden

unamiable [ʌnˈeimjəbl] onbeminnelijk, onaangenaam [mens]

unamusing [ˈʌnəˈmjuːziŋ] niet (erg) amusant, niet onderhoudend, onvermakelijk

unanimated [ˈʌnˈænimeitid] onbezield

unanimity [juːnəˈnimiti] unanimiteit, eenstemmigheid, eensgezindheid; **–mous** [juˈnæniməs] unaniem, eenstemmig, eensgezind

unannounced [ˈʌnəˈnaunst] onaangekondigd, onaangediend, onaangemeld

unanswerable [ʌnˈaːnsərəbl] niet te beantwoorden; onweerlegbaar

unappealable [ˈʌnəˈpiːləbl] ✠ waaromtrent men niet in hoger beroep kan gaan

unappeasable [ˈʌnəˈpiːzəbl] niet te bevredigen &, onstilbaar; onverzoenlijk

unappetizing [ʌnˈæpitaiziŋ] onappetijtelijk

unappreciable [ʌnəˈpriːʃəbl] niet te waarderen (appreciëren); **–ated** weinig of niet gewaardeerd

unapprehensive [ʌnæpriˈhensiv] niet begrijpend; onbekommerd

unapproachable [ʌnəˈproutʃəbl] ontoegankelijk, ongenaakbaar[2]; onvergelijkelijk

unapt [ˈʌnˈæpt] *aj* ongeschikt, onbekwaam; ongepast; **–ly** *ad not ~* niet ongeschikt, wel ad rem

unarmed [ˈʌnˈaːmd] ongewapend; ontwapend; niet scherpgesteld [v. atoombom]

unascertainable [ˈʌnæsəˈteinəbl] niet uit te maken of na te gaan

unashamed [ˈʌnəˈʃeimd] zonder zich te schamen; onbeschaamd, brutaal

unasked [ˈʌnˈaːskt] ongevraagd, ongenood

unaspiring [ˈʌnəsˈpaiəriŋ] oneerzuchtig, zonder pretentie

unassisted [ˈʌnəˈsistid] niet geholpen, zonder hulp; ongewapend

unassuming [ˈʌnəˈsjuːmiŋ] niet aanmatigend, zonder pretentie(s), pretentieloos, bescheiden

unattached [ˈʌnəˈtætʃt] los(lopend), niet gebonden, niet verbonden; niet verloofd of getrouwd

unattainable [ˈʌnəˈteinəbl] onbereikbaar[2]

unattended [ˈʌnəˈtendid] niet vergezeld; zonder begeleiding; zonder toezicht; onbeheerd; *~ to*

onverzorgd, niet opgepast; $ niet uitgevoerd [v. bestelling]

unattractive [ˈʌnəˈtræktiv] onaantrekkelijk

unauthorized [ˈʌnˈɔːθəraizd] niet geautoriseerd, onwettig, onbevoegd

unavailable [ˈʌnəˈveiləbl] niet ter beschikking staand, niet beschikbaar; ✠ ongeldig

unavailing [ˈʌnəˈveiliŋ] vergeefs

unavenged [ˈʌnəˈvendʒd] ongewroken

unavoidable [ʌnəˈvɔidəbl] *aj* onvermijdelijk

unawakened [ʌnəˈweikənd] sluimerend; latent

unaware [ˈʌnəˈwɛə] niet wetend, het zich niet bewust zijnd; *~ of* niet wetend van, niets merkend van; **–s** zonder het te merken; onvoorziens, onverwachts, onverhoeds; *catch (take) ~* overvallen, overrompelen

unbacked [ˈʌnˈbækt] onbereden [paard]; ongedresseerd; waarop niet gewed is [paard]; niet gesteund [voorstel]

unbalance [ˈʌnˈbæləns] uit het (zijn) evenwicht brengen[2]; **–d** niet in evenwicht; onevenwichtig; in de war, getroebleerd; $ niet vereffend [v. rekeningen]; niet sluitend [v. begroting]

unbar [ˈʌnˈbaː] ontgrendelen[2], ontsluiten[2]

unbearable [ʌnˈbɛərəbl] ondraaglijk, onuitstaanbaar

unbeaten [ˈʌnˈbiːtn] niet verslagen, ongeslagen; onbetreden [weg], ongebaand

unbecoming [ˈʌnbiˈkʌmiŋ] niet goed staand; niet mooi; geen pas gevend; onbetamelijk, ongepast (voor *to*)

unbefitting [ʌnbiˈfitiŋ] ongepast, onbetamelijk

unbegotten [ˈʌnbiˈgɔtn] ongeboren

unbeknown [ˈʌnbiˈnoun] *~ to me* zonder dat ik er (iets) van wist (weet); zonder mijn voorkennis

unbelief [ˈʌnbiˈliːf] ongeloof *o*; **unbelievable** ongelooflijk; **unbeliever** ongelovige; *an ~ in* wie niet gelooft aan; **–ving** ongelovig

unbeloved [ˈʌnbiˈlʌvd] onbemind

unbend [ˈʌnˈbend] **I** *vt* ontspannen[2], losmaken; ⚓ afslaan [zeil]; *fig* uit de plooi doen komen; **II** *vi* losser worden; zich ontspannen[2]; *fig* minder stijf worden, uit de plooi komen; **–ing** zich ontspannend; onbuigzaam; niet toegevend; nooit uit de plooi komend

unbeseeming [ˈʌnbiˈsiːmiŋ] onbetamelijk

unbewailed [ˈʌnbiˈweild] onbetreurd

unbias(s)ed [ˈʌnˈbaiəst] onpartijdig, onbevooroordeeld

unbidden [ˈʌnˈbidn] vanzelf; ongenood, ongevraagd

unbind [ˈʌnˈbaind] ontbinden, losbinden, losmaken

unblemished [ˈʌnˈblemiʃt] onbevlekt, onbezoedeld, vlekkeloos, smetteloos

unblock [ˈʌnˈblɔk] $ deblokkeren

unblushing [ʌnˈblʌʃiŋ] schaamteloos, zonder

blikken of blozen

unbolt ['ʌn'boult] ontgrendelen

unborn ['ʌn'bɔːn] ongeboren

unbosom [ʌn'buzəm] I vt ontboezemen; II vr ~ oneself zijn hart eens uitstorten

unbound ['ʌn'baund] ongebonden; niet opgebonden [haar], loshangend; ontketend [hond &]; -ed onbegrensd

unbrace ['ʌn'breis] losmaken, losgespen; ontspannen²

unbridled [ʌn'braidld] afgetoomd; fig ongebreideld, tomeloos, onbeteugeld, teugelloos

unbroken ['ʌn'broukn] aj ongebroken, niet ge-, verbroken, onaan-, onafgebroken; onafgericht

unbuckle ['ʌn'bʌkl] losgespen

unbuilt [ʌn'bilt] ongebouwd; onbebouwd

unburden [ʌn'bɔːdn] I vt ontlasten, verlichten; ~ one's heart zeggen wat men op het hart heeft; zijn hart eens uitstorten; II vr ~ oneself = ~ one's heart

unbusinesslike [ʌn'biznislaik] onzakelijk, onpraktisch

unbutton ['ʌn'bʌtn] losknopen; fig loskomen, ontdooien

uncalculated [ʌn'kælkjuleitid] onberekend, onbepaald; fig onverwacht, toevallig

uncalled [ʌn'kɔːld] ongeroepen; $ niet ingevorderd; niet afgehaald; ongevraagd; ~ for door niets gewettigd, ongemotiveerd; ongewenst, niet vereist

uncanny [ʌn'kæni] griezelig, eng, mysterieus

uncap [ʌn'kæp] dop (deksel) afhalen van; hoed (muts, pet &) afnemen

uncared-for ['ʌn'kɛədfɔː] verwaarloosd; onverzorgd

uncase ['ʌn'keis] uit het foedraal, etui & doen; ontplooien [vlag]

unceasing [ʌn'siːsiŋ] onophoudelijk, zonder ophouden, voortdurend

unceremonious ['ʌnseri'mounjəs] zonder plichtplegingen, zonder complimenten, familiaar, ongegeneerd

uncertain [ʌn'sɔːt(i)n] onzeker, ongewis, onvast, onbestendig, veranderlijk, vaag; -ty onzekerheid &

unchain ['ʌn'tʃein] ontkennen, loslaten

unchallengeable ['ʌn'tʃælin(d)ʒəbl] onwraakbaar, onaantastbaar, onomstotelijk; unchallenged ⚔ niet aangeroepen; onaangevochten, onbetwist; ongewraakt

unchangeable [ʌn'tʃein(d)ʒəbl]; -ging onveranderlijk

uncharged ['ʌn'tʃaːdʒd] ongeladen; ⚔ niet formeel in staat van beschuldiging gesteld

uncharitable [ʌn'tʃæritəbl] liefdeloos, onbarmhartig; zelfzuchtig; gierig

uncharted ['ʌn'tʃaːtid] niet in kaart gebracht; fig

onbekend

unchaste ['ʌn'tʃeist] onkuis; -tity ['ʌn'tʃæstiti] onkuisheid

unchecked ['ʌn'tʃekt] onbeteugeld, ongebreideld; onbelemmerd; ongecontroleerd

unchristened ['ʌn'krisnd] ongedoopt

unchristian ['ʌn'kristjən] onchristelijk

unchronicled ['ʌn'krɔnikld] onvermeld

uncial ['ʌnsiəl] I aj unciaal; II sb unciaalletter

uncivil ['ʌn'sivil] onbeleefd

uncivilized ['ʌn'sivilaizd] onbeschaafd

unclaimed ['ʌn'kleimd] niet opgeëist, niet afgehaald [v. bagage &]

unclasp ['ʌn'klaːsp] I vt loshaken, open maken, openen; II vi zich ontsluiten

uncle ['ʌŋkl] oom; S ome Jan; at my ~'s S bij ome Jan, in de lommerd; ~ Sam Broeder Jonathan [de U.S.A.]

unclean ['ʌn'kliːn] onrein, vuil

uncleansed ['ʌn'klenzd] ongezuiverd

unclear [ʌn'kliə] onduidelijk

unclench ['ʌn'klenʃ] ontsluiten, zich openen

unclerical ['ʌn'klerikl] niet (als) van een geestelijke

unclipped ['ʌn'klipt] ongesnoeid; ongeknipt

uncloak [ʌn'klouk] (zich) van een mantel ontdoen; fig ontmaskeren

unclose ['ʌn'klouz] I vt ontsluiten, openen; fig onthullen, openbaren; II vi opengaan

uncloth ['ʌn'klouð] ontkleden

unclouded ['ʌn'klaudid] onbewolkt

unco ['ʌŋkou] Sc uiterst, hoogst; the ~ guid [gud] de zeer fijnen, de deugdzamen

uncoil ['ʌn'kɔil] I vt afrollen, ontrollen; II vi zich ontrollen

uncollected ['ʌnkə'lektid] niet verzameld; niet geïnd; niet tot bedaren of bezinning gekomen

uncoloured ['ʌn'kʌləd] ongekleurd; fig onopgesmukt, eenvoudig [v. stijl]

un-come-at-able ['ʌnkʌm'ætəbl] F ongenaakbaar, onbereikbaar, onverkrijgbaar

uncomely ['ʌn'kʌmli] niet welstaand, onbevallig, minder welvoeglijk

uncomfortable [ʌn'kʌmfətəbl] ongemakkelijk; niet op zijn gemak, verlegen; onbehaaglijk, onaangenaam; pijnlijk [stilte, situatie]

uncommercial ['ʌnkə'mɔːʃəl] niet handeldrijvend; tegen de handelsgewoonten; zonder winstbejag

uncommitted ['ʌnkə'mitid] niet gebonden, vrij; niet commissoriaal gemaakt; niet verpand

uncommon [ʌn'kɔmən] ongewoon; zeldzaam; ongemeen, bijzonder

uncommunicative ['ʌnkə'mjuːnikətiv] niet (bijzonder) mededeelzaam, gesloten

uncomplaining ['ʌnkəm'pleiniŋ] gelaten

uncompounded ['ʌnkəm'paundid] niet samengesteld, enkelvoudig

uncompromising [ʌnˈkɔmprəmaiziŋ] onbuigzaam, star, compromisloos

unconcealed [ˈʌkənˈsiːld] niet verborgen, onverholen

unconcern [ˈʌnkənˈsəːn] onbekommerd-, onverschilligheid, kalmte; **–ed** aj zich niets aantrekkend (van at); onbekommerd (over about, as to, for) kalm, onverschillig; ~ in (with) geen belang hebbend bij

unconditional [ʌnkənˈdiʃənəl] onvoorwaardelijk; **–ned** onvoorwaardelijk; niet in conditie, niet gezond; onbeperkt, absoluut; ps natuurlijk, niet geconditioneerd [reflexen]

unconfessed [ˈʌnkənˈfest] onbeleden; rk niet gebiecht hebbend

unconfined [ˈʌnkənˈfaind] niet opgesloten, op vrije voeten; niet in bedwang gehouden; vrij, los; onbeperkt; onbegrensd

unconfirmed [ˈʌnkənˈfəːmd] onbevestigd; niet kerkelijk aangenomen

unconformable [ˈʌnkənˈfɔːməbl] niet overeenkomstig

uncongenial [ˈʌnkənˈdʒiːniəl] niet verwant; niet sympathiek; onaangenaam

unconnected [ˈʌnkəˈnektid] niet met elkaar in betrekking (staand), onsamenhangend; zonder familie

unconquerable [ʌnˈkɔŋkərəbl] niet te veroveren; onoverwinnelijk, onoverwinbaar; **–red** niet veroverd; onoverwonnen

unconscionable [ʌnˈkɔnʃənəbl] aj onredelijk, onbillijk; buitensporig, onmogelijk; monsterachtig, kolossaal; **–ly** aj onredelijk &; an ~ long time ongepermitteerd lang

unconscious [ʌnˈkɔnʃəs] **I** aj onbewust, onkundig; bewusteloos; **II** sb the ~ [ps] het onderbewuste; **–ness** onbewustheid; bewusteloosheid

unconsidered [ˈʌnkənˈsidəd] buiten beschouwing gelaten; niet in aanmerking komend of genomen; weinig in tel; ondoordacht, overijld

unconstitutional [ˈʌnkɔnstiˈtjuːʃənəl] niet constitutioneel, ongrondwettig

unconstrained [ˈʌnkənˈstreind] aj ongedwongen; **unconstraint** ongedwongenheid

uncontrollable [ʌnkənˈtrouləbl] niet te beheersen, onbedwingbaar, onbedaarlijk, onbestuurbaar, onhandelbaar; waarover men geen macht heeft; niet te controleren; **uncontrolled** onbedwongen, onbeteugeld

unconventional [ˈʌnkənˈvenʃənl] onconventioneel, niet gehecht (gebonden) aan vormen, vrij

unco-operative [ˈʌnkouˈɔpərətiv] niet meewerkend, onwillig

uncord [ˈʌnˈkɔːd] losbinden, losmaken

uncork [ˈʌnˈkɔːk] ontkurken, opentrekken

uncorroborated [ˈʌnkəˈrɔbəreitid] niet (nader) bevestigd

uncounted [ˈʌnˈkauntid] ongeteld; talloos

uncouple [ˈʌnˈkʌpl] afkoppelen; loskoppelen

uncourteous [ˈʌnˈkəːtjəs, ˈʌnˈkɔːtjəs] onbeleefd, onhoffelijk, onheus

uncourtly [ˈʌnˈkɔːtli] ongemanierd, lomp

uncouth [ʌnˈkuːθ] onhandig, lomp; vreemd, zonderling; ongemanierd

uncover [ʌnˈkʌvə] **I** vt het deksel (de schaal &) afnemen van, ontbloten, blootleggen; **~ed** onoverdekt; ✗ zonder dekking; **II** vi ⚓ de hoed afnemen

uncreated [ˈʌnkriˈeitid] ongeschapen

uncritical [ˈʌnˈkritikəl] onkritisch; kritiekloos

uncropped [ˈʌnˈkrɔpt] ongeplukt, ongeoogst; onbebouwd [land]; ongeknipt [v. het haar]

uncrossed [ˈʌnˈkrɔst] zonder kruis(je); niet kruisgewijs over elkaar; niet gedwarsboomd

uncrowned [ˈʌnˈkraund] ongekroond

uncrushable [ˈʌnˈkrʌʃəbl] kreukvrij, vormvast

unction [ˈʌŋkʃən] zalving²; fig heilig vuur ₀, animo; zalf, balsem; Extreme U ~ rk het H. oliesel; **unctuous** zalfachtig, vettig, vetachtig; fig zalvend, stichtelijk

uncultivated [ˈʌnˈkʌltiveitid] onbebouwd; onontgonnen, onontwikkeld [v. d. geest]; onbeschaafd

uncultured [ˈʌnˈkʌltʃəd] onbeschaafd; onbebouwd [land]

uncurbed [ˈʌnˈkəːbd] ongebreideld, ongetemd

uncut [ˈʌnˈkʌt] ongesneden, ongeknipt; onaangesneden; onaf-, onopengesneden [boek]; onbehouwen; ongeslepen [glas]

undated [ʌnˈdeitid] niet gedateerd

undaunted [ʌnˈdɔːntid] onversaagd, onverschrokken; niet afgeschrikt (door by)

undecaying [ˈʌndiˈkeiiŋ] onveranderlijk, onvergankelijk, onverwelkbaar

undeceive [ˈʌndiˈsiːv] beter inlichten, de ogen openen, ontgoochelen; ~ yourself on that point ook: maak u daaromtrent geen illusies

undecided [ˈʌndiˈsaidid, + ˈʌndisaidid] onbeslist; besluiteloos, weifelend

undeclared [ˈʌndiˈklɪəd] niet bekend gemaakt; geheim gehouden; niet aangegeven [bij douane]

undefended [ˈʌndiˈfendid] onverdedigd; onbeschermd

undefiled [ˈʌndiˈfaild] onbesmet, onbevlekt

undefinable [ˈʌndiˈfainəbl] niet (nader) te definiëren, ondefinieerbaar, onomschrijfbaar; **undefined** onbepaald, onbestemd

undeliverable [ˈʌndiˈlivərəbl] ⚓ onbestelbaar

undemonstrative [ˈʌndiˈmɔnstrətiv] gereserveerd, gesloten, terughoudend

undeniable [ʌndiˈnaiəbl] aj onloochenbaar, niet te ontkennen; ontegenzeglijk; onmiskenbaar

undenominational [ˈʌndinɔmiˈneiʃənəl] niet confessioneel [v. scholen &], neutraal

under [ˈʌndə] **I** *prep* onder*, beneden, minder dan; volgens, krachtens, in het kader van; ~ *age* onmondig, minderjarig; ~ *arms* onder de wapenen; *be* ~ *attack* aangevallen worden; ~ *corn* bebouwd (beplant); ~ *cover* onder dekking, beschermd; geheim, verborgen; *he is* ~ *the doctor* hij is onder dokters handen, de dokter gaat over hem; ~ *way* onderweg [v. schip]; *those* ~ *him* ook: zijn ondergeschikten; **II** *ad* (er) onder, beneden; *as* ~ **$** als hieronder aangegeven; *down* ~ aan de andere kant van de wereld (Australië)

underact [ˈʌndərˈækt] ingehouden spelen [toneel]; zwak spelen

underbid [ˈʌndəˈbid] het voor minder doen dan een ander; minder bieden dan; te weinig bieden; **underbidder** op één na hoogste bieder

underbred [ˈʌndəˈbred] onopgevoed; niet volbloed

under-carriage [ˈʌndəkæridʒ] onderstel *o*; landingsgestel *o*

undercharge [ˈʌndəˈtʃaːdʒ] te weinig berekenen; te weinig laden [geweer]

underclothes [ˈʌndəklouðz], **–clothing** onderkleren, onderkleding

undercover [ˈʌndəˈkʌvə] geheim; heimelijk; verborgen; ~ *man* spion

undercroft [ˈʌndəkrɔːft] crypt(e), krocht

undercurrent [ˈʌndəkʌrənt] onderstroom [2]

1 undercut [ˈʌndəˈkʌt] *vt* schuin afsnijden; ondergraven; *fig* onderkruipen; *sp* kappen [tennis]

2 undercut [ˈʌndəkʌt] *sb* filet [v. vlees]

underdeveloped [ˈʌndədiˈveləpt] onderontwikkeld, achtergebleven [gebieden]

underdog [ˈʌndədɔg] onderliggende partij, verdrukte

underdone [ˈʌndəˈdʌn, + ˈʌndədʌn] niet (zo) gaar

underdose I *vt* [ˈʌndədous] een te kleine dosis geven; **II** *vi* een te kleine dosis nemen; **III** *sb* [ˈʌndədous] te kleine dosis

underdress [ˈʌndəˈdres] (*vi* &) *vt* (zich) te eenvoudig kleden

underestimate I *vt* [ˈʌndəˈrestimeit] onderschatten, te laag aanslaan; **II** *sb* [ˈʌndəˈrestimit] onderschatting, te lage schatting

under-exposure [ˈʌndəriksˈpouʒə] onderbelichting [v. foto]

underfed [ˈʌndəˈfed] ondervoed; **underfeed I** *vt* te weinig voeden; **II** *vi* zich onvoldoende voeden

underfoot [ʌndəˈfut] onder de voet, onder de voeten; vertreden, vertrapt

undergarment [ˈʌndəgaːmənt] stuk *o* ondergoed

undergo [ʌndəˈgou] ondergaan; lijden

undergraduate [ʌndəˈgrædjuit] **I** *sb* student die zijn eerste graad nog niet behaald heeft; **II** *aj* studenten-; **undergraduette** [ʌndəgrædjuˈet] meisjesstudent

underground I *ad* [ʌndəˈgraund] onder de aarde, onder de grond; *go* ~ ondergronds gaan werken [v. organisatie], onderduiken; [ˈʌndəgraund] onderaards, ondergronds; *fig* onderhands, geheim [intriges &]; **III** *sb the* ~ de ondergrondse spoorweg; de ondergrondse (beweging); de „underground" [jongerenbeweging tegen de traditionele stijl der bestaande maatschappij]

undergrown [ˈʌndəˈgroun] niet volgroeid

undergrowth [ˈʌndəgrouθ] struikgewas *o*, kreupelhout *o*

underhand [ˈʌndəhænd] **I** *ad* clandestien, tersluik(s); *sp* met de hand lager dan de schouder; **II** *aj* onderhands [intriges], slinks, achterbaks

underhanded [ʌndəˈhændid] *aj* te weinig personeel hebbend; ook = *underhand* **II**

underlay I *vt* [ʌndəˈlei] onderleggen, onderschragen; **II** *sb* [ˈʌndəlei] onderlegger

underlayer [ˈʌndəˈleiə] onderlaag

underlease [ˈʌndəliːs] *vt* onderverpachten, onderverhuren

underlet [ˈʌndəˈlet] onderverhuren; onder de waarde verhuren; **underletter** onderverhuurder

underlie [ʌndəˈlai] liggen onder; schuilen onder of achter; ten grondslag liggen aan

underline [ʌndəˈlain] *vt* onderstrepen; benadrukken, aandikken

underling [ˈʌndəliŋ] ondergeschikte; (min) sujet *o*; handlanger

underlying [ʌndəˈlaiiŋ] *the* ~ *cause* de grondoorzaak, de fundamentele oorzaak; zie ook: *underlie*

undermanned [ʌndəˈmænd] onvoldoende bemand; met te weinig personeel, onderbezet

undermentioned [ˈʌndəˈmenʃənd] onderstaand, hieropvolgend

undermine [ʌndəˈmain] ondermijnen [2]

undermost [ˈʌndəmoust] onderste

underneath [ʌndəˈniː θ] **I** *prep* onder, beneden; **II** *ad* hieronder, beneden, van onderen

underpaid [ˈʌndəˈpeid] onderbetaald

underpass [ˈʌndəpaːs] tunnel [voor verkeer]; onderdoorgang

underpay [ˈʌndəˈpei] onderbetalen; **–ment** onderbetaling

underpin [ʌndəˈpin] (onder)stutten; *fig* steunen

underplot [ˈʌndəplɔt] nevenintrige [v. drama]

underpopulated [ˈʌndəˈpɔpjuleitid] onderbevolkt

underprivileged [ˈʌndəˈprivilidʒd] niet alle rechten genietend

underproduction [ˈʌndəprəˈdʌkʃən] te geringe

produktie, onderproduktie

underprop [ʌndə'prɔp] (onder)stutten

underquote [ʌndə'kwout] te weinig bieden; minder vragen (dan een ander)

underrate [ʌndə'reit] te laag schatten; onderschatten

underrun [ʌndə'rʌn] lopen onder; [boot] onder een kabel halen

undersea ['ʌndəsi:] aj onderzees, onderzee-

underscore [ʌndə'skɔ:] onderstrepen

under-secretary ['ʌndə'sekrətri] ondersecretaris; ~ of state onderminister

undersell ['ʌndə'sel] onder de prijs verkopen; voor minder verkopen dan

underset [ʌndə'set] (onder)stutten; ondervangen; onderverhuren

undershot ['ʌndəʃɔt] ~ wheel onderslagrad o [v. molen]; vooruitstekend [kaak]

undersign [ʌndə'sain] (onder)tekenen; **–ed** ['ʌndəsaind] I (we), the ~ ik (wij) ondergetekende(n)

undersized ['ʌndə'saizd, + 'ʌndəsaizd] ondermaats, te klein

underslip ['ʌndəslip] onderjurk

underslung ['ʌndə'slʌŋ] opgehangen onder...: krom [tabakspijp]

understaffed ['ʌndə'sta:ft] met te weinig personeel, onderbezet

understand [ʌndə'stænd] I vt verstaan, begrijpen; weten [te...]; opvatten; aannemen, (er uit) opmaken; vernemen, horen; it passes me to ~ how... het gaat mijn verstand te boven; what did I ~ you to say? wat hoorde ik u daar zeggen?; I was given to ~ men gaf mij te verstaan; they are understood to have..., it is understood that they have... naar verluidt hebben zij...; what do you ~ by that? wat verstaat u daaronder?; II vi & va (het)begrijpen; do you ~ about horses? hebt u verstand van paarden? Zie ook: understood; **–able** begrijpelijk, gemakkelijk verstaanbaar; **–ing** I aj verstandig; begripvol; II sb verstand° o, begrip o; verstandhouding; afspraak, schikking; o n the (distinct) ~ that... met dien verstande dat..., op voorwaarde dat...; come t o an ~ with tot overeenstemming (een schikking) komen met

understate ['ʌndə'steit] vt te laag aan-, opgeven; zich ingehouden of zeer gematigd uitdrukken; ~ the fact (nog) beneden de waarheid blijven; **–ment** te lage opgave; zeer gematigde (nog) beneden de waarheid blijvende bewering; „understatement" o

understood [ʌndə'stud] V.T. & V.D. van understand; an ~ thing een van zelf sprekend iets; afgesproken werk; make oneself ~ zich verstaanbaar maken

understudy ['ʌndəstʌdi] I sb doublure [van acteur of actrice]; II vt [een rol] instuderen om als

vervanger van een der spelers te kunnen optreden of invallen; vervangen [een acteur of actrice]

1 undertake [ʌndə'teik] tt ondernemen, op zich nemen; zich verbinden, ervoor instaan; zich belasten met; [een werk] aannemen; onder handen nemen

2 undertake ['ʌndəteik] vi F begrafenissen bezorgen; **–n** V.D. van 1 undertake; **1 undertaker** [ʌndə'teikə] ondernemer; aannemer; **2 undertaker** ['ʌndəteikə] bezorger van begrafenissen; ~'s man aanspreker; **undertaking** [ʌndə'teikiŋ] onderneming; verbintenis; plechtige belofte

undertenant ['ʌndə'tenənt] onderpachter, onderhuurder

underthings ['ʌndəθiŋz] ondergoed o

undertone ['ʌndətoun] gedempte toon [ook v. kleuren], ondertoon; in an ~ met gedempte stem, zacht

undertook [ʌndə'tuk] V.T. van undertake

undertow ['ʌndətou] onderstroom

undervest ['ʌndəvest] borstrok

underwater ['ʌndəwɔ:tə] onderwater-, onder water

underwear ['ʌndəwɛə] ondergoed o

underwent [ʌndə'went] V.T. van undergo

underwood ['ʌndəwud] kreupel-, hakhout o

underworld ['ʌndəwɔ:ld] onderwereld[2]

underwrite [ʌndə'rait] I vt schrijven onder; assureren, verzekeren; garanderen [emissie]; II vi assureren, assurantiezaken doen; **–r** ['ʌndəraitə] assuradeur; garant [v. emissie]; **underwriting** assurantie(zaken); garantie [v. emissie]

undeserved ['ʌndi'zə:vd] aj onverdiend

undesigned ['ʌndi'zaind] aj onopzettelijk; **–ning** argeloos

undesirable ['ʌndi'zairəbl] I aj ongewenst, niet wenselijk; II sb ongewenst individu o; **undesired** niet gewenst; **–ring, –rous** geen wensen koesterend, niet verlangend (naar of)

undetected ['ʌndi'tektid] onontdekt

undetermined ['ʌndi'tə:mind] onbeslist; onbepaald; niet besloten, onzeker

undeterred ['ʌndi'tə:d] onverschrokken

undeveloped ['ʌndi'veləpt] onontwikkeld; onontgonnen &

undeviating ['ʌn'di:vieitiŋ] niet afwijkend, onwankelbaar

undid ['ʌn'did] V.T. van undo

undies ['ʌndiz] F (dames)ondergoed o

undifferentiated [ʌndifə'renʃieitid] ongedifferentieerd, homogeen

undigested ['ʌndi-, 'ʌndai'dʒestid] onverteerd[2]; fig onverwerkt [v. het geleerde]

undignified [ʌn'dignifaid] niet in overeenstemming met zijn waardigheid, onwaardig [v. vertoning]

undiluted ['ʌndai'l(j)u:tid] onverdund; *fig* onvervalst, zuiver, puur

undiscerning ['ʌndi'sə:niŋ] niet scherp onderscheidend, niet scherpziend, kortzichtig

undischarged ['ʌndis'tʃa:dʒd] niet ontslagen; niet afgedaan, onbetaald; $ niet gerehabiliteerd; ✗ niet afgeschoten

undisciplined [ʌn'disiplind] ongedisciplineerd, tuchteloos

undisclosed ['ʌndis'klouzd] verborgen, geheim (gehouden), onbekend (gebleven)

undiscovered ['ʌndis'kʌvəd] onontdekt

undisguised ['ʌndis'gaizd] onvermomd, onverkleed; *fig* onverbloemd, onverholen

undismayed ['ʌndis'meid] onverschrokken

undisposed ['ʌndis'pouzd] ~ *of* waarover niet beschikt is; niet begeven, onverkocht

undisputed ['ʌndis'pju:tid] onbetwist

undissolved ['ʌndi'zɔlvd] niet opgelost, onopgelost, niet ontbonden

undistinguished ['ʌndis'tiŋgwiʃt] niet onderscheiden; zich niet (door niets) onderscheiden hebbend, onbekend, gewoon(tjes)

undisturbed ['ʌndis'tə:bd] ongestoord, onverstoord

undivided ['ʌndi'vaidid] onverdeeld

undo ['ʌn'du:] losmaken, losbinden, losrijgen, -knopen, -tornen &; openmaken [een pakje]; ongedaan maken, ongeldig maken, te niet doen; te gronde richten, in het verderf storten; vernietigen [hoop &]; **-er** verwoester; iemands ongeluk *o*; **-ing** (iemands) verderf *o*, ongeluk *o*, ondergang; te niet doen *o* &, zie *undo*

undone ['ʌn'dʌn] ongedaan; verwaarloosd; te gronde gericht, vernietigd; losgeraakt; zie ook: *done, undo* &

undoubted [ʌn'dautid] ongetwijfeld; on(be)twijfelbaar; **-ting** niet twijfelend

undraped ['ʌn'dreipt, + 'ʌndreipt] onbekleed, naakt

undreamed [ʌn'dremt, ʌn'dri:md], **undreamt** [ʌn'dremt] ongedroomd, ongedacht, onverwacht

undress I *vt* [ʌn'dres] ont-, uitkleden; het verband afnemen van; **II** *vi* zich ont-, uitkleden; **III** *sb* huisgewaad *o*, negligé *o*; ✗ klein tenue *o* & *v*; **IV** als *aj* ['ʌndres] negligé-; ✗ klein tenue-; **-ed** ongekleed, uitgekleed; niet geplukt [gevogelte]; niet behandeld (verbonden) [wond]; onbereid, onaangemaakt [van sla &]; onbehouwen [v. steen]

undue ['ʌn'dju:] *aj* onredelijk; onbehoorlijk, ongepast; bovenmatig, overdreven; $ (nog) niet vervallen, niet verschuldigd

undulate ['ʌndjuleit] (doen) golven; **-ting** golvend·; **-tion** [ʌndju'leiʃən] golving, golfbeweging; **-tory** ['ʌndjulətəri] golvend, golf-

unduly ['ʌn'dju:li] *ad* onredelijk; onbehoorlijk; meer dan nodig was, al te (veel)

undutiful [ʌn'dju:tiful] oneerbiedig, ongehoorzaam; plichtvergeten

undying [ʌn'daiiŋ] onsterfelijk, onvergankelijk, eeuwig

unearned ['ʌ'nə:nd] onverdiend; arbeidsloos [v. inkomen]; toevallig [v. waardevermeerdering]

unearth ['ʌn'ə:θ] opgraven; rooien; *sp* opjagen [een vos]; aan het licht brengen, opdiepen; **-ly** niet aards, bovenaards; spookachtig; *at an* ~ *hour* op een onmogelijk (vroeg) uur

uneasiness ['ʌn'i:zinis] onbehaaglijkheid; gedwongenheid, gegeneerdheid; ongerustheid, onrust, bezorgdheid, angst (over *about, as to, over*); *be under no* ~ zich niet ongerust maken; **uneasy** *aj* niet gemakkelijk; onbehaaglijk; niet op zijn gemak, gedwongen, gegeneerd; ongerust, bezorgd (over *about, as to, over*); onrustig

uneatable ['ʌn'i:təbl] oneetbaar; **uneaten** (nog) niet opgegeten, ongegeten

unedifying ['ʌn'edifaiiŋ] onstichtelijk

uneducated ['ʌn'edjukeitid] onontwikkeld, onbeschaafd

unembarrassed ['ʌnim'bærəst] ongedwongen; onbezwaard [v. eigendom]

unemotional [ʌni'mouʃənl] onaandoenlijk, kalm, niet emotioneel

unemployed ['ʌnim'plɔid] ongebruikt; werkloos, zonder werk (zijnd); *the* ~ de werklozen; **unemployment** werkloosheid; ~ *benefit* werkloosheidsuitkering

unemcumbered ['ʌnin'kʌmbəd] onbelast, onbezwaard [v. eigendom]; zonder kinderen

unending [ʌn'endiŋ] eindeloos

unendurable ['ʌnin'djuərəbl] ondraaglijk

unengaged [ʌnin'geidʒd] niet geëngageerd; niet gebonden; niet verpand; niet besproken, niet bezet, vrij

unequable [ʌn'i:kwəbl] ongelijk(matig); onevenwichtig

unequal ['ʌn'i:kwəl] *aj* ongelijk; ongelijkmatig, oneven; ~ *to the task* niet opgewassen tegen, niet berekend voor de taak; **unequalled** ongeëvenaard; **unequally** *ad* ongelijk; oneven

unequivocal [ʌni'kwivəkl] ondubbelzinnig; duidelijk

unerring ['ʌn'ə:riŋ] *aj* nooit falend, nooit missend, onfeilbaar

UNESCO of **Unesco** [ju:'neskou] = *United Nations Educational, Scientific, and Cultural Organization*

unessential ['ʌni'senʃəl] **I** *aj* niet essentieel, niet wezenlijk; **II** *sb* ~*s* niet tot het wezen van de zaak behorende dingen, bijkomstigheden, bijzaken

unethical [ʌn'eθikl] niet ethisch; onoprecht; immoreel

uneven ['ʌn'i:vən] *aj* oneven, ongelijk, oneffen; ongelijkmatig

uneventful ['ʌni'ventful] arm aan gebeurtenissen, kalm (verlopend), rustig

unexampled [ʌnig'za:mpld] voorbeeldeloos; ongeëvenaard, weergaloos

unexceptionable [ʌnik'sepʃənəbl] waar niets tegen in te brengen valt, onaanvechtbaar, onberispelijk

unexecuted ['ʌn'eksikju:tid] onuitgevoerd

unexpected ['ʌniks'pektid] onverwacht(s); onvoorzien(s)

unexpressed ['ʌniks'prest] onuitgedrukt, onuitgesproken

unexpurgated ['ʌn'ekspə:geitid] ongecastigeerd, ongekuist [uitgave]

unfading [ʌn'feidiŋ] niet verschietend [kleuren]; onverwelkbaar[2]; onvergankelijk, niet tanend

unfailing [ʌn'feiliŋ] nooit falend, onfeilbaar, zeker, onuitputtelijk [voorraad]; altijd

unfair ['ʌn'fɛə] onbillijk, oneerlijk

unfaithful ['ʌn'feiθful] ontrouw, trouweloos; *be* ~ *to* ook: bedriegen [v. echtgenoten]

unfaltering [ʌn'fɔ:lteriŋ] onwankelbaar, zonder haperen of weifelen

unfamiliar ['ʌnfə'miljə] onbekend, vreemd; niet vertrouwd of bekend (met *with*)

unfashionable ['ʌn'fæʃənəbl] niet in (naar) de mode, ouderwets; niet chic; uit de tijd

unfashioned [ʌn'fæʃənd] ongevormd, ongefatsoeneerd, onbewerkt

unfasten ['ʌn'fa:sn] losmaken, openmaken

unfathomable [ʌn'fæðəməbl] onpeilbaar[2], grondeloos[2], ondoorgrondelijk; **unfathomed** ongepeild, ondoorgrond

unfavourable ['ʌn'feivərəbl] *aj* ongunstig

unfeeling [ʌn'fi:liŋ] ongevoelig, gevoelloos, wreed, hard(vochtig)

unfeigned [ʌn'feind] *aj* ongeveinsd

unfeminine [ʌn'feminin] onvrouwelijk

unfetter ['ʌn'fetə] ontketenen, bevrijden; **–ed** onbelemmerd, vrij

unfilled ['ʌn'fild] ongevuld, leeg; ~ *in* oningevuld; onbezet; ~ *up* onopgevuld; oningevuld

unfinished ['ʌn'finiʃt] onafgemaakt, onvoleind(igd), onafgewerkt, onvoltooid

unfit [ʌn'fit] **I** *aj* ongeschikt, onbekwaam, ongepast (voor *for*); niet gezond; ~ *to be trusted* niet te vertrouwen; **II** *vt* ongeschikt maken; **unfitted** ongeschikt (gemaakt); niet aangebracht, niet ingericht &; **unfitting** niet (bij elkaar) passend; onbetamelijk

unfix ['ʌn'fiks] losmaken; ~ *bayonets* ✗ bajonet af!; **–ed** niet vastgemaakt &; ook= *unsettled*

unflagging [ʌn'flægiŋ] onverslapt, onverflauwd; ~ *zeal* onverdroten ijver

unflappable ['ʌn'flæpəbl] **F** onverstoorbaar

unflattering ['ʌn'flætəriŋ] weinig vleiend, allesbehalve vleiend, ongeflatteerd

unfledged ['ʌn'fledʒd] *&* zonder veren, kaal; *fig* onervaren

unflinching [ʌn'flinʃiŋ] onwankelbaar, onwrikbaar, onversaagd

unfold [ʌn'fould] **I** *vt* ontvouwen[2], ontplooien[2], uitspreiden[2], openvouwen, openen; onthullen, openbaren; uitlaten [uit schaapskooi]; **II** *vi* zich ontplooien, zich uitspreiden, opengaan

unforced ['ʌn'fɔ:st] ongedwongen

unforeseen ['ʌnfɔ:'si:n] onvoorzien

unforgettable ['ʌnfə'getəbl] onvergetelijk

unforgivable ['ʌnfə'givəbl] onvergeeflijk; **–ving** niets vergevend; onverzoenlijk

unformed ['ʌn'fɔ:md] nog ongevormd[2]; onontwikkeld; vaag, vormloos

unfortunate [ʌn'fɔ:tʃənit] **I** *aj* ongelukkig[2], niet gelukkig; zonder succes; **II** *sb* ongelukkige; **–ly** *ad* ongelukkigerwijze, helaas, jammer (genoeg), ongelukkig

unfounded ['ʌn'faundid] ongegrond

unfreeze ['ʌn'fri:z] ontdooien; **$** deblokkeren; ~ *wages* de loonstop opheffen

unfrequent [ʌn'fri:kwənt] *aj* zeldzaam; *of* ~ *occurence* zelden voorkomend; **–ed** ['ʌnfri-'kwentid] niet of zelden bezocht; eenzaam; **–ly** [ʌn'fri:kwəntli] *ad* niet dikwijls, zelden; *not* ~ niet zelden

unfriendly ['ʌn'frendli] onvriendschappelijk, onvriendelijk, onaardig (voor *to*)

unfrock ['ʌn'frɔk] uit het ambt ontzetten

unfrozen ['ʌn'frouzn] onbevroren; ontdooid; **$** gedeblokkeerd

unfruitful ['ʌn'fru:tful] onvruchtbaar

unfurl [ʌn'fɔ:l] **I** *vt* uitspreiden, ontplooien, ontrollen; **II** *vi* zich ontplooien

unfurnished ['ʌn'fɔ:niʃt] niet voorzien (van het nodige), inz. ongemeubileerd

ungainly [ʌn'geinli] onbevallig, lomp

ungear ['ʌn'giə] ✗ af-, ontkoppelen

ungenerous ['ʌn'dʒenərəs] onedelmoedig; zelfzuchtig; niet royaal

ungenial ['ʌn'dʒi:niəl] niet of weinig groeizaam, guur [v. weer]; onvriendelijk, onaangenaam

ungentlemanly [ʌn'dʒentlmənli] niet zoals het een gentleman betaamt

unget-at-able ['ʌngət'ætəbl] niet te bereiken

ungird ['ʌn'gə:d] losgorden; **–girt** ['ʌn'gə:t] ongegord, losgegord; *fig* onvoorbereid

ungiving ['ʌn'giviŋ] niet meegevend

ungloved ['ʌn'glʌvd] zonder handschoenen aan

unglue ['ʌn'glu:] losmaken, -weken

ungodly [ʌn'gɔdli] goddeloos, zondig, verdorven; **F** onmenselijk, ergerlijk; *the* ~ de goddelozen

ungovernable [ʌn'gʌvənəbl] niet te regeren, onregeerbaar, ontembaar, tomeloos, wild

ungraceful ['ʌn'greisful] ongracieus, onbevallig, onsierlijk, plomp, lomp

ungracious ['ʌn'greiʃəs] onheus, onvriendelijk; onaangenaam

ungrammatical ['ʌngrə'mætikl] ongrammaticaal, ontaalkundig

ungrateful [ʌn'greitful] ondankbaar [ook v. zaken]; onaangenaam [v. zaken]

ungratified [ʌn'grætifaid] onbevredigd

ungrounded [ʌn'graundid] ongegrond

ungrudging ['ʌn'grʌdʒiŋ] van harte komend, gaarne gegund, royaal

unguarded ['ʌn'ga:did] onbewaakt; onvoorzichtig; „sec" [in het kaartspel]

unguent ['ʌŋgwənt] zalf, smeersel *o*

unguided ['ʌn'gaidid] zonder gids of geleide

ungulate ['ʌŋgjuleit] I *sb* hoefdier *o*; II *aj* hoef-

unhackneyed ['ʌn'hæknid] niet afgezaagd

unhallow [ʌn'hælou] ontheiligen, ontwijden; ~ed ook: ongewijd, goddeloos; *my* ~ed *hands* ook: mijn schendige hand

unhampered ['ʌn'hæmpəd] onbelemmerd, ongehinderd

unhand [ʌn'hænd] loslaten

unhandy [ʌn'hændi] *aj* onhandig

unhang ['ʌn'hæŋ] afnemen

unhappy [ʌn'hæpi] *aj* ongelukkig²; verdrietig, ontevreden

unharmed ['ʌn'ha:md] onbeschadigd, ongekwetst, ongedeerd

unharmonious ['ʌnha:'mounjəs] onwelluidend, niet harmonisch

unharness ['ʌn'ha:nis] aftuigen, uitspannen [een paard]; van het harnas ontdoen

unhatched ['ʌn'hætʃt] onuitgebroed

unhealthy [ʌn'helθi] *aj* ongezond²; ⚔ S (levens)gevaarlijk, niet pluis

unheard ['ʌn'hə:d] niet gehoord, ongehoord; niet aangehoord; ♫ onverhoord; ~-*of* [ʌn'hə:dɔv] ongehoord [iets]

unheeded ['ʌn'hi:did] niet on(op)gemerkt; veronachtzaamd, miskend; in de wind geslagen [v. waarschuwing &]; **unheeding** onachtzaam, achteloos, zorgeloos; ~ *of* niet lettend op

unhelpful ['ʌn'helpful] onhulpvaardig, onbehulpzaam; nutteloos, ondienstig

unhesitating [ʌn'heziteitiŋ] zonder aarzelen, niet aarzelend, vastberaden

unhewn ['ʌn'hju:n] onbehouwen, ruw

unhinge [ʌn'hin(d)ʒ] uit de hengsels lichten; uit zijn gewone doen brengen; *fig* overstuur maken, uit 't evenwicht brengen, gek maken

unhitch ['ʌn'hitʃ] los-, afhaken; af-, uitspannen [de paarden]

unholy [ʌn'houli] *aj* onheilig, onzalig, godde-

loos; F vreselijk; *at an* ~ *hour* op een onmogelijk (vroeg) uur

unhook ['ʌn'huk] af-, loshaken

unhoped(-for) [ʌn'houpt(fɔ:)] niet verwacht

unhorse ['ʌn'hɔ:s] van het paard werpen

unhurt ['ʌn'hɔ:t] onbezeerd, ongedeerd

unhusk ['ʌn'hʌsk] doppen

unicellular [ju:ni'seljulə] eencellig

unicoloured [ju:ni'kʌləd] eenkleurig, egaal

unicorn ['ju:nikɔ:n] eenhoorn

unification [ju:nifi'keiʃən] unificatie, eenmaking

uniform ['ju:nifɔ:m] I *aj* uniform, een-, gelijkvormig; gelijkmatig, (steeds) gelijk, onveranderlijk; eensluidend [afschrift]; eenparig [v. beweging]; II *sb* uniform *o* & *v*; *in full* ~ in groot tenue; -**ity** [ju:ni'fɔ:miti] uniformiteit, gelijkheid; een-; gelijkvormigheid; gelijkmatigheid; eenparigheid [v. beweging]; -**ly** ['ju:nifɔ:mli] *ad* uniform, zich gelijk blijvend, steeds op dezelfde manier

unify ['ju:nifai] één maken, uniëren, veren(ig)en; eenheid brengen in, uniform maken

unilateral ['ju:ni'lætərəl] eenzijdig; slechts eenzijdig bindend [v. contract]

unimaginable [ʌni'mædʒinəbl] ondenkbaar, onvoorstelbaar, onbegrijpelijk; -**ative** fantasieloos; **unimagined** ongedacht

unimpaired ['ʌnim'pɛəd] ongeschonden, onverzwakt

unimpassioned ['ʌnim'pæʃənd] bedaard

unimpeachable [ʌnim'pi:tʃəbl] onberispelijk; onaantastbaar, onbetwistbaar, onwraakbaar

unimpeded ['ʌnim'pi:did] onbelemmerd, onverlet, ongehinderd

unimportance ['ʌnim'pɔ:təns] onbelangrijkheid; -**ant** onbelangrijk

unimpressed ['ʌnim'prest] niet onder de indruk, onbewogen; ongestempeld; **unimpressionable** weinig vatbaar voor indrukken; **unimpressive** weinig indruk makend

unimprovable ['ʌnim'pru:vəbl] onverbeterlijk; -**ved** onverbeterd; onbewerkt; onbebouwd [van land]

uninfluenced ['ʌn'influənst] niet beïnvloed

uninfluential ['ʌninflu'enʃəl] weinig (geen) invloed hebbend, zonder invloed

uninformed ['ʌnin'fɔ:md] niet op de hoogte (gebracht), onwetend

uninforming ['ʌnin'fɔ:miŋ] weinig zeggend, niets verklarend; niet leerrijk

uninhabitable ['ʌnin'hæbitəbl] onbewoonbaar; **uninhabited** onbewoond

uninhibited ['ʌnin'hibitid] ongeremd; ongedwongen; tomeloos

uninitiated ['ʌni'niʃieitid] oningewijd

uninjured ['ʌn'(d)ʒəd] onbenadeeld; onge-

schonden, onbeschadigd, ongedeerd
uninspired ['ʌnin'spaiəd] onbezield, geesteloos;
–**ring** waar geen bezielende invloed van uitgaat, niet levendig, saai, tam, zwak
uninstructive ['ʌnin'strʌktiv] niet leerzaam
uninsured ['ʌnin'ʃuəd] onverzekerd
unintelligent ['ʌnin'telidʒənt] niet intelligent,
weinig schrander, dom
unintelligible ['ʌnin'telidʒibl] onverstaanbaar,
onbegrijpelijk
unintended ['ʌnin'tendid] onopzettelijk, onbedoeld
unintentional ['ʌnin'tenʃənəl] onopzettelijk
uninterested ['ʌn'intristid] niet geïnteresseerd
(bij), zonder belangstelling, onverschillig
uninteresting ['ʌn'intristiŋ] oninteressant
unintermitted ['ʌnintə'mitid] onafgebroken;
–**ent** onafgebroken, zonder tussenpozen
uninterrupted ['ʌnintə'rʌptid] onafgebroken,
zonder onderbreking
uninvited ['ʌnin'vaitid] niet uitgenodigd, ongenood, ongevraagd; –**ting** weinig aanlokkelijk of
aantrekkelijk, weerzinwekkend
union ['ju:njən] aaneenvoeging, vereniging,
verbinding, heling [v. wond]; verbond *o*, unie;
verbintenis [ook = huwelijk]; vakvereniging,
arbeidsvereniging; ⌒ district *o* belast met uitvoering van de armwetten, armenwerkhuis *o*
van een *union*; ⌒ studentensociëteit [v. Oxford
&]; eendracht(igheid), eensgezindheid; harmonie; ~ *is strength* eendracht maakt macht; –**ism**
arbeidsverenigingswezen *o*; unionistische gezindheid; –**ist** I *sb* unieman; lid *o* v. arbeiders-
vereniging; II *aj* unionistisch; –**ize** in een vak-
bond samenbrengen, onder vakbondsinvloed
brengen; **Union Jack** Engelse vlag; **union-
workhouse** ⌒ armenwerkhuis *o* (van een *union*)
uniovular [ju:ni'ouvjulə] eeneiïg
uniparous [ju:'nipərəs] maar één jong tegelijk
barend
unipartite [ju:ni'pa:tait] niet verdeeld
unique [ju:'ni:k] I *aj* énig (in zijn soort), uniek,
ongeëvenaard; F buitengewoon, zeldzaam; II *sb*
unicum *o*
unison ['ju:nizn] eenklank; gelijkheid van klank,
gelijkluidendheid, overeenstemming; *in* ~ ♪
unisono; *fig* gelijkgestemd, eenstemmig, eensgezind; *in* ~ *with* in harmonie met
unit ['ju:nit] eenheid; onderdeel *o*, afdeling [v. leger, vloot &], troep; stuk *o*, stel *o*, compleet toestel *o* &; ✕ aggregaat *o* [v. machines &]; $ aan-
deel *o*
Unitarian [ju:ni'tɛəriən] I *sb* unitariër [in de politiek & die slechts één persoon in God erkent];
II *aj* unitaristisch; **unitary** ['ju:nitəri] unita-
risch, eenheids-
unite [ju:'nait] I *vt* aaneenvoegen, verbinden,

verenigen; bijeenvoegen; II *vi* zich verenigen,
zich verbinden (met *with*); ~ *in* ...*ing* ook: samenwerken om te...; –**d** *aj* verenigd, vereend, bijeen;
eendrachtig; *the* **United Kingdom** het Verenigd
Koninkrijk: Groot-Brittannië en Noord-Ier-
land; *United Nations (Organization)* (Organisatie
der) Verenigde Naties; *the United States* de Verenigde Staten (van Amerika); **unitive** ['ju:nitiv]
verenigend; **unity** eenheid, eendracht(igheid),
overeenstemming; *be at* ~ eendrachtig zijn;
eensgezind zijn; het eens zijn; *the unities* de drie
eenheden [theater]
universal [ju:ni'və:səl] *aj* algemeen, universeel
[ook = alzijdig]; wereld-; ~ *joint* cardankoppe-
ling; ~ *legatee* universeel erfgenaam; ~ *provider*
leverancier van alle mogelijke waren; ~ *suffrage*
algemeen kiesrecht *o*; –**ity** [ju:nivə:'sæliti] uni-
versaliteit, algemeenheid; alzijdigheid
universe ['ju:nivə:s] heelal *o*, wereld, univer-
sum *o*
university [ju:ni'və:siti] I *sb* hogeschool, academie, universiteit; II *aj* universiteits-, universitair, academisch
univocal ['ju:ni'voukl] ééneduidig
unjointed ['ʌn'dʒɔintid] zonder geledingen;
ontwricht
unjust ['ʌn'dʒʌst] *aj* onrechtvaardig, onbillijk;
onzuiver [weegschaal]
unjustifiable [ʌn'dʒʌstifaiəbl] niet te rechtvaardigen, niet te verdedigen, onverantwoordelijk
unjustly ['ʌn'dʒʌstli] *ad* onrechtvaardig, onbillijk; ten onrechte
unkempt ['ʌn'kemt] ongekamd; *fig* slordig, onverzorgd, niet onderhouden
unkind [ʌn'kaind] *aj* onvriendelijk
unknit ['ʌn'nit] lostrekken, losmaken
unknowable ['ʌn'nouəbl] onkenbaar; –**wing** *aj*
niet kennend; onwetend, onkundig; –**wingly**
ad zonder het (zelf) te weten, zich niet daarvan
bewust; **unknown** I *aj* niet bekend, onbekend;
ongekend; *he did it* ~ *to me* buiten mijn weten;
II *sb the* ~ het of de onbekende
unlace ['ʌn'leis] losrijgen
unlade ['ʌn'leid] ontladen, afladen, lossen
unladylike ['ʌn'leidilaik] weinig damesachtig
unlash ['ʌn'læʃ] lossjorren, losmaken
unlatch ['ʌn'lætʃ] van de klink doen
unlawful ['ʌn'lɔ:ful] onwettig, onrechtmatig,
ongeoorloofd
unlearn ['ʌn'lə:n] verleren, afleren; **1 unlearned** ['ʌn'lə:nid] niet geleerd [personen];
ongeleerd; onwetend
2 unlearned ['ʌn'lə:nd], **unlearnt** ['ʌn'lə:nt]
niet geleerd [lessen]; niet door studie verkregen
unleash [ʌn'li:ʃ] loslaten [honden]; ontketenen
unleavened ['ʌn'levnd] ongezuurd
unless [ən'les, ʌn'les] tenzij, indien... niet

unlettered ['ʌn'letəd] ongeletterd [persoon]

unlicensed ['ʌn'laisənst] zonder verlof of vergunning, zonder patent, onbevoegd

unlicked ['ʌn'likt] ongelikt[2], onbehouwen

unlike ['ʌn'laik] niet gelijkend (op); ongelijk; verschillend van, anders dan; *they are (utterly)* ~ ze lijken niet(s) op elkaar; *that is so* ~ *him* daar is hij (helemaal) de man niet naar

unlikelihood [ʌn'laiklihud], **unlikeliness** onwaarschijnlijkheid; **unlikely** onwaarschijnlijk; *he is not* ~ *to...* het is niet onwaarschijnlijk dat hij...

unlimited [ʌn'limitid] onbegrensd, onbepaald, onbeperkt, vrij; ongelimiteerd

unlink [ʌn'liŋk] ontschakelen, losmaken

unload ['ʌn'loud] **I** *vt* ontlasten, ontladen, lossen; $ spuien; luchten [gemoed]; **II** *vi* afladen, lossen; **-er** losser

unlock ['ʌn'lɔk] ontsluiten[2], opensluiten; van elkaar doen [de handen of vingers]; ~*ed* ook: niet afgesloten, niet op slot

unlooked-for [ʌn'luktfɔ:] onverwacht

unloose(n) ['ʌn'lu:s(n)] losmaken, vrijlaten

unloved ['ʌn'lʌvd] onbemind

unlovely ['ʌn'lʌvli] onbeminnelijk; onaantrekkelijk, niets mooi

unlucky [ʌn'lʌki] *aj* ongelukkig°

unmade ['ʌn'meid] **I** V.T. & V.D. van *unmake*; **II** *aj* (nog) ongemaakt; onopgemaakt [v. japon]; ongebaand

unmaidenly [ʌn'meidnli] niet betamelijk voor een meisje, ongepast

unmake ['ʌn'meik] te niet doen, vernietigen; ruïneren; afzetten [uit ambt &]

unman ['ʌn'mæn] ontmoedigen; vervrouwelijken; ~*ned* ook: onbemand [v. ruimtevaartuig, vlucht]

unmanageable [ʌn'mænidʒəbl] niet te regeren; ⚓ onbestuurbaar; *fig* onhandelbaar; lastig; onhandig [v. formaat]

unmanly ['ʌn'mænli] onmannelijk; verwijfd

unmannerly [ʌn'mænəli] ongemanierd, onhebbelijk, minder net

unmarked ['ʌn'ma:kt] ongemerkt, zonder merk

unmarketable ['ʌn'ma:kitəbl] onverkoopbaar, incourant

unmarried ['ʌn'mærid] ongehuwd

unmask ['ʌn'ma:sk] **I** *vt* het masker afrukken[2], ontmaskeren; **II** *vi* het masker afzetten (laten vallen); **-ed** ontmaskerd; ongemaskerd

unmatched ['ʌn'mætʃt] waarvan geen tweede is; ongeëvenaard, weergaloos, enig

unmeaning [ʌn'mi:niŋ] nietsbetekenend, onbeduidend; nietszeggend

unmeant [ʌn'ment] niet (kwaad) gemeend; onopzettelijk

unmeasurable [ʌn'meʒərəbl] onmetelijk; **-red** onmetelijk, onmeetbaar; onmatig, onbeteugeld

unmeditated ['ʌn'mediteitid] onoverdacht, niet vooraf bedacht of beraamd

unmeet ['ʌn'mi:t] ⚓ ongeschikt, ongepast

unmentionable [ʌn'menʃənəbl] onnoembaar, te erg (afschuwelijk, eng) om over te spreken; **–ned** onvermeld

unmerciful [ʌn'mə:siful] onbarmhartig (jegens *to, upon*); F onmenselijk

unmerited ['ʌn'meritid] onverdiend

unmindful [ʌn'maindful] ~ *of* zonder acht te slaan op, niets gevend om; niet indachtig aan, vergetend

unmistakable ['ʌnmis'teikəbl] *aj* onmiskenbaar, niet mis te verstaan

unmitigated [ʌn'mitigeitid] onverzacht, onverminderd; *fig* onvervalst, absoluut, door en door; ~ *rubbish* je reinste kletspraat

unmixed ['ʌn'mikst, + 'ʌnmikst] ongemengd, onvermengd

unmodifiable ['ʌn'mɔdifaiəbl] niet te wijzigen; **–fied** ongewijzigd

unmolested ['ʌnmou'lestid] niet gemolesteerd, ongehinderd, ongestoord

unmoor ['ʌn'muə] **I** *vt* ⚓ losmaken, losgooien; **II** *vi* losgooien

unmortgaged ['ʌn'mɔ:gidʒd] onbezwaard

unmounted ['ʌn'mauntid] ⚒ onbereden; (nog) niet gemonteerd

unmourned ['ʌn'mɔ:nd] onbetreurd

unmoved ['ʌn'mu:vd] onbewogen, ongeroerd; onbeweeglijk; kalm, standvastig

unmusical ['ʌn'mju:zikl] onwelluidend; niet muzikaal

unnamed ['ʌn'neimd] ongenoemd; naamloos, zonder naam

unnatural [ʌn'nætʃrəl] *aj* onnatuurlijk, gekunsteld; ontaard; tegennatuurlijk

unnecessary [ʌn'nesisəri] **I** *aj* niet noodzakelijk, onnodig, nodeloos, overbodig; **II** *sb unnecessaries* niet noodzakelijke dingen

unneighbourly ['ʌn'neibəli] onbuurschappelijk, niet zoals het goede buren betaamt

unnerve ['ʌn'nə:v] ontzenuwen, verlammen; [iem.] zijn zelfvertrouwen doen verliezen; van streek brengen

unnoted [ʌn'noutid] onopgemerkt

unnoticeable ['ʌn'noutisəbl] niet merkbaar; **unnoticed** onopgemerkt

unnumbered ['ʌn'nʌmbəd] ongeteld, talloos; ongenummerd

UNO, Uno ['ju:nou] = *United Nations Organization*

unobjectionable ['ʌnəb'dʒekʃənəbl] onberispelijk; onaanstotelijk; *it is* ~ ook: er valt niets tegen in te brengen

unobservable ['ʌnəb'zə:vəbl] niet waarneembaar, niet te zien, onbemerkbaar

unobservant ['ʌnəb'zɔːvənt] onoplettend, onopmerkzaam; be ~ of niet waarnemen, niet nakomen [v. regels &]

unobserved ['ʌnəb'zɔːvd] onopgemerkt

unobstructed ['ʌnəb'strʌktid] onbelemmerd

unobtainable ['ʌnəb'teinəbl] niet te (ver)krijgen

unobtrusive ['ʌnəb'truːsiv] niet in het oog vallend; niet indringerig, bescheiden

unoccupied ['ʌn'ɔkjupaid] niets om handen hebbend, niet bezig; vrij, onbezet, leegstaand, onbewoond

unoffending ['ʌnə'fendiŋ] niet aanstotelijk; geen kwaad doend, onschuldig

unofficial ['ʌnə'fiʃəl] inofficieel, informeel; ~ strike wilde staking

unoften ['ʌn'ɔːfən] not ~ niet zelden

unopened ['ʌn'oupənd] ongeopend, onopengesneden

unopposed ['ʌnə'pouzd] ongehinderd; zonder verzet, zonder oppositie; zonder tegenkandidaat

unorganized ['ʌn'ɔːgənaizd] ongeorganiseerd; onbewerktuigd, zonder organen

unorthodox ['ʌn'ɔːθədɔks] onrechtzinnig, ketters[2]; ongewoon, ongebruikelijk

unostentatious ['ʌnɔsten'teiʃəs] zonder uiterlijk vertoon of kale drukte, eenvoudig, onopvallend, bescheiden

unowned [ʌn'ound] zonder eigenaar; onbeheerd; niet erkend (toegegeven)

unpack ['ʌn'pæk] uitpakken, afladen

unpaid ['ʌn'peid] onbetaald; onbezoldigd; ₪ ongefrankeerd; ~ for onbetaald

unpalatable [ʌn'pælətəbl] onsmakelijk, minder aangenaam [v. waarheden], onverkwikkelijk [debat]

unparalleled [ʌn'pærəleld] weergaloos, ongeëvenaard

unpardonable [ʌn'paːdnəbl] onvergeeflijk; –ned geen vergiffenis verkregen hebbende; onvergeven; –ning niet vergevend

unparliamentary ['ʌnpaːləˈmentəri] onparlementair*

unpatriotic ['ʌnpætri'ɔtik] onvaderlandslievend

unpaved ['ʌn'peivd, + 'ʌnpeivd] onbestraat, ongeplaveid

unpeople ['ʌn'piːpl] ontvolken

unperformed ['ʌnpəˈfɔːmd] niet uitgevoerd &; ongedaan, onverricht

unpersuadable ['ʌnpə'sweidəbl] niet over te halen, niet te overreden of te overtuigen

unperturbed ['ʌnpə'təːbd] onverstoord

unpick ['ʌn'pik] lostornen [naad]; –ed niet uitgezocht of gesorteerd; ongeplukt [bloemen]; niet losgetornd [naad]

unpin ['ʌn'pin] losspelden

unpitied ['ʌn'pitid] onbeklaagd

unplaced ['ʌn'pleist] ongeplaatst

unplanned ['ʌn'plænd] niet vooruit bedacht; toevallig; op goed geluk

unpleasant [ʌn'pleznt] onplezierig; onaangenaam, onbehaaglijk; the police make themselves ~ to... beginnen het de... weer lastig te maken; –ness onaangenaamheid; onplezierigheid; onenigheid, ruzie; unpleasing ['ʌn'pliːziŋ] onbehaaglijk, onaangenaam

unpliant ['ʌn'plaiənt] onbuigzaam

unplug ['ʌn'plʌg] de stop (⚒ de stekker) van... uittrekken

unplumbed ['ʌn'plʌmd] ongepeild[2]

unpoised ['ʌn'pɔizd] niet in evenwicht (gebracht), uit het evenwicht gebracht

unpolished ['ʌn'pɔliʃt] ongepolijst; fig onbeschaafd, ruw

unpolluted ['ʌnpə'l(j)uːtid] onbezoedeld, onbesmet

unpopular ['ʌn'pɔpjulə] impopulair

unpractical ['ʌn'præktikl] onpraktisch; –ity ['ʌnprækti'kæliti] onpraktisch karakter o; onpraktische aard

unpractised [ʌn'præktist] niet gebruikelijk; ongeoefend, onervaren, onbedreven

unprecedented [ʌn'presidentid] zonder precedent; zonder voorbeeld, ongekend, ongehoord, zoals nog nooit vertoond (voorgekomen)

unpredictable ['ʌnpri'diktəbl] onvoorspelbaar, niet te voorspellen; onberekenbaar

unprejudiced [ʌn'predʒudist] onbevooroordeeld, onpartijdig

unpremeditated ['ʌnpri'mediteitid] niet vooraf bedacht of beraamd, onopzettelijk

unprepared ['ʌnpri'pːəd] onvoorbereid

unprepossessed ['ʌnpriː'pə'zest] niet vooringenomen, onbevooroordeeld; unprepossessing niet (weinig) innemend, ongunstig [v. uiterlijk &]

unpresuming ['ʌnpri'zjuːmiŋ] bescheiden

unpretending ['ʌnpri'tendiŋ], unpretentious [ʌnpri'tenʃəs] zonder pretentie, pretentieloos, bescheiden

unprevailing ['ʌnpri'veiliŋ] niets batend, nutteloos

unpriced ['ʌn'praist] niet geprijsd

unprincipled [ʌn'prinsipld] zonder beginselen, beginselloos; gewetenloos

unprintable ['ʌn'printəbl] niet te drukken, spec te obsceen om te drukken

unprized [ʌn'praizd] niet op prijs gesteld

unproductive ['ʌnprə'dʌktiv] improduktief, weinig opleverend

unprofitable [ʌn'prɔfitəbl] onvoordelig; nutteloos, waar men niets aan heeft

unpromising ['ʌn'prɔmisiŋ] weinig belovend

unpronounceable ['ʌnprə'naunsəbl] niet uit te

spreken
unprovable [ˈʌnˈpruːvəbl] onbewijsbaar; **unproved, unproven** onbewezen
unprovided [ˈʌnprəˈvaidid] niet voorzien (van *with*); ~ *for* onverzorgd
unprovoked [ˈʌnprəˈvoukt] niet uitgelokt; zonder aanleiding
unpublished [ˈʌnˈpʌbliʃt] onuitgegeven; niet bekendgemaakt
unqualified [ˈʌnˈkwɔlifaid] onbevoegd, ongeschikt; **F** onverdeeld, absoluut
unquenchable [ʌnˈkwenʃəbl] on(uit)blusbaar, onlesbaar
unquestionable [ʌnˈkwestʃənəbl] *aj* onbetwistbaar, ontwijfelbaar; **-ly** *ad* ontwijfelbaar, ontegenzeglijk; **unquestioned** ontwijfelbaar; onbetwist; vanzelfsprekend; niet ondervraagd; **-ning** geen vragen stellend; onvoorwaardelijk, blind [vertrouwen]
unquiet [ʌnˈkwaiət] onrustig, rusteloos
unquote [ʌnˈkwout] beëindigen [citaat]
unravel [ʌnˈrævl] **I** *vt* (uit)rafelen; ontwarren, ontraadselen, ontknopen, oplossen; **II** *vi* (uit)rafelen; zich ontwarren, zich ontwikkelen
unreachable [ˈʌnˈriːtʃəbl] onbereikbaar
unread [ˈʌnˈred] ongelezen; onbelezen
unreadable [ˈʌnˈriːdəbl] onleesbaar, niet te lezen, niet gelezen kunnende worden
unreadiness [ˈʌnˈredinis] ongereedheid; onbereidwilligheid, onwilligheid; **unready** niet gereed, niet klaar; onvoorbereid; besluiteloos
unreal [ˈʌnˈriəl] onwezenlijk, onwerkelijk, irreëel
unreason [ˈʌnˈriːzn] dwaasheid, onverstandigheid
unreasonable [ʌnˈriːznəbl] *aj* onredelijk
unreasoned [ʌnˈriːznd] onberedeneerd; **-ning** [ʌnˈriːzniŋ] niet beredeneerd; irrationeel
unreclaimed [ˈʌnriˈkleimd] niet opgeëist; onbekeerd; onontgonnen
unrecognizable [ˈʌnˈrekəgnaizəbl] onherkenbaar
unreconciled [ˈʌnˈrekənsaild] onverzoend
unrecorded [ˈʌnriˈkɔːdid] onvermeld
unredeemable [ˈʌnriˈdiːməbl] onaflosbaar; **-med** niet vrijgekocht, niet af- of ingelost [v. panden]; niet nagekomen; ~ *by* niet goedgemaakt door
unreel [ˈʌnˈriːl] afhaspelen, afrollen
unrefined [ˈʌnriˈfaind] niet geraffineerd, ongezuiverd, ongelouterd; onbeschaafd
unreflecting [ˈʌnriˈflektiŋ] niet reflecterend; onnadenkend
unreformed [ˈʌnriˈfɔːmd] niet hervormd; onbekeerd; onverbeterd
unregarded [ˈʌnriˈgaːdid] onopgemerkt; niet in tel, niet geacht; veronachtzaamd, verwaarloosd
unregenerate [ˈʌnriˈdʒenərit] niet wedergeboren, zondig, verdorven
unregistered [ˈʌnˈredʒistəd] niet geregistreerd, oningeschreven; **℔** onaangetekend
unrelated [ˈʌnriˈleitid] niet verwant
unrelaxing [ˈʌnriˈlæksiŋ] niet verslappend of afnemend, onvermoeid
unrelenting [ˈʌnriˈlentiŋ] onverminderd; onverbiddelijk, meedogenloos, onbarmhartig
unreliable [ˈʌnriˈlaiəbl] onbetrouwbaar
unrelieved [ˈʌnriˈliːvd] ongeholpen, niet gelenigd; niet afgewisseld (door *by*); ~ *joy* louter vreugde
unremarked [ˈʌnriˈmaːkt] onopgemerkt
unremembered [ˈʌnriˈmembəd] vergeten
unremitting [ʌnriˈmitiŋ] zonder ophouden, aanhoudend, gestadig
unremunerative [ʌnriˈmjuːnərətiv] niet lonend
unrepealable [ˈʌnriˈpiːləbl] onherroepelijk
unrepentant [ˈʌnriˈpentənt] geen berouw hebbend, onboetvaardig, verstokt
unrequited [ˈʌnriˈkwaitid] onbeloond; onbeantwoord [v. liefde]
unresented [ʌnriˈzentid] niet kwalijk genomen; zonder wrok gedragen
unreserved [ˈʌnriˈzəːvd] *aj* niet gereserveerd[2], zonder voorbehoud gegeven (gezegd &), vrijmoedig, openhartig
unresisting [ˈʌnriˈzistiŋ] geen weerstand biedendd
unresolved [ˈʌnriˈzɔlvd] onopgelost; (nog) niet besloten, besluiteloos
unresponsive [ˈʌnrisˈpɔnsiv] geen antwoord gevend, op antwoord latende wachten; *fig* niet reagerend op aardigheden &, niet wakker te krijgen, onverschillig
unrest [ˈʌnˈrest] onrust; **-ful** onrustig; **-ing** niet rustend
unrestrained [ˈʌnriˈstreind] oningehouden; onbeperkt, teugelloos; ongedwongen
unrestricted [ˈʌnriˈstriktid] onbeperkt, vrij
unrewarding [ˈʌnriˈwɔːdiŋ] niet (de moeite) lonend, onbevredigend, niet geslaagd
unriddle [ˈʌnˈridl] ontraadselen, oplossen
unrig [ʌnˈrig] **I** *vt* aftakelen
unrighteous [ʌnˈraitʃəs] onrechtvaardig; zondig, slecht
unrip [ʌnˈrip] openrijten, lostornen
unripe [ˈʌnˈraip] onrijp
unrivalled [ʌnˈraivəld] zonder mededinger; weergaloos, ongeëvenaard
unrobe [ˈʌnˈroub] **I** *vt* uitkleden; ~*d* niet in ambtsgewaad; **II** *vi* zijn (ambts)gewaad afleggen
unroll [ˈʌnˈroul] **I** *vt* ontrollen, afrollen; **II** *vi* afrollen, zich ontrollen
unroofed [ˈʌnˈruːft] zonder dak, dakloos
unroot [ˈʌnˈruːt] ontwortelen
unruffled [ˈʌnˈrʌfld] ongerimpeld, glad; *fig* on-

bewogen, onverstoord, onverstoorbaar (kalm), kalm, bedaard

unruly [ʌn'ru:li] ongezeglijk; onhandelbaar; lastig, weerspannig

unsaddle ['ʌn'sædl] afzadelen; uit het zadel werpen

unsafe ['ʌn'seif] onveilig; onbetrouwbaar; gewaagd; onvast; gevaarlijk; onsolide, wrak

unsaid ['ʌn'sed] ongezegd

unsal(e)able ['ʌn'seiləbl] onverkoopbaar

unsalaried ['ʌn'sælərid] onbezoldigd

unsanctified ['ʌn'sæŋktifaid] ongeheiligd, ongewijd; *fig* slecht

unsanctioned ['ʌn'sæŋkʃənd] niet gesanctioneerd, onbekrachtigd; ongeoorloofd

unsatisfactory ['ʌnsætis'fæktəri] *aj* onbevredigend, onvoldoende

unsatisfied ['ʌn'sætisfaid] onvoldaan, onbevredigd, ontevreden; **–fying** niet bevredigend, onvoldoend

unsaturated ['ʌn'sætʃəreitid] § onverzadigd

unsavoury ['ʌn'seivəri] onsmakelijk[2], onaangenaam, onverkwikkelijk

unsay ['ʌn'sei] herroepen

unscalable ['ʌn'skeiləbl] onbeklimbaar

unscathed ['ʌn'skeiðd] ongedeerd, onbeschadigd

unscientific ['ʌnsaiən'tifik] onwetenschappelijk

unscramble ['ʌn'skræmbl] ontwarren; ontcijferen

unscreened ['ʌn'skri:nd] onbeschermd, onbeschut; niet gezeefd; *fig* niet „doorgelicht" [om veiligheidsredenen]

unscrew ['ʌn'skru:] **I** *vt* losschroeven, losdraaien; **II** *vi* losgeschroefd (losgedraaid) worden

unscripted ['ʌn'skriptid] *RT* voor de vuist weg

unscriptural ['ʌn'skriptʃərəl] onschriftuurlijk, onbijbels; **F** onparlementair

unscrupulous [ʌn'skru:pjuləs] zonder scrupules; gewetenloos

unseal ['ʌn'si:l] ontzegelen, openen

unsealed ['ʌn'si:ld] ongezegeld; ontzegeld, open [v. enveloppe]

unseam ['ʌn'si:m] (de naden) lostornen

unsearchable [ʌn'sə:tʃəbl] ondoorgrondelijk, onnaspeurlijk

unseasonable [ʌn'si:znəbl] *aj* ontijdig, ongelegen (komend); misplaatst; niet voor de tijd van het jaar [v. weer]

unseasoned ['ʌn'si:znd] ongekruid, niet gezouten of gepeperd, niet belegen [v. hout]; onervaren

unseat ['ʌn'si:t] uit het zadel werpen; van zijn zetel beroven; **–ed** niet gezeten, niet zittend; uit het zadel geworpen; uit zijn zetel ontzet

unseeing ['ʌn'si:iŋ] niet(s) ziend, onopmerk-

zaam; blind

unseemly [ʌn'si:mli] onbetamelijk, ongepast; onooglijk

unseen ['ʌn'si:n] **I** *aj* ongezien, onbezien(s); **II** *sb* à vue vertaling; *the* ~ het ongeziene; *the Unseen* de Ongeziene (God)

unselfish ['ʌn'selfiʃ] onzelfzuchtig, niet egoïstisch, onbaatzuchtig

unsent ['ʌn'sent] niet gezonden, niet verzonden; ~ *for* ongenood, niet ontboden

unserviceable ['ʌn'sə:visəbl] ondienstig, onbruikbaar

unsettle ['ʌn'setl] van streek maken, onzeker maken, op losse schroeven zetten, in de war sturen [plannen]; uit zijn doen brengen [iem.]; verwarren; krenken [verstand]; **–d** onbestendig, weifelend; onvast [weer]; niet vastgesteld of afgedaan; niet tot rust gekomen; overstuur, verward, ontsteld; zie ook: *unsettle*; **unsettling** verwarrend, verontrustend

unsew ['ʌn'sou] lostornen

unsex ['ʌn'seks] van geslachtseigenschappen beroven; onvrouwelijk maken

unshackle ['ʌn'ʃækl] ontboeien[2], ontkluisteren[2], vrijmaken, losmaken

unshak(e)able [ʌn'ʃeikəbl] onwankelbaar, onwrikbaar; **unshaken** ongeschokt; onwrikbaar

unshapely ['ʌn'ʃeipli] vormloos, mismaakt

unshaved [ʌn'ʃeivd], **unshaven** ['ʌn'ʃeivn] ongeschoren

unsheathe ['ʌn'ʃi:ð] uit de schede trekken [degen]

unsheltered ['ʌn'ʃeltəd] onbeschut

unshielded ['ʌn'ʃi:ldid] niet verdedigd, onbeschermd, onbeschut

unship ['ʌn'ʃip] ontschepen, lossen; afnemen [roer], uitbrengen [de riemen]; **unshipped** nog niet verscheept

unshod ['ʌn'ʃɔd] ongeschoeid [v. persoon]; onbeslagen [v. een paard]

unshorn ['ʌn'ʃɔ:n] ongeschoren [v. heg &]

unshrinkable ['ʌn'ʃriŋkəbl] krimpvrij

unshrinking [ʌn'ʃriŋkiŋ] onversaagd

unsighted ['ʌn'saitid] ♃ niet in zicht; ⚔ zonder vizier [geweer]; ongezien

unsightly [ʌn'saitli] onooglijk, minder mooi of niet sierlijk, lelijk (staand)

unsinkable ['ʌn'siŋkəbl] niet zinkend; niet tot zinken te brengen

unskilful ['ʌn'skilful] onbedreven, onbekwaam, onervaren; **unskilled** ['ʌn'skild, + 'ʌnskild] ongeschoold, onbedreven; geen vakkennis vereisend; ~ *labour* werk dat geen vakkennis vereist; ongeschoolde arbeidskrachten

unslaked ['ʌn'sleikt] ongelest, ongeblust

unsleeping ['ʌn'sli:piŋ] altijd waakzaam

unslept ['ʌn'slept] ~ *in* onbeslapen

unsling [ʌn'sliŋ] losgooien
unsociability ['ʌnsouʃə'biliti] ongezelligheid; unsociable ['ʌn'souʃəbl] ongezellig, teruggetrokken
unsocial ['ʌn'souʃəl] niet houdend van of ongeschikt voor het maatschappelijk verkeer; asociaal
unsoiled ['ʌn'sɔild] onbezoedeld, onbevlekt
unsold ['ʌn'sould] onverkocht
unsolder ['ʌn'sɔldə] het soldeersel losmaken; *come ~ed* losgaan, loslaten
unsoldierly ['ʌn'souldʒəli] niet krijgshaftig, niet zoals het de soldaat betaamt
unsolicited ['ʌnsə'lisitid] ongevraagd
unsolicitous ['ʌnsə'lisitəs] onbekommerd
unsolvable ['ʌn'sɔlvəbl] onoplosbaar
unsolved ['ʌn'sɔlvd] onopgelost[2]
unsophisticated [ʌnsə'fistikeitid] onvervalst, (nog) onbedorven, onervaren, ongekunsteld, eenvoudig
unsought ['ʌn'sɔːt] ongezocht
unsound ['ʌn'saund] ongezond[2], niet gaaf; aangestoken, bedorven; ondeugdelijk, onsolide, onsterk; wrak, zwak; onbetrouwbaar; *of ~ mind* in zijn geestvermogens gekrenkt
unsowed ['ʌn'soud], –sown [ʌn'soun] ongezaaid; onbezaaid
unsparing [ʌn'spɛəriŋ] *aj* niets ontziend; niet op een cent ziend, niet karig; *with an ~ hand* met milde hand; ~ *of (in) praise* kwistig met zijn lof
unspeakable [ʌn'spiːkəbl] *aj* onuitsprekelijk; afschuwelijk
unspecified ['ʌn'spesifaid] ongespecificeerd
unspent ['ʌn'spent, + 'ʌnspent] niet verbruikt, niet gebruikt, niet uitgegeven, onverteerd, onuitgeput
unspoiled ['ʌn'spɔild], unspoilt ['ʌn'spɔilt] onbedorven[2]
unspoken ['ʌn'spoukn] niet uitgesproken of gesproken, onvermeld
unsporting ['ʌn'spɔːtiŋ] onsportief
unspotted ['ʌn'spɔtid] onbevlekt[2]
unstable ['ʌn'steibl] onvast, onbestendig; labiel
unstaid ['ʌn'steid] onstandvastig; onsolide [v. levenswandel]
unstained ['ʌn'steind] ongeverfd; onbesmet
unstamped ['ʌn'stæmpt, + 'ʌnstæmpt] ongestempeld; ongezegeld; ongefrankeerd
unstarched ['ʌn'staːtʃt] ongesteven
unsteady ['ʌn'stedi] **I** *aj* wankel, onzeker, ongestadig; onsolide [gedrag]; onzeker [v. h. vuren]; onvast; **II** *vt* ongestadig & maken
unstick ['ʌn'stik] losweken [v. het gelijmde]
unstinted [ʌn'stintid], unstinting onbekrompen, kwistig, onbeperkt
unstirred ['ʌn'stəːd] onverroerd; ongeroerd
unstitch ['ʌn'stitʃ] lostornen

unstocked ['ʌn'stɔkt] zonder voorraad; leeggehaald
unstop ['ʌn'stɔp] openen, ontkurken
unstopped ['ʌn'stɔpt] onafgesloten, open; niet verstopt; niet gestopt
unstrained ['ʌn'streind] ongedwongen
unstrap ['ʌn'stræp] losgespen, losmaken
unstressed ['ʌn'strest, + 'ʌnstrest] toonloos, zonder klemtoon
unstring ['ʌn'striŋ] een snaar (snaren) afspannen van; ontspannen; afrijgen [kralen]
unstrung ['ʌn'strʌŋ] ontspannen, verslapt; *his nerves are ~* in de war
unstuck ['ʌn'stʌk] los; *come ~* losgaan, loslaten; *fig* spaak lopen
unstudied ['ʌn'stʌdid] onbestudeerd; niet (vooraf) bestudeerd, spontaan
unsubdued ['ʌnsəb'djuːd] onoverwonnen, niet onderworpen, onbedwongen
unsubstantial ['ʌnsəb'stænʃəl] onstoffelijk; onwezenlijk, onwerkelijk; onsolide; niet degelijk [kost &]
unsuccessful ['ʌnsək'sesful] geen succes hebbend, zonder succes, niet geslaagd, niet gelukt, mislukt; *be ~* niet slagen; *return ~* onverrichter zake
unsuitable ['ʌn's(j)uːtəbl] ongepast; ongeschikt; niet van dienst zijnd; unsuited ongeschikt (voor *for*), niet passend (bij *to*)
unsullied ['ʌn'sʌlid] onbezoedeld, onbevlekt
unsung ['ʌn'sʌŋ] ongezongen; niet bezongen
unsupported ['ʌnsə'pɔːtid] niet ondersteund; niet gesteund; niet gestaafd
unsure ['ʌn'ʃuə] onzeker, onvast; onbetrouwbaar; twijfelachtig
unsurpassable ['ʌnsə'paːsəbl] onovertrefbaar
unsurpassed ['ʌnsə'paːst] onovertroffen
unsusceptible ['ʌnsə'septibl] onvatbaar
unsuspected ['ʌnsəs'pektid] onverdacht; onvermoed; –ting geen kwaad vermoedend, argeloos
unsuspicious ['ʌnsəs'piʃəs] *aj* niet achterdochtig, argeloos; ~ *of...* geen... vermoedend
unswathe [ʌns'weið] ontzwachtelen
unswayed ['ʌn'sweid] onbeïnvloed; niet beheerst (door *by*); onbevooroordeeld
unswept ['ʌn'swept] on(aan)geveegd
unswerving [ʌn'swəːviŋ] niet afwijkend; onwankelbaar
unsworn ['ʌn'swɔːn] onbeëdigd
unsympathetic ['ʌnsimpə'θetik] van geen deelneming (begrip) blijk gevend, onverschillig; soms: onsympathiek
unsystematic ['ʌnsisti'mætik] onsystematisch, zonder systeem
untainted ['ʌn'teintid] onaangestoken; onbedorven; onbesmet, smetteloos, vlekkeloos

untalked-of ['ʌn'tɔːktəv] niet besproken
untamed ['ʌn'teimd] ongetemd
untangle ['ʌn'tæŋgl] ontwarren
untanned ['ʌn'tænd] ongelooid
untarnished ['ʌn'taːniʃt] ongevlekt, onbevlekt, onbesmet, smetteloos
untaught ['ʌn'tɔːt, + 'ʌntɔːt] ongeleerd, onwetend, niet onderricht
untaxed ['ʌn'tækst] onbelast, van belasting vrijgesteld; niet beschuldigd
unteachable ['ʌn'tiːtʃəbl] hardleers; niet te leren
untempting ['ʌn'tem(p)tiŋ] niet (erg) aanlokkelijk
untenable ['ʌn'tenəbl] onhoudbaar, onverdedigbaar*
untenanted ['ʌn'tenəntid] onverhuurd; onbewoond; onbezet, leeg
untended ['ʌn'tendid] onverzorgd; verwaarloosd
unterrified ['ʌn'terifaid] onvervaard
unthankful ['ʌn'θæŋkful] ondankbaar
unthinkable [ʌn'θiŋkəbl] ondenkbaar; –king aj niet (na)denkend, onbezonnen, onbedachtzaam
unthought-of [ʌn'θɔːtəv] onvermoed; onverwacht
unthrifty ['ʌn'θrifti] aj niet spaarzaam, verkwistend; onvoorspoedig
untidy [ʌn'taidi] aj onordelijk, slordig
untie ['ʌn'tai] I vt losbinden, losknopen; losmaken; II vi zich laten losbinden &
until [ən'til, ʌn'til] tot; totdat; not ~ 1007 pas (eerst) in 1007
untimely [ʌn'taimli] I aj ontijdig; voortijdig; ongelegen; II ad vóór zijn tijd
untinged ['ʌn'tin(d)ʒd] ongetint; fig ongerept, vrij (van with, by)
untired [ʌn'taiəd], –ring onvermoeid
untitled ['ʌn'taitld] ongetiteld
⚲ unto ['ʌntu] tot; aan; voor; naar; tot aan
untold ['ʌn'tould] onverteld; ongeteld, talloos; zeer groot (veel)
untouchable [ʌn'tʌtʃəbl] I aj onaanraakbaar; II sb (Hindoe)paria; –ched onaangeraakt; ongerept; fig onaangedaan, onbewogen
untoward [ʌʌn'touəd] lastig; betreurenswaardig; ongelukkig, onaangenaam; ⚲ weerbarstig; weerspannig
untraceable ['ʌn'treisəbl] onnaspeurlijk, niet na te gaan; untraced niet op-, nagespoord; onbetreden, ongebaand
untrained ['ʌn'treind] ongedrild, ongeoefend, ongedresseerd; ⚴ vrij groeiend
untrammelled [ʌn'træməld] onbelemmerd
untranslatable ['ʌntræns'leitəbl] onvertaalbaar
untravelled ['ʌn'trævəld] onbereisd
untried ['ʌn'traid] onbeproefd; ⚇ (nog) niet

verhoord, (nog) niet behandeld
untrodden ['ʌn'trɔdn] onbetreden
untroubled ['ʌn'trʌbld] ongestoord, onbewogen, kalm; niet verontrust
untrue ['ʌn'truː] onwaar, onwaarachtig; ontrouw (aan to); niet zuiver, niet recht
untruss ['ʌn'trʌs] losmaken
untrustworthy ['ʌn'trʌstwəːði] onbetrouwbaar
untruth ['ʌn'truːθ] onwaarheid; –ful leugenachtig
untune ['ʌn'tjuːn] ontstemmen
unturned ['ʌn'təːnd] ongekeerd; zie stone
untutored ['ʌn'tjuːtəd] ongeleerd, niet onderwezen; onbeschaafd
untwine ['ʌn'twain] loswinden, losdraaien
untwist ['ʌn'twist] = untwine
1 unused ['ʌn'juːzd] ongebruikt, onbenut
2 unused ['ʌn'juːst] ~ to niet gewend aan
unusual [ʌn'juːʒuəl] ongewoon; uitzonderlijk; F buitengewoon
unutterable ['ʌn'ʌtərəbl] onuitsprekelijk, onzegbaar, onbeschrijflijk
unvalued [ʌn'væljuːd] ongeschat; ongewaardeerd
unvaried [ʌn'vɛərid] onveranderd; nooit veranderend, zonder afwisseling, eentonig
unvarnished ['ʌn'vaːniʃt] niet gevernist; fig onopgesmukt [verhaal]; onverbloemd
unvarying [ʌn'vɛəriiŋ] onveranderlijk; constant
unveil [ʌn'veil] I vt ontsluieren, onthullen; ontdekken; II vi de sluier afleggen
unversed ['ʌn'vəːst] onervaren, onbedreven
unvoiced ['ʌn'vɔist] niet uitgesproken; stemloos [klank]
unwanted ['ʌn'wɔntid] niet verlangd (gevraagd, nodig), ongewenst
unwarlike ['ʌn'wɔːlaik] onkrijgshaftig
unwarped ['ʌn'wɔːpt] niet kromgetrokken; fig onbeïnvloed, onbevooroordeeld
unwarrantable ['ʌn'wɔrəntəbl] aj onverantwoordelijk; ongeoorloofd
unwarranted ['ʌn'wɔrəntid] ongerechtvaardigd, ongemotiveerd, niet verantwoord, ongeoorloofd
unwary [ʌn'wɛəri] aj onvoorzichtig; niet waakzaam, niet op zijn hoede zijnd
unwashed ['ʌn'wɔʃt] ongewassen
unwatered ['ʌn'wɔːtəd] onbesproeid, onbegoten; niet met water aangelengd
unwavering [ʌn'weivəriŋ] niet wankelend, niet aarzelend; onwrikbaar, standvastig
unwearable ['ʌn'wɛərəbl] niet te dragen; onverslijtbaar
unwearied [ʌn'wiərid] onvermoeid; onvermoeibaar; –rying onvermoeid; onvermoeibaar; volhardend, aanhoudend
unwed(ded) ['ʌn'wed(id)] ongehuwd

unwelcome [ʌn'welkəm] onwelkom; onaangenaam

unwell ['ʌn'wel] niet wel, onwel, onpasselijk; ongesteld (wegens menstruatie)

unwept ['ʌn'wept] onbeweend

unwholesome ['ʌn'houlsəm] ongezond

unwieldly [ʌn'wiːldi] *aj* log, zwaar, lomp, onbehouwen, moeilijk te hanteren

unwilling ['ʌn'wiliŋ] *aj* onwillig; ongewillig; *be (feel) ~ to...* ongeneigd zijn om, geen lust hebben om..., niet willen...

unwillingly [ʌn'wiliŋli] *ad* onwillig; ongewillig; ongaarne; tegen wil en dank

unwind ['ʌn'waind] I *vt* loswinden, loswikkelen, ontrollen; II *vi* zich loswinden &

unwinking ['ʌn'wiŋkiŋ] strak, star [blik]; *fig* waakzaam

unwisdom ['ʌn'wizdəm] onverstandigheid, dwaasheid

unwise ['ʌn'waiz] onwijs, onverstandig

unwished [ʌn'wiʃt] ongewenst

unwitnessed ['ʌn'witnist] ongezien, niet door getuigen bijgewoond of bevestigd

unwitting [ʌn'witiŋ] onwetend, van niets wetend, onbewust; ~ *to himself* zonder dat hij er iets van wist (merkte)

unwomanly [ʌn'wumənli] onvrouwelijk

unwonted [ʌn'wountid] ongewoon; niet gewend

unworkable ['ʌn'wɔːkəbl] onuitvoerbaar, onpraktisch; niet exploitabel

unworldly [ʌn'wɔːldli] niet van de wereld, onwerelds; wereldvreemd

unworn ['ʌn'wɔːn] ongedragen; onversleten

unworthy [ʌn'wɔːði] *aj* onwaardig

unwound ['ʌn'waund] V.T. & V.D. van *unwind*

unwounded ['ʌn'wuːndid] ongewond

unwrap ['ʌn'ræp] loswikkelen, openmaken

unwrinkle ['ʌn'riŋkl] ontrimpelen; ~*d* ongerimpeld, zonder rimpels, glad [voorhoofd]

unwritten ['ʌn'ritn] ongeschreven

unwrought ['ʌn'rɔːt] onbewerkt; onverwerkt; ~ *goods* ruwe grondstoffen

unwrung ['ʌn'rʌŋ] ongewrongen; *fig* onbekommerd

unyielding [ʌn'jiːldiŋ] niet meegevend; ontoegevend, onbuigzaam, onverzettelijk

unyoke ['ʌn'jouk] I *vt* het juk afnemen, uitspannen, bevrijden (van het juk); II *vi* het juk afwerpen[2], *fig* vrijaf nemen

unzip ['ʌn'zip] opentrekken [met rits]

up [ʌp] I *ad* op, op de hoogte in, in de hoogte, omhoog, boven, naar boven, overeind; *he lives four (floors)* ~ vier hoog; *a hundred* ~ *sp* honderd punten; *one* ~ *for...* één (= een punt, een succes &) voor...; *one* ~ *on...* F voorliggend op..., voor zijnd ten aanzien van...; *one* ~ *to...* zie *one* ~ *for...*; *he*

might have won with a better jockey ~ in de zadel; *from my youth* ~ van mijn prille jeugd; *from 5 shillings* ~ van 5 sh. en hoger; ~ *there* dáár(ginds), daarboven; ~ *the rebels!* leve de rebellen!; *it is all* ~*!* er is geen hoop meer!; ~ *with...* hoera voor...; ~ *with you!* allo, op!; ~ *and down* op en neer, op en af (zie ook: *up-and-down*); *look* ~ *and down* overal kijken; *look sbd.* ~ *and down* iem. van het hoofd tot de voeten opnemen; ~ *and down the country* over (door) het hele land; *what's* ~*?* F wat is er aan de hand?; *be* ~ op zijn [uit bed]; (in de lucht) opgestegen zijn; opgegaan zijn [voor examen]; $ hoger zijn [prijzen]; hoog staan [op de markt]; in de stad zijn [studenten]; aan de universiteit studeren; het woord hebben [redenaar]; zijn zetel ingenomen hebben [rechter]; om zijn [tijd]; aan de hand zijn [zaken]; *the House is* ~ de Zitting is opgeheven; de Kamer is op recens; *the street is* ~ is opgebroken; *be* ~ *and doing* niet stilzitten, de handen uit de mouwen steken; • *be* ~ *against a formidable task* voor een geweldige taak staan; *be* ~ *for* (*re-*)*election* zich (weer) kandidaat stellen; *he is high* ~ *in the school* heeft een hoog nummer; *he is well* ~ *in that subject* hij is heel goed (thuis) in dat vak; ~ *t o* tot (aan, op); ~ *to 7 days' leave* hoogstens 7 dagen verlof; ~ *to now* tot nu (nog) toe, tot op heden, tot dusver; ~ *to then* tot dan toe; *he is* ~ *to no good* hij voert niets goeds in zijn schild; *he is* ~ *to some joke* hij heeft de een of andere aardigheid in de zin; *he is not* ~ *to much* hij kan niet veel, betekent niet veel; *be* ~ *to sample* volgens monsters zijn, aan het monster beantwoorden; *he is not* ~ *to the task* hij is niet voor de taak berekend; *be* ~ *to a trick or two* van wanten weten; *I am* ~ *to what you mean* ik begrijp (snap) wel wat je bedoelt; *what are you* ~ *to?* wat voer jij nu uit?, wat moet dat nou?; *it is* ~ *to us...* het is onze plicht..., het staat aan ons...; het is zaak dat wij...; *I don't feel* ~ *to it* ik voel er me niet sterk (flink) genoeg voor; *go* ~ *to town* naar de stad (toe) gaan; II *prep* op; ~ *country* het (binnen)land in; ~ *a hill* een heuvel op; ~ *hill and down dale* over heg en steg; ~ *stage* achter op 't toneel; ~ *a tree* in een boom, tegen een boom op; zie ook: *tree*; III *vi* F opstaan; ~ *with one's fist* F de vuist opheffen; IV *sb* ~*s and downs* terreingolvingen; *fig* voor- en tegenspoed, wisselvalligheden; *be on the* ~ *and* ~ F vooruitgaan, verbeteren; eerlijk (fatsoenlijk) zijn; ~-**and-coming** ambitieus, veelbelovend; ~-**and-down** *aj* van boven naar beneden, op en neer gaand; *fig* eerlijk; ~-**and-over** *door* kanteldeur [v. garage &]

upas ['juːpəs] oepas [boom]; *fig* vergiftigende of verderfelijke invloed, pest

upbear [ʌp'bɛə] dragen, (onder)schragen, -steunen

upbeat ['ʌpbi:t] ♪ opmaat
upbraid [ʌp'breid] verwijten doen, een verwijt maken (van *with*); betuttelen; ~ *sbd. for (with)*... iem... verwijten
upbringing ['ʌpbriŋiŋ] opvoeding
upcast ['ʌpka:st] I *vt* omhoog werpen; II *aj* naar boven gericht; naar boven geworpen; *with* ~ *eyes* ook: met ten hemel geslagen ogen; III *sb geol* opwaartse verschuiving; ventilatieschacht [in mijn]
up-country ['ʌp'kʌntri] I *ad* & *aj* in, van, naar het binnenland; plattelands-
up-date [ʌp'deit] bijwerken [een uitgave], bij de tijd brengen, moderniseren
up-end [ʌp'end] overeind zetten, het onderste boven keren
upgrade I *sb* ['ʌpgreid] opwaartse helling; *fig* vooruitgang; *on the* ~ vooruitgaand; stijgend; II *vt* [ʌp'greid] verhogen (in rang &), veredelen [vee]
upheaval [ʌp'hi:vəl] omwenteling, ontreddering; opschudding; aardbeving; uitbarsting; **upheave** opheffen, omhoog werpen
upheld [ʌp'held] V.T. & V.D. van *uphold*
uphill ['ʌp'hil, 'ʌphil, ʌp'hil] bergop; *fig* moeilijk, zwaar [werk &]
uphold [ʌp'hould] ophouden, hooghouden, staande houden; handhaven; ŧŧ bevestigen; (onder)steunen², *fig* verdedigen; **–er** ophouder; ondersteuner, steun; handhaver, verdediger
upholster [ʌp'houlstə] stofferen, bekleden; *well* ~*ed* F mollig; **–er** (behanger-)stoffeerder; **–y** stoffering, bekleding; stoffeerderij
upkeep ['ʌpki:p] (kosten van) onderhoud *o*, instandhouding
upland ['ʌplənd] I *sb* hoogland *o*, bovenland *o*; II *aj* hooglands, bovenlands; **–er** hooglander, bergbewoner
uplift I *vt* [ʌp'lift] optillen, opheffen, verheffen²; ten hemel heffen [de handen], ten hemel slaan [de ogen]; *it was not* ~*ing* het was niet hartverheffend; II *sb* ['ʌplift] opwekking; op-, verheffing [v. de ziel &]; bodemverheffing
upmost ['ʌpmoust] bovenst, hoogst
upon [ə'pɔn] op &, zie *on*; *be on* ~ *sbd.* F iem. een slag vóór zijn
upper ['ʌpə] I *aj* opper, hoger, bovenste, boven-; II *sb* bovenleer *o* (ook: ~*s*); *(down) on one's* ~*s* S straatarm; **upper-bracket** F bijna aan de top v.d. ranglijst; ~ **circle** tweede balkon *o* [v. schouwburg]; ~**-class** van de hogere kringen; ~**-crust** S aristocratisch, elite-, ~**-cut** opstoot [bij boksen]; ~ **dog** *fig* de winnende partij; ~ **hand** over-, bovenhand; *get (take) the* ~ de bovenhand verkrijgen; **Upper House** Hogerhuis *o*; **upper leather** bovenleer *o*; ~ **lip** bovenlip; *keep a stiff* ~ zich flink houden; **–most** bovenst,

hoogst; *be* ~ de overhand hebben; *their* ~ *though was for...* zij dachten in de eerste plaats aan...; *he says whatever comes* ~ hij zegt alles wat hem voor de mond komt; ~ **storey** bovenverdieping; *wrong in his* ~ S van lotje getikt; ~ **ten** [ʌpə'ten] F de hoogste kringen van de maatschappij (ook: ~ *thousand*); **–works** ['ʌpəwə:ks] ⚓ bovenschip *o*
uppish ['ʌpiʃ] F verwaand, arrogant; onbeschaamd; uit de hoogte; **uppity** ['ʌpiti] *Am* F veel praats hebbend, brutaal; verwaand, arrogant
upraise [ʌp'reiz] opheffen, ten hemel heffen; oprichten; opwekken
uprear [ʌp'riə] oprichten
upright ['ʌprait, 'ʌp'rait, ʌp'rait] I *aj* rechtstaand, overeindstaand, (kaars)recht, rechtstandig; *fig* rechtschapen, oprecht; ~ **piano** pianino; ~ *writing* steilschrift *o*; II *ad* rechtop, overeind; III *sb* staande balk, stijl; verticale stand
uprise [ʌp'raiz] opstaan, (op)rijzen; **–sing** opstand, oproer *o*; ⚲ opgang *o*
uproar ['ʌprɔ:] tumult *o*, lawaai *o*, rumoer *o*; **–ious** [ʌp'rɔ:riəs] lawaaierig, rumoerig, luidruchtig; bulderend [gelach]
uproot [ʌp'ru:t] ontwortelen; uitroeien
uprush ['ʌprʌʃ] sterk opwaartse stroom of beweging; opwelling
ups-a-daisy ['ʌpsədeisi] = *upsy-daisy*
1 upset [ʌp'set] I *vt* omgooien, -smijten, omverwerpen²; *fig* in de war sturen, verijdelen [plannen]; van streek maken; ~ *the balance* het evenwicht verstoren; *be* ~ omslaan, omvallen; ontdaan, van streek, overstuur zijn; zie ook: *applecart*; II *vi* omslaan, omvallen; III *sb* omkanteling; *fig* omverwerping [van gezag]; verwarring; van streek makende onaangenaamheid; ruzie; stoornis [v. h. gestel]
2 upset ['ʌpset] *aj* ~ *price* inzet
upshot ['ʌpʃɔt] uitkomst, resultaat *o*, einde *o*
upside ['ʌpsaid] bovenzijde; ~*-down* onderst(e)-boven; op zijn kop (staand), verkeerd; *turn* ~-*down* in de war sturen; ~*s with* gelijk (quitte) met
upstage [ʌp'steidʒ] I *aj theat* achter op 't toneel; S verwaand, hooghartig; II *vt* aandacht trekken
upstairs I *ad* ['ʌp'stɛəz] de trap op, naar boven, boven; zie ook: *kick* III; II *aj* ['ʌpstɛəz] ~ *room* bovenkamer
upstanding [ʌp'stændiŋ] (overeind) staand; flink uit de kluiten gewassen; *fig* eerlijk, rechtuit
upstart ['ʌpsta:t] I *sb* parvenu; II *aj* parvenuachtig
upstream I *ad* ['ʌp'stri:m] stroomopwaarts; II *aj* ['ʌpstri:m] tegen de stroom oproeiend &; bovenstrooms gelegen
upstroke ['ʌpstrouk] ophaal [bij het schrijven]
upsurge ['ʌpsə:dʒ] opleving, (hoge) vlucht; op-

stand, oproer *o*

upswept ['ʌp'swept] omhooggebogen, omhooggeborsteld [haar]

upswing ['ʌpswiŋ] opwaartse beweging, *fig* opbloei

upsy-daisy ['ʌpsideizi] F hupsakee [tegen gevallen kind]

uptake ['ʌpteik] opnemen *o*; *quick on the* ~ F vlug (van begrip); *slow on the* ~ F traag (van begrip)

upthrow ['ʌpθrou] *geol* opwaartse aardverschuiving

upthrust ['ʌpθrʌst] *geol* uitbarsting

uptight ['ʌptait] S hypernerveus

up-to-date ['ʌptə'deit] op de hoogte (van de tijd), ,,bij'', bijdetijds, modern

uptown I *aj* ['ʌptaun] *Am* in (van) de bovenstad; II *ad* [ʌp'taun] naar (in) de bovenstad

up train ['ʌptrein] trein naar Londen

upturn [ʌp'tə:n] I *vt* opwerpen; omkeren; opslaan; ~*ed* ook: ten hemel geslagen; II *sb* opwaartse beweging; *fig* opleving

upward ['ʌpwəd] I *aj* opwaarts; stijgend; II *ad* = *upwards*; -s opwaarts, naar boven; ~ *of* boven de, meer dan; *fifty guilders and* ~ 50 gulden en hoger (en meer, en daarboven)

uranium [juə'reinjəm] uranium *o*

urban ['ə:bən] van de stad, stedelijk, stads-

urbane [ə:'bein] urbaan, welgemanierd, hoffelijk, wellevend, beschaafd; **-nity** [ə:'bæniti] urbaniteit, hoffelijke welgemanierdheid, wellevendheid

urbanization [ə:bənai'zeiʃən] urbanisatie, verstedelijking; **urbanize** ['ə:bənaiz] verfijnen; verstedelijken

urchin ['ə:tʃin] joch(ie) *o*; schelm, rakker

urge [ə:dʒ] I *vt* aan-, voortdrijven; aandringen op; aanzetten, dringend verzoeken, dringend aanbevelen, aanmanen tot; aanvoeren; ~ *sbd. i n t o ...ing* iem. aanzetten om te...; ~ *sbd. o n* iem. aansporen; ~ *the matter on* de zaak dringend aanbevelen, er vaart achter zetten; ~ *sbd. t o action* iem. aanzetten tot handelen, wat aanporren; ~ *it u p o n sbd.* het iem. op het hart drukken; II *vr* ~ *itself upon sbd.* zich aan iem. opdringen [idee, plan &]; III *sb* (aan)drang, drift; aandrift; **urgency** dringende noodzakelijkheid, urgentie; (aan)drang; **urgent** *aj* dringend, dringend noodzakelijk, spoedeisend, urgent, ernstig; *he was* ~ *with me for help* hij drong bij mij aan om hulp

uric ['juərik] ~ *acid* urinezuur *o*

urinal ['juərinl] urinaal *o* [urineglas]; urinoir *o*; **-ary** urine-; **-ate** urineren; **urine** urine, water *o*

urn [ə:n]; toestel *o* [kan, ketel voor thee &]; urn

Ursa ['ə:sə] ★ de Beer; ~ *Major* de Grote Beer; ~ *Minor* de Kleine Beer

ursine ['ə:sain] bere(n)-

us [ʌs, (ə)s] ons, (aan) ons; P wij

U.S.A. = *United States of America*

usable ['ju:zəbl] bruikbaar

usage ['ju:zidʒ] gebruik *o*, gewoonte, $ usance, usantie; taalgebruik *o*; behandeling

usance ['ju:zəns] $ uso

use I *sb* [ju:s] gebruik *o*, nut *o*; gewoonte; ritueel *o*; ~ *and wont* de zeden en gewoonten; *be of (great)* ~ van (veel) nut zijn, nuttig zijn; *it is not (of) much* ~ het haalt niet veel uit; *they are not much* ~ *as...* ze deugen niet erg voor..., je hebt er niet veel aan voor...; *it is (of) no* ~ *crying over spilt milk* gedane zaken nemen geen keer; *it is no* ~ *for you to go* het geeft je niets of je gaat; *what is the (of it)?* wat helpt (baat, geeft) het je?; *I have no* ~ *for it* ik kan het niet gebruiken; F ik moet er niets van hebben; *make (a) good* ~ *of...*, *put it to (a) good* ~ goed besteden, een goed (nuttig) gebruik maken van; *f o r the* ~ *of* ten gebruike van; *i n* ~ in gebruik; *in present* ~ tegenwoordig in gebruik; *put (take) i n t o* ~ in gebruik nemen, in dienst stellen; *be of* ~ nuttig (van nut) zijn; *be of frequent* ~ veel gebruikt worden; *be o u t of* ~ in onbruik (geraakt) zijn; II *vt* [ju:z] gebruiken, bezigen, gebruik maken van, zich ten nutte maken; aanwenden; behandelen; ~ *freely* veel (druk) gebruik maken van; ~ *sbd. roughly* iem. ruw behandelen of aanpakken; ~ *great (one's best) efforts* zijn (uiterste) best doen; ~ *the sea* (op zee) varen; ~ *up* verbruiken, (op)gebruiken, opmaken; F uitputten, verslijten; ~*d up* F uitgeput, ,,op''; *used* [ju:zd: gebruikt(e); maar ~ *great*, gewoon of placht: ju:st] ~ *to* gewoon aan; *get* ~ *to* wennen aan; *he is not what he* ~ *to be* wat hij vroeger was; *there* ~ *to be a mill there* daar stond vroeger een molen; **useful** ['ju:sful] nuttig, dienstig, bruikbaar; S bedreven, knap; zie ook: *come in*; **-less** nutteloos, onnut, onbruikbaar, niets waard

usher ['ʌʃə] I *sb* portier; suppoost; ceremoniemeester; deurwaarder; ✎ ondermeester; II *vt* binnenleiden, inleiden[2] (ook: ~ *in*); **-ette** [ʌʃə'ret] ouvreuse

U.S.S.R. = *Union of Soviet Socialist Republics*

usual ['ju:ʒuəl] I *aj* gebruikelijk, gewoon; *it is* ~ *to...* het is de gewoonte om...; *as* ~, J *as per* ~ als gewoonlijk, gewoon; II *sb* F normale gezondheid; gewone (vaste) borrel [op dezelfde tijd v.d. dag]; **usually** *ad* gewoonlijk, doorgaans, meestal

usufruct ['ju:sjufrʌkt] vruchtgebruik *o*

usurer ['ju:ʒərə] woekeraar; **-rious** [ju'zjuəriəs] woekerend, woeker-

usurp [ju:'zə:p] usurperen, wederrechtelijk in bezit nemen, zich toeëigenen of aanmatigen, overweldigen [v. troon]; **-ation** [ju:zə:'peiʃən] usurpatie, wederrechtelijke inbezitneming, toeeigening of aanmatiging, overweldiging [v. troon]; **usurper** [ju:'zə:pə] usurpator, overweldiger

usury ['ju:ʒəri] woeker(rente)

ut [ʌt, ut] ♪ ut, do, c

utensil [ju'tens(i)l] gereedschap *o*, werktuig *o*; ~*s* ook: (keuken)gerei *o*

uterine ['ju:tərain] van (in) de baarmoeder; ~ *brother* (*sister*) halfbroer (-zuster) van dezelfde moeder; **uterus** baarmoeder

utilitarian [ju:tili'tæriən] **I** *aj* nuttigheids-; utilitaristisch; **II** *sb* utilitarist; **-ism** utilitarisme *o*, nuttigheidsleer

utility [ju'tiliti] **I** *sb* nuttigheid, nut *o*, bruikbaarheid; voorwerp *o* van nut; utiliteit; ~ *man* acteur voor kleine rollen) (*public*) ~ (openbaar) nutsbedrijf *o*; *utilities* gebruiksvoorwerpen; **II** *aj* standaard- [v. kleding, meubelen &]; ~ *goods* gebruiksgoederen

utilization [ju:tilai'zeiʃən] benutting, nuttig gebruik *o*, nuttige aanwending; **utilize** ['ju:tilaiz] benutten, nuttig besteden, goed gebruiken

utmost ['ʌtmoust] uiterste, verste, hoogste; *do one's* ~ zijn uiterste best doen; alles op haren en snaren zetten

Utopia [ju:'toupjə] denkbeeldige geluksstaat, ideaalstaat; utopie; **utopian I** *aj* utopisch; **II** *sb* utopist

1 utter ['ʌtə] *aj* volslagen, algeheel, uiterst, baarlijk [nonsens]

2 utter ['ʌtə] *vt* uiten, uitbrengen, uitspreken, uitdrukken; uitgeven, in omloop brengen [geld]; **-ance** uiting, uitspraak, uitlating; dictie, spreektrant, voordracht

utterly ['ʌtəli] *ad* volkomen, volslagen, ten enenmale

uttermost ['ʌtəmoust] = *utmost*

U-turn ['jutə:n] *no* ~ verboden te keren

uvula ['ju:vjulə] huig; **-r** van de huig; ~ *r* huig-r

uxorious [ʌk'sɔ:riəs] overdreven aan zijn vrouw gehecht of onderworpen

V

v [vi:] (de letter) v; **V** = 5 [als Romeins cijfer]; **v.**
= *versus*
vacancy ['veikənsi] vacature, vacante betrekking; (ledige) ruimte, leegte, gaping, hiaat; ledigheid, wezenloosheid; *fill a* ~ een leegte vullen; een vacature vervullen; *gaze (stare) into* ~ wezenloos voor zich uit staren; **vacant** *aj* ledig², leeg(staand), open, onbezet, vrij, vacant; nietszeggend; gedachteloos, wezenloos; *fall* ~ openvallen [betrekking]; **–ly** *ad* leeg; wezenloos; **vacate** [və'keit] ontruimen [huis]; neerleggen [betrekking], zich terugtrekken uit [ambt], afstand doen van [troon]; **℔** vernietigen; **–tion** ontruiling; afstand; vakantie; **℔** vernietiging
vaccinal ['væksinəl] vaccine-; vaccinatie-; **–ate** inenten, vaccineren; **–ation** [væksi'neiʃən] vaccinatie, (koepok)inenting; **–tor** ['væksineitə] inenter; **vaccine I** *aj* vaccine-; ~ *lymph (matter)* koepokstof; **II** *sb* vaccin *o*, entstof; vaccine: koepokstof
vacillate ['væsileit] wankelen, weifelen, schommelen; **–tion** [væsi'leiʃən] wankeling, weifeling, schommeling; **–tor** ['væsileitə] weifelaar
vacuity [væ'kjuiti] ledigheid, (ledige) ruimte, leegte, wezenloosheid; **vacuous** ['vækjuəs] leeg²; wezenloos, dom; **vacuum I** *sb* vacuüm *o*, (lucht)ledige ruimte; ~ *brake* vacuümrem; ~ *(cleaner)* stofzuiger; ~ *flask* vacuümfles; ~ *valve* luchtklep; elektronenbuis; **II** *vi* & *vt* stofzuigen
vade-mecum ['veidi'mi:kəm] vademecum *o*
vagabond ['vægəbɔnd] **I** *aj* (rond)zwervend, heen en weer trekkend, vagebonderend; **II** *sb* zwerver, vagebond; **F** boef, schelm; **III** *vi* (rond)zwerven, vagebonderen; **–age** landloperij, gezwerf *o*
vagary ['veigəri, və'gɛəri] gril, kuur, nuk
vagina [və'dʒainə] *anat* vagina, schede; *biol* bladschede
vagrancy ['veigrənsi] zwervend leven *o*, gezwerf *o*, landloperij; **vagrant I** *aj* (rond)zwervend, rondtrekkend, vagebonderend²; afdwalend; **II** *sb* zwerver, landloper
vague [veig] vaag, onbepaald, onbestemd, flauw
vain [vein] *aj* nutteloos, vergeefs; ijdel; *in* ~ tevergeefs; **B** ijdellijk [Gods naam gebruiken]; **–glorious** [vein'glɔ:riəs] snoeverig, grootsprakig; bluffend; **–glory** snoeverij, grootspraak, pocherij; gebluf *o*; **vainly** ['veinli] *ad* (te)vergeefs; ijdellijk
valance ['væl>ns] valletje *o* [aan beddesprei of boven raam]

⊙ **vale** [veil] dal *o*, vallei
valediction [væli'dikʃən] vaarwel *o*, afscheid *o*; afscheidsgroet; **–tory I** *aj* afscheids-; **II** *sb Am* afscheidsrede [v. afgestudeerde student]
valence ['veiləns] valentie [in de scheikunde]
Valentine ['væləntain] Valentijn; *St.* ~*'s Day* 14 februari; *valentine* liefje *o* of minnaar op 14 februari gekozen; minnebriefje *o* op 14 februari gezonden
valerian [və'liəriən] valeriaan(wortel)
valet ['vælit] **I** *sb* kamerdienaar; lijfknecht, bediende; **II** *vi* als lijfknecht dienen; **III** *vt* als lijfknecht bedienen
valetudinarian [vælitju:di'nɛəriən] **I** *aj* ziekelijk, sukkelend, zwak; **II** *sb* (ingebeelde) zieke, sukkelaar
valiant ['væljənt] dapper, kloekmoedig
valid ['vælid] deugdelijk [argument]; **℔** geldig, van kracht; ~ *in law* rechtsgeldig; *make* ~ ook: legaliseren; **–ate** valideren, legaliseren, geldig maken of verklaren, bekrachtigen; **–ation** [væli'deiʃən] geldigverklaring, bekrachtiging; **validity** [və'liditi] validiteit, deugdelijkheid [v. argument]; (rechts)geldigheid
valise [və'li:z, *Am* və'li:s] reistas, *Am* koffertje *o*; ✗ musette, ransel
valley ['væli] dal *o*, vallei
valorous ['vælərəs] dapper, kloekmoedig; **valour** dapperheid, kloekmoedigheid
valuable ['væljuəbl] **I** *aj* kostbaar, waardevol, van waarde; waardeerbaar; *not* ~ *in money* niet te schatten in geld; **II** *sb* ~*s* kostbaarheden, preciosa; **valuation** [vælju'eiʃən] schatting, waardering; *at a* ~ voor de geschatte waarde; *set too high a* ~ *on* te hoog schatten; **value I** *sb* waarde, prijs; lichtverdeling [op schilderij]; ~*s* [ethische] waarden en normen; ~ *in account* $ waarde in rekening; ~ *in exchange* ruilwaarde; ~ *received* $ waarde genoten; *get (good)* ~ *for one's money* waar voor zijn geld krijgen; *set* ~ *on* waarde hechten aan, prijs stellen op, waarderen; *V*~ *Added Tax* Belasting (op de) Toegevoegde Waarde; ● *of* ~ van waarde, waardevol, kostbaar; *t o the* ~ *of* ter waarde van; **II** *vt* taxeren (op *at*), waarderen, schatten, (waard) achten; prijs stellen op; **III** *vt* ~ *oneself on* zich laten voorstaan op; **IV** *vi* ~ *on sbd.* $ op iem. trekken; **valued** geschat; gewaardeerd; *your* ~ *(favour)* $ uw geëerd schrijven *o*; **valueless** waardeloos; **valuer** taxateur, schatter
valuta [və'lu:tə] $ valuta; koers(waarde)
valve [vælv] klep; ventiel *o*; schaal [v. schelp],

schelp; *R* elektronenbuis, radiobuis, lamp; **valvular** klep-

vamoose [və'muːs] **S** er vandoor gaan

1 vamp [væmp] **I** *sb* overleer *o*; voorstuk *o*; lap(werk *o*); ♪ geïmproviseerd accompagnement *o*; **II** *vt* nieuwe voorschoenen zetten aan; (op)lappen (ook: ~ *up*); ~ *up* opknappen; in elkaar flansen, improviseren, verzinnen; **III** *vi* ♪ improviserend accompagneren

2 vamp [væmp] **I** *sb* geraffineerde (vrouw); **II** *vt* het hoofd op hol brengen, inpalmen; **III** *vi* de geraffineerde (vrouw) spelen

vampire ['væmpaiə] vampier²; *fig* afperser, bloedzuiger; ~-**bat** vampier; **vampirism** vampirisme *o*; geloof *o* aan vampiers; uitbuiting, chantage

1 van [væn] (verhuis)wagen, transportwagen; goederenwagen [van trein]

2 van [væn] voorhoede²; *fig* spits; *the* ~ ook: de voormannen

vandal ['vændəl] **I** *sb* vandaal; **II** *aj* vandalen-; -**ism** vandalisme *o*

Vandyke [væn'daik] Van Dyck; ~ *beard* puntbaardje *o*; ~ *collar* puntkraag

vane [vein] vaantje *o*, weerhaan; (molen)wiek; blad *o* [v. schroef]; vlag [v. veer]

vanguard ['vængaːd] voorhoede², *fig* spits

vanilla [və'nilə] vanille

vanish ['væniʃ] verdwijnen; wegsterven; ~ *into nothing* in rook opgaan; ~*ing point* verdwijnpunt *o*; *to* ~*ing point* [*fig*] tot een minimum

vanity ['væniti] ijdelheid; = *vanity bag*; *Vanity Fair* (de) kermis der ijdelheid; ~ *bag* damestasje *o* voor cosmetica

vanquish ['væŋkwiʃ] overwinnen; onderdrukken; weerleggen; ~*er* overwinnaar

vantage ['vaːntidʒ] voordeel *o*; ook = ~-**ground**, ~-**point** geschikt punt *o*, gunstige positie (ook: *point of vantage*)

vanward ['vænwəd] vooraan, in de voorhoede

vapid ['væpid] verschaald; flauw, geesteloos; -**ity** [və'piditi] verschaaldheid; flauwheid, geesteloosheid

vaporization [veipərai'zeiʃən] verdamping, verstuiving; **vaporize** ['veipəraiz] (*vt* &) *vi* (doen) verdampen, verstuiven; -**r** vaporisator, verstuiver

vaporous ['veipərəs] dampig, nevelig; vol damp; damp-²; *fig* ijl, vaag, winderig; **vapour** damp, nevel²; *wasem*; ~ *bath* stoombad *o*; -**ings** holle frasen, gezwets *o*; ~ **trail** condensstreep; **vapoury** dampend, wasemig, wazig

variable ['vɛəriəbl] **I** *aj* veranderlijk, onbestendig, ongedurig; **II** *sb* veranderlijke grootheid; ~*s* ook: veranderlijke winden; -**ly** *ad* afwisselend, met afwisselend geluk

variance ['vɛəriəns] verschil *o* (van mening), geschil *o*, onenigheid, tegenstrijdigheid; *be at* ~ het oneens zijn, in strijd zijn; *at* ~ *with* in strijd met, afwijkend van; *set at* ~ *with* opzetten tegen; -**ant** **I** *aj* afwijkend; veranderlijk; **II** *sb* variant°; -**ation** [vɛəri'eiʃən] variatie°; verandering, afwijking; ℀ variëteit

varicoloured ['vɛərikʌləd] veelkleurig, bont; *fig* veelsoortig

varicose ['værikous] spatader-; ~ *vein* spatader, aderspat

varied ['vɛərid] gevarieerd, afwisselend, vol afwisseling of verscheidenheid; verschillend; veelzijdig; veelkleurig, bont

variegate ['vɛərigeit] bont schakeren; -**tion** [vɛəri'geiʃən] bonte schakering

variety [və'raiəti] **I** *sb* gevarieerdheid; bonte mengeling, verscheidenheid; verandering, afwisseling°; soort, variëteit; *a* ~ *of crimes* (*of reasons*) tal *o* van misdaden, allerlei redenen; **II** *aj* variété-[artiest, theater &]

variola [və'raiələ] ℣ pokken

various ['vɛəriəs] verscheiden, onderscheiden; afwisselend; verschillend, divers; **F** verschillende, vele

varlet ['vaːlit] ▱ page, bediende; ⚆ schelm

varmint ['vaːmint] *young* ~*!* **F** (kleine) deugniet!, rakker!; *the* ~ **F** de vos [bij jacht]

varnish ['vaːniʃ] **I** *sb* vernis *o* & *m*, lak *o* & *m*, glazuur *o*; *fig* vernisje *o*; bedrieglijke schijn; **II** *vt* vernissen, (ver)lakken, glazuren, verglazen; *fig* een schijn geven aan, bemantelen

varsity ['vaːsiti] *sp* = *university*

vary ['vɛəri] **I** *vt* variëren, afwisseling brengen in, afwisselen, verscheidenheid geven aan, veranderen, verandering brengen in; ♪ variaties maken op; met variaties voordragen; **II** *vi* variëren, afwisselen, veranderen; afwijken, verschillen (van *from*)

vascular ['væskjulə] vaat-; vaatvormig

vase [vaːz] vaas

⊛ **vaseline** ['væsiliːn] vaseline

vasomotor ['veizou'moutə] vasomotorisch

vassal ['væsəl] **I** *sb* ▱ leenman, leenhouder, vazal²; *fig* knecht, slaaf; **II** *aj* vazal(len)-; -**age** ▱ leenmanschap *o*, leendienst; *fig* (slaafse) dienstbaarheid

vast [vaːst] **I** *aj* ontzaglijk, groot, uitgestrekt; onmetelijk; omvangrijk, **F** kolossaal; **II** *sb* ☉ uitgestrekte vlakte, onmetelijkheid; -**ly** *ad* zie *vast* **I**; < kolossaal, enorm; verreweg, veel

vat [væt] **I** *sb* vat *o*, kuip; **II** *vt* in een vat of kuip doen

V.A.T. = *Value Added Tax* B.T.W.

Vatican ['vætikən] (van het) Vaticaan

vaticinate [və'tisineit] voorspellen; -**tion** [vətisi'neiʃən] voorspelling

vaudeville ['voudəvil] vaudeville

1 **vault** [vɔːlt] **I** *sb* gewelf *o*, (graf)kelder, kluis [v. bank]; verwelf *o*; zadeldak *o*; *the ~ of heaven* het hemelgewelf; **II** *vt* (o)verwelven

2 **vault** [vɔːlt] **I** *sb* sprong; **II** *vi* springen [steunend op hand of met polsstok]; **III** *vt* springen over; **–ing-horse** springpaard *o* [in de gymnastiek]

vaunt [vɔːnt] **I** *vi* pochen, snoeven; **II** *vt* pochen op, zich beroemen op; **III** *sb* gepoch *o*, grootspraak, roem; **–er** pocher, snoever

vavasour [ˈvævəsuə] ▥ achterleenman

V.C. = *Victoria Cross*

v.d. [ˈviːˈdiː] = *venereal disease*

've [v] verk. v. *have*

veal [viːl] kalfsvlees *o*

vector [ˈvektə] **I** *sb* gastheer [voor parasiet]; ⚹ vector; ⚹ koers; **II** *vt* ⚹ van de grond af besturen

V(E)-day [ˈvidei, viːˈiːdei] VE-dag [verk. v. *Victory-in-Europe-day*: 8 mei 1945]

veer [viə] **I** *vi* draaien, voor de wind omwenden; van koers veranderen; *~ a b o u t* voor de wind omlopen; *~ a f t* ruimen [wind]; *~ r o u n d* omlopen [wind]; (bij)draaien[2]; zwenken[2], *fig* een keer nemen; **II** *vt* vieren [kabel] (ook: *~ away, ~ out*); doen draaien, wenden [schip]; *~ and haul* ⚓ (beurtelings) vieren en halen; **III** *sb* wending, draai

veg [vedʒ] F voor *vegetable(s)*

vegetable [ˈvedʒitəbl] **I** *aj* plantaardig, planten-; groente-; *~ diet* plantaardig voedsel *o*; plantaardig dieet *o*; *~ earth (mould)* teelaarde; *~ kingdom* plantenrijk *o*; **II** *sb* plant; groente; *~s* groente(n)

vegetal [ˈvedʒitl] groei-; plantaardig; planten-

vegetarian [vedʒiˈtɛəriən] **I** *sb* vegetariër; **II** *aj* vegetarisch; **–ism** vegetarisme *o*

vegetate [ˈvedʒiteit] vegeteren, een planteleven leiden; **–tion** [vedʒiˈteiʃən] (planten)groei, plantenwereld; vegetatie, vleeswoekering; vegeteren *o*, planteleven *o*; **–tive** [ˈvedʒitətiv] vegetatief, van de (planten)groei, groei-; groeiend; vegeterend, ongeslachtelijk

vehemence [ˈviːiməns] hevigheid, heftigheid, onstuimigheid, geweld *o*; **–ent** hevig, heftig, onstuimig, geweldig

vehicle [ˈviːikl] voertuig[2] *o*, (vervoer)middel *o*, vehikel *o*; drager, geleider; oplos-, bindmiddel *o*; ook: voertaal; **–cular** [viˈhikjulə] tot voertuig dienend, vervoer-; *~ traffic* verkeer *o* van rij- en voertuigen

veil [veil] **I** *sb* sluier, voile [v. dame]; **B** voorhang(sel) (*o*); *fig* dekmantel; *draw a (the) ~ over* verder maar zwijgen over, met de mantel der liefde bedekken; *raise the ~* de sluier oplichten; *take the ~* de sluier aannemen; • *b e y o n d the ~* aan gene zijde van het graf; *u n d e r the ~ of* onder de sluier van; onder de schijn (het mom)

van; **II** *vt* met een sluier bedekken; *fig* (om)sluieren, bemantelen; *~ed in mystery* in een waas van geheimzinnigheid gehuld; **–ed** gesluierd, met een voile voor; gevoileerd [v. stem]; *fig* bedekt; verkapt, verbloemd, verhuld

vein [vein] **I** *sb* ader*; nerf; (karakter)trek; stemming; *I am not in the ~ for...* niet in een stemming om...; *in the ~ of Arsène Lupin* in de trant van...; *he has a ~ of madness* er loopt een streep door bij hem; **II** *vt* aderen; marmeren; **–ed, –y** dooraderd, (rijk) geaderd, aderrijk; gemarmerd

velar [ˈviːlə] **I** *aj* velair, van het zachte verhemelte; **II** *sb* velaire klank

veld(t) [velt] ZA grasvlakte

velleity [veˈliːiti] zwakke wilsuiting, bevlieging

vellum [ˈveləm] velijn *o*, kalfsperkament *o*

velocipede [viˈlɔsipiːd] vélocipède; driewieler [v. kind]

velocity [viˈlɔsiti] snelheid

velour(s) [vəˈluə] velours *o* & *m*

velum [ˈviːləm] zacht verhemelte *o*

velvet [ˈvelvit] **I** *sb* fluweel *o*; *be on ~* [*fig*] op fluweel zitten; **II** *aj* fluwelen[2]; **–een** [velviˈtiːn] katoenfluweel *o*; **–ing** [ˈvelvitiŋ] fluwelen stof; **–like** fluweelachtig; **velvety** fluweelachtig

venal [ˈviːnl] veil[2], te koop[2], omkoopbaar; **–ity** [viːˈnæliti] te koop zijn[2] *o*, veilheid, omkoopbaarheid

venation [viˈneiʃən] nervatuur

vend [vend] verkopen, venten; **–ee** [venˈdiː] koper; **–er** [ˈvendə] verkoper; leurder

vendetta [venˈdetə] bloedwraak; *fig* vete

vendible [ˈvendibl] **I** *aj* verkoopbaar; **II** *sb* *~s* koopwaren

vending-machine [ˈvendiŋməʃiːn] verkoopautomaat

vendor [ˈvendə] ♯ verkoper; = *vending-machine*

veneer [viˈniə] **I** *vt* fineren, met fineer beleggen; *fig* een vernisje geven aan; **II** *sb* fineer *o*; *fig* vernisje *o*

venerable [ˈvenərəbl] eerbiedwaardig, eerwaardig; F oud, antiek; **venerate** (hoog) vereren, adoreren; **–tion** [venəˈreiʃən] (grote) verering; *hold in ~* hoog vereren

venereal [viˈniəriəl] venerisch; *~ disease* geslachtsziekte

Venetian [viˈniːʃən] Venetiaans; *~ blind* jaloezie

vengeance [ˈvendʒəns] wraak; *with a ~* en goed (niet zuinig) ook, dat het een aard heeft (had), van je welste; **vengeful** wraakgierig, wraakzuchtig

venial [ˈviːnjəl] vergeeflijk; *~ sin rk* dagelijkse zonde [geen doodzonde]; **–ity** [viːniˈæliti] vergeeflijkheid

Venice [ˈvenis] Venetië *o*

venison [ˈven(i)zn] hertevlees *o*

venom [ˈvenəm] venijn *o*, vergif(t)[2] *o*, gif(t) *o*;

–ous venijnig², (ver)giftig²

venous ['vi:nəs] aderlijk [v. bloed]

vent [vent] **I** *sb* opening, luchtgat *o*, uitlaat; schoorsteenkanaal *o*; zundgat *o*; uitweg; split *o* [v. jas]; anus; *find ~* een uitweg vinden; zich uiten; *give ~* uiting, lucht geven aan, de vrije loop laten; **II** *vt* lucht, uiting geven aan, uiten, luchten; ruchtbaar maken; **III** *vr ~ itself* een uitweg vinden; zich uiten; **–age** opening; vingergaatje *o* [v. blaasinstrument]; **~-hole** luchtgat *o*

ventil ['ventil] ♪ ventiel *o*, klep; **–ate** ventileren, de lucht verversen in, lucht geven; luchten²; *fig* ruchtbaar maken; in het openbaar bespreken en van alle kanten bekijken; **–ation** [venti'leiʃən] ventilatie, luchtverversing, luchten² *o*; *fig* debat *o*, (openbare) discussie; *his ~s* zijn uitingen; **–ator** ['ventileitə] ventilator

ventral ['ventrəl] buik-; *~ fin* buikvin

ventricle ['ventrikl] ventrikel *o*, holte; hartkamer (ook: *~ of the heart*)

ventriloquism [ven'triləkwizm] (kunst van) buikspreken *o*; **–ist** buikspreker

venture ['ventʃə] **I** *sb* waag(stuk *o*); risico *o* & *m*; hetgeen gewaagd wordt; (avontuurlijke) onderneming; speculatie; *at a ~* op goed geluk; **II** *vt* wagen, op het spel zetten, aandurven; *~ to differ from...* zo vrij zijn van mening te verschillen met; *nothing ~, nothing have* wie niet waagt, die niet wint; **III** *vi* zich wagen; het (er op) wagen; *~ on (upon) a few remarks* zich verstouten een paar opmerkingen te maken; **–some** vermetel; gewaagd

venue ['venju:] ⚓ plaats of rechtsgebied *o* waar de zaak onderzocht moet worden; *fig* plaats (van bijeenkomst)

veracious [və'reiʃəs] waarheidlievend; waarachtig, waar; **veracity** [və'ræsiti] waarheidsliefde, waarheid, geloofwaardigheid

veranda(h) [və'rændə] veranda

verb [və:b] werkwoord *o*; **–al I** *aj* mondeling; woordelijk, letterlijk; in woord(en), van woorden, woord(en)-, verbaal; werkwoordelijk; **II** *sb* zelfstandig gebruikt werkwoord *o*; **–alism** uitdrukking; letterknechterij, alles naar de letter nemen *o*; **–alist** iem. die alles naar de letter neemt; **–alize** verwoorden; *gram* als werkwoord bezigen

verbatim [və:'beitim] woord voor woord, woordelijk

verbiage ['və:biidʒ] omhaal van woorden, woordenvloed, breedsprakigheid

verbose [və:'bous] breedsprakig, woordenrijk, wijdlopig; **–sity** [və:'bɔsiti] breedsprakigheid, woordenrijkheid, wijdlopigheid

verdancy ['və:dənsi] groenheid²; onervarenheid; **verdant** groen²; onervaren

verdict ['və:dikt] uitspraak; vonnis *o*, beslissing, oordeel *o*; *give a ~* uitspraak doen, zijn oordeel uitspreken; *popular ~* de publieke opinie

verdigris ['və:digris] kopergroen *o*

verdure ['və:dʒə] groen *o*, groenheid, lover *o*; *fig* frisheid; **–rous** groen, grazig [weide]

verge [və:dʒ] **I** *sb* rand², zoom; grens; berm, grasrand; roede, spil, staf; *on the ~ of* op de rand van; op het punt om; heel dicht bij; **II** *vi* hellen (naar *to*); neigen (naar *to, toward*); grenzen (aan *on*); **–r** stafdrager; koster

veridical [ve'ridikəl] waarachtig, geloofwaardig

veriest ['veriist] overtr. trap van *very*; *the ~ child* (zelfs) het kleinste kind; *the ~ nonsense* je reinste onzin; *the ~ rascal* de grootste schoft

verifiable ['verifaiəbl] te verifiëren, te controleren; **verification** [verifi'keiʃən] verificatie; proef (op de som); bekrachtiging, bewijs *o*; *in ~ of...* om te bewijzen...; *in ~ whereof...* ten bewijze waarvan; **verify** ['verifai] verifiëren, onderzoeken, nazien, nagaan; waarmaken, bevestigen (in), bekrachtigen; ⚖ legaliseren, waarmerken; *be verified* bewaarheid worden

⚓ **verily** ['verili] waarlijk, **B** voorwaar

verisimilar [veri'similə] waarschijnlijk; **–litude** [verisi'militju:d] waarschijnlijkheid

veritable ['veritəbl] *aj* waar(achtig), echt

verity ['veriti] waarheid; *of a ~* voorwaar

verjuice ['və:dʒu:s] zuur sap *o* van onrijpe vruchten

vermeil ['və:meil] verguld zilver *o*; goudvernis *o* & *m*; ⊙ vermiljoen *o*

vermicelli [və:mi'seli] vermicelli

vermicide ['və:misaid] middel *o* tegen wormen; **vermicular** [və:'mikjulə] wormvormig, wormachtig, wormstrepig; **–ated** wormstekig; **–ation** [və:mikju'leiʃən] wormvormige (peristaltische) beweging; wormstekigheid; **vermiform** ['və:mifɔ:m] wormvormig; **–fuge** middel *o* tegen wormen

vermilion [və'miljən] **I** *sb* vermiljoen *o*; **II** *aj* vermiljoen(rood); **III** *vt* met vermiljoen kleuren, rood verven

vermin ['və:min] ongedierte *o*; *fig* tuig *o*, ontuig *o*; **–ous** vol ongedierte; van ongedierte

vermouth ['və:məθ] vermout

vernacular [və'nækjulə] **I** *aj* inlands, inheems, vaderlands; *~ language* = **II** *sb* landstaal, moedertaal; inlandse taal; vakjargon *o*, vaktaal, taal [van een bepaald vak &]

vernal ['və:nəl] van de lente, lente-, voorjaars-; jeugd-; *~ equinox* voorjaarsdag-en-nachtevening; *~ gras* reukgras *o*

vernier ['və:njə] *~ cal(l)ipers* schuifmaat

veronica [və'rɔnikə] ♣ ereprijs; *rk* aanschijndoek (met Jezus' aangezicht)

versatile ['və:sətail] beweeglijk*, veelzijdig, veranderlijk, onbestadig; **–lity** [və:sə'tiliti] beweeglijkheid; veelzijdigheid; veranderlijkheid, ongestadigheid

verse [vəːs] **I** sb vers° o, versregel, strofe, couplet; poëzie; in ~ in dichtvorm; **II** vi verzen maken; **III** vt (in verzen) bezingen; op rijm brengen

versed [vəːst] ervaren, doorkneed, bedreven (in in), op de hoogte (van in)

versemonger ['vəːsmʌŋgə] verzenmaker, rijmelaar, pruldichter

versicle ['vəːsikl] (kort) vers o [in de liturgie]

versification [vəːsifi'keiʃən] versificatie, versbouw; rijmkunst; **versifier** ['vəːsifaiə] (be)rijmer, verzenmaker; **versify I** vt berijmen, op rijm brengen; **II** vi verzen maken

version ['vəːʃən] verhaal o of voorstellingswijze [v. een zaak], lezing, versie; overzetting, vertaling; bewerking [voor de film]

verso ['vəːsou] keer-, ommezijde, achterkant

versus ['vəːsəs] Lat iʲ & sp tegen, contra

1 vert [vəːt] Ⓤ struikgewas o; iʲ kaprecht o van groen hout; Ⓩ groen o

2 vert [vəːt] S bekeren

vertebra ['vəːtibrə, mv –rae -riː] wervel; –l gewerveld, wervel-; **vertebrate** ['vəːtibrit] gewerveld (dier o)

vertex ['vəːteks, mv –tices -tisiːz] top(punt o), hoogste punt o, zenit o, kruin

vertical ['vəːtikl] **I** aj verticaal, rechtstandig, loodrecht; van (in) het toppunt; (op)staand, opwaarts [druk]; ~ angle tophoek; ~ angles overstaande hoeken; **II** sb loodlijn; verticaal vlak o; tophoek; out of the ~ niet loodrecht

vertiginous [vəː'tidʒinəs] draaierig, duizelig; duizelingwekkend; draaiend, wervelend; **vertigo** ['vəːtigou, vəː'taigou] duizeling, duizeligheid

✎ **vertu** = virtu

verve [vəːv] verve, gloed, geestdrift, bezieling, (kunstenaars)vuur o

very ['veri] **I** aj waar, werkelijk, echt; the ~ air you breathe zelfs de lucht die men inademt; the ~ book I am looking for precies (net, juist) het boek dat ik zoek; he is a ~ child as to... nog een echt kind; that ~ day diezelfde dag; this ~ day ook: vandaag nog, nog deze dag; before our ~ eyes vlak voor onze ogen; for ~ joy uit louter vreugd; its ~ mention het vermelden ervan alleen al; for that ~ reason juist daarom; it is the ~ thing het is precies (net) wat wij hebben moeten, het is je ware; his ~ thoughts zijn intiemste gedachten; practice is the ~ word hét woord; zie ook: veriest; **II** ad zeer, heel, erg; aller-; precies; the ~ best (last) de (het) allerbeste (allerlaatste); ~ same precies dezelfde (hetzelfde); ~ much erg veel; erg, zeer

vesica ['vesikə, vi'saikə] blaas; –l ['vesikl] blaas-
vesicant ['vesikənt], **–atory I** aj blaartrekkend; **II** sb blaartrekkend middel o, trekpleister

vesicle ['vesikl] blaasje o, blaar; –cular [vi'sikjulə] blaasachtig, blaasvormig, blaas-

vesper-bell ['vespəbel] vesperklokje o; **vespers** vesper; **vespertine** avond-

vespiary ['vespiəri] wespennest o

vessel ['vesl] vat° o; ⚓ vaartuig o, schip o; ~s vaatwerk o; a chosen ~ **B** een uitverkoren vat; the weaker ~ **B** het zwakke vat: de vrouw; the ~s of wrath **B** de vaten des toorns

vest [vest] **I** sb borstrok; vest; ✎ kleed o, gewaad o; **II** vt bekleden (met with); begiftigen; ✎ kleden; be ~ed in bekleed worden door [v. ambt], berusten bij [macht]; belegd zijn in [v. geld]; ~ed interests gevestigde belangen; ~ed rights verkregen of oudere rechten; **III** vi ✎ zich kleden; ~ in berusten bij [macht]

Vesta ['vestə] Vesta [godin]; v~ waslucifer

vestal ['vestl] **I** aj Vestaals, kuis, eerbaar; **II** sb Vestaalse maagd[2]

vestibule ['vestibjuːl] vestibule, (voor)portaal o, voorhof o; voorhof o [v. oor]

vestige ['vestidʒ] spoor° o, overblijfsel o; rudiment o; **–gial** [ves'tidʒiəl] rudimentair [v. organn] vervaagd

vestment ['vestmənt] kledingstuk o, kleed o, gewaad o; ambtsgewaad o; ~s paramenten [liturgische gewaden; altaarbedekking]

vest-pocket ['vest'pɔkit] klein, zakformaat

vestry ['vestri] sacristie; consistoriekamer; ± kerkeraad; **–man** lid o van de kerkeraad

☉ **vesture** ['vestʃə] **I** sb (be)kleding, kledingstuk o, kleed[2] o, gewaad o; **II** vt (be)kleden

vet [vet] **F I** sb verk. v. veterinary surgeon & veteran; **II** vt behandelen, keuren, onderzoeken, nazien

vetch [vetʃ] wikke

veteran ['vetərən] **I** aj oud, beproefd, ervaren; ~ car auto van vóór 1918; **II** sb oudgediende[2], veteraan; oudstrijder

veterinarian [vetəri'nɛəriən] = veterinary **II**; **veterinary** ['vetərinəri] **I** aj veeartsenijkundig; ~ school veeartsenijschool; ~ surgeon veearts; **II** sb veearts

veto ['viːtou] **I** sb (recht o van) veto o; verbod o, afkeurende uitspraak; interpose one's ~, put a (one's) ~ on zijn veto uitspreken over; **II** vt zijn veto uitspreken over, verbieden, verwerpen

vex [veks] plagen, kwellen, irriteren, ergeren; verontrusten, in beroering brengen; how ~ing! wat vervelend!; enough to ~ a saint om een engel zijn geduld te doen verliezen; zie ook: vexed; **–ation** [vek'seiʃən] verdrietelijkheid, kwelling, plaag, ergernis, plagerij; **–atious** irriterend, hinderlijk, verdrietelijk, ergerlijk; **–ed** [vekst] aj geërgerd (over at); landerig; onrustig, bewogen; a ~ question een veelomstreden vraagstuk o; **–ing** irriterend, plagend &

via ['vaiə] via, over

viability [vaiə'biliti] levensvatbaarheid; **viable** ['vaiəbl] levensvatbaar

viaduct ['vaiədʌkt] viaduct

vial ['vaiəl] flesje o; *the ~s of one's wrath* de fiolen van zijn toorn

viand ['vaiənd] *~s* spijzen, levensmiddelen, mondkost

vibrant ['vaibrənt] vibrerend, trillend

vibraphone ['vaibrəfoun] vibrafoon

vibrate [vai'breit] (*vt* &) *vi* (doen) vibreren, trillen; schommelen, slingeren; **–tion** vibratie, trilling; schommeling, slingering; **–tory** ['vaibrətəri] trillend, trillings-

vicar ['vikə] predikant, dominee; vicaris, plaatsvervanger; *~ apostolic* apostolisch vicaris; *~ general* vicaris-generaal; *the Vicar of Christ* de Stedehouder Christi: de Paus; **–age** predikantsplaats; pastorie; **–ial** [vai'kɛəriəl] predikants-; **–iate** vicariaat o; **–ious** in de plaats van of voor een ander gedaan, geleden &; plaatsvervangend

1 vice [vais] *sb* ondeugd; ontucht, onzedelijkheid; verdorvenheid; gebrek o, fout; kuur [v. paard &]; *the Vice* de hansworst in de oude Engelse moraliteiten

2 vice [vais] *sb* ✕ bankschroef; *gripped as in a ~* als in een schroef geklemd

3 vice [vais] *sb* F verk. v. *vice-president* &

4 vice [vais] vice-, onder-, plaatsvervangend; **~-admiral** ['vais'ædmərəl] vice-admiraal; **~-chairman** vice-voorzitter; **~-chancellor** vice-kanselier; ± rector magnificus; **~-consul** vice-consul

vicegerency ['vais'dʒerənsi] post van een plaatsvervanger; **vicegerent** I *aj* plaatsvervangend; II *sb* plaatsvervanger; substituut; ⊙ stedehouder [v. Christus]

vicennial [vai'seniəl] twintigjarig: gedurende 20 jaar; elke 20 jaar

vice-president ['vais'prezidənt] vice-president; **–regal** van de onderkoning; **–roy** onderkoning; **–royal** onderkoninklijk; **–royalty** onderkoningschap o

vice squad ['vaisskwɔd] F zedenpolitie

vice versa ['vaisi'və:sə] vice versa, omgekeerd

vicinage ['visinidʒ] = *vicinity*

vicinity [vi'siniti] (na)buurschap, dicht liggen o bij, nabijheid, buurt

vicious ['viʃəs] slecht, verdorven, bedorven; verkeerd, gebrekkig; vals [v. dieren]; boosaardig, venijnig [kritiek]; *~ circle* vicieuze cirkel

vicissitude [vi'sisitju:d] lotswisseling, wisselvalligheid, wederwaardigheid; afwisseling; **–dinous** [visisi'tju:dinəs] vol wederwaardigheden, wisselvallig

victim ['viktim] slachtoffer[2] o, *fig* dupe, offerdier o; *fall a ~ to* het slachtoffer worden van, ten offer vallen aan; **–ization** [viktimai'zeiʃən] slachtoffer(s) maken o; [na staking &] rancunemaatregelen, broodroof; **–ize** ['viktimaiz] tot slachtoffer maken; (onverdiend) straffen

victor ['viktə] I *sb* overwinnaar; II *aj* zegevierend **Victoria** [vik'tɔ:riə] Victoria; *the ~ Cross* het Victoriakruis [hoogste Br. onderscheiding]; **victoria** victoria [rijtuig]; ⚘ victoria regia; ⚥ victoriaduif; **Victorian** Victoriaans, van (Koningin) Victoria, uit de tijd van Koningin Victoria; *~ Order* orde van Victoria

victorious [vik'tɔ:riəs] *aj* overwinnend, zegevierend; *the ~ day* de dag van de overwinning; *be ~ (over)* zegevieren (over), overwinnen, het winnen (van); **–ly** *ad* overwinnend, zegevierend, als overwinnaar(s); **victory** ['viktəri] overwinning (op *over*), zege, victorie; **victress** overwinnares

victual ['vitl] I *sb* kost; *~s* victualiën, proviand; leeftocht; levensmiddelen; II *vt* provianderen; III *vi* proviand innemen (inslaan); **victualler** ['vitlə] leverancier van levensmiddelen; *licensed ~* tapper met „vergunning"; **victualling** ['vitliŋ] levensmiddelenvoorziening, proviandering

vide ['vaidi] *Lat* zie

videlicet [vi'di:liset] *Lat* afk. *viz:* te weten, namelijk, d.w.z.

video ['vidiou] *Am* televisie; *~ recorder* videorecorder; *~ tape* beeldband

vidual [vi'dju:əl] weduwen-; **–uity** weduwstaat

vie [vai] wedijveren (met *with*), (om *for*)

Vienna [vi'enə] I *sb* Wenen; II *aj* Wener, Weens; **Viennese** [viə'ni:z] I *aj* Wener, Weens; II *sb* Wener(s); Weense(n); Wenerdialect o

Vietnamese [vjetnə'mi:z] Viëtnamees, Viëtnamezen

view [vju:] I *sb* gezicht° o, uitzicht o, aanblik; inkijk; aanzicht o; kijkje o; kijk [op een zaak], mening, opvatting, inzicht o; overzicht o; beschouwing, bezichtiging; oogmerk o, bedoeling; *his (sombre) ~ of life* zijn (sombere) kijk op het leven, zijn (sombere) levensopvatting; *have ~s upon* een oogje hebben op; ook: loeren op; *take a different ~ of the matter* de zaak anders beschouwen (zien), inzien, opvatten; *take a dim (poor) ~ of* F niet veel ophebben met, afkeuren; niet veel verwachten van, somber inzien; *take the ~ that...* van mening zijn, zich op het standpunt stellen, dat...; *take long (short) ~s* [*fig*] niet kortzichtig (kortzichtig) zijn; ● *in ~* in zicht, te zien, in het vooruitzicht; *with death in ~* met de dood voor ogen; *in his ~* voor zijn ogen; naar zijn opinie, naar zijn zin; *in ~ of...* in het gezicht van; met het oog op..., gezien..., gelet op...; *in full ~ of* ten aanschouwen van; *have in ~* op het oog hebben, beogen; *keep in ~* in het oog houden; *be on ~* te bezichtigen zijn, ter inzage liggen; ook: poseren; *with a ~ to, with the ~ of* met het oog op, teneinde, om; II *vt* (be)zien, beschouwen, bekijken, in ogenschouw nemen; bezichtigen; **III** *vi* TV kijken; **–er** (be)schouwer; opzichter; *TV* kijker; [film, dia]viewer; zoeker [v. camera]; **~-finder** ✗ zoeker; **–ing figures** *T* kijkdichtheid; **–less** zonder uitzicht; onzichtbaar; blind; **~-point** gezichtspunt *o*, standpunt *o*; uitzichtpunt *o*

vigil ['vidʒil] vigilie, avond vóór een feestdag; **~s** nachtwake; nachtelijke gebeden; *keep* ~ waken; **–ance** waakzaamheid; slapeloosheid; ~ *committee Am* comité *o* van waakzaamheid; **–ant** waakzaam; **–ante** [vidʒi'lænti] *Am* lid *o* van een comité van waakzaamheid

vignette [vin'jet] vignet *o*; *fig* schets; tafereeltje *o*

vigorous ['vigərəs] krachtig, sterk, fors, flink, energiek; *fig* gespierd [v. stijl]; **vigour** kracht, sterkte; energie, forsheid; *fig* gespierdheid [v. stijl]

viking ['vaikiŋ] viking

vile [vail] *aj* slecht, gemeen; verachtelijk, laag

vilification [vilifi'keiʃən] belastering, zwartmaking; **vilifier** ['vilifaiə] lasteraar, zwartmaker; **vilify** (be)lasteren, zwart maken

villa ['vilə] villa, eengezinshuis *o*; landhuis *o*, buitenplaats [*spec* in Italië of Z-Frankrijk]

village ['vilidʒ] **I** *sb* dorp *o*; **II** *aj* dorps-; ~ **hall** dorpshuis *o*, dorpscentrum *o*; **villager** dorpeling, dorpsbewoner

villain ['vilən] schurk, schelm, snoodaard; „verrajer" (ook *the* ~ *of the piece* als toneelrol); ⨅ = *villein*; **–ous** laag, snood, gemeen; **F** slecht, afschuwelijk; **villainy** laagheid, schurkachtigheid, schurkerij, schurkenstreek

villein ['vilin] ⨅ lijfeigene, horige, dorper; **–age** ⨅ lijfeigenschap, horigheid

vim [vim] **F** kracht, energie, vuur *o*, fut

vinaigrette [vinei'gret] flesje *o* (flacon) voor azijn; reukdoosje *o*, -flesje *o*

vindicate ['vindikeit] handhaven, verdedigen; bewijzen; rechtvaardigen; (van blaam) zuiveren; **–tion** [vindi'keiʃən] handhaving, verdediging; rechtvaardiging; zuivering; **–tive** ['vindikətiv] = *vindicatory*; **–tor** verdediger; rechtvaardiger; **–tory** verdedigend, rechtvaardigend; wrekend, straffend, wraak-

vindictive [vin'diktiv] wraakgierig, -zuchtig, rancuneus; ~ *damages* schadevergoeding, tevens bedoeld als straf voor veroordeelde

vine [vain] wijnstok; wingerd; klimplant; rank; **~-branch** wingerdrank; **~-dresser** wijngaardenier; **~-fretter** druifluis

vinegar ['vinigə] azijn; ~ *eel* azijnaaltje *o*; **–y** azijnachtig, azijn-; zuur²

vine-grub ['vaingrʌb] druifluis; **~-leaf** druiveblad *o*; **~-louse**, **~-pest** druifluis; **–ry** druivenkas; **–yard** ['vinjəd] wijngaard; **viniculture** ['vinikʌltʃə] wijnbouw; **vinous** ['vainəs] wijn-

achtig; wijn-; *fig* door de fles geïnspireerd

vintage ['vintidʒ] **I** *sb* wijnoogst; (wijn)gewas *o*, jaargang [van wijn]; *fig* merk *o*, gehalte *o*, kwaliteit, soort; **II** *aj* van een hoog gehalte, op zijn best; ~ *car* auto uit de periode 1918–1930; ~ *year* goed wijnjaar *o*; *fig* goed jaar *o*, bijzonder jaar *o*; **–r** druivenplukker

vintner ['vintnə] wijnkoper

viny ['vaini] druiven-; wijnrijk

vinyl ['vainil] vinyl

viol ['vaiəl] ♪ viola; **viola** [vi'oulə] ♪ altviool ‖ ['vaiələ] ♣ viool

violable ['vaiələbl] schendbaar; **violate** geweld aandoen², schenden, verkrachten, onteren; verstoren; **–tion** [vaiə'leiʃən] schending, verkrachting, schennis, ontering; inbreuk; verstoring; *in* ~ *of the rules* met schending der regels; **–tor** ['vaiəleitə] schender

violence ['vaiələns] geweld *o*, gewelddadigheid, geweldpleging; hevigheid; heftigheid; *do* ~ *to* geweld aandoen; *use* ~ *against* (*to*, *towards*) geweld aandoen, zich vergrijpen aan; ● *by* ~ met, door geweld; *die by* ~ een gewelddadige dood sterven; *robbery with* ~ diefstal met geweldpleging; **violent** hevig, heftig, geweldig*, hel [kleur]; gewelddadig

violet ['vaiəlit] **I** *sb* ♣ viooltje *o*; violet *o*; *African* ~ ♣ Kaaps viooltje *o*; **II** *aj* violet(kleurig), paars

violin [vaiə'lin] ♪ viool; **–ist** violist; **violist** ['vaiəlist] violist; [vi'oulist] altist; **violoncellist** [vaiələn'tʃelist] cellist; **–cello** violoncel

V.I.P. ['vi:ai'pi:] = *very important person* gewichtig persoon, hoge piet

viper ['vaipə] adder²; *fig* slang, serpent *o*; **~'s** *bugloss* slangekruid *o*; **–ish**, **–ous** adderachtig; boosaardig, vals

virago [vi'ra:gou, vi'reigou] helleveeg, feeks, manwijf *o*

virgin ['və:dʒin] **I** *sb* maagd; *the* (*Blessed*) *Virgin rk* de Heilige Maagd; **II** *aj* maagdelijk²; onbevlekt, ongerept, rein, zuiver; ongepijnd [honig]; gedegen [metaal]; *the Virgin Queen* Koningin Elizabeth I; ~ *wax* maagdenwas; **–al I** *aj* maagdelijk²; *fig* rein, onbevlekt; **II** *sb* ~(*s*) ♪ virginaal *o* [soort klavecimbel]

Virginia [və'dʒiniə] virginiatabak; ~ *creeper* wilde wingerd

virginity [və:'dʒiniti] maagdelijke staat, maagdelijkheid

Virgo ['və:gou] ★ de Maagd [in de dierenriem]

virgule ['və:gju:l] komma

viridescent [viri'desnt] groenachtig

viridity [vi'riditi] groenheid

virile ['virail] mannelijk, viriel, krachtig; **–lity** [vi'riliti] mannelijkheid, viriliteit, voortplantingsvermogen *o*

virologist [vaiə'rɔlədʒist] viroloog; **–gy** virologie: leer der virussen

virtu [vəˈtuː] liefde voor de schone kunsten; *articles of ~ curiosa*, antiquiteiten

virtual [ˈvəːtjuəl] *aj* feitelijk [hoewel niet in naam], eigenlijk; virtueel; **virtually** *ad* in de praktijk, praktisch, feitelijk, vrijwel, zo goed als; virtueel

virtue [ˈvəːtjuː] deugd*, deugdzaamheid; verdienste; kracht; *easy ~* lichte (losse) zeden; *make a ~ of necessity* van de nood een deugd maken; *by (in) ~ of* krachtens; *in ~ whereof...* krachtens hetwelk (dewelke)

virtuosity [vəːtjuˈɔsiti] virtuositeit; kunstliefde; **virtuoso** [vəːtjuˈousou, *mv* **-si** -siː] virtuoos; kunstkenner, -minnaar

virtuous [ˈvəːtjuəs] deugdzaam, braaf

virulence [ˈviruləns] kwaadaardigheid [v. ziekte], venijnigheid[2]; *fig* giftigheid; **–ent** kwaadaardig [v. ziekte]; venijnig[2]; *fig* giftig

virus [ˈvaiərəs] virus *o*, smetstof[2], vergif(t)[2] *o*; *fig* venijn *o*, gif *o*

visa [ˈviːzə] I *sb* visum *o*, tekening voor gezien; II *vt* viseren, (af)tekenen

visage [ˈvizidʒ] gelaat *o*, gezicht *o*

vis-à-vis [ˈviːzaːˈvi] I *Fr* tegenover

viscera [ˈvisərə] inwendige organen; ingewanden; **–l** visceraal: van de ingewanden; *fig* diep (verankerd), instinctief

viscid [ˈvisid] kleverig; **viscose** [ˈviskous] viscose; **–sity** [visˈkɔsiti] kleverigheid, taaiheid, viscositeit

viscount [ˈvaikaunt] burggraaf; **–cy** burggraafschap *o*; **–ess** burggravin; **–ship, viscounty** burggraafschap *o*

viscous [ˈviskəs] kleverig, taai, viskeus

vise [vais] *Am* voor *vice* bankschroef

visé [ˈviːzei] I *sb Am* visum; II *vt* viseren, (af)tekenen

visibility [viziˈbiliti] zichtbaarheid; zicht *o*; **visible** [ˈvizibl] *aj* zichtbaar, (duidelijk) merkbaar of te zien; te spreken; **–ly** *ad* zichtbaar, merkbaar, zienderogen

vision [ˈviʒən] zien *o*, gezicht *o*, visie; verschijning, droomgezicht *o*, droom(beeld *o*), visioen *o*; **–ary** I *aj* dromerig; droom-; hersenschimmig, ingebeeld; fantastisch; visionair; II *sb* ziener, dromer; fantast

visit [ˈvizit] I *vt* bezichtigen, inspecteren; bezoeken*, ✲ teisteren; *~ u p o n* doen neerkomen op, **B** wreken op; *~ w i t h* bezoeken met [straf, plagen &]; lastig vallen met, kwellen met; II *vi* visites maken, bezoeken afleggen; *be ~ing* te logeren zijn, maar dóórtrekkend zijn; *~ at a house* ergens aan huis komen; III *sb* bezoek *o*, visite; inspectie, visitatie; *be on a ~* op bezoek zijn; (ergens) te logeren zijn; **–ant** I *aj* bezoekend; II *sb* bezoeker; ✲ trekvogel; geest(esverschijning);

–ation [viziˈteiʃən] [officieel] bezoek *o*; bezoeking; **F** onplezierig lange visite of logeerpartij; *the Visitation of the Sick* formulier *o* voor de ziekentroost; *the V~ of the Virgin Mary* Maria Boodschap [2 juli]

visiting [ˈvizitiŋ] bezoeken afleggen *o*; *be on ~ terms with sbd.* bij iem. over huis komen; *~ card* visitekaartje *o*; *~ committee* commissie van toezicht; *~ professor* gasthoogleraar

visitor [ˈvizitə] bezoeker, bezoek *o*, logé; doortrekkende vreemdeling, toerist; inspecteur; *~s* bezoekers, bezoek *o*; *~'s book* gastenboek *o*; naamboek *o* [v. museum &]; *~'s room* logeerkamer

visor, vizor [ˈvaizə] vizier *o* [v. helm]; klep [van pet]; ✿ zonneklep; ✲ masker *o*;

vista [ˈvistə] doorkijk; vergezicht[2] *o*; *fig* terugblik, perspectief *o*

visual [ˈvizjuəl] gezichts-, visueel; **–ization** [vizjuəlaiˈzeiʃən] aanschouwelijk maken *o*; **–ize** [ˈvizjuəlaiz] aanschouwelijk maken; zich een beeld vormen van, (zich) aanschouwelijk voorstellen

vital [ˈvaitl] I *aj* vitaal, levens-; essentieel, noodzakelijk, onontbeerlijk; levensgevaarlijk; *= of ~ importance* van vitaal (= het allerhoogste) belang; *fig* levendig, krachtig; *the ~ parts* de edele delen; *~ statistics zie statistics*; *be ~ to* een levenskwestie zijn voor; II *sb* *~s* edele delen; **–ity** [vaiˈtæliti] vitaliteit, levenskracht, leven *o*; levensvatbaarheid; **–ize** [ˈvaitəlaiz] leven geven, bezielen

vitally [ˈvaitəli] *ad* in hoge mate; *~ important* van vitaal belang

vitamin [ˈvitəmin, ˈvaitəmin] vitamine; **–ize** [ˈvi-, ˈvaitəminaiz] vitaminiseren

vitiate [ˈviʃieit] bederven, besmetten, verontreinigen; schenden, onteren; ongeldig maken [contract]; **–tion** [viʃiˈeiʃən] bederf *o*; ongeldigmaking

viticulture [ˈvitikʌltʃə] wijnbouw

vitiosity [vitiˈɔsiti] verdorvenheid

vitreous [ˈvitriəs] glazen, glasachtig, glas-; *the ~ body (humour)* het glasachtig lichaam [in oog]; *~ electricity* positive elektriciteit

vitrescent [viˈtresənt] glazig; **vitrification** [vitrifiˈkeiʃən] glasmaking; verglazing; **vitrify** [ˈvitrifai] I *vt* tot glas maken, verglazen; II *vi* glasachtig worden

vitriol [ˈvitriəl] vitriool *o & m*, zwavelzuur *o*; *fig* bijtend sarcasme *o*; *blue ~* kopervitriool *o & m*; *green ~* ijzervitriool *o & m*; **–ic** [vitriˈɔlik] vitrioolachtig, vitriool-; *fig* bijtend, giftig, venijnig scherp; **–ize** [ˈvitriəlaiz] in vitriool omzetten; (met) vitriool gooien; sarcastisch worden

vituperate [viˈtjuːpəreit] I *vt* schimpen op, schelden op, uitschelden; II *vi & va* schimpen, schelden; **–tion** [vitjuːpəˈreiʃən] geschimp *o*, gescheld *o*, uitschelden *o*; scheldwoorden; **–tive** [vi'tju:pəreitiv] (uit)scheldend, schimpend, scheld-, schimp-; **–tor** beschimper

1 viva ['vi:və] lang leve...

2 viva ['vaivə] **F** mondeling (examen) *o*

vivacious [vi'veiʃəs] levendig, opgewekt; overblijvend [v. planten]; **vivacity** [vi'væsiti] levendigheid, opgewektheid

vivarium [vai'vɛəriəm] diergaarde; dierpark *o*; visvijver

viva voce ['vaivə'vousi] **I** *ad* & *aj* mondeling; **II** *sb* mondeling examen *o*

vivid ['vivid] levendig°, energiek; helder [kleur]

vivify ['vivifai] weer levend maken, verlevendigen, bezielen

viviparous [vi'vipərəs] levendbarend

vivisect [vivi'sekt] de vivisectie toepassen op, levend ontleden [v. dieren]; **–ion** [vivi'sekʃən] vivisectie

vixen ['viksn] ♠ moervos, wijfjesvos; *fig* feeks, helleveeg

viz [viz] namelijk, te weten, d.w.z.

vizier [vi'ziə] vizier

VJ-day [vi:dʒeidei] VJ-dag [verk. v. *Victory-over-Japan-day*: 2 sept. 1945]

vocable ['voukəbl] woord *o*; **–bulary** [vou'kæbjuləri] vocabulaire *o*; woordenlijst; woordenschat, -voorraad

vocal ['voukəl] van de stem, stem-; mondeling, (uit)gesproken, vocaal; stemhebbend; luid-(ruchtig); zich uitend; weerklinkend (van *with*); ~ *cords* stembanden; ~ *music* zangmuziek; ~ *performer* zanger, -es; **–ist** zanger, zangeres; **–ize** laten horen, uitspreken, zingen; stemhebbend maken

vocation [vou'keiʃən] roeping; beroep *o*; *a journalist by* ~ een journalist uit roeping; *he has no* ~ *to literature* hij voelt niet veel (roeping) voor de literatuur; **–al** beroeps-, vak-; ~ *guidance* voorlichting bij beroepskeuze

vocative ['vɔkətiv] vocatief

vociferate [vou'sifəreit] razen, tieren, schreeuwen, krijsen; **–tion** [vousifə'reiʃən] geschreeuw *o*, razen en tieren *o*, gekrijs *o*; **vociferous** [vou'sifərəs] schreeuwend, razend en tierend, krijsend, luidruchtig; *a* ~ *applause* uitbundige toejuichingen

vodka ['vɔdkə] wodka

voe [vou] kleine baai, inham

vogue [voug] mode; trek; populariteit; *he (it) has had a great* ~ is erg in trek geweest, heeft veel opgang gemaakt; *be in* ~, *be the* ~ in zwang zijn, (in de) mode zijn, bijzonder in trek zijn

voice [vɔis] **I** *sb* stem², geluid *o*; spraak; *the active (passive)* ~ de bedrijvende (lijdende) vorm; *find (one's)* ~ zich (durven) uiten; *give* ~ *to* uitdrukking geven aan, uiten, vertolken; *give a* ~ *to* medezeggenschap geven; *have a* ~ *in the matter* er

iets in te zeggen hebben; *have no* ~ *in the matter* er niets in te zeggen hebben; *in a loud* ~ met luider stem(me), hard(op); *in a low* ~ zachtjes; *be in* ~ (goed) bij stem zijn; *with one* ~ eenstemmig; **II** *vt* uiting geven aan, uiten; vertolken, verkondigen; ♪ stemmen [orgelpijpen]; stemhebbend maken [in de fonetiek]; **III** *vr* ~ *itself* zich uiten; **–d** met stem; stemhebbend; **voiceless** ['vɔislis] stemloos°; stil, zwijgend; **voice production** stemvorming

void [vɔid] **I** *aj* ledig, leeg; vacant, onbezet; ♣ nietig, ongeldig; *fall* ~ komen te vaceren; ~ *of* ontbloot van, vrij van, zonder; **II** *sb* (lege) ruimte; *fig* leegte; (kosmische) ruimte; **III** *vt* ledigen, (ont)ruimen; lozen, ontlasten; ♣ vernietigen, ongeldig maken; **–able** ♣ vernietigbaar

voile [vɔil] voile *o* & *m* [stofnaam]

vol. = *volume*

volatile ['vɔlətail] vluchtig²; vervliegend; wuft, wispelturig; **–lity** [vɔlə'tiliti] vluchtigheid; levendigheid; wispelturigheid; **–lization** [vɔlætilai'zeiʃən] vervluchtiging; **–lize** [vɔ'lætilaiz] **I** *vt* vluchtig maken, vervluchtigen; **II** *vi* vluchtig worden, vervluchtigen, vervliegen

volcanic [vɔl'kænik] vulkanisch; **volcano** [vɔl'keinou] vulkaan

1 vole [voul] **I** *sb* ◊ vole: alle slagen; **II** *vi* ◊ vole maken, alle slagen halen

2 vole [voul] *sb* ♠ veldmuis

volition [vou'liʃən] het willen; wilsuiting; wil(skracht); *of my own* ~ uit eigen wil; **–al** van de wil, wils-; **volitive** ['vɔlitiv] willend; een wil uitdrukkend; ~ *faculty* wilsvermogen *o*

volley ['vɔli] **I** *sb* salvo² *o*; *fig* hagelbui, regen, stroom [v. scheldwoorden &]; *sp* volley: terugslag van bal, die nog niet op de grond is geweest; **II** *vt* in salvo's afschieten, lossen; *fig* uitstoten [gilletjes, vloeken &]; *sp* terugslaan [bal, die nog niet op de grond is geweest]; **III** *vi* salvovuur afgeven; losbarsten, uitbarsten (in); **–ball** volleybal *o* [spel], volleybal *m* [voorwerpsnaam]

volplane ['vɔlplein] **I** *sb* ⟿ glijvlucht; **II** *vi* ⟿ glijden

volt [voult] ⚡ volt ‖ volte, zwenking; **–age** ⚡ voltage *o*, spanning

voltaic [vɔl'teiik] van Volta, voltaïsch; galvanisch; ~ *cell* galvanisch element *o*

volte-face [vɔlt'fa:s] volte-face², rechtsomkeert

voltmeter ['voultmi:tə] voltmeter

voluble ['vɔljubl] *aj* spraakzaam, rad (van tong), woordenrijk

volume ['vɔljum] boekdeel *o*, deel *o*; jaargang; bundel [gedichten]; volume *o*, omvang [ook v. stem]; massa; ~*s of smoke (water)* rook(water)massa's; *speak (tell)* ~*s* boekdelen spreken; **–minous** [və'lju:minəs] omvangrijk, groot, kolossaal; uitgebreid; volumineus, lijvig; uit vele boekdelen bestaande; *a ~ writer* schrijver van vele werken, die veel geschreven heeft

voluntarily ['vɔləntərili] *ad* vrijwillig, spontaan; **voluntary I** *aj* vrijwillig; willekeurig [beweging]; **II** *sb* ♩ fantasie, gefantaseerd voor-, tussen-, naspel *o* [voor orgel]

volunteer [vɔlən'tiə] **I** *sb* vrijwilliger; **II** *aj* vrijwillig, vrijwilligers-; **III** *vt* (uit vrije beweging) aanbieden, vrijwillig op zich nemen; opperen, geven, maken [opmerking &]; **IV** *vi* zich aanbieden; ✗ vrijwillig dienst nemen

voluptuary [və'lʌptjuəri] wellusteling; **-uous** wellustig, wulps, weelderig

volute [və'lju:t] krul, kronke(ling); △ voluut, volute; rolschelp

vomit ['vɔmit] **I** *vi* & *vt* braken, overgeven; uitspuwen, uitbraken[2] (ook: *~ forth, up* of *out*); **II** *sb* (uit)braaksel *o*; braakmiddel *o*; **-ive I** *aj* braak-; **II** *sb* braakmiddel *o*

voodoo ['vu:du:] toverij, cultus van magisch-religieuze riten

voracious [və'reiʃəs] gulzig, vraatzuchtig; **voracity** [və'ræsiti] gulzigheid, vraatzucht

vortex ['vɔ:teks, *mv* **vortices** 'vɔ:tisi:z] werveling; wervel-, dwarrelwind; draaikolk, maalstroom; **-tical** draaiend, draai-, wervel-

votaress ['voutəris] aanhangster, volgelinge; liefhebster; aanbidster, vereerster (van *of*); **votary** aanhanger, volgeling; liefhebber; aanbidder, vereerder (van *of*)

vote [vout] **I** *sb* stem, votum *o*; stemming [bij verkiezing]; stemrecht *o*; stembriefje *o*; *the Irish ~* de Ierse kiezers; de op de Ieren uitgebrachte stemmen; *a ~ as to want of confidence (of no-confidence)* een votum *o* (motie) van wantrouwen; *take a ~* tot stemming overgaan, laten stemmen; *o n a ~* bij stemming; *come t o a (the) ~* in stemming komen; tot stemming overgaan; *put to the ~* in stemming brengen; **II** *vi* stemmen (tegen *against*, op, voor *for*); **III** *vt* bij stemming verkiezen (tot), bij stemming aannemen (toestaan, aanwijzen), voteren; stemmen op of voor; **F** voorstellen; *they ~d him charming* **F** ze verklaarden (vonden) hem charmant; *~ d o w n* afstemmen [voorstel]; overstemmen; *~ i n t o the chair* tot voorzitter kiezen; **voter** stemmer, kiezer; **voting** stemmen

o; **~-paper** stembiljet *o*

votive ['voutiv] votief: gedaan (geschonken) volgens een gelofte, wij-

vouch [vautʃ] **I** *vt* getuigen, bevestigen, verklaren; getuigenis geven van; de bewijsstukken overleggen bij; **II** *vi ~ for* instaan voor; **–er** getuige; bewijsstuk *o*, bewijs *o* (van toegang &); bon; reçu *o*; declaratie; *~ copy* bewijsexemplaar *o*

vouchsafe [vautʃ'seif] zich verwaardigen; (genadiglijk) vergunnen, verlenen, toestaan; *he ~d no answer (reply)* hij verwaardigde zich niet te antwoorden

vow [vau] **I** *sb* gelofte, eed; *take the ~s rk* de geloften afleggen; **II** *vt* beloven, zweren, verzekeren; (toe)wijden; *~ a great vow* een dure eed zweren; **III** *vi* een gelofte doen

vowel ['vauəl] klinker

voyage ['vɔiidʒ] **I** *sb* (zee)reis; *fig* vooruitgang; **II** *vi* reizen; **III** *vt* bereizen, bevaren; **–r** (zee)reiziger

vulcanite ['vʌlkənait] eboniet *o*

vulcanize ['vʌlkənaiz] vulcaniseren

vulgar ['vʌlgə] **I** *aj* vulgair, ordinair, gemeen, plat, grof; ⚲ algemeen, gewoon, volks-; *~ era* christelijke jaartelling; *~ fractions* gewone breuken; *~ superstitions* volksbijgeloof *o*; *the ~ tongue* de volkstaal [tegenover het Latijn]; **II** *sb the ~* het gewone volk, het vulgus, de grote hoop; **–ian** [vʌl'gɛəriən] ordinaire vent; **–ism** ['vʌlgərizm] gemene uitdrukking, gemene spreekwijze; platheid, vulgarisme *o*; **–ity** [vʌl'gæriti] vulgariteit, ordinaire *o*, platheid, grofheid; **–ization** [vʌlgərai'zeiʃən] vulgarisatie, popularisatie; ordinair maken *o*; **–ize** ['vʌlgəraiz] vulgariseren, populariseren; vergroven

vulnerable ['vʌlnərəbl] kwetsbaar[2]

vulnerary ['vʌlnərəri] **I** *aj* helend, genezend; **II** *sb* wondmiddel *o*, wondkruid *o*

vulpine ['vʌlpain] vosachtig[2], slim als een vos, listig, sluw

vulture ['vʌltʃə] ✿ gier[2]; *fig* aasgier; **–rine, –rous** van de gier, gier(en)-; roofgierig

vulva ['vʌlvə] *anat* uitwendige opening van de vrouwelijke schaamdelen, vulva

vying ['vaiiŋ] (met elkaar) wedijverend

W

w ['dʌblju:] (de letter) w; **W.** = *West(ern)*
W.A.A.C. = *Women's Army Auxiliary Force* (ook:
  Waac [wæk])
W.A.A.F. = *Women's Auxiliary Air Force* (ook:
  Waaf [wæf])
wabble ['wɔbl] = *wobble*
wacky ['wæki] **F** gek, dol
wad [wɔd] **I** *sb* prop [watten, papier &], pak *o*;
  vulsel *o*; rolletje *o* [bankbiljetten]; **S** poen, (bom)
  duiten; **II** *vt* met watten voeren, watteren;
  (op)vullen; **wadding** watten, vulsel *o*, prop
waddle ['wɔdl] **I** *vi* waggelen; schommelend lopen, schommelen; **II** *sb* waggelende (schommelende) gang
wade [weid] **I** *vi* waden (door *through*); ~ *i n* tussenbeide komen, zich mengen in; ~ *i n t o* aanvallen; ~ *t h r o u g h* doorwaden, baggeren
  door; *fig* doorworstelen [boek]; **II** *vt* doorwaden;
  III *sb* waden *o*; −r wader; *⚓* waadvogel; ~*s* bag-
  gerlaarzen, waterlaarzen; **wading-bird** waadvogel
wafer ['weifə] **I** *sb* wafel, oblie; ouwel; *the conse-
  crated* ~ de gewijde hostie; **II** *vt* met een ouwel
  toemaken
1 waffle ['wɔfl] wafel
2 waffle ['wɔfl] **F I** *sb* gedaas *o*, gezwam *o*; **II** *vi*
  dazen, zwammen
waffle-iron ['wɔflaiən] wafelijzer *o*
waft [wa:ft] **I** *vt* dragen, voeren, brengen, doen
  drijven [op de wind]; **II** *vi* drijven, zweven [op
  de wind]; *come* ~*ing along* komen aanzweven,
  aandrijven [ook in de lucht]; **III** *sb* ademtocht,
  zuchtje *o*, vleugje *o*
1 wag [wæg] *sb* grappenmaker, schalk
2 wag [wæg] **I** *vt* schudden, kwispelen met; bewegen; ~ *one's finger* de vinger dreigend heen en
  weer bewegen; ~ *one's head* het hoofd schudden;
  the dog ~*ged its tail* de hond kwispelstaartte; **II** *vi*
  zich bewegen, in beweging zijn; heen en weer
  gaan, schudden; *set tongues* ~*ging* de tongen in
  beweging brengen; **III** *sb* schudding, kwispeling
1 wage [weidʒ] *sb* (arbeids)loon² *o*, huur; ~*s*
  loon² *o*
2 wage [weidʒ] *vt* ~ *war* oorlog voeren
wage-earner ['weidʒə:nə] loontrekker; ~-
  freeze loonstop; ~-**packet** loonzakje *o*
wager ['weidʒə] **I** *sb* weddenschap; *lay (make) a* ~
  een weddenschap aangaan, wedden; **II** *vt* verwedden, wedden om; op het spel zetten; **III** *vi*
  wedden
wage-rate ['weidʒreit] loonstandaard; **wages-
  board** loonraad; **wagework** loonarbeid; −**er**

loonarbeider, -trekker, -dienaar
waggery ['wægəri] grapjes, grap, ondeugende
  streek; **waggish** schalks, snaaks; wel van een
  grapje houdend
waggle ['wægl] **F** = **2** *wag*
wag(g)on ['wægən] wagen, vrachtwagen; goederenwagen, (spoor)wagon; bestelwagen; *dinner* ~ dienwagentje *o*; *be on the (water)* ~ **F** geheelonthouder zijn; −**er** voerman; vrachtrijder;
  the Wag(g)oner ★ de Voerman; −**ette** [wægə'net]
  brik [wagentje]
wagon-lit [vægɔ:(n)'li] **Fr** slaapwagen
wagtail ['wægteil] kwikstaartje *o*
waif [weif] onbeheerd goed *o*, strandgoed *o*; dak-
  loze, zwerver; ~*s and strays* verwaarloosde kinderen, daklozen en zwervelingen; brokstukken,
  rommel
wail [weil] **I** *vi* (& *vt*) (wee)klagen, jammeren
  (over, om), huilen, loeien; op een jammertoon
  uiten of zingen; **II** *sb* (wee)klacht, jammerklacht,
  -gehuil *o*, geloei *o*; −**ing** weeklacht, gejammer *o*;
  the Wailing Wall de Klaagmuur [te Jeruzalem]
wainscot ['weinskət] **I** *sb* beschot *o*, lambrizering;
  wagenschot *o*; **II** *vt* lambrizeren; −**ing** beschot *o*,
  lambrizering
wainwright ['weinrait] wagenmaker
waist [weist] middel *o*, taille, leest; smalste gedeelte *o*; lijfje *o*; blouse; *⚓* kuil, middeldek *o*; ~-
  band broeksband; rokband; gordel, ceintuur;
  ~-**coat** vest *o*; *sleeved* ~ mouwvest *o*; ~-**deep**, ~-
  high tot aan het middel; −**ed** getailleerd; −**line**
  taille
wait [weit] **I** *vi* wachten, afwachten; staan te
  wachten; (be)dienen (aan tafel, *at table*); ~ *and see*
  (kalm) afwachten, de zaken eerst eens aanzien;
  ~ *f o r* afwachten, wachten op; ~ *(u p) o n* bedienen; zijn opwachting maken bij; volgen op
  [v. zaken]; *⚓* vergezellen [personen]; ~ *on events*
  de loop der gebeurtenissen afwachten; ~ *u p
  for sbd.* opblijven voor iem.; **II** *vt* wachten op, afwachten, wachten met; ~ *dinner* met het eten
  wachten; ~ *your time* beid uw tijd; **III** *sb* wachten
  o; tijd dat men wacht; oponthoud *o*; pauze; ~*s*
  kerstmismuzikanten; *lie (in)* ~ *for* op de loer liggen voor; loeren op. Zie ook: *waiting*; −**er** wach-
  tende; kelner; presenteerblad *o*; **waiting I** *aj*
  (af)wachtend; bedienend; *play a* ~ *game* de kat
  uit de boom kijken; **II** *sb* wachten *o*; bediening;
  in ~ dienstdoend [kamerheren &]; zie ook: *lady*;
  ~-**list** wachtlijst; *⚓* ~-**maid** kamenier; ~-
  room wachtkamer; **waitress** serveerster, ser-
  veuse, dienster, (buffet)juffrouw, kelnerin

waive [weiv] afzien van, afstand doen van; op zij zetten, laten varen, ter zijde stellen; **–r ʋ̆** (schriftelijke verklaring van) afstand [v. e. recht]

1 wake [weik] **sb ⚓** kielwater *o*, (kiel)zog *o*; bellenbaan [v. torpedo]; *fig* spoor *o*; *in the ~ of...* (onmiddellijk) achter, na..., achter... aan (komend); *follow in the ~ of... ....* (op de voet) volgen

2 wake [weik] **I** *vi* ontwaken[2], wakker worden[2] (ook: *~ up*); **⚓** wakker zijn, waken; opstaan [uit de dood], bijkomen [uit bezwijming]; **II** *vt* wakker maken[2]; *fig* wakker schudden (ook: *~ up*); wekken[2], opwekken [uit de dood]; **III** *sb* jaarfeest *o* v. d. kerkwijding; kermis (ook: *~s*); *Ir* nachtwake [bij lijk]; waken *o*; **–ful** waakzaám, wakend[2], wakker[2]; *~ nights* slapeloze nachten; **waken** = 2 *wake* **I** & **II**; **waking I** *aj* wakend; *~ hours* uren dat men wakker is; **II** *sb* waken *o*

wale [weil] **I** *sb* streep, striem; **II** *vt* striemen

walk [wɔːk] **I** *vi* lopen, gaan, stapvoets gaan, stappen, wandelen; slaapwandelen; rondwaren, spoken; *the best (finest &)... that ~s* die er op twee benen rondloopt; **II** *vt* lopen, lopend afleggen; doen of laten lopen, stapvoets laten lopen; wandelen met, geleiden, lopen in of over, op- en aflopen in (op); betreden, bewandelen; *~ the earth* op aarde rondwandelen; *~ the hospitals* medicijnen studeren, co-assistentschappen lopen; *~ the streets* op straat rondlopen (rondzwerven); tippelen, zich prostitueren; ● *~ a b o u t* rondwandelen, rondlopen, omlopen, rondgaan, rondkuieren; rondwaren; *~ a w a y* weggaan, wegkuieren; *~ away from* gemakkelijk achter zich laten; *~ away with* in de wacht slepen, gemakkelijk winnen; *~ d o w n* afdalen van, afgaan, aflopen, afkomen [heuvel &]; *(please) ~ i n* komt u binnen; *~ in one's sleep* slaapwandelen; *~ i n t o him* **F** hem te lijf gaan; op hem afgeven; *~ into the food* **F** het eten opschrokken; *~ o f f* weggaan; wegbrengen, -leiden; door lopen of wandelen verdrijven; *~ him off his legs* hem zo laten lopen dat hij niet meer op zijn benen staan kan; *~ off with* weggaan met; **F** in de wacht slepen; stelen; *~ o n* doorlopen, verder gaan; als figurant(e) optreden; *~ on air* in de zevende hemel zijn; *~ o u t* het werk neerleggen, staken; weglopen [uit een vergadering]; verkering hebben (*be ~ing out*); *~ out of* verlaten (bij wijze van protest); *~ out on* in de steek laten; *~ out with* verkering hebben met, „gaan" met; *~ o v e r (the course)* de wedren (verkiezing &) met gemak winnen; *~ over sbd.* met iem. doen wat men wil; *~ sbd. over the estate* iem. rondleiden; *~ u p* naar boven gaan, binnengaan; bovenkomen; *~ up to* toegaan naar, afkomen op; *~ w i t h God* een godvruchtig leven leiden; **III** *sb* gang, loop, loopje *o*, lopen *o*; stapvoets rijden *o* of gaan *o*; toertje *o*, wandeling; wandelweg, -plaats, (voet)pad *o*; wandel●; *fig* le-

venswandel; werkkring; gebied *o*, terrein *o*; wijk [v. d. melkboer &]; *~ of life* werkkring; stand, positie; *a t a ~* stapvoets; *go f o r a ~* een wandelingetje gaan maken; *–able* begaanbaar; af te leggen; **–er** voetganger, wandelaar, loper; **⚓** loopvogel; *I'm not much of a ~* ik loop niet veel; ik ben niet erg goed ter been

walkie-talkie [ˈwɔːkiˈtɔːki] **F** kleine draagbare zender en ontvanger, portofoon

walking [ˈwɔːkiŋ] **I** *aj* lopend &; *~ gentleman* figurant; *~ lady* figurante; **II** *sb* lopen *o* &; wandeling; **~-dress** wandelkostuum *o*; **~-on** figureren *o*; **~-pace** *at a ~* stapvoets; **~race** snelwandelen *o*; **~-stick** wandelstok

walk-out [ˈwɔːkaut] staking; weglopen *o*, verlaten *o*, heengaan *o* (uit de vergadering &); **~-over** *sp* wedren waarvoor maar één paard uitkomt; race die een paard op zijn slofjes wint; *fig* gemakkelijke overwinning; **~-street** promenade; **~s** voetgangersgebied *o*; **~-up** *Am* flatgebouw *o* zonder lift

wall [wɔːl] **I** *sb* muur[2], wand; *~ of partition* scheidsmuur[2]; **~s** *have ears* de muren hebben oren; *give sbd. the ~* iem. aan de huizenkant laten lopen; *take the ~ of* **⚓** niet aan de huizenkant laten lopen; niet op zij gaan voor; *drive (push) to the ~* in het nauw brengen; *go to the ~* het onderspit delven, het loodje leggen; *with one's back to the ~* met de rug tegen de muur; in het nauw gedreven; *see through brick ~s* schrander, gewiekst zijn; **II** *vt* ommuren (ook: *~ round*); *~ i n* ommuren; *~ u p* dichtmetselen, inmetselen

wallaby [ˈwɔləbi] ♙ kleine kangoeroe

wallah [ˈwɔlə] [Oosters] bediende; **F** knaap, kerel

wall bars [ˈwɔːlˈbɑːz] *sp* wandrek *o*

wallet [ˈwɔlit] portefeuille [voor bankbiljetten &]; knapzak; ransel; (zadel)tas; (gereedschaps)tasje *o*

wall-eye [ˈwɔːlai] glasoog *o* [v. paard]; **⚓** (divergent) scheel oog

wallflower [ˈwɔːlflauə] ♛ muurbloem; **F** muurbloempje *o* [op bal]

walling [ˈwɔːliŋ] muurwerk *o*, muren

Walloon [wɔˈluːn] Waal(s)

wallop [ˈwɔləp] **F I** *vt* afrossen; **II** *sb* opstopper, dreun; kracht; (vat)bier *o*; **III** *ad* pardoes; **–ing F I** *aj* kolossaal, reuzen-; **II** *sb* aframmeling

wallow [ˈwɔlou] **I** *vi* zich (rond)wentelen; *fig* zwelgen (in *in*), zich baden (in *in*); *~ in money* in het geld zwemmen; *~ in vice* z'n lusten botvieren; **II** *sb* wenteling; rollende beweging; wentelplaats [voor de karbouwen]

wallpaper [ˈwɔːlpeipə] behangsel(papier) *o*

Wall Street [ˈwɔːlstriːt] het centrum van de geldhandel en effectenbeurs in New York

wall-to-wall [ˈwɔːltəwɔːl] kamerbreed, vast [tapijt *carpeting*]

walnut ['wɔːlnʌt] (wal)noot; notehout *o*

walrus ['wɔːlrəs] walrus

waltz [wɔːls] **I** *sb* wals; **II** *vi* walsen

wan [wɔn] bleek, flets, pips, zwak, flauw

wand [wɔnd] roede; staf, stok [v. dirigent]; toverstaf (*magic* ~)

wander ['wɔndə] **II***vi* (rond)zwerven, (rond)dolen, dwalen; afdwalen (van *from*); raaskallen, ijlen (ook: ~ *in one's mind*); *the Wandering Jew* de Wandelende Jood; ~*ing kidney* wandelende nier; *his mind* ~*s, his wits are* ~*ing* hij ijlt; hij raaskalt[2]; ~ *from the point* van het onderwerp afdwalen; **II** *vt* afzwerven; afreizen; –**er** dwaler; zwerver, zwerveling; –**ing I** *aj* zwervend &, zie *wander*; **II** *sb* ~(*s*) omzwerving; afdwaling; dwaling; ijlen *o*

wanderlust ['wɔndəlʌst] reislust, zwerflust

wane [wein] **I** *vi* afnemen [v. d. maan]; *fig* tanen, verminderen; **II** *sb* afneming; *on the* ~ aan het afnemen (tanen)

wangle ['wæŋgl] **S I** *vt* loskrijgen, z'n slag slaan, voor elkaar krijgen; vervalsen, knoeien met; **II** *sb* geknoei *o*, knoeierij

want [wɔnt] **I** *sb* nood, gebrek *o*, behoefte, armoede; gemis *o*; *for* ~ *of* bij gebrek aan; *be in* ~ gebrek hebben, gebrek lijden; *be (stand) in* ~ *of* nodig hebben; **II** *vt* nodig hebben, behoeven, moeten; hebben moeten; willen, wensen, verlangen; te kort komen, mankeren; *I* ~ *nothing better* ik verlang niets beters; ik verlang (wil) niets liever; *I don't* ~ *him to be disturbed* ik wil niet dat hij gestoord wordt; *you are* ~*ed* men vraagt naar u; **F** de politie zoekt naar je; *it (there)* ~*s only...* er is alleen maar... (voor) nodig; *it* ~*s a quarter of (to) twelve* het is kwart voor twaalf; **III** *vi* gebrek lijden; *you shall* ~ *for nothing* u zult nergens gebrek aan hebben, het zal u aan niets ontbreken; –**ed** gevraagd [in advertentie]; gezocht, opsporing verzocht [door de politie]; benodigd, waaraan behoefte is; –**ing I** *aj* ontbrekend; **F** zwakzinnig; *be* ~ ontbreken, mankeren, weg zijn; *he is never* ~ hij mankeert nooit (op het appel); *be* ~ *in* te kort schieten in; *what's* ~? wat wenst u?; *there were not* ~ *those who* het ontbrak niet aan dezulken die...; *be found* ~ te licht bevonden worden; **II** *prep* zonder; op... na; ~ *one* op één na

wanton ['wɔntən] **I** *aj* baldadig, uitgelaten, wild; onhandelbaar, onbeheerst; moedwillig, zonder aanleiding; grillig, dartel; verkwistend; wellustig; **II** *sb* lichtekooi; lichtmis; **III** *vi* dartelen, stoeien; welig tieren; zich te buiten gaan (aan *in*)

war [wɔː] **I** *sb* oorlog; ~ *of nerves* zenuwenoorlog; ~ *of positions* 🗡 stellingoorlog; *a* ~ *to the knife* een strijd op leven en dood; ● *be at* ~ in oorlog zijn; oorlog hebben (met *with*); *go to* ~ ten oorlog tijgen, ten strijde trekken; oorlog maken; **II**

vi oorlog voeren (tegen *against, on*); ~*ring* strijdend, (tegen)strijdig

warble ['wɔːbl] **I** *vi* & *vt* kwelen, kwinkeleren, zingen, slaan; **II** *sb* gekweel *o*, gekwinkeleer *o*, gezang *o*, slag; –**r** zanger; 🐦 tjiftjaf

war-cry ['wɔːkrai] oorlogskreet, wapenkreet, strijdkreet, strijdleus

ward [wɔːd] **I** *sb* 🗝 bewaking, wacht, bescherming; hechtenis; voogdijschap *o*; pupil [onder voogdij] (ook: ~ *of court*, ~ *in chancery*); pareren *o* [schermen]; (stads)wijk; zaal, afdeling [in ziekenhuis]; ~*s* 🗝 werk *o* [v. slot]; tanden [v. sleutelbaard]; *casual* ~ asiel *o* voor daklozen; *the child is in* ~ *to him* hij is voogd over het kind; *be under* ~ onder voogdij staan; onder curatele staan; **II** *vt* 🗝 waken over, bewaken; beschermen; ~ (*off*) afwenden, afslaan, pareren

war-dance ['wɔːdɑːns] krijgsdans

warden ['wɔːdn] bewaarder, opziener, hoofd *o* [v. instituut, *college*]; (herberg)vader, -moeder; *Am* directeur [v. gevangenis]; (*air-raid*) ~ blokhoofd *o* (van de luchtbescherming); (*traffic*) ~ parkeercontroleur

warder ['wɔːdə] cipier; **wardress** vrouwelijke cipier

wardrobe ['wɔːdroub] kleerkast; garderobe, kleren; ~ *trunk* kastkoffer

wardroom ['wɔːdrum] ⚓ longroom, officiersmess

wardship ['wɔdʃip] voogdij

1 **ware** [wɛə] *sb* waar, (teen)goed *o*, plateelwerk *o*, aardewerk *o*; waren; *his* ~*s* zijn (koop)waar, zijn waren

2 **ware** [wɛə] *vt* oppassen (voor), zich hoeden (voor); ~ *below!* pas op!, van onderen!

warehouse I *sb* ['wɛəhaus] pakhuis *o*; magazijn *o*; **II** *vt* ['wɛəhauz] opslaan [in het magazijn]; –**man** pakhuisknecht, magazijnbediende

warfare ['wɔːfɛə] oorlog(voering), strijd; *fig* strijd, conflict *o*; **war-head** 🗡 (lading)kop; *atomic (nuclear)* ~ atoomkop; ~-**horse** 🏇 strijdros *o*; oorlogsveteraan, oude vechtjas; –**like** krijgshaftig, oorlogszuchtig; oorlogs-; ~ *preparations* oorlogstoebereidselen

🗝 **warlock** ['wɔːlɔk] tovenaar

warm [wɔːm] **I** *aj* warm[2], heet; hartelijk, sympathiek; enthousiast, vurig; opgewonden; verhit; **F** er warmpjes inzittend, rijk; *get* ~ warm worden; **F** „warm" zijn [spelletjes]; *make things (it)* ~ *for sbd.* iem. het vuur na aan de schenen leggen; iem. in een lastig parket brengen; ~ *with wine* verhit door de wijn; *it was* ~ *work* het ging er heet toe; het was een inspannend karwei; **II** *vt* (ver)warmen, warm maken[2]; ~ *up* opwarmen; **III** *vr* ~ *oneself* zich warmen; **IV** *vi* warm worden (*fig* ook: ~ *up*); *he* ~*ed to the subject* (*to this theme*) hij raakte meer en meer in vuur; ~ *up* warm worden [kamer]; warmer worden [voor een zaak]; warmer gaan voelen (voor *towards*); *sp* inspelen; **V** *sb British* ~ ⚔ Britse officiersjekker; *I must have a* ~ ik moet mij eens wat warmen; **~-blooded** warmbloedig; **~-hearted** hartelijk; **warming** warmen *o*, verwarming; **F** afdroging, pak *o* ransel; **~-pan** beddepan; **warmly** *ad* warm²; *fig* hartelijk, met warmte, met vuur

warmonger [ˈwɔːmʌŋgə] oorlogsophitser

warmth [ˈwɔːmθ] warmte²; hartelijkheid, enthousiasme *o*, opgewondenheid, heftigheid

warn [wɔːn] waarschuwen (voor een gevaar *of a danger*; voor een persoon *against a person*); verwittigen, inlichten, aanzeggen; **–er** waarschuwer; **–ing** *sb* waarschuwing, aanzegging; opzegging [v. dienst]; verwittiging, aankondiging; voorslag [v. klok]; *give* (*a month's*) ~ (met een maand) de dienst (de huur) opzeggen; *take* ~ *by his mistakes* (*from his fate*) spiegel u aan zijn fouten (lot); zie ook *air-raid*

War Office [ˈwɔːrɔfis] Ministerie *o* van Oorlog

warp [wɔːp] **I** *vi* kromtrekken; **II** *vt* doen kromtrekken; *fig* een verkeerde richting geven aan; verdraaien; scheren [op weefgetouw]; [land] bemesten door bevloeiing; ⚓ verhalen, werpen; **III** *sb* kromtrekking; schering [weefgetouw]; slib *o*, bezinksel *o*; ⚓ werptros; *fig* afwijking, vooroordeel *o*; ~ *and weft*, ~ *and woof* schering en inslag

war-paint [ˈwɔːpeint] oorlogsbeschildering [v. Indianen]; *fig* groot tenue *o* & *v*, gala *o*; **S** makeup; **~-path** oorlogspad *o*; *be* (*go*) *on the* ~ ten strijde trekken²; **~-plane** oorlogsvliegtuig *o*; **~-profiteer** profiteur, oweeër

warrant [ˈwɔrənt] **I** *sb* rechtvaardiging, grond, recht *o*; volmacht, machtiging; ceel; bevelschrift *o*, mandaat *o* (tot betaling); bevel *o* tot inhechtenisneming; aanstelling; garantie, waarborg; ~ *of arrest* bevel(schrift) *o* tot aanhouding; ~ *of attorney* procuratie of notariële volmacht; ~ *of distress* bevel(schrift) *o* tot beslaglegging, dwangbevel *o*; *a* ~ *is out against him* er is een bevelschrift tot aanhouding tegen hem uitgevaardigd; **II** *vt* rechtvaardigen, machtigen; garanderen, waarborgen, instaan voor; *he is a...*, *I* ~ **F** daar kunt u op aan; **–able** gewettigd, verdedigbaar, te rechtvaardigen; **–ee** [wɔrənˈtiː] aan wie iets gewaarborgd wordt; **–er** [ˈwɔrəntə] volmachtgever; waarborger; **~-officer** ⚔ bij *warrant* aangestelde *non-commissioned* officier, onderofficier van de hoogste rang, onderluitenant; ⚓ dekofficier; **warrantor** = *warranter*; **warranty** machtiging, rechtvaardiging; waarborg, garantie; bewijs *o*

warren [ˈwɔrən] konijnenberg, -park *o*; *fig* overbevolkte sloppenbuurt; huurkazerne; warnet *o* [v. gangen]

warrior [ˈwɔriə] krijgsman, krijger, soldaat

Warsaw [ˈwɔːsɔː] Warschau *o*

warship [ˈwɔːʃip] oorlogsschip *o*; **warstrength** oorlogssterkte

wart [wɔːt] wrat; **~-hog** wratzwijn *o*

wartime [ˈwɔːtaim] oorlog(stijd)

warty [ˈwɔːti] wrattig; vol wratten

war-weary [ˈwɔːwiəri] strijdensmoe

war-whoop [ˈwɔːhuːp] = *war-cry*

wary [ˈwɛəri] *aj* omzichtig, behoedzaam, voorzichtig; op zijn hoede (voor *of*); *be* ~ *of...* zich wel wachten om...

was [wɔz, wəz] V.T. van *be*, was

wash [wɔʃ] **I** *vt* wassen [ook erts], af-, uit-, schoonwassen; spoelen [dek &], af-, om-, uitspoelen; bespoelen, besproeien; aan-, bestrijken, vernissen, sausen; ~ *dirty linen in public* onaangename zaken in het openbaar behandelen; ~ *one's hands of it* zich verder niets aantrekken van, zich niet meer (willen) bemoeien met; ~ *one's hands of sbd.* zijn handen van iem. aftrekken; **II** *vr* ~ *oneself* zich(zelf) wassen; **III** *vi* & *va* wassen; zich wassen; zich laten wassen [stoffen], wasecht zijn; *that won't* ~ **F** dat houdt geen steek; die vlieger gaat niet op; ● ~ *ashore* aan land spoelen; ~ *away* afwassen, uitwissen; wegspoelen, wegslaan; ~ *down* (af)wassen, (schoon)spoelen; naar binnen spoelen; ~ *off* afwassen; ~ *out* uitwassen; er met wassen uitgaan; **F** in het water (in duigen) doen vallen **F** opheffen, vernietigen; **~ed out** ook: flets, afgetakeld; ~ *overboard* overboord spoelen; ~ *up* afwassen, (om)spoelen; aanspoelen; *Am* zich (zijn handen) wassen, zich wat opfrissen; **~ed up F** (dood)op, kapot, naar de bliksem; **IV** *sb* was; wassing, spoeling, spoelsel *o*; spoelwater² *o* ook *fig* klets; waterverf; kleurtje *o*, vernisje *o*; toiletwatertje *o*; kielwater *o*; golfslag; aanspoeling, aanspoelsel *o*; gewassen tekening; *have a* ~ zich (zijn handen) wassen, zich wat opfrissen; *at* (*in*) *the* ~ in de was; **–able** (af)wasbaar, wasecht; **~-basin** wasbak; vaste wastafel; **–board** wasbord *o*; ⚓ wasboord *o*, zetbord *o*; **–er** wasser; wasmachine; ✂ sluitring; leertje *o* [v. kraan]; **–erwoman** wasvrouw; **~-hand basin** waskom, fonteintje *o*; **~-hand stand** wastafel; **~-house** washuis *o*, washok *o*; **washing I** *aj* wasecht; was-; **II** *sb* wassen *o* &, wassing; was-(goed); **~-machine** wasmachine; *automatic* ~ wasautomaat; **~-stand** wastafel; **~-tub** wastobbe; **~-up** [wɔʃiŋˈʌp] afwas

wash-leather [ˈwɔʃleðə] zeem, zeemleer *o*; **~-out** weggespoelde plek; *fig* mislukking, fiasco *o*, sof; vent van niks, prul *o*; **~-room** *Am* toilet *o*, W.C.; **~-stand** wastafel; **~-tub** = *washing-tub*; **washy** waterig², slap; flets

WASP = *White Anglo-Saxon Protestant* [in de USA]

wasp [wɔsp] wesp; ~ *waist* wespentaille; **–ish** *fig* opvliegend, bits

✎ **wassail** ['wɔseil, 'wæsl] **I** *sb* heildronk; drinkgelag *o*; drinklied *o*; gekruid bier *o*; **II** *vi* pimpelen, brassen; ✎ **–er** ['wɔseilə] pimpelaar, drinkebroer

✎ **wast** [wɔst] waart, werdt (2de pers. enk. V.T. van *be*)

wastage ['weistidʒ] verspilling, verkwisting; verlies *o* door verbruik, slijtage; afval *o* & *m*; **waste I** *aj* woest; onbebouwd; ongebruikt; overtollig; afval-; ~ *paper* scheurpapier *o*, oud papier *o*; ~ *products* afvalprodukten; ~ *steam* afgewerkte stoom; *lay* ~ verwoesten; *lie* ~ braak liggen[2]; **II** *vt* verspillen, verkwisten, weggooien, verknoeien; verwoesten; verteren, doen uitteren, verslijten, verbruiken; 🜊 verwaarlozen, laten vervallen [eigendom]; *be* **–***d* ook: verloren gaan; *it is* ~*d on him* aan hem niet besteed; **III** *vi* afnemen [door het gebruik], opraken, slijten; verloren gaan; (weg)kwijnen, ver-, uitteren (ook: ~ *away*); ~ *not, want not* die wat spaart, die wat heeft; **IV** *sb* onbebouwd land *o*, wildernis, woestijn; woestenij; verwoesting; verspilling; verkwisting; vermindering, slijtage, verbruik *o*, verlies *o*; afval *o* & *m*, afvalstoffen; poetskatoen *o*; 🜏 afvoerpijp; *a* ~ *of time* tijdverspilling; *wilful* ~ *makes woeful want* wie al zijn kost verslindt omtrent het middagmaal, vindt als het avond wordt de tafel bijster schraal; *go (run) to* ~ verloren gaan, verwilderen; **~-bin** vuilnisvat *o*; **~-book** $ kladboek *o*; ~ **disposal** afvalverwerking; **–ful** verkwistend, niet zuinig, spilziek; ~ *of...* erg kwistig met...; veel... verbruikend; **~-paper basket** [weist'peipəba:skit] prullenmand, papiermand; **~-pipe** ['weistpaip] afvoerpijp; **–er** verkwister; nietsnut

wastrel ['weistrəl] nietsnut, mislukkeling

watch [wɔtʃ] **I** *sb* wacht, waken *o*, ⊙ wake; waakzaamheid; uitkijk; horloge *o*; *first* ~ 🜊 eerste wacht; *middle* ~ 🜊 hondewacht; *keep (a)* ~ de wacht houden; *keep (a)* ~ *on* een oogje houden op, letten op; *keep* ~ *over* de wacht houden over, bewaken; *set a* ~ *over sbd.* iem. laten bewaken; *i n the* **~-***es of the night* in de slapeloze uren van de nacht; *on* ~ op wacht; *be on* ~ op wacht staan, de wacht hebben; *be on the* ~ *for* uitkijken naar; loeren op; ~ *and ward* (uiterste) waakzaamheid; *keep* ~ *and ward over* met de uiterste zorg bewaken; **II** *vi* waken, toekijken; uitkijken; waken, waakzaam zijn; wacht doen; ~ *for* uitkijken naar; loeren op; ~ *out* uitkijken, op zijn hoede zijn, oppassen; ~ *over* een wakend oog houden op, waken over; bewaken; ~ *over your words!* pas op uw woorden!; ~ *with sbd.* bij iem. waken; **III** *vt* kijken naar, gadeslaan; letten op, in het oog houden; bewaken; hoeden; ~ *your step!* *Am* pas

op!; ~ *one's time* zijn tijd afwachten; ~ *sbd. home* nakijken tot iem. naar binnen gaat; ✎ ~ *the night out* de nacht doorwaken; **~-case** horlogekast; **~-chain** horlogeketting; **~-dog** waakhond; **–er** (be)waker; bespieder; waarnemer; **–ful** oplettend, waakzaam, waaks; *be* ~ *of* ook: een wakend oog houden op, waken over; voorzichtig zijn in; **~-glass** horlogeglas *o*; **~-guard** horlogebandje *o*; **~-hand** horlogewijzer; **–maker** horlogemaker; **–man** (nacht)waker; **B** wachter; **~-tower** wachttoren; **–word** wachtwoord[2] *o*

water ['wɔ:tə] **I** *sb* water° *o*; vruchtwater *o* (ook ~*s*); ~*s* water *o*, wateren; ook: baden; *still* ~*s run deep* stille waters hebben diepe gronden; ~ *on the brain (head)* een waterhoofd *o*; ~ *on the knee* leewater *o* [in knie]; *much* ~ *has gone under the bridge* er is heel wat water door de Rijn gelopen; *it brings the* ~ *to your mouth* het doet je watertanden; *hold* ~ water bevatten; (water)dicht zijn; *fig* steekhoudend zijn; *make* ~ 🜋 water inkrijgen; lek zijn; wateren, urineren; *pass* ~ urineren; *pour (throw) cold* ~ *on* een emmer koud water gieten over; *fig* een demper zetten op; *b y* ~ te water, over zee, per scheepsgelegenheid; *deep* ~ grote moeilijkheden; *raadsel o*; *be i n hot* ~ in de knoei zitten; *be in low* ~ aan lager wal zijn; *we are in smooth* ~ het water is nu weer kalm, wij hebben de storm achter de rug; *fig* we zijn boven jan; *get i n t o hot* ~ in moeilijkheden geraken, het aan de stok krijgen (met *with*); *spend money l i k e* ~ het geld bij handen vol uitgeven; *of the first* ~ van het zuiverste water[2]; *o v e r the* ~ over het water; aan gene zijde van de oceaan; aan gene zijde van de Theems; **II** *vt* van water voorzien; bewateren, besproeien [v. rivier]; bespoelen; aanlengen met water, in de week leggen [vlas]; begieten, water geven, drenken [paarden &]; wateren [stoffen]; *fig* verwateren; nominaal vermeerderen van het kapitaal zonder nieuwe uitgifte van aandelen; ~ *down* verwateren; verdunnen, verzachten; **III** *vi* wateren, tranen, lopen; 🜋 water innemen; *make one's mouth* ~ doen watertanden; **–age** watertransport *o*, watervervoer *o*, transportkosten [over water]; **water-bailiff** havendouanebeambte; **~-borne** vlot, drijvend; te water vervoerd; door water overgebracht [ziekte &]; zee-; door water verspreid; **~-bottle** karaf; 🜏 veldfles; **~-butt** regenton; **~-cannon** waterkanon *o*; **~-carriage** vervoer *o* te water; **~-carrier** waterdrager; **~-cart** sproeiwagen; **~-chute** watertobogan; **~-closet** W.C.; **~-cock** waterkraan; **~-colour** waterverf(schilderij); *in* ~*s* in waterverf; **–course** waterloop; geul, bedding; **–cress** waterkers; **~-diviner** roedeloper; **–ed** als water, verwaterd &; moiré [van zijde]; **–fall** waterval; **–fowl** watervogel(s); **–front** waterkant; *Am* stadsdeel *o* of landstrook aan zee of meer; havenkwartier *o*; **~-gate** waterpoort; vloeddeur [v. sluis]; **~-gauge** peilglas *o*; **~-hen** waterhoen *o*; **watering** sproeien *o*, begieten *o*; watertanden *o*; tranen *o* [v. ogen]; **~-can** gieter; **~-cart** sproeikar; **~-place** wed *o*; waterplaats; plaats waar men water inneemt; badplaats; **~-trough** drinkbak; **waterish** waterachtig; **water-level** waterstand, waterspiegel; waterpas *o*; **~-lily** waterlelie; **–line** waterlijn; **–logged** volgelopen met water, vol water; met water doortrokken; **~-main** hoofdbuis [v. waterleiding]; **–man** schuitevoerder; veerman; **–mark** I *sb* watermerk *o*; ⚓ waterpeil *o*; waterlijn; II *vt* van het watermerk voorzien; **~-melon** watermeloen; **~-pot** waterkan; gieter; **–proof** I *aj* waterdicht, waterproef; II *sb* waterdichte stof, jas of mantel; III *vt* waterdicht maken; **~-rat** ♏ waterrat; **~-rate** kosten van waterverbruik; **–scape** watergezicht *o*; **–shed** waterscheiding; stroomgebied *o*; *fig* scheidingslijn, tweesprong; **–side** waterkant; **~-ski** I *sb* waterski; II *vi* waterskiën; **~-skier** waterskiër; **~-softener** waterontharder; **~-spout** waterspuier, afvoerbuis; waterhoos; **~-sprite** watergeest; **~-supply** wateraanvoer; watervoorziening; watervoorraad; **~-tank** waterbak, reservoir *o*; **–tight** waterdicht[2]; *fig* onaanvechtbaar; **~-vole** ♏ waterrat; **~-wag(g)on** sproeiwagen; *be on the* **~** F geheelonthouder zijn; **~-wave** I *sb* watergolf; II *vt* watergolven [het haar]; **–way** waterweg; ⚓ goot, watergang; **~-weed** waterpest; **~-wheel** waterrad *o*; scheprad *o*; **–works** waterleiding; waterwerken; *turn on the* **~** S gaan huilen; **watery** waterig[2], waterachtig, water-; regenachtig, regen-; *fig* bleek, verschoten; **~** *eye* tranend oog *o*, traanoog *o*; vochtig oog *o*; *find* (*meet with*) *a* **~** *grave* een (zijn) graf in de golven vinden

watt [wɔt] ⚡ watt

wattle ['wɔtl] I *sb* horde; hordenwerk *o*; ♏ lel [v. kalkoen]; baard [v. vis]; ♠ Australische acacia; II *vt* met horden afzetten; met teentjes vlechten; **–d** gevlochten; met lellen

waul [wɔ:l] krollen [v. een kat]

wave [weiv] I *vi* wapperen; wuiven; golven; II *vt* (doen) golven, onduleren [haar]; wateren [stoffen]; zwaaien met, wuiven met; toewuiven; **~** *a s i d e* een wenk geven om op zij te gaan; *fig* wegwuiven, afwijzen, zich met een breed gebaar afmaken van; **~** *a w a y* een wenk geven om op zij of weg te gaan; **~** *b a c k* terugwenken; III *sb* golf[2]; wuivende handbeweging, gewuif *o*; *a* **~** *of crime* een vloedgolf van misdaden; **–band** R golfband; **–length** R golflengte; **–let** golfje *o*

waver ['weivə] onvast zijn; waggelen; wankelen, weifelen, aarzelen; schommelen; flakkeren [v. licht]; haperen, beven [v. stem]; **–er** weifelaar; **–ing** I *aj* wankel(baar), wankelend, wankelmoe-dig; weifelend; II *sb* gewankel *o*, geweifel *o*, weifeling

waving ['weiviŋ] I *aj* golvend, gegolfd; II *sb* golving; gewuif *o*; gewapper *o*; **wavy** golvend, gegolfd

1 **wax** [wæks] I *sb* was; oorsmeer *o*; lak *o* & *m* ǁ S woede(aanval); *in a terrible* **~** S erg nijdig, razend; II *aj* wassen; III *vt* met was bestrijken, in de was zetten, wassen

2 **wax** [wæks] *vi* wassen, toenemen; **⚆** worden; **~** *and wane* wassen en afnemen [van de maan]

wax-chandler ['wækstʃa:ndlə] (was)kaarsenmaker; **~-cloth** wasdoek *o* & *m*; vloerzeil *o*; **–en** van was, wassen, was-; wasgeel; zo bleek als was; **~-end** pikdraad *o* & *m* [stofnaam], pikdraad *m* [voorwerpsnaam]; **~-light** waslicht *o*; **–wing** pestvogel; **–work** in was uitgevoerd boetseerwerk *o*; **~s** wassenbeelden(spel *o*); **waxy** wasachtig; S woedend

way [wei] I *sb* weg, pad *o*; baan; route; eind *o* (weegs); afstand; vaart, gang; richting, kant; manier, wijze, trant; handelwijze, gebruik *o*, gewoonte: > hebbelijkheid; **~s** wegen &, gewoontes, hebbelijkheden; ⚓ stapelblokken; **~s** *and means* (de) geldmiddelen; de middelen en de manier waarop; *devise* (*find*) **~s** *and means* raad schaffen; **~** *in* ingang; **~** *out* uitgang; *fig* uitweg; *the* **~** *of the Cross rk* de kruisweg; *it's the* **~** *of the world* dat is 's werelds loop, zo gaat het in de wereld; *it is a long* **~** *about* (*round*) een heel eind om; *all the* **~** (langs) de hele weg, (over) de hele afstand, dat hele eind, helemaal [van A naar B]; *any* **~** hoe dan ook; in alle geval, toch; *both* **~s** op twee manieren; *sp* zowel op de ene als op de andere partij houdend; *different* **~s** op verschillende manieren; in verschillende richtingen; *either* **~** in beide gevallen; hoe dan ook; *every* **~** in alle opzichten; *his* **~** zijn kant uit; op zijn manier, zoals hij 't wil; *it is only his* **~** zo is hij nu eenmaal; *his own* **~** zijn eigen weg (gang, manier); op zijn eigen manier; *allow him his own* **~** laat hem zijn eigen gang (maar) gaan; geef hem zijn zin maar; *no* **~** *inferior to...* in genen dele minder dan...; *one* **~** *or another* op de een of andere manier; *he said nothing one* **~** *or another* (*the other*) hij zei helemaal niets; *a decision one* **~** *or the other* een beslissing voor of tegen; *one* **~** *or the other it has helped* in ieder geval heeft het geholpen; *look the other* **~** een andere kant uitkijken; *it is the other* **~** *about* (*on, round*) het is (net) andersom; *our* **~** onze kant uit; in ons voordeel; *the same* **~** op dezelfde manier; hetzelfde [v. zieke]; *some* **~** een eindje; *some* **~** *or other* op de een of andere manier; *that* **~** die kant uit, daar(heen); op die manier, zó; *the* **~** *you did it* (op) de manier waarop je het gedaan hebt; *that is the* **~** *with...* zo gaat het met...; zo doen...; *this* **~** deze kant uit, hier(heen); *this* **~** *and that* naar alle kanten, her- en derwaarts; *come sbd.'s* ~ zie *come* **II**; *find a* ~ een uitweg vinden, er raad op weten; *find one's* ~ *into...* binnendringen in, thuis raken in, zich inburgeren in; *get one's* (*own*) ~ zijn zin krijgen; *give* ~ op zij gaan; wijken, zwichten, plaats maken (voor *to*); bezwijken (onder *under*); *give* ~*!* geef voorrang; *her voice gave* ~ liet haar in de steek; *give* ~ *to fear* zich door vrees laten overmannen; *go one's* ~(*s*) op weg gaan; zich op weg begeven, heengaan; *go the* ~ *of all flesh* (*of nature*) **B** de weg van alle vlees gaan; *go a great* (*long*) ~ ver reiken; veel bijdragen (tot *towards*); *a little...* *goes a long* ~ *with me* met een beetje... kan ik lang toekomen; *go a long* ~ *about* een heel eind omlopen; *go* (*live somewhere*) *London* ~ de kant van Londen uit; *everything is going my* ~ alles gaat naar mijn zin, alles loopt me mee; *have a* ~ *with one* zich aardig voordoen, innemend zijn; *have a little* ~ *of...* de hebbelijkheid hebben om...; *you can't have it both* ~ *s* òf het één òf het andere, geen twee dingen tegelijk; *have one's* (*own*) ~ zijn zin krijgen; *have it* (*all*) *one's own* ~ vrij spel hebben, kunnen doen en laten wat men wil; *not know which* ~ *to turn* geen raad weten; *make* ~ vooruitkomen, vorderen, opschieten; plaats maken (voor *for*); *make one's* ~ gaan, zich begeven; zich een weg banen; zijn weg (wel) vinden [in de wereld]; *put* (*sbd.*) *in the* ~ *of* (iem.) de gelegenheid geven om; *I don't see my* ~ (*into all this, to do it*) ik weet niet hoe ik het aanpakken (aanleggen) moet, ik kan niet...; *take one's* ~ zich op weg begeven (naar *to*); zijn eigen hoofd volgen; *he wants his own* ~ hij wil altijd zijn zin hebben, zijn eigen hoofd volgen; ● *a c r o s s the* ~ = *over the* ~; *b y* ~ *of* bij wijze van; via, over; *by* ~ *of apology* ook: ter verontschuldiging; *by* ~ *of a joke* voor de grap; *by* ~ *of London* via (over) Londen; *he is by* ~ *of being an artist* hij is zo half en half (zo'n stuk) artiest; *by* ~ *of having something to do* om iets te doen te hebben; *by the* ~ onderweg; en passant, overigens; wat ik zeggen wil(de), tussen twee haakjes; *by a great* (*long*) ~ verreweg; *not by a great* (*long*) ~ lang niet, op geen stukken na; *in a* ~, *in one* ~ in zekere zin, in zeker (één) opzicht; *she was quite in a* ~ *about it* zij was er helemaal van overstuur; *be in a bad* ~ er slecht aan toe zijn [v. patiënt]; slecht staan [v. zaken]; *in a fair* ~ ... mooi op weg om...; *in a general* ~ in het algemeen; *be in a good* ~ *of business* in een goede zaak zitten; *in a large* ~ in het groot, op grote schaal; *in a small* ~ in het klein, op kleine schaal; *live in a small* ~ klein leven; *in a* ~ *of speaking* bij wijze van spreken, in zekere zin; *in his* ~ op zijn weg; op zijn manier; *it is all in my* ~ dat is net in mijn lijn; *not in any* ~, (*in*) *no* ~ geenszins, hoegenaamd (helemaal) niet; *be in the* ~ (de mensen) in de weg staan; tegenwoordig zijn; *call in the* ~ *of business* voor zaken;

what they want in the ~ *of dress* aan kleren; *put sbd. in the* ~ *of a job* iem. aan een baan helpen; *be o n the* ~ op komst zijn, in aantocht zijn; *be on the* ~ *out* er uitgaan, een aflopende zaak zijn; *drunk, or on the* ~ *to it* dronken of aardig op weg om het te worden; *on their* ~ *to* onderweg naar, op (hun) weg naar; *it is rather o u t of my* ~ het is nogal om voor mij; dat ligt niet zo op mijn weg; *out of the* ~ uit de weg, uit de voeten; weg, absent [ook = verstrooid]; afgelegen; niet ter zake dienend, vergezocht; *go out of one's* ~ van zijn weg afwijken; *go out of one's* ~ *to...* de moeite nemen om...; zich uitsloven om...; het er op toeleggen om...; *put sbd. out of the* ~ iem. uit de weg ruimen; *put things out of the* ~ de boel aan kant doen, opruiming houden; *put oneself out of the* ~ zich veel moeite getroosten; *o v e r the* ~ aan de overkant, hier(tegen)over; *u n d e r* ~ in beweging; aan de gang; begonnen; ⚓ onder zeil; *get under* ~ in beweging komen; gang, vaart krijgen; beginnen; ⚓ het anker lichten; **II** *ad* **F** een stuk, een eind, ver [vooruit &]; ~ *back in A.* **F** daargindsin in A.; ~ *back in 1910* **F** reeds in 1910; ~**-bill** vracht-brief; passagierslijst; **–farer** (voet)reiziger; **–faring** reizend; **–lay** [wei'lei] opwachten (om te overvallen); **–less** ['weilis] zonder weg(en), ongebaand; ~**-out S** buitenissig, apart; avant-gardistisch; ~**-side I** *sb* kant van de weg; *by the* ~ ook: aan de weg; **II** *aj* aan de kant van de weg (gelegen); **–ward** eigenzinnig, dwars, verkeerd, in de contramine; grillig; ~**-worn** moe van de reis

we [wi:, wi] wij

weak [wi:k] zwak°, slap²; *his* ~ *point* (*side*) zijn zwakke zijde; *the* ~*er sex* het zwakke geslacht; **–en I** *vt* verzwakken², slapper maken, verdunnen; **II** *vi* zwak(ker) worden; **–ening** verzwakking; ~**-eyed** zwak van gezicht; ~**-headed** zwakhoofdig; zwakzinnig; **–ish** nogal zwak, zwakkelijk; ~**-kneed** zwak in de knieën; *fig* slap, niet flink; **–ling** zwakkeling; **–ly I** *aj* zwak, ziekelijk; **II** *ad* zwak, slap, flauw; uit zwakte; ~**-minded** zwakhoofdig, zwakzinnig; **–ness** zwakheid, zwakke plaats; zwakte, zwak *o*; *he has a* ~ *that way* daarvoor heeft hij een zwak; ~**-spirited** blohartig, kleinmoedig

1 weal [wi:l] *sb* welzijn *o*, geluk *o*; ~ *and woe* wel en wee

2 weal [wi:l] **I** *sb* streep, striem; **II** *vt* striemen

weald [wi:ld] ontboste streek, open land *o*; *the Weald* een streek in Kent, Surrey en Sussex

wealth [welθ] rijkdom, weelde, pracht, schat, overvloed; *a man of* ~ een gefortuneerd man, een rijk man; **–y** *aj* rijk

wean [wi:n] spenen; ~ *from* spenen van, af-, ont-wennen, vervreemden van, losmaken van, benemen; **–ling I** *sb* gespeend kind *o* of dier *o*; **II**

aj pas gespeend
weapon ['wepən] wapen² *o*; **-ry** bewapening, wapens

1 wear [wɛə] **I** *vt* dragen [aan het lijf]; ook: (aan)hebben, vertonen; (ver)slijten, af-, uitslijten; *she wore black* zij was in het zwart; *I won't ~ it* S ik moet het niet, ik bedank ervoor; **II** *vi* (ver)slijten; vermoeien, afmatten; voorbijgaan [v. de tijd], lang vallen; zich laten dragen; zich (goed) houden [in het gebruik]; *warranted to ~* gegarandeerd goed blijvend; *~ thin* slijten, dun worden; *~ well* zich goed houden [in het gebruik]; ● *~ a w a y* weg-, ver-, uit-, afslijten; slijten [tijd &], verdrijven; (langzaam) voorbijgaan [tijd], omkruipen; *~ d o w n* af-, verslijten; afmatten, uitputten; *~ down all opposition* alle tegenstand overwinnen; *~ o f f* af-, wegslijten; uit-, verslijten, er afgaan, verdwijnen; *~ o n* (langzaam) voorbijgaan [tijd]; *~ o u t* afdragen, verslijten; uitslijten; afmatten, uitputten, uitmergelen, slijten [levensdagen &]; *~ t h r o u g h* omkrijgen [tijd]; **III** *sb* dragen *o*, gebruik *o*; dracht, kleding, kleren, goed *o*; degelijkheid, houdbaarheid; slijtage; *summer ~* zomerkleren; *~ and tear* slijtage; *the ~ and tear of time* de tand des tijds; *be the ~* in de mode zijn, gedragen worden; *it has no ~ in it* het is erg sleets; *there is a deal of ~ in it* je kunt er lang mee doen; *f o r everyday ~* voor dagelijks gebruik [kledingstukken]; *the worse for ~* erg versleten; *have... i n ~* (voortdurend) in gebruik hebben, dagelijks dragen; *of good ~* zich goed houdend in het gebruik, solide
2 wear [wɛə] *vt & vi* ♫ halzen
wearied ['wiərid] vermoeid, moe(de); **weariness** vermoeidheid, moeheid; verveling; zatheid
wearing-apparel ['wɛəriŋəpærəl] kleren
wearisome ['wiərisəm] vermoeiend, lastig, moeizaam; afmattend, vervelend; **weary I** *aj* vermoeid, moe(de); vermoeiend, moeizaam; vervelend; *~ and worn* moe en mat; *~ of life* levensmoe; **II** *vt* vermoeien, afmatten; vervelen; *~ out* afmatten, uitputten; **III** *vi* moe worden; *he will soon ~ of it* het zal hem gauw vervelen
weasel ['wi:zl] wezel
weather ['weðə] **I** *sb* we(d)er *o*; *make bad (good) ~* slecht (goed) weer treffen [op zeereis]; slecht (goed) vooruitkomen [schip]; *make heavy ~ of* veel moeite hebben met, zich druk maken over; *i n all ~s* bij elke weersgesteldheid, weer of géén weer; *in this hot ~* bij of met dit warme weer; *t o ~ of* ♫ te loevert van; *be u n d e r the ~* zich niet lekker voelen; in de put zitten; **II** *vt* aan de lucht blootstellen; *fig* te boven komen; doorstaan [storm &]; ♫ te boven zeilen; de loef afsteken²; *~ (out) the gale* de storm doorstaan; **III** *vi* verweren; **~-beaten** door het weer of door stormen

geteisterd; verweerd; **~-board** ♫ loefzijde; overnaadse plank [tegen inregenen], lekdorpel [v. raam of deur]; **~-bound** door het slechte weer opgehouden; **~-bureau** meteorologisch instituut *o*; **~-conditions** weersgesteldheid; **-ed** verweerd; **~ eye** *keep one's ~ open* goed uitkijken, op zijn hoede zijn; **~-forecast** weervoorspelling; weersverwachting; **~-glass** weerglas *o*: barometer; **~-house** weerhuisje *o*; **-ing** waterslag, afzaat; verwering; **~-man** F weerkundige; **-proof I** *aj* tegen het weer bestand; **II** *sb* waterdichte stof, regenjas; **III** *vt* waterdicht maken; **~-proof** weerprofeet; **~-side** ♫ loefzijde; windkant; **~-station** meteorologische post, weerstation *o*; **~-strip** tochtstrip, tochtlat; **~-tight** (water)dicht; **~-vane** windwijzer; **~-wise** weerkundig
weave [wi:v] **I** *vt & vi* weven, vlechten (in, tot *into*); **II** *vi* weven; zwenken; zich heen en weer bewegen; **III** *sb* weefsel *o*, patroon *o*; **-r** wever; **weaving** weven *o*; weverij; **~-loom** weefgetouw *o*; **~-mill** weverij
weazen ['wizn] = *wizen*
web [web] web *o*; spinneweb *o*; bindweefsel *o*; weefsel *o*; (zwem)vlies *o*; vlag [v. veer]; wang; rol papier; **webbed** met (zwem)vliezen; **webbing** weefsel *o*; singelband *o* [stofnaam], singelband *m* [voorwerpsnaam]; **web-footed** met zwempoten; **~-offset** zeefdruk
we'd [wi:d] verk. v. *we had*; *we would*
wed [wed] trouwen (met), huwen (met); in de echt verbinden; *he ~ded industry to economy* hij paarde ijver aan zuinigheid; *be ~ded to systems* zich niet kunnen losmaken (vastzitten aan) stelsels; zie ook: *wedded*; **wedded** getrouwd; *~ happiness* huwelijksgeluk *o*; *~ life* huwelijksleven *o*; **wedding** huwelijk *o*; bruiloft; **~-breakfast** lunch na de trouwplechtigheid; **~-cake** bruiloftstaart; **~-day** (verjaardag van de) trouwdag; **~-dinner** bruiloftsmaal *o*; **~-dress** trouwjapon; **~-march** ♪ bruiloftsmars; **~-ring** trouwring; **~-suit** trouwpak *o*; **~-trip** huwelijksreis
wedge [wedʒ] **I** *sb* wig &; punt [v. taart]; *the thin end of the ~ fig* de eerste stap, het eerste begin; **II** *vt* vastklemmen [met wiggen], vastzetten; een wig slaan in, keggen; *~ in* indringen, -duwen, -schuiven; **~d** *(in) between* ingeklemd, beklemd tussen
Wedgwood ['wedʒwud] *~ (ware)* aardewerk *o* van Wedgwood; *~ blue* grijsblauw
wedlock ['wedlɔk] huwelijk *o*; *born in ~* wettig, echt [v. een kind]
Wednesday ['wenzdi] woensdag
1 wee [wi:] *aj* klein
2 wee [wi:] S **I** *sb* pies, plasje *o*; **II** *vi* piesen, een plasje doen
weed [wi:d] **I** *sb* onkruid² *o*; F tabak, sigaar, S

marihuana(sigaret); knol [v. paard], opgeschoten slungel, kerel van niks; ~s onkruid *o*; weduwenkleed *o*; **II** *vt* wieden, uitroeien, zuiveren (van *of*); ~ **out** wieden, uitroeien, verwijderen; **-er** wieder, -ster; wiedijzer *o*; **weeding-hook** wiedijzer *o*; **weed-killer** onkruidverdelger, herbicide *o*; **weedy** vol onkruid; als (van) onkruid; *fig* opgeschoten; uitgegroeid; spichtig; niet flink

week [wiːk] week, werkweek; *a* ~ elke week, wekelijks; *by the* ~ per week; *this day (to-day)* ~ vandaag over een week; acht dagen geleden; *a* ~ *of Sundays* F zeven weken; een hele tijd; **–day** weekdag, (door-de-)weekse dag, werkdag; *on* ~*s* ook: door (in) de week; ~**-end** I *sb* weekend *o*; **II** *vi* weekenden; ~**-ender** iemand die op zijn weekenduitstapje is; **weekly I** *ad* wekelijks, iedere week; **II** *aj* wekelijks, week-; **III** *sb* weekblad *o*

⊙ **ween** [wiːn] wanen, menen

weeny ['wiːni] F (heel) klein

weep [wiːp] I *vi* wenen, schreien; vocht afscheiden, druppelen; tranen; treuren [v. bomen]; ~ *for* bewenen; schreien van [vreugde]; **II** *vt* bewenen, betreuren; ~ *tears of joy* vreugdetranen storten; **III** *vr* ~ *oneself out* zijn leed uitschreien; **IV** *sb have a bit of a* ~ een deuntje schreien; **-er** klager; klaagvrouw [bij begrafenis]; rouwband, rouwfloers *o*, rouwsluier; ~*s* witte rouwmanchetten [v. weduwe]; S bakkebaarden; **weeping** wenend, huilend; treurend; treur-; ~ *willow* treurwilg; **weepy** F sentimentele film (boek, toneelstuk)

weever ['wiːvə] 🐟 pieterman

weevil ['wiːv(i)l] langsnuitkever

wee-wee ['wiːwiː] = zie 2 *wee*

weft [weft] inslag(garen *o*); weefsel *o*

weigh [wei] I *vt* wegen[^2], af-, overwegen; ⚓ lichten; **II** *vi* wegen[^2], gewicht in de schaal leggen; zich (laten) wegen; ⚓ het anker lichten; ● ~ *an argument against another* zien welk argument het zwaarst weegt; ~ *down* neerdrukken, doen doorbuigen; doen overslaan [de schaal]; opwegen tegen [argumenten &]; ~*ed down with cares* onder zorgen gebukt gaand; ~ *in* komen aanzetten[^2]; ~ *in a jockey sp* een jockey wegen vóór de wedren; ~ *in with* naar voren brengen; ~ *out* af-, toewegen; ~ *out a jockey sp* een jockey wegen na de wedren; ~ *up* [fig] schatten, taxeren; ~ (*heavy*) *upon sbd.* iem. bezwaren [geheim &]; *that's the point that* ~*s with me* dat weegt (zeer) zwaar bij mij; **–age** weegloon *o*; ~**-beam** unster; ~**-bridge** weegbrug; **-er** weger; **–(ing)house** waag; **weighing-machine** weegtoestel *o*, bascule; **weight I** *sb* gewicht[^2] *o*, zwaarte; aantrekkingskracht [v. aarde, planeet]; belasting; last; druk; *fig* belangrijkheid; ~*s and measures* ma-

ten en gewichten; *it is a* ~ *off my conscience* het is mij een pak van het hart; *man of* ~ belangrijk (invloedrijk) man; *putting the* ~ *sp* kogelstoten *o*; *put on* ~ zwaarder worden, aankomen; *throw one's* ~ *about* gewichtig doen, veel drukte maken; z'n positie gebruiken om iets gedaan te krijgen; zie ook: *carry* I, *pull* I; **II** *vt* bezwaren, belasten, zwaarder maken; **–lessness** gewichtloosheid; ~**-lifter** gewichtheffer; ~**-lifting** gewichtheffen *o*; ~**-throwing** gewichtwerpen *o*; **weighty** *aj* zwaarwegend[^2]; zwaar[^2], gewichtig[^2], van gewicht

weir [wiə] weer [ook om vis te vangen]; waterkering, stuwdam

weird [wiəd] **I** *aj* spookachtig, griezelig, geheimzinnig; getikt, zonderling; *the* ~ *sisters* de schikgodinnen; **II** *sb* 🪶 (nood)lot *o*; **weirdie, weirdo** S excentriekeling

welch = 2 *welsh*

welcome ['welkəm] **I** *ij* welkom; ~ *to A.!* welkom in A.!; **II** *sb* welkom *o*, welkomst, verwelkoming; ontvangst; *bid sbd.* ~ iem. welkom heten; *give sbd. a hearty* ~ iem. hartelijk welkom heten; hartelijk ontvangen [ook: ironisch]; **III** *aj* welkom[^2]; verheugend; (*you are*) ~ tot uw dienst!; *you are* ~ *to it!* het is je (u) gegund!, gerust!, het is tot uw dienst!; *you are* ~ *to do it* het staat je vrij het te doen; *make sbd.* ~ iem. welkom heten; *I'll do it for you and* ~ ik wil het graag voor u doen; *you may go and* ~ ga maar gerust, we zullen er niet rouwig om zijn; **IV** *vt* verwelkomen, welkom heten, vriendelijk ontvangen[^2]; toejuichen [besluit &]; *I* ~ *your visit* ook: ik verheug mij over uw bezoek, uw bezoek doet mij genoegen

weld [weld] **I** *sb* welnaad, las; **II** *vt* lassen, wellen, aaneensmeden[^2]; **–able** lasbaar; **-er** lasser; lasapparaat *o*; **–less** zonder las; zonder naad

welfare ['welfɛə] welzijn *o*; *child* ~, *infant* ~ kinderzorg, zuigelingenzorg; ~ *centre* polikliniek; ~ *state* verzorgingsstaat; ~ *work* sociale voorzieningen; welzijnszorg *o*

⊙ **welkin** ['welkin] uitspansel *o*, zwerk *o*

1 well [wel] **I** *sb* put, wel, bron(wel)[^2], bronader[^2]; geneeskrachtige bron; △ schacht; trappehuis *o*; (lift)koker; advokatenbanken; (inkt)pot; (wagen)bak; **II** *vi* (op)wellen[^2], ontspringen[^2] (ook: ~ *forth, up, out*)

2 well [wel] **I** *ad* wel, goed; *as* ~ even goed; eveneens, ook; *as* ~ *as* net zo goed als; zowel als, alsmede, alsook ~ *away* (*back, before daylight* &) een heel eind (een flink stuk) weg &; S aangeschoten; *doing* ~ aan de beterende hand zijn; goed boeren *o*, het goed doen *o* (maken *o*); ~ *done!* goed zo!; *let* ~ *alone* niet mee bemoeien; **II** *aj* wel, (goed) gezond; goed; *it is just as* ~ het is maar goed, nog zo verkeerd niet; ~ *enough* goed, best; ~ *and good* (opper)best; **III** *sb* wel(zijn) *o*; **IV**

ij nou, nou ja, ach ja; enfin; well, goed!, (wel)nu!;
~-**advised** verstandig; ~-**aimed** goedgemikt;
~-**appointed** goed uitgerust [expeditie]; goed
ingericht [kamer]; ~-**balanced** precies in evenwicht, evenwichtig², uitgebalanceerd²; ~-**be-
haved** zich goed gedragend, oppassend; ~-
being welzijn *o*; ~-**beloved** (teer)bemind, dierbaar; ~-**born** van goede afkomst; ~-**bred** welopgevoed, beschaafd; ~-**built** goedgebouwd;
~-**chosen** goedgekozen, treffend [woorden];
~-**conducted** goed geleid, bestuurd of beheerd; zich goed gedragend, oppassend; ~-
connected van goede familie; met goede rela-
ties; ~-**descended** van goede afkomst, van
goede familie; ~-**disposed** welgezind; ~-
doing I *aj* rechtschapen; weldoend; II *sb* goeddoen *o*; ~-**done** (goed)doorbraden, gaar; ~-**fa-
voured** er knap uitziend; ~-**fed** goed gevoed,
doorvoed; ~-**found** goed toe-, uitgerust; ~-
founded gegrond
well-head ['welhed] bron(wel)²
well-heeled ['wel'hi:ld] **F** gefortuneerd, rijk,
goed bij kas
well-hole ['welhoul] schacht
well-informed ['welin'fɔ:md] goed ingelicht,
goed op de hoogte; gedocumenteerd [betoog],
knap
Wellington ['weliŋtən] Wellington; *wellingtons*
hoge laarzen [tot aan de knieën]
well-intentioned ['welin'tenʃənd] goed bedoeld; welgemeend; welmenend, goedgezind;
~-**knit** stevig gebouwd; ~-**known** bekend; ~-
lined goed gevuld [beurs]; ~-**mannered** welgemanierd; ~-**matched** aan elkaar gewaagd;
~-**meaning**, ~-**meant** goed bedoeld; ~-**nigh**
bijna, nagenoeg, vrijwel; ~-**off** welgesteld; ~-
oiled S dronken; *fig* vleierig; ~-**pleased** in zijn
schik; ~-**read** belezen
well-room ['welrum] kurzaal
well-set ['wel'set] stevig gebouwd; ~-**spent**
goed besteed; ~-**spoken** beschaafd (aangenaam) sprekend; welbespraakt; treffend gezegd
well-spring ['welspriŋ] bron(wel)²
well-stocked ['wel'stɔkt] goed voorzien; ~-
timed juist op tijd komend, opportuun; ~-**to-
do** welgesteld; ~-**trained** gedisciplineerd; ~-
tried beproefd; ~-**turned** welgevormd; welge-
kozen [van bewoordingen]; ~-**wisher** begunstiger, vriend; ~-**worn** veel gedragen; versleten, afgezaagd
1 Welsh [welʃ] I *aj* van Wales; ~ *rabbit*, ~ *rarebit*
stukje *o* toost met gesmolten kaas; II *sb* de taal
van Wales; *the* ~ de bewoners van Wales
2 welsh [welʃ] I *vi* ervandoor gaan met het geld
[bij wedrennen]; S er tussenuit knijpen
Welshman ['welʃmən] iem. uit Wales
welt [welt] I *sb* omboordsel *o*, rand [aan het bo-

venschoenleer]; striem; II *vt* omboorden; F afranselen, striemen
welter ['weltə] I *vi* zich wentelen², rollen [gol-
ven]; II *sb* wentelen *o* of rollen *o*; verwarring,
baaierd, chaos; mengelmoes *o* & *v*
welter-race ['weltəreis] wedren met zware belasting ¦; ~-**weight** bokser tussen licht en middelzwaar gewicht, weltergewicht; extra-zware
belasting van renpaard
wen [wen] wen, onderhuids gezwel *o*; uitwas; *the
great* ~ Londen
wench [wen(t)ʃ] meisje *o*; meid, deern
wend [wend] I *vt* ~ *one's way* voortschrijden; ~
one's way homeward zich naar huis begeven; II *vi*
⚓ gaan
went [went] V.T. van *go*
wept [wept] V.T. & V.D. van *weep*
were [wə:] V.T. van *be*: waren, ware, was
we're [wiə] wij zijn
wer(e)wolf ['wiəwulf] weerwolf
wert [wə:t] ⚓ V.T. 2e pers. enk. van *be*: waart
Wesleyan ['wezliən] I *aj* van Wesley, methodis-
tisch; II *sb* Wesleyaan, methodist
west [west] I *sb* westen *o*; westenwind; II *aj* westelijk, westen-, wester-, west-; III *ad* westelijk,
naar het westen; ~ *of* ten westen van; *go* ~ **F** aan
z'n eind komen, sterven; −**ering** I *aj* naar het
westen gaand, dalend; II *sb* westelijke koers;
−**erly** westelijk, westen-; −**ern** I *aj* westelijk,
westers; westen-, west-; II *sb* wild-westfilm,
wild-westverhaal *o*; −**ernize** verwesteren;
−**ing** ⚓ westelijke richting; (afgelegde) westelijke koers; −**ward(s)** westwaarts, naar het westen
wet [wet] I *aj* nat, vochtig; regenachtig; niet
,,drooggelegd'' voor alcoholgebruik; ~ *to the
skin*, ~ *through* doornat, kletsnat; *a* ~ *blanket* **F**
een emmer koud water; een spelbederver, feestverstoorder; ~ *dock* dok *o*; ~ *paint!* (pas) geverfd!; II *sb* nat *o*, nattigheid, vocht *o* & *v*, vochtigheid, neerslag, regen; S slokje *o*, borrel; S saai
iem.; sentimenteel iem.; ~ *or fine* (bij) regen of
zonneschijn; III *vt* nat maken, bevochtigen; ~ *a
bargain* een koop bedrinken; ~ *one's bed* bedwateren; ~ *one's whistle* S de keel eens smeren
wether ['weðə] hamel
wet-nurse ['wetnə:s] I *sb* min; II *vt* zogen [als
min]; *fig* verwennen, vertroetelen
wetting ['wetiŋ] bevochtiging; *a* ~ ook: een nat
pak *o*; **wettish** nattig, vochtig
we've [wi:v] = *we have*
whack [wæk] I *vt* **F** (af)ranselen, (ver)slaan; **F**
verdelen (ook: ~ *up*); S optrekken, versnellen;
~*ed* **F** ook: doodop; II *sb* **F** mep, lel, (harde)
slag; (aan)deel *o*; *have a* ~ *at* proberen, een slag
slaan naar
whacker ['wækə] S kokkerd, kanjer, knaap; kolossale leugen; **whacking** I *aj* **F** flink, kolos-

saal, reuzen-; **II** *ad* < kolossaal, verduiveld, donders; **III** *sb* rammeling, pak *o* slaag
whacko ['wæko] **S** geweldig!, mieters!
whacky ['wæki] **F** gek, dol
whale [weil] **I** *sb* walvis; *a ~ at* heel goed in, een expert in; *a ~ for* verzot op; *a ~ of a...* **F** een fantastisch(e)..., een geweldig(e)...; **II** *vi* op de walvisvangst zijn (gaan); **-bone** balein *o*; **~-fishery** walvisvangst; **-man** walvisvaarder; **~-oil** walvistraan; **whaler** walvisvaarder; **whaling** walvisvangst; **~-gun** harpoenkanon *o*
wharf [wɔ:f] **I** *sb* aanlegplaats, steiger; (afgesloten) kaai; **II** *vt* aan de kaai meren of lossen; **-age** kaaigeld *o*; kaairuimte; **-inger** kaaimeester
what [wɔt] **I** *pron* 1 v r a g e n d : wat, wat voor (een), welk(e); *~ day of the month is to-day?* de hoeveelste hebben we (vandaag)?; *~ is your name?* hoe is uw naam?, hoe heet je?; *~'s the hurry?* waarom zo'n haast?; *~'s all this?* wat is hier aan de hand; *~'s yours?* wat zal het zijn?, wat gebruik (neem) je?; *and (or) ~ have you* **F** en noem maar op; *● ~ a b o u t Johnson?* hebt u nieuws over J., hoe staat het met J.? en J. dan?; *~ f o r* **F** waarvoor, waarom?; *get ~ for* **F** er van langs krijgen; *~ h o !* hela!; *~ i f we were to lose?* wat gebeurt er als we het verliezen?; *and ~ n o t* en wat al niet; en zo meer, enzovoort; *~ of...?* hoe staat het met...?; *~ t h o u g h* wat geeft het, wat hindert het; *well, ~ of it?* wel, wat zou dat?; 2 u i t r o e-p e n d : wat (een); **II** *pron* 1 b e t r e k k e l ij k : wat, dat wat, hetgeen; al wat, al... dat; *~ day...* ✎ (op) de dag dat...; *the water is good, ~ there is of it* het water dat (voor zover het) er gevonden wordt, is goed; *that's ~ it is* dát is het, dat is het hem; *but ~* behalve wat, dan die...; of... niet; *not a day comes but ~ makes a change* er komt geen dag die geen verandering brengt; 2 o n b e p a a l d : wat; *~ between (~ with)... and...* deels door..., deels door...; *I'll tell you ~* ik zal u eens wat zeggen; **what-d'ye-call-'em F** hoe heet-ie ('t) ook weer
⊙ **whate'er** [wɔt'tɛə] = *whatever*
whatever [wɔt'evə] **I** *pron* wat (...toch); wat ook, al wat; **II** *aj ~ sum you may demand* welke som u ook eist; *there is no doubt ~* hoegenaamd geen twijfel; *no one ~* niemand wie dan ook
whatnot ['wɔtnɔt] etagère
whatsoever [wɔtsou'evə] = *whatever*
wheat [wi:t] tarwe
wheatear ['wi:tiə] tapuit
wheaten ['wi:tn] van tarwe, tarwe-
wheedle ['wi:dl] flikflooien, vleien; *~ sbd. i n t o ...ing* iem. door lief praten er toe brengen te...; *~ sbd. o u t of* iem. iets aftroggelen; **-r** flikflooier, pluimstrijker; **wheedling I** *aj* flikflooiend; **II** *sb* geflikflooi *o*
wheel [wi:l] **I** *sb* wiel *o*, rad *o*, stuurrad *o*; spinne-

wiel *o*; *Am* dollar; zon [van vuurwerk]; (pottenbakkers)schijf; ✕ zwenking; *~s* radertjes, rolletjes; *turn ~s* rad slaan; *● a t the ~* aan het stuurrad; *break o n the ~* radbraken; *everything went on (greased, oiled) ~s* alles ging alsof het gesmeerd was; *there are ~s w i t h i n ~s* het is een ingewikkelde machinerie; *fig* het gaat over veel schijven; het is erg gecompliceerd; **II** *vt* per as vervoeren, kruien, (voort)rollen, rijden; van wielen voorzien; ✕ laten zwenken (ook: *~ about, round*); *~ one's bicycle* naast zijn fiets lopen; *~ one's flight* cirkelend vliegen [vogels]; **III** *vi* draaien (om as], zwenken; cirkelen; (wiel)rijden; **-barrow** kruiwagen; **-base** wielbasis, radstand; **~-chair** rol-, ziekenstoel; **-ed** met (op) wielen; *~ traffic* verkeer *o* per as; **-er** wagenmaker; achterpaard *o*; **~-horse** achterpaard *o*; **~-house** ⚓ stuurhuis *o*, stuurhut; **-wright** wagenmaker
wheeze [wi:z] **I** *vi* piepend (moeilijk) ademen; hijgen; **II** *sb* gehijg *o*, moeilijke ademhaling; **F** grap; truc; **wheezy** kortademig, aamborstig; hijgend
whelk [welk] wulk, kinkhoorntje *o*
whelp [welp] **I** *sb* welp; jonge hond; kwajongen; **II** *vi* jongen; **III** *vt* werpen, ter wereld brengen
when [wen] **I** *ad* wanneer; **II** *cj* wanneer, als, toen; en toen, waarop; terwijl [bij tegenstelling]; *~ due* op de vervaltijd; *~ there* als je daar bent (gekomen); **III** *pron* wanneer; *nowadays ~...* tegenwoordig, dat ..., nu...; *since (till) ~?* sedert (tot) wanneer?; *since ~* (en) sedertdien; **IV** *sb the ~ and where* plaats en tijd
whence [wens] **I** *ad* vanwaar; ook: waaruit; *~ comes it that...?* hoe komt 't dat...?; *from ~ is he?* waar is hij vandaan?; **II** *sb we know neither our ~ nor our whither* wij weten niet waarvandaan wij komen, noch waarheen wij gaan; **-soever** [wenssou'evə] waar ook vandaan, vanwaar ook
⊙ **whene'er** [we'nɛə] = *whenever*
whenever [we'nevə] telkens wanneer, telkens als; wanneer ook
whensoever [wensou'evə] = *whenever*
where [wɛə] **I** *ad* waar; waarheen; ook: waarin; *~ is the use of trying?* wat geeft het al of je het probeert? **II** *pron* waar, vanwaar; *~ to?* waarheen?; *to ~* naar een plaats waar; **-abouts I** *ad* ['wɛərə'bauts] waaromtrent; waar; **II** *sb* ['wɛərəbauts] plaats waar men zich bevindt, verblijfplaats; **-as** [wɛər'æz] terwijl (daarentegen); aangezien (ook: 🔯); **-at** waarop, waarover; **-by** waarbij, waardoor; ⊙ **where'er** = *wherever*; **wherefore** ['wɛəfɔ:] waarom, waarvoor, weshalve; **-in** [wɛə'rin] waarin; **-of** waarvan; **-on** waarop; **-soever** [wɛəsou'evə] waar ook; **-to** [wɛə'tu:] waartoe, waar naar toe; ⊙ **-unto** [wɛərʌn'tu:] = *whereto*; **-upon** waarop; **wherever** waar ook, overal waar; *~ have you*

been? F waar ben je toch geweest?; **wherewith** waarmede; **–withal** [wɩəwi'ðɔːl] **I** *ad* waarmede; **II** *sb* ['wɩəwiðɔːl] (geld)middelen

wherry ['weri] wherry [lichte roeiboot]; praam

whet [wet] **I** *vt* wetten, slijpen, scherpen[2]; *fig* prikkelen [eetlust]; ~ *one's whistle* een borreltje nemen; **II** *sb* wetten *o*; *fig* prikkel; F borreltje *o*

whether ['weðə] **I** *cj* of; ~ ... *or* (*whether*)... hetzij..., hetzij..., of..., of...; ~ *or no* hoe het ook zij; in alle geval; ~ *or no(t)* al of niet; **II** *pron* ✎ welk(e) of wie van beide(n

whetstone ['wetstoun] wet-, slijpsteen

whew [hwuː] oef!, pff!, tjee!

whey [wei] hui, wei [v. melk]

which [witʃ] welke, welk, wie; die, dat, wat; *you can't tell* ~ *is* ~ men kan ze niet uit elkaar kennen; **–ever** [witʃ'evə], **–soever** [witʃsou'evə] welke (wie, welk, wat) ook

whiff [wif] **I** *sb* ademtocht, zuchtje *o*, vleugje *o*; wolkje *o*; haal, trekje *o* [aan sigaar of pijp]; F licht sigaartje *o*, ⚓ lichte roeiboot; **II** *vi* blazen, puffen; stinken; **III** *vt* uitblazen, wegblazen; opsnuiven, ruiken

whiffle [wifl] **I** *vi* fladderen [blad]; flakkeren [kaars]; [v. persoon] ontwijkend zijn; buiig waaien, draaien [wind]; **II** *sb* zuchtje *o* [wind]; **–r** ontwijkend iemand

whig [wig] Whig, liberaal

while [wail] **I** *sb* wijl, poos, tijd, tijdje *o*; *the* ~ ondertussen, inmiddels, zo lang; ook: tersluik; *all the* ~ al die tijd; *I have not seen him this long* ~ *past* lang niet; *for a* ~ (voor) een poosje, een tijdje; *not for a long* ~ (in) lang niet; *in a little* ~ binnenkort, weldra; zie ook: *worth* **I**; **II** *vt* ~ *away the time* de tijd (aangenaam) verdrijven; **III** *cj* terwijl, zo lang (als); hoewel

✎ **whilom** ['wailəm] **I** *ad* weleer, voorheen, eens; **II** *aj* vroeger, voormalig

whilst [wailst] terwijl; zolang

whim [wim] gril, kuur, inval

whimper ['wimpə] **I** *vi* drenzen, grienen [van kinderen]; zachtjes janken [v. hond]; jammeren; **II** *sb* gedrens *o* &

whimsical ['wimzikl] grillig, vreemd; **whimsy** gril, kuur; grilligheid, vreemdheid; dwaze inval

whin [win] gaspeldoorn

whinchat ['wintʃæt] 🦅 paapje *o*

whine [wain] **I** *vi* janken, jengelen, jammeren; **II** *vt* janken & (ook: ~ *out*); **III** *sb* gejank *o*, gejengel *o* &

whinger ['wiŋə] hartsvanger, dolk

whinny ['wini] **I** *vi* hinniken; **II** *sb* gehinnik *o*

whinstone ['winstoun] bazalt(steen)

whip [wip] **I** *sb* zweep; zweepslag; koetsier; *sp* hondenjongen [bij vossejacht]; takel, katrol; geklopte room, eieren &; *fig* lid *o* van het Parlement, dat, voor belangrijke stemmingen, zijn medeleden oproept, ± fractievoorzitter; oproeping van een *whip*; *give the* ~ de zweep er over leggen; *receive the* ~ met de zweep krijgen; *take the Liberal* ~ de liberale-partijdiscipline volgen; zich bij de liberale fractie aansluiten; **II** *vt* zwepen, met de zweep geven, er van langs geven[2], slaan; verslaan, het winnen van; kloppen [eieren]; overhands naaien; wippen; ~ *a stream* een rivier afvissen; **~ped cream** slagroom; ~ *i n* binnenwippen; bijeenjagen [honden bij vossejacht]; *fig* bijeentrommelen [leden van de partij door *whips*]; ~ *o f f* weggrissen, ermee vandoor gaan; naar binnen slaan [drank]; ~ *off one's coat* z'n jas uitgooien; ~ *the horses o n* de zweep over de paarden leggen, voortzwepen; ~ *o u t* wegglippen; eruit flappen; ~ *out one's revolver* plotseling te voorschijn halen; ~ *o v e r* [*the pages*] dóórvliegen; ~ *u p* doen opwippen, gooien; oppikken; opkloppen; in elkaar flansen [maal]; er de zweep over leggen; *fig* opzwepen, aanzetten; **III** *vi* wippen; ~ *a w a y* (*off, out*) wegwippen; ~ *u p* opwippen; **–cord** zweepkoord *o*; whipcord *o* [soort kamgaren]; **~-hand** hand die de zweep vasthoudt, rechterhand; *have the* ~ *of* (*over*) *sbd.* de baas zijn over iem.; **~-lash** zweepslag, -koord *o*; ~ *injury* klap in de nek door autobotsing; **whipper** geselaar

whipper-in ['wipər'in] *sp* jager die de honden bijeen moet houden [bij vossejacht]; laatst aankomend paard *o*

whipper-snapper ['wipəsnæpə] verwaande kwast; verwaand ventje *o*; (snot)aap

whippet ['wipit] whippet [soort windhond]

whipping ['wipiŋ] zwepen *o*; pak *o* slaag, pak *o* [voor de broek]; **~-boy** *fig* zondebok; **~-post** geselpaal; **~-top** zweeptol, drijftol

whippy ['wipi] buigzaam, soepel

whip-round [wip'raund] collecte in eigen kring

whip-saw ['wipsɔː] trekzaag

whipstock ['wipstɔk] zweepstok

whir [wəː] = *whirr*

whirl [wəːl] **I** *vt* snel ronddraaien, doen draaien, doen snorren, doen (d)warrelen; **II** *vi* snel (rond)draaien, tollen, snorren, (d)warrelen, wervelen, haasten, vliegen, stuiven; duizelen; **III** *sb* (d)warreling, ge(d)warrel *o*; *fig* maalstroom; verwarring, drukte; *my head is in a* ~ alles draait mij voor de ogen, mijn hoofd loopt om; **~-igig** draaitol; draaimolen; draaikever; the ~ *of time* de cirkelgang des tijds, het rad van avontuur; **–pool** draaikolk, maalstroom; **–wind** wervelwind, windhoos, dwarrelwind; zie ook: 1 *wind* **I**; **–ybird** ['wəːliˌbəːd] S helicopter

whirr [wəː] snorren, gonzen

whisk [wisk] **I** *sb* veeg, slag; borstel; stoffer, kleine bezem; bosje *o* stro, sliert gras; (eier)klopper;

II *vt* vegen, afborstelen, stoffen; snel bewegen; met een vaartje vervoeren (rijden); wippen; kloppen [eieren]; ~ *away* (*off*) wegslaan; wegwissen; wegrukken; **III** *vi* zich snel bewegen; met een vaartje rijden, suizen, stuiven; ~ *into its hole* zijn hol inschieten

whisker ['wiskə] snor [bij dieren]; ~*s* snor; bakkebaarden

whisky ['wiski] *Am* & *Ir* **whiskey** whisky; ~ *and soda* whisky-soda

whisper ['wispə] **I** *vi* fluisteren[2]; smoezen, praatjes rondstrooien; ~ *to* fluisteren met; **II** *vt* fluisteren[2], in-, toefluisteren; **III** *sb* gefluister *o*, fluistering; gesmoes *o*, gerucht *o*; *there are* ~*s* er lopen geruchten; *in a* ~, *in* ~*s* fluisterend; **-ing I** *aj* fluisterend; ~ *campaign* fluistercampagne; ~ *dome* (*gallery*) fluistergewelf *o*, -galerij; **II** *sb* gefluister *o*

whist [wist] whist *o* [kaartspel]

whistle ['wisl] **I** *vi* fluiten; ~ *for* fluiten (om); *you may* ~ *for it* je kunt er naar fluiten; **II** *vt* fluiten; ~ *off* door fluiten het sein tot vertrek geven voor; wegsturen; ~ *up* fluiten om te komen, laten komen; **III** *sb* fluiten *o*, gefluit *o*; fluit, fluitje *o*; **S** keel(gat); *give a* ~ fluiten; **-r** fluiter; R fluittoon; ~ *stop Am* **F** kleine plaats aan spoorlijn, onbelangrijke halte; **whistling I** *aj* fluitend; ~ *buoy* brulboei; ~ *kettle* fluitketel; **II** *sb* fluiten *o*, gefluit *o*

whit [wit] *every* ~ in elk opzicht; *no* ~, *not a* ~, *never a* ~ geen ziertje

white [wait] **I** *aj* wit, blank[2]; spierwit, (doods)bleek; grijs [v. haar]; ⚓ ongetoerd [touw]; *fig* onbezoedeld, rein, zuiver; ~ *bear* ijsbeer; ~ *coat* deklaag [v. pleisterwerk]; ~ *damp* koolmonoxyde [in mijnen]; ~ *elephant* [*fig*] groot, duur of nutteloos voorwerp *o*; ~ *frost* rijp; ~ *goods* verzamelnaam voor koel-, ijskasten, afwasmachines &; ~ *heat* witte gloeihitte; *fig* ziedende woede; ~ *horses* zie *horse*; ~ *iron* blik *o*; ~ *lead* loodwit *o*; *a* ~ *lie* een leugentje *o* om bestwil; *a* ~ *man* een blanke; een eerlijke vent; een echte man; ~ *money* zilvergeld *o*; ~ *night* slapeloze nacht; ~ *sale* „witte week", speciale verkoop van linnengoed; *stand in a* ~ *sheet* het boetekleed aanhebben; ~ *slave* blanke slavin; ~ *spirit* terpentine; *mark the day with a* ~ *stone* aanstrepen als bijzonder gelukkig; ~ *tie* kledingvoorschrift: avondkleding; **II** *sb* wit *o*; witte *o*, witheid; (ei)wit *o*; (doel)wit *o*; blanke; 🦋 witje *o*; ~*s* witte sportkleren; wit *o* [der ogen]; witte goederen; 🦪 witte vloed; *turn up the* ~*s of one's eyes* de ogen ten hemel slaan; *in* ~ in het wit; **III** *vt* 🖊 wit maken, witten; ~*d sepulchres* **B** witgepleisterde graven; *fig* schijnheiligen; **-bait** witvis; ~ *collar* ~ *job* kantoorbaan; ~ *workers* kantoorpersoneel en (lagere) ambtenaren, „witteboordendragers";

~**-fish** 𝔇 houting; wijting; $ alle vis behalve zalm; ~**-handed** met blanke (reine) handen; ~**-headed F** lievelings-, favoriete; ~**-heart** knapkers; ~**-hot** witgloeiend; ~**-livered** laf; **whiten I** *vt* wit maken, bleken; **II** *vi* wit worden, opbleken; **white paper** ['wait'peipə] regeringsrapport *o*, witboek *o*; **whitethorn** ['waitθɔ:n] witte meidoorn; **-throat** grasmus; **-wash** *fig* witkalk, witsel *o*; *fig* verschoning, glimp, vergoelijking; $ rehabilitatie; **II** *vt* witten; *fig* schoonwassen; van blaam zuiveren; goedpraten, vergoelijken; $ rehabiliteren; ~**washer** witter; *fig* schoonwasser; **whitey** ['waiti] S > bleke: blanke

whither ['wiðə] waar(heen) waar(heen) ook.

whiting ['waitiŋ] 𝔇 wijting ‖ wit krijt *o*

whitish ['waitiʃ] witachtig

whitlow ['witlou] fijt [aan de vingers]

Whit Monday ['wit'mʌndi] Pinkstermaandag; **Whitsun** Pinksteren; pinkster-; **Whitsunday** Pinksterzondag; **Whitsuntide** Pinksteren

whittle ['witl] snijden; besnoeien[2]; ~ *away* wegsnijden; *fig* doen afnemen, verminderen, verkleinen, versnipperen; ~ *down* besnoeien [vrijheid]

Whit-Tuesday ['wit'tju:zdi] dinsdag na Pinksteren, Pinksterdrie

Whit week ['witwi:k] pinksterweek

whiz(z) [wiz] **I** *vi* suizen, snorren, fluiten; **II** *sb* gesuis *o*, gesnor *o*, gefluit *o*; ~**-bang S** supersnelle granaat (van klein kaliber); vuurwerk; ~**-kid** knappe kop

who [hu:, hu] wie; die; ~*'s* ~ (*and which is which*) wie allemaal; *know* ~*'s* ~ de mensen (uit het publiek) kennen; ~ *goes* (*there*)? 🪖 wie daar?; ~ *but he!* wie anders dan hij?

whoa [wou] *ij* ho!, hu! [tegen paard]

whodunit [hu:'dʌnit] **F** detectiveverhaal *o*

whoever [hu:'evə] wie (dan) ook, al wie

whole [houl] *aj* (ge)heel, volledig; gaaf; ongeschonden, ongedeerd; 🌿 gezond (en wel); ~ *meal* ongebuild meel *o*; ~ *milk* volle melk; ~ *number* heel getal; *go the* ~ *hog* iets grondig doen; *swallow it* ~ het in zijn geheel inslikken; *fig* het zonder meer slikken; **II** *sb* geheel *o*; *the* ~ het geheel; (dat) alles; *the* ~ *of the town* de hele stad; *the* ~ *of us* wij allen; ● *as a* ~ in zijn geheel (genomen); *the country as a* ~ ook: het hele land; *i n* ~ *or in part* geheel of gedeeltelijk; (*u p*)*o n the* ~ over het geheel (genomen); in het algemeen; ~**-hearted** hartelijk, van ganser harte, met hart en ziel, oprecht, onverdeeld, onvermengd [sympathie &]; ~**-hogger** iem. die de dingen grondig doet, niets ten halve doende persoon, door dik en dun meegaand partijgenoot &; ~**-length**

[portret, standbeeld] ten voeten uit; **~-meal bread** volkorenbrood *o*; **–ness** heelheid; volledigheid; gaafheid; **–sale I** *sb* groothandel; *by ~* in het groot; **II** *aj* in het groot, en gros; *fig* op grote schaal; *~ assertions* geen onderscheid makende beweringen; *~ dealer* groothandelaar, grossier; *in a ~ manner* in het groot, op grote schaal; *~ prices* grossiersprijzen; **III** *ad* **$** in het groot; op grote schaal; **–saler** = *wholesale dealer*; **–some** gezond, heilzaam; **~-time** *~ job* volle betrekking; *~ pupil* hele dagen schoolgaand; **~-wheat bread** volkorenbrood *o*; **wholly** geheel, gans, totaal, ten enenmale, alleszins, volstrekt, volkomen, zeer

whom [hu:m] wie, die; **–ever** [hu:m'evə] (aan) wie ook; **–soever** = *whomever*

whoop [hu:p] **I** *sb* joe-hoe geroep *o*; gehuil *o*; **II** *vi* roepen, schreeuwen; ,,halen" *o* [bij kinkhoest]

whoopee I *sb* ['wupi:] **S** pret, lol; *make ~* pret maken, de bloemetjes buiten zetten; **II** *ij* ['wu'pi:] hoera!, fijn!

whooping-cough ['hu:piŋkɔf] kinkhoest

whoops ['wups] huplakee, hoepla

whop [wɔp] **S** (af)ranselen; verslaan

whopper ['wɔpə] **F** kokkerd, kanjer, knaap, baas; leugen van je welste; **whopping I** *aj* **F** kolossaal, reuzen-; **II** *sb* **S** rammeling

whore [hɔ:] **I** *sb* hoer; **II** *vi* hoereren

whorl [wə:l] winding; ♣ krans

whortleberry ['wə:tlberi] blauwe bes

whose [hu:z] wiens, wifs, welker, wier

whoso ['hu:sou] wie ook, al wie

whosoever [hu:sou'evə] al wie, wie ook

why [wai] **I** *ad* & *cj* waarom; *that's ~* daarom; *~ so?* waarom?; **II** *ij* well; **III** *sb* waarom *o*, reden; *the ~s and wherefores* het waarom en waartoe, de reden(en)

wick [wik] wiek, pit [van een lamp]

wicked ['wikid] *aj* zondig, goddeloos, verdorven, slecht; **F** ondeugend, snaaks; vals [van honden &]; *the ~ one* de boze; de duivel

wicker ['wikə] **I** *sb* teen, rijs *o*, wilgetakje *o*; **II** *aj* van tenen, gevlochten, mande-, rieten; **~-bottle** mandefles; **–ed** omvlochten (met tenen); **~-work** vlechtwerk *o*

wicket ['wikit] klinket *o*, deurtje *o*, poortje *o*, hekje *o*; *Am* loket *o*; *sp* wicket *o* [bij cricket]; **~-door, ~-gate** poortje *o* [in grote deur], deur [in poort], hekje *o*

widdle ['widl] **F** plassen

wide [waid] **I** *aj* wijd, wijd open, ruim, breed, uitgebreid, uitgestrekt, groot; er naast, (de plank) mis; **S** uitgeslapen, doortrapt; *~ of* ver van; **II** *ad* wijd, wijd en zijd, wijd uiteen, wijdbeens; **~-angle** groothoekig [v. lens]; *~ camera* wijdzichtcamera; panoramacamera; *~ photography* panoramafotografie; **~-awake I** *aj* klaar wakker; uit-

geslapen[2]; *fig* wakker, pienter; **II** *sb* **F** flaphoed; **–ly** *ad* v *wide* **I**, ook: in brede kringen; *~ known* wijd en zijd bekend

widen ['waidn] **I** *vt* verwijden, verbreden, verruimen; **II** *vi* wijder of breder worden, zich verwijden; **–ing I** *aj* (steeds) wijder wordend, zich verbredend; **II** *sb* verwijding [v. de maag]; verbreding

wide-screen ['waidskri:n] *aj* [in] cinemascope

widespread ['waidspred] uitgestrekt; wijd uitgespreid; uitgebreid; algemeen verspreid, zeer verbreid

widgeon ['widʒən] ♣ fluitend, smient

widow ['widou] **I** *sb* weduwe; **II** *vt* tot weduwe (weduwnaar) maken; *~ of* beroven van; **–ed** weduwe (weduwnaar) geworden; **–er** weduwnaar; **–erhood** weduwnaarschap *o*; **–hood** weduwstaat

width [widθ] wijdte, breedte, baan [v. stuk goed]; *his ~ of outlook* zijn brede blik

wield [wi:ld] zwaaien, voeren, hanteren; uitoefenen [heerschappij]; *~ the sceptre* de scepter zwaaien[2]

wife [waif] (huis)vrouw, echtgenote, gade; *my ~* mijn vrouw; *the ~* mijn vrouw; *take to ~* tot vrouw nemen, trouwen; **–ly** vrouwelijk, echtelijk

wif(e)y ['waifi] **F** wijfje *o*, vrouwke *o*

wig [wig] pruik

wigging ['wigiŋ] **F** uitbrander, standje *o*

wiggle ['wigl] wiebelen, wriggelen, heen en weer bewegen

♣ wight [wait] mens, vent, kerel

wigwam ['wigwæm] wigwam

wild [waild] **I** *aj* wild, woest [ook = boos, onbebouwd]; heftig; dol; stormachtig; uitgelaten, uitbundig; overdreven, buitensporig; in het wild gedaan; verwilderd; *~ flowers* in het wild groeiende bloemen, veldbloemen; *~ life* in het wild levende dieren; *our ~est dreams* onze stoutste dromen; *it is the ~est nonsense* je reinste onzin; *be ~ about* woest zijn over; dol zijn op (met); *~ for* brandend van verlangen om; *~ with* woest op [iem.]; dol van [opwinding &]; *go ~* gek, dol worden; ♣ verwilderen; *grow ~* in het wild groeien of opschieten; *run ~* in wilde staat rondlopen of leven; ♣ verwilderen; **II** *ad* in het wild; **III** *sb* woestenij; *~s* woestenij, wildernis; **–cat** *~ company* zwendelmaatschappij; *~ scheme* onbesuisd plan *o*; *~ strike* wilde staking

wildebeest ['wildibi:st] gnoe

wilderness ['wildənis] woestijn, wildernis

wildfire ['waildfaiə] Grieks vuur *o*; *spread like ~* zich als een lopend vuurtje verspreiden; zich razend snel uitbreiden

wildfowl ['waildfaul] wild gevogelte; **~-goose** [waild'gu:s] *a ~ chase* een dolle, dwaze, vruchteloze onderneming

wilding ['waildiŋ] in het wild groeiende (plant); wilde appel(boom), wildeling

wildly ['waildli] *ad* v. *wild* I; < zeer

wild man ['waild'mæn] wildeman, wilde

wile [wail] **I** *sb* laag, list, kunstgreep, meestal ~*s* (slinkse) streken, kunsten; **II** *vt* (ver)lokken (tot *into*); ~ *away the time* de tijd (aangenaam) verdrijven

wilful ['wilful] *aj* eigenzinnig, halsstarrig; moedwillig; met voorbedachte rade gepleegd

will [wil] **I** *vi* h u l p w e r k w .: willen, wensen; zullen; *boys* ~ *be boys* jongens zijn nu eenmaal jongens; *he* ~ *get in my light* hij kan het maar niet laten om mij in het licht te gaan staan; *this* ~ *be Liverpool I suppose* dit is zeker Liverpool?; *thus he* ~ *sit for hours* zó kan hij uren lang zitten; **II** *vt* z e l f s t . w e r k w o o r d : willen (dat); door zijn wil oproepen, suggereren [v. hypnotiseur]; [bij laatste wil] vermaken; *God* ~*s all men to be saved* God wil dat alle mensen zalig worden; ~ *oneself to...* zichzelf dwingen te...; ~ *away* vermaken [bij testament]; **III** *sb* wil, wens; laatste wil, testament *o* (ook: *last* ~ *and testament*); *get* (*have*) *one's* ~ zijn zin krijgen; *she has a* ~ *of her own* ze weet wat ze wil; *they had their* ~ *of their victim* zij handelden naar willekeur met hun slachtoffer; *if I could work my* ~ *on him* als ik wat over hem te zeggen had; *according to their own* (*sweet*) ~ *and pleasure* naar eigen goeddunken; ● *a g a i n s t my* ~ tegen mijn wil (zin), tegen wil en dank; *a t* ~ naar eigen goeddunken; *at the* ~ *of...* op wens van, ingevolge de wil van; naar goedvinden van; *of his own free* ~ uit vrije wil; *w i t h a* ~ met lust, uit alle macht, van je welste; zie ook: *would*

willies ['wiliz] **S** *it gives me the* ~ het maakt me dol

willing ['wiliŋ] gewillig, bereidwillig, bereid; *God* ~ als God wil; ~ *or not* ~ of hij (zij) wil of niet; *I am quite* ~ *to...* ik wil wel (graag...); **-ly** *ad* gewillig, vrijwillig, bereidwillig, gaarne; **-ness** gewilligheid, bereidwilligheid

will-o'-the-wisp ['wiləðəwisp] dwaallichtje *o*

willow ['wilou] wilg; *to wear the* ~ treuren over een verloren of afwezige geliefde; **-herb** wilgeroos; **-y** wilgachtig; met wilgen begroeid; wilge(n)-; *fig* slank als een wilg

will-power ['wilpauə] wilskracht

willy-nilly ['wili'nili] of hij (zij) wil of niet, goedschiks of kwaadschiks

1 wilt [wilt] **I** *vi* verwelken, kwijnen, kwijnend neerhangen, verslappen[2], slap worden[2]; **II** *vt* doen verwelken of kwijnen, verslappen, slap maken

2 ✎ **wilt** [wilt] 2de pers. enk. van *will*

wily ['waili] *aj* listig, slim, doortrapt

wimple ['wimpl] kap [v. nonnen]

win [win] **I** *vt* winnen°; voor zich winnen; verkrij-

gen, verwerven; [iem. iets] bezorgen, brengen; verdienen; behalen; bereiken; **S** stelen; ~ *one's way* zich met moeite een weg banen; voortploeteren; **II** *vi* (het) winnen, zegevieren; ~ *hands down* overtuigend winnen, op z'n sloffen winnen; ~ *o v e r* overhalen; ~ *one's audience over,* ~ *them over to one's side* weten te winnen (voor zijn zaak), op zijn hand (weten te) krijgen; ~ *r o u n d* overhalen; ~ *t h r o u g h* (*Am:* ~ *out*) er (door) komen; ~ *through all difficulties* alle moeilijkheden te boven komen; ~ *u p o n* meer en meer de sympathie winnen van; **III** *sb* overwinning, succes *o*

wince [wins] **I** *vi* ineenkrimpen [van pijn]; huiveren; een schok (huivering) door zich heen voelen gaan; *without wincing* ook: zonder een spier te vertrekken; **II** *sb* ineenkrimping, huivering, rilling

wincey ['winsi] katoenwollen stof

winch ['win(t)ʃ] ✗ winch, windas *o*, lier; kruk of handvat *o*

1 wind [wind, ⊙ ook waind] *sb* wind°, windstreek; tocht; lucht, reuk; adem; *the* ~ ♪ de blaasinstrumenten; de blazers [v. orkest]; *fig* doelloos gepraat *o*, gezwets *o*; **S** de maagstreek [v. bokser]; *it's an ill* ~ *that blows nobody any good* iemand is er wel door gebaat; *carry the* ~ de neus in de lucht steken [v. paard]; *find out how* (*where*) *the* ~ *blows* (*lies*) zien uit welke hoek de wind waait; *gain* (*get, take*) ~ ruchtbaar worden; *gain the* ~ (*of a ship*) ⚓ de loef afsteken; *get* ~ *of...* de lucht krijgen van...; *get* (*recover*) *one's* (*second*) ~ weer op adem komen; *lose one's* ~ buiten adem raken; *raise the* ~ **S** geld los krijgen; *sow the* ~ *and reap the whirlwind* wie wind zaait zal storm oogsten; *take* (*get*) *the* ~ *of...* de loef afsteken[2]; *get* (*have*) ~ *up* **S** in de rats zitten, 'm knijpen; *put the* ~ *up* **S** [iem.] angst aanjagen; ● *b e f o r e the* ~ ⚓ vóór de wind; *b e t w e e n* ~ *and water* ⚓ tussen wind en water; *fig* op een zeer gevaarlijke plaats; *c l o s e to the* ~ = *near the* ~; *d o w n the* ~ met de wind mee; *be i n the* ~ op til zijn; aan het handje zijn; *n e a r the* ~ ⚓ scherp bij de wind; *fig* op het kantje af; *sail near the* ~ ook: *fig* bijna te ver gaan; *it is talking t o the* ~ het is voor dove oren gepreekt; *cast* (*fling, throw*) *to the* ~*s* overboord gooien [zijn fatsoen &]

2 wind [wind] *vt* buiten adem brengen; afdraven [paard]; op adem laten komen; de lucht krijgen van; zie ook: **1** *winded*

3 wind [waind] *vt* blazen op [hoorn]; ~ *a blast, a call* een stoot geven op de hoorn, op het bootsmansfluitje

4 wind [waind] **I** *vi* wenden, wenden en keren (ook: ~ *and turn, turn and* ~), draaien, (zich) kronkelen (om *round*); zich slingeren; ~ *up* zich laten opwinden; concluderen, eindigen (met *with, by saying...*); **$** liquideren; **II** *vt* (op)winden; (om)wikkelen; sl**u**iten [in de armen]; ~ *one's way* zich kronkelend een weg banen; ~ *one's way (oneself) into* zich indringen in [vriendschap &]; ~ *d o w n* omlaag draaien [raampje]; ~ *o f f* afwinden; ~ *r o u n d* winden om, omstrengelen; ~ *u p* opwinden [garen, klok &]; ophalen; opdraaien; **$** afwikkelen, liquideren; beëindigen [rede &]

windbag ['windbæg] dikdoener, kletsmeier; ~**-band** blaasorkest *o*; **–bound** ⚓ door tegenwind opgehouden; ~**-break** windscherm *o*, windkering; ~ **-cheater** windjak *o*

1 winded ['windid] V.T. & V.D. van 2 *wind*; ook: buiten adem

2 winded ['waindid] V.T. & V.D. van 3 *wind*

winder ['waində] winder; 🐝 wikkelaar

windfall ['windfɔ:l] afval *o* & *m*, afgewaaid ooft *o*; *fig* meevallertje *o*, buitenkansje *o* [inz. erfenis]; **wind-flower** anemoon; ~**-gauge** windmeter; **–hover** torenvalk

winding ['waindiŋ] **I** *aj* kronkelend, bochtig, kronkel-, draai-, wentel-; **II** *sb* kronkeling, bocht, draai, winding; 🐝 wikkeling

winding-sheet ['waindiŋʃi:t] doodskleed *o*

winding-staircase ['windiŋ'stɛəkeis], ~**-stairs** wenteltrap

winding-up ['waindiŋ'ʌp] liquidatie

wind-instrument ['windinstrumənt] blaasinstrument *o*; ~**-jammer** groot zeilschip *o*; **–lass** windas *o*; **–less** zonder wind, windstil; **–mill** windmolen; *fight (tilt at)* ~*s* tegen windmolens vechten

window ['windou] venster *o*, raam *o*; loket *o*; ~**-box** bloembak [voor vensterbank]; ~**-cleaner** glazenwasser; ~**-dresser** etaleur; ~**-dressing** etaleren *o*; *fig* misleidend mooi voorstellen *o*, voor de show; ~**-ledge** vensterbank; ~**-mirror** ⚓ buitenspiegel; spionnetje *o* [v. huis]; ~**-pane** (venster)ruit; ~**-sash** schuifraamkozijn *o*; ~**-seat** bank onder een raam; ~**-shop** etalages kijken; ~**-shutter** vensterluik *o*; ~**-sill** vensterbank

windpipe ['windpaip] luchtpijp; **–proof** winddicht; ~ *jacket* windjak *o*; **–screen** windscherm *o*; voorruit [v. auto]; ~ *washer* ruitesproeier; ~ *wiper* ruitewisser; **–shield** *Am* = *windscreen*; ~**-sleeve**, ~**-sock** ⚓ windzak; ~**-spout** windhoos; ~**-swept** door de wind gestriemd; winderig

wind-up ['waind'ʌp] afwikkeling [van zaken], liquidatie; slot *o*, besluit *o*

windward ['windwəd] **I** *aj* naar de wind gekeerd, bovenwinds; **II** *sb* ⚓ loef(zijde); *to* ~ bovenwinds, te loever; *get to* ~ *of* de loef afsteken; **Windward Islands** *the* ~ de Bovenwindse Eilanden

windy ['windi] *aj* winderig[2]; *fig* opschepperig, zwetserig; **S** bang, angstig

wine [wain] **I** *sb* wijn; **II** *vi* (& *vt*) wijn (laten) drinken; ~ *and dine* lekker (laten) eten en drinken; **–bibber** drinkebroer, dronkelap; **–bottle** wijnfles; ~**-carriage** schenkmandje *o*; ~**-cask** wijnvat *o*; ~**-grower** wijnbouwer, -boer; ~**-list** wijnkaart; ~**-merchant** wijnkoper; ~**-press** wijnpers; ~**-skin** wijnzak; ~**-stone** wijnsteen; ~**-vault** wijnkelder

wing [wiŋ] **I** *sb* vleugel; wiek [ook v. molen]; vlerk; coulisse; spatbord *o* [v. auto]; ⚓ groep vliegers, eskader; ~*s* ook: ⚓ vink [insigne]; *take* ~ wegvliegen; op de vlucht gaan; *i n the* ~*s* achter de coulissen; **F** achter de schermen; *o n the* ~ vliegend, in de vlucht, in beweging, en omloop [geruchten]; op komst [gebeurtenissen]; gereed om te vertrekken; *u n d e r the* ~ *of* onder de vleugelen van; **II** *vt* van vleugels voorzien; vleugelen doen aanschieten, bevleugelen; in de vleugels schieten, [iem.] aanschieten; ~ *the air* de lucht doorklieven [vogel]; ~ *its way home* naar huis vliegen; **III** *vi* vliegen; ~**-beat** vleugelslag; ~**-case** dekschild *o* [v. kevers]; ~ *collar* puntboord *o* & *m*; ~**-commander** ⚓ commandant v.e. groep, luitenant-kolonel; **winged** gevleugeld; aangeschoten; **wing-nut** vleugelmoer; ~**-sheath** dekschild *o* [v. kevers]; ~**-span**, ~**-spread** vleugelwijdte, -spanning; vlucht [v. vogels]; ~**-tip** ⚓ vleugeltip

wink [wiŋk] **I** *vi* knippen [met de ogen]; knipogen; flikkeren; ~ *at* een knipoogje geven; door de vingers zien; **II** *vt* knippen met [ogen]; **III** *sb* knipoogje *o*, oogwenk, wenk (van verstandhouding); *I could not get a* ~ *of sleep, I could not sleep a* ~ ik heb geen oog kunnen toedoen; *take forty* ~*s* **F** een dutje doen; zie ook: 2 *tip* **I**; **–ing** knipperlicht *o*; **–ing** knipogen *o*; *as easy as* ~ **F** doodgemakkelijk; *like* ~ **F** bliksemsnel

winkle ['wiŋkl] **I** *sb* alikruik; **II** *vt* ~ *out* te voorschijn halen (brengen ~), uitpeuteren

winklepicker ['wiŋklpikə] **F** schoen met spitse punt

winner ['winə] winner, winnende partij; winnend nummer *o* [v. loterij]; **S** succes *o*; **winning I** *aj* winnend; bekroond [met medaille, prijs]; *fig* innemend; **II** *sb* winnen *o*; winst, gewin *o*; ~*s* winst; ~**-post** *sp* eindpaal

winnow ['winou] wannen, ziften, schiften; **–er 1** wanner; **2** wanmolen

winsome ['winsəm] innemend, bekoorlijk

winter ['wintə] **I** *sb* winter; **II** *vi* overwinteren; **III** *vt* de winter over houden; **–ly** = *wint(e)ry*; ~ *solstice* winterzonnestilstand; **wint(e)ry** winterachtig, winters, winter-; *fig* koud, triest

winy ['waini] wijnachtig, wijn-

wipe [waip] **I** *vt* vegen, schoon-, weg-, afvegen,

afdrogen, af-, uitwissen; **S** afranselen; ~ *the floor with sbd.* **S** de vloer met iem. aanvegen; ~ *one's hands of it* zich verder niets aantrekken van, zich niet meer (willen) bemoeien met; ~ *a w a y (off)* weg-, afvegen, afwissen; uitwissen[2]; ~ *off account (a score)* een rekening vereffenen, een schuld delgen; ~ *o u t* uitvegen, uitwissen[2]; wegvagen; in de pan hakken, vernietigen; ~ *u p* opvegen, opnemen; **II** *sb* veeg; **S** klap; *fig* veeg uit de pan; *give it a* ~ **S** veeg het eens even af; **–r** veger; wisser; (afneem)doek; vaatdoek

wire ['waiə] **I** *sb* draad *o* & *m* [stofnaam], draad *m* [voorwerpsnaam] [v. metaal]; staal-, ijzerdraad *o* & *m* [stofnaam], staal-, ijzerdraad *m* [voorwerpsnaam]; telegraafdraad; **F** telegram *o*; *live* ~ draad onder stroom; **F** energiek iem.; *pull the* ~*s* achter de schermen aan de touwtjes trekken; *by* ~ **F** telegrafisch; **II** *vt* met (ijzer)draad omvlechten of afsluiten, met ijzerdraad vastmaken; aan de draad rijgen; op (ijzer)draad monteren; strikken [vogels]; de (telegraaf- of telefoon)draden leggen in, bedraden; **F** telegraferen, seinen; ~ *i n* aan de slag gaan, flink aanpakken; ~ *o f f* afrasteren; **III** *vi* **F** telegraferen, seinen; ~ **broadcasting** radiodistributie, draadomroep; ~**-cutter** draadschaar; **–draw** (draad)trekken, rekken[2], slepende houden; verdraaien; **–drawn** getrokken; ~ *arguments* spitsvondige argumenten; ~**-edge** braam; ~**-entanglement** (prikkel)draadversperring; ~ **fence** schrikdraad *o*; ~**-gauze** fijn ijzergaas *o*; ~**-haired** draad-, ruwharig; **–less** **I** *aj* draadloos, radio-; ~ *operator* marconist, radiotelegrafist; ~ *set* radiotoestel *o*; **II** *sb* draadloze telegrafie, radio; draadloos bericht *o*; *on the* ~ = *on the air*; *o v e r the* ~ = *over the air*; **III** *vi* & *vt* draadloos telegraferen; ~ **mattress** spiraalmatras; ~**-netting** kippegaas *o*; ~**-puller** (politieke) intrigant; ~**-pulling** (politieke) intriges achter de schermen; ~**-rope** staaldraadtouw *o*, -kabel; ~ **tapping** afluisteren *o* van privé telefoongesprekken; ~**-wool** staalwol; pannespons; ~**-wove** velijn(papier) *o*

wiring ['waiəriŋ] elektrische aanleg; bedrading; draadvlechtwerk *o*; (hoeveelheid) draad *o* & *m*, draden

wiry ['waiəri] *aj* draadachtig; van (ijzer)draad, draad-; *fig* mager en gespierd, taai, pezig

wisdom ['wizdəm] wijsheid; verstandigheid; ~**-tooth** verstandskies

1 wise [waiz] *aj* wijs, verstandig; ~ *guy* **S** = *wiseacre*; ~ *woman* tovenares; waarzegster; vroedvrouw; *I am none (not any) the* ~*r (for it)* nu ben ik nog even wijs; *no one will be the* ~*r* niemand zal er iets van merken, daar kraait geen haan naar; *get* ~ *to* **S** achter [iets] komen, in de gaten krijgen, schieten; *put sbd.* ~ het iem. aan het ver-

stand brengen; op de hoogte brengen

2 wise [waiz] *sb* wijze; *in any* ~ op de een of andere wijze; *(in) no* ~ op generlei manier, geenszins; *in this* ~ volgenderwijze, aldus

wiseacre ['waizeikə] betweter, weetal, wijsneus

wisecrack ['waizkræk] **F I** *sb* geestigheid, snedige opmerking; **II** *vi* geestigheden debiteren

wish [wiʃ] **I** *vt* wensen, verlangen; *I* ~ *I could...* ik wou dat ik kon..., kon ik (het) maar; *I* ~ *him dead* ik wou dat hij dood was; ~ *sbd. well* iem. alle goeds wensen, goed gezind zijn; • ~ *sbd. a t the devil* iem. verwensen; *this has been* ~*ed o n us by the Government* **F** de regering heeft ons hiermee opgeknapt, dit heeft de regering ons bezorgd; *I* ~ *t o Heaven you had not...* ik wou maar dat je (het) niet had...; **II** *vi* wensen; verlangen (naar *for*); *if you* ~ als je het wenst; *he has nothing left to* ~ *for* hij heeft alles wat hij verlangen kan; **III** *sb* wens, verlangen *o*; *get (have) one's* ~ krijgen wat men verlangt; zijn wens vervuld zien; • *according to one's* ~*es* naar wens; *a t his father's* ~ op zijn(s) vaders wens; overeenkomstig de wens van zijn vader; *w i t h every* ~ *to oblige you* hoe graag ik u ook ter wille zou zijn; *if* ~*es were horses, beggars might ride* van wensen alléén wordt niemand rijk; ~ **bone** vorkbeen *o*; ~**-ful** wensend, verlangend; ~ **thinking** wensdromen; **wishing-bone** vorkbeen *o*

wish-wash ['wiʃwɔʃ] spoelwater *o*; *fig* klets

wishy-washy ['wiʃiwɔʃi] slap, flauw

wisp [wisp] wis, bundel, bosje *o*, sliert, piek [haar]; *a* ~ *of a girl* een tenger (sprietig) meisje *o*; ~**-y** in slierten, piekerig; sprietig

wist [wist] V.T. van 2 *wit*

wistaria [wis'tɛəriə] blauweregen

wistful ['wistful] ernstig, peinzend; weemoedig, droefgeestig; smachtend

1 wit [wit] *sb* geest(igheid); geestig man; verstand *o*, vernuft *o*; ~*s* verstand *o*, schranderheid; *he has his* ~*s about him* hij heeft zijn zinnen goed bij elkaar; *he has quick* ~*s* hij is erg vlug (schrander); *be at one's* ~*'s* (~*s*) *end* ten einde raad zijn; *he lives b y his* ~*s* hij tracht aan de kost te komen zonder te hoeven werken; *be o u t of one's* ~*s* niet goed bij zijn zinnen zijn; *frighten sbd. out of his* ~*s* iem. een doodsschrik op het lijf jagen; *it is p a s t the* ~ *of man* dat gaat het menselijk verstand te boven

2 wit [wit] *v(t)* ✎ weten; *to* ~ te weten, namelijk, dat wil zeggen

witch [witʃ] **I** *sb* (tover)heks[2]; feeks[2]; **II** *vt* beheksen; ~**-craft** toverij, hekserij; ~**-doctor** medicijnman; ~**-elm** = *wych-elm*; ~**-ery** hekserij, toverij, betovering, tovermacht; ~**-hazel** = *wych-hazel*; ~**-hunt(ing)** heksenjacht; **–ing** (be)toverend, tover-

with [wið] met; bij; van, door; ~ *God all things are*

possible bij God is alles mogelijk; *be ~ it* in zijn (= bij zijn), hip zijn; *I am entirely ~ you* ik ben het geheel met je eens; *~ that* hier-, daarmee, hierop, daarna; *the deal is ~ you* het is aan u om te geven; *have you got it ~ you?* hebt u het bij u?; *have you the girl ~ you?* is het meisje op uw hand?; *in ~* op goede voet met; *in ~ you!* naar binnen (jullie)!, er in!

✎ withal [wi'ðɔ:l] daarbij, tevens, mede, mee; met dat al, desondanks

withdraw [wið'drɔ:] **I** *vt* terugtrekken; onttrekken; afnemen [v. school], intrekken [voorstel &]; terugnemen [geld, wissels, woorden &]; opvragen [bij een bank]; *~ from* onttrekken aan; *~ one's name from a society* zijn lidmaatschap opzeggen; **II** *vi* zich terugtrekken°, zich verwijderen, heengaan°; *–al* terugtrekken *o* &, zie *withdraw*; *~ symptom* onthoudings-, abstinentieverschijnsel *o* [bij drugpatiënt]; **withdrawn I** V.D. van *withdraw*, **II** *aj* ook: teruggetrokken; afgezonderd

withe [wiθ, wið] (wilge)tak, -teen, wiepband

wither [wiðə] **I** *vt* doen verwelken, kwijnen of verdorren, doen vergaan; *~ sbd. with a look* iem. vernietigend aankijken; **II** *vi* verwelken, wegkwijnen, verdorren, verschrompelen, vergaan (ook: *~ up*); *–ed* verwelkt, verdord; uitgedroogd, vermagerd; *–ing* verdorrend; *fig* verpletterend, vernietigend; vernielend

withers [wiðəz] schoft [v. paard]

withershins [wiðəʃinz] tegen de klok (zon) in

withheld [wið'held] V.T. & V.D. van *withhold*; *–hold* terughouden; onthouden, onttrekken; achterhouden

within [wi'ðin] **I** *prep* binnen, (binnen) in; tot op; *from ~* van binnen; *to ~ a few paces* tot op een paar passen; *keep it ~ bounds* binnen de perken; *~ himself* in (bij) zichzelf; *live ~ one's income (means)* zijn inkomen niet overschrijden; *immorality ~ the law* niet vallend onder de strafbepalingen van de wet; *~ limits* binnen zekere grenzen, tot op zekere hoogte; *~ the meaning of the Act* in de door deze wet daaraan toegekende betekenis van het woord; *the task was ~ his powers* ging zijn krachten niet te boven; *~ a trifle* op een kleinigheid na; **II** *ad* van binnen, binnen; *~ and without* (van) binnen en (van) buiten

without [wi'ðaut] **I** *prep* zonder, buiten; *~ doors* buitenshuis; *I cannot be (do, go) ~* ik kan er niet buiten (zonder); **II** *ad* (van) buiten, buiten (de deur); *from ~* van de buitenkant; van buiten (af); **III** *cj* F als niet, tenzij

withstand [wið'stænd] weerstaan; *–stood* V.T. & V.D. van *withstand*

withy [wiði] = *withe*

witless [witlis] onnozel, mal, gek

witness [witnis] **I** *sb* getuige; getuigenis *o* & *v*; *~ for the defence* getuige à décharge; *~ for the*

prosecution getuige à charge; *bear ~* getuigenis afleggen, getuigen (van *of, to*); *call (take) to ~* tot getuige roepen; *in ~ whereof* tot getuige waarvan; **II** *vt* getuigen (van); getuige zijn van, bijwonen; (als getuige) tekenen; **III** *vi* getuigen (van *to*); *~-box* getuigenbank

witticism [witisizm] kwinkslag, aardigheid, boutade, geestigheid

wittingly [witiŋli] met voorbedachten rade; bewust; *~ (and wilfully)* willens en wetens

witty [witi] *aj* geestig; *~ things* geestigheden

wivern [waivə:n] = *wyvern*

wives [waivz] *mv* v. *wife*

wizard [wizəd] **I** *sb* tovenaar[2]; **II** *aj* betoverend; S mieters, jofel; *–ry* tovenarij

wizen [wizn], **wizened** verschrompeld, dor, droog; **wizen-faced** verschrompeld

woad [woud] ⚘ wede; wedeblauw [verfstof waarmee de oude Britten zich beschilderden]

wo-back [wou'bæk] ho, terug!

wobble [wɔbl] **I** *vi* waggelen, wiebelen; schommelen[2]; weifelen[2]; **II** *sb* waggelen *o*, waggeling &; weifeling[2]; **wobbly** waggelend, wiebelend, wankel, onvast; weifelend[2]

wodge [wɔdʒ] F brok, homp

woe [wou] wee *o* & *v*; *~ is me* wee mij; *~ to thee!* wee ul; *~ upon thee!* wee (kome over) ul; *his ~s* ook: zijn ellende, zijn leed *o*; *his tender ~s* zijn liefdesmart; *prophet of ~* ongeluksprofeet; *tale of ~* lijdensgeschiedenis; *~-begone* in ellende gedompeld; ongelukkig, treurig; *–ful* kommer-, zorgvol; treurig, ongelukkig, droevig, ellendig

wog [wɔg] S > Arabier, Indiër, Neger &

wok [wɔk] wadjan [*Ind* braadpan met ronde bodem]

woke [wouk] V.T. & V.D. van 2 *wake*; **woken** V.D. van 2 *wake*

wold [would] open heuvelland *o*

wolf [wulf] **I** *sb* wolf°; S vrouwenjager; *cry ~* nodeloos alarm maken; *keep the ~ from the door* zorgen dat men te eten heeft; **II** *vt* naar binnen schrokken (ook: *~ down*), verslinden; *~-cub* jonge wolf; welp [padvinder]; *~-dog* wolfshond; *~-fish* zeewolf; *~-hound* wolfshond; *–ish* wolfachtig, wolven-; *fig* vraatzuchtig; roofzuchtig

wolfram [wulfrəm] wolfra(a)m *o*

wolf's-bane [wulfsbein] wolfswortel

wolf-whistle [wulfwisl] F nafluiten *o* van vrouwelijk schoon

wolverene [wulvəri:n] 🐾 veelvraat

wolves [wulvz] *mv* v. *wolf*

woman [wumən] **I** *sb* vrouw; kamenier; > wijf *o*, mens *o*, schepsel *o*; *(daily) ~* werkster; *there is a ~ in it* er is een vrouw in het spel; **II** *aj* vrouwelijk, van het vrouwelijk geslacht; *~ author* schrijfster; *~ friend* vriendin; *~ suffrage* vrouwenkiesrecht *o*; ~ *teacher* onderwijzeres, lerares; **~-hater** vrouwenhater; **–hood** vrouwelijke staat, vrouwelijkheid; vrouwen; **–ish** vrouwachtig, verwijfd; **–ize** tot vrouw maken, verwijfd maken; F naar de vrouwen lopen; **–kind** het vrouwelijk geslacht, de vrouwen; **–like** vrouwelijk; **–ly** vrouwelijk; *a* ~ *woman* een echte vrouw

womb [wu:m] schoot², baarmoeder

wombat ['wɔmbɔt, 'wɔmbæt] wombat

women ['wimin] *mv* v. *woman*; ~'s *magazine* damesblad *o*; **–folk** vrouwen, vrouwvolk *o*

won [wʌn] V.T. & V.D. van *win*

wonder ['wʌndə] **I** *sb* wonder *o*; wonderwerk *o*; mirakel *o*; verwondering, verbazing; (*it is*) *no* ~, *small* ~ *that* geen wonder dat...; *what* ~ *if (that)*... is het te verwonderen dat...; *the* ~ *is that*... wat mij verwonderd is, dat...; ~*s will never cease* de wonderen zijn de wereld nog niet uit; *do* ~*s* wonderen verrichten; een wonderbaarlijke uitwerking hebben; *look all* ~ één en al verbazing zijn; *promise* ~*s* gouden bergen beloven; *work* ~*s* wonderen doen; *for a* ~, ~ *of* ~*s* wonder boven wonder, zowaar; *how in the name of* ~ *it is possible!* hoe is het in 's hemelsnaam mogelijk!; **II** *vi* zich verbazen, verbaasd zijn, zich verwonderen (over *at*); **III** *vt* nieuwsgierig zijn, benieuwd zijn, wel eens willen weten; zich afvragen, betwijfelen of...; *I* ~ *if you could make it convenient...?* zoudt u het soms (misschien) kunnen schikken...?; *I* ~*ed whether...* ook: ik wist niet (goed), of...; *it made me* ~ *whether...* het deed bij mij de vraag opkomen of...; *I shouldn't* ~ F ook: het zou mij niet verbazen; *I* ~*ed to see him there* het verbaasde mij; *can it be* ~*ed that...?* is het dan te verwonderen, dat...?; ~ *boy* wonderkind; dol type *o*; **–ful** verwonderlijk, verrukkelijk, geweldig, fantastisch; **–ing** verwonderd, verbaasd, vol verbazing; **–land** wonderland *o*, sprookjesland *o*; **–ment** verwondering, verbazing; **~-struck** verbaasd; **~-worker** wonderdoener; iets (middel *o*) dat wonderen doet; ⊙ **wondrous** verwonderlijk, wonder-

wonky ['wɔŋki] S wankel, zwak

won't [wount] = *will not*

wont [wount] **I** *aj* gewend, gewoon (aan, om *to*); **II** *sb* gewoonte; **III** *vi* ⚹ gewend zijn; **–ed** gewoon

woo [wu:] **I** *vt* vrijen (om, naar), het hof maken, dingen naar, trachten te winnen, (over te halen); **II** *vi* & *va* uit vrijen gaan (ook: *go ~ing*)

wood [wud] hout *o*; bos *o*; *the* ~ ♪ de houten blaasinstrumenten; (*the*) ~*s* (de) bossen; (het) bos; (de) houtsoorten; (*wines*) *from the* ~ (wijn) van het fust; *wine in the* ~ wijn op fust; *he was out of the* ~ hij was nu uit de moeilijkheid; hij was gered; *he cannot see the* ~ *for the trees* hij kan vanwege de bomen het bos niet zien; **–bine** ⚘ wilde kamperfoelie; F goedkope sigaret; ~ *carving* houtsnijwerk *o*; **–cock** ⚘ houtsnip; **–cut** houtsnede; **~-cutter** houthakker; houtsnijder, houtgraveur; **–ed** bebost, houtrijk, bosrijk; **–en** houten, van hout; *fig* houterig, stijf; stom, suf, onaandoenlijk; ~ *head* stomkop, sufkop; **~-engraving** houtgraveerkunst; houtgravure; **wooden-headed** dom, stom; **wood-fibre** houtvezel; **–land I** *sb* bosland *o*, bosgrond, bos *o*; **II** *aj* bos-; **~-louse** houtluis; keldermot, pissebed; **–man** houthakker; boswachter; **–notes** gekwinkeleer *o*; *fig* ongekunstelde poëzie; **–nymph** bosnimf; **–pecker** specht; **~-pigeon** houtduif; **~-ruff** ⚘ lievevrouwebedstro *o*; **~-screw** houtschroef; **–shed** houtloods; *something nasty in the* ~ S gruwelijk geheim; **–sman** bosbewoner; houthakker; woudloper; **~-sorrel** ⚘ klaverzuring; **~-spirit** houtgeest: onzuivere methylalcohol; **~-wind** ♪ houten blaasinstrumenten [v. orkest]; ~ *player* houtblazer; **–work** houtwerk *o*; **–worker** houtbewerker; **woody** houtachtig, hout-; bosachtig, bos-; wood-yard houttuin, houtopslagplaats

wooer ['wu:ə] vrijer

1 woof [wu:f] inslag; weefsel *o*

2 woof [wuf] woef! [van hond]

wooing ['wu:iŋ] vrijen *o*, vrijage

wool [wul] wol, wollen draad, wollen stof; haar *o*; *dyed in the* ~ door de wol geverfd; *fig* doortrapt; *lose one's* ~ S kwaad worden; *keep your* ~ *on* houd je bedaard, blijf kalm; *pull the* ~ *over sbd.'s eyes* iem. zand in de ogen strooien; **~-fell** schapevacht; **~-gathering** verstrooidheid; **~-growing I** *aj* wolproducerend; **II** *sb* wolproduktie

woollen ['wulən] **I** *aj* wollen, van wol; **II** *sb* wollen stof (materiaal *o*); ~*s* wollen goederen; **~-draper** lakenkoper

woolly ['wuli] **I** *aj* wollig, wolachtig, wol-; ⚘ voos [radijzen &], melig [peren]; *fig* dof [stem]; vaag, wazig; F ruw, onbeschaafd; **II** *sb* wollen trui; *woollies* wollen onderkleren; **~-headed** kroesharig; *fig* verward, vaag

woolpack ['wulpæk] baal wol; stapelwolk; **–sack** wolbaal; zetel van de Lord Chancellor; **~-stapler** wolhandelaar; **~-trade** wolhandel

wop [wɔp] S > Italiaan of Spanjaard

Worcester ['wustə] Worcester *o*; F Worcestersaus (ook: ~ *sauce*)

word [wə:d] **I** *sb* woord *o*, ⚔ wachtwoord *o*, parool² *o*; bericht *o*; bevel *o*, commando *o* (ook: ~ *of command*); motto *o*; ~*s* tekst [v. muziek]; ruzie; *big* ~*s* grootspraak; *fair (fine)* ~*s butter no parsnips* praatjes vullen geen gaatjes; *the last* ~ *in...* het nieuwste (modesnufje) op het gebied van...; *my*

~! sakkerloot!; op mijn erewoord!; *a ~ to the wise* (*is enough*) een goed verstaander heeft maar een half woord nodig; *a ~ with you* een woordje, alstublieft; *it is always a ~ and a blow with him* hij slaat er maar dadelijk op los (bij het minste woord); *he is as good as his ~* hij houdt altijd (zijn) woord; *he was better than his ~* hij deed meer dan hij beloofd had; *an honest man's ~ is as good as his bond* een man een man, een woord een woord; *bring ~ that...* melden dat...; *eat one's ~s* zijn woorden terugnemen; *give the ~* ⚔ het parool geven; het commando geven; *give the ~ to* (*for ...ing*) bevel geven dat..., om te...; *give* (*pass, pledge*) *one's ~* zijn woord geven; *give sbd. a good ~* iem. aanbevelen; *I give you my ~ for it* daarop geef ik u mijn woord; dat beloof ik u; dat geef ik u op een briefje; *give ~s to...* onder woorden brengen; *have a ~ to say* iets te zeggen hebben; *I have not a ~ against him* ik heb niets op hem tegen (op hem aan te merken); *have ~s with* woorden (ruzie) hebben met; *have no ~s to...* geen woorden kunnen vinden om...; *he hasn't a good ~ to say for anybody* hij heeft op iedereen wat te merken; *leave ~* een boodschap achterlaten (bij *with*); *say a good ~ for* een goed woordje doen voor; *send ~* een boodschap sturen (zenden), laten weten; *take sbd.'s ~ for it* iem. op zijn woord geloven; *take my ~ for it* neem dat van mij aan; ● *at his ~* op zijn woord (bevel); *I take you at your ~* ik houd u aan uw woord; *at the ~* given op het gegeven commando; *at these ~s* bij deze woorden; *b e y o n d ~s* ...meer dan woorden kunnen zeggen; *by ~ of mouth* mondeling; *~ for ~* woord voor woord; *too bad for ~s* onuitsprekelijk slecht, niet te zeggen hoe slecht; *pass* (*proceed*) *f r o m ~s to deeds* van woorden tot daden komen; *i n a* (*one*) *~* in één woord, om kort te gaan; (*to put it*) *in so many ~s* ronduit gezegd; *in other ~s* met andere woorden; *o n* (*with*) *the ~* op (bij) dat woord; *on the ~ of a soldier* op mijn erewoord als soldaat; *u p o n my ~* op mijn erewoord; **II** *vt* onder woorden brengen, formuleren, stellen, inkleden; **~-blind** woordblind; **~-book** woordenboek; ♪ tekstboek; **~-catching** ['wɔːdkætʃiŋ] woordenvitterij; **–ing** formulering, bewoording(en), inkleding, redactie [v. zin &]; **–less** sprakeloos, stom; woord(en)loos, zonder woorden; **~-perfect** rolvast; foutloos uit het hoofd geleerd; **~-play** woordenspel *o*; woordspeling; gevat antwoord *o*; **~-splitter** woordenzifter; **wordy** *aj* woordenrijk, langdradig; woorden-; *a ~ warfare* een woordenstrijd

wore [wɔː] V.T. van 1 *wear*

work [wɔːk] **I** *vi* werken°; gisten; in beweging zijn; functioneren; effect hebben, praktisch zijn, het „doen", deugen, gaan; een handwerkje doen; zich laten bewerken; *the new system was made to ~* men liet in werking treden; *~ eastward* naar het oosten zeilen (stomen &); *~ loose* zich loswerken, losgaan [v. schroef, touw &]; **II** *vt* bewerken, kneden [boter], maken; verwerken (tot *into*); uitvoeren [orders]; bewerken, aanrichten; doen, verrichten; uitwerken, uitrekenen; laten werken [ook = laten gisten]; exploiteren [mijn &]; hanteren, manoeuvreren (werken) met, bedienen [geschut]; borduren[2]; *~ a change* een verandering teweegbrengen; *~ harm* kwaad doen; *~ a neighbourhood* (*district* &) afreizen, werken in [v. handelsreizigers, ook v. bedelaars]; *~ one's passage* ⚓ zijn passage met werken vergoeden; *~ one's way* zich een weg banen; *~ one's way from the ranks* zich van uit de gelederen opwerken; *~ one's way through college* werkstudent zijn; *~ one's way up* zich omhoogwerken; *~ loose* loswerken, losdraaien; *~ed shawl* geborduurde sjaal; *~ed by electricity* elektrisch gedreven; *wood easily ~ed* dat zich gemakkelijk laat bewerken; ● *~ against a cause* tegenwerken; *~ at* werken aan, bezig zijn aan; *~ at Greek* ook: Grieks doen [= studeren]; *~ a w a y* flink (dóór-) werken; *~ d o w n* naar beneden gaan [koersen]; afzakken [kousen &]; *~ i n* erin (ertussen) werken; te pas brengen [citaat &]; *~ in sbd.'s cause* werken in iems. belang, iems. zaak voorstaan; *in with* passen bij, samengaan met, te gebruiken zijn voor; grijpen in [elkaar]; *~ one's audience i n t o enthusiasm* tot geestdrift weten te brengen; *~ oneself into favour* in de gunst zien te komen; *~ oneself into a rage* zich woedend maken; *~ o f f* zich loswerken, losgaan; door werken verdrijven [hoofdpijn &], door werken delgen [schuld], zien kwijt te raken[2], [v. ergernis &] afreageren (op *on*); *~ o n* dóórwerken, verder werken; werken aan, bezig zijn aan [iets]; werken op, invloed hebben op [iem.]; werken voor [krant &]; draaien op, om [spil]; *~ o u t* zich naar buiten werken; uitkomen [som]; (goed) uitpakken, uitvallen; zijn verloop hebben [plan &]; aan de dag treden [invloeden &]; uitwerken [plan &]; uitrekenen, berekenen; uitmaken, nagaan; bewerken; verwezenlijken; *~ out the same op* het zelfde neerkomen; *~ out at...* komen op...; *the mine is quite ~ed out* totaal uitgeput; *~ o v e r* werken aan; overmaken [iets]; *~ r o u n d* draaien [v. wind]; *things will ~ round* het zal wel weer in orde komen; *~ t h r o u g h* [programma] „afwerken"; *~ t o g e t h e r* samenwerken; *~ t o w a r d s* bevorderlijk zijn voor; *~ u p* langzamerhand brengen (tot *to*); opwerken [ook = retoucheren]; (zich) omhoogwerken, er bovenop brengen [zaak]; aan-, ophitsen, aanwakkeren, opwinden; verwerken [grondstoffen], dooreenmengen, kneden; opgebruiken; bijwerken [achterstand]; zich inwerken in; *~ed up to the highest pitch* ten hoogste gespannen; ~ *u p o n* = ~ *on*; *he is hard to ~ with* men kan moeilijk met hem werken of opschieten; **III** *sb* werk *o*, arbeid, bezigheid; uitwerking, handwerk *o*; kunstwerk *o*; ~*s* werkplaats, fabriek, bedrijf &; drijfwerk *o*, raderwerk *o* [v. horloge]; ✕ vestingwerken; *(Public) Works* Openbare Werken; *the (whole)* ~*s* **S** alles, de hele santenkraam; *give sbd. the* ~*s* **S** iem. afranselen, doodslaan, -schieten &, afmaken; *have one's* ~ *cut out [fig]* zijn handen vol hebben; *make sad* ~ *of...* verknoeien; *make short* ~ *of...* korte metten maken met...; ● *a t* ~ aan het werk; werkend; in exploitatie; *be i n* ~ aan het werk zijn, werk hebben, werken [tegenover werkloos zijn of staken]; *in regular* ~ vast werk hebbend; *o u t o f* ~ zonder werk, werkloos; *go t o* ~ aan het werk gaan; te werk gaan; *all* ~ *and no play makes Jack a dull boy* leren en spelen moeten elkaar afwisselen; **-able** bewerkt kunnende worden; te gebruiken, bruikbaar; exploitabel [v. mijn &]; **-aday** daags, werk-; alledaags; ~**-bag** handwerkzak; ~**-box** naaidoos; ~**-camp** werkkamp *o* [v. vrijwilligers]; **-day** werkdag; **-er** werker, bewerker; werkman, arbeider; ❀ werkbij, -mier (~ *bee*, ~ *ant*); *a ~ of miracles* een wonderdoener; ~-*priest* priester-arbeider; ⚒ **-house** soort armenhuis *o*; **working I** *sb* werken *o*; werking; bedrijf *o*, exploitatie; bewerking; *a disused* ~ een verlaten mijn, groeve &; ~*s* werking, werk *o*; *the* ~*s of the heart* de roerselen des harten; **II** *aj* werkend; werk-, arbeids-; werkzaam; praktisch, bruikbaar; ~ *capital* bedrijfskapitaal *o*; ~ *class(es)* arbeidersklasse; ~-*class family (house* &) arbeidersgezin *o* (-woning &); ~ *day* werkdag; ~ *drawing* constructie-, werktekening; ~ *expenses* bedrijfskosten, exploitatiekosten; ~ *man* arbeider, werkman; ~ *manager* bedrijfsleider; *be in* ~ *order* klaar zijn om in gebruik genomen te worden, bedrijfsklaar [v. machine]; ~ *party* werkploeg; studiecommissie [v. bedrijf], werkgroep; ~ *paper* discussiestuk; ~ *plant* bedrijfsinstallatie; ~ *stock* bedrijfsmateriaal *o*; zie ook: *majority*; **workless** werkloos, zonder werk; **-load** omvang v.d. werkzaamheden; **workman** werkman, arbeider; [goede of slechte] vakman; **-like** zoals het een (goed) werkman betaamt; degelijk (afgewerkt); goed (uitgevoerd), bekwaam; **-ship** af-, bewerking, uitvoering; techniek, bekwaamheid; werk *o*; *of good* ~ degelijk afgewerkt; **work-out** ['wɔ:kaut] **F** oefenpartij, -rit, -wedloop; ~**-people** werkvolk *o*; **works council** personeelsraad; **workshop** werkplaats; discussiebijeenkomst; ~**-shy** arbeidsschuw [element *o*]; **works-manager** ['wɔ:ksmænidʒə] bedrijfsleider

work-to-rule ['wɔ:ktə'ru:l] stiptheidsactie, langzaam-aan-actie, modelactie

workwoman ['wɔ:kwumən] werkster, arbeidster

world [wɔ:ld] wereld, aarde; heelal *o*; mensheid; de mensen; *all the* ~ de hele wereld; alles; *all the* ~ *and his wife* iedereen, Jan, Piet en Klaas; *the next* ~, *the other* ~, *the* ~ *to come* de andere wereld, het hiernamaals; *a* ~ *of good* heel veel (een hoop) goed; *they are a* ~ *too wide* veel te wijd; ~ *without end* tot in der eeuwigheid amen; *begin the* ~ het leven (zijn loopbaan) beginnen; *he would give the* ~ *to...* hij zou alles ter wereld willen geven om...; *see the* ~ wat van de wereld zien; *think the* ~ *of* een ontzettend hoge dunk hebben van; ● *not for the* ~ voor geen geld van de wereld; *for all the* ~ *like...* precies (net) als...; *what i n the* ~? wat ter wereld?, in 's-hemelsnaam?, in godsnaam?; *bring i n t o the* ~ ter wereld brengen; *the best of both* ~*s* twee goede zaken tegelijk; ... *is o u t of this* ~ **F** ...is buitengewoon, zeldzaam (mooi &); *all o v e r the* ~ de hele wereld door; over de hele wereld; *give t o the* ~ de wereld insturen, in het licht geven; *tired* & *to the* ~ **S** verschrikkelijk moe &; ~ *affairs* internationale kwesties; ~**-famous** wereldberoemd

worldling ['wɔ:ldliŋ] wereldling

worldly ['wɔ:ldli] werelds, aards; ~**-minded** werelds, wereldsgezind; ~**-wise** wereldwijs

world-shaking ['wɔ:ldʃeikiŋ] wereldschokkend; ~**-wide** over de hele wereld (verspreid), wereldomvattend, mondiaal, wereld-; ~ **view** wereldbeeld *o*

worm [wɔ:m] **I** *sb* worm²; *fig* aardworm; ✕ schroefdraad; slang [v. distilleerkolf]; *even a* ~ *will turn* de kruik gaat zo lang te water tot hij barst; **II** *vi* kronkelen als een worm, kruipen; **III** *vt* van wormen zuiveren; ~ *one's way i n t o a house* ergens weten binnen te dringen; ~ *oneself into sbd.'s confidence (favour, friendship)* iems. vertrouwen & door gekuip en gekruip weten te winnen; ~ *oneself into sbd.'s secrets* ongemerkt achter iems. geheimen komen; ~ *sth. o u t of sbd.* iets al vissend uit iem. krijgen; ~**-eaten** wormstekig; ~**-hole** wormgat *o*; **-wood** alsem²; **wormy** wormachtig; wormig, wormstekig, vol wormen

worn [wɔ:n] V.D. van 1 *wear*; als *aj* ook: versleten (van *with*); doodop (van *with*); afgezaagd; ~ *with age* afgeleefd; ~**-out** versleten; vermoeid, doodop, uitgeput; *fig* afgezaagd, verouderd

worried ['wʌrid] V.T. & V.D. van *worry*; ongerust; tobberig, zorgelijk

worriment ['wʌrimənt] **F** kwelling, zorg(en)

worrit ['wʌrit] **P** = *worry*; *be* ~*ed* ergens over inzitten, zitten mieren, urmen

worry ['wʌri] **I** *vt* rukken aan, (heen en weer) slingeren, scheuren [met tanden]; het lastig maken, geen rust laten, plagen, kwellen, ongerust maken; *don't ~ your head* heb maar geen zorg; ~ *the life out of sbd.* iem. (nog) doodplagen; ~ *out a problem* over een vraagstuk zo lang piekeren tot men het heeft; **II** *vr* ~ *oneself* zichzelf nodeloos plagen, kwellen; zich bezorgd maken; **III** *vi* zich zorgen maken, zich bezorgd maken, zich druk maken; kniezen, tobben, piekeren (over *about, over*) onrustig zijn [van vee &]; ~ *along (through)* zich er doorheen slaan; **IV** *sb* geruk *o* &; plagerij, kwelling; ongerustheid, bezorgdheid, zorg, soesa (meestal *worries*)

worse [wɔ:s] erger, slechter; snoder; minder, lager [koers]; *none of your cheek, or it will be ~ for you* of het zal je heugen; *you could do ~ than...* u zou er bepaald niet verkeerd aan doen met te...; *to make matters (things)* ~ tot overmaat van ramp; ~ *follows (remains)* maar het ergste komt nog; *be the ~ for...* (schade) geleden hebben onder (door); achteruitgegaan zijn door, verloren hebben bij...; *be the ~ for drink* in kennelijke staat (van dronkenschap) zijn; *you will not be the ~ for..., you will be none the ~ for...* je zult er geen schade bij hebben als..., het zal u geen kwaad doen als...; *little the ~ for wear* weinig geleden hebbend; met weinig averij; *go from bad to ~* van kwaad tot erger vervallen; *have the ~, be put to the ~* het onderspit delven; *a change for the ~* een verandering ten kwade, een verslechtering

worsen ['wɔ:sn] **I** *vt* erger, slechter maken; **II** *vi* erger, slechter worden; **-ing** verslechtering

worship ['wɔ:ʃip] **I** *sb* verering; aanbidding; godsdienst(oefening), eredienst (*public ~*); ↖ hoogachting; *your Worship* Edelachtbare (Lord); UEdele; *have ~* ↖ (hoog) in aanzien zijn; *place of ~* bedehuis *o*; **II** *vt* aanbidden², vereren; **III** *vi* bidden, de godsdienstoefening bijwonen, ter kerke gaan; **-ful** eerwaardig; achtbaar; **worshipper** vereerder, aanbidder²; biddende; *the ~s* ook: de kerkgangers, de biddende gemeente

worst [wɔ:st] **I** *aj* slechtst(e), ergst(e), snoodst(e); **II** *ad* het slechts &; **III** *sb the ~* het ergste (ook: *the ~ of it*); *if the ~ comes to the ~* in het ergste geval; *let the ~ come to the ~* laat komen wat wil; *let him do his ~* hij mag het ergste doen dat hij bedenken kan; *at (the) ~* in het allerergste geval; *when things are at the ~, at their ~ (they are sure to mend)* als de nood het hoogst is, is de redding nabij; *get the ~ of it, have the ~* het onderspit delven, het afleggen; **IV** *vt* het winnen van, het onderspit doen delven; in de luren leggen; *be ~ed by* ook: het afleggen tegen

1 worsted ['wɔ:stid] V.T. & V.D. van *worst* **IV**

2 worsted ['wustid] **I** *sb* kamgaren *o*; sajet; **II** *aj* kamgaren; sajetten

worth [wɔ:θ] **I** *aj* waard; *he is ~ £ 10.000 a year* hij heeft £ 10.000 per jaar inkomen; *the living is ~ so much* brengt zoveel op; *all he was ~* al wat

hij bezat; *he ran away for all he was ~* zo hard hij kon; *it is ~ an inquiry* het is de moeite waard er naar te informeren; *it is ~ the trouble, it is ~ (our, your &) while* het is de moeite waard, het loont de moeite; *it is ~ while* het is de moeite niet waard, het loont de moeite niet; *it is as much as your life is ~* het kan u het leven kosten; *the prize is ~ (the) having* is het bezit wel waard; ~ *knowing* wetenswaardig; *not ~ mentioning (naming)* niet noemenswaard(ig); *the things ~ seeing* de bezienswaardigheden; **II** *sb* waarde; innerlijke waarde; deugdelijkheid; *give me a shilling's ~ of...* geef mij voor een shilling...; *a man of ~* een man van verdienste; **-less** waardeloos, van geen waarde, nietswaardig, verachtelijk; **-while** ['wɔ:θ'wail] de moeite waard zijnd, waar men wat aan heeft, goed; **worthy I** *aj* waardig, waard; achtenswaardig, verdienstelijk; ~ *of being recorded*, ~ *to be recorded* de vermelding waard; *not ~ of...* onwaardig; *not ~ to...* niet waard om...; **II** *sb* achtenswaardig man; beroemdheid, sommiteit

↖ **wot** [wɔt] 1ste en 3de pers. enk. T.T. van 2 *wit*; weet &; *God ~* dat weet God

would [wud] (V.T. van *will*) wilde, wou; zou; *with hands that ~ shake in spite of me* die beefden zonder dat ik er iets aan doen kon; *he ~ sit there for hours* hij zat er vaak uren lang; *I don't know who it ~ be* wie het zou kunnen zijn; *it ~ appear (seem)* (naar) het schijnt; ~ *you pass the salt?* zoudt u mij het zout even willen aanreiken?; *I ~ to heaven I was dead* was ik maar dood; **~-be** zogenaamd; willende doorgaan voor, vermeend; ~ *contractors* reflectanten, gegadigden

1 wound [waund] V.T. & V.D. van 3 *wind* en van 4 *wind*

2 wound [wu:nd] **I** *sb* wond(e), verwonding²; kwetsuur; **II** *vt* (ver)wonden, kwetsen²

wove [wouv] V.T. & V.D. van *weave*; **woven** V.D. van *weave*

wove(n) paper ['wouv(n)peipə] velijnpapier *o*

wow [wau] **I** *sb theat* iets geweldigs, geweldig succes *o*; **II** *ij* S àáh!, tjéé! [uitroep van bewondering]

wowser ['wauzə] *Austr* zedelijkheidsapostel

wrack [ræk] aan land gespoeld zeegras *o*, zeewier *o*; ook= *wreck* & *rack*

wraith [reiθ] geestesverschijning [*spec* vlak vóór of na iems. dood]; dubbelganger, schim²

wrangle ['ræŋgl] **I** *vi* kibbelen, kijven, krakelen; **II** *sb* gekibbel *o*, gekijf *o*, gekrakeel *o*; **-r** redetwister, disputant

wrap [ræp] **I** *vt* wikkelen, omslaan, (om)hullen², inpakken, oprollen; ~*ped in sleep (thought)* in slaap (gedachten) verzonken; ~*ped in his studies (pursuits)* geheel opgaand in zijn studie, in zijn werk; ~ *u p = wrap*; *be ~ped up in* geheel opgaan in, geheel vervuld zijn van; **II** *vi* ~ *up* zich inpakken; **III** *sb* (om)hulsel *o*; omslagdoek, sjaal; plaid, deken; **wrapper** inwikkelaar &; peignoir; omslag, kaft *o* & *v*, wikkel [v. boter &]; dekblad *o* [v. sigaar]; adresstrook [v. krant]; ~*s* ook: ingenaaid; **wrapping** omhulsel² *o*; verpakking; ~-**paper** pakpapier *o*

wrath [rɔ:θ] wóede, toorn, gramschap; –**ful** toornig, woedend, razend

wreak [ri:k] ~ *one's rage upon* zijn woede koelen aan; ~ *vengeance on* wraak nemen op; zie ook: *havoc*

wreath [ri:θ, *mv* ri:ðz] krans, guirlande; kronkel, pluim [v. rook]

wreathe [ri:ð] **I** *vt* vlechten, strengelen; om-, ineenstrengelen, be-, omkransen; plooien; ~*d in smiles* één en al glimlach; **II** *vi* zich kronkelen, zich strengelen; krinkelen [v. rook]

wreck [rek] **I** *sb* wrak² *o*, scheepswrak *o*; verwoesting, vernieling, ondergang; *fig* ruïne; wrakgoederen, strandvond; schipbreuk; *go to* ~ *and ruin* te gronde gaan; *make* ~ *of* verwoesten, te gronde richten; **II** *vt* verwoesten, vernielen, te gronde richten, ruïneren; doen verongelukken [trein]; schipbreuk doen lijden²; *fig* doen mislukken; *be* ~*ed* schipbreuk lijden², vergaan, stranden; verongelukken [trein]; **III** *vi* schipbreuk lijden; –**age** wrakhout *o*; $ wrakgoederen; puin *o*; overblijfselen, (brok)stukken, ravage; –**er** verwoester; sloper; berger; strandjutter; bergingswagen; –**ing-association** bergingsmaatschappij; ~-**master** strandvonder

wren [ren] ⚇ winterkoninkje *o*; *Wren* lid v.d. *Women's Royal Naval Service*, ± Marva

wrench [renʃ] **I** *sb* ruk, draai; verrekking, verzwikking, verstuiking; verdraaiing; ⚒ (schroef)sleutel; *fig* pijnlijke scheiding; *it was a great* ~ het viel hem (mij &) hard; **II** *vt* (ver)wringen, (ver)draaien², rukken; verrekken; ~ *from* ontwringen², ontrukken², rukken uit; ~ *off* afdraaien, afrukken; ~ *open* openrukken, -breken

wrest [rest] verdraaien [feiten &], verwringen; ~ *from* af-, ontrukken, ontwringen, ontworstelen; afpersen, afdwingen

wrestle [ˈresl] **I** *vi* worstelen (met *with*)²; **III** *vt sp* worstelen met; **II** *sb* worsteling; *sp* worstelwedstrijd; –**r** worstelaar; kampvechter; **wrestling** worstelen *o*; ~-**match** worstelwedstrijd

wretch [retʃ] ongelukkige stakker; ellendeling, schelm; –**ed** *aj* diep ongelukkig, ellendig; miserabel, armzalig, treurig

wrick, rick [rik] **I** *vt* verrekken [spier]; **II** *sb* verrekking [*spec* in de rug]

wriggle [ˈrigl] **I** *vi* wriggelen, wriemelen, kronkelen [als worm]; (zitten) draaien [op stoel]; ~ *out of it* zich er uit draaien; **II** *vt* wrikken; ~ *one's way* vooruitwriggelen; **III** *vr* ~ *oneself into...* zich

weten in te werken (in te dringen) in...; **IV** *sb* wriggelende beweging; gewriemel *o*

wring [riŋ] **I** *vt* wringen (uit *from, out of*); uitwringen; verdraaien [de Schrift]; persen, knellen, drukken; ~ *sbd.'s hand* iem. de hand (hartelijk) drukken; ~ *one's hands* de handen wringen; ~ *the neck of...* de nek omdraaien; ~ *money from...* geld afpersen (afdwingen); ~ *the words from their true meaning* de woorden verdraaien; ~ *out* uitwringen; ~ *money out of...* geld afpersen (afdwingen); **II** *sb* wringing, druk; (kaas-, cider-) pers; *a* ~ *of the hand* een handdruk; –**er** wringer; wringmachine; –**ing** wringend &; druipnat (ook: ~ *wet*)

wrinkle [ˈriŋkl] **I** *sb* rimpel, plooi, kreuk; **F** idee *o* & *v*, wenk, truc; **II** *vt* rimpelen, plooien; **III** *vi* (zich) rimpelen, plooien; ~*d* ook: gekreukeld; **wrinkly** rimpelig; licht kreukelend

wrist [rist] pols [handgewricht]; –**band** (vaste) manchet; –**let** polsarmband; –**(let) watch** armbandhorloge *o*, polshorloge *o*

1 ✎ **writ** [rit] V.T. & V.D. van *write*; ~ *large* er dik op liggend, op grote schaal

2 writ [rit] *sb* schriftelijk bevel *o*; sommatie, dagvaarding; ~ *of execution* deurwaardersexploot *o*; *Holy* ~ de Heilige Schrift; *their* ~ *runs throughout the country* zij hebben gezag in het hele land

write [rait] **I** *vi* schrijven; *he* ~*s to say that...* hij schrijft (me) dat...; **II** *vt* schrijven; *it is written that...* er staat geschreven, dat...; ~ *word that...* schrijven dat..., laten weten dat...; ● ~ *down* neer-, opschrijven, optekenen; afbreken [boek, schrijver &]; $ verminderen [een post &]; [laster &] door schrijven te niet doen; ~ *me down an ass if...* je kunt me gerust een ezel noemen als...; ~ *down too much* te zeer afdalen tot het peil der lezers; ~ *for* schrijven om [geld &], bestellen; ~ *for the papers* in de krant schrijven; ~ *home* naar huis schrijven; *nothing (something) to* ~ *home about* niet veel zaaks (iets heel belangrijks); ~ *in* (aan de redactie) schrijven; invoegen, bijschrijven; inschrijven; *written in red ink* met rode inkt; ~ *in for* inschrijven, (zich) aanmelden; ~ *into* schriftelijk vastleggen in, opnemen in [een contract &]; ~ *off* $ afschrijven; ~ *off for a fresh supply* om nieuwe voorraad schrijven; ~ *off verses* zo maar neerschrijven, uit zijn mouw schudden; ~ *out* uitschrijven, overschrijven, kopiëren; voluit schrijven; ~ *up* (neer)schrijven; in bijzonderheden beschrijven; uitwerken; bijwerken [rapport &]; $ bijhouden [boeken]; in de hoogte steken [een schrijver &]; **III** *vr* ~ *oneself Esquire* zich *Esquire* schrijven of tekenen; ● ~ *oneself down an ass* zich zelf een brevet van ezelachtigheid uitreiken; ~ *oneself out* zich als schrijver leegschrijven; ~-**off** $ (volledige) afschrijving; verlies *o*; **writer** schrijver°, auteur, schrijfster; (kantoor)schrijver, klerk; *the (present)* ~ schrijver dezes; ~ *for the press* journalist; ~ *to the Signet* procureur [Schotland]; ~'*s cramp* schrijfkramp; **write-up** uitvoerig verslag *o*; lovend artikel *o*, krantebericht *o* of advertentie

writhe [raið] **I** *vi* zich draaien, wringen of kronkelen, (ineen)krimpen; ~ *with shame* van schaamte vergaan; **II** *vt* verdraaien

writing ['raitiŋ] schrijven *o*, geschrift *o*; schrift *o*; schriftuur; *his* ~*s* zijn werk *o*, zijn œuvre *o* [v. letterkundige]; *the* ~ *on the wall* het (een) mene tekel, het (een) teken aan de wand; *i n* ~ op schrift, schriftelijk, in geschrifte; *put in* ~, *commit (consign) t o* ~ op schrift brengen; ~-**case** schrijfmap; ~-**desk** schrijflessenaar; ~-**pad** onderlegger, vloeimap; schrijfblok *o*

written ['ritn] V.D. van *write*; geschreven; schriftelijk; ~ *language* schrijftaal; ~ *off* ook: verloren, naar de bliksem

wrong [rɔŋ] **I** *aj* verkeerd; niet in de haak, niet in orde, fout, onjuist, mis; slecht; *have hold of the* ~ *end of the stick* het bij het verkeerde eind hebben; aan het kortste eind trekken; ~ *people* mensen van geen stand; *on the* ~ *side of forty* over de veertig; zie ook: *side* **I**, *bed* **I**; ~'*un P* oneerlijk mens; valse munt; *be* ~ ongelijk hebben; het mis hebben; verkeerd gaan [v. klok]; *what's* ~? wat scheelt (mankeert) er aan?; ● *it was* ~ *f o r her to...* het was verkeerd van haar te...; *you were* ~ *i n assuming that...* je hebt ten onrechte aangenomen dat...; *it was* ~ *o f her to...* het was verkeerd van haar te...; *you were* ~ *t o ...* je hebt verkeerd gedaan met...; je hebt ten onrechte...; *something is* ~ *w i t h him* er scheelt hem iets, hij heeft iets; *what's* ~ *with Mrs X?* wat scheelt Mevr. X?; wat valt er op Mevr. X. aan te merken?; **II** *ad* verkeerd, fout, mis, de verkeerde kant uit; *do* ~ verkeerd doen; slecht handelen; *get it* ~ het verkeerd begrijpen; *get in* ~ *with sbd.* het aan de stok krijgen met iem.; *get sbd. in* ~ *with* iem. in een kwaad daglicht stellen bij; *go* ~ een fout maken; defect raken; in het verkeerde keelgat komen; *fig* mislopen, verkeerd uitkomen; de verkeerde weg opgaan; **III** *sb* iets verkeerds, onrecht *o*, kwaad *o*; grief; *his* ~*s* het hem (aan)gedane onrecht; zijn grieven; *do sbd.* (*a*) ~ iem. onrecht (aan)doen; onbillijk beoordelen; *he had done no* ~ hij had niets verkeerds gedaan; *be in the* ~ ongelijk hebben; *put sbd. in the* ~ iem. in het ongelijk stellen; **IV** *vt* onrecht aandoen, verongelijken, te kort doen; onbillijk zijn tegenover; –**doer** overtreder, dader; zondaar; –**doing** onrechtvaardige handeling(en); overtreding; onrecht *o*; –**ful** onrechtvaardig; onrechtmatig; verkeerd; ~-**headed** dwars, verkeerd, eigengereid, eigenzinnig; –**ly** *ad* verkeerd(elijk); bij vergissing; ten onrechte; onrechtvaardig

wrote [rout] V.T. (& *P* V.D.) van *write*
⟍ & ⊙ **wroth** [rouθ, rɔːθ, rɔθ] vertoornd, woedend

wrought [rɔːt] **I** V.D. & V.D. van *work*; **II** *aj* bewerkt, geslagen, gesmeed; ~ *iron* smeedijzer *o* als *aj* ijzeren [discipline]; ~-**up** opgewonden, zenuwachtig (gemaakt), overprikkeld

wrung [rʌŋ] V.T. & V.D. van *wring*

wry [rai] *aj* scheef[2], verdraaid, verwrongen; *fig* bitter, ironisch; *with a* ~ *face* een scheef gezicht zettend, met een zuur gezicht; ~ *humour* galgehumor; *a* ~ *smile* een ironische glimlach; –**ly** *ad* scheef[2], *fig* zuur; ironisch; –**neck** draaihals; –**ness** scheefheid[2], verdraaidheid; *fig* zuurheid; ironie

wych-elm ['witʃ'elm] bergiep; **wych-hazel** ['witʃ'heizl] toverhazelaar

wyvern, wivern ['waivəːn] ∅ gevleugelde draak

X

x [eks] (de letter) x; **X** = 10 [als Romeins cijfer]; *fig* onbekende grootheid; [v. film] niet voor personen beneden 16 jaar; *double* ~ dubbel sterk bier

xenophobia [zenə'foubiə] vreemdelingenhaat
Ⓦ **xerography** [ze'rɔgrəfi] xerografie
Xmas ['krisməs] = *Christmas*
X-ray ['eks'rei] **I** *vt* röntgenologisch behandelen; doorlichten; **II** *aj* röntgen-, röntgenologisch; **III** *sb* röntgenfoto; **X-rays** röntgenstralen
xylograph ['zailəgra:f] houtsnede, houtgravure [inz. van de 15e eeuw]; –**y** [zai'lɔgrəfi] houtsnijkunst
xylophone ['zailəfoun] xylofoon

Y

y [wai] (de letter) y
yacht [jɔt] **I** *sb* (zeil)jacht *o*; **II** *vi* zeilen in een jacht; –**ing** zeilsport; ~ *cap* zeilpet; –**sman** jachteigenaar; zeiler in een jacht
yah [jɑː] hè [uitjouwend, honend], ja(wel), kun je begrijpen!, ja!, nou ja!, bah!
yahoo [jə'huː] Yahoo: beestmens; beest *o*
Yahveh, Yahweh ['jɑːvei] Jahveh: Jehovah
1 yak [jæk] *sb* jak: soort buffel
2 yak [jæk] *vi F* kletsen, ratelen
yam [jæm] broodwortel
yammer ['jæmə] *vi dial* jammeren, janken, kreunen; *F* wauwelen

yank [jæŋk] **F I** *vt* rukken (aan); (weg)grissen; gooien; **II** *sb* ruk; por

Yank [jæŋk] **S** = *Yankee*; **-ee I** *sb* yankee; ~ *Doodle* Amerikaans volkslied *o*; **F** yankee; **II** *aj* Amerikaans; **-eeism** Amerikaanse (volks-) eigenaardigheid; amerikanisme *o*

yap [jæp] **I** *vi* keffen; **F** kletsen, kwekken, druk praten; **II** *sb* gekef *o*; **F** dom geklets *o*; **S** mond; **yapper** keffer

1 yard [ja:d] yard: Engelse el = 0,914 m; ⚓ ra; *by the* ~ per el; *fig* tot in het oneindige

2 yard [ja:d] (binnen)plaats, erf *o*; emplacement *o*, terrein *o*; *the Yard* Scotland Yard

yard-arm ['ja:da:m] ⚓ nok van de ra; **-man** rangeerder [bij het spoor]; **~-measure** ['ja:dmeʒə] ellestok, el; **~-stick** ellestok, el; *fig* maatstaf

yarn [ja:n] **I** *sb* garen *o*, draad *o* & *m*; (matrozen)verhaal *o*; anecdote; *have a* ~ *with sbd.* **F** met iem. een boom opzetten; een praatje maken; *spin a* ~ een verhaal vertellen; **II** *vi* **F** verhalen doen, „bomen"

yarrow ['jærou] duizendblad *o*

yaw [jɔ:] ⚓ **I** *vi* gieren [v. een schip]; **II** *sb* gier; *give a* ~ gieren

yawl [jɔ:l] jol; klein zeiljacht *o*

yawn [jɔ:n] **I** *vi* geeuwen, gapen[2]; *fig* zich vervelen; **II** *vt* geeuwend zeggen; **III** *sb* geeuw, gaap

yawp [jɔ:p] *Am* **F** gapen; kletsen, krijsen, janken

yd. = *yard* [0,914 m]

1 ⊙, ✎ **ye** [ji:] gij, gijlieden

2 ✎ **ye** [ji:, ði:] de, het

yea [jei] **I** *ad* **B** ja; ja zelfs; **II** *sb a vote of 48* ~*s to 20 nays* 48 stemmen vóór en 20 tegen

jeah [je, jæ] *Am* **F** ja

yean [ji:n] werpen; [v. ooien] lammeren; **-ling** lam *o*, geitje *o*

year [jɔ:, jiə] jaar *o*; *financial* ~ $ boekjaar *o*; *it may be* ~*s first* daar kunnen nog jaren mee heengaan; *put* ~*s on you* **S** je ziek (beroerd) maken; ● *a t my* ~*s* op mijn leeftijd; ~ *by* ~ jaar aan (op) jaar; ieder jaar; *f r o m* ~*'s end to* ~*'s end* jaar in, jaar uit; ~ *i n ,* ~ *out* jaar in, jaar uit; *in the* ~ *one* in het jaar nul; *in* ~*s* (al) op jaren; *well o n in* ~*s* hoogbejaard; *of late* ~*s, of recent* ~*s* (in) de laatste jaren; zie ook: *grace* **I**; **~-book** jaarboek *o*; **-ling I** *sb* éénjarig dier *o*; hokkeling; **II** *aj* éénjarig, jarig; van één jaar; **~-long** één jaar durend; jarenlang; **-ly** jaarlijks, jaar-

yearn [jɔ:n] reikhalzend verlangen, reikhalzen (naar *after, for*); er naar smachten (om *to*); ~ *to* (*towards*) zich getrokken voelen tot; **-ing I** *aj* verlangend, reikhalzend; **II** *sb* verlangen *o*

yeast [ji:st] gist; **-y** gistig, gistend; schuimend, bruisend; *fig* luchtig, ondegelijk

yell [jel] **I** *vi* gillen, het uitschreeuwen (van *with*); **II** *vt* (uit)gillen, schreeuwen (ook: ~ *out*); ~ *down*

door schreeuwen het spreken beletten; **III** *sb* gil, geschreeuw *o*

yellow ['jelou] **I** *aj* geel; **S** laf, gemeen; ~ *fever* gele koorts; ~ *Jack* gele (quarantaine)vlag; gele koorts; ~ *pages* beroepenlijst [v. telefoongids]; ~ *press* (chauvinistische) sensatiepers; ~ *soap* groene zeep; **II** *sb* geel *o*; eigeel *o*; *fig* lafheid; **III** *vt* (& *vi*) geel maken (worden); **-back** sensatieroman; **-ish** geelachtig; **-y** geelachtig, gelig

yelp [jelp] **I** *vi* janken [v. hond]; **II** *sb* gejank *o* [v. hond]

1 yen [jen] yen [Japanse munteenheid]

2 yen [jen] *Am* **S** hevig verlangen *o* (naar *for*); verslaafdheid (aan *for*)

yeoman ['joumən] kleine landeigenaar; eigenerfde; ☐ lijftrawant; onderkamerheer; ⚓ maat; ✕ soldaat v.d. *yeomanry*; ~(*'s*) *service* hulp in nood; *Yeoman of the Guard* = *Beefeater*; **-ly** als (van) een *yeoman*; koen; eenvoudig; **-ry** stand der *yeomen*; vrijwillige landmilitie te paard

yep [jep] *Am* **P** ja

yes [jes] ja; ~, *Sir?* wel? wat blieft u?; **~-man F** jabroer, jaknikker

⊙ **yester** ['jestə] gisteren, vorig

yesterday ['jestədi] gisteren; *the day before* ~ eergisteren

yet [jet] **I** *ad* (voorals)nog; tot nog toe; nu nog, nog altijd; toch; (nog) wel; toch nog; *is he dead* ~*?* is hij al dood?; *have you done* ~*?* ben je nu klaar?; *as* ~ tot nog toe; alsnog; *ever* ~ ooit; *never* ~ nog nooit; *nor* ~ en ook niet; *not* ~ nog niet; *not so long, nor* ~ *so wide* en ook niet zo breed; **II** *cj* maar (toch)

yeti ['jeiti] zie onder *snowman*

yew [ju:] taxus(boom); (boog van) taxushout *o*

Y.H.A. = *Youth Hostels Association*

Yiddish ['jidiʃ] Jiddisch

yield [ji:ld] **I** *vt* opbrengen, opleveren, afwerpen, voortbrengen; geven, verlenen, afstaan; overgeven [stad], prijsgeven; ~ *the palm to* als zijn meerdere erkennen, onderdoen voor; ~ *the point* toegeven; ~ *precedence* de voorrang gunnen, laten voorgaan; ~ *up* opleveren; opgeven, afstaan; ~ *up the ghost* ⊙ de geest geven; **II** *vr* ~ *oneself prisoner* zich gevangen geven; **III** *vi* & *va* opleveren, geven, meegeven [bij druk]; toegeven, zwichten; onderdoen (voor *to*); zich overgeven; ~ *largely* (*well*) een goed beschot opleveren; ~ *poorly* weinig opbrengen; ~ *to* ook: op zij gaan voor; wijken voor; **IV** *sb* meegeven *o* [bij druk]; opbrengst, produktie, oogst, beschot *o*; **-er** wie toegeeft, zwicht &; *a hard* ~ die niet gemakkelijk toegeeft &; **-ing** produktief; meegevend; toegeeflijk, meegaand, buigzaam

y-level ['wailevl] waterpas *o* op voetstuk

Y.M.C.A. = *Young Men's Christian Association*

yob [jɔb] **S** hufter

yodel ['joudl] **I** *vt* & *vi* jodelen; **II** *sb* gejodel *o*
yoga ['jougə] yoga
yogi ['jougi] yogi
yogurt, yoghurt ['jɔgə:t] yoghurt
yo-heave-ho ['jou'hi:v'hou] ♪ haal op!
yoke [jouk] **I** *sb* juk* *o*, span *o* [ossen]; schouderstuk *o* [v. kledingstuk]; **II** *vt* het juk aandoen, aanspannen; onder het (één) juk brengen; verenigen, verbinden, koppelen; **III** *vi* bij elkaar passen; **~-fellow** makker, maat, lotgenoot; echtgenoot, echtgenote
yokel ['jouk(ə)l] boerenlummel, -kinkel
yoke-mate ['joukmeit] = *yoke-fellow*
yolk [jouk] (eier)dooier; wolvet *o*
⊙ **yon** [jɔn] = *yonder*
yonder ['jɔndə] **I** *aj* ginds; **II** *ad* ginder, daarginds
yore [jɔ:] *of* ~ eertijds, voorheen; *in days of* ~ in vroeger dagen
Yorkshire ['jɔ:kʃə, 'jɔ:kʃiə] Yorkshire *o*; ~ *pudding* in vleesnat meegebraden aardappel; *come* ~ *on sbd.* F iem. bedotten
you [ju:, ju] jij, je, gij, u; jullie, jelui; gijlieden, ulieden, men
young [jʌŋ] **I** *aj* jong[2], jeugdig; onervaren; *the night is yet* ~ het is nog vroeg in de nacht; *a* ~ *family* (een troep) kleine kinderen; ~ *lady* jongedame; (jonge)juffrouw [v. ongetrouwde dames]; *his* ~ *lady* zijn meisje *o*; ~ *man* jonge man, jongmens *o*; *her* ~ *man* haar vrijer; *a* ~ *one* een jong [v. dier]; *the* ~ *ones* de kleinen; de jongen; ~ *things* jonge dingen (meisjes); *his* ~ *woman* zijn meisje *o*; ~ *in crime* nog onervaren in de misdaad; **II** *sb* jongen [v. dier]; *the* ~ de jeugd; **-er** ['jʌŋgə] jonger; *the* ~ *Pitt, Teniers the* ~ Pitt junior, de jongere (jongste) Teniers; **-est** jongst(e); **-ish** ['jʌŋiʃ] jeugdig, tamelijk jong; ⊙ **-ling** jongeling; jong meisje *o*; jong dier *o*; **-ster** jongeling, knaap; *the* ~s de kinderen
younker ['jʌŋkə] F jongeman
your [jɔ:, jɔə, juə] uw; je, jouw; ~ *Luther* & die Luther &, zo een Luther &
you're [juə, jɔə] = *you are*
yours [jɔ:z, jɔəz, juəz] de of het uwe; de uwen; van u, van jou, van jullie; ~ *of the 4th* uw schrijven van de 4de; ~ *is to hand* wij zijn in bezit van uw schrijven; *it is* ~ het is van (voor) u; *it is* ~ *to obey* het is uw plicht te gehoorzamen; ~ *truly (faithfully, sincerely* &) hoogachtend, geheel de uwe; ~ *truly* ook: **J** ondergetekende
yourself [jɔ:'self, jɔə'-, juə'-] *mv* **yourselves** u, gij zelf, jij, jijzelf, jezelf, jullie, jullie zelf, zelf; *you are not quite* ~ *to-night* je bent niet op dreef vanavond; *you'll soon be quite* ~ *again* je zult weer spoedig de oude zijn
youth [ju:θ] jeugd; jeugdigheid; jongeman, jongen, jongeling; jonge mensen, jongelieden, jongelui; **-ful** jeugdig, jong; ~ **hostel** jeugdher-

berg; ~ **hosteller** jeugdherbergvader; bezoeker, -ster van een jeugdherberg
yowl [jaul] **I** *vi* huilen, janken; **II** *sb* gehuil *o*, gejank *o*
yucca ['jʌkə] yuca
Yugoslav ['ju:gou'sla:v] **I** *sb* Joegoslaaf; **II** *aj* Joegoslavisch
Yule [ju:l] kersttijd; **yule-log** houtblok *o* voor het kerstvuur, kerstblok *o*; **Yule-tide** kersttijd
yum yum ['jʌm'jʌm] **F** keurig, (piek)fijn, overheerlijk
Y.W.C.A. = *Young Women's Christian Association*

Z

z [zed] (de letter) z
Zambian ['zæmbiən] Zambiaan(s)
zany ['zeini] **I** *sb* pias[2], potsenmaker, hansworst; **II** *aj* **F** kolderiek
zariba, zareba [zə'ri:bə] omheining, palissade [in Soedan]
zeal [zi:l] ijver, vuur *o*, dienstijver
Zealand ['zi:lənd] (van) Zeeland *o*
zealot ['zelət] zeloot, ijveraar, dweper, fanaticus; **-ry** zelotisme *o*, drijverij; **zealous** ijverig, vurig
zebra ['zi:brə] ♠ zebra; zebrapad *o* (~ *crossing*)
zebu ['zi:bu:] zeboe
Zen [zen] Zen
zenana [ze'na:nə] vrouwenverblijf *o*, harem [in Perzië of India]
zenith ['zeniθ] zenit *o*, toppunt *o*; *fig* hoogtepunt *o*
zephyr ['zefə] zefier, koeltje *o*, windje *o*
Zeppelin ['zepəlin] zeppelin [luchtschip]
zero ['ziərou] nul, nulpunt *o*; laagste punt *o*; beginpunt *o*
zest [zest] wat een gesprek & kruidt; smaak, genot *o*, lust, animo; ~ *for life* levenslust; *add (give) a* ~ *to...* jeuïgheid geven aan, kruiden
zigzag ['zigzæg] **I** *sb* zigzag; *in* ~s zigzagsgewijze; **II** *aj* zigzagsgewijs lopend, zigzag-; **III** *ad* zigzagsgewijs; **IV** *vi* zigzagsgewijs lopen, gaan &, zigzaggen
zinc [ziŋk] **I** *sb* zink *o*; **II** *vt* met zink bekleden; galvaniseren; **-ograph I** *sb* zinklichtdruk; **II** *vt* zinkografisch reproduceren; **-ography** [ziŋ'kɔgrəfi] zinkografie
Zion ['zaiən] Sion *o*: Jeruzalem[2] *o*; **-ism** zionisme *o*; **-ist** zionist(isch)
zip [zip] **I** *sb* rits(sluiting); gefluit *o* [van een geweerkogel]; **F** fut, pit; **II** *vi* fluiten [v. kogels]; langsvliegen, -snellen, -snorren; ~ *up* in elkaar flansen; **III** *vt* dichttrekken (ook: ~ *up*); ~ **fastener**, ~ **fastening**, ® **zipper** ritssluiting;

zippy F pittig
zither ['ziθə] citer
zodiac ['zoudiæk] zodiak, dierenriem; **–al**
[zou'daiək]] zodiakaal
zombi, zombie ['zɔmbi] (door tovenarij) tot leven gebracht lijk *o*; F iem. die automatisch handelt, die meer dood dan levend schijnt
zonal ['zounəl] zonaal, zone-; **zone I** *sb* zone, gebied *o*, luchtstreek, gordel²; **II** *vt* omgorden; verdelen in zones
zoo [zu:] dierentuin, diergaarde; **–logical** [zouə'lɔdʒikl; vóór *garden*: zu'lɔdʒikl] zoölogisch, dierkundig; ~ *garden(s)* dierentuin, diergaarde; **–logist** [zou'ɔlədʒist] zoöloog, dierkundige; **–logy** zoölogie, dierkunde
zoom [zu:m] **I** *vi* zoemen, suizen; plotseling (snel) stijgen; zoomen [v. filmcamera]; **II** *sb* ✍ zoemer, zoemvlucht; zoom [v. filmcamera]
zoot [zu:t] S opzichtig, kakelbont; erg in de mode; ~ *suit* S herenpak *o* met lang jasje en nauwsluitende broek
zouave [zu'a:v] zoeaaf; (dames)zoeavenjakje
✍ **zounds** [zaunds] drommels!, potdorie!
Zulu ['zu:lu:] Zoeloe
§ **zymotic** [zai'mɔtik] zymotisch [v. ziekten]

NOTES/AANTEKENINGEN

NOTES/AANTEKENINGEN

NOTES/AANTEKENINGEN

NOTES/AANTEKENINGEN

NOTES/AANTEKENINGEN

NOTES/AANTEKENINGEN

Cassell's

Dutch-English
Dictionary